DICTIONNAIRE
DE DROIT
ET DE PRATIQUE,

CONTENANT

L'EXPLICATION DES TERMES DE DROIT,
d'Ordonnances, de Coutumes & de Pratique.

AVEC LES JURISDICTIONS DE FRANCE,

Par M. CLAUDE-JOSEPH DE FERRIERE, Doyen des Docteurs-Régens de la Faculté des Droits de Paris, & ancien Avocat en Parlement.

NOUVELLE EDITION,

Revue, corrigée & augmentée.

Par M. ✳✳✳

TOME PREMIER.

A PARIS,

Chez la Veuve BRUNET, Imprimeur-Libraire, Grand'Salle du Palais, à la Providence & à l'Envie.

M. DCC. LXIX.

AVEC APPROBATION ET PRIVILEGE DU ROI.

AVERTISSEMENT
SUR CETTE NOUVELLE ÉDITION.

ON peut dire avec une juſte confiance, que nous n'avons point de Livre de Droit & de Pratique qui ſoit plus utile ni plus néceſſaire que le Dictionnaire dont on donne ici une nouvelle édition.

Il renferme non-ſeulement les définitions de tous les termes de Droit, d'Ordonnances, de Coutume & de Pratique, mais auſſi des recherches curieu-ſes ſur l'étymologie de ces termes, ſur l'origine de différens droits & uſages qui ont eu lieu parmi nous ; avec l'explication des principes qui ont rapport à chaque terme, & leur application, tant en Pays coutumier, qu'en Pays de Droit écrit.

Ce Dictionnaire eſt donc comme la clef du Droit & de la Pratique. L'ordre dans lequel les matieres y ſont rangées, donne la facilité de trouver ſur le champ le point dont on veut être éclairci ; enſorte que c'eſt un des premiersLi-vres que doivent avoir ceux qui ſe conſacrent à l'étude de la Juriſprudence, & qui ſont employés dans l'adminiſtration de la Juſtice, & un des Livres auxquels ils doivent avoir recours le plus ſouvent.

Ceux qui entrent dans la carriere, trouvent ici les premieres notions dont ils ont beſoin, l'explication des termes qui ne leur ſont point encore familiers, & un précis desprincipes généraux les plus certains ſur chaque matiere.

Les plus conſommés dans la Juriſprudence ne dédaignent point d'avoir auſſi ſouvent recours à ce Livre, qu'ils regardent comme un Répertoire commode pour ſe rafraîchir la mémoire de ce qu'ils ſavent déjà depuis long-temps.

Ceux mêmes que leur état n'oblige point à être ſi verſés dans le Droit & la Pratique, ont auſſi beſoin de ce Dictionnaire, pour s'inſtruire de certaines re-gles d'un uſage journalier, qu'il eſt honteux d'ignorer, & que tout le monde doit ſavoir pour l'adminiſtration de ſes propres affaires.

Feu M. de Ferriere, connu par le grand nombre d'Ouvrages qu'il a donnés au Public, avoit d'abord donné celui-ci ſous le titre d'*Introduction à la Prati-que*, & l'avoit augmenté par degrés dans les différentes éditions qui en ont été faites.

En 1734. il y donna le titre de *Dictionnaire de Droit & de Pratique*, pour ſe conformer au goût de notre fiecle, où toutes les Sciences, & même la plûpart des Arts, ont leurs Dictionnaires particuliers.

Ce titre convient d'ailleurs préſentement mieux à l'Ouvrage, que celui d'*Introduction à la Pratique*, puiſque la Pratique ſeule n'en eſt plus l'objet, & qu'il embraſſe également le Droit civil & coutumier.

Ce ne ſont pas ſimplement les premieres notions que l'on y donne : c'eſt un de tous les principes de chaque matiere.

Les décifions importantes, & celles qui font fufceptibles de quelque diffi-culté, y font appuyées d'autorités & de raifons folides, fans être néanmoins chargées de Differtations prolixes, qui fouvent font perdre de vûe l'objet prin-cipal, & multiplient les doutes, au lieu de les éclaircir.

A l'égard des queftions que leur trop grande étendue n'a pas permis d'y trai-ter à fond, l'Auteur a indiqué les Auteurs qui les ont pleinement difcutées.

M. de Ferriere donna en 1740. une feconde édition de cet Ouvrage, dans laquelle il avoit déjà fait plufieurs additions & corrections.

Il s'étoit encore attaché depuis ce temps à perfectionner ce même Diction-naire, & avoit préparé de nouvelles additions pour une troifieme édition ; mais il eft décedé avant d'y avoir mis la derniere main.

Son Manufcrit a été remis entre les mains de l'Editeur, lequel y a fait auffi plufieurs additions & corrections qui ont paru néceffaires, principalement pour marquer la derniere Jurifprudence, & pour expliquer plus exactement ce qui concerne la compétence des Tribunaux, & l'ordre de la procédure.

L'accueil favorable que le Public a fait aux précédentes éditions de cet Ou-vrage, donne lieu d'efpérer que celle-ci, qui eft encore plus ample & plus exacte, aura le même fuccès.

PRIVILEGE DU ROI.

LOUIS, par la grace de Dieu, Roi de France & de Navarre : A nos amés & féaux Conseillers les Gens tenant nos Cours de Parlement, Maîtres des Requêtes ordinaires de Notre Hôtel, Grand Conseil, Prévôt de Paris, Baillifs, Sénéchaux, leur Lieutenans civils, & autres nos Justiciers qu'il appartiendra, SALUT, nous considérons à l'exemple de nos Prédécesseurs, les Ouvrages qui tendent à la perfection des Sciences, comme un des premiers objets de notre attention. Mais parmi le grand nombre de Livres qui se composent journellement, ceux qui traitent de la Jurisprudence, nous paroissent mériter une distinction particuliere. Nous sçavons que par leurs secours les Magistrats & les Juges, & tous ceux qui ont quelque part dans l'administration de la Justice, se rappellent avec plus de facilité les maximes qui doivent servir de décision aux contestations qui peuvent naître entre nos sujets ; & comme notre cher & bien aimé CLAUDE-JOSEPH DE FERRIERE, *Doyen des professeurs en la Faculté des Droits de Paris*, nous a fait remontrer que feu CLAUDE DE FERRIERE son pere, Professeur en la Faculté des Droits de Reims, auroit donné au Public plusieurs Ouvrages de Jurisprudence qui ont été reçus avec toute l'approbation possible ; mais qu'il conviendroit qu'aucuns ne fussent réimprimés sans quelques augmentations & corrections qui peuvent être nécessaires pour les amener à leur perfection ; que d'ailleurs l'Exposant auroit toujours tâché, par son application continuelle à l'étude de la Jurisprudence Canonique, Civile & Françoise, de se mettre en état de suivre les traces de son pere, en consacrant ses veilles pour l'utilité du public, soit par les augmentations & les corrections qu'il a faites sur quelques Ouvrages de son pere, soit par ceux qu'il a déja lui-même mis au jour ou auxquels il travaille actuellement : mais craignant que d'autres ne voulussent entreprendre d'imprimer ou faire imprimer lesdits Ouvrages, ce qui lui causeroit un préjudice considérable, & le pourroit priver du fruit de ses travaux, il nous auroit très-humblement fait supplier de vouloir bien lui accorder nos Lettres de continuation de privilége, tant pour la réimpression des Ouvrages de feu son pere, que des siens, qui sont imprimés ou à imprimer, offrant pour cet effet de les faire réimprimer en beau papier & beaux caractéres, suivant la feuille imprimée & attachée pour modéle sous le contrescel des présentes. A CES CAUSES, voulant favorablement traiter ledit Exposant, & le récompenser en quelque façon du zéle qu'il nous témoigne avoir pour l'utilité publique, & à nous procurer des Livres dont les éditions & la lecture ne peuvent être que très-utiles pour l'avancement des Sciences & des Belles-Lettres, nous lui avons permis & accordé, permettons & accordons par ces Présentes, de faire imprimer & réimprimer par tels Libraires & Imprimeurs qu'il choisira, les Œuvres de feu son pere & les siens ; sçavoir, *la Jurisprudence du Digeste, du Code, des Nouvelles & des Décretales ; l'Institution coutumiere ; son nouveau Commentaire sur la Coutume de Paris ; la compilation de tous les Commentateurs anciens & modernes sur cette coutume ; les Œuvres de Bacquet avec des Commentaires ; le Traité du Droit de Patronage ; le Traité des Fiefs ; la Science parfaite des Notaires, & un nouveau protocole pour les Commençans ; l'Introduction à la Pratique ; le Dictionnaire de Droit & de Pratique ; la nouvelle Traduction des Institutes avec l'Histoire du Droit Romain ; la Traduction des Institutes du Droit Canon par Lancelot, avec les Commentaires ; l'intro-*

duction au Droit Canonique ; le Dictionnaire du Droit Canonique , suivant le Droit Canon & les usages de France ; Paratitla in Libros Digestorum & Codicis & in Novellas , necnon in quinque Libros Decretalium ; nova & methodica Institutionum Juris Civilis & Canonici Tractatio ; en tels volumes , forme , marge , caracteres, conjointement ou séparement , & autant de fois que bon lui semblera , & de les faire vendre & débiter par tout notre Royaume, Pays, Terres & Seigneuries de notre obéïssance , pendant le tems & espace de 25 années consécutives , à compter du jour de l'expiration du précédent privilége : Faisons défense à toutes personnes , de quelque qualité & condition qu'elles soient , d'en introduire d'impression étrangere dans aucun lieu de notre obéïssance ; comme aussi à tous Libraires, Imprimeurs & autres , d'imprimer , faire imprimer , vendre , faire vendre , débiter ni contrefaire aucuns desdits Livres ci-cessus spécifiés , en tout ni en partie , ni d'en faire aucuns extraits , sous quelque prétexte que ce soit , d'augmentation , correction , changement de titre , même de traduction étrangere , ou autrement , sans la permission expresse & par écrit dudit Exposant , ou de ceux qui auront droit de lui , à peine de confiscation des Exemplaires contrefaits , de douze mille livres d'amende contre chacun des contrevenans , dont un tiers à Nous , un tiers à l'Hôtel-Dieu de Paris , & l'autre tiers audit Exposant , & de tous dépens , dommages & intérêts. A la charge que ces Présentes seront enrégistrées tout au long sur le Régistre de la Communauté des Libraires-Imprimeurs de Paris , dans trois mois de la date d'icelles; que l'impression de ses Livres sera faite dans notre Royaume & non ailleurs ; & que l'Impétrant se conformera en tout aux Réglemens de la Librairie , & notamment à celui du 10. Avril 1725. & qu'avant que de l'exposer en vente , les manuscrits ou imprimés qui auront servi de copie à l'impression desdits Livres , seront remis dans le même état où les Approbations y auront été données , ès mains de notre très-cher & féal Chevalier le Sieur DAGUESSEAU , Chancelier de France , Commandeur de nos Ordres ; & qu'il en sera ensuite remis deux Exemplaires de chacun dans notre Bibliothéque publique , un dans celle de notre Château du Louvre , & un dans celle de notredit très-cher & féal Chevalier le Sieur DAGUESSEAU , Chancelier de France , Commandeur de nos ordres ; le tout à peine de nullité des Présentes. Du contenu desquelles vous mandons & enjoignons de faire jouir l'Exposant ou ses ayant causes pleinement & paisiblement , sans souffrir qu'il leur soit fait aucun trouble ni empêchement. Voulons que la copie desdites Présentes , qui sera imprimée tout au long au commencement ou à la fin desdits Livres , soit tenue pour dûement signifiée ; & qu'aux copies collationnées par l'un de nos amés & féaux Conseillers & Secretaires , foi soit ajoutée comme à l'Original. Commandons au premier notre Huissier ou sergent de faire pour l'exécution d'icelles tout actes requis & nécessaires , sans demander autre permission , & nonobstant Clameur de Haro , Chartre Normande , & Lettres à ce contraires : Car tel est notre bon plaisir. Donné à Paris le quatorziéme jour du mois de juillet , l'an de grace mil sept cent trente-neuf , & de notre Régne le vingt-quatrieme. *Signé* , par le Roi en son Conseil , S A I N S O N.

Regiftré fur le Regiftre X. *de la Chambre Royale & Syndicale des Libraires & Imprimeurs de Paris* Nº. 276. Fº. 258. *conformement au Réglement de* 1723. *qui fait défenfes ,* Art. IV. *à toutes perfonnes , de quelque qualité & condition qu'elles foient , autres que Libraires & Imprimeurs , de vendre , débiter & faire afficher aucuns Livres , pour les vendre en leurs noms , foit qu'ils s'en difent les Auteurs , ou autrement ; & à la charge de fournir à ladite Chambre Royale & Syndicale des Libraires & Imprimeurs de Paris les huit Exemplaires preferits par l'Article* CVII. *du même Réglement.* A Paris le 6. Septembre 1739. L A N G L O I S , *Syndic.*

DICTIONNAIRE
DE DROIT
ET DE PRATIQUE.

BANDONNEMENT DE BIENS en général, est un acte par lequel un débiteur céde & abandonne à ses créanciers généralement tous ses biens, meubles & immeubles, de quelque nature & qualité qu'ils soient, pour être vendus, & le prix provenant de la vente d'iceux, être distribué entre ses créanciers, selon le privilége de chacun d'eux, ou l'ordre de leurs hypothéques.

Cet abandonnement comprend tous les effets du débiteur comme les dettes actives, obligations & droits qu'il peut exercer contre ses débiteurs, de quelque nature qu'ils soient, s'ils ne sont exceptés.

L'abandonnement est volontaire, ou forcé.

L'abandonnement volontaire est un contrat fait pardevant Notaire, entre un débiteur & ses créanciers, par lequel il leur cede & abondonne tous ses biens, à l'effet de demeurer quitte envers eux, quand bien même lesdits créanciers ne pourroient pas par l'événement être entiérement payé de leur dû sur le prix provenant de la vente des biens de leur débiteur.

Ainsi, quand un débiteur se voit pressé par ses créanciers, pour éviter les frais d'un décret, & tirer d'eux par ce moyen quelque composition avantageuse, il leur abandonne tous ses biens & effets, par un contrat qui est appellé contrat d'abandonnement.

Ce contrat doit être accordé & accepté, les trois quarts des créanciers, eu égard aux sommes qui leur sont dûes, & non pas eu égard au nombre d'iceux.

Pour qu'il puisse avoir son exécution, il faut qu'il soit homologué en Justice avec les créanciers qui sont refusans de le signer.

Pour y parvenir, il faut les faire assigner pour voir déclarer le Jugement qui l'a homologué commun avec eux ; ce faisant, voir dire qu'il sera exécuté selon sa forme & teneur. Mais les créanciers privilégiés ne peuvent être obligés de consentir à l'homologation.

Les conditions de cet abandonnement ne peuvent pas faire préjudice aux créanciers hypothéquaires, lorsque les créanciers qui l'ont accordé ne sont que chirographaires ; car s'ils étoient hypothéquaires, il faudroit qu'il fût exécuté contre tous les autres créanciers, excepté contre les privilégiés.

L'abandonnement forcé ou judiciaire est celui qui se fait par Ordonnance du Juge, nonobstant l'opposition des créanciers.

Cet abandonnement a lieu lorsqu'un Marchand ou Négociant détenu prisonnier, & qui se trouvant dans l'impuissance de les satisfaire, par les pertes qu'il auroit souffertes, demande, pour n'être pas réduit à finir sa vie dans la prison, d'être reçu à faire cession, c'est-à-dire, à leur faire abandonnement de tous ses biens.

Pour que l'abandonnement forcé puisse avoir lieu, il faut que le débiteur satisfasse à ce qui est prescrit par l'article 1. du tit. 10. de l'Ordonnance de 1673, sans quoi il est sans exécution.

Cet article porte, qu'outre les formalités ordinairement obfervées pour recevoir au bénéfice de ceffion de biens les Négocians & Marchands en gros & en détail, & les Banquiers, les Impétrans feront tenus de comparoir en perfonnes à l'Audience de la Jurifdiction confulaire, s'il y en a, finon en l'Affemblée de l'Hôtel commun des Villes, pour y déclarer leur nom, furnom, qualité & demeure, & qu'ils ont été reçus à faire ceffion de biens : & fera leur déclaration lûe & publiée par le Greffier, & inférée dans un tableau public.

Il y a cette différence entre la ceffion volontaire & la judiciaire.

1°. Que la volontaire fe fait à l'amiable, par contrat paffé entre un débiteur & fes créanciers ; au lieu que la ceffion judiciaire eft forcée, & fe fait en Jugement fur la demande qui en eft faite au Juge par un débiteur, dont les affaires font tombées dans le défordre par cas fortuit & banqueroutes, & non pas par fa faute.

2°. Qu'en fait de ceffion volontaire, les débiteurs demeurent ordinairement quittes & déchargés envers leurs créanciers, fans qu'ils puiffent avoir recours fur les biens qu'ils pourroient acquérir depuis la ceffion, s'il n'eft porté au contraire par le contrat. Il n'en eft pas de même à l'égard de la judiciaire ; car le ceffionnaire qui a fait ceffion en Jugement, & accompli les formalités de l'Ordonnance, s'il acquiert du bien après que par autorité de Juftice fes créanciers ont été obligés de l'admettre au bénéfice de ceffion, il eft tenu de payer ce qui fe trouve refter dû à fes créanciers, à la réferve toutefois de ce qui lui eft néceffaire pour vivre. Bouteiller dans fa fomme, tit. 20, le dit en ces termes. » Ceux qui abandonnent leurs biens par le » bénéfice de la ceffion, ne font mie quitte de la » dette, mais ils font tant feulement quittes & dé- » livrés de la prifon ; car après ceffion, mais qu'elle » foit faite à telle folemnité, comme dit eft, ne » doivent être prifonniers pour la dette.

La raifon de la différence eft, que la ceffion judiciaire n'eft pas accordée ni acceptée par les créanciers comme la volontaire, & qu'ils font forcés par la loi qui leur eft impofée par le Juge, à recevoir la ceffion & abandonnement des biens de leur débiteur. Ainfi la ceffion qui fe fait en Jugement, n'eft qu'un bénéfice accordé au débiteur pour le délivrer de la prifon, & non pour le difpenfer de payer fes dettes.

Les ceffions de biens forcées ou volontaires doivent être publiées à l'Audience, & les noms de ceux qui les ont faites, inférés dans le tableau public. La raifon eft, qu'il importe que toutes fortes de ceffions foient connues & rendues publiques, afin que les perfonnes dont la fortune eft en mauvais ordre, n'abufent pas du crédit qu'elles avoient auparavant leur déroute.

Quand un homme a fait abandonnement de biens ou faillite, fa femme eft cenfée féparée de plein droit ; ainfi elle peut dès-lors fe faire autorifer par Juftice pour exercer fes droits, comme il a été jugé par Arrêt du 3 Avril 1677, rapporté dans le Traité des Propres, ch. 4. fect. 9. nomb. 19.

Touchant l'abandonnement de biens, & les délibérations qui fe font en conféquence, voyez ce que j'ai dit fur l'art. 35.9. de la Coutume de Paris, § 5.

ABANDONNEMENT D'HERITAGE, fignifie en général tout délaiffement que l'on fait d'un héritage ou autre immeuble.

Ces mots, abandonnement ou défiftement, délaiffement & déguerpiffement, quoique fouvent pris dans une même fignification dans nos Coutumes, ont néanmoins des fignifications différentes.

Le défiftement proprement dit, eft l'abandonnement que le tiers détenteur d'un immeuble fait à celui qui les réclame, comme en étant le véritable propriétaire.

Le délaiffement par hypothèque eft lorfqu'un tiers détenteur, affigné en déclaration d'hypothèque, abandonne l'immeuble au créancier hypothéquaire pour être vendu, & le prix fervir à acquitter les hypothèques.

Le déguerpiffement eft le quittement de l'héritage chargé de cens ou rente fonciere, fait par le preneur ou l'acquéreur du preneur, fon héritier ou ayant caufe, ou tiers détenteur, pour être déchargé à l'avenir de la rente ou charge réelle à laquelle l'héritage a été donné.

Le déguerpiffement fe fait par un acte au Greffe ou pardevant Notaires, levé en bonne forme, & fourni au bailleur.

Voyez les art. 102, 103, 109 & 110 de la Coutume de Paris. Voyez auffi Loyfeau, de la diftinction des rentes, liv. 1, & ce que j'ai dit en parlant de la réunion d'une cenfive au fief.

ABANDONNEMENT PRIS POUR UN CONTRAT MARITIME, fignifie un acte par lequel un Marchand ou autre Particulier, à qui appartiennent des marchandifes chargées fur un Vaiffeau, les abandonne au profit de l'affureur.

ABANDONNER, eft laiffer une chofe à abandon. Suivant le Droit Romain, les chofes abandonnées, en Latin pro derelicto habitæ, appartiennent à celui qui s'en empare ; §. 46, Inftit. tit. de rer. divif. Voyez ce que j'ai dit fur ce paragraphe & fur les paragraphes fuivans ; ce que je dis ci-après, verbo Biens vacans, & mon Commentaire fur l'article 167 de la Coutume de Paris, glof. 2.

Touchant l'origine de ce mot, voyez Pafquier, liv. 8, chap. 36. de fes Recherches, & le Gloffaire de du Cange, au mot Abandum, Abandonum.

ABANDONNER AU BRAS SÉCULIER. Voyez Bras féculier.

ABBATAGE, mot ufité dans les ventes de bois, qui fignifie ce qu'il en coûte pour abbatre des bois qui font fur pied. Ces frais d'abbatage doivent être payés par l'acheteur.

ABBATS LAÏCS, ou ABBÉS LAÏQUES, font ceux qui poffèdent les dixmes des Villages, & qui préfentent aux Cures. Coutume de Bearn, tit. 1, art. 31.

Leurs maifons aufquelles ces droits font annexés, font ordinairement bâties près des Eglifes, & font auffi pour la plûpart nobles & déchargées de tailles, de même que les terres qui font des appartenances des Abbayes.

Ragueau

Ragneau, de qui ceci eſt tiré, dit que les poſſeſſeurs de ces dixmes ſe firent autrefois ainſi appeller, à l'exemple des grands Seigneurs de France, qui prenoient la qualité d'Abbés à cauſe des Abbayes qu'ils poſſédoient ; & ce qui fortifie cette conjecture, c'eſt qu'anciennement en Bearn & dans les Pays voiſins, les Cures étoient appellées Abbayes, comme on peut voir dans l'ancien For de Navarre, où elles ſont nommées *Abbadiados*.

Voyez M. de Marca dans ſon Hiſtoire de Bearn, liv. 1, chap. 28, nom. 11.

ABDICATION, ſignifie renonciation volontaire à une Charge, à une Magiſtrature, ou à une Commiſſion.

L'abdication differe de la réſignation, en ce qu'elle ſe fait purement & ſimplement ; au lieu que la réſignation ſe fait en faveur d'une tierce perſonne.

ABDICATION DE BIENS, ſe prend quelquefois au Palais pour l'abandon entier que l'on en fait.

ABDIQUER, ſignifie renoncer à une Magiſtrature, à une Charge, s'en dépouiller.

ABDIQUER UN FILS, ſignifie l'abandonner, & ne le plus reconnoître pour ſon fils.

ABEILLAGE, eſt un droit établi dans pluſieurs Coutumes, en vertu duquel le Seigneur a droit de prendre une certaine quantité d'abeilles, cire ou miel, ſur les ruches de ſes Sujets. *Voyez* M. du Cange ſur le mot *Abellagium*.

Abbeillage ſe prend auſſi quelquefois pour un droit, en vertu duquel les abeilles épaves & non pourſuivies appartiennent aux Seigneurs Juſticiers.

Auſſi la Coutume de Bourbonnois en l'article 337. porte, que ſi quelqu'un trouve un abeillon à miel épave en ſon héritage, qui ne ſoit pourſuivi par celui à qui il appartient, il eſt tenu de le révéler au Seigneur Juſticier, &c. *Voyez* M. de la Thaumaſſiere, dans ſes Notes ſur les anciennes Coutumes de Lorris, chap. 5. art. 5. & la Coutume de Loudunois, tit. 1, art. 13. & tit. 3, art. 3.

ABEILLES. *Voyez* Epaves. *Voyez* auſſi ce que j'en ai dit dans ma Traduction des Inſtitutes, ſur le §. 14. du tit. 1. du ſecond Livre. Je remarquerai ſeulement ici que les abeilles dans une maiſon de campagne ſont réputées immeubles, & faire partie du fonds.

ABIENNEURS ou ABIANNEURS, ſont en Bretagne, les Commiſſaires, les Sequeſtres ou les Dépoſitaires d'un immeuble où il y a des fruits à recueillir. *Voyez* Hevin ſur Frain, tom. 1. pag. 446 & ſuivantes.

ABIGEAT, eſt un terme qui vient d'*abigere, id eſt, ante ſe agere*. Ainſi abigeat ſignifie une eſpece particuliere de vol, qui ſe commet, non pas en enlevant & en tranſportant d'un lieu à un autre, la choſe dont on veut profiter, à la ſouſtraire à celui à qui elle appartient ; mais en la détournant & en la chaſſant, & la faiſant aller devant ſoi pour en faire ſon profit.

Cette eſpéce de délit ne peut donc tomber

Tome I.

que ſur les troupeaux & les beſtiaux. *Abactores ſunt qui abigunt & abducunt pecora ex paſcuis, armentis aut gregibus, lucri facien di gratiâ.*

La différence qu'il y a entre l'abigeat & un ſimple vol, ſe tire du nombre des bêtes que l'on emmene. Suivant la Loi 3, *ff. de abigeis*, il faut dix brebis, ou quatre pourceaux au moins, pour que la ſouſtraction qui s'en fait, puiſſe être appellée abigeat. Cependant il ne faut qu'emmener un bœuf ou un cheval, pour commettre un abigeat.

La raiſon de la différence eſt, qu'on peut emporter pluſieurs brebis ou pluſieurs pourceaux mais qu'on ne peut pas naturellement emporter un bœuf ni un cheval. Ainſi celui qui en veut faire la capture, les fait marcher & les emmene où il juge à propos, pour en faire ſon profit.

Suivant les Loix Romaines, ce délit eſt extraordinaire ; mais il n'eſt pas public, parce que ce n'eſt qu'une eſpece de vol. *Leg. 2. ff. de abig.*

Chez les Romains il étoit puni d'une peine extraordinaire ſelon les circonſtances ; enſorte qu'elle étoit quelquefois le dernier ſupplice, ou la déportation. *Leg. 1. ff. eod.*

La peine de ce délit eſt pareillement arbitraire en France, de même que chez les Romains.

Il eſt traité de ce délit dans le Livre 47. du Digeſte, tit. 14, & dans le neuviéme Livre du Code, tit. 37.

Voyez Deſpeiſſes, tom. 2. part. 1, tit, 12, ſect. 3. art. 18.

AB INTESTAT, héritier *ab inteſtat*, eſt celui qui eſt appellé par la Loi à la ſucceſſion d'une perſonne qui eſt décédée ſans avoir fait de teſtament qui ſubſiſte, & qui avoit pourtant la faculté de teſter.

Ainſi on dit ſuccéder à quelqu'un *ab inteſtat*, pour ſignifier qu'on hérite d'un homme qui eſt décédé ſans avoir fait de teſtament, ou qui en a fait un qui n'eſt pas valable, ou qui a été caſſé, & qu'il ne peut avoir ſon exécution.

Voyez ce que j'ai dit dans ma traduction des Inſtitutes, ſur le premier titre du troiſiéme Livre.

ABJURATION, eſt la renonciation ſolemnelle que l'on fait à une héréſie. Il y a pluſieurs Edits & Déclarations du Roi touchant l'abjuration, dont la teneur eſt rapportée dans le Dictionnaire des Arrêts.

L'abjuration d'un Proteſtant n'a pas un effet rétroactif. Ainſi par Arrêt rendu en la Grand-Chambre le 17 Avril 1741, il a été jugé qu'un Proteſtant qui avoit fait abjuration après le décès d'une parente dont il réclamoit la ſucceſſion, n'y pouvoit rien prétendre, attendu que cette ſucceſſion avoit été ouverte avant ſon abjuration, & qu'elle avoit été dévolue de droit aux héritiers plus proches & catholiques.

ABLAIS, ſont des bleds coupés qui ſont encore ſur le champ. Il en eſt parlé dans pluſieurs de nos Coutumes, & entr'autres dans celle d'Amiens & dans celle de Ponthieu.

La Coutume d'Amiens en l'article 193. défend d'enlever les fruits & ablais quand ils ſont saifis , sans donner caution au Sgr. de ses droits.

La Coutume de Ponthieu en l'art. 107, défend de charrier & emporter ses ablais devant le Soleil lévé, ni après le Soleil couché, à peine de soixante sols d'amende, si ce n'est en vertu d'un congé du Seigneur.

En l'art. 111. elle défend à un sujet qui doit terrage, d'emporter ses ablais sans évoquer le Seigneur auquel est dû ledit terrage, ou ses Fermiers ou Commis, sous peine de soixante sols d'amende envers ledit Seigneur pour chacune-fois, & pour chaque piéce avec la restitution dudit droit de terrage.

ABLOQUIE'S. *Voyez* Edifices.

ABMATRIMONIUM, ce terme signifie *foris maritagium.* Voyez Formariage.

ABOILAGE, est un vieux mot qui se trouve dans quelques Coutumes, & qui y est employé au lieu de celui d'abellage dont nous venons de donner l'explication. Ce mot paroît avoir été formé de celui d'*aboilles*, qu'on disoit autrefois pour celui d'*abeilles*.

ABOLIR, c'est mettre quelque chose hors d'usage. On dit, par exemple, le Roi a aboli une telle Loi par une autre postérieure qui est contraire : *Nam posteriores leges prioribus, si contrariæ sint derogant. Leg. 26, cum duab. seq. ff. de legib.*

Ce terme, *abolir,* signifie aussi détruire & anéantir. Il n'y a que le Roi qui puisse abolir un crime, c'est-à-dire, absoudre celui qui en est coupable, & l'exempter du châtiment qu'il mérite.

ABOLISSEMENT ET ABOLITION, signifient quelquefois l'abrogation ou la destruction d'une Loi ou d'une Coutume.

ABOLITION, Lettres d'abolition sont des Lettres du Prince obtenues en grande Chancellerie, par lesquelles il abolit & efface un crime qui de sa nature n'est pas remissible , & par la plénitude de sa puissance en remet la peine portée par la Loi, de manière qu'il ne reste aucun examen à faire touchant les circonstances du fait. Mais ces sortes de Lettres ne s'accordent que très-rarement.

Les Lettres de remission , au contraire , sont accordées pour les crimes qui sont remissibles , attendu les circonstances, comme pour homicides involontaires , ou commis dans la nécessité d'une légitime défense. Elles ne s'accordent qu'à la charge que l'énoncé des Lettres contient vérité , & que les circonstances qui y sont exposées , sont conformes aux charges & informations.

Ainsi , quand le Prince ne donne que des Lettres de remission , il en renvoye l'examen aux Juges ausquels ils le adresse , afin qu'ils voyent si le fait énoncé par l'impétrant est conforme aux charges & informations; ce qu'il fait par cette clause, *s'il vous appert,* &c.

Mais quand le Prince accorde des Lettres d'abolition , cette clause, *s'il vous appert,* &c. n'y est point mise; parce que le Roi les accorde purement & simplement sans que l'impétrant soit tenu d'expliquer les circonstances du fait ,

& de les rendre conformes aux informations, ainsi qu'il est requis aux Lettres de grace, qui ne s'accordent que pour les cas remissibles.

Le terme d'abolition ou celui de remission, employé dans les Lettres, n'est pas ce qui fait qu'elles sont d'Abolition ou de rémission : cela ne provient uniquement que de la volonté du Prince, qui se manifeste par la force & l'étendue des clauses qu'elles renferment.

Les Lettres d'abolition ou de grace ne peuvent être présentées aux Juges auxquels elles sont adressées, que conformément à l'article 21. du tit. 16. de l'Ordonnance de 1670.

Elles doivent être présentées dans les trois mois après l'obtention d'icelles; & si elles ne le sont dans ce tems, elles sont nulles, suivant l'article 16. du titre 16. de la même Ordonnance; la signification d'icelles ne doit pas devancer la présentation & se peu faire après les 3 mois.

On ne sauroit procéder au jugement d'icelles avant l'échéance du délai, à moins que la partie civile n'y consente.

Si le plaignant n'est point Partie civile, il n'y a point de signification à lui faire desdites Lettres.

Il n'y a que le Roi qui ait le pouvoir d'accorder des Lettres d'abolition ; elles doivent être présentées par les impétrans en personnes, & non par Procureur. *Abolitione, licet per procuratorem peti possint, verificatio tamen, non nisi parte præsente, fieri potest.* Voyez *Franc. Marc. tom.* 2, *qu.* 830.

Par la Déclaration du 22 Novembre 1683, il a été enjoint aux Juges d'entériner les rémissions scellées en commandement, pourvû que les Lettres soient conformes aux informations, quoique les cas ne soit pas rémissible aux termes de l'ordonnance. Le Roi ne donne pas aujourd'hui d'autres abolitions. Voyez lad. Déclaration & l'article premier de l'Ordonnance de 1670.

Il y a des crimes pour lesquels Sa Majesté n'accorde point de Lettre d'abolition , comme le duel, l'assassinat prémédité , & le rapt commis par violence. Voyez l'article 194. de l'Ordonnance de Blois, & l'article 30. de l'Edit des Duels de 1679.

Au reste celui qui a obtenu des Lettres d'abolition ou de grace, doit pour les faire entériner, se mettre en état, c'est-à-dire, se rendre dans la prison du Juge auquel elles sont adressées. Voyez ci-après Rémission.

Il nous reste à remarquer que les Lettres d'abolition ou d'amnistie, ne s'accordoient autrefois que pour meurtres & autres crimes commis & arrivés dans les séditions & émotions populaires d'une Ville ou d'une Province; & comme les circonstances du fait étoient difficiles à observer, & que grand nombre de coupables cause ordinairement leur impunité, l'on employoit dans ces Lettres, qui étoient générales pour tous les délinquans, que le fait & cas étoit aboli; & même dans l'incertitude du fait, on étoit obligé d'y ajouter cette clause, *en quelque sorte & mani re qu'il fût arrivé.* Et pour l'enregistrement de ces Lettres il n'étoit pas nécessaire

Dans la fuite les Particuliers qui fe font trouvés prévenus de grands crimes, comme affaffinats de guet-à-pens & autres cas atroces, pour lefquels les Rois ont déclaré par les Ordonnances qu'ils n'accorderoient point des lettres de rémiffion ; ces Particuliers, dis-je, pour fe mettre à couvert des peines qu'ils pouvoient encourir, ont introduit l'ufage des Lettres d'abolition en leur faveur, avec claufe d'éteint, aboli, & même avec cette autre claufe, *en quelque forte & maniere que le cas foit arrivé.*

Mais cette derniere claufe a été condamnée par le Roi, comme injufte, & fous prétexte de laquelle, en n'expliquant pas le fait, on pourroit furprendre, contre l'intention de Sa Majefté, des Lettres d'abolition pour les crimes des plus atroces.

Ainfi il faut que les Lettres d'abolition portent cette claufe : *Nous avons quitté, remis & aboli le fait & cas, ainfi qu'il eft ci-deffus exprimé.* Sur quoi il faut remarquer que l'expreffion du fait doit contenir les circonftances les plus effentielles qui fervent à charge & à décharge. Il faut encore y ajouter cette autre claufe, qui porte : *Satisfaction préalablement faite à Partie civile, fi fait n'a été ; impofant fur ce filence à nos Procureurs généraux, leurs Subftituts & tous autres.*

La fignature des Lettres d'abolition doit être faite en commandement, & elles doivent être fcellées de cire verte.

L'adreffe des Lettres d'abolition accordées aux prévenus de crimes, lorfqu'ils ne font pas Nobles, doit être faite au plus prochain Juge royal du reffort dans lequel le crime dont il s'agit a été commis ; encore faut-il que ce foit un grand Baillage, ou Sénéchauffée, ou Préfidial.

Mais pour celles qui s'accordent à des Gentilshommes, l'adreffe en doit être faite, fuivant les Ordonnances, au Parlement du reffort, pour empêcher l'effet de l'autorité & des cabales qu'ils pourroient faire pardevant de moindres Juges.

Il arrive néanmoins quelquefois que l'adreffe en eft faite aux Requêtes de l'Hôtel : comme Juges en dernier reffort, au grand Confeil, ou au grand Prévôt de l'Hôtel.

ABOLITION GÉNÉRALE, *Voyez* Amniftie.

ABONDER PLUS GRANDE SOMME. Ces termes, qui fe trouvent dans la Coutume de Touraine, Article 172, & dans celle du Loudunois, fignifient la fraude que commet l'acquereur d'un héritage, qui pour tirer de celui qui le veut retraire une plus grande fomme qu'il n'en a payé, lui fait paroître qu'il lui revient à un plus haut prix que celui qu'il lui en a donné.

Quand cette fraude eft prouvée, il eft condamné de rendre au retrayant ce qu'il lui en a fait payer de trop, & autant ou davantage, avec dépens, & à foixante fols d'amende.

ABONNEMENT, ABOURNEMENT, ABONNAGE, font fynonimes. Ces termes fignifient une convention qui fixe de certains droits à une certaine fomme, ou qui réduit à une certaine fomme d'argent ou à une certaine quantité de grains & de fruits, des droits incertains qu'on payoit en efpéces, & dont le prix étoit incertain.

Quelques-uns prétendent qu'on dit abonnement au lieu d'abournement ; de maniere qu'abonner fignifie mettre des bornes, & fixer des limites à un droit ou à une dette qui n'étoit que d'incertains. *Voyez* M. Cange, au mot *Abonati.*

Dans plufieurs de nos Coutumes, comme dans celle de Tours, article 122, & dans celle de Loudunois, chap. 12. art. 5. aliéner des rentes & devoirs hommagés, c'eft les borner & les fixer ; mais en les diminuant, comme il eft dit en l'art. 208. de la Coutume d'Anjou.

L'abonnement eft une véritable aliénation : c'eft pourquoi dans la nouvelle Coutume de Touraine, art. 122. au lieu d'*abonner* on a mis *aliener.*

Les Curés qui veulent s'abonner pour les dixmes de leurs Paroiffes, doivent donc obferver les formalités qui font réquifes pour l'aliénation des biens d'Eglife ; & quand on y a manqué, l'abonnement oblige à la vérité celui qui l'a fait, pourvû qu'il ne regarde pas le fonds des dixmes, mais feulement la forme de la preftation. A l'égard de fon fucceffeur, il n'eft jamais obligé de déférer à l'abonnement qu'auroit fait fon prédéceffeur ; parce que les Bénéficiers ne font pas propriétaires, & ne peuvent aliéner au préjudice de leur fucceffeurs.

Il n'en eft pas de même de l'abonnement, qui dans quelques Coutumes, comme dans celles de la Marche, art. 133. d'Anjou, art. 208. & 209. du Maine, art. 223. 224. & de Chartres, art. 16. fe fait entre les Seigneurs & les Vaffaux ; car la fixation & l'abonnement qui fe fait entr'eux des droits féodaux, paffe à leurs fucceffeurs.

A l'égard de l'abonnement des tailles, il ne peut être fait par les habitans à aucun d'eux ; quand même il feroit homologué par Sentence, il feroit inutile, à moins qu'il ne fut confirmé par Arrêt. *Voyez* le Mémorial alphabétique des Aydes, *verbo* Abonnement.

ABONNEMENT DE FIEF. *Voyez* Fief abonné.

ABONNEMENT ENTRE LES FERMIERS OU SOUFERMIERS ET DES PARTICULIERS, eft une convention faite par des Marchands d'une Ville qui font commerce de chofe qui doit des droits au Roi ; au moyen de laquelle ils s'accommodent & s'abonnent avec les intéreffés à une certaine fomme, payable par an par chacun defdits Marchands, à proportion du débit qu'il peut faire. Mais ces conventions, pour être obligatoires, doivent être rédigées par écrit. L'Ordonnance des Aydes de 1680. en défend la preuve par témoins.

Cet abonnement ne rend pas les abonnés exempts des vifites & exercice des Commis : au contraire, ces fortes de compofitions ne fe doivent faire qu'à ces conditions ; & cela pour la confervation des droits de gros, augmentations, entrée & autres, dans les lieux où ils ont cours pour les venues, ventes & achats ; pour vérifier fi les congés & lettres de voitures font dans les formes; & encore pour connoître fi les claufes des baux font exécutées, & pour avoir connoiffance de leur débit. A l'égard des lieux où le gros n'a pas cours, les vifites ne font néceffaires que pour l'exécution des Baux.

Par Arrêt du Confeil du 19 Octobre 1706, il eft dit que les abonnés ne pourront mettre bouchon bas, ni renfermer leurs caves, fous prétexte que leurs abonnemens font expirés au premier Octobre, ni pour quelque prétexte que ce foit; favoir les Taverniers, jufqu'à ce que les vins & autres boiffons qui ont été marqués dans leur cave ayent été vendu en détail; & de même à l'égard des Hôteliers & Cabaretiers, finon en les dénonçant aufdits Fermiers trois mois auparavant: autrement ils feront tenus de payer, fur la contrainte defdits Fermiers, le quartier d'Octobre, pendant lequel ils auront difcontinué de vendre fur le pied du précédent.

Par autre Arrêt du Confeil du 21 mai 1718, il eft ordonné que les vendeurs de vins, Orfévres, Maîtres de forges,& autres ayant des abonnemens, pour raifon des droits dépendans des Fermes de Sa Majefté, feront tenus de payer les quatre fols pour livre, outre & par deffus le prix de leurs abonnemens.

ABONNER, fignifie compofer, eftimer, réduire à un prix fixe & certain un droit dont le revenu eft incertain & arbitraire, dépendant de la volonté de celui à qui il eft dû. On dit, par exemple, champart abonné, taille abonnée, quête abonnée, aydes abonnées. Quelques Coutumes font auffi mention d'hommes & de femmes ferfs abonnés.

Ce terme fignifie auffi quelquefois aliéner & changer; ce qui arrive quand un Vaffal change fon hommage en quelqu'autre devoir.

Enfin, ce terme fignifie mettre des bornes. Ce mot ancien vient de bone, qui fe difoit autrefois pour borne. Encore aujourd'hui on dit en Picardie bone pour borne: c'eft pourquoi on difoit abonner un héritage, pour dire y mettre des bornes. Voyez Quête abonnée. Voyez auffi taille abonnée.

ABORDAGE, fe dit lorfque deux vaiffeaux fe heurtent ou s'accrochent. Tout demande pour raifon d'abordage, fuivant l'art. 8. du tit. 12. de l'Ordonnance de la Marine, doit être formée dans les vingt-quatre heures après le dommage reçu, fi l'accident arrive dans un Port, Havre, ou autre lieu où le Maître puiffe agir.

ABORNER, vient du terme borne, & fignifie donner des limites à un héritage, à une terre, à un champ.

ABOUGRI, ou RABOUGRI, eft un terme des Eaux & Forêts, qui fignifie un arbre de mauvaife venue, dont le tronc eft court, raboteux, plein de nœuds, & qui ne pouffe que peu de branches.

M. Ménage dérive ce mot de celui d'abortus, avorton, parce que ces arbres font comme des efpéces d'avortons.

Les bois abougris ne font pas propre pour les ouvrages, & font fujets au recepage, c'eft-à-dire à être coupés pour les rétablir.

ABOUQUER, fignifie faire un abouquement, c'eft-à-dire une addition de nouveaux fels fur un monceau de vieux; ce qu'il n'eft permis de faire qu'en préfence des Officiers royaux.

ABOURNER, en la Coutume de Troyes, fignifie la même chofe qu'abonner.

ABOUTISSANT, fignifie qui touche par un bout. Ainfi on dit au Palais, déclarer les tenans & aboutiffans d'un héritage, pour marquer qu'on en défigne les bornes & les limites de tous les côtés. Ce qui eft abfolument néceffaire pour la validité d'une faifie réelle d'héritages roturiers. Voyez tenans & aboutiffans.

ABREGER un FIEF, fignifie le diminuer, en éteindre & amortir une partie.

On peut abreger un Fief, en le démembrant de quelque maniere que ce foit.

Comme les mutations produifent des droits & profits féodaux, il eft certain qu'un Seigneur diminue fon Fief, lorfqu'il admet des gens de mainmorte à des héritages qui en relevent: attendu que comme ils ne meurent jamais, leurs héritages font cenfés ne jamais changer de main; ce qui en éteint pour toujours les droits de mutation.

Comme les Seigneurs abregeoient par ce moyen leurs Fiefs, non feulement à leur préjudice, mais auffi de tous les Seigneurs féodaux fupérieurs, en remontant de Seigneur en feigneur jufqu'au fouverain; cet abregement ne pouvoit être fait fans la permiffion du Roi, & fans lui payer finance par forme d'indemnité, comme fouverain, & au Seigneur fupérieur immédiat.

C'eft auffi la véritable raifon pour laquelle les Communautés & autres Gens de main-morte ont été obligés de payer au Roi le droit d'amortiffement, qui n'eft autre chofe qu'une indemnité; à quoi on peut ajoûter qu'ils font perfonnellement incapables de poffeder des biens immeubles dans le Royaume, comme la plûpart des Auteurs l'ont avancé. Voyez ci-après Gens de main-morte.

Comme les gens de corps étoient autrefois cenfés & réputés faire partie de la terre, ils étoient baillés en aveu & dénombrement par les Vaffaux avec leurs autres terres.

De-là vient qu'anciennement en France, le Vaffal qui ne pouvoit point abreger ou diminuer fon Fief fans le confentement de fon Seigneur, ne pouvoit point auffi fans ce confentement affranchir fes hommes de corps; & quand il l'avoit fait fans le confentement de fon Seigneur, ils ne devenoient point libre, mais ils étoient acquis au Seigneur au même état & en la même condition qu'ils étoient avant l'affranchiffement; car autrefois quand un Fief étoit abregé, l'hommage & les fervices de la partie que le Vaffal en avoit ôté, étoient acquis au Seigneur, fi l'abregement avoit été fait fans fa permiffion.

ABREVIATIONS, font des notes, des marques & des caractéres qui fuppléent les lettres que l'on retranche pour abreger.

Les anciens employoient souvent une seule lettre pour exprimer un mot entier. *Voyez* Lettres uniques & capitales.

Nos volumes d'impression gothique font remplis d'abreviations.

Comme il n'est pas facile de les comprendre, Auguste fit transcrire les livres des Sybilles avec des abreviations, pour en ôter au peuple la connoissance.

Justinien au contraire, pour rendre l'étude du Droit plus facile & sans équivoque, défendit qu'on transcrivit les Textes des Loix avec des abreviations; *prohibuit, ne per fignorum captione & compendiofa ænigmata textus confcriberetur.*

Les Greffiers à Rome se servoient d'abreviations, & écrivoient par notes les Sentences prononcées par les Juges; *unde vocabantur Notarii. Vide Cotoph. ad L. inter eos, §. 1, ff. ex quid. cauf. major.*

Aujourd'hui les signatures de la Cour de Rome font encore pleines d'abreviations; aussi trouve-t-on qu'il est mal aisé de déchiffrer les Bulles & les Signatures de la cour de Rome.

Néanmoins ces actes seroient suspects de faux, si un mot qui a coutume d'y être écrit par abregé s'y trouvoit écrit tout au long, & il y auroit lieu de s'inscrire en faux contre la signature où cela seroit, parce que l'usage est certain, & que cet usage doit être inviolablement suivi.

Parmi nous, les abreviations font reçues ou reprouvées, par rapport à la facilité ou à la difficulté de les entendre. Ainsi on admet celles qui ont une signification certaine dans l'usage, & pour les autres on n'y auroit point d'égard.

Mais par le mot d'abreviation on n'entend pas les chiffres, quoique l'intelligence en soit facile ; l'usage en est entiérement reprouvé dans les contrats & dans les testamens, sur-tout quand il s'agit de sommes; il les faut énoncer par lettres, & non point par chiffres. *Non debet fieri fignis numerorum fignificatio. Novella 107, cap. 1. Voyez* Charondas en ses Pandectes, liv. 3, chap. 1.

Enfin il faut observer que les notaires de Paris ont des Arrêts qui confirment l'usage où ils font d'écrire sans chiffres & sans abreviations, & qui ordonnent que les autres Notaires se conforméront à cet usage.

Pour ce qui est écrit en chiffre par des Particuliers, s'il a une signification certaine & dont les Parties conviennent, il faut le regarder comme une écriture privée qui peut faire preuve ou un commencement de preuve par écrit, comme je l'ai remarqué, *verbo* Chiffre.

ABREVIATIONS QUI SE TROUVENT DANS LES LIVRES DE JURISPRUDENCE. *Voyez* Citations.

ABROGER, signifie casser, annuller, mettre hors d'usage. Ce terme ne se dit que par rapport aux Loix & aux Coutumes. Les anciennes Ordonnances font abrogées par les nouvelles, & les Coutumes s'abrogent par un usage contraire pendant un long espace de tems. La Pragmatique Sanction a été abrogée par le Concordat fait en-

tre Leon X. & François I. en 1515.

ABSENCE, signifie retraite ou éloignement d'un lieu. Pour connoître les effets que produit l'absence, il faut distinguer différens cas, d'autant qu'elle ne produit pas toujours les mêmes effets, comme nous l'allons faire voir dans les articles suivans.

ABSENT, est celui qui est hors le lieu ordinaire de son domicile depuis quelque-temps, quand on ignore le lieu où il s'est retiré. *L. 199.ff. de verbor. fignif.*

Celui qui est absent doit être assigné à son dernier domicile, suivant l'article 8. du titre 2. de l'Ordonnance de 1667.

Quoiqu'un homme ait été absent pendant un très-long-temps, & qu'il se soit habitué dans un autre Royaume, il n'est pas pour cela réputé incapable de succéder, s'il revient dans son pays.

Un homme absent est toujours réputé vivant, jusqu'à ce qu'on justifie le contraire ; autrement il faut que l'absence soit telle que la vie d'un homme qui peut durer cent ans, soit réputée finie, pour qu'un absent soit censé mort.

En effet, l'homme est réputé vivre cent ans. *L. 8, ff. de ufu & ufufr. & reditu, &c. L. 56, ff. de ufufruc. & quemadmod. quis utat. fruat. & L. 23, cod. de Sacrofanct. Ecclef. 1.*

Cependant avant la Novelle 117. de Justinien, quand un homme avoit été absent pendant un certain tems, si l'on n'en recevoit point de nouvelles, il étoit permis à sa femme de contracter un autre mariage. *L. 7. de repud. Novel. 22. cap. 14.* mais Justinien par sa Novelle 117. chapitre 11. défendit expressément aux femmes de se remarier pendant l'absence de leurs maris, quelque longue qu'elle fût, quoiqu'elles n'ayent reçu aucunes nouvelles d'eux: & au cas que la femme eût reçu la nouvelle de la mort de son mari, l'Empereur Justinien ne lui permettoit pas de se remarier sans avoir un certificat de sa mort ; après quoi il lui falloit attendre une année entiére, avant que de contracter un autre mariage. *Voyez* l'Authentique *Hodie*, qui est inferée dans le Code, après la loi 7. du titre *de repudiis. Voyez* aussi les notes de Godefroy sur le chap. 11. de la Novelle 117 de Justinien.

Le droit canonique s'est en ce point conformé à cette dernière constitution, voulant que ni le long-tems, ni l'âge, ni la condition des mariés, puissent servir d'excuse & de cause légitime à l'un des conjoints pour se remarier, avant que d'avoir des nouvelles certaines de la mort de l'autre, comme il est décidé par le chapitre *In præfentia 19, extra de fponfalib. & matrim.* dans lequel de jeunes femmes, après sept années d'absence de leurs maris, ayant prié leur Evêque diocéfain d'impétrer de Sa Sainteté la permission de se remarier, voici la réponse que Clément III. fit à cette supplique : *Quamvis, pro juvenili ætate & fragilitate carnis nequeant continere, tamen quantocumque annorum numero elapfo, viventibus maritis, non poffunt ad aliorum confortium convolare, donec certum nuntium receperint de ipforum morte. Et c'est la Ju-*

receperint de ipforum morte. Et c'eſt la Juriſprudence que nous ſuivons en France à cet égard, & qui doit être obſervée dans toutes les Nations chrétiennes.

La femme d'un homme qui eſt abſent ne peut donc pas ſe remarier, à moins qu'elle ne juſtifie de la mort de ſon mari. Comme le mariage eſt indiſſoluble, l'abſence, de quelque tems & qualité qu'elle ſoit, n'opére point l'effet du veuvage; il n'y a que la mort naturelle qui le puiſſe cauſer. *Vinculum matrimonii indiſſolubile eſt, atque adeo ſola morte unius è conjugibus poteſt diſſolvi.*

Ainſi, quelque longue que ſoit l'abſence d'un mari, ſa femme ne peut pas ſe remarier, à moins qu'elle n'ait des preuves certaines de ſa mort, comme il a été jugé par pluſieurs Arrêts, & notamment par celui du 15 Mars 1674, rapporté dans le Journal du Palais, & dans le Journal des Audiences.

Lorſqu'il arrive qu'une femme ayant eu de fauſ-ſes nouvelles de la mort de ſon époux, ſe remarie, & que l'on découvre enſuite que le bruit de ſa mort eſt faux, elle eſt obligée de retourner avec lui: & s'il y a des enfans du mariage par elle contracté pendant l'abſence de ſon mari ſont legitimes; mais ſon époux étant de retour, elle eſt obligée de retourner avec lui. *Voyez* le chap. 19. au titre des décretales, *de ſponſalib. & matrim.* M. le Prêtre, centurie première, chap. 1. nombre 10. & ſuivans; Soefve, centurie première, chap. 64.

La femme d'un homme abſent, qui ſur le bruit de ſa mort s'eſt remariée de bonne foi après l'an de deuil, peut répéter ſes deniers dotaux & conventions matrimoniales, ſans être tenue de vérifier ſon décès. Soefve, cent. 2, chap. 20.

Celle d'un mari abſent, qu'on ignore s'il eſt decedé ou non, peut lui faire créer un curateur, & répeter ſa dot après cinq ans; & à l'égard de ſon douaire & autres conventions matrimoniales elle ne les peut répeter qu'après dix ans: la dot étant le patrimoine de la femme, il eſt juſte de la lui remettre ſans attendre plus long-tems: elle peut même demander une penſion en attendant que le douaire ſoit ouvert, laquelle penſion eſt ordinairement de la moitié. Renuſſon, en ſon Traité du douaire, chap. 5, n. 44.

Une femme qui par caprice ou légereté d'eſ-prit s'eſt abſentée de la maiſon de ſon mari, & a vécu ſéparée de lui pendant pluſieurs années, s'il vient à mourir ſans qu'elle l'ait aſſiſté de ſa mort, ne peut prendre part à la communauté du jour de la ſéparation, au cas qu'il en ait rendu plainte, ou qu'il l'ait ſommée de revenir avec lui.

L'état d'un enfant né pendant le mariage, ne peut être conteſté, ſous prétexte que la mere eſt devenue enceinte dans le tems que le mari étoit abſent, à moins qu'il ne fut juſtifié qu'il y a impoſſibilité phyſique que le mari en ſoit le pere.

La raiſon eſt, que *pater eſt quem juſtæ nuptiæ demonſtrant, L. 5, ff. de in jus vocando Filium definimus, qui ex viro & uxore ejus naſcitur, L. 6, ff. de his qui ſui vel alieni juris ſunt.*

Les Loix ne conſiderent que la naiſſance, & dans le doute préſument toujours pour l'innocence d'une femme legitime. Elles jugent favorablement des choſes ſecrettes par celles qui ſont connues, & déclarent légitimes tous les enfans qui naiſſent pendant le mariage de leurs pere & mere.

La longue abſence du Vaſſal ne cauſe pas l'ouverture du Fief: *Propter abſentiam ſolam non fit apprehenſio feudalis, ſed debet abſentis mors à Domino probari; poteſt tamen Dominus eâ uti in tertium poſſeſſorem vel occupatorem.* Molinæus, §. 1, gloſ. 2, num. 4. Et il ajoûte que le Vaſſal revenant, le Seigneur ne ſeroit pas tenu de reſtituer les fruits conſumés. Mais Baſnage, ſur l'art. 109. de la Coutume de Normandie, tient le contraire avec raiſon, parce que le Seigneur doit s'imputer d'avoir fait une mauvaiſe ſaiſie.

Voyez au ſurplus Charondas, liv. 4. de ſes Réponſes, chapitre 70. Coquille, queſt. 48. & ce que j'ai dit ſur l'article premier de la Coutume de Paris, gloſe 2, n. 15.

Quand un homme eſt abſent, ſes héritiers ſe peuvent faire adjuger ſes biens par proviſion après un certain tems, en donnant par eux caution de les lui reſtituer en cas qu'il revienne.

Cette poſſeſſion proviſionnelle ſe donne après dix années d'abſence: du moins tel eſt l'uſage du Parlement de Paris. Mais après trente ans, on rend un Jugement pur & ſimple & définitif ſans donner caution. Il y a des Coutumes, mêmes dans le reſſort du Parlement de Paris, où l'on fait le partage proviſionnel après ſept ans; comme Anjou, article 289. & Maine, art. 289. Celle de Hainault, ch. 77. ne requiert que trois ans.

Au Parlement de Toulouſe, on fait le partage proviſionnel au bout de neuf ans, ſuivant les Arrêts rapportés par Maynard, liv. 2. chap. 57.

Voyez Partage des biens d'un abſent, & ce que j'ai dit ſur l'article 318. de la Coutume de Paris, gloſe 1. où ſont traitées les queſtions qui concernent la ſucceſſion d'un abſent.

Un fils de famille après trois ans d'abſence de ſon pere peut ſe marier, L. 10. *cum ſeq. ff. de ritu nuptiar.* pourvû qu'il faſſe un mariage convenable, *dummodo eam filius ducat uxorem, vel filia tali nubat, cujus conditionem certum ſit patrem non repudiaturum.*

Si les enfans d'un homme abſent ſont mineurs, & que leur mere ſoit morte ou incapable d'adminiſtrer leurs biens, il n'eſt pas néceſſaire d'attendre trois ans pour les pourvoir de tuteurs, on peut le faire après une année d'abſence de leur pere dont on ne ſçait aucunes nouvelles.

Un homme qui revient en France, après quelque abſence que ce puiſſe être, eſt admis à demander la reſtitution de ſes biens, & de ſe mettre en poſſeſſion de tout ce qui lui appartient, lequel devient nul de plein droit au moyen de ſon retour. Il peut même demander les ſucceſſions qui lui ſont échues pendant ſon abſence.

Abſens poſt longuos annos patriam repetens; ad hæ-

reditates parentum vel confanguineorum admittitur ; fi modo jus civitatis alibi non acceperit ex refcripto externi Principis. Ainfi jugé le 8. Mars 1604. *Mornacius ad L. 22. ff. familiæ ercifcundæ. Voyez* Abfent du Royaume.

A l'égard des actions qui peuvent être intentées contre un abfent, il falloit autrefois lui créer un curateur à l'effet de les pouvoir intenter contre lui ; mais l'Ordonnance de 1667, titr. 2, art 8 a abrogé cette formalité , & porte qu'un débiteur abfent pour faillite , voyage de long cours ou hors le Royaume , doit être affigné à fon dernier domicile , fans procès verbal de perquifition , ni qu'il foit béfoin de lui créer un curateur.

Voyez ce qui eft dit *verbo* abfent , dans le recueil alphabétique de M. Bretonnier.

A B S E N T DU R O Y A U M E, qui s'eft réfugié dans les Pays étrangers pour y faire un établiffement, eft coupable du crime de défertion.

Ce crime emporte confifcation & mort civile , & la peine des galeres perpétuelles. La Déclaration du dernier Mai 1685 le porte expreffément. D'où il réfulte qu'un homme qui s'eft abfenté du Royaume fans la permiffion du Roi , & s'eft établi dans un autre, ne peut en revenant en France , être réintegré dans fes droits, qu'en obtenant des Lettres de réhabilitation.

A B S E N T, EN MATIERE DE PRESCRIPTION, eft celui qui eft demeurant en un autre Bailliage ou Sénéchauffée que celle où demeure le propriétaire de l'héritage, fur lequel il prétend avoir acquis prefcription.

Ceux-là font donc réputés préfens, en fait de prefcription, qui demeurent dans un même Bailliage ou Sénéchauffée, quoique la chofe foit fituée en un territoire fort éloigné. Ainfi ce n'eft pas l'affiette des héritages, mais le domicile des perfonnes qui fait l'abfence ou préfence. *Voyez* ce que j'ai dit fur l'article 116 de la Coutume de Paris.

Mais chez les Romains, la préfence ou l'abfence, en fait de prefcription, étoit eftimée par rapport à une même Province, ou à différentes Provinces, dans lefquelles les Parties avoient leur domicile.

La raifon de la différence eft, que chez les Romains il n'y avoit qu'un Gouverneur dans chaque Province qui y rendoit la Juftice à tous ceux qui étoient dans l'étendue de fon Gouvernement, foit par lui-même , foit par des Juges délégués qu'il commettoit pour connoître des caufes legeres , *t. t. ff. de Office. Proconf. &. Leg.* au lieu qu'en France il y a dans une même Province plufieurs Bailliages & plufieurs Coutumes.

Si après la prefcription commencée, celui qui étoit préfent transfere fon domicile hors le Bailliage ou la Sénéchauffée , le tems qui manque aux dix années fera doublé pour parfaire la prefcription, fuivant la Novelle 119, chap. 8, qui eft obfervée parmi nous ; parce que la caufe de celui qui fouffre la prefcription eft favorable, enforte qu'il ne femble pas jufte de le réputer préfent dans le tems de fon abfence.

Par exemple, fi un homme n'avoit été préfent que fix ans, au lieu de quatre qui lui reftoient pour

aller jufqu'à dix, il lui en faudroient huit pour achever de prefcrire, à caufe de fon abfence. *Mornacius ad Legem 7, §. quamvis, ff. de fervitutib.*

A B S E N T, EN MATIERE CIVILE, eft le défaillant, d'où vient défaut. *Voyez* Défaut.

A B S E N T, EN MATIERE CRIMINELLE, eft celui que l'on prétend être coupable de quelque crime & dont on ignore le lieu où il eft.

Le procès peut lui être fait par contumace, & condamnation s'enfuivre, foit de peine corporelle ou pécuniaire , ou de mort, felon la qualité du crime.

L'abfence d'un homme accufé de quelque crime n'eft pas une preuve qu'il en foit coupable, mais fa fuite induit une efpece de préfomption contre lui. *Quando fuga fit poft delictum , maximè ex quo eft incepta inquifitio, induxit præfumptionem.* Franc. Marc. tom. 1 , pag. 133.

L'abfence induit donc une préfomption, mais ne fait pas preuve. La raifon eft, que fi la fermeté fait la gloire des innocens , la fuite fait la honte des coupables : l'une eft une marque de repos & de tranquillité de cœur qui eft la récompenfe de la vertu, & l'autre eft un effet de la crainte qui eft inféparable du crime.

Ainfi, quand ceux qui font accufés de quelque crime ont pris la fuite, on préfume qu'ils n'ont pris la fuite que pour fe fouftraire aux peines qu'ils ont méritées. Cependant, quoique leur fuite ne ferve pas de preuve, comme nous l'avons dit *verbo* contumace, elle fert de préfomption, fur le fondement que tout criminel a toujours dans l'idée que la plus fâcheufe circonftance pour un accufé coupable, eft fa préfence dans la procédure qu'on inftruit contre lui.

Quoiqu'il en foit , ce qui fâche ceux qui font condamnés à quelque peine afflictive , & à qui on lit leur Jugement de condamnation , ce n'eft pas la rigueur du fupplice auquel ils font condamnés, mais c'eft le mot de *ci-préfens.*

L'abfent qui eft condamné à mort par contumace, eft toujours réputé vivant; mais s'il ne fe repréfente pas dans les cinq ans de l'exécution de la Sentence rendue contre lui par contumace les condamnations pécuniaires, amendes & confifcations font réputées contradictoires, & valent comme exécutées par Arrêt.

Après ce délai, il faut qu'il fe pourvoie & obtienne du Roi des Lettres qui lui donnent la faculté d'efter à droit pour fe purger. *Voyez* le titre 17. de l'Ordonnance de 1670, qui explique la procédure qui doit être faite contre un accufé abfent.

A B S E N T, POUR CAUSE NÉCESSAIRE OU UTILE A LA RÉPUBLIQUE, fe peut faire reftituer contre le dommage que lui a caufé fon abfence; mais non pas contre celui qui provient d'ailleurs, & qu'il auroit fouffert quand même il n'auroit pas été abfent, *toto titulo Cod. de reftitutionibus militum, & eorum qui Reipublicæ caufâ abfunt, & L. 140, ff. de regul. jus. L. 44. & toto titulo, ff. ex quibus cauf. major.*

La raifon eft, qu'une abfence néceffaire ou utile à la République, ne doit pas être préjudiciable à l'abfent.

Ceux-là font réputés abfent pour caufe néceffaire, lorfque leur abfence eft fondée fur une jufte crainte, comme de celle de la mort ou des tourmens du corps,& des prifons publiques ou particulieres,comme aufli celle des voleurs & des brigands. *L. 3. & 9, ff. ex quib. cauf. major.* Ils fe peuvent faire reftituer contre le dommage que leur a caufé leur abfence.

Il en eft de même de ceux qui n'ont pu conferver ou pourfuivre leurs droits, pour avoir été détenus par la fervitude,ou pour être tombés dans la puiffance des ennemis. *L. 10. & 14, ff. eodem.* Sur quoi il faut rémarquer que l'abfence qui provient de délit ne donne pas lieu à la reftitution.Ainfi par Arrêt du Parlement de Touloufe du treize Juin 1569, rapporté par M. Maynard, liv. 6, chap. 40, il a été jugé que pendant le tems qu'un condamné fert aux galeres, le tems accordé aux mineurs pour la reftitution avoit couru contre lui.

Ceux-là font réputés abfens pour la République, qui ne font pas abfens pour leur intérêt,mais pour celui de la République, & dont l'abfence eft forcée & néceffaire, *leg. 4. leg. 5. leg. 36, ff. leg. 38, §. 1, ff. eod. tit.* comme font ceux qui font envoyés dans les Provinces pour y traiter des affaires qui concernent l'Etat, ou les Soldats, qui, pendant qu'ils font à l'Armée, ne peuvent pas avoir foin de leurs affaires, *leg. 45, ff. eod.*

Ceux qui font abfens pour les affaires de la République, fe peuvent donc faire reftituer, lorfque pendant leur abfence les chofes à eux appartenantes ont été prefcrites, ou quand elles ont été vendues par leurs créanciers, ou que les actions qu'ils pouvoient exercer ont été prefcrites, ou qu'ils ont perdu la poffeffion dans laquelle ils étoient, ou enfin quelque fucceffion à laquelle ils étoient appellés : en tous ces cas ils peuvent, par le moyen de la reftitution, revenir contre la prefcription, ou faire caffer la vente de leurs biens, & fe faire jouir des actions qu'ils avoient, & rentrer dans la propriété de leurs biens & dans la poffeffion des chofes qu'ils poffedoient avec les fruits. *Leg. 23, §. 2, ff. ex quib. cauf. major.*

Les héritiers des abfens pour les affaires de la République, peuvent aufli fe fervir de ce bénéfice, comme les repréfentans. *Leg. 5,§. 6,ff.eod. leg. 18, §. ult.& leg. 19. de minorib. leg. 1. & 2, eod. de reftit. milit.*

Quoique les femmes ne foient point dans le cas de pouvoir être abfentes pour l'intérêt public, toutefois fi elles font avec leurs maris abfens pour les affaires publiques, elles peuvent jouir comme eux du bénéfice de reftitution, en cas que leur abfence leur ait caufé quelque perte dans leurs biens ou dans leurs droits, comme il eft décidé dans les deux premieres Loix, *tituli cod. de reftitutionib. militum,* qui font obfervées en France.

Avant Juftinien, l'on n'avoit pour demander la reftitution pour caufe d'abfence néceffaire, qu'un an utile à compter du jour du retour, *leg. 3, cod. de reftitutionib. militum;* mais au lieu de l'an utile, cet Empereur a donné quatre années continues, *leg. ult. cod. de temp. in integ. reft.* Mais parmi nous,

cette reftitution fe peut demander dans dix ans à compter du jour du retour de l'abfent.

ABSENTER, ne fe dit qu'avec le pronom perfonnel & fignifie fe retirer, s'éloigner de la préfence des autres, s'en fuir, fe cacher & fe mettre à couvert de quelques pourfuites extraordinaires. On dit, par exemple, qu'un tel Marchand s'eft abfenté & a fait banqueroute ; ou bien qu'un tel s'eft abfenté, parce qu'on avoit décrété contre lui.

ABSOLUTION, eft un Jugement par lequel un accufé eft, faute de preuves, abfous & déclaré innocent du crime dont il avoit été accufé.

Je dis, *faute de preuves ;* car un accufé n'eft jamais renvoyé abfous, quand il y a quelque preuve contre lui, mais infuffifantes pour le condamner, ou pour le faire appliquer à la queftion. Lorfque la preuve n'eft pas entiere & complette, le Juge ordonne un plus amplement informé jufqu'à un certain tems, & même quelquefois que l'accufé reftera en prifon, les preuves demeurantes en état ; ou bien quand les preuves font fortes & convaincantes, mais non pas affez pour lui faire fubir la peine du crime dont il eft accufé, le Juge ordonne qu'il fera appliqué à la queftion ; & quoiqu'il n'avoue point le crime dont il eft accufé, il eft condamné à une peine mais plus legere que celle qu'il auroit dû fubir fi les preuves avoient été entierement complettes.

Enfin, quand il n'y a contre un accufé que de légeres préfomptions, le Juge doit non-feulement mettre fon glaive en fufpens, mais il doit renvoyer l'accufé. *Voyez* Condamnation de mort.

Lorfque, faute de preuve entiere & complette, le Juge ordonne un plus amplement informé, le Procureur du Roi eft en droit d'agir dans le tems préfini pour la nouvelle information, lequel étant paffé, s'il n'eft point furvenu de nouvelles preuves contre l'accufé, il eft en quelque maniere réputé abfous, du moins pour le regard de la Partie civile, mais non pas par rapport à la Partie publique.

L'effet de l'abfolution eft, que l'abfous par un Jugement dont il ne peut point y avoir d'appel, ne peut plus être dénoncé pour raifon du crime dont il a été abfous, fuivant la maxime *non bis in idem.* Et en ce cas le Jugement d'abfolution réferve à l'abfous le droit de fe pourvoir contre la Partie civile, pour fes dommages & intérêts.

Il faut donc diftinguer entre l'abfolution prononcée par un Jugement dont on peut appeller, & celui dont on ne peut interjetter appel : au prémier cas, l'abfolution n'eft pas fans retour, parce qu'il refte la voie de l'appel de la part de l'accufateur, s'il y en a, & l'appel *à minima* de la part de M. le Procureur général ou de fon Subftitut.

Lorfqu'on ne peut appeller d'un Jugement d'abfolution, il ne refte plus de retour, même pour le dédommagement des Parties, qui, ayant un intérêt particulier, n'auroient pas été entendues. Il fuffit que le Procureur général ou le Procureur du Roi, qui font les Parties légitimes, ayent agi.

Après l'abfolution prononcée fur leurs pourfuites, il ne peut y avoir aucun retour, même pour la voie civile,

civile, par rapport aux dommages & intérêts. Un pareil Jugement d'abfolution fait qu'il n'y a point de crime : or où il n'y avoit point de crime , il ne peut y avoir des dommages & intérêts à prétendre.

Comme l'intention des Législateurs n'a jamais été de procurer l'impunité des crimes ; pour que cette maxime, *nos bis in idem*, ait lieu, plufieurs conditions font requifes.

La premiere eft, que le Jugement d'abfolution ait été prononcé dans toutes les regles & fur des procédures régulieres; *quia ubi eft nullitas , ibi res judicata adeffe non poteft: nam quod ipfo jure nullum eft , nullos affectus parit.*

Mais il faut en ce cas faire prononcer d'abord la nullité de la procédure, qui emporte celle du Jugement, & enfuite recommencer le procès tout de nouveau.

C'eft ce qui s'eft obfervé lorfque le Sr. Penotier qui avoit été abfous par Arrêt du 26 Avril 1673 , fur une procédure irréguliere; fans qu'il y eut recollement ni confrontation, a été obligé de fubir une nouvelle inftruction de procès en conféquence de laquelle il a été abfous une feconde fois. Bibliothéque canonique, tom. 1 , page 193. *in fine.*

La deuxiéme eft, que le Jugement d'abfolution n'ait point été obtenu par collufion. Ainfi un homme coupable d'un homicide atroce, qui avoit accordé avec la Partie, & s'étoit fait abfoudre par collufion, a été depuis dénoncé de rechef par un tiers, fur le fondement de l'atrocité du crime, & fur ce que l'Arrêt avoit été rendu par collufion. La Cour reçut la dénonciation de ce tiers, & ordonna qu'en qualité de dénonciateur, il en communiqueroit aux Gens du Roi, pour , fous le nom de M. le Procureur général, en faire pourfuite. Plaid. de Corbin, chap. 90.

La troifiéme eft, que le Jugement d'abfolution ait été prononcé par un Juge compétent. Ainfi, fuppofé que le Pape ou le Légat, ou autre Juge eccléfiaftique, eût abfous *in foro temporali*, l'abfolution feroit nulle. *Voyez* les Preuves des libertés de l'Eglife Gallicane, tom. 1. chap. 7, nombre 49.

Mais on demande fi l'abfolution du Juge Eccléfiaftique qui a pris connoiffance d'un délit dont il pouvoit connoître , empêche les Officiers du Roi d'en prendre connoiffance ?

Il faut dire que lorfque les Officiers du Roi prennent eux-mêmes connoiffance pour la vindicte publique, quoique le Juge d'Eglife ait agi pour ce qui le regarde, ils n'ont pas pour cela les mains liées, à moins qu'ils n'ayent concouru avec le Juge d'Eglife, qui eut imploré le bras féculier.

Mais ce que le Juge d'Eglife fait feul, n'empêche pas que les Juges royaux ne puiffent agir de leur côté, même après que le Juge Eccléfiaftique a, pour ce qui le regarde, prononcé l'abfolution de l'accufé. Papon, liv. 1, tit. 5, n. 46. Joan. Galli, qu. 319.

ABSOLUTION D'UN CONTUMACE QUI S'EST PRÉSENTÉ DANS LES CINQ ANS, a un effet rétroactif pour les fucceffions qui lui font échues pendant fa contumace; ce

que n'opéreroit pas prefcription du crime. *Voyez* Prefcription de crime.

Touchant l'abfolution, *Voyez* Condamnation à mort. *Voyez* Covarruvias, *variarum refolutionem , lib. 2. cap. 10. num. 1.Voyez* auffi Boniface, tom. 1. pag. 301, & la Bibliothéque canonique, *verbo* Cas privilégié.

ABSOLUTION A CAUTELLE OU A CAUTION, eft une efpece d'abfolution conditionnée , ainfi appellée du mot *Cautela*, qui fignifie affurance. Elle s'accorde à celui qui a été excommunié, & qui eft appellant de l'excommunication, prétendant qu'elle eft injufte.

Pour que cette abfolution foit valable , il faut qu'elle foit accordée par celui qui a autorité légitime & fpirituelle fur l'excommunié à qui il donne des Lettres d'abfolution à cautelle, pour que nonobftant la Sentence d'excommunication prononcée contre lui, & qui demeure toujours excommunié nonobftant fon appel, il puiffe agir avec ceux qui ne font pas retranchés de la fociété des Fidéles, & qui fans cette abfolution pourroient faire fcrupule d'agir avec lui.

L'effet de ces Lettres eft donc d'accorder à l'excommunié le pouvoir d'efter en jugement, & de déduire fes moyens d'appel, fuivant l'art. 40. de l'Edit de 1695.

Ces Lettres ne s'accordent qu'après que l'excommunié a promis par ferment, qu'en cas qu'il fuccombe dans le fond, il rendra à l'Eglife l'obéiffance qu'il lui doit, & fatisfera la Partie adverfe fur ce qu'il lui fera enjoint : ainfi elles ne mettent pas le Prêtre excommunié en état de dire la Meffe. Ainfi jugé le 4. Août 1714. en la Tournelle, fur les conclufions de M. l'Avocat général Chauvelin.

Touchant l'abfolution *ad cautelam*, voyez l'Ordonnance de Blois, article 60. & les Conférences Eccléfiaftiques du Diocéfe de Condom, imprimée à Paris en 1701.

ABSOUDRE, fignifie décharger d'une accufation , & de la peine d'un crime. Dans le doute, il eft plus expédient d'abfoudre un criminel, que de condamner un innocent.

ABSTENIR, ne fe dit qu'avec le pronom perfonnel. On dit, par exemple, qu'un Juge s'abftient & fe défifte de la connoiffance & du jugement d'une affaire, à caufe de la parenté ou de l'alliance au degré prohibé, qui eft entre l'une des parties & lui.

En matiere de recufation de Juges, quand la Cour la trouve bien fondée, elle ne la prononce pas, mais elle dit, pour adoucir l'expreffion, que le Juge qui eft recufé s'abftiendra de rapporter le procès ou d'opiner.

Voyez l'Ordonnance de 1667. titre 24.

ABSTENIR, fe dit auffi d'un héritier en collatérale, qui s'abftient & ne fait point acte d'héritier du défunt: au lieu que le préfomptif héritier en ligne directe, pour n'être point héritier de celui dont la fucceffion lui eft déférée, eft obligé de faire un acte authentique, par lequel il renonce à cette succession.

ABSTENTION, étoit chez les Romains un bénéfice que les enfans héritiers siens obtenoient du Préteur, en vertu duquel ils abandonnoient les biens de leur pere, dont ils étoient reputés propriétaires par le droit civil : de sorte que par le moyen de l'abstention, ils n'étoient nullement censés héritiers, du moins par le Droit Prétorien.

Parmi nous, on entend par abstention, l'omission que fait un héritier en collatérale ; ainsi la succession en directe doit se répudier par une renonciation expresse ; mais la seule abstention suffit pour la succession en collatérale. De ce, il y a un acte de notoriété du Châtelet de Paris, en date du 24. Juillet 1706 & l'usage y est conforme.

Voici ce qu'il contient : pour faire connoître la raison sur laquelle l'usage qui se pratique est fondé, il est nécessaire de rappeller les articles 316 ou 318 de la coutume de Paris. Par le dernier, qui porte que le mort saisit le vif, l'on voit que la loi défere l'hérédité au plus proche Parent qui devient de droit héritier & saisi, sans qu'il en fasse aucune demande en Justice.

Mais comme, suivant l'art. 316. nul n'est héritier qui ne veut, l'héritier n'est héritier que de droit, lorsqu'il ne s'est pas immiscé ; & pour le devenir de fait, ou faire connoître qu'il ne veut pas l'être, il est nécessaire d'établir quels actes doivent être faits pour cela.

En ligne directe descendante, à cause de la régle *Filius ergo hæres*, les enfans sont toujours présumés héritiers nécessaires ; ensorte que pour se décharger des dettes de l'hérédité, il faut absolument qu'ils fassent une renonciation, ou en Jugement, ou par devant Notaires, par un acte authentique dont il y ait minute, par lequel en rénonçant, ils déclarent qu'ils n'ont point apprehendé aucuns effets de la succession, ni fait acte d'héritiers ; & il faut qu'on ne puisse pas justifier le contraire.

La même chose doit se pratiquer en la ligne directe ascendante : les pere, mere, ayeul, ou ayeule, étant héritiers nécessaires, la représentation se faisant à l'infini en la ligne ascendante, comme en la descendante, & donnant l'exclusion à tous autres héritiers pour les meubles & acquêts; ils doivent faire une renonciation par un acte authentique dont il y ait minute, & avec les mêmes conditions que celles qui sont requises pour les descendans.

A l'égard des héritiers en ligne collatérale, qui ne sont pas héritiers nécessaires, ils peuvent se dispenser de faire un acte authentique de renonciation : il leur suffit de s'abstenir ; & tant que l'on ne prouvera pas qu'ils se sont immiscés ou fait acte d'héritier, l'on ne pourra rien leur demander en qualité d'héritiers : s'ils sont assignés en cette qualité, ils n'ont qu'à déclarer qu'ils s'abstiennent, & qu'ils ne se sont pas immiscés ; & cette déclaration peut être faite par un simple acte dont il n'y ait point de minute.

Il ne paroît pas qu'il y ait beaucoup de différence entre la rénonciation expresse & l'abstention : cependant en y faisant reflexion, & considérant les conséquences, on trouvera que c'est avec un sage discernement qu'on a fait cette différence, & qu'elle est fondée sur la liberté que donne l'article 318 de la Coutume de Paris, qu'on a eu raison d'appliquer au profit des collatéraux ; parce que l'éloignement du degré ne les ayant fait considérer à l'égard des affaires du défunt, en quelque façon que comme étrangers, il est juste de les moins gêner que les héritiers nécessaires, sur l'addition ou sur la répudiation de l'hérédité.

Au surplus, l'abstention est sujette aux mêmes regles que la rénonciation, il faut qu'elle se fasse de bonne foi, *rebus integris*, & que le collatéral ne se soit point immiscé en aucune maniere dans les biens de la succession, comme héritier. Et par la même raison, il s'est abstenu par ignorance de fait, sans communication d'inventaire, ou qu'on lui ait soustrait des effets de la succession, pour l'amoindrir & le faire rénoncer, il peut se faire restituer de sa rénonciation.

Voyez ce que j'ai dit de l'abstention dans mon Commentaire de la Coutume de Paris, sur la fin de l'article 310.

ABUS en général, signifie tout déreglement qui est contre l'usage, ou tout ce qui se fait contre les Loix ; & ce terme est composé de *ab* & de *usus*.

Il y a abus quand il y a contravention, soit aux Conciles & Décrets reçus & approuvés en France, soit aux Ordonnances royaux, soit aux Arrêts de réglement des Cours souveraines, ou qu'il y a de la part des Ecclésiastiques entreprise sur la puissance & Jurisdiction temporelle.

Mais quand le Juge d'Eglise juge contre la Police, ou contre des Statuts particuliers, il n'y a point en ce cas d'abus ; mais seulement un mal jugé, qui peut être corrigé par l'appel simple interjetté devant le Juge ecclésiastique supérieur immédiat : au lieu qu'en cas d'appel comme d'abus, il faut nécessairement qu'il soit relevé en Parlement, qui seul peut connoître des appellations comme d'abus.

Ainsi quoique les Parlements non plus que les autres cours souveraines, n'ayent pas droit de connoître des choses spirituelles, il faut excepter le cas où il y a abus dans le contenu en la Sentence du Juge d'Eglise ; car alors c'est au Parlement à en connoître, aussi-bien que de tous les abus qui se rencontrent dans d'autres actes, non seulement dans ceux qui concernent les Laïques, mais encore dans ceux qui sont faits par les Ecclésiastiques.

Suivant ce que nous avons dit, l'abus ne se commet pas seulement par la contravention aux Conciles & Décrets reçus & approuvés en France, mais encore par la contravention aux Ordonnances royaux, aux Arrêts des Cours souveraines, & par l'entreprise de la part des Ecclésiastiques sur la puissance & Jurisdiction temporelle.

Les Ecclésiastiques & les Juges d'Eglise n'étant pas moins sujets du Roi que les Laïques & que les Juges séculiers, ils ne sont pas moins soumis à observer les Loix qu'il plaît à Sa Majesté de faire :

d'où il s'enfuit qu'ils font pareillement obligés d'obferver & de fuivre les Ordonnances royaux & les Arrêts de reglement, à peine d'abus. Auffi la Jurifdiction contentieufe n'a été obfervée aux Juges d'Eglife, qu'à la charge d'obferver les Ordonnances, comme il eft marqué en l'article 12 de l'Edit de 1606.

Voyez les articles 34, 35, & 79. des Libertés de l'Eglife Gallicane, & la remarque de Pithou fur ces articles. *Voyez* auffi Fevret, en fon traité de l'Abus, liv. 1, chap. 9, nomb. 5; & Ducaffe, en fon Traité de la Jurifdiction eccléfiaftique, part. 2, chap. 2, nomb. 8.

La raifon eft, que l'Eglife eft dans l'Etat, & fujette à toutes les Loix de l'Etat, comme nous venons de le dire. Or les Parlemens qui font les Arrêts de réglement, font à cet égard les dépofitaires du pouvoir fouverain du Prince.

Il y a auffi abus toutes & quantes fois que le Juge d'Eglife entreprend fur la Jurifdiction féculiere foit en connoiffance des caufes qui ne font point de fa compétence, foit en excédant les bornes de fon pouvoir, comme nous l'avons dit *verbo* Juge Eccléfiaftique, où nous avons remarqué les conteftations & les caufes qui font de fa Jurifdiction, & dans quels cas les Laïques font fes jufticiables.

Comme le Juge d'Eglife doit toujours fe renfermer dans les bornes de fon pouvoir, il s'enfuit qu'il y a abus:

1°. Dans la Sentence d'un Official qui appointe les parties contraires en leurs faits, pour des dépens demandés au fujet d'une inftance en validité ou nullité de mariage; parce que c'eft de la part de l'Official vouloir connoître indirectement des dommages & intérêts.

2°. Quand l'Official décerne une provifion & des alimens à une fille enceinte.

3°. Quand il fait défenfe de faire quelque chofe fous une peine pécuniaire, parce que l'Eglife n'a point de fifc, & n'a d'autres peines ni contraintes que les fpirituelles.

4°. Quand fur la demande formée contre un mineur en reconnoiffance d'une promeffe de mariage faite fans l'autorité de fon tuteur, l'Official ordonne qu'il fera tenu de procéder devant lui, nonobftant la demande incidente du tuteur qui fe feroit conftitué demandeur en rapt.

5°. Quand il condamne un jeune homme à doter une fille pour l'avoir débauchée. A propos de cela, j'ai lu dans les mélanges d'Hiftoire & de Littérature, qu'un jeune Avocat, qui avoit à plaider une caufe pour une fille dont on avoit abufé, pria un de fes amis de lui prêter le *Traité de l'Abus de Mr. Fevret. Voyez* Appel comme d'abus.

ABUSER, fignifie faire un mauvais ufage de quelque chofe; mais ce terme fignifie plus particuliérement fuborner une femme, corrompre une fille, & lui arracher les dernieres faveurs.

On dit auffi qu'un Juge abufe de fon autorité, quand il en ufe pour fes intérêts particuliers.

ABUSIF. On appelle abufif un Acte ou un Jugement où il y a de l'abus. On dit, par exemple, qu'une union de Bénéfice, fans caufe valable &

importante, eft abufive: on dit auffi qu'un Jugement rendu par un Juge d'Eglife, pour caufe profane eft abufive.

ABUSIVEMENT, fignifie mal, & d'une maniere abufive. La Cour, en infirmant les Sentences des Juges d'Eglife, prononce, *mal, nullement & abufivement jugé.*

A C A

ACAPTE, terme qui vient de *Captare,* fignifie un droit d'entrée, qui eft dû en quelques lieux au Seigneur à la mort du tenancier, cens ou autre charge, par fon héritier, à caufe de l'inveftiture emphitéotique que le Seigneur lui fait.

Voyez le Gloffaire du Droit François, *verbo* Entrage; le Gloffaire de Ducange, aux mots *Acaptare, Acaptagium;* & la Payrere, *verbo* Acapte. *Voyez* auffi M. Catelan, liv. 3. chap. 8; & les Obfervations fur Henrys, tom. 2, queft. 75, pag. 151. & fuiv.

ACARER. Ce mot vient de *Cara,* qui fignifie en Efpagnol la tête ou le vifage de l'homme: c'eft pourquoi dans quelques-unes de nos Provinces voifines de l'Efpagne, ce terme fignifie confronter les témoins à l'accufé qui eft chargé par leur dépofition; ainfi le Juge les met tête à tête. *Judex reum componit cum teftibus, ut reum agnofcant, & præfentem quafi condemnent.*

ACASER, fignifie quelquefois inféoder, donner en fief. Dans quelques Coutumes, il fignifie auffi bailler à rente. Non-feulement le Seigneur foncier & direct peut acafer, mais auffi l'emphytéote ou le tenancier, à moins qu'il n'y ait claufe au contraire dans fon contrat.

Il y a néanmoins quelque différence entre l'acafement fait par le Seigneur direct, & l'accafement fait par le tenancier, qu'on appelle fous-acafement, en ce que le premier emporte lods & ventes, comme premiere rente fonciere & feigneuriale; au lieu que l'autre n'en emporte point, d'où vient qu'il eft appellé rente féche.

Voyez le Gloffaire du Droit François, *verbo,* Acafer.

ACCENSEMENT, autrement appellé fous-inféodation, eft un contrat par lequel on prend un héritage à cens ou rente fonciere.

Ainfi *accenfer,* c'eft donner à ferme; *accenfes,* fignifie le prix annuel des fermes; & par le mot d'*accenfeurs,* on entend les Fermiers.

Ce contrat fe peut faire de la part de celui qui aliéne, jufqu'à concurrence des deux tiers, fans démiffion de foi fur ce qu'il aliéne; autrement fi le Vaffal aliéne tout le Fief, quoique fans démiffion de foi, il y aura ouverture, & le Seigneur dominant de celui qui aura fait cette aliénation, pourra faifir féodalement faute d'homme.

Voyez ce que j'ai dit fur l'art. 51 de la Coutume de Paris. *Voyez* M. du Cange, au mot *accenfa.*

ACCEPTABLE, fignifie ce qu'on ne peut raifonnablement refufer. On dit, par exemple, que des propofitions ou des offres font acceptables & par conféquent ne doivent point être rejettées.

ACCEPTANT, est celui qui agrée & accepte ce qu'on fait pour lui, & qui en fait sa déclaration dans l'acte qu'il passe. *Voyez* Acceptation.

ACCEPTATION, est le consentement de celui qui accepte, qui reçoit, qui agrée. Ainsi acceptant, est celui qui agrée ce qu'on fait en sa faveur.

ACCEPTATION D'UNE DONATION, est le consentement que donne le donataire à la donation qui lui est faite par le donateur.

L'acceptation d'une donation est nécessaire pour sa validité; car c'est le concours de la volonté du donataire qui donne la perfection à l'acte: desorte que si le donateur décede, ou revoque la donation avant qu'elle ait été acceptée, elle devient sans effet. *Voyez* Révocation de donation.

L'acceptation est de l'essence d'une donation: ensorte qu'une donation qui seroit conçue sans qu'il fût mention d'aucune acceptation: seroit nulle; *quia non potest liberalitas nolenti acquiriri. Leg.* 19. *ff. de donation. invita beneficium non datur, leg.* 69. *ff. de reg. jur.* 10. *ff. de donation. leg. ult. cod. de revocand. donation.*

Il faut donc que celui à qui l'on donne accepte, que le contrat en fasse mention. La jouissance de plusieurs années des biens compris dans une donation, ne rendroit pas la donation plus valable. Il faut excepter les donations qui se font par contrat de mariage, dans lesquelles l'acceptation se fait par équipollence; car quand les Parties ont été présentes au contrat, & que la célébration du mariage s'en est ensuivie, quoiqu'il ne soit fait aucune mention d'acceptation des choses données, l'acceptation est censée tacitement être intervenue par le subséquent mariage; & on peut dire alors que l'acceptation se trouve dans la substance du contrat, quoiqu'elle ne se trouve pas dans les paroles.

L'acceptation se peut faire par le donataire en personne, ou par personne interposée; sçavoir, par Procureur fondé de procuration spéciale ou par tuteur ou curateur, & même par le pere de l'enfant mineur, comme étant son légitime administrateur.

Les donations faites à un mineur, doivent être absolument acceptées par son tuteur ou curateur, à peine de nullité; ce qui est si vrai, qu'un mineur ne pourroit pas se faire restituer contre le défaut d'acceptation d'une donation qui auroit été faite à son profit. *Voyez* M. Louet & son Commentateur, lettre D, chap. 58 & 69.

M. Ricard, en son Traité des Donations, part. 1, nomb. 860. & suivans, estime que la donation faite par le pere ou tuteur, non acceptée d'autres personnes ayant caractere; est nulle directement, que néanmoins à l'égard de la donation faite par un tuteur à son pupille, elle ne peut être contestée parce que le tuteur est garant du défaut d'acceptation, & tenu des dommages & intérêts, qui ne peuvent pas monter à moins que la chose donnée.

A l'égard des donations faites en l'absence des donataires, les Notaires stipulant pour eux, elles ne commencent d'avoir leur effet & d'être valables, que du tems qu'elles sont ensuite acceptées par les donataires; encore faut-il,

1° Que ce soit du vivant du donateur & qu'il ne l'ait pas revoquée avant que cette acceptation survienne.

2°. Que cette acceptation se fasse par acte passé pardevant Notaires, ou un Notaire & deux Témoins.

3°. Que l'acte d'acceptation soit mis au pied d'un expédition du contrat de donation, quand l'acceptation est reçue par d'autres Notaires que celui qui a la minute de la donation.

Mais aujourd'hui, depuis l'Ordonnance du mois de Février 1731, art. 5, les Notaires & Tabellions ne peuvent plus accepter des donations pour les donataires absens.

Au reste un mari ne peut accepter une donation qui est faite à sa femme, il faut qu'elle l'accepte elle-même; & si c'est en pays coutumier elle doit être autorisée de son mari.

Voyez Louet, lettre D, sommaire 5; & Richard en son traité des Donations, part. 1, chap. 4. sect. 1; & ce que j'ai dit dans mon Commentaire de la Coutume de Paris, sur la Rubrique des donations; & les Notes de Mr. le Camus sur la même Rubrique, §. 2.

Voici les articles de l'Ordonnance de Louis XV. du mois de Février 1731, qui concerne l'acceptation des donations.

» Article V. Les donations entre-vifs, même » celles qui seroient faites en faveur de l'Eglise, ou » pour causes pies, ne pourront engager le dona- » teur ni produire aucun autre effet, que du jour » qu'elles auront été acceptées par le donataire, » ou par son Procureur général ou spécial, dont la » procuration demeurera annexée à la minute de » la donation: & en cas qu'elle eût été acceptée » par une personne qui auroit déclaré se porter fort » pour le donataire absent, lad. donation n'aura » effet que du jour de la ratification expresse que » ledit donataire en aura faite par acte passé par- » devant Notaire, duquel acte il restera minute. » Défendons à tous Notaires & Tabellions d'accep- » ter les donations, comme stipulant pour les do- » nataires absens, à peine de nullité desdites sti- » pulations.

» Art. VI. L'acceptation de la donation sera ex- » presse, sans que les Juges puissent avoir aucun » égard aux circonstances dont on prétendroit in- » duire une acceptation tacite ou présumée; & ce » quand même le donataire auroit été présent à » l'acte de donation, & qu'il l'auroit signé, ou » quand il seroit entré en possession des choses » données.

» Art. VII. Si le donataire est mineur de vingt- » cinq ans, ou interdit par autorité de Justice, » l'acceptation pourra être faite pour lui, soit par » son tuteur ou son curateur, soit par ses pere ou » mere, ou autres ascendans, même du vivant du pere » & de la mere, sans qu'il soit besoin d'aucun avis » de parens pour rendre lad. acceptation vala- » ble.

» Art. VIII. L'acceptation pourra aussi être faite,

» par les Adminiſtrateurs des Hôpitaux , Hôtel-
» Dieu , ou autres ſemblables Établiſſemens de
» charité , autoriſés par nos Lettres patentes regiſ-
» trées en nos Cours , & par les Curés & Mar-
» guilliers, lorſqu'il s'agira de donations entre-vifs,
» faites pour le Service divin , pour fondations
» particulieres , ou pour la ſubſiſtance & le ſoula-
» gement des Pauvres de leur Paroiſſe.

» Art. IX. Les femmes mariées , même celles
» qui ne feront communes en biens , ou qui auront
» été ſéparées par Sentence ou par Arrêt, ne pour-
» ront accepter aucunes donations entre-vifs ſans
» être autoriſées par leur mari , ou par Juſtice à ſon
» refus. N'entendons néanmoins rien innover ſur
» ce point à l'égard des donations qui feroient fai-
» tes à la femme , pour lui tenir de bien para-
» phernal , dans les pays où les femmes mariées
» peuvent avoir des biens de cette qualité.

» Art. X. N'entendons pareillement comprendre
» dans la diſpoſition des articles précédens , ſur la
» néceſſité & la forme de l'acceptation dans les
» donations entre-vifs , celles qui feroient faites
» par contrat de mariage en conjoints ou à leurs
» enfans à naître , ſoit par les conjoints mêmes ,
» ou par les aſcendans , ou parens collatéraux ,
» même par des étrangers ; leſquelles donations ne
» pourront être attaquées ni déclarées nulles ,
» ſous prétexte de défaut d'acception.

» Art. XI. Lorſqu'une donation aura été faite
» en faveur du donataire & des enfans qui en naî-
» tront, ou qu'elle aura été chargée de ſubſtitution
» au profit deſd. enfans , ou autres perſonnes nées
» ou à naître , elle vaudra en faveur deſdits enfans
» ou autres perſonnes, par la ſeule acceptation du-
» dit donataire , encore qu'elle ne ſoit pas faite
» par contrat de mariage , & que les donateurs
» ſoient des collatéraux ou des étrangers.

» Art. XII. Voulons pareillement qu'en cas
» qu'une donation faite à des enfans nés & à naître,
» ait été acceptée par ceux qui étoient déjà nés
» dans le tems de la donation , ou par leurs tuteurs
» ou autres dénommés dans l'art. vii. elle vaille ,
» même à l'égard des enfans qui naîtront dans la
» ſuite , nonobſtant le défaut d'acception faite
» de leur part, ou pour eux , encore qu'elle ne ſoit
» pas faite par contrat de mariage , & que les do-
» nateurs ſoient des collatéraux ou des étrangers.

» Art. XIII. Les inſtitutions contractuelles , &
» les diſpoſitions à cauſe de mort, qui feroient fai-
» tes dans un contrat de mariage , même par des
» collatéraux ou par des étrangers , ne pourront
» être attaquées par le défaut d'acception.

» Art. XIV. Les mineurs , les interdits , l'Egli-
» ſe , les Hôpitaux , Communautés , ou autres
» qui jouiſſent des priviléges des mineurs,ne pour-
» ront être reſtituées contre le défaut d'accepta-
» tion des donations entre-vifs : le tout ſans préju-
» dice du recours tel que de droit deſdits mineurs
» ou interdits contre leurs tuteurs ou curateurs , &
» deſdites Egliſes , Hôpitaux , Communautés , ou
» autres jouiſſans des priviléges des mineurs , con-
» tre leurs Adminiſtrateurs , ſans qu'en aucun cas
» la donation puiſſe être confirmée , ſous prétex-

» te de l'inſolvabilité de ceux contre leſquels ledit
» recours pourra être exercé.

ACCEPTATION D'UNE LETTRE DE CHANGE , eſt la promeſſe par écrit de l'acquitter lorſqu'elle ſera échue.

Le porteur d'une lettre de change qui n'en a
point fait faire l'acceptation, ni fait les diligences requiſes à cet effet dans le tems preſcrit, n'a
plus de garantie ſur le tireur.

L'effet de l'acceptation d'une lettre de change ,
eſt d'empêcher le proteſt , & de rendre celui qui
l'accepte débiteur envers celui qui en eſt le porteur.

Ainſi , quoique celui qui a accepté une lettre de
change , dénie , lorſque le porteur lui en demande
le payement, qu'il fût débiteur du tireur, & certifie qu'il ne lui a point fait tenir de proviſion à l'é-
chéance pour la payer , il peut néanmoins être contraint au payement de la lettre ; ſauf ſon recours
contre le tireur, duquel il a ſuivi la bonne foi.

Voyez les Inſtituts du Droit conſulaire de Toubeau , liv. 2. tit. 6 , chap. 5.

ACCEPTATION DE LETTRE DE CHANGE
DE VIVE VOIX , AUX FOIRES. Pour entendre
ce que c'eſt , il faut ſçavoir que quatre jours
auparavant qu'on faſſe le payement des Foires de
Lyon, on entre en acceptation des lettres de
change en cette maniere.

Tous ceux qui ont des affaires importantes , ſe
tiennent ſur la place à l'heure que le conſul leur aſſigne , avec un petit livret dans lequel ſont écrites
toutes les lettres de change qu'on doit payer ou recevoir au lieu où l'on ſe rencontre les uns avec les
autres. Il n'écoute que la parole , & chacun de ſon
côté écrit ſur ſon livret. Si la lettre eſt acceptée
librement , un chacun marque en marge dud.
Livre B. C'eſt-à-dire , bonne. Si on ne la veut pas
accepter , on marque P , qui ſignifie proteſtation.
Si celui à qui elle eſt adreſſée n'a aucun avis d'i-
celle , il marque un V. P , cela ſignifie que voyant
la lettre , il la payera ; mais s'il eſt en doute de la
payer , il met un V, pour dire qu'ils s'aviſera ;
pour ce faire on a vingt-quatre heures de tems.

ACCEPTATION D'UNE SUCCESSION ,
eſt un acte par lequel un préſomptif héritier d'un
défunt manifeſte qu'il prend la qualité d'héritier ,
à l'effet d'être ſubrogé en tous ſes noms , droits &
actions, comme le repréſentant & étant en ſon lieu
& place , & cela du jour de ſon décès. *V.* Adition.

Il eſt vrai que par une maxime de nôtre droit
coutumier , particulièrement établie par l'article
316 de la coutume de Paris, nul n'eſt héritier qui
ne veut ; mais la déclaration qu'on fait de ſe porter
héritier , a ſon effet rétroactif au jour de l'ouverture de la ſucceſſion: l'acceptation n'étant qu'une déclaration que l'on fait de la qualité d'héritier déjà
acquiſe , l'héritier préſomptif étant ſaiſi à l'inſtant
du décès , ſuivant la maxime, *Le mort ſaiſi le vif.*

En pays coutumier , les ſucceſſions ſont purement de droit naturel , c'eſt le ſang & la nature
qui les donnent; & quoique la coutume ſemble
en diſpoſer , elle ne fait néanmoins autre choſe
que de régler les lignes & les degrés auſquels les
biens héréditaires appartiennent.

De-là vient que nos Jurifconfultes ont dit , que *Mortuus aperit occulos viventis, fine aliquoactuetiamficto.*

L'on convient donc , que *nul n'eft héritier qui ne veut* ; c'eft à-dire , que le Droit François n'admet point, *fuos neceffarios, & extraneos hæredes,* comme le Droit Romain.

On convient auffi que le même Droit François , fuivant en cela la difpofition du droit Romain , donne à l'héritier un tems pour délibérer.

Mais de ce principe , l'on ne peut pas conclure que c'eft du jour de l'adition d'hérédité , que la tranfmiffion eft faite , & non du jour du décès.

La raifon eft, que cette adition n'eft autre chofe qu'une déclaration que l'héritier veut jouir du droit que la nature & la loi lui donnent. Ainfi c'eft un acte à-fimplement déclaratif, qui ne donne rien *de novo* , mais qui déclare feulement que la propriété des biens de la fucceffion lui appartient du jour du décès de celui de qui il eft héritier, fuivant cette régle du droit coutumier , *le mort faifi le vif,* qui fait que la propriété, & même la poffeffion des biens du défunt , eft tranfmife en la perfonne de l'héritier auparavant l'apprehenfion & l'adition de l'hérédité.

Voyez les autorités qui font à ce fujet rapportées fur l'Arrêt du 9. Août 1683. au Journal du Palais.

L'acceptation d'une fucceffion a donc un effet rétroactif au jour de l'ouverture d'icelle, c'eft-à-dire , au jour du décès du défunt , & oblige l'acceptant à toutes les dettes dont la fucceffion eft chargée. *Voyez* ce que j'ai dit fur l'article 318 de la coutume de Paris , glof. 1. §. 2. n. 28. & fuiv.

ACCEPTATION DE COMMUNAUTÉ , eft l'Acte par lequel une veuve , après le décès de fon mari, accepte la communauté de biens qui étoit entr'eux.

L'effet de cette acceptation eft , que la veuve prend la moitié dans les biens de la communauté après le décès de fon mari, & eft auffi tenue pour moitié des dettes de la communauté , pourvu que cette moitié n'excede pas l'émolument qu'elle en tire ; car fi elle l'excede, la veuve n'eft en ce cas tenue de dettes de la communauté , que jufqu'à la concurrence de ce qu'elle en amende, en faifant bon & loyal inventaire dans le tems prefcrit. Coutume de Paris , art. 228.

Soit que la femme ou fes héritiers acceptent la communauté , ou qu'ils y renoncent, ils ne peuvent être tenus des dettes aufquelles la femme fe feroit obligée , *ultra vires emolumenti* , parce qu'ils en doivent être indemnifés par le mari ou par fes héritiers.

Au contraire , la femme qui renonce à la communauté , n'eft tenue aucunement des dettes de la communauté , pourvû que lors de la renonciation les chofes foient en leur entier : c'eft-à-dire , que la veuve n'ait point fouftrait, pris ni recelé aucun des effets de la communauté , & pourvû qu'elle faffe faire bon & loyal inventaire.

Ainfi , à l'égard des dettes aufquelles la femme fe feroit obligée , elle en doit être indemnifée, & a pour cet effet fon recours fur fes biens & contre fes héritiers. *Voyez* ce que je dit fur l'article

237 de la Coutume de Paris. *Voyez* ci après ce que j'ai dit *verbo* Inventaire , & *verbo* Renonciation à la communauté,

Au refte , la femme ou fes héritiers acceptans la communauté , prélevent la dot fur la communauté même ; & fi elle ne fuffifoit point , la dot feroit payée pour le reftant fur les propres du mari, fans confufion , comme il eft expliqué en l'article 32 de la Coutume de Chalons : tel eft l'ufage.

Voyez Coquille , fur la Coutume de Nivernois , tit. 23. art. 12 : & Bafnage , fur l'article 365. de celle de Normandie.

Mais , dira-t-on , pourquoi la femme qui accepte la communauté, ne confond-elle point en ce cas ? M. Lauriere , en fa note fur la régle 17. du titre 3. du livre 3. de Loyfel , dit que la raifon en eft rendue dans les articles 221. & 228. de la Coutume de Paris ; & que cela vient de ce que la veuve n'étant tenue que des dettes de la communauté , que jufqu'à concurrence de ce qu'elle en amende, elle n'impute auffi fur ce que la communauté lui doit qu'à proportion de ce qu'elle en a amendé , pour vû qu'elle ait fait inventaire. *Voyez* M. de Renuffon , part. 2. chap. 1. nomb. 37.

ACCEPTER , fignifie recevoir , agréer le don qu'on nous fait , ou la charge qu'on nous impofe.

Ainfi accepter un legs , une donation, une ceffion fignifie la recevoir & l'agréer. *Voyez* Acceptation.

ACCEPTER UNE SUCCESSION, fignifie fe porter héritier. Sur quoi *voyez* Acceptation , *voyez* Adition.

ACCEPTILATION, étoit chez les Romains un payement imaginaire , ou une remife verbale conçue en certains termes ; c'eft-à-dire , un certain arrangement de paroles , par lefquelles fur l'interogatoire du débiteur , le créancier ayant volonté de diffoudre l'obligation , répondoit qu'il tenoit pour reçu ce qu'il n'avoit pas reçu veritablement , & ainfi liberoit fon débiteur fans rien recevoir.

Voyez ce que j'ai dit dans ma Traduction des Inftitutes , fur le titre 30 du troifième livre , §. 1.

On peut comparer à cette acceptilation la décharge que donne un créancier à fon débiteur de ce qu'il lui doit.

Cette décharge eft différente de la quittance , en ce que par le moyen de la décharge le débiteur devient toujours quitte fans avoir payé : au lieu que la quittance ne libere pas le débiteur, à moins qu'elle n'ait été faite en vertu d'un réel & actuel payement fait au créancier ; car fi l'obligation eft reftée entre fes mains , & qu'il prétende n'avoir donné la quittance que dans la confiance qu'il avoit d'être payé , le débiteur, nonobftant fa quittance , fe trouvera dans la néceffité de prouver qu'il a réellement & de fait payé le contenu en fon obligation.

ACCESSION , eft une maniere d'acquérir l'acceffoire de la chofe principale qui nous appartient.

Le Droit Romain explique divers genres d'acceffions , en vertu defquels une chofe accroît au profit du propriétaire de la chofe principale.

Le premier eſt l'acceſſion des choſes qui naiſſent & proviennent de celles qui nous appartiennent. Ainſi nous ſommes propriétaires de tous les fruits qui naiſſent dans nos héritages, & de la portée de tous les animaux femelles qui nous appartiennent ; ce qui eſt généralement obſervé parmi nous. *Quidquid enim ex re noſtrâ naſcitur, noſtrum eſt; imo antequam naſcatur, rei noſtræ partem facere intelligitur.*

Le ſecond eſt l'acceſſion des choſes qui ſont faites de celles qui nous appartiennent. *Voyez* Spécification.

Le troiſiéme eſt l'alluvion. *Voyez* Alluvion.

Le quatrieme eſt l'acquiſition des Iſles qui naiſſent dans un fleuve ou dans une riviére navigable, leſquelles ſuivant le Droit Romain, appartiennent aux propriétaires des terres joignantes les bords du fleuve de l'un & l'autre côté. Mais cette diſpoſition du Droit Romain n'eſt pas obſervée en France, comme je l'ai dit, lettre I. en parlant des Iſles qui ſe font dans les fleuves & rivieres navigables ou non.

Le cinquieme eſt l'acquiſition des atterriſſemens, qui, ſuivant le Droit Romain, appartiennent aux propriétaires des héritages voiſins. Mais cela n'eſt pas obſervé en France à l'égard des fleuves & des rivieres navigables, leſquelles appartiennent en pleine propriété au Roi, par le ſeul titre de ſa Souveraineté, auſſi bien que tout ce qui ſe trouve renfermé dans leurs lits, comme les atterriſſemens qu'elles font. Ainſi perſonne n'y peut prétendre aucun droit ſans un titre exprès & une poſſeſſion légitime, comme je l'ai dit *verbo* Atterriſſement.

Le ſixiéme eſt l'acquiſion des choſes qui ſont jointes à celles qui nous appartiennent, à l'effet de leur ſervir d'ornement, ou de les achever & perfectionner. Sur quoi *voyez* ce que j'ai dit *verbo* Ornement.

Le ſeptième eſt ce qu'on appelle *ſuperficiei impoſitio*, c'eſt-à-dire, l'impoſition des choſes, qui étant ajoutées ſur les nôtres, n'en peuvent être ſeparées, ſans détérioration, & par conſéquent nous appartiennent par droit d'acceſſion. Par exemple, celui qui s'eſt ſervi des matériaux d'autrui pour bâtir ſur ſon fonds, devient propriétaire du bâtiment, *quia ſemper ædicifium ſolo cedit;* & par cette même raiſon, lorſque quelqu'un a bâti avec ſes matériaux ſur le fonds d'autrui, le bâtiment appartient toujours au propriétaire du fonds.

Touchant ces différens genres d'acceſſion, *voyez* ce que j'en ai dit dans ma Traduction des Inſtitutes ſur le premier titre du ſecond Livre.

A C C E S S O I R E, eſt une ſuite ou une dépendence du principal, c'eſt-à-dire une ſuite d'une choſe qui eſt plus conſidérable.

Ce mot eſt général, & comprend les intérêts, les fruits, les dépendances & les ſuites des choſes principales. Ainſi les fruits d'un fonds pendant par les racines appartiennent à celui qui a obtenu gain de cauſe en action réelle, comme étant les acceſſoires du fonds.

On dit que l'acceſſoire ſuit le principal, parce que l'acceſſoire eſt une ſuite & une dépendance du principal, mais non au contraire. Ainſi la dot eſt la ſuite & l'acceſſoire du mariage, mais le mariage peut être ſans la dot.

De ce que l'acceſſoire ſuit le principal, il s'enſuit qu'en vente d'héritage ou d'autre immeuble, quand il eſt vendu par décret ſur l'acquéreur, le vendeur à qui le prix en eſt dû, eſt préféré à tous autres créanciers dudit acquéreur, non ſeulement pour le prix de la vente, mais encore pour les intérêts qui lui en ſont dûs, & pour les dépens à lui adjugés en vertu de ſa créance.

De ce que l'acceſſoire ſuit la nature du principal, il s'en ſuit encore que dès l'Inſtant que le principal ne ſubſiſte plus, l'acceſſoire ne peut plus ſubſiſter. *Leg. 178, ff. de regulis juris.*

ACCESSOIRE D'UNE CHOSE LEGUÉE, eſt ce qui n'étant pas de la choſe même, y a une ſi grande liaiſon, qu'il n'en doit pas être ſéparée, & qu'il eſt cenſé compris dans le legs, quoique le teſtateur n'en ait point fait mention; ainſi les fers & le licou d'un cheval en ſont des acceſſoires ; ainſi les legs d'une montre en comprend la boëte & la chaîne; & le legs d'une maiſon en comprend tout ce qui s'y trouve en faire partie, comme les balcons : mais le legs d'une maiſon ne comprendra pas les meubles qui s'y trouveront, à moins que le teſtateur ne l'ait exprimé.

Les acceſſoires qui doivent ſuivre la choſe leguée ne ſont jugés tels que par l'uſage que leur donne, & non par leur prix ; de ſorte que l'acceſſoire eſt ſouvent d'une bien plus grande valeur que la choſe même dont il eſt l'acceſſoire, & il ne laiſſe pas d'être à celui à qui elle eſt léguée. Ainſi, par exemple, des pierres enchaſſées dans la boëte d'une montre, n'en ſont qu'un ornement & un acceſſoire, & doivent par conſéquent appartenir à celui à qui la montre aura été leguée.

Touchant les acceſſoires des choſes leguées, *voyez* ce qui en eſt dit dans les Loix civiles, miſes dans leur ordre naturel, au Traité des Succeſſions, liv. 4. tit. 2. ſect. 4.

A C C I N S E T P R E C L O T U R E S, ſignifient les environs & prochaines clôtures de quelque lieu ſeigneurial, qui appartient à l'aîné, & font partie de ſon préciput.

Par acte de notorieté du Châtelet de Paris, de 12 Novembre 1699, lorſqu'il eſt queſtion de regler la part qui peut appartenir à celui à qui on a donné un château, avec les termes *d'accins & préclotures*, la maiſon ſegneuriale, la cour & baſſe-cour y ſont compriſes, quand même la baſſe-cour ſeroit ſéparée par un chemin public ou par le foſſé du château; & par les mots *d'accins & précloturcs*, on entend les logemens ordinaires du Fermier & de ſa famille, des beſtiaux, granges & gréniers où il ſerre ſes grains, & les bâtimens, cours & clos qui joignent immédiatement à la maiſon, quoique ſéparés des murailles, pourvû qu'il n'y ait point de chemin entre-deux; & la différence qui ſe trouve entre la baſſe-cour, & les accins & préclotures, eſt que la baſſe-cour eſt celle *quæ inservit domui*, quand même elle seroit séparée par des fossés ou des chemins ; au lieu que par accins & préclôtures on entend ce qui sert à l'exploitation de la ferme & des jardins, & autres lieux séparés des murailles, mais qui joignent immédiatement les cours & jardins, pourvû qu'ils ne soient point séparés par des chemins, rivieres, ou quelques autres héritages.

Tel est donc l'usage du Châtelet de Paris, comme il a été attesté par M. le Lieutenant civil le Camus : mais cela n'est pas suivi par-tout de la même maniere ; car bien qu'entre les préclôtures & le manoir il y ait chemin public, néanmoins les préclôtures sont censées du Préciput de l'aîné, Chopin sur la Coutume d'Anjou, liv. 1, chap. 33, nomb. 5. 6; & dans d'autres lieux les domaines joints, contigus & adjacens du principal manoir, ne sont point compris sous le nom de préclôtures, dès qu'ils sont séparés de murailles, ou fossés seulement. *Voyez* le Glossaire du Droit François, *verbo* Préclôtures.

ACCOLLER, signifie faire un trait de plume en marge d'un compte, d'un mémoire, d'une déclaration de dépens, qui marque qu'il faut comprendre plusieurs articles sous un même Jugement, & les comprendre dans une même supputation, pour n'en faire qu'un seul.

ACCOMMODEMENT, signifie l'accord qu'on fait avec sa partie sur un Procès pour le terminer, ou sur quelque contestation qui n'est pas encore portée en Justice, pour prévenir tout procès qui en pourroit naître.

Ainsi accommoder, signifie terminer un procès ou une querelle, ou prévenir par un accord une contestation qui pourroit naître entre les Parties.

ACCORD, est une passion, convention entre des personnes qui conviennent de quelque chose; mais ce terme est souvent employé pour signifier une convention entre plusieurs personnes de se tenir réciproquement quittes ; & comme la transaction ne se fait point *fine aliquo dato, promisso, vel retente*, on peut de là voir la différence qu'il y a entre accord & transaction.

Il faut encore remarquer que ce terme, *accord*, n'est employé que pour signifier un accommodement qui est fait dans les matieres legeres, & que dans les grandes on se sert du mot de transaction ou de celui de traité.

ACCORDAILLES, signifient la cérémonie qui se fait pour la lecture ou pour la signature d'un contrat de mariage, en présence des parens & amis des futurs conjoints.

ACCORDEMENT, dont il est parlé dans les titres 6, & 13. de la Coutume de Berry, est un traité portant diminution des droits censuels, des lods & ventes, fait entre le Seigneur & l'Acquéreur d'un héritage censuel.

ACCORDER, signifie mettre d'accord, établir la paix & l'union entre des personnes qui étoient en procès ensemble, ou qui étoient sur le point d'y être.

ACCOUCHEMENT. Les enfans viennent ordinairement au monde dans le neuviéme mois de leur conception. Il y en a qui naissent dans le septiéme commencé, & d'autres dans le dixiéme ; & ce terme de dix mois est le plus long terme de la grossesse des femmes qui n'ont point d'accidens extraordinaires.

La Loi 3, §. 11, *ff. de suis & legit. hæred.* le décide en termes exprès : *Post decem menses mortuis natus, non admittetur ad legitimam hereditatem.* La Novelle 39, chapitre 2, confirme cette décision.

Dans une matiere aussi conjecturale, on ne peut établir une régle plus sûre que celle que nous donne le Droit Romain, sçavoir que tous les enfans nés dans l'onziéme mois, après la mort de leur pere, sont illégitimes.

Il seroit cependant impossible d'établir une régle certaine & infaillible pour le tems de l'accouchement des femmes, que la nature elle-même n'a pas pû absolument fixer, puisque nous voyons tous les jours différens accidens avancer ou retarder l'accouchement des femmes.

C'est sur ce principe que plusieurs Arrêts ont déclaré légitimes des enfans nés dans l'onziéme mois, & même par-delà après la mort de leur pere.

Aulugele, liv. 3, chap. 16, rapporte que l'Empereur Adrien, après avoir consulté les Médecins & les Philosophes, déclara légitime un enfant né onze mois après la mort de son pere, à cause de la bonne reputation de sa mere. Le Préteur Papyrius admit à la succession d'un Particulier un enfant né treize mois après le décès de celui qui avoit été le mari de la mere de cet enfant ; c'est ce que rapporte Pline dans son Histoire naturelle. Godefroy en sa note sur la Novelle 39, remarque que dans sa maison de Chappes, une femme étant accouchée quatorze mois après la mort de son mari, l'enfant fut déclaré légitime, parce qu'elle avoit toujours mené une conduite irréprochable.

Vestilia n'accoucha de Ruffus dans l'onziéme mois ; & Massa rapporte qu'une femme âgée de soixante ans accoucha au quinziéme. Mais ce dernier exemple est trop extraordinaire, & ne peut servir qu'à prouver que le terme des accouchemens n'est pas toujours le même, & qu'on ne peut pas établir là-dessus une régle si certaine qu'on ne puisse quelquefois s'en écarter par des considérations particulieres.

Aussi Aristote & Hypocrate, qui ont approfondi ces matieres, assurent qu'une femme peut accoucher à treize mois & par-delà, & qu'il est impossible de fixer un terme certain & infaillible à l'accouchement des femmes, d'autant que cela dépend de la nature & de ses opérations, qui peuvent avancer ou reculer, suivant certaines rencontres & certaines circonstances.

Mais pour assurer la sûreté des naissances légitimes, il s'en faut tenir à la régle que nous avons rapportée ci-dessus, à moins qu'il n'y ait de très-fortes présomptions qui obligent de s'en écarter ; ce qui ne se doit faire sans que ces présomptions tiennent lieu de preuves évidentes : autrement ce seroit se jouer tout ensemble & de la nature & de la loi, jetter une incertitude affreuse sur l'état des

des perfonnes & des familles , & fur le droit des fucceffions.

Par Arrêt du 21. Avril 1625, rendu fur les conclufions de M. l'Avocat général Talon, il a été jugé qu'une Matrone qui avoit accouché une femme en fa maifon, & qui avoit fait trouver une nourrice à l'enfant, étoit tenue d'en payer le mois à la nourrice, jufqu'à ce qu'elle eût fait apparoir du pere & de la mere; & il fut ordonné qu'audit payement elle feroit après huitaine contrainte par corps.

Le motif de l'Arrêt fût, que les Matrones faifant partie du corps de la Médecine, & étant comprifes avec les Médecins, Chirurgiens en la Loi 1, §. 10, ff. de extraordinar, cognitionib. elles devoient, comme perfonnes publiques, une entiere fidélité au Public, & par conféquent à tous ceux qui ont eu fujet de fuivre leur foi.

Cet Arrêt eft rapporté dans le premier tome du Journal des Audiences.

Voyez Naiffance. Voyez Légitime.

ACCROISSEMENT, ou DROIT D'ACCROISSEMENT, eft un droit qui a lieu entre des cohéritiers ou des colégataires, de prendre ou de retenir la part de celui qui la refufe ou qui ne peut la prendre; & il fe nomme quelquefois droit d'accroiffement, & quelquefois il s'appelle droit de non-décroiffement.

Le droit d'accroiffement eft le droit d'acquérir la portion de celui qui renonce, & qui eft vacante par le moyen de fa renonciation.

Le droit de non-décroiffement eft au contraire le droit de retenir la totalité d'une chofe, en conféquence de ce que l'un de ceux qui avoient droit d'y prendre leur part, l'auroient refufée; ce qui ne fe peut entendre que par les exemples qui fuivent.

Un même fond a été légué à Titius & à Mævius ainfi : Je donne & legue le fonds Tufculan à Titius & à Mævius. Dans ce cas, fi l'un & l'autre, après le décès du teftateur, demandent le legs, ce fonds légué fe divife entr'eux également. Par ce concours des deux légataires il fe fait deux parties du fonds, & chacun des légataires en doit avoir une.

Mais fi un feulement des deux accepte le legs, & que l'autre ne le demande pas, en ce cas il y a lieu au droit d'accroiffement, & la portion de celui qui manque accroît à celui qui a accepté le legs; ce qui eft fondé fur une préfomption de la volonté du teftateur; car en léguant ainfi, il eft cenfé avoir eu intention que chacun des légataires prenne fa part dans la chofe léguée, en cas qu'il la voulût prendre & qu'il en fût capable; finon que la totalité parvint à celui qui l'accepteroit: les ayant joints, tant par l'unité du difcours, que par l'unité de la chofe, il les a également confidérés, & a voulu que l'un d'eux l'eût toute entiere, l'autre refufant la part dont il l'avoit honoré.

Mais fi le teftateur dit : Je légue le fonds Tufculan à Titius, & par après dans le même teftament s'il dit : Je légue le fonds Tufculan à Mævius, certainement il a légué à l'un & à l'autre la totalité du fonds; mais ils ne la peuvent pas avoir chacun,

au cas que chacun d'eux accepte le legs, parce que chacun par fon acceptation empêche l'autre de prendre la totalité de la chofe léguée.

Mais s'il arrive que l'un manque, l'autre prend la totalité, non par droit d'accroiffement, mais par droit de non-décroiffement, parce qu'il étoit cenfé avoir la totalité dès le commencement, par une volonté expreffe du teftateur; & quand par le concours ils n'en prennent chacun que moitié, ce n'eft que par une volonté tacite du teftateur.

Il n'en eft pas de même quand les légataires ne font conjoints que des paroles & non par rapport à la chofe léguée; comme fi le teftateur avoit dit : Je légue à Titius & à Mævius le fonds Tufculan qui fera entr'eux partagé par portions égales ; ou s'il avoit dit : Je légue à Titius & à Mævius le fonds Tufculan, & je veux que Titius en ait les trois quarts, & Mævius l'autre quart feulement. En ce cas, ni le droit d'accroiffement, ni le droit de non-décroiffement n'aura lieu.

La raifon eft que le teftateur ayant exprimé la part que chacun des légataires doit avoir dans la chofe léguée, funt conjuncti verbis tantùm, sed re disjuncti : ac jus accreffendi locum habet tantùm inter legatorios quibus eadem res legata eft ; quod quidem non evenit quando partes factæ funt ab ipfo teftatore. Quapropter hoc cafu, pars ejus qui non vult aut non poteft legatum agnofcere, in hæreditate remanet, & acquiritur heredi. Vide Cujacium, lib. 15, obfervat. cap. 4. & lib. 24. cap. 34. voyez auffi Ricard, part. 3, lett. C, §. 1, & fuiv. Soefve, tom. 1, cent. 2, chap. 31. Henrys, tom. 1, liv. 5, queft. 58.

La différence qu'il y a entre les légataires qui font conjoints re & verbis fimul, & ceux qui font conjoints re tantùm, & qu'entre conjoints re & verbis, la part de celui qui manque, accroît à l'autre par droit d'accroiffement, avec la charge dont le teftateur l'avoit chargé; au lieu qu'entre ceux qui ne font conjoints que re tantùm, celui qui par droit de non-décroiffement retient la part du défaillant, n'eft point tenu de la charge qui étoit impofée à celui qui manque.

La raifon eft, qu'il femble que quand le teftateur a légué la même chofe à plufieurs legataires féparément, feu diverfo orationis contextu, il ne l'a fait qu'afin que chacun d'eux fût feul obligé de fupporter la charge à laquelle il lui auroit fait le legs, & non pas celle qu'il auroit impofée à l'autre colégataire; mais lorfqu'il légue à plufieurs une même chofe par une même énonciation, on préfume qu'il a voulu que les charges fuffent payées, ou par le légataire à qui elles auroient été impofées, ou par fon colégataire, qui acquerroit fa part dans ledit legs par droit d'accroiffement. Ainfi le légataire qui eft conjoint avec un autre re tantùm acquiert la chofe, non pas tant par droit d'accroiffement, que jure non decrefcendi, eamque capit ab initio in folidum. Ainfi fuppofons qu'une chofe ait été léguée à deux légataires qui foient conjuncti re tantùm, fi l'un des deux n'acquiert pas le legs pour fa part & portion, la totalité de la chofe ainfi léguée appartient à l'autre, & la part du défail-

Tome I.

D

lant n'augmente pas celle de celui qui a accepté le legs, *quaſi accreſcens ei* ; mais il arrive de-là que la choſe ainſi léguée ne ſe trouve point diminuée par le concours de l'autre légataire, *cui legatum fuiſſe unâ cum alio legatario relictum non cenſetur.* C'eſt pourquoi il n'eſt tenu que des charges qui lui ont été ſpécialement & perſonnellement impoſées par le teſtateur, & non pas de celles que le teſtateur, auroit impoſées à ſon colégataire défaillant.

Touchant les différences qu'il y a entre le droit d'accroiſſement & le droit de non décroiſſement, *Voyez* ce que j'en ai dit ſur l'art. 5. de la Coutume de Paris, gloſe 1, 2, 3 & 4.

Le droit d'accroiſſement a lieu, non-ſeulement entre pluſieurs colégataires, mais encore entre ceux qui ſont habiles à ſe porter héritiers d'un défunt comme nous l'allons dire ci-après.

Le droit d'accroiſſement n'a pas lieu dans les contrats : par exemple, ſi j'ai vendu une maiſon à Titius & à Caïus conjointement, ſi la vente eſt réſolue à l'égard de Titius, la maiſon entiere n'eſt pas cenſée vendue à Caïus, parce que ce n'a pas été la volonté du vendeur, à moins qu'il n'eût été ainſi déclaré dans le contrat.

Le droit d'accroiſſement n'a pas lieu dans les donations entre-vifs, non plus que dans les contrats. Ainſi quand une donation a été faite à deux perſonnes, la rénonciation faite par l'une d'elles ne profite pas à l'autre, & celui qui a accepté n'en peut prétendre que la moitié, quoique dans l'acte de la donation ils ſoient conjoints; parce que le droit d'accroiſſement n'a pas lieu dans les contrats, mais ſeulement dans les diſpoſitions de derniere volonté, qui reçoivent une interprétation plus étendue & plus favorable que les contrats. *Leg. 12, ff. de regul. Jur. Voyez* Baſnage ſur l'art. 422. de la Coutume de Normandie. *Voyez* Charondas, & ce que j'ai dit ſur la Rubrique du tit. des Donations de la Coutume de Paris, §. 2. nomb. 16. & ſuiv.

Cambolas, liv. 1, déciſ. 17. dit que le droit d'accroiſſement a quelquefois lieu dans les contrats, *ſcilicet cùm intereſt ſtipulantis, ut in ſpecie legis fundus ille, 17. ff. de contrahend. empt. vend.* eſt contraires aux principes, & même à la déciſion de cette Loi, comme il paroît par la très-juſte & ſçavante interprétation qu'en a donnée Cujas.

A l'égard des donations à cauſe de mort, le droit d'accroiſſement a lieu comme un legs, parce que la donation à cauſe de mort eſt une diſpoſition de derniere volonté, qui reçoit, de même que les teſtamens, une interprétation plus favorable que les diſpoſitions entre-vifs.

Quoique réguliérement ce droit ait lieu entre pluſieurs colégataires, il ceſſe néanmoins quand il s'agit d'alimens légués à pluſieurs perſonnes conjointement, parce que les alimens ne reçoivent point d'extenſion, *Leg. 57. §. 1. ff. de uſufr. & quemadmodum.* Ricard, des Donations entre-vifs, part. 4. ſect. 7, nomb. 555. Lapeyrere, *verbo* Accroiſſement.

Tout accroiſſement qui ſe fait à un fils légataire dans le tems de la mort du teſtateur, tems auquel la légitime eſt dûe, doit être imputé ſur la légiti-

me du fils ; mais ſi l'accroiſſement arrive depuis la mort du teſtateur, comme en matiere du legs d'uſufruit, où l'accroiſſement ſe peut faire en tout tems, même après l'acceptation du legs, *leg. 1. §. 1. ff. de uſufr. accreſc.* alors l'accroiſſement ne s'impute pas ſur la légitime du fils. *Voyez* M. le Brun, en ſon Traité des Succeſſions, liv. 2, chap. 3, ſect. 9.

Voyez, touchant le droit d'accroiſſement, le Traité qu'en a fait Duaren, & ce que j'en ai dit dans ma Traduction des Inſtitutes, ſur le §. 8. du titre des Legs. *Voyez* auſſi ce qu'en a dit M. Domat en ſon Traité des Succeſſions, liv. 3, tit. 2. ſect. 9.

ACCROISSEMENT, EN FAIT D'USUFRUIT, A LIEU. Ainſi, quand l'uſufruit d'une même choſe a été légué à pluſieurs légataires, la portion de l'un d'eux qui vient à vaquer, appartient à l'autre par droit d'accroiſſement, & n'eſt point conſolidée à la propriété : mais il faut pour cela que ces légataires ſoient conjoints *re & verbis*, *aut re tantùm*; car s'ils n'étoient conjoints que *verbis tantùm*, le droit d'accroiſſement n'auroit pas lieu, de même qu'il n'auroit pas lieu entre pluſieurs légataires à qui la propriété de quelque choſe auroit été léguée, s'ils n'étoient conjoints que *verbis, quia tunc ſunt re diſjuncti*: & c'eſt en cela que conviennent les legs de l'uſufruit & les legs de la propriété. Mais ils different,

1°. En ce que l'uſufruit d'un fonds étant légué à pluſieurs qui ſont conjoints *re & verbis*, *aut re tantùm*, le droit d'accroiſſement a lieu en cas que l'un d'eux manque, c'eſt-à-dire ne puiſſe pas jouir dudit uſufruit, ou par mort naturelle ou par mort civile ; enſorte que ſa portion ne ſe réunit pas à la propriété de la choſe, mais accroît aux autres uſufruitiers : au lieu que quand la propriété d'une choſe a été léguée à pluſieurs, à l'inſtant de l'acceptation qu'ils en ont faite, il ne peut plus avoir entr'eux lieu au droit d'accroiſſement : *In legato proprietatis non eſt locus juri accreſcendi, poſtquam concurſu partes factæ ſunt, quia proprietatis partes ſemel acquiſita vacare & deficere amplius non poteſt, ſed transfertur in heredes legatarii ; at in legato uſufructus huic juri locus eſt, etiam poſtquam partes concurſu factæ ſunt, ſi ex parte unius poſtea finitus fuerit uſufructus, quia uſufructus non ſemel, ſed quotidie conſtitui videtur, adeo ut qui utifrui deſinit, non tam uſufructum amittere intelligatur, quàm hodie non acquiſiviſſe, & hodie non concurrere. Leg. 1, §. 3, ff. de uſufr. acreſc.*

2. En ce que quand l'uſufruit d'une même choſe a été légué à pluſieurs, qui ſont conjoints *re & verbis*, *aut re tantùm*, le droit d'accroiſſement a lieu entr'eux, lorſqu'après avoir tous accepté le legs, quelqu'un d'eux vient à manquer : bien plus, elle accroît à tous également ſans même excepter ceux qui auroient auparavant perdu la part qu'ils avoient dans la jouiſſance de cet uſufruit. Mais cela n'a pas lieu dans le legs qui auroit été fait à pluſieurs de la propriété : *ratio diſcriminis eſt, quia in legato proprietatis portio vacans portioni accreſcit, ei quæ ad jungitur : ergo ei tantùm accreſcit qui portionem ſuam habet, ſed in legato uſufructus portio deficiens perſonæ*

crefcit, non portioni. Leg. 10. ff. de ufufr. accrefc. leg.
33. §. 1, ff. de ufufr. & quemadmodum quis uta. junɛo
Cujacio ; lib. 9, Obfervation. cap. 11.

ACCROISSEMENT. ENTRE COHE-
RITIERS. Un teſtateur peut inſtituer deux ou
plufieurs héritiers conjointement entrois manieres.
1°. En les inſtituant par deux claufes différentes :
par exemple, *primus heres eſto ; fecundus heres eſto.*
2°. En inſtituant plufieurs héritiers par une feule &
même claufe:par exemple,*primus & fecundus heredes*
funto. 3''. en aſſignant à chacun d'eux la part &
portion pour laquelle il les inſtitue : par exemple,
primus heres eſto ex beſſe : fecundus heres eſto ex qua-
drantæ.

De quelque maniere que plufieurs héritiers foient
inſtitués, il y a toujours entr'eux droit d'accroiſſement. La raifon eſt, que le droit d'hérédité étant un
droit univerfel qui comprend tous les biens & toutes les charges de la fucceſſion, ce droit eſt indivifible ; c'eſt-à-dire, qu'on ne peut être héritier teſtamentaire, feulement pour une partie de la fucceſſion, enforte que l'autre foit déférée aux héritiers *ab inteſtat; unde hæc vulgaris regula : nemo poteſt,*
pro parte teſtatus, & pro parte inteſtatus, decedere.

Lorfqu'il y a droit d'accroiſſement entre cohéritiers, ils partagent les portions vacantes, au
prorata de la portion qu'ils ont dans l'hérédité.
Leg. 59, §. 3, ff. de hæred. inſtit.

Il faut néanmoins remarquer que fi le teſtateur
avoit divifé fa fucceſſion en portions, & donné
une moitié à deux ou plufieurs héritiers, & l'autre à quelques autres, l'un de fes héritiers ne
fuccédant point fa portion n'accroîtra qu'aux cohéritiers de cette moitié, & non à ceux de l'autre.
Mais s'il y avoit quelqu'un des héritiers qui fût
inſtitué feul pour une moitié ou autre portion, &
qu'il ne pût ou ne voulût la prendre, elle accroî-
troit à tous les autres héritiers indiſtinɛement,
felon leurs portions dans l'hérédité. *Leg. 63. ff. de*
heredit. inſtituend.

Une hérédité ne pouvant être partagée entre un
héritier teſtamentaire & un héritier légitime, le
droit d'accroiſſement paſſe entierement à celui de
plufieurs héritiers inſtitués qui fe trouve fuccéder
feul en vertu du teſtament du défunt, de quelque
maniere qu'il ait été inſtitué héritier ; c'eſt-à-dire, foit qu'ils ayent été par leur inſtitution conjoints par la chofe feulement, ou par la chofe &
par les paroles, ou par les paroles feulement; *quia,*
ut diximus, nemo poteſt, pro parte teſtatus, & pro
parte inteſtatus, decedere : au lieu que le droit d'accroiſſement n'a pas lieu entre plufieurs colégataires qui ne font conjoints que *verbis tantùm,* comme nous avons dit ci-deſſus ; ce qui eſt obfervé
par toute la France.

A l'égard du droit d'accroiſſement entre cohéritiers, il eſt certain que ce droit a toujours lieu,
tant en Pays coutumier qu'en Pays de Droit écrit,
entre ceux que la Loi appelle à une fucceſſion
héréditaire ; enforte que fi deux héritiers légitimes, un renonce à la fucceſſion, l'autre devient
néceſſairement héritier *ex aſſe.*

Touchant le droit d'accroiſſement entre cohé-

rifiers, voyez ce qu'en a dit M. Domat en fon
Traité des Succeſſions, liv. 3. tit. 1, feɛ. 9.

ACCROISSEMENT DES EFFETS DE LA
COMMUNAUTÉ CONJUGALE, a lieu en faveur du
legataire univerfel des meubles & acquêts du mari, lorfque la veuve renonce à la communauté ;
& en ce cas le légataire univerfel a droit de prendre la communauté entiere.

Cette totalité lui demeure, non pas tant par
droit d'accroiſſement, que par droit de non décroiſſement. *Voyez* Ricard, des Donations, part.
3, ch. 4, nom. 500.

Il y a auſſi un droit de non-décroiſſement,
lorfque pendant la continuation de communauté,
l'un des enfans avec qui la communauté eſt continuée, vient à décéder ; car en ce cas les enfans
furvivans, ou l'enfant furvivant, prend autant
lui feul, que prendroient tous les enfans entre
lefquels la continuation de communauté a commencé, s'ils étoient tous vivans.

La raifon eſt, qu'ils ne font tous réputés que
pour un, parce qu'ils repréfentent la perfonne du
prédécédé, fuivant l'art. 243. de la Coutume de
Paris. De forte que le droit de l'enfant décédé
ne vient pas à fes freres & fœurs à titre de fucceſſion ; mais il demeure réuni & confus dans
leurs portions, comme fi leur frere défunt n'étoit
jamais entré dans cette communauté.

Mais ce que nous venons de dire, n'a lieu que
dans le cas du décès d'un des enfans qui ont continué la communauté, & ne peut être appliqué
au cas de la renonciation de l'un d'eux ; car la part
du renonçant appartient totalement au furvivant
des pere & mere, comme il a été jugé par Arrêt
du fix Septembre mil fix cent quatre-vingt fept,
rapporté dans le Journal du Palais.

Lauriere fur Loifel, tom. 2. dans une de fes
Differtations, & Renuſſon fon traité de la
Communauté, part. 3. chap. 4. nomb. 32. & fui-
vans, font d'un avis contraire à la décifion de cet
Arrêt. Je crois cependant qu'il faut s'en tenir à
ce que cet Arrêt a décidé.

Voyez ce que j'ai dit fur l'art. 243. de la Coutume de Paris.

ACCROISSEMENT, EN FAIT DE
DOUAIRE. C'eſt un principe certain, que le droit
d'accroiſſement n'a pas lieu en fait de douaire,
& que la portion de ceux qui acceptent la fucceſ-
fion, demeure toujours en icelle. Ainfi les douairiers ne peuvent pas prétendre par droit d'accroiſſement les portions du douaire des autres enfans qui ont accepté la fucceſſion de leur pere.

Il n'en eſt pas de même de la part des enfans
qui meurent du vivant du pere, foit par mort naturelle ou mort civile : car leurs portions appartiennent *jure accrefcendi,* aux autres enfans,
qui après le décès de leur pere renoncent à fa fucceſſion, & fe tiennent au douaire.

La raifon eſt, que pour régler le douaire on ne
confidere que le nombre des enfans qui fe rencontrent au jour du décès de leur pere, fans compter ceux
qui font morts de fon vivant ; car les enfans ne
font pas propriétaires du douaire du vivant de leur

pere ; ils n'ont qu'une fimple efpérance d'en avoir un jour la propriété , le cas échéant ; mais pour l'acquérir , il faut qu'ils l'acceptent ; ce qu'ils ne peuvent faire qu'après le décès du pere , le douaire n'ayant pas lieu auparavant. Ainfi les enfans qui font morts , foit de mort naturelle ou de mort civile , ne font point nombre , non plus que ceux qui font exhérédés.

Voyez ce que j'ai dit de l'article 251. de la Coutume de Paris , nomb. 10 & fuivans.

ACCROISSEMENT LEGAL EN FAVEUR DE L'AÎNÉ , eft un accroiffement qui a lieu en Bretagne en faveur de l'aîné , & qui fe fait de la portion de la fille mariée à moindre part , ou de la portion de celui qui fe fait Religieux.

Mais pour que cet accroiffement ait lieu , il faut que le mariage ait été célébré , ou la profeffion faite du vivant du pere ; car l'incapacité des héritiers fe confidere au tems de la délation de l'hérédité. *Voyez* Hevin en fes Remarques fur l'article 558. de la Coutume de Brétagne , à la fin du fecond tome des œuvres de Frain.

ACCROISSEMENT DE TERRES FAITES PAR LA VIOLENCE DES EAUX. Ce que la riviere détache peu à peu d'un héritage , & ajoute à l'héritage voifin , eft un accroiffement imperceptible , qui par acceffion appartient au propriétaire de l'héritage auquel il eft joint comme je l'ai dit *Verbo* Alluvion.

Mais ce qui accroît fubtilement à l'héritage d'un autre par la force des eaux , n'appartient pas à celui à l'héritage duquel il a été ajouté ; parce que ce qui nous appartient ne peut pas être transferé à un autre fans notre fait. *Leg. 11. ff. de reg. jur.*

ACCRUE , eft l'augmentation d'une chofe par la jonction d'un autre.

ACCRUES , eft un terme dont fe fervent quelques-unes de nos Coutumes , pour fignifier les ifles & attériffemens qui fe font dans les rivieres. Par une Déclaration de Charles IX. du 7. Juillet 1572, les ifles, pêcheries & attériffemens qui fe font ès rivieres navigales , appartiennent au Roi , à moins qu'il n'y ait titre particulier qui prouve le contraire , parce que *quæ in nullius bonis funt , ad Principem pertinent in hoc regno , fupremi dominii jure.*

Il faut donc diftinguer entre les ifles & les attériffemens qui fe forment dans les rivieres ou chemins publics & royaux , & les attériffemens ou accrues qui fe font aux ruiffeaux ou chemins particuliers appartenans aux Seigneurs hauts-jufticiers.

Au premier cas , les accrues appartiennent au Roi , aux termes de la Déclaration de Charles IX; & au fecond cas , les Seigneurs hauts-jufticiers font en droit de fe les approprier, pourvu que l'ifle , ou l'attériffement ne foit point en l'héritage d'un Particulier ; car en ce cas l'accrue appartiendroit au propriétaire de l'héritage. *Voyez* Ifle.

ACCRUES DE BOIS , dans la Coutume de Troyes, art. 177. fignifient un efpace de terres, dans lequel un bois s'eft étendu en croiffant hors de fes limites.

Suivant ledit article 177 de la Coutume de Troyes , les accrues joignant Bois & Forêts fans borne, faifant féparation de Juftice étant en une même Seigneurie, fuivant la nature defdits Bois & Forêts, tant qu'elles font en accrues , elles font partie du Bois, & font en la poffeffion du Seigneur à qui le Bois appartient ; lequel les peut prefcrire , fi le propriétaire laiffe paffer trente années fans y rentrer.

Ainfi le Bois, en s'étendant & en croiffant dans les terres voifines, n'acquiert point au Seigneur du Bois la propriété des accrues , mais la poffeffion feulement , & l'occafion de les prefcrire.

Il n'en eft pas de même des accrues qui fe font dans les rivieres ; car elles font à l'inftant acquifes fans prefcription , ou au Roi , ou au Seigneur haut-jufticier , ou au propriétaire de l'héritage augmenté ; comme nous venons de dire dans l'article précédent.

ACCUSATEUR , eft celui qui pourfuit un criminel , ou pour raifon de la vindicte publique , ou pour la réparation du dommage qu'il en a fouffert.

Nous avons donc deux fortes d'accufateurs ; fçavoir les Parties civiles , & les Procureurs du Roi , ou les Procureurs fifcaux des Seigneurs.

Les Parties civiles ne peuvent conclure qu'à la réparation du dommage qu'ils ont fouffert , à caufe du crime commis en leurs perfonnes , ou en celle de leurs proches , ou en leurs biens , & ne tendent point à la punition corporelle ; mais par leur plainte ils requierent la jonction du Procureur du Roi , ou du Procureur Fifcal , & concluent feulement à la réparation civile , avec cette claufe ; *Sauf à M. le Procureur du Roi ou à M. le Procureur Fifcal , à prendre pour la vengeance publique telles conclufions qu'il avifera bon être.*

À l'égard de la vindicte publique , c'eft-à-dire , de la punition corporelle du criminel , elle ne peut être pourfuivie que par le Procureur du Roi , ou par le Procureur Fifcal , en la perfonne defquels réfide l'intérêt public.

Il n'y a que celui qui a intérêt à la vengeance d'un crime, qui puiffe fe porter partie civile : ceux qui n'y ont qu'un intérêt public , peuvent feulement fervir d'inftigateurs & de dénonciateurs envers le Procureur du Roi. Un fils , par exemple, a droit d'accufer & de fe porter Partie contre l'homicide de fon pere ; & ceux qui n'y ont point d'intérêt , peuvent feulement être dénonciateurs. *Voyez* Partie civile.

Quand après un crime commis il ne fe préfente point de Partie civile , le Procureur du Roi , ou le Procureur Fifcal du lieu où le crime à été commis , peut en faire la pourfuite en fon nom & à fa diligence, aux dépens du Roi ou du Seigneur haut-jufticier du lieu , fuivant l'article 8. du titre 3. de l'Ordonnance criminelle. Il eft même obligé d'en faire la pourfuite , quoique la Partie intéreffée demeure dans le filence , lorfque c'eft un crime grave qui intéreffe le public. *Voyez* Vindicte publique.

Quoique l'accufation forme ordinairement un procès criminel, néanmoins l'affaire fe civilife quelquefois. *Voyez* Civilifer.

Quand il y a des plaintes refpectives, il eft important de fçavoir lequel des deux plaignans doit être regardé comme accufateur, & l'autre comme accufé. *Voyez* Plainte.

Les accufateurs, que nous appellons Parties civiles, ne font point fujets à la peine du talion, ni à s'infcrire à la peine due au crime commis par l'accufé; mais fi l'accufation eft déclarée calomnieufe, ils font condamnés à quelque peine. *Voyez* Accufation calomnieufe.

Il y a une grande différence entre accufateur & dénonciateur, comme remarque Guenois en la Conférence des Ordonnances, fur le titre des accufateurs, §. 1, en ce que les accufateurs font les Parties civiles qui ont un intérêt particulier dans la vengence du crime, & qui font obligés de demeurer Parties contre ceux qu'ils ont accufés: en forte qu'ils encourent la peine de l'accufation calomnieufe, fi celle qu'ils ont faite eft trouvée telle; au lieu que les dénonciateurs ne font que des délateurs d'un crime, & de celui qui l'a commis auprès de la perfonne publique: deforte que n'ayant aucun intérêt dans la vengeance publique, ils ne font point obligés de demeurer Parties contre les accufés, & n'en courent point la peine de l'accufation calomnieufe, à moins qu'il n'y ait une raifon évidente qui oblige le Juge de la leur faire fubir, comme il eft prefcrit par l'article 2. de l'Ordonnance du mois d'Octobre 1561.

Les accufateurs & les dénonciateurs ont cela de commun, 1°. que reguliérement ceux qui ne peuvent pas être accufateurs, ne peuvent pas être dénonciateurs, ne peuvent pas être témoins contre ceux qu'ils ont accufés ou dénoncés.

ACCUSATION eft la pourfuite d'un crime, qui commence par une plainte de la Partie civile, ou par la dénonciation de quelqu'un qui n'a point d'intérêt dans l'affaire, ou qui y ayant intérêt, ne veut point pourtant être Partie civile. *Voyez* Plainte. *Voyez* Dénonciation. *Voyez* Accufateur.

Chez les Romains, les accufations devoient être terminées dans un certain tems, comme il eft marqué dans le titre du Code: *ut intra certum tempus criminalis quæftio terminetur.* Mais en France il n'y a point de tems préfini pour terminer un procès criminel, & rendre un Jugement contre l'accufé. Le Juge eft feulement obligé de commencer les interrogations des accufés qui font dans les prifons, dans les vingt-quatre heures au plus tard après leur emprifonnement, à peine de tous dépens, dommages & intérêts, comme il eft porté en l'art. 1. du tit. 14, de l'Ordonnance de 1670.

La pourfuite des crimes qui eft en ufage parmi nous, eft bien différente de celle qui fe pratiquoit chez les Romains. Le droit civil diftinguoit entre les délits privés, & les délits publics, autrement appellés *crimes.* On ne procédoit que par fimple action contre les délits particuliers, & cette action n'étoit accordée qu'à ceux qui y avoient intérêt. A l'égard des crimes publics, on procédoit contre ceux qui les avoient commis, par la voie extraordinaire appellée *accufation*; & comme il n'y avoit

point chez les Romains d'accufateur public, chaque Particulier pouvoit intenter l'accufation.

Mais en France il n'y a que les Procureurs du Roi, ou les Procureurs Fifcaux des Seigneurs, qui puiffent former une accufation: les Particuliers ne peuvent être que dénonciateurs, & demander réparation de l'offenfe pour les dommages & intérêts, comme nous venons de le dire *verbo* accufateur.

ACCUSATION VAGUE ET INCERTAINE, ne doit point être reçue. Pour qu'une plainte ou une dénonciation foit admiffible, il faut qu'elle contienne le fait avec toutes fes circonftances, c'eft-à-dire, le jour, l'heure & le lieu où le délit a été commis, par qui, fi c'eft la nuit, de propos déliberé, en une rencontre, fur un grand chemin, en l'Eglife, en un lieu public; fi le délit a été précédé de ménaces, s'il a été accompagné de blafphêmes, s'il a été commis par un feul ou par plufieurs, & enfin fi c'eft avec armes prohibées & défendues.

ACCUSATION CALOMNIEUSE, eft celle qui n'a été faite que dans le deffein de faire de la peine à l'accufé.

Quand elle eft jugée telle, elle donne lieu à des dommages & intérêts, qui emportent la contrainte par corps, & quelquefois une peine afflictive: ce qui dépend des circonftances, & du tort qu'en a fouffert l'accufé.

L'article 7. du tit. 3. de l'Ordonnance de 1670, porte que les accufateurs & dénonciateurs qui fe trouveront mal fondés, feront condamnés aux dépens, dommages, & intérêts des accufés, & à plus grande peine s'il y échoit: ce qui aura auffi lieu à l'égard de ceux qui ne fe feront rendus Parties, ou qui s'étant rendus parties, fe feront défiftés, fi leurs plaintes font jugées calomnieufes.

Lorfque l'accufation eft fondée fur un devoir de piété & fur de grands indices, elle ne peut pas être reputée calomnieufe, quoiqu'elle fe trouve fauffe par l'évenement, & que l'accufé foit renvoyé abfous. Ainfi il n'échoit point dans ce cas aucuns dommages & intérêts.

C'eft fur ce fondement qu'il a été jugé par Arrêt du 30. Mars 1694, que la veuve & les enfans d'un accufé qui avoit péri dans l'accufation, & qui dans la fuite avoit été reconnu innocent, étoient mal fondés à demander des dommages & intérêts contre fes accufateurs, attendu qu'ils ne l'avoient pourfuivi que fur des indices preffans, & pour venger le meurtre de leur mere.

Cet Arrêt eft rapporté par M. Augeard, tom. 3. Arrêt 34.

Il faut donc faire différence entre la calomnie préfumée, pour parler le langage des Docteurs, & la calomnie évidente.

La calomnie préfumée réfulte du feul défaut de preuves de l'innocence & de la juftification de l'accufé, *quando accufator non probat delictum*; & cette calomnie eft excufable dans ceux qu'un devoir de piété, une raifon de bienféance, ou quelqu'intérêt indifpenfable engage dans une pourfuite criminelle. *Leg.* 2, *cod. de his qui accuf. non pof. Leg.* 4, *cod. de calumniatorib.*

Farinacius, *tract. de accufat. quæft. 16, num. 56*; convient auffi que la confidération d'une jufte douleur & d'une vengeance néceffaire, peut excufer un accufateur de la calomnie préfumée. *Qui ratione fanguinis & immenfo dolore ad accufandum movetur, ut putà fi parentes de morte filii, vel è contra; iftis enim cafibus, licet non excufantur accufatores à verâ calumniâ, excufantur tamen à præfumptâ.*

La calomnie évidente eft fondée fur le dol, l'artifice & la mauvaife foi de ceux qui accufent fauffement un innocent, & qui fuppofent des fauffes preuves pour le faire fuccomber; *quando quis fciens aut fcire debens aliquem effe innocentem, proponit contrà eum accufationem aut querelam:* & il eft conftant que les accufateurs les plus privilégiés & les plus néceffaires, ne font pas exempts de la peine de la calomnie. *Leg.* 1. §. *fed non utique, ff. ad Senatus conf. Turpillian.*

Julius Clarus, *lib. 5. §. fin. quæft. 62, num. 2*, diftingue auffi la calomnie évidente de la calomnie préfumée, & décide que les accufateurs les plus privilégiés font fujets à la calomnie évidente; & à l'égard de la calomnie préfumée, les accufateurs n'y font pas foumis, & par conféquent ne font point condamnés aux dommages & intérêts de celui qui a été fauffement accufé d'un crime dont il étoit innocent.

En effet, la calomnie préfumée eft, à proprement parler, une erreur, & non pas une calomnie. Or les Loix ont diftingué avec raifon la calomnie d'avec l'erreur; & fi elles n'ont que de la févérité pour celui qui eft plein de mauvaife foi dans fon accufation; elles n'ont que de l'indulgence pour celui qui s'y eft par erreur engagé avec une bonne foi entière.

Ainfi l'art. 7. du troifieme titre de l'Ordonnance de 1670, rapporté ci-deffus, ne fe doit entendre que de ceux qui par calomnie évidente ont intenté une accufation contre quelqu'un.

Voyez Calomniateur. *Voyez* auffi l'Hiftoire du Sieur d'Anglade, qui fe trouve à la fin du premier tome des caufes célèbres, où cette matiere eft amplement traitée.

ACCUSE', eft celui qui eft prévenu de quelque crime capital, ou non.

Il n'y a que le décret de prife de corps ou d'ajournement perfonnel qui faffe l'accufé, & non point la plainte: c'eft pourquoi l'on ne doit jamais adjuger de provifion que contre les décretés en conféquence des charges qui fe trouvent contre eux dans les informations.

Tout accufé & prévenu de crime même capital, ne perd pas fon état; ainfi il peut paffer toutes fortes de contrats & actes: *In reatu conftitutus bona fua adminiftrare poteft; leg.* 46, §.6, *ff. de jure fifci.* Il peut recevoir ce qui lui eft dû, & en donner quittance, vendre & aliéner, & difpofer de fes biens à fa volonté, tant qu'il n'y a point contre lui de condamnation prononcée.

Si l'accufé eft capable des effets civils, il ne feroit pas jufte que celui qui auroit acquis de lui de bonne foi, fût privé de la chofe par lui acquife, au cas que par la fuite cet accufé fût condamné à une peine capitale qui emportât la confifcation.

M. le Preftre, cent. 1, chap. 84, rapporte un Arrêt du 18 Septembre 1618. qui a décidé la queftion en faveur de l'acquéreur. Cela ne fait à préfent aucun doute au Palais, quoique par Arrêt du 11 Février 1669, rapporté dans le troifieme tome du Journal des Audiences, une pareille queftion ait été appointée.

En vain objecteroit-on la Loi 15, *ff. de donationib.* parce qu'il y a une négation qu'il en faut retrancher, & la lire ainfi; *poft contractum capitale crimen donationes factæ valent, nifi condemnatio accufationem fecuta fit ante factam donationem.*

Une homme peut être accufé d'un crime, & être très-innocent. Caton a été plufieurs fois accufé, auffi bien qu'Ariftophane, mais ils ont été tous deux autant de fois juftifiés; c'eft pourquoi la confifcation ne doit jamais avoir lieu que du jour de la condamnation: de forte que fi celui qui a été accufé mouroit avant le Jugement, il n'y auroit pas lieu à la confifcation, parce qu'il feroit décédé jouiffant de tous fes droits.

Si au contraire celui qui a été condamné par contumace à une peine capitale qui emportât confifcation, décédoit dans les cinq années à compter du jour de l'exécution du Jugement rendu par contumace, fans s'être repréfenté, il feroit réputé mort civilement du jour de l'exécution de la Sentence de contumace, & la confifcation auroit lieu; mais il feroit en ce cas permis à la veuve & aux héritiers d'appeller de la Sentence; & fi la condamnation du contumace eft par Arrêt ou Jugement en dernier reffort, ils fe pourvoiront par-devant les mêmes Juges qui l'auront rendu, comme il eft porté en l'article 1. du tit. 27. de l'Ordonnance criminelle de l'année 1670.

L'ajournement perfonnel emporte bien interdiction de plein droit; enforte qu'un Eccléfiaftique ou un Officier ne peut plus faire fes fonctions, parce qu'il eft *in reatu:* mais il n'y a que le Jugement de condamnation à mort naturelle ou civile, qui faffe déchoir un homme de fon état, & qui le prive des effets civils. *Voyez* Contumace.

En cas d'appel de la Sentence de condamnation la validité ou nullité des actes que le condamné paffe pendant le tems intermédiaire, dépend de l'événement & de ce qui fera prononcé fur l'appel de la Sentence de condamnation.

L'accufé peut donc avoir avant la condamnation recueillir une fucceffion, *pendente accufatione.* L'aliénation par lui faite de fes biens peut valoir au préjudice du Fifc, quoique la condamnation de mort fe fût enfuivie.

Il peut même difpofer valablement de fes biens, après la condamnation dont eft appel, & toutes les difpofitions qu'il aura faites, même par teftament, feront valables, s'il meurt avant que la Sentence de condamnation ait été confirmée en caufe d'appel.

La raifon eft que celui qui meurt prévenu de crime, qui eft même condamné par les premiers Juges, *pendente appellatione*, meurt *integri juris; quia morte crimen extinguitur, & appellatione extinguitur judicatum.*

Touchant les aliénations faites par un accusé, *voyez* Mornac *in præf. ad tit. de pignor.* M. le Bret, de la Souveraineté du Roi, Liv. 3. chap. 13. Mr. d'Argentré, sur l'art. 188. de la Coutume de Bretagne; Ricard, des Donations, part. 1. chap. 3. sect. 4. nomb. 244. M. le Prêtre, cent. 1. quest. 84. Basnage, sur l'article 243. de la Coutume de Normandie; Henrys, tom. 2. liv. 4. quest. 36. Soefve, tom. 2. cent. 4. chap. 35. & le Journal des audiences, tom. 3. liv. 3. chap. 3.

Les peines afflictives, & sur tout celles de mort, ne doivent être prononcées que quand le crime dont quelqu'un est accusé, mérite cette peine, & quand il en est pleinement convaincu par des preuves plus claires que le jour, comme je l'ai dit *verbo* Peine de mort. *Voyez* aussi ce que j'ai dit *verbo* Absolution.

Quoique suivant ce que nous avons dit ci-dessus, un accusé ne perde pas son état, & soit capable de tous contrats & actes, un accusé ne peut pas former une accusation contre son accusateur. *Voyez* Récrimination.

Il nous reste à remarquer qu'un accusé venant à mourir avant le Jugement d'absolution ou de condamnation, est absous, sa mort lui tenant lieu d'absolution, excepté néanmoins le criminel de leze-Majesté, & celui qui s'est tué lui-même.

ACENSE, est un héritage ou ferme, qu'on tient à perpétuité ou à longues années, d'un Seigneur, à certains cens & rente, ou à prix d'argent.

ACHAT, est un contrat par lequel le vendeur promet & s'oblige de livrer quelque chose à l'acheteur, pour un certain prix dont ils sont convenus.

Il y a trois choses qui font de la substance du contrat de vente; sçavoir, le consentement du vendeur & de l'acheteur, la chose vendue & le prix.

Ce contrat est obligatoire de part & d'autre, & produit deux actions; sçavoir, l'action d'achat & l'action de vente.

L'action d'achat est donnée à l'acheteur contre le vendeur, & dans cette action l'acheteur conclud *à ce que le vendeur soit tenu de lui livrer la chose vendue, & de l'en faire jouir, aux offres qu'il fait de lui en payer le prix; & qu'il soit condamné envers l'acheteur en tous dépens, dommages & intérêts.*

L'action de vente est donnée au vendeur contre l'acheteur; & dans cette occasion le vendeur conclud, *à ce que l'acheteur soit tenu de lui payer le prix convenu aux offres qu'il fait de livrer la chose vendue & qu'il soit condamné à payer les intérêts de lad. somme, avec dépens.*

Pour ce qui est de l'origine de l'achat, des personnes qui peuvent vendre & acheter, des choses qui entrent dans ce contrat, de la forme, des engagements reciproques du vendeur & de l'acheteur & des cas où ce contrat se dissout. *Voyez* Despeisses, tom. 1. pag. 1. & suivantes; & les Loix civiles, liv. 1. tit. 2. *V.* aussi ce que j'ai dit dans ma traduction des Institutes, liv. 3. tit. 24; & ce que j'ai ici en parlant de l'action redhibitoire.

ACHAT PASSE LOUAGE. Ces termes qui se trouvent dans l'Art. 23. de la Coutume de Namur, signifient que celui qui a acheté un héritage, & qui en est investi, peut en expulser le locataire;

sauf à ce locataire à se pourvoir, pour raison de ses dommages & intérêts, contre celui qui lui a loué ledit héritage. Ce qui est conforme à la disposition de la Loi 25, §. 1. ff. locati cond. & à la Loi 9, ff. de locato cond.

ACQUEREUR, est celui qui a, par un titre translatif de propriété, acquis une chose, soit que celui de qui il la tient en fût propriétaire, ou non.

Lorsque celui qui a fait la tradition de la chose à titre translatif de propriété, en étoit propriétaire, cette tradition en rend propriétaire le nouvel acquéreur.

Mais la tradition d'une chose à titre translatif de propriété faite par celui qui n'en étoit pas propriétaire, n'en transfere pas la propriété, mais seulement la possession, qui ne procure à l'acquéreur que la faculté de prescrire la chose, lorsque cet acquéreur est de bonne foi.

Au reste, ce terme ne se dit que de celui qui acquiert un immeuble.

ACQUEREUR DE BONNE FOI, est celui qui a acquis quelque chose de celui qui n'en étoit pas le propriétaire, mais qu'il croyoit tel. Un acquéreur de bonne foi prescrit un immeuble par dix ans entre présens, & par vingt ans entre absens. Et la bonne foi est requise pendant tout ce tems-là, pour que la prescription ordinaire soit accomplie.

ACQUEREUR DE MAUVAISE FOI, est celui qui a acquis quelque chose de celui qu'il sçavoit n'en être pas le propriétaire.

Comme la bonne foi est requise pour la prescription ordinaire, l'acquéreur de mauvaise foi ne peut prescrire un immeuble que par trente ans: au lieu que l'acquéreur de bonne foi le peut prescrire par dix ans entre présens, & vingt ans entre absens.

Voyez ci-après Prescription.

ACQUERIR, est se procurer un titre qui donne droit de jouir d'une chose, ou en propriété, ou en usufruit.

Il y a divers moyens d'acquérir la propriété des choses; sur quoi, *voyez* les premiers titres du second livre des Institutes, & ce que j'ai dit ci-dessus.

ACQUETS, sont les immeubles que nous avons acquis à titre onéreux ou lucratif, excepté le titre de succession directe ou collatérale, ou celui de donation en ligne directe.

Les immeubles échus par succession directe ou collatérale, ou donnés par les ascendans à leurs enfans, sont donc des héritages appellés propres; c'est-à-dire, qui doivent appartenir par succession aux héritiers de celui à qui ils appartiennent, du côté & ligne de laquelle ils lui sont échus, en cas qu'il ne laisse que des collatéraux.

Mais les héritages donnés en collatérale, *etiam successituro* sont acquêts. Ainsi tout ce qui nous échet en ligne collatérale, par disposition entre-vifs, ou testamentaire, est reputé acquêts.

Les biens confisqués & donnés par le Roi aux héritiers présomptifs, ne sont jamais qu'acquêts; & ceux qui étoient propres en la personne du condamné, deviennent acquêts en la personne à qui le Roi en a fait don.

L'immeuble qui étoit acquêt dans la perfonne de celui de qui nous le tenons à titre de fucceffion en ligne directe ou collatérale, ou bien à titre de donation en ligne directe, devient en notre perfonne un propre naiffant.

Le Droit Romain ne met point de différence entre les propres & les acquêts ; en forte que fuivant les Loix Romaines, un homme peut difpofer par teftament de tous fes biens fans diftinction des propres ou d'acquêts, & que les parens les plus proches fuccedent *ab inteftat* à tous fes biens fans aucune diftinction.

Mais en Pays coutumier on fait diftinction entre les propres & les acquêts ; de forte qu'un homme peut bien difpofer par teftament de tous fes acquêts, mais il ne peut difpofer par derniere volonté que d'une certaine portion de fes propres ; fçavoir, du quint dans la Coutume de Paris & dans la plupart des autres Coutumes.

De plus, quand un homme décede *ab inteftat*, c'eft toujours fon plus proche héritier qui fuccede aux acquêts ; mais à l'égard de fes propres, ils appartiennent à fes parens de la ligne d'où ils procedent, fuivant la régle *paterna paternis, materna maternis*.

Enfin, le retrait lignager a lieu en Pays coutumier, pour les propres & non pas pour les acquêts, comme nous avons dit en parlant de ce retrait.

Quoique les acquêts ne foient pas fujets à retrait, il y a néanmoins un cas auquel le retrait a lieu pour les acquêts. Un homme vend fon héritage propre à un parent de fa ligne ; cet héritage n'eft point fujet au retrait, quoique propre au vendeur, parce que la vente ayant été faite à un parent lignager, cet héritage n'eft point forti de la ligne : mais fi cet acquéreur parent vient à le vendre, quoiqu'acquêt en la perfonne de ce premier acquéreur, il eft fujet au retrait.

Un héritage dans le doute, eft toujours cenfé acquêt & non propre ; ainfi c'eft à celui qui prétend qu'un héritage eft propre, à le prouver. M. le Brun dans fon Traité des Succeffions, liv 2, ch. 1, fect. 1, n. 2, Loyfel en fes inftit. cout. liv. 2, tit. 1, nomb. 14.

Il y a deux fortes d'acquêts ; fçavoir, ceux qui font acquis hors communauté, & ceux qui font acquis par perfonnes mariées pendant leur communauté ; & ces derniers font appellés conquêts. Ainfi on appelle acquêts les immeubles acquis avant le mariage, & conquêts, ceux qui font acquis pendant & conftant le mariage. *Itaque propriè ducitur* acquêt, *quod uni quæritur, acquiritur ;* à la différence du conquêt. *Quod non uni duntaxat, fed pluribus quæritur,* comme il eft expliqué en l'article 32. de la Coutume Reims. *Voyez* Conquêts.

Les conquêts tombent en communauté, mais les acquêts n'y tombent pas ; d'où vient que dans les contrats de mariage la claufe ordinaire eft, *que l'homme & la femme feront communs en biens meubles & conquêts immeubles,* & non pas en acquêts faits auparavant leur mariage.

Dans la Coutume du Maine, qui permet aux conjoints lorfqu'ils n'ont point d'enfans, de fe donner leurs acquêts & conquêts, on ne doit pas entendre par ces termes *acquêts & conquêts,* les acquêts faits avant le mariage. Ainfi, en fait de don entre mari & femme, le mot *acquêts* ne s'entend que des acquêts faits pendant la communauté. *V.* le Recueil de M. Augeard, tome 1, chap. 27.

La femme ne peut rien prétendre aux acquêts faits par le mari pendant leur féparation réguliérement ordonnée, *caufâ cognitâ. Voyez* les Arrêts d'Auzanet, liv. 2, chap. 92. Cela ne fe doit entendre que lorfqu'il n'y a point eu de réconciliation entre les conjoints ; car quand après avoir été féparés ils fe remettent enfemble, les chofes fe réglent de la même manière comme s'ils n'avoient jamais été féparés.

La raifon eft, que ce retour eft favorable ; enforte qu'en Juftice il eft préfumé qu'ils ont toujours vêcu enfemble, & que la communauté n'a pas été interrompue, & cela *quafi jure poftliminii.*

Les acquêts fe réglent felon la Coutume du domicile de l'acquéreur, par rapport à la communauté. Ainfi, dans le cas ou des perfonnes demeurantes à Lyon s'y feroient mariées fans avoir ftipulé de communauté entr'eux, fi le mari ou la femme aquiert un héritage fitué dans une Coutume où la communauté à lieu de droit, *vi folius confuetudinis,* & fans qu'il y ait aucune convention de communauté dans le contrat de mariage, cet héritage ne fera pas partageable par moitié entre le fuivant & les héritiers du prédécédé.

La raifon eft, que les Coutumes n'operent & ne produifent leur effet, que par rapport à ceux qui ont contracté fous leur empire ; mais elles n'ont point d'autorité à l'égard de ceux qui établis dans le Lyonnois ou autre lieu régi par des difpofitions contraires, s'y font mariés.

Tout au contraire, un acquêt fitué dans un Pays où la communauté n'a point lieu de droit, *& vi folius confuetudinis,* & acquis par l'un des conjoints qui fe font mariés en Pays coutumier, cet acquêt fera commun entr'eux ; parce que quand il n'y a point de ftipulation de communauté dans un contrat de mariage, c'eft la Loi du domicile qu'il faut fuivre, & non pas celle de la fituation des biens, pour connoître s'ils entrent en communauté ou non.

Il n'en eft pas de même à l'égard des fucceffions ; car ce n'eft pas le domicile qui fert de Loi pour régler à qui les immeubles doivent paffer, mais la Coutume des lieux où ces immeubles font fitués, parce que les Coutumes font réelles ; & de-là vient que dans les fucceffions on eft obligé de faire autant d'opérations différentes pour régler les partages, qu'il y a diverfes Coutumes qui régiffent les biens qui font à partager.

A C Q U E T S AMORTIS. Il y a quelques Coutumes qui mettent de la différence entre acquêts communs & acquêts amortis.

Dans ces Coutumes, quand le mari & la femme ont racheté durant leurs mariages des rentes, des charges ou des fervitudes dûes fur les immeubles de l'un d'eux, & conftituées avant qu'ils euffent été mariés, cet acquêts eft
appellé

appellé commun, & l'offre du mi-denier a lieu.

Tout au contraire, s'ils ont vendu pendant leur mariage, & constitué sur les immeubles de l'un d'eux ces charges, ces rentes & ces servitudes, au cas qu'ils les rachetent & amortissent, ce rachat n'est point un acquêt commun, ce rachat est moins un acquêt qu'une extinction & un amortissement; c'est qui fait qu'il est appellé acquêt amorti, & que l'offre du mi-denier n'y est point admise. *Voyez* l'article 345. de la Coutume de Poitou, l'article 67. de la Coutume d'Angoumois, & l'article 40. de celle de la Rochelle.

ACQUETS NOUVEAUX. *V.* Nouveaux acquêts.

ACQUIESCEMENT, est le consentement que l'on donne à l'exécution d'un contrat ou d'un jugement. Le consentement empêche qu'on ne puisse dans la suite revenir contre.

ACQUIESCER, c'est renoncer à son appel, & consentir que la Sentence dont est appel, ou de laquelle on peut appeller ressorte son plein & entier effet.

On acquiesce à une Sentence rendue, ou tacitement, ou expressément.

On acquiesce tacitement, quand on exécute une Sentence en quelque maniere que ce soit, ou en tout, ou en quelque partie; & ce seroit une fin de non recevoir que l'on pourroit opposer à celui qui, après avoir exécuté ou souffert l'exécution d'une Sentence, voudroit en appeller, quoiqu'il n'eût exécuté la Sentence qu'en partie, à moins que dans l'acte qui contient l'acquiescement tacite par rapport à quelque chef de la Sentence, l'on n'eût protesté de se pourvoir par appel contre les autres chefs.

On acquiesce expressément à une Sentence, quand un Procureur fondé de procuration spéciale acquiesce à une Sentence rendue, & renonce à l'appel interjetté d'icelle, & consent la condamnation en cause d'appel.

Quand la Sentence est au profit de l'homme & de la femme, le Procureur quoique chargé par l'homme, & même que toute sa procédure soit faite à la requête de l'un & de l'autre, néanmoins pour acquiescer il faut une procuration spéciale, que la femme autorisée de son mari y parle & consente; autrement avenant dissolution de la communauté & renonciation par la femme, elle pourra revenir contre l'Arrêt, & désavouer le Procureur qui n'aura agi que sur le pouvoir du mari, & il sera bien désavoué.

L'acquiescement se fait encore expressément, quand un Avocat qui est chargé d'une cause, déclare en Jugement qu'il ne veut point soutenir l'appellation verbale interjettée, & consent que la Sentence dont étoit appel soit exécutée.

L'appellant peut acquiescer à la Sentence dont il a interjetté appel, dans quelque tems que ce soit. Mais il n'a que huitaine pour se désister de son appel, sans être tenu de payer l'amende du fol appel & les dépens; ainsi il doit l'un & l'autre lorsqu'il ne fait son désistement qu'après la huitaine.

ACQUISITION, est la translation qui nous a été faite d'une chose à titre translatif de propriété.

ACQUIT, signifie la même chose que décharge; par exemple, la décharge de certains droits qu'on a payés pour l'entrée de certaines marchandises, s'appelle acquit.

ACQUIT DE PAYEMENT, est une quittance que le Receveur du Bureau fournit lorsqu'on lui paye les droits d'entrée ou de sortie de marchandises.

ACQUIT A CAUTION, est un billet que le Commis donne à un Marchand qui transporte des marchandises hors le Royaume, & dont il a fait déclaration au Bureau; lequel billet le Marchand est obligé de représenter au Bureau de son passage: ainsi, lorsque la balle des marchandises est arrivée à l'endroit où elle doit être vûë & visitée, les Commis qui l'ont visitée en donnent leur certificat au dos de l'acquit, ce qui s'appelle décharger l'acquit à caution: & en représentant cet acquit ainsi déchargé, on se fait décharger de son cautionnement.

ACQUIT DE COMPTANT. On entend par ces termes, des Lettres patentes de validation de certaines sommes payées ès mains du Roi, sans en exprimer la cause, & que Sa Majesté veut être passée en la Chambre des Comptes, en vertu desdites Lettres.

ACQUIT PATENT, est un ordre de Sa Majesté expédié en parchemin, signé du Roi, & contre-signé d'un Secrétaire d'Etat, portant mandement à ses Tresoriers de payer à la personne y dénommée une certaine somme, dont sa Majesté lui fait don.

Les acquits patents doivent être vérifié en la Chambre des Comptes, & controllés.

Les payemens qui se font en conséquence des acquits patents, doivent être mis au dos.

Quoique l'Ordonnance de 1557, défende aux Tresoriers & Receveurs de payer aucunes sommes en vertu d'acquits patents, néanmoins ils ne laissent pas encore aujourd'hui de payer en conséquence, lorsque ces acquits sont en bonne forme, c'est-à-dire signés & contre-signés, vérifiés à la Chambre & controllés.

ACQUITER, c'est payer une dette.

Ce terme signifie aussi liberer, décharger un fonds d'une hypotéque dont il étoit chargé.

ACRE DE TERRE, est une mesure de terre qui est usitée chez les Normands & les Anglois, & qui contient cent soixante perches. *Voyez* ce qui en est dit dans le Glossaire du Droit François.

ACTE en général, est tout ce qui sert à prouver & justifier quelque chose; mais ce terme a différentes significations.

Il est quelquefois employé pour signifier toutes les choses qui regardent la justice, & qui sont rédigées par écrit; mais il se prend ordinairement pour les actes ou instrumens passés pardevant Notaires ou autres personnes publiques.

Ce terme signifie aussi les actes qui se font en

Jugement ; & ils font appellés actes judiciaires , comme les preuves , les confessions faites en Jugement & autres.

On dit aussi actes sous seing privé ; ainsi , une promesse , cédule ou billet portant promesse de payer quelque somme sous la simple signature du débiteur , est appellé acte sous seing privé.

Au contraire , les actes qui sont passés pardevant Notaires , sont appellés autentiques , parce qu'ils ont de l'autorité & qu'ils sont foi en Justice. Voyez Scel autentique verbo Scel. Voyez aussi Instrument.

Les actes sont donc publics , c'est-à-dire autentiques ; ou privés , c'est-à-dire sous signature privée : les publics font foi en justice , emportent hypothéque , & sont exécutoires du jour de leur date. Il n'en est pas de même des actes privés , lesquels ne produisent ces mêmes effets que du jour qu'ils sont reconnus en justice.

Il faut néanmoins demeurer d'accord , que par rapport aux contractans , il n'y a point de différence entre l'acte sous signature privée , & l'acte passé pardevant Notaires : l'un ne les engage pas moins que l'autre , il n'y en a point non plus à l'égard des autres créanciers , que par rapport à l'hypothéque qui a lieu du jour du contrat ; au lieu que par l'acte sous signature privée , l'hypothéque n'est acquise que du jour de la reconnoissance.

Les actes publics sont de Jurisdiction contentieuse ou volontaire ; les actes de Jurisdiction contentieuse , sont les poursuites qui se font en justice ; les actes de Jurisdiction volontaire , sont ceux qui se font du consentement des Parties pardevant Notaires.

Les actes de Jurisdiction contentieuse ne peuvent être valablement faits les Dimanches ni les jours de Fêtes ; au lieu que les actes de Jurisdiction volontaire peuvent être faits ces jours-là comme les autres. Voyez Bornier sur l'art. 5. du tit. 3. de l'Ordonnance de 1667. Voyez aussi la Glose sur la Loi 3. au digeste , tit. de Officio Præsid.

Les actes faits en matiere civile pardevant le Juge d'Eglise , font foi pardevant le Juge séculier entre les mêmes Parties , comme il a été jugé au Parlement de Toulouse par arrêt du 12. Juin 1631, rapporté par d'Olive , liv. 1 , quest. de Droit , chapitre 23.

Pour ce qui regarde la solemnité des actes il faut qu'ils soient faits suivant les formalités requises par la Loi & par l'usage du lieu où ils sont passés. Charondas , liv. 13. rép. 63.

Tout actes rédigés par écrit sont présumés véritables , à moins que ceux qui entreprennent de les contester ne justifient le contraire. V. Actes rédigés par écrit.

ACTE , se prend aussi quelquefois pour le fait de quelqu'un ; ainsi on dit faire acte d'héritier , quand on dispose des biens d'une succession en qualité de propriétaire.

ACTE , se prend aussi pour les procédures & actes judiciaires qui se font pour l'instruction d'un procès , ou pour sa décision.

ACTE EQUIPOLENT A LA VENTE , est celui qui tient lieu d'un contrat de vente , & qui a tant de rapport avec lui, qu'il se regle de la même maniere.

Par exemple , ce seroit un acte équipolent à la vente , que de bailler un héritage à la charge d'acquitter par le preneur le bailleur de ses dettes envers ses créanciers ; parce que les dettes , du payement desquelles se charge le preneur , sont le véritable prix de la vente ; car il n'importe que le prix ait été payé au bailleur de l'héritage , ou à ses créanciers à son acquit , ou à d'autres par son ordre : telle cession est une véritable vente. Leg. Stychus , §. Titius, ff. de condict. indeb. Ainsi les droits en sont dûs au Seigneur ; & par conséquent cet héritage est sujet au retrait lignager.

Ce seroit aussi un acte équipolent à la vente , si un héritage ou une rente fonciere étoient donnée pour des meubles & effets mobiliers. Ainsi les droits seroient dûs au Seigneur , & le retrait lignager pourroit avoir lieu pour la valeur & estimation des meubles.

ACTE D'HÉRITIER , est tout ce qui paroît avoir été fait par un héritier présomptif en qualité de successeur du defunt , & qui ne pouvoit être fait sans se nom , la qualité & le caractere d'héritier ; comme de disposer des biens d'une succession en qualité de propriétaire , les vendre ; bailler à louage ou à ferme les maisons & héritages de la succession ; recevoir des debiteurs du defunt ce qui lui devoient , & payer à ses créanciers ce qui leur étoit dû par le défunt.

Il faut excepter , quand on a déclaré expressément que ce que l'on a fait n'a été que pour conserver la chose , & que l'on n'entend point être héritier pour cela.

On peut donc être héritier présomptif , & cependant n'être pas héritier , suivant la regle n'est héritier qui ne veut. Pour être héritier , outre la qualité d'héritier présomptif , il faut la volonté expresse ou le fait concurrent , c'est-à-dire que l'héritier présomptif déclare expressement sa volonté , ou qu'il fasse quelqu'acte qui ne puisse convenir qu'à un véritable héritier.

Pour faire réputer quelqu'un héritier , il faut le fait & la volonté : Pro hærede gestio magis est animi quam facti ; Leg. 20 , ff. de acquirend. vel omit. hæred. Ainsi lorsque ce qui fait par un héritier présomptif , paroît être fondé sur une autre qualité & sur une autre cause , on ne le regarde point comme un acte d'héritier , parce qu'on présume que la volonté d'être héritier n'y a point eu de part , comme il resulte de ce que nous allons dire.

Ce qui se fait par pitié ou par devoir , n'est pas acte d'héritier : ainsi celui qui paye les frais funéraires ; ne fait pas pour cela acte d'héritier ; non plus que celui qui poursuit la vengeance de la mort du défunt , quoiqu'il obtienne condamnation , & prenne les intérêts civils qui lui sont adjugés , quia talis actio non ad rem familiæ , sed ad vindictam pertinet. Ainsi jugé par Arrêt du 22. Novembre 1601 , rapporté par M. le Prêtre , cent. 1 , chap. 11. Il n'y a que les actes qui emportent quelque commodité ou profit, qui doivent être réputés actes d'héritier. Louet, lett. H. nomb. 10.

Ainsi nous avons des actes qui ont rapport à la qualité d'héritier, mais qui n'y engagent pas, tels que sont ceux que nous avons énoncés ci-dessus. Sur quoi *voyez* les Loix civiles, tom. 3, liv. 1. tit. 3. le Traité des Successions de M. le Brun, liv. 3, chap. 8, sect. 2 ; & ce que j'ai dit sur l'art. 317, de la Coutume de Paris. *Voyez* aussi Coquille sur l'art. 26, au ch. des Successions, & ce qu'il a dit tom. 2. quest. 254.

Le majeur qui contracte en qualité d'héritier, ne peut être relevé de l'acte qu'il a fait en cette qualité, conformément à la Loi *pro hærede*, *ff. de acq. vel omit. hæred.* Bouvot, tom. 2. de ses questions, chap. 7, rapporte par un Arrêt du 17 Février 1605. qui l'a jugé ainsi. L'Arrêt du 24 Juillet 1635, rapporté par Henris, tom. 1, liv. 4, ch. 1, quest. 2, qui a jugé le contraire, n'a été rendu que sur des circonstances particulieres; sçavoir, que les forces de l'hérédité qui avoient d'abord paru très-opulentes, s'étoient dans la suite trouvés fort affoiblies.

Mais un mineur, qui après avoir accepté une succession, a depuis fait plusieurs actes d'héritier en majorité, est toujours restituable, *initio inspecto*, quoiqu'il ait persévéré dans l'acceptation de l'hérédité, par des actes passés en majorité jusqu'à trente-cinq ans, au cas qu'il n'ait profité de rien ou en rendant ce qu'il a reçu; comme il a été jugé par Arrêt du Grand-Conseil le 16 Décembre 1680, rapporté du Journal du Palais, tom. 2, page 185. *Voyez* aussi M. le Prêtre, cent. 1, chap. 11.

Le mineur qui se seroit porté héritier de quelqu'un, & qui étant devenu majeur auroit fait plusieurs actes en conséquence, & auroit exigé ce qui étoit dû par les débiteurs de cette succession, ne seroit donc pas censé avoir ratifié l'acceptation de l'hérédité qu'il auroit faite en minorité. *Leg.* 3, §. 2, *ff. de minorib.*

La raison est, que l'addition d'hérédité est une chose qui se commence & qui s'acheve dans le même tems; c'est un acte qui n'est point discontinué, *perfecta res est.* Ainsi on ne regarde que le commencement & non la fin, comme a dit fort bien M. de Corberon, Avocat général au Parlement de Metz, dans son 87e. Plaidoyer.

L'addition d'hérédité ayant été entièrement consommée par le mineur, dès l'instant qu'il s'est porté héritier, tout ce qu'il a fait depuis, aussi-bien que l'exaction des dettes de la succession, n'est qu'une suite & une accessoire de son addition.

D'ailleurs, à l'égard de l'exaction des dettes, comme celui qui s'est porté héritier doit prendre garde que les débiteurs de la succession ne deviennent insolvables, faute de les avoir obligés au payement de ce qu'ils doivent; cette exaction étant de nécessité, elle ne peut jamais être réputée une ratification volontaire d'un acte qui étoit déjà entièrement parfait en minorité.

Au reste, il en est de même des autres actes, par les raisons que nous avons rapportées ci-dessus.

ACTE DE JURISDICTION, est un acte fait par le Juge, entre ceux qui sont soumis à sa Jurisdiction. Voici ce que porte à cet égard l'article 17. de l'Arrêt du Parlement de Paris du 10 Juillet 1665.

» Tous Juges seront tenus faire toutes expédi-» tions dans le Siège à l'Audience ou chambres du » Conseil, où ils travailleront conjointement en un » seul Bureau & non en plusieurs, sans exercer » aucun acte de Jurisdiction dans leurs maisons, » sinon pour les élections des tuteurs & curateurs, » avis des parens, partages, enquêtes, informa-» tions, interrogatoires en matiere civile, compulsoi-» res, redditions de compte, rapport de visitations, » appréciations, extraits, collations, comparaisons » de seings & écritures, vérifications d'icelles, ré-» ceptions de cautions, taxes de dépens, liquida-» tions de dommages intérêts, pour lesquels actes » en particulier lesdits Juges ne prendront que les » taxes ci-après déclarées.

ACTE D'APPEL, est un acte par lequel une des Parties qui se plaint d'un Jugement, déclare qu'il en est appellant, & proteste de relever incessamment son appel pardevant le Juge supérieur.

ACTE D'OCCUPER, est un acte par lequel un Procureur declare au Procureur de la Partie adverse, qu'il est Procureur & à charge d'occuper pour un tel sur une telle assignation.

ACTE D'AFFIRMATION DE VOYAGE, est celui par lequel une Partie déclare & affirme être venu dans le lieu où se poursuit un procès qu'il a, pour produire ou faire autre chose concernant le dit procès, à l'effet d'obtenir en cas de gain de cause ses journées selon sa qualité & selon la distance des lieux.

ACTE DE BAILLE' COPIE, est celui par lequel un Procureur fait signifier au Procureur de la Partie adverse des copies des piéces.

ACTE D'EMPLOI. *Voyez* Emploi.

ACTE DE PRODUIT, est un acte par lequel on déclare à la Partie adverse que l'on a mis sa production au Greffe, avec sommation à la partie adverse de faire le semblable de sa part, même de fournir de contredits contre ladite production, le tout dans le tems de l'Ordonnance, à peine d'en être forclos.

On porte cet acte au Greffier à qui l'on produit, qui met dessus le jour que la production a été mise au Greffe; cela fait, on le fait signifier.

Les délais, tant de produire que de contredire, se comptent du jour de la signification de cet acte. Ainsi huitaine après la signification si la Partie adverse n'a pas produit, la forclusion est acquise, & l'on peut faire juger par forclusion sans faire aucune sommation. Mais dans ce cas l'usage est que les Rapporteurs font avertir les Procureurs par leurs Secretaires, & ce n'est qu'à l'extrémité qu'ils jugent par forclusion.

ACTE DE NOTORIETE'. *Voyez* Notoriété.

ACTE DE DELAIS, est celui par lequel le débiteur abandonne le tout pour la perte & le naufrage.

ACTES RÉDIGÉS PAR ÉCRIT FONT FOI EN JUSTICE, même les actes sous seing privé, quand ils sont reconnus. C'est pourquoi ils ne peuvent être détruits que par des Actes rédigés par écrit, qui prouvent le contraire de ce qu'ils contiennent; ensorte qu'on ne peut revenir contre, que par l'inscription de faux.

On n'admet donc point la preuve testimoniale contre. Il faut qu'un acte rédigé par écrit, soit détruit par d'autres contraires qui soient de même nature, suivant cette régle de Droit: *Nihil tàm naturale est, quam unum quodque eodem modo dissolvi, quo colligatum est. Leg. 25. ff. de reg. jur.*

Mais pour que les actes rédigés par écrit soient valables & fassent foi en justice, il faut qu'ils ayent toutes les conditions requises à cet effet, sur-tout la date, & la signature des Parties, & celle des Notaires. *Voyez* Date. *Voyez* Signature en l'article suivant, où il est parlé des actes autentiques.

ACTES AUTENTIQUES, sont ceux ausquels on ajoute foi en Justice, à cause qu'ils sont revêtus de toutes les formes qui leur sont prescrites, & qu'ils ont été passés par des personnes publiques. Ainsi on ne peut se pourvoir contre un tel acte, que par l'inscription de faux.

Il faut néanmoins en cela distinguer le faux de la simulation, la verité extérieure de ce qui s'est passé devant l'Officier public, de la vérité intérieure de la convention elle-même. On ne peut point, qu'en se servant de l'inscription de faux, établir que les faits ne se sont pas passés pardevant l'Officier public ainsi qu'il les a attestés: mais la preuve testimoniale peut être admise, pour établir que ce qui s'est passé devant lui étoit feint & simulé: parce qu'alors cette preuve n'est point contraire à celle qui résulte de l'acte. Il se peut aussi quelquefois trouver que des présomptions soient assez fortes pour détruire, sans la voye de l'inscription, l'effet d'un acte comme feint & simulé. La raison est que la simulation, soit dans le consentement des Parties pour tous contrats, soit dans la délivrance de la chose, pour ceux qui se proficiuntur, forme un vice absolu qui anéantit l'engagement, qui fait qu'il n'y en a point; ce qui cause que la Partie même peut opposer ce vice comme toute autre personne.

On ne peut donc ébranler la foi d'un acte autentique sans inscription de faux; c'est-à-dire qu'on ne peut, sans avoir recours à cette voye, prétendre prouver que les faits qui y sont rapportés sont faux & supposés: mais on peut sans inscription de faux, en supposant que ces faits sont vrai & tels qu'ils sont énoncés & attestés dans l'acte, les accuser de déguisement & simulation. En un mot, la foi que l'on doit à un acte autentique, fait qu'on ne le peut détruire que par la voie de l'inscription de faux; mais cela n'empêche pas qu'on ne puisse être admis sans l'inscription de faux, à prouver qu'il est feint & simulé.

En conséquence de ce que nous venons de dire, il a été jugé par Arrêt, qu'on pouvoit prouver par témoins la simulation d'un billet, lequel ayant été donné pour argent perdu au jeu, portoit qu'il étoit causé pour valeur reçue.

Voyez Bonné, Arrêt 87, Maynard, liv. 6. chap. 76, & ce qui est dit dans le vingtiéme tome des Causes célèbres, au sujet d'un contrat de mariage passé le 5. mai 1739, entre le sieur de Thorigny & la Demoiselle Gontier; sur quoi est intervenu Arrêt le 1. Septembre 1741, qui a jugé qu'il n'est pas besoin de se servir de l'inscription, pour établir que ce qui s'est passé devant l'Officier public étoit feint & simulé.

ACTES FAITS PAR UN HOMME SANS CARACTERE, sont nul, excepté dans le cas ou *communis error facit jus. Voyez* Henris, tom. 1. liv. 2. chap. 4. quest. 28.

ACTES FAITS PAR UN OFFICIER PUBLIC HORS LE DETROIT DE SA JURISDICTION. Tels actes faits par un Sergent, sont absolument nuls. Pour ce qui est des actes faits par des Notaires hors le détroit de leur Jurisdiction, ils sont valables; mais ils n'emportent point d'hypothéque. *Voyez* Sergens. *Voyez* Notaires. *Voyez* aussi Henrys à l'endroit que je viens de citer sur l'article précédent.

ACTE DE PURE FACULTÉ. *Voyez* choses de pure faculté.

AIT ACTE, est une Ordonnance qui se met au bas des Requêtes présentées par les Parties, lorsqu'elles demandent acte de l'emploi qu'elles font d'icelles pour quelques écritures.

Par exemple, dans une Requête d'emploi pour griefs, l'appellant demande acte que pour griefs il emploie la présente Requête, &c. Le Rapporteur met au bas d'icelle, *ait acte & soit signifié.*

Le Juge donne aussi à l'Audience actes des déclarations faites par les Parties; à la différence du Châtelet, où le Juge dit: *Nous avons octroyé Lettres au demandeur de la déclaration*, &c.

ACTES CONSERVATOIRES, sont ceux qui ne tendent qu'à la conservation des droits de ceux au nom de qui la signification en est faite, sans assignation pour procéder en conséquence. Tels sont les oppositions, les saisies & Arrêts & les appositions des scellés.

Les actes conservatoires ne regardent pas seulement la conservation des droits qui peuvent être actuellement exercés; mais encore la conservation de ceux qui ne sont point ouverts, & qui dépendent de quelques évenemens qui peuvent arriver ou non.

Un acquéreur, par exemple, dans la crainte d'être traversé dans son acquisition, peut, pour conserver la garantie qui lui est acquise contre son vendeur, s'opposer à la saisie réelle qui pourroit être faite de quelques immeubles de ce vendeur, & cela pour sûreté & conservation de sa garantie sur les biens saisis, au cas que dans la suite il soit inquiété par quelques créanciers de son vendeur ou de son chef.

Il en est de même de tous les droits ausquels il y a une condition attachée: jusqu'à l'évenement de la condition, le droit n'est pas ouvert; il se peut même faire qu'il n'ait pas lieu, la condition manquant ; cependant celui qui à l'efpérance , peut veiller à la confervation de la chofe , & faire des aĉtes confervatoires , au cas que la condition arrive.

Si elle n'arrive pas , les aĉtes tombent alors , comme n'ayant plus de caufe & de fondement.

L'article premier de la Déclaration du 29. Avril 1738 , concernant les oppofitions au Titre des Offices , porte qu'elles peuvent être formées par ceux qui auront droit d'obliger le Titulaire ou le propriétaire à leur céder la propriété de l'Office , ou d'empêcher qu'il n'en foit difpofé au profit d'un autre ; ce qui aura lieu , quoique ledit droit ne fût pas encore ouvert ou échu dans le tems de l'oppofition.

ACTION EN FAIT DE BANQUE ET DE FINANCE , fignifie un intérêt , une part , une portion que l'on a dans une Société.

On appelle auffi aĉtion , le billet ou la reconnoiffance que le Direĉteur de la Banque donne aux Particuliers qui font intéreffés dans la Société ; & fur cette reconnoiffance la Compagnie s'engage de leur donner une certaine part du profit qu'elle fera.

On dit nourrir une aĉtion , c'eft-à-dire payer les reftans de la fomme à laquelle on s'eft engagé par la foufcription ; parce que ces payemens faits en différens tems engraiffent pour ainfi dire l'aĉtion.

On dit auffi dans le fens figuré , fondre une aĉtion , pour marquer qu'on la vend , & qu'on s'en défait.

On appelle donc *aĉtion* , une obligation fur les deux Compagnies des Indes d'Orient ou d'Occident. Ces deux Compagnies ont été réunies par Edit du Mois de Mai 1719 , fous le titre de *Compagnie des Indes*. Les aĉtions fur cette Compagnie font payables au porteur , & peuvent fe négocier de la main à la main ; & quoiqu'elles produifent annuellement un dividende qui eft une efpèce d'intérêt ou profit , elles font reputées meubles dans les fucceffions & difpofitions.

Il y a encore d'autres compagnies particulieres , autorifées par Lettres patentes , pour l'entreprife de quelque Canal ou Manufaĉture , dont les intéreffés ont une aĉtion fur la Compagnie.

On nomme aĉtioniftes ou aĉtionaires , les propriétaires de ces fortes d'aĉtions.

ACTION EN FAIT DE JURISPRUDENCE , eft le droit de pourfuivre en Jugement ce qui nous eft dû , ou ce qui nous appartient.

Comme il n'eft permis à perfonne de fe mettre en poffeffion par violence & voies de fait , il faut venir par aĉtion , ou fur la chofe que nous prétendons nous appartenir , & qui eft poffédée par un autre , ou contre la perfonne de notre débiteur.

Toute aĉtion & demande doit avoir pour bafe quelqu'intérêt particulier ; fans quoi elle ne peut fubfifter. *Aĉtio catenus competit , quatenus intereft , nec competit antequam eœperit intereffe.* En quoi l'aĉtion differe des aĉtes confervatoires qui ne regardent pas feulement la confervation des droits qui peuvent être aĉtuellement exercés ; mais encore la confervation de ceux qui ne font point ouverts , & dépendent de quelque évenement incertain.

Il eft traité des aĉtions au liv. 4. des inftitutes

tit. 6. & fuivants. *V.* ce que j'ai dit fur ces titres dans ma Traduĉtion.

Les aĉtions font mobiliaires ou immobiliaires ; elles font mobiliaires , lorfqu'elles tendent à voir une chofe mobiliaire ; & elles font immobiliaires lorfqu'elles tendent à avoir une chofe immobiliaire.

Comme les aĉtions font des chofes incorporelles , & que les chofes incorporelles ne font , à proprement parler , ni meubles ni immeubles , on leur attribue la qualité des chofes pour lefquelles nous les intentons. *Aĉtio quœ tendit ad quid mobile confequendum , rebus mobilibus annumeratur ; aĉtio verò quœ tendit ad confequendum quid immobile , rebus annumeratur immobilibus.*

Ainfi une aĉtion en vertu de laquelle nous revendiquons une chofe mobiliaire , ou par le moyen de laquelle nous prétendons nous faire payer de quelque fomme qui nous eft due , & reputée meuble. Mais l'aĉtion qui tend à nous faire avoir un fonds qui nous eft dû , ou à nous faire recouvrer la poffeffion d'un héritage qui nous appartient , eft un immeuble.

Les aĉtions mobiliaires ou immobiliaires fe partagent entre les héritiers , comme le refte des biens ; fçavoir , les aĉtions pour chofe mobiliaire entre les héritiers des meubles , & les aĉtions pour chofe immobiliaire entre les héritiers des immeubles. *V.* M. le Prêtre , cent. 2. chap. 100.

Pardevant quel Juge le demandeur doit intenter fon aĉtion. *Voyez* Compétence.

L'aĉtion fe divife en perfonnelle , réelle & mixte.

ACTION PERSONNELLE , eft celle par laquelle nous agiffons contre celui qui eft obligé à nous donner ou à faire quelque chofe pour notre utilité.

Cette aĉtion defcend de l'obligation perfonnelle , qui provient de quatre caufes , qui font , le contrat , le prefque-contrat , le délit , & le prefque-délit.

Aĉtion perfonnelle ne s'intente que contre ceux qui font perfonnellement obligés , ou contre leurs héritiers , comme nous l'allons dire en parlant de l'Aĉtion réelle.

On eft obligé perfonnellement par l'une des quatre caufes fufdites ; fçavoir , le contrat , le prefque-contrat , le délit , & le quafi-délit. *Voyez* ce que c'eft que contrat & quafi-contrat , *verbo* Contrat & Quafi-contrat ; & ce que c'eft que délit & quafi-délit , *verbo* Délit & Quafi-délit.

Le demandeur dans cette aĉtion conclut fuivant la qualité du contrat ou autre fait d'où procede l'aĉtion , & ce à quoi le défendeur s'eft obligé ; & le demandeur qui intente une aĉtion perfonnelle , eft tenu de prouver que la chofe qu'il demande lui eft due , & prouver la caufe de l'obligation en vertu de laquelle il agit ; faute de quoi il eft débouté de fa demande.

Voyez ce que j'ai dit dans ma Traduĉtion des Inftitutes ; & fur le commencement du tit. 6. du 4. livre.

ACTION RÉELLE , autrement appellée revendication , eft celle par laquelle nous agiffons contre celui qui n'eft en aucune façon , perfonnellement obligé envers nous , contre qui cependant nous formons une demande , pour raifon de quelque chofe qui nous appartient, & qu'il poffede.

Ainfi cette action eft donnée au propriétaire d'une chofe contre celui qui s'en trouve le poffeffeur, & à ce qu'il ait à la reftituer.

Vocatur actio in rem, quoniam concipitur fub defignatione rei, non verò fub defignatione perfonæ, daturque adverfus quemcumque, qui quo tempore agitur, rem poffidet, & ita mutata poffeffione, mutatur adverfarius: contra verò actio in perfonam, cùm ex obligatione defcendat, fub defignatione perfonæ debitoris concipitur: proinde certum & conftantem adverfarium habet, etiamfi rem de quâ agitur non poffideat.

Hinc oritur formularum & intentionum diverfitas (ut ci Vinnius ad §. 1, tit. Inf. de actionib.) nam in actionibus in perfonam, formula refertur directò in perfonam debitoris : AIO TE MIHI DEBERE CENTUM, DARE OPORTERE , QUÆ TIBI MUTUO DEDI ; formula verò actionum in rem abfolutè concipitur per rei petitæ defignationem ; V. G. AIO HUNC FUNDUM MEUM ESSE.

Ainfi l'action perfonnelle étant inhérente à la perfonne obligée, ne peut être intentée que contr'elle ou contre fon héritier ; au lieu que l'action réelle étant inhérente à la chofe, eft donnée contre celui qui en eft détenteur, en quelques mains qu'elle paffe ; mais elle ne peut être donnée contre l'héritier de celui qui poffédoit une chofe qui ne lui appartenoit pas, à moins que cet héritier ne la poffede ; auquel cas le propriétaire peut intenter contre cet héritier l'action réelle, non pas en qualité d'héritier du défunt, mais comme étant poffeffeur de la chofe en queftion.

Il faut néanmoins remarquer qu'il y a des actions perfonnelles, qui contre la regle générale fuivent la chofe de même que les actions réelles ; c'eft pourquoi elles font appellées en Droit, *actiones in rem fcriptæ* : telle eft l'action, *quod metus caufa,* laquelle eft perfonnelle, *quatenùs procedit ex delicto metum inferentis. Sed in rem fcripta eft, undè hujus actionis formula non concipitur in perfonam, fed generaliter in rem concipitur his verbis :* SI PARET METUM ILLIATUM ESSE, NEC EA RES ARBITRIO TUO RESTITUATUR, TUNC REUS DAMNETUR. *Et ideò non datur tantùm adverfus eum qui metum intulit, fed adverfus omnes qui rem per vim aut metum extortam poffident, fi licet ipfi vim non fecerint ; Leg. 9. §. ult. Leg. 14. §. 3, & §. 5. ff. quod metu caufâ geftum erit.*

Celui qui intente l'action réelle, conclut à ce *qu'attendu que la propriété de la chofe qu'il revendique lui appartient, le défendeur qui la poffede foit condamné de la lui reftituer & lui en abandonner la poffeffion & jouiffance, avec dépens, dommages & intérêts.*

Si c'eft un immeuble qu'on revendique, on conclut à ce qu'il foit reftitué au demandeur avec les fruits. *Voyez* Action pétitoire.

Comme l'action réelle n'ait d'un droit de propriété que le demandeur a dans la chofe qui eft poffédée par un autre, il le doit prouver ; faute de quoi le poffeffeur eft déchargé de la demande, fuivant la maxime, *Actore non probante, reus abfolvitur.*

Cette action eft mobiliaire ou immobiliaire : la mobiliaire eft celle par laquelle le propriétaire

d'une chofe mobiliaire la revendique par-tout où il la trouve. *Voyez* Revendication.

L'action réelle immobiliaire, eft celle par laquelle on pourfuit un poffeffeur ou détenteur d'un héritage, parce qu'on prétend en être propriétaire, ou qu'on y a quelque droit réel ; comme font les cens, rentes foncieres & autres droits réels, qui fe pourfuivent par l'action réelle.

Le demandeur conclut en cette action, à ce que *le poffeffeur foit condamné de lui rendre & reftituer la chofe qu'il poffede, & lui en abandonner la poffeffion & jouiffance, comme à lui appartenante, avec les fruits, dépens, dommages & intérêts ;* ou bien, fi cette action eft intentée pour raifon des fufdits droits réels, on conclut à *ce que le défendeur foit tenu d'en payer au demandeur tant d'années, & d'en continuer le payement dans la fuite ; finon, qu'il ait à déguerpir l'héritage.*

Il y a cette différence entre l'action perfonnelle & l'action réelle, que la perfonnelle ne peut être intentée que contre celui qui eft perfonnellement obligé par l'une des caufes fufdites, ou contre fon héritier ; & que l'action réelle eft pourfuivie *ratione rei,* contre celui qui fe trouve poffeffeur ou détenteur de la chofe appartenante à celui qui le pourfuit par cette action, quoiqu'il ne foit point obligé envers lui par aucune autre caufe, comme nous avons dit ci-deffus.

Voici ce que dit Loifeau en fon Traité du Déguerpiffement, liv. 2, ch. 1. » Les actions perfon- » nelles font diftinguées d'avec les réelles par deux » marques infaillibles & différences fpécifiques ; » l'une, concernant le fujet & la matiere ; l'au- » tre, leur forme & conclufion.

» Quant au fujet où réfident les actions, les per- » fonnelles fuivent entiérement les perfonnes obli- » gées ; *earumque offibus inhærent, ut lepra cuti.*

» Mais les actions réelles fuivent entiérement la » chofe, en quelques mains qu'elle paffe ; deforte » qu'étant aliénée par celui qui en a fait le contrat, » elles laiffent la perfonne & s'attachent à la cho- » fe ; & pareillement le contractant étant mort, » elles ne paffent pas en fon héritier en tant qu'hé- » ritier, mais feulement tout ainfi qu'en un étran- » ger, en tant qu'il eft détenteur de la chofe.

» Pour la forme & conclufion, ces actions font » auffi fort différentes ; car aux perfonnelles, on » conclut directement contre la perfonne obligée, » à ce qu'elle foit condamnée *ad dandum, vel fa- » ciendum, quod petitur.*

» Aux actions réelles, la vraie conclufion eft con- » tre la chofe, à ce qu'elle foit déclarée appartenir, » ou bien être affectée & hypothéquée au deman- » deur ; & quoiqu'on ajoute volontiers aux ac- » tions réelles une conclufion feconde, qui fe diri- » ge contre la perfonne ; *& en ce faifant,* que le dé- » fendeur foit condamné de fe défifter & départir » de l'héritage, ou le délaiffer par hypotheque ; cet- » te derniere partie de la conclufion eft l'exécu- » tion accumulée de la premiere demande, & non » la vraie conclufion.

Il y a encore une différence notable entre l'action perfonnelle & l'action réelle, pour le tems que ces actions durent : sur quoi *voyez* Peleus , quest. 8. sur la fin , & ce que j'ai dit dans ma traduction des Institutes, sur le commencement du douzieme titre du quatrieme livre.

L'action réelle se divise en pétitoire & possessoire.

ACTION PETITOIRE, est celle par laquelle celui qui a la propriété d'un fonds , ou qui a un droit réel sur un héritage, agit contre le possesseur d'icelui , à l'effet d'avoir la possession de l'immeuble qui lui appartient, ou d'avoir la jouissance des droits dont l'héritage est chargé envers lui.

Cette action a donc lieu pour deux différens objets; le premier, pour avoir la possession d'un fonds qui nous appartient ; & alors le demandeur *conclud à ce qu'attendu qu'il est propriétaire d'un tel héritage, le défendeur qui le possede soit condamné à se désister & départir de la possession & occupation dudit héritage: soit tenu de le restituer au demandeur , & d'en rendre les fruits depuis son induë jouissance, avec dommages , intérêts & dépens.*

L'autre objet est d'avoir la jouissance des droits réels, comme sont les cens & les rentes foncieres dont un héritage est chargé; & en ce cas le demandeur *conclud à ce que le possesseur de l'héritage, qui est chargé du cens ou de la rente fonciere , soit tenu d'en payer au demandeur tant d'années d'arrérages échues, d'en continuer le payement dans la suite , de donner ses héritages par déclaration, & d'exhiber ses titres ; sinon , qu'il ait à déguerpir.*

Il n'en est pas de même d'une rente constituée par un Particulier, & hypothéquée par lui sur ses immeubles; car comme cette rente n'est point une charge réelle, *quæ à re rei debeatur ,* mais une dette personnelle pour laquelle les immeubles du débiteur sont hypothéqués, faute de payement des arrérages , le créancier n'a droit d'agir sur les immeubles, que par action hypothécaire.

Celui qui a intenté l'action pétitoire, n'est plus recevable à intenter l'action possessoire ; parce que celui qui agit par action pétitoire , se prétend propriétaire de la chose, & déclare en même tems que celui contre lequel il agit, en est le possesseur.

ACTION POSSESSOIRE , est celle par laquelle on agit pour être maintenu dans la possession d'un fonds ou d'un droit réel, quand on y est troublé ; ou pour la recouvrer , quand on en a été dépouillé; ou pour en avoir la possession par provision.

L'action possessoire se divise en complainte & réintégrande , & provision en matiere civile : & récréance en matiere bénéficiale. *Voyez* ci-après *verbo* Complainte, Réintégrande, Provision & Récréance.

Nous avons d'autres actions réelles, par lesquelles nous agissons en matiere de servitudes dues par les héritages; sçavoir, l'action confessoire, & l'action négatoire.

ACTION CONFESSOIRE , est celle par laquelle nous prétendons droit de servitude sur l'héritage d'autrui, comme droit de chemin, ou d'y faire passer des chariots , ou autres droits semblables.

Cette action est ainsi appellée , parce que nous assurons que la servitude que nous demandons sur le fonds d'autrui nous appartient.

Celui qui intente l'action confessoire, conclu à ce que le droit de servitude qu'il *prétend lui appartenir, ou à son fond sur celui d'autrui, lui soit conservé par le jugement qui interviendra, & que défenses soient faites à la Partie adverse de la troubler dans l'exercice de ce droit.*

Voyez ce que j'ai dit dans ma Traduction des Institutes, sur le §. 2. du titre 6 du 4. Livre.

ACTION NEGATOIRE , est celle par laquelle nous agissons contre celui qui prétend droit de servitude sur notre héritage, niant au contraire que ce droit lui appartienne.

Celui qui intente l'action négatoire contre celui qui prétend avoir droit de servitude sur l'héritage du demandeur, nie que ce droit lui appartient; & qu'attendu qu'il veut usurper sur son fonds , sans qu'il l'ait véritablement, il conclut *à ce que défenses soient faites au défendeur d'exercer un tel droit , & de s'immiscer , entreprendre ou faire aucune chose qui y ait rapport , sous peine , en cas de contravention, de toutes pertes , dépens, dommages & intérêts.*

Voyez ce que j'ai dit dans ma traduction des Institutes, sur le §. 2. du titre 6. du 4. Livre.

ACTIONS MIXTES , sont celles qui sont en partie réelle, & en parties personnelles, par lesquelles nous agissons en qualité de propriétaires d'une chose, & poursuivons en qualité de créanciers ce qui nous est dû, pour raison des prestations personnelles.

Ainsi celui qui intente une telle action , revendique ce qu'il prétend lui appartenir, & soutient que la Partie adverse est obligée personnellement à l'indemniser par rapport au gain, au dommage & aux impenses faites dans la chose dont il est question.

On conclut dans ces actions *à ce que le défendeur nous restitue ce qui nous appartient, (ce qui fait que ces actions sont réelles) & à ce qui soit condamné à nous payer ce qu'il nous doit en conséquence des prestations personnelles; en quoi ces actions sont personnelles.*

On met au nombre des actions mixtes , l'action de partage entre cohéritiers pour la division d'une succession; l'action de partage d'une chose particuliere, commune & indivise entre copropriétaires ; l'action de bornage, pour faire planter des bornes, pour separer & distinguer des héritages ; & la pétition d'hérédité.

Ces actions sont appellées par les Jurisconsultes *duplicia, judicia,* parce que les deux parties plaidantes y ont deux qualités différentes qui ne se rencontrent pas dans les autres Jugemens; savoir, la qualité de demandeur, & celle de défendeur. *Verum qui prius agit actoris nomen habet & partes sustinet ;* ensorte que les autres déduisent leurs raisons & leurs moyens par forme de défenses, à l'action qui est intentée contre eux.

Voyez ce que j'ai dit dans ma traduction des Institutes, sur le §. 20. du titre 6. du 4. livre.

ACTION EN DEMANDE D'HEREDITE'. *Voyez* Pétition d'hérédité.

ACTION DE PARTAGE D'UNE SUCCESSION, appellée en Droit *Actio familiæ erfcifcundæ*, eſt une action mixte, réelle & perſonnelle, par laquelle des cohéritiers agiſſent les uns contre les autres pour être fait partage des biens de la ſucceſſion, & pour que chacun des cohéritiers faſſe raiſon aux autres de ce qu'il leur peut devoir, en conſéquence des preſtations perſonnelles.

Cette action eſt réelle, parce que celui qui l'intente demande le partage des biens héréditaires, pour lui être adjugée pour une partie d'iceux, ſelon ſa part & portion dont il eſt héritier, & qui lui appartient en cette qualité.

Elle eſt auſſi perſonnelle, en ce que celui qui s'en ſert pourſuit perſonnellement ſes cohéritiers, pour raiſon des preſtations perſonnelles. Ainſi celui qui intente cette action contre ſes cohéritiers, prend deux concluſions contre eux.

La premiere eſt, *qu'il ſoit fait partage de la ſucceſſion entiere, & de toutes les choſes héréditaires trouvées dans les biens & effets du défunt au tems de ſon décès ou acquiſes depuis à l'occaſion de la ſucceſſion, & même de celles dont il n'étoit pas propriétaire, mais qu'il poſſédoit de bonne foi, & qui ont été preſcrites par les cohéritiers du demandeur ; & généralement de toutes celles dans leſquelles la ſucceſſion a intérêts, à l'effet que toutes ces choſes ſoient adjugées au demandeur, pour telle part & portion dont il eſt héritier.*

Les choſes dans leſquelles la ſucceſſion a intérêt, ſont les choſes héréditaires qui ont été léguées ſous condition, leſquelles juſqu'à l'événement de la condition ſont héréditaires ; & enfin les choſes, quoique non héréditaires, dont le péril regarde les héritiers, comme ſont celles qui ont été données en garde au défunt.

L'autre concluſion contient une demande perſonnelle contre ſes cohéritiers, *à ce qu'ils ſoient perſonnellement condamnés à lui faire part des fruits qu'ils ont perçus des biens de la ſucceſſion, & à l'indemniſer pour ſa part du dommage qu'ils y ont cauſé ; & enfin à lui tenir compte des impenſes qu'il a utilement faites pour la conſervation des biens de l'hérédité*, qui ſont trois articles, que nous appelons preſtations perſonnelles, comme nous l'avons dit ailleurs.

ACTION DE PARTAGE D'UNE CHOSE PARTICULIERE APPARTENANTE A PLUSIEURS, à titre particulier, comme de legs, d'achat, ou autre ſemblable, eſt une action mixte qui eſt donnée à un de ceux à qui la choſe appartient en commun à titre ſingulier.

Celui qui intente cette action conclut, *ce que la choſe commune ſoit partagée entre tous les copropriétaires, & que chacun y prenne la part & portion qui lui appartient ; & en outre, que les défendeurs ſoient condamnés perſonnellement à faire part au demandeur des fruits qu'ils en ont perçus, & à l'indemniſer de la perte qu'il pourroit ſouffrir, pour le dommage qu'ils ont cauſé à la choſe commune ; & enfin à lui tenir compte des impenſes qu'il a utilement faites pour la conſervation de la choſe qui leur appartient en commun.*

ACTIONS DE BORNAGE, eſt une action mixte qui eſt donnée au propriétaire d'une terre, contre celui qui en a de contiguës, pour que ces terres contiguës, & dont les limites ſe trouvent dérangées, ſoient rétablies par autorité de Juſtice, pour affermir la propriété des terres du demandeur & du défendeur.

Celui qui intente cette action, conclut *à ce que des bornes ſoient plantées entre ſon héritage & celui de ſon voiſin, ou que les anciennes ſoient rétablies, & que le terrein que le défendeur a pris ſur ſes terres lui ſoit rendu, avec toute l'utilité & tous les fruits qu'en a perçu le défendeur, ſuivant la quantité & qualité que l'on déſigne ; ſinon, ſuivant le dire de gens à ce connoiſſans ; & que défenſes ſoient faites à la partie adverſe d'empiéter à l'avenir ſur les terres du demandeur ; & que pour l'avoir fait, il ſoit condamné aux dépens, dommages & intérêt.*

Voyez M. Cujas, ad Legem 4. ff. fin. regund. Voyez ci-après Bornes.

Si l'action de bornage eſt ſujette à preſcription. *Voyez* le Grand ſur l'article 71. de la Coutume de Troyes, gloſe 3, & ſur l'article 131, gloſe unique, *verbo* Complainte. *Voyez* auſſi Henrys & Bretonnier, tom. 1, liv. 4. queſt. 82.

ACTIONS, appelées en Droit *actiones in rem ſcriptæ*; Voyez ce que j'ai dit ci-deſſus en parlant de l'action réelle.

ACTION HYPOTHECAIRE, eſt une action réelle qui eſt donnée au créancier hypothécaire, à l'encontre de tout détenteur de l'immeuble obligé & hypothéqué à ſa dette.

Cette action ſe dirige contre le débiteur, ou contre ſon héritier, ou bien elle s'intente contre un tiersdétenteur de l'héritage hypothéqué à ladette.

Quand elle eſt intentée par le créancier hypothécaire, contre le débiteur, ou contre ſon héritier, elle eſt réelle, par rapport à la choſe hypothéquée qui ſe trouve en la poſſeſſion du débiteur, ou de ſon héritier. Elle eſt auſſi perſonnelle, ou plutôt cette action réelle eſt jointe à l'action perſonnelle qui réſulte de l'obligation dont le débiteur eſt perſonnellement tenu envers ſon créancier. Et en ce cas l'action perſonnelle eſt principale, & l'action hypothécaire n'eſt qu'acceſſoirement jointe à la perſonnelle.

Mais lorſque l'action hypothécaire s'intente contre un tiers détenteur de l'immeuble hypothéqué, elle n'eſt que réelle, attendu que celui qui l'intente agit contre le poſſeſſeur de cet héritage, & que ce poſſeſſeur n'eſt en aucune façon obligé envers lui, ſi ce n'eſt par rapport aux arrérages échus ; & en ce cas l'action perſonnelle n'eſt qu'acceſſoire à l'hypothécaire, laquelle en ce cas eſt la principale : ce qui n'eſt pas quand l'action perſonnelle dépend du contrat & obligation ; car alors l'action perſonnelle eſt principale, & l'action hypothécaire eſt ſubſidiaire & acceſſoire ſeulement. Bacquet, des droits de Juſtice, chap. 8, nomb. 38, chap. 21, nomb. 180. & 181.

Lorſque le débiteur eſt poſſeſſeur de l'immeuble hypothéqué, & qu'il eſt en demeure de payer, le créancier n'a pas beſoin d'agir par action hypothécaire, il n'a qu'à faire ſaiſir réellement l'héritage, & en pourſuivre le décret en la maniere accoutumée, avec les formalités preſcrites par l'Ordonnance & par la Coutume.

Il en est de même quand l'héritier du débiteur est possesseur de l'héritage hypothéqué ; le créancier le peut faire saisir réellement, après avoir fait déclarer son Titre exécutoire contre l'héritier de son débiteur.

Lorsqu'un créancier hypothécaire intente l'action hypothécaire contre un tiers détenteur du fonds qui est hypothéqué à sa dette, il conclut *à ce qu'i lsoit condamné à la lui payer, avec les intérêts, s'il en est dû ; sinon, à déguerpir l'héritage, à l'effet d'être vendu & adjugé en la maniere accoutumée, & aux depens.*

Quand il s'agit d'une rente constituée, le demandeur conclut *à ce que le possesseur de l'héritage qui est hypothéqué à la rente soit obligé de lui en passer titre nouvel, & de lui en payer les arrérages qui lui sont dûs ; sinon, à lui en rembourser le sort principal, avec les arrérages échus ; ou bien qu'il soit tenu de déguerpir l'héritage, & condamné aux dépens.*

Mais pour que dans ce cas, & dans le précédent, le créancier hypothécaire puisse conclure à la condamnation du payement du capital & intérêts ou arrérages, il faut qu'il ait préalablement discuté le principal débiteur. Sur quoi *voyez* ce que j'ai dit *verbo* Discution. Mais la discution à laquelle un créancier est obligé, n'empêche pas qu'il n'intente 'action d'interruption, à l'effet d'interrompre la prescription de l'action hypothécaire, & d'empêcher que cette prescription ne coure pendant le tems qu'il fera la discution des biens de son principal débiteur. *Voyez* Interruption.

Lorsqu'on agit par action hypothécaire contre le tiers détenteur d'un héritage chargé de droits réels, comme de cens ou de rente fonciere, il n'y a pas lieu à la discussion ; le créancier peut d'abord agir par action hypothécaire contre le détenteur de l'héritage qui en est chargé : & il conclut *à ce que l'héritage soit déclaré chargé desdits droits ; & que celui qui se trouve possesseur de cet héritage, soit condamné à les payer, tant pour le passé que pour l'avenir, & aux dépens ; ou bien, qu'il soit tenu de déguerpir, l'héritage, en payant ce qui est échu desdits droits depuis sa détention.*

Voyez ce que j'ai dit sur l'art. 101. de la Cout. de Paris. *Voyez* aussi Loyseau en son Traité du Déguerpissement, liv 2, chap. 1.

L'action hypothécaire étant mixte, c'est-à-dire participante de l'action réelle & de l'action personnelle, c'est au Juge du lieu où la chose hypothéquée est située, à en connoître, cependant le demandeur peut intenter son action pardevant le Juge du domicile du défendeur.

L'action hypothécaire se prescrit par dix ans entre présens, & vingt ans entre absens, à l'encontre du tiers détenteur de bonne foi.

Elle dure trente ans contre le possesseur de mauvaise foi.

Enfin, quand l'action hypothécaire est jointe à la personnelle, c'est-à-dire quand elle est intentée contre le débiteur, ou ses héritiers, elle dure quarante ans, au cas que l'hypotheque soit conventionnelle ; autrement, si l'hypotheque étoit légale,

Tome I.

cette action ne dureroit que trente ans contre le débiteur.

La raison de la différence est, que l'action hypothécaire provenant d'une hypotheque conventionnelle, subsiste par elle-même, & pour ainsi dire, indépendamment de l'action personnelle ; de sorte que le créancier hypothécaire peut l'intenter sur les héritages de son débiteur, quoique l'action personnelle soit éteinte par trente ans, pourvû qu'il intente son action hypothécaire avant l'échéance de dix années suivantes. Mais l'action hypothécaire qui provient d'une hypotheque légale, ne subsiste plus, dès que l'obligation personnelle se trouve éteinte. En effet, l'obligation personnelle & l'hypotheque légale sont tellement unies & jointes ensemble, qu'elles ne se peuvent diviser : ainsi l'action personnelle étant éteinte par trente ans, l'action hypothécaire provenant d'une hypotheque légale, se trouve aussi éteinte, & ne peut revivre par elle-même.

Une autre observation importante à faire, au sujet de l'action hypothécaire jointe à la personnelle, c'est que le concours de ces deux actions fait que celui des héritiers d'un débiteur qui ne seroit tenu que personnellement pour sa part & portion, est tenu hypothécairement pour le tout, par rapport aux immeubles provenans de la succession qu'il possede, & qu'ils sont affectés & hypothéqués à la dette du créancier. *Voyez* ce que j'ai dit sur l'art. 333, de la Coutume de Paris.

Nous remarquerons seulement ici, I°. Que deux conditions sont requises pour donner lieu à l'action hypothécaire contre un héritier ; sçavoir, qu'il possede un héritage de la succession, & que cet héritage ait été affecté & hypothéqué par le défunt au créancier qui l'exerce.

II°. Que quand l'héritier n'est plus détenteur de l'héritage affecté & hypothéqué au créancier du défunt, pour l'avoir déguerpi, ou pour avoir été vendu par décret sur lui, ou par lui baillé en payement des dettes, sans qu'il en ait profité, il ne peut plus être poursuivi hypothécairement, mais seulement personnellement, pour la part & portion dont il est héritier.

La raison est, que ce n'est point la qualité d'héritier qui oblige hypothécairement, mais la détention à la possession des héritages des biens immeubles de la succession, obligés & hypothéqués : ainsi la détention desdits biens cessant par le moyen du déguerpissement ou autrement, l'action hypothécaire cesse, suivant la regle, *cessante causa, cessat effectus.*

ACTION DE TUTELLE. *Voyez* Administration de tutelle.

ACTION D'INTERRUPTION. *Voyez* ci-après Interruption.

ACTION REDHIBITOIRE. *Voyez* Redhibitoire, où il est parlé aussi de l'action appellée en Droit *actio æstimatoria, vel quanti minoris.*

ACTION RESCISOIRE. *Voyez* Rescision.

ACTION DE RETRAIT LIGNAGER. *Voyez* Retrait lignager.

F

ACTION PRÉJUDICIELLE, eſt celle par laquelle nous demandons qu'une queſtion d'état ſoit préalablement jugée, attendu qu'elle ſert de préjugé à la cauſe principale.

Poſons pour exemple que Titius ſe prétendant fils d'un défunt, agiſſe par action de partage contre ſes enfans, pour les faire condamner à partager la ſucceſſion avec lui, comme enfant du défunt. Si les défendeurs lui objectent qu'il n'eſt pas héritier, du défunt, & qu'ils ne le reconnoiſſent pas pour tel, parce qu'il n'auroit pas été né en légitime mariage ou qu'il auroit été desherité par le défunt : voilà une queſtion préjudicielle ; ſçavoir ſi Titius eſt fils du défunt, parce qu'elle ſervira de préjugé à la cauſe principale, c'eſt-à-dire que le jugement de la cauſe principale dépend de la déciſion de la queſtion préjudicielle : car ſi le juge déclare Titius être fils légitime du défunt, il s'enſuit qu'il eſt ſon héritier, & qu'en cette qualité il a valablement intenté l'action de partage contre les autres enfans du défunt, par cette regle, *Filius ergo hæres.*

Voyez ci-après Queſtion d'état, & queſtion préjudicielle.

ACTION ÉTEINTE PAR LA CONFUSION, RENAÎT QUAND LA CONFUSION CESSE. Par exemple, ſi un locataire acquerroit la maiſon qu'il auroit auparavant louée, & que le contrat d'acquiſition fut enſuite réſilié, il pourroit demander à jouir de la maiſon pour le tems de ſon bail, comme ſi l'achat qu'il en a fait ne fût point ſurvenu.

Il en eſt de même lorſqu'un voiſin acquiert un fonds ſur lequel un droit de ſervitude ſeroit dû à ſon propre fonds : en ce cas cette ſervitude ſe trouve éteinte par l'acquiſition qu'a fait ce voiſin de l'héritage ſervant : mais ſi le contrat d'acquiſition de cet héritage eſt réſilié, le droit de ſervitude renaît, & l'action eſt accordée à cet acquéreur, de même que ſi ce contrat d'acquiſition ne fût point ſurvenu.

Vide leg. 30. §. 1, ff. de ſervit. prædior. urban. leg. 38, ff. de legatis primo. Voyez Belordeau, lett. A, art. 22, & lett. C, art. 33.

ACTIONS, ſignifient quelquefois dettes actives d'un homme ; comme quand on dit que les créanciers d'un homme ſe ſont ſaiſis de toutes ſes actions, pour dire qu'ils ſe ſont ſaiſis de toutes ſes dettes actives.

ACTIONS HEREDITAIRES, ſont des actions perſonnelles qui paſſent de la perſonne du défunt en celle de l'héritier, & qui ſe diviſent de plein droit entre les cohéritiers, par rapport à la part & portion pour laquelle d'eux ſuccede au défunt.

Les actions héréditaires ſont actives ou paſſives.

Les actives, ſont celles qui ſont données à l'héritier contre les débiteurs du défunt ; & comme les actions héréditaires ſont diviſées de plein droit entre les héritiers, quand ils ſont pluſieurs, chaque cohéritier ne peut agir contre les débiteurs de la ſucceſſion, que pour la part & portion dont il eſt héritier.

Les actions héréditaires paſſives, ſont celles qui ſont données aux créanciers du défunt contre ſes héritiers, leſquelles ſont auſſi de plein droit

diviſées entr'eux, de maniere qu'un d'eux ne peut pas être aſſigné, que pour la part & portion dont il eſt héritier.

Ainſi, quand un créancier agit par action perſonnelle contre un des héritiers de ſon débiteur, ce cohéritier ne peut être aſſigné que pour ſa part & portion ; mais ſi le créancier agit hypothécairement contre un des héritiers de ſon débiteur, comme détenteur des biens de la ſucceſſion hypothéquée à ſa dette, il le peut pourſuivre pour le tout.

La raiſon eſt, que l'action hypothécaire étant réelle, ſuit la choſe, & non pas la perſonne ; ainſi celui contre qui cette action eſt intentée, eſt obligé de reconnoître toute la dette, ou déguerpir & abandonner la choſe pour raiſon de laquelle il eſt pourſuivi hypothécairement. *Leg. 2, cod. de hæred. actionib.*

L'héritier qui agit contre un débiteur de la ſucceſſion, conclut contre lui, *à ce qu'attendu qu'il devoit telle choſe au défunt, pour telle cauſe, il ſoit condamné de la lui payer, comme & en qualité de ſon héritier.*

Le Créancier d'un défunt qui agit contre l'héritier de ſon débiteur, conclut contre lui, *à ce qu'il ſoit condamné lui payer telle ſomme à lui dûe par le défunt, pour telle cauſe.*

Si le préſomptif héritier n'a pas pris qualité, le Juge doit lui accorder les délais portés par l'Ordonnance pour délibérer.

Quand il y a pluſieurs héritiers, le créancier du défunt ne peut agir contre chacun d'eux par action perſonnelle, que pour telle part & portion dont il eſt héritier du défunt.

Mais ſi un des cohéritiers ſe trouve poſſeſſeur d'un héritage du défunt qui ſoit hypothéqué à la dette, le créancier peut agir contre un d'eux perſonnellement, pour la part & portion dont il eſt héritier, & hypothécairement pour le tout.

Ainſi le créancier conclut en ce cas contre l'un des héritiers de ſon débiteur, *à ce qu'il ſoit tenu perſonnellement, en qualité d'héritier, de payer au demandeur la ſomme de... pour telle portion dont il eſt héritier & hypothécairement pour le tout, ſi mieux n'aime déguerpir l'héritage dont il eſt poſſeſſeur, pour être vendu & adjugé en la maniere accoutumée.*

Les actions qui ſont accordées aux légataires, pour avoir la délivrance de leurs legs, ſont ſemblables aux Actions héréditaires, & s'intentent de même contre les héritiers.

Le créancier qui eſt un des héritiers de ſon débiteur, peut exiger ce qui lui étoit dû par le défunt, & agir pour raiſon de ce par action perſonnelle contre chacun de ſes cohéritiers pour leur part & portion. Il les peut auſſi pourſuivre par action hypothécaire, enſorte néanmoins qu'il y ait confuſion pour la part & portion dont il eſt héritier. La raiſon eſt, qu'on ne peut pas être créancier & débiteur de ſoi-même. *Leg. 1, 5 & 6, cod. de hereditar. actionib.*

Mais ſi ce créancier a lieu d'appréhender que ſes cohéritiers ne ſoient pas ſolvables, il peut demander le bénéfice de ſéparation des biens, com-

comme nous avons dit lettre S, **en** parlant de la féparation des biens d'une fucceffion.

Touchant les actions héréditaires, *voyez* ce que j'ai dit fur le §. 5. du titre 28. du troifieme livre des Inftitutes, & ce que j'ai dit fur l'article 333. de la Coutume de Paris, glofe premiere, nombre 41. *Voyez* auffi Chopin fur la Coutume de Paris, titre des Teftamens, chap. 19; & Henrys, tom. 2, part. 2, queft. 57. *Voyez* auffi le titre du Code *de hereditar. actionib.* & celui *fi unus plurib. heredib. &c.*

ACTION CIVILE ET ACTION CRIMINELLE. Quoique le terme d'action ne doive être appliqué dans fa propre fignification que pour fignifier un procès civil, néanmoins on s'en fert quelquefois pour fignifier une pourfuite extraordinaire, en la qualifiant d'action criminelle.

Lorfqu'on a deux actions, la civile & la criminelle, pour le même fait, on ne peut pas les accumuler & fe fervir de deux, lefquelles tendent à une même fin: ainfi, quand on a choifi l'une des deux, l'une exclut l'autre. *Leg. Interdum*, *ff. de publ. Leg. unica, quod. quando civilis actio criminali præjudicat.* A quoi eft conforme l'article 2. du tit. 18. de l'Ordonnance de 1667.

ACTIONNER, fignifie intenter un procès à quelqu'un en matiere purement civile, & pour le payement d'une dette; comme quand on dit, s'il ne vous paye pas au plûtôt, faites-le actionner.

ACTOR SEQUITUR FORUM REI, eft une regle de droit, qui porte que l'on doit ordinairement fuivre la Jurifdiction du défendeur; c'eft-à-dire, qu'un ajournement doit être réguliérement donné pardevant le Juge du défendeur. *Voyez* Ajournement.

ACTUEL, fignifie réel & effectif. Ainfi, quand on parle d'un payement actuel, cela fignifie qu'il eft effectif.

A D

ADDITIONS, font les nouvelles écritures que l'on donne après avoir fourni de défenfes & de repliques.

Ces écritures fe font pour ajouter autres faits, ou pour répondre aux faits de la Partie adverfe, contenus dans les écritures principales & premieres.

Par l'article 3. du titre 14. de la nouvelle Ordonnance, l'ufage des dupliques, tripliques, additions premieres & fecondes, & autres écritures femblables, font abrogées, avec défenfes aux Juges d'y avoir égard, & de les paffer en taxe: cependant on ne laiffe pas d'en faire.

ADDITIONS EN FAIT DE PREUVES, font les nouvelles dépofitions que les témoins ajoutent à leurs dépofitions. Ainfi, en matiere criminelle, lorfque la partie civile découvre de nouveaux incidens, elle préfente Requête aux Juges, à l'effet de faire de nouveau affigner les témoins, pour déclarer ce qui eft venu à leur connoiffance depuis l'information qui a été faite au fujet du crime mentionné dans la plainte.

Voyez Information. *Voyez* Enquêtes.

ADENERER, qui vient du latin *ad æneum aut æris prætium conftituere.* Ce terme étoit autrefois ufité dans les licitations, pour dire, mettre à prix.

ADHERITANCE, D'HESHERITANCE. Ces termes fe trouvent dans la Coutume de Hainault, chap. 72, 74, 77, 80, 82; dans celle de Mons, chap. 5 & 24; dans celle de Cambray, tit. 1, art. 2, 3, 37; dans celle de Valenciennes, art. 54, 56, 65, 70, 73; & dans celle de Namur, art. 7. Ils fignifient faifine, poffeffion défaifine, qui font des actes qui s'expédient par les Seigneurs, ou par les Officiers de la baffe Juftice, en cas de vente & achat d'héritages, ou de charge fur iceux; de forte que l'acheteur eft réputé faifi, & le vendeur défaifi.

ADJOINDRE, fignifie affocier quelqu'un, pour aider, confeiller, & quelquefois auffi examiner & controller. Par exemple, on adjoint à un Rapporteur deux Evangéliftes, pour examiner l'inventaire & les pieces dans le tems qu'il rapporte le procès.

ADJOINT, eft celui qui eft joint à un autre pour l'aider, ou pour prendre garde à ce qu'il fait.

ADJOINT DANS LES ENQUETES, qui fe font pardevant un Confeiller commis pour faire une enquête ordonnée entre les Parties, & ouir les témoins produits.

Pour entendre ce que c'eft, il faut fçavoir que le Confeiller commis pour faire enquête, étoit autrefois obligé de prendre un Adjoint pour faire l'enquête à laquelle il étoit commis par la Cour; & il prenoit ordinairement un Greffier, ou un des Adjoints créés en titre d'Office.

L'Ordonnance du mois d'Avril 1667, titre des Enquêtes, art. 12, a abrogé la fonction des Adjoints en titre d'Office, pour la confeffion des Enquêtes. Mais ces Charges ont été rétablies par un Edit du mois de Février 1674.

La Déclaration du 5 Novembre 1704, qui ordonne l'exécution des Edits des mois de Février 1674, & Avril 1696, regle les fonctions des Adjoints en la maniere qui fuit.

» Les Adjoints affifteront en toutes enquêtes en » matiere civile, aux procès verbaux d'affirmation » des comptes, de defcente ou de vifite de mai- » fons & autres lieux où la préfence du Juge ou des » Commiffaires enquêteurs & Examinateurs eft re- » quife; enfemble, aux procès verbaux de partage » de biens, d'eftimation, d'appréciation de grains » & autres fruits, & de compulfoire de pieces, à » peine de nullité.

Les Adjoints ne peuvent, fuivant les fufdits Edits affifter à aucuns actes en matiere criminelle, ni dans les matieres civiles, où les Procureurs du Roi feront Parties néceffaires; comme lorfqu'il s'agit de la confervation de fon Domaine, & dans les autres cas femblables.

Au mois de Novembre 1717, a paru un Edit, regiftré au Parlement de Paris le 15. Décembre fuivant, qui fupprime les Offices des Subftituts-Adjoints dans les Siéges & Jurifdictions du Royaume, créés par l'Edit du mois d'Avril 1696, & des droits établis par. icelui, en faveur des Juges & leurs Greffiers, pour les Enquêtes en matieres sommaires où la preuve par témoins est admise ; & ordonne qu'il y soit procédé sommairement, ainsi qu'il est porté en l'art. 8. du tit. 17. de l'Ordonnance de 1667.

ADJONCTION. Ce terme se met dans les conclusions des Requêtes & des plaintes en matiere criminelle, que l'on finit en requérant *l'adjonction* du Procureur du Roi, ou du Procureur Fiscal. *Voyez* Accusation.

ADJOURNEMENT, en latin *in jus vocatio*, est un acte que nous appellons exploit, par lequel nous assignons quelqu'un pardevant un Juge compétent, pour se voir condamner suivant les fins & les conclusions que nous prenons contre lui. Bornier, sur l'art. premier du second titre de l'Ordonnance de 1667, dit que ce mot vient de ce que ajournement est *quasi in solem, id est, in diem dictio* : ainsi, comme il doit avoir le Soleil pour terme & pour témoin, il ne se peut pas faire dans l'obscurité & dans les ténèbres, pour éviter les fraudes, les surprises & les faussetés qui se pourroient commettre, s'il se pouvoit faire de nuit.

Je crois cependant que la véritable étymologie de ce mot est que l'adjournement est *in diem certum dictio*, c'est-à-dire une assignation à comparoître un certain jour pardevant tel Juge, pour se voir condamner suivant les fins & conclusions du demandeur. Je demeure d'accord que pour éviter les surprises, un adjournement ne se peut donner de nuit ; mais il ne s'ensuit pas délà que ce soit la raison qui a fait donner le nom d'adjournement à cet acte.

Cet acte doit être fait & donné par un Sergent ou Huissier, qui doit énoncer son nom, sa demeure & sa Paroisse, marquer le jour qu'il signifie cet acte, & le signer.

Outre cela, quatre choses sont de la substance de l'adjournement ; sçavoir, les noms du demandeur & du défendeur, le nom du Juge par devant lequel l'adjournement ou l'assignation est faite, & la demande du demandeur, que nous appellons fins & conclusions prises par le demandeur dans l'exploit. Enfin, si c'est à huitaine ou autre délai que se donne l'assignation, il en faut faire mention dans l'exploit.

Il faut ajouter par la nouvelle Ordonnance, que le nom du Procureur du demandeur soit déclaré (dans les Siéges & Jurisdictions où le ministere des Procureurs est nécessaire) & que l'exploit contienne sommairement les moyens sur lesquels la demande est fondée, avec l'énonciation des piéces dont on donne copie, au cas qu'on en donne ; le nom & domicile du Sergent ou Huissier qui donne copie de l'assignation au défendeur, & que l'exploit soit contrôlé dans les trois jours de la signification.

Pour ce qui est de la demande que l'on forme en Justice contre quelqu'un, il faut qu'elle soit clairement énoncée ; si c'est, par exemple, quelque somme d'argent, il faut marquer à quoi elle

se monte, & en vertu de quoi le demandeur prétend qu'elle lui est dûe.

S'il s'agit de droit de censives, de rentes foncieres, charges réelles ou hypotheques, ou de la propriété de quelque héritage, l'exploit doit déclarer le Bourg, Villages ou Hameau ; le terroir ou la contrée où l'héritage est situé ; sa consistance, ses nouveaux tenans & aboutissans du côté du septentrion, midi, orient & occident, & sa nature au tems de l'exploit, si c'est terres labourables, près bois, vignes, ou d'autre qualité : ensorte que le défendeur ne puisse ignorer pour quel héritage il est assigné. C'est la disposition de l'art. 3, du tit. 9. de l'Ordonnance de 1667.

Mais quand il est question du corps d'une terre ou métairie, il suffit d'en désigner le nom & la situation ; & si c'est d'une maison, les tenans & aboutissans doivent être désignés de la même maniere, comme il est porté en l'art. 4. du même titre de l'Ordonnance de 1667.

L'exploit doit être fait à personne ou domicile, avec mention de celui à qui l'Huissier l'a laissé, à peine de nullité, comme il est porté en l'article 3. du titre 2. de l'Ordonnance de 1667.

Il y a néanmoins des cas où la signification des exploits qui n'est pas faite à la personne à son domicile, est valable.

I. Ceux qui n'ont actuellement, ou qui n'ont eu aucun domicile connu, doivent être assignés, par un seul cri public, au principal marché du lieu de l'établissement du Siége où l'assignation sera donnée, sans aucune perquisition. Ceux donc qui sont condamnés au bannissement ou aux galeres à tems, & ceux qui sont absens pour faillite, voyage de long cours, ou hors du Royaume, doivent être assignés à leur dernier domicile ; ensorte qu'il n'est pas nécessaire de faire un procès-verbal de perquisition, ni de leur faire créer un curateur, comme il s'observoit autrefois. A l'égard de l'exploit d'assignation donnée à celui qui n'a point eu de domicile connu, il doit être paraphé par le Juge des lieux, qui met au bas, *paraphé par nous tel, ce requérant tel, Sergent, suivant l'Ordonnance. Fait à, &c.* comme il est porté en l'article 9 du titre 2. de l'Ordonnance de 1667.

II. Les exploits qui concernent les droits d'un Bénéfice, peuvent être faits au principal manoir du Bénéfice, de même que ceux qui concernent les droits & fonctions des Officiers ou Commissaires, ès lieux où l'on fait l'exercice, suivant l'art. 3. du même titre.

III. Les étrangers qui sont hors du Royaume, doivent être adjournés aux Hôtels des Procureurs généraux du Parlement où ressortissent les appellations des Juges devant lesquels ils seront assignés, suivant l'article 7. Auparavant on leur donnoit assignation sur la frontiere ; mais cette formalité a été abrogée par ledit article 7.

IV. Ceux qui demeurent dans les Châteaux & Maisons fortes, sont obligés d'élire leur domicile en la plus prochaine Ville, & d'en faire enregistrer l'acte au Greffe de la Jurisdiction royale du lieu ; sinon les exploits qui leur feront faits au domicile ou aux personnes de leurs Fermiers, Juges, Procureurs d'office & Greffiers, valent comme faits à leurs personnes, suivant l'art. 15.

Nous avons dit qu'ordinairement un exploit doit être donné à personne ou domicile ; mais si les Huissiers ou Sergens ne trouvent personne au domicile de celui à qui l'assignation est donnée, ils sont en ce cas tenus d'attacher leurs exploits à la porte, & d'en avertir le proche voisin, par lequel ils feront signer l'exploit ; s'il ne le veut, ou ne peut signer, ils en feront mention ; & en cas qu'il n'y ait aucun proche voisin, ils feront parapher leur exploit, & dater le jour du paraphe par le Juge du lieu ; & en son absence ou refus, par le plus ancien Praticien, & sans frais, ainsi qu'il est porté en l'art. 6. du même titre.

On doit donner par l'exploit de demande copie des pièces justificatives au défendeur, mais quand on a omis de le faire, on lui en peut donner copie dans la suite par un acte séparé.

Il faut marquer dans l'exploit le véritable domicile du demandeur, faute de quoi l'assignation seroit nulle. M. Augeard, tom. 1, chap. 89, rapporte un arrêt du 9 Janvier 1708, qui a déclaré nulle une assignation dans laquelle le Sergent s'étoit contenté d'élire pour le demandeur domicile chez un Procureur du Parlement.

L'adjournement doit être donné pardevant le Juge du domicile du défendeur, par la regle, *Actor forum rei sequitur. Leg. 19. & 65. ff. de Judiciis.* C'est pour cela qu'on dit ordinairement, *fidem ejus secutus es ; ejus ergo domicilium sequi debes.*

Cette regle souffre quelques exceptions, soit à cause du privilege que le demandeur a de pouvoir faire assigner le défendeur pardevant un certain Juge, ou à cause de la chose qui fait la contestation dont la connoissance appartient à un certain Juge ; comme s'il s'agit d'aydes, de subsides & d'autres droits, dont la connoissance appartient à l'élection ou à la Cour des Aydes. *Voyez* Compétence.

Les conclusions que l'on doit prendre dans les adjournemens que l'on donne, doivent être faites suivant & conformement à l'action que l'on intente, & c'est à quoi il faut bien prendre garde. Nous avons ci dessus, en parlant des actions, remarqué de quelle maniere on doit dresser les conclusions qui leur conviennent.

ADJOURNEMENT EN FAIT DE LETTRES DE CHANGE, doit être donné par-devant les Juge-Consuls ; & comme c'est une Jurisprudence établie par tout le Royaume, qu'un créancier ne peut intenter une action, ni faire assigner son débiteur pardevant un autre Juge que celui de son domicile ; un porteur de lettre de change ne peut faire assigner celui sur lequel elle est tirée que pardevant les Juge-Consuls qui sont établis dans le Bailliage, Prévôté ou Sénéchaussée dont il est justiciable, & non pas parde-vant les Juge-Consuls établis dans le Bailliage, Prévôté ou Sénéchaussée dont le créancier est justiciable.

ADJOURNEMENT POUR MARCHANDISES FOURNIES ENTRE MARCHANDS, doit être donné pardevant les Juge-Consuls ; mais le créancier marchand a le choix de faire assigner son débiteur au lieu de son domicile, ou au lieu où la promesse aura été faite & la marchandise fournie, ou bien au lieu auquel le payement doit être fait.

C'est la disposition de l'article 27. du tit. 12. de l'Ordonnance de 1673, dont voici les termes. » Dans » les matieres attribuées aux Juge & Consuls, le » créancier pourra donner l'assignation à son choix, » ou au lieu du domicile du débiteur, ou au lieu » quel la promesse a été faite & la marchandise » fournie ou au lieu auquel le payement doit être » fait.

Ce choix que donne cet article au créancier, est un droit particulier, qui ne peut avoir lieu que dans le cas pour lequel il est accordé, qui est certainement quand il s'agit de créance entre Marchands, causée pour marchandises fournies.

Mais la disposition de cet article cesse à l'égard de la banque & du change ; car le porteur d'une lettre de change ne peut faire assigner l'accepteur que pardevant les Juge & Consuls du lieu où cet accepteur est domicilié, & non pas pardevant les Juge & Consuls du lieu où le porteur est demeurant, ni pardevant ceux du lieu d'où la lettre a été tirée, comme nous l'avons dit en l'article précédent.

ADJOURNEMENT POUR COMMERCE MARITIME, doit être donné pardevant les Juge & Consuls du lieu où le contrat aura été passé, & non pas pardevant ceux du lieu d'où le vaisseau sera parti, ou de celui où il aura fait naufrage.

C'est la disposition de l'art. 18. du tit. 12. de l'Ordonnance de 1673.

ADJOURNEMENT PERSONNEL, est un Jugement rendu en matiere criminelle, par lequel le Juge enjoint à l'accusé de comparoître en personne pardevant lui, à jour certain & compétent, pour être interrogé sur les charges & informations.

Quand le crime n'est pas capital, & n'emporte pas de peine afflictive, & est cependant sujet à quelque peine, si le Juge voit par les informations qu'il y a charge suffisante contre celui qui est accusé, il ordonne *qu'il sera adjourné à comparoir pardevant lui à jour certain & compétent, pour être oui & interrogé sur les charges & informations, pour sur son interrogatoire être ordonné ce que de raison.*

Cet adjournement emporte interdiction de plein droit contre l'Officier contre lequel il est décerné.

De plus, si celui contre qui il y a un adjournement personnel ne comparoit pas dans le tems marqué, le décret est converti par le Juge en décret de prise de corps.

Voyez Décret d'ajournement perſonnel.

ADJOURNEMENT A TROIS BRIEFS JOURS EN MATIERE CRIMINELLE. Il en eſt fait mention dans l'Ordonnance de François I, à Ys ſur ſur Thille, chap. 13, art. 39. & à Villers-Cotterêts, en Août 1539. art. 25.

Pour entendre ce que c'eſt, il faut ſçavoir qu'en vertu du premier défaut donné ſur l'adjournement perſonnel en matiere criminelle, le Juge décerne un décret de priſe de corps contre l'accuſé ; & à faute de le pouvoir appréhender, il ordonne qu'il ſera adjourné, avec annotation & ſaiſie de ſes biens juſqu'à ce qu'il ait obéi.

Cet adjournement eſt un défaut qui eſt octroyé contre l'accuſé, faute d'avoir comparu dans la quinzaine, & obéi au décret.

Il faut, avant qu'ordonner cet adjournement, qu'il paroiſſe par l'exploit du Sergent qu'il n'a pû trouver ni appréhender au corps l'accuſé, & des diligences qu'il a faites pour cela.

Cet adjournement ſe donne aujourd'hui par un ſeul exploit à huitaine, & non pas à trois briefs jours, comme il ſe donnoit autrefois.

Bornier, ſur l'article 8. du titre 17. de l'Ordonnance de 1670, dit que ces adjournemens ſe faiſoient par trois diverſes ſignifications, avec intimation de comparoir, ce qui approchoit plus du Droit Romain, *ut conſtat ex lege ad peremptorium 68 & ſeq. ff. de re judic. & leg. contumacia 53, ff. de re judic. & leg. inter accuſatorum 10. ff. de publ. judic.* & à l'iſſue des plaids on appelloit le défaillant ; & s'il ne comparoiſſoit au troiſieme, il étoit tenu pour contumax. *Leg. 8, & leg. 9. cod. quomodo & quando Judex.*

Aujourd'hui ces adjournemens ſe donnent comme nous avons dit, par un ſeul exploit à la huitaine, qui ſe donne à cri public & ſon de trompe à la place publique & à la porte de la Juriſdiction, & encore au devant du domicile ou réſidence de l'accuſé, s'il a comme il eſt dit en l'art. 9. du tit. 17. de l'Ordonnance de 1680.

Il faut de plus, ſuivant l'Edit de 1680. afficher le procès verbal à la porte de l'auditoire de la Juriſdiction.

Cet adjournement, qui ſe donne aujourd'hui à huitaine, ne peut être fait ſans préalable perquiſition de la perſonne, laquelle ſe fait à ſon domicile ; & le Sergent qui l'a faite prend acte de notoriété comme il n'y eſt point. Cette perquiſition ſe fait encore aux autres lieux où l'adjourné fréquentoit ordinairement.

Ainſi, adjourner à huitaine en matiere criminelle, c'eſt crier à ſon de trompe ou à cri public, qu'il y a un décret contre quelqu'un, après qu'on a fait quelque perquiſition de ſa perſonne, afin qu'il ait à comparoir dans les trois jours en Juſtice ; faute de quoi on lui doit faire ſon procès par contumace, ſans autre délai.

Comme dans toutes les aſſignations les tems des délais doivent être toujours francs, c'eſt-à-dire que ni le jour de l'aſſignation ni celui de l'écheance n'y doivent point être compris, cela doit être d'autant plus exactement obſervé dans cet ad-journement, que toutes les formalités dans la procédure criminelle ſont de rigueur, & que la moindre omiſſion en cauſe la nullité.

D'ailleurs la contumace opere par fiction la préſomption d'une réconnoiſſance du fait de la part de l'accuſé ; or la fiction ne ſe peut tirer de la contumace, à moins qu'elle ne ſoit valablement acquiſe : ce qui ne ſe peut rencontrer, ſi la forme preſcrite par la procédure n'eſt très-exactement obſervée.

ADJOURNEMENT A TROIS BRIEFS JOURS EN MATIERE CIVILE, au lieu quand on adjourne un abſent qui n'a ou qu'il n'a eu aucun domicile, en ce cas il peut être adjourné par un ſeul cri public, au principal marché du lieu de l'établiſſement du Siége ou l'aſſignation eſt donnée, ſans aucune perquiſition. L'exploit doit être controllé.

Voyez l'art. 9. du tit 2 de la nouvelle Ordonnance de 1667.

ADJOURNEMENT A CRI PUBLIC, eſt celui qui ſe donne à ſon de trompe, ès lieux accoutumés à faire criées & proclamations.

Imbert, liv. 1. chap. 9. de ſes inſtitutions forenſes, rapporte ſix cas dans leſquels ces adjournemens ont lieux. I°. Quand celui qu'on aſſigne eſt abſent, & n'a point de domicile. II°. Quand il eſt vagabond. III°. Quand ceux que l'on doit adjourner ſont accoutumés à faire outrage aux Sergens. IV°. Quand on adjourne une Communauté de Ville ou Bourg taillable, qui n'a ni corps, ni Chef de Communauté. V°. Quand il s'agit d'adjourner quelqu'un pour crime à trois briefs jours. VI°. quand il eſt incertain à qui peut préjudicier l'acte qu'on veut faire, comme quand on met le bien de quelqu'un en criée.

Tel étoit l'ancien uſage, qui eſt aujourd'hui preſqu'entierement aboli.

Ceux qui ſont abſens doivent être aſſignés à dernier domicile : ainſi qu'il eſt dit en l'art. 8. du ſecond tit. de l'Ordonnance de 1667. Les Etrangers qui ſont hors le Royaume, doivent être adjournés ès Hôtels des Procureurs généraux des Parlemens.

Les communautés d'habitans doivent être aſſignées un jour de Dimanche ou de Fête, à l'iſſue de la Meſſe paroiſſiale ou de Vêpres, en parlant au Syndic, ou en ſon abſence au Marguillier, en préſence de deux habitans, ainſi qu'il eſt porté en la Déclaration du 17. Fevrier 1688, article 3.

Les criées ne ſe font point aujourd'hui à ſon de trompe, mais par des ſimples proclamations, comme il eſt dit ci-après, *verbo* Criées.

On n'aſſigne aujourd'hui à cri public & à ſon de trompe, que ceux qui n'ont, ou qui n'ont eu aucun domicile connu, ſuivant l'art. 9. du tit. 2. de l'Ordonnance de 1667 : les accuſés qui ſont en fuite ſuivant l'art. 8. & 9 du tit. 17, de l'Ordonnance de 1660 ; & ſuivant l'Edit du mois de Décembre 1680.

ADIRER, vieux mot qui eſt en uſage dans la Pratique, & ſur-tout à la Chambre des Comptes, ſignifie égarer quelque titre ou Papier. Ce terme vient de *trouver à dire*, qui ſignifie manquer.

ADITION D'HÉRÉDITÉ, ne se disoit chez les Romains, que de l'acte solemnel par lequel un héritier étranger déclaroit pardevant le Magistrat qu'il se portoit héritier.

Parmi nous, l'adition d'hérédité se prend pour toutes sortes d'actes, même pour de simples déclarations de volonté, que fait un présomptif héritier qu'il accepte l'hérédité, ou pour toutes sortes de faits qui équipolent à une telle déclaration. Ainsi l'adition d'hérédité se fait de deux manieres. Iº. Par une simple déclaration de volonté, comme quand un habile à se porter héritier prend dans quel acte il veut s'immiscer; il devient obligé par ce moyen à payer toutes les dettes de la succession, quoiqu'elle ne soit pas suffisante pour cet effet. IIº. En faisant acte d'hérédité, c'est-à-dire en disposant des biens de la succession, comme maître d'icelle. Voyez l'article 317. de la Coutume de Paris.

Les effets de l'adition d'hérédité font.
Iº. Qu'elle remonte au tems de la mort qui en fait l'ouverture.
IIº. Qu'elle oblige aux dettes du défunt, & à toutes les charges de la succession.
IIIº. Qu'elle donne le droit de transmission de l'hérédité aux héritiers de celui qui s'est porté héritier du défunt.

Voyez les Loix civiles, seconde partie, liv. 1, tit. 3, sect. 3. ce que j'ai dit sur l'art. 316. de la Coutume de Paris, §. 2, n. 9 & suivans; & ce que j'ai dit ci-dessus, verbo Acceptation.

ADJUDICATAIRE, est le plus offrant & dernier enchérisseur, à qui on adjuge le bail ou la propriété d'un héritage qu'on afferme ou qu'on vend en Justice.

Ce terme signifie aussi celui à qui on adjuge en Justice des ouvrages, des réparations au rabais.

L'adjudicataire d'un immeuble, quand même il seroit créancier de la partie saisie, ne peut se servir de son décret qu'il n'ait consigné, & même rapporté la quittance de sa consignation; sauf à lui à se faire colloquer suivant l'ordre de ses priviléges & hypothéque, & à toucher à son rang de même que les autres créanciers opposant au décret.

Voyez Papon, liv. 18, tit. 6, nomb. 15; Charondas, liv. 7, rép. 183; M. le Prêtre, cent. 2, chap. 30; Basnage, sur la Coutume de Normandie, art. 584.

L'adjudication étant faite, si les biens compris dans le décret ne se trouve point, l'adjudicataire a action contre le poursuivant criées, & peut se pourvoir sur les deniers par lui consignés sur le prix de son adjudication. Pinault, tom. 2, Arrêt 132.

Il est défendu à tous Juges de prendre à ferme, ni d'acquérir par décret des héritages dont l'adjudication se fait dans leur Jurisdiction; ce qui est fondé sur le crédit qu'ils ont dans leur Siége, que par ce moyen ils pourroient se ménager des adjudications à vil prix, au préjudice de la Partie saisie & des créanciers; parce qu'il arriveroit souvent que ceux qui auroient envie d'enchérir, ne le feroient pas par déférence pour le Juge, qu'ils sçauroient vouloir acquérir l'héritage saisi réelle-

ment. Bardet, tom. 1, liv. 1. chap. 18 & 96, & liv. 2. chap. 96, tom. 2, liv. 3, chap. 5. Henris, tom. 2, liv. 2, qu. 61. Desmaisons, lettre A, nom. 2; & M. le Prêtre, cent. 2, chap. 92.

La même prohibition a lieu à l'égard des Conseillers du Siége, des Avocats & Procureurs du Roi, des Greffiers & leurs Commis. Voyez Tronçon, sur l'art. 359. de la coutume de Paris.

Cette Prohibition faite au Juge a été étendue à ses enfans; Arrêt donné en la Chambre de l'Edit le 6 Septembre 1614, qui casse l'adjudication faite au fils du Lieutenant général de Boulogne en son Siége. Mornac, en son Recueil d'Arrêts, part. 1. art. 77, fait mention d'un Arrêt qui casse un adjudication faite à la femme d'un Juge.

Mais ceci ne regarde que les adjudications qui se font par décret forcé; car un Juge, ou autre Officier d'un Siége, peut s'y rendre adjudicataire d'un bien, en vertu d'un contrat de vente faite à la charge du décret; auquel cas il ne peut point être cassé, attendu la Relation qu'il a au contrat.

La raison est, que parmi nous il est permis aux Juges d'acquérir par contrats volontaires des biens situés dans l'étendue de leur ressort; ainsi il leur est permis de se faire adjuger les biens qu'ils y ont acquis, lorsque l'adjudication s'en fait par des décrets volontaires, à la charge desquels les contrats de vente ont été faits.

Un tuteur peut se rendre adjudicataire des biens de son mineur saisis & mis en criées à la requête de ses créanciers, au cas qu'il n'y ait point de dol ni de fraude de la part du tuteur; autrement le mineur pourroit faire casser l'adjudication, s'il prouvoit que par le fait de son tuteur ses biens lui eussent été adjugés à vil prix.

Si un tuteur qui auroit des deniers pupillaires oisifs, s'étoit rendu adjudicataire de quelques biens, son mineur ne pourroit pas prétendre que ces biens lui appartiennent, conformément à la Loi Res quæ, ff. de jure dot. & à la Loi Si Patronus, cod. Communia utriusque judicii. Le mineur peut seulement demander à son tuteur les intérêts de ses deniers pendant le tems qu'il a dû les faire profiter & en faire emploi.

Voyez adjudication.

ADJUDICATAIRE DES BOIS, doit payer les droits d'entrée & de recollement aux Officiers, sçavoir, trois liv. par arpent de ventes ordinaires, & trente sols par arpent de recepage, payables moitié en entrant dans l'usance, & l'autre moitié après le recollement & congé de jouir adjugé; moyennant quoi Sa Majesté est déchargée des droits d'entrées & de recollemens.

Ainsi jugé par plusieurs Arrêts du Conseil, qui dérogent à cet égard à l'art. 7. du tit. 5. de l'Ordonnance de 1669.

ADJUDICATION, est tout ce qui est accordé à quelqu'un. L'on se sert du mot adjuger, pour signifier accorder. Par exemple, on dit, mes conclusions m'ont été adjugées, pour dire qu'on a gagné son procès.

On dit aussi: cette chose ou ce bien m'a été adjugé pour une telle somme, ce qui veut dire que telle chofe a été vendue & accordée pour un tel prix à une vente publique.

Elle eſt alors appellée adjudication par décret, lorſqu'elle eſt d'un immeuble, laquelle doit être précédée & accompagnée de pluſieurs conditions que nous avons rapporté ailleurs.

Pour ce qui eſt des adjudications des choſes mobiliaires, elles ſe font par un Huiſſier par autorité de Juſtice, c'eſt-à-dire en vertu d'un Jugement qui l'ordonne.

ADJUDICATION SAUF QUINZAINE. Pour entendre ce que c'eſt, il faut ſçavoir que quand un immeuble eſt ſaiſi réellement, le pourſuivant fait procéder aux quatre criées, & en obtient une Sentence de certification du Juge où eſt ſitué l'héritage; enſuite il obtient un congé d'adjuger, & fait l'enchere de quarantaine.

Ce délai de la quarantaine expiré, & le jour marqué par l'affiche, ou par le placard de l'enchere de quarantaine, étant arrivé, le Procureur pourſuivant ſe préſente au lieu où ſe doit faire l'adjudication, & on lui adjuge le bien ſaiſi, ſauf quinzaine.

Cette adjudication, qui ſe fait ainſi, & à laquelle on adjoute ces mots, ſauf quinzaine, n'eſt qu'une adjudication fictive, qui deviendroit cependant definitive, ſi après pluſieurs remiſes il ne ſe préſentoit perſonne pour enchérir. Mais celui qui en la direction la met à ſi baſſe prix, qu'il n'appréhende pas qu'elle tienne à ſon déſavantage.

Cette adjudication ſauf quinzaine, doit être ſignifiée à la Partie ſaiſie & aux créanciers oppoſans.

La quinzaine portée par l'adjudication ſur la premiere enchere étant échue, on fait une nouvelle publication de la premiere enchere, & on reçoit celle des Procureurs qui ſe préſentent pour enchérit.

Mais ce n'eſt qu'après trois remiſes, chacune de quinze jours, qu'on fait l'adjudication par décret, que nous appellons l'adjudication définitive, à la différence de l'adjudication ſauf quinzaine.

Quoique trois remiſes ſoient ſuffiſantes pour procéder à l'adjudication par décret, le Juge peut toujours en accorder un plus grand nombre, quand on lui repréſente que le bien n'a pas été porté à ſa juſte valeur.

ADJUDICATION PAR DÉCRET D'UN HÉRITAGE, eſt la vente qui ſe fait en Juſtice, au plus offrant & dernier enchériſſeur, d'un héritage ſaiſi réellement.

Cette adjudication ſe fait en vertu du congé d'adjuger après l'enchere de quarantaine, l'adjudication ſauf quinzaine, & les remiſes, qui doivent être au moins au nombre de trois, comme nous l'avons dit en l'article précédent. Sur quoi il faut remarquer que le pourſuivant doit faire publier la plus forte enchere de chaque remiſe.

Dans l'expédition du décret, le Greffier doit faire mention de toute la procédure qui a été faite pour y parvenir : après quoi il met le diſpoſitif de l'adjudication.

Cette adjudication tranfere non-ſeulement la propriété de l'héritage envers l'adjudicataire, mais elle purge les hypotheques.

L'adjudication par décret eſt donc un titre qui donne la propriété ; au lieu que les autres Jugemens ne tranſferent point le domaine, mais déclarent ſeulement à qui des deux contendans la choſe appartient. *Sententia Judicis dominium non transfert, ſed declarat tantùm ad quem res de qua agitur pertinet.*

Ce titre d'acquiſition tranſlatif de propriété, eſt néanmoins ſujet aux mêmes regles que les contrats de ventes, à l'exception de quelques-unes, qui ſont en très-petit nombre. Ainſi l'Adjudication par décret eſt ſujette aux droits de lods & ventes, & au retrait tant lignager que féodal, dans les Coutumes qui ne l'en exemptent point expreſſement. *Voyez* le Traité de la vente des immeubles de M. d'Hericourt, chap. 11, nomb. 13.

Mais voici une regle à laquelle les ventes ordinaires ſont ſujettes, & à laquelle les adjudications par décret ne ſont pas : c'eſt que la vilité du prix n'a pas lieu dans les adjudications qui ſe font par décret. Elles ne peuvent être caſſées, ſous prétexte de minorité, ni ſous prétexte de lezion d'outre moitié, Papon, liv. 18. tit. 6. n. 53. Bibliothéque de bouchel, *verbo* Criées ; Brodeau, lettre D, chap. 32.

La raiſon eſt, que celui qui ſe rend adjudicataire par décret fait juridiquement & avec toutes les formalités requiſes, contracte ſous l'autorité de la Juſtice. Ainſi, comme dans ces ſortes de ventes publiques, tout eſt préſumé fait dans l'ordre ; d'ailleurs, comme il eſt de l'intérêt public que des adjudications faites avec tant de formalités ſubſiſtent, on ne peut donner atteinte à une adjudication d'un bien appartenant, ſoit à un majeur, ſoit à un mineur.

Cependant, quand l'adjudication eſt faite dans une Juſtice inférieure, l'on peut en interjetter appel pardevant le Juge ſupérieur, pour raiſon de quelque défaut par rapport au fond, ou par rapport à la forme.

L'adjudication par décret ne ſe fait jamais que ſous trois conditions.

La premiere, que l'adjudicataire ſera tenu des droits ſeigneuriaux pour raiſon de l'héritage à lui adjugé. Mais cela ne s'entend que du cens, à moins que le Seigneur n'eût formé ſon oppoſition pour d'autres.

La ſeconde, qu'il ſera tenu de rembourſer au pourſuivant les frais ordinaires de criées. A l'égard des frais extraordinaires, ils ſe prélevent ſur le prix de la choſe.

La troiſieme, que l'adjudicataire conſignera le prix de l'adjudication dans huitaine, non compris le jour de l'adjudication, ni celui de l'échéance. Si l'adjudicataire manque à conſigner dans ce tems, outre que l'adjudicataire ne fait pas les fruits ſiens, le pourſuivant peut le faire contraindre, même par corps, à conſigner, & demander en même tems qu'il ſoit procédé à la réadjudication, à la folle enchere de l'adjudicataire.

Il faut néanmoins excepter s'il y avoit appel de l'adjudication, ou s'il ſurvenoit quelqu'autre conteſtation qui rendît douteux le droit de l'adjudicataire.

Sans cette circonſtance, il faut néceſſairement que

que la confignation du prix fe faffe dans la huitaine ; & faute de ce, le pourfuivant peut procéder
contre lui, comme nous l'avons dit ; & de plus
il ne fait pas les fruits fiens.

La raifon eft, que c'eft la quittance de confignation qui rend propriétaire celui à qui l'adjudication eft faite, & qui accomplit la vente de la
part de l'adjudicataire.

L'adjudication par décret étant faite, le Procureur pourfuivant eft obligé de mettre au Greffe,
dans vingt-quatre heures de l'adjudication, toutes
les procédures du décret, & toutes les piéces juftificatives de la propriété de l'immeuble faifi.

C'eft auffi pour cette raifon que le décret ne
peut être fcellé avant ce tems, que l'on donne au
Procureur pourfuivant pour la remife ; afin que par cette remife par le fcel & la délivrance du décret, la vente foit parfaite du côté du
vendeur, c'eft-à-dire, du pourfuivant criées.

L'adjudication par décret eft nulle, quand elle
n'eft pas révêtue de toutes les formalités requifes. Elle eft auffi nulle par rapport à l'héritage
d'un tiers qui auroit été compris dedans, &
dont le propriétaire n'auroit pas été dépoffédé par
les baux judiciaires, comme il a été jugé par
Arrêt du 14. Février 1624, rapporté par Bardet,
tom. 1, liv. 2, chap. 7.

Les adjudications par décret des immeubles
mis en criées, en exécution d'Arrêts de la Cour,
doivent fe faire en icelle ; & les autres faites en
vertu de Sentence, fe doivent faire aux Siéges
où lefdites Sentences ont été rendues.

A l'égard de l'adjudication des biens mis en
criées en vertu d'obligations & contrats, elle fe
doit faire pardevant les Juges auxquels l'exécution defdites obligations & contrat appartient.

Les Juges ne peuvent pas, felon les régles, fe
rendre adjudicataires directement ou indirectement des biens qui fe vendent par décret forcé en
leur Siége. Voyez Henris, tom. 1, liv. 2, queft. 61.

Les Greffiers ne le peuvent point auffi ; parce
que fous le terme d'Officiers d'une Jurifdiction,
les Greffiers font compris ; mais non pas les Avocats & Procureurs de la Jurifdiction.

Comme l'adjudication par décret rend l'adjudicataire propriétaire de l'immeuble à lui adjugé ;
fi après une telle adjudication le fonds périt, la
perte tombe fur l'adjudicataire, fuivant la régle
res fua domino perit.

Mais fi l'adjudicataire ne pouvoit jouir du bien
qui lui a été adjugé, comme fi on avoit énoncé
dans les criées & dans l'adjudication foixante arpens de terre, & qu'il n'y en eût que quarante,
il pourroit demander une diminution fur le prix
de fon adjudication ; & fi tout le prix avoit été
diftribué aux créanciers, on condamneroit les
créanciers derniers colloqués à rendre à l'adjudicataire ce qu'il auroit touché, jufqu'à la concurrence de la fomme à laquelle auroit été fixée la
diminution.

Il en eft de même quant il fe trouve fur le bien
décrété quelque charge qui n'a point été purgée
par le décret, comme le douaire d'une femme,

Tome I.

qui n'étoit point ouvert dans le tems du décret
& pour lequel il n'étoit point néceffaire de former oppofition aux criées.

On fuit la même régle quand il fe fait une diftraction d'une partie des biens adjugés, à caufe
d'une fubftitution qui n'étoit point ouverte au
tems du décret.

Dans les cas propofés, il eft très-jufte que ceux
qui on fait vendre un bien en Juftice, pour être
payés de ce qui leur étoit dû, & qui en ont touché le prix, faffent jouir l'adjudicataire, ou qu'ils
lui reftituent ce qu'ils ont touché.

Il eft même dû dans ces cas des dommages &
intérêts à l'adjudicataire par le pourfuivant, faute de le faire jouir du bien qui eft compris dans
l'adjudication.

Mais il n'y auroit pas lieu aux dommages &
intérêts dans le cas ou l'héritage adjugé feroit
retiré par retrait lignager, ou par retrait féodal.

Voyez le Traité de la vente des immeubles de
Mr. d'Hericourt, chap. 11, qui traite des différentes manieres de fe pourvoir contre les adjudications par décret.

Au refte, il y a deux fortes d'adjudication par
décret ; l'une qui fe fait en vertu d'un décret, & l'autre qui fe fait du confentement des Parties, à l'effet de purger les hypotheques par le moyen d'un décret volontaire. *Voyez* ce que j'ai dit
verbo Décret forcé, & Décret volontaire.

Touchant ceux qui peuvent fe rendre adjudicataires, v. Adjudicataire.

ADJUDICATION A LA BARRE DE LA
COUR, POUR EVITER LES FRAIS D'UN DECRET.
Pour entendre ce que c'eft, il faut favoir que les
frais d'un décret abforbent quelquefois le prix
d'un immeuble faifi réellement ; de maniere qu'il
n'en revient prefque rien aux créanciers, même
à ceux qui ont un privilége fpécial fur l'immeuble
faifi réellement.

C'eft ce qui fait que quand un créancier privilégié
voit que l'immeuble fur lequel il a un privilége ne
fuffit pas pour foutenir les frais d'un décret, il
demande qu'il foit adjugé à la barre de la Cour fans
décret.

Il préfente à cet effet fa requête, dans laquelle il expofe d'abord l'intérêt particulier qu'il
a, que le prix d'un héritage faifi réellement ne
foit pas confommé en pure perte pour les créanciers ; & d'ailleurs, qu'il n'eft pas fuffifant pour
fupporter les frais d'un décret.

Enfuite il conclut *à ce qu'il plaife à la Cour ordonner que ledit héritage fera adjugé à la barre de la Cour
fans décret, pardevant un de Meffieurs les Confeillers,
tel qu'il plaira à la Cour de commettre à cet effet, après
trois publications, & affiches publiées & appofées aux
lieux néceffaires & accoutumés.*

Il fait fignifier cette requête au Procureur pourfuivant, à la Partie faifie, & au Procureur du
plus ancien créancier oppofant. En conféquence
de cette requête, on paffe un appointement en
droit & joint à l'inftance ; en conféquence duquel, fur les raifons des parties, la Cour ordonne ce qu'elle juge à propos.

Quand elle ordonne que l'adjudication de l'héritage se fera à la barre de la Cour après trois publications, & affiches publiées & apposées ès lieux ordinaires ; après que le pourfuivant y a fait procéder, l'adjudication se fait de l'héritage à la barre de la Cour, par le Conseiller qui a été commis à cet effet.

Cette adjudication transfere véritablement en la personne de l'adjudicataire la propriété de l'héritage ; mais elle ne purge pas les hypotheques, parce qu'il n'y a que le décret qui les purge ; toute autre adjudication n'étant réputée qu'une simple vente qui n'est pas faite en justice.

ADJUDICATION D'UN IMMEUBLE SAISI RÉELLEMENT, FAITE A UN ANCIEN CREANCIER SUR LE PIED DE L'ESTIMATION. Cette adjudication se fait par autorité de Justice, sur la demande d'un créancier privilégié, ou d'un ancien créancier hypothécaire, qui sur le fondement que si la pourfuite des criées a lieu, le prix de l'adjudication sera absorbé en frais, a présenté sa requête, tendante à ce que l'héritage saisi lui soit adjugé pour le prix auquel il sera estimé par des experts, en déduction de ses créances.

M. Henrys, tome 1, livre 4, chapitre 6, quest. 29, rapporte plusieurs Arrêts qui l'ont jugé ainsi.

Mais pour qu'un créancier puisse se rendre ainsi adjudicataire suivant l'estimation, il faut qu'il offre :

I°. De rembourser les créanciers antérieurs s'il y en a.

II°. De laisser les héritages aux autres créanciers, à condition de les payer, ou de les faire porter à un si haut prix, qu'il puisse être payé de ce qui lui est dû, tant en principal & intérêts, que frais & dépens, & d'en donner caution.

Cette demande peut être faite, non-seulement avant le congé d'adjuger, mais aussi après, attendu qu'elle est fondée sur l'équité, à l'effet d'empêcher que les biens ne soient consommés en frais au préjudice des créanciers.

Voyez le Traité de la vente des immeubles par décret de M. d'Héricourt, ch. 6, nom. 21.

Au reste, dans le cas d'une saisie réelle pendante à une Jurisdiction inférieure, un créancier ayant interjetté appel au Parlement de quelques Jugemens concernant le décret, ne peut y demander comme créancier privilégié, ou comme plus ancien, que l'héritage saisi lui soit donné sur le tant moins de ses créances, attendu que c'est une demande principale qu'il doit former en la Jurisdiction où la saisie réelle est pendante.

Ainsi jugé par Arrêt le 22 Février 1701 ; rapporté dans le cinquiéme tome du Journal des Audiences.

ADJUDICATION PAR PROVISION, NONOBSTANT L'APPEL. Comme l'appel est régulièrement un effet suspensif, on ne peut passer à l'adjudication par provision nonobstant l'appel. Mais en fait de saisie réelle, l'appel qui en est interjetté, ou celui qui est interjetté des criées, ne suspend pas les procédures qui se font pour parvenir à l'adjudication exclusivement, s'il n'y a point

d'appel du congé d'adjuger ; car s'il y en a un, il n'est pas permis de passer outre.

Voyez Appel de saisie réelle & de criées.

ADJUDICATION CONTRE LAQUELLE ON PEUT SE POURVOIR, est celle qui est vicieuse, ou par rapport au fond, ou par le manque de quelque formalité.

Par rapport au fond, comme quand le bien adjugé a été vendu sur celui qui n'en étoit point propriétaire, ou pour une chose qui n'étoit point due.

Par le manque de quelques formalités en prouvant que les formalités essentielles n'ont point été observées, ou en attaquant le décret, sous prétexte que le pourfuivant ne prouve point que ces formalités ayent été observées.

Quand une adjudication par décret est faite, ceux dont les biens ont été adjugés, n'ont en France que trois moyens pour se pourvoir contre ; sçavoir la tierce opposition, ou la requête civile, quand l'adjudication a été faite en une Cour souveraine ; & la voix d'appel, si le bien a été adjugé pardevant les Juges subalternes.

Voyez le Traité de la vente des immeubles de M. d'Héricourt, chap. 2, nomb. 7 & suiv.

ADJUDICATION EN FAIT DE PARTAGE, n'est autre chose que la licitation d'un immeuble, lequel ne se pouvoit aisément partager, & qu'on a adjugé pour le tout à quelqu'un des copropriétaires. Voyez Licitation.

ADJUDICATION DE BAUX JUDICIAIRES. Voyez Baux Judiciaires.

ADJUDICATION A L'EXTINCTION DE LA CHANDELLE. Autrefois la vente des biens d'un débiteur se faisoit à l'extinction de la chandelle ; mais plusieurs Arrêts on défendu de procéder ainsi à l'adjudication des biens mis en criées. Voyez Chenu, quest. 14.

Ainsi ces sortes d'adjudications n'ont plus lieu que pour les baux des Fermes du Roi. Voyez ci-après Baux des Fermes du Roi.

ADJUDICATION DES FERMES, est l'acte par lequel on adjuge les fermes du Roi au plus offrant & dernier enchérisseur.

Ces adjudications se font au Conseil de Direction, de l'autorité des Commissaires du Conseil nommés pour cet effet.

Pour procéder à l'adjudication des Fermes, six mois avant l'explication des baux, on dresse au Conseil de Direction des affiches, qui contiennent les conditions & le tems des baux qui doivent être renouvellés, & on les envoye à tous les Bureaux des Finances des Généralités, dans l'étendue desquelles les droits se doivent percevoir, pour y être publiées, desquelles publications les Tréforiers de France font tenus d'envoyer incessamment leurs procès verbaux au Conseil.

Trois mois avant l'expiration desdits baux, pareilles affiches font publiées au Conseil de Direction, & apposées aux lieux accoutumés.

Les affiches doivent être principalement apposées aux portes du Louvre & de la Salle du conseil ; & la publication en doit être faite à l'Audience du Conseil, par les Hussiers qui y servent. Elles y doivent être publiées à trois différens jours, au dernier desquels l'adjudication est faite au plus offrant & dernier encherisseur, sauf huitaine, après laquelle pareilles affiches sont publiées à l'Audience du Conseil, où les nouvelles encheres peuvent être reçuës.

Toutes personnes solvables & bien cautionnées sont reçues à faire les encheres par la bouche des Avocats ; & l'adjudication se fait à l'extinction de la chandelle, au plus offrant & dernier encherisseur.

Cet adjudicataire est ordinairement un Commis, qui ne fait que prêter son nom aux fermiers généraux ou Traitans ; & c'est sous son nom qu'ils passent le bail des Fermes ou Traités qu'ils font avec le Roi : c'est aussi sous son nom qu'ils font les poursuites, contraintes & diligences nécessaires pour le recouvrement des deniers desdites fermes & Traités.

L'adjudication des Fermes étant faite, l'Avocat à qui la ferme est adjugée, est tenu de faire, dans les vingt-quatre heures, sa déclaration au Greffe du Conseil, du nom de l'adjudicataire & de ses cautions, tous deux tenus de signer l'acte de leur cautionnement au Greffe du Conseil dans les trois jours suivans ; à faute de quoi, & ledit tems passé, la Ferme est de nouveau publiée à la folle enchere de l'adjudicataire & de ses cautions.

Après une adjudication pure & simple, aucune enchere n'est reçue, si elle n'est faite par tiercement. *Voyez* Tiercement.

Trois jours après que l'adjudication est faite, les adjudicataires sont tenus de donner un état certifié d'eux, des noms & surnoms de tous ceux qui sont intéressés dans l'affaire, avec les parts & portions que chacun a dans la société.

Voyez Baux des Fermes du Roi. *Voyez* aussi l'Ordonnance de 1680. pour les Aydes & Gabelles, titre 1.

ADJUGER, signifie en général accorder à quelqu'un ses prétentions. Ce terme signifie aussi très-souvent concéder en Justice, au plus offrant & dernier encherisseur, un meuble à l'encan, ou un héritage par décret. Il signifie aussi quelquefois l'adjudication que l'on fait par autorité de Justice, d'un bail, ou d'ouvrages & reparations au rabais.

ADMETTRE, a la même signification que recevoir. Par exemple, on dit qu'on a été admis (pour dire qu'on a été reçu) à faire preuves de ses faits justificatifs.

ADMINICULE, signifie commencement de preuve, ou une preuve imparfaite ; comme quand on dit, il y a beaucoup de présomptions & d'adminicules contre cet accusé.

Quand il y a nombre de présomptions & d'adminicules contre un accusé, quoiqu'elles ne soient pas suffisantes pour le faire condamner, elles peuvent néanmoins porter le Juge à lui faire donner la question, & même quelquefois le condamner ensuite à quelque peine, au cas qu'il dénie toujours avoir commis le crime dont il est accusé, mais le

Juge en ce cas ne le condamne qu'à une moindre peine que celle qui est prononcée par la Loi contre ceux qui sont pleinement convaincus d'avoir commis ce crime.

ADMINISTRATEUR, est celui qui a le soin des biens & de la personne de quelqu'un. Un pere, par exemple, est appellé le légitime administrateur de ses enfans. Il peut en cette qualité recevoir & donner des quittances pour & au nom de son fils mineur.

Mais la qualité d'administrateur n'est pas suffisante pour qu'il puisse aliéner ou engager ses immeubles ; ce qui est si vrai, qu'il ne peut pas valablement accepter pour lui une donation, & qu'il faut pour cet effet lui créer un curateur, à cause que toute donation contient toujours quelque espéce d'obligation de la part du donataire, quand ce ne seroit que de fournir des alimens au donateur, en cas qu'il soit dans la suite réduit à la derniere nécessité.

Ce terme, *administrateur*, est souvent employé pour signifier un tuteur ou un curateur. Touchant les mineurs & autres à qui on doit donner des administrateurs, *voyez* le commentaire de M. de Perchambault, sur le titre 22. de la Coutume de Bretagne.

Ces administrateurs, ni leurs enfans, ne peuvent profiter des donations & legs faits en leurs faveurs par des personnes qui sont en leur puissance. *Voyez* ce que j'ai dit sur l'article 276. de la Coutume de Paris ; & M. Augeard, tome 1. chap. 9. Le terme d'administrateur s'employe aussi pour signifier celui qui a le maniement des affaires d'une Communauté, comme sont les Maîtres des Hôpitaux, qui ont le soin d'en recevoir les revenus, de les distribuer, & d'en ordonner, ce qu'ils ne font pas toujours suivant l'intention des Fondateurs.

Les administrateurs des Hôpitaux n'ont pas de droit la faculté de nommer les Prêtres pour desservir l'Hôpital dans les villes épiscopales ; c'est ordinairement le Chapitre à qui ce droit appartient, mais il faut en cela suivre l'usage des lieux. Arrêt du 5 Juin 1684, rapporté dans le Journal des Audiences, tom. 4, liv. 7, chap. 13.

Voyez ce qui est dit des administrateurs d'Hôpitaux, dans le Dictionnaire œconomique, pour qu'ils s'acquittent bien de leurs devoirs.

Tout administrateur est tenu de rendre compte de son administration, attendu que leur gestion n'est pas en leur propre nom, ni à leur profit. *Voyez* les Arrêts des grands jours de Clermont, pag. 167.

Tous ceux qui sont administrateurs des biens d'autrui ou du public, cessent d'en avoir l'administration si-tôt que leur charge est finie par la reception d'un autre personne en leur place ; desorte qu'ils ne sont plus Parties capables pour agir & instituer aucune action, ni pour défendre à celles qui auroient déja été intentées pour raison de ce qui peut être dû à ceux dont ils auroient administré les biens. *Voyez* Belordeau en ses Observations forenses ; lettres C, art. 13. *Voyez* aussi le Commentaire de Coquille sur l'article dernier du titre des Tutelles & Curatelles.

ADMINISTRATION, fignifie la geftion de ceux qui ont le foin des affaires & des biens de quelqu'un, comme d'un mineur, d'un furieux, d'un interdit.

Ce terme fignifie auffi la geftion des Adminiftrateurs des Hôpitaux, Communautés & Maifons religieufes.

Touchant l'adminiftration du temporel des Couvens de Religieufes, *voyez* les Mémoires du Clergé, édition de 1716, tom. 4, pag. 1902, & tom. 6, pag. 1627.

ADMINISTRATION DE LA JUSTICE, eft une portion de la puiffance publique, qui dans l'Etat monarchique ne réfide qu'en la perfonne du Souverain ; mais comme il ne peut pas être par-tout, il eft obligé de communiquer l'exercice de cette puiffance à fes Miniftres & à fes Officiers. Il faut cependant remarquer que cette communication a fes bornes, dans lefquelles chaque miniftre & chaque Officier doit fe renfermer. En un mot, elle fe réduit au fimple exercice , la propriété de la puiffance publique demeurant toujours entiérement au Souverain.

ADMINISTRATION DE TUTELLE, eft un quafi-contrat qui oblige le tuteur envers le pupille, & le pupille envers le tuteur, fans qu'il y ait eu entr'eux de convention.

De ce quafi-contrat il naît une obligation réciproque, & une action appelée *actio tutelæ*, laquelle eft directe ou contraire.

La directe eft donnée au pupille à l'encontre de fon tuteur, qui conclut *à ce que fon tuteur foit condamné de lui rendre compte de fon adminiftration, & à reparer le tort qu'il peut lui avoir caufé, même par fa faute legere.*

La contraire eft donnée au tuteur contre fon pupille ; & dans cette action il conclut *à ce que fon pupille foit tenu de lui rembourfer les impenfes qu'il a faites dans fa geftion, & à l'indemnifer de tous les dommages qu'il a fouffert à ce fujet, & à lui payer les frais d'adminiftration, fuivant l'arbitrage du Juge.*

Voyez ce que j'ai dit dans ma Traduction des Inftitutes, fur le §. 2. du vingt-huitieme titre du troifieme liv. & ce que j'ai dit ici, *verbo* Tutelle & Tuteur.

Voyez auffi ce qu'a dit Coquille, fur le titre des Tutelles & Curatelles de la Coutume de Nivernois. Nous ferons feulement les remarques fuivantes.

Le mineur a une hypothéque tacite & légale, pour le reliquat de fon compte, fur les biens de fon tuteur, du jour de l'acte de tutelle, s'il y en a ; & s'il n'y a point d'acte, du jour que le tuteur s'eft immifcé en l'adminiftration des biens du mineur. Et cela eft reciproque pour le tuteur en Normandie, & dans les Parlemens de Droit écrit. Bafnage, des hypotheques, ch. 6. Henrys, tom. 1, liv. 4, queft. 36. Mais ailleurs le tuteur n'a hypotheque, pour ce que le mineur lui peut devoir, que du jour de la clôture du compte, s'il eft arrêté devant Notaire, finon du jour de la condamnation qu'il a obtenue con-

tre lui. Ainfi, quand le compte eft fait fimplement devant un Commiffaire. Il n'emporte point d'hypotheque, fuivant Bacquet, des droits de Juftice, chap. 25, nomb. 41 & 42, où il dit que les Commiffaires ne font ni Juges, ni Notaires ; & l'Ordonnance de 1667, tit. 22, art. 8. dit formellement qu'ils n'ont aucune Jurifdiction.

Le tuteur ou le curateur n'a donc hypotheque fur les biens du mineur, pour raifon de ce qui lui eft dû, que du jour de la clôture du compte, s'il eft arrêté pardevant Notaires : finon du jour de la condamnation qu'il a obtenue contre lui, & non pas du jour de l'acte de tutelle, ou du jour de l'adminiftration, parce que les biens des mineurs ne peuvent point être aliénés fans décret. *Leg.* 1 , *in fine, ff. de rebus eorum, & toto titulo, cod. de præd. minor.*

Il fembleroit cependant jufte que le privilége accordé à l'action de tutelle directe, fût auffi accordé à l'action contraire, vû qu'elles defcendent l'une & l'autre d'une même caufe, qui eft l'adminiftration de la tutelle : ainfi l'un ne devroit pas être plus privilégié que l'autre.

Mais on répond que l'hypotheque des mineurs eft fondée fur leur minorité, & qu'il n'y a pas identité de raifon du privilége des mineurs foit étendu aux tuteurs contre les mineurs; que les hypotheques tacites ne doivent point être étendues à d'autres perfonnes, & doivent être reftraintes à ceux en faveur de qui elles ont été introduites ; autrement il arriveroit que ce qui auroit été introduit en faveur de quelqu'un, tourneroit à fon défavantage.

Outre cette hypotheque qu'ont les mineurs fur les biens de leurs tuteurs ou curateurs, ils ont encore un autre privilége confidérable, qui eft de pouvoir exercer la contrainte par corps, après les quatre mois, pour les fommes dûes par leurs tuteurs & curateurs, à caufe de leur adminiftration, lorfqu'il y aura eu Sentence, Jugement ou Arrêt définitif, & que la fomme fera liquide & certaine, ainfi qu'il eft dit en l'article 3. du tit. 34. de l'Ordonnance de 1667, fans que le tuteur puiffe faire ceffion des biens, ni obtenir des Lettres de repi.

ADMINISTRER, fe dit des titres, preuves, ou témoins qu'on fournit à quelqu'un en Juftice ; ainfi adminiftrer fignifie dans ce fens fournir des preuves & des témoignages. Par exemple, on dit que c'eft au dénonciateur à adminiftrer des témoins fuffifans au Procureur du Roi, pour vérifier fa dénonciation.

On dit auffi, qu'un pourfuivant criées doit fommer tous les oppofans de lui adminiftrer, & fournir titres & moyens pour faire débouter un prétendu créancier de fa demande.

ADMISSIBLE, fignifie valable, recevable. On dit , par exemple , ces moyens d'appel font pertinens & admiffibles.

ADMITTATUR, eft le billet que donnent les docteurs d'une Faculté, qui ont examiné un candidat, portant certificat qu'il eft capable & mérite le degré qu'il requiert.

ADMODIATEUR, eft celui qui tient ferme à bled ou autre grain, à la charge de les partager avec le propriétaire. Il eſt ainſi appellés à *modio*, ou du mot moiſſon; *quia fundum colit ſub certa præſtatione frugum. Itaque colonus partiarius is eſt,qui agrum ea lege colendum ſuſcipit,ut pro cultura fructuum dimidia pars , vel alia ei cedat.*

Celui qui tient un héritage à condition de donner au propriétaire une certaine portion des fruits, & qui doit avoir le reſte pour ſon droit de ſemence & de labourage , ne peut rien prétendre contre le maître, ni pour la culture, ni pour la ſemence, quelque perte qui puiſſe arriver par un cas fortuits , quand même il n'en auroit aucune récolte.

La raiſon eſt, que leur bail fait entr'eux une eſpece de ſociété, où le propriétaire donne le fonds, & le fermier la ſemence & la culture; ainſi chacun hazarde la portion que cette ſociété lui donnoit aux fruits.

La convention, que le preneur ou fermier ne pourra renoncer ni ſous-amodier ſans le conſentement du propriétaire, eſt bonne ; mais ſi le propriétaire a reçu le prix de ſous-amodiateurs, il ne peut plus les expulſer.

L'acquéreur à titre particulier d'un fonds qui auroit été auparavant baillé à ferme à mi-fruits, étant pendant hors de l'acquiſition, lui ſont entiérement acquis, ſans que le fermier partiaire y puiſſe rien prétendre; il a ſeulement une action perſonnelle, pour la moitié des fruits, contre le précédent propriétaire qui a vendu ou donné le fonds.

En effet, l'action perſonnelle ne ſuit jamais un acquéreur à titre particulier, *leg. ult.ff. de contrah. empt.* D'ailleurs les fruits pendans par les racines ſont partie du fonds , *leg. fructus , ff. de rei vind.* & par conſéquent ſont compris dans l'aliénation qui en eſt faite , *leg. ult. §. fructus,ff. quæ in fraud. creditor. leg. 13. §. 10. ff. de actionib. empt.* Ainſi le fermier partiaire n'a pas droit de demander le partager les fruits avec le nouvel acquéreur du fonds. Dumoulin , ſur la coutume de Paris, tit. 1 , §. 1 , gloſ. 50.

ADMODIATION , eſt un bail d'héritages que l'on donne à moiſſon ou à moitié fruits, qui ſe partagent entre le propriétaire & le métayer.

ADMONESTER , ſignifie avertir ; mais on ſe ſert particuliérement de ce terme pour exprimer une remontrance qui ſe fait par un Juge à celui qui eſt convaincu de quelque excès ou voie de faits, avec défenſes de recidiver ; ce qui toutefois n'emporte point infamie.

Voici de quelle maniere ſe prononce cette condamnation : *Nous avons déclaré ledit... dûement atteint & convaincu des excès & voies de fait mentionnés au procès ; pour réparation de quoi , ſera mandé en la Chambre , & admoneſté ; lui faiſant défenſes de récidiver , ni d'uſer de pareilles voies , ſur telles peines qu'il appartiendra. Le condamnons en ... livres de dommages & intérêts envers... & en ... livres d'aumônes, applicable aux pauvres de l'Hôpital de ... & aux dépens.*

Cette peine ne s'impoſe qu'en matiere criminelle, & ſe joint ordinairement à l'aumône.

L'admonition ſe fait toujours à huit clos , &

n'emporte point de note , comme la condamnation d'être blâmé & réprimandé , qui eſt ſuivie de l'amende.

ADOLESCENCE, ſignifie l'âge qui ſuit la puberté juſqu'à la majorité, & où l'on commence à avoir de la diſcretion, du Jugement & du diſcernement. Elle commence depuis quatorze ans accomplis aux mâles, & douze ans accomplis aux femmes juſqu'à vingt cinq ans accomplis.

Ce mot d'adoleſcence vient du mot d'*adoleſco*, mot latin qui ſignifie croître , parce que l'adoleſcence dure tout autant que le corps croît & ſe fortifie , & que le jugement ſe forme.

Quoiqu'à l'âge de puberté on commence à avoir de la diſcrétion & du jugement, il eſt certain que l'adoleſcence eſt foible , & expoſée aux tromperies & aux embûches. On peut même dans cet âge être lézé par trop de facilité,c'eſt pourquoi on a trouvé pluſieurs moyens pour ſécourir ceux qui auroit fait quelque perte , *dolo adverſarii , aut nimia facilitate*, parce qu'il importe à la République de pourvoir de toute maniére à ceux qui n'ont pas encore le jugement entiérement formé. *V.* Mineur.

ADOPTION, étoit chez les Romains un acte légitime , par lequel celui qui n'étoit pas véritablement fils de la famille à quelqu'un,étoit néanmoins réputé lui être fils de famille.

Fils adoptif eſt donc celui qu'on a adopté. Sur quoi il faut remarquer que l'Empereur Adrien préféroit les enfans adoptifs aux enfans naturels ; parce que l'on choiſit les enfans adoptifs , & que c'eſt le haſard qui donne les enfans naturels.

Les enfans adoptifs, chez les Romains partageoient avec les enfans naturels: c'eſt pourquoi ils prenoient le nom & le ſurnom de celui qui les adoptoit ; mais pour marquer leur extraction & leur naiſſance, ils ajoutoient enſuite le nom de la maiſon dont ils deſcendoient, & le ſurnon de la branche particuliere d'où ils étoient iſſus.

Mais les adoptions ne ſont point reçues en France, comme elles étoient en uſage chez les Romains. Dumoulin , ſur le §. 2. de la Coutume de Paris, gloſ. 2. nomb. 10. Chopin ſur la Coutume d'Anjou, liv. 3. chap. 3. tit. 2.

C'eſt ce qui fait que je ne m'arrêterai pas à déduire ici les principes que le droit Romain avoit établi ſur cette matiere. Ceux qui voudront être inſtruits, n'auront qu'à voir ce que j'en ai dit dans ma Traduction des Inſtitutes de Juſtinien ſur le tit. 11. du premier livre.

Quelquefois néanmoins l'adoption ſe fait en France par Lettres du Prince , mais cela eſt très-rare. D'ailleurs, cette adoption n'y produit point les mêmes effets que l'adoption produiſoit chez les Romains ; car elle n'y donne point la puiſſance paternelle, dans les lieux même où cette puiſſance ſubſiſte : elle n'eſt point auſſi capable de faire de l'adopté un héritier légitime , mais ſeulement un ſucceſſeur à titre de donation univerſelle ou de legs univerſel, & par conſéquent ne donne point le droit d'exercer le retrait lignager , qui eſt un droit du ſang.

Nous avons encore une autre eſpece d'adoption

parmi nous , qui eſt l'inſtitution qui ſe fait d'une perſonne, à la charge de porter le nom & les armes du donateur, ou du teſtateur ; mais ſoit que cela ſe faſſe par donation entre-vifs, ou par teſtament , cette inſtitution n'a point de rapport avec les adoptions qui étoient en uſage chez les Romains , comme nous l'avons dit, lettre I, en parlant de l'inſtitution à la charge de porter le nom & les armes du teſtateur.

Enfin, il y a dans le Pays de Saintonge une adoption particuliere, dont il eſt parlé dans l'article 1. de cette Coutume, dont voici les termes: *celui qui eſt aſſocié & affilié, ſuccéde à l'affiliant & à l'aſſo-ciant avec ſes enfans naturels & légitimes, par tête ès biens meubles,& acquêts immeubles faits par l'affiliant, & non ès héritages ; car quant à iceux, adoption ne peut profiter par la Coutume, & ſi ce n'eſt que les adoptés , affiliés & aſſociés portent & conférent les héritages ; ou qu'à iceux ayant rénoncé , ou qu'un traité de mariage autrement ait été accordé? car eſdits cas l'adopté , affilié ou aſſocié ſuccéde par tête, avec leſdits autres enfans, ès héritages , comme ès autres biens.*

Cette maniere d'adopter, particuliere dans cette Coutume, ſe fait ordinairement par le contrat de mariage des Villageois. *Voyez* ce qu'a dit des adoptions M. le Brun, dans ſon traité des ſucceſſions, liv. 8, chap. 3.

L'adoption eſt encore en uſage pour les enfans orphelins dans les deux Hôpitaux de Lyon, l'Hôtel-Dieu & la Charité. Les Recteurs de l'Hôtel-Dieu adoptent les orphelins qui leur ſont préſentés juſ-qu'à l'âge de ſept ans, & ceux de la Charité adop-tent les orphelins depuis ſept ans juſqu'à quatorze. Ils ont été maintenus dans ce droit par différentes Lettres patentes des années 1560, 1643 & 1672, qui ont été confirmées par de nouvelles Lettres pa-tentes du mois de Septembre 1729, homologuées par Arrêt de la Cour du 7. Septembre 1731.

Tous les orphelins qui ſont dans ces Hôpitaux ne ſont pas réputés adoptifs ; il n'y a que ceux qui ont été en effet adoptés du conſentement de leurs parens les plus habiles à leur ſuccéder.

Les Recteurs de ces deux Hôpitaux, en qualité de pere adoptif des orphelins prennent ſoin de leurs biens & de leur éducation. Les orphelins adoptés ne peuvent prendre parti en religion, ni contracter mariage, ſans le conſentement des Rec-teurs. Cette puiſſance paternelle finit à la majorité des orphelins. S'ils décedent pendant le cours de l'adoption, l'Hôpital leur ſuccéde en concur-rence avec leurs freres & ſœurs, pour une portion, & à leur défaut pour le tout, à l'excluſion des col-latéraux, & même des freres & ſœurs qui ont con-ſenti à l'adoption en âge de majorité. L'Hôpital gagne les fruits des biens pendant l'adoption.

ADRESSE DE LETTRES DE CHANCELLERIE, eſt une clauſe qui ſe met à la fin des Lettres de chancellerie, concernant leurs exécutions. Cette clauſe commence à ces mots; *Mandons à tel Juge,&c .*

L'adreſſe des Lettres royaux ne ſe fait jamais di-rectement qu'aux Juges royaux. Ainſi, quand elles ſont données pour affaires pendantes pardevant des Juges de Seigneurs, l'adreſſe s'en fait aux huiſ-

fiers royaux, à ce qu'ils ayent à faire, de par le Roi, injonction & commandement auſdits Juges de les entériner, ſi faire ſe doit, Bacquet, en ſon ſon Traité des Droits de Juſtice, chap. 7. nomb. 34.

ADRESSE DE LETTRES DE GRACE. *Voyez* Lettre de grace.

ADROGATION, eſt un terme de Juriſprudence Romaine, qui ſignifie l'adoption des peres de fa-mille, qui ſe faiſoit par l'autorité du Peuple pen-dant la république & par l'autorité du Prince du tems des Empereurs.

Voyez ce que j'en ai dit dans ma Traduction des Inſtitutes, au titre des adoptions.

ADVENIR, eſt un acte qu'un Procureur pendant le cours d'une inſtance, ſignifie au Procureur de la Partie adverſe, pour ſe trouver à l'Audience pour plaider, lui déclarant qu'il pourſuivra l'Audience un teljour.

Cette acte peut être ſignifié de part & d'autre c'eſt-à-dire de la part du demandeur ou du défen-deur, de l'appellant ou de l'intimé.

Il eſt parlé de ces advenirs, ou ſommations de plaider, dans le tit. 14. de l'Ordonnance de 1667, art. 1. qui porte que trois jours après la ſignifica-tion des défenſes & des pieces juſtificatives, la cauſe ſera pourſuivie en l'Audience ſur un ſimple acte ſigné du Procureur & ſignifié, ſans qu'on puiſſe prendre aucun advenir ni jugement pour plaider au premier jour, à peine de nullité, & de vingt-livres d'amende contre chacun desProcureurs & Greffiers qui les auront pris & expédiés.

L'article 6. du même tit. dit, que ſi un jour de l'aſſignation la cauſe n'a point été appellée, ou n'a pû être expédiée, elle ſera continuée & pourſuivie en la prochaine Audience, ſur un ſimple acte ſigni-fié au Procureur, ſans aucun advenir ni jugement à peine de nullité & d'amende comme deſſus.

Au Châtelet il y a une autre ſorte d'actes, qu'on appelle Requêtes verbales, & qui ſont inſtituées, comme dans la plûpart des autres bailliages, *ad-venir à plaider*, qui ſont de dire que les Procureurs ſignifient, & par leſquels ils forment ſouvent des demandes incidentes ſur leſquelles les Parties doi-vent être entendues, pour être ordonné ce que de raiſon.

ADVENTICES. Biens adventices, ſont ceux qu'un fils de famille, pendant qu'il eſt en la puiſ-ſance de ſon pere, acquiert autrement que par ſon induſtrie, & qui ne proviennent pas directe-ment de ſon pere.

Tels ſont les biens maternels qui adviennent à un fils qui eſt en puiſſance de ſon pere, les préſens de la fortune,& les biens qui lui proviennent de la libé-ralité de ſes amis. *Uno verbo quidquid filio familias advenit extra rem patris,peculio adventitio annumera-tur.*

Voyez ma Traduction des inſtitutes, au §. 1. du tit. 7. du ſecond liv. où nous avons rapporté les différentes eſpeces de pécule des fils de famille, quels droits ont les peres ſur ces ſortes de biens.

Dans la Coutume d'Auvergne, par biens adventi-ces on entend généralement tous les biens qui échéent à une femme après ſes fiançailles. Ces biens font ainfi appellés, parce qu'ils n'augmentent point la dot, & que la femme en peut difpofer à fa volonté, au profit de qui bon lui femble (à l'exception de fon mari) fans avoir befoin de fon autorifation.

ADVERSE, Partie adverfe eft la perfonne contre qui on a un procès.

ADVERTISSEMENT, font les écritures qui fe font en exécution d'un appointement en droit, dans lefquelles on explique le fait dont eft queftion, & moyens fur les piéces fur lefquelles on eft fondé, & fur les défenfes fournies par le défendeur.

ADVEU, fignifie la reconnoiffance & la confeffion que quelqu'un fait de quelque chofe qui s'eft paffée. *V.* interrogatoire.

ADVEU, fe prend ordinairement pour une reconnoiffance que le nouveau Vaffal eft obligé de donner à fon Seigneur, quarante jours après qu'il a été reçu par lui en foi & hommage, avec un dénombrement ou defcription en détail & par le menu, de toutes les terres & droits qu'il déclare tenir de lui à titre féodal. *Eft enim profeffio, qua quis directo feudi Dominum de Vaffallum profitetur, ratione talis feudi, quod Domini feudo fubjicitur, Beneficiariis autem, id eft vaffallus Domino edere debet exactum rerum feudalium catalogum.*

Anciennement les vaffaux avouoient feulement en gros ce qu'ils tenoient de leurs Seigneurs; mais parce que les Seigneurs étoient fouvent fraudés par ces fortes d'adveux généraux, pour empêcher leurs Vaffaux de fouftraire dans la fuite des tems une partie des terres qu'ils tenoient d'eux, ils le obligerent à les détailler & fpécifier en détail; de-là vient que les adveux ont été auffi nommés dénombremens.

Voyez Brodeau fur l'art. 44. de la Coutume de Paris, n. 9; Chopin fur le chap. 6. de la Coutume d'Anjou; de la Thaumaffiere fur l'art. 24. du tit. 5. de la Coutume de Berry.

Itaque catalogus rerum clientarum, qui Domino feudi offertur à vaffallo, hodie debet continere. 1°. *Principalem manfionem, fi quæ fit cum acceff oriis & quod jugera foli contineant.* 2. *Singula prædia, cum eorum fitu.* 3. *Cenfualia & veftigalia prædia.* 4°. *Cæteras fervitutes, aut alia jura quæcumque.* 5°. *Subfeuda ab hoc dependentia.*

L'adveu & le dénombrement fe doit préfenter au principal manoir du Fief dominant, il ne fuffiroit pas de fe préfenter à la perfonne du Seigneur en autre lieu, à moins qu'il ne voulût bien le recevoir; parce que c'eft un acte relatif à la foi & hommage, qui ne fe peut faire ailleurs qu'au principal manoir.

A l'égard des Vaffaux du Roi, ils doivent donner leurs adveux & dénombremens en la Chambre des Comptes de Paris, qui les renvoye par fon attache pardevant les Tréforiers de France, Sénéchaux, Baillif des lieux où les Terres font fituées, pour être vérifiées; & fur la vérification des adveux, ils font enfuite reçus à la Chambre.

Le Vaffal ne peut préfenter fon adveu & dénombrement à fon Seigneur, qu'après qu'il a été reçu en foi & hommage; & il eft obligé de le faire quarante jours après la foi & hommage, fous peine de faifie féodale.

Cet adveu doit être en parchemin, paffé pardevant Notaires qui ayent pouvoir d'inftrumenter dans le lieu où le dénombrement eft fait.

Le Seigneur a quarante jours pour l'examiner; après quoi, fi le Seigneur ne fournit point de blâme, il eft tenu pour reçu, pourvû que le Vaffal ait été rechercher l'adveu, & qu'il ait demandé s'il y a blâme.

Néanmoins, quoique l'on dife que l'adveu eft tenu pour reçu, faute de blâme dans quarante jours, comme en ce cas il s'agit de porter un préjudice perpétuel au Fief dominant, le Seigneur qui dans les quarante jours n'a pas pû le blâmer, faute d'être bien inftruit des droits de fa Terre, y fera toujours reçu.

Ainfi cet axiome, que l'adveu eft tenu pour reçu après quarante jours, n'eft pas vrai à la lettre; il empêche feulement que le Seigneur puiffe ufer de faifie; mais il a toujours la voie de l'action, pour faire rétablir dans l'adveu ce qu'il croit devoir y être ajouté.

En toutes mutations, foit de la part du Seigneur, foit de la part du Vaffal, il eft toujours dû foi & hommage; mais l'obligation de donner adveu & dénombrement n'a lieu que quand la mutation arrive de la part du Vaffal: car quand elle arrive de la part du Seigneur, elle ceffe, & il n'eft dû par le Vaffal que la foi & hommage; enforte que fi le nouveau Seigneur exige de fon Vaffal un adveu & dénombrement, il faut qu'il en faffe les frais.

Les adveux & dénombrement baillés par les Vaffaux ne font foi, & ne préjudicient qu'à ceux qui les baillent, ou à ceux qui les reçoivent, mais non pas à un tiers qui n'y intervient point; car à fon égard ils ne font point de foi, & ne peuvent être regardés que comme une écriture privée.

Il feroit facile de s'approprier les héritages d'autrui, fi pour les acquérir il fuffifoit de s'en dire & déclarer propriétaire au Regiftre public, à l'infçû de celui à qui ils appartiennent. *Leg. 64. ff. de acq. rer. domin. Leg. 25. cod. de rei vindicat. Leg. 7. cod. de donationib.*

La feule raifon naturelle fait affez comprendre que, *res inter alia acta nocere non poteft.* Auffi M. Dumoulin, fur la Coutume de Paris, tit. 1. des Fiefs, glof. *in verbo* Dénombrement, nomb. 3. parlant de tels dénombremens fournis à la Chambre des Comptes, ou autres archives publiques dit, *Talis actus non faciet fidem de contentis in eo, nifi contra ipfum, qui præfentavit & fucceffores fuos, non autem contra alios; quid enim fi in fuo dinumeramento expreffit à Rege recognovit certum fundum quem Titius tanquam alaudium poffidet, vel in cenfum ab alio Domino, faciet ne fidem contra Titium vel alium Dominum? Certe non.*

Bacquet en dit de même dans fon Traité des Droits de Juftice, chap. 29. n. 31. On tient dit-il, communément qu'un adveu & dénombrement n'eft pas titre, mais une fimple déclaration des héritages & droits que le Vaffal prétend être appartenans & dépendans de fon Fief, lefquels le plus fouvent il amplifie & étend; auffi un adveu & dénombrement ne peut point faire preuve, ni préjudice, ni induire obligation entre le Seigneur dominant qui l'a reçu, & le Vassal qui l'a baillé; & non pas qu'un adveu & dénombrement soit titre attributif de propriété, de possession ou d'ancien droit au préjudice d'un tiers qui n'est présent, appellé ni oui au dénombrement.

Voici ce que dit l'auteur du nouveau Traité des Fiefs, en parlant des corvées sur les Fiefs, chap. 3. nomb. 5. L'adveu en bon principe n'est point un titre, *Renovatio non est titulus feudi, sed actus executionis, ut ait Molinæus;* & cet acte fait seulement présumer le titre. La Coutume veut que ce titre soit ancien, c'est-à-dire que l'éloignement du tems auquel il est rendu fasse présumer que les droits n'y sont exprimés, que parce qu'il y avoit un titre qui se trouve adiré; mais un adveu unique n'est pas suffisant: il faudroit que cet adveu ancien fût suivi de plusieurs autres, qui continussent les mêmes droits sans changement, ni augmentation ; & avec cela il faut une possession bien suivie, bien continuelle, prouvée non-seulement par témoins, mais encore par des actes possessoires. Comme des actes passés entre deux personnes, dont l'une a intérêt d'augmenter ses droits & l'autre n'a aucun intérêt à débattre ses prétentions, Dumoulin établit pour principe, que contre des tiers l'adveu ne fait d'autre preuve, sinon que les choses demandées y sont contenues. Il faut donc des actes par écrit de possession bien suivie, ausquels en ce cas on puisse joindre la preuve par témoins du dernier acte de possession ; mais sans ces actes possessoires, la preuve par témoins doit être rejettée, à moins qu'on ne rapporte des adveus bien géminés & bien triplés, & de plus parlant les uns comme les autres. La grande antiquité du premier des adveus rapportés, soutenue par ceux qui auront suivi en cette forme, feront présumer le titre, & feront admettre la preuve par témoins des trente dernieres années.

Le Seigneur féodal n'est pas tenu d'avouer ou désavouer formellement certaines pieces du dénombrement qu'il blâme ; c'est au Vassal à bailler son dénombrement particuliérement par tenans & aboutissans.

Dans les Coutumes où tout héritage est reputé franc-aleu, si le Seigneur ne justifie le contraire, le Vassal n'est point obligé d'avouer ou de désavouer jusqu'à ce que son Seigneur lui ait justifié de sa mouvance.

Les Créanciers d'un Vassal, en leur qualité de créanciers, ne sont point reçûs à présenter adveu. La raison est, que l'adveu ne se fournit que par le Vassal à son Seigneur; or, quelqu'hypothéque que le Vassal d'une Terre ait constituée dessus, il ne s'est point dépouillé de la propriété de cette terre, & elle n'a point passé en la main de ce créancier. *Voyez* les art. 8. 9. 10. & 11. de la Coutume de Paris.

ADVEU EN FAIT DE PERSONNES FRANCHES NON NOBLES, qui venoient établir leur domicile dans une Terre de servitude, étoit autrefois une déclaration, par laquelle une personne franche qui établissoit son domicile dans une Terre de servitude, pour ne pas perdre son état de franchise, s'avouoit franche, ou Bourgeois du Seigneur sous qui il venoit demeurer, ou Bourgeois du Roi, en avouant le Roi pour Seigneur, si le Seigneur n'avoit point acquis les droits royaux dans ses Terres.

Voyez Loysel, liv. 1. tit. 1. regle 21. & les Notes de M. Lauriere.

L'adveu emportoit l'homme, & étoit justiciable de corps & de châtel, où il couchoit & levoit ; mais par l'Ordonnance du Roi Charles IX, les délits sont punis où ils sont commis. Loysel, liv. 1. tit. 1. regle 26. *voyez* ce qu'a dit dessus M. Lauriere.

NOUVEL ADVEU, est en quelques Coutumes le droit qu'un Seigneur a de recevoir le serment de fidélité des Aubains qui viennent demeurer dans sa terre, & de les acquérir par ce moyen.

En plusieurs lieux les Vavasseurs n'ont nouvel adveu que de servitude dans l'an & jour, que les Aubains sont venus établir domicile en leurs terres ; après quoi les Aubains sont acquis hommes francs ou serfs aux Seigneurs, selon les différentes Coutumes.

Voyez l'Auteur du Grand Coutumier, liv. 2. chap. 31. *Voyez* la Coutume du Châtelet, art. 2. *Voyez* l'art. 1. de la Cout. de Linieres, & l art. 36. de celle de Thevé, entre les anciennes Cout. de Berry, par M. de la Thaumassiere, pag. 200. & suiv.

ADULTE, est celui qui est devenu pubere, & qui est mineur de vingt-cinq ans. *Voyez* Adolescence.

ADULTERE, est une conjonction illicite d'une femme mariée avec un autre homme que son mari; où d'un homme marié avec une autre femme que la sienne. Ainsi l'adultere est une conjonction illicite qui se met avec une personne mariée; au lieu que celle que les Romains appelloient *stuprum*, est une conjonction illicite qui se commet avec une fille ou une veuve, qui ne sont pas abandonnés à tous venans.

Néanmoins le terme d'adultere se prend quelquefois dans une signification plus étendue, pour toutes sortes d'habitudes criminelles.

Le crime d'adultere, pris dans sa propre signification, est simple ou double.

Il est ainsi appellé, selon quelques-uns, parce que *adulter uterum alterius terit ;* selon d'autres, parce que c'est *ad alterius thorum vel ad alterum ire :* car, comme dit Festus, *adulter & adultera dicuntur, quia ille ad alteram, hæc ad alterum se conferunt.*

L'adultere qui est commis par une femme, passe pour un crime plus grand que celui qui est commis par un mari. La raison est, que l'adultere commis par une femme, donne lieu de douter si ses enfans proviennent du mari, & qu'il ôte souvent ses biens à ses légitimes héritiers; outre que son honneur semble être tâché par l'impudicité de sa femme : c'est pour cela que les Loix l'ont puni plus sévèrement dans les femmes que dans les hommes.

Cependant le mari n'est pas plus maître de son corps, que la femme l'est du sien, comme nous l'enseigne Saint Paul, ad Corinth. 1. cap. 7. *Mulier sui corporis potestatem non habet, sed vir. Similiter autem*

autem & vir fui corporis poteſtatem non habet, ſed mulier. Auſſi Saint Jérôme, *in Epitap. Fabiolæ*, dit : *Quod non licet fœminis, æque non licet viris, & ſervitus eadem pari conditione cenſetur. Imò maritus adulterii convictus uxorem ejuſdem criminis nec accuſare, nec dimittere poteſt.*

Ce crime eſt défini, *in can. 2. §. adult. 36 quæſt. 1. alieni thori violatio*, & par conſéquent ne doit pas demeurer impuni, d'autant qu'il eſt contraire à la ſociété humaine, qui viole les droits ſacrés du mariage, & qu'il enleve ſouvent aux ſucceſſions aux héritiers légitimes : auſſi a-t-il été puni des peines rigoureuſes dans la plûpart des Nations bien policées.

De ce que ce crime eſt *alieni thori violatio*, il s'enſuit que *non committitur niſi in nupta, L. 1. §. 1. ff. ad legem Juliam, de adulteriis coercendis, non vero in ſponſa; in ea quidem ſtuprum committi poteſt non vero adulterium, quia dici nequaquam poteſt, ejuſmodi concubitum eſſe violationem alieni thori;* puiſqu'en effet ceux qui ne ſont que fiancés, ne ſont pas mari & femme.

Il n'y avoit point anciennement à Rome d'accuſation publique pour raiſon du crime d'adultere. La Loi Julia, qui fut faite ſous l'Empereur Auguſte, fut la premiere qui établit une accuſation publique, & une peine certaine contre ceux qui ſeroient convaincus de ce crime; ſçavoir, la relégation, ce qui marque que par cette Loi ce crime ne fut pas fait capital. Ce n'a été que par la Loi 30. *cod. ad leg. Jul. de adult.* (qui eſt une Conſtitution de l'Empereur Conſtantin) que la peine de mort a été établie contre ceux qui ſeroient convaincu de ce crime.

Juſtinien a depuis changé cette peine à l'égard des femmes, par ſa Novelle 134. chap. 10. qui ordonne que celles qui ſeroient convaincues d'avoir commis ce crime, fuſſent fuſtigées & miſes dans un Couvent, permettant néanmoins à leurs maris de les en retirer dans l'eſpace de deux ans; & s'il ne l'a pas repriſe dans ce tems, elle doit être raſée & prendre l'habit de Religieuſe, pour demeurer dans le couvent le reſte de ſes jours.

En France l'adultere étoit autrefois réputé crime capital. Charlemagne dans ſes Capitulaires, liv. 5, chap. 325, le dit expreſſément. Mais depuis la peine de l'adultere étoit de courir nud dans la Ville où le crime avoit été commis. *Adulter vel adultera, ſi deprehenſi fuerint in adulterio, vel per homines fide dignos convicti fuerint, ſuper hoc accuſatore exiſtent, & accuſationem ſuam legitimè proſequente, vel in jure confeſſi fuerint nudi currant villam, vel nobis ſolvat LX ſolidos, & hoc fit in optione delinquentis.* Voyez les Auteurs cités par M. du Cange ſur le mot *Trotari.*

Enfin l'adultere eſt aujourd'hui regardé en France comme un crime privé, dont la pourſuite & la vengeance n'appartient qu'au mari. Louet & Brodeau, lettre J, ſommaire 4. C'eſt au mari à ſe plaindre de l'infidélité de ſa femme, & il eſt la cauſe de ſa douleur; la Partie publique ſeule de ſon propre mouvement, n'y eſt pas recevable.

Ainſi, la pourſuite & la vengeance de ce crime

Tome I.

n'eſt pas permiſe aux Procureurs du Roi, ni des Seigneurs, à moins qu'il n'y eût ſcandale public, & de violentes préſomptions que le mari eſt de connivence avec ſa femme, & autoriſe ſa débauche. Auquel cas le Procureur du Roi peut accuſer la femme d'adultere, & le mari de maquerelage.

Mais un Procureur Fiſcal ne peut pas faire de ſon chef, & à ſa requête, la pourſuite de ce crime, parce qu'il n'eſt pas abſolument le Cenſeur public. Tout ce qui peut lui être permis en pareil cas, eſt par forme de Police, d'obliger une femme de mauvaiſe vie & ſon mari, qui paroît favoriſer ſa débauche, à ſortir des terres de la Juriſdiction du Seigneur, à cauſe du ſcandale qu'ils y font.

Voyez M. Faber, dans ſon Livre intitulé : *Codex Fabrianus*, lib. 9. définit. 4. Boniface, tom. 3. liv. 4. tit. 2. chap. 1. & ſuiv. Baſſet, tom. 1. liv. 6. tit. 19. chap. 2. M. le Prêtre, cent. 1. chap. 33. Les Arrêts de M. Catalan, liv. 2. chap. 85, & le Journal du Palais *in-fol.* tom. 2. pag. 979. Papon, liv. 24. tit. 2. nomb. 6.

Un mari ne peut pas accuſer ſa femme d'adultere, lorſqu'il eſt lui-même coupable de ce crime; non pas qu'il ſe faſſe compenſation de ce crime, mais parce que celui qui devroit donner l'exemple de la chaſteté conjugale, ne doit point être admis à venger l'inobſervation des promeſſes ſolemnelles qu'il a lui-même violées. *L. 13. §. 5. ff. ad. Leg. Jul. de adult. L. 2. §. 5. ff. eod.* Le Bret en ſes déciſions, liv. 1. ch. 13. Deſpeiſſes, tom. 2. pag. 659. col. 2. Coquille, Inſt. titre Douaire, & queſt. 147.

Il ne peut pas non plus accuſer ſa femme d'adultere, lorſqu'il s'eſt déſiſté de la pourſuite qu'il avoit intentée contre elle pour raiſon de ce crime. *L. 40. §. 1. ff. ad Leg. Jul. de adult.*

Un mari n'eſt pas recevable à pourſuivre un Particulier pour adultere commis avec ſa femme, quand il ne la comprend pas dans la pourſuite, & qu'il la retient chez lui. Ainſi, l'action d'adultere doit être intentée par le mari, tant contre la femme, que contre l'adultere : *eſt enim crimen duorum.* Un mari, pour avoir agi ſeulement contre l'adultere, fut condamné aux dépens, taxés à quatre-vingts livres pariſis, par Arrêt rendu à la Tournelle criminelle le 4 Juin 1625, rapporté par Bardet, tom. 1. liv. 2, chap. 47.

L'accuſation d'adultere intentée par le mari contre ſa femme & ſes complices, ne doit pas ceſſer à l'égard des prétendus complices, lorſque par les informations il paroît que la femme s'eſt abandonnée à toutes ſortes de perſonnes. Ainſi jugé par Arrêt du 30 Mars 1665, rapporté par Soefve, tome 2, cent. 3, chap. 34.

La femme n'eſt pas reçue à intenter l'accuſation d'adultere contre ſon mari, ſuivant la Loi 1, au code *ad Legem Juliam de adulteriis*, dont la diſpoſition eſt ſuivie en France. Deſpeiſſes tome 2, pag. 657, col. 2, Papon, liv. 24. tit. 2, n. 6.

La reconciliation du mari avec ſa femme, qu'il pourſuivoit pour le crime d'adultere, empêche qu'il ne puiſſe pourſuivre le complice, même pour dommage, intérêts, & reparations; comme il a été jugé par Arrêt du 7 Juillet 1691, rapporté dans

H

le Journal des Audiences tom. 5, liv. 7, ch. 34.

Le droit de pourfuivre une femme pour crime d'adultere, ne paffe point en la perfonne des héritiers du mari, à moins qu'il n'en eût formé plainte de fon vivant; auquel cas ils la peuvent continuer, *leg.* 139, *ff. de reg. jur.* s'il ne s'en eft pas défifté, comme il a été jugé par Arrêt du 10. Juin 1650, rapporté par Soefve, tom. 1, cent. 1, chap. 43. Ils ne peuvent pas même lui objeêter ce crime par forme d'exception à la demande par elle faite de fa dot, & de fes conventions matrimoniales; Brod. lettre J, fommaire 4, à moins que ce ne fût pour raifon de mauvaife vie, pendant l'année de fon deuil, auquel cas ils pourroient fe fervir de ce moyen; & en le juftifiant, la faire décheoir de fon douaire & autres avantages à elle faits par fon mari, pour avoir péché contre le refpeêt qu'elle eft obligée de porter aux cendres de fon mari pendant l'année de fon deuil. L. 15, §. 1. *ff. folut. matrim.* Bacquet, feconde partie du Droit de Bâtardife, chap. 12; Coquille, Inftit. au Droit François, titre du Douaire *in fine.* Baffet, tome 1, liv. 6, titre 19, chap. 1.

Quoiqu'il n'y ait réguliérement que le mari qui puiffe accufer fa femme d'adultere, néanmoins au cas de diffimulation, ou de trop grande complaifance du mari, les proches, & principalement le pere du mari, peut intenter l'aêtion d'adultere. *V.* Soefve, tome 2, cent. 3, chap. 57.

Lorfque le mari décede après avoir formé plainte contre fa femme, pour raifon d'adultere, cette plainte paffe en la perfonne de fes héritiers, à l'effet de la faire décheoir de fes conventions matrimoniales; mais cette plainte ne paffe point aux proches du mari, qui ne feroient pas fes héritiers: ainfi le frere même du mari, qui ne feroit pas fon héritier, ne feroit pas admis à reprendre & continuer contre la veuve les pourfuites que fon mari auroit commencées contre elle. *Voyez* Coquille, qu. 147; & Lapeyrere, *verbo* Adultere.

Le mari qui accufe fa femme d'adultere, lui doit donner des alimens pendant le cours du procès. Ce n'eft pas l'accufation qui porte conviêtion, mais les preuves; & jufqu'à ce qu'elles foient faites, admifes & adoptées en juftice, on ne doit pas préfumer le crime: c'eft pourquoi la femme pouvant par l'évenement être déclarée innocente, le mari ne peut pas s'exempter de lui donner des alimens pendant le cours du procès. *vide Guidonem Papam & Ferrerium, quæft.* 439. *voyez* auffi Lapeyrere, lettre A.

Lorfque la femme accufée par fon mari du crime d'adultere, a été renvoyée de cette accufation, elle ne peut pas être contrainte de retourner avec lui. *Voyez* Belordeau, lettre F, art. 5.

La connoiffance du crime d'adultere appartient au Juge féculier, & ne peut jamais appartenir au Juge d'Eglife.

Il y a une ordonnance du mois de Juillet 1336, rapportée par Fontanon, tit. 4, pag. 943, qui porte que les Eccléfiaftiques ne pourront connoître du crime d'adultere. *Voyez* Expilly, en fes Arrêts, chapitre 64; M. le Maître, en fon Traité des Appellations comme d'abus, chap. 6; les Preuves des libertés de l'Eglife Gallicane, chap. 36, nomb. 10; & Rebuffe, fur le Concordat, *tit. de pub. concubin.* §. *quia vero forte.*

Ce crime n'eft pas parmi nous capital, comme nous l'avons dit ci-deffus; il n'eft puni que du banniffement à tems à l'égard des hommes qui font convaincus, à la pourfuite du mari, d'avoir commis adultere avec fa femme.

Il faut excepter l'adultere commis par les valets, ferviteurs ou faêteurs, domeftiques ou métayers avec leurs Maîtreffes, qui eft puni, de mort. *Voyez* la Rocheflavin, liv. 1, tit. 7, art. 8; & Papon, liv. 22, tit. 9, nomb. 1.

Il faut encore excepter quand le crime d'adultere eft accompagné d'autres crimes, comme d'incefte, de viol, d'attentat à la vie du mari. La Rocheflavin, *loco citato,* nomb. 10.

Pour ce qui eft des femmes convaincues d'adultere, fi elles font de baffe condition, elles font condamnées au fouet; fi elles font d'une condition relevée, nous fuivons l'Autentique. *Sed hodie quod ad Leg. Jul. de adulter.* dont nous avons rapporté la difpofition fous le mot *Autentiquer une femme.*

Ainfi, la femme adultere eft en ces cas reclufe en un Monaftere, pour y demeurer en habit féculier avec les Religieufes l'efpace de deux ans; & fi fon mari dans les deux ans ne la veut pas reprendre, elle doit être rafée & voilée pour demeurer toute fa vie dans le Monaftere, privée de dot & de toutes conventions matrimoniales, à la charge d'entretenir par le mari, fa femme dans le Couvent. *Voyez* M. le Prêtre, 2. cent. ch. 15, & cent. 4. ch. 60; & M. Catelan, liv. 4. chap. 25; Berlordeau, lettre F, art. 8. *Voyez* ci-après Autentiquer une femme.

Le mari qui a convaincu fa femme d'adultere, gagne donc fa dot. Renuffon, en fon traité du Douaire, ch. 11, n. 6 & fuiv. excepté:

I°. Quand elle a commis ce crime du confentement de fon mari.

II°. Quand elle a été violée de force. *Leg.* 13, §. 7, *ff. ad Leg. Jul. de adult.*

III°. Quand il a lui-même commis ce crime avec une autre femme. *L.* 13, §. 5.

IV°. Quand la femme convaincue d'adultere a des enfans.

Lorfqu'elle n'en a point, le mari gagne donc la dot de fa femme, & même fes biens paraphernaux en pays de Droit Ecrit; Boërius, décif. 338, n. 2: & quand elle a des enfans, fa dot leur appartient; comme il a été jugé par Arrêt du 29 Mars 1673, rapporté au Journal des Audiences: mais l'ufufruit de fon douaire & de fes autres conventions matrimoniales appartient au mari. Renuffon, en fon Traité du Douaire, ch. 11, n. 6 & fuiv. A l'égard des enfans qu'une femme convaincue d'adultere auroit d'un autre mariage, fon mari ne peut prendre dans fes biens de fa femme convaincue du crime d'adultere, que la part de l'enfant le moins prenant. *Voyez* Lapeyrere, lettre A.

Il eft permis aux conjoints de tranfiger fur un crime d'adultere; ainfi jugé par Arrêt du mois d'Août 1619, rapporté par M. le Bret, liv. 1, décision 13. Et la femme accusée d'adultere, qui, pour éviter la peine de son crime, auroit par la transaction renoncé à son douaire, ne pourroit pas se faire restituer contre sa renonciation après la mort de son mari. Voyez Basnage, sur l'art. 377. de la Coutume de Normandie.

Quoiqu'il soit permis à un mari de transiger de ce crime, après la condamnation prononcée contre la femme, néanmoins la reconciliation qui viendroit après, ne pourroit pas faire revivre ses hypotheques au préjudice des créanciers du mari. Basset, tome 1, liv. 6, tit. 19, chap. 5, rapporte un Arrêt du Parlement de Grénoble qui l'a jugé ainsi.

Suivant les Loix Romaines, le mari ne pouvoit pas tuer sa femme surprise en adultere, parce qu'il n'est pas permis à personne de se faire justice. *L. 1, in fine, ff. ad leg. Corneliam sicariis, de leg. 38, §. 8, ff. ab leg. Jul. de adulteriis.* Le mari qui avoit tué sa femme surprise en adultere, pouvoit donc être poursuivi & puni, non pas de peine de mort, mais d'une peine plus légere.

En France il n'est pas permis au mari de tuer ni l'adultére, ni sa femme, quand même il les trouveroit en flagrant délit. Peleus, liv. 6, art. 1. mais quand il les surprend, s'il les tue tous deux, il obtient facilement Lettres de remission. Henrys, tom. 1, liv. 4, chap. 6, quest. 63. La raison est, que *difficillimum est justum dolorem temperare; L. 38, §. 8, ff. ad legem Juliam de adult.*

Mais parce que lui-même s'est fait Justice, il ne gagne ni la dot, ni les conventions matrimoniales, & il est déchu des avantages que sa femme lui a faits.

Voyez Charondas, liv. 13, rép. 39; la Rocheflavin, liv. 1, tit. 7, art. 4; Bacquet du Droit de Bâtardise, seconde partie, ch. 12; M. le Prêtre, cent. 4. chap. 61; Anne Robert, liv. 3, chap. 7; Basnage, sur l'art. 235. de la Coutume de Normandie.

Il ne succede pas même à sa femme, en vertu du titre *unde vir & uxor*, lorsqu'elle n'a laissé aucuns héritiers. Brodeau sur M. Louet, lettre S, somm. 20; Henrys, tome 1, liv. 6. ch. 5, quest. 20.

La raison est, que quoique la Loi donne quelque chose à la douleur, & au juste ressentiment du mari qui surprend sa femme en adultere, néanmoins il n'est pas juste qu'il tire aucun profit d'une action qui n'est pas tant permise que tolerée, *& licet dematur pœna; culpa tamen remanet.*

Cependant si un mari avoit tué sa femme surprise en adultere, les enfans issus de leur mariage ne laisseroient pas de succéder à leur mere; parce qu'il ne convient pas de punir les enfans de la personne en qui l'homicide a été commis, sous prétexte de punir ceux de son meurtrier; il est bien plus raisonnable de leur donner quelque consolation de la peine que leur cause la mort de leur mere. M. le Brun, Traités des successions, liv. 1, ch. 4, sect. 6, dist. 3.

Mais l'enfant, qui dans le cas ci-dessus proposé

auroit succédé à sa mere, venant à décéder, le pere lui pourroit succéder, même dans les biens qu'il auroit recueillis de la succession de sa mere, parce qu'ils ont changé de qualité par la mutation des personnes, & par conséquent ne sont plus les biens de la mere, mais ceux du fils ou de la fille, à cause du mélange & de la confusion qui se fait par l'addition de l'hérédité. Lapeyrere, lettre A; Brodeau sur M. Louet, lettre S, sommaire 20.

Un mari, qui sur des soupçons de la mauvaise conduite de sa femme, l'auroit tuée, & en même-tems celui qui passeroit pour son galant, encourroit la peine, & n'obtiendroit pas aisément sa grace. Aussi Papon, livre 22, titre 9, rapporte un Arrêt du 3 Mai 1579, qui a condamné à mort un mari pour un tel fait.

Toutes dispositions entre vifs, ou à cause de mort, faites en faveur de celui ou de celle avec qui on a commis adultere, peuvent être déclarées nulles, à la poursuite des héritiers du testateur, ou du donateur; mais il faut pour cela que le crime soit bien prouvé.

Ainsi les héritiers d'un défunt peuvent être admis à la preuve de l'adultere par lui commis avec une femme mariée, pour la priver des donations qu'il lui auroit faites. On admet aussi les héritiers d'une femme à la preuve de sa débauche avec son donataire. Mais dans l'un & l'autre cas, il faut que cette femme soit veuve; car on ne peut attaquer une femme pour raison de libertinage du vivant de son mari, lorsqu'il ne se plaint point de sa conduite, comme il a été jugé par Arrêt du 26 Mars 1706, rapporté par M. Augeard, tom. 1, art. 68.

Voyez Maynard, tome 1. liv. 3. ch. 14; la Rocheflavin, liv. 1, tit. 37, article 4, & liv. 6, tit. 2, art. 1; Papon, liv. 22, tit. 9, nomb. 11; M. Louet, lettre D, sommaire 43.

Suivant la disposition du Droit canonique, qui est en cela observée dans ce Royaume, l'adultere n'est point un empêchement au mariage, si ce n'est dans deux cas.

I°. Lorsqu'il y a eu promesse précédente la mort du mari, dont on veut épouser la veuve.

II°. Lorsqu'il y a une machination contre la vie du mari. Voyez Basnage, sur l'art. 235. de la Coutume de Normandie; & M. le Prêtre, cent 2. ch. 9.

Mais les enfans nés, *ex adulterino coïtu*, ne peuvent être légitimés par le mariage subséquent de la mere avec l'adultere contracté après la mort du premier mari, en vertu d'une dispense du Pape. M. Catelan, liv. 4, ch. 23.

Un enfant né pendant le mariage ne peut être désavoué, quelques preuves qu'il y ait de la débauche de sa mere; comme il a été jugé par Arrêt du 20 Mars 1660, rapporté dans le second tome du journal des Audiences, liv. 3, chap. 15. Voyez aussi un autre Arrêt du 15 Juin 1693, rapporté dans le 3e. tome du Journal des Audiences, liv. 9, chap. 17.

Il faut néanmoins excepter le cas où l'on prouveroit que l'enfant eft né dans un tems où il y avoit impoffibilité phyfique que le mari de la mere en pûtêtre le pere.

La déclaration de la mere, que l'enfant n'eft pas de fon mari, ne préjudicie point non plus à l'état de cet enfant, comme il a été jugé par Arrêt du 16 Janvier 1664, rapporté dans le fecond tome du même Journal, liv. 6, chap. 7, Voyez verbo Naiffance.

Le crime d'adultere s'éteint, comme tout autre, par la mort de celui qui l'a commis. Ainfi, lorfqu'un mari s'eft plaint en juftice de la débauche & de la fubornation de fa femme, fi le fuborneur vient à décéder avant que l'information faite pour raifon de ceci ait été décretée, le mari ne peut pas reprendre & continuer le procès contre fon héritier, à l'effet de le faire condamner en une réparation civile, pour l'injure à lui faite par celui dont il eft héritier. C'eft ce qui a été jugé par Arrêt du 20 Mars 1660, rapporté par Soefve, tome 2, cent. 3, chap. 70.

Mais la peine de la femme adultere ne s'éteint point par la mort du mari qui l'en a accufé, le crime ayant été une fois déféré en Juftice, la femme peut être valablement pourfuivie par les héritiers de fon mari, du moins par rapport à la perte de fa dot, & de toutes fes conventions matrimoniales, comme nous avons dit ci-deffus. Voyez Montholon, Arrêt 140. Coquille, queft. 147; M. Louet, lettre D, fommaire 4; Bardet tome 1, liv. 3, ch. 71; & Dufrefne, liv. 3, ch. 45.

Voici une queftion qui a été autrefois fort agitée, fçavoir fi l'adultére eft une caufe de divorce, quoad vinculum ?

Les Grecs ont tenu l'affirmative ; mais l'Eglife a décidé le contraire. Les Calviniftes & les Luthériens font encore dans cette héréfie. Bellarmin, dans fes controverfes lib. 1, de matrimonio, cap. 16, l'a fortement combattue, & a fait voir que la décifion de l'Eglife eft fondée fur l'Ecriture fainte, fur les Peres, fur l'autorité des Conciles, & fur celles des Papes, & enfin pleinement confirmée par la raifon.

Le mariage contracté entre Chrétiens, felon les loix de l'Eglife & de l'Etat, eft un lien indiffoluble, qui ne fe peut diffoudre que par la mort de l'un des deux conjoints. Quod Deus conjunxit homo non feparet. Ce font les paroles de Jefus-Chrift, qui font rapportées dans S. Mathieu, chap. 19. nom. 6, par lefquelles il défend abfolument que l'homme fépare ce que Dieu a joint : d'où il s'enfuit que le mariage doit demeurer indiffoluble comme Dieu l'a établi; que ni l'homme de fon autorité, ni les Juges, ni les Princes n'en peuvent rompre le lien. Ainfi le divorce pour caufe d'adultere ne rompt point le lien du mariage ; il fépare feulement les Parties, mais fans les mettre en liberté de fe marier à d'autre.

Ceux qui prétendent que l'adultere donne lieu à la diffolution du mariage fondent leur erreur principalement fur ces paroles de Jefus-Chrift, rapportées au même endroit, nomb. 9.

Quicumque dimiferit uxorem fuam, nifi ob fornicationem, & aliam duxerit, mæchatur : & qui dimiffam duxerit, mæchatur. Mais ces paroles ne fe peuvent entendre que du divorce, quod ad thorum & menfam, & non pas du divorce, quoad vinculum matrimonii.

C'eft l'interprétation que tous les Théologiens & tous les Canoniftes ont donnée ce paffage de l'Ecriture fainte, & qu'ils ont appuyée de raifons invincibles, comme je le ferai voir dans mon Dictionnaire du Droit canon, verbo Mariage.

Touchant le crime d'adultere. Voyez ce qui en eft dit dans Henrys, tome, 3, liv. 6, chapitre 5, queft. 20.

A D U L T E R E simple. L'adultere eft fimple ou double.

On entend par fimple adultere, la conjonction illicite qu'a une perfonne mariée, avec une qui ne l'eft pas.

Par adultere double, l'on entend la conjonction illicite qu'a une perfonne mariée, avec un autre qui eft auffi mariée.

A D U L T E R I N, eft un enfant né d'un adultere, foit que l'adultére foit fimple, foit qu'il foit double. Les bâtards adultérins font plus odieux que ceux qui font nés de perfonnes libres. Auffi le Droit Romain leur refufoit même le nom d'enfans naturels, comme fi la nature les defavouoit.

La Novelle 89. de Juftinien, chapitre dernier, porte que les bâtards adultérins ou inceftueux ne peuvent demander des alimens à leurs pere & mere. Mais le Droit canonique a une difpofition contraire qui eft fuivie en France, comme étant plus conforme à l'équité. Quia non eft tàm donatio quàm debiti præftatio.

En effet, la faute des peres & meres ne doit pas retomber avec tant de rigueur fur les enfans, pour les priver d'alimens jufqu'à ce qu'ils foient en état de gagner leur vie. Voyez M. Louet, & fon Commentateur, lettre A, fommaire 4.

Les enfans adulterins ne peuvent être légitimés par mariage fubféquent. Voyez ci-deffus verbo Adultere. Voyez Bâtard. Voyez auffi Légitimés.

A D V O U E R, eft reconnoître quelqu'un pour fon feigneur & confeffer qu'on tient de lui des héritages en fief.

A D V O U E S, font les Gardiens, Protecteurs, Vidames & patrons du temporel des Abbayes & Monaftéres, ou des villes, communautés & pays qui font fous leur protection. Voyez ce qui en eft dit dans le Gloffaire du Droit François.

A D V O U R I E, fignifie quelquefois adoption, & quelquefois il fignifie le droit qui eft dû à un Seigneur à caufe de fa protection.

Ces termes advourie, ou vourie, viennent du mot Latin advocatio, qui fignifie protection & défenfe.

Voyez ce qui en eft dit dans le Dictionnaire de Trévoux.

A F

A F F A I R E, fignifie conteftation ou procès que l'on a avec quelqu'un, foit en matiere civile, ou en matiere criminelle , en quelque Jurifdiction que ce foit.

Voyez Action civile & criminelle.

AFFARE , eſt un terme uſité en Dauphiné , pour ſignifier toutes les dépendances d'un fief. Sur quoi *voyez* Salvaing , de l'uſage des Fiefs , & du Cange , ſous le mot *affarium.*

AFFEAGER , ſignifie donner à feage ; c'eſt-à-dire , aliéner une portion des terres nobles de ſon fief, pour être par celui qui en devient acquéreur , tenues en roture , à la charge d'une certaine ſomme & d'une certaine redevance. *Voyez* d'Argentré , ſur l'article 59. de l'ancienne Coutume de Bretagne ; & Frain , avec les Obſervations de Hevin , pages 689 & 802.

AFFECTER , ſignifie obliger , hypothéquer un immeuble au payement de quelque dette.

AFFERAGE , ſignifie le prix d'une choſe venale mis par l'autorité de Juſtice. Ce terme eſt ancien , mais il n'a pas laiſſé que d'être employé dans la derniere Ordonnance de la Ville de Paris du mois de Décembre 1672.

AFFERENTE , part afferente , ſignifie dans un partage de ſucceſſion , ou choſe commune , la part & la portion qui doit appartenir à quelqu'un des cohéritiers ou des co-partageans.

AFFERMER , c'eſt donner ou prendre à ferme quelques terres ou quelques droits. Ainſi , ce mot ſe dit également de celui qui donne , & de celui qui prend à ferme.

AFFICHE , eſt un placard attaché en lieu public , pour rendre quelque choſe connue à tout le monde.

Par affiches , on entend les actes & les exploits qu'un Huiſſier ou Sergent attache & appoſe à la porte d'une Egliſe , d'un Auditoire ou d'une maiſon , ou ailleurs en lieu public , afin de faire connoître à tout le monde ce qu'il exploite ou notifie.

On appelle par exemple affiches , les proclamations qu'on attache aux places publiques , pour procéder à un bail judiciaire.

Les affiches s'appoſent avec pannonceaux royaux , c'eſt-à-dire avec les armes du Roi imprimées au haut d'icelles , même dans les Jurifdictions ſeigneuriales , & jamais avec les armes du Seigneur ; parce que quelque Juſtice que les Seigneurs ayent , ils ne l'ont que comme une émanation de la ſouveraine puiſſance , qui ne réſide qu'en la perſonne de ſa Majeſté.

Ainſi , dans les affiches qui ſe font au nom des Seigneurs , on met au haut les pannonceaux royaux , & on commence par ces termes : *De par le Roi , & de l'Ordonnance de , &c.*

AFFICHES A LA QUARANTAINE , ſont celles qui ſe font avant l'interpoſition du décret , pour avertir les créanciers de faire trouver des enchériſſeurs ; ce qui ſe fait après la ſignification & l'enregiſtrement du congé d'adjuger , qui eſt un Jugement définitif qui déclare valable la procédure faite juſqu'alors pour parvenir au décret , & ordonne que les biens ſaiſis ſeront vendus & adjugés par décret au plus offrant & dernier enché-

riſſeur. Après la ſignification & l'enregiſtrement de ce Jugement , le Procureur du pourſuivant va au Greffe , où il fait la premiere enchere , qu'on appelle enchere de quarantaine ; cette enchere eſt publiée à l'Audience , & enſuite un Huiſſier l'affiche en différens endroits : c'eſt ce qu'on appelle *affiches à la quarantaine.*

Ces affiches s'appoſent à la porte principale & entrée de l'Egliſe paroiſſiale des lieux ſaiſis ; & ſi c'eſt une maiſon , à l'entrée principale d'icelle , & à la porte de l'Auditoire de la Jurifdiction où les criées ſe pourſuivent.

Elles doivent contenir au long la déclaration des choſes ſaiſies , à la requête de qui , ſur qui , & les cauſes de la ſaiſie , avec dénonciation à toutes perſonnes y prétendant droit de s'y oppoſer.

La publication des affiches ſe fait de la maniere que nous avons dit *verbo* Publication.

AFFICHER , eſt publier quelque choſe par un placard qu'on attache en un carrefour ou autre lieu public.

Les Edits & Déclarations ſe notifient non ſeulement par la lecture & enregiſtrement qui s'en fait dans les Jurifdictions , mais auſſi en les publiant & affichant dans les lieux audienciers , afin que perſonne n'en prétende cauſe d'ignorance.

AFFILIATION , ſignifie une eſpece d'adoption qui eſt en uſage dans la Coutume de Saintonge , où le terme d'affilié ſignifie celui qui eſt adopté. *Voyez* ce que j'ai dit ci-deſſus , en parlant de l'adoption qui ſe fait dans la Coutume de Saintonge.

AFFINITÉ ou ALLIANCE , eſt une union que le mariage produit entre un des conjoints , & les parens de l'autre.

Comme la conſommation du mariage fait que le mari & la femme ne font qu'une même chair , tous les parens du mari deviennent alliés à la femme , & tous les parens de la femme deviennent alliés au mari.

L'affinité ne ſe contracte pas entre les parens du mari & les parens de la femme , & elle ne ſe contracte que relativement à l'un des conjoints , & les parens de l'autre.

Le pere & le fils peuvent donc épouſer la mere & la fille , & deux freres peuvent épouſer les deux ſœurs , parce qu'il n'y a point d'alliance entre ces perſonnes.

Par la même raiſon , ſi un homme ayant un fils d'un premier mariage , épouſe une femme qui ait auſſi une fille d'un premier mariage , ces deux enfans , appellés en Droit *comprivigni* , peuvent ſe marier enſemble.

L'affinité , à proprement parler , n'a point de degrés ; parce que les degrés de parenté ſe comptent par le nombre des perſonnes engendrées , & que les alliés ne ſe font point par génération. Mais l'affinité ſuit la conſanguinité , quant à la computation des degrés : c'eſt pourquoi tous les parens du mari font alliés à la femme au même degré qu'ils font parens au mari , & *vice verſa.*

Parmi nous , l'affinité n'a aucun rapport aux ſucceſſions ; & conformément aux Loix Romaines , elle ne donne aucun droit d'y prétendre.

Voyons préfentement quel empêchement au mariage produit l'affinité ; & fans nous arrêter à ce qui en a été décidé par les Loix Romaines , nous allons rapporter qu'elle a été la difpofition du Droit canonique, qui eft fuivie en France à cet égard.

L'affinité a toujours été , par le Droit canonique , un empêchement au mariage en ligne directe , dont le Pape ne peut pas difpenfer , & en ligne collatérale , l'affinité empêche le mariage, de la même maniere & aux mêmes degrés que la parenté l'empêche en ligne collatérale ; mais le Pape en peut accorder des difpenfes.

Ce que nous venons de dire ne fe doit entendre que de l'affinité qui provient du mariage ; car celle qui provient d'une conjonction illicite , n'empêche le mariage que jufqu'au fecond degré.

Voyez ce que j'ai dit de l'affinité , dans ma Traduction des inftitutes, fur le §. 6. du titre 10. du premier livre. Voyez auffi ce que j'ai dit , lettre R , en parlant de la recufation , où j'ai expliqué en quel degré la parenté ou l'affinité donne lieu à recufer un Juge qui eft parent ou allié de la Partie adverfe.

AFFINITÉ , ou cognation spirituelle , eft celle qui fe contracte par le Sacrement de Baptême. Elle fe contractoit auffi autrefois par le Sacrement de Confirmation , & même par le Catéchifme , comme nous l'avons dit , lettre C , en parlant de la cognation fpirituelle.

AFFIRMATION , eft l'affurance que l'on donne par ferment de la vérité d'un fait.

L'Affirmation en Juftice fe fait en préfence d'un Juge , lequel fait lever la main , & promettre à Dieu de dire la vérité.

On leve ordinairement la main droite ; mais lorfqu'il y a quelque empêchement , on fait lever la main gauche. Les Eccléfiaftiques qui font dans les Ordres facrés ne levent point la main , ils la mettent *ad pectus.*

Perfonne n'eft difpenfé de faire une affirmation ordonnée , pas même les chefs des Compagnies fouveraines , ni les Princes du fang.

Mais lorfqu'il y a quelque empêchement légitime pour ne pas faire l'affirmation en perfonne , on la peut faire par Procureur.

Les Communautés font leur affirmation par le miniftére d'un Fondé de procuration , auquel on fait lever la main.

A la Grand'Chambre du Parlement de Paris , lorfque par un même Jugement plufieurs perfonnes doivent faire la même affirmation , on leur fait lever la main tous en même tems , & on les interroge tous enfemble , & ils repondent auffi tous à la fois. Aux requêtes du Palais , on leur fait prêter ferment à chacun l'un après l'autre.

On diftingue deux fortes d'affirmation ; l'une en matiere civile , l'autre en matiere criminelle.

En matiere civile , lorfque l'affirmation eft faite en conféquence du ferment déféré à l'une des Parties , l'on ne peut pas la divifer , fur-tout quand elle ne contient que des chofes connexes ; il faut ou l'accepter toute entiere , ou la répudier de même.

Ainfi , par exemple , l'affirmation de celui qui avoue & confeffe avoir reçu un dépôt , & qui affirme en même tems l'avoir reftitué , doit être prife en fon entier & pour le tout ; deforte qu'on ne peut l'accepter pour la reception du dépôt , & la rejetter pour ce qui regarde la reftitution qu'il dit en avoir faite.

Il n'en eft pas de même de l'affirmation qui fe fait en matiere criminelle , car on tient qu'elle fe peut divifer ; enforte que dans la depofition du criminel , on peut prendre ce qui fait contre lui , fans être obligé d'admettre ce qui tend à fa décharge.

AFFIRMATION , en fait de voyage eft de féjour. Il y a au Parlement un Greffier pour recevoir & donner les actes des affirmations de voyages , & du féjour de ceux qui viennent ici pour faire juger leurs procès : & ces actes fervent à ceux qui gagnent leurs procès , pour fe faire allouer leurs voyages.

AFFIRMATION EN FAIT DE COMPTE , eft celle par laquelle un comptable certifie & affirme que toutes les parties du compte qu'il rend font véritables , fous les peines de l'Ordonnance.

Cette affirmation fe met au haut de la premiere page du compte , & dans la marge.

Il faut que cette affirmation foit fignée par le Comptable.

AFFIRMER EN JUSTICE , c'eft lever la main , & jurer devant le juge qu'une chofe eft véritable.

AFFLICTIVE. Une peine afflictive eft une peine corporelle à laquelle un criminel eft condamné en Juftice. Il n'y a en France que les Gens du Roi qui puiffent conclurre à une telle peine , parce qu'en eux feuls réfide la vindicte publique , comme nous avons dit *verbo* Accufateur.

Ces peines ne doivent pas être prononcées , fans qu'il y ait preuves que l'accufé eft coupable du crime , pour raifon duquel il eft pourfuivi. *Voyez* Abfolution. *Voyez* accufé.

AFFORAGE , fignifie dans quelques Ordonnances le prix d'une chofe venale mis par autorité de Juftice. Ainfi , avant que de vendre à Paris des vins étrangers , le prix en doit être fixé par les Echevins de la Ville , dont mention doit être faite dans l'acte d'afforage.

Ce terme , dans plufieurs de nos Coutumes , fignifie un droit feigneurial qu'on paye au feigneur , pour avoir de lui permiffion de vendre du vin ou autre liqueur dans l'étendue de fon Fief , fuivant la taxe qui en aura été faite par fes Officiers.

AFFOUAGE , eft le droit de prendre fon chauffage dans un bois. *Voyez* Fabert fur l'art. 286. de la nouvelle Coutume de Lorraine.

AFFOUAGEMENT , eft un état ou département des tailles réelles , qui réglent la quantité des feux de chaque Paroiffe , pour en faciliter la levée. Voyez l'Hiftoire de Provence , tome 2 , page 471. Voyez auffi Boniface , tome 2, liv. 10. titre 3 , chap. 27 , où il rapporte un Arrêt du confeil du premier Juin 1662 , qui contient un affouagement nouveau des Villes & lieux du pays de Provence.

AFFRANCHIS, *Voyez* Ingenus, & ce que j'ai dit dans ma Traduction des Inftitutes, fur le titre cinq du premier livre.

AFFRANCHISSEMENT, eft le don de la liberté qu'un Maître fait à fon efclave, en le mettant hors de fa main & de fa puiffance. On l'inventa en faveur de ceux qui étoient demeurés efclaves, afin que leur mifere ne fût pas toujours auffi longue que la vie ; & qu'en perdant la liberté, ils ne perdiffent pas l'efpérance, qui eft le feul bien des malheureux. Cette efpérance de la liberté leur faifoit fervir leur Maître avec plus de zèle & plus de fidélité.

L'affranchiffement vient du Droit des Gens ; mais le Droit civil a ajouté plufieurs manieres d'affranchir, à celles que le Droit des Gens avoit introduites.

Avant que l'efclavage fût aboli en France, l'affranchiffement y étoit reçu, & il fe faifoit ordinairement dans les Eglifes. Mais aujourd'hui il ne peut avoir lieu en France, que pour les efclaves de l'Amérique.

Voyez ma Traduction des Inftitutes, fur le cinquiéme titre du premier livre.

AFFRANCHISSEMENT, fignifie en France l'exemption qu'un Seigneur accorde à quelqu'un, de quelques charges ou impofitions réelles ou perfonnelles.

A l'égard des gens de corps qui font ferfs par naiffance : l'affranchiffement s'en fait, ou en Jugement, ou par quelque acte paffé pardevant Notaire. Mais ceux qui ne font ferfs que par le tenement d'héritage fervil, peuvent devenir francs & libres, en abandonnant les terres qu'ils poffedent dans l'étendue du domaine de leur Seigneur. *Voyez* Main morte. *Voyez* Serfs.

Il y avoit autrefois en France beaucoup plus de ferfs qu'il n'y en a de nos jours : il y en avoit dans la plûpart des Coutumes du Royaume ; mais ils ont été prefque tous affranchis, foit de la pure libéralité des Seigneurs, foit par des conventions particulieres, par lefquelles les Seigneurs ont donné les mains à l'affranchiffement des gens de mainmorte qui étoient dans l'étendue de leur Seigneurie, moyennant de certaines redevances, ou en argent, ou en grain & autres efpéces, ou en corvées.

Quoique reguliérement les ferfs deviennent francs, par l'affranchiffement de leur Seigneur, il y a néanmoins quelques Coutumes, comme celle de Vitri, article 140, qui nonobftant l'affranchiffement, veulent que l'affranchi demeure ferf du Seigneur fupérieur, s'il n'a pas confenti à l'affranchiffement.

La raifon eft, que les ferfs font reputés du pied & partie de la Terre &, fe baillent en aveu & dénombrement par les vaffaux. Or, comme le vaffal ne peut abréger fon Fief fans le confentement de fon Seigneur, l'affranchiffement ne fe peut faire fans le confentement de fon Seigneur fupérieur ; & quand il y en a plufieurs, il faut le confentement de tous, c'eft-à-dire, de Seigneur en Seigneur, jufqu'au Roi.

Sur cela il faut obferver que les Seigneurs ne con-

fentoient autrefois à cet affranchiffement, qu'en recevant quelque fomme d'argent ; de forte qu'un ferf ne pouvoit autrefois obtenir fa franchife, qu'en payant finance à fon Seigneur, & à tous les Seigneurs fupérieurs, jufqu'au Roi. Mais par humanité, il s'eft introduit en faveur des ferfs, qu'ils ne payeroient plus finances aux Seigneurs médiats ; & qu'en cas d'affranchiffement, ils feroient de plein droit au Roi, comme Souverain fieffeux.

Les ferfs de pourfuite ou de naiffance, deviennent francs fans avoir été affranchis, lorfqu'ils ont joui de la franchife & de la liberté pendant vingt ans dans la Province où ils font ferfs, & qu'ils n'ont point été reclamés ou pourfuivis par leurs Seigneurs.

Mais s'ils étoient allés furtivement hors de la Province, ils feroient réputés ferfs fugitifs. Article 146. de la Coutume de Vitry.

A l'égard des ferfs dont la fervitude eft purement réelle, ils ne peuvent jamais prefcrire la franchife tant qu'ils poffedent l'héritage, parce que les droits feigneuriaux ne font pas fujets à prefcription. Article 2, du tit. 9. de la Coutume de Bourgogne.

AFFRETEMENT, eft un contrat maritime qui fe fait pour le louage d'un vaiffeau, autrement appellé charte-partie ou noliffement. *Voyez* l'Ordonnance de la Marine du mois d'Août 1681, tit. 1. liv. 3.

A G

AGASTIS, Angoumois, art. 34. eft le dommage caufé par des beftiaux dans les héritages des voifins.

Quand les beftiaux qui ont fait le dommage font conduits par le propriétaire, ou par un de fes domeftiques capables de dol, le conducteur eft tenu de payer l'eftimation du dommage ; mais fi les bêtes étoient échappées & évadées fans conduite, ou feulement conduites par des petits enfans, en ce cas il y a lieu à l'action d'Agaftis.

Dans cette action, le bled gâté en herbe doit être eftimé autant qu'il eût valu, s'il eût été confervé jufqu'aux moiffons.

Il eft permis de chaffer de fon héritage les beftiaux de fon voifin ; mais il n'eft pas permis de les tuer, fuivant la difpofition du Droit civil. *Leg. 39. in princ. & §. Quamvis, ff. ad Leg. Aquil.*

Néanmoins quelques Coutumes, comme St. Sever, art. 11. tit. 3. Acs, titre 11. article 14. Bourbonnois, art. 527, permettent de tuer les pourceaux, s'ils ne peuvent être pris. D'autres Coutumes permettent la même chofe pour les chévres trouvées en dommage.

A l'égard des oies, on peut fuivre la difpofition des Coutumes d'Auvergne, chap. 28. art. 7. Blois, chap. 19. article 122. Valftan, chap. 8. art. 16. Tours, tit. 18. art. 207. Loudun, chap. 19. art. 4. qui permettent d'en tuer une ou deux, felon le nomb. ; fçavoir, une s'il y en a vingt dans la troupe, & deux fi la troupe eft plus grande.

Cette permiffion que donnent ces Coutumes de tuer les volatilles, fe doit entendre fuivant l'art.

161. de la Coutume d'Orléans, qui en le permettant ne veut pas qu'on en faſſe ſon profit ; mais qu'on les laiſſe ſur le lieu, ou qu'on les jette devant l'héritage. C'eſt en ce cas toute la ſatiſfaction qu'on en doit eſpérer ; & ſi l'on ne veut pas ſe faire ainſi juſtice à ſoi-même, cette Coutume permet de ſe pourvoir, pour obtenir la réparation du tort qu'on a reçu.

M. de la Lande dit, que la permiſſion de tuer une ou deux volatilles de la troupe qui gâte les bleds ou autres fruits, eſt très-ancienne, & qu'elle a été accordée, parce que ſe ſont des animaux fuyards qu'il n'eſt pas facile de prendre & de repréſenter en Juſtice.

Pour intenter l'action d'Agaſtis, il faut que le dommage paroiſſe, & que la preuve en ſoit établie par un procès verbal ; ſans quoi, on n'a pas d'égard au dommage allégué.

La preuve doit être pleine & entiere, ſelon les régles communes : & ſi la preuve n'eſt parfaite, le défaut ne peut être ſuppléé par le ſerment du demandeur ; car tel ſerment eſt inutile, & ne produit aucun effet, parce que ces petites querelles entre voiſins, procédant le plus ſouvent, d'adverſion & d'envie, celui qui manque de preuves, ſeroit porté par témérité à faire le ſerment, pour faire condamner le défendeur en l'amende & aux dépens.

Cette amende eſt ſimple, de ſept ſols ſix deniers, parce qu'elle procede de la baſſe Juſtice. Poitou, article 75. & ſuivans.

La Coutume de Normandie, article 531. fait cette action annale ; celle d'Orléans, tit. 5. art. 151. ne donne que vingt jours après le dommage fait ; celle d'Etampes, art. 189. n'en donne que huit.

Mais il faut un tempérament entre ces extrémités ; car à peine peut-on juſtifier le dommage fait dans un pré & dans un bled, un an après qu'il a été fait ; à peine auſſi peut-on avoir été averti du dommage, & trouver des témoins dans huit jours.

Ce qui paroît de plus convenable, c'eſt que pendant que le dommage eſt apparent & facile à prouver, on peut intenter cette action : Secùs ; ſi le dégât ne paroît plus, & ſi les choſes ne ſont plus au même état, & que le demandeur ait coupé ſes bleds, fauché ſon pré, vendangé ſa vigne, avant que d'en avoir rendu ſa plainte, & fait faire procès verbal.

Chopin, lib. 1. Conſuetud. Andegav. §. 11, 12 & 13. Mornac, ad tit. ff. ſi quadrupes, & ad Leg. 9. ff. ad exhibendum. Plato, lib. 11. de legibus, traitent du dommage fait par les beſtiaux.

Touchant la preſcription de cette action d'Agaſtis, voyez d'Argentré ſur l'art. 279. de la Coutume de Brétagne ; Berault ſur l'art. 531. de celle de Normandie ; & M. Cujas, lib. 24. obſervat. cap. 18.

AGHAIS, Voyez Marchés à Aghais.

AGE, ſignifie l'état de l'homme en certaine partie de ſa vie, que l'on partage ordinairement en quatre âges différens ; ſçavoir, l'âge au-deſſous de la puberté, l'adoleſcence, l'âge viril, & la vieilleſſe.

L'âge de la puberté eſt celui qui eſt au-deſſous de quatorze ans accomplis pour les mâles, & de dou-

ze ans accomplis pour les filles, qui ſont en enfance, au-deſſous de ſept ans accomplis, & qui ſortent de l'enfance, dès qu'ils ont atteint cet âge.

L'adoleſcence commence à l'âge de puberté, & finit à 25. ans accomplis à l'égard des perſonnes de l'un & de l'autre ſexe.

L'âge viril commence à vingt-cinq ans, & finit à l'âge de cinquante, tems auquel commence le déclin de l'âge & le commencement de la vieilleſſe, laquelle eſt ſuivie de l'âge décrepit, tems auquel les forces du corps & de l'eſprit diminuent de jour en jour conſidérablement.

Pour ce qui regarde l'intelligence des loix, il faut diſtinguer l'âge qui eſt au deſſous de la puberté, l'adoleſcence, l'âge viril.

Qui ætatem allegat, ſive agendo, ſive excipiendo, eam probare debet.

Cette preuve de l'âge ſe fait par les Regiſtres publics des naiſſances, comme nous l'avons dit, lettre. R.

Nous remarquerons ſeulement ici, I°. que l'âge exempté de la peine d'un délit les impuberes qui ſont encore enfans, ou qui ſont moins éloignés de l'enfance que de la puberté, comme nous avons dit verbo Délit. II°. Que l'âge exempte de charges perſonnelles, comme de tutele & de curatele, dont les ſeptuagenaires ſont exempts. III°. Qu'on ne peut avant un certain âge ſe marier, ou faire Profeſſion religieuſe. IV°. Qu'on ne peut être pourvû de certaines Charges qu'à un certain âge. V°. Qu'un mineur ne peut aliéner ſes immeubles. VI°. Qu'il faut avoir un certain âge pour pouvoir teſter.

Voilà ce qui peut concerner l'âge en général. Nous allons donner quelques principes touchant l'âge requis pour certains actes.

AGE AUQUEL FINIT LA TUTELLE. Suivant la diſpoſition du Droit Romain, elle finit à l'âge de puberté ; ſçavoir, aux enfans mâles à quatorze ans accomplis, & aux filles à douze ans parfaits.

Dans les Parlemens du Droit écrit l'on ſuit cette diſpoſition, qui peut avoir des ſuites fâcheuſes ; car après la tutelle finie, le mineur n'eſt obligé de prendre un curateur que quand il a des procès ; il n'en a pas beſoin pour adminiſtration de ſes biens : quand il en prend un, il le choiſit à ſa fantaiſie ; ce qui eſt dangereux, tant pour l'adminiſtration des biens, que pour le mariage du mineur. Il ſeroit à propos qu'avant que la tutelle ſoit finie, le tuteur fut obligé de convoquer une aſſemblée de parens pour élire un curateur.

Nos Coutumes ſont ſur ce point différentes : les unes ſont conformes au Droit Romain ; il y eu a d'autres où la tutelle finit à vingt ans : la plus grande partie eſt à cet égard conforme à la Coutume de Paris, où la tutelle dure juſqu'à vingt-cinq ans. Voyez ci-après verbo Tutelle.

AGE LEGITIME. Dans le Droit Romain, l'âge de vingt-cinq ans accomplis eſt l'âge légitime, tant pour les hommes que pour les femmes : de ſorte que c'eſt à cet âge que l'on eſtime la majorité ; & c'eſt ce que nous ſuivons dans ce Royaume, du moins dans la plûpart de nos Coutumes. Voyez Chaſſanée, ſur la Loi penult. au code quando dies legat. vel fideic.

deic. ced. Voyez auſſi ce que j'ai dit *verbo* Majorité.

AGE POUR SE MARIER, eſt celui de la puberté, ſçavoir, de quatorze ans accomplis pour les garçons, & de douze ans accomplis pour les filles. Voyez Coquille, tom. 2. queſt. 134. Bouguier, lettre M. n. 2. M. le Prêtre, cent. 3. chap. 62; Henrys, tom. 1. liv. 4. chap. 6. queſt. 60. Soefve, tom. 2. cent. 2. chap. 76.

Ceux qui n'ont pas atteint l'âge de puberté, ne peuvent donc pas ſe marier : mais ſi après s'être mariés étant impubéres, ils réiterent la célébration du mariage après leur puberté, on ne pourra pas donner atteinte au mariage, s'il n'y a point d'autres raiſons qui en cauſent la nullité. Voyez Soefve, tome 2. cent. 4. chap. 65.

AGE POUR ETUDIER EN DROIT. Suivant l'art. 6. de l'Edit du mois d'Août 1679, nul ne pouvoit obtenir aucun degré, ni Lettres de Bachelier & de Licentié en Droit, qu'il n'eût étudié trois années entieres ; & ſuiv. l'art. 21. de la Déclaration du 6. Août 1682, aucunes perſonnes de pouvoient commencer leurs études en Droit, qu'ils n'euſſent dix-huit ans accomplis.

Par l'article 23. de ladite Déclaration, il étoit permis à ceux qui auroient vingt-ſept années accomplies, d'obtenir des dégrés de Bachelier & de Licencié, dans l'intervalle de trois mois en trois mois, & par conſéquent en vertu de ſix mois d'étude ſeulement.

Mais par la Déclaration du 17 Novembre, 1690. il a été ordonné qu'à l'avenir, tous ceux qui voudront étudier en droit, y ſoient admis lorſqu'ils ſeront entré en la dix-ſeptieme année ; pour, après deux ans d'étude, & fait les Actes de Baccalaureat & de Licence, être reçus Avocats.

Préſentement ſuivant la Déclaration du 19 Janvier 1700, il faut étudier pendant trois années au Droit, pour pouvoir y prendre le degré de Licencié.

La Déclaration de 1690, porte encore, que ceux qui entreront en la vingt-cinquieme année, puiſſe pareillement être admis à y étudier ſix mois ſeulement ; & après avoir obtenu les dégrés de Bachelier & de Licencié, dans l'intervalle de trois en trois mois, être reçus au ſerment d'Avocat.

AGE POUR FAIRE PROFESSION RELIGIEUSE. Cet âge autrefois n'étoit point réglé, parce que, ſuivant le ſentiment de quelques Peres de l'Egliſe, il n'y en a point qui ne ſoit propre pour ſe donner à Dieu. Ainſi les enfans entroient dans les Monaſteres à tout âge, ou de leur propre mouvement, ou bien y étoient préſentés par leurs parens. Mais parce que l'engagement de paſſer toute ſa vie dans un Monaſtere eſt très-grand, on a dans la ſuite réglé, l'âge des profeſſions ſur celui des mariages, c'eſt-à-dire à quatorze ans accomplis pour les mâles, & à douze ans accomplis pour les filles. *Can. Firma 20. qu. 1, cap. ſignificatum, cap. cum verum, & cap. ſimus extra de Regularib. Clement. eos qui eodem titulo.*

Il eſt étonnant que les Loix Eccléſiaſtiques ayent fixé le même âge, & pour la profeſſion réligieuſe,

Tome I.

& pour le mariage, eu égard à la différence de ces deux états. En effet, le mariage eſt un remede, comme le dit le grand Apôtre, pour éteindre les feux de la concupiſcence, & pour donner des enfans légitimes qui ſervent Dieu dans l'état où ils ſont appellés. C'eſt pourquoi on le permet aux puberes, qui ſont cenſés capables d'accomplir les fins du mariage. Mais la profeſſion religieuſe retranche, pour ainſi dire, du monde, & accable de regrets ceux qui la ſont ſans y être bien appellés. Elle requiert donc un grand diſcernement & une maturité d'eſprit très-grande, accompagnée d'une parfaite connoiſſance des différens états de la vie, pour faire un choix qui puiſſe nous conduire à l'unique fin que nous devons nous propoſer, & qui eſt notre ſalut. Il ne faut donc pas s'étonner des ſuites fâcheuſes qu'ont les profeſſions précipitées, & faites dans un âge où l'on n'eſt pas capable de s'éprouver, & où les paſſions ne ſont pas encore nées, ou ne produiſent pas encore leurs effets.

Le Concile de trente fixe les profeſſions à l'âge de ſeize ans accomplis, pour l'un & l'autre ſexe, à peine de nullité, *ſeſſ. 25. de Regularib. cap. 15.* Mais helas ! le caprice & la jeuneſſe ont beaucoup plus de part aux vœux que l'on fait à cet âge, que les mouvemens du Saint-Eſprit, & qu'une véritable dévotion.

Sur ces conſidérations, en l'année 1560. l'Ordonnance d'Orléans en article 19. regle l'âge de faire profeſſion à vingt ans pour les filles, & vingt-cinq pour les mâles. Mais en 1579. cela fut révoqué par l'Ordonnance de Blois, qui porte en l'article 28, que la profeſſion religieuſe ne ſe pourra faire avant l'âge de ſeize ans accompli, après avoir fait une année de noviciat, & c'eſt ce qui a toujours été depuis en uſage ; enſorte que toute profeſſion faite à ſeize ans accomplis, *ſine ullo ſexus diſcrimine,* eſt valable, & que celle qui eſt faite avant cet âge, n'oblige point. M. le Prêtre, 1. cent. chap. 28. Expilly, en ſes Arrêts, chap. 26. & M. Catelan, Liv. 1. chap. 20.

Cet article de l'Ordonnance de Blois ſemble avoir ſon utilité, en ce qu'il remplit les Monaſteres, & décharge nombre de familles qui ſe trouveroient avoir un trop grand nombre d'enfans s'ils reſtoient tous dans le monde. Néanmoins il ſeroit à ſouhaiter que la profeſſion religieuſe ne ſe fît que dans un âge plus avancé, & conformément à ce qui avoit été là-deſſus réglé par l'article 19. de l'Ordonnance d'Orléans ; car on eſt peu capable d'éprouver à 15. ans juſqu'à 16. qui eſt le terme du Noviciat, ſi l'on peut ſupporter les auſtérités de la vie monaſtique, & connoître ſi l'on ſera toujours capable de garder la chaſteté, la pauvreté & l'obéiſſance, & enfin toutes les regles de la vie que l'on veut embraſſer. Cependant lorſque la profeſſion eſt faite, le repentir eſt hors de ſaiſon, & la penſée de ne pouvoir jamais récouvrer ſa liberté, cauſe quelquefois un déſeſpoir qui eſt ſans remede.

Quoiqu'il en ſoit, l'âge de faire profeſſion eſt aujourd'hui réglé à ſeize ans accomplis ; mais cela n'empêche pas que quelques Ordres Religieux ne

I

l'ayant valablement fixé à un âge plus avancé, comme je le remarquerai dans mon Dictionnaire de Droit Canonique.

AGE POUR POUVOIR ALIÉNER, est l'âge de majorité, *voyez* Aliénation.

AGE POUR FAIRE RESTITUER EN ENTIER. Les mineurs peuvent se faire restituer en entier jusqu'à 35. ans & les majeurs jusqu'à dix ans, à compter du jour que les contrats ou actes ont été faits, ou que la cause de crainte, violence ou autre a cessé.

AGE AUQUEL FINIT LA GARDE. Si c'est la garde-noble, elle finit à vingt ans pour les mâles, & à 15. ans pour les filles. Et la garde-bourgeoise finit aux mâles à quatorze ans, & aux femelles à douze.

AGE POUR FAIRE LA FOI ET HOMMAGE, est le même que celui auquel finit la garde noble. En effet, il semble que les mâles étant en état de sortir de la garde-noble à vingt ans, & les femelles à 15. ils sont en état de faire la foi & hommage de leurs fiefs.

AGE REQUIS POUR EXERCER DES CHARGES DE JUDICATURE, est pour l'ordinaire à l'âge de 25. ans accomplis.

Mais il y a des Charges qui demandent un âge plus avancé, par rapport à leurs qualités & à leurs prééminences : sur quoi on peut voir l'Edit du mois d'Août 1669, & celui du mois de Novembre 1683.

Au reste, ce n'est pas sans raison que l'âge est requis en un Juge : car pour bien s'acquitter d'un emploi si important, il faut être très-sage & très-judicieux; *Juvenis autem non potest esse sapiens, quia prudentia requirit experientiam, quæ indiget tempore.*

L'âge de vingt-cinq ans accomplis est donc requis pour être pourvû de Charges & Offices publics ; & un mineur n'y peut être admis sans une dispense non insérée dans ses provisions, mais obtenue par des Lettres séparées.

Nos anciennes ordonnances défendent d'appeller aux Charges de Maire, Echevin, Conseiller, Juré ou Prud'homme des Villes, Bourgs ou Villages de la Province, les mineurs de vingt-cinq ans.

AGE POUR TESTER, n'est pas le même en pays de Droit écrit, qu'en pays coutumier.

En Pays de Droit écrit, on peut tester à l'âge de puberté, conformément au Droit Romain ; c'est-à-dire, à 14. ans accomplis pour les mâles, & à 12. accomplis pour les filles. Taisand, sur la Coutume de Bourgogne, tit. 7. art. 4. Ricard, des Donations entre-vifs, part. 1. ch. 3. sect. 3. n. 196.

La Coutume de Paris (à laquelle la plus grande partie des autres Coutumes se trouvent conformes) permet de tester de ses meubles, acquêts, & conquêts immeubles, à vingt-ans ; & à l'âge de vingt-cinq ans, de tester du quint de ses propres, les quatre autres quints devant demeurer à l'héritier des propres.

Nous avons cependant quelques Coutumes qui fixent l'âge de tester à dix-huit ans.

Voyez Dupineau, liv. 2. des Arrêts, chapitre 1.

Cela fait voir que le Droit Romain est plus favorable pour les testamens, que ne le sont nos Coutumes, puisqu'il permet à l'âge de puberté

de tester par testament de tous ses biens.

Mais on demande si dans les Coutumes qui n'ont pas réglé à quel âge on peut tester, il faut suivre le Droit Romain, ou la Coutume de Paris, ou les Coutumes voisines, ou l'âge requis pour l'aliénation des biens ?

La Jurisprudence établie par les derniers Arrêts de la Cour, est que dans les Coutumes qui ne définissent point l'âge pour tester, on ne doit plus à cet égard suivre le Droit Romain ; mais que l'on doit suivre la disposition de la Coutume de Paris.

Voyez ce que j'ai dit sur l'article 293. de cette Coutume ; & M. Augeard, tom. 1, Arrêt 29.

AGE AUQUEL LES ENFANS PEUVENT ÊTRE POURSUIVIS POUR LA RAISON DES CRIMES QU'ILS COMMETTENT. *Voyez* Dols. *Voyez* Impuberes.

AGE, COMMENT SE PROUVE. Celui qui fonde sa demande ou ses défenses sur son âge, ou sur celui de quelqu'autre personne, doit en faire preuve ; *qui ætatem allegat, sive agendo, sive excipiendo, eam probare debet.*

La regle est que l'âge se doit justifier par les extraits baptistaires, tiré des Registres publics.

Mais au défaut de ces Registres, comme quand ils ont été brûlés ou perdus, l'âge se prouve par les écrits particuliers & livre des peres & meres & parens, & même quelquefois par commune renommée, dont ont fait passer acte pardevant Notaires, signé par des amis & des voisins qui en rendent témoignage.

Voyez ci-après Registres des naissances.

AGE DE BOIS ou USANCE DE BOIS, signifie dans les Maîtrises des Eaux & Forêts, le tems qu'il y a qu'on a coupé un taillis.

L'ordonnance du mois d'Août 1669. veut que dans la coupe des bois taillis, on laisse seize baliveaux par arpent de l'âge du bois que l'on coupe, pour croître en futaie.

Les coupes des bois taillis ne se peuvent faire au plûtôt que de dix ans en dix ans, comme nous dirons *verbo* Bois taillis.

A l'égard des feuilles, elles se comptent par les années, dans le cas d'un usufruit, ou du retardement d'une vente.

Si pendant l'usufruit il y a eu cinq années depuis la derniere coupe, & que l'usufruitier vienne à décéder, il est certain que le fond & les bois passent au propriétaire ; mais comme il y en a cinq années, & que les feuilles sont des fruits, on les adjuge à l'héritier de l'usufruitier.

Il en est de même d'un Marchand qui ne coupe pas dans le tems convenu ; s'il différe d'un an, il profite du bois qui augmente, & fait perdre un an au propriétaire, dont la premiere coupe est reculée d'un an ; & pour le dédommager, on lui paye ordinairement les feuilles à son option, ou suivant le prix du marché, ou suivant la valeur des bois pendant l'année qu'on n'a pas coupé, parce qu'ils peuvent avoir augmenté de prix, le vendeur à l'opinion.

AGE'. Nos Coutumes se servent de ce terme, pour signifier un majeur de vingt-cinq ans.

Ainfi celle de Paris, art. 113, dit que la prefcrip-tion de dix ans court entre prefens, & celle de vingt ans entre abfent âgés & non privilegiés.

AGÉS ET NON PRIVILEGIÉS, font les ma-jeurs de vingt-cinq ans accomplis, qui d'ailleurs n'ont point de priviléges qui empêche la prefcrip-tion de courir contr'eux.

Les privilégiés, outre les mineurs de vingt-cinq ans, font les Seigneurs féodaux & fenfuels, le Fifc, la femme pour fon douaire, & le fubftitué. *Voyez* ce que j'ai dit fur l'art. 113. de la Coutu-me de Paris. *Voyez* auffi ce que j'ai dit fur les art. 120. 123 & 114 de la même Coutume.

AGENCEMENT. Ce terme eft ufité dans les Parlemens de Bourdeaux & de Pau, pour ex-primer un don de noces & de furvie, que le futur époux fait à la future, par contrat de mariage, à proportion de fa dot, fuivant ce qui eft réglé en-tr'eux. Ce droit eft la même chofe que ce qu'on appelle augment de dot dans les autres pays de Droit écrit. L'agencement ou augment de dot a quelque rapport avec le douaire des pays coutu-miers. Il y a néanmoins plufieurs différences effentielles entre ces deux droits, ainfi qu'on le verra ci-après au mot Augment.

Voyez la Peyrere, *verbo* Agencement.

AGENS DU CLERGE', font ceux qui ont fuc-cédé aux Syndics & Députés du Clergé : ils doivent être Prêtres, réfidens dans la Province qui les nomme.

Touchant leur origine, établiffement, quali-tés, droits & fonctions, *voyez* les Mémoires du Clergé, premiere édition, tom. 4. partie 5. tit. 6. & l'édition de 1721, tom. 8. part. 2331. Bar-det, tom. 1, liv. 4. chap. 1, les preuves des Liber-tés de l'Eglife Gallicane, tom. 1. chap. 11. nom-bre 40. les Loix eccléfiaftiques de France dans leur ordre naturel, partie 636. & fuiv. & l'édit du mois d'Avril 1695, art. 50.

AGENT, eft celui qui fait les affaires d'un Corps ou Communauté.

On fe fert auffi de ce terme pour fignifier celui qui fait les affaires des Marchands, & on l'appelle autrement commiffionnaire, qui prend charge d'un ou de plufieurs Marchands, conjointement ou fé-parément, d'acheter des marchandifes pour leur en-voyer, ou d'en recevoir d'eux pour les vendre.

Le commiffionnaire peut faire les ventes ou achats en fon nom, ou fous le nom de fes Com-mettans.

AGENT DE CHANGE, eft autrement dit un Courtier de Change.

Ainfi, Agens de Change font des perfonnes éta-blies dans les Villes de Commerce, qui s'entremet-tent entre les Marchands & Banquiers, pour faci-liter leurs négoces de lettres & de billets de Chan-ge, & le débit de leurs marchandifes en gros.

Voyez Change, *Voyez* le Dictionnaire œconomi-que, & l'Ordonnance de 1673. tit. 2.

AGEIER ou AGRIER, eft le terrage & champart que le Seigneur a droit de lever en quelques Communes, fur les gerbes de bled au temps des moiffons, fur les terres qui font

fituées dans l'étendue de fa feigneurie.

Ce terme vient d'*ager*, qui fignifie champ, & revient au champart.

Ce droit n'eft pas annuel par-tout ; & il y a des pays où celui qui a ce droit, ne prend rien pen-dant 3. années, & leve enfuite tous les fruits de la quatrieme année.

Il ne produit qu'un revenu inégal & incertain, dans les lieux mêmes où il eft dû annuellement, parce qu'il confifte en une portion de fruits dont la quantité n'eft point égale toutes les années.

Voyez Champart.

AGGRESSEUR, eft celui qui a commen-cé la querelle ; ce qui fait qu'on lui donne toujours le tort par provifion.

AGIOT. Terme de Banque & de Change, qui fignifie commerce, trafic, vent, achat, échange de papier, billets d'état, billet de mon-noye, billets de Banque, foumiffions, foufcrip-tions, primes actions, &c.

Ce terme eft venu d'Italie en France. Il fignifie chez les Italiens commodité, aife, échange. Il fe dit de l'excédent qu'on prend ou qu'on paye fur une certaine fomme, pour fe dédommager de la perte qu'on pourroit y avoir faite.

L'agiot a commencé en France au premier dif-crédit des billets de la Caiffe des Emprunts en 1706. Il eft devenu confidérable depuis 1719. par le commerce des Actions de la Compagnie des Indes, Billets de Banque & autres Papiers.

A Lyon, dans les Livres de Commerce, agiot fignifie intérêt.

AGIR, fignifie intenter quelqu'action en Juf-tice. Un mineur ne peut agir en Juftice que fous l'autorité de fon tuteur ou curateur. Un mari ne peut agir criminellement contre fa femme, fi ce n'eft en cas d'adultere, ou d'attentat à fa vie.

AGNAT. On appelle du nom d'agnats les collatéraux defcendans par mâles d'une même fouche mafculine, *nec capite minuti.*

AGNATION, étoit chez les Romains le lieu de parenté par mâles, appelé chez eux confan-guinité. *Voyez* ma Traduction des Inftitutes, au titre *de legitima agnatorum tutela*, & au titre *de le-gitima agnatorum fucceffione*. Nous remarquerons feulement ici,

Iº. Que l'agnation eft reftrainte aux parens pa-ternels qui n'ont pas perdu le droit de famille par un changement d'état ; au lieu que la cognation regarde les parens maternels, & les parens paternels qui n'ont point ce qu'on appelle *jus fa-miliæ*, foit qu'il n'y en ait jamais eu entr'eux, foit que ce droit ait été éteint *capitis diminutione.*

IIº. Qu'il a été un tems où chez les Romains les agnats d'un défunt étoient appellés à fa fucceffion, à l'exclufion de fes congnats, quoiqu'ils lui fuffent plus proches parens. Mais Juftinien, par fa Novel-le 118. cap. 5. a voulu que les agnats & les cog-nats fuffent admis à la fucceffion de ceux qui dé-cederoient fans defcendans & fans afcendans, *idque fecundùm gradus prærogativam.*

IIIº. Que dans la famille royale de France l'on fuit l'agnation, c'eft-à-dire, que l'on n'admet à la fucceſſion que les mâles defcendus des mâles de branche en branche.

AGRAIRE, eſt le nom qui fut donné à une Loi que publia Spurius Caſſius, pour le partage des terres priſes ſur les ennemis; ce fut vers l'an de Rome 268. On trouve dans le Digeſte deux autres Loix agraires, l'une de Cefar, & l'autre de Neron; mais elles ne regardent que le limites des champs, & n'ont aucun rapport avec celle de Spurius Caſſius. &

Au reſte, il faut rémarquer que ce mot agraire n'eſt point le nom particulier d'une Loi, mais un nom générique de toutes les Loix faites pour le partage & la diſtribution des terres.

Voyez ce qui eſt dit ſur ce mot dans le Dictionnaire de Trevoux, où ſont rapportés les noms de pluſieurs Loix à qui les Romains avoient donné l'épithete agraire.

AGRIMENSATION, ſignifie arpentement & meſurage.

A I

AIDES, ſe prend pour toutes les levées des deniers que le Roi leve en ſon Royaume, pour les néceſſités de l'Etat, comme les gabelles, les tailles, les décimes, & ce qui ſe paye ſur les denrées & marchandiſes.

Mais dans ſa propre ſignification, il ſe prend pour les deniers que le Roi leve ſur les marchandiſes qui ſe vendent & ſe tranſportent dedans & dehors ſon Royaume. Ainſi, aides ſe dit particuliérement des deniers qui ſe levent ſur le vin, tant en gros qu'en détail; comme le gros, le vingtieme, le huitieme & quatrieme, le jaugeage & courtage, l'annuel, les anciens & nouveaux cinq ſols, les entrées & ſorties des Villes, l'impôt ſur le cidre, bierre & autres breuvages, l'impôt ſur le pied fourché & autres.

Les aides ont été d'abord nommées ainſi, parce que ce ſont des ſubſides que les Etats conſentoient qu'on levât ſur le Peuple, pour aider les Rois à ſoutenir les guerres.

En France, les aides ne furent impoſées au commencement que pour un an, & puis pour deux ou trois, & enfin elles ſont devenues perpétuelles.

Les aides ſe payent par toutes ſortes de perſonnes, privilégiées ou non; en quoi elles différent des tailles, qui ne ſe payent que par les roturiers.

AIDE-CHEVEL, eſt un droit qui eſt dû par les Vaſſaux au chef-Seigneur duquel ils relevent.

Il y en a de trois ſortes. L'une de l'aide de chevalerie qui ſe paye quand le fils aîné du Seigneur eſt fait Chevalier. L'autre s'appelle aide de mariage, qui ſe paye au Seigneur lorſqu'il marie ſa fille aînée à un Gentilhomme. Le troiſieme eſt l'aide de rançon, qui ſe paye au Seigneur lorſqu'il eſt fait priſonnier pour guerre de ſon Prince, & une fois ſeulement en ſa vie.

La Coutume de Bourgogne ajoute une quatrieme eſpece d'aide-chevel, qui eſt pour le voyage d'outre-mer: c'eſt pourquoi cet aide a été appellé taille ès quatre cas.

Sous Charles VI. ces aides dependoient de l'honnêteté & de la libéralité des Vaſſaux: c'eſt pourquoi on les appelloit droits de complaiſance.

On conjecture que les Seigneurs ont impoſé cette marque de dépendance ſur leurs Vaſſaux à l'exemple des Patrons, qui recevoient à Rome des préſens de leurs affranchis, ou pour doter leurs filles, ou à certains jours ſolemnels, comme le jour de leur naiſſance.

Hæc munera, quæ debentur Domino ultra fidem & hominem, erant olim quaſi ultro tributa : ſed quod ab initio Beneficium fuit, uſu atque ætate factum eſt debitum.

Mais ces aides ne ſont plus en uſage dans ce Royaume.

AIDE DE RELIEF, eſt un droit ſeigneurial qui eſt dû par les Vaſſaux, en cas de mort du Seigneur immédiat. Il ſe paye à ſes héritiers, pour les aider à relever leur Fief envers celui qui eſt le chef-Seigneur.

En Normandie, on paye la moitié du relief pour l'aide de relief.

AIDER. Ce terme, précédé du pronom perſonnel, ſignifie ſe ſervir de quelque choſe. On dit par exemple au Palais qu'un homme s'aide d'une piece, quand il la produit pour en tirer quelqu'induction à ſon avantage.

AIEUL, *Voyez* Aſcendans.

AINÉ, eſt le premier né d'entre les mâles en loyal mariage, habile à ſuccéder. M. C. Dumoulin, tit. des Fiefs, gloſ. 3. nomb. 2. & nomb. 13.

Cette définition eſt juſte par rapport au droit généralement reçu dans nos Coutumes: cependant nous en avons quelques-unes où les filles jouiſſent du droit d'aîneſſe, au défaut des mâles.

Ce mot vient de *ains*, qui ſignifie avant, & du mot de *né*. Cependant nous entendons par aîné, celui qui précede en âge les autres enfans mâles au tems de la ſucceſſion ouverte: car l'aîné ne ſe confidére qu'en ce tems-là: de ſorte que le puîné devient l'aîné par la mort de l'aîné ſans enfans, arrivée du vivant du pere.

Intelligitur primogenitus de eo qui antè ſe neminem habet, quamvis majores natu fratres habuerit, ſed mortuos. Alciatus, *in leg. 92. ff. de verb. ſignif.*

Cependant la ſubſtitution qu'un pere auroit faire en faveur de tel ſon fils aîné, ne paſſeroit pas à un autre fils, qui ſeroit depuis devenu l'aîné par le décès de ſon frere aîné, comme il a été jugé par Arrêt rendu en la cinquieme Chambre des Enquêtes, au rapport de M. de la Porte, le 28. Avril 1690.

La raiſon eſt, que l'énonciation de fils aîné jointe à l'énonciation expreſſe de la perſonne, eſt perſonnelle & affectée ſpécialement à celui qui eſt dénommé dans la diſpoſition: ainſi, n'étant point générale, elle ne ſouffre point d'extention à celui qui, après la mort de ſon frere, ſe trouve être l'aîné.

L'Arrêt cité ci-deſſus eſt rapporté par M. Augeard, tome 3. chap. 5.

Celui des deux jumeaux qui eſt venu au monde le premier, eſt réputé l'aîné; Henrys, tom. 2. liv. 6. queſt. 46. avec les Obſervations; Mais ſi l'on

ignore lequel de deux eſt venu au monde le premier, le droit d'aîneſſe doit en ce cas être partagé
entre l'un & l'autre. Tiraqueau, en ſon Traité
du droit d'aîneſſe, queſt. 17. *in fine.*

Ce droit ayant été partagé entr'eux par moitié,
ſi l'un des deux vient enſuite à décider ſans enfans,
la part que le défunt avoit dans ce droit d'aîneſſe
doit appartenir à celui qui ſurvit, par droit de
non décroiſſement, attendu la conjonction naturelle & légale qu'il y avoit entre ces deux freres.
Tiraqueau, *loco citato, quæſt. 20.*

Quand l'aîné eſt inhabile par quelque crime, ou
par profeſſion monaſtique, ou par une juſte exhérédation, le mâle ſuivant doit avoir le droit d'aîneſſe ; parce que l'inhabile n'eſt point compté, &
eſt tenu pour mort, & pour non exiſtant.

La légitimation n'attribue pas le droit d'aîneſſe
à celui qui, étant né avant ſes freres, procréés
d'un légitime mariage, a été depuis légitimé ;
parce que la légitimation n'a pas un effet rétroactif au préjudice d'un tiers, & d'un droit qui lui a
été acquis dès le moment de ſa naiſſance. Ainſi, le
bâtard légitimé par mariage ſubſéquent, jouit du
droit d'aîneſſe ſur ſes freres nés depuis le mariage,
mais non pas ſur ceux qui ſont nés d'un autre légitime mariage intermédiaire.

*Per ſubſequens matrimonium legitimatus non conſe-
quitur jus primogenituræ reſpectu legitimorum quibus,
jus eſt quæſitum, niſi ſint filiæ.* M. C. Dumoulin, §.
13. des Fiefs, gloſ. 1. nomb. 34 & 35.

Lapeyrere, let. A, dit que le bâtard légitimé
par mariage ſubſéquent, jouit du droit d'aîneſſe
ſur ſes freres nés depuis le mariage de ſes pere &
mere ; mais qu'il ſera exclus de ce droit par le fils
né d'un autre mariage intermédiaire.

M. le Brun, en ſon traité des Succeſſions, liv.
2. ch. 2. ſect. 1. nomb. 15. eſt d'avis contraire ;
mais ſon opinion n'eſt pas ſuivie. *Voyez* Belordeau
en ſes Obſervations forenſes, lettre E, art. 6, &
lettre L, art. 1 ; Brodeau, ſur l'art. 13. de la Coutume de Paris, & ſur M. Louet, lettre D, ſommaire 52 ; Charondas, liv. 2, rép. 31, & Berault, ſur l'art. 275. de la Coutume de Normandie.

AINESSE. *Voyez* Droit d'aîneſſe.

A L

ALBERGEMENT, en Dauphiné, eſt
ce qu'on appelle bail emphitéoſe dans nos Coutumes.

L'albergement ſe peut faire ſous condition que
le fonds albergé retournera au bailleur avant que
le tems du bail emphitéotique ſoit expiré, au cas
que le preneur aliéne le fonds, ou qu'il décede
ſans enfans. La raiſon eſt, que *pacta dant legem
contractibus.*

Voyez Baſſet, tom. liv. 1, tit. 7, chap. 3. liv. 3.
tit. 11, chap. 1, & tom. 2, liv. 1, tit. 10. *Voyez* auſſi
Salvaing, dans ſon Traité de l'uſage des Fiefs, chapitre 25.

ALBERGES. Voyez Hébergement.

ALEU, ſignifie liberté, immunité & franchiſe.
L'héritage allodial eſt un franc-aleu, ou héritage

qui ne doit point des droits ſeigneuriaux : *illius
enim fundi proprietas à nullo recognoſcitur.* En quoi
il différe des Fiefs & des héritages tenus en cenſives.
Voyez Franc-aleu.

Ceux qui ſeront curieux de ſçavoir l'étimologie
du mot *Aleu*, n'auront qu'à voir le Dictionnaire de
Trevoux, le Gloſſaire du Droit François, & ce qu'en
a dit M. Menage dans ſon Dictionnaire étimologique.

ALIBI, mot latin, qui ſignifie ailleurs. Quand
on dit qu'un accuſé propoſe l'*alibi*, cela ſignifie
qu'il allégue qu'il étoit dans un autre lieu que celui où le crime a été commis ; & en ce cas il doit,
en oppoſant cette exception, conclure *à ce
qu'il ſoit admis à faire preuve que dans le tems que le
crime dont on l'accuſe a été commis à tel endroit, il
étoit dans un autre lieu ſi éloigné, qu'il n'y a pas de
vraiſemblance ni de poſſibilité qu'il en puiſſe être coupable.*

Voyez l'Ordonnance criminelle, titre des faits
juſtificatifs.

On peut prouver l'*al'bi* par les Domeſtiques,
quoique réguliérement leur témoignage ne ſoit
pas reçu dans les affaires où leurs maîtres ont intérêt. Voyez Lapeyrere, lettre P.

ALIENATION, eſt un acte par lequel on tranſfére la propriété de quelque choſe à titre lucratif,
comme la donation ; ou à titre onéreux, comme la
vente ou la permutation.

Ce terme, pris dans une ſignification plus étendue, comprend auſſi le bail emphitéotique, le gage & hypothéque, & même la conſtitution de
quelque ſervitude que l'on fait ſur ſon fonds.

Enfin, la preſcription eſt auſſi compriſe ſous ce
mot, & généralement toutes obligations, qui emportent aliénation faute de payement. D'où il s'enſuit que celui qui ne peut aliéner une choſe, ne
la peut pas obliger. Ainſi, un mari qui ne peut pas
aliéner les biens de ſa femme ſans ſon conſentement, ne peut pas auſſi les obliger & hypothéquer, à
moins qu'elle n'y conſente. *V.* ce que j'ai dit ſur l'art.
226. de la Coutume de Paris.

Réguliérement, tout propriétaire qui a la libre
adminiſtration de ſes biens, peut aliéner les choſes
qui lui appartiennent ; & celui qui n'eſt pas propriétaire d'une choſe, ne peut pas aliéner, comme je l'ai
expliqué dans ma traduction des Inſtitutes, ſur le
titre 8. du ſecond livre.

Ainſi, comme les mineurs & les interdits n'ont
pas la libre adminiſtration de leurs biens, il eſt évident que les aliénations qu'ils feroient ne ſeroient
pas valables.

De ce que la libre adminiſtration donne ordinairement la faculté d'aliéner, il s'enſuit qu'un accuſé de crime capital peut bien aliéner ; mais après
que la condamnation de mort naturelle ou civile a
été contre lui prononcée, il ne le peut plus ſi ce
n'eſt qu'il le faſſe *prudente appellatione,* & que le
condamné par contumace décede dans les cinq ans
qui lui ſont accordés pour purger la contumace. *V.*
accuſé.

Quoique la pleine adminiſtration emporte naturellement la liberté d'aliéner, cela n'entend néam,

moins que suivant les restrictions de droit, c'est-à-dire en tant qu'il n'y a point de Loi ni de convention qui y mette empêchement. Voyez Prohibition d'aliéner.

Aucun propriétaire ne peut être contraint d'aliéner, si ce n'est en cas de nécessité publique.

ALIENATION D'UN IMMEUBLE APPARTENANT A UN MINEUR, ne se peut valablement faire sans une nécessité indispensable, qui oblige le tuteur à la faire, comme si les créanciers du mineur le pressoient de leur payer leur dû.

Outre la nécessité de l'aliénation, il faut qu'il y ait une Sentence du Juge rendue en connoissance de cause sur un avis de parens, & que la vente en soit faite en Justice, au plus offrant & dernier enchérisseur, après plusieurs affiches & publications; autrement, l'aliénation seroit de nul effet, parce que ces sortes d'aliénations sont défendues par nos Loix. At quod lege prohibente fit nullum est ipso jure.

Ainsi, le mineur au préjudice de qui l'aliénation auroit été faite par son tuteur sans des conditions requises, pourroit, sans obtenir des Lettres de rescision, agir par action réelle contre tout possesseur de l'immeuble aliéné, sans restitution de prix; sauf à l'acquéreur son recours contre le tuteur qui auroit fait l'aliénation. Voyez Henrys, liv. 4. quest. 22.

Cette Jurisprudence est si certaine parmi nous, que les Particuliers ne peuvent, par aucune disposition de derniere volonté, déroger à ce droit; parce que nul ne peut empêcher que les Loix & les Ordonnances ne soient observées, nonobstant la faveur des dernieres volontés. Ainsi, un pere ne peut pas ordonner par son testament, que les biens de ses enfans mineurs soient aliénés autrement, comme il a été jugé par Arrêt du 18. Août 1588. rapporté par M. Louet, lettre A, ch. 5. Et c'est l'usage général de toute la France, contre la disposition de la Loi, prædium cod. quando decret. opus non est.

Nous avons deux Arrêts de réglemens notables, touchant la nécessité de ne faire l'aliénation des immeubles appartenans à des mineurs, qu'en vertu d'une Sentence du Juge, rendue en connoissance de cause sur un avis de parens, & qui ordonne que la vente en soit faite en Justice, au plus offrant & dernier enchérisseur.

Le premier est du 9. Avril 1630. rapporté par du Fresne, livre 2. chap. 57. par lequel la Cour, faisant droit sur les conclusions de M. le Procureur général du Roi, ordonna qu'après l'avis des parens pris pour l'adjudication des biens des mineurs, publications seroient faites au Parc civil du Châtelet de Paris des choses à vendre, & affiches mises, pour être ensuite procédé à l'adjudication au plus offrant & dernier enchérisseur, à peine de nullité.

Le deuxieme, qui a été rendu le 28. Février 1722. ordonne que l'Arrêt du réglement du 9. Avril 1630. sera exécuté; & en conséquence, seront tenus le Prévôt de Paris & tous autres Juges, en homologuant les avis de parens, portant que les biens des mineurs seront vendus, d'ordonner que la dite vente ne sera faite qu'après les publica-tions, affiches & remises ordinaires & accoutumées; & que ledit Arrêt seroit lû & publié au Châtelet de Paris, l'Audience tenant.

Quoique toutes ces conditions se rencontrent dans une aliénation de biens appartenans à un mineur, il peut néanmoins se faire restituer contre, s'il peut prouver qu'elle lui est désavantageuse, & qu'il a été lezé, en ce que le prix pour lequel a été vendu son immeuble n'en égale pas la valeur.

Mais à l'égard des aliénations faites par un tuteur des biens de ses mineurs, sans avis de parens & sans autorité de Justice, elles sont nulles de plein droit, sans qu'il soit nécessaire d'obtenir des Lettres de rescision contre de pareilles aliénations; comme nous avons dit, & comme il a été jugé par Arrêt rendu en la Quatrieme Chambre des Enquêtes le 19. Février 1704 qui est rapporté par M. Augeard, tom. 1. chap. 46.

ALIÉNATION DES BIENS D'ÉGLISE. V. ci-après Biens d'Église.

ALIÉNATION DES BIENS DOTAUX. V. Biens dotaux.

ALIÉNATION FAITE PAR UN ACCUSÉ. Voyez accusé.

ALIÉNATION DE FIEF. Un Vassal peut aliéner son Fief, & alors les droits sont dûs au Seigneur suzerain; sçavoir, le relief & le quint, suivant la nature du contrat d'aliénation qui en est faite: mais le Vassal ne peut pas démembrer son Fief sans le consentement du Seigneur. V. Démembrer un Fief.

ALIGNEMENS. Dans les Villes où les Trésoriers de France ont une Jurisdiction, c'est à eux, comme Grand-Voyers, qu'appartient le droit de donner des alignemens; mais à leur défaut, ce droit appartient au Juge de Police.

Il est vrai qu'avant la création des Officiers de Police, cette fonction, au défaut des Trésoriers de France, appartenoit aux Juges ordinaires.

Par l'Edit de création des Lieutenans de Police, on ne la leur donne pas nommément; mais il est difficile de ne pas croire qu'elle leur appartient, comme comprise tacitement dans les fonctions qui leur sont attribuées.

La premiere idée d'un alignement fait aisément penser, que le droit en doit être de la Jurisdiction de la Police, qui a été établie pour la sûreté & la netteté des Villes: or il n'y a rien de plus important pour la sûreté des Villes, que l'alignement des maisons, pour empêcher les défectuosités des ouvrages, & les entreprises sur les rues.

A Paris, les Juges ordinaires ont toujours prétendu, au préjudice des Trésoriers de France, que les cas des périls imminens, & les encoigneures, étoient de leur Jurisdiction; mais ils se sont désistés de leur prétention depuis la création du Lieutenant de Police, qui a soutenu que la connoissance des constructions dans la Ville de Paris appartient à lui seul.

Par l'Edit du premier Avril 1693. les Trésoriers de France sont confirmés dans tout ce qui regarde la grande & la petite voirie de la Ville, des Fauxbourgs & de la Généralité de Paris. Le même Edit à créé quatre Commiffaires pour avoir cette inf-pection dans les quartiers qui leur font défignés, & pour faire leurs rapports au Bureau des Finances.

ALIMENS, font les chofes néceffaires à la vie, par rapport au tems & à la qualité des per-fonnes; & fous ce terme font compris la nourritu-re, les vêtemens, l'habitation, *leg.* 234. §. 2. *ff. de verb. fign.* fuivant la qualité des perfonnes, *& pro modo facultatum. leg.* 6. §. 5. *ff. de carbon. edic.*

La faveur des alimens eft fi grande, qu'une donation pour caufe d'alimens, faite entre per-fonnes, adulteres, eft tollerée. *Voyez* M. Ricard, des Donations entre-vifs, part. 1. chap. 3. fect. 8. nomb. 406.

La caution d'une fomme donnée pour alimens, par une obligation pure & fimple, peut être con-damnée par corps. Ainfi jugé par Arrêt rapporté par Auzanet, liv. 2. ch. 88.

Toutes Sentences de condamnation d'alimens font toujours exécutoires par provifion, nonobf-tant l'appel.

Mais quelques favorables que foient les alimens, l'obligation faite par un mari pour alimens, n'eft pas préférable à la dot & aux conventions matri-moniales de la femme. *Voyez* M. Augeard, tome 2. chap. 69.

Alimens fournis par l'ayeul ou l'ayeule, ne peu-vent être répetés, à moins qu'ils n'ayent protef-té de les répeter, & déclaré qu'ils n'ont point eu intention de les donner.

Les alimens peuvent être dûs, ou par la difpofi-tion de l'homme, ou par la difpofition de la Loi.

A L I M E N S DUS PAR LA DISPOSITION DE L'HOMME, font ceux qui font donnés ou légués à quelqu'un.

Ils reçoivent une interprétation favorable : ainfi ils comprennent non-feulement la nourriture, mais auffi le logement & les habits.

La raifon eft, qu'on ne peut pas vivre fans les alimens, le vêtement & l'habitation. Mais ce legs ne comprend pas ce qui regarde l'inftruction du légataire, foit pour un métier, ou pour quelque art, ou pour fes études, à moins que le teftateur ne s'en foit expliqué ; car ces befoins font d'une autre nature, & ne font pas pour vivre abfolu-ment néceffaires, comme font les alimens, les vêtemens, & l'habitation.

Legatis alimentis, cibaria & veftitus, & habitatio debebitur, quia fine his ali corpus non poteft. Cætera quæ ad difciplinam pertinent, legato non continentur, Leg. 6. *ff. de aliment. vel cibar. legat. nifi aliud teftato-rem fenfiffe probetur lib.* 7. *ff. eod.*

Le legs qui feroit fait à quelqu'un de ce qu'il lui faut par jour pour fa nourriture, ne compren-droit ni l'habitation, ni les vêtemens, *quoniam de cibo tantum teftator fenfit. Leg.* 21. *ff. eod.*

Quand le teftateur n'a pas défini à quoi fe de-voit monter par an le legs qu'il faifoit à quelqu'un pour alimens, on interprete fa volonté, fuivant ce qu'il avoit coutume de fournir au légataire de fon vivant, ou fuivant ce qu'il laiffe, *alimentorum no-mine*, à d'autres qui font de même qualité ; finon on doit régler ces alimens, eu égard aux facultés

du défunt, à l'état & à la qualité du légataire, & à l'affection que le défunt lui portoit. *Leg. pen. ff. eodem.*

Lorfque le teftateur a défigné & affecté un héri-tage, pour la fûreté des alimens qu'il a légués à quelqu'un, ce legs n'eft ni plus ni moins avanta-geux au légataire, foit que cet héritage ait plus de revenu qu'il n'en faut pour acquitter le legs, foit qu'il en ait moins. *Leg.* 12. *ff. de aliment. & cibar. legat.*

Ainfi, quand les revenus de cet héritage ne font pas fuffifans, le legs doit être payé fur les autres biens de la fucceffion. Voyez Charondas en fes Obfervations, *verbo* Alimens ; Papon, liv. 10. tit. 6. art. 4. Automne, *ad D. leg.* 12. *ff. de alim. & cibar. legat.* & Guy-Pape, queft. 8.

Il faudroit dire le contraire, fi le teftateur avoit déclaré qu'il vouloit que les alimens fuffent pris feulement fur un certain fonds. Dolive, livre 1, chap. 6.

La faveur des alimens fait qu'on peut faire va-lablement un tel legs à toutes fortes de perfon-nes, même à celles qui feroient incapables des effets civils. *Leg.* 11. & 17. *ff. de alim. & cibar. legat.*

L'incapacité de fuccéder ou de recevoir un bien-fait par teftament, ou par quelqu'autre difpofi-tion de derniere volonté, ne regarde pas les legs qui fe font *alimentorum caufa.*

Comme les alimens font d'une néceffité abfolue à quiconque vit, il eft de l'équité qu'on puiffe les donner à qui que ce foit. Ainfi on peut léguer des alimens à ceux même qui font condamnés à mort, ou à d'autres peines qui emportent la mort civile ; & pendant qu'ils reftent en vie, ils peuvent jouir d'un legs borné à cet ufage. *Incapaci & deportato alimenta relinqui poffunt. Leg.* 3. *ff. de his quæ ut in-dignis.* Coquille, fur l'art. 23. du titre des Succef-fions de la Coutume du Nivernois.

On peut léguer des alimens à un étranger non-naturalifé ; & un tel legs eft valable, pourvû qu'il refte en France, & y confomme le produit de ce legs. Ainfi jugé par Arrêt de la Grand'Chambre, rendu le 20 Décembre 1737.

En matiere d'alimens annuels laiffés à quelqu'un par une difpofition à caufe de mort, quand l'an eft commencé, les alimens font dûs pour toute l'an-née ; *quia initio cujuflibet anni dies cedit, id eft inci-piunt deberi. Leg.* 12. §. *ff. quando dies legator. Leg.* 5. & 8. *ff. de annuis legat.* Voyez Expilly en fes Ar-rêts, ch. 67. Il en eft de même d'un legs d'ali-mens payable tous les fix mois ; à l'inftant que les fix mois font commencés, les alimens pour ces fix mois font dûs aux héritiers du légataire, s'il ne les a pas reçus lui-même. Il faut dire le contraire des penfions viageres qui font dûes par acte entre-vifs ; car elles ne font dûes que jufqu'au jour du décès de celui au profit de qui la penfion auroit été confti-tuée ; enforte que fi on en avoit reçu une année ou une demi-année par avance, on pourroit répeter au *prorata* du tems qu'il n'auroit pas vécu pendant toute l'année, ou pendant les fix mois entiers.

Les alimens légués *ufque ad pubertatem*, font dûs jufqu'à la pleine & entiere puberté du légataire, c'eft-à-dire jufqu'à dix huit ans commencés, &

c'eſt un mâle , & juſqu'à quatorze complets , ſi c'eſt une fille. *Leg. 14. in princ. ff. eod.*

Les legs d'alimens ne ſont deſtinés que pour être employés à l'entretien , c'eſt-à-dire à la nourriture , vêtement & habitation du légataire ; néanmoins ſi l'héritier n'avoit pas acquitté le legs pendant pluſieurs années , quoique le légataire ait eu d'ailleurs de quoi fournir à ſon entretien , & même gratuitément , les arrérages en ſeroient toujours dûs au légataire ; de ſorte que la ceſſation du payement de pluſieurs années ne lui feroit aucun préjudice , ni pour le paſſé , ni pour l'avenir. *Leg. 18. §. 1. ff. de aliment. legat.*

Celui à qui on a légué des alimens , n'en peut pas tranſiger , du moins par rapport à ceux qui ne ſont pas encore échus , *in conſulo Prætore , ne pia eludatur providentia teſtatoris , qui hominis vitæ proſpicere voluit. leg. 8. ff. de tranſactionibus. Leg. 8. cod. eodem.*

Si pluſieurs ſont chargés de la preſtation d'alimens envers quelqu'un , chacun d'eux peut y être contraint ſolidairement , ſauf ſon recours contre chacun d'eux pour ſa part & portion ſeulement. *L. 3. ff. de alim. & cibar. legat.*

Voyez Belordeau en ſes Obſervations forenſes , let. A , art. 30. qui dit avoir été jugé ainſi ; parce que s'il falloit s'adreſſer en particulier à chacun de ceux qui ſont chargés de fournir ces alimens , ce ſeroit un trop grand embarras , outre que cela cauſeroit beaucoup de frais. *Voyez* auſſi Soeſve , cent. 2. liv. 4.

L'obligation de donner à quelqu'un des alimens , paſſe en la perſonne des héritiers de celui qui en eſt chargé. *Onus alimenta præſtandi in ſubſidium tranſit contra hæredes. Barthol. ad leg. 5. §. 17. ff. de agnoſc. & alend. liber.*

Quoique celui à qui les alimens ſont dûs par la diſpoſition de la Loi , ſoit obligé de les prendre dans la maiſon de celui qui le nourrit , & même de travailler pour lui , celui à qui les alimens ſont dûs par la diſpoſition de l'homme , n'eſt pas obligé de les prendre dans la maiſon de l'héritier , à moins que le teſtateur ne l'ait ordonné , *Bart. ad leg. 4. §. 2. ff. de alim. cibar. legat.* & quand même il l'auroit ordonné , le légataire pourroit , pour juſte cauſe , ſe faire décharger de cette obligation. De plus , quand le légataire , conformément à la volonté du teſtateur , prendroit ſes alimens , il ne ſeroit pas obligé à aucuns ſervices dans la maiſon de l'héritier. *Voyez* Deſpeiſſes , tom. 2. pag. 226. nomb. 36. & page 242. nomb. 3.

Mais quelque faveur que l'on donne à un tel legs , le droit d'accroiſſement n'a point lieu , lorſqu'il eſt fait à pluſieurs perſonnes , & que quelqu'un des légataires le repudie ; parce que ce legs étant borné à ce qui eſt néceſſaire pour l'entretien de chaque légataire , il n'eſt pas ſuſceptible d'aucun accroiſſement.

De plus , les legs d'alimens ne ſont pas exempts du rétranchement de la falcidie , encore moins de la légitime. M. Ricard , des Donations entrevifs , part. 3. chap. 8. ſect. 9. nomb. 117. *Vide etiam leg. 89. ff. ad leg. falcid.*

Touchant les legs d'alimens , *voyez* ce qu'en a dit Deſpeiſſes , tom. 1. pag. 241. colon. 2.

ALIMENS DUS PAR LA DISPOSITION DE LA Loi. Il y a pluſieurs perſonnes à qui les alimens ſont dûs , lorſque privées de tous biens , elles ne ſont pas en état de gagner leur vie.

Les peres & meres & autres aſcendans ſont obligés de fournir des alimens à leurs enfans , juſqu'à ce qu'ils ſoient en état de gagner leur vie.

Ce n'eſt pas quelque Loi particuliere qui oblige les parens à nourrir leurs enfants ; mais c'eſt cette Loi naturelle qui eſt auſſi ancienne que les hommes , & que la nature a inſpirée à tous les animaux. *Alimenta enim liberis denegare necare eſt.*

Comme en pays de Droit écrit la femme a des biens paraphernaux , la mere peut être obligée de nourrir ſes enfans lorſqu'elle eſt riche , & que ſon mari eſt pauvre , Novel. 117. ch. 7. autrement elle n'eſt point tenue de fournir aux frais de la nourriture des enfans communs : elle pourroit même répeter les alimens qu'elle leur auroit fournis , à moins qu'elle ne les leur eût donnés *materno affectu. Leg. 5. §. 14. ff. de agnoſ. & alend. liber.*

Mais en pays coutumier le devoir des peres & meres eſt égal à cet égard ; il faut ſeulement conſidérer les facultés des uns & des autres , *cum ex æquitate hæc res deſcendat & charitate ſanguinis. Mornacius , ad dict. leg. 5. §. 1.*

Auſſi par Arrêt rendu au Parlement de Paris le 18. Février 1656. il a été jugé qu'une femme étoit tenue de nourrir l'enfant iſſu d'elle & de ſon mari , nonobſtant la renonciation par elle-même faite à la communauté. Cet Arrêt eſt rapporté par Soeſve , tom. 2. cent. I. chap. 10.

En cas que le mari & femme ſoient ſéparés de corps & de biens , & qu'il y ait des enfans communs iſſus de leur mariage , ils doivent l'un & l'autre contribuer aux frais de leur nourriture ; & alors le Juge ordonne quelquefois que les fils ſeront élevés chez le pere , & les filles chez la mere , pourvû qu'elle ſoit d'une bonne conduite ; autrement le Juge ordonne qu'elles ſoient élevées chez les parens dont les Parties conviennent , ou qu'elles ſoient miſes dans un Couvent. Pareillement , ſi le mari n'eſt pas d'une vie honnête & réglée , le Juge ordonne que ſes fils ſeront mis en penſion chez un parent ou chez quelqu'autre perſonne , ou enfin dans un Collége : ce qui dépend des circonſtances , de l'âge , de la condition & des biens des perſonnes.

Quand il ſe trouve des peres aſſez dénaturés pour refuſer des alimens à leurs enfans , on peut les y contraindre en Juſtice , à moins que leurs enfans n'ayent de quoi ſe nourrir & entretenir d'ailleurs. *L. 5. §. 7. ff. de agnoſc. & alend. liber.*

Alimens ſont dûs par le pere naturel à l'enfant bâtard , juſqu'à ce que cet enfant ſoit en état de gagner ſa vie , comme nous l'avons dit *verbo* Bâtard.

Cette obligation paſſe aux héritiers du pere naturel , qui en ſont tenus , *pro modo emolumenti* , juſqu'à ce que le bâtard ſoit en état de gagner ſa vie. Bardet , tom. 1. liv. 4. chap. 36. rapporte un Arrêt qui l'a jugé ainſi.

Uij

Un bâtard, quoiqu'adulterin, peut demander des alimens fur la fucceffion de fon pere. *Voyez* le Journal des Audiences, tom. 5. liv. 4. chap. 3. & le troifieme Plaidoyé de M. Erard. *Voyez* auffi ce que j'ai dit *verbo* Bâtard.

Généralement dans toutes les caufes d'état, juf-qu'à ce qu'elles foient terminées, le pere eft obligé de fournir des alimens à celui qui fe dit fon fils, & qui eft en poffeffion de la filiation; comme il a été jugé par Arrêt du 21. Août 1626. rapporté par Filleau, Partie 4. queft. 152. *Voyez* Filiation.

A l'égard des enfans exhérédé, quand l'exhé-rédation a lieu & eft confirmée en Juftice, ils ne peuvent demander des alimens fur les biens de leur pere. Ainfi jugé par Arrêt du 12. Février 1628. rapporté par Brodeau fur M. Louet, lettre A, fomm. 4.

Lorfqu'un fils s'eft marié contre la volonté de fon pere, il ne peut point lui demander de penfion alimentaire, ni pour lui, ni pour fa famille; com-me il a été jugé par Arrêt prononcé en robes rou-ges le 22 Décembre 1628, rapporté dans le Jour-nal des audiences, tom. 2. liv. 2. chap. 29.

Il n'en eft pas de même d'une fille qui s'eft faite Religieufe contre la volonté de fon pere; car il ne feroit pas moins tenu de lui fournir des ali-mens, fi le couvent venoit à ne pouvoir plus fub-venir à l'entretien des Religieufes. Ainfi Jugé par Arrêt du Parlement de Provence le 17. Décem-bre 1626. *Voyez* le quatrieme Plaidoyé de Du-perier, tom. 2. de fes Œuvres.

Quoique fuivant ce que nous avons dit ci-def-fus, un fils qui s'eft marié contre la volonté de fon pere, ne puiffe pas lui demander de penfion alimentaire, ni pour lui, ni pour fa famille : ce-pendant fi ce fils vient à décéder avant fon pere, & laiffe des enfans, en ce cas ce pere pourra être contraint de fournir des alimens à fes petits en-fans. Ainfi jugé par Arrêt du 10 Décembre 1652, qui a condamné l'ayeul en deux cens livres de provifion pour alimens de fa petite fille, qui n'é-toit âgée que de deux ou trois ans, & qui étoit avec fa mere, veuve du fils marié fans le confen-tement de fon pere. Cet arrêt eft rapporté par Soefve, tom. 1. cent. 3. chap. 200.

Les enfans doivent reciproquement, par cette même Loi de nature, des alimens à leurs pere & mere, fi les enfans font riches, & les pere & mere dans l'indigence, & hors d'état de gagner leur vie.

Auffi quand il fe trouve des enfans affez déna-turés pour fouffrir dans l'indigence ceux aufquels ils font redevables de la vie, ils peuvent être contraints par autorité de Juftice de leur fournir des alimens, felon leurs facultés.

C'eft fans contredit une obligation du droit na-turel, & une véritable dette, de donner des ali-mens à fes pere & mere, quand on le peut, & qu'ils font dans l'indigence; & pour nous fervir des termes du Déclamateur, en fa cinquieme déclamation : *Parenbus verò non præftatis alimenta, fed redditis.*

Comme il eft de l'ordre naturel que le fils rende au pere dans fa vieilleffe ce que le pere lui a prêté dans fon enfance, quand le fils en mourant n'a

Tome I.

point fatisfait à un devoir fi effentiel & fi important, & à une telle dette, le Juge peut fuppléer à cette omiffion, & condamner les héritiers du fils à donner des alimens à fon pere.

L'obligation de fournir par les enfans des alimens à leurs pere & mere eft folidaire : ainfi les pere & mere peuvent s'adreffer à l'un deux fauf à celui qui leur en auroit fourni, fon recours contre fes freres & fœurs, pour le rembourfement de leur part & portion. Soefve, cent. 2. liv. 4. chap. 40.

Il eft dû des alimens, non feulement aux peres & meres par leurs enfans; il en eft auffi dû à ceux qui tiennent lieu de pere & mere par alliance. Ain-fi, le beau-fils en doit à fon pere & à fa belle-mere. Bouvot, tom. 2. *verbo* Alimens, queft. 3.

Par la même raifon, un gendre peut être con-damné à fournir des alimens à fon beau-pere & à fa belle-mere, qui feroient tombés dans la mifere. *Voyez* Brodeau, lettre F. ch. 29. & l'Arrêt du 16. Juillet 1676. rapporté dans le Journal du Palais.

Ainfi gendre, bru, beau-pere & belle-mere tiennent lieu d'enfans & de parens; mais ne font dûs alimens entr'eux quand l'affinité eft diffoute, ni aux parâtres & marâtres. *Voyez* Defpeiffes, tom. 1. pag. 276.

Cette maxime, qui oblige de donner des alimens à ceux qui par alliance nous tiennent lieu de pere ou de fils, ne regarde que l'alliance qui eft contrac-tée par le mariage, & non pas la cognation fpiri-tuelle qui fe contracte par le Baptême; car les fil-leuls & filleules ne font point obligés de donner des alimens à leurs pareins & mareines; ni les pa-reins & mareines à leurs filleuls & filleules. Ainfi jugé par Arrêt du 4. Mars 1585. *Voyez* Brodeau fur M. Louet, let. F. fomm. 29. & Chopin, fur la Coutume de Paris, liv. 2. tit. 7. nomb. 19.

Le fils ne feroit pas cenfé remplir l'obligation de fournir des alimens à fon pere ou à fa mere, par les offres qu'il leur feroit de les nourrir chez lui, au cas qu'ils vouluffent demeurer ailleurs; ainfi le fils feroit tenu de leur fournir une penfion alimentaire pour fubvenir à leur nourriture & entretien, à l'effet de demeurer où bon leur fem-bleroit. Bouvot *loco citato*, queft. 4. Soefve, tom. 1. cent. 3. chap. 100.

Il n'en eft pas de même d'un fils de famille à l'égard de fon pere; car il ne pourroit pas l'obliger de lui fournir des alimens hors fa maifon, fous prétexte d'incompatibilité d'humeur, & le Juge lui enjoindroit de retourner chez fon pere, pour y être entretenu & nourri, comme il a été jugé par Arrêt du 27 Juillet 1609. *Voyez* le onzieme Plai-doyer de Puymiffon.

Celui des conjoints par mariage qui a du bien, doit des alimens à l'autre qui eft dans le befoin.

Cette obligation eft fi effentielle à la piété con-jugale, qu'elle paffe en la perfonne des héritiers du prédécédé; comme nous le marque Surdus, en fon Traité *de alimentis*, liv. 1. quæft. 45. & 46. en ces termes : *Vir & uxor inopes fuperftites alendi funt ab heredibus defuncti.*

Le même Auteur, lib. 9. quæft. 37. rapporte un Arrêt du Senat de Mantoue, qui adjuge au furvi-

K

vant des mariés qui eſt pauvre la quarte des biens du prédécédé

L'obligation de fournir par un des conjoints des alimens à l'autre qui eſt pauvre , ne peut jamais ceſſer que par une juſte cauſe, comme ſeroit un Jugement qui condamneroit une femme pour crime d'adultere. *Voyez* Chorier, en ſa Juriſprudence de Guy-Pape, pag. 231. & Deſpeiſſes, tom. 1. pag. 274. *Voyez* auſſi Brodeau, let. C, chap. 29.

Le mari pendant le procès, ou de diſſolution de mariage , ou d'adultere, doit fournir des alimens à ſa femme , leſquels ſe doivent toujours demander devant le Juge laïc. Guy-Pape & Ferriere , queſt. 439. Voyez les Déciſions de la Peyrere, lettre A. C'eſt donc un principe certain, que *pendente accuſatione adulterii , uxor ali debet ; non item poſtquam fuit condemnata, etiamſi dotem non habeat.*

Tant que la femme demeure avec ſon mari, il doit lui fournir des alimens, quand bien même il n'auroit rien reçu d'elle : ſur quoi il faut remarquer que non-ſeulement la nourriture & les vêtemens doivent lui être fournis par ſon mari , mais auſſi les frais de maladie, à quelques ſommes qui puiſſent monter.

Mais quand la femme ſort volontairement & ſans cauſe de la maiſon de ſon mari, l'obligation de lui fournir des alimens ceſſe, attendu que celle qui par légereté ſe ſépare de ſon mari, eſt indigne de toute faveur. *V.* ce que j'en ai dit *verbo* Abſent.

Il faut dire auſſi que le mari n'eſt pas tenu de fournir des alimens à ſa femme , lorſqu'elle ſe ſépare de lui malgré lui , ſur-tout quand la femme a donné lieu à la ſentence de ſéparation. Bouvot, tom. 2. *verbo* Séparation, queſt. 5.

Ce que nous avons dit ci-deſſus, que l'obligation de fournir des alimens à l'un des conjoints, paſſe en la perſonne de l'héritier du prédécédé, ne ſe doit entendre que quand le ſurvivant n'a pas de quoi vivre.

C'eſt pour cette raiſon que la veuve ne peut pas prétendre être nourrie aux dépens des biens qu'a laiſſé ſon mari, quand elle a ſa dot & ſon douaire. Elle peut ſeulement demander une proviſion ; mais ce qu'elle aura reçu pour raiſon de ce , lui ſera imputé ſur les arrérages ou intérêts qui ſe trouveront lui être dûs.

La femme ſéparée eſt obligée de fournir des alimens à ſon mari, quand ſes revenus ſont ſuffiſans pour cela , & pourvû que la ſéparation n'ait pas été cauſée par les débauches du mari ; car en ce cas elle ne ſeroit pas tenue de lui donner des alimens, non plus que quand les mauvais traitemens du mari envers ſa femme auroient donné lieu à la ſéparation.

Mais hors de ce cas, la femme, quoique ſéparée de biens , eſt tenue de nourrir ſon mari ; *quando maritus facultatibus lapſus eſt, non culpâ, ſed fortunæ vitio ; nihil enim tàm humanum eſt , quem fortuitis caſibus mulieris virum, vel uxorem viri participem eſſe, leg. 27. §. ſi maritus , ff. ſol. matr. leg. ult. in princ. cod. de nupt. Conjuges non proſperæ tantum, ſed omnis fortunæ ineunt ſocietatem.* Voyez Brodeau , lettre C, chap. 29. n. 5.

Ainſi lorſque le mari & la femme ſont ſéparé , & que la femme ne veut pas recevoir chez elle ſon mari pauvre , elle doit être condamnée à lui payer une penſion.

Il faudroit dire cependant le contraire, ſi la ſéparation avoit été cauſée pour excès & outrages commis par le mari en la perſonne de ſa femme , ou par ſes débauches. Ce qui fait voir que la femme ſéparée n'eſt tenue de donner des alimens à ſon mari, que quand *fortunæ vitio, non ſuo laborat.*

Outre les perſonnes à qui nous avons dit qu'on étoit obligé de donner des alimens, il y en a encore de deux ſortes ; ſçavoir ,

Iº. Les freres & ſœurs ; mais l'obligation de leur fournir des alimens n'eſt pas ſi abſolue, ni ſi indiſpenſable que celle qui regarde les enfans ; les peres & meres , & le mari & la femme. Il faut qu'un frere ſoit bien riche, pour qu'il puiſſe être condamné à donner des alimens à ſes freres & ſœurs ; Ce qui eſt certain, c'eſt que quand on eſt en état de pouvoir ſoulager ſes freres & ſœurs qui ſont dans la miſere, pour peu qu'on ait d'honneur & de probité, on ſe trouve naturellement porté à le faire. V. la Rocheflavin, liv. 1. tit. 9. art. 1.

IIº. Le donataire eſt obligé de donner des alimens à celui qui, après avoir exercé envers lui ſa libéralité, & lui avoir fait quelque bienfait conſidérable , eſt tombé dans la miſere. Ce ſeroit être dénaturé, que de manquer de reconnoiſſance envers ſon bienfaiteur , juſqu'au point de lui reſtiſer le néceſſaire dans ſes plus preſſans beſoins, s'en étant lui-même dépouillé par ſa propre libéralité.

Mais on demande ſi le refus fait par le donataire, en cas qu'il ſoit dans la néceſſité , peut paſſer pour une ingratitude capable de pouvoir faire revoquer la donation qu'il lui auroit faite ?

M. Ricard, en ſon Traité 2. des diſpoſitions conditionnelles , chap. 4. n. 81. tient que le donateur peut en ce cas faire revoquer la donation ; parce qu'il n'eſt cenſé s'être dépouillé de ſes biens , que ſous la condition que le donataire lui donneroit ce qui lui ſeroit néceſſaire pour vivre , au cas qu'il tombât dans la néceſſité ; & qu'ainſi cette condition indiſpenſable manquant, la donation pouvoit être revoquée.

Pour moi je ne crois pas que cette cauſe ſoit ſuffiſante pour donner lieu à la révocation de la donation ; mais que le refus que feroit le donataire, de fournir des alimens au donateur, donneroit ſeulement lieu à une action , en vertu de laquelle le donateur pourroit contraindre le donataire à lui fournir des alimens. Voyez ce que j'ai dit dans mon Commentaire de la Coutume de Paris , dans la Préface du titre des Donations , §. 4. n. 23.

ALIMENS PROMIS EN FAVEUR DE MARIAGE , ne ſont ſujets à rapport quand celui des pere & mere de l'un des conjoints ne s'y eſt obligé que verbalement ; de ſorte qu'alors celui qui les a ainſi promis venant à décéder, les autres cohéritiers ne peuvent pas demander que cette nourriture ſoit eſtimée & rapportée par celui qui en a profité.

Il n'en ſeroit pas de même, s'il en étoit fait mention dans le contrat de mariage ; car alors , comme en vertu de cette obligation il pouvoit être contraint de fournir les alimens par lui promis, ils font en ce cas fujets à rapport.

Mais s'il n'en eft fait aucune mention dans le contrat de mariage, la preftation d'alimens eft cenfée purement gratuite, *pietatis caufa, & donandi animo. Leg.* 34. *ff. de negot. geft.*

ALIMENT DES PUPILLES, comment fe reglent. *Voyez* Education des pupilles.

ALIMENS DES PRISONNIERS. Pour favoir par qui les alimens doivent être fournis aux prifonniers, il faut diftinguer entre ceux qui font pour dettes, & ceux qui le font pour crimes.

A l'égard des prifonniers pour dettes, c'eft à la Partie civile à leur fournir des alimens, qui font fi modiques, que ce qui en revient aux prifonniers n'empêche pas qu'ils ne puiffent être en droit de demander, pendant leur détention, des alimens à ceux qui font obligés de leur en fournir.

La fomme que doit payer le créancier qui fait emprifonner fon debiteur pour dette, eft aujourd'hui celle de dix livres par mois, dont le créancier doit toujours payer un mois d'avance.

Faute par le créancier d'avoir fourni un mois d'avance, le prifonnier eft en droit de préfenter fa Requête au Juge, pour avoir un Jugement qui ordonne fon élargiffement.

A la conciergerie du Palais, le Greffier ne délivre des certificats d'alimens non fournis, que quinzaine après l'échéance du jour jufqu'auquel les alimens font confignés; & le prifonnier ne peut préfenter fa Requête en élargiffement, que ce certificat n'y foit joint.

Le prifonnier qui a été élargi, faute par le créancier d'avoir avancé un mois de fes alimens, ne peut plus être une feconde fois emprifonné, ou recommandé à la Requête de ce même créancier, pour les mêmes caufes, qu'en payant par lui les alimens par avance pour fix mois, & le faifant ordonner par Jugement contradictoire.

Voyez la Déclaration du Roi du 6. Janvier 1680. concernant les alimens des prifonniers. Elle eft rapportée dans le quatriéme tome du Journal des Audiences, liv. 3. chap. 3.

Il a été rendu en la cour des Aydes, le 20 Décembre 1707, un Arrêt qui fait défenfes aux Greffiers, Concierges & Géoliers des prifons de fon reffort, de retenir aucunes chofes fur les fommes qui leur feront confignées pour les alimens des prifonniers, fous prétexte de gîte & géolage, ni autrement, en quelque forte & maniere que ce foit; à peine de trois cens livres d'amande, & d'être procédé contr'eux extraordinairement, fuivant la rigueur de l'Ordonnance.

Cet Arrêt eft rapporté dans le fecond tome du Recueil de M. Augeard, chap. 79. & dans le fecond tome du Recueil des nouveaux Réglemens pour l'adminiftration de la Juftice.

Pour ce qui eft de ceux qui font prifonniers pour crimes, c'eft au Roi à leur fournir des alimens, ou au Seigneur haut-Jufticier, quand le procès eft fait par fes Officiers.

ALLIANCE. Voyez affinité.

ALLOCATION, eft l'approbation de l'art. d'un compte. Ce mot vient du Latin *Alloco.*

ALLODIAL, eft ce qui eft tenu en franc-aleu. En Bourbonnois, il y a l'allodial corporel, qui eft un fonds tenu en franc-aleu; & l'allodial incorporel, qui eft une rente fonciére poffédée en franc-aleu. Cette rente fe conftitue lorfque le propriétaire d'un héritage franc & allodial fe tranfporte tout entier, ou en tranfporte une partie à quelqu'un, à la charge d'une rente annuelle. Voyez la Coutume de Bourbonnois, art. 392.

ALLOUER, eft en matiere de reddition de compte approuver. Ainfi l'on dit, tels articles d'un compte ont été alloués.

ALLUVION, eft un accroiffement de terre qui fe fait imperceptiblement dans un héritage, lorfque l'héritage de l'un eft accru imperceptiblement après plufieurs années, au préjudice & par la démiffion d'un héritage voifin.

Le Droit Romain met l'allufion au nombre des moyens d'acquérir par le droit des gens, comme étant une efpéce d'acceffion; de forte que l'accroiffement qui fe trouve fait imperceptiblement, demeure à l'héritage auquel il fe trouve réuni.

La raifon eft, que cet accroiffement s'étant fait imperceptiblement, on préfume que celui à qui il a été fait en a toujours été propriétaire, & que ce n'eft point une nouvelle acquifition, comme dit fort bien M. Charles Dumoulin, fur l'art. premier de la Coutume de Paris, glof. 5. nomb. 115.

Il n'en eft pas de même de l'augmentation qui arriveroit à un héritage tout d'un coup, comme par un débordement fubit de la riviere; car fi par un tel accident une portion d'un fonds eft détachée, & jointe à un héritage voifin, le propriétaire la peut revendiquer.

Ce que nous avons dit avoir été décidé par le Droit Romain, à l'égard de l'alluvion appellé *incrementum latens*, eft obfervé parmi nous, parce que *fundus fundo accrefcit, ficut portio portioni;* ce qui fait qu'on préfume que le fonds auquel l'alluvion a été fait, a toujours été tel qu'il fe trouve par le moyen de cet accroiffement, comme nous l'avons dit fur le §. 20. du tit. 1. du fecond liv. des Inftitutes.

C'eft auffi la raifon pour laquelle cet accroiffement fuit la nature de l'héritage. Si l'héritage eft propre, l'accroiffement eft propre; s'il eft acquêt, l'accroiffement eft acquêt, parce que cet accroiffement fe fait naturellement à la chofe même, *fine facto hominis. Voyez* le Traité des Propres, chap. 1. fect. 11. nomb. 7.

Augmentum illud inter aquæftus communes non debet cenferi, dit M. d'Argentré fur l'art. 418 de l'ancienne Coutume de Bretagne, glof. 2. nomb. 22.

De ce même principe on conclut que ce qui eft accru par alluvion à un bien grevé de fubftitution, eft fujet au fideicommis, comme faifant partie de ce même bien, quoique les chofes que l'héritier grevé acquiert par confolidation d'utile Seigneurie à la directe n'y foient point fujettes. Peregrinus, art. 10. nomb. 1. 18 & fuiv. C'eft fur ce fondement qu'il a été jugé au Parlement de Provence,

K ij

que l'alluvion & l'accroiſſement d'un fonds limité appartient au propriétaire voiſin, & non pas au Seigneur direct. *Voyez* Boniface, tom. 2. liv. 3. chap. 1.

Pour ce qui eſt de l'augmentation qui arrive à un héritage ſubitement & tout d'un coup, la déciſion que les Loix Romaines ont faite à cet égard n'eſt point obſervée dans ce Royaume. Cette augmentation appartient au Roi dans les rivieres navigables, ou aux Seigneurs hauts-Juſticiers dans les rivieres non navigables, ou même dans les navigables, quand le Roi, en leur accordant la Juſtice, leur a concédé *quæ ſunt regalia* ſur le cours d'eau.

Voyez Henrys, tom. 3. liv. 2. queſt. 74. & ce que j'ai dit dans ma Traduction des Inſtitutes, ſur le §. 223 & 24. liv. 2. tit. 1. *Voyez* la Déclaration du Roi du mois de Juillet 1683, touchant les attériſſemens & alluvions, & la Déclaration du mois d'Août 1689. *Voyez* auſſi l'Edit du mois de Février 1710. qui eſt rapporté dans le Neron, t. 2.

A L O D E S, anciennement étoient les terres que les François, après les conquêtes des Gaules, laiſſerent en propriété aux anciens poſſeſſeurs. Ce terme ſignifioit le bien de ſucceſſion, l'hérédité. Alode, c'étoit ce que nous appellons aujourd'hui propre.

Ce mot de propre ſe prenoit en deux ſens; ſçavoir, l'héritage que nous poſſédons en pleine ſouveraineté, & c'eſt ce que nous nommons franc-aleu; dans l'autre ſens c'étoient les biens qui appartenoient en propriété & à charge de redevance, & qui paſſoient par ſucceſſion aux enfans; & on oppoſoit ce mot alode au bénéfice, qui étoit ce que nous appellons fiefs, & qui ne ſe donnoit qu'à vie, comme nous le dirons ci-après *verbo* Fiefs.

ALTERNATIF, eſt un Officier qui a le même Emploi qu'un autre, & qu'ils exercent tous deux chacun à leur tour.

A M

AMBASSADEUR, eſt un miniſtre public envoyé par un Souverain à un autre Souverain, pour y repréſenter ſa perſonne, & traiter avec lui des affaires d'Etat. *Legatus eſt, qui regni partes mandatas agit, quique ejus perſonam repræſentat, cujus legatus eſt.*

Ceux qui ſont envoyés en ambaſſade, ſont, depuis le jour de leur nomination, exempts de toutes charges perſonnelles, qui vaquent chez eux pendant leur abſence.

Les Ambaſſadeurs repréſentent les Princes ou les Souverains qui les ont envoyés en ambaſſade: d'où il s'enſuit.

1°. Qu'ils ſont exempts du droit d'aubaine, parce que les Souverains ne doivent pas uſer de ce droit les uns contre les autres, attendu que c'eſt un droit de ſouveraineté, qui ne ſe peut exercer que ſur les inférieurs, & que *par in parem juriſdictionem non habet*. Ainſi les Ambaſſadeurs peuvent diſpoſer de leurs biens par teſtament ou autre diſpoſition de derniere volonté, ou les laiſſer à leurs héritiers légitimes.

II°. Qu'un Ambaſſadeur n'étant pas ſujet à la Juriſdiction du Prince où il a été envoyé en ambaſſade, s'il commet dans ce Royaume quelque crime, il ne peut pas être, pour raiſon de ce crime, pourſuivi pardevant le juge du lieu où il l'a commis; mais le Prince chez lequel il eſt en ambaſſade, peut ſeulement en demander vengeance au Prince qui l'a envoyé.

AMBIGUITÉ, eſt une obſcurité de paroles, qui les rend ſuſceptibles d'un double ſens, & qui empêche qu'on ne puiſſe connoître la volonté de celui qui les a proférées ou couchées par écrit. Il en eſt traité au Digeſte, au titre *de rebus dubiis.*

Ce titre ne donne pas ſeulement des déciſions ſur les doutes qui arrivent pour l'interprétation des dernieres volontés; il nous enſeigne auſſi à réſoudre les doutes qui ſurviennent dans les contrats qui ſe paſſent entre les particuliers. La ſolution de ces doutes & ambiguités dépend des conjectures & des circonſtances, que le juge doit examiner avec beaucoup d'attention.

Il faut faire différence entre l'obſcurité, qui ne peut recevoir aucun ſens, & l'ambiguité, qui rend incertain le ſens d'une diſpoſition.

Ambiguitas eſt cum id quod dictum vel ſcriptum eſt, duas res, plureſve ſignificare videtur, vel cum ejus, quod dicitur vel ſcribitur intellectus deducitur in duas partes: cum idem ſermo duas ſententias exprimit. Obſcuritas verò aliud eſt; in obſcuro enim quid dictum ſit quæritur; in ambiguo utrum dictum ſit hoc an illud: & ambiguum quidem ſemper obſcurum eſt, ſed non contra, nam non omne obſcurum etiam ambiguum eſt.

Les expreſſions qui ne peuvent avoir aucun ſens, ſont toujours rejettées, comme ſi elles n'avoient point été écrites; mais elles ne rendent pas nulles les autres diſpoſitions de l'acte: *Quia utile per inutile non vitiatur.*

A l'égard des expreſſions où il ſe rencontre quelque ambiguité, elles doivent, en fait des diſpoſitions de derniere volonté, recevoir une interprétation favorable qui ſe doit tirer de la volonté du teſtateur. *Leg. 24. ff. de reb: dubiis, Leg. 5. cod. de neceſ.ſervis hered. inſtit.*

Voyez Choſes douteuſes.

AMBULANT, eſt un commis qui va par la Ville ou par la campagne, pour découvrir ſi l'on ne fraude pas le droit du Roi.

AME. Terme de Chancellerie, qui marque l'affection du Roi envers ſon ſujet. *A nos amés & féaux,* &c. Il vient du Latin *amatus,* aimé; car autrefois amé ſe diſoit pour aimé, de même qu'on diſoit amer pour aimer.

AMELIORATIONS D'HERITAGES, ſont les impenſes & augmentations faites à un héritage, pour le rendre meilleur ou plus agréable.

Il y en a de trois ſortes; ſçavoir, 1°. Celles qui ſont néceſſaires, & ſans leſquelles le bien dépériroit. 2°. Les utiles, qui ſont celles qui ſervent à augmenter la choſe, & ſans leſquelles elle ne laiſſeroit pas de ſubſiſter. 3°. Les voluptueuſes qui ne ſervent qu'à embellir la choſe.

Voyez Impenſes. *Voyez* Méliorations.

AMELIORER un héritage, ſignifie le rendre meilleur ou plus agréable.

AMENDE, Terme qui vient du Latin *emenda;*

fait d'*emendare* : auffi anciennement difoit-on émende pour amende.

Ce terme fignifie une peine pécuniaire qui eft encourue de plein droit, ou à laquelle on eft condamné par quelque Jugement, pour punir les infractions qui fe font aux Loix, & pour rendre les hommes plus foigneux à les obferver. Auffi l'amende, difoit un Ancien, eft l'expiation des Loix offenfées. *Indicitur emenda, ut damnum emendetur; proinde pœna eft. Tali mulcta reus corrigitur, id eft cafligatur, neque ab eo perfoluta extra mundum, id eft extra culpam ponitur.*

Suivant la définition que nous venons de donner de l'amende, cette peine eft impofée par la Coutume ou par l'Ordonnance, ou elle eft impofée par le Juge.

L'amende eft impofée par la Coutume, comme celle qui eft dûe faute de payement du cens. Cette amende eft appellée en quelques Coutumes, *défaut de Loi*, ou *amende de Loi*, parce qu'elle eft taxée par la Coutume, qui eft la Loi municipale.

L'amende eft impofée par une Déclaration du Roi, comme celle qui eft dûe par l'appellant qui a fuccombé dans la caufe d'appel.

L'amende eft enfin impofée par le Juge, comme quand le Juge condamne une Partie à une amende applicable au Roi, laquelle eft plus ou moins forte, felon le cas & les circonftances. Sur quoi il faut remarquer que l'amende ne peut être arbitrée par le Juge, que lorfqu'elle n'eft pas fixée par l'Ordonnance ou par la Coutume, & alors elle eft arbitrée ainfi qu'il juge à propos de la taxer; au lieu qu'il ne peut rien changer à celle qui eft définie par la Coutume ou par l'Ordonnance, qui doit être fuivie à la lettre, fans pouvoir être augmentée ni diminuée.

Il y a différentes amendes aufquelles font condamnés les appellans, quand ils font déclarés déchus de leur appel. L'amende du fol appel dans les Préfidiaux, eft de fix livres; & aux Cours fouveraines, dans les appellations plaidées par placet ou au rolle, & dans les Procès par écrit, quand la Cour prononce, *l'appellation au néant*, l'amende eft de douze liv.

Dans les congés obtenus faute de venir plaider fur placet ou à tour de rolle, la Cour prononçant *congé, l'appellant déchu de l'appel*; ou quand dans les caufes d'Audiences, ou dans les procès par écrit, la Cour prononce, *qu'il a été bien jugé, mal & fans grief appellé, amendera*; ou enfin, quand à l'Audience, contradictoirement ou par défaut, ou dans le procès par écrit, la Cour prononce, *l'appellant non-recevable en fon appel*; ou quand dans le procès par écrit, l'intimé obtient congé faute de conclure, l'amende, en tous ces cas eft de vingt-cinq écus.

Au fujet des amendes prononcées par le Juge, il faut voir la déclaration du Roi du 21 Mars 1671, & l'Edit du mois d'Août 1699.

Touchant l'amende du fol appel. *V.* fol appel.

Dans les Requêtes civiles, contre les Arrêts contradictoires, foit qu'ils foient préparatoires ou diffinitifs, l'amende eft de quatre cens cinquante liv. contre le demandeur en requête civile; s'il eft debouté de fes Lettres; fçavoir, trois cens liv. envers le Roi, & cent cinquante livres pour la Partie.

Si les Arrêts ont été rendus par défaut, l'amende n'eft que de cent cinquante livres pour le Roi, & foixante quinze livres pour la Partie.

Suivant l'art. 10. du tit. 27. de l'Ordonnance de 1667, les tiers oppofans à l'exécution des Arrêts, qui auront été déboutés de leurs oppofitions, doivent être condamnés en 150 liv. d'amende; & ceux qui font déboutés des oppofitions à l'exécution des Sentences, en 75 liv. d'amende; le tout applicable moitié au profit du Roi, l'autre moitié à la Partie.

AMENDE POUR VENTES RECÉLE'ES ET NON NOTIFIE'ES, eft une amende, laquelle eft encourue de plein droit par celui qui ayant acheté un héritage, n'a pas notifié au Seigneur fon contrat dans les vingt jours de fon acquifition.

Cette amende, dans la Coutume de Paris, eft d'un écu & d'un quart d'écu, & encourue *ipfo jure* contre toutes fortes de perfonnes, même contre les mineurs. *Voyez* Notifier. *V.* auffi ce que j'ai dit fur l'art. 77. de la Coutume de Paris.

AMENDES DE FRAUDE, font celles qui font établies & ordonnées par les Edits & Déclarations, contre ceux qui font convaincus d'avoir fraudé les droits du Roi; & ces amendes tournent au profit des Fermiers ou Sous-Fermiers.

L'article 21. du tit. commun de l'Ordonnance de 1681, défend à tous Juges de modérer les confifcations & amendes, à peine d'en répondre en leur propre & privé nom; leur permet néanmoins d'augmenter les amendes, fi l'affaire le mérite; comme auffi de les réduire, pour fait purement civil, jufqu'à cent livres, fi le cas y échet, felon la qualité des contraventions & des contrevenans. *Voyez* l'article 25. de la Déclaration du 17 Février 1688.

Les Sentences rendues au profit du Fermier des Aides, doivent être exécutées, en ce qui regarde l'amende, nonobftant l'appel, & fans y préjudicier.

Le recouvrement des amendes adjugées au Fermier, ne fe doit faire que par lui ou fes commis, comme faifant partie du prix de fon bail. Auffi par Arrêt contradictoire du Confeil du 9. Mars 1694, il a été fait défenfes aux Receveurs des amendes des Cours des Aides, Elections & autres Sieges de s'y immifcer, à peine de tous dépens, dommages & intérêts.

AMENDE HONORABLE, eft une peine infamante & corporelle, à laquelle eft condamné celui qui eft convaincu d'un crime qui a porté fcandale, auquel cas le delinquant eft condamné de dire & déclarer, étant à genoux, ayant en main une torche du poids de deux livres, étant en chemife, tête nue & nuds pieds, la corde au col, & conduit par l'Exécuteur des hautes œuvres, que fauffement contre la vérité il a dit ou fait quelque chofe contre l'autorité du Roi, ou contre l'honneur de quelqu'un, & qu'il en requiert pardon à Dieu, au Roi, à la Juftice, & à la Partie offenfée.

Cette amende emporte infamie & perte de l'honneur, quoiqu'elle foit appellée honorable, n'étant ainſi appellée que relativement à celui à qui elle eſt faite, pour reparation de ſon honneur offenſé, & non pas par rapport à celui qui la fait. De même l'amende pécuniaire eſt appellée amende profitable, non pas par rapport à celui qui la paye, mais par rapport à celui qui la reçoit.

Voici de quelle manière eſt conçu le Jugement qui condamne ſimplement a une amende honorable. *Nous avons ledit ... déclaré dûement atteint & convaincu de ...pour reparation de quoi, le condamnons à faire amende honorable, nud en chemiſe, la corde au col, tenant en ſes mains une torche de cire ardente du poids de deux livres, l'Audience tenant ; & là étant nue tête & à genoux, dire & déclarer à haute & intelligible voix, que méchamment & comme mal aviſé il a.. dont il ſe repent, & dont il demande pardon à Dieu, au Roi & à la juſtice ; le condamnons en outre en ... livres de réparation civile, dommages & intérêts envers ... en ... livres d'amende envers le Roi, & aux dépens du procès.*

Celui qui eſt condamné à faire amende honorable, & qui ne veut point obéir & prononcer les paroles conformément à ſon jugement, peut être condamné à une plus grande peine, s'il perſevere en ſa déſobéiſſance ; comme au fouet, au pilori, aux galeres, & même quelquefois à être pendus, ſuivant l'exigence des cas. *Voyez* Papon, liv. 19. tit. 8. nomb. L. & liv. 2. chap. 28. & Boniface, tom. 2. part. 3. liv. 1. tit. 2. chap. 34.

L'amende honorable eſt infamante, comme nous l'avons dit ci-deſſus. Auſſi par Arrêt du 16. Mars 1334, rapporté par Bouchel, *verbo Nobles*, défenſes furent faites au ſieur de Cramailles de prendre la qualité de Chevalier, attendu qu'il avoit fait amende honorable. *Voyez* Loyſeau, liv. 1. des Offices, chap. 13. n. 55.

Cependant la condamnation prononcée contre un Chanoine à faire amende honorable, pour irrévérance de juremens faits en l'Egliſe, ne fit pas vaquer ſon bénéfice de plein droit ; mais on lui ordonna de s'en démettre dans un certain tems, au profit d'une perſonne capable. Arrêt du 11 Janvier 1633 ; Journal des Audiences, tom. 1. liv. 2. chap. 123 ; & Bardet, tom. 2. liv. 2. chap. 2.

Le Juge d'Egliſe peut condamner ſon Juſticiable en l'amende honorable, pourvû qu'il ne faſſe exécuter ſa Sentence que dans ſon Auditoire, ou ès environs de l'Evêché ; mais il y auroit abus s'il la faiſoit exécuter dans un lieu public. Fevret, en ſon Traité de l'abus, tom. 2. liv. 8. chap. 4. n. 6.

AMENDE HONORABLE SECHE, eſt une reparation à laquelle eſt condamné celui qui a fait ou dit quelque choſe contre l'honneur de quelqu'un, lorſque le crime mérite à la vérité d'être puni, mais cependant n'eſt pas des plus atroces.

Celui qui eſt condamné à cette peine, eſt obligé de dire dans la Chambre de la Juriſdiction, étant nue tête, *que fauſſement, & contre la vérité, il a fait ou dit quelque choſe contre l'autorité du Roi, ou contre l'honneur de quelqu'un dont il demande pardon à Dieu, au Roi & à la Juſtice.*

On l'appelle amende ſéche ; parce que celui qui ſubit cette peine, eſt conduit par le Géolier,

& non pas par le Bourreau ; qu'il n'eſt point en chemiſe, ni nuds pieds, & qu'il n'a ni torche en main, ni corde au col. Auſſi eſt-elle beaucoup moins infamante que l'amende honorable, dont nous avons parlé ci-deſſus.

Voyez Loiſeau, en ſon traité des Offices, liv. 1. chap. 13. nomb. 39. & Coquille, ſur l'art. 15. du titre premier de la Coutume de Nivernois.

AMENDE PECUNIAIRE EN MATIERE CRIMINELLE, eſt une peine pécuniaire à laquelle le Juge condamne envers le Roi un accuſé, par forme de réparation du crime dont il eſt convaincu.

Cette amende emporte infamie ; en quoi elle differe de l'aumône, qui n'eſt en matiere criminelle qu'une eſpece de charité forcée au profit des priſonniers, laquelle ne tient point lieu de réparation. *V.* Aumône. *V.* Belordeau, en ſes Obſervations forences ; lett. A, art. 33.

Cette amende ne doit être priſe ſur les biens du condamné, qu'après la ſomme adjugée à la Partie civile, pour réparation, dommages & intérêts, comme il a été jugé par Arrêt rendu le vendredi 28 Février 1681 à l'Audience de la grand'chambre, par lequel la Cour, en confirmant la Sentence des Juges du Tréſor, a jugé que la ſomme adjugée pour réparation civile, & dommages & intérêts, doit être priſe ſur les biens du condamné, préférablement à l'amende adjugée au Roi. Il s'agiſſoit des biens de la femme du Commiſſaire Deſclaircins, exécutée à mort, pour avoir fait aſſaſſiner ſon mari. La conteſtation étoit entre les héritiers du Commiſſaire Deſclaircins, & le Fermier du domaine.

Il ſembloit d'abord que l'amende envers le Roi devoit être préférée à la réparation civile envers la Partie, par pluſieurs raiſons qui ſont tirées du titre au Code *de privilegio Fiſci*.

Mais l'opinion contraire a prévalu, conformément à ce qui eſt dit en la Loi 10. & en la loi 11. *ff. de jure fiſci*. Voici ce que porte la loi 10. *Non puto delinquere eum, qui in dubiis quæſtionibus contra Fiſcum facile reſponderit.* La loi 11. eſt conçue en ces termes : *Non poſſunt ulla bona ad Fiſcum pertinere, niſi quæ creditoribus ſuperfutura, id enim bonorum cujuſque intelligitur, quod æri alieno ſupereſt.*

Comme l'offenſe faite au Public n'eſt qu'une ſuite & une conſéquence de celle qui a été faite à la Partie intéreſſée, l'amende ne peut venir qu'après la réparation civile. Rebuffe, ſur les Ordonnances royaux, tit. des Droits du Roi & du Fiſc.

A l'égard des autres dettes, ſuivant la déclaration du 21 Mars 1671, les amendes doivent être payées par privilege & préférence à tous créanciers : ce qui a encore été ordonné par Arrêt du Conſeil du 11. Août 1784. & par un Edit du mois de Février 1691. & par un autre Arrêt du Conſeil du 13. Septembre 1675.

Mais par la Déclaration du 13. Juillet 1700. rapportée dans le ſecond tom. de Neron, le Roi n'a hypothéque pour amende pour crime, que du jour de la condamnation, & qu'après toutes dettes légitimes & hypothécaires acquittées.

Ainſi, pour ce qui eſt des biens meubles, fruits

revenus & effets mobiliers, les amendes tant civiles que criminelles, appartenantes à sa Majesté, doivent être payées entre les mains du Fermier du Domaine, par préférence & privilège à tous créanciers, comme il a été jugé par Arrêt du Conseil d'Etat du Roi du 21. Juin 1720.

On peut être contraint par corps au payement de l'amende pécuniaire, à laquelle on a été condamné par Jugement.

Un Juge d'Eglise ne peut pas condamner à une amende envers le Roi, comme il a été jugé par Arrêt rendu en la Grand'Chambre du Parlement de Metz le 18. Juin 1691. rapporté par M. Augeard, tom. 2. chap. 20.

Le Juge d'Eglise peut bien condamner à une peine pécuniaire, mais il faut que ce soit sous le nom d'aumône ; parce que l'amende est une peine applicable au Fisc, & que l'Eglise n'a point de Fisc : c'est pourquoi il y auroit abus, si un Official se servoit du mot *Amende*.

C'est une question de sçavoir à quel Fermier doit être adjugée l'amende ; si c'est à celui qui exploitoit la ferme dans le tems du crime commis ; ou à celui qui l'exploite lors de la Sentence ou lors de l'Arrêt ?

Les Auteurs ne sont pas tous du même avis à cet égard. Plusieurs tiennent que c'est du jour du délit que l'amende est dûe, & par conséquent qu'elle appartient à celui qui étoit Fermier au jour que le délit a été commis. D'autres tiennent au contraire qu'elle n'est point dûe que du jour de la condamnation, & par conséquent à celui qui étoit Fermier lors du Jugement. *Voyez* Henrys & les Observations, tom. 1. liv. 3. chap. 3. question 30.

Coquille, sur la Coutume de Nivernois, au chapitre premier de justice, art. 19. distingue entre l'amende fixée par la Loi ou par la coutume, comme pour le délit des bêtes, ou du fol appel ; l'amende est dûe du jour du délit, parce que c'est une question purement de fait, où le Juge n'a droit que de connoître & de Juger si le délit a été commis ou non ; mais que quand l'amende dépend du Juge, *estque ejus arbitrio definienda* ? n'étant alors requise qu'au tems que le Juge l'a prononcée, elle appartient à celui qui se trouve jouir de la ferme, & non à celui qui en jouissoit lorsque le délit a été commis : & ce sentiment paroît très-juste.

Mais on demande, *quid juris* si dans ce dernier cas il y a appel de la Sentence ? Il faut dire que si la Sentence est confirmée par le Juge d'appel, l'amende est alors dûe à celui qui étoit Fermier au tems de la Sentence de condamnation, & non à celui qui l'est au tems du Jugement confirmatif, *quia jus semel quæsitum non debet tolli occasione injustæ appellationis*. D'ailleurs les Juges d'appel, quand ils confirment la Sentence, n'attribuent point un droit nouveau ; ils ne font que confirmer le droit acquis par la Sentence : *Confirmatio nihil dat, sed datum confirmat*. Mais quand la Sentence est infirmée, l'amende n'est dûe que du jour du Jugement qui l'infirme, & appartient par conséquent à celui qui se trouve être alors le Fermier.

AMENDE POUR CENS NON PAYÉ, est une amende qui est dûe par les propriétaires, & détenteurs d'héritages tenus en censive, faute d'avoir payé le cens au Seigneur censier, au jour & lieu qu'il doit être payé.

Cette amende a lieu dans la Coutume de Paris & dans plusieurs autres, & est dans la Coutume de Paris de cinq sols parisis. Elle est appellée en quelques Coutumes, *défout de loi*, & *amende de loi*, parce qu'elle est taxée par la Coutume, qui est la loi municipale.

Elle est encore encourue dès que le tenancier a laissé passer le jour sans payer le cens ; de sorte qu'il ne peut pas purger sa demeure, parce que le Seigneur n'est pas obligé de faire aucunes sommations pour en être payé, *si quidem dies interpellat pro homine*.

Quoique le cens soit dû pour chaque arpent, néanmoins le tenancier qui en possede plusieurs d'un même Seigneur, ne doit qu'une amende, faute de l'avoir payé au lieu & jour qu'il est dû, au cas qu'ils soient tous dans la même sensive, & que le même censitaire les possede tous en vertu du même titre.

Le tenancier qui a manqué plusieurs années à payer le cens, ne doit qu'une seule amende, comme il a été jugé par plusieurs Arrêts rapportés par M. Louet & Brodeau, Let. A, nomb. 8.

La raison de douter étoit que cette amende a été introduite par la loi municipale, pour punir la contumace du sujet censier : c'est pourquoi il semble que cette peine doive être multipliée selon le nombre des années que le tenancier a été en demeure de payer le cens. De plus, *lex dicta suit in ipsa concessione fundi, ut census annuatim solveretur, alias præstaretur pæna, ut deducitur ex L. 23. ff. de obligat. & actionib. L. 1. ff. de pæna legata. L. 77. ff. de verbor. obligat.* Ainsi l'on peut dire que le censitaire doit autant d'amendes qu'il a été d'années en demeure de payer le cens.

La raison de décider est, que *odia sunt restringenda favores vero ampliandi*. D'ailleurs cette amende n'est dûe que faute de payement du cens : & cette faute continuée pendant plusieurs années, n'est commise qu'une seule fois ; à l'exemple de celui qui est contrevenu au Jugement des Arbitres en plusieurs articles, lequel ne doit qu'une seule peine. *Pæna semel commissa amplius non committitur, nisi id actum sit ut in singulas causas toties committatur. L. 34 §. 1. ff. de recep. qui arbitrium recep.*

Il n'est dû aussi qu'une seule amende pour cens non payé par plusieurs détenteurs d'un héritage possédé par indivis, parce que l'amende est indivisible comme le cens.

Quand la sensive est divisée entre plusieurs Seigneurs, ils ne peuvent prétendre qu'une seule amende, parce qu'il ne leur appartient à tous qu'un seul droit de cens.

Lorsque le Seigneur a reçu le cens sans protestation de l'amende, il est censé l'avoir remise au tenancier.

Les mineurs sont tenus de cette amende ; elle est dûe, quoique le titre de concession n'en fasse pas mention, parce que cette peine étant légale elle eſt toûjours ſous-entenduë ; elle ne peut être modérée par le Juge ; & ce droit étant de même nature que le cens , il ne ſe peut point preſcrire.

Cette amende ne ſe peut pourſuivre que par action , & non par ſaiſie. Il n'en eſt point dû , faute de payement du ſurcens ou de la rente fonciere. Enfin , pour les héritages ſitués en la ville & banlieue de Paris , il n'eſt point dû d'amende , faute de payement du cens.

Voyez ce que j'ai dit ſur l'art. 85. de la Coutume de Paris.

AMENDE COUTUMIERE, eſt celle qui eſt établie par la Coutume ; & cette amende appartient toûjours au Fermier , du tems auquel elle eſt encouruë.

Voyez Coquille , queſtion 14.

AMENDER , eſt condamner à l'amende. La Cour prononce quelquefois ſur appel , débouté de l'appel , & l'*amendera* , pour dire il payera l'amende.

AMENDER , ſignifie auſſi améliorer & augmenter : d'où vient amendement , c'eſt-à-dire amélioration dans un héritage , ſuivant les art. 109. 110. & 184. de la Cout. de Paris.

A M E N D E R , ſignifie même quelquefois tirer du profit de quelque choſe : ainſi l'on dit , les enfans d'un tel n'ont rien amendé de ſa ſucceſſion , pour dire qu'elle ne leur a pas été avantageuſe.

AMENÉ SANS SCANDALE, étoit autrefois une Ordonnance en vertu de laquelle un accuſé, contre lequel il n'y avoit pas de grandes charges , & dont le crime n'étoit pas énorme, le Juge l'envoyoit quérir ſans ſcandale par un Huiſſier, pour l'interroger , & après le renvoyer chez lui. Mais cela ne ſe pratique plus ; & l'Ordonnance de 1670. art. 17. du tit. 10. défend expreſſément à tous Juges , même des Officialités d'ordonner qu'aucune Partie ſoit Amenée ſans ſcandale.

AMETER. *V.* Fief ameté.

AMEUBLIR , ſignifie donner à un immeuble la qualité de meuble , à l'effet de le faire entrer dans la communauté des futurs conjoints.

AMEUBLISSEMENT, eſt une ſtipulation faite dans un contrat de mariage , par laquelle on fait prendre à un immeuble , la qualité de meuble , à l'effet de le faire tomber dans la communauté.

La faveur des contrats a fait recevoir une telle ſtipulation ; mais elle ne peut être employée que dans les contrats de mariage où la communauté eſt ſtipulée.

Quoique réguliérement la ſeule convention de l'homme ne puiſſe pas faire changer la nature & la qualité d'un héritage , parce que *legis eſt fictione introducere, non etiam hominis contra legis diſpoſitionem , aut rerum ipſarum naturam* ; néanmoins l'uſage s'eſt introduit que par la ſeule convention de l'homme , les immeubles priſſent la qualité de meubles par le moyen de l'ameubliſſement.

La Coutume de Paris n'a point introduit cette ſubrogation , & elle n'en fait pas mention ; mais en faveur des mariages , elle s'eſt introduite dans le pays coutumier par l'uſage , & a été autoriſée par les Arrêts : car comme il arrive ſouvent que les filles qui ſe marient n'ont point d'argent comptant , ni d'autres effets mobiliers pour mettre dans la communauté ; & que l'uſage eſt , que celles qui ſe marient mettent dans la communauté une partie de leurs biens , de laquelle cependant les immeubles qui appartiennent aux futurs conjoints au jour de leur mariage, ſoit exclus; il a été néceſſaire de faire ſubroger les héritages & autres immeubles au lieu & place des deniers & autres effets mobiliers , par ſtipulation & convention d'ameublissement.

Elle ſe fait ordinairement en faveur du futur époux d'une partie des immeubles de la future épouſe , afin que les immeubles à elle appartenans étant ameublis , tombent dans la communauté , & que le mari en puiſſe diſpoſer ſans ſe conſentement de ſa femme , comme d'un bien de la communauté dont il eſt le maître : & cela ſe fait pour récompenſer ce que le futur époux peut avoir lui-même de mobilier en état d'entrer dans la communauté , ou le gain que peut produire à la communauté ſon travail & ſon induſtrie.

Quoique l'ameubliſſement ſe faſſe le plus ſouvent d'une partie des immeubles de la future épouſe, qui n'a point d'effets mobiliers qui de leur nature entrent dans la communauté , néanmoins rien n'empêche que le futur époux n'ameubliſſe des héritages à lui appartenans , pour les faire tomber dans la communauté.

La regle ordinaire eſt , que la future épouſe mette dans la communauté le quart ou le tiers de ce qu'elle rapporte en dot ; & quand elle n'a que des immeubles , elle en ameublit ordinairement juſqu'à la concurrence du quart & du tiers.

La fille majeure qui ſe marie , peut néanmoins , ſi bon lui ſemble , ameublir tous ſes immeubles , & même ſes propres , ou telle portion qu'elle juge à propos ; car ſi les perſonnes majeures qui ſe marient ont la liberté de ſe donner tous leurs biens par leur contrat de mariage , à plus forte raiſon leur doit-il être permis de faire entrer dans la communauté des effets qui de leur nature n'y devroient pas entrer.

Cela eſt d'autant plus raiſonnable , que celui qui ameublit ne perd pas , comme celui qui donne , la propriété , *hic & nunc* , des effets compris dans l'ameubliſſement : il les met ſeulement dans la communauté , dans l'eſpérance qu'au tems de la diſſolution d'icelle il en prendra ſa part avec profit , au cas que la communauté ſoit devenuë opulente. *Mornacius , ad Legem* 72. ff. *de jure dotium.* Cela s'obſerve encore dans les Coutumes où les reſerves coûtumieres ont lieu en donations entre-vifs.

L'ameubliſſement n'eſt ſujet à inſinuation , que quand il excéde ce qui ſe met ordinairement dans la communauté par la future épouſe , qui eſt le tiers de ſes biens , comme nous avons déja dit autrement, quand il n'y met que ce tiers , l'ameubliſſement n'eſt qu'une ſimple clauſe & convention conforme à l'uſage , & qui ne peut point paſſer pour un avantage fait par la future épouſe au futur époux. *Voyez* ce que j'ai dit ſur l'article 220. de la Coutume époufe au futur époux. Voyez ce que j'ai dit fur l'article 220. de la Coutume de Paris, glofe troifieme, §. 1. nomb. 52. & fur l'article 284, de la même Coutume, glofe 2. nom. 46.

L'ameubliffement eft fujet à l'Edit des fecondes Nôces, quand il eft exceffif; c'eft-à-dire, quand l'ameublifiement que fait une femme qui fe remarie, excede le tiers de ce qu'elle apporte en dot, pour le mettre dans la communauté ; car quoiqu'une femme majeure puiffe ameublir tous fes héritages & biens immeubles, il faut toujours excepter le cas de fecondes nôces.

Comme l'effet de l'ameubliffement eft de donner à un immeuble la qualité de meuble, l'héritage propre du mari, qui a été par lui ameubli & mis en la communauté, n'eft point fujet au douaire ; parce que les Parties ont fuffifamment témoigné qu'ils ne le vouloient pas quand ils en ont fait l'ameubliffement pour le mettre dans la communauté, foit que la femme accepte la communauté, ou qu'elle y renonce ; car les biens de la communauté ne font point fujets au douaire. Voyez ce que j'ai dit fur l'article 248, de la Coutume de Paris, glofe 1. n. 7.

L'ameubliffement fe fait de trois manieres.

La premiere, en ftipulant qu'un héritage fera ameubli jufqu'à concurrence d'une certaine fomme qui entrera dans la communauté. Dans ce cas, ce n'eft pas l'héritage qui entre dans la communauté, mais feulement la fomme dont on eft convenu, quoique cet héritage foit chargé de cette fomme.

De ce que nous venons de dire, il s'enfuit que la femme qui a fait l'ameubliffement tel que nous venons de dire, conferve toujours la pleine & entiere propriété de fon héritage, de forte que le mari n'en peut pas difpofer, pas même d'une partie, fans le confentement de fa femme : il peut feulement l'affecter & hypothéquer jufqu'à la concurrence de la fomme pour laquelle la femme a confenti l'ameubliffement.

La deuxiéme maniere d'ameublir, eft celle qui fe fait en convenant qu'un héritage fera vendu, pour les deniers en provenans être mis dans la communauté ; & alors l'aliénation en peut être faite par le mari fans le confentement de la femme ; mais la propriété de cet héritage demeure toujours par devers elle jufqu'à ce qu'il foit vendu. Il s'enfuit de-là, que fi la diffolution de la communauté arrive avant que cet héritage ait été vendu, il lui appartiendra, ou à fes héritiers, fauf à tenir compte à la communauté de l'eftimation d'icelui ; & fi l'héritage eft propre, il appartiendra aux héritiers de la ligne.

La troifiéme maniere fe fait par une déclaration qu'un tel héritage eft ameubli pour entrer dans la communauté, ou par une fimple déclaration qu'un tel héritage entrera dans la communauté, fans parler d'ameubliffement.

L'effet de cet ameubliffement eft le même que celui du précédent : l'héritage ainfi ameubli eft réputé un conquêt de la communauté, & le mari le peut vendre fans le confentement de fa femme.

Mais fi la diffolution de la communauté arrive avant que cet héritage ait été vendu, la femme eft cenfée en conferver toujours la propriété, de forte que fi elle renonce à la communauté, elle le reprendra, au cas qu'il foit porté qu'en renonçant elle aura droit de reprife ; & fi elle accepte la communauté, & que par le partage l'héritage tombe dans fon lot, ou qu'elle le reprenne en renonçant en vertu de la fufdite claufe de reprife, fi c'eft un propre de ligne, il conferve fa qualité de propre pour appartenir après le décès de la femme fans enfans, à fes héritiers des propres, & non pas à fes héritiers mobiliaires.

La raifon eft, que l'ameubliffement ne change la nature & la qualité defdits héritages, que pour le regard du mari, pour fûreté de la fomme qu'on lui a promis d'apporter dans la communauté, & non pas pour les fucceffions & difpofitions teftamentaires, à l'égard defquelles ils confervent leur qualité & nature d'immeubles, pourvû que la convention d'ameubliffement n'ait pas été effectuée, c'eft-à-dire que l'immeuble ameubli n'ait pas été vendu en effet pendant le mariage ; comme il a été jugé par Arrêt de 1600. rapporté par M. Louet, lettre P, ch. 40. Voyez ce que j'ai dit fur l'art. 220 de la Coutume de Paris, glofe 3. §. 2.

AMEUBLISSEMENT FAIT PAR UN MINEUR. L'ameubliffement étant une aliénation & une efpece de vente que la femme fait à fon mari, ou le mari à fa communauté, & l'aliénation des biens des mineurs ne leur étant pas permife fans décret du Juge, il femble que l'ameubliffement fait par un mineur ne peut être valable, que lorfque fur un avis de parens il eft homologué en Juftice : tel étoit autrefois l'ufage.

Cependant, comme les filles qui fe marient étant majeures, ont coutume de mettre un tiers ou environ de leur dot dans la communauté, & quand elles n'ont point de meubles, elles ameubliffent leurs héritages jufqu'à la concurrence de ce tiers, il n'eft plus aujourd'hui requis pour pareil ameubliffement qu'il foit autorifé en Juftice, quand il n'excede pas le tiers de la dot. La raifon eft, qu'en ce cas la fille mineure ufant du droit commun, & ne faifant que ce qu'une perfonne majeure a coutume de faire, elle ne peut pas fe dire léfée par un tel ameubliffement.

Ainfi, quand l'ameubliffement n'eft que du tiers, la mineure ne fe peut faire reftituer contre, parce que c'eft une aliénation néceffaire faite en faveur de mariage, fans lequel il n'auroit pas été fait, & que les mineurs, dans les chofes qui font de droit commun & ordinaire, font regardés comme majeurs.

Mais quand l'ameubliffement eft exceffif, il faut qu'il foit fait pour une jufte caufe ; fans quoi il feroit reduit *ad ligitimum modum*, quand même il feroit autorifé en Juftice. Voyez M. le Prêtre, cent. 1. ch. 47.

Lorfque le mariage eft avantageux pour la mineure, comme fi elle époufe un homme riche qui ait un bon négoce & un grand trafic, l'ameubliffement peut excéder le tiers; mais il faut un avis de parens & une fentence qui le permette, *caufa cognita* ; autrement elle pourroit fe fervir un jour du bénéfice de reftitution.

Il ne lui eft pas néceffaire de fe faire reftituer contre, pendant le tems qu'elle eft en la puiffance de fon mari ; elle eft toujours en droit de fe fervir de ce bénéfice après la diffolution du mariage, ou après la diffolution de la communauté.

La raifon eft, qu'il ne feroit pas jufte d'obliger la femme d'intenter un procès à fon mari, ce qui pourroit avoir des fuites fâcheufes, comme j'ai dit fur l'art. 220. de la Coutume de Paris, glofe 2. §. 2. nomb. 13.

Mais l'on demande fi, au cas qu'une mineure qui auroit confenti à un ameubliffement exceffif, fe fît reftituer contre, les héritiers du mari pourroient prétendre qu'elle n'auroit aucun droit dans la communauté ; & qu'elle ne pourroit pas en demander le partage ?

Il faut dire que non, & que l'ameubliffement exceffif feroit feulement réduit *ad legitimum modium*, fans que cette réduction puiffe donner atteinte à la communauté.

La raifon eft, que la reftitution ne fe fait que contre la claufe extraordinaire de l'ameubliffement, qui caufe de la léfion à la mineure, en ce qu'il eft exceffif : mais cette reftitution ne fe fait pas contre la claufe de la communauté, laquelle eft de droit commun, fans contrat, & fans claufe qui l'établiffe. Il faut donc en ce cas réduire les chofes felon ce qui s'obferve ordinairement ; fçavoir, que la communauté fubfifte, & qu'elle y mette feulement le tiers de fes biens.

Il nous refte à obferver ici, que quand les pere & mere marient leurs enfans mineurs, & qu'ils les dotent de leurs propres biens qu'ils leur donnent en contemplation de mariage, l'ameubliffement qu'ils en feroient, quelqu'exceffif qu'il fût, ne feroit point fujet à aucune formalité, & ne pourroit point être réductible.

La raifon eft, que *quilibet poteft quam voluerit legem liberalitati fuæ imponere.* Ainfi, comme ceux qui dotent peuvent appofer à leurs libéralités toutes les claufes qu'ils jugent à propos, les pere & mere qui dotent leurs enfans ; peuvent ameublir telle quantité que bon leur femble des biens qu'ils leur donnent. *Voyez* ce que j'ai dit fur l'art. 220. de la Coutume de Paris.

DENIERS AMEUBLIS. *Voyez* Deniers.

AMIABLE COMPOSITEUR. *Voyez* Arbitrateur.

AMIABLEMENT. L'on dit examiner un procès amiablement, pour dire qu'on le termine à l'amiable, fans avoir recours au Juge pour décider ce dont il s'agit entre les Parties. *Voyez* Arbitrateur.

AMIRAL, appellé en Latin *Præfectus maris*, eft le Chef de la Marine, c'eft-à-dire un grand Officier de la Couronne, qui commande en chef les armées navales, & qui fait exercer par fes Lieutenans & Officiers de Robe-longue la Jurifdiction contentieufe fur le fait de la Marine.

Ce mot vient d'un terme grec qui fignifie falu-res ou falins, ou d'un terme arabe qui fignifie Seigneur, ou d'un terme grec qui fignifie marin. C'eft pourquoi quelques-uns prétendent que la dignité auffi-bien que le nom eft venue d'Orient. En effet, on ne trouve l'établiffement de la Charge d'Amiral que fous le regne de Philippe en 1284. lequel avoit fuivi le Roi S. Louis en Afrique, & dans la guerre contre les Sarrazins.

Il n'y a que l'amiral qui ait le droit de faire rendre la Juftice en fon nom dans tous les Sièges de l'Amirauté. A lui auffi appartient la nomination aux Offices de Lieutenans, Confeillers, Avocats & Procureur du Roi, Greffiers, Huiffiers, Archers & Sergens aux Sièges généraux & particuliers de l'Amirauté, lefquels néanmoins ne peuvent exercer qu'après avoir pris des provifions du Roi.

C'eft lui feul qui peut donner les congés & paffeports, commiffions, & fauf-conduits, aux Capitaines & Maîtres des vaiffeaux équipés en guerre ou marchandife, & établir le nombre néceffaire d'Interprètes & de Maîtres de guet dans les ports.

L'Amiral doit vifiter, ou faire vifiter par telles perfonnes qu'il lui plaît, les ports, côtes & rades du Royaume.

A lui feul appartient de commander la principale armée navale, fuivant & conformément aux ordres qu'il reçoit de Sa Majefté ; & quand l'Amiral eft près de la perfonne du Roi, les ordres que Sa Majefté envoye aux armées navales, lui font auparavant communiqués.

A l'Amiral appartient le dixième de toutes les prifes faites en mer ou fur les grèves, fous commiffion & pavillon de France, avec le dixième des rançons, & toutes les amendes adjugées aux Sièges particuliers, & la moitié de celles qui font prononcées aux Sièges généraux d'Amirauté.

Il a encore quelques autres droits, qui font rapportés au titre premier de l'Ordonnance de 1681. Au furplus, le Roi s'eft refervé le choix des Vice-Amiraux, Lieutenans généraux & Chefs d'Efcadres, & autres.

Au refte, quelques droits & quelques prérogatives qu'ait l'Amiral, il n'a pas féance au Parlement. Bouchel, *verbo* Amiral.

Voyez le Traité des Amiraux, qu'a fait Jean le Feron, & le Livre intitulé de l'*Amiral*, que la Popeliniere à fait. *Voyez* auffi ce qu'en ont dit Pafquier dans fes Recherches, liv. 2. chap. 14. & du Cange dans fon Gloffaire.

AMIRAUTÉ, eft une Jurifdiction attribuée au grand Amiral de France, qu'il exerce par fes Lieutenans particuliers & par fes Lieutenans généraux.

Les Lieutenans particuliers de l'Amirauté, font ceux qui font établis dans tous les Ports & Havres du Royaume.

Ils connoiffent privativement à tous autres Juges, & entre toutes fortes de perfonnes privilégiées ou non, François ou Etrangers, tant en démandant que défendant, de tout ce qui concerne la conftruction, équipement, chargement & armement des vaiſſeaux, de l'engagement du loyer des Matelots, des contrats concernant les aſſurances & commerce de mer, & généralement de tout ce qui regarde la marine, & même des crimes commis ſur mer. Ils connoiſſent auſſi des priſes faites ſur mer, de la pêche & de tout ce qui y a rapport.

Les appels de leurs Jugemens ſe relevent dans les quarante jours aux Siéges généraux des Amirautés. Mais Ils jugent définitivement & ſans appel juſqu'à ſix livres, ſuivant l'article 53. de l'Ordonnance d'Henri III. de l'an 1584.

Depuis, par l'Ordonnance de 1681. liv. 1. tit. 2. art. 1. il a été réglé que tous les Jugemens des Siéges particuliers de l'Amirauté, qui n'excedent point la ſomme de cinquante livres, ſeront exécutés ſans appel; de ſorte que quand la condamnation n'excéde pas cette ſomme, leurs Jugemens ont force d'Arrêts.

Leurs Jugemens portant condamnation d'amende, ſont exécutoires nonobſtant l'appel juſqu'à la ſomme de huit écus.

Ceux qui concernent les droits de l'Amiral, & qui n'excedent pas la ſomme de ſoixante livres, ſont exécutoires par proviſion, à la caution juratoire du Receveur.

Ceux qui concernent les matieres ſommaires, la reſtitution des choſes déprédées & pillées, ſont auſſi exécutoires nonobſtant l'appel, en donnant caution.

Leurs Jugemens rendu en quelque matiere que ce ſoit, & à quelque ſomme qu'ils ſe montent, ſont auſſi exécutoires nonobſtant l'appel, en donnant caution, lorſque l'appel qui en aura été interjetté, n'aura pas été relevé dans les ſix ſemaines de l'Ordonnance.

Au reſte, les Juges particuliers de l'Amirauté peuvent condamner par corps, de même que les Juges des Siéges généraux.

Les Lieutenans généraux du Grand Amiral, ſont ceux qui tiennent les Siéges généraux de l'Amirauté; ſçavoir, celui de Paris, qui tient ſon Siége à la Table de Marbre du Palais. Les Amirautés particulieres de Calais, Boulogne, Abbeville, Saint-Valery-ſur-Somme, du Bourg-d'Ault, de la Ville d'Eu & Tréport, de la Rochelle & des Sables d'Olonne, reſſortiſſent à l'Amirauté générale de Paris. Il y a auſſi une Amirauté générale à Dunkerque, qui reſſortit au Parlement, de même que celle de Paris. Il y en a une autre à Rouen, à laquelle reſſortiſſent les Amirautés particulieres de la Province de Normandie. Les Amirautés générales de Bordeaux, Bayonne & Marenne, reſſortiſſent au Parlement de Bordeaux. En Provence il y a huit Amirautés générales, reſſortiſſantes au Parlement d'Aix, quatre dans le Parlement de Toulouſe, & huit dans le Parlement de Bretagne. Il y a auſſi pluſieurs Siéges d'Amirautés dans les Iſles & Colonies Françoiſes, à la Côte de Saint Domingue, & à la Martinique. L'appel des Amirautés générales va au Parlement dans le reſſort duquel eſt l'Amirauté.

Aux termes de l'Ordonnance de 1681. liv. 1. tit. 2. art. 3. les Officiers des Siéges généraux de l'Amirauté connoiſſent en premiere inſtance:

I°. Des matieres civiles & criminelles concernant la Marine, quand il n'y a point de Siége particulier dans le lieu de leur établiſſement.

II°. Ils connoiſſent des cauſes qui excedent la valeur de trois mille livres, qu'ils ont le pouvoir d'évoquer des Juges inférieurs, lorſqu'ils ſeront ſaiſis de la matiere, par appel de quelque appointement ou interlocutoire donné en premiere inſtance.

III°. Des appellations qui ſont interjettées des Sentences rendues dans les Siéges particuliers. Il faut excepter les matieres criminelles auſquelles il échet peine afflictive; car en ce cas l'Ordonnance de 1670. doit être exécutée, en ce qu'elle veut en l'article 1. du tit. 26. que les appellations des ſentences rendues ſur des accuſations de crimes qui méritent peine afflictive, ſe relevent rectà ès Cours; d'où il s'enſuit que les Siéges généraux de l'amirauté ne peuvent point connoître de ces appellations.

IV°. Les lettres de remiſſion accordées aux roturiers, pour crime dont la connoiſſance appartient aux Officiers de l'Amirauté, doivent être adreſſées & jugées ès Siéges d'Amirauté, reſſortiſſans nuement ès Cours de Parlement; art. 12. du tit. 2. de l'Ordonnance de 1681. ce qui ne ſe peut entendre que des Siéges généraux de l'Amirauté. Mais à l'égard des lettres de remiſſion pour Gentils-hommes ou autres perſonnes qualifiées, l'entérinement doit ſe porter à la grand'Chambre du Parlement.

Les Juges des Siéges généraux d'Amirautés peuvent ordonner l'exécution de leurs Jugemens, nonobſtant l'appel, pour les condamnations d'amende, comme faiſant partie des droits de l'Amiral, à la caution juratoire du Receveur.

En matiere ſommaire, leurs Jugemens définitifs ſont exécuté nonobſtant l'appel par proviſion, en donnant caution, ſi les condamnations ne ſont que de la ſomme de cent livres.

Pour les autres matieres, il n'y a que les Sentences concernant la reſtitution des choſes déprédées, ou pillées dans les naufrages, qui ſoient exécutées nonobſtant l'appel, en donnant caution; mais l'appel interjetté, s'il n'eſt relevé dans les ſix ſemaines, pour tous les autres cas, les Juges en peuvent ordonner l'exécution, en donnant caution.

A l'égard de la contrainte par corps, ce qui a été dit des Juges des Siéges particuliers, n'a pas moins lieu pour les Juges des Siéges généraux: ainſi ils peuvent condamner par corps.

Enfin, leurs Jugemens ont force d'Arrêts, quand les condamnations n'excedent pas la ſomme de cent cinquante livres; auquel cas on n'eſt pas recevable à en interjetter appel.

Les appellations interjettées de leurs Sentences, dans le cas où l'appel en eſt admis, ſe relevent au Parlement dans trois mois.

Comme les Officiers de l'Amirauté exercent leurs Juriſdictions ſous le nom & autorité du Grand Amiral, ils ne peuvent obtenir des proviſions du Roi, que ſur la nomination de l'Amiral.

AMNISTIE, eſt l'oubli & le pardon gé-

L ij

néral de quelque crime, accordé par le Prince à
ſes Sujets, par un Traité ou par un Edit, par lequel il leur pardonne le crime qu'ils ont commis
à ſon égard.

AMODIATEUR. Voyez admodiateur.

AMORTIR, ſignifie éteindre, anéantir, &
faire ceſſer un droit, de maniere qu'il ne ſubſiſte
plus & que celui qui en étoit redevable en ſoit
libéré.

AMORTIR UNE RENTE, eſt de la part du
débiteur éteindre la rente, en faiſant le rachat ou
le rembourſement du ſort principal; & de la part
du créancier, c'eſt le recevoir. Ainſi on dit qu'un
tel a rembourſé le fonds & éteint la rente qu'il
devoit.

AMORTIR UN HÉRITAGE, eſt en diminuer
ou éteindre les droits, profits & revenus; de même qu'amortir une rente, une penſion, ou quelque droit que ce ſoit, c'eſt en faire l'extinction.

Ainſi c'eſt amortir un héritage, que d'en éteindre les droits, en permettant qu'il ſoit poſſédé par
des Gens de main-morte, & le mettant par ce
moyen hors le commerce des hommes.

Amortir ſignifie donc permettre à Gens de main-
morte de poſſéder des héritages dans ce Royaume,
ſans qu'on le puiſſe contraindre de les aliéner, &
mettre hors de leurs mains. Voyez Bacquet en
ſon Traité des Francs-fiefs, ch. 3.

Cette conceſſion ne peut être faite que par le
Prince, qui peut amortir, non-ſeulement le fief
ou autre héritage tenu de ſa Souveraineté & à
pur moyen, mais auſſi l'héritage relevant d'autre
Seigneur ſon vaſſal, qui eſt un Seigneur moyen,
auquel eſt dû un droit d'indemnité.

Les gens de main-morte ne peuvent point contraindre le Roi de leur amortir des héritages qu'ils
ont acquis, & le Seigneur peut en ce cas les obliger d'en vuider leurs mains.

Mais ſi le Roi veut amortir des héritages;
alors, au moyen des Lettres d'amortiſſement, &
de la finance payée pour raiſon de ce, les Seig-
gneurs de qui ces héritages relevent, ne peuvent
plus les obliger d'en vuider leurs mains, & ils
peuvent être contraints d'en recevoir le droit
d'indemnité, qui eſt le dédommagement des
avantages qu'ils tireroient, ſi ces héritages reſtoient toujours dans le commerce.

Ce que nous venons de dire, que le Roi, qui
ſeul peut amortir, ne peut être obligé de donner
des Lettres d'amortiſſement à quiconque lui en
demande, eſt inconteſtable; parce que la préſomption eſt, que ſon refus eſt toujours fondé en
Juſtice: d'ailleurs, ſa puiſſance étant libre & volontaire, il lui eſt permis de n'accorder des graces, qu'autant & quand il lui plaît, & à ceux
à qui il juge à propos d'en faire.

Voyez Amortiſſement, Gens de main-morte,
Indemnité, Homme vivant & mourant.

AMORTIR LA FOI ET HOMMAGE, eſt
quand le vaſſal prend abonnement du Seigneur,
c'eſt-à-dire ſe fait décharger de la foi & hommage, à la charge de quelqu'autre redevance, ou
droits annuels & perpétuels.

Nous avons quelques Coutumes où ces abonnemens ſont en uſage, comme celles d'Anjou, du
Maine, & pluſieurs.

Voyez Fief abonné.

AMORTISSEMENT, ſignifie extinction,
rachat de quelque dette ou de quelque droit.

Ce terme ſignifie auſſi parmi nous la permiſſion
que le Roi accorde aux Gens de main-morte, de
poſſéder des héritages; au moyen de laquelle conceſſion ces héritages poſſédés par les Gens de main-
morte, ceſſent d'être dans le commerce, & de
produire aux Seigneurs de qui ils relevent, les
droits ordinaires & accoutumés à chaque mutation, leſquels ſe trouvent ainſi entiérement
éteints & amortis.

Dans ce dernier ſens, on peut dire que l'amortiſſement eſt une conceſſion du Roi faite aux Gens
de main-morte par laquelle il leur permet de tenir & poſſéder des héritages, ſans pouvoir être
contraints d'en vuider leurs mains; autrement, les
Seigneurs féodaux ou cenſiers pourroient les obliger d'en vuider leurs mains en celles de perſonnes
capables de les poſſéder; parce que par les anciennes Ordonnances ils n'eſt pas permis aux Egliſes,
Corps & Communautés, de poſſéder des héritages dans le Royaume; mais à préſent ils n'en poſſédent que trop pour l'intérêt public; & le Roi ne
leur refuſe guére la grace d'en pouvoir acquérir,
mais il ne leur accorde l'amortiſſement que moyennant certaine finance, que l'on nomme droit
d'amortiſſement; & cela, pour ſe dédommager
des profits qu'il pourroit percevoir des héritages
amortis, s'ils reſtoient dans le commerce ordinaire. Mais ce droit n'empêche pas que les Seigneurs, de qui dépendent leſdits héritages, ne
puiſſent exiger le droit d'indemnité, qui leur eſt
dû en conſéquence de l'amortiſſement.

Les Gens de main-morte étant incapables de
poſſéder des héritages, quand le Roi leur accorde
la permiſſion d'en poſſéder, il eſt très-juſte qu'il
tire d'eux quelque droit, pour ſe dédommager
des pertes qu'il en doit ſouffrir.

Quoiqu'en diſe Petrus Jacobi, le droit d'amortiſſement eſt très juſte; il n'a pas été inventé par
les François pour faire préjudice à l'Egliſe; mais
pour empêcher que l'Egliſe en fît au Roi; & même, ſi l'on peut s'en rapporter au ſentiment de Petrus Belluga, Docteur Eſpagnol, ce droit d'amortiſſement eſt fondé ſur le Digeſte, le Code & le Decret.

La Loi Papiria défendoit chez les Romains de
conſacrer aucun fonds ſans le conſentement du
peuple, de peur que les biens des Particulliers ne
ſortiſſent peu à peu du commerce des hommes.

Peckius, Rubrique 14. vendamo, fol. 78. num. 2.
dit que depuis pluſieurs ſiecles le droit d'amortiſſement a été uſité en Italie, dans la Flandre, dans
la Bourgogne, & dans les Etats de l'Empire; ce
qu'il prétend être bien juſtifié par des Lettres de
Saint Jerôme & de Saint Ambroiſe.

Ce ſentiment de Peckius eſt confirmé par M.
Guy, Avocat en la Cour, & Procureur du Roi
dans la commiſſion établie pour la recherche, taxe
& liquidation des droits d'amortiſſement dûs à

Sa Majesté par les Gens de main-morte du Royaume, qui dans le sçavant discours qu'il fit lors de la publication de la Déclaration de Louis XIII, après avoir représenté les droits que les Eglises & les Communautés possédans des terres, soit en fief, soit en censive, font perdre au Roi, dit : » Ainsi la Loi de l'amortissement est » juste, parce que l'intérêt de l'Etat le rend néces- » saire ; c'est pour cela qu'elle a été embrassée » par nos voisins : c'est une Loi ancienne d'An- » gleterre ; elle est en usage en Espagne, en Sici- » le, & au Pays-Bas ; elle se pratique en Avi- » gnon, & les Papes même l'ont approuvé là où » ils sont les souverains. Elle étoit autrefois ob- » servée à Genes ; elle est encore à Venise, où » nous sçavons qu'elle excita, il y a quelques an- » nées, un grand orage, qui fut dissipé par la » sagesse du Roi Henris le Grand.

Benedictus, sur le chapitre *Rain*, décision cinq, cite une Ordonnance de Philippe-le-Bel, qui fait voir clairement que le Roi, en demandant aux Ecclésiastiques, Gens de main-morte, un droit pour leur laisser posséder des héritages par eux acquis ci-devant & qu'ils pourroient acquérir ci-après, son unique bût est d'empêcher que les libéralités immenses que l'on pourroit faire à l'Eglise, ne ruinassent enfin l'Etat.

C'est donc mal à propos que le Pape Alexandre IV, qui vivoit sous le regne de Saint Louis, se récrie si fort contre les impositions qui se font en France sur les Gens d'Eglise, pour raison des possessions qu'ils acquierent ; comme si nos Rois devoient laisser au pouvoir de leurs Sujets, de faire perdre, en donnant leur bien à l'Eglise, les droits que les Coutumes donnent aux Seigneurs, dont relèvent les héritages qu'ils aumônent.

Aussi Clement V. dans sa Clémentine unique *de indemnitate Ecclesiarum*, a revoqué une décrétale semblable de Boniface qui ne l'avoit faite qu'en haine de Philippe-le-Bel.

Par les anciennes Constitutions du Royaume, les Eglises ne pouvoient acquérir ni posséder aucuns immeubles. On tient que c'est Saint Louis qui leur a permis d'en posséder, à condition de payer une certaine finance pour les Lettres d'amortissement, & de payer aux Seigneurs un droit d'indemnité, comme je l'ai dit en parlant des Gens de main-morte, lettre G.

Depuis le tems de Saint Louis, les Gens de main-morte ont toujours été obligés de payer lesdits droits.

Joannes Monachus, dans son Commentaire sur la susdite Décrétale, qui se trouve dans le chapitre unique *de immunitate Ecclesiarum*, *in sexto*, quoique Vice-Chancelier de Boniface VIII, Cardinal de sa promotion, & dévoué aveuglément aux intérêts de la Cour de Rome, a néanmoins reconnu la justice de ces droits, lorsqu'il dit que les charges réelles suivent la chose, en quelque main qu'elle passe, & que le Seigneur censier ne peut pas perdre son cens, si ce n'est de son gré & consentement, ou par sa faute.

Voyez un ancien Traité du droit d'amortissement fait par un Auteur inconnu, qui est rapporté dans Fontanon, tome 2. livre 2. titre 11.

Faute par les Gens de main-morte d'obtenir des Lettres d'amortissement, ils peuvent être contraints de vuider leurs mains des héritages par eux acquis.

Par Arrêt du cinq Juillet 1685, rapporté dans le quatriéme tome du Journal des Audiences, livre 8. chap. 47. il a été jugé que les Gens de main-morte, faute de payer l'amortissement, peuvent être contraints de vuider leurs mains des fonds par eux acquis, même les fonds qu'ils ont retenus par droit de retrait féodal.

Il n'y a que le Roi qui puisse donner des Lettres d'amortissement ; c'est un droit de Souveraineté qui ne se peut acquérir par les Seigneurs, par quelque prescription que ce soit, d'autant que les droits royaux ne se peuvent jamais prescrire.

Comme l'amortissement est une dispense & une dérogation aux Loix du Royaume, il n'y a que le Roi, qui est seul Souverain dans son Royaume qu'il tient immédiatement de Dieu, qui ait le pouvoir d'amortir, & rendre capables les Gens de main-morte de posséder des héritages dans son Royaume.

Il est vrai que dans le tems que les Ducs & les Comtes convertirent leur usufruit en propriété, ils usurperent tous les droits royaux, & se mirent en possession de donner des Lettres d'amortissement. *V.* le grand Coutumier, liv. 11. ch. 22. p. 163, & l'auteur du traité du Franc-aleu, p. 228. & suiv.

Ce dernier Auteur fait même voir que les Seigneurs ecclésiastiques ont autrefois entrepris de contraindre ceux de leur profession, de mettre hors de leurs mains les héritages qu'ils possédoient, ou de prendre d'eux des lettres d'amortissement.

Mais cet abus a d'abord été réprimé, ou du moins restraint par rapport aux Seigneurs ecclésiastiques, comme il résulte de l'Arrêt qui est rapporté dans l'ancien Style du Parlement, que M. le premier Président le Maître date de l'an 1277.

Cet Arrêt ordonne : » Que désormais l'Arche- » vêque de Reims, & les Evêques Pairs de France » ne pourront amortir leur domaine, ni les fiefs re- » levant d'eux nuement, mais seulement leurs ar- » riere-fiefs, & que les autres Evêques qui ne sont » pas Pairs, ne pourront amortir ni leur domaine, » ni les fiefs qui relevent immédiatement d'eux, » ni ceux qui en relevent médiatement.

Comme les droits de la Couronne sont inaliénables & imprescriptibles, toutes ces usurpations ont été enfin entièrement supprimées, de sorte que c'est une maxime constante, que le Roi seul peut amortir. C'est ce que dit Loysel, liv. 1. regle 59. & Bacquet, en son Traité des Droits de Justice, chap. 24.

La Somme Ruale s'en explique en ces termes : » Item. A le Roi la connoissance & Seigneurs d'a- » mortir les héritages en son Royaume, & non au- » tre ; car si par autre étoit fait, & confiscation s'y » appartenoit, il n'en tiendroit rien, s'il ne lui plaî- » soit, ne autrement que par sa grace, ne tient, » ne vaut amortissement par autre fait.

» Voici ce qu'en dit l'Auteur du grand Coutumier. » Au Roi notre Sire, seul & pour le tout, appar- » tient faire amortissement par tout son Ro- » yaume, & ne peut en icelui quelque terre être

» amortie, jusqu'à ce que le Roi l'ait amortie: &
» s'il advenoit que les Pairs, Barons & autres Sei-
» gneurs sujets amortissent aucune chose tenue
» d'eux, pour ce n'est pas absolument amortie,
» que le Roi ne puisse contraindre le possédant à
» la délaisser, & icelle appliquer à son domaine,
» s'ils ne le mettent hors de leurs mains, après la
» signification que dedans l'an, &c.

Cette maxime est fondée sur ce que le Roi, comme seul administrateur de son Royaume, peut seul
juger de l'incommodité qu'il y a de permettre aux
Gens de main-morte de posséder des fonds de terre
dans le Royaume; d'où il s'ensuit que les Seigneurs
de fief n'ayant aucun intérêt d'examiner si les Gens
de main-morte sont ou ne sont pas capables de posséder des héritages, si leur possession nuit ou ne nuit
point à l'Etat, ils n'ont pas droit de leur faire l'injonction de vuider leurs mains des héritages duement amortis par le Roi, les Mains-mortes leur
payant ce qu'il convient, pour les indemniser de
toutes les pertes de profits qu'ils pourroient faire,
si l'héritage dépendant de leur Seigneurie n'avoit
pas été amorti, & étoit resté dans le commerce.

Si les Seigneurs peuvent valablement amortir les
héritages situés dans leurs Justices, le Roi perdroit
par l'amortissement des Seigneurs le droit qu'il a
sur ces héritages, & il s'ensuivroit de là que ses
droits seroient dépendant de ses Vassaux; ce qui
est insoutenable.

Comme les Vassaux médiats, aussi-bien que les
Vassaux immédiats de la Couronne, sont obligés de
rendre divers services, il est évident que si les Seigneurs pouvoient amortir les héritages qui relevent
de leur Seigneurie, ces héritages cessant d'être dans
le commerce par l'amortissement qu'ils en auroient
fait, le Roi seroit privé de tous ces services.

Il y a trois sortes d'amortissement; les uns sont
généraux, les autres sont particuliers, & les autres mixtes.

Les généraux sont ceux que le Roi accorde généralement à tout le Clergé ou à toute une Province par lesquelles les immeubles appartenans aux
Ecclésiastiques, ou autres gens de main-morte,
sont amortis sans aucune déclaration ni spécification des héritages. Ces amortissemens généraux
sont réprouvés par les anciennes Ordonnances,
& les Rois n'en accordent guéres.

Les amortissemens particuliers sont ceux qui
s'accordent par le Roi à une communauté, dans
lesquels les impétrans déclarent par le menu, circonstances & dépendances, les héritages par eux
acquis, leur nature & qualité.

Les mixtes sont ceux qui ne sont ni généraux
pour une Province, ni particuliers pour un simple
héritage, mais qui comprennent généralement tous
les héritages & immeubles qui ont été acquis par
un Collège ou une Communauté, sans les détailler
en particulier; & qui contient la faculté d'en
acquérir de nouveau jusqu'à une certaine somme.

L'amortissement se fait par Lettres du Prince,
qui s'obtiennent en la grande Chancellerie, & qui
doivent être enregistrées tant en la Chambre des
Comptes qu'au Parlement.

Elles contiennent ordinairement cette clause:
sauf l'intérêt d'autrui & des Seigneurs. Mais quand
cette clause auroit été omise, elle seroit toujours
sous-entendue; parce que le Roi n'accorde point
de grace, que sauf le droit d'autrui.

L'effet de l'amortissement est de rendre les Gens
de main-morte capables de posséder à perpétuité
l'héritage amorti; de sorte qu'ils ne peuvent plus
être contraints d'en vuider leurs mains, soit qu'il
releve immédiatement du Roi, ou d'autres Seigneurs.

Ainsi les Gens de main morte sont, au moyen
de l'amortissement, déchargé du droit de nouvel
acquêt pour l'avenir; & même, suivant notre usage présent, ils sont affranchis de la prestation
d'homme vivant & mourant, de foi & hommage,
& profits féodaux, à l'égard du fief amorti mouvant immédiatement du Roi, ensemble de la censive à l'égard de l'héritage roturier, en la censive
de Sa Majesté; parce que l'héritage amorti devient,
pour tous droits tous droits pour l'avenir par rapport
au Roi. Ainsi le droit d'amortissement comprend
le droit d'indemnité, pour toutes les terres qui
relevent immédiatement de lui.

Mais comme l'amortissement ne se donne par le
Roi, que sauf le droit d'autrui, les Gens de main-
morte sont toujours obligés de payer le droit d'indemnité aux Seigneurs féodaux ou censier, de
qui relevent les héritages amortis, quand ces héritages ne relevent pas immédiatement du Roi.

Au moyen du payement de ce droit d'indemnité, les Gens de main-morte sont exempts & affranchis pour l'avenir, envers eux, de tous droits
& devoirs seigneuriaux, féodaux & censiers, à
l'exception de l'homme vivant & mourant, qu'ils
doivent pour les héritages féodaux, & de la censive qu'ils payent pour les héritages roturiers, &
à l'exception aussi des droits ordinaires de leur acquisition, comme les lods & ventes pour les rotures, & le quint pour les fiefs.

La raison est, que le droit d'indemnité ne se paye
que pour le tems à venir, c'est-à-dire pour dédommager le Seigneur des droits casuels, de deshérence, confiscation & autres, lesquels ne peuvent plus lui appartenir; dès le moment que l'héritage est tombé en main-morte. Ainsi jugé par
Arrêt du 6 Août 1663, rapporté dans le second
tome du Journal les audiences; & par un autre
Arrêt du 6 Juillet 1685, rapporté dans le quatrieme tome.

Suivant ce que nous avons dit ci-dessus, les
Gens de main-morte qui ont obtenus du Roi des
Lettres d'amortissement, bien & dûement enregistrées en la Chambre des Comptes & au Parlement, les Seigneurs n'ont plus d'action pour se faire payer leur indemnité. Mais faute par les Gens
de main-morte de payer le droit d'innemnité, &
d'exhiber leurs titres d'acquisition, & de bailler
leur déclaration au Seigneur d'où l'héritage amorti releve, le Seigneur est en droit de les poursuivre, & de les faire condamner à satisfaire à toutes
ces choses.

Quoique les Seigneurs ne puissent pas obliger les

Gens de main-morte, qui ont obtenu amortiſſement du Roi, de vuider leurs mains des fiefs par eux acquis, ils ne ſont pas exclus pour cela d'uſer de retenue féodale, en leur payant les deniers de l'acquiſition, & les loyaux-coûts, dans le tems preſcrit par la Coutume.

La raiſon eſt, que l'amortiſſement accordé par le Roi, n'a point d'autre effet que de rendre les Gens de main-morte capables de faire des acquiſitions d'immeubles, de même que les autres particuliers ; mais le Roi, par ſes Lettres d'amortiſſement, n'entend point préjudicier en aucune maniere au droit d'autrui.

Il s'enſuit de ce principe, que les Lettres d'amortiſſement n'attribuent pas aux Gens de main-morte un droit de propriété ſur l'héritage amorti qu'ils n'auroient pas : elles n'ont d'autre effet que de rendre les Gens de main-morte capables de poſſéder des immeubles dans le Royaume.

Ainſi, quoique ces Lettres portent expreſſément que les impétrans ne pourront être contraints pour le préſent ni à l'avenir de mettre l'héritage amorti hors de leurs mains, pour quelque cauſe que ce ſoit, cela ne s'entend qu'à la requête de la part du Roi, & relativement à leur incapacité de poſſéder des immeubles ; mais cela ne leur donne aucun titre dont ils puiſſent ſe ſervir pour éluder la demande en revendication que feroit celui qui juſtifieroit être le véritable propriétaire de l'héritage amorti.

Outre que l'amortiſſement rend les Gens de main-morte capables de poſſéder à perpétuité l'héritage amorti, il produit encore un autre effet ; c'eſt que pendant tout le tems qu'il eſt poſſédé par les Gens de main-morte, à qui les Lettres d'amortiſſement ont été accordées, il eſt cenſé allodial & comme tenu en franc-aleu, & par conſéquent il eſt franc, libre & exempt pour l'avenir de tout ſervice, & par conſéquent de tout ban & arriere ban.

Un héritage amorti peut retourner à ſa premiere condition & nature ; car il ne demeure amorti, que tant qu'il eſt poſſédé par la main-morte qui a obtenu l'amortiſſement ; & dès qu'il en ſort, il ceſſe d'être amorti.

La raiſon eſt, que l'amortiſſement n'eſt pas réſolutif de la mouvance, mais ſeulement ſuſpenſif : & comme l'amortiſſement eſt perſonnel, il ne peut ſervir qu'à ceux qui l'ont obtenu, & non point à d'autres Gens de main-morte qui acquerroient l'héritage amorti.

En effet, l'amortiſſement eſt une grace ſpéciale qui n'eſt accordée aux Gens de main-morte, que pour les rendre capables de tenir des héritages & fonds de terre, dont la poſſeſſion leur eſt interdite par les loix du Royaume ; d'où il s'enſuit que cette grace eſt perſonnelle, & qu'elle ne regarde uniquement que les perſonnes à qui elle eſt accordée ; & qu'ainſi, quand les ſeconds acquéreurs ſont de même que les premiers incapables de tenir aucun héritage, ils ont auſſi beſoin de la même grace.

Quand un héritage a été laiſſé à Gens de main-morte par diſpoſition de derniere volonté, le grand droit d'amortiſſement & d'indemnité doit être payé par les héritiers du défunt ; *quia ultimæ voluntates*

pleniſſimam recipiunt interpretationem, mais quand c'eſt en vertu de donation entre-vif que des Gens de main-morte en ont fait l'acquiſition, c'eſt à eux à payer ces droits ; *quia donationes inter vivos nullam extenſionem recipiunt, tantùm valent quantum ſonant.*

Voyez le Traité des amortiſſemens de Bacquet ; ce qui en eſt dit dans Henrys, tom. 1. liv. 3. chap. 1 & ce que j'ai dit ſous les mots Amortir, Indemnité, Droit d'Amortiſſement, Gens de main-morte, Homme vivant & mourant.

AMORTISSEMENT TACITE, eſt celui qui ſe fait par une préſomption tirée des loix, qui veulent *que cui aliquid datum eſt, ei quoque conceſſa cenſeantur ea, ſine quibus id quod ipſi datum eſt, explicare nequit.* C'eſt ſur ce fondement que quand le Roi donne quelqu'immeuble à Gens de main-morte, il eſt toûjours préſumé avoir amorti la choſe donnée, quelque l'amortiſſement ne ſoit pas formellement exprimé.

La raiſon eſt, que quand le Roi donne quelque choſe en propriété, Sa Majeſté eſt préſumée vouloir que l'on en jouiſſe à perpétuité, ſans qu'il ſoit beſoin d'autre permiſſion. Ainſi la ſeule conceſſion que le Roi en fait aux Gens de main-morte, ſuffit pour lever leur incapacité, ſans qu'il ſoit beſoin d'autre expreſſion ni d'autre titre. *Mornacius ad L. 2. ff. de Juriſdictione, & ad Leg. penult. cod. de Sacroſancto Eccleſ. Chopin Pariſ. lib. 1. tit. 3. num. 10.*

AMORTISSEMENT D'HERITAGE, eſt une diminution & un abrégement de fief ; ou une extinction de droits & profits féodaux, comme l'amortiſſement d'une rente en ſignifie l'extinction.

AMOVIBLE, ſe dit de celui qui eſt dans un emploi ou dans une commiſſion qu'il n'a pas à titre, & dont on peut le retirer, quand il plaira à ceux qui l'ont commis. Ce terme ſe dit également de l'emploi, comme du Commis qui le poſſéde.

AMPLIATION. Lettres d'ampliation étoient autrefois des lettres contenant l'augmentation des moyens omis dans une requête civile. Elles ont été abrogées par l'Ordonnance de 1667, tit. 35. art. 29. qui porte que ces moyens pourront être dorénavant articulés par une ſimple requête.

AMPLIATION EN FAIT DE FINANCE, ſignifie le double qu'on retient d'une quittance, ou de tout autre acte dont on a beſoin, pour le produire en divers endroits.

AN

AN, généralement parlant, c'eſt une certaine ſuite de jours, en les comptant tous depuis un tel jour juſqu'à un autre.

AN, ou ANNE'E, termes ſynonimes qui ſignifient la meſure du tems que le Soleil ou la Lune employe pour revenir au même point du Zodiaque. L'année ſolaire eſt de trois cens ſoixante-cinq jours. L'année lunaire eſt de trois cens cinquante-quatre jours, & de quarante-neuf minutes.

Voyez le Dictionnaire œconomique, *verbo* AN.

AN CIVIL OU POLITIQUE, eſt la forme de l'an.

née, que chaque nation a établie pour compter les tems. *Voyez* M. Jean Thaumas, *verbo* An; Defpeisses, tom. 3. pag. 174. le Dictionnaire de Chasles, *verbo* Année, où l'on voit que les années ont été diversement comptées, selon la différence des Nations & des tems.

Touchant la maniere de compter l'année par les Hébreux, les Grecs & les Romains, *v.* le Dictionnaire de Trevoux, *verbo* An, où il est marqué comment le Pape Gregoire XIII. a corrigé le Calendrier.

An 1582. à Rome on retrancha dix jours en Octobre; & au lieu de compter 15 Octobre, on compta 25. Octobre. En France, suivant l'Ordonnance d'Henry III, ces dix jours furent retranchés en Décembre; au lieu de compter 14. Décembre, on compta 24. Décembre. *Voyez* le stile du Parlement de Toulouse, par Layron, liv. 14, tit. 13. pag. 571.

Nous remarquerons qu'à Rome l'année ne commence qu'à Pâques.

En France, sous la premiere race de nos Rois, l'année commençoit le premier Mars. Sous la seconde race, elle commençoit le 25 Décembre, jour de Noël. Sous la troisieme, on la commençoit le Samedy d'avant Pâques, après la bénédiction du Clergé Pascal, laquelle ne se faisoit qu'à sept ou huit heures du soir; on attachoit au Cierge Paschal la Table de Pâques, qui indiquoit le commencement de l'année ; alors l'année n'étoit quelquefois que de onze mois, ou environ & quelquefois de treize mois, selon que Pâques arrivoit plutôt ou plûtard. Cela fut ainsi observé jusqu'à l'Ordonnance de Roussillon, du mois de Janvier 1563. laquelle, art. 39. enjoint de commencer l'année au premier de Janvier, & que tous actes publics & Lettres particulieres soient comptées de ce jour-là. Quoique cet art. 39 de ladite Ordonnance n'ait été vérifié par la Cour, il a néanmoins toujours été observé depuis le 14 Avril 1566, & cela avec beaucoup de raison; car auparavant l'année ne commençoit qu'au lendemain de Pâques: cela rouloit entre le 22 de Mars & le 25. d'Avril ; ce qui causoit de l'embarras, à cause de l'incertitude du jour de Pâques qui varie dans cet intervalle. Cependant l'année n'a pas laissé de commencer toujours à Rome au jour de Pâques comme auparavant.

Au reste, il n'est pas indifférent de connoître la maniere de compter les années dans tous les tems: cela peut être d'une grande utilité, pour distinguer & apprendre sûrement l'époque des Titres. *Voyez* les Auteurs que j'ai indiqué ci-dessus.

Voyez aussi ci-après le mot *Janvier*.

AN DE VIDUITE', est une année qui est accordée par le nouveau Droit Romain, aux héritiers du mari, pour payer à la veuve sa dot, lorsqu'elle consiste en argent; & pendant cette année, comme ils ne doivent point profiter des intérêts, ils sont tenus de nourrir & entretenir la veuve suivant sa condition ; & c'est ce qu'on appelle en Pays de Droit écrit, *l'an de viduité*. M. d'Argou, liv. 3. ch. 7.

AN BISSEXTIL, est celui où de quatre en quatre ans on insere un jour, pour le faire de 366 jours. *Voyez* Bissexte.

AN ET JOUR, en maniere de retrait, est le tems accordé aux lignagers pour retraire un héritage propre qui a été aliéné & mis hors la famille. Ce tems court contre toutes sortes de personnes, sans espérance de restitution.

Si l'on s'en tient au Droit Coutumier, il commence différemment à Paris, c'est du jour de la reception en foi pour les fiefs, du jour de l'ensaisinement pour les rotures ; à Blois, c'est du jour du contrat; en Normandie, dans un contrat volontaire, c'est du jour de la lecture du contrat; en adjudication par décret, c'est du jour de l'adjudication finale.

Pour les héritages en franc-aleu, il ne court que du jour que l'acquéreur a fait publier son contrat en Jugement au plus prochain Juge royal. En vente à faculté de rémeré, l'an & jour ne court que du jour du rémeré fini.

Depuis l'Edit des Insinuations laïques du mois de Décembre 1703, l'an & jour accordé aux lignagers pour retraire, ne court que du jour de l'insinuation ou enrégistrement des contrats & titres de propriété aux Greffes des insinuations. Ainsi l'ensaisinement du contrat d'acquisition, ou l'investiture, ou la publication, ne suffisent pas aujourd'hui pour faire courir l'an & jour du retrait lignager. Au reste, le jour du terme *à quo* n'est point compris dans l'an & jour, en fait de retrait lignager; mais le jour du terme *ad quem* y est compris.

La raison est, que la Coutume a voulu donner un an entier pour former l'action en retrait, or l'année ne seroit pas entiere, si le jour du contrat étoit compté, parce que ce contrat peut être passé sur le soir, & même bien tard; c'est pourquoi, si l'on mesuroit le tems d'un an y comprenant ce jour, le lignager n'auroit pas un an entier pour intenter l'action du retrait.

Il n'y auroit donc pas de raison de comprendre dans une prescription statuaire, non-seulement le jour qui suit l'an ; mais encore le jour du contrat.

AN ET JOUR, se dit aussi du tems accordé pour intenter la complainte, & se compte depuis le tems du trouble.

AN DE GRACE, signifie l'année où l'on est, en comptant les années depuis la naissance de Jesus-Christ, & l'âge du monde marque l'année où l'on est, en comptant les années écoulées depuis la création du monde. Ainsi l'an de grace 1752. est l'an 7752, en comptant les années écoulées depuis la création du monde. Sur quoi il faut remarquer que l'on n'a commencé en France à compter par les années de la naissance de J. C. que dans le huitieme siecle.

AN OU ANNÉE DE PROBATION, est l'année du Noviciat que ceux qui veulent se faire Religieux sont obligés de faire, pour éprouver si le genre de vie qu'ils veulent embrasser leur convient, & aussi pour que les supérieurs de la Maison réligieuse examinent s'ils leur sont convenables, par rapport à leurs caracteres & à leurs mœurs.

AN OU ANNÉE D'EXERCICE, est l'année ou un Officier qui a des confreres exerce sa charge, qui est alternative.

ANATOCISME,

ANATOCISME, eſt la converſion dés arrérages en principal ; ce qui n'eſt pas permis.

Un créancier ne peut donc pas faire paſſer à ſon débiteur un contrat de conſtitution de rente, pour intérêts dûs ou pour arrérages de rentes, ni faire entrer des intérêts & arrérages dans le ſort principal d'un contrat de conſtitution;autrement ce contrat ſeroit caſſé, comme uſuraire.

La raiſon qu'on ne peut pas exiger légitimement intérêts d'intérêts; & comme les fruits ne produiſent pas d'autres fruits, les intérêts qui ſont en quelque ſorte conſidérés comme les fruits, de l'argent ne peut pas produire d'autres intérêts. Ainſi le créancier qui les a perçus, peut être contraint de les imputer ſur le principal.

V. M. Expilly, chap. 49; & Chorier, Juriſprudence de Gui-Pape, queſt. 278.

ANCETRES, ſont ceux qui ſont les ayeuls, prédéceſſeurs & premiers de la race d'où l'on eſt deſcendu.

ANCIENNETÉ. *Voyez* Antiquité en fait de preuves.

ANCIEN, ſe dit de celui qui a été reçu le premier dans un Corps, & il a le pas devant ceux qui n'ont été reçus qu'après lui, & ainſi des autres.

Outre cette prérogative de l'ancienneté, les anciens en ont encore une autre, qui eſt d'être à ceux qui les ſuivent préférables pour ce qui eſt des charges & Commiſſions honorables de leurs Compagnies, s'ils en ſont capables. *Voyez* Belordeau en ſes Obſervations forenſes, lettre A, art. 36.

Entre les créanciers hypothécaires non privilégiés, on ſuit l'ordre du tems de leur hypotheque. *Inter creditores hypothecarios ſervatur ordo temporis :* enſorte que le premier en date eſt préféré, & vient le premier en ordre ſur le prix de l'immeuble ſaiſi réellement & adjugé par décret ſur le débiteur qui en étoit propriétaire.

ANCIENS ET NOUVEAUX CINQ SOLS, c'eſt le droit qui ſe leve ſur chaque muid de vin, aux entrées des Villes & Bourgs qui y ſont ſujets. Ils ont cours dans les généralités de Paris, Chalons, Soiſſons & Amiens ; & les anciens cinq ſols ſeulement, dans celle de Tours, Orléans & Lyon.

Les anciens cinq ſols furent créés ſous le regne de Charles IX, par une Déclaration donnée à Saint Germain-en-Laye le 20 Septembre 1561.

Les nouveaux cinq ſols viennent d'un droit de vingt ſols, créés par Henry III, & réduits par l'Edit d'Henry IV. de l'an 1593.

Par l'Ordonnance de 1680. ils ont été réduits à quatorze ſols par muid, meſure de Paris, pour l'entrée des vins, & ſe levent ſur toutes ſortes de perſonnes, à l'exception des Eccléſiaſtiques, pour les vins du crû de leurs Bénéfices, qui ſont exempts des nouveaux cinq ſols ſeulement; art. 1. 2 & 16. du t. des anciens & nouveaux cinq ſols, de l'Ordonnance de 1680. *V.* le Dictionnaire des Aydes, au mot Anciens & nouveaux cinq ſols.

ANCIENS PROPRES. *Voyez* Propres anciens.

ANIMADVERSION, ſignifie correction, réprimande.

ANNAL, qui ne dure qu'un an. On dit par exem-
Tome I.

ple, les Lettres de Chancellerie qui ſont annales ne valent rien après un an; & après ce tems, il faut obtenir des Lettres de ſurannation.

ANNATE, eſt le revenu d'un an, que le Pape prétend lui appartenir de tous les Bénéfices dont il donne des proviſions, apparemment pour tenir lieu de relief qui eſt dû au Seigneur féodal pour chaque nouveau poſſeſſeur d'un Fief.

On attribue l'origine de ce droit à Jean XXII, qui, pour en être mieux payé, envoya des Commiſſaires par toute la Chrétienté, pour informer du revenu annuel de chaque Bénéfice. On fit faire un tarif, qui ſe trouve encore aujourd'hui dans la Chambre apoſtoſique.

Cette taxe ayant paru odieuſe, fut réduite à la moitié par le Concile de Conſtance, & fut enſuite ſupprimée & abolie par le Concile de Bâle & la Pragmatique-Sanction. Enfin elle a été rétablie par le Concordat.

Ainſi le Pape leve aujourd'hui l'annate dans le Royaume de France, mais néanmoins de différentes manieres; car pour les Bénéfices ſoumis au Concordat, le Pape n'a que la moitié de la taxe, ſuivant le Concile de Conſtance : mais pour les Bénéfices du pays d'obédience, & ceux des pays unis à la France depuis le Concordat, il a la taxe toute entiere.

ANNÉE DE DEUIL. *V.* Deuil. *V.* Auſſi Secondes nôces, & ce que j'ai dit, lettre H, en parlant des habits de deuil.

ANNOTATION DE BIENS, eſt la ſaiſie qui ſe fait des biens d'un accuſé qui eſt abſent, après que perquiſition a été faite de ſa perſonne & que l'Huiſſier porteur du décret de priſe de corps, ne l'a pas trouvé.

Cette ſaiſie ſe fait ſans que, pour raiſon de ce, il ſoit obtenu aucun Jugement. Le décret de priſe de corps décerné contre l'accuſé abſent, ſuffit pour que l'Huiſſier faſſe la perquiſition de ſa perſonne, & faſſe enſuite l'annotation de ſes biens.

Cette ſaiſie ſe fait, non-ſeulement des meubles de l'accuſé abſent, mais auſſi de ſes immeubles; pour être les meubles inventoriés, & mis entre les mains & à la garde de perſonnes ſolvables & ſuffiſantes, pour en répondre à qui il appartiendra; & les immeubles regis & adminiſtrés par Commiſſaires ſolvables & ce juſqu'à ce que l'accuſé comparoiſſe.

Cette annotation ne ſe fait qu'après que l'Huiſſier qui a cherché le criminel abſent, a marqué par ſon procès-verbal qu'il ne l'a pas trouvé.

Quelques-uns ont prétendu que l'annotation ne pouvoit être faite, que quand l'accuſé étoit accuſé d'un crime qui donnoit lieu à la confiſcation des biens du condamné: mais l'uſage eſt d'admettre l'annotation des biens d'un abſent, ſoit que le crime emporte confiſcation ou non: ce qui paroît d'autant plus juſte qu'on ne regarde cette annotation comme le moyen le plus aſſuré de contraindre l'accuſé de ſe repréſenter.

Ce n'eſt donc que contre celui qui eſt accuſé de quelque crime capital ou non, & qui eſt abſent, qu'on peut uſer d'annotation; car ſi l'accuſé étoit actuel-

M

lement détenu dans les prisons du Juge, on ne le pourroit faire.

Après la perquisition de l'accusé absent, & la saisie de ses biens, il faut lui donner assignation à comparoir à quinzaine, & ensuite une autre assignation à huitaine, après quoi on lui fait son procès par contumace.

Le Juge d'Eglise ne peut pas ordonner la saisie & annotation des biens d'un accusé absent; & quand il le fait, sa Sentence est toujours déclarée abusive, comme il a été jugé par plusieurs Arrêts qui sont rapportés dans les mémoires du Clergé, de l'Edition de 1710; tom. 7. pag. 822. Cela même a été jugé au Parlement de Paris à la Tournelle, au mois de Juillet 1707.

V. Contumace. *V.* aussi le tit. 17 de l'Ordonnance de 1670.

ANNUEL, est un droit que quelques Officiers payent annuellement au Roi, pour conserver leurs charges à leurs héritiers; & faute par ceux qui en sont revêtus de payer ce droit, leurs Offices retournent au Roi après leur décès.

V. ci-après Paulette. *V.* aussi ce qui en est dit dans le Dictionnaire de M. Brillon, *verbo* Annuel, où les Déclarations & Arrêts qui concernent ce droit, sont rapportées.

ANNUEL, signifie aussi un droit que payent les Marchands de vin en gros & en détail.

Ce droit fut établi sous le regne de Louis XIII. par son Edit du mois de Décembre 1630, au lieu du droit héréditaire.

Il fut réglé alors à raison de six livres par muid pour les Villes, à cinq livres pour les Villages & Hameaux sur les grands chemins, & à quatre livres pour les Villages & Hameaux hors les grands chemins.

Mais sous le regne de Louis XIV, il a été fixé à huit livres pour les autres lieux, l'Ordonnance de 1680. l'a réglé ainsi.

ANNULLER, c'est casser une procédure, un Jugement, un mariage ou un autre acte, en prononçant la nullité.

Un Juge doit annuller, c'est-à-dire déclarer nul tout ce qu'il est formellement fait contre la disposition des loix de ce Royaume, c'est-à-dire des Ordonnances & des Coutumes.

Voyez Nullité.

ANOBLI, est un roturier fait noble par le Prince, tant par rapport à lui, que par rapport à ses enfans mâles & femelles nés & à naître en légitime mariage, pour être réputés nobles, & jouir de tous les droits & de toutes les prérogatives accordées aux Nobles, soit par rapport aux biens qu'ils ont déjà acquis, soit par rapport à ceux qui pourront acquérir dans la suite.

ANOBLIR, c'est tirer quelqu'un de l'état de roturier, & le faire noble. Le droit d'anoblir est royal & ne peut appartenir qu'au Roi.

ANOBLISSEMENT, est la qualité de noble, accordée par le Roi à celui qui étoit roturier, pour jouir, tant par lui que par sa postérité de tous les droits & de toutes les prérogatives accordées aux Nobles. Le droit d'anoblir est un droit de souveraineté & dépendant de la Couronne; d'où il s'ensuit qu'il n'y a que le Roi qui le puisse accorder.

Voyez la note de M. Lauriere, sur la douzieme regle de Loysel, au titre premier du premier livre; & M. le Bret, en son Traité de la Souveraineté, liv. 2. chap. 7. *Voyez* aussi Bacquet, en son Traité d'anoblissement; & *librum Tiraquelli, de nobilitate.*

Il y a deux sortes d'anoblissement, sçavoir, Iᵒ. Celui qui se fait par lettres patentes du Prince, bien & dûement vérifiées & enregistrées. *V.* lettre de noblesse.

IIᵒ. Celui qui s'acquiert par certains Offices, comme des Sécretaires du Roi, auxquels le Roi à attaché le privilége de noblesse.

Les enfans nés avant l'anoblissement de leur pere, qui s'est fait par le moyen des Charges qui anoblissent, sont nobles; parce que les Edits qui attribuent la noblesse à certaines Charges, font toujours mention des enfans & de la postérité de ceux qui s'en font pourvoir. Mais le fils d'un roturier ne deviendroit point noble, en conséquence des lettres de noblesse que son pere obtiendroit, s'il n'étoit compris dans les lettres. *Voyez* ci-après lettres de noblesse.

ANTERIEUR. Ce terme signifie celui qui précéde; comme quand on dit antérieur en date, antérieur en hypotheque.

ANTICHRESE, est une convention par laquelle le débiteur consent que son créancier jouisse de l'héritage qu'il lui hypotheque, pour & au lieu de l'intérêt de l'argent qu'il lui prête, jusqu'à ce qu'il en soit payé. *Mutuus est pro credito pignoris usus. Leg. 11. §. 1. ff. de pignorib. & hypot. Leg. 17. cod. de usur.*

Antichrèse est un mot grec, qui signifie contre-jouissance, *contrarius usus*: ce qui se rencontre quand le créancier jouit de l'héritage de son débiteur, au lieu & place de son argent, & c'est pour cette raison que l'antichrèse est appellée *mort-gage*, parce que le créancier ne compte pas sur la dette les fruits qu'il a perçus. *Voyez* Mort-gage.

Ce contrat né chez les Grecs, adopté par les Romains, & reçu dans quelques-unes de nos Provinces, procure aux débiteurs plusieurs avantages qui ne se rencontrent point dans les prêts ordinaires.

Premiérement, il empêche les débiteurs de se ruiner, par l'accumulation des intérêts.

En second lieu, il leur épargne des cautions qui leur coûtent quelquefois des pots de vin considérables.

En troisieme lieu, il pare l'action en garantie, les exécutions, les ventes des meubles, les dommages & intérêts, & les autres suites dangereuses, qui causent presque toujours leur ruine.

Aussi M. Louet, let. P. chap. 9. approuve l'usage de l'antichrèse, & trouve que ce contrat seroit bien plus commode & plus utile au Public que les constitutions des rentes ordinaires.

Si quelques Auteurs, entr'autres M. Charles Dumoulin, ont voulu faire passer ce contrat pour usuraire, ils ont en même-tems été forcés de convenir qu'ils doivent être permis , pourvû que deux chofes y concouruffent.

La premiere , eft la faculté perpétuelle du ra-chat , qui ne fe prefcrit pas même par cent ans.

La feconde , que les fruits n'excedent pas les intérêts légitimes.

Quoique M. Charles Dumoulin fe foit toujours déclaré contre l'antichrèfe , il établit cependant comme un principe certain , que lorfque ce con-trat eft plus favorable au débiteur qu'au créan-cier , il doit être non feulement toleré , mais en-core approuvé.

Tous les Arrêts qui font intervenus fur cette matiere , & qui ont réduit aux intérêts légitimes la jouiffance des héritages engagés , font dans l'efpéce , ou d'antichrèfe prohibées , ou de con-trats pignoratifs , déguifés fous le nom de vente à faculté de rémeré.

Quoiqu'il en foit , l'antichrèfe eft prohibée en France , à l'exception des Parlemens du Pays du Droit écrit , & de quelques Provinces où les con-trats pignoratifs font regardés comme des con-trats de vente à faculté perpétuelle de rachat.

Le 22 Mai 1691. il a été jugé au Parlement de Paris , par un Arrêt rendu en la Grand'Chambre , fur les conclufions de M. Dagueffeau , que les con-trats d'antichrèfe étoient valables dans les Pays du Droit écrit. M. l'avocat général ajouta cette ref-triction ; *Pourvu néanmoins que le revenu de l'héri-tage n'excédât pas l'intérêt de la fomme prêtée ; fans quoi il feroit ufuraire.* *Voyez* Boniface , T. 4. liv. 8. tit. 11. chap. 1. & Baffet , tom. 1. liv. 4. tit. 13. chap. 2.

L'antichrèfe d'un Greffe eft permife , pour en jouir jufqu'à ce que la Partie foit rembourfée de la fomme prêtée. Bouvot , tom. 2. *verbo* Greffier , rapporte un Arrêt du Parlement de Dijon , en date du 21. Juillet 1616. qui l'a jugé ainfi.

Mais l'antichrèfe eft défendu aux laboureurs , par les Novelles 32. 33. & 34. *Ne fcilicet impedia-tur agricultura, & pauperes rufticis fundi femel exuti fimul potiori fuâ induftria fraudati , nunquam poffint exfolvere , & folum vertere cogantur. Voyez* le Prêtre , cent. 4. chap. 9.

On demande , I°. fi dans les Provinces ou l'an-tichrèfe eft permife , elle eft réputée meuble ou immeuble dans les biens du créancier ?

Il faut dire que comme l'antichrèfe n'eft qu'une plus grande fûreté prife par le créancier , pour le payement de fes intérêts , & que ce créancier eft toujours en droit de demander le payement de la fomme prêtée , on ne doit regarder ce contrat que comme un effet mobilier dans les biens du créan-cier.

On demande , II°. fi l'antichrèfe donne lieu aux droits feigneuriaux , & produit des lods & ven-tes ?

Comme l'antichrèfe n'eft pas une vente , mais un fimple engagement , elle ne peut pas produire de lods & ventes. C'eft le fentiment de tous ceux qui ont traité cette queftion , & notamment de l'Auteur des Obfervations fur Henrys , tom. 2. liv. 3. queft. 31. qui dit que cette regle fouffre

deux exceptions ; la premiere , lorfqu'il y a de la fraude , & que l'antichrèfe renferme une vente déguifée ; la feconde , lorfque l'antichrèfe excede le tems de dix années.

Touchant l'antichrèfe , *Voyez* Hevin fur Frain , pag. 309. & fuiv. Loyfel , en fes obfervations de droit , pag. 111. M. Charles Dumoulin , en fon Traité des Ufures , queft. 35. Loyfeau , de la Dif-tinction des Rentes , liv. 1. chap. 7. Maynard , liv. 2. chap. 38. & Catelan , liv. 5. chap. 1.

ANTICIPATION , en fait de bail. *Voyez* Bail fait par anticipation.

ANTICIPER , eft prévenir l'appellant d'une Sentence par commiffion du Juge d'appel , quand l'appel reffortit aux Baillages & Sénéchauffées; ou par lettres royaux d'anticipation prifes en la Chan-cellerie , fi l'appel eft interjetté aux Cours fouve-raines , portant permiffion à l'impétrant de faire affigner l'appellant à certain jour compétant en la Cour , pour voir procéder fur l'appel.

Ces lettres font néceffaires , parce que fouvent les appellans n'interjettent appel que pour en différer l'exécution; car l'appel fufpend l'exécution de la condamna-tion , à moins que la Sentence ne foit exécutoire nonobftant l'appel : ce qui , même en ce cas , ne fe doit entendre que pour le principal ; car même ès condamnations exécutoires nonobftant l'appel, l'ap-pellation fufpend la Sentence quant aux dépens.

De plus , l'appel interjetté ne doit être relevé que dans trois mois en la Cour , & dans quarante jours aux Préfidiaux.

Mais l'intimé , c'eft-à-dire celui qui a obtenu gain de caufe en premiere inftance , peut anticiper l'appellant , foit qu'il n'ait pas relevé l'appel , ou qu'il l'ait relevé à trop longs jours ; comme fi l'af-fignation fur l'appel en la Cour étoit donné à com-paroir dans deux mois dans le même Parlement.

Les frais de l'anticipation doivent toujours tom-ber fur celui qui perd en définitif , & qui eft con-damné aux dépens.

Mais fi l'intimé a fait anticiper l'appellant dans les huit jours de fon appel qui lui font accordés pour y renoncer , au cas qu'il y renonce , les frais de l'anticipation tombent fur l'intimé , pour s'être trop précipité à prendre des lettres d'anticipation ; au lieu que quand l'intimé n'a pris des lettres d'an-ticipation qu'après huitaine , à compter du jour de la fignification de l'acte d'appel , fi l'appellant fe défifte de l'appel après les lettres d'anticipation non prématurement obtenues , l'appellant doit les dépens jufqu'au jour qui s'eft défifté de fon appel.

Voyez Defpeiffes , tom. 2. pag. 581.

ANTIDATER , eft dater quelque chofe antérieurement , ou mettre une date à un acte antérieur à fa paffation ; comme fi on datoit un acte du 20. Janvier 1750. qui n'auroit été paffé que le dernier du même mois ; ce qui eft fraudu-leux & défendu : auffi toute antidate eft une fauf-feté. Leg. 28. ff. de Leg. Cornelia de faffi.

L'Ordonnance du mois de Mars 1673. appellée le Code Marchand , tit. 5. art. 26. défend d'anti-

M ij

dater les ordres des lettres de change, à peine de faux.

ANTINOMIE, signifie contrarieté de Loix. *V.* dans mon histoire du Droit Romain, chap. 35. les regles que j'ai données pour concilier les loix qui paroissent contraires.

ANTIQUITÉ, en fait de preuves consiste dans l'ancienneté des titres, dans les anciens monumens, & dans le témoignage des anciens d'un lieu, qui certifient avoir vû de tous tems telle chose, déclarent qu'ils tiennent aussi de leurs ancêtres que cela s'est toujours vû pratiqué de la même maniere, ou que cela a paru ainsi de leur tems.

La preuve qui se tire de l'antiquité est d'un grand poids, *Can. de quibus, distinct. 10. cap. quoties 3. extra de testibus & attestationib.* Voici les curieuses recherches qu'a faite à ce sujet M. Brillon dans son Dictionnaire des Arrêts, *verbo* Ancien, qui renferment des principes certains sur cette matiere.

Antiquitas in materiâ probationum duo operatur; primùm, facit præsumere solemnitatem requisitam intervanisse, quamvis non appareat; secundùm, probationem minus perfectam supplet, & perfectam corroborat. Dumoulin, sur la Coutume de Paris. §. 8. glossa in verbo Dénombrement, nomb. 79.

Enunciativa in antiquis probant. Dumoulin, au même endroit, nomb. 77. *De quâ regulâ vide plura apud Cravetam, Tractatu de antiquitatibus temporum, ubi hanc quæstionem plenissimè tractat.*

Pour sçavoir de quel tems l'antiquité est composée, il faut distinguer les choses dont il s'agit. S'il faut une possession immémoriale *ad constituendam antiquitatem, probatio centum annorum requiritur: ubi verò talis probatio non requiritur, antiquitas dicitur omne tempus quod excedit triginta vel quadraginta annos.* Dumoulin, ibid. num. 80. & seq.

Les anciennes inscriptions, & les écritures privées qui sont trouvées dans les archives publiques servent beaucoup à éclaircir la vérité, quand il n'y a point d'autres preuves authentiques. *Bald. ad Legem monumentorum, cod. de Religios.*

Les monumens anciens, comme les inscriptions des tombeaux, ont beaucoup d'autorité. Charondas, dans ses observations, lettre A, *verbo* Antiquité.

A P

APANAGE, est un fonds qu'on assigne à un cadet de famille, pour le faire subsister honorablement selon sa condition.

Touchant l'origine de ce mot, *V.* le Dictionnaire étimologique de M. Ménage, le Dictionnaire de Trevoux, le Glossaire de Ducange, celui du Droit François, Herain dans ses notes sur Frain, pag. 569. nomb. 12 ; & Fauchet dans son Livre de l'origine des Dignités, chap. 6.

Ce terme s'entend plus particuliérement des Domaines que le Roi donne à ses fils puînés, pour qu'ils puissent vivre d'une maniere qui réponde à la grandeur de leur naissance ; attendu que le Royaume de France est aujourd'hui indivisible, &

appartient de droit en totalité à l'aîné des mâles.

On entend donc par apanage, les terres qui sont données par le Roi aux puînés de France pour leur tenir lieu de légitime, sous condition de retour ou de réunion au Domaine de la Couronne, par défaut de mâles, & non autrement.

Ainsi, l'apanage ne donne pas une vraie propriété, & ne doit être regardé que comme un usufruit, puisque la propriété en demeure à la Couronne, & que ce qui est donné à titre d'apanage, ne tombe point en disposition ni en quenouille.

L'apanage n'a été établi en ce Royaume, en faveur des puînés de France, que sous le commencement de la troisieme race de nos Rois.

Sous les Rois de la premiere & de la deuxieme race, les apanages n'étoient point connus, & il a été un tems que le Royaume étoit partagé entre tous les enfans de France. Mais les inconvéniens qui résultoit de ces partages, firent qu'on admit l'aîné seul à la succession de la Couronne, en donnant aux cadets quelques Duchés, ou quelques portions du Royaume en souveraineté, à la réserve de la foi & hommage, à condition de reversion au défaut d'enfans mâles. Enfin, pour ne point démembrer le Royaume, on leur donna des apanages, c'est-à-dire le domaine utile de quelques Duchés, pour leur tenir lieu de légitime, la souveraineté demeurant toujours au Roi.

Les terres données en apanage aux puînés de France, ne leur sont donc données que pour jouir de leurs revenus, eux & leurs enfans mâles: ainsi ces terres ne peuvent point être aliénées, & doivent toujours retourner à la Couronne, au cas que l'apanagiste decede sans enfans mâles; mais excepté cela, il est vrai propriétaire desdites terres, & en a tous les droits du domaine utile.

C'est la raison pour laquelle les apanagistes prennent le titre de leur Seigneurie, & s'en qualifient Ducs ou Comtes, selon la qualité de la Terre & Seigneurie de leur apanage.

Ils nomment aux Offices, & font rendre la justice à leurs Sujets au nom du Roi & au leur. Ils reçoivent les hommages des Vassaux, à la charge seulement d'en envoyer les doubles en la Chambre des Comptes de Paris. Ils nomment aux Bénéfices qui sont dépendans de leur Seigneurie, en ayant le droit de patronage, sans qu'il en soit fait aucune mention dans leurs lettres.

Le Seigneur par engagement n'a pas les mêmes avantages, d'autant que c'est le Roi qui demeure vrai propriétaire & Seigneur du domaine engagé, *V.* Engagiste ; au lieu que les apanagistes sont vrais propriétaires des domaines qui leur ont été donnés en apanages.

Les apanagistes peuvent aussi par la même raison user du droit de retenue féodale, à la différence de l'engagiste, qui ne le peut, si cela n'est exprimé dans ses lettres.

Mais, quelque don que fasse le Roi, quand il donne des terres en apanage aux puînés de France, la propriété qu'il leur en donne, ne concerne jamais les droits qui sont propres à la Majesté royale, lesquels lui sont toujours réservés, quoique dans l'acte de concession il ne soit fait aucune mention de la reserve.

Les apanages des enfans de France leur tenant lieu de légitime, auroient été une juste cause d'aliéner le domaine sans clause de reversion, si les Loix fondamentales du royaume ne s'y opposoient pas. Aussi, long-tems avant Philippe-le-Bel, les apanages étoient reversibles à la Couronne.

Ainsi, par Arrêt du Conseil d'Etat du 24. Septembre 1709. il a été jugé que les terres détachées du domaine de la Couronne, & données par Philippe-le-Bel à Guillaume de Nogaret, pour lui ses hoirs & ayant cause, sans aucune clause de retour à la couronne, pour recompense des services par lui rendus à l'Etat, n'avoient pû lui être données en pleine propriété, sans être sujettes à reversion au défaut d'hoirs mâles.

Cet Arrêt est rapporté, dans le second tome de M. Augeard, chap. 90. où le Lecteur trouvera quantité d'observation & de recherches très-curieuses sur les apanages.

Il faut encore remarquer que les biens de la Couronne, au défaut d'enfans mâles, retournent au Roi, comme Roi, & non pas comme héritier; ensorte qu'il n'est point tenu des dettes que les apanagistes auroient pû contracter pendant le tems de leur jouïssance. Voyez Despeisses, tom. 1. page 7. nomb. 8. & tom. 2. page 313.

APANAGER, signifie donner en apanage. On se sert aussi de ce terme apanager, pour signifier qu'un pere donne à un de ses enfans quelque bien pour lui servir d'établissement, moyennant quoi il le fait renoncer à sa succession; alors on dit que cet enfant a été apanagé: mais, pour parler correctement, il faudroit dire aparagé.

APARAGER, signifie marier une fille suivant sa condition: desparager, au contraire c'est lui donner un mari qui n'est pas sortable. Voyez Desparager.

APOSTILLE, est une annotation ou renvoi, qu'on fait à la marge d'un acte ou de quelque écrit, pour y ajouter quelque chose, & on appelle souvent apostille tout ce qui est ainsi ajouté à un acte par renvoi.

Les apostilles qui sont ajoutées aux contrats, doivent être paraphées par les parties, & par les Notaires; autrement on n'y auroit aucun égard.

Les apostilles d'un compte sont les débats & contestations qui se font lors de l'examen d'un compte; on met une apostille à la marge & à côté de chaque article que l'on conteste.

Un Procureur met encore ses apostilles sur un mémoire de frais, ou déclaration de dépens; ce sont les articles qu'il ne passe pas.

APOSTILLE, en terme de finance, est une note que l'Auditeur des Comptes met à la marge des comptes qui lui sont envoyés.

Quand un Auditeur a examiné un compte, & qu'il a trouvé les articles conformes aux états du Roi, & aux piéces que le comptable rapporte, il met à côté son apostille en ces termes: Le reçu de telle quittance, ou telle piéce, & au texte, bonne recette passée & allouée, telle somme ci-devant exprimée.

APOSTRES, étoient des libelles appellatoires ou lettres démissoires qui se devoient demander par celui qui étoit condamné par Sentence, au juge qui l'avoit rendue, par lesquelles il certifioit le Juge du avant de l'appel interjetté, & lui en laissoit la connoissance.

Elles devoient être demandées dans un certain tems, après lequel il n'étoit plus permis d'interjetter appel de la Sentence. Cela ne s'est pratiqué en France qu'en pays de Droit écrit, conformément au Droit Romain; mais à cause des inconveniens qui en résultoient, ces Lettres démissoires ont été abrogées par l'article 117. de l'Ordonnance de 1537. ensorte que depuis cette ordonnance il a été permis à l'appellant de poursuivre son appel sans le secours de ces Lettres, en Pays de Droit écrit, de même qu'il l'avoit toujours été en Pays coutumier.

Voyez cet article 117. de cette Ordonnance, & les Commentaires qui ont été faits dessus, & qui sont rapportés dans la derniere impression du Recueil de Neron. Voyez aussi Thevenot, liv. 6. tit. 5. art. 3.

APOTICAIRE, est celui qui exerce cette partie de la Médecine qui consiste en la préparation des Remedes. A Paris, les Apoticaires prennent aussi la qualité de Marchands Epiciers-Droguistes.

Il y a aussi des Epiciers Droguistes; mais ils ne peuvent vendre que les médicamens simples, & non les médicamens composés, c'est-à-dire ceux qui sont composés de plusieurs drogues mêlées ensemble.

Aucun Maître Apoticaire-Epicier n'est reçu à Paris sans faire un chef-d'œuvre, auquel les Médecins ont droit d'assister.

Un legs fait par un testateur durant sa derniere maladie, au profit de son apoticaire, ne vaut. Il en est de même d'une donation faite pendant maladie à son apoticaire: celle qui seroit faite à sa femme, seroit aussi déclarée nulle.

De simples recommandations d'un parent ou d'un ami malade, à un Médecin ou à un Apoticaire, n'obligent en rien celui qui les a faites.

Il n'est pas permis aux Apoticaires, ni aux Médecins, & Chirurgiens, de déclarer les maladies secretes de ceux dont ils entreprennent la guérison.

Un Apoticaire est préféré à tous autres créanciers d'un défunt, pour les drogues par lui fournies dans la derniere maladie seulement, parce qu'elles semblent faire partie des frais funéraires, & partant ils doivent avoir le même privilege. Mais il doit venir dans le tems marqué par l'article 125. de la Coutume de Paris, qui porte que les Médecins doivent intenter leurs actions dedans l'an.

Voyez le Dictionnaire des Arrêts verbo Apoticaires, & ce que j'ai dit sur l'art. 125. de la Coutume de Paris. Voyez aussi les Arrêts de Papon.

APPARITEUR, est un Huissier ou Sergent. Ce terme étoit fort usité chez les Romains. Il signifie proprement parmi nous ceux qui tiennent lieu d'Huissiers dans la Jurisdiction éccléfiaftique.

APPAROIR, fignifie, en terme de pratique, exhiber, comme quand on dit : Il parle beaucoup de fes titres, mais il n'en fait apparoir aucun.

APPARTENANCES ET DÉPENDANCES. On entend par ces termes tous les droits annexes & dépendans d'un fief, comme les cens, les rentes foncières, les vaffaux & arrière-vaffaux, & autres droits, lefquels, tant par la difpofition de la Coutume, que par la deftination du père de famille, font dépendans du fief.

Dans la faifie réelle des Seigneuries, Fiefs & Terres nobles, il faut que l'Huiffier laiffe les principaux membres de chaque Fief, avec les appartenances & dépendances, comme il eft dit en l'art. 345. de la Coutume de Paris.

APPEAUX, eft un ancien terme du Palais qui fignifioit autrefois appel.

APPEL, eft la plainte qu'on forme pardevant le Juge fupérieur, d'une fentence rendue par un Juge inférieur, pour raifon de griefs & dommages qu'on prétend recevoir de ladite Sentence. Cette prérogative du Juge inférieur au fupérieur a été trouvée très néceffaire, ad detegendam inferiorum Judicum imperitiam, & ad corrigendum eorumdem iniquitatem & enim gravamen ab inferiori Judice illatum debet à fuperiori Judice emendari.

En effet, rien n'eft plus raifonnable & plus digne de la dignité des Juges fupérieurs, fur-tout des Juges fouverains, qui font les confervateurs de la Juftice, que de défendre l'innocence opprimée par la malice des chicaneurs, ou par l'ignorance, & même quelquefois l'iniquité des premiers Juges.

L'appel interjetté d'une Sentence produit deux effets.

Le premier eft de fufpendre l'exécution de la Sentence dont eft appel, enforte que le Juge à quo eft obligé d'y déférer. Leg. quoniam, cod. de appellat.

Le deuxième eft de transférer la connoiffance de l'affaire dont eft appel, au Juge immédiatement fupérieur à celui qui a rendu la Sentence dont eft appel.

L'appel interjetté de la Sentence du Juge inférieur doit donc être porté pardevant le Juge fupérieur, parce que, pour pouvoir reformer la Sentence d'un Juge, il faut avoir plus de pouvoir que lui. De plus, il ne fuffit pas d'être fon fupérieur, il faut l'être immédiat, c'eft-à-dire que l'appel fe doit faire gradatim, & non omiffo medio, qua unicuique fua fervari debet jurifdictio. Voyez ci-après Appellations, omiffo medio. Voyez auffi Dégrés de la jurifdiction.

L'appel s'interjette par un fimple acte figné par l'appellant ou par fon Procureur, & fignifié à la Partie qui a obtenu gain de caufe.

En matière civile, celui qui a perdu fa caufe ou fon procès, peut interjetter appel de la Sentence, ou acquiefcer à icelle, & en confentir l'exécution; & à faute d'en interjetter appel, ou de le relever dans le tems de l'Ordonnance, la Sentence eft mife à exécution.

Il n'en eft pas de même en matière criminelle, d'autant que fi la Sentence rendue par le premier Juge porte condamnation de peine corporelle, de galeres, de banniffement à perpétuité, ou d'amende honorable, foit qu'il y ait appel ou non, l'accufé & fon procès doivent être renvoyés en la Cour fuivant l'art. 6. de l'Ordonnance criminelle, au titre des Appellations.

Comme il y a plufieurs différentes fortes d'appels, dans la pourfuite defquels on obferve différentes procédures, nous allons en donner l'explication, après que nous aurons fait quelques obfervations générales à ce fujet.

L'appel d'une Sentence a ordinairement deux effets, l'un dévolutif, & l'autre fufpenfif. Voyez Dévolutif.

Celui qui eft Condamné par une Sentence, en cas qu'il prétende revenir contre, il doit en interjetter appel dans le tems préfini par les articles 12. & 17. de l'Ordonnance de 1667. Sur quoi voyez ce que j'ai dit fur la lettre T, verbo Tems.

Il ne fuffit pas d'avoir interjetté appel, il faut que l'appellant le releve dans les trois mois de l'Ordonnance; finon, après ce tems il peut être affigné en défertion par l'intimé. Voyez Relief d'appel, & Anticiper.

A l'égard du tems qui eft accordé à l'appellant pour relever fon appel, voyez défertion d'appel. Voyez auffi Anticiper.

L'appellant peut relever fon appel, ou par un Relief d'appel, ou par un Arrêt.

On ne peut faire aucune pourfuite fur un appel, fans avoir configné l'amende.

Suivant le Droit Romain, quand une Sentence étoit nulle de plein droit, il n'étoit pas befoin d'en interjetter appel, & elle ne paffoit point en force de chofe jugée, tit. 8. lib. 49. Mais cette Jurifprudence n'eft pas reçue parmi nous. Il faut toujours que le Juge fupérieur connoiffe de la nullité de la Sentence, & qu'il prononce deffus.

Celui qui n'a point d'intérêt direct, & à qui l'exécution d'une Sentence ne porte point préjudice directement, n'en peut point appeler. Charondas, en fes Réponfes, liv. 6. ch. 25.

Un créancier n'eft donc pas recevable à interjetter appel d'une Sentence qui juge la Commife. Ainfi jugé par Arrêt du Parlement de Rouen le 17. Juillet 1653. Bafnage, fur l'art. 201. de la Coutume de Normandie.

Cependant un tiers peut appeler d'une Sentence rendue entre d'autres Particuliers, & dans laquelle il n'a point été partie, fi in ejus necem litigantes videntur prolufiffe, aut alioqui, ex fide non egiffe. L. 14. ff. de appellat. & relat. Ainfi jugé par Arrêt du 27. Septembre 1540. rapporté par Papon, liv. 19. tit. 1. nom. 37.

M. le Procureur général fe trouve quelquefois obligé d'appeler, principalement quand il s'agit de chofes qui intéreffent le Public; & alors il interjette un appel fimple, ou un appel comme d'abus, fuivant les cas qui fe préfentent.

On peut appeler par Procureur; mais le Procureur qui a interjetté appel, n'y peut pas renoncer fans le confentement de fa Partie.

Lorfqu'un Procureur a interjetté appel pour fa Partie, fi elle ne l'a point défavoué, en ayant connoiffance, l'appel interjetté par le Procureur peut être valablement anticipé. Boniface, tom. 1. liv. 1. tit. 29. nomb. 11.

Le Jugement que rend le Juge dans une affaire dont il connoît en caufe d'appel, doit confirmer ou infirmer la fentence du Juge à quo.

Quand une fentence contient plufieurs chefs, on peut appeler de cette fentence par rapport à certains chefs, & y adhérer par rapport aux autres.

Les Juges inférieurs qui connoiffent d'une affaire en caufe d'appel, doivent prononcer fimplement, *bien ou mal jugé*; & jamais prononcer *l'appellation au néant*: ils ne peuvent pas non plus dire, *mal, nullement & incompétemment jugé*.

Il n'appartient qu'aux Cours fouveraines de prononcer, *l'appellation au néant*. Rebuffe, *in præm. Concord.* obferve que ce n'a été que par Arrêt du 22 Janvier 1422. qu'il a été permis aux chambres des Enquêtes *de mettre l'appellation au néant*.

Anciennement les Juges étoient refponfables du jugé; en appel de Juges royaux, ces Juges devoient être ajournés; en appel de Juges non royaux, on ajournoit les Seigneurs qui les avoient inftitués; & de même il falloit intimer les Evêques, & non les Officiaux. Papon, liv. 2. tit. 1. nomb. 40.

Cela ne s'obferve plus. Quand il y a lieu de fe plaindre nommément du Juge qui a rendu une Sentence évidemment injufte, il n'eft pas permis d'inférer dans les Lettres de relief d'appel, qui s'obtiennent en Chancellerie, la claufe d'intimation & prife à partie contre les Juges; à peine de nullité; mais on peut en ce cas fe pourvoir par Requête, & obtenir Arrêt, portant que les Juges feront intimés & pris à partie en leurs propres & privés noms.

Ainfi jugé en la Tournelle criminelle du Parlement de Paris, par Arrêt du 4 Mai 1692. rapporté dans le cinquiéme tome du Journal des Audiences, liv. 9. chap. 6.

APPEL EN MATIERE CRIMINELLE, eft celui qui eft interjetté au Parlement, c'eft-à-dire à la Tournelle criminelle; auquel cas l'appellant doit faire fignifier fon appel, avec une fommation au Greffier de faire porter les informations au Greffe de la Cour.

L'appel en matière criminelle eft dévolutif & fufpenfif. *Voyez* Dévolutif & fufpenfif.

Au refte, l'appel en matiere criminelle n'a pas lieu dans quelques endroits de ce Royaume, où les appellations en matière civile font à la vérité admifes & portées au Parlement de Paris, mais où les Jugemens font en matière criminelle, rendus en dernier reffort, & par conféquent non fujets à l'appel; & c'eft ce qui s'obferve en la Coutûme de Lille en Flandre.

APPEL à minima, eft celui qui en matiere criminelle où il échet peine afflictive, eft interjetté par le Procureur général du Roi, ou par fon Subftitut, qui appelle à la Cour de la peine à laquelle le coupable d'un crime aura été condamné par un

Juge inférieur, comme étant trop légère, prétendant le faire condamner à une plus grande.

Le Procureur Fifcal du Seigneur doit auffi en pareil cas interjetter appel *à minima* de la Sentence rendue par le Juge de la Juftice.

C'eft toujours au Parlement que fe portent, *miffo medio*, les appels de condamnation prononcées par les Juges des Seigneurs Hauts-Jufticiers; quand même les accufés ne s'en plaindroient pas, car les Procureurs Fifcaux doivent appeler *à minima* de leurs Juges, de crainte que l'innocence ne foit la victime de l'impéritie d'un Juge de village, ou que les coupables évitent des fubin les peines qu'ils ont méritées, & qu'ainfi les crimes demeurent impunis.

L'appel *à minima* n'eft nullement de la connoiffance des Enquêtes; il faut néceffairement que l'affaire foit portée à la Tournelle criminelle, lors même que fur un incident il y a un appel *à minima*.

APPEL à *Futuro Gravamine*, eft un appel prématuré qui n'eft pas reçu en France. Papon, liv. 19. tit. 7. nomb. 8.

APPEL DE DENI DE RENVOI OU DE JUGE INCOMPÉTENT, eft un appel qui s'interjette d'une Sentence ou Ordonnance rendue par un Juge incompétent, au préjudice du renvoi qui lui avoit été demandé.

Cet appel s'interjette pardevant le Juge fupérieur qui examine fi l'appellant eft en droit de fe plaindre des pourfuites qu'il prétend avoir été faites contre lui pardevant un Juge incompétent. *Voyez* Incompétence.

Lorfque le Juge fupérieur trouve que le renvoi & le déclinatoire eft valable & bien fondé, il renvoye les Parties devant le Juge qui en devoit connoître & condamne l'intimé aux dépens.

Si au contraire le Juge fupérieur trouve que l'appellant eft mal fondé dans fon appel, il l'en déboute, le condamne aux dépens, & ordonne que les Parties continueront de procéder pardevant le Juge dont il étoit appel.

Le Parlement a feul le droit de connoître des appels de Juge incompétent. Ainfi jugé par Arrêt rendu en la Grand'Chambre le 27 Juin 1704. rapporté par M. Augeard, tom. 3, chap. 67.

Au Parlement l'appel de deni de renvoi, ou de Juge incompétent, fe juge par expédient, par l'avis de Meffieurs les Gens du Roi.

Pour cela, quand la Partie a comparu on offre un appointement, une fommation pour y faire trouver l'Avocat de la Partie adverfe. On a foin de déclarer dans la fommation le nom de l'Avocat qui plaidera, & on déclare que trois jours après on en pourfuivra la reception en la Grand'Chambre.

Si l'Avocat ne comparoît point, on fait parapher fon appointement par l'Avocat général. Le jour qu'il doit être reçu en la chambre, on le donne au Greffier, auquel on montre la fommation, & il le met fur la feuille. Après que l'Arrêt en a été expédié, on le fait fignifier; & fi on y forme oppofition on offre un fecond appointement au Parquet, avec sommation de comparoir devant le même Avocat général qui a paraphé le premier appointement. Le jour indiqué, M. l'Avocat général met son jour, & on fait une nouvelle sommation pour y comparoître au jour indiqué, sinon qu'on fera parapher.

Au jour indiqué, ou l'Avocat des Parties diverses comparoît & alors on y plaide contradictoirement, ou il est par défaut, & M. l'Avocat général paraphe le débouté d'opposition. On fait recevoir l'un ou l'autre comme le premier, ainsi que toutes les affaires qui sont de la compétence du Parquet, ou que l'on y porte de gré à gré.

APPEL DE DENI DE JUSTICE, est celui qui s'interjette en conséquence du refus qu'un Juge fait de juger un affaire pendante devant lui, ou dont il est Rapporteur, quoiqu'elle soit en état d'être jugée ; mais il faut auparavant avoir fait les sommations au Juge, à son domicile ou au Greffe, suivant l'ordonnance.

Au Parlement de Paris, cet appel se juge de même que le précédent, c'est-à-dire par expédient, par l'avis de Messieurs les Gens du Roi.

Cet appel doit toujours être précédé de deux sommations de quinzaine en quinzaine, pour justifier que le Juge est refusant de rendre justice, & que l'appellant ne se plaint pas témérairement.

Il falloit autrefois que cet appel fût précédé de trois sommations ; mais par l'article 4. du titre 25. de l'Ordonnance de 1667, il n'en faut plus que deux.

Touchant les appellations de deni de justice, voyez la Rocheflavin, liv. 13. chap. 59.

APPEL EN ADHÉRANT, est celui que l'on joint aux appellations antérieurement interjettées. L'on se sert aussi de ce terme pour les appellations incidentes.

On entend donc par appel en adhérant, celui que l'on interjette d'une Sentence dont on a précédemment appelé, ou dont (sous ces termes, de tout ce qui a suivi), on a interjetté appel, en interjettant appel d'une première sentence interlocutoire. Enfin, par appel en adhérant, on entend l'appel d'une sentence qui ne prononce que la confirmation d'une première dont on est appellant.

APPEL EN TANT QUE DE BESOIN, est un appel indéterminé qu'on interjette, pour obvier à l'avantage qu'on voudroit tirer d'une sentence.

Ces termes, en tant que de besoin, se mettent dans l'acte d'appel, pour empêcher l'appellant d'être condamné en l'amende & aux dépens, auxquels il auroit pû être condamné, si on l'avoit déterminé, en cas qu'il n'eût pas obtenu gain de cause.

APPEL D'UNE TAXE DE DÉPENS, est l'appel qui est interjetté de la taxe qui a été faite des dépens.

Si l'appel est interjetté de la taxe de dépens faits en exécution d'un Jugement rendu par un Juge inférieur, l'appellant doit obtenir un relief en la Cour où il ressortit, & faire en exécution assigner l'intimé pour procéder sur cet appel.

L'intimé doit mettre au Greffe de la Cour où l'appel ressortit, les pièces justificatives de ses dépens, avec la déclaration qu'il retirera du Greffe du Juge dont est appel, & le faire signifier à l'appellant, avec sommation de croiser les articles dont il se plaint dans trois jours, pour être ensuite procédé sur cet appel en la maniere accoutumée.

Si les dépens sont adjugés par Arrêt ou Jugement en dernier ressort, les procédures sur l'appel de la taxe doivent être faites en la même Cour, & entre les Procureurs qui ont occupé dans l'instance ou procès.

Ainsi, dès que l'appellant aura fait signifier son acte d'appel, l'intimé pourra lui signifier que les pièces justificatives de la taxe, avec la déclaration, ont été mises au Greffe.

Le Procureur de l'appellant sera tenu de croiser dans trois jours sur la déclaration les articles dont il est appellant ; & à faute de ce faire, il sera sur la premiere requête déclaré non recevable en son appel.

Si l'appellant veut croiser les articles, le Greffier lui communique la déclaration & les pieces ; & s'il n'y a que deux articles croisés, l'appellation sera portée à l'Audience, sur une requête présentée par l'appellant, tendante à ce que la taxe soit infirmée avec dépens, sur laquelle on met viennent les Parties ; & après qu'on a signifié cette requête avec un avenir on procéde à l'ordinaire.

Si au contraire les articles dont est appel sont sous plus de deux croix, il faut prendre un appointement au Greffe, lequel est offert par le procureur le plus diligent, avec sommation au procureur de la partie adverse de le passer.

Si le procureur de l'intimé ne veut signer l'appointement, l'appellant obtiendra son défaut trois jours après faute de conclure, & procédera en conséquence en la maniere accoutumée.

Ce qui vient d'être dit au sujet de l'appel d'une taxe de dépens, ne se pratique plus au Parlement de Paris. Sur un appel de taxe & exécutoire de dépens, on obtient un Arrêt qui renvoye devant un ancien Procureur, pour en passer par son avis, qui est reçu par forme d'appointement en la Cour.

APPEL DE SAISIES RÉELLES ET DE CRIÉES. Cet appel a un effet suspensif, du moins quant à l'adjudication. Ainsi en cas de poursuite de decret, s'il y a appel de saisies, criées & vérification d'icelles, le Juge ne doit point faire l'adjudication ; mais à cet égard il doit déférer à l'appel, comme il a été jugé par plusieurs Arrêts, rapportés par M. Louet & son Commentateur, let. D, n. 65.

La raison est, qu'il peut arriver que dans les moyens d'appel on conteste valablement le titre de la créance sur laquelle est fondée la saisie, & par conséquent rendre douteux & incertain l'évenement de l'adjudication : ce qui produiroit sans doute la vilité du prix de l'immeuble mis en criées. Ainsi ceux qui se présenteroit pour enchérir, seroient arrêtés & détournés de porter le prix de l'immeuble aussi haut qu'ils l'auroient fait sans cette inconvénient. Il est aisé de voir que l'adjudication précipitée qui s'en feroit, produiroit en elle-même un tort irréparable, tant par rapport au débiteur, que par rapport aux créanciers opposans.

Il faut néanmoins excepter le cas où il y auroit

Arrêt

Arrêt confirmatif de la faisie & criées, ou du congé d'adjuger : en ce cas, s'il survient un nouvel appel, le Juge n'est point obligé d'y déférer, & peut adjuger nonobstant cet appel.

Mais il est de la prudence du Procureur poursuivant d'examiner si dans les moyens de ce nouvel appel il n'y aura pas des motifs, soit des causes d'opposition, soit du fonds des créances, qui puissent donner atteinte à l'adjudication ; & alors il doit surseoir, & ne point poursuivre l'adjudication que l'appel ne soit jugé.

Quand l'adjudication est faite au préjudice du nouvel appel interjetté, si les affiches ont été publiées à la charge de l'appel, alors l'adjudicataire est tenu de consigner dans le tems ordinaire & accoutumé, c'est-à-dire dans la huitaine ; mais si les affiches sont pures & simples, il peut profiter du tems, & différer sa consignation jusqu'après l'événement de l'appel.

APPEL D'UNE ADJUDICATION. Lorsqu'il y a appel d'une adjudication, celui au profit de qui elle est faite ne doit point de lods & ventes, tant que l'affaire n'est pas adjugée à son profit, parce que l'appel est suspensif ; & tant qu'il dure, l'adjudicataire n'est pas sûr d'être propriétaire de l'immeuble qui lui est adjugé.

APPEL COMME D'ABUS, est celui qui s'interjette des Ordonnances, Sentences ou Actes des Juges d'Eglise, par celui qui prétend qu'ils ont passé leur pouvoir, & entrepris sur la Jurisdiction temporelle, ou qu'ils ont contrevenu aux saints Décrets & Constitutions canoniques reçues dans le Royaume, ou aux Libertés de l'Eglise Gallicane, ou aux Ordonnances de nos Rois, ou enfin aux Arrêts de réglement des Cours souveraines. *Voyez* Abus.

Cet appel a été introduit pour arrêter le pouvoir exhorbitant que le Pape & les Prélats ont voulu quelquefois usurper sur la puissance temporelle.

Il est assez difficile de découvrir la véritable origine des appellations comme d'abus, dont M. l'Avocat général Servin a dit autrefois, que s'il eût connu l'Auteur d'un si bon réglement, il lui auroit fait ériger une statue. L'entreprise que firent les Evêques vers le douzième siécle, de se rendre les Maîtres de toutes les affaires civiles, sous des prétextes de piété, & d'en dépouiller la Jurisdiction séculiére, donna lieu, au tems de Philippe de Valois, de se plaindre de ses vexations que faisoient les Ecclésiastiques sur les personnes & sur la Justice des Séculiers.

Au lieu d'interjetter appel des usurpations & des entreprises du Juge Episcopal, on se servit d'abord du terme d'*abus*, comme moins dur, pour exprimer qu'il abusoit de son autorité. Comme le Clergé étoit alors très-redoutable, les Laïques n'eurent pas tout d'un coup la hardiesse de reprendre leurs droits, & de faire pour raison de ce les poursuites convenables.

Enfin, François I. est celui de nos Rois qui ait commencé à se servir du nom d'appel comme d'abus, & depuis ce remede a été fréquemment mis en usage, pour retablir la puissance royale dans tout son lustre, & la remettre en possession de toute son autorité. **Tome I.**

Quand il y a abus dans une Bulle ou Rescrit du Pape, on n'interjette pas directement appel comme d'abus de la Bulle, par respect pour le Pape, mais seulement de l'exécution de la Bulle. Les Evêques & le Clergé assemblés sont en droit de s'opposer aux abus que peuvent commettre leurs Papes ; & en cas de négligence, c'est aux Rois & à leurs Officiers d'en prendre le soin. Aussi la Cour de Parlement avertit en certains cas M. le Procureur général d'appeller comme d'abus de l'exécution des Bulles du Pape.

On peut appeller comme d'abus de tous les actes de Jurisdictions volontaires que les Evêques exercent par eux-mêmes ou par leurs Grands Vicaires, comme en matiere de dispense, d'union, désunion de Bénefices, permissions d'aliéner le bien temporel des Eglises.

Il y a lieu à l'appel comme d'abus des Sentences d'un Official, quand il a entrepris sur la Jurisdiction temporelle. Sur quoi il faut remarquer que quand on interjette appel comme d'abus de la Sentence d'un Official, rendue sur la poursuite du Promoteur, il faut sur l'appel intimer l'Evêque, si ce n'est que le promoteur fût pris à partie pour avoir mal versé dans sa Charge, auquel cas il faudroit l'intimer à son nom.

On peut appeller comme d'abus de la célébration d'un mariage fait sans publication de bans ni dispense légitime, ou entre des mineurs sans le consentement de leurs parens ou tuteurs, contre la prohibition des Ordonnances.

On peut aussi interjetter appel comme d'abus de l'obtention & exécution d'un Monitoire, quand celui contre qui il est obtenu, y est expressément nommé ou désigné par une démonstration certaine & évidente.

Enfin, on peut interjetter appel comme d'abus toutes & quantes fois que le Juge d'Eglise fait quelqu'entreprise sur la Jurisdiction séculiére.

Les appellations comme d'abus s'interjettent aussi des Sentences des Juges séculiers, quand ils entreprennent sur la Jurisdiction ecclésiastique, & qu'ils font quelque chose au préjudice des droits des priviléges du Clergé.

La raison est, que ces deux Jurisdictions sont distinctes & séparées, en ce qu'elles ont différens objets ; c'est pourquoi chacun doit se renfermer dans les bornes qui lui sont prescrites, & ne peut sans abus s'étendre au-delà. Ainsi, de même que le Juge d'Eglise ne peut connoître des choses temporelles sans qu'il y ait abus, de même aussi le Juge séculier ne peut connoître des Sacremens & matieres spirituelles sans qu'il y ait abus.

Toutes les appellations comme d'abus ne se peuvent relever qu'au Parlement, en vertu d'un relief d'appel qui se prend en la petite Chancellerie, comme les autres.

Ces appellations sont toujours portées en la Grand'Chambre pour le civil, & à la Tournelle pour le criminel.

Il est si vrai que les appellations comme d'abus ne se peuvent relever qu'au Parlement, qu'il a été jugé par Arrêt du Conseil d'Etat que le Grand Con-

N

ſeil même ne peut pas connoître de l'appel comme d'abus des Ordonnances des Archevêques & Evêques, touchant la clôture des Religieuſes.

Cet Arrêt eſt du 12 Mars 1698, & eſt rapporté par M. Augeard, tom. 3. chap. 45.

Pour ce qui eſt de la maniere dont les appellations ſe relevent au Parlement, voici ce qui ſe pratique. Celui qui aura interjetté appel comme d'abus d'une Sentence rendue par un Official, doit, pour le pouvoir relever, prendre une conſolation de trois Avocats qui le trouvent bien fondé dans ſon appel. Cette Conſultation doit être attachée aux Lettres de relief d'appel comme d'abus.

Incontinent après que l'intimé aura comparu ſur l'exploit de l'intimation, le Procureur de l'appellant, ou celui de l'intimé, peut donner à M. le premier Préſident un placet pour faire mettre la cauſe au rolle.

Quand une appellation comme d'abus a été miſe au rolle, & qu'elle n'eſt pas venue à ſon tour, elle ſe met à un autre rolle, & ne s'appointe pas comme les autres cauſes, ſuivant la Déclaration du mois de Mars 1673.

L'appel comme d'abus a toujours un effet dévolutif & ſuſpenſif, ſi ce n'eſt en matiere de correction & de diſcipline eccléſiaſtique, auquel cas l'appel n'eſt que devolutif & non ſuſpenſif.

Ainſi, par Arrêt du Conſeil privé du Roi, en date du 20 Septembre 1688, il a été jugé que l'appel comme d'abus d'un Statut ſinodal touchant la diſcipline eccléſiaſtique, n'en ſuſpend point l'exécution. Cet Arrêt eſt rapporté dans le ſecond tome du Recueil de M. Augeard, chap. 13.

Il eſt donc conſtant que l'appel comme d'abus lie entiérement les mains du Juge de l'entrepriſe duquel on ſe plaint, & qui ſuſpend entiérement ſon pouvoir en toute autre matiere que celle de diſciple & de correction de mœurs, dans laquelle il n'eſt que dévolutif : enſorte que ſi ce Juge paſſe outre, tout ce qu'il fait doit être caſſé, comme nul & attentatoire.

Cette maxime établie par Guy-Pape, queſt. 92. Boërius, déciſion 153, & Fevret, tom. 1. liv. 1. chap. 2. nomb. 16. eſt confirmé par l'Ordonnance de 1539, art. 5. & celle de Blois, art. 56.

Lorſque la Cour prononce ſur un appel comme d'abus, & que l'appellant gagne ſa cauſe, elle dit, *qu'il a été mal & abuſivement jugé par la Sentence* ou *Acte dont l'appel a été interjetté.* Si au contraire l'appellant ſuccombe, la Cour dit, *qu'il n'y a abus,* & le condamne à l'amende & aux dépens, qui eſt en ce cas de ſoixante-quinze livres envers le Roi, & de la moitié envers la Partie.

Mais jamais en matiere d'abus la Cour ne prononce par *l'appellation au néant.*

Les appellations comme d'abus ne ſont ſujettes ni à déſertion ni à péremption, l'abus ne pouvant ſe couvrir par aucune fin de non-recevoir, à cauſe de l'intérêt public.

L'abus étant une fois formé, ne peut plus être couvert, ni par preſcription, ni par fin de non-recevoir. C'eſt ainſi que Fevret s'en explique, tome 1. l. 1. chap. 2. nomb. 13. Rebuffe, *in prœm.*

de unionibus, dit ; *Abuſus enim continuò & perpetuò gravat, ideoque ab eo in perpetuum appellatur.* Et Fevret, au lieu cité, ajoute, que ni l'autorité des Jugemens, ni le conſentement privé des Parties, ni la longueur du tems, ne peuvent lui faire préjudice.

Chopin, *lib. 2. de ſacr. polit. tit. 6.* s'en explique en ces termes : *In iis, aliiſque publicam diſciplinam ſpectantibus, non tullitur, provocandi ex abuſu facultas, quanticumque temporis ſilentio ; veritatis enim nemo præſcribere poteſt.*

Suivant ce que nous venons de dire, la déſertion, ni la preſcription, ni la péremption d'inſtance, n'ont point lieu dans les appellations comme d'abus, d'autant qu'elles regardent l'intérêt public, raiſon pour laquelle il n'eſt pas permis de tranſiger ſur ces ſortes d'appellations.

Le chapitre dernier, aux Décretales, *titulo de conſuetudine,* déclare que l'abus ne ſe couvre jamais par preſcription, ni par coutume contraire, *quæ dicenda eſt potiùs corruptela quàm conſuetudo.*

Au reſte ceux qui voudront avoir de plus grands éclairciſſemens ſur cette matiere, qui eſt des plus importantes & des plus difficiles, n'auront qu'à voir le Traité de l'abus de M. Fevret de la derniere édition, augmenté des notes de M. Brunet ; le Dictionnaire des Arrêts *verbo* Abus ; & *verbo* Appellation comme d'abus ; Paſquier, dans ſes recherches, chap. 25. & 26 ; & le petit Traité des Appellations comme d'abus de M. le Préſident le Maître.

APPEL COMME D'ABUS DE LA CÉLÉBRATION D'UN MARIAGE, eſt valablement interjetté quand il a été non valablement célébré, faute d'y avoir obſervé la forme preſcrite par les Conciles & par les Ordonnances.

Cet appel a lieu en pluſieurs cas, & principalement en ceux qui ſuivent.

Premiérement, lorſque ce n'eſt pas le Curé de l'un des contractans qui a donné la bénédiction nuptiale. La préſence du propre Curé de l'un des contractans, & celle de quatre témoins, eſt néceſſaire pour la validité du mariage, ſuivant l'Ordonnance donnée à Blois en 1579. art. 40. ſuivant celle de 1606. art. 12. celle de 1629. art. 39. & celle de 1639. art. 1.

En ſecond lieu, quand le mariage n'a pas été précédé des publications de bans, qui ſont abſolument requiſes par l'Ordonnance de Blois, & par le autres ordonnances, aux articles cité ci-deſſus, qui déclarent abuſifs les mariages contractés contre la teneur de ladite Ordonnance de Blois. Cependant, comme nous avons dit ailleurs, l'omiſſion de la publication des bans ne fait pas déclarer abuſif un mariage contracté entre majeurs, quand il n'y a pas d'ailleurs d'autre cauſe qui emporte nullité.

En troiſieme lieu, quand les mineurs ſe ſont mariés ſans le conſentement de leurs peres & meres, tuteurs ou curateurs, on peut donner atteinte à de tels mariages, comme il eſt porté ès articles des Ordonnances citées ci-deſſus.

Mais on demande qui ſont ceux qui peuvent demander en Cour d'Egliſe qu'un mariage ſoit déclaré nul, ou interjetter appel comme d'abus de sa célébration ? Il faut diftinguer entre les moyens d'appel abfolus, & ceux qui font rélatifs.

Les moyens d'abus abfolus font ceux qui font fondés fur des difpofitions irritantes de l'Ordonnance, & qui, fans avoir pour objet l'intérêt de quelques perfonnes particulieres, forment une nullité abfolue,&rendent le mariage nul dans fon principe, comme le défaut de la préfence du propre Curé. Ce moyen convient à tous ceux qui ont intérêt de le faire valoir, & peut être propofé par des héritiers collatéraux contre la femme qui agit contre eux pour la répétition de fes réprifes & conventions matrimoniales. Ainfi jugé le 13. Février 1673. conformément aux conclufions de M. l'Avocat général Chauvelin.

Les moyens d'abus rélatifs font ceux qui forment une nullité qui n'eft pas abfolue, mais relative à une perfonne particuliere. Ces moyens ne peuvent être propofés que par les Parties que les difpofitions de l'Ordonnance tranfgreffée regardent. Par exemple, lorfque le mariage d'un mineur a été contracté fans le confentement des pere, mere, tuteur ou curateur, l'abus ne peut être propofé & valablement relevé que par le pere, mere, tuteur & curateur. On a cru le pouvoir leur refufer le droit de venger par ce moyen leur autorité méprifée : mais les collatéraux ne feroient pas reçus à s'en fervir ; *quia ejufmodi nullitas eorum refpectu non fuit pronunciata.*

Par Arrêt du 4. Décembre 1725. des parens collatéraux ont été déclarés non-recevables dans l'appel comme d'abus par eux interjetté de la célébration du mariage de leur neveu, fur le fondement du défaut de préfence & confentement du tuteur. Comme le tuteur ne s'étoit point plaint ; il étoit cenfé avoir approuvé le mariage par fon filence. Ainfi, étant le feul qui fût partie capable de l'attaquer, les freres du défunt ont été avec raifon déclarés non-recevables, parce que la néceffité du confentement eft une obligation rélative au tuteur, qui peut pourfuivre la nullité du mariage auquel il n'a pas confenti ; mais ce n'eft pas une obligation rélativement aux héritiers collatéraux, qui n'ont aucun caractere à cet égard. C'eft donc un principe conftant, que quand les pere, mere, tuteur ou curateur, ont eu connoiffance du mariage contracté par des mineurs fans leur confentement, & qu'ils ont confenti tacitement par leur filence, cette approbation fecrette eft une fin de non-recevoir contre les collatéraux qui voudroit fe fervir de tels moyens pour donner atteinte aux mariages contractés fans le confentement de ceux qui étoient feuls intéreffés, & par conféquent feuls en droit de s'en plaindre.

Mais fi ces mêmes Parties intéreffées étoient décedées, fans avoir eu de leur vivant connoiffance du mariage contracté fans leur confentement, les collatéraux feroient alors en droit de s'en plaindre, puifqu'on ne pourroit pas leur objecter la fin de non-recevoir qui réfulte d'une approbation tacite de perfonnes dont l'autorité fe trouve méprifée par un tel mariage.

A l'égard du mineur qui auroit contracté mariage fans le confentement de fes pere, mere, tuteur ou curateur, il n'eft jamais recevable à interjetter appel comme d'abus de la célébration de fon mariage, pour fe fouftraire à l'engagement qu'il a contracté & dont il n'eft pas en droit de fe plaindre. S'il fe trouve des défauts dans cette célébration,il peut demander la réhabilitation de fon mariage, mais non la nullité, qu'il ne pourroit fonder que fur le crime qu'il a lui-même commis.

Monfieur le Procureur-général & fes Subftituts font en droit d'interjetter appel comme d'abus de la célébration d'un mariage, faite contre la difpofition des Loix : mais comme ils n'agiffent que pour venger le Public offenfé par le mépris que les Parties contractantes ont fait des loix, ils ne peuvent alléguer le défaut de confentement des pere,mere, tuteur ou curateur, qui ne fe plaignent point, mais feulement les défauts qui ont rapport au droit public.

Tel eft entr'autres le défaut de la préfence du propre Curé ; pour raifon de quoi il n'y a que M. le Procureur-général, ou un de fes Subftituts, qui puiffe attaquer un mariage par l'appel comme d'abus, ou les Particuliers qui ont un intérêt effentiel à faire déclarer nul tel mariage.

Le Curé même, qui eft pour ainfi dire le principal offenfé, par le mépris que les contractans ont fait de fa préfence, n'eft pas recevable à appeller comme d'abus de la célébration de mariage faite par un de fes Paroiffiens dans une Paroiffe étrangere. C'eft ce qui a été expreffément jugé fur les conclufions de M. l'Avocat-général de Harlay, par Arrêt du 29 Décembre 1693. rapporté dans le cinquieme tome du Journal des Audiences.

Les Archevêques & Evêques qui ont connoiffance des mariages qui n'ont pas été célébrés par les Curés des contractans, ne peuvent pas eux-mêmes, non plus que les Curés, en interjetter appel comme d'abus ; ils peuvent feulement en avertir les Procureurs du Roi, qui fur leur avis appellent comme d'abus de la célébration de ces mariages. C'eft la difpofition de la Déclaration du 15. Juin 1697.

Voyez cette Déclaration, & l'Arrêt de Réglement du Parlement de Paris du 11. Mai 1697. & les Mémoires du Clergé, édition de 1716. page 1128.

APPEL DESERT. *V.* Défertion d'appel.

APPELLANT, eft celui qui fe plaint pardevant le Juge fupérieur de la Sentence rendue par un Juge inférieur. Il eft oppofé à l'intimé, qui eft celui au profit de qui la Sentence a été rendue, & qui par conféquent en foutient le bien jugé.

Il y a un édit du Roi, du mois d'Août 1669. qui porte que les amendes de fix & douze livres feront confignées avant que l'on puiffe être reçu appellant, tant en la Cour qu'aux Siéges Préfidiaux.

Cet Edit fe trouve dans les nouveaux Réglemens pour l'adminiftration de la Juftice.

APPELLANT DE MORT, eft celui qui a été condamné par les premiers Juges à la mort.

APPELLATIONS VERBALES, font celles qui font interjettées de Sentences rendues à l'Audience, ou par forclufion fur appointé à mettre.

Celles qui font interjettées au Parlement, doivent être portées à l'Audience de la Grand'Chambre, pour y être plaidées.

Pour cet effet, après que les Parties feront comparues, & auront conftitué Procureur fur les affignations données pour procéder fur l'appel verbal, celui qui voudra pourfuivre le Jugement, doit configner l'amende, & donner copie de la quittance d'amende à la Partie adverfe; enfuite il pourra pourfuivre la caufe, foit par placet, en faifant fignifier un avenir, foit en la faifant mettre au rolle: auquel cas, il fait fignifier à la Partie adverfe un acte, par lequel on déclare que la caufe eft au rolle.

La caufe étant venue à fon tour, les Avocats fe doivent trouver à l'Audience; & s'il n'y a que l'Avocat de l'une des Parties qui s'y trouve, il obtiendra défaut contre la Partie défaillante, & pour le profit ces conclufions lui feront adjugées. Sur quoi il faut remarquer, que quand la caufe a été ainfi mife au rolle, on ne peut pas former oppofition contre l'Arrêt par défaut qui auroit été obtenu par une des Parties; on ne peut revenir contre que par requête civile.

Si au contraire les deux Avocats fe trouvent à l'Audience; la caufe fera plaidée contradictoirement, & jugée fur le champ, fi la matiere y eft difpofée: mais fi elle ne peut être jugée définitivement à l'Audience, la Cour appointe les Parties au Confeil fur l'appel, & fur les demandes en droit, s'il y en a; & fur la provifion elle appointe les Parties à mettre.

Pour lever l'appointement, il faut fignifier les qualités, & les porter enfuite au Greffier, qui expédiera l'Arrêt d'appointement au Confeil, qu'il faudra faire figner; & quand l'intimé le fignifie, il peut faire en même-tems une fommation à l'appellant de fournir fes caufes & moyens d'appel.

Si, huitaine après la fignification de cette fommation, l'appellant ne fournit fes caufes d'appel, l'intimé pourra mettre au Greffe fa production, & le déclarer à l'appellant par un acte de produit.

Si l'appellant fournit fes caufes & moyens d'appel, l'intimé aura huitaine pour y répondre, à compter du jour de la fignification d'icelles: & fi après cette huitaine échue, l'intimé n'a pas fourni fes réponfes à caufes d'appel, l'appellant pourra produire & fommer l'intimé de faire le femblable de fa part. Sur quoi il faut remarquer que les délais de produire & de contredire ne courent que du jour de la fignification de l'acte de produit.

Il fuffit que l'appellant produife. Quand l'appellant a fourni des caufes d'appel, il fait fon inventaire de production, met le tout dans un fac avec un placet pour faire diftribuer l'inftance, & il déclare qu'il a produit: enfuite l'inftance étant diftribuée, il le déclare par un acte, & à qui elle eft diftribuée, & il fomme de fournir de réponfes & de produire.

Le premier produifant a toujours le droit de retirer le premier la production pour contredire.

APPELLATIONS EN PROCÈS PAR ÉCRIT, font celles qui font interjettées des Sentences rendues fur production des Parties, fur un appointement en droit, même jugé par forclufion, ou fur un appointement à mettre contradictoire, où les deux Parties ont produit, car s'il n'y en a qu'une qui ait produit, c'eft un appel verbal, encore qu'il y ait épices.

Quoique reguliérement un appel d'une Sentence faute de comparoir faffe un appel verbal, il y a pourtant un cas où il faut conclure fur cet appel aux Enquêtes. Par exemple, il a été rendu une Sentence fur productions refpectives, & où il y a eu épices, en conféquence d'un appointement en droit pardevant un Juge Prévôt, dont l'appel ira au Bailliage ou au Préfidial au fecond chef. Si fur l'appel de la Sentence du Prévôt l'intimé ne comparoît pas, & qu'il y ait Sentence faute de comparoir, affirmative de la Sentence du Prévôt dont il y a appel en la Cour, cet appel ne fait pas un appel verbal, mais un procès par écrit, fur lequel on conclut aux Enquêtes.

Les appellations de procès par écrit des Juges inférieurs fe portent aux Enquêtes; les appellations verbales fe portent à la Grand'Chambre, qui connoît auffi des appellations & procès par écrit dans les affaires qui concernent le Domaine du Roi.

Voici la procédure qui fe tient dans les appellations en procès par écrit. Lorfque fur l'affignation donnée en la Cour pour procéder fur l'appel interjetté des Sentences par écrit, les Parties auront conftitué Procureur, celle qui voudra avancer, doit, huitaine après l'échéance de cette affignation, mettre fa production principale, c'eft-à-dire, la production fur laquelle la Sentence dont eft appel eft intervenue au Greffe des Enquêtes, & le déclarer au Procureur de la Partie adverfe.

Si l'une des Parties eft en demeure de faire mettre ou joindre dans la huitaine fa production au Greffe de la Cour, & de le fignifier au Procureur de la Partie adverfe, elle en demeurera forclofe de plein droit, & le procès fera jugé fur ce qui fe trouvera pardevers la Cour, fans faire autre fommation ni procédure. C'eft le ftyle de l'Ordonnance.

Néanmoins l'ufage du Palais eft, que du moment qu'on a mis la production principale au Greffe, l'autre ne la met qu'après que le procès a été diftribué; car il fuffit d'une des deux productions pour en faire la diftribution.

L'intimé dans la même huitaine après l'échéance de l'affignation pour comparoir, doit mettre au Greffe de la Sentence dont eft appel en forme ou par extrait à fon choix; & à faute de ce faire dans ledit tems, l'appellant pourra la lever aux frais de l'intimé, fans lui faire commandement ni fignification préalable, dont il lui fera délivré exécutoire.

Après que le procès & la Sentence dont eft appel ont été mife au Greffe, & que l'amende eft confignée & fignifiée par un acte de baillé copie de la quantité d'amende, le Procureur le plus diligent doit offrir au Procureur de la partie adverse l'appointement de conclusion portant réglement de fournir griefs & réponses à griefs, & faire productions nouvelles. En offrant l'appointement de conclusion, il faut donner copie de la Sentence dont est appel, & transcrire au bas l'appointement, avec sommation de comparoir au Greffe pour le passer.

Après que cet appointement de conclusion a été signifié avec sommation de le signer, on le porte au Greffier commis avec la Sentence dont est appel, & on le déclare à la partie adverse par un acte qu'on lui signifie.

Si le Procureur adverse refuse de signer l'appointement, l'intimé pourra trois jours après la sommation de le signer, lever au Greffe un congé faute de conclure ; & si c'est le Procureur de l'intimé qui est refusant de signer l'appointement de conclusion, l'appellant pourra lever un défaut de conclure.

Ce congé ou défaut étant délivré, il le faut faire signifier, le produire & le faire juger ; & après qu'il aura été signé du Rapporteur, & signifié au Procureur de la Partie adverse, retirer le sac du Greffe où ledit défaut est produit. On ne revient point par opposition contre les Arrêts par défauts faute de conclure ; mais on donne une Requête, & on fait déclarer la procédure nulle.

Si les Parties passent l'appointement de conclusion, & qu'un mois après que l'appointement est passé le procès ait été distribué, le délai de fournir de griefs sera de huitaine, à compter du jour de la sommation d'en fournir ; & s'il y a une appellation verbale jointe, il faut ajouter dans cette sommation de fournir de griefs, autre sommation de fournir de causes & moyens d'appel contre la Sentence verbale dont est appel.

Le délai de fournir par l'intimé de réponses à griefs est de huitaine, à compter du jour que l'appellant a signifié les griefs. Les réponses à griefs doivent être signifiées autrement, il est défendu par l'Ordonnance d'y avoir égard.

Si l'appellant ne fournit de griefs dans la huitaine, après la signification faite à son Procureur d'en fournir, ou si l'intimé ne fournit de réponses à griefs dans la huitaine après la signification, de griefs de l'appellant, la forclusion est acquise contre l'un ou l'autre de plein droit.

Après les griefs fournis, & les réponses signifiées, le procès étant en état, pourra être jugé définitivement.

Mais s'il y a des demandes incidentes à former, ou des Parties intéressées qui veulent intervenir, des Lettres de rescision à prendre, des productions nouvelles à faire, ou des appellations incidentes à interjetter, il faudra former toutes ces demandes avant le Jugement définitif du procès, & procéder sur ces incidens de la même maniere que nous l'avons dit en parlant des incidens qui surviennent dans un appointement en droit.

Enfin le procès étant en état, il dépend du Rapporteur de le rapporter & le faire juger.

Lorsque le procès a été rapporté, il faut payer les épices & lever l'Arrêt définitif qui est au profit de l'appellant ou de l'intimé ; & celui qui leve l'Arrêt, fait une sommation à l'autre de se trouver au Greffe pour y retirer les sacs du procès. V. Prononciation.

APPELLATION, omisso medio, se fait toujours en la Cour en matiere criminelle, comme nous avons dit ci-dessus, en parlant des appels à minima.

Mais en cause civile, il n'est pas permis d'appeller en la Cour d'une Sentence d'un Juge inférieur qui ressortit immédiatement à un autre Juge. La raison est, que sua cuique Jurisdictio servari debet, prohinde appellatio non potest fieri ad superiorem omisso medio, sed gradatim est interponenda. Voyez Degrés de Jurisdiction.

Il n'y a pas de différence entre ne pas relever son appel, & le relever dans une autre Jurisdiction que celle où on le doit relever. C'est pourquoi si un appellant a relevé son appel ailleurs qu'il ne devoit, le renvoi en doit être fait par-devant les Juges à qui il appartient d'en connoître ; & si pendant ce tems l'intimé a mis son Jugement à exécution, l'appellant ne peut point se plaindre ; il doit s'imputer de n'avoir pas fait une procédure reguliere.

Touchant les appellations, il faut observer qu'il y a en France trois ordres de Jurisdiction royale ; le premier est celui des Prévôts & Châtelains royaux ; le deuxiéme est celui des Baillifs, Sénéchaux & Présidiaux, auxquels ressortissent les appellations des Prévôts & Châtelains ; le troisieme est celui des Parlemens, pardevant lesquels s'interjettent les appellations des Sentences des Baillifs, Sénéchaux & Présidiaux.

Ce que nous venons de dire ne se doit entendre qu'en matiere civile ; car en matiere criminelle nous ne suivons point la regle qui veut, que sua cuique Jurisdictio servetur. La raison est, que le Public a intérêt que les crimes ne demeurent pas impunis, & que les coupables subissent la peine qu'ils ont méritée, & ne soient point condamnés à une plus grande amende, ni à une moindre.

Voilà ce qui fait qu'en matiere criminelle, sans avoir égard à la susdite regle, l'appel de tous Juges, même des Juges seigneuriaux, va toujours recta au Parlement, omisso medio, sans passer par les Jurisdictions intermédiaires, soit que les Sentences soient préparatoires, interlocutoires ou définitives, quand il s'agit de crime qui mérite peine afflictive, suiv. l'art. 1. du tit. des Appellations de l'Ordonnance criminelle.

Il y a néanmoins certaines appellations lesquelles sont portées au Parlement, omisso medio, en matiere civile ; comme les appellations de déni de renvoi d'incompétence ; appellations des Sentences rendues par les Juges auxquels les Lettres de répi ont été adressées ; celles des Sentences des Juges-Consuls ; des Juges des Duchés-Pairies, & des Arbitres ; & les appellations incidentes, dont il sera parlé ci-après.

Mais les appellations des Duchés-Pairies, ou il y a établissement de Grands-Jours, n'y peuvent être relevées omisso medio ; comme il a été jugé au

Parlement de Paris le 29 Décembre 1609. quoiqu'on alleguât que ces Grands-Jours ne se tenoient
qu'une fois l'année. Plaidoyé de Corbin, chap.
18.

APPELLATIONS INCIDENTES, sont cel-
les qui s'interjettent pendant le cours d'un procès
ou d'une instance.

L'appel incident s'interjette dans le cours d'une
instance ou procès, quand l'une des Parties fonde
son droit sur une Sentence qui préjudicie à l'autre;
auquel cas, la Partie contre laquelle l'autre prend
avantage de cette Sentence, en appelle incidemment pour la détruire.

Pour cet effet, il présente une Requête tendante
à ce qu'il plaise à la Cour le recevoir incidemment
appellant de telle Sentence; sur l'appel appointer
les Parties au Conseil & joint; & lui donner acte
de ce que pour causes d'appel il employe le
contenu en ladite Requête, les pieces jointes à
icelle, & ce qu'il a dit, écrit & produit au procès; & en conséquence mettre l'appellation & ce
dont est appel au néant; émendant, dire qu'il a
été mal jugé: ce faisant, débouter la Partie adverse
de sa demande & prétention, & ordonner qu'elle
sera tenue de fournir des réponses, écrire & produire de sa part dans trois jours.

On porte cette Requête au Rapporteur, qui met
au bas son Ordonnance en ces termes: *Sur l'appel les Parties appointées au Conseil, & joint & acte de
l'emploi.*

Cette Requête ainsi répondue, doit être signifiée,
avec copie des pieces justificatives de l'incident, &
sommation de fournir de réponses à causes d'appel,
écrire & produire.

Sur cet appel incident, les Parties doivent chacune produire au Greffe pour joindre au procès,
& il le faut déclarer par acte signifié à la Partie
adverse, avec sommation de faire le semblable,
sinon forclos.

Les productions de l'appel incident étant jointes, & le procès étant en état d'être jugé, le Rapporteur peut faire son rapport.

Si l'appel incident avoit été interjetté dans le
cours d'une cause d'Audience non appointée, on
répond la Requête afin d'être reçu incidemment
appellant par un *viennent*; après quoi on la fait
signifier avec un avenir pour comparoir à la Chambre un tel jour, pour plaider sur l'appellation
énoncée en ladite Requête.

L'appellant qui interjette un appel incident pendant l'instruction de son premier appel, n'est point
tenu de consigner une seconde amende; mais
quand c'est l'intimé, il faut qu'il consigne l'amende: de maniere qu'il doit y avoir deux amendes
consignées, quand l'appellant & l'intimé sont respectivement appellans.

Quand un procès est prêt à juger, & qu'il survient une appellation incidente, la Cour ne juge
pas ordinairement l'un & l'autre ensemble, si ce
n'est pour de pauvres gens, ou quand il s'agit
d'emprisonnement, ou d'un procès entre un mari
& femme. Papon, liv. 19. tit. 1. nomb. 5.

APPELLATIONS RESPECTIVES, sont

celles qui sont interjettées par les deux parties,
qui se prétendent lézées toutes deux par la Sentence rendue sur leur contestation.

L'article 18. du tit. 11. de l'Ordonnance de
1667. ordonne, que dans les appellations des Sentences rendues sur procès par écrit, l'intimé sera
tenu de mettre la Sentence au Greffe en forme,
ou par extrait, dans la huitaine après l'échéance
de l'assignation; & ce même article permet à
l'appellant (au cas que l'intimé n'ait pas satisfait à
cette disposition de l'Ordonnance) de la lever
aux frais de l'intimé.

La décision de cet article a fait naître une question; sçavoir, quelle regle on devoit suivre lorsque les deux Parties sont l'une & l'autre appellan-
tes de la même Sentence?

Sur cette question est intervenu Arrêt de Réglement le 8 Août 1714. par lequel la Cour a ordonné, que lorsqu'il y aura des appellations respectivement interjettées par les Parties, de la Sentence qui sera la matiere d'un procès par écrit,
celui qui aura été le premier intimé sur l'appel
interjetté de ladite Sentence, sera tenu dans le délai marqué par ledit article de l'Ordonnance, de
mettre au Greffe ladite Sentence, en forme ou
par extrait à son choix; sinon & à faute par le premier intimé de le faire dans ledit tems, permet à
celui qui aura le premier interjetté appel de
ladite Sentence, de la lever par extrait, & de la
mettre au Greffe sans commandement ni signification préalable aux frais & dépens dudit premier
intimé, dont sera délivré exécutoire au profit dudit
premier appellant.

Le Mémoire présenté à la Cour portoit, que
quoiqu'il y ait des occasions où une Sentence pourroit être avantageuse aux deux parties, & former
par conséquent un titre pour l'un & pour l'autre,
néanmoins la présomption la plus naturelle est,
que celui qui est le plus grevé par la Sentence,
est le plus empressé à se plaindre; que le premier
intimé est donc toujours présumé celui auquel la
Sentence est le plus favorable; que c'est lui qui
doit la regarder comme son titre; & par conséquent la mettre au Greffe; que cette présomption
se trouvera encore plus solide quand le réglement
sera fait; que les Parties connoissant alors que le
premier qui a été intimé, doit fournir la Sentence
à ses frais, celui qui se trouvera le plus maltraité
par la Sentence, ne manquera pas à interjetter
appel le premier; & que s'il ne le fait pas, il n'aura
pas lieu de se plaindre, puisque ce sera uniquement
par sa faute & par sa négligence qu'il ne jouira
pas du bénéfice de la Loi.

Cet Arrêt est rapporté dans le Recueil des nouveaux Réglemens pour l'administration de la Justice.

APPELLATIONS QUI SONT PORTÉES
AU CHASTELET. Nous avons un Arrêt du Parlement du 2 Juillet 1691. qui regle la procédure
qui doit être observée dans les appellations qui
sont portées au Châtelet.

Voici ce qu'il ordonne à l'égard des appellations
verbales.

I°. Celui qui voudra interjetter appel d'une Sentence rendue par un Juge reſſortiſſant au Chatelet, même avant que la Sentence qui lui ait été ſignifiée, pourra, ſi bon lui ſemble, en lever une expédition au Greffe, ſauf à dire en diffinitive à quels dépens.

II°. L'appellant ſera tenu par l'exploit d'aſſignation qu'il ſera donner, de cotter Procureur au Châtelet qui occupera ſur l'appel, auſſi-bien que l'intimé, lorſqu'il ſera anticipier l'appellant, à peine de nullité, ſuivant l'art. 16. du tit. des Ajournemens de l'Ordonnance de 1667.

III°. Si l'intimé ne comparoît pas après les délais de l'Ordonnance expirés, l'appellant obtiendra Sentence diffinitive au Greffe des défauts, qui lui adjugera ſes concluſions, ſi elles ſont trouvées juſtes & légitimes.

IV°. Si l'appellant qui a ſignifié un ſimple acte d'appel, & qui a été anticipé, ne comparoît pas; ou ſi après l'aſſignation qu'il a fait donner, ſon Procureur déclare qu'il n'a point de charge d'occuper, quoiqu'il ſoit cotté Procureur par l'exploit, l'intimé obtiendra une Sentence au Greffe des défauts, qui déclarera l'appellant déchu de ſon appel, & ordonnera que la Sentence dont eſt appel ſera exécutée.

V°. Huitaine après la ſignification de la Sentence obtenue par défaut ou congé, l'appellant, l'anticipé, ou l'intimé, qui auront été condamnés, pourront former leur oppoſition, & la faire ſignifier dans ledit tems par un ſimple acte, par lequel l'oppoſant cottera Procureur; laquelle oppoſition ainſi ſignifiée ſurſeoira l'exécution des Jugemens par défaut ou congé, en refondant la ſomme de huit livres pas celui qui aura formé l'oppoſition; à quoi faire il ſera contraint en vertu du préſent Réglement, ſans qu'il ſoit beſoin de lever autre exécutoire, & ſans auſſi que le défaut de payer ladite ſomme puiſſe empêcher la continuation de la procédure, ni le Jugement définitif.

VI°. Lorſque l'appellant, l'anticipé ou l'intimé, auront conſtitué Procureur, ou après que l'oppoſition aura été formée & ſignifiée contre une Sentence rendue par défaut ou congé, il ſera permis au plus diligent de faire ſignifier la Sentence par un ſimple acte ſans autre procédure.

VII°. Après que la cauſe aura été miſe au rolle, elle ſera plaidée à tour de rolle ſans aucune procédure ni ſignification de cauſes d'appel ni de réponſes, & ſans autre délai ni remiſe, procédé au Jugement définitif : après quoi l'on ne ſera plus reçu à former oppoſition contre leſdits Jugemens, lorſque la Sentence par défaut ou congé aura été rendue à tour de rolle ; & ſi la cauſe n'eſt pas diſpoſée à pouvoir être Jugée à l'audience, elle ſera appointée au conſeil à donner cauſes d'appel, réponſes, écrire & produire contredits & ſalvations dans le tems de l'Ordonnance.

Le rolle ſera appellé ſans aucune diſcontinuation, & ſans donner le Jeudi aucune Audience ſur les placets, ni faire réappeller la cauſe lorſque le rolle aura été appellé, ſinon dans la même Audience, ou de l'Ordonnance du Lieutenant civil,

qui, lorſqu'il arrête le rolle au commencement de chaque mois, les y pourra mettre.

Voici les articles qui concernent les appellations par écrit.

I°. Les appellations des Sentences rendues ſur procès par écrit, lorſque les épices ne ſeront que de deux écus & au deſſous, ſeront jugées, & la procédure faite comme en appellations verbales.

II°. Celui qui voudra appeller d'une Sentence rendue ſur procès par écrit, dont les épices excéderont deux écus, ſera ſignifier un acte d'appel ; & en donnant l'aſſignation, il ſera tenu de cotter ſon Procureur, & donnera par le même exploit copie de la Sentence.

III°. Si l'appellant ne donne pas copie de la Sentence, il ſera permis à l'intimé d'en lever au Greffe du Juge dont eſt appel une expédition, dont lui ſera délivré exécutoire contre l'appellant, pour les épices, coût & façon de la ſentence, par le Juge dont ſera appellé.

IV°. L'appellant, auſſi bien que l'intimé, ſeront tenus chacun à leur égard, dans les délais de l'Ordonnance, de faire apporter les productions principales au Greffe du dépôt, pour être diſtribuées.

V°. Si l'appellant fait ſignifier un ſimple acte d'appel ſans donner aſſignation, l'intimé pourra anticiper & prendre un défaut au Greffe, ſi l'appellant anticipé ne comparoît pas, & pour le profit déclarera l'appellant déchu de ſon appel, & ſi l'intimé ne comparoît pas, ſera délivré Sentence ſur défaut à l'appellant, qui adjugera ſes concluſions ſi elles ſont trouvées raiſonnables, leſquelles Sentences ſeront expédiées par le Greffier des défauts.

VI°. L'appellant, l'intimé ou l'anticipé, qui auront été condamnés faute de comparoir par Sentence ſur défauts ou congés, ſeront reçus à former leurs oppoſitions dans la huitaine du jour de la ſignification de la Sentence, en refondant la ſomme de huit livres pour les frais, coût & ſignification de la Sentence ; l'acte d'oppoſition, qui contiendra conſtitution de Procureur, ſuſpendra l'exécution d'icelle, & ſans que le défaut du payement puiſſe empêcher la continuation de la procédure & le Jugement définitif.

VII°. Lorſque l'appellant & l'intimé auront conſtitué ou cotté Procureur auparavant les délais de l'Ordonnance expirés, ou après la Sentence par défaut ou congé, & que l'oppoſition aura été ſignifiée, le plus diligent qui aura faire apporter ſa production au Greffe, fera diſtribuer le procès, & obtiendra l'appointement de concluſion au Greffe, ſuivant l'Ordonnance.

VIII°. Après les délais expirés, ſans autre forcluſion ni procédure, il ſera procédé au Jugement du procès ſur ce qui ſe trouvera produit, & ſeront tous les délais portés par les ſuſdits articles, péremptoires ; & toutes les procédures anciennes, ſi aucunes ſont faites ci-après, ſeront déclarées nulles ; & les frais employés dans les déclarations de dépens, rayés d'icelles.

APPELLATIONS DE SENTENCE PRÉ.

SIDIALES RENDUES AU PREMIER CHEF DE L'E-DIT DES PRESIDIAUX, ne font point admifes, & les Parlemens font en ufage de déclarer l'appellant non recevable.

A P P E L L A T I O N S DE SENTENCE ARBI-TRALES, font toujours portées au Parlement, quoiqu'il s'agiffe d'une fomme de la compétence des Préfidiaux au premier chef de l'Edit.

La raifon eft, que les appels des Sentences arbitrales font attribués à la Cour fans aucune diftinction; & que l'Edit des Préfidiaux ne déroge pas à ce droit. Telles Sentences étant rendues par des Particuliers, il n'appartient qu'aux Cours fouveraines de leur donner la force des chofes jugées. Albert *verbo* Sentences arbitrales, art. 4.

APPELLÉ RAPPORTÉ. Pour entendre ce que fignifient ces termes. Il faut favoir que quand une caufe de rolle eft appellée, fi l'Avocat de la Partie adverfe ne fe préfente pour plaider, l'Avocat préfent demande défaut, s'il eft pour l'appellant; ou congé, s'il eft pour l'intimé.

Sur cela M. le Préfident dit : *Faites-la appeller & rapporter :* ce que l'Avocat ou le Procureur doit faire par un Huiffier, auquel il baille un Mémoire pour cet effet; & l'Huiffier auffi-tôt appelle tout-haut à la Barre de la Cour le défaillant & fon Procureur, en ces termes : *Entre tel appellant, contre tel intimé, &c.* & enfuite l'Huiffier en vient faire fon rapport à la Cour en ces mots; *Meffieurs, j'ai appellé tel, & tel fon Procureur;* & l'Avocat préfent demande défaut ou congé, & la Cour le prononce.

Cette formalité d'appeller & rapporter fa pratique en la Grand'Chambre pour les défauts qui fe prennent à tour de rolle; c'eft-à-dire dans les caufes qui font à un rolle.

On fait auffi appeller & rapporter en la premiere Chambre de la Cour des Aydes pour tous les défauts fur les appels, tant du rolle du Mardi de relevée que fur les appels qui fe plaident les Mercredi & Vendredi matin fur un fimple Mémoire, parce qu'autrefois il y avoit auffi un rolle pour ces Audiences-là.

A P P E L L E R, fe dit de l'appel d'une caufe à l'Audience pour y être plaidée; & c'eft en ce fens qu'on dit: *on appelle ma caufe.*

A P P E L L E R, fignifie auffi reclamer le fecours du Juge fupérieur, à l'effet de faire reformer les tors ou griefs qu'on prétend être contenus dans la Sentence du Juge inférieur.

A P P E L L E R, fignifie auffi citer en Jugement, en témoignage; comme quand on dit on a mis fur la Requête, *foit Partie appellée.* C'eft auffi dans le même fens qu'on dit, que quelqu'un fait appeller fon garant; ou bien que quelqu'un a été appellé à trois briefs jours; ou enfin, que quelqu'un a été affigné & appellé en témoignage.

A P P E R T, c'eft-à-dire, il apparoît, il eft évident, comme quand on dit, *il appert par un tel acte que, &c.* ou bien lorfqu'il eft dit dans des Lettres de Chancelleries; *S'il vous appert,* cela fignifie s'il vous apparoît, fi vous trouvez pour conftant.

APPLEGEMENT. On entend par ce terme, les complaintes qui font intentées pour acquérir ou pour recouvrer une poffeffion.

Le contre applegement eft la défenfe du défendeur, qui fe plaint du trouble qui lui eft fait.

Ce font de vieux mots de Pratique qui ne font plus d'ufage au Palais, & qui cependant fe trouvent dans plufieurs de nos Coutumes.

V. ce qui en eft dit dans le Gloffaire du Droit François, *verbo* Applégement & *verbo* Aveu, où font marqués les différences qu'il y avoit autrefois entre l'aveu & l'applégement.

APPOINTEMENT, en terme de Palais eft un Jugement interlocutoire qui fe donne par le Juge, à l'effet de juger le différend des Parties fur leurs productions.

Ragueau définit l'appointement à peu près de la même maniere. C'eft en général, dit-il, un Jugement préparatoire, par lequel le Juge ordonne, pour être mieux inftruit, que les Parties écriront & produiront fur un ou plufieurs points de fait ou de droit, qui n'ont pû être fuffifamment éclaircis & expliqués à l'Audience. C'eft auffi parce que le Juge fixe & défigne par ce Jugement les points de l'affaire qu'il lui faut éclaircir, qu'il a été appellé appointement, d'autant qu'appointer fignifie fixer & réduire quelque chofe à un point.

Ainfi l'appointement eft ordonné par le Juge, quand le différend des Parties ne fe peut juger fur le champ à l'Audience, à caufe que les faits avancés par les Parties font contraires, & donc par conféquent il faut faire preuve; ou à caufe que la matiere requiert être mife en délibération par rapport aux points de droit fur lefquels elle doit être décidée.

Il feroit à fouhaiter que toutes les affaires fuffent jugées à l'Audience; mais les difficultés qui fe rencontrent quelquefois dans le fait ou dans le droit donnent lieu à l'appointement.

L'appointement établit la conteftation des Parties : on y rédige leurs qualités & les conclufions des demandes fur lefquelles feulement les Parties doivent écrire & produire, & les Juges prononcer.

Comme l'appointement forme la conteftation en caufe; il n'eft plus permis aux Parties; après l'appointement, de décliner la Jurifdiction, ni d'équivoquer.

Il y a plufieurs fortes d'appointemens; les principaux en premiere inftance font l'appointement à mettre, & l'appointement en droit; & en caufe d'appel, l'appointement au Confeil, & l'appointement de conclufion.

Aucune caufe ne peut être appointée au Confeil en droit ou à mettre, fi ce n'eft à l'Audience, à la pluralité des voix, à peine de nullité; & les Juges en toutes Jurifdictions font tenus de délibérer préalablement fi la caufe fera appointée ou jugée, avant que d'ouvrir leurs opinions fur le fonds.

Voyez la Déclaration du 10. Août 1669. pour l'exécution des articles 9. & 11. du titre 11. de l'Ordonnance de 1667. Cette Déclaration fe trouve dans le Recueil des Réglemens concernant les Procureurs

Procureurs du Parlement de Paris , page 92.

On trouve dans les Recueil des nouveaux Réglemens pour l'administration de la Justice ; une Déclaration du 15. Mars 1673. qui régle ce qui se doit observer dans les appointemens qui concernent les appellations.

Par Arrêt du Conseil privé du 6. Août 1668. défenses ont été faites à tous Juges d'appointer les Parties sur les renvois, incompétences & déclinatoires qui seront requis & proposés ; mais il leur est enjoint, sous les peines contenues en l'Ordonnance de 1667. de les juger sommairement à l'Audience. Bornier, sur l'art. 3. du titre 6. de cette Ordonnance.

Touchant l'abrogation des appointemens en matiere criminelle , voyez le tit. 23. de l'Ordonnance de 1670.

APPOINTEMENT au Conseil, est un réglement qui se donne à l'Audience, sur la plaidoirie des Parties, qui les appointe à écrire & produire sur une appellation verbale portée en l'Audience de la Grand'Chambre , qui n'y peut pas être jugée parce qu'il y a plusieurs titres à voir , différentes Parties, ou autres circonstances. Les Juges , en ce cas, appointent l'affaire au Conseil après avoir entendu les Avocats des Parties, pour être le procès jugé par écrit.

Après que l'appointement a été rendu , il faut faire signifier les qualités, & les porter ensuite en Greffier , qui expédiera l'Arrêt d'appointement au Conseil.

Il n'appartient point aux premiers Juges , en prononçant sur l'appel des Juges inférieurs , d'appointer les Parties au Conseil, mais ils doivent juger sur le champ, & prononcer par bien ou mal jugé. Il y a Soefve , tom. 1. cent. 4. chap. 42. un Arrêt du 31 Mai 1650. en forme de Réglément , qui l'a jugé ainsi pour le Baillage de Chaumon.

APPOINTEMENT a ouir droit comme devant, a lieu & s'ordonne , quand en vertu d'Arrêt du Conseil une affaire appointée est renvoyée à autre Parlement, ou quand elle est évoquée , attendu la litispendance, & qu'au tems de l'évocation elle étoit appointée sur les lieux ; alors on appointe les Parties à ouir droit comme devant.

APPOINTEMENT en droit a e'crire et produire , est celui qui se donne sur les demandes, soit à cause de la difficulté des questions, soit à cause du nombre des titres qui doivent servir à la décision de l'affaire.

Ainsi , quand les Parties se servent des pièces & titres à l'Audience pour maintenir leurs prétentions, & que ces pièces sont contestées, ou quand il s'agit d'une question qui se trouve difficile, pour lors le Juge ordonne que les Parties produiront & bailleront contredits & salvations dans les délais de l'Ordonnance.

Le délai pour écrire & produire , en conféquence d'un appointement en droit , est de huitaine ; comme aussi le délai de contredire, quoique cela ne soit pas exprimée dans l'appointement.

Dès que cet appointement est prononcé , il le

faut lever & signifier , avec sommation d'y satisfaire.

En exécution de cet appointement on dresse un avertissement , qui n'est autre chose qu'une explication du fait & des moyens sur lesquels la Partie fonde ses prétentions.

Huitaine après la signification de cet avertissement, on produit au Greffe , & pour cet effet on dresse inventaire de toutes les pièces produites , qui se nomme inventaire de production.

Cet inventaire ne se signifie point ; on le met dans un sac avec les pièces produites : ensuite on porte le tout au Greffier, & on signifie à la Partie un acte de produit. Voyez Acte de produit.

Si, huitaine après la signification de l'acte de produit , le défendeur ne produit pas , le demandeur peut poursuivre le Jugement de l'instance par forclusion. Si le défendeur produit , il le doit déclarer au demandeur par un acte de produit.

Cela fait , le demandeur pourra retirer l'instance des mains du Rapporteur pour y fournir de contredits ; après quoi le défendeur le pourra aussi retirer , pour fournir de sa part de contredits contre la production du demandeur.

Celui qui produit le premier, doit retirer l'instance le premier, pour contredire la production de la Partie adverse. Aucun ne peut prendre communication de la production de la Partie adverse , s'il n'a produit, où s'il n'a renoncé de produire par un acte dûement signifié.

Si celui qui a produit le premier, affectoit de ne point retirer l'instance pour fournir de contredits , l'autre Partie pourroit lui faire une sommation de la retirer ; si non, qu'il la retirera pour fournir de contredits.

Trois jours après la signification de cet acte , celui qui l'aura fait , pourra retirer l'instance , en montrant cet acte au Rapporteur.

Si dans le cours de l'instance l'une des Parties avoit retiré les sacs, & affectoit de les garder pour retarder le jugement, l'autre Partie seroit en droit de le faire contraindre à les rendre , par une Requête présentée au Rapporteur à cet effet.

Les Parties peuvent réciproquement contredire leurs productions dans huitaine , laquelle ne court que du jour de la sommation faite à cet effet.

On peut encore fournir de salvations , si l'on veut , contre les contredits de la Partie adverse, & cela dans la huitaine après la signification d'iceux. Ces salvations doivent être signifiées de même que les contredits.

Lorsque dans le cours d'une instance au procès , il arrive qu'on soit obligé de faire de nouvelles demandes , il faut les faire régler à l'Audience, ou par M. le Rapporteur, d'appointement en droit & joint, ou d'appointement à mettre & joint, selon que le premier appointement est prononcé.

Si l'on a quelques nouvelles pièces à produire , on présentera une Requête pour les produire par production nouvelle , au bas de laquelle le Rapporteur met Si l'instance est sur le Bureau : soit la Requête & Piéces communiquées pour fournir de contredits dans trois jours ou dans huit.

O

De ce que nous venons de dire il s'enfuit que, quoiqu'il femble qu'après l'avertiffement, la production, les contredits, & falvations fournies & fignifiée, le Jugement définitif doivent intervenir, néanmoins on ne laiffe pas, quand les parties ont recouvré des pieces qui peuvent fervir à la décifion de l'affaire de faire des productions nouvelles, auffi bien que d'admettre des interventions, quand il fe préfente des nouvelles Parties qui ont intérêt dans la conteftation.

Enfin, quand l'inftance eft entiérement inftruite en conféquence d'un appointement en droit, on juge fur les productions refpectives des Parties, fi toutes ont produit.

Après l'inftance jugée, il faut que celui qui veut lever la Sentence ou l'Arrêt, paye les épices; & lorfque le Jugement aura été expédié, il le faudra faire fignifier, & faire une fommation aux Procureurs des Parties adverfes de retirer leurs facs du Greffe.

En montrant cette fommation au Greffier, avec la Sentence ou Arrêt, il rend les facs; après quoi on dreffe la déclaration des dépens.

APPOINTEMENT A METTRE, eft un réglement qui a lieu dans les affaires légeres, mais qui ne fe peut pas facilement juger à l'Audience, comme dans les demandes de provifions, de fequeftres & autres.

Par cet appointement, la Cour ou le Juge ordonne que les Parties mettront leurs pieces pardevers un des Meffieurs, pour, fur l'examen qui en fera fait, leur être fait droit, ainfi que de raifon.

Quand fur la plaidoirie contradictoire les Parties ont été appointées à mettre, l'inftruction n'eft pas fi longue, non plus que les délais de produire en conféquence d'un appointement en droit; car ils ne font que de trois jours dans l'appointement à mettre.

Voici ce qui fe pratique. Il faut d'abord faire expédier l'appointement à mettre, & en exécution de cet appointement fignifié, produire & faire fignifier l'acte de produit; car ce n'eft que du jour de la fignification de cet acte, que le délai de trois jours fe compte.

L'inventaire de production a lieu dans les appointemens à mettre, comme dans les appointemens en droit, & on ne le fignifie point ni dans l'un ni dans l'autre de ces appointemens.

A la Grand'Chambre, le Confeiller-Rapporteur de l'appointement à mettre, n'en fait le rapport qu'à M. le Premier Préfident, ou au Préfident qui tient l'Audience de relevée; ce qui eft au choix du Rapporteur. S'ils fe trouvent partagés, ils en font le rapport à l'autre Préfident.

Aux Enquêtes, les appointés à mettre fe rapporte à toute la Chambre.

APPOINTEMENT A FAIRE PREUVE, ou APPOINTEMENT DE CONTRARIETÉ, eft, quand en matiere qui git en preuve, le Juge régle les Parties à juftifier les faits qu'ils ont mis en avant, par preuve teftimoniale ou autrement; & pour lors les Parties font refpectivement admifes à prouver leurs faits, & prouver refpectivement que le fait allégué par la Partie adverfe eft faux, ce qu'on appelle auffi un Apointé contraire, ou Enquête refpective; comme quand deux parties maintiennent qu'ils font en poffeffion d'un même fonds.

Lorfque le Juge appointe les Parties à faire preuve, il eft obligé, à peine de nullité, d'inferer dans fon Jugement les faits fur lefquels il appointe les Parties à faire preuve.

Cet appointement à faire preuve fignifie en matiere civile le Jugement qui ordonne, qu'enquête fera faite des faits dans lefquelles les Parties font contraires; au lieu que dans les Procès criminels, la preuve eft appellée information.

Voyez Enquête. *Voyez* Information.

APPOINTEMENT DE CONCLUSION, eft un Arrêt de reglement fur l'appel d'une Sentence rendue en procès par écrit, par lequel il eft dit *que le procès par écrit entre tel appellant, &c. eft conclu & reçu pour juger fi bien ou mal a été appellé; que l'appellant donnera fes griefs, & l'intimé fes réponfes, produiront, bailleront contredits, &c.*

L'appel d'une Sentence rendue en procès, par écrit, étant interjetté par celui qui a fuccombé, donne lieu à cet appointement.

Cet appel étant anticipé ou relevé, & l'affignation donnée en conféquence, foit par l'intimé anticipant, ou par l'appellant, chacune des Parties eft tenue, dans la huitaine après l'échéance du délai de l'affignation pour comparoir, de mettre fes productions au Greffe.

Le Procureur le plus diligent doit enfuite offrir & faire fignifier au Procureur de la Partie adverfe, l'appointement de conclufion, portant reglement de fournir griefs & réponfes à griefs dans les tems de l'Ordonnance, avec fommation de comparoir au Greffe pour le paffer: & faute de ce, trois jours après la fignification, le congé ou défaut peut être levé, & huitaine après il eft baillé à juger; & pour le profit, l'appellant déchu de fon appel, ou l'intimé du profit de la Sentence.

Quand cet appointement eft figné & paffé par les Parties, l'appellant doit fournir de griefs, & l'intimé de réponfes aux griefs, dans les tems de l'Ordonnance. *Voyez* Appellation en procès par écrit.

Cet appointement dans les Baillages & Sénéchauffées fe donne à l'Audience fur une Requête en forme de relief, fur laquelle les Parties viennent plaider; & fur leur plaidoirie, le Juge donne acte de ce qu'elles ont conclu en l'appel en procès par écrit, fçavoir l'appellant au mal jugé, bien appellé; & l'intimé au contraire au bien jugé, mal & fans grief appellé; & ordonne que l'appellant fournira de griefs, & l'intimé de réponfe à iceux, dans le tems de l'Ordonnance.

Il y a trois fortes d'appointemens de conclufion, fçavoir l'appointement de conclufion fimple, l'appointement de conclufion portant jonction, & l'appointement de conclufion contenant appointement au Confeil & joint.

L'appointement de conclufion fimple, eft celui par lequel un procès eft réglé à fournir des griefs, & réponfes à griefs, fur un appel interjetté d'une Sentence par écrit.

L'appointement de conclusion & joint, est celui par lequel un appel en procès par écrit est joint à un autre procès par écrit déja distribué, avec lequel il a de la connexité, afin qu'ils soient jugés ensemble par le même Arrêt.

L'appointement de conclusion contenant appointement au Conseil & joint, est un réglement qui appointe & joint un appel verbal à un appel en procès par écrit, quand ils se rapportent à un même fait, & qu'ils ont quelque connexité.

APPOINTEMENT A FOURNIR DE DEBATS DE COMPTE, est une espece d'appointement en droit sur un compte. L'art. 13. du tit. 29. de l'Ordonnance de 1667. a prescrit la forme de cet appointement.

Il faut, pour l'obtenir, dresser des qualités, au bas desquelles on met: *Appointé est que la Cour appointe les Parties à fournir par les oyans leurs consentemens & débats dans la huitaine, les rendans leurs soutenemens huitaine après, écrire & produire dans une autre huitaine, & contredire dans la huitaine suivante.*

Ensuite on fait une sommation au Procureur adverse de signer cet appointement: après qu'il est signé, on le porte au Greffe, où il est reçu; & du jour de la signification ou Sentence qui l'a reçu, les délais courent.

APPOINTEMENT GÉNÉRAL, est celui par lequel, en conséquence de la Déclaration du 15 Mars 1673, toutes les causes du rolle des Lundis, Mardis & Jeudis matin à la Grand'Chambre, qui n'ont pû venir à leur tour, sont appointées de plein droit, excepté les appellations comme d'abus, les régales, les requêtes civiles, les appellations de simples appointemens en droit, & les causes qui se terminent par expédient.

Il y a aussi un appointement général pour les Requêtes civiles, lorsqu'il y en a beaucoup d'accumulées qui n'ont pû être plaidées: le Roi rend de tems en tems une Déclaration, par laquelle il ordonne qu'elles demeureront toutes appointées.

APPOINTEMENT OFFERT. *Voyez* Rolles.

APPOINTÉ, APPOINTEMENT OU ARREST PAR APPOINTE', est un Arrêt qui se passe entre les Parties, de leur consentement, par l'avis de leurs Avocats ou Procureurs, ou de Messieurs les Avocats généraux.

APPOINTÉ ET JOINT, est un appointement qui se fait d'un incident ou intervention survenue que l'on appointe en droit, lequel appointement on joint, ou à une autre instance appointée au Conseil ou en droit, ou à un procès par écrit déjà conclu. Cet appointement & joint se fait lorsque l'incident a quelque rapport ou connexité avec l'instance ou procès qui est déjà appointé.

Ainsi quand, la Cour ayant appointé au Conseil une cause, il survient quelque incident qui doit être jugé conjointement, ou qu'il y a une intervention, la Cour appointe pareillement, l'incident ou l'intervention en droit, & le joint au procès, pour y être fait droit aux Parties, la cause

étant instruite, tant pour le principal que pour l'incident.

Il faut observer I°. que l'intervention s'appointe en droit & joint, & non point au Conseil; car on n'appointe au Conseil que sur des appellations verbales: mais les demandes qui méritent instruction, s'appointent en droit; les autres demandes légeres sur lesquelles il n'est point nécessaire de défense s'appointent à mettre.

II°. Qu'un appointement à mettre peut être joint au Conseil, comme un appointement au Conseil à un appointement en droit; que l'appointement à mettre peut être joint aux appointemens au Conseil ou en droit; mais que l'appointement en droit, ni celui au Conseil, ne peuvent être joint à un appointement à mettre.

APPORT, OU DEPOST DE PIECES, est un acte par lequel on déclare qu'on a apporté au Greffe, ou chez un Notaire, des pieces & papiers, pour y être déposés.

Ces sortes des dépôts de pieces se font quelquefois par autorité de Justice, ou sont quelquefois volontaires, comme nous l'avons expliqué dans la Science parfaite des Notaires.

APPORT, dans la Coutume de Rheims signifie, I°. les biens meubles & immeubles que la femme contractant mariage apporte à son mari; II°. les dons des nôces que le futur époux ou ses parens donnent à la future épouse avant la célébration & solemnité des épousailles; III°. tous les biens qui depuis son mariage lui sont échus à titre de succession. *V.* les art. 241. 246. 254. & suiv. de la Coutume de Rheims.

APPOSER, est mettre une chose sur une autre : on dit, par exemple, apposer des affiches.

APPOSITION DE SCELLÉ. *V.* Scellé.

APPRECIATEURS, sont ceux qui mettent le prix aux choses & marchandises que le Juge a ordonné être appréciées par des experts.

APPRECIATION, est l'estimation de quelque chose.

Quoique appréciation, prisée & évaluation semblent signifier la même chose, cependant ces termes reçoivent quelque différence.

Le mot d'estimation est un mot générique, qui signifie néanmoins spécialement l'estimation qui se fait par Experts ; celle qui se fait par un Huissier est appellée prisée, & n'a lieu qu'en fait de meubles ; l'évaluation se fait de choses qui consistent en poids, nombre ou mesure; & l'appréciation se fait de marchandises dont les Parties ne sont pas convenues de prix.

Touchant la maniere dont se doivent faire les appréciations en matiere de partage ou de biens saisis. *V.* les Commentateurs sur le titre 14. de la Coutume de Bretagne.

APPRECIATION DE MOISSON DE GRAINS OU AUTRES ESPECES DUES PAR OBLIGATION, OU JUGEMENT EXECUTOIRE, se peut faire après la saisie & exécution, ainsi qu'il est porté en l'article 6. de l'Ordonnance de 1539. d'où il s'ensuit que, quoiqu'on ne puisse procéder par voie d'arrêt, faisie & exécution, qu'en vertu d'obligation ou Sentence, pour chose certaine & liquide, néanmoins si l'espece qui est dûe est sujette à appréciation, on peut exécuter & ajourner, enfin d'apprétier; mais sera surfis à la vente des choses faisies, cu fqu'à ce que l'appréciation des especes dûes ait jété faite.

Mais on demande si après les contraintes il faut venir à l'estimation du vin, bled, ou autres especes sujettes à précaution, dûes & non fournies, comment se doit faire cette estimation?

Elle ne se fait point par rapport au tems que le créancier en a fait la demande, mais par rapport au tems auquel le payement en a dû être fait; c'est-à-dire, que le débiteur est condamné de payer l'estimation des especes de chaque année, selon qu'elles valoient au prix courant de l'année.

V. Belordeau, lett. E, art. 11. Henrys, tom. I. l. 4. chap. 6. & ce que j'ai dit sur l'art. 166. de la Coutume de Paris. *V.* aussi ce que j'ai dit ici *verbo* Bled, & *verbo* Liquider.

APPRECIATION D'IMMEUBLES APPARTENANS A DES MINEURS. *Voyez* ci-après Estimation.

APPREHENDER, signifie prendre. Ainsi l'on dit appréhender une succession, pour marquer qu'on se porte héritier.

APPROBATION d'un acte nul. *Voyez* Confirmation.

APPROPRIANCE OU APPROPRIEMENT, signifie en Bretagne l'acquisition de la propriété d'une chose immobiliaire, par trois bannies ou trois proclamations dûement faites & certifiées, tant du contrat par lequel la chose a été cédée & transportée, que de la possession actuelle qui en a été prise; ou par une seule bannie ou proclamation, suivies d'une possession continuelle de dix années; ou enfin par une possession continuelle de quinze années avec titres, & sans aucunes bannies.

Dargentré sur le tit. 14. de l'ancienne Coutume de Bretagne, dit que l'appropriance *est forma ex quâ, civili quidem, sed ducto à gentium jure, dominium ab alio ad alium transit & transfertur, & proprium fit acquirentis quod erat alienum.*

Cette acquisition de propriété se fait avec affranchissement d'hypothèques; car le propriétaire perdant par ce laps de tems le Domaine de son immenble, le créancier doit aussi par sa négligence perdre ses hypothèques.

V. ce qu'a écrit Dargentré sur l'article 265. de la Coutume de Bretagne, & sur l'article suivant. *Voyez* aussi ce qu'a dit Belordeau de l'appropriance en ses observations forences, lett. A, art. 44.

APPUREMENT DE COMPTE, est la reddition finale d'un compte, par où il paroît qu'un comptable est bien & valablement déchargé du maniment des deniers qu'il a eu entre les mains.

APPURER, signifie mettre hors de doute. Ainsi, appurer un compte, c'est le faire juger, le faire clore, & payer le reliquat; ensorte qu'il soit évident que le comptable en est entiérement dé-

chargé, sans qu'il reste aucun doute pour raison de ce.

APPRISE, est une description & une estimation d'un héritage, que le juge fait d'office pour en sçavoir l'état présent & la valeur. *V.* Beaumanoir, chap 40.

ARBANS. Ce terme signifie dans la Coutume de la Marche des corvées à bras, ou de bœufs, ou de charette, que les Sujets tenans héritages, servement ou mortaillablement, doivent à leur Seigneur. *V.* Biens.

ARBITRAGE, est une espece de Jurisdiction que les Avocats ou autres particuliers exercent en vertu du pouvoir qui leur est donné par les Parties de décider leurs contestations.

Où il n'y a point de stipulation de peine, l'arbitrage n'oblige pas les Parties; il n'est considéré que comme une consultation.

Quand la décision d'une affaire est remise à des Avocats verbalement & sans écrit, ce qu'ils décident en conséquence ne passe point pour un arbitrage, mais pour un avis seulement, quand bien même les Parties seroient convenues d'un tiers.

De ce que nous venons de dire, il s'en suit que pour que l'arbitrage soit obligatoire, il faut, I°. qu'il y ait un accord fait entre les Parties, par lequel elles conviennent d'une ou plusieurs personnes pour décider leur différend.

II°. Qu'elles promettent réciproquement de se tenir à leur décision, sous quelque peine pécuniaire contre les contrevenans, laquelle peine doit être spécifiée dans l'acte.

V. Compromis.

ARBITRAIRE, est ce qui dépend de notre volonté; comme quand on dit: l'amende pour tel délit est arbitraire, pour dire que le Juge peut la prononcer telle qu'il la jugera à propos.

ARBITRATEUR, OU AMIABLE COMPOSITEUR, est celui qui est élu par les Parties pour terminer leur différend à l'amiable, selon l'équité, sans être tenu de garder exactement les formalités de Justice, à la rigueur du Droit.

ARBITRE, est celui qui est nommé par les Parties pour décider leur différend. Il est appellé arbitre de droit, parce qu'il doit suivre le Droit à la rigueur, quoique sa Jurisdiction ne soit que volontaire, & provienne uniquement du consentement que les Parties ont donné de s'en tenir à sa décision.

Il faut cependant remarquer. I°. que les Arbitres ne sont pas toujours nommés par les Parties; il y a des cas où les Juges les renvoyent pardevant des arbitres, à l'effet determiner leurs contestations: & lorsque c'est la Cour qui renvoye les Parties pardevant des Advocats, leur avis par appointement ont force d'Arrêt, & ne sont point sujets à l'appel.

II°. Il faut observer qu'il y a cette différence entre Arbitre & Arbitrateur ou amiable Compositeur, que les Arbitres sont proprement ceux qui sont obligés d'observer les formalités des procédures, la disposition des Loix & des Ordonnances, &

des Coutumes dans la décifion des conteftations qu'ils décident en cette qualité ; & que les Arbitrateurs ou amiables Compofiteurs terminent les différends des Parties, fans s'arrêter aux regles ni aux formalités de Juftice; & les décident *ex æquo & bono*.

La raifon qui exige que les arbitres jugent felon les Loix, c'eft que s'ils s'en écartoient, ils engageroient les parties, qui ont la liberté d'en appeller, dans des nouveaux procès & pourroient par-là les ruiner.

L'acte dans lequel les Parties nomment des Arbitres pour décider leurs conteftations, fe nomme compromis.

Toutes perfonnes majeures de vingt-cinq ans, capables & en état de les décider, peuvent être nommées Arbitres. Il faut excepter:

Premiérement les infames.

En fecond lieu, les femmes, comme étant incapables des Charges publiques ; ainfi elles ne peuvent être juges: & il feroit abfurde qu'une femme eût rendu une Sentence, de laquelle il pourroit être appellé à une Cour fouveraine. Néanmoins, quand ce font des Reines & des Princeffes, on reçoit leurs Jugemens. M. le Prêtre, cent. 3, chap. 40 ; Fevret, en fon Traité de l'abus, tom. 1, liv. 4, ch. 4, nomb. 10. Mornac, *ad Leg. ult. cod. de recep. Arbit.* en excepte auffi les Ducheffes.

A l'égard des autres femmes, les Parties pourroient s'en rapporter à leur fentiment dans quelques affaires légeres : mais il n'auroit pas la force d'un Jugement, & ne produiroit aucun effet coactif. Effectivement il feroit abfurde qu'une femme eût rendu une Sentence, de laquelle il faudroit fubir l'exécution, ou en porter l'appel en une Cour fouveraine.

En troifieme lieu, les Abbés, Prieurs conventuels, & Moines clauftraux, ne peuvent être Arbitres, parce qu'ils font morts au monde. *Compromitti in Religiofum, tanquam in Arbitrum, non poteft. Voyez* Franc. Marc. tom. 1, queftion 527.

En quatriéme lieu, les Juges ordinaires des Parties ne peuvent être Arbitres de leurs différends : l'art. 17. de la Coutume de Bretagne y eft formel. *Voyez* les Commentateurs de cette Coutume fur cet article; Bouvot, tom. 1, part. 2, *verbo* Confeiller, Marnac, *ad leg.* 9, *ff. de receptis qui Arb.* Au furplus, il n'y a aujourd'hui que celui qui eft Rapporteur d'une affaire, qui n'en peut pas être Arbitre.

Il y a des cas où les Parties doivent fe choifir des Arbitres pour terminer leurs différends ; fçavoir:

I°. Quand il s'agit de divifions & partages de fucceffions, des biens communs de pere & de mere, de freres, fœurs & autres.

II°. Quand il s'agit de compte de tutelle & autres adminiftrations.

III°. Quand il s'agit de reftitutions de dot, ou délivrance de douaire.

Dans ces fortes d'affaires, il eft toujours avantageux de terminer par arbitrage les différends qu'on peut avoir. Cela évite l'embarras que caufe la longueur des procès, les frais confidérables qu'il faut faire pour les terminer ; & on fe met à l'abri des fuites fâcheufes & des inimitiés irréconciliables, qui caufent fouvent dans les familles des procès qui naiffent entre ceux qui devroient vivre dans une très-parfaite union.

Il y a dans le Recueil des Ordonnances de Neron, un Edit de François II, du mois d'Août 1560, qui paroît ordonner que les Parties majeures feront tenues, dans les cas énoncés ci-deffus, d'élire & nommer des bons & notables perfonnages jufqu'à trois, leurs parens, amis ou voifins, par l'avis defquels fera procédé auxdits partages & divifions, redditions de comptes ; & reftitution de dot, ou délivrance de douaire.

Mais cet Edit n'a pas été enregiftré. D'ailleurs, comme perfonne ne peut être contraint à fe foumettre au Jugement des Arbitres, étant une chofe abfolument volontaire, il a été jugé par Arrêt du 2 Juillet 1571, qu'un Juge n'avoit pas pû condamner deux beaux-freres à convenir d'Arbitres en un partage de leurs biens. *Voyez* la Bibliothéque de Bouchel, *verbo* Arbitres; & Charondas en fes Réponfes, liv. 4, chap. 3.

Les Arbitres doivent être de profeffion à pouvoir connoître du fait pour lequel ils font choifis par les Parties. *Voyez* Albert, lett. A, art. 20.

Les Arbitres font ordinairement élus en nombre impair ; mais s'ils font nommés en nombre pair, on leur donne le pouvoir, en cas qu'ils ne foient pas de même avis, de prendre un tiers tel qu'ils voudront, que nous nommons fur Arbitre.

Le pouvoir des Arbitres eft joint, & ne peut être féparé; *atque adeò requiritur, ut omnes judicent, aut nullus. Leg. 17. §. 2. ff. de recept. Si in tres fuerit compromiffum, fufficit confenfus duorum, modo tamen præfens fuerit & tertius : alioquin, abfente eo, licet duo confentiant, arbitrium non valet, quia fcilicet in tres fuit compromiffum, & potuit præfentia ejus trahere eos in ejus fententiam.*

En fait d'Arbitres choifis par les Parties, il n'y a qu'elles qui puiffent convenir d'Arbitres, & prolonguer le tems du compromis : leurs Procureurs ne le peuvent pas fans un pouvoir exprès. Guy-Pape, queft. 285.

Les Arbitres qui ont accepté le compromis, ne peuvent plus s'excufer, fi ce n'eft du confentement des deux Parties. *Voyez* Mornac, *ad leg.* 15. *ff. de recept. qui Arbitr. receper.*

L'arbitre agréé ne peut être recufé, & les Parties qui ont paffé compromis, ne peuvent plus y renoncer.

Quand il y a plufieurs Arbitres pour juger une affaire, & qu'il eft néceffaire d'entendre des témoins, ils ne peuvent fe commettre l'un & l'autre pour les entendre, ni recevoir leur ferment, s'il n'eft ainfi porté dans le compromis; mais ils doivent être préfens, de même qu'à l'inftruction & jugement du procès.

Les Arbitres doivent rendre leur Sentence dans le tems porté par le compromis, à peine de nullité, à moins que ce tems n'ait été prorogé du confentement de toutes les Parties. *L.* 21. §. 8. *ff. de recept. qui Arbitr. receper.*

La Sentence étant une fois rendue, les Arbitres ne la peuvent plus changer ni reformer. *L.* 19. *in fine, & L.* 20. *ff. eodem titul.*

Les Arbitres ne peuvent pas paſſer le pouvoir qui leur eſt donné par le compromis. *Arbitri enim poteſtas ipſo compromiſſo cœrcetur, ita ut ejus fines egredi non liceat. L. 32. §. 11 & 15. L. 25. cum ſeq. ff. eod.*

De ce principe, *poteſtas Arbitri, compromiſſo cœrcetur*, il réſulte que quand il y a compromis entre les Parties, s'il ſurvient quelqu'autre différent entr'elles, l'une des Parties ne peut pas en demander le renvoi pardevant les arbitres. Ainſi jugé au Parlement de Dijon, le 19 Juin 1617. Bouvot, t. 2. *verbo* Arbitres, queſtion 1.

Mais en France on met ordinairement la clauſe *des circonſtances & dépendances*, qui fait que les Arbitres ſont en droit de prononcer généralement ſur toutes les conteſtations des Parties qui ont rapport aux compromis, & même pendant le cours de l'arbitrage : en conſéquence de cette clauſe, les Parties ont la liberté de former des demandes nouvelles ; ce qui ſe fait par des Requêtes que l'on préſente aux Arbitres, que le plus jeune répond, parce que c'eſt à lui à inſtruire, & même à dreſſer la Sentence ; ainſi ſon miniſtere eſt plus onéreux que celui des autres.

Le compromis eſt entiérement réſolu par le décès de l'un des Arbitres ; cependant quand ils ont été donnés par Arrêt, la Cour peut en ſubroger un autre en la place de celui qui ſeroit décédé.

Mais lorſque les Arbitres, devant leſquels la Cour a renvoyés les Parties pour l'exécution d'un de ſes Arrêts, ont fait tous leurs arrêtés, & que quelques-uns de ces arrêtés, n'ont point été ſignés à cauſe du décès d'un des Arbitres, les arrêtés ſignés doivent être exécutés, & les autres demeurent ſans exécution ; de maniere que ſur les conteſtations décidées par les arrêtés non ſignés, les Parties ſe pourvoiront en la Cour, ſauf à elles à tirer telles inductions qu'elles jugeront à propos de ces arrêtés non ſignés, leſquels ne tiendront lieu que de mémoire.

Ainſi jugé par Arrêt du 19 Juillet 1696, rapporté par M. Augeard, t. 3. ch. 42.

Pour exécuter la Sentence des Arbitres, il faut qu'elle ſoit homologuée par le Juge royal. Sur quoi *voyez* ci-après Sentence arbitrale.

A Paris on remet la Sentence entre les mains d'un Notaire, qui en délivre une expédition, laquelle eſt exécutoire, ſans que la Sentence ſoit homologuée, parce que les Notaires de Paris ſont Greffiers des arbitrages ; de ſorte que le dépôt de la Sentence chez un Notaire de Paris, équivaut à l'homologation qui ſe fait ailleurs.

L'on peut appeller d'une Sentence arbitrale ; mais quand elle eſt rendue en conſéquence d'un compromis valable, elle eſt exécutoire, nonobſtant l'appel, & celui qui l'interjette, doit avant que d'y être reçu, payer, ou du moins conſigner la peine à laquelle il s'eſt ſoumis par le compromis, à moins qu'il n'y eût dans la Sentence une nullité évidente.

Les appellations des Sentences arbitrales ſont directement portées dans les Cours ſouveraines.

Voyez Compromis, Sentences arbitrales, Avis. *Voyez* auſſi Papon, liv. 6. tit. 3. Deſpeiſſes, tome 2. pag. 544. & ſuiv. les Déciſions de la Peyrere, *verbo* Arbitrages ; les Ordonnances recueillies par Fontanon, tome 1. liv. 3. tit. 65. Bouvot, tome 2. *verbo* Arbitres. *Voyez* auſſi Henrys, tom. 1. liv. 2. queſt. 47. où il eſt parlé du pouvoir & du devoir des Arbitres.

ARBITRER, ſignifie liquider, eſtimer une choſe en gros, ſans entrer dans un détail particulier ; comme quand on dit, les Experts ont arbitré les réparations d'une telle maiſon à une telle ſomme ; ou bien lorſqu'on dit, que les Juges ont arbitré les dépens, dommages & intérêts à tant.

ARBRE, eſt le premier & le plus grand de tous les végétaux, qui n'a qu'un ſeul & principal tronc, qui pouſſe beaucoup de branches & de feuilles, & qui jette beaucoup de bois.

Comme dans l'Ordonnance des Eaux & Forêts il eſt parlé de différentes eſpéces d'arbres, ſous des épithetes qui ne ſont pas connues de tout le monde, nous avons cru en devoir donner ici l'explication. Après quoi, nous ferons quelque remarque ſur les queſtions les plus ordinaires qui ſe préſentent à l'occaſion des arbres.

ARBRE EN POMMIER, eſt un arbre qui vient tout en branches ſans hauteur.

ARBRE CORBELÉ, eſt un arbre dont les branches ſont ſéches, & ne prennent point de nourriture.

ARBRE COURONNÉ ET MORT EN CIME, eſt un arbre, dont le haut pouſſe des rejets, qui forment une eſpéce de couronne.

ARBRE DESHONORÉ, eſt celui dont on a coupé les branches.

ARBRE EHOUPÉ, eſt celui dont on a coupé la cime.

ARBRE PIQUÉ, eſt celui dans le corps duquel l'oiſeau fait ſon nid.

ARBRE PIQUÉ DE VERS, eſt celui qui eſt percé de tous côtés de vers blancs, gros & longs comme le doigt.

ARBRE GELIF, eſt celui ſur lequel la gelée a donné ; ce qui ſe reconnoît par l'écorce qui revient par-deſſus l'autre.

ARBRE DE PLEIN VENT, OU DE HAUT VENT, ſont des arbres qui s'élevent naturellement fort haut, & que l'on ne rabaiſſe pas. On les appelle auſſi arbres de tige, & arbres en plein air.

ARBRES ABROUTIS, ſont ceux dont les beſtiaux ont mangé les rejets ; & alors on les recepte, c'eſt-à-dire qu'on les coupe raſe terre.

ARBRES RABOUGRIS, ſont des arbres malfaits, & de mauvaiſe venue.

ARBRES FATIGUÉS, ſont ceux qui paroiſſent uſés, ſoit de vieilleſſe ; ſoit faute de culture, & qui ne ſe chargent que de mouſſe ou de gale.

ARBRES CHARMÉS, ſont ceux où l'on a fait par malice quelque choſe au pied pour les faire mourir.

ARBRES ABBATTUS PAR LES FAUX VENTS, ſont ceux qu'on a fait tomber à force de cordages ou autres machines, de maniere qu'ils paroiſſent comme s'ils avoient été abbattus par le vent.

ARBRES MARQUÉS PAR LE BRANCHAGE, ſont ceux qui ont été marqués pour les bâtimens du Roi, ſoit dans ces forêts, ou dans celles des Eccléfiaftiques , ou des Particuliers. Ces arbres appartiennent au Roi , & fe vendent avec les formalités ordinaires , après que les Particuliers ont été indemnifés.

ARBRES COUPÉS PAR RACINE , font ceux aufquels on a coupé les racines avec la fcie ou la coignée.

ARBRES DECHAUSSE's font ceux aufquels on a ôté la terre du pied.

ARBRES PIEDS CORNIERS , font de gros arbres qui font dans les encoigneures des ventes qui fe font dans les forêts. Il eft défendu de couper de ces fortes d'arbres , à peine d'amende. On les marque du côté qui regarde la ligne qui eft à droite , & qui conduit à un autre pied cornier. On les marque auffi du côté qui regarde la ligne à gauche , & qui conduit à un autre pied cornier.

ARBRES DE LISIERE , font des arbres qu'on laiffe entre deux pieds corniers , pour fervir de parois & de bornes à la coupe qui eft permife.

ARBRES A LAIE , font des jeunes plants qu'on laiffe pour repeupler les taillis , lorfqu'on en fait la coupe. On les appelle auffi pour cette raifon *arbres de répeuplées.*

ARBRES RADOTS , font des arbres plantés pour fervir d'ornement aux Châteaux , & les mettre à l'abri du vent.

ARBRES COUPIERS , font ceux qu'on a coutume de couper.

ARBRES CAABLE's , font les bois verfés & abbattus par les vents. Tels arbres n'appartiennent point à l'ufufruictier , encore moins aux ufagers dans les forêts du Roi , à moins qu'ils ne foient en très-petit nombre, fuivant l'Ordonnance de François I. de l'an 1518.

ARBRES COUPÉS OU ARRACHÉS. Celui qui coupe des arbres , croyant qu'ils lui appartiennent, ne peut point être par raifon de ce , pourfuivi criminellement : celui à qui ces arbres apparenoient , ne peut agir contre lui que par action civile. Boniface, tome 5. liv. 3. tit. 1.chap. 21.

On peut néanmoins pourfuivre extraordinairement ceux qui coupent les arbres par malice , & dans le deffein de nuire à celui à qui ils appartiennent ; & ce crime doit être plus ou moins grievement puni , fuivant les circonftances. *Voyez* Bouvot. tome 2. *verbo* Larcin , queft. 7. le Journal du Palais , *in-folio* , tome 2. pag. 545. la Rocheflavin , livre 1. lett. A , tit. 13. art. 1. & liv. 2. lett. M , tit. 6. art. 1.

ARBRES SUR LES CHEMINS PUBLICS. L'article 356. de l'ordonnance de Blois , exige que pour éviter les ufurpations des chemins publics , on les borde d'arbres ; & fait défenfes à toutes perfonnes de couper ou endommager les arbres plantés fur lefdits chemins ou ailleurs , fous peine d'amende arbitraire , & de punition exemplaire.

Un Arrêt du Confeil d'Etat du 3. Mai 1720 ordonne art. 6. que tous propriétaires d'héritages tenans & aboutiffans aux grands chemins & branches d'iceux , feront tenus de les planter d'ormes , hêtres , châtaigners , arbres fruitiers ou autres arbres , fuivant la nature du terrein , à la diftance

de trente pieds l'un de l'autre , & à une toife au moins du bord extérieur des foffés defdits grands chemins , & de les armer d'épines ; & ce depuis le mois de Novembre lors prochain , jufqu'au mois de Mars inclufivement , & que fi aucun defdits arbres périffoient , ils feroient tenus d'en replanter d'autres dans l'année.

L'article 7. du même Réglement , porte que faute par les propriétaires de planter lefdits arbres , les Seigneurs aufquels appartient le droit de Voirie fur lefdits chemins , pourront en planter à leurs frais dans l'étendue de leur Voirie ; & qu'en ce cas les arbres par eux plantés , & les fruits d'iceux appartiendront aufdits Seigneurs Voyers.

L'art. 8. défend de rompre , couper ou abbattre lefdits arbres , à peine pour la premiere fois de foixante livres d'amende , dont un tiers pour le propriétaire , l'autre à l'Hôpital plus prochain du lieu , l'autre tiers au dénonciateur , & pour la recidive la peine du fouet.

L'art. 9. ordonne aux Maîtres particuliers de faire mention de l'état defdits arbres , dans la vifite générale qu'ils font tous les fix mois ; & enjoint aux Intendans & aux Grands-Maîtres , chacun en droit foi , de tenir la main à l'exécution dudit Réglement.

Voyez la Rocheflavin , liv. 3. let. P , tit. 1. art. 8. & liv. 6. let. A , tit. 7. art. 1.

ARBRES SUR LES CONFINS DE DEUX HÉRITAGES. Il eft permis à chacun de faire dans fon fonds ce que bon lui femble : *Sed arborum radices.vel rami non debent vicino nocere.* Voyez M. le Prêtre , cent. 4. ch. 57.

C'eft fur ce fondement , qu'il n'eft pas permis d'avoir des arbres près du mur commun , ou du mur appartenant au voifin , qu'à une certaine diftance.

Cette diftance eft en quelques endroits de cinq pieds ; dans d'autres il faut les planter à fix pieds de diftance du fonds du voifin , dans d'autres enfin on peut planter des arbres , de quelque nature qu'ils foient , fi près de l'héritage du voifin qu'on veut pourvu qu'il y ait un mur entre-deux ; & cela fans qu'on foit obligé de faire de contre-mur.

Mais l'ufage eft , qu'un voifin qui veut bien fouffrir que l'arbre du voifin jette fes branches fur fon héritage , foit en droit de prendre les fruits des branches qui pendent fur fon héritage.

Voyez ce que j'ai dit fur l'article 191. de la Coutume de Paris , & ce qu'a dit Coquille en fa queftion. 274.

ARBRES PLANTÉS PAR UN FERMIER DANS L'HÉRITAGE QU'IL A PRIS A FERME , n'appartiennent point au propriétaire du fonds ; enforte que le Fermier les peut ôter , parce qu'il ne les a pas plantés pour qu'ils y reftent , mais pour les vendre , ou pour les emporter à fa fin de fon bail. Cependant le propriétaire du fonds les peut retenir en payant leur valeur au Fermier.

Voyez Chopin fur la Coutume de Paris , livre 1. tit. 1. nomb. 10. Belordeau , lettre , E , art. 5. & ce que j'ai dit fur l'article 90. de la Coutume de Paris.

A R C H E R S, font des Gardes prépofés pour affifter les Prévôts dans les exécutions de juftice.

C'eft au Prévôt à pourvoir aux places d'Archers de fa Compagnie. Ils font tenus de lui obéir, doivent avoir provifions en bonne forme, font tenus de réfider au lieu de leur charge.

Leurs places font incompatibles avec les Offices de Sergens royaux.

Elles exemptent de tailles, de logemens de gens de guerres, & autres femblables impofitions.

La raifon eft, que ces fortes de places leur font courir de grands hazards & de grands périls ; c'eft pourquoi on leur a donné de grands priviléges, immunités, franchifes & exemptions.

Pendant qu'ils font en place, leurs gages ne peuvent être faifis, non plus que la folde des Soldats & Gendarmes ; parce que s'ils n'en étoient pas payés, ils pourroient fe trouver hors d'état de fervir le roi, & de veiller à la fûreté du public, s'ils n'avoient pas d'ailleurs de quoi fe nourrir & entretenir. Bélordeau, en fes Obfervations forenfes, lettre A, chap. 46.

Leurs provifions doivent être enregiftrées aux Greffes des Siéges principaux de la réfidence de leur Prévôt. La veuve d'un Archer mort dans le fervice actuel de fa charge, eft en droit d'en difpofer.

En cas de rebellion, ils doivent dreffer leur procès verbal, & auffi-tôt le remettre entre les mains du Juge, pour y être pourvû, & en être envoyé une expédition à M. le Procureur Général.

Ils ont encore la faculté d'exercer les décrets des Prévôts & Lieutenans, & d'écrouer les coupables, fans faire d'informations, quoique leur Commandant ne leur en eût donné la commiffion. Ce qui eft dit ci-devant, ne concerne que les Archers des Prévôts des Maréchaux. Il y a encore plufieurs autres fortes d'archers, tel que les Archers de Ville, Archers du Guet, Archers de la Connétablie, qui ont chacun leurs priviléges particuliers ; lefquels font expliqués dans le Mémorial alphabétique des Tailles, *verbo* Archers.

Voyez dans le Dictionnaire des Arrêts, les Edits & Déclarations qui concernent les Archers.

A R C H I V E S, font les lieux où font ferrés les anciens Regiftres publics, & tous les Titres du Royaume.

Les archives de France font à la Chambre des Comptes. On entend auffi par archives, le lieu où les titres & papiers importans d'une maifon font ferrés.

ARCIUT. Ce terme, dont il eft fait mention dans la Coutume de Bearn, tit. 1. art. 30. tit. 20. art. 3. fignifie une redevance ou un droit que les Abbés laïques, les Chapitres, & les autres Eccléfiaftiques qui ont acquis des dixmes par achat ou par donation, payent aux Evêques, pour reconnoître la maîtrife ou la fupériorité de l'Eglife.

Comme les Evêques en faifant la vifite de leurs Diocéfes, fe retiroient autrefois dans les maifons de ces abbés, & comme ces derniers étoient compenfés avec le logement des Evêques, on nomma en langue vulgaire cette redevance les Arcents ou les Arciuts, à l'exemple des droits des Sei-

gneurs féculiers ; car les Seigneurs de Bearn, & les autres Seigneurs particuliers jouiffoient en plufieurs maifons du droit d'hebergement, qui eft nommé *albergata* par les Lombards.

Voyez le Gloffaire du Droit François, *verbo* Arciut.

A R M A T E U R, eft le Commandant d'un vaiffeau armé en guerre, pour courir contre les vaiffeaux du parti contraire.

Nul ne peut armer en guerre fans commiffion de l'Amiral, fous peine de confifcation de corps & de biens. *Voyez* les Ordonnances de 1400. article 3. de 1517. art. 2. & 22. de 1543. art. 13. de 1584. art. 30. de 1680. art. 1. tit. des Prifes.

A R M E S. *Voyez* Port d'armes.

ARMES DE FAMILLE. Les puînés ne peuvent pas prendre les mêmes armes pleines, comme les aînés. La Rocheflavin, des Droits feigneuriaux, ch. 30. art. 2. *Arma & infignia armorum nobilitatis penes primogenitum remanere debent. Voyez* Franc. Marc. tom. 1. queft. 1139.

Inftitution d'héritier, à la charge de porter le nom & les armes du teftateur, eft reputée conditionnelle. *Voyez* Guy-Pape, queft. 251, Papon liv. 1. tit. 1. nomb. 18. Péleus, queft. 143.

ARMOIRIES, parmi nous, font des marques héréditaires de la nobleffe d'une maifon, réglées felon l'art du Blafon, & accordées ou approuvées par le Souverain.

Les anciens François étant uniquement adonnés à la guerre, ils marquoient leurs devifes dans leurs écus, qui étoient appellés *arma, quod arma regerent*, & les devifes furent appellées Armoiries. *Sic illa familiæ fymbola fuerunt appellata armoiries ab armorum laude.*

L'ufage des écus ayant été depuis abandonné, on a repréfenté ces armes dans une enceinte, qui a confervé la figure d'un écu, & qu'on appelle écuffon. Les Nobles de robe ayant voulu en cela imiter la nobleffe d'épée, celle-ci a ajouté le cafque ou timbre, que les Nobles de robe fe font auffi attribué.

Il n'y avoit originairement que les Nobles qui euffent le droit d'avoir des armoiries ; mais le Roi Charles V. par fa Charte de l'an 1317, ayant annobli les Parifiens, il leur permit de porter des armoiries : fur cet exemple, les plus notables Bourgeois des autres Villes prirent auffi des armoiries.

Voyez le Traité de l'origine des Noms & Surnoms, &c. & plufieurs queftions importantes fur les armoiries, par Gilles-André de la Roque. *Voyez* auffi la Bibliothéque hiftorique de la France, par le Pere le Long, page 573. 827 & 829.

Les Seigneurs Hauts-Jufticiers les Patrons peuvent faire mettre leurs armoiries dans les Eglifes de leurs Juftices ou fondations, mais celles du Patron doivent être mifes au-deffus de celles du Haut-Jufticier ; comme il a été jugé par Arrêt du 23 Août 1614 rapporté par M. le Prêtre és Arrêts de la cinquieme Chambre des Enquêtes.

Toute autre perfonne ne peut mettre dans les Eglifes fes armories. Mais le Curé peut recevoir des tableaux où foient peintes les armories de ceux qui

qui les donnent, & faire mettre ces tableaux dans l'Eglife.

ARPENT, eft une certaine mefure de la furface de la terre, qui eft différente felon les diverfes Provinces, & qui eft ordinairement de cent perches quarrées.

L'arpent de Paris a cent perches, la perche vingt-deux pieds, & le pied douze pouces.

L'arpent de Poitou eft de quatre-vingt pas en quarré.

L'arpent de Montargis a cent cordes, & chaque corde a vingt pieds.

Celui de Clermont en Beauvoifis a cent verges, & chaque verge a vingt-fix pieds.

L'arpent ou le journal en Bretagne a vingt cordes en longueur, & quatre en largeur; & chaque corde eft de vingt-quatre pieds.

Dans le Duché de Bourgogne, l'arpent de bois eft de quatre cens quarante perches; & le journal de terres, de vigne, de pré, de trois cens foixante. *Voyez* le Gloffaire du Droit François.

ARPENTAGE, eft la mefure des champs de bois, laquelle doit toujours être faite fuivant la Coutume du lieu où les fonds font fitués, & non pas fuivant la Coutume du lieu où l'on a contracté. *Mornacius, ad leg. 18. §. de eo, ff. de dolo malo.*

ARPENTAGE DES BOIS. L'article 14. de l'Ord. des Eaux & Forêts de 1669. titre de la police & confervation des Forêts, regle de quelle maniere fe doit faire l'arpentage des Bois.

Cet article eft conçu en ces termes : » Nulle » mefure n'aura lieu, & ne fera employée dans » nos bois & forêts, & en ceux tenus par indivis, » grurie, grairie, fegrairie, tiers & dangers, en» gagement, ufufruit, & même des Eccléfiafti» ques, Communautés, & particuliers non fujets, » fans aucuns excepter, que la mefure de douze » lignes pour pouce, douze pouces pour pied, vingt» deux pieds pour perche, & cent perches pour » arpent, à peine de mille livres d'amende, non» obftant & fans avoir égard à tous ufages & pof» feffions contraires, aufquelles avons dérogé & » dérogeons; & voulons qu'au Greffe de chaque » Maîtrife & autre Juftice, il foit mis un étalon » de la mefure ci-deffus preferite.

A l'occafion de cet article, il s'eft préfenté une queftion au Châtelet; favoir, fi une vente de bois taillis faite par contrat paffé à Paris, moyennant cent cinquante livres l'arpent, fuivant l'arpentage qui en feroit fait, doit être entendue avoir été faite à raifon de vingt-deux pieds pour perche, fuivant le fufdit article de l'Ordonnance des Eaux & Forêts; ou à raifon de vingt pieds feulement pour perche, fuivant la mefure ufitée dans les lieux où les bois vendus fe trouvent fitués ?

La Sentence du Châtelet ordonna que l'arpentage feroit fait à raifon de vingt pieds feulement pour perche.

L'appel porté en la cinquiéme Chambre des Enquêtes, diftribué à M. de la Porte, voici ce que la Cour ordonna fur les raifons alléguées de part & d'autre.

» La Cour a mis & met l'appellation, & ce au
Tome I.

» néant; émendant, ordonne que l'Ordonnance des » Eaux & Forêts de 1669. fera exécutée; en con» féquence, déclare les offres des appellans de » payer les bois en queftion, fuivant la mefure » portée par ladite Ordonnance, bonne & valable; » ordonne qu'à la diligence du Subftitut du Procu» reur général du Roi, il fera mis au Greffe de la » Maîtrife des Eaux & Forêts de Villers-Cotterêts, » un étalon de ladite mefure, conformément à la» dite Ordonnance, & que l'Arrêt fera lû, publié » & regiftré au Siége de ladite Maîtrife.

Cet Arrêt a été rendu le 30 Mars 1690, & eft rapporté par M. Augeard, tom. 3, chapitre 3, avec les raifons de part & d'autre. Cet Auteur dit à la fin, que cet Arrêt a paffé, *quibufdam valde reclamantibus.*

ARPENTEUR, eft un Officier commis pour faire l'arpentage des terres, bois, buiffons, forêts, garennes, Eaux, Ifles, & qui a pouvoir de mettre des bornes, & de faire des partages.

Les Juges n'en peuvent nommer d'autres, & il n'y a que leurs procès verbaux & leurs rapports qui faffent foi en juftice.

C'étoit autrefois le Grand arpenteur de France qui avoit le pouvoir d'inftituer des Arpenteurs particuliers : mais en 1554. Henri II. érigea des Arpenteurs en chacun Bailliage en titre d'Office; ce qui fut fait néanmoins avec claufe expreffe de ne point préjudicier aux droits des Barons, qui ont encore aujourd'hui le droit d'inftituer des Arpenteurs pour leurs Juftices.

Ainfi, l'Ordonnance de 1575, qui défend aux Seigneurs ayant haute, moyenne & baffe Juftice, & autres Sujets du Roi, d'inftituer Arpenteurs en leurs terres, ne s'entend que des fimples Hauts-Jufticiers, & non pas des Barons. Du Fail, liv. 2. ch. 516.

Touchant les Arpenteurs, il y a eu plufieurs Edits, Déclarations & Arrêts du Confeil, qui font rapportés dans le Dictionnaire des Arrêts.

Par l'Ordonnance d'Henry II. & par celle de Charles IX. les Arpenteurs font crus à leur ferment; & par celle d'Henry III. ils font exempts de gens de guerre.

Quand on dit que les Arpenteurs font crus à leur ferment, cela fe doit entendre lorfqu'il n'y a point de fraude de leur part. Ainfi un Arpenteur ou un Expert élu par les parties, ou nommé d'office par le Juge pour vifiter des lieux ou des ouvrages qui auroit fait par fraude un faux rapport, feroit condamné par le Juge à une amende arbitraire, & aux dépens, dommages & intérêts envers les parties : mais il faudroit prouver la fraude, fuivant l'Ordonnance d'Henry II, art. 16. & 17. & conformément à cette ordonnance, a été jugé par Arrêt de la Cour l'an 1565. rapporté par Automne fur le Titre du Digefte, *Si menfor falfum modum dixerit.*

ARRENTEMENT, eft un bail à rente, par lequel on prend un héritage à rente fonciere, ou à bail de rente d'héritage. *Voyez* Bail à rente.

ARRERAGES, fignifient les intérêts, penfions ou revenus de cens, rentes foncieres &

P.

conftituées & autres redevances annuelles.

Le mot d'arrérages fe dit au lieu de celui d'arrié-rage , qui étoit ufité autrefois ; d'autant que ce terme fignifie les revenus qui font demeurés en arriere , ou les revenus des années qui précédent la courante.

Les arrérages comme acceffoires , ont même hypothéque que le principal de la rente conftituée, Brodeau , fur l'art. 94. de la Coutume de Paris , nomb. 13. M. Louet, lett. D, fom. 42. Bourguier, lett. H. nomb. 6.

Le payement des trois dernieres années confé-cutives induit le payement & l'acquit des précé-dentes ; *leg. quicumque, quod. de apoch. Pub.* à moins qu'il n'y eût claufe appofée dans la quittance , fans préjudice des arrérages précédens ; auquel cas ils ne feroient pas couverts.

Arrérages de rente liquide, quoiqu'ils foient de plus d'une année, doivent être par provifion, & pendant le procès, adjugés au démandeur , en donnant caution. Papon , liv. 18. tit. 1. nombre 27. Et même, pendant le procès de refcifion de contrat, le demandeur en Lettres peut requérir que les arrérages lui foient continués. Charon-das , liv. 3. rep. 32.

La femme , pour les arrérages de fon douaire, eft préférée aux enfans qui ont la propriété du douaire, & elle en doit être payée tant que le douaire aura cours. Ainfi jugé par deux Arrêts du Parlement de Paris , l'un du vingt-fept Octobre 1689, & l'autre du 22. Mai 1692. Journal des Au-diences, tom. 5. liv. 8. chap. 14.

Les arrérages de rentes conftituées fe doivent payer fuivant les taux de l'Edit , qui étoit en vi-gueur au tems que le contrat de conftitution a été paffé ; & ces arrérages ne font point affujet-tis aux Ordonnances poftérieures.

Lorfque les arrérages font ftipulés au deffus du taux de l'Edit du Roi , qui eft en vigueur lors de la paffation du contrat de conftitution , ce con-trat n'eft pas pour cela caffé & regardé comme ufuraire , il eft feulement réductible *ad legitimum modum.*

De plus , les arrérages qui auroient été payés au delà du taux de l'Ordonnance , doivent être reftitués , ou doivent être imputés fur le princi-pal , & le diminuent d'autant. Mornac. *Authent. unde & fi , cod. de inoff. teftam. & leg. 8. cod. fi cert. petat.* Brodeau , fur l'art. 64. de la Coutume de Paris , nomb. 6.

Les Ordonnances de nos Rois ont fixé diffé-remment les arrérages des rentes conftituées. An-ciennement elles les ont fixées au denier douze , puis au denier feize , enfuite au denier dix-huit , & enfin au denier vingt. Il y a eu de nos jours un tems où les arrérages des rentes ont été réglés fur le pied du denier cinquante pour les rentes conf-tituées fur les Particuliers , & au denier quarante pour celles de l'Hôtel de Ville ; mais cela n'a pas duré. Il faut néanmoins remarquer que les con-trats qui ont été fait alors , continueront toujours fur le pied de leur conftitution.

On a mis les intérêts qui proviennent d'obliga-tions , dans les cas où ils font dûs , fur le même pieds que les arrérages des rentes ; mais avec cette différence , que les intérêts des anciennes obliga-tions font toujours fujets à toutes les reductions des Edits & Déclarations qui furviennent , & qui font enrégiftrés aux Parlemens : au lieu que dès le moment qu'une rente a été conftituée , les inté-rêts en font toujours payés fuivant l'ancienne conf-titution , fans que les Edits du Prince qui furvien-nent y changent rien. *Voyez* M. Ricard , des Subfti-tutions , traité 3. chap. 9. part. 1. nomb. 818.

Tous ces arrérages des rentes conftituées font reputés meubles , à méfure qu'ils font échus.

Il faut excepter les arrérages des rentes dûes par le Roi , lefquels ne font cenfés meubles qu'à l'ouverture du Bureau , & non pas au jour de leur échéance. *Voyez* Bafnage fur l'article 510. de la Coutume de Normandie.

On ne peut demander que cinq années d'arré-rages des rentes conftituées , vingt-neuf des ren-tes foncieres & d'emphiteofe , & d'x des rentes de penfions viageres. Ordonnance de Louis XII. de 1510. art. 71.

Les arrérages des années précédentes font pref-crits , fans que le débiteur de la rente foit tenu d'affirmer. *Voyez* Henrys , tom. 1. liv. 4. chap. 6, queft. 73. Taïfand fur la Coutume de Bourgo-gne , tit 5. art. 2. nomb. 6.

L'Ordonnance qui porte qu'on ne pourra de-mander que cinq années d'arrérages d'une rente conftituée, n'empêche pas que le débiteur ne puif-fe paffer condamnation d'en payer au-delà de cinq années ; mais cette condamnation ne pourroit porter aucun préjudice aux autres créanciers du débiteur. *Voyez* Brodeau fur l'art. 94. de la Cou-tume de Paris , nomb. 7.

Ce principe , qu'on ne peut demander fans commandement que cinq années d'arrérages , & que les précédentes demeurent prefcrites & per-dues pour le créancier , eft fi certain , que cette prefcription a lieu contre les mineurs. *Voyez* la Bi-bliothéque de Bouchel , verbo Arrérages.

Cette prefcription court auffi contre l'Eglife , ainfi elle ne peut demander que cinq années d'une penfion conftituée à prix d'argent ; comme il a été jugé par Arrêt du 27 Fevrier 1687. rapporté par Boniface , tom. 1. liv. 3. tit. 12. ch. 1. *Voyez* auffi Duperier, tom. 2. page 377.

Il a même été jugé par Arrêt du Parlement de Paris , le 10. Juillet 1638. qu'on ne pouvoit de-mander que cinq années d'arrérages d'une rente dûe à l'Eglife pour une fondation de fervice divin. Henris, tom. 1. liv. 4. chap. 6. queft. 70.

Il faut dire auffi que cette prefcription de cinq ans a lieu pour les arrérages d'une rente confti-tuée pour le prix d'une vente d'héritage ; comme il a été jugé par Arrêt le 13. Juin 1679. rapporté dans le Journal du Palais.

Touchant cette prefcription de cinq ans pour les arrérages de rentes conftituées , il nous refte deux obfervations à faire.

La premiere , qu'une feule fommation ou commandement de payer les arrérages d'une rente conftituée , interrompt cette prefcription.

La deuxieme eft , qu'une fimple reconnoiffance faite par le débiteur des arrérages précédens , empêche cette prefcription, quand elle ne feroit faite que par une lettre miffive.

Mais la claufe inférée dans un contrat de conftitution, que le débiteur rénonce à la prefcription des cinq ans, ne feroit pas valable & n'interromproit pas cette prefcription.

ARRÉRAGES DE RENTES ÉCHEANT DIETIN , font non-feulement les arrérages des rentes conftituées fur des Particuliers, mais auffi ceux des rentes de l'Hôtel-de-Ville ; comme il a été jugé par Arrêt du 31 Juillet 1741. dans cette efpece.

Un mari qui étoit en communauté de biens avec fa femme , avoit des rentes fur l'Hotel-de-Ville. Sa femme étant décédée au mois de Mars, fes héritiers prétendirent que les trois premiers mois de cette année entroient en la communauté. Le mari au contraire foutint qu'ils n'en faifoient pas parties , attendu que l'on ne payoit ces rentes que tous les fix mois de l'année , & qu'ainfi les trois mois ou environ d'arrérages échus n'entroient point dans le partage de la communauté , parce que le Bureau n'étoit pas encore ouvert.

Par l'Arrêt cité ci-deffus, il a été jugé que le mari propriétaire de la rente feroit tenu, lorfqu'il auroit reçu les arrérages à l'échéance des fix mois , de tenir compte aux héritiers de fa femme de la moitié de ces trois mois ou environ, échus lors du décès de fa femme.

ARRÉRAGES DE MOISSON, fe doivent payer fuivant l'eftimation de chaque année.

Ainfi quand quelqu'un doit cens, ou autre droit annuel confiftant en bled, vin, huile, & autres chofes qui fe pefent , mefurent , & dont le prix varie fuivant le tems ; lorfque le créancier d'une telle redevance en demande à celui qui la lui doit , plufieurs années ; le débiteur n'eft tenu de lui payer fes arrérages que fuivant l'eftimation commune de chaque année.

ARRÉRAGES DES DROITS SEIGNEURIAUX, font les arrérages de cenfives, rentes foncieres, & autres redevances de bail d'héritages.

Ces arrérages, de même que les arrerages des autres rentes, font réputés meubles. D'où il s'enfuit.

I°. Que la demande en doit être faite devant le Juge du débiteur, & au lieu de fon domicile.

II°. Que ceux qui font échus du vivant du défunt, appartiennent à fes héritiers des meubles & non pas à fes héritiers des propres.

V. Belordeau en fes Obfervations forenfes , lett. A, art. 49.

Voici ce que ces arrérages ont de particulier, & en quoi ils différent des arrérages des rentes conftituées.

I°. Le Seigneur en peut demander , vingt-neuf années ; au lieu qu'on ne peut demander que cinq années d'arrérages de rentes conftituées. Sur quoi il faut remarquer que, pour qu'on puiffe demander vingt-neuf années d'une rente fonciere, il faut qu'elle le foit véritablement, & qu'il ne fuffit pas

qu'elle foit qualifiée telle. V. Henrys, tom. 2. l. 3 chap. 6. queft. 67. & 72.

II°. Lorfque le Seigneur s'eft oppofé au décret pour les arrérages & droits à lui dûs pour autres mutations précédentes, il doit être mis le premier en ordre , même avant les frais de criées. V. Bouchel, verbo Droits feigneuriaux. Mais lorfque le Seigneur ne s'eft pas oppofé au décret pour arrérages de fes droits, il ne peut demander à l'acheteur par décret que les droits feigneuriaux de fon acquifition. C'eft la difpofition de l'art. 355. de la Coutume de Paris. V. Charondas, l. 3. reponfe 1. & ce que j'ai dit fur led. art. 355.

III°. Pendant les criées, le Seigneur direct peut contraindre le Commiffaire aux faifies réelles de lui payer les arrérages échus durant le cours des criées , mais non pas les arrérages précédens. Coquille , fur l'art. 4. verbo fans aucuns arrérages, du tit. 32. de la Coutume de Nivernois.

ARREST. Ce terme , felon quelques Auteurs , dérive du mot grec Arefco, qui veut dire il me plait. M. Ménage prétend que ce mot a été tiré du Latin Stare , qui fignifie arrêter, rendre une chofe ftable & fixe.

D'autres enfin difent que les Jugemens fouverains font appellés Arrêts, parce que leur autorité doit arrêter, finir & terminer les différends & les conteftations qui font entre les hommes.

Au furplus, l'ufage paroît avoir fixé l'étimologie de ce terme, pour fignifier un jugement rendu par une Cour fouveraine, contre lequel on ne peut fe pourvoir par appel.

Mais quoique le refpect dû aux Jugemens des Cours fouveraines, empêche qu'on ne fe puiffe pourvoir contre par la voie d'appel, on peut cependant faire réformer par requête civile, par la voie de caffation d'Arrêts , d'oppofition, ou pour raifon de contrariété. V. Papon, liv. 19 tit. 8. la Rocheflavin, des Parlemens de France, liv. 13. chap. 61.

Ces moyens extraordinaires de fe pourvoir contre les Arrêts, n'empêchent pas qu'il ne faille toujours demeurer d'accord, qu'ès Cours fouveraines réfide le Temple de la Juftice, & par conféquent qu'elles font les plus fûrs interpretes des Loix, & quand elles s'en écartent, il y a lieu de croire que ce n'eft que par des raifons fupérieures à celle de la Loi même qui eft fujette auffi à changer par rapport aux différentes circonftances du lieu, des perfonnes & du tems.

C'eft auffi fur ce fondement que plufieurs Arrêts fe trouvant conformes in terminis fur une queftion , forment à la fin une efpece d'ufage, appellé la Jurifprudence des Arrêts, que les Juges ne font pas abfolument obligés de fuivre, mais dont ils ne doivent pas non plus s'écarter facilement & fans raifon.

V. Jurifprudence des Arrêts.

ARREST , OU SENTENCE D'iterato , eft un Jugement portant contrainte par corps, après les quatre mois , pour dépens excédans la fomme de 200. liv.

Par exemple, fi on a obtenu adjudication de

dépens, dont la taxe se monte à deux cens livres ou plus, il faut faire signifier le Jugement, la Sentence ou Arrêt, & faire commandement de payer, avec déclaration qu'à faute de payement, le débiteur sera contraint par corps après les quatre mois, lesquels étant passés, il faut lever une Sentence ou Arrêt, portant que dans quinze jours il sera contraint par corps. On fait signifier le tout, & les quinze jours étant passés, on fait mettre le Jugement à exécution.

Ce Jugement est appellé Arrêt ou Sentence d'*iterato*, parce qu'il se délivre en conséquence d'un premier Jugement.

ARREST DE'FINITIF INTERLOCUTOIRE, &c. *V*. Sentence.

ARREST PAR APPOINTE', est un Arrêt qui se passe entre les Parties, de leur consentement, par l'avis de leurs Avocats & Procureurs.

ARREST, se dit des saisies des deniers dûs par quelqu'un à un débiteur, ou des choses mobiliaires qui appartiennent, selon les articles 160. & 161. de notre Coutume : & en ce sens, Arrêt est un empêchement qu'on met au payement de ce qui est dû à notre débiteur par le sien.

On ne peut saisir & arrêter entre les mains d'un homme sur un autre, sans permission du Juge, ou sans titre paré.

Voyez ce que j'ai dit sur les art. 160. & 166. de la Coutume de Paris.

ARREST, se prend aussi quelquefois pour l'emprisonnement de la personne de l'obligé. *Voyez* Droit d'arrêt.

ARREST DE REGLEMENS DES COURS SOUVERAINES, sont les décisions que les cours souveraines font, pour être observées comme Loix dans l'étendue de leur ressort, sous le bon plaisir de sa Majesté, comme étant à cet égard les dépositaires du pouvoir souverain du Prince.

La marque qu'un Arrêt est un Arrêt de Réglement, c'est quand il est dit à la fin qu'il servira de réglement, & qu'il sera lû & publié à cet effet. *Voyez* Réglement.

ARREST, ou BRANDON. *Voyez* Brandon.

ARREST DU CONSEIL D'ÉTAT PRIVE' DU ROI, est un Arrêt que le Roi en son Conseil prononce sur les requêtes qui sont présentées à Sa Majesté par quelqu'un de ses Sujets, ou sur les remontrances qui lui sont faites par des Magistrats, pour faire quelque nouvel établissement, ou pour reformer quelqu'abus.

Les Arrêts & autres expéditions du Conseil doivent être scellés du sceau de la grande Chancellerie.

Ces Arrêts ne sont exécutoires dans les Cours supérieures, qu'après qu'ils y ont été enrégistrés.

ARREST EN COMMANDEMENT, est un Arrêt que le Roi étant en son Conseil d'Etat donne de son propre mouvement, sans requêtes à lui présentées par quelques-uns de ses Sujets, ni sans aucunes remontrances qui lui ayent été faites par les Magistrats.

Voici de quelle maniere ils se dressent : *Le Roi étant informé, ou le Roi s'étant fait représenter, que* &c. *L'exposé fait, on passe au prononcé conçu en ces termes : Sa Majesté étant en son Conseil, a ordonné & ordonne que, &c.*

Le dispositif des Arrêts en commandement contient une jussion d'exécuter ce qui y est ordonné, sans que l'exécution en puisse être retardée par quelque moyen & sous quelque prétexte que ce puisse être. Aussi ces sortes d'Arrêts démontrent bien la puissance souveraine de nos Rois, & toute l'étendue de leur autorité.

Ils sont rendus du propre mouvement de Sa Majesté : il est vrai que c'est ordinairement sur le rapport d'un des Ministres ou Secretaires d'Etat, à qui les Parties intéressées ont fourni des mémoires ; mais cela ne paroît pas, & il n'en est pas fait mention dans ces Arrêts.

Ils s'exécutent nonobstant toutes oppositions ; en quoi ils different des autres Arrêts du Conseil, qui sont rendus sur les requêtes des Parties qui les ont obtenus, dont l'exécution est suspendue par la simple opposition des Parties adverses, qui doit être néanmoins peu de tems après suivi d'une requête d'opposition ; au lieu que les Arrêts en commandement non seulement s'exécutent nonobstant toutes oppositions, mais encore les oppositions contre ces sortes d'Arrêts sont rarement & difficilement admises.

La voye de se pourvoir contre, est de donner des Mémoires aux Ministres ou Secretaires d'Etat, au rapport desquels ces Arrêts ont été rendus.

On peut aussi donner une requête en la maniere ordinaire, avec cette différence, que quand les conclusions, par respect pour le Tribunal suprême, on les commence par ces mots : *Ayant égard aux très-humbles supplications de, &c.*

ARREST DE DE'FENSES, est un Arrêt qui reçoit appellant d'une Sentence, & fait défenses de la mettre à exécution ; ce qu'un simple appel ou relief d'appel obtenu en Chancellerie ne pourroit pas opérer, quand la Sentence est exécutoire nonobstant l'appel.

Cet Arrêt fait défenses d'exécuter la Sentence sur les peines y portées ; c'est pourquoi il est ainsi appellé. Il tient lieu de relief d'appel, tenant l'impétrant pour appellant de la Sentence, pour bien relevé, lui permettant d'intimer qui bon lui semblera.

Pour obtenir un Arrêt de défenses, on présente une requête tendante à cet effet.

Quand il n'y a pas encore de Procureur constitué de la part de l'intimé, on met une requête, avec les pieces justificatives du contenu en icelle, entre les mains d'un Conseiller, qui en fait le rapport ; & si les raisons déduites dans la requête sont pertinentes, on donne un Arrêt de défenses.

Si, en vertu de la Sentence dont est appel, les meubles de l'appellant avoient été saisis, il faudroit demander main-levée par la même requête ; & par le même Arrêt de défenses il y peut être fait droit.

Lorsque les défenses sont demandées après que l'intimé a constitué Procureur, le Greffier, ou l'un des Conseillers, met sur la requête, *viennent les parties.* Enfuite, la caufe mife au rolle, ou bien le placet préfenté, on fignifie un avenir; & la caufe plaidée à l'Audience, la Cour donne des défenfes, fi elle le juge à propos.

Mais fi elle n'en veut pas accorder, l'Arrêt porte fimplement, que le fuppliant eft reçu appellant; lui permet de faire intimer qui bon lui femblera fur l'appel par lui interjetté, & joint le furplus de la requête à l'appel, pour en jugeant y avoir tel égard que de raifon.

Quand l'Arrêt de défenfes a été obtenu fur une requête non fignifiée, l'intimé eft toujours reçu à s'y oppofer. Mais fi l'Arrêt a été obtenu, faute de plaider ou de fe préfenter, fur la requête fignifiée, l'intimé n'y peut former oppofition que dans la huitaine du jour que ledit Arrêt aura été fignifié à perfonne ou domicile.

Arrêt de défenfes ne peut être accordé pour les droits du Roi, ni pour les amendes, fuivant l'art. 4. du tit. 8. de l'Ordonnance de 1680.

En matiere criminelle, on ne donne jamais d'Arrêt de défenfes; & l'on n'évoque jamais le principal lorfque le délit eft gravé, & qu'il y a la moindre preuve. *Voyez* Défenfes.

A R R E S T DE MEUBLES. *Voyez* Ville d'Arrêt.

A R R E S T É, eft la réfolution prife par une Compagnie fur une délibération. On dit : c'eft un Arrêté de la Cour, lorfqu'elle a décidé quelque article d'une affaire, ou qu'elle a refolu quelque chofe qui n'eft par rendue publique par un Arrêt.

A R R E S T É DE COMPTE, eft un acte qui, après l'examen fait de ce qui peut être dû par un Particulier à un autre, déduction faite des payemens faits, regle à quelle fomme fe monte ce qui refte dû par l'une des parties à l'autre.

A R R E S T E R. Ce terme a parmi nous différentes fignifications.

Voici les plus ordinaires. I°. Ce terme fignifie quelquefois, faifir par voye de Juftice; II°. prendre quelqu'un prifonnier; III°. conclure, refoudre, & régler quelque chofe.

A R R H E S. Ce mot eft dérivé du Latin *arrha*, qui eft en ufage dans cette Langue, principalement chez les Jurifconfultes : mais en France on prononce *arres* : & ceux mêmes qui continuent à écrire *arrhes*, prononcent ordinairement *arres*. Les arrhes font comme un gage que l'acheteur donne au vendeur, en argent ou en autre chofe, pour marquer que la vente eft faite, ou pour tenir lieu de payement de partie du prix, ou pour les dommages & intérêts, faute d'exécuter la vente. Ainfi les arrhes ont leur effet, felon qu'il eft convenu.

Mais s'il n'y a pas de convention expreffe qui regle quel fera l'effet des arrhes; alors, faute d'exécution du contrat de la part de l'acheteur, les arrhes font perdues pour lui; & faute d'exécution de la part du vendeur, il eft tenu de rendre à l'acheteur le double des arrhes qu'il a reçues.

Voyez le premier tome des Loix civiles, liv. 1. tit. 2. fect. 6. nom. 4.

A R R H E S, EN FAIT DE MARIAGE, fignifioit chez les Romains les préfens qui fe faifoient par le fiancé ou par fes parens à la fiancée, pour affû-rance du mariage. Quelques-uns veulent auffi que la fiancée en faifoit quelquefois au fiancé, mais rarement.

Lorfque le fiancé qui avoit donné des arrhes refufoit d'accomplir le mariage, il les perdoit, & elles demeuroient à la fiancée. Si au contraire la fiancée refufoit d'accomplir le mariage, elle étoit tenue de rendre le double des arrhes qu'elle avoit reçues, à moins qu'elle ne fût mineure de vingt-cinq ans, & eût donné une promeffe de mariage fans être affiftée de fes parens; auquel cas elle n'étoit obligée qu'à reftituer fimplement les arrhes. *Leg. 3. num. 5. cod. de fponfalib. 16.*

Mais il étoit permis chez les Romains de ftipuler la reftitution du quadruple des arrhes contre celui qui les recevoit, au cas qu'il refufât d'accomplir la promeffe de mariage. Sur quoi il faut remarquer que cette ftipulation n'étoit pas réputée pénale, par la raifon que par l'ancienne Conftitution des Empereurs Leon & Antonin, la peine de celui qui refufoit l'accompliffement du mariage, étoit la reftitution du quadruple des arrhes reçues; & quoique par les Conftitutions poftérieures, il fût ordonné que la fimple reftitution des arrhes fe feroit feulement, il fut néanmoins permis de ftipuler le quadruple, comme étant fondé fur la difpofition des anciennes Loix; enforte que cette ftipulation ne paffoit pas pour pénale, puifque cette peine du quadruple étoit fondée fur la difpofition d'une ancienne Conftitution des Empereurs.

Cet ufage ne s'eft point obfervé en France. Le fiancé faît ordinairement des préfens à la fiancée, qui lui demeurent, en cas que le fiancé refufe d'exécuter la promeffe du mariage; & en outre il eft condamné aux dommages & intérêts de la fiancée, qui fe reglent felon les circonftances & les qualités des perfonnes, des biens, & autres.

Voyez Préfens de nôces, promeffes de mariage, & Stipulation pénale faute d'époufer la perfonne que l'on avoit promis d'époufer.

A R R I E R E - B A N. *Voyez* ci-aprés Ban & arriere-Ban.

A R R I E R E - C A P T E, en Languedoc & en Guyenne, eft ce qu'on appelle relief ou rachat en Pays coutumier.

Il y a le droit d'acapte, qui eft dû par la mort du Seigneur direct; au lieu que l'arriere-capte eft dû par la mort du tenancier. Les Arrêts ont fixé le droit d'acapte & d'arriere-capte au doublement de la rente, y compris le fens ordinaire. Les acaptes & arriere-captes ne font point de l'effence du bail à cens : ils ne font dûs qu'autant qu'ils font expreffement ftipulés. *Voyez* le Traité des Droits feigneuriaux par M. de Boutaric.

A R R I E R E - F I E F, eft un fief fervant qui releve d'un autre. *Voyez* Fief.

A R R I E R E - V A S S A L, eft un vaffal qui releve d'un Seigneur, lequel releve lui-même d'un autre.

A R S I N, eft un terme ufité en Picardie & en Flandre, qui fignifie une exécution de Juftice, par laquelle on met le feu à la maifon de celui qui a commis quelque crime dans une Ville; par exemple qui a tué ou bleſſé quelque Bourgeois. *Voyez* ce qui en eſt dit dans le Gloſſaire, du droit François.

ARSINI ou ARSEIX. Dans quelquesCoutumes on appelle de ce nom des bois brûlés par accident, ou parce qu'on y a mis le feu. *V.* le Gloſſaire du Droit François.

ARTICLES DE MARIAGE, ſont des clauſes dont les futurs époux conviennent & entendent compoſer leur contrat de mariage.

Ces articles ſont donnés ou envoyés par la future épouſe; ou par ſes pere & mere au futur époux, qui les examine, & y rétranche ou augmente ce qu'il juge à propos.

Après qu'ils ſont agréés de part & d'autre, on en fait double copie, ſignée des futurs conjoints & de leurs peres & meres, & chacun des futurs époux en garde une copie.

Le contrat de mariage ſe doit faire ſuivant & conformément à ces articles, ſans y rien changer ni diminuer, ſinon du conſentement & ordre exprès des Parties.

Ces articles ſont tellement foi, qu'un contrat de mariage poſtérieur à la célébration, mais conforme à ces articles, ſeroit valable, pourvû toutefois qu'il ne fût point exorbitant du droit commun, & de ce qui ſe pratique ordinairement ſuivant l'état & la qualité des Parties.

M. le Brun, en ſon Traité de la Communauté, l. 1. chap, 3. nomb. 31. rapporte un Arrêt rendu au Parlement de Paris le 7. Décembre 1701. qui l'a jugé ainſi.

L'effet des articles de mariage ſignés eſt d'obliger les Parties à la célébration, ſous peine de dépens, dommages & intérêts, de la part de celui qui refuſeroit de le faire.

Voyez ce que j'ai dit des articles de mariage dans la Science parfaite des Notaires, liv. 4. chapitre 20.

ARTICULER DES FAITS, eſt propoſer & déduire des faits, & offrir de les prouver; & quand la Partie adverſe ſoutient des faits côntraires, le Juge appointe les Parties à faire preuve reſpective de leurs faits. *V.* Enquête.

ARTICULER FAITS NOUVEAUX, c'eſt avancer faits nouveaux, omis dans l'inſtruction d'un procès, & qui ſervent à ſa déciſion.

Autrefois on ne les pouvoit propoſer que par Lettres royaux; mais par la nouvelle Ordonnance il ſuffit que les faits ſoient contenus dans une ſimple Requête ſignifiée & jointe au procès, défenſes au contraire.

A S

AS, Mot, Latin, qui ſignifie le tout d'une choſe qui pouvoit être diviſée en douze parties. Ce tout étoit de douze onces, leſquelles faiſoient une livre romaine; & parce que les Romains partageoient l'hérédité en douze parties, toute l'hérédité étoit appellée *As.*

Chaque partie de l'*as* avoit un nom particulier; ſçavoir *uncia,* qui eſt un douzieme, c'eſt-à-dire

une once de douze; *Sextan,* qui eſt un ſixieme; qui fait deux onces de douze; *Quadrans,* qui eſt le quart, & par conſéquent trois onces de douze; *Triens,* qui eſt le tiers, qui contient quatre onces de douze; *Quincunz,* c'eſt-à-dire cinq onces; *Semis,* ſix onces, comme s'il y avoit *Semi-as,* c'eſt-à-dire la moitié de l'*as,* qui fait ſix de douze; *Septunz* ſept onces; *Bes,* deux tiers, *quaſi bis triens,* & par conſéquent huit onces; *Dodrans,* neuf onces, *quaſi dempto quadrante as,* & par conſéquent les trois quarts de douze; *Dextrans,* dix onces, *quaſi dempto ſextante as,* c'eſt-à-dire douze onces moins deux: *Deunz,* onze onces de douze, *quaſi demptâ unicâ as.*

Voici une obſervation à faire ſur le mot d'*as;* c'eſt que lorſque les Pandectes furent trouvées à Melphes, la diſpute qui s'éleva entre ceux qui enſeignoient les Belles-Lettres à Bologne, fit qu'en cherchant l'explication de ce mot dans les Pandectes, pluſieurs d'entr'eux s'appliquerent à l'étude du Droit, & entr'autres Irnier, qui fut un des premiers qui ayent fait des leçons du Droit civil à Bologne.

Voyez ce que j'ai dit dans ma Traduction des Inſtitutes, ſur le §. 5. du quatorzieme t. du ſecond livre.

ASCENDANS, ſont les parens de qui nous ſommes nés. Ainſi on ſe ſert quelquefois du nom d'aſcendans, pour ſignifier toutes les perſonnes de qui chacun tire ſa naiſſance. En ce ſens, le pere & la mere ſont du nombre des aſcendans, & ſuccédent en cette qualité; mais parce qu'ils ſont au premier degré, il ſemble que ce nom ſoit plus propre aux ayeuls, & aux autres qui ſont au deſſus.

Le nom d'ayeul convient à ceux qui ſont au ſecond dégré; mais on appelle auſſi en général du nom d'ayeul, le biſayeul, & les autres qui ſont au deſſus. On leur donne encore le nom d'ancêtres; mais ce dernier nom ne ſe dit jamais au ſingulier.

Il y a auſſi des collatéraux aſcendans, qui ſont les oncles & tantes, grands oncles, grandes tantes, & ainſi en rémontant.

Voyez dans ma Traduction des Inſtitutes, au commencement du troiſieme Livre, de quelle maniere les pere & mere & autres aſcendans ſuccédent; & M. le Brun, en ſon Traité des Succeſſions, l. 1. chap. 5. ſect. 1.

Nous rémarquerons ſeulement ici, qu'en pays coutumier les aſcendans ſuccédent aux meubles, acquêts & conquêts immeubles; mais ils ne ſuccédent point aux propres qui ne rémontent point, & qui vont toujours aux freres & ſœurs, ou autres collatéraux du côté & ligne d'où ils procédent, ſuivant la regle *Paterna paternis, Materna maternis. V.* ci-après *verbo* Propres.

Les meubles s'entendent de tous les effets mobiliers, de quelque nature & valeur qu'ils ſoient, & de quelque côté qu'ils procédent, parce que les meubles n'affectent point de ligne; comme il a été jugé par Arrêt du 14. Août 1575. rapporté par Chopin, ſur le titre des Succeſſions de la Coutume de Paris.

ASILE, est un lieu de sûreté, où il n'est pas permis de violenter ceux qui s'y sont réfugiés, comme font en France les Maisons royales, à cause du respect qu'on leur doit, & il faut une lettre de Cachet pour en tirer ceux qui s'y sont retirés.

L'Eglise autrefois étoit un lieu d'asile ; mais l'Ordonnance de François I. de l'an 1539. art. 166. paroît abolir ces franchises, puisqu'elle autorise les Juges à ne les pas maintenir, comme ils faisoient auparavant.

Aussi cette immunité n'est plus d'usage ; elle auroit été trop pernicieuse en France, à cause des fréquens délits qui s'y commettent : d'ailleurs, une telle immunité pourroit inviter des gens à délinquer ; dans l'espérance de pouvoir, par son moyen, se soustraire aux peines qu'ils auroient méritées.

C'est aussi la raison pour laquelle cette immunité avoit été abrogée par Charlemagne, ch. 8. de ses Capitulaires.

V. Chopin, en son Traité *de sacrá politiá, l. 3. t. 1. nomb. 22.*

L'art. 667. de la Coutume de Bretagne porte : *En tous cas de délits y aura immunité, fors aux cas exceptés de Droits.* Les Commentateurs de cette Coutume trouvent cet art. inutile, à cause de la suppression des asiles. V. Franchises.

ASSASSIN, est celui qui tue quelqu'un avec avantage, soit par le nombre des gens qui l'accompagnent, soit par l'inégalité des armes, soit par la situation du lieu, ou par trahison.

On appelle aussi *assassins,* les gens qui se louent pour aller tuer quelqu'un, & venger la querelle d'autrui.

V. ce qui est dit des assassins, & de l'étymologie de ce mot dans le Dictionnaire de Trevoux.

ASSASSINAT, est le meurtre qui se fait volontairement avec avantage, ou par trahison.

On appelle aussi de ce nom, tous excès & mauvais traitemens qui ont été faits à quelqu'un à main armée, & avec avantage, quoique la mort ne s'en soit pas ensuivie. Ainsi un homme qui donne des coups de bâtons à un autre qui est sans défense, celui-ci est en droit de demander en Justice vengeance de cet assassinat ; crime qui doit être puni plus ou moins grièvement, suivant les circonstances & la qualité des personnes.

A l'égard de l'assassinat, en tant qu'il signifie meurtre fait volontairement, les Edits portent que les meurtriers & assassins de guet-à-pens, seront punis de la peine de mort sur la roue, sans autre commutation de peine, quelle qu'elle soit.

Le Roi n'accorde point des Lettres de remission pour ce crime.

Ceux qui sont coupables de ce crime énorme, sont indignes de jouir de l'asile des Eglises.

La connoissance en est attribuée aux Prévôts des Maréchaux.

Ceux qui sont complices de ce crime, doivent subir la même peine que celui qui l'a commis.

L'assassinat commis par un Bénéficier, fait vaquer de plein droit son Bénéfice.

V. *Julius Clarus, l. 5. Sententiarum,* & les Annotations sur cet Auteur.

ASSECURATION, signifie une opposition formée à l'adjudication d'un héritage saisi réellement, dans le ressort du Parlement de Grenoble.

ASSÉEURS, étoient autrefois ceux qui faisoient l'assiette des tailles sur les Particuliers qui y étoient sujets ; & ainsi les Asséeurs différoient des Collecteurs, en ce que ces derniers ne faisoient point l'assiette de tailles, mais la recette des deniers de l'imposition faite par les asséeurs.

Mais comme ces Asséeurs étoient garants envers les Collecteurs de la non-valeur des assiettes, cela causoit une infinité de procès. Ainsi l'on a trouvé à propos de réunir ces deux fonctions, de maniere que ceux qui feroient l'assiette, feroient aussi la collecte : ce qui fait qu'aujourd'hui on appelle les Collecteurs, *Asséeurs & Collecteurs.*

ASSEMBLÉES DES ÉTATS DU ROYAUME, sont des assemblées qui se tiennent en vertu des Lettres patentes du Roi, dans le lieu qu'il indique à cet effet, où assistent par Députés les trois Etats du Royaume, qui sont, le Clergé, la Noblesse, & les plus considérables d'entre le Peuple, appellé le Tiers-Etats.

Les Etats étoient autrefois appellés le Grand Conseil du Roi ; les Princes, les Seigneurs, & autres personnes illustres, employées au gouvernement des affaires d'Etat, y ont toujours assisté.

On traite, par ordre du Roi, dans ces assemblées, les affaires importantes du Royaume ; & sur la communication qui s'y fait des choses ausquelles il convient pourvoir pour le bien de l'Etat, après de mûres délibérations, on avise aux moyens d'y parvenir.

Ce qui est arrêté à la pluralité des voix, est couché par écrit dans les cahiers, pour ensuite après avoir été rédigé en forme, recevoir du Roi le sceau de son autorité.

Nous avons quantité d'Ordonnances arrêtées dans les assemblées des Etats, & confirmées par l'autorité royale. C'étoit même la maniere ordinaire dont se faisoient autrefois les Loix dans ce Royaume.

Dans tous les pressans besoins, on assembloit les Etats pour pourvoir au gouvernement du Royaume, donner ordre à la Justice & aux Finances.

Les Rois y ont toujours présidé, excepté en l'affaire qui y fut traitée après le décès de Charles le Bel, pour raison du Royaume, lequel fut en interprétation de la Loi Salique, adjugé à Philippe de Valois, attendu que Charles le Bel n'avoit point laissé d'enfans mâles.

Quand nos Rois permettent à leurs Sujets de s'assembler & de tenir des Etats généraux, ils ne se dépouillent pas par-là de leur autorité ; ce qu'ils font n'est que pour aviser ce qu'ils peuvent faire pour le maintien de l'Etat, & pour le soulagement du Peuple.

Ainsi, la tenue des Etats n'établit point d'interregne, & la puissance de nos Rois n'en est pas moindre ; puisque le tout n'aboutit qu'à quelques propositions, qu'à des prieres & que nos Rois se réservent réfervent d'y apporter le tempérament que leur Confeil juge à propos.

Ils montrent par-là qu'ils veulent plutôt régner fur les cœurs de leurs Sujets, que leur commander. Maîtres abfolus & indépendans, ils ne laiffent pas fouvent, par une bonté toute particuliere, de faire part de leur autorité à leurs Sujets, de les confulter aux occurrences, & de fe régler par les Sages avis que les peuples affemblés leur donnent ; mais c'eft toujours fans déroger à leur puiffance fouveraine.

Il nous refte à remarquer, I°. Qu'anciennement tenir le Parlement en France, comme encore à préfent en Angleterre & en Ecoffe, c'étoit affembler les Etats du Royaume, & communiquer par le Roi, avec fes Sujets ou leur Députés de fes plus grandes affaires, & prendre leurs avis & confeil, ouir auffi leurs doléances & remontrances, & y pourvoir.

II°. Que depuis Philippe le Bel, la convocation & affemblée des Etats s'eft toujours faite par Députés.

Les derniers Etats généraux qui ayent été affemblés, furent tenu à Paris depuis le 1. Décembre 1626, jufqu'au 3. Février 1627 ; le Duc d'Orléans y préfida ; le Roi y appella les premiers Préfidens & Procureurs généraux des Cours fouveraines, les premiers Préfidens & Procureurs généraux des Chambres des Comptes & Cours des Aydes de Paris & de Rouen, le Lieutenant Civil & le Prévôt des Marchands de Paris ; il y manda auffi plufieurs Prélats & Gentilshommes qualifiés choifis dans la Cour, & nomma un Greffier de l'affemblée. Ce fut fur les remontrances de cette affemblée que fut faite l'Ordonnance publiée en 1629, appellée le Code Michaud, à caufe de Michel de Marillac, Garde des Sceaux, auteur de cette Ordonnance.

III°. Que ces affemblées ne fe tiennent plus à préfent ; car les Rois qui étoient les feuls Maîtres de les convoquer, les ont infenfiblement abolies, en ne les convoquant point.

ASSEMBLÉES ORDINAIRES DES ETATS, étoient anciennement des affemblées des Etats, qui fe tenoient reguliérement chaque année, dans lefquels fe traitoient les affaires les plus importantes de l'état. On y faifoit auffi des Loix qui étoient appellées Capitulaires, comme nous l'avons dit *verbo* Capitulaires.

Les Rois de la premiere race tenoient tous les ans ces affemblées le premier jour de Mars. Pepin en changea le jour au premier Mai. Depuis ce jour' de cette affemblée fut incertain, quoique l'affemblée fe tint réguliérement chaque année.

Vers le dixieme fiecle, ces affemblées devinrent impraticables à caufe des troubles que cauferent les Ducs & les Comptes, par les entreprifes qu'ils firent pour ufurper une partie des droits de la fouveraineté ; c'eft pourquoi ces affemblées ont depuis ce tems-là ceffé d'être en ufage, & n'ont point été rétablies après que ces troubles ont été appaifés.

ASSEMBLÉES DES ETATS D'UNE PROVINCE, font des affemblées qui fe tiennent pour le bien & les affaires d'une Province, en vertu d'un mandement du Roi.

C'eft au Procureur du Roi à préfenter les lettres, & à faire la propofition en l'affemblée de la Province convoquée pour la nomination des Députés aux Etats, fauf aux Avocats du Roi de faire telles remontrances qu'ils aviferont, après le ferment des convoqués.

Ces fortes d'affemblées ne fe tiennent que dans les pays d'Etats, qui font la Bretagne, la Provence, le Languedoc, le Rouffillon, les deux Bourgognes, les trois Evêchés, l'Alface, l'Artois, la Flandre, le Hainaut & la Lorraine.

ASSEMBLÉES DU CLERGE'. *V.* Clergé.

ASSEMBLÉES GENERALES D'HABITANS, font des affemblées générales des habitans des Villes, faites pour affaires publiques, fur mandement du Roi & de l'Ordonnance du Baillif, Sénéchal, ou leurs Lieutenans, qui ont droit d'y préfider ; & en leur abfence, leurs Prévôts y préfident.

Il faut remarquer à ce fujet, I°. Qu'aux affemblées qui fe font fur le fait des tailles, les Juges ordinaires n'y peuvent affifter que comme tous autres Particuliers taillables.

II°. Qu'aux affemblées de Communauté, on ne doit appeller que les plus forts en cotte, afin d'empêcher la confufion, & que les pauvres & les moins intéreffés ne l'emportent deffus les plus notables.

Les affemblées d'habitans doivent être faites un jour de dimanche, iffue de la Meffe paroiffiale, & préalablement indiqué au Prône ; elles ne peuvent être faites fans la participation du Syndic. *V.* la Déclaration du 2. Août 1687. & les Communautés ne peuvent, en vertus des délibérations prifes dans ces affemblées, intenter aucune action qu'ils n'y foient autorifées par une Ordonnance du Commiffaire départi en la Province, fuivant l'Edit du mois d'Avril 1683 & ladite Déclaration.

ASSEMBLÉES DU PARLEMENT, font des affemblées de tout le Corps, compofées de toutes les Chambres des Enquêtes, des Requêtes, qui fe trouvent en la Grand'Chambre pour quelque fait important, ou qui intéreffe toute la Compagnie, comme quand il faut vérifier un Edit, ou recevoir un Confeiller.

ASSEMBLÉES ILLICITES, font des affemblées qui fe tiennent en contravention des Réglemens de Police, qui attaquent précifement l'autorité du Roi, & ne peuvent fervir qu'à troubler le repos public, en ce qu'elles font ordinairement fuivies d'émotions populaires.

Ce crime eft un cas royal, dont les Baillifs, Sénéchaux & Juges Préfidiaux connoiffent privativement aux Juges royaux, & à ceux des Seigneurs.

Quand il y a port d'armes, les Prévôts des Maréchaux, les Lieutenans criminels de Robe-courte, les Vice-Baillifs & Vice-Sénéchaux en connoiffent en dernier reffort ; mais la connoiffance ne leur en eft attribuée, que quand ces affemblées illicites avec port d'armes ont été faites hors des Villes de leur réfidence.

ASSENER. La Coutume d'Auvergne fe fert de ce terme au chapitre 21. article 6 & au chap. 22. art. 2. pour exprimer la main-mife, & l'exploit do-
manier

manier du Seigneur direct ou cenfuel, quand il assigne & met sa main sur les héritages qui doivent le cens.

ASSENS. La Coutume de Bretagne s'est servie de ce terme dans l'art. 255. pour signifier l'émolument qui provient des forêts & bois de haute futaie, comme les pasnages & glandées.

ASSEOIR, signifie assigner une rente sur des immeubles, qu'on affecte & hypothéque à cet effet.

Ce terme signifie aussi régler & appofer les tailles & autres droits du Roi, sur ceux qui y sont obligés, pour la part & portion qui s'en doit lever sur chacun.

ASSEOIR LES VENTES, en fait d'Eaux & Forêts, signifie désigner le canton où est le bois qui doit être vendu.

ASSESSEUR, est un Gradué, lequel sert de conseil à un juge & principalement à un Juge d'Epée dans la Maréchaussée, dans les Bailliages & Sénéchaussées, & dans les Elections, il y a des Lieutenans assesseurs.

Les Assesseurs sont exempts de tailles, subsides & contributions; & ils ont les mêmes priviléges que les autres Juges qui composent la Jurisdiction dans laquelle ils sont établis Assesseurs.

Autrefois tous les Conseillers étoient Assesseurs; nom qui leur étoit donné, parce qu'ils étoient établis pour assister de leurs conseils les Magistrats dans les Jugemens qu'ils devoient rendre, comme nous avons dit verbo Conseiller.

Aujourd'hui le nom d'Assesseur n'est donné qu'au premier Conseiller d'une Jurisdiction, établi particuliérement pour y faire toutes les fonctions du premier Juge en son absence; il a séance immédiatement après lui, & il l'accompagne dans toutes les Audiences, & à la Chambre du Conseil. Itaque est Judex primariæ dignitatis comes.

De ce que nous venons de dire, il s'enfuit qu'il y a beaucoup de différence entre les assesseurs qui font établis en France dans quelques Jurisdictions, & les Assesseurs qui étoient préposés à Rome pour assister de leurs conseils les Magistrats, tant de la Ville que des Provinces, dans les Jugemens & autres actes de Justice qui requierent une parfaite intelligence des Loix.

Comme la plûpart des Magistrats de l'Empire Romain étoient plus versés dans l'art militaire, que dans la science du Droit, on leur donnoit des Jurisconfultes qui les assistoient de leurs avis, mais qui n'avoient aucune Jurisdiction, & qui étoient responsables des avis qu'ils donnoient aux Magistrats.

Il est traité de ces Assesseurs au dernier titre du premier livre du Digeste, & au titre 51 du premier livre du Code, & enfin dans la Novelle 60. de Justinien.

A l'égard des Assesseurs qui sont établis dans ce Royaume, les Édits & Déclarations qui le concernent sont rapportés dans le Dictionnaire de M. Brillon, verbo Assesseurs.

Il est aussi parlé de ces Assesseurs & de leurs fonctions dans Henrys, tome I. liv. 2. ch. 4. quest. 22 & 13.

Tome I.

ASSIETE DE RENTE, n'est que l'assignat que le débiteur fait d'un héritage sur lequel cette rente doit être payée. Ainsi c'est mal-à-propos que quelques-uns ont mis de la différence entre assignat & assiette de rente.

ASSIETTE EN FAIT DE TAILLES, est le département des tailles & autres impositions, pour régler ce que chaque Communauté ou chaque habitant en doit payer; ce qui se fait par les Collecteurs des tailles.

L'assiette des tailles dans chaque Généralité s'arrête & se regle par l'Intendant, sur le mémoire qui lui est présenté par les Collecteurs des tailles. V. Lettres d'assiette.

ASSIETTE EN TERMES DES EAUX ET FORÊTS. On dit faire l'assiette des ventes, quand les Officiers vont marquer aux marchands les bois dont on leur a vendu la coupe.

ASSIGNAT, est une destination particuliére d'un héritage au payement annuel d'une rente.

Ainsi, rentes par assignats, sont rentes constituées à prix d'argent, quand le vendeur d'icelles, au lieu de donner un hypothéque sur certains héritages qu'il posséde, déclare qu'il vend, & constitue & assigne la rente, pour être prise & perçue annuellement sur l'héritage, & que l'acquéreur d'icelle la prendra & percevra par les mains du Fermier ou Receveur de la terre.

Dans ce cas l'assignat est démonstratif, n'étant indiqué que pour la sûreté du payement de la rente: ainsi le débiteur qui s'est obligé personnellement au payement de cette rente, n'en est pas déchargé par le déguerpissement de l'héritage.

La raison est, que l'assignat des rentes constituées à prix d'argent, n'emporte point translation de propriété des héritages sur lesquels elles sont assises. L'intention des Parties n'est que d'indiquer au créancier un fonds, sur le revenu duquel il pourra aisément se faire payer de ses arrérages; mais cela ne diminue point l'obligation personnelle dont il est tenu pour raison de lad. rente, ni l'hypothéque qu'a pour raison d'icelle le créancier sur tous ses autres biens.

Mais si un testateur léguoit à quelqu'un une certaine somme à prendre tous les ans sur les revenus d'un tel héritage, l'assignat seroit en ce cas limitatif, & l'héritier pourroit se décharger de cette rente, en abandonnant l'héritage pour le legs, par la raison qu'il paroît que l'intention du testateur n'a pas été de charger son héritier au-delà du revenu de cet héritage.

De ce que nous venons de dire, il s'enfuit que l'assignat est quelquefois démonstratif, & quelquefois limitatif.

V. Brodeau sur M. Louet, let. R, somm. 44; & le Glossaire, verbo Assignat; & ce que j'ai dit sur l'art. 99. de la Coutume de Paris, glose 2. V. aussi Loyseau, de la distinction des Rentes, l: 1. ch. 8 & 9; le Bourg en son Traité des successions, l. 2. ch. 2. sect. 1. nomb. 86. & suivans; & Ricard, part. 3. nomb. 331, & suivans.

ASSIGNAT, se dit encore d'une déclaration d'emploi fait par un mari sur ses propres, pour les deniers dotaux de fa femme ; & telle déclaration ne doit aucuns droits feigneuriaux.

Touchant l'effet de ces Affignats, *Voyez* Coquille. tom. 2. queft. 112. qui tient que le mari ayant affigné les deniers dotaux fur fon héritage , & fa femme acceptant enfuite la communauté , les héritiers du mari doivent prendre fur les biens de la communauté la moitié de la dot.

ASSIGNATION, Exploit. *Voyez* Adjournement.

ASSIGNATION EN GARANTIE. *Voyez* Garant.

ASSIGNATION EN RETRAIT. *Voyez* Retrait.

ASSIGNATION EN RENVOI. *Voyez* Renvoi. *Voyez* Committimus.

ASSIGNATION EN DÉCLARATION D'HYPOTHÉQUE. *Voyez* Hypothéque.

ASSIGNATION EN COMPLAINTE. *Voyez* Complainte.

ASSIGNATION POUR PROPOSER DES MOYENS DE NULLITÉ , eft une affignation qui fe donne par le pourfuivant criées à la Partie faifie, à l'effet, de propofer fes moyens de nullité contre les exploits de commandement , faifie réelle, & établiffement de Commiffaire, fignification d'icelle faifie , appofition d'affiches avec pannonceaux royaux , fignification de ladite appofition, procès verbal de quatre criées & quatorzaines, certifications d'icelles, & Sentence de rapport ; à l'effet qu'au cas que la Partie faifie n'ait aucuns moyens de nullité , il foit paffé outre à l'adjudication de la maifon ou autre immeuble faifi réellement.

Cette affignation doit être donnée à la Partie faifie, & être recordée, ainfi qu'il eft porté en l'article 359 de la Coutume de Paris. *Voyez* ce que j'ai dit fur cet article.

Si en conféquence de cette affignation la Partie faifie produit des moyens de nullité valables en la forme ou au fond , les criées font déclarées nulles & le faififfant eft condamné aux dommages & intérêts. Si au contraire il n'en propofe aucuns, ou que ceux qui propofe ne foient pas admiffibles, le Juge délivre un congé d'adjuger. *Voyez* Congé d'adjuger.

ASSIGNATION, en terme de Finance , eft un ordre ou mandement qui s'expédie au Tréfor royal, pour recevoir une fomme affignée fur un certain fonds.

Il y en a qui fe donnent fur la Douane, d'autres fur les tailles , d'autres fur la Capitation, & d'autres fur les Fermes & autres fonds royaux.

ASSIGNER, c'eft ajourner ou fommer quelqu'un de comparoir devant un Juge ou un Commiffaire, pour défendre à une demande , ou faire quelque acte judiciaire.

ASSIGNER POUR ESTRE OUI. *Voyez* Décret d'affigné pour être oui.

ASSISE, eft un droit que les Seigneurs levent en quelques Provinces fur les chevaux & autres bêtes fervant au labourage. Ce droit eft auffi appellé en quelques lieux Droit de tirage.

On appelle auffi affife la féance extraordinaire que tiennent les Seigneurs des Fiefs, pour fe faire rendre par leurs Vaffaux leurs hommages , aveux & dénombremens, & droits feigneuriaux, auxquels ils font obligés.

ASSISES , font des affemblées extraordinaires qui concernent le fait de la juftice, que les Juges tiennent dans les lieux de leur reffort. Sur quoi voyez le Gloffaire du Droit François , *verbo* Affifes ; & le Dictionnaire de Ducange, aux mots *Affifa* & *Affifia*.

On diftinguoit autrefois deux fortes d'affemblées de Juftice ; les ordinaires, que l'on appelloit *Plaids*, & les extraordinaires, que l'on appelloit *Affifes*. Ces dernieres jugeoient autrefois en dernier reffort, & l'on y connoiffoit des Sentences des Juges ordinaires.

Leur Jurifdiction a été depuis à cet égard attribuée aux Parlemens, & l'on a confervé le nom d'affifes aux Audiences que les Baillifs & Sénéchaux vont tenir dans les Siéges royaux de leur dépendance.

Ils y font affigner tous les Juges de leur reffort, tant royaux que des Seigneurs, pour y entendre la lecture des Ordonnances, écouter les plaintes des Sujets contre les Juges & Officiers de Juftice, corriger les abus , condamner par amende ceux qui font en faute , juger & expédier pendant leur féances les caufes, tant civiles que criminelles , qui font pendantes & en état de juger dans ces Juftices fubalternes.

Par l'article 16. de l'Ordonnance de 1540 , on y doit commencer par l'expédition des procès criminels, avant que de venir à la difcuffion des affaires civiles. La même Ordonnance, art. 51 , défend aux Baillifs & Sénéchaux d'emporter après la tenue des affifes aucun procès pendant aux Jurifdictions inférieures.

Dans le Recueil des nouveaux Réglemens pour l'adminiftration de la Juftice, il y a un Arrêt du Parlement, en date du 10 Juillet 1665, qui, en l'art. 25 , enjoint à tous Officiers des Baillages , Sénéchauffées, Préfidiaux, & autres qui ont droit d'affifes, de les tenir dans les tems portés par les Coutumes, l'ufage & les Arrêts de la Cour ; & durant lefdites affifes, d'expédier toutes caufes fommaires gratuitement & fans frais : enjoint au Subftitut du Procureur général d'y tenir la main.

Le haut Jufticier ne peut tenir fes affifes quand le Juge royal tient les fiennes.

Bafnage, fur l'art. 16. du tit. de la Jurifdiction de la Coutume de Normandie, rapporte des Arrêts qui font défenfes à tous Juges inférieurs de tenir leur Jurifdiction pendant les affifes du Juge royal, quand elles font enclavées dans fon territoire.

Bouvot, dans fon Commentaire fur l'art. 1. de la Coutume de Bourgogne, témoigne que la même chofe fe pratique dans le Parlement de Dijon.

Autrefois les affifes fe tenoient très-fouvent , & l'on y connoiffoit de toutes fortes d'affaires : aujourd'hui elles fe tiennent très-rarement, & leur pouvoir eft défini par l'ufage & la pratique des lieux. En quelques endroits, ce ne font que des féances marquées de tems en tems, qui fe tiennent par les Baillifs & Sénéchaux, pour y paffer de certains actes folemnels, comme les criées pour les décrets, les adjudications, &c.

Comme les affifes ne durent que très-peu de jours & que les délais ordinaires (fi l'on étoit toujours obligé de les obferver) empêcheroient que quantité d'affaires ne puffent être jugées dans ces affemblées, qui fe doivent tenir pour expédier & abréger les procès ; ceux qui les tiennent, demandant quelquefois à Sa Majefté une difpenfe de l'obfervation des délais requis par l'Ordonnance, pour les affaires qui s'y doivent juger.

Les Officiers du Bailliage du Siége préfidial de Sens, & le Bailli de Meaux, ont été difpenfés des délais requis par l'Ordonnance de 1667. pendant le tems des affifes, par deux Arrêts du Confeil d'Etat des 25 Juin & 23 Juillet 1668, rapportés dans le Recueil des Arrêts donnés en interprétation des nouvelles Ordonnances de Sa Majefté, pag. 14. & fuivantes.

Touchant les affifes, *Voyez* le Dictionnaire de Trévoux, & la Déclaration du Roi de 1685.

A S S I S T A N C E. Droit d'affiftance, eft un droit qui eft dû aux Procureurs qui affiftent à la taxe des dépens ; favoir, au Procureur du demandeur en taxe, au Procureur du défendeur, & au Procureur tiers. Ces frais fe doivent avancer par le demandeur en taxe, mais il les repete du défendeur en taxe par fon exécutoire.

A S S I S T A N C E, fe dit auffi d'un Confeil que l'on prend pour affifter aux actes judiciaires, comme de tutelle, curatelle, caution, reprifes.

A S S I S T A N C E, enfin fignifie l'aide des Officiers publics, prépofés pour prêter main-forte dans l'occafion.

A S S O C I A T I O N, eft une convention d'avoir en commun, entre plufieurs que l'on nomme perfonniers, tous les meubles & toutes les acquifitions qui feront faites par chacun durant leur fociété.

Ces communautés ne font point préfumées par un confentement tacite ; il faut qu'elles foient par écrit, & ce n'eft entre freres.

Il y a un Maître de toute la fociété ou communauté qui gouverne toutes les affaires, & qui oblige tous les autres affociés.

Ces communautés durent entre les enfans après la mort des peres, jufqu'à ce qu'il y ait inventaire ou partage ; & dès le moment que l'un des affociés a demandé fa part, la communauté ceffe à l'égard de tous les autres.

Ces affociations étoient autrefois très-fréquentes & très-utiles ; mais elles ne font pas aujourd'hui fort en ufage.

Il y a néanmoins quelques Coutumes qui les admettent de plein droit fans ftipulation, eu égard à certaines circonftances qui emportent l'affociation : telles font les Coutumes de Nivernois, de Chartre, Dreux & Poitou ; mais ces Coutumes les admettent diverfement.

Voyez Convenances de fuccéder, appofées en contrat d'affociation. *Voyez* auffi le tit. 22. de la Coutume de Nivernois, & le Commentaire de Coquille.

A S S O C I É S, font ceux qui font joints d'in-térêts, à caufe d'une fociété qu'ils ont contractée enfemble pour raifon feulement des affaires de la fociété. *Voyez* Société. *Voyez* auffi ce qui en eft dit dans le Dictionnaire économique, *verbo* Amitié, & *verbo* Affociés.

A S S U R A N C E, OU POLICE D'ASSURANCE, eft un contrat par lequel on s'oblige de reparer les dommages & pertes qui pourront arriver par cas fortuit à un vaiffeau ou à fon chargement, moyennant une certaine fomme qui eft donnée d'avance par le propriétaire à celui qui fait une telle promeffe.

Ainfi, par affurance on entend un contrat de gens de marine, qui promettent de rendre un homme ou fes marchandifes au lieu deftiné, moyennant le convenu ; finon, payer les marchandifes, ou des fommes notables aux héritiers, & c'eft en cela que ce contrat différe du contrat de groffe avanture, qui fe fait à condition que fi le vaiffeau vient à perir, la dette fera perdue ; comme je l'ai dit *verbo* Groffe avanture.

Voyez le Guidon des Marchands fur mer, ou Traité des contrats maritimes. *Voyez* auffi l'art. 6. du tit. 3. de l'Ordonnance pour la Marine ; l'Edit du mois de Mai 1686. qui eft dans le fecond tom. de Bornier, qui porte création & réglement d'une Compagnie générale pour les affurances & groffes avantures de France, en la Ville de Paris, enfemble l'acte de fociété fait en conféquence par les perfonnes nommées par Sa Majefté ; enfuite de quoi eft un Arrêt du Confeil d'Etat du 6. Juin audit an, rendu à ce fujet.

A S S U R E M E N T, eft un ancien mot qui fignifie en général fauve-garde, protection & affurance. Mais ce terme eft employé dans quelques-unes de nos Coutumes pour fignifier un acte de haute Juftice, qui ne fe donne qu'en connoiffance de caufe à celui qui appréhende d'être maltraité ou offenfé par quelqu'un.

M. de Perchambault, fur la Coutume de Bretagne, tit. 2. des Droits du Prince, dit-que fauve-garde eft une protection particuliere que l'on promet à ceux qui craignent quelque violence, & une affurance que l'on donne de ne leur faire aucun mal, foit en leurs perfonnes, foit en leurs biens, & dont l'effet eft de punir féverément ceux qui n'y ont point d'égard.

Les affuremens fe font introduits dans les tems malheureux, où les guerres privées & les combats de Particulier à Particulier étoient tolerés, pour mettre les foibles à couvert de l'oppreffion des furieux.

On s'adreffoit ordinairement au Prince, à qui l'on demandoit d'être mis en fauve-garde. Mais on a depuis eu recours aux Juges pour obtenir cette protection contre la violence des furieux, & on a donné le nom d'affurement à cette efpéce de protection.

Nous avons quantité de Coutumes qui traitent des affuremens & fauve-garde, comme Melun, art. 4. Troyes, art. 124 & 125. Sens, art. 9. art. 170 & fuiv. Chaumont, art. 100. Auxerre, art. 12. Nivernois, tit. 1. art. 15. Poitou, article 16.

& plufieurs autres remarquées par Guefnois en fa Conférence des Coutumes.

L'affurement eft à peu près la même chofe que la fauve-garde. *Voyez* la Conférence des Coutumes, part. 1. pag. 127. où la différence entre l'affurement & la fauve-garde eft expliquée.

L'affurement fe donne auffi quelquefois fauf-conduit, mais improprement, comme en l'art. 100. de la Coutume de Chaumont en Baffigni.

L'affurement fe fait par une promeffe avec ferment, que fait devant le Juge une perfonne, de ne point nuire & de ne point méfaire à un autre, foit en fa perfonne ou en fes biens. Le Juge donne acte de ce ferment; & quand il eft enfreint, celui qui l'a violé eft puni grièvement, & même quelquefois de peine capitale.

On tient que l'action de la perfonne affurée, ou mife en fauve-garde, fe preferit, comme les autres actions, par trente ans. Quelques-uns veulent qu'elle foit perpétuelle; mais comme il ne feroit pas jufte de la faire paffer contre les héritiers de l'affureur, quoique dans les familles fouvent les haines foient héréditaires, elle s'éteint par la mort de celui qui a donné l'affurement.

Quoiqu'il en foit, je croirois que cela dépend des circonftances de l'affaire, & que n'y ayant point de Loi précife touchant la prefeription de cette action, elle doit être à l'arbitrage du Juge.

Par Arrêt du 28 Mai 1518, la Cour, en infirmant une Sentence du Bailli de Sens, a renvoyé au Juge de la Comteffe de Tonnerre deux de fes Sujets ajournés pour donner affurement.

Plufieurs tiennent qu'il n'eft point aujourd'hui néceffaire d'information de la part de celui qui demande fauve-garde; & que celui qui veut être affuré, commence par faire affigner celui contre lequel il demande l'affurement & fauve-garde; & qu'il affirme par ferment de lui pris à l'Audience par le Juge, qu'il a fujet légitime de craindre les effets des menaces qui lui ont été faites par la perfonne contre laquelle il demande l'affurement; & qu'après le ferment fait, le Juge en donne acte, & le prend en affurement & fauve-garde.

Un tel Jugement fe peut rendre lorfque la Partie affignée ne comparoit pas; fon filence le fait même préfumer agreffeur; & s'il arrivoit que le demandeur par la fuite maltraité en fa perfonne ou en fes biens, il y auroit une grande préfomption contre celui contre lequel l'affurement auroit été ainfi donné.

En effet, fi celui qui eft affigné n'a point de mauvaife intention, il ne doit point trouver extraordinaire qu'on lui demande une affurance qui ne le bleffe en rien, & qui n'eft en ce cas qu'une fimple formalité & une déclaration qu'il ne veut point nuire à fa Partie. *Voyez* l'art. 100. de la Coutume de Chaumont en Baffigny, & l'art. 167. de la Coutume du Maine.

Celui qui refufe de donner affurement, s'avoue en quelque façon coupable, ou du moins il fait connoître qu'il a une haine intérieure & un deffein formé de nuire à celui auquel il refufe affurement. C'eft pourquoi il eft jufte que fi le demandeur fe trouve dans la fuite maltraité ou injurié, le défendeur puiffe être pourfuivi & condamné, à moins qu'il ne rapporte une excufe légitime, & qu'il ne prouve un *alibi*.

Ceux qui ont enfreint les affuremens & fauvegarde, s'il arrive que la perfonne mife en affurement, fes enfans ou gens de fa famille, ayent été frappés & battus indûement, & que l'on prouve que le mauvais traitement provienne de celui qui a donné l'affurement ou de fa part; les coupables doivent être punis de peine afflictive, & même de mort, fuivant la qualité de l'outrage qui aura été fait.

Suivant ce que nous avons dit ci-deffus, il n'eft pas néceffaire qu'il y ait une information préalable de l'injure faite au demandeur en affurement: il fuffit qu'il affirme fon fujet de crainte, pour que le défenfeur foit tenu de lui donner affurement; mais cette maxime ceffe dans quelques cas.

I°. L'affurement ne fe donne point aux Sujets contre leur Seigneur, *nifi caufâ cognitâ*, fuivant l'art. 175. de la Coutume de Sens: enforte que pour que le Vaffal ou Sujet puiffe obtenir affurement contre fon Seigneur, il doit prouver les menaces ou voies de fait par une information, & il n'en feroit point cru à fa fimple affirmation, comme il a été jugé par plufieurs Arrêts. *V.* Dumoulin fur l'art. 58. de la Coutume de Bourbonnois; & Rageau fur la Coutume de Berry, tit. 2. art. 20.

II°. L'affurement ne fe donne point fans information précédente, à un Religieux contre fon Abbé, à un Prêtre ou Clerc contre fon Evêque, à un Paroiffien contre fon Curé, à une femme contre fon mari, & à tous inférieurs contre leurs fupérieurs. *Voyez* la Conférence de Guefnois, liv. 1. tit. 22. de l'Ordre judiciaire ès matières civiles.

Le même Auteur rapporte un Arrêt du 3. Avril 1372, par lequel il a été jugé qu'un Magiftrat n'eft point tenu de donner affurement à celui qui le requiert contre lui; & que le plaignant ou demandeur en affurement doit fe pourvoir au Parlement, & là expliquer fes foupçons & fes craintes; & que la Cour, fi le cas y échoit, doit faire défenfe au Magiftrat de méfaire ni médire au demandeur, qu'elle prend en la fauve-garde du Roi.

La voie des affuremens étoit autrefois fort en ufage dans les tems malheureux, où les Gentilshommes s'étoient érigés en Souverains, & avoient la liberté de fe faire la guerre; ce qui a donné lieu aux cartels & aux duels.

Mais à préfent que ces licences effrenées ont été proferites & condamnées par les Edits du mois de Mars 1613. de Décembre 1626. de Juin 1643. de Septembre 1651 & 1679, il n'y a plus d'affuremens.

Il ne refte donc plus à préfent que la voie de fe mettre fous la protection & fauve-garde du Roi & de la Juftice, lorfque l'on craint quelques voies de fait, menaces & injures de la part de quelqu'un avec lequel on eft en conteftation.

On obtient à cet effet des Lettres de fauve-garde en Chancellerie; ou bien on préfente une Requête au Juge royal, qui ordonne qu'elle fera fignifiée ; & cependant fait défenfes de méfaire à l'expofant , fous les peines portées par les Ordonnances royaux.

Voyez Loyfel , tit. 2. régle 49. avec les Notes de M. Lauriere , & ce que j'ai dit *verbo* fauve-garde ; & Bacquet , des Droits de Juftice , ch. 7. n. 32.

ASSUREURS , en fait de marine , font ceux qui fe chargent de reparer les pertes & dommages qui arriveront à un vaiffeau ou à fon chargement par cas fortuit , & non par le dol ou la faute des Maîtres & Mariniers , fi par la police d'affurance il n'en eft convenu.

ASSURÉ , eft le propriétaire du vaiffeau ou du chargement fur lefquels l'affurance eft faite.

L'affuré peut faire abandon de la chofe affurée , & intenter fon action pour le prix de l'affurance , quand on ne fçait ce que le navire eft devenu. *Voyez* Affurance.

AT

ATERMOYEMENT , fignifie terme ou délai accordé à un débiteur pour payer fes créanciers ; ce qui fe fait par un contrat paffé à l'amiable entre le débiteur & fes créanciers.

Ce contrat contient pour l'ordinaire quelque remife , & des délais de payer.

L'atermoyement & remife de la partie de la dette , accordé par la pluralité des créanciers , n'oblige que ceux qui ont été appellés à la délibération. Ainfi ceux qui n'y ont pas été appellés , ne font pas obligés de la fuivre.

Voici quelques obfervations à faire fur le contrat d'atermoyement.

La premiere eft qu'un débiteur ne peut pas obliger d'entrer dans un contrat d'atermoyement les créanciers privilegiés , contre lefquels les Lettres de répi ne pourroient pas avoir d'effet. *Voyez* l'art. 11. du tit. 6. de l'Ordonnance de 1669.

La deuxiéme , que les étrangers font exclus du bénéfice d'atermoyement ; mais que les Marchands forains peuvent y être admis , quoiqu'ils ne foient pas tous de fe foumettre à un contrat d'atermoyement paffé avec tous les créanciers.

La troifiéme , qu'il y a une différence entre la ceffion & l'atermoyement , en ce que celui qui a obtenu un atermoyement de fes créanciers, en leur payant le tiers , ne peut plus être par eux pourfuivi pour le furplus , après qu'il a rétabli fes affaires ; parce que l'on préfume que les créanciers qui n'ont point fait referve de leur action en paffant un tel contrat , en ont fait remife & don à leur débiteur.

La quatriéme , que le Juge & Confuls ne peuvent connoître de l'homologation des contrats d'atermoyement ; comme il a été jugé par Arrêt de la Cour le vingt-fept Mars 1702. rapporté par M. Augeard, tom. 1. chap. 32.

Au refte , il y a des Lettres que le Roi accorde aux débiteurs qui ont fait faillites non frauduleufes ; par lefquelles Sa Majefté leur accorde quelques délais pour payer leurs créanciers ; & ces Lettres font appellées Lettres de repi.

Touchant l'atermoyement & les Lettres de repi , voyez ci-après , Ceffion , Repi. Voyez auffi M.

le Prêtre , cent. 4. chap. 33. de l'Ordonnance de 1669. tit. 6. & celle de 1673. tit. 9.

ATTACHE. On appelle Lettres d'attache , des Lettres qui font jointes à d'autres pour les faire mettre à exécution. Il y en a de plufieurs fortes , dont nous allons donner l'explication.

Premièrement , il y a des Lettres de la Grande Chancellerie , qui font appellées lettres d'attache , que le Roi donne fur des Bulles du Pape , ou fur des Ordonnances d'un chef d'Ordre du Royaume , pour les mettre à exécution ; fans quoi elles n'ont aucun effet en France.

En fecond lieu , on appelle Lettres d'attache, les Lettres de *Pareatis* , qui s'obtiennent en Chancellerie , & qui contiennent une commiffion ou permiffion de mettre à exécution un Jugement dans l'étendue d'une autre Jurifdiction que celle où il a été rendu. *Voyez* Pareatis.

En troifiéme lieu , les Ordonnances que donne un Gouverneur de Province pour faire mettre à exécution les Ordres du Roi qui lui font préfentés, s'appellent auffi lettres d'attache.

Enfin, on appelle de ce nom les commiffions expédiées à la Chambre des Comptes ou ailleurs, pour exécution de quelques Ordonnances ou Arrêts.

ATTENTAT, fignifie une entreprife qui eft faite contre l'autorité du Roi, ou contre la Juftice.

Ainfi, par attentat l'on entend tout excès, mauvais traitement, que l'on fait au préjudice de quelqu'un , foit que le crime ait été achevé , ou nom.

Un fimple attentat, quoique non fuivi d'une entiere exécution , eft quelquefois puni de mort.

Voyez Mornac , *ad leg.* 1. *ff. quod quifque juris in alium ftat. & leg.* 5. *cod. de Epifcop. & Cler. & leg.* 20. *cod. de furt. & ferv. corrupt. Voyez* auffi l'Ordonnance de Blois , art. 195. & l'Ordonnance criminelle de 1670. tit. 16. art. 4.

On appelle auffi attentat tout ce qui eft fait après l'appel interjetté d'une Sentence au préjudice d'icelui , lorfque cette Sentence n'eft pas exécutoire nonobftant l'appel. Ainfi il n'y a point d'attentat lorfqu'on exécute une Sentence qui eft exécutoire nonobftant l'appel. Theveneau , liv. 6. tit. 5. art. 25. & tit. 6. art. 1.

Il n'y a pas non plus d'attentat , lorfque nonobftant l'appel on procéde en vertu d'une Sentence interlocutoire , dont l'exécution eft reparable en définitif. Automne , *ad leg. ante ff. de appell. recept.*

La caffation par attentat doit être demandée avant la conclufion ; finon il eft couvert. Theveneau , liv. 6. tit. 5. art. 25.

Quand il s'agit d'une caffation par attentat , les conclufions des Gens du Roi font néceffaires , & le Procureur & la Partie doivent être condamnés à l'amende , faute par eux d'établir l'attentat. Ordonnance de 1453. Guenois , liv. 7. tit. 8. §. 10. pag. 749.

ATTÉNUATION. *Voyez* ci-après Défenfes par atténuation.

ATTERISSEMENT , eft le canal & le lit que la riviere a quitté ; & alors les fonds que la riviere navigable ou non , a tout d'un coup abandonné, appartiennent aux propriétaires des héritages voifins, fuivant la difpofition des Loix Romaines.

Mais cela n'eft pas admis parmi nous ; car ce n'eft point par la difpofition de ces loix, que les droits du Roi fur les rivieres navigables & fur la propriété de leur ancien lit, doivent être réglés, mais fur des maximes & des loix très-différentes.

Comme en France les grands fleuves & les rivieres publiques & navigables appartiennent en pleine propriété au Roi, par le feul titre de fa fouveraineté, tout ce qui fe trouve renfermé dans leur lit, & les attériffemens qu'elles font, appartiennent au Roi, & perfonne n'y peut prétendre aucun droit fans un titre exprès & une poffeffion légitime. V. ce que j'ai dit fur le §. 23. du fecond livre des Inftitutes.

Il a même été jugé par Arrêt du Confeil d'Etat du Roi, que lorfqu'un terrein a été inondé, & qu'il a fait partie d'une riviere navigable pendant plus de dix ans, il appartient à fa Majefté lorfque l'eau vient à fe retirer, fans que ceux qui prétendent avoir été propriétaires avant l'inondation, puiffent alléguer que *la motte ferme*, qui n'a point été inondée, leur a confervé la propriété de ce qui a été inondé pendant plus de dix ans.

Cet Arrêt a été rendu le 10. Février 1728. & eft rapporté dans le quatrieme tome de la fuite du Recueil des Edits, Ordonnances, Déclarations, Lettres patentes, Arrêts & Réglemens concernans les Domaines du Roi. *Voyez* ce que je dis *verbo*, Motte ferme.

Il n'en eft pas de même des attériffemens qui fe font dans les rivieres non navigables ; car comme ces rivieres appartiennent à des Seigneurs hauts-jufticiers ou autres, les attériffemens qui s'y font, appartiennent à ceux qui font propriétaires de ces rivieres.

Voyez l'Edit du mois d'Avril 1683. la Déclaration du mois d'Août 1689. & l'Edit du mois de Février 1710. *Voyez* auffi Bacquet, des Droits de Juftice, chap. 30.

ATTESTANT. Ce terme fignifie à Bordeaux un certificateur de caution.

La différence qu'il faut faire entre les cautions judiciaires & les atteftant, fe trouve dans M. Louet & fon Commentateur, l. F, fommaire 23. & dans M. le Prêtre, cent. 2. chap. 84.

Voyez auffi la Peyrere, lett. A, où il rapporte plufieurs Arrêts qui ont été rendus au fujet des atteftans.

ATTRIBUTIF, ne fe dit qu'à l'égard des droits & privileges qui font fpécialement accordés à une Jurifdiction, & c'eft dans ce fens qu'on dit que le fceau du Châtelet eft attributif de Jurifdiction, & pour dire que quand les contrats font paffés à Paris, & munis du fceau du Châtelet, on peut en conféquence faire affigner au Châtelet, pour l'exécution defd. contrats, ceux qui font d'une autre Jurifdiction.

Idem au Châtelet d'Orléans & de Montpellier, où le fcel eft auffi attributif de Jurifdiction.

ATTRIBUTION de JURISDICTION, eft l'attribution de la connoiffance de certaines affaires qui eft accordée à des certains Juges à l'exclufion de tous autres. *Voyez* Diftraction de Jurifdiction.

A V

AVAL, eft une foufcription mife au bas d'une Lettre de change ou Billet de change, par laquelle on promet en payer le contenu.

Ainfi, un aval eft proprement un cautionnement envers celui au profit duquel il eft fait, & envers celui au profit duquel il a paffé ou paffera fon ordre du contenu en une Lettre ou Billet de change, s'il eft payable à ordre.

Pour l'ordinaire, l'aval, qui fe met au dos d'une lettre de change ou billet, eft ainfi énoncé, *pour aval*, & au-deffous de ces mots, celui qui a fait l'aval, met fa fignature ; & par ce feul mot, *aval*, il s'oblige à la garantie de la lettre de change ou Billet, en cas qu'elle foit pas payée, parce que ce mot, *aval*, veut dire *faire valoir*.

Celui qui a fait la lettre de change ou billet, & celui qui a fait fon aval, font donc obligés folidairement à la garantie.

V. le Code Marchand, tit. 5. art. 33.

AVANCEMENT, fignifie anticipation, ou ce qui fe fait avant le tems.

Ainfi on appelle *avancement d'hoirie* tout ce qu'un afcendant donne par avance à fes enfans pour les établir en deduction de leur portion héréditaire, *in anteceffum futuræ fucceffionis*.

Me. Charles Dumoulin, fur l'art. 26. de la Coutume de Paris, dit que donner en avancement d'hoirie, eft, *quando pater (& idem de quolibet afcendente, refpectu defcendentis immediatè fuccefforis) dat aliquid filio, tamquam futuro fucceffori, ac contemplatione quod fperatur hæres, & in acceleritatem commodi futuræ fucceffionis, &c.*

Les enfans qui ont reçu de tels avancemens lorfqu'ils viennent à la fucceffion de ceux de qui ils les ont reçus, les doivent rapporter, ou moins prendre : ce qui a été ainfi établi pour conferver l'égalité entre les enfans.

Les donations faites en avancement d'hoirie ne font point fujettes à infinuation, & les droits Seigneuriaux ne font point dûs pour raifon de ces fortes de donations.

V. mon commentaire fur l'art. 278. de la Coutume de Paris.

AVANCES, fignifient des payemens que l'on fait avant le terme, ou des payemens que l'on fait pour une autre perfonne, & qu'on n'a pas encore reçu.

AVANT FAIRE DROIT. On appelle ainfi un Jugement interlocutoire. Ainfi on dit d'un tel Jugement, que l'affaire fur laquelle il eft intervenu, n'eft pas jugée définitivement, & qu'on n'a prononcé qu'un avant faire droit.

AVANTAGE, PRENDRE SON AVANTAGE, eft obtenir un Jugement par défaut contre fa Partie adverfe.

AVANTAGE, fe prend quelquefois pour ce qui eft donné en avancement d'hoirie.

AVANTAGES QUI SE FONT ENTRE CONJOINTS.

En pays coutumier, deux futurs conjoints peuvent s'avantager par leur contrat de mariage, *spe futurarum nuptiarum* ; mais depuis, à l'exception du don mutuel, ils ne le peuvent plus directement ni indirectement, soit entre-vifs, soit par testament, dans la coutume de Paris & plusieurs autres. On peut même dire que c'est le droit commun & général qui s'observe en pays coutumier.

Mais en pays de Droit écrit l'on suit à cet égard la disposition des Loix Romaines, qui permettent aux personnes mariées de s'avantager par toutes sortes de disposition à cause de mort.

A l'égard des dispositions entre-vifs, quoiqu'elles soient prohibées par les Loix Romaines entre conjoints, néanmoins celles qui se trouvent avoir été faites entre-vifs à l'un des conjoints par l'autre, se changeoient en donations à cause de mort, lorsqu'elles n'avoient point été révoquées par le donateur ; & elles devenoient valables par sa persévérance, lorsqu'il venoit à déceder avant le donataire.

Mais depuis la nouvelle Ordonnance de Donations du mois de Février 1731. suivant les art. 3. & 4. de ladite Ordonnance, les donations à cause de mort n'ont plus lieu dans le Royaume, si ce n'est quand elles sont faites par contrat de mariage ; & hors de ce cas elles ne peuvent valoir, à moins qu'elles ne soient revêtue des formalités des testamens ou codicilles.

V. ce que j'ai dit sur l'art. 282. de la Coutume de Paris.

AVANTAGES DIRECTS OU INDIRECTS, sont ceux qui se font directement ou indirectement à une personne inhabile ou prohibée.

On appelle avantage direct, une donation ou un legs fait directement & nommément à la personne prohibée.

On appelle avantage indirect, un don ou un legs fait à des personnes interposées, dans la vûe de les faire restituer à la personne prohibée en vertu d'un fidei commis tacite, ou en faisant du bien à la personne prohibée par d'autres voies indirectes & obliques.

Par exemple, la reconnoissance que fait un testateur, qu'il doit à la personne prohibée une somme d'argent, est réputée un avantage indirect, & ne sert de rien en Justice, s'il est pleinement justifiée de la dette.

Ce seroit aussi un avantage indirect & prohibé, si l'un des conjoints donnoit aux enfans de l'autre conjoint, provenans d'un autre mariage.

Il en est de même du remplacement que donneroit un mari à sa femme, s'il étoit plus fort que ce qui lui seroit véritablement dû.

Nonobstant l'art. 282. de la Coutume de Paris, qui défend tous avantages directs ou indirects entre conjoints, il leur est néanmoins loisible, conformément au Droit Romain, de disposer valablement par disposition de derniere volonté, au profit l'un de l'autre, des biens qu'ils ont dans le pays de Droit écrit. La raison est, qu'une Coutume ne peut pas étendre son empire au-delà de son territoire.

Les avantages indirects sont aussi défendu entre les enfans, que les pere & mere ne doivent pas avantager les uns plus que les autres. *Voyez* ce que j'ai dit sur l'article 303. de la Coutume de Paris.

AVANTAGES QUE L'ON PEUT FAIRE A LA PERSONNE QUE L'ON ÉPOUSE EN SECONDES NOCES, *Voyez* Secondes Nôces.

AVARIE, est le dommage arrivé, ou au vaisseau, ou aux marchandises de son chargement, & les dépenses extraordinaires & imprévues faites pendant le cours du voyage pour le navire, ou pour les marchandises de son chargément, ou pour les deux ensemble. *Voyez* le tit. 7. de l'Ordonnance de la Marine.

AUBAIN, c'est-à-dire étranger, ou celui qui est né dans un autre Royaume, *quasi alibi natus.*

Les étrangers étoient autrefois obligés de payer au Roi par chacun an, au jour de la S. Remy, douze deniers parisis, pour pouvoir demeurer en France ; & ce droit s'appelloit Chevage.

L'histoire nous fournit un exemple d'un pareil droit qui étoit en usage chez les Athéniens Les étrangers qui résidoient à Athénes, étoient obligés de payer un tribut par chacun an pour leur résidence.

Aujourd'hui les étrangers ne payent aucun tribut au Roi pour faire leur résidence dans ce Royaume : ils sont seulement incapables des effets civils, & sujets au droit d'Aubaine, s'ils n'ont obtenu du Roi des Lettres de naturalité ; mais ils sont toujours capables des effets du droit des Gens.

Les Aubains non naturalisés sont donc capables de toutes sortes d'actes & contrats entre-vifs ; de s'obliger par contrat & d'obliger ceux qui contractent avec eux ; faire & accepter des donations entre-vifs, soit que la donation soit faite entre étrangers, ou entre étrangers & regnicoles.

Ils ont la faculté d'acquérir & de posséder en France des immeubles, & d'en disposer entre vifs à leur volonté. Ils peuvent aussi contracter mariage, & faire toutes sortes de stipulations ordinaires de communauté, douaire, préciput, don mutuel à vie ou sans retour, & autres semblables ; mais ils ne pourroient pas jouir de certains droits & avantage que la Loi du lieu où le mariage est contracté donne aux regnicoles, telle qu'est la communauté de biens entre mari & femme, qui a lieu en pays coutumier, *vi solius consuetudinis, absque ullâ conventione.*

Les étrangers tant qu'ils demeurent en France sont sujets aux Loix du Royaume. S'ils y commettent des crimes, ils sont puni des mêmes peines que les sujets du Roi.

A l'égard de ceux qu'ils auroient commis avant que de venir en France, si le crime a été commencé en pays étranger, & a eu une suite dans le Royaume, comme il est arrivé à deux étrangers qui avoient volé des pierreries à Venise, & qui les avoient exposées en vente à Paris ; alors la justice de France peut en prendre connoissance, & punir les coupables.

Ainsi, par Arrêt du 13 Février 1671. rapporté

dans le journal des Audiences, tom. 3. chap. 18. deux Venitiens qui avoient volé à Venise une boëte de diamans, & étoient venus à Paris les expofer en vente, furent condamnés aux galéres pour neuf ans, quoiqu'ils euffent allégué le déclinatoire, & demandé qu'on les renvoyât à Venife pour leur être fait leur procès.

La raifon est, que tant qu'ils font en France, ils font fujets aux loix du Royaume, & peuvent y être pourfuivis & punis pour raifon des crimes qu'ils y commettent. Ainfi l'expofition des diamans faite par ces Venitiens en la Ville de Paris, étoit un crime fuffifant pour les y punir, & pour rendre inutile le déclinatoire qu'ils avoient propofé.

Mais fi le crime a été entiérement confommé en pays étranger, & qu'il n'ait eu aucune fuite en France, l'ufage univerfellement reçu dans tous les Etats eft qu'on ne punit point un étranger dans le pays où il s'eft retiré. On ne permet pas même à ceux qui pourfuivent la vengeance du crime d'y venir prendre le coupable, à moins que d'avoir la permiffion expreffe du Prince, qu'il n'accorde que quand l'étranger refugié eft reclamé par fon Souverain, comme criminel de léze-Majefté.

Ayrault, en fon traité de l'Ordre judiciaire & Matieres criminelles, liv. 1. 4. partie, nomb. 8. dit qu'un étranger, qui avoit commis en fon pays un crime contre un François, ayant été trouvé en France, y fut condamné, mais ce fut fur la raifon que le crime avoit été commis contre un fujet du Roi.

Les aubains non naturalifés ne jouiffent pas de certains droits & priviléges, qui ne font accordés qu'aux regnicoles. Ils ne peuvent poffeder aucunes Charges ni aucuns Bénéfices en France, fans avoir une difpenfe du Roi.

Mais comme ces difpenfes ne peuvent fervir que pour la Charge ou le Bénéfice pour lequel elles font accordées, la plûpart aiment mieux obtenir des Lettres de naturalité.

Ils ne font point reçus à plaider en France en demandant, qu'ils n'ayent auparavant donné caution bougeoife reftante en ce Royaume, de payer le jugé, c'eft-à-dire les fommes aufquelles ils pourroient être condamnés, tant en principal que dépens.

Cette caution peut leur être demandée, tant en première inftance qu'en caufe d'appel : & fi deux étrangers plaident enfemble, le défendeur ne la peut demander, qu'il ne l'offre refpectivement.

Ils ne font point reçus à faire ceffion des biens ni aux Lettres de répi, comme il a été jugé par plufieurs Arrêts rapportés par Mornac fur la Loi 28. au Digefte *ex quibus caufis majores*, & fur la Loi 11. au Code *ex quibus caufis infamia irrogatur.* L'article 2. du tit. 10. de l'Ordonnance de 1673. y eft précis.

Les regnicoles ne font pas fujets à la contrainte par corps pour dettes civiles, fi ce n'eft en certains cas, comme nous avons dit en parlant de la contrainte par corps. Il n'en eft pas de même des étran-

gers ; car la difficulté qu'il y auroit de s'en faire payer après qu'ils feroient retournés chez eux, a fait que dans toutes les Villes du Royaume, on peut, en vertu d'une Ordonnance du Juge du lieu où ils ont contracté quelques dettes, les faire arrêter, quoiqu'elles ne foient contractées par aucun écrit authentique ou privé.

Ils ne peuvent pas faire de donation à caufe de mort, ni de teftamens, ni aucune difpofition de derniere volonté. Ce qui eft fi vrai, qu'on n'auroit aucun égard aux legs pieux qu'ils feroient ; car l'Authentique *omnes Peregrini*, qui eft rapportée fous le titre du Code *Communia de legatis*, n'eft point obfervée en France.

Comme ils font incapables des effets civils, ils ne peuvent tefter, comme nous l'avons dit, ni recevoir par teftament, quoiqu'ils puiffent faire toutes fortes d'actes entre-vifs.

La raifon de la différence eft, que les contrats & les difpofitions entre-vifs font du Droit des Gens, qui eft commun à tous les hommes, fans diftinguer s'ils font citoyens ou étrangers ; au lieu que les teftamens & les difpofitions de derniere volonté dépendant abfolument du Droit civil, auquel les citoyens participent, & dont les étrangers font entiérement exclus.

Les étrangers font donc capables en France d'exercer tout ce qui eft du Droit des Gens, comme *vendere, emere, locare, conducere* ; mais ils font incapables de tout ce qui eft de Droit civil : *Itaque non habent teftamenti factionem, neque activam, neque paffivam,* qui n'appartient qu'aux regnicoles ou aux étrangers naturalifés.

Quoiqu'un aubain non naturalifé ne puiffe recevoir de legs, il faut excepter celui qui lui feroit fait d'une rente : car il en pourroit jouir pendant fa vie, à la charge de la paffer dans ce Royaume pour y confommer ce revenu. *Voyez* Rentes viageres.

Les étrangers n'ont point d'héritiers *ab inteftat*, parce qu'ils vivent à la vérité comme libres, mais ils meurent comme efclaves. Ainfi les biens qu'ils laiffent ici en mourant appartiennent au Roi, qui a bien voulu leur permettre d'en acquérir dans fon royaume.

Il faut excepter le cas où un étranger qui décéderoit en France, y laifferoit des enfans regnicoles nés en légitime mariage, lefquels lui fuccéderoient à l'exclufion du fifc.

Hors ce cas, le Roi exclut les parens, veuve, & haut Jufticier, de la fucceffion de l'aubain. Mais fi l'aubain eft naturalifé, fes parens regnicoles ou naturalifés lui fuccéderont ; après eux, la veuve lui fuccédera, à l'exclufion du Roi ; & après la veuve fuccédera le Roi, à l'exclufion du Seigneur hautjufticier, quoique l'on puiffe dire que les Lettres de naturalité ont remis l'étranger dans le Droit commun, en le faifant participant du Droit civil.

La raifon eft, que le Roi, par les Lettres qu'il accorde, ne préjudicie point à fon droit.

La fucceffion des aubains appartient donc au Roi, à l'exclufion des Seigneurs, nonobftant toutes Coutumes contraires, qui ne font fondées que fur l'ufurpation des Seigneurs hauts-jufticiers, & qui ne peuvent pas nuire aux droits du Roi, comme nous avons dit ailleurs.

M. d'Argou, dans fon Inftitution au Droit Fran-çois, liv. 1. chap. 11. remarque que le Roi donne ordinairement les fucceffions des aubains, & que c'eft l'un de Meffieurs les Secretaires d'Etat qui en expédie le brevet, qu'il faut faire enrégiftrer au Tréfor, pour enfuite prendre des Lettres patentes, & les faire enrégiftrer à la Chambre des Comptes ; mais que les Fermiers du domaine doivent avoir, en vertu de leur bail, toutes les aubaines qui n'excedent pas la valeur de deux mille liv. & le tiers de celles qui font au-deffus ; enforte néanmoins que la part des Fermiers foit au moins de deux mille livres, & le donataire du Roi ne profite que du furplus.

On met au rang des aubains les François établis dans un pays étranger avec leur famille, comme ayant renoncé à leur patrie : ce qui les rend incapables de fuccéder à leurs parens qui font dans le Royaume ; & leurs biens qui s'y trouvent au jour de leur décès, font fujets au droit d'aubaine, à l'exclufion de leurs enfans & autres parens étrangers.

Cependant s'ils reviennent en France, dans le deffein d'une perpétuelle demeure, ils jouiffent du droit de retour pour l'avenir, fans qu'ils ayent béfoin des Lettres du Prince.

Cela a fait naître en 1707. une queftion au Parlement de Paris ; fçavoir fi un étranger venu en France, qui y avoit demeuré jufqu'à fa mort, & pendant la vie duquel le Roi de France avoit conquis fon pays, étoit réputé François ; parce qu'avant fon décès le lieu de fa naiffance étoit rentré fous la domination de l'ancien Souverain.

Par Arrêt rendu en la Grand'Chambre le 6. Septembre 1707. il a été jugé que les habitans d'une province conquife acquierent au moment de la conquête le privilége de regnicoles, & meurent en poffeffion de leur état, & qu'ainfi ils doivent jouir de tous les avantages des regnicoles, quand bien même le lieu de leur naiffance feroit retourné fous la domination de l'ancien Souverain : mais il faut pour cela qu'ils foient toujours reftés en France, & ne foient point retournés dans le lieu de leur naiffance après qu'il a été réconquis par fon ancien Souverain.

M. Augeard, tom. 1. chap. 88. rapporte cet Arrêt, avec les raifons fur lefquelles il a été rendu.

Voyez Etrangers. *Voyez* Droit d'aubaine. Sous ces mots & fous celui d'aubain j'ai donné le plus fuccinctement, & avec le plus d'ordre qu'il m'a été poffible, tous les principes qui concernent cette matiere. Ceux qui voudront l'approfondir davantage, n'auront qu'à confulter le Dictionnaire de M. Brillon, & les Auteurs qu'il cite.

AUBAIN, fignifie auffi quelque - fois un homme ou une femme qui n'étant pas nés dans une terre, y vont faire leur demeure, s'adonnent au Seigneur de la terre, & obtiennent droit de

Bougeoifie : autrement, s'ils y demeurent an & jour fans avoir obtenu ce droit, ils deviennent ferfs du Seigneur.

Après que l'hérédité des fiefs fut établie, les roturiers, dans plufieurs Provinces du Royaume, devinrent main - mortables & ferfs de corps ; deforte qu'ils furent confidérés comme parties des fiefs où ils étoient domiciliés.

Les Seigneurs non contens d'avoir ravi la liberté à leurs Sujets, la ravirent auffi aux épaves & aux aubains qui vinrent dans leurs Terres & leurs Juftices, à moins que dans l'an & jour de leur demeure ils ne lui fiffent aveu de Bourgeoifie, à l'effet de conferver leur liberté.

La Coutume de la Baronnie de Châteauneuf, tit. 2. art. 20. porte : *Si aucun aubain, autrement appellé un avenu, eft demeurant par an & jour dedans ladite Châtellenie, fans faire aveu de Bourgeoifie, il eft acquis ferf audit Seigneur.*

Voyez Beaumanoir dans fes Coutumes de Beauvoifis, chap. 45. des Aveux & Défaveux, p. 254. ligne 22. les Coutumes d'Iffoudun entre les anciennes Coutumes de Berry, pag. 369. *Voyez* ci-après le mot Parcours.

AUBAINAGE a la même fignification que le mot d'aubaine.

AUBAINE, eft la fucceffion d'un étranger qui eft décédé en France, fans avoir été naturalifé, c'eft-à-dire, *jus peregrinorum hæreditates cernendi.* *Voyez* Droit d'aubaine.

AUBENAGE, étoit anciennement un droit, qui dans certaines Coutumes étoit dû au Seigneur pour l'inhumation d'un forain ou étranger, décédé dans fa terre, quand, après y avoir demeuré pendant an & jour, il ne lui avoit pas fait aveu, c'eft-à-dire le ferment de fidélité. *Voyez* le Gloffaire du Droit François, *verbo* Aubenage.

AUBERGISTES, font ceux qui tiennent hôtellerie, auberge, logent en chambre garnie ; ce qui ne fe peut faire qu'en vertu d'une permiffion.

Les Aubergiftes ne font refponfables des vols qui font faits dans leurs maifons, que quand on les peut attribuer à ceux qui y demeurent ; comme il a été jugé par Arrêt du 14. Août 1582. rapporté par le Veft, Arrêt 172.

Un homme étant logé en une hôtellerie, ayant une chambre dont on lui auroit donné la clef, fi les hardes qu'il y auroit mifes fe trouvent perdues fans effraction de la porte, on prefume que le vol a été fait par les domeftiques, ou par quelque perfonne logée dans la même hôtellerie ; ainfi l'hôte en eft tenu.

Mais il ne feroit point refponfable des vols qui auroient été faits nuitamment ou avec effraction, comme il a été jugé par plufieurs Arrêts. Il y en a deux qui font rapportés dans le premier tome du Journal des Audiences ; l'un eft du 15. Mars 1629. l'autre du 12. Décembre 1629.

Une remarque importante à faire pour ceux qui logent dans des auberges, c'eft que quand on a dans fa valife des chofes précieufes, il eft néceffaire d'en faire à l'hôte fa déclaration, pour qu'il en foit tenu. *Voyez* M. Augeard, tom. 3. art. 50.

AUCUNEMENT, dans les prononciations des Jugemens, *ayant aucunement égard à la demande*, &c. fignifie que le Juge ne rejette pas en tout la demande qui lui eft faite, mais auffi qu'il ne la reçoit pas entiérement & dans toute fon étendue, & qu'ainfi il ne fait droit que fur partie d'icelle.

AUDIENCE, fignifie l'affemblée des Juges pour écouter les Parties ou leurs Avocats qui plaident devant eux, & pour juger ou appointer l'affaire. *Voyez* Auditoire.

AUDIENCIER, eft un Huiffier ès Siéges préfidiaux & Juftices royales, qui affifte aux Audiences pour faire faire filence, & rapporter les caufes appellées.

Voyez Fontanon, tom. 1. pag. 625. & tome 2. page 960. Joly, tome 2. page 1540.

AUDIENCIERS, fe prend auffi pour les Officiers de la Chancellerie qui rapportent les Lettres.

En la grande Chancellerie de France il y a quatre grands Audienciers qui fervent par quartier.

En la Chancellerie du Palais il y a pareillement quatre Secretaires du Roi Audienciers, qui fervent auffi par quartier. Il y a outre cela des confeillers-Rapporteurs-Référendaires.

Touchant les fonctions, priviléges & droits de ces Audienciers, *voyez* Joly en fon Traité des Offices de France, tom. 1. liv. 2. tit. 6. & aux additions, pag. 281. Fontanon, tom. 1. liv. 2. tit. 16. pag. 150.

AUDITEUR. Ce terme fe dit de plufieurs Officiers commis pour différentes fonctions.

Il eft fouvent employé pour fignifier les Enquêteurs commis pour ouir des témoins, procéder à l'inftruction des procès & en faire le rapport, pour être en conféquence ordonné ce que de raifon.

Il a été un tems que l'on appelloit dans certaines Provinces les Notaires Auditeurs, & même les témoins qui affiftoient à la paffation & à la lecture de quelque acte, & qui le fignoient.

Autrefois les Juges des caufes d'appel en Pairies, étoient appellés Auditeurs. Ces Juges tenoient leurs audiences trois fois l'an, par forme de grands Jours ; & des appellations interjettées de leurs Sentences reffortiffoient au Parlement à caufe de la Pairie. *Voyez* Coquille dans fon Hiftoire du Nivernois.

Aujourd'hui ce terme s'employe ordinairement pour dénoter un Juge du Châtelet, & un Officier de la Chambre des comptes.

AUDITEUR DU CHATELET DE PARIS, eft un Juge qui connoît des affaires pures perfonnelles, jufqu'à cinquante livres pour une fois payer, fuivant une Déclaration du 6. Juillet 1683. Il y en avoit autrefois plufieurs au Châtelet ; préfentement il n'y en a plus qu'un.

Il tient fes audiences au auditoires au Châtelet, près le Parquet. L'inftruction qui fe fait devant lui eft fort fommaire. Il peut pourtant ordonner des Enquêtes quand le cas y échet ; mais la Sentence doit contenir les faits articulés, & les témoins doivent être entendus à l'Audience.

Il peut auffi connoître des matieres de faux, de l'entérinement des Lettres de refcifion. *Voyez* le Stile du Châtelet, liv. 2. tit. 21.

Les appellations de fes Jugemens fe relevent au Préfidial ; mais fes Sentences font exécutées nonobftant oppofitions ou appellations.

Les affignations qui fe donnent pardevant lui, font toujours données à trois jours, parce que toutes les caufes y font fommaires.

Il doit juger toutes les caufes à l'Audience fommairement, fans miniftere d'avocats & fans épices.

Il n'a droit de prendre que cinq fols pour chaque Sentence définitive. Lorfque les faits ne font pas éclaircis par les Procureurs ou par les Clercs qui plaident devant lui, il peut feulement ordonner que les piéces feront mifes fur le Bureau, & il prononce à la prochaine Audience fon Jugement définitif, pourvû que les piéces des deux Parties ou de l'une des Parties lui ayent été mifes entre les mains, en vertu d'un Jugement qui porte qu'il en fera délibéré.

Quand il a ordonné que les piéces feront mifes fur le Bureau, le plus diligent fait fignifier les qualités, levé le Jugement, & le fait fignifier à la Partie adverfe, avec fommation de joindre fes piéces fans écritures.

Dans le Recueil des nouveaux Réglemens pour l'adminiftration de la Juftice, il y a une Sentence de Monfieur le Lieutenant civil, concernant les falaires du Juge Auditeur, portant défenfes audit Juge d'ordonner la preuve par témoins, de les entendre ailleurs qu'à l'Audience ; & qui ordonne que leurs dépofitions feront fommairement rédigées par le Greffier fur le plumitif, fans droits ni frais.

On trouve dans le même Recueil un Arrêt du Confeil d'Etat du 20. Mars 1684. qui regle le falaire du Juge Auditeur du Châtelet de Paris.

AUDITEURS DES COMPTES, font des Officiers prépofés pour l'examen & audition des comptes des Receveurs des deniers royaux ou d'octroi, pour en faire le rapport en la Chambre, à l'effet de ftatuer fur les difficultés qui s'y peuvent rencontrer.

Anciennement on appelloit Clercs, ceux qui renvoyoient les comptes des finances du Roi, & ils n'avoient alors que la faculté d'en faire le rapport à la chambre, fans avoir voix délibérative fur les difficultés qui s'y rencontroient.

On n'a commencé à leur donner la qualité d'Auditeurs que vers la fin du quinziéme fiécle ; & par une Ordonnance de Henry II. en 1551. il fût ordonné qu'on les appelleroit Confeillers du Roi Auditeurs. Enfin, l'année fuivante il leur fut permis d'opiner fur les difficultés qui fe préfentoient dans les comptes dont ils étoient Rapporteurs.

Ainfi ces Officiers compofent le troifiéme ordre de la Chambre des Comptes. Leurs fonctions font d'examiner les comptes des Comptables, les quittances, & les rapporter au Bureau, y mettre les

Apoftilles & finito des comptes , les arrêter & les clore.

Par le titre de leurs Charges ils font feuls Rapporteurs des comptes & de tout ce qui en dépend , & conféquemment Juges de toutes les piéces qui font à leurs décharges ; enfemble des parties & piéces en vertu defquelles l'on demande le rétabliffement & la décharge des parties rayées ou en fouffrances.

Ils font auffi Rapporteurs de toutes les piéces ou Lettres patentes , tendantes au rétabliffement des parties , nonobftant les claufes de don qui pourroient s'y trouver ; comme il a été jugé par Arrêt du Confeil le 29. Octobre 1713.

Ce font eux qui exécutent toutes les décharges ordonnées être faites fur les comptes.

Ils font auffi toujours commis pour l'exécution des Arrêts de correction , & ils collationnent toutes les Requêtes & Arrêts tranfcrits fur le compte enfemble toutes les piéces dont la Chambre ordonne être tiré des extraits.

Ils ont acquis en commun la Charge qui avoit été créée de Commiffaire au dépôt des Terriers ; c'eft pourquoi ils ont la garde de ce dépôt. Ils ont auffi le dépôt des Fiefs ; & c'eft pourquoi ce font eux qui expédient toutes les Lettres d'attache fur les foi & hommages , aveux & dénombremens , ferment & fidélité , & fur les déclarations du temporel données par les Eccléfiaftiques.

Voyez Chambres des Comptes.

A U D I T I O N , fignifie examen d'un témoin ou d'un Compte.

A U D I T O I R E , eft le lieu où les Juges affemblés donnent audience.

Ce lieu eft confacré à la Juftice ; & les delits qui s'y commettent , l'Audience tenant , meritent d'être punis plus griévement que s'ils étoient commis dans un autre lieu.

Ceux qui les y ont commis , font jugés par les Juges qui tenoient l'Audience , & cela fur le champ : de maniere que tous les délinquans , de quelqu'état & condition qu'ils foient , deviennent jufticiables des Juges de l'Auditoire où ils ont commis le délit. *Rei , cujufcumque conditionis fint , debent judicari & puniri à Judicibus loci cujus dignitatem eique debitam reverentiam violarunt.*

A V E N A G E , eft un droit communement dû aux Seigneurs , pour l'ufage qu'ils ont concédé aux Habitans de leurs Terres.

Ce droit confifte à percevoir annuellement les avenes que les fujets doivent à leur Seigneur de cens , rente ou devoir annuel, pour le pâcage de leur bétail ès Forêts & Ufages du Seigneur , ou autrement.

Voyez le Gloffaire du Droit François , *verbo* Avenage ; & Salvaing , de l'ufage des Fiefs , chap. 97. pag. 484.

A V E N A N T , eft en certaines Coutumes la légitime & contingente portion des propres héritages & patrimoines , en laquelle une fille peut fuccéder , *ab inteftat* , à fes pere & mere nobles.

Cet avenant eft dans la Coutume de Tourraine, & dans les autres Coutumes voifines , la part &

portion de la fille dans le tiers de tous les biens immeubles que fes pere & mere ont délaiffés ; de forte que les deux autres tiers des immeubles , avec tous les meubles , appartiennent à l'aîné.

Le plufqu'avenant eft la quarte partie dudit tiers que les pere & mere nobles , avant le mariage de leur fils aîné , peuvent donner en faveur de mariage à leur fille aînée ou autre premiérement mariée. Tours , art. 253. Loudunois , chapitre 26. art. 5.

Si le frere noble marie fa fœur , & lui donne moins que l'avenant , elle lui peut demander le furplus qui lui appartient dans le tiers de tous les immeubles délaiffés par fes pere & mere , fuivant l'art. 27. de la Coutume de Loudunois , au tit. des Succeffions des fiefs.

La raifon eft , que le frere en mariant fa fœur , ne peut pas diminuer fa portion héréditaire , ni la priver d'un droit qui lui eft échu , ou d'un bien qui lui eft acquis. D'Argentré fur l'ancienne Coutume de Bretagne , art. 224. glof. 5. nomb. 5.

Voyez Hevin fur Frain , pag. 869. au commencement ; & du Pineau fur l'art. 244. de la Coutume d'Anjou. *Voyez* auffi ce qui en eft dit dans le Gloffaire du Droit François.

En Normandie , il y a le mariage avenant des filles. *Voyez* ci-après Mariage avenant.

A V E N E M E N T A L A COURONNE , eft le tems auquel les Princes prennent poffeffion de leurs Etats. *Voyez* Joyeux avénement à la Couronne.

A V E R S. En Normandie & en Angleterre on appelle de ce nom les animaux domeftiques , & en Dauphiné les bêtes à laine ; & de là vient que les Anglois appellent *averages* les fervices & les corvées que les manans doivent à leur Seigneur , avec leurs bœufs , chevaux & autres animaux.

Voyez le Gloffaire du Droit François.

A V E U. *Voyez* Adveu , Dénombrement , Mutation.

A U G M E N T DE DOT EN PAYS DE DROIT ÉCRIT , eft l'avantage que le mari fait à fa femme , en cas qu'elle furvive , à prendre fur fes biens après fon décès , eu égard à fa dot.

L'augment de dot eft ou conventionnel , ou coutumier. Le conventionnel eft celui qui eft fixé par les Parties. Le coutumier eft celui qui eft réglé par l'ufage ou par la Loi du pays. Ce dernier eft ordinairement de la moitié ou du tiers de la dot.

La femme qui a furvécu fon mari fans en avoir d'enfans , a la pleine propriété de l'augment de dot , & en peut difpofer à fa volonté.

Quand elle en a des enfans , elle a feulement l'ufufruit de l'augment , avec la libre difpofition de fa portion virile ; & fi elle convole en fecondes nôces , ayant des enfans du premier lit , elle ne jouit de tout fon augment que par ufufruit , & la propriété appartient aufdits enfans par portions égales , fans que la mere en puiffe difpofer autrement entr'eux : encore faut-il qu'elle ne foit pas remariée dans l'an de deuil ; car pour lors elle ne jouiroit pas de l'augment par ufufruit.

La Femme qui a mal verfé durant le veuvage , perd l'augment.

R ij

Une femme, en cas de faillite de son mari, est bien fondée à demander sur ses biens, non-seulement la restitution de ses deniers dotaux, mais aussi son augment de dot. Ainsi, lorsque les biens du mari se vendent, ses créanciers sont tenus, pour l'augment de la femme, de bailler caution, le cas échéant; Bouvot, tome 2. verbo Dot, quest. 6. ou bien ils peuvent, sur les sommes provenantes de la vente des biens du mari, faire consigner l'estimation de cet augment, pour le donner à la femme, au cas qu'il ait lieu. Journal des Audiences, tome 1. liv. 8. ch. 46. Henrys, liv. 4. quest. 1. Soefve, tom. 2. cent. 1. chap. 37.

Les héritiers du mari sont tenus de l'augment, quoique le mari soit décédé avant que d'avoir consommé le mariage.

L'hypothéque de l'augment de dot n'est point privilégié; elle ne commence que du jour que le contrat de mariage a été passé.

La dot est aussi toujours préférée à l'augment; mais l'Authentique Res. quæ, cod. commun. de legat. a lieu pour l'augment comme pour la dot.

Les intérêts de l'augment sont dûs à la veuve, du jour de la dissolution du mariage, quand il n'y a point dans le contrat de convention portant terme de le payer. Henrys, liv. 4. chap. 9. & 10.

L'augment de dot est à peu près en pays de Droit écrit, ce qu'est le douaire en pays coutumier. Il ne faut pas néanmoins les confondre. L'un & l'autre est véritablement un avantage fait par le mari à la femme en faveur de mariage; mais le douaire diffère de l'augment.

I°. Parce que la femme a la propriété de son augment, ou de sa portion virile, c'est-à-dire autant qu'un de ses enfans, au lieu qu'elle n'est ordinairement qu'usufruitiere de son douaire.

II°. Comme l'augment de dot est un gain de survie, il faut que la mere survive à son mari, pour le faire passer à ses enfans; au lieu que le douaire est le propre héritage des enfans, dès le moment que le mariage est contracté.

III°. L'augment conventionnel est toujours fixé par rapport à la dot de la femme: au lieu que le douaire est fixé par nos coutumes au tiers ou à la moitié des biens immeubles que le mari possede au jour des épousailles, & qui lui échoient dans la suite en ligne directe, sans avoir égard aux biens que la femme possede, & si le douaire prefix dépend aujourd'hui uniquement de la volonté du mari, c'est une nouveauté contraire à la disposition de quelques-unes de nos Coutumes.

IV°. L'augment n'est point dû lorsque la femme a promis elle-même sa dot, & qu'elle ne l'a point payée; mais le douaire ne lui est pas moins dû, quoiqu'elle n'ait pas emporté en dot ce qu'elle avoit promis. Cependant plusieurs tiennent qu'il en est de même de l'augment de dot, que du douaire, & qu'il est de même que le douaire, accordé à la femme, soit que la dot ait été payée ou non, par qui que ce soit qu'elle ait été constituée. Maynard, liv. 2. ch. 77. & liv. 5. ch. 6. Expilly, chap. 30. Baffet, tom. 1. liv. 4. tit. 10. ch. 1. Chorier sur la Jurisprudence de Guy Pape, pag. 226. la Peyrere, lettre D, nomb. 140.

V°. L'augment est sujet à l'Édit des secondes nôces; au lieu que ni le douaire coutumier, ni le préfix, quand ils n'excedent pas le coutumier, ne sont pas sujets à cet Edit. Voyez le Recueil de M. Augeard, tome 1. chap. 35.

Ces différences ainsi établies entre l'augment de dot & le douaire, voyons les autres principales maximes qui concernent l'augment de dot.

L'augment coutumier ou conventionnel n'a hypothéque que du jour du contrat de mariage. Les intérêts en sont dûs par les héritiers du mari du jour de sa mort, pourvû qu'il n'y ait point de convention dans le contrat portant terme de payer.

Cependant les intérêts de l'augment non stipulés, ne courent contre le tiers détempteur des biens qui avoient appartenu au mari, que du jour de la demande faite par la veuve, & non du jour du décès du mari.

La veuve qui a des enfans, peut librement disposer de la portion virile qu'elle a dans l'augment de dot; mais si elle n'en dispose pas, ses enfans, quoiqu'ils ne soient pas ses héritiers, on doit après sa mort revendiquer l'augment tout entier, pour le partager entr'eux par portions égales.

Comme dans le pays de Droit écrit on a toujours considéré l'augment comme une espéce de bien particulier, qui ne provient ni du côté du pere, ni du côté de la mere, il ne suffit pas, pour en être exclus, de renoncer aux biens du pere & de la mere: il n'y auroit qu'une renonciation générale à tous droits & prétentions qui en pourroit exclure.

Touchant l'augment de dot, voyez M. Ricard en son Traité des Donations, part. 3. chap. 9. glos. 2. Dolive, quest. notab. liv. 3. chap. 13. Baffet tome 1. liv. 4. tit. 6. ch. 2. & tome 2. liv. 4. tit. 4. ch. 2. & tit. 9. ch. 3. Maynard, liv. 3. ch. 20. & 26, Guy Pape, quest. 270. 430. & 568. Bouguier lettre D. nomb. 14. Brodeau sur M. Louet, lett. I, som. 10. & le Recueil alphabétique, de M. Bretonnier, verbo Augment de dot, & verbo Substitution, vers. la fin.

Voyez aussi Henrys & son Commentateur, tom. 2. liv. 4. quest. 140 & tome 4. sur le 15e. Plaidoyer & sur le 18e. le Traité des Gains nuptiaux & de survie par M. Boucher d'Argis, principalement dans le ch. 2. qui traite en particulier de l'Augment de dot.

AUGMENTATION, est un droit sur le vin, ajouté au droit de gros, qui comprend les droits de Parisis, douze deniers des Controlleurs, & six deniers des Trésoriers de France.

Ce droit d'augmentation a été fixé à seize sols, trois deniers pour chaque muid de vin.

Voyez l'Ordonnance du mois de Juin 1680 tit. 1.

AUGMENTATION DE GAGES. Ces termes signifient les rentes que les pourvûs d'Offices acquierent, quand il plaît au Roi d'en créer.

Ces rentes se payent par le Trésorier des Revenus casuels. C'est aussi lui qui en fait expédier les quittances de finance, à mesure qu'il en reçoit les fonds des Particuliers acquéreurs ; & il compte de ces deniers extraordinaires à la Chambre des Comptes.

Le titre d'une Charge, & les augmentations de gages font aujourd'hui deux corps entiérement différens. D'où il s'enfuit ;

I°. Que ceux qui font propriétaires de ces augmentations de gages, en peuvent difpofer féparément de leurs Offices.

II°. Qu'il eft libre à toutes fortes de perfonnes d'acquérir des augmentations de gages, & d'en jouir fans être pourvûs de l'Office auquel ils font annexés.

III°. Qu'ils ne font point compris tacitement dans le contrat de vente de l'Office ; & qu'ainfi, lorfqu'ils font vendus conjointement, il faut que le vendeur exprime dans le contrat de vente, qu'outre la Charge il vend les augmentations de gages, & qu'il en délivre à l'acquéreur la quittance de finance ; fans quoi il n'eft pas préfumé les avoir vendues avec fa charge.

De ce il y a un acte de notoriété du Châtelet, en date du 18 Avril 1705.

Au refte, les augmentations de gages font fujettes aux hypothéques, comme les rentes fur l'Hôtel de Ville. Ainfi jugé le 7. Septembre 1659. Journal des Audiences, tom. 2. liv. 2. ch. 43. Quand aux nouvelles attributions de gages, elles fe partagent entre héritiers comme meubles ; comme il a été jugé par Arrêt du 13. Décembre 1653. rapporté au Journal des Audiences, tom. 1. liv. 7. ch. 26.

AUGMENTATIONS FAITES PAR UN FERMIER OU LOCATAIRE, peuvent être par lui emportées après la fin du bail, pourvû qu'elles puiffent être ôtées fans détériorer la chofe. *Leg.* 19. §. 4. & 5. ff. locati conducti.

Il en eft de même des augmentations qui auroient été faites par un ufufruitier.

La raifon, que le droit de l'ufufruitier, du locataire ou du fermier, n'eft que pour un tems. C'eft pourquoi leurs uftenciles qu'ils auroient attaché à fer & à clou au fonds d'autrui, n'y étant pas mis pour une perpétuelle demeure, mais feulement pour leur ufage particulier, ils les peuvent retirer après que leur jouiffance aura pris fin, pour que cela fe puiffe faire fans détériorer la chofe.

Mais s'ils laiffent ces augmentations, il faut que le propriétaire en paye la valeur, fuivant l'eftimation qui en fera faite par gens experts & à ce connoiffans.

Voyez Belordeau, lett. L. art. 5. & ce que j'ai dit fur l'art. 90. de la Coutume de Paris.

AUGMENTATIONS FAITES SUR LES PROPRES DE L'UN DES CONJOINTS. Quand des augmentations ont été faites pendant le mariage fur les propres de l'un des conjoints, celui, fur les propres de qui elles ont été faites, en doit recompenfe de la moitié des deniers tirés de la communauté.

Voyez mon Commentaire fur l'art. 229. de la Coutume de Paris ; & M. le Brun en fon traité de la Communauté, liv. 3. ch. 2. fect. 7.

AVIS, fe dit de certains Arrêtés ou Délibé-

rations de ceux qui font commis par des Supérieurs pour examiner une affaire. C'eft en ce fens qu'on dit quelquefois que la Communauté des Procureurs a donné avis contre un tel Procureur fur fa mauvaife procédure.

C'eft auffi dans ce fens qu'on dit avoir gagné fa caufe par l'avis des Avocats ; car par *Avis d'Avocats* l'on entend la délibération de quelques Avocats, par laquelle ils décident les affaires que la Cour leur a renvoyées par un Arrêt de renvoi, pour être leur avis rédigé par appointement.

Quand l'Arrêt qui les nomme porte que leur avis fera reçu par forme d'appointement, le Jugement rendus par les Avocats, eft un Arrêt. Lorfque cela n'eft pas porté par l'Arrêt de renvoi, on peut former oppofition à la reception de l'avis ; & alors, en plaidant fur cette oppofition, on difcute le fond. Il eft rare néanmoins que ces fortes d'oppofitions réuffiffent : elles ne font pas reçues favorablement, à moins qu'il n'y ait quelque irrégularité effentielle dans l'avis.

Voyez Papon, liv. 7. tit. 7. nomb. 36. l'Auteur des Obfervations fur Henrys, tome 2. liv. 2. queft. 16. & le Journal des Audiences, tom. 4. liv. 3. ch. 7.

Lorfqu'il arrive que des Arbitres, devant lefquels la Cour a renvoyé des Parties pour l'exécution d'un de fes Arrêts, ont fait tous leurs arrêtés, & que quelques-uns de ces arrêtés n'ont point été fignés, à caufe de la mort d'un des Arbitres, les arrêtés fignés doivent être exécutés, & les autres demeurer fans exécution ; fauf aux Parties à tirer telles inductions qu'elles aviferont de ces arrêtés, qui ne pafferont que pour des mémoires.

Ainfi jugé par Arrêt rendu en la cinquiéme Chambre des Enquêtes le 10. Juillet 1696. rapporté par M. Augeard, tome 3. Arrêt 42.

AVIS DE PARENS, eft un acte fait devant le Juge, par lequel les parens mâles, au nombre de douze au plus, ou de fept au moins, après ferment prêté de donner leur avis en leur ame & confcience, déclarent leur avis fur le fait dont il eft queftion.

Cet avis de parens eft néceffaire, quand il s'agit de donner un tuteur à des mineurs en pays Coutumier.

Il en faut quatre du côté paternel, & trois du côté maternel ; & au défaut de parens, on prend les amis du défunt, ou des voifins, qui élifent l'un & l'autre, pour tuteur à des mineurs, ou pour curateur à leur émancipation.

On eft obligé de convoquer l'affemblée de parens ou amis devant le Juge du domicile des mineurs, & en fon Hôtel, non-feulement en ce cas, mais encore en plufieurs autres.

Le premier eft ; lorfqu'il s'agit d'un procès confidérable à foutenir pour eux. Il faut alors que le tuteur fe faffe autorifer en Juftice par un avis de parens, à l'effet d'en faire la pourfuite, à caufe des dépens aufquels les mineurs pourroient fuccomber.

Le deuxième eft, quand il s'agit de la vente ou de l'aliénation volontaire des biens des mineurs, parce que leur tuteur n'a qu'une infpection fur leurs perſonnes & l'adminiſtration de leurs biens, quant aux revenus ſeulement. D'où il s'enſuit qu'ils n'ont pas le pouvoir de vendre & d'aliéner les fonds qui leur appartiennent, comme nous l'avons dit ci-deſſus en parlant de l'aliénation des biens des mineurs. Sur quoi il faut remarquer que les parens qui ont donné au tuteur leur avis pour la vente des biens du mineur, ne ſont point garants de l'avis qu'ils ont donné.

Le troiſiéme eſt, lorſqu'il s'agit de diriger quelques actions contre leurs propres tuteurs; auquel cas il faut faire une nouvelle aſſemblée de parens en l'Hôtel du Juge, pour leur nommer un tuteur *ad hoc.*

Le quatriéme eſt, quand il s'agit de faire emploi des deniers des mineurs, quoiqu'émancipés. La raiſon eſt, que les mineurs émancipés n'ont que l'adminiſtration de leurs revenus.

Le cinquiéme eſt le cas où il s'agit de les établir ou de les marier; car quoique les tuteurs ayent autorité ſur la perſonne de leurs mineurs, cette autorité n'eſt pas abſolue. Auſſi l'Ordonnance de Blois, art. 40. défend aux Curés & Vicaires de célébrer le mariage des mineurs ſans le conſentement de leurs tuteurs, autoriſé de l'avis de leurs plus proches parens paternels & maternels. *Voyez* Mariage des mineurs.

Le ſixiéme eſt, lorſqu'il y a des ſubſtitutions faites aux enfans nés & à naître, ou ſimplement à naître. Il eſt pareillement néceſſaire de faire une aſſemblée de parens pour leur donner un tuteur.

Il y a de cas où il faut faire une aſſemblée de parens ou amis des perſonnes majeures, ſçavoir lorſqu'ils ſont prodigues, furieux, imbécilles ou inſenſés; & ces aſſemblées de parens ſe tiennent à l'effet de leur créer un curateur.

Voyez Tuteur, Curateur.

AUMAIL. Terme des Eaux & Forêts, qui ne ſe dit que des bêtes à corne. Ce terme vient du Latin *Animalia.*

AUMOSNES, ſont des peines pécuniaires auxquelles le Juge condamne quelquefois les criminels, pour leſdites aumônes être appliquées aux Hôpitaux ou au pain des Priſonniers, Religieux mendians, & lieux pitoyables.

Elles s'ordonnent toujours dans les cauſes criminelles où il s'agit d'un fait de débauche, comme dans un cas où une fille a eu commerce avec un homme, & en eſt devenue enceinte. Le Juge qui connoît de cette affaire, quand il y a preuve du fait, condamne toujours l'un & l'autre en trois livres d'aumône pour le pain des Priſonniers.

Elles s'ordonnent auſſi pour ſacriléges, & autres cas eſquels il n'échoit pas d'amende, & où la condamnation d'œuvre pie fait partie de la reparation. Il y a de ce une déclaration du mois de Mars 1671. & une autre du 21. Janvier 1685.

L'Aumône, en matiere criminelle, n'emporte pas infamie, quoique l'amende pécuniaire ſoit infâmante. La raiſon de la différence eſt, que l'aumône en matiere criminelle n'eſt conſidérée que comme une eſpece de charité forcée au profit des Priſonniers, laquelle ne tient point lieu de repa-

ration du délit, & qui n'eſt ordonnée que pour contribuer à l'amendement de ceux qui ont cauſé du ſcandale, & qui ont mené une vie débauchée; au lieu que l'amende pécuniaire eſt une eſpece de peine, à laquelle le Juge condamne envers le Roi un accuſé par forme de réparation civile, pour raiſon du crime dont il eſt convaincu.

J'ai dit que l'aumône, en matiere criminelle, n'emporte pas infamie, parce qu'en matiere civile il n'en eſt pas de même, vû qu'elle eſt infamante. Ainſi l'aumône en laquelle le Juge condamneroit quelqu'un pour dol & malverſation en matiere civile, ſeroit infamante, parce qu'elle tient alors lieu de la correction du dol & de la malverſation dont eſt convaincu celui qui eſt condamné; & par conſéquent elle n'eſt pas ordonnée en ce cas comme une eſpece de charité forcée, mais comme une véritable peine. *Voyez* Amende.

AUMOSNES FIEFFE'ES, ſont des fondations que les Rois ont faites aux Egliſes. *Voyez* Bacquet, en ſon Traité des Francs-Fiefs, chap. 7. vers la fin.

AVOCATS, ſont ceux qui ayant les qualités réquiſes, peuvent maintenir & défendre le droit de leurs Parties ſoit en plaidant, ſoit en faiſant des écritures, ou en aſſiſtant les Parties de leurs conſeils.

Advocatus eſt Patronus qui præſtat advocationem & patrocinium, qui cauſam agit, & poſtulat apud Magiſtrum, vel cauſæ adeſt in jure judicio, vel pro aliis.

Il faut, pour être Avocat, avoir obtenu des Lettres de Bachelier & de Licence dans une Faculté de Droit, & s'être fait immatriculer en conſéquence.

Les Avocats ſont propoſés pour défendre les intérêts publics & particuliers. Ils ſont les protecteurs de la cauſe de la veuve & de l'orphelin, du puiſſant & du foible, de l'innocent & du criminel. Aux uns ils doivent procurer la Juſtice de ſa Juſtice même, & aux autres ſa pitié, ſa clémence, ſa bénignité, ſi les circonſtances le requiérent : c'eſt pourquoi ils ſont appellés *Juſtitiæ ſatellites*, & *Judiciorum athleta.*

L'Avocat tient comme en ſa garde & en ſa tutelle, l'honneur, la vie & la fortune des hommes, le repos des familles, les droits & les priviléges des Villes, & mêmes des Provinces entieres. *In Advocatorum tutelâ non privatorum dumtaxat, ſed Reipublicæ ſalus continetur.* Il eſt le défenſeur de l'équité & de l'innocence; l'Ange tutelaire de la veuve & de l'orphelin; l'organe fidéle de la Loi; l'interprête des plaintes des opprimés; un canal ſûr qui conduit la vérité aux oreilles des Magiſtrats. C'eſt en un mot, le précurſeur de la Juſtice qui lui prépare les voies, & applanit juſqu'aux plus petits ſentiers où elle doit paſſer : auſſi doit-il être *vir bonus*, *dicendi peritus.*

Les Avocats plaident au Parlement toutes ſortes de cauſes; & ils plaident, à l'excluſion des Procureurs, les appellations, les requêtes civiles, les cauſes de Régale, les queſtions d'Etat, & les autres affaires importantes où il s'agit plus de droit que de fait & de procédure.

Ils communiquent à Meſſieurs les Gens du Roi

les caufes où ils ont à parler , & qui font fujettes à communication.

Ils font auffi toutes fortes d'écritures qui font de leur miniftere, comme griefs, caufes & moyens d'appel, les réponfes , les contredits , les falvations , les avertiffemens , les caufes d'oppofition , les débats , foutenemens, moyens de faux, reproches , moyens de requête civile , &c.

Les fonctions d'un Avocat fe réduifent donc, fuivant ce que nous venons de dire, à trois principales, qui font de plaider, de faire·des écritures, & de donner des confultations.

Pour ce qui regarde la plaidoirie, nous remarquerons feulement ici, que lorfque l'Avocat plaide, il doit être couvert, même lorfqu'il lit des textes de Droit pour foulager fa mémoire, car alors il ne fort pas des bornes de fa profeffion ; mais s'il lit des piéces, titres & procédures, il doit être découvert, parce qu'il fait alors les fonctions de Procureur. En effet, autrefois l'Avocat plaidant étoit affifté du Procureur de fa Partie, qu'il lifoit les piéces donc la lecture étoit néceffaire dans le cours de la plaidoirie ; de forte que dans ce dernier cas l'Avocat faifant les fonctions de Procureur, doit être découvert ; fur quoi il faut remarquer que ce n'a été que pour la continuité de la plaidoirie que le Juge a éloigné le Procureur.

Voyez dans M. Brillon , *verbo* Avocat , quelques traits arrivés en 1720. fur ce que les Avocats doivent être couverts lorfqu'ils lifent des textes de Droit.

Nous n'en dirons pas ici davantage fur la plaidoirie des Avocats, nous refervant d'en dire encore quelque chofe à la lettre E , en parlant de l'Eloquence du Barreau.

Nous allons préfentement donner quelques régles générales, que les Avocats doivent fuivre pour fe bien acquitter de leur profeffion.

Ils doivent d'abord examiner fi la caufe qu'on propofe eft jufte, ou non , & ne s'en charger qu'au cas qu'elle leur paroiffe foutenable, quelqu'inftance qu'on leur faffe de s'en vouloir charger.

Ils ne doivent auffi jamais confeiller à qui que ce foit d'entreprendre aucun procès, fans avoir mûrement examiné s'il eft fondé en Droit & raifon, s'il y a néceffité d'en faire la pourfuite, & fi l'iffue en peut être utile & avantageufe à la Partie qui les confulte.

Il faut donc que les Avocats, avant d'en faire la fonction , faffent celle de Juges , qu'ils s'érigent dans leur Cabinet comme un Tribunal domeftique, où ils péfent & examinent avec foin & fans prévention les raifons de leurs Parties , & où ils prononcent féverement contr'elles, s'il eft befoin. Ceux mêmes qui auroient d'abord cru une affaire bonne , fi après l'avoir examinée de plus près, ils la trouvent mauvaife, doivent confeiller à leur Partie de ne pas pourfuivre le procès.

Lorfqu'ils croyent pouvoir fe charger d'une affaire, un point effentiel pour fe bien acquitter de la profeffion , c'eft de méditer férieufement fur les raifons qu'on peut alléguer pour défendre la caufe, & pour détruire les moyens de la Partie adverfe.

Un difcours médité repréfente avec bien plus de poids le mérite d'une caufe , & fait bien plus d'impreffion fur les efprits , que celui qui eft fait à la hâte. En un mot, tout homme qui ne fçait pas méditer eft incapable de toute entreprife, pour peu qu'elle foit importante & difficile.

Envain les plus habiles fe prévaudroient-ils de la facilité qu'ils ont de comprendre aifément les chofes les moins aifées ; ils auroient toujours beaucoup de peine à en décider fur le champ, quelque efprit qu'ils euffent. C'eft la réflexion & la méditation qui rendent les hommes avifés, retenus & circonfpects dans leurs décifions , & qui empêchent qui ne forte de leur bouche rien que de judicieux. *Os jufti Meditabitur jufitiam , & lingua ejus loquetur judicium.*

Une chofe à laquelle doivent tavoir une très-grande attention ceux qui veulent défendre comme il faut le droit de leurs Parties , c'eft d'être très-méthodiques ; car la méthode eft abfolument néceffaire à l'éloquence pour convaincre l'efprit , & conduire eune preuve jufqu'au fond du cœur.

S'il s'agit d'une queftion de Droit ou de coutume , il faut appuyer la juftice de la caufe fur l'autorité des textes qui paroiffent la décider ; mais on ne peut jamais fans prévariquer, fe fervir de l'autorité des Loix contre leur intention , en leur attribuant par une fauffe & fubtile interprétation un fens contraire à celui qui leur a été donnée par le Legiflateur.

S'il s'agit au contraire d'une queftion de fait , l'Avocat doit l'expofer aux juges avec la même fidélité que les piéces qui lui ont été mifes entre les mains lui en ont donné la connoiffance. Manquer à ce devoir , c'eft fe rendre devant Dieu refponfable du tort que l'on cauferoit à la partie adverfe.

Dans quelqu'affaire que ce foit , il n'eft rien de plus contraire à la juftice , que les rufes & les artifices qui tiennent du menfonge. Il ne faut donc pas qu'un Avocat s'imagine que tout lui foit permis pour la défenfe de fa Partie : il faut au contraire qu'il fe perfuade que la vérité doit être le fondement de tout ce qu'il avance. *Veritas eft Oratoris virtus propria.*

Les feules armes de la vérité doivent être employées dans les combats de la juftice , & non pas celles de l'artifice & du menfonge.

Le grand S. Bernard , dans l'Epître qu'il adreffe à ceux qui ont l'honneur de parler devant le trône de la Juftice , leur parle en ces termes : *Apud Judicem fimpliciter dicere , jurare eft ; ideoque leve mendacium eis imputatur ut grave perjurium ; præcipuè in his laudatur veritatis conftantia.* Sur quoi il faut remarquer que, ces premiers termes , *apud Judicem fimpliciter dicere, jurare eft*, nous font connoître que toutes paroles qui fe difent devant le tribunal de la Juftice , doivent êtres auffi véritables , que fi elles étoient toutes appuyées d'un ferment folemnel.

In omnibus negotiis , priufquam aggrediare , adhibenda eft diligens præparatio : deinde Caufidicus debet fumma fide , pari conftantia , & non minore verecundia caufam agere. Legibus & veritate femper , ut decet armatus præfidium amicis , opem alienis , falutem periclitantibus , invidis vero metum & terrorem inferet.

Il faut donc qu'un Avocat, pour la défenfe des caufes dont il eft chargé, ne fe ferve que des moyens légitimes , & qu'il n'ait jamais recours au menfonge : car , ou la caufe qu'il entreprend de défendre eft jufte , ou elle ne l'eft pas. Quand elle eft jufte, la vérité fuffit pour la gagner. Si elle eft injufte , c'eft accumuler crime pour crime, iniquité fur iniquité , que de la vouloir défendre par un menfonge. Une caufe eft-elle douteufe , un Avocat peut bien en confcience s'en charger ; mais il ne peut pas, pour la faire décider en faveur de fa partie , avoir recours au menfonge.

Enfin les Avocats, ne doivent rien dire qu'il ne vienne à la caufe dont ils ont entrepris la défenfe; & ils doivent fur-tout éviter de tomber dans deux inconvéniens qui font impardonnables.

Le premier eft de charger de faits étrangers leurs caufes, afin d'obfcurcir la vérité du fait dont il s'agit, pour jetter les Juges dans l'incertitude de ce qu'ils doivent juger : *Illud improbi eft hominis & perfidi , dicere quod alienum eft à caufa , & aliquid eorum quæ ad caufam pertinent omittere.*

Il ne faut jamais s'écarter de fon fujet , mais il le faut traiter dans toute fon étendue : *Fallere non minus videtur qui gefta præterit , quam ille qui numquam facta fingit.* Ainfi , il ne faut jamais omettre aucun fait , aucune circonftance , aucun moyen qui puiffe procurer le gain de la caufe dont on s'eft chargé, parce que *tot capita, tot fenfus.* C'eft pourquoi il arrive fouvent que les hommes fe déterminent à une même fin par différens motifs ; & qu'un moyen qui a paru leger aux uns , a été la caufe de la décifion de plufieurs autres.

Le fecond inconvénient eft de reprendre dans des plaidoyers ou dans des écritures des invectives & des injures diffamantes, fur-tout quant elles ne viennent point à la caufe que l'on défend , & ne peuvent en rien contribuer à la faire gagner.

La loi 6. §. 1. *cod. de poftulando* , le défend expreffement en ces termes : *Ante omnia univerfi Advocati ita præbeant patrocinia jurgantibus , ut non ultra quàm litium poffit utilitas , in licentiam conviciandi & maledicendi temeritatem prorumpant : agant quod caufa defiderat ; temperent fe ab injuriâ. Si quis adeo procax fuerit , ut non ratione , fed probris putet effe certandum, opinionis fuæ imminutionem patietur ; nec enim conniventia commodanda eft , ut quifquam, negotio derelicto , in adverfarii fui contumeliam aut palam pergat , aut fubdolè.*

Cette Loi a été autorifée par l'Ordonnance de Charles VII. en 1453. & par celle de François I. article 32. *voyez* Dargentré fur l'article 105. de l'ancienne Coutume de Bretagne ; Dufail , liv. 2, chap. 59. & liv. 3. chap. 447. Papon , liv. 8. tit. 3. la Rocheflavin , liv. 2. tit. 15. & Sauvageau en fes obfervations fur la Coutume de Bretagne , tit. 1. art. 101.

Il a été un tems où les Avocats, pour briller & fe faire admirer davantage , hériffoient leurs plaidoyers d'une infinité de traits d'hiftoires & de fables , & de paffages d'Auteurs eccléfiaftiques & profanes , qui fouvent n'avoient aucun rapport à la caufe dont ils entreprenoient la défenfe. Mais cette ufage eft entiérement aboli ; & les Avocats qui fuivent les regles de la véritable éloquence , ont foin aujourd'hui d'éviter les difgreffions inutiles , les ornemens fuperflus , & l'étalage d'une érudition hors d'œuvre , dont plufieurs anciens plaidoyers fe trouve remplis : *Ventofa & enormis loquacitas eft omnino evitanda.*

La fonction d'Avocat eft penible , laborieufe , & fuppofe dans celui qui l'exerce un riche fond & de grandes reffources, dit M. de la Bruyere. Il n'eft pas feulement chargé , comme le Prédicateur , d'un certain nombre d'Oraifons compofées avec loifir , retirées de même , avec autorité , fans contradicteur , & qui avec des médiocres changemens lui font honneur plus d'une fois. Il prononce des graves plaidoyers devant des Juges qui peuvent lui impofer filence , & contre des adverfaires qui l'interrompent ; il doit être prêt pour la replique. Il parle à un même jour , dans divers Tribunaux , de différentes affaires. Sa maifon n'eft pas pour lui un lieu de repos & de retraite , ni un azile contre les plaideurs ; elle eft ouverte à tous ceux qui y viennent l'accabler des leurs queftions & de leurs doutes. Il ne fe met pas au lit ; on ne l'effuye point : on ne lui prépare que des rafraîchiffemens. Il ne fe fait point dans fa Chambre un concours de monde de tous les états & de tous les fexes, pour le féliciter fur l'agrément & fur la politeffe de fon langage , lui remettre l'efprit fur un endroit où il a couru rifque de demeurer court. Il fe délaffe du long difcours par de plus longs écrits : il ne fait que changer de travaux & de fatigues.

Il paroît , par ce que nous avons dit , qu'il faut de très-grands talens pour être un excellent Avocat ; & qu'ainfi les jeunes gens ne doivent pas embraffer témérairement une profeffion fi pénible , à moins qu'ils ne reconnoiffent en eux toutes les qualités qui font réquifes pour y réuffir ; fçavoir , beaucoup de probité , beaucoup de prudence , beaucoup de genie , beaucoup de litterature , & beaucoup d'application à l'étude.

Celui qui veut embraffer la profeffion d'Avocat , doit préalablement méditer avec attention s'il y eft propre,& s'il a toutes les qualités qui entrent dans le caractere de l'honnête homme ; s'il eft en état d'y ajouter tout ce qui compofe l'homme de mérite ; s'il peut fe flatter de réunir le tout en lui dans un degré fupérieur ; & enfin s'il eft déterminé à s'adonner entiérement à l'étude des chofes qui font abfolument néceffaires pour fe bien acquitter de cette profeffion.

Pour pouvoir acquitter dignement les fonctions d'Avocat, il faut , comme nous l'avons dit, avoir une probité à l'épreuve de toutes chofes, & que le Public foit à cet égard avantageufement prévenu en notre faveur : *Non auditorum fidem conciliat , animofque plurimùm movet , probitatis , quàm omnes in loquente agnofcunt , commendatio.*

Cette probité, fi effentielle à la profeffion d'Avocat l'engage abfolument à embraffer avec zele l'intérêts de fes parties. *Prævaricari cenfetur patronus, qui*

qui Clientum jura perfunctorie duntaxat profequitur.

Mais fi celui qui défend négligemment l'intérêt de fes parties, eft un prévaricateur, que pourroit-on dire de celui qui feroit affez mal-honnête-homme pour donner confeil aux deux Parties dans un affaire, pour laquelle il fauroit qu'elles font en procès l'une contre l'autre.

Il faut que la probité foit foutenue de la prudence, d'un heureux génie, & d'une application continuelle à l'étude.

Si la probité nous préferve de rien faire qui foit abfolument contre l'honneur, la prudence nous met à couvert d'une infinité de fautes, qui ne font pas abfolument criminelles, mais qui ne laiffent pas quelquefois d'être blâmables, & d'avoir des fuites dangereufes. C'eft pourquoi celui qui eft le protecteur & le défendeur des autres, ne fçauroit avoir trop de circonfpection dans tout ce qu'il avance, pour maintenir le droit de fes Parties, de crainte qu'un manque de fageffe, une vivacité hors d'œuvre, une indifcretion quoique legere, ne leur caufe un dommage irréparable.

Prudentia, dit un pere de l'Eglife, *linguam fræno temperat, à conviciis abftinet, vaniloquio non delectatur, unum in alterum calumniando non commovet, fecreta celat, & filentio aliena contegit.*

Audiamus Ciceronem loquentem de M. Craffo. Fuit in illo mirus quidam pudor (inquit) & admirabilis animi modeftia, quâ non tantùm orationis fuæ augebat dignitatem, fed cui etiam ad probitatis commendationem multùm proderat. Nam, ut Paulinus ait, fermo viri mentis eft fpeculum.

Cette profeffion requiert encore un efprit vif, pénétrant, & fur-tout très-jufte & très-folide. Si elle eft fans contredit des plus belles & des plus nobles, il faut auffi demeurer d'accord qu'elle eft des plus pénibles, & qu'elle demande beaucoup plus de talens que toute autre.

En effet, pour être un parfait Avocat, il faut avoir une connoiffance parfaite des principes du Droit Romain, (qui eft la fource de toutes les bonnes Loix) fçavoir parfaitement les principales décifions qui font tirées des Ordonnances de nos Rois, & les grandes maximes du Droit coutumier, afin de pouvoir faire une jufte application des principes qui peuvent convenir à décider les différentes queftions fur lefquelles les Avocats ont journellement à travailler.

Il faut de plus qu'un Avocat joigne à la fcience des belles Lettres une idée générale des premiers principes de tous les Arts, pour pouvoir dans l'occafion travailler utilement fur les conteftations qui fe préfentent tous les jours à leur fujet.

Sæpe vidimus, inquit Oratorum Princeps, M. Manlium & alios Oratores, five in foro ambulantes, five in folio fedentes, univerfis confilii fui copiam facere, non tantùm de jure, fed & rebus facris, de agro colendo, &c. adeo ut nihil erat in hac civitate atque tota Italia, quod non didicerint, perquifiverint, præfcripferint.

Toutes les différentes parties de la profeffion d'Avocat demandent certainement une très-grande étendue d'efprit, pour bien entendre les Loix,

Tome I.

& pour faire une jufte application de la connoiffance que l'on pourroit en avoir acquife. Il faut, pour y réuffir, être doué d'un jugement folide, & joindre à une application continuelle à l'étude, une profonde méditation fur les queftions que l'on a à traiter ; car fans le travail, l'efprit de l'homme, quelqu'étendu qu'il foit, demeure enfeveli dans les ténébres de l'ignorance, & fujet à tomber dans les erreurs les plus groffiéres, furtout dans une profeffion auffi délicate que l'eft celle d'Avocat.

Le nombre des Avocats eft indéfini. Il n'eft pas même permis à un juge de les fixer dans fon fiége ; & tous ceux qui ont les qualités réquifes, font en droit de s'y préfenter & d'y être admis.

Ils font capables de donations entre-vifs ou teftamentaires faites à leur profit ; quand elles ne proviennent que de la libéralité ou de la reconnoiffance du donateur : mais toutes les difpofitions qui font faites en leur faveur font déclarées nulles, pour peu qu'elles foient fufpectes de fuggeftion ; & ces fortes d'affaires, quant elles font portées en Juftice, fe décident toujours fuivant les circonftances, qui doivent déterminer les Juges à confirmer ou à rejetter les difpofitions faites en faveur de ceux qui ont l'adminiftration des affaires d'autrui. *Voyez* ce que j'ai dit fur l'art. 276. glofe 1. nomb. 53. & fuiv.

Celui qui a été Avocat dans une caufe, ne peut point en être Juge ; mais celui qui a été Juge en premiere inftance, peut être Avocat en caufe d'appel.

L'entiere indépendance, qui eft inféparable de la profeffion d'Avocat, la rend entiérement libre, & fait qu'on ne peut pas forcer un Avocat à prêter fon miniftere.

Les Avocats, de même que les Procureurs, ayant le fecret de leurs Parties, ne peuvent pas dépofer dans une affaire qui les concerne, & dont ils ont pris la défenfe.

Dans les affaires d'Audience, les Avocats ne peuvent point être défavoués. Un Avocat peut en plaidant déclarer que fa caufe entiere, ou un chef de fa caufe, n'eft pas foutenable, & l'abandonner, fauf à la Cour à la juger, fans avoir égard à l'abandon que l'Avocat pourroit en avoir fait. Mais dans les procès par écrit, quand l'avocat donne lieu dans fes écritures à faire condamner fa Partie, elle le peut défavouer, non pas pour inftruire contre lui le défaveu, ou le faire condamner en des dommages & intérêts, mais pour fe prévaloir du défaveu contre la Partie adverfe qui auroit en conféquence gagné fon affaire.

Les Avocats ne font jamais garants des avis qu'ils donnent, parce que les Parties ont la liberté de ne les pas fuivre. Leurs avis ne peuvent paffer que pour des confeils : *At nemo ex confilio mandati obligatur ; leg. 2. §. ult. ff. mandati, nifi tamen confilio fraus fubfit ; quo cafu de dolo actio competit ; leg. 47. ff. de regul. jur. leg. 6, §. 5, leg. 32, ff. mandati.*

La profeffion d'Avocat eft très-noble, & tire fur-tout fon avantage au-deffus des autres de fon indépendance. Auffi ceux qui la font, ne laiffent

S

paſſer aucune occaſion de faire voir au Public le zéle qu'ils ont pour maintenir l'indépendance de leur profeſſion , & de s'oppoſer à tout ce qui pourroit y donner la moindre atteinte.

Les Avocats précédent les anciens Marguilliers comptables aux proceſſions & aux autres cérémonies publiques ; comme il a été jugé par pluſieurs Arrêts rapportés par M. Brillon.

A l'égard du rang que les Avocats doivent avoir entr'eux ; l'uſage l'a réglé par l'antiquité de la reception, l'immatriculation, & le ſervice dans le Siége.

Mais les Avocats reçus en la Cour, qui ont plaidé & ſuivi le Barreau en icelle, conſervent dans les Juriſdictions de ſon reſſort leur rang, du jour qu'ils ont été reçus en la Cour. Ainſi, de deux Avocats dans un Bailliage, l'un reçu au Parlement, l'autre au Bailliage, celui qui eſt reçu au Parlement, a la préſéance *propter dignitatem conferentis.* Baſſet, tom. 2. liv. 2. tit. 4. ch. 2.

Les Avocats qui ont été reçus dans les autres Parlemens que celui de Paris, ne ſont point ici mis dans le tableau du jour de leurs matricules, mais ſeulement du jour qu'ils ont plaidé dans le Parlement de Paris, ou qu'ils ſe ſont fait connoître au Batonnier.

Un Avocat qui s'eſt fait Procureur, & qui depuis reprend la profeſſion d'Avocat, ne conſerve pas le rang de ſa matricule, & il n'a ſéance parmi les Avocats, que du jour qu'il a repris la fonction d'Avocat.

La profeſſion d'Avocat étant toute noble & toute indépendante, elle eſt incompatible avec tous les poſtes qui dérogent, ou qui rendent dépendant d'autrui.

Auſſi voyons-nous que dans les Siéges où la fonction d'Avocat & celle de Procureur ſont unies, les Avocats ne dérogent point. *Voyez* le Journal des Audiences, tom. 2. liv. 7. chap. 23.

Suivant ce que nous venons de dire, les Avocats ne peuvent point poſtuler, ſi ce n'eſt dans les Siéges ou la fonction d'Avocat & celle de Procureur ſont unies. Ils ne peuvent point auſſi, non plus que les Procureurs, être Solliciteurs, comme j'ai dit *verbo* Solliciteur.

Dans tous les tems & chez toutes les Nations, la profeſſion d'Avocat a été autant recommandable, qu'elle eſt pénible.

Chez les Romains, c'étoit ordinairement les Avocats qu'on élevoit aux plus nobles emplois de la République ; & parmi nous, avant la vénalité des Charges, le Corps des Avocats étoit certainement le Séminaire d'où l'on tiroit des ſujets pour remplir les Charges les plus éminentes de Magiſtrature, à meſure qu'elles venoient à vacquer.

Spartien dit qu'il eſtime davantage Sabinius d'avoir été Avocat & Juriſconſulte, que d'avoir été deux fois Conſul & Préfet de Rome.

Judicium advocati nobile eſt, laudabile & honorabile ; leg. providendum, cod. de poſtulando. Advocatorum Corpus dignitatem Seminarium eſt. Mornacius, ad leg. 10. cod. de advocat. diverſ. judic. Audiamus Ciceronem in Oratore. Quid, inquit tam regium, tam liberale, tam magnificum, quam opem ferre ſupplicibus, excitare afflictos, dare ſalutem, liberare periculis, & retinere homines in civitate.

Ce n'étoit pas ſans raiſon que dans la ville de Rome & dans celle d'Athènes on plantoit des palmes vis-à-vis les Maiſons des Avocats, pour faire entendre par cette marque de diſtinction que l'honneur eſt le véritable prix des pénibles travaux de cette glorieuſe profeſſion.

Mais pour renfermer tous leurs éloges en un ſeul, il ſuffit de lire la Novelle *de poſtulando* de l'Empereur Théodoſe, où, après avoir réuni tous les éloges imaginables, & les avoir attribués aux Avocats, il reconnoît qu'il n'y a point d'honneur, ſi grand qu'il puiſſe être, qui ſoit au-deſſus de leur mérite ; & conclut que même les privilèges qu'il leur accorde, ſont peu de choſe pour une fonction ſi néceſſaire, ſi grande & ſi ſacrée.

On peut dire qu'en France, auſſi-bien que dans l'Empire Romain, l'Ordre des Avocats eſt le Séminaire des dignités, de la ſcience & de la vertu. Auſſi toutes les plus illuſtres familles de la Robe tirent la gloire de leur origine de cet Ordre.

Autrefois le Parlement ne faiſoit aucun réglement, ſans avoir communiqué la matiere aux anciens Avocats ; & après qu'ils l'avoient examinée, ils étoient appellés au Jugement, & avoient voix délibérative ; ainſi que nous l'apprenons d'un célèbre Arrêt de Réglement rendu le lendemain de la Chaire de S. Pierre de l'année 1329. comme il eſt dit dans les obſervations de M. Bretonnier ſur Henrys, tom. 1. liv. 2. queſt. 47.

En ce tems-là les Juges s'appelloient Maîtres, & les Avocats Conſeillers, *Advocatii Conſiliarii Parlamenti.*

L'uſage de donner en France la qualité de nobles aux Avocats, eſt certifié par tous nos Docteurs François. Mornac, *ad leg. Advocati, cod. de Advocat. diverſ. judic.* ſur le rapport de Froiſſard, remarque même que Charles V. le fit Chevalier : *Haud abs re huc retulerimus quòd habet Froſſartus de variis Togatis noſtræ Galliæ, qui cùm Equites à Carolo quinto, quem Sapientem dicimus, creati eſſent vocabantur,* c'eſt-à-dire, Chevaliers des Loix. Ce Prince eſtimoit même & affectionnoit tant leur profeſſion, qu'il alloit ſouvent les entendre au Palais, & rendre la juſtice en perſonne.

Belordeau, dans ſes Obſervations forenſes, liv. 1. ch. 25. ſoutient que les Avocats ſont en droit de prendre la qualité de nobles, & que cette qualité ne peut leur être conteſtée que par des ignorans qui ne connoiſſent ni le mérite ni la vertu.

La gloſe *ad leg. providendum, cod. de poſtuland.* dit, en parlant des Avocats, que la véritable nobleſſe vient de la ſcience & de la vertu : *Scientia & virtus nobilitant.*

Tiraqueau, dans ſon traité de la nobleſſe, chap. 29. nom. 12. & 14. dit que les Avocats exercent une profeſſion noble : *Nec ad aliud munus perſonæ cogi poſſunt, quoniam non debent vilia miniſteria exercere in vilipendium Togæ, &c.*

Chaſſanée, *in catalog. glor. mund.* part. 8. conſiderat. 12. après avoir dit que tous les Docteurs ſont nobles, remarque que les Avocats ont toujours pris la qualité de nobles, ſans néanmoins que cette qualités les exempte des subsides ou impositions publiques.

Et pourquoi parmi nous envieroit-on aux Avocats la qualité de nobles, tandis que dans les états voisins, en Savoye, en Italie, en Espagne, ils sont nobles d'une noblesse réelle & transmissible ? En France même, avant que des raisons d'Etat eussent introduit la vénalité des Charges, combien de fois les a-t-on vû ne faire qu'un pas du Barreau aux premieres dignités de la Magistrature ? Et de quelle considération n'ont-ils point été honorés partout ce qu'il y a jamais eu de plus éminent dans la Robe ? Témoin M. de Thou, dont la modestie jointe à un mérite supérieur, a mérité les plus grands éloges.

La Loi Advocati, cod. de advocat. divers. judic. compare & égale la profession des Avocats, à la profession des armes, en ce que les Avocats, en s'appliquant pour l'intérêt du Public & des Particuliers, à démêler d'épineuses difficultés, ne prêtent pas au genre humain des secours moins importans, que s'ils exposoient leur vie dans des combats pour le salut de la Patrie & de leurs familles. Ils soulagent, ils encouragent des pauvres Cliens fatigués, & pour ainsi dire, harassés par de longues vexations. Ils relevent ceux qui étoient comme abattus & accablés, qui gémissoient & languissoient sous l'oppression. Ils soutiennent par la force de leur éloquence ceux qui succomboient sous les artifices de la chicane & de la calomnie. On ne fait pas la guerre, on ne combat pas avec l'épée seule, le bouclier & la cuirace : les Avocats combattent aussi avec ce merveilleux talent de la parole, & cette noble assurance qui ranime souvent des espérances presque perdues, qui défend les biens, la vie, l'honneur, plus précieux encore que tout le reste, & dont la perte rejailliroit sur la postérité la plus reculée.

Ce parallele est d'autant plus juste, que si le mérite capital de l'homme de guerre consiste dans la valeur, dans une intrépidité qui affronte les plus grands périls, & la mort même, de sang froid; le devoir essentiel de l'Avocat consiste de même à défendre les foibles contre les puissans, avec une sage constance & une fermeté que rien ne soit capable d'ébranler. Autrement, dans l'une & l'autre profession, la peine du manque de courage est une dégradation ignominieuse.

Il y a du péril dans l'un & l'autre métier, & l'honneur ne s'acquiert qu'à ce prix. Pour animer & soutenir les Avocats dans cette périleuse & glorieuse carriere, les Romains ont ajouté les bienfaits & les récompenses aux louanges les plus exquises & aux plus brillans éloges; Leg. 13. cod. de Advocat divers. judic. Ils leur ont accordé aussi les mêmes priviléges qu'aux Avocats du Fisc; & cette place de distinction, occupée par l'homme du Prince, étoit remplie successivement par les Avocats suivant l'ordre de leur matricule. Leg. 15. & 16. cod. eod.

Généralement tous les Avocats étoient à Rome exempts de toutes charges personnelles. Leg. Sancimus, 6. cod. eod.

La loi providendum, cod. de postulando, appelle les Avocats très-nobles, quos meritum in Foro nobilissimos fecerit. Voyez §. 1. cod. de novo codice faciendo ; & legem per suggestionem, codice de Advocatis diversorum Judicum, où les Avocats sont mis au rang des Comptes & des Clarissimes, anciens Avocats qui ont fourni glorieusement leur carriere; rang qui les égaloit aux Sénateurs, & les plaçoit au-dessus des Chevaliers Romains, dont l'Ordre étoit inférieur à celui des Clarissimes. Leg. unic. cd, cod. de Equest. dignit.

L'office d'Avocat est effectivement très-avantageux au Public, quand il est exercé avec des manieres conformes à la vérité & à la justice. Aussi sous les Empereurs Romains, les plus grands hommes d'Etats se faisoient un honneur de l'exercer; & Sidoine Apollinaire soutient que Pline le jeune, Gouverneur d'Asie, a mérité plus d'estime par le Plaidoyé qu'il fit en faveur de Variole devant les Juges de Rome, que par le fameux Panégirique qu'il fit sur les perfections de l'Empereur Trajan.

La Ville d'Athenes, où les Romains puiserent, comme dans leur source, les principes de la justice & les régles de la politesse, faisoit un si grand cas des Orateurs, qu'elle avoit en eux une entiere confiance; ensorte qu'ils disposoient de tout dans la République, & que rien ne s'y exécutoit que ce qui leur avoit paru juste.

En un mot, tout publie la gloire & la noblesse d'une profession si illustre. Sa récompense se nomme honoraire. Ceux qui l'exercent sont appellés en Droit Patroni, comme pour faire entendre que c'est souvent d'eux que les hommes tiennent leurs biens, leur vie, leur honneur & leur liberté. C'est à eux en effet, que la veuve, l'orphelin, le pauvre, le foible, le malheureux & les opprimés ont recours, comme aux protecteurs du bon droit, & aux défenseurs de la bonne cause contre l'injustice & la violence, le crédit & l'autorité. Aussi la qualité d'Avocat est encore aujourd'hui dans plusieurs Nations une dignité, une noblesse très-réelle, dont les droits & les priviléges ne sont pas seulement personnels, mais sont transmissibles aux veuves & aux enfans.

Au reste, l'éloquence des Avocats est très-utile au Public, quand elle est soutenue par une grande probité; mais elle est très-funeste lorsqu'on l'employe pour déguiser l'injustice & pour farder le mensonge.

Touchant la dignité de la profession des Avocats. Voyez Bacquet, des francs-Fiefs, chap. 11. nomb. 9. M. Cujas dans ses Paratitles du Code, liv. 2. tit. 1. nom. 7. & M. le Bret en ses Remontrances faites à l'ouverture du Parlement. Voyez aussi ce qui est dit des Avocats dans le seizieme tome des causes célébres, où sont apportés quantité de traits historiques d'Avocats qui ont refusé des Charges de Justice même les plus éminentes, & leur ont préféré la réputation de grand Avocat, parce que ce titre est un pur effet de la vertu.

On peut dire à la gloire des Avocats; qu'ils ne font aucunes pactions avec les Parties pour leur honoraire; terme qui ne peut jamais être mieux employé, que pour fignifier ce que les Parties donnent aux Avocats pour avoir pris leur défenfe.

Comme la profeffion d'Avocat, inféparable de l'honneur, n'a rien de mercenaire, les pactions que les Avocats feroient par avance, pafferoient pour exactions de leur part, & pour foibleffe de la part de leurs Cliens. C'eſt ce que femble dire la glofe, ad legem 6. cod. de poſtulando, en ces termes; Cliens omnia Patrono daret propter metum litis, ſicut infirmus propter timorem mortis Medico.

Il n'eſt donc pas permis aux Avocats de faire aucunes conventions de quota litis. Voyez Papon, liv. 6. tit. 4. nôm. 3. & M. Maynard, tom. 1. tit. 3. chap. 12.

Ces fortes de prévoyances contre l'ingratitude des Cliens, ont toujours été regardées par les Avocats comme de voyes fordides, & indignes de l'honneur attaché à leur profeffion; Male audiret apud nos ſi quis hodiè ejufmodi cautionem à Cliente acciperet; nec unquam contigiffe in Foro noſtro memini. Mornacius, ad legem 12. cod. de poſtuland.

On ne voit point auffi les Avocats plaider pour leur honoraire, comme nous le dirons verbo Honoraire. La difpofition du droit Romain, qui réfufe aux Avocats toute action pour leur honoraire, a été adoptée au Parlement de Paris, fuivant un Arrêt rendu en la Grand'Chambre fur Délibéré, le 3. Septembre 1737. Voyez les notes fur la Coutume d'Artois, art. 73. nomb. 57. & 58.

Cela fait bien voir que l'intérêt, qui féduit le plus fouvent ceux qui font adonnés à la plûpart des autres emplois, n'a pû encore diminuer en rien la nobleffe de cette profeffion, qui, toujours attentive à l'honneur, ne s'eſt point jufqu'à préfent laiffé éblouir par l'éclat des richeffes, dont les appas trompeurs corrompent fouvent des cœurs qui paroiffent être incorruptibles.

Rien ne pourroit déshonorer davantage l'éminence de cette profeffion, que de s'y adonner dans la vue du gain. Sa nobleffe tire fon plus grand luſtre, non-feulement des rares talens qu'il faut avoir pour en remplir les devoirs, mais principalement de fon indépendance, & du défintéreffement que doivent avoir ceux qui l'embraffent, fans fe porter à défendre les droits d'autrui par l'efpérance d'un gain fordide qui en doit être la récompenfe.

Il eſt vrai cependant que l'honneur ne peut pas toujours être affez détaché de tout intérêt, pour fe réduire précifément à la fatisfaction de travailler uniquement pour la gloire. Paucos enim noſtris temporibus Fabricio fimiles dubio procul invenies, qui etiam juſtè partas divitias præ gloria velint contemnere. Mais il faut toujours que le premier & le principal mobile de notre travail foit l'honneur qui en doit revenir, & non pas un défir immodéré du gain, qui régleroit notre affection à défendre le bon droit de nos Cliens felon la grandeur de la récompenfe que nous croirions nous en devoir revenir.

Ceux qui étoient du tems d'Apulée, fufceptibles d'une telle baffeffe, méritoient certainement tout ce qu'il en dit, dum eos appellat vultures togatos, venale genus, & mancipia palaſtra. Ce qui eſt très-

ſpirituellement dit; car les Avocats qui mefurent leur zéle à défendre le droit de leurs Parties felon la récompenfe qu'ils en attendent, font de vrais mercenaires qui déshonorent la profeffion.

Auffi, quand nous difons que la profeffion d'Avocat eſt très-belle, & très-noble, cela ne s'entend que par rapport à la maniere dont s'en acquittent ceux qui la font, & aux talens dont ils font doués: car ceux qui ne font animés que par le défir d'un gain fordide, ou qui n'ont pas les qualités que cette profeffion réquiert, en reçoivent plus de confufion que d'honneur.

Je ne crois rien hazarder, en difant que les Avocats du Parlement de Paris ont toujours vécu avec un défintéreffement, une intégrité & une bonne foi convenables à la nobleffe de leur profeffion: & fi, généralement parlant, celle d'Avocat eſt au-deffus de tous les autres, il faut demeurer d'accord que les Avocats du Parlement de Paris n'ont pas peu contribué à faire valoir tous les droits & toutes les prérogatives qu'on leur attribue, non-feulement par un vrai mérite & un travail des plus affidus, mais encore par une modeſtie finguliere, qui eſt l'unique préfervatif dont on puiffe fe fervir contre les appas féduifans de la vanité & de l'amour propre, paffions funeſtes qui aviliffent les plus grandes vertus.

Tous les titres glorieux qu'on leur donne, le rang & la préféance qui leur font accordés, touchent peu ceux qui tirent leur gloire d'ailleurs, c'eſt-à-dire, d'en remplir avec honneur tous les devoirs. Affidus à l'étude & à leurs occupations, modeſtes & affables à tout le monde, ils croyent ne tirer jamais de plus grand avantage de leur miniſtere, que quand ils l'employent à fecourir le malheureux dans fes befoins, & à tirer le miférable de l'oppreffion.

Uniquement guidés par la juſtice, détachés de leurs propres intérêts, on les voit prendre avec ardeur la défenfe de ceux qui ne paroiffent guères être en état de reconnoître les bons offices qu'ils leur rendent. Pour peu qu'ils fe croyent à portée de contribuer à faire rendre la juſtice à ceux qui languiffent dans la mifere, ils font auffi fatisfaits que s'ils employoient leurs veilles à défendre les intérêts des plus puiffans, dont ils auroient lieu d'attendre les plus grandes récompenfes & les plus importans fervices.

Aucun confeil pernicieux ne fort de leur bouche: toujours fages, toujours intégres, ils ne rendent à ceux qui les confultent, que des oracles: & quand l'affaire qu'on leur propofe mérite quelque examen, au lieu de rifquer une réponfe peu convenable, ils ne fe croyent pas déshonorés de confulter leurs Livres devant les Parties, ou de prendre du tems pour donner leur réponfe.

On ne le verra jamais fe charger de chofes qui, étant abfolument mauvais, ne fe peuvent défendre que par des fubterfuges & par des moyens frauduleux. Bien loin que leur éloquence ferve à voiler la vérité, des nuages des ténèbres du menfonge; elle ne fe prête que pour rendre à la vérité toute fa fplendeur,

Les écritures qu'ils font ne se reconnoissent pas moins à la netteté & à la briéveté qui y regnent, qu'à la justesse des pensées & à la solidité des raisonnemens, qui y sont employés.

Incapables de donner la moindre atteinte à la réputation d'autrui, ils n'avancent jamais rien dans leurs plaidoyers, ni dans leurs écritures, qui puisse blesser l'honneur de la Partie adverse, que sur la foi d'un Mémoire signé de leur Partie: encore faut-il que ce soient choses qui servent à l'affaire dont ils ont pris la défense; auquel cas ils ne peuvent être assignés ni poursuivis par les Parties contre qui ils ont avancés des faits injurieux; comme il a été jugé par un Arrêt solemnel de la Grand-de-Chambre, en date du 22. Janvier 1707.

M. Augeard, tom. 3. chap. 8. rapporte un semblable Arrêt de la Tournelle criminelle, rendu le jour précédent, le 21 Janvier 1707. sur les conclusions de M. l'Avocat général Portail, qui a été depuis Président à Mortier, & qui est mort premier Président.

Ce que ce grand Magistrat dit à ce sujet, est si judicieux, si élevé, si énergique, que je ne puis me dispenser de le rapporter ici. » En général, le » ministere des Avocats doit être un ministere » pur & sans reproche. La sagesse de leurs dis- » cours doit répondre à la noblesse de leur pro- » fession. Ils doivent être zelés pour leurs Parties; » mais ils ne peuvent être trop attentifs & trop » circonspects sur le choix des leurs expressions. As- » sociés, pour ainsi dire, à la Magistrature, ils ne » doivent parler que le langage des Loix & de la » Jurisprudence. Ils doivent soutenir les intérêts » de leurs Parties sans entrer dans leurs passions; » faire valoir leurs droits, mais ne pas suivre leurs » emportemens; défendre la cause, & ne pas » attaquer les personnes.

» On peut rendre cette Justice au Barreau, que » dans le premier Tribunal du Royaume, ceux » qui se distinguent le plus par leur éloquence & » par leurs lumieres, sont ceux qui se distinguent le » plus par leur sagesse & par leur modération. » Néanmoins, au milieu de ces régles de bienséan- » ce que les Avocats ne doivent point perdre de » vûe, leur ministere deviendroit souvent inutile, » s'il ne leur étoit permis d'employer tous les ter- » mes les plus propres à combattre l'iniquité: leur » éloquence demeureroit sans force, si elle étoit » sans liberté. La nature des expressions dont ils » sont obligés de se servir, dépend de la qualité » des causes qu'ils ont à défendre. Il est une noble » véhémence & une certaine hardiesse qui fait par- » tie de leur ministere. Il est des crimes qu'ils ne » sçauroient peindre avec des couleurs trop noires, » pour exciter la juste indignation des Magistrats » & la rigueur des Loix. Même en matiere civile, » il est des espéces où l'on ne peut défendre la cau- » se sans offenser la personne, attaquer l'injustice » sans deshonorer la partie, expliquer les faits sans » se servir des termes durs, seuls capables de les » faire sentir, & de les représenter aux yeux des » Juges. Dans ces cas, les faits injurieux, dès qu'ils » sont exempts de calomnie, sont la cause même,

» bien loin d'en être les dehors; & la Partie qui » s'en plaint, doit plutôt accuser le déreglement » de sa conduite, que l'indiscretion de l'Avocat.

Mais de même que les Avocats seroient repréhensibles s'ils avançoient contre les Parties adverses des faits calomnieux & étrangers aux causes dont ils ont entrepris la défense, il est aussi défendu aux Parties d'injurier les Avocats; & quand cela est arrivé, elles ont été condamnées à leur faire réparation d'honneur, avec défense de recidiver, sous peine d'être punies exemplairement.

On n'a jamais pû obliger les Avocats à mettre au bas de leurs écritures le reçu de leur honoraire. L'art. 161. de l'Ordonnance de Blois, d'où a été tiré l'art. 10. du tit. 31. de l'Ordonnance de 1667. les y vouloit astreindre.

Depuis l'Ordonnance de Blois, il a été rendu au Parlement de Paris un Arrêt en 1602, en une Mercuriale, portant que les Avocats seroient tenus d'observer le susdit art. 161. de l'Ordonnance de Blois; mais il n'a jamais été observé, & cet Arrêt causa un très-grand trouble dans le Palais: car les Avocats voyant qu'on vouloit soumettre à un gain limité & mercenaire la reconnoissance de leur travail, qui doit être laissée à la discrétion des Parties, resolurent de quitter leur profession, & d'abandonner le Palais. Ils s'assemblerent au nombre de plus de trois-cents en la Chambre des Consultations, & allerent deux à deux au Greffe, où ils renoncerent publiquement à leur profession.

Cela fut cause que l'exercice de la justice cessa, de sorte qu'il fallut que le Roi interposât son autorité pour les faire revenir au Palais. Il envoya ici une déclaration de Poitiers, où il étoit, laquelle est du 25. Mai 1602. Cette déclaration confirmant le susdit Arrêt, enjoint aux Avocats d'y obéir, & néanmoins rétablit ceux qui avoient été interdits de leurs fonctions, leur donnant le pouvoir de les exercer comme ils faisoient auparavant. Par ce moyen, peu-à-peu chacun retourna au Palais, sans qu'on parlât dans la suite du susdit Arrêt de Réglement.

On peut voir ce qui se passa au sujet de cette émotion, dans le Dialogue des Avocats fait par Loysel, où il se trouve quantité de choses très-curieuses touchant la profession d'Avocat, & entr'autres un trait assez particulier à l'occasion de la retraite des Avocats; sçavoir qu'un Conseiller ayant demandé à un Avocat à quoi lui & ses Confreres s'occuperoient, il lui répondit qu'ils se feroient Conseillers comme lui. Ce qui revient à ce que nous avons dit ci-dessus, que l'Ordre des Avocats étoient au tems passé le Séminaire des Magistrats. *Qua de causa dixit Ennodius Causidicum & Senatorem nota proximitate sociari.*

On demande si le travail de l'Avocat qui traite une question nouvelle, est plus pénible que celui de M. l'Avocat général & de M. l'Avocat du Roi qui la traite après lui? Voici ce qui est dit à ce sujet dans le septieme tome des Causes célebres, page 313. » D'abord il paroît que l'Ouvrage du Magis- » trat est plus aisé, puisqu'il profite des lumieres

» de l'Avocat, & qu'il faut que celui-ci s'ouvre
» une route dans un pays qui n'aura point encore
» été battu, qui défriche une terre qui n'aura point
» été cultivée. Un homme qui marche le premier
» dans une route obfcure, va à tâtons & en trem-
» blant, au lieu que les pas de celui qui marche
» après lui, font pofés avec plus d'affurance. D'Ail-
» leurs, l'Avocat perce les obfcurités qu'on pé-
» nétre facilement après lui, il débrouille le ca-
» hos; & celui qui acheve de le diffiper, foutenu
» par le travail du premier, a beaucoup moins
» de peine; il a été mis fur les voyes. Le premier
» pas eft le plus difficile; le pied fe porte de lui-
» même, pour ainfi dire, à pourfuivre le chemin.
» Voilà ce qu'on peut dire pour l'Avocat.
» Mais on répond qu'il ne s'attache qu'à faire
» valoir la caufe de fa Partie; qu'il ramene tout à
» cette idée, il extenue ou affoiblit les moyens
» qui font contre lui; enfle & exagere ceux qui
» font en fa faveur. Ainfi il ne rend jamais la vé-
» rité telle qu'elle eft; il ne préfente aux juges les
» objets qu'à travers des verres qui appétiffent ou
» groffiffent les objets; au lieu que M. l'Avocat gé-
» néral les offre comme ils font dans eux-mêmes,
» & les réduit au véritable point de précifion, en
» les dépouillant des fauffes couleurs qu'on a pré-
» tée à ceux-ci, & rendant les véritables couleurs
» qu'on a ôtées à ceux-là. Ainfi, au lieu de fuivre
» le chemin que l'Avocat a frayé, il s'en ouvre un
» nouveau, qu'il découvre aux Juges, en leur
» montrant que s'ils ne le fuivent pas, ils tombe-
» ront dans le précipice de l'erreur & de l'injufti-
» ce: ainfi, s'il profite du travail des Avocats,
» c'eft pour prendre une route où il évite les deux
» extrémités où ils ont donné.
» Ajoutons que pour foutenir la dignité de fon
» miniftere, il eft obligé d'encherir fur leur travail.
» Ainfi, en péfant toutes les raifons, il faut fe dé-
» terminer à juger que fa fonction eft bien plus
» difficile & plus épineufe. »

Ces obfervations me paroiffent fuffifantes fur le
mot d'Avocat. J'ai tâché de le réduire le mieux
qu'il m'a été poffible. Ceux qui voudront approfondir cette matiere, n'auront qu'à voir les Loix
civiles, au Traité du Droit public, liv. 2. tit. 6. le
Dictionnaire de M. Brillon, & les autres qu'il indique. *Voyez* auffi un Arrêt de Réglement du Parlement de Paris, du 17. Juillet 1693. rapporté dans
le Journal des Audiences. La lecture de cet Arrêt
fait aifément connoître ce qui eft du miniftere des
Procureurs, & ce qui eft refervé à celui des Avocats. *Voyez* auffi la Préface du Recueil alphabétique de M. Bretonnier, où, après avoir fait l'éloge
de la profeffion d'Avocat, il rapporte les qualités
qu'il faut avoir, & l'étude qu'il faut faire pour
réuffir dans cette noble & pénible profeffion.

Pour ce qui concerne l'éloquence du Barreau,
voyez ce que j'en dis à la lettre E.

AVOCATS CONSULTANS, font ceux qui, après
avoir acquis une parfaite connoiffance du Droit &
de la Pratique, donnent des avis à ceux qui les
confultent, & qui leur difent s'ils doivent porter
en Juftice l'affaire qu'ils leur propofent.

Si les Avocats plaidans ont été comblés de tant
de gloire, les Confultans ou Jurifconfultes n'ont
pas reçu de moindres marques d'eftime & de confidération. Les Loix les reconnoiffent pour leurs
premiers peres, & les appéllent légiflateurs & auteurs du Droit; & l'Empereur Juftinien déclare
que fes Loix & Conftitutions impériales font fondées fur leurs décifions.

Ils étoient à Rome les Tuteurs, les Précepteurs
& les premiers Miniftres des Empereurs. On leur
dreffoit des Statues en public. L'Empereur Trajan
avoit deftiné le Jurifconfulte Neratius pour fon
fucceffeur à l'Empire. Antonin avoit été Jurifconfulte, & l'Empereur Macrinus Avocat.

De-là procédent tant de titres glorieux que les
Loix donnent aux Jurifconfultes, ne les qualifiant
pas feulement du titre de nobleffe comme, il fe
voit dans la Loi feconde au titre du Digefte *de ex-
cufation. tutor.* Mais pour marquer que leur profeffion les annoblit plus que les Charges les plus
éminentes, elles leur donnent encore les titres
d'amis du Prince, de parens de l'Empereur, de
très-faints, de Magnifiques, de Prêtres & Profef-
feurs de la Juftice, de vrais Philofophes, de Miniftres de la République; & même le titre fublime
de Sages que les Philofophes n'ofent s'attribuer,
leur fut donné, parce qu'on ne trouva pas de profeffion qui le méritât mieux que celle de la Jurifprudence.

Autrefois les Avocats du Roi, même au Parlement, confultoient auffi pour les Parties. Il y a
des Lettres patentes du trente Juillet 1526. portant permiffion à Pierre Lizet, Avocat général
au Parlement de Paris, de confulter pour les Parties dans les affaires où le Roi n'auroit point d'intérêt.

AVOCATS AUX CONSEILS, font ceux qui
font toutes les Inftructions & procédures dans les
affaires qui font difcutées aux Confeils du Roi, ou
aux Requêtes de l'Hôtel du Souverain, où ils occupent avec les Procureurs du Parlement. Ils font
créés en titre d'office.

Il faut être reçu Avocat, pour avoir une Charge
d'Avocat au Confeil. Cependant les Avocats du Parlement ne les regardent pas volontiers comme leurs
Confreres.

Il y a une Déclaration du 6. Février 1709. qui
régle le rang que les Avocats au Parlement & les
Avocats au Confeil doivent garder entr'eux; mais
je ne fçai fi elle eft bien exécutée.

Comme les Avocats au Confeil poftulent, & font
les fonctions de Procureurs, ils ont comme eux
une action pour demander leurs frais & honoraires, & on ne peut oppofer une fin de non recevoir
contre les demandes qu'ils en font, comme il a été
jugé par Sentence de Requêtes de l'Hôtel au Souverain, le 17. Avril 1704. rapporté par M. Augeard, tom. 1. chap. 48.

AVOCATS Généraux. Anciennement l'on
donnoit ce titre à tous les Avocats au Parlement.
On les appelloit *généraux*, pour dire qu'ils aidoient
le public de leur miniftere; à la différence des Avocats du Roi, foit au Parlement ou dans les autres

Tribunaux, qui n'employent leur miniftere qu'à défendre les intérêts du Roi, ceux de l'Eglife, du Public & des Mineurs. On trouve dans les Regiftres du Parlement, que M. Guillaume de Dormans fut Avocat Général au Parlement, puis Avocat du Roi audit Parlement, enfuite Chancellier de Dauphiné, & enfin Chancellier de France. Il paroît que Pierre Lizet fut le premier qui prit le titre d'Avocat général, fuivant les Lettres patentes du 30 Juillet 1526. où il eft ainfi qualifié.

Préfentement les Avocats généraux font ceux qui dans un Parlement, ou dans une autre Cour fouveraine, font prépofés pour maintenir les intérêts du Roi, ceux du public & de l'Eglife. Au Châtelet & dans quelques autres Tribunaux on leur communique auffi les caufes des Mineurs ; mais cela ne fe pratique point au Parlement.

On leur communique donc toutes les caufes où cela fe rencontre, & après que les Avocats des Parties ont plaidé, ils donnent leurs conclufions.

Comme l'intérêt public réfide particulièrement en la bouche des Avocats généraux, ils doivent avoir la même ardeur pour le bien public, que les Parties ne manquent jamais d'avoir pour leur intérêt particulier.

C'eft à ces illuftres Magiftrats à travailler à conferver l'ordre du monde, la gloire des Etats, la pureté des mœurs, & la félicité des peuples ; auffi ne les voit-on pas combattre pour l'honneur de la victoire, mais pour l'honneur de la vérité.

Si le foin particulier de la Couronne de nos Rois leur eft confié, ils ne parlent pour eux qu'autant que la raifon defire : auffi attentif à rendre la Juftice victorieufe, que la puiffance royale, ils font bien voir qu'ils ne font Avocats du Roi, que parce qu'ils le font de celle que tous les Rois reconnoiffent être leur reine.

Au refte, le terme d'Avocat général & celui de Procureur général ne fe donnent qu'à ceux qui dans une Cour fouveraine font propofés pour maintenir les intérêts du Roi ou ceux du Public, de l'Eglife & des mineurs. Or le titre d'Avocat du Roi, & celui du Procureur du Roi fe donnent à ceux qui dans les Jurifdictions inférieures font prépofés pour faire les mêmes fonctions, qui ne peuvent point prendre la qualité d'Avocat général ni celle du Procureur général.

Ainfi, par Arrêt du 7. Septembre 1737. rendu en la Grand'Chambre, fur les conclufions de M. Joly de Fleury, Avocat général, il a été fait défenfes aux Juges de la Table de Marbre des Eaux & Forêts de Paris, d'ordonner que veniat aux Juges leurs inférieurs ; & au Procureur du Roi, de prendre la qualité du Procureur général.

V. Gens du Roi. *V.* auffi Procureur général.

AVOCATS DU ROI font dans les Jurifdictions inférieures, ce que font les Avocats généraux dans les Cours fouveraines.

Voici ce que porte l'article 31. de l'Arrêt de la Cour du 10. Juillet 1665. « Les Avocats & Procureurs du Roi ne pourront prendre ni recevoir » aucune chofe des caufes efquelles le Roi & le » Public auront intérêt, bien que les Parties

» intéreffées leur en fiffent offre volontaire.

Le 6. Juillet 1706. il a été fait au Parlement de Paris un Réglement général entre les Avocats & Procureur du Roi, qui regle leurs rangs & leurs fonctions. Il eft rapporté dans le Recueil de M. Augeard, tom. 1 chap. 63.

Les Avocats du Roi ne peuvent confulter, plaider ni écrire pour les parties. Chenu en fon Recueil chap. 91, Filleau, part. 2. tit. 6. chap. 43.

V. Gens du Roi.

AVORTEMENT, provoqué par des breuvages & autres remedes violens, pour cacher le crime de l'incontinence en dérobant le fruit aux yeux des hommes, eft un très-grand crime, non-feulement dans la perfonne qui le commet, mais auffi dans tous ceux qui en font participans.

Celles qui font convaincues d'avoir fait périr leur fruit pendant leur groffeffe, font puniffables de mort, de quelque maniere que ce foit fait l'avortement, lorfque le fruit eft animé, parce qu'alors c'eft un véritable homicide ; & même quoique le fruit ne foit pas encore animé, l'avortement eft toujours un grand crime qui ne doit pas demeurer impuni, par la raifon, que fuivant Tertulien, c'eft un meurtre anticipé que d'empêcher de naître.

Perimunt fœtus impiæ matres fuos, ne turpitudo earum detegatur ; quin etiam quandoque divites, ne per plures liberos fuum patrimonium dividatur, in utero partus proprios necant, & parricidialibus fuccis in ipfo genitali alvo pignora fuis ventris extinguunt, priufque aufertur vita quàm traditur.

L'égard du tems, que fe fait la formation & l'infufion de l'ame, Hippocrate, *de naturâ Pueri;* tient qu'elle fe fait, pour les mâles, trente jours après la conception, & quarante jours après pour les filles.

V. Henrys & fon Commentateur, tome 2. liv. 6. queft. 25. *V.* auffi ce qui eft dit après, *verbo* Groffeffe.

AUTENTIQUE, fignifie revêtu de toutes les formes, & qui a été arrêté par des perfonnes publiques.

Ainfi un acte autentique eft celui auquel on ajoute foi en Juftice, à caufe qu'il eft revêtu de toutes fes formes, & qu'il a été paffé par perfonnes publiques. C'eft dans ce fens qu'il eft dit dans nos Coutumes, qu'il faut qu'un dénombrement foit en forme probante & autentique. *Voyez* Actes autentiques.

On fe fert encore de ce terme, & on appelle obligations ou Sentences autentiques celles qui peuvent être mifes à exécution, c'eft-à-dire, qui font groffoyées en parchemin, mifes en bonne forme & fcellées du fceau de Juftice ou de contrat.

Touchant le fcel autentique, *voyez* Scel autentique.

AUTENTIQUE, fignifie auffi la collection qui a été faite par un Auteur anonyme des dernieres Conftitutions de l'Empereur Juftinien, appellées Novelles.

La raifon qui a fait donner le nom d'autentique aux Novelles de Juftinien, eft, que par autentique l'on entend ce qui porte avec foi un caractere d'autorité & d'autenticité. Ainfi ce recueil eft, à caufe de fon autorité, appellé *Autenticum*, *quaſi plurimum valens; quia ſcilicet poſteriores leges, quæ prioribus contrariæ ſunt, derogant.*

V. ce que j'ai dit de cette collection dans mon Hiftoire du Droit Romain, chap. 25.

AUTENTIQUES, au pluriel fignifie les abrégés extrait qu'Irnier, Jurifconfulte, a fait des Novelles de Juftinien; & qu'il a inférés aux endroits du Code aufquels-elles ont du rapport.

Il eft aifé de concevoir par la différence qu'il y a entre l'Autentique & les Autentiques. L'Autentique eft la collection qui renferme les Novelles de Juftinien, au lieu que les Autentiques ne font que les extraits de ces Novelles, qui n'y font pas en tout conformes.

AUTENTIQUER UNE FEMME, eft la declarer avoir encouru, pour caufe d'adultere, la peine de l'Autentique. *Sed hodie*, rapporté fous le titre au code *ad legem Juliam, de adulteriis.*

Elle perd fa dot, & fes conventions matrimoniales, & doit être mife dans un Couvent pour deux ans pendant lefquels il eft permis à fon mari de la reprendre: & ledit tems paffé, elle doit y demeurer renfermée à perpétuité. *V.* adultere.

Cette faculté accordée au mari de reprendre fa femme dans les deux ans, ou de la laiffer dans le Couvent à perpétuité, fait affez fentir que cette punition eft plus pour la fatisfaction du mari, que pour l'intérêt public, fur-tout quand le crime n'a point caufé de fcandale.

Quoique le mari foit décédé fans avoir répris fa femme, rien ne peut empêcher qu'elle ne forte de fa captivité par un mariage légitime & honnête: s'il paroît par les certificats de fon Confeffeur & de la Supérieure de fon refuge, qu'elle a vécu dans une fort grande régularité & donné de véritables marques d'un répentir fincere de fes fautes; comme il a été jugé par Arrêt rendu à l'Audience de la Tournelle criminelle, fur les conclufions de M. l'Avocat général Talon, le 29. Janvier 1684. Voici le fait.

La Demoifelle Joifel, mariée au fieur Gras Procureur du Roi à Melun, accufée par lui & convaincue d'adultere, eft par Arrêt privée de fa dot & de fes conventions matrimoniales, & condamnée à être mife dans un Couvent du Refuge, pour y demeurer pendant deux ans, pendant lefquels fon mari pourra la réprendre, finon, qu'après ce tems elle fera rafée & voilée.

Elle étoit alors âgée de vingt ans feulement. Elle demeure dans le Couvent du Refuge dix années entieres, fans que fon mari l'ait réprife ni fait rafer, fon mari meurt. Ses parens s'affemblent & confentent qu'elle paffe dans une Communauté féculiere, pour y vivre néanmoins dans la retraite. Cela n'a pas d'exécution.

Le fieur Thomé, Médecin, la voit par hazard. Il lui propofe de la tirer de là pour l'époufer; elle y donne les mains. L'un & l'autre préfentent leur Requête à la Tournelle, & demandent permiffion de fe marier enfemble.

La Cour faifant droit fur leur demande, ordonne que le contrat de mariage fera paffé à la grille du Couvent où étoit cette Demoifelle; qu'après les trois publications de bans elle fera conduite par un Huiffier de la Cour à l'Eglife Paroiffiale, où le mariage fera célébré, & enfuite remife entre les mains de fon mari.

Cet Arrêt a été rendu fur les preuves que ladite Demoifelle produifoit, d'avoir mené une vie exemplaire pendant le tems de fa captivité. Il eft rapporté dans le Journal des Audiences, & dans le feptieme tome des Caufes célebres, pag. 264. & fuivantes.

Voici un extrait de ce qui fut dit dans cette affaire, par les Avocats des Parties & par M. l'Avocat général Talon.

M. Fournier, Avocat du fieur Thomé, Commença par dire qu'il l'avoit chargé de faire un compliment à la Cour, & lui demander en mariage une femme, dont il n'y avoit que le Parlement qui pût difpofer, comme étant le feul maître de fon état & de fa liberté. Il dit enfuite, que le fieur Thomé étoit de bonne famille, & un Médecin des plus employés; & que celle qu'il demandoit pour femme, douée de belles qualités, étoit devenue, par dix ans de pénitence, un modéle de fageffe & de dévotion: qu'une vie fi exemplaire étoit une dot, qui venant de la main de Dieu, étoit infiniment plus précieufe que celle que les hommes lui avoient ôtée. Cet Avocat finit en déduifant les moyens fur lefquels étoit fondée la demande du mariage & de la liberté, qu'on ne pouvoit refufer à Marie Joifel.

Ils furent auffi employés par M. Vincent, qui parla pour elle, en difant que la liberté étant le plus grand & le plus précieux de tous les biens, il eft bien naturel que fa partie en ayant perdu l'ufage depuis dix ans; fe jette entre les mains de l'hymen qui la lui préfente pour la lui faire récouvrer, & pour la rétablir dans un droit que la nature lui avoit accordé, & que la févérité de fon mari lui avoit ravi. Le Sr. Thomé touché de cette difgrace, demande à l'époufer, afin que l'honneur d'un fecond mariage couvre les tâches honteufes dont un premier mari a flétri fa réputation; tâches qu'elle a commencé à laver par la vie exemplaire qu'elle a menée dans le lieu où elle a été enfermée.

M. Vincent ayant lû les certificats qui prouvoient cette vérité, établit le confentement de fes parens, qui concernoit fa liberté. Quant à fon mariage, il dit qu'il n'y a point d'autre Partie qui puiffe s'y oppofer que Mr. le Procureur général, qui ne lui en refufera pas la permiffion, puifque fa demande eft fondée, 1°. fur la loi de Dieu, qui a prefcrit le mariage aux hommes pour la propagation du genre humain, & pour le foulagement des feux de la concupifcence. II°. Sur la Loi des hommes en ce que le mariage donne des hommes à la République. III°. Sur l'expiation qu'elle a fait de fon crime; enfin, fon mari n'étant plus au monde, n'en peut plus demander la vengeance, ni Mr. le Procureur général, quoiqu'il puiffe demander la vengeance de tout autre crime en tout tems. Quant à la fatisfaction qu'elle a dû faire à la Juftice, elle juftifie en avoir accompli fes devoirs. Un

mari

mari a caufé tous fes malheurs ; un mari le lui fera oublier , fi la Cour lui accorde la grace qu'elle lui demande ; trouvant le port où elle a fait naufrage , elle en aura une éternelle reconnoiffance.

La Cour rendit en conféquence l'Arrêt qui fuit. *Ayant égard à la Requête du Sr. Thomé, permet aux Parties de contracter mariage ; & à cet effet ordonne que les artic. du contrat de mariage feront fignés à la grille du refuge où eft Marie Joifel, laquelle après la publication de trois bans , fera conduite du réfuge en la Paroiffe dud. Lieu par Dumur , Huiffier en la Cour , qui s'en chargera , pour en fa préfence être procédé à la célébration dudit mariage ; ce fait , être remife entre les mains de fon mari ; quoi faifant , la Supérieure en demeurera bien & valablement déchargée. Fait en Parlement le 19 Janvier 1684.*

Le Tuteur des enfans mineurs de Marie Joifel forma oppofition à cet Arrêt ; les parens paternels & maternels intervinrent, les paternels pour s'oppofer au mariage , & les maternels pour l'approuver.

L'Avocat de ce tuteur & des parens paternels dit, qu'une femme condamnée pour adultere à être mife dans un Couvent au choix de fon mari , ne pouvoit pas prétendre être , après la mort de fon Mari , affranchie de cette peine , fous prétexte du mariage qu'un particulier veut bien contracter avec elle. D'ailleurs , il feroit d'un pernicieux exemple dans le Public , de donner lieu aux femmes , que l'adultere a retranché , pour ainfi dire , de la fociété civile , d'efpérer que les peines aufquelles elles auroient été condamnées pourroient finir avec la vie de leurs maris. Enfin , on dit que cette femme adultere avoit voulu attenter à la vie de fon mari par le poifon.

M. Fournier répondit, que puifque la Cour , par l'Arrêt qu'elle avoit rendu en connoiffance de caufe fur la réquifition des Gens du Roi , avoit autorifé l'union de ceux pour qui il parloit , la Cour devoit être indignée de voir qu'une mere eft dépeinte , chargée de tout ce que l'affaffinat , le poifon & l'adultere ont de plus criminel & de plus odieux ; & cela par un Tuteur , qui fe mefiant de fes forces , avoit engagé trois ou quatre parens paternels à fe mêler indifféremment dans le combat avec lui ; mais comme la guerre qu'ils foutiennent eft injufte , & que les armes dont ils fe fervent font auffi foibles que honteufes , leur défaite qui le couvrira de confufion eft certaine. Comme il eft de l'intérêt public que les mariages foient librement contractés , quand il n'y a point d'empêchement , Dieu a lui-même borné à la vie du mari la puiffance qu'il avoit fur fa femme : ainfi pendant la vie du mari elle aura le titre odieux d'adultere , fi elle a commerce avec un autre homme ; mais par la mort de fon mari elle recouvre fa liberté ; la Religion forcée étant une véritable prifon , & n'étant point une peine ni du Droit Civil , ni de notre Droit François ; les Juges qui ont prononcé que Marie Joifel demeureroit en Religion , pouvant l'en faire fortir , fur-tout dans l'efpéce préfente , où fe rencontre de fortes raifons qui n'ont pû être prévues lorfque l'Arrêt de condamnation a été prononcé. En effet , la Cour ne pouvoit pas

prévoir , I°. que la femme enfermée furvivroit le mari ; II°. la longueur des peines & des fouffrances qu'elle devoit endurer pendant dix ans de clôture & de pénitence , ni la maniere édifiante avec laquelle elle s'eft foumife à toutes ces rigueurs.

L'Autentique *Sed hodie*, rapporté fous le tit. du code *ad legem Juliam de adulteris*, ne dit point qu'une femme convaincue d'adultere ne pourra jamais fe remarier : les Loix pénales, comme eft cette Autentique , ne font point fujettes à extention ; au contraire , comme ce font des décifions odieufes , elles doivent être reftraintes & limitées , fuivant l'opinion des Jurifconfultes & des Empereurs.

Le Sr. Thomé trouvant ladite Dlle. Joifel dans un lieu faint , où elle fait depuis dix ans des exercices de piété & de vertu , lavans ainfi fes fautes paffées dans les larmes qu'elle continue de verfer , comme une véritable repentie , la demande en mariage , peut-on la lui refufer, fous prétexte que dans les derniers Arrêts on y a gliffé qu'une femme convaincue d'adultere feroit mife dans un Monaftere, que fon mari la pourroit retirer dans deux ans, & que s'il ne la retiroit pas , elle y demeureroit reclufe le refte de fes jours ? Mais c'eft mal-à-propos, car les peines parmi nous font de l'Ordonnance , & il n'y en a aucune qui contienne une pareille décifion. De plus, pofons qu'un mari n'eût pas retiré fa femme pendant deux ans , la lui refuferoit-on s'il la redemandoit après ce tems ? Or fi le mari la peut retirer après deux ans, où eft l'inconvénient qu'après la mort de ce mari , on la donne à un autre qui la veut époufer , & qui lui tend les bras pour la foulager dans le pitoyable état où elle fe trouve reduite ? Nous n'admettons point la confifcation généralement de tous les biens des femmes adulteres ; il n'y a que la dot & les conventions matrimoniales qui appartiennent en ufufruit au mari , & en propriété aux enfans : les autres biens ne font point ôtés aux femmes , felon les fentimens de tous nos Jurifconfultes François , & notamment M. le Prêtre, feconde centurie , chap. 22. elles font capables de fucceffion, de teftament , de legs , de donations: ce ne font donc point des perfonnes retranchées de la fociété civile , comme on l'a plaidé. Si les femmes condamnées pour adultere ne font point privées des principaux droits de la vie civile , ne font-elle pas libres pour contracter mariage ? L'efclave , auffi-bien que la perfonne libre , participe au Sacrement de l'Eglife , qui eft fans diftinction la mere commune de tous les fideles. Ici , Meffieurs, Marie Joifel qui a obtenu de vous la permiffion de fe marier , n'eft plus une efclave ; elle n'a point fait de profeffion ; elle n'a pas même fait de vœux pour la Religion ; elle avoue que tant que fon mari a vecu , elle étoit devenue l'efclave de la peine à laquelle il l'affujettiffoit : aujourd'hui qu'il eft mort , y a-t-il quelqu'un qui foit en droit de prendre fa place ? Y a-t-il quelqu'un de ceux pour qui on a plaidé, qui puiffe fe dire avec juftice le digne héritier de fa colere & de fon reffentiment ? Il n'y a que le mari qui foit véritablement l'offenfé ; le plus proche parent de la femme n'eft pas reçu à intenter l'ac-

T

cufation. *Maritus folus thori genialis vindex.*

Il est donc évident que l'intérêt public, bien loin de s'élever contre Marie Joisel, concourt puissamment à lui procurer la liberté & le mariage qu'elle demande. Cette liberté & ce mariage ne donne aucune atteinte à l'intérêt particulier de ses enfans.

Si l'Arrêt qui confirmera la liberté & le mariage de ladite Joisel, donne la propriété de sa dot & de ses conventions matrimoniales à ses enfans, ils n'y ont aucun intérêt pécuniaire : à l'égard de leur honneur, loin d'être blessé par la liberté & par le mariage de leur mere, c'est l'unique moyen de le réparer. Le Couvent où l'on veut la relayer, leur réprocheroit continuellement les desordres de leur mere. N'est-il pas étrange que sous le nom des enfans, on plaide des moyens si extraordinaires & si peu chrétiens ?

L'intérêt des parens n'a ici pour l'objet que l'honneur. Dès qu'on a prouvé que celui des enfans exigeoit la liberté de leur mere, on a prouvé en même tems que l'honneur des parens demandoit le même remede, comme le prouve l'intervention des parens maternels. Quand aux parens paternels, ils sont ici une figure bien odieuse, & oublient leur propre honneur, & même leur religion, pour sacrifier la vengeance de l'injure, qui les atteint de si loin, qu'elle ne les blesse pas.

Me. le Roi, Avocat des parens maternels, dit, que ceux pour qui il parloit, n'avoient pas d'autre intérêt que de soutenir la justice de l'Arrêt de la Cour, qui mettoit leur parente en liberté, & lui permettoit d'effacer par l'honneur d'un second mariage, la honte & le malheur d'un premier engagement.

Il est étrange, dit-il, que des enfans fassent entendre leur voix dans cette audience, pour vous reprocher, Messieurs, que vous avez eu trop d'indulgence pour leur mere. Les jugemens rendus en faveur de la liberté, ne peuvent plus se retracter, & un Arrêt d'absolution est un azile pour les plus grands coupables. Une mere ne pourra-t-elle user du droit commun contre ses enfans qui se font point contens, lorsque votre justice est satisfaite, si ses maux ne durent autant que la vie ? ils vous trouvent injustes de les avoir diminués, & ils voudroient que vous n'eussiez de pouvoir que pour la punir. Ce ne sont point là les sentimens que la nature inspire aux enfans, & l'on reconnoît facilement dans cette conduite les impressions étrangéres d'un Tuteur aveugle ou intéressé, qui n'a consulté ni son devoir, ni celui de ses Mineurs.

Qu'il apprenne que l'autorité que les parens lui ont confié n'est pas pour en abuser, & que s'ils sont en droit d'empêcher qu'il ne perde ou qu'il n'aliene le bien de ses pupilles, ils lui permettront encore moins d'aliéner leurs cœurs, de leur faire perdre l'amour & le respect qu'ils doivent à leur mere.

Ce Tuteur s'est peut-être imaginé qu'en cela il rendoit un devoir indispensable à la mémoire d'un pere outragé, comme s'il appartenoit aux enfans de venger leur pere sur la personne de leur mere.

M. Talon, Avocat général, porta la parole, & dit, que la question d'état dont il s'agissoit, étoit

d'autant plus importante, que la decision qui en sera prononcée par la Cour, tend à faire une loi dans une espéce qui ne se trouve point encore jugée par aucun Arrêt. Par la disposition de la Loi *Julia*, personne ne pouvoit épouser une femme adultere, sans encourir la peine de cette Loi ; parce que celui qui avec connoissance de cause épouse une femme impudique, est lui-même impudique, & ne peut passer que pour un homme qui trafique d'une femme prostituée, & il apprend au public qu'il foule la pudeur aux pieds. Cette ancienne Jurisprudence avoit lieu dans un tems où la peine de l'adultére n'étoit pas encore capitale, ce qui a été statué par l'Empereur Constantin. Justinien a été le premier qui a fait différence entre l'homme adultere & la femme souillée du même crime, ne conservant la peine capitale qu'à l'égard des hommes qui auroient commis ce crime ; mais à l'égard des femmes, il ne les a condamnées qu'à être recluses & enfermées dans un monastere, suivant la Novelle 134 chap. 10. & quant à leurs biens, il ordonna que les héritiers en eussent une partie, & que l'autre appartint au Monastere. Cet Empereur n'avoit pas déterminé si cette clôture seroit tellement perpétuelle, qu'elle empêchât le mariage de la femme adultere avec une autre personne après la mort de son mari ; mais l'Empereur Leon par sa Novelle 32. déclara précisément que l'adultére de la femme étoit un empêchement dirimant pour pouvoir jamais se marier ; & cette Novelle a ôté les deux ans que Justinien donnoit au mari pour reprendre sa femme, & lui a laissé la liberté de retourner avec elle en tout tems.

La Novelle de Justinien a été suivie par les Canons, pour la condamnation à la vie pénitente dans un Monastere, mais non pas pour le tems de deux ans, que la Novelle prefinit au mari pour reprendre sa femme ; l'Eglise n'a point limité de tems pour cette réconciliation.

Nous avons plusieurs canons qui défendent expressément à la femme adultere de se marier, soit du vivant de son mari, soit après son décès.

C'est sur ces autorités que se fondent ceux qui soutiennent que Marie Joisel ayant été condamnée à être recluse le reste de ses jours dans un Monastere ; cette condamnation est une peine qui ne peut être ni changée ni retractée.

On peut dire au contraire, qu'il n'y a point d'empêchement dirimant qui empêche la femme condamnée pour adultere, de se marier après la mort de son mari. Justinien n'a eu pour but, que de reduire la femme à faire pénitence dans un Monastere, sans l'engager à aucun vœu ni profession. Les Canons ont défendu à la femme condamnée pour adultere, de se marier après la mort de son mari, en deux cas seulement. Le premier, lorsque du vivant du mari ils se sont promis mariages après sa mort : cette promesse est prématurée & contre les bonnes mœurs, *si quidem inducit votum captandæ mortis alienæ, leg. ult. quod de pactis.* Le deuxième, lorsque la femme a attenté à la personne & à la vie de son mari. Ainsi nous estimons que la resistance que le Tuteur, les Enfans & les Parens apportent à la liberté & mariage de Marie Joifel, n'eft ni jufte ni honnête ; qu'une femme condamnée pour crime d'adultere ne perdant point les droits de cité, étant capable des effets civils, la reclufion dans un Monaftere ne la rendant pas Réligieufe, ne faifant ni vœu ni profeffion ; le mariage ne pouvoit lui être interdit après la mort de fon mari.

La Cour fe conformant aux conclufions de M. Talon, rendit fon Arrêt le 21. Juin 1684. Ainfi le fieur Thomé qui a effuyé un grand procès pour obtenir Marie Joifel, peut dire qu'il a bien eu de la peine à conquérir une femme qui n'avoit été condamnée que parce que fa conquête étoit trop aifée.

AUTEUR, eft celui de qui on a acquis quelque héritage, rente ou autre chofe, & aux droits de qui nous fuccédons ; ou à titre univerfel, comme à titre d'héritier ; ou à titre particulier, comme à titre de donataire, d'acheteur ou autre femblable.

AUTOGRAPHE, eft un écrit entiérement fait de la propre main de celui qui en eft l'auteur, Autographe eft fynonime à Olographe ; mais Olographe s'applique plus particuliérement à une difpofition teftamentaire ; & Autographe eft tout autre écrit d'écriture privée, entiérement écrit par fon auteur ; par exemple, un billet fous fignature privée, lorfqu'il eft entiérement écrit & figné par celui qui l'a fait. On appelle auffi Autographe un manufcrit lorfqu'il eft entiérement de la main de l'auteur qui a compofé l'ouvrage. C'eft même en ce dernier fens que ce mot eft plus frequemment ufité, & fur-tout dans les Ouvrages Latins ; par exemple, dans le frontifpice de Dargentré, & dans celui du Traité Latin de Dumoulin fur les Ufures.

AUTORISATION du mari en pays coutumier. Cette matiere eft très-ample ; j'en donnerai ici les principes généraux : ceux qui en voudront fçavoir davantage, n'auront qu'à voir Dupleffis, fur le titre de Communauté ; M. le Brun, dans le Traité qu'il en a fait, & ce que j'ai dit fur les articles 223, 224 & fuivans de la Coutume de Paris.

Cette autorifation du mari, en pays coutumier eft une approbation qu'un mari donne expreffement à fa femme, à l'effet de faire valider l'acte qu'elle paffe, comme étant fait par fon avis & confeil, dont mention doit être faite dans l'acte par le mot d'autorifer, à peine de nullité.

Il y a donc de la différence entre un fimple confentement & une autorifation. Le fimple confentement n'eft proprement qu'un fimple accord & une efpéce de condefcendance, qui peut être expreffe ou tacite. L'autorifation, au contraire, eft un confentement exprès, & une approbation formelle, qui marque que c'eft par l'avis & le confeil du mari que la femme agit.

Tous les actes qu'une femme en puiffance de mari, paffe pardevant Notaire ou fous feing privé, font nuls de plein droit en pays coutumier, lorfqu'ils font faits fans l'autorifation expreffe de fon mari. Elle ne peut obliger, vendre, aliéner, ni hypothéquer fes biens, en quelque maniere que ce foit, fans cette autorifation ; & au défaut de cette autorifation, il faut qu'elle foit autorifée par Juftice.

La préfence du mari qui auroit même figné le contrat, ne pourroit induire qu'un fimple confentement de la part du mari, lequel n'eft pas fuffifant pour rendre ce contrat valable.

Pareillement, une procuration par laquelle le mari permettroit à fa femme de s'obliger, vendre, aliéner ou hypothéquer fes biens, ne pafferoit pas pour une autorifation formelle, mais pour un fimple confentement ; & quelque procuration qu'un mari donnât à fa femme, fans autorifation expreffe & particuliere, pour une telle affaire dont il feroit queftion, feroit de nul effet.

Les obligations où aliénations faites par une femme fans l'autorifation de fon mari, étant abfolument nulles, ne peuvent avoir aucun effet, nonfeulement pendant le mariage, mais auffi après la diffolution d'icelui, même pour les biens de la femme fituée en pays où l'autorifation n'eft pas néceffaire.

Comme cette nullité eft prononcée par la Coutume, & par conféquent une nullité de droit municipal, les Juges doivent déclarer nuls tous les actes paffés par une femme fans cette autorifation, fans qu'il foit pour cela befoin de lettres de reftitution.

Il y a néanmoins trois cas auxquels une femme mariée peut s'obliger fans l'autorifation de fon mari.

Le premier, quand elle eft féparée ; auquel cas cependant elle ne peut obliger que fes meubles & fes revenus, & ne peut hypothéquer fes immeubles. Voyez Femme féparée.

Le deuxiéme eft, quand le mari eft en prifon, & qu'elle s'oblige pour l'en retirer.

Le troifiéme eft, quand elle eft Marchande publique ; & alors elle ne s'oblige pas feulement elle-même pour ce qui concerne fon négoce ; elle oblige auffi fon mari à fon infçu, même par corps. Voyez Marchande publique.

Quoique fuivant ce que nous venons de dire, l'autorifation du mari doive fe faire en pays coutumier par un confentement exprès, & avec le terme d'autorifation ; nous avons néanmoins quelques Coutumes qui ne requierent pour cette autorifation du mari, qu'un fimple confentement de fa part.

C'eft ce que nous marque Vigier, fur le titre 3. de la Coutume d'Angoumois, lorfqu'il dit que l'autorifation du mari eft expreffe ou taifible. L'expreffe eft celle qui fe fait en termes formels, & qui eft requife dans la plûpart de nos Coutumes, pour faire valider les obligations que contracte une femme en puiffance de mari. La taifible eft celle qui fe prouve par actes équipolens ; mais nous avons peu de Coutumes où cette autorifation foit fuffifante.

Une femme mariée ne peut pas en pays coutumier efter en Jugement fans le confentement de fon mari ; mais elle n'a pas befoin pour cela de fon autorifation ; car il faut faire différence entre le pouvoir d'efter en Jugement, & celui d'aliéner fes biens.

Pouvoir efter en Jugement, c'eft pouvoir agir,

T ij

ou fe défendre en Jugement. Pouvoir s'obliger & aliéner, c'eft pouvoir s'engager, aliéner ou hypothéquer fes biens hors Jugement.

Il faut demeurer d'accord, que généralement parlant, une femme, en puiffance de mari ne peut agir en fon nom, & qu'on ne peut auffi agir valablement contr'elle; mais pour rendre la procédure faite par une femme, ou contr'elle, valable, le confentement de fon mari fuffit; & elle n'a pas befoin d'être de lui expreffément autorifée, comme elle en a befoin quand elle s'oblige. Il fuffit que fon mari foit en caufe, ou préfent aux actes qui fe font lorfque l'affaire eft difcutée; parce que fa préfence fuffit pour prêter un confentement, & la faire valablement efter en Jugement; au lieu que la préfence du mari, qui figne même dans l'acte, ne fuffit pas pour qu'elle foit obligée, il faut qu'il foit fait mention dans l'acte d'une autorifation expreffe.

Auffi quand la Coutume de Paris parle d'efter en Jugement, elle fe fert du mot *confentement*, art. 224; mais quand elle parle des obligations ou aliénations, elle fe fert du terme d'*autorifation*, art. 223.

La raifon qui rend le tacite confentement du mari fuffifant pour rendre valables les procédures, provient de l'autorité des Jugemens, & de ce qu'on préfume que tout s'y paffe fans fraude & fans furprife, le Juge ne devant avoir pour guide que la raifon & la loi; mais dans les chofes qui fe paffent hors Jugement, il pourroit y avoir beaucoup de furprife; c'eft pourquoi il faut y apporter plus de précaution : ainfi la faveur de la femme & de fes biens, pour la confervation defquels le Public doit s'intéreffer, requiert une autorifation expreffe.

Une femme en puiffance du mari n'a befoin d'efter en Jugement en matiere civile, que quand il s'agit de la pourfuite particuliere de fes droits, comme quand il s'agit de la propriété de fes propres; car pour ce qui eft des chofes qui font ou qui tombent en communauté, le mari en eft le maître, fuivant l'art. 233. de la Coutume de Paris.

Le mari agiffant tant en fon nom qu'au nom de fa femme, fe rend refponfable de l'évenement, en ce que le Jugement peut être exécutée contre lui.

Mais pour peu qu'il y ait de rifque, les maris prudens ne donnent aucun confentement à leurs femmes pour efter en Jugement; & en conféquence de leur refus, elles font obligées de fe faire autorifer par Juftice.

L'effet de cette autorifation qui fe fait par Juftice, eft que, quelque condamnation qui intervienne contre la femme autorifée par Juftice, elle ne s'exécute point contre la mari, ni fur les biens de la communauté; mais feulement, après la diffolution de la communauté, fur la part qui en revient à la femme ou à fes héritiers, ou fur les autres biens de la femme, de maniere que la jouiffance du mari n'y foit point intéreffée.

En matiere criminelle, une femme mariée peut être pourfuivie, & les procédures font valables, quoique le mari n'y ait point intervenu ni paru; de même que les mineurs peuvent être pourfuivis

criminellement, fans être affiftés de leurs Curateurs.

Ainfi une femme mariée peut en inftance criminelle agir fans autorifation, quand il s'agit d'une pourfuite qui eft faite directement contr'elle. Et quand une femme mariée s'eft obligée pour raifon de quelque délit, fans être autorifée, ou qu'elle a été condamnée en quelque peine pécuniaire, l'exécution ne s'en peut faire tant que le mari vit, ni fur les biens de la communauté, ni fur les fruits des propres de la femme, parce qu'ils appartiennent au mari, fauf à fe pourvoir contre la nue propriété des propres de la femme. M. le Prêtre, cent. 2. ch. 65. Coquille dans fon Commentaire fur la Coutume de Nivernois; tit. 33. art. 1. *verbo*, Efter en Jugement.

Mais une femme mariée ne peut, en inftance criminelle, efter en Jugement, fans le confentement de fon mari, à l'effet de fe rendre accufatrice ou Partie civile, à caufe des dépens aufquels elle peut être condamnée.

On excepte néanmoins le cas où il s'agiroit d'une injure à elle perfonnellement faite; car elle feroit admife à intenter de fon chef l'action d'injure, fans la participation de fon mari, au cas qu'il fût refufant d'en pourfuivre la réparation.

Au refte, les femmes mariées peuvent dans prefque toutes nos Coutumes difpofer de leurs biens par derniere volonté, fans être autorifées de leurs maris. *Voyez* Teftament.

AUTORISATION PAR JUSTICE, eft celle qui fe fait par le Juge, *caufâ cognitâ*, en conféquence du refus qu'a fait le mari d'autorifer fa femme.

Cette autorifation a été introduite pour empêcher que la négligence ou la mauvaife humeur d'un mari, ne caufât fouvent la perte des biens qui appartiendroient à fa femme.

Trois conditions font requifes pour la validité de cette autorifation.

La premiere eft, que le mari foit refufant de ce interpellé, s'il eft dans le Royaume; car l'autorifation de la Juftice ne vient qu'après le refus de celle du mari.

La deuxiéme, qu'il y ait néceffité, ou que ce foit le bien de la femme.

La troifiéme, que le même Jugement qui autorife la femme, au refus de fon mari, porte la caufe de l'autorifation, & ordonne l'emploi des deniers qui proviendront de l'aliénation.

Cette autorifation fe fait donc après que la femme, fur le refus qu'a fait fon mari de l'autorifer, a préfenté Requête au Juge, & qu'il voit par l'énoncé & les raifons qui y font déduites, qu'il eft jufte d'autorifer la femme pour la confervation de fes droits & actions, ou pour les obligations qu'elle veut contracter, ou les aliénations qu'elle veut faire pour établir fes enfans, ou autre néceffité évidente, comme pour payer les dettes des fucceffions de fes pere & mere ou autres dettes légitimes.

Le Jugement qui autorife la femme, ordonne l'emploi des deniers qui proviendront de l'obligation & de l'aliénation : ainfi le Juge peut bien autoriſer une femme, au refus de ſon mari, pour ſon propre avantage & pour celui de ſa famille, & empêcher que la mauvaiſe humeur de ſon mari lui ſoit préjudiciable : mais le Juge ne la peut point autoriſer pour donner lieu à la perte & à la diſſipation de ſes biens.

L'effet de cette autoriſation eſt, que les condamnations prononcées contre la femme, ne peuvent pas être exécutées contre le mari, ni ſur les biens de la Communauté, comme nous l'avons dit ſur l'article précédent.

Il nous reſte à remarquer, I°. Qu'il faut néceſſairement un Jugement qui autoriſe expreſſement une femme, pour qu'elle ſoit cenſée être autoriſée en Juſtice. Ainſi une ſimple énonciation d'autoriſation, dans quelqu'acte que ce ſoit, ne ſuffiroit pas pour qu'une femme ſoit autoriſée, quand bien même ces actes ſeroient écrits de la main de ſon mari.

La raiſon eſt, que l'autoriſation eſt un acte de rigueur, qui par conſéquent ne peut jamais ſe ſuppléer.

Une ſeconde obſervation qu'il faut faire, c'eſt qu'un Juge ne peut autoriſer une femme, en l'abſence de ſon mari, pour qu'elle puiſſe s'obliger. Ainſi Jugé au Parlement de Paris le 19. Août. 1689. *Voyez* le Journal des Audiences, tome 3. liv. 5. chap. 35.

Il faut remarquer les cas où la cauſe de l'obligation ſeroit très-juſte, comme ſi une femme pendant l'abſence de ſon mari vouloit s'obliger pour la dot de ſa fille.

De ce que la néceſſité de cette autoriſation impoſée aux femmes pour la validité des actes qu'elles paſſent, eſt un effet de la puiſſance maritale, il s'enſuit de-là qu'elles n'y ſont plus ſujettes, lorſque leurs maris ſont condamnés à une peine qui emporte la mort civile.

Ainſi, quand le mari eſt condamné au banniſſement perpétuel hors du Royaume, ſa femme n'étant plus ſujette à la puiſſance maritale, n'a plus beſoin d'être de lui autoriſée, puiſque la mort civile fait ceſſer tous les effets civils du mariage.

Il faut dire auſſi que la femme d'un condamné à mort par contumace n'a pas beſoin de l'autoriſation de ſon mari, ni de celle de la Juſtice, après les cinq ans de l'Ordonnance paſſés, ſans qu'il ſe ſoit repréſenté ; parce que, comme nous avons dit, la mort civile fait ceſſer les effets civils du mariage : & à l'égard de l'autoriſation par Juſtice, elle ſuppoſe un refus de la part du mari d'autoriſer lui-même, & par conſéquent une capacité de la faire, qu'il avoit ceſſé d'avoir. *Voyez* la quatriéme Conſultation de M. Dupleſſis.

AUTORISATION GÉNÉRALE APPOSÉE A UN CONTRAT DE MARIAGE, eſt une autoriſation que le mari donne à ſa femme pour tous actes qu'elle fera pendant le mariage, à l'effet de n'avoir point beſoin d'autre autoriſation.

Ce qui donne ordinairement lieu à cette autoriſation générale, c'eſt quand par le contrat de mariage il eſt porté qu'entre les futurs conjoints il n'y aura point de communauté, mais que cha-

cun d'eux jouira ſéparement de ces biens meubles & immeubles.

En conſéquence de cette clauſe, le mari par une autre clauſe ſuivante autoriſe ſa femme à l'effet de pouvoir par elle adminiſtrer, gérer & diſpoſer de tous ſes biens, tant meubles qu'immeubles ; défendre à toutes actions intentées à intenter contr'elle ; & à l'effet de pouvoir intenter & pourſuivre tous procès & inſtances mûs & à mouvoir en toutes Juriſdictions, juſqu'à Sentences & Arrêts définitifs ; & s'il étoit néceſſaire, compromettre ſous telle peine qu'elle aviſera, accorder & tranſiger, vendre, aliéner & recevoir de ſes débiteurs les ſommes qui lui ſont ou ſeront dûes, en pourſuivre le payement, donner quittances & décharges valables, & généralement faire tout ce qu'elle jugera à propos ; conſtituer un ou pluſieurs Procureurs en toutes Juriſdictions ; les révoquer & en conſtituer d'autres en leur place ; & faire au ſurplus comme elle auroit pû faire avant ſon mariage.

Cette autoriſation, ſi ſimple & ſi générale qu'elle ſoit, n'a pas d'autre effet que la ſéparation. Ainſi la femme ne peut en conſéquence d'une telle autoriſation, vendre, hypothéquer, aliéner, ni faire des donations de ſon bien.

La femme non commune, non plus que la femme ſéparée, ne peut être conſidérée que comme une perſonne émancipée qui peut bien jouir de ſes revenus, & faire tout ce qui convient pour la conſervation de ſon bien. Mais comme en pays coutumier une femme, pour être ſéparée ou non commune en biens, n'eſt pas moins ſous la puiſſance de ſon mari, elle n'a pas la faculté de diſſiper ſon bien, mais ſeulement de le conſerver, & faire tous actes néceſſaires pour cela, qu'on appelle actes conſervatoires.

Elle a auſſi le droit de diſpoſer de ſes meubles, & du revenu de ſes immeubles ; mais jamais de vendre ſes immeubles ni les hypothéquer. Il lui faudroit pour cela une autoriſation ſpéciale pour chaque affaire particuliere.

C'eſt ſur ce fondement que par Arrêt du 23. Mai 1700. rendu au Parlement de Paris, il a été jugé que pour la validité d'une aliénation d'un immeuble faite par une femme, l'autoriſation générale n'étoit pas ſuffiſante, mais qu'il falloit une autoriſation particuliere & ſpéciale.

Depuis, par un autre Arrêt du Parlement de Paris, rendu en la Grand'Chambre le 27. Mai 1702. il a été jugé qu'une donation faite par une femme non commune en biens avec ſon mari, ſans autoriſation de lui, n'étoit pas valable, quoique par ſon contrat de mariage elle fut autoriſée pour tous les actes qu'elle jugeroit à propos de faire, tant en Juſtice qu'autrement, de quelque qualité qu'ils ſeroient, & pour jouir, uſer & diſpoſer de ſes biens & droits, ainſi qu'elle pouvoit faire avant ſon mariage.

Il y avoit encore dans le fait dont il s'agiſſoit, une circonſtance particuliere ; c'eſt que cette femme avoit fait depuis la mort de ſon mari, des actes approbatoires de la donation qu'elle avoit faite fans fon autorifation dans le tems qu'elle vi-voit. Cependant l'Arrêt confirmatif de la Sentence du Châtelet, dont il y avoit appel, déclara nulle la donation. Cet Arrêt eft rapporté par M. Augeard, tome 3. Arrêt 58.

Il a été rendu en la Troifieme Chambre des En-quêtes, au rapport de M. l'Abbé de Vienne, un Ar-rêt le 26. Juillet 1741. qui a jugé qu'une femme en puiffance de mari ne peut pas s'obliger en vertu d'une autorifation générale portée par fon contrat de mariage.

Concluons donc que l'autorifation générale de la femme par fon mari, par fon contrat de mariage, eft fuffifante pour la rendre capable d'efter en Ju-gement, comme il a été jugé par Arrêt du 3. Avril 1691, rapporté dans le Journal des Audiences ; mais l'autorifation générale n'eft jamais fuffifante pour l'aliénation de fes biens.

Il y a plus ; c'eft que fi par le contrat de mariage il eft convenu que la femme commune en biens avec fon mari, pourra agir & pourfuivre fes droits & actions, & de ce faire foit autorifée par fon ma-ri, le mari ne laiffera pas d'intenter & de pourfui-vre feul les actions mobiliaires & poffeffoires fans fa femme qui ne pourra l'en empêcher pour l'intérêt qu'il y a, parce que les conventions des Particu-liers ne peuvent déroger au Droit commun. Or fuivant le Droit commun, le mari eft Maître des Meubles & des fruits des héritages propres de fa femme, il eft auffi par conféquent maître des actions qui peuvent maître pour raifon d'iceux ; ainfi il les peut intenter fans le confentement de fa femme, nonobftant l'autorifation générale. *Voyez* Charondas fur l'article 233. de la Coutume de Paris.

AUTORITÉ, fignifie quelquefois ce qui autorife & prouve ce que nous avançons ; pour cela il faut que la chofe dont on tire fon autorité foit reçue en France, comme font les Ordonnances, les Loix & les Coutumes.

A l'égard des Jugemens, leur autorité ne peut fervir que de préjugé. *Voyez* Jurifprudence des Arrêts.

AUTORITÉ PATERNELLE, fignifie la puiffan-ce que le pere a fur fes enfans, laquelle ne con-fifte parmi nous en pays coutumier, que dans le refpect & l'obéiffance. *Voyez ci-après*, puiffance paternelle.

AUTORITÉ DE TUTEUR, fuivant le Droit Ro-main, eft une pure & expreffe approbation que le Tuteur préfent en perfonne donne de bonne foi aux actes quefon pupille paffe avec une autre perfonne ; & cette approbation doit être donnée lors de la paffation de chaque acte, fans pouvoir verbalement être interpofée devant ni après.

Cette autorité, telle que nous la venons de définir, n'a point lieu en France. L'autorité des Tuteurs ne confifte qu'à prendre foin de l'éducation de leurs mineurs, & à faire eux-mêmes les actes qui font né-ceffaires pour la confervation des biens de ceux dont on leur a confié la conduite, & dont ils font les défenfeurs. Ainfi les Tuteurs ne les font point in-tervenir dans aucuns actes ; c'eft toujours le Tuteur qui eft nommé non-feulement dans les contrats, mais auffi dans tous les actes judiciaires qui con-cernent le mineur, foit en demandant, foit en dé-fendant.

Ceux qui font en tutelle n'étant pas capables d'agir par eux-mêmes, il eft plus à propos que le Tuteur agiffe feul, fans que le Curateur paroiffe. Et c'eft en quoi le Tuteur parmi nous differe du Curateur, qui n'agit par lui feul pour fon mineur, mais qui fe trouve feulement préfent aux actes que le mineur paffe, à qui il ne fait que donner fon confentement.

Voyez ce que j'ai dit dans ma Traduction des Inftitutes, livre 1. tit. 21.

AYANS CAUSE, font ceux qui repréfentent quelqu'un, & tiennent leur droit de lui médiate-ment ou immédiatement, autrement néanmoins que par fucceffion. Un homme ftipule pour lui *fes hoirs & ayans caufe*. Par le terme d'*hoirs* on en-tend les héritiers ; par le terme d'*ayans caufes* on entend tous ceux qui pourront les repréfenter à autre titre, foit de legs, donation, acquifition, échange, &c.

B

BACHELIERS, étoient ancienne-ment ainfi nommés les jeunes Seigneurs qui marchoient fous la Banniere d'autrui & qui afpiroient à la Chevalerie & à la Banniere.

On leur donna ce nom parce qu'ils étoient *bas Chevaliers*, c'eft-à-dire Chevaliers inférieurs aux Chevaliers Bannerets, & Chevaliers qui avoient droit de porter Bannerets à la guerre. C'eft ce que nous marque M. Ducange dans fa neuvieme Dif-fertation fur Joinville, pag. 190.

Loyfeau dans fon Traité des Ordres, chapitre 6. nombre 51. veut que *Bachelier* vienne de *bas efchelon*, & qu'il fignifie celui qui étant au bas efchelon du dégré, eft en train de monter au plus haut.

Voyez la Bibliothéque du Droit François, & le Gloffaire de M. Lauriere, *verbo* Bachelier.

BACHELIERS EN FAIT DE GRADES DES UNI-VERSITÉS, font ceux qui ont obtenu dans quel-qu'une des Facultés fupérieures le premier des trois dégrés qui s'y obtiennent, qui font le dégré de Bachelier, celui de Licencié, & celui de Docteur.

Ainfi les Bacheliers font des afpirans à la maîtrife, & qui ont déja obtenu le dégré par lequel il faut commencer pour parvenir au Doctorat.

BAGUES ET JOYAUX, font les ornemens qui fervent à la parure des femmes, comme les colliers, pierreries, & autres chofes femblables qui leur fervent des parures. *Leg. 25. §. 10. ff. de auro & argento legato.*

Ces ornemens font meubles, & confidérés comme tels, de quelque valeur qu'ils foient. La raifon eft, que ce n'eft pas le prix des chofes qui les rend meubles ou immeubles, mais leur nature & leur qualité. Ainfi, comme la fubftance d'une chofe ne peut être changée par fa rareté ni par fa valeur, il s'enfuit qu'une chofe qui eft meuble par fa nature, ne peut devenir immeuble, quoiqu'elle foit d'un prix confidérable & d'une rareté extraordinaire.

Cependant les bagues, joyaux & vaiffelle d'argent, de la valeur de trois cens livres ou plus, ne peuvent être vendus qu'après trois expofitions à trois différens jours de marché, fi ce n'eft que le faififfant le faifi n'en conviennent par écrit, & qu'il fera mis entre les mains du Sergent pour fa défenfe, ainfi qu'il eft porté en l'art. 33. du tit. 33. de l'Ordonnance de 1667.

La raifon eft, qu'il eft jufte d'admettre plus de folemnités dans la vente forcée qui fe fait des chofes précieufes, que dans celle qui fe fait des chofes ordinaires, afin que par un plus grand nombre d'expofitions en public elles puiffent être mifes à plus hauts prix, & que les Parties intéreffées en fouffrent moins de dommage.

Les pierreries & les bijoux que l'on donne pour préfent de nôces à celle que l'on recherche en mariage, font toujours cenfés donnés fous condition que le mariage s'enfuiva. C'eft pourquoi, fi ce n'eft pas par le fait & la volonté de celui qui a les préfens que le mariage ne fe célébre pas, il les peut répeter; mais il ne le peut quand il tient à lui que mariage s'enfuive; & il eft encore tenu des dommages & intérêts envers l'autre. Bacquet, des Droits de juftice, chap. 21. nomb. 333. Ainfi celui qui a donné lieu à la diffolution des fiançailles, perd toujours les bagues & les joyaux.

Si c'étoit par un cas fortuit que le mariage ne fe pût célébrer, par exemple, fi la fiancée étoit décédée avant que le mariage eût été célébré, fes héritiers feroient tenus de rendre les préfens qu'elle auroit reçus de fon fiancé, parce qu'il eft cenfé ne les avoir donné que fous condition que le mariage s'enfuivroit.

Mais fi le fiancé étoit décédé avant la célébration du mariage, la fiancée ne feroit pas tenue de reftituer les préfens qui lui auroient été fait par fon fiancé, parce que ce n'eft pas par fon fait que le mariage ne peut plus fe célébrer.

Il faut cependant remarquer que fi les bagues & joyaux que le fiancé lui auroit donnés n'avoient pas été payés à l'Orfévre, en ce cas le fiancé ne les pourroit pas garder au préjudice de l'Orfévre à qui ils feroient dûs. M. le Prêtre, cent 1, chap. 68.

Dans les pays où la communauté entre mari & femme n'a point lieu, les pierreries, bagues & joyaux de la femme lui appartiennent. La Peirere, *verbo* Bagues. Ainfi lorfqu'ils font en nature au tems de la diffolution du mariage, elle les retient comme un bien qui lui eft propre, quoique la dot par elle promife n'ait pas été payée au mari.

Elle a droit de les reprendre, par une efpéce de revendication, préférablement à tous les créanciers de fon mari; mais s'ils ne font plus en nature, elle ne peut les répeter que comme les autres effets de fa dot. *Voyez* M. Richard, des Donations, part. 3. chap. 9. glof. 5. nomb. 1346.

Si c'eft la femme qui décéde avant fon mari, les bagues & joyaux appartiennent aux héritiers de la femme, quoique dans le cas des prédécés de la femme fes héritiers ne foient pas recevables à demander l'augment de dot; en quoi différe l'augment de dot, des bagues & joyaux; quoique d'ailleurs ils fe reglent de même. Baffet, tom. 2. liv. 4. tit. 5.

Quand les bagues & joyaux ne font plus en nature, & que le mari les a vendus, arrivant la diffolution du mariage, la femme ou fes héritiers font reçus à prouver par témoins la vente des bagues & joyaux faite par le mari, pour le recouvrement de leur valeur fur les biens du mari. Boniface, tom. 1. liv. 8. tit. 27. chap. 18.

Dans les pays où la communauté de biens entre mari & femme a lieu, les bagues & joyaux de la femme tombent dans la communauté: ainfi elle les peut retenir fans en tenir compte; à moins qu'il n'y eût dans le contrat de mariage quelque claufe particuliere qui lui permit de les prélever hors part.

Ainfi par Arrêt du 12. Mai 1702. il a été jugé qu'une veuve n'auroit que fon préciput de 4000. l. & non les 1500. l. de bagues & joyaux, attendu qu'il n'en avoit été dit dans la claufe de faculté de renoncer & reprendre.

Il nous refte à remarquer ici, I°. qu'en pays de Droit écrit, outre les bagues & joyaux qui fe donnent en nature, il y a un droit de bagues & joyaux que la femme furvivante prend en argent, fuivant ce qui a été ftipulé. Ce droit fe regle à proportion de la dot; entre nobles, c'eft ordinairement le 10e. de la dot; entre roturiers, le 20e. Ces bagues & joyaux font compris fous le nom de donations à caufe de nôces & font partie des gains nuptiaux: ils fe reglent comme l'augment de dot & ont le même privilége. *V.* M. Henrys, t. 1. I. 5. chap. 4. queft. 66.

II°. Qu'en pays de Droit écrit, la femme a, pour fes bagues & joyaux donnés en gage par fon mari, droit de pourfuite contre le détenteur, fauf à lui fon recours fur les biens du mari. La Rocheflavin, liv. 6. tit. 41. art. 16.

Touchant les bagues & joyaux, *voyez* ce qui en eft dit dans le recueil alphabétique de M. Bretonnier, *verbo* Bagues, & *verbo* Subftitution vers la fin. *Voyez* auffi ce qu'il en dit dans fes Obfervations fur le 18e. Plaidoyé d'Henrys.

Voyez auſſi ſur cette matiere le Traité des gains nuptiaux & de ſurvie, par M. Boucher d'Argis, principalement dans le chap. 4. qui traite *ex profeſſo* des bagues & joyaux.

B A I L, eſt un ancien terme qui ſignifie *don*. On appelle encore aujourd'hui *bailleur*, celui qui donne à loyer, à ferme ou à rente, un héritage ou quelque droit.

Quelquefois par le bail on entend l'expédition du contrat : c'eſt au preneur à la fournir en forme au propriétaire.

Bail, en général eſt un contrat par lequel l'un donne à l'autre la jouiſſance d'une choſe pendant un certain tems, à la charge de payer au bailleur une certaine ſomme tous les ans, ou dans les termes preſcrits par le contrat. *Voyez* ci-après Louage.

Celui qui donne à louage, s'appelle chez les Juriſconſultes, *locator ;* & celui qui reçoit, eſt nommé *conductor.*

L'obligation de celui qui donne une maiſon ou un héritage à bail, eſt de faire jouir le locataire ou fermier de la maiſon ou de la terre qu'il a louée, ou de l'indemniſer de toute la perte que lui cauſe l'inexécution du bail. Ainſi le bailleur ne peut empêcher le preneur de jouir de la choſe qu'il a priſe à bail, qu'après que le tems du bail ſera expiré, ſi ce n'eſt en certains cas qui ſont ici rapportés, lettre R, *verbo* Réſolution d'un contrat de louage.

L'engagement du fermier ou locataire ſe réduit à trois articles.

Le premier, à jouir en bon pere de famille, à ne point faire de dégradations dans les lieux dont ils ont la jouiſſance ; à les entretenir en bon état ; à faire les réparations auxquelles ils ſont obligés par leur bail ou par l'uſage des lieux ; & à répondre de tous les accidens qui arrivent par leur faute.

Le ſecond, eſt de payer le prix de leur bail ; ſinon le bailleur le peut faire expulſer par autorité de Juſtice, dans le tems qui ſera arbitré par le Juge pour payer ou vuider les lieux ; & à l'égard des loyers, les intérêts en ſont dûs du jour de la demande qui en a été faite en Juſtice, quand elle a été ſuivie de condamnation.

Le 3e. eſt d'entretenir le bail qui leur a été fait durant tout le tems porté par le contrat ; de ſorte que ſi le locataire abandonnoit la maiſon, ou ſi le fermier ceſſoit de cultiver les terres, à moins qu'ils n'y fuſſent contraints par une force majeure, ou par une juſte crainte, ils ne ſeroient pas moins obligés de payer le prix entier de leur bail.

Ce contrat n'exige pour ſa perfection, que le conſentement des Parties touchant la choſe louée, & la récompenſe ou penſion. Ainſi, trois choſes ſont de la ſubſtance de ce contrat ; le conſentement, la choſe louée, & la penſion ou la récompenſe arrêtée entre les Parties.

Ce contrat ſe fait pour un tems dont les Parties conviennent ; mais ſi le tems convenu entr'elles excéde neuf années, la convention des Parties ne forme pas un ſimple bail, mais un autre contrat, comme un emphytéoſe, & fait paſſer le domaine utile en la perſonne du preneur.

Lorſque les Parties ne ſont point convenues du tems que doit durer le bail, il eſt cenſé fait à l'égard des héritages de la campagne pour un an, parce que les fruits ſe cueillent ordinairement une fois par an : & pour les héritages des Villes, c'eſt-à-dire, pour les maiſons, quand les Parties ne ſe ſont point expliquées ſur le tems que le bail doit durer, le bail ſubſiſte juſqu'à ce que les Parties ou l'une d'icelles veuillent s'en départir. Mais il faut que le changement de volonté ſe faſſe avec quelque tempérament, en laiſſant quelque eſpace de tems aux Parties pour ſe pourvoir ailleurs.

Le principal effet de ce contrat eſt de produire deux actions ; l'une appellée *actio locati*, qui eſt donnée au bailleur ; & l'autre qui eſt nommée *actio conducti*, qui eſt donnée au preneur.

Ces deux actions ſont perſonnelles, & par conſéquent paſſent aux héritiers des contractans, & contre leurs héritiers.

L'action que nous appellons *actio locati*, eſt celle par laquelle le bailleur à louage agit contre le preneur.

I°. Pour être payé de la penſion ou récompenſe au tems convenu ; ſinon eu égard à la Coutume du lieu, comme par chaque trimeſtre pour les maiſons, ou par année pour les héritages de la campagne.

II°. Pour réparation des dommages cauſés dans la choſe louée, par la faute du preneur, ou par celle de ceux qu'il a avec lui.

III°. Pour rentrer dans la choſe louée, le tems de louage étant fini.

L'action de louage, appellée *actio conducti*, & celle par laquelle le locataire agit contre le bailleur à louage.

I°. Pour jouir de la choſe louée pendant le tems convenu, & pour que le bailleur ſoit tenu de mettre les lieux en état de pouvoir par lui preneur en avoir la jouiſſance, à peine de tous dépens, dommages & intérêts.

II°. Pour repeter les impenſes néceſſaires qu'il a faites pour la choſe louée, du conſentement des Parties, ou par autorité de Juſtice, & même répeter les impenſes utiles qu'il y a faites ; & ſi le bailleur n'y conſent, le preneur ſera en droit de les emporter, ſi elles ſe peuvent enlever ſans détériorer la choſe ; mais il faut auparavant qu'il ait ſatisfait à toutes les clauſes, & condition du bail.

La propriété de la choſe donnée à louage, ne paſſe pas en la perſonne du locataire ; il n'en a que l'uſage & la jouiſſance, & par conſéquent il ne la peut jamais preſcrire par quelque tems que ce ſoit, parce que le locataire ne poſſéde pas en ſon nom, mais au nom du propriétaire.

Le fermier ou locataire n'eſt pas obligé de jouir lui-même de la choſe ; mais il la peut, ſi bon lui ſemble, louer à un autre, même ſans le conſentement du bailleur. *Voyez* Ceſſion de bail.

Quand pluſieurs ont pris à louage ou à ferme un même fonds, ils ne ſont point tenus ſolidairement envers le bailleur, à moins que la clauſe de ſolidité ne ſoit appoſée au contrat ; & par conſéquent ils ne ſont tenus chacun que pour leur part & portion. Mais quand ils ſont obligés ſolidairement en-

vers

vers le bailleur, ils peuvent être pourfuivis chacun pour le tout en vertu de la folidité, de maniere néanmoins que celui qui fera convenu pour le tout, pourra fe fervir du bénéfice de divifion, à moins qu'il n'y ait expreffement renoncé.

Ce contrat a beaucoup d'affinité avec la vente, comme nous avons fait voir dans la traduction des Inftitutes, au commencement du 25e. titre du 3e. liv.

Toutes les chofes qui font dans le commerce, peuvent être données à bail, pourvu que le preneur les puiffe rendre en efpéce au bailleur après fa jouif-fance : d'où il s'enfuit qu'on ne peut louer les cho-fes qui fe confument par l'ufage, comme du bled, du vin, de l'huile & autres chofes femblables, que l'on appelle en Droit *res fungibiles*.

Les animaux qui produifent quelque revenu, comme les moutons ; dont on tire le profit de la lai-ne, les agneaux, & l'engrais des héritages, peu-vent être par une efpéce de louage qu'on appelle bail à chaptel, donnés à celui qui fe charge de les garder & de les nourrir, pour une certaine portion qui lui eft laiffée de ce qui provient de ces animaux.

On peut auffi louer fon travail ; & en ce cas, celui qui entreprend un ouvrage, eft appellé pre-neur ou conducteur ; il eft auffi appellé entrepre-neur, à la différence de ceux qui n'entreprennent point à forfait un ouvrage, mais qui fe loüent à tant par journée.

Non-feulement les maifons & les fermes fe don-nent à louage, mais encore les fonds qui produi-fent de certains revenus particuliers, comme une carriere pour en tirer de la pierre.

On peut même donner à ferme un droit qui pro-duit des revenus qui ne proviennent pas d'un fonds, comme un droit de chaffe & de pêche, un droit de péage, ou d'un bac, un tabellionage, les aydes, les gabelles & autres droits femblables.

Le bailleur eft tenu de faire jouir librement le preneur, fermier ou locataire, de lui délivrer la chofe en état de fervir à l'ufage pour lequel elle eft louée, & de l'entretenir des reparations nécef-faires, dont le preneur n'eft tenu, ni par fon bail, ni par la Loi ou Coutume des lieux ; & faute de ce, le preneur pourra faire rompre le bail avec dé-pens, dommages & intérêts.

Le bailleur étant tenu d'entretenir le bail, & de faire jouir le preneur, il ne le peut expulfer, fi ce n'eft,

Iº. Quand le propriétaire d'une maifon fe trouve en avoir befoin pour fon ufage.

IIº. Lorfqu'il la veut faire rebâtir, ou y faire de groffes reparations.

IIIº. Quand le locataire ne paye pas les loyers.

IVº. S'il ufe mal de la maifon louée ; comme s'il la déteriore, s'il la met en péril d'incendie, faifant du feu où il n'en doit pas faire ; s'il y fait ou fouffre quelque commerce illicite, ou en abufe autrement. *Voyez ci-après* Réfolution du contrat de louage.

Hors ces cas, non-feulement le bailleur eft obligé d'entretenir le bail, mais auffi fon héritier : car comme l'héritier repréfente la perfonne du dé-funt, étant fon fucceffeur à titre univerfel, toutes

Tome I.

les obligations qui defcendent des contrats paffent en la perfonne des héritiers. Ainfi l'héritier du bailleur eft tenu d'entretenir le bail du défunt ; mais l'héritier de l'ufufruitier n'eft pas obligé d'en-tretenir les baux dépendans de l'ufufruit.

La raifon eft, que l'ufufruit finit par la mort de l'ufufruitier, quoique le tems porté par le bail ne foit pas encore expiré. Quand l'ufufruit eft éteint, le locataire ou fermier ne peut donc pas demander aucuns dommages & intérêts aux héritiers de l'u-fufruitier, parce que le fermier a dû prévoir que l'ufufruit pourroit finir avant la fin de fon bail.

Il y auroit cependant un cas auquel le locataire pourroit demander des dommages & intérêts aux héritiers de l'ufufruitier ; fçavoir, fi l'héritier en faifant le bail n'avoit point exprimé fa qualité d'u-fufruitier, & que le locataire dans l'efpérance de jouir de fon bail, eût fait des réparations confidé-rables dans la maifon ou dans l'héritage qu'il auroit loué.

Le fils donataire du pere avec retention d'ufu-fruit, eft tenu d'entretenir le bail fait par fon pere donateur, comme il a été jugé par Arrêt du 29. Novembre 1596, rapporté par Chopin, fur la Cou-tume de Paris, liv. 2. tit. 2. nom. 20 ; Peleus, queft. 18 ; du Fail, liv. 1. chap. 378.

La douairiere eft obligée d'entretenir les baux faits par fon mari ; mais l'héritier du mari n'eft pas obligé d'entretenir ceux qu'elle auroit faits pen-dant la jouiffance de fon douaire ; & il eft en droit d'expulfer le fermier ou le locataire fitôt que la douairiere eft décédée.

La raifon eft, que la douairiere n'eft pas proprié-taire ; ainfi le fermier ou le locataire qui eft expul-fé avant la fin du bail qu'il a paffé avec elle, ne peut point obliger l'héritier du mari à entretenir ce bail ; il peut feulement agir contre la fucceffion de cette veuve pour fes dommages & intérêts. Chopin, fur la Coutume de Paris, livre 2. tit. 2. n. 20 ; & Re-nuffon, Traité du Douaire, chap. 14.

A l'égard des baux que le mari a fait des biens appartenans à fa femme, elle n'eft pas tenue de les entretenir, fuivant les Loix Romaines ; mais en pays de Droit coutumier, elle eft tenue de les entretenir, même après la mort de fon mari.

La raifon eft que ces baux ont été faits par le mari, comme légitime adminiftrateur des biens de fa femme, tant pour lui que pour elle, comme je l'ai dit fur l'art. 227. de la Coutume de Paris.

Mais pour qu'une femme foit tenue d'entretenir les baux faits par fon mari, après qu'il eft décédé, ou après qu'elle eft féparée de biens d'avec lui, il faut que ces baux ayent été faits de bonne foi & fans fraude, & qu'ils n'excédent pas le tems porté par la Coutume. C'eft pourquoi s'il en avoit fait par anticipation, ou par un tems qui excédât celui, qui eft préfini par la Coutume, pour en tirer des pots de vin confidérables, fa veuve ou fa femme, qui auroit été dépuis lefdits baux féparée de biens d'avec lui, ne feroit pas obligée de les entretenir. Mais le mari qui les a paffés, eft obligé de les en-tretenir tant que la communauté dure, d'autant qu'il ne peut pas venir contre fon propre fait.

V

À l'égard des tuteurs, comme les baux qu'ils font ne font que de fimples actes d'adminiftration qui n'emportent point d'aliénation, ils doivent durer après la tutelle finie ; ainfi pourvû qu'il n'y ait ni dol, ni fraude, ni lézion énorme, le mineur eft obligé d'entretenir le bail fait par fon tuteur, d'autant que le mineur ne peut pas revenir contre ce qu'a fait fon tuteur en conféquence de fon adminiftration.

Cependant les tuteurs qui ne veulent point donner aucun foupçon de leur conduite, ne font guéres de baux au-delà de fix ans, fur-tout lorfque la fin de leur tutelle approche, à moins qu'il n'y ait une utilité très-évidente pour le mineur.

Le titulaire d'un bénéfice n'eft pas tenu d'entretenir les baux fait par fon prédéceffeur, à moins qu'il ne lui ait fuccédé par réfignation. Voyez ce que j'ai dit fur l'art. 227. de la Coutume de Paris.

L'acquéreur à titre de vente ou autre titre particulier, n'eft pas non plus obligé d'entretenir le bail fait par fon vendeur ; parce qu'un fucceffeur à titre particulier, n'eft pas tenu des faits de fon auteur. Ainfi le locataire peut être expulfé par cet acquéreur, à moins que le contrat n'eût été fait à la charge du bail.

Mais quand le locataire eft expulfé par le nouvel acquéreur à titre particulier, celui qui a vendu au préjudice du bail, eft toujours tenu des dommages & intérêts du locataire expulfé ; & lorfque le bail a été paffé pardevant Notaires, ce locataire a hypothéque fur la chofe, comme ayant apparte- nu à fon débiteur.

Celui qui tient à louage ou à ferme une maifon ou un autre héritage, peut le louer ou bailler à d'autres perfonnes, s'il n'y a point de convention contraire. Voyez Tranfport de bail.

Après que le tems du bail eft expiré, le preneur doit remettre au bailleur la chofe louée, payer les loyers échus, faire toutes les réparations locatives, & rendre les héritages en bon état. Sur quoi il faut remarquer, que quoique la claufe de laiffer l'héri- tage en bon état eut été omife dans le bail, com- me elle eft du Droit commun, elle feroit toujours fupplée & fous entendue. Brodeau, fur l'art. 109. de la Coutume de Paris, nom. 13.

Lorfque le bail étant expiré, le locataire ne veut pas vuider les lieux, le propriétaire peut obtenir une Ordonnance du Juge, par laquelle il lui foit permis d'expulfer le locataire, & de mettre fes meubles fur le carreau.

Un mineur, pour peu qu'il foit lezé, peut fe fai- re reftituer contre un bail qu'il auroit paffé. Mais un majeur ne peut point fe faire reftituer contre un bail qu'il auroit paffé, quand bien même il y auroit lézion d'outre moitié, Maynard, tome 1. liv. 3, chap. 62.

La raifon eft, qu'un bail d'une maifon ou d'un héritage ne donne que la jouiffance, & ne contient point l'aliénation du fonds ; & par conféquent la reftitution ne peut avoir lieu à cet égard, fous pré- texte même de lézion d'outre moitié.

Il arrive fouvent que le bail expiré, le preneur continue de louer par le tacite confentement des

deux Parties : fur quoi Voyez Réconduction.

Mais il faut, comme nous le difons, que les deux Parties y confentent. Ainfi le propriétaire d'une maifon ou d'un héritage ne peut être contraint de faire un nouveau bail à l'ancien locataire, quand même il lui offriroit une condition beaucoup plus avantageufe que n'étoit celle du précédent bail.

La raifon eft, que chacun a la liberté de difpofer de fon bien, & en faveur de qui il lui plaît. Ainfi jugé par plufieurs Arrêts, & par un entr'autres du 6. Août 1616. rapporté par M, le Prêtre, cent. 1. chap. 30.

L'action qui provient du louage, eft une action perfonnelle, d'où il s'enfuit.

I°. Qu'elle paffe aux héritiers du bailleur & du preneur ; & qu'ainfi les héritiers du locataire & ceux du propriétaire font également obligés d'entre- tenir le bail, dont le terme n'eft pas encore expiré. Ainfi l'ancien proverbe, qui dit que mort & mariage rompent tout louage, eft abfolument faux & n'a au- cun fondement, ni dans le droit ni dans l'ufage.

II°. Que cette action étant perfonnelle, peut être portée pardevant le Juge privilégié, comme aux Requêtes. Papon, liv. 10. tit. 3. nomb. 7.

Après que le terme marqué par un bail fait par écrit eft expiré, le locataire peut fortir & vuider les lieux fans avertir, & fans qu'il y ait de congé de part ni d'autre.

Quoique le preneur à bail foit obligé de payer les loyers de la chofe qu'il loue, il y a néanmoins des cas où il peut en demander la diminution. Vo- yez Loyer.

Voilà ce qui regarde les baux en général ; mais il y en a de différentes fortes, qui ne font pas feule- ment diftingués & féparés des autres par les noms particuliers qu'on leur donne, mais encore par les différentes difpofitions de droit qu'ils reçoivent.

Les principales efpéces de baux auxquelles les autres fe rapportent, font les baux à loyer & les baux à ferme. Nous allons en parler féparement, & enfuite des autres, qui quoique différens de noms & d'effets, participent néanmoins de leur nature en plufieurs chofes. Nous en allons parler ici de fuite : & auffi fous le mot de Baux.

BAIL A LOYER, eft un contrat par lequel on donne une maifon ou portion de maifon, pour en jouir par le preneur pendant un certain tems, à la charge de payer au bailleur une certaine fomme tous les ans, ou par fix mois, ou par quartier.

Celui qui tient à louage une maifon, doit être clos & couvert, & peut obliger le propriétaire à faire les reparations néceffaires pour cela.

Le locataire d'une maifon eft tenu de la garnir de meubles exploitables, pour fûreté de fon loua- ge ; & à faute de ce, le propriétaire l'en peut faire fortir.

Les meubles que le locataire fait porter dans la maifon qu'il a loué, fon affectés pour le payement des loyers. Voyez Privilége du propriétaire.

Il eft permis au propriétaire d'une maifon, de faire faifir & fuivre les biens-meubles de fon loca- taire pour les termes qui font dûs, fans condamna- tion préalable.

Les propriétaires sont préférés à tous autres créanciers, pour les loyers de l'année courante. *Voyez* l'article 171. de la Coutume de Paris.

Le locataire peut user de retentions de ses loyers, pour reparations nécessaires par lui faites du consentement du propriétaire, ou après sommation précédente. *Voyez* l'article 202. de la Coutume de Troyes.

Le locataire d'une maison ne peut s'en servir qu'à l'usage pour lequel elle lui a été louée, & de maniere dont on est convenu, & ne pas souffrir qu'il y soit rien fait qui puisse la détériorer, à peine d'en répondre.

Il est tenu non-seulement de son fait, mais aussi de celui des personnes dont il doit répondre; comme si un locataire d'une maison y a mis un sous-locataire, ou s'il a des domestiques & que le feu ait pris à la maison, le locataire en sera tenu; parce qu'on présume que l'incendie est arrivé par la faute de celui qui l'habite, à moins que le locataire ne prouve le contraire.

Autrement, le locataire d'une maison qui a été détruite ou détériorée par le feu, est tenu de la faire rebâtir ou de la reparer à ses dépens, & le propriétaire pour les reparations est préféré à tous créanciers, sur les marchandises qui se trouvent alors dans la maison. *Voyez* le Journal des audiences, tom. 1. liv. 1. ch. 20. les notables Arrêts, ch. 4. Henrys, tom. 1. liv. 4. chap. 6. quest. 85. & tom. 2. liv. 4. quest. 49.

Si le bail d'une maison est fait pardevant Notaire, le propriétaire a parmi nous une hypothéque générale sur tous les immeubles du locataire; mais soit que le bail ait été fait pardevant Notaire, ou sous seing privé, ou verbalement, il a pour l'exécution du bail une hypothéque tacite, ou pour mieux dire, un privilége sur les meubles qui ont été mis dans la maison par le locataire. *Voyez* Privilége.

Si le locataire d'une maison disparoît sans payer les loyers, le propriétaire peut se pourvoir en Justice pour faire ordonner l'ouverture de la maison dans le tems qui sera réglé par le Juge, & faire inventaire des meubles qui s'y trouveront, pour être ensuite pourvû à son payement & à la sûreté de ce qui pourra rester pour le locataire, ou autres qui se trouveront y avoir intérêt.

Le tems du louage fini, le locataire a huit jours pour vuider les lieux. Si c'est une maison entiere ou une boutique, il a quinze jours; après lequel tems si le locataire reste, & que le propriétaire ne l'expulse point, il y a tacite réconduction.

BAIL A FERME, est celui qui se fait d'un fond qui de sa nature produit des fruits, soit par le moyen de la culture, comme les terres, les vignes; ou sans culture, comme un bois taillis, un étang, un pâturage.

C'est aussi en quoi principalement differe le bail à ferme, de celui qui se fait des maisons & autres bâtimens qui ne produisent aucun fruit, & qui se donne, non à ferme, mais à loyer pour l'habitation ou quelqu'autre usage.

S'il arrive par cas fortuit, comme de grêle, gelée, tempête, débordement, & autres cas sembla-bles, que le fermier d'une terre ne recueille aucuns fruits, il peut demander que le prix de cette année de fermage lui soit remis; ce prix étant donné par le fermier pour la jouissance & perception des fruits, quand il n'en recueille aucuns, il en doit être déchargé.

Pensio colono remittenda est, si propter sterilitatem vi majore contingentem nullos omnino fructus perceperit, ne colonus suprà damnum seminis amissi mercedem præstare cogatur, & quia pensio in singulos annos constituta est sub tacita conditione, si conductor fructus percipiat. Leg. 18. Cod. de locat. cond.

Ainsi, comme le prix de la ferme est toujours censé promis en vue & sous condition tacite de la recolte, lorsque par cas fortuit il n'y en peut avoir, le bailleur est dans la nécessité de faire remise de la pension, pour les années qu'aura duré la stérilité.

Par stérilité, on entend une perte entiere des fruits arrivés par cas fortuit, de sorte qu'il n'y ait point eu de recolte.

Je dis perte entiere; car la modicité d'une recolte ne donne point lieu à la remise de la pension dûe par le fermier; de sorte que quand cette modicité arrive, le fermier n'en doit pas moins la pension toute entiere, & ne peut en demander aucune diminution.

La raison est que dans des années où il arrive une fertilité extraordinaire, quelqu'abondante qu'elle puisse être, c'est le fermier lui seul qui en profite, sans que le propriétaire puisse demander aucune augmentation du prix de la ferme.

Comme par stérilité on entend une perte entiere de fruits, de sorte qu'il n'y ait point eu de recolte; s'il arrivoit par hazard qu'après la recolte les bleds & les vins eussent été corrompus dans les greniers & dans les caves, on ne pourroit pas dire que cet accident fût une stérilité, & il tomberoit en pure perte sur le fermier, sans qu'il pût demander aucune remise de la pension.

La raison est, que le fermier en faisant la recolte & séparant les fruits du fonds, en est devenu propriétaire. Or, la perte d'une chose doit toujours tomber sur celui à qui elle appartient lorsque la perte arrive par une force majeure, qui n'a été précédée ni causée par la faute d'autrui.

Ce que nous avons dit, que le fermier pour cause de stérilité peut demander que le propriétaire de la ferme lui fasse remise du prix du bail pour les années de sa nonjouissance, reçoit deux exceptions.

La premiere, s'il y a lieu de compenser cette stérilité avec l'abondance extraordinaire des autres années. Ainsi, lorsque la stérilité survient dans les dernieres années d'un bail, dont les premieres années ont été très-fertiles, il est juste en ce cas de compenser le profit précédent, qui a été insolite & extraordinaire, avec la perte présente, & par ce moyen le fermier ne peut point demander de diminution. Mais si les premieres recoltes n'ont pas assez produit pour égaler le profit avec la perte, il faut alors faire une diminution au fermier.

Si au contraire la stérilité a commencé dans les premieres années du bail, il faut en ce cas attendre l'évenement des années suivantes, pour fçavoir s'il y aura lieu à la diminution ; & dans l'incertitude il faut donner la provifion au fermier, & fufpendre le payement du prix de l'année, ou du moins d'une certaine partie.

Le fecond cas où le Fermier ne peut pas demander remife de loyers pour caufe de ftérilité, eft lorfqu'il s'eft chargé du péril de la ftérilité par une claufe particuliere du bail. Sur quoi il faut obferver qu'une claufe de cette nature eft contre le droit commun, & par conféquent qu'elle ne reçoit point d'extenfion.

De ce principe il refulte que fi le fermier s'eft fimplement chargé du péril de la ftérilité, cette claufe ne regarde que les ftérilités ordinaires qui proviennent de la gelée, de la grêle & des inondations. Mais le fermier ne feroit pas cenfé s'être chargé de la ftérilité qui feroit caufée par le paffage imprévu d'une armée, le bail ayant été fait dans un tems de paix, & pour un héritage non expofé aux incurfions. Ce cas eft fi extraordinaire, que les Parties ne font pas préfumées y avoir penfé, comme il a été jugé par Arrêt de l'an 1587. rapporté par Mornac, *ad Leg. 78. ff. de actionib. empt. & vend.*

Pour que le fermier fût tenu de ces fortes de cas fortuits fi extraordinaires, il faudroit qu'il s'en fût chargé par une rénonciation à tous cas fortuits folites & infolites, prévus & non prévus, pour raifon defquels le fermier feroit convenu de ne point demander aucune remife. Il eft certain que le cas arrivant, il n'en pourroit pas demander à caufe d'une telle renonciation, qui feroit préfumer que le propriétaire auroit diminué de beaucoup le prix courant du bail, en confidération de ce que le fermier auroit bien voulu s'engager à une chofe auffi dure & auffi extraordinaire. C'eft ce qui a été jugé au Parlement de Touloufe, par Arrêt du 21 Mars 1586 & 23 Août 1604. La Rocheflavin, liv. 4. art. 6.

Ce que nous venons de dire des diminutions que le fermier peut demander pour caufe de ftérilité, n'a lieu que pour les baux qui font faits pour un prix en argent, ou en preftation d'une certaine quantité de grains ou autres fruits.

Mais fi c'étoit un bail fait à condition que le fermier fournira feulement la culture néceffaire, & que les fruits feront partagés entre le propriétaire & lui, alors il n'y auroit point de diminution à demander; parce que ce contrat n'eft pas à proprement parler un fimple bail, mais un bail qui contient une efpece de fociété, dans laquelle chacun a l'profit ou la perte de la portion qui lui eft deftinée.

Le devoir du fermier eft de jouir en bon pere de famille du fonds qu'il tient à ferme, le tenir, conferver & cultiver ainfi qu'il eft convenu par le bail, ou réglé par l'ufage.

Il ne peut pas donc, pour augmenter les profits de fa jouiffance, rien innover qui faffe préjudice au propriétaire.

Il ne peut non plus enfemencer les terres labourables, lorfqu'elles doivent demeurer en gueret, ni femer du froment, lorfqu'il ne doit femer que de l'orge ou de l'avoine, de crainte que ces changemens ne rendent à la fin du bail

l'héritage en pire état que celui où il doit être remis au propriétaire.

Les fruits & revenus du fonds baillé à ferme font affectés pour le bail, comme on peut voir *verbo* Privilége du Propriétaire.

De plus, les propriétaires des terres & héritages de campagne peuvent ftipuler par les baux la contrainte par corps, ainfi qu'il eft porté en l'art. 7. du tit. 34. de l'Ordonnance de 1667.

La raifon eft, que les fermiers des terres de la campagne commettent une efpece de larcin, lorfqu'ils confervent les fruits qui naiffent fur le fonds du propriétaire, fans lui payer les fermages.

Mais pour que la contrainte par corps ait lieu pour raifon de ces fortes de baux, il faut qu'elle ait été expreffement ftipulée par le bail.

BAIL A RENTE ou BAIL D'HÉRITAGE, eft un contrat par lequel le propriétaire d'une maifon ou d'un héritage fe demet & fe deffaifit entiérement à perpétuité de toute fa propriété, & la transfere en la perfonne du preneur, pour en jouir, comme il faifoit, moyennant une certaine penfion payable par chaque année, foit en argent, ou en grains, ou autres efpéces.

Ce contrat eft appellé arrentement, comme le bail à fens eft appellé accenfement.

Le bail d'héritage emporte une efpece d'aliénation, & transfère toute la propriété de l'héritage en la perfonne de l'acquéreur, & ce pour toujours: en quoi il differe du bail emphitéotique qui ne transfere le domaine utile, qu'à condition qu'après un long-tems il retournera au bailleur.

Comme ce contrat emporte une efpece d'aliénation, il ne peut être fait que par celui qui eft propriétaire de l'héritage.

Si l'adminiftrateur, comme un mari, un tuteur, un bénéficier, peut faire un nouveau bail à rente de l'héritage échu à la Seigneurie directe, fous les charges anciennes. *Voyez* Coquille, queft. 309.

Ce contrat fe fait moyennant une redevance en argent ou en grains, que le bailleur fe réferve deffus fon héritage, & que le preneur s'oblige de lui payer par chacun an.

Cette rente eft appellée fonciere, parce qu'elle eft due pour raifon du fonds, & en tient lieu au bailleur, à la différence de la rente qui eft fimplement conftituée à prix d'argent. Ainfi la rente fonciere eft fubrogée au lieu & place de l'héritage, & par conféquent au bailleur de même qualité qu'étoit l'héritage, c'eft-à-dire propre ou acquet.

C'eft auffi la raifon pour laquelle ces rentes foncieres font de leur nature non-rachetables, fi ce n'eft que par une claufe particuliere du contrat, la rente ait été ftipulée rachetable: auquel cas nos Coutumes confiderent ce contrat comme celui de vente, la rente ayant alors une condition réfolutive.

Mais quoique telles rentes foient ftipulées rachetables par les preneurs à ce titre, néanmoins après trente ans elles ne font plus rachetables, & la faculté de rachat eft prefcrite par ce tems, fuivant l'art. 120. de la Coutume de Paris.

La raifon eft, que la rente du bail d'héritage

eft non rachetable de fa nature , & que la faculté du rachat ftipulée dans un contrat , ne produit qu'une action perfonnelle, laquelle s'éteint par cet efpace de trente ans , enforte que l'action étant éteinte , il n'y a plus lieu de fe fervir de la convention du rachat appofée au contrat , laquelle devient inutile , parce que l'on ne peut plus en demander l'exécution.

Voyez ce que j'ai dit fur l'art. 120. & fur le fuivant dans la Coutume de Paris.

La rente du bail d'héritage eft fans contredit toujours non rachetable, quand un héritage a été donné à la charge d'une rente , avec ftipulation pour le bailleur que le preneur ne pourra point racheter ladite rente , ou quand le bail eft fait fans cette claufe , & qu'il n'y en a pas de contraire.

Cette rente de bail d'héritage eft plus réelle que perfonnelle , parce que c'eft une charge qui eft impofée fur la chofe ; enforte qu'elle fuit le poffeffeur : ce qui fait que la chofe ne peut être transférée qu'à la charge de cette rente.

De ce même principe il s'enfuit que le preneur n'eft tenu de payer cette rente , que tant qu'il eft détenteur de l'héritage qu'il a pris à cette charge, & qu'il peut déguerpir l'héritage , quoiqu'il en foit preneur , en payant les arrérages du paffé , fans être tenu des arrérages de la rente à l'avenir, quoiqu'il ait , pour la fûreté de ladite rente , affecté & hypothéqué tous fes biens. *Voyez* ce que j'ai dit fur l'art. 109. de la Coutume de Paris.

B A I L A CHAPTEL. *Voyez* Chaptel.

B A I L A MOISON. *Voyez* Admodiateur.

B A I L EMPHYTÉOTIQUE. *Voyez* Emphytéofe.

B A I L FAIT POUR PLUS DE NEUF ANNÉES, emporte aliénation. Ainfi ceux qui ne peuvent pas aliéner , & qui n'ont qu'une fimple adminiftration , ne peuvent faire de tels baux.

Il s'enfuit encore de ce principe , que pour raifon de pareils baux, les droits font dûs au Seigneur, comme pour vente.

B A I L A VIE , une efpéce de vente d'ufufruit d'un héritage , fait pour la vie du preneur. Par le moyen d'un tel bail , la propriété de l'héritage n'eft point transférée ; car , quoique l'ufufruit foit conftitué au profit d'une perfonne jeune , néanmoins la durée en eft incertaine , & peut être momentanée. C'eft pourquoi les droits feigneuriaux ne font point dûs dans ce cas, quoiqu'ils foient dûs pour bail emphytéotique à raifon de l'argent débourfé.

En fait de bail à vie , la repréfentation a lieu , parce que les baux à vie *fapiunt naturam ufufructûs* , & que *in ufufructu habent locum jus accrefcendi.* Bouvot , tom. 1 , lett. A , queft. 3.

Le bail qui fe fait à vie , quand il eft mêlé d'emphytéofe , comme quand on donne à bail au preneur & à fes enfans & petits enfans , & en outre cinquante années par-delà , ne doit pas être regardé comme un fimple bail à vie , mais comme un véritable bail emphytéotique ; & par conféquent les droits en font dûs au Seigneur.

Au refte, quand il fe fait en faveur, non-feule-

ment du preneur , mais de fes enfans , & des enfans de fes enfans , il eft reftraint au preneur , à fes enfans , & aux enfans de fes enfans , de maniere qu'il ne paffe point à fa troifiéme génération : *Quamvis appellatione liberorum omnes defcendentes in infinitum comprehendantur. Leg. liberatorum , ff. de verbor. fignif.*

Le bail fait à vie du preneur ne comprend qu'un ufufruit qui s'éteint par la mort de l'ufufruitier ; & par conféquent les enfans des enfans ne peuvent y fuccéder. Papon , Liv. 1. tit. 13. nomb. 4.

Le bail à vie ne rompt point le bail à loyer entre Particuliers.

BAIL AU RABAIS , eft celui auquel , en fait d'ouvrages ou de fournitures, au lieu d'aller aux encheres , on va au rabais, & où l'on diminue le prix propofé par un autre, jufqu'à ce qu'il ne s'en trouve point qui le veuillent prendre pour un moindre prix.

On adjuge le bail à celui qui offre de faire l'ouvrage , ou de faire les fournitures pour les plus bas prix : c'eft la raifon pour laquelle il eft appellé bail au rabais.

Ces fortes de baux fe pratiquent ordinairement quand il s'agit d'ouvrages concernant la conftruction ou réparation d'édifices , ou autres ouvrages publics , ou des Eglifes , Monafteres , Hôpitaux & Communautés.

Pour procéder à un tel bail, on propofe publiquement par des placards & affiches l'ouvrage dont eft queftion , le lieu & le tems que ceux qui voudront l'entreprendre doivent faire leurs offres ; & on marque qu'on l'adjugera aux clofes propofées à celui qui voudra entreprendre l'ouvrage pour moins que tous autres.

BAIL PAR ANTICIPATION, eft celui qui eft fait par tuteurs & autres adminiftrateurs , plus de fix mois avant que le bail précédent foit expiré.

Ces baux font préfumés avoir été faits en fraude , & dans la vûe d'un pot de vin , d'autant plus qu'il n'eft pas poffible de fçavoir précifément quelle fera la valeur des chofes dans le tems que le bail commencera.

Ainfi, quand le bail d'une maifon a été fait ou renouvellé plus de fix mois avant l'expiration de l'autre , le mineur devenu majeur , & la femme après la mort de fon mari , ne font pas obligés d'entretenir , mais font en droit de le faire déclarer nul.

Voyez M. le Prêtre , cent. 1. chap. 30. Brodeau fur M. Louet , lettre B , fommaire 5. Charondas , liv. 6. rép. 23.

Les baux des biens d'Eglife peuvent auffi être déclarés nuls, quand ils ont été faits par anticipation, pourvû qu'il paroiffe qu'ils ont été faits en fraude , & qu'ils font défavantageux à l'Eglife. *Voyez* Henrys, tom. 1. liv. 1. chap. 2. queft. 4.

Il faut dire la même chofe des baux des maifons qui appartiennent à des Hôpitaux , Fabriques , Colléges & Communautés.

Ce que nous venons de dire , qu'un bail eft fait par anticipation , lorfqu'il a été fait ou renouvellé plus de fix mois avant l'échéance du précédent , ne fe doit entendre que des maifons ; car pour ce qui eſt des terres & fermes de campagne, le bail en peut être valablement fait par tuteurs ou autres adminiſtrateurs, quelque tems avant la fin de l'autre.

Ce tems ſe régle ſuivant l'uſage des lieux ; il eſt ordinairement d'un an, parce que cela donne ſix mois pour faire publier auparavant la levée des guerets prochaine de l'expiration de la jouiſſance ; & que le fermier qui ſort, & celui qui entre, ont beſoin de tems pour faire leurs préparatifs, avant que d'entrer dans une nouvelle jouiſſance.

Il y a des cas où les baux faits par anticipation ne ſont pas ſujets à être réſolus.

I°. Si le fermier étoit en jouiſſance, & l'avoit continuée tacitement, le bail que lui feroit un adminiſtrateur, ſeroit moins un nouveau bail, qu'une approbation du premier.

II°. Si le bail eſt fait au même locataire, & pour le même prix, à moins que les héritages ne fuſſent augmentés conſidérablement de valeur, ou que le bail n'eût été d'abord fait à bas prix.

BAIL A L'EXTINCTION DE LA CHANDELLE, *Voyez* Baux.

BAIL CONVENTIONNEL, eſt celui qui ſe fait du conſentement des Parties ; en quoi il differe du bail judiciaire qui ſe fait par autorité de Juſtice. *Voyez* Baux judiciaires.

Le bail conventionnel eſt, ou paſſé pardevant Notaires, ou fait ſous ſeing privé, ou il n'eſt que verbal.

BAIL PASSÉ PAR DEVANT NOTAIRES, donne au propriétaire une hypothéque générale ſur tous les immeubles du fermier ou du locataire ; ce que ne donne pas le bail ſous ſeing privé.

Mais ſoit que le bail ſoit paſſé pardevant Notaires, ou non, la Loi donne au propriétaire une hypothéque tacite, ou pour mieux dire, un privilége ſpécial pour l'entiere exécution du bail.

Si c'eſt une maiſon, le propriétaire a un privilége & une préférence à tous autres créanciers ſur le prix de tous les meubles qui ont été mis dans la maiſon par le locataire. *Leg.* 4. & 6. *ff. in quib. cauſ. pign. vel hypot. tacit. contrah.*

A l'égard des fermes, ſoit que le bail ſoit paſſé pardevant Notaires, ou non, le propriétaire eſt préféré à tous les autres créanciers, pour l'entiere exécution du bail, ſur les fruits qui ont été cueillis par le fermier. *Leg.* 7. *ff. eodem.* Mais pour les meubles & uſtenſiles que le fermier a mis dans la ferme, la Loi ne donne de privilége au propriétaire, que quand il a eu connoiſſance que ces meubles & uſtenſiles y ont été mis. *Leg.* 5. *cod. locat.*

Voyez ce que j'ai dit *verbo* Privilége du propriétaire.

BAIL VERBAL. Ce bail, non plus que celui qui eſt fait ſous ſeing privé, ne donne point au propriétaire d'hypothéque ſur les biens du locataire ou du fermier : il ne lui donne qu'un privilége tel que nous le venons d'expliquer au précédent article.

Lorſque le bail n'eſt pas fait par écrit, & que le bailleur & le preneur ne s'accordent pas au ſujet du prix dont ils ſont convenus ; c'eſt au locataire à qui l'affirmation eſt déférée. Ainſi jugé par Arrêt du Grand Conſeil du 28. Mai 1716.

BAIL DE MINEUR, eſt en quelques Coutumes ce que nous appellons garde. Dans d'autres Coutumes, *garde* ſe dit en ligne directe, & *bail* ou *bailliſtre* en ligne collatérale.

Dans la Coutume d'Orléans, *bailliſtres* ſont la mere ou ayeule qui ſont remariées : & en collatérale, les freres, ſœurs, oncles, couſins ; le plus proche préféré, & le mâle préféré à la femelle en pareil dégré, & le frere le plus idoine préféré aux autres : art. 27. de la Coutume d'Orléans, tit. des Fiefs.

Dans la plupart de nos Coutumes, les bailliſtres collatéraux n'acquiérent ni les immeubles ni les fruits ; enſorte qu'ils ne ſont conſidérés que comme de légitimes adminiſtrateurs.

Touchant le bail des mineurs, *Voyez* Garde.

BAIL JUDICIAIRE. *Voyez* Baux Judiciaires.

BAIL DE MARIAGE, ſignifie en pluſieurs Coutumes la puiſſance & autorité qu'a un mari ſur la perſonne & ſur les biens de ſa femme. Ainſi, quand une fille ſe marie, il y a *bail*, parce qu'elle entre en la garde de ſon mari ; & comme cette garde ou puiſſance finit par la mort du mari, quand le mari meurt, on dit qu'il y a *débail.*

Le mari, à cauſe de cette puiſſance maritale, eſt en pluſieurs Coutumes appellé bail de ſa femme, c'eſt-à-dire, bailliſtre, garde ou gardien ; & le relief dû par le mari pour les fiefs de ſa femme, eſt appellé *relief du bail.*

Ce bail de mariage étant très-avantageux au mari, a vraiſemblablement fait introduire en faveur de la femme cette ſociété conjugale, qui eſt aujourd'hui en uſage dans preſque tout le Pays coutumier.

BAIL DE MEUBLES. *Voyez* Louage.

BAILLER, ſignifie fournir ; comme quand on dit bailler caution, bailler des contredits ou autres écritures. On dit auſſi des contredits offerts en baillant ; ce qui ſignifie, en ſe communiquant de part & d'autre réciproquement telles écritures.

BAILLEUR, eſt celui qui donne une maiſon à loyer, ou un héritage à ferme.

BAILLEUR DE FONDS. *Voyez* Seigneur cenſier.

BAILLAGE, eſt la Juriſdiction qu'a un Baillif dans une certaine étendue de pays, ou le territoire dans lequel un Baillif a droit de rendre la Juſtice. Ce terme ſignifie auſſi quelquefois le lieu où le Baillif tient ſon Siége.

BAILLIF, ſignifie gardien & protecteur prépoſé pour ſecourir ceux qui ſont oppreſſés.

Cette protection en fait de Juſtice eſt exercée par les Juges royaux, qui connoiſſent dans l'étendue de leur territoire des appellations, tant des Prevôts royaux, que des hauts-Juſticiers, en réformant leurs Jugemens, ou en évoquant les cauſes que ces Juges ſont négligens de juger.

C'eſt ce qui a fait qu'on leur a donné le nom de Baillifs ; nom qui eſt tiré du mot de *bail*, ſelon quelques Auteurs qui prétendent qu'on dit *Baillif*, pour ſignifier un homme *baillé* pour conſervateur des oppreſſés.

Les Baillifs étoient originairement des Commiſſaires envoyés par le Roi dans les Provinces, pour examiner ſi la Juſtice étoit bien rendue par les Comtes, qui étoient alors les Juges ordinaires.

Ces Commiſſaires étoient appellés Baillifs & Sénéchaux, & avoient pouvoir de juger ſouverainement & en dernier reſſort toutes les cauſes civiles & criminelles, & de réformer les abus & malverſations qui ſe faiſoient par les autres Juges dans l'adminiſtration de la Juſtice : à la charge néanmoins que s'ils trouvoient quelque affaire de telle importance, qu'ils ne la puiſſent juger eux-mêmes, ils en donnaſſent avis au Roi, qui en connoîtroit, & rendroit l'Arrêt en ſon Conſeil.

Philippe le Bel ne pouvant ſuffire à juger le nombre infini de procès que ſes Juges remettoient à ſa connoiſſance, établit à Paris des Juges pour juger tous les procès ſouverainement : alors les Baillifs & Sénéchaux ne jugerent plus en dernier reſſort ; mais les appellations furent portées en cette Cour & Compagnie, qui fut appellée Parlement ; & au lieu que les Baillifs & Sénéchaux étoient auparavant ambulans, & alloient exercer leur Juriſdiction dans toutes l'étendue de leur département, ils furent faits ſédentaires.

Le même Roi, par ſon Ordonnance d'onnée à Paris en 1302. art. 2. enjoignit aux Baillifs & ſénéchaux d'exercer leurs Charges en perſonne, & de réſider en leurs Bailliages & Sénéchauſſées, pour y adminiſtrer la Juſtice, & leur défendit d'avoir aucuns Lieutenans, ſinon en cas de néceſſité & de maladie, ou que pour quelque cauſe, ils fuſſent obligés de s'abſenter. À quoi l'article 86. de l'Ordonnance de Charles VII. du mois d'Avril 1453. ajoute : ou qu'ils fuſſent empêchés en leur perſonne, étant à la guerre ou près de la Perſonne du Roi, comme Chambellan.

Ces cauſes & empêchemens ayant donné ſouvent occaſion aux Baillifs & Sénéchaux de s'abſenter, il en arriva de grands abus par les pilleries que firent leurs Lieutenans.

C'eſt ce qui donna lieu à Charles VIII. de défendre aux Baillifs & Sénéchaux de s'abſenter pour quelque cauſe que ce ſoit avec injonction de réſider dans les principaux Siéges de leurs Juriſdictions. Cela eſt en termes précis dans ſon Ordonnance donnée à Moulins le 28. Novembre 1490. art. 5.

Ces défenſes furent renouvellées par une Ordonnance de François II. du mois de Juillet 1560, & par celle de Moulins de 1556. art. 21.

Charles IX. par ſon Ordonnance du 16. Novembre 1567. leur enjoignit de faire le tour & circuit de leurs Bailliages & Sénéchauſſées, y faiſant tenir leurs aſſiſes dans les lieux & tems accoutumés.

Aux Baillifs & Sénéchaux ſeuls, ſuivant l'art. 3. de l'Ordonnance de Cremieu, appartient le droit de convoquer le ban, l'arriere-ban, quand il eſt mandé de taxer, & faire exécuter les taxes & contributions qui ſe font pour raiſon d'iceux, & de connoître de tous procès & différends qui peuvent naître à ce ſujet. Ce qui a été confirmé par l'Ordonnance de Blois, art. 316. 319. & 320.

Les mêmes Baillifs & Sénéchaux, ſuivant les articles 26. & 27. de l'Ordonnance de Cremieu, ont droit, quand il ſe fait des aſſemblées générales pour parvenir au fait de la Police des Villes où il y a Siége préſidial, Bailliage & Sénéchauſſée, de préſider & conclure, ou leurs Lieutenans, aux élections qui ſe font des Maires, Echevins, Conſuls & autres, ayant l'adminiſtration des affaires communes ; de recevoir le ſerment, & de procéder à l'inſtallation des Officiers nommés & élûs, ſuivant les Statuts & Réglemens des Villes, approuvés & confirmés par le Roi.

Ils connoiſſoient pareillement des comptes des deniers communs & d'Octroi, qui ſe doivent rendre, examiner, clorre & arrêter devant eux, & de tous procès qui en peuvent naître, conformément à l'Ordonnance d'Orléans, art. 94. & 95.

La reception des Officiers ſubalternes appartient auſſi aux Baillifs & Sénéchaux, ſuivant l'article 80. de l'Edit de Cremieu, & de celle d'Orléans, art. 35.

Cette derniere Ordonnance veut que tous les Officiers des Juſtices ſubalternes, & des hautsJuſticiers reſſortiſſant pardevant les Baillifs & Sénéchaux, y ſoient examinés avant d'être reçus par un des Lieutenans ou plus anciens Conſeillers du Siége, après informations de leur vie & mœurs, ſans néanmoins pouvoir prendre aucune choſe pour leur vacation.

Il faut néanmoins excepter les Juges royaux qui ſe reçoivent au Parlement.

Anciennement, quand les Baillifs & Sénéchaux n'étoient que des Commiſſaires envoyés par le Roi dans les Provinces pour y adminiſtrer la Juſtice, ils jugeoient, comme nous avons dit, en dernier reſſort, & n'avoient que le Roi au deſſus d'eux. Maintenant il y a entre deux les Parlemens, qui connoiſſent des appellations interjettées de leurs Sentences.

Les Jugemens, Sentences, Mandemens, Commiſſions exécutoires, & autres actes emportant exécution, faits & expédiés dans les Bailliages, doivent être intitulés au nom des Baillifs, ſans que les Lieutenans généraux ou particuliers les puiſſent intituler en leur nom, quand même ils auroient été par eux prononcés : on met ſeulement leur nom au bas des Sentences qu'ils ont rendues.

La Juriſdiction des Baillifs & Sénéchaux eſt ordinaire & extraordinaire.

Leur Juriſdiction ordinaire eſt le droit de connoître des matieres & affaires dont la connoiſſance leur appartient en premiere inſtance ; ſçavoir :

Iᵒ. Des cauſes du Domaine du Roi, des conſications, droits d'aubaine, de bâtardiſe, de deshérence, de reception de fois & hommage, tant par main ſouveraine, qu'autrement, de vérifications d'aveu & dénombrement, Lettre de ſouffrance & de confortement. Mais aujourd'hui la connoiſſance de toutes ces choſes appartient à la Chambre du Tréſor & aux Tréſoriers de France dans leur Province auſquels elle a été attribuée.

IIᵒ. Suivant l'art. 5. de l'Edit de Cremieu, de

toutes les caufes en matieres civiles, perfonnelles & poffeffoires des Nobles vivant noblement, tant en demandant que défendant, ou ils feront Parties, ou joints, y ayant intérêt, & fans fraude.

III°. Suivant l'art. 6. de la dation de tutelle & curatelle, bail de gouvernement, confection d'inventaire des biens des mineurs & perfonnes nobles vivant noblement; enfemble, fuivant l'art. 7. des partages des fucceffions entre perfonnes nobles, quoique les héritages ou partie d'iceux foient roturiers.

IV°. Ils connoiffent encore, fuivant l'art. 12. de la vérification de toutes Lettres patentes, contenant création de foires & marchés, affranchiffemens & répits.

V°. Des caufes & matieres bénéficiales & de tout ce qui en dépend, ainfi qu'il eft porté par l'art. 13. D'où il s'enfuit que les queftions qui regardent le droit de patronage, font de la compétence des Baillifs; comme il a été jugé au Parlement de Rouen, par Arrêt du 22. Mai 1683. rapporté par Bafnage fur la Coutume de Normandie, titre de Jurifdiction, art. 2.

VI°. Du crime de leze-Majefté divine & humaine, facrilege, affemblées illicites, port d'armes, émotions populaires, des caufes des Eglifes de fondation royale qui ont Lettres de garde gardienne, fuivant l'art. 9.

VII°. Ils peuvent bailler Lettres ou Commiffion en forme de Debitis. Arrêt du 6. Avril 1418. entre les Officiers de l'Archevêque de Reims d'une part, & le Procureur général du Roi. Voyez la Bibliotheque du Droit François, verbo Baillifs.

Cette queftion s'eft préfentée : fçavoir, fi le crime de fauffe monnoye ayant été commis, & le Baillif du lieu en ayant informé, il en pouvoit retenir la connoiffance.

Le Prévôt des Maréchaux prétendoit que le Baillif étoit obligé de la lui renvoyer. Mais il a été jugé par Arrêt du Grand Confeil du 11. Mai 1711. que le Baillif la pouvoit retenir.

La raifon eft, que l'art. 2. du tit. 1. de l'Ordonnance de 1710 porte que nos Baillifs, Sénéchaux & Juges préfidiaux, connoîtront privativement à nos autres Juges, de la fabrication, altération & expofition de fauffe monnoye. Ainfi les Baillifs, fur-tout des grands Sieges, font rendus compétens, & concourent avec les Préfidiaux; enforte que l'inftruction fe faifant par eux, les accufés en profitent, & font jugés à la charge de l'appel. Et quand l'Ordonnance dit : privativement à nos autres Juges, cela s'entend des prévôts royaux.

La Jurifdiction extraordinaire des Baillifs & Sénéchaux confifte dans le droit de juger toutes les appellations des Sentences rendues par les Juges inférieurs de leur reffort.

Les Baillifs & Sénéchaux, par l'autorité qu'ils ont fur les Juges fubalternes, dont les appellations relevent devant eux, ont auffi connoiffance des délits & abus qu'ils commettent dans l'adminiftration de la Juftice, des concuffions & des exactions illicites qu'ils font.

Les Seigneurs qui ont commis lefdits Juges, ne peuvent pas s'oppofer à ce que les Baillifs & Sénéchaux ufent de ce droit, & qu'en qualité de Juges fupérieurs defdits Officiers, les Baillifs connoiffent des abus qu'ils auroient commis dans leurs fonctions; & en cas de recidive defdits Officiers, les Seigneurs en étant avertis, demeurent civilement refponfables des fautes de ceux qu'ils auroient pourvus, parce qu'ils les peuvent revoquer, aux termes de l'art. 27. de l'Ordonnance de Rouffillon.

Si les Juges fupérieurs n'avoient pas droit d'infpection fur les Juges des Juftices feigneuriales, les Parties feroient expofées à une infinité de vexations de la part des Seigneurs & de leurs Juges.

Le pouvoir des Baillifs, des Juges Préfidiaux & des Prévôts, eft borné en ce qui regarde les évocations; car ils ne peuvent évoquer, pour quelque caufe que ce foit, les affaires pendantes devant les Juges qui leur font inférieurs, & dont les appellations relevent d'eux, que dans le cas où le principal peut être jugé à l'Audience fans appointer, fuivant l'art. 2. de l'Arrêt de Réglement du Parlement en date du 10. Juillet 1665. Ce qui eft fondé fur l'art. 149 de l'Ordonnance de Blois, qui a été fuivie de l'Ordonnance du mois d'Août 1667. tit. 6. art. 2. & de l'Ordonnance criminelle de 1670, tit. 26. art. 5.

Les Baillifs & autres Juges inférieurs jugeant les caufes d'appel, doivent prononcer, an bené vel malè, & non pas par mal, nullement & incompétemment jugé.

Ils ne peuvent pas entériner des Lettres de rémiffion d'un Gentilhomme, ni faire aucuns réglemens, foit provifoire ou définitif, en ce qui touche l'adminiftration de la Juftice. Ces deux articles n'appartiennent qu'aux Cours fouveraines. A l'égard des crimes, les Baillifs ne peuvent prévenir les Juges fubalternes qui ont informé dans les vingt-quatre heures, fi la Coutume n'y eft contraire, ou que ce ne foit pour cas royaux.

Le Samedi quatrieme Janvier 1680. à l'Audience de la Tournelle criminelle, M. Talon établit comme une chofe certaine, & décidée par les Arrêts de réglemens intervenus entre les Baillifs & Sénéchaux, & les Prévôts royaux, que quand la Cour commet en général le plus prochain Juge royal, cela doit s'entendre premièrement & principalement des Baillifs & des Sénéchaux, & que ces fortes de commiffions ne s'adreffent aux Prévôts royaux, que quand ils font nommés expreffément par l'Arrêt.

Les Appellations des Baillifs & Sénéchaux relevent nuement & fans moyen au Parlement.

Touchant les Baillifs, leur origine, leur pouvoir & leur Jurifdiction. Voyez Fontanon, tom. 1. liv. 3. tit. 1. pag. 179. & aux additions, p. 1789. Duluc, liv. 6. tit. 4. Fileau, tom. 1. pag. 162. & fuivantes; Loyfeau, Traité des Offices, des Ordres & des Juftices de Villages, la Bibliothéque du Droit François, verbo Baillifs, les Traités de la Police, liv. 1. tit. 5. chap. 2. Pafquier en fes recherches de la France, liv. 2. chap. 14.

Au refte, il y a deux fortes de Baillifs; les Baillifs d'Epée, & les Baillifs de Robe longue.

BAILLIFS D'ÉPÉE, ou GRANDS BAILLIFS D'ÉPÉE,

D'EPE'E , OU BAILLIFS DE ROBE COURTE, font ceux qui ayant la propriété de la Juftice du Bailliage , préfident lorfqu'ils font reçus aux Siéges.

C'eft auffi en leur nom que la Juftice eft rendue ; de maniere qu'ils perçoivent les droits & émolumens attribués aux Juges.

On les appelle Baillifs d'Epée, comme étant fucceffeurs des anciens Baillifs & Sénéchaux, qui, outre les fonctions de la Juftice, avoient encore des droits dans l'Epée, comme de conduire le ban & arriere-ban de leur Bailliage & Sénéchauffée ; droit qui appartient encore préfentement aux Baillifs d'Epée.

Pendant le tems que la Nobleffe fe faifoit un ridicule point d'honneur de n'avoir aucune teinture des Lettres, les Baillifs de Robe courte laifferent à leurs Lieutenans ce qui étoit du fait de la Juftice , pour s'occuper uniquement aux armes.

Depuis , les Rois par leurs Ordonnances , les contraignirent à prendre des Lieutenans. Cependant ; comme la Juftice leur appartenoit, ainfi que nous l'avons dit, ces Baillifs avoient befoin de fe faire recevoir dans les Siéges de leur Juftice : ils y venoient en épée , qui étoit la marque de leur nobleffe & de leur pouvoir dans les armes. Depuis, n'affiftant plus aux Audiences , & portant un habit militaire , ils ont été appellés Baillifs d'Epée.

L'ufage aujourd'hui fe conferve encore , que les Baillifs d'Epée foient reçus en épée. Ils n'ont pas befoin d'être gradués, pour être admis à leurs Charges ; qui font venales & fujettes au droit annuel.

Il y a un Edit du mois de Janvier 1696. régiftré le 9. Février fuivant , qui porte réglement pour l'hérédité accordée aux Baillifs & Sénéchaux d'Epée par l'Edit du mois d'Octobre 1693.

BAILLIFS DE ROBE LONGUE, font ceux qui lettrés & gradués peuvent rendre la Juftice en perfonne.

Par les Ordonnances d'Orléans, article 48. de Moulins, art. 21. de Blois, art. 263. les Baillifs ne peuvent être que de Robe courte , mais ces articles ont été fans exécution ; & François II. par fon Edit du mois de Juillet 1560. donne pouvoir aux Baillifs de Robe longue de vaquer aux chofes qui dépendent du fait de la force, comme il eft permis à tous Baillifs & Sénéchaux , & de même qu'ils feroient , s'ils tenoient leurs Offices en Robe courte : enjoignant aux Nobles du ban & arriere-ban de leurs Baillages & Sénéchauffée , & les Communes du plat pays, de leur obéir fans en faire aucune difficulté.

Il y a aujourd'hui des Siéges royaux reffortiffans nuement au Parlement, qui ont tous les droits & toutes les fonctions des Baillifs pour ce qui concerne la juftice , & qui n'ont point ce qui concerne la force & l'épée.

BAILLIF DU PALAIS, eft le Juge qui connoît de toutes caufes, tant civiles que criminelles, dans l'étendue de fon reffort, qui ne comprend aujourd'hui que les cours, falles & galeries du Palais.

Il a le même pouvoir que les Lieutenans-généraux, Baillifs & Sénéchaux. Les appellations, tant en matiere civile que criminelle, qui font interjettées de fes Sentences, fe relevent au Parlement, comme celles qui font interjettées des autres Baillifs & Sénéchaux.

Touchant la Jurifdiction du Baillif du Palais, V. Joly des Offices de France, t. 2. l. 5. t. 5. pag. 912. & aux additions, p. 1840. le Traité de la Police, l. 1. t. 10. chap. 5.

BAILLIF DE L'ARSENAL, OU BAILLIF DE L'ARTILLERIE DE FRANCE , eft un Juge qui connoît des différends entre les Officiers & Ouvriers employés à l'entretien & conduite de l'artillerie & chofes qui y appartiennent.

On appelle communément cette Jurifdiction, le Bailliage de l'Arfenal, parce qu'elle fe tient dans l'enclos de l'Arfenal. Il y a un grand Baillif d'épée, un Lieutenant général de Robe longue , & autres Officiers, lefquels font feuls Juges civils & criminels dans l'enclos de l'Arfenal, Mail, circonftances & dépendances , & connoiffent par attribution de tout ce qui concerne les poudres & falpêtres , leur fabrication, marchés de la conduite d'iceux dans les Magafins & Arfenaux; & de la cueillette & recherche des terres & matieres propres à faire le falpêtre ; du refus fait aux Salpêtriers de l'entrée des lieux ou fe trouvent ces matieres ; & enfin de tout ce qui concerne l'exécution de la commiffion du Commiffaire général des poudres ; les traités & marchés concernant l'artillerie , & l'entreprife & achats des chevaux deftinés pour fon fervice.

BAILLIFS CHASTELAINS, font les Juges des caufes d'appel en la Seigneurie & Juftice fubalterne ; art. 6. de la Coutume de Senlis.

BAILLISTRES. Les peres & meres qui ont la garde de leurs enfans mineurs, font appellés Baillif-tres en plufieurs Coutumes. V. Bail des mineurs. V. auffi Garde.

V. Taifand fur la Coutume de Bourgogne, t. 6. art. 4. 5. & 9. V. auffi Loyfel, l. 1. de fes Inftitutes coutumieres , t. 4. & ce qui eft dit fur ce mot dans le Dictionnaire de Trevoux.

BAISER , étoit anciennement la marque que les Parties contractantes fe donnoient pour preuve de la liberté avec laquelle ils contractoient enfemble , & de la bonne foi avec laquelle ils fe difpofoient d'exécuter ce dont ils étoient convenus.

Ainfi, fe baifer publiquement l'un l'autre , fignifie dans la Coutume de Touraine, art. 13. au titre des droits des gens mariés, que la donation mutuelle qu'ils fe font , procéde de leur franche & libre volonté.

Anciennement, lorfque le vaffal faifoit la foi & hommage, fon Seigneur le baifoit à la joue en figne d'union.

BAISER LE VERROUIL, LA SERRURE DE L'HUIS , OU LA PORTE DU FIEF DOMINANT, dans la Coutume d'Auxerre , art. 44. tit. 5. chap. 20. Sens art. 181. fignifie l'hommage que le vaffal fait à fon Seigneur féodal, au manoir du fief dominant, en l'abfence du Seigneur & ce baifer tient lieu de la bouche & des mains que le Seigneur préfente à fon vaffal , en recevant de lui le ferment de fidélité.

BALLIVAGE , fignifie compte ou marque des balivaux qu'on doit laiffer fur chaque arpent de bois

qu'on met en coupe, pour croître en haute futaie.
Avant que de faire l'ajudication des bois, les Officiers des Eaux & Forêts en font le ballivage.

BALLIVEAUX, font des jeunes chaînes au-deſſous de quarante ans, qui font laiſſés dans les bois taillis que l'on coupe, pour repeupler les forêts.

On les appelle étalons, pour marquer qu'ils font deſtinés pour repeupler les ventes. On en doit laiſſer ſeize par arpent de l'âge du bois que l'on coupe, outre les anciens & les modernes.

Les balliveaux ſur taillis tombent en coupes réglées au profit de la douairière.

BAN, vieux mot Allemand qui veut dire proclamation ou un mandement fait à cri public. Il ſignifie auſſi banniſſement, parce que le banniſſement ſe proclamoit autrefois & ſe publioit à ſon de trompe.

Ban ſe prend donc communement pour des criées & publications à haute voix ; d'où vient qu'on dit, publier des bans de mariage. C'eſt auſſi pour cette raiſon que dans quelques Coutumes on ſe ſert des mots *bannies & bannir* ; pour ſignifier publication & publier.

BAN OU BANNISSEMENT, eſt une peine afflictive & infamante, à laquelle on condamne ceux qui n'ont point tout-à-fait mérité peine de mort.

Si le banniſſement eſt à perpétuité hors le Royaume, il emporte la mort civile ; mais le banniſſement qui n'eſt que d'un certain lieu ou pour un tems, n'emporte point mort civile, parce que l'on ne meurt point pour un tems ni pour un lieu, & que la mort civile eſt une imitation de la mort naturelle.

En tant que le banniſſement eſt déſigné par le mot de ban, on dit dans ce ſens qu'un homme garde ſon ban, pour ſignifier qu'il eſt abſent du Royaume ou de la Province d'où il a été banni.

La raiſon pour laquelle le banniſſement s'appelle ban, & même quelquefois publication, c'eſt qu'autrefois il ſe publioit à ſon de trompe.

La peine de ceux qui ne garde point leur ban, & qui font repris, eſt d'être condamnés aux galeres, s'ils ont été bannis par Sentence prévôtale, ou Jugement en dernier reſſort, ſelon la Déclaration du 31 Mai 1682.

A l'égard des femmes & filles bannies par Sentence prévôtale & Jugement en dernier reſſort, la peine eſt, quand elles font repriſes, d'être enfermées dans les Hôpitaux généraux les plus prochains, ſelon la Déclaration du 29. Avril 1687.

Mais pour ce qui eſt des hommes & des femmes bannis par Arrêt, & qui ne gardent leur ban, la peine eſt ordinairement de mort, ſelon la Déclaration de 1682.

Pour que ceux qui font bannis ne puiſſent prétendre cauſe d'ignorance des ſuſdites peines établies contre ceux qui ne gardent pas leur ban, les Juges qui prononcent en dernier reſſort des condamnations de ban, font tenus de faire lecture aux condamnés de ladite Déclaration de 1682.

V. Bannir. *V.* auſſi ce que j'ai dit ſur l'art. 292. de la Coutume de Paris, gloſe 1. nomb. 52.

BAN, ſe prend pour un droit de bannalité que les Seigneurs ; en vertu d'un titre particulier, ont dans l'étendue de leur Seigneurié.

Dans ce ſens, on dit four, moulin, ou preſſoir bannal ou à ban. Sur quoi il faut remarquer que le mot de ban, à ce que quelques-uns prétendent, eſt formé du mot *bannir*, qui ſignifie prohiber ou empêcher ; quoique l'on puiſſe dire que ban ſe prend ici pour publication, avec injonction ſous quelque peine, comme il s'obſerve en quelques lieux où ce droit eſt établi, dans leſquels on a coutume d'appeller & de crier à haute voix, à cor & à cri, que l'on vienne au four, au moulin ou au preſſoir.

Le droit de bannalité peut être valablement établi par une Communauté d'habitans au profit du Seigneur féodal & haut-juſticier, pour une cauſe juſte & légitime, & pourvû que le Seigneur ſoit fondé en titre, ſuivant l'art. 207. de l'Ordonnance du Roi Louis XIII. de l'an 1629.

Mais il faut que ce ſoit un titre valable, ou un aveu & dénombrement ancien comme il eſt porté par les art. 117. & 172. de la Coutume de Paris.

La raiſon eſt, que le droit de bannalité, qui eſt une vraie ſervitude contraire à la liberté naturelle, tant des perſonnes des héritages, ne ſe peut acquérir ſans titre valable & par écrit, conformément à la diſpoſition du Droit.

V. Bannalité.

BAN, dans les Statuts de Provence, eſt une peine municipale ou coutumiere, encourue à cauſe du dommage cauſé dans l'héritage d'autrui, ſoit par homme ſoit par bête. *Voyez* le titre des Bans auxdits Statuts.

BAN A MOISSON, étoit autrefois le droit qu'avoit le Gouverneur d'une Province, de régler & de fixer le tems des moiſſons ; ce qui paroiſſoit fondé ſur la Loi 4. *ff. de ſertis* ; mais ce droit eſt preſqu'entièrement aboli en France.

Il y a cependant encore quelques Coutumes, comme celle d'Artois, art. 48. qui autoriſe les Juges à faire publier des bans d'Août & de Mars. *Voyez* les Notes ſur cet article.

BAN A VENDANGER, eſt le droit qu'a le Seigneur de fixer & arrêter le tems de vendanges au tems convenable & néceſſaire ; de ſorte que perſonne ne peut vendanger auparavant ; & la vendange de celui qui l'emporteroit avant le jour du ban de vendange, pourroit être ſaiſie de plein droit.

Les Gentilshommes ni les Eccléſiaſtiques ne font pas exempts de ce droit de ban à vendanger ; parce que c'eſt une charge réelle & patrimoniale, & de droit public, ainſi perſonne n'en eſt exempt, excepté ceux dont les vignes font enfermées dans leurs enclos, parce qu'ils ne font tort à perſonne quand ils vendangent avant les autres.

Dans les vignobles où il n'y a point de Seigneurs qui ayent ce droit, il appartient aux Officiers de Police.

La proclamation de l'ouverture des vendanges doit être réglée par les Officiers de la Juſtice du lieu, ſur l'avis des habitans, ou information *de commodo & incommodo.*

Le ban à vendanger eſt en uſage dans pluſieurs de nos Coutumes ; ſçavoir, d'Anjou, art. 185. &

suivans; du Maine, article 203; de Bourges titre 15. article de Bourbonnois, art. 351.

Voyez Bouvot, tom. 2. *verbo* Ban de vendanges; Chopin sur la Coutume d'Anjou, ch. 45. nomb. 4. & 5. Maynard, liv. 8. ch. 24. le Traité de la Police, tom. 3. liv. 5, tit. 46. nomb. 11; Salvaing, ch. 39. Bretonnier sur Henrys, tom. 1. liv. 3. quest. 36.

BAN A VIN, ou BAN-VIN, BAN DE VIN, est le droit qu'a le Seigneur d'empêcher qu'il ne se vende en détail d'autre vin que le sien pendant un certain tems, qui est d'un mois ou de six semaines, suivant l'usage des lieux. Ce droit est appellé quelquefois Ban de Mai ou ban d'Août.

Les Seigneurs ne doivent en vertu de ce droit vendre que le vin de leur crû, si le titre n'est contraire. Pendant tout le tems que dure le ban-vin, le Seigneur peut défendre à tous les Habitans de vendre leur vin. Il est seulement permis aux Taverniers, Cabaretiers & Hôteliers, d'en vendre aux voyageurs qui logent chez eux, ou qui auront besoin d'y boire en passant.

Le droit de ban-vin est en usage dans les Coutumes d'Anjou, Loudun, le Maine, la Marche, & Touraine.

Par les articles 1. 3. 4. 12 & 15. du tit. 8. dudit droit de l'Ordonnance de 1680. les Seigneurs ecclésiastiques ou nobles qui ont droit de ban-vin, c'est-à-dire de vendre en détail à pot seulement & sans assiette, à l'exclusion de tous autres, pendant un certain tems ou un certain mois, le vin du crû de leur terre, sont exempts de tous droits de détail, & maintenus dans leurs privilèges, à sept conditions, à l'une desquelles les contrevenans en sont déchus.

La premiere est que leur titre soit anterieur au premier Avril 1560.

La deuxieme, qu'ils reçoivent les visites & marques des Commis du Fermier, lorsqu'il fait procéder à l'inventaire des vins après la recolte.

La troisieme, qu'ils séparent fidélement, lors des visites & inventaires le vin provenant du crû de la terre, d'avec les autres vins.

La quatrieme, qu'ils déclarent lors desdits inventaires la situation des vignes de la terre par tenant & aboutissant, & la quantité d'arpens.

La cinquiéme, qu'ils fassent publier aux Prônes le jour qu'ils veulent faire l'ouverture du ban. La sixiéme qu'ils fassent signifier au Fermier l'acte de publication huit jours avant l'ouverture du ban.

La septiéme qu'ils ne vendent que le vin de la terre, qu'ils le vendent à pot seulement & dans la maison seigneuriale, ou dans celle qui est destinée pour la ferme lorsqu'il n'y a pas de Fermier.

Par l'article 15. du même titre, lorsque le Seigneur a manqué à quelqu'une des formalités, le Fermier est en droit de lui faire payer les droits de détail comme au simple vigneron. Et la même Ordonnance veut encore qu'il soit privé du droit de banvin l'année suivante; & qu'en cas de recedive, il en soit privé le reste de sa vie.

L'article 5. du même titre ordonne qu'en cas de fausse déclaration, ou que le Seigneur vende d'au-

tre vin que celui de la terre, ou qu'il vende à assiette au lieu de vendre à pot, le Seigneur soit non-seulement déchu du droit de ban-vin, mais encore que le vin soit confisqué au profit du Fermier, & qu'il soit condamné en trois cens livres d'amende.

Par les articles 6. 10. le vin provenant des dixmes inféodées ou des pressoirs bannaux, & par la bannalité a été établie avant 1560. que le Seigneur exploite & fait valoir par ses mains, est réputé du crû de la terre; mais si les vins, pressoirs & dixmes sont affermés à moitié, la part qui lui revient est reputée celle du crû; & si le tout étoit affermé, le privilége cesseroit.

Il nous reste quatre remarques à faire sur le droit de ban-vin. La premiere est que ce droit cesse lorsque la terre est saisie réellement.

La deuxieme, que quand le vin du ban est vendu, il est permis aux particuliers de la Paroisse de vendre leur vin en détail, quoique le tems du ban ne soit pas expiré.

La troisieme, que ce droit ne peut être transporté au Fermier pour jouir par lui de l'exemption du huitieme.

La quatrieme, que le Roi par un édit du mois d'Avril 1702. a établi un droit de ban-de-vin dans tous les lieux où les droits d'Aydes n'ont point de cours; & Sa Majesté permet à toute personne d'acquérir ce droit, & leur donne de grands priviléges.

Au reste, par un Edit du mois d'Avril 1702. Louis XIV, a établi un droit de ban-de-vin dans tous les lieux où les droits d'Aydes n'ont point de cours. La Loi par cet Edit permet à toutes personnes d'acquérir ce droit, & leur donne de grands priviléges. Cet Edit est rapporté dans Henrys, tom. 1. liv. 3. ch. 3. quest. 41. Il est aussi rapporté dans le Traité de la police, tom. 3. liv. 5. tit. 46. ch. 25. sect. 2. & y est daté du mois d'Août.

Touchant le droit de ban-vin, *Voyez* Salvaing, de l'usage des Fiefs, chap. 65; la Rocheflavin, des Droits seigneuriaux, ch. 14. Brodeaux, sur l'art. 71. de la Coutume de Paris, le Traité de la Police, tom. 3. liv. 5. tit. 46. chap. 25. sect. 2. Chopin, sur la Coutume d'Anjou, liv. 2. part. 3. chap. 1. tit. 3. nom. 6.

BAN ET ARRIERE-BAN. Ban est la publication ou convocation à cri public de tous les Nobles d'une Province pour aller servir le Roi dans ses armées, de qui ils tiennent un Fief sans moyen; & l'Arriere-ban de la convocation des Vassaux qui relevent du Roi immédiatement, pour aller servir le Roi dans ses armées conjointement avec leur Seigneur.

Par ban, on entend encore la convocation de ceux qui possedent de fiefs qui sont chargés envers le Roi de services particuliers à la guerre, comme les Comptes, les Barons, les châtelains, &c.

Par arriere-ban, on entend la convocation de ceux qui possedent des fiefs francs, c'est-à-dire des fiefs qui ne sont point chargés de services particuliers.

Voici ce qui dit du ban & de l'arriere-ban M. Cujas, dans sa préface sur le liv. des Fiefs. *Vas-*

fallorum conditio hæc eſt, ut cùm Electus edicitur, in militiam eant, vel Vicarium mittant, vel certum cenſum Domini ærario inferant, quod heribannum, ſive haribannum dicitur à Germanorum antiquâ voce hære, quo ſignificatur exercitus.....bannum eſt generale nomen, quo ſignificatur edictum, ſive citatio.

On confond aujourd'hui ces deux mots, *ban & arriere-ban* ; de ſorte qu'on entend par ces termes un mandement à tous gens tenans fiefs, & de venir à la guerre pour le ſervice du Prince.

Touchant l'étymologie du ban & arriere-ban, *Voyez* ce qu'en dit M. Menage dans ſon Dictionnaire étymologique.

Ceux qui ne peuvent aller à l'arriere-ban, pour ne pouvoir porter les armes, ſont taxés à une certaine taxe, dont ſont tenus, non ſeulement les propriétaires des fiefs, mais auſſi les douairies & les autres uſufrutiers.

Toutes ſortes de perſonnes ſont ſujettes à cette taxe : il n'y a que les Eccléſiaſtiques qui en ſont exempts.

Chopin, titre des Fiefs, nomb. 33. dit que la convocation du ban & arriere-ban eſt très-ancienne en France. Cette convocation qui ſe faiſoit dans les premiers tems, obligeoit tous ceux qui étoient en état de porter les armes ; mais cette obligation a été reſtrainte aux Laïcs en faveur des gens d'Egliſe, ſous le Pontificat du Pape Zacarie à la ſollicitation de ſon Légat Boniface.

Cette convocation provient de la nature des fiefs, leſquels ſous la premiere race de nos Rois étoient à vie ou à tems ; & tous ceux qui en étoient revêtus, ſoit Eccléſiaſtiques ou Laïcs, étoient obligés indiſtinctement au ſervice perſonnel, & à prendre les armes. C'eſt pour cela qu'en tems de guerre il ſe faiſoit des publications, à ce que tous gens tenans fiefs fuſſent tenus de prendre les armes, pour ſe rendre au lieu qui leur ſeroit mandé par le Prince, ou par le Général, à peine de privation du titre de Nobleſſe.

Nos Rois n'avoient pas anciennement beaucoup de troupes réglées, ou de milices entretenues à leurs dépens ; leurs Vaſſaux, quand il y avoit guerre, étoient obligés du ſecours au premier commandement. Ils ne convoquoient d'abord que le ban ; & quand ce premier ſecours ne ſuffiſoit pas, ils convoquoient auſſi l'arriere-ban.

Aujourd'hui, que les forces de l'Etat conſiſtent en forces réglées, le ban eſt confondu avec l'arriere-ban, & le Roi n'exige ces deux ſecours que dans de preſſantes néceſſités. *Voyez* Brodeau ſur l'article 40. de la Coutume de Paris.

Il y a pluſieurs Villes, qui par un privilége ſpécial ſont exemptes de ban & arriere-ban ; celle de Paris en a été exempte par l'Ordonnance de Louis XI. donnée à Paris le 9. Novembre 1465. confirmée par Louis XII. & Henry II.

Les Seigneurs des fiefs convoquoient autrefois leurs Sujets, & les obligeoient de prendre les armes pour leur ſervice dans les guerres particulieres qu'ils avoient contre d'autres Seigneurs ; mais comme ces droits de ſouveraineté qu'ils s'arrogeoient, cauſoient ſouvent de grands troubles

dans l'Etat, on ne leur a laiſſé qu'une ombre d'autorité, avec les profits utiles qui leur ont été conſervés en entier.

Voyez Fief lige. *Voyez* le traité du ban & arriere-ban qu'a fait M. de Laroque, où il traite de ſon origine & de ſes convocations anciennes & nouvelles. Ce traité a été imprimé à Paris en 1676. chez Michel le Petit. Il y a un livre *in.*12. Imprimé à Paris en 1693. qui contient les Ordonnances pour la convocation du ban & arriere-ban. Le Pere le Long, dans ſa Bibliothéque hiſtorique de la France, cite tous les ouvrages qui traitent de cette matiére. Enfin, *voyez* le Gloſſaire du Droit François, & ce que j'ai dit ſur le titre premier de la Coutume de Paris, page 57. & ſuivantes.

BANC, DANS L'EGLISE, n'appartient de droit à perſonne, hors le Patron & le Haut-Juſticier ; ainſi il en faut obtenir la permiſſion des Marguilliers, laquelle ne ſe donne qu'à vie, à la charge de quelque redevance par an.

Mais quoique les bancs & les places des Egliſes ne ſe doivent jamais donner à une famille pour toujours, & que ces places ſoient perſonnelles, néanmoins les veuves, enfans & héritiers de ceux à qui elles ont été accordées, ſont préférés à toutes autres perſonnes qui les demanderoient, moyenant une reconnoiſſance qu'ils font à l'Œuvre.

Toutes les conteſtations qui concernent le poſſeſſoire pour raiſon des bancs dans l'Egliſe, ne peuvent pas être portées devant le Juge Eccléſiaſtique, parce que le poſſeſſoire conſiſte purement dans le fait ; ainſi la connoiſſance n'en peut appartenir qu'au Juge Royal, à l'excluſion du Juge Eccléſiaſtique, parce que l'Egliſe eſt ſous la protection du Roi.

Mais pour pouvoir prétendre être en poſſeſſion d'un banc dans l'Egliſe, il faut avoir une poſſeſſion qui ſoit fondée en titre, ſoit par la conceſſion du Patron ou de l'Evêque à titre gratuit, ou par celle qui lui en eſt faite par le Curé & par les Marguilliers, moyenant une ſomme au profit de l'Egliſe ; & lorſque ceux qui en vertu des ſemblables poſſeſſions, ont droit d'avoir un banc dans l'Egliſe, y ſont troublés, c'eſt toujours pardevant le Juge royal qu'ils doivent ſe pourvoir.

A l'Egard de ceux, qui, ſans d'autre titre que l'uſage où ils ſont depuis long-tems d'occuper un banc ou une place dans l'Egliſe, prétendent s'y maintenir ſur le fondement de leur poſſeſſion, ils ne ſont pas admis à former complainte ; & tous nos Auteurs ſont d'avis que le Curé & les Marguilliers peuvent les dépoſſeder de leur chef, quoiqu'ils en ayent joui paiſiblement pendant trente ou quarante ans, ſi leur poſſeſſion n'eſt établie ſur un tit. par écrit. Et telle eſt la Juriſprudence des Arrêts.

Voyez Deſpeiſſes, tom. 3. pag. 138. Maréchal, dans ſon traité des droits honorifiques, chap. 2. Loyſeau, dans celui des Seigneuries, chap. 11. nomb. 65 & 67. Baquet, des droits de Juſtice, chap. 20. nomb. 4. Brodeau ſur M. Louet, lettre E, ſommaire 9. Soefve, cent. 1. chap. 30. Journal des Audiences, tom. 4. liv. 6. chap. 8. Chenu, cent. 1. queſt. 84. & 85. la Peyrere, lett. B.

Basnage, sur l'art. 142. de la Coutume de Normandie ; & le Dictionnaire de M. Brillon, *verbo* Bancs dans les Eglises.

BANS DE MARIAGE, font les publications du mariage qui doit être célébré entre ceux dont on annonce les noms & les qualités.

La publication de ces bans doit être faite par le Curé ou Vicaire de ceux qui veulent se marier, & elle doit être faite par trois jours de Dimanche ou de Fête, *intra Missarum solemnia*. Il y auroit abus de la faire en une autre tems, même à Vêpres. Fevret, tom. 2. liv. 5. chap. 2. nomb. 25.

Cette publication n'a été introduite que comme un moyen d'empêcher les mariages clandestins, & ceux qui pourroient être contractés contre la disposition des Canons & des Loix, entre personnes, au mariage desquelles il y auroit quelque empêchement.

Ainsi ces publications servent à notifier au public que le mariage doit être célébré entre tel & telle, afin que si quelqu'un sçait quelque cause qui y puisse mettre empêchement, il le révele à l'Eglise ; & que s'il n'y a point de révélation, on procéde à la célébration du mariage.

Mais si quelqu'un révele une cause probable d'empêchement, le Curé doit surseoir à la célébration jusqu'à ce qu'il ait pû en avoir une entière connoissance ; parce que pour empêcher un mariage, il suffit d'avoir une conjecture vraisemblable & une simple présomption, d'autant qu'il s'agit d'empêcher que les Parties tombent dans un péché, en contractant un mariage contre les Loix ; quoique si un mariage étoit contracté, une simple présomption ne seroit pas suffisante pour le faire casser, suivant cette régle ; *Multæ impediuntur ab initio, quæ facta, postea non tolluntur.*

Cette publication se doit faire dans la Paroisse des futurs conjoints, s'ils sont demeurans dans une même Paroisse, ou dans la Paroisse de chacun d'eux. Sur quoi il faut remarquer que les Paroisses des futurs conjoints s'entendent de celles où les Parties ont leur domicile depuis quelques tems ; c'est-à-dire, depuis six mois au moins ; car une demeure passagere ou momentanée dans une Ville ou une Paroisse, ne seroit pas suffisante pour y établir un domicile, & faire valider la publication de bans qui y auroit été faite.

On peut obtenir dispense de la publication de bans pour cause légitime, & à la requisition des parens, s'il s'agit d'un mariage qui doive être contracté entre des fils de famille.

Ces sortes de dispenses ne se donnent guéres que de la publication de deux derniers, & après que la premiere publication a été faite.

C'est à l'Evêque ou à son Vicaire général qu'appartient le droit d'accorder ces sortes de dispenses, & elles doivent être fondées sur quelque cause légitime, comme nous venons de le dire. Par Arrêt du 29. Novembre 1612. défenses ont été faites à l'Official de Paris, & à tous autres, d'accorder aucune dispense de bans, qu'aux termes de l'Ordonnance. Pareilles défenses ont été faites à l'Official de Saint Flour, par Arrêt du 27

Fevrier 1617. M. Louet, lett. M, sommaire 6. nomb. 17.

Par autre Arrêt, défenses ont été faites à tous grands Vicaires d'accorder des dispenses de bans sans connoissance de cause & légitime sujet, à peine de nullité, & de répondre en leurs noms des dommages & intérêts des Parties. Cet Arrêt est du 13. Juin 1634. & est rapporté par Bardet, tom. 2. liv. 3. chap. 23.

Il y a un Arrêt du Parlement de Paris, rendu le 22 Décembre 1687. rapporté dans le Journal du Palais, qui enjoint au Grand-Vicaire de l'Archevêque de Tours d'observer les ordonnances & les constitutions canoniques concernant la publication des bans, & les dispenses qu'il pourroit en accorder, avec défenses d'en accorder pour marier des mineurs sans le consentement des peres & meres, tuteurs & curateurs.

Les causes sur lesquelles s'accordent ces dispenses, sont I°. le soupçon probable que quelqu'un mette par malice empêchement au mariage.

II°. La pudeur des contractans ; comme si la publication de leur mariage causoit de la honte, ou à l'un d'eux : ce qui arrive lorsqu'il y a inégalité d'âge, de condition ou de fortune ; ou même si l'un ou l'autre des futurs conjoints étoit fort avancé en âge.

III°. Lorsque ceux qui ont vécu dans le concubinage pendant un long-tems, ont passé pour mari & femme, on ne pourroit apprendre leur mariage sans avoir connoissance de leur turpitude, & du désordre dans lequel ils ont vécu auparavant.

IV°. Lorsque celui qui a abusé d'une fille veut l'épouser, & qu'il y a lieu de craindre qu'il ne change de volonté, si on avoit connoissance de son mariage, par des conseils qu'on pourroit lui donner pour l'en détourner.

V°. Si après les fiançailles le fiancé est obligé de s'absenter pour un tems considérable.

VI°. lorsqu'un homme étant *in extremis*, veut épouser celle qu'il a eue pour sa concubine, dans l'espérance d'assurer son état & celui de ses enfans, ou pour mettre sa conscience en repos, en réparant l'injure qu'il a faite à celle qu'il a entretenue pendant ce tems.

La seule omission des bans ne causeroit pas entre majeurs la nullité du mariage qu'ils auroient contracté, elle n'en prouveroit que la clandestinité ; mais le mariage devenant connu & public dans la suite, ne laisseroit pas de produire tous les effets civils, de même que s'il avoit été précédé des publications de bans, pourvû que d'ailleurs il n'y ait point d'empêchement dirimant.

Voyez l'Arrêt du quinze Mars 1691. rapporté dans le Journal des audiences. *Voyez* aussi Bardet, tom. 2. liv. 2. chap. 52. & liv. 7. chap. 38.

Les certificats des bans en termes généraux ne servent de rien ; il faut qu'ils contiennent le tems de leur publication, & qu'ils soient tiré des Registres des Curés des Paroisses de la demeure des futurs conjoints. Basset, Plaidoyer 16.

S'il y a opposition à la délivrance de la publication des bans, fondée sur promesse de mariage, il faut en ce cas fe pourvoir devant le Juge d'Eglife , parce qu'il s'agit alors *de fœdere matrimonii* ; mais fi elle eft fondée fur la connoiffance de quelqu'empêchement légitime , il faut fe pourvoir devant le Juge laïc , parce qu'il s'agit d'un fait. Fevret et fon Traité de l'Abus , liv. 5. chap. 2. nomb. 33.

Les publications de bans doivent être controllées , fuivant l'Édit du mois de Septembre 1697 , qui a été fuivi de plufieurs autres à ce fujet , qui font rapporté par M. Brillon , *verbo* Bans de mariage.

Il y a une déclaration du Roi du 16 Février 1692 , rapportée dans le Journal du Palais , & dans le Neron de la nouvelle édition , qui ordonne que les publications de bans , ou les difpenfes qui en auront été obtenues , enfemble l'infinuation de telles difpenfes , foient énoncées dans les actes de célébration de mariage , lorfqu'ils feront enregiftrés par les Curés ou Vicaires.

Touchant la publication des bans de mariage , *voyez* Louet , lett. M , fomm. 6 ; l'article 40. de l'Ordonnance de Blois ; l'art. 1. de l'Ordonnance de 1639 ; Fevret , liv. 5. chap. 2 ; & le Recueil de Décombes , Greffier de l'Officialité de Paris , chap. 4 ; Franc. Marc. tom. 2. queft. 714 ; & ce que j'ai dit lettre P , en parlant de la publication de bans.

BANLIEUE , fe prend pour les environs d'une Ville qui font dans l'étendue d'une lieue.

On fe fert auffi de ce terme pour fignifier l'étendue d'une Jurifdiction , dans le détroit de laquelle le Juge ordinaire de la Ville peut faire bannie & proclamation.

La Banlieue de Paris s'étend à plus de deux lieues aux environs de la Ville.

BANNAL , fe dit d'un lieu public qu'un Seigneur a droit d'établir , pour y faire moudre la farine , cuire du pain , ou preffurer le raifin des habitans de fa Seigneurie , à la charge de lui payer un certain droit. *Voyez* les Auteurs que j'ai cité , *verbo* Four bannal , & fur le terme de Bannalité.

BANNALITÉ DE MOULIN , FOUR OU PRESSOIR , eft un droit en vertu duquel le Seigneur peut obliger fes Sujets , c'eft-à-dire , ceux qui font demeurans dans l'étendue de fa feigneurie , de venir moudre en fon moulin , ou cuire en fon four , ou de fe fervir de fon preffoir , pour preffurer leurs vendanges , en lui payant un certain droit.

Les Seigneurs hauts-Jufticiers ne peuvent avoir droit de bannalité , que par des conceffions du Roi , & des titres ou dénombremens anciens ; & ce qui eft fi vrai , qu'ils ne peuvent pas acquérir de bannalité par une poffeffion immémoriale ; il faut toujours un titre , d'autant que la bannalité eft une fervitude contraire à la liberté publique. M. le Prêtre , cent. 3. chap. 52.

L'effet de bannalité eft d'avoir droit de défendre aux habitans fujets à la bannalité de faire moudre leurs grains , cuire leurs pâtes , & preffer leurs raifins , dans d'autres moulins , fours & preffoirs , que dans ceux aufquels la bannalité eft attribuée.

Si un habitant avoit fait conftruire un four , ou moulin à eau ou à vent , ou un preffoir pour fon ufage particulier , au préjudice du droit de bannalité ,

le Seigneur feroit en droit de le faire démolir , quelque poffeffion qu'eût le Sujet , s'il manquoit de titre , ou s'il n'avoit pas une poffeffion de trente ans.

Celui qui tient fief dans l'étendue d'un Seigneur qui a droit de four ou de moulin bannal , n'eft pas exempt de la bannalité , qui s'étend fur tous les habitans du lieu , de quelque condition & qualité qu'ils foient , s'il n'a une exception fpéciale ou privilège de bâtir un moulin. M. le Prêtre , cent. 3. chap. 52.

Un Boulanger public n'eft pas exempt d'aller cuire au four bannal , & de moudre aux moulins bannaux , ce qui eft pour fon ufage & pour fa famille. *Voyez* ci-après Four à cuire le pain.

Ce droit paroît être une fuite de la fervitude que les Seigneurs avoient autrefois ufurpée contre leurs Sujets ; comme il eft défavorable , il ne reçoit pas d'interprétation en faveur des Seigneurs.

Ce droit fe peut prefcrire par les habitans contre leur Seigneur , quoiqu'il ne puiffe pas l'acquérir pour eux par quelque poffeffion que ce foit.

Mais pour rétablir un affranchiffement de bannalité par le moyen de la prefcription , il faut qu'il ne foit furvenu aucune contradiction & aucune conteftation antérieure , qui ait fait une intervention de jouiffance de la liberté.

Cette fervitude eft fi peu favorable , qu'à peine eft-elle admife par trente Coutumes , de près de trois cens que nous avons de redigées.

Celle des fours & moulins eft perfonnelle , parce qu'elle concerne le pain qui fert à la nourriture de ceux qui habitent les lieux où la bannalité eft établie.

Ainfi on doit fuivre , par rapport à cette bannalité , l'ufage de la Coutume du domicile des perfonnes ; d'où il s'enfuit que le droit de bannalité des fours & moulins n'oblige point les forains qui ont des terres dans l'étendue de la Seigneurie qui a droit de bannalité , quand ils ne font pas leur réfidence ordinaire ; enforte que ce droit eft reftraint aux feuls habitans , excepté le Curé de la Paroiffe qui en eft exempt.

Mais pour ce qui eft des preffoirs , la bannalité eft une charge réelle & foncière des vignes qui y font fujettes , & des raifins cueillis dans le territoire du Seigneur auquel appartient la bannalité , quoique le propriétaire des vignes ait fon domicile ailleurs.

Touchant le droit de bannalité , *Voyez* ce que j'ai dit fur l'art. 71. de la Coutume de Paris ; le traité de la Police , tom. 2. liv. 5. chap. 3. & tit. 12. Papon , liv. 13. tit. 8. M. Louet , lett. M. fommaire 17. Defpeiffes , tom. 3. tit. 6. fection 3. Coquille fur le chap. 7. de la Coutume de Nivernois ; Bacquet , en fon traité de Droit de Juftice , chap. 29. Charondas en fes Pandectes , liv. 2. chap. 16. de la Lande , fur l'art. 100. de la coutume d'Orléans ; Chopin fur la coutume d'Anjou , liv. 2. part. 2. chap. 1. tit. 3. nomb. 5. Bafnage fur l'art. 210. de la coutume de Normandie ; Belordeau en fes Obfervations Forenfes , lettre B. art. 21. & Henrys , tom. 1. liv. 3. chap. 3. queft. 34.

BANNERETS , font des Seigneurs dominans qui ont droit de lever une Compagnie , &

de porter bannière pour faire assembler leurs Vassaux quand l'arriere-ban est convoqué.

Voyez du Gange, au mot *Bannereti* ; le Glossaire du Droit François, & le Dictionnaire de Trevoux, *verbo* Bannerets.

B A N N I E R, est dans la Coutume de Bresse celui qui est établi à la garde des vignes. Il en est de même en Dauphiné. Il est ainsi appellé, parce qu'il dénonçoit les coupables au Chatelin, qui leur faisoit payer le ban ou l'amende. Souvent le Bannier en faisoit la recette ; & à cette fonction de Garde des fruits & Dénonciateur, étoit jointe ordinairement celle de Sergent. Aux environs de Paris & en beaucoup d'autres endroits, on dit Messier, & non pas *Bannier*.

Le droit de nommer le *Bannier* appartient au Seigneur ou au Châtelin en son absence.

B A N N I E R E, est la Compagnie des Vassaux que le Seigneur fait assembler, pour servir le Roi à la guerre.

B A N N I R, est défendre à quelque criminel un lieu, une province, ou le Royaume à perpétuité, ou pour un tems.

Le bannissement à perpétuité, au dessus de neuf ans, se fait toujours hors le Royaume, & emporte la mort civile.

Il n'y a que les Juges séculiers qui puissent condamner au bannissement ; les Juges ecclésiastiques ne peuvent point y condamner, parce que l'Eglise n'a point de territoire. M. le Maître, chap. 5. des Appellations comme d'abus ; preuves de l'Eglise Gallicane, tom. 2. chap. 36. nomb. 9. *Joan. Galli*, quest. 82 ; Bardet, tom. 1. liv. 4. chapitre 38.

Les Hauts-Justiciers ne pouvoient autrefois bannir que hors leur territoire ; aujourd'hui il leur est permis de bannir hors le royaume.

Un homme qui est banni d'une Province, même à perpétuité, est capable des effets civils.

Ainsi le bannissement d'une Province n'est pas un retranchement absolu de tout le Royaume, & le banni n'est pas pour cela reputé étranger.

Comme il est toujours capable des effets civils, il peut exercer le retrait lignager dans la Province même d'où il a été banni ; il peut recueillir une succession comme il a été jugé par plusieurs Arrêts.

Voyez Louet, lett. B. somm. 17 ; Ricard, des Donations entre-vifs, part. 1. chap. 3. sect. 4. nomb. 253 ; & Brodeau sur Louet, lettre S, sommaire 15.

Il y peut ester en Jugement ; en élisant domicile, & constituant Procureur. Dès que son ban est accompli, il peut revenir dans le lieu d'où il a été banni ; mais il faut qu'il y mene une vie privée, sans y pouvoir, non plus qu'ailleurs, exercer aucune charge publique.

Le bannissement à tems emporte infamie, mais non pas la confiscation des biens. Ainsi les bannis à tems demeurent toujours propriétaires de leurs biens ; & on doit, pendant leur ban, signifier à leur dernier domicile les Actes de Justice qui les regardent. Ordonnance de 1667. tit. 2. art. 8.

Le tems de leur bannissement court dans la prison, quand ils y sont retenus pour dépens, dommages & intérêts, & autre cause, par la raison que *afflictio non est addenda afflictio.*

Au contraire, ceux qui sont bannis à perpétuité du Royaume, sont reputés morts civilement ; & cette mort civile opére la même chose que la mort naturelle. Ainsi les bannis à perpétuité du Royaume sont, conformément au Droit Romain, tenus pour n'avoir aucune communication au Droit civil, comme dit Coquille sur la coutume de Nivernois, au tit. des successions, art. 25. C'est pourquoi dans le pays de confiscation leurs biens sont confisqués ; & dans ceux où la confiscation n'a pas lieu, leur succession appartient à leurs plus proches héritiers.

Ils ne peuvent ester en Jugement, & sont incapables de dispositions testamentaires. Ils ne peuvent succéder *ab intestat*, s'il leur est légué quelque chose par testament : cela est tenu pour non écrit, à l'exception des legs faits pour alimens. Le Grand sur l'art. 133. de la Coutume de Troyes, glose unique, nomb. 18.

Ils sont aussi incapables d'exercer le retrait, d'autoriser leurs femmes, & de contracter mariage, quant aux effets civils. Les enfans qui seroient issus d'un tel mariage, ne succéderoient point à leur pere, & la femme ne pourroit demander de douaire ni de conventions matrimoniales. M. le Bret, liv. 1. décis. 6. Ricard, des Donations entre-vifs, part. 1. ch. 3. sect. 4. nomb. 253. Louet, lett. B. somm. 17. & lett. S. somm. 15. & Chenu, cent. 1. quest. 4.

Comme les biens d'un banni à perpétuité sont confisqués, ou sont transmis en la personne de leurs présomptifs héritiers, dans les pays où la confiscation n'a point lieu, la femme qu'il auroit épousée avant que d'être banni, a droit de prendre son douaire coutumier ou préfix sur ses biens, & sa part dans la communauté, parce que la confiscation ou la succession des biens d'un condamné à mort civile, n'a lieu qu'à la charge des dettes.

Mais si le banni à perpétuité a obtenu des Lettres de rappel qui le remettent en tous ses biens, il est remis en tous ses droits au préjudice du Seigneur, ou autre Confiscataire, pourvu que le Roi où le Seigneur n'ait pas, avant l'impétration de la remission, disposé à titre onéreux des biens confisqués ; & à l'égard des fruits perçus par le Confiscataire, il n'est pas obligé de les restituer, à cause de la remission qui seroit depuis survenue. *Voyez* Confiscation.

Quoique celui qui est banni à perpétuité soit incapable de tous effets civils, étant mort civilement, on peut néanmoins lui faire quelque pension viagere, & celle qu'il auroit eue avant son bannissement, ne seroit pas éteinte par la survenance de la mort civile, parce qu'il n'y a que la mort naturelle qui puisse causer l'extinction d'une pension viagere, qui est destinée à fournir à un homme des alimens, *quæ naturalem præstationem habent. Mornacius, ad leg. 10 ff. de capite minutis. Vide etiam leg. 77. §. 4. ff. de legatis 2. quia incapaces effectuum civilium nihilominus ea possunt habere quæ in facto potius quam in jure consistunt, & quæ naturalem habent præstationem ut alimenta.*

M. le Bret, liv. 1. decif. 6. rapporte un Arrêt fans date, qui a jugé qu'un legs annuel de cent livres par an, fait *in caufam alimentorum* à un banni hors du Royaume à perpétuité, *& cum publicatione bonorum*, lui feroit delivré.

Coquille, dans fa queftion 19. dit qu'on peut léguer aux bannis à perpétuité par forme d'alimens, *cum fint juris naturalis. Leg. 10. ff. de capit. minut.*

Touchant le banniffement, *voyez Julius Clarus lib. 5. fentent. quæft. 71.* M. Louet, lett. S. fomm. 15.

Pour ce qui eft de la peine à laquelle font condamnés ceux qui ne gardent pas leur ban, *voyez* ci-deffus ban, ou banniffement.

BANQUE, fignifie commerce & trafic d'argent qu'on fait remettre de place en place, d'une Ville à une autre, par des Lettres de change, & par correfpondance. *Voyez* Banquier.

Les Compagnies & les Sociétés de Banque & marchandifes fe font en deux manieres, & font auffi diftinguées en deux noms; à fçavoir, Compagnie libre & de Commandite.

La Compagnie libre oblige non-feulement ceux qui en portent le nom, mais auffi les affociés en icelle, tant pour le fonds ou capital qu'ils y ont mis, que pour le plus qu'il pourroit y avoir de perte, ni plus ni moins que fi tous étoient nommés, & folidairement obligés.

La Commandite, ou Compagnie conditionnée, oblige tous les affociés pour le fonds & capital qui eft en icelle, & non davantage : partant s'il arrive qu'ils perdent plus grande fomme que leur fonds, il n'y a que ceux qui portent le nom de la focieté qui foient obligés pour le furplus.

Pour cet effet, en toutes Compagnies bien réglées ont fait des écrits de compagnies qui contiennent la diftinction fufdite, le capital qu'il y a, le tems qu'elles doivent durer, la diftribution des profits ou pertes, la défenfe de pouvoir négocier hors d'icelles, la fin ou continuation en cas de mort, ce que l'on doit aumôner aux pauvres, & autres particularités.

Pour obferver un bon ordre dans les affaires & les comptes de Banque, ceux qui font des affaires importantes ont plufieurs Livres, qui ont differens noms, comme nous l'avons remarqué *verbo* Livres de compte.

Voyez l'art. 1. du tit. 4. de l'Ordonnance de 1673. & les remarques de Bornier.

Voyez ci-après Société en Commandite.

BANQUE, eft auffi un terme fynonime à celui de caiffe, & alors il fignifie le lieu où les Banquiers renferment leur argent.

BANQUEROUTE, en général, eft la déroute des affaires d'un Négociant ou Marchand. Ce terme vient de l'Italien *Banqua rota*, qui veut dire Banque rompue.

Il y a deux fortes de banqueroutes; l'une qui eft frauduleufe, & qui eft appellée particuliérement banqueroute; & l'autre qui n'eft pas frauduleufe appellée communement faillite, laquelle fe fait par un contrat qu'un Marchand ou Négociant paffe avec fes créanciers, qui lui font remife du quart, de la moitié, ou de quelqu'autre partie de leur dû; & alors on qualifie ce debiteur fimplement de banqueroutier, parce qu'il fait perdre à fes créanciers une partie de leur dû.

Pour juftifier qu'une faillite n'eft point frauduleufe, celui qui l'a fait, & qui demande quelque remife à fes créanciers, doit leur donner un compte exact & fidéle de fes dettes actives & paffives, fans aucun divertiffement des bons effets, & fans aucune augmentation frauduleufe de ce qu'il doit.

On fçait qu'une banqueroute n'eft innocente que par l'infolvabilité furvenue des débiteurs : cette infolvabilité rend feulement les bons effets mauvais, mais elle n'en diminue pas le nombre. Les débiteurs doivent donc en donner une connoiffance exacte à leurs créanciers, afin qu'ils puiffent par leurs foins & perquifitions s'en affurer eux-mêmes. Pour cela, il eft néceffaire qu'on leur déclare tout, bon & mauvais, que les débiteurs faffent un compte de leurs profits & pertes, qu'ils rendent raifon du commerce qu'ils ont fait, & que ce compte foit tiré de leurs livres, & bien juftifié.

Banqueroute, dans fa propre fignification, fignifie donc la déroute frauduleufe d'un Négociant ou Marchand qui s'eft enfui, & a emporté fes meilleurs effets en fraude de fes créanciers : en quoi la banqueroute differe de la faillite ou déroute d'un Négociant, arrivée par accident & fans fraude.

Cependant banqueroute & faillite fe prennent quelquefois pour toutes fortes de déroute qu'un Négociant ou Marchand fait, foit qu'elle foit frauduleufe ou non. Par exemple, la Déclaration du 18 Novembre 1702. n'emploie que le terme de faillite; néanmoins fa décifion regarde également la banqueroute frauduleufe, comme la déroute arrivée par accident & fans fraude.

Rien n'eft plus pernicieux dans la vie civile, qu'une banqueroute faite frauduleufement & de deffein prémédité. Celui qui la commet, n'eft pas moins coupable qu'un voleur de grands chemins. Auffi dans tous les tems les banqueroutiers frauduleux ont-ils été punis de peines afflictives, mais quelquefois peu proportionnées à l'atrocité de leurs crimes.

Quoique dans la régle ordinaire tout accufé & prévenu de crime, même capital, ne perde pas la faculté de difpofer de fes biens par toutes fortes d'aliénations, comme nous avons dit ci-deffus *verbo* Accufé; néanmoins ceux qui font pourfuivis pour avoir fait banqueroute, ne peuvent plus faire aucunes aliénations; & même celles qui auroient été faites dans les dix jours qui ont précédé leur banqueroute, font réputées non valables, & peuvent être, à la requête des créanciers, déclarées nulles. *Voyez* Tranfports frauduleux.

La Déclaration du 18 Novembre 1702. rapportée dans le Neron de l'Edition de 1720, déclare nulles toutes ceffions & tranfports fur les biens des Marchands qui font faillite, s'ils ne font faits dix jours au moins avant la faillite publiquement connue; comme auffi que les actes & obligations qu'ils pafferont pardevant Notaires, enfemble les Sentences qui feront obtenues contr'eux, n'emporteront aucune hypothéque ni privilége fur les créanciers

créanciers chirographaire , fi les actes ou obligations ne font paffées pareillement dix jours avant
la faillite publiquement connue.

Ainfi les cédules reconnues par un homme dans les
dix jours de la faillite ou banqueroute, n'ont point
d'hypothéque au préjudice des autres cédules non
reconnues; elles viennent toûjours au même dégré.

Cependant le payement fait à des créanciers
de bonne foi, par le débiteur qui étoit fur le point
de faire banqueroute font valables ; & on ne peut
y donner atteinte. Voyez Boniface , tome 2. liv. 4.
tit. 3. chap. 2.

Par Arrêt rendu au Parlement de Paris le 20
Mars 1710. Il a été jugé qu'un affocié ne peut engager ceux avec qui il eft en fociété, par des pactions & autres actes faits peu de tems avant que
fa banqueroute foit ouverte & connue.

Lorfqu'un Négociant fait banqueroute , tous fes
effets mobiliers fe diftribuent par contribution au
fol la livre entre tous fes créanciers indiftinctement. Il n'y a que les Marchands qui puiffent avoir
privilége fur les Marchandifes par eux vendues &
revendiquées au moment de la banqueroute ; encore faut-il que ces Marchandifes fe trouvent fous
corde & fous balle en entier avec leur marque.

De ce principe il s'en fuit, que lorfqu'un Marchand a fait banqueroute après la diffolution de
la fociété , les créanciers de la fociété n'ont point
des priviléges fur les effets qui la compofent, à
l'exclufion des créanciers particuliers du Marchand poftérieur à cette diffolution de fociété.

Ainfi jugé au Parlement de Paris par Arrêt du
2. Janvier 1704. rapporté par M. Augeard , tome
3. Arrêt. 66.

Une femme féparée de biens par la faillite ou banqueroute de fon mari , doit jouir de fon augment
de dot dès l'inftant de fa féparation , en baillant
caution, quoique la propreté de l'augment de dot
ne lui appartienne qu'en cas de furvie à fon mari.

Ainfi jugé par Arrêt du 18 Juillet 1656. rendu
contre les conclufions de M. Bignon , & rapporté
dans le Journal des Audiences. Henrys , tom. 2.
lib. 4. queft. 1. & Soefve , tom. 2. cent. 1. chap.
27. rapportent le même Arrêt.

Sans rappeller les anciennes Ordonnances qui ont
été faites contre les banqueroutiers , je me contenterai d'obferver ici que celle de Louis XIV. de l'année 1673. porte que les banqueroutiers frauduleux
feront pourfuivis extraordinairement, & punis de
mort. Cependant on ne condamne ordinairement
les banqueroutiers qu'au pilori & aux galeres.

Ceux qui font convaincus d'avoir favorifé une
banqueroute frauduleufe , font punis extraordinairement , & quelquefois des mêmes peines que
le banqueroutier. Cela dépend des circonftances
& de la part qu'ils ont eue dans fon mauvais deffein , & de ce qu'ils y ont contribué. Mais pour
peu qu'un homme ait eu part à une banqueroute,
il eft condamné par corps au payement des fommes dûes par le banqueroutier.

Voyez ci après faillite , & le tit. 11. de l'Ordonnance de 1673. avec les notes de Bornier. Voyez
auffi ce qui eft dit au fujet de la banqueroute dans

Tome I.

Neron, tom. 1 & 2 ; & dans le Dictionnaire de
M. Brillon , fous le mot de banqueroute.

BANQUIERS , font des perfonnes qui
font profeffion publique du commerce de la Banque & du Change , pour faire profiter leur argent,
tant dans l'étendue du Royaume, que dans les
Pays étrangers. Ils reçoivent à cet effet une fomme d'argent dans un lieu , pour acquitter la même
fomme dans un autre.

Leur emploi les oblige d'avoir des correfpondans
dans les Pays étrangers, ou d'une Ville à un
un autre , auquel on s'adreffe pour faire tenir
une fomme d'argent en quelque endroit : ce qui fe
fait par Lettres de change qui fe tirent de Place
en Place , comme de Paris à Lyon.

Comme ils font un négoce d'argent , ils font
obligés d'en avoir toujours dans leurs caiffes ou
banques , pour acquitter les Lettres de change que
leurs correfpondans ont tirées fur eux; auffi leur don-
ne-t-on un droit fur les fommes qu'ils reçoivent
pour les acquitter dans un autre lieu. Ce droit, appellé le Change , eft un quart, un tiers, ou un demi pour cent par mois, fuivant le cours du Change.

Ceux qui ont obtenu des Lettres de repi, fait
contrat d'atermoyement ou faillite , font exclus de
ces fortes d'emplois , qui ne doivent être confiés
qu'à des perfonnes dont la probité , la conduite &
les facultés puiffent répondre des fommes qu'ils
reçoivent fous un efpéce de bonne foi publique ,
pour les remettre ailleurs.

Un Banquier qui a accepté une lettre de Change , n'eft point tenu de connoître celui qui eft dénommé dans la lettre , auquel il eft mandé ne bailler l'argent. Il fuffit que la Lettre ne puiffe être
accufée de faux , pour la payer valablement au
porteur.

Voyez Neron, tom. 1 & 2, & l'Ordonnance de
1673 , tit. 1 & 3 , avec les notes de Bornier. Voyez
le premier tome des Loix civiles, liv. 1. tit. 16 , fect.
4. Voyez le Livre intitulé le Banquier François , ou
la Pratique des Lettres de change ; les Ordonnances
de Fontanon, tom. 1 , liv. 5 , tit. 18 , page 1014 ;
l'Ordonnance de 1673 , tit. 2 , & 3.

BANQUIERS EXPEDITIONNAIRES EN
COUR DE ROME , font des Officiers qui fe chargent de faire venir toutes les Bulles, Difpenfes ,
& autres expéditions qui fe font en Cour Romaine
& en la Légation d'Avignon , foit de la Chancellerie , foit de la Pénitencerie.

Leur emploi eft de folliciter & faire obtenir en
Cour de Rome les Refcrits , Bulles, & les autres
Actes qui s'expédient en faveur des particuliers.
Sans leur certificat, les expéditions obtenues en
Cour de Rome, ne font point foi en Juftice.

Touchant les fonctions , droits & prérogatives
des Banquiers expéditionnaires en Cour de Rome,
Voyez ce qui en eft dit dans le Dictionnaire de M.
Brillon fous ce mot, & dans Neron, tome 1 & 2.

A l'égard des cas , où ils font refponfables des
dommages & intérêts des Parties. Voyez M. le Prêtre , cent. 1 , chap. 87 ; & Charondas , liv. 10 ,
rep. 10.

BAN-VIN, *V.* Ban à vin.

X

BAPTESME. Voyez ci-après Regiftres de naiffance, & ce qui en eft dit dans le Dictionnaire du droit canon.

BAPTISER, fe prend pour déclarer & alléguer ; comme quand on dit, baptifer poffeffion contraire, qui eft lorfqu'en cas de complainte, le défendeur propofe & allégue une poffeffion & jouiffance contraire à celle alléguée par le demandeur.

BARATERIE, en terme de marine, eft une tromperie ou une malverfation qui fe commet par le patron ou le Capitaine d'un vaiffeau, pour faire perdre les marchandifes à ceux à qui elles appartiennent.

Par exemple, décharger une barque pendant le cours de la navigation, eft un crime de baraterie qui eft puniffable.

Pour raifon de cette malverfation, le Patron du vaiffeau peut être pourfuivi en quelque lieu qu'il fe trouve, fans pouvoir obtenir un atermoyement ; comme il a été jugé par Arrêt du 6 Septembre 1689 rapporté dans le Journal des Audiences.

BARILLAGE, fignifie faire arriver du vin en bouteilles, cruches, barils ou vaiffeaux moindres que d'un huitiéme de muid. Par l'Ordonnance des Aydes, le Barillage eft défendu, à la réferve des vins de liqueur venant en caiffe.

BARONIE, qui étoit anciennement la premiere Seigneurie après la fouveraineté, n'eft aujourd'hui qu'une dignité attachée à un Fief, laquelle eft plus éminente que celle du Seigneur châtelain, & moindre que la qualité de compte. Voyez les Etabliffemens de France, liv. 1, & ce qui en eft dit dans le Dictionnaire de Morery & dans celui de Brillon.

BARRAGE, eft un droit dû à quelques Seigneurs, qui fe leve fur les marchandifes qui paffent dans le détroit de leur Seigneurie, tant par terre que par eau.

Ce droit eft appellé barrage, à caufe de la barre qui traverfe le chemin pour empêcher le paffage, jufqu'à ce qu'on l'ait payé.

BARRAGE, fignifie auffi le droit établi au profit du Roi, qui fe paye aux Fauxbourgs des Villes, principalement de celle de Paris, pour l'entrée des marchandifes.

Ce droit eft appellé barrage, parce que, fuivant ce que nous venons de dire, les barrieres empêchent le paffage des Marchandifes & denrées, jufqu'à ce que l'on ait payé les droits.

C'étoit autrefois une Ferme particuliere, dont les droits n'étoient que de quatre deniers par charette, huit deniers par chariot, & le refte à proportion. Elle eft aujourd'hui accrue de beaucoup, & réunie aux fermes générales des fermes.

Voyez le Dictionnaire de M. Brillon, & Loyfeau en fon traité des Seigneuries, chap. 9, tom. 82.

BARRE DE LA COUR, étoit un lieu attenant l'Auditoire, où il y avoit une barre qui feparoit les Procureurs d'avec les Confeillers commis pour faire les adjudications & régler les appointemens.

BARRE, fe dit encore de quelque Jurifdictions fubalternes : par exemple, la Jurifdiction temporelle du Chapitre de Paris eft appellée la Barre du Chapitre Notre Dame.

BARREAU, eft le lieu où l'on plaide ; ainfi appellé, à caufe qu'il y a une barre pour feparer les Avocats des Juges.

Ce terme fignifie quelquefois la Difcipline du Palais. On fe fert auffi pour fignifier le corps des Avocats.

BARRER, fignifie faire des lignes & des ratures fur des endroits d'un acte, ou fur la totalité, ou fur les fignatures.

Les lignes & barres qui fe font du confentement des Parties fur la totalité d'un acte, ou fur les fignatures, en annullent toute la fubftance ; celles au contraire qui ne font que fur quelques claufes, les annullent feulement.

Tout ce qui eft barré & raturé dans le corps d'un acte, doit être abfolument approuvé par les Parties ; & les Notaires qui ont paffé l'acte doivent toujours faire à la fin mention de cette approbation, & même énoncer le nombre des mots qui ont été rayés.

BARRIERE DES SERGENS, eft un pavillon où fe tiennent les Sergens pour attendre la pratique.

Autrefois c'étoit la barriere de l'Hôtel feigneurial, où l'on rendoit la Juftice, dont ils étoient comme les gardes.

On leur a permis depuis de bâtir à côté un petit logement, qui a retenu le nom de barriere.

BASILIQUES. Ce mot vient felon quelques-uns, du mot Grec Bafilicos, qui fignifie Royal ou Impérial. D'autres tirent ce nom de l'Empereur Bafile, qui avoit le premier entrepris l'ouvrage contenu dans les Bafiliques.

Quoiqu'il en foit, les bafiliques font une collection de Loix tirées du Corps du Droit Romain, & des nouvelles Conftitutions des Empereurs depuis Juftin le jeune jufqu'à Bafile.

Cette collection fut commencée par cet Empereur, & achevée fous Leon le Philofophe. Elle avoit été pendant un très-long-tems enfevelie dans les ténébres, lorfque Harvetus lui fit voir le jour ; mais de foixante Livres que contient cette collection, il n'en a fait paroître que fept, aufquels M. Cujas en a depuis joint trois autres ; fçavoir, les 38, 39 & 60.

Enfin, de ces foixante Livres, nous en avons aujourd'hui quarante-une que M. Fabrot a traduits en Latin. Il a même rétabli, autant qu'il lui a été poffible les dix-neuf Livres qui manquoient, qu'il a tirés de la traduction de Leunclavius, & d'une infinité d'autres endroits ; & M. Fabrot a confervé la traduction des trois Livres que M. Cujas en avoit faite.

Voyez ce que le Pere Niceron dit des Bafiliques dans fes mémoires, tom. 17. pag. 192.

BAS-JUSTICIERS, font des Seigneurs qui ont droit de baffe Juftice, & dont les Juges par eux nommés peuvent connoître, entre les Sujets de la Juftice, des caufes qui n'excedent pas trois livres quinze fols, & les condamner pour délits à l'amende de fept fols fix deniers. Voyez Juftice.

BASOCHE, eft la Communauté des Clers

du Parlement de Paris, anciennement établie pour connoître des différends qui naissent entre les Clercs, & régler leur discipline. Et à l'égard des contestations qui surviennent entre les Officiers de la Basoche, elles doivent être réglées par l'ancien Conseil, c'est-à-dire, par le Chancelier & les Procureurs de la Cour.

Quelques-uns prétendent que le mot de Basoche vient du terme *Basilica*, qui signifie le Palais du Prince, ou le lieu où se rend la Justice.

D'autres veulent qu'il soit tiré d'un mot Grec, qui signifie en Latin *dicacitas*, & en François, discours guoguenard & plaisant. En effet, quoique nos Rois ayent accordé aux Clercs de la Basoche plusieurs priviléges pour leur donner de l'émulation, tout ce qui se passe entr'eux n'est qu'un jeu d'esprit, qui en les exerçant agréablement, ne laisse pas de les rendre capables d'une profession plus sérieuse.

Cette Jurisdiction porte le titre du Royaume de la Basoche; titre qui paroît d'abord fabuleux, mais qui donne aux Officiers de cette Jurisdiction un droit effectif de connoître souverainement de tous les différends de Clerc à Clerc qu'ils sont Clercs, tant en matiere civile que criminelle.

Son institution a commencé dès le tems que le Parlement a été fait sédentaire à Paris. Les Procureurs qui se trouvoient d'abord en trop petit nombre, à cause de la multitude d'affaires qui étoient pendantes en la Cour, demanderent des aides pour travailler avec eux.

Le Parlement, après avoir délibéré sur cette demande, leur permit, environ l'an 1303. de prendre de jeunes gens pour les faire travailler dans leurs Etudes.

Ces jeunes gens, appliqués à la procédure, plaidoient volontiers souvent les uns contre les autres: leurs différends étant portés en premiere instance devant les Juges ordinaires, les détournoient de leur emploi, qui étoit de travailler dans l'Etude de leur Procureur, & de fréquenter le Parlement pour y faire les expéditions journalieres.

Ces motifs donnerent lieu à l'établissement que fit Philippe-le-Bel de la Basoche, de l'avis & conseil de son Parlement, qui voulut qu'entr'eux il eût un Roi, leur donnant le pouvoir de juger en dernier ressort, sous le titre & autorité du Royaume de la Basoche, comme aussi d'établir des Prévôts & Jurisdictions basochiales dans les Siéges royaux ressortissans au Parlement de Paris, à la charge de tenir à foi & hommage du Roi de la Basoche, devant lequel, ou son Chancelier, ressortiroient les appellations des Prévôts, & à la charge que le Roi de la Basoche, feroit faire montre tous les ans à tous les Clercs du Palais, & autres ses Suppôts & Sujets.

Le Parlement a par ses Arrêts confirmé cette Jurisdiction. Il y en a trois notables. Le premier est du 14. Juillet 1528. rendu contre l'Official de Paris. Le deuxiéme est du 27. Mars 1604. rendu contre le Lieutenant civil du Châtelet. Le troisiéme est du 12. Avril 1642. rendu contre le Baillif du Palais. Par ces Arrêts il est enjoint aux

Clercs du Parlement de ne procéder ailleurs qu'au Royaume de la Basoche, quand il s'agit de différends de Clerc à Clerc, & défenses sont faites à tous autres Juges d'en connoître.

Le pouvoir d'établir des Prévôts se prouve par les anciens Registres de la Basoche, dans lesquels il se trouve deux Arrêts; l'un d'enregistrement des Lettres d'érection & établissement d'un Siége & Jurisdiction basochiale en faveur des Clercs du Siége royal de Loches; & un autre pour les Clercs du Siége de Chaumont en Bassigny, en date des 14. & 21. Février 1586. Ces Lettres & Arrêts se trouvent scellés du Sceau de la Chancellerie de la Basoche.

Ces érections de Prévôté se faisoient au commencement sous le titre de Prince de la Basoche, portant la foi & hommage au Roi de la Basoche en son Siége à Paris, avec obligation d'obéir à ses ordres & commandemens; & il n'y a pas d'apparence que le Prévôt Basochial du Châtelet de Paris, ni que le Prince de la Basoche du Présidial d'Angers, & plusieurs autres qui subsistent encore aujourd'hui, ayent été établis d'une autre maniere, puisqu'ils ne peuvent se dire Officiers du Roi ni d'aucun Seigneur.

La montre se faisoit tous les ans à Paris sur les mandemens du Roi de la Basoche envoyés à ses Princes & Sujets, avec ordre de se trouver à Paris, sous peine de grosses amendes, en plusieurs bandes & Compagnies sous les habits & livrées des Capitaines, dont chacun avoit un modéle.

Ces montres, qui se faisoient en forme de Carouzel, attiroient beaucoup de monde, & firent tant de bruit, que François I. manda à son Parlement qu'il vouloit voir la montre du Roi de la Basoche, & qu'à cette fin il se rendroit à Paris dans tel tems.

Le Roi de la Basoche, sur l'avis qu'il en eut, requit à la Cour par l'Avocat général de la Basoche, qu'il lui plût de vaquer les deux jours suivans. Sur le réquisitoire, M. le Procureur général du Parlement ayant remonté l'équipage du Roi de la Basoche étoit prêt, & d'un air triomphant, & que le Roi François I. devoit se rendre le lendemain à Paris; & qu'attendu le grand nombre de Suppôts qui devoient s'assembler dans le Palais, il seroit difficile à la Cour de vaquer à l'expédition & Jugement des affaires; après avoir consenti au requisitoire de l'Avocat du Roi de la Basoche, par Arrêt du 25 Juin 1540. La Cour ordonna que tout vacqueroit un jour ou deux. La montre se fit au jour marqué, & François I. la vit : il y avoit sept ou huit cens Clercs.

Vers le 15 Juillet 1548. le Peuple de Guyenne s'étant mutiné, Henry II. y envoya le Connétable de Montmorenci avec une forte armée.

Pendant qu'on faisoit la levée, le Roi de la Basoche & ses Suppôts s'offrirent au Roi. Ils étoient environ six mille hommes, qui firent si bien leur devoir, qu'à leur retour le Roi voulant reconnoître leur service, leur demanda quelle récompense ils désiroient. Ils répondirent qu'ils n'en demandoient aucune, & qu'ils étoient prêts de servir

Sa Majesté où elle voudroit les envoyer.

Le Roi content de cette réponse, leur donna de son propre mouvement la permission de faire couper dans ses bois tels arbres qu'ils voudroient choisir en présence du Subftitut du Procureur général aux Eaux & Forêts, pour servir à la cérémonie du plant du Mai, qu'ils avoient accoutumé de faire planter tous les ans, le dernier Samedi du mois de Mai, devant le grand Perron de la Cour du Palais.

Et pour fournir aux frais de cette cérémonie, il leur accorda tous les ans une somme à prendre sur le Domaine, affignée sur les amendes adjugées au profit du Roi, tant au Parlement qu'en la Cour des Aydes.

De plus, le même Henry II. accorda aux Tréforiers & Receveurs du Domaine de la Bafoche, le droit de faire sceller gratuitement en la Chancellerie du Parlement une Lettre de tel prix qu'ils le trouveroient, & ordonna, que sur les Arrêts rendus en la Bafoche il seroit expédié gratis des Commiffions.

Enfin, il permit au Roi de la Bafoche & à ses Suppôts d'avoir dans leurs Armoiries, (qui font trois Ecritoires) Timbre, Casque & Morion, pour marque de souveraineté ; ainsi qu'il est expliqué au long dans les Lettres de don que le Roi Henry II. leur en a fait expédier l'an 1548. & qu'on prétend avoir été vérifiées en Parlement.

Quoiqu'il en soit, ils jouiffent encore de ces droits & priviléges, à l'exception que les Commiffions gratuites fur les Arrêts de la Bafoche ne s'expédient plus aujourd'hui en la Chancellerie du Parlement, qu'en payant les droits ordinaires.

Pour ce qui est du titre du Roi de la Bafoche, il a été révoqué par Henry III. qui voyant que le nombre des Clercs alloit à près de dix mille, défendit qu'aucun Sujet du Royaume prit le nom du Roi.

Cela fit paffer tous les droits du Roi de la Bafoche en la perfonne de son Chancelier, dont les montres enfuite se trouverent réduites aux seuls Officiers de la Bafoche & Clercs du Palais, lefquels ont continué de les faire en plufieurs Compagnies jufqu'en l'année 1667. qu'elles ont ceffé.

Il ne refte plus aujourd'hui que le Corps de la Jurifdiction de la Bafoche, compofé d'un Chancelier, de plufieurs Maîtres des Requêtes, d'un grand Audiencier, un Referendaire, un Procureur & un Avocat généraux, quatre Tréforiers, un Greffier, quatre Notaires & Secrétaires de la Cour bafochiale, un premier Huiffier, & huit autres Huiffiers, avec un Aumônier qui a voix délibérative & féance après le grand Audiencier & le Referendaire, tous deux Maîtres des Requêtes extraordinaires.

Il paroît par ce que nous venons de dire, que les principaux Officiers de la Bafoche portent les noms confacrés aux premiers Miniftres de l'Etat, mais c'eft fans conféquence.

Les procédures & inftructions s'y font par des Clercs qui y font reçus Avocats, & plaident pour les parties. Il y a Audience les Mecredis & Samedis dans la Chambre de Saint Louis entre midi & une heure.

Le Chancelier y préfide, & en fon abfence le Vice-Chancelier, ou le plus ancien Maître des Requêtes ; & pour faire Arrêt, il faut qu'il y ait fept Maîtres des Requêtes, outre le Chancelier ou autres qui préfide.

Les Jugemens qui y font rendus, font expédiés par le Greffier de cette Jurifdiction, fous ce titre : *La Bafoche régnante en triomphe & titre d'honneur,* S A-L U T ; & à la fin on met : *Fait audit Royaume, le , &c.*

Ils font fouverains, & portent le nom d'Arrêts ; de forte qu'on ne se peut pourvoir contre, que dans cette même Jurifdiction, par Requête qui se porte à l'ancien Confeil, qui se tient par le Chancelier affifté des Procureurs de la Cour.

Le nombre des Maîtres de Requêtes de la Bafoche n'eft point fixe. Il s'en fait tous les ans quatre, qui font les quatre Tréforiers fortans de Charge. Les Avocats & Procureurs généraux reftent toujours jufqu'à vacation de leur Office.

Le Chancelier ne règne qu'un an ; l'élection s'en fait tous les ans au mois de Novembre. Il ne peut être choifi que des quatre plus anciens Maîtres des Requêtes, Avocat & Procureur généraux, & de leur Procureur de Communauté.

Il y a un Arrêt de Réglement du 5. Janvier 1636. rendu fur les conclufions de M. Bignon, Avocat général, qui prefcrit la forme de l'élection du Chancelier. L'habit de cérémonie du Chancelier, eft une robe & un bonnet, les autres Officiers portent en cérémonie l'habit noir, le rabat & le manteau.

Le Chancelier ne peut être ni marié, ni Bénéficier. Il eft obligé de donner un feftin le jour de fa réception ; c'eft ce qu'on appelle entr'eux droits & devoirs. On lui en donne acte à la fin du repas ; mais avant qu'il le puiffe obtenir, il faut qu'il effuye quantité de conteftations, qui font encore vuider grand nombre de bouteilles.

La Bafoche a, dit-on, joui autrefois de quantité de droits & de priviléges ; mais on ne fçait ce que font devenus les titres ; on tient qu'ils ont été brûlés dans l'incendie du Palais.

Quoiqu'il en foit, la Bafoche a toujours eu le droit de faire prouner aux Clercs qui se veulent faire recevoir Procureurs, le Certificat de leurs tems de Palais. L'Ordonnance de François I. donnée à Saint Jean d'Angely le 11. Février 1519. art. 18. porte, que nul ne fera reçu Procureur, qu'il n'ait quatre ans de Pratique, & ne foit âgé de 25. ans. Et par un Edit donné à Compiègne le 24. Septembre 1539. Il veut qu'ils foient examinés à l'Audience, & c'eft ce qui fe pratique actuellement au Parlement de Paris. Auparavant l'examen, il faut juftifier de fon tems de Palais, par un Certificat de la Bafoche. François I. avoit limité ce tems de Palais à quatre ans, comme nous venons de dire ; mais les Arrêts l'ont augmenté jufqu'à dix.

BASTARD, eft un enfant né de la conjonction illicite de deux perfonnes, qui pouvoient contracter mariage enfemble au tems qu'il a été conçu ; en quoi il differe des enfans inceſtueux & adulterins. ·

Cependant ſous le terme de bâtards ; les enfans inceſtueux ou adulterins ne laiſſent pas quelquefois d'être compris ; & alors bâtard ſe prend généralement pour tout enfant qui eſt né hors le mariage, ou pendant un Mariage illicite.

Il réſulte de cette dernière définition pluſieurs différentes eſpeces de bâtards ; les uns ſont les ſimples bâtards, qui ſont nés de deux perſonnes abſolument libres, & qui pouvoient ſe marier enſemble : *nati ſcilicet ex ſoluto & ſolutâ, qui poterant inter ſe matrimonium contrahere, & ſimpliciter vocantur in Jure filii naturales.*

Il y en a d'autres qui viennent de conjonctions plus criminelles ; ſçavoir les bâtards adulterins, & les bâtards inceſtueux.

Les bâtards adulterins, ſont ceux qui ſont procréés de perſonnes unies à d'autres par le ſacré lien du Mariage : & ceux-ci ſont adulterins, tant de la part de leur pere, que de la part de leur mere, ou ſeulement de la part de l'un ou de l'autre.

Les bâtards inceſtueux, ſont ceux qui ſont nés de perſonnes qui ne peuvent contracter mariage enſemble, à cauſe du lien de parenté ou d'alience qui les unit. On met au même rang les enfans des perſonnes conſacrées à Dieu par le vœu de chaſteté, que l'on nomme auſſi *liberi nati ex damnato coïtu.*

Enfin, il y a des bâtards dont le pere eſt abſolument incertain, qui ſont appellés *ſpurii, quaſi ſine patre nati.* Ils ſont auſſi appellés *vulgò quæſiti, quaſi ex vagâ venere nati.* On les appelle *varii, quod vario ſemine de meretrice utpotè concepti videantur.*

Enfin, il ſont appellés *fili ſeminis & populi.*

Les bâtards, *qui ex meritricio concubitu procreati ſunt, & quibus pater eſt populus,* étoient anciennement appellés à Rome, *matris togatæ filii,* par rapport à l'habillement de leur mere ; parce que les femmes proſtituées, pour marque de leur infamie, étoient obligées de ſe vêtir d'une robe courte tombant juſqu'à mi-cuiſſe, à la maniere des vêtemens dont ſe ſervoient les hommes, pour que les ſages matrones ne fuſſent pas confondues avec elles : c'eſt pourquoi les femmes proſtituées n'avoient qu'une robe courte appellée *toga,* & les matrones avoient une robe longue qui alloit juſqu'aux talons, appellée *ſtola.*

Chez les Romains, les enfans qui étoient nés *ex ſoluto & ſoluta,* c'eſt-à-dire, qu'un homme libre avoit eus de ſa concubine, étoient appellés ſimplement *filii naturales :* leur naiſſance n'étoit pas ſi odieuſe que celle des autres bâtards ; car le concubinage n'étoit pas ſeulement toleré chez les Romains ; on peut dire même qu'il étoit en quelque maniere autoriſé par leurs Loix ; *ſicque legibus Romanis concubina vocabatur uxor minus legitima.*

Ainſi ces bâtards appellés enfans naturels, étoient admis à la ſucceſſion de leur mere, & à celle de leur pere pour un ſixiéme ; parce que les Romains ne mettoient pas grande différence entre la concubine & la femme légitime. *Leg. 3, cod. de naturalibus liber.*

A l'égard des bâtards inceſtueux ou adulterins,

& de ceux qui étoient nés *ex meretricio concubitu,* ils étoient admis à la ſucceſſion de leur mere, & jamais à celle de leur pere.

Mais parmi nous, tous les enfans nés hors le mariage, ſoit qu'ils ſoient nés *ex ſoluto & ſolutâ,* ſoit qu'ils ſoient *vulgò concepti vel adulterini, aut inceſtuoſi,* ils ſont exclus des ſucceſſions de pere & de mere, comme nous dirons ci-après.

Comme le mariage eſt la ſeule voix légitime de la propagation du genre humain, on diſtingue la condition des bâtards de celle des enfans légitimes, & même on ne donne le nom d'enfans aux bâtards, qu'en y ajoûtant quelque épithéte, comme d'enfans naturels, ou autre qui les diſtingue des enfans légitimes.

Ils ſont capables du droit des gens & du droit civil, comme ceux qui ſont nés en légitime mariage, par la raiſon que c'eſt la naiſſance ſeule dans un pays qui donne le droit de bourgeoiſie, & la capacité des effets civils. Ils peuvent donc acquérir & poſſéder toutes ſortes de biens & de Charges dans le Royaume ; ce qui eſt d'autant plus juſte, qu'on doit honorer la vertu, quelque part qu'elle ſe trouve. Si la condition de la naiſſance étoit en notre pouvoir, chacun naîtroit non-ſeulement d'une couche légitime, mais d'une tige illuſtre & glorieuſe.

Mais indépendemment de notre volonté, nous naiſſons les uns ſous le chaume d'une vile cabane, les autres ſous le lambris d'un ſuperbe Palais ; les uns ſous la Loi d'un mariage légitime, les autres ſous la licence d'une conjonction réprouvée.

On ne doit donc pas conſidérer les hommes par leur naiſſance, ni par la qualité de leur extraction, qui ſont des événemens qui ne dépendent en aucune maniere de leur volonté : mais par leurs vertus, par leur mérite, & par le bon uſage qu'ils ſont des talens que ſe trouvent en eux.

Si les bâtards ne peuvent être promûs aux Ordres, ni poſſéder des bénéfices dans l'Egliſe qu'avec diſpenſe, ce n'eſt pas qu'on puiſſe leur rien imputer à l'occaſion de leur naiſſance ; mais c'eſt uniquement parce que la Majeſté de la Maiſon de Dieu exige que ſes Miniſtres & ſes Officiers ſoient exempts de la moindre macule, même de celle qui ne peut être imputée qu'à ceux qui leur ont donné l'être.

La raiſon & la réligion ont donc travaillé de concert à punir le vice, en n'admettant point à l'Etat Eccléſiaſtique celui qui eſt né hors le mariage, parce qu'il eſt le fruit de l'incontinence de ceux qui lui ont donné l'être. *Itaque hæc irregularitas nota delicti non eſt, ut quidam putant, quod ſcilicet paterna incontinentia in filiis præſumatur ; ſed eſt defectus, quia nimirum ad decorem domûs Dei pertinet ut in ea illegitimi non miniſtrent. Cap. 14 ; & de filiis presbyt. juncto cap. 13 ; & de purg. canon. Enimvero naſci ex nefario coïtu, culpa non eſt ejus qui naſcitur, ſed parentûm. In pluribus tamen articulis infelix eſt, & miſeranda plurimùm eorum conditio, qui avos ſuos ex parentum reatu coguntur agnoſcere.*

Cependant cet enfant, quoique bâtard, appartient à Dieu, & eſt deſtiné pour ſa gloire comme les autres : il peut d'ailleurs être un jour utile à l'Etat, par quelque talent qui le rende recommandable, & par sa vertu qui pour lui faire acquérir beaucoup d'honneur.

Ainsi, quoique sa naissance paroisse honteuse, il doit toujours se regarder comme étant destiné à augmenter le nombre des citoyens du lieu de sa naissance, & à jouir non seulement de tous les effets du droit des gens, mais encore de tous les effets du droit civil, à l'exception de certains droits qui ne peuvent subsister en sa personne, comme il paroîtra par ce que nous allons dire.

Les bâtards, pour ce qui regarde les dispositions qu'ils peuvent faire de leurs biens par actes entrevifs, ou par derniere volonté, ne différent donc en rien des personnes nées d'un mariage légitime. *Voyez* l'art. 336. de la Coutume de Reims, qui permet aux bâtards de tester de leurs biens en faveur des personnes capables.

Mais comme ils ne sont réputés d'aucune famille, ils ne peuvent exercer le retrait lignager, ni porter les armes de leur pere, ni se qualifier d'Ecuyers, quoiqu'ils soient nés de pere noble ; & même, quoique légitimés par Lettres du Prince, ils ne participent point à la noblesse de leur pere pour l'exemption de la taille, à moins qu'ils ne soient annoblis par les lettres de légitimation.

Illegitimi generis nobilitatem non retinent, quia nec patrem, nec proindè paternum genus ullum habere intelliguntur : pater enim est, quem justæ nuptiæ demonstrant. *Voyez* l'article 26. du Reglement des Tailles de l'année 1600, & celui de 1634. *Voyez* aussi le 35. Plaidoyer de M. le Bret, & celui qui est rapporté par Bouchel dans sa Bibliothéque du Droit François, *verbo* bâtard.

Il faut néanmoins remarquer que nous tenons communément que les bâtards des Rois naissent Princes, les bâtards des Princes naissent Gentilshommes, & les bâtards des Gentilshommes naissent roturiers. Ainsi ce n'est qu'à ces derniers qu'on peut appliquer ce que nous venons de dire, que les bâtards des Nobles ne participent point à la noblesse de leurs peres.

Comme les bâtards, *neque familiam, neque gentem habent*, par le droit commun & général de la France, ils sont incapables de toutes successions *ab intestat*, à la réserve de celles de leurs enfans légitimes, & de la succession qui peut leur appartenir par l'Edit *Unde vir & uxor.*

Les bâtards ne succedent donc pas à leur pere, pas même à leur mere, encoremoins aux parens de leur pere & de leur mere ; d'autant qu'on ne compte dans les familles au nombre des proches capables de succéder, que ceux à qui une naissance d'un mariage légitime a donné ce droit.

Illegitimi nec familiam, nec cognationem habent ; leg. 4. ff. unde cognati. Et, ut ait S. Bernardus, Sermone 5. Nec successionis potest hæres esse, nec hæreditatis consortium habere potest qui non habet originis privilegium.

Les bâtards ne sont point compris sous le nom d'enfans. Leurs peres & leurs meres ne sont pas au nombre de ceux à qui ils peuvent succéder, & leurs peres & leurs meres ne peuvent pas aussi

être admis à leurs successions. C'est pourquoi quand un bâtard décédé sans laisser aucun enfant légitime, & sans avoir disposé de ses biens, ceux qu'ils laissent appartiennent au Roi par droit de bâtardise, ou aux Seigneurs hauts-justiciers.

Il faut néanmoins excepter le Dauphiné, & quelques Coutumes qui admettent les enfans nés hors le mariage, qui ne sont ni adulterins ni incestueux, à la succession de leur mere, & la mere à la succession de ses enfans naturels ; mais ces usages particuliers, n'empêchent pas que la régle contraire ne mérite seule d'être considérée comme notre Droit commun & général, & comme plus conforme à l'honnêteté & aux bonnes mœurs.

Voyez Basser, tom. i. liv. 5. tit. 10. chap. 5. Guy Pape, quest. 280. Expilly, Plaidoyer 17. Salvaing, chap. 66. Chorier, pag. 199. *Voyez* aussi l'art. 1. de la Coutume de Saint-Omer, & l'art. 111. de la Coutume de Valenciennes.

Les bâtards n'étant point dans la famille de leurs peres & meres, ils peuvent se marier sans leur consentement. Ainsi, quand les Loix & les Ordonnances ont requis le consentement des pere & & mere, cela s'est toujours entendu de pere & mere légitimes ; comme il a été jugé par Arrêt du 1. Février 1662. rapporté dans le second tome du Journal des Audiences.

Quoiqu'ils ne soient reputés d'aucune famille, ce défaut de naissance n'influe point sur les droits du sang, qu'on présume devoir produire à l'égard des bâtards les mêmes effets qui ont coutume de produire en la personne des enfans légitimes.

Ainsi le pere ou la mere & l'enfant naturel sont admis à venger la mort l'un de l'autre, & d'en recevoir les intérêts civils, lorsque les héritiers légitimes du défunt sont négligens d'en poursuivre la vengeance ; auquel cas ils y sont admis, non pas à titre d'héritiers, mais par le droit de nature, *pietatis intuitu* : & la réparation leur appartiendront en ce cas, à l'exclusion des heritiers légitimes, qui s'en seroient rendus indignes par leur silence. Ainsi jugé par Arrêt du 16 Décembre 1608. remarqué par Tronçon sur l'art. 317. de la Coutume de Paris.

La raison est, que cette poursuite est de droit naturel, dont ils sont capables les uns envers les autres.

Sur ce principe il a aussi été décidé qu'on pouvoit récuser un Juge, & le faire abstenir de connoître de procès où son fils naturel avoit intérêt ; & l'on présume avec raison que le défaut de naissance legitime n'efface pas absolument les Sentimens d'amitié & de protection de la part des parens du pere du bâtard. *Voyez* Basnage sur l'art. 275. de la Coutume de Normandie.

Enfin ces droits du sang subsistent si véritablement, qu'ils empêchent le mariage entre les parens du bâtard & ses descendans.

Les bâtards sont non-seulement incapables de succéder *ab intestat* à leurs peres & meres, mais aussi de leur succéder en vertu des dispositions universelles par donations entre-vifs ou dispositions testamentaires. *Voyez* Louet & Brodeau, lettre

D , chap. 1. Auffi par Arrêt du 26. Mars 1685. rapporté dans le Journal des Audiences , il a été jugé qu'un enfant bâtard ne peut pas être légataire univerfelle de fon pere ou de fa mere , quoiqu'il ne fe préfente point d'héritier : d'où il s'enfuit que les enfans bâtards n'excluent pas le Fifc.

Cela s'eft ainfi introduit parmi nous , contre la difpofition du Droit Romain , afin de détourner les hommes du concubinage , en ne leur permettant pas de difpofer de leurs biens au profit de leurs enfans naturels : & ita ut legitimorum potiùs liberorum procreationi ftudeant, quàm illicitis conjunctionib.; d'autant que le public a intérêt à la confervation des familles , qui ne fe peuvent entretenir que par des unions autorifées par les Loix.

Quelques Coutumes permettent aux peres & meres des bâtards de faire en leur faveur des difpofitions univerfelles entre-vifs ou teftamentaires, la légitime refervée à leurs enfans nés en légitime mariage ; mais la plûpart bornent ces difpofitions à des donations modérées pour leurs alimens & entretiens.

Dans celles qui n'en parlent point, les donations que les peres & meres peuvent faire à leurs bâtards, font reftreintes aux donations particulieres & modiques. On doit en cela avoir égard aux circonftances, comme à la quantité des biens des peres & meres , & à la qualité des héritiers qu'ils laiffent, fi ce font des enfans légitimes ou des collatéraux.

M. Augeard , tome 2. chap. 87. rapporte un Arrêt rendu en la Grand'Chambre le 28 Mai 1709. qui a reduit un legs de vingt-mille livres à la moitié , qui avoit été fait par un pere à fon bâtard , fur le fondement que ce legs étoit exceffif.

Cet Arrêt a été rendu fur les conclufions de M. l'Avocat général de Lamoignon , qui rapporte fur ce fujet des chofes très-curieufes & très-inftructives.

Voici ce qu'il dit : » Par le Droit Romain, le bâtard fuccédoit à fa mere en vertu du Senatuf-» confulte Orphitien , mais il ne fuccédoit pas à » fon pere : cependant il étoit permis au pere de » l'inftituer héritier. Dans la fuite cette permiffion » fut reftreinte à la moitié , puis au quart. Enfin » l'ancienne Jurifprudence fut retablie , il fut » permis au pere de lui donner tout.

» Cet ufage a été long-tems obfervé parmi nous. » Ceux qui vouloient faire des donations à leurs » bâtards, étoient obligés de les faire infinuer , » pour faire connoître qu'ils regardoient ces bâ-» tards comme légitimes ; on en voit des exem-» ples dans les formules de Marculphe.

» L'hiftoire rapporte même qu'un fils naturel » de Clovis lui fuccéda conjointement avec fes » enfans légitimes.

» Sous la feconde race de nos Rois, la condi-» tion des bâtards a commencé à n'être plus fi fa-» vorable.

» Nous voyons dans le teftament de Louis le » Débonnaire , qu'il abandonne fes enfans naturels » à la miféricorde de fes héritiers légitimes.

» Saint Louis fit une Ordonnance pour obliger

» les bâtards de payer les tributs aufquels les au-» bains étoient impofés ; parce que , difoit-il, ils » doivent être reputés étrangers , non-feulement » dans leur famille , mais encore dans le royaume. » On voit encore dans la Chambre des Comptes » les états de ce qui étoit payé par les bâtards.

» Dans la fuite on leur donna des Lettres de lé-» gitimation : ils fuccédoient conjointement avec » les légitimes ; mais l'honnêteté publique & la » Loi du Chriftianifme exigerent qu'on les exclut » de la fucceffion de leur pere.

» Ce fut alors une queftion de fçavoir s'ils pou-» voient être légataires univerfels. Elle fut jugée » pour la négative , parce que le légataire uni-» verfel eft loco hæredis ; ce feroit frauder la difpo-» fition de la Loi, & faire ce qu'elle défend.

» On a agité depuis la queftion, s'ils peuvent » recevoir des donations. Les Docteurs fe font » partagés : les uns ont dit qu'ils peuvent en rece-» voir, pourvû qu'elles ne foient pas univerfel-» les, les autres ont prétendu qu'ils ne peuvent re-» cevoir qu'une fomme médiocre pour leur tenir » lieu d'alimens : d'autres enfin ont pris un tem-» perament , & ont penfé qu'ils pouvoient rece-» voir une fomme plus forte que des alimens , » mais qu'il falloit qu'elle ne fût pas exceffive.

» De ces différentes opinions & des Arrêts qu'on » cite, la conféquence la plus naturelle qu'on puif-» fe tirer , eft que pour faire la reduction, il faut » avoir égard à la quantité & à la qualité des biens » du donateur , ainfi qu'à celle de fes héritiers.

Cette réduction ne fe fait qu'à l'égard des bâtards, & elle ne s'étend point aux enfans légitimes que ces bâtards ont ; car comme ils font nés d'un légitime mariage , ils font capables de toutes fortes de donations ou difpofitions teftamentaires qui leur font faites par leur ayeul, leg. ult. cod. de naturalib. lib. mais ils ne leur peuvent pas fuccéder ab inteftat.

La raifon eft, que les enfans des bâtards ne pourroient fuccéder à leur ayeul que par le droit qu'ils auroient dans fa fucceffion, comme étant au lieu & place de leur pere : or fon inhabilité paffe en leur perfonne, attendu que leur origine n'étant point légitime, ils ne font point compris parmi ceux à qui la Loi défére les fucceffions ab inteftat. Mais pour ce qui eft des donations entre-vifs ou difpofitions de derniere volonté , ils s'y trouvent appellés de leur chef par le choix , & par une prédilection particuliere du donateur ou du teftateur : c'eft pourquoi le vice de bâtardife qui eft inhérent en la perfonne de leur pere , ne paffe point jufqu'à eux à cet égard.

Alimens font dûs aux enfans naturels par leur pere , s'ils n'ont un établiffement certain. Ainfi les bâtards, jufqu'à ce qu'ils ayent appris un métier , & qu'ils ayent été reçus maîtres , peuvent demander des alimens à leur pere durant fa vie, & à fes héritiers après fa mort, s'il n'y a pas pour-vu lui-même.

La raifon eft , que l'obligation de fournir des alimens à fes enfans , eft de droit naturel.

Cette obligation naturelle ne regarde pas feu-lement les peres , mais auffi les meres , quoiqu'elles ne puiſſent pas être pourſuivies en Juſtice pour donner des alimens à leurs enfans bâtards ; car enfin ſi elles ſont en quelque façon excuſables de ne les pas connoître, pour ſauver leur honneur, elles ſont fort blâmables de ne pas leur donner des alimens, lorſqu'elles ſont en état de leur faire du bien. *Liberorum educatio juris naturalis eſt, & contra naturam eſt matrem ſui fœtûs curam non habere, dum brutæ animantes fœtus ſuos alunt tanto cum ſtudio.* Hanc in rem *Aulus Gellius, lib. 12. nočt. Atticar. cap. 1. ait : Quid eſt hoc contra naturam imperfectum ac dimidiatum matris genus, peperiſſe & ſtatim ab ſe abjeciſſe ; aluiſſe in utero ſanguine ſuo neſcio quid quod non videret, non alere autem nunc ſuo lacte quod videat jam viventem, jam hominem, jam matris officia implorantem.*

A l'égard des enfans inceſtueux ou adulterins, l'Empereur Juſtinien dans ſa Novelle 89. chapitre dernier, avoit décidé qu'ils ne pouvoient pas en demander à leurs parens. Mais l'équité naturelle & la diſpoſition du Droit canonique a parmi nous prévalu à cet égard, & notre uſage eſt qu'on leur en accorde.

En effet, la faute des peres & meres ne doit pas retomber avec tant de rigueur ſur les enfans, pour les priver d'alimens juſqu'à ce qu'ils ſoient en état de gagner leur vie.

C'eſt auſſi la diſpoſition du Droit Canonique, que les alimens ſont dûs aux bâtards, *licet ex nefario coïtu ſint procreati ; cap. cum haberet ; extrà de eo qui duxit in uxorem quam polluit per adulter. & capitulo per venerabilem ; extrà qui filii ſint legitimi.*

Mais l'on reſtreint parmi nous les libéralités qui leur ſont faites par leurs peres & meres, plus ou moins, ſuivant que les circonſtances ſont plus favorables ou plus odieuſes.

Quoique les bâtards ne puiſſent recevoir de donations univerſelles de leurs peres & meres, mais ſeulement de choſes modiques pour leur tenir lieu d'alimens, néanmoins ils peuvent recevoir toutes ſortes de libéralités d'autres perſonnes. La raiſon eſt, que l'incapacité des bâtards à cet égard n'eſt pas générale, mais relative à la perſonne de leurs peres & meres.

Par ce même principe les bâtards ſuccedent à leurs enfans nés en légitime mariage, de même que ces enfans leur ſuccedent.

Il a même été jugé que quoique des bâtards nés d'un même pere ne ſoient pas admis à la ſucceſſion *ab inteſtat* les uns des autres, néanmoins ils pouvoient ſe leguer les uns aux autres par teſtament.

Les bâtards étant citoyens, & capables des effets civils, ils peuvent en France, quoiqu'ils ne ſoient pas légitimés par le Prince, tenir tous les Etats, Offices royaux, tant de Judicature, des Armes, des Finances, qu'autres. Bacquet, premiere partie du Droit de bâtardiſe, chap. 2. nomb. 5.

Ils ne peuvent pas néanmoins être promus aux Ordres, ni poſſéder des Bénéfices, ſans une diſpenſe du Pape, ou même de l'Evêque, quand il ne s'agit que de la tonſure. Sur quoi il faut remarquer.

Iº. Que le Pape ne peut légitimer que pour les Ordres & pour les Bénéfices, & non point pour

les ſucceſſions ; *quia ſummus Pontifex nullum jus hibet in hoc Regno circa temporalia.*

IIº. Que les bâtards ſont reputés légitimes, & purgent le défaut de leur naiſſance par la profeſſion monaſtique, & qu'ils n'ont par conſéquent plus beſoin de diſpenſe pour être promus aux Ordres. *Cap. 1. extrà de filiis Preſbiterorum ordinand. vel non.*

Il paroît par ce que nous venons de dire, que le bâtard jouit d'une liberté beaucoup plus grande que l'étranger, parce que le bâtard qui eſt né & qui vit dans le Royaume, *liber vivit & liber moritur.* Il peut diſpoſer à ſa volonté de tous ſes biens, non-ſeulement par donation entre-vifs, mais encore par donation à cauſe de mort, teſtamens & ordonnances de derniere volonté ; au lieu que l'étranger *vivit ut liber, ſed moritur ut ſervus.* D'où il ſuit qu'il ne peut point faire de teſtament, quoiqu'il puiſſe diſpoſer entre-vifs des biens qu'il a acquis dans ce Royaume.

La raiſon de la différence eſt, que les contrats & les diſpoſitions entre-vifs ſont du Droit des gens, qui eſt commun à tous les hommes, ſans diſtinguer s'ils ſont citoyens où étrangers ; & que les teſtamens & diſpoſitions de derniere volonté dépendent abſolument du Droit civil, qui n'appartient qu'aux ſeuls citoyens, & dont les étrangers ſont exclus. Mais les bâtards nés en France *habent jura civitatis, proinde teſtari poſſunt :* ils tiennent ce droit & cette qualité du lieu de leur naiſſance ; & c'eſt pour cela que le bâtard qu'un étranger aura en France, a la faculté de teſter, quoique ſon pere ne l'ait pas.

Le bâtard étant un homme nouveau, il n'a point d'autres biens que ceux qu'il acquiert : & n'étant d'aucune famille, il eſt le commencement d'une nouvelle lorſqu'il ſe marie. Ainſi les enfans de lui procréés en légitime mariage lui ſuccedent ; & quand ils viennent à décéder du vivant de leur pere, ſans hoirs procréés d'eux, leur pere, quoique bâtard, leur ſuccede.

Les enfans des bâtards, nés en légitime mariage, ſe ſuccédent les uns aux autres, parce que tout homme franc acquiers pour lui & ſa famille, & non pour le Fiſc : & quand ils viennent à décéder *ab inteſtat* ſans la mort de leur pere, & qu'ils ne laiſſent aucuns enfans, & n'ont ni freres ni ſœurs qui ſoient appellés à leur ſucceſſion, elle ne ſe prend point par droit de bâtardiſe, puiſqu'ils ne ſont point bâtards, mais comme biens vacans par deshérence.

Les bâtards qui décédent ſans enfans légitimes, & ſans avoir diſpoſé entre-vifs ou par derniére volonté de leurs biens, n'ont point d'autres héritiers que le Roi, qui prend leur ſucceſſion par droit de bâtardiſe. Ce droit eſt fondé ſur ce que la ſucceſſion *ab inteſtat* ne ſe défere que par la parenté qui étoit entre l'héritier & celui à qui il ſuccéde. Or nous ne connoiſſons pas d'autre parenté que celle que donne la naiſſance d'un mariage légitime.

C'eſt pourquoi les freres & ſœurs d'un bâtard ne lui peuvent ſuccéder, d'autant que les bâtards *nec genus, nec gentem habent,* comme nous avons remarqué ci-deſſus.

Ainſi les biens d'un bâtard décédé ſans enfans légitimes ſont vacans, & n'ont ni maîtres ni propriétaires,

priétaires, & par conféquent doivent appartenir au Prince qui eſt le Souverain de tout ce qui ſe trouve dans ſon Royaume n'avoir point de propriétaire.

Cependant comme les Seigneurs Haut-Juſticiers ſont obligés à pluſieurs charges à cauſe de leur Juſtice, les Rois ont bien voulu ſouffrir qu'ils priſſent les biens des bâtards décédés ſans enfans légitimes, pourvû que les bâtards ſoient nés dans leur Haute-Juſtice, y ayant été domiciliés, & y ſoient décédés, & même que ces biens ſe trouvent ou ſoient ſitués dans la Juſtice du Seigneur qui le prétend. *V.* Droit de bâtardiſe.

Au reſte ſi l'on voit tant de bâtards avoir de mauvaiſes inclinations, cela vient le plus ſouvent de la faute de ceux qui leur ont donné l'être, & qui ſe ſont enſuite mis peu en peine de leur donner une bonne éducation.

Touchant les bâtards, *Voyez* le ſecond Traité des Droits du Domaine concernant les droits de bâtardiſe, par M. le Prêtres; le Traité qu'en a fait Bacquet; Loiſel en ſes Inſtituts coutumiers, lib. 1. tit. 1. n.41. & ſuiv. Louet, lett. D, ſomm. 1. Papon, liv. 21. tit. 3. le Recueil alphabétique de M. Bretonnier; Henris tom. 3. liv 6. chap. 3. queſt. 9. & 10. *V.* auſſi ce même Auteur, tom. 3. liv. 6. chap. 5. queſt. 17. & 18. & ce que j'ai dit ſur l'art. 318. de la Coutume de Paris, gloſ. 9. ſect. 2. §. 3.

BASTIMENT, eſt toujours réputé l'acceſſoire du fonds ſur lequel il eſt élevé & conſtruit, ſuivant la régle *ædificium ſemper ſolo cedit*, §. 29. & 30 *Inſt. de rerum diviſione.* L'acceſſoire en effet eſt un droit réel qui appartient à la choſe, non à la perſonne, & ce qui accroît reçoit les mêmes qualités que peut avoir la choſe en laquelle il ſe trouve réuni.

Cette régle, que le bâtiment cede toujours aux fonds, comme en étant l'acceſſoire, eſt obſervée par toute la France: d'où il s'enſuit.

Iº. Que celui qui s'eſt ſervi des matériaux d'autrui pour bâtir ſur ſon fonds, devient propriétaire du bâtiment: mais il ne devient pas pour cela propriétaire des matériaux; ils appartiennent toujours à celui qui en avoit la propriété avant la conſtruction du bâtiment: & comme ils n'en pourroient être ſéparés ſans la deſtruction de l'édifice, & que *publicè intereſt ædificia non reſcindi, ne aſpectus urbis ruinis deformetur;* celui à qui ces matériaux appartiennent, ne peut pas les revendiquer tandis que le bâtiment ſubſiſte, & il n'en peut alors demander que l'eſtimation, à moins que le propriétaire du fonds ne ſe fût ſervi de ces matériaux *malâ fide*, ſçachant qu'ils ne lui appartenoient pas; car alors le propriétaire de ces matériaux pourroit encore répéter contre lui toutes pertes, dépens, dommages & intérêts, leſquels dommages & intérêts doivent être eſtimés ſuivant les circonſtances.

IIº. Que quand quelqu'un a employés ſes matériaux à bâtir ſur le fond d'autrui, l'édifice appartient toujours au propriétaire du fonds, & celui à qui les matériaux appartenoient en perd la propriété, parce que c'eſt par ſon propre fait qu'ils ont été joint à l'édifice d'autrui: d'où il s'enſuit qu'ils paroiſſent aliénés de ſon conſentement, enſorte

Tome I.

qu'ils ne les peut plus revendiquer, même après que l'édice eſt détruit; *leg.* 7. §. 12. *ff. de acqu. rer. dom.* mais le propriétaire du fonds eſt tenu de lui payer l'eſtimation de ſes matériaux, & ce qui lui a coûté pour les peines des ouvriers, au dire de prud'-hommes, quand il a bâti de bonne foi ſur le fonds d'autrui croyant en être le propriétaire.

A l'égard du poſſeſſeur de mauvaiſe foi, il ne pourroit à la rigueur repeter aucunes impenſes; mais nous préférons en ce cas l'équité à la rigueur du droit.

Voyez ce que j'ai dit *verbo* Impenſes.

S'il ſurvient des conteſtations entre les créanciers du fonds & les créanciers des bâtimens, le Juge doit ordonner la ventilation des uns & des autres; comme il a été jugé par Arrêt du 7. Février 1653. que j'ai remarqué ſur l'article 187. de la Coutume de Paris.

L'acquéreur d'un fonds y ayant fait bâtir une maiſon, le vendeur du fonds ne peut pas prétendre d'être payé par privilége ſur le prix entier de la vente, & empêcher la ventilation du fonds & de la ſuperficie. Ainſi jugé par Arrêt du 29 Juillet 1683. rapporté dans le Journal du Palais.

Mais ſi l'acquéreur d'une maiſon l'avoit fait abbattre, & en avoit fait rebâtir une autre, un créancier privilégié de ſon vendeur ſur la maiſon ſeroit rembourſé avant l'acquéreur. Cambolas, liv. 5. chap. 20.

La ventilation a été ordonnée dans un cas qui faiſoit quelque difficulté. Un propriétaire avoit donné ſon fonds à bail d'héritage, à la charge par l'acquéreur de bâtir dans ſix mois une maiſon ſur ſon fonds: la maiſon avoit été bâtie de deniers empruntés pour le bâtiment. Il a été jugé par Arrêt du 15 Janvier 1655. rapporté dans le premier tome du Journal des Audiences, qu'il falloit, pour régler les priviléges, faire ventilation du fonds & du bâtiment.

Ce qui faiſoit la difficulté, étoit la ſtipulation du bailleur du fonds, que le preneur y feroit une maiſon pour la perception de la rente: ainſi le créancier qui avoit prêté ſes deniers, avoit dû connoître la qualité de ſon débiteur & ſa condition.

Mais la raiſon de décider eſt, que quoique le bâtiment, tant qu'il ſubſiſte, ſoit l'acceſſoire du fonds, d'autant qu'il ne peut pas ſubſiſter ſans ce à quoi il eſt inhérent; néanmoins les matériaux conſidérés en ſoi, & indépendamment du bâtiment qu'ils compoſent, ſont choſes diſtinctes & ſeparées du fonds, & n'en ſont point l'acceſſoire non plus que du bâtiment qu'ils forment. Ainſi le créancier privilégié du fonds n'a aucun privilége ſur la ſuperficie, de même que celui qui a prêté ſes deniers pour le bâtiment, n'a de privilége que ſur la ſuperficie, & n'en a aucun ſur le fonds.

BASTIMENT FAIT DANS UN FONDS SUJET A RESTITUTION, n'eſt pas préſumé être conſtrui pour n'en point répéter ce qu'il aura couté.

Il y a bien de la différence entre celui qui fait bâtir ſur un fond qui lui appartient incommutablement, & celui qui bâtit ſur un fonds ſujet à reſtitution.

Z

Celui qui bâtit fur un fonds qui lui appartient incommutablement, n'a d'autres vues que de jouir de l'habitation qu'il fait conſtruire, ou d'augmenter ſes revenus. Ainſi celui qui fait bâtir fur un héritage qui lui eſt propre, ne dirige point ſon intention à faire quelque choſe pour les héritiers de ſes propres, & par conſéquent ce bâtiment leur appartiendra, ſans qu'ils ſoient tenus de donner aucune recompenſe à l'héritier des meubles & acquêts. La raiſon eſt, qu'on partage les ſucceſſions comme elles ſe trouvent. Si les propres ont augmenté par des bâtimens, les héritiers des propres en profite; & s'ils ont été vendus, & qu'au lieu de ces propres le défunt ait fait des acquiſitions, elles tournent au profit des héritiers des acquêts. D'ailleurs, tout ce qui accroit reçoit les mêmes qualités que peut avoir la choſe à laquelle il eſt réuni.

Par arrêt du 3. Août 1688. rapporté dans le 5e. tome du Journal des Audiences, liv. 4. chap. 25. prononcé ſur la requiſition de M. l'Avocat général de Lamoignon, il a été jugé que le bâtiment conſtruit par le défunt ſur un héritage qui lui étoit propre, appartenoit à ſes héritiers des propres, ſans qu'ils fuſſent tenus de donner aucune récompenſe aux héritiers des acquêts.

Au contraire celui qui bâtit fur un fonds ſujet à reverſion, n'eſt pas cenſé vouloir donner, mais avoir en vûe de repéter ce que l'édifice lui aura coûté. Il n'eſt pas non plus préſumé avoir voulu augmenter ſon patrimoine par les impenſes qu'ils fait ſur ce fonds, ſi ce n'eſt en tems qu'ils pourra répéter un jour, en reſtituant le fonds à qui il doit appartenir incommutablement.

C'eſt ſur ce fondement qu'un mari qui bâtit ſur le fonds dotal, eſt en droit de répéter les impenſes qu'il y a faites. Il en faut dire de même du pere qui bâtit ſur le fonds adventice de ſon fils dont il a l'uſufruit. *Voyez* M. le Brun dans ſon Traité des Succeſſions, liv. 2. chap. 1. ſect. 1. nomb. 80.

Il faut dire auſſi que l'héritier qui eſt chargé après ſa mort de rendre un bien, lorſqu'il y fait des augmentations conſidérables ou de réédifications, eſt en droit de répéter les impenſes qu'il a faites à ce ſujet, quoiqu'il ne puiſſe rien répéter pour ce qu'il a dépenſé pour les réparations & entretenement des édifices. *Voyez* Loiſeau en ſon Traité du Déguerpiſſement, liv. 5. ch. 6. n. 14.

B A S T I M E N S PUBLICS. *Voyez* Ouvrages publics.

B A S T I M E N S DES EGLISES. *Voyez* Réparations.

B A S T I M E N S SUR HÉRITAGES TENUS A CENS. *Voyez* Cenſitaire.

B A S T I M E N S VOISINS. Celui qui bâtit contre la maiſon de ſon voiſin, doit bien prendre garde de l'endommager; autrement il eſt tenu envers lui de ſes dommages & intérêts, à moins qu'il n'y eût quelque vice dans la muraille du voiſin qui auroit été la cauſe du dommage. Ainſi jugé par Arrêt du Parlement de Bourdeaux du 1. Décembre 1706. La Peyrere, lett. B.

Lorſqu'on ne peut bâtir ſans paſſer ſur l'hérita-

ge du voiſin, il peut être contraint d'accorder cette ſouffrance à celui qui veut bâtir, à la charge d'être dédommagé du tort qu'il en pourra ſoufrir.

B A S T O N N I E R, eſt un ancien Avocat, dont la charge ne dure qu'un an, & qui pendant ce tems eſt le chef de la Communauté des Avocats & Procureurs du Parlement.

Il eſt auſſi maître de leur Chapelle & de leur Confrairie, & préſide au Siége qu'ils tiennent pour l'entretenement de la diſcipline du Palais & des Réglemens.

C'eſt à lui qu'appartient la commiſſion des Charges des Juges inférieurs pendant leur interdiction.

B A U X A L'EXTINCTION DE LA CHANDELLE, ſont les beaux qui ont lieu dans les adjudications des Fermes du Roi.

Voici comme on y procede. On allume une chandelle: tandis qu'elle brûle, tout le monde eſt reçu à enchérir; & après qu'elle eſt éteinte, ou qu'elle eſt diminuée juſqu'à un droit marqué par une épingle, on n'y eſt plus reçu, & l'adjudication ſe fait au dernier plus offrant.

Voyez Baux des Fermes du Roi.

B A U X DES BIENS D'EGLISE, ne ſe peuvent faire ſans publications & écritaux faits & poſés. Quand ils ſont faits par anticipation, ils peuvent être déclarés nuls. *Voyez* Bail par anticipation.

B A U X DES BIENS DE MINEURS, ne peuvent pas être faits par anticipation; & quand le tuteur eſt obligé de diminuer conſidérablement le prix des baux anciens, il ne doit faire qu'en vertu d'un avis des parens.

En Pays de Droit écrit & en Normandie, les baux des biens des mineurs ne peuvent être faits qu'en Juſtice, après trois publications, de même que les baux des biens d'Egliſe. Henris, tom. 2. liv. 4. queſt. 4.

Au reſte, un tuteur ne peut faire baux des biens de ſon mineur, que pour le tems qui reſte à ce mineur pour atteindre ſa majorité; mais il en peut faire au deſſous de ce tems-là.

B A U X FAITS PAR LES ŒCONOMES DES BENEFICES, ne peuvent être faits que de l'avis du Procureur du Roi du Siége ou le bien eſt ſitué.

L'art. 9. de l'Edit donné au mois de Décembre 1691. touchant les Œconomes, porte: » Que les » Œconomes ſequeſtres ſeront tenus d'entretenir » les baux faits par le dernier poſſeſſeur pour l'an- » née courante, & de les continuer, ou en faire » de nouveaux, pour deux ou trois ans devant » Notaires, de l'avis du Subſtitut de notre Procu- » reur général ſur les lieux, après trois publications » faites par trois Dimanches conſécutifs aux Prô- » nes des Paroiſſes dans leſquelles les Fermes ſe- » ront ſituées.

B A U X FAITS PAR LES SEQUESTRES, doivent, pour être valables, être faits en Juſtice, les Parties intéreſſées duement appellée, & être précédés de trois publications. Ils ne peuvent être faits que pour une, deux ou trois années au plus; le tout à peine de nullité & de dommages & intérêts.

B A U X des Fermes du Roi, font précédés & fuivis de plufieurs formalités que nous avons expliquées ci-devant *verbo* Adjudications. Ils fe font à l'extinction de la Chandelle, comme nous venons de le dire.

Ils doivent être regiftrés, aux frais des Fermiers des Droits du Roi, aux Cours des Aydes, & aux Greffes des Bureaux des Tréforiers de France & des Elections; & les fous-baux, aux Greffes des Elections feulement ou des Juges inférieurs, qui connoiffent de la levée des droits qui y font compris.

Les frais de l'enregiftrement des baux généraux, font payés aux Bureaux des Tréforiers de France, à raifon de vingt livres pour chacune Election où les droits des Aydes fe levent, defquelles les Généralités font compofées, pour tous les Officiers des Bureaux, même pour les Procureurs & Avocats du Roi, & pour les Greffiers; & aux Elections, à raifon de dix fols pour chacune Paroiffe où les anciens & nouveaux droits des aydes ont cours, & de moitié feulement en celles qui ne font fujettes qu'aux nouveaux droits de l'Ordonnance, tant pour l'enregiftrement des baux généraux, que des fous-baux qui feront faits des Droits qui en dépendent pour les Officiers, même pour les Procureurs & Greffiers de Sa Majefté.

Les procurations pour la recette & régie des droits contenus aux baux & fous-baux, doivent être regiftrées aux Greffes des Elections; les frais duquel enregiftrement ont été réglés à trois livres pour tous les Officiers de chaque Election, outre les frais de l'enregiftrement defdits baux & fous-baux.

Par Arrêt du Confeil du 25. Janvier 1687. qui révoque les art. 11. 12. 17. & 20. du tit. des Publications, Encheres & Adjudications des Fermes, de l'Ordonnance de Juillet 1681. il eft permis à tous les Sujets du Roi d'entrer dans les baux & fous-baux de fes Fermes, d'y affocier & intéreffer qui bon leur femblera, pour telle part & portion qu'ils aviferont, à la charge qu'ils demeureront intéreffés pour un tiers dans la part qu'ils auront prife dans les baux & fous-baux, fous les peines énoncées audit Arrêt du Confeil.

Il eft pareillement permis aux Adjudicataires des fous-Fermes de faire des arrieres-baux par Généralités, Elections, Départemens, Villes & Seigneuries, ainfi qu'ils le jugeront à propos.

Par Arrêt du Confeil du 28. Octobre 1710. il eft ordonné qu'après l'expiration du bail les Fermiers & les Cautions ne pourront être affignés qu'en leurs domiciles à Paris, ni traduits ailleurs qu'en la Cour des Aydes de Paris, pour raifon des affaires concernant leurs baux.

Par l'art. 34. du tit. commun de l'Ordonnance de 1681. il y a fin de non-recevoir contre les Fermiers, pour tous droits en général, fix mois après le bail fini, s'il n'y a exploit controllé auparavant, condamnation, cédule, converfion, promeffes ou obligations paffées à fon profit.

Fin de non-recevoir en faveur du Fermier eft acquife deux ans après fon bail expiré, & après dix ans il eft déchargé de la garde des Regiftres, fuivant la Déclaration du 20. Janvier 1699.

Voyez Bacquet en fon Traité des Droits de Juftice, chap. 30. art. 9. *Voyez* auffi ce que je dis ici, lettre F, en parlant des Fermes du Roi.

B A U X Judiciaires, font ceux qui font faits des héritages faifis réellement à la pourfuite du Commiffaire aux Saifies-Réelles, par autorité de Juftice, à la Barre des Cours & Jurifdictions, en préfence d'un Confeiller & pardevant un Greffier de la Jurifdiction, au plus offrant & dernier enchériffeur. Comme ils fe font par autorité de Juftice, & non du confentement des Parties, cela fait qu'on les appelle Judiciaires.

Ils fe font à la pourfuite des Commiffaires aux Saifies-Réelles, parce qu'il eft prépofé pour avoir l'entiere adminiftration des maifons & héritages faifis réellement: ainfi c'eft à lui à veiller à leur confervation, & à faire les diligences néceffaires pour les maintenir en bon état, & pour leur faire produire les revenus que l'on en peut tirer; autrement le Commiffaire aux Saifies-Réelles qui auroit été en demeure, feroit refponfable envers le créancier pourfuivant, des pertes & diminutions qui feront furvenues par fa négligence.

Pour la validité des baux judiciaires, ils doivent être précédés de trois remifes au moins.

L'effet des baux judiciaires, à l'égard de ceux qui en font Adjudicataires ou Cautions, eft de les rendre contraignables par corps au payement du prix, comme dépofitaires des biens de Juftice.

A l'égard de la Partie faifie, l'effet du bail judiciaire, eft de la dépofféder; ce qui n'opere pas la Saifie-Réelle. Ainfi le propriétaire d'un héritage faifi réellement, jufqu'à ce que le bail judiciaire ait été fait de l'héritage, en demeure toujours poffeffeur; de forte qu'il peut le vendre en déléguant, y faire des réparations, faire des changemens & des augmentations à l'héritage faifi; & les ouvriers qui auront travaillé fous fes ordres avant le bail judiciaire, feront créanciers privilégiés fur cet héritage.

J'ai dit dans la définition que j'ai donnée des baux judiciaires, qu'ils fe faifoient des héritages faifis réellement. C'eft auffi de ces véritables immeubles que fe font ces fortes de baux; car pour ce qui eft des offices & des rentes, l'ufage général de la France eft de n'en point faire de baux judiciaires.

Pour en dépofféder les propriétaires fur qui ces fortes d'immeubles font faifis réellement, il fuffit que le Commiffaire aux Saifies-Réelles fignifie la faifie au payeur des gages de l'office, ou au débiteur de la rente, afin qu'ils ne puiffent valablement payer les gages ou la rente à d'autres qu'à lui.

Il y a trois fortes de baux judiciaires; fçavoir, ceux qui fe font après les remifes ordinaires, ceux qui fe font à la folle-enchere d'un premier adjudicataire, & fur ceux qui fe font tiercement.

Tous ces baux doivent être faits pour trois ans,

tant dure la faifie réelle. L'art. 16. de l'Edit du mois de Février 1626. a fixé ce terme, pour éviter les frais que caufoit auparavant le renouvellement trop fréquent des baux Judiciaires.

Suivant cet article, il femble que le Fermier judiciaire peut être dépoffédé, dès que la faifie ceffe par la main-levée qui en feroit accordée au propriétaire, ou par l'adjudication par décret de l'héritage, fans que le Fermier puiffe demander aucuns dommages & intérêts, mais feulement la reftitution des avances qu'il auroit faites : & c'eft ce qui eft encore obfervé dans plufieurs Jurifdictions du Royaume.

Mais il a été fait au Parlement de Paris le 21. Août 1664. un Arrêt de Réglement, qui y a introduit que quand le Fermier judiciaire y eft évincé par main-levée ou par adjudication, il jouiffe des loyers de la maifon faifie, & des revenus des terres qu'il aura labourées ou enfemencées, en payant le prix du bail au propriétaire, ou à l'adjudicataire des fonds faifis.

Cet Arrêt porte, que le pourfuivant criées fera tenu de faire mention de cette charge dans l'enchere & affiche de quarantaine, afin que l'adjudicataire ne prétende point être en droit d'entrer d'abord en poffeffion des biens qui lui feroient adjugés.

Il y a des perfonnes qui ne peuvent pas enchérir pour fe faire adjuger un bail judiciaire.

Premiérement, l'art. 132. de l'Ordonnance de Blois défend à tous Officiers de judicature, Avocats, Procureurs, Solliciteurs, Greffiers & leurs Commis, tant des Juftices royales, que de celles des Seigneurs, de fe rendre adjudicataires des fruits des biens faifis par Juftice en leur Siége, même caution pour les adjudicataires, directement ou indirectement, à peine d'être privés des émolumens des Fermes, & néanmoins d'en payer le prix, & encore d'être privés de leurs états & offices.

Le Parlement a renouvellé cette défenfe par un Réglement du 22. Juillet 1690. qui eft rapporté dans le Recueil des Réglemens des Procureurs, page 149.

L'article 35. d'un autre Réglement du 27. Avril 1722. fait auffi défenfes aux Commiffaires aux Saifies-Réelles & à leurs Commis, aux Procureurs & à leurs Clercs, même aux Huiffiers, de prendre fous leurs noms, ou fous de noms interpofés directement ou indirectement, aucuns baux judiciaires des biens faifis réellement, ni de s'en rendre cautions ou certificateurs, à peine de nullité des baux, de trois mille livres d'amende envers le Roi, & autres peines qui y font énoncées.

Les mêmes Arrêts permettent néanmoins à ces perfonnes de fe rendre adjudicataires ou cautions & oppofantes en leur nom à la faifie réelle par titre légitime & fans fraude, avant l'enregiftrement de la faifie réelle, ou depuis l'enregiftrement des baux judiciaires, quand elles font créancieres, lorfqu'elles font devenues créancières par fucceffions ou par donation fans fraude.

De plus, lorfque les baux font portés à peu près à leur prix, & que les cautions font folvables ; la Cour s'attachant moins aux termes qu'à l'efprit de cet Arrêt de Réglement, qui n'eft que d'éviter les fraudes, admet à l'adjudication du bail le Clerc du Procureur fous le nom duquel le bail judiciaire avoit été pris. Ainfi jugé par Arrêt du 7. Août 1734.

Secondement, on ne peut pas recevoir pour adjudicataire de baux judiciaires, ni pour cautions, les mineurs de vingt-cinq ans. La raifon eft, qu'ils ne peuvent pas s'obliger, ni contracter d'une maniere irrévocable.

Troifiémement, les feptuagenaires ne peuvent point être judicataires de baux judiciaires, ni cautions des Fermes de ces baux ; parce qu'aux termes de l'art. 9. du tit. 34. de l'Ordonnance de 1667. ils ne peuvent être fujets à la contrainte par corps, pour dettes purement civiles.

Il en faut dire de même des femmes & des filles; parce que fuivant l'art. 8. du même titre de cette Ordonnance, on ne donne point contr'elles de contrainte par corps, fi elles ne font marchandes publiques, ou pour caufe de ftellionat.

Le pourfuivant criées ne peut pas être Fermier judiciaire, ni caution du bail, parce que l'ayant à bas prix, il pourroit avoir intérêt de ne pas pourfuivre l'adjudication par décret de l'héritage faifi réellement. D'ailleurs, c'eft lui qui doit veiller aux dégradations, & contefter les reparations faites par le Fermier ; & s'il étoit lui-même le Fermier, il pourroit tout confommer, n'ayant point de contradicteur ni d'infpecteur fur fa conduite.

M. le Maître, dans fon Traité des Criées, chap. 8. dit, qu'il en eft de même des créanciers oppofans ; mais l'on tient que cela doit être reftreint à quelques Coutumes qui le décident ainfi en termes formels, & que leur difpofition ne s'étend point aux autres Coutumes qui n'en parlent point.

La raifon eft, qu'il n'eft pas tant à craindre que des créanciers oppofans abufent de la jouiffance de la femme pour proroger le décret, comme pourroit faire le pourfuivant criées. Il eft même de l'intérêt du débiteur que ces Parties foient reçues à enchérir, pour faire porter plus haut le prix du bail judiciaire.

Quand un héritage eft faifi réellement fur un autre que celui qui s'en prétend le propriétaire, le poffeffeur n'en peut être dépoffédé fans connoiffance de caufe. Ainfi, lorfque le Commiffaire aux Saifies-Réelles fait des procédures pour parvenir au bail judiciaire, celui qui prétend que l'héritage faifi réellement lui appartient, doit s'oppofer afin de diftraire, & demander que les fonds ou les droits qu'il prétend lui appartenir, ne foient point compris dans le bail ; ce qui eft d'autant plus jufte, qu'il feroit abfurde de commencer par dépoffeder quelqu'un fans l'avoir entendu préalablement.

Auffi ordonne-t-on en ce cas que l'oppofant fera tenu dans un certain tems de mettre en état fon oppofition afin de diftraire ; finon, que ce tems étant paffé, il fera fait droit, & cependant qu'il fera furfis au bail judiciaire.

Ce Jugement intervient fur une requête que l'oppofant donne contre le Commiffaire, & que le Commiffaire doit faire fignifier à la Partie faifie, au Pourfuivant criées, & au plus aucien Procureur des oppofans, s'il y en a.

La diftraction demandée par l'oppofant ne donne lieu à la furféance entiere du bail, que quand l'oppofition afin de diftraire eft formée pour tout le bien faifi, ou pour quelque partie fi confidérable, qu'on auroit de la peine à trouver un Fermier judiciaire pour le furplus ; car s'il y avoit plufieurs maifons faifies réellement, l'oppofition, afin de diftraire du bail une de ces maifons, n'empêcheroit pas que les autres ne puffent être données à bail judiciaire.

Après avoir donné ces principes généraux fur les baux judiciaires, voyons préfentement pardevant quels Juges ils fe font, & quelle procédure l'on fuit pour y parvenir.

Le bail judiciaire fe doit pourfuivre dans la Juftice ou le décret fe pourfuit.

Dans les Jurifdictions ordinaires du reffort du Parlement de Paris, c'eft toujours le premier Juge, ou celui qui le fuit, qui répond les requêtes préfentées à ce fujet ; & l'adjudication des baux judiciaires fe fait à l'Audience.

Mais au Parlement le Commiffaire aux Saifies-Réelles ne peut procéder au bail judiciaire des biens faifis, que préalablement un de Meffieurs ait été nommé par la Cour, & la requête de *committimur* répondue & enregiftrée au Greffe d'icelle.

Cela eft ainfi ordonné par Arrêt du 12 Mai 1696. rapporté dans le Journal des Audiences.

Ce même Arrêt porte, que fi pendant le cours des procédures le Juge commis eft abfent : ou indifpofé, ou vient à decéder, le Commiffaire aux Saifies-Réelles fera tenu d'en faire fubroger un autre en fon lieu & place par ladite Cour.

Cela fe pratique ainfi, non-feulement au Parlement, mais encore à la Cour des Aides, & même aux Requêtes du Palais.

A l'égard de la procédure que doit faire le Commiffaire aux Saifies-Réelles pour parvenir au bail judiciaire, elle eft réglée au Parlement de Paris par l'Arrêt du 12 Août 1664. Rapporté dans le fecond tome du Journal des Audiences. Nous en allons parler après avoir rapporté fommairement ce qui la précede.

Le Sergent qui faifit réellement un héritage, doit, à peine de nullité, y établir Commiffaire par le même exploit ; & fi c'eft dans un lieu où il n'y ait point de Commiffaire en titre, il établit le plus notable de la Paroiffe, pourvû qu'il ne foit fon parent, ni celui de la Partie faifie, ni du faififfant.

Lorfqu'il y a dans le lieu un Commiffaire aux Saifies-Réelles, c'eft lui que le Sergent doit néceffairement établir au régime & gouvernement de l'héritage faifi.

On porte cet exploit au Bureau du Commiffaire aux Saifies-Réelles, afin d'en faire l'enregiftrement. On fomme enfuite le Commiffaire de faire procéder au bail judiciaire de l'héritage faifi réellement.

Suivant ce qui eft ordonné par le fufdit Arrêt

du 12. Août 1664. fi c'eft une maifon fife dans Paris, dont la faifie réelle y foit pourfuivie, le Commiffaire, dans la quinzaine de l'enregiftrement, fait arrêter les loyers entre les mains des locataires, fans aucune affignation, pour affirmer ce qu'ils en doivent pour le paffé.

La raifon eft, que les loyers n'appartiennent au Fermier judiciaire, que du jour que le bail a commencé ; & à l'égard des loyers précédemment échus, ils appartiennent aux créanciers qui les ont fait faifir & arrêter, ou à la partie faifie, au cas qu'il ne fe trouvât pas de Saifie & arrêt fur les loyers.

Le Commiffaire aux Saifies Réelles fait fommer les locataires de déclarer s'ils entendent faire convertir leurs baux conventionnels en judiciaires.

Lorfqu'ils acceptent la converfion, on en paffe une Sentence ou un Arrêt, fans qu'il foit befoin d'autre procédure ; mais quand ils gardent le filence, & ne répondent point à la fommation qui leur a été faite, le Commiffaire doit pourfuivre les baux de la même maniere qu'il le feroit pour des biens qui ne feroient point fitués à Paris ; il fait feulement fignifier les remifes aux locataires, après une feule appofition d'affiches.

Pour ce qui eft des héritages & des maifons fituées hors la Ville de Paris, le commiffaire doit, fix femaines après l'enregiftrement de la faifie réelle, faire affigner les Parties intéreffées, pour voir procéder au bail judiciaire, & y faire trouver des enchériffeurs, fi bon leur femble ; enfuite il fait mettre des affiches à la porte de la Paroiffe où les biens faifis font fitués, & à la porte de la maifon, fi c'eft une maifon qui eft faifie.

On explique dans ces affiches la confiftance du bien faifi, le jour auquel il fera procédé au bail judiciaire, & devant quel Juge l'adjudication en fera faite.

Il y a des Tribunaux où l'ufage eft de marquer dans les affiches toutes les claufes, les conditions, & les charges dont le Fermier fera tenu ; ce qui me paroît être dans les regles. Mais il y en a d'autres où l'on fe contente de mettre, que l'adjudication fe fera aux charges, claufes & conditions portées par l'enchere, qui fera lûe & publiée en Jugement, l'Audience tenant, au jour de l'adjudication du bail.

Le Commiffaire aux Saifies-Réelles doit faire fignifier à la partie faifie, au Saififfant, & au plus ancien Procureur des oppofans, qu'il a fait appofer les affiches pour parvenir au bail judiciaire.

Si le Fermier conventionnel, inftruit par ces affiches, veut faire convertir fon bail en judiciaire, il doit donner copie de fon bail au Commiffaire, fe rendre Partie intervenante dans la procédure, & demander la converfion par une requête, que le Commiffaire fait fignifier aux Parties intéreffées fitôt qu'elle la lui a été.

Le Jugement qui intervient en conféquence, adjuge ordinairement au Fermier fes conclufions.

Voyez Converfion de bail conventionnel en judiciaire.

Si entre le jour de l'appofition de l'affiche, &

celui qui a été marqué pour procéder au bail judiciaire, il ne s'eft point préfenté de Fermier ni de Locataire pour faire convertir les beaux conventionnels en judiciaires, le Procureur du Commiffaire aux Saifies-Réelles fe préfente à l'Audience, ou devant le Confeiller-Commiffaire, fi le bail doit être fait à la Barre de la Cour.

On y lit & on y publie les affiches, fi elles contiennent les conditions aufquelles le bail eft propofé où on y lit & on y publie un afte qui les contient. Que le Commiffaire met au Greffe, & que l'on appelle en plufieurs Tribunaux, *Enchere de loyer*.

On reçoit enfuite les encheres; fur quoi intervient un jugement (quand le bail fe pourfuit à l'Audience) qui donne afte aux parties comparantes de leur comparution, & défaut contre les défaillans. En conféquence on remet l'adjudication au jour & à l'heure qui eft indiquée, & on ordonne que les affiches feront mifes aux lieux accoutumés, avec la déclaration de la plus forte enchere, s'il y en a eu.

Tout cela fe fait par le procès verbal du Commiffaire, quand le bail doit être adjugé à la Barre de la Cour.

A la feconde remife qui fe fait pour parvenir à la troifiéme, on fait la même chofe que deffus.

Ces remifes doivent être fignifiées à la Partie faifie, au faififfant, & au plus ancien Procureur des créanciers oppofans.

Lorfqu'il ne s'eft préfenté perfonne après ces trois remifes, le Commiffaire aux Saifies-Réelles qui a fait fes diligences, eft déchargé des loyers des fermes & des maifons faifies réellement, felon le fufdit Arrêt du Réglement du 12 Août 1664.

Mais les Parties intéreffées, qui font le faifi, le faififfant & les créanciers oppofans, font toujours en droit de fommer le Commiffaire aux Saifies-Réelles, de faire de nouvelles diligences pour parvenir au bail judiciaire de l'héritage faifi.

En conféquence de cette fommation, le Commiffaire eft obligé de recommencer la procédure jufqu'à trois remifes inclufivement.

Quoiqu'il fe foit préfenté des enchériffeurs aux premieres remifes, le Juge peut encore en ordonner une ou plufieurs, après la troifiéme, s'il voit que le prix du bail n'ait pas été porté à la jufte valeur du bien faifi réellement.

Lorfque l'adjudication d'un bail judiciaire eft faite au plus offrant & dernier enchériffeur le Procureur de cet adjudicataire doit déclarer dans trois jours le nom, furnom, qualité & domicile de celui pour qui il a enchéri : & faute de ce faire, après une fimple fommation, le Commiffaire eft en droit de faire procéder à fa folle-enchere à une nouvelle adjudication. *Voyez* Folle-enchere.

Quand le Procureur a fait fa déclaration, fi celui au profit duquel la déclaration, qui eft préfuppofée avoir donné le pouvoir, ne préfente & ne fait recevoir fa caution dans la huitaine, le Commiffaire fait procéder pareillement à fa folle-enchere à un nouveau bail. *Voyez* Caution de Fermier judiciaire.

Si l'adjudicataire fait recevoir fa caution dans la huitaine, il doit payer les frais qui ont été faits pour parvenir au bail judiciaire, & en conféquen-

ce entrer en jouiffance du jour que le bail judiciaire a commencé. *Voyez* Fermier judiciaire.

Mais avant que de fe mettre en poffeffion, il doit faire dreffer un procès verbal de l'état des lieux, & des réparations qu'il eft néceffaire d'y faire.

Ce procès verbal fe fait avec le Saifi, le Saififfant, & le Procureur plus ancien des créanciers oppofans.

Voyez Réparations qui peuvent être faites par un Fermier judiciaire.

Il nous refte trois obfervations à faire au fujet des baux judiciaires.

La premiere, que quand on fait faifir un immeuble appartenant à plufieurs par indivis, fi cet héritage ne fe peut pas divifer, comme font un moulin, un preffoir, une tannerie, une brafferie, un jeu de paume, on fait le bail judiciaire de la portion faifie feulement, foit d'un quart, d'un tiers ou moitié, ou autre part, qui appartient au faifi.

La deuxiéme eft, que l'adjudication du bail judiciaire étant faite, on ne peut fe pourvoir contre, que par l'augmentation d'un tiers du prix, que l'on appelle tiercement, *Voyez* Tiercement.

La troifiéme eft, que quand le decret dure plus de trois ans, les baux judiciaires doivent être renouvellés fix mois avant l'expiration pour les maifons de Paris, & un an avant l'expiration pour les maifons & héritages qui font fitués hors de la Ville de Paris, ainfi qu'il eft porté par le Réglement du 12. Août 1664.

Voyez Fermier judiciaire, & le Traité de la vente des immeubles par décret, chap. 7, & ce que j'ai dit fur l'art. 353. de la Coutume de Paris.

B E

BEAU-FILS ET BELLE-FILLE, font les enfans qui font nés d'un premier mariage, à l'égard de celui ou de celle qui s'eft marié en fecondes nôces à leur pere ou à leur mere.

BEAU-FRERE, BELLE-SOEUR, termes relatifs entre des perfonnes qui ont époufé le frere ou la fœur l'une de l'autre.

BEAU-PERE, eft un terme relatif à l'égard des enfans d'un premier lit; il fe dit du mari qui a époufé leur mere en fecondes nôces. Beau-pere fe dit auffi de celui dont on a époufé le fils ou la fille.

BEJAUNE, fe dit par corruption de bec jaune, on fe fert de ce mot par métaphore des oifons & autres oifeaux qui ont le bec jaune. On l'applique à un apprentif qui n'a aucune teinture de l'art auquel il veut s'adonner.

Les Clercs appelloient Lettres de bejaune, les Lettres qu'ils obtenoient autrefois à la Bafoche au commencement de leur Cléricature, pour en marquer l'époque, & juftifier de leur tems de Palais, lorfqu'ils voudroient fe faire recevoir Procureur.

Cela devroit être encore obfervé à préfent; car un Clerc eft quelquefois deux ou trois ans copifte, pendant lequel tems ne dreffant aucuns aftes originaux de procédures, il ne lui eft pas dans la fuite aifé de juftifier par écrit fes premieres années de Cléricature.

BELLE-MERE, eft un terme qui, de même que celui de beau-pere, eft relatif à l'égard des enfans d'un premier lit; ainfi il fe dit de la femme qui a époufé leur pere en fecondes nôces.

Ce terme s'employe auffi pour fignifier celle dont on a époufé le fils ou la fille.

BENEDICTION NUPTIALE, eft le figne vifible du Sacrement de mariage; en quoi il differe des époufailles ou fiançailles, & de la confommation de mariage. Les paroles qui font la bénédiction nuptiale, font; *Ego conjungo vos in nomine Patris, & Filii, & Spiritûs Sancti, Amen*, Elle fe doit faire par le propre Curé des fiancés, ou par un Prêtre par lui commis.

Cette bénédiction n'eft pas de l'effence du mariage; *fiquidem tota matrimonii fubftantia in folo contrahentium confenfu pofita eft*. C'eft pourquoi, avant le Concile de Trente, *matrimonia præfumpta & rata* étoient valables; mais il a été décidé par ce Concile, qu'il n'y a point de mariage fans bénédiction: ce qui a été reçu parmi nous par les articles 41 & 42. de l'Ordonnance de Blois.

La bénédiction nuptiale eft donc aujourd'hui abfolument néceffaire pour la validité du mariage, même entre majeur. *Voyez* Defmaifons, lettre M, nomb. 24; l'Arrêt du onze Août 1673, rapporté dans le Journal des Audiences, tom. 3, liv. 7. chap. 17; & l'Arrêt du 16 Juin 1674, rapporté dans le Journal du Palais.

BENEFICE, en général, eft un don ou un privilége accordé à quelqu'un par la Loi ou par le Prince.

BENEFICE DE DIVISION. *Voyez* Divifion.

BENEFICE DE DISCUTION. *Voyez* Difcuffion.

BENEFICE DE RESTITUTION. *Voyez* Reftitution.

BENEFICE D'INVENTAIRE, eft un privilége qui empêche la confufion des droits actifs & paffifs d'une fucceffion avec les droits particuliers de l'héritier, en faifant par lui inventaire des biens du défunt dans le tems préfini par la Loi; au moyen de quoi il n'eft tenu des dettes du défunt, que jufqu'à la concurrence du contenu en l'inventaire.

Ce bénéfice a été introduit par l'Empereur Juftinien, pour remédier aux embarras dans lefquels un héritier fe trouvoit fouvent, pour avoir accepté trop légerement une hérédité onéreufe & chargée de dettes, dont les creanciers n'avoient paru qu'après que l'hériter avoit accepté la fucceffion. *Leg. ult. cod. de jure delib.*

Cet Empereur donna ce privilege à toutes fortes d'héritiers, foit teftamentaires, foit légitimes, afin qu'ils ne fuffent pas tenus des dettes de la fucceffion *ultra vires hæreditatis:* ce que notre Droit François s'eft approprié, tant au Pays de Droit écrit, que dans le Pays coutumier, où n'eft héritier qui ne veut; & l'ufage le plus commun eft de fe rendre héritier par bénéfice d'inventaire, dès qu'une fucceffion paroît équivoque.

Ainfi, parmi nous ce bénéfice s'accorde à tous héritiers, foit teftamentaires, foit legitimes; mais en Pays coutumier, l'héritier qui en veut jouir, doit obtenir des Lettres royaux de bénéfice d'in-

ventaire, qui ne font pas néceffaires en Pays de Droit écrit: il fuffit, à la fin de l'inventaire, ou par le premier acte fait depuis, déclarer qu'on fe porte héritier par bénéfice d'inventaire.

Touchant ce qu'il faut faire en Pays de Droit écrit, pour être héritier par bénéfice d'inventaire, *voyez*, outre ce que nous remarquons ici, les Obfervations fur Henrys, tome 1, liv. 5, queft. 11.

Il eft furfis à toutes pourfuites contre l'héritier, foit de la part des créanciers: foit de celle des légataires & fideicommiffaires, pendant le tems qui lui eft accordé pour faire inventaire, & pendant ce tems aucune prefcription ne peut courir contre les créanciers. *Leg. ult. §. 11, cod. de jure delib.* Mais fi les héritiers après avoir accepté la fucceffion par bénéfice d'inventaire, ne font pas faire l'inventaire en forme dans le tems préfcrit, ils deviennent héritiers purs&fimples, *& debitis hæreditariis infolidum tenentur. Dict. leg. ult. §. 12.*

Le bénéfice d'inventaire produit trois principaux effets.

Le premier eft, que l'héritier n'eft pas tenu des dettes du défunt au delà des forces de la fucceffion, c'eft-à-dire au-delà des biens compris dans l'inventaire; enforte qu'après avoir employé tous les effets de la fucceffion, ou les deniers provenans de la vente d'iceux, au payement des dettes s'ils ne font pas fuffifans, l'héritier par bénéfice d'inventaire, après qu'il a rendu fon compte, ne peut plus être pourfuivi.

Mais jufqu'à ce qu'il ait renoncé à la fucceffion, comme il lui eft loifible de faire, & qu'il ait rendu fon compte; il peut être pourfuivi, parce qu'il eft toujours confidéré comme héritier, & qu'il eft préfumé faifi des effets de la fucceffion.

Le fecond effet du bénéfice d'inventaire eft, que ce bénéfice empêche la confufion des biens du défunt avec ceux de l'héritier: c'eft pourquoi il peut pourfuivre le payement de ce qui lui eft dû, comme les autres créanciers, & jufqu'à ce qu'il foit entièrement payé, il n'eft pas tenu de faire la délivrance des legs au légataire; & lorfque les biens de la fucceffion font fuffifans pour payer toutes les dettes, l'héritier bénéficiaire eft en droit de diftraire la falcidie des legs fait par le teftateur en pays de Droit écrit.

En Pays coutumier, il y a un cas où les Lettres de bénéfice d'inventaire n'empêchent pas la confufion des créances de l'héritier; fçavoir lorfque l'héritier par bénéfice d'inventaire eft feul créancier de la fucceffion: d'où il s'enfuit que fi les biens qui lui font avenus de cette fucceffion étoient propres en la perfonne du défunt, ils confervent la même qualité en la perfonne de cet héritier, & ne deviennent point acquêts.

Ainfi jugé par Arrêt du 4. Septembre 1708, rendu en la troifiéme Chambre des Enquêtes, au rapport de M. Mainguy. Cet Arrêt eft rapporté par M. Augeard, tome 1, chap. 95.

Le troifiéme effet du bénéfice d'inventaire eft, que s'il s'agit entre l'héritier bénéficiaire & les créanciers, de rendre compte de la fucceffion bénéficiaire, & de difcuter les biens & les effets qui en dépendent, l'héritier prend par préférence aux autres créanciers les frais funéraires, & les autres dépenses nécessaires faites pour la succession.

A l'exception de ces trois effets, il n'y a aucune différence entre l'héritier par bénéfice d'inventaire & l'héritier pur & simple, si ce n'est,

I°. Que l'héritier pur & simple peut aliéner les biens de la succession comme il le juge à propos ; au lieu que l'héritier par bénéfice d'inventaire ne peut les aliéner valablement , parce qu'il est en quelque maniere considéré comme sequestre.

II°. Que l'héritier pur & simple n'est point obligé de donner caution ; au lieu que l'héritier par bénéfice d'inventaire est obligé de donner caution , pour raison des meubles contenus en l'inventaire & fruits levés ; caution qui n'a pas lieu pour les immeubles, puisqu'il ne peut pas les aliéner valablement.

III°. Que l'héritier pur & simple est en droit de recevoir tout ce qui étoit dû au défunt, à quelque somme que cela puisse monter ; au lieu que l'héritier par bénéfice d'inventaire ne peut pas recevoir une somme appartenant à la succession, au préjudice des créanciers du défunt, pas même sous prétexte des avances par lui faites pour la succession ; il faut qu'il ait préalablement rendu compte. Ainsi jugé au Parlement de Paris, par Arrêt du 3. Mai 1690. rapporté par M. Augeard, tom. 3. ch. 7.

La raison est, que quoiqu'un héritier bénéficiaire soit préférable pour les frais faits au sujet de la succession, comme l'est tout homme qui fait le bien de la chose dont il est administrateur , il ne peut néanmoins avant que d'avoir rendu compte des effets de la succession , toucher aucuns deniers, lorsqu'il y a des créanciers hic & nunc.

Il n'y a que les héritiers légitimes ou testamentaires, dans le pays où l'institution d'héritier a lieu, qui puissent se servir en France du bénéfice d'inventaire.

La raison est que ce bénéfice n'a été introduit que pour les successeurs à titre d'héritiers, at quæ jure singularis introducta sunt, non debent trahi ad consequentias. D'ailleurs les autres successeurs ne représentent pas la personne de celui à qui ils succédent ; ainsi ils n'ont pas besoin de bénéfice , puisqu'ils ne sont pas tenus des dettes de la succession au de-là de ses forces.

Ces successeurs sont les légataires & donataires universels, & les Seigneurs Hauts-Justiciers, qui succedent en vertu de leur Haute-Justice, pour cause de bâtardise de desherence, ou de confiscation. La raison est , qu'ils ne sont point tenus des dettes de la succession, que jusqu'à concurrence de ce qu'ils en amendent.

Quoique la femme prenne la moitié dans les biens de la communauté , après le décès de son mari, en l'acceptant , néanmoins elle n'est point tenue des dettes de la communauté au-delà de ce qu'elle en amende, ainsi ce bénéfice lui est inutile.

Pour jouir du bénéfice d'inventaire, il faut que l'héritier fasse bon & loyal inventaire, c'est-à-dire une description exacte & fidele de tous les effets de la succession , meubles & immeubles , l'héritier déclarant qu'il n'en fait point d'autres. Quant aux immeubles, il suffit d'en inventorier les titres.

En pays coutumier, s'il est justifié que l'héritier ait souftrait & recelé quelques effets de la succession , il est réputé héritier pur & simple ; ce qui n'a pas lieu en Pays de Droit écrit.

Ainsi , en Pays coutumier, lorsqu'un héritier présomptif a recelé des effets de la succession, quoiqu'il obtienne ensuite des lettres de bénéfice d'inventaire , lorsqu'on justifie le recelé qu'il a précédemment fait des effets de la succession du défunt , il est réputé héritier pur & simple, & est tenu de toutes les dettes du défunt ; mais les effets qu'il auroit pris postérieurement auxdites Lettres , ne le feroient pas reputer héritier pur & simple du défunt ; cela ne l'obligeroit qu'à les représenter & en tenir compte à la succession , parce que le recelé qu'il a fait après sa renonciation , ne peut pas être réputé un acte d'héritier. Arg. Legis 71. §. 7. & ult. ff. de acquir. vel emitt. hæred.

L'inventaire doit être fait en présence de ceux qui sont habiles à succéder, les créanciers apparens & les légataires, s'il y en a , présens ou dûement appellés. Si quelqu'autre habile à succéder, ou quelqu'un des légataires est absent, l'inventaire doit être fait avec le Procureur du Roi , ou le Procureur Fiscal du lieu ou le défunt avoit son domicile.

L'inventaire doit être fait dans trois mois du jour de l'ouverture de la succession ; & l'héritier qui l'a fait, à un délai de quarante jours pour délibérer s'il se portera héritier, ou non, suiv. l'art. 1. du tit. 17. de l'Ordonnance de 1667.

Toutefois l'usage du pays de Provence est, qu'un héritier peut en tout tems faire procéder à l'inventaire des biens du défunt, quand une fois il y a été admis , à moins que les créanciers légitimes ne l'en ayent fait décheoir.

L'héritier n'est pas obligé de faire clorre l'inventaire trois mois après qu'il aura été fait : cette condition n'est requise que pour empêcher la continuation de communauté.

Il est permis à l'héritier bénéficiaire de faire ajouter à l'inventaire tous les effets qu'il auroit recouvrés depuis, sans encourir la peine du recelé & divertissement.

Celui qui se veut porter héritier par bénéfice d'inventaire , n'est pas obligé de faire apposer le scellé , à moins qu'il ne demeure dans la maison du défunt ; auquel cas , pour faire voir qu'il n'a point touché aux effets de la succession , il doit faire apposer le scellé : quand il est apposé, il doit faire appeller les créanciers pour en voir faire la levée ; autrement il seroit présumé s'être immiscé , & l'on pourroit le faire déclarer héritier pur & simple.

L'héritier par bénéfice d'inventaire est obligé de donner caution pardevant le juge qui a entériné les lettres de bénéfice d'inventaire , ou pardevant qui l'héritier a déclaré se porter héritier par bénéfice d'inventaire, qui est le Juge naturel du défunt.

Cette formalité est nécessaire , sur peine d'être déchu de ce bénéfice ; & quoique l'usage soit au Châtelet de Paris de prendre à cet effet une caution

tion bannale, les créanciers de la fucceffion peuvent obliger l'héritier d'en donner une bonne fuffifante, fur-tout quand il n'a pas des biens fuffifans pour répondre de ceux de la fucceffion.

Il eft permis aux créanciers, aux légataires, & aux fidei-commiffaires de faire preuve qu'il y a d'autres biens de la fucceffion, que ceux qui ont été compris dans l'inventaire, fuivant la Loi derniere, §. 10. cod. de jur. delib.

Le teftateur ne peut empêcher que celui qu'il inftitue héritier par fon teftament, fe puiffe porter héritier par bénéfice d'inventaire.

La raifon eft, que cette faculté étant un bénéfice qui provient de la Loi, elle eft de droit public ; & par conféquent, dès que la Loi ne permet pas un teftateur d'y toucher, il n'y peut être dérogé. Charondas, liv. 9. rép. 70. de Rocheflavin, liv. 6. tit. 55. art. 1. Catalan, liv. 2. ch. 43. Bardet, tom. 1. liv. 2. chap. 50. Henrys tom. 1. liv. 5. chap. 4. queft. 30.

Cependant s'il défend à fon héritier d'accepter fon hérédité fous bénéfice d'inventaire, & que cette défenfe foit faite, fous peine d'en être privé, cette prohibition eft valable. La Peyrere, lettre H, dit qu'on ne peut alléguer que cette condition foit conditio turpis, vû qu'au contraire le teftateur a un notable intérêt d'avoir un héritier pur & fimple qui paye fes dettes, & décharge fa confcience.

Pour empêcher que les inftances des comptes de bénéfice d'inventaire ne foient éternelles, l'Ordonnance de Louis XIII. de l'an 1629. art. 128. veut que le compte du bénéfice d'inventaire foit clos dans dix ans, à peine d'être l'héritier bénéficiaire condamné au payement des dettes, comme héritier pur & fimple.

Voyez Lettres de bénéfice d'inventaire. Voyez héritier bénéficiaire, & ce que j'ai dit fur l'art, 342. de la Coutume de Paris, & fur le §. 6. du tit. 19. du tom. 2. des Inftitutes. voyez auffi le Recueil alphabétique de M. Bretonnier ; Henrys tom. 1. liv. 5. chap. 5. queft. 30. & tom. 2. liv. 3. queft. 14. & liv. 6. chap. M. le Brun en fon Traité des Succeffions, liv. 3. chap. 4. M. Renuffon en fon Traité du Douaire, & tit. 8. de la Coutume de Normandie ; Papon, liv. 21. tit. 10. & Bouvo, verbo Bénéfice d'inventaire.

BENEFICE D'AGE, font lettres d'émancipation, par lefquelles un mineur obtient l'adminiftration de fes biens, & par rapport à ce eft reputé majeur en ce qui ne concerne ni n'emporte l'aliénation de fes immeubles.

Ces Lettres s'obtiennent par le mineur, & font enterinées par avis de parens paternels & maternels, au nombre de fept; à leur défaut on prend des amis : il en eft fait mention à l'art. 272. de la Coutume de Paris.

Voyez Emancipation. Nous remarquerons feulement ici, que ces Lettres ne s'obtiennent ordinairement qu'à dix-fept ou dix-huit ans.

BENEFICE ECCLESIASTIQUE, eft une portion du bien de l'Eglife, affignée à un Eccléfiaftique pour en jouir fa vie durant, pour rétribution du fervice qu'il rend ou doit rendre à l'Eglife, dans

la fonction & le miniftere auquel il eft appellé.

Il y en a de deux fortes ; les uns font réguliers, & les autres feculiers : les reguliers ne peuvent être poffédés que par les Religieux : les feculiers font affectés aux Clercs feculiers; les Religieux en font exclus.

Nous ne nous arrêterons pas ici à traiter cette matiere, nous refervant d'en parler dans le Dictionnaire du Droit canonique, auquel je travaille depuis plufieurs années.

BENEFICE. On appelloit autrefois de ce nom les fiefs, parce qu'anciennement ils ne fe donnoient qu'à vie.

BENEVIS ou ABENEVIS, dans le Lyonnois & les pays voifins, fignifie une ceffion faite par un Seigneur, moyennant une certaine redevance ; & ce mot y eft principalement ufité par rapport à une conceffion d'eaux pour faire tourner des moulins ou arrofer des prairies : il y eft auffi ufité en matiere de dixmes ; car on y dit une dixme abenevifée, pour dire une dixme abonnée.

B I

BIANS, dans la Coutume d'Anjou, d'Angoumois & de Poitou, font des corvées, tant d'hommes que de bêtes, que la Coutume de la Marche appelle Bans & Arbans, dont nous avons parlé verbo Arbans.

Ces corvées ont pû être appellées Bians, parce que les Seigneurs à qui elles étoient dûes, les banniffoient & les proclamoient.

Hevin fur Frain, tom. 1. pag. 46. dit que c'eft parce qu'elles font dûes pour la recolte des biens.

Gallan a fait fur ce mot & fur celui d'Arban une obfervation qui fe trouve dans le Gloffaire du Droit Françcois, verbo Bians.

BIENS, en terme de Jurifprudence, fignifient toutes fortes de poffeffions, & généralement tout ce qui compofe nos facultés. Ils font appellés biens, parce qu'ils rendent les hommes heureux : Bona dicuntur ex eo quòd habeant homines, hoc eft, beatos faciunt. D'où il s'enfuit que les chofes qui ne font point dans le commerce, ne peuvent point proprement être appellées de ce nom.

Il ne dépend pas de nous de naître des parens riches, qui nous mettent en état de l'être un jour ; mais il dépend de nous, quand nous avons quelque talent, de gagner par notre induftrie & par notre travail, de quoi fubvenir aux néceffités de la vie, & même d'acquérir des biens.

Les biens font meubles ou immeubles. On les divife encore en chofes corporelles & chofes incorporelles, comme font les fervitudes, les obligations & actions, les propres conventionnels, ou deniers ftipulés propres, les rentes & les offices.

On divife encore les biens en féodaux, cenfiers ou allodiaux.

BIENS D'EGLISE. Sous les Empereurs Romains, les Eccléfiaftiques ont été long-tems fans pouvoir acquérir aucuns biens. Conftantin, premier Empereur Chrétien, leur accorda de pouvoir jouir des biens qui feroient laiffés à leurs Eglifes ou affemblées.

Vers le dixième siécle, la plûpart des fidéles se dépouillerent de leursbiens en faveur desEglifes & des Monasteres, parce qu'il courut un bruit alors, que toutes les prophéties de l'Apocalipfe étant finies, le dernier Jugement étoit, difoit-on, prêt d'arriver.

L'origine des biens confidérables que les Eccléfiaftiques poffedent aujourd'hui, vient de la crédulité des Fidéles fur le dernier Jugement, & fur le faux bruit que les Moines ont depuis répandu, que Charles Martel, Maire du Palais, étoit damné pour s'être emparé des biens de l'Eglife.

L'Auteur des Loix eccléfiaftiques de France dans leur ordre naturel, a fait une differtation hiftorique touchant les biens d'Eglife, où tout cela eft parfaitement bien expliqué.

Voyez cette Differtation, qui eft en la p. 530. *Voyez* auffi ce que je dis en parlant des Gens de main morte, lett. G.

Les biens d'Eglife ne peuvent être aliénés fans jufte caufe & fans les formalités requifes; encore faut-il que les deniers provenant de l'aliénation foient tournés au profit de l'Eglife.

On appelle aliénation, non feulement les permutations & les ventes, mais auffi celles qui fe font pour plus de neuf ans. C'eft pourquoi un bail de coupe de bois taillis appartenant à l'Eglife, a été caffé par Arrêt du 22. Août 1538. pour avoir été fait pour vingt ans fans les folemnités ordinaires. Louet, lett. B, chap. 2.

L'aliénation des Biens d'Eglife, faite fans caufe jufte & légitime, eft nulle, & l'acquéreur ne peut demander la reftitution du prix. Bardet, tom. 2. liv. 5. ch. 33.

La raifon eft, que les Eccléfiaftiques ne font que de fimples adminiftrateurs & ufufruitiers des biens de leurs Eglifes: raifon pour laquelle ils doivent fe contenter de l'ufage des revenus, fans difpofer du fonds, qui ne leur appartient point, mais qui appartient toujours à l'Eglife.

Il y a trois caufes qui peuvent faire valider ces fortes d'aliénations.

La premiere eft la néceffité, comme pour acquitter les dettes de l'Eglife, fi on ne peut pas les acquitter autrement.

La deuxième eft l'utilité, lorfqu'on aliéne un bien d'Eglife pour en acquérir un qui lui foit plus utile; ou lorfqu'on aliéne un bien qui caufe plus de préjudice & d'embarras que d'utilité, & dont la perception fe faffe fans peine. Ainfi l'Eglife peut donner à titre d'emphitéofe une terre ftérile à la charge d'une penfion ou redevance annuelle; & fuivant le fentiment de nos meilleurs Jurifconfultes, les formalités ne font point requifes, lorfqu'il s'agit des biens dont la confervation feroit plus défavantageufe à l'Eglife que l'aliénation.

La troifiéme eft la piété & l'humanité, comme pour la redemption des captifs, ou pour fournir des alimens aux pauvres dans un tems de famine.

On peut ajouter pour quatrieme caufe les néceffités preffantes de l'Etat, comme pour foutenir une guerre contre fes ennemis; car en ce cas les biens

appartenans à l'Eglife peuvent être aliénés, pour l'argent être employé, par exemple, à la défenfe & fortification d'une Ville: & dans ce cas l'aliénation n'eft point fujette aux formalités ordinaires. *Voyez* Papon, liv. 1. tit. 13. nomb. 11.

Les formalités ordinairement requifes pour rendre valables les aliénations des biens d'Eglife, font au nombre de cinq.

La premiere eft une enquête *de commodo & incommodo*, c'eft-à-dire une information de la néceffité de faire l'aliénation, ou de l'utilité qui en peut revenir à l'Eglife, avec procès verbal de l'état des lieux.

Cette enquête fe doit faire en conféquence d'une conclufion du Chapitre affemblé capitulairement, qui marque qu'il confent à l'aliénation; & s'il s'agit de biens appartenans à une Eglife Paroiffiale, il faut une conclufion du Curé & des notables Paroiffiens affemblés au fon de la cloche.

La deuxième formalité eft, que la conclufion capitulaire foit confirmée par l'Evêque Diocéfain; & fi les Eccléfiaftiques qui font l'aliénation font exempts de l'Ordinaire, l'approbation du Général de l'Ordre n'eft pas fuffifante; il faut l'approbation du Pape.

La troifiéme eft, que l'aliénation fe faffe du confentement du Patron, s'il s'agit de l'aliénation des biens qu'il a donnés à l'Eglife.

La quatriéme eft, qu'elle foit précédée d'une publication faite en Juftice, & que les encheres foient reçues avec le Subftitut de M. le Procureur général.

La cinquiéme eft que le contrat d'aliénation foit homologué par le Juge royal des lieux.

Les aliénations des biens d'Eglife, faites fans formalités requifes, peuvent être caffées, nonobftant quelque prefcription que ce foit. Sur quoi il faut remarquer.

I°. Que les mêmes folemnités font requifes pour l'aliénation des biens d'une Fabrique, que celle pour des biens d'Eglife. Bouvot, tom. 3. *verbo* Aliénation, queft. 11. Plaidoyers de Corbin, ch. 38.

II°. Que ces formalités requifes pour l'aliénation des biens d'Eglife, ne font pas néceffaires quand ils font de peu de valeur. Bafnage fur l'art. 521 de la Coutume de Normandie.

III°. Que quand on dit que l'omiffion des formalités requifes pour l'aliénation des biens d'Eglife qui font de quelque valeur, ne fe couvre point par quelque prefcription que ce foit, cela fe doit entendre avec quelque reftriction; car cette omiffion fe prefcrit par cent ans, & lorfque le contrat ne porte point que l'aliénation a été faite avec les folemnités requifes: mais quand il eft fait mention dans le contrat qu'elles ont été obfervées, quoiqu'elles ne fuffent pas juftifiées, cet énoncé fait fubfifter l'aliénation après une poffeffion de quarante ans. Bafnage, *loco citato*.

Touchant les formalités requifes pour l'aliénation des biens d'Eglife, *voyez* M. Dolive, en fes Queftions, liv. 1. ch. 17. Charondas, liv. 5. rép. 18. liv. 13. rép. 12. M. le Preftre, cent. 1. ch. 2. M.

Defmaifons, lett. V , nom. 1. & 2. Henrys , tom. 1. liv. 1. queſt. 81. Bouvot, tom. 2. verbo Aliénation , queſt. Chenu, en ſon traité des aliénations des biens d'Egliſe ; Filleau, part. 1. tit. 10. ch. 44. Papon, tit. 13. la Rocheflavin, liv. 1. tit. 10.

BIENS DE COMMUNAUTÉ , ne peuvent être aliénés ſans ſolemnités. Mais les biens appartenans à des Communes ſont inaliénables.

BIENS PATERNELS , ſont ceux qui nous viennent du côté paternel , à la différence des biens maternels qui nous viennent du côté maternel.

Cette diſtinction de biens eſt très-eſſentielle en pays coutumier par rapport aux propres ; ſur quoi il faut voir ce que nous avons dit ſur la lettre P, en parlant de la Régle Paterna paternis , materna maternis.

BIENS ADVENTICES. Voyez Adventices.

BIENS DOTAUX , ſont ceux que la femme a apportés en dot à ſon mari , pour ſoutenir les charges du mariage , ſoit que ces biens proviennent de ſon chef, ſoit qu'ils lui ayent été donnés par quelqu'un pour lui tenir lieu de dot.

Les Loix ont toujours veillé à la conſervation des biens dotaux , les Légiſlateurs étant perſuadés qu'il étoit de l'intérêt public que les dots des femmes ne fuſſent pas diſſipées ; Publicè intereſt mulieres non remanere indotatas , ut ſoluto priori matrimonio rurſus nubere poſſint, & legitima ſobole replere civitates.

Suivant le Droit Romain, le conſentement de la femme ne ſuffit pas pour rendre valable l'aliénation que ſon mari auroit faite de ſon fonds dotal , comme on peut voir dans ma Tradiction des Inſtitutes, au paragraphe 1. du tit. 8. du ſecond livre.

Et c'eſt ce qui eſt obſervé dans le pays du Droit écrit , à l'exception du Lyonnois , Forez , Beaujolois & Maconnois , où par une Déclaration du mois d'Avril 1664 qui a été précédée d'une autre de 1606. les femmes ont la liberté de diſpoſer de leurs biens dotaux.

Mais le droit écrit , obſervé dans le Dauphiné & autres Provinces , qui ne permet ni l'aliénation ni l'hypothéque des fonds dotaux, eſt réel ; deſorte que ni le mari ni la femme , ſoit ſéparement , ſoit conjointement, n'y peuvent contrevenir, en quelques lieux qu'ils habitent , & en quelques lieux qu'ils contractent : comme il a été jugé au Parlement de Grenoble , par Arrêt du 28 Mars 1688. Chaurier , Juriſprudence de Gui-Pape , part. 213.

Nous avons quelques Coutumes (qui ont adopté la diſpoſition de la Loi Julia) où l'aliénation du fond dotal n'eſt pas valable, quoique faite du conſentement de la femme , conformément à la Loi Julia, cod. de fundo dotali , & à la Loi unique , cod. de rei uxor. actione , ſi ce n'eſt ſuivant la reſtriction qui ſe trouve dans la Novelle 61. de Juſtinien.

Ces coutumes ſont d'Auvergne , la Marche , Bourdeaux & Normandie.

Ainſi , par Arrêt rendu le 29. Août 1711. en la Grand'Chambre , au rapport de M. Gaudart, il a été jugé , que par une obligation paſſée à Paris une femme n'avoit pû hypothéquer ſes biens dotaux ſitués en la Coutume d'Auvergne ; & par

cet Arrêt , l'obligation de la femme fut déclarée nulle en ce qui concerne leſdits biens dotaux.

Mais les autres Coutumes ne ſont pas ſi favorables aux femmes , car dans la plupart le mari peut aliéner les fonds dotaux de ſa femme, pourvû que ce ſoit de ſon conſentement , & qu'il l'autoriſe à cet effet ; autrement l'aliénation ſeroit nulle : deſorte qu'elle ou ſes héritiers pourroient , après la diſſolution du mariage , rentrer dans leſdits biens ſans Lettres de reſciſion.

Touchant l'aliénation des biens dotaux , Voyez ce qui en eſt dit dans le Recueil alphabétique de M. Bretonier, verbo dot ; & ce qui en eſt dit dans Henris, liv. 4. queſt. 8.

BIENS PARAPHERNAUX. Voyez Paraphernaux.

BIENS DE LA COMMUNAUTÉ ENTRE MARI ET FEMME. Voyez Communauté.

BIENS SUBSTITUÉS , ſont ceux qui ſont ſujet à la reſtitution , le cas de la reſtitution arrivant. Ces ſortes de biens ne peuvent être valablement aliénés en fraude de la ſubſtitution.

Mais les biens ſubſtitués tant en ligne collatérale qu'en ligne directe , ſont obligés ſubſidiairement à la dot & au douaire, comme je l'ai dit ſur l'article 148. de la Coutume de Paris , où j'ai expliqué quels biens y ſont obligés.

Voyez M. Ricard , tome 2. Traité des Subſtitutions , part. 2. ch. 13.

BIENS VACANS , ſont généralement toutes ſortes de choſes , meubles ou immeubles , qui ne ſont poſſédés par perſonne , & qui n'ont point de Maître , comme ſont les épaves , les héritages deguerpis , les terres deſertes , délaiſſées & abandonnées , les ſucceſſions vacantes , & toutes les autres choſes qui ne ſont poſſédées par perſonne.

Il faut néanmoins obſerver que le mot d'épaves ſe prend ſouvent pour toutes choſes mobiliaires , vivantes ou inanimées , qui ont été égarées , & dont on ignore le propriétaire : & par biens vacans on n'entend que les héritages qui n'ont point de propriétaires.

A l'égard des choſes mobiliaires compriſes ſous le mot d'épaves , qui ſont abandonnées , & qui n'ont point de Maître apparent , elles appartiennent au Seigneur Haut-Juſticier dans la Seigneurie duquel elles ſont trouvées.

Pour ce qui eſt des héritages abandonnés par celui qui les poſſédoit , de maniere qu'ils ne ſont plus cultivés , ſoit par pauvreté , abſence , long voyage , ou oiſiveté , ils appartiennent au Seigneur Haut-Juſticier dès l'inſtant qu'ils ne ſont point occupés par les propriétaires ; mais il eſt d'uſage que le Seigneur ne ſe ſert de ſon droit qu'après le laps de quelques années. La Coutume d'Auxerre fixe ce tems à dix années entre âgés & non privilégiés.

Celle de Nivernois permet bien au Seigneur cenſier de retourner aux héritages mouvans de la cenſive , faute de tenancier : mais elle ne lui donne les fruits que juſqu'à la concurrence de ſon cens & de ſes arrerages , lorſque le propriétaire demande dans l'eſpace de trente ans de rentrer dans ſon héritage. Les trente ans continuels paſſés entre âgés & non privilégiés, les héritages vacans appartiennent incommutablement au Seigneur. *Voyez* Coquille, tom. 2. quest. 9.

La Coûtume de Paris & plusieurs autres donnent les héritages délaissés & vacans, au Seigneur Haut-Justicier, dans la Justice duquel ils sont situés. Quelques Coutumes, comme celle de Lorris & de Nivernois, les donnent au Seigneur censier, quoiqu'il n'ait point de Justice attachée à sa Seigneurie.

On n'entend point ici par biens vacans, les héritages qui, après la mort de ceux qui en étoient propriétaires, se trouvent vacans par la renonciations de leurs héritiers à leurs successions, ou par le défaut d'héritiers apparens, ou enfin par la confiscation; attendu que ces biens sont connus sous d'autres dénominations, comme renonciation à la succession, deshérence & confiscation.

Voici ce que dit M. Catelan au sujet des biens vacans, liv. 3. ch. 41. Ils appartiennent, dit-il, au Seigneur Justicier, mais non les fosses & murailles. Comme ils ne peuvent avoir été faits sans sa participation, la police & la garde lui en appartiennent, & la propriété n'en appartiennent à personne : l'usage en est à la communauté & à chaque Particulier qui a la liberté de s'en servir, pourvu qu'il ne porte pas de préjudice ni d'empêchement à l'usage commun & général. Le Seigneur Justicier d'une Ville fermée a le droit de se faire donner les clefs des Portes par les Consuls qui sortent de Charge, pour les mettre entre les mains des nouveaux Consuls. Enfin au nombre des biens vacans ne font pas compris les communaux.

BIEN-TENANT est celui qui possède à titre de succession, d'achat, ou autre titre d'acquisition, des biens & des héritages qui ont appartenu à un autre.

Comme l'hypothéque est un droit réel qui suit la chose, ne s'éteint point par la mutation de propriétaire, le créancier hypothécaire est en droit de faire assigner en déclaration d'hypothéque le tiers acquéreur, comme bien-tenant & possédant l'immeuble hypothéque à sa dette, quoique ce tiers acquéreur n'y soit pas obligé personnellement.

BIFFER, signifie rayer & effacer une écriture. Quand un emprisonnement est déclaré injurieux, le Juge ordonne que le prisonnier sera mis hors de prison, & que son écrou sera rayé & biffé.

BIGAME, est celui qui a deux femmes en même tems, épousées en face d'Eglise. Ce terme s'applique pareillement à une femme qui a deux maris en même tems, épousés en face d'Eglise.

Les Loix Romaines défendoient la Polygamie, & déclaroient infames ceux qui en étoient convaincus. En France, on ajoute à cette peine l'amende honorable, le carcan, & outre cela les galeres à perpétuité pour les hommes, & le bannissement ou la prison à perpétuité pour les femmes. *Voyez* Polygamie.

BIGAME, se dit encore de celui qui a été marié 2 fois successivement, c'est-à-dire, après la mort de sa première femme, ou qui a épousé une veuve ou une fille qui avoit été corrompue avant son ma-

riage : ce qui cause une irrégularité, comme on peut voir dans mon Dictionnaire du Droit canonique.

BILAN, est un petit Livre qu'ont à Lyon les Banquiers & les notables Marchands, qui contient en abrégé tout ce qu'ils doivent & tout ce qui leur est dû, pour en faire & recevoir le payement à la prochaine foire, au derriere duquel on écrit le virement des Parties.

Ce mot vient du Latin, *Bilanx* parce que ce Livre leur sert à balancer leurs gains & leurs pertes : il leur sert aussi au virement des Parties. Les Marchands de Lyon appelloient ci-devant *Bilan des acceptations*, un petit livre qu'ils portoient sur la place, où ils écrivoient toutes les Lettres de change tirées sur eux ; & leur acceptation n'étoit autre chose que de mettre à côté de la Lettre qu'ils avoient enregistrée dans leur *Bilan*, une croix qui signifioit *acceptée*. S'ils vouloient déliberer sur l'acception, ils mettoient un *v*, qui signifioit *vûe* ; & s'ils ne la vouloient point accepter, ils mettoient *s. p*, qui signifioit *sous-protest*. Mais depuis l'Ordonnance de 1666, il ne se fait plus d'acceptation que par écrit.

On appelle l'entrée & l'ouverture du bilan, le sixième jour du mois des payemens, jusqu'à la fin duquel on fait le virement des Parties, où les Marchands écrivent chacun de leur côté les parties virées.

On appelle aussi *Bilan ou Balance*, l'arrêté ou la clôture de l'inventaire d'un Marchand, où l'on a écrit vis-à-vis tout ce qu'il doit & tout ce qui lui est dû.

Un Marchand après sa faillite, pour s'accommoder avec ses créanciers, leur doit présenter un *Bilan* qui contienne au vrai l'état de ses affaires.

Si un Négociant qui a accoutumé de porter *Bilan* sur la place, ou autre pour lui, ne s'y rencontre pendant le tems du payement, il est reputé avoir fait faillite.

Dès qu'on a fait faillite ou banqueroute, on ne peut plus monter à la loge du Change de Lyon, & y porter son bilan. *Voyez* le Dictionnaire œconomique, *verbo* Bilan.

BILLET. *Voyez* Simple promesse. *Voyez* Ecriture privée.

BILLET sous seing privé, qui n'exprime pas la cause de la dette, est nul, à moins que les circonstances ne suppléent à ce défaut. *Voyez* Promesse sous seing privé.

BILLETS de Change, font des billets causés pour valeur reçue, non pas en argent, mais en une Lettre de change, fournie dans le même tems, ou qui est à fournir.

Quand ces Billets font faits pour lettres de change fournie, il faut qu'ils fassent mention sur qui la Lettre de change est tirée, à qui & en quel tems elle est payable, & de qui & en quelle manière la valeur en est déclarée. C'est ce que porte l'art. 28, du tit. 5 de l'Ordonnance de 1637, autrement le Billet ne sera pas censé être un Billet de change, mais seulement un Billet pour argent prêté.

EXEMPLE.

D'un Billet de change pour Lettre de change
fournie.

Pour la somme de mille livres que je promets payer
dans un mois à M. Viriat ou ordre, pour Lettre de
change qu'il m'a fournie payable par Daniel.
     de Lyon à deux usances,
valeur déclarée comptant.
 A Paris, le
        Le Clerc.

Quand ces Billets font fait pour Lettre de change à fournir, il faut qu'ils faffent mention fur
qui la Lettre de change fera tirée, à qui & en
quel tems payable, valeur de qui. C'eft la difpofition de l'art. 29. du même titre, qui ordonne que
dans ces fortes de Billets l'on obferve deux chofes, fous peine de n'être cenfés que de fimples
Billets ou promeffes pour argent prêté : la premiere, qu'il foit fait mention dans les Billets de change pour quelles Villes les Lettres de change feront fournies, ou du chef de ceux qui feront lefdits Billets, ou par d'autres perfonnes, fur lefquelles ils pafferont leur ordre en faveur de ceux
à qui ils le doivent fournir : la deuxiéme, qu'on
y faffe mention de la valeur que ceux qui feront
lefdits Billets auront reçue, & de quelles perfonnes, foit en argent, marchandife, ou autre
valeur.

EXEMPLE.

D'un Billet de change pour une Lettre à
fournir.

Pour la somme de mille livres, dont je promets four-
nir Lettre de change à M...... ou ordre, dans...... mois,
fur Lyon, aux prochains payemens de   pour
valeur reçue comptant de lui.
 A Paris, le
        Le Clerc.

Les Billets de change font fujets aux mêmes
diligences que les Lettres de change, & doivent
être demandés dans les dix jours de l'échéance ;
après lequel tems il n'y a plus de recours fur les
Endoffeurs. Ils ont le même privilège pour leur
exécution, que les Lettres de change, & emportent la contrainte par corps.

Mais pour que les Billets de change ayent le même privilège que les Lettres de change, & emportent la contrainte par corps, il faut que ces Billets
foient conformes à la vérité ; qu'il n'y ait point de
fimulation ni de fiction ; c'eft-à-dire, que les Lettres de change ayent été réellement fournies, ou
que la perfonne qui les doit fournir, foit de la qualité à pouvoir fournir des Lettres de change, telles que celles qui font déclarées dans le Billet.

Si véritablement les Lettres de change exprimées dans le Billet, n'ont pas été fournies, que
celui qui fait le Billet pour Lettres de change à

fournir, ne foit pas de la qualité à le pouvoir faire
pour le lieu qu'il fera mentionné qu'elles devront
être payables, ces Billets n'auront pas le privilége de la contrainte par corps, comme Billets de
change ; parce qu'il feroit vifible qu'ils n'auroient
été faits que par fimulation, & pour donner au
créancier un privilége de contrainte par corps,
que la vérité de fa créance ne pouvoit pas lui
donner.

BILLETS A ORDRE, c'eft-à-dire, payable au créancier dénommé ou à fon ordre, pour
valeur reçue de tel.... & en telles efpéces, emportent contrainte par corps, lorfqu'ils font fouf-
crits par Marchand, Négociant ou Banquier,
quoique faits au profit des perfonnes qui ne font
pas de cet état : en quoi ils different des Billets
valeur reçue comptant, lefquels n'emportent
contrainte par corps, que quand ils font faits de
Marchand à Marchand, pour raifon de marchandifes ou négoce dont ils fe mêlent.

La raifon de la différence eft, que le Billet de
valeur reçue n'eft pas de fa nature un Billet de
commerce, qu'il ne peut paffer dans la main
d'une autre perfonne, que par la voye du tranfport fait par celui au profit de qui il eft.

Tout au contraire le Billet à ordre eft un Billet
de commerce ; & pourvû que l'ordre en foit mis
au dos du Billet, il peut fans tranfport paffer en
différentes mains. Ainfi on ne regarde plus alors que
la qualité de celui qui l'a foufcrit, & non-pas de
celui au profit de qui il eft ordinairement paffé.

Au refte, pour qu'un Billet payable à ordre, ou
au porteur, foit bon, valable & négociable, il
faut, fuivant l'ufage du commerce, & les Réglemens & Arrêts de la Cour, qu'il contienne le nom
de celui auquel la fomme y mentionnée doit être
payée, le tems du payement, le nom de celui
qui en a donné la valeur, & fi elle a été reçue en
deniers, marchandifes ou autres effets ; & cela
pour empêcher les abus & les ufures qui fe pourroient commettre par les Marchands, Négocians,
Banquiers & autres.

BILLETS PAYABLES AU PORTEUR OU
POUR VALEUR REÇUE, font des Billets portant
promeffe de payer la fomme qui y eft contenue,
pour valeur reçue d'un tel, en tels effets. Ces
Billets n'emportent point la contrainte par corps,
que quand ils font faits entre Marchands ou Négocians, & Gens d'affaires.

Mais pour qu'un tel Billet foit bon, valable & négociable, il faut que celui qui le fait, exprime en
quoi il en a reçu la valeur ; fi c'eft en argent, marchandifes ou autres effets. Il faut encore qu'il déclare de qui il en a reçu la valeur ; car de tout tems,
& par tous les Réglemens & Arrêts de la Cour,
l'ufage des Billets, le nom en blanc ; les fignatures en blanc au dos des Lettres & Billets, & les
Billets payables au Porteur, fans déclaration de
ceux qui ont donné la valeur, font défendus.

BILLETS POUR VALEUR REÇUE, FAITS PAR
DES TRAITANS ET GENS D'AFFAIRES, emportent
la contrainte par corps. C'eft la difpofition de la
Déclaration du Roi du 26. Février 1692. en inter.

prétention de l'Ordonnance de 1673.

Cette Déclaration porte, que les Receveurs, Tréforiers, Fermiers & Sous-fermiers des Droits du Roi, Traitans, généraux & particuliers, Intéreffés & Gens chargés du recouvrement des deniers de Sa Majefté, & tous autres Comptables, puiffent être contraints par corps ainfi que les Négocians, au payement des Billets pour valeur reçue, foit que lefdits Billets doivent être acquittés à un particulier, ou à fon ordre ou au Porteur.

BILLETS OU PROMESSES CAUSÉS POUR VALEUR EN ARGENT. Voyez Signature privée en fait de Billets & Promeffes caufés pour valeur en argent.

BILLETTE, eft le droit de péage, ainfi nommé à caufe du billot qui pend à un arbre, ou qui eft attaché à un poteau dans certaines Seigneuries, pour avertir les paffans que ce droit eft dû. Tours, art. 82. Loudunois, chap. 7. art. 52. & 58. le Maine, art. 60. 67.

BILLOS, eft un droit qu'on leve fur le vin en Bretagne, comme le huitiéme, le dixiéme.

BIS, eft un mot latin qui fignifie deux fois. On s'en fert quand on paraphe des piéces, & qu'on en cotte deux du même nombre; on met à toutes les deux bis.

2. Ce terme eft auffi ufité à la Chambre des Comptes, lorfqu'on fait double emploi, ou il y a deux quittances rapportées pour la même partie, qui ne valent que pour une, on met fur l'une & l'autre bis. A l'égard de la maxime non bis in idem, voyez ce que j'en dis, let. N.

BISCAPIT. Terme latin, ufité dans les redditions des Comptes qui fe font à la Chambre des Comptes, pour fignifier le double emploi qu'on fait d'une piece, ou pour marquer qu'il y a deux quittances rapportées pour la même partie, qui ne doivent pas être allouées que pour une.

Quand il y a double emploi d'une piéce, ou que les Officiers fe font payer leurs gages en différens Bureaux pour les doubler, les Auditeurs qui examinent les comptes, mettent un advertatur aux marges de ces parties doubles ou d'ces doubles emplois, afin que les Correcteurs y prennent garde lorfqu'ils en feront la vérification. Le bifcapit eft puni de la peine du double, par un ufage qui a paffé en force de Loi: quoique nous n'ayons aucune Ordonnance qui l'ait ainfi ftatué.

Il nous refte à obferver ici que le double emploi & le bifcapit eft la même chofe, la différence eft feulement à l'égard des perfonnes. C'eft un double emploi à l'égard d'un comptable, lorfqu'une dépenfe fe trouve employée deux fois dans fon compte; & c'eft un bifcapit à l'égard d'une partie prenante qui reçoit deux fois la même chofe.

BISSEXTE, eft le jour qu'on ajoute de quatre en quatre ans au mois de Février, pour remplacer les dix heures que le Soleil employe à faire fon cours chaque année, au delà de trois cens foixante cinq jours.

Ce jour eft appellé biffexte, parce qu'il eft intercalé après le 23. de Février, qui eft le 6. des Calandes de Mars; & parce que l'on compte dans

cette année-là deux fois le 6. des Calandes de Mars, Biffexto Calendas, on nomme biffexte le jour qui eft intercalé; & l'année où cela arrive, qui eft compofée de trois cens foixante-fix jours, eft appellée biffextile. Voyez la Loi 98. ff. de verbor. fignifié.

Ce fut fous Jules-Céfar, & dans la reformation qu'il fit du Calandrier, qu'on introduifit le biffexte.

Le jour de biffexte ne fe repand pas fur toute l'année, pour faire que l'on foit dans l'an du retrait, comme j'ai fait voir fur l'art. 129. de la Coutume de Paris, glof. 6. nomb. 6.

Pour l'intelligence du biffexte, il faut remarquer que Romulus conftitua fon année de dix mois, dont le premier étoit celui de Mars, jufqu'au mois de Décembre, & laquelle par ce moyen n'étoit compofée que de trois cens quarante jours, mais comme ce nombre ne fe rapportoit point au cours du Soleil, ni à celui de la Lune, il arrivoit fouvent qu'après que le peuple Romain eut établi le Printems, l'Eté, l'Automne & l'Hyver, ces parties de l'année fe recontroient hors de leurs faifons; ce qui obligeoit les Pontifes ou grands Prêtres d'ajouter certains nombres après le mois de Décembre, pour regagner le point où le Soleil commençoit fon cours, lefquels n'avcient point de nom de mois, & qui furent enfin diftingués en deux mois, & appellés Janus & Februus, Janvier & Février; enforte que l'année commença d'être compofée de douze mois, qui ne faifoient encore néanmoins que trois cens cinquante jours.

Et comme il fe trouva que le nombre des jours ne fuffifoit pas pour le cours du Soleil, on ajouta au dernier mois qui étoit celui de Février, dix jours & un quart de jour, pour revenir juftement à égaler le cours du Soleil; & ces jours ainfi ajoutés s'appelloient intercalaires, & le mois de Février, après lequel ils étoient ajoutés, intercalarius menfis.

Il reftoit encore de la confufion; ce qui obligea Céfar pour retrancher toutes fortes d'erreurs & de difficultés à l'avenir, de fupprimer ce tems intercalaires, & reduire l'année civile, au véritable cours du Soleil, & diftribua ces dix jours intercalaires de l'année aux fept mois fuivans; fçavoir Janvier, Juillet & Décembre, furent augmentés de deux jours chacun; & Avril, Juin, Septembre & Novembre d'un jour feulement.

Mais comme la plus grande confufion provenoit de ce quart de jour que l'on avoit remarqué au cours du Soleil, outre les trois cens foixante cinq jours, Céfar inftitua l'année biffexte, c'eft-à-dire qu'il ordonna de quatre en quatre ans ce jour qui procédoit defdits quart de jour, lequel étant de fix heures, chacun en compofoient un de vingt-quatre heures, feroit intercalé ou interpofé au mois de Février comme dans le plus court de l'année, & dans le jour que l'on appelle fexto Kalendas Martii, qui eft le 24. de Février; & d'autant que ce jour eft compté pour deux, & que l'on dit deux fois fexto Kalendas, le jour intercalaire eft appellé biffextus, & l'année où il fe rencontre, biffextile.

Voyez le Dictionnaire œconomique, verbo An où eft marqué ce qu'il faut faire pour connoître fi une année propofée eft biffextile, ou non.

Au refte, fuivant les Jurifconfultes, celui qui eft né ce jour-là, eft cenfé majeur l'année fuivante à même jour, quoique l'année ne foit pas biffextile.

B L

BLACHIA, eft une terre à chênes ou chataigners, fi diftans les uns des autres, qu'ils n'empêchent pas qu'on y laboure. *Voyez* Salvaing, de l'ufage des Fiefs, ch. 97.

BLADAGE, eft un droit qui s'exige dans l'Albigeois en forme de cenfive, & par deffus la cenfive, lorfqu'il eft établi par titre.

Il eft ainfi appellé, parce qu'il confifte en une certaine quantité de grains que l'emphitéote paye pour chaque bête de labourage qui travaille dans le fonds inféodé. Graverol fur la Rocheflavin, des Droits Seigneuriaux, ch. 35. art. 2.

BLAIRIE, eft un droit qui appartient au Seigneur Haut-Jufticier, pour la permiffion de pâture qu'il accorde aux Habitans pour leurs beftiaux, fur les terres, après la recolte, ou dans les bois & héritages non clos.

Ce droit fe perçoit, tant fur les nobles que fur les roturiers, à proportion des héritages qu'ils poffédent, & des beftiaux qu'ils ont ; & on appelle Seigneur Blayer celui qui a ce droit.

Il eft inconnu dans le pays de Droit écrit, où les héritages font libres.

La Coutume de Nivernois, ch. 3. a un titre des Droits de Blairie. Le Lecteur peut le confulter, avec les Commentaires qu'a fait deffus le judicieux Coquille, & ce qu'il a dit dans fa queftion 263. Il peut auffi voir Henrys, tome 2. liv. 3. queft. 65.

BLANC. Promeffes, Billets & Lettres de change, où le nom du créancier eft en blanc, & n'a été rempli que depuis que la demande a été faite en Juftice, font nuls, fuivant l'Ordonnance de 1629. art. 147. *Voyez* Bafnage fur l'art. 146. de la Coutume de Normandie.

BLANC SIGNÉ, eft une feuille, demi-feuille, ou quarré de papier, fignés au bas par celui qui a intention de s'obliger, donner quittance, ou tranfiger à la difcrétion de la perfonne qu'il fait dépofitaire de ce blanc figné, lui donnant pouvoir de le remplir de ce qu'elle jugera raifonnable, fuivant ce dont on eft convenu.

Il a été jugé par Arrêt du Parlement d'Aix, en date du 4. Mai 1618. rapporté par Duperier, tom. 2. pag. 423. qu'un expédient dreffé par des Arbitres, fur & en conféquence du blanc figné des Parties, étoit valable.

BLANC-BOIS, font des bois connus fous le nom de mort bois, qui ne portent point de revenus, foit en fruits ou en coupe.

BLASME, eft une fevere reprimande qui eft faite par les Juges à un Officier pour prévarication dans fa Charge, ou à quelqu'autre perfonne pour crime. Celui qui eft blâmé, devient infame ; au lieu que celui qui eft fimplement admonefté, ne le devient pas.

Voici ce que porte un Jugement qui condamne

à être blâmé. *Nous ordonnons que ledit... fera mandé à la Chambre, pour être blâmé d'avoir commis les excès mentionnés ou procès : lui faifons défenfes de recidiver, fur telles peines que de raifon, le condamnons en... livres d'amende, en... liv. de réparation civile envers ledit... & aux dépens du procès.*

BLASME, fignifie auffi le contredit que donne un cohéritier contre les lots qui lui font préfentés par fon cohéritier, à l'effet de faire reformer les lots : fur quoi le Juge ftatue ce qu'il juge à propos.

BLASME, enfin, fignifie contredit que fait un Seigneur contre le dénombrement qui lui a été baillé par fon vaffal, prétendant qu'il a omis quelques terres ou droits qui relévent de lui.

M. Charles Dumoulin, fur l'art. 19. de la Coutume de Paris, glof. 1. nomb. 11. rapporte fept fortes de blâmes ; trois par lefquels le dénombrement eft défectueux par excès ; & quatre par lefquels il manque par défaut & omiffion.

Premiérement, quand le Vaffal a compris dans fon dénombrement un héritage, comme faifant partie du fief qui ne l'eft pas, mais qui fait partie d'un autre fief appartenant au vaffal, qui ne lui appartient pas, ou qui appartient au Seigneur.

En fecond lieu, lorfque le vaffal a prétendu dans fon aveu, que quelque héritage étoit tenu en arriere-fief, le Seigneur foutenant au contraire qu'il eft tenu de lui en plein fief, ou au contraire.

En troifiéme lieu, fi le vaffal a pris dans fon aveu une qualité qui ne lui foit pas dûe, & qui porte préjudice au Seigneur ; comme s'il a pris la qualité de Seigneur du fief dominant ; ou s'il a déclaré que fon fief ne fe gouvernoit pas felon la Coutume du Vexin-François.

En quatriéme lieu, fi le vaffal a omis de déclarer tout ce qui eft de fon domaine relevant du Seigneur féodal.

En cinquiéme lieu, s'il a omis de déclarer tout ce qui eft tenu en arriere-fief & cenfives, & à d'autres droits & redevances dépendans de fon fief.

En fixiéme lieu ; s'il a omis de déclarer les charges & les fervitudes de fon fief.

En feptiéme lieu, fi le vaffal a omis de déclarer les tenans & aboutiffans de fon fief ou de fes dépendances.

La Coutume de Paris, en l'art 10. donne quarante jours au Seigneur depuis la préfentation du dénombrement à lui faite par fon vaffal pour le blâmer, & contefter les articles qu'il ne pourroit accorder qu'à fon préjudice.

Ce terme ne fe compte pas *de momento ad momentum*, mais civilement ; de forte que les jours de termes n'y font point compris.

Voyez ce que j'ai dit fur ledit article 10. de la Coutume de Paris.

BLASPHESME, eft ce qui eft dit ou écrit contre la toute puiffance de Dieu, ou le refpect qui lui eft dû. Ainfi le blafphême fe commet par paroles ou par écrit.

Par paroles, quand on profere contre l'honneur de Dieu, de la fainte Vierge, ou des Saints, des juremens, renimens & paroles impies.

Par écrit , quand on fait des livres & des libelles qui enseignent l'Athéisme , ou qui tendent à détruire la Foi Catholique & les mysteres de la Religion , ou qui donnent atteinte à l'honneur de Dieu , de la Vierge & des Saints.

Ces sortes de livres doivent être brûlés avec leurs Auteurs , ce qui dépend des circonstances.

A l'égard de ceux qui sont convaincus d'avoir proféré des blasphêmes , ils sont ordinairement condamnés à faire amende honorable , avoir la langue percée , & aux galeres à perpétuité. *Voyez* l'Edit du 28. Janvier 1681.

Enfin les impiétés sont quelquefois punies du feu , suivant leur énormité & les circonstances.

Voici une formule d'une condamnation à faire amende honorable , avoir la langue percée , & aux galeres. *Nous avons ledit.... déclaré duement atteint & convaincu d'avoir blasphémé le saint nom de Dieu pour réparation de quoi le condamnons à faire amende honorable , nud en chemise , la corde au col , tenant en ses mains une torche de cire ardente du poids de deux livres , l'Audience tenant ; & la tête nue , & à genoux , dire & déclarer à haute & intelligible voix , que méchamment & comme mal avisé il a... dont il se répent , & en demande pardon à Dieu , au Roi & à la Justice : ce fait aura la langue percée d'un fer chaud par l'Exécuteur de la Haute-Justice en la place de... Et ensuite sera conduit à la chaîne , pour y être attaché & servir comme Forçat dans les galeres du Roi à perpétuité.*

Quand la condamnation porte que le criminel , après avoir fait amende honorable , & avoir eu la langue percée , sera pendu & brûlé , le Jugement est conçu en la maniere qui suit. *Nous avons ledit... déclaré dûement atteint & convaincu d'avoir... pour raison de quoi le condamnons à faire amende honorable , &c. comme ci-dessus , au devant de la principale porte & entrée de l'Eglise de... où il sera conduit par l'Exécuteur de la Haute-Justice dans un tombereau servant à enlever les immondices de la Ville ; dira que méchamment il a... dont il se répent , & en demande pardon à Dieu , au Roi & à la Justice : ce fait , aura la langue percée parledit Exécuteur au-devant de ladite Eglise , & ensuite mené dans le même tombereau en la place de... où il sera pendu & étranglé jusqu'à ce que mort s'ensuive , à une potence qui sera dressée en la même place ; son corps mort jetté au feu , avec son procès , & reduit en cendres qui seront jettées au vent : déclarons ses biens situés en pays de confiscation , acquis & confisqué au Roi , ou à qui il appartiendra , sur iceux , ou autres non sujets à confiscation , préalablement pris la somme de... livres d'amende , en cas que confiscation n'ait lieu au profit de sa Majesté , & les condamnons aux dépens.*

M. Brillon dans son Dictionnaire , a remarqué les Edits , Déclarations & Arrêts qui ont été rendus contre les blasphêmateurs , & a indiqué les Auteurs qui ont travaillé sur cette matiere. Je conseille à ceux qui voudront s'en instruire à fond , d'y avoir recours.

B L E D , est une plante qui produit dans son épi , une graine qui est la principale nourriture de l'homme.

On appelle bled par excellence celui qui est de pur froment ; à la différence du seigle & d'autres petits bleds , qui sont les graines que l'on seme au mois de Mars , comme l'orge , l'avoine , les poids , les vesces , & autres que l'on appelle en général les Mars. *Voyez* ce qui est dit du bled dans le Dictionnaire œconomique , où il en est parlé amplement.

En fait de vente , sous le mot de *bled* , on entend toujours le seul froment , & non pas les petits bleds , pas même le seigle , quoiqu'il approche plus du froment que les autres petits bleds. Corbin , Plaid. 49.

Il faut néanmoins apporter à cette régle quelque tempérament , par rapport à l'usage du lieu où le bled se dépouille , & la qualité des terres qui en portent : c'est qu'il faut suivre l'usage du lieu où le bled se dépouille , parce que la redevance doit avoir une correspondance avec les fruits , & par conséquent être payée des mêmes fruits que produit la terre dont l'obligation se trouve contractée entre les Parties.

Mais si des terres sujettes à une redevance de quelques mesures de bled , soit par rente fonciere ou autre redevance annuelle , portoient toutes sortes de bleds , sçavoir froment , & ce que nous appellons petits bleds ; en ce cas , suivant l'avis de M. Cujas , & celui du judicieux Coquille , le créancier ne seroit pas en droit d'exiger le meilleur , ni obligé de se contenter du moindre ; mais il pourroit être contraint de recevoir en payement celui qui tient le milieu entre les deux.

Cela est fondé sur la régle vulgaire , que quand le degré de bonté n'est pas désigné , il suffit de donner ce qui est de la médiocre bonté. *Voyez* Coquille sur la Coutume de Nivernois , tit. des Bordelages , art. 3. & en sa quest. 53.

Le payement du gros dû aux Curés par les gros Décimateurs , doit être fait en bled-froment ; à l'effet de quoi les gros Décimateurs doivent faire séparer les gerbes de bled-froment qu'ils recueillent pour leurs dixmes , & les faire battre à part , si mieux ils n'aiment payer le bled froment aux Curés en argent , à cinq sols près de ce que le meilleur sera vendu aux marchés qui précedent , & suivent immédiatement la St. Martin de chaque année.

Ainsi jugé par Arrêt de la Grand'Chambre le 31. Décembre 1686. rapporté au cinquiéme tome du Journal des Audiences , liv. 2. chap. 10.

Les rentes constituées à prix d'argent , & payables en bled , se réduisent à prix d'argent. Cette réduction est imprescriptible , & se régle suivant la valeur des cinq dernieres années. *Voyez* Basnage sur l'art. 530. de la Coutume de Normandie.

A l'égard de celui qui a emprunté du bled , il est tenu de le rendre en espece , ou de le payer au prix commun ce qu'il a valu dans l'année que l'emprun a été fait.

En fait de bled & autres fruits dûs , l'estimation s'en fait toujours au tems du terme , & non au tems de la demande qui en est faite. *Voyez* Henris , tom. 1. liv. 4. chap. 6. quest. 42. *V.* aussi ce que j'en dis , *verbo* Liquider.

Un Fermier débiteur de bled ne peut être contraint

traint de payer en argent les arrérages par lui dûs. Papon, liv. 18. tit. 4. nomb. 19.

De ce que le bled est la principale nourriture de l'homme, il s'ensuit,

Premiérement, que c'est avec beaucoup de raison que la vente de bled en vert est défendue par les Ordonnances de nos Rois ; entr'autres par celles de Louis XI. du mois de Juillet 1482 ; de François I. du 28. Octob. 1531 ; de Charles IX, de l'an 1567. d'Henris III, de l'an 1577, & de Louis XIII, de l'an 1629, qui ont été renouvellées par l'Ordonnance de Louis XIV, donnée à Verfailles le 22. Juin 1694. *Voyez* M. Dolive, liv. 4. chap. 9. *in Notis*.

Mais l'on peut après la St. Jean les faire saisir & y établir Commissaire, lequel Commissaire fait faire la moisson, & ce qui est de la Commission.

En second lieu, que dans un Etat bien policé on n'a jamais mis d'impôts sur le bled. Aussi dans tous les tems, ceux qui ont tenté d'y en faire mettre, ont été regardés avec indignation, comme des homicides du genre humain, & comme de barbares, indignes de vivre, qui méritent de finir leurs jours par une mort des plus sinistres & des plus cruelles.

En troisiéme lieu, qui est de l'intérêt de l'Etat, que dans un tems de disette l'on empêche les amas de bleds & que l'on ordonne que l'on ne les pourra vendre que dans les marchés & dans les places publiques de la Ville, & que l'on confisque au profit des Hôpitaux les bleds dont les Particuliers auroient faits des amas secrets & frauduleux, pour augmenter la disette & le prix, & par ce moyen s'enrichir aux dépens du pauvre peuple. Crime qui mérite d'être puni des plus grandes peines.

En quatriéme lieu, que les Ordonnances de nos Rois ont toujours sagement défendu de transporter hors le Royaume le bled & autres graines qui peuvent servir à la nourriture de l'homme ; & que si nos Rois en ont quelquefois permis le transport dans les pays étrangers, ce n'a jamais été que lorsque les abondantes récoltes des années précédentes sembloient mettre l'Etat à couvert de toute inquiétude de ce côté-là.

Les Romains ont toujours eu grand soin de veiller à la conservation d'une chose aussi nécessaire à la vie de l'homme qu'est le bled. Pour en prévenir la disette, ils en faisoient venir à Rome avant qu'on en eût le moindre besoin. Ils punissoient griévement ceux qui en causoient la cherté, & donnoient de grands privileges à ceux qui par le commerce qu'ils en faisoient, en procuroient l'abondance. Enfin ils regardoient le bled comme une chose sacrée, & par conséquent exempte de toute sorte d'impôts.

C'est aussi ce que nos Rois ont très-religieusement pratiqué jusqu'ici. *Voyez* le Traité de la Police, tome 2. liv. 5. tit. 5.

BLED EN VERT. Nous avons dit dans l'art. précédent, que la vente de bled en vert est défendue par les ordonnances de nos Rois ; mais la difficulté est de sçavoir ce qu'on entend par le bled en vert.

Suivant le sentiment de tous nos Docteurs, on doit entendre par bled vert celui qui est sur le plat pays pendant par les racines, & dont la récolte

Tome I.

n'est pas faite. M. Charles Dumoulin, *Tract. usur. num.* 350. M. René Chopin, *lib. 2. cap. 5. de privileg. rusticor.* D'où il s'ensuit qu'une obligation de livrer une certaine quantité de grains pendant un nombre d'année pour un certain prix, n'est pas un marché de bleds en vert défendu par les Ordonnances.

Cette question s'étant présentée en 1710. a été ainsi décidé par deux Arrêts ; l'un du 31 Juin, & l'autre du 24 Juillet de la même année, qui sont rapporté par M. Augéard, tome 3 chap. 98 & 99. Dans le dernier de ces chapitres, les raisons sont amplement déduites de part & d'autre.

BLESSÉ qui meurt dans les quarante jours, est reputé mourir de la blessure qu'il a recue ; & celui qui l'a blessé est poursuivi comme homicide.

Mais quand il meurt après les quarante jours, l'accusé *non tenetur de occiso, sed de vulnerato duntaxat.* Il n'est pas obligé d'obtenir des lettres de remission, puisqu'il ne peut être censé coupable de mort, & il n'est condamné qu'à des dommages & intérêts.

BLOC, est un terme qui se prend collectivement pour signifier plusieurs choses considérées toutes ensemble. On dit faire un marché en bloc & en tas, quand on achete toutes les marchandises qui sont dans quelque lieu, & qu'on donne un certain prix de toutes, sans les vouloir considérer en détail.

Dans ce cas la vente est parfaite aussi-tôt qu'on est convenu du prix, & les denrées & marchandises ainsi vendues sont au péril de l'acheteur.

Il n'en est pas de même quand la vente est faite autrement qu'en bloc & en tas, & que le prix est réglé à tant pour chaque livre, pour chaque mesure ou nombre ; car en ce cas la vente n'est parfaite que de ce qui a été compté, ou mesuré, comme nous avons dit sur le §. 3. du titre 24. du liv. 3. des Institutes.

B O

BOHEMES ET BOHEMIENS, sont de certains gueux errans, vagabons & libertins qui vivent de larcins & de filouterie, & font profession de dire la bonne aventure aux crédules & superstitieux.

Il y a une déclaration donnée à Versailles le 11 Juillet 1682, registrée au Parlement de Paris le 4 Août suivant, qui a ordonné que les anciennes ordonnances faites au sujet des Bohemes seront exécutées ; & qui enjoint aux Baillifs, sénéchaux, Lieutenans, Prévôts de Maréchaussées, Vice-Baillifs & Vice-Sénéchaux, d'arrêter & faire arrêter tous ceux qui s'appellent Bohémiens & Egyptiens, leurs femmes, leurs enfans, & autres de leur suite ; de faire attacher les hommes à la chaîne des forçats, pour être conduits aux galeres, & y servir à perpétuité ; & à l'égard de leur femmes & filles, ordonner de les faire raser, & de faire conduire les enfans dans des Hôpitaux.

BOIS, est une substance qui tire sa nourriture & son accroissement du suc de la terre, & qui forme les corps des arbres. *Voyez* ce qui en est dit dans le Dictionnaire œconomique.

Les Maîtres particuliers des Eaux & Forêts

B b

connoiffent de l'exploitation des bois & forêts, & des délits commis au fait d'iceux ; mais en cas de dégat univerfel, la connoiffance en appar-tient au Grand-Maître Réformateur de la Table de Marbre. Et à l'égard de la poffeffion & pro-priété des bois, la connoiffance en appartient aux Baillifs, & non aux Maîtres des Eaux & Fo-rêts.

Des bois & ufages en iceux, *voyez* Coquille, en fon inftitution, chap. 10. & l'Ordonnance des Eaux & Forêts.

Le bois fe diftingue en bois vif, bois d'entrée, bois mort, & mort bois.

B O I S VIF, eft celui qui eft debout & fur pied, vivant, prennant nourriture, & portant fruit.

B O I S D'ENTRE'E, eft celui qui eft entre vert & fec, c'eft-à-dire dont quelques branches font ver-tes & d'autres féches.

B O I S MORT, eft celui qui eft féché fur le pied, & qui n'a plus de féve ; ou qui étant coupé & abbatu, eft gifant fur terre.

Il y a beaucoup de différence entre bois-mort & mort-bois.

Par *bois-mort*, on entend le bois mort en cime & racine, ou gifant ; au lieu que *mort-bois* eft un bois qui, quoique vert & fur pied, eft ainfi ap-pellé par corruption pour maubois, ou mauvais bois, qui n'a ni fruit ni graine.

Il y a neuf efpéces de mort-bois défignées dans la Charte Normande accordée par Louis X. en 1315 ; fçavoir feaux, marfeaux, épines, puif-nes, aulnes, le feur ou fureau, genêt, geniévres & ronces ; ce qui a été confirmé par l'Ordonnance de François I. fur le fait des Chaffes, art. 55.

B O I S A CRU OU DE FAUSSILLON, font de petits bois qui femblent être de taillis, qui font ordinairement fur les rives des bois, ou fur des routes que l'on a fait ouvrir dans les forêts.

B O I S EN ÉTAT, eft celui qui eft debout.

B O I S GISANT ET RAMPANT A TERRE, eft celui qui étant coupé, eft abattu de telle manie-re, qu'il rampe fur la terre.

BOIS ASNIS, font des bois qui ont été brûlés.

BOIS MARMANTEAUX, marmeaux, & de fou-ches, font ceux qui fervent à l'embelliffement des Châteaux & Maifons, que l'on ordonne-être abba-tus & dégradés, quand celui qui en eft le proprié-taire eft condamné pour crime de leze-Majefté au premier chef, afin d'ôter les marques d'honneur au criminel.

BOIS ENCROUÉ, eft celui qui lorfqu'il eft ab-batu tombe fur un autre, quoique tout coupé, & y refte pour ainfi dire accroché.

B O I S CHABLIS, font des arbres que le vent à rompu & renverfés. Ils fe vendent fous le nom de menus marchés.

B O I S DE FORFAITURE, font des bois en délit qui fe coupent par perches ou par arbres, qui font debout dans les ventes, & que l'on juge néceffai-res pour le recroît de la forêt.

B O I S EN DÉFENDS, font des bois de haute futaie qu'on laiffe en réferve, avec défenfes d'y établir aucune coupe ; ou ce font des bois taillis

qu'on laiffe croître ; & il eft défendu d'y faire paître des beftiaux dans certains tems de l'année, & même en tout tems, jufqu'à ce qu'ils foient défenfables ; ce qui n'eft qu'à fept ans.

Les défends font dans les grandes forêts, & dans les bois triages éloignés des lizieres.

B O I S MARQUÉS PAR LE BRANCHAGE, font des arbres qui ont été marqués par le branchage pour les bâtimens du Roi, foit dans les forêts, ou celles des Eccléfiaftiques, ou des Particuliers.

Ces arbres n'appartiennent qu'au Roi, & fe ven-dent avec les formalités ordinaires, après que les Parties ont été par lui indemnifées.

B O I S DECHAUSSÉS, font des arbres aufquels on a ôté la terre du pied.

BOIS COUPÉS PAR RACINE, font des arbres auf-quels on a coupé la racine avec la cie ou la coignée.

B O I S DESTINÉS POUR LA MARINE, lorfqu'ils ont été vendus avec les formalités ordinaires, ne peu-vent être faifis ; fauf aux créanciers & autres pré-tendans droits, fe pourvoir vers le Tréforier de la Marine, fur le prix des ventes, qui demeurera entre les mains dudit Tréforier, jufqu'à ce que par Juf-tice, il en ait été autrement ordonné.

Il en eft de même pour les bois deftinés aux bâ-timens du Roi, ou aux ponts & chauffées du Royau-me ; lorfqu'ils ont été vendus, ils ne peuvent être faifis, mais feulement on n'en peut faifir & arrê-ter les deniers provenant de la vente entre les mains des Tréforiers du Département pour lequel ces arbres font deftinés.

BOIS QUI EN ÉTAT D'ETRE MIS EN COUPE, font les bois taillis, quand ils font parvenus au tems de la coupe ordinaire qui s'en fait ; & les bois de haute futaie, quand ils ont atteint un âge convena-ble, & qu'ils font jugés capables de rejets.

BOIS PRIS EN NOMS COLLECTIFS, fignifient des arbres plantés en nombre dans un même lieu. Il y en a de deux fortes fçavoir, les bois de haute fu-taie, & les bois taillis.

Avant que d'entrer dans l'explication de ces diffé-rences de bois, nous avons cru devoir faire ici quel-ques obfervations fur les bois en général.

Les bois ont toujours été regardés comme les plus précieux domaines de l'Etat, & comme une reffource affurée dans les conjonctures extraordi-naires. C'eft un fruit qui vient de jour à jour, & ce fruit produit un revenu où l'induftrie n'a aucune part, & qui par conféquent loin d'être à charge, ne peut apporter que de l'utilité.

Lorfque le Roi a été obligé d'aliéner quelque par-tie de fes forêts, ce n'a jamais été que fous la fa-culté de rachat perpétuel, & avec défenfes d'abat-tre les bois de haute futaie & les baliveaux qui font partie du fonds.

Auffi les bois étant le premier domaine de la Couronne, & par conféquent un fond inaliénable, les Miniftres n'ont jamais manqué de diriger princi-palement leurs fonctions, & de faire éclater leur zéle fur une partie auffi effentielle. M. Colbert l'a eftimé ainfi ; c'eft ce qui lui a fait donner fes attentions à la réduction de l'Ordonnance de 1669.

B O I S DE HAUTE FUTAIE, font des arbres

ayant tiges, qui confervés pendant un efpace de tems fans être coupés, font parvenus à leur hauteur, & devenus anciens. L'affemblage de ces arbres qui fe trouvent dans un même lieu, compofe ce qu'on appelle une futaie.

Ainfi par bois de haute futaie on entend indiftinctement tous les bois, qui n'étant pas réglés en coupe ordinaire de bois taillis, ont été laiffés pour croître depuis trente ans jufqu'à deux cens ans, ou pour mieux dire, jufqu'à ce qu'ils viennent fur le retour, c'eft-à-dire quand ils ne profitent plus.

Ces fortes de bois font réputés immeubles, & font partie du fonds; c'eft pourquoi ils ne peuvent être abbatus par un ufufruitier. Ils n'entrent point en communauté; ainfi le prix qui en a été payé eft dû à celui des conjoints à qui la terre appartient. Ils ne font point fufceptibles de faifie mobiliaire; & s'ils font vendus avec le fonds, ils font fujets au retrait lignager tant qu'ils font fur pied.

Le bois de haute futaie eft donc immeuble quant aux effets du droit pendant tout le tems qu'il eft debout, vert adhérant au fonds, & y prenant nourriture, parce qu'il n'eft pas deftiné à coupe ordinaire : mais dès que le bois de haute futaie eft coupé & féparé du fonds, il n'en fait plus partie, & eft véritablement devenu meuble.

Les bois de haute futaie ne font pas *in fructu* : d'où il s'enfuit que le propriétaire ne peut pas en léguer la coupe entière, en cas qu'ils lui foient propres de ligne, & qu'il n'en peut tefter que du quint en pays coutumier; & qu'au contraire on peut léguer la coupe entière des bois taillis, quand le tems fera venu de la faire.

Quoique le bois de haute futaie foit immeuble tant qu'il eft fur pied, néanmoins fi le propriétaire l'avoit vendu, l'obligation du prix qui lui en feroit dû feroit immeuble dans fa fucceffion; parce que l'action qui réfulte de cette obligation, ne tend qu'à fe faire payer du prix qui confifte à une fomme de deniers, qui eft une chofe mobiliaire.

Cependant lorfqu'un bois de haute futaie appartenant à l'un des conjoints eft coupé, les deniers qui en proviennent n'entrent point dans la communauté, & le remploi en eft dû comme d'un véritable immeuble.

La raifon eft, que fans cela la coupe qui feroit faite d'un bois de haute futaie, feroit un avantage indirect qu'un des deux conjoints pourroit faire à l'autre, contre l'intention des Coutumes.

Voyez ce que j'ai dit fur l'art. 92. de la Coutume de Paris.

Touchant le tems requis pour faire un bois de haute futaie, les Coutumes varient ainfi que nous l'apprend Coquille, dans fon Inftitution au Droit François, titre des bois & ufages.

La Coutume de Nivernois, chapitre des bois, article 8. ne met que vingt ans, depuis la derniere coupe. Celle de Troyes, art. 88. repute les bois être de haute futaie, quand ils ont été trente ans fans être coupés.

Les Coutumes de Sens, art. 253. & d'Auxerre, art. 267. difent que les bois font reputés de haute futaie, quand ils font bons à maifonner, quand

ils portent glandée, & n'y a en iceux mémoire de culture, ni qu'ils ayent été coupés.

Salvaing, en fon traité de l'ufage des Fiefs, chapitre 83. dit que le bois eft réputé *haute futaie*, qui eft âgé de plus de cent ans; que celui depuis cinquante ans jufqu'à cent, eft appellé *bois de haute taille*; & que celui qui eft au deffous eft appellé *bois de moyenne & baffe taille*. Bérault, fur l'art. 463. de la Coutume de Normandie, dit à peu près la même chofe.

Mornac, fur la Loi *Sed fi grandes* 12. *ff. de ufufr.* dit avoir appris du Lieutenant des Eaux & Forêts à la Table de Marbre, que bois de haute futaie eft celui qui a paffé trois coupes, & qui eft de vingt fept ou trente ans; ce qu'il confirme par l'autorité de Bouteiller, en fa fomme rurale, chap. 74. mais fans beaucoup de raifon; car il ne paroît pas que ce foit le fens des termes dont cet Auteur fe fert.

Cependant l'opinion de Mornac eft celle qu'il faut fuivre généralement parlant. Ainfi Loifel, dans fes inftitutes coutumieres, liv. 2. tit. 2. art. 31. en a fait une régle tirée de l'art. 78. de la Coutume de Blois.

Cette régle eft ainfi conçue : *Blois eft réputé haute futaie, quand on a demeuré trente ans fans le couper.* Charondas, dans fes Notes fur le chap. 6. du premier livre du grand Coutumier, dit qu'il a été jugé par plufieurs Arrêts, que tout bois qui a trente ans, eft réputé de haute futaie.

Les bois de haute futaie ne fe doivent couper que de cent ans en cent ans; c'eft-à-dire que la coupe d'un bois de haute futaie ne fe fait que lorfqu'il y a apparence que dans cent ans la recrue fera de la même qualité que le bois que l'on coupe : c'eft pourquoi un chêne qui a cent ans, eft en âge de confiftance.

Pour connoître l'âge du bois, on le fcie par le pied de l'abbatage, & l'on voit combien il y a de cercles, car ces cercles dénotent les années; ainfi autant de cercles autant d'années.

Bois de haute futaie, ne peuvent être coupés par un preneur à bail emphytéotique fans la permiffion des propriétaires; autrement il s'expofe à la confifcation.

Lorfque les Particuliers font couper des bois de futaie, quoiqu'épars le long de leurs terres, près, vignes, & des balliveaux fur les taillis fans déclaration, ils font condamnés en trois cens livres d'amende, & les bois confifqués, ainfi qu'il a été jugé par arrêt du Confeil d'Etat des 12. Novembre 1686. & 21. Septembre 1700.

Des Forêts & bois de haute futaie, & des droits que le Roi a fur eux, *voyez* le Bret, en fon Traité de la Souveraineté, liv. 3. chap. 3. *Voyez* ci-après Rejets de coupe.

BOIS TAILLIS, font ceux qui font fujets aux coupes ordinaires, & qui n'ont pas les mêmes effets que nous avons remarqué ci-deffus être attribués par le droit aux bois de haute futaie.

Les coupes ordinaires fe font dans le tems marqué par les Coutumes. Dans quelques-uns, de dix ans en dix ans; dans d'autres elles ne fe peuvent faire au plutôt que de quinze ans en quinze ans, ou même de vingt ans en vingt ans.

Cette espace de vingt années a lieu, suivant la disposition du terrein, & suivant que les Grands Maîtres trouvent à propos de menager les forêts. Mais cela se pratique sur-tout pour les bois destinés aux forges, qui ne se coupent ordinairement que tous les vingt ans.

L'Ordonnance des Eaux & Forêts, art. premier, titre des bois appartenans aux Particuliers, enjoint indistinctement à tous, sans exception ni différence, de régler la coupe de leurs bois taillis au moins à dix années, avec reserve de faire baliveaux en chacun arpent.

Ainsi dans la coupe des taillis il faut toujours laisser seize baliveaux par arpent, pour croître en futaie, indépendamment des anciens.

La coupe des bois n'étant pas échue, & n'ayant pas été faite durant le mariage, & se faisant après qu'il est dissous, le mari ou la communauté en doit avoir sa part, à proportion du tems que le mariage a duré. Voyez M. le Brun en son Traité de la Communauté, liv. 1. ch. 5. n. 12. le Vest. art. 101. Charondas en ses Reponses, liv. 4. rép. 28.

Un pere qui a promis de garder son héritage à son fils, & de ne le point aliéner, ne peut couper les bois autres que ceux qui sont en coupe ordinaire. Berault, titre de succession en propre, art. 244 de la Coutume de Normandie, verbo, ledit héritage.

Si un Bénéficier décéde avant que la coupe d'un bois taillis dépendant de son Bénéfice ait été faite, elle doit être partagée entre les héritiers du précédent titulaire & son successeur, au prorata; parce que les fruits & revenus d'un Bénéfice se doivent percevoir par rapport au tems que les Titulaires en ont subi les charges suivant la maxime, que les revenus suivent les charges à proportion du tems qu'on les a subi.

Dixme des bois taillis qui est dûe; mais comme c'est une dixme insolite, la possession sur la plus grande partie de la Paroisse n'est plus suffisante; il faut la justifier spécialement sur la chose.

Le droit de tiers & danger fait ordinairement une preuve contre le droit de dixme; au contraire, le payement de la dixme est un argument d'exemption contre le tiers & danger, à moins qu'il n'y ait possession au contraire.

Le bois taillis prêt à couper est meuble; on peut, sans qu'il soit besoin de le décréter, le faire saisir & vendre, & des deniers en provenans être payé de son dû.

Il faut remarquer que par Arrêt du Conseil d'Etat du Roi, sa Majesté y étant, tenu à Meudon le 19. Juillet 1723. Elle a ordonné. ,, Que les Edits, ,, Arrêts & Reglemens, & notamment l'Ordonnance des Eaux & Forêts du mois d'Août 1669. ,, seront exécutés selon leur forme & teneur; en ,, conséquence, que tous les particuliers de quel- ,, que qualité & condition qu'ils soient, seront te- ,, nus, suivant & conformément ausdites Ordon- ,, nances, de ne couper à l'avenir aucuns bois ,, taillis, qu'ils n'ayent au moins l'âge requis par ,, l'Ordonnance de 1669. & de reserver seize ba- ,, liveaux par arpent lors de leurs coupes, outre

» ceux qui doivent avoir été retenus ès ventes pré- » cédentes, qu'ils ne pourront couper qu'ils n'ayent » atteint au moins l'âge de quarante ans; & à cet » effet d'en faire déclaration aux Greffes des Maî- » trises d'où ils sont ressortissans, avant de procéder » à ladite coupe, pour que les Officiers recon- » noissent la qualité & l'âge desdits baliveaux, à » peine de trois cens livres d'amende.

» Ordonne pareillement Sa Majesté ausdits Of- » ficiers, chacun en droit soi, de visiter les bois » desdits Particuliers pour reconnoître si la reserve » desdits baliveaux aura été faite, en dresser » leurs procès verbaux, & en cas de contraven- » tion les condamner aux peines portées par les » Ordonnances.

» Enjoint Sa Majesté aux Srs. Grands Maîtres » des Eaux & Forêts du Royaume de tenir exacte- » ment la main, chacun dans son département, à » l'exécution du présent Arrêt, qui sera lû, publié » & affiché par-tout où besoin sera, & exécuté » nonobstant oppositions ou autres empêchemens » quelconques, pour lesquels ne sera différé, & » dont, si aucuns interviennent, Sa Majesté se » reserve & à son conseil la connoissance, & icel- » le interdit à toutes ses Cours & autres Juges.

Au reste, la vente de la coupe d'un bois au pré- judice des Arrêts prohibitifs, est absolument nulle, & par conséquent n'oblige pas aux dommages & intérêts, non-obstant la promesse d'en faire jouir. Duperier, tome 2. pag. 485. édition de 1672.

Il nous reste à observer ici que le Roi prend entièrement les termes qui échéent pendant la re- glée des bois taillis vendus par les Bénéficiers, & que le successeur prend les termes qui échéent après son serment de fidélité; & enfin que les hé- ritages du défunt prennent les termes échus avant sa mort.

BOIS APPARTENANS AU ROI, ne peuvent être coupés ni vendus que suivant le Réglement qui en doit être arrêté au Conseil, ou sur Lettres Patentes bien & dûement regîtrées aux Parlemens & Cham- bre des Comptes, à peine de restitution du qua- druple de la valeur des bois vendus contre les Ad- judicataires, & contre les Ordonnateurs, de perte de leurs Charges, ainsi qu'il est porté en l'art. 1. du titre de la vente des bois, de l'Ordonnance des Eaux & Forêts.

Les adjudications des ventes de ces bois, tant en futaie que taillis, ne peuvent être faites que par les Grands Maîtres dans les Auditoires où se tient la Justice ordinaire des Eaux & Forêts, à peine de nullité & de dix mille livres d'amende contre le Grand Maître ou autre.

La coupe de ces bois doit être faite dans la quin- zaine du mois d'Avril, & le tems des vuidanges doit être réglé par le Grand Maître, à peine d'amende arbitraire & de confiscation des marchandises con- tre les adjudicataires.

Cependant si les Marchands étoient obligés par de justes considérations de demander quelque pro- rogation pour couper & vuider les ventes, ils doi- vent se pourvoir au Conseil, ainsi qu'il est dit en l'art. 40. & 41. de la même Ordonnance.

Les futaies doivent être coupées le plus bas que faire se peut, & les taillis abbatus à la coignée à fleur de terre, sans les écuisser ni éclater, en sorte que les brins de ceps n'excedent pas la superficie de la terre.

Les arbres doivent être abbatus de maniere qu'ils tombent dans les ventes sans endommager les arbres retenus, à peine de dommages & intérêts contre les Marchands ; article 43.

Le transport, passage, voiture ou flottage de ces bois, tant par terre que par eau, ne peut être empêché ou arrêté sous quelque prétexte de droits, travers, péages, pontonages, ou autres, par quelque Particulier que ce soit, à peine des dommages & intérêts des Marchands.

BOIS APPARTENANT AUX ECCLESIASTIQUES ET GENS DE MAIN-MORTE. Si ce sont bois de haute futaie, ils ne peuvent être coupés qu'en vertu des Lettres patentes bien & dûement enregistrées, à peine d'amende arbitraire envers le Roi & de restitution du quadruple de la valeur des bois coupés ou vendus.

Ces Lettres ne sont octroyées qu'en cas d'incendies, ruines, démolitions, pertes & accidens extraordinaires arrivés par guerre ou cas fortuit ; art. 5.

L'exécution de ces Lettres pour coupes extraordinaires, ne peut être faite que par le Grand Maître qui procede aux assiettes, martellages, adjudications & recollemens, avec les mêmes formalités observées pour les bois du Roi, & doit taxer les frais & droits des Officiers, & autres par lui employés, selon leur travail, dont ils sont payés sur le prix de l'adjudication ; art. 6.

Dans ces bois, les reserves doivent être faites comme dans ceux du Roi ; art. 7.

Pour parvenir à la coupe de ces bois, il faut que les Ecclésiastiques ou Gens de Main-morte fassent leurs remontrances au Grand Maître, lequel doit informer des causes & de la nécessité, doit visiter les lieux en présence du Procureur du Roi en la Maîtrise, & faire priser par Experts les reparations nécessaires, & envoyer au Conseil ès mains de M. le Controlleur général des Finances, le procès verbal qui contient au vrai la valeur, l'état & la qualité des bois qu'ils demandent permission de couper ; art. 5.

L'adjudicataire de ces bois doit consigner le prix ès mains d'un notable bourgeois, commis par le Grand Maître sur la nomination des Ecclésiastiques, Economes, Receveurs, Administrateurs, pour être payé à l'Entrepreneur, lequel n'est déchargé des reparations, qu'après avoir fait recevoir ses ouvrages par gens à ce connoissans.

Touchant les bois appartenans aux Ecclésiastiques & Gens de main-morte, voyez les Loix Ecclésiastiques par M. de Hericourt, quatrieme partie, ch. 4. Louet & Brodeau, lett. B., ch. 2. & le tit. 23. de l'Ordonnance des Eaux & Forêts du 13. Août 1669.

BOIS APPARTENANS A DES COMMUNAUTÉS D'HABITANS, sont ceux dont les Usages peuvent se servir pour chaufage, pour bâtir, pour clore, & pour outils de labourage, & ce dans les usages ordinaires d'une forêt.

Les usagers doivent donc se servir du bois en bons peres de famille, & n'en peuvent pas abuser en le vendant, ou en n'en faisant dégât par la trop grande quantité qu'ils en prendroient, ou en le transportant hors l'étendue de la Jurisdiction ; & ceux qui en abusent, doivent l'amende & la coignée. Du Fail, liv. 1. ch. 365.

Mais un usager n'est pas censé en abuser, lorsqu'il en prend pour son usage ordinaire, & pour employer au métier qu'il a embrassé & qu'il exerce publiquement. Ainsi par Arrêt rendu au Parlement de Dijon le 29. Mai 1586. rapporté par Taisand, sur l'article 6. du tit. 13. de la Coutume de Bourgogne, il a été jugé qu'un Pâtissier pouvoit prendre du bois commun, non-seulement pour son chauffage, mais encore pour faire cuire sa pâtisserie, & que ce n'étoit pas en abuser.

Celui qui a une maison en un Village, & granges qui supportent les charges, peut prendre du bois ès Communautés du Village, pourvu toutefois qu'il en use en bon pere de famille. Bouvot, verbo Communauté, quest. 35.

Ces bois ne peuvent être coupés & vendus, que de la même maniere que peuvent l'être ceux qui appartiennent aux Ecclésiastiques.

Dans la vente qui s'en fait, il faut nécessairement laisser le quart en propriété au Seigneur.

Touchant l'usage des bois entre le Seigneur & ses sujets, voyez Basset, tome 2. liv. 3. tit. 15. Salvaing en son Traité de l'usage des Fiefs ; Papon liv. 13. tit. 2. nomb. 1. Henrys, tom. 1. liv. 3. ch. 3. quest. 43. Chassanée sur la Coutume de Bourgogne, rubriq. 13. Coquille sur la Coutume de Nivernois chap. 17. & en son Institution au Droit François titre des bois & usages en iceux.

BOIS APPARTENANS AUX PARTICULIERS, ne doivent être coupés que tous les dix ans, s'ils sont taillis, avec reserve de seize baliveaux par chacun arpent : si ce sont bois de futaie ou baliveaux sur taillis, il faut en reserver dix sur les ventes ordinaires ; & ils ne peuvent être coupés, qu'ils n'ayent été vûs & visités par les Officiers des Maîtrises.

Peuvent néanmoins les particuliers disposer à leur profit de ces baliveaux, après l'âge de quarante ans pour les taillis, & de six-vingt ans pour la futaie.

La coupe de bois de futaie appartenant à des Particuliers, se peut faire en vertu d'une simple permission du Grand Maître, sans qu'il soit besoin pour cela des Lettres Patentes.

Pour ce qui est de l'exploitation d'iceux, on doit observer les mêmes formalités que pour ceux du Roi, aux peines portées par l'art. 2. tit. des ventes, de l'Ordonnance de 1669.

Comme c'est l'assemblage de plusieurs arbres qui fait une futaie, on ne met point au nombre des arbres de haute futaie, ceux qui sont plantés dans les haies à l'entour des héritages, quoiqu'ils soient anciens.

Les propriétaires des fonds où ils sont, peuvent les abbatre & les vendre sans aucune permission du Grand Maître des Eaux & Forêts ; & ils ne font point obligés de laisser aucuns balliveaux ni d'observer aucune forme dans l'exploitation qu'ils en font.

Lorsqu'il s'est commis quelque délit dans les bois des particuliers, les Officiers des Maîtrises en doivent connoître sans requisition ni prévention.

BOIS PAR RAPPORT AUX DROITS QUE LE ROI A DESSUS, se divise en bois tenus en grurie, grairie & ségrairie, par bois tenus en indivis, & en bois tenus à titre d'apanage, d'engagement, ou d'usufruit.

BOIS TENUS EN GRURIE, GRAIRIE ET SEGRAIRIE, sont ceux qui appartiennent aux particuliers très-fonciers, comme les ayant acquis, & possédés de toute ancienneté, sur lesquels il a été retenu par le Roi le droit de Justice, & tous les profits qui en procédent ; sçavoir, la chasse, paisson & glandée, privativement à tous autres, si à l'égard de la paisson & glandée il n'y a titre au contraire, suivant l'article 1. du titre des bois en grurie, de l'Ordonnance de 1669.

En certaines forêts, le Roi prend moitié des ventes ; en d'autres, le tiers & danger, pour l'exercice qu'il fait faire de la Justice sur ces bois par ses Officiers : c'est pour cette raison qu'il est défendu aux Domaniers & Très-fonciers, de vendre ni couper tels bois sans la permission des Officiers des Eaux & Forêts, suivant les Ordonnances de Charles V. de l'année 1376. art. 50 ; de Charles VI. à Vernon au mois de Mars 1388. & à Paris en 1402. art. 48. & encore celle de François I. de 1515. art. 62. & 65. de Charles IX. de 1553. & de Henri III. de 1583. art. 2.

L'Ordonnance de 1669, art. 2. du titre des bois en grurie, confirme ces anciennes Ordonnances en ces termes : *Les parts & portions que nous prenons hors de la coupe & usance des bois sujets aux droits de grurie & grairie, seront levés & perçus à notre profit en espéce où en argent, suivant l'ancien usage de chacune Maîtrise où ils sont situés, sans qu'il soit rien changé ni innové à cet égard ; & ne pourront être les bois de cette qualité vendus que par le ministere de nos Officiers, & avec les mêmes formalités que nos autres bois & forêts.* C'est ce qui assure le droit qui appartient au Roi sur ces ventes.

Tiers & danger, est donc le droit que le Roi prend sur les ventes & coupes des bois tenus en grurie, grairie, & ségrairie, lequel est réglé par l'art. 2. du titre des bois en grurie, de l'Ordonnance de 1669 ; voulant que le tiers & danger soit levé & payé suivant la Coutume ancienne, qui est de distraire au profit du Roi sur le total de la vente, soit en espéce ou en deniers, au choix du Roi, le tiers & la dixme. Par exemple, si l'adjudication est de trente arpens pour une somme de 300. livres, le Roi en aura dix arpens pour le tiers de trente, & trois pour la dixieme de la même quantité, qui seront treize arpens sur trente ; & si le Roi prend son droit en argent, il aura cent livres pour le tiers de 300. liv. & trente livres pour le dixieme de la même somme.

C'est ainsi que se leve le droit de tiers & danger. Mais les propriétaires de bois sujets à ce droit, peuvent suivant l'article 5. prendre par leurs mains pour leur usage du bois de neuf espéces, appellés mort bois, & le bois mort en cime & racine ou gisant. *Voyez* Bois mort.

À l'égard du bois mort, pour que les propriétaires ayent le droit d'en user, il faut que le bois soit entiérement mort & sec sans aucune verdure, suivant l'Ordonnance d'Henry II. de l'année 1514. art. 29. ce qui a été ainsi ordonné pour corriger l'abus de ce tems-là, qui étoit d'abattre les arbres quand ils avoient quelque branche séche en la cime quoiqu'ils eussent le cœur sein, & plusieurs branches vertes.

Il y a été depuis plus précisément remédié par l'art. 33. du titre de la police & conservation des bois, de l'Ordonnance de 1669. qui abroge toutes permissions & droit de feu, & toute délivrance d'arbres, perches, mort-bois sec & verd, pendant à tous Usagers, de telle condition qu'ils soient, de prendre & faire couper, & d'en enlever autre que gisant, nonobstant tous titres, Arrêts & priviléges contraires, à peine d'amende, restitution, dommages & intérêts, & de privation du droit d'usage.

C'est ainsi que se pratique l'usage accordé aux propriétaires des bois sujets aux droits de tiers & danger. *Voyez* Tiers & danger.

BOIS PAR INDIVIS, sont ceux qui appartiennent au Roi & aux Seigneurs ou autres particuliers qui ne sont point partagés, desquels il est parlé en l'art. 8. du titre des bois en grurie, de l'Ordonnance de 1669.

Cet article est conçu en ces termes : *Les droits de propriété par indivis avec autres Seigneurs, ne pourront, non plus que ceux tenus en grurie, grairie, tiers & danger, être donnés, vendus ni être aliénés, en tout ou en partie, ni donnés à ferme pour quelque cause & prétexte que ce soit ; renouvellant à cette fin les défenses portées par l'art. 10. de l'Ordonnance de Moulins, sans qu'à l'avenir tels droits puissent être engagés ou affermés ; mais leur produit ordinaire sera donné en recouvrement au Receveur des Bois ou du Domaine, dont ils compteront, ainsi que des deniers provenans des ventes de nos forêts.* Ce qui s'entend pour la part qui appartient au Roi.

Quand les bois par indivis appartiennent à des abbayes, le partage s'en fait entre l'Abbé & les Religieux. Quand ils appartiennent à des Ecclésiastiques, ou autres Gens de main-morte, le partage s'en fait entr'eux & les Particuliers qui y ont droit, & entre le Roi, pour la part qui peut lui appartenir.

BOIS TENU A TITRE D'APANAGE, D'ENGAGEMENT OU D'USUFRUIT, sont ceux qui font partie du Domaine de la Couronne, & qui sont actuellement possédés par des particuliers, mais qui doivent un jour retourner au Roi.

Les bois tenus à titre d'apanage doivent retourner au Roi au défaut d'enfans mâles des apanagistes.

Les bois tenus par engagement retournent au Roi après le tems de la jouissance expiré.

Ceux dont le Roi a donné l'usufruit à quelqu'un, retournent au Domaine après que l'usufruit est éteint.

Les bois tenus en grurie, grairie & ségrairie, ne sont pas de même nature ; car ils appartiennent en propriété aux Particuliers, à la charge des droits auxquels ils sont sujets envers le Roi comme nous avons dit ci-dessus.

Touchant les bois tenus à titre d'engagement ou d'usufruit, le Roi par un arrêt du Conseil du 24. Mars 1685. a Ordonné, conformément à l'Ordonnance du mois d'Août 1669. tit. des Bois engagés, art. 5. & 6. que les Engagistes usufruitiers & autres qui possedent des bois dépendans des Domaines de sa Majesté, soit à titre de concession ou d'aliénation, ne pourront à l'avenir faire abattre, couper ni disposer d'aucuns bois de futaies, arbres anciens, modernes, ou bailliveaux sur taillis, même de l'âge des bois réservés dans les dernieres ventes, ni des chablis & arbres des délits, des amendes, restitutions & confiscations qui en proviennent ; & ne pourront faire couper aucuns desdits arbres pour entretien & reparations de maisons, moulins & bâtimens dépendans desdits Domaines engagés, aliénés ou concédés à titre de douaire & usufruit, ou sous aucun prétexte que ce soit, qu'en vertu de Lettres patentes registrées aux Parlemens & Chambre des Comptes, sur les avis & procès verbaux des Grands Maîtres.

De plus, Sa Majesté leur ordonne, comme aussi aux Officiers des Maîtrises particulieres des Eaux & forêts, d'informer chacun en droit soit de contraventions faites ausdits art. 5. & 6. du tit. de Bois engagés, de ladite Ordonnance du mois d'Août 1669. Enjoint ausdits Grands Maîtres de tenir la main à l'exécution du présent Arrêt, & de le faire publier & enregistrer aux Siéges des Tables de marbre, & ès Maîtrises particulieres des Eaux & Forêts du Royaume.

BOISSELÉE, est une certaine mesure de terre. On se sert de ce mot pour signifier autant de terre qu'il en faut pour contenir la semence du grain qui peut remplir un boisseau.

BON MARIAGE, est celui qui ayant été précédé de sages reflexions & de bons conseils, est suivi d'un amour conjugal, mutuel & indissoluble jusqu'à la mort de l'un des conjoints.

Voyez ce que j'en dis, lettre M, *verbo* Mariage.

BONNE-FOI. Voyez Foi.

BONNET VERD, est une marque d'ignominie à laquelle sont condamnés ceux qui ont fait cession, pour faire connoître qu'ils ont perdu leur bien par leur folie, & pour les exposer à la risée du peuple ; & enfin pour avertir de ne point contracter avec un homme qui, par la cession qu'il avoit faite faisoit perdre à ses créanciers une partie de leur dû, qui est souvent très-considérable.

Cette cession, que l'on appelle *miserabile auxilium*, se fait par un débiteur de tous ses biens à ses créanciers, pour éviter la prison ou pour en sortir.

Ainsi la cession met un homme qui étoit obligé

par corps, à couvert de la rigueur de la prison, & fait que tant qu'il reste dans la misere, il ne peut être poursuivi pour le payement des dettes qui lui ont fait faire cession.

Celui qui fait cession est donc noté d'infamie, non pas de celle que l'on appelle infamie de droit, mais de celle que l'on nomme infamie de fait ; *quia ejus qui bonis cessit, pudor quadammodo sugillatur apud bonos &graves viros, ut rectè notat. Accursius ad leg. in princ. ff. de solut. & Cujacius ad Novell. 135. in princ.*

Outre cela, le bénéfice de cession ne s'accorde qu'à la charge de porter le bonnet verd, qui a été substitué à la place des anciennes formalités qui se pratiquoient en France à l'égard de ceux qui faisoient cession & abandonnement de biens. Voyez la Loi Salique, tit. 61, *de Chrenecudâ*, avec la note de l'illustre M. Bignon.

Le bénéfice de cession avoit été introduit chez les Romains par la Loi Julia, pour tempérer la Loi de douze Tables, qui rendoit les créanciers maîtres de la liberté & de la vie même de leurs débiteurs qui se trouvoient insolvables. Mais comme les cessions de biens devinrent trop fréquentes, on crut devoir en arrêter la trop grande facilité, par la crainte de la honte publique. Ainsi l'on s'avisa en quelques endroits d'Italie d'obliger tout cessionnaire de bien de porter un bonnet ou chapeau orangé, & à Rome un bonnet verd, pour marquer, dit Pasquier, en ses recherches, liv. 4. chap. 10. que celui qui fait cession de biens, est devenu pauvre par sa folie.

Cette peine ne s'est introduite en France que depuis la fin du seizieme siécle. Sur quoi il faut encore remarquer que la peine dont on punissoit les débiteurs qui faisoient cession, a été dans les premiers tems, différente, suivant l'usage qui s'étoit introduit dans quelques endroits du Royaume.

Guy-Pape, en la quest. 343. dit que de son tems la forme de faire la cession en la Ville de Lyon étoit de mettre le cessionnaire le cul nu en public sur une pierre qui étoit devant l'Auditoire : ce que Dubugnon, livre premier des Loix abrogées, ch. 116. dit n'être plus observé, & que de son tems la cession se faisoit en Jugement à jour de plaids, c'est-à-dire, conformément à l'Ordonnance de Louis XII. de l'an 1510. art. 70. qui veut que la cession se fasse à l'Audience à jours de plaids & iceux tenans, le débiteur desceint & tête nue, abandonnant sa ceinture à ses créanciers, parce qu'anciennement cette ceinture servoit de bourse.

Dans la suite l'usage s'est introduit de faire porter aux cessionnaires le bonnet verd & cela en vertu de l'Arrêt du 26. Juin 1682. en forme de Réglement, qui a condamné ceux qui ont fait cession de biens quoique sans fraude, à porter un bonnet ou chapeau verd, en le fournissant par les créanciers ; & que faute de le porter, les cessionnaires seront réintégrés dans les prisons.

Cet Arrêt a été rendu en la Grand'Chambre, Monsieur de Thou premier Président séant, & est confirmatif d'une Sentence du Juge de Laval du 9. Septembre 1580.

Nous avons plusieurs autres Arrêts rendus depuis qui ont admis les débiteurs à faire ceffion à la même charge, foit qu'ils fuffent tombés par leur faute dans l'indigence, foit qu'ils euffent perdu leurs biens, *non culpâ fuâ, fed fortûnæ ludibrio*. Et telle étoit la Jurifprudence qui avoit lieu du tems de M. Louet; car auparavant on ne condamnoit à porter le bonnet verd, que les débiteurs qui, par la diffipation de leurs biens, étoient tombés dans l'indigence, & non pas ceux qui, par des cas fortuits, avoient indépendamment de leur bonne conduite, affuyé la perte de leurs biens.

Cette Jurifprudence étoit fondée fur ce qu'il ne paroiffoit pas raifonnable qu'un bénéfice de droit notât celui qui avoit fouffert la perte de fes biens, fans qu'il y eût de fa faute, mais par un coup imprévu de la fortune, qui rend fouvent inutiles les prévoyances & les mefures des hommes les plus fages & les plus prudens.

D'un autre côté, l'on a depuis confidéré que fi l'on n'admettoit quelque diftinction entre les ceffionnaires à cet égard, la plupart des débiteurs feroient ceffion, dans l'efpérance de pouvoir éviter la honte de porter le bonnet verd fous de fauffes allégations de pertes de biens, furvenues par des accidens inévitables & imprévus.

C'eft par ces raifons que dans la fuite on a condamné à la rigueur toutes fortes de ceffionnaires, de quelque qualité qu'ils foient, & de quelque caufe que provienne leur déroute, à porter le bonnet verd, quand bien même les créanciers ne le requerroient pas.

Cette obligation de porter le bonnet verd regarde donc toute forte de ceffionnaires, fans aucune diftinction entre ceux qui par leurs prodigalités & leurs folles dépenfes ont diffipé tous leurs biens, & ceux qu'un malheur imprévû & infurmontable, a reduits dans une extrême pauvreté.

Cette obligation les aftreint à porter le bonnet verd, quelque jour que ce foit, & même les Dimanches & jours de fêtes, lorfqu'ils fortent de chez eux, en fe montrant en public; & faute par eux de le porter, le créancier qui les rencontre eft en droit de les faire mettre en prifon.

On a pourtant fait grace de cette ignominie aux femmes qui ont fait ceffion, *propter pudorem & infirmitatem fexûs, quandoquidem eas excufant, vetant, quæ eas cœtui publico demonftrari.*

Aujourd'hui, felon l'ufage qui s'eft introduit prefque par toute la France, les hommes qui ont fait ceffion ne font plus dans l'obligation de porter le bonnet verd fur leur tête; il fuffit qu'ils le portent fur eux, & qu'à la rencontre de quelqu'un de leurs créanciers ils puiffent, en cas qu'ils en foient par lui requis, le montrer & le mettre fur leur tête, & éviter par cette précaution la prifon.

Cependant l'ancien ufage de porter le bonnet vert fe conferve encore aujourd'hui dans quelques endroits du Royaume, comme il a été jugé au Parlement de Bordeaux par Arrêt du 15. Mars 1706. rapporté par Lapeyrere, lettre C.

Touchant cette matiere, *Voyez* M. Louet, let. C, fommaire 56. *Voyez* auffi Belordeau en fes

Obfervations forenfes, let. C, art. 10. & ce que j'ai dit, *verbo* Ceffion.

BORDAGE, eft un droit feigneurial fur une borde, loge, hôtel ou maifon baillée pour faire les vils fervices du Seigneur, laquelle ne peut être vendue, donnée ni engagée par les Bordiers ou débiteurs de ce droit.

BORDELAGE, eft un droit que les Seigneurs perçoivent en quelques pays, comme en Nivernois, fur le revenu des fermes & des métairies. Il confifte en trois chofes; fçavoir, argent, grain, & volaille, ou deux des trois. Il emporte directe Seigneurie. Ce droit a beaucoup de correfpondance avec les fruits, & eft proportionné au revenu de la métairie: en quoi il differe du cens, dont la preftation eft modique, & ne fe paye pas pour en entretenir le Seigneur, ni pour la perception des fruits, mais en reconnoiffance de la fupériorité de celui qui a le domaine direct.

Voyez Coquille fur le chap. 6. de la Coutume de Nivernois. *Voyez* auffi le même Auteur en fa quest. 276. & fuiv.

BORDELIERS. On donne ce nom aux héritages qui font chargés du droit de Bordelage.

Ces héritiers peuvent acquérir la qualité de propres, même relativement au Seigneur de qui ils relevent; mais quand après être revenus par fucceffion au plus proche parent de côté & ligne, fi ce parent, poffeffeur & propriétaire de cet héritage vient à décéder fans laiffer aucun héritier capable de poffeder cet héritage fuivant la Coutume du lieu où il eft fitué, cet héritage retourne alors au Seigneur bordelier, fans que la difpofition teftamentaire que le propriétaire de cet héritage en auroit faite, pût l'empêcher. C'eft ce qui a été jugé par Arrêt rendu en la troifieme chambre des Enquêtes le 7. Avril 1740. le Sieur de Corfi & fes cohéritiers s'étant pourvus contre cet Arrêt, fur leur Requête rapportée par M. Thirou d'Ouarville, Maître des Requêtes, il a été mis néant deffus le 20. Septembre 1741.

BORDEREAU, eft un mémoire des efpéces de monnoye dont on fait un compte ou un payement. C'eft donc un état de différentes fommes d'un compte qui doivent être tirées en lignes, & qu'on met toutes de fuite pour en avoir d'un coup d'œil le total.

Tous les comptes qui fe rendent à la Chambre des Comptes, doivent avoir leur bordereau.

BORNAGE. *V.* Bornes. *V.* Action de Bornage.

BORNES, font des marques qui féparent les héritages des Particuliers, ou les dixmages des Décimateurs, ou les Paroiffes, ou les Juftices des Seigneurs, & leurs territoires.

Quand un voifin empiete fur nos terres, on doit intenter contre lui l'action de bornage, dans laquelle on conclut à ce qu'il lui foit fait défenfes d'empieter à l'avenir fur fes terres, & que des bornes foient mifes entre les héritages, conformement aux anciennes, & que la Partie adverfe foit tenue de reftituer au demandeur tout ce qu'il a ufurpé, avec les fruits & les émolumens qu'il en a perçus. *Voyez* Action de bornage.

Lorfque

Lorsque cette action est intentée entre des Curés ou des Décimateurs, le demandeur conclut à ce que défenses soient faites à la Partie adverse de lever les dîmes ou de faire la fonction de Curé, sur telles terres & entels lieux que le demandeur soutient être dans sa Paroisse & dans son dixmage : & pour empêcher les entreprises de la Partie adverse, on demande que les bornes soient mises & plantées sur les confins des Paroisses & dixmages.

Il faut conclure de même, lorsqu'entre les Seigneurs il s'agit des confins de leurs Territoires & Seigneuries.

Les confins des héritages des Paroisses ou des Territoires se peuvent prouver de trois manieres, qui sont les bornes, les titres, & les témoins, comme je l'observerai, *verbo* Confins.

L'usage des bornes a été principalement introduit pour les héritages de la Campagne, où il n'y a point de bâtiment qui regle l'étendue ; car les bâtimens & les lieux clos de murailles, soit dans les Villes, soit à la Campagne, ont leurs confins par des anciens murs, ou mitoyens, ou propres à un seul des voisins.

Les héritages séparés par un grand chemin ne se confinent pas l'un l'autre. Ainsi les propriétaires de ces héritages n'ont pas à régler les bornes entr'eux, si ce n'est qu'un changement de chemin y donnât lieu.

Les ruisseaux qui ne sont pas à l'usage public, & qui sont propres aux Particuliers dont ils traversent les héritages, ne reglent pas leurs bornes ; mais chacun a les siennes, telles que le lui donne son titre ou sa possession.

Les emphitéotes, les usufruitiers, les engagistes, peuvent, de même que les propriétaires, exercer l'action pour régler les bornes avec les possesseurs des héritages voisins.

Touchant les entreprises qui se font en rémuant les bornes des héritages, voyez l'art. 131. de la Coutume de Troyes, & ce que le Grand a écrit dessus, où il traite de la punition de ceux qui sont coupables de ce délit. Voyez aussi les Loix Agraires de Justinien par Bertrand.

LA BOUCHE ET LES MAINS, en matiere de fiefs, signifie la foi & hommage accompagné du serment de fidélité, que le Vassal doit faire à son Seigneur ; autrement le Seigneur pourroit saisir le fief en pure perte des fruits pour le Vassal. La bouche est le baiser ; les mains sont les marques de l'union ; *Fœdus sit*, & *dextræ copulantur*. Le serment de fidélité est la foi. Voyez le Glossaire du Droit François, *verbo* Bouche.

Pour les fiefs échus par succession ou donation en ligne directe descendante, il n'est dû au Seigneur que la bouche & les mains, avec le serment de fidélité, quand le pere & mere ayeul ou ayeule, ont fait & payé les droits & devoirs en leurs tems.

Pareillement pour les fiefs échus en ligne directe, ascendante, il n'est dû au Seigneur du fief que la bouche & les mains, quand les descendans ausquels l'ascendant succede par succession ou donation, ont fait & payé les droits & devoirs en leur tems.

Tome I.

Voyez ce que j'ai dit sur les articles 34. & 26. de la Coutume de Paris.

Enfin il n'est dû au nouveau Seigneur que la bouche & les mains par l'ancien Vassal ; c'est-à-dire que quand la mutation vient de la part du Seigneur, celui qui a fait la foi & hommage au précédent Seigneur, & payé les droits, ne doit au nouveau Seigneur qu'une nouvelle reconnoissance de foi & hommage signifiée par la bouche & les mains ; & il n'est point tenu de lui fournir un nouvel aveu & dénombrement, si le nouveau Seigneur n'a une juste cause de la demander. Voyez ce que j'ai dit sur l'art. 66. de la Coutume de Paris.

BOURGAGES, sont les masures, manoirs & héritages situés ès Bourgs, qui sont tenus sans fief du Roi, ni d'autres Seigneurs du Bourg, qui gardent & payent les coutumes des Bourgs & les rentes aux termes accoutumés, sans qu'ils doivent autre censive ni redevance.

V le Glossaire du Droit François, v. Bourgage.

BOURGEOIS, sont les Habitans des Villes ; à la différence des Paysans & Villageois, qui habitent les Hameaux & les Villages.

Les Bourgeois sont du tiers état, & sont opposés aux Nobles & aux Gentils-hommes, qui sont du second ordre. Les Bourgeois sont appellés roturiers & doivent porter les charges de l'Etat ; au lieu que les Nobles jouissent de plusieurs priviléges & exemptions à cet égard.

Voyez Noblesse, terme sous lequel j'explique les principaux priviléges des Nobles, qui dénotent en quoi ils different des Bourgeois & Roturiers. Voyez Droit de Bourgeoisie.

BOURGEOIS DU ROI, sont ceux qui, quoique demeurans dans des Terres seigneuriales dont tous les habitans sont serfs du Seigneur, communement appellés gens de pot & de main-morte, sont exempts de cette servitude, au moyen de leur privilége qui les en exempte, & qui même en quelques endroits les soustrait de la Justice seigneuriale, & les rend justiciables du Juge royal en premiere instance.

Ce privilége de bourgeoisie royale n'a été introduit que pour quelques endroits de Champagne, où tout le peuple de la Campagne est de condition servile ; en sorte que si quelque forain venoit habiter la terre d'un Seigneur, il deviendroit son serf. Ainsi ceux qui viennent s'établir dans quelque lieu de cette Province, pour se soustraire à la servitude du Seigneur du lieu, ont recours au Roi ou à ses Officiers, qui leur donnent des Lettres de bourgeoisie & protection royale.

Par la Charte accordée aux Nobles de Champagne, par les Rois Philippe le Bel, Louis Hutin & Philippe le Long, publiée à Paris la veille de la Pentecôte de l'an 1315. Il est dit : » Que si » quelqu'un veut obtenir droit de bourgeoisie dans » un lieu, il doit se transporter au lieu dont il veut » être dit bourgeois, & là aller trouver le Magis- » trat ou son Lieutenant, & lui dire : Je vous sup- » plie, Monsieur, de m'accorder le droit de me » dire Bourgeois de cette Ville aux offres que je-

C c

» fais de faire les devoirs , & d'obferver les forma-
» lités néceffaires.

Pour jouir de ce droit , il faut demeurer dans le
lieu dont on fe dit Bourgeois du Roi , depuis la
Touffaint jufqu'à la Saint Jean d'Eté , & le refte
de l'année on doit fe trouver en la Ville royale
les bonnes Fêtes.

Voyez la Bibliothéque du Droit François , *verbo*
Bourgeois; & Loifeau dans fon Traité des Seigneuries, chap. 14. & dans fon difcours de l'abus
des Juftices de Villages.

BOURGEOIS de Paris, font ceux qui y
font actuellement demeurans, & qui y ont acquis
le droit de bourgeoifie. Ils jouiffent de plufieurs
priviléges très-avantageux.

I°. Ils ont celui de pouvoir poffeder des fiefs ,
quoique roturiers, fans payer au Roi le droit de
Francs-Fiefs , en quelque endroit du Royaume
que ces fiefs foient fitués.

II°. Ils jouiffent de l'exemption du ban & arriere-ban pour tous les fiefs & arriere-fiefs qu'ils
poffedent , en quelque Province du Royaume
qu'ils foient fitués , en juftifiant par eux de leur
bourgeoife en ladite Ville, par Lettres en bonne
forme.

III°. Ils ont la faculté de vendre le vin de leur
crû en la Ville de Paris , dans la maifon qu'ils y
habitent , en payant un certain droit , & en obfervant ce qui eft prefcrit par l'Ordonnance de
1680. qui eft rapportée dans le Dictionnaire des
Aydes, *verbo* Bourgeois de Paris.

IV°. Ils ont le privilége d'avoir la garde bourgeoife de leurs enfans , qui n'eft accordée qu'aux
Bourgeois de la Ville & Fauxbourgs de Paris , &
ne s'étend point aux Habitans des autres Villes ,
Bourgs & Villages de la Prévôté & Vicomté de
Paris, fuivant l'art. 267. de la Coutume de Paris ;
à la différence de la garde noble , qui eft accordée
par l'art. 265. au pere , mere , ayeul ou ayeule nobles , demeurans dans la Ville de Paris ou dehors.

V°. Les Habitans de la Ville de Paris ne peuvent être tirés hors de la Ville de Paris pour plaider en défendant; car quand ils font demandeurs ;
jure communi utuntur.

Ce privilége des Bourgeois de Paris eft fpécial ,
& déroge à la régle. *Actor fequitur forum rei* , qui
veut que le demandeur foit tenu de fuivre la Jurifdiction du défendeur , & de le faire affigner pardevant fon Juge Il eft vrai que ce privilége n'a
lieu que quand le Bourgeois de Paris eft défendeur , & non quand il eft demandeur : mais ce
qu'il a de particulier , & en quoi il confifte , c'eft
qu'il déroge au droit commun , & qu'il a lieu.

I°. Non-feulement dans les actions perfonnelles ,
mais auffi dans les actions réelles & mixtes ; &
même quand le bourgeois de Paris eft appellé en
garantie, & quand il eft affigné pour rendre compte
de tutelle ou autre adminiftration.

II°. Il a lieu non feulement en matiere civile ,
mais encore en matiere criminelle quoique l'art.
112. de la Coutume de Paris porte le contraire.

III°. Le Bourgeois de Paris ne peut pas être
empêché de fe fervir de fon privilége , pour quel-

que caufe & quelque privilége que ce foit , comme nous l'avons dit ci-deffus : d'où il s'enfuit
qu'il ne peut être tiré hors la Ville de Paris pour
plaider en défendant , ni en vertu du privilége accordé aux Ecoliers & Suppôts des Univerfités du
Royaume, ni même en vertu de celui qui eft accordé aux Marchands des Foires de Lyon, de
Champagne & , autres.

Touchant ce privilége des Bourgeois de Paris ,
voyez Bacquet des Franc-fiefs , chap. 10. & des
Droits de Juftice, chap. 8. nomb. 42. & fuivans:
& ce que j'ai dit fur l'art. 112. de la Coutume de
Paris , & les obfervations de M. le Camus.

BOURGEOIS, en terme de Marine, eft
celui qui eft le propriétaire d'un vaiffeau , foit
qu'il l'ait fait conftruire, foit qu'il l'ait acheté.

C'eft lui qui équipe le vaiffeau de tous fes appa-
raux , c'eft-à-dire de voiles , de cordages , & de
toutes les chofes qui font néceffaires pour faire un
voyage par mer , même de l'artillerie , à l'exception néanmoins de l'équipage & des vivres.

BOURGEOISIE , eft un droit qu'on acquiert par la réfidence actuelle dans une Ville depuis certain nombre d'années.

Ce droit confifte dans la jouiffance des priviléges qui font accordés aux Bourgeois defdites
Villes.

Il faut dans les Villes franches une demeure de
dix ans pour acquérir le droit de Bourgeoifie &
l'exemption de la taille.

Loyfel , liv. 1. tit. 1. régle 21. dit , *que le droit
de Bourgeoifie s'aquiert par an & jour , & par aveu ès
lieux où il y a des parcours & entreeours.*

Mais cette régle ne fe doit entendre que de la
maniere que l'a expliqué M. Lauriere ; c'eft-à-dire
qu'un ferf qui transfere fon domicile dans une terre dont les Habitans font libres , acquerra la liberté après qu'il y aura demeuré an & jour. Ainfi il
ne faut pas tirer de cette régle une conféquence ,
que hors ce cas , le droit de bourgeoifie s'acquiere
par an & jour.

Voyez M. Lauriere fur cette régle de Loifel , &
ce qu'il a dit dans fon Gloffaire , *verbo* Parcours.

BOURREAU , eft l'Exécuteur de la Haute Juftice , dont l'emploi eft de mettre à exécution les Jugemens de condamnation à peines afflictives.

L'office de bourreau eft très-infame; il n'y a que
des nations barbares qui en puiffent juger autrement.

Le Bourreau de Paris ne peut pas demeurer dans
cette Ville, à moins que ce ne foit dans la maifon
du Pilori , où fon logement lui eft donné par fes
provifions. Ainfi jugé par Arrêt du 31 Août 1709.
Voyez Exécuteur de la Haute-Juftice.

BOURSE , fignifie en quelque Ville le lieu où
s'affemblent les Marchands pour trafiquer leurs billets; & il y a dans ces endroits des lieux appellés la
grande & la petite bourfe.

BOURSE, en terme de Collége , eft une efpece
de bénéfice ou de fondation faite pour entretenir
de pauvres Ecoliers dans les études.

Ces bourfes font à la nomination des Fondateurs

ceux qui en jouiſſent ſont appellés Bourſiers , & ils ſont obligés d'aſſiſter à l'Office divin qui ſe fait dans le Collége. Les actions qui s'intentent pour les biens du Collége , ſe font au nom du Principal & des Bourſiers.

BOURSE COMMUNE , eſt un eſpéce de ſociété qui a lieu entre quelques Officiers , pour le regard d'une partie des droits qu'ils perçoivent de leur travail, ou à l'occaſion de leurs offices.

Ainſi ces Officiers entre leſquels il y a une bourſe commune, ont ordinairement un préciput de leur travail , & rapporte le ſurplus à la bourſe commune , pour être partagé entre tous les Confreres, ou pour payer les detres de la Communauté.

BOUTE-FEU. Voyez Incendiaires.

BOUTURE , eſt une branche ſéparée de l'arbre , qui étant plantée en terre, y prend racine.

B R

BRANCHE , ſe prend ordinairement pour le jet qu'un arbre pouſſe au-de-là de ſon tronc.

Cet mot , ſuivant M. Ménage , vient du Latin brancha. D'autres le dérivent de brachium , parce que la branche eſt comme le bras d'un arbre.

BRANCHE , en fait de généalogie eſt un portion des deſcendans d'une famille , qui a une origine commune.

On eſt accoutumé depuis long-tems à ſe ſervir de métaphore pour exprimer les généalogies. Les arbres de parenté qui ſe trouvent dans les Livres de Droit , peuvent avoir donné lieu à ces expreſſions métaphoriques.

Auſſi M. Charles Dumoulin, ſur l'article 32. de la Coutume de ſens , en parlant du mot Branche , s'explique en ces termes : Hæc vox nomen habet ab arbore , quam Juris Doctores excogitaverunt , ut gradus , ordo & ſtemmata cognationis intelligerentur.

Le pere commun de tous les deſcendans dont on veut compter les degrés entr'eux , eſt appellé la tige ou la ſouche commune ; ſes deſcendans ſont appellés les branches , & chacun d'eux en fait une différente. Par exemple , Titius a eu deux fils ; ſçavoir Primus , qui étoit l'aîné , & Secondus , qui étoit le puiné. Primus & ſes deſcendans forment la branche aînée. Secundus & ſes deſcendans forment la branche cadette.

Ainſi , de même que nous voyons dans les arbres une branche en former pluſieurs , de même auſſi chaque branche de parenté ſe peut diviſer en pluſieurs autres ; & alors , par rapport aux deſcendans de chaque branche en particulier ; le premier de la branche en devient la ſouche commune. On dit en termes de généalogie , la branche de l'aîné , & la branche des cadets.

BRANDON , eſt une marque qu'un Seigneur cenſier ou un créancier fait mettre à un héritage qu'il a ſaiſi , pour faire connoître qu'il eſt ſous la main & autorité de Juſtice.

Ces marques ſont différentes ſelon la diverſité des Coutumes. Ordinairement pour des héritages des champs , ce ſont des pieux fichés en terre , autour deſquels on attache un morceau de linge,

de drap , ou un bouchon d'herbe ou de paille.

Quant aux maiſons , en certaines Coutumes on dépend les portes , & on les met hors des gonds : en d'autres on pend une croix ſur la porte ou ſur le pignon de la maiſon ; & en d'autres on ſe ſert d'autres marques , qui ſont appellées brandons ou obſtacles , qui ſont des barreaux que l'on met aux portes.

De-là vient que brandonner ſignifie arrêter & ſaiſir les fruits pendans par les racines , pour arrérages de cens, comme en l'art. 74. de la Coutume de Paris.

Le Seigneur féodal ne ſe ſert point de telles marques pour faire connoître la ſaiſie qu'il a faite ſur le fief mouvant de lui , parce qu'il n'uſe pas d'une ſimple ſaiſie , mais d'une main miſe qui ſemble réunir le fief ſaiſi à la Seigneurie , par le moyen de laquelle il jouit lui-même du fief ſaiſi , ſans qu'il ſoit obligé d'y établir Commiſſaire , ſi ce n'eſt quand la ſaiſie eſt faite pour dénombrement non baillé. Voyez ce que j'ai dit ſur l'article 74 , de la Coutume de Paris.

BRAS SECULIER, eſt l'autorité , la main , ou puiſſance ; ou la force du Juge ſéculier, que l'on employe pour faire exécuter les Ordonnances du Juge d'Egliſe , ou pour faire ſubir à un Eccléſiaſtique , coupable d'un délit privilégié , les peines que l'Egliſe ne peut impoſer.

Le Juge d'Egliſe n'a pas le pouvoir de mettre à exécution ſes Sentences ſur les biens temporels de ceux qu'il auroit condamnés, ni d'impoſer de peines grieves , & qui aillent juſqu'à l'effuſion du ſang. D'où il s'enſuit ,

I°. Que le Juge d'Egliſe eſt obligé d'employer le bras ſéculier , c'eſt-à-dire le Juge royal , pour qu'il enjoigne à ſes Officiers de mettre à exécution les Ordonnances du Juge d'Egliſe : ce que le Juge royal eſt obligé de faire , ſans entrer en connoiſſance des oppoſitions qui pourroient être formées à leur aſſiſtance requiſe , qu'il doit envoyer au Juge d'Egliſe.

II°. Que quand un Prêtre détenu par le Juge eccléſiaſtique , eſt coupable de quelque crime énorme , le Juge eccléſiaſtique doit implorer le bras ſéculier.

Lorſqu'un Evêque ou ſon Official implore le bras ſéculier , il doit faire des Lettres réquiſitoires , & non préceptoriales ni de commende. Il n'en eſt pas de même du Juge royal à l'égard des Juges eccléſiaſtiques ; il peut leur adreſſer des Lettres de commende.

La raiſon eſt , que les Officiers royaux repréſentent le pouvoir du Roi qu'il leur a confié : ainſi ils ont par ce pouvoir la ſupériorité ſur eux en fait de Juriſdiction. Chopin , de ſacrâ Politiâ , lib. 2. tit. 2. num. 1. & 2.

Le Clergé a obtenu un Edit au mois d'Avril 1695. qui permet entr'autres choſes aux Juges d'Egliſes d'exécuter leurs décrets ſans aucune permiſſion du Juge royal, ſur ce qu'en attendant le Paréatis , l'accuſé s'évadoit.

Mais cette permiſſion accordée au Clergé , ne ſe doit entendre que pour les affaires de pure diſcipline & de ſimple correction des Eccléſiaſti-

C c ij

ques, comme M. l'Avocat général le Nain l'a dit un jour dans une Cause d'Audience.

Touchant le bras séculier, *voyez* ce qu'en a dit Brodeau, lettre B, somm. 11. nomb. 8. & ce que j'en dis ici, lettre D, en parlant du délit commun, & lett. J, en parlant du Juge ecclésiastique.

BREIL ou BREUIL DE FOREST, est un bois taillis, ou buisson fermé de murs ou de haies, dans lequel les bêtes ont coutume de se retirer. *Voyez* l'art. 36. de la Coutume d'Anjou, & l'art. 40 de la Coutume du Maine.

BREVET, est un acte passé pardevant Notaires, dont il ne reste point de minute : de-là on dit, obligation en brevet, procuration en brevet.

BREVET, se dit aussi d'un acte expédié par un Secrétaire d'Etat, qui porte la concession d'une grace ou d'un don que le Roi fait à quelqu'un.

BREVET D'APPRENTISSAGE, est un acte par lequel un particulier s'oblige à demeurer chez un Maître pendant un certain tems, pour apprendre un négoce, art ou métier, promettant de lui rendre les services convenables, & de lui payer une certaine somme en un seul ou plusieurs payemens.

Voyez ce que nous avons dit sur ce sujet dans la Science parfaite des Notaires, livre 9. chap. 3.

BRIGUE, signifie un désir ambitieux pour obtenir quelque Dignité ou quelque Charge, où l'on tâche de parvenir plus par adresse que par mérite.

Ce terme se dit aussi de la cabale qui est intéressée à soutenir plutôt un parti que l'autre dans une occasion.

BRIN, terme usité en fait d'Eaux & Forêts, signifie ce que l'on doit laisser lorsqu'on coupe le taillis ; sçavoir, les brins les plus hauts & les plus droits qui sont sur les couches, au nombre de seize par arpent, pour venir en haute futaie.

BRIS DE PRISON, est une effraction de prison, qui est un crime dans la personne même de celui qui seroit emprisonné sans cause légitime. Celui qui brise les portes des prisons pour en sortir, est plus punissable que celui qui en sort sans violence, les portes étant ouvertes par la négligence des Géoliers. *Leg.* 1. *de effractoribus ; leg.* 38. §. 11. *ff. de pœni.*

En France, la peine du bris de prison est arbitraire, & dépend des circonstances, qui rendent ce crime plus ou moins grave.

Ainsi celui qui étoit injustement détenu en prison, & qui en est sorti par force & par effraction, est moins puni que s'il eut été emprisonné justement ; Papon en ses Arrêts : liv. 23. tit. 2. art. 1. mais, quoiqu'innocent, il doit toujours être puni pour le bris de prison. *Leg.* 13. *cod. de custod. & exhib. error, leg.* 13. §. 5. *de re milit.*

Le bris n'est pas un cas prévôtal, mais royal, dont la connoissance appartient au Lieutenant criminel, à la charge de l'appel, comme il a été jugé par Arrêt rendu au Grand Conseil le 20. Décembre 1714. rapporté par M. Brillon, *verbo* Bris de prison.

Bornier, sur l'art. 25. du tit. 17. de l'Ordonnance de 1670. dit, qu'on procede contre ceux qui

ont brisé les prisons, de même qu'on procede contre ceux qui ont confessé le crime dont ils étoient accusés.

Cela ne me paroît pas soutenable, & les Loix que cite cet Auteur n'en disent rien. La fuite d'un homme soupçonné de crime, donne à la verité quelque prévention contre lui qu'il en est coupable, mais elle ne sert pas de preuve, comme nous dirons, *verbo* Contumace, & je tiens qu'il en est de même du bris de prison : au lieu que la confession, quoiqu'elle ne soit pas une conviction parfaite, charge néanmoins l'accusé, & est une semi-preuve qui contribue à le faire condamner quand elle est accompagnée d'autres preuves & adminicules : ce qui n'auroit pas lieu dans le cas du bris de prison, puisqu'il ne fait pas une semi-preuve, & qu'il n'en peut naître tout au plus qu'un préjugé.

Un homme qui avoit été condamné à mort sur l'appel de ce Jugement, ne fut condamné qu'aux Galeres à perpétuité. Ayant été renvoyé dans les prisons de la Haute-Justice d'Harcourt, il rompit & brisa ses fers. Peu de tems après, ayant été repris, il fut condamné à mort.

Sur l'appel de ce dernier Jugement, il a été jugé au Parlement de Rouen, qu'il n'avoit pû qu'être restitué à la peine des Galeres, sans être livré à une plus grande.

Quelques-uns des Juges dirent qu'il falloit, à cause du bris de prison, augmenter sa peine, qui ne pouvoit être moindre que la mort.

D'autres estimerent que, quoique le bris de prison aide à convaincre l'accusé de son crime, il falloit néanmoins suivre le Jugement qui avoit été précédemment rendu contre lui, & par lequel il n'avoit été condamné qu'aux Galeres.

Ils appuyerent leur décision sur ce qu'il falloit excuser celui qui n'avoit point fait d'autre mal que de chercher sa liberté ; & qu'ainsi c'étoit assez que de le restituer à la peine des Galeres, à laquelle il n'avoit pas eu grand tort de tâcher de se soustraire.

L'Arrêt fut rendu conformément à cette derniere opinion au Parlement de Rouen, le 6. Juillet 1633. & est rapporté par Basnage sur l'art. 143. de la Coutume de Normandie.

Touchant le bris de prison, *vide Julium Clarum, lib. 3. Sententiarum, §. ult. quæst. 21. num. 27. Guidonem Papam, quæst. 253. Voyez* aussi Papon, liv. 23. tit. 2. Imbert, liv. 2. de ses institutes forenses, ch. 3. Masuer, tit. des Peines, nomb. 16. Despeisses, tom 2.

BRIS DE MARCHE', est le vol des marchandises que l'on porte au marché, ou le monopole, afin d'empêcher la bonne vente au marché, ou quand quelqu'un avec port d'armes empêche les Marchands d'aller au marché ou à la foire, ou bien quand on empêche le payement du péage.

BRISE'ES, en terme d'Eaux & Forêts, sont les branches que l'on coupe dans un bois pour marquer les limites & les bornes des coupes.

BROSSAILLES ou BROUSSAILLES, sont de méchans bois qui ne profitent point, touffus de buiſſons, genêts, épines, bruyeres, ronces & autres pareilles ſortes de bois qui croiſſent dans les forêts.

BROUILLARD, eſt une eſpece de Livre de Banquier, ſur lequel il met confuſément & ſans ordre les Parties à meſure qu'il les paye, & écrit toutes les affaires de la Société, pour être miſes au net.

BROUT, ſignifie la pâture que les bêtes fauves trouvent dans les jeunes taillis qui repouſſent.

BROUTILLES, ſont les menues branches qui reſtent dans les forêts, après qu'on a retranché le bois de corde, & qui ſervent à faire des fagots.

BRU, eſt un terme d'alliance rélatif au pere & à la mere d'un fils, à l'égard deſquels la femme qu'il a épouſée s'appelle leur bru ou leur belle-fille.

BRUIT PUBLIC, eſt la commune renommée, laquelle fait bien quelque commencement de preuve, mais non pas une preuve complette ni même ſuffiſante pour faire mettre à la queſtion celui qu'elle chargeroit d'un crime, à moins qu'elle ne fût jointe à de violens indices; ce qui dépend des circonſtances. Voyez Commune renommée.

BRUYERES, ſont des terres incultes, qui ne produiſent que des genêts & autres arbres ſauvages.

BU

BUISSON, eſt un petit bois qui croît dans les forêts & les campagnes, & qui eſt rempli ſouvent de ronces & d'épines.

Quand un bois ne contient que trente ou quarante arpens, les Maîtres des Eaux & Forêts ne l'appellent qu'un buiſſon.

BULLE, eſt une expédition de Lettres en Chancellerie Romaine, ſcellée en plomb, qui répondent aux Edits, Lettres patentes, & Proviſions de Princes temporels.

BULLETIN, eſt un ordre que donnent des Echevins ou Magiſtrats d'une Ville, pour loger des Soldats, pour faire des corvées, ou pour obliger les bourgeois à quelqu'autre charge publique.

Ce terme ſe dit auſſi des certificats de ſanté qu'on va prendre en tems de peſte, pour avoir libre entrée dans les lieux où l'on veut aller.

BUREAU, terme général qui a pluſieurs ſignifications. Il ſignifie quelquefois le lieu où ſe fait la ſecrette des impôts. Ainſi les lieux où l'on paye les droits à l'entrée des Villes, ſont appellés bureaux d'entrée.

Ce terme ſignifie auſſi quelquefois le lieu où ſe levent les expéditions des Secrétaires d'Etat.

Il ſignifie auſſi une Juriſdiction de certains Juges qui n'ont été établis que pour connoître de quelques affaires particulieres. Telle eſt la Juriſdiction des Prévôts des Marchands & Echevins de la Ville de Paris, que l'on nomme ordinairement le Bureau de la Ville. Voyez Hôtel-de-Ville.

Telle eſt auſſi la Juriſdiction des Tréſoriers de France, que l'on appelle communement Bureau des Finances. Voyez Tréſoriers de France.

Bureau ſe dit auſſi des aſſemblées des Juges qui travaillent à juger des procès.

Enfin les lieux où l'on traite les affaires de Communautés, ſont appellés Bureaux.

BUREAU DE L'ECRITOIRE, eſt le lieu où les Jurés & les Greffiers de l'Ecritoire s'aſſemblent pour aller toiſer & faire les viſitations, ou bien pour arrêter & ſigner une partie des rapports. Voyez ce que j'ai dit ſur l'art. 185. de la Coutume de Paris.

BUREAUX DES GREFFES ET CONTROLLES DES GENS DE MAIN-MORTE POUR LES COMMUNAUTE's, ſont des Bureaux où les Gens de main-morte ſont obligés de faire enregiſtrer la déclaration de tous leurs biens & revenus, ſuivant les Edits & Réglemens qui l'ont ainſi ordonné.

Les locataires des biens appartenans à Gens de main-morte, ſont auſſi obligés d'y faire enregiſtrer leurs baux; & ſi le bail n'eſt que verbal, ou s'ils ne jouiſſent que par tacite reconduction, les locataires ſont tenus d'en faire une déclaration, concernant la qualité des biens qu'ils tiennent à loyer, le prix qu'ils en payent par chacun an; laquelle déclaration ils doivent affirmer véritable au Bureau deſdits Greffes & Controlles, & la renouveller tous les trois ans. Voyez les Edits du mois de Décembre 1691. & d'Octobre 1703.

BUREAUX ECCLESIASTIQUES. Voyez Chambres eccléſiaſtiques.

BURSAL, eſt une épithete que l'on donne aux Edits que le Prince fait pour tirer de l'argent de ſes Sujets dans les beſoins preſſans de l'Etat.

BUVETTE. Par un Arrêté du mois de Février 1524. il a été ordonné par les Chambres des Enquêtes, que dorénavant pour les Chambres des Enquêtes il y auroit pain & vin, comme il y en avoit pour la Tournelle & la Grande Chambre.

C

CAABLES, ès Ordonnances des Eaux & Forêts, font bois versés & abbatus par l'impétuosité des vents. Les Bénéficiers ne peuvent en prendre que pour leur usage, comme usufruitiers : le reste demeure à l'Eglise.

CABANNARIA, est une ferme ou métairie, comme dit Salvaing en son traité des Droits des fiefs, chapitre quatre-vingt-dix-sept.

CABARETIERS, n'ont point d'action pour le vin vendu chez eux en détail & par assiette, suivant l'art. 128. de la Coutume de Paris, & le 535e. article de la Coutume de Normandie.

CACHET, est un petit sceau qui porte une gravure particuliere de quelques armes ou chiffres, qu'on imprime sur de la cire ou sur du pain à chanter, pour empêcher qu'on n'ouvre un paquet fermé & marqué de cette empreinte.

Les anciens n'avoient point d'autres cachets que leurs anneaux, qui portoient des pierres gravées.

Suivant les Loix Romaines, l'apposition des cachets étoit absolument requise pour la validité d'un testament fait par écrit, comme nous avons dit sur le §. 4. du tit. 10. du second livre des Institutes ; mais cette formalité n'a point été reçue en France, même dans les Pays du Droit écrit. Ainsi jugé par Arrêt rendu au Parlement de Paris le 20. Juin 1659. rapporté dans le second tome du Journal des Audiences, liv. 2. chap. 30. *Voyez* Thevenau en son Commentaire sur les Ordonnances, au titre des Testamens ; & Henrys, tom. 2. liv. 5. quest. 39.

En France, on ne signoit point autrefois les actes que l'on passoit pardevant Notaires ; les Parties y mettoient seulement leurs cachets, parce que peu de personnes sçachant écrire dans les premiers tems, les sceaux & les cachets étoient plus aisés à reconnoître, que n'eût été la signature parmi des gens qui ne sçavoient pas écrire. Loiseau, liv. 2. des Offices, ch. 4.

Mais les inconveniens qui sont arrivés de cet abus, ont fait que la signature des Parties a, par les Ordonnances de nos Rois, succédé à cette apposition de cachets des Parties.

Voyez le chap. 14. du premier livre de la Science des Notaires. *Voyez* ce que je dis ici, *verbo* Sceau & *verbo* Signature.

CACHOT, est un lieu souterrain, noir & obscur, qui est au-dessus du rez-de-chaussée d'une prison, où l'on ne met que les criminels condamnés ou accusés de grands crimes, ou qui font rebellion dans la prison. En un mot, c'est un sépulchre funeste où l'on envoye des hommes vivans &

où l'on ne gîte que sur la paille.

L'art. 19. du titre 13. de l'Ordonnance de 1670. fait défenses aux Géoliers de mettre les prisonniers dans les cachots & dans les fers sans Ordonnance du Juge, à peine de punition corporelle.

L'article 21. du même titre enjoint aux Géoliers de visiter au moins une fois par jour les prisonniers qui font dans les cachots, & de donner avis aux Procureurs du Roi, & à ceux des Seigneurs, de ceux qui seront malades, pour être visités par les Médecins & Chirurgiens ordinaires des Prisons, s'il y en a, sinon par ceux qui seront nommés par le Juge, pour être, s'il est besoin, transférés dans les chambres pendant le tems que leur maladie durera.

CADASTRE, signifie en quelques lieux un papier terrier.

Ce terme signifie aussi le registre public qui sert à l'assiette des tailles dans les lieux où elles font réelles comme en Provence & en Dauphiné.

Ce registre contient la qualité, l'estimation, & le nom des propriétaires des fonds de chaque Communauté ou Paroisse. *Voyez* Boniface, tom. 2. part. 3. tit. 4. & tom. 5. livre 6. titre 6. *Voyez* aussi le Dictionnaire de Trevoux, *verbo* Cadastre.

CADAVRE, est le corps d'un homme mort.

Ce mot est tiré du Latin *cadaver*, qui vient du verbe *cadere*, qui signifie choir, tomber.

Quand on trouve un cadavre, il faut appeller les Officiers de Justice, afin qu'ils dressent un procès verbal de l'état où ils l'ont trouvé.

Ce procès verbal doit faire mention, I°. de ses hardes, & de ce qui se trouve sur lui, que l'on dépose au Greffe. II°. Il doit contenir la description du corps & des blessures, s'il y en a.

Ce procès-verbal fait, le Juge lui appose au front le sceau de la Jurisdiction, pour marquer la Jurisdiction qui a prévenu ; après quoi le Juge fait porter le corps en la géole de la Jurisdiction.

Il est du devoir du Juge de le faire visiter par les Chirurgiens, pour sçavoir s'il est mort d'accident, ou s'il s'est tué lui-même avec armes, ou autrement ; s'il s'est précipité ou empoisonné, ou s'il s'est fait mourir de quelque maniere que ce soit.

Quand il y a lieu de croire que celui dont on trouve le cadavre, s'est tué lui-même, par rapport au lieu & à l'état où on l'a trouvé, & par rapport au procès verbal des Chirurgiens, on lui fait son procès en la maniere qui suit.

Le Juge d'abord fait informer à la requête du Procureur du Roi, ou du Procureur Fiscal, de la vie & mœurs de celui qui s'est tué ; s'il étoit furieux & insensé, ou malade de fiévre chaude, &

de la caufe pour laquelle il s'eft défait.

Le Juge doit enfuite lui nommer d'office un cu-rateur ; enforte néanmoins que s'il fe préfente quelque parent du défunt pour en faire la fonc-tion , il le doit préferer , fuivant l'art. 2. du titre 22. de l'Ordonnance criminelle de 1670.

On nomme un curateur au cadavre, afin qu'il ne foit pas condamné fans être entendu , & auffi pour la validité des procédures. C'eft pour cela qu'il doit être plutôt appellé curateur en caufe , que curateur au cadavre.

Comme le corps, la mémoire & les biens font aux prochesparens & héritiers du défunt , & que, pour les priver de l'hérédité il les faut ouir, à plus forte raifon le faut-il pour priver leur parent de la fépulture, en condamnant fa mémoire ; puifqu'ou-tre que l'injure qui eft faite en ce cas au défunt les regarde , ils font encore privés de fa fucceffion.

Le curateur qu'on nomme au cadavre doit fça-voir lire & écrire, accepter la charge à laquelle il a été nommé, & prêter le ferment de bien & fi-délement défendre le cadavre ou fa mémoire.

Enfuite le juge doit inftruire le procès en la forme ordinaire , le curateur étant débout feulement , & non fur la fellette, lors du dernier interrogatoire. Il fera employé en cette qualité dans toute la procédure jufqu'au Jugement définitif exclufive-ment : enforte que la condamnation ne fera pas rendue contre lui, mais contre le cadavre, ou la mémoire du défunt feulement , fuivant l'art. 3. du même titre.

Par l'art. 4. le curateur peut interjetter appel de la Sentence rendue contre le cadavre ou la me-moire du défunt ; il peut même y être obligé par quelqu'un des parens du défunt , lequel en ce cas eft tenu d'avancer les frais pour ce néceffaire.

L'appel peut être interjetté lorfque le curateur ou les parens du défunt prétendent que par la Sentence le cadavre a été injuftement condamné ; comme fi le curateur avoit allegué & juftifié que celui qui fe feroit défait , étoit furieux ou infenfé, ou malade de fiévre chaude, & que le Juge n'y eût eu aucun égard.

Les cas aufquels le Juge doit faire le procès au cadavre, ou à la mémoire d'un défunt, font le crime de léze-Majefté divine ou humaine , le duel , l'homicide de foi-même , ou la rébellion à Jufti-ce avec force ouverte , dans la rencontre de la-quelle il auroit été tué, fuivant l'art. 1. du même titre. Voyez auffi l'art. 13. de l'Edit des Duels.

CADAVRE DES CRIMINELS qui ont été exécutés & mis à mort, font ordinairement pri-vés de la fépulture. Voyez ci-après Corps des cri-minels exécutés & mis à mort.

CADET , eft un fils puîné qui a un frere né avant lui. Ainfi cadets font les enfans d'une même famille, qui ont un aîné.

Cadet fe dit auffi par rapport au puîné des au-tres freres qui font moins âgé que lui. Ainfi le fe-cond fils dira d'un troifiéme que c'eft fon cadet , le troifiéme du quatriéme , &c.

Mais par rapport au droit d'aîneffe , tous les puînés font appellés cadets relativement à leur

frere qui eft né avant eux, & à qui feul appar-tient le droit d'aîneffe.

Comme le droit d'aîneffe appartient à celui qui fe trouve l'aîné lors de la mort de l'afcendant , il arrive fouvent qu'un cadet devient l'aîné.

Voyez Droit d'aîneffe.

CADUC , en terme de Jurifprudence , fe dit d'une inftitution d'héritiers d'un legs , qui font vaquans & ne peuvent avoir d'effet. Voyez Difpo-fitions caduques.

CAHIER , eft un affemblage de plufieurs feuil-les de papier , qui ne font point reliées enfemble.

CAHIERS , fignifient les demandes & re-montrances faites au Prince par les affemblées du Clergé , ou par celles des Etats de Bourgogne , de Bretagne, de Languedoc, de Provence, &c. qui envoyent des Députés , pour préfenter les cahiers au Roi au nom de toute la Province.

CAISSE , fignifie l'argent qu'un Financier a chez lui en dépôt , ou qu'il négocie.

CAISSE DES EMPRUNTS , eft un Bureau qui fe tient à Paris, où portent leur argent ceux qui veulent le faire profiter , & d'où ils le peu-vent retirer quand ils veulent.

Ce commerce eft fouffert pour faciliter l'ex-ploitation des Fermes du Roi.

Il y a une Déclaration du 11. Mars 1702. portant réglement pour l'établiffement d'une caiffe d'Em-prunt à raifon de huit pour cent d'intérêts. Depuis par une autre Déclaration du 23. Mars 1705. l'in-térêt a été réglé au denier dix.

Celle du 22 Février 1706. permet aux étrangers non naturalifés , même à ceux qui font demeu-rans dans le Royaume , de porter leurs deniers à cette Caiffe, fans être fujets au droit d'aubaine.

Celle du 14. Octobre 1710. reduit les intérêts des promeffes de la Caiffe des Emprunts à cinq pour cent.

Le Roi a donné deux autres Déclarations con-cernant le rembourfement des promeffes de la Caiffe des Emprunts. La premiere de ces Décla-rations eft du 3 Octobre 1713. & l'autre du 15. Décembre 1714.

CAISSIER , eft un Commis comptable nommé par une Compagnie, ou par quelque Ban-quier ou Tréforier , pour recevoir les deniers qui lui font remis, pour en rendre compte , & payer fur les mandemens qui lui font envoyés.

CALCUL , eft une fupputation de plufieurs fommes ajoutées , ou fouftraites , ou multipliées , ou divifées.

L'erreur qui fe rencontre dans une telle fupputa-tion, ne fe couvre jamais. Voyez erreur de calcul.

CALENDRIER , eft la defcription de tous les jours de l'année , pour marquer les fêtes , cé-rémonies & autres particularités.

Ce mot tire fon origine du mot *calendæ* , qui étoit le nom du premier jour du mois , auquel jour les Romains s'affembloient dans les Temples , pour apprendre des Pontifes qu'elles étoient les Fêtes qui tomboient dans le mois , & quels jours il falloit les folemnifer.

Quoiqu'en France, l'ancienne maniere de compter les jours des mois chez les Romains , ne foit point obfervée , nous avons cru cependant qu'il ne feroit point inutile de l'ajouter ici , parce qu'on s'en eft fervi dans les anciens titres , & qu'elle eft encore en ufage dans les expéditions de Cour de Rome.

Les Romains divifoient leurs mois en trois par-ties , & comptoient tous les jours des mois par rapport à ces trois parties principales. La premiere s'appelloit *Calendæ* ; la feconde *Nonæ* ; la troifiéme *Idus*.

Les Calendes étoient toujours le premier jour du mois. Quelques-uns dérivent ce mot *Calendes* du mot Καλῶ , qui fignifie appeller ; parce que dans les premiers tems de Rome , où les mois étoient pure-ment lunaires , & commençoient avec la nouvelle Lune , c'eft-à-dire dès l'inftant qu'elle apparoiffoit , le Prêtre qui étoit chargé d'en faire l'obfervation , dès l'inftant qu'il s'appercevoit , difoit ces mots : *Te colo , Luna* , ou *Juno novella , Maorob ;* & en confé-quence faifoit affembler le Peuple pour lui annon-cer le jour des Nones & des Ides qui varioient.

Les Nones étoient tantôt le cinq & tantôt le fept. Le jour des Calendes , les Prêtres annonçoient auquel des deux jours les Nones devoient arriver. Auparavant les réformations des Calendriers , c'é-toit fur leurs Obfervations aftronomiques , fans au-cune régle fixe , qu'ils déterminoient les Nones à l'un des deux jours. Numa Pompilius ayant réfor-mé le Calendrier , & l'ayant ajufté à l'année folai-re , & mis quelques mois de trente-un jours , les Nones furent fixées au 7. dans les mois de trente-un jours.

Ce Roi n'en établit d'abord que quatre de trente-un jours , qui font Mars , Mai , Juillet , Octobre. Jules-Céfar , en reformant le Calendrier , mit un trente-uniéme jour à trois autres mois , fçavoir , Janvier , Août & Décembre.

Cependant Jules-Cefar ne jugea pas à propos de changer le jour des Nones dans ce mois-là.

Ainfi , quoique ces trois mois foient de trente-un jours , les Nones s'y trouvent le cinq , de même que dans tous les autres mois qui n'ont pas trente-un jours.

Les Ides font toujours huit jours après les No-nes. Ainfi dans les mois où les Nones font le fept , les Ides font le quinze ; & dans ceux où les No-nes , font le cinq , les Ides le treize.

C'eft par rapport à ces trois époques principales , que les Romains comptoient tous les jours des mois. Les jours fe comptoient par le rapport qu'ils avoient à l'une de ces époques qui devoient arriver. Par exemple , *tertio Calendas* , ne fignifie pas le troi-fiéme jour après les Calendes , mais le troifiéme

jour avant les Calendes. Ainfi du refte à proportion. Nous allons reduire toutes ces obfervations en principes plus aifés à comprendre.

Les Calendes dans tous les mois de l'année font le premier jour ; dans les quatre mois de Mars , Mai , Juillet & Octobre , les Nones font le fept , & les Ides le quinze ; dans tous les autres mois les Nones font le cinq , & les Ides le treize.

Dans les mois où les Nones font le fept , le fecond jour du mois eft marqué par *fexto Nonas* , & les jours fuivant , jufqu'au fept , toujours en dimi-nuant; quand les Nones font le cinq , le fecond jour du mois eft *quarto Nonas*. Les jours qui précédent les Ides fe fupputent à proportion. Le lendemain des Ides eft compté des Calendes du mois fuivant.

Dans les quatre mois de trente-un jours qui ont les Ides au quinze , le feize du mois eft *decimo feptimo Calendas Aprilis* , fi c'eft dans le mois de Mars , & ainfi des autres. Dans les trois mois de trente-un jours qui ont les Ides au treize , le qua-torze du mois eft *decimo-nono Calendas*.

Dans les quatre mois de trente jours , le qua-torze du mois eft *decimo octavo Calendas*. Dans le mois de Février qui n'a que vingt-huit jours , le quatorze du mois eft toujours *decimo-fexto Calen-das*; le jour intercalaire de l'année biffextile n'y change rien , parce que ce jour ne tombe qu'après le vingt-quatre de ce mois , qui eft *fexto Calendas* que l'on compte deux fois ; & c'eft la raifon qui le fait appeller biffextile.

Des douze mois de l'année , nous en avons fept qui ont trente-un jours , fçavoir , Janvier , Mars , Mai , Juillet , Août , Octobre & Décembre.

Nous en avons quatre qui n'ont que trente jours , qui font Avril , Juin , Septembre & Novembre.

Enfin il y en a un , qui eft Février , qui n'a que vingt-huit jours , fi ce n'eft dans l'année biffexti-le , où il y en a vingt-neuf.

Suivant ce que nous avons dit ci-deffus , Mars , Mai , Juillet & Octobre font réglés de la même maniere dans le Calendrier Romain , par rap-port aux Calendes , aux Nones & aux Ides.

Trois autres fe réglent d'une autre maniere , fçavoir , Janvier , Décembre & Août.

Quatre autres mois fe reglent auffi d'une autre maniere qui font Avril , Septembre , Juin & No-vembre.

Enfin le mois de Février fe regle d'une maniere qui lui eft particuliere.

On donne ordinairement le Calendrier Ro-main en quatre colonnes , felon la maniere dont fe reglent les mois ; & c'eft ce que nous allons faire.

MARS.	MAY.
JUILLET.	OCTOBRE.

1. CALENDIS.
2. VI. NONAS.
3. V.
4. IV.
5. III.

6. Pridie NON.
7. NONIS.
8. VIII. Idus.
9. VII.
10. VI.
11. V.
12. IV.

13.

13. II.	28. V.
14. Pridie I D.	29. IV.
15. IDIBUS.	30. III.
16. XVII. Cal.	31. PRIDIE Cal.
17. XVI.	
18. XV.	
19. XIV.	**AVRIL. SEPTEMBRE.**
20. XIII.	**JUIN. NOVEMBRE.**
21. XII.	
22. XI.	1. CALENDIS.
23. X.	2. IV. NONAS.
24. IX.	3. III.
25. VIII.	4 Pridie NON.
26. VII.	5. NONIS.
27. VI.	6. VIII. Idus.
28. V.	7. VIII.
29. IV.	8. VII.
30. III.	9. V.
31. PRIDIE Cal.	10. IV.
	11. II.
	12. PRIDIE I D.
JANVIER. DECEMBRE.	13. IDIBUS.
AOUST.	14. XVIII.
	15. XVII.
. CALENDIS.	16. XVI.
1. IV. NONAS.	17. XV.
2. III.	18. XIV.
3. Pridie NON.	19. XIII.
4. NONIS.	20. XII.
5. VIII. Idus.	21. XI.
6. VII.	22. X.
7. VI.	13. IX.
9. V.	24. VIII.
10. IV.	25. VII.
11. III.	26. VI.
12. Pridie I D.	27. V.
13. IDIBUS.	28. IV.
14. XIX. Cal.	29. III.
15. XVIII.	30. PRIDIE Cal.
16. XVII.	
17. XVI.	**FEVRIER.**
18. XV.	
19. XIV.	1. CALENDIS
20. XIII.	2. IV. NONAS.
21. XII.	3. III.
22. XI.	4. Pridie NON.
23. X.	5. NONIS.
24. IX.	6. VIII. Idus.
25. VIII.	7. VII.
26. VII.	8. VI.
27. VI.	9. V.

10. I V.
11. I I I.
12. Pridie Id.
13. Idibus.
14. XVI, Cal.
15. XV.
16. XIV.
17. XIII.
18. XII.
19. XI.
20. X.
21. IX.

22. VIII.
23. VII.
24. VI.
25. V.
26. IV.
27. III.
28. Pridie Cal.

Quand le mois de Février a vingt-neuf jours, & que l'année est Bissextile, au lieu d'exprimer le quatorze par XVI. *Calendas Martias*, il faut dire XVII. ou compter deux fois le VI. avant les Calendes, *bis* VI. *Calend. Mart.*

CALOMNIATEUR, mot tiré du verbe *caluo*, tromper, frustrer, est employé pour signifier celui qui accuse quelqu'un d'un crime qu'il n'a pas commis : & *calomnie* signifie une fausse accusation, qui n'a été faite que pour faire de la peine à l'accusé, en lui imputant un crime dont il est innocent.

De cette définition il résulte que les présomptions font éviter à un accusateur la peine de la calomnie, d'autant qu'il n'est pas calomniateur. *Leg. ult. cod. de probationib. & leg. 3. cod. de calumniatorib.* qui marquent qu'on ne doit traiter de calomniateurs que ceux qui accusent quelqu'un de quelque crime dont ils connoissent l'innocence.

Chez les Romains, l'injure qui étoit faite à quelqu'un par une accusation calomnieuse, étoit par la Loi des douze Tables punie de la peine du talion, c'est-à-dire, de la même peine que l'accusé eût soufferte, s'il eut été convaincu d'avoir commis le crime dont on l'accusoit.

La Loi Remmia, que Marcellus appelle Remnia, dans la Loi 1. §. 2, *ff. ad Senatusconfultum Turpilianum*, ordonna que les calomniateurs seroient marqués au front d'un fer chaud, contenant la lett. K ; mais cette barbarie fut abrogée par Constantin. *Leg. 17. cod. de pœnis, quâ prohibuit faciem hominis, quæ ad similitudinem cœlestis est figurata, maculari.*

Depuis cette Constitution de l'Empereur Constantin, la peine de la calomnie, à l'égard des crimes, qui ne se poursuivent que par action, n'a été que pécuniaire, mais avec infamie : & pour ce qui est des crimes dont la vengeance se poursuivoit chez les Romains par accusation, l'usage a fait renouveller la peine du talion contre les calomniateurs ; *leg. ult. cod. de calumniatorib.* Mais dans la suite cet usage a été entièrement aboli, ensorte que la peine de la calomnie a été arbitraire ; *Ne propter talionis metum abstineantur accusatores, qui tamen, ne impunè ferant licentiam mentiendi, notantur infamiâ. Leg. 3. cod. eod. tit.*

En effet les Loix distinguent la calomnie d'avec l'erreur ; & si elles n'ont que de la sévérité pour celui qui est plein de mauvaise foi dans son accusation, elles n'ont que de l'indulgence pour celui qui s'y est engagé par erreur & avec une bonne foi entiere. C'est ce qui est decidé dans la Loi 1.

§. 3. *ff. ad Senatusconfultum Turpilianum*, qui porte que celui qui ne prouve pas son accusation, n'est pas toujours réputé un calomniateur. Le Jugement qu'on en doit faire, est déféré au Juge, qui ayant absous l'accusé, examine ensuite quel est l'esprit qui a animé l'accusateur, s'il trouve que son erreur a été fondée, il l'absout : s'il le trouve coupable d'une calomnie évidente, il lui impose la peine qui lui est dûe. Il n'y a dans les termes de cette Loi aucune restriction à la peine du crime, ni aucune réserve pour les dommages & intérêts.

La Loi 3. au titre du Code *de calumniatoribus*, décide aussi que l'innocence de l'accusé n'est pas une preuve certaine de la calomnie de l'accusateur, qui peut avoir eu une juste raison de poursuivre la vengeance du crime dont il croyoit que l'accusé étoit coupable.

La Loi 233, *ff. de verborum significatione*, ne traite de calomniateurs que ceux qui employent la fraude & l'artifice, afin de réussir dans une véxation, & non pas ceux qui ont suivi des conjectures très-probables.

M. Cujas sur la Loi derniere, *ff. de publicis judiciis*, dit que comme on ne juge point qu'un homme soit imposteur, pour avoir allégué un fait faux ou incertain, qu'il croyoit véritable, on ne doit point aussi traiter de calomniateur celui qui a eu un juste motif pour former une accusation contre un homme, quoique dans le fait il se soit trouvé innocent.

Julius Clarus, liv. 5. §. dernier, quest. 62. tient après un grand nombre d'Auteurs, que celui qui a un intérêt sérieux, & qui n'a point usé de fraude pour réussir dans une accusation, n'est sujet à aucune peine, & est même exempt de la condamnation de dépens.

Pour donner plus d'éclaircissement à cette matiere, il faut distinguer trois sortes d'accusations ; sçavoir, la calomnieuse, la téméraire, & celle qui est fondée sur une juste erreur.

La calomnieuse est celle qui n'a pour principe que la mauvaise foi & l'injustice, c'est-à-dire, qui n'a été intentée que dans un dessein formel de perdre un homme innocent, en mettant en œuvre pour y réussir la fausseté & la subornation. Cette accusation est punie par l'infamie & par la rigueur des Loix, suivant les circonstances.

L'accusation téméraire est celle qui est accompagnée de bonne foi, mais qui eſt faite avec im-prudence, c'eſt-à-dire ſans intérêt ou ſans aucun ſoupçon raiſonnable. Cette accuſation n'eſt pas à la vérité punie des mêmes peines que la calom-nieuſe ; mais l'imprudence de celui qui s'y eſt en-gagé ſans diſcernement & par pur caprice, ſans con-ſulter ni la vraiſemblance, ni les lumieres natu-relles, le fait condamner aux dépens & aux dom-mages-intérêts de l'accuſé.

L'accuſation fondée ſur une juſte erreur, eſt celle qui eſt juſtifiée par la bonne foi de l'accuſa-teur, par ſon intérêt & par des fortes préſomp-tions. En ce cas, la perte qu'a ſouffert l'accuſa-teur, l'intérêt qu'il a que le crime qui a été com-mis ſoit puni, la force des préſomptions qui l'ont perſuadé, l'exemptent de la peine de la calomnie, & des dépens, dommages & intérêts. *Voyez* Covar-ruvias, *in praxi criminali*, *quæſt. 27*.

C'eſt auſſi ce qui eſt obſervé en France. Ainſi, quand on juſtifie qu'une accuſation n'a été faite que dans la vue de faire de la peine, l'accuſé peut pourſuivre le dénonciateur, ou la Partie civile, pour la faire condamner en ſes dépens, domma-ges & intérêts, & quelquefois même en quelque peine afflictive, ſuivant les circonſtances.

Lorſque l'accuſé a été téméraire, celui qui l'a intentée doit être condamné aux dépens, domma-ges & intérêts de l'accuſé.

Enfin, lorſque le Juge trouve que l'accuſateur a eu une juſte raiſon de faire les pourſuites qu'il a faites, il ne lui doit rien imputer, & par conſé-quent ne le peut condamner aux dépens, domma-ges & intérêts de l'accuſé : ce qui doit à plus forte raiſon avoir lieu à l'égard du Procureur du Roi & de ſes ſubſtituts, à qui la Loi ordonne de pourſui-vre la vengeance des crimes pour l'intérêt public, comme je le dis, lettre P, en parlant de la Partie publique, & auſſi en parlant des procès extraor-dinaires & criminels.

Toute offenſe demande une réparation. Or entre les offenſes, l'accuſation des crimes capitaux eſt ſans doute la plus cruelle que l'on puiſſe faire à quel-qu'un. L'aſſaſſinat n'attaque que la vie, qu'il faut perdre tôt ou tard ; mais une pareille accuſation at-taque l'honneur, qu'il n'importe pas moins de con-ſerver après la mort que pendant la vie. Si donc pour une parole injurieuſe échappée contre la répu-tation de quelqu'un, celui qui l'a proférée eſt ſujet à réparation, quoique cette injure n'ait été le plus ſouvent que l'effet d'un premier mouvement de co-lere, qui ne ſort guéres de la maiſon & de la com-pagnie où elle a été dite, ſeroit-il juſte qu'il ne fût point dû de réparation pour une accuſation calom-nieuſe, portée dans les Tribunaux, concertée avec reflexion, ſoutenue avec opiniatreté, & publiée dans toute une province, & quelquefois par toute la France ? Ainſi c'eſt avec raiſon que quand une accuſation eſt calomnieuſe, celui qui l'a intentée, eſt toujours condamné aux dépens, dommages & in-térêts de l'accuſé, & quelquefois à quelque peine afflictive. Mais quand l'accuſation, quoique témé-raire, eſt exempte de malignité, l'accuſateur n'eſt condamné qu'aux dépens, dommages & intérêts

de celui qu'il a témérairement accuſé, comme nous l'avons dit ci-deſſus ; & quand l'accuſation n'eſt ni calomnieuſe, ni téméraire, l'accuſateur n'eſt pas moins condamné aux dépens envers l'accuſé, com-me il a été jugé par deux Arrêts célébres.

Le premier a été rendu dans l'eſpéce ſuivante ; Jean Proſt ayant été aſſaſſiné à Paris, ſa mere, ſur des ſoupçons & ſur des indices, accuſa Henri Bel-lenger, maître de la maiſon où ſon fils logeoit ; elle comprit dans ſes pourſuites la femme de l'ac-cuſé & ſa ſervante. Ce malheureux s'étant embar-raſſé par des réponſes pleines de contradictions, fut condamné par Arrêt à la queſtion ordinaire & extraordinaire. Il fut ordonné que ſa femme & ſa ſervante ſeroient préſentés à la queſtion. Le mari ſouffrit la queſtion ſans rien avouer, & fut ren-voyé. Mais quelque tems après, deux voleurs ayant été arrêtés pour d'autres crimes, furent con-damnés à mort, & ſur le point de l'exécution, déclarerent qu'ils avoient commis le meurtre de Jean Proſt. Bellanger demanda des réparations & des dommages & intérêts contre la mere. Il fut par l'Arrêt déclaré innocent, & ſans aucune répara-tion, & ſans dépens, dommages & intérêts, at-tendu que les concluſions de M. l'Avocat général Servin portoient qu'elle n'eſt pas & ne peut être jugée calomniatrice. Son plaidoyé eſt rapporté dans ſes Ouvrages, liv. 3. Nomb. 99.

Voici l'eſpéce dans laquelle l'autre Arrêt a été rendu. Charles Blygny avoit été condamné à mort par Sentence du Baillif du Bour-la-Reine, pour meurtre & aſſaſſinat. Par Arrêt du 6. Juin 1643. la condamnation fut modérée à la peine des Ga-leres. Il obtint des Lettres de réviſion au mois d'Octobre de la même année, & en demande l'entérinement avec Louiſe Rouſſelet, veuve de Nicolas Huot ſon accuſatrice. Il prit à partie le Juge du Bourg-la-Reine. La Cour par un premier Ar-rêt du 6. Juin 1649. admit les faits juſtificatifs qui avoient été propoſés par Blygny ; & l'accuſé les ayant établis, intervint l'Arrêt définitif le 20 Mai 1650. qui entérina les Lettres de réviſion, le ren-voya de l'accuſation ; & ſur l'intention priſe à par-tie du Juge, & ſur la demande en réparation de dommages & intérêts, tant contre le Juge que contre la Rouſſelet, les mis hors de Cour & de procès, ſans dépens, dommages & intérêts.

Voyez à la fin du premier tome des cauſes célé-bres, l'Arrêt qui fut rendu le 17. Juin 1693. dans la malheureuſe affaire du ſieur d'Anglade & de ſa femme. *Voyez* auſſi l'art. 7. du tit. 3. de l'Ordon-nance criminelle, avec les nôtres de Bornier, & ce que j'ai dit ci-deſſus ſur le mot d'accuſation ca-lomnieuſe.

Au reſte, le terme de calomniateur ſignifie non-ſeulement celui qui par dol accuſe fauſſement quel-qu'un, mais encore celui qui répand dans le public des médiſances atroces & mal fondées contre l'honneur & la réputation d'autrui. Sur quoi *voyez* ce que j'ai dit, lettre I, en parlant des injures, & lett. L, en parlant des Libelles diffamatoires.

CAMBAGE, eſt le droit qui ſe leve ſur la biere. *Voyez* le Gloſſaire du Droit François.

CAMBELLAGE, ou CHAMBELLAGE, étoit autrefois une libéralité que le vaſſal exerçoit de ſon plein gré envers le Chambellan du Seigneur : mais il eſt devenu aujourd'hui un droit exigible qui ſe paye au Seigneur.

Voyez le Gloſſaire du Droit François, où il eſt parlé des Coutumes où ce Droit a lieu, & à quelle ſomme il ſe monte.

CAMBISTE, terme de banque & de négoce, qui s'employe pour ſignifier ceux qui ſe mêlent de négocier des Lettres de change ; & qui pour cet effet en fourniſſent ou en acceptent.

Ce terme vient du mot latin cambire, qui ſignifie changer.

CANCELLER, ſignifie barrer un acte pour le rendre nul. Cela ſe fait en paſſant la plume du haut en bas, ou de travers, ſur les ſignatures.

CANDIDAT, eſt celui qui brigue quelque Charge ; qui aſpire à entrer dans quelque corps.

Ce mot vient du latin, & de ce qui ſe pratiquoit à Rome, où ceux qui aſpiroient aux charges & Dignités, ſe préſentoient dans les aſſemblées du Peuple, appellées Comitia, étant vêtus d'une robe blanche ; Unde à togâ candidâ vocabantur Candidati.

CANON, terme grec, qui ſignifie Regle : & comme c'eſt le propre de l'Egliſe de perſuader, plutôt que de contraindre, ſes Loix ont été d'abord qualifiées de Canons, c'eſt-à-dire, Régles, plutôt que des Commandemens.

Cependant comme l'Egliſe a une Juriſdiction à ſa maniere, & comme ſon autorité peut être toute de douceur & de charité, n'en eſt pas moins puiſſante contre les rebelles, on n'a pas dans la ſuite fait difficulté de leur donner le nom de Droit.

Voyez Loi eccléſiaſtique.

Ce terme s'applique auſſi quelquefois à la modique redevance ſous laquelle un fonds eſt donné à bail emphytéotique : Et modicus ille Canon datur, non pro perceptione fructuum, ſed in recognitionem dominii ; qua propter non remittitur Canon propter ſterilitatem.

CANON, ſignifie une piece d'artillerie, ou arme à feu, faite de fer ou de fonte : ſur quoi il faut remarquer que, quoique ce ſoit un meuble, néanmoins quand il eſt dans un Château pour ſervir à ſa défenſe, il eſt réputé immeuble par rapport à ſa deſtination, comme nous avons dit ſur l'art. 90. de la Coutume de Paris. Voyez auſſi Bellordeau, lett. M, art. 17.

CAPACITE' DE SUCCEDER, eſt le droit que l'on a de recueillir une ſucceſſion, qui nous eſt déférée en tant qu'il ne ſe trouve en nous aucun empêchement qui nous en rende incapables ou indignes.

Ces empêchemens ſont la mort civile, l'exhérédation faite pour juſte cauſe, le défaut de naiſſance qui ſe trouve dans les bâtards non légitimés, le défaut du droit de Cité, qui ſe rencontre dans les aubains non naturaliſés. Voyez ci-après Incapables de ſuccéder.

Ces empêchemens ſont paſſer la ſucceſſion d'un défunt, de la perſonne des plus proches parens à ceux qui ſuivent, & ſont les plus proches immédiatement après.

La capacité de l'héritier ſe conſidere par rapport au tems de l'ouverture de la ſucceſſion ; deſorte que pour être capable de ſuccéder, ſoit en directe, ſoit en collatérale, il faut être né, ou du moins conçu, lors de la mort de celui de cujus ſucceſſione agitur ; leg. 1. §. 1. Sciendum ; & leg. 6. ff. de ſuis & legitim. hæred.

Je dis né ou conçu, parce que la conception équipole en ce cas à la naiſſance, par la régle de droit qui fait remonter la naiſſance de l'enfant conçu au moment de ſa conception, lorſqu'il y va de ſon intérêt. Leg. 3. ff. ſi pars hæred. petat. leg. 7. ff. de ſtat. hom.

Mais il faut être conçu dans le tems de l'ouverture de la ſucceſſion, autrement on ne peut ſuccéder ; comme il a été jugé par Arrêt de la Grand'-Chambre du Parlement de Paris, le 11. Mars 1692.

L'enfant qui eſt in utero au tems du décès, eſt donc habile à ſuccéder, pourvû qu'il naiſſe dans un tems convénable, & qu'il ne ſoit point au-delà du onziéme mois de ſa conception, ſuivant la Juriſprudence des Arrêts rapportés au premier volume du Journal des Audiences, liv. 5. ch. 46. & liv. 7. chap. 27.

Cette maxime eſt généralement vraie ; & ſi l'on s'en eſt quelquefois écarté, ç'a été par des circonſtances particulieres qui ont déterminé au contraire.

CAPITAINAGE, dans le Pays de Forez, appellé Taille baptiſée, eſt un droit porté par les Terriers du Roi au-deſſus du cens. Pour la perception de ce droit, on fait des rolles. Voyez ce qui en eſt dit dans Henrys, tome 1. liv. 2. chap. 3. queſt. 9.

CAPITAINES DES CHASSES, ſont des Juges qui ſont préciſément établis pour connoître des faits de chaſſes.

L'Ordonnance du 12 Août 1669. tit. des Chaſſes, les diviſe en Capitaines des chaſſes des Maiſons royales, & en Capitaines des chaſſes dans toutes les Maîtriſes des eaux & Forêts de France.

Les Capitaines des chaſſes des Maiſons royales ſont ceux de Saint Germain-en-Laye, Fontainebleau, Chambor, Bois de Boulogne, Varenne du Louvre & Livry, Vincennes, Compiégne, & & autres contenus dans les Etats envoyés à la Cour des Aydes.

Les Capitaines des chaſſes, leurs Lieutenans & les Procureurs du Roi des Capitaineries doivent être reçus au Siége de la Table de Marbre ; & les Greffiers, Huiſſiers & Gardes, tant à pied qu'à cheval, pardevant les Capitaines ou leurs Lieutenans, excepté les Officiers des Capitaineries des Maiſons royales, ſuivant l'Ordonnance des Eaux & Forêts, tit. des chaſſes, art. 39.

Les Officiers des Eaux & Forêts, ſuivant l'art. 31. de la même Ordonnance, connoiſſent avec eux concurremment, & par prévention entr'eux, de la capture des délinquans, ſaiſie des armes, bâtons, chiens, filets, engins, & contravention à l'Ordonnance & information premiere ſeulement : de ſorte que ſi les Officiers des eaux & Forêts ont informé à la même heure & même jour que les Capitaines, tons informeront reciproquement, qui eſt l'information premiere ; mais pour le reſte de l'inſtruction & le Jugement, les Officiers des eaux & Forêts ont la préférence dans cette concurrence, comme s'ils les avoient prévenus, en informant avec eux.

Le même art. porte, que l'inſtruction & le Jugement appartiendra au Lieutenant de Robe-longue de la Maîtriſe, à la pourſuite & diligence des Procureurs du Roi, ſans néanmoins qu'ils puiſſent exclure les Capitaines & Lieutenans des chaſſes, d'aſſiſter à l'un & l'autre, ſi bon leur ſemble, & d'y avoir ſéance & voix délibérative ; ſçavoir, le Capitaine avec le Maître ; & le Lieutenant du Capitaine avant celui de la Maîtriſe ; dans les cas ci-deſſus ſeulement, lorſqu'ils ſont informé ; & pareillement les Officiers des Eaux & forêts d'un même fait : ce qui s'entend des Capitaines des Maîtriſes, quant à l'Inſtruction & au Jugement.

Les Capitaines des Maiſons Royales en ſont exceptés par les art. 32. & 33. qui les confirment dans leurs titres & poſſeſſions d'inſtruire & juger, à la diligence du Procureur du Roi en ſes Capitaineries, tous procès civils & criminels pour fait de chaſſe, en appellant avec eux les Lieutenans de Robe-longue, & autres Juges & Avocats pour conſeil.

Ainſi, en ce cas de concurrence ou de prévention, les Capitaines des chaſſes des Maiſons royales, après l'information, inſtruiſent & jugent le procès ſans les Maîtres particuliers des Eaux & Forêts, ayant dans ce cas de concurrence la même préférence ſur eux, que celles qu'ils ont ſur les Capitaines des Maîtriſes particulieres ; les Maîtres n'ayant pas le droit d'aſſiſter aux Capitaines à l'inſtruction & Jugement qui n'excédent pas la ſomme de ſoixante livres, pour toutes reſtitutions & réparations, ſans autre peine & amandes, ſuivant l'art. 37. & ſont exécutés par proviſion, ſans préjudice de l'appel : & ſi l'appellant ſe trouve empriſonné, il ne peut être élargi pendant l'appel, qu'en conſignant l'amende.

Quand il y a appel des Jugemens des Capitaines, les appellations ſe relevent, ſuivant la Déclaration de 1602. aux Siéges des Tables de Marbre, & de-là au Parlement.

C A P I T A L, eſt le fort principal d'une rente qui produit des arrérages, ou le principal d'une dette qui produit des intérêts.

C A P I T A L, Crime capital, eſt un crime qui mérite peine de mort.

CAPITATION, eſt une impoſition qui ſe fait par tête & par perſonne dans les preſſans beſoins de l'Etat.

Cette impoſition n'a commencé à être levée qu'en 1695. La Déclaration qui porte l'établiſſement d'une Capitation générale par tout le Royaume, eſt du dix-huit Janvier de cette année.

Cet établiſſement étoit fondé ſur des beſoins preſſans & extraordinaires de l'Etat. Mais la cauſe de cette impoſition ayant ceſſé en 1698. la Capitation ceſſa d'être levée la même année.

Elle a recommencé en 1702. à l'occaſion des dernieres guerres, & ne ceſſera que lorſque les dettes de l'Etat, cauſées par ces guerres, ſeront

totalement acquittées, quoiqu'aux termes de la Déclaration de 1702, qui a rétabli la Capitation, cette impoſition eût dû être révoquée, ſi-tôt la paix publiée.

Les Nobles, auſſi-bien que les Officiers des armées de terre & de mer, ne ſont point exempts de cette impoſition, non plus que les perſonnes impoſées à la taille, & les domeſtiques.

Il n'y a que les pauvres, qui par leur âge ou leurs infirmités ſont hors d'état de gagner leur vie, qui en ſoient exempts.

On excepte encore, I°. les femmes communes en biens & demeurant avec leurs maris, ſans exercer aucun état, commerce ou métier particulier.

II°. Les enfans ayant pere & mere, demeurant avec eux, où faiſant leurs études, ſans avoir aucuns biens par ſucceſſion ou autrement, ſans exercer aucun état, emploi, commerce ou métier.

III°. Les Miniſtres des Princes étrangers, avec leurs Officiers & Domeſtiques logeant dans leurs Hôtels, & les Suiſſes & Genevois originaires, non pourvus d'Offices, enſemble leurs veuves & enfans ſeulement.

Ainſi les autres étrangers après ſix mois de demeure actuelle dans ce Royaume, ſont ſujets à la capitation ſuivant leurs états & facultés.

Il y a eu pluſieurs Déclarations, Réglemens & Arrêts du Conſeil d'Etat rendus ſur cette matiere, qui ſont rapportés dans le Dictionnaire de M. Brillon, verbo capitation.

C A P I T O U L, eſt le nom des premiers Magiſtrats de Police de Touloufe, qui ont la même fonction que les Conſuls ou Echevins dans les autres Villes.

Ce nom a été donné à ces Officiers à cauſe qu'ils ont la garde de la Maiſon de Ville, qui s'appelloit anciennement le Capitole.

Les fonctions de cette charge ne durent qu'un an, pendant lequel tems il eſt enjoint aux Capitouls de Toulouſe d'y faire réſidence continuelle.

Cette qualité eſt très-belle, & donne la nobleſſe à ceux qui y parviennent, ainſi qu'il eſt porté en pluſieurs Ordonnances de nos Rois.

Leurs Sentences ſe relevent immédiatement au Parlement, dans les affaires qui regardent la Police.

Si un Capitoul eſt partie dans quelque affaire, on peut s'adreſſer au Sénéchal.

Autrefois les Capitouls étoient pris en nombre égal du Bourg & de la Cité de Toulouſe, ſix de l'un, & ſix de l'autre. En 1336. la Ville ſe trouvant plus peuplée que le Bourg, des douze Capitouls, on en choiſit huit de la Ville, & quatre ſeulement du Bourg. En 1389. ou 1390. Charles VI. les réduiſit à quatre. En 1392. il augmenta le nombre de deux, & ils furent ſix ; & la même année il les augmenta encore de deux, de ſorte qu'ils étoient huit. En 1400. ou 1401. il ordonna qu'ils ſeroient douze. Enfin en 1428. (la Faille dit en 1401.) ils furent réduits à huit, comme ils ſont encore à préſent, dont trois ſont en titre d'Office, & demeurent Capitouls leur vie durant : les cinq autres ſont électifs, & ce ſont ces derniers dont la fonction ne dure qu'un an. Le chef de conſiſtoire eſt toujours un Gradué d'entre les Capitouls; c'eſt lui qui prononce & qui porte la parole. Dans pluſieurs anciens actes ils ſont appellés *Capitulum nobilium Toloſæ.* Ceux qui l'ont été ſe qualifient auſſi Bourgeois, ſont appellés à tous les Conſeils généraux, & ont droit d'Image , c'eſt-à-dire, que l'année de leur adminiſtration étant faite, ils ſont peints dans la Maiſon de Ville : coutume qu'ils ont retenue des anciens Romains, comme on le peut voir dans Sigonius , *de antiquo jure civium Romanorum* , liv. 2.

Les Capitouls ſont ſi jaloux de ce nom, que les Conſuls de Muret l'ayant pris, ils leur firent faire défenſe de le porter, par Sentence du Sénéchal de Touloſe du 15. Juin 1518.

La Faille dans ſes Annales de la Ville de Touloſe, donne des liſtes des Capitouls, dont les plus anciens ne ſont que de 1271. *Voyez* ſes Annales, pag. 10. & ſuivantes ; Fontanon, tom. 1. liv. 5. tit. 2. Maynard, tom. 1. liv. 2. chap. 20. la Rocheflavin, liv. 6. tit. 18. art. 2.

Le Roi, par une Ordonnance de 1743. a exclu du Capitoulat tous les Marchands , à cauſe que cela faiſoit tort au commerce.

CAPITOULAT, ſignifie les différens quartiers ou regions de la Ville de Touloſe, dont chacun eſt régi par un Capitoul. Touloſe eſt aujourd'hui diviſée en huit capitoulats , & ces capitoulats ou régions ſont diviſés en Moulans, qui ont chacun un Dixainier, lequel a charge d'avertir le Capitoul de ce qui ſe paſſe en ſa dixaine, & de faire ſçavoir aux habitans de ſa Dixaine ce que le Capitoul du quartier lui commande de faire ſçavoir.

Le capitoulat de la Daurade eſt le premier capitoulat de Touloſe. Les autres ſont le capitoulat de S. Etienne, qui prend ſon nom de l'Egliſe Cathédrale qui y eſt renfermée ; le capitoulat du Pont-Vieil ; le capitoulat de la Pierre ; le capitoulat de la Dalbade ; le capitoulat de S. Pierre des cuiſines ; le capitoulat de St. Barthelemy ; & le capitoulat de S. Sernin en Touloſe.

CAPITULAIRES, ſignifient en général les actes qui ſe paſſent dans les aſſemblées régulieres ou ſéculieres.

On a dans la ſuite employé ce terme pour ſignifier les Ordonnances de nos Rois, qui ſe faiſoient dans les aſſemblées des Etats, & qui étoient contenues en différens Chapitres.

Les Rois de la premiere race tenoient tous les ans le premier jour de Mars une aſſemblée générale, où ſe traitoient toutes les affaires publiques : elle étoit compoſée des principales perſonnes de l'Etat eccléſiaſtique & de l'Etat laïque ; ſçavoir, des Evêques, Abbés, Comtes, & autres Grands du Royaume.

Depuis Pepin, le jour de cette aſſemblée fut incertain, quoiqu'elle ſe tînt réguliérement chaque année.

Le reſultat de chaque aſſemblée ſur les matieres que l'on y avoit traitées, étoit rédigé par écrit & par articles, que l'on appelloit chapitres ; & le recueil de tous ſes chapitres étoit ce que l'on appelloit capitulaires.

C'étoit le Roi qui arrêtoit les articles ; enſuite

on les faiſoit lire à l'aſſemblée : & quand ils étoient approuvés de tout le monde, on les ſignoit, & on les mettoit dans les Archives du chancelier ; d'où les Evêques & les Comtes étoient obligés d'en tirer des copies, & de les faire publier dans leurs Juriſdictions, & aux Prônes des Meſſes Paroiſſiales, afin que tout le monde en eût connoiſſance.

Les Capitulaires ne pouvoient pas manquer d'avoir une très-grande autorité, puiſque nos Souverains les faiſoient au conſeil des principaux de ſeurs Sujets, & du conſentement de tous.

Outre le ſoin que nos Rois prenoient de les faire connoître à tous les peuples, une des principales charges des Intendans ou envoyés du Prince, étoit de les faire exécuter dans les Provinces de leurs départémens.

Regalium Capitularium magna ubique erat autoritas, par cum ſacris Canonibus reverentia. Duravit autem uſus eorum per aliquot ſæcula, nimirum uſque ad tempora Gratiani, imo etiam , ut videtur, uſque ad Regnum Philipi IV. Cognomento Pulchri, Francorum Regis. Neque in regno. tantùm Francorum valebant , ſed in Germania quoque & in Italia. Baluſius, in ſua præfatione ad Capitularia , num. 35.

Les Capitulaires traitent non ſeulement des matieres ſéculieres, mais auſſi des matieres eccléſiaſtiques.

Ceux qui traitent des matieres ſéculieres, mais générales, ſont de véritables Loix, & ceux qui ne regardent que de certaines perſonnes, ou des cas particuliers, ne doivent être conſidérés que comme des Réglemens particuliers, qui n'ont qu'un effet très-limité.

Les Capitulaires qui traitent des matieres eccléſiaſtiques, qui ſont en très-grand nombre, ſont de véritables canons, puiſque ce ſont des régles établies par des Evêques légitimement aſſemblés ; auſſi la plûpart de ces Aſſemblées ſont miſes au rang des Conciles.

Ceux de Charlemagne & de Louis le Pieux, ont tous mérité une eſtime particuliere ; mais ceux qui traitent des matieres eccléſiaſtiques, ſemblent l'emporter ſur les autres: auſſi ont-ils été approuvés avec éloge, en ce qui touche l'Egliſe, par pluſieurs conciles & par pluſieurs Papes. Baronius témoigne même que Zacharie les confirma par une Bulle faite préciſément à ce ſujet. *Voyez* Boniface, tom. 1. pag. 728. où il dit que les Capitulaires de Charlemagne paſſent pour Loix en France.

Au reſte, il paroît que Charlemagne tâcha de concilier enſemble, autant qu'il fut poſſible, le Droit Romain & la Loi Salique, qui contenoient preſque tout le droit qui s'obſervoit en France dans ce tems-là.

De toutes les éditions qui ont été faites des capitulaires, nous n'en avons point qui ait été ſi bien reçue du public, que celle qu'a donnée en 1667. M. Baluſe, ſi renommé dans la republique des Lettres. Il l'a enrichie de très-excellentes notes, & y a mis une préface très-curieuſe & très-ſçavante, très-agreable & très-inſtructive.

Voyez M. Doujat, Hiſtoire du Droit canonique; M. Baluſe, dans ſa préface *ad Capitularia* ; M. Dupin, Bibliothéque des Auteurs eccléfiaftiques du huitiéme fiécle ; & le Dictionnaire de Trevoux, *verbo* Capitulaires.

CAPTATOIRE, eft un terme de Jurifprudence qui s'applique à toutes fortes de difpofitions de derniere volonté provoquées, foit inftitution d'héritier, foit legs.

Ces fortes de difpofitions font réprouvées, parce qu'elles ne fe font pas tant pour exercer fa libéralité envers celui que l'on inftitue fon héritier, ou à qui on laiffe quelque chofe à titre de legs, que pour captiver & gagner fes bonnes graces, à l'effet de l'exciter & le provoquer à faire en notre faveur, ou en faveur de quelqu'autre perfonne, les mêmes difpofitions que nous déclarons avoir été par nous faite en fa faveur.

Captatoriæ funt illæ difpofitiones, quibus captamus & repofcimus nobis vel aliis liberalitatem eorum in quos hac de caufa noftram exercemus, fub hac conditione fi legi à nobis impofitæ paruerint; & aucupium illud hæreditatis fecretum voluntatis alienæ appellatur. Leg. 70. & 71. ff. de hæredib. inflit.

Par exemple, *J'inftitue Titius mon héritier pour la part & portion pour laquelle il m'inftituera fon héritier.* Cette inftitution eft captatoire & reprouvée par les Loix.

Celle-ci feroit auffi captatoire & réprouvée par les Loix, qui feroit conçue en ces termes : *J'inftitue Titius mon héritier pour telle part & portion qu'il inftituera Sempronius.*

Mais les difpofitions qui fe font par reconnoiffance de la libéralité dont nous avons été gratifiés dans le teftament de quelqu'un, ne font point captatoires : *illa non eft captatoria inftitutio, quæ non capiendæ in futurum alienæ hæreditatis gratia fit, fed remunerandæ jam factæ inftitutionis caufa.*

Par exemple, cette inftitution n'eft point captatoire, & eft très-licite, qui eft ainfi conçue : *J'inftitue Titius mon héritier pour telle part & portion qu'il m'a inftitué, ou qu'il a inftitué Sempronius fon héritier.*

Voyez M. Cujas fur la Loi 70. ff. de hæredib. inftit. & Godefroi fur la Loi 11. cod. de teftament. milit. *Voyez* auffi Maynard, liv. 8. chap. 61. & Charondas, liv. 8. rép. 60.

CAPTIVITÉ, fignifie la prife des gens que l'on détient en efclavage.

Le droit des gens a introduit la captivité ; *quapropter qui capti funt ab hoftibus, fiunt fervi hoftium.* Mais fuivant les Loix Romaines, ceux qui font pris par les ennemis, ne deviennent point leurs efclaves, à caufe de l'efpérance du retour : c'eft pourquoi ils font cenfés être par eux détenus contre le droit & raifon ; deforte qu'on les regarde comme des abfens, ou comme des gens qui n'ont pas perdu la liberté *juris intellectu*, quoiqu'ils Payent perdue *de facto*, c'eft-à-dire, qu'ils en ayent de fait perdu l'ufage.

Cette difpofition des Loix Romaines eft fuivie parmi nous avec d'autant plus de raifon, que nous n'admettons point d'efclavage. Ainfi nos François qui font pris par les Infidéles, demeurent toujours libres *juris intellectu*, quoique de fait ils perdent la liberté, puifqu'ils font affujettis à la volonté & au caprice de ceux par qui ils font détenus.

Voyez ce que j'ai dit dans ma Traduction des Inftitutes, fur le §. 5. du tit. 12. du premier livre.

Nous remarquerons feulement ici que de plufieurs captifs, fi l'un d'eux eft renvoyé fur fa parole de revenir & d'apporter de quoi payer la rançon d'eux tous, s'il ne revient point, & que les autres foient obligés, pour fe rédimer de la captivité, de reclamer l'aide de quelqu'autre perfonne, ils le peuvent faire condamner à leur rembourfer ce qu'ils ont été contraints de payer pour fa rançon, avec dommages & intérêts par rapport aux peines que leur a caufé fon manque de parole. C'eft ce que Belordeau explique en fes Obfervations forenfes, lett. C, chap. 1.

CAPTURE, eft la prife de quelque criminel ou de quelque débiteur contraignable par corps, qui fe fait par quelque Huiffier ou Sergent, pour le mener en prifon.

En matiere criminelle, il n'y a point de raifon qui fufpende l'exécution des décrets, ni bienféances pour les jours de Fêtes, ni privilège pour les maifons particulieres ; mais pour dettes civiles toutes ces raifons ont lieu, pour ne point faire la capture des débiteurs contraignables par corps, les jours de Fêtes, ni dans les maifons particuliéres.

Il eft défendu de prendre quelqu'un dans les maifons pour dettes civiles, ni dans les rues, les Dimanches & jours de Fêtes. Ainfi, par Arrêt du 19. Décembre 1701. rapporté par M. Augeard, tom. 1. art. 36. des Satellites qui avoient affailli M. le Mire, grand Audiencier de France, & l'avoient tiré de fa maifon avec violence pour le méner en prifon, de maniere qu'il en mourut, furent condamnés à de groffes peines ; & il fut fait défenfes à tout Huiffiers, Sergens, Archers & autres Officiers de Juftice, d'arrêter aucunes perfonnes dans leurs maifons pour dettes civiles, fans une permiffion expreffe du Juge.

Par autre Arrêt du 17. Septembre 1707. rendu fur les conclufions de M. Barin de la Galiffonniere, la prohibition de prendre quelqu'un dans fa maifon, en matiere civile, a été étendue hors même la ville de Paris. Cet Arrêt eft rapporté par M. Augeard, tom. 2. art. 77.

Enfin par Arrêt du 14. Janvier 1708. un débiteur qui avoit été arrêté Dimanche, fut mis en liberté, & il fut enjoint à l'Huiffier qui l'avoit conftitué prifonnier, de le tirer des prifons, & de le conduire & le remettre dans fa maifon.

Voyez Emprifonnement. *Voyez* auffi Perquifition.

CAPTURE. Quoique ce terme dans fa propre fignification dénote une prife de corps, on ne laiffe pas de l'employer pour fignifier la prife que l'on a faite de marchandifes de contrebande, du fel non gabellé, du vin qu'on vend en fraude, &c.

CAR TEL EST NOTRE PLAISIR, eft ce que l'on difoit anciennement en Latin, *quia tale eft noftrum placitum*. Sur quoi il faut remarquer que *placitum* : qui veut dire Décret & Ordonnance, a été mal traduit par le mot *plaisir*, & qu'il auroit fallu mettre *volonté*.

Ainsi ces termes, *car tel est notre plaisir*, qui se trouvent dans les Ordonnance royaux, veulent dire, *parce que nous l'avons ainsi voulu, arrêté, statué & ordonné, en vertu de notre puissance & autorité*. Loiseau des Offices, liv. 5. ch. 2. nomb. 74.

CARACTERE, est un titre, une qualité, qui donne à celui qui en est pourvû, le droit de faire les fonctions qui y sont attachées, & de faire de certains actes, qui autrement ne seroient d'aucune valeur, & ne produiroient aucun effet.

Ainsi les actes reçus par un Particulier en qualité de Notaire, quoiqu'il n'en eût pas le titre, ne seroient pas valables, à moins qu'une commune erreur ne les fit valoir, comme je l'ai dit, *verbo* Erreur.

Il en seroit de même des actes faits par un Particulier en qualité de Sergent, qui n'en auroit pas le titre.

CARCAN, est un poteau où l'on attache un criminel par le cou avec un anneau de fer, dans une place publique, & on l'expose ainsi à la risée des passans. Ce supplice emporte infamie.

Il n'y a que les Seigneurs Hauts Justiciers qui ayent le droit d'avoir dans leurs terres un poteau à mettre carcan. *Voyez* Justice. *Voyez* Pilori.

On fait souffrir ce genre de supplice aux banqueroutiers & à d'autres malfaiteurs, en les attachant par le cou avec un anneau de fer à un poteau dans une place publique, afin qu'ils soient exposés à la risée publique.

CARENCE, terme qui vient du mot latin *carere*, signifie manquement de quelque chose.

Par exemple, quand un homme décede sans laisser aucuns effets, la veuve qui veut renoncer à la communauté, ou les héritiers qui veulent renoncer à sa succession, font faire un procès verbal de carence de biens, au lieu d'inventaire, n'y ayant rien à inventorier.

C'est une précaution que prennent ceux qui se trouvent dans la maison, afin de n'être point soupçonnés d'avoir fait aucun recelé.

Ce terme se trouve dans l'Ordonnance des Eaux & Forêts, qui veut que les exploits de carence de biens ou d'insolvabilité, ne soient valables, s'ils ne sont point soutenus de bonnes preuves.

CARREFOUR, est un endroit où aboutissent & où se reduisent plusieurs rues ou chemins.

On fustige les criminels condamnés au fouet dans les places publiques & dans les carrefours. On y fait aussi les publications à son de trompe.

CARRIERE, est un lieu creusé dans un champ, pour en tirer la pierre, le plâtre, la chaux ou le sable qui est dessus.

Les pierres & les marbres qu'on tire d'une carriere, ne peuvent point passer pour des fruits, à moins que ce ne soit dans les régions, où ils croissent & naissent successivement de jour en jour; ce qui est très-rare.

Ainsi la régle est, que *lapides qui ex lapidicinis extrahuntur, non annumerantur fructibus, prohindè*

ad fructuarium non pertinent. Ratio est, quia fructus sunt emolumenta rerum quæ ex ipso earum corpore in dies nascuntur & renascuntur. Præterea usus fructus definitur jus utendi & fruendi rebus alienis, salvâ earum substantiâ. At sanè lapides nequaquam dies nasci & renasci solent; quin extractis lapidibus nullatenus remanet rei fructui, seu ipsorum lapidum substantia, cùm nulla tunc semper sit in lapidicinis materia, ex qua lapides alii statim & in dies nascuntur & renascuntur.

Cependant l'usufruit peut faire une carriere, *si non agri partem necessariam huic rei occupaturus est*, leg. 73. 5. ff. de usufruct. & *quemadmodum*, c'est-à-dire dans un endroit où elle n'incommode pas; parce que quoiqu'un usufruitier ne puisse pas déteriorer le fond dont il a l'usufruit, il le peut cependant améliorer. Le Brun, en son Traité des successions, liv. 2. chap. 7. sect. 3. nomb. 11.

Ce même Auteur dit en cet endroit, que les pierres ne deviennent fruits que par l'extraction & le détachement; & même quelques-uns tiennent qu'elles ne sont meubles & ne méritent le nom de fruits, que quand elles sont hors de la carriere.

Il est vrai que l'usufruitier peut fouiller les carrieres & vendre la pierre; mais cela ne peut avoir lieu qu'à l'égard de celles qui ne ruinent pas le fond de l'héritage, & non pas à l'égard de celles qui le rendent inutile, comme les mines de charbon & autres. Henrys, tom. 1. liv. 4. quest. 45.

Quoique les pierres que l'on tire des carrieres ne soient pas *verè & propriè loquendo*, *in fructu*, *quia quotidie non renascuntur*, comme les véritables fruits naturels, on tient néanmoins qu'elles tombent dans la communauté.

Mornac sur la Loi Item, *si fundi* 9. *ff. de usufr.* rapporte un Arrêt qui a été jugé qu'en Anjou, où le survivant des conjoints a l'usufruit des conquêts, la femme qui avoit survécu à son mari, avoit pû disposer des fruits d'une ardoifiere.

Quelques Auteurs prétendent que le mari peut se servir d'une carriere, qui étoit ouverte au tems du mariage dans l'héritage de sa femme; mais qu'il ne peut pas en ouvrir une, parce que le fonds est véritablement diminué par la perception de ces pierres, & que l'usufruit se doit exercer, *salva rernm substantia*; ensorte que s'il le fait, il doit le remploi des pierres qu'il en a tirées.

Tel est l'avis de M. le Brun, en son Traité de la communauté, livre 1. chap. 5. distinct. 2. nomb. 10.

Je crois néanmoins le contraire, & qu'un mari peut ouvrir une carriere dans un héritage appartenant à sa femme, sans être tenu de faire le remploi des pierres qu'il en aura tirées, quoique l'usufruitier puisse en être empêché par le propriétaire, pour peu que cela cause quelque incommodité au fonds.

La raison de la différence est, que suivant tous nos Docteurs, le mari a beaucoup plus de droit dans la jouissance des biens de sa femme, qu'un simple usufruitier. Il est considéré comme en étant le propiétaire, qui cependant doit en user en bon pere de famille. D'ailleurs un usufruitier ne travaille que pour lui: mais un mari doit travailler non-seulement feulement pour lui, mais encore pour l'avantage de fa femme, & de fes enfans nés & à naître. Enfin, fi les pierres que l'on tire d'une carriere, foit que l'héritage appartienne à la femme ou au mari, tombent dans la communauté, l'avantage eft égal & reciproque : ainfi, quoique les pierres ne puif-fent pas être réputées véritables fruits, elles doi-vent néanmoins être confidérées, *tanquam in fructu*, à l'égard de la communauté.

Voyez Cujas *lib. 15. obfer. cap. 21.* Godefroy, fur la loi 7. §. 13. *ff. de folut. matr.* Mornac, fur la Loi 32. *ff. de jur. dot.* fur la Loi derniere. *ff. de fundo dotal.* & fur la Loi *Item* 9. *ff. de ufufr.* Henrys, tom. 1. liv. 4. queft. 45. & Dupineau, nouvelle édition, liv. 8. de fes Arrêts, chap. 31.

Le Réglement général des Eaux & Forêts, au titre de la police & confervation des Forêts, Eaux & Rivieres, art. 42. enjoint de ne tirer terres, fable & autres matériaux qu'à fix pieds près des rivieres navigables, à peine de cent livres d'amende.

Par Arrêt du Confeil d'Etat du Roi, du 23. Dé-cembre 1690. défenfes font faites d'ouvrir des car-rieres dans l'étendue & aux reins des Forêts du Roi, fans la permiffion de Sa Majefté, & l'atta-che du Grand-Maître.

M. Brillon, cite une Ordonnance touchant la Chaffe, du 4. Octobre 1677. qui défend d'ouvrir les carrieres qu'à quinze toifes des grands chemins : mais je n'ai trouvé nulle part cette Ordonnance.

CARRIERE, terme de Coutume, qui fig-nifie un chemin large de huit pieds, où l'on peut mener charrette l'une après l'autre, & bétail en cordel & non autrement.

CARTEL, eft un écrit qu'on envoye à quelqu'un pour le défier à un combat. Cet écrit, contient ordinairement le lieu, la maniere, le fu-jet, le jour & l'heure du combat.

Ces défis ne font plus en ufage dans ce Royau-me, depuis que Louis XIV. a fi féverement défendu les duels.

CARTULAIRES, font les Recueils des papiers terriers des Eglifes & des Communautés, où font tranfcrits les contrats d'achats, des ventes, d'échan-ges, les priviléges, immunités, exemptions & au-tres chartes. Celui à qui la garde de ces titres eft confiée, eft appellé Officier cartulaire.

Ces titres n'ont été faits que pour confer-ver les actes en leur entier, & font ordinairement poftérieurs aux actes qui y font contenus.

Comme ceux qui ont fait ces Recueils n'ont pas toujours été fidéles, il s'y trouve une infinité de piéces fauffes ou corrompues ; ce qui fe juftifie en comparant les originaux avec les copies qui ont été enregistrées dans les Cartulaires, ou en comparant d'anciens Cartulaires avec d'autres plus nouveaux où les mêmes actes fe trouvent ; car fouvent plus les copies des Cartulaires font nouvelles, plus les piéces qu'ils renferment font étendues.

CAS INCERTAIN, eft un événement incertain qui peut arriver, ou ne pas arriver, en ce que la chofe dépend entierement du hazard & de la fortune.

Auffi c'eft ce qui forme dans les contrats & dans les difpofitions de derniere volonté, ce que nous appellons conditions cafuelles.

CAS FORTUIT, eft une force majeure qu'on ne peut pas prévoir, & à laquelle on ne peut pas réfifter.

Tels font les débordemens, les torrens, les nau-frages, les incendies, le tonnerre, la violence, les féditions populaires, les ruines des maifons qui arrivent pas des malheurs imprévus, & autres femblables événemens.

Perfonne ne peut être tenu par la nature d'au-cun contrat des cas fortuits ; c'eft-à-dire, qu'il n'y a point de contrats où l'un des contractans réponde envers l'autre des pertes & dommages ainfi caufés : la perte de la chofe qui périt, ou qui eft endom-magée par un cas fortuit, tombe fur celui qui en eft le propriétaire.

La raifon eft, que *res fua domino perit. Præterea nemini poteft imputari, quod humana providentia regi non poteft.*

Cette régle cependant fouffre deux exceptions.

La premiere eft, lorfque la chofe périt par la faute du poffeffeur, en ce que le cas fortuit eft alors une fuite d'un fait : ainfi celui dont le fait y a donné lieu, fera tenu du dommage qu'il aura caufé.

Il en eft de même fi le cas fortuit eft la fuite du retardement de celui qui devoit livrer ou rendre une chofe.

De ce que nous avons dit ci-deffus, il s'enfuit encore, que fi celui à qui l'ufage d'une chofe a été accordé pour s'en fervir d'une certaine façon, s'en fert à un autre ufage, il fe rend refponfable par fon imprudence de la perte du dommage qui y furvient par cas fortuit.

Exemple : J'ai prêté mon cheval à Titius pour aller à fa maifon de campagne ; fi Titius s'en fert pour aller ailleurs, & qu'il périffe par cas fortuit, Titius en eft refponfable, parce que ce cas fortuit eft accompagné de fa faute ; & que s'il avoit fuivi la loi de la convention, il n'eût point été dans l'en-droit où mon cheval a péri.

La deuxieme exception eft, fi quelqu'un par une claufe particuliere s'eft expreffement chargé des cas fortuits, c'eft-à-dire, s'il s'eft rendu refpon-fable de la perte ou du dommage qui pourroit arriver par cas fortuit à la chofe, pendant le tems qu'elle feroit en fa poffeffion ; *quia fcilicet pacta dant legem contractibus.*

Il eft vrai qu'on ne peut empêcher les cas fortuits, & que perfonne ne peut être obligé à l'impoffible : *Impoffibilium nulla eft obligatio.* Mais celui qui fe charge des cas fortuits, ne s'engage pas à les em-pêcher ; il s'oblige feulement à réparer le dommage qui en peut prévenir ; ce qui n'eft nullement im-poffible : *Si quidem huic indemnitatis præftationi, nec natura, nec leges funt impedimento.*

CAS ROYAUX ET PRÉVÔTAUX, font des crimes dont ne peuvent connoître les premiers Juges ou Ju-ges ordinaires, c'eft-à-dire les Chatelains ou Pré-vôts royaux, & les Juges des Seigneurs. Les uns font appellés cas royaux, & les autres cas prévôtaux.

Les cas royaux font les crimes qui donnent directement atteinte à l'autorité royale, & qui offenfent la perfonne du Roi comme Roi. Ils font donc appellés royaux, à caufe de l'intérêt que le Roi a de les faire punir, tant pour la confervation de fes droits, & la manutention de fon autorité royale, que pour la fûreté publique.

La connoiffance de ces crimes, quand ils font fimplement royaux, & non prévôtaux, eft attribuée aux Baillifs, Sénéchaux & Juges préfidiaux, privativement aux autres Juges royaux & à ceux des Seigneurs.

Le dénombrement des cas royaux eft fait en l'article 11. du titre 1. de l'Ordonnance criminelle de 1670.

Le premier eft *le crime de lèze-Majefté en tous fes chefs.* Sur quoi il faut remarquer que cela ne fe doit entendre que du crime de léze-Majefté humaine, & non pas divine, comme l'héréfie, le blafphême, l'idolâtrie; parce que le Roi n'y eft point offenfé, mais feulement le public & la Juftice. C'eft pour cette raifon que les Hauts-Jufticiers en connoiffent.

Cependant il me paroît que les Juges royaux doivent connoître du crime d'héréfie, à l'exclufion des Juges des Seigneurs, lorfque celui qui en eft coupable, mérite par fa contumace & opiniâtreté la mort, ou quelqu'autre peine corporelle, comme nous allons dire ci-après.

Quoique l'art. 11. porte que les Baillifs, Sénéchaux & les Juges préfidiaux connoîtront, privativement aux autres Juges Royaux, & à ceux des Seigneurs, du crime de Léze-Majefté en tous fes chefs, néanmoins il faut excepter ce crime au premier chef; car l'ufage eft que la connoiffance en appartient au Parlement privativement à tous autres Juges, ou aux Commiffaires députés par le Roi pour en connoître fouverainement.

Le deuxième eft *le facrilége avec effraction.* Aucun de nos Auteurs qui ont parlé des cas Royaux, n'a mis au nombre le facrilége; effectivement ce crime n'offenfe point la perfonne du Roi, comme Roi; mais l'Ordonnance l'a ainfi réglé.

Le troifième eft *la rebellion aux Mandemens émanés de Sa Majefté, ou de fes Officiers.* Ce crime n'eft autre chofe que la rebellion qui eft faite à l'exécution des mandemens du Roi ou de fes Officiers; au lieu que la rébellion à un Jugement peut regarder la fimple fignification qui en eft faite par un Huiffier ou Sergent, laquelle rébellion eft auffi un cas royal, fuivant tous nos Auteurs, qui difent que la rébellion & l'excès fait à un Sergent royal, eft un cas royal & privilégié. La raifon eft, que l'injure qui en réfulte eft cenfée faite à celui dont il veut fignifier ou exécuter le Jugement.

Ce qui eft dit dans l'Ordonnance, que la rébellion faite au mandement du Juge royal eft un cas royal, ne doit s'entendre que des Baillifs, Sénéchaux, Juges préfidiaux, & des Parlemens, & non pas du Prévôt & Châtelain royal, qui doit connoître de la rebellion, qui eft faite à fes Mandemens ou Jugemens.

Le quatrième eft *la police pour le port des armes,* c'eft-à-dire la contravention à l'établiffement de la police qui regarde la faculté ou la défenfe de porter des armes. L'Ordonnance de Charles VIII. de l'an 1487. & celle de François I. de 1532. font les plus anciennes qui défendent le port d'armes, à l'exception des Gentils-hommes & Officiers.

Comme il n'y a que le Roi qui ait droit de permettre & de défendre le port d'armes, il n'y a auffi que les Officiers qui ayent droit de connoître fes délits qui accompagnés de port d'armes.

Quiconque porte des armes contre la prohibition des Ordonnances, eft dès ce moment jufticiable des Baillifs & Sénéchaux; & tous les délits que l'on commet avec les armes défendues, font confidérés comme une faute de port d'armes, & doivent être jugés par ces mêmes Juges, quoique fans le port d'armes ils n'euffent point été de leur compétence.

Le cinquième eft *le crime d'affemblées illicites,* c'eft-à-dire, de plufieurs perfonnes, faites contre les Reglémens, ou à deffein de faire infulte & outrage à autrui.

On tient que trois perfonnes fuffifent pour faire une affemblée illicite, que s'il y en a plus, ou fi elle fe fait avec port d'armes, c'eft un cas prévôtal.

Le fixième eft *le crime de fédition ou émotion populaire;* c'eft-à-dire le foulevement de plufieurs perfonnes que l'on excite à faire fédition.

Le feptième eft *la force publique,* c'eft-à-dire celle qui eft faite avec armes, comme nous avons dit fur le §. 8. du dernier tit. des Inftitutes.

Le huitième eft *la fabrication, l'altération ou l'expofition des fauffes monnoyes.* Sous ces mots, l'Ordonnance comprend les diverfes efpeces de ce crime.

Le neuvième eft *la correction des Officiers royaux,* en ce qui regarde le devoir de leurs Charges, comme la malverfation, la concuffion, & la fauffeté. Mais en tous les autres cas, les Officiers royaux demeurans dans les terres des Seigneurs Hauts-Jufticiers, font jufticiables des Juges de ces Seigneurs, comme les autres fujets defdites terres.

Le dixième eft *le crime d'héréfie.* Ce crime eft un cas royal, parce qu'il tend à la deftruction de la Religion, & entraîne toujours avec lui la ruine de l'Etat. Mais cela fe doit entendre lorfque l'hérétique, par fa contumace & opiniâtreté, mérite la mort, ou quelqu'autre peine corporelle; car lorfqu'il ne s'agit que de juger s'il y a héréfie ou non, le Juge d'églife eft compétent d'en connoître: mais quand pour raifon de crime de léze-Majefté divine, il y a lieu de punir le coupable de peine afflictive, je crois que la connoiffance d'un tel crime appartient aux Juges royaux, à l'exclufion des juges des Seigneurs Hauts-Jufticiers.

Mon opinion eft fondée, I°. Sur les Ordonnances de François I. & d'Henry II. par lefquelles il eft enjoint aux Juges royaux de faire recherches & punition des hérétiques. II°. Sur la Déclaration de Louis XIV. du mois d'Octobre 1685. portant revocation de l'Edit de Nantes.

L'onzième eft *le trouble public* au Service Divin, c'eft-à-dire, fait publiquement.

Le douzième eft *le rapt & enlevement des perfonnes par force & violence.* Ainfi l'enlevement qui fe fait de concert avec la perfonne enlevée n'eft pas un cas royal.

L'Ordonnance de 1670. art. 11. du tit. 1. après avoir rapporté ces douze cas royaux, ajoute à la fin, *& autres cas expliqués par nos Ordonnances.* Ce qui fait voir qu'il y a plufieurs autres cas dont la connoiffance appartient aux Baillifs & Sénéchaux, privativement aux Juges Prévôts ; fçavoir, toutes fortes de rapts, fuivant l'Ordonnance de Blois, art. 42, même celui qui eft fait par fubornation & féduction, le rapt par force & violence fans enlevement, l'incendie, le viol, le péculat, les exactions & oppreffions publiques, les levées de deniers fans lettres patentes, l'ufure, la banqueroute frauduleufe, le monopole, les excès commis fur les grands chemins & autres lieux publics, les mariages clandeftins ou faits au préjudice des Ordonnances, le crime de faux non incident ou civil, les contraventions aux Ordonnances & aux Edits de pacification, l'adultere, l'incefte & le parricide.

Les cas prévôtaux font auffi ceux qui offenfent la perfonne du Roi comme Roi, & dont la connoiffance eft attribuée aux Prévôts des Maréchaux de France, aux Lieutenans de Robe-courte ; aux Vice-Baillifs & Vice-Sénéchaux, foit à caufe de la qualité des délinquans, foit à caufe de la nature du délit, de forte qu'ils en connoiffent en dernier reffort. Les Juges préfidiaux en peuvent auffi connoître en dernier reffort, & même préférablement au Prévôt des Maréchaux, Lieutenans criminels de Robecourte, Vice-Sénéchaux ; s'ils ont décrété avant eux, ou le même jour.

L'art. 12. du tit. 1. de l'Ordonnance de 1670, fait auffi l'énumeration des cas prévôtaux. *Les Prévôts de nos Coufins les Maréchaux de France, les Lieutenans criminels de Robe-courte, les Vice-Baillifs, Vice-Sénéchaux, connoîtront en dernier reffort de tous crimes commis par vagabonds, gens fans aveu & fans domicile, ou qui auront été condamnés à peine corporelle, banniffement, ou amende honorable. Connoîtront auffi des oppreffions, excès ou autres crimes commis par gens de guerre, tant de leur marche, lieu d'étape, que d'affemblées & le féjour pendant leur marche ; des déferteurs d'armées, affemblées illicites avec port d'armes, levée de gens de guerre fans commiffion de nous, & des vols faits fur les grands chemins. Connoîtront auffi des vols faits avec effraction, port d'armes & violence publique dans les villes qui ne feront point celles de leur réfidence. Comme auffi des facriléges avec effraction, affaffinats prémédités, féditions, émotions populaires, fabrications, altération ou expofition de monnoie contre toutes perfonnes ; en cas toutefois que les crimes ayant été commis hors de la Ville de leur réfidence.*

Voici quelques obfervations qu'il convient de faire au fujet de cet article, & du précédent.

La premiere eft que les Prévôts des Maréchaux, les Vice-Baillifs & Lieutenans criminels de Robecourte, qui font tous Officiers de même pouvoir & fonction, & qui ne different que de nom, ne peuvent pas connoître des cas énoncés dans l'art. 11. du tit. 1. de l'Ordonnance de 1670, qui ne font point répétés dans l'article 12. du même titre : par exemple, du crime de leze-Majefté, des malverfations commifes par les Officiers royaux, en

l'exercice de leurs charges, du crime d'héréfie, du trouble public fait au Service divin, & du rapt & enlevement des perfonnes.

La deuxième eft, que le Lieutenant criminel du Châtelet de Paris connoît des cas prévôtaux, auffi-bien que les Prévôts des Maréchaux de France, les Vice-Baillifs & Vice-Sénéchaux.

La raifon eft, que le Lieutenant criminel du Châtelet eft Lieutenant du Prévôt de Paris, qui eft le premier de tous les Prévôts. Il a la prévention & juge avec le nombre de fept Juges par Jugement dernier, fa compétence préalablement jugée. Et le Lieutenant criminel de Robe courte connoît des captures qu'il fait, & des cas privilégiés, qui font au nombre de fept ; incendie, fauffe monnoie, crime de léze-Majefté divine & humaine, fédition populaire, vol de nuit & de jour fur les grands chemins & ailleurs, port d'armes, des vagabons, & non domiciliés.

La troifiéme eft, que les Prévôts des Maréchaux, Vice-Baillifs & Vice-Sénéchaux, ne peuvent juger en aucun cas à charge de l'appel ; mais ils jugent toujours en dernier reffort, fuivant les art. 12. & 14. du titre 1. de l'Ordonnance de 1670. comme nous l'avons dit fur le mot *Prévôts des Maréchaux.*

La quatrieme, eft que ces termes, *commis hors des Villes de leur réfidence,* qui font dans l'art. 12. du tit. 1. marquent la différence qu'il y a entre la Jurifdiction des Prévôts & celle des Préfidiaux, qui eft que les Préfidiaux connoiffent des crimes prévôtaux, tant aux Villes qu'aux champs ; au lieu que les Prévôts ne connoiffent que de ceux qui font commis aux champs, & non aux villes de leur réfidence, à l'exception des crimes qui font énoncés au commencement de cet article, dont ils ont la connoiffance, quoiqu'ils foient commis dans les villes de leur réfidence. *Voyez* l'endroit que nous venons de citer ci-deffus.

La cinquiéme eft, que les Juges préfidiaux, c'eft-à-dire, le Lieutenant criminel affifté des Juges préfidiaux, connoiffent en dernier reffort des perfonnes & crimes mentionnés au fufdit art. 12. de l'Ordonnance de 1670, & préférablement aux Prévôts des Maréchaux, Lieutenans criminels de Robe-courte, Vice-Baillifs & Vice-Sénéchaux, s'ils ont décrété ou avant eux, ou le même jour, ainfi qu'il eft porté en l'art. 15. du même titre ; c'eft-à-dire, que fi les Préfidiaux & les Prévôts ont décrété le même jour, la connoiffance du crime appartient aux Préfidiaux, quoique les Prévôts ayent décrété quelques heures auparavant.

La fixiéme eft, que par une Déclaration du 20 Mai 1702, il eft ordonné que le pouvoir attribué par l'art. 15. du tit. 1. de l'Ordonnance de 1670, aux Juges préfidiaux de connoître en premier reffort des perfonnes & crimes mentionnés en l'art. 12. du même titre, n'ait lieu que pour les crimes commis dans l'étendue des Baillages & Sénéchauffées où les Sièges préfidiaux font établis, fans qu'en aucun cas, même de prévention ou de concurrence avec les Prévôts des Maréchaux, Lieutenans criminels de Robe courte, Vice-Baillifs & Vice-Sénéchaux, les Juges préfidiaux puif fent prendre connoiffance des crimes commis dans l'étendue des fimples Bailliages & Sénéchauffées, qui reffortiffent par appel en leurs Siéges dans le cas de l'Edit des préfidiaux; mais feulement de connoître de la compétence des Prévôts des Maréchaux. Et auffi que fuivant l'art. 72. de l'Ordonnance d'Orléans, les Baillifs & Sénéchaux connoiffent chacun dans fon reffort, à la charge de l'appel ès Cours de Parlement, des cas énoncés dans l'art. 12. de l'Ordonnance de 1670. concurremment avec les Prévôts des Maréchaux, les Lieutenans criminels de Robe-courte, les Vice-Baillifs & Vice-Sénéchaux, & préférablement à eux, s'ils ont informé & décreté avant eux ou le même jour.

A l'égard des crimes qui ne font point du nombre des cas royaux ou prévôtaux, mais qui auront été commis par des perfonnes de la qualité exprimée dans le même article, la même Déclaration du 29. Mai 1702. porte, que conformément à l'art. 116. de l'Ordonnance d'Orléans, & à l'art. 306. de celle de Blois, les Prévôts, Châtelains & autres Juges royaux des lieux, même ceux des Hauts-Jufticiers, chacun dans l'étendue de fa Juftice, puiffent en prendre connoiffance, à la charge de l'appel ès Cours de Parlement, concurremment & par prévention avec les Prévôts des Maréchaux, Lieutenans criminels de Robe courte, Vice-Baillifs & Vice-Sénéchaux, fans être tenus d'en faire le renvoi, en cas qu'ils ayent informé & décreté avant eux, ou le même jour, fans déroger à la Jurifdiction attribuée, en dernier reffort aux Prévôts des Maréchaux, Lieutenans criminels de Robe-courte, Vice-Baillifs & Vice-Sénéchaux, laquelle ils continueront d'exercer conformément aux Ordonnances; fans néanmoins que fous prétexte de la concurrence établie entr'eux & les Juges ordinaires, ils puiffent prendre connoiffance des crimes commis dans les Villes de leur refidence, ni pareillement entreprendre fur la Jurifdiction des Baillifs & Sénéchaux, ou leurs lieutenans criminels, dans le cas de l'art. 16. de l'Ordonnance de 1670. dans lefquels la connoiffance des crimes appartiendra aux Baillifs & Sénéchaux, dans le reffort defquels il aura été commis, préférablement & privativement aux Prévôts des Maréchaux.

La feptieme eft, que fi les coupables de l'un des cas royaux ou prévôtaux font pris en flagrant délit, le Juge des lieux peut informer & décreter contr'eux, & les interroger, ainfi que l'art. 16. du tit. 1. de l'Ordonnance de 1670. leur permet, à la charge d'en avertir inceffamment les Baillifs & Sénéchaux, par acte fignifié à leur Greffe; après quoi les Baillifs, ou Sénéchaux, ou leurs Lieutenans, font tenus d'envoyer quérir le procès & les accufés, qui ne pourront leur être refufés, à peine d'interdiction, & de 300. liv. d'amende contre les Juges, Greffiers & Géoliers, applicable moitié au Roi, & l'autre moitié aux pauvres, & aux néceffités de l'Auditoire des Baillifs & Sénéchaux, ainfi qu'il fera par eux ordonné.

Les cas royaux & les cas prévôtaux different, I°. En ce que tous les cas prévôtaux font cas royaux; mais tous cas royaux ne font pas prévôtaux.

Je dis donc que les cas prévôtaux font pareillement cas royaux, en ce que la connoiffance en eft interdite aux Juges non royaux; mais tous les cas royaux ne font pas prévôtaux, en ce que les Prévôts des Maréchaux ne peuvent connoître que des crimes commis par vagabonds, gens fans aveu & fans domicile, ou qui ont déjà été repris de Juftice & condamnés à quelque peine corporelle.

Ils connoiffent auffi de tous les autres crimes énoncés dans l'art. 22. du tit. 1. de l'Ordonnance de 1670. qui leur en attribue la connoiffance, foit à caufe de la qualité des délinquans, foit à caufe de la nature des délits.

II°. Que les cas prévôtaux doivent être jugés prévôtablement, c'eft-à-dire en dernier reffort & fans appel; mais les cas royaux qui ne font pas prévôtaux, doivent être jugés par les Baillifs & Sénéchaux ou leurs Lieutenans, à la charge de l'appel.

III°. Que les Prévôts des Maréchaux ne peuvent connoître des cas royaux; mais les Préfidiaux peuvent connoître des cas prévôtaux en dernier reffort, à l'exclufion des Prévôts des Maréchaux, lorfqu'ils ont décrété avant eux, ou le même jour.

Quoique les Prévôts des Maréchaux ne puiffent pas connoître des cas royaux, ainfi que nous l'avons dit, ils peuvent néanmoins connoître, de même que les Baillifs & Sénéchaux, des vols faits avec effraction, du port d'armes, violences publiques, facriléges avec effraction, affaffinats préméditées, feditions, émotions populaires & fauffe monnoye, ainfi qu'il eft porté en l'art. 12. du tit. 1. de l'Ordonnance de 1670. mais ce n'eft qu'au cas que ces crimes ayent été commis hors des villes & lieux où eux & leurs Lieutenans font leur réfidence ordinaire, & non autrement.

Voyez la Déclaration du Roi, donnée à Marly le 5. Février 1731, qui régle les difficultés qui fe préfentent au fujet des cas royaux & prévôtaux.

CAS PRIVILEGIÉS, Voyez ci-après, Délit commun & Délit privilégié.

CASSATION, fignifie un Jugement qui caffe un acte ou une procédure, pour caufe de nullité.

On fe peut pourvoir en caffation d'Arrêt, quand des Arrêts directement contraires ont été rendus dans une même ou deux Cours fouveraines entre les mêmes Parties.

Comme ces Arrêts ne peuvent pas être exécutés, il faut fe pourvoir contre par caffation. L'Ordonnance d'Orléans, art. 38. dit que les contrariétés d'Arrêts des Cours fouveraines feront jugées où les Arrêts auront été donnés. Néanmoins on peut auffi fe pourvoir au Confeil privé.

Il y a plufieurs autres cas aufquels on peut fe pourvoir au Confeil privé en caffation d'Arrêt, fçavoir, I°. Ceux qui n'ont point été Parties dans un procès, ou dûement appellés, peuvent demander la caffation des Arrêts rendus contr'eux, ou contre ceux qui ont été rendus contre d'autres perfonnes, quand ces Arrêts portent préjudice.

II°. Ceux qui ont été condamnés par Arrêts rendus fur congés ou défauts, peuvent en pourfuivre la caffation.

III°. Quand les Arrêts ont été rendus contre

lès Ordonnances, ou contre les termes exprès des coutumes.

IV°. Quand les formes prescrites par les Ordonnances n'ont pas été observées ; comme si une Cour avoit jugé un procès dont la connoissance ne lui appartenoit pas, en ce cas on peut se pourvoir au Conseil en cassation d'Arrêt.

Enfin, une justice évidente & manifeste qui se trouveroit dans un Arrêt, seroit un moyen de cassation très-favorable. Nous en avons un exemple dans l'affaire du faux Caille, rapporté dans le second tome des Causes célébres.

Pour se pourvoir en cassation contre un Arrêt, on présente au Conseil privé une Requête qui ne doit contenir que les moyens de cassation très-succinctement, & il n'est pas permis d'y employer aucuns termes injurieux contre les Juges qui ont rendu l'Arrêt dont on demande la cassation.

Un Avocat au Conseil dresse & signe cette Requête : un Maître des Requêtes en fait le rapport à M. le Chancelier.

La demande ne peut être poursuivie, si elle n'est auparavant reçue par un Arrêt du Conseil d'assigné ou de communiqué.

C'est ce qui a été ordonné par Arrêt du Conseil privé du Roi, du 14. Oct. 1684. qui fait défenses aux Avocats au Conseil de signer aucunes Requêtes, pour répondre ou défendre à une demande en cassation d'aucuns Arrêts de compagnies supérieures, ou de Jugemens en dernier ressort, si ladite demande en cassation n'a été reçue par un Arrêt du Conseil d'assigné ou de communiqué, sous les peines portées audit Arrêt, contre les contrevenans.

Et à l'égard des demandes en cassation d'Arrêts, incidentes aux instances d'évocations de Réglemens de Juges ou autres qui seront pendantes au Conseil, Sa Majesté ordonne par le même Arrêt, qu'il ne pourra être expédié aucun arrêt de sommairement oui sur cesdites demandes, si ledit Arrêt n'a été délibéré au Conseil, après qu'il en aura été communiqué aux Commissaires du Conseil qui auront été députés en l'Instance, ou autres, qui seront nommés par Sa Majesté ; en ce néanmoins non compris les demandes en cassation des Arrêts du Conseil, lesquelles seront poursuivies en la maniere accoutumée.

Au moyen de cet Arrêt du 14. Octobre 1684. l'art. 61. du Réglement du Conseil, du mois de Septembre 1673. portant que nul ne peut être reçu à demander la cassation d'un Arrêt, qu'il n'ait fait signifier sa Requête sur les lieux, ne peut & ne doit être d'aucune considération ; parce qu'inutilement un demandeur en cassation feroit signifier sa Requête, sa Partie n'ayant pas la liberté d'y répondre.

C'est sur ce fondement que par un autre Arrêt du Conseil privé du Roi, du 19. Décembre 1684. Sa Majesté a ordonné que le susdit Arrêt du 14. Octobre audit an sera exécuté selon sa forme & teneur ; & en conséquence a revoqué & annullé le susdit article 61. du Réglement du mois de Janvier 1673.

Les articles 7. 8. & 9. de l'Ordonnance de 1667. titre des Requêtes civiles, sont observées au Conseil pour toutes les demandes en cassation. Ces articles regardent les Ecclésiastiques, les Hôpitaux, les Communautés, les Successeurs à un Bénéfice, & les héritiers des condamnés.

Les Requêtes en cassation ne sont point reçues, si elles ne sont signées de deux anciens Avocats au Conseil du nombre des cinquante premiers, & de celui qui les aura dressées.

Une Requête en cassation n'empêche point l'exécution de l'Arrêt ou Jugement en dernier ressort : & le susdit Reglement, art. 65. fait défense de donner aucune surséance en aucun cas, si ce n'est par un ordre exprès de Sa Majesté.

Quand les moyens de cassation ne sont pas trouvés suffisans, & que l'arrêt contre lequel le demandeur en cassation s'est pourvû, subsiste, il est condamné en trois cens livres d'amende envers Sa Majesté, & en cent cinquante livres envers la Partie, si l'Arrêt contre lequel la Requête a été présentée, est contradictoire ; & en cent cinquante livres d'amende envers Sa Majesté, & en soixante-quinze livres envers la Partie, s'il est par congé ou défaut, suivant l'art. 68. du susdit Réglement.

Et même par l'art. 62. ceux qui se pourvoient au Conseil en cassation d'Arrêts & Jugemens contradictoires, tant du Conseil que des Cours & Juges, en dernier ressort, soient qu'ils soient préparatoires ou définitifs, en présentant leur Requête afin de cassation, seront tenus de consigner les susdites amendes, pour être rendues, après le Jugement des Requêtes en cassation, à qui il appartiendra : ce qui reçoit néanmoins deux exceptions.

La premiere est que ceux qui n'ont point été Parties ou dûement appellés, peuvent s'opposer à l'exécution des Arrêts, ou en demander la cassation, sans être tenus de consigner aucune amende ; enforte néanmoins que s'ils succombent dans leur Requête, en quelque maniere que la prononciation soit conçue, ils sont condamnés en deux cens livres envers le Roi, & cent livres envers la Partie, suivant l'art. 63.

La deuxiéme est contenue en l'art. 64. qui porte que ceux qui ont été condamnés par Arrêts rendus sur congés ou défauts, peuvent en demander la cassation, sans être tenus de consigner aucune amende, ni alléguer aucun moyen de cassation, pourvû qu'ils ayent donné leur Requête, & qu'elle ait été signifiée dans la huitaine du jour de la signification de l'Arrêt à personne ou domicile.

Par Arrêt du Conseil du mois de Février 1714. il est ordonné que nul ne soit reçu à demander une cassation, qu'au préalable il n'ait consigné la moitié de l'amende, laquelle demeurera acquise, si la Requête en cassation n'est pas admise.

Quand on se pourvoit au Conseil privé en cassation d'Arrêt, il ordonne souvent au Procureur général d'envoyer les motifs de l'Arrêt, & sur le vû des motifs le Conseil casse l'Arrêt, sans donner commission pour assigner.

Il nous reste à faire ici deux observations au sujet des demandes en cassation.

La premiere, qu'il y a une Déclaration du Roi du 23. Septembre 1678. qui définit la maniere dont doivent être reçues au Grand Conseil, les cassations demandées des procédures des Prévôts des Maréchaux & des Présidiaux.

La deuxiéme est, qu'il y a un Arrêt du Conseil d'Etat, rendu le 11 Mars 1679. qui défend à ceux qui se pourvoiront en cassations d'Arrêt, d'inserer dans leurs Requêtes aucuns termes injurieux; & qui fait défenses aux Avocats au Conseil de les signer, & aux Huissiers de les signifier.

Cette Déclaration & cet Arrêt se trouvent dans le Recueil des Edits, Déclarations & Arrêts, imprimé par l'ordre de M. le Chancellier de Pontchartrain.

C A S S E R, signifie annuller un acte ou un écrit, en détruire la force & la valeur.

Le mariage est indissoluble; ainsi on ne peut donner atteinte à un mariage valablement contracté. On dit néanmoins communement, qu'on a fait casser un mariage, pour dire qu'on l'a fait déclarer nul.

C A S U E L, se dit de tout ce qui arrive fortuitement. Ainsi on appelle revenus casuels ceux qui sont incertains, qui ne viennent pas toujours régulierement, & qui n'échéent pas dans un tems fixe & certain.

Les revenus casuels du Roi sont les aubaines, confiscations, & autres semblables.

Les Seigneurs ont aussi des revenus casuels, comme les deshérences, les droits de bâtardise, les droits de quints, les droits de lods & ventes, & autres.

Les Curés ont aussi un casuel, qui consiste dans tous les revenus que leur produisent leurs Cures, outre & indépendamment de leurs dîmes & des revenus, qui proviennent des fonds des terres & rentes dont ils jouissent à cause de leurs Cures.

Les casuels des Cures consistent dans les offrandes, rétributions des Messes, services, & dans ce qui provient de la libéralité des Fidéles, pour l'administration des Sacremens.

C A T E L, signifie dans quelques coutumes une chose qui tient le milieu entre les immeubles & les meubles, & qui, quoiqu'immeuble de sa nature, est cependant reputé meuble, & se partage de même dans ces coutumes.

Est medium quoddam inter utramque vocem, mobilium scilicet & immobilium, eoque nomine appellantur quædam res quæ licet reverà sint immobiles, in quibus dam tamen Provinciis jure mobilium censentur, & pro mobilibus habentur cum tractatur de rebus communibus inter conjuges, vel de successionibus.

Ainsi, sous ces mots catels & cateuls, sont compris les immeubles qui ne sont pas héritages, comme les moulins, les navires, les fruits pendans par les racines après la mi-Mai, & avant le pied coupé.

En Artois, les granges, les étables & écuries sont réputées cateux. Coutume d'Artois, art. 144.

J'ai dit, *avant le pied coupé,* parce qu'après, les fruits ne sont plus des catels, mais de véritables meubles. Coutume locale de Montreuil, art. 44.

Voyez le Glossaire du Droit François, *verbo* Catel.

Il nous reste à remarquer ici, que dans des

pays il y a un droit Seigneurial, appellé *droit de meilleur Catel,* en vertu duquel les Seigneurs prennent, après le décès de leurs vassaux, le meilleur meuble à leur choix.

C A U S E, signifie un droit acquis à quelque personne, par quelque titre que ce soit, vente, cession, donation, succession, &c.

C A U S E. Ce terme, en tant qu'il signifie un différend qui doit être jugé à l'audience, est une action réelle, ou personnelle, ou mixte, qui est portée pardevant le Juge, pour être par lui fait droit aux parties par un Jugement rendu à l'Audience, qui termine leur contestation, ou qui l'appointe.

Si la cause est jugée en l'audience par un Jugement définitif, il n'y a plus de contestation entre les Parties, au moins pardevant le Juge qui l'a terminée, & s'il y a appel, l'affaire est portée pardevant le Juge d'appel.

Si la cause se trouve difficile à juger à l'Audience, ou pour raison des titres & des piéces sur lesquelles les Parties établissent leur droit, ou parce que ce seroit une question de Droit ou de Coutume difficile à juger sur le champ, le Juge appointe les Parties, & s'il rend un appointement en droit, la cause devient instance; & s'il y a appel d'une Sentence par écrit, l'affaire devient un procès par écrit, à moins que l'appel ne fût interjetté d'une sentence par forclusion, rendue sur un appointement à mettre: auquel cas ce ne seroit qu'une appellation verbale, & par conséquent une cause, & non pas un procès.

On voit par-là quelle différence il y a entre une cause, une instance & un procès, quoique généralement parlant le procès, se dise aussi de la cause; mais on ne se sert gueres au Palais du terme de cause pour signifier un procès par écrit.

Cependant on applique souvent dans le monde le mot de *Cause* à toute sorte de procès. Les Avocats eux-mêmes disent que la cause des pauvres est celle de Dieu; que la cause du Public réside dans la bouche des Gens du Roi, quoique souvent il s'agisse de procès par écrit.

CAUSE CIVILE, est celle qui commence par un exploit, dans lequel le demandeur conclut à ce que le défendeur lui rende & restitue une chose qui lui appartient, ou qu'il lui donne ou fasse ce à quoi il est obligé envers lui.

Voyez Procès ordinaire & civil.

CAUSE CRIMINELLE, est celle qui se forme par une plainte par laquelle le plaignant poursuit la réparation du tort qui lui a été fait par le délit commis envers lui par l'accusé, sauf au Procureur du Roi à prendre pour la vengeance publique telles conclusions qu'il avisera bon être.

Celui qui a formé sa plainte, y peut renoncer, & agir par la voie civile pour raison du tort qui lui a été fait: mais celui qui a commencé par la voie civile, ne peut plus agir par la voie extraordinaire.

Voyez Procès extraordinaire & criminel.

CAUSE BENEFICIALE, est celle dans laquelle il s'agit de Bénéfice ecclésiastique, de dîme, de portion congrue, & autres choses semblables.

Le pétitoire fe porte pardevant le Juge d'Eglife; mais pour raifon de ces fortes de chofes, on agit toujours au poffeffoire pardevant le Juge laïc royal; & le poffeffoire jugé, il ne refte plus de conteftation dont le Juge d'Eglife puiffe prendre connoiffance, attendu que le poffeffoire ne fe juge par le Juge Laïc, que fur l'infpection des titres. *Voyez* Charondas, liv. 12. rep. 14.

CAUSE PIE, eft celle qui provient de la libéralité des fidéles, exercées envers une Eglife, un Hôpital, ou les Pauvres. Belordeau, lett. L, art. 2.

Ces fortes de caufes regardent le public, & ne peuvent être jugées fans conclufion de Meffieurs les gens du Roi.

Comme elles font très-favorables, elles reçoivent toujours une interprétation avantageufe, à moins qu'il n'y ait quelque difpofition du Droit, ou quelque raifon évidente qui en empêche.

CAUSE INCIDENTE, eft une demande formée incidemment par l'une des Parties, qui a quelque connexité à la demande principale. *Voyez* Incident.

CAUSE D'INTERVENTION. *Voyez* Intervention. Nous remarquerons feulement ici, que comme toute demande doit être libellée; celui qui veut être reçu Partie intervenante dans une affaire, doit énoncer dans fa requête les caufes de fon intervention, & en donner copie aux Parties intéreffées.

CAUSE D'AUDIENCE, eft une caufe qui doit être plaidée, & qui eft oppofé à ce qu'on appelle inftance & à ce qu'on appelle procès par écrit, comme nous l'avons dit en la page précédente.

CAUSE APPOINTÉE OU INTERLOQUÉE, eft une caufe plaidée à l'Audience fur laquelle en conféquence de la plaidoirie des Parties, eft intervenu un appointement. *Voyez* Appointement.

CAUSE SOMMAIRE, eft celle qui eft pure perfonnelle, & qui n'excede pas la valeur de 400. liv. aux Cours fouveraines, aux Requêtes de l'Hôtel & du Palais; & partout ailleurs 200 livres, fuivant l'art. 1. tit. des matieres fommaires de l'Ordonnance 1667.

L'article 2. du même titre veut cependant que les demandes excédantes la fomme de deux cens livres, qui ont été appointées ès Jurifdictions & Juftices inférieures, & portées par appel aux Cours fouveraines y foient jugées comme procès par écrit, & par conféquent contre la régle des matieres fommaires contenues en l'art. 7. du même titre, qui veut que les matieres fommaires foient jugées à l'Audience.

Ces termes de l'art. 2. *excedantes la fomme de 200 livres*, fe doivent entendre des caufes qui excedent 200 livres, jufqu'à 400 livres; car celles qui excedent 400 livres, ne font pas fommaires dans les Cours fouveraines, fuivant ledit art. 2. & aux Bailliages & Sénéchauffées, & autres Jurifdictions royales inférieures, & aux Juftices des Seigneurs, & aux Officialités. Celles qui n'excedent point la fomme ou valeur de 200 livres, font auffi réputées fommaires par l'article premier.

Il y a encore d'autres caufes fommaires; fçavoir, I°. les chofes concernant la Police, à quelque fom-

me ou valeur qu'elles puiffent monter en toutes les Cours, Jurifdictions ou Juftices, par l'art. 3.

II. Les achats, ventes, délivrances & payemens pour provifion & fournitures de maifons en grains, farine, pain, viande, foin, bois & autres denrées, pourvû que ce qui eft demandé n'excede pas la fomme ou valeur de 1000. liv., de même que toutes les autres chofes qui font contenues aud. art. 3.

III°. Les fommes dûes pour ventes faites ès ports, étapes, foires & marchés.

IV°. Loyers des maifons, fermes & actions pour les occuper ou exploiter, ou aux fins d'en vuider, tant de la part des propriétaires, que des locataires ou fermiers, non jouiffances, diminutions des loyers, fermages & réparations, foit qu'il y ait bail ou non; les impenfes utiles & néceffaires, les mêliorations, détériorations, labours, & demences.

V°. Les prifes des chevaux & beftiaux en délit, les faifies qui en font faites, les nourritures, dépenfes, ou louages.

VI. Les gages des ferviteurs, peines d'ouvriers, journées des gens de travail, parties d'Apoticaires & Chirurgiens, vacations de Médecins, frais & falaires des Procureurs, Huiffiers, Sergens & autres droits d'Officiers, appointemens, & récompenfes.

VII°. Les appofitions & levées de fcellés, les confections & clôtures d'inventaires, les oppofitions à la levée des fcellés, aux inventaires & clôtures, en ce qui concerne la procédure feulement, fuivant l'art. 4.

VIII°. Les oppofitions faites aux faifies, exécutions & ventes de meubles, des préférences fur le prix en provenant, pourvû qu'il n'y ait que trois oppofans, & que leurs prétentions n'excedent pas la fomme de mille livres, fans y comprendre les cas de contribution au marc la livre, fuivant l'edit art. 4.

IX°. Les demandes à fin d'élargiffement & provifion des perfonnes emprifonnées, par l'art. 5.

X°. Les demandes à fin de main levée des effets mobiliers faifis ou exécutés, les établiffemens ou décharges des Gardiens, Commiffaires, Dépofitaires ou Séqueftres, réintegrandes, les provifions néquifes pour nourriture & alimens; & tout ce qui requiert célérité, & où il peut y avoir du péril en la demeure, eft pareillement réputé matiere fommaire, pourvû qu'il n'excede point la fomme de mille livres, par le même art. 5. Il faut encore ajouter pour matieres fommaires, les dations de tutelles, curatelles, & émancipations des enfans.

Toutes les matieres fommaires fe jugent à l'Audience en toutes les Cours, & Jurifdictions royales & feigneuriales, incontinent après les délais échus, fur un fimple acte pour venir plaider, fans autre procédure ni formalité, fuivant l'art. 7. qui veut que pour cet effet foient données des Audiences particulieres.

Néanmoins il faut remarquer ici une différence, que les demandes en matieres fommaires fe font ordinairement aux Cours inférieures par exploits & affignations, & que dans les Cours fouveraines elles fe font par Requête, fur laquelle un des Meffieurs ou le Greffier met, *viennent les*

Parties , ou *foit Partie appellée* , quand il n'y a point de Procureur en caufe.

Les Parties peuvent plaider fans affiftance d'Avocats ni Procureurs en toutes matieres fommaires ; fi ce n'eft dans les Cours de Parlement , Grand Confeil , Cours des Aydes , & autres Cours fouveraines ; aux Requêtes de l'Hôtel & du Palais ; & aux Siéges préfidiaux , fuivant l'art. 6.

Si le différend ne peut être jugé à l'Audience fur le champ , les pieces font mifes fur le Bureau fans inventaire de production , écritures , ni mémoires pour y être délibéré , & le Jugement doit être prononcé au premier jour à l'Audience , fans épices ni vacations , fuivant l'article 10.

Le Juge peut ordonner la preuve par témoins , pour être les témoins ouis à la prochaine Audience en la préfence des Parties , fi elles y comparoiffent , finon en l'abfence des défaillans.

Cependant aux Cours fouveraines , aux requêtes de l'Hôtel & du Palais , & aux préfidiaux , les témoins peuvent être ouis aux Greffes pardevant un des Confeillers , fommairement , fans frais , & fans que le délai puiffe être prorogé , fuivant l'art. 8.

Si une partie veut propofer des reproches contre les témoins amenés par la partie adverfe , elle doit les reprocher à l'Audience avant que les témoins foient entendus , fi la partie eft préfente ; & en cas d'abfence , il doit être paffé outre à l'audition , & doit être fait mention fur le plumitif , ou dans le procès verbal , fi c'eft au Greffe , des reproches & de la dépofition des témoins , fuivant l'art. 9.

En fait de Police , les Jugemens définitifs ou provifoires , à quelque fomme qu'ils puiffent monter , font exécutés nonobftant oppofitions ou appellations , & fans y préjudicier , en baillant caution. Ce qui eft ainfi ordonné par l'art. 12. attendu qu'il eft de l'intérêt public que ce qui a été jugé & ordonné pour fait de Police , foit exécuté fans retard.

Les Jugemens définitifs donnés dans les matieres fommaires , font exécutoires par provifion en donnant caution , nonobftant oppofitions ou appellations , & fans y préjudicier , quoiqu'il n'y ait ni contrats , ni obligations , ni promeffes reconnues aux condamnations précédentes , fuivant l'art. 14. quand les condamnations ne fe montent qu'à une certaine fomme , qui eft différente fuivant les différentes Jurifdictions.

A l'égard des Juftices des Duchés & Pairies & autres , qui reffortiffent nuement au Parlement , les Jugemens définitifs rendus en matieres fommaires , font exécutoires , quand les condamnations ne font que de quarante livres.

Mais ceux qui font rendus par autres Juftices (même des Duchés & Pairies) qui ne reffortiffent point au Parlement , ne font exécutoires par provifion , que quand les condamnations ne fe montent qu'à vingt-cinq livres.

Ceux qui font rendues ès Prévôtés & Châtellenies royales , & autres Siéges particuliers , Maîtrifes particulieres des Eaux & Forêts , Siéges particuliers des Amirautés , Elections & Grenier à fel , ne font exécutoires par provifion en donnant caution , nonobftant oppofitions , &c. que quand les condam-

nations n'excedent pas la fomme de 60 livres.

Ceux qui font rendus ès Bailliages & Sénéchauffées , Siéges des Grands Maîtres des Eaux & Forêts , Connétablies , & Siéges généraux des Amirautés , font exécutoires , quand les condamnations ne montent qu'à cent livres.

Pour ce qui eft des Jugemens rendus ès Requêtes de l'Hôtel & du Palais , ils font exécutoires par provifion , quand les condamnations ne fe montent qu'à 200. livres.

En toutes matieres fommaires qui n'excedent point la fomme de mille livres , les Sentences de provifion , font exécutées nonobftant & fans préjudice de l'appel , en baillant caution , quoiqu'il n'y ait contrat , obligation , promeffe reconnue , ou condamnation précédente , fuivant l'art. 14.

Mais s'il y a contrats , obligations , promeffes reconnues , ou condamnations précédentes par Sentence , dont il n'y a point d'appel , les Sentences de provifion font exécutées , à quelque fomme qu'elles puiffent monter , en donnant caution , fuivant l'art. 15.

Néanmoins la provifion feroit empêchée , au cas qu'on produifît des quittances ou autres pieces , qui pourroient faire douter fi le payement n'auroit pas été fait.

Il eft défendu par l'art. 16. à toutes les Cours fouveraines , de donner des défenfes ou furféances à l'exécution des fentences rendues en matieres fommaires , fur peine de nullité ; Sa Majefté voulant que , fans y avoir égard , & fans qu'il foit befoin d'en demander main-levée , les Sentences foient exécutées , nonobftant Jugemens , Ordonnances , ou Arrêts contraires.

Si les inftances fur la provifion & fur la définitive font en même tems en état , les Juges y doivent prononcer par un même Jugement , & peuvent ordonner qu'en cas d'appel , leur Jugement fera exécuté par maniere de provifion , en baillant bonne & fuffifante caution , lorfqu'il échet de juger par provifion ; & en ce cas ils ne peuvent pas rendre féparément la Sentence de provifion & définitive , fuivant l'art. 17.

CAUSES MAJEURES , font les élections , tranflations d'Evêchés , abfolutions en certains cas , crimes d'héréfie , difpenfes de parenté en certains dégrés , & autres chofes de cette qualité , dont le pouvoir eft attribué au faint Siége , en y procédant canoniquement.

Voyez le Traité fait par Gerbais , *de caufis majoribus* , imprimé à Paris en 1679.

CAUSE GRASSE , eft une caufe folemnelle qui fe plaide tous les ans en la Chambre St. Louis , en desjours gras , depuis neuf heures jufqu'à midi , par les Avocats de la Bafoche , devant le Chancelier & les Maîtres de Requêtes de cette Jurifdiction. Le fujet eft fimulé , mais il eft toujours fondé fur quelque rapt , ou fur le mécontentement d'un mari.

La pudeur y étoit autrefois violée , tant par les termes équivoques , que par les noms que l'on donnoit aux parties , qui renfermoient toujours des ordures très-groffieres.

M. Le premier Préfident de Lamoignon fe pouvant

vant fouffrir une fi fale plaidoirie , la défendit. Elle s'eft faite depuis la mort de ce grand Magiftrat ; mais on y a gardé plus de circonfpection. *Voyez* le cinquiéme plaidoyé d'Expilly ; & le fixiéme de M. Henrys, au tome fecond.

C A U S E, fignifie quelquefois la raifon pour laquelle un homme s'oblige envers un autre.

Les promeffes & obligations-doivent avoir une caufe légitime qui y foit énoncée ; ce qui fait qu'on les appelle obligations ou promeffes caufées, faute de quoi on pourroit leur donner atteinte, & en prétendre la nullité , en ce qu'il y a lieu de croire qu'elle a été faite *ob turpem caufam*, pour raifon du jeu, ou pour une autre caufe également réprouvée. *Voyez* Obligation.

CAUSE PRÉJUDICIELLE. *V.* Action préjudicielle.

C A U S E EN FAIT DE LEGS , fignifie quelquefois le motif qui a porté le teftateur à faire un legs ; & c'eft ce qui eft appellé *caufa* au Digefte , dans le titre *de conditionibus & demonftrationibus, & modis eorum, quæ in teftamento fcribuntur.*

La caufe prife dans ce fens fe rapporte toujours au tems paffé. *Caufa eft ratio legandi in præteritum tempus collata* : au lieu que *modus eft ratio legandi in futurum tempus collata.*

Un legs eft fait *ex caufa*, quand par exemple le teftateur dit : Je legue à Mevius deux mille livres , parce qu'il a eu foin de mes affaires. *Leg. 72. §. falfam, ff. de condit. & demonftrationib. junéto ibidem Cujatio.*

La fauffeté de la caufe pour laquelle un legs eft fait , ne le rend pas nul , parce qu'elle n'eft ajoutée que par une efpéce de démonftration. Ainfi la bienveillance & la liberalité du teftateur eft toujours cenfée être la véritable caufe du legs qu'il fait, & non pas la caufe qu'il y a ajoutée. *Voyez* ce que j'ai dit fur le §. 31. du titre 20. du fecond livre des Inftitutes.

C A U S E PRISE POUR MODE , fignifie l'indication de l'emploi qu'un teftateur veut que le légataire faffe de ce qu'il lui laiffe ; comme quand il dit : Je legue une telle fomme à Titius , afin , ou pour faire une telle chofe.

Ainfi la condition s'exprime par la diction *fi, vel cùm*, & quelquefois par la diction *ubi*; la caufe par la diction *quia, vel quoniam*, & le mode par la diction *ut.*

Par exemple , Lorfque le teftateur dit : Je legue à Titius telle chofe s'il fait cela , ou lorfqu'il aura fait cela , c'eft le cas de la condition : mais s'il dit , parce qu'il a fait cela , c'eft le cas de la caufe ; & s'il dit, afin qu'il faffe telle chofe, c'eft le cas du mode dont nous parlons.

Dans cette derniere efpece de legs , l'exécution de la chofe marquée par le teftateur , ne fe doit faire qu'après que le legs aura été délivré au légataire ; parce que le motif pour lequel le legs eft fait , n'eft qu'une fuite de la difpofition du teftateur, & par conféquent n'en fufpend pas l'exécution.

Le mot de caufe , en tant qu'on le prend pour mode, fe divife en caufe impulfive, & caufe finale, lefquels produifent différends effets.

On appelle caufe impulfive , la déclaration que

fait un teftateur de l'emploi qu'il entend que faffe le légataire de la chofe léguée , lorfque cet emploi regarde uniquement l'avantage du donataire ou du légataire.

Par exemple , fi le teftateur lègue à Titius dix mille francs pour acheter un Office , ou pour autre caufe qui regarde uniquement le légataire , quoique l'accompliffement & l'exécution ne s'enfuivent de fa part , on ne peut pas attaquer le legs , & prétendre que le légataire foit tenu de rendre à l'héritier la chofe léguée , à moins que le teftateur n'y eût ajouté une claufe irritante, déclarant expreffément que , fi la chofe ne s'exécute pas , il prétend que le legs foit annullé.

Ainfi la Cour a jugé par plufieurs Arrêts , qu'un legs fait à une fille pour la marier , n'étoit pas conditionnel , mais fait *fub caufa impulfiva* ; & qu'ainfi il ne lui étoit pas moins dû ne fe mariant pas ; & qu'elle pouvoit le demander où fes héritiers , en cas qu'elle vint à mourir fans être mariée. Charondas liv. 7. rep. 75. Dufrefne , liv. 1. chap. 22. & 66.

On appelle caufe finale la déclaration que fait un teftateur de l'emploi qu'il veut & entend être fait par le légataire de la chofe léguée , lorfque cet emploi regarde l'avantage ou l'intérêt du donateur ou teftateur, ou celui d'un tiers.

Par exemple , je lègue à Titius une fomme , afin qu'il me faffe dreffer un tombeau , ou afin qu'il époufe une telle perfonne ; le legs doit d'abord avoir fon exécution, en donnant toutefois caution par le légataire d'exécuter la volonté du teftateur, ou de reftituer le legs.

Ainfi, quand la caufe eft finale , c'eft-à-dire , qu'elle regarde l'intérêt du teftateur ou du donateur ou celui d'un tiers, le legs peut être répété faute d'accompliffement de la volonté du teftateur, à moins que l'exécution ne dépendît pas de celui qui en eft chargé. *Quia tunc modus fub quo legatum effet , haberetur pro impleto.*

Ce que nous avons dit marque qu'il y a bien de la différence entre une difpofition conditionnelle , & une difpofition finale ; car quand la difpofition eft conditionnelle , la chofe ne peut être demandée qu'après l'évenement de la condition ; mais pour ce qui eft des difpofitions finales, *quæ fiunt fub modo*, le legs doit être donné d'abord avant l'accompliffement de la caufe , en contemplation de laquelle la chofe eft promife ou léguée , fauf à la répéter , au cas que la volonté du teftateur n'ait pas fon exécution.

CAUSES ET MOYENS D'APPELS, font des moyens dont l'appellant fe fert pour foutenir fon appel , quand l'appellation eft verbale , & que les Parties ont été fur cette appellation appointées au Confeil.

Quand l'appellation eft d'une Sentence rendue en procès par écrit, les moyens d'appel font appellés griefs hors procès, & fe font en conféquence d'un appointement de conclufion.

Les caufes & moyens d'appel fe dreffent ainfi : *Caufes & moyens d'appel que met pardevant vous, Noffeigneurs de Parlement, tel appellant , contre tel intimé , fuivant & pour fatisfaire à l'appointement au confeil du . . . . . à ce que par l'Arrêt qui interviendra , il plaife à la Cour mettre l'appellation , & ce dont a été appellé , au néant , émendant , ordonner , &c.*

Il faut conclure comme en caufe principale ; & après qu'on a expliqué le fait & la procédure , & que l'on a déduit fes moyens , on finit par ces mots : *Par toutes ces confidérations , l'appellant perfifte en fes conclufions.*

Le délai de fournir des caufes d'appel eft de huitaine , à compter du jour de la fommation qui a été faite au Procureur de l'appellant ; & le délai de fournir des réponfes à icelle eft auffi de huitaine , à compter du jour de la fignification des caufes d'appel faites au Procureur de l'intimé. Art. 21. du tit. 11. de l'Ordonnance de 1667.

Les caufes & moyens d'appel & de nullité en matiere criminelle , fe dreffent de la même manière que les caufes & moyens d'appel en matiere civile.

CAUSES ET MOYENS D'ABUS , tant en matière civile qu'en matiere criminelle , fur des appointemens au Confeil , fe dreffent de la même maniere que les caufes & moyens d'appel ci-deffus , fi ce n'eft à l'égard des conclufions , qu'il faut changer & rédiger ainfi : *A ce qu'il plaife à la Cour mettre l'appellation & ce au néant ; émendant , dire qu'il y a abus dans l'exécution ou dans l'Ordonnance de l'Official.*

CAUSES ET MOYENS D'OPPOSITIONS A DES CRIÉES , font les écritures que fournit celui qui a formé fon oppofition à des criées , pour juftifier de fon droit.

Sur ces fortes d'oppofitions on prend un appointement en droit ; chaque oppofant doit fournir fes caufes & moyens d'oppofitions , & produire fes titres.

Ces caufes & moyens fe dreffent de la même manière que les caufes & moyens d'appel , à l'exception qu'on y conclut fuivant la manière de l'oppofition dont il s'agit.

Par exemple , fi c'eft une oppofition afin de diftraire , on conclut comme on a fait dans l'acte d'oppofition : *A ce qu'il plaife à la Cour d'ordonner que des faifies & criées faites fur un tel , à la requête d'un tel , il en fera diftrait au profit de l'oppofant telle chofe à lui appartenante , & le faififfant condamné aux dépens de l'inftance d'oppofition.*

CAUTION, en général , eft une affurance ou fûreté. Ordinairement ce terme fignifie celui qui s'oblige pour un autre , l'obligation du principal debiteur fubfiftant toujours , & fans novation.

Les cautions qu'on appelle en droit fidéjuffeurs , s'obligent pour autrui , de même que les coobligés qui n'ont point contracté pour leur propre affaire ; avec cette différence , que les coobligés , quoiqu'ils ne s'engagent que pour autrui , ne laiffent pas d'entrer dans l'obligation principale ; au lieu que les cautions n'en font que l'acceffoire , & ne s'obligent que pour l'affurance de la dette principale.

La caution ne s'exige que pour avoir une perfonne qui réponde de ce qui nous eft dû par quel-

qu'un , ou de l'exécution des actes que nous paffons ; de maniere que nous puiffions avoir notre recours contre celui qui auroit répondu de nous indemnifer de tout événement.

Mais quand on veut exiger une caution , il le faut faire les chofes étant en leur entier. D'où il s'enfuit que l'acquéreur d'une maifon , après le contrat de vente paffé , ne peut pas obliger le vendeur de lui donner caution de l'emploi du prix du contrat de vente. Pareillement celui qui donne une fomme d'argent à conftitution , ne peut pas , après que le contrat eft paffé , obliger le débiteur de la rente à lui donner caution de l'emploi qu'il entend faire de ladite fomme. Ainfi jugé par Arrêt du 7. Avril 1588. *Voyez* M. Soefve , tom. 1. à la fin.

Celui qui cautionne s'expofe à quantité d'inconvéniens,& on peut dire que *malè utitur fuâ fubftantiâ ,* parce qu'ordinairement celui qui répond paye, & prefque toujours en pure perte pour lui , attendu l'infolvabilité de celui qui a cautionné.

Un débiteur peut être reçu à faire ceffion de biens , non-feulement contre fon créancier , mais auffi contre fes cautions. Papon , liv. 10. tit. 10. nomb. 14. Peleus , queft. 146. Defpeiffes en fon Traité des cautions , part. 2. tom. 3.

La raifon eft , que la caufe du fidéjuffeur ne doit pas être plus favorable que celle du créancier qui a prêté gratuitement fon argent au principal débiteur , dont il a exigé caution. D'ailleurs , celui qui veut bien l'être , doit préfumer que le créancier a quelque foupçon de l'infuffifance du débiteur.

Celui qui fe rend caution pour quelqu'un , doit donc s'attendre à tous les événemens fâcheux qui peuvent fuivre un tel engagement.

Il eft vrai que la caution qui a été obligée de payer la dette dont elle a répondu , eft fubrogée tacitement au droit du créancier , quoique la quittance ne porte aucune fubrogation ; mais cette fubrogation eft fouvent rendue inutile par l'infolvabilité du principal débiteur.

Par l'ancien Droit Romain , le créancier pouvoit s'adreffer directement à la caution , & la faire payer; & s'il y avoit plufieurs cautions , elles étoient toutes obligées folidairement.

Mais l'Empereur Adrien leur accorda le bénéfice de divifion , par lequel elles pouvoient contraindre le créancier , lorfqu'il y avoit plufieurs cautions , de divifer fon action entr'elles , & ne pourfuivre chacun d'eux que pour fa part & portion , pourvû que toutes fuffent folvables au tems que la caufe portée en Juftice fur ce fujet auroit été conteftée.

Dans la fuite , Juftinien accorda en faveur des cautions le bénéfice de difcution , c'eft-à-dire de ne pouvoir être pourfuivies que fubfidiairement au défaut du principal obligé ; c'eft-à-dire , après avoir difcuté le débiteur , fans en pouvoir être payé.

Ce bénéfice de difcution a lieu parmi nous ; & fi plufieurs fe font rendus cautions , ils peuvent fe fervir du bénéfice de divifion , pourvû qu'il n'y ait point dans l'acte de cautionnement de renonciations à ces bénéfices , ce qui eft très-rare. Ce qu'il y a à remarquer ici fur ce fujet , c'eft que ces exceptions de divifion & de difcution, efquelles il n'a pas été expreffement renoncé, fe doivent oppofer avant conteftation en caufe, comme étant des exceptions dilatoires. *Voyez* cependant ce qui eft dit ici, *verbo* Difcution.

Les cautions fe font par un acte qui porte un cautionnement exprès de la part de celui qui fe rend caution. Ainfi une fimple recommandation ne paffe jamais en Juftice pour un cautionnement.

Comme le cautionnement eft un office qui part d'un principe d'affection, l'obligation qui en naît ne peut aller au-delà des bornes dans lefquelles le fidéjuffeur eft cenfé avoir voulu fe renfermer. *Leg.* 68. §. 1. *ff. de fidejufforib.*

Il s'enfuit de ce principe, que celui qui s'eft rendu caution de l'héritier par bénéfice d'inventaire, n'eft pas tenu des dépens auxquels celui-ci fuccombe pour avoir intenté un mauvais procès; parce que la caution n'intervient pas pour garantir perfonnellement l'héritier de fes mauvaifes procédures, mais feulement pour affurer la repréfentation de certains effets de la fucceffion du défunt; c'eft-à-dire, pour la prifée des meubles & des fruits & levées qui font fur les héritages de la fucceffion hors du cautionnement.

Il faut encore obferver que l'acte de cautionnement pour une fomme principale qui produit des intérêts, *vel ratione obligationis*, *vel Judicis officio*, ne fait point partie de l'obligation du fidéjuffeur, s'il n'en eft fait mention dans l'acte de cautionnement.

Mais il faut dire le contraire, quand il s'agit d'une caution judiciaire. Ainfi jugé par Arrêt du 23. Juin 1673. rapporté dans le Journal du Palais.

Enfin il faut remarquer que quand le cautionnement n'eft fait que pour un tems limité, il finit fitôt que le terme jufqu'auquel s'eft obligée la caution eft échu, sans qu'il puiffe durer au-delà fans un nouvel engagement fait du confentement de la caution. Par exemple, fi quelqu'un s'étoit obligé à veiller à la garde d'un Château pendant fix mois, & qu'il eût donné une caution pour raifon de ce, dès que les fix mois feront paffés, l'obligation n'étant faite que pour ce tems, le fidejuffeur fera déchargé de la garde du Château pour le tems à venir.

Et fi la même obligation eft pour un autre tems prorogée entre le créancier & le débiteur, à l'infçu de la caution, elle n'en fera plus tenue. *V.* Papon, liv. 10. tit. 4. art. 33.

Par la même raifon, il faut dire que la caution d'un Fermier n'eft point tenue du payement de la ferme prorogée. Papon, liv. 10. tit. 4. nomb. 2. Chopin, liv. 3. du dom. tit. 14. nomb. 3. Maynard, liv. 8. chap. 28. *Boerius, décif.* 316.

L'obligation de la caution n'eft que l'acceffoire & l'affurance de l'obligation principale.

Il s'enfuit de ce principe, I°. que l'obligation de la caution ne peut fubfifter, fi celle du principal obligé eft abfolument nulle, foit parce qu'elle feroit caufée pour chofes illicites & contre les bonnes mœurs, ou pour autre chofe. La raifon eft, que l'acceffoire ne peut pas fubfifter, quand le principal n'exifte pas.

II°. Que comme il ne peut pas y avoir plus dans l'acceffoire que dans le principal, la caution ne peut pas être obligée à une plus grande fomme que le principal débiteur, ni à des conditions plus dures. Ainfi fi le principal obligé ne doit que cinq cens liv. la caution n'en peut pas devoir davantage; & fi le principal obligé ne doit que fous condition, l'obligation de la caution ne peut pas être pure & fimple, mais doit pareillement être conditionnelle. *Fidejuffor in duriorem caufam obligari non poteft, quàm reus principalis, nec plus effe debet in acceffione, quàm in re principali. Quapropter fidejuffor non poteft in plus obligari re, vel loco, vel tempore, vel caufâ, fed poteft arctiori vinculo teneri quàm reus principalis.*

Quoique l'obligation de la caution ne puiffe pas excéder en aucune maniere celle du principal obligé, elle peut néanmoins être plus ferme, plus étroite & plus fûre, comme nous l'avons dit fur le §. 5. du tit. 21. du troifieme livre des Inftitutes.

III. Que dès le moment que l'obligation du principal débiteur eft éteinte, foit par le payement effectif, foit par la novation de la premiere obligation, ou autrement l'obligation du fidéjuffeur ceffe dès le même inftant. Ainfi, lorfque le créancier change l'obligation du principal débiteur en contrat de conftitution, le fidéjuffeur eft déchargé.

Il faut dire auffi que quand un débiteur, dans le défordre de fes affaires, traite avec fes créanciers qui lui font des remifes, les cautions font déchargées jufqu'à concurrence de ces remifes.

A l'égard du délai que le créancier accorde au principal débiteur, fans la participation de la caution, fi l'obligation ne contient aucun terme pour faire le payement, il eft certain qu'un tel délai ne décharge point la caution.

Mais on demande s'il en eft de même, lorfque l'obligation contient un terme auquel fe doit faire le payement, & que le créancier proroge ce terme fans le confentement de la caution?

Il femble que dans ce cas la caution peut prétendre être déchargée de fon cautionnement, faute par le créancier d'avoir fait contre le principal débiteur les pourfuites néceffaires à l'échéance du terme porté dans l'obligation; & de plus, pour lui avoir accordé un nouveau délai, auquel la caution n'a point donné fon confentement.

Cependant je crois que cela ne fait point perdre au créancier le droit d'agir contre la caution, difcution faite du principal obligé. La raifon eft, que la prorogation du terme porté dans l'obligation pour faire le payement, ne peut point paffer pour une novation, puifque cela n'opere aucun changement, mais ne fait que différer le payement de la chofe due: ce qui ne paroît pas fuffire pour décharger le fidéjuffeur de fon cautionnement.

Pour que la caution puiffe y réuffir, il faut qu'avant l'échéance du terme porté dans l'obligation, elle fignifie au créancier qu'il ait à faire fes pourfuites contre le principal débiteur, fitôt que le terme fera échu; finon, protefte qu'elle n'entend plus refter fa caution après que ledit terme fera échu.

Voyez Guy-Pape, queft. 117. Chorier en fa Jurisprudence de Guy-Pape, *pag.* 125. Papon, liv. 10. tit. 4. nomb. 33. Dargentré sur l'art. 208. de la Coutume de Bretagne.

Quoique l'obligation de la caution ne puisse jamais excéder en aucune manière celle du principal obligé, elle peut cependant avoir moins d'étendue, & être réduite à une somme moins forte, ou n'être pas sujette aux mêmes charges & conditions que l'obligation du principal débiteur, d'autant que rien n'empêche qu'il y ait moins dans l'accessoire que dans le principal.

Quoique le cautionnement soit une suite de l'obligation principale, néanmoins la caution ordinaire n'est pas obligée de plaider pour l'exécution de son cautionnement pardevant un autre Juge que celui de son domicile ; mais la caution judiciaire ne peut se dispenser de plaider devant le Juge pardevant lequel elle a fait ses soumissions. Soefve, tome 2. cent. 1. chap. 50. où il rapporte un Arrêt du 31. Janvier 1657. qui l'a jugé ainsi.

Il y a trois cas esquels la caution peut agir contre le principal débiteur, pour se faire décharger de son cautionnement. Ils sont rapportés par la plupart de nos Auteurs, & entr'autres par Papon, liv. 10. tit. 4. nomb. 20. & par Bouchel en sa Bibliotheque du Droit François, *verbo* Caution.

Le premier est, quand le débiteur reste un tems considérable sans acquitter la dette exigible pour laquelle le fidéjusseur a répondu. La raison est, qu'il n'est pas juste que celui à qui le fidéjusseur a bien voulu faire un tel plaisir, le laisse perpétuellement dans l'embarras. Ce tems, après lequel le fidéjusseur peut demander d'être déchargé, est très-arbitraire, & dépend de la prudence du Juge, qui doit avoir égard aux circonstances. *Voyez* Guy-Pape, quæst. 117. & les Notes de Ranchin. Plusieurs estiment que ce tems ne peut être de plus de dix ans. Il faut néanmoins observer que si le cautionnement avoit trait à un certain tems, le fidéjusseur ne pourroit demander sa libération sous le prétexte du tems qui se seroit écoulé depuis son cautionnement. Par exemple, la caution d'un usufruitier ne pourroit prétendre être déchargée, parce que l'usufruit auroit déjà duré dix ans, ou un plus long-tems : la raison est, que lors de son cautionnement elle ne pouvoit ignorer le tems de sa durée, & qu'elle devoit continuer jusqu'à la mort de l'usufruitier. De même celui qui est garant d'une éviction, demeure toujours engagé, tant que l'acheteur peut être dépossédé.

Le deuxieme est, lorsque par la dissipation du principal débiteur, il y a sujet de craindre qu'il ne devienne insolvable.

Le troisieme est, lorsque le fidéjusseur qui a renoncé au bénéfice de discussion, est poursuivi par le créancier pour le payement de la dette dont il a répondu.

Nous réservant de donner séparément quelques principes sur chaque espéce particuliere de caution, nous allons finir cet art. des cautions en général par les observations suivantes.

La premiere est, que les femmes ne pouvoient pas autrefois s'obliger pour autrui, à cause du Sé-

natusconsulte Velleïen, & de l'Autentique *Si qua mulier, cod. ad Senatusconsultum Velleïanum.* Mais aujourd'hui ce Sénatusconsulte n'est observé en ce Royaume que dans les Parlemens du Droit écrit, comme nous dirons, *verbo* Velleïen. A l'égard du Pays coutumier, les femmes peuvent être cautions, pourvû qu'elles soient autorisées par leurs maris ; & même il arrive assez souvent qu'elles se constituent cautions pour eux.

La deuxieme, que toutes les exceptions du principal débiteur sont communes au fidéjusseur ; ce qui a lieu même à l'égard de celles qui sont pures personnelles & inhérentes à la personne du principal débiteur, lorsque le fidéjusseur a son recours contre lui. Boniface, tome 2. liv. 4. tit. 10. ch. 1.

La troisieme, que lorsqu'un débiteur n'a donné caution que pour moitié de la somme portée par son obligation, le premier payement par lui fait sans imputation, est censé fait à la décharge de la caution ; parce que *solutio generaliter & indefinitè à debitore facta, in duriorem causam debet semper imputari ; leg. 3. ff. de solutionib. At gravior videtur obligatio quæ sub satisdatione fit, quàm pura.* Ainsi jugé par Arrêt rendu en la troisieme Chambre des Enquêtes, le 3 Août 1709. *Voyez* M. Augeard, qui rapporte cet Arrêt, tome 2. chap. 89.

La quatrieme est, que quand il n'a tenu qu'au créancier d'être payé de son principal débiteur, & qu'il ne s'est pas fait payer de sa créance, il perd le recours qu'il avoit auparavant droit d'exercer contre la caution de son débiteur. *Voyez* Guy-Pape, en sa question 348.

La cinquieme est, que lorsque le fidéjusseur a payé pour le principal débiteur, ce fidéjusseur est subrogé tacitement aux droits & hypothéques que le créancier avoit contre le principal obligé, quoique la quittance ne porte aucune cession desdits droits & actions. Papon, liv. 11. tit. 3. nomb. 18. Maynard, liv. 2. de ses questions, chap. 49. la Rocheflavin, liv. 6. tit. 20. art. 4.

La sixieme est, que le créancier qui a prêté son argent sous une caution solvable, si elle devient insolvable, peut en demander une nouvelle, quand il s'agit d'une dette exigible, ou contraindre le débiteur à lui payer ce qu'il lui doit, quand bien même le tems du payement porté par l'obligation ne seroit pas encore échu.

Il en faut dire de même dans le cas d'un argent donné à rente constituée, sous une caution solvable : arrivant l'insolvabilité de la caution, le débiteur ne pourroit pas être contraint d'en donner une nouvelle, ni au rachat de la rente. Ainsi jugé par Arrêt du Parlement de Paris, rapporté par Dufresne, Journ. des Aud. tom. 1. liv. 8. chap. 7.

Il a cependant été jugé le contraire par Arrêt du Parlement de Toulouse, rapporté par Catelan, liv. 5. chap. 6. mais je crois que la décision de l'autre Arrêt est plus juste.

CAUTION BOURGEOISE. On entend par ces termes une bonne caution.

CAUTION D'UN CONTRAT DE CONSTITUTION DE RENTE. Celui qui se rend caution d'un contrat de constitution de rente, ne peut contraindre le principal débiteur à rembourser la rente, tant qu'il en paye exactement les arrérages.

C'est pour cette raison qu'ordinairement la caution d'une rente constituée a la précaution de convenir avec le principal débiteur, qu'il fera obligé de racheter la rente dans un certain tems. En vertu d'une telle convention, le tems preferit pour le rachat d'une rente étant expiré, le fidéjuffeur peut faire contraindre le principal obligé au rachat de la rente; & fi le débiteur est décédé, il peut y faire contraindre fon héritier.

Il faut néanmoins obferver que fur la pourfuite du fidéjuffeur contre le principal débiteur, pour le contraindre au rachat de la rente les Juges accordent prefque toujours un délai raifonnable pour trouver de l'argent à cet effet, comme de trois mois ou de fix mois.

Si le rachat étant ordonné par le Juge, ne fe fait pas par le principal obligé, le fidéjuffeur peut, en vertu de la fufdite convention fur laquelle il a obtenu Sentence, faire procéder par faifie & vente des biens du débiteur, ou de fon héritier. Voyez M. Louet & fon Commentateur, let. F. fomm. 27.

Suivant ce que nous venons de dire, la caution qui eft intervenue dans un contrat de conftitution de rente, ne peut demander d'être déchargée, même après trente ans, à l'exception du cas où le principal débiteur fe feroit obligé envers la caution de faire le remboursement de la rente dans un certain tems.

Néanmoins, comme il feroit bien dur qu'un homme qui fe feroit rendu fidéjuffeur, fût perpétuellement obligé de demeurer caution, lorfque quelqu'un s'eft obligé à un contrat de conftitution de rente; quoique par l'indemnité qui lui a été donnée de fon cautionnement, le principal débiteur n'ait pas promis de fe libérer, & de faire le rachat dans un certain tems, il peut, après un certain nombre d'années, y être obligé par la caution; & fur la demande qu'en fait le fidéjuffeur, il dépend du Juge de l'ordonner dans tel tems qu'il lui plaît.

C'eft ce qui a été jugé au grand Confeil, par Arrêt du 7. Avril 1704. rapporté par M. Brillon, tom. 1. nomb. 297. verbo Caution.

A l'égard de la queftion, fi celui qui a donné à quelqu'un fon argent à conftitution de rente, fous une bonne caution, devenue depuis infolvable, eft en droit d'en exiger une nouvelle, voyez la page précédente vers la fin de la feconde colonne.

CAUTION EN MATIERE CRIMINELLE, eft celui qui s'oblige de repréfenter le criminel quand il en fera requis, ou de payer le jugé.

Quelquefois on fe rend caution d'un criminel, à l'effet de le faire mettre hors des prifons; auquel cas on ne le cautionne pas pour la peine du crime, laquelle doit être perfonnelle, mais on s'oblige feulement aux intérêts de la Partie civile, faute de repréfenter le criminel au premier commandement du Juge.

Cela eft fi vrai, qu'une caution ne peut valablement s'obliger corps pour corps pour un cri-

minel; quia pœna manet fuos autores. Ainfi, de quelque manière & à quelque chofe que la caution fe foit engagée, faute de repréfenter le criminel, l'obligation de la caution fe réfout toujours en peine pécuniaire. Loyfel, liv. 4. tit. 5. régle 3.

La caution qui promet fatisfaire au Jugement qui fera prononcé contre l'accufé, eft tenu tant pour le Jugement rendu en première inftance, que pour celui qui aura enfuite été rendu en caufe d'appel. Ainfi la caution qui promet payer le jugé, eft refponfable de tout l'événement du procès.

Mais celui qui ne fe rend caution que de la plainte, n'eft refponfable que du principal, & des dépens de la première inftance, & non de ceux de la caufe d'appel. Voyez Bafnage fur l'art. 595. de la Coutume de Normandie.

Il faut de plus remarquer que quand on dit que la caution qui promet payer le Jugé, eft refponfable de tout l'événement du procès, cela fe termine à la décifion d'un Arrêt; car une caution judiciaire qui s'eft obligée de payer ou de repréfenter, eft pleinement déchargée de fon cautionnement, quand il y a Arrêt en fa faveur, quoiqu'on fe pourvoye contre par Requête civile. Ainfi jugé au Parlement de Bourdeaux le 16 Janvier 1672. L'Arrêt eft rapporté dans le premier tome du Journal du Palais.

Caution pour repréfenter un accufé, ou payer, peut, après le Jugement qui le condamne à payer, faute de repréfentation, être admife à repréfenter l'accufé, pour fe décharger du payement. Ainfi jugé par Arrêt du 20 Octobre 1618. rapporté par Bardet, tome 1. liv. 1. chap. 47.

Pour que la condamnation de payer le jugé, faute par la caution de repréfenter l'accufé, ait lieu, il faut qu'elle ait été fommée de le repréfenter. Ainfi, fuppofé que l'accufé vînt à décéder fans qu'il y ait eu une fommation précédente de le repréfenter, la condamnation n'auroit pas lieu.

Celui qui n'a été chargé que verbalement de la garde d'un accufé, fans acte ni procès verbal, ne peut être obligé comme caution de le repréfenter. Voyez le 50e. Plaidoyé de M. de Corberon.

Une perfonne qui s'eft portée caution de repréfenter un accufé, ne peut être recherchée après que l'accufé s'eft repréfenté pendant l'inftruction, & lors du Jugement du Procès & Sentence d'abfolution dont il y a eu appel; comme il a été jugé par Arrêt du 12. Juin 1671. rapporté dans le Journal des Audiences, tom. 3. liv. 6. chap. 19.

Comme le crime eft éteint par la mort de l'accufé, la caution qui s'étoit obligée de le repréfenter, en devient déchargée, à moins que l'accufé ne fût decedé après la demande de la repréfentation, & que par le moyen de cette demeure, la caufe n'eût pû être conteftée & tranfmife contre les héritiers de l'accufé; c'eft pourquoi la caution feroit en ce cas tenue de repréfenter l'accufé, comme s'il n'étoit point décédé. Coquille fur la Coutume de Nivernois, titre de Juftice & Droits d'icelle, art. 21.

L'obligation de la caution s'éteint auffi par le laps de vingt ans, parce que toutes pourfuites de crime, & tout ce qui en dépend, fe prefcrivent par ce tems, fi, ce n'eft qu'il y eût exécution par effigie.

Au refte, les complices ne peuvent être reçus cautions de repréfenter un criminel.

CAUTION JUDICIAIRE, eft celui qui s'oblige en Juftice en conféquence d'un Jugement qui l'ordonne ; comme quand il eft ordonné qu'une fomme ou autre chofe fera délivrée à une des Parties, en baillant caution. Il en eft parlé dans le tit. 28. de l'Ordonnance de 1667. que je confeille de lire, avec le Commentaire de Bornier.

Quand le Jugement porte feulement, *en donnant caution*, il fuffit d'en préfenter une ; & la Partie adverfe n'eft pas en droit d'examiner fes facultés. Mais s'il eft dit, *en donnant bonne & fuffifante caution*, il faut alors que la caution foit folvable, & qu'elle poffede des immeubles dans le reffort de la Jurifdiction du Juge qui a ordonné la caution. M. Louet, lettre C. fomm. 9.

En matiere criminelle, la caution judiciaire qui s'eft chargée de repréfenter un accufé, ou de payer le jugé, n'eft jamais obligée que civilement, ce à quoi elle s'eft engagée, comme nous l'avons dit en parlant de la caution en matiere criminelle.

Pour ce qui eft des cautions judiciaires qui interviennent en matiere civile, leur obligation fuit la nature de celle du principal débiteur. Ainfi, lorfque le principal débiteur eft obligé par corps, celui qui l'a cautionné eft pareillement obligé par corps, comme quand il s'agit des deniers royaux, de baux judiciaires & autres dettes, pour le payement defquelles la contrainte par corps eft accordée.

Celui qui s'eft rendu judiciairement caution d'une fomme adjugée par Sentence avec les intérêts, eft donc tenu indiftinctement de la fomme principale & des intérêts, quoique dans l'acte de réception de caution, il ne foit point fait mention des intérêts, à moins qu'il n'y ait quelque terme limitatif qui reftraigne le payement à la fomme principale, par rapport à la caution. Ainfi jugé par Arrêt du 23. Juin 1673. rapporté par M. Soefve, tome 2. centurie 4. chap. 77. Cet Arrêt eft auffi rapporté dans le Journal du Palais.

Mais quand l'obligation du principal débiteur n'emporte point la contrainte par corps, celui qui l'a cautionné n'eft obligé que civilement, parce que l'obligation du fidéjuffeur n'eft qu'un acceffoire de celle du principal obligé ; or l'acceffoire fuit toujours la nature du principal.

Un mineur qui s'eft rendu caution judiciaire, peut fe faire reftituer contre fon cautionnement ; parce que celui qui fe rend caution, *malè utitur fuâ fubftantiâ* ; & par conféquent le mineur qui fe rend caution, eft toujours lézé, fur-tout quand il s'agit d'un tel cautionnement, dont l'obligation fe régle dans la derniere rigueur, comme nous le dirons ci-après.

Il y a cependant un cas où un mineur qui fe feroit rendu caution judiciaire, ne feroit pas reftituable, qui eft lorfqu'il le fait pour une perfonne envers laquelle il y eft obligé par les liens du fang, par des liaifons étroites qui femblent exiger de lui ce devoir de piété.

Ainfi, par Arrêt rendu en Robes rouges, le 7. Sept. 1618. rapporté par Bardet, t. 1. liv. 1. chap. 46. & par Brodeau fur M. Louet, lett. A. fommaire 9. il a été jugé qu'un mineur qui, pour faire fortir fon pere de prifon, s'étoit obligé de le repréfenter, ou de payer pour lui, n'étoit pas reftituable.

Quand le Juge ordonne ou accorde quelque chofe en donnant caution, il ne fuffit pas que la caution foit préfente ; il faut qu'elle foit reçue en Jugement, & qu'elle faffe fa foumiffion en la maniere accoutumée, avant que l'on paffe à l'exécution du Jugement ; *quia fcilicet talis fidejuffor Judicii eft expromiffor.* Ainfi celui qui eft la feule caufe de l'exécution du Jugement, la doit néceffairement précéder.

La caution judiciaire ne figne point ; au lieu que la caution pardevant Notaire doit figner pour être obligée. Ainfi jugé par Arrêt rendu le 22. Novembre 1705. conformément à ce que dit Mornac, *ad leg.* 31. *ff. de negot. geft. in principio.*

Les cautions judiciaires font traitées plus rigoureufement que les cautions fimples & conventionnelles.

I°. En ce que la difcution du Principal obligé n'a point lieu pour les cautions judiciaires, *ne luforìa fierent Judicia*, quoiqu'elle ait lieu pour les certificateurs.

II°. En ce que les cautions judiciaires ne peuvent entr'elles fe fervir de bénéfice de divifion. Ainfi, quand plufieurs fe font rendus cautions judiciaires, chacun eft folidairement obligé pour le tout. *V.* M. Louet & fon Commentateur, lett. F, fomm. 23. & M. le Preftre, cent. 2. chap. 88.

III°. La caution judiciaire ne peut pas fe difpenfer de plaider devant le Juge pardevant lequel elle a fait fes foumiffions, comme je l'ai dit ci-deffus en parlant des cautions en général. Ainfi le Juge qui reçoit une caution juratoire, la doit faire obliger & foumettre à tout ce qui convient, & la faire renoncer à tous déclinatoires, renvois & incompétences, avec foumiffion fpéciale à la Cour. Arrêt du Parlement de Paris, du 29. Juillet 1533. rapporté par Papon, liv. 10. tit. 4. nomb. 10.

On demande fi la caution judiciaire eft contraignable par corps, pour raifon de fon cautionnement ?

Lorfque le principal débiteur eft obligé par corps, celui qui l'a cautionné eft pareillement obligé par corps ; quand il s'agit par exemple des deniers royaux, des baux judiciaires & autres dettes, pour le payement defquelles la contrainte par corps a lieu.

Mais quand l'obligation du principal débiteur n'emporte point la contrainte par corps, il paroît que celui qui l'a cautionné, ne doit point être contraignable par corps. Faber, *ad legem ultimam*, §. *ult. cod. de ufuris.*

La raifon eft, que l'obligation du fidéjuffeur n'eft qu'acceffoire à celle du principal obligé ; ainfi elle doit être renfermée dans les bornes de l'obligation principale : *accefforium enim femper fequitur naturam rei principalis.*

Cependant la commune opinion du Palais eft, que toute caution reçue en Juftice, en conféquence d'un Jugement qui l'ordonne, est contrai-gnable par corps, conformément aux anciennes Ordonnances, attendu que son obligation n'est pas contractée de particulier à particulier, mais une obligation contractée avec la Justice. Ainsi, quand bien même l'obligation du principal débiteur n'emporteroit pas la contrainte par corps, celle de la caution n'y seroit pas moins soumise.

C'est aussi la raison pour laquelle on tient que les personnes qui sont engagées dans les Ordres sacrés, ne peuvent être cautions judiciaires, parce qu'en matière civile, elles ne sont point contraignables par corps.

A l'égard de ce que nous venons de dire, que l'obligation de la caution doit se renfermer dans les bornes de l'obligation principale dont elle n'est que l'accessoire; on répond que cela est indubitable, en tant que l'obligation de la caution ne peut pas excéder en aucune manière ce à quoi le principal débiteur est obligé; mais il ne s'ensuit pas de là qu'elle ne puisse être obligée par un lien plus étroit & plus rigoureux que ne l'est le principal débiteur, comme je l'ai dit dans ma Traduction des Institutes, sur le §. 5. du tit. 21. du troisieme livre.

Touchant la caution judiciaire, outre les Auteurs que nous venons de citer, *Voyez* Belordeau en ses Observations forences, lett. C, art. 3. & Bardet, tome 1. liv. 1. chap. 7.

CAUTION CERTIFIÉE, est celle qui s'oblige pour le principal débiteur, & qui produit une autre personne qui se rend certificateur de la solvabilité. Ainsi le certificateur est caution de la caution; mais ce certificateur ne s'oblige point directement & expressément pour la caution, il certifie seulement qu'elle est solvable.

C'est aussi la raison pour laquelle il faut toujours discuter la caution, avant que de s'adresser au certificateur, puisqu'il ne s'est engagé qu'au cas que la caution fût insolvable, ou qu'au cas que ce qu'il a certifié ne se trouve pas véritable. *Voyez* Certificateur.

CAUTION JURATOIRE, est celle qui se fait en Justice, en conséquence d'un Jugement qui l'ordonne, ou d'une disposition d'Ordonnance ou de Coutume qui y oblige quelqu'un.

Cette caution ne consiste que dans le serment que fait une personne en Justice, d'accomplir ce qui lui a été ordonné; comme de se représenter à toutes assignations, de payer, de rapporter tels meubles ou papiers, ou d'administrer tels bien fidèlement.

Il arrive quelquefois qu'un Juge donne de main-levées à des débiteurs, ou qu'il ordonne qu'ils soient élargis à leur caution juratoire.

Un particulier demande à entrer dans son bien, ou d'être payé d'une somme qui lui est dûe; s'il y a contestation formée pour ce qu'il demande, & qu'elle souffre quelque difficulté, le Juge peut lui adjuger les fins & conclusions de sa demande à sa caution juratoire.

Une veuve doit avoir la délivrance de son douaire à sa caution juratoire, en cas qu'elle ne se remarie point; & en cas de secondes nôces, elle est obligée de donner bonne & suffisante caution. *Voyez* ce que

j'ai dit sur l'art. 264 de la Coutume de Paris.

Les Juges peuvent quelquefois ordonner qu'un homme à qui il a été accordé quelque chose, en donnant bonne & suffisante caution, y sera pour quelque considération particuliére, admis à sa caution juratoire, en attestant par lui qu'il ne peut trouver personne qui le veille cautionner, pour raison de ce qui lui a été adjugé. Bouvot, tome 1. part. 3. *verbo* Caution juratoire.

Il nous reste à observer ici que la caution juratoire ne se peut jamais remettre dans les cas esquels elle doit avoir lieu, soit en conséquence d'un Jugement qui l'ordonne, ou d'une disposition d'Ordonnance ou de Coutume qui y oblige.

La raison est, qu'elle ne consiste qu'à prêter serment qu'on administrera fidèlement, & en bon pere de famille, les biens dont on a l'administration ou la jouissance.

CAUTION SOLIDAIRE, est celle qui s'oblige solidairement avec le principal débiteur, & qui par conséquent peut être poursuivi pour raison de la dette dont il a répondu, sans que le créancier soit tenu de discuter les biens de celui pour lequel elle s'est obligée comme caution. Ainsi caution solidaire est tenu de payer la somme, comme s'il étoit principal débiteur, & obligé en son propre nom.

CAUTIONS SOLIDAIRES, sont plusieurs fidéjusseurs qui ont tous répondu solidairement de la dette du principal obligé; ce qui fait que le créancier peut s'adresser à l'un d'eux, sans diviser la dette entre tous les cofidéjusseurs.

Comme ils n'ont contracté entr'eux aucune obligation, suivant la disposition du Droit, le cofidéjusseur qui a été contraint de payer toute la dette, n'a aucune action qu'il puisse intenter contre les autres, à moins que le créancier n'ait cédé à celui d'entr'eux, auquel il s'est adressé pour avoir le payement de sa créance, ses droits & actions. *Voyez* ce que j'ai dit *verbo* Cofidéjusseur.

Mais cela n'empêche pas que lorsqu'un cofidéjusseur paye pour le débiteur principal, il ne succéde dans tous les droits & hypothéque qu'avoit le créancier contre le principal obligé, quoique la quittance ne porte aucune cession desdits droits & actions.

Voyez Basset, tome 2. liv. 6. tit. 9. chap. 2. & liv. 4. tit. 2. chap. 4. *Voyez* aussi Chorier en sa Jurisprudence de Guy-Pape, page 258.

CAUTION DE TUTEUR. En Pays de Droit écrit, les tuteurs sont tenus de donner caution, conformément au Droit Romain, comme nous avons dit *verbo* Tutelle. Mais les peres & les meres sont admis à la tutelle de leurs enfans sur leur caution juratoire, & ne sont point tenus de donner aucun fidéjusseur qui réponde de leur administration.

Selon le Droit commun & général du Pays coutumier, le tuteur étant choisi par les parens, & confirmé par le Juge en connoissance de cause, n'est pas tenu de donner caution.

Mais tout tuteur honoraire, onéraire & subrogé, est obligé de commencer par prêter serment devant le Juge ordinaire de bien administrer la tutelle, & d'en payer le reliquat; & sans ce serment, qui eſt la confirmation de la tutelle, le tuteur n'a point de puiſſance légitime.

Nous avons néanmoins quelques Coutumes, comme celles de Bretagne & de Normandie, qui obligent les tuteurs de donner caution ; & dans ces Coutumes, les Nominateurs & les Juges ſont ſubſidiairement tenus de l'inſolvabilité du tuteur qui a été nommé.

A l'égard des Provinces du Droit écrit, & des autres Provinces où les tuteurs ſont obligés de donner cautions, nous remarquerons,

Iº. Que la caution d'un tuteur eſt reſponſable de tout ce qu'a fait le tuteur juſqu'à la reddition du compte & proteſtation du reliquat.

IIº. Que le mari qui a épouſé une veuve tutrice de ſes enfans, & qui ne leur a pas rendu compte, eſt tenu non-ſeulement envers les mineurs, mais encore envers la caution de la mere & tutrice. Baſ-ſet, tome 2. liv. 4. tit. 15. chap. 2.

IIIº. Que le Juge ou ſon Greffier qui n'a point exigé de caution d'un tuteur, ou qui a reçu pour caution un homme inſolvable, en eſt ſubſidiaire-ment garant.

IVº. Que les mineurs qui ont laiſſé leur tuteur devenir inſolvable depuis leur majorité, ne doi-vent point avoir de recours contre leurs cautions, ſuivant la Loi 41. ff. de fidejuſſoribus.

Vº. Que lorſque la caution du tuteur voit qu'il diſſipe les biens du mineur, elle peut demander d'être déchargée de ſon cautionnement, ou qu'on procéde à une nouvelle élection de tuteur. Papon, liv. 15. tit. 5. nomb. 3.

VIº. Que la caution d'un tuteur eſt ſuffiſamment déchargée par la déclaration que fait le mineur de-venu majeur, qu'il la quitte de ſon cautionnement. Bouvot, tome 2. verbo Tuteur, queſt. 29.

Voyez Belordeau en ſes Obſervations forences, lett. C, art. 4.

CAUTION DE MINEUR, ſe peut ſervir de la reſtitution accordée au mineur, lorſqu'elle eſt fon-dée ſur le dol de celui avec lequel le mineur a con-tracté. En effet l'exception de dol eſt réelle & non perſonnelle, & par conſéquent accordée à tous ceux qui ont intérêt dans la choſe, comme nous avons dit, let. E, en parlant des exceptions réelles. Mais quand la reſtitution a été accordée au mi-neur pour lezion qu'il a ſouffert à cauſe de la foi-bleſſe de ſon âge, cette reſtitution ne peut point ſervir à celui qui l'a cautionné. La raiſon eſt que cette réſtitution, accordée au mineur à cauſe de la foibleſſe de ſon âge, eſt un bénéfice perſonnel que la loi lui donne, quatenùs minor eſt ; ni les ex-ceptions perſonnelles, ni les bénéfices accordés à certaines perſonnes, ne paſſent point à d'autres. Leg. 2. cod. de fidejuſſorib. minor. leg. 7. ff. de minorib. & leg. 7. ff. de exceptionib.

D'ailleurs il ſeroit injuſte de faire ſervir en ce cas la reſtitution du mineur à celui qui l'a cau-tionné, au préjudice du créancier, qui n'a traité avec le mineur que ſur la ſûreté qu'il avoit par le moyen de ſa caution. Ainſi, quand elle ne peut point alléguer de fraude de la part du créancier, elle doit imputer à ſa facilité d'avoir bien voulu

ſervir de caution à celui qu'il ſçavoit pouvoir ſe ſervir du bénéfice de reſtitution.

CAUTION DE L'USUFRUITIER. Comme l'uſu-fruit eſt une ſervitude perſonnelle qui s'éteint par la mort de la perſonne qui en jouit, les uſufrui-tiers ou uſagers qui doivent jouir en bons peres de famille de la choſe ſujette à uſufruit ou uſage, pour la rendre dans le tems à celui à qui elle ap-partiendra, doit auſſi donner caution avant d'en-trer en jouiſſance.

Cette caution doit être bonne & ſuffiſante pour pouvoir répondre du dégat que pourroit cauſer l'u-ſufruitier dans la choſe dont il a l'uſufruit ; de ſorte que cette caution promet que l'uſufruitier jouira de la choſe en bon pere de famille, & qu'elle ſera ren-due au propriétaire après que l'uſufruit ſera fini.

Elle eſt ſi eſſentiellement requiſe, que le teſta-teur qui laiſſeroit par ſon teſtament l'uſufruit d'une terre ou d'un autre bien à quelqu'un, ne pourroit pas valablement remettre au légataire la néceſſité de donner caution, comme je l'ai re-marqué dans mes paratiles, ſur le tit. du Digeſte, uſufructuarius quemadmodum caveat.

Lorſque l'uſufruitier ne peut pas trouver de caution, le juge peut l'admettre à ſa caution ju-ratoire, ſuivant l'opinion de Balde, ad leg. 4. cod. de uſufr. & de Barthole, diſput. in dictam legem.

Mais quand le juge voit qu'il peut y avoir du riſque à laiſſer la jouiſſance à l'uſufruitier ſous ſa caution juratoire par rapport à ſa conduite & à la modicité de ſes facultés, il doit ſéqueſtrer les biens, & les faire régir par un Commiſſaire, qui ſera tenu de les louer, & de donner les revenus à l'uſufruitier. Leg. 7. §. ult. ff. qui ſatiſdare cogan-tur, Guy-Pape, queſt. 189. & 250. Mornac, ad leg. 7. ff. uſufructus quemadmodum caveat ; Papon, liv. 14. tit. 2. nomb. 11.

Il y a des caſs eſquels les uſufruitiers ſont dé-chargés de donner caution.

Iº. Celui qui a donné un héritage dont il s'eſt ré-ſervé l'uſufruit ſa vie durant. Baſſet, tom. 2. liv. 5. tit. 10. ch. 2. La raiſon eſt que ce ſeroit une eſpèce d'ingratitude, & une injure envers le donateur, de vouloir l'obliger de donner caution pour la jouiſſan-ce d'un bien dont il auroit fait don au donataire.

IIº. Le Pere qui a l'uſufruit des biens dont la propriété appartient à ſes enfans.

IIIº. Suivant l'art. 314. de la Coutume de Pa-ris, le pere & mere jouiſſent par uſufruit des biens délaiſſés par leurs enfans, qui ont été acquis par leſdits pere & mere, & par le décès de l'un d'eux advenus à un leurſdits enfans, encore qu'ils ſoient & ayent été faits propres auxdits enfans.

CAUTIO judicatum ſolvi, eſt une caution qui ſe donne en Jugement par un étranger, quand il eſt demandeur ou appellant, de payer les dépens, & ce qui ſera porté par le Jugement, en cas qu'il ſoit prononcé contre lui.

Cette caution eſt fondée ſur ce que les étrangers n'ayant point de bien en France, ils pourroient, s'en retournant dans leurs Pays, ſe ſouſtraire à la condamnation qui auroit été prononcée contr'eux.

Il faut cependant remarquer que quand l'étran-ger eſt

ger eſt appellant dans une affaire, dans laquelle il n'a point donné de caution en premiere inſtance parce qu'il n'y étoit que défendeur, il n'eſt pas obligé en cauſe d'appel de donner caution, quoiqu'il ſoit appellant. Il ne peut donc être obligé de donner caution en ſeconde inſtance, où il a été appellant, que lorſqu'il a été demandeur en première inſtance.

Il y a deux cas où l'on exige une caution des demandeurs, quoique régnicoles.

Le premier eſt en matière bénéficiale en cas de dévolut; car toute Audience eſt déniée au dévolutaire, juſqu'à ce qu'il ait donné bonne & ſuffiſante caution de la ſomme de cinq cens livres, & qu'il l'ait fait recevoir en la forme ordinaire. Ordonnance de Blois, art. 46.

Le deuxieme eſt, lorſque celui qui a fait ceſſion eſt demandeur.

Voyez ce que j'ai dit dans ma Traduction des Inſtitutes, ſur le §. 2. du tit. 2. du quatriéme livre, où j'ai expliqué ce qui ſe pratiquoit chez les Romains, & ce qui s'obſerve parmi nous au ſujet de cette caution.

CAUTIONNAGE. Ce terme a été employé dans quelques coutumes pour caution, ou action de cautionner.

CAUTIONNEMENT, eſt l'acte par lequel un Particulier s'oblige pour un autre qui demeure toujours obligé. *Voyez* caution.

CE

CEDANT, eſt celui qui tranſporte quelque droit à un autre. *Voyez* Tranſport.

CEDER, ſignifie tranſporter un droit à quelqu'un. *Voyez* Tranſport.

CEDULE, eſt un billet portant promeſſe de payer une ſomme à la volonté du Créancier, ou dans un tems préfix.

Il y a différence entre cédule, billet, ou promeſſe & obligation. La cédule eſt ſous ſeing privé, & l'obligation eſt pardevant Notaire: ainſi elles ont des effets différens.

Le créancier d'un ſimple billet n'eſt que créancier chirographaire & ſans hypothéque; & le créancier, en vertu d'une obligation, eſt créancier hypothécaire.

De plus, on n'ajoute point foi aux cédules & billets ſous ſeing privé, qu'ils ne ſoient reconnus, & on n'a aucun égard à leur date.

Voyez Ecriture privée, Reconnoiſſance, ſimple promeſſe, Obligation. *Voyez* auſſi ce que j'ai dit ſur l'art. 107. de la Coutume de Paris.

CEDULE RECONNUE EN JUSTICE OU PARDEVANT NOTAIRE, produit pluſieurs effets.

I°. Elle emporte hypothéque ſur tous les biens du débiteur, & devient un acte exécutoire du jour de la reconnoiſſance faite pardevant Notaires, avec promeſſe de payer le contenu en icelle; & dans le cas de la reconnoiſſance qui en eſt faite en Juſtice, elle ne devient exécutoire que du jour de la Sentence de condamnation prononcée en conſéquence de la reconnoiſſance.

II°. Quoique toute action perſonnelle qui réſulte des contrats & promeſſes, ſoit preſcrite par trente

Tome I.

ans, néanmoins lorſqu'une cédule eſt reconnue, la preſcription ne commence à courir que du jour de la reconnoiſſance, ou du jour de la Sentence de condamnation, ſuivant la diſtinction que nous venons de faire. Ainſi, lorſqu'une cédule n'eſt reconnue que peu de jours avant les trente ans accomplis, la preſcription commençant que du jour de la reconnoiſſance, ou de la Sentence de condamnation, il arrive qu'au lieu de trente ans pour preſcrire l'action qui en réſulte, il en faut bien davantage.

CEDULE EVOCATOIRE, eſt un acte par lequel on demande au conſeil privé l'évocation d'un procès que l'on a en quelqu'une des Cours, ſur le fondement qu'il y a un certain nombre de Juges qui ſe trouvent parens & alliés de la Partie adverſe.

Cette cédule, pour raiſon de parentés & alliances, ne peut être ſignifiée par le Procureur, qu'en vertu d'une procuration ſpéciale paſſée pardevant Notaires, dont il doit donner copie; encore ne la peut-on ſignifier dans la derniere quinzaine du Parlement ou du ſemeſtre.

Il eſt préalable, avant la ſignification de la cédule évocatoire ſur parentés & alliances, de conſigner l'amende de quatre cens cinquante livres; & pour en juſtifier, la copie de la quittance doit être attachée à la cédule.

Cette cédule doit contenir, IV. La qualité & l'état du procès.

II°. Les noms & ſurnoms des Parties, les parens & alliés, leurs dégrés de parenté & alliance, avec ſommation de les reconnoître, & conſentir à l'évocation, & renvoi au Parlement, Chambre & autre Cour la plus proche & non ſuſpecte; & en cas d'exception de la cour plus proche, il doit cotter les cauſes & moyens dans la cédule évocatoire.

III°. L'élection du domicile en la maiſon d'un Avocat au Conſeil.

Si la Partie a reconnu les parentés & alliances articulées par la cédule évocatoire; & ſi les Parties ont conſenti reſpectivement l'évocation & le renvoi au plus prochain Parlement, on prend Lettres d'évocation en la Grande Chancellerie, avec attribution de Juriſdiction au Parlement dont elles ſont convenues.

Si les parentés & alliances alléguées ſont déniées, il en faut faire preuve. *Voyez* ci-après Evocation, & le titre des évocations de l'Ordonnance de 1669.

CEINTURE FUNEBRE. *Voyez* Litre.

CELEBRATION DE MARIAGE, eſt la ſolemnité avec laquelle un époux & une épouſe ſe prenne pour mari & femme en face d'Egliſe, avec toutes les ſolemnités du Droit civil & eccléſiaſtique.

Cet acte ſert à conſtater l'état des enfans qui naiſſent d'eux, lorſque pour donner à cette preuve litteralle tout ſon éclat, ils y joignent celle de leur extrait baptiſtaire.

Le mariage, pour être ſolemnel, doit être célébré en préſence du propre Curé de l'un des futurs conjoints: l'uſage a voulu que ce fût en préſence du Curé de l'épouſe; cependant elle pourroit ſe faire valablement dans la Paroiſſe, & en préſence du Curé du futur époux.

Elle ne fe doit faire qu'après la publication ou difpenfe de bans, en préfence de témoins dignes de foi.

Ainfi un Curé ne doit pas marier des perfonnes qui ne font pas de fa Paroiffe, s'il n'en a une permiffion par écrit de leur propre Curé, ou de l'Évêque diocéfain.

Et pour obvier aux fraudes qui fe peuvent commettre, tout Curé ou Prêtre commis par un Curé pour faire la célébration d'un mariage, doit commencer par s'informer avec foin du domicile des Parties, & de leurs qualités, s'ils font indépendans ou non, & s'en faire certifier par le témoignage de quatre témoins dignes de foi.

A l'égard du domicile, qui fait valider la publication des bans, & la préfence du Curé de l'un des futurs conjoints, la Déclaration de 1697. a fixé ce tems à une année : fur quoi il faut remarquer que la continuité du féjour pendant l'année n'eft pas abfolument requife, comme il a été jugé par Arrêt du 16 Février 1725. rapporté par M. Brillon, verbo Domicile.

Les Ordonnances de nos Rois requierent que la célébration des mariages, qui fe fait des perfonnes qui font en la puiffance d'autrui, foit autorifée du confentement des peres & meres, ou des tuteurs ou curateurs : faute de quoi, le mariage qui feroit célébré fans leur confentement, pourroit être déclaré nul, fi ceux qui le contractent étoient mineurs.

Ainfi les témoins qui affiftent à la célébration du mariage, doivent comme nous avons dit, certifier non-feulement du domicile de ceux qui fe marient, mais auffi de leur état & qualité, s'ils font indépendans ou non.

S'il arrive que ces témoins ayent certifié fauffement fur des perfonnes qui auroient paffé pour peres & meres, tuteurs & curateurs des contractans, les témoins doivent être condamnés à faire amende honorable & aux galeres; & fi ce font des femmes, à ladite amende & au banniffement pour neuf ans.

Cela fait voir qu'il ne faut pas inconfidérement & fans connoître bien les perfonnes qui fe marient, fervir des témoins lors de la célébration de leur mariage.

La célébration de mariage fe prouve par l'extrait du Regiftre des mariages; & fi le Regiftre eft perdu, par d'autres titres & par témoins.

C E L I B A T, eft l'état d'un homme ou d'une femme qui vit hors du mariage. La dure Loi du célibat a trouvé des grandes réfiftances pour s'établir: le cœur ne s'y oppofoit pas moins que l'efprit.

Ce terme, à ce que quelques-uns prétendent, eft compofé des mots Latins, Cœli beatitudo, bonheur du Ciel.

En effet, c'eft une vie prefque célefte, puifque ceux qui l'obfervent font chaftes jufqu'à ne fe point marier. Scaliger tire ce mot du grec κοιτη, qui fignifie lit, & λειτω, qui fignifie linquo, ainfi un célibataire eft celui qui abandonne le lit nuptial, & qui n'en a jamais voulu.

Il y a eu des Nations, où ceux qui ne fe marioient point étoient regardés avec mépris.

Chez les Athéniens & chez les Lacédémoniens, ceux qui demeuroient dans le célibat, étoient obligés de payer une certaine amende.

Chez les Romains, il a été un tems où ceux qui gardoient le célibat, étoient expofés à certaines peines, qui depuis ont été abrogées. Voyez le tit. du Code de caducis tollendis, & celui de infirmandis pœnis cœlibatiis & orbitatis.

En France, on ne contraint perfonne à fe marier; mais ceux qui ont fait un vœu folemnel de garder le célibat, font obligés fous de grandes peines de le garder.

Voyez le Plaidoyer de M. l'Avocat général Talon, rapporté au premier tome du Journal des Audiences, liv. 3. chapitre 68.

C E N S, chez les Romains étoit une redevance annuelle, dont les héritages fitués dans les Provinces étoient chargés. Il en eft parlé dans le titre de cenfibus au Digefte, & dans le titre du Code fine cenfu, vel reliquis fundum comparari non poffe.

Ceux qui étoient prépofés pour faire la recette de cette redevance, étoient appellés Cenfores, Cenfitores & Præquatores.

Ainfi cenfus vient de cenfere, qui fignifie prifer, eftimer, à caufe que les Cenfeurs appellés à Rome Cenfores, & dans les Provinces appellés Cenfitores, eftimoient de tems en tems les héritages qui étoient fujets à cette redevance, pour l'impofer enfuite fur chacun à proportion du revenu qu'il a coutume de produire.

CENS, parmi nous eft une redevance annuelle & feigneuriale, fonciere & perpétuelle, dont un héritage cenfier eft chargé envers le fief ou le franc-aleu, dont il eft mouvant, & qui a été impofée pour la premiere fois par le feigneur, dans la conceffion qu'il a faite de cet héritage.

Dans les pays de Droit écrit, l'on joint au terme de cens celui de fervis, qui vient de fervitium. On joint ordinairement ces deux mots enfemble; & l'on dit cens & fervis. Ces deux mots pris conjointement ou feparement, ne fignifie que la même chofe. L'on appelle les cenfitaires tenanciers, parce qu'ils tiennent l'héritage du Seigneur.

Ces termes, cens & furcens, font pris en Bretagne autrement que dans les autres pays de ce Royaume. Voyez Belordeau, let. C, art. 7.

Le cens eft la véritable marque de la directe Seigneurie fur les rotures, comme la foi & hommage eft le caractere de la directe fur les Fiefs.

Le cens fe paye en argent, grain, volaille ou autre efpéce, felon le titre du Seigneur, & dans les tems portés par le bail, finon à la fin de chaque année.

Le cens payable en deniers eft appellé de croix cens, parce qu'anciennement la petite monnoie avoit une croix fur l'une des deux faces.

Le cens doit être payé dans la même efpéce qu'il a été impofé, à moins que l'efpéce ne foit prefcrite; comme fi au lieu d'être payé en argent il avoit été payé en grains pendant trente ans & plus; car l'efpéce de cens fe peut prefcrire dans le cas que nous avons marqué fur l'art. 124. de la Coutume de Paris, glofe 3. nomb. 2.

Le cens eſt appellé chef cens, & emporte lods & ventes, à chaque mutation, dans la Coutume de Paris & dans les autres qui n'en parle point, comme j'ai fait voir ſur l'art. 73. de cette Coutume, gloſe deuxiéme, nomb. 19.

Outre les lods & ventes qui ſont dûs au Seigneur cenſier, quand on prend ſaiſine, il lui eſt dû 12. deniers pariſis ; & cette ſaiſine ſe prend pour empêcher la durée de l'action en retrait, dont l'an ne commence à courir que du jour que le contrat a été enſaiſiné. Mais depuis l'édit des inſinuations laïques, l'an & jour ne court que du jour de l'inſinuation.

Les cens & cenſives ne peuvent être dûs que par les héritages roturiers.

Les cens étant la marque de la Seigneurie directe, que le Seigneur s'eſt retenue, quand il a baillé à cens & rente une terre dépendante de ſon Fief, il ne peut appartenir qu'à un Seigneur de Fief.

Le cens eſt noble, & ſe partage noblement entre les héritiers du Seigneur cenſier, parce qu'il repréſente la partie du Fief donnée à la charge de ce droit domanial.

Le cens eſt indiviſible dans les Coutumes qui ne décident rien à cet égard ; de ſorte que, quoique l'héritage chargé de cens eût été diviſé entre pluſieurs cohéritiers ou copropriétaires, néanmoins le Seigneur pourroit pourſuivre lequel des poſſeſſeurs ou propriétaires il voudroit, pour être payé du cens entier, parce que c'eſt un droit réel qui ne ſe diviſe point ſans le conſentement du Seigneur, de même que l'hypothéque, laquelle tota in toto fundo, & in qualibet parte fundi.

Le Seigneur direct peut donc pour le cens qui eſt indiviſible, s'attacher à un ſeul de pluſieurs détempteurs, ſauf à lui à ſe pourvoir contre les autres ; mais il ne peut exercer ſon recours contre chacun d'eux, que pour leur part & portion. Papon, liv. 13. tit. 2. nomb. 12.

Le Seigneur de cens ou rente fonciére ayant acquis partie du fond ſur lequel la rente eſt dûe, a toujours la liberté de s'adreſſer contre chacun des détempteurs, pour la totalité du cens ou rente, ſa portion déduite. Papon, liv. 11. tit. 3. nombre 1.

Quand une fois le Seigneur a reçu le cens par partie, ou qu'il paroît par quelqu'acte que le cens a ſouffert quelque diviſion, le Seigneur ne peut plus prétendre la ſolidité contre aucun des codétempteurs. Voyez l'Auteur des Obſervations ſur Henrys, tome 1. liv. 3. ch. 2. queſt. 6.

Le cens ne reçoit aucune diminution pour ſtérilité, ou pour quelqu'autre cauſe que ce ſoit, attendu qu'il ne ſe paye que pour reconnoiſſance de la directe Seigneurie. Solvitur cenſus in recognitionem directi dominii, non pro perceptione fructuum.

Le cens n'eſt point rachetable ; & il n'eſt pas néceſſaire dans les ventes qui ſe font en Juſtice, de s'oppoſer aux criées à fin de charge, comme on eſt obligé de faire pour les rentes fonciéres, & pour le champart, lorſqu'il n'eſt point Seigneurial, on ne tient point lieu de chef-cens.

Si un héritage eſt baillé à cens & rente par un même contrat de conceſſion, la rente n'étant qu'un ſurcens & une ſeconde charge, ne ſera pas de même qualité que le cens.

Le cens eſt Seigneurial, & emporte lods & ventes, ſuivant ce que nous avons dit ci-deſſus : il ne ſe purge point par décret, & eſt impreſcriptible ; c'eſt un droit qui eſt toujours préſumé, & qui ſe paye ſuivant la Coutume.

Au contraire, la rente fonciére conſtituée par le contrat de conceſſion, n'eſt qu'un ſurcens qui n'a point les qualités du cens. Voyez dans le Journal des Audiences, un Arrêt rendu le 24 Mars 1677. qui l'a jugé ainſi.

Le propriétaire qui eſt Seigneur utile de l'héritage chargé de cens, peut ſans la participation du Seigneur direct, aliéner ſon héritage, à la charge néanmoins par le nouvel acquéreur, à peine d'amende, de repréſenter les titres de ſon acquiſition dans le tems preſcrit par la Coutume.

Cela eſt fondé ſur ce que, quoique les mutations n'attirent pas aucuns devoirs pour les biens tenus en roture, cependant, comme dans les ventes & dans les échanges les Seigneurs ont droit de prétendre des lods & ventes, il eſt de leur intérêt qu'il ne ſe paſſe rien dont ils n'ayent connoiſſance.

Voyez Lods, & ventes, la Déclaration du 20. Mars 1673. & l'Edit du mois de Février 1674.

Celui qui poſſéde des héritages nobles, les peut donner en cenſives, pourvû qu'il ne faſſe aucun démembrement au préjudice du Seigneur dont il releve.

Mais celui qui tient un héritage à titre de cens, ne peut le donner à titre de cens ; parce que pour avoir droit d'établir le cens, il faut avoir un fief.

D'ailleurs, ſi celui qui poſſéde un héritage chargé d'un cens ſeigneurial, pouvoît charger ce même héritage au profit d'un ſecond cens ſeigneurial, il y auroit en même tems deux Seigneurs directs & cenſiers d'un même fonds : or un même héritage ne peut être tenus de deux Seigneurs in ſolidum, à la même charge ; ainſi c'eſt une régle certaine, que cenſus ſur cens ne vaut.

Il ne peut pas non plus charger l'héritage qu'il tient à cens, d'une rente fonciére non rachetable, parce qu'il ne peut pas diminuer ſon héritage au préjudice de ſon Seigneur.

Cependant en pluſieurs Coutumes l'héritage tenu à cens, peut-être baillé à croix de cens, c'eſt-à-dire, augmentation de cens, ou ſecond cens non Seigneurial, & rente fonciére n'emportant point lods & vente, ni directe Seigneurie. Voyez Surcens.

Dans ces Coutumes, lorſque celui qui poſſéde un héritage chargé de cens, le baille à rente fonciére non rachetable, la rente eſt vendue enſuite par celui qui l'a retenu, les lods & ventes en ſont dûs au Seigneur, de même qu'ils lui ſont dûs lorſque l'héritage eſt vendu à la charge de la rente. M. Lauriere, ſur l'art. 4. du tit. 2. du quatriéme livre des Inſtitutes de Loyſel.

Le cens eſt ſi bien acquis au Seigneur, qu'il eſt à ſon égard impreſcriptible, il peut au contraire le preſcrire. Ainſi, pourvû qu'il ait un titre, quand il auroit été plus de cent ans ſans percevoir le cens ; il peut toujours contraindre les redevables à le reconnoître. Au contraire, quoiqu'il n'ait point de titre, s'il a perçu le cens pendant le tems porté par la Coutume, il acquiert prescription, & les héritages demeurent chargés du cens à perpétuité. *Voyez* ce que j'ai dit sur l'art. 124. de la Coutume de Paris. *Voyez* aussi Henrys & son Commentateur, tome 2. liv. 3. quest. 46.

La raison de la différence est, que suivant la régle, *nulle terre sans Seigneur*, on ne présume jamais qu'une terre soit libre & allodiale sans un titre qui le justifie clairement ; au lieu que comme les héritages par le Droit commun sont naturellement chargés de redevances, il suffit que celui qui se dit Seigneur, ait été reconnu pendant trente ou quarante ans, pour n'avoir pas besoin d'autre preuve.

Quoique ce soit une maxime certaine dans la France, tant en pays de droit écrit que coutumier, que le droit de cens est imprescriptible par quelque tems que ce puisse être, il y a néanmoins des Provinces où cette maxime n'est pas reçue, comme l'a très-bien remarqué M. Bretonnier, dans son Recueil, *verbo* cens.

C'est une question, si le cens peut être sans lods, & si en ce cas il est sujet à prescription à l'égard du Seigneur ? *Voyez* Henrys & son commentateur, tome 1. liv. 3. quest. 17.

La qualité du cens ne se prescrit point ; de maniere que si le titre porte que le Seigneur doit être payé en grain ou en volaille, il peut y contraindre les redevables, quoiqu'il se fût contenté pendant trente ou quarante années de le recevoir en argent.

Mais la quotité du cens se peut prescrire contre le Seigneur par trente ans entre Particuliers, & par quarante ans contre l'Eglise. Ainsi un Seigneur qui pourroit en vertu de son titre prétendre vingt deniers par arpent, & qui s'est contenté pendant trente ans d'en resevoir douze, est obligé de suivre la loi qu'il s'est imposée à lui-même, en déchargeant tacitement les héritages du surplus de ce qu'il a reçu pour redevance. *Qui minorem censum per multos annos accipit, videtur remisisse majorem. Mornacius, ad leg.* 13. ff. *de usur. & fructib.*

Faute par le redevable d'avoir porté & payé le cens au jour & lieu qu'il est dû, il doit l'amende, suivant la disposition de plusieurs Coutumes. *Voyez ci-après* Cens portable & requerable.

Cette amende qui est de cinq sols parisis, & qui est considérée comme une peine du mépris du ténancier envers son Seigneur, est encourue de plein droit par la seule expiration du jour du payement, sans qu'il soit besoin de sommation, & sans qu'elle puisse être comptée en diminution de la redevance. Article 85. de la Coutume de Paris.

Il faut excepter les maisons & héritages situés en la Ville, Faux-bourgs & Banlieue de Paris, pour raison desquels il n'y a point d'amende, faute d'avoir payé le cens au terme, s'il n'y en a une obligation expresse par le bail à cens ou autre titre.

Le Seigneur censier peut, suivant le Droit commun & général, demander vingt neuf années d'arrerages du cens ; & faute de payement, il peut par Ordonnance de Justice, & par le ministere d'un

Sergent, faire procéder par arrêt ou brandon des fruits non encore recueillis & pendans sur les héritages chargés & redevables de cens à son profit ; il peut y établir Commissaires ou Gardiens qui les fassent recueillir, ferrer & battre, & qui en rendent compte après la main levée.

Le Seigneur peut toujours exercer ce droit, quand même l'héritage seroit affermé, & que les fruits en appartiendroient aux fermiers, parce que le cens est préférable. Art. 74. de la Coutume de Paris.

Cette faculté est accordée au Seigneur censier, non-seulement parce qu'il a un privilége sur ces fruits, qui sont comme son gage ; mais encore parce que le Seigneur censier est fondé en titre qui a son exécution parée, qui est son papier terrier, dans lequel sont transcrites les déclarations & reconnoissances des débiteurs du cens, passées pardevant Notaires, lesquelles sont exécutoires dans le détroit de la Seigneurie.

Ce droit a pareillement lieu pour les arrerages des fonds de terre, c'est-à-dire, pour les arrérages des rentes foncieres dûes au Seigneur, outre le cens, & qui ont été imposées sur l'héritage par le bail à cens.

Mais le Seigneur ne peut user de saisie sur les autres biens meubles & immeubles du tenancier, tels qu'ils soient, qu'en exécution d'un Jugement portant condamnation de payer le cens.

Il faut excepter le cas de l'art. 86. de la Coutume de Paris, qui permet au Seigneur censier de procéder par simple gagerie (c'est-à-dire sans transport) sur les meubles étant dans les maisons, pour avoir le payement des arrérages du cens à lui dû.

Cette simple gagerie se peut faire sur les meubles des maisons étant dans la Ville, Faux-bourgs & Banlieue de Paris, pour trois ans d'arrérages du cens & au dessous, suivant ledit art. 86. Cependant, aux termes de l'art. 24. de la même Coutume, le Seigneur censier peut procéder par arrêt ou brandon des fruits, pour tous les arrérages qui lui sont dûs indéfiniment.

Mais, suivant l'art. 75. le tenancier peut s'opposer, & avoir par ce moyen main-levée par provision, en consignant entre les mains du Seigneur saisissant, les trois dernieres années du cens, ou fonds de terre, sans préjudice toutefois des années précédentes, lesquelles ne laissent pas d'être dûes & exigibles, à moins que le tenancier n'en rapporte quittance.

Il n'en est pas de même des amendes, faute de payement de cens : le Seigneur censier ne peut pas, pour en avoir le payement, user d'aucune saisie privilégiée.

Ces sortes d'amendes ne se peuvent poursuivre que par action. *Voyez* les art. 73. & 81. de la Coutume de Paris.

Touchant le cens, *voyez* le Recueil alphabétique de M. Bretonnier ; & Henrys avec les Observations, tom. 1. liv. 3. quest. 6. *voyez* aussi ce que j'ai dit au commencement du second titre de la Coutume de Paris. Pour ce qui est des différences qu'il y a entre le cens & le droit de champart,

Voyez ce que j'en dis , *verbo* Champart.

SUR-CENS. *Voyez* ce que j'en dis lettre S.

CHER-CENS, est dans quelques Coutumes le surcens , qui est plus fort que le cens , & par conféquent plus onéreux ; comme quand l'héritage cenfuel est chargé d'un autre cens annuel , qui monte à peu près à ce qu'il peut valoir de revenu par chacun an.

Tel cens est cher & onéreux au détempteur ; ce qui fait qu'un tel cens n'est sujet à droit de relevoisons ni ventes , suivant l'art. 123. de la coutume d'Orléans.

DOUBLE CENS, est celui qui double le cens qui est simple , ordinaire & coutumier. Ainsi , lorsque le simple cens est d'un denier, le double est de deux.

Voyez les articles 82. & 84. de la Coutume du Perche , l'art. 15. du chap. 25. de la coutume d'Auvergne, & les art. 1. 4. 16 & 21. du tit. 6. de la coutume de Berry.

CENS GROS ET MENU. Le cens se divise en gros & menu cens.

Le gros est celui qui n'a point été distribué sur chaque arpent , ou autre partie ou mesure de l'héritage donné à cens ; mais qui se paye en bloc & en gros, & généralement pour la totalité de la chose.

Le menu cens , au contraire , est celui qui est dû par chaque arpent, ou partie de l'héritage cenfuel : de forte qu'il est divisé felon les arpens ou parties d'icelui.

CENS REQUERABLE OU PORTABLE. Le cens se divise encore en cens qui est requerable , & en non requerable, mais portable.

Le cens requerable ou à queste , est celui que le Seigneur cenfier est tenu d'envoyer demander à ses sujets ; de forte qu'il n'échet d'amende qu'après qu'il a été demandé , & que le sujet cenfier a réfusé de le payer.

Le cens non requerable , mais portable & amendable , est celui qui doit être porté par le tenancier au manoir du Seigneur ou autre lieu, à certain jour , sans qu'il soit requis & demandé ; faute de quoi , le posseffeur de l'héritage qui est sujet au cens , doit payer l'amende portée par la coutume.

Il y a des Coutumes où le cens est requerable , comme Chartres ; & d'autres où il est portable , comme Anjou.

Dans celle de Paris , le cens n'y est pas requerable , mais rendable, portable , & amendable. Ce qui est fondé sur l'art. 85. qui porte, que toutes personnes tenans leurs maisons & héritages en cenfive, font tenus de payer les droits de cens aux Seigneurs , au lieu & jour qu'ils font dûs , fur peine de cinq fols parifis d'amende.

Il faut excepter les héritages assis en la Ville & Banlieue de Paris , qui ne doivent point d'amende-faute de payement du cens , si les détempteurs ne font exprefsement obligés de la payer , ainsi qu'il est porté en l'art. 85. & toutefois pour plusieurs années, il n'est jamais dû qu'une amende pour les héritages qui y font sujets. Chenu , cent. 2, chap. 91. Filleau, partie 4. quest. 19 ict.

On peut dire même que cela auroit lieu , quoi-que chaque héritage faisi eût fon cens féparé. M. le Prêtre, cent. 2. chap. 58.

A l'égard des Coutumes qui n'ont fur ce point aucune difposition, on tient que le cens y est portable, & non requerable , à moins qu'il n'y eût un titre au contraire ; à la différence des rentes foncieres, qui font toujours préfumées requérables , à moins qu'il n'y ait titre au contraire ; comme il a été jugé par Arrêt du 7. Août 1682. rapporté dans le Journal du Palais.

M. Dumoulin , fur l'art. 85. de la nouvelle coutume de Paris , nomb. 3. dit que le cenfitaire est obligé de porter le cens au domicile du Seigneur; *quia non est merum debitum pecuniarium , fed annexam habet honoris & reverentiæ exhibitiônem.*

Pour ce qui est des pays de Droit écrit, où tous les héritages font libres , à moins que le Seigneur ne juftifie qu'ils font mouvans de fa cenfive , le cens est quérable , quand le titre ne la déclare portable.

Dans les lieux où le cens est portable , les emphiteotes font obligés de le porter au château de la Seigneurie du lieu : car quand un Seigneur a plufieurs terres fituées en différens endroits, & qu'il fait fa demeure dans une de fes terres , les emphiteotes des autres terres ne font pas obligés de porter leur fervis au domicile du Seigneur ; en un mot, ils ne font pas obligés d'aller hors de la Paroiffe où font fitués leurs héritages.

Voyez ce que j'ai dit fur l'art. 85. de la coutume de Paris ; & Henrys ; tome 1. liv. 3. chap. 3. quest. 9.

CENS ABONNÉ. Lorsque le cens est abonné, non en gros, mais en détail, par arpens ou autre mefure , pour raifon de certains fruits fpécifiés ; lorfque le tenancier de l'héritage redevable d'un tel cens change la culture dudit héritage en une autre , pour raifon de laquelle le cens est plus fort, le cens qui étoit moindre devient plus fort par rapport à ce changement.

Ainfi , fuppofé que le cens fût abonné par chacun Journal de terre à quatre fols, & le journal de vigne à dix livres , celui qui changeroit la terre en vignes , feroit tenu de payer dix livres par chacun journal. Ainfi jugé par Arrêt du Parlement de Dijon , du 21 Février 1619. rapporté par Bouvot, tom. 2. *verbo* Droits feigneuriaux , quest. 7.

CENSEURS DE LIVRES , font des perfonnes prépofées par Monfeigneur le Chancelier , pour l'examen des livres , & pour en porter leur jugement.

Ils ne doivent leur approbation qu'à des Livres qui ne contiennent rien de contraire à la Religion & aux bonnes mœurs. Les libraires ne peuvent imprimer aucun Livre fans l'approbation du Cenfeur qui aura été nommé pour en faire l'examen.

CENSIER, est un Seigneur qui a droit de lever des cens dans l'étendue de fa feigneurie , *voyez* Seigneur cenfier.

CENSITAIRE, est celui qui tient un héritage à cens.

CENSIVE, est l'étendue d'une Seigneurie

du Seigneur censier. Quelquefois cénsive signifie la nature des héritages; ainsi, quand on dit que tels héritages sont tenus en censive, ou à titre de cens, on entend qu'ils sont chargés de cens, & par conséquent roturier; car les fiefs n'en peuvent être chargés.

La censive ne peut être établie à prix d'argent; car ce ne seroit alors qu'une rente constituée, sujette à prescription. *Voyez* Henrys & son Commentateur, tom. 1. liv. 3. chap. 3. quest. 17.

CENTIÈME DENIER, est la centième partie du prix & de l'estimation des immeubles, qui se paye au Roi par tous les nouveaux acquéreurs, à quelque titre que ce soit, lucratif ou onéreux.

Il n'y a que ce qui vient par succession en ligne directe, ou par donation à cause de mort, ou par contrat de Mariage, legs fait par les peres & meres à leurs enfans, & ce qui leur est par eux donné pour tenir lieu de titre clérical, qui soit exempt de ce droit.

Il a été imposé par l'Edit du mois de Décembre 1703. appellé communément l'Edit des insinuations laïques.

Il se doit payer dans six mois, à compter du jour du contrat ou acte translatif de propriété; faute de quoi, l'acquéreur peut être contraint de payer le triple.

Voyez ce que j'ai dit du centième denier, à la fin du second tome de la science des Notaires où j'ai rapporté l'Edit du mois de Décembre 1703. plusieurs déclarations faites en interprétation de cet Edit, quelques Arrêts du Conseil, rendus sur les contestations qui sont survenues au sujet des Insinuations laïques & du centième denier.

CERQUEMANER, signifie faire une descente sur les lieux avec des Jurés Experts Cerquemaneurs, pour régler les différends qui naissent au sujet des limites d'un héritage, d'une maison, d'un chemin.

CERQUEMANEUR, est un Juge ou Expert & Maître Juré qu'on appelle pour planter des bornes d'héritages, ou pour les rasseoir & les replanter, & qui a quelque Jurisdiction pour en juger les différends. Il a à sa suite des Sergens & un Greffier.

Il y en a encore en Picardie & en Flandre; & il en est fait mention dans les Coutumes de Mons, de Cambray, de Valenciennes & autres.

CERTIFICAT, est un témoignage par écrit que l'on rend de quelque chose; comme quand on donne un certificat qu'un homme a fréquenté le Barreau, à l'effet d'être pourvu de quelque Charge.

CERTIFICATEUR, en général, est celui qui affirme quelque chose, sans se charger précisément de l'obligation de celui pour lequel il intervient, & il suffit qu'il prouve dans la suite que ce qu'il a dit étoit vrai au tems qu'il l'a avancé.

Il y a donc une grande différence entre un fidéjusseur & un certificateur. Le fidéjusseur *accedit alienæ obligationi*, & s'oblige de payer pour le principal obligé. Il n'a que le bénéfice de discussion,

s'il n'y a pas renoncé; c'est-à-dire, qu'il peut exciper à la demande du créancier, jusqu'à ce que, discution faite préalablement du principal débiteur, il apparoisse de son insolvabilité.

Le certificateur au contraire ne s'oblige à autre chose qu'à justifier dans la suite la vérité de ce qu'il a avancé; comme s'il a certifié que Titius jouit actuellement de deux mille livres de rente, ou qu'une telle maison qu'il dit être à lui, lui appartient, ou qu'il est solvable pour la somme qu'on lui prête.

Dans tous ces cas, il suffit que le certificateur justifie que tout ce qu'il a avancé dans le tems qu'il a parlé étoit véritable, & il n'est nullement responsable de tout ce qui a pû arriver dans la suite.

Ainsi jugé par Arret du 7. Septembre 1670. rapporté par M. le Prêtre, dans les Arrêts de la cinquième Chambre des Enquêtes.

Voyez Belordeau en ses Observations forences, lettre C, art. 8.

CERTIFICATEUR DE CAUTION, est celui qui certifie & affirme judiciairement qu'une caution judiciaire, présentée par une Partie pour exécuter une Sentence portant, *en donnant caution*, est solvable.

Cela se fait pour plus grande sûreté, afin que si celui qui a obtenu gain de cause en première instance, venoit à perdre en cause d'appel, l'appellant eût non-seulement une caution, mais encore un certificateur à qui il pût s'adresser, au cas que la caution ne fût pas solvable.

Quoique les certificateurs soient considérés comme cautions judiciaires, & que les cautions judiciaires ne puissent opposer la discution du principal obligé, néanmoins le certificateur peut demander que la caution judiciaire soit discutée avant qu'il puisse être contraint, à moins qu'il n'y ait obligation ou soumission contraire.

Ainsi, quand les certificateurs de la caution ont renoncé aux bénéfices de division, d'ordre & de discussion, le créancier peut s'adresser à l'un d'eux, & le contraindre au payement de toute la dette, sauf son recours contre le principal obligé pour le tout, & contre chacun des cocertificateurs pour leur part & portion, en cas d'insolvabilité du principal débiteur.

Mais on demande si en ce cas les certificateurs peuvent aussi agir pour leur indemnité contre les cautions qu'ils ont certifié être solvables?

Il faut dire que si l'indemnité a été par eux stipulée & promise par les cautions qu'ils ont certifiées, ils ont alors leurs recours contr'elles; mais s'ils ne l'ont pas stipulée, ils ne l'auront point.

La raison est que l'affirmation que ces certificateurs ont faite de la solvabilité de ces cautions, ne les regarde en aucune manière, & ne tourne point à leur profit, mais fait uniquement plaisir au principal débiteur. A leur égard, ils n'ont point d'intérêt d'être certifiés solvables, & leur intervention ne se fait point à leur priere, mais seulement à celle du principal obligé, & en sa seule considération. Belordeau, en ses observations forences, lettre B, art. 8.

Au reſte le certificateur ne peut être aſſigné, qu'après que la diſcution de la caution étant faite, il apparoiſſe, I°. Qu'elle n'eſt pas ſolvable ; II°. que ce que le certificateur de la caution en a dit, n'eſt pas conforme à la vérité.

Voyez Renfort de caution. *Voyez* auſſi caution certifiée.

CERTIFICATEUR DE CRIÉES, eſt un Officier qui fait le rapport à l'Audience, en préſence de dix Avocats & Procureurs, de l'exploit de ſaiſie, & du procès verbal des criées, pour, ſur ſon rapport, être les criées certifiées par le Juge, & par les Avocats & Procureurs préſens.

Par Edit du mois d'Octobre 1694. régiſtré au Parlement, le Roi a créé des Offices de Rapporteurs, Vérificateurs, & Certificateurs de ſaiſes réelles, criées & ſubhaſtations dans toutes les Juriſdictions royales & Juſtices ſeigneuriales du Royaume.

Il y avoit déjà un Edit de création de ces Charges donné à Paris en Septembre 1581. régiſtré le 7. Mars 1583. Chenu, livre des Offices de France, tit. 19. chap. 1. Filleau, part. 2. tit. 7.

Le droit de certifier les criées de tous les biens ſaiſis en la Prévôté & Vicomté de Paris, en quelques Juriſdictions qu'elles ſe pourſuivent, a été ſpécialement confirmée aux certificateurs du Châtelet, avec défenſe de les faire certifier ailleurs, à peine de nullité ; de ſorte qu'il eſt maintenant indubitable que dans la Prévôté & Vicomté de Paris, les criées ne peuvent être certifiées ailleurs qu'au châtelet. *Voyez* Certification des criées.

CERTIFICATION DE CAUTION, eſt un acte qui ſe donne en Juſtice, de la ſolvabilité d'une caution préſentée, dont on répond en ſon propre nom.

CERTIFICATION D'UN COMPTE, eſt une atteſtation qu'un comptable & un Financier mettent au bas d'un mémoire, d'un régiſtre, d'un compte, en déclarant qu'ils affirment véritable ce qui y eſt contenu.

CERTIFICATION DE CRIÉES, eſt une atteſtation des Juges & Praticiens, que les ſaiſies réelles ſont régulières, & faites ſuivant les Us & Coutumes des lieux.

Ce certificat ſe donne par le Juge, & par les Avocats & Procureurs, pour le moins au nombre de dix, au lieu où elles ont été faites.

La certification doit être ſcellée du ſceau de la Juriſdiction du Juge pardevant lequel elle a été faite, & le Juge doit déclarer que l'héritage mis en criées eſt ſitué dans ſa Juriſdiction.

Quoique les criées ſe pourſuivent aux Requêtes ou autre Juriſdiction, toutefois la certification des criées pour héritages ſis en la Prévôté de Paris, ſe fait au Châtelet, parce qu'il n'y a que les Officiers du Châtelet, qui ſoient compétens d'atteſter & certifier de la vérité de l'uſage & de la Coutume. D'ailleurs, les Edits de création de certificateurs de criées ont attribué ce droit aux pourvus de ces Charges. *V.* Certificateur de criées.

Pour parvenir à cette certification, lorſque les biens ſont ſitués dans l'étendue de la Prévôté & Vicomté de Paris, & que l'on fait le décret à Pa-

ris, l'on attache les titres de la créance, le commandement, l'affiche, la certification d'icelle, la ſaiſie réelle, l'acte de premiere criée, & le procès verbal de quatre criées ; l'on met le tout dans un ſac que l'on donne au certificateur des criées, qui porte le tout à l'Avocat du Roi au Châtelet : quand les biens ſaiſis ſont ſitués hors de la Prévôté de Paris, il les faut faire certifier dans la Juriſdiction où les biens ſont ſitués, c'eſt-à-dire, pardevant le plus prochain Juge royal de leur ſituation.

Avant que de faire la certification des criées, on en fait faire la lecture en pleine Audience par le Greffier ; enſuite il prend l'avis des Avocats, Procureurs & Praticiens du Siege ; & ſi après la lecture, les criées ſe trouvent bien faites, ſuivant les Us, Stiles & Coutumes des lieux, après avoir recueilli les voix, il les déclare bonnes & valables, & avoir été bien & duement faites, continuées & parfaites, ſuivant l'acte que le Greffier met au bas du procès verbal des criées : & outre cela, il eſt encore rendu une Sentence de certification.

Si les Juges des lieux, fâchés que les biens ne ſoient pas décrétés dans leur Juriſdiction, refuſent de certifier les criées, le pourſuivant les fait ſommer, en parlant au Greffier de les certifier ; ſur leur refus, préſente au Parlement Requête expoſitive de ce refus, & conclut à ce qu'ils ſoient tenus de certifier & de mettre leur reçu, & ſinon qu'il lui ſera permis de faire faire ladite certification pardevant le plus prochain Juge royal des lieux ; ſur laquelle Requête l'on prend des concluſions de M. le Procureur-général ; & ſur icelles on obtient un Arrêt.

Si la certification des criées eſt nulle, les criées qui d'ailleurs ont été bien faites, ne ſont pas nulles pour cela ; il faut ſeulement faire faire une autre certification. La raiſon eſt qu'une procédure nulle ne vitie pas une précédente procédure qui eſt valable : *Utile per inutile non vitiatur.*

Il nous reſte trois obſervations à faire au ſujet de la certification des criées.

La premiere eſt que les criées ſe peuvent certifier en l'abſence de la Partie ſaiſie, qui n'eſt pas recevable à l'empêcher, ni à en interjetter appel, comme il a été jugé par Arrêt de l'an 1551.

La deuxième eſt que les criées, quoique duement certifiées, peuvent être débattues, ſi les formalités n'y ont pas été obſervées. Il y en a qui tiennent l'opinion contraire, & qui prétendent qu'après que les criées ſont certifiées, on ne peut point les débattre dans la Juriſdiction où l'on en fait la pourſuite, & que l'on n'a que la voie d'appel pour ſe pourvoir contre.

Mais cette opinion ne me paroît pas bien fondée, puiſqu'après la certification des criées on aſſigne la Partie ſaiſie, pour propoſer ſes moyens de nullité contre les criées ; & qu'en conſéquence de cette aſſignation, la Partie ſaiſie peut par ſes défenſes propoſer devant le Juge où eſt portée la ſaiſie réelle, ſes moyens de nullité contre le commandement, la ſaiſie réelle & criée, & faire évacuer le tout.

La troiſiéme obſervation eſt, qu'il n'eſt pas nécessaire de certifier les criées des Vaisseaux, non plus que celles des Charges.

Nous en avons pour les Vaisseaux une disposition expresse dans l'Ordonnance de la Marine, liv. 1. tit. 14. art. 7. qui dit, qu'après les trois criées & les affiches apposées le lendemain de chaque criée, au grand mât du Vaisseau, à la principale porte de l'Eglise & de l'Auditoire de l'Amirauté, il sera procédé à l'adjudication sans aucune formalité.

Pour ce qui est des Offices saisis réellement, l'Edit du mois de Févr. 1683, porte, qu'après les trois publications il sera donné deux rémises de mois en mois, avant que de procéder à l'adjudication de la charge saisie réellement : mais cet Edit n'ordonne aucune certification de criées, & il défend de faire pour la vente des Offices par décret, d'autres procédures que celles qui y sont prescrites : d'où il faut conclure, qu'il n'est pas nécessaire de faire certifier les criées des charges saisies réellement, pour procéder à la vente & à l'adjudication d'icelles.

La certification de criées étant faite, elles sont rendues pour le Certificateur au Procureur du Poursuivant.

CESSION, en général, signifie tout acte par lequel on transporte quelque chose à quelqu'un, & comprend différentes espéces, qui sont le transport, la subrogation, la cession de biens.

CESSION ou TRANSPORT, est un contrat par lequel on céde & transporte quelques droits ou action ; au moyen duquel transport, le cessionnaire, c'est-à-dire, celui au profit duquel la cession est faite, est subrogé au lieu & place du cédant contre le débiteur.

Il y a beaucoup de différence entre la cession & la subrogation, en ce que la cession se fait par le créancier qui céde & transporte ses droits & actions à quelqu'un ; au lieu que la subrogation se fait par le débiteur au profit du second créancier, qu'il subroge aux droits d'un plus ancien créancier.

Voyez Subrogation, & ce que j'ai dit sur l'art. 108. de la Coutume de Paris. Voyez aussi Henrys, liv. 4. quest. 5. 6. & 7.

CESSION DE BAIL, est un acte par lequel un fermier où un locataire céde & transporte son bail à un autre. Ce transport se peut faire sans le consentement du bailleur, à moins qu'il n'y ait clause au contraire. Némo prohibetur rem quam conduxit, fruendam alii locare, si nihil aliud convenit. Leg. 6. cod. de locato.

Voici ce que Despeisses dit à ce sujet. « Le fermier ou locataire n'est pas obligé de jouir lui-» même de la chose ; mais il le peut, si bon lui » semble, affermer à un autre ; leg. 60. in princ. ff. » locati & leg. 6. de locato, même sans le consente-» ment du premier locataire ; Charondas en ses » Pandectes, liv. 4. chap. 15. pourvû que ce se-» cond locataire employe la chose à même usage » que le premier ; Gomez, resolut. tom. 1. cap. de » locat. 3. num. 11.; & qu'il n'ait pas été convenu » que le locataire ne pourroit pas sous affermer » sans le consentement du propriétaire ; car en ce » cas le locataire ne pourroit, sans son consente-» ment, affermer à un autre, autrement le bail

» fait par ce locataire au sous-fermier seroit nul, » comme il a été jugé par plusieurs Arrêts, &c.

Mais aujourd'hui cette Jurisprudence a changé, & cette clause, que le preneur ne pourra céder ni transporter son droit de bail à qui que ce soit, sans le consentement par écrit du bailleur, n'est pas exécutée ; en sorte que le bailleur est obligé, nonobstant cette clause, de laisser subsister la cession, ou de resoudre le bail.

La raison est, que le preneur en faisant le transport de son bail, demeure toujours garant & responsable des loyers, & de tout le dommage que pourroit causer celui à qui le transport du bail est fait.

Il faut néanmoins remarquer que si le bailleur originaire étoit présent & signoit ledit transport, le cédant en demeureroit déchargé, à moins qu'il n'y eût une clause expresse au contraire.

CESSION D'ACTIONS PAR LE CREANCIER A UN COFIDÉJUSSEUR, est un bénéfice en vertu duquel un cofidéjusseur qui paye la totalité de la dette, est subrogé aux droits & actions du créancier, à l'effet de pouvoir par le moyen de cette subrogation agir contre ses cofidéjusseurs, & se faire indemniser. Voyez ce que j'en ai dit, verbo Cofidéjusseur.

CESSION DE BIENS, est un bénéfice introduit originairement par le Droit Romain, & reçu en France, par lequel un débiteur surchargé de dettes peut, en faisant cession de tous ses biens à ses créanciers, se mettre à couvert de toutes poursuites de leur part.

Aussi un débiteur insolvable qui apprehende d'être mis en prison pour dettes, ou qui est déjà constitué prisonnier, peut se garantir de la prison, ou se mettre en liberté, au moyen de ce bénéfice, qui est appellé le refuge des misérables.

Celui qui a fait cession étant prisonnier, ne peut être tenu dans la prison pour le droit de géole ; mais le Concierge a dans ce cas une action directe pour les frais de géole, contre celui qui a fait procéder à l'emprisonnement. Voyez Chorier en sa Jurisprudence de Gui-Pape, page 344.

Ce bénéfice ne s'accorde qu'à la charge de porter le bonnet verd ; sur quoi il faut remarquer que cette peine ne s'est introduite en France que depuis la fin du 16e. siécle, suivant les Arrêts rapportés par nos Jurisconsultes ; mais elle est comme abolie depuis quelque tems parmi nous, excepté quelques endroits où elle est encore en usage. Voyez ce que nous avons dit verbo Bonnet verd.

La cession se doit faire en Jugement & en personne, suivant l'art. 70. de l'Ordonnance de Louis XII. de l'an 1510 à quoi est conforme celle de 1673. titre de la cession des biens ; ensorte que la Loi derniere, au Digeste de cessione bonorum, est abrogée en France. Cette loi est conçue en ces termes : Bonis cedi non tantum in jure, sed etiam extrà jus potest. Et sufficit, & pernuncium vel per epistolam id declarari. Voyez Bouvot, tom. 2. verbo Cession, quest 4. & du Fail, liv. 2. chap. 240.

On peut demander d'être admis au bénéfice de cession pardevant tous Juges royaux, pourvû que les choses soient entières, c'est-à-dire avant qu'il qu'il y ait eu Jugement définitif ; car autrement s'il y en avoit eu un rendu dans une Justice royale subalterne, il en faudroit interjetter appel au Parlement, & pendant le cours de l'instance d'appel, obtenir des Lettres en Chancellerie, adressées au Parlement, dans lesquelles le débiteur qui auroit souffert par malheur la perte de ses biens, demanderoit d'être admis au bénéfice de cession, aux offres de se conformer au tit. de l'Ordonnance de 1673. & de joindre aux Lettres un fidele état de tous ses biens, signé de lui.

A l'égard de la Jurisdiction consulaire, elle est incompétente pour ces sortes de faits, aux termes de l'Arrêt du Réglement de la Cour du 27. Mars 1701. qui fait défenses aux Juges Consuls de connoître de l'homologation des contrats d'atermoyement, & à plus forte raison de l'entérinement des Lettres de bénéfice de cession, qui ne peuvent être adressées qu'aux Juges royaux.

D'ailleurs, les Juges-Consuls n'ayant qu'une Jurisdiction bornée à un certain genre d'affaires, & entre certaines personnes, ils ne pourroient pas prendre connoissance de toutes les contestations qui peuvent naître au sujet de la demande pour être admis au bénéfice de cession, ni des créances de tous les différens créanciers contre lesquels cette demande doit être formée.

Pour être admis à faire cession, il faut en faire la demande par requête présentée au Juge laïc. Si celui au nom duquel elle est faite est en prison, il doit conclure par cette requête, à ce que tous ses créanciers soient assignés pour voir dire & ordonner qu'acte lui sera donné de l'abandonnement qui leur fait de tous ses biens meubles & immeubles, présens & à venir ; ce faisant, qu'il sera élargi & mis hors des prisons, aux offres de garder l'Ordonnance ; à ce faire le Géolier contraint par corps, & les contestans condamnés aux dépens.

Au bas de cette requête le Juge met son Ordonnance : *Soit faite ainsi qu'il est requis, à la charge des soumissions nécessaires ;* c'est-à-dire, en déclarant par le cessionnaire tout haut à l'Audience, tête nue, qu'il fait cession & abandonnement de biens, sans fraude.

En conséquence de cette Ordonnance, tous les créanciers de ce débiteur sont assignés, & particulièrement ceux qui l'ont fait emprisonner ou recommander.

La cause portée à l'Audience, après avoir entendu les Parties & les Gens du Roi, si rien n'empêche la cession, le Juge fait prêter serment au débiteur qu'il n'a fait la cession en fraude, qu'il n'a aucuns biens pour satisfaire ses créanciers ; & ensuite prononce sa Sentence, en disant : *Après le serment fait par ledit.. de n'avoir aucuns biens meubles ni immeubles pour payer & satisfaire ses créanciers, & ne faire la cession en fraude : lecture faite de l'écrou & recommandation de sa personne, nous l'avons reçu & recevons au bénéfice de cession & abandonnement de ses biens, & ordonné qu'il sera élargi & mis hors des prisons ; à ce faire le Géolier contraint, dont il demeurera valablement déchargé, à la charge de porter le bonnet*

Tome I.

verd ; & aux charges de l'Ordonnance ; sinon il sera réintégré dans lesdites prisons.

Le débiteur pour sortir de prison est obligé de lever cette Sentence, de la faire signifier, ensuite de faire venir dans la prison où il est détenu un Huissier ou Sergent qui, en vertu de ce Jugement signifié, le fasse sortir & en décharge le Géolier.

Après cela on observe à Paris une petite cérémonie, qui est que le Sergent conduit un jour de marché celui qui a fait cession au bas du Pilori, qui est aux Halles, les créanciers bien & dûement appellés ; & le Sergent y étant arrivé avec le cessionnaire, il publie à haute voix que le Particulier présent a été reçu au bénéfice de cession, afin que personne n'en ignore, & n'ait à faire aucun commerce avec lui ; de quoi le Sergent dresse son procès verbal, qu'il fait signer par deux témoins.

De plus, celui qui a fait cession, pour satisfaire à l'Ordonnance du mois de Mars 1673. tit. 10. art. 1. s'il est Négociant, marchand en gros ou en détail, ou Banquier, comparoît en personne à l'Audience de la Jurisdiction consulaire, s'il y en a, sinon à l'Assemblée commune de l'Hôtel-de-Ville, où il déclare son nom, surnom, qualité & demeure, & qu'il a été reçu à faire cession de biens, après quoi sa déclaration est lue & publiée par le Greffier, & inférée dans un tableau public : cela fait, & le procès verbal signifié à tous les créanciers, le cessionnaire est à couvert des contraintes qu'on voudroit exercer sur sa personne, le bénéfice de cession l'exemptant de la contrainte par corps.

Ceux qui ont été admis au bénéfice de cession, ne sont pas absolument infames, parce que ce bénéfice est quelquefois accordé à ceux qui sont exempts de fraude ; *qui scilicet non suo, sed fortunæ vitio, bona sua decoxerunt.* Or, l'infamie ne procede que du crime ; & on ne peut taxer de crime un homme dont les affaires ont été dérangées par malheur, surtout quand il n'y a point contribué par ses débauches ni par de folles dépenses.

Ainsi, quoique la cession donne des vives atteintes à l'honneur & à la réputation de celui qui l'a faite, elle ne lui fait pas encourir une infamie de droit, il n'en court que l'infamie de fait, comme nous l'avons dit *verbo* Bonnet verd.

Le premier effet que produit cette infamie de fait, est de rendre celui qui a fait cession de biens, incapable de posséder aucune Charge. Boniface, tome 1. liv. 1. tit. 1. nomb. 24. Le second effet est de lui ôter le droit d'ester en Jugement, soit en demandant, soit en défendant. C'est aussi la raison pour laquelle le Jugement qui reçoit au bénéfice de cession, a coutume de nommer un curateur au cessionnaire ; & lorsque cela a été omis, ceux qui ont quelque action à diriger contre lui, sont obligés de lui en faire créer un en Justice, & à ses biens abandonnés, pour les faire vendre.

Cet état d'inhabileté à procéder, oblige celui qui a été reçu au bénéfice de cession, lorsqu'il veut agir, à obtenir des lettres de réhabilitation, qu'il fait entériner avec ses créanciers, au moins ceux avec lesquels le Jugement qui l'a reçu au bénéfice de cession, a été rendu.

De ce que nous venons de dire, il s'enfuit que le mari qui a fait ceſſion, comme il n'a pas lui-même *perſonam ſtandi in Judicio*, ne peut autoriſer ſa femme pour eſter en Jugement, ſoit en demandant, ſoit en défendant : ainſi il faut néceſſairement qu'elle ſe faſſe autoriſer en Juſtice pour la pourſuite de ſes droits.

Les Ordonnances & les Arrêts font mention de pluſieurs cas eſquels un débiteur n'eſt pas admis au bénéfice de ceſſion : néanmoins dans l'uſage on ne les obſerve pas à la rigueur ; on ſuit les raiſons qui les ont fait rendre, plutôt que les termes dans leſquels ils ſont conçus.

Toutes les fois qu'on s'apperçoit que la mauvaiſe fortune oblige le débiteur de céder à la néceſſité, la Juſtice ne lui refuſe pas ce triſte ſecours de ſe mettre à l'abri de la priſon ; mais il faut que le débiteur agiſſe de bonne foi pour jouir du bénéfice de ceſſion ; car quand il y a dol de ſa part, la ceſſion ne le libère pas. Coq. tom. 2. queſt. 195.

Il y a quelques dettes privilégiées, contre leſquelles on ne peut oppoſer ni les répis, ni les ceſſions, ſoit parce qu'elles procédent de crime ou de fraude, ou parce que l'intérêt du public y eſt engagé. Sur quoi *voyez* le Journal des Audiences, tome 1. liv. 2. chap. 126.

Telles ſont les condamnations prononcées contre quelqu'un pour réparation civile, pour dommages & intérêts, & pour amende en cas de délit, Boniface, tome 2. part. 3. liv. 1. tit. 12. chap. 1. & tome 5. liv. 5. tit. 10. chap. 2. M. le Prêtre, cent. 1. chap. 99. nomb. 36. Bouvot, tome 2. *verbo* Ceſſion, queſtions 10. & 13.

Mais quand il s'agit de dépens pour délits légers, & non graves, comme pour injures verbales, on peut être admis au bénéfice de ceſſion. Baſſet, tome 1. liv. 2. tit. 30. chap. 2. Bouvot, tome 2. *verbo* Ceſſion, queſt. 1. 2. & 18. Sauvageau, au liv. 1. chap. 443. Berault ſur l'art. 20. de la Coutume de Normandie.

Item, les dettes néceſſaires, comme ſont celles qui procédent des vivres qu'on enleve en plein marché à cauſe que l'intérêt public doit l'emporter ſur celui des Particuliers.

C'eſt ſur ce fondement que les Bouchers, les Marchands de poiſſon & les Boulangers, qui achetent ſans terme aux Forains, du bétail, du poiſſon ou du bled ne ſont point admis à faire ceſſion de biens. *Voyez* Berault ſur l'art. 20. de la Coutume de Normandie ; & Bouvot, tome 2. *verbo* Ceſſion, queſt. 9. & 11.

L'héritier qui n'a pas fait d'inventaire n'eſt pas recevable au bénéfice de ceſſion, *ob dolum præſumtum*, Brodeau ſur M. Louet, lett. C, ſomm. 54.

Les Fermiers ne ſont pas admis à ce bénéfice contre les propriét. Dupineau, édit. nouv. liv. 7. des Arrêts, chap. 10. Chorier en ſa Juriſprudence de Guy Pape, page 343. Baſſet, tome 1. liv. 2. tit. 3. chap. 1. & tome 2. liv. 7. tit. 5. chap. 5. Louet, lett. C, ſomm. 57. M. le Prêtre, cent. 1. chap. 99. Soefve, tome 1. cent. 2. chap. 76. Mais pour loyers de maiſon, la ceſſion & aban-

donnement des biens peut être reçue. Soefve, tom. 2. cent. 1. chap. 48.

Les tuteurs pour le réliquat du compte, ne ſont point admis au bénéfice de ceſſion, ni les dépoſitaires de biens de Juſtice, non plus que ceux qui ont eu quelque adminiſtration publique, comme des Hôpitaux, maladreries, &c. Maynard, liv. 1. chap. 17. la Rocleflavin, liv. 6. tit. 10. art. 1.

Ceſſion des biens n'a lieu en faveur de celui qui s'eſt obligé aux Foires de Lyon, Brie & Champagne. Baſſet, tome 2. liv. 7. tit. 5. chap. 1. le Prêtre, cent. 1. chap. 99. Il en eſt de même des dettes contraſtées pour choſes néceſſaires à la vie qu'on a enlevées.

On ne peut pas faire ceſſion pour deniers royaux par rapport au Roi. M. le Prêtre, cent. 1. chap. 99. Un traitant ne ſeroit pas même admis à ce bénéfice par rapport à ſon aſſocié qui auroit payé pour lui le prix entier d'un traité commun, ſans avoir pris ſubrogation. Arrêt du 10. Décembre, 1671. rapporté dans le Journal du Palais, qui l'a jugé ainſi.

Les étrangers qui n'ont point obtenu de Lettres de naturalité, ne ſont point admis à ce bénéfice, non plus que ceux qui ont été bannis & condamnés à faire amende honorable ; ce bénéfice n'eſt accordé qu'aux regnicoles. Chorier en ſa Juriſprudence de Guy Pape, pag. 344. Papon liv. 10. tit. 10. nomb. 12. Baſſet, tome 1. liv. 2. tit. 30. chap. 5.

Hors ces cas & quelqu'autres ſemblables, lorſqu'il n'y a ni dol ni fraude, un débiteur eſt admis à faire ceſſion, quand bien même les créanciers auroient pris la précaution de faire renoncer leur débiteur à ce bénéfice par quelque acte que ce ſoit. La raiſon eſt que ce bénéfice eſt de droit public, & ne dépend pas de la convention des Particuliers. M. le Prêtre, cent. 1. chap. 99. Baſſet, tome 2. liv. 7. tit. 5. chap. 4.

C'eſt un principe établi par les Loix Romaines, que ceux qui ont fait ceſſion de biens, peuvent être pourſuivis par leurs créanciers ſur les biens qui leur ſont avenus depuis leur ceſſion, du moins *in quantum facere poſſunt*.

La diſpoſition des Loix 4. & 7. au Digeſte *de ceſſione bonorum*, y eſt préciſe, auſſi bien que celle de la Loi ſeptiéme, au Code *qui bonis cedere poſſunt*.

Ce principe eſt reçu parmi nous. Ainſi, ſuivant notre uſage, celui qui a fait ceſſion, lorſqu'il ſe trouve enſuite favoriſé par la fortune, & jouir de quelques biens, eſt tenu de payer ce qui ſe trouve reſter dû à ſes créanciers, à la réſerve de ce qui lui eſt néceſſaire pour vivre. *Voyez* Abandonnement.

Mais ſi après la ceſſion le débiteur compoſe ou accorde de payer à ſes créanciers une partie de leur dette, les créanciers qui ont conſenti ne peuvent plus agir contre lui pour plus grande ſomme que celle dont ils ſont convenus, à moins qu'ils ne juſtifient qu'il y a eu dans cet accord de la ſurpriſe de leur part, & du dol de la part du débiteur. M. le Prêtre, cent. 1. chap. 99. *in margine*.

Touchant la ceſſion des biens, *voyez* Paſquier, Recherches de la France, liv. 4. ch. 10. du Luc, liv. 11. tit. 18. Fontanon, tome 1. liv. 4. tit. 15. Mornac, *ad leg. 8. ff. de ceſ. bonor.* Coquille en ſes

Inftitutions au droit François, tit. des exécutions des biens & en fa queft. 207. Bouvot, tom. 1. & 2. *verbo* Ceffion; la Peyrere fous le même mot; & Belordeau en fes Obfervations forences, lett. C, art. 10.

CESSIONNAIRE, eft celui à qui on a fait ceffion ou tranfport de quelque dette ou de quelques droits. *Voyez* Subrogation conventionnelle.

Ce terme eft auffi quelquefois employé pour fignifier celui qui a fait ceffion de biens, dont nous venons de parler dans l'article précédent.

C H

CHABLIS, du mot latin *cadere*, fignifie bois abbatu dans les forêts par le vent. Les Maîtres des Eaux & Forêts font obligés d'en dreffer de procès verbaux, & de fe tranfporter pour cela dans les Forêts après les grands orages.

CHAISNES, fe dit des liens de fer, avec lefquels on attache les criminels, les captifs & les galeriens.

CHAMBELLAGE, eft un droit qui confifte en une modique fomme d'argent, qui eft dûe en plufieurs Coutumes par le nouveau Vaffal au Seigneur en certains cas.

On appelle auffi Chambellage le droit qui eft dû au premier Huiffier de la Chambre des Comptes, par ceux qui y font la foi & hommage. *Voyez* le Gloffaire du Droit François, *verbo* Chambellage; les recherches de Pafquier, liv. 4. chap. 33. les art. 332. & 347. de la Coutume de Bretagne, & l'art. 158. de celle de Laon.

CHAMBELLAN ORDINAIRE DU ROI. Le Prévôt de Paris prend ce titre, à caufe que nos Rois voulant être informés exactement par ce Magiftrat concernant leur fervice & le bien public, ont anciennement attaché à fon Office celui de leur Chambellan ordinaire, pour avoir accès à toute heure auprès de leur perfonne. De la Mare, Traité de la Police, liv. 1. tit. 7. chap. 3.

CHAMBRE, fe prend quelquefois pour un lieu où l'on rend la Juftice, & où eft la féance des Juges. En chaque Parlement il y a une Grand'-Chambre, des Chambres des Enquêtes, & une Chambre de la Tournelle criminelle. v. Parlement.

CHAMBRE, fe dit auffi des Jurifdictions extraordinaires que le Roi établit pour un certain tems, & qu'il fait exercer par des Commiffaires. Telle étoit autrefois la Chambre ardente, qui avoit été établie pour connoître des empoifonnemens.

CHAMBRE DE JUSTICE, eft un Tribunal extraordinaire que le Roi établit dans un certain tems, pour faire la recherche des Gens d'affaires, qui ont malverfé dans les Finances & maniement des deniers publics.

Cette Chambre forme une Jurifdiction extraordinaire & fouveraine; elle eft compofée d'un nombre de Commiffaires que Sa Majefté choifit pour faire la recherche de ceux qui ont malverfé dans les Finances, ou qui ont fait des gains exhorbitans aux dépens du Peuple.

Les Commiffaires qui y font prépofés, leur impofent des peines proportionnées à leurs malverfations, ou des taxes relatives aux gains exceffifs qu'ils fe trouvent avoir faits.

Voyez l'Edit du mois de Mars 1716. portant établiffement d'une Chambre de Juftice. Cet *Edit* rappelle les anciennes Ordonnances au fujet de ceux qui ont malverfé dans les Finances. *Voyez* auffi la Déclaration du 17. du même mois de Mars 1716. qui régle la Procédure qui doit être obfervée en la Chambre de Juftice.

Mais cette Chambre qui avoit été établie fous la Régence de Monfieur le Duc d'Orléans, fut revoquée par un autre Edit du mois de Mars 1717.

CHAMBRES DU PARLEMENT. Anciennement il n'y avoit au Parlement qu'une feule Chambre, qui décidoit de toutes les affaires; mais attendu qu'elle n'y pouvoit pas fuffire, le Roi y ajouta une autre Chambre qui fut appellée *Chambre des Enquêtes*, pour la diftinguer de l'autre qui fut appellée *Grand'Chambre du Plaidoyer*.

Dans la fuite, les Rois ont établi plufieurs autres Chambres des Enquêtes, une Chambre de la Tournelle criminelle, & des Chambres des Requêtes du Palais, pour connoître des caufes des privilégiés en premiere inftance.

CHAMBRE DU PLAIDOYER, qui n'eft aujourd'hui connue que fous le nom de Grand'Chambre, connoît des appellations verbales, interjettées des autres Juges ordinaires, ou extraordinaires, dont l'appel reffortit au Parlement.

Elle connoît auffi de quelques caufes en premiere inftance, que nous rapporterons ci-après *verbo* Parlement.

Elle fut appellée Grand'Chambre tant à caufe des grandes affaires qui s'y traitent, qu'à caufe de l'autorité qu'elle avoit dans les premiers tems fur les chambres des Enquêtes, ainfi que l'a remarqué Miraulmont dans fes Mémoires, en parlant du Parlement. Elle fut appellée Chambre du Plaidoyer, attendu qu'elle connoît des affaires d'Audience.

CHAMBRE DES ENQUESTES, font les Chambres du Parlement établies pour juger les procès par écrit qui vont par appel au Parlement; & c'eft par cette raifon qu'anciennement les Juges des Enquêtes étoient appellés *Jugeurs & Rapporteurs*.

Il y a aujourd'hui au Parlement de Paris trois Chambres des Enquêtes, auxquelles on diftribue les procès par écrit qui vont par appel au Parlement. On régle auffi dans chacune les incidens qui furviennent par de nouvelles appellations de toutes les efpeces, & par de nouvelles demandes qui fe joignent aux premieres appellations qui y font pendantes.

On porte auffi aux Chambres des Enquêtes les appellations des fentences rendues en matiere criminelle fur procès par écrit, dans le cas où les condamnations ne font que pécuniaires, fans être accompagnées d'aucune peine afflictive; c'eft ce qu'on appelle *le petit Criminel*.

Enfin Meffieurs des Enquêtes connoiffent fouvent de beaucoup d'affaires, qui leur font renvoyées par des Arrêts du Conseil, sur des évocations & sur d'autres matières.

CHAMBRE DE LA TOURNELLE CRIMINELLE, est une Chambre établie pour juger des causes & des procès criminels qui sont portés au Parlement par appellations verbales, ou par appellations en procès par écrit, pourvû toutefois que dans ce dernier cas il s'agisse de peine afflictive ; car elle ne connoît point des appellations sur procès criminels, quand la condamnation n'est que pécuniaire, & qu'il n'y a point de peine corporelle. Ces appellations se jugent aux Enquêtes.

Les appellations des permissions d'informer, informations, décrets & procédures, sont aussi appellations verbales, & par conséquent mise au rolle des Parties à l'Audience de la Tournelle criminelle, pour y être jugées définitivement sur les conclusions de M. l'Avocat général, lorsque les causes qui lui ont été communiquées, n'ont pas besoin de plus grande instruction, que celle qui a été faite devant les Juges dont est appel ; & c'est le cas où Messieurs de la Tournelle criminelle ont le pouvoir d'évoquer le principal, & d'y faire droit.

Le cinquième Président à Mortier préside aux Audiences de la Tournelle criminelle, & à la Chambre du Conseil. Il est assisté des autres Présidens à Mortier qui ont été reçus après lui, & de plusieurs Conseillers qui se tirent tour à tour de la Grand'-Chambre, & de chaque Chambre des Enquêtes.

On croit que cette Chambre est appellée *Tournelle*, parce qu'elle est composée des Conseillers des autres Chambres qui y vont tour à tour. Ce que Bodin dans sa République dit avoir été ainsi réglé, afin d'empêcher que l'habitude de condamner à des peines afflictives, n'altérât la douceur des Juges, & ne les rendît inhumains.

Miraulmont dans ses Mémoires, en parlant du Parlement de Paris, donne une autre raison, & prétend que cette Chambre a été ainsi appellée à cause de la tour ou tourrelle dans laquelle se jugeoient anciennement les procès criminels, qui est celle qui sert aujourd'hui de buvette à Messieurs de la Grand'Chambre. Ce qu'il confirme par l'Ordonnance de Charles VII. de l'an 1453. laquelle parlant des procès criminels qui se jugeoient au Parlement en la Chambre de la Tournelle, dit : *Et in Turella criminali processus criminales, prout diligentiùs fieri poterit, expediantur.*

CHAMBRE DE LA TOURNELLE CIVILE, étoit une Chambre créée par Déclaration des 18. Avril 1667. 11. Août 1669. 15. Mars 1673. & 17. Novembre 1690. pour décharger la Grand'Chambre d'une partie des affaires dont elle étoit surchargée.

Les appellations verbales des Sentences où il ne s'agissoit que de 2000. livres & au dessous, ou de 100. liv. de rentes, étoient adjugées par la Tournelle, pourvû que l'affaire ne fut point de nature à devoir être jugée à la Grand'Chambre.

M. le Premier Président faisoit le rolle des causes qui devoient être jugées à la Tournelle civile : un Président à Mortier y présidoit. Les Conseillers de la Grand'Chambre & ceux des Enquêtes y al-

loient tour à tour, comme à la Tournelle criminelle.

Cette Chambre a encore été rétablie par deux Déclarations du 12. Janvier 1735. & du . . . 1736. mais le tems qu'elle devoit durer n'étant que d'une année, suivant chacune de ces Déclarations, aujourd'hui elle n'a plus lieu. Peut-être seroit-il à souhaiter pour le bien public qu'elle fût rétablie.

CHAMBRE DE L'EDIT, étoit autrefois une Chambre du Parlement, qui avoit été établie par les Edits de pacification, pour juger, privativement à tous autres Juges, des différens dans lesquels ceux de la Religion prétendue réformée étoient Parties principales, ou garants, en demandant ou défendant en toutes matières, tant réelles que personnelles, soit procès par écrit, soient appellations verbales.

Ceux de la Religion prétendue réformée n'ont jamais été admis à demander leur renvoi à la Chambre de l'Edit, quand il a été question du bien de l'Eglise, de l'intérêt public, de la Police ou des droits du Roi. Ils pouvoient renoncer au droit de plaider à la Chambre de l'Edit, & après leur renonciation ils n'étoient plus recevables à demander leur renvoi. La contestation d'un coobligé ne pouvoit empêcher que l'autre qui faisoit profession de la Religion prétendue réformée ne demandât le renvoi en cette chambre.

Les Religionnaires étrangers ne pouvoient demander leur renvoi en la chambre de l'Edit, non-plus que les Regnicoles qui, après avoir embrassé la Religion catholique, avoient été depuis relaps, ou qui étant Officiers, avoient délinqué dans leur Charge.

Cette Chambre a été supprimée par Edit du 4. Février 1669.

CHAMBRES MI-PARTIES, étoient des Chambres établies en Guyenne, Languedoc & Dauphiné, pour juger des différens dans lesquels ceux de la Religion prétendue réformée étoient Parties.

Il y avoit différence entre les chambres de l'Edit des Parlemens de Paris & de Rouen, & ces chambres mi-parties, en ce qu'il n'y avoit dans ces chambres de l'Edit qu'un Président catholique, & six Conseillers seulement, qui étoient Membres du Parlement, & tirés des autres chambres, dont deux tout au plus étoient de la Religion prétendue réformée, au lieu que ces chambres mi-parties étoient composées d'Officiers en nombre égal de l'une & de l'autre Religion.

Au surplus, ces chambres étoient astreintes aux mêmes régles que les chambres de l'Edit.

CHAMBRES DES VACATIONS, est une chambre du Parlement, qui ne tient que pendant les vacations des autres chambres, jusqu'à la veille de la S. Simon & S. Jude, jour auquel tout le Parlement vaque.

Miraulmont en ses mémoires dit que François Premier établit au Parlement une Chambre des Vacations en 1519. suivant les Ordonnances & Institutions faites auparavant par le Roi Louis XII.

Elle eſt appellée Chambre des Vacations, parce qu'elle ne dure que pendant le tems d'icelles.

On y juge les cauſes qui requierent célérité & prompte expédition. A l'égard des autres Villes, elles doivent être jugées dans les Chambres où elles ont été diſtribuées.

Elle a été inſtituée originairement pour juger les procès criminels pendant la ceſſation de la Tournelle criminelle, & les affaires civiles de peu de conſéquence, juſqu'à 1000. livres ſeulement & au-deſſous, ſuivant l'Edit portant Reglement pour ladite Chambre des Vacations, qui eſt du mois d'Août 1669.

Un Préſident & un certain nombre de Conſeillers y tiennent ſéance d'année en année, ſans pouvoir par eux ſubſtituer ſans ordre par écrit du Roi; & en cas de maladie ou autre empêchement légitime, aucun ne pourra être ſubrogé.

Comme le Parlement finit à Paris le 7. Septembre, M. le Premier Préſident, en vertu de la commiſſion que le Roi envoie tous les ans pour cette chambre, fait le neuviéme du même mois l'ouverture de la chambre des Vacations. Il ſe fait aſſiſter du Préſident à mortier, qui le doit tenir juſqu'à la Fête de S. Simon & S. Jude, & des Conſeillers nommés dans la Commiſſion du Roi, ſans laquelle Meſſieurs du Parlement ne pourroient pas tenir pendant les Vacations. M. le Premier Préſident n'y va que ce premier jour, à moins qu'il ne reçoive des ordres de Sa Majeſté d'y aller pour des affaires importantes.

Le Préſident à Mortier qui y préſide, y juge avec un certain nombre de Conſeillers clercs & laïques, qui ont coutume d'y entrer ſucceſſivement d'année en année, comme nous l'avons dit. M. le Premier Préſident les déſigne au Roi, pour les dé_ nommer dans la Commiſſion.

C'eſt un Subſtitut de M. le Procureur général qui y fait les fonctions de Meſſieurs les Gens du Roi, ſoit pour donner des conclusions par écrit, ſoit pour porter la parole à l'Audience.

L'Edit du mois d'Août 1669. établit l'ordre qui doit être gardé dans l'inſtruction des affaires qui ſe doivent juger dans la chambre des Vacations, & régle la compétence de cette chambre.

Cette chambre inſtruit & juge à l'Audience les cauſes ſommaires, qui ſont expliquées dans les cinq premiers articles du titre 17. de l'Ordonnance de 1667.

On y juge auſſi les Requêtes afin d'oppoſition à l'exécution des Arrêts auxquels le demandeur en Requête n'a point été Partie, on n'a point été duement appellé, ou qui ont été rendu faute de ſe préſenter, ou à l'Audience faute de plaider, le tout ſuivant les trois premiers articles du titre 35. de l'Ordonnance de 1667. ce qui aura lieu, tant à l'égard des Arrêts donnés avant la chambre des Vacations, qu'à l'égard de ceux qui auront été rendus par ladite chambre.

Cette chambre connoît auſſi des Requêtes afin de défenſes ou ſurſéances à l'exécution des Sentences & Jugemens, quoiqu'il ſoit queſtion de choſes excédentes ſon pouvoir, ſans que l'exécu-

tion puiſſe être ſurſiſe aux matieres ſommaires, ni aux Sentences de proviſion en donnant caution, à quelques ſommes qu'elles puiſſent monter, s'il y a contrats, obligations, promeſſes, reconnoiſſances ou condamnations précédentes, par Sentences dont il n'y a point d'appel, ou ſi ces Sentences ſont exécutoires nonobſtant l'appel, ſans pareillement que l'exécution puiſſe être ſurſiſe aux complaintes, réintegrandes, ſequeſtres, poſſeſſions, ou recréances de bénéfice.

Cette chambre juge pour le criminel toutes les cauſes même celles du rolle, & les inſtances & procès dont la connoiſſance appartient à la chambre de la Tournelle, même des affaires criminelles des Eccléſiaſtiques, Officiers & Gentilshommes, quand ils ne demandent point leur renvoi; car quand ils demandent d'être jugés, les deux Chambres aſſemblées, ſçavoir la Grande Chambre & la Tournelle criminelle, on remet le Jugement à la S. Martin, attendu qu'elles ne s'aſſemblent point en Vacations.

Il faut excepter le crime de rapt, & ce qui concerne l'état des perſonnes, dont elle ne peut connoître. Elle ne connoît pas non plus des appellations comme d'abus, ni des Requêtes civiles, tant principales qu'incidentes; & on n'y préſente point de Lettres de grace pour y être entérinées.

Elle ne peut juger les inſtances ou procès appointés ou conclus avant le 7. Septembre, ſoit à la Grande Chambre ou aux Enquêtes, pour le petit criminel, ni pour le civil, quoiqu'il ſoit queſtion de matiere ſommaire, & que le Rapporteur ſoit de la chambre des Vacations.

On n'obtient à la Chambre des Vacations aucun Arrêt de proviſion, que dans les affaires où elle peut juger définitivement.

Les cauſes y peuvent être appointées, mais elles ſont renvoyées à la S. Martin, pour être diſtribuées aux Enquêtes; c'eſt-à-dire, que ſi quelque cauſe pour le civil eſt appointée en ladite Chambre, elle ne pourra être jugée, ni même diſtribuée en ladite Chambre; mais elle ſera renvoyée aux Enquêtes, pour être miſe en la diſtribution générale après le 12. Novembre.

Les Arrêts ne peuvent être rendus à la Chambre des Vacations, qu'il n'y ait au moins huit Juges, tant au civil qu'au criminel.

Les Arrêts qui s'y rendent, n'ont pas moins d'autorité que ceux qui ſont rendus par le Parlement hors les Vacations: ainſi on ne ſe peut pourvoir contre, que par Requête civile, ou par la voie de caſſation.

Au reſte, cette Chambre finit la veille de S. Simon & S. Jude, & va ce dernier jour tenir Audience au Châtelet.

CHAMBRES ASSEMBLÉES EN MATIERE CRIMINELLE, ne forment pas toujours l'Aſſemblée de tout le Parlement, mais ſeulement de la Grande Chambre & de la Tournelle. Ainſi, quand un Prêtre ou un Gentilhomme ſont accuſés de crime, ils peuvent demander d'être jugés, la Grande Chambre & celle de la Tournelle aſſemblées.

Cela ſe pratique auſſi à l'égard des Officiers de

Juſtice, dont les procès criminels ont accoutumé d'être jugés à la Grande Chambre, ſuivant l'art. 21. du tit. de l'Ordonnance de 1670.

Mais le privilége des Conſeillers du Parlement eſt plus conſidérable, en ce qu'ils ne peuvent être jugés en matiere criminelle, que toutes les Chambres aſſemblées, ainſi que l'a remarqué M. le Prêtre dans ſa cent. 1. ch. 80.

Le même privilége eſt accordé aux Gens du Roi & Greffiers du Parlement, de n'y pouvoir être jugés que par le corps du Parlement.

Pour revenir au privilége qu'ont les Gens d'Egliſe, les Nobles & les Officiers, de pouvoir demander d'être jugés en matiere criminelle la Grande Chambre & la Tournelle aſſemblées, il vient de ce qu'après que la Tournelle eut été établie pour juger les procès criminels, il ſurvint des différends entre ces deux chambres pour la connoiſſance des cauſes criminelles de ces ſortes de perſonnes, attendu qu'avant que la Tournelle fût créée, toutes les affaires criminelles ſe vuidoient à la Grande Chambre ; & depuis que la Tournelle fut établie, la Grande Chambre prétendoit retenir au moins celles qui s'inſtruiroient contre ces ſortes de perſonnes. Ce qui fit que le Roi Charles IX. ordonna que quand cela arriveroit, les deux Chambres n'en feroient qu'une, ainſi que porte l'art. 38. de l'Ordonnance de Moulins du mois de Février 1566.

Quand on dit que les deux Chambres s'aſſemblent, cela ne s'entend que des Préſidens à Mortier & Conſeillers qui ſont de ſervice, tant à la Grande chambre qu'à la Tournelle ; car quand toute la Grande chambre ſe raſſemble ainſi, Meſſieurs les Conſeillers des Enquêtes qui ſe trouvent alors de ſervice à la Tournelle, ſe retirent. Ainſi ce n'eſt proprement que la Grande chambre qui eſt toute raſſemblée.

Mais pour que les perſonnes dont on vient de parler jouiſſent de ce privilége, il faut qu'elles en faſſent la demande. Pour raiſon de quoi on préſente Requêtes, par laquelle le ſuppliant conclut à ce qu'attendu ſa qualité de Prêtre ou de Gentil-homme, il plaiſe à la Cour ordonner que ſon procès ſur l'appel de la Sentence d'un tel juge, ſera jugé, la Grande Chambre & la Tournelle aſſemblées.

Cette Requête ſignée du Procureur & de la Partie, ſe met entre les mains du Conſeiller-Rapporteur ; & après que M. le Procureur général a donné ſes concluſions, la Requête ſe rapporte, & Arrêt intervient qui ordonne que le procès ſera jugé, les deux chambres aſſemblées en la maniere accoutumée.

CHAMBRE DES TIERS, eſt une Chambre qui ſe tient au Palais, & qui eſt compoſée de Procureurs qui ſont prépoſés pour régler les différends qui naiſſent dans les taxes de dépens, quand les parties ne ſe tiennent pas à ce que le Procureur tiers a arrêté. On les choiſis parmi ceux qui ont dix ans de charge, ſe en nomme trente-ſix toutes les ſix ſemaines. On en fait trois colomnes de douze chacune, & chacune colomne va pendant quinze jours à la chambre des Tiers régler les dépens ſur la dé-

claration, mémoire ou avis du Procureur tiers, auquel elle a été diſtribuée & appoſtillée du Procureur défendeur en taxe.

Il y a un trente-ſeptiéme Procureur qui fait la diſtribution des dépens à régler. Il a droit de nommer pour tiers un des trente-ſix chacun à ſon tour ; mais ordinairement il nomme pour tiers celui des trente-ſix qu'on lui demande. On lui paye un ſol par article de la déclaration de dépens, pour droit de bourſe commune.

On paye auparavant au Receveur des amendes, le nouveau droit pour le Roi, qui eſt de 9. deniers par article pour controlle des dépens, avant de porter la déclaration au Procureur diſtributeur.

C'eſt le Greffier de la communauté qui fait la nomination des Tiers ſuivant l'ordre de la liſte des Procureurs.

C'eſt de-là que les Procureurs au Parlement qui ont dix ans de charge, prennent tous le titre de Tiers-Référendaires.

Lorſque l'opinion des Procureurs de la chambre des tiers ſe trouve partagée, la conteſtation eſt portée à la communauté, pour être réglée par les anciens. Voyez Exécutoire. Voyez Taxe de dépens.

CHAMBRE DE LA POSTULATION, eſt compoſée de dix-huit d'entre les Procureurs, qui ſont élus par la communauté pour faire cette fonction pendant trois ans. Le premier d'entr'eux s'appelle Préſident ; le ſecond, Procureur général ; les autres Conſeillers. Il y a un Greffier. Les deux derniers vont avec un Huiſſier de la Cour faire les procès verbaux de perquiſition & enlevement de piéces. Voyez le Recueil des Réglemens concernant les Procureurs, appellé le Code Gilet, titre de la Poſtulation.

CHAMBRE DU CONSEIL, eſt celle où ſe jugent les affaires de rapport, & où l'on délibere des affaires qui concernent la compagnie. Il y en a dans la plûpart des Juriſdictions.

CHAMBRE DE LA QUESTION, eſt celle où l'on donne la queſtion à ceux qui ſont accuſés de quelque crime.

CHAMBRE ECCLÉSIASTIQUE, autrement appellée chambre ou bureau des Décimes, eſt une Juriſdiction particuliere & eccléſiaſtique, qui connoît privativement à tous autres Juges, de toutes les conteſtations qui ſurviennent au ſujet des décimes, don gratuit, ſubvention, & autres impoſitions qui ſe font ſur le Clergé.

Il y en a de deux ſortes ; ſçavoir, la chambre eccléſiaſtique particuliere, & la chambre eccléſiaſtique ſouveraine.

La particuliere eſt compoſée du Syndic & des Députés de chaque Dioceſe, où l'on impoſe toutes les taxes du Dioceſe, & où l'on fait la repartition de ce que chaque Eccléſiaſtique en doit porter. Ce Bureau diocéſain connoît auſſi en premiere inſtance des conteſtations qui peuvent naître au ſujet de ces taxes.

La ſupérieure ou ſouveraine eſt compoſée d'un certain nombre de Conſeillers & d'Eccléſiaſtiques, & connoît des appellations interjettées des Sentences rendues dans les chambres eccléſiaſtiques particulieres qui en relevent.

Anciennement les Syndics généraux & agens du Clergé avoient la connoissance de toutes les contestations qui arrivoient au sujet du payement des décimes & don gratuit. Mais Henry III. par ses lettres patentes du mois de Mai 1586, établit huit chambres souveraines des décimes, pour juger souverainement, & à l'exclusion de tous autres Juges, toutes les causes & procès qui leur sont portés par appel des Diocésains ressortissans à ces huit Bureaux, qui sont Paris, Lyon, Rouen, Tours, Toulouse, Bordeaux, Bourges & Aix en Provence.

Henry IV. par l'art. 35. de l'Edit du mois de Janvier 1599, vérifié au mois de Mars suivant, a réglé le pouvoir de ces chambres, & a ordonné qu'elles auroient la connoissance des Décimes & de tous les fonds qui en proviendront, circonstances & dépendances, sans en excepter ni réserver aucune chose. Il leur a enjoint de pourvoir par voies dûes & raisonnables au payement des décimes, contre les Ecclésiastiques, Receveurs généraux, provinciaux & particuliers, ou leurs commis, & tous autres qui en peuvent être tenus.

. Il leur a de plus attribué la connoissance de toutes les lévées de deniers qui se feront sur les Ecclésiastiques, sans toutefois que les Juges de ces Bureaux puissent prétendre aucuns gages ni appointemens des Diocéses pour l'exercice de leurs charges. Enfin il a permis à ceux qui composent ces Bureaux, d'appeller quelques Conseillers des cours ou des Siéges présidiaux pour juger avec eux.

Tous les Evêchés ou Diocéses de France ressortissent par appel à ces huit Bureaux, suivant la repartition qui en a été faite par les Edits & Lettres patentes des Rois; & s'appellent Bureaux diocésains.

La chambre ecclésiastique particuliere du Diocése de Paris se tient dans la Salle de l'Archevêché. Elle est composée de M. l'Archevêque, qui y préside comme chef, de cinq Députés, & d'un Syndic.

La chambre souveraine du Clergé de Paris, qui est le Bureau général & souverain de toutes les taxes imposées, & Sentences prononcées par les Bureaux diocésains y ressortissans, se tient au Palais au-dessous de la Tournelle. Ce Bureau général a pour Juges tous Conseillers clercs du Parlement, dont le plus ancien préside, & autant de Commissaires députés, qu'il y a de Diocéses ressortissans audit Bureau.

Les Diocéses qui ressortissent audit Bureau général de Paris, sont Paris, Sens, Orléans, Chartres, Méaux, Auxerre, Blois, Troyes, Reims, Laon, Châlons, Beauvais, Noyon, Soisson, Amiens, Boulogne, Senlis & Nevers.

C H A M B R E des Comptes, est une Cour souveraine établie pour faire rendre les comptes des deniers publics, pour veiller à la conservation du Domaine royal, & de tous les droits qui en dépendent, & pour connoître de tous procès qui peuvent naître à ce sujet.

Ainsi cette cour a droit de juger souverainement les affaires de Finances, & examiner, arrêter & clorre tous les comptes des Officiers comptables qui se trouvent dans son ressort.

Cette chambre est très-ancienne. On ne sçait pas même précisément le tems où elle fut créée. *Voyez* Miraulmont en son Traité des Jurisdictions; Pasquier, liv. 1. de ses Recherches; Chopin, liv. 3. du domaine, tit. 24. nomb. 6. du Hailler, liv. 4. de l'état des affaires.

On peut dire néanmoins que cette Cour est aussi ancienne que la Monarchie; car dès le tems même qu'il y a eu des Rois, il y a eu des revenus fixes & certains, & des revenus casuels, dont la conservation a toujours demandé des comptables & des Juges, pour connoître de leur régie.

Les Rois des premieres Races, même ceux du commencement de la troisieme, faisoient rendre les comptes de leur domaine & finance en présence des Officiers de la couronne. Le domaine & les finances s'étant augmentés, nos Rois ont établi une chambre & Cour pour recevoir, visiter & juger desdits comptes.

Elle fut d'abord composée de plusieurs Maîtres des comptes, auxquels on permit de prendre sous eux des clecs, qui étoient de deux sortes: les uns tenoient & redigeoient les écrits qui étoient les comptes, & les Jugemens qui se rendoient en conséquence: les autres n'avoient point d'autres fonctions que de revoir ensuite & corriger lesdits comptes, & de faire à la chambre leur rapport des omissions, doubles emplois, ou autres erreurs qu'ils y avoient remarquées; & c'est de ces clercs que les Correcteurs & Auditeurs tirent leur origine.

Comme cette chambre étoit ambulante, & qu'elle se tenoit en plusieurs endroits différens, Philipe V. dit le Long, par son Edit donné au Vivier en Brie, au mois de Janvier 1319. la fit sedentaire, & créa par cet Edit le sieur du Sully, & le sieur Evêque de Noyons, pour être Souverains, c'est à-dire, Présidens de cette chambre. Dans la suite. Philippe-le-Bel lui donna au palais à Paris, le lieu où elle se tient encore aujourd'hui.

Elle resta dans cet état jusqu'en 1410, dans laquelle année on créa deux Correcteurs, qui furent pris du nombre des clercs des Maîtres des comptes, sans aucune attribution; ce qui changea leur condition de clercs. Quelques années après, l'un de ces deux Maîtres s'étant trouvé indisposé à cause de son grand âge, on lui substitua pour ses fonctions un de ses Correcteurs, & l'autre Maître fut fait Maître extraordinaire.

Ce Correcteur substitué prit dans la suite la qualité de conseiller quoiqu'il fût tiré de l'ordre des clercs de Maîtres des comptes, & fut appellé conseiller-correcteur.

Quelque tems après on créa plusieurs Offices de Correcteurs, qui furent bientôt supprimés. Mais comme la fonction de Correcteur étoit nécessaire, Charles VII. étant à Bourges, créa M. André le Roi, Correcteur, qui demeura seul jusqu'en l'année 1454. qui en fût créé un second.

Ils eurent séance extraordinaire au grand Bureau avec les Maîtres; mais on les fit descendre au Bureau d'en bas, avec injonction de ne venir au grand Bureau que quand ils y seroient mandés.

Il y avoit toujours des clercs Auditeurs qui reste-
rent jusqu'en l'année 1552. que la qualité de conseiller Auditeur leur fut donnée, avec voix délibérative à chacun d'eux en particulier, aux rapports
qu'ils feroient des comptes & des requêtes pour
l'appurement desdits comptes.

Les Rois dans la suite créerent des charges de
Présidens, de Maîtres, de Correcteurs & d'Auditeurs des comptes, en nombre tel qu'ils sont aujourd'hui, & qui composent la Chambre, qui est
semestre.

Suivant ce que nous avons dt ci-dessus, il a été
un tems où la chambre des comptes étoit ambulante, & étoit à la suite de la Cour : ses Officiers
étoient alors Commensaux de la Maison du Roi ;
car outre le rapport & la correction des comptes,
l'expédition des actes d'hommages des vassaux
de Sa Majesté, ils faisoient les fonctions de Secrétaires du Roi : & c'est de-là que la chambre des
comptes a tiré son exemption du Sceau.

La chambre des comptes de Paris est aujour-
d'hui composée d'un premier Président, de douze
Présidens, de soixante-dix huit Maîtres des comptes, de trente-huit Correcteurs, de cent quatre-
vingt-deux Auditeurs, d'un Avocat général, &
d'un Procureur général, non compris les Procureurs & autres Officiers subalternes.

Anciennement c'étoit toujours un Archevêque
ou un Evêque qui présidoit à la chambre des comptes. Ce fut Louis XI. qui nomma un Laïc pour
premier Président de cette Cour souveraine. Louis
XII. donna cette charge à Jean Nicolaï, dont les
descendans en ligne directe ont rempli cette place
jusqu'à présent.

Mais il faut remarquer que cette charge étoit autrefois tellement affectée à un clerc, que lorsque
contre la régle & l'usage on la donnoit par dispense
à un Laïc, on faisoit mention dans ses provisions
que c'étoit l'Office de ce premier Président clerc de
la chambre, & cela se pratique encore aujour-
d'hui ; car en 1686, comme on avoit oublié de mettre dans les provisions de M. Nicolaï, que l'Office
étoit de clerc, il fut ordonné sur le requisitoire du
Procureur général de la chambre des comptes,
que ses provisions feroient reformées, & que
ces termes y seroient insérés. Voyez le Traité du
droit & des prérogatives des Ecclésiastiques, par
M. Petit-pied, imprimé à Paris en 1705, deuxiéme Partie, chap. neuf.

Pour bien entendre en quoi consiste la fonction
des Présidens, Maîtres, Correcteurs & Auditeurs
des comptes, il faut sçavoir de quelle maniere
un compte se rend.

Le comptable, avant de présenter son compte à
la chambre, doit compter par état au vrai au Bureau des Trésoriers de France sa Généralité,
ce qu'il doit faire dans l'an après son exercice expiré ; & il ne peut présenter son compte sans état
au vrai, conformément à l'article 15. du Réglement de 1669.

Il ne doit employer dans son compte, autres parties que celles qui sont passées dans les états, à peine de nullité de l'emploi & du quadruple, suivant

l'art. 16. du même Réglement. Il doit aussi présenter un bordereau du compte, qui contienne en
abrégé la recette & dépense par chapitres.

Après que le Procureur a dressé le compte &
fait son bordereau, si le comptable est en personne, il lui fait signer le Bordereau, & le signe aussi ;
après quoi ils vont au Parquet de M. le Procureur
Général, & y apportent ledit compte, le bordereau, les états du Roi, & au vrai.

Ces pieces étant vues, M. le Procureur Général
fait enregistrer ce compte sur un régistre qu'il a à
cet effet, que l'on appelle regître des présentations, & sur un autre petit regître, que l'on appelle longuet. M. le Procureur général va au grand
Bureau, & y porte le bordereau du compte, avec
son regître longuet, & dit à M. le Premier Président, qu'un tel vient présenter son compte d'une
telle année.

Cela fait, M. le Premier Président, ou celui qui
préside sonne les Huissiers, pour leur donner ordre
d'appeler les Comptables & les Procureurs, &
fait faire le serment ; sçavoir, au Comptable,
qu'au compte qu'il présente, il fait entiere recette
& dépense, que les acquis sont bons, & que la
dépense y est employée & acquittée, & aux Procureurs, que leurs comptes sont faits & parfaits.

Quand le comptable est absent, le Procureur fait
serment pour les deux : le serment fait, ils se retirent, & M. le Procureur général rapporte à son Parquet le bordereau du compte, après qu'il a été signé
du Président qui préside, & de l'ancien Maître des
comptes qui se trouve au bureau.

Après que ce compte est présenté, il est distribué par l'un de deux Maîtres qui sont distributeurs
pendant chaque semestre, à un de Messieurs les
Auditeurs pour l'examiner & en faire son rapport.

La distribution du compte présenté ainsi faite
à un de Messieurs les Auditeurs, M. le Procureur
général écrit sur son regître longuet, à côté de
l'article de la présentation de ce compte, le nom
de l'Auditeur auquel il est distribué. M. le distri-
buteur signe la présentation sur l'original du compte, & écrit en haut du premier feuillet, à côté
de la présentation, le nom du Rapporteur, & au-
dessus, à six doigts de distance, ces mots : Pour la
Chambre, pour marquer que c'est l'original du
compte qui doit rester à la chambre.

Le Procureur avertit ensuite l'Auditeur auquel
le compte a été distribué, qui vient au parquet
s'en charger, en signant son nom à côté de la
présentation sur le gros Régistre.

Au moyen de cette signature, le Secrétaire de
M. le Procureur général lui met ès mains le bordereau original, & dès ce moment il est réputé
chargé des acquis : ainsi il doit se les faire donner par le Procureur, avec une copie du bordereau
le compte précédent, & le compte à juger, & le
retire dans son Bureau, pour travailler à l'examen du compte qui lui est distribué.

Après que l'Auditeur a examiné le compte, il
met sur le bureau les états, les acquits, & le compte précédent, avec le bordereau original, & garde
auprès de lui le compte à juger, avec la copie du
bordereau

bordereau fur lequel il a écrit fes difficultés.

Alors M. le Préfident donne le Bordereau à celui de Mrs. qu'il lui plaît, & deux autres prennent les acquits & le compte précédent. Enfuite il fait fon rapport partie par partie, en forte que celui qui tient le bordereau puiffe écrire fur icelui les arrêtés à mefure qu'ils font prononcés, & en même-tems le Rapporteur les écrits fur fa copie.

Le compte jugé, celui des Meffieurs qui tient le bordereau, met au bas d'icelui : *Clos au Bureau le.... jour de....* figne & fait figner celui qui préfide, & après remet le dit bordereau dans une caffette qui eft devant la place de M. le Préfident, où il refte jufqu'à la fin du femeftre qu'il eft mis ès mains du Greffier pour y avoir recours quand on en aura befoin.

Le compte étant jugé, l'Auditeur Rapporteur va au Bureau des épices, & là, avec Mrs. les Diftributeurs, & l'ancien de Mrs. les Auditeurs, qui a le foin du Regiftre où s'écrivent les épices, que l'on appelle regiftres de clôtures & des états fur lefquels lefdites épices fe reglent, il écrit les épices du compte qu'il vient de juger; après quoi il fe retire dans fon Bureau, pour travailler à affeoir l'état final fur le compte, lequel étant final doit être affis deux mois après la clôture d'icelui compte, à peine de radiation de gage du Rapporteur, fuivant l'art. 32. du Réglement de 1669.

M. le Rapporteur ayant affis fon état final, & ayant remis le compte au Parquet, s'en fait décharger; & M. le Procureur général au bas dudit état final écrit de fa main : *rendu au Parquet le....*

Après s'être ainfi fait décharger & avoir remis le compte, il le porte avec les acquis au département, qui eft le lieu où fe remettent tous les comptes & les acquis; & fait mettre par le Garde des livres, au-deffous du rendu de M. le Procureur général; *Habui les acquits*, & le fait figner.

Enfuite de cela le Relieur paffe au département, & fe charge de tous les comptes qui font à relier, & les remet enfuite au Garde des Livres.

Quant à Mrs. les Correcteurs, ils fe chargent toutes fois & quantes qu'il leur plaît des comptes qui font jugés, fur un regiftre qui leur eft particulier, à l'effet d'examiner lefdits comptes, pour voir s'il y a lieu à la correction.

M. le Premier Préfident eft feul diftributeur du compte du tréfor royal qui fe juge au grand Bureau, ainfi que les comptes des monnoies; au lieu que tous les autres comptes fe jugent au fecond Bureau.

Après ce que nous venons de dire, il eft aifé de comprendre que les fonctions des Auditeurs font d'examiner les comptes qui leur font diftribués, vérifier les acquits qui font rapportés pour juftification de la recette & dépenfe d'iceux, faire le rapport des comptes au Bureau, y affeoir les états finaux, rapporter les requêtes tendantes au retabliffement & décharges des Parties rayées en fouffrance & indécifes dans les comptes. Ils expédient auffi les attaches fur les fermens de fidelité des Archevêques & Evêques, foi & hommage, aveu & dénombrement des vaffaux, & collation.

Tome I.

nent les piéces dont la chambre ordonne être délivrée des extraits.

Les Auditeurs font divifés en plufieurs chambres : favoir, les Chambres de France, Languedoc, Anjou, Champagne, des Monnoies & du Tréfor; & on diftribue les comptes aux Auditeurs de la chambre où la Généralité reffortit.

Les correcteurs doivent vérifier les erreurs des calculs, *bis capit*, doubles emplois, fauffes caufes qui fe trouvent dans les comptes, dont ils doivent faire rapport au Bureau, & les mettre enfuite ès mains du Procureur Général, pour faire inftruire avec la Partie ledit rapport & correction.

Le Procureur Général étant inftruit, & la Partie ayant produit au Greffe, le compte fe diftribue à un Maître qui s'en inftruit avec ledit correcteur, pour en faire rapport au Bureau où la correction eft jugée avec ledit correcteur, qui a dans cette occafion féance & voix délibérative, comme les Maîtres des comptes.

Pour ce qui regarde les Maîtres des comptes ils doivent affifter au grand Bureau, lorfqu'il s'y fait quelque rapport, & donner leur avis.

Ils jugent premiérement avec les Préfidents de tous les comptes des comptables, qui font rapportés pardevant eux par les Auditeurs.

En fecond lieu, ils connoiffent & jugent conjointement avec les Préfidens; de tous les autres affaires dont la connoiffance leur eft attribuée.

En troifiéme lieu ils font rapporteurs de toutes les affaires qui fe traitent à la chambre, à l'exception des comptes, lefquels font rapportés par les Auditeurs, & des requêtes pour la décharge & apuremens des comptes qui font auffi rapportés par les Auditeurs.

Outre le droit de juger, clorre & appurer tous les comptes des Officiers & Commiffionnaires comptables, il y a encore plufieurs chofes qui s'expédient dans cette chambre, & qui font du miniftère de fes Officiers.

I°. La chambre des comptes connoît des dons & dépenfes ordinaires & extraordinaires du Roi.

II°. Elle entérine & vérifie tous les Edits & Déclarations du Roi, qui concernent fon Domaine & fes Finances, & les Officiers qui reçoivent des gages du Roi.

III°. Elle entérine les Lettres d'annobliffement, naturalité, légitimation, amortiffement, dons & penfions.

IV°. Elle fait la vérification des appanages, contrats de mariages des Enfans de France, & aliénations du Domaine du Roi, laquelle ne fe peut faire que dans deux cas; le premier eft pour l'appanage des Enfans de France; le fecond eft quand la néceffité de l'Etat le requiert; mais en ces cas l'aliénation ne fe peut faire qu'à condition du rachat perpétuel.

V°. La même chambre enregiftre les fermens de fidelité des Archevêques & Evêques, & les déclarations du temporel des Eccléfiaftiques. Elle reçoit la foi & hommage que rendent les vaffaux des Principautés, Duchés Pairies, Marquifats, Comtés, Vicomtés, Baronnies, Châtellenies, &

I i

autres Fiefs qui relevent immédiatement du Roi.

VI°. Elle vérifie tous les Edits, Déclarations, & autres Lettres Patentes du Roi, qui lui font adreffées & préfentées par le Procureur Général concernant fon fervice & le bien de l'Etat.

VII°. Elle vérifie auffi les baux des Fermes qui s'adjugent au Confeil du Roi, toutes les Lettres Patentes qui s'obtiennent pour les comptables, Fermiers, Commiffionnaires, & généralement pour toutes les affaires concernant célles du Roi.

VIII°. Elle a droit d'appofer le fcellé, pour la fûreté des intérêts du Roi, chez les Officiers comptables, en cas de décès ou abfence, & de faire inventaire de leurs effets, & ventes de leurs meubles, à l'exclufion de tous autres Juges.

La chambre des comptes a une Jurifdiction volontaire & de direction, foit pour faire des réglemens généraux ou particuliers, ou pour ouir les comptes des Officiers comptables, & pour d'autres fonctions femblables.

Mais quoique Meffieurs de la chambre des comptes ayent leurs principales fonctions de Jurifdiction volontaire, ils ont auffi quelques-unes des fonctions de la Jurifdiction contentieufe, lorfque ces fonctions fe trouvent incidentes aux matières de leur connoiffance. Sur quoi il faut remarquer que cette chambre ne peut inftruire en matière criminelle que jufqu'à la queftion inclufivement, & Meffieurs de la chambre ne peuvent paffer outre, fans appeller un Préfident du Parlement & fix Confeillers.

Outre la chambre des comptes de Paris, il y en a huit autres dans le Royaume, qui furent établies par l'Edit du mois de Mars 1583. fçavoir, Rouen, Dijon, Nantes, Montpellier, Grenoble, Aix, Pau & Blois, qui ont les mêmes fonctions que celle de Paris, pour ce qui eft de la reception des comptes des comptables qui font dans leur reffort.

Ces chambres envoyent tous les ans à Meffieurs de la chambre des comptes de Paris, les doubles des comptes de leur Province, afin que ceux de Paris puiffent faire les vérifications & les corrections de tous les comptes du tréfor royal, & des comptables qui y prennent leur affignation.

Chacune de ces chambres entérine auffi, comme celle de Paris, les lettres de légitimation & de naturalité dans l'étendue de leur reffort. Mais la plûpart des autres chofes que nous avons dit appartenir à la chambre des comptes font particulières à celles de Paris, qui a un droit fpécial & particulier de veiller à la confervation du Domaine royal, & de tous les droits qui en dépendent.

Voyez le Livre intitulé, Traité de la Chambre des Comptes, de fes Officiers, & des matières dont elle connoît, qui a été imprimé à Paris, en 1702. indouze qui fe vendoit au Palais chez Jacques Morel & Henry Charpentier.

CHAMBRE DU TRÉSOR, aujourd'hui appellée chambre du Domaine du Roi, eft une Jurifdiction qui connoît en première inftance de tout ce qui dépend du Domaine du Roi, dans l'étendue de la Généralité de Paris, privativement aux Baillifs & Sénéchaux.

Les appellations qui font interjettées de fes Jugemens, fe portent directement au Parlement.

Cette chambre eft auffi ancienne que le Domaine du Roi : le pouvoir qu'elle a, eft de connoître du fonds & propriété du Domaine de la Couronne, & de tous les droits y appartenans.

Elle connoît auffi de tous les différends concernant d'autres droits appartenant au Roi, comme de Juftice féodale, de cenfive, de Patronage, quints, requints, reliefs, rachats, lods & ventes, droits d'aubaine, bâtardife, deshérence, francs-fiefs, nouveaux acquêts, amortiffement, annobliffement, droit de tabellionage, fcel aux contrats, de bannalité, de poids, de mefurages, étalonage, élinage, barage, péage, traite-foraine, foires & marchés, de mines ouvertes, mineraux, tréfors trouvés, de champarts, terrages, propriétés des Eaux & Forêts appartenant au Roi, droits de tiers & dangers, d'ifles, attériffement, dîmes inféodées, & de tou.es confifcations & amendes adjugées au Roi, tant par les Cours de Parlemens du Royaume, que par tous autres Juges Royaux.

Cette Jurifdiction a été appellée chambre du tréfor, ce qui fignifie autant que chambre du Domaine. Bacquet dans le chapitre qu'il a fait de l'établiffement de cette chambre, dit qu'elle a été ainfi appellée.

Premiérement, parce qu'anciennement le tréfor du Roi, qui confiftoit principalement en revenus de fon Domaine, étoit gardé en cette chambre : & tous les deniers des recettes ordinaires du Royaume, qui font les recettes du Domaine, y étoient apportées ; & pour le fait de la recette de tous les deniers Domaniaux du Royaume de France, il y avoit un Officier réfident en cette chambre, qu'on appelloit le Changeur du tréfor, qui étoit affifté d'un controlleur & de deux clercs ; enforte que le Changeur du tréfor étoit Receveur général de tout le Domaine de France.

En fecond lieu, il femble que cette chambre a été nommée chambre du tréfor, parce que les Tréforiers de France qui en font les chefs, ont la charge & le gouvernement de tout le Domaine du Royaume, tiennent leur Siége & Jurifdiction en cette chambre.

Enfin, comme le mot de Tréfor fignifie autant que Domaine, & que les Officiers de cette Jurifdiction connoiffent du Domaine de France, le nom & le titre de Chambre ou Juftice du Tréfor a été donnée à cette Jurifdiction.

Anciennement le tréfor du Roi & les Finances de France ne confiftoient que dans le revenu du Domaine de la Couronne de France, & non ès tailles, aydes & fubfides ; mais à préfent le tréfor du Roi comprend tous les droits qui lui appartiennent en qualité de Souverain : & c'eft à la chambre du tréfor que la connoiffance en appartient en première inftance, dans le reffort de la Prévôté & Vicomté de Paris, & de plufieurs Baillages circonvoifins, comme il fera dit ci-après.

Outre la connoiffance de tous les droits qui appartiennent au Roi à caufe de fon Domaine, la chambre du tréfor a encore plufieurs attributions particuliéres.

Le Roi adreffe à cette chambre toutes les commiffions qu'il délivre pour la recherche des droits domaniaux, recellés & ufurpés, ou des entreprifes fur iceux, des levées des deniers extraordinaires, & malverfations des Officiers du Domaine ou des Commis pour la confection des papiers terriers du Roi ; comme auffi de la réception des cautions, non-feulement des Fermiers du Domaine, mais encore des Entrepreneurs des ouvrages royaux ; de la confection des papiers terriers que le Roi fait faire de fes domaines de Paris, engagés ou non engagés, felon la commiffion qui leur eft adreffée.

C'eft pour cette raifon que tout Seigneur, de quelque qualité qu'ils foient, poffédans Duchés, Marquifats, Comtés, Baronnies, Châtellenies, Terres & Seigneuries mouvantes & relevantes du Roi, après avoir fait la foi & hommage au lieu où elle eft dûe, fourni & fait recevoir leurs aveux & dénombremens à la Chambre des comptes, font obligés de donner à la chambre du tréfor leurs déclarations fommaires, qu'ils font détempteurs de ces terres, de quels cens, rentes & autres droits & devoirs feigneuriaux & féodaux elles font redevables, tant envers le Roi que les Particuliers, & de fournir en même tems des copies dûement collationnées des actes de foi & hommage, aveux & dénombremens, & de repréfenter les quittances des droits feigneuriaux & féodaux qu'ils en auront payés.

Les Particuliers acquéreurs, propriétaires & poffeffeurs des biens, tant en fief que roture, de quelque nature qu'ils foient, font auffi obligés de paffer de femblables déclarations ; s'ils ne le font pas, ils y font contraints, à la requête du Procureur du Roi de la chambre, pourfuite & diligence du Fermier général du Domaine, fuivant l'Ordonnance de Henry III. du 7. Septembre 1582.

Toutes lettres de naturalité & légitimation doivent être enregistrée au Greffe de cette chambre, un mois après la vérification qui en aura été faite en la chambre des comptes, pour y avoir recours quand befoin fera, fur peine de nullité ; & jufqu'à ce, il eft fait défenfes aux impétrans de s'en fervir, & à tous autres Juges d'y avoir égard.

Cet enrégiftrement fe pratique auffi pour tous les brevets de dons, foit de confifcation, deshérence, bâtardife, aubaines & autres.

La Jurifdiction de cette chambre s'étendoit par tout le Royaume ; mais François I. par fon Ordonnance du mois de Février 1543. limita fon étendue, & voulu qu'elle pût connoître feulement en première inftance du Domaine dans le reffort de la Prévôté & Vicomté de Paris, des Bailliages de Senlis, Melun, Brie-Comte-Robert, Etampes, Dourdan, Mantes, Meulan, Beaumont-fur-Oyfe, & Crefpy en Valois, & ce privativement aux Prévôts de Paris & aux Baillifs defd. lieux, à qui il eft défendu par la même Ordonnance d'en connoître.

On ne peut décliner cette Jurifdiction ; pour les matières qui la concernent, en vertu du droit de Committimus, pas même les Prévôts des Maréchaux ; les Adminiftrateurs de l'Hôtel-Dieu ou de l'Hôpital général de Paris, ni les Secrétaires du Roi, ni aucun autre, quelque privilége qu'ils ayent de plaider, foit aux Requêtes de l'Hôtel ou du Palais, Prévôté de l'Hôtel, Grand Confeil.

La raifon eft, que le Roi n'accorde point de privilége contre lui-même ; ce qui arriveroit, fi, en vertu du privilége de Committimus on pouvoit ôter les caufes de la Jurifdiction de cette chambre, où il ne fe plaide que celle où le Roi a intérêt.

Les Rois ont anciennement commis aux Tréforiers de France l'adminiftration & le gouvernement de leur Domaine. Charles VIII. établit en l'an 1496. la chambre du tréfor à Paris, avec pouvoir aux Confeillers qui la compofoient, de juger conjointement avec les Tréforiers de France, tous les procès & différends, concernant le domaine, circonftances & dépendances, dans l'étendue de la Prévôté & Vicomté de Paris, & des Bailliages de Senlis, Melun, Brie-Comte-Robert, Etampes, Dourdan, Mante, Meulan, Beaumont-fur-Oyfe, & Crefpy en Valois.

Il y a eu de nouvelles créations de Tréforiers de France, qui ont été diftribuées dans les Généralités, pour compofer les Bureaux des Finances. Ils ont eu feuls, à l'exclufion de tous les Bailifs & Sénéchaux, la connoiffance des affaires du Domaine : mais il eft arrivé dans la Généralité de Paris, que les Juges ordinaires qui n'étoient point du reffort de la chambre, fe font maintenus dans la poffeffion où ils étoient de connoître des affaires contentieufes du Domaine.

C'eft ce qui a fait que le Roi, par fon Edit du mois de Mars 1693. a uni la Jurifdiction de la chambre du tréfor au Corps des Tréforiers de France de la Généralité de Paris, & leur a attribué la connoiffance de tout ce qui concerne le Domaine dans l'étendue de la Généralité de Paris, & fupprimé l'Office de Lieutenant Général & particulier, & les Offices de Confeillers de la chambre du tréfor.

Toute la Jurifdiction de la chambre du tréfor eft donc aujourd'hui incorporée aux Tréforiers de France de la Généralité de Paris, qui ont feuls droits de juger en première inftance toutes les affaires du Domaine & droit qui en dépendent, même ceux qui font joint à la ferme générale du Domaine dans l'étendue de la Généralité, fauf l'appel au Parlement.

Le même Edit du mois de Mars 1693. porte création d'un Préfident & de fept Tréforiers, pour faire avec les vingt-trois dont le Bureau étoit rempli, le nombre de trente, & compofer deux chambres, dans chacune defquelles ils fervent par femeftre, & chacune a un Procureur & un Avocat du Roi.

L'une de ces chambres eft appellée le Bureau des Tréforiers de France, ou le Bureau des Finances, qui fe tient dans la Cour du Palais. On y juge les affaires qui concernent les Finances, les Voyeries, & autres chofes qui étoient de la Jurifdiction des Tréforiers de France, avant l'union de la chambre du tréfor au Corps des Tréforiers de France & de la Généralité de Paris.

On y enregiftre les Lettres de Nobleffe , & autres femblables. Enfin on y fait la reception de tous les Officiers des Elections, Greniers à fel, des Receveurs généraux des Finances , des Receveurs des Tailles , & autres femblables Officiers dans l'étendue de la Généralité de Paris.

Les Jugemens qui fe rendent par les Tréforiers de France en leur Bureau , font appellés des Ordonnances ; l'appel s'en releve au Confeil du Roi. Il y en a cependant quelques-unes dont l'appel fe releve au Parlement.

Il y a des Bureaux de Finances dans les autres Généralités où les Tréforiers de France font les mêmes fonctions dans l'étendue de leur Généralité ; & ces Bureaux des Finances n'ont qu'une Jurifdiction volontaire principale , & incidemment une Jurifdiction contentieufe.

L'autre chambre , qui a été créée par l'Edit du mois de Mars 1693. eft appellée la chambre du Domaine , qui a fuccédé à la chambre du Tréfor , pour juger les affaires qui concernent les Domaines du Roi dans l'étendue de la Généralité de Paris, qui étoient auparavant de la compétence de la chambre du Tréfor.

On fait auffi dans cette chambre l'enregiftrement de tous les Brevets des dons accordés par le Roi, des droits d'aubaine , bâtardife , deshérence , confifcation , droits Seigneuriaux & autres cafuels dependans du Domaine , & des lettres patentes expédiées fur les Brevets. Enfin on y enregiftre auffi les lettres de naturalité & de légitimation , & on y fait les baux & les adjudication du Domaines du Roi.

Cette chambre eft au Palais , & tient fes Audiences les Mercredis & Samedis.

C'eft au Procureur du Roi de la chambre du Domaine à faire procéder à fa requête par voie de faifie fur les biens & effets qui échoient à S. M. par droits d'aubaine , bâtardife , deshérence , confifcations & autres cas femblables , dans l'étendue de la Généralité , comme faifoit le Procureur du Roi de la chambre du Tréfor.

Il doit auffi faire à fa requête les faifies féodales des fiefs mouvans de S. M. dans la Généralité de Paris, fautes par les Vaffaux d'avoir rendu les foi & hommages, & fourni leurs aveux & dénombremens en la chambre des comptes dans le tems prefcrit par les coutumes, fauf au Procureur général en la chambre des comptes de faire lefdites faifies à fa requête, en cas de négligence de la part du Procureur du Roi de la chambre du Domaine , & lorfqu'il le jugera à propos.

Enfin le Roi a créé par cet Edit deux Confeillers commiffaires, pour faire, à l'exclufion de tous autres, de l'ordonnance de Tréforier de France, l'apofition & levée des fcellés des biens échus à Sa Majefté par droit d'aubaine, bâtardife, deshérence, confifcation ou autres, & affifter aux inventaires qui en feront fait par lefdits Tréforiers de France. Et il eft enjoint auxdits Confeillers-commiffaires de veiller à la découverte defdits droits, & d'en donner avis au Procureur du Roi en la chambre du Domaine.

Mais ces deux charges ont été réunies depuis

aux Tréforiers de France , de forte qu'ils en font toutes les fonctions, en vertu d'une commiffion qu'on leur délivre tour à tour à cet effet.

V. cet Edit du mois de Mars 1693. & ce qui eft dit lettre T , fous le mot de Tréforier de France.

CHAMBRES A SEL, font des chambres établies dans les lieux où les Greniers à fel font éloignés.

Il y a dans ces chambres un Juge commis & fubdelégué par les Officiers des Greniers à fel , avec un Subftitut de Procureur de Roi du Grenier dans le reffort duquel eft la chambre , pour y juger les affaires de peu de conféquence. Les Officiers du Grenier s'y tranfportent , quand il y a des affaires importantes.

Ces chambres ont été établies pour le foulagement du peuple , qui étoit incommodé du long chemin qu'il falloit faire pour avoir du fel.

CHAMBRE CIVILE. Nous expliquerons fous le mot de châtelet ce qu'eft au châtelet la chambre civile , la chambre de Police , & la chambre criminelle.

CHAMPART , eft un droit qu'on a de prendre fur le champ une certaine partie de bled ou d'autres fruits d'une terre labourable , avant que celui qui tient la terre en champart enleve ce qui en doit refter pour lui.

Ce droit eft appellé champart, *quafi pars vel partus campi quam fibi Dominus loci refervavit.* On l'appelle auffi *agrier* ou *terrage* ; & il oblige celui qui tient une terre en champart , non feulement à laiffer la part du Seigneur , mais auffi à le faire appeller avant que d'enlever ce qui en doit refter pour lui , fous peine d'amende.

La portion du Seigneur eft plus ou moins forte dans des Pays que dans d'autres. Elle eft en quelques endroits la dixiéme partie des fruits , en d'autres la douziéme , ou autres plus ou moins forte , fuivant l'ufage des lieux.

M. le Prêtre , cent. 1. chap. 15. dit que comme le champart équipole au cens, & qu'il en tient lieu , il ne peut être levé qu'après la dixme ; parce qu'il eft raifonnable , que comme le cens eft dû à Dieu eft plus noble que le cens dû aux Seigneurs, fon droit marche auffi avant le leur ; autrement il s'enfuivroit qu'on payeroit le cens de la dixme.

Coquille fur l'art. 1. du tit. 2. de la coutume de Nivernois , tient auffi que la dixme , qui eft la part que la terre doit à Dieu , fe doit payer avant toute autre redevance.

Il faut dire auffi que le champart ne peut être pris que fur le pied du reftant des gerbes , après la dixme payée , non compris ce qui aura été levé par le droit de la dixme. Ainfi jugé au Parlement de Paris , dans une affaire où il ne s'agiffoit que d'une dixme inféodée , qui étant patrimoniale , fembloit n'être qu'une redevance réelle qui ne doit être levée qu'après les cens & le champart. Cependant comme ces dixmes peuvent retourner à l'Eglife , on a jugé qu'elles confervent toujours leur nature & leurs privileges.

L'Arrêt a été rendu au Parlement de Paris le 13. Mars 1625. & eft rapporté dans le Journal des Audiences, Henrys, tome 1. liv. 1. chap. 3. queft. 34.

rapporte un autre Arrêt du 12. Mars 1643. qui l'a jugé du confentement des Parties ; & il dit que cela n'empêche pas qu'il ne ferve de régle.

Le 10. Mars 1719. il a été rendu un Arrêt à la cinquiéme chambre des Enquêtes du Parlement de Paris, qui ordonne que la dixme fera payée avant le champart, qui ne fera pris que fur le pied du reftant des gerbes, après ladite dixme levée.

Le champart eft un droit feigneurial ou un droit foncier. Quand il eft un droit feigneurial, & qu'il n'eft tenu à autre droit que de champart, il emporte lods & vente ; ce qui n'a pas lieu quand il n'eft qu'un droit foncier.

Ainfi ce droit emporte lods & vente quand il eft au lieu du cens ; mais quand il ne tient lieu que d'une rente fonciére, il n'emporte pas lods & vente.

Voyez Charondas, liv. 8. rép. 76. Montholon, Arrêt 62. Loyfeau, liv. 1. du Déguerpiffement, chap. 10. nomb. 10. Voici ce qu'en dit Chopin fur le chap. 5. de la coutume d'Anjou : *Campipartus haud ubique directi dominii index eft, nec laudimia fecum ubivis regionum ; at quidam privato juri potius, prædiaraque accenfetur fervituti, nifi is cui campipartus debetur, alias directum habeat fundi dominium.*

Dans les coutumes qui ne parlent point de champart ou terrage, ou qui en parlent fans déterminer la qualité de cette redevance, le champart n'eft pas un droit feigneurial, non plus que dans celles qui déclarent expreffément que ce n'eft qu'un droit foncier. *Voyez* Chopin fur la Coutume de Paris, liv. 1. tit. 3. nomb. 20. & les Obfervations fur Henrys, tom. 1. liv. 1. chap. 3. queft. 34.

Dans une Province où ce droit ne fe paye qu'en grains, le champart n'eft pas moins dû des pommes & poires qui viennent fur un fonds fujet à ce droit. Bafnage, tit. de Jurifdiction, art. 3.

Quoique le champart doive s'acquitter en efpéce de grains, fi les Vaffaux étoient en poffeffion appuyée fur adveux admis fans blâme de la part du Seigneur, de la payer en argent, il ne pourroit pas être exigé en grains.

Cette regle fouffre néanmoins une exception à l'égard du Seigneur Eccléfiaftique, contre lequel une telle poffeffion ne pourroit avoir lieu, du moins par rapport à fes fucceffeurs, auxquels celui qui jouit d'un tel droit en vertu de fon Bénéfice, ne peut point préjudicier. Forget, en fon Traité des chofes décimales, chap. 8.

Lorfque le droit de champart n'eft qu'un fimple droit de foncier de bail d'héritage, il eft de fa nature prefcriptible par trente ou quarante ans, on n'en peu demander que cinq années, & l'on eft obligé de s'oppofer au décret, comme pour une rente fonciere. Louet, lett. C. fomm. 19. & 21. Baffet, tome 2. liv. 6. tit. 8. chap. 2. Dolive, liv. 2. chap. 24. la Rocheflavin, des Droits feigneuriaux, chap. 5. art. 1.

Mais quand il eft feigneurial, il va de pair avec le cens, il eft imprefcriptible. On n'en peut demander vingt-neuf années, & on n'eft point obligé de s'oppofer au décret pour fe conferver ce droit. M. le Maître en fon Traité des criées, chap. 42.

Il réfulte de ce que nous venons de dire, que quoique le champart ou le terrage foit, de même que le cens, un tribut ou un droit dû à caufe des terres, il y a néanmoins plufieurs différences entre le cens & le champart.

1°. Le cens eft la marque d'une Seigneurie directe ; au lieu que le champart dans la plupart de nos Coutumes, eft une fervitude particulière, & qui peut être dûe à une perfonne qui n'a point de Seigneurie. *V.* l'Auteur du Grand Coutumier, liv. 2.

II°. Le cens eft prefque toujours portable, au lieu que le champart eft prefque toujours requerable.

III°. Le cens eft annuel, au lieu que le champart n'eft pas annuel par-tout ; car il y a des Pays où celui qui a droit, ne prend rien pendant trois années, & leve enfuite tous les fruits de la quatriéme année.

IV°. Le cens fait toujours chaque année un revenu égal. Il n'en eft pas de même du champart, puifqu'il confifte à une portion de fruits dont la quantité n'eft point égale toutes les années.

V°. Quand les années où les terres qui font en cenfive n'ont produit aucune recolte, le cent n'en eft pas moins dû ; ce qui n'a point lieu à l'égard du champart, qui ne confifte que dans une certaine quantité de fruits, & fuppofe par conféquent des fruits perçus.

VI°. Quand celui qui tient des terres en cenfive, ne peut point être côntraint de les cultiver ; au lieu qu'on y peut contraindre celui qui les tient en champart.

Enfin on peut demander vingt-neuf années de cens ; au lieu qu'on ne peut demander que cinq années de champart.

Voyez Graverol dans fes Notes fur le Traité des Droits feigneuriaux ; la Rocheflavin, chap. 5. art. 1. Gerault, dans fon Traité des Droits feigneuriaux, chap. 9. Dolive, dans fes queft. liv. 2. ch. 24. la Thaumaffiere, liv. 2. de fes Décifions, ch. 11, *Voyez* auffi ce que j'ai dit ici, *verbo* Cens, & le tit. 11. de la Coutume de Nivernois, avec le Commentaire de M. Coquille.

C H A M P A R T E U R, eft le Fermier commis par le Seigneur pour lever fon droit de champart.

C H A M P I O N, étoit anciennement celui qui étoit admis à combattre en champ clos & fermé, pour vuider un différend.

C H A N C E L L E R I E, eft le lieu où l'on fcelle les lettres qui font émanées de Sa Majefté, pour le fait de la Juftice, ou pour quelqu'autre caufe, afin de faire connoître que ces Lettres qui font faites au nom du Roi, font par l'empreinte de fon fceau revêtues de fon autorité. Ce lieu eft orné & embelli de tapifferies à Fleurs-de-Lys, aux Armoiries de France.

Si la dénomination eût été prife de la matiere qui eft employée pour donner aux lettres cette marque d'autorité, ce lieu eût été nommé Scellerie, mais il eft appelé Chancellerie, à caufe de la forme, qui eft d'empreindre le Sceau & les

Armes du Roi fur les lettres, pour y imprimer le caractere de l'Autorité royale.

Il y a en France deux fortes de Chancelleries; fçavoir, la grande & la petite.

La grande eft celle qui fuit toujours Sa Majefté, & où s'expédient les Lettres fcellées du grand Sceau, en préfence de M. le Chancelier, Garde de Sceau, qui y préfide. On y fcelle les Edits & Déclarations, les Lettres d'Annobliffement, de légitimation, de naturalité, de réhabilitation, les abolitions, rétabliffemens, affranchiffemens, amortiffemens, priviléges, évocations, exemptions, dons, & autres lettres qui doivent être dreffées par des Secrétaires du Roi.

M. le Chancelier, Garde des Sceaux, tient le Sceau, affifté de deux Maîtres de requêtes; fçavoir, de l'ancien & du nouveau de chaque quartier au Confeil. Les Secrétaires du Roi rapportent les lettres qni doivent être fcellées; & pendant que fe tient le Sceau, il n'y a qu'eux qui entrent dans la chambre, avec quelques Officiers de la Chancellerie, comme le grand Audiencier, les Controlleurs & les Chaufecires.

La petite Chancellerie eft celle qui eft établie près le Parlement de Paris, où s'expédient les lettres de moindre conféquence. C'eft un Maître des Requêtes qui y préfide en l'abfence de M. le Chancelier, qui n'y va jamais.

Les lettres de graces qui s'expédient en la petite Chancellerie, font les émancipations ou bénéfice d'âge, les lettres de bénéfice d'inventaire, les committimus, les Terriers, les lettres d'attribution de Jurifdiction pour criées, les lettres de main fouveraine, d'affiette, & autres. Les lettres de Juftice qui s'y expédient, font les reliefs d'appel fimple ou comme d'abus, les anticipations, les débitis, les compulfoires, les défertions, les refcifions, & les requêtes civiles & autres.

Il y a des lettres de la petite Chancellerie qui fe dreffent feulement par les Secrétaires du Roi, & d'autres qui peuvent être par eux dreffées, concurremment avec les Référendaires de la Chancellerie & les Procureurs, ainfi qu'il a été réglé par un Arrêt du Confeil du 19. Avril 1684.

Outre la petite Chancellerie qui eft près le Parlement de Paris, il y en a auffi près les autres Parlemens & autres Cours fupérieures, & les Préfidiaux. Il y a dans chacune un Garde des Sceaux, des Greffiers confervateurs des minutes, & expéditionnaires des Lettres de Chancellerie.

L'Edit du 26. Juillet 1539. fait défenfes d'expédier aucunes Lettres de Juftice dans les Chancelleries qui font établies près des Cours, pour s'en aider dans l'étendue d'un autre reffort que celui de la Jurifdiction près laquelle la Chancellerie qui les accorde eft établie: défenfes aux impétrans de s'en fervir, à moins qu'elles ne foient expédiées en la grande Chancellerie.

CHANCELLERIES QUI SONT PRE'S LES COURS, font celles qui font près les Parlemens & autres Cours fouveraines, & près les Préfidiaux, où s'expédient les lettres de moindres conféquence, & qui peuvent produire leur effet, quoiqu'el-

les ne proviennent pas immédiatement de S. M. & ces lettres font appellées lettres de la petite Chancellerie, dont il eft parlé dans le précédent article.

CHANCELLERIE ROMAINE, eft le lieu ou Bureau où fe délivrent les expéditions de la Cour de Rome. Elle eft ainfi appellée, parce qu'il y avoit autrefois un Chancelier du St. Siége qui y préfidoit.

CHANCELIER, eft le premier Officier de la Couronne en ce qui regarde la Juftice, qui a chez lui les marques de la Majefté royale.

Il eft le Chef de la Juftice & des Confeils du Roi; c'eft lui qui y préfide. Il eft la bouche du Prince & fon Interprete. Ainfi c'eft lui qui expofe les volontés de Sa Majefté, & qui prononce les Arrêts au nom du Roi, lorfque Sa Majefté tient fon lit de Juftice au Palais.

Il eft ordinairement garde & dépofitaire des Sceaux de la grande Chancellerie, où l'image du Roi eft repréfentée comme affife en fon trône, & tenant le Sceptre en la main; & c'eft de ce Sceau dont le Garde des Sceaux fcelle non-feulement les Edits, Déclarations & autres Ordonnances royaux, mais encore toutes les lettres de Chancelleries qui concernent la Finance, la diftribution de la Juftice, & la conceffion des dons & des graces dont il eft le difpenfateur, de manière qu'il les accorde & les refufe ainfi qu'il le trouve à propos & conforme au bien de l'Etat.

Il a, en qualité de Garde des Sceaux, les confifcations en entier de ceux qui font condamnés à peine afflictive pour fauffetés commifes au Sceau; & c'eft une des exceptions de la régle générale, qui veut que la confifcation des biens des condamnés appartienne au Seigneur Haut-Jufticier, & au Roi, pour ce qui eft dans leur Juftice.

Quand il marche en cérémonie, il eft précédé de quatre Hoquetons, qui portent maffes aux Armoiries du Roi.

Comme le Chancelier eft le chef & le Surintendant de la Juftice, fa grande & fuprême Magiftrature fait que perfonne, excepté le Roi, n'a de Jurifdiction fur lui. Auffi les Cours fouveraines rendent au Chancelier les premiers honneurs après le Roi. C'eft entre les mains de Sa Majefté qu'il prête ferment.

Il ne porte jamais le deuil, pour quelque raifon que ce foit, parce qu'étant le chef de la Juftice, il doit repréfenter par-tout, & être entièrement détaché de lui-même.

Budée, pour repréfenter la fplendeur & l'éminence de fa dignité, Cancellarium vocat legum Præfidium, Juris afilium, morum inftitutorumque, arami, æqui bonique columen. Il eft le gardien des Loix & de la Juftice: Juftitiæ & Legum cuftos, ainfi il eft de fon devoir de les reformer, & de les faire obferver, Nov. Valentini, de homic.

Il eft appelé la voix du Prince, parce que c'eft lui qui dans les Etats, dans les Affemblées, & dans toutes les actions publiques où paroiffent les Rois, porte la parole pour eux, & qui déclare leurs intentions.

Le Chancelier fait dans ce Royaume les mêmes fonctions que faifoit dans l'Empire romain le

Questeur du sacré Palais : c'est pourquoi on peut dire que c'est lui que le Prince consulte, & à qui il s'en rapporte sur les questions de droit ou de fait qui peuvent recevoir quelque difficulté.

Sa principale charge est de rendre chaque jour compte au Roi de tout ce qui peut regarder la Justice, & de la maniere dont elle est administrée par les Juges; pour raison de quoi il doit s'en informer journellement, écouter les plaintes des Sujets de Sa Majesté, & lui faire le rapport de tout ce qui vient à sa connoissance, afin d'y pourvoir suivant que le cas le mérite.

Pasquier dans ses recherches, liv. 6. chap. 6. remarque que les Chanceliers de France n'ont jamais présidé aux commissions extraordinaires pour faire un procès criminel à qui que ce soit, mais seulement quand le Parlement y vaque : en ce cas le Chancelier y peut présider comme le Chef de la Justice.

Il faut voir l'art. 90. de l'Ordonnance de Blois, & les notes qui s'y trouvent dans le Neron de la nouvelle édition, où il y a plusieurs choses curieuses touchant la dignité de chancelier.

Au reste, le mot de Chancelier paroît dériver de *cancellare*, qui signifie rayer, casser ou biffer, parce qu'il a le pouvoir de rompre & de refuser de sceller les lettres qui lui sont présentées, quand il les trouve déraisonnables, & que c'est lui qui casse au nom du Roi les Arrêts des Cours souveraines, lorsqu'il préside au Conseil d'Etat.

Loyseau, liv. 4. des Offices, chap. 2. en parlant du Chancelier, rapporte ces termes tirés du vieux Glossaire : *Cancellarius est qui habet Officiorum scripta, responsaque Principis atque mandata inspicere, & malè scripta cancellare, & benè scripta signare.*

Nicod en parle à peu près de même en ces termes : « Il cancelloit anciennement les lettres en » signe de refus, à cause de quoi il porte tel titre » là où depuis on leur rompt simplement la queue » & le replis, ou leur passe-t-on le ganivet à » travers.

Touchant les fonctions, droits & prérogatives du Chancelier de France, *Voyez* ce qu'en dit Loyseau, à l'endroit cité ci-dessus, M. le Bref en son Traité de la Souveraineté, liv. 4. chap. 6. Pasquier, en ses Recherches de la France, liv. 2. chap. 12. la Bibliothéque historique de la France, par le P. le Long, pag. 690. & suiv. Fontanon, tom. 1. liv. 1. tit. 1. Joly, en son Traité des Offices de France, tome 1. liv. 2. tit. 1. pag. 621. & aux additions, pag. 233. & suiv.

CHANCELIERS PARTICULIERS. La Reine a un Chancelier. Les fils & petits fils de France, & le premier Prince du Sang, en ont un pareillement : le Souverain de Dombes en a aussi un. Les Ordres Militaires ont un Chancelier, & même quelques Chapitres. L'Université en a deux, dont l'un est le Chancelier de Notre-Dame, l'autre le Chancelier de sainte Geneviéve, lesquels donnent la bénédiction de Licence, & le pouvoir d'enseigner à Paris & par-tout ailleurs. L'usage est que le Chancelier de sainte Geneviéve ne la donne que dans la faculté des Arts.

L'Académie Françoise a aussi son Chancelier.

CHANCELIERS. Ce terme est quelquefois employé pour signifier ceux qui font la fonction des Greffiers près les Consuls de la Nation Françoise ; & le lieu où ils expédient leurs actes & Jugemens, s'appelle chancellerie.

Ce sont les Consuls qui les nomment, & qui font responsables civilement de leurs faits.

CHANGE. Ce terme qui dérive du verbe changer, signifie le troc ou changement d'une chose pour une autre, qui s'appelle en droit permutation. Mais appliqué au commerce de l'argent, ce terme signifie le change d'argent, le lieu où il se fait, & la fin pour laquelle il se fait.

La première est la plus naturelle signification du change, comprend l'action du change, & le lieu où elle se passe lors du changement, qui se fait dans une maison ou bureau appelé *Change*, de l'argent pour de l'or, ou de l'or pour de l'argent blanc, de monnoies décriées pour de nouvelles qui ont cours, ou de monnoies étrangeres pour celle du Pays.

La deuxiéme signification du change comprend l'action seule du change, lorsqu'un Banquier donne une lettre de change dans une Ville, pour en recevoir la valeur dans un autre ; parce qu'alors on donne son argent pour un écrit, par lequel Banquier ou Négociant donne ordre à son correspondant dans une autre Ville de payer une somme à telle personne, dans un tems préscrit par sa lettre.

La troisiéme signification du change ne comprend que le prix convenu entre le Banquier ou Négociant, & celui qui a besoin d'argent dans une autre Ville où il espère passer ou séjourner, à raison de tant pour cent, comme trois, quatre, cinq, six, &c. selon l'abondance ou la rareté de l'argent, qui détermine le prix du change.

Enfin l'on appelle encore change le lieu où s'assemblent les Banquiers & Négocians, pour négocier leurs lettres & billets de change.

Voyez Agent de change.

CHANGE. Ce terme signifiant une lettre de change, est un mandement que donne un Banquier ou un marchand, pour faire payer à celui qui en sera le porteur en un lieu éloigné, l'argent exprimé dans la lettre de change, qui a été compté & délivré audit Banquier ou Marchand au lieu de sa demeure. Il en est parlé dans le Dictionnaire économique où le Lecteur peut avoir recours. Nous en allons dire ce qu'il y a de plus essentiel & de plus important sur cette matiere.

Il y a trois conditions essentielles qui caractérisent les lettres de change, & qui les distinguent des autres mandemens, promesses & billets.

La premiere, il faut que le change soit réel & effectif, c'est-à-dire, que la lettre de change soit tirée d'une place pour être payée dans une autre. Ainsi, quand elle est tirée d'une place pour être payée dans la même place, comme de Paris à Paris, ce n'est point une lettre de change.

En second lieu, il faut que le tireur ait pareille somme qu'il reçoit en change, ès mains de la personne sur laquelle il tire sa lettre, ou bien qu'il tire sur son crédit, parce que c'est ce qui donne le nom & l'être aux lettres de change ; ainsi les simples refcriptions ne font pas des Lettres de change, comme nous dirons *verbo* Refcription.

En troifiéme lieu, il faut qu'une lettre de change foit faite dans la forme preferite par l'art. premier du tit. 5. de l'Ordonnance du mois de Mars 1673. qu'elle porte valeur reçue, foit en deniers, marchandifes ou autres effets ; & c'eft ce qui diftingue les lettres de changes des Billets de change, qui ne font point pour valeur fournie en deniers, marchandifes ou autres effets, car l'effence d'un billet de change eft d'être caufe pour lettre de change fournie ou à fournir. *Voyez* billet de change.

L'Origine des lettres de change eft incertaine ; l'utilité du commerce les a fait recevoir. On évite par leur moyen les frais de voiture, & les rifques des vols des grands chemins.

L'ufage des lettres de change n'a été premiérement introduit que parmi les Marchands, pour la commodité de leur commerce qu'ils font, tant dans les Villes du Royaume, que dans les Pays étrangers ; c'eft-à-dire, pour remettre leur argent d'une Place en une autre, pour faire leurs achats, & pour tirer auffi leur argent qu'ils ont dans les Villes & Places où ils ont vendu leurs marchandifes ; & c'eft ce qui a donné lieu au commerce de la Banque & du Change, dans lequel fe font établies des Perfonnes qui avoient été dans celui de la marchandife, que l'on appelle Négocians ou Banquiers, pour faire valoir leur argent de Place en Place par des traites & des remifes continuelles.

Cet ufage des Lettres de change s'eft enfuite introduit parmi les Receveurs des Tailles, Receveurs généraux des Finances, Fermiers du Roi, Traitans, & autres Gens d'affaires & de Finance, pour la connexité qui eft entr'eux & les Marchands & Négocians, pour retirer des Provinces les deniers de leur recette, au lieu de les faire voiturer ; & comme ces fortes de gens négocient leur argent & leurs Lettres de change, ils font cenfés Négocians ; c'eft pourquoi ils font jufticiables de la Jurifdiction confulaire, pour ce qui regarde les lettres & billets de change feulement, & non pour leurs autres affaires.

Enfin cet ufage des Lettres de change a paffé à des perfonnes de différentes Proffeffions, comme Officiers de Juftice & Gentilshommes, qui font valoir leur argent par le moyen du commerce des lettres de change, pour raifon defquels ils font auffi jufticiables de la Jurifdiction confulaire, & même foumis aux contraintes rigoureufes qui font décernées par les Ordonnances contre ceux qui tirent, endoffent, & acceptent des Lettres de change.

Mais comme le commerce des Lettres de change eft une chofe profane, il eft abfolument défendu aux Gens d'Eglife : c'eft pourquoi on ne peut pas qualifier les Lettres qui s'adreffent à leurs intendans, Fermiers & Receveurs, du nom de Lettres de change, quoiqu'elles en ayent la forme : ce ne font que de fimples refcriptions, par lefquelles ils leur mandent de payer une fomme d'argent à ceux au profit de qui ces refcriptions font faites, ou à ceux auxquels ils pafferont leurs ordres au dos defdites refcriptions, pour tenir compte defdites fommes fur leur recepte, ou fur ce qu'ils leur devront. Elles ne peuvent en effet paffer pour des Lettres de change, puifqu'elles n'en peuvent pas produire un des principaux effets, qui eft la contrainte par corps, laquelle ne peut point en matiere civile être décernée contre des Eccléfiaftiques.

Une Lettre de change, pour fa validité, doit contenir, I°. le nom de la Ville d'où elle eft tirée, avec la date ; II°. la fomme pour laquelle la Lettre eft faite ; III°. le tems auquel le payement du contenu en la lettre de change doit être faite ; IV°. le nom de celui qui la doit recevoir ; V°. le nom de celui qui en a donné ou promis la valeur ; VI°. en quoi cette valeur a été ou doit être fournie, fi c'eft en argent comptant, marchandifes ou autres effets ; VII°. le nom de celui fur qui elle eft tirée pour la payer ; VIII°. fon adreffe ; IX°. le nom du Tireur.

EXEMPLE.

A Paris, ce 1. Avril 1748.
MONSIEUR,

A vue il vous plaira payer par cette premiere de changeà Monfieur Gentil, ou à fon ordre, la fomme de deux mille livres, pour valeur reçue comptant de Monfieur Jamard ; & mettez à compte, comme par l'avis de
　　　　　　　　　　Votre très-humble
　　　　　　　　　　Serviteur le Jay.

A M. Giraud,
M. à Rouen.

Dans cet exemple, il eft facile de voir que tout ce qui a été dit ci-deffus, a été obfervé.

I. Le nom de la Ville, & la date : *A Paris, ce 1. Avril* 1748.

II. La fomme tirée : *deux mille livres.*

III. Le tems : *à vûe.*

IV. Payable : *à M. Gentil.*

V. Le nom de celui qui en a donné la valeur : fçavoir, *M. Jamard.*

VI. En quoi la valeur a été fournie : en ces termes, *valeur reçue,* marquent qu'elle a été reçue en argent comptant.

VII. Le nom de celui qui la doit payer. *M. Giraud.*

VIII. Le nom du Tireur ; fçavoir, le *Jay.*

IX. L'adreffe de celui qui doit payer : *Giraud de Rouen.*

Des neufs obfervations ci-deffus, il faut conclure qu'en fait de Lettres de change il y a toujours trois perfonnes qui agiffent & quelquefois quatre, comme dans l'exemple que nous venons de donner ; fçavoir, *le Jay,* Tireur ; *Giraud,* l'Accepteur ; *Jamard,* celui qui a fourni la valeur ; & enfin *Gentil,* qui la doit recevoir, & qui peut mettre fon ordre en faveur d'un autre, ce que l'on appelle endoffer, exprimant de fa part en quoi il en a reçu la valeur ; & celui-là à un autre : & le dernier Porteur d'ordre a pour garants folidaires tous les Endoffeurs, Tireurs & Accepteurs.

Il n'y a que trois perfonnes qui interviennent dans une Lettre de change, quand elle eft payable à celui qui en a payé ou promis la valeur.

EXEMPLE.

EXEMPLE.

A Paris, ce 1 Avril 1748.

MONSIEUR,

A vûe il vous plaira payer par cette premiere de change à Monfieur Gentil, ou à fon ordre, la fomme de deux mille livres, pour valeur reçue de lui comptant, & mettez à compte, comme par l'avis de

Votre très-humble
Serviteur le Jay.

A M. Giraud,
M. à Rouen.

Après ces deux exemples d'une Lettre de change à vûe, voyons ce que le Porteur d'une Lettre de change doit faire pour en avoir le payement. Il doit commencer par la préfenter à celui fur lequel elle eft tirée, pour qu'il ait à l'excepter; & s'il en fait refus, il doit la faire protefter par deux Notaires, ou un Notaire & deux témoins, fuivant l'ufage des lieux, ou par un Huiffier ou Sergent affifté de deux Records.

Si au contraire celui fur qui une Lettre de change eft tirée à tant de jours de vûe, ou à ufances ou doubles ufances, l'accepte, le Porteur de la Lettre de change doit, après les délais de l'échéance, qui font de dix jours de faveur, à compter du lendemain de l'échéance de la Lettre, en demander le payement, s'en faire payer, ou faire protefter la Lettre de change dont il eft Porteur, & dénoncer le proteft aux Endoffeurs, Tireurs & Accepteurs, avec affignations par la même dénonciation dans les délais de l'Ordonnance.

Le Porteur d'une Lettre de change ayant fait fon proteft, & ayant befoin d'argent, il en prend à change, fourniffant une autre Lettre de change fur la même Ville d'où celle qui eft proteftée eft tirée, dans laquelle il doit comprendre, 1°. la fomme principale de la Lettre de change proteftée dont il eft Porteur; II°. les frais du proteft; III°. la provifion, IV°. le courtage; V°. le prix du nouveau change.

Dans l'exemple ci-deffus, le prix de la Lettre de change proteftée faute de payement, eft de deux mille livres, tirées de Paris fur Rouen; les frais du proteft, d'une liv. dix fols; la provifion eft de trois pour cent, foixante-fix livres fept fols quatre deniers; le courtage eft un huitieme pour cent, deux livres dix fols; & le prix du nouveau change, qui eft communement à un & demi pour cent pour les payemens les plus prochains, trente livres, lefquelles fommes montent à deux mille cent livres fept fols quatre deniers, dont le porteur qui n'a pas été payé de la Lettre de change, en tirera une autre pour celle qu'il a proteftée, fuivant l'Ordonnance du Commerce, tit. 6. art. 4. c'eft ce que l'on appelle change & rechange.

Il y a donc, fuivant ce que nous venons de dire, deux fortes de proteft; l'un faute d'acceptation; & l'autre, faute de payement.

Le proteft, faute d'acception n'oblige le Tireur & l'Endoffeur qu'à rendre au Porteur la valeur de la Lettre de change proteftée, ou à lui donner des fûretés qu'elle fera acquittée à fon

échéance; au lieu que le proteft, faute de payement fait dans les dix jours de l'ordonnance, donne une action folidaire au Porteur contre tous les Endoffeurs, Tireurs, Accepteurs, à fon choix.

Le tems des payemens des Lettres de change fe reduit à cinq différences.

La premiere, à vûe, auquel cas le payement fe doit faire à la préfentation & fans délai.

La feconde, à tant de jours de vûe, comme dix, douze ou quinze jours; lefquels ne commencent à courir que du lendemain du jour de l'acceptation, le jour d'icelle non compris, non plus que le jour de l'échéance.

La troifiéme, à jour préfix, comme au dix, quinze ou vingt d'un tel mois; auquel cas le Porteur d'une telle Lettre eft tenu de la faire payer ou protefter le dixiéme jour après celui de l'échéance.

La quatriéme, à une ou plufieurs ufances, qui eft un terme fixé par l'ufage du lieu où la Lettre de change eft payable, qui court du jour de la date de la Lettre de change ou de fon acceptation, fuivant l'ufage de la Ville où la lettre doit être payée. L'ufance en France eft de trente jours, fuivant l'Edit de 1673. tit. 5. art. 5. en forte que fi par la Lettre de change le jour du payement n'eft point fixé, & qu'elle foit à ufance, elle n'eft payable que dans trente jours, fi c'eft à deux ufances, dans foixante.

La cinquiéme, eft au payement ou à la foire. Ce terme n'eft que pour les lieux où il y a des Foires établies, comme à Paris, à Lyon, à Francfort, & autres endroits.

Les Billets de change font différens des Lettres de change. *Voyez* Billets de change.

CHANGEMENT D'ÉTAT, eft celui qui fe fait de la condition d'un homme, fuivant laquelle il vivoit auparavant dans le public & dans fa famille, & qui lui donnoit certains droits & certaines dénominations.

Ce mot *condition*, fuivant le Droit Romain, fe détermine à trois qualités, qui font la liberté, le droit de citoyen, & le droit de famille. Ces trois qualités forment trois fortes de changemens d'état; fçavoir le grand, qui eft la porte de la liberté, le moyen qui eft la porte du droit de citoyen; & le petit, qui eft le changement de famille.

Mais en France, tant en Pays de Droit écrit, qu'en Pays Coutumier, on ne reconnoît qu'un feul changement d'état, fçavoir la mort civile. *Voyez* Mort civile. *Voyez* auffi ce que j'ai dit dans ma Traduction des Inft. fur le tit. 16. du 1. livre.

CHANGEUR, eft un homme qui fait trafic de changer les efpéces de monnoie qu'on lui apporte, en d'autres. Ainfi il change l'or en argent, en menue monnoie, & la menue monnoie en or. Enfin il donne le prix de la monnoie légere, ou de celle qui eft altérée.

Ces changeurs ont été créés en titre d'Office en plufieurs Villes du Royaume. Leurs fonctions & falaires, ont été réglés par plufieurs Edits & Déclarations. Aujourd'hui on fuit l'Arrêt de la Cour des Monnoies du 4. Décembre 1693. qui régle les fonctions & falaires des Changeurs, tant titulaires que commiſſionnaires , établis dans les Villes du Royaume.

CHAPEAU DE ROSES , ou Chapel de Roſes , eſt un léger don que les pere & mere font à leur fille quand ils la marient , pour lui tenir lieu de ſon advenant & légitime portion.

Nous avons quelques coutumes où la fille mariée par ſes pere & mere avec un chapeau de Roſes ne peut plus venir à leur ſucceſſion. Telle eſt la coutume de Tours , article 284. & celle d'Auvergne , chap. 12. art. 25.

C'eſt une diſpoſition introduite en faveur des mâles pour leur conſerver les biens des familles.

La Coutume de Normandie a une diſpoſition ſemblable ès articles 250 & 252. L'article 250. porte , que ſi rien n'a été promis à la fille , rien n'aura.

Cette diſpoſition a lieu entre Nobles dans la coutume de Tourraine ; ſuivant l'article 284; dans celle d'Anjou , ſuivant l'article 241 ; & dans celle du Maine , ſuivant l'article 250.

Dans ces Coutumes , les filles doivent ſe contenter de ce qui leur a été donné en mariage par leurs peres & meres , fuſſent elles mariées avec un chapeau de Roſes; c'eſt-à-dire , que non-ſeulement les peres & meres peuvent les marier avec la moindre choſe ; mais encore qu'étant une fois mariées , elles ne peuvent plus rien prétendre à leurs ſucceſſions.

Il nous reſte à obſerver ſur cet article , I°. Qu'on peut mettre une clauſe pour réſerver les filles mariées en Normandie aux ſucceſſions de leurs peres & meres ; & que telle clauſe eſt permiſe par les articles 258. & 259. de cette Coutume.

II°. Que M. Renuſſon , en ſon Traité des Propres , chapitre 2. ſection 8. nombres 19 & 20, tient que le pere ou la mere peuvent , dans les coutumes d'Auvergne & de la Marche , rappeller par forme de legs leur fille mariée.

CHAPELET , eſt une marque d'honneur & de diſtinction que les Seigneurs des Comtés & Baronnies ont droit de faire mettre aux fourches patibulaires de leurs Seigneuries. Vigier ſur l'article 1. de la Coutume d'Angoumois.

CHAPERON. Anciennement en France tout le monde ſe couvroit la tête d'un chapéron ou eſpece de capuchon. On quitta le chaperon en 1449 pour prendre les chapeaux ; mais dans les Univerſités & dans les Tribunaux on conſerva l'uſage du chaperon auquel on mit quelques diſtinctions ſelon le rang de ceux qui le portoient. On a ceſſé peu à peu de mettre le chaperon ſur la tête , on le laiſſoit prendre derriere le dos ; & enfin l'uſage eſt venu de le mettre ſur l'épaule gauche. Préſentement il n'y a plus que les Gradués dans les Univerſités , les Magiſtrats & les Avocats , qui portent le chaperon au Palais. Aux grandes Audiences & aux jours de cérémonie on porte des chaperons herminés ; les autres jours on porte des chaperons ſimples ſans hermine.

CHAPTEL , ou CHEPTEIL , eſt un bail de bétail , dont le profit ſe partage entre le bailleur & le preneur. Eſt locatio pecorum ſalva ſorte , & media lucri parte. C'eſt un contrat participant de louage & de ſociété , par lequel un Maître donne à un Fermier un nombre de bœufs , de cochons ou de brebis , à condition de les nourrir , d'en rendre pareil compte à la fin du bail , & d'en partager le croît & le profit.

Voici ce qui en eſt dit dans le Dictionnaire de Trévoux. » Ce mot vient de Capitale & de Capitau , » qui ſe trouve dans les Coutumes , à cauſe que » Chepteil eſt compoſé de pluſieurs ſortes de bêtes » qui forment un capital : & il y a apparence que » le mot de capital , qui ſignifie le fonds d'une ter- » re , eſt venu d'une même ſource ; car de même » que le capital ou Chepteil produit un croît de beſ- » tiaux qui en fait le profit , de même le fonds d'une » rente produit des intérêts. Ragueau prétend que » ce mot vient de l'achat & prix du bétail pour le- » quel il eſt mis en bail , & non pas du capital , » comme a prétendu Dumoulin ; & il ſuppoſe » qu'on doit dire Chaptal. Dugange prétend que ce » mot vient de Catallum , qu'on a dit pour Capitale, » d'où on a fait Chaptel , Chatel & Catel , d'où eſt » venu auſſi le mot de cateux , qui ſe dit des biens » en partie meubles , & en partie immeubles. Mais » je crois avec plus d'apparence qu'il vient de » Chatal , vieux mot Celtique ou Bas-Breton , qui » ſignifie un troupeau de bêtes.

Quoiqu'il en ſoit , ce contrat eſt fort uſité dans pluſieurs Provinces de ce Royaume , & principalement dans les Coutumes de Bourbonnois , de Nivernois , & de Berry.

Son origine vient de la Loi Si paſcenda 8. cod. de pact. Sur quoi il faut voir ce qu'en ont dit Mornac & M. Cujas , & ſur tout ce que dit le judicieux Coquille ſur la Coutume de Nivernois , titre des croîts ; & dans ſon Inſtitution au Droit François , titre dernier : à quoi on peut ajouter le Traité des contrats & baux à cheptel de M. Brillon , qui ſe trouve à la fin du Commentaire qu'il a fait ſur la Coutume d'Auxerre.

Un tel bail doit être paſſé pardevant Notaires , & non ſous ſignature privée ; & il eſt défendu d'uſer dans ces ſortes de baux d'aucune diſſimulation ou déguiſement. Bibliothéque de Bouchel , verbo Bail.

Il y a deux ſortes de cheptels : l'un conſiſte dans les beſtiaux que le propriétaire d'un Domaine , d'une terre ou d'une ferme donne à ſon Fermier , à la charge de prendre ſoin de leur nourriture , de s'en ſervir pour la culture & amélioration de l'héritage du bailleur : l'autre quand on donne des beſtiaux à un particulier , à l'effet qu'il en puiſſe faire valoir ſes propres héritages.

Dans l'un & l'autre cas , celui qui veut faire valoir ſes troupeaux de moutons , des bœufs ou de vaches , les donne au premier , après en avoir fait faire l'eſtimation : la propriété en demeure au bailleur juſqu'à concurrence de l'eſtimation ſeulement , mais le profit qu'on appelle croît , ſe partage également entre le bailleur & le preneur.

De ces profits il faut excepter les fumiers & les labeurs , qui ſervent à la culture & amélioration de l'héritage du bailleur , s'il a été ainſi convenu , ou de celui du preneur , en cas que telle ait été la convention des Parties. A l'égard du laitage & autres semblables profits, ils appartiennent toujours au preneur, qui de son côté est chargé de nourrir & garder les bestiaux à ses frais & dépens, & d'en avoir soin comme un bon œconome.

Si le bétail meurt, s'il se pert, ou s'il diminue par cas fortuit, la perte tombe également sur le bailleur & sur le preneur ; mais si cela arrive par la faute du preneur, il en est responsable.

De plus, quand le preneur a renoncé à tous cas fortuits, le rabais n'a pas lieu pour mortalité du bétail. Duperier, tom. 2. pag. 468.

Les baux à cheptel des bestiaux qui sont ès terres délaissées par un débiteur à ses créanciers, sont meubles : ainsi le prix en provenant doit être distribué entre les créanciers par contribution au sol la livre, Corbin, suite de Patronage, ch. 275. Journal des Audiences, tom. 4. liv. 8. ch. 19.

Un homme exempt de taille, qui donne à ses fermiers ou autres personnes des bestiaux à cheptel, ne fait point acte dérogeant, & ne peut à cause de cela être imposé à la taille ; comme il a été jugé par Arrêt de la Cour des Aydes le 26. Octobre 1688.

Les Collecteurs & Receveurs des Tailles peuvent faire saisir, exécuter & vendre le cinquiéme des bestiaux donnés à cheptel, pour le payement des tailles des chapteliers ; sauf le recours de leurs Maîtres pour ce qui aura été pris sur ce qui leur appartient pour les taux desdits chapteliers ; comme il a été jugé par Arrêt du Conseil d'Etat du 11. Mars 1690.

Ce même Arrêt ordonne, I°. qu'en cas de simulation des baux, le bétail sera confisqué, & que peine exemplaire sera encourue.

II°. Que les baux à cheptel seront passés pardevant Notaires, publiés aux Prônes des Paroisses de la demeure des Preneurs & registrés sans frais ès Greffes des Elections dont ils dépendent, dans deux mois, à compter du jour de la passation d'iceux, sans que lesdits baux puissent être prouvés par écritures, piéces privées, ou par témoins.

Il nous reste à observer que les Officiers d'un Bois ou d'une Forêt ne peuvent donner aucun bétail à cheptel, parce qu'ils sont préposés pour recevoir les plaintes des dégats qui se font dans les Bois & dans les Forêts ; & il y auroit lieu de craindre qu'on ne fit aucun rapport de ceux qui seroient faits par leurs bestiaux. Voyez le Grand sur l'art. 178. de la Coutume de Troyes.

CHARGE, signifie ordinairement une Dignité ou un Office qui donne pouvoir à quelqu'un d'exercer quelque fonction publique, & de percevoir certains droits.

Quoiqu'on donne communement & indistinctement le nom de charge à toutes sortes d'Offices, parce qu'en effet tout Office est une charge, il ne faut pas néanmoins confondre le sens de ces mots.

Suivant ce que dit l'Auteur des Loix civiles, le mot de charge est un nom général qui, outre les Offices, comprend d'autres Emplois distingués des Offices, en ce qu'on exerce ces autres Emplois ou charges sans provisions, & seulement pour un tems ; au lieu que pour les Offices il faut des Lettres du Prince qui en assurent le titre aux Officiers pendant leur vie, à moins qu'ils ne s'en rendent indignes, ou qu'ils ne s'en dépouillent volontairement.

Ainsi les charges des Parlemens & des autres compagnies supérieures, & celles des Présidiaux & des Baillages & Sénéchaussées, sont des Offices : au contraire, les charges municipales, comme d'Echevins & de Consuls, ne sont pas des Offices, & ceux qui y sont appellés, ne les exercent que pour un tems, sans autre titre que celui de leur élection.

Il faut donc distinguer les charges qui sont en titre d'Office, & qui donnent à ceux qui les exercent la qualité d'Officiers, d'avec celles qui sans cette qualité donnent le droit d'exercer quelque fonction publique, de Justice ou autre, pendant un certain tems.

Les commissions que donne le Roi, sont une autre espéce de charge. Quoiqu'on ne leur en donne pas le nom, elles en ont en effet le caractere, qui est de revêtir d'un emploi public. Ainsi les Ambassadeurs, les Intendans des Provinces, les chambres composées de personnes que le Roi commet pour juger de certaines affaires, les chambres de Justices, & plusieurs autres semblables Emplois, sont des commissions ; & sont à ceux que le Roi y appelle, une charge pour exercer une fonction publique sans titre d'Office.

Mais il y a cette différence entre ces commissions & les charges municipales, & autres semblables, que les commissions sont pour un tems indéfini, & cessent quand il plaît au Roi de les révoquer ; au lieu que ces autres sortes de charges ont leur durée pour un tems réglé.

Il faut donc distinguer dans toutes les charges, Offices & commissions, trois différentes régles de leur durée.

Les Offices sont pour la vie. Ainsi ceux qui en sont pourvûs, ne peuvent être revoqués sans cause.

Les charges municipales & autres sont pour un certain tems, après lequel leur emploi finit & passe à une autre personne ; mais ceux qui en sont revêtus, ne peuvent être revoqués ni destitués pendant le tems que doit durer leur exercice, s'ils ont délinqué.

Enfin les commissions sont pour un tems indéfini, tel qu'il plaît au Roi ; de sorte que ceux qui en sont chargés, peuvent être révoqués en tout tems & sans aucune cause.

Au reste, il faut encore remarquer qu'il y a beaucoup de différence entre ce que l'on appelle charge, & ce que l'on nomme Etat & Office.

On entend par charges, les Offices qui sont héréditaires, qui payent les droits annuels, le prêt & la paulette par chacun an, au Bureau ouvert aux revenus casuels de Sa Majesté ; comme les Charges de Présidens, Conseillers, Notaires, Greffiers, Procureurs, Sergens, Mouleurs de Bois, Jurés-Crieurs, & autres de même nature.

On appelle Etat & Office une Charge qui est vénale, & qui ne paye aucun droit annuel. Il y en a de deux sortes ; sçavoir, les Offices qui se perdent par la mort du titulaire seulement, comme font les Charges de la Maifon du Roi, & les Charges de la Chancellerie, lefquelles fe perdent par la mort du titulaire feulement, à moins qu'il n'y en ait Lettres de furvivance.

Il y a d'autres Etats & Offices ; fçavoir, ceux de chez la Reine, Monfeigneur le Dauphin, Monfieur & Madame, & autres, qui fe perdent non-feulement par la mort de ceux qui les poffédent, mais auffi par le décès des Perfonnes royales qui les ont accordées : c'eft pourquoi on ne peut en obtenir Lettres de furvivance.

Pour ce qui eft de la vénalité des Charges, *Voyez* ce qui en eft dit, lett. V.

CHARGE MUNICIPALE, eft celle qui oblige à quelques fonctions publiques, comme à l'adminiftration des affaires de la communauté, à la levée de fes deniers, autres femblables chofes. Sur quoi il faut remarquer que la nomination de ces Charges appartient à ceux qui compofent la Communauté.

Telles font les Charges d'Echevins & de Confuls. Ceux qui font appellés à ces Charges, ne les exercent que pour un tems, fans autre titre que celui de leur élection, comme nous venons de le dire fur l'art. précédent.

Ces Charges different entiérement de celles qui ne renferment aucune fonction publique, mais qui obligent feulement à quelque contribution ou à quelque dépenfe ; car ces dernieres regardent les biens des perfonnes, fans rapport à aucun fervice que le Public tire de l'induftrie de ceux qui y font fujets. Telles font les Charges des contributions aux tailles & autres impofitions, celles des logemens de gens de guerre, & autres femblables.

Parmi Cles harges municipales qui obligent à quelque fonction publique, il y en a qui ont quelque dignité annexée, comme celle des Echevins ; & d'autres qui n'ont que des fonctions fans dignité, comme la levée des deniers publics, fi elle eft féparée d'autres fonctions.

On eft appellé aux Charges municipales par la voie d'élection, qui, pour éviter la confufion, ne doit être faite que par ceux qui, felon les réglemens & les ufages, font nommés pour compofer l'Affemblée où fe doit faire la nomination.

Cette élection fe doit faire fuivant les formalités preferites par les ufages & les réglemens, & à la pluralité des voix.

Comme les Charges municipales obligent à des fonctions qui regardent l'intérêt public des Villes & des autres lieux, il eft jufte de n'y appeller que des Habitans des lieux, & que des perfonnes qui foient en état de s'en bien acquitter.

Il y a trois fortes de perfonnes qu'on ne doit point appeller à ces Charges : fçavoir, ceux qui en font exempts, ceux qui s'en peuvent excufer, & ceux qui en font indignes.

Les exempts font, I°. ceux qui ont obtenu du Prince une exemption de ces Charges, foit par un privilége fpécial, foit en conféquence d'un privilége général qui par une jufte interprétation contienne cette immunité.

II°. Ceux qui par leur qualité en font exempts ;

par exemple, les Gentilshommes font exempts de la lévée des deniers publics. *Item*, ceux qui exercent une profeffion qui exempte des Charges municipales.

Les moyens d'excufes font, I°. l'âge. Ainfi les mineurs peuvent s'excufer des Charges municipales ; la foibleffe de leur âge ne permettant pas qu'on abandonne à leur conduite leurs propres affaires, doit à plus forte raifon les exempter de prendre foin de celles des autres. L'âge de foixante-dix ans accomplis, accompagné ordinairement de foibleffe & d'infirmités, eft auffi une jufte caufe pour être exempt de ces fortes de Charge.

II°. Les maladies habituelles exemptent ceux qui en font incommodés, attendu qu'ils ne pourroient pas fournir à la vigilance, à l'application & au détail du foin que demandent les Charges municipales.

III°. Le nombre d'enfans, quand ils font au nombre réglé par les Loix, eft un moyen d'excufe. Outre qu'une telle Charge domeftique eft fouvent très-péfante, il eft jufte de favorifer ceux qui ont plufieurs enfans, par la confidération de l'utilité que tire l'Etat de la multitude des perfonnes qui le compofent.

IV°. Le fervice militaire rend auffi exempts de ces Charges, ceux qui y font actuellement, en confidération du fervice qu'ils rendent au Public, dont l'exercice de ces Charges les détourneroit.

V°. Une extrême pauvreté eft une jufte caufe de s'en exempter. Outre qu'il feroit injufte d'impofer à un homme un fardeau qu'il ne pourroit porter, il eft de l'intérêt de la Communauté de mettre cette adminiftration en des mains plus fûres.

VI°. Un événement extraordinaire qui auroit mis un homme hors d'état de pouvoir exercer une telle Charge, lui feroit une jufte caufe pour s'en excufer.

Pour ce qui eft de ceux qui font indignes, ce font ceux qui on été repris de Juftice, ou qui font notés d'infamies, lefquels ne peuvent être appellés à ces fortes de Charges, fur-tout à celles qui ont quelque dignité attachée.

Voyez les Loix civiles au Traité du Droit public, liv. I. tit. 16. fect. 4. d'où j'ai extrait ce que je viens de dire des Charges municipales.

CHARGE, fe prend quelquefois pour une condition qui eft naturellement attachée au contrat que l'on paffe, ou qui eft ftipulée par les Parties. Par exemple, on dit qu'on a vendu une terre, à la charge d'une telle fervitude, d'une telle rente, d'une telle redevance, d'une telle penfion.

CHARGE-FONCIERE, eft une redevance qui a été impofée après le cens fur les héritages, lorfqu'ils ont été aliénés.

CHARGE, fignifie quelquefois les dommages ou l'incommodité, qui eft naturellement inhérente au profit que l'on tire de quelque chofe, d'où vient cette maxime : *par debet effe ratio commodi & incommodi*. Il faut prendre le bénéfice avec les charges. Il faut fouffrir les incommodités d'une chofe dont on tire d'ailleurs le profit, parce qu'il eft de l'équité naturelle que celui qui reçoit quelque profit , fouffre auffi le dommage qui eft atta-ché à ce profit.

C'eft pour cette raifon que l'ufufruitier qui per-çoit généralement tous les fruits de la chofe dont il a l'ufufruit , eft tenu des réparations viageres qu'il convient d'y faire ; au lieu que celui qui n'a que l'ufage n'en eft pas tenu.

C'eft par le même principe que les héritiers qui ont tout l'émolument d'une fucceffion, font tenus de toutes les dettes & charges qui y font annexées. Pareillement celui à qui ont a prêté un cheval , eft obligé de le nourrir à fes dépens pendant le tems qu'il le garde.

CHARGER, fignifie accufer quelqu'un en Juftice , ou rendre témoignage contre lui. On dit, par exemple , qu'un homme eft prévenu de tel cri-me, & qu'il y a plufieurs témoins qui le chargent.

CHARGES D'UN TESTAMENT , font des obli-gations que le teftateur impofe à l'héritier , ou autre à qui il fait quelque libéralité par fon tefta-ment ; comme s'il charge fon héritier ou un léga-taire , d'un ufufruit, d'une fervitude, ou d'une rente viagere , en faveur d'une tierce perfonne.

CHARGES DU MARIAGE , font l'entretien du ménage , la nourriture & l'éducation des enfans qui en proviennent : pour raifon de quoi la dot eft donnée au mari , afin qu'il puiffe fubvenir aux né-ceffités de fa famille , dont il eft le chef.

CHARGES DE LA COMMUNAUTÉ ENTRE MARI ET FEMME , font des dettes mobiliaires qui doi-vent être acquittées par la communauté : fçavoir , I°. celles qui ont été contractées par l'un des con-joints avant leur mariage.

II°. Celles qu'ils ont contractées pendant la communauté.

III°. Les dettes mobiliaires des fucceffions échues à chacun des conjoints pendant le mariage.

Voyez ce que nous avons dit fur l'art. 221. de la Coutume de Paris.

Pour empêcher que les dettes créées par les conjoints avant leur mariage ne tombent fur la communauté, on met ordinairement cette claufe dans les contrats de mariage : que les conjoints ne feront point tenu des dettes l'un de l'autre créées avant le mariage. Ce que nous avons expliqué fur l'art. 222.

CHARGES RÉELLES , ET REDEVANCES AN-NUELLES, font des droits dûs par les héritages, comme le cens, le furcens, ou rente fonciere, le champart ou autres, felon la difpofition des Cou-tumes ou l'ufage des lieux.

Comme ces charges font dûes par les héritages, elles doivent être acquittées par le détenteur , à proportion du tems de fa jouiffance , lorfqu'il veut déguerpir, fuivant l'art. 99. de la Coutume de Paris.

Les charges réelles fuivent le fonds obligé , & reguliérement le créancier de la rente n'a d'action contre l'héritier du preneur du bail à rente qui ne poffède plus l'héritage, que pour les arrérages échus pendant la détention du preneur. Si toute-fois le preneur de bail à rente y avoit affecté tous fes biens par une hypothéque générale , fon héri-

tier pourroit être pourfuivi perfonnellement & fo-lidairement pour les arrérages , encore qu'il ne fut pas poffeffeur du fonds. Arrêt du Parlement de Rouen , rendu le 2. Mars. 1671. après partage.

Voyez Bafnage fur l'art. 114. de la Coutume de Normandie ; Charondas , liv. 4. rép. 67. Expilly dans le chap. 106. & Chorier en fa Jurifprudence de Guy-Pape , pag. 246.

CHARGES ET INFORMATIONS. Voyez Infor-mations.

CHARIVARI, eft un bruit confus que font de nuit des gens du peuple avec des poëles, des baf-fins & des chaudrons, autour de la demeure de ceux qu'ils veulent infulter. Cela s'eft autrefois fouvent pratiqué en dérifion de gens d'un âge fort inégal qui fe marioient enfemble, fur-tout dans le cas de fecondes nôces.

Ces fortes de tumultes ont été défendus par le Concile de Tours, fous peine d'excommunication.

Bouchel , verbo Charivari, rapporte plufieurs Arrêts du Parlement de Touloufe qui les ont dé-fendus ; & je crois que le bon ordre veut que ces fortes d'infultes ne demeurent pas impunies.

Voyez auffi les Arrêts de la Rocheflavin, liv. 6. tit. 19. Arrêt 1.

Brodeau fur l'art. 37. de la Coutume de Paris, en rapporte auffi plufieurs du Parlement de Paris & de celui de Dijon, qui les ont pareillement dé-fendus.

A Paris , depuis 1720. la Police a toujours eu foin de prévenir ces fortes de défordres.

Chaffanée fur la Coutume de Bourgogne, rubri-que 6. dit , en parlant du charivari, que facientes, le charivari tenentur actione injuriam, nec poffint excufari confuetudine , cum fit contra bonos mores.

CHARLATANS, font des Empyriques qui montent fur un théâtre en place publique pour vendre des drogues, & qui amaffent le peuple par des bouffonneries, pour en avoir plus facilement le débit.

On appelle auffi Charlatans ceux qui fe font Medecins de leur propre autorité privée, ou qui fe font paffer Médecins fous la cheminée.

Voyez ce que j'en dis, lett. M , à la fin de l'art. des Médecins.

CHARROI. En quelques endroits il eft dû au Seigneur, par les tenanciers des héritages qui font dans fa cenfive, un droit de charroi, pour amener & voiturer bleds, vins, & autres chofes, en fon Château , pour telle diftance que le conducteur partant le matin puiffe le même jour retourner à fon gîte.

Cette charge eft réelle, & par conféquent peut être demandée contre les tenanciers des héritages qui font dans la Senfive du Seigneur, quoiqu'ils réfident ailleurs. Voyez Papon, liv. 13. tit. 6. nomb. 2.

CHARTE-PARTIE, eft l'acte d'affrétement ou l'écrit contenant la convention qui eft faite entre le Patron & un Marchand, pour le louage d'un Vaiffeau.

Cet acte a été appelé charte-partie, en latin Charta partita, parce qu'il étoit autrefois écrit une ou plufieurs fois fur un même parchemin, qui étoit enfuite divifé entre les Parties qui contractoient.

Voyez la Note que 'M. Lauriere a faite fous ce mot dans le Gloffaire du Droit François. *Voyez* auffi l'Ordonnance de la Marine du mois d'Août 1681. liv. 3. tit. 1.

CHARTRE , fignifie quelquefois prifon ; comme quand on dit : il eft défendu de tenir perfonne en chartre privée.

L'Ordonnance de 1670. tit. 2. art. 10. défend aux Prévôts de faire chartre privée ; c'eft-à-dire , les oblige de conduire les criminels dans les prifons', fans les retenir chez eux ni dans aucunes maifons particulieres.

CHARTRE NORMANDE , font Lettres de confervation de privilèges, accordées à la Province de Normandie par le Roi Philipe ; quand les Normands fecouerent le joug des Anglois. Ces privileges ont été confirmés par les Rois de France.

On met à la fin de la plûpart des Lettres de la grande Chancellerie , *nonobftant clameur de Haro , Chortre Normande.*

CHARTRES , que l'on dit par corruption , au lieu de Chartes , du latin *Charta* , font des titres anciens que l'on garde pour juftifier des droits d'une Seigneurie ou d'une Communauté. Le Recueil de ces Chartres s'appelle Chartulaire.

Le dépôt où l'on conferve les Chartres , s'appelle Tréfor des Chartres , ou Chartrier. Tel eft le Tréfor des Chartres de la Couronne, qui eft à Paris dans le Palais , à côté de la Sainte-Chapelle.

CHASSE , eft la pourfuite du gibier gros & menu , & eft le plus ancien moyen d'acquérir, étant le premier que la nature ait enfeigné aux hommes pour fe nourrir.

Auffi la chaffe & la pêche furent permifes par le Droit des Gens à tout le monde ; afin que les animaux que la nature avoit faits pour tous les hommes, fuffent le prix de l'induftrie & de l'adreffe de ceux qui les auroient pris.

Mais par les mœurs des Peuples , & les loix politiques , cette liberté naturelle de chaffer a été limitée & reftreinte aux Rois, aux Princes, & à quelques autres perfonnes.

Cet exercice eft très-convenable aux Rois & aux grands Seigneurs , pour fervir aux uns d'un honnête divertiffement parmi les travaux & les peines qu'ils ont dans l'adminiftration des affaires publiques , & pour empêcher les autres de tomber dans l'oifiveté , & pour les rendre plus robuftes & plus adroits au métier de la guerre.

En un mot, cet exercice eft très-noble, & fort utile pour la fanté. Auffi voyons-nous qu'il fait l'amufement des Princes, des Seigneurs, & de toutes les perfonnes de condition.

Cefar , au liv. 6. de la Guerre des Gaules , dit que les jeunes gens , pour apprendre le métier de la guerre, s'exerçoient à la chaffe de certains animaux agiles & rufés , & qu'ils fe faifoient autant d'honneur d'en avoir pris quelqu'un : que s'ils avoient tué à la guerre un de leurs ennemis.

Les Poëtes feignent que Chiron enfeigna le métier de la guerre à Achille , en l'exerçant à la chaffe : & quand ils décrivent la valeur de leurs Héros , ils ne les louent pas moins de leur adreffe à dompterles bêtes farouches, que de leur courage & de leur valeur à dompter les brigands.

Mais cet exercice convient peu aux Evêques & aux Eccléfiaftiques , parce que la chaffe eft une efpéce de guerre qui accoutume au fang, qui d'ailleurs les détourneroit du Service Divin, & de leurs fonctions. C'eft ce qu'a voulu marquer St. Jerôme , quand il a dit : *Venatorem numquam invenimus Sanctum.*

Auffi , conformément aux Canons, la chaffe eft-elle défendue par les Ordonnances de nos Rois , à tous Eccléfiaftiques , même aux Prélats , fous peine d'être privés de leurs Bénéfic e s.

Cela toutefois ne fe doit entendre que de ces chaffes turbulentes & penibles qui fe font dans les Forêts avec un grand contége & grand bruit , & non pas de ces chaffes paifibles qui fe font avec peu d'équipage , par divertiffement , & pour contribuer à la fanté.

A l'égard des fimples Prêtres & des Religieux, on tient la main avec affez d'exactitude à l'obfervation des Canons & des Ordonnances , qui leur défendent expreffément la chaffe.

Ainfi l'Ordonnance des Eaux & Forêts, tit. des chaffes, art. 35. porte que les Prêtres, Moines & Religieux trouvés chaffans , qui n'auront pas de quoi payer l'amende , il leur fera défendu pour la premiere fois de demeurer plus près de quatre lieux des forêts , bois , plaines & buiffons ; & en cas de récidive , en feront éloignés de dix lieues, par faifie de leur temporel , & par toutes autres voies raifonnables , conformément à la Déclaration de François I. du mois de Mars 1515.

Il a été jugé au Parlement de Paris , par Arrêt du 11. Janvier 1676. que quand les Religieux , pour avoir chaffé , ont été condamnés en des amendes , applicables aux Pauvres des lieux , ou autres œuvres pies , à caufe du fcandale, il n'y a lieu d'en interjetter appel comme d'abus. *Voyez* M. Dupérier , liv. 5. chap. 2. nomb. 6.

L'exercice de la chaffe convient peu aux Bourgeois , aux gens mécaniques & aux Payfans, parce qu'ils les entretiendroit dans la fainéantife , & leur féroit négliger les arts, le commerce & l'agriculture : ce qui cauferoit au Public un dommage notable.

Quoiqu'originairement la chaffe foit permife à tout le monde par le Droit des Gens,on ne fait aucun doute que le Souverain n'ait le droit d'en reftreindre la liberté & l'ufage ; quand elle eft préjudiciable au Public & à l'Etat.

Nous lifons dans Diodore, que Solon, l'un des Sages de la Grece , voyant que tout le Peuple d'Athènes s'adonnoit à la chaffe, & que l'on négligeoit les arts mécaniques , négligence dont le Public recevoit un extrême préjudice ; ne fit point difficulté de la défendre. Cette défenfe ayant été puis été méprifée, cela fut caufe de la ru ne & de la prife d'Athènes.

Frédéric II. défendit la chaffe au menu Peuple

de l'Empire : & il n'y a point aujourd'hui d'Etats qui n'ayent des Loix & des Ordonnances qui défendent la chaſſe à ceux qui ne ſont pas noble.

En France , les Seigneurs Hauts-Juſticiers ſe ſont attribués le droit de la chaſſe dans l'étendue de leurs terres , comme un droit fiſcal & domanial appartenant à la Haute-Juſtice , de même que l'épave & les autres choſes qui ne ſont reclamées ni avouées de perſonnes : de maniere que la chaſſe n'eſt pas permiſe aux Gentilshommes dans les terres qui ne leur appartiennent pas s'ils n'en ont titre ou permiſſion expreſſe. Mais il eſt permis au propriétaire du fief de la Paroiſſe de chaſſer dans l'étendue de ſon fief.

qui a fief, a droit de chaſſe. Le Seigneur Haut-Juſticier peu chaſſer ſur tous les fiefs qui ſont dans ſon territoire, quand même ils ſeroient mouvans d'autres Seigneurs. Ainſi jugé au Parlement de Paris le 21. Février 1682.

Le Seigneur Haut-Juſticier peut défendre la chaſſe ſur les terres de ſa Juriſdiction ; à l'exception des Seigneurs moyens & bas Juſticiers , qui peuvent chaſſer ſur leurs terres.

Un particulier qui n'a ni Juſtice , ni Fief , mais un bois en la terre du Seigneur châtelain ; peut chaſſer aux lapins en ſon Bois. Tronçon ſur l'art. 69. de la Coutume de Paris.

Par les ordonnances royaux , la chaſſe eſt défendue à toutes perſonnes dans les terres des Seigneurs particuliers , ſans un titre ou permiſſion particuliere : deſorte que la faculté de chaſſer ne pourroit pas s'acquérir par preſcription , pas même par jouïſſance de tems immémorial ſans contradiction.

L'Ordonnance des chaſſes d'Henri IV. permet à ceux qui ont droit de chaſſer , de ſuivre le gibier qu'ils ont fait lever ſur leurs terres , & de prendre la bête dans le Fief , Terre & Seigneurie d'autrui , parce qu'autrement on ôteroit tout le plaiſir de la chaſſe.

Ceux qui ont droit de chaſſe , ne peuvent pas faire des foſſes dans les chemins publics.

Il ne leur eſt pas permis de chaſſer en certaines faiſons de l'année , ſçavoir dans le tems que les animaux volatils font leurs œufs , ni ſur les terres enſemencées : depuis le premier jour de Mars juſqu'après la dépouille , à peine de tous dommages & intérêts. Voyez l'Ordonnance d'Orléans, art. 108. & 119. & l'Ordonn. de Blois, art. 285.

Par l'Ordonnance de François I. de l'année 1515. confirmée par pluſieurs autres , il eſt défendu à toutes perſonnes, de quelque qualité & condition qu'elles ſoient, de chaſſer dans les Forêts Buiſſons & Garennes du Roi, ſans permiſſion de Sa Majeſté.

L'Ordonnance d'Orléans, art. 137. défend à toutes perſonnes de tuer les bêtes noires & rouſſes qui ſont entrées ſur leurs héritages : mais il eſt permis aux propriétaires deſdites terres ſur leſquelles elles ſont entrées , de les en chaſſer avec des pierres, ſans les bleſſer.

Par les anciennes & par les nouvelles Ordonnances, la chaſſe eſt défendue aux Roturiers qui n'ont point de Haute-Juſtice , ſous les peines qui y ſont contenues.

Celle du mois d'Août 1669. appellée l'Ordonnance des Eaux & Forêts , titre des chaſſes , fait défenſes à tous Roturiers de quelque état & qualité qu'ils ſoient, non poſſédans Fiefs, Seigneuries & Haute-Juſtice , de chaſſer, à peine de cent livres d'amende pour la premiere fois du double pour la ſeconde, du carcan & banniſſement pour cinq ans hors du reſſort de la Maîtriſe des Eaux & Forêts , pour la troiſieme.

Par la même Ordonnance il eſt permis à tous Seigneurs, Gentilshommes & Nobles , de chaſſer ſur leurs terres, pourveu qu'elles ſoient éloignées d'une lieue des plaiſirs du Roi. Il leur eſt même permis de chaſſer aux chevreuils & bêtes noires, s'ils ſont à trois lieues des plaiſirs de Sa Majeſté.

Cette Ordonnance, article 1. titre des chaſſes, confirme celles des mois de Juin 1601. & de Juillet 1607. & veut qu'elles ſoient obſervées en tout ce qui n'eſt pas contraire à ladite Ordonnance de 1669.

La chaſſe eſt un droit honorifique attaché à la perſonne du Seigneur. C'eſt pour cette raiſon qu'un Fermier judiciaire ne peut pas chaſſer ni faire chaſſer ſur les terres mentionnées dans ſon bail. Ainſi jugé au Parlement de Paris , par Arrêt du 14. Février 1698. & par un autre de la Tournelle criminelle du 14. Février 1718.

Quoique celui qui a un Fief ait droit de chaſſe ſur ſes terres, il ne peut pas néanmoins y faire chaſſer ſes domeſtiques, ſi ce n'eſt en ſa préſence. Ainſi jugé par Arrêt du 2. Août 1684. Voyez Loyſel en ſes Inſtit. coutum. liv. 2 nom. 51. & les Notes de M. Lauriere.

Les Officiers des Eaux & Forêts & les Capitaines de Chaſſes connoiſſent, concurremment & par prévention entr'eux, de ce qui regarde la capture des délinquans, la ſaiſie des armes , chiens , filets & engins défendus , contravention à l'Ordonnance , & premiere information ſeulement : mais l'inſtruction & le jugement appartient au Lieutenant de Robe-longue.

Les Capitainns des Chaſſes de Saint-Germain , Fontainebleau , Chambor, Bois de Boulogne , Varenne du Louvre , Livry, Vincennes, Compiegne, & les autres qui ſont ſur les états envoyés à la Cour des Aides, ſont exceptés. Ils inſtruiſent & jugent chacun dans leur Capitainerie , tous procès civils & criminels pour fait de chaſſe , en appellant avec les Lieutenans de Robe-longue , & autres Juges & Avocats pour conſeil.

De l'origine de la chaſſe , de ſon antiquité , du droit qu'a le Roi aujourd'hui d'en ordonner, des perſonnes à qui elle eſt permiſe ou défendue , des lieux où il eſt défendu de chaſſer ſans permiſſion , des tems où la chaſſe eſt permiſe ou défendue, des bêtes qui peuvent être l'objet de la chaſſe ; outre ce que nous venons de dire, voyez le Traité de la Police, tome 2. liv. 5. tit. 23. chap. 3. le Bret en ſon Traité de la Souveraineté , liv. 3, chap. 4. Monaç , ad leg. 16. ff. de ſervitutib. ruſticor. prædio. La Rocheflavin en ſon Traité des Droits ſeigneuriaux , chap. 27. & 28. Bouvot , *verbo* Chaſſe ; la Peyrere ſous le même mot ; Papon , liv. 10. tit. 9. Bacquet , des Droits de Juſtice , chap. 34. le Prêtre , cent. 3. chap. 54. de l'Ordonnance de 1669. tit. des Chaſſes ; & le Code des Chaſſes , imprimé à Paris en deux volumes *in*-12.

CHASTELAINS , ſont les Seigneurs qui ont droits d'avoir Maiſon forte , Châtellenie , & Haute-Juſtice annexée à leur Seigneurie , avec droit de ſupériorité ſur d'autres Juſtices.

On appelle auſſi Châtelains les Juges qui rendent la Juſtice dans l'étendue de la Terre d'un Seigneur Châtelain.

Voyez l'Edit de Cremieu , & la Déclaration du 24. Février 1537.

Il y a deux ſortes de Châtelains ; ſçavoir , les royaux & les ſeigneuriaux. Les premiers ſont ceux des terres du Domaine du Roi ; & les autres ſont ceux des terres appartenantes à des Seigneurs particuliers.

Les Châtelains , ſoit royaux , ſoit ſeigneuriaux , connoiſſent de toutes les matieres , ſoit civiles ou criminelles , qui arrivent dans l'étendue de leur Juſtice , à la reſerve des cas royaux.

Les Châtelains royaux , appellés autrement *Prévôts* , qui ſont Juges dans le premier degré de la Juſtice Royale , connoiſſent donc en premiere inſtance des différends des Particuliers , tant en matiere civile que criminelle , excepté des cauſes & des délits dont la connoiſſance eſt reſervée aux Baillifs. Ils connoiſſent auſſi des appellations des Hauts-Juſticiers ; & leurs appellations s'interjettent pardevant les Baillifs & Sénéchaux.

Suivant l'Ordonnance de 1667. au titre des recuſations , art. 11. les Juges des Seigneurs connoiſſent de tout ce qui concerne le Domaine , droits & revenus de la Seigneurie ; mais à l'égard des autres affaires où le Seigneur eſt partie , ou intéreſſé , ils n'en peuvent pas connoître.

Voyez ce qui eſt dit des Châtelains dans le Dictionnaire de Trévoux , & dans Henrys , tome 1. liv. 2. chap. 4. queſt. 29.

CHASTELLENIE , eſt l'étendue de la Terre & de la Juſtice d'un Seigneur Châtelain.

Ainſi c'eſt le territoire ſujet à la Juſtice dans toutes les dépendances du Château , auquel comme au chef & manoir principal du fief , réſide l'honneur de la domination du Seigneur. Faber , *in §. eodem , Inſtitut. quib. mod. teſtam. infirm.*

CHASTELETS , ſont des lieux fortifiés , qui ont ſervi anciennement de Fortereſſe , de Châtel, Manoir , & Hôtel au Seigneur , & où ſe tiennent aujourd'hui les Audiences des Juges royaux , & qui ſervent de priſons royales.

CHASTELET DE PARIS , eſt le nom qu'on donne au lieu où ſe tient la juſtice de la Prévôté & Vicomté de Paris. Il eſt ainſi appellé , parce que c'eſt un ancien Château que l'on tient avoir été bâti par Julien l'Apoſtat , alors Gouverneur des Gaules , qui y faiſoit ſa demeure comme dans une Place forte , & qui recevoit les tributs de tout le pays. Depuis , Philippe Auguſte le deſtina pour l'adminiſtration de la Juſtice. Le vulgaire

l'appelle la Porte de Paris, croyant que ce lieu a été autrefois une des portes de cette Ville : mais la vérité eſt , que c'étoit l'abord & le port des batteaux lorſqu'ils arrivoient , & le lieu où l'on apportoit les denrées & les marchandiſes: c'eſt pourquoi pluſieurs l'appellent encore l'apport de Paris.

On lui donne le nom de grand Châtelet, pour le diſtinguer d'un autre lieu appellé le petit Châtelet, ancienne Fortereſſe de la même Ville, qui ſert ſeulement de priſon.

Le grand Châtelet , eſt donc la Juriſdition du Prévôt de Paris, compoſée d'un Préſidial, d'une chambre civile , d'une chambre de Police, & d'une chambre criminelle.

Dans le Préſidial , on juge les cauſes des Préſidiaux. Dans la chambre civile , ſe traitent les matieres ſommaires. Dans la chambre de Police , ſe jugent les cauſes qui regardent la Police de la Ville & Fauxbourgs de Paris. Dans la chambre criminelle , ſe traitent les matieres criminelles.

On diſtingue dans le Châtelet la Prévôté d'avec le Préſidial. Les Audiences de la Prévôté & du Préſidial ſe tiennent tous les jours (hors le Lundi) depuis neuf heures du matin juſqu'à midi , ſuivant l'article premier de l'Edit de Janvier 1685.

On fait aux Audiences de la Prévôté la publication des Ordonn. Edits & Décla. des Arrêts & Réglem. des Teſtamens portant ſubſtitution, & de tous les autres actes qui doivent être publics.

On y fait les certifications des Criées ; on y accepte les Gardes nobles & bourgeoiſes.

On y plaide les cauſes où il s'agit des matieres bénéficiales & eccléſiaſtiques, dont les Officiers royaux ont droit de connoître ; celles où il s'agit de l'état des perſonnes, des qualités d'héritier, & de femmes communes ou ſéparées de bien ; des interditions des perſonnes, des ſervitudes, des conteſtations formées en conſéquence, des appoſitions ou levées de ſcellé, & confections d'inventaires, qui ſont portées à l'Audience.

On y juge les différends qui arrivent entre des Commiſſaires, Notaires, Procureurs, Sergens & autres Officiers, pour les fonctions de leurs Charges.

On y juge enfin toutes les cauſes qui appartiennent au Châtelet.

Il faut excepter celles qui ſont réſervées au Préſidial ; ſçavoir , 1°. Toutes les appellations verbales des Jugemens & Ordonnances rendues par les Juges qui reſſortiſſent au Châtelet, à quelques ſommes qu'elles montent.

II°. Les cauſes des deux chefs de l'Edit des Préſidiaux, & celles dans leſquelles il s'agit de matieres perſonnelles, réelles & mixtes, dont les demandes, tant principales qu'incidentes, ne ſont que de douze cens livres & au deſſous , & qui ne ſont pas de celles qui ſe plaident en la Prévôté.

Les cauſes qui ſe plaident en la Chambre civile du Châtelet, ſont celles où il s'agit de vuider les lieux ; du payement de loyers ; des ſaiſies & exécutions de meubles faites en conſéquence ; de l'établiſſement des Gardiens & Commiſſaires ; des réparations de bâtimens ; de ſalaires des Régens ; Précepteurs & Maîtres d'Ecole ; de ceux des Médécins,

cins, Apothicaires, Chirurgiens, Huiffiers, Sergens & autres femblables Officiers; des gages de Serviteurs & Domeftiques ; des penfions, & ventes faites pour provifions de maifon, de pain, vin, & autres nourritures, des falaires & peines d'ouvriers, quand il n'y a point de marché par écrit; des ports des hardes & paquets ; ventes, louage & nourriture de chevaux ; ventes de marchandifes faites par Marchands forains & autres, fans jours, fans termes, & fans écrits, & autres matiéres fommaires & provifoires, pourvû que les demandes, tant principales qu'incidentes, n'excédent pas la fomme de mille livres.

Voyez l'Edit du mois de Janvier 1685, par lequel le Roi a réglé la forme & la maniere de rendre la Juftice dans le Châtelet.

La Jurifdiction du Châtelet de Paris eft aujourd'hui compofée d'un Lieutenant civil, d'un Lieutenant général de Police, d'un Lieutenant criminel, & d'un Robe-courte, de deux Lieutenans particuliers, de plufieurs Confeillers, & d'un Juge appellé Auditeur ; il y a auffi un Procureur du Roi, trois avocats du Roi, des Subftituts du Procureur du Roi, & des Commiffaires.

Il faut remarquer, Iº. Que par l'Edit du mois de Février 1674. Sa Majefté créa un nouveau Châtelet, fupprimant toutes les Juftices Seigneuriales qui étoient dans l'étendue de la Ville, Fauxbourgs & Banlieue de Paris.

IIº. Que par l'Edit du mois de Septembre 1684. le nouveau Châtelet a été réuni à l'ancien, avec fuppreffion des Offices de Prévôt, Lieutenant civil, Lieutenant criminel, & Procureur du Roi.

IIIº. Que le Scel du Châtelet de Paris eft attributif de Jurifdiction, & rend par conféquent le Prévôt de cette Jurifdiction compétent pour tout ce qui dépend de l'exécution des contrats paffés fous ce Scel, pour l'obligé & fes héritiers, & autres qui y ont intérêt, tant en demandant qu'en défendant, en quelque lieu qu'ils foient demeurans, quoique ce foit hors de l'étendue du Parlement de Paris, & que leurs biens y foient fitués.

Il s'enfuit de-là que lefdits biens peuvent être faifis, vendus & adjugés au Châtelet de Paris, en exécution d'un contrat & d'un jugement intervenu en conféquence.

Cette attribution de Jurifdiction eft inhérente au Scel du Châtelet de Paris, & eft un privilége accordé, non pas au créancier, mais au Scel du Châtelet, de forte que le créancier n'y peut pas renoncer ; & fi le créancier avoit fait affigner fon débiteur pardevant un autre Juge, quoiqu'il fût demeuré hors la Prévôté & Vicomté de Paris, le débiteur pourroit décliner la Jurifdiction du Juge pardevant lequel il feroit affigné, & demander fon renvoie pardevant le Prévôt de Paris, à la Jurifdiction duquel les parties fe feroient volontairement foumifes ; & fi le renvoi étoit refufé, le débiteur pourroit appeller comme de déni de Juftice & de Juge incompétent.

Il faut excepter le droit de *Committimus*, qui eft plus fort que celui du Scel du Châtelet. Ainfi en vertu du *Committimus*, on peut faire affigner aux

Requêtes de l'Hôtel ou du Palais, quoique ce foit pour contrats paffés fous le Scel du Châtelet de Paris.

Touchant le privilége du Scel du Châtelet, *voyez* ce que j'en ai dit fur l'article 64. de la Coutume de Paris. *Voyez* auffi Bacquet, des Droits de Juftice, chap. 8. nomb. 32. 36. & fuivans.

CHATEAU, eft une place d'honneur & de fûreté, qui eft propre aux Seigneurs qui ont fief de dignité ; de forte que le Château eft regardé comme le chef & principal manoir du fief, où réfide l'honneur & la marque de la domination du Seigneur.

Celui qui poffede le Château & principal manoir d'une Terre & Seigneurie, eft préfumé avoir la Jurifdiction, s'il n'appert du contraire.

Les vaffaux & rentiers n'y peuvent bâtir d'autres Châteaux, & fortereffes fans le confentement de leurs Seigneurs. *Ita cenfet Faber ad Leg. per Provincias, cod. de ædif. privat. & Leg. Servus, cod. de pœnis.*

Cela eft abfolument certain à l'égard des tenanciers. A l'égard des vaffaux, les Arrêts leur ont quelquefois permis, pourvû qu'il ne parût pas que leur deffein fût en bâtiffant d'infulter à leur Seigneur. *Modo vaffalus ad æmulationem patroni non ædificet fortalitium.*

Mais Brodeau tient que le vaffal eft toujours préfumé ne bâtir un Château que dans ce deffein ; c'eft pourquoi cette permiffion n'eft guères accordée à un vaffal par Arrêt de la Cour, contre le gré du Seigneur.

La conceffion d'un Château comprend le Territoire & la Jurifdiction annexée au Fief & au Château au tems de la conceffion. Il en eft de même des moulins, & des autres dépendances annexées au Château & Domaine de celui qui difpofe du Château. Dumoulin fur l'art. 1. de la coutume du Paris, glofe 5. nomb. 47. & 48.

Les Reliques, les Livres des Chappelles, les Ornemens, & les Tableaux des châteaux des grands Seigneurs, font cenfés inhérans aux Châteaux, & par conféquent immeubles, comme je l'ai remarqué fur l'art. 90. de la coutume de Paris.

Les Forains qui n'ont pas d'habitation, mais quelques terres, ne font point tenus de contribuer aux réparations du Château du Seigneur. Henrys, tome 2. liv. 3. queft. 27.

Voyez Louet, lettre F, fommaire 13. Dupineau nouvelle édition, liv. 5. chap. 27. Salvaing, de l'ufage des Fiefs, chap. 44. M. le Prêtre, cent. 2. ch. 47. Boyer, décifion 310. & l'Edit de 1663. Belardeau en fes Obfervations forences, lett C, art. 14.

CHAUFFAGE, eft un droit qui eft accordé à quelques Seigneurs, Communautés, Officiers ou autres Particuliers, de faire couper du bois pour leur provifion dans les Forêts du Roi.

Ceux qui ont ce droit, ne peuvent prendre du bois qu'autant qu'ils en ont befoin pour leur ufage. De plus, ils ne peuvent pas prendre toute forte de bois, mais feulement le bois brifé & arraché, le vert en gifant, le fec ou bois mort en étant & en gifant, & le mort-bois.

Quoique le droit de chauffage fe puiffe prendre en efpece, néanmoins il eft de la bonne adm.nif.

tration de le convertir en argent , autant qu'il est possible , dans les terres des Princes & des grands Seigneurs.

Par plusieurs Arrêts du Conseil d'Etat , cela a été jugé ainsi , & notamment par un Arrêt du 10. Juin 1680. & par un autre du 29. Septembre 1690.

Le droit de chauffage n'est qu'une simple faculté personnelle & relative à un bien voisin d'un bois ou d'une forêt. C'est pourquoi le droit de chauffage accordé à des Religieuses , se perd par la translation d'un Monastere. Henrys , tome 1. liv. 3. chap. 3. quest. 35.

Voyez l'art. 335. de l'Ordonnance de Blois , avec le Commentaire de Duret , qui se trouve dans le Neron de la nouvelle édition; l'Ordonnance du 13. Août 1669. tit. 19. & le traité de la Police , tome 3. liv. 5. tit. 48.

CHAUFFE-CIRE , est un Officier de la grande Chancellerie , qui prépare & fait chauffer la cire pour sceller les Lettres du Sceau.

Il y en a quatre , qui servent par quartier. Ces quatre Chauffe-cires , Scelleurs héréditaires de la grande Chancellerie , jouissent de tous les privileges , droits & exemptions mentionnés dans l'Edit de création des quarante Offices de Secrétaires du Roi , du mois de Mars 1703. suivant une Déclaration du 13. Mai 1704. Histoire de la Chancellerie , tome 2. page 509.

CHEF , signifie chapitre , article ; & dans ce sens l'on dit qu'une Sentence est rendue au premier chef de l'Edit , ou qu'elle l'est au second chef. Voyez ci-après l'Edit des Présidiaux.

CHEF , signifie quelquefois Supérieur , suzerain. Ainsi le Chef-Seigneur est celui de qui relevent d'autres Seigneurs.

CHEF - CENS , est le premier cens & capital , qu'on paye en signe & reconnoissance de la directe Seigneurie , de celui qui le premier a baillé l'héritage à cens ; & le sur-cens & le second cens imposé sur l'héritage censuel , après le chef-sens. La premiere redevance appellée chef-sens , est donc entiérement différente du sur-cens ou rente fonciere , qui n'est point la marque de la directe Seigneurie , & qui n'est point dûe à un Seigneur de fief , mais à celui qui a donné à sur-cens ou rente fonciere , l'héritage qu'il tient à cens du Seigneur de fief.

Enfin , le chef-cens emporte lods & ventes ; ce que ne fait pas le sur-cens.

CHEF - LIEU , est le principal manoir d'une Seigneurie.

CHEF-SEIGNEUR , est un Seigneur feodal , suzerain , censier , foncier. Ce terme signifie aussi le Seigneur du fief-chenel , d'où dépendent les autres.

Tout homme qui possede un Fief noble , & qui tombe en garde , est Chef-Seigneur ; mais il n'est pas nécessaire que le Chef-Seigneur releve immédiatement du Roi.

CHEF - D'ŒUVRE , est un ouvrage singulier que doivent faire les aspirans à une Maîtrise , en présence des Jurés pour preuve de leur capacité. Par Arrêt du Parlement de Paris du 20.

Février 1717.' confirmatif d'une sentence du Lieutenant de police , il est fait défenses aux Jurés & anciens d'en dispenser aucun aspirant du nombre de ceux qui seront reçus de la voie de l'apprentissage , à peine d'interdiction de Jurande & de Maîtrise.

CHEMIN , signifie route pour aller d'un lieu en un autre. Les chemins qui hors des Villes servent de route , sont publics ou particuliers.

Les chemins publics sont les grands chemins qui sont à l'usage public , pour aller de tout lieu à tout autre. Ils aboutissent où à d'autres chemins , ou aux portes des Villes , ou à la mer , ou à des rivieres. Via publica est , quæ ducit ab una publica ad aliam publicam , vel ad urbem , vel ad mare , aut ad flumen publicum.

Les chemins particuliers sont , Iº. ceux qui sont propres à quelques personnes pour l'usage de leurs héritages , & ceux-ci aboutissent d'une part à des grands chemins , & de l'autre finissent aux héritages où ils conduisent.

IIº. Les chemins qui servent de servitude & de droit de passage entre voisins.

Les particuliers peuvent s'accommoder comme bon leur semble pour les chemins qui les regardent ; mais il n'y a que le Roi ou son autorité royale qui puisse changer les chemins publics , les ruelles , les sentiers , les voies & les rues.

Anciennement les Juges royaux étoient Juges des chemins publics ; mais la connoissance en a été transférée aux Trésoriers de France par l'Ordonnance de 1508.

La police des grands chemins consiste à les tenir dans un état où ils puissent être utiles au public. Ce qui consiste , Iº. dans la largeur & autres commodités , comme le pavé où il est nécessaire ; IIº. à n'y rien faire jetter ou mettre qui incommode le passage ; IIIº. dans les réparations qu'il convient d'y faire.

Toutes ces choses regardent les Officiers du Roi préposés pour cette police : ils en ordonnent les dépenses sur les deniers du Roi , ou sur les Particuliers , qui , à cause des droits de péage ou autres , y sont obligés. Voyez l'ordonnance d'Orléans , art. 107. & celle de Blois , art , 355. 356. & 382.

A l'égard des chemins à l'usage des particuliers , chacun des intéressés contribue aux réparations nécessaires selon son droit & son intérêt , ou suivant leurs titres & possessions.

Réguliérement les reparations des chemins pour les servitudes sont dûes par celui qui a le droit de servitude. Pour les autres chemins d'un usage commun entre particuliers , chacun doit sa part des réparations.

La Voyerie sur les grands chemins appartient aux Officiers du Roi , comme nous l'avons dit ; les Ecclésiastiques , ne sont pas exempt de payer leur part des réparations qu'il convient d'y faire.

Les Seigneurs Haut-Justiciers ont droit de Voyeries sur les chemins particuliers qui sont sur leurs terres , ou celles de leurs vassaux.

La connoissance des excès commis dans les grands chemins & autres lieux publics , appartient aux Juges royaux ; mais la connoissance de ceux qui font commis dans les chemins de traverfe, appellés *viæ vicinales*, appartient aux Seigneurs Haut-Jufticiers.

Il faut obferver, I°. Que les chemins & routes ordinaires publiques ne fe peuvent changer qu'en vertu de Lettres de la grande Chancellerie, adreffées aux Baillifs & Sénéchaux, à l'effet de connoître fi le changement qu'on demande peut être utile ou non. Au commencement de ces Lettres l'on expofe que le public n'en fouffrira point d'incommodité. Pour les faire paffer au Sceau, il faut rapporter fous le contrefcel les confentemens des Seigneurs & des habitans des lieux, & autres Parties intéreffées.

IIᵉ. Qu'il a été rendu au confeil d'état du Roi le 3. Mai 1702. un Arrêt portant réglement pour l'élargiffement des grands chemins, lefquels feront plantés d'arbres dans toute l'étendue du Royaume.

IIIᵉ. Quand un grand chemin eft emporté par un débordement, les voifins font obligés de contribuer à en refaire un autre fur des terres voifines, en dédommageant les propriétaires des terres fur lefquelles il eft pris. *Voyez* le Grand fur l'art. 130. de la coutume de Troyes.

IV°. Ceux qui ont coupé & roigné les grands chemins pour agrandir leurs terres, peuvent être contraints de les remettre, non obftant la prefcription de trente ans. Bouvot tome 2. *Verbo* Chemins, queft. 2.

V°. Un voifin peut être contraint de donner, pour argent, chemin fur fon héritage, à fon voifin, pour aller au fien s'il n'a autre chemin pour y aller. *Leg.* 12. ff. *de religio. & fumptib. funer.* Papon, liv. 14. tit. 1. nom. 3. Coquille, queft. 74. Louet, lett. C, fomm. 1. Maynard, tome 1. liv. 4. chap. 59.

Pour ce qui eft de la largeur des chemins, *Voyez* la conférence des coutumes, *verbo* Chemin.

On peut avoir auffi un livre *in-12.* imprimé à Paris en 1687. qui a pour titre ; *Expofition des coutumes fur la largeur des chemins, fur la deftination des péages, fur la queftion fi la Voyerie eft une fuite de la Haute-Juftice, & fur la durée de la garantie des ouvrages publics.*

Nous remarquerons feulement que les grands chemins dans les bois du Roi, des communautés & des Seigneurs particuliers, doivent avoir foixante-douze pieds de largeur ; & où ils fe trouveroient en avoir davantage, ils feront confervés en leur entier, ainfi il eft porté en l'article 1. du titre des routes & chemins royaux, forêts & marche-pieds des rivieres, de l'Ordonnance des Eaux & Forêts.

L'art. 7. du même titre, porte, que les propriétaires des héritages aboutiffans aux rivieres navigables, laifferont le long des bords vingt-quatre pieds au moins de place en largeur pour chemin royal & trait des chevaux, fans qu'ils puiffent planter arbres, ni tenir clôtures ou hayes, plus près que trente pieds du côté que les bateaux fe tirent, & dix pieds de l'autre bord, à peine de 500. liv. d'amende, confifcation des arbres, & d'être les contrevenans contraints à réparer & remettre les chemins en état de frais.

CHETEL. *Voyez* Chaptel.

CHEVAGE, eft un droit de douze deniers parifis, qui fe paye fous peine d'amende tous les ans au Roi en quelques Provinces, par les bâtards & aubains mariés qui s'y font établis. Ce droit s'appelle chevage, parce que chaque chef marié ou veuf le doit, au cas qu'il foit bâtard ou aubain.

Voyez Bacquet en fon traité du droit d'Aubaine, chap. 3. & 4. & le Guidon des Finances.

CHEVAGIERS, font ceux qui doivent le droit de chevage.

CHEVAL DE SERVICE. Anciennement les Fiefs n'étoient donnés qu'à la charge de faire profeffion des armes, & de fuivre à la guerre les Seigneurs féodaux. Le vaffal qui étoit obligé de fe trouver armé au premier commandement, devoit le fervice de cheval ; & le vaffal, qui pour avoir donné à fon Seigneur un rouffin, étoit exempt de fervice militaire, devoit à fon Seigneur le cheval de fervice. Ce qu'il eft bon de favoir pour l'intelligence de nos Coutumes.

Voyez le Gloffaire du droit François, *verbo* Cheval de fervice.

CHEVALIER. Anciennement on appelloit de ce nom ceux à qui le Roi avoit donné le premier dégré d'honneur de l'ancienne milice, lorfqu'ils s'étoient fignalés par quelque action héroïque. Ainfi nul ne naît Chevalier, comme dit Loyfel, liv. 1. tit. 1. régle 15. parce que la Chevalerie eft la récompenfe du courage & de la vertu.

Cette marque d'honneur fe donnoit avec certaines cérémonies. Il n'y avoit que ceux à qui elle étoit accordée qui puffent prendre la qualité de Meffire. Enfin nul n'avoit droit de feoir à la table du Baron, s'il n'étoit Chevalier.

Voyez Loyfel, liv. 1. tit. 1. régle 14.

CHEVALIER DE L'ORDRE DU SAINT ESPRIT, ont été créés par Henry III. en 1578. Leurs ftatuts ont été imprimés en 1703. Ils font exempts des droits feigneuriaux, des acquêts par eux faits au fief immédiat du Roi. Mais fi l'héritage eft retiré fur le Chevalier par retrait lignager, le retrayant lui doit payer lefdits droits.

Voyez le Dictionnaire des Arrêts.

CHEVALIERS DE MALTHE. *Voyez* ce qui en eft dit dans le Dictionnaire de M. Brillon, & dans le Dictionnaire de Chaffes, lettre O, *verbo* Ordre de Malthe. Nous remarquerons feulement ici qu'ils ne peuvent, étant Profès, fuccéder ni en propriété, ni en ufufruit ; Louet & Brodeau, lettre C, ch. 8. le Brun en fon Traité des fucceffions, liv. 1. ch. 2. §. 2. nom. 15. & fuivans ; mais ils peuvent demander une penfion, qui ceffe quand ils font pourvus de Commanderies. L'abbé fur la Coutume de Berry, tit. 19. art. 36. le Grand fur la Coutume de Troyes, art. 105 glofe unique, nombre 28. & fuivans.

CHEVALIERS DU GUET, eft un Officier prépofé avec fes Archers à la garde de la Ville pendant la nuit. Il eft outre cela obligé de prêter main-forte à l'exécution des ordres & mandement des Magiftrats.

Le Chevalier du Guet du Châtelet de Paris avoit

Ll ij

voix délibérative , lorsqu'on jugeoit les prisonniers pris par sa Compagnie , comme il est porté en la Déclaration du 17. Novembre 1643.

Présentement à Paris il n'y a plus de Chevalier du Guet ; celui qui est à la tête de cette Compagnie , a le titre de Commandant.

Il y a encore des Chevaliers du Guet dans quelques Villes , comme à Lyon.

CHEVALIERS D'HONNEUR , sont des Conseillers du Roi, créés en chacun des Siéges Présidiaux du Royaume , pour y avoir séance en habit ordinaire l'épée au côté.

La création de ces Officiers est du mois de Mars 1691. Il en a été créé depuis dans les Cours souveraines au mois de Juillet 1702.

Ces Offices peuvent être lévés par des personnes qui ne sont point d'extraction noble , comme il est porté en la Déclaration du 8 Décembre 1703.

Ceux d'entre ces Officiers qui sont gradués , peuvent assister au Jugement des matieres criminelles , suivant la Déclaration du 8. Mai 1691.

CHEVET. On appelle droit de chevet, le festin que des Officiers donnent à leurs confreres quand ils se marient. Mais au lieu de repas, ce droit est aujourd'hui converti dans plusieurs compagnies en une certaine somme d'argent qui se partage entre tous les confreres.

CHEVOCHÉE , signifie la visite que sont obligés de faire certains Officiers dans l'étendue de leur ressort, & qu'ils sont ordinairement à cheval, comme les Elûs, pour faire l'assiette de la Taille , les Prévôt des Maréchaux , pour nettoyer la campagne des brigands ; les Trésoriers de France , pour voir si les chemins sont en bon état ; les Maîtres des Eaux & Forêts, pour conserver les Forêts du Roi.

CHEVROTAGE , est un droit que le Seigneur prend en quelques lieux sur chacun habitant en sa terre , à cause des chévres qu'il y nourrit.

Despeisses , tome 3. Traité des Droits seigneuriaux , tit. 6. sec. 11. dit que ce Droit consiste en la cinquieme partie d'un chevreau , soit mâle ou femelle , qui se paye annuellement au Seigneur.

CHEZE', est un terme dont il est parlé dans les Coutumes de Tours , articles 248. 261. 273. 297. Loudunois, chap. 27. art. 4. & 5. chap. 28. art. 3. le Maine , art. 335.

Il signifie un certain espace de terre autour du Château ou de la Maison noble qui est en fief. Cet espace est en quelques endroits de deux arpens, & en d'autres de quatre. Dans l'art. 4. du ch. 27. de la Coutume de Loudunois, le chezé est appellé le vol du chapon. Voyez ce qui en est dit dans le Glossaire du Droit François.

CHICANE , est l'abus qu'un Plaideur fait des procédures judiciaires , en les employant pour reculer le Jugement, ou pour surprendre les Juges & tromper les Parties. Voyez Dolive , liv. 1. chap. 38. & Expilly , ch. 14.

CHICANEUR , est un Plaideur de profession qui se plaît dans les procès , & qui par la longue habitude qu'il a de plaider , est venu au point d'employer les finesses & les ruses pour allonger les pro-

ces, & offusquer la vérité , en un mot, pour gagner par la forme ce qu'il devroit perdre par le fonds.

Il suffit d'être parent , ami ou voisin de ces sortes de gens, pour se trouver dans la nécessité de plaider , quelqu'aversion qu'on ait pour le procès. Voyez ce que j'ai dit , verbo Plaideur.

CHIFRE , est un caractere qui sert à exprimer quelque nombre.

Il y a trois sortes de chiffres ; sçavoir , l'Arabe, le Romain & le chiffre de Finance.

Le chiffre Arabe est celui dont on se sert dans l'Arithmétique ordinaire , qui se fait ainsi ; 1. 2. 3. 4. 5 6. 7. 8. 9. 10. &c.

Le chiffre Romain est celui qui se marque par certaines lettres de l'alphabet.

Les Romains n'avoient que cinq figures pour marquer les nombres ; sçavoir I, qui montre & désigne un , & qui se peut repeter jusqu'à quatre fois ; V , qui vaut cinq , X , qui signifie dix, & qui se peut repeter jusqu'à quatre fois ; L , qui signifie cinquante , & ne peut se repeter sinon en cette façon, LXL , pour signifier quatre-vingt-dix ; & C , qui signifie cent , & se peut repeter jusqu'à quatre fois.

L'origine de ce chiffre vient de ce que l'on a compté d'abord par les doigts ; de sorte que pour marquer les quatre premiers nombres, on s'est servi des I qui les représentent ; & pour le cinquieme on s'est servi d'un V. qui représente une main : en rabaissant les doigts du milieu , & en montrant simplement le pouce avec l'index ; & pour le dixieme on s'est servi de l'X , qui est un double V , dont il y en a un renversé & mis au dessous de l'autre. De-là vient que la progression dans ces nombres est toujours d'un cinq , puis de cinq à dix. Le nombre cent fut marqué par la lettre capitale C.

On a depuis ajouté au chiffre Romain deux lettres ; sçavoir , le D , qui vaut cinq cents , & l'M. qui vaut mille. Ainsi il y a présentement sept lettres de l'alphabeth qui servent à cette sorte de nombre.

CHIFFRES , ou NOMBRES ROMAINS , DEPUIS UN JUSQU'A MILLE.

I.	1.	XX.	20.
II.	2.	XXX.	30.
III.	3.	XL.	40.
IV.	4.	L.	50.
V.	5.	LX.	60.
VI.	6.	LXX.	70.
VII.	7.	LXXX.	80.
VIII.	8.	XC.	90.
IX.	9.	C.	100.
X.	10.	CC.	200.
XI.	11.	CCC.	300.
XII.	12.	CCCC.	
XIII.	13.	ou CD.	400.
XIV.	14.	D.	500.
XV.	15	DC.	600.
XVI.	16.	DCC.	700.
XVII.	17.	DCCC.	800.
XVIII.	18	CM.	900.
XIX.	19.	M.	1000.

Un I. montre & défigne un, & il fe peut repeter jufqu'à quatre fois.

Un V. eft pris pour cinq.

Un X. fignifie dix, & fe peut repeter jufqu'à quatre fois.

Une L. fignifie cinquante, & ne fe peut repeter qu'en cette maniere . LXL, pour fignifier quatre-vingt-dix.

Un C, fignifie cent : & peut fe repeter jufqu'à quatre fois.

Un D. fignifie cinq cens.

Une M. fignifie mille.

Lorfqu'il y a un petit nombre devant un plus grand, cela dénote qu'il faut retrancher de la valeur de ladite lettre : ce qui fe fait aux nombres IV. IX. XL. XC. & autres.

Le chiffre de Finance dont on fe fert au Palais dans les taxes de dépens, & dans les comptes à la chambre des comptes tient un peu du chiffre Romain : en voici les figures.

i.	1.	x.	10.
ij.	2.	xj.	11.
iij.	3.	xb.	15.
iiij.	4.	xx.	20.
b.	5.	xl.	40.
bj.	6.	l.	50.
bij.	7.	iiijxx.	80.
biij.	8.	c.	100.
ix.	9.	g.	1000.

CHIFRER DES PARTIES , c'eft mettre les fommes au bas de chaque page.

CHIFFRER UN REGISTRE , c'eft mettre un chiffre ou numero au haut de chaque page.

CHIFFRES EN FAIT D'ÉCRITURE. Si ce qui eft écrit en chiffres a une fignification certaine , & dont les Parties conviennent, il faut le regarder comme une écriture privée qui peut faire preuve , ou un commencement de preuve par écrit, fuivant les occafions. Mais fi la fignification des chiffres eft conteftée, en ce cas toute cette écriture eft regardée comme non faite , & ne produit aucun effet. *Leg. 2. de his quæ pro non fcriptis habentur.*

Voyez le Traité de la preuve par témoins, feconde partie, chap. 1. aux additions.

CHINAGE ou CHEMAGE , eft un droit qui fe paye dans quelques Coutumes, à raifon des charrettes qui paffent dans un bois.

CHIROGRAPHAIRE. Créancier chirographaire eft celui qui n'a point de reconnoiffance authentique de fa dette , & qui n'en a qu'un billet fous feing privé.

Une telle créance n'eft pas exécutoire, & n'emporte point hypothéque , comme celles qui font paffées pardevant Notaires.

CHIRURGIE , eft l'art de guérir les maladies du corps de l'homme par l'application méthodique de la main. Ainfi un Chirurgien doit fçavoir l'Anatomie contre les maladies qui ont befoin de l'opération de la main . & la maniere de les guérir.

La Chirurgie faifoit autrefois partie de la Médecine, & il a été un tems où un homme étoit Médecin, Apothicaire & Chirurgien. Sur ce fondement, les Chirurgiens demanderent d'être admis dans l'univerfité de Paris , dont la Médecine fait l'une de fes quatre facultés : ce que l'Univerfité leur refufa , fous prétexte que leur art tient un peu de la cruauté.

Cela fit qu'ils s'affocierent en confrairie , fous la protection de S. Côme & de S. Damien : ce qui fait que felon leur inftitution ils font obligés de panfer gratuitement , le premier Lundi de chaque mois , ceux qui fe préfentent , & qui ont befoin de leur fecours.

Ce mot *Chirurgien* vient d'un terme grec χυ-ρργος *quæ vox fignificat hominem qui manu operatur opus quod mente dirigit.*

La Chirurgie eft un art très-néceffaire aux hommes pour rétablir leur fanté dans une infinité d'occafions , où ils feroient en danger de mourir des maladies ou des accidens dans lefquels ils n'ont que trop fouvent le malheur de tomber. Mais pour que cet art leur foit utile , il faut que ceux qui en font profeffion , fe foient mis en état de s'en bien acquitter : & pour cela, il faut qu'ayant acquis la maîtrife après un long apprentiffage , ils ayent dans tout ce qu'ils font beaucoup de fageffe , beaucoup d'attention & beaucoup d'adreffe.

L'Ordonnance de Blois , art. 87. porte qu'il ne fera paffé aucun Maître Chirurgien ès Villes où il y aura Univerfité , que les Docteurs-Régens en Médecine ne l'ayent approuvé.

Les Réglemens de Police ordonnent qu'aucunes perfonnes ne pourront exercer la Chirurgie dans la Ville & Fauxbourgs de Paris , foit en boutique , en chambre , ou autres lieux particuliers privilégiés, ou prétendus privilégiés , pour quelque caufe ou occafion que ce foit, s'ils ne font membres de la communauté des Maîtres Chirurgiens de Paris , & reçus ou aggrégés en icelle ; qu'ils feront deux années d'apprentiffage , & ferviront les Maîtres pendant fix autres ; que ceux qui défireront parvenir à la Maîtrife , n'y feront admis qu'après avoir fait le grand chef-d'œuvre , qui fera compofé d'un acte pour l'immatricule d'une tentative , d'un premier examen , & de quatre autres, dont le dernier fera fuivi de la preftation de ferment.

Quand un Chirurgien par une faignée mal-faite , ou par des remédes peu convenables , a fait mourir quelqu'un , ou l'a eftropié , il femble que le Chirurgien ne peut pas être pourfuivi en Juftice pour raifon de ce ; puifque la Loi 108. *ff. de regulis Juris,* porte que dans tous les Jugemens pénales ont fait grace à l'âge & à l'imprudence. Mais il faut remarquer qu'il y a dans cette Loi la particule *ferè,* qui fait connoître que fa décifion n'eft pas indiftinctement vraie. Or il y a un cas où l'imprudence n'eft pas excufable ; c'eft quand un homme fait profeffion d'un art qu'il ignore : *imprudentiæ Artificis non fuccurritur , quia unufquifque peritiam in arte fuâ præftare debet ; quamobrem fi quis per imperitiam in arte fuâ alicui nocuerit , tenebitur ; fiquidem imperitia culpæ annunciatur. Leg. 132. ff. de regulis Juris.*

Ainfi , quand un Chirurgien ou un Apothicaire ,

par impéritie , ou par méprise , cause la mort à quelqu'un ou l'estropie , ce fait est regardé comme un quasi délit, qui ne se punit que par une condamnation de dépens , dommages & intérêts , & non pas de peine afflictive , parce qu'autrement personne ne voudroit se mêler d'une profession si hasardeuse.

CHOIX. *Voyez* Opinion.

CHOSE. Ce terme , en tant qu'il est pris pour un des trois objets du Droit , signifie tout ce qui est distinct des personnes & des actions.

La premiere division des choses se fait en celles qui sont dans notre patrimoine , & celles qui n'y sont pas.

Les choses qui sont dans notre patrimoine , sont celles qui sont de nature à pouvoir appartenir aux Particuliers , & qui se peuvent acquérir par les manieres introduites & autorisées par les Loix. Sur quoi *voyez* ce que j'ai dit dans ma Traduction des Institutes , au tit. 1. du second livre.

Les choses qui sont hors le patrimoine , sont celles qui par leur nature ne peuvent pas s'acquérir par des Particuliers , & sont hors le commerce des hommes. Ces choses, conformément au Droit Romain , sont ou communes , ou publiques , ou appartenantes à des corps & communautés, ou de droit divin.

Les choses se divisent en celles qui sont corporelles , & celles qui sont incorporelles , dont il est traité au second titre du second livre des Institutes.

Par le Droit commun de la France , les choses qui sont le second objet du Droit , se divisent , tant en Pays de Droit écrit , qu'en Pays coutumier , en meubles & immeubles.

Nous allons donner une idée générale de toutes ces choses, afin que l'on puisse connoître du moins de quelles sont , & de quelle maniere les contestations qui peuvent naître à leur occasion , se doivent décider.

CHOSES COMMUNES , sont l'air , l'eau des fleuves & rivieres , la mer & ses rivages.

Ces choses sont appellées communes , parce que n'ayant pas pû entrer dans la division qui s'est faite par le droit des Gens , elles sont demeurées dans leur état naturel , & l'usage en est resté commun ; ensorte que la propriété n'en appartient à personne.

Pour ce qui est de l'air , & de l'eau de fleuves ou de rivieres , appellée en Droit *aqua profluens ,* les Princes ne peuvent empêcher que ces choses ne soient communes.

Mais pour ce qui est de la mer & de ses rivages, quoique personne n'en puisse prétendre la propriété , néanmoins ceux qui sont puissans , en peuvent empêcher l'usage.

Ainsi l'usage de la mer en France , tant pour la navigation que pour la pêche , est commun à tous les hommes, & ne peut être empêché. Il n'y a dans ce Royaume que le Roi qui puisse faire équiper des Vaisseaux & les mettre en mer. Personne ne peut non plus avoir des salines , sans l'autorité de Sa Majesté. Ce sont des droits que les Rois se sont réservés , & qui sont des marques de leur souveraineté.

Voyez ce que j'ai dit sur le §. 1. & suiv. du tit. 1. du second livre des Institutes.

CHOSES PUBLIQUES , sont celles dont la propriété appartient au Peuple à qui sont les terres dans lesquelles elles se trouvent situées, & dont l'usage est commun à tous les hommes.

Ces choses sont ainsi appellées , parce qu'elles appartiennent en particulier à un certain Peuple , sçavoir , les rivieres & leurs bords.

Mais ce qui appartient en propriété au Peuple suivant les Loix Romaines , appartient au Roi dans ce Royaume , parce que le Roi est aux droits du Peuple. Ainsi la propriété des fleuves & des rivieres qui portent bâteau ; appartient au Roi dans l'étendue de son Royaume , & le droit d'y pêcher n'appartient pas à tout le monde.

Voyez ce que j'ai dit sur le §. 2. & sur le 4e. du tit. 1. du second livre des Institutes.

CHOSES DES COMMUNES , sont celles dont la propriété appartient à quelque Communauté , & dont l'usage est dû à tous ceux qui la composent. Tels sont les théâtres qui sont dans les Villes , les lieux destinés à la course, & autres semblables.

Voyez ce que j'ai dit sur le §. 6. du tit. 1. du second livre des Institutes.

CHOSES DE DROIT DIVIN , sont celles qui n'appartiennent à personne , & qui ne peuvent pas tomber dans le patrimoine des Particuliers ; comme sont les choses sacrées , les choses religieuses , & les choses saintes.

CHOSES SACRÉES , sont celles qui sont consacrées à Dieu avec les solemnités prescrites ; comme les Temples , les vases sacrés , & les autres choses solemnellement consacrées.

Voyez ce que j'en ai dit sur le §. 8. du tit. 1. du second livre des Institutes.

CHOSES RELIGIEUSES , sont les lieux qui servent à la sépulture d'un cadavre , & dont il n'est pas permis aux hommes de faire aucun usage profane , suivant ce qui est dit au §. 9. du même titre.

On a vécu pendant long-tems à Rome dans l'habitude de se choisir un lieu pour se faire inhumer. La partie de l'héritage qui servoit de sépulture , étoit hors le commerce des hommes , & cet endroit devenoit religieux & reveré.

Mais parmi nous la sépulture se fait dans les Cimetieres ou dans les Eglises. Ainsi , celui qui feroit inhumer un corps mort dans un lieu qui lui appartiendroit , ne le rendroit pas religieux pour cela. Ce qui fait voir que la disposition de ce §. n'a pas d'application à notre usage.

CHOSES SAINTES , sont celles que les Loix mettent à l'abri de l'injure des hommes , en établissant des peines contre ceux qui les violent , & manquent au respect qui leur est dû. Telles sont les murailles & les portes des Villes , la personne du Souverain , celles des Ambassadeurs , & les Loix , que l'on ne viole pas impunément.

Voyez ce que j'ai dit sur le §. 20. du titre 1. du second livre des Institutes.

CHOSES CORPORELLES , sont celles qui tombent fous les fens, c'eft-à-dire, qui font les objets de nos fens, de notre vue & de notre attouchement ; comme un fonds, une maifon, un habit, & autres chofes femblables.

CHOSES CORPORELLES, font ou fongibiles, ou non fongibiles.

Les fongibiles font celles qui ne font pas de corps certains & déterminés, & qui confiftent en quantité, & fe reglent par poids, par nombres & par mefures ; comme du bled, du vin, de l'huile, & autres chofes femblables ; elles fe confument par l'ufage, & ne périffent point, mais peuvent être repréfentées & remplacées par d'autres de même nature.

Les chofes non fongibiles font celles qui confiftent en efpéce, c'eft-à-dire, en un corps certain & déterminé, & qui ne fe confument pas par l'ufage, mais qui périffent ; de maniere qu'elles ne peuvent être repréfentées ni remplacées par d'autres de même nature ; comme une maifon, un cheval, &c.

Voyez ce que j'ai dit fur le tit. 2. du livre fecond des inftitutes.

CHOSES INCORPORELLES, font celles qui ne tombent point fous les fens, qu'on ne peut voir & qu'on ne peut toucher, mais que nous concevons feulement par l'entendement, & qui confiftent en droit, que nous diftinguons des chofes corporelles, defquelles néanmoins il entre des chofes corporelles ; comme font les fucceffions, les fervitudes des héritages, les obligations, les actions, & autres de femblable nature.

Quoique les chofes dûes par les obligations, & que les chofes dans lefquelles confifte une fucceffion ou une obligation, foient corporelles & matérielles, néanmoins l'obligation & la fucceffion font en elles-mêmes & par elles-mêmes regardées comme des droits incorporels, qui n'ont point d'autre exiftence que dans le Droit.

Ainfi, quand on dit que Titius eft héritier de fon pere, je conçois dans mon efprit qu'il repréfente fa perfonne, & qu'il eft fubrogé dans tous les droits qu'il avoit au jour de fon décès, faifant abftraction des chofes dans lefquelles confifte la fucceffion.

CHOSES MOBILIAIRES, font celles qui fe peuvent tranfporter d'un lieu en un autre. *Voyez* Meubles.

CHOSES IMMOBILIAIRES, font celles qui ne fe peuvent point tranfporter d'un lieu en un autre. *Voyez* Immeuble, & ce que j'ai dit fur le titre 3. de la Coutume de Paris.

CHOSES LITIGIEUSES, peuvent en France être aliénées pendant le litige, & être prefcrites par un poffeffeur de bonne foi par dix ans.

Voyez Brodeau fur M. Louet, lettre L, chap. 19. & Dargentré fur la Coutume de Bretagne, art. 265. chap. 3. nomb. 5.

CHOSES DOUTEUSES, font celles dont l'incertitude fufpend d'abord ce que l'on en doit penfer, & qui fe doivent décider, après une mûre délibération, fuivant ce que la raifon & l'équité femblent fuggérer.

Voici les principales régles que les Loix Romaines nous fourniffent pour diffoudre les difficultés &

les ambiguités qui peuvent fe rencontrer dans les faits, dans les contrats & dans les dernieres volontés.

Le doute qui provient des faits, fe doit lever par des préfomptions tirées de quelque raifon du droit.

Par exemple, lorfqu'un pere ou une mere meurt avec fon fils dans un même naufrage ou dans un même incendie, le fils eft préfumé avoir furvécu fon pere ou fa mere, s'il eft parvenu à l'âge de puberté ; mais avant cet âge il eft cenfé être décédé le premier, à moins que les Parties intéreffées ne prouvent le contraire. Leg. 10. ff. de reb. dub.

La raifon eft, que les enfans impuberes font cenfés moins robuftes & moins en état de réfifter à une mort arrivée par violence, que des perfonnes qui ont déjà quelque âge.

Au contraire, quand les enfans font parvenus à leur puberté, on préfume qu'ils ont eu plus de force ce que leurs peres & meres pour réfifter à une pareille mort. Leg. 23. 24. ff. de reb. dub.

Ce que nous venons de dire à l'égard des enfans qui font péris dans le même tems que leurs peres & meres, eft obfervé en France fous la diftinction qui fe trouve dans les Loix Romaines, à moins qu'il n'y ait quelque raifon particuliere qui faffe préfumer qu'un enfant impubere a furvécu fes peres & meres, comme dans l'efpéce d'un Arrêt dont fait mention Charondas., liv. 5. rép. 52.

Voyez les Arrêts des 9. Février 1626. & 10. Mai 1655. qui font rapportés dans le Journal des Audiences. *Voyez* auffi ce qui eft dit ici fous le mot de Commorientes.

Pour décider les faits douteux, on fe fert auffi de préfomptions tirées de la vraifemblance, *ut apparet ex laudatis* ; Leg. 10, 23. & 24. ff. de reb. dub. ou de ce qui fe pratique ordinairement en occafion pareille à celle qui fe préfente à décider. Leg. 114. ff. de regul. Juris : ad quam vide Cujacium.

Au défaut de préfomptions, il faut fuivre ce que l'équité nous fuggere : *In ambiguis rebus humaniorem fententiam fequi oportet.* Leg. 10. §. 1. ff. de reb. dubiis. Semper in obfcuris quod minimum eft fequimur, Leg. 9. ff. de regul. Juris.

A l'égard des régles qui fervent à fe déterminer fur les doutes qui fe rencontrent dans les contrats, voici les principales.

Toutes fois que dans un acte il fe trouve quelques termes ambigus ou obfcurs, l'équité veut qu'on préfere l'interprétation qui les favorife, à celle qui pourroit en diminuer ou en affoiblir la force. Leg. 18. ff. de reb. dub.

Dans les contrats de vente ou dans les baux, lorfqu'il fe rencontre quelque claufe ambiguë ou obfcure, l'interprétation s'en fait toujours au défavantage du vendeur ou du bailleur à bail, d'autant qu'il a dépendu d'eux d'expliquer leur intention plus clairement. Leg. 39. ff. de pact.

Ce qui fe trouve obfcur dans les ftipulations, s'interprète auffi toujours au defavantage du créancier. Leg. 26. ff. de reb. dub.

Pour ce qui eft des difpofitions de derniere volonté, tout ce qui s'y trouve obfcur & mal rédigé, reçoit toujours une favorable interprétation, qui tende à faire valoir autant qu'il eft poffible, la volonté du défunt. *Leg. 24. ff. de reb. dub. Leg. 12. ff. de reg. Juris.*

CHOSES IMPOSSIBLES, font celles à qui la Nature ou les Loix fervent d'obftacle : *quia quæ probrofa funt & legibus prohibita, viro probo impoffibilia videntur.*

Voyez ce qui en eft dit ici, *verbo* condition.

CHOSES DE PURE FACULTÉ, font celles dont la Loi nous donne expreffement le droit de nous fervir, fans nous y aftreindre; enforte que nous avons une entiere liberté d'ufer ou de ne pas ufer de la faculté que la Loi nous en donne. C'eft ce qui fait que ces fortes de conceffions ne peuvent jamais être prefcrites, fautes par celui à qui elles font accordées par la Loi, de s'en être fervi. *Quæ funt meræ facultatis, nullo poffunt temporis fpatio præfcribi. Cap. ut privilegia, extrà de privilegiis.*

En général les chofes de pure faculté font celles qui procedent de la nature ou de la loi, & qui ne tirent pas leur fource de quelque contrat ou obligation; de forte que le pouvoir de fe fervir d'une telle faculté réfide purement & fimplement en la volonté de celui à qui elle eft accordée *jure dominii*, & ne fe peut prefcrire par quelque tems que ce foit; comme le droit de bâtir fur fon fonds, & d'élever fon bâtiment à quelque hauteur qu'il plaît au propriétaire de ce fonds. *Leg. ult. cod. de fervit. & aqua.* Il en eft de même du droit de faire des vûes droites fur fon voifin, en mettant fix pieds de diftance entre ladite vûe & l'héritage de fon voifin, fuiv. l'art. 202. de la Coutume de Paris.

La raifon pour laquelle les chofes de pure faculté ne peuvent jamais être prefcrites par quelque tems que ce foit, eft que quand la nature ou la loi permettent de faire quelque chofe fans la participation de qui que ce foit, le titre en eft perpétuel, auffi-bien que le pouvoir qu'elle en donne. Ainfi la caufe de ce droit fubfiftant toujours, il peut être mis à exécution, quelque tems que l'on ait laiffé paffer fans s'en fervir : *Sic viam publicam, non utendo, amittere non poteft, quia per viam publicam commeare, res eft meræ facultatis; res autem meræ facultatis in præfcriptionem non cadunt. Bart. & alii Doctores, ad leg. 2. ff. de viâ public. & itinere public. refic.*

Il n'en eft pas de même des chofes qui font fondées fur la convention des Parties, & qui par conféquent ne font pas de pure faculté; car quoique les Partiesne fe foient point expliquées touchant le tems de leur exécution, toutes ces facultés indéfinies fe prefcrivent par trente ans entre âgés & non privilégiés; parce que dans ce tems l'accompliffement du contrat ou de la convention doit être fait, autrement on eft déchu de fon droit & on n'eft plus recevable à s'en fervir. *Leg. 3. cod. de præfcript. 30. vel 40. annorum.* Ces actes qui defcendent d'une convention, *funt jus à contractu uteri ab altero debitum, ex quo nafcitur actio in perfonam, quæ triginta annorum fpatio præfcribitur; fed quæ funt meræ facultatis jure dominii nobis competunt, & infunt propriis dominiis : proinde nullo temporis fpatio poffunt præfcribi.*

Voyez Coquille fur l'art. 9. du tit. des maifons & fervitudes de la Coutume de Nivernois; Pou-

tanus fur les art. 5. & 63. de la Coutume de Blois; & Henrys, tom. 1. liv. 4. chap. 6. queft. 89.

CHOSES JUGÉES, font celles qui ont été décidées par des jugemens rendus en dern'er reffort, ou par des Sentences dont il n'y a point eu d'appel, ou dont l'appel n'eft pas recevable, foit que les Parties y euffent formellement acquiefcé, ou qu'elles n'en euffent pas interjetté appel dans le tems prefcrit, ou que l'appel fût déclaré péri, fuivant l'article 5. du titre 27. de l'Ordonnance de 1667.

Il y a donc beaucoup de différence entre ce que l'on appelle Sentence, & ce que l'on nomme chofe jugée. La Sentence eft la caufe, & la chofe jugée eft l'effet de la Sentence; car la Sentence eft la prononciation & la décifion du différend qui eft entre les Parties, faite par le Juge felon les formalités réquifes : mais la chofe jugée eft le jugement contre lequel on ne peut fe pourvoir, *quod proinde paratam habet executionem;* c'eft-à-dire, qu'il n'y a qu'à le mettre à exécution, & qu'il faut y obéir. *Leg. 1. cod. de re judicata : Etenim Sententia indubitata quæ nullo remedio appellationis vel fupplicationis poteft attentari, res eft judicata, quæ pro veritate habetur; leg. 207. ff. de reg. Jur. leg. 25. §. 1. ff. de cond. indeb.*

La chofe jugée fait tellement droit entre les Parties, qu'elle ne peut être caffée fous prétexte de piéces nouvelles recouvrées, ou d'autres preuves. *Leg. fub. prætextu cod. de tranfact.*

Je dis, *entre les Parties;* car à l'égard de toute autre perfonne qui n'a point été Partie dans la conteftation, *res judicata jus non facit, quia res interalios acta vel judicata aliis non nocet, ut deciditur in titulo* 60. *Libri feptimi Codicis; & in leg. 1. ff. de except. rei jud.*

Suivant ce que nous venons de dire, & fuivant ce qui eft porté en l'art. 12. du tit. 27. de l'ordonnance de 1667. non-feulement les jugemens rendus en dernier reffort ont force de chofe jugée, mais encore ceux qui font rendus par des Juges inférieurs lorfque le tems accordé pour fe pourvoir contre, s'eft écoulé fans qu'on en ait interjetté appel : car alors la Sentence paffe en force de chofe jugée, enforte qu'on ne peut plus fe pourvoir contre.

Voyez Sentence paffée en force de chofe jugée. *Voyez* auffi Tems accordé pour interjetter appel. Enfin *voyez* Tierce oppofition & tiers oppofans.

C I

CIRCONSTANCES, font les incidens & les particularités qui accompagnent un fait : à quoi un Juge doit faire attention, fur-tout en matiere criminelle.

Les circonftances font fouvent la caufe qu'une même affaire eft jugée diverfement : *Circunftantiæ magnam inducunt Juris diverfitatem; leg. 52. §. 2. ff. ad. leg. Aquil. leg. 31. ff. de excufationib. tutor.*

Cette régle a lieu dans les matieres civiles, mais fur-tout dans les matiéres criminelles, dans lefquelles les circonftances augmentent ou diminuent

nuent confidérablement l'atrocité d'un crime, & par conféquent la peine dont le coupable doit être uni. *Leg.* 7. §. *ult. ff. de injur. leg.* 4. *cod. eod. & leg.* 10. *cod. de Epifcop. & Cler.*

Voyez ce que j'ai dit, *verbo* Injure.

CIRCONSTANCES, fignifient quelquefois les demandes incidentes & les fuites d'une affaire.

Ainfi on dit qu'un procès eft renvoyé en une autre Jurifdiction avec toutes fes circonftances & dépendances, pour dire qu'il eft renvoyé avec toutes les parties & interventions, & toutes les queftions qui en dépendent ou qui en peuvent naître.

CIRCONSTANCES ET DEPENDANCES, fignifient auffi quelquefois tout ce qui eft adjacent ou accessoire à une maifon, à une terre, ou à une Seigneurie.

CITATION, eft l'ajournement qui eft donné par un Apariteur, en vertu d'un mandement verbal ou par écrit du Juge d'Eglife.

Comme les Juges d'Eglife n'ont Jurifdiction fur les Laïques qu'en certains cas, pour éviter les contentions qui arrivoient entre la Jurifdiction royale & la Jurifdiction eccléfiaftique, l'Ordonnance de Louis XII. de l'an 1512. art. 46. & celle de François I. à Ys-fur-Thile, du mois d'Octobre 1525. chap. 12. art. 26. enjoignent à tous Juges Eccléfiaftiques d'exprimer dans toutes les citation qui feront par eux octroyées, les caufes d'icelles, afin qu'on puiffe fçavoir fi la connoiffance de l'affaire dont il s'agit leur appartient ; & reciproquement elles défendent aux Juges laïques de décerner aucunes inhibitions, fans avoir vû la citation, & fans exprimer dans ces inhibitions qu'elles en font les caufes.

CITATION, fignifie auffi une allégation de quelque Loi, de quelque autorité, ou de quelque paffage, pour prouver quelque chofe.

Comme les citations du Droit fe font ordinairement en abrégé, & fouvent par des fimples notes, nous avons cru devoir mettre ici les principales.

CITATION DU DROIT
CIVIL.

Ap. Juftin. ou *Inftitut.* Aux Inftitutes.
D. ou *ff.* Aux Digeftes.
Cod. ou *C.* Au Code.
Auth. Dans l'Authentique.
Leg. ou *L.* Dans la Loi.
Leg. ult. Dans la Loi derniere.
§. ou *parag.* Au Paragrafe.
Novel. Dans la Novelle.
Cod. Theodof. Au Code Théodofien.
Arg. Leg. Par Argument de la Loi.
Glof. Dans la Glofe.
H. t. En ce Titre.
Eod. tit. Au même titre.
In p. ou *in prin.* Au commencement.
In f. A la fin.

Tome I.

CITATIONS DU DROIT
CANON.

Ap. Bon. Dans le Sexte.
Ap. Greg. IX. Dans les Décretales.
C. ou *Can.* Au Canon.
Cap. Au chapitre.
Cauf. Dans une Caufe de la feconde partie du Décret.
Clem. Dans une Clementine, ou dans un tel chapitre de la Collection de Clement V.
De Conf. Dans la troifieme partie du Décret qui traite de la Conférration.
De Pæn. Au Traité de la Pénitence, qui eft dans la feconde partie du Décret.
Dift. Dans une Diftinction du Décret de Gratien.
Ex. ou *Extra.* Dans les Décretales de Gregoire IX.
Extravag. Joan. XXII. Dans une Conftitution de Jean XXII.
In Extravag. comm. Dans les Extravagantes communes.
In fexto, ou *in 6.* Dans la Collection de Boniface VIII. appellée le Sexte.
Q. qu. ou *queft.* Queftion.
℣. ou *Verf.* Au Verfet.

CITER, eft appeller quelqu'un en Juftice par le miniftere d'un Officier public.

En Jurifdiction féculiere, c'eft un Huiffier ou Sergent qui a cet emploi ; & dans la Jurifdiction eccléfiaftique, c'eft un Apariteur, qui faît à l'Officialité la fonction des Huiffiers ou Sergens des autres Jurifdictions.

CITOYENS, font les Habitans d'une Ville, & qui jouiffent des privileges de Bourgeoifie.

Voyez Bourgeoifie.

CIVIL, fe dit de ce qui regarde la police, le bien public, & le repos des Citoyens. Ce terme fe dit auffi des Loix qui font établies au regard de la fociété des hommes. Enfin il fe dit particuliérement des Loix Romaines, qu'on appelle le Droit civil, qui eft oppofé au Droit canon, au Droit municipal & coutumier.

CIVIL, en termes de palais, eft la procédure ordinaire qu'on fait en matiere civile, & où il ne s'agit que d'intérêt pécuniaire : ce qui eft oppofé à criminel.

CIVILISER, c'eft recevoir les Parties en procès ordinaire, fur une procédure qui étoit auparavant inftruite criminellement.

Cette converfion du procès criminel ou extraordinaire en ordinaire, fe fait pour diverfes caufes, & à la charge de pouvoir reprendre la voie extraordinaire, fi la matiere difpofée.

Ainfi, quoique la plainte forme un procès criminel, néanmoins l'affaire fe civilife quelquefois ou par rapport à l'affaire même, quand elle ne paroît pas de nature à être pourfuivie criminellement ; ou par rapport à la qualité des perfonnes qui pourfuivent, & contre qui fe font les pourfuites.

M m

Une affaire eſt civiliſée par rapport à l'affaire même lorſqu'elle eſt légere, & que le délit ne mérite point de peine corporelle, comme quand il s'agit d'injures ou d'excès qui ne ſont pas conſidérables ; auquel cas les Juges ne doivent pas même permettre d'informer, mais d'aſſigner les Parties, pour les régler à l'Audience, & y arbitrer la réparation ſur l'information qui n'aura pas été décrétée.

Mais ſi l'information a été décrétée, & que l'accuſé ayant ſubi l'interrogatoire, a pris droit par les informations, ou la Partie civile par les confeſſions de l'accuſé ; ſi le crime n'eſt pas attroce, & ne mérite pas de punition corporelle, il faut renvoyer les Parties à l'Audience, & les juger définitivement ſur le recit des informations.

Par exemple, en matiere de réintegrande, en matiere de bornes arrachées, lorſqu'il n'y a point eu de violence publique, ni d'excès commis avec armes, une telle affaire ne mérite pas d'être pourſuivie criminellement.

Une affaire eſt civiliſée par rapport à la qualité des perſonnes qui agiſſent, & contre qui ſe font les pourſuites, lorſque ce ſont des perſonnes entre leſquelles des raiſons particulieres rejettent toutes pourſuites extraordinaires, à moins que le cas ne ſoit très-grave.

Par exemple, ſi un procès criminel étoit intenté entre de proches parens, le Juge pourroit ſuivant l'exigence des cas & les circonſtances, civiliſer l'affaire. Quand le ſurvivant des conjoints eſt accuſé par les héritiers du prédécédé d'avoir recelé des effets de la ſucceſſion, ſur la plainte on informe, on décrete d'aſſigné pour être oui ; & après l'interrogatoire, le Juge civiliſe l'affaire, & ne paſſe point en ces ſortes de matieres au recollement & confrontation des témoins ; lorſque ce ſont des héritiers du prédécédé qui ſe plaignent.

Mais il faut dire le contraire, quand ce ſont des créanciers d'un Particulier qui ſe plaignent des récelés faits par la veuve & ſes enfans ; l'affaire dégénére alors en une eſpéce de banqueroute qui s'inſtruit criminellement juſqu'au jugement définitif.

Il nous reſte à obſerver ici, Iº. Que le Lieutenant criminel ne peut pas ſeul civiliſer un procès ; il doit le faire à la pluralité des voix. IIº. Que quand un procès a été civiliſé, le Juge ne peut plus condamner à une peine corporelle, mais ſeulement à une amende pécuniaire ; comme il a été jugé par Arrêt du Grand Conſeil le dernier Mars 1551. Cependant l'accuſé peut être privé de ſa Charge s'il eſt prouvé qu'il y ait délinqué.

Voyez Action civile & criminelle.

Voyez auſſi Converſion d'information en enquête.

C L

CLAIRIERES. Terme des Eaux & Forêts, qui ſignifie des lieux dans les Forêts qui ſont dégarnis d'arbres, ou qui n'y ſont guéres touffus.

CLAME, ſignifie en Dauphiné, la citation ou cri public que l'on fait d'un abſent ou coutumax. *Voyez* Expilly, chap. 109.

CLAMER, en Normandie ſignifie retirer un héritage par droit de proximité de lignage ; ce que nous appellons retrait lignager.

CLAMEUR DE HARO, ſignifie en Normandie une plainte, une demande que l'on fait de l'aide du Prince contre les forces & l'oppreſſion d'autrui.

Voyez Haro.

CLAMEUR D'HERITAGE, eſt en Normandie ce que nous appellons communément dans les autres Coutumes retrait lignager.

Voyez Baſnage ſur l'art. 451. & ſuivans de la Coutume de Normandie.

CLANDESTIN, ſe dit de tout ce qui ſe fait ſecrettement & en fraude.

Voyez Mariage clandeſtin.

CLANDESTINITÉ EN FAIT DE MARIAGE, ne forme un moyen valable de le faire déclarer nul, que quand on le prouve par des défauts de ſolemnités eſſentielles qui ſe trouvent avoir été omiſes par fraude. *Voyez* Mariage clandeſtin.

CLAUSE, eſt une addition contenant une diſpoſition particuliere qui eſt appoſée à un contrat ou acte de derniere volonté, pour en faire partie.

Ainſi, par rapport aux contrats, on entend par ce terme un pacte particulier & acceſſoire appoſé à une convention générale & principale, lequel en explique, étend ou reſtraint le cens & l'effet.

Voyez la Science parfaite des Notaires, livre ſecond, chap. 20. des clauſes & conditions appoſées dans les contrats.

Suivant ce que je viens de dire, une clauſe particuliere appoſée à un contrat, en explique, étend ou reſtraint le ſens & l'effet : ce qui provient de la liberté que les hommes ont d'appoſer aux contrats qu'ils paſſent, telles clauſes & conditions qu'ils jugent à propos ; & quand ces clauſes ſont ajoutées dans le contrat même, au tems qu'il ſe paſſe entre les contractans, elles ſont obligatoires & font parties du contrat, ſuivant la régle, *Pacta dant legem contractibus*.

Mais il faut pour cela que ces clauſes & conventions ne ſoient pas impoſſibles dans leur exécution, ni contre les bonnes mœurs, & qu'elles ne dérogent point au Droit public. Enfin il faut qu'elles ne ſoient pas directement contraires & oppoſées à ce qui eſt de la ſubſtance du contrat auquel elles ſont ajoutées.

Pour entendre ces derniers termes il faut faire attention, qu'il y a trois choſes dans les contrats ; ſçavoir, Iº. celles qui ſont de leur ſubſtance ; IIº. celles qui leur ſont naturellement inhérentes ; IIIº. celles qui leur ſont accidentelles.

Par exemple, il y a trois choſes qui ſont de la ſubſtance du contrat de vente, qui ſont le conſentement des Parties contractantes, la choſe qui eſt vendue, & le prix fixe & certain que l'acheteur en doit donner.

Les choſes qui ſont naturellement inhérentes à ce contrat ſont la garantie de l'éviction dont le vendeur eſt tenu, & la perte de la choſe vendue, que ſi-tôt que le contrat eſt parfait, tombe ſur l'acheteur, quand même elle ne lui auroit pas encore été livrée.

Les chofes qui font accidentelles à ce contrat, font celles qui ne s'y rencontrent qu'en vertu d'une convention particuliere, comme les arrhes, le pacte de la loi commiſſoire, & autres.

On ne peut point faire valablement de convention qui déroge à ce qui eſt de la ſubſtance d'un contrat *quia res non poteſt intelligi ſine ſuâ ſubſtantiâ*. De ce principe il s'enſuit, que ſi dans un contrat de vente les Parties étoient convenues que le prix de la choſe vendüe, ſeroit tel qu'il ſeroit défini par le vendeur ou par l'acheteur, il n'y auroit point de vente, parce qu'il eſt de la ſubſtance de ce contrat que le prix ſoit certain & déterminé entre les Parties. Or le prix qui eſt laiſſé à définir à l'arbitrage du vendeur ou de l'acheteur, n'eſt pas certain & déterminé ; ainſi dans ce cas il ne peut point y avoir de vente.

A l'égard des choſes qui font naturellement inhérentes à un contrat, il eſt libre aux Parties de s'en départir par une convention contraire, pourvû que ce qui eſt de la ſubſtance du contrat reſte dans ſon entier ; parce que les clauſes acceſſoires n'ont été inventées que pour interpréter, étendre & reſtraindre le ſens & l'effet des conventions principales auxquelles elles font ajoutées.

De ce principe il s'enſuit que ceux qui paſſent un contrat de vente, peuvent convenir que le vendeur ne ſera point tenu de la garantie de l'éviction, ou que l'acheteur ne ſera point reſponſable de la perte de la choſe vendue, au cas qu'elle vienne à périr avant qu'elle lui ait été livrée, ou même après, au cas qu'elle vienne à périr *intra certum tempus*.

Pour ce qui eſt des choſes qui font accidentelles aux contrats, elles ne font jamais ſous-entendues ; ainſi elles ne peuvent être admiſes, qu'il n'y en ait une convention expreſſe : c'eſt pourquoi on n'a beſoin de clauſe particuliere que pour y donner lieu, & il eſt inutile de faire aucune clauſe pour les exclure.

CLAUSE RESOLUTOIRE, eſt une convention particuliere, par laquelle on convient qu'un contrat demeurera comme non fait & réſolu, en cas que l'une des Parties n'exécute point ce à quoi elle s'eſt obligée. Nous avons un exemple de ces ſortes de clauſe dans le pacte commiſſoire, dont il eſt parlé ci-après, lettre P.

On met de la différence entre la réſolution d'un contrat & la nullité, en ce que la nullité fait qu'il n'y a jamais eu de contrat ; au lieu que la réſolution le fait ceſſer, & libere les contractans de l'obligation qu'ils avoient contractée.

Pour faire valoir la clauſe reſolutoire, & conſtituer en retard celui des contractans qui n'exécute pas ce à quoi il s'eſt obligé, il faut lui faire une ſommation ; & en cas qu'il conteſte, le faire contraindre en Juſtice, ou à exécuter, ou à conſentir la réſolution du contrat.

Comme les clauſes réſolutoires ne font jamais priſes à la rigueur, & ne paſſent que pour peines comminatoires, elles n'ont pas l'effet de reſoudre d'abord & de plein droit le contrat auquel elles

ont été appoſées par le défaut d'y ſatisfaire, il faut le faire ordonner en Juſtice. *Voyez* Louet & ſon Commentateur, lettre P, ſommaire 50. & M. Soefve, tome 2. cent. 1. chap. 6. *Vide etiam titulum codicis Comminationes epiſtolas, programmata, ſubſcriptiones, &c. & Mornacium, ad leg. 2. cod. de jure emphiteutico.*

Le Juge a même coutume d'accorder un délai pour exécuter ce qui a été promis ; ſi ce n'eſt que la choſe ne pût ſouffrir de retardement, comme ſi le vendeur manque de délivrer de la marchandiſe promiſe pour le jour d'un embarquement.

Quand un contrat a été réſolu, faute d'exécution de la part de l'une des parties, elles font remiſes toutes les deux dans le même état qu'elles étoient avant que d'avoir contracté : ſi c'eſt par exemple la vente d'un héritage qui ſoit ainſi réſolue, le vendeur rentre dans la poſſeſſion de cet héritage, comme s'il n'avoit jamais ceſſé d'y être ; mais celui qui a donné lieu à la réſolution du contrat, eſt tenu des dommages & intérêts que l'autre en a ſouffert.

CLAUSE PENALE, eſt une clauſe par laquelle on convient que ſi l'une des Parties n'accomplit pas une telle choſe dans un tel tems, elle payera le double, ou ſubira une telle peine.

Les clauſes penales, de même que les clauſes réſolutoires, ne font jamais priſes à la rigueur, & ne paſſent que pour comminatoires ; & on n'eſt jamais condamné à ſubir la peine, à moins qu'on ne ſoit en demeure d'accomplir la promeſſe que l'on a faite, *expectato judiciorum ſtrepitu, & multis variiſque certaminibus habitis.*

Voyez Henrys, tom. 1. liv. 4. ch. 6. queſt. 68.

CLAUSE PENALE AJOUTÉE A UNE DISPOSITION DE DERNIERE VOLONTÉ, doit être exécutée. Ainſi ceux qui ayant reçu quelque choſe de la libéralité du défunt, n'exécutent pas ſa volonté, doivent encourir la peine qu'il leur a impoſée, au cas qu'ils ne fiſſent pas ce qu'il leur enjoignoit ; à moins que ce ne fût une choſe impoſſible, ou contre les bonnes mœurs. *Voyez* Legs pénal.

CLAUSE CODICILLAIRE, eſt une clauſe appoſée au bas d'un teſtament par le teſtateur, par laquelle il déclare que ſi ſon teſtament ne peut pas valoir comme teſtament, il entend au moins qu'il vaille comme codicille.

Elle eſt conçue en ces termes, ou autres équipolens : *Si cette derniere volonté ne vaut pas comme teſtament, je veux qu'elle vaille du moins comme codicille, & de la meilleure maniere qu'elle pourra valoir.*

Cette clauſe peut être miſe dans toute ſorte de teſtamens, ſoit nuncupatifs ou ſolemnels. Sur quoi *voyez* Duperier, liv. 1. queſtion derniere.

L'origine de la clauſe codicillaire a été une ſuite naturelle des formalités embarraſſantes que le Droit Romain exigeoit pour la validité d'un teſtament ; car outre qu'il falloit qu'il fût fait en préſence de ſept témoins idoines, c'eſt-à-dire, citoyens Romains mâles & puberes, il falloit ſe ſervir dans les teſtamens de certains termes directs & impératifs, &c.

Cela faiſoit que les plus habiles avoient ſouvent

sujet de douter de la validité de leurs testamens. C'est pourquoi, pour empêcher qu'un simple défaut de formalités ne donnât atteinte aux dernieres volontés des mourans, ou introduisit la clause codicillaire, pour mettre les testamens à couvert de cet inconvénient.

Ainsi, lorsque dans le nombre des témoins il s'en trouvoit quelques-uns dont le témoignage dût être rejetté, pourvû qu'il en restât cinq idoines, le testament validoit, au moyen de la clause codicillaire.

L'effet de cette clause est, qu'un testament qui ne peut valoir comme testament, soit par le défaut de quelques formalités, soit par le défaut d'acceptation de l'hérédité de la part de l'héritier, vaille au moins comme codicille, lequel ne désire pas tant de solemnités; mais il faut toujours qu'un tel testament soit au moins revêtu des conditions requises dans les codicilles.

En vertu de la clause codicillaire, les héritiers *ab intestat*, sont donc tenus de payer les legs & les fidéicommis laissés dans un testament, qui ne peut avoir d'effet, parce que l'héritier institué a répudié la succession, ou est décédé avant le testateur.

La raison est, que pour faire valoir des dispositions particulieres de certains effets, il n'est pas nécessaire de faire un testament; il suffit de faire un codicille, sans qu'il soit besoin qu'il y ait une institution d'héritier qui subsiste. *Voyez* l'Arrêt rendu au Parlement de Paris le 10. Janvier 1796. rapporté dans le journal des Audiences.

Cette clause fut reçue si favorablement chez les Romains, que quoiqu'elle ne fût pas exprimée dans le testament, elle étoit néanmoins quelquefois suppléée, & on la présumoit de la volonté du testateur, quand on y remarquoit évidemment une extrème envie de sa part que sa derniere volonté subsistât; comme s'il avoit dit qu'il vouloit que son testament subsistât de quelque maniere que ce pût être; ou s'il avoit dit qu'en cas que ces dispositions ne pussent valoir comme un testament, il prioit & conjuroit ses héritiers *ab intestat* d'exécuter ses intentions.

Parmi nous, la clause codicillaire ne se supplée point; il faut qu'elle soit exprimée disertement. *Voyez* Henrys, tom. 1. chap. 6. quest. 5. tom. 2. liv. 5. quest. 24. 25. & 44.

Voici une espéce où l'on a prétendu qu'un testament ne pouvoit pas valoir comme codicille, en ce que la clause codicillaire n'étoit pas disertement exprimée. Une femme fait son testament, qui auroit été nul, par le défaut d'institution d'héritier; ensuite elle ajoute ces termes: *Veux & entends que le présent testament sorte son plein & entiereffet, tout ainsi que testament nuncupatif & ordonnance de derniere volonté peut & doit valoir, & par toute autre forme qu'il auroit effet.*

Il a été jugé en la troisieme Chambre des enquêtes, que ces termes renfermoient la clause codicillaire, & faisoient valoir le testament de la défunte, au moins comme codicille. L'Arrêt a été rendu contre l'avis du Rapporteur, le 25. Juin 1721.

Comme l'effet de cette clause est de faire valider comme codicille un testament, qui pour défaut de formalités ne pourroit valider comme testament, toutes les dispositions qui y sont exprimées en termes directs & impératifs, sont considérées comme des fidéicommis.

Cette interprétation a lieu, non-seulement pour les legs, mais encore pour les institutions d'héritier. Ainsi celui qui est institué héritier dans un testament nul, faute de quelque solemnité, quand ce testament est muni de la clause codicillaire, il est regardé comme un fidéicommissaire universel, & a droit de demander l'hérédité à l'héritier *ab intestat*, cette clause tenant lieu de fidéicommis universel.

Les héritiers *ab intestat* sont donc tenus de rendre l'hérédité à l'héritier institué par le testament, quoique nul, & ce *tanquam fideicommissum universale*, & en vertu de la clause codicillaire. *Voyez* Dolive, liv. 5. chap. 8. Ricard, des Donations, partie 1. chap. 5. sect. 3. nomb. 1418. Cambolas, liv. 3. chap. 41.

Il s'ensuit de-là, que cet héritier *ab intestat* peut déduire la Quarte Trébellianique; ce qui n'auroit pas lieu, si l'héritier se portoit héritier en vertu d'un testament fait dans toutes les formes.

Mais quand la clause est apposée à un testament que l'héritier trouve valable, il dépend de lui de se porter héritier en vertu du testament, ou de la demander à l'héritier *ab intestat*, en vertu de la clause codicillaire, comme en qualité de fidéicommissaire universel, à la charge de la Quarte Trébellianique.

Touchant la question, si la clause codicillaire peut charger les héritiers *ab intestat*, & si en ce cas ils peuvent distraire double quarte, *voyez* Henris tom. 1. liv. 5. chap. 4. quest. 33. & tome 2. liv. 5. quest. 24. 25. & 44.

De ce que la clause codicillaire ne supplée qu'aux formalités omises dans un testament, il s'ensuit qu'elle ne fait pas valider un testament qui est nul de plein droit pour quelqu'autre raison, comme pour défaut de volonté du testateur; parce que cette clause n'a pour fondement que la volonté du testateur, & ne peut confirmer ce qui n'est pas.

La clause codicillaire ne couvre donc point le défaut de volonté: d'où il s'ensuit qu'elle n'est pas capable de faire valoir un testament suggeré. Cambolas, liv. 2. chap. 6.

Cette clause codicillaire est fort pratiquée en Pays de Droit écrit, où le droit Romain a force de Loi. Mais comme en Pays coutumier nous ne distinguons guères les codicilles d'avec les testamens, cette clause codicillaire n'y est point en usage.

Voyez Testament, & ce que j'ai dit dans ma Traduction des Institutes sur le §. 1. du dernier titre du second livre. Au reste, voici ce que porte la nouvelle Ordonnance des Testamens au sujet des codicilles.

Art. 14. « La forme qui a eu lieu jusqu'à présent » à l'égard des codicilles, continuera d'être obser-

» vée ; & il fuffira qu'ils foient fait en fa préfence » de cinq témoins, y compris le Notaire ou Ta- » bellion. N'entendons pareillement déroger aux » Statuts & Coutumes qui exigent un moindre » nombre de témoins pour les codicilles.

CLAUSE DEROGATOIRE , en matiere de tefta- ment , eft une claufe , marque ou fentence inferée dans un teftament, avec déclaration faite par le teftateur , qu'il ne veut & entend qu'aucun tef- tament qu'il pourroit faire enfuite , foit valable & ait fon exécution, fi cette claufe dérogatoire n'y eft inferée.

Cette claufe fe dreffe ainfi : *Je veux & entends que ce teftament foit exécuté , & vaille , fans qu'il puiffe être révoqué par tout autre que je pourrois faire ci après , fi la claufe fuivante n'y eft inferée :* MON DIEU , AYEZ PITIÉ DE MOI.

L'Auteur des Loix civiles , au Traité des tefta- mens , tit. 1. fect. 5. fait voir que quoique les claufes dérogatoires foient beaucoup en ufage , ce- pendant elles étoient inconnues chez les Romains, & que ceux qui les ont inventées , ne fe font fon- dés que fur des conféquences tirées de quelques Loix , qui ne contiennent rien qui regarde ces fortes de claufes ; qu'au contraire l'effet qu'on y donne eft oppofé aux principes & aux difpofitions du droit romain, qui ne permettent pas qu'on fe pri- ve de faire de nouvelles difpofitions , & de chan- ger ou révoquer les premieres quand on le voudra. Cette claufe a été introduite comme une précau- tion affurée contre les teftamens qui pourroient être fuggérés , en ce qu'elle paroît conferver aux teftateurs la liberté de perféverer dans leurs tefta- mens , nonobftant les importunités de ceux qui fe pourroient trouver auprès d'eux , dans le tems que les approches de la mort les mettroit hors d'état de jouir pleinement de leur bon fens, & de re- fifter aux fuggeftions qu'on leur pourroit faire.

Cependant cette claufe peut avoir quelquefois un effet contraire , comme le dit l'Auteur des loix civiles à l'endroit cité ci-deffus , & empêcher les teftateurs de faire valoir leur derniere volonté. Voici comment. Ceux qui fuggerent les teftamens, peuvent fe fervir de ces claufes , & les faire ajou- ter au teftament qu'ils fe font faire, afin que les teftateurs ne s'en fouviennent plus dans la fuite, quand ils voudroient faire un autre teftament.

C'eft auffi ce qui fait que l'on voit quelquefois dans les teftamens , des claufes dérogatoires con- çues d'une maniere fi bizarre & fi extraordinaires qu'il n'eft pas poffible de les retenir. Deforte qu'il peut arriver très-aifément, qu'un teftateur qui a dans fon premier teftament ajouté une telle clau- fe , omette par oubli ou par ignorance d'en faire mention dans fon fecond teftament: auquel cas , l'effet de cette claufe eft de procurer à ce premier teftament fon effet, contre la volonté du teftateur.

Ainfi on peut dire que cette précaution des clau- fes dérogatoires a beaucoup plus d'inconvéniens que d'utilité , fans compter celui d'une infinité de pro- cès, que l'invention de ces claufes a ajoutés à tant d'autres , qui ne fuffifent que trop pour occuper les Juges , & troubler la paix des familles : & c'eft fur

ce fondement que plufieurs de nos meilleurs Auteurs fe font élevés contre , foutenant qu'elles ne font point conformes à l'efprit du Droit. Cependant l'ufage les a autorifées dans tous les Tribunaux du Royaume , & même dans les pays de Coutume.

Mais la réfolution des queftions qui réfultent de ces fortes de claufe , dépend prefque toujours des circonftances particulieres qui les accompagnent & eft par conféquent à l'arbitrage du Juge.

Quand les termes dans lefquels la claufe déro- gatoire eft conçue , font aifés à retenir , les der- niers teftamens dans lefquels cette claufe eft omi- fe , font auffi attaqués de fuggeftion ; & alors il y a lieu de prononcer la nullité de ces derniers tefta- mens , fur-tout quand il s'eft paffé peu d'intervalle entre le premier & le fecond teftament.

Il y a lieu auffi d'annuller le premier teftament pour omiffion de la claufe dérogatoire , lorfque le teftament poftérieur eft fait en faveur d'étrangers , & que le premier a été fait en faveur des héritiers préfomptifs du teftateur, & principalement fi ce font fes enfans.

Voyez touchant cette matiere , ce que j'en ai dit fur la Coutume de Paris , titre des teftamens , §. 7. & ce qu'en ont écrit M. Henris & fon com- mentateur, tom. 3. liv. 5. queft. 13. & au Plaidoyé 8. M. Louet , lett. R, fomm. 6. & Papon , liv. 20. tit. 1. nomb. 4.

Aujourd'hui aucune conteftation ne peut naître au fujet de tout ce que nous venons de dire des claufes dérogatoires , puifque l'ufage en eft entie- rement abrogé dans tous les teftamens & autres actes de derniere volonté , en quelques termes qu'elles foient conçues ; & ce par l'art. 76. de l'Or- donnance des teftamens du mois d'Août 1735.

CLAUSE *s'il vous appert*, eft toujours inferée dans les lettres de Juftice, & elle attribue la connoif- fance du fait au Juge auquel les Lettres font adre- fées ; comme dans les lettres de refcifion pour dol, le Juge doit connoître du dol ; & à moins qu'il ne foit prouvé , le Juge doit débouter l'impétrant de l'entérinement des Lettres par lui obtenues.

CLAUSE DE CONSTITUT DE PRECAIRE. *Voyez* Conftitut.

CLAUSE IRRITANTE , eft une claufe conçue en ces termes : *à peine de nullité* ; fous laquelle claufe une Ordonnance enjoint quelque chofe , & an- nulle tout ce qui feroit fait au contraire.

Quand la loi défend quelque chofe , & fe fert de termes prohibitifs , & négatifs , il n'eft pas be- foin de claufe irritante pour annuller ce qui fe trou- ve fait ou contraire , fuivant la Loi *Non dubium* , *cod. de leg*. Mais cette claufe eft néceffaire lorfque la Loi enjoint fimplement quelque chofe.

Voyez Termes prohibitifs & négatifs.

CLERC , eft celui qui eft tonfuré & deftiné à l'Etat Eccléfiaftique.

On entend néanmoins par Clerc celui qui eft dans les Ordres : mais ce n'eft pas ici le lieu de traiter de cette matiere. Nous en parlerons dans le Dictionnaire du droit canonique.

Nous remarquerons feulement ici que les clercs jouiffent d'un privilége qui leur eft particulier, qui eft appellé privilege de Cléricature. *Voyez* ce que j'en dis, lett. P.

CLERC, eft auffi une efpéce de commis ou de fcribe, qui fert à écrire chez les Gens de Juftice ou de pratique.

Cela eft fi vrai, qu'un Greffier étoit autrefois appellé clerc comme on voit dans l'Edit de Charles VIII. de l'an 1485. touchant le Réglement de la Juftice du Châtelet de Paris : ce qui marque que les Greffiers ne font que les clercs du Juge.

Auffi dans les Ordonnances du Roi Charles V. de l'an 1337. les Greffiers font appellés clergiés ou clergés : & on lit dans l'Ordonnance de Charles VIII. de l'an 1485. que les clercs ne poftuleront ès Auditoires tant qu'ils y exerceront le clergé.

CLERC DE PROCUREUR, eft un Aide que le Procureur a chez lui pour faire ou tranfcrire les expéditions des actes judiciaires.

Ce font ordinairement de jeunes gens qui font la fonction de clercs chez les Procureurs, pour y apprendre la Pratique.

Quoique les Sciences puiffent être redigées en maximes, & que la plûpart s'apprennent par la lecture des Livres, néanmoins la pratique ne s'apprend parfaitement qu'à force de pratiquer : ce n'eft que par un long travail & un continuel exercice qu'on devient bon Praticien.

L'Etude d'un Procureur eft la meilleure Ecole pour s'en inftruire ; & il feroit à fouhaiter que tous ceux qui fe deftinent au Barreau, ou à remplir quelque charge de Judicature, y euffent été pendant plufieurs années. Ils feroient certainement moins embarraffés que ne le font la plûpart, quand ils commencent à faire la profeffion d'Avocat ou la fonction de Juge.

La qualité de clerc n'eft point un état fixe & permanent, ainfi elle ne fait point déroger.

Il y a plufieurs Arrêts & Réglemens qui défendent aux clercs de porter l'épée.

Suivant les Reglemens, les clercs ne peuvent recevoir de leurs Procureurs aucune autre retribution que celle des affiftances, qui fe donnent ordinairement aux maîtres clercs, fur les dépens que leurs Procureurs font taxer dans les affaires qu'ils ont gagnés avec dépens.

L'Ordonnance & les Réglemens ont prefcrit dix années, pendant lefquelles celui qui veut être reçu Procureur, eft dans l'obligation de s'inftruire & s'exercer en qualité de clerc. Mais ceux qui fe deftinent à cet emploi ou à quelqu'autre qui requiert une parfaite connoiffance de la Pratique, ne peuvent trop s'appliquer à l'apprendre pendant qu'ils font chez les Procureurs.

C'eft principalement dans la jeuneffe que l'efprit eft en état de concevoir avec facilité les chofes, & de les retenir aifément. D'ailleurs, les commencemens de la Pratique font fi rebutans, que quand on laiffe paffer un certain âge fans s'y former par une véritable application, on n'eft guères en état dans la fuite d'y réuffir.

CLERGÉ, eft le corps des Eccléfiaftiques inftitués pour célébrer l'Office divin, expliquer les Myfteres, adminiftrer les Sacremens.

Le clergé eft dans tous les Royaumes de la chrétienneté le premier des trois Etats. La vénération que l'on doit avoir pour la Religion, fait confidérer les Eccléfiaftiques comme étant plus nobles que les autres hommes. Auffi on a en France accordé de grands privileges au clergé.

Ce corps eft en France compofé en partie de perfonnes féculieres, & en partie de régulieres.

Il y a dans le clergé une admirable fubordination de Puiffances & de Dignités.

Le clergé eft dans ce Royaume compofé de feize Provinces, Paris, Lyon, Rouen, Sens, Reims, Tours, Bourges, Alby, Bordeaux, Aufch, Narbonne, Touloufe, Arles, Aix, Vienne & Embrun, & en partie de quatre autres, Tréves, Tarragone, Malines & Mayence.

En France, le clergé tient fes Affemblées ordinaires de cinq ans en cinq ans : il y a quelquefois d'extraordinaires. Les Provinces tiennent auparavant leurs Affemblées particulieres, & deputent pour l'Affemblée générale, qui fe tient à Paris ou ailleurs, comme il plaît au Roi. Elle eft compofée de deux fortes de Députés, fçavoir, du premier & du fecond Ordre. Les Evêques font du premier Ordre, & les Abbés du fecond.

Touchant le clergé, *voyez* ce qui en eft dit dans les Loix civiles, au Traité du Droit public, tit. 10.

CLERICAL, c'eft-à-dire, qui appartient aux Eccléfiaftiques.

CLIENT étoit chez les Romains un citoyen qui fe mettoit fous la protection d'un plus puiffant, à qui il rendoit de certains devoirs. Auffi a-t-on dans la fuite donné aux Vaffaux le nom de cliens par rapport à leurs Seigneurs.

En termes de Pratique, client fe dit d'un Plaideur qui a mis fa caufe entre les mains d'un Avocat ou d'un Procureur pour la défendre. Il fe dit auffi par rapport aux Juges ; auquel cas il fignifie les plaideurs qui les follicitent.

CLOSTURE DE CONPTE, eft la perfection du compte, laquelle arrive lorfqu'il eft arrêté par les Parties ; enforte l'oyant ou le rendant compte puiffe agir en conféquence, & en ce cas d'inexécution, & faute de payement, faire affigner celui qui fe trouve devoir quelque chofe à l'autre.

CLOSTURE D'INVENTAIRE eft une folemnité requife dans la Coutume de Paris, pour empêcher que la communauté qui étoit entre le furvivant des conjoints & le prédécédé, ne foit continuée entre le furvivant & fes enfans, lorfqu'il y en a de mineurs.

Après que l'inventaire eft fait & parfait, cette clôture doit être faite au Greffe, & ne contient autre chofe qu'une fimple affirmation judiciaire du furvivant des pere & mere, que l'inventaire eft fidéle, & qu'il n'y a rien de recelé ni d'omis, après quoi le Greffier met au bas de l'inventaire qu'il a été clos le tel jour.

L'article 241. de la Coutume de Paris porte, que pour la diffolution de la communauté, il faut que l'inventaire foit fait & parfait ; à la charge de faire clorre ledit inventaire par le furvivant, trois mois après qu'il aura été fait.

Ce même article donne trois mois pour faire ladite clôture, qui eft un terme fatal ordonné par la Coutume : & fi elle eft faite après les trois mois, la communauté eft continuée ; parce que pour ce qui regarde la diffolution de la communauté, l'inventaire demeure inutile, pour n'avoir pas été clos dans le tems prefcrit par la Coutume.

Les trois mois accordés pour faire la clôture, ne courent que du jour du dernier acte qui fait la perfection de l'inventaire ; car le commencement & la premiere journée de l'inventaire ne fait pas le corps entier de l'inventaire.

Faute d'avoir fait clorre l'inventaire dans les trois mois prefcrits par la Coutume, la communauté eft continuée, *fi bon femble aux enfans* ; c'eft-à-dire, que le défaut de clôture dans ledit tems, rend la continuation de communauté néceffaire contre le furvivant des pere & mere, qui pouvoit & devoit faire clorre l'inventaire pour fatisfaire à la Coutume.

Mais à l'égard des enfans, la Coutume leur a laiffé la liberté de faire continuer la communauté, faute par le furvivant d'avoir fait clorre l'invenre dans le tems, ou bien de faire diffoudre la communauté, & demander le partage des effets qui la compofent, du jour du décès du prédécédé.

La raifon eft, que cette clôture n'a été ordonnée qu'en faveur des enfans : d'où il s'enfuit qu'il leur eft permis de renoncer à ce droit qui a été introduit en leur faveur, d'autant plus que cette folemnité eft extrinféque, & n'eft point du corps ni de la fubftance de l'inventaire.

Les clôtures d'inventaire doivent être faites & écrites en des régiftres continués fans aucun blanc ; & les actes de clôture doivent être fignés du furvivant des pere & mere qui fait ladite clôture, à peine de nullité. Voici comme cela fe pratique.

Le furvivant comparoîtra devant le Juge, & le Notaire doit apporter la minute de l'inventaire ; & après que le furvivant a prêté ferment, & affirmé n'avoir détourné aucuns effets, & n'en connoître d'autres que ceux qui font inventoriés ; le Juge en donne acte, dont le Greffier fait mention fur la minute & la groffe de l'inventaire, ce qui fe fait juridiquement, & dont on tient un régiftre particulier.

La Coutume de Paris ne prefcrit point de tems pour faire cet inventaire ; mais l'ufage eft, qu'il foit fait & parfait dans trois mois, à compter du jour du décès du prédécédé.

A l'égard de la clôture, cette Coutume marque que l'inventaire doit être clos dans les trois mois qui fe feront écoulés depuis que l'inventaire aura été fait & parfait, en préfence du fubrogé tuteur & légitime contradicteur : auquel cas, cette clôture a un effet rétroactif, & fait diffoudre la communauté dès le jour même du décès du prédécédé des conjoints.

Mais fi l'inventaire n'a pas été fait dans les trois mois, à compter du jour du décès du prédécédé, quoiqu'il ait été clos dans les trois mois qui fe font écoulés depuis qu'il a été fait, la commu-

nauté eft continuée jufqu'au jour de la clôture de l'inventaire.

Il faut dire auffi que quand l'inventaire a été fait dans les trois mois, à compter du jour du décès du prédécédé, s'il n'a pas été clos dans les trois mois fuivant, à compter du jour qu'il a été fait, la communauté eft continuée jufqu'au jour de la clôture de l'inventaire.

La raifon eft que pour que la clôture de l'inventaire ait un effet rétroactif, & opere un diffolution de la communauté dès le jour du décès du prédécédé, il faut que ces deux conditions concourent.

Iº. Que l'inventaire ait été fait dans les trois mois qui fe font écoulés depuis le décès du prédécédé.

IIº. Qu'il ait été clos dans les trois mois fuivans.

Quoique l'art. 241. de la Coutume de Paris, parlant de la clôture d'inventaire, ne défire point qu'elle foit faite en préfence d'un fubrogé tuteur ; néanmoins pour l'intérêt des mineurs la Cour a ordonné par plufieurs Arrêts, qu'à l'avenir les minutes des actes de clôture d'inventaire feroient faites en préfence du fubrogé tuteur & contradicteur légitime, & fignées d'eux.

La clôture de l'inventaire eft, comme nous l'avons dit, une folemnité finguliere en la Coutume de Paris : d'où il s'enfuit qu'elle n'eft point néceffaire pour empêcher la continuation de la communauté dans les autres Coutumes qui n'en parlent point, où par conféquent il fuffit, pour diffoudre la communauté, que l'inventaire ait été fait & parfait dans le tems prefcrit par la Coutume, fans que la clôture en foit néceffaire.

Mais une chofe qui eft établie par quelques Coutumes ; & qui ne paroît pas fort raifonnable, c'eft que pour diffoudre la communauté, il faut un acte dérogeant ; car par ce moyen le furvivant des pere & mere a la liberté de faire valoir ou d'empêcher la continuation de la communauté, en repréfentant ou en fupprimant un acte dérogeant duquel il eft le maître.

Voyez Continuation de communauté. *Voy.* auffi Diffolution de communauté ; & ce que j'ai dit fur les art. 240. & 241. de la Coutume de Paris.

CLOUSEAUX, dans la Coutume d'Orléans, font les bornes où les Paftres des Paroiffes & Seigneuries voifines ont coutume de s'arrêter, & ne peuvent paffer outre.

C O

COADJUTEUR, eft celui qui donne fecours & affiftance à celui qui eft empêché de faire fes fonctions par maladie ou infirmité.

COCHES. Les Maîtres des Coches font tenus de la perte des hardes qui ont été mifes dedans, dont leurs regiftres font chargés. *Voyez* Soefve, t. 2. ch. 1. & 29. Mais ils ne font pas refponfables de l'argent qui auroit été mis dans des paquets. Il faut, pour qu'ils en foient refponfables, qu'on leur ait mis l'argent entre les mains, & qu'ils en ayent chargé leur regiftre. Ainfi jugé par Arrêt du 5. Janvier 1627. rapporté dans le Journal des Au-

diences. Sans cela, les Maîtres des Coches, Meſ-
ſagers & Hôteliers, ne ſont point garants des vols
faits nuitamment en leurs bureaux ou hôtelleries,
& par effraction.

Voyez ci-après, *verbo* Garantie.

CODE, eſt le Recueil des Conſtitutions des
Empereurs Romains, fait par l'ordre de Juſtinien
& diviſé en douze Livres. Sur quoi *voyez* l'Hiſtoire du Droit Romain qui eſt au commencement
de ma Traduction des Inſtitutes.

CODE, ſe dit auſſi parmi nous de pluſieurs
Recueils des Ordonnances de nos Rois ; & on appelle par excellence *Code Louis*, les Ordonnances
faites par Louis XIV. pour la réformation de la
Juſtice : ce qu'on appelle auſſi la nouvelle Ordonnance civile & criminelle.

Il y a pluſieurs autres Ordonnances de Louis
XIV. qu'on appelle auſſi *Codes* ; comme celle qui
regle le Commerce & le Négoce, qu'on nomme
Code Marchand.

CODE NOIR, eſt un Edit fait par Louis XIV.
au mois de Mars 1685. touchant la Police des
Iſles de l'Amérique Françoiſe. Il ſe trouve avec
les Lettres Patentes données en conſéquence, à
la fin du ſecond tome du Neron de la nouvelle
Edition, après les tables.

Il eſt appellé Code noir, parce qu'il traite des
Eſclaves noirs qu'on tire de la côte d'Afrique, &
qu'on vend dans les Iſles de l'Amérique pour la
culture des terres du pays : ce qui eſt une exception de la régle générale, qui veut qu'il n'y ait
point d'Eſclaves en France.

CODE MICHAULT, eſt l'Ordonnance publiée
par Louis XIII. au mois de Janvier 1629.

Elle fut tirée des précédentes Ordonnances, &
principalement de celle de Blois. Louis XIII. fit
travailler à ſa rédaction, ſur les plaintes & doléances faites par les Députés des états aſſemblés en
la Ville de Paris en 1614. & ſur les avis donnés à Sa
Majeſté par les Aſſemblées des Notables, tenus à
Rouen en 1617. & à Paris en 1626.

Sa publication & ſon enrégiſtrement ne furent
faits au Parlement de Paris, que le 15. Janvier
1629. à Bordeaux, le 6. Mars ; à Toulouſe, le 5.
Juillet ; à Dijon, le 19. Septembre de la même
année : elle fut enrégiſtrée auſſi en Dauphiné &
ailleurs en la même année.

Cette Ordonnance eſt une des plus amples &
des plus belles que nous ayons. Elle contient 461.
art. qui reglent d'abord les Eccléſiaſtiques, enſuite les Hôpitaux, les Univerſités, le cours de la
Juſtice, la Nobleſſe & les Gens de guerre, les
Tailles, les levées qui ſe font ſur le Peuple, les
Finances, la Police, le Negoce & la Marine.

C'eſt un excellent Recueil des plus belles déciſions que nous ayons tirées des précédentes Ordonnances. La ſageſſe & l'exactitude qui regnent
dans cette Ordonnance, font qu'on regrette
qu'elle n'ait pas toute l'autorité qu'elle mérite.

On lui donna le nom de *Code Michault*, parce
que ce fut l'ouvrage de Meſſire Michel de Marillac, Garde des Sceaux de France, frere du Maré-

chal de Marillac. Le mérite de ce grand Magiſtrat,
& les ſoins qu'il prit pour la rédaction de cette Ordonnance, la firent recevoir d'abord avec beaucoup d'applaudiſſement par toute la France.

Le Roi ſéant en ſon lit de Juſtice en fit lui-même faire à Paris la publication & l'enrégiſtrement.
Mais la diſgrace qui ſurvint au Maréchal de Marillac, qui retomba ſur ſon frere, auteur de cette
Ordonnance la fit beaucoup déchoir de ſon authenticité.

Quoiqu'il en ſoit, elle eſt encore ſuivie en quelques endroits, ſur-tout au Parlement de Bourgogne. C'eſt en conſéquence de l'art. 124. de cette
Ordonnance, que dans ce pays l'uſage s'eſt introduit de compter dans les ſubſtitutions graduelles
& perpétuelles, les dégrés par perſonnes & par
têtes, & non pas par ſouches & par générations.

A l'égard du Parlement de Paris, quoiqu'elle y
ait été enrégiſtrée, elle n'y fait point aujourd'hui
Loi par elle-même. Si quantité de ſages diſpoſitions tirées des anciennes Ordonnances y ſont obſervées, ce n'eſt que parce qu'elles ont cette autorité par rapport à leurs ſources ; & pour ce qui
eſt des articles qui introduiſent un droit nouveau,
ils n'ont point force de Loi.

Il n'a été fait que deux ou trois éditions de cette Ordonnance, ce qui la rend aujourd'hui très-
rare. Je l'ai rapportée dans le Neron imprimé chez
Montalant en 1720. & je me ſuis ſervi de celle qui
eſt enrichie de notes & des modifications qui furent faites ſur pluſieurs de ſes articles par les Parlemens de Bordeaux, de Toulouſe, de Dijon &
de Dauphiné.

COCREANCIERS, ſont deux ou pluſieurs qui
ſont conſtitués créanciers, de maniere que tous
ne tiennent lieu que d'un ſeul, enſorte que la totalité eſt due à chacun d'eux : mais pour cela il
faut qu'il ſoit ainſi exprimé dans l'acte ; autrement, les créanciers qui ont prêté la ſomme au
débiteur, ne ſont point créanciers ſolidaires, &
chacun d'eux n'a droit d'agir que pour ſa part.

Voyez ce que j'ai dit dans ma Traduction des
Inſtitutes ſur le commencement du titre 17. du
troiſieme Livre.

CODECIMATEURS, ſont pluſieurs Seigneurs
qui perçoivent les dixmes d'une même Paroiſſe,
& qui ſont par conſéquent tenus de fournir la portion congrue au Curé qui n'a point de gros, ou de
ſupplément quand le gros n'eſt pas ſuffiſant.

Chaque codécimateur eſt tenu ſolidairement de
fournir la portion congrue ou le ſupplément ;
ſauf à lui, après avoir payé, à pourſuivre les autres pour leur part & portion.

CODICILLE, eſt une déclaration de derniere
volonté, faite avec moins de ſolemnité que le teſtament. *Voyez* ci-deſſus Clauſe codicillaire, & ce
que j'ai dit dans ma Traduction des Inſtitutes au
titre dernier du ſecond livre, où j'ai remarqué les
différences qu'il y a, ſelon le Droit Romain, entre des codicilles & un teſtament.

Cela eſt en uſage parmi nous en Pays de Droit
écrit, mais dans les Pays coutumiers, les teſta-
mens

mens & les codicilles requierent les mêmes folemnités, & ne different qu'en ce que les codicilles font faits après les teftamens, & font confidérés comme n'en étant qu'une fuite & un fupplément.

Au refte, il faut remarquer, Iº. qu'un teftament nul ne peut être validé par un codicille qui le rappelle ; IIº. que les codicilles étant des fuites & des dépendances du teftament, ne font pas valables quand le teftament eft nul. Henrys, tome 3. liv. 5. chap. 1. queft. 5.

C O D E T E N T E U R, eft celui qui eft détenteur de quelque chofe avec un ou plufieurs autres.

CODONATAIRE, eft celui qui eft affocié & conjoint dans une même donation.

COERCITIF, eft le pouvoir de contenir dans leur devoir ceux qui font fous notre dépendance : ainfi coercition eft le droit de les punir quand ils s'en écartent.

Les Supérieurs des Maifons religieufes ont pouvoir de coercition fur leurs Réligieux : quand ils ne font pas leur devoir, ils les peuvent enfermer & châtier ; *Ita tamen ut illa coercitio legitimum modum non excedat.*

COFFRE. *Voyez* Trouffeau.

COFIDEJUSSEURS, font ceux qui ont tous répondu folidairement de la dette du principal obligé.

Voyez ce que j'ai dans ma Traduction des inftitutes fur le §. 4. du tit. 21. du troifieme Livre. *Voyez* auffi ce que je dis fous le mot Divifion.

Nous remarquerons feulement ici, que fuivant la difpofition du Droit Romain, fi l'un de plufieurs fidéjuffeurs a payé toute la dette, il n'a point de recours contre les autres, comme nous avons dit fur le §. 4. du tit. 21. du troifieme Livre des Inftitutes de Juftinien.

Un cofidéjuffeur qui paye la dette entiere au créancier, fans prendre de lui ceffion de fes droits & actions, ne pourra plus demander à ce créancier qu'il lui en faffe ceffion, parce qu'après le payement fes Droits & actions ne fubfiftent plus, & que d'ailleurs les autres fidéjuffeurs étant libérés de plein droit par l'extinction de l'obligation du principal obligé, leur obligation ne peut pas revivre fans leur propre fait.

Le cofidéjuffeur qui ne s'eft point fait ceder les droits & actions du créancier, ne pourra donc pas agir contre fes cofidéjuffeurs, quoique fans fubrogation, il ait fon recours contre le principal débiteur, pour ce qu'il a payé pour lui en qualité de caution.

Cette maxime du Droit Romain, « que les cautions n'ayant point contracté l'une envers l'autre, ne peuvent exercer entre elles aucune action, » & que pour l'exercer il eft néceffaire qu'il y ait » eu une ceffion du créancier », eft encore obfervée en quelques Provinces du Droit écrit. Catelan, liv. 5. ch. 49. dit que cette queftion a été ainfi jugée au Parlement de Touloufe au mois de Juillet 1672. & obferve que c'eft la derniere Jurifprudence.

Cependant l'on tient ici communement que le

Tome I.

cofidéjuffeur qui a payé le tout, fans s'être fait donner ceffion du créancier, peut agir contre fes cofidéjuffeurs pour repeter de chacun d'eux leur part & portion de la dette pour laquelle ils ont répondu : en quoi l'équité prévaut à la rigueur de la la régle.

COGNATION, fignifie parmi nous le lien de la parenté, foit par les mâles, foit par les femelles. *Voyez* ma Traduction des Inftitutes, au titre *de nuptiis*, §. 1. & au titre *de gradibus cognatorum* ; & ce que j'en dis ici, *verbo* Parenté.

COHABITATION AVEC UNE FILLE, SOUS L'APPAS D'UNE PROMESSE DE MARIAGE, feroit en quelque façon pardonnable, fi ceux qui font de telles promeffes, ne manquoient pas de les exécuter ; mais il n'arrive que trop fouvent que la même perfonne qu'un Amant a dans le commencement de fa paffion regardée comme une divinité, lui devient dans la fuite très-indifférente, au moyen de la jouiffance qu'il en a eue.

Ce trait eft fort condamnable, fur-tout lorfque l'Amant a féduit fa Maîtreffe par l'appas d'une promeffe de mariage, & qu'après qu'elle s'eft livrée à lui, dans l'efpérance d'en devenir fon époufe légitime, il fe joue également de l'honneur de fon Amante, & de la parole qu'il lui avoit donnée : infidélité d'autant plus puniffable, que l'honneur qu'il lui a ravi ne fe peut réparer.

Cependant aujourd'hui un garçon qui a joui d'une fille, & qui l'a engroffée fous promeffe de mariage, n'eft plus condamné, comme il l'étoit autrefois, à l'époufer, ou à être pendu, il eft feulement condamné aux frais de géfine, chargé de l'enfant, & condamné envers la mere aux dommages & intérêts, qui font plus ou moins confidérables felon les circonftances & la qualité des Parties.

La raifon pour laquelle l'ancienne Jurifprudence, qui condamnoit un garçon qui avoit fait un enfant à une fille, même fous promeffe de mariage, à l'époufer, ou à être pendu, n'eft plus en ufage aujourd'hui dans la plupart des Tribunaux de France : c'eft que beaucoup de Filles en abufoient, & s'abandonnoient à une vie licencieufe pour parvenir à un Sacrement, auquel toutes n'afpiroient que par des vues purement humaines. *Voyez* ce que je dis, *verbo* Groffeffe.

COHERITIERS, font plufieurs héritiers d'un défunt, qui viennent conjointement à fa fucceffion. *Voyez* Héritier.

COLÉGATAIRES, font ceux à qui une même chofe a été leguée conjointement. *Voyez* Accroiffement.

COLLATERAUX. Parens collatéraux font ceux dont l'un ne defcend point de l'autre, mais qui defcendent d'une même fouche, comme font freres, coufins & autres.

Ils font appellés collatéraux, parce qu'au lieu que les afcendans & les defcendans font dans une même ligne qui les lie fucceffivement l'un à l'autre, les freres & foeurs, & tous les autres plus éloignés, font entr'eux les uns à côtés des autres, chacun dans fa ligne, fous les afcendans qui leur font communs.

La fucceffion des collatéraux fe regle de diffé-rentes-manieres en Pays de Droit écrit & en Pays coutumier. Sur quoi *voyez* ce j'ai dit dans ma Traduction des Inftitutes, au commencement du quatrieme tome, ch. 4.

Pour ce qui eft de la maniere de compter les degrés en ligne collatérale, & de l'empêchement de mariages entre collatéraux, *voyez* ce que j'en ai dit fur le tit. 10. du premier Livre de ma Traduction des Inftitutes.

Nous remarquerons feulement ici qu'on diftin-gue deux fortes de collatéraux. Il y en a qui fe tiennent lieu entr'eux d'afcendans & de defcen-dans, & d'autres qui n'ont point entr'eux cette reffemblance.

Ceux-là font entr'eux comme peres & meres, & comme enfans qui ne font pas également éloignés de la fouche commune, & dont l'un n'eft éloigné que d'un degré, & l'autre de plufieurs: ce qui arrive en la perfonne d'un frere ou d'une fœur, à l'égard des defcendans de fes freres & fœurs.

COLLATION, eft la préfentation & confron-tation d'une copie à fon original, pour voir fi elle y eft conforme; au bas de laquelle copie on met un acte qui en rend témoignage. *Voyez* la Science parfaite des Notaires, livre 2. chapitre 27.

Quand on a produit quelques pieces dans une inftance, & que l'on en a befoin pour produire dans un autre procès, il faut en tirer des copies, que l'on fait collationner aux originaux pardevant le Confeiller-Rapporteur; auquel cas, ces copies collationnées valent autant que les originaux mêmes.

Pour parvenir à cette collation, il faut d'abord préfenter Requête à la Jurifdiction où le procès eft pendant, pour faire commettre un de Meffieurs, ou le rapporteur du procès, s'il y en a un.

On répond à cette Requête par ces mots: *Com-mis M..... Confeiller, aux fins de la préfente Requête. Fait, &c.*

Lorfqu'il y a un Confeiller commis fur cette Requête, il faut prendre de lui une Ordonnance pour faire affigner la Partie contre laquelle on veut fe fervir des pieces que l'on veut faire collationner. Cette affignation eft donnée à l'effet de voir pro-céder à la collation defdites pieces.

Le jour indiqué, on procede au procès verbal de collation defdites pieces, lequel ne fe commen-ce qu'une heure après l'échéance de l'affignation. Si après ce tems la Partie affignée ne comparoît pas, il en fera dreffé procès verbal par le Secrétai-re du Rapporteur, & fera donné défaut contr'elles; & pour le profit il fera procédé à la collation en fon abfence.

Quand toutes les parties fe font préfentées, on procede à la collation, & l'on énonce dans le procès verbal que toutes les parties ont comparu, & l'on y infere leurs dires; & le Confeiller-Commiffaire met au bas de chaque copie l'acte de collation.

Le procès verbal étant expédié, on le fait figni-fier au Procureur de la partie adverfe. Si celui qui a fait collationner fes titres, n'a pas encore pro-duit en l'inftance, il peut produire fes copies colla-tionnées & le procès verbal, par fon inventaire de production.

Si au contraire il a produit, il produira fes co-pies collationnées & le procès verbal par une Re-quête de production nouvelle.

COLLECTE, eft la levée des tailles ou autres impofitions dans une Paroiffe.

COLLECTEUR, eft celui qui eft nommé par les Habitans d'une Paroiffe pour affeoir & lever la taille.

Les Edits & Déclarations qui concernent les Collecteurs des Tailles, font la plupart imprimés & inférés dans un Livre intitulé *Code des Tailles*, imprimé à Paris en 1613. Le Lecteur pourra y trouver, & dans le Mémorial alphabétique, ce qui concerne les engagemens de ces Collecteurs; à quoi il peut joindre la Jurifprudence des Arrêts rendus fur ce fujet, qui eft rapportée dans le Dic-tionnaire des Arrêts, *verbo* Collecteurs.

COLLEGE. Ce terme a différentes fignifications. Il a été depuis long-temps employé pour fignifier l'affemblée de certains Corps ou Sociétés. Les Romains avoient le college des Augures. Les Chré-tiens ont le college des Cardinaux, qu'on nomme autrement le Sacré College. La Chancellerie a le college des Secrétaires du Roi.

COLLEGE. Ce terme eft fouvent employé pour exprimer le lieu public, & doté de certains reve-nus, où l'on enfeigne publiquement les Lettres divines & humaines.

On appelle auffi college un lieu fondé pour y en-tretenir quelques pauvres garçons, & leur donner moyen d'étudier fous le nom de bourfe. Ils font con-duits par un Principal. Ces fortes de colleges ne font pas de plein exercice: on n'y enfeigne point les Humanités, mais feulement la Philofophie.

Touchant les colleges, leurs privileges & leurs gouvernemens, *voyez* ce qui en eft dit dans les Mé-moires du Clergé de l'édition de 1716. tom. 1. tit. 5. chap. 1. p. 845. & fuivantes; & le Dictionnaire des Arrêts, *verbo* Colleges.

Nous remarquerons feulement ici, 1°. que les colleges ont la même faveur que les Séminaires.

11°. Qu'un Régent de College ne peut tenir avec foi fa mere, ni fa parente, quelques vieilles qu'el-les foient. Peleus, liv. 6. acte. 29. Mornac, *ad Leg.* 7. *ff. de ufu & habitat.*

COLLOCATION, eft le rang que l'on donne aux créanciers pour être payés, par exemple, dans un ordre. D'abord on y met les privilégiés, enfuite les hypothécaires, & enfin les chirogra-phaires, lefquels viennent par contribution au fol la livre, fi le fonds n'eft pas fuffifant pour les payer en entier. *Voyez* Décret. *Voyez* Hypotheque.

COLLOQUER, veut dire mettre un rang ou un ordre entre des créanciers, pour être, fuivant leur hypotheque ou leur privilege, payés de leur dû fur le prix provenant de la vente des immeu-bles de leur débiteur, adjugé par décret.

COLLUDER, fignifie s'entendre avec fa Partie, au préjudice d'un tiers.

COLLUSION, eft un contrat fait entre des Particuliers, en fraude & au préjudice d'un tiers.

On appelle auffi collufion , tout accord caché & fecret fait entre ceux qui plaident l'un contre l'autre , pour tromper ceux au moyen d'autres perfonnes qui peuvent avoir intérêt à la chofe.

Il n'eft pas permis aux Parties de s'accorder enfemble en matiere civile, au préjudice d'une tierce perfonne ; & quand le fait eft prouvé, on peut revenir contre.

Il n'eft pas, à plus forte raifon, permis aux Parties de s'accorder enfemble en matiere criminelle , ni en caufe matrimoniale, foit par tranfaction ou autrement, à caufe qu'il eft de l'intérêt public, que les crimes foient punis ; & à l'égard du mariage , parce que fa validité ou invalidité ne doit pas dépendre de la volonté des parties, fi elle n'eft conforme aux Loix & aux Canons.

Ainfi , quand il y a eu collufion en matiere criminelle , la même caufe peut être dérechef portée en jugement ; & un accufé peut être, nonobftant l'abfolution qu'il auroit obtenue par collufion, accufé de nouveau du même crime, malgré la maxime *Non bis in idem*.

Quoique dans l'accufation de l'homicide d'un fils , le pere foit préféré au frere de l'homicide ; néanmoins , s'il y a collufion prouvée entre le pere & l'affaffin , le frere doit être préféré. *Voyez* Papon, liv. 24. tit. 2. nomb. 2.

Pour ce qui eft des caufes matrimoniales, la collufion qui y feroit intervenue , ne peut donner atteinte à la validité ou à la nullité du mariage.

A l'égard des contrats & autres actes qui font faits par collufion & au préjudice d'un tiers , quand la chofe eft prouvée, on les fait aifément déclarer nul en Juftice. Par exemple , les actes, ceffions & transports faits entre un Négociant oberé & d'autres Particuliers , dans les dix jours qui précédent fa banqueroute font préfumés être faits par collufion pour frauder fes véritables créanciers.

Le retrait féodal nous fournit une autre efpece de collufion. Un Particulier achete un fief, & pour empêcher le retrait féodal, il colore le contrat d'achat qu'il en fait , du nom & titre de donation. Si le Seigneur peut prouver la fraude , il eft fans difficulté que le retrait féodal aura lieu.

Les actes faits entre un pere & un fils , lorfqu'ils portent préjudice à d'autres perfonnes intéreffées , font fufpects de collufion & pour peu que la fraude foit prouvée, ils font déclarés nuls : ce qui dépend beaucoup des circonftances.

Voici une efpece dans laquelle, fans avoir égard à la vente qu'un fils avoit faite à fon pere des droits fucceffifs de fa mere , le pere fut condamné à payer une provifion , pour raifon d'un délit commis par fon fils.

Marie Cotterot , fille fourde & muette de naiffance , fut féduite & abufée par Charles Bruhier. Le pere de Marie Cotterot , en qualité de légitime adminiftrateur de fa fille , rendit plainte , & fit informer devant le Lieutenant criminel de Peronne. Vingt-huit jours avant cette plainte , Bruhier fils devenu majeur vendit à fon pere tous les droits qu'il pouvoit avoir dans la fucceffion de fa mere ,

fans détailler en quoi ils confiftoient ; après quoi il s'engagea dans une Compagnie de Dragons. Le pere de la fille abufée , après une information, donna fa Requête en provifion pour frais de géfine , tant contre Bruhier fils , que contre fon pere. Intervint Sentence qui adjugea foixante-dix livres de de provifion ; au payement de laquelle fomme le fils fut condamné par corps , & le pere civilement & folidairement. Appel de la part du pere , fondé fur ce que les délits font perfonnels. Mais comme il paroiffoit y avoir de la fraude dans cette vente , faite dans le tems actuel de la groffeffe de la fille , on préfuma que le pere , qui n'avoit point rendu compte , s'étoit fait céder & vendre les biens de fon fils par collufion. Sur ce fondement, par Arrêt du 29. Juillet 1718. la Sentence du Juge de Peronne fut confirmée , avec une amende & dépens. *Voyez* la Loi 34. §. *de ult. ff. de contrah. empt.*

COLOMBIER , eft un lieu bâti pour y nourrir & entretenir des pigeons. Il en eft de deux fortes; fçavoir , les colombiers à pied , & les volieres ou colombiers fur pilliers ou fur folives.

Voyez le Dictionnaire œconomique.

Colombiers à pied font ceux qui font bâtis en forme de tour , & qui ont des boulins ou paniers à tenir pigeons depuis le haut jufqu'au rez-de-chauffée. Chopin *de Domanio* , lib. 3. tit. 22. num. 7. appelle un colombier à pied , *Columbarium rotundum , tam in altum quam in profundum , fpeciem dominiorum feudalium & nobilium infignium proprium.*

Les volieres & autres colombiers non à pied font ceux qui n'ont point de boulins depuis le haut jufqu'au rez-de-chauffée : mais qui étant bâtis fur pilliers ou fur folives , ont un celier ou une étable deffous. Ils fe nomment des volets , des fuyes.

Par le droit de propriété , il eft permis à un chacun de bâtir fur fon fonds ce qui peut fervir à fon ufage ; mais parce que les pigeons mangent le grain nouvellement femé , & peuvent , par la grande confommation qu'ils en font pour leur nourriture , en caufer la cherté , la plûpart des Coutumes ont reftraint la liberté de faire bâtir les colombiers , mais diverfement.

Plufieurs qui en font un droit de Haute-Juftice, portent que nul ne peut faire colombier à pied , fans la permiffion du Seigneur Haut-Jufticier.

La Coutume de Paris , en l'art. 69. donne droit de colombier à pied au Seigneur Haut-Jufticier qui a cenfive.

L'article fuivant ne donne ce droit au Seigneur non Haut-Jufticier , que quand il y a fief , cenfive, & terres en domaine , jufqu'à cinquante arpens.

Par l'ufage prefque général de tout le Royaume, le droit de colombier , principalement à pied , n'a lieu en terre de roture.

A l'égard des colombiers non à pied , tout Particulier peut en avoir , fi ce n'eft dans les Coutumes qui défendent toutes fortes de colombiers ; & hors ces Coutumes on eft en droit d'avoir un colombier non à pied , de quelque qualité que l'on foit , quand même on n'auroit pas fuffifamment des terres labourables.

Il paroît par ce que nous venons de dire, que quand les Coutumes n'ont rien défini touchant les colombiers, chacun en peut faire conſtruire; pourvû que ce ne ſoit pas des colombiers à pieds: car le colombier à fond & rez-de-chauſſée eſt une marque de nobleſſe qu'il n'eſt permis qu'aux Seigneurs de fiefs d'avoir.

Le Seigneur non Haut-Juſticier ayant fief, cenſive, & terres en domaine juſqu'à cinquante arpens, peut avoir colombiers à pied, ſuivant l'art. 70. de la Coutume de Paris; & pluſieurs Auteurs tiennent qu'il faut que ce ſoit terres labourables, & non autres qui ne peuvent ſervir à la nourriture des pigeons.

Ainſi celui qui en auroit moins de cinquante arpens n'auroit pas droit d'avoir un colombier à pied, ſuivant ledit article 70. de la Coutume de Paris.

Cette diſpoſition eſt conforme à l'équité naturelle, qui ſemble défendre d'avoir des pigeons à la campagne, quand on n'a pas une quantité de terres ſuffiſante pour les nourrir. Auſſi par la Juriſprudence des Arrêts, cette prohibition a été étendue à toutes les coutumes qui ſont muettes à cet égard.

Voyez ce que j'ai dit ſur les art. 69. & 70. de la Coutume de Paris, Dupleſſis au Traité des Fiefs, liv. 8. chap. 3. le Traité de la police, tom. 2. liv. 5. tit. 23. chap. 5. Coquille ſur Nivernois, ch. 19. de la Lande ſur l'art. 168. de la Coutume d'Orleans; Dargentré ſur l'art. 368. de celle de Bretagne; Baſnage ſur l'art. 137. de la Coutume de Normandie; Deſpeiſſes, tome 3. page 223. Salvaing, de l'Uſage des Fiefs, part. 1. ch. 43. Papon, liv. 13. tit. 2. nomb. 32. & liv. 18. tit. 9. nomb. 2. Augeard, tome 3. art. 44.

COLON PARTIAIRE OU METAYER. Voyez Admodiateur.

COMBAT DE FIEF, eſt la conteſtation qui s'eſt mue entre deux Seigneurs qui prétendent la même mouvance, ou dont l'un prétend la Seigneurie, l'autre la cenſive, ou tous deux la cenſive.

Lorſque deux Seigneurs prétendent la même mouvance, le Vaſſal doit ſe faire recevoir par main ſouveraine. Voyez Main ſouveraine.

Quoique la conteſtation ne ſoit pas encore formée entre deux Seigneurs, le Vaſſal doit ſe faire recevoir par main ſouveraine, quand il eſt pourſuivi par deux différens Seigneurs, pour faire la foi & hommage; auquel cas il doit dénoncer au premier les pourſuites du ſecond, & déclarer à tous les deux qu'il eſt prêt d'obéir à qui par Juſtice ſera ordonné, & ſatisfaire aux droits & devoirs requerant d'être mis en ſouffrance par le Juge qui eſt ſaiſi du différend.

Le combat du fief étant jugé, le Vaſſal eſt obligé de ſatisfaire à ſes offres, & de rendre la foi & hommage à celui qui a obtenu ſes fins, dans quarante jours après la ſignification qui lui aura été faite de la Sentence ou Arrêt; leſquels étant expirés, le Seigneur féodal eſt en droit de ſaiſir le fief, & faire contre le Vaſſal les pourſuites à l'or-

dinaire, faute de lui avoir fait la foi & hommage.

Voyez ce que j'ai dit ſur l'art. 60. de la Coutume de Paris.

COMMANDE. Ce terme, dans la Coutume d'Artois, article 192. & 193. & dans l'ancienne Coutume de ce Comté, art. 135. & 136. ſignifie celui qui a donné commiſſion à un autre d'acheter pour lui quelque choſe à l'enchere : *Is eſt mandavit alteri ut emeret, & in auctione haſtæ adjiceret mandatis nomine.* Auſſi en la Coutume de Bayonne, tit. 3. art. premier, le dépôt eſt appelé Commande; *Quaſi reſtituendi fides interponatur, ut in fiduciâ.*

Voyez ce qui eſt dit ſur ce mot dans le Dictionnaire de M. Brillon.

COMMANDE, ſignifie en quelques Coutumes la taille qui eſt dûe par des perſonnes de condition ſervile.

DROIT DE COMMANDE, eſt un droit que le Seigneur prend en quelques lieux tous les ans ſur les veuves de condition ſervile, durant leur viduité, pour reconnoiſſance de ſon droit de ſervitude.

Ce droit ſe leve auſſi en quelques lieux ſur les femmes de condition ſervile; qui ſont mariées à d'autres qu'à ceux de la condition & ſervitude du Seigneur.

COMMANDE DE BESTIAUX, eſt un contrat par lequel on donne à un Berger ou Laboureur un troupeau de bétail pour en avoir ſoin, à condition de le nourrir & d'en jouir pendant un certain tems, après lequel il doit repréſenter le troupeau, pour partager le ſurplus outre le croît entre le maître & lui.

COMMANDEMENT, ſignifie une juſſion & injonction expreſſe, que l'on fait à quelqu'un de la part du Roi ou de la Juſtice.

On appelle Arrêt en commandement, un Arrêt du Conſeil d'en-haut, qui eſt ſigné en commandement par un Secrétaire d'Etat. Il y a auſſi d'autres Dépêches que les Secrétaires d'Etat ſignent en commandement, telles que les Lettres Patentes, Lettres de Cachets, Brevets & Dons du Roi, & les Proviſions.

COMMANDEMENT, en termes de Pratique, eſt un exploit fait par un Sergent ou Huiſſier, en conſéquence d'un Jugement ou d'un autre titre portant exécution parée, c'eſt-à-dire, revêtu de toutes les formalités requiſes pour exercer une contrainte.

Cet Exploit porte injonction de payer, & eſt fait au nom du Roi, à la requête du créancier, en vertu d'un titre exécutoire, qui doit être ſignifié par le même acte au débiteur, s'il ne l'a été précédemment.

Comme un débiteur peut ignorer que ſon créancier veut mettre à exécution le titre qu'il a contre lui, cet exploit lui notifie, & doit néceſſairement précéder d'un jour au moins, l'exécution qu'on veut faire ſur ſa perſonne ou ſur les biens d'un débiteur.

Il ſert, pour ainſi dire, d'avertiſſement de payer; & cet acte déclare au débiteur, que faute de payement, il fera procédé à l'exécution de l'acte qui fert de titre au créancier.

Un emprifonnement ou exécution des meubles, fans un commandement préalable, eft nul.

COMMANDEMENT qui precede une saisie réelle, doit être recordé, à peine de nullité ; c'eft-à-dire, doit être figné de deux Témoins ou Records qui affiftent l'Huiffier porteur du titre en bonne forme, & bien dûement fignifié.

Voici ce que porte un Acte de notoriété du Châtelet, donné le 23. Mai 1699. Nous, &c. certifions » par acte de notoriété que quoique l'Ordonnan- » ce qui établit le contrôle des Exploits, difpenfe » les Sergens d'avoir des Records, néanmoins l'an- » cien ufage du Châtelet s'eft confervé, fuivant le- » quel le commandement qui précéde la faifie réel- » le, doit être recordé aux deux Témoins, que » l'Huiffier ou Sergent en doit laiffer copie, en- » femble des titres en vertu defquels il fait la faifie » réelle ; fans quoi la faifie réelle, & les criées » qui feroient faites en conféquence, ne feroient » pas valables ; lefquels titres doivent être fignés » & fcellés ; ce qui s'eft toujours obfervé.

Outre que le commandement qui doit précéder une faifie réelle, doit être recordé, il faut encore, I°. que ces termes, *avant* ou *après midi* s'y trouvent écrits ; II°. qu'il porte élection de domicile ; III°. qu'il foit fait pour raifon d'une fomme liquide & certaine.

COMMANDITE. *Voyez* Banque.

COMMENCEMENT de preuve par écrit, eft un récit de la perfonne même qu'on attaque : écrit qui ne prouve pas, à la vérité, de manière à fervir feul de preuve, mais qui forme de fortes préfomptions. *Voyez* l'art. 3. du titre 20. de l'Ordonnance de 1667. & le Traité de la preuve par témoins de Danty.

COMMENDE, eft originairement la garde, le dépôt & l'adminiftration des revenus d'un Bénéfice, qu'on donnoit à un Séculier pour en jouir par économat pendant fix mois, afin d'y faire les réparations néceffaires ; ou à un Eccléfiaftique, pour y faire les fonctions paftorales en attendant qu'on en eût pourvu un Titulaire.

On tient que c'eft le Pape Leon IV. qui fut auteur des Commendes en faveur des Eccléfiaftiques qui avoient été chaffés de leurs Bénéfices par les Sarrafins : on leur confioit la garde & l'adminiftration des Eglifes vacantes. S. Grégoire en avoit ufé de même pendant que les Lombards défoloient l'Italie.

L'ufage des Commendes devint très-commun dans le XIV⁰. Siécle, pendant que les Papes tenoient leur Siége à Avignon.

L'abus des Commendes devint dans la fuite fi grand, qu'on donnoit même les revenus des Monafteres à des Laïques pour fubfifter. Les Evêques auffi fe faifoient donner plufieurs Bénéfices ou Evêchés en Commendes ; & c'étoit un prétexte pour les retenir tous, fans violer directement la difpofition des Canons.

On a retranché en France ces Commendes abufives, fans néanmoins abolir abfolument la com-

modité & l'ufage des Commendes en faveur des Eccléfiaftiques féculiers. C'eft un expédient qu'on a trouvé de lever l'incompatibilité de la perfonne avec la nature du Bénéfice.

En France, la Commende eft un vrai titre de Bénéfice régulier, que le Pape donne à un Eccléfiaftique féculier, à l'effet de difpofer des fruits de ce Bénéfice pendant fa vie, avec difpenfe de la régle, *Secularia Secularibus, Regularia Regularibus*.

C'eft auffi pour cette raifon qu'il n'y a que le Pape qui puiffe conférer les Abbayes & les Prieurés réguliers en Commende, parce qu'il n'y a que lui qui puiffe difpenfer des Canons pour ce qui regarde l'inhabilité des perfonnes à qui l'on donne des Commendes.

Si quelques Abbés commendataires ont la faculté de conférer en Commende leurs Bénéfices de leur collation, ce n'eft qu'en vertu d'Indults du Pape qu'ils obtiennent, fur lefquels ils demandent des Lettres Patentes du Roi, qu'ils font ordinairement enregiftrer au Grand Confeil, afin qu'ils ayent leur effet par-tout le Royaume.

Ces Indults s'accordent aux Cardinaux ; (& rarement à d'autres) pour leur vie, & avec faculté de conférer librement pendant leurs fix mois les Prieurés dépendans de leurs Abbayes. Mais aux autres Collateurs le Pape ne les accorde ordinairement que pour cinq ans, encore fe referve-t-il fon droit de prévention. Enfin il ne les accorde, tant aux Cardinaux, qu'aux autres Collateurs, qu'à condition de charger les pourvus de réparer les bâtimens, & de recourir à Rome dans les huit mois de la date de l'enregiftrement, pour y obtenir une fignature de nouvelle Commende, à peine de nullité de leurs provifions.

Quoique ceux qui poffedent des Abbayes & Prieurés en Commende, ne les ayent obtenus que par privilége ou difpenfe, ils ne laiffent pas d'en jouir, & d'avoir tous les fruits & droits honorifiques, comme s'ils étoient véritablement Titulaires, à l'exception néanmoins de ce qui regarde la Jurifdiction fpirituelle, qui appartient aux Supérieurs réguliers des Religieux qui font en Congrégation, & aux Evêques fur toutes les maifons de Religieux qui ne font attachés à aucune Congrégation.

Voilà l'idée que je me fuis propofé de donner ici des Commendes, me refervant d'en dire davantage dans mon Dictionn. du droit canonique.

COMMENSAUX de la Maison du Roi. Les Officiers de fa Majefté qui ont bouche à Cour, & qui fervent actuellement près de fa perfonne, font ainfi dénommés. Ces Officiers ont en conféquence de leurs Charges le droit de *Committimus*, en vertu duquel ils ont leurs caufes commifes aux Requêtes de l'Hôtel ou du Palais, à leur choix.

COMMENSAUX des Maisons royales, font des Officiers domeftiques de la Maifon du Roi & d'autres Maifons royales, qui ont bouche à Cour.

Sous le titre de Maifons royales, on entend, outre celles du Roi & de la Reine, celles des Enfans

& petits enfans de France, & autres Princes du Sang qui ont une Maison couchée sur l'Etat du Roi.

Voyez dans le Dictionnaire de M. Brillon, & dans le Mémorial alphabétique de la Cour des Aydes, ce qui est dit de la qualité de leurs Offices & de leurs priviléges.

C O M M E R C E., signifie le négoce & le trafic qu'on fait de marchandises, pour profiter sur la vente ou l'échange qu'on en fait.

La bonne foi est l'ame du commerce, sans quoi il ne pourroit subsister. C'est la raison pour laquelle les Ordonnances de nos Rois ont introduit plusieurs choses qui font particulieres aux affaires du commerce, soit pour l'abbréviation des procédures qui s'y doivent faire, soit pour la facilité de procurer avec célérité le payement des sommes qui sont dûes pour raison du commerce.

L'utilité du commerce est très-grande. Il procure à chaque Etat l'usage des choses nécessaires à toutes personnes, pour la nourriture & le vêtement, & pour les autres besoins & commodités de la vie.

Il fournit les choses nécessaires pour la guerre, pour la navigation, & en général pour faire subsister un Etat & les familles qui le composent.

C'est à cause de cette utilité, & de cette nécessité du commerce, que pour en faciliter l'usage, les Princes en ont ordonné la liberté, & défendu à tous Particuliers d'y mettre aucun monopole.

Sur ce fondement il s'est introduit dans ce Royaume, que nonobstant l'art. 54. de l'Ordonnance de Moulins, la preuve par témoin seroit admise entre Marchands, pour somme excédante celle de cent livres dûe pour marchandises.

Cet usage a été confirmé par l'Ordonnance de 1667. tit. 20. art. 2. où il est dit, après avoir répété les termes de l'Ordonnance de Moulins : *Sans rien innover en ce qui s'observe en la Justice des Juges & Consuls des Marchands.*

Cela est d'autant plus juste, que ce seroit un trop grand embarras, si l'on étoit obligé de recourir sans cesse à l'écriture, pour constater une infinité de convention que le négoce exige. D'ailleurs la bonne foi étant, comme nous avons dit, l'ame du commerce, il est convenable que les Marchands ne soient pas assujettis à toutes les formalités qui s'observent dans les affaires qui ne concernent pas le commerce.

C'est enfin pour cette même raison que la contrainte par corps entre Marchands, a lieu pour les dettes par eux contractées au sujet de leur négoce, sans distinction de sexe, & sans que la minorité puisse en exempter.

Si les Ordonnances défendent aux Officiers de faire trafic de marchandises, ce n'est pas seulement pour les tenir attachés à leurs fonctions, mais encore pour ne pas laisser la liberté du commerce à des personnes qui par leur autorité pourroient s'en rendre les maîtres, & nuire aux Marchands & aux acheteurs.

Cette considération a fait défendre aux Officiers & aux Gentilshommes d'exercer le commerce sous le nom de personnes interposées.

C'est encore pour favoriser & faciliter le commerce, que nos Rois ont établi la Jurisdiction des Juges & Consuls des Marchands, pour régler entr'eux les différends sur le fait de leurs marchandises par une voie plus prompte & à moindres frais. Ils ont même ordonné que les différends entre associés pour quelque commerce, fussent réglés par des Arbitres choisis par les parties.

Voyez les Ordonnances du mois de Novembre 1563. & du mois de Mars 1673. les Instituts du Droit consulaire, fait par Jean Toubeau ; le Dictionnaire de M. Brillon. *Voyez* aussi le parfait Négociant par Savary, & le Dictionnaire du Commerce, imprimé à Paris en 1723. en deux volumes *in-folio.*

Le commerce, quoique très-nécessaire à un Etat, est cependant en France un acte dérogeant à la Noblesse, dans laquelle on peut être réhabilité, en quittant le commerce, que par Lettres du Prince.

Il faut excepter la Province de Bretagne, où par un privilége spécial attaché aux Nobles de ce pays, sitôt qu'ils quittent le commerce, ils sont réhabilités de plein droit dans leur état de Nobles dont ils étoient déchus.

A l'égard du commerce maritime, il ne déroge point, pourvû que les Gentilshommes qui s'y engagent ne vendent point en détail ; comme il est porté en l'Edit du mois d'Août 1669.

Il en est de même du commerce en gros sur terre. *Voyez* l'Edit du mois de Décembre 1701.

Au reste, tous gens de commerce s'exposent à la contrainte par corps pour marchandises, trafic & négoce dont ils se mêlent, & pour billet de commerce, comme font ceux au porteur ou à ordre, valeur reçue comptant ou en marchandises.

COMMERE, est celle qui tient un enfant sur les fonts de baptême, & qui par cet acte contracte une parenté spirituelle avec cet enfant & avec son pere.

C O M M E T T R E, signifie confier quelque chose à la prudence, à la fidélité & aux soins de quelqu'un.

Ce terme s'employe aussi pour signifier le pouvoir qui est donné par les Juges à des Officiers particuliers de leurs Corps, ou à des étrangers, de faire le rapport ou l'instruction d'une affaire.

COMMINATOIRE. Peine comminatoire est celle qui est prononcée par une Ordonnance, Sentence ou Arrêt contre ceux qui contreviennent à quelque chose, mais qui n'est pas exécutée à la rigueur. Par exemple, lorsqu'un Jugement prononce que dans un certain tems une Partie fera telle chose, sinon qu'elle sera déchue de ses droits, cette déchéance n'est réputée que comminatoire, à moins que le Juge n'ait ajouté : *En vertu du présent Jugement, & sans qu'il en soit besoin d'autre, la Partie sera déchue,* &c. ou bien, qu'à l'échéance du délai on ait obtenu un second Jugement, qui porte que, *faute par la Partie d'avoir satisfait au précédent elle demeure déchue,* &c.

Il y a aussi des peines qui sont apposées dans

des contrats, contre ceux qui n'exécuteront pas de certaines clauses, & qui font rarement fuivies de l'effet.

On appelle comminatoires les peines qui font prononcées en termes vagues & généraux, & qui font plutôt impofées dans le deffein d'arrêter la licence, ou d'empêcher la contravention, que dans la vûe d'infliger une punition irrévocable.

Pour juger de l'intention du Légiflateur ou du Juge qui prononce la peine, il faut examiner les termes dans lefquels la difpofition eft conçue.

Quand le Roi, en impofant des peines, prononce la nullité, la peine ordinairement n'eft point comminatoire, & on la fait fubir à celui qui a contrevenu à l'Ordonnance. Mais quand le Roi impofe fimplement quelque peine pécuniaire, & qu'il ne s'agit que d'un léger délit, la peine eft fouvent comminatoire.

Lorfque Sa Majefté ajoute ces mots : *Sans que ladite peine puiffe être réputée comminatoire*. Il dépend de la prudence des Juges de faire obferver la Loi, ou d'y apporter quelque tempérament, fuivant les circonftances, & l'intérêt que peut avoir l'Etat qu'on faffe exécuter la Loi à la rigueur.

Les claufes pénales inférées dans les actes font ordinairement comminatoires, à moins que la Partie intéreffée ne prouve en Juftice qu'elle a fouffert quelque dommage à caufe de l'inexécution de la part de l'autre partie ; car la régle eft, qu'elles ne doivent tenir lieu que de dommages & intérêts.

Le Juge doit donc examiner fi l'inexécution de ce qui a été promis par l'une des Parties, a caufé quelque dommage à l'autre ; & c'eft fur quoi il doit régler fon Jugement.

Commis, eft celui à qui le Supérieur a donné quelque Charge, quelque Emploi, quelque maniement ou recouvrement à faire.

Les Secrétaires d'Etat ont des Commis dans leurs Bureaux ; les Fermiers ont des Commis aux Portes, aux Douanes, des Commis ambulans, & des Commis aux Recettes.

Les Greffiers ont des Commis ; mais ces Commis, au Greffe du Confeil & dans les Parlemens, font devenus Officiers titulaires.

Les Commis de ceux qui font chargés des déniers royaux ou publics, font contraignables par corps contre ceux qui les ont prépofés ; & pour ce qu'ils leur doivent de leur geftion & maniement, ils ne peuvent fe fervir de compenfation envers eux. Ainfi jugé par Arrêt rendu en la Cour des Aydes le 16. Mars 1674. rapporté dans le Journal du Palais.

Voyez Commiffionnaire. *Voyez* Facteur.

COMMIS des Fermes du Roi, doivent être Catholiques, Apoftoliques & Romains, âgés au moins de vingt-cinq ans, non parens, ni aliés, ni domeftiques du Fermier, ni intéreffés dans la Ferme.

Ils font reçus au ferment par les Officiers de l'Election dans le département de laquelle ils font employés, fans information de vie & mœurs, & fans conclufion des Subftituts du Procureur général fur les lieux.

La nomination en appartient au fermier des Droits du Roi, qui demeurera civilement refponfable de leur adminiftration.

Il eft auffi permis au Commis des Fermes du Roi de fe faire recevoir à la Cour des Aydes ; auquel cas, ils y feront reçus en la même maniere, & pourront exercer dans toutes les Election des fon reffort fans nouveau ferment : celui qu'ils auront prêté en la Cour des Aydes, fera feulement enrégiftré en l'Election de leur exercice, & fans frais. C'eft la difpofition de l'Ordonnance de 1680. tit. 5. de l'exercice des Commis.

Depuis, par Arrêt du Confeil du dix huit Septembre 1718. il a été ordonné que tout Commis ci-devant reçus, & actuellement employés, qui ont prêté ferment, ne feront pas tenus de fe faire recevoir, ni prêter nouveau ferment, en changeant d'Election.

Par autre Arrêt du Confeil du 21. Juin 1710, & Lettres Patentes du 30. dudit mois, il eft dit qu'ils pourront être reçus au ferment par tous Juges ayant connoiffance des droits du Roi.

Et fera donné par ladite preftation de ferment, quatre livres aux Juges, ainfi qu'il eft porté en la Déclaration du dix-fept Février 1688.

Il eft permis aux commis des Fermes du Roi de dreffer des procès verbaux par tout pays où ils fe rencontreront, fans être obligés de prêter de nouveau ferment en la Jurifdiction dans l'étendue de laquelle ils verbaliferont, en faifant mention de celle dans laquelle ils auront été reçus ; & ils peuvent fe faire affifter d'un Huffier ou autre Officier : ainfi qu'il eft porté en l'Arrêt du Confeil du 26. Octobre 1719. & Lettres Patentes du 5. Décembre de la même année.

Toutes les fois que les exercices feront faits chez les vendans vins, ils feront fignés de deux Commis, qui feront tenus de faire figner avec eux fur leurs Regiftre portatif, tant en venue que vuidange, les vendans vin, & en leur abfence les domeftiques ou ceux qui font prépofés à la vente, ou de les interpeller de figner ; & d'en écrire autant fur le livre ou feuille des vendans vin, qui les repréfenteront aux Commis à la premiere requifition qui leur en fera faite, en parlant à leurs perfonnes, leurs femmes, ou autres prépofés au debit de leur vin.

En cas de refus de repréfenter leurs livres ou feuilles, ou de figner fur leurs Regiftres portatifs, les Commis en feront mention fur leurs Regiftres, & en laifferont copie fignée d'eux dans le même jour ; le tout à peine de nullité de l'exercice dans lequel l'omiffion aura été faite, & de répondre par les Commis des dommages & intérêts envers le Fermier. C'eft la difpofition de l'art. 6. du tit. de l'exercice des Commis de l'Ordonnance de 1680.

Par la Déclaration du 4. Mai 1688. art. 10. il eft ordonné que lefdites feuilles feront délivrées gratis aux vendans vin, fans aucun frais, même du droit du timbre, & confervées par eux jufqu'à ce qu'elles foient entièrement remplies ; & s'ils les perdent, ils feront tenus d'en prendre de nouvelles à leurs dépens.

L'art. 10. du tit. de l'exercice des Commis de

l'Ordonnance de 1680. porte que les Commis pourront, ailleurs que dans les Villes où il y a Election, exercer les vendans vin en détail par diminution ; enforte qu'ayant marqué & pris en venue un tonneau plein dans une première visite, il leur soit loisible dans les visites suivantes de le marquer à l'endroit où aboutit la vuidange ; encore qu'elle soit au-deſſous du quart, & d'en charger leurs Régiſtres portatifs.

Pour ce qui eſt de leurs procès verbaux & de leurs formalités, voyez ci-après Procès verbaux.

Il leur eſt permis de porter épées & autres armes, & ils ne peuvent être pourſuivis pour avoir tué les fraudeurs réfractaires. Ils ſont exempts de tutelle, curatelle, collecte, logement des gens de guerre, de guet & de garde, ſuivant l'art. 11. du tit. commun de l'Ordonnance de 1680.

Par le même article, défenſes ſont faites aux Elus, Officiers du Grenier à Sel, Habitans des Villes, Paroiſſes, Aſſeſſeurs & Collecteurs, de les comprendre dans les rôles, en cas qu'ils n'ayent point été impoſés avant leurs commiſſions, ni d'augmenter l'impoſition qui auroit été faite de leurs perſonnes avant, ſinon, à proportion des immeubles qu'ils auront acquis depuis, ou en cas de trafic.

Depuis, par Arrêts du Conſeil des 23. Mars & 20. Avril 1694. les Commis des fermes unies ont été déchargés du payement des ſommes auxquelles ils ont été ou feroient impoſés pour la contribution des Villes, pourvû qu'ils n'y poſſédent aucuns biens, & n'y faſſent aucun commerce.

Ils ſont ſous la ſauvegarde du Roi, des Juges, Maires, Echevins, & habitans ; & main-forte leur doit être donnée en cas de beſoin.

Leurs gages ne peuvent être ſaiſis à la requête de leurs créanciers, ſauf à eux à ſe pourvoir ſur leurs autres biens.

Il n'y a que les Juges royaux qui puiſſent décreter contr'eux pour délits ou crimes commis dans le département où ils ſont employés ; & il n'y a que les Officiers des Elections & des Greniers à Sel qui puiſſent connoître en première inſtance des Traites, & autres matieres de pareille qualité à la charge de l'appel à la Cour des Aydes.

Il y a une Déclaration du 14. Avril 1699. regiſtrée en la Cour des Aydes le 30. Avril ſuivant, qui concerne les inſcriptions de faux contre les procès verbaux des Commis aux Aydes dans le reſſort de la Cour des Aydes de Paris.

La Déclaration du 12. Octobre 1715. fixe les peines contre les Commis des Fermes qui prévariqueront dans leurs Emplois, & contre les Marchands & autres qui les auront ſubornés.

Par Arrêt du Conſeil d'Etat du 15. Janv. 1718. conformément à l'art. 1. du titre de l'exercice des Commis, de l'Ordonnance des Aydes du mois de Juin 1680. il eſt ordonné aux Officiers des Elections du Royaume de recevoir le ſerment des Commis des Fermes, lorſqu'ils leur ſeront préſentés, en quelques tems & lieu que ce ſoit, ſans aucune autre formalité que la requête préſentée par le Fermier ou ſon Directeur, qui contiendra

que leſdits Commis ont l'âge requis par l'Ordonnance, & qu'ils ſont profeſſion de la Religion Catholique, Apoſtolique & Romaine.

Les Commis ſont obligés de mettre dans un lieu viſible dans leurs Bureaux, un tableau contenant un Tarif des droits qu'ils y perçoivent. Arrêt de la Cour des Aydes, du 3. Août. 1718. qui l'ordonne ainſi.

Leurs procès verbaux faits en préſence d'un Officier de l'Election, ou autre Juge à qui il appartient de les faire, ſont valables, ſans qu'ils ſoient affirmés par les Commis. Ainſi décidé par Arrêt du Conſeil d'Etat du 22. Octobre 1718. & Lettres Patentes en conſéquence du 16. Novembre ſuivant, regiſtrées en la Cour des Aydes le 22. Décembre ſuivant.

Les exemptions & privilèges accordés aux Commis des Fermes & droits du Roi, par l'art. 11. de l'Ordonnance du mois de Juillet 1681. tit. commun des Fermes, & par pluſieurs Edits, Déclarations & Arrêts du Conſeil d'Etat, ont été confirmés par un Arrêt du Conſeil du 23. Juillet 1720.

Il y a un petit Dictionnaire des Aydes imprimé à Paris en 1716. qui inſtruit de toutes les fonctions des Commis.

Voyez la nouvelle édition de 1730. qui eſt beaucoup plus ample.

COMMISE, en terme de Droit, eſt la confiſcation des marchandiſes, fâute de les avoir déclaré au Bureau, pour n'en pas payer les droits d'entrée; ou de ſortie hors du Royaume, ou autres droits ; auquel cas *mercedes cadunt in commiſſum*. Mais on ſe ſert en ce cas du mot, Confiſcation. *Res improfeſſæ, & pro quibus vectigal ſolutum non eſt, commiſſæ dicuntur, quia in commiſſum cadunt, & Fiſco acquiruntur. Leg. commiſſa, ff. ult. §. quoties, & §. ſi quis profeſſus, ff. de publicanis & vectigalib. leg. 3. cod. de vectigalib. & commiſſ. leg. ſi ea cauſa, §. ſi in commiſſum. ff. de minorib.*

Voyez Confiſcation de marchandiſes.

COMMISE, parmi nous, à proprement parler, eſt la confiſcation faite au profit du Seigneur féodal d'un fief, pour félonie ou déſaveu de la part du Vaſſal envers ſon Seigneur.

Cette reverſion du fief ſervant au fief dominant par droit de commiſe, eſt appellée confiſcation en l'art. 43. de la Coutume de Paris. Cependant la confiſcation ſe prend proprement pour l'adjudication qui ſe fait au profit du Roi, ou du Seigneur Haut-Juſticier, des biens d'un condamné à mort naturelle ou civile, dans les Coutumes où la confiſcation a lieu.

Voici ſur quoi eſt fondée la commiſe. Les fiefs étoient originairement donnés à vie ; & comme ils procédoient de la ſeule libéralité des donateurs, ils étoient appellés Bénéfices, & la donation par conſéquent pouvoit être révoquée pour cauſe d'ingratitude des Vaſſaux envers leurs Seigneurs. Et quoique les fiefs ſoient aujourd'hui poſſédés en pleine propriété, & ſoient devenus héréditaires comme les autres biens, ils ſont toujours regardés, eu égard à leur origine, comme une eſpece de dépendance des Seigneurs de qui ils relevent.

C'eſt

C'eſt ſur ce fondement que l'ancien uſage de la commiſe, qui n'eſt autre choſe que la reverſion des fiefs aux Seigneurs, cauſée par l'ingratitude des Vaſſaux envers eux, a été conſervé dans nos Coutumes pour les fiefs.

Mais par une raiſon contraire, la commiſe n'a jamais eu lieu pour les rotures ; parce que pour ces ſortes de biens il n'eſt point dû de foi & hommage, & qu'originairement ils ne proviennent point de la libéralité de ceux qui en ont fait la premiere conceſſion.

Deux choſes donnent lieu à la commiſe ; ſçavoir, la félonie, ou le déſaveu du Vaſſal envers ſon Seigneur.

Le Vaſſal qui a commis félonie, c'eſt-à-dire, déloyauté envers ſon Seigneur, fait donc tomber ſon fief en commiſe ; de ſorte qu'il le perd entierement, & que le fief eſt acquis à ſon Seigneur, & réuni à ſon domaine.

Le Vaſſal perd auſſi ſon fief, quand malicieuſement il déſavoue ſon Seigneur, ſoutenant qu'il ne tient pas ſon fief de lui, & qu'il releve d'un autre Seigneur.

C'eſt une regle générale du droit des fiefs & de nos Coutumes, que par le déſaveu du Vaſſal le fief tombe en commiſe, ſuivant ce vieux proverbe, *Qui fief dénie, fief perd* : mais il faut pour cela que le déſaveu ſoit fait en Jugement, & par perſonne capable d'opérer la commiſe, c'eſt-à-dire, par une perſonne, qui ſoit Seigneur & propriétaire incommutable du fief, qui ſoit majeur & jouiſſant de ſes droits.

Il y a donc des perſonnes dont le déſaveu ne peut pas faire tomber un fief en commiſe ; ſçavoir,

Iº. Un mineur, ou un interdit.

IIº. Celui qui avoue le Roi pour ſon Seigneur, & déſavoue celui qui l'eſt véritablement, n'encourt point la commiſe de ſon fief, pourvû qu'il ne perſiſte point après avoir été abandonné par le Procureur du Roi.

IIIº. Un Bénéficier ne peut point confiſquer le fief appartenant à ſon Bénéfice, que pour ſa vie ſeulement, non plus qu'un Vaſſal grevé de ſubſtitution.

IVº. Un mari ne peut commettre le fief propre de ſa femme, ſi ce n'eſt pour les jouiſſances de ſa vie durant, parce que ce fief appartient perſonnellement à ſa femme.

Par la même raiſon un mari ne peut pas remettre la commiſe à un Vaſſal de ſa femme, quand le fief de ſon Vaſſal a été réuni au domaine.

Le principal effet de la commiſe eſt la perte du fief pour le Vaſſal, & la reverſion qui s'en fait en pleine propriété au profit du Seigneur, ſoit que la commiſe ait lieu pour cauſe de félonie, ſoit qu'elle ſoit cauſée pour déſaveu.

Il y a cependant entre ces deux cauſes une différence remarquable : c'eſt que par le déſaveu, non-ſeulement le fief tombe dans la commiſe, mais auſſi l'arriere-fief, de quelque maniere que le Vaſſal le poſſéde ; c'eſt-à-dire, ſoit qu'il tienne le fief acquis en arriere-fief, ſoit qu'il l'ait réuni à ſon fief.

Mais quand la commiſe eſt cauſée par la félonie

Tome I.

du Vaſſal, elle ne comprend pas l'arriere-fief, qui n'a pas été par lui réuni au fief.

Touchant la commiſe, *voyez* Bacquet, des Droits de Juſtice, chap. 11. & ce que j'ai dit ſur l'article 43. de la Coutume de Paris, où j'ai traité les principales queſtions qui ſe peuvent préſenter à ce ſujet. *Voyez* auſſi les Auteurs que j'ai cités à la fin de cet article.

Il y a auſſi la commiſe qui a lieu en matiere de baux emphytéotiques, lorſque l'emphytéote eſt trois ans ſans payer la redevance. Alors le bailleur peut rentrer dans ſon héritage. *Voyez* Deſpeiſſes, Traité des Droits ſeigneuriaux ; titre 4. article 5. nomb. 3.

COMMISSAIRES, en général, ſont des perſonnes choiſies, à la prudence & à la capacité deſquelles eſt confié le ſoin de quelque choſe : *Commiſſarius dicitur perſona electa cujus fidei, prudentiæ ac ſolertiæ res aliqua commiſſa eſt.*

Le terme de *Commiſſarii* a été employé pour la premiere fois dans l'Ordonnance de S. Louis de l'an 1254. Mais depuis ce tems le mot de Commiſſaire a été fort en uſage parmi nous, & l'on s'en eſt ſervi pour ſignifier des Officiers publics qui ont des fonctions ordinaires attachées à leurs charges.

Quelquefois auſſi ce terme a été employé pour ſignifier des perſonnes qui ne ſont chargées que pour un tems de certains Emplois extraordinaires & limités. Ainſi ce terme a parmi nous les deux ſignifications qu'avoit chez les Romains le terme de *Curarotes.*

Le mot de Commiſſaire eſt quelquefois oppoſé au titre d'Officier, comme quand il eſt donné aux Intendans des Provinces, aux Juges choiſis extraordinairement pour connoître de certaines affaires, & à d'autres perſonnes pour des fonctions limitées, qui ne ſont ni permanentes, ni attachées à leurs Offices. Dans un autre ſens, il eſt donné à des Officiers de Compagnie qui agiſſent dans des fonctions ordinaires qui leur ſont propres, attachées à leurs Offices, & de leur compétence, mais qui leur tombent en partage par le choix qui eſt fait d'eux entre leurs confreres.

C'eſt ainſi dit l'Auteur du Traité de la Police tome 1. liv. 1. tit. 12. ch. 3. que les Conſeillers des premiers Tribunaux du Royaume, qui ſont choiſis par les Chefs des Compagnies pour quelques fonctions, ou pour l'examen de quelques affaires, ſe qualifient Commiſſaires ; & alors ce titre eſt non-ſeulement compatible avec celui d'Officier, mais encore ne peut appartenir qu'à ceux qui ſont effectivement en Charge.

Ce terme ſe prend donc quelquefois, Iº. pour des Commiſſaires Enquêteurs & Examinateurs, tels que ſont les Commiſſaires au Châtelet de Paris.

IIº. pour une perſonne commiſe par le Roi pour faire quelque choſe.

IIIº. Pour un Conſeiller nommé par la Cour pour faire une deſcente ſur les lieux, pour faire enquête & interroger des témoins, ou pour faire d'autres choſes qui ſervent d'inſtruction pour la déciſion d'un procès.

IVº. Pour le Commiſſaire aux Saiſies Réelles.

Vᵒ. Pour le Commiffaire ou Gardien établi par un Huiffier ou Sergent aux meubles, fruits, & autres chofes mobiliaires qui ont été faifies. Sur quoi *Voyez* Gardien.

COMMISSAIRES NOMMÉS PAR LE ROI, font des Magiftrats nommés par S. M. pour certaines affaires, ou pour juger de certains crimes, ou pour faire le procès à quelqu'un. Comme leur commiffion eft ordinairement compofée d'un grand nombre de Juges, s'il y en a un nombre fuffifant pour rendre un Arrêt ou un Jugement en dernier reffort, il n'eft pas néceffaire qu'ils y affiftent tous.

COMMISSAIRES DEPARTIS DANS LES PROVINCES, font ceux qui font aujourd'hui nommés au Confeil d'Etat pour faire exécuter dans les Provinces les ordres du Roi. On les nomme auffi Intendans de la Juftice, Police & Finances dans chaque Généralité.

COMMISSAIRES ENQUESTEURS ET EXAMINATEURS, font des Officiers de Judicature créés par le Roi pour certaines fonctions.

Toutes perfonnes, graduées ou non, peuvent fe faire pourvoir de tels Offices.

Ces Officiers ont rang & féance dans les Bailliages & autres Siéges après le dernier des Confeillers; lors des référés qui feront par eux faits dans les cas où il fera befoin de l'Ordonnance des Juges; & lorfqu'ils rapporteront, ils auront voix délibérative.

Une de leurs principales fonctions eft d'être prépofés pour veiller à tout ce qui regarde la Police & le bon ordre en toutes chofes, foit pour contenir les gens de mauvaife vie dans leur devoir, pour chaffer les vagabonds, protéger les pauvres, & enfin pour procurer aux gens de bien la fûreté & la paix.

La fûreté publique leur eft fort recommandée: ils font chargés de la recherche de tous les abus, de tous les crimes & malverfations qui fe commettent dans le lieu où ils font prépofés pour maintenir la difcipline. C'eft pourquoi, lorfqu'un criminel eft arrêté dans l'action, il doit être conduit chez l'un des Commiffaires, qui l'interroge, & le fait conduire en prifon quand le cas y échet.

Ils doivent veiller au nettoyement des rues, & que les Réglemens de la police foient exactement obfervés. Ils vifitent les marchés, il eft de leur foin d'y procurer l'abondance des vivres & des autres provifions néceffaires à la fubfiftance des Citoyens. Ainfi il eft de leur devoir d'empêcher qu'il ne s'y commette aucune fraude, foit en la qualité ou au prix, foit au poids ou en la mefure.

Ils ont une infpection particuliere fur ceux qui viennent demeurer dans les Auberges de leur département, & ils en doivent tenir regiftre.

Toutes ces fonctions, qui concernent la Police leur ont fait donner le nom de Commiffaires, en ce qu'elles leur appartiennent fans qu'ils ayent befoin, pour agir à cet égard, d'avoir aucune commiffion du Juge, attendu que fur le fait de Police ils font les Commiffaires ou Subdélégués nés & perpétuels du Magiftrat.

Pour ce qui eft de leurs fonctions de la Jurifdiction contentieufe, comme originairement elles leur étoient diftribuées par le Magiftrat, ils avoient befoin, pour agir, d'un *committitur*; chacun d'eux n'étoit que *Commiffaire en cette partie*, c'eft-à-dire, en cette affaire qui lui étoit commife ou diftribuée.

A l'égard de la Police, comme ils en ont toujours eu d'office la premiere intendance, ils n'ont jamais eu befoin, pour agir, d'être délégués par le Magiftrat, d'autant plus qu'en fait de Police tout eft inftant, & demande des foins fans interruption, & une attention continuelle.

Le titre que les Commiffaires ont d'Enquêteurs & Examinateurs, leur donne le droit de faire les enquêtes & informations, & d'avoir l'audition & l'examen des témoins, à l'exclufion des autres Officiers du Siége, quand il ne s'agit que du civil ou de crimes très-legers.

Enfin, dans les lieux où il y a des Commiffaires Enquêteurs & examinateurs, ils concourent avec les Notaires pour la confection des inventaires qui fe font à l'ordinaire, & dont le choix eft laiffé aux Parties; mais pour ceux qui doivent être faits par le Juge, à l'exclufion des Notaires, c'eft aux Commiffaires qu'appartient le droit de les faire, à moins qu'il ne s'agit de faire un inventaire dans le reffort du Juge fubalterne, comme nous dirons, *verbo* Inventaire.

Comme ils font prépofés particuliérement pour veiller à tout ce qui regarde la Police, ils ont infpection fur ce qui concerne la Religion, les mœurs, les vivres & la fanté.

Le commerce, les arts & métiers font encore confiés à leurs foins, pour y faire obferver l'ordre & la difcipline établie par les Ordonnances & les Réglemens. Mais à Paris il y a un Lieutenant de Police, que ce foin regarde particuliérement, auffi bien que le Procureur du Roi du Châtelet.

Touchant les Commiffaires Enquêteurs & Examinateurs, *voyez* le Traité de la Police, tome 1. tit. 12. & Henrys, tome 1. liv. 2. queft. 75.

COMMISSAIRES AU CHASTELET, font des Officiers commis & prépofés à certaines fonctions, & principalement à maintenir la Police dans la Ville de Paris qui ont en cette qualité M. le Lieutenant de Police pour Chef.

Ces Officiers font Confeillers du Roi, Enquêteurs & Examinateurs; qualités qu'ils ont depuis long-tems.

Ils étoient autrefois du nombre des Juges, & avoient au Châtelet voix délibérative; mais depuis plufieurs années ils ont été réfervés pour les inftructions, & il ne leur eft refté que le droit d'affifter à toutes les Affemblées générales de Police, & voix confultative ou honoraire dans les affaires qu'ils rapportent, & le pouvoir de fe couvrir en faifant leur rapport à l'inftar des Avocats. *Voyez* le Traité de la Police, tome 1. liv. 12. ch. 8. & l'Edit du mois de Juin 1668.

Ils ont rang & féance au Châtelet aux Affemblées publiques, & en tous lieux, immédiatement après Meffieurs les Gens du Roi: ce qui les diftingue des Procureurs & autres Officiers fubalternes.

Ils ont le Droit de garde-gardienne, de Committimus aux Requêtes de l'Hôtel & du Palais, droit de véterance & de franc-falé , & font exempts de logemens de gens de guerre , de la fuite de la Cour, de toutes charges de Ville & publiques , de tutelle & de curatelle.

La reception des commiffaires au Chatelet de Paris fe faifoit autrefois en la Chambre des Comptes ; mais elle fe fait aujourd'hui au Châtelet , & ils ne font admis qu'après avoir été examinés en leur Chambre.

Leurs fonctions font très-étendues ; & pour qu'ils puiffent s'en acquitter avec plus d'exactitude , ils ont été départis par quartiers. Ils repréfentent dans toutes leurs fonctions les Juges au Civil , à la Police & au Criminel.

Au civil, I°. en ce qu'ils appofent les fcellés dans la Ville, Fauxbourgs & Banlieue de Paris, & par fuite, par tout le Royaume , comme nous l'allons expliquer à la fin de cet article.

II°. En ce qu'ils font les enquêtes & les interrogatoires fur faits & articles : ils entendent les comptes, font les partages, les ordres & contributions, les liquidations de dommages & intérêts, & les taxes des dépens.

Les Commiffaires au Châtelet repréfentent les Juges à la Police.

I°. En ce qu'ils font prépofé pour veiller à la Police générale & à la fûreté publique, pour prévenir les périls imminens.

II°. En ce qu'ils ont droit de faire exécuter les Edits, Déclarations, Arrêts, Sentences, Ordonnances & Reglemens concernant la police & l'ordre public, & ont à cet effet des Officiers diftribués exprès auprès d'eux pour exécuter ce qu'ils jugent à propos d'ordonner, en fe renfermant toutefois dans les bornes de leur pouvoir ; car, comme ils ne font pas Juges, ils ne peuvent de leur propre autorité condamner à aucune peine, pas même à l'amande : ils peuvent feulement faire affigner les contrevenans à la Police, pour y être ordonné ce que de raifon.

Enfin, les Commiffaires au Châtelet repréfentent les Juges au criminel.

I°. En ce qu'ils ont droit de recevoir les plaintes, faire les informations, dreffer les procès verbaux préparatoires de Juftice, & faire les interrogatoires d'ajournement perfonnel.

II°. En ce qu'ils ont auffi le droit d'interroger d'office les accufés arrêtés en flagrant délit, & de faire emprifonner les delinquans ; comme auffi en flagrant délit ils peuvent informer d'office, & faire affigner de leurs ordonnances.

III°. En ce qu'ils peuvent faire conduire en prifon un homme qu'on aura trouvé en flagrant délit, mais ils ne peuvent pas le faire écrouer de leur propre autorité.

Suivant l'art. 26. de l'Edit du mois de Janvier 1685. ils doivent informer M. le Lieutenant criminel , & M. le Procureur du Roi, des crimes qui fe commettent dans l'étendue des quartiers où ils font diftribués dans le jour qu'ils en ont connoiffance.

Lorfqu'il furvient quelque difficulté confidérable au fujet des plaintes qu'ils reçoivent, ou des réquifitions des Parties, pour faire arrêter des perfonnes hors le flagrant délit, ils doivent en informer M. le Lieutenant criminel.

Ils doivent faire exécuter les ordres & mandemens de Lieutenant criminel, du Lieutenant de Police, pour ce qui concerne la fûreté publique & la police.

Par Arrêt du Parlement de Paris, rendu au mois de Juin 1681. il eft enjoint aux Commiffaires du Châtelet de Paris, lorfqu'ils feront des informations à la requête des Subftituts du Procureur général, de n'entendre que ceux qui leur feront défignés par lefdits Subftituts.

Comme les Commiffaires au Châtelet ne font point aujourd'hui Juges, ils ne peuvent prononcer une amende encourue contre des témoins faute de comparoir encore moins la contrainte par corps.

Ils doivent feulement, fur le défaut du témoin de comparoir, en référer à M. le Lieutenant civil ou à M. le Lieutenant criminel, fuivant la nature de l'affaire, pour être par eux ordonné ce que de raifon.

Il nous refte cinq obfervations à faire au fujet de ces Officiers.

La premiere, que quoique les Commiffaires du Châtelet ayant été, par l'art. 3. du troifieme titre de l'Ordonnance de 1670. confervés dans l'ufage de recevoir les plaintes, ils ne les reçoivent néanmoins que comme délégués du Juge. Cela eft fi vrai que hors le cas de flagrant délit, ils ne peuvent procéder à l'information fans l'Ordonnance du Lieutenant criminel qu'il faut obtenir fur Requête : de forte que c'eft l'ordonnance que le Lieutenant criminel met au bas de la Requête qui lui eft préfentée, portant permiffion d'informer des faits contenus dans la plainte, qui lie le plaignant, & lui ôte la liberté de demander fon renvoi, & non la feule plainte rendue devant un Commiffaire laquelle n'eft qu'une reclamation par la Partie devant un Officier, qui étant fimple exécuteur, n'a pas droit d'entendre ni de proteger une Jurifdiction qu'il n'a certainement pas.

La deuxieme, qu'il leur eft fait défenfes par Arrêt du 9. Juillet 1712. d'aller dans les maifons fans en être requis par le propriétaire ou locataire, ou par quelqu'autre perfonne, fuivant l'exigence des cas, à moins qu'ils ne foient porteurs d'une Ordonnance du Juge qui leur en donne la permiffion.

La troifieme eft, que de tems immémorial les Commiffaires au Châtelet ont joui d'un droit fur le prix des adjudications des immeubles qui fe font au Châtelet : ce qui leur a été accordé en confidération des foins dont ils font chargés de maintenir l'ordre & la tranquillité publique. Ce droit, qui a été de trois deniers pour livre, eft à préfent de quatre. Quoique par un Edit du mois d'Août 1716. & par une Déclaration du 23. Janvier fuivant, ce droit ait été fupprimé à l'égard des Enquêteurs des autres Bailliages & Sénéchauffées ; néanmoins les Commiffaires du Châtelet ont obtenu un Arrêt du Confeil d'Etat, en date du 9. Novembre 1717. qui maintient les Commiffaires Enquêteurs & Examinateurs au Châtelet de Paris dans le droit de quatre deniers pour livre , fur le prix des adjudications ; des immeubles qui fe font au Châtelet.

La quatrieme eft que ce que nous avons dit ci-deffus que les Commiffaires ont droit d'appofer les fcellés dans la Ville, Fauxbourgs & Banlieue de Paris , fe doit entendre de leur propre autorité & fans en demander la permiffion au Lieutenant civil , au cas toutefois qu'ils en foient requis par les Parties. Ainfi jugé par Arrêt de la Grande Chambre du 23. Avril 1692. rendu fur les conclu-fions de M. Dagueffeau , lors Avocat général, de-puis Procureur général du Parlement, & Chan-celier de France.

La cinquieme eft , que le privilege qu'ils ont pour le droit de fuite dans l'appofition des fcellés , n'eft fondé fur aucune Loi précife, mais fur un an-cien ufage , qui eft fondé fur ce que le Scel du Châtelet de Paris (en vertu duquel fe fait l'appo-fition du fcellé) eft attributif de Jurifdiction. *Voyez* Droit de fuite en conféquence du Scel du Châ-telet.

Mais pour que ce droit de fuite ait lieu , il faut que celui qui eft décédé à Paris, ou dans les Faux-bourgs , ou dans la Banlieue , y ait eu fon domici-le ordinaire au tems de fa mort; autrement la fuite appartient au juge royal du domicile du défunt.

Ainfi jugé par Arrêt de la Cour du 23. Janvier 1714. contre la prétention des Commiffaires au Châtelet de Paris , qui fe fondoient fur ce que le Sceau du Châtelet étant attributif de Jurifdiction , ils devoient avoir droit de fuite dans l'appofition des fcellés , lors même que le décédé à Paris, ou dans la Banlieue n'y avoit pas fon domicile prin-cipal.

A l'égard d'une perfonne condamnée à mort , & morte civilement à Paris, qui auroit des biens ail-leurs & dans d'autres Provinces, les Commiffaires du Châtelet qui auroient appofé le fcellé fur les effets trouvés au lieu de la demeure du défunt, pourroient être obligés de lever leur fcellé , à la pourfuite & diligence du Procureur du Roi du Bureau des Fi-nances ; parce que dans le cas de confifcation, de bâtardife , deshérence , &c. ils font fonction avec les Tréforiers de France ; & alors pour les biens & effets qui font dans la Généralité de Paris , ils ont droit de fuite , non pas à caufe du Scel de Paris , mais comme Officiers du Bureau des finances en cette partie.

Mais pour les biens que le défunt auroit hors la Banlieue de Paris , le droit de fuite n'auroit pas lieu. Ainfi jugé par Arrêt du 7. Septembre 1709. fur un appointement du Parquet, rapporté par M. Brillon , *verbo* Commiffaire.

La raifon eft , qu'un homme mort civilement n'a point de véritable domicile , parce qu'il n'a point d'être civil , & ne fait point de tête dans l'Etat qui puiffe attirer par fa demeure à Paris ce qui peut être ailleurs.

Ainfi dans ce cas tout eft réel , & chaque Sei-gneur a même la confifcation des meubles qui fe trouvent dans l'étendue de fa Seigneurie : de forte que fi les commiffaires du Châtelet avoient appofé le fcellé fur les effets d'un homme mort civile-

ment ce ne feroit point comme Commiffaire au Châtelet , mais comme Commiffaire au Bureau des Finances. Or cette derniere qualité ne leur donne point droit de connoître de ce qui fe trouve affis dans une autre Généralité.

Il faut conclure de ce raifonnement , que com-me les Commiffaires du Châtelet de Paris ne le font une dans le Bureau des Finances de Paris , & non dans les Bureaux des autres Généralités, ils ne peuvent y étendre leur droit de fuite.

Touchant l'origine , les priviléges & fonctions des Commiffaires du Châtelet de Paris , *Voyez* le Recueil qui en a été imprimé à Paris en 1755. chez le Prieur ; le Traité de la Police, tom. 1. liv. 1. ch. 12. & Joly , t. 2.-tit. 29. p. 1467. & fuiv.

COMMISSAIRE ou CONSEILLER COMMIS PAR LE PARLEMENT , eft un Confeiller commis par la Cour pour faire defcente fur les lieux pour faire enquête & interroger des témoins , pour re-cevoir les reproches des témoins , & pour d'autres caufes qui fervent d'inftruction à un procès pen-dant en une Chambre du Parlement.

Ces fortes d'inftructions ne fe font que parde-vant un Confeiller pour ce commis , pour être en jugeant fait droit par la Cour fur ce qui aura été fait pardevant lui.

Lorfqu'un Confeiller du Parlement eft commis par fa chambre pour inftruire une procédure , il prend dans la procédure qu'il dreffe la qualité de Commiffaire , & il n'agit qu'en vertu d'une com-miffion. Elle lui eft donnée au bas d'une Requête, ou par un Arrêt. En l'un & l'autre cas , il eft obli-gé de fuivre ce qui lui eft prefcrit par fa commif-fion , qui fixe les bornes de fon pouvoir.

Enfin, pour l'exécution des ordres de la Cour , il rend des Ordonnances qui s'exécutent par provifion.

COMMISSAIRES appellés au Parle-ment Grands et Petits Commissaires , font ceux qui voyent & examinent les inftances & pro-cès qui ne fe jugent pas à l'Audience.

Pour entendre ce que c'eft , il faut fçavoir que les inftances & procès fe jugent , ou à l'ordinaire , ou de grands & petits Commiffaires.

Les affaires où il n'y a pas une grande difcution , ni un grand examen de piéces à faire , fe jugent à l'ordinaire.

Le rapporteur fait porter le procès à la Cham-bre. Sur le rapport qu'il en fait, affifté d'un Evan-gelifte , il eft jugé dans la Chambre du Confeil à l'ordinaire , c'eft-à-dire aux heures ordinaires du Parlement , qui font depuis huit heures du matin jufqu'à dix , & depuis deux heures de re-levée jufqu'à cinq.

La forme de juger les inftances & procès par Commiffaire , & de faire des affemblées aux jours extraordinaires, a été introduite pour expédier les affaires plus promptement , & afin que les heures ordinaires qui font deftinées pour juger les procès , ne foient pas employées à voir & examiner ceux qui contiennent plufieurs chefs de demandes , & qui font d'un grand travail & d'une longue difcuffion.

Mais on ne compte pas les demandes qui ne regardent que la procédure , ni les actes qui ne font pas importans.

Pour faire une inftance ou un procès de Commiffaires , il ne fuffit donc pas qu'il y ait plufieurs demandes à juger , ou plufieurs actes à voir ; il faut qu'à l'égard des demandes elles concernent le droit des Parties , & non la procédure , & de plus , que chaque demande faffe comme un chef de conteftation principale ; de forte qu'elles feroient chacune un procès , fi elles n'étoient pas jointes. Pour ce qui eft des actes , il faut qu'ils regardent la matiere , & méritent d'être vûs & examinés ; comme font les contrats de mariage , les partages , les teftamens , les aveux , & autres pieces & titres de cette nature.

Cela pofé , voyons quelle font les affaires de petits ou de grands Commiffaires. Mais avant il faut obferver qu'il y a certaines affaires qu'il n'eft pas permis , fous quelque prétexte que ce foit , de voir de petits Commiffaires ; comme font les inftances où il s'agit d'homologation de contrat entre les débiteurs & leurs créanciers , ou entre des créanciers feulement , les appellations des faifies réelles & de congés d'adjuger , les inftances appointées à mettre , & les procès criminels.

Les affaires de petits Commiffaires font celles où il y a trois demandes fur lefquelles il s'agit de prononcer , ou fix actes à examiner. Alors , après qu'il a été arrêté par plus de deux tiers des voix , fur le rapport fommaire de l'affaire , qu'elle fera vûe par petits Commiffaires , quatre Confeillers s'affemblent chez un Préfident de la Chambre avec le Rapporteur à des heures extraordinaires , pour la voir fans la juger & le Rapporteur en fait enfuite fon rapport à la Chambre où elle eft jugée.

Les affaires des Grands Commiffaires font les procès ou inftances qui demandent une très-grande difcuffion , & où le Rapporteur eft obligé d'employer plufieurs vacations à faire de longues lectures pour fe mettre au fait de la queftion.

Telles font , Iº. les affaires où il y a au moins fix chefs de demande au fond , juftifiés par différens moyens.

IIº. Les procès & inftances d'ordre & de diftribution de deniers procédans de la vente d'immeubles & de contributions d'effets mobiliers entre les créanciers.

IIIº. Ceux de liquidation de fruits , de dommages & intérêts , de débats des comptes , d'oppofition à fin de charge & de diftraire , des taxes de dépens excédans dix croix ou apoftilles.

Mais pour que ces conteftations forment une affaire de grands Commiffaires , il faut que ce dont il eft queftion au procès , excede la fomme de mille livres.

Les grands Commiffaires peuvent juger & donner Arrêt ; & pour cela ils s'affemblent dans la Chambre du Confeil , au nombre de dix des plus anciens , avec un Préfident ; au lieu que les petits Commiffaires font feulement députés par la Cour , fuivant l'ordre du tableau & de leur reception , pour examiner les inftances ou procès qui ont au moins , comme nous avons dit , trois chefs de de-

mandes , ou fix actes à examiner ; mais ils ne donnent point de Jugement ; ils en font feulement leur rapport à la Cour ou Chambre où le procès eft pendant & diftribué , & là on va aux voix ; après quoi l'affaire fe juge à la pluralité des fuffrages , qui ne font pas toujours conformes au rapport des Commiffaires.

Préfentement à la Grande Chambre du Parlement on ne rapporte plus de grand Commiffaire. On voit toutes les affaires à l'ordinaire ou de petit Commiffaire.

Les Officiers du Grand Confeil peuvent juger de grands Commiffaires les procès & inftances qui peuvent être jugés au Parlement de grands Commiffaires que nous avons rapportés ci-deffus. Ils peuvent encore juger de grands Commiffaires dans plufieurs autres cas qui font énoncés dans l'art. 21. de l'Edit du mois de juin 1683.

Cet Edit fert de Réglement pour les épices , pour les vacations des Commiffaires , & pour la forme qui fe garde dans l'examen des inftances & des procès qui fe jugent de petits ou de grands Commiffaires.

Le Lecteur peut avoir recours à cet Edit du mois de Juin 1683. & auffi à la Déclaration du 15. Mars 1673.

COMMISSAIRES aux Requestes du Palais , font Meffieurs des Requêtes du Palais qui ont avec le titre de Confeiller au Parlement une commiffion particuliere , pour juger les caufes de ceux qui ont droit de Committimus.

COMMISSAIRES deleguès. *Voyez* Juges délégués.

COMMISSAIRES sequestres. *Voyez* Sequeftres.

COMMISSAIRES nommés par des Juges , font des Juges qui font nommés par d'autres par une Commiffion rogatoire ou en commandement , fuivant la qualité des Juges à qui elle eft adreffée , à l'effet de faire quelque chofe concernant l'inftruction d'une Inftance ou procès , pour enfuite être ordonné ce que de raifon.

Ces Commiffaires doivent exactement fuivre la forme prefcrite par leur commiffion , & ne pas excéder le pouvoir qui leur eft donné ; autrement ce qu'ils auroient fait feroit nul *ipfo jure*.

Quand il y en a plufieurs dénommés pour l'inftruction d'un procès , ils ne peuvent pas y travailler féparément.

Voyez ci-après Commiffions. *Voyez* Henrys , tom. 1. liv. 2. queft. 48.

COMMISSAIRE aux Saisies Reelles , eft un Officier créé par un Edit du mois de Février 1216. & établi en titre d'Office en chacune Ville & lieux où il y a Juftice royale pour avoir l'entiere adminiftration de toutes les terres & maifons , & autres immeubles faifis réellement.

Aujourd'hui il ne dépend donc plus des Huiffiers ou Sergens qui font des faifies réelles , d'établir pour Commiffaire aux biens faifis réellement qui bon leur femble : ils font obligés , quand ils font une faifie réelle , d'établir pour Commiffaire celui qui eft établi par le Roi en titre d'Office.

La dépoſſeſſion d'un héritage ſaiſi réellement ne ſe fait que par l'établiſſement de Commiſſaire, & cet établiſſement de Commiſſaire ſe doit néceſſairement faire par l'exploit de la ſaiſie réelle, ou par un acte ſéparé immédiatement après & avant la première criée ; autrement, tout ce qui auroit été fait en conſéquence de la ſaiſie réelle, ſeroit nul de plein droit.

La raiſon eſt qu'on ne peut faire vendre un immeuble ſans dépoſſeſſion actuelle, c'eſt-à-dire, ſans enrégiſtrement de la ſaiſie réelle & ſans bail judiciaire ; ce qui eſt ſi vrai, qu'en fait de décret volontaire ; qui eſt qu'un décret de formalité, il faut une Sentence qui prononce bail judiciaire & dépoſſeſſion.

Ainſi, pour empêcher que les Parties en viennent aux mains, le ſaiſiſſant ne peut pas lui-même ſe mettre en poſſeſſion de l'immeuble ſaiſi réellement, mais le Sergent doit déclarer qu'il établit le Commiſſaire aux Saiſies-Réelles pour le régime & gouvernement de l'immeuble ſaiſi, en la poſſeſſion duquel il met ledit immeuble, pour après être par lui donné à louage ou à ferme, pendant qu'il ſera procédé aux criées, décret & adjudication d'icelui à la pourſuite du ſaiſiſſant.

A l'égard des fruits, ils appartiennent au ſaiſi, pour être diſtribués à ſes créanciers, à compter du jour de la ſaiſie réelle, juſqu'à l'adjudication. Mais les Commiſſaires aux ſaiſies-Réelles ont ſoin d'anticiper la jouiſſance du bail judiciaire le plus haut qu'ils peuvent. Par exemple, ſur une ſaiſie réelle dont le bail ſeroit fait en Mai, Juin ou Juillet, pour héritages de campagne, leſdits Commiſſaires ſont prononcer la jouiſſance du bail à commencer dès la Saint Martin précédente, quoiqu'une partie de la récolte ſoit faite.

Le Commiſſaire aux Saiſies-Réelles eſt en droit de demander & d'avoir la régie des biens, dont ils ſont ſaiſis réellement ; ſauf aux Parties à ſe pourvoir ainſi qu'elles aviſerons ; pour faire déclarer la ſaiſie nulle & éteinte, & prétendre leurs dommages & intérêts.

C'eſt la raiſon pour laquelle les Huiſſiers ou Sergens qui ont fait la ſaiſie réelle & l'établiſſement de Commiſſaire, ſont obligés de mettre ès mains dudit Commiſſaire leurs procès verbaux & exploits de ſaiſies réelles bien écrits, ſignés d'eux & de leurs Records, dans trois jours au plus tard après qu'elles auront été faites.

Le Commiſſaire aux Saiſies-Réelles eſt obligé d'avoir un Regiſtre, dans lequel il doit faire enregiſtrer tous leſdits procès verbaux & exploits de ſaiſies, & y inférer le jour qu'il les aura reçus, avec le nom & demeure des Sergens qui les auront faits ; & il eſt tenu de faire ſigner ſur ſon Regiſtre ceux à qui il aura rendu leſdits procès verbaux & exploits.

La ſaiſie réelle enregiſtrée, le Commiſſaire aux Saiſies-Réelles doit faire toutes diligences poſſibles pour procéder au bail judiciaire des biens ſaiſis réellement. Pour cet effet, il doit appeller le plutôt qu'il peut, pardevant les Juges du reſſort de ſon établiſſement, la partie ſaiſie & le ſaiſiſ-

ſant à leurs domiciles, tant pour voir procéder aux baux judiciaires des choſes ſaiſies, & y faire trouver des enchériſſeur, ſi bon leur ſemble, que pour débattre l'inſolvabilité des cautions & certificateurs.

La régie & l'adminiſtration du Commiſſaire aux Saiſies-Réelles, commence depuis le bail judiciaire, & continue juſqu'à la main levée de la ſaiſie réelle, ou juſqu'à l'adjudication par décret.

Il n'y a que les pourſuites qui concernent les baux judiciaires & leur exécution, qui ſe faſſent à la diligence du Commiſſaire aux Saiſies-Réelles ; toutes les autres pourſuites & procédures ſe font à la diligence du créancier ſaiſiſſant.

Les Commiſſaires aux Saiſies-Réelles ne peuvent prendre à bail ou à ferme les immeubles ſaiſis réellement, même par Procureur.

Dans le compte qu'ils rendent, ils prélevent les impenſes qu'ils ont faites pour la conſervation de l'immeuble dont ils ſont établis Commiſſaires.

Il leur eſt permis de faire la foi & hommage au Seigneur féodal pour le fief ſaiſi réellement, lorſque le propriétaire de fief refuſe de la faire ; comme il eſt porté en l'art. 34. de la Coutume de Paris. Voyez ce que j'ai dit ſur cet art.

Les Commiſſaires aux Saiſies-Réelles n'ont qu'un droit limité, ad cuſtodiam & culturam rei, & perceptionem fructuum pecuniariorum. D'où il s'enſuit qu'ils ne peuvent pas préſenter aux Bénéfices qui viennent à vaquer pendant la ſaiſie, ni révoquer & deſtituer les Officier. Chopin, de Domaſt. lib. 3. tit. 19. nom. 5. Dumoulin ſur l'art. 47. de l'ancienne Coutume de Paris, gloſ. 10. nom. 1. & ſuiv. nomb. 34. & 38.

Les Commiſſaires aux Saiſies-Réelles ont toujours Procureur en cauſe ; c'eſt pourquoi on ne les aſſigne pas : on ſignifie directement une Requête à leur Procureur ordinaire.

Touchant les fonctions & les droits des Commiſſaires aux Saiſies-Réelles, voyez le Recueil des Edits, Déclarations & Arrêts des Réglemens qui en été a fait.

COMMISSION, eſt quelquefois oppoſé à titre, & ſignifie un pouvoir donné pour un tems à quelques perſonnes d'exercer quelque Charge, ou de juger en des occaſions extraordinaires.

La Charge de Garde des Sceaux n'eſt qu'une Commiſſion qui eſt revocable. Les Intendances de Juſtice ne ſont que de ſimples commiſſions.

COMMISSION, ſe dit auſſi de la ſubdélégation ou du pouvoir qu'on donne à un Juge particulier de faire quelque inſtruction d'un procès, quelque viſite ou deſcente ſur les lieux, quelque exécution d'arrêt. Sur quoi il faut remarquer que les Cours ſouveraines n'adreſſent jamais leurs commiſſions qu'à des Juges royaux.

Voyez ci-après Commiſſions en commandement, & Commiſſions rogatoires.

COMMISSION DE LA CHANCELLERIE, ſont des Lettres royaux portant permiſſion d'aſſigner, d'exécuter, ou de faire d'autres exploits.

Ces Lettres s'obtiennent pour différentes cauſes, mais principalement pour pouvoir donner des aſſignations, & exécuter des Jugemens ; comme une Commiſſion portant pourvoir à tout Huiſſier ou Sergent royal de mettre un Arrêt à exécution dans le reſſort du Parlement par lequel l'Arrêt eſt donné ; parce qu'autrement ce droit n'appartient qu'aux Huiſſiers de la Cour.

Ainſi, celui qui veut faire aſſigner au Parlement en exécution d'un Arrêt rendu audit Parlement, doit préſenter Requête aux fins de faire aſſigner un tel en la Cour, pour voir dire que l'arrêt ſera exécuté ; ce faiſant, &c. Au bas de cette Requête le Greffier met : *Soit Partie appellée.*

Voilà ce qui s'obſerve lorſque la Partie qu'on veut faire aſſigner eſt demeurante dans la Ville ou Fauxbourg où eſt le Parlement, & que l'aſſignation eſt donnée par un des Huiſſiers de la Cour.

Mais quand ceux qu'on veut faire aſſigner ne ſont point demeurans ſur les lieux, comme les frais ſeroient trop grands de le faire par un Huiſſier du Parlement, on obtient en Chancellerie une Commiſſion, dans laquelle on prend les mêmes concluſions que celles de la Requête.

Lorſqu'on veut faire quelque demande incidente, ou pour quelque cauſe qui attire la connoiſſance de la conteſtation à une des Chambres du Parlement, on la peut faire en vertu d'une Requête préſentée à la Chambre, ou d'une Commiſſion obtenue en Chancellerie, ſuivant la diſtinction ci-deſſus.

On obtient encore d'autres Commiſſions en Chancellerie ; comme, I°. Commiſſion pour faire appeller les héritiers d'un homicide ; pour voir entériner une remiſſion pardevant le Juge royal auquel les Lettres de rémiſſion ſont adreſſées pour en faire l'entérinement, les enfans ou plus proches parens du défunt appellés pour cet effet.

II°. Commiſſion pour faire parachever l'exécution d'un papier terrier ; & auſſi d'autres ſortes de Commiſſions ou Lettres qu'on obtient en Chancellerie pour la pourſuite des procès.

COMMISSIONS PAR LETTRES EN COMMANDEMENT, ſont celles qui ſe donnent par des Juges à d'autres Juges, pour leur enjoindre de faire quelque choſe : elles ſont oppoſées aux Commiſſions rogatoires.

Ainſi la Cour, ou Meſſieurs des Requêtes, donnent ſouvent des Lettres adreſſantes aux Juges des lieux, pour faire enquête & tirer la vérité de quelque fait mis en avant par les Parties, pour ſervir au Jugement de leur différend, pour être les enquêtes & interrogatoires faits & levés par la Partie qui y a intérêt, & être en conſéquence d'iceux fait droit ainſi que de raiſon.

Une Commiſſion doit être par écrit ; autrement, celui qui l'auroit donnée, la pourroit déſavouer.

Pour qu'un Commiſſaire puiſſe agir en vertu de ſa Commiſſion, il faut qu'il la faſſe paroître. Loyſeau en ſon Traité des Offices, liv. 2. chapitre 6. nomb. 16.

Quand la Cour envoie des Lettres à des Juges inférieurs qui ſont de ſon reſſort, ces Lettres ſont des Lettres en commandement. Mais quand les Commiſſions ſont adreſſées par un Juge à un autre Juge ſur lequel il n'a point de pouvoir, alors ces Let-

tres ſont appellées des Commiſſions rogatoires.

Il n'y a que ceux qui ſont dénommés dans une Commiſſion qui puiſſent agir en conſéquence. Les Conſeillers de la Cour & Commiſſaires aux Requêtes ne peuvent exécuter les arrêts de la Cour, s'ils ne ſont dénommés ès Commiſſions. Louet, lett. C, ſomm. 22.

Lorſqu'une Commiſſion eſt adreſſée à certains Juges, ils n'en peuvent déléguer ni commettre d'autres, Corbon, ſuite de Patronage, chap. 12.

Un Lieutenant particulier ne peut prendre connoiſſance d'une affaire en vertu d'une Commiſſion de la Cour, qui eſt adreſſée au Lieutenant général. Papon, liv. 4. tit. 12. nomb. 16.

Il faut excepter, I°. le cas de l'abſence du Lieutenant général ; car après trois jours le Lieutenant particulier en pourroit connoître. Journal des Audiences, tome 1. liv. 1. chap. 27.

II°. Quand une Commiſſion eſt adreſſée à un Lieutenant général qui eſt décédé, alors il eſt naturel que celui qui ſuit, l'exécute. La Peyrere, lett. C.

A l'égard des Commiſſions adreſſées au Lieutenant général ou particulier, & premier des Conſeillers ſur ce requis, l'exécution en appartient au Lieutenant général à l'excluſion des deux autres : & en l'abſence, récuſation ou excuſe légitime du Lieutenant général, au Lieutenant particulier, & par ordre au premier des Conſeillers. Filleau, part. 1. tom. 4. ch. 11.

COMMISSION ROGATOIRE, eſt une Commiſſion donnée par un Juge & adreſſée à un autre ſur lequel il n'a point de pouvoir, par laquelle il le prie de mettre à exécution quelque mandement, décret ou appointement de Juſtice dans l'étendue de ſa Juriſdiction, ou d'informer de quelque fait, ou d'enregiſtrer quelque acte, ou de faire quelque autre choſe.

S'il s'agit, par exemple, de faire interroger ſur fait, & articles un abſent, le Juge pourra commettre le plus prochain Juge du lieu où demeure la Partie abſente qu'il convient faire interroger.

Pour cet effet, on préſente une Requête au Juge pardevant lequel l'inſtance eſt pendante ; & on conclut à ce qu'il lui plaiſe delivrer une Commiſſion rogatoire & adreſſante au Juge du domicile de la Partie.

Sur cette Requête (au bas de laquelle le Juge de l'inſtance pendante met ſon Ordonnance) eſt expédiée une Commiſſion rogatoire, conforme aux concluſions de la Requête.

Si le Juge qui Commet eſt ſouverain, la Commiſſion, ne ſera pas rogatoire, mais elle ſera expédiée en forme d'Arrêt ; & ces ſortes de Commiſſions ſont appellées Lettres en commandement, comme nous avons dit ci-deſſus en l'article précédent.

COMMISSIONS EXTRAORDINAIRES, ſont des Charges que le Roi donne pour faire certaines choſes, ſans que ces charges ſoient érigées en titre d'Office. Elles doivent contenir l'étendue des fonctions & du pouvoir que le Roi accorde.

Ces Commiſſions ſont ordinairement données

fans limitation de tems, & font révocables à la volonté du Roi.

Il n'y a que le Roi qui puiffe donner des commiffions extraordinaires.

Au refte, ces commiffions extraordinaires font les établiffemens de quelques Chambres ou Jurif-dictions qui ne doivent durer que quelque tems. Les grands Jours, les Chambres de Juftice, les francs-Fiefs, la Chambre royale, font des commiffions extraordinaires. Il en eft de même de la commiffion que le Roi donne pour la vente du Domaine.

Voyez M. le Bret en fon Traité de la Souveraineté, liv. 2. chap. 1.

COMMISSIONNAIRE, eft un Agent, un Facteur, que tient un Marchand dans les Ports ou dans les Villes de trafic ou de manufacture, pour faire en fon nom des achats & des envois de marchandifes.

Parmi nous, de même que chez les Romains, celui qui a donné une telle commiffion, eft tenu des obligations contractées par fon commiffionnaire touchant les affaires & les négoces dont il lui a confié le maniement & l'adminiftration en fon nom ; comme je l'ai remarqué fur le §. 2. du tit. 7. du quatriéme Livre des Inftitutes. *Voyez* Facteur. *Voyez* auffi ce qui eft dit des commiffionnaires dans le Dictionnaire œconomique, où il en eft parlé fort au long.

COMMITTIMUS, (mot latin qui fignifie nous commettons) eft un droit ou un privilége que le Roi accorde aux Officiers de fa Maifon, & à quelques perfonnes ou communautés, de plaider en premiére inftance aux Requêtes du Palais ou de l'Hôtel de Paris, en matieres pures perfonnelles, poffeffoires ou mixtes, & d'y faire renvoyer ou évoquer celles qui feront commencées devant d'autres, où ils auront intérêt, pourvû que ce foit avant que la chofe ait été conteftée de leur part. Ainfi ceux qui ont droit de committimus, peuvent non-feulement faire affigner pardevant les Juges de leur privilége, mais encore attirer les demandeurs pardevant eux dans les affaires dont ils ont droit de connoître.

Ce privilége a lieu & s'étend par tout le Royaume, fans exception des Parlemens. Papon, liv. 4. tit. 9. nomb. 6.

Il faut néanmoins excepter le cas énoncé dans la Déclaration de Louis XIV. donnée à Verfailles le 6. Juin 1687. qui porte que ceux qui ont leurs caufes commifes aux Requêtes de l'Hôtel ou du Palais, ne pourront fe fervir de ce privilége en Artois.

Le droit de committimus eft plus fort que celui du Scel du Châtelet de Paris. Ainfi, en vertu du droit de Committimus, on peut faire affigner aux Requêtes de l'Hôtel ou du Palais, quoique ce foit pour contrats paffés fous le Scel du Châtelet de Paris.

Il y a deux fortes de committimus ; fçavoir, celui du grand Sceau, & celui de la petite Chancellerie, qui different en plufieurs chofes.

La premiere différence confifte en ce que le committimus du grand Sceau s'exécute par tout le Royaume : celui du petit Sceau ne s'exécute que dans le reffort du Parlement d'où les Lettres de committimus font émanées.

La deuxiéme différence eft que le committimus du grand Sceau ne s'expédie que pour la fomme de mille livres & au deffus, fuivant l'art. 2. du tit. des committimus.

La troifiéme eft, que celui qui a droit de committimus au grand Sceau, a droit de committimus au petit Sceau, & non au contraire.

Le committimus du grand Sceau n'étoit autrefois que pour les Commenfaux du Roi ; mais il a été étendu depuis à plufieurs autres perfonnes.

Ceux qui ont aujourd'hui droit de committimus au grand Sceau, font dénommés dans l'art. 13. du titre de l'Ordonnance des committimus ; fçavoir.

I°. Les Princes du Sang ; les Princes reconnus en France ; les Ducs & Pairs, & autres Officiers de la Couronne ; les Chevaliers & Officiers de l'Ordre du Saint-Efprit ; les deux anciens Chevaliers de l'Ordre de Saint-Michel.

II°. Les Confeillers au Confeil qui fervent actuellement ; ceux que Sa Majefté aura employés dans les Ambaffades ; les Maîtres des Requêtes ordinaires de l'Hôtel du Roi ; les Préfidens, Confeillers, Avocats & Procureurs généraux de Sa Majefté, Greffier en chef, & premier Huiffier du Grand Confeil.

III°. Le grand Prévôt de l'Hôtel, fes Lieutenans, Avocat & Procureur de Sa Majefté, & Greffier ; les Confeillers & Secrétaires du Roi, & autres Greffiers de la Chancellerie de France.

IV°. Les quinze Agens généraux du Clergé de France pendant leur Agence ; les Doyens, Dignités & Chanoines de l'Eglife de Notre Dame de Paris.

V°. Les quatre plus anciens de l'Académie Françoife établie à Paris, fuivant l'ordre de leur reception, qui fera juftifiée par un extrait figné du Secrétaire de l'Académie.

VI°. Les Capitaines, Lieutenans, Sous-Lieutenans, Enfeignes, Commiffaires d'ancienne création, Sergent Major & fon Ayde, Prévôt, Maréchal des Logis du Régiment des Gardes.

VII°. Les Officiers, Domeftiques & Commenfaux de la Maifon du Roi, & de celle de la Reine, Enfans de France, & premier Prince du Sang, dont les Etats font portés à la Cour des Aides, & qui fervent ordinairement, ou par quartier, aux gages de 60. liv. au moins.

Tous lefquels Officiers & Domeftiques font tenus de faire apparoir par certificats en bonne forme, qu'ils y font couchés & employés.

Ceux qui jouiffent du committimus au petit Sceau, font les Officiers des Cours de Parlement ; fçavoir,

I°. Les Préfidens, Confeillers, Avocats & Procureurs généraux ; Greffier en chef, civil & criminel, & des Préfentations, Secrétaires, & premier Huiffier ; les Commis & Clercs du Greffe : les Avocats & Procureur généraux, & le Greffier en chef des Requêtes du Palais.

II°.

II°. Les Officiers des Chambres des comptes ; sçavoir, les Présidens, Maîtres, Correcteurs & Auditeurs, les Avocats & Procureur généraux, Greffier en chef, & premier Huissier.

III°. Les Officiers des Cours des Aydes ; sçavoir, les Présidens, Conseillers, Avocats & Procureur généraux, Greffier en chef & premier Huissier.

IV°. Les Officiers des Cours des Monnoyes ; sçavoir, les Présidens, Conseillers, Avocats & Procureur généraux, Greffier en chef, & premier Huissier.

V°. Les six anciens Trésoriers généraux de France établis à Paris, & les quatre anciens des autres Généralités, entre lesquels pourront être compris le premier Avocat & Procureur du Roi, suivant l'ordre de leur reception.

VI°. Le Prévôt de Paris, ses Lieutenans généraux, civil, de Police, criminel & particulier, & le Procureur du Roi au Châtelet.

VII°. Le Baillif, Lieutenant & Procureur du Roi au Bailliage du Palais à Paris.

VIII°. Le Président Doyen, & Procureur du Roi en l'Election de Paris.

IX°. Les Officiers vétérans de la qualité ci-dessus, après en avoir obtenu des Lettres de Sa Majesté, & non autrement.

X°. Les Doyen, Chantre, & plus ancien des Chanoines de l'Eglise Saint Germain l'Auxerrois à Paris ; & le Chapitre pour les affaires communes.

XI°. Le Collége de Navarre, pour les affaires communes de la Maison.

XII°. Les Directeurs de l'Hôpital général de Paris ont le même privilége.

Le droit de committimus du petit Sceau est aussi accordé aux Prévôt des Marchands & Echevins de Paris pendant leurs Charges, & aux Conseillers de Ville, Procureur du Roi, Receveur & Greffier, & au Colonel des trois cens Archers de la Ville.

Les douze anciens Avocats du Parlement de Paris, & six des autres Parlemens, du nombre de ceux qui sont appellés aux jours de sermens, dont le rolle sera arrêté par Messieurs les premiers Présidens, Avocats & Procureur généraux, jouissent aussi du droit de Committimus du petit Sceau ; & le rolle doit être porté chaque année aux Chancelleries établis près les Parlemens.

Les femmes des Privilégiés, quoique séparées, jouissent du droit de committimus dont jouissent leurs maris, même contr'eux, en cas de demande en séparation & autres. Ainsi jugé par Arrêt du 7. Septembre 1707. rendu au petit Rolle, sur les conclusions de M. le Nain, Avocat général. La raison est, que uxor radiis maritalibus coruscat ; & par conséquent elle a droit de se servir du droit de committimus contre son propre mari, lorsqu'elle agit contre lui pour parvenir à sa séparation.

Cet Arrêt ne laissa pas de surprendre ceux qui étoient au Barreau ; parce que l'Ordonnance n'accordant aux femmes le droit de committimus de leurs maris, que lorsqu'elles sont séparées, il sembloit qu'une femme plaidant en séparation contre son mari, & n'étant point encore séparée, ne pou-

voit se servir contre lui même d'un privilége inhérent à sa personne.

Il y a quelques autres personnes qui ont droit de committimus par des concessions particuliéres que la briéveté que nous nous sommes proposée dans cet Ouvrage, ne nous permet pas de rapporter.

Les veuves de ceux qui sont décédés en jouissance de ce privilége, (tant qu'elles demeurent en viduité,) jouissent du même droit ; mais les maris ne peuvent point user de ce privilége, appartenant à leurs femmes, servant dans les Maisons royales, & employées dans les états envoyés à la Cour des Aydes.

Ceux qui jouissent du droit de committimus ont le choix de plaider aux Requêtes de l'Hôtel ou du Palais.

Il faut excepter Messieurs les Présidens, Conseillers, & autres Officiers des Requêtes du Palais du Parlement de Paris, & leurs veuves, qui ne peuvent plaider en vertu de leurs priviléges qu'aux Requêtes de l'Hôtel ; de même Messieurs les Maîtres des Requêtes, les Officiers de Requêtes, & leurs veuves, ne peuvent plaider en vertu de leur priviléges qu'aux Requêtes du Palais à Paris ; de sorte que dans leurs Lettres il en doit être fait mention.

Pour ce qui est des Présidens & Conseillers des Requêtes du Palais des autres Parlemens, le Juge de leur privilége est le principal Siége de leur ressort.

Il y a des cas où les privilégiés ne peuvent pas se servir de ce privilége.

I°. Dans les actions réelles, comme pour passer déclarations ou titre nouvel de censives ou rentes foncieres, ou pour payement des arrérages qui en sont dûs, à quelques sommes qu'ils puissent monter, ou aux fins de quitter la possession d'héritages ou immeubles, ou pour les élections de tutelles & curatelles, scellés & inventaires, acceptation de garde noble, ou pour matières réelles, quoique par le même exploit la demande soit faite afin de restitution de fruits.

II°. Quand la cause a été contestée avec celui qui voudroit la faire renvoyer. Il suffit même, pour que la cause ne soit pas censée être entiere, qu'il eût fourni de défenses au fond. Il en seroit de même, si le privilégié, au lieu de se servir de son privilége avoit fait assigner son débiteur pardevant son Juge ordinaire : la raison est qu'il auroit par ce moyen renoncé à son privilége. L'héritier même ne peut se servir de son privilége, quand la cause a été contestée avec le défunt.

III°. Les causes & procès concernant le Domaine, & ceux où les Procureurs du Roi ou Procureurs généraux sont seuls Parties, ne peuvent être évoqués des Siéges ordinaires en vertu des Comittimus, parce que le Roi ne donne point de Privilége contre lui-même. Papon, liv. 5. tit. 14. nomb. 5.

IV°. Les causes pendantes au Grand Conseil, aux Chambres des Comptes, Cour des Aydes, Cour de Monnoyes, Elections, Greniers à Sel, Juges extraordinaires, & dont la connoissance leur appartient, ou par le titre de leur établissement, ou par attribution, ne peuvent être renvoyées en vertu du committimus.

V°. Les tuteurs honoraires, onéraires, & les curateurs, ne peuvent se servir de leurs committimus pour les affaires de ceux qui sont sous leurs charges en demandant ou en défendant.

VI°. Les privilégiés ne peuvent point se servir de leur privilége pour assigner aux Requêtes de l'Hôtel ou du Palais les débiteurs de leurs débiteurs; pour affirmer ce qu'ils doivent, si leur créance n'est établie par pieces authentiques, passées trois années avant l'assignation donnée; étant même en ce cas obligés d'affirmer s'ils en sont requis, que leur créance est véritable, & qu'ils ne prêtent point leur nom.

VII°. Ils ne peuvent point encore s'en servir dans les causes ou procès où ils sont parties principales ou intervenantes; en vertu de transports à eux faits, si ce n'est pour dettes véritables, & par actes passés pardevant Notaires, & signifiés trois ans avant l'action intentée; étant de plus obligés de donner copie desdits transports avec l'assignation, & même en affirmer la vérité en Jugement, en cas de déclinatoire, s'ils en sont requis; à peine de cinq cens livres d'amende contre ceux qui auroient abusé de leurs priviléges, applicables moitié au Roi & moitié à la Partie. Mais les privilégiés peuvent se servir de leur privilége pour les cessions & transports faits par contrats de mariage, par des partages, ou à titre de donation bien & duement insinuée.

VIII°. Les Committimus n'ont point lieu dans les matiéres criminelles & de Police.

IX°. Le committimus n'a point lieu dans la Province d'Artois, suivant les articles de la capitulation de la Ville d'Arras, faits en 1640.

X°. Ce privilége n'a pas lieu dans la Province de Bretagne, pour tirer hors du Parlement, suivant Dufail, liv. 1. chap. 23. & 346. liv. 3. chap. 311.

XI°. Il n'a pas lieu pour les demandes & assignations données pardevant les juges conservateurs des Foires de Lyon, de Champagne & autres.

XII°. Il n'a pas lieu pour les affaires qui sont de la Jurisdiction des Consuls, d'autant qu'ils peuvent juger les affaires de leur compétence, nonobstant tout déclinatoire, appel d'incompétence, prise à partie, renvoi requis & signifié.

Enfin le droit de committimus n'a point lieu pour toutes les affaires dont la connoissance appartient au Juge de la Connétablie, parce que leur privilége est supérieur à tout autre. Jovet, verbo Committimus, nomb. 11.

Les Evêques & Bénéficiers, qui ont droit de committimus par rapport à leurs Bénéfices, ne s'en peuvent servir qu'à l'égard des biens qui en dépendent. Papon, liv. 4. tit. 9. nomb. 4. & 10.

Cela est si vrai, que le privilége de committimus attribué à un Chapitre, & à chaque Chanoine en particulier, est restreint aux causes qui concernent les droits du Chapitre en général; & ceux de la Prébende de chacun des Chanoines. Bardet, tom. 2. liv. 4. chap. 9.

Si les Chanoines de l'Eglise de Paris ont le droit de committimus pour leurs affaires indépendan-

tes de leurs Bénéfices, on croit que cela provient de ce qu'ils ont acquis ce droit à titre onéreux, & en finançant.

A l'égard des committimus accordés à des communautés, les Particuliers qui les composent, n'ont pas droit d'en jouir. Ainsi un Religieux ne peut pas jouir du committimus qui est accordé à sa Communauté. Bouvot, verbo committimus, quest. 2.

Il nous reste à remarquer ici, qu'un privilégié peut se servir de son committimus en trois manieres.

I°. Pour assigner aux Requêtes de l'Hôtel ou du Palais.

II°. Pour faire renvoyer une cause pour laquelle il est assigné pardevant un autre Juge.

III°. Pour intervenir en une autre cause pendante ailleurs, en laquelle il n'a point été assigné, & en laquelle il a intérêt.

Les renvois se font en vertu de committimus, par l'exploit même d'assignation donnée à la Partie ou à son Procureur, s'il y en a un constitué, sans que les Huissiers ou Sergens soient tenu d'en faire réquisition aux Juges; au lieu que ceux qui ont des Lettres de garde-gardienne, doivent, pour avoir leur renvoi, le demander aux Juges pardevant lesquels ils sont assignés; ce qui se fait à l'Audience avant de défendre au principal.

La raison est, que Messieurs des Requêtes du Palais ou de l'Hôtel sont eux-mêmes Juges des priviléges de leurs privilégiés. Ce qui est si vrai, que tout ce qui seroit fait au préjudice du renvoi, seroit cassé, quand bien même il n'y auroit pas eu lieu à la rétention de la cause.

Ainsi Messieurs des Requêtes de l'Hôtel ou du Palais cassent & annullent comme attentat, toutes les procédures qui ont été faites au préjudice du renvoi. Voyez l'Ordonnance de 1669. tit. 4.

COMMITTIMUS, se prend quelquefois pour les lettres que ceux qui ont droit de plaider aux Requêtes du Palais ou de l'Hôtel, doivent obtenir pour jouir de leur privilége.

Aucunes Commissions ne peuvent être délivrées aux Requêtes de l'Hôtel, ou du Palais, pour y assigner ou y évoquer sans Lettres de committimus, quand bien même le demandeur seroit notoirement privilégié, à peine de nullité des Procédures & Jugemens, comme il est porté en l'art. 78. de l'Ordonnance de 1629. & en l'art. 11. du tit. 2. de l'Ordonnance de 1669.

La forme des Lettres de committimus requiert,

I°. Qu'on y exprime qu'elles ne sont accordées que pour les causes personnelles, possessoires & mixtes; parce que ces committimus tiennent lieu de Lettres attributives de Jurisdiction, & que Messieurs des Requêtes de l'Hôtel & du Palais ne peuvent connoître, comme Juges commis, des matieres comprises aux Lettres de committimus. D'ailleurs, il est à propos de distinguer ces matieres des réelles & des criminelles, dont la connoissance ne leur appartient point.

II°. Ce seroit une nullité aux Lettres de committimus, si on y exprimoit d'autres sommes que celles de 200. liv. pour le petit Sceau, & de 1000. liv. pour le grand.

Par l'art. 7. du tit. 4. de l'Ordonnance 1669. les Lettres de committimus font non-valables après l'année de leur expédition. Ce qui est d'autant plus juste, que si ces Lettres duroient toujours, il arriveroit souvent que ceux qui ont droit de committimus, jouiroient toujours de ce privilége, après en avoir perdu le droit.

COMMITTITUR, est une Ordonnance du président d'une Chambre, mise au pied d'une Requête, par laquelle il commet un Conseiller pour l'instruction d'une affaire, comme pour faire enquête & pour ouir des témoins, ou pour reconnoissance de promesse, ou pour autres semblables.

Dans les petites Jurisdictions, les Juges se commettent souvent eux-mêmes sur les Requêtes qui leur sont présentées.

COMMODAT, est un contrat par lequel on prête un corps certain gratuitement à quelqu'un, pour un certain usage & pour un certain temps, à condition qu'après le temps & l'usage fini la chose sera rendue en espece à celui qui l'a prêtée.

Ce contrat differe du précaire, en ce que le précaire se fait sans définir l'usage & le temps pour lequel une chose est prêtée. Ainsi celui qui a prêté une chose à titre de précaire, la peut redemander quand bon lui semble; au lieu que dans le commodat on ne peut la redemander avant que le temps pour lequel on l'a prêtée, soit expiré.

Il differe principalement du contrat qui est appellé prêt, en ce que le prêt se fait de choses qui périssent par l'usage, comme sont le vin, le bled, l'huile; au lieu que le commodat se fait des choses qui ne se consument point par l'usage, comme d'un cheval, d'une tapisserie & d'autres choses semblables.

Le commodat ne finit, ni par la mort du commodant, ni par celle du commodataire, mais par l'expiration du temps accordé par le commodant.

Après ce temps, le commodataire doit restituer la chose, sans pouvoir la retenir, ni sous prétexte qu'elle n'appartient pas au commodant, car il a pû prêter la chose d'autrui, ni sous prétexte que le commodant lui doit quelque chose, parce que la compensation n'a pas lieu dans le commodat.

Le commodat est un contrat synallagmatique, c'est-à-dire, obligatoire de part & d'autre ; & l'action qui provient de ce contrat, est directe ou contraire.

Dans l'action directe, le demandeur conclut à ce que le défendeur soit condamné de lui rendre le cheval ou autre chose non fongible qu'il lui a prêté, & aux dépens, dommages & intérêts.

Dans l'action contraire provenant du commodat, le demandeur conclut à ce que le défendeur soit condamné à lui payer les frais qu'il a été obligé de faire pour conserver la chose qui lui a été prêtée.

Par exemple, si le cheval étoit tombé malade, & que le commodataire eût été obligé de le faire penser, celui qui l'a prêté seroit tenu de rembour-

fer au commodataire tout ce qu'il auroit utilement dépensé pour sa conservation, à moins que cette maladie n'eût été causée par la faute de celui auquel on l'a prêté.

Mais les frais de nourriture ne donnent point lieu à cette action, & ne se peuvent se répeter, attendu que dans le commodat on ne peut jamais répeter les impenses, sans lesquelles on ne peut faire aucun usage de la chose qui nous a été prêtée.

Voyez ce que j'ai dit du commodat sur le titre 14. du troisieme Livre des Institutes. *Voyez* aussi le chap. 6. du 3e. livre de la Science des Notaires.

COMMORIENTES. Ce terme latin signifie ceux qui meurent en même temps dans un naufrage, incendie, ou autre funeste accident.

Pour sçavoir comment se partage leur succession, il faut se déterminer par les circonstances particulieres, l'ordre naturel & l'équité, & toutes choses égales, incliner contre celui qui tire son droit du prédécès.

Voyez ce que j'ai dit ci-dessus en parlant des choses douteuses. *Voyez* aussi Despeisses, tom. 2. pag. 106. nomb. 32. & tom. 1. pag. 354. le Prêtre, cent. 1. ch. 96. Soefve, tom. 1. cent. 4. M. le Brun en son Traité des successions, liv. 1. chap. 1. §. 1. nomb. 13. & suiv.

COMMUER, signifie changer une peine en une autre : ce qui ne peut se faire que par l'autorité du Prince. *Voyez* Commutation de peine.

COMMUN, se dit des choses que plusieurs personnes possédent ensemble par indivis, dont les uns & les autres ont également droit de se servir.

Ce terme signifie aussi une société qui est contractée entre plusieurs personnes, pour poursuivre une affaire, en faire les frais, & en partager le profit. Dans la Coutume de Paris & dans plusieurs autres, le mari & la femme sont uns & communs en biens meubles & conquêts immeubles. On dit aussi qu'un arrêt en Jugement est déclaré commun avec un tel, pour dire qu'il est exécutoire contre lui, de même qu'il l'est contre ceux contre qui il a été rendu.

COMMUN DE PAIX, est un droit qui appartient au Roi, comme Comte de Rhodès, dans le Comté de Rouergue, & qui se leve sur les hommes, sur les bêtes & sur les moulins.

Ce droit a été établi pour maintenir la paix, & empêcher les guerres privées qui désoloient le pays, & qui ne peuvent cesser que par l'autorité & la puissance du Roi. *Voyez* ce qui en est dit dans le Glossaire du Droit François.

COMMUNAGES. *Voyez* Communaux.

COMMUNAUTÉ, est une Société d'hommes qui habitent en un même lieu, & qui ont les mêmes Loix, les mêmes Régles, & les mêmes Usages. Les Edits qui parlent des Communautés, comprennent les Villes, Bourgs, Villages & Paroisses. Ce terme se dit aussi des choses qui appartiennent également à tous les membres de la Société.

Les Communautés sont de deux sortes, ecclésiastiques ou laïques.

Les Communautés ecclésiastiques sont ou sécu

liéres, comme les chapitres des Eglises cathédrales ou les collégiales ; ou réguliéres , comme les Couvents , les Monaſtéres , &c.

Les Communautés laïques ſont de pluſieurs ſortes: les unes ſe contractent par la demeure fixée d'un an & jour dans un même lieu: les autres ſe forment par l'exercice d'une même Charge , la profeſſion d'un même art ou d'un même négoce.

Les Paroiſſes font auſſi une Communauté des Habitans du lieu: les confrairies en font auſſi une. Enfin, Communauté ſe dit des Hôpitaux, des Colléges , & autres lieux ſemblables , qui poſſédent des biens en commun pour divers uſages utiles au Public , ſoit pour les infirmes , ſoit pour les pauvres Etudians , &c.

Voyez Corps & Communautés.

COMMUNAUTÉ. *Voyez* Corps.

COMMUNAUTÉ DES AVOCATS ET PROCUREURS , eſt une aſſemblée où ſe reglent les difficultés qui s'élevent ſur l'obſervation de la diſcipline qui doit être obſervée dans la procédure.

On appelle cette Aſſemblée *la Communauté des Avocats & Procureurs,* non pas que l'ordre des Avocats & la Communauté des Procureurs ne faſſent qu'un même Corps , mais parce que c'eſt une Aſſemblée commune.

Elle eſt compoſée du Bâtonnier des Avocats, des anciens Bâtonniers , & autres anciens Avocats que le Bâtonnier juge à propos d'y appeller , & de quatre anciens Procureurs qu'on appelle vulgairement Procureurs de Communauté , qui ſont élus tous les trois ans parmi ceux qui ont été Receveurs des Aumônes. Les anciens Procureurs de Communauté ont auſſi ſéance à la Communauté, auſſi-bien que les ſix Procureurs Receveurs des Aumônes, pendant l'année en laquelle ils font cette fonction.

En l'abſence des Avocats , le plus ancien des Procureurs de Communauté préſide.

Cette Communauté paroît avoir été établie par un Arrêt du 18. Mars 1508. rendu ſur les remontrances faites à la Cour par M. le Procureur général , qui enjoint aux Procureurs de la Communauté de faire aſſemblée entre les Avocats & Procureurs, pour entendre les plaintes & chicaneries de ceux qui ne ſuivent pas les formes anciennes , & contreviennent aux Stiles & Ordonnances de la Cour , & de faire Regiſtre , & communiquer au dit Sieur Procureur général , pour en faire le rapport à la Cour , & procéder contre les coupables par ſuspenſion ou privation , ou autres voies de droit. Cet Arrêt eſt rapporté dans le Style de la Cour par Boyer.

Les Procureurs de Communauté s'aſſemblent quelquefois dans une chambre appellée *la Communauté*, qui eſt au-deſſus de celle qui ſert la Sacriſtie à la Chapelle de Saint Nicolas , quand il s'agit de délibérer des affaires particulieres de la compagnie, ou de régler des points de diſcipline pour raiſon deſquelles il n'y a point de conteſtations , ni de plaintes formées judiciairement.

Mais la Communauté ou aſſemblée à laquelle le Bâtonnier & autres anciens Avocats préſident , ou ont droit de préſider , ſe tient dans la Salle

Saint Louis les Lundis & Jeudis à midi , dans le cours du Parlement , & le Jeudi ſeulement pendant les Vacations.

On y écoute les plaintes qui ſe font ſur les mauvaiſes procédures des Procureurs , quand le cas y échet , ou ſur le refus qu'ils font de rendre les procès qu'ils ont pris en communication.

Comme ceux qui ſont à l'aſſemblée repréſentent tout le corps, leur avis a en quelque maniere force de Jugement : il eſt vrai qu'il n'eſt pas exécutoire ; mais quand il arrive qu'un Procureur n'y veut pas déférer, on plaide à la Grande Chambre par appointement : ſur quoi intervient Arrêt portant condamnation d'amende contre le refractaire , & quelquefois même de ſuspenſion ou d'interdiction , ſuivant que le cas le requiert.

Les Procureurs qui ſont mandés à la Communauté , ſont obligés de s'y trouver , pour rendre compte de leur procédure. Ceux qui veulent s'inſtruire & apprendre leur devoir par le bon exemple qu'on y trouve , s'y rendent ſouvent ſans être mandés. Ils y apprennent les régles & profitent de la correction de la mauvaiſe procédure que la Communauté fait avec exactitude , ſans diſtinction ni complaiſance.

Au reſte , les Procureurs qui ſont élus Procureurs de Communauté , ne peuvent exercer cette Charge que pendant trois ans , ſuivant la diſpoſition des Arrêts & Reglemens de la Cour , & avis de la Communauté ; & les trois ans expirés , ils ſont tenus d'en ſortir & reprendre leur place & ſéance entre leurs confreres du rang & ordre de leur reception.

COMMUNAUTÉ DE BIENS ENTRE CONJOINTS , eſt une ſociété de biens qui ſe contracte entre mari & femme, par convention expreſſe , portée par le contrat de mariage , ou tacitement par la diſpoſition du droit coutumier.

Le Droit Romain ne connoît point de communauté de biens entre mari & femme. Auſſi n'a-t-elle point lieu parmi nous en Pays de Droit écrit , ſi ce n'eſt en vertu d'une ſtipulation particuliere.

Par l'ancien Droit des Gaules , la Communauté entre gens mariés étoit appellé *jus collaborationis* ; pour lequel droit la femme emportoit le tiers de la communauté.

Depuis, ce droit a été changé ; de ſorte qu'aujourd'hui la femme a dans la plupart de nos Coutumes , moitié dans les biens de la communauté , c'eſt pourquoi avenant ſa diſſolution , elle ſe partage par moitié , quand même les conjoints , ou l'un d'eux n'auroient pas apporté ce qu'ils auroient promis : Coquille , queſtion 125. à moins qu'il n'y ait une ſtipulation contraire.

La communauté de biens entre conjoints ſe contracte, ou en vertu d'une ſtipulation expreſſe énoncée dans leur contrat de mariage , ou par un conſentement tacite, *vi ſolius conſuetudinis.*

En pays coutumier, elle ſe contracte non-ſeulement par ſtipulation expreſſe énoncée dans le contrat de mariage , mais auſſi par un conſentement tacite, *vi ſolius conſuetudinis* , quand les Parties ſe marient ſans faire de contrat , & que le mariage ſe fait dans un pays où la communauté a lieu par la disposition de la Coutume ; ou bien même quand les Parties contractantes ont passé un Contrat de mariage, & qu'ils ont omis d'y faire mention de la communauté.

Elle est si naturelle entre un mari & une femme, qu'elle n'a pas besoin d'être stipulée par leur contrat de mariage, & qu'elle est toujours présumée en pays coutumier : ce qui fait que si un mari & une femme passent une obligation conjointement au profit d'un particulier, & qu'ils n'avertissent pas le créancier qu'ils ne sont pas communs en biens, la femme sera obligée solidairement, & pourra être convenue pour le tout.

Moribus Galliæ receptum est in plerisque locis, ut vir & uxor sint socii bonorum in matrimonio quæsitorum, nisi aliud inter eos convenerit ; nam certum est huic juri conventione posse derogari. Nunc cùm inter duos conjuges convenisset ne essent socii, & cùm eam conventionem nesciret creditor : utrique pecuniam mutuam credidit, & duos fecit reos debendi eos esse socios, & se in eorum rem communem credere existimans, cùm conjuges conventionem dolo malo celarent. An igitur aget cum muliere in solidum ? Sic sanè ; & si opponatur exceptio Senatusconsulti Velleïani, creditor replicabit de dolo.

Voilà ce que dit M. Cujas sur le titre du Code *ad Senatusconsult. Velleïan.*

En pays de Droit écrit, elle n'a pas lieu sans une stipulation expresse faite dans le contrat de mariage des futurs conjoints.

Enfin dans les Coutumes prohibitives, comme est celle de Normandie, la communauté ne peut jamais avoir lieu par quelque convention que ce soit.

Cependant, lorsqu'un contrat de mariage est passé à Paris entre personnes domiciliées en la Coutume de Normandie, dont le statut prohibitif est réel, comme le Scel du Châtelet est attributif de Jurisdiction, si l'exécution du contrat de mariage y est poursuivie, on déclarera la stipulation de communauté valable. Au Parlement de Normandie on n'y auroit point d'égard.

Dans les Pays coutumiers, quoique la communauté ait lieu, & s'acquierre par la seule célébration du mariage sans stipulation, on peut néanmoins stipuler qu'elle n'aura point lieu, en ce cas les futurs conjoints doivent faire un état de leurs hardes & meubles, que l'on annexe à la minute du contrat de mariage ; & on exprime si c'est l'épouse qui se chargera de la dépense, & ce que le futur époux lui payera par an ; ou si c'est lui qui se chargera de la dépense, comme cela se fait ordinairement, & quelle pension sa femme lui payera en ce cas par chacun an.

La communauté non stipulée, se regle par le domicile que les Parties avoient au temps du mariage, & non par celle où ils ont eu leur domicile au jour de la mort de celui qui est prédécédé.

Ainsi de quelque maniere que la communauté se contracte, c'est-à-dire par convention expresse, ou bien *vi solius consuetudinis*, le changement de domicile ne la fait point cesser.

Quoique le contrat soit passé avant la célébra-

tion du mariage, la communauté, quoique stipulée par le contrat, ne commence & n'a son effet que du jour de la bénédiction nuptiale, sans qu'il soit besoin de la consommation du mariage ; ensorte qu'elle auroit lieu, quand bien même le mariage célébré seroit dissous par la mort inopinée de l'un des conjoints, arrivée avant la consommation. *Voyez* Coquille sur l'art. 2. du tit. 23. de la Coutume de Nivernois.

Tous les biens meubles que chacun des conjoints se trouve avoir au jour de la célébration, ou qui leur échoient pendant leur mariage, & aussi tous les conquêts immeubles faits pendant icelui, tombent dans cette communauté, s'il n'y a convention contraire portée par le contrat de mariage. *Acquisita marito, constante matrimonio, statim communia fiunt utriusque conjugis, etiam feuda, licet ipse solus inhæredatus sit.* Stochkemanum vide, *decisione* 49.

Ce que nous venons de dire que les meubles que chacun des conjoints se trouve avoir au jour de la célébration, tombent dans la communauté, ne se doit entendre que du pays coutumier ; car quand en pays de Droit écrit les futurs époux stipulent un droit de communauté, la stipulation n'a son effet que pour les meubles qu'ils acquiérent ensemble, *constante matrimonio*, à moins qu'il n'y fut fait mention expresse des meubles qu'ils ont acquis auparavant.

Les immeubles qu'un des conjoints acquiert en ligne directe pendant le mariage par succession, donation ou autrement n'entrent point en communauté non plus que les immeubles qui leur échoient à titre de succession en ligne collatérale.

A l'égard des donations faites en collatérale, même d'un immeuble qui seroit propre au donateur, & qui auroit été fait à son héritier présomptif ne seroit qu'acquêt au donataire, & entreroit en la communauté. M. le Prêtre, ès Arrêts de la cinquiéme ; Henrys, tom. 1. liv. 4. chap. 6. quest. 92. Journal des Audiences, tom. 1. liv. 4. chap. 15.

Les choses meubles ou immeubles données purement & simplement à l'un des conjoints pendant le mariage, par les collatéraux ou par des étrangers, tombent sans restriction dans cette communauté, & doivent par conséquent être séparées par moitié après la dissolution.

Mais pour empêcher que cela n'ait lieu, on stipule par le contrat de mariage, *que tout ce qui échera à l'un des conjoints pendant le mariage par succession, donation ou autrement, sera & demeurera propre à celui auquel il sera échu.*

Les acquêts fait avant le mariage n'entrent pas dans la communauté. Ainsi la femme ne peut rien prétendre dans les immeubles acquis par le mari avant son mariage, parce que se sont des propres de communauté. Si cependant le prix d'une acquisition faite avant le mariage, n'a été payé qu'après le mariage, la femme pourra demander part au prix qui en aura été payé pendant le mariage.

La raison est, que les deniers qui ont servi à payer, ont été tirés de la communauté : c'est, à proprement parler, une récompense qu'elle demande aux héritiers du mari, pour l'indemniser de la moitié qui lui appartenoit dans ces deniers ; comme je l'ai expliqué sur l'art. 200. de la coutume de Paris.

Les acquêts faits pendant le mariage , dans quelques coutumes qu'ils foient fitués , fe réglent fuivant la coutume du lieu où les Parties ont contracté mariage. La raifon eft , que c'eft la coutume du lieu qui regle la communauté , & qui attire avec elle tout ce qui y doit entrer. Charondas , liv. 2. rép. 64. M. Louet , lett. C , fomm. 16.

Quoique de droit commun tous les meubles & effets mobiliers que les futurs conjoints apportent en mariage , tombent dans la communauté , il leur eft néanmoins loifible de ftipuler par leur contrat de mariage , qu'une partie des effets mobiliers qu'ils apportent , leur fortira nature de propre , à l'effet d'empêcher qu'ils ne tombent dans la communauté , & pour , avenant la diffolution du mariage , les reprendre hors part & fans confufion des biens de la communauté.

Enfin on peut admettre la communauté fous telles claufes & conditions que l'on veut , pourvû qu'elles ne foient pas contre les bonnes mœurs. Ainfi la communauté portée par la coutume du lieu où le mariage eft célébré , peut être par le contrat reftreinte ou amplifiée , felon qu'il plaît aux contractans.

On peut donc , fuivant ce que nous venons de dire , déroger à la communauté admife par la coutume où eft célébré le mariage ; enforte que la femme n'y ait aucune part , ou qu'elle n'en puiffe profiter que jufqu'à concurrence d'une certaine fomme , & même qu'elle en puiffe feule profiter , & que fes héritiers n'y puiffent rien prétendre.

Mais après la célébration du mariage , les conjoints ne peuvent plus faire valablement aucun contrat touchant la communauté , foit pour l'admettre , foit pour y déroger , ou y faire aucun changement pour l'amplifier ou pour la reftreindre.

Cependant , lorfque la communauté a eu lieu , & a été diffolue du vivant des deux conjoints , elle peut être rétablie par leur tacite confentement. *Voyez* ce que j'ai dit fur l'art. 224. de la coutume de Paris , nomb. 41. & fuiv.

Le mari eft le maître de la communauté , & peut en cette qualité intenter feul toutes actions mobiliaires & poffeffoires pour raifon de ce qui la compofe. Il peut pareillement difpofer de tous les effets de la communauté , pourvû que ce foit fans fraude ; car il n'eft que l'adminiftrateur & l'économe de cette fociété , qu'il doit gouverner fagement , & ne la pas piller , ou en priver fa femme. D'où il s'enfuit.

I°. Que fi la femme remarque en lui une diffipation manifefte , elle peut prévenir le malheur auquel fon mari la pourroit expofer ; & pour l'éviter : elle eft en droit de former fa demande en féparation de biens.

II°. Qu'un mari ne peut , au préjudice de la communauté , faire entre-vif une donation univerfelle de meubles & effets mobiliers. Il ne peut pas non plus donner à caufe de mort , que jufqu'à concurrence de la moitié qui lui appartient dans

les biens de la communauté ; car le mari ne peut pas à fa volonté abufer des meubles & effets de la communauté , quoique la coutume lui donne la faculté de les aliéner. Papon , liv. 15. titre 1. nomb. 24. M. le Prêtre , ès Arrêts célébres.

III°. Qu'un mari ne peut pas donner les effets de la communauté à fes enfans d'un premier lit , à fa concubine , ni aux enfans de fa concubine ; enforte que telles donations feroient nulles.

IV°. Qu'un mari ne peut pas confifquer la part qui en doit appartenir à fa femme ; & même dans le cas de la confifcation elle reprend toujours les effets par elle apportés & mis en communauté , quoiqu'il n'y ait point de ftipulation de reprife , foit qu'elle accepte la communauté , ou qu'elle y renonce.

La raifon eft , que la caufe du Fifc n'étant pas favorable , il ne prend , en vertu de la confifcation , que la moitié du mari provenant de la commune collaboration. D'ailleurs les délits étant perfonnels , la confifcation caufée par le délit du mari n'influe point fur la part des biens de la communauté qui appartient à la femme.

Mais quand le délit par lui commis n'emporte point de confifcation , & qu'il eft feulement condamné en des dépens , dommages & intérêts , comme une telle condamnation n'emporte ni mort naturelle , ni mort civile , la communauté n'étant point diffolue par un tel jugement , la Partie envers laquelle il a été condamné , peut s'adreffer à tous les effets de la communauté. La raifon eft que le mari eft le maître de la communauté , & que toutes les dettes par lui contractées , peuvent fe prendre fur tous les effets qui la compofent.

Pour ce qui eft du délit de la femme , il n'en eft pas de même , car elle ne peut en aucune façon préjudicier à la communauté ; comme j'ai dit *verbo* Femme.

De ce qu'en vertu de la communauté de biens entre conjoints , le mari eft le maître des meubles & effets mobiliers , il s'enfuit que quoiqu'il foit porté par le contrat de mariage ; & que chacun des futurs conjoints payera féparément les dettes qu'il aura contractées , & que pour cet effet il en ait été fait inventaire , cette convention ne peut pas empêcher les créanciers du mari de faifir les meubles de la femme pour dettes contractées avant le mariage ; & au cas qu'ils foient faifis par les créanciers de fon mari , il n'y aura qu'un moyen d'en empêcher la vente , qui eft de pourfuivre la féparation des biens d'entre fon mari , en cas de mauvaife conduite , & cependant demander d'être reçue oppofante à la faifie des meubles qui lui appartiennent.

Si la femme eft reçue en fa demande en féparation , les meubles compris en l'inventaire qui fe trouveront en nature , lui feront adjugés ; fauf aux créanciers de fon mari à fe pourvoir fur d'autres biens à lui appartenans. *Voyez* ce que j'ai dit fur l'art. 222. de la coutume de Paris.

Quoique la communauté foit une véritable fociété , néanmoins elle ne fe regle pas de même qu'une fociété ordinaire : la fociété fe diffout par la mort d'un des affociés ; au lieu que la communauté, après la mort d'un des conjoints, peut être continuée entre le furvivant & fes enfans mineurs, faute d'avoir fait bon & loyal inventaire, & de l'avoir fait clorre dans le tems porté par la coutume. *Voyez* ci-deffus Clôture d'inventaire.

Après que par le décès de l'un des conjoints la communauté eft diffoule, les biens de la communauté fe partagent par moitié entre le furvivant & les héritiers du prédécédé.

Il eft loifible à la communauté ou à fes héritiers de renoncer à la communauté. *Voyez* ci-après Renonciation à la communauté.

Ceux qui voudront être inftruit à fond des queftions qui peuvent naître au fujet de la communauté de biens entre conjoints, n'ont qu'à voir le Traité qu'en a fait M. le Brun, ce que j'ai dit fur le tit. 10. de la coutume de Paris ; le Commentaire de M. Coquille fur le tit. 23. de la coutume de Nivernois, le Dictionnaire de M. Brillon, & les Arrêtés de M. le premier Préfident de Lamoignon.

COMMUNAUTÉ CONTINUÉE. *Voyez* Continuation de communauté.

COMMUNAUTÉ OU SOCIÉTÉ FORTUITE ENTRE COHÉRITIERS OU ENTRE COPROPRIÉTAIRES D'UNE CHOSE PARTICULIERE, eft un quafi-contrat, en vertu duquel ceux qui ont en commun une fucceffion ou une chofe particuliere, font obligés réciproquement à en faire le partage, & à fe faire réciproquement raifon des preftations perfonnelles.

Cette fociété fortuite, quand elle eft d'une fucceffion, produit entre les cohéritiers une action qui eft mutuelle & réciproquement directe, que l'on appelle en Droit *actio familiæ ercifcundæ*

Quand cette fociété n'eft que des chofes particuliéres, elle produit auffi une action mutuelle & réciproquement directe entre les copropriétaires & conforts, laquelle eft appellée *actio communi dividundo*.

Le cohéritier qui intente l'action en partage de fucceffion, ou le copropriétaire qui intente l'action en partage d'une chofe particuliére, conclut à *ce que fes cohéritiers ou fes copropriétaires foient condamnés de procéder au partage de l'hérédité ou de la chofe commune, & de fe faire mutuellement raifon fur le fait des preftations perfonnelles.*

Voyez les Loix civiles, liv. 2. tit. 5. & ce que j'ai dit dans ma Traduction des Inftitutes, fur le §. 4. du tit. 28. du troifiéme livre.

COMMUNAUTÉ CONTRACTÉE PAR COHABITATION, eft une fociété taifible qui fe contracte entre deux ou plufieurs perfonnes, par la demeure commune, mélange de biens, vie, bourfe & dépenfe commune. *Voyez* Société taifible.

COMMUNAUX, font les terres, prés ou varennes qui appartiennent à une communauté d'habitans, où ils ont droit d'envoyer paître leurs beftiaux. *Voyez* Communes.

COMMUNE, fignifie le menu Peuple. Il fignifie auffi le Peuple d'un certain diftrict. *Voyez* ce qui en eft dit dans le Dictionnaire de Trévoux de la derniére édition.

COMMUNE RENOMMÉE, eft la voix publique,

qui fert de preuve en plufieurs occafions.

Elle ne fuffit pas pour faire punir un homme qui eft foupçonné d'avoir commis un crime ; comme je le dirai, lettre P, en parlant de la preuve réfultante de la commune renommée. On ne doit pas même l'arrêter, s'il n'y a une accufation formée par une Partie civile, ou par le Procureur du Roi : je dis par une Partie civile, ou par le Procureur du Roi ; car lorfque cet Officier agit par l'inftigation de la commune renommée, fon accufation paroît être bien fondée : autrement, les crimes demeureroient fouvent impunis, fi on ne les pourfuivoit point faute de dénonciateur, quand la voix publique accufe celui qu'elle préfume coupable.

Mais pofons que celui qui paffe dans le monde pour avoir commis un crime, en foit accufé par une Partie civile, ou par le Procureur du Roi ; fi l'accufation n'eft pas fuivie de charges fuffifantes, l'accufé ne peut pas être condamné, attendu que pour condamner un homme en matiere criminelle, il faut une preuve complette ; & à l'égard de la condamnation à la queftion, la commune renommée ne fuffit pas, fi elle n'eft accompagnée d'indices violens : ce qui dépend des circonftances ; car dans la régle il faut au moins une femi-preuve.

On fait preuve de l'âge par commune renommée, quand les Regiftres des Baptêmes ont été perdus par incendie, ou autrement.

La commune renommée fert auffi à faire preuve des facultés d'un défunt, au défaut d'inventaire, en faifant une information par la commune renommée de ce qu'il peut avoir laiffé d'effets lors de fa mort.

Par exemple, une femme meurt ; le mari tuteur de leurs enfans mineurs ne fait point d'inventaire, & donne par ce moyen lieu à la continuation de la communauté. Il arrive enfuite que la communauté déperit, & que le pere eft pourfuivi pour des dettes qu'il a contractées depuis fon veuvage : en ce cas, il eft loifible aux enfans, pendant la vie de leur pere, ou après fa mort de renoncer à la continuation de communauté, & d'en demander le partage fur le pied qu'elle étoit lors du décès de leur mere.

Comme il n'y a point d'inventaire qui faffe voir quels biens étoient alors dans la communauté, le Juge ordonne qu'il en fera informé par la commune renommée, & l'eftimation s'en fait fur le rapport des témoins de l'enquête ; en conféquence de quoi les enfans exercent leurs droits & hypothéques pour les biens qui leur doivent appartenir, tant pour les reprifes, que pour ce qui doit leur revenir à caufe de la communauté, à la continuation de laquelle ils ont renoncé.

COMMUNE ERREUR. *Voyez* ce que j'en dis, *verbo* Erreur.

COMMUNE USANCE, eft un Droit qui s'eft introduit imperceptiblement fans aucune Loi, & qui cependant en a l'autorité.

Les mœurs & les inclinations naturelles des Peuples ne peuvent mieux être connues que par le droit qui s'eft établi entr'eux de foi-même peu à peu, fans aucune Loi écrite, force ni contrainte, dit M. le Grand dans la préface de son commentaire sur la coutume de Troyes.

On peut dire véritablement que tel droit tire sa source & son origine des plus naturelles actions des hommes, lesquelles ayant été continuées par une longue suite d'années, établissent une Loi appellée *commune usance*, qui est après ordinairement rédigée par écrit, non comme Loi nouvelle, mais très-ancienne, & née avec eux, & seulement afin que chacun en ait une connoissance plus certaine & plus assurée.

Nos coutumes qui procédent de cette même source, & qui sont ainsi appellées pour ce sujet, ont été par la même raison rédigée, par écrit par l'avis des trois Etats assemblés par l'autorité du Roi : & ces coutumes sont diverses suivant la diversité du génie & des mœurs des peuples, qui se sont volontairement assujettis aux usages d'où ces coutumes ont été tirées.

COMMUNES, ce terme signifie le Peuple de la campagne. On fait armer les Communes, pour chasser du lieu les brigands qui volent à main armée, ou pour garder les côtes & empêcher la descente des ennemis.

Ce terme, *Communes*, signifie aussi les héritages, bois & prairies qui appartiennent à la communauté des Habitans d'un certain lieu pour son usage, & que les Seigneurs du lieu ne peuvent pas s'approprier.

Ces sortes de biens appartiennent à tous en commun, & à personne en particulier, & ne peuvent pas être aliénés ; & en cas d'aliénation, les Habitans pourroient rentrer dedans sans en rendre le prix.

Les usages & pâtis des Communes ne peuvent être saisis réellement pour dettes de leur Communauté ; comme il a été jugé par Arrêt de la Cour des Aydes, le 25. Avril 1651. rapportés dans le Journal des Audiences.

Les usages & pâtis des Communes doivent servir à tous les Habitans, de maniere qu'ils en usent en commun, sans qu'aucun d'eux puisse provoquer les autres au partage, à l'effet que chacun en ait sa part & portion destinée à son usage séparément de celles des autres ; car l'action de partage ne peut avoir lieu dans ces sortes de choses, dont la jouissance ne peut en aucune maniere être changée par les Particuliers.

Il faut excepter les Seigneurs des lieux qui peuvent provoquer les Habitans à partager des communes, & les obliger de leur assigner une partie des pâturages communs, qui est ordinairement le tiers. Mais l'usage est, que les Seigneurs ne peuvent pas demander partage d'une commune aux habitans de la Paroisse qui y ont usage, à moins que la commune ne soit au-dessus de cinquante arpens ; comme il a été jugé par Arrêt du 24. Mai 1658. rapporté dans le Journal des Audiences.

Lorsque le pâturage commun n'est pas suffisant pour nourrir tout le bétail des habitans, chacun n'en doit entretenir que suivant son terrein, *& pro modo jugerum. Leg.* 17. *ff. de servit. prædior. rustic. leg.* 1. *§.* 1. *ff. si servit. vindic.* Despeisses, tome 1.

pag. 124. col. 2. Basnage sur l'art. 82. de la coutume de Normandie.

M. Catelan, liv. 3. chap. 41. rapporte un Arrêt du 7. Août 1694. par lequel il fut ordonné que les biens de la communauté seroient affermés ; & le prix employé premiérement au payement des charges à quoi ils pouvoient être sujets, ensuite au payement des frais municipaux, & enfin au payement de la taille, à la décharge commune & indistincte des Habitans & Biens-tenans, au prorata de la cotisation des uns & des autres.

Voyez le Dictionnaire des Arrêts, *verbo* Communes, & *verbo* Usages. *Voyez* aussi l'Ordonnance des Eaux & Forêts, tit. 24. des Bois, Prés, Marais, Landes, Pâtis, Pêcheries, & autres biens appartenans aux Communautés & Habitans des Paroisses.

COMMUNICATION DE PIECES, est la signification de piéces & actes que les Procureurs des Parties se font. Ainsi donner communication des piéces, c'est en donner copie.

Celui qui établit sa demande ou son exception sur un acte, doit le communiquer. Ainsi les Parties sont obligées de donner copie de toutes les piéces, actes ou titres, tant publics que privés, dont ils prétendent se servir l'un contre l'autre dans leur procès, tant en défendant qu'en demandant: car il ne suffit pas d'alléguer en Justice quelque chose, il faut la prouver.

Celui qui veut tirer quelque avantage d'un acte, doit donc le communiquer ; autrement, le Juge n'y auroit aucun égard. Cela a été ainsi introduit pour éviter les surprises, & afin que la Partie adverse puisse fournir des contredits : *Nimirum ut Pars adversa dubitare non possit ad quid sit ei respondendum, vel an cedere, an contendere debeat.*

On communique aussi les originaux des piéces, sous le récépissé du Procureur ou par la voie du Greffe.

COMMUNICATION DE PIECES AU GREFFE, est celle qui se fait en conséquence de la requisition que l'on en fait, ou dans le cas de l'inscription de faux.

Il arrive quelquefois qu'une Partie à qui on a donné copie d'un acte, souhaite d'en examiner l'original ; auquel cas, son Procureur le signifie au Procureur de la Partie adverse, lequel met la piéce au Greffe avec un acte de communication, au bas duquel le Greffier s'en charge, & le procureur de la Partie adverse prend la piéce en communication, & s'en charge envers le Greffier. Cela se pratique ainsi au Châtelet.

Le Greffier qui s'est ainsi chargé de cette piéce, est contraignable par corps, si elle se trouve adirée par son fait. Il en est de même du Procureur adverse, & lorsqu'il s'en est chargé.

Aux Requêtes & au Parlement, la communication ne se fait gueres par la voie du Greffe, que lorsque le Procureur qui demande la communication d'une piéce, la veut attaquer par la voie de l'inscription de faux.

A l'égard de l'inscription de faux contre piéces communiquées au Greffe, *voyez* ce que j'en dis ici

ici en parlant de l'inscription de faux, lettre I.

COMMUNICATION ENTRE AVOCATS, se prend pour la communication mutuelle qui se fait entre Avocats des sacs de leurs Parties avant la plaidoirie, pour voir & examiner les pieces dont chacun d'eux prétend se servir, & pour qu'au tems que la cause sera plaidée à l'Audience, les Avocats soient d'accord des faits, & n'ayent rien à discuter à ce sujet, ni sur les pièces & mémoires dont ils voudroient se servir pour la défense de leur cause.

Quoique cette communication se fasse de part & d'autre sans récépissés, & que souvent on mette les originaux dans le sac pour établir sa prétention, il y a tant de bonne foi entre les Avocats, qu'on n'entend point parler qu'aucun ait soustrait des pieces & titres de la partie adverse.

COMMUNICATION AU PARQUET, est celle que les Avocats font aux Gens du Roi dans les causes où leur ministere est nécessaire. Les Avocats vont au Parquet, & expliquent sommairement leurs moyens à l'Avocat du Roi, ou à l'Avocat Général, si c'est dans une Cour supérieure: après quoi ils remettent leurs sacs au Secrétaire de l'Avocat du Roi, lequel après les avoir examinés, les leur rend avant la plaidoirie.

Le défaut de communication aux Gens du Roi, dans les causes qui concernent le Roi, l'Eglise, le Public ou la Police, est un moyen de Requête civile, suivant l'art. 34. du titre 35. de l'Ordonnance de 1667.

COMMUNICATION DE PIECES PRODUITES PAR LA PARTIE ADVERSE, est celle qui se fait par les mains du Rapporteur après que celle qui la demande a produit elle-même.

Suivant l'Ordonnance de 1667. tit. 14. art. 9. la communication de pieces produites par une Partie, ne doit être donnée à l'autre, qu'après que celle qui la demande a produit de sa part, ou renoncé de produire, par un acte signé de son Procureur, & signifié.

Cette communication se doit faire par les mains du Rapporteur, aux termes de l'art. 10. du même titre, & non pas sous des récépissés des Procureurs. Cependant, comme la plûpart de Messieurs des Cours souveraines ont d'autres occupations qui les dispensent de satisfaire à l'Ordonnance, ils donnent ordinairement cet emploi à leurs Clercs.

Ainsi on dit qu'on prend communication d'un procès ou d'une instance, quand un Procureur se charge sur son récépissé des sacs & productions d'un procès ou d'une instance, pour faire des écritures de sa part.

Quand le Procureur qui a pris communication d'un procès, le garde à l'effet de prolonger le Jugement, on doit le sommer de rendre l'instance ou procès; lui déclarant qu'à faute de ce faire, on se pourvoira, & qu'on présentera sa Requête afin de séjour, & même qu'on portera sa plainte à la Communauté des Avocats & Procureurs de la Cour. On peut même faire l'un & l'autre en même-tems.

Sur la Requête afin de séjour, M. le Rapporteur ou le Greffier de la Chambre, met: *Soit déclaré*

exécutoire de.... livres. *Fait ce tel jour.* Ensuite on signifie cette Requête, & on prend du Greffier un exécutoire, en vertu duquel on fait commandement au Procureur de payer le séjour.

Si l'on veut faire les poursuites par plaintes à la communauté, on en fait trois. Sur la première, la compagnie ordonne, sous le bon plaisir de la Cour, que le Procureur viendra répondre à la plainte. Sur la seconde, elle ordonne qu'il sera tenu de rendre l'instance ou le procès dans tel tems, & sous telle peine. Sur la troisième, la peine est déclarée encourue.

Un Procureur chargé d'un procès sur son récépissé, est tenu par corps d'une piece qui auroit été tirée du sac, & dont il se trouveroit chargé par son récépissé.

Dans le Recueil des Arrêts & Réglemens concernant les fonctions des Procureurs, il y a trois délibérations de la communauté des Avocats & Procureurs, qui marquent le tems, auquel les Procureurs qui auront pris communication des instances & procès, sont tenus de les remettre, & la maniere de les obliger à les remettre.

La premiere est du 5. Mai 1687. & se trouve à la page 125.

La deuxieme est du 10. Août 1691. & se trouve à la pag. 171.

La troisieme est du 20. Novembre 1693. & se trouve à la pag. 190.

COMMUNICATION DES JUGEMENS, est celle qui se fait à des Parties au Greffe, du Jugement qui a été rendu sur la contestation qui étoit entr'elles.

L'Ordonnance de 1669. titre des Epices & Vacations, art. 6. veut qu'on donne cette communication aux Parties, quoique les épices n'ayent pas été payées.

COMMUNION est à Dijon la portion de dot qui est entrée dans la communauté.

COMMUNIQUER AU PARQUET, signifie plaider sommairement au Parquet, avant qu'une affaire soit portée à l'Audience, pour instruire des faits & des moyens celui de Messieurs les Gens du Roi qui doit parler dans l'affaire.

Les affaires qui doivent être communiquées au Parquet sont toutes celles dans lesquelles le Roi ou le Public a intérêt, & aussi celles qui concernent, ou les Mineurs ou les Colléges, ou les Communautés, *voyez* ci-devant Communication.

COMMUTATION DE PEINE, est le changement d'une peine à laquelle un criminel a été condamné, en une moindre, comme de la mort naturelle en mort civile, ou aux galeres à tems, ou à une peine pécuniaire, ou prison à tems. Cette commutation ne se peut faire que par l'autorité du Prince, en obtenant par le condamné des Lettres de la grande Chancellerie de commutation de peine en une moindre.

Ces Lettres de commutation de peine n'ôtent point l'infamie, & n'empêchent pas que celui qui les a obtenues, ne soit toujours mort civilement, & par conséquent incapable de succéder & de tous autres effets civils.

La commutation de peine n'est pas une grace pleine & entiere ; ce n'est qu'une espece de relaxation de la rigueur de la peine prononcée contre le condamné ; de forte qu'elle ne lui fait point recouvrer fon premier état.

Voyez Anne Robert, lib. 2. *rerum judicatarum*, *cap.* 15. Maynard, livre 8. chap. 45. & 46. l'Ordonnance d'Henry II. de 1549. art. 7. M. Louet & fon Commentateur, lett. Q, fomm. 8. Ferrerius, ad quæst. 179. Guidonis Papæ, & la Bibliothéque de Bouchel, *verbo* Commutation.

COMPAGNIE. Nom collectif, qui fe dit de plufieurs perfonnes affemblées dans un même lieu, & avec même deffein. Ce terme fe dit auffi des Sociétés des Maifons religieufes & des Colléges.

En termes de négoce & d'affaires, Compagnie fignifie une fociété de Marchands, qui fe fait pour établir un grand négoce ou une grande manufacture ; ou de gens d'affaires, pour fe faire adjuger les Fermes du Roi, ou faire autres parties ou traités.

En fait de négoce, il y a des Compagnies dans lefquelles entrent non-feulement les Marchands, mais auffi toutes fortes de perfonnes, même de diftinction & du premier rang. *Voyez* ce qui en eft dit dans le Dictionnaire œconomique.

COMPAGNIE LIBRE, eft oppofée à conditionnée, comme je l'ai dit, *verbo* Banque.

COMPAGNIES SOUVERAINES, font celles qui, fous le nom & fous l'autorité du Roi, jugent fouverainement & fans appel dans tous les cas ; de forte qu'ils ne reconnoiffent point de Juges fupérieurs, dont ils reffortiffent.

Ainfi les Préfidiaux ne font pas des Compagnies fouveraines, quoique quelquefois ils jugent en dernier reffort, parce que leur pouvoir de juger en dernier reffort, & limité au premier chef de l'Edit, & aux cas royaux & prévôtaux. Loyfeau, des Seigneuries, chap. 3. nomb. 23.

COMPAGNIES SEMESTRES. *Voyez* Semeftres.

COMPARAISON D'ÉCRITURE, eft un moyen dont on fe fert pour découvrir fi un écrit eft de la perfonne à qui on l'attribue, ou non ; par l'examen qui s'en fait par Experts & gens à ce connoiffans, avec d'autres écritures.

Voyez le titre 11. de l'Ordonnance de 1667. & l'Edit du mois de Décembre 1684.

COMPAROIR ou COMPAROÎTRE, fignifie fe préfenter en Juftice ou chez un Notaire, pour répondre à une affignation donnée.

COMPARTITEUR. Dans un procès ou dans une inftance en matiere civile, lorfque l'affaire eft partagée au Parlement, elle eft portée dans une autre chambre, pour y être, fur l'examen des raifons de part & d'autre, départagée & jugée précifément en faveur de l'une des deux opinions fans y rien ajouter ni diminuer.

Ce font le Rapporteur ou le Compartiteur qui expofent les opinions du partage, avec les raifons de part & d'autre.

Le Compartiteur eft celui qui a ouvert le premier l'avis contraire à celui du Rapporteur.

Ainfi, dans la chambre où l'affaire doit être départie le Rapporteur foutient fon avis par les motifs & les raifons qui l'ont déterminé à le donner ; & le Compartiteur expofe les raifons de l'avis contraire.

COMPARUIT, terme latin, dont on fe fert au Palais pour fignifier une acte délivré par un Juge à une des Parties, pour certifier fa comparution.

COMPARUTION, eft une préfentation qui fe fait en Juftice, ou en l'Etude d'un Notaire, ou autre perfonne publique, en conféquence d'un exploit donné par l'une des Parties, à l'effet de procéder conformément aux fins & conclufions prifes par l'exploit ; fauf à la partie affignée de fournir fes dires & raifons contraires.

Sur une affignation donnée en matiere civile dans une Jurifdiction réglée, on comparoît par Procureur ; au lieu qu'en matiere criminelle il faut néceffairement comparoir en perfonne.

Celui qui eft ajourné perfonnellement doit donc fe préfenter en perfonne, pour purger le décret d'ajournement perfonnel, & empêcher qu'il ne foit converti en décret de prife de corps.

En tous les procès verbaux, on donne acte aux Procureurs & aux Parties de leur comparution, dire & remontrance, & défaut contre les abfens.

COMPATIBLE, fe dit des charges & des Bénéfices qui peuvent être poffédés enfemble par une même perfonne, fans difpenfe. Une charge de Secrétaire du Roi & une de Tréforier font compatibles. Une charge de Confeiller au Parlement eft compatible avec celle de Prévôt des Marchands. Un Bénéfice fimple eft compatible avec une Cure.

COMPENSATION, eft une confufion d'une dette liquide avec une autre créance auffi liquide ; enforte qu'elle équipole à un payement ; c'en eft même un réciproque, mais fictif, & fans bourfe délier de part & d'autre.

L'équité naturelle a introduit ce remede pour être oppofé par un débiteur à la demande qui lui eft faite, lorfque celui qui la lui a fait eft fon créancier d'une part, & fon débiteur d'une autre.

La raifon eft qu'il n'eft pas jufte de recevoir une chofe qu'on doit être contraint de reftituer fur le champ : *Dolo facit qui petit quod redditurus eft eidem ; leg. 8. ff. de dolo : ex parte vero rei, utilius eft non folvere, quàm repetere folutum ; leg. 3. ff. de folutionibus.*

Ainfi, l'ufage de la compenfation eft néceffaire pour éviter le circuit de deux payemens qu'il faudroit faire par chacun des deux qui compofent. Il eft naturel que fans ce détour chacun retienne en payement de ce qui lui eft dû, ce qu'il doit de fa part.

La faveur des compenfations eft fi grande, & elles fe trouvent fi néceffaires pour entretenir le commerce entre les hommes, qu'on a permis à toutes fortes de débiteurs d'oppofer cette exception à leurs créanciers, même au Fifc, excepté en certains cas dans lefquels elle ne peut pas lui être oppofées ; comme nous l'avons dit fur l'art. 105. de la Coutume de Paris.

La compenſation eſt de droit, ſans qu'il ſoit beſoin de Lettres royaux : *Compenſatio ſolutioni æquiparatur, & tolli ipſo jure actionem ; leg. 4. ff. qui potiores in pignor.* mais il la faut demander au Juge, en lui notifiant le titre ſur lequel elle eſt fondée.

En effet le Juge ne devine pas ſi dans le fait il y a compenſation & ſi le créancier eſt réciproquement débiteur de ſon débiteur : il eſt tenu de juger *ſecundum allegata & probata* ; & ſi l'on n'a pas inſtruit qu'il y a lieu à la compenſation, il ne peut p as y avoir aucun égard.

Le débiteur qui eſt aſſigné peut ſe ſervir de la compenſation, en l'oppoſant pour défenſes à la demande qui eſt intentée contre lui.

Il la peut même demander incidemment, après les défenſes fournies en tout état de cauſe, par une Requête qui ſe dreſſe de la même maniere que ſe font les autres demandes incidentes.

La compenſation ſe fait ſeulement d'une dette claire & liquide, à une autre pareillement claire & liquide, & non autrement.

Cette régle, tirée du Droit Romain, énoncée dans l'art. 105. de la Coutume de Paris, eſt généralement obſervée par toute la France.

On appelle claire & liquide une dette certaine, non ſujette à conteſtation, & dès - à - préſent exigible.

Il s'enſuit de ce principe, qu'on ne peut compenſer une ſimple obligation avec une conſtitution de rente. Ainſi jugé par pluſieurs Arrêts, & entr'autres par un du 19. Août 1688. rapporté dans le Journal du Palais, tome 2. *Voyez* Dumoulin *in Tractatu de uſuris, quæſt. 43. num. 322. & Mornacium, ad leg. 11. ff. de compenſationib.*

Quand la dette eſt de part & d'autre de choſes mobiliaires, & qu'elle eſt claire, liquide & exigible, il n'eſt pas néceſſaire que la quantité ſoit égale de part & d'autre ; car la quantité la plus foible ſe compenſe avec la plus grande, eu égard à la plus foible, *uſque ad concurrentem quantitatem*, & ce qui reſte de la plus forte, demeure dû après la compenſation.

De ce que la compenſation ſe fait ſeulement de liquide à liquide, il s'enſuit qu'un débiteur ne peut pas compenſer une dette dûe préſentement, avec celle qui ne lui ſera dûe que ſous condition.

On ne peut pas non plus compenſer une dette exigible préſentement, avec une qui ne ſera exigible que dans un jour qui n'eſt pas encore arrivé. Une dette à certains jours n'eſt pas claire & liquide à l'effet de la compenſation avant l'échéance, attendu qu'il n'eſt pas exigible. D'ailleurs, le tems du payement appoſé à l'obligation, fait partie du contrat, & on ne pourroit y contrevenir ſans faire tort à celui à qui le terme pour payer a été accordé.

Cela fait voir que ſi la dette étoit pure dans ſon origine, & que le débiteur eût obtenu par faveur du créancier, ou en Juſtice, un délai de payer, un tel délai ne pourroit pas empêcher la compenſation, parce que ce terme qui eſt accordé au débiteur pour lui faire plaiſir, ne fait point partie de l'obligation ; & il y auroit de l'injuſtice que cette faveur, qui lui eſt faite par une eſpece de commiſération & d'indulgence, portât quelque préjudice au créancier. Papon, liv. 12. titre 6. nom. 3. *Aliud enim eſt diem obligationis non veniſſe, aliud humanitatis gratiâ tempus indulgeri ſolutionis ; leg. 16. §. ult. ff. de compenſationib.*

La compenſation ne peut être admiſe de ce qui eſt adjugé par Sentence dont eſt appel, avec ce qui eſt dû purement & ſimplement par obligation.

La raiſon eſt, que la Sentence étoit infirmée en cauſe d'appel, il ſe trouveroit que la compenſation auroit été faite d'une dette qui n'auroit pas été dûe, & que le créancier ſeroit reduit à une ſimple action pour répéter ce qui auroit été compenſé.

Pour que la compenſation ait lieu, il n'importe de quelles cauſes les dettes proviennent, pourvû qu'elles ſoient mobiliaires, claires, liquides, & exigibles de part & d'autre. En un mot, il faut qu'il ſe rencontre une reſſemblance & une identité parfaite dans les choſes que l'on veut compenſer : *Ut compenſationi locus ſit, requiritur ut ex utrâque parte omnia paria ſint, ſi non quantitate, ſaltem qualitate, & prætereâ ut omnia æqualiter certa ſint & liquida.*

La raiſon eſt, que cette reſſemblance & cette identité parfaite eſt le ſeul fondement de la compenſation, par laquelle le Juge feint que celui qui doit une ſomme, & à qui pareille ſomme eſt dûe par ſon créancier, a payé ſon créancier, & en même tems en a reçu ce qui lui étoit dû.

Il faut conclure de ce principe : que cette fiction qui eſt très-raiſonnable & très-juſte, ne peut point être admiſe quand il s'agit d'un meuble dû d'une part, & d'un immeuble dû d'une autre, & qu'ainſi un meuble ne ſe compenſe jamais avec un immeuble, *quia omnia non ſunt paria.*

Il ne ſuffit pas, pour que la compenſation ait lieu, que de part & d'autre la dette ſoit de choſe mobiliaire ; il faut encore qu'il s'agiſſe de part & d'autre de choſes fongibiles, *que vocantur in jure quantitates, id eſt, res quæ conſiſtunt in pondere, numero & menſurâ* ; & enfin que ces choſes ſoient de part & d'autre de même nature.

De ce principe il s'enſuit,

I°. Que la compenſation ne ſe peut faire d'une choſe fongibile, avec un corps certain & déterminé.

II°. Qu'on ne peut pas compenſer une choſe fongibile, avec une autre, quoique fongibile, qui ne ſeroit pas de même nature. Ainſi, du bled ne ſe compenſe point avec d'autres eſpeces de fruits, ſi ce n'eſt volontairement, quand l'eſtimation s'en fait de part & d'autre.

La raiſon eſt, que la compenſation eſt une eſpece de payement, & qu'on ne peut pas payer à ſon créancier autre choſe que celle qu'on lui doit, à moins qu'il n'y conſente.

Quand on dit que la compenſation a lieu dans les actions réelles, cela ne peut être admis que par rapport à l'eſtimation de la choſe, quand la reſtitution en eſpece n'en peut être faite, attendu qu'elle eſt périe & n'exiſte plus : autrement, ſi la choſe exiſtoit, & que celui qui en eſt débiteur la pût livrer, la compensation n'auroit pas lieu.

Comme on ne peut admettre la compensation d'un corps certain & déterminé, que par le moyen de l'estimation, celui à qui une telle chose est dûe, ne peut pas être contraint de la donner pour l'estimation qui en sera faite : *Nam in speciebus variat estimatio, atque in eas cadit certa quædam affectio, quæ valoris & estimationis inæqualitatem constituit.* Ainsi on ne peut pas admettre la compensation d'une telle chose, lorsqu'elle existe.

De ce que la compensation est une espece de payement, & qu'on ne peut pas payer à son créancier une autre chose que celle qu'on lui doit, à moins qu'il n'y consente, il s'ensuit que la compensation ne peut avoir lieu, quand il s'agit de part & d'autre de choses fongibiles de différent genre, comme je l'ai déjà dit.

Ainsi, conformément aux décisions du Droit, si Titius doit à Mævius cent pistoles, & que Mævius doive à Titius une certaine quantité de grains, la compensation ne peut point avoir lieu : *Quia fit tantum compensatio ex specie pari ; ut pecunia compensatur cum pecunia, aurum cum auro, frumentum cum frumento.*

Il faut cependant excepter le cas où une dette non liquide, que l'on voudroit compenser avec une qu'il le seroit, pourroit être liquidée en peu de jours sans beaucoup d'embarras, & sans une longue discussion : *Ex æquitate extendi potest compensatio ad ea quæ facilè & intra breve tempus possunt liquidari, si nulla ratio contrarium suadeat.*

En effet, si le Juge ne doit pas différer la condamnation d'une dette liquide, par la demande d'une compensation qui obligeroit à une discussion longue & pénible ; il ne doit pas aussi refuser un délai modique pour une légere discussion qui se peut faire sans peine & en peu de tems ; au cas toutefois, qu'il n'y ait point de raison valable qui empêche la compensation.

Les dettes qui, quoique paroissant d'elles-mêmes claires & liquides, peuvent être annullées par quelque exception, n'entrent point en compensation.

Ainsi celui qui doit à un mineur, ne peut compenser ce que le mineur lui doit par une obligation dont il est en droit de se faire relever.

Quoique les dettes réciproques ne soient pas égales pour compenser le tout, la compensation ne laisse pas de se faire de la moindre dette avec une plus grande, qui s'acquitte d'autant, comme nous l'avons dit ci-dessus.

La compensation a même lieu d'une dette qui ne porte point d'intérêt, avec celle qui porte intérêt ; comme si celui envers lequel Titius est condamné à payer la somme de mille livres avec les intérêts, lui devoit d'ailleurs pareille somme sans intérêt.

La raison est que la compensation se fait *ipso jure.* Ainsi une somme qui porte intérêt, est comme éteinte par une autre somme dûe de l'autre part sans intérêt, à l'effet d'empêcher le cours des intérêts de la premiere somme, & la seule assignation pour compenser vaut saisie. Cela fait que les intérêts courent toujours jusqu'au jour que la compensation a été demandée.

Ainsi, lorsque celui qui doit un principal & des intérêts, veut compenser avec ce qui lui est dû par son créancier, ce créancier, contre lequel il veut se servir de la compensation, est en droit de demander que la compensation soit d'abord faite avec les intérêts qui sont échus, & ensuite avec le principal. *Voyez* M. Charles Dumoulin en son Traité *de usuris, quæst.* 43. *num.* 322.

La compensation ne peut se faire qu'entre personnes qui se trouvent avoir en leur nom & de leur chef la double qualité de créancier & de débiteur.

De ce principe il s'enfuit, que si un débiteur exerce contre son créancier un droit qui ne soit pas à lui, la compensation ne pourra pas avoir lieu.

Un tuteur qui demande ce qui est dû à son mineur, ou un mandataire qui poursuit le débiteur de celui qui l'a préposé, ne sont point dans le cas qu'on les puisse obliger de compenser ce que ce tuteur ou ce mandataire peuvent devoir à ces débiteurs, parce qu'ils ne sont qu'administrateurs, & n'ont aucun droit dans les sommes qu'ils demandent au nom du mineur ou du mandant. *Voyez* le Journal des Audiences, tom. 5. liv. 14. chap. 18.

Par la même raison, il ne peut y avoir de compensation à l'égard de l'héritier bénéficiaire, parce qu'il n'y a point de confusion, & que ce qu'il doit ou ce qui lui est dû, est entiérement séparé de ce que doit la succession & de ce qui lui est dû.

Suivant la regle qui porte que, *hæres repræsentat personam defuncti, atque adeò defunctus & hæres habentur pro unâ eademque personâ ;* lorsque dans une succession il se trouve qu'une même personne doit à la succession, & que la succession lui doit aussi, la compensation a lieu, à moins que l'héritier ne le fût que par bénéfice d'inventaire, car en fait de succession bénéficiaire, la compensation n'a point lieu, excepté le cas où celui qui étoit débiteur du défunt, & qui demande compensation contre sa succession bénéficiaire, n'est devenu créancier que depuis la succession échue, par le moyen de quelque cession ou subrogation par lui prise de quelque créancier. *Voyez* Hevin sur Frain, page 835.

Il faut dire aussi que la compensation, peut être opposée au cessionnaire de la dette dont il demande d'être payé, au cas que celui qui en a fait cession & transport, doive aussi quelque chose au débiteur dont il a transporté la dette.

La raison est, qu'en fait de transport le cessionnaire & le cédant sont reputés à la même personne : c'est pourquoi le cessionnaire n'a pas plus de droit que son cédant. Ainsi la même compensation qui auroit pû être opposée au cédant, peut l'être au cessionnaire. Papon, liv. 12. tit. 6. nom. 2. Guy-Pape, quest. 173.

On a même jugé qu'un tiers acquéreur d'un héritage étant inquiété par un créancier de son vendeur, dont il étoit aussi débiteur, lui pouvoit opposer les mêmes compensations, que ce vendeur auroit pû opposer à ce créancier, comme représentant ce vendeur.

Il y a plufieurs cas où la compenfation n'eft pas admife, quoiqu'il s'agiffe de dettes claires & liquides, & dès-à-préfent exigibles entre les mêmes perfonnes.

Le premier eft en matiere de dépôt volontaire ou néceffaire ; *leg. ult. cod. de compenfat.* Parce qu'une telle dette eft privilégiée. Il en faut dire de même du commodat ; *leg. ult. cod. commodati.*

Le fecond eft pour droits fifcaux, pour raifon defquels la compenfation n'a point lieu contre le Roi. *Voye{* Mornac, *ad leg. 3. ff. de compenf.*

Le troifiéme eft en matiere de retrait lignager, parce qu'il demande un rembourfement actuel & en deniers comptans ; ce qui exclut la compenfation, où le payement n'eft que fictif.

Le quatriéme eft en matiere de complainte & de réintégrande.

Le cinquiéme eft, quand il s'agit d'arrérages de cens, de rente fonciére feigneuriale, ou de redevance emphytéotique : parce que ces fortes de redevances fe payent en reconnoiffance de la directe Seigneurie, dont le Seigneur feroit fruftré, fi ces redevances pouvoient être compenfées avec une autre dette.

Le fixiéme eft en matiere de penfion viagere & de penfion alimentaire, *leg. 3. cod. de compenfat. Mornacius, ad. leg. 20. ff. eodem,* parce que telles caufes font privilégiées, & n'admettent point de retardement : ainfi la compenfation n'y eft pas admife ; ce qui s'étend auffi fur les arrérages de ces fortes de dettes. La Peyrere, *verbo* Alimens.

Le feptiéme eft pour condamnation ou conventions pénales. D'où il réfulte qu'il ne peut y avoir de compenfation d'une peine dûe en conféquence d'un compromis. Ainfi jugé par Arrêt rendu en la Chambre de l'Edit, le 13. Décembre 1623. rapporté dans le premier tome du Journal des Audiences, livre 1. chap. 76. *in fine. Voye{* Henrys, tome 2. liv. 2. queft. 15. & Mornac, *ad leg. 2. ff. de recept. & qui arbitr. &c.*

Au refte, la compenfation fe peut oppofer en tout état de caufe, même après Sentence ou Arrêt, parce que c'eft une de ces exceptions qui tiennent lieu de payement, & qui par conféquent fe propofent plutôt contre l'exécution, & pour empêcher le payement, que contre l'action qui eft intentée.

Touchant la compenfation, *voye{* Guy-Pape, queft. 567. Papon, liv. 12. tit. 6. Defpeiffes, tome 1. part. 4. tit. 3. les Arrêtés de M. le premier Préfident de Lamoignon ; & ce que j'ai dit fur l'art. 105. de la Coutume de Paris.

COMPENSATION DE DELITS N'A LIEU. Cette régle ne fe doit entendre que par rapport à la peine qui leur eft dûe pour la vengeance publique. Ce qui eft fondé fur l'intérêt qu'a le public que les crimes ne demeurent pas impunis : *Publicè intereft delicta non remanere impunita, ne fpe impunitatis alii invitentur ad deliquendum.*

Mais quant à la peine pécuniaire & au dédommagement qu'il convient de faire à ceux qui ont fouffert à l'occafion de quelque délit, on en admet la compenfation fuivant cette régle ; *Paria delicta*

mutuâ compenfatione tolluntur, quantùm ad pecuniarum intereffe. Vide Cujacium, ad leg. 39. ff. folut. matrim.

Ainfi la négligence ou le dol commis reciproquement par des affociés, eft compenfé entr'eux, *Leg. 11. ff. de compenfat. leg. 36. ff. de dolo malo.*

Les injures, & autres délits légers qui ne méritent point de peine afflictive, font ordinairement compenfés.

A l'égard des dommages & intérêts, ou de l'intérêt civil, à quoi le délinquant auroit été condamné s'il fe trouve créancier de celui qui a obtenu condamnation contre lui, rien n'empêche qu'il ne puiffe en demander la compenfation.

COMPENSER, fignifie donner en payement à un créancier une fomme qu'il doit pareille à celle qu'il demande, ou demander à la déduire fi elle n'eft pas égale. Mais pour pouvoir obliger quelqu'un à compenfer ce que nous lui devons, avec ce qu'il nous doit, il faut que la dette foit liquide de part & d'autre, comme nous l'avons dit *verbo* Compenfation.

COMPERE, eft celui qui tient un enfant fur les fonts de Baptême; de forte que par ce moyen il fe contracte entre lui & cet enfant, & entre lui & le pere & la mere de cet enfant une parenté fpirituelle.

COMPERSONNIERS, font des affociés dans un ménage ou dans une famille, qui jouiffent de leurs biens & effets en commun : ce qui arrive fouvent dans les familles de main-morte, pour conferver les biens dans une parenté, & en exclure le Seigneur. Il s'en trouve encore aujourd'hui plufieurs en Bourgogne, en Nivernois, en Champagne, & en quelques autres endroits de ce Royaume, où des veftiges de la fervitude qui étoit en ufage chez les Romains, font reftés.

Voye{ le titre 8. de la Coutume de Nivernois, avec le commentaire de M. Gui Coquille. *Voye{* auffi le Gloffaire du Droit François, *verbo* Perfonnier.

COMPETENCE, eft le droit qui appartient à des Juges de connoître des affaires dont la connoiffance ou l'attribution leur eft accordée.

On entend ici par compétence le droit qu'ont des Juges ordinaires de connoître de toutes fortes d'affaires entre les Parties qui font fujettes à leur Jurifdiction : en quoi l'on fuit la régle, *Actor fequitur forum rei.*

On entend par attribution, un droit fpécial & particulier, accordé à des Juges de connoître de certaines affaires, qui d'ailleurs ne font point de leur compétence.

C'eft aux Juges fupérieurs de régler la compétence des Juges inférieurs. Ainfi, quand un Juge entreprend de juger une affaire qui doit être portée à un autre Tribunal, on appelle de fa Sentence, comme de Juge incompétent.

Meffieurs des Requêtes du Palais & de l'Hôtel font Juges de leur compétence. Ils évoquent, ils retiennent les caufes, & caffent les Sentences des autres Juges qui ont paffé outre, nonobftant leur fentence d'évocation ou de retention.

Mais quand ils entreprennent fur la Jurifdiction des autres Tribunaux, fur l'appel qui en eft interjetté en la Cour, Meſſieurs du Parquet réglent la compétence par expédient.

De la compétence, incompétence & Juriſdiction des Juges, tant ſubalternes, hauts-juſticiers, royaux, que ſouverains, *voyez* Papon, livre 7. titre 7. Bouvot, tome 2. *verbis* Compétence & Jugement.

COMPETENCE EN MATIERE CIVILE. Il faut diſtinguer : ou l'action eſt perſonnelle, ou elle eſt réelle, ou elle eſt hypothécaire.

Dans les cauſes purement perſonnelles, le demandeur eſt obligé d'intenter ſon action pardevant le juge du défendeur, c'eſt-à-dire pardevant le Juge du lieu où ſon domicile ordinaire eſt établi, ſuivant cette régle, *Actor ſequitur forum rei, leg. 2. cod. de Juriſdictione omn. Judic. & leg. 3. cod. ubi in rem act. exerc. deb.* quoique le demandeur, en conſéquence de ſon domicile, ſoit ſujet à une autre juriſdiction, ce qui ſe doit entendre des cauſes purement civiles ; comme quand il s'agit d'obligations, promeſſes, contrats, reſciſion de contrats, demande de rétrait conventionnel, à cauſe de la faculté de rémeré qui eſt perſonnelle.

Cette regle ſouffre quelques exceptions.

Iº. L'Ordonnance de 1667. titre des Garants, art. 8. porte que l'aſſignation en garantie doit être donnée en la Juriſdiction où la demande originaire eſt pendante ; auquel cas, l'aſſigné en garantie ne peut demander ſon renvoi pardevant le Juge de ſon domicile ; à moins qu'il ne ſoit privilégié.

IIº. En reddition de compte, & en reſciſion de tranſaction faite ſur ladite reddition, les Parties doivent plaider pardevant le Juge qui aura commis le comptable, ſi ce n'eſt que la nomination n'eût pas été faite par autorité de Juſtice ; car en ce cas il ſeroit pourſuivi pardevant le Juge de ſon domicile. *Voyez* les art. 1. & 2. du tit. 16. de l'Ordonnance de 1667.

IIIº. Par privilége de Foire de Lyon, celui qui y a acheté de marchandiſes, peut pour raiſon d'icelles être pourſuivi pardevant les Conſervateurs deſdites Foires, en quelque lieu qu'il ait ſon domicile, & ſur quelque privilége qu'il ſoit fondé, excepté celui de committimus. *V.* Committimus. Ainſi le privilége des Foires de Lyon eſt plus fort que celui des Bourgeois de Paris, & que celui de l'Univerſité de cette Ville.

IVº. Quand les Bourgeois de Paris ſont défendeurs, ils ne ſont pas obligés de plaider ailleurs qu'à Paris. *Voyez* Bourgeois de Paris.

Vº. Par un privilége ſpécial, appellé Privilége de Scholarité, les Recteurs Principaux des Colléges Régens, Lecteurs des Univerſités & autres Supôts, ont leurs cauſes commiſes en première inſtance pardevant les Juges-Conſervateurs des priviléges des Univerſités. *Voyez* Scholarité.

VIº. Il y a trois Sceaux en France qui ſont attributifs de Juriſdiction, ſçavoir, le Sceau du Châtelet de Paris, celui d'Orléans, & celui de Montpellier. *Voyez* Sceau attributif de Juriſdiction.

VIIº. Ceux qui ont droit de committimus, peuvent faire aſſigner pardevant les Juges de leur privilége, & attirer les demandeurs pardevant eux,

dans les affaires dont ils ont droit de connoître : *Voyez* Committimus.

VIIIº. Il y a des Juges à qui la connoiſſance de certaines matiéres eſt attribuée, privativement aux autres ; comme les Cours des Aydes ; les Elections, les Greniers à Sel, les Juges des Eaux & Forêts, de la Connétablie, des Amirautés, & autres.

A l'égard des actions réelles pour raiſon de choſes mobiliaires, elles doivent être intentées pardevant le Juge du défendeur, de même que les actions perſonnelles.

Pour ce qui eſt des actions réelles pour raiſon d'immeubles, elles doivent être intentées pardevant le Juge du lieu où eſt ſitué l'immeuble que l'on révendique. Le demandeur peut néanmoins pourſuivre le défendeur pardevant le Juge du domicile dudit défendeur. *Leg. ult. cod. ubi in rem act. exerc. deb.*

Enfin l'action hypothécaire qui eſt réelle & perſonnelle, de même que l'action réelle pour choſe immobiliaire, doit être intentée pardevant le Juge du lieu où l'immeuble hypothéqué eſt ſitué. Mais le demandeur peut, s'il lui plaît, l'intenter pardevant le Juge du domicile du défendeur. *Leg. ult. cod. ubi in rem act. exerc. deb.*

Comme dans les actions réelles pour raiſon d'immeubles, & dans les actions hypothécaires ; on demande la conſervation & l'exécution de ſon droit ſur un fonds, le Juge du lieu de la ſituation du fond eſt alors le Juge compétant, comme étant à portée de faire exécuter ce qui convient pour la conſervation du droit de celui qui veut agir ; à quoi cependant il peut déroger, en faiſant aſſigner le poſſeſſeur pardevant le Juge de ſon domicile.

Au contraire, comme dans les actions perſonnelles il s'agit de faire condamner un débiteur à donner ou à faire ce à quoi il eſt perſonnellement obligé, le Juge compétent dans ces actions eſt celui du domicile du défendeur : à moins qu'il n'y eût des Juges à qui la connoiſſance de certaines matiéres eſt attribuée privativement aux autres ; ou que le défendeur eût droit de plaider, tant en demandant qu'en défendant, devant le Juge de ſon privilége.

COMPETENCE EN MATIERE CRIMINELLE, eſt le droit qu'a un Juge de connoître d'un délit. Sur quoi *voyez* Julius Clarus, *leg. 5. §. finali, quæſt. 35.*

La règle générale eſt, que tous crimes doivent être jugés & punis aux lieux où ils ont été commis, pourvû que le Juge du lieu ait *jus gladii. Voyez* Droit de Glaive.

Mais on demande, *quid juris* : ſi un homme tire un fuſil étant en une Juriſdiction, & tue un homme qui ſeroit dans une autre, à quel Juge de ces deux Juriſdictions doit appartenir la connoiſſance de ce crime?

Il faut dire que l'un & l'autre de ces Juges eſt compétent, mais que la prévention a lieu en ce cas. M. le Prêtre, *cent. 4. chap. 52.*

Celui qui a commis un crime, doit donc être pourſuivi pardevant le Juge du lieu où le crime a été commis ; *leg. 1. cod. ubi de criminib. agi oporteat* : enſorte qu'il eſt ſujet à la Juriſdiction de ce Juge, à qui appartient le droit de juger de la peine qui eſt dûe au délinquant, quoiqu'il ait ailleurs ſon domicile.

La raiſon eſt, I°. que l'on peut plus facilement, & à moins de frais, faire preuve d'un crime dans le lieu où il a été commis, que par-tout ailleurs.

II°. Afin que la punition du crime ſe faiſant dans le lieu où il a été commis, ceux qui en ſont Habitans ſoient détournés d'en commettre de pareils. *Procul dubio debet puniri in loco perfecti & commiſſi delicti. Cum autem publica illa criminum ultio non tam in rei perniciem, quam in publici exempli commodum fieri ſoleat, ut incolæ loci commiſſi delicti moneantur ne quidquam, quod pari pænâ plectatur, audeant; utque inter improbos tutior ſit innocentia, ut reatus faciliùs examinetur, inveſtigentur ſocii ejuſdem criminis. Hæc quidem difficilè in lucem prodirent; ſi delicti in loco ubi commiſſum eſt non haberetur ratio. Matthæus, ad quæſt. 104. Guidonis Papæ.*

Par l'art. 35. l'Édit de Moulins, & par les art. 1. & 2. du tit. 1. de l'Ordonnance de 1670. le délit doit être pourſuivi & puni pardevant le Juge du lieu où il a été commis, conformément au Droit Romain; enſorte que le Juge du domicile de l'accuſé eſt obligé de le renvoyer pardevant le Juge du lieu où il a été fait s'il en eſt requis; & ledit art. 1. veut que le criminel ſoit renvoyé aux frais de la partie civile, s'il y en a, ſinon aux frais du Roi ou des Seigneurs.

De ce principe il s'enſuit, I°. que les Juges ſupérieurs n'ont point droit de prévention ſur les Juges inférieurs, ſi ce n'eſt pour cauſe de négligence.

Ainſi les Sénéchaux & Baillifs royaux n'ont aucune prévention ſur les Juges ordinaires, qui ſont les Châtelains ou Prévôts royaux, bien qu'ils leur ſoient inférieurs, pourvû que dans les trois jours après le crime commis, ces Juges ordinaires & inférieurs ayent informé & decreté. Ordonnance de 1670. tit. 1. art. 7. & 8.

Par la même raiſon, les Juges de Pairies, & autres Seigneurs qui reſſortiſſent immédiatement au Parlement, ne peuvent prévenir les Juges inférieurs des Hautes Juſtices qui reſſortiſſent par appel pardevant eux, ſi ces Juges inférieurs ont informé & décreté dans les trois jours. Bien plus, les Sénéchaux & Baillifs royaux ne peuvent prévenir les Juges des Seigneurs qui ſont dans leur reſſort & dans le territoire où le crime a été commis, ſi ces Juges ſubalternes ont informé & ont decreté dans les vingt-quatre heures après le crime commis, ſi ce n'eſt que par la Coutume du lieu la prévention fût accordée aux Juges royaux. Ordonnance de 1670. tit. 1. art. 9.

II°. Il s'enſuit du même principe, que ſi l'accuſé eſt pris & empoiſonné en un autre lieu que celui où le crime a été commis, il y doit être renvoyé, ſi lui ou la Partie complaignante le requiert; auquel cas il eſt transféré aux frais de la Partie civile, s'il y en a, ſinon aux dépens du Roi ou du Seigneur du lieu où le crime a été commis. *Voyez* les art. 1. & 2. du tit. 1. de la même Ordonnance.

La régle, que *tous les crimes doivent être jugés & punis par le Juge des lieux où ils ont été commis*, reçoit deux exceptions.

La premiere, lorſque la qualité du délit demande qu'il n'y ait que de certains Juges qui en connoiſſent.

La deuxiéme, lorſque la qualité du délinquant requiert qu'il ne ſoit pourſuivi & condamné que par de certains Juges.

Lorſqu'il s'agit d'un crime dont il n'y a que certains Juges royaux qui puiſſent connoître, ſi l'accuſé étoit arrêté ou pourſuivi pardevant les Juges à qui la connoiſſance en eſt attribuée; non-ſeulement il ne ſeroit point à demander ſon renvoi pardevant le Juge du lieu du délit, ou le Juge de ſon domicile; au contraire, ſi l'un ou l'autre avoit commencé d'en connoître, (comme s'il avoit informé & décreté) il ſeroit obligé d'envoyer les informations & toute la procédure qui auroit été faite, & même l'accuſé, s'il étoit priſonnier en ſes priſons; pardevant le Juge à qui eſt attribuée la connoiſſance du crime qui auroit été commis, & ce dans trois jours après qu'il en auroit été requis; à peine de nullité des procédures faites depuis la réquiſition, de l'interdiction des fonctions de ſa Charge, & de tous dépens, dommages & intérêts, à l'encontre de ceux qui auront requis le renvoi, ſuivant l'art. 4. du même titre.

Les crimes dont ne peuvent connoître les premiers Juges, ou Juges ordinaires, c'eſt-à-dire les Châtelains ou Prévôts royaux, & les Juges des Seigneurs, ſont les cas royaux, & les cas prévôtaux. *Voyez* ci-deſſus ce que j'ai des cas royaux & des cas prévôtaux.

Les cas royaux qui ſont prévôtaux, doivent être jugés prévôtalement, c'eſt-à-dire en dernier reſſort & ſans appel. Sur quoi il faut obſerver,

I°. Que les Juges préſidiaux connoiſſent & jugent en dernier reſſort tous les cas prévôtaux, préférablement aux Prévôts des Maréchaux quand ils ont décreté avant eux, ou le même jour.

II°. qu'avant que les Prévôts des Maréchaux, ou les Juges préſidiaux, en cas de prévention, ou de préférence auxdits Prévôts des Maréchaux, puiſſent procéder à l'inſtruction du procès prévôtalement & en dernier reſſort, il faut qu'ils faſſent préalablement juger leur compétence.

Si la connoiſſance du crime doit demeurer au Prévôt des Maréchaux, pour avoir prévenu les Préſidiaux du reſſort dans lequel le crime a été commis, le Prévôt des Maréchaux eſt tenu ſuivant l'article 15. du titre 2. de l'Ordonnance de 1670. de faire juger ſa compétence, c'eſt-à-dire la queſtion ſi le cas eſt prévôtal ou non, & cela dans trois jours au plus tard, au Préſidial dans le reſſort duquel la capture aura été faite, encore que l'accuſé n'ait propoſé aucun déclinatoire.

Pour juger valablement cette compétence, il faut que l'accuſé ſoit ouï en la Chambre du Préſidial en préſence de tous les Juges, qui doivent être pour le moins au nombre de ſept. Il faut auſſi que le Jugement ſoit ſigné de tous leſdits Juges; qu'il y ſoit fait mention que l'accuſé a été oui, & du motif ſur lequel les Juges ſe ſeront fondés pour juger la compétence; enfin, que ce Jugement de compétence ſoit prononcé, ſignifié, & d'icelui baillé copie fur le champ à l'accufé ; à peine de nullité des procédures, & de tous dépens, dommages & intérêts contre le Prévôt ou Greffier du Siége où la compétence aura été jugée. Ordonnance de 1670. tit. 2. art. 18.

Si au contraire les Prévôts des Maréchaux ont été prévenus par les Lieutenans criminels de Robelongue des lieux où il y a Préfidial établi, dans les cas énoncés en l'art. 12. du tit. 1. de l'Ordonnance de 1670. & qui autrement, & ceffant la prévention, font de la compétence defdits Prévôts des Maréchaux, il faut que le Lieutenant criminel de Robe-longue faffe pareillement juger fa compétence par les Officiers du Préfidial, qui doivent être pour le moins au nombre de fept.

Pour cet effet, il eft obligé de porter les charges & informations en la Chambre du Confeil. Il faut auffi qu'il y faffe conduire l'accufé, pour être oui en préfence de tous les Juges, & que dans le Jugement il foit fait mention comme l'accufé aura été oui, & des motifs fur lefquels les Juges fe feront fondés pour juger la compétence, fuivant l'art. 17. du tit. 1. de ladite ordonnance.

Si par le Jugement des Préfidiaux le crime eft jugé n'être point prévôtal, & le Prévôt des Maréchaux déclaré incompétent, en ce cas l'accufé doit être transféré, dans deux jours au plus tard après le Jugement d'incompétence, aux prifons du lieu où le délit aura été commis, & les charges & informations, avec le procès verbal de capture, & interrogatoire de l'accufé, & autres piéces doivent être apportées au Greffe dudit lieu, pour être le procès fait & parfait à l'accufé par le Juge ordinaire, auquel, fuivant la régle générale, appartient la connoiffance de tous les crimes commis dans l'étendue de la Jurifdiction, s'il n'y a exception, ou par la qualité de crimes attribués aux Juges royaux, ou par la qualité des perfonnes. privilégiées.

Quand des accufés veulent pourfuivre la caffation d'un Jugement de compétence, fous prétexte que le cas n'eft pas prévôtal, ou qu'ils ne font pas fujets à la Jurifdiction du Prévôt de Maréchaux, c'eft au Grand Confeil où il faut fe pourvoir. Voyez, touchant le Jugement de la compétence, deux Arrêts du Confeil d'Etat, rendus à ce fujet les 19. Juillet & 2. Septembre 1678.

Voyez auffi l'Edit du 10. Février 1691. qui régle les fonctions du Lieutenant criminel du Châtelet de Paris, & celles du Lieutenant criminel de Robe-courte, & qui veut que les conflits de Jurifdiction d'entr'eux foient jugés au Parlement. Cet Edit fe trouve dans le Recueil des Edits & Déclarations fait par l'ordre de M. le Chancelier.

L'Ordonnance de l'année 1670. tit. 1. art. 21. & 22. met trois fortes de perfonnes privilégiées en matiére criminelle ; fçavoir, les Eccléfiaftiques, les Gentils-hommes, & certains Officiers, qui font une des exceptions de la régle générale, qui veut que les crimes foient jugés & punis aux lieux où ils ont été commis.

Les Eccléfiaftiques qui font promus aux Ordres facrés, ou qui font pourvus de Bénéfices, quoi-

que fimples tonfurés, ne peuvent être pourfuivis pour délits appellés communs, que pardevant le Juge d'Eglife ; de forte que s'ils étoient pourfuivis pardevant les Juges ordinaires & féculiers, ils pourroient demander leur renvoi.

Mais fi avec le délit commun il y avoit de crime privilégié, le renvoi ne pourroit être fait devant le Juge d'Eglife, qu'à la charge du cas privilégié, dont le Juge royal fe réfervera la connoiffance en accordant le renvoi.

A l'égard des cas royaux & des cas prévôtaux, les Eccléfiaftiques qui en font accufés, ne peuvent pas demander leur renvoi, non plus que quand ils font accufés des crimes attroces qui doivent être punis de mort, quoiqu'ils ne foient ni royaux ni prévôtaux. La raifon eft, que par l'énormité de leur crime ils fe font rendus indignes du privilege de Cléricature.

Les Gentils-hommes ne peuvent être pourfuivis criminellement pardevant les Châtelains & Prévôts royaux, comme peuvent être les Roturiers, mais feulement pardevant les Baillifs & Sénéchaux, ainfi qu'il eft porté en l'art. 10. du tit. 1. de l'Ordonnance de 1670. à l'exception néanmoins des cas prévôtaux.

Les Eccléfiaftiques & les Gentils-hommes ont encore le privilége de pouvoir demander d'être jugés, les Chambres affemblées pour autres crimes que ceux qui font prévôtaux.

Il y a de certains Officiers qui, par un privilége fpécial, ne peuvent être pourfuivis en matiére criminelle, qu'en la Grande Chambre du Parlement de Paris ; fçavoir,

Iº. Les Préfidens, Confeillers, & principaux Officiers du Parlement.

IIº. Les Préfidens, Maîtres, & autres Officiers principaux & de la Chambre des Comptes.

Il y a d'autres Officiers qui peuvent en matiére criminelle être pourfuivis en premiere inftance pardevant les Baillifs & Sénéchaux, mais qui peuvent, comme les Gentils-hommes, demander d'être jugés à la Grande Chambre du Parlement où le procès fe trouvera pendant ; comme, Iº. les Secrétaires du Roi ; IIº. les principaux Magiftrats des Siéges royaux & préfidiaux, comme les Préfidens, Lieutenans généraux, civils & criminels, tant de Robe-longue que de Robe-courte, les Prévôts des Maréchaux, les Procureurs du Roi, & autres.

Quand ces fortes d'Officiers, accufés pardevant les Baillifs & Sénéchaux, procedent volontairement devant eux, ils ne peuvent plus dans la fuite demander leur renvoi à la Grande Chambre, ni s'y pourvoir autrement que par appel de la Sentence qui fera rendue contr'eux par lefdits Baillifs & Sénéchaux, ainfi qu'il eft dit en l'art. 22. du tit. 1. de l'Ordonnance de 1970.

Les premiers Juges, quoiqu'ils ne foient pas compétens pour juger, le font toujours pour informer en matiére de crime, pour empêcher le dépériffement des preuves ; mais ils font tenus de renvoyer dans trois jours les procès & les accufés qui ne font pas de leur compétence, pardevant les

les Juges qui en doivent connoître ; comme il eft porté en l'art. 4. du même titre.

Il nous refte à faire ici quelques obfervations fur la compétence en matiere criminelle.

La premiere , que les Lieutenans criminels de tous les Préfidiaux font tenus , dans les cas énoncés dans l'art. 12. du tit. 1. de l'Ordonnance de 1670. de faire juger leur compétence. Cela leur eft enjoint par un Arrêt du Confeil d'Etat du mois de Juillet 1678.

La feconde , que fi un homme tire un fufil étant en une Jurifdiction , & du coup tue un autre homme qui feroit dans une autre Jurifdiction, les Juges des deux Jurifdictions font compétens pour connoître de ce crime ; mais dans ce cas la prévention a lieu. M. le Prêtre, cent. 4. ch. 52.

La troifiéme , que ce font les Préfidiaux qui jugent la compétence , & que ces Jugemens font foumis au Grand Confeil.

La quatrieme eft , que les Préfidiaux ne peuvent procéder au Jugement définitif en dernier reffort , qu'au préalable la compétence n'ait été jugée à l'égard de chacun des accufés perfonnellement & féparément.

La cinquiéme , que , fuivant l'art. 14. de l'Ordonnance d'Amboife de l'année 1562. les Préfidiaux doivent déclarer dans les Sentences qu'ils rendent dans ces fortes de matieres , les motifs de la compétence ou de l'incompétence. Sur quoi il faut remarquer que le premier point doit être inviolablement obfervé , mais à l'égard de l'autre, le Grand Confeil a quelquefois confirmé des Sentences d'incompétence , dans lefquelles il n'étoit point fait mention des motifs fur lefquels les Juges s'étoient déterminés.

La fixiéme eft , que les Juges qui font juger la compétence ou incompétence, ne peuvent rien prendre des Parties pour raifon de ce ; & que les Préfidiaux ne peuvent point auffi prendre des épices des Sentences qu'ils rendent à ce fujet , à peine de concuffion.

Voyez fur cette matiere le titre premier de l'Ordonnance de 1670. avec les notes de Bornier.

C O M P E T E N C E EN FAIT DE JUGE EC-CLÉSIASTIQUE. *Voyez* Juges d'Eglife.

C O M P E T E N C E EN FAIT DE JUGE DES SEIGNEURS. *Voyez* Juftice Seigneuriale.

C O M P E T E N T. On appelle Juge compétent celui qui a le pouvoir de juger d'une affaire.

En matiere civile , le Juge du domicile du défendeur eft le Juge compétent pour juger l'affaire qui eft entre les Parties , à moins qu'il ne s'agiffe de quelque chofe dont la connoiffance foit fpécialement attribuée à quelque Juge , ou à moins que l'une des Parties n'ait quelque privilége attributif de Jurifdiction qui l'exempte de la Jurifdiction ordinaire.

En matiere criminelle , la régle eft , que tous les crimes doivent être Jugés & punis par le Juge des lieux où ils ont été commis , à moins que la qualité du délinquant ou la qualité du délit , n'en attribue la connoiffance à quelque autre Juge.

Voyez Compétence.

Tome I.

C O M P E T I T E U R S , font des concurrens qui prétendent à un même Rang, à une même Charge , à un même Office , ou à un même Emploi.

C O M P L A I G N A N T , fignifie accufateur.

C O M P L A I N T E , eft une action poffeffoire , par laquelle le poffeffeur d'un héritage ou droit réel , qui eft troublé en fa poffeffion , s'en plaint , & demande d'être maintenu dans fa poffeffion , & que défenfes foient faites de l'y troubler.

On diftingue deux fortes de complaintes ; la bénéficiale , qui s'intente pour le poffeffoire des Bénéfices, dont nous parlerons ci-après féparément ; & la complainte en matiere profane , qui s'appelle complainte en cas de faifine & de nouvelleté.

Ce mot *faifine* fignifie poffeffion ; & *nouvelleté* , fignifie le trouble & l'innovation qui fe fait en notre poffeffion. Ainfi , complainte en cas de faifine & nouvelleté , veut dire complainte en cas de trouble en notre poffeffion.

Quand le poffeffeur d'un héritage ou d'un droit réel eft troublé & empêché en fa poffeffion & jouiffance , il peut intenter action en cas de faifine & nouvelleté dans l'an & jour du trouble à lui fait , & donné audit héritage & droit réel contre celui qui l'a troublé.

Sous le mot de poffeffeurs font compris les propriétaires, les fuperficiaires, les ufagers & les emphitéotes ; comme je l'ai dit fur l'art. 96. de la Coutume de Paris , glofe unique , nombre 6.

Item, leurs héritiers, quoiqu'ils n'ayent pas encore commencé la jouiffance ; *quia cenfentur poffidere* , fuivant la maxime , *le mort faifit le vif.*

L'ufufruitier peut auffi intenter la complainte , quand on l'empêche de jouir des fonds dont la jouiffance lui appartient ; parce que l'ufufruitier eft en plufieurs chofes comparé au propriétaire. *Leg. 3. §. 13. & feq. ff. de vi & vi armatâ.*

Il n'en eft pas de même du fermier , lequel étant troublé , ou même expulfé de fa ferme , ne peut fe fervir de la complainte , fuivant la Loi 1. §. 10. *ff. de vi & vi armatâ* ; parce que , dit la glofe , *non fibi , fed domino poffidet* ; fauf , en cas de trouble, à fe pourvoir par actions en garantie contre le propriétaire qui a droit d'agir en complainte , attendu que le trouble fait à fon fermier le regarde. *Voyez* l'art. 1. du tit. 18. de l'Ordonnance de 1667. Mais cela ne s'entend que d'un fermier pour neuf ans & au-deffous ; car un bail à ferme au-deffus eft une aliénation , comme je l'ai dit fur l'art. 227. de la Coutume de Paris.

Un Sujet ne peut pas intenter complainte contre le Roi , parce qu'on ne préfume pas que le Roi ait caufé du trouble injuftement contre le poffeffeur d'un héritage ; il faut en cas de faifie faite en fon nom , s'y oppofer , & demander que pendant icelle on foit maintenu en la poffeffion & jouiffance en laquelle on eft , ou que l'on étoit auparavant.

La complainte ne peut être intentée contre un appanager ; comme il a été jugé par Arrêt du 7. Mars 1764. au profit de M. le Duc d'Orléans,

R r

contre le Commandeur de Monthlery.

Mais on demande fi un Vaſſal peut intenter complainte contre ſon Seigneur ? Il faut diſtinguer : ou le Seigneur agit pour raiſon des droits ſeigneuriaux qu'il prétend lui être dûs en qualité de Seigneur : ou il s'agit de quelque portion de terre, ou de quelques droits en la jouiſſance deſquels un Vaſſal ſeroit troublé par ſon Seigneur.

Au premier cas, il ne le peut. Ainſi, lorſqu'un Seigneur fait ſaiſir le fief, faute d'homme, droits & devoirs non faits & non payés, le Vaſſal ne peut pas prétendre être troublé dans la poſſeſſion de ſon fief, & par conſéquent il ne peut pas ſe ſervir de la complainte : mais fi la ſaiſie eſt injuſte & mal fondée, il doit en appeller, & faire convertir ſon appel en oppoſition.

Par la même raiſon, les Vaſſaux & Tenanciers ne peuvent intenter complainte contre le Seigneur qui demande des droits deſquels ils ſe pretendent exempts : il faut qu'ils aillent tout d'un coup au pétitoire ; comme il a été jugé par Arrêt du 1. Juillet 1701. rendu au Parlement de Paris.

Au ſecond cas, lorſqu'il s'agit de quelque portion de terre ou de quelques droits, en la jouiſſance deſquels un Vaſſal ſeroit troublé par ſon Seigneur dominant, le Vaſſal peut intenter complainte contre lui, comme fi le droit de pêche appartenoit au Vaſſal, & qu'après une jouiſſance de pluſieurs années il y fût troublé par ſon Seigneur, qui prétendoit ce même droit, à l'excluſion de ſon Vaſſal, celui-ci pourroit intenter complainte en cas de ſaiſine & de nouvelleté. C'eſt la diſpoſition des Coutumes de Blois, art. 99. tit. 6. de Berry, art. 23. tit. 5. d'Auvergne, art. 1. & 2. chap. 2.

A l'égard du Sujet cenſier, il ne peut former complainte contre ſon Seigneur cenſier pour la ſaiſie faite par icelui, faute de payement des arrérages de cens ; mais il doit ſe pourvoir par appel ou par oppoſition. Il faudroit dire le contraire, s'il s'agiſſoit de quelque portion de terre ou de quelques droits, en la jouiſſance deſquels le Sujet cenſier, après une Jouiſſance de pluſieurs années, ſeroit troublé par ſon Seigneur ; car alors il pourroit intenter complainte.

Il n'y a que ceux qui ont été en poſſeſſion, *non vi*, *non clam*, *non precariò*, qui puiſſent intenter complainte ; c'eſt-à-dire, il faut que celui qui l'intente, faſſe voir que ſa poſſeſſion a été publique, ſans violence, & à autre titre que de poſſeſſeur précaire.

Il faut, pour intenter complainte, avoir poſſédé pendant an & jour. Nous avons quelques Coutumes qui le requiérent expreſſément ; & quoique celle de Paris & pluſieurs autres n'exigent point cette condition pour intenter complainte, je crois que pour l'intenter dans les Coutumes qui ne décident rien là-deſſus, il eſt encore aujourd'hui néceſſaire d'avoir poſſédé pendant an & jour, n'étant pas vraiſemblable que la Coutume ait abrogé cette condition, dès qu'elle ne la requiert pas.

On ne peut intenter complainte que pour héritages ou pour droits réels. Sur quoi il faut remar-

queř que l'on entend par droits réels, les ſervitudes réelles ſur des héritages, les droits dépendans des Juſtices ſeigneuriales ; parce qu'elles ſont proprement données au Seigneur pour la conſervation des droits de ſon fief, & en ſont partie, & ſont par conſéquent de véritables droits réels.

On met auſſi par la même raiſon au nombre de ces droits, les dixmes inféodées, les droits de patronage, les droits ſeigneuriaux, les droits honorifiques, & autres droits inhérens aux fonds, comme les cens & redevances ſeigneuriales, & les rentes de bail d'héritage impoſées lors de l'aliénation du fonds.

Pour ce qui eſt des rentes par aſſignat, des rentes volantes & conſtituées, comme elles ne font point partie du fonds, on ne peut pour raiſon de telles rentes intenter complainte ; parce que quoiqu'elles ſoient réputées immeubles, elles ne ſont point des droits réels.

A plus forte raiſon, la complainte ne ſe peut intenter pour choſes mobiliaires, à moins que ce ne ſoit pour univerſalité de meubles, ſoit qu'on ſoit héritier pour le tout, ou ſeulement pour une portion ; parce que l'héritier d'une portion d'hérédité poſſede les meubles à titre univerſel, quoiqu'il ne ſoit héritier que pour partie.

Enfin, pour pouvoir intenter complainte, il faut que celui qui poſſédoit, ait été troublé dans la paiſible poſſeſſion dans laquelle il étoit. Ainſi celui qui auroit acquis un héritage dont il ne ſeroit pas en poſſeſſion actuelle, ne pourroit pas prétendre avoir été troublé, *leg.* 5. *ff. de acquir. vel amitt. poſſeſ.* & par conſéquent ne pourroit pas former complainte. *Voyez* Louet, lett. C, ſomm. 10.

La complainte ſe doit intenter dans l'an & jour du trouble, après lequel tems on n'y eſt plus admis, & cette preſcription court contre toutes ſortes de perſonnes, même contre les femmes en puiſſance de mari, contre les abſens, les mineurs & autres qui jouiſſent du privilege de minorité, ſans qu'ils ſe puiſſent faire reſtituer contre l'omiſſion qu'ils auroient faite de l'intenter dans ce tems.

On peut être troublé en ſa poſſeſſion de deux manieres ; ou par paroles, ou par fait.

Par paroles, quand on nous denie un droit dont nous ſommes en poſſeſſion, ou quand par quelque acte on ſe qualifie poſſeſſeur de ce dont nous jouiſſons : ce que l'on prend pour trouble.

Par fait, quand par voie de fait on nous empêche de jouir de ce dont nous ſommes en poſſeſſion ; comme fi on enleve mes grains de deſſus mon champ, ou que l'on m'empêche de les enlever, pour lors il y a lieu de former complainte.

Cette action poſſeſſoire doit être intentée dans l'an & jour du trouble, comme nous l'avons déjà dit ; autrement on n'y eſt plus recevable, parce que celui qui a fait le trouble, eſt devenu lui-même par notre négligence poſſeſſeur pendant l'an & jour.

Ainſi, quand l'année du trouble eſt revolue, comme on n'eſt plus reçu à former la complainte, il faut de néceſſité ſe pourvoir au pétitoire, & conclure à *ce que le défendeur ſoit tenu de ſe déſiſter de la poſſeſſion de la choſe dont eſt queſtion , attendu qu'elle nous appartient.*

Mais on ne peut point lui demander à quel titre il poſſede ; c'eſt à celui qui reconnoît la poſſeſſion d'an & jour de la Partie adverſe, à prouver par des titres qu'il eſt propriétaire de la choſe ; parce qu'en fait de poſſeſſion , la poſſeſſion annale vaut titre juſqu'à ce que le droit de propriété ſoit prouvé au contraire ; & juſqu'à ce qu'il ſoit juſtifié , celui qui poſſede eſt toujours en droit de dire: *Je poſſede, parce que je poſſede* ; & il n'eſt point tenu de rendre d'autre raiſon de ſa poſſeſſion : *Actore non probante reus abſolvitur.*

La complainte doit être intentée avant l'action au pétitoire. *Voyez* Poſſeſſoire.

Il n'y avoit autrefois que les Juges royaux qui puſſent connoître de la complainte : à préſent les Juges des Seigneurs en peuvent connoître entre leurs Juſticiables , ſi ce n'eſt que la Juſtice royale fût ſaiſie.

On tient cependant qu'aujourd'hui cette prévention eſt abolie, & que les Juges ſubalternes connoiſſent ſeuls des complaintes dans leur territoire. *Voyez* la Note de M. Lauriere ſur Loyſel , liv. 5. tit. 4. régle 13.

Mais on ne peut point former complainte par-devant le Juge d'Egliſe , même entre Eccléſiaſtiques , & quoiqu'il s'agiſſe de choſes annexées aux ſpirituelles : il faut , en fait de complainte , ſe pourvoir toujours par devant le Juge laïc. *Voyez* M. Louet & ſon Commentateur , lettre B , ſomm. 11. & l'art. 4. du tit. 15. de l'Ordonnance de 1667.

La complainte ne s'intente pas contre le Roi par aucun de ſes Sujets. Elle ne s'intente pas non plus par un Vaſſal contre ſon Seigneur, quand le Seigneur agit en qualité de Seigneur contre ſon Vaſſal , en ſaiſiſſant faute de foi ou de dénombrement : mais hors ce cas ſi le Seigneur troubloit ſon Vaſſal ; il y auroit lieu à la complainte. *Voyez* Papon dans ſes Notes, pag. 584.

Complainte ſur complainte n'a lieu : il faut ſe pourvoir par oppoſition.

La complainte s'intente par exploit, & quelquefois par la voie d'oppoſition. Si c'eſt par exploit, le demandeur conclut *à ce qu'il ſoit maintenu & gardé en la poſſeſſion & jouiſſance de tel héritage ; la Partie qui a fait le trouble condamnée à rendre & reſtituer au demandeur les fruits qu'elle a perçus, & qu'elle l'a empêché de percevoir & en tous dommages, intérêts & dépens ; & que défenſes ſoient faites au défendeur de l'y troubler.*

Si celui qui forme la complainte a été dépoſſédé par violence, il doit conclurre de la maniere que nous avons dit , *verbo* Réintégrande.

On peut auſſi en cas de violence ou de voie de fait, ſe pourvoir extraordinairement contre celui qui a fait le trouble : mais quand on a demandé la réintégrande par la voie civile, la criminelle n'eſt plus ouverte.

On obſerve ſur cette demande les mêmes délais, & on donne communication des pièces juſtificatives, comme dans les autres demandes.

Celui qui eſt aſſigné en complainte , doit fournir de défenſes ; après quoi l'affaire jugée à l'Audience , ſi la matiere y eſt diſpoſée.

Les défenſes que fournit celui qui eſt aſſigné, ſont ordinaires, que le demandeur qui ſe plaint du trouble, n'a jamais été en poſſeſſion de la choſe ; & il conclut *à ce qu'il ſoit déchargé de la demande & le demandeur condamné aux dépens.*

Le défendeur peut auſſi prendre lui-même pour trouble la demande, & ſoutenir que ſa poſſeſſion eſt légitime ; auquel cas, il doit, par les mêmes défenſes, ſe conſtituer incidemment demandeur, *à ce qu'il ſoit maintenu en ſa poſſeſſion, & déchargé de la demande avec dépens.*

Si le défendeur par ſes défenſes dénie la poſſeſſion du demandeur, ou articule poſſeſſion contraire, le Juge doit appointer les Parties à informer. Article 3. du tit. 18. de l'Ordonnance de 1667.

La poſſeſſion ſe prouve de deux manieres, par titres & par témoins ; par titres, comme baux à loyer ou à ferme, vente & coupe de bois ; à l'égard des témoins, la preuve s'en fait par leur dépoſition, en vertu de l'appointement à informer.

Dans une inſtance de complainte, il peut intervenir quatre ſortes de Jugemens ; ſçavoir , la ſéqueſtre, la récréance , la maintenue & la réintégrande : les deux premiers ne ſont que des Jugemens interlocutoires & préparatoires à la maintenue ou à la réintégrande.

Ainſi, quand la cauſe eſt appointée, & que le Juge ne ſçait à qui donner la poſſeſſion ou récréance pendant l'inſtruction, à cauſe que le droit eſt douteux, il ordonne que les biens ſeront régis par un Sequeſtre.

Mais ſi le droit de l'une des Parties eſt plus apparent, la récréance lui eſt donnée, & ce Jugement eſt exécuté par proviſion, en donnant caution de rapporter les fruits, en cas que par l'événement on eût mal préjugé.

Si le demandeur prouve qu'il a effectivement été troublé, & que ſa complainte eſt légitime , il obtient une Sentence qui le maintient en ſa poſſeſſion, & condamne le défendeur à rendre les fruits par lui perçus, en une amende arbitraire, & aux dépens.

Le poſſeſſoire ainſi jugé , le défendeur en complainte qui a été condamné au poſſeſſoire, & qui prétend avoir la propriété de l'héritage dont la poſſeſſion a été adjugée à la Partie adverſe par maintenue ou par réintégrande, n'a point d'autre reſſource que de ſe pourvoir au pétitoire contre ſa Partie, & de juſtifier de ſa propriété.

L'Ordonnance de 1667. art. 4 du tit. 18 veut que celui contre lequel la complainte eſt jugée , ne puiſſe former ſa demande ou pétitoire , qu'après que celui qui aura été dépoſſédé , ſera rétabli avec reſtitution de fruits , dépens , dommages & intérêts , ſi aucuns ont été adjugés.

En un mot , il faut préalablement que la Sentence rendue ſur le poſſeſſoire ait été entiérement exécutée. Néanmoins , ſi celui qui eſt rétabli dans la poſſeſſion de l'héritage dont il avoit été expulſé , n'a pas fait taxer ſes dépens , & liquider les fruits, revenus, dommages & intérêts , dans le tems porté par le Jugement de la réintégrande, il eſt permis à celui qui a fuccombé au poffeffoire, de pourfuivre le pétitoire, en donnant caution de payer après la taxe & la liquidation.

Voyez Poffeffoire, Pétitoire, Sequeftre, Récréance, Maintenue & Réintégrande. *Voyez* Papon, liv. 8. tit 4. Loyfel, liv. 5. tit. 4. & ce que j'ai dit fur le tit. 4. de la Coutume de Paris. *Voyez* auffi Belordeau en fes Obfervations forenfes, let. C, art. 25.

COMPLAINTE EN FAIT DE SERVITUDE, ne peut s'intenter fans titre dans les coutumes où les fervitudes ne peuvent s'acquérir fans titre, ni fe prefcrire par quelque poffeffion que ce foit.

Ainfi, dans la Coutume de Paris & autres femblables, celui qui prétend fervitude eft obligé de rapporter un titre, même au poffeffoire; autrement la poffeffion, fi longue qu'il puiffe l'avoir, lui eft inutile, &'ne peut lui fervir. M. Charles Dumoulin fur le §. 80. de la Coutume de Paris, nombre 1. & 2. dit qu'en fait de fervitude, *poffideo nihil prodeft, etiam in poffefforio.*

Tout héritage eft préfumé libre de fa nature, & les fervitudes que l'on veut y impofer, font contraires au Droit commun. C'eft pourquoi il faut une preuve, un titre, pour pouvoir, contre la nature d'un héritage, le charger d'une fervitude; autrement la faveur de la liberté l'emporte: *in dubio pro libertate refpondendum.*

La Coutume ne veut pas, dit Brodeau fur l'art. 186. de la Coutume de Paris, que ce titre puiffe être fuppléé ni préfumé par une fimple jouiffance, fi longue qu'elle puiffe être, qui n'eft aucunement confidérable en fait de fervitude, foit au poffeffoire ou au pétitoire.

Si au poffeffoire on n'étoit pas obligé de rapporter de titre pour une fervitude, inutilement la Coutume demanderoit un titre pour établir une fervitude; fa difpofition à cet égard deviendroit illufoire; il feroit aifé de l'éluder, parce que le demandeur en complainte s'étant fans titre fait maintenir dans fa poffeffion, l'autre ne pourroit plus l'inquiéter au pétitoire, qu'en prouvant le contraire de la propriété qu'il prétend, fans que le demandeur fût obligé de rapporter aucun titre, ni de rendre d'autre raifon de fa poffeffion, que fa poffeffion même; *Poffideo, quia poffideo*; ce qui introduiroit tous les jours, contre la Coutume, des fervitudes fans titre.

COMPLAINTE EN MATIERE BENEFICIALE, eft une action poffeffoire, par laquelle celui qui eft en poffeffion d'un Bénéfice, de fait ou de droit feulement, fe plaint du trouble qui lui eft fait par un autre qui prétend droit au même Bénéfice, & conclut *à ce qu'il y foit maintenu, avec défenfes à la Partie adverfe de l'y troubler, & que pour l'avoir fait, elle foit condamnée à fes dépens, dommages & intérêts.*

La complainte en matiere eccléfiaftique, comme en matiere purement temporelle, doit être intentée dans l'an & jour du trouble fait dans la poffeffion; comme il eft porté en l'art. 61. de l'Ordonnance de 1539. en ces termes: *Il ne fera reçu aucune complainte après l'an, tant en matieres*

profanes que bénéficiales, le défendeur même n'ayant titre apparent fur fa poffeffion.

Mais comme en matiere bénéficiale le poffeffoire tient lieu de pétitoire, il n'y a plus aujourd'hui de temps limité pour former une demande en complainte & en matiere bénéficiale, fi ce n'eft pour caufe de dévolut, fuivant l'article 15. de la Déclaration des infinuations, faite au mois d'Octobre 1646. dont voici les termes: *Voulons & ordonnons que tous Dévolutaires pourvus en Cour de Rome, par mort, incapacité ou autrement, prennent poffeffion des Bénéfices par eux ainfi obtenus dans l'an; & qu'en cas d'oppofition ou trouble, ils faffent appeller pardevant nos Juges les oppofans, ou ceux qui les peuvent troubler aux poffeffions defdits Bénéfices, trois mois après la prife de poffeffion, autrement déchoiront du droit par eux acquis en vertu defdites provifions; & défendons à nos Juges d'y avoir aucun égard.*

Comme cette action eft une action poffeffoire, il n'y a que les Juges féculiers qui en puiffent connoître, par plufieurs raifons que nous avons rapportées, *verbo* Poffeffoire.

Par l'ancienne Jurifprudence, les Juges de Seigneurs pouvoient connoître de la complainte en matiere bénéficiale, lorfque les Bénéfices étoient à la collocation & difpofition du Seigneur Haut-Jufticier.

Mais cette Jurifprudence a changé. *Voyez* Brodeau fur M. Louet, lett. B, ch. 11. & l'Ordon. de 1667. tit. 15. art. 4. qui donne aux Juges royaux la connoiffance des complaintes en matiere bénéficiale, privativement aux Juges d'Eglife & à ceux des Seigneurs Hauts-Jufticiers.

Il n'en eft pas de même du pétitoire en matiere bénéficiale; car la connoiffance en appartient de droit au Juge d'Eglife, à l'exception des affaires de Régale, dont le Parlement de Paris connoît au pétitoire, privativement à tous autres Juges.

Celui qui a perdu fa caufe au poffeffoire, ne peut plus fe pourvoir au pétitoire pardevant le Juge d'Eglife, parce que les Juges laïques ne jugent pas le poffeffoire fur le fait de poffeffion feulement, mais par le mérite du fond & des titres des contendans, dont ils examinent la validité. D'où il s'enfuit qu'il feroit inutile de les faire examiner de nouveau par les Juges d'Eglife, avec rifque de voir réformer quelquefois par eux les Arrêts de la Cour: ce qui feroit abfurde.

Il faut que celui contre lequel on intente la complainte, ait pris poffeffion, ou fe foit qualifié titulaire du Bénéfice, qu'il en ait dénié la qualité au demandeur, ou ait fait oppofition à fa prife de poffeffion.

Les mineurs de vingt-cinq ans pourvus de Bénéfices, peuvent intenter complainte, parce qu'ils font capables d'agir en Juftice fans l'affiftance d'un tuteur, tant en ce qui concerne le poffeffoire, que pour les droits, fruits & revenus de leurs Bénéfices. Art. 14. du tit. 15. de l'Ordonnance de 1667.

La complainte s'intente, ou par Requête, ou par Exploit d'affignation donnée à la Partie. Celui qui intente la complainte, déclare qu'il prend pour trouble l'empêchement fait en fa poſſeſſion , & enſuite conclut à y être maintenu , avec dépens & reſtitution de fruits.

Cet exploit doit être dreſſé en la même forme & dans les délais preſcrits pour les autres affaires civiles , & contenir le titre de la proviſion du demandeur , & le genre de la vacance ſur laquelle il a été pourvu , avec copie ſignée de lui de ſes titres & capacités.

Cet exploit doit être donné à la perſonne ou domicile du défendeur , ou au lieu du Bénéfice , c'eſt-à-dire au lieu qui eſt le principal manoir du Bénéfice. *Voyez* les art. 1. 2. & 3. du tit. 15. de l'Ordonnance de 1667.

Si le défendeur ne comparoît pas ſur cette aſſignation ; il faudra lever contre lui défaut faute de comparoir , & le faire juger en la forme ordinaire.

Mais , s'il comparoît & conſtitue Procureur , il faut le ſommer de fournir de défenſes dans leſquelles il eſt obligé d'expliquer le titre de ſa proviſion , le genre de la vacance ſur laquelle il a été pourvu , & donner copie de ſes titres & capacités.

Il y a en cela de la différence entre le demandeur en complainte & le défendeur ; car l'art. 2. du tit. 15. de l'Ordonnance de 1667. demande que les copies des titres & capacités du demandeur ſoient ſignées de lui; & l'art. 6. du même titre ſe contente que les copies des titres & capacités du défendeur ſoient ſignées de ſon Procureur. L'art. 12. a une pareille diſpoſition pour l'intervenant.

Les capacités requiſes pour poſſéder des Bénéfices , ſont l'âge , l'ordre & le dégré.

Les Parties doivent donner copie de leurs titres & capacités , afin que les Juges puiſſent adjuger la maintenue ou la récréance à celui qui eſt le mieux fondé en titre , & qui a le droit le plus apparent.

Trois jours après les défenſes , la cauſe ſera portée à l'Audience ſur un ſimple acte ſignifié à la requête du Procureur plus diligent , pour être prononcé ſur le champ , ſi faire ſe peut , ſur la pleine maintenue , ſur la créance , ou ſur le ſequeſtre , s'il y échet.

Si la cauſe ne peut pas être jugée ſur le champ , on appointe en première inſtance en droit ou à mettre ; & ſi c'eſt en cauſe d'appel , on appointe au Conſeil.

Dans le cours de la procédure ſur une complainte , il ſurvient quelquefois des interventions ou des dévolus , ou des réſignations , ou le décès de quelqu'un des contendans.

Lorſque pendant le cours de la procédure , celui qui avoit la poſſeſſion actuelle du Bénéfice , vient à déceder , l'état & la main-levée des fruits eſt donné à l'autre , pour une ſimple requête judiciairement faite à l'Audience , en rapportant l'extrait mortuaire & les pieces juſtificatives de la litiſpendence. Ainſi , ſans autres procédures , le jugement porte main-levée des fruits , & adjuge l'état du Bénéfice.

Si durant le procès l'une des Parties contendantes réſigne ſon droit à une autre , la procédure ſera continuée contre le réſignant , juſqu'à ce que le réſignataire ait paru en cauſe ; mais le réſigna-

taire ſe doit faire ſubroger aux droits du réſignant par une réquête verbale judiciairement faite dont ſentence eſt prononcée ſur le champ , *voyez* les art. 15. & 16. du tit. 15. de l'Ordonnance de 1667.

Si dans une inſtance ou procès pour raiſon du poſſeſſoire d'un Bénéfice , un tiers prétend que le Bénéfice n'appartient ni à l'un ni à l'autre des contendans , mais à lui ſeul , il doit préſenter ſa Requête d'intervention , en expliquer les moyens , & en donner copie , auſſi bien que de ſes titres & capacités , & procéder ſur ſon intervention en la maniere accoutumée. *Voyez* l'art. 12. du même titre. Pour ce qui eſt des dévolus , *voyez* Dévolut.

Sur une inſtance de complainte , le Juge peut ordonner le ſéqueſtre , ou adjuger la créance , appellée en Droit *fiduciaria poſſeſſio* , qui s'adjuge en matiere bénéficiale à celui qui a le droit le plus apparent ; ou enfin adjuger la pleine maintenue , qui eſt le jugement définitif qui ſe donne dans les actions poſſeſſoires , le ſéqueſtre ou la récréance n'étant que des Jugemens préparatoires pour parvenir à la maintenue. Sur quoi il faut remarquer.

1°. Qu'en matiere bénéficiale , le ſéqueſtre n'a gueres lieu , comme nous avons dit , *verbo* Récréance.

II°. Qu'en matiere Bénéficiale , par la maintenue , le fond eſt jugé , il n'y a point , comme en matiere profane , de pétitoire ſur lequel il reſte enſuite à prononcer.

On ne connoît donc point d'autre proviſion en matiere bénéficiale , que la récréance que l'on donne à celui qui a le droit le plus apparent , juſqu'à ce qu'il ſoit prononcé ſur la maintenue.

Voyez Réintégrande , Poſſeſſoire , Pétitoire , Récréance & maintenue.

COMPLANT , eſt la conceſſion de la jouiſſance que l'on a fait à quelqu'un à titre d'uſufruit , d'un champ , à la charge d'y planter des arbres , & particuliérement des vignes , & à condition de rendre au bailleur par chaque année une certaine portion. *Voyez* l'art. 18. de la Coutume de Saint-Jean d'Angely , & les articles 75. & 81. de celle de Poitou.

COMPLICATION , ſignifie la jonction de pluſieurs natures d'affaires enſemble , ou de crimes.

COMPLICE , eſt celui qui eſt accuſé ou ſoupçonné d'avoir eu part à un crime commis par quelqu'un conjointement avec lui , ou de l'avoir aidé à le commettre , ou d'avoir été participant du complot. On l'appelle en Droit , *ſocius & particeps criminis*.

Comme celui qui a été complice d'un crime , eſt ſouvent auſſi coupable que celui qui l'a commis , en cas de conviction ils doivent être également punis ; ce qui dépend néanmoins des circonſtances.

Celui qui ne s'eſt trouvé que par hazard en la compagnie d'un homme qui a commis un crime , n'eſt pas à proprement parler complice ; il peut juſtifier ſon innocence , & pourvu qu'il n'y ait eu aucune part , il doit être renvoyé abſous quant à la peine corporelle.

Les complices ne font foi l'un contre l'autre ,

mais indices feulement pour parvenir à tirer preuve par le moyen de la queftion ; & fi l'accufé dénie & ne veut rien avouer, il doit être renvoyé abfous. Papon liv. 24. tit. 8. nomb. 5. Sur quoi il faut remarquer.

Iᵒ. Que la dépofition d'un feul complice , fans autre adminicule , ne fera point indice fuffifant pour faire appliquer fon complice à la queftion, & que pour cela il faut la dépofition de deux ou trois complices, quand d'ailleurs il ne fe trouve point d'autres preuves ni préfomptions. *Clarus , lib. 5. Sentent. quæft. 21. num. 8. & feq. Fachinæus, lib. 9. cap. 8.*

IIᵒ. Que les complices font pleine foi contre un autre , quand il s'agit de certains crimes, comme de léze-Majefté , facrilége , conjuration , fauffe monnoie , héréfie , & affaffinat.

COMPLOT FAIT CONTRE QUELQU'UN , eft une convention faite entre celui qui loue quelqu'un à prix d'argent pour battre ou affommer une perfonne , ou l'injurier , & celui qui eft loué & qui s'y engage. *Voyez* Projet de crime.

COMPOSITION , fignifie un accord , un traité par lequel on fait à quelqu'un grace ou remife de quelque chofe.

COMPROMETTRE , eft paffer un acte par écrit, par lequel, fous un procès déjà intenté ou fur un fait fujet à conteftation, on convient avec la Partie adverfe qu'on fe rapporte de la décifion de l'affaire au Jugement d'un arbitre ou de plufieurs énoncés dans l'acte qu'on appelle compromis.

COMPROMIS , eft un acte par écrit, figné des Parties , par lequel elles conviennent d'une ou de plufieurs perfonnes pour décider leur différend, & promettent reciproquement de fe tenir à leur décifion , fous quelque peine pécuniaire contre le contrevenant , laquelle doit être fpécifiée dans l'acte.

Ceux qui font ainfi choifis par les Parties en conféquence d'un compromis , font appellés Arbitres , lefquels font bien différens des Arbitrateurs ; en ce que les Arbitres font tenus dans leur inftruction & jugement de garder l'ordre judiciaire & les formalités de Juftice, & de décider précifement des loix; au lieu que les Arbitrateurs, autrement dit amiables Compofiteurs, doivent accommoder les Parties à l'amiable , & terminer leurs différends fans aucune formalité de Juftice , & fuivre plutôt l'équité dans leurs décifions , que les régles du Droit.

Toutes perfonnes maïeures de vingt-cinq ans , capables & en état de décider la queftion qui eft entre les Parties , peuvent être par elles choifies pour Arbitres. *Voyez* ce que j'ai dit à ce fujet, *verbo* Arbitre.

Le compromis doit fixer le temps dans l'efpace duquel les Arbitres rendent leur Sentence ; & un compromis fans jour feroit nul : autrement la Jurifdiction des Arbitres feroit prorogée à l'infini. *Voyez* la Peyrere , *verbo* Arbitre.

Le compromis eft borné précifément au différend pour lequel il eft fait, & ne peut être étendu à d'autres conteftations qui pourroient être entre les Parties ; parce que c'eft par le moyen du compromis que les Arbitres font en quelque

maniere conftitués Juges du différend des Parties, énoncé dans les compromis , & non au-delà.

Outre qu'un compromis doit marquer un terme précis dans lequel les Arbitres rendent leur Sentence , il faut encore que deux chofes foient exprimées dans cet acte ; fçavoir , la foumiffion des Parties au Jugement des Arbitres, & une peine ftipulée contre celui qui refufera de l'exécuter.

La foumiffion des Parties au Jugement des Arbitres doit être énoncée dans le compromis ; fans quoi il n'y auroit point de Juge dont les Parties fuffent convenues. C'eft pour cette raifon qu'une Sentence arbitrale ne peut valider qu'avec ceux qui ont paffé le compromis , & non avec d'autres qui n'auroient pas voulu conftituer les arbitres pour leurs Juges.

La peine doit être énoncée dans les compromis ; autrement l'arbitrage n'obligeroit point les Parties, & ne feroit confidérée que comme une confultation. Ainfi quand l'une des Parties appelle de la Sentence arbitrale, celui qui foutient la Sentence peut , avant que de conclure au bien jugé , demander la peine portée par le compromis.

Mais quoique les Parties euffent par le compromis renoncé à l'appel de la Sentence arbitrale, elles pourroient toujours y avoir recours , parce que cette claufe n'a été appofée qu'autant qu'on préfumoit que les Arbitres jugeroient felon le droit & l'équité. Papon, liv. 6. tit. 3. nomb. 1.

Celui qui a paffé un compromis , peut donc interjetter appel de la Sentence arbitrale, quelques claufes que les parties ayent mifes dans le compromis ; parce qu'il faut toujours que les Magiftrats, qui font établis par un ordre public , connoiffent des Jugemens de ceux qui n'ont d'autre pouvoir que celui qui leur a été donné par des Particuliers.

Mais il faut toujours que l'appellant paye la peine appofée au compromis, pourvu toutefois qu'il n'y ait point de nullité dans le compromis , que les Parties ayent la qualité fuffifante pour compromettre , & qu'il n'y ait point d'ailleurs de nullité dans la Sentence, autrement la peine du compromis n'eft tirée à conféquence contre celui qui a un jufte fujet d'interjetter appel du Jugement des Arbitres.

Par les Arrêts de la Cour, la peine des compromis a été déclarée obligatoire & devoir être payée, avant que l'appellant de la Sentence arbitrale puiffe être oui fur fon appel ; enforte que jufqu'à ce qu'il ait payé cette peine , toute audience lui doit être déniée. Bardet, tom. 1. liv. 2. ch. 23. Henrys , tom. 2. liv. 2. queft. 15.

La raifon eft fondée fur la claufe du compromis, qui contient la ftipulation de la peine à laquelle les Parties fe font foumifes , en cas d'appel. Et comme le compromis précéde le Jugement arbitral , il eft jufte que l'obligation d'y fatisfaire foit obligatoire avant de procéder fur l'appel , conformément à l'intention des Parties, lefquelles ayant prévu le cas ,, afin de le faire ceffer , ont ftipulé la peine pour qu'elle foit payée incontinent après l'appel interjetté , & avant que l'appellant foit oui fur fon appel.

Ainfi , lorfqu'il y a appel d'une Sentence arbitrale, l'intimé eſt en droit de donner ſa Requête à la Grande Chambre du Parlement, où les appellations des Sentences arbitrales ſont portées, à ce que l'appellant ſoit condamné à payer la peine, & que juſqu'à ce toute audience lui ſoit déniée.

Mais il eſt à propos que l'intimé donne cette Requête avant qu'il y ait un appointement au Conſeil, ou un Arrêt interlocutoire, afin que cela ne donne point occaſion à l'appellant de prétendre que dès qu'il y a conteſtation en cauſe, ſans que l'exception ait été propoſée, l'intimé eſt cenſé avoir remis à l'appellant la peine portée par le compromis.

A l'égard de celui qui a intejetté appel d'une Sentence arbitrale il ne peut ſe diſpenſer de payer la peine appoſée au compromis, en renonçant à ſon appel, & acquieçant à la Sentence arbitrale. La raiſon eſt, qu'en interjettant appel il a contrevenu de fait au compromis. *Voyez* Papon & les Auteurs qu'il cite, liv. 19. tit. 4. nomb. 2. & Bardet, tom. 1. liv. 3. ch. 121.

Lorſque de pluſieurs qui ont paſſé le compromis, un d'eux interjette appel de la Sentence arbitrale, il ne doit pas la peine entiére, mais ſa part ſeulement. Bouvot, tome 2. *verbo* compromis.

Quand les peines ſtipulées par les compromis ſont exceſſives, elles ſont modérées par les Parlemens.

La raiſon pour laquelle les Parlemens ſont parmi nous en droit de modérer les peines ſtipulées dans les compromis, lorſqu'elles ſont exceſſives, eſt que celui qui auroit une fois acquis la peine qui ſeroit conſidérable, & peut-être plus forte que ce à quoi ſe monteroit ce donc il ſeroit queſtion, s'embarraſſeroit peu de ſuccomber en cauſe d'appel.

D'ailleurs, celui qui auroit eu un juſte ſujet d'appeller en ſeroit détourné, voyant que quand bien même il gagneroit au fond, il lui faudroit ſubir abſolument la perte de la peine ſtipulée. Ainſi par l'événement il ſe trouveroit qu'il ſe ſeroit ôté la liberté d'interjetter appel de la Sentence des Juges qui n'ont d'autre pouvoir que celui qu'on leur donne, & qui cependant ſe ſeroient conſtitués comme Juges ſouverains.

Il eſt vrai que par le Droit Romain la peine portée dans un compromis, peut être plus forte que ne peut être évaluée la choſe qui fait le ſujet de la conteſtation qui eſt entre les Parties. La Loi 32. *ff. de receptis, qui*, y eſt formelle. Voici les termes: *Non diſtinguimus in compromiſſis, minor an major ſit pœna, quam res de quâ agitur.* Mais, ſuivant ce que nous venons de dire, c'eſt avec raiſon que l'on juge à cet égard autrement parmi nous.

Les peines portées par les compromis, en cas d'appel de la Sentence arbitrale, n'ont rien de commun avec l'affaire principale, n'étant dûes que pour être contrevenu aux compromis. C'eſt pourquoi celui qui a interjetté appel de la Sentence arbitrale, & a payé la peine appoſée au compromis, ne la peut répéter, quoique ſur ſon appel la Sentence des Arbitres ſoit infirmée.

En un mot, l'appel interjetté d'une Sentence arbitrale emporte le payement de la peine, ſans

retour, en faveur de celui qui acquieſce à la Sentence arbitrale.

On peut compromettre de toutes choſes qui peuvent être le ſujet d'un procès, pourvû que la choſe regarde l'intérêt particulier de ceux qui compromettent, & qu'ils en ayent la libre & entière diſpoſition.

De ce principe il s'enſuit, qu'on ne peut pas compromettre.

I°. De la validité ou invalidité d'un mariage, parce qu'il n'appartient qu'à l'Egliſe de ſtatuer ſur la validité ou invalidité de ce Sacrement; ou, en cas d'appel comme d'abus, au Parlement, & jamais aux Particuliers. Bouvot, tom. 2. *verbo* Arbitres, queſt. 13.

II°. On ne peut point compromettre des droits ſpirituels d'une Egliſe. Ainſi un compromis fait par des Religieux, touchant l'adminiſtration du temporel & du ſpirituel de leur Abbaye des perſonnes eccléſiaſtiques & ſéculieres, eſt nul : *Secùs ſi de re civili vel temporali Eccleſiæ.* Ainſi jugé par Arrêt le 1. Juillet 1625. rapporté dans le Journal des Audiences.

III°. On ne peut point compromettre des choſes qui intéreſſent le Public : c'eſt pourquoi les compromis faits touchant les crimes publics, ſont nuls. *Leg.* 32. §. 6. & 7. *ff. de recept. qui.*

La raiſon eſt, qu'il n'eſt pas au pouvoir des Particuliers de toucher à ce qui regarde le Public. Or la peine qui eſt dûe pour raiſon des crimes, regarde l'intérêt public.

Ainſi la vengeance publique ne peut être pourſuivie parmi nous, que par le Roi, à la diligence de ſes Procureurs.

D'ailleurs, les Arbitres ne peuvent prononcer par abſolution ni condamnation, puiſque cela ne dépend point d'une Juriſdiction volontaire, & qu'ils ne peuvent voir les informations. *Voyez* Bardet, tom. 1. liv. 3. chap. 60. Dargentré ſur l'art. 18. de la Coutume de Bretagne, gloſ. 3. nomb. 4. & 6.

A l'égard des intérêts civils, les Parties en peuvent tranſiger ou compromettre, & auſſi des délits que l'on ne pourſuit que civilement. Il en faut dire de même des dépens d'un procès criminel, parce que toutes ces choſes ne regardent que l'intérêt des Particuliers.

Enfin on ne peut compromettre ni tranſiger des alimens laiſſés par teſtamens, par rapport à ce qui en doit écheoir dans la ſuite.

Pour connoître quelles perſonnes ſont tenues de la peine ſtipulée par un compromis, il faut examiner ſi ceux qui ont paſſé le compromis ſont majeurs, mineurs, tuteurs, Communautés, Bénéficiers, ou Procureurs.

Si ce ſont des majeurs qui ont paſſé le compromis, la peine ſtipulée contre ceux qui appelleront du Jugement des Arbitres, eſt encourue de plein droit; de ſorte qu'on peut les contraindre de la payer, ſans eſpérance de la pouvoir recouvrer, au cas que par le Jugement qui interviendra ſur l'appel, la Sentence arbitrale fût infirmée.

Pour ce qui eſt des mineurs, il faut d'abord établir pour principe certain, que celui qui n'a pas le pouvoir d'aliéner, n'a pas le pouvoir de compromettre, parce que le compromis est un acheminement à l'aliénation.

Comme le mineur qui a compromis n'avoit pas le pouvoir d'aliéner, ni d'ester en Jugement, il peut aisément se faire relever contre le compromis qu'il a passé, en obtenant des Lettres de rescision, & demander qu'il lui soit permis de poursuivre l'appel par lui interjetté de la Sentence arbitrale, sans être obligé de payer la peine stipulée par le compromis. *Voyez* Brodeau sur Louet, lettre C, somm. 4. Bardet, tom. 1. liv. 3. ch. 36.

Si le compromis avoit été passé par un tuteur au nom de son mineur, il ne seroit pas pour cela exclus du bénéfice de restitution; au cas qu'il se trouvât lezé par la Sentence arbitrale, il pourroit en appeller, sans payer la peine, en obtenant des Lettres: autrement on pourroit apposer dans un compromis une peine si forte, qu'il seroit plus avantageux au mineur d'acquiescer à la Sentence arbitrale, quoiqu'injuste, que d'en appeller en payant la peine stipulée par le compromis. D'ailleurs, pour payer cette peine, il faudroit vendre les biens des mineurs; ce qui ne seroit pas juste.

Il n'en est pas de même des Communautés; quoiqu'elles jouissent du privilége des mineurs, les compromis passés en leurs noms avec leurs Syndics, en vertu de procuration ou délibération d'Assemblée en bonne forme, sont valables; de sorte que les Communautés qui appellent de la Sentence des Arbitres, sont tenus de payer la peine stipulée dans les compromis en cas d'appel.

Brodeau sur Louet, lettre C, somm. 4. dit qu'il y a plusieurs Arrêts rendus en la Cour des Aydes qui l'ont jugé ainsi, & notamment un du 23. Avril 1624. au rapport de M. Barthelemy, entre les Manans & Habitans de Clamecy & la Veuve Bouvart.

La même chose se pratique pour les compromis passés par un Bénéficier, quoique mineur concernant le droit de son Bénéfice.

La raison est, qu'un Bénéficier mineur est réputé majeur, non-seulement pour percevoir les fruits de son Bénéfice, mais encore pour diriger toutes les actions, soit au possessoire, soit au pétitoire, & conséquemment pour passer des compromis. Il ne peut donc, sous prétexte de minorité, se dispenser de payer la peine qui y est stipulée.

A l'égard des prodigues, ils ne peuvent compromettre, s'ils ne sont assistés de leur curateur, àttendu que compromettre, c'est aliéner.

Par la même raison, une femme en puissance de son mari, ne peut pas compromettre, si ce n'est sous son autorité. Chassanée sur la coutume de Bourgogne, tit. des Droits des gens mariés, §. 1. nom. 19. *verbo* En puissance.

Un Procureur fondé de procuration générale ne peut pas compromettre, parce que celui qui compromet, se donne des Juges particuliers, & autres que les ordinaires.

Cela demande certainement un pouvoir exprès & formel à cet effet: sans quoi une Sentence arbitrale, fondée sur un compromis passé par un Procureur fondé de procuration générale, ne peut subsister; & celui pour lequel il a parlé, en peut interjetter appel, sans payer la peine portée par le compromis, dont la stipulation est uniquement le fait d'autrui.

L'obligation de payer en cas d'appel la peine stipulée par le compromis, n'est pas le seul effet qu'il produit: l'arbitrage & les poursuites qui se font devant les Arbitres, empêchent le cours de la prescription, & conséquemment la péremption d'instance, pourvû que le compromis soit fait par écrit. Bardet, tom. 2. liv. 5. chap. 1. rapporte un Arrêt du Parlement de Paris, en datte du 21. Janvier 1636. qui l'a jugé ainsi.

Mais un compromis verbal ne produiroit aucun effet. Il a même été jugé au Parlement de Bretagne, le 3. Mai 1640. que la promesse de compromettre, quoique rapportée pardevant Notaires, & signée des Parties, n'équipole pas une piece de procedure, & ne fait pas subsister l'instance pendant trois ans. *Voyez* Hevin sur Frain, pag. 31. de ses Additions aux Notes.

• Le pouvoir donné aux Arbitres par la convention des Parties, se dissout.

I°. Par la mort d'un des Arbitres ou par celle d'une des Parties. *Leg.* 27. §. 5. *leg.* 40. & 49. *ff. de recep. quæst. arb.*

II°. Par l'expiration du tems donné aux Arbitres, pour rendre leur Jugement; *leg.* 21. §. 5. & *leg.* 50. *ff. eod. tit.* à moins que le compromis ne soit prorogé. *Voyez* Prorogation de compromis.

III°. Par transaction faite entre les Parties, touchant le procès pour lequel elles avoient compromis.

Touchant les compromis, *voyez* Arbitres. *Voyez* Sentence arbitrale. *Voyez* Papon, liv. 6. tit. 3. la Peyrere, *verbo* Arbitre; Louet, lett. C. somm. 4. & les Loix civiles, liv. 1. tit. 14. sect. 1.

COMPTABLES, sont ceux qui gerent ou qui ont géré les affaires de quelque Particulier, qui ont reçu les deniers & les effets qui lui appartiennent, dont ils sont obligés de rendre compte sitôt que leur gestion est finie; comme Tuteurs, Procureurs, Curateurs, Fermiers.

Ceux-là même qui ont rendu leur compte, sont toujours réputés comptables, encore que le compte soit clos & arrêté, jusqu'à ce qu'ils ayent payé le reliquat, s'il est dû, & remis toutes les pieces justificatives. Ordonnance de 1667. tit. 29. de la reddition des Comptes, art. 1.

L'article suivant porte, que le comptable pourra être poursuivi de rendre compte pardevant le Juge qui l'aura commis; & s'il n'a pas été nommé par autorité de Justice, il sera poursuivi pardevant le Juge de son domicile, sans que, sous prétexte de saisie ou intervention de créanciers privilégiés de l'une ou de l'autre des Parties, les comptes puissent être évoqués ou renvoyés dans une autre Jurisdiction.

Mais les comptables qui jouissent du privilége de Scholarité ou de committimus ne sont pas sujets à la disposition de cet article; ensorte que

pour

pour la reddition de leurs comptes ils peuvent user de leur privilége, lequel comme singulier & personnel est plus fort que le droit commun. Il faut dire la même chose du privilége des Bourgeois de Paris, dont il est parlé en l'art. 112. de la coutume de Paris.

Touchant les comptes & les comptables, voyez le tit. 29. de l'Ordonnance de 1667. avec les Notes de Bornier.

COMPTABLES, FINANCIERS OU GENS D'AFFAIRES, sont ceux qui manient ou qui ont manié les deniers publics ou ceux du Roi.

Tous Officiers comptables ne sont point reçus en leurs Offices, qu'ils n'ayent fait serment en la Chambre des Comptes, & n'ayent donné bonne & suffisante caution.

Les Officiers des Bureaux des Finances, des Eaux & Forêts, des Elections, des Greniers à Sel, des Maréchauffées, & autres, sont obligés de résider ès lieux de leur établissement.

Les Officiers comptables, & autres chargés de la perception, maniement & distribution des Finances du Roi & des deniers publics, sont obligés d'avoir des Regîtres journaux. Sur quoi voyez l'Edit du mois de Juin 1716. regîtré au Parlement le 20. du même mois.

Les Commis des Comptables sont tenus de rendre leurs comptes à ceux qui les emploient ; & les Officiers comptables & les Traitans sont obligés de rendre leurs comptes en la Chambre des Comptes.

Il est arrivé quelquefois que les deniers du Roi n'ont pas été administrés fidélement par ceux qui en étoient chargés.

Plusieurs d'entr'eux prenoient la précaution de mettre leurs biens à couvert sous des noms empruntés. Ce qui a donné lieu à l'art. 16. de l'Ordonnance de Roussillon, qui défend aux habiles à se porter héritiers de ceux qui décedent en Office, Charge & administration des Finances, de se porter héritiers par bénéfice d'inventaire, les obligeant de se porter héritiers purs & simples, ou de renoncer à la succession. Voyez M. le Bret, action 9.

Les Officiers comptables, Fermiers & autres, employoient souvent les deniers du Roi en acquisition de Charges & de Terres considérables, qui rendoient les préférences qui appartiennent au Roi sur leurs biens, entiérement incertaines & arbitraires.

La séparation de biens qui étoit entr'eux & leurs femmes, contribuoit aussi beaucoup à rendre les droits & les priviléges du Roi inutiles par le moyen des reprises franches & quitte de toutes dettes que leurs femmes exerçoient sur les biens de leurs maris, aussi-bien que l'intervention des femmes frauduleusement séparées de leurs maris.

Pour obvier à ces inconvéniens, le Roi, par son Edit du 13. Août 1669. a renouvellé l'ancienne disposition des Ordonnances, à l'effet de conserver le privilége de ses deniers sur les biens des Gens d'affaires.

Touchant le prix des meubles & les deniers

Tome I.

comptans, l'article premier de cet Edit porte que le Roi aura la préférence aux créanciers des Officiers comptables, fermiers généraux, particuliers & autres ayant le maniement des deniers du Roi, pour les sommes qui lui seront dûes, sans concurrence ni contribution nonobstant toutes saisies précédentes, excepté les frais funéraires, de Justice, & autres priviléges, droits des Marchands qui reclament leurs marchandises dans les délais de la Coutume, & du propriétaire des maisons des Villes, sur les meubles qui s'y trouveront, pour six mois de loyer.

La raison est, que les deniers comptant provenans du maniement appartiennent au Roi, & que les meubles & effets mobiliers ont été achetés des deniers du maniement, comme le plus comptant.

L'argent comptant & les meubles des Gens d'affaires sont donc les propres deniers du Roi. Ainsi cette préférence sur l'argent & les meubles, qui sont la chose & le gage naturel de la dette du Roi, est semblable au droit de préférence qu'auroit un Particulier sur son commis, à lui comptable, de Clerc à Maître de l'argent qui auroit reçu pour lui, en faisant & négociant ses affaires.

Il faut cependant remarquer que le droit qu'a Sa Majesté sur les meubles des Comptables, ne dure qu'autant qu'ils sont en leur possession ; car comme les meubles n'ont point de suite par hypothéque, le Roi n'a point de privilége sur les effets mobiliers des comptables, si-tôt qu'ils ne sont plus en leur puissance.

Pour ce qui concerne les Offices, l'article 2. du même Edit conserve au Roi la même préférence à tous les créanciers, même auparavant le vendeur, sur le prix de l'Office comptable & droits y annexés, du chef & exercice duquel il sera dû au Roi, soit pour débets de clairc, débets de quittance, souffrances & superceffions converties en radiation, ou pour quelqu'autre cause que ce soit procédant de l'exercice.

Le motif de cet article est, que ces débets sont regardés comme un délit de la Charge, pour lequel le Roi a la préférence même au vendeur de la Charge, parce que ces débets de clairc sont les deniers comptans que le Comptable a reçus appartenans au Roi, & qu'il a retenus.

Les débets de quittance sont encore de pareille nature, parce que ne rapportant point les quittances de ceux à qui il a dû payer, soit aux officiers ou autres, conformément aux Etats du Roi, & ne les ayant point payés, il en a retenu le fonds, qui est de l'argent comptant, aussi bien que les débets de clairc.

Enfin le Comptable ne satisfaisant point aux apostilles des articles de son compte mises en souffrance, c'est-à-dire ne justifiant point l'article, ou si l'apostille l'oblige, soit de rapporter des Arrêts du Conseil de décharge ou autrement, ce qui s'appelle superceffions, étant converties en radiation cela produit un fonds entre les mains du Comptable de la valeur de tous les articles rayés ; & ce fonds est considéré comme deniers revenans bons au Roi.

Il n'y a rien de plus juste que la préférence donnée au Roi sur cette Charge à tous autres créanciers, même au vendeur, puisque l'Office est responsable de tous les deniers que le Comptable a retenus, lesquels il a reçus, & dont il a eu le maniement, à la faveur de la Charge dont il étoit pourvû.

Un simple particulier exerce le même droit de préférence sur le prix de la Charge d'un Sergent qu'il a chargé de ses pieces pour contraindre ses débiteurs, quand il applique à son profit les deniers qu'il a reçus pour lui en faisant les contraintes.

L'art. 3. du même Edit du 13. Août 1669. ordonne que le Roi soit privilégié sur le prix des immeubles acquis depuis le maniement de ses deniers, néanmoins après le vendeur, & celui dont les déniers auront été employés en l'acquisition.

Ainsi, ou l'acquéreur paye comptant le vendeur, ou il ne le paye pas; s'il paye comptant l'immeuble acquis répond du maniement; s'il ne paye point le vendeur, le Roi ne peut se plaindre; son argent n'ayant point été employé à faire cette acquisition. Il en est de même quand l'acquéreur emprunte pour payer le vendeur.

Mais pour éviter les fraudes qui pourroient se commettre dans ces sortes d'emprunts, cet Edit a pris la précaution nécessaire, en disant qu'il sera fait mention de cet emprunt dans le contrat d'acquisition, sur la minute & expédition d'icelui.

Quant aux immeubles acquis avant le maniement, l'art. 4. du même Edit ne donne point de préférence au Roi, mais seulement une hypothéque du jour des provisions des Offices comptables, des baux des Fermes, ou des Traités & des commissions.

Cela paroît conforme à la Jurisprudence des Arrêts concernant l'hypothéque; dont l'ordre est de suivre la datte de chaque Contrat, Obligation, Sentence, Arrêt, & tous autres actes qui emportent hypothéque.

Comme tous les créanciers en général, & chacun en particulier, ont pour sûreté de leur dû, hypothéque sur tous les biens que leurs débiteurs possédent au jour du prêt, le Roi a approuvé cette régle, en ne prétendant son hypothéque que du jour des provisions des Comptables, & des baux & traités faits entre lui & ses sujets; qui sont titres valables; & qui équipolent à des contrats, en vertu desquels ils entrent dans le maniement des deniers du Roi.

Le tems qui a précédé ces Actes, est un tems dans lequel on ne peut pas dire que les Gens d'affaires ayent fait un mauvais usage des deniers du Roi: c'est pourquoi leurs créanciers privilégiés & hypothécaires antérieurs au Roi, sont les premiers payés sur le prix de ces immeubles, après lesquels le Roi est colloqué du jour de ses hypothéques.

Le même article 4. veut que sur les Offices non comptables ou Offices comptables, du chef desquels il ne sera rien dû au Roi, après le vendeur & celui qui justifiera d'un Emploi, le Roi entre en contribution sur le reste du prix avec les autres

créanciers, même avec les opposans au sceau. Dans ce cas, Sa Majesté n'a ni préférence ni hypothéque, & le prix de ces Offices est distribué par contribution.

Pour obvier aux fraudes qui se pourroient commettre au préjudice des droits du Roi, l'article 5. veut que tout ce qui a été ordonné par les articles précédens de cet Edit, ait lieu; nonobstant les oppositions & actions des femmes séparées de leurs maris, à l'égard des meubles trouvés dans la maison du comptable qui n'auront pas appartenu à sa femme avant le mariage, même sur le prix des immeubles acquis par elle depuis la séparation, s'il n'est justifiée que les deniers employés en l'acquisition lui appartiennent légitimement.

Sans cette preuve, les oppositions & actions des femmes des Gens d'affaires, quoique séparées, ne peuvent empêcher l'effet de la préférence de l'hypothéque, ni de la contribution pour le dû du Roi, sur les biens de leur maris, meubles & immeubles, le tout étant présumé acheté des deniers du maniement.

Les acquisitions faites par la femme depuis sa séparation, sont même considérées comme des fraudes & voies indirectes pour faire perdre la dette du Roi, si la femme ne prouve que c'est de ses deniers qu'elle a acquis.

Tout ce que nous avons dit ci-dessus s'entend aussi des rentes constituées par le Roi, appartenantes à Gens d'affaires.

Enfin la Déclaration du Roi, de 1680. ordonne que les priviléges & hypothéques qu'il a sur les rentes des comptables, demeureront en leur entier, nonobstant les Lettres de ratification obtenues & à obtenir par les acquéreurs, sans opposition pour le Roi; & les acquéreurs desdites rentes seront tenus de faire signer le contrat d'acquisition aux Procureurs généraux des Chambres des Comptes dans le ressort desquelles les rentes sont situées.

A l'égard de l'apposition des scellés sur les biens des comptables, voyez ce que j'en dis, lett. S.

Les comptables qui auront obtenu des lettres de révision des Jugemens donnés contr'eux en la chambre des Comptes de Paris, ne pourront en poursuivre le Jugement, qu'ils n'ayent actuellement payé les sommes auxquelles ils auront été condamnés; ainsi qu'il est ordonné par la Déclaration du 21. Août 1559. registrée le 26. Mars suivant, rapportée par Fontanon, tome 2. pag. 24.

Il y a une Déclaration du 19. Mars 1712. régistrée en la Chambre des Comptes le 23. Avril suivant qui contient un Réglement pour les comptes qui doivent être rendus par les comptables en ladite Chambre.

COMPTANT. Ce terme est souvent employé pour signifier le fonds qui se trouve dans la caisse d'un Financier, d'un Banquier, & d'un Marchand. On dit, par exemple, *Il s'est trouvé chez ce Banquier dix mille écus comptant.*

Ce terme signifie aussi une Ordonnance que le Roi donne pour faire payer comptant à son Trésor une somme qui passe ensuite dans les comptes, sans qu'il soit fait mention de sa destination.

Sur quoi il faut remarquer qu'il y a le grand & le petit comptant. *Voyez* Tréfor royal.

COMPTE, eft l'état de la recette & de la dépenfe des biens que l'on a eu en maniement. *Voy.* Comptable.

Comme il y a plufieurs termes qui font joints affez fouvent à celui de compte, nous allons commencer par en donner l'explication ; après quoi nous expliquerons de combien de chapitres un compte eft compofé, & de quelle maniere un compte fe rend.

APOSTILLER UN COMPTE, c'eft y mettre des notes, des apoftilles, pour examiner & débattre les articles que l'on apoftille.

VERIFIER UN COMPTE, c'eft l'examiner.

SOLDER UN COMPTE, c'eft convenir des parties qui le compofent & le finir.

CLORRE UN COMPTE, fignifie à peu près la même chofe ; c'eft en arrêter le reliquat.

AFFIRMER UN COMPTE, c'eft jurer qu'il eft véritable.

FINITO DE COMPTE, fignifie l'arrêté qui en eft fait par l'oyant & le rendant.

LIGNE DE COMPTE, fignifie la fomme que l'on tire dans une marge blanche laiffée exprès au côté d'un compte. Elle contient en chiffres Romains la partie qui eft contenue au long dans l'article qui y répond. Sur quoi il faut remarquer, que dans le calcul on ne regarde que ce qui eft tiré en ligne de compte.

LIVRES DE COMPTES, font les Regiftres des Marchands, Négocians & Banquiers. *Voyez* Regiftres.

Deux fortes de perfonnes font dans l'obligation de rendre compte.

I°. Ceux qui ont eu l'adminiftration du bien d'autrui.

II°. Ceux qui ont géré un bien qui leur étoit commun & à d'autres perfonnes.

REDDITION DE COMPTE, fe fait par un acte par lequel appert ce que celui qui rend compte de fon adminiftration, doit, ou ce qui lui eft dû, par le moyen du dénombrement de la recette & de la dépenfe des biens dont il a eu le maniement.

Celui à qui le compte eft rendu, eft l'oyant ; celui qui rend le compte, eft le rendant.

Un compte eft compofé de trois chapitres ; fçavoir, de celui de recette, de celui de dépenfe, & de celui de reprife, qui font précédés de l'intitulé du compte.

L'intitulé d'un compte fe met donc au haut ; après quoi fuit la préface, que l'on appelle vulgairement le préambule du compte : enfuite font les chapitres de la recette & dépenfe ; après quoi on ajoute un troifieme chapitre, qui eft celui de la reprife, lorfque l'on n'a pas reçu tout ce qu'on étoit chargé de recevoir.

Par exemple, un comptable fe charge en recette des arrérages d'une rente : il n'a pourtant point, quelque diligence qu'il ait faite, reçu tous fes arrérages, à caufe de l'infolvabilité du débiteur ; il emploie en reprife ce qu'il avoit couché en recette. Le rendant eft cenfé débiteur de ce qu'il s'eft char-

gé de recevoir ; mais on lui doit déduire tout ce qu'il a dépenfé, & tout ce qu'il n'a pû recevoir.

La déduction fe trouve donc dans la dépenfe & dans la reprife, & on trouve le reliquat dans la fouftraction.

Enfin on fait dans les comptes un chapitre de la dépenfe commune, c'eft-à-dire des frais que l'on a faits pour parvenir à la reddition du compte, & pour le dreffer.

On divife chaque principale partie du compte en différens chapitres, quand il y en a de différentes efpeces. La recette des arrérages eft une efpece différente de la recette des loyers : c'eft pourquoi on en peut faire deux chapitres féparés, auxquels on fait rapporter deux chapitres de reprife, quand on n'a pas reçu les arrérages ou les loyers, & ainfi du refte.

Il en eft de même de la dépenfe : on en fait autant de chapitres, qu'il y a de différentes fortes de dépenfes.

Un compte fe rend, ou à l'amiable, ou en Juftice. Quand il fe rend en Juftice, le comptable rend fon compte pardevant le Juge qui l'a commis; le tuteur, par exemple, rend compte pardevant le Juge qui l'a nommé tuteur ; le Commiffaire aux Saifies-Réelles pardevant le Juge où la faifie a été pourfuivie, & le bail judiciaire adjugé.

Mais fi le comptable n'a pas été nommé par autorité de Juftice, on ne peut le pourfuivre pour rendre compte que pardevant le Juge de fon domicile, fuivant la regle, *Actor fequitur forum rei.*

Quand le compte a été rendu en Juftice, il eft exécutoire, fans qu'il foit befoin d'autre acte que celui de la clôture ; mais quand il a été rendu à l'amiable ou pardevant des Arbitres, il n'eft point exécutoire qu'il ne foit confirmé par Sentence ou autre Jugement, ou par obligation paffée pardevant Notaires.

Il n'y a que les majeurs qui puiffent compter pardevant des Arbitres, ou à l'amiable, encore que celui qui doit rendre compte, ait été commis par l'Ordonnance de Juftice ; ainfi qu'il eft porté en l'article 22. du tit. 20. de l'Ordonnance de 1667.

La procédure en matiere de compte eft fort fommaire. Elle commence par une affignation à l'ordinaire, fur laquelle celui à qui on demande compte eft obligé de comparoir ; & s'il ne comparoît pas à cette affignation ; ou fi après avoir comparu, perfonne ne fe préfente pour lui à l'Audience, on prend défaut contre lui en l'un & l'autre cas ; & pour le profit, il eft condamné à rendre compte : & le Jugement, foit contradictoire, foit par défaut, condamne celui qui doit recevoir la préfentation & l'affirmation du compte, fuivant les articles 3. & 5. du tit. 19. de l'Ordonnance de 1667.

Si fur l'affignation donnée pour rendre compte, la caufe plaidée de part & d'autre ne peut pas être jugée définitivement à l'Audience, le Juge doit en ce cas appointer les Parties à mettre dans trois jours fans autre procédure. *Voyez* l'Ordonnance de 1667. tit. 19. art. 4.

Sur cet appointement à mettre, le Rapporteur ne peut être commis pour le compte, mais on autre Conseiller est nommé par celui à qui la distribution appartiendra, *Ibidem*, art. 5.

Si le comptable n'exécute pas le Jugement portant qu'il rendra compte, il pourra y être contraint par saisie & vente de ses biens, même par emprisonnement de sa personne, s'il est ainsi ordonné. *Ibid.* art. 8.

Pour cela il faut présenter Requête au Juge, dans laquelle on conclut *à ce que le comptable soit contraint par saisie & vente de ses biens, même par emprisonnement de sa personne, à présenter & affirmer lui-même en personne le compte en question.*

Le Juge met sur cette Requête : *Viennent les Parties* ; & si le comptable n'a pas un bon moyen pour obtenir quelque délai, il sera condamné conformément aux conclusions de la Requête.

Ce que je viens de dire, que l'on peut conclure à ce que le comptable soit condamné par corps à rendre compte, n'est absolument vrai qu'à l'égard des Comptables des deniers publics & de ceux du Roi, & des Dépositaires & Administrateurs des deniers de Justice, qui peuvent être condamnés par corps à rendre compte.

Pour ce qui est des autres comptables qui sont refusans de rendre compte, le Juge les condamne ordinairement à quelque peine pécuniaire, ou à payer au demandant compte quelque provision. Papon, liv. 15. tit. 8. nomb. 1. & liv. 18. tit. 1. nomb. 4.

Si le défendeur est en état de rendre le compte, il faut obtenir une ordonnance du Commissaire pour le faire assigner à cette fin.

En conséquence de cette assignation, le Commissaire dresse son procès verbal de présentation & affirmation de compte. Ensuite acte est donné aux Parties de leur comparution, & au rendant de la présentation & affirmation du compte.

Dès que le compte a été présenté & affirmé, il faut en donner copie au Procureur de la Partie adverse, ensemble des pieces justificatives qui lui sont communiquées sur son récépissé, pour être examinées pendant quinze jours ; après quoi il est tenu de les rendre, sous peine de prison & autres peines portées par l'art. 9. du tit. 29. de l'Ordonnance de 1667.

Le Juge peut néanmoins en connoissance de cause proroger le delai d'une autre quinzaine pour une fois seulement.

Pour cela, il faut que le Procureur qui a pris communication du compte, lui présente requête, sur laquelle on met, *Viennent les Parties* : on la fait signifier, avec un avenir pour plaider ; & s'il y a lieu de proroger le délai, le Juge rend la Sentence de prorogation.

Après ce second délai, si le Procureur retient les pieces, il est contraint de les rendre, sous les mêmes peines que dessus.

Le délai de la communication expiré, on prend au Greffe un appointement de fournir par les oyans leur consentement ou débats dans huitaine, les soutenemens par les rendans huitaine après, écrire & produire dans une autre huitaine, & contredire dans la huitaine suivante, *Voyez* l'Or-

donnance de 1667. titre 29. article 13.

Ainsi, en matiere de compte on appointe les Parties à fournir débats & soutenemens ; comme dans les autres instances on les appointe à fournir contredits & salvations.

On fournit aussi des contredits & salvations dans des instances de compte, en vertu des appointemens en droit.

L'appointement de fournir par les oyans leur consentement ou débats, étant expédié & signifié, l'oyant doit en conséquence fournir ses débats contre le compte, & le rendant doit fournir ses soutenemens contre les débats.

L'oyant n'ayant fourni consentement ni débats dans la huitaine, le rendant peut produire au Greffe son compte avec les pieces justificatives, pour être distribués en la maniere accoutumée : & l'instance sera en état, en faisant un simple commandement à l'oyant de satisfaire de sa part au réglement d'entre les Parties.

En conséquence de cette sommation, il sera passé outre au Jugement de l'instance.

Les Jugemens qui interviennent sur une instance de compte, doivent contenir le calcul de la recette & dépense & former le reliquat précis, s'il y en a aucun, suivant l'art. 20. du tit. 29. de l'Ordonnance de 1667.

L'art. 21. du même titre porte, que ne sera ci-après procédé à la révision d'aucun compte ; mais s'il y a des erreurs, omissions de recette, ou faux emploi, les Parties pourront en former leur demande, ou interjetter appel de la clôture du compte, & plaider leurs prétendus griefs en l'Audience.

Touchant l'erreur de calcul dont il est parlé dans cet article, on peut toujours revenir contre par simple Requête ; & si cette erreur se trouvoit dans une sentence, il ne seroit pas nécessaire d'en interjetter appel, *voyez* Erreur de calcul.

Pour ce qui est des omissions de recette, quand il s'en trouve dans un compte, c'est au rendant à les faire réparer, parce que c'est au rendant à faire le compte juste, & non pas à l'oyant compte : ainsi ce n'est point à lui à en faire les frais, à moins qu'il n'y eut de sa faute.

Mais il est bien juste de l'admettre en tout tems à former la demande des omissions, à cause qu'il arrive quelquefois, que pour avoir rendu le compte avec trop de précipitation, il n'a pas eu le temps de faire toute sa recette & de justifier sa dépense.

L'art. 23. du même titre 29. de l'Ordonnance de 1667. explique de quelle maniere les comptes doivent être rendus aux personnes absentes hors le Royaume.

Voici ce qu'il porte : » Si ceux à qui le compte » doit être rendu, sont absens hors le Royaume » d'une absence longue & notoire, & qu'à l'assigna- » tion il ne se présente aucun Procureur, le ren- » dant après l'affirmation, levera son défaut au » Greffe qu'il donnera à juger ; & pour le profit, » seront les articles alloués, s'ils sont bien & due- » ment justifiés. Si par le calcul le rendant se trou- » ve débiteur, il en demeurera dépositaire sans » intérêt, en donnant caution ; & si c'est le tuteur,

» il fera déchargé de bailler caution.

Au refte, ce qui eft de clair par la recette d'un compte, ne peut être adjugé, que tout le compte ne foit clos en recette & dépenfe. *Voyez* le Veft, Arrêt 50.

COMPTE DES MARGUILLERS ET PROCUREURS DES FABRIQUES. Dans les Mémoires du Clergé, édition de 1716. tome 3. page 3. 1459. & fuivantes, il eft parlé de l'obligation dans laquelle ils font de rendre compte de leur adminiftration, & des perfonnes qui peuvent examiner & recevoir leurs comptes.

La plûpart des difficultés qui peuvent fe préfenter fur cette matiere; fe trouvent décidées par l'art. 17. de l'Edit du mois d'Avril 1695. concernant la Jurifdiction eccléfiaftique. Il eft conçu en ces termes.

» Enjoignons aux Marguillers, Fabriciens, de
» fe des Fabriques, aux Archevêques, Evêques, &
» à leurs Archidiacres, aux jours qui leur auront
» été marqués, au moins quinze jours auparavant
» lefdites vifites; & ce à peine de fix livres d'au-
» mône au profit de l'Eglife du lieu dont les Suc-
» ceffeurs en charge de Marguiller feront tenus
» de fe charger en recette; & en cas qu'ils man-
» quent à préfenter lefdits comptes, les Prélats
» pourront commettre un Eccléfiaftique fur les
» lieux pour les entendre fans frais.

» Enjoignons aux Officiers de Juftice & autres
» principaux Habitans d'y affifter en la maniere ac-
» coutumée, lorfque les Archevêques, Evêques
» ou Archidiacres les examineront; & en cas que
» lefdits Prélats & Archidiacres ne faffent pas leurs
» vifites dans le cours de l'année, les comptes fe-
» ront rendus & examinés fans aucuns frais, & ar-
» rêtés par les Curés, Officiers & autres princi-
» paux Habitans des lieux, repréfentés auxdits Ar-
» chevêques, Evêques ou Archidiacres, aux pre-
» mieres vifites qu'ils y feront.

» Enjoignons auxdits Officiers de tenir la main à
» l'exécution des Ordonnances que lefdits Prélats
» ou Archidiacres rendront fur lefdits comptes, &
» particuliérement pour le recouvrement & em-
» ploi des deniers en provenans; & à nos Procu-
» reurs, à ceux des Seigneurs ayant Juftice, de
» faire avec les Marguillers fucceffeurs, & même
» eux feuls à leur défaut, toutes les pourfuites qui
» feront néceffaires pour cet effet.

COMPTES QUI SE RENDENT EN LA CHAMBRE DES COMPTES, font ceux que rendent les Comptables des deniers du Roi. *Voyez* Chambre des Comptes.

COMPTE DE COMMUNAUTÉ, eft le dénombrement des effets de la communauté entre mari & femme, contenant l'état auquel cette communauté fe trouve au jour de fa diffolution, pour les biens de ladite communauté être partagés entre l'un des conjoints & les héritiers du prédécédé. *Voyez* le Traité de la Communauté de M. le Brun.

COMPTE DE TUTELLE, eft celui qui fe rend par le tuteur, de l'adminiftration des biens de fon mineur, dont il a été chargé par l'acte de tutelle.

Ce compte eft compofé, comme les autres, d'un intitulé, d'une préface ou préambule, & de trois chapitres; fçavoir, de recette, de dépenfe, & de reprife.

Le tuteur doit faire recette des deniers provenus de la vente des meubles du mineur, de l'argent comptant qui s'eft trouvé lors de la mort de fon pere ou de fa mere, des fommes contenues dans les promeffes & obligations trouvées après leurs décès foit que ces fommes lui ayent été payées ou non. Il doit auffi faire Recette des revenus du mineur, de quelque nature qu'ils foient, non feulement de ceux qu'il a touchés, mais encore de ceux qu'il a pû recevoir.

Enfin il en doit compter année par année, afin de voir fi à la fin de chaque année, il y a eu des épargnes fuffifantes pour former un capital.

Le chapitre de dépenfe contient tout ce que le tuteur a utilement dépenfé pour le mineur : le tuteur en doit juftifier par des quittances, excepté la dépenfe qui concerne la nourriture & l'entretien du mineur, lorfqu'il a été nourri & élevé chez fon tuteur. Cette dépenfe eft réglée à une certaine fomme, fuivant la qualité, l'âge & les facultés du mineur.

Le tuteur peut auffi employer dans fon compte, les frais des voyages qu'il a été obligé de faire pour les affaires de la tutelle, pourvû qu'il y en ait quelque preuve, au moins par les Regiftres du tuteur, & qu'il paroiffe que ces voyages ont été néceffaires.

Enfin il peut employer en dépenfe les frais qui ont été néceffaires pour rendre le compte de tutelle; ce qu'on appelle dépenfe commune.

Le chapitre de reprife eft compofé de promeffes, obligations, & revenus dont le tuteur s'eft chargé en recette, dont il n'a pas pû faire le recouvrement.

Cette reprife eft une efpéce de dépenfe qui eft toujours alouée au tuteur, en juftifiant par lui qu'il a fait toutes les diligences néceffaires pour en être payé.

Mais, s'il n'a point fait de diligences, la reprife eft rayée, à moins que les débiteurs ne fuffent notoirement infolvables quand la tutelle a commencé.

Voici quelques obfervations importantes fur les comptes de tutelles.

I°. Un teftateur ne peut décharger le tuteur de fes enfans mineurs de faire inventaire, & de leur rendre compte après que fa tutelle fera finie. Dufail, liv. 3. chap. 76.

II°. Le tuteur ne peut fe décharger de rendre compte, pour avoir laiffé au mineur le maniement de fon bien. Bouvot, tom. 2. *verbo* Tuteur, queft. 27.

III°. La révifion d'un compte de tutelle, non plus que de tout autre compte, n'a plus lieu, fuivant l'article 31. du tit. 29. de l'Ordonnance de 1667; mais le mineur peut toujours revenir contre par fimple Requête, en cas d'erreur de calcul; comme nous avons dit en parlant des comptes en général.

IV°. Un tuteur, pour le reliquat de fon compte, eft contraignable par corps, & ne peut fe fervir des Lettres de répi, ni demander délai.

V°. Le tuteur n'a hypothéqué sur les biens de son mineur pour le reliquat de son compte, que du jour de la clôture, & non du jour qu'il a commencé à gérer la tutelle, quoique l'hypothéque du mineur coure de ce jour. Voyez ce que j'ai dit sur l'article 170. de la Coutume de Paris, au §. 2. qui traite de l'hypothéque légale ou tacite, nomb. 9. Voyez aussi Henrys & son Commentateur, tome 1. livre 1.

VI°. Suivant un usage qui s'est introduit au Châtelet de Paris, un tuteur ne peut, en rendant son compte, employer pour la dépense & l'entretien de son mineur, que ce qui reste de son revenu après que les charges annuelles & les réparations nécessaires auront été acquittées.

Il y a de cela un acte de notoriété de 11. Mars 1699. qui est au Recueil de ces actes, pag. 97. & cet acte explique aussi la forme dans laquelle se doivent rendre les comptes de tutelle.

COMPTE QU'UN HÉRITIER BÉNÉFICIAIRE EST TENU DE RENDRE AUX CRÉANCIERS ET AUX LÉGATAIRES DU DÉFUNT. Si cet héritier est majeur, il leur rend lui-même compte de son administration; s'il est mineur, c'est son tuteur qui rend ce compte pour lui.

Ce compte contient d'abord la recette des deniers trouvés après le décès du défunt, du prix des meubles vendus, des fruits & des revenus des immeubles, la recette des dettes actives dont il a reçu le payement, & les intérêts qu'il a reçus.

Ensuite l'héritier bénéficiaire couche en dépense les frais funéraires, les frais du scellé, de l'inventaire & de la vente des biens, les frais des procès, pourvu qu'il ne les ait pas entrepris ou défendus témérairement; & enfin les dettes qu'il a acquittées, & tout ce qu'il a employé utilement pour les affaires de la succession & pour la conservation des biens d'icelle. Leg. 22. ff. 9. cod. de jure deliber.

Voyez ce que j'ai dit sur l'art. 342. glose 2. vers la fin.

COMPTOIR, est un Bureau où l'on compte de l'argent, un endroit où on le renferme.

COMPTOIR, en terme de relation, est un Bureau général de commerce établi dans différentes Villes des Indes par chaque Nation de l'Europe.

A Surate, à Amadabat, il y a des Comptoirs de Hollandois, d'Anglois, de François, des Bureaux où chacun d'eux fait son trafic à part.

Les plus fameux Comptoirs sont ceux des Marchands des Villes anséatiques, établis à Anvers, à Berghen, à Novogrod, & autres Villes de l'Europe.

Ce sont de grandes maisons magnifiquement bâties, qui ont trois ou quatre cens chambres superbement meublées qui entourent une grande cour, avec plusieurs cabinets, portiques, galeries, magasins & greniers.

Ils y ont un Consul ou Juge, avec plusieurs Officiers & Serviteurs de leur Nation, mêmes des Colléges & des Précepteurs entretenus, parce qu'ils y envoyent leurs enfans pour apprendre les langues & le négoce, & faire rendre compte à leurs Facteurs & Commissionnaires.

J'ai tiré tout ce que je viens de dire de ces Comptoirs, du Dictionnaire de Trévoux.

COMPULSER, est contraindre par autorité de Justice une personne publique à nous délivrer l'expédition d'un acte dont il garde la minute, & dont nous avons intérêt d'avoir communication.

COMPULSOIRE, ou LETTRES DE COMPULSOIRE, sont Lettres accordées en Chancellerie, pour contraindre toutes personnes publiques, comme Notaires, Greffiers, Curés, & autres, d'exhiber, représenter les titres, contrats, aveux, dénombremens, Sentences, décès, mariages, baptêmes & autres semblables qui sont en leur possession, & peuvent être nécessaires pour l'instruction d'un procès, pour en tirer copie, Partie présente ou appellée, afin que par ce moyen foi y puisse être ajoutée comme aux originaux.

En exécution de ces Lettres, on assigne la Partie adverse à comparoir au domicile d'un Greffier ou Notaire, soit que les pièces soient en leur possession ou entre les mains d'autres, pour assister auxdits compulsoires. Cette assignation peut être donnée au domicile de la Partie à son Procureur.

Si la partie est demeurante hors le lieu où le compulsoire doit être fait, l'assignation sera donnée à raison d'un jour pour dix lieues; mais si elle est présente elle pourra être assignée au lendemain.

Le lieu est marqué dans l'assignation, est souvent un autre lieu que celui où se doit faire le compulsoire, pour de là se transporter où besoin sera, pour voir procéder à la collation des titres & enseignemens que le demandeur prétend faire compulser. Ce qui s'observe pour empêcher que celui qui est assigné ne fasse détourner les pièces que l'on veut compulser, s'il sçavoit le lieu où elles sont.

Outre cette assignation, il faut faire un commandement au Greffier ou Notaire de représenter les pieces que l'on veut compulser, avec indication du jour & heure qu'on doit procéder au compulsoire.

Quand les Notaires sont refusés, ou ne se trouvent pas en leurs Etudes à l'heure assignée, il faut les assigner pour les y faire contraindre.

Si les Parties comparoissent à l'heure de l'assignation, l'on procéde au compulsoire, & l'Huissier en doit faire mention dans le procès verbal, & insérer leurs dires; lequel procès verbal ne peut être commencé qu'une heure après l'assignation échue, dont il doit être fait mention.

Si toutes ne comparoissent pas on procéde par défaut, & l'Huissier met un acte de collation au bas de chaque piéce.

Si celui qui a requis le compulsoire, ne comparoît pas en personne ni par Procureur, il doit payer au comparant, pour ses dommages & intérêts, vingt livres, & les frais de son voyage, s'il y échet.

Si la Partie qui a fait procéder au compulsoire, n'a pas encore produit dans l'instance, elle produit par son inventaire les pieces qu'elle a fait compulser. Si elle a déjà produit, elle les produira par production nouvelle.

Voyez sur cette matiere ce que nous avons dit

dans la Science des Notaires, liv. 1. ch. 27. *Voyez* auſſi le tit. 12. de l'Ordonnance de 1667. avec les Commentaires de Bornier.

COMTE. Sous les derniers Empereurs Romains, ce terme étoit un titre d'honneur pour ceux qui les accompagnoient dans leurs courſes.

Sous les Rois de la premiere Race, le Comte étoit un Baillif. Enſuite, & du tems de Charles le Simple que la France fut troublée, ces Comtes ſe firent Seigneurs abſolus de leurs Terres & de leurs Villes.

Enfin aujourd'hui le terme de Comte ne ſe donne qu'à un Sujet du Roi, & qui a une Terre érigée en comté.

CONCESSION, ſignifie tout ce qui eſt accordé par grace ; comme ſont les priviléges qui ſont accordés par le Prince. *Voyez* Privilége.

CONCIERGE DE PRISON, eſt celui qui eſt prépoſé pour veiller en chef ſur la garde des priſonniers.

Quand il n'y a point de Greffier dans une priſon, le Concierge fait la fonction de Greffier de la géole.

Le titre 12. de l'Ordonnance de 1670. contient les régles que doivent obſerver les Concierges des priſons, les Greffiers Géoliers & Guichetiers.

V. ci-après Géoliers & Concierges des priſons.

CONCILE. *Voyez* mon Dictionnaire du Droit canon.

CONCLURE EN PROCE'S PAR ÉCRIT, eſt paſſer un appointement de concluſion ſur un appel d'une Sentence rendue en procès par écrit. *Voyez* Appointement de concluſion.

On conclut en procès par écrit non-ſeulement aux Enquêtes, mais par-tout ailleurs, quand l'appel'eſt d'une Sentence rendue en procès par écrit.

Quand une Sentence a été rendue par un prémier Juge ſur appointement & production des Parties, ſi l'appel a été porté au Juge ſupérieur, & que la Sentence de ce ſecond Juge ait été rendue ſur un défaut faute de comparoir, l'appel qui en eſt interjetté au Parlement, doit être pourſuivi, non pas comme appel verbal, mais comme procès par écrit.

La raiſon eſt, que quoique dans les régles ordinaires, l'appel d'une Sentence rendue par défaut faute de comparoir, ſoit un procès verbal, néanmoins dans le cas propoſé, c'eſt une appellation en procès par écrit, parce que la ſeconde Sentence confirme une premiere qui a été rendue ſur une production des Parties ; & que ſi l'appellant avoit comparu devant le ſecond Juge, & qu'il y en eût appel, les Parties auroient procédé pardevant le troiſieme Juge en procès par écrit.

Ainſi l'avis de la Communauté des Avocats & Procureurs, du 27. Mars. 1694. a été que dans ce cas les Parties doivent conclure comme en procès par écrit, & faire mention dans l'appointement de concluſion, que la ſeconde Sentence rendue par défaut étoit intervenue ſur un appel d'une Sentence rendue par le premier Juge, ſur un appointement & production des Parties.

Ce même avis porte que la premiere Sentence ſoit attachée à la ſeconde, & que les productions faites devant les premiers Juges doivent être miſes au dépôt du Greffe.

CONCLUSIONS, ſont les fins que l'on prend dans un Exploit ou dans une Requête, contre le défendeur de la Partie adverſe.

Ces fins ſont différentes ſelon la nature & la qualité de l'action de la Requête.

Dans l'action réelle, comme elle ne ſe donne qu'au propriétaire d'une choſe, à l'encontre de celui qui la poſſede, le demandeur conclut dans ſon Exploit, que le défendeur, qui juſtifie en être le propriétaire *ſoit condamné à ſe déſiſter & départir de l'héritage ou de la choſe dont il s'agit, en laiſſer au demandeur la poſſeſſion libre avec reſtitution des fruits depuis ſa détention, & dépens.*

Si c'eſt une action perſonnelle, comme elle deſcend d'une obligation, le demandeur conclut *à ce que le défendeur, ou la Partie adverſe ſoit condamné de payer au demandeur la ſomme de ... ou faire ce à quoi il ſeroit obligé ;* d'autant que l'action perſonnelle conſiſte à donner ou à faire quelque choſe, de la part du débiteur, au profit du créancier.

Ces termes, *dare aut facere,* comprennent généralement toutes les concluſions qu'on peut prendre dans une action perſonnelle ; car on ne peut être obligé envers un autre, qu'à lui donner quelque choſe, c'eſt-à-dire à lui en transférer la propriété : *Verbum enim* DARE *ſignificat dominium transferre,* ou bien à faire quelque choſe à ſon avantage : *Nam verbum* FACERE *omnes præſtationes perſonales complectitur, ex quâcumque cauſâ proveniat, ſive ex contractu aut quaſi contractu, ſive ex delicto aut quaſi delicto.*

Dans les actions mixtes, c'eſt-à-dire qui ſont tant réelles que perſonnelles, le demandeur ne conclut pas ſeulement à ce que la choſe qui lui appartient lui ſoit reſtituée, mais encore à ce que celui contre lequel il agit, ſoit condamné perſonnellement à lui donner ou faire ce à quoi il eſt obligé.

On prend encore des concluſions dans des défenſes, dans une Requête verbale, & dans d'autres écritures ; comme ſont les rémontrances, avertiſſemens, inventaires, cauſes d'appel, griefs réponſes, &c.

Il eſt très-important de renfermer dans des concluſions bien rédigées, toutes les demandes, & de les ſéparer des faits & des moyens ; car le Juge ne donne attention qu'à celles qui en ſont diſtinctes & ſeparées.

Nous ne nous arrêterons pas davantage à expliquer ici les différentes concluſions que l'on doit prendre dans les actions que l'on intente, d'autant que nous en avons parlé ſuffiſamment lorſque nous avons traité de chaque action en particulier.

CONCLUSIONS, ſoient auſſi les avis & requiſitions que donnent les Procureurs ou Avocats du Roi.

I°. Dans les affaires où le Roi, les Mineurs, les Egliſes, les Communautés, ou le Public, ſe trouvent intéreſſés.

II°. Dans toutes les matieres criminelles ; car la vengeance des crimes intéreſſe le Public ; ainſi aucunes ne ſont jugées ſans conclusion des Procureurs ou Avocats du Roi.

Les Procureurs des Seigneurs appellés Fiscaux, donnent pareillement leurs conclusions dans les affaires qui intéressent le Public, & qui sont jugées dans les Justices seigneuriales.

Il y a deux sortes de conclusions ; sçavoir, les conclusions préparatoires & les définitives.

CONCLUSIONS PREPARATOIRES, sont celles par lesquelles le Procureur du Roi requiert quelque chose concernant l'instruction & la procédure.

CONCLUSIONS DEFINITIVES, sont celles qui concernent la décision de l'affaire.

CONCLUSIONS EN MATIERES CRIMINELLES, sont absolument nécessaires pour le jugement de telles affaires ; comme nous l'avons dit ci-dessus, verbo Conclusions.

L'Ordonnance de 1670. au titre 24. porte qu'après le récollement & la confrontation, les Procureurs du Roi ou ceux des Seigneurs prendront communication du procès, pour y donner leurs conclusions définitives, & les donneront par écrit & cachetées, sans qu'elles contiennent les raisons sur lesquelles elles sont fondées.

Lorsque ces conclusions sont à la décharge de l'accusé, elles commencent par ces mots : Je n'empêche pour le Roi.

Quand elles tendent à ce qu'il soit condamné, elles commencent par ces autres mots : Je requiers pour le Roi.

Quand les conclusions tendent à peines afflictives, l'accusé est interrogé sur la sellete.

Il faut remarquer I°. qu'au Châtelet de Paris le Procureur du Roi peut assister au Jugement du procès & donner ses conclusions de vive voix ; comme il est dit à la fin de l'art. 2. du titre 24. de l'Ordonnance de 1670.

II°. Qu'en toute Jurisdiction lorsqu'un homme commet un crime dans l'auditoire de la Justice, l'Audience tenant, on a coutume, s'il est pris, de lui faire son procès sur le champ. Ainsi on l'interroge : on entend les témoins : on fait le récollement & la confrontation : les Gens du Roi prennent leurs conclusions préparatoires & définitives de vive voix ; & tout cela se fait publiquement & à l'Audience ; ce qui s'est introduit par l'usage : aussi n'en est-il point fait mention dans le titre 24. de l'Ordonnance de 1670.

CONCORDAT, signifie toutes sortes de conventions qui se font à l'amiable en matiere bénéficiale, pour prévenir ou terminer un procès sur un Bénéfice.

Ces conventions à l'amiable sont permises en matiere bénéficiale, pourvû qu'elles soient gratuites, comme nous avons dit dans la Science parfaite des Notaires, liv. 16. chap. 10.

Une chose que je conseille à ceux qui font des Concordats, en fait de Bénéfices ou qui constituent des pensions, pour plus grande sûreté de leur exécution, est de les faire homologuer au Parlement ou au Grand Conseil ; car en conséquence d'une telle homologation, ceux qui succéderoient à ces Bénéfices par résignation ou par permuta-

tion, pourroient être obligés de les exécuter.

On entend quelquefois par Concordat, l'accord qui fut fait en l'année 1516. entre Leon X. & le Roi François I. pour la nomination aux Evêchés, Abbayes & Prieurés conventuels.

Cette transaction a été passée à Boulogne, où le Pape & le Roi s'étoient rendus avec le Chancelier Duprat, pour vuider les différents qui étoient alors entre le Saint Siege & l'Eglise Gallicane.

Voyez le Dictionnaire du Droit canonique.

CONCOURS DES PRIVILEGES ATTRIBUTIFS DE JURISDICTION, produit différens effets suivant les circonstances ; car si l'un des priviléges est plus fort que l'autre, le plus fort fait cesser le moindre ; mais s'ils sont égaux, ils se détruisent réciproquement.

Voyez Bacquet, des Droits de Justice, ch. 8. nomb. 54.

CONCOURS DE CREANCIERS. Voyez ce qui est dit, verbis Créanciers, Ordre de Créanciers, Contribution & Instance de préférence.

CONCOURS DE DIFFERENTES VOIES QUE PEUT AVOIR UN CREANCIER POUR CONTRAINDRE SON DEBITEUR A SATISFAIRE A SON OBLIGATION. Voyez ce qui en est dit ici, verbo Créancier.

CONÇU. C'est une régle de Droit, que ceux qui sont conçus, sont censés nés, lorsqu'il s'agit de leur intérêt : Qui sunt in utero, pro jam natis habentur, quoties de eorum commodis agitur. Leg. 7. ff. de statut. homin.

Mais lorsqu'il s'agit de l'intérêt d'un tiers, la conception de celui qui est dans le ventre de sa mere, n'est d'aucune considération, pour procurer à ce tiers quelque avantage ou quelque immunité. Dict. leg. 7. ff. de stat. homin.

De ce principe, que ceux qui sont conçus, sont censés nés, lorsqu'il s'agit de leurs intérêts, il s'ensuit.

I°. Qu'il suffit qu'un enfant soit conçu au temps qu'une succession est ouverte, pour y être admis, s'il est le présomptif héritier du défunt, soit en ligne directe, soit en ligne collatérale, sans distinction, voyez le Commentaire d'Henrys, tome 2. liv. 6. quest. 25.

II°. Que ceux qui sont conçus, lors de l'ouverture d'un fidéicommis ou d'une substitution, ont droit aux biens substitués, lorsqu'ils sont dans le cas d'y être admis.

Mais ceux qui ne sont ni nés ni conçus lors de l'ouverture d'un fidéicommis ou d'une substitution, ne peuvent prétendre aucun droit aux biens substitués, qui passent à l'héritier plus proche, nonobstant la substitution, laquelle demeure caduque, & ne peut plus dans la suite revivre, par la survenance de ceux qui y auroient été admis, s'ils eussent du moins été conçus au temps de l'ouverture du fidéicommis ou de la substitution.

La raison est, que la Loi n'appelle à la succession d'un défunt, que ceux qui ont été existans lors de sa mort : At ii qui nondum concepti erant tempore mortis defuncti, non fuerunt tunc temporis in rerum naturâ ; unde ei nullâ possunt ratione succedere. Leg. 1. §. sciendum ; leg. 6. & 7. ff. de suis & legitim. hæred. leg. 3. §. si quis proximior, ff. unde cognati

cognati. Vide etiam §. 8. de instit. de hæreditatib. quæst. ab intest. defer.

La regle qui porte que ceux qui sont conçus, sont censés nés, lorsqu'il s'agit de leur intérêt, a lieu dans le retrait lignager. Ainsi un parent du côté & ligne du vendeur, y est admis, quoiqu'il ne soit né qu'après la vente de l'héritage sujet à retrait : il suffit qu'il soit né autant que l'action en retrait est intentée.

On prétend même qu'il n'est pas nécessaire d'avoir été conçu au temps de la vente. *Voyez* Loisel, liv. 3. tit. 5. art. 21. Coquille, quest. 187. Papon, liv. 11. tit. 7. art. 1. Bouguier, let. R, nomb. 16. Louet, lett. R, somm. 38. le Journal des Audiences, liv. 7. ch. 25.

Mais on demande si l'action de retrait peut être intentée au nom de celui qui est conçu, & qui n'est pas encore né lorsque l'action est intentée ?

Buridant sur l'art. 194. de la Coutume de Reims, tient que l'on peut faire créer un curateur à celui qui est conçu, à l'effet d'intenter l'action en retrait ; mais je crois que cette opinion souffre quelque difficulté.

La raison est, que nos Coutumes requierent que ce soit un parent lignager qui intente cette action. Or celui qui n'est pas encore né, ne peut pas être dit parent lignager ; parce qu'il est incertain s'il naîtra. *Voyez* ce que j'ai dit sur l'art. 129. de la Coutume de Paris, glose 4. nomb. 9.

CONCUBINAGE. Ce terme, à le prendre dans le sens que semble porter son étymologie, signifie cohabitation de personnes de différens sexes, soit qu'elle soit licite ou non. L'usage a cependant adopté ce mot pour exprimer seulement la conjonction des personnes qui ne sont pas mariées ensemble.

Quand il est pris dans un sens général, il comprend toutes sortes de conjonctions illicites ; mais sa véritable signification dénote l'habitude d'un homme & d'une femme qui sont libres, & pourroient se marier ensemble ; & dans ce sens le concubinage est opposé à l'adultere & à l'inceste.

Le concubinage, qui étoit très-fréquent chez les Romains, ne différoit pas beaucoup chez eux du mariage ; & la concubine ne différoit guéres à Rome de la femme légitime, que *nomine & dignitate : quapropter concubina vocabatur uxor minùs legitima ; & sicut Legibus romanis non erat licitum plures simul habere uxores, ita nec erat licitum plures eodem tempore habere concubinas.*

Aussi M. Cujas, sur le chap. 1. du tit. des Décretales, *de cohabitatione clericor. & mulier.* & dans plusieurs autres endroits de ses ouvrages, dit que le concubinage étoit chez les Romains une conjonction légitime ; mais que la concubine pouvoit être accusée d'adultere comme la femme ; que l'on permettoit d'épouser à titre de concubine certaines personnes que l'on considéroit comme inégales, par défaut de quelque qualité qu'il falloit avoir pour soutenir le plein honneur du mariage ; & qu'encore que le concubinage fût au-dessous du mariage pour la dignité & pour les effets civils, le nom de concubine étoit pourtant un nom d'honneur, bien différent de celui de maîtresse ; mais qu'enfin le vulgaire en France avoit confondu ces deux noms, faute d'entendre ce que c'étoit que le concubinage, quoiqu'il soit encore en usage en quelques endroits, où il s'appelle demi-mariage, & en d'autres, mariages de la main gauche.

D'autres Auteurs disent que le concubinage étoit chez les Romains un vrai mariage, mais qui se faisoit sans solemnité, par lequel la femme ne portoit que le nom de concubine, & non pas celui d'épouse, faute de dot ou de naissance.

Quoiqu'il en soit, chez les Chrétiens, le concubinage & la simple fornication sont défendus expressément. *Hæc est voluntas Domini*, dit S. Paul aux Thessaloniciens, *ut abstineatis à fornicatione.* Et S. Augustin digest. 24. *Audite, carissimi, competentibus dico, fornicari vobis non licet : sufficiant vobis uxores, & si non habetis uxores, tamen non licet vobis habere concubinas.* Et dans le Concile de Trente sess. 8. les concubinaires sont ménacés du foudre de l'excommunication, s'ils ne quittent incessamment leur concubinage.

Cependant, quoique la pureté de l'Evangile rejette ces sortes d'unions, & n'admette que celles qui sont revêtues du caractere de Sacrement, les Empereurs Chrétiens n'ont pas aboli le concubinage, mais ils ne l'ont toleré que pour éviter un plus grand mal, & empêcher les rapts & les adulteres qui n'étoient déjà que trop fréquens à Rome.

En France, le concubinage n'est considéré que comme une débauche, qui, bien loin d'être tolerée, est défendue, comme contraire non-seulement à la pureté du Christianisme, mais aussi aux bonnes mœurs, & à l'intérêt de l'Etat.

Si les Ordonnances n'ont point établi des peines contre ceux qui vivent ensemble dans le concubinage, c'est que la foiblesse humaine semble diminuer devant les hommes la grandeur de ce péché, qui d'ailleurs ne fait tort à personne.

Enfin si l'on n'apporte pas beaucoup de soin dans les grandes Villes à rompre ces sortes d'unions illicites, c'est qu'elles sont le plus souvent cachées & que le ministere public n'a pas coutume d'agir pour ces sortes de causes, à moins qu'il n'y soit excité par le scandale.

Mais le concubinage étant contraire à la pureté de nos mœurs, nos loix ne se contentent pas de le regarder comme une conjonction illicite ; elles reprouvent aussi toutes les dispositions qui sont le prix de la débauche. Ainsi elles déclarent nulles les donations faites entre le concubinaire & la concubine, qu'elles regardent comme des personnes indignes.

L'art. 246. de la Coutume de Tours, porte, que don fait en concubinage ne vaut, tant entre nobles, que roturiers. L'article 341. de la Coutume d'Anjou dit, que donation faite de concubin à concubine, & de concubine à concubin, ne vaut ; car ils ne peuvent rien donner l'un à l'autre durant le temps de leur concubinage, ni après, s'ils retournent à leur péché. La même disposition se trouve écrite dans les Coutumes du Maine, art. 354. grand Perche, art. 100. Loudoumois, ch. 25. art.

10. & Cambray ; tit. 3. art. 7.

La Coutume de Normandie porte sa sévérité jusqu'à défendre à ceux qui vivent dans le concubinage, de donner aux enfans nés de leur débauche, & généralement de donner aux enfans bâtards, quoique ces enfans n'ayent point de part au crime de ceux qui leur ont donné le jour : c'est aux articles 437. & 438.

La Coutume de Paris ne parle point à la vérité des donations faites en faveur des concubines ; mais elle les proscrit indirectement en l'art. 282. qui défend tous avantages entre mari & femme.

En effet, si, aux termes de cette coutume, ceux qui sont unis par des nœuds légitimes, ne peuvent pas s'avantager, si une femme n'est pas capable de recevoir de son mari, comment une concubine pourroit-elle participer aux libéralités de celui avec qui elle vivoit dans le désordre ? Il y auroit de l'injustice, & même de la honte, d'accorder au crime ce que l'on refuse à la vertu : ce seroit couronner le vice.

La raison pour laquelle les Loix défendent les donations entre les personnes mariées, est la crainte qu'un amour trop violent ne les porte à se dépouiller de leurs biens. Cet inconvenient est beaucoup plus à craindre dans le concubinage, où l'on ne suit que les mouvemens impétueux d'une passion aveugle & déréglée, qui se fortifie par l'habitude.

C'est aussi sur ces mêmes principes que M. Charles Dumoulin, sur le 196e, Conseil de Décius, *in verbo spolietur*, décide que la Loi qui défend au mari & à la femme de se donner, doit avoir lieu, à plus forte raison à l'égard de ceux qui vivent dans le concubinage ; *Cum autem (inquit) hæc ratio fortius militet in impudicis quæ solent esse blandiores & rapaciores ; & multò magis statutum habebit locum in concubinâ, quæ non debet esse melioris conditionis, quam pudica.*

M. Marie Ricard, dans son Traité des donations, part. 1. chap. 3. sect. 8. nomb. 409. fait le même raisonnement ; & rejettant la distinction du concubinage simple & du concubinage adulterin, il soutient la nullité des donations faites aux concubines, dans quelque classe qu'elles soient.

L'empire que la concubine exerce sur l'esprit de celui qui lui est attaché, n'est pas un motif moins puissant pour annuller ces sortes de donations, que l'on ne peut jamais envisager comme des actes libres. On résiste difficilement aux impressions d'une personne que l'on aime, & avec laquelle on entretient un commerce de débauche, d'autant plus séduisant que son lien n'est pas indissoluble, & que les libertins s'imaginent y trouver des plaisirs sans embarras. Mais pour peu qu'ils voulussent se détacher des choses terrestres, & considérer les suites funestes de leur aveuglement, ils seroient bientôt détrompés, & demeureroient d'accord qu'on ne peut trouver de véritable plaisir dans celui qui nous est défendu : *Id omne luctuosum est, quod non est honestum.*

Tous ces motifs réunis ont fixé la Jurisprudence dans les coutumes qui ne parlent pas expressément des donations faites entre le concubinaire & la con-

cubine, comme la Coutume de Paris ; de sorte que telles donations y sont déclarées nulles quand elles sont immodérées, tant à cause de l'indignité & de l'incapacité qui se rencontre en la personne au profit de qui la donation est faite, qu'à cause du crédit qu'elle a sur l'esprit de celui qui donne.

Si l'on autorisoit les donations faites aux concubines, ne seroit-ce pas entretenir le désordre & nourrir le crime ? Ne seroit-ce pas aller directement contre la Loi du Seigneur & contre les saints Décrets ? Ce seroit même une chose injuste & criante, selon nos seules Loix politiques, qui, comme nous l'avons dit, défendent aux personnes unies par le mariage de disposer de leurs biens en faveur l'une de l'autre. Ce seroit enfin déclarer une action vicieuse plus favorable qu'un Sacrement. Mais c'est ce qui n'est point autorisé en France, du moins pour les donations qui emportent aliénation des biens du concubinaire, lesquelles ont toujours été reprouvées & annullées ; attendu qu'il ne seroit pas juste que des héritiers appellés par la Nature & par la Loi à une succession, en fussent dépouillés par ces sortes de donations.

Nous avons plusieurs Arrêts qui l'ont jugé ainsi. M. Ricard, à l'endroit cité, nomb. 414. en rapporte un qui a été rendu le 16. Mars 1663. sur les conclusions de M. l'Avocat général Bignon, & dont l'espece est très-remarquable.

Un particulier ayant vécu long-temps dans le concubinage avec une fille, prit le parti de l'épouser, & par le contrat de mariage il lui fit une donation de tous ses biens, indépendamment des conventions ordinaires. Le mari décédé, ses héritiers contesterent la donation, ainsi que les conventions matrimoniales, sur le fondement de la débauche dans laquelle les conjoints avoient vécu avant leur mariage.

La femme soutint que la tache du mauvais commerce qui avoit précédé son mariage, étoit effacée par l'honneur d'une union légitime qui s'en étoit ensuivie ; & qu'ayant été rétablie dans tous les droits de la qualité de légitime épouse, elle n'étoit plus sujette à la peine prononcée contre les concubines.

Cependant parce que la donation avoit été faite pendant le concubinage, la Cour déclara la donation nulle, nonobstant la faveur des contrats de mariage ; elle confirma seulement les autres conventions.

Dans la Coutume de Paris, & dans toute autre qui ne défend pas expressément les donations faites entre ceux qui vivent en concubinage, lorsque ces donations ne sont point immodérées, & qu'elles ne sont faites que par forme de pensions alimentaires, elles sont exceptées de la rigueur de la Loi. Ricard, Traité des Donations, part. 1. chap. 3. sect. 8. nomb. 406.

Il faut donc distinguer entre les donations qui emportent aliénation des biens du concubinaire, & celles qui ne sont faites que pour tenir lieu d'alimens à la concubine : au premier cas, les donations doivent être déclarées nulles ; mais il n'en est pas de même à l'égard du second cas.

La raifon eft, que toutes fortes de perfonnes font capables de ces fortes de donations. Auffi la Cour a-t-elle coutume de confirmer une donation d'ufufruit faite par le concubinaire à fa concubine, lorfque cet ufufruit ne confifte pas dans un revenu trop confidérable : ce qui fe doit eftimer par rapport aux circonftances, c'eft-à-dire par rapport aux biens du donateur, & à l'état & qualité des Parties.

Il eft vrai que l'Ordonnance de Louis XIII. du mois de Janvier, 1629. art. 132. défend généralement toutes donations à des concubines. En voici les termes, *Déclarons toutes donations faites à concubines nulles & de nul effet.* Voyez la conférence de Guenois, liv. 8. tit. des Donations. Mais c'eft aujourd'hui une Jurifprudence conftante au Palais, que cette Ordonnance n'a point lieu à l'égard d'une donation alimentaire faite à une concubine, lorfque cette donation n'eft pas exceffive; comme il a été jugé par 4. Arrêts rapportés par Ricard en fon Traité des donations entre-vifs, part. 1. ch. 3. fect. 8. nomb. 416. & comme il a été depuis jugé en la Chambre des Enquêtes, au rapport de M. de Leffeville, le 31. Mars 1707.

Il faut ici remarquer, I°. Que quand un homme marié fait une donation modique, & pour tenir lieu d'alimens à fa concubine, ou à l'enfant naturel qu'il en a eu, foit avant ou depuis le mariage, elle ne fe prend pas fur le fonds de la communauté, mais uniquement fur ce qui en doit appartenir au mari, ou fur fes autres biens; parce que c'eft une dette dont il eft tenu lui feul, outre qu'une femme ne doit pas porter cette double peine de la débauche de fon mari : c'eft pourquoi quand cette dette fe prend fur les biens de la communauté, il en eft dû récompenfe à la femme. Voyez Dupleffis au Traité de la Communauté liv. 1. ch. 3.

II°. Que les donations alimentaires & en ufufruit faites à des concubines, que la Cour confirme, font celles qui font faites à des filles dont la débauche quoique criminelle, femble mériter quelqu'indulgence, l'équité demandant qu'on facilite leur fubfiftance, pour les détourner du vice.

Quelquefois même il y auroit une très-grande injuftice à ne pas donner de quoi vivre à une perfonne que l'on auroit engagée dans le déreglement, & que l'on auroit mife hors d'état de faire un établiffement honnête.

Ainfi la donation faite par un concubinaire à fa concubine, eft quelquefois plus l'effet de la juftice que d'une pure libéralité. Il y a même des cas où il convient de joindre aux alimens quelque dédommagement en faveur d'une fille qui auroit eu le malheur de fe laiffer féduire : par exemple, fi la fille eft jeune & que le garçon foit âgé; fi elle eft de bonne famille, & que d'ailleurs fa conduite foit irréprochable; enfin fi le garçon eft fort opulent.

Mais quand la concubine donataire eft une femme engagée dans les liens du mariage, fa débauche qui fait horreur, ne mérite pas les mêmes égards; ainfi la donation qui lui feroit faite, ne pourroit pas être aifément confirmée en Juftice.

Non feulement les donations exceffives faites à une concubine par fon concubinaire font nulles, ou réductibles à de fimples alimens, mais encore toute difpofition de derniere volonté.

Bien plus, tous actes frauduleux portant obligation ou reconnoiffance de dettes, faits par un concubinaire au profit de fa concubine, & même les acquifitions faites fous fon nom, ne peuvent pas fubfifter; parce qu'on regarde ces fortes d'actes comme étant fimulés & faits en fraude de la Loi, pour être le prix de la débauche & la récompenfe du crime. Soefve, tom. 2. cent. 3. chap. 47. rapporte un Arrêt du 26. Février 1665. qui l'a jugé ainfi. Voyez les Plaidoyers de M. Gillet, édition de 1718. tom. 1. pag. 180.

Touchant les donations faites de concubinaire à concubine, & de concubine à concubinaire, voyez M. Cujas fur la Novelle 18. Louet, lettre D, fomm. 43. M. Ricard, des Donations entre-vifs, part. 1. chap. 3. fect. 8. nomb. 416. ce que j'ai dit fur l'article 292. de la Coutume de Paris, glof. 2. nomb. 26. & fuivans; Dupineau, nouvelle édition, livre 6. des Arrêts, chap. 13. qui a pour titre des Donations faites à des concubines. Voyez auffi ce qui eft dit à ce fujet dans le feptieme tome des Caufes célèbres, pag. 92. & fuivantes, & dans le 15e. tome, en l'article où il eft parlé d'une Coquette de l'opera.

CONCUBINAGE, OU COHABITATION D'UN PRETRE AVEC UNE FILLE, eft un chofe très-deshonnête & très-illicite. Quoiqu'elle ait été pratiquée dans tous les temps, le mauvais exemple ne l'autorifera jamais. Voyez le titre 19. de la Pragmatique Sanction, *de Concubinariis*, avec les Commentaires de Guymier. Voyez auffi ce qui eft dit dans le Dictionnaire de M. Brillon, fous les mots *Concubine de Prêtre.*

CONCURRENCE, eft une égalité de droit, d'hypotheque ou de privilége fur une même chofe.

Deux créanciers font concurrens en hypotheque, lorfque leur obligation & titre de créance porte la même date, c'eft-à-dire qu'il eft du même jour & qu'on ne connoître lequel des deux a été paffé devant l'autre : c'eft pourquoi il eft très-important à ceux qui prêtent de l'argent à fimple prêt, ou à conftitution, de faire mettre dans l'acte que c'eft avant midi lorfqu'il eft paffé le matin.

On appelle auffi concurrence le droit qui appartient à deux Juges de connoître d'un crime; auquel cas il eft libre de s'adreffer indifféremment à l'un d'eux, & de le faifir de l'affaire : au lieu que la prévention eft le droit qu'a un Juge d'attirer à foi la connoiffance d'un crime, parce qu'il a prévenu & en a été faifi le premier. Voyez Prévention.

CONCUSSION, appellée par les Jurifconfultes, *crimen repetundarum*; eft l'abus que fait de fon pouvoir un homme conftitué en Charge, en dignité, ou en Commiffion, pour extorquer de l'argent ou quelqu'autre chofe de ceux fur qui fa Charge ou fon emploi lui donne quelque pouvoir. Il en eft parlé dans les titres du Digefte & du Code, *ad Legem Juliam repetundarum.*

Ce crime eft public, & l'accufation en peut être pourfuivie, non-feulement par celui contre lequel il aura été commis, mais auffi par toute autre perfonne.

fonne & on le peut pourfuivre contre celui qui l'a commis , foit pendant que dure fa Charge , foit après qu'il en eft forti. *Leg. 4. 5. & ult. cod. ad Legem Juliam repetundarum.*

Lorfque celui qui eft foupçonné de ce crime s'enfuit , cela fuffit pour qu'il foit préfumé l'avoir commis. Ce crime ne fe preferit point parmi nous ; non plus que chez les Romains , *Quantum ad injuftè exactorum repetitionem.* Bugnion en fon Traité des Loix abrogées , liv. 2. chap. 47.

Il ne s'éteint pas non-plus par la mort de celui qui en étoit coupable, & on ne peut agir contre les héritiers fuivant la Loi 2.*ff. ad Legem Juliarum repetundarum* , dont voici les termes : *Datur ex hâc lege, & in hæredes actio intrà annum duntaxat à morte ejus qui arguebatur.* Mais cela ne fe doit entendre que par rapport à la répétition du gain injufte que le défunt a fait , par rapport à fa Charge ou à fon Emploi , dont l'héritier ne doit pas profiter , *leg. ult. ff. ad leg. Juliam peculatûs* ; car comme dit la Loi 5. *in princip. ff. de calumniatoribus* , *eft conftitutum turpia lucra hæredibus extorqueri , licet crimina extinguantur ; ut putà ob falfum , vel Judicii ob gratiofam Sententiam datum , hæredi extorquebi- tur , & fi quid aliud fcelere quæfitum.*

La peine de ce crime eft arbitraire en France. Plufieurs concuffionnaires n'ont été condamnés qu'à une peine pécuniaire , d'autres au banniffement ou aux galeres , d'autres enfin ont été punis de mort ; ce qui dépend des circonftances. *Voyez* l'Ordonnance de 1539, art. 184. celle d'Orléans , art. 43. 77. 132. Blois , art. 94. 114. 157. *Voyez* auffi dans le Dictionnaire de M. Brillon , *verbo* Concuffion , plufieurs Arrêts qui ont condamné des concuffionnaires à faire amende honorable , au banniffement perpétuel , & même à être pendus.

CONCUSSIONNAIRE , eft un Officier ou Receveur public , qui par menace & autorité exige & reçoit des droits qui ne lui font pas dûs , ou qui en exige de plus grands que ceux qui lui font attribués.

Concuffionarii funt Officiarii publici , qui pecunias accipiunt unde non deberent accipere : in eorum manibus iniquitates funt , & dextera eorum plena eft indebitis , improbifque muneribus.

Tels font les Greffiers , Notaires , Procureurs , Sergens , Commis , qui exigent pour les fonctions de leurs Charges ou Emplois ce qui ne leur eft pas dû.

Les Juges qui reçoivent des préfens des Parties pour l'expédition ou retard du Jugement d'une affaire , font auffi déclarés concuffionnaires par les Ordonnances , auffi bien que les Juges qui prennent tranfport & ceffion , à titre de donation ou autres , des biens & droits conteftés en leurs Jurifdictions.

Qu'une caufe foit bonne ou mauvaife , un Juge eft toujours également coupable du crime de concuffion , quand il reçoit de l'argent pour la juger. *Leg. 3. cod. ad legem Juliam repetundarum ; leg. 4. ff. cod. & leg. 2. §. ult. ff. de condict. ob turp. cauf.*

parce qu'on ne peut rien prendre pour faire ce à quoi l'on eft obligé par rapport à fa Charge ou à fon Emploi. *Leg. 4. & ult. ff. ad leg. Jul. repetund. & leg. 1. §. 1. ff. de calumniatorib. Voyez* Concuffion.

CONDAMNATION , eft le Jugement qui condamne quelqu'un & le fait décheoir de fes prétentions.

Auffi , dit-on au Palais , fubir condamnation , paffer condamnation , pour dire qu'on fe défifte de fes prétentions.

CONDAMNATION EN MATIERE CRIMINELLE , eft le Jugement qui condamne un accufé à quelque peine. *Voyez* Conviction en matiere criminelle.

CONDAMNATION DE MORT , ne doit pas être prononcée légerement ; il faut ,

I°. Qu'il y ait quelque Loi qui prononce cette peine contre celui qui aura commis le crime dont il eft accufé.

II°. Il faut que l'accufé foit convaincu d'avoir commis ce crime , & que les preuves qui le font condamner foient plus claires que le jour ; autrement , quand il n'y a contre lui que des preuves imparfaites , le Juge doit prononcer un plus amplement informé , ou le condamner à une moindre peine.

Enfin , quand les preuves font très-légeres , le Juge doit fuivre l'humanité. Sur ce fondement il ne doit jamais impofer aucune peine à un accufé, qu'il ne foit forcé de le faire par des raifons évidentes , qui lui faffent voir le crime dans le coupable. Ainfi dans le doute , non feulement il doit tenir fon glaive en fufpens ; mais il doit renvoyer l'accufé. *Satius eft facinus nocentis remanere impunitum ; quàm innocentem damnari, leg. abfentem , ff. de pœnis ; & humanæ rationis eft innocentes dicere, quos abfolutè nocentes pronuntiare non poffumus, ut ait Paulus , lib. 4. Sent. tit. 12. & ut dicitur in leg. 2. cod. de probatiohib. ad condemnandum reum defiderantur probationes luce meridianâ clariores.*

CONDAMNÉ A MORT , eft déchu de fon état & des effets civils , à moins qu'il n'y ait appel de la Sentence de condamnation : auquel cas la validité ou invalidité des actes que le condamné paffe pendant le temps intermédiaire , dépend de l'événement , c'eft-à-dire , s'il vivra jufqu'au temps du Jugement fouverain , & de ce qui fera prononcé fur l'appel de la Sentence de condamnation.

Ainfi le condamné à mort par Sentence , depuis confirmée par Arrêt , rend non-valables tous les actes qu'il a faits dans le temps intermédiaire , & le fait décheoir des fucceffions qui lui font échues depuis la Sentence.

Il faudroit dire le contraire, fi le condamné étoit mort pendant l'appel , ou que par le Jugement intervenu fur l'appel il eût été abfous.

Quand nous difons que le condamné à mort eft déchu de fon état , cela ne fe doit pas entendre du Jugement qui le condamne à mort , mais de l'exécution qui a été faite.

Ainſi, quoique l'Arrêt ait été ſigné du Rapporteur & du Préſident, & qu'il ait été mis au Greffe, l'Arrêt n'a point d'effet contre le criminel juſqu'à ce qui lui ait été prononcé.

S'il meurt avant, ſon état n'a ſouffert aucun changement, comme nous venons de le dire, & ſes biens appartiennent à ſes héritiers légitimes, contre leſquels la Partie civile peut ſe pourvoir pour ſes dommages & intérêts, ſans que le Roi, ni aucun Seigneur Haut-Juſticier, puiſſent prétendre la confiſcation. Voyez Charondas en ſes Mémorables, verbo Arrêt, où il rapporte un Arrêt qui l'a jugé ainſi.

La raiſon pour laquelle un criminel condamné à mort perd ſon état dès que ſon Jugement lui a été prononcé, contre lequel il n'a aucune voie pour ſe pourvoir, c'eſt que ce Jugement commence d'être mis à exécution à l'inſtant qu'il lui eſt prononcé : ce qui eſt ſi vrai, qu'à l'heure même le criminel eſt mis entre les mains de l'Exécuteur de la Haute-Juſtice.

A l'égard de ceux qui ne ſont condamnés qu'à une mort civile, leur Jugement eſt auſſi exécuté ſi-tôt qu'il leur eſt prononcé ; puiſque tout ce qui doit s'enſuivre ſe fait à la vérité par l'ordre du Juge, mais dans qu'il y aſſiſte : d'où il s'enſuit que tout ſon miniſtere ceſſe dès que le Jugement eſt prononcé au condamné.

On demande ſi une perſonne condamnée à mort par ſon premier Jugement confirmé par l'Arrêt intervenu en conſéquence, étant renvoyée ſur les lieux, venoit à décéder en chemin, ſeroit cenſée être déchue de ſon état, & ſi ſes biens ſeroient confiſqués ?

Il a été rendu un Arrêt au Parlement de Rouen, en date du 10. Février 1632. qui paroît décider que non, puiſqu'il déboute le confiſcataire de ſa demande, ſur le fondement qu'il n'y a que l'exécution qui produiſe la confiſcation. Voyez Baſnage ſur l'art. 143. de la Coutume de Normandie.

Les criminels qui ſont condamnés à mort, & livrés à l'Exécuteur de la Haute-Juſtice ne doivent pas être privés du Sacrement de Pénitence. Nullum eſt ſceleſtum facinus, quod Sacramento Pœnitentiæ ritè ſuſcepto non remittatur; neminique quantumvis criminoſo gremium ſuum claudit Eccleſia.

Il ſeroit auſſi des régles de ne leur pas refuſer le Sacrement d'Euchariſtie, lorſqu'ils donneroient des marques d'un vrai répentir. Etenim quibuſcumque etiam laqueo vel gladio perituris, pœnitentia non negatur; Viaticum quoque, quod verè pœnitentibus exhibetur, intelligitur conceſſum. Vide Capitulum II. extra de pœnitent. & remiſſionib. & Clementinam I. de pœnitent.

Mais comme en France le même jour qu'on lit aux criminels leur condamnation de mort, on la met à exécution, on ne leur fait pas recevoir le Sacrement d'Euchariſtie, & on leur adminiſtre ſeulement celui de Pénitence.

Pour ce qui eſt de leurs corps, ils ſont ordinairement privés de la ſépulture, comme nous l'avons dit, verbo Corps de criminels condamnés à mort.

Au reſte, celui qui a été condamné à mort, &

exécuté ſans que la mort s'en ſoit enſuivie, s'il eſt repris, il peut être exécuté de nouveau. Voyez Jugement de condamnation à mort.

CONDAMNÉS aux mines. Voyez Eſclaves de peine.

CONDAMNÉ a mort naturelle ou civile par contumace. Voyez Contumace.

CONDITION, eſt une clauſe inſerée dans un acte entre-vifs, ou dans une diſpoſition de derniere volonté, qui fait dépendre ſa validité d'un événement futur & incertain.

Il y a donc des conditions qui ſont oppoſées à des actes entre-vifs, & à des diſpoſitions de derniere volonté. A l'égard des conditions oppoſées à des contrats, voy. Deſpeiſſes, tom. 1. part. 1. au tit. du Prêt; ſect. 3. nomb. 32. & les Loix civiles, part. 1. liv. 1. tit. 1. ſect. 4. Pour ce qui eſt des conditions appoſées ès teſtamens & diſpoſitions de derniere volonté, voyez les Loix civiles, part. 2. liv. 3. tit. 1. ſect. 8. & la Peyrere, lettre C, nomb. 83.

La condition s'exprime ordinairement par la particule ſi.

Je dis ordinairement, parce qu'une condition peut être énoncée ſous d'autres termes, qui rendent conditionnelle la diſpoſition à laquelle ils ſont inſerés, comme nous le dirons en parlant des conditions expreſſes.

De la définition que nous venons de donner de la condition, il s'enſuit qu'une condition qui ne ſe rapporte qu'au tems paſſé ou au tems préſent, n'eſt pas véritablement une condition; & par conſéquent ne ſuſpend & ne différe aucunement la perfection de l'acte auquel il a été ajoutée; car il eſt de l'eſſence de la condition de dépendre d'un événement futur. Itaque tunc tantum poteſtatem conditionis obtinet, cum in futurum confertur; & en ce cas l'effet de l'acte eſt ſuſpendu : au lieu que quand elle dépend de la certitude d'un fait paſſé ou préſent, l'acte a un effet préſent; comme ſi la ſtipulation étoit faite, au cas que Mævius ſoit vivant, elle a un effet préſent, quoique les contractans ayent ignoré s'il eſt vivant ou non. Il en eſt de même ſi le teſtateur avoit dit; Je lègue à Titius mille écus, s'il a épouſé Mævia; car ou il l'a épouſée, & alors le legs vaut; ou il ne l'a pas épouſée, auquel cas le legs eſt nul. §. conditiones inſt. tit. de verbor. obligat. leg. 37. & 39. de reb. credit. leg. 120. ff. de verb. obligat.

Nous avons pluſieurs ſortes de conditions. La principale diviſion ſe fait en conditions poſſibles, & en celles qui ſont impoſſibles.

Les conditions poſſibles ſont celles qui peuvent arriver, & à l'événement deſquelles ni la nature, ni les Loix ne s'oppoſent : ces ſortes de conditions ſont, ou poteſtatives, ou caſuelles, ou mixtes.

Les conditions poteſtatives ſont celles dont l'événement dépend uniquement de celui qui en eſt chargé, & qui a intérêt qu'il arrive. Par exemple, que Titius ſoit mon héritier, à condition qu'il portera le deuil pendant ſix mois après ma mort.

Les caſuelles ſont celles dont l'événement dépend du haſard; comme ſi le teſtateur faiſoit un legs à Titius; en cas qu'un Navire qui eſt parti pour l'Amérique revienne à bon port.

Les mixtes font celles qui dépendent en partie de celui qui en est chargé, & en partie du hafard; comme fi Titius avoit légué quelque chofe à Sempronius, à condition qu'il tireroit de la captivité le fils du teftateur, qui auroit été pris par les Corfaires.

Les conditions impoffibles font celles à l'événement defquelles la nature où les Loix fervent d'obftacles; comme fi le teftateur léguoit à Titius, fous condition qu'il touchera du doigt le ciel, ou bien fous condition qu'il tuera un homme; *quia quæ probrofa funt & legibus prohibita, viro probo impoffibilia videntur.*

A l'égard de la condition poteftative, le défaut de fon accompliffement caufe la nullité du legs, ou de l'acte auquel elle a été ajoutée. Celui qui en eft chargé, doit s'imputer de n'avoir pas accompli une chofe qui n'a dépendu que de fa volonté.

Ces conditions poteftatives, quand elles font ajoutées à des difpofitions de derniere volonté, ne les font valider que quand elles font accomplies après la mort du teftateur, par celui qui en eft chargé, qui en a eu connoiffance, & qui l'a exécutée pour obéir à la volonté du teftateur.

Les conditions cafuelles fufpendent entierement les actes entre-vifs, ou de derniere volonté, aufquels elles font ajoutées: ainfi les promeffes & legs conditionnels ne font dûs qu'après que les conditions font accomplies; leur manquement les annulle, & réduit la difpofition au même état que fi elle n'avoit pas été faite.

Pendant qu'elles font en fufpens, l'acte y eft auffi; & celui au profit duquel il eft fait, n'a qu'une efpérance, laquelle eft tranfmiffible à fes héritiers dans les contrats, & non pas dans les legs; comme nous avons dit dans la Traduction des Inftitutes, liv. 3. tit. 16. §. 4.

Quand les conditions cafuelles font arrivées, l'acte auquel elles ont été appofées, eft confidéré comme s'il avoit été pur & fimple, & fans condition. *Conditio femel exiftens retrohabitur ad initium, unde evenit ut actus cui adjecta fuerat conditio, purè initus cenfeatur.*

Les conditions mixtes, c'eft-à-dire en partie cafuelles, & en partie poteftatives, produifent en droit les mêmes effets que les conditions cafuelles.

Enfin, pour ce qui eft des conditions impoffibles, elles annullent les contrats & difpofitions entre vifs aufquelles elles font ajoutées; mais il n'en eft pas de même des dernieres volontés, lefquelles font valables, quoique faites fous des conditions impoffibles; comme nous avons fait voir dans la Traduction des Inftitutes, fur le paragraphe 11. du tit. 20. du tit. 3.

Les conditions fe divifent encore en conditions expreffes, & en conditions tacites.

CONDITIONS EXPRESSES, font celles qui font exprimées, & elles font ordinairement conçues par cette diction, *Si.*

Je dis ordinairement, parce qu'elles font quelquefois énoncées fous d'autres termes.

Une condition peut être exprimée par cette pro-

pofition *cùm*, qui fignifie quand ou lorfque. Par exemple, je fais Titius mon héritier, lorfqu'il fe mariera: ce tems incertain paffe pour une condition, *legs dies incertus*, *ff. de conditionib. & demonftrationib.* Enforte que jufqu'à ce que Titius foit marié, l'inftitution refte en fufpens, & empêche par conféquent la tranfmiffion de l'hérédité aux héritiers de Titius, s'il meurt fans être marié.

Quelquefois auffi les conditions font conçues par un ablatif abfolu; comme fi je lègue un fonds à Caïus, en payant à Sempronius mille écus; c'eft-à-dire, au cas qu'il donne mille écus à Sempronius.

Les conditions peuvent auffi être conçues en ces termes, *donec & quoad*; c'eft-à-dire, *jufques*, ou *tant que.* Par exemple, je lègue l'ufufruit d'un tel bien à Titius, jufqu'à ce qu'il ait de patrimoine deux mille livres de rente, ou bien tant qu'il aura foin des affaires de mon fils.

Ces fortes de dictions, *jufques* ou *tant*, ne font appofées que pour reftraindre les difpofitions précédentes. *Hæc verba, deducto argumento à contrario contradictionem inducunt extinctivam præcedentis voluntatis.* Boyer queft. 44. nomb. 38. *Vide Bartholum, ad leg. 1. & leg. 71. ff. de conditionib. & demonftrationib.*

CONDITIONS TACITES, font celles qui par autorité du droit font fous-entendues: telle eft la condition qui eft préfumée appofée à une donation faite par une perfonne qui n'a point d'enfant que la donation fera révoquée, au cas qu'il furvienne des enfans au donateur.

CONFERENCES, font des affemblées qui fe tiennent à la Bibliotheque des Avocats du Parlement de Paris, à certains jours marqués.

Plufieurs Avocats nommés pour difcuter une queftion propofée dans une affemblée précédente, en font le rapport; & les autres qui en ont eu communication opinent.

On rédige par écrit les avis des opinions, & pour la réfolution on fuit le plus grand nombre.

On a donné au Public une partie de ces Conférences, fous le titre de Confultations, dans le fecond volume des Œuvres de M. Dupleffis.

CONFESSION, eft une déclaration, ou une reconnoiffance de la vérité, fur un fait.

Lorfque la confeffion eft faite en jugement, elle eft appellée judicielle; & lorfqu'elle eft faite hors jugement, elle eft appellée extrajudicielle. La judicielle fe fait en Juftice, dans les interrogatoires faite en matiere civile ou criminelle, pardevant les Juges.

Les confeffions faites en jugement nuifent à ceux qui les ont faites.

Premiérement, en ce qu'en matiere civile ces fortes de confeffions font preuve entiere contre ceux qui les ont faites. *In caufis civilibus & pecuniariis, confeffus in judicio pro judicato habetur, & propriâ quodammodo fententia damnatur. Leg. 1. & 3. ff. de confeffis; & leg. unic. cod. eod. Voyez* Brodeau fur Louet, lettre C, fomm. 34.

En fecond lieu, en ce qu'en matiere criminelle les confeffions faites en jugement produifent un commencement de preuve ; mais elles ne font pas preuve entiere , & même ne nuifent à ceux qui ont confeffé , fi autrement il n'appert du délit , comme il eft dit en l'art. 164. de la Coutume de Bretagne.

La raifon eft , qu'il pourroit arriver que des perfonnes par défefpoir déclareroient avoir commis des crimes dont on ignoreroit les coupables, pour fe procurer la mort, & finir une vie qui leur feroit à charge : c'eft pourquoi en matiere criminelle la confeffion de l'accufé ne tient pas lieu de conviction, mais feulement de fémipreuve, qui n'eft pas fuffifante pour faire condamner l'accufé, fi elle n'eft accompagnée d'autres preuves & adminicules.

Cette décifion eft entiérement conforme à la difpofition du Droit Romain. *In caufâ civili duntaxat & pecuniariâ confeffius in judicio pro judicato habetur. Leg.* 1. *& 3. ff. de confef. In criminalibus verò confefiones reorum exploratis facinoribus haberi non oportet, fi nulla probatio religionem cognofcentis inftruat; quia nemo auditur perire volens , leg. 2. §. 1. 17. & ult. ff. de quæftionib.*

Mais quoique la confeffion d'un accufé paroiffe juftifier entiérement l'accufateur & les Juges, & que celui qui reconnoît être coupable du crime dont il eft accufé, prononce lui-même fa condamnation l'événement a fouvent fait connoître que ces fortes de reconnoiffances étoient l'effet de la violence, de la furprife, du trouble & du défefpoir. Charondas dans fa Réponfe du Droit, liv. 9. chap. 1. rapporte qu'un mari accufé d'avoir tué fa femme ayant confeffé ce crime qu'il n'avoit point commis, fut condamné à mort par le premier Juge , & fut abfous par Arrêt, parce que fa femme fut repréfentée, & juftifia qu'il étoit innocent.

Les confeffions faites hors jugement ne produifent qu'un commencement de preuve, qui ne fert pas de conviction parfaite. *Confeffio extrà judicium facta poteft quidem prodeffe ad probationem , fed confeffum non facit, leg. pen. ff. de ceffion. bonor. & leg. 56. ff. de re judic.*

Suivant ce que nous avons dit, l'effet d'une confeffion judicielle eft qu'elle eft regardée comme un Jugement, du moins en matiere civile ; ce qui fuppofe néanmoins les formalités fuivantes.

La premiere eft, qu'elle foit faite devant un Juge compétent ; fans quoi elle ne peut être regardée comme un Jugement. *Sicut enim fententia lata à non competente Judice rem Judicatam non facit, ita nec confeffio facta coram Judice non competente, cap. 4. extra de Judiciis.*

Quoiqu'une confeffion faite en Juftice, pardevant un Juge incompétent, ne puiffe être regardée comme un Jugement, elle ne peut néanmoins fervir de preuve ; jufques-là même qu'en matiere criminelle elle peut donner lieu à faire condamner l'accufé à la queftion, quand il fe trouve d'ailleurs quelques autres preuves ou adminicules contre lui.

En fecond lieu, il faut que la confeffion foit faite en préfence de la Partie adverfe, ou de fon Procureur. *Confeffio fieri debet adverfa parte præfente, neque enim folet quis abfenti condemnari : certæ procuratorem, tutorem , curatoremve , præ-*

fentem effe fufficit , leg. 6. §. 3. de confeff.

En troifieme lieu, la confeffion doit être volontaire & nullement forcée.

En quatrieme lieu, il faut qu'elle foit faite par un majeur, ou par un mineur affifté de fon tuteur ou curateur.

En cinquieme lieu, il faut qu'elle foit faite par la Partie même, ou par un Procureur fondé de procuration fpéciale.

En fixieme lieu, il faut que la confeffion foit certaine & déterminée, & concerne un fait exiftant, fufceptible de droit, & qui ne fe trouve pas évidemment faux, de maniere que le Juge puiffe prononcer en conféquence. *Vide leg.* 14. *§. 1. ff. de interrogat. in jur. faciendis, leg. 4. ff. de confeff. & leg. 23. cum duab. feq. ff. ad leg. Aquil.*

En feptieme lieu, il faut que la confeffion foit faite fans erreur ; parce que *non fatetur qui errat, nifi jus ignoraverit, leg. 2. ff. de confeff.*

En huitieme lieu, il faut que la confeffion foit faite, *expreffa certa quantitate, vel certo corpore expreffo* ; car comme une Sentence eft nulle , fi elle n'exprime l'efpece ou la quantité de la chofe , de même la confeffion feroit nulle, faute d'avoir exprimé l'une ou l'autre.

De ce que fuivant la Loi premiere, *ff. de confeffis, in rebus civilibus & pecuniariis, confeffus in judicio pro judicato habetur,* il s'enfuit que le demandeur n'a pas befoin d'une plus grande preuve contre celui qui a reconnu ce dont il étoit queftion entre les Parties ; parce qu'il n'eft pas croyable qu'un homme faffe à fon préjudice une reconnoiffance contre lui-même.

Cela ne difpenfe pas cependant le demandeur de faire prononcer par le Juge le Jugement de condamnation contre celui qui eft demeuré d'accord en Juftice de la dette dont il étoit queftion entre les Parties. C'eft le fentiment de Barthole, de Zazius & autre, *ad leg. 1. ff. de confeff.*

La confeffion faite en Jugement nuit à celui qui l'a faite, mais elle ne peut préjudicier à d'autres, de même que la chofe jugée ne peut étendre fon autorité que fur ceux entre lefquels elle a été jugée.

En matiere civile, la confeffion du débiteur vaut donc condamnation contre lui feul, & non contre d'autres ; mais elle nuit à celui qui l'a faite dans d'autres inftances, & avec d'autres Parties. Il n'en feroit pas de même d'une enquête, qui ne peut fervir qu'en l'inftance où elle eft faite. Guy-Pape , queft. 254.

La raifon de la différence eft, que le témoin eft fujet à être réprouvé, & ne fait foi ; mais la confeffion demeure toujours en fa preuve, & ne peut être réprouvée par celui qui l'a faite. Bibliothéque de Bouchel, *verbo* Preuves.

Une autre remarque importante à faire fur ce fujet, c'eft qu'en matiere civile la confeffion ne fe peut divifer ; c'eft-à-dire, qu'on ne peut en admettre un chef pour en tirer avantage, & fervir de conviction contre celui qui a fait la confeffion en Juftice, & la rejetter pour les autres chefs qui fervent à fa décharge.

Par exemple , j'avoue & confeffe en Juftice que

je vous devois une fomme que vous me demandez, fans que vous ayez aucune preuve que je vous la doive ; & je déclare en même-tems que je l'ai totalement payée , ou en partie. Vous ne pouvez pas divifer ma confeffion ; il n'y a que mon ferment qui décide. Ainfi vous ne pouvez pas admettre ma confeffion ; en tant qu'elle me conftitue votre débiteur, & la rejetter pour ce qui regarde le payement que j'ai déclaré vous avoir fait.

La raifon eft , qu'en matiere civile on préfume que la confeffion du débiteur n'eft point accompagnée de dol , & que celui qui a été d'affez bonne foi pour convenir d'une dette qu'il pouvoit nier, n'eft pas d'affez mauvaife foi pour fuppofer un payement fans l'avoir fait. *Voyez* Chorier , Jurifprudence de Guy-Pape , pag. 311. Boyer en fa décifion 239. & Bélordeau , tit. 3. art. 11.

Au contraire, en matiere criminelle la confeffion eft divifible : on s'en fert en tant qu'elle charge l'accufé ; mais le Juge peut n'y point avoir égard pour les chefs qui peuvent fervir à fa décharge, & juger conformément aux preuves qui les détruifent.

Par exemple , un homme accufé d'en avoir tué un autre , avoue que c'eft lui qui l'a tué, mais il dit que ce n'a été qu'à fon corps défendant. Le Juge peut divifer cette confeffion , & l'admettre en tant que l'accufé a confeffé avoir tué l'homme en queftion, & la rejetter en tant qu'il y a été forcé pour fauver fa vie. *Ratio eft , quia in delictis dolus femper præfumitur.*

néanmoins comme cette maxime , que la confeffion en matiere civile eft indivifible , n'eft fondée fur aucune Loi , je crois qu'il dépend du Juge de la divifer , fuivant les circonftances.

Henrys , t. 2. dans fa fixieme Queftion pofthume , rapporte le cas où la confeffion fe divife en matiere civile ; 1°. lorfqu'il y a une forte préfomption qui combat le fait qu'on ne veut pas divifer dans la confeffion ; II°. lorfque , outre la confeffion , on a une preuve teftimoniale du fait principal qu'on veut divifer.

Il y a même une Loi formelle , qui eft la Loi 26. §. ult. ff. depofiti, où le Jurifconfulte Paul propofe l'efpece d'un homme qui confeffe par une Lettre qu'il eft dépofitaire de dix livres d'or , & il ajoute que le pere du dépofant lui devoit dix écus. Ce Jurifconfulte décide que la Lettre ne produit point d'obligation au profit du dépofitaire ; qu'elle ne contient que la preuve du dépôt.

La raifon eft , que c'eft la force de la vérité feule qui fait confeffer le dépôt au dépofitaire , mais la confeffion de cette créance qu'il s'attribue, n'a pas la même caufe ; & on a raifon de foupçonner qu'il invente , pour fe défendre , s'il le pouvoit, de rendre le dépôt.

L'étude du cœur de l'homme doit donc être l'unique objet du Juge. Il doit pénétrer le motif qui oblige une partie à parler, pour diftinguer les divers principes de fa confeffion , & le but qu'il doit fe propofer tant en matiere civile , qu'en matiere criminelle : c'eft de découvrir la vérité. Si dans les circonftances que l'on vient de dire on ne divifoit pas la confeffion, on fermeroit les yeux à la véri-

té , en fe rendant efclave d'une vaine maxime de pratique.

CONFESSION FAITE A LA QUESTION PEUT ESTRE RÉVOQUÉE : auquel cas on ne peut pas prendre pour nouveaux indices la confeffion de l'accufé, que la violence du tourment a extorquée de lui : elle n'induit pas même la variation , parce que la variation ne peut être fans une contradiction manifefte & un menfonge évident.

CONFESSION QUE FAIT UN CRIMINEL CONDAMNÉ A MORT, NE FAIT PAS PREUVE CONTRE UN TIERS. *Voyez* Henrys & fon Commentateur, tom. 1. liv. 4. chap. 6. queft. 86.

CONFESSION , en tant qu'elle eft une des parties du Sacrement de Pénitence , eft une déclaration qu'on fait à un Prêtre de tous fes péchés , pour en recevoir l'abfolution.

Le fceau de la confeffion doit être inviolable. Ainfi les confeffions doivent être enfevelies dans un éternel filence. D'où il s'enfuit qu'un Confeffeur ne peut pas être contraint de révéler la confeffion d'un accufé. Papon, liv. 24. tit. 7. Charondas, liv. 7. de fes réponfes , chap. 178.

Un Confeffeur n'eft pas auffi tenu de révéler les complices d'un délit reconnu par un condamné que l'on conduiroit au fupplice , & qui auroit nommé ceux que l'on difoit être participans du crime ; car outre que le fceau de la confeffion doit être inviolable , le témoignage du Prêtre qui réleveroit la confeffion du criminel condamné, ne pourroit être que d'avoir oui dire : ce qui ne feroit pas une preuve.

Le crime de leze-Majefté au premier chef eft excepté de la regle ; car pour la gravité & importance de ce crime, le Prêtre eft excufé, s'il révele ceux que le condamné lui auroit déclaré en être complices.

Les confeffions révelées ne font point charge dans tout autre cas ; & le Prêtre qui eft convaincu d'avoir révélé ce qu'on lui a dit en confeffion , doit être puni du dernier fupplice par le Juge royal, à qui la connoiffance de ce crime appartient.

Anciennement en quelques endroits de la France on ne donnoit point de Confeffeur à ceux que l'on conduifoit au fupplice ; de même qu'aujourd'hui encore on ne leur accorde point la Communion. Le Concile de Vienne condamna cet ufage , & le Pape Gregoire XI. écrivit à Charles V. pour le faire abolir , mais inutilement. Le Seigneur de Craon follicita la chofe fi fortement , qu'il l'obtint de Charles VI. & l'on en publia l'Ordonnance.

Touchant la Confeffion facramentale , *voyez* ce qui en eft dit dans la Bibliothéque canonique, dans le Dictionnaire de M. Brillon , & dans le Dictionnaire de Trévoux, *verbo* Confeffion.

CONFIDENCE , eft une action fimoniaque & illicite , qui a lieu quand un Titulaire d'un Bénéfice ne l'acquiert qu'à condition de le conferver à un autre , ou quand quelqu'un jouit des fruits d'un Bénéfice fous le nom d'un autre qui en a le titre.

Il en fera parlé plus au long dans le Dictionnaire du Droit canonique.

CONFINS DES HÉRITAGES, DES PAROISSES :

EI

ET DES TERRITOIRES, font les limites & extrêmités où les héritages, Paroiffes ou territoires finiffent.

Les confins fe peuvent prouver par trois moyens, qui font les bornes, les titres & les témoins.

Les bornes prouvent les confins d'un héritage, d'une Paroiffe, ou d'un territoire, lorfqu'elles ont été mifes fur les confins pour fervir de limites.

Cela fe prouve par la rencontre de deux ou trois morceaux d'une pierre plate, que les Mefureurs Arpenteurs ont coutume de mettre à l'entour de la borne, lorfqu'ils la plantent. Coquille en fes Inftituts au Droit François, titre des Servitudes réelles.

C'eft auffi la raifon pour laquelle ces morceaux de pierre plate qui fe trouvent à l'entour de la borne, font appellés garants, ou témoins muets, parce qu'ils font des témoins muets qui certifient la vérité des confins.

Les titres qui prouvent les confins, font les papiers terriers, par lefquels l'étendue & les limites d'un territoire font déclarés & défignés par tenans & aboutiffans.

Lorfque ces deux preuves manquent, on a recours à la commune renommée, qui confifte dans le témoignage de plufieurs témoins demeurans dans le lieu ou aux environs, qui déclarent qu'ils ont vû un tel labourer un tel héritage, ou un tel Curé dîmer jufqu'à un tel endroit, ou un tel Seigneur fe faire payer de fes droits jufqu'à un tel endroit.

Ils déclarent auffi qu'ils ont ouï dire la même chofe à leurs prédéceffeurs, & que c'eft la commune renommée.

Il eft donc de la prudence du Juge, lorfque fa religion n'eft pas affez inftruite, d'ordonner une enquête, afin que le témoignage des anciens concoure avec ce qui fe trouve écrit & qu'ainfi le Juge puiffe fe conformant à leur témoignage, rendre un Jugement équitable.

CONFIRMATION D'UN ACTE NUL, n'empêche pas qu'on n'en puiffe attaquer la nullité : *Quod nullum eft ipfo jure, perperàm & inutiliter confirmatur.*

Une donation, par exemple, qui n'eft pas infinuée, & confirmée inutilement. Ainfi, quoique l'héritier du donateur faffe quelque acte en conféquence d'une telle donation, il ne fe préjudiciera point par cet acte, & ne fera pas moins en droit d'attaquer la nullité de cette donation.

Il en eft de même de la confirmation que le Roi feroit d'un privilege qui ne feroit pas valable : une telle confirmation ne donneroit pas plus de force à ce privilege qu'il n'en avoit auparavant ; *quia qui confirmat, nihil dat de novo, fed datum tantum confirmat.* De forte que fi le privilege n'eft fondé en titre, ou que le titre fe trouve nul, la confirmation ne l'autorife pas.

Il faut dire le contraire quand l'acte n'eft pas nul de foi, mais qu'il s'y rencontre feulement quelque défaut qui le peut faire caffer : en ce cas, fi celui qui a intérêt, l'approuve en quelque façon que ce foit, il n'eft plus recevable à s'en plaindre. Par exemple, un fils exhérédé qui a confirmé par une approbation volontaire le teftament de fon pere,

ne fe peut plus pourvoir contre par la querelle d'inofficiofité.

Voyez Dumoulin fur l'art. 5. de l'ancienne Coutume, *verbo* Dénombrement, nomb. 87. & fuiv. Mornac *ad leg. ff. de Jurifdiction.* & M. le Prêtre cent. 4. ch. 4.

CONFIRMATION, fe dit quelquefois d'un Droit royal qui eft dû au joyeux avénement de chaque Roi à la Couronne : en un mot, c'eft un hommage que chaque Ville & chaque Sujet de fon Royaume lui doit.

CONFISCATION eft l'adjudication qui fe fait au profit du Roi, ou des Seigneurs Hauts-Jufticiers, des biens d'un homme condamné à mort. Ainfi, confifquer, eft adjuger au Fifc ou à ceux qui en ont les droits.

Confifcatio, dit Dumoulin, fur l'art. 43. de la Coutume de Paris, nombre 169. *proprie & ftricte eft publicatio omnium vel partis bonorum, vel certarum rerum, & devolutio ad Fifcum, vel eum cui Princeps jus confifcationis conceffit : foli enim Principi fuperiorem non recognofcenti competit fifcus & jus confifcationis, fed conceffit Rex Dominis imperium merum habentibus.*

On fe fert auffi du mot de confifquer, pour fignifier la prife des marchandifes qui fe fait par les Traitans, quand on a voulu les faire paffer en fraude, & fans payer les droits établis. Nous en parlerons ci-après.

En matiere de fiefs, le Vaffal confifque fon fief, lorfqu'il le fait tomber en commife, dont nous ferons ci-après un article féparé.

Pour revenir à la confifcation des biens des criminels, elle a été introduite comme une double punition qui retombe fur les héritiers des criminels, afin de contenir d'autant plus les hommes dans leur devoir, & que ceux que la crainte de la mort ne pourroit pas détourner de commettre des crimes, fuffent touchés du regret de la perte de leurs biens, & de laiffer leur famille dans l'indigence.

Auffi la confifcation a été reçue par toutes les Nations, & a été admife en France dès les premiers tems de la Monarchie, de maniere que l'on tient pour maxime dans prefque toutes nos coutumes, que, *qui confifque le corps confifque les biens.*

Quoiqu'il paroiffe peu conforme à l'équité de punir les héritiers d'un criminel, & les priver de fa fucceffion, quand ils n'ont point délinqué ; cependant la confifcation pour raifon de crime eft fondée fur l'intérêt public, & a été introduite fur de très-bonnes raifons. Auffi voyons-nous qu'ils ne s'étoit jamais moins commis de crimes dans la République Romaine, que dans les tems que cette peine y avoit été étroitement obfervée. Ce qui fut remontré à l'Empereur Conftantin, lorfque pour quelque confidération d'humanité il en fait une Loi par laquelle il ordonna que, *Fifco penitus quiefcente, acciperet hæreditatem, qui eram vel Jure civili vel prætorio vindicare poffet ; leg. 1. Cod. Theodof. de bon. prefcript. & damnat.* Mais deux ans après ayant changé d'opinions, il ordonna que la confifcation des condamnés à mort naturelle ou civile auroit lieu comme auparavant *leg. veteramus, eod. tit.*

V v

conformément à la règle ancienne, qui vouloit *damnatione bona publicari, cum aut vita adimeretur, aut civitas, aut servilis conditio irrogaretur, ut dicitur, in leg.* 1. *ff. de bon. damnat.*

La confiscation a lieu *ipso, jure*, c'est-à-dire, quand bien même le Juge n'auroit pas prononcé la confiscation, *quia tacitè inest*; puis ce n'est dans quelques Provinces où elle a été remise par un privilege spécial de nos Rois.

Dans les Coutumes qui n'admettent point la confiscation, le Juge ne la peut point ordonner; mais il doit adjuger au Roi, ou au Seigneur Haut-Justicier, une amende modérée, à prendre sur les biens du condamné.

Le corps est confisqué par une condamnation de mort naturelle. Il est aussi confisqué par une condamnation de mort civile; savoir, par les galeres perpétuelles & par le bannissement perpétuel, qui rendent ceux qui sont condamnés incapables des effets civils; de sorte que *jure civili pro mortuis habentur*: raison pour laquelle leurs biens sont confisqués, parce qu'on estime que celui qui est par son crime retranché de la société civile, est indigne de posséder ce qui sert à l'entretenir. La confiscation de corps n'emporte la confiscation de biens, qu'autant que l'accusé est effectivement confisqué par un Jugement contre lequel il ne puisse pas revenir, c'est-à-dire, par un Jugement en dernier ressort, & qui ne soit pas rendu par contumace; parce que quand la condamnation est prononcée par une Sentence dont on peut interjetter appel, ou par un Jugement rendu par contumace, l'état du condamné est en suspens.

Il faut de plus que le Jugement de condamnation ait été exécuté: ce qui est si vrai, qu'il n'y a que l'exécution qui produise la confiscation, parce qu'avant un criminel peut espérer avoir sa grace.

Ainsi, quand un criminel condamné meurt dans la prison avant que d'avoir été exécuté, ou bien dans le transport des prisons du Parlement en la Justice de son premier Juge, en conséquence de l'Arrêt confirmatif de la sentence rendue contre lui, la confiscation n'a point lieu. La raison est, que tantque le Jugement n'a pas été exécuté, au principal, touchant la confiscation du corps, il ne peut pas l'être en la confiscation des biens, qui est une suite de celle du corps. *V.* ci-dessus condamné à mort, *Voyez* aussi Basnage sur l'art. 143. de la Coutume de Normandie, Maynard, livre 4. chap. 51. la Rocheflavin, liv. 6. lettre C, titre 23. article 5.

Il faut enfin que le Jugement ait été rendu dans ce Royaume, parce que ceux qui sont rendus en Pays étranger n'ont aucune force parmi nous. Ainsi, quand même un tel Jugement auroit été exécuté dans un Pays étranger, les biens que le condamné auroit en France ne seroient pas confisqués, mais ils appartiendroient aux héritiers regnicoles qu'il auroit dans ce Royaume. *Voyez* le Journal des Audiences, tom. 1. liv. 1. chap. 82.

La confiscation a son effet du jour de la condamnation, & non pas du jour que le délit a été commis. Sur quoi il faut remarquer,

I°. Que si la confiscation a été prononcée par une Sentence qui ait été depuis confirmée par Arrêt, la confiscation a lieu du jour de la Sentence; parce que cet Arrêt confirmatif a un effet rétroactif au jour que la Sentence a été prononcée. Mais si le condamné par Sentence mouroit pendant l'appel, la confiscation n'auroit pas lieu, *quia morte crimen extinguitur*, Bouvot, tom. 1. *verbo* Confiscation.

II°. Que du jour que la confiscation a lieu, le condamné perd son état, & devient incapable de toutes sortes d'acquisitions, & perd aussi à l'instant la faculté de disposer de ses biens, soit entre-vifs, soit par derniere volonté.

Je dis que du jour que la confiscation a lieu, le condamné perd son état, & devient incapable de toutes sortes d'acquisitions, parce qu'il est mort civilement. D'où il s'ensuit que toutes les successions qui lui sont échues depuis ce tems-là, n'ayant pû lui appartenir, n'ont jamais été réputées être dans son patrimoine, & par conséquent ne peuvent appartenir au confiscataire.

La raison est, que la confiscation ne peut comprendre que les biens qui se trouvent appartenir au condamné dans l'instant que la confiscation a eu son effet. Dumoulin sur Decius, conf. 438. nomb. 5. & Brodeau sur Louet, let. C, somm. 25.

La régle que nous venons de donner, que la confiscation a son effet du jour de la condamnation, & non pas du jour du délit, souffre une exception ès crimes d'hérésie, de leze-Majesté humaine, crime de péculat, de concussion, fausse monnoye, sacrilége & d'apostasie; car dans ces cas la confiscation s'acquiert du jour du délit commis. *Leg. ult. cod. de jure Fisci.* Et conséquemment en tels crimes, les aliénations faites par le délinquant, après le crime commis, sont renvoyées, *Voyez* Coquille sur l'art. 2. du second chapitre de la Coutume de Nivernois.

La Confiscation qui n'est pas causée pour crime de leze-Majesté appartient aux Seigneurs Hauts-Justiciers, Corbin, suite du Patronage, chap. 102. Ainsi le Roi jouit de la confiscation, quand il est Haut-Justicier, & les Seigneurs de même: chacun à leur égard, pour les biens du condamné qui se trouvent situés dans leur Haute-Justice.

Il faut excepter les confiscations causées pour crime de leze-Majesté, dans lesquelles le Roi profite seul de la confiscation. Mais cela ne doit s'entendre que du crime de leze-Majesté humaine; car dans les crimes de leze-Majesté divine, la confiscation appartient au Seigneur Haut-Justicier.

La raison est, que le Prince n'est directement offensé en sa personne que par le crime de leze-Majesté humaine, & que dans celui de leze-Majesté divine, c'est le Public & la Justice qui sont directement offensés.

Dans les cas où la confiscation appartient au Roi, le Receveur du Domaine, dans le compte qu'il rend à la Chambre des Comptes, en fait recette en vertu des Jugemens de condamnation qui lui sont délivrés, & qu'il est tenu de rapporter pour la vérification de sa recette.

Mais quand le Roi fait don de la confisccation ; cette verification ceffe.

Il en eft prefque de même de la confifcation que du droit de deshérence ; c'eft-à-dire, que quand il y a une confifcation prononcée, les chofes confifquées appartiennent au Seigneur Haut-Jufticier & non pas au Seigneur féodal ; car la confifcation fuit la Juftice, & non pas le fief. Mais il n'y a jamais que les biens qui font affis & fitués dans l'étendue de la Seigneurie, qui foient confifqués au profit du Seigneur Haut-Jufticier.

Dans cette confifcation entrent les meubles & les immeubles qui fe trouvent dans l'étendue de la Haute-Juftice ; & c'eft dans ce cas proprement, comme dans la deshérence, que les meubles *habent fitum.*

A l'égard des dettes qui font dûes au condamné, il me paroît qu'elles doivent appartenir aux Seigneurs Hauts-Jufticiers des lieux où les débiteurs du condamné font réfidens, de même que la confifcation des meubles & immeubles appartient aux Seigneurs en la Jurifdiction defquels les biens font affis. Plufieurs Auteurs font d'avis contraire, mais je m'en tiens à celui-ci. *Voyez* la Rocheflavin, liv. 1. titre 37. Coquille, au titre des Confifcations, art. 2.

Cette confifcation a toujours lieu au profit des Seigneurs Hauts-Jufticiers, quand même le délinquant auroit été condamné par le Juge royal.

Par Haute-Juftice, il faut entendre ici la Juftice ordinaire, & non pas une Juftice de reffort & d'appel ; parce que le droit de reffort n'attribue pas le droit de confifcation, qui eft un droit foncier, & qui fait partie des revenus cafuels de la Seigneurie, lequel par conféquent ne peut appartenir qu'à celui qui a droit d'en prendre les fruits.

C'eft ce qui a fait dire à Coquille dans fon commentaire fur la Coutume de Nivernois, tit. des Confifcations, art. 1. que l'ufufruitier de la Haute-Juftice prend la propriété des biens confifqués, parce qu'ils font le fruit de la Jurifdiction.

La Coutume de Sens, art. 24. & celle du Duché de Bourgogne, chap. 2. art. 1. exceptent les héritages main-mortables fitués en Juftice d'autrui, & veulent qu'ils appartiennent au Seigneur de qui ils font taillables ou main-mortables, & non pas au Seigneur de la Haute-Juftice.

La raifon de cette difpofition fe tire de ce que les biens de main-morte appartiennent au Seigneur, qui les a donnés à charge de retour, faute d'héritiers, auquel cas le Seigneur demeure faifi des biens de fon homme main-mortable, quand le cas de la main-morte arrive.

D'ailleurs l'homme de main-morte ne peut difpofer par teftament de fes biens, fans le confenment de fon Seigneur. D'où il s'enfuit, que l'homme ferf n'étant pas véritablement & abfolument propriétaire de fes héritages main-mortables ou taillables, il ne peut les confifquer par fon crime, puifqu'ils font réputés ne lui pas appartenir, mais au Seigneur qui les a donnés.

Le mot de confifcation vient de celui de fifc, qui fignifieroit autrefois les tréfors du Prince, & ceux de la République étoient entendus par ce mot, *æra*

rium : d'où l'on pourroit dire, que les Seigneurs Hauts-Jufticiers n'ayant point de fifc, la confifcation ne devroit regarder que le Prince.

Cependant ils jouiffent de ce droit pour les biens & effets du condamné à mort naturelle ou civile, qui fe trouvent dans l'étendue de leur Seigneurie ; & cela en vertu de conceffions que nos Rois leur en ont accordées anciennement, & renouvellées & confirmées dans la fuite. *V.* Brodeau fur l'art. 183. de la Coutume de Paris, nomb. 5. & 21.

Mais fur la confifcation qui appartient aux Seigneurs Hauts-Jufticiers, l'on admet une amende au Roi, pour réparation de l'injure faite au Public par le crime du condamné.

Cette amende fe paye par tous les Seigneurs, à proportion de ce qui revient à chacun d'eux dans les biens des condamnés ; & ils ne font pas folidairement tenus de cette amende, parce que les Seigneurs Hauts-Jufticiers ne font pas *hæredes, fed fucceffores bonorum. Voyez* Bacquet, des Droits de Juftice, chap. 13. nomb. 7. & fuiv.

Comme il n'y a point de confifcation que des biens qui reftent après que les créanciers font payés, tous ceux qui profitent de la confifcation, doivent contribuer au payement des dettes à proportion de ce qui leur en revient : *Etenim bona non intelliguntur nifi deducto ære alieno. Leg.* 39. §. 1. *ff. de verb. fignif.*

Voyez Taifand fur la Coutume de Bourgogne, tit. 2. art. 3. *Voyez* Amende.

Cela fait que le Seigneur Haut-Jufticier à qui la confifcation appartient, ou le donataire, doit commencer par faire faire inventaire des biens du condamné ; autrement il pourroit être pourfuivi pour toutes les dettes, quand même elles excederoient les biens du condamné.

Comme après la confifcation jugée contre un criminel, le Seigneur à qui appartient la confifcation, ou le donataire d'icelle, n'eft pas Partie capable pour défendre aux droits des créanciers du condamné, & fouffrir la vente de fes biens, il faut qu'il faffe créer un curateur aux biens confifqués. *Voyez* Auzanet fur l'art. 183. de la Coutume de Paris.

Avant que de décréter les biens qui ont appartenu à un confifqué, & qui en conféquence de la confifcation appartiennent au Roi, fommation ou commandement de payer doit être fait au Receveur du Domaine où les héritages font affis.

Mais lorfque la confifcation eft adjugée à autre Seigneur Haut-Jufticier qu'au Roi, il faut faire le commandement au confifcataire. Bibliotheque de Bouchel, *verbo* Commandement.

Si les créanciers d'un débiteur ont fait décreter fes biens, qu'ils ayent été depuis confifqués, le confifcataire n'en peut pas empêcher l'adjudication ; fauf à lui, s'il y a quelques deniers de refte, à les prendre, en vertu de fon droit de confifcation. Bouvot, tom. 2. *verbo* confifcation, queft. 5.

Dans les dettes du condamné qui doivent être acquittées par les confifcataires, on comprend, I°. Les reparations civiles. Sur quoi il faut remarquer que par Arrêt du 1. Septembre 1704. rendu en la Grande Chambre , au rolle de Chartres , il a été jugé qu'un Seigneur à qui la confiscation appartient, est non-recevable à interjetter appel de la Sentence , par laquelle on avoit adjugé une somme de vingt mille livres de dommages & intérêts à la Partie civile , contre l'accusé & condamné ; d'autant que le Seigneur doit prendre les biens du confisqué en l'état qu'ils se trouvent lors du Jugement qui prononce la confiscation & les intérêts civils : M. de Bercy, maître de Requêtes ; M. le Duc de Foix, les Peres de la Million , & la Partie civile.

IIº. Les amendes & frais de Justice.

IIIº. Le douaire préfix ou coutumier , que les enfans du condamné peuvent prétendre en qualité de créanciers de leur pere ; mais ils n'ont aucun droit de demander la légitime sur ses biens. Ainsi la confiscation a lieu , sans aucune réserve aux enfans, de légitime , d'alimens ni de nourriture. V. Bacquet en son Traité des droits de Justice , ch. 15. nomb. 1. & Charondas , liv. 7. rep. 115.

La raison de la différence est , que le douaire est dû du jour du mariage ; & que les enfans , en renonçant à la succession de leur pere , sont créanciers par rapport au douaire. Mais on ne peut être légitimaire , qu'on ne soit héritier : or qui confisque ses biens, n'a point d'héritier.

IVº. Les conventions des femmes des condamnés , qui sont portées par leurs contrats de mariage , & leur part en la communauté.

Vº. Généralement tout ce dont le condamné est redevable au tems que la confiscation a lieu , doit être pris sur les biens confisqués.

La confiscation ne s'étend que sur les biens du condamné , & ne touche en aucune maniere les biens qui appartiennent à autrui, suivant la régle , *Nemo ex ære alieno debet prægravari.*

La confiscation ne peut aussi avoir lieu qu'aux mêmes charges & conditions que le condamné possédoit les biens confisqués. Ainsi la confiscation ne peut nuire à celui qui en a l'usufruit, ni à ceux à qui les biens doivent revenir par droit de substitution. Brodeau sur Louet, lett. C, soumm. 53. Basset , tom. 1. liv. 3. tit. 13. chap. 2.

Suivant la régle , que le condamné à mort naturelle ou civile ne peut confisquer que les biens qui lui appartiennent , il s'ensuit que le mari qui est condamné à quelque peine qui emporte confiscation , ne préjudicie point à la part que sa femme a dans la communauté.

Le mari ne confisque donc en ce cas que ses propres, & la moitié des meubles & conquêts , l'autre moitié demeurant à la femme avec son douaire, parce qu'il ne seroit pas juste que la femme fût punie pour le forfait de son mari.

Injustum est , dit Dumoulin sur l'art. 30. de la Coutume d'Auxerre , *ut perdat mulier mediam partem mobilium & conquestuum , quam extraneus socius non perderet* Ce qui est conforme à la Loi. *Si reo* , §. ult. ff. de fidejussorib. & à la Loi *Nec permittendum* , ff. pro socio.

Mais lorsque dans ce cas la femme accepte la communauté, elle est tenue de la moitié des dettes.

Voyez M. Louet , lett. C, somm. 35. & 52. & lett. F , somm. 14. Papon , liv. 5. tit. 10. nomb. 7. Charondas , liv. 9. rép. 50. M. le Prêtre , cent. 2. chap. 78.

Pour ce qui est de la confiscation qui arrive par la mort naturelle ou civile de la femme, elle n'a pareillement lieu que pour les propres de la femme , & pour la part qu'elle a dans la communauté ; parce que *omnis societas morte unius è sociis extinguitur.*

Voyez M. le Brun en son Traité de la communauté, liv. 2. chap. 2. nomb. 17.

Il y a plus , c'est que , quand la femme est condamnée pour crime commis envers la personne de son mari , la confiscation de ses biens ne comprend pas la part qu'elle avoit droit de prendre dans la communauté , laquelle appartient au mari ou à ses héritiers.

La raison est , qu'elle s'est rendue indigne de prendre part dans cette communauté , par le crime qu'elle a commis envers son mari. Ainsi , quand une femme est complice du meurtre de son mari , elle doit être privée non-seulement des avantages portés par son contrat de mariage , mais encore du droit de communauté : en sorte que toute la communauté demeure au profit du mari , sans que le confiscataire du bien de la femme y puisse rien prétendre. Arrêt des Desclaircins du dix-sept Février 1677. confirmatif de la Sentence du Châtelet qui l'a jugé ainsi.

Il y a quelques Coutumes particulieres , comme celle d'Orléans , art. 109. qui portent que la femme , pour quelque crime qu'elle soit condamnée , ne confisque jamais la part qu'elle a dans la communauté ; de sorte que la moitié des effets dont elle est composée , appartient aux héritiers de la femme , dans tous les cas où elle est condamnée pour crime qui emporte confiscation de biens. D'autres portent que la part de la femme demeure au mari , *jure non decrescendi* , comme celle d'Auxerre en l'art 29.

Mais ces Coutumes ne doivent être observées que dans leur territoire. Ainsi dans celles de Paris & dans les autres qui ne disent rien sur ce point, la confiscation des biens de la femme fait dissoudre la communauté dont la moitié appartient au Seigneur Haut-Justicier, & l'autre reste au mari : ce qui doit avoir lieu dans le cas même où la confiscation n'est causée que par la mort civile de sa femme.

Voyez ce que j'ai dit à ce sujet sur l'art. 183. de la Coutume de Paris , §. 2. nomb. 19.

Après avoir donné tous ses principes généraux sur la confiscation , je vais finir cet article par quelques observations importantes.

Iº. Les immeubles que prend le Seigneur par droit de confiscation, lui sont acquêts, quand bien même son fief lui seroit propre. La raison est , que les biens confisqués au profit du Seigneur ne lui appartiennent pas par aucun droit de retour, mais par droit de Jurisdiction, dont la confiscation est une espece de fruit & de récompense pour dédommager le Seigneur Haut-Justicier des frais qu'il est obligé de pour faire la poursuite des crimes qui fe commettent dans fa Haute - Juftice.

IIº. Le Roi eft tenu de mettre hors fa main les biens qui lui échéent par confifcation, pour ne pas porter de dommage aux Seigneurs féodaux qui fe trouveroient privés de leurs droits, fi ces biens reftoient en fa main. Papon, l. 5. tit. 10. nomb. 7.

IIIº. Le don ou la remife de la confifcation accordée par le Prince aux enfans du condamné, ne change en aucune maniere la nature des biens confifqués : ainfi ceux qui leur feroient propres, s'ils n'étoient pas confifqués, demeurent propres en leurs perfonnes. *Voye?* ci-après Don de Confifcation.

IVº. Ce que quelques Coutumes portent, que la confifcation n'a lieu qu'en crime de leze-Majefté, eft reftraint au crime de leze-Majefté au premier chef, & ne fe doit point entendre de ce crime au fecond chef, tel que feroit celui de fauffe monnoie.

Vº. Dans les Coutumes qui admettent la confifcation, mais qui ne portent pas, que qui confifque le corps, confifque les biens, il faut, pour que la confifcation ait lieu, que le Juge l'ait exprimée dans fon Jugement. Soefve, tome 2. cent. 3. chap. 61.

Comme il y a une infinité d'autres queftions importantes fur cette matiere, je renvoye le Lecteur à ce que j'en ai dit fur l'art. 183. de la Coutume de Paris ; & à-ce qu'en a dit M. Bretonnier dans fon Recueil alphabétique.

Voye? auffi Charondas, liv. 7. rép. 115. Papon, liv. 24. tit. 13. Defpeiffes, tome 2. page 694. & tome 3. page 116. Pontanus fur la Coutume de Blois, art. 20. tit. 3. Dumoulin fur celle de Paris, §. 30. tit. 1. Bodin dans fa République, liv. 5. tit. 12. Bacquet, des Droits de Juftice, chap. 11. 12. 13. 14. 15. & 16. Perchembault fur la Coutume de Bretagne, tit. 15. M. le Bret, Traité de la Souveraineté, liv. 3. chap. 13. Julius Clarus, *lib.* 5. *Senten. quæft.* 78. & 79. Chopin, du Domaine, liv. 1. chap. 7. & fuiv. Coquille fur le chap. 2. de la Coutume de Nivernois.

CONFISCATION DE MARCHANDISES, eft une adjudication au profit du Roi, ou de ceux qui font à ces droits, des marchandifes qu'on veut faire entrer fans payer les droits établis.

Elle a lieu, 1º, quand les chofes que l'on veut faire paffer, font de contrebande ; c'eft-à-dire, quand le commerce en eft défendu, ou que le tranfport n'en eft pas permis d'un lieu à un autre.

IIº. Quand on les vend fans en avoir la permiffion.

IIIº. Quand elles font défectueufes.

Enfin cette peine eft encourue contre tous ceux qui tombent dans la contravention d'une Ordonnance ou d'un Réglement qui prononce la confifcation.

CONFISCATION DE FIEF, eft la perte que le Vaffal en fait, lorfqu'il le fait tomber en commife. En un mot, c'eft la reverfion du fief fervant au fief dominant, caufée par l'ingratitude du Vaffal, c'eft-à-dire par défaveu ou par félonie. *Voye?* Commife. *Voye?* auffi Dumoulin, tit. des Fiefs, §. 30. du Luc, liv. 6. tit. 5. Papon, liv. 15.

tit. 4. nomb. 5. Mornac, *ad leg. 27. §. 3. ff. de pact.*

CONFLIT DE JURISDICTION, fignifie la conteftation qui eft entre des Officiers de différentes Jurifdictions, qui prétendent que la connoiffance d'une affaire leur appartient : qui fait qu'une Partie fe trouve diftraite en deux Jurifdictions différentes pour la même affaire.

Voye? Réglement de Juges.

CONFLIT, fe dit auffi entre deux Chambres, foit du Parlement, foit des Requêtes.

Aux Requêtes du Palais, c'eft ordinairement le défendeur qui faifit la Chambre où il veut aller. S'il fe trouve des Sentences rendues pour la même caufe dans les deux Chambres, on prend une Sentence qui ordonne que les pieces feront mifes entre les mains des Doyens des deux Chambres ; & ces deux Doyens décident entr'eux où la caufe doit être portée ; cela fe décide fur le premier avenir après les défenfes fournies.

Si c'eft au Parlement, comme entre deux Chambres des Enquêtes, ou entre les Enquêtes & la Grande Chambre, on donne fa Requête en conflit au Parquet. M. le Procureur général met : *Les Parties ouies, ou leur Confeil, je ferai ce que de raifon.* On fignifie un appointement, avec fommation de plaider. On plaide devant Meffieurs les Avocats généraux, qui rendent un Arrêt qui fe reçoit à la Grande Chambre, comme les autres appointemens.

S'il y a conflit entre deux Cours, comme entre la Cour des Aydes & le Parlement, les Avocats généraux de la Cour des Aydes viennent au Parquet du Parlement ; la caufe fe plaide par le miniftere d'un Subftitut de chaque Jurifdiction, & les Avocats généraux des deux Jurifdictions décident. Lorfqu'ils ne peuvent pas fe concilier, il faut fe pourvoir au Confeil en réglement de Juges.

CONFLIT ENTRE LES JUGES ORDINAIRES ET LES ELUS. L'article 37. du titre commun de l'Ordonnance de 1681. porte que les informations faites, tant par les Juges & Officiers des Jurifdictions ordinaires, que par ceux des Elections, Greniers à Sel, Traités, & autres en cas de conflit pour la compétence, feront envoyés inceffamment au Greffe du Confeil, pour y être les Parties réglées de Juges. Cependant fera l'inftruction du procès continuée jufqu'au Jugement définitif par les Officiers des Elections, Gréniers à Sel, Traités, & autres Juges des droits du Roi, & fera furfis au Jugement jufqu'à ce que la compétence ait été réglée.

CONFORTEMAIN, eft une Commiffion du Roi, obtenue en Chancellerie par le Seigneur féodal ou cenfier, pour confronter ou fortifier la faifie du Seigneur, par lui faite fur le fief de fon Vaffal, ou fur un héritage cenfuel, à l'effet d'empêcher que le Vaffal ou le propriétaire de l'héritage faifi n'entreprenne d'enfreindre la main-mife ou faifie faite par le Seigneur.

Il en eft parlé dans les Coutumes d'Angoumois, art. 11. d'Auvergne, ch. 22. art. 2. Berry, tit. 5. art. 26. Blois, art. 39.

Voyez la Conférence des Coutumes , & l'Edit de François I. de l'année 1536. *Voyez* auffi Bacquet en fon Traité de Droits de Juftice , chap. 4. nom. 23.

CONFRAIRIE , eft une fociété de perfonnes légitimement établie pour faire quelques exercices de dévotion , ou quelques œuvres de piété.

Pour qu'une Confrairie foit légitimement établie , il faut , I°. que l'établiffement s'en faffe du confentement de l'Evêque diocefain , lequel eft en droit de s'oppofer à toutes celles que l'on voudroit entreprendre de nouveau dans fon Diocèfe. *Cap. cum & plantare , extra de privileg. & exceffib. privileg.*

II°. Il faut que l'établiffement s'en faffe en vertu des Lettres Patentes du Roi bien & dûement vérifiées. *Voyez* les Preuves des Libertés de l'Eglife Gallicane , tome 2. ch. 25. nom. 1. Defmaifons , lett. C , Soefve , tome 2. cent. 1. chap. 79. Charondas , liv. 12. rép. 65.

Cela eft fi vrai , que M. le Procureur général , & fes Subftituts dans les Baillages & Sénéchauffées , font en droit de demander aux Confreres les Lettres Patentes d'établiffement de leur Confrairies , & les Arrêts de leurs vérifications. Preuves des Libertés de l'Eglife Gallicane , tome 2. chap. 25. nomb. 11.

Les biens d'une Confrairie font cenfés biens d'Eglife , & par conféquent ne peuvent être aliénés fans une jufte caufe , & fans obferver les formalités réquifes , en la vente des biens d'Eglife. Boniface , tome 1. liv. 2. tit. 6. chap. 2.

Cependant les Confrairies , de quelque valeur qu'elles foient , ne font pas des Bénéfices. *Voyez* les Définitions canoniques , *verbo* Confrairies.

Les Juges féculiers ne peuvent prendre connoiffance du Service divin , ni du fait des Confrairies , comme de leurs Statuts & Réglemens. *Voyez* les Mémoires du Clergé , édition de 1716. tome 5. page 1522. Mais la queftion de la préféance entre deux Confrairies , n'eft pas de la connoiffance de l'Official ; comme il a été jugé par Arrêt du Parlement de Rouen le 8. Mars 1667. *Voyez* Bafnage , titre de Jurifdiction , art. 1.

C'eft donc au Juge royal d'en connoître , auffi bien que des caufes que les Confrairies peuvent avoir pour raifon de leurs biens temporels.

Boniface , tom. 3. liv. 1. tit. 8. chap. 24. rapporte un Arrêt du Parlement d'Aix du 20. Octobre 1678. qui a jugé que les caufes des Confrairies font de la connoiffance des Juges royaux , & non des Sénéchaux.

Lorfqu'une Confrairie eft établie légitimement , aucun des particuliers qui la compofent ne fe peut difpenfer des charges de cette fociété , à moins qu'il n'ait une exemption d'être Marguillier : comme il a été jugé par Arrêt rendu en la Grande Chambre le 29. Avril 1712. fur les conclufions de M. l'Avocat général Chauvelin.

On peut encore s'exempter des charges d'une Confrairie , en la quittant : ce qu'on peut faire en quelque tems que ce foit.

Ceux qui fervent à des Confrairies ne font pas pour cela exempts de la collecte des tailles pendant les années qu'ils font en charge ; comme il a été jugé par Arrêt de la Cour des Aydes le 26. Juillet 1660. rapporté dans le Journal des Audiences.

Voyez Maynard , liv. 7. chap. 16. l'Ordonnance de François I. celle de Charles IX. aux Etats d'Orléans , art. 10. & Fontanon , tome 1. liv. 5. tit. 30. pag. 185. *Voyez* auffi le Traité de la Police , tome 1. liv. 2. tit. 12. où il eft parlé des Confrairies en général , & de celles établies en France , dont la plûpart ont été établies par rapport aux abus qui s'y commettoient.

CONFRONTATION , eft la repréfentation à l'accufé des témoins qui ont dépofé contre lui , laquelle fe fait après le recollement , *ut teftes eum agnofcant , & quafi condemnent.*

Les témoins ne font point confrontés , qu'ils n'ayent été auparavant recollés , pour voir s'ils perfiftent en leurs dépofitions. Voici de quelle maniere fe fait cette confrontation. Après qu'on a lû à un témoin fa dépofition , & qu'il a perfifté , on fait venir l'accufé ; & quand ils font en préfence l'un de l'autre , le Juge , après leur avoir fait prêter ferment , les interpelle de déclarer s'ils fe connoiffent. Enfuite il interpelle auffi l'Accufé de fournir fes reproches contre le témoin , au cas qu'il en ait.

On ne fait point , comme nous avons dit , la confrontation des témoins , qu'après le recollement ; mais il faut encore remarquer qu'il doit être fait lecture du recollement lors de la confrontation. Il y a un Arrêt de Réglement du 29. Mai 1603. qui ordonne ainfi.

Il n'eft pas néceffaire de confronter , I°. les témoins qui n'ont pas été récollés. Baffet , tome 1. liv. 6. tit. 10. chap. 4.

II°. Ceux qui au récollement fe font entiérement rétractés , ou ont varié de maniere que de leur dépofition il ne refte rien contre l'accufé , ou qui ont déclaré , en procédant au récollement , ne point connoître le prévenu du crime. Charondas en fes Pandectes , liv. 4. tit. 8.

On ne procede par récollement & confrontation de témoins , que quand il s'agit de crime qui mérite peine afflictive ; autrement , quoique l'affaire ait été d'abord pourfuivie criminellement , elle doit être civilifée.

Mais après la confrontation faite des témoins à l'accufé , l'affaire ne peut plus être civilifée. Il faut que fur les conclufions du Procureur du Roi ou de fon fubftitut , le Juge prononce par abfolution ou condamnation. Boniface , tome 5. liv. 3. tit. 18. chap. 3.

Au refte , les Juges ne peuvent rendre un Jugement criminel fur le fondement de la preuve teftimoniale , que quand les témoins ont été confrontés à l'accufé.

Voyez le tit. 15. de l'Ordonnance de 1670. avec les Notes de Bornier.

CONFRONTATION DES COMPLICES L'UN A L'AUTRE , a lieu lorfqu'ils s'accufent l'un l'autre , ou qu'ils fe contrarient dans leurs réponfes ; comme s'ils conviennent tous avoir été préfens à la mort d'un homme , & que l'un dife que c'étoit dans un prés, l'autre dans un chemin : ou si l'un a avoué ce que l'autre a nié, on ordonne cette confrontation, qui est appellée par les Praticiens, *accariation* ou *affrontation*.

Dans cette confrontation mutuelle de plusieurs accusés, chacun d'eux a ses reproches libres contre le coaccusé, de même qu'il les a contre les témoins. *Voyez* l'art. 23. du tit. 15. de l'Ordonnance de 1670.

La confrontation mutuelle de deux accusés d'un même crime, ne peut être faite qu'après que tous les témoins auront été récollés & confrontés.

La raison est, que cette confrontation n'a été introduite & n'est faite que pour éclaircir ce qui peut rester de douteux après le récollement & la confrontation de témoins, & que dans ce récollement & confrontation de témoins il peut survenir de nouveaux faits & de nouvelles charges, dont il est nécessaire que le Juge soit instruit avant que de procéder à la confrontation mutuelle des accusés.

CONFRONTATION D'ECRITURES, est la comparaison des écritures qui se fait dans les inscriptions de faux.

CONFUSION D'ACTIONS ET DE DROITS, est un moyen de dissoudre une obligation par le moyen du concours de la créance & de la dette en une même personne.

Ainsi, quand l'héritier pur & simple se trouve créancier ou débiteur du défunt auquel il succede, la dette, par l'addition de l'hérédité, se trouve confuse en sa personne, & l'obligation est éteinte : *Concursu creditoris & debitoris in eamdem personam fit confusio ; veluti cùm debitor creditoris, vel creditor debitoris, vel tertius utriusque hæres existit. Leg. debitori, ff. de fideijussorib. Leg. licet, cod. ad Leg. Falcid.*

La raison est, que personne ne peut être créancier & débiteur de soi-même.

Cette confusion n'a pas lieu à l'égard de l'héritier bénéficiaire, lequel, nonobstant cette qualité, en cas que les biens de la succession ne soient pas suffisans pour payer les dettes du défunt, & les legs, s'il y en a, peut poursuivre le payement de ce qui lui est dû, ou par préférence aux autres créanciers.

Si la dette est privilégiée, ou par concurrence, ou selon l'ordre de son hypotheque, avec les autres créanciers, & par préférence aux légataires.

La raison est, que l'effet du bénéfice d'inventaire est d'empêcher que la qualité d'héritier ne préjudicie à celui qui a eu recours à ce bénéfice.

Quand le propriétaire du fond dominant devient aussi propriétaire du fonds servant, ou au contraire, la servitude est éteinte ; *leg.* 1. *ff. quemadmodum servit. amitt.* ou bien lorsque l'usufruit est consolidé à la propriété, *leg.* 4. *ff. de obligat. & actionib.*

Suivant cette maxime, *cessante causâ cessat effectus*, l'action éteinte par la confusion, renaît quand la confusion cesse. *Voyez* ce que j'ai dit à ce sujet, lettre A, en parlant de l'action éteinte qui renaît.

Touchant la confusion d'actions & de droits, *voyez* Bejordeau, lett. A, art. 22. & lett. C, art. 33. Despeisses, tome 1. part. 4. tit. 7. Renusson,

Traité des Propres, chap. 6. sect. 5. Brodeau sur Louet, lett. F, somm. 5. M. le Prêtre ès Arrêts de la Cinquiéme, & cent. 2. chap. 99. les Reliefs forenses de Rouillard, ch. 37. Auzanet sur les articles 257. & 326. de la Coutume de Paris ; Soefve, tome 2. cent. 4. chap. 8. Basnage sur les art. 245. 319. & 347. De la Coutume de Normandie ; & M. Augeard, tome 1. chap. 95.

CONGÉ, dans sa propre signification, est un Jugement rendu contre le demandeur défaillant. Ainsi le congé est contre le demandeur ou l'appellant, ce que le défaut est contre le défendeur ou l'intimé.

Il y a deux sortes de congé ; sçavoir, faute de se présenter, & faute de venir plaider : à quoi il faut ajouter une troisiéme espéce de congé, qui est celui faute de conclure, qui n'a lieu qu'en cause d'appel en procès par écrit.

CONGÉ FAUTE DE SE PRÉSENTER, est un acte délivré sur le Registre des présentations, contre le demandeur qui ne se présente pas dans les délais porté par l'Ordonnance.

CONGÉ FAUTE DE VENIR PLAIDER, est celui qui se donne au défendeur contre le demandeur qui ne comparoît pas à l'Audience ; & tel congé absout le défendeur de la demande.

CONGÉ FAUTE DE CONCLURE, est un défaut qui se donne contre l'intimé, faute par son Procureur de signer l'appointement de conclusions, dans le tems & en la maniere prescrite par l'art. 19. du tit. 11. de l'Ordonnance de 1667.

Voyez appointement de conclusion. *Voyez* Appellation en procès par écrit.

CONGÉ D'ADJUGER, est un Jugement qui porte que le bien saisi réellement sera vendu & adjugé par décret, au quarantiéme jour, au plus offrant & dernier enchérisseur, & qu'à cet effet les affiches seront apposées aux lieux où l'on a coutume d'en mettre.

Ce jugement est rendu sur l'assignation qui est donnée à la partie saisie pour le poursuivant criées, à l'effet de proposer ses moyens de nullité, si aucuns il a, contre les exploits de commandement, saisie réelle, établissement de Commissaire, signification d'icelle saisie, apposition d'affiches avec pannonceaux royaux, signification de ladite apposition, procès verbal des quatre criées, & quatorzaines anciennes ; ordinaires & accoutumées, certifications d'icelles, & Sentence ou Arrêt de rapport.

Sur cette assignation, la Sentence ou Arrêt qui intervient, faute par la Partie saisie de proposer des moyens admissibles, déclare le tout bon & valable ; & en conséquence ordonne *que la maison ou chose saisie sera vendue par décret & autorité de Justice au Parquet de…. au plus offrant & dernier enchérisseur, en la forme & maniere accoutumée ; dans les délais & suivant l'Ordonnance & la Coutume ; & que pour y parvenir, l'enchere de quarantaine sera lue, publiée & affichée, mise & apposée ès lieux & endroits accoutumés en la maniere ordinaire, sans plus convoquer ni appeler le défendeur.*

Ce Jugement ne doit être rendu suivant l'Edit de 1551. qu'après qu'on a statué sur les oppositions formées afin de diftraire ou afin de charge. Mais quand on veut accélérer, on fait la procédure pour parvenir au congé d'adjuger dans le temps de l'inftruction fur fes oppofitions. *Voyez.* M. le Maître en fon Traité des criées.

La principale piece de cette procédure eft l'affignation à la Partie faifie, pour donner fes moyens de nullité, fi elle en a quélqu'un à propofer contre les criées & contre la certification qui en a été faite, & pour voir prononcer le congé d'adjuger.

Voyez ce qui eft dit fur cette affignation dans le Traité de la vente des immeubles par décret de M. d'Hericourt, chap. 9. & au chap. 12. feɛt. 5.

La Sentence ou Arrêt de congé d'adjuger ne fe rend pas à l'Audience, parce qu'il faut préalablement examiner les titres de la créance, la faifie réelle, les criées & la Sentence de certification : ce qui ne fe peut faire fur un appointement à produire, ou par forclufion de produire.

Cette Sentence ou Arrêt de congé d'adjuger doit être fignifiée au Procureur du faifi, s'il y en a un, finon à fon domicile, & fi l'on veut, aux Procureurs oppofans, ou au Procureur plus ancien d'iceux.

Il n'eft pas néceffaire de la faire publier ni afficher ; il faut feulement, après qu'elle eft fignifiée, la porter avec les criées, & faire enregiftrer le tout au Greffe des criées, afin que le Greffier n'en ignore, & n'ait plus à recevoir d'oppofitions afin de diftraire ou de charge ; lequel enregiftrement fe fait fans frais.

Si les criées fe trouvent mal faites en la forme ou au fond, comme parce que le faifi ne doit pas, on les déclare nulles, & le faififfant eft condamné aux dommages & intérêts ; ce qui emporte mainlevée, fi on ne faifit de nouveau ; & par ce moyen, toutes les oppofitions des tierces perfonnes, quoique bien faites, font au néant.

L'effet du congé d'adjuger eft d'exclure aux Requêtes & au Parlement les oppofitions afin d'annuller, de diftraire, ou de charge ; enforte qu'après le congé d'adjuger elles ne font plus reçues dans ces Jurifdiɛtions : comme nous-dirons, *verbo* Oppofition en fait de décret.

CONGÉ D'ENTRÉE, eft un acquit que les Buraliftes délivrent, à l'effet de pouvoir enlever des vins ou autres marchandifes, & les faire entrer dans la Ville. Ces congés, qui fe donnent aux portes, s'appellent des *laiffez-paffer.*

CONGÉ DE REMUAGE, eft une permiffion que les Bourgeois prennent aux bureaux principaux de Villes & lieux, de pouvoir faire charger leurs vins d'un lieu à un autre, ou d'une cave à une autre.

Faute de ce congé, les vins feroient confifcables, & les voitures qui les tranfporteroient, pourroient être faifies.

Voyez le Diɛtionnaire des Aydes, où les Déclarations qui concernent cette matiere font rapportées.

CONGÉ, en fait de Marine, eft une permiffion de l'Amiral ou de fes Officiers de mettre des Vaiffeaux & Barques à la voile, après que la vifite en a été faite, & qu'il ne s'eft rien trouvé en contrebande dedans. Suivant l'Ordonnance de la Marine, aucun Vaiffeau ne peut fortir des ports du Royaume pour aller en mer, fans prendre un congé de l'Amiral, qui doit être enrégiftré au Greffe de l'Amirauté.

Ce congé doit contenir le nom du Maître, celui du Vaiffeau, fon port, fa charge, le lieu de fon départ, & celui de fa deftination.

CONGÉ, en fait de Louage, eft une déclaration que le propriétaire ou le principal locataire d'une maifon ou héritage, fait à un locataire ou à un fous-locataire, fermier ou fous-fermier, qu'il lui donne congé, & qu'il ait à vuider les lieux & à en fortir au terme le plus prochain, ou autre, fuivant la nature & la qualité de l'héritage loué ou fous-loué.

On appelle auffi congé, la déclaration qu'un locataire ou fermier fait au propriétaire d'une maifon ou héritage, qu'il n'entend plus occuper les lieux, & qu'il donne congé pour le terme le plus prochain, ou autre, fuivant la qualité de l'héritage.

Quand une perfonne occupe une ou deux chambres, & même un appartement d'un prix modique, il fuffit que le congé foit donné fix femaines avant le terme prochain ; mais fi l'appartement étoit de deux cens francs, il faudroit que le congé fût donné trois mois avant le terme pour lequel le congé feroit donné.

Si c'eft une maifon entiere, ou portion de maifon avec boutique, il faut que le congé foit donné fix mois avant le terme pour lequel le congé eft donné ; par exemple, le premier Juillet pour le jour de Noël.

Si c'eft une ferme le congé doit être donné un an avant le terme auquel il doit échoir.

Lorfque l'une des Parties n'accepte pas le congé à l'amiable, l'autre le fait fignifier par un Huiffier, avec affignation pardevant le Juge du domicile, pour le voir déclarer bon & valable pour le jour défigné.

Quand il y a un bail par écrit, il n'eft pas néceffaire de donner congé ; le temps de l'échéance du bail avertit fuffifamment que leur engagement reciproque finit à tel terme, parce que *dies interpellat pro homine.*

Mais fi le preneur à bail continue d'occuper les lieux, du tacite confentement du bailleur, il fe fait alors une tacite réconduɛtion aux claufes & conditions portées par le bail, mais qui n'en a pas la durée ; comme il paroit par ce que nous difons, *verbo* Tacite réconduɛtion.

CONGÉABLE. *Voyez* Domaine congéable.

CONGRÉS, étoit une preuve juridique qui fe faifoit autrefois dans les caufes de mariage, quand on en prétendoit la nullité pour raifon d'impuiffance.

Cette efpece de preuve, inconnue au Droit civil & au Droit canon, s'étoit introduite dans les Tribunaux eccléfiaftiques vers le milieu du fixieme fiecle.

Cette preuve honteufe fe faifoit en préfence des Chirurgiens & des Matrônes, par ordonnance des Juges

Juges eccléfiaftiques, quand une femme demandoit la diffolution du mariage, à caufe de l'impuiffance de fon mari.

On en attribue l'origine à l'effronterie d'un jeune homme, qui, accufé d'impuiffance par fa femme, s'offrit à démontrer en préfence de Chirurgiens & de Matrônes la fauffeté de cette accufation. Le Juge trop facile lui accorda fa demande, la croyant un moyen infaillible de découvrir la vérité.

Cette preuve, quelque contraire qu'elle foit à la pureté de nos mœurs, forma une Jurifprudence reçue dans les Officialités, & autorifée par les Arrêts.

On a reconnu depuis la jufte horreur que l'on devoit avoir de cet ufage odieux, qui offenfe les bonnes mœurs, la Religion, la Juftice, & la nature même; car rien n'eft plus honteux que cette infpection, pour laquelle la nuit n'a pas affez de ténèbres, ni la nature affez de voiles.

D'ailleurs on a reconnu auffi que la prétendue certitude qu'on en pouvoit tirer, & qui feule l'avoit fait accepter, étoit une illufion; & que dans la plûpart de ceux que l'on y affujettiffoit, la honte de l'accufation, la crainte d'un événement incertain, la pudeur, & le trouble caufé par la préfence des Experts, produifoient le même effet que l'impuiffance naturelle.

Cela fit que l'ufage du congrés fut défendu par Arrêt du Parlement du 18. Février 1677. Cet Arrêt fi fage fert aujourd'hui de Loi par-tout le Royaume. Ainfi les Juges eccléfiaftiques ne fouillent plus depuis cet Arrêt leurs décifions par l'impureté d'une telle preuve.

Cet Arrêt eft rapporté dans le Journal du Palais; dans Soefve, tome 2. cent. 4. ch. 86. & dans le huitieme volume des Caufes célèbres.

Voyez cet Arrêt, & ce qui eft dit ici, *verbo* Impuiffance, où fe rapporte par quelles voies l'impuiffance fe peut aujourd'hui prouver.

CONGRIER. *Voyez* Droit de Congrier.

CONJECTURES. *Voyez* Indices.

CONJOINTS, font ceux qui font unis par le lien du mariage, & font appellés mari & femme.

Avant la célébration du mariage, il leur eft libre de fe faire toutes fortes de donations; mais dès qu'ils font mariés, ils ne peuvent plus fe rien dònner, même par difpofition à caufe de mort, du moins en la plus grande partie de pays coutumier.

Touchant l'incapacité particuliere qui eft entre le mari & la femme, de fe pouvoir avantager pendant le mariage, *voyez* M. Ricard en fon Traité des Donations entre-vifs, part. 1. chap. 3. fect. 6. & M. le Brun en fon traité de la Communauté, liv. 3. chap. 2. dift. 2. *Voyez* auffi ce que j'ai dit fur l'art. 282. de la Coutume de Paris.

CONJONCTIVE. *Voyez* Particule conjonctive.

CONJURATION, eft une confpiration, ligue, cabale fecrette, pour attenter à la vie du Prince, ou à la liberté publique. *Voyez* Leze-Majefté.

CONNETABLE, eft un Officier de la Couronne qui eft au-deffus des Maréchaux de France, & le premier Officier des Armées. Mais cette dignité a été fupprimée en 1627. après la mort du Connétable de Lefdiguieres.

Les derniers Empereurs Romains ont eu des *Comtes d'Eftables*, dont le nom paffa chez les premiers Rois de France, avec la charge des chevaux & de l'écurie du Roi. Depuis, l'emploi de Connétable s'étendit dans les Armées, & d'Officier de la Maifon du Roi, il le devint de la Couronne. Il eft vrai que les Connétables n'étoient pas plus puiffans que les Chambellans & Chanceliers, & qu'ils foufcrivoient enfemble les Chartres & autres Ordonnances royales; mais depuis, le Connétable commença s'élever tellement, qu'on ne pouvoit l'offenfer par voie de fait, fans offenfer la perfonne du Roi.

Durant la minorité des Souverains, il étoit nommé auprès des Princes du Sang, avoit charge & commandement dans les Armées; & tous ceux qui étoient au Camp, lui rendoient obéiffance après le Roi. Cette prérogative fit que Bertrand du Guefclin refufa cette charge, difant qu'il ne lui appartenoit pas de commander aux freres, aux neveux & aux coufins dè Sa Majefté.

La garde de l'épée du Roi étoit commife au Connétable, & il la recevoit toute nue, & étoit obligé de lui en faire hommage-lige, fans être héréditaire.

Il régloit toutes les affaires de la guerre, comme la punition des crimes, le partage du butin, la reddition des Places, & enfin tout ce qui regardoit les foldats. Pour cela, il avoit un Officier, nommé Prévôt de la Connétable.

Depuis la fuppreffion de l'Office de Connétable, il y en a toujours eu au Sacre des Rois, c'eft-à-dire un Seigneur qui repréfente cet Officier de la Couronne.

Touchant la dignité de Connétable, *voyez* ce qui en eft dit dans du Tillet, part. 1. p. 389. & fuivantes; dans Boutillier en fa Somme rurale; dans les Recherches de Pafquier, liv. 2. ch. 12. dans la Bibliotheque hiftorique du Pere le Long, pag. 688. dans le Dictionnaire de Trevoux; & dans le Commentaire de l'Ordonnance de la Marine de 1681.

CONNETABLIE, eft la Jurifdiction des Maréchaux de France fur les gens de guerre, & fur tout ce qui regarde la guerre, tant en matiere civile que criminelle; & ils ne peuvent connoître de tout ce qui regarde point la guerre.

Elle eft appellée Connétablie, parce que quand il y avoit un Connétable, le Connétable & les Maréchaux de France ne faifoient qu'un Corps, dont le Connétable étoit le Chef, & rendoit la Juftice dans cette Jurifdiction.

Depuis que l'Office de Connétable a été fupprimé, cette Jurifdiction, qui a toujours retenu le nom de Connétablie, eft reftée à Meffieurs les Maréchaux de France, & le plus ancien d'eux en eft le Chef.

Le Connétable & les Maréchaux de France ne pouvant pas toujours rendre la Juftice, à caufe de leurs occupations militaires, créerent un Lieutenant général, un Lieutenant particulier, & un Procureur du Roi, pour juger en leur place.

Ainſi Meſſieurs les Maréchaux de France ne ſont aujourd'hui que les Baillifs de cette Juriſdiction. Mais outre ce Tribunal, ils en ont un qui ſe tient chez les plus anciens, comme premier Maréchal de France, où ils connoiſſent pas eux-mêmes & ſans appel de tous différends mûs entre Gentilshommes & gens faiſant profeſſion des armes, pour raiſon de leurs engagemens de parole & du point d'honneur.

Ils s'aſſemblent pour cela tous les Jeudis, & les Requêtes ſont miſes ès mains du Rapporteur & du Secrétaire des affaires. *Voyez* Point d'honneur.

La Connétablie connoît, I°. de tous crimes & délits commis par les gens de guerre au camp, ou en leurs garniſons, y allant ou revenant; mais elle ne connoît point des crimes que les gens de guerre peuvent avoir commis ailleurs.

II°. Des conteſtations qui peuvent naître entr'eux pour raiſon du butin ou rançon.

III°. Des caſſations des gens de guerre faites en faiſant les montres.

IV°. Des actions perſonnelles qu'ils peuvent avoir les uns contre les autres, en vertu de contrats, obligations & conventions par eux faites, touchant le fait & l'occaſion de la guerre.

V°. Des abus & malverſations commiſes par les Officiers de guerre, des différends qui naiſſent au ſujet du payement des Troupes, & des malverſations commiſes par les Tréſoriers & leurs Commis.

VI°. Elle connoît des conventions faites pour raiſon des Offices des Prévôts, Vice-Baillifs, Vice-Sénéchaux, Lieutenans criminels de Robe-courte, Chevalier du Guet, leurs Officiers & Archers; & des Commiſſaires, de Controlleurs, Payeurs, & autres Officiers de Milice; vente & adjudication deſdits Offices par l'autorité de Juſtice.

VII°. Des décrets des biens des condamnés par Jugement prévôtal.

VIII°. Des conteſtations qui peuvent naître entre les Officiers de guerre, & les Maîtres Armuriers & Fourbiſſeurs, pour le fait de leur négoce.

C'eſt auſſi à la Connétablie que ſont adreſſées les Lettres d'abolition, rémiſſion, pardon, qui s'obtiennent pour les délits commis par les Gens de guerre.

Dans tous les cas qui ſont de la compétence de cette Juriſdiction; les privilégiés ne peuvent faire renvoyer les cauſes aux Requêtes en vertu de leur Committimus.

On ſuit dans cette Juriſdiction le ſtile des Requêtes du Palais. Les Audiences s'y tiennent les Lundis, Jeudis & Samedis, dans la Galerie des Priſonniers du Palais, & eſt une des trois Tables de Marbre du Palais à Paris. Les Procureurs du Parlement y poſtulent.

On y juge définitivement, nonobſtant l'appel, juſqu'à cent livres en matiere ſommaire, & ſans préjudice de l'appel juſqu'à la ſomme de mille liv.

Les appellations interjettées des Sentences rendues en cette Juriſdiction, vont au Parlement.

Il nous reſte à remarquer, I°. que les Juges de la Connétablie ont un Sceau royal, figuré d'une façon particuliere, diſſemblable des autres Sceaux royaux, tant pour ſa grandeur, que parce qu'il repréſente un Connétable armé, & qui commande. Ce Sceau eſt gardé par le Lieutenant général, qui en reçoit l'émolument.

II°. Quand ils connoiſſent des délits, ils doivent être au nombre porté par les Ordonnances, en appellant des anciens Avocats de la Cour.

III°. Lorſqu'ils condamnent un coupable à mort, il doit être conduit au ſupplice par le Lieutenant général de la Connétablie, aſſiſté de ſon Greffier, & d'un nombre d'Archers ſuffiſant.

IV°. Il y a dans toutes les Armées, & à la ſuite des Troupes, des Prévôts qui jugent les coupables; & à l'égard des Déſerteurs, ils ſont jugés dans des Conſeils de guerre.

V°. Quand les Officiers & Soldats d'infanterie commettent quelque crime qui intéreſſe les Habitans de la Garniſon, les Juges des lieux en connoiſſent; ainſi qu'il eſt porté en l'art. 43. de l'Ordonnance du mois de Mai 1665.

Voyez touchant la Connétablie, ce qui en eſt dit dans la Bibliotheque de Jovet, *verbo* Connétablie, & dans la Bibliotheque hiſtorique du Pere le Long, pag. 375.

C O N N O I S S E M E N T, eſt la reconnoiſſance qu'un Maître d'un Vaiſſeau donne à un Marchand, de la quantité & qualité des Marchandiſes chargées dans ſon Vaiſſeau, avec ſoumiſſion de les faire arriver au lieu deſtiné.

CONQUETS, *generaliter ſumpto hoc vocabulo, ſunt bona cum alio conjunctim acquiſita.* C'eſt ce qui fait que parmi nous, en Pays Coutumier, nous appellons *conquêts* les immeubles acquis par le mari & la femme pendant leur Communauté.

Il paroît par ce que nous venons de dire, qu'on entend par Conquêt un immeuble dont l'acquiſition a été faite par deux perſonnes; au lieu que par *acquêt* on entend un immeuble dont l'acquiſition a été faite par une ſeule perſonne.

Les immeubles qui adviennent aux conjoints par ſucceſſion, tant en ligne collaterale, qu'en ligne directe, & ceux qui leur adviennent par donation en ligne directe, ne ſont point conquêts, mais ils ſont propres à celui des conjoints à qui ils adviennent.

Les conquêts tombent dans la communauté conjugale, & ſont communs entre l'un & l'autre des conjoints: d'où il s'enſuit qu'ils ſe partagent également, avenant la mort de l'un ou de l'autre, entre le ſurvivant & les héritiers du prédécedé, au cas que la femme accepte la communauté. *Voyez* Acquêts. *Voyez* Propres.

CONSANGUINITÉ, ſe prenoit chez les Romains pour l'agnation: mais ce terme ſignifie parmi nous toute ſorte de parenté & de cognation, de même que dans les Textes du Droit canon.

Ainſi conſanguinité eſt le lien qui eſt entre les perſonnes qui deſcendent l'une de l'autre, ou qui deſcendent d'une même ſouche.

Voyez ce que j'ai dit ſur le §. 1. & ſuiv. du tit. 10. du liv. 1. des inſtitutes, & ſur le ſixieme tit. du troiſieme liv.

CONSANGUINS. On appelle freres conſanguins ceux qui ſont nés d'un même pere, & non pas d'une même mere : ceux qui font nés d'une même mere, & non pas d'un même pere, font appellés freres uterins : ceux enfin qui font nés d'un même pere & d'une même mere, font appellés germains.

CONSEIL, fignifie une délibération qu'on prend, ou un avis qu'on reçoit fur une affaire. Ce terme fe prend auffi pour une fimple confultation d'Avocats.

Le Confeil qu'on donne à une perfonne touchant une affaire dans laquelle on n'a aucun intérêt, n'eft point obligatoire. Par exemple, fi je confeille à quelqu'un d'employer fes deniers en achat de marchandifes, qui depuis foient péries par naufrage ou autrement, il ne peut point agir contre moi pour être dédommagé de cette perte ; *quia nemo ex confilio obligatur*. §. 6. *Inft. tit. de mandato.*

Cette régle reçoit trois exceptions.

La premiere, fi celui auquel on a donné confeil de faire quelque chofe, ne l'eût point fait fans cela. *Leg. 2. §. ult. ff. de mand. leg. 6. §. 5. leg. 32. ff. eod.*

La deuxieme, fi le confeil eft frauduleux ; *ut in leg. 7. §. ult. & in leg. 8. ff. de dolo malo, junctâ leg. 47. ff. de reg. jur.*

La troifieme, quand il s'agit de crimes, celui qui a donné confeil de le commettre, eft puni des mêmes peines que ceux qui les ont commis. *Decius ad dict. leg. 47. ff. de regul. jur. num. 5.*

CONSEIL, fignifie quelquefois un Avocat nommé par le Juge pour fervir de confeil à quelqu'un dans fes affaires, & fans l'affiftance duquel il ne peut point intenter de procès.

Ainfi, quand on voit qu'une perfonne fans être infenfée ni prodigue, a tellement l'efprit mauvais, qu'elle fe plaît à intenter des procès pour molefter les autres, l'ufage eft de préfenter une Requête au Juge, par laquelle on demande qu'il ne lui foit pas permis d'intenter aucun procès, fans être autorifée d'un bon avis : ce que le Juge ordonne avec connoiffance de caufe, & lui nomme un ancien Avocat pour confeil.

Le Juge donne auffi quelquefois un confeil à ceux qui font interdits pour caufe de diffipation, ou pour foibleffe d'efprit ; comme nous l'avons dit, *verbo* Interdit.

Une obfervation qu'il faut faire à ce fujet, c'eft que quand la Sentence qui eft rendue fur la Requête préfentée au Juge par les parens d'une perfonne, à l'effet de la faire interdire, ne contient point d'interdiction, mais lui donne feulement un confeil ; une telle Sentence empêche à la vérité la perfonne à qui ce confeil eft donné, de difpofer de fes immeubles par acte entre-vifs, fans l'avis & fans la préfence du confeil ; mais elle ne l'empêche pas d'en difpofer par teftament ou acte de derniere volonté, fans qu'elle ait befoin de l'affiftance de ce confeil.

Voyez M. Brillon, *verbo* Interdiction, où il cite un Arrêt fans date qui l'a jugé ainfi en la troifieme Chambre des Enquêtes, au rapport de M. Palu.

CONSEIL, dans un autre fens, fignifie en général une affemblée de notables perfonnes ou Officiers, pour délibérer fur les affaires publiques, ou

pour juger les différends des Particuliers.

CONSEIL DE TUTELLE, eft un Confeil compofé d'Officiers de Cours fouveraines, d'anciens Avocats & Procureurs, qui font choifis pour veiller à la tutelle des Princes & autres perfonnes illuftres, & délibérer dans les affaires importantes fur ce qu'il convient de faire pour l'intérêt du mineur.

Les parens du mineur font le choix des perfonnes qui doivent compofer ce Confeil ; & quand ces parens ne s'accordent pas, c'eft au Parlement à les régler : quelquefois le Roi même veut bien en prendre connoiffance, & nomme les perfonnes dont ce confeil doit être compofé.

Dans les affemblées qui font tenues pour régler ce qu'il convient de faire pour l'intérêt du mineur, on rédige par écrit les délibérations du Confeil de tutelle, le tuteur onéraire eft obligé de les fuivre ; au moyen de quoi elles lui fervent de décharge valable.

On traite dans ce Confeil des baux & des réparations qui font à faire dans les biens des mineurs, & de toutes les autres affaires importantes qui les concernent, & dans lefquelles ils ont intérêt.

Les comptes de l'adminiftration faite par leurs tuteurs onéraires, fe rendent auffi de tems en tems dans ce Confeil.

CONSEIL DE VILLE, eft l'affemblée de plufieurs Confeillers qui affiftent les Prévôt des Marchands & Echevins, quand il s'agit de régler les affaires générales & importantes de la Ville.

CONSEIL DU ROI, eft une affemblée qui fe tient chez le Roi, où fe décident les affaires les plus importantes.

M. le Chancelier préfide à cette Jurifdiction, qui eft exercée par les Maîtres des Requêtes. Les Arrêts qui s'y donnent, émanent immédiatement de la puiffance royale ; c'eft pour cette raifon qu'ils portent ces mots : *Le Roi en fon Confeil, &c.* ce qui marque que cette Compagnie ne peut rien décider, que le Roi ne foit préfent, ou qu'il n'approuve. Le Grand Confeil fe fert des mêmes termes, parce qu'il étoit anciennement le Confeil d'Etat, dont le Chancelier eft encore le Préfident.

Il y a plufieurs Confeils du Roi ; fçavoir, le Confeil de Confcience, le Confeil de guerre, le Confeil de Marine, le Confeil des Dépêches, le Confeil d'Etat & des Finances, & le Confeil privé ou des Parties.

CONSEIL D'EN-HAUT, appellé LE CONSEIL SECRET OU DU CABINET, eft un Confeil où font traitées les affaires d'Etat, de paix, & de Guerre, dont le Roi veut prendre connoiffance en perfonne, & dont les Arrêts font fignés en commandement par un des Secrétaires d'Etat.

Ce Confeil fe tient en la chambre du Roi, auquel Sa Majefté appelle ceux qu'il lui plaît, & felon les affaires qu'il eft queftion de juger.

CONSEIL D'ETAT, eft celui où préfide M. le Chancelier, & où fe traitent toutes les affaires qui regardent l'Etat, & qui font dévolues au Confeil du Roi.

Ce Confeil eft compofé de douze Confeillers

d'Etat ordinaires, qui servent par semestres, de trois Conseillers d'Eglise, de trois d'Epée, du Controlleur général des Finances. *Voyez* l'Ordonnance du 1673.

C O N S E I L DES FINANCES est celui qui est tenu par le Roi, M. le Chancelier; un Chef du Conseil qui est d'épée, M. le Controlleur général, Messieurs les Intendans des Finances, Conseillers d'Etat, & Maîtres des Requêtes.

Les Conseillers d'Etat sont assis; les Maîtres des Requêtes sont debout.

Les affaires des Finances, des Domaines & des Droits de la Couronne, y sont traitées. Les différends qui arrivent entre les fermiers ou Traitans, & les autres Particuliers, au sujet de ces affaires y sont jugés conformément au Réglement du 15. Septembre 1661.

Il y a encore un Conseil ordinaire des Finances, où se traitent seulement les affaires qui regardent les Finances du Roi. Les Arrêts qui s'y rendent sont signés par un Secrétaire du Conseil.

Outre cela, il y a un Conseil royal des Finances, établi au mois de Septembre 1681. qui est composé du Chancelier, du Controlleur général, & de trois Conseillers d'Etat nommés par le Roi, qui connoissent des affaires les plus importantes des Finances réservées par le Réglement.

C O N S E I L PRIVÉ OU DES PARTIES, est composé de Monsieur le Chancelier, des Conseillers d'Etat, & des Maîtres des Requêtes. Le Roi ne s'y trouve point : les Requêtes sont pourtant adressées au Roi, & à Nosseigneurs de son Conseil.

C'est dans ce Conseil que se jugent les affaires entre Particuliers; comme sont les demandes en cassation d'Arrêts de cour souveraine, les évocations à cause de parenté & alliance, les Réglemens de Juges, & autres affaires semblables.

Les Maîtres des Requêtes y rapportent les affaires après qu'elles ont été instruites par les Avocats au Conseil.

C O N S E I L DES DEPECHES, est un Conseil particulier qui se tient dans la Chambre du Roi, où assistent les Ministres & les Secrétaires d'Etat pour l'expédition des affaires étrangeres, instructions d'Ambassadeurs, & les ordres à envoyer dans les Provinces.

C O N S E I L PROVINCIAUX, sont des Cours qui jugent par Jugement dernier des matieres qui sont de leur compétence, tant au civil qu'au criminel, suivant le pouvoir qu'ils en ont par leurs Lettres d'établissement; comme le Conseil provincial d'Artois, & celui de Bruxelles qui est présentement à la France.

Le Conseil Provincial d'Artois est établi Juge en dernier ressort dans les matieres criminelles; & dans les affaires civiles il a le même pouvoir que les Juges présidiaux. L'appel ressortit au Parlement de Paris.

CONSEILS SOUVERAINS sont ceux qui sont établis dans certaines Provinces pour y juger en dernier ressort l'appel des Sentences des Juges inférieurs, tels que le conseil souverain de Colmar pour l'Alsace, celui de Perpignan pour le Roussillon, celui de Nancy pour la Lorraine, & celui de Malines qui est présentement à la France.

C O N S E I L L E R, est un Juge royal qui a rang après les Présidens ou les premiers Juges des Siéges, & qui a droit de donner son avis dans les affaires qui se présentent à juger à l'Audience, ou sur les productions des Parties.

Les Conseillers sont ou laïques & séculiers, ou clercs & ecclésiastiques.

L'origine des Conseillers vient de ce qu'un Magistrat préposé pour rendre la Justice, ne peut pas suffire à tout ce qu'exige de lui le pénible fardeau dont il est chargé.

C'est pour cette raison qu'anciennement deux sortes d'Officiers principaux ont été établis auprès des Magistrats pour entrer en participation de leurs soins & de leurs fonctions.

Les uns ont été nommés par les Anciens, *Adjutores Magistratuum*, pour avoir une inspection intime & continuelle sur le Peuple, tenir la main à l'exécution des Loix, faire une partie considérable des instructions nécessaires pour mettre les affaires en état, referer au Magistrat de celles qui requiérent une prompte expédition, & par leur vigilance & leur assiduité, multiplier, pour ainsi dire, sa présence où elle seroit nécessaire. Ainsi, *Adjutores dicuntur, qui Magistratibus adjungebantur, ut in muniis obeundis essent qui eos adjuvarent.*

Les autres que les Anciens ont nommés *Assessores Magistratuum*, ont été établis pour assister le Magistrat au Tribunal, & lui donner avis & conseil dans le jugement & la décision des affaires: & c'est de-là que le nom de Conseiller tire son origine : *Assessores, quorum officium est assidere Judici, atque consulere in causis; & indè Consiliarii vocantur.*

Il s'ensuit de ce que nous venons de dire que les premiers Officiers dont nous venons de parler, sont préposés pour aider au Magistrat à remplir ses fonctions, & les autres pour lui donner conseil : *Magistratibus illi auxilio prosunt, hi verò consilio.*

Il y a des Conseillers, non-seulement dans les Cours souveraines, mais aussi aux Présidiaux & Siéges royaux.

CONSEILLERS DU ROI EN TOUS SES CONSEILS, sont les Ministres, Secrétaires d'Etat, Controlleur général des Finances, & les Conseillers d'Etat ordinaires & Semestres.

CONSEILLER HONORAIRE, est un Conseiller qui, après avoir servi vingt ans, s'est défait de sa Charge, & a obtenu en Chancellerie des Lettres de vétérance, qui lui donnent droit d'entrer & d'opiner aux Causes d'Audience, & de jouir des droits & prérogatives attachés aux Charges de Conseiller.

CONSEILLER-NÉ, est une personne qui, en vertu de sa qualité, a droit d'entrée au Parlement. L'Archevêque de Paris est Conseiller-né du Parlement.

CONSEILLER EN LA COUR, signifie absolument un Conseiller au Parlement.

CONSEILLER-CLERC, est un Conseiller ecclésiastique. Sur quoi il faut remarquer que les Charges destinées à des Ecclésiastiques ne peuvent être remplies par des Laïques, ni celles deftinées à des Laïques, ne peuvent être remplies par des Ecclésiaftiques. *Voyez* l'Edit du mois d'Avril 1695. article 48.

Trois obfervations importantes à faire fur les Confeillers-Clercs.

La première eft, qu'ils ne peuvent affifter aux Jugemens qui fe rendent en matière criminelle, *quia Ecclefia abhorret à fanguine*.

La deuxième eft, qu'au Châtelet de Paris un Confeiller d'Eglife peut préfider comme Doyen, en l'abfence du Lieutenant civil ou particulier. Ainfi jugé par Arrêt du 17. Mars 1682. rapporté dans le Journal du Palais. *Voyez* Décanifer.

La troifième, que le Confeiller-clerc de la Cour qui eft Chanoine, eft difpenfé de la réfidence & de l'affiftance au chœur pendant la tenue du Parlement ; de manière que toutes les fois qu'il eft abfent de fon Chapitre à raifon de fon Office de Confeiller, il doit être payé par le Syndic & Celerier de tous les fruits de fon Bénéfice, fans rien excepter que les diftributions manuelles. Louet, lettre C, fomm. 24.

Il me paroît auffi que les Confeillers-clercs des Préfidiaux ont droit de jouir du même privilège, & de gagner les fruits de leurs Prébendes, quoiqu'ils n'affiftent pas à l'Office de l'Eglife. C'eft le fentiment de M. Henrys & de fon Commentateur, tom. 1. liv. 2. chap. 4. queft. 17.

M. Dolive, liv. 1. chap. 11. eft d'avis contraire, & rapporte un Arrêt rendu au Parlement de Touloufe contre un Confeiller de la Chambre du Clergé, le 20. Juillet 1627. La raifon qu'il en rend eft, que c'eft un privilège annexé aux Officiers des Cours fouveraines, qui ne peut être étendu aux autres Officiers, quoiqu'il y ait parité de raifons, parce que les privilèges ne reçoivent point d'extenfion.

Cependant, comme ce privilège eft fondé fur une raifon générale, que, *qui judicat orat*, les Confeillers des Cours inférieures en doivent jouir.

M. Petitpied a fait un Traité du Droit & des Prérogatives des Eccléfiaftiques dans l'adminiftration de la Juftice féculiere. C'eft un *in-4°.* imprimé à Paris en 1715.

Cet Ouvrage m'ayant paru rempli de recherches très-curieufes, j'ai cru faire plaifir au Public que de lui indiquer ici les principaux articles qu'il traite, afin que ceux qui pourront en avoir befoin, puiffent y avoir recours.

L'auteur a divifé ce Traité en deux parties.

Dans la première, il fait voir que les Pontifes & les Prêtres ont eu part à l'adminiftration de la Juftice chez les Hébreux, & parmi les anciens Peuples les mieux policés.

La feconde partie, qui eft le principal objet de l'Ouvrage, fait voir qu'en France les Eccléfiaftiques avoient autrefois la préféance dans les affemblées folemnelles des Grands du Royaume, & dans les Compagnies de Judicature ; que dans la fuite leur caractère ne les a jamais exclus de l'honneur de la Préfidence, & qu'ils en ont toujours joui, auffi-bien que les Laïques, ou par le droit de leurs Charges, ou par leur rang d'ancienneté.

L'Auteur a fait treize Chapitres de cette feconde partie.

Chapitre I. Les Eccléfiaftiques ont eu la préféance fur les Laïques dans les affemblées folemnelles des Grands du Royaume, & dans les Confeils de nos Rois de la première & feconde race.

Chapitre II. Les Evêques précédoient les Seigneurs laïques dans les affemblées folemnelles, fous les premiers Rois de la troifième race. Ils les précedent aux Etats généraux, & préfident aux affemblées des Notables du Royaume, & aux Etats particuliers des Provinces.

Chapitre III. Les Prélats avoient la préféance fur les Seigneurs laïques dans les Confeils des premiers Rois de la troifième race, auffi-bien que dans la Cours des Pairs tenue par nos Rois & préfidoient dans les Parlemens avant que ces affemblées fuffent fédentaires.

Chapitre IV. De la préfidence des Eccléfiaftiques au Parlement fait fédentaire.

Chapitre V. De la préféance & de la préfidence des Eccléfiaftiques à la Grande Chambre.

Chapitre VI. De la préfidence des Eccléfiaftiques aux Enquêtes.

Chapitre VII. De la préfidence des Eccléfiaftiques aux Requêtes du Palais, & qu'il n'y a aucune raifon qui les puiffe exclure de cette préfidence.

Chapitre VIII. De la préfidence des Maîtres des Requêtes eccléfiaftiques en la Chambre des Requêtes de l'Hôtel, où il eft auffi parlé des Envoyés du Prince dans les Provinces, qui étoient appellés *Miffi Dominici.*

Chapitre IX. De la préféance & de la préfidence des Eccléfiaftiques en la Chambre des Comptes.

Chapitre X. De la préfidence des Eccléfiaftiques en la Cour des Aydes.

Chapitre XI. De la préfidence des Eccléfiaftiques au Grand Confeil.

Chapitre XII. De la préfidence des Confeillers-clercs aux Préfidiaux, & principalement au Châtelet de Paris ; que leur qualité de Confeillers-clercs ne les peut empêcher de préfider à ces Compagnies en l'abfence du Prévôt de Paris & de fes Lieutenans, des Baillifs & Sénéchaux des Provinces & de leurs Lieutenans généraux.

Chapitre XIII. De la préfidence des Eccléfiaftiques dans les Confeils des Rois de France, où il eft parlé des perfonnes d'Eglife qui ont été élevées à la dignité de Chancelier ou de Garde des Sceaux.

CONSENTEMENT, eft un concours mutuel de la volonté des Parties, fur un fait dont elles ont connoiffance, & qu'elles approuvent.

CONSERVATEUR DES DOMAINES ALIÉNÉS, eft un Officier créé dans chaque Province, par Edit donné à Verfailles au mois d'Octobre 1706. à l'Effet d'en tenir un Regiftre. *Voyez* cet Edit, & la Déclaration du 17. Septembre 1707. donnée en interprétation.

CONSERVATEUR DES HYPOTHEQUES, eft un Officier de la Grande Chancellerie, qui garde les rolles des oppofitions qui fe font au Sceau, aux

Lettres de ratification de la vente des rentes sur l'Hôtel de Ville.

Voyez l'Histoire de la Chancellerie, tome 2. page 42. & 101.

CONSERVATEURS DES PRIVILEGES DES UNIVERSITÉS, sont des Juges établis pour maintenir les droits & les priviléges des Universités.

Ils connoissent des causes personnelles & mixtes, des Régens, Ecoliers, Suppôts & Officiers des Universités, en matiere profane, & du possessoire des Bénéfices.

Monsieur le Lieutenant civil du Châtelet de Paris est conservateur des privileges royaux de l'Université de Paris, suivant les Lettres patentes du Roi Philippe de Valois, du mois de Février 1340.

Il n'en est pas par-tout de même. On voit, par exemple, que le Lieutenant général du Bailliage de Bourges n'est pas Juge-conservateur des priviléges de l'Université de cette Ville. Il y a un autre Juge, qui est appellé le conservateur.

Pour connoître quelles personnes jouissent du privilege d'être jugées par le conservateur des priviléges de l'Université, il faut voir les art. 1. 28. 29. 30. & 31. de l'Ordonnance de 1669. titre des Committimus & Gardes-gardiennes.

Cette Ordonnance veut que les Ecoliers-jurés, étudians actuellement depuis six mois dans les Universités, jouissent des priviléges de scholarité, & ne puissent être distraits, tant en demandant qu'en défendant, de la Jurisdiction de Juges de leur privilege, si ce n'est en vertu d'actes passés avec des personnes domiciliées, hors la distance de soixante lieues de la Ville où l'Université est établie.

Mais ils ne peuvent, suivant cette même Ordonnance, se servir de leur privilége, à l'égard des cessions & transports qu'ils auront acceptés, si la créance n'est établie par pieces autentiques passées trois ans avant l'assignation donnée.

La raison est que de tout tems on a considéré les transports dans les personnes privilégiées, comme des droits mandiés, ou plutôt des personnes recherchées pour jouir de leur privilége.

Les Ecoliers acquiérent ce privilége par six mois d'étude, en apportant lettres du Recteur, accordées sur le témoignage du Professeur, & il se perd par la discontinuation d'étude de six mois.

Suivant la même Ordonnance de 1669. les Principaux des Colléges, Docteurs, Régens & autres du Corps des Universités, qui tiennent pensionnaires, peuvent faire assigner de tous les endroits du Royaume pardevant les Juges-conservateurs des priviléges des Universités, les Redevables des pensions & autres choses par eux fournies à leurs Ecoliers, sans que leurs causes en pussent être évoquées pardevant d'autres Juges, en vertu de Committimus ou autres priviléges.

Cela s'observe en toutes les Universités & est fondé sur la raison qu'il y a de ne les pas obliger à quitter leur emploi pour poursuivre les Redevables de ces pensions pardevant les Juges de leur domicile; autrement, ils se trouveroient souvent dans la nécessité de plaider dans toutes les Jurisdictions du Royaume.

Les Lettres en vertu desquelles les privilégiés jouissent de ce privilége, s'appellent gardes-gardiennes. *Voyez* Gardes-gardiennes. *Voyez* aussi Scholarité.

Dumoulin prétend que le privilege d'attirer pardevant les Juges-conservateurs des Universités, n'a de bornes que les limites du Royaume, & qu'en conséquence on s'en peut servir contre toutes sortes de personnes, à quelque distance que soit leur domicile du lieu où est le Siege desdits Juges-conservateurs.

Mais par Arrêt rendu au Parlement de Paris le 28. Août 1680. ce privilége a été restreint à soixante lieues.

CONSERVATEUR DES PRIVILEGES DES FOIRES, sont des Juges qui connoissent des causes entre Marchands, pour raison des marchandises vendues & achetées dans les Foires, de Lettres de change qui y doivent être acquittées, quoique faites ailleurs, & des priviléges qui concernent les marchandises apportées aux Foires pour y être vendues.

On les appelloit anciennement Gardes de Foires. On a changé depuis ce nom en celui de Juges-conservateurs des priviléges des Foires.

A Lyon, les Prévôt des Marchands & Echevins sont les Juges-conservateurs des Foires qui se tiennent à Lyon. A Bordeaux & autres Villes, ce sont les Juges-Consuls. A Saint Denis, c'est le Baillif & Juges ordinaires du lieu.

A Paris, c'est M. le Lieutenant civil qui est le Juge-conservateur des Foires qui se tiennent en cette Ville, depuis que les Justices seigneuriales. comme celle de S. Germain des Prés, ont été renfermées dans l'enclos des Maisons seigneuriales.

Les Juges-conservateurs des Foires connoissent des causes énoncées ci-dessus, par provision, jusqu'à Sentence diffinitive nonobstant toutes incompétences alléguées par les débiteurs, fondées sur ce qu'ils ont leurs domiciles en d'autres Pays, Provinces, ou dans le ressort des autres Parlemens du Royaume.

Leurs Sentences sont exécutées non-seulement contre les débiteurs, mais encore contre leurs successeurs & héritiers, tant pas saisie de leurs biens, que par emprisonnemens de leurs personnes; ainsi qu'il est porté en l'Ordonnance de François I. donnée à Lyon au mois de Février 1535. Ce qui a été modifié par l'Arrêt de vérification du 27. Juillet de la même année, qui a ordonné que la contrainte par corps n'auroit point lieu contre les héritiers des débiteurs.

La raison est, que n'ayant point contracté la dette, elle ne provient pas de leur fait & n'est qu'accidentelle en leur personne, & par conséquent ne doit pas être regardée à leur égard comme une dette contractée à la Foire. Ainsi la rigueur de cette contrainte est personnelle, & ne peut passer à des héritiers qui ne doivent rien à cause de la Foire, & ne sont tenus de la dette du défunt, qu'en tant qu'ils sont héritiers : & en cette qualité on ne peut se pourvoir que sur les biens, & non contre leurs personnes.

Pour que les Juges-conservateurs des Foires puiffent connoître des différends entre Marchands, pour raifon des marchandifes vendues & achetées dans les Foires, il faut,

I°. Que la promeffe ou obligation de payer ait été paffée dans le lieu de la Foire.

II°. Dans le tems que la Foire fe tient.

III°. Pour marchandifes prifes & achetées en la Foire. Et fi ces trois conditions ne concourent, le privilége n'a point lieu.

Ces Juges connoiffent des affaires qui fe paffent aux Foires, & de l'argent prêté qui y doit être rendu. D'où il s'enfuit qu'un Marchand forain peut attirer un autre Marchand non forain pardevant le Juge-confervateur, pour le payement d'une Lettre de change, fans que l'autre Marchand non forain, quoique privilégié, puiffe demander fon renvoi pardevant le Juge de fon privilége.

Les appellations des Sentences des Juges-confervateurs des Foires fe relevent au Parlement.

CONSERVATEURS DES PRIVILEGES DES FOIRES DE LYON, font les Juges qui tiennent à Lyon la Jurifdiction confulaire ; fçavoir le Prévôt des Marchands, & les Echevins qui font en charge, avec fix autres Juges Affeffeurs, dont le premier eft toujours un ancien Echevin choifi parmi ceux qui font Avocats, deux hommes du Roi, & les trois autres Bourgeois ou Marchands. Il y a auffi un Avocat & un Procureur du Roi.

Cette Jurifdiction eft la premiere Jurifdiction du Royaume pour les affaires du commerce, & eft décorée de grands priviléges. Elle étoit autrefois exercée par un Juge appellé Juge-confervateur ; & c'eft de-là que le nom de Confervation eft demeuré à Tribunal. En 1665. il a été réuni au Corps confulaire, pour être exercé comme on l'a dit ci-devant.

Elle connoît de toutes fortes de matiere, & entre toutes fortes de perfonnes, pourvû qu'une des Parties faffe commerce, ou qu'elle ait contracté, fous le fcel des Foires de Lyon, ou qu'elle fe foit obligée en payement : ce que l'on ne manque jamais de faire.

Son pouvoir s'étend par tout le Royaume, & même l'on y peut attirer tous les étrangers qui trafiquent aux Foires.

On ne peut évoquer de cette Jurifdiction pour quelque caufe que ce puiffe être.

Cette Jurifdiction, dit l'Auteur des Caufes célébres, tome 5. pag. 198. connoît des affaires criminelles, non-feulement des banqueroutes frauduleufes, mais du faux incident, & de tout le criminel qui furvient dans le cours des procès qu'elle inftruit, à l'occafion de l'exécution de fes Jugemens. D'où il s'enfuit, qu'il y a dans cette Jurifdiction un Procureur du Roi qui conclut dans le civil & le criminel à l'Audience, & dans fon Hôtel dans les procès par écrit qui intéreffent fon miniftere.

La Police de la Ville de Lyon, qui eft la feconde Ville du Royaume, & la première pour le commerce, eft attribuée à cette Jurifdiction, qui nomme un Lieutenant général de Police, &

un Procureur du Roi, Subftitut de celui de la Confervation.

Tous ceux qui font des billets aux payemens des quatre Foires, de quelque qualité qu'ils foient font foumis à la Confervation de Lyon.

Ses Sentences font exécutées dans tous les refforts des Parlemens fans *vifa* ni *pareatis*.

La peine de la contrainte par corps à laquelle elle condamne, ne peut point être éludée par un débiteur dans fa propre maifon ; elle ne lui fert point d'afile : on a droit de l'y arrêter en vertu d'un Jugement émané de cette Jurifdiction.

Un créancier introduira une difcuffion générale fur les immeubles de fon débiteur, fut-il domicilié dans le reffort, par exemple, du Parlement de Touloufe, par appel l'affaire fera portée au Parlement de Paris.

Ceux qui ont été plufieurs années Juges-confervateurs de la Foire de Lyon, parviennent à l'Echevinage qui les annoblit, & où ils continuent leur fonction ; car le Prévôt des Marchands & les Echevins font à la tête de la confervation de Lyon.

Il y a quatre payemens des Foires de cette Ville, qui font celui des Rois, de Pâques, d'Août, & des Saints. Le premier eft au premier Mars, le fecond au premier Juin, le troifiéme au premier Septembre, le quatriéme au premier Décembre.

C'eft dans ces payemens-là que fe font fous la Loge du Change, les viremens des Parties ; c'eft-à-dire, qu'un Marchand donne en payement à un autre un Billet ou Lettre de change, parce qu'on change de débiteur & de créancier. *Voyez* Virer les Parties.

Les Foires de Lyon ont toujours été très-célébres, comme il paroît par le témoignage de Paradin dans fon Hiftoire de Lyon, liv. 1. chap. 9. & à la fin de fon Ouvrage ; mais elles le font devenues encore davantage, depuis que les Foires de Brie & de Campagne y ont été transférées.

Depuis ce tems, nos Rois leur ont accordé plufieurs beaux priviléges, qui font prefque tous compris dans l'Edit de la Jurifdiction du mois de Juillet 1669. vérifié en Parlement le 13. Août de la même année. Ainfi je crois en devoir rapporter ici la teneur.

I°. Les Prévôt des Marchands & Echevins de Lyon, Juges-confervateurs des Foires connoiffent privativement aux Officiers de la Sénéchauffée & Siége préfidial de ladite Ville, & à tous autres Juges, de tous procès mûs & à mouvoir pour le fait du négoce & commerce de marchandifes, circonftances & dépendances, foit en tems de Foires ou hors de Foires, en matiere civile & criminelle ; de toutes négociations faites pour raifon defdites Foires & marchandifes, circonftance & dépendances; de toutes fociétés, commiffions, trocs, changes, rechanges, viremens des Parties, courtages, promeffes, obligations, Lettres de change, & toutes autres affaires entre Marchands & Négocians en gros & en détail, Manufacturiers des chofes fervant au négoce, & autres, de quelque qualité & condition qu'ils foient, pourvû que l'une des Parties foit Marchand ou Negociant, &

que ce foit pour fait de négoce, marchandife, ou manufacture.

II°. Tous ceux qui vendent des Marchandifes, & qui en achetent pour les revendre, ou qui portent bilan & tiennent livre de Marchands, ou qui ftipulent des payemens en temps de Foires, font jufticiables defdits Juges-confervateurs pour raifon defdits faits de marchandife & de Foire, ou payemens.

III°. Lefdits Juges connoiffent auffi privativement à tous autres, des voitures, des marchandifes ou denrées dont les Marchands font commerce.

IV. Ils connoiffent pareillement de toutes Lettres de répi, banqueroutes, faillites & déconfitures des Marchands, Negocians & Manufacturiers; des chofes appartenantes au négoce de quelque nature qu'elles foient; & en cas de fraude, ils procedent extraordinairement & criminellement; contre les faillis & leurs complices, pour les punir fuivant la rigueur des Ordonnances. Ils ont droit de fe tranfporter aux maifons & aux domiciles defdits faillis, de procéder à l'appofition des fcellés, confection des inventaires, ventes judiciaires de leurs meubles & effets, même de leurs immeubles, par faifies, criées, ventes & adjudications par décret, & à la diftribution des deniers en provenans, en la maniere accoutumée, entre les oppofans & prétendans droit fur lefdits biens & effets, fans qu'aucune Partie fe puiffe pourvoir pour raifon de ce pardevant les Officiers de la Sénéchauffée & Siege préfidial, ni ailleurs que pardevant lefdits Juges-confervateurs, fous prétexte de la demande de payement de Louage des maifons, gages des Domeftiques, Lettres de répi, privilége, droit de committimus, incompétence, récufation ou autrement, en quelque maniere que ce foit, à peine de trois mille livres d'amende, & de tous dépens, dommages & intérêts; à la charge néanmoins que les criées feront certifiées par les Officiers de ladite Sénéchauffée en la maniere accoutumée.

V°. Défenfes font faites auxdits Officiers de la Sénéchauffée & Siege préfidial, & à tous autres Juges, de prendre aucune connoiffance ni de s'entremettre en l'appofition defdits fcellés, confection defdits inventaires, décrets, ventes & adjudications defdits effets, meubles ou immeubles des faillis, directement ou indirectement, fous prétexte de la certification defdites criées, préventions, Requêtes à eux préfentées par des créanciers non privilégiés, ou autrement; à peine de répondre des dommages & intérêts des Parties en leurs noms.

VI°. En conféquence de ce, conformément à l'Arrêt du Confeil d'Etat du vingt-deux Juin 1669. défenfes font faites au Parlement de Paris, & à toutes autres Cours d'ordonner aucuns renvois auxdits Officiers de la Sénéchauffée & Siége préfidial, ni ailleurs qu'auxdits Juges-confervateurs des matieres fufdites, & autres fujettes à ladite Confervation; & auxdits Officiers du Préfidial de les mettre en exécution, à peine de nullité, dommages & intérêts des Parties.

VII°. De toutes lefquelles matieres les Prévôt des Marchands & Echevins, Juges-confervateurs, connoiffent & jugent fouverainement & en dernier reffort, jufqu'à la fomme de 500. liv. auquel effet leur eft attribué toute Cour, Jurifdiction & connoiffance, pour être leurs Sentences & Jugemens de la qualité fufdite, exécutés comme Arrêts de Cour fouvéraine. Défendons aux Parties de fe pourvoir contre lefdites Sentences & Jugemens par appel ou autrement; & aux Cours de Parlement, Officiers & Sièges préfidiaux, & tous autres Juges, d'en connoître, à peine de nullité & de caffation de procédure, dépens, dommages & intérêts.

VIII°. A l'égard des fommes excédantes celle de 500. livres, leurs Sentences font exécutées par provifion au principal, nonobftant oppofitions ou appellations, & fans préjudice d'icelles.

IX°. Leurs Sentences & Jugemens définitifs ou provifionnels font exécutoires dans toute l'étendue de ce Royaume, fans vifa ni pareatis, de même que s'ils étoient fcellés du grand Sceau. Défenfes font faites aux Cours de Parlement, Siéges préfidiaux, & à tous autres Juges, d'y apporter aucun empêchement, fur les peines fufdites.

X°. Défenfes aux Officiers de la Sénéchauffée & Siege préfidial de prononcer par contrainte par corps, & exécution provifionnelle de leurs Ordonnances & Jugemens, à peine de nullité, caffation de leurs Jugemens, & de répondre en leurs propres & privés noms des dommages & intérêts des Parties; la faculté de prononcer ainfi étant réfervée aux feuls Juges-confervateurs.

XI°. Les Marchands & Négocians, fous les priviléges defdites Foires, notoirement folvables, font reçus pour cautions, comme ils ont été ci-devant, & auparavant l'Ordonnance du mois d'Avril 1667. en exécution des Sentences & Jugemens defdits Juges-confervateurs, fans qu'ils y foient tenus de donner déclaration & dénombrement de leurs biens, meubles & immeubles.

XII°. Les Offices de Procureur du Roi, & des Procureurs poftulans, en la Jurifdiction de la Confervation des Foires de Lyon, font fupprimés, & la fonction du Procureur du Roi unie & incorporée, de même que les autres Officiers de ladite Jurifdiction de la Confervation, au Corps confulaire de ladite Ville; à la charge néanmoins de rembourfer par le fieur Prévôt des Marchands & Echevins dans fix femaines le prix d'icelui, & la finance actuelle defdits Procureurs poftulans, fraix & loyaux-coûts, à ceux qui en feront pourvus, &c.

XIII°. Au moyen duquel rembourfement, lefdits Prévôt des Marchands & Echevins nomment tous les trois ans un Officier de probité & fuffifance connue, pour faire la fonction de Procureur du Roi en ladite Confervation, gratuitement & fans frais.

XIV°. Le titre, *de la forme de procéder par devant les Juges-Confuls des Marchands*, de l'Ordonnance du mois d'Avril 1667. doit être fuivi & obfervé ponctuellement en ladite Jurifdiction de la Confervation; & conformément à icelui, défenfes font faites de fe fervir dans ladite Jurifdiction du miniftere d'aucun Avocat & Procureur; mais font tenues les Parties de comparoir en perfonne à la premiere

miere affignation, pour être ouies par leurs bou-
ches ; & en cas de maladie, abſence ou autre
légitime empêchement, elles peuvent envoyer un
Mémoire contenant les moyens de leurs demandes
ou défenſes, figné de leur main, ou par un de leurs
parens, voiſins ou amis, ayant de ce charge ou procuration ſpéciale, dont il fera apparoir ; à l'exception néanmoins des matieres criminelles, d'appoſitions de ſcellés, confections d'inventaires, faiſies
& criées, ventes & adjudications, tant de meubles, qu'immeubles, oppoſition à icelles, ordre
& préférence dans la diſtribution des deniers qui
en proviendront ; eſquelles affaires ſeulement, &
non autres, il eſt permis de ſe ſervir du miniſtere
des Avocats & Procureurs.

XV°. Lorſqu'aucun dudit Corps conſulaire ne
fera gradué, & qu'il s'agira d'une des matieres ſuſdites, eſquelles on peut ſe ſervir du miniſtere des
Avocats & Procureurs, leſdits Prévôts des Marchands
& Echevins ſont tenus de nommer un Officier de
la Sénéchauſſée & Siége préſidial, pour inſtruire
& juger leſdites affaires, & y prononcer ſuivant
la forme & maniere preſcrite par l'Edit du mois
de Mai 1655. ſans qu'ils puiſſent être tenus d'en
nommer pour toutes les affaires qui ne ſont point de
la qualité ſuſdite, & ſans que l'Officier nommé
puiſſe prétendre la préſéance ſur le Prévôt des
Marchands, lequel tiendra toujours le premier
rang, encore qu'il ne ſoit gradué.

XVI. Défenſes en outre ſont faites auxdits Officiers de la Sénéchauſſée & Siege préſidial, d'élar-
gir aucuns priſonniers conſtitués de l'Ordonnance
deſdits Prévôt des Marchands & Echevins, Juges-
conſervateurs, à peine d'en répondre en leurs propres & privés noms.

L'article XVII. & dernier de cet Edit concerne
les droits que peut prendre le Greffier de ladite
Conſervation, qui ne ſont que de deux ſols ſix deniers pour chacun rolle des actes qu'il délivre en
groſſe.

Cet Edit du mois de Juillet 1669. & un Arrêt du
Parlement du 11. Juillet 1704. qui déclare les Gentilshommes juſticiables de la Conſervation de
Lyon, ſont rapportés en entier dans Henrys, tom.
1. liv. 1. chap. 4. queſt. 16.

Par Arrêt du Parlement de Paris du 20. Décembre 1725. il a été jugé qu'un empriſonnement fait à
Paris un jour de Dimanche, en vertu d'une Sentence de la Conſervation de Lyon, étoit valable.
Voyez Brillon, tom. 5. pag. 487.

CONSIGNATION, eſt le dépôt qui ſe fait chez
une perſonne publique, d'une ſomme de deniers,
en attendant la déciſion de quelque difficulté, ou
l'événement d'une condition.

La conſignation a lieu dans différens cas ; par
exemple, quand une ſomme due à quelqu'un eſt ſaiſie entre les mains du débiteur par les créanciers de
celui auquel elle eſt due, & que le Jugement ordonne que le débiteur la conſignera. Sur quoi il faut
remarquer que la perte des deniers conſignés ne
tombe pas ſur le débiteur, mais ſur les créanciers.

La conſignation ſe fait encore, quand un retrayant lignager conſigne réellement & actuelle-
Tome I.

ment le prix de l'héritage tombé en retrait, l'acquéreur étant refuſant de l'accepter, ſelon les offres à lui faites par le retrayant.

La conſignation ſe fait auſſi pour arrêter le cours
des intérêts, & faire tomber la perte des deniers
conſignés ſur le créancier qui a été conſtitué en
demeure de les recevoir. La raiſon eſt, que conſi-
gnatio pro ſolutione habetur.

Mais il faut pour cela que la conſignation ait été
précédée d'offres réelles, & qu'elle ſoit ordonnée,
& ſoit réelle & effective ; car ſi la conſignation
n'eſt que par écrit, & n'a été préalablement ordonnée & dénoncée au créancier, elle n'a aucun
effet : autrement les créanciers ſeroient expoſés à
une infinité de fraudes qui ſe pourroient pratiquer
à cet égard.

Enfin, le cas le plus ordinaire de la conſignation, eſt celui de l'adjudication par décret.

Le mot de conſigner vient de conſignare, qui ſignifie cacheter, à cauſe qu'anciennement on ne
donnoit pas par compte l'argent que l'on dépoſoit,
mais dans des ſacs où l'on appoſoit ſon cachet.
Loyſeau en ſon Traité des Offices, liv. 2. chap.
6. nomb. 23.

Quoique nous n'ayons par reçu cet uſage, nous
avons toujours donné le nom de conſignation à
tout dépôt judiciaire.

Les conſignations ſe faiſoient autrefois au Greffe ; elles ſe font aujourd'hui entre les mains du
Receveur des Conſignations, à qui de certains
droits ont été attribués par différentes Déclarations : de ſorte qu'aucune conſignation ne peut
être faite par ordonnance du Juge, en d'autres
mains qu'en celles du Receveur des Conſignations.
Voyez Receveur des Conſignations.

Il y a néanmoins des cas où l'on ordonne le dépôt des deniers entre les mains d'un Notaire, ou
autre perſonne publique, lorſqu'il ne s'agit point
de la vente forcée d'un immeuble.

Les biens des Receveurs des Conſignations ſont
reſponſables des ſommes conſignées du jour de
leur réception par propriété d'hypotheque, comme
ceux des tuteurs le ſont du jour de l'acte de tutelle.
Voyez Brodeau ſur Louet, ſommaire 51.

Les droits attribués aux Receveurs des conſignations ſont aujourd'hui plus forts qu'ils ne l'ont été
dans leur origine, & ſont différens ſuivant les
différens cas dans leſquels ils ſont dûs.

Il y a eu pluſieurs Edits & Déclarations à ce ſujet, dont il y a un Recueil imprimé à Paris en
1701. qui ſe vend chez Charles Saugrain. Ils ſont
auſſi rapportés dans le Traité de la vente des immeubles par décret de M. d'Hericourt.

Dans le cas d'une adjudication d'un immeuble,
ces droits ne ſont dûs que quand elle eſt faite en
conſéquence d'un décret forcé, & qui a eu ſon exécution : d'où il s'enſuit qu'ils ne ſont point dûs,

1°. Pour les adjudications par décret volontaire,
à moins qu'il n'y ait des oppoſitions. Voyez Bardet,
tome 2. livre 1. chapitre 24. & ce que j'ai dit
ſur l'article 359. de la Coutume de Paris, nom.
bre 22.

II°. Pour les adjudications qui ſont annullées :

Y y

comme il est porté en l'article 26. de l'Edit du mois de Février 1689.

III°. Lorsque l'héritage saisi réellement est dans la suite vendu par accommodement avec les créanciers qui étoient opposans au décret. Ainsi jugé par Arrêt du 6. Septembre 1664. rapporté dans le second tome du Journal des Audiences, liv. 6. chapitre 4.

Pour mieux faire entendre les cas où les droits attribués aux Receveurs des Consignations sont dûs ou non, je vais rapporter les quatre premiers articles de la Déclaration du Roi, du 12. Juin 1694.

Article premier. » Tous adjudicataires ou acqué-
» reurs d'immeubles saisis réellement, vendus ou
» délaissés par le débiteur ou ses créanciers, dont
» le contrat d'abandonnement ou de vente aura été
» homologué par arrêt ou Jugement, seront tenus
» de consigner le prix entre les mains du Receveur.

Ces termes: dont le contrat d'abandonnement ou de vente aura été homologué par Arrêt ou Jugement, font connoître la différence qu'il y a de ce cas-ci à celui dont je viens de parler.

Article II. » Ne sera sujet au droit de consigna-
» tion, le délaissement fait en Justice à un héritier
» bénéficiaire d'immeubles saisis réellement, &
» qui lui seront donnés en payement de son dû
» comme créancier; mais si le prix du délaissement
» excede les créanciers pour lesquels il sera collo-
» qué utilement, & qu'il soit tenu d'en payer l'ex-
» cédent aux créanciers, suivant l'ordre qui en se-
» ra fait, il sera tenu de consigner le surplus du
» prix, & le droit de consignation de ce qui ap-
» partiendra aux créanciers sera payé.

Article III. » Les adjudications par licitation qui
» seront faites en Justice à des cohéritiers ou co-
» propriétaires, ne seront sujettes à consignation,
» ni à aucuns droits; mais lorsqu'elles seront faites
» au profit d'autres que des cohéritiers ou copro-
» priétaires, il sera payé pour droit de consigna-
» tion six deniers pour livre, sans qu'audit cas les
» adjudicataires soient tenus de consigner le prix,
» ce n'est qu'au jour de l'adjudication qu'il y eût
» saisie réelle, & des oppositions subsistantes sur
» le total & sur une partie du prix; auquel cas la
» consignation sera faite du total ou partie, à
» moins que dans quinzaine après l'adjudication
» on ne rapporte main-levée pure & simple de la
» saisie réelle & des oppositions.

Article IV. » Tous deniers provenans du prix
» de meubles vendus par l'Ordonnance de nos Ju-
» ges, seront déposés entre les mains du Receveur
» des Consignations, pourvû que le prix excede la
» somme de cent livres, & qu'il y ait au moins
» deux opposans; & des deniers ainsi déposés, il
» en appartiendra au Receveur trois deniers pour
» livre pour droit de consignation.

Il me reste deux observations à faire touchant les consignations.

La premiere est, que lorsque l'adjudicataire a consigné, la perte ou la diminution des especes ne tombe point sur lui, mais sur les créanciers qui étoient inutilement colloqués. Voyez Louet & son Commentateur, Lettre C, chap. 50. & 51.

La deuxieme est, que les Receveurs des Consignations, sont les gardiens des dépôts publics, & qu'ainsi ils ne peuvent en être chargés que par autorité publique.

C'est sur ce fondement que par Arrêt du Parlement, en forme de Réglement, du 18. Juin 1673. défenses ont été faites à tous Receveurs des Consignations, de payer aucunes sommes de deniers aux Procureurs sur leurs quittances, à compte & par avance des frais ordinaires & extraordinaires de criées, qui peuvent leur être dûs avant l'Arrêt, Sentence ou Jugement de liquidation de frais.

Touchant la consignation qui se fait en conséquence d'une adjudication par décret, voyez ce que j'ai dit sur l'article 359. de la Coutume de Paris.

Touchant celle qui se fait en matiere de retrait lignager, voyez Retrait.

CONSIGNATION D'AMENDE, se doit faire dans le temps & pour les causes portées par les Ordonnances.

Les Procureurs ne doivent prendre d'appointement au Conseil sur les appellations qui sont mises au rolle, ni conclure aucun procès, ni faire juger les appellations à l'Audience, sans que l'amende de douze livres ait été préalablement consignée.

Quant aux appellations sur lesquelles il sera prononcé en jugeant les incidens qui seront portés à l'Audience, l'amende en pourra être passée en conséquence de l'Arrêt qui interviendra; & afin qu'il n'y arrive point de contestation avec le Receveur des amendes, les Procureurs doivent faire mention dans les qualités de l'Arrêt, comme la Cour aura fait judiciairement conclure en l'appel.

Sur les inscriptions de faux, c'est à celui qui veut s'inscrire à consigner l'amende, sans laquelle consignation il n'est pas reçu.

C'est aussi au demandeur en requête civile à consigner l'amende; faute de quoi on peut poursuivre pour l'en faire décheoir.

Il y a plusieurs Ordonnances sur le fait de la consignation des amendes. Les principales sont l'Edit du mois d'Août 1669. & la Déclaration du 21. Mars 1671. qui se trouvent dans le Recueil des Arrêts & Réglemens concernant les fonctions des Procureurs, titre 3.

CONSIGNATION DE DOT, est en la Coutume de Normandie une déclaration que le mari fait, qu'il consigne & constitue sur tous ses biens les deniers donnés pour dot à sa femme.

De cette définition il s'ensuit, qu'une simple promesse que le futur époux feroit de remplacer les deniers donnés en dot à sa future, ne feroit par réputée une consignation actuelle; & en ce cas la dot ne feroit prise que sur les meubles de la succession du mari; & s'ils n'étoient pas suffisans, sur les conquêts.

Mais pour que la femme puisse jouir sur les biens de son mari de l'effet de la consignation de sa dot, il ne suffit pas que le mari l'ait consignée & constituée sur les biens; il faut que le payement de la dot soit ensuivi, & soit justifié.

Voyez Basnage sur l'article 365. de la Coutume de Normandie.

CONSIGNER, fignifie affurer le payement de quelque fomme fur laquelle il y a quelque conteftation, en la mettant en main tierce jufqu'à la déciſion de la difficulté qui empêche qu'on ne la délivre fur le champ. Quand la difficulté des Parties eſt levée, on s'adreſſe au conſignataire, pour délivrer les deniers à celui à qui ils appartiennent.

CONSIGNER, ſe dit auſſi des ſommes qui ne ſont pas encore dûes. On conſigne les vacations des Commiſſaires qui doivent juger un procès; & cette conſignation ſe fait ès mains du Receveur des Epices.

CONSOLIDATION, eſt la réunion de l'uſufruit à la propriété d'un bien, qui arrive quand l'uſufruit en acquiert la propriété; auquel cas l'uſufruit eſt éteint.

La raifon eſt, qu'une choſe ne peut pas devoir une ſervitude à celui à qui elle appartient. *Nemini res ſua ſervit, leg. 17. ff. quib. mod. uſufr. vel. uſ. amit.*

CONSOMMATION DU MARIAGE, en eſt l'accompliſſement par l'union des corps du mari & de la femme.

L'effet de cette conſommation eſt, que quoique le mariage contracté entre des fidéles, & non conſommé, puiſſe être diſſous par la profeſſion monaſtique; néanmoins lorſque les conjoints ſont devenus une même chair, par la tradition réciproque de leurs corps, leur mariage ne peut être diſſous que par la mort de l'un des deux. *Voyez* Divorce. Il n'eſt pas néceſſaire que le mariage ait été conſommé, pour que la femme gagne ſes droits & conventions matrimoniales.

CONSORTS, ſont ceux qui ſont engagés dans une même affaire, qui ont le même intérêt.

CONSPIRATION, eſt une union de pluſieurs perſonnes contre l'Etat, qui tâchent à brouiller les Puiſſances, ou à les détruire. *Voyez* Conjuration.

CONSTATER, fignifie établir un fait, le rendre conſtant & certain.

CONSTITUER, fignifie aſſigner, créer, établir une rente. Il fignifie encore former une demande: comme quand on dit, il s'eſt conſtitué incidemment demandeur pour telle choſe.

On dit auſſi conſtituer Procureur, pour dire donner pouvoir à quelqu'un, ou pour cotter Procureur *ad lites*; conſtituer quelqu'un priſonnier, pour dire le mettre en priſon.

CONSTITUT, eſt une reconnoiſſance qu'on poſſéde naturellement & corporellement, ſans aucun droit de propriété ou de poſſeſſion civile une choſe au nom d'un autre qui nous en a donné la jouiſſance ſous cette condition.

Cette clauſe de conſtitut ſe met ordinairement dans la donation ou dans la vente d'un fonds, avec réſerve de l'uſufruit pendant la vie du donateur ou du vendeur.

L'effet de cette clauſe eſt de transférer par le donateur ou le vendeur la poſſeſſion feinte de la choſe donnée ou vendue, par le moyen de la déclaration que fait le donateur ou le vendeur qu'il ne la poſſéde qu'à titre de conſtitut & de précaire, c'eſt-à-dire par ſouffrance & comme par emprunt, à l'effet de jouir par le bailleur de l'uſufruit qu'il s'en eſt réſervé.

Entre les divers moyens qui équipolent à une vraie tradition, il n'y en a pas parmi nous de plus ordinaire que la clauſe de conſtitut & de précaire par le moyen de laquelle la poſſeſſion civile eſt transférée en la perſonne du donataire ou de l'acheteur, au nom duquel le donateur ou le vendeur déclare poſſéder l'héritage.

La poſſeſſion civile que cette clauſe donne au donataire ou à l'acheteur produit le même effet que produiroit la poſſeſſion actuelle & corporelle, quoique cette poſſeſſion civile ne ſoit que feinte: c'eſt pourquoi dans un concours celui qui l'a, eſt préféré à l'acheteur ou donataire poſtérieur qui auroit l'autre. *Voyez* Guy Pape, queſt. 208. 311. & 504.

La clauſe de conſtitut & de précaire ne tranſfére la poſſeſſion feinte & civile, que par le moyen des conditions ſuivantes.

I°. Il eſt néceſſaire que le donateur ou le vendeur ſoit véritablement en poſſeſſion de la choſe donnée ou vendue, lors du contrat.

II°. Il faut que le contrat auquel cette clauſe eſt appoſée ſoit valable; autrement la nullité du contrat emporte la nullité de cette clauſe. Imbert en ſon Enchiridion, *verbo* Clauſe de conſtitut.

III°. Il faut que la clauſe de conſtitut ſoit de choſe certaine. Ainſi la clauſe n'a point d'effet, ſi par exemple je donne ou je vends à quelqu'un tout ce que j'ai dans un tel fonds, & déclare le tenir au nom du donataire ou de l'acheteur à titre de précaire. L'incertitude de la choſe donnée ou vendue, fait que telle clauſe eſt de nul effet.

IV°. Il eſt néceſſaire que le conſtitut ſoit fait en préſence de celui au nom de qui il eſt déclaré.

Il eſt parlé du conſtitut en l'art. 275. de la Coutume de Paris. *Voyez* ce que j'ai dit ſur cet article.

CONSTITUT OU PRECAIRE SUR DES MEUBLES, n'eſt valable, à moins qu'il n'en ſoit fait un inventaire dans l'acte de la donation, ou par un acte ſéparé.

La raiſon eſt, que les choſes incertaines ne peuvent être livrées, ni par tradition réelle & actuelle, ni par tradition feinte. Or, en fait de meubles il n'y a que l'inventaire qui puiſſe faire connoître quelles ſont les choſes mobiliaires qui ſont contenues dans la donation, ou dans la vente qui en ſeroit faite avec retention d'uſufruit.

Voyez ce que j'ai dit ſur l'art. 275. de la Coutume de Paris, nomb. 10.

CONSTITUT EN FAIT DE CONSTITUTION DE RENTE. En quelques endroits on appoſe cette clauſe dans un contrat de conſtitution de rente; auquel cas elle fignifie que le propriétaire de tels immeubles ſpécifiés ne les poſſéde plus qu'à la charge de la rente pour laquelle il les hypotheque ſpécialement, & s'en déſaiſit juſqu'à concurrence de la ſomme qui lui eſt donnée à conſtitution. Mais les effets de cette clauſe ne me paroiſſent pas fort conſidérables.

I°. Elle ne donne pas au créancier qui n'a que

l'hypotheque fpéciale avec la claufe de conftitut, mais fans tradition réelle & actuelle, le droit d'empêcher qu'un tiers n'agiffe fur ce même fonds, *V.* Chorier, Jurifprudence de Guy Pape, pag. 218.

IIº. La claufe de conftitut & de précaire, avec inhibition d'aliéner, n'exempte pas le créancier de difcuter les biens du débiteur. *Voyez* Baffet, tome 2. liv. 5. tit. 1. chap. 2.

C O N S T I T U T I O N, dans fa propre fignification, eft un établiffement, une ordonnance, une décifion d'un réglement qui fe fait par autorité du Prince ou des Supérieurs.

C O N S T I T U T I O N DU PRINCE, eft tout ce que le Roi veut avoir force de Loi.

Le droit de faire des Loix eft le principal effet de la Souveraineté, & ce qui le caractérife mieux. Auffi nos Rois dans les Loix qu'ils font, inferent cette claufe : *Car tel eft notre plaifir.*

Parmi nous, comme chez les Romains, les Conftitutions du Prince font ou générales ou particulieres.

C O N S T I T U T I O N S ECCLESIASTIQUES. *Voyez* Loi Eccléfiaftique.

C O N S T I T U T I O N S GENERALES, font les Loix que le Roi fait publier dans fon Royaume, & qui obligent tous fes fujets : enforte que tous les Juges, tant laïques qu'eccléfiaftiques, font obligés de s'y conformer dans leurs Jugemens; mais il faut pour cela qu'elles foient enregiftrées aux Parlemens & aux autres Cours fouveraines : car elles n'ont effet que du jour de l'enregiftrement. *Voyez* l'Ordonnance de 1667. tit. 1.

Ces Conftitutions générales réglent principalement ce qui eft de droit public; elles établiffent la Jurifdiction des Magiftrats & des Juges, & réglent quelquefois auffi les droits des Particuliers.

Il y a en France trois fortes de Conftitutions générales de nos Rois, fçavoir, les Ordonnances, les Edits & les Déclarations.

Les Ordonnances font des Conftitutions générales de nos Rois, qui ftatuent fur les remontrances des Magiftrats, ou fur les fuppliques des Particuliers.

Sous les Rois de la premiere & feconde race les Ordonnances fe faifoient dans les affemblées des Etats : c'étoit le Roi qui arrêtoit les articles après les avoir fait lire à l'Affemblée; & lorfqu'ils y étoient approuvés, ils avoient force de Loi.

Mais fous les Rois de la troifieme race, les Conft'tutions générales fe font faites, pour la plûpart, du propre mouvement du Roi, ou bien fur les remontrances des Magiftrats ou des Particuliers, fans que les Etats ayent été affemblés pour cela. Les Etats ont néanmoins encore été affemblés plufieurs fois pour donner leurs rémontrances; mais les Ordonnances n'ont plus été rédigées dans l'affemblée des Etats. C'eft ainfi que cela s'eft pratiqué pour l'Ordohnance de 1560. donnée fur les remontrances des Etats affemblés à Orléans; celle de 1579. faites fur les plaintes des Députés des Etats affemblés à Blois; celle de 1626. faites fur les plaintes des Etats affemblés à Paris en 1614. & en 1629. qui font les derniers Etats généraux qui ayent été affemblés.

Comme les Ordonnances de nos Rois font les Loix générales de tout le Royaume, elles dérogent aux Coutumes qui ne font que des Loix particulieres, & qui ne peuvent valider au préjudice des Ordonnances, quand elles s'y trouvent contraires, comme je l'ai remarqué *verbo* Coutume.

Les Edits font des Conftitutions générales de nos Rois, qui ordonnent, quidéfendent quelque chofe de leur propre mouvement.

Les Déclarations font des Conftitutions générales, que nos Rois font pour interpréter, modifier, augmenter, ou diminuer les difpofitions contenues dans quelque Edit.

Au refte, quoique ces fortes de Conftitutions générales, Ordonnances, Edits & Déclarations foient différentes & ayent différens noms; on ne laiffe pourtant pas de leur donner à toutes le nom d'Ordonnances; & dans le langage vulgaire, Déclarations & Ordonnances fignifient toutes fortes de Conftitutions générales.

C O N S T I T U T I O N S PARTICULIERES DE NOS ROIS, font celles qui ne publient point, & qui ne regardent que les Perfonnes, les Compagnies, ou les Communautés qui y font nommées; en forte qu'elles n'ont point force de Loi à l'égard de toutes autres.

Tels font les Refcrits, les Lettres de juffion, les Lettres Patentes, & les Arrêts du Confeil d'Etat. Sur quoi *voyez* ce que j'ai dit ici de chacune de ces Conftitutions en fon lieu.

C O N S T I T U T I O N S FEODALES, font celles qui ont été faites fur la matiere des Fiefs & qui fe trouvent à la fin du Corps du droit civil, fans noms d'Auteur, & fans datte.

Ces Conftitutions ne fervent point de Loi en France, du moins en Pays coutumier; mais ces régles ont de l'autorité dans plufieurs Provinces qui fe gouvernent par le Droit écrit. Auffi les fiefs ne fe réglent pas de la même maniere en bien de chofes, en Pays de Droit écrit & en Pays coutumier. *Voy.* ce qui eft dit ici à ce fujet *verbo*, Fief.

C O N S T I T U T I O N DE RENTE, eft un établiffement & une création d'une rente conftituée à prix d'argent. *Voyez* Rente.

Ce terme fignifie auffi une création d'une penfion fur fon bien, ou d'une fervitude fur fon héritage.

C O N S T I T U T I O N DE PROCUREUR, eft un acte par lequel un Procureur déclare au Procureur de la Partie adverfe, qu'il occupera pour celui qui le conftitue.

C O N S T I T U T I O N DE NOUVEAU PROCUREUR, a lieu quand le Procureur d'une Partie eft mort.

En ce cas fi celui pour qui ce Procureur occupoit n'en conftitue pas un autre, la Partie adverfe le peut affigner en conftitution de nouveau Procureur.

Pour faire affigner en conftitution de nouveau Procureur, on préfente une Requête dans laquelle on expofe que pendant le cours de l'inftance, le Procureur de . . . . eft décédé, ce qui empêche le Suppliant de continuer fes pourfuites; & on conclut : *Ce confidéré Noffeigneurs, il vous plaife per-*

mettre au Suppliant de faire affigner en la Cour ledit tel . . . . pour conftituer Procureur au lieu & place de tel . . . . pour procéder en ladite inftance, & voir adjuger au Suppliant fes fins & conclufions ; & vous ferez bien.

On fait mettre une Ordonnance de *foient Parties appellées.* Si la partie que l'on veut affigner demeure à Paris ou dans les Fauxbourgs, on l'affignera en vertu de cette ordonnance : fi elle demeure hors la Ville & les Fauxbourgs on prend une commiffion fur la Requête, & on affigne, tant en vertu de l'ordonnance étant au bas de la Requête, que de la commiffion fignée & fcellée.

Si c'eft au Parlement que l'on ait befoin d'une commiffion, il faut la prendre en Chancellerie ; & en ce cas il ne faut point de Requête préalable.

C O N S U L S, font les principaux Officiers d'un Bourg ou d'une petite Ville dans les Provinces méridionnales de France, qui ont foin des affaires publiques de la Communauté, comme les Echevins en d'autres endroits.

C O N S U L S FRANÇOIS DANS LES PAYS ETRANGERS, font de Juges de la Nation Françoife, établis dans les Echelles du Levant, & fur les Côtes d'Afrique & de Barbarie, pour juger les différends qui naiffent entre les Marchands François.

L'article 4. tit. 9. de l'Ordonnance de 1681. enjoint à ces Confuls, pour ce qui regarde les affaires de la Nation en général, d'appeller aux Affemblées qu'ils convoqueront, tous les Marchands, Capitaines & Patrons François étant fur les lieux, lefquels font obligés d'y affifter, à peine d'amende arbitraire applicable au rachat des Captifs.

Ces Confuls font obligés, tant en matiere civile que criminelle, de fe conformer aux Capitulations faites avec les Souverains des lieux de leurs établiffemens : mais fi ces Confuls ont des différends avec les Négocians, tant aux Echelles du Levant, qu'aux Côtes d'Afrique & de Barbarie, les Parties fe doivent pourvoir au Siége de l'Amirauté de Marfeille, auquel la connoiffance en eft attribuée, fuivant l'art. 19. du tit. 9. de l'Ordonnance de 1681.

Dans la Jurifdiction de ces Confuls, il y a un Chancelier faifant la fonction de Greffier, qui eft par eux commis.

Ils nomment auffi des Huiffiers & Sergens pour l'exécution de leurs Jugemens, & ils leur font prêter ferment.

Les Jugemens de ces Confuls en matiere civile, font exécutés par provifion en donnant caution, à quelque fomme que la condamnation monte. Les appellations de leurs Jugemens fe relevent ; fçavoir, des Confuls, tant aux Echelles du Levant qu'aux Côtes d'Afrique & de Barbarie, au Parlement d'Aix ; & des Jugemens des autres Confuls, au Parlement le plus proche du Confulat où les Sentences auront été rendues.

Il paroît que ces Confuls ont été établis à l'inftar des Siéges généraux de l'Amirauté, puifque comme eux ils n'ont point d'autres Supérieurs que les Parlemens.

En matiere criminelle, ils ont le pouvoir de juger définitivement & fans appel les cas où il n'échet aucune peine afflictive, pourvu que les Jugemens foient rendus avec les Députés & quatre Notables de la Nation.

Mais s'il échet peine afflictive, ils n'ont que l'inftruction, laquelle étant faite, ils font tenus d'envoyer les procès avec l'accufé dans le premier vaiffeau faifant fon retour en France, pour être jugé par les Officiers de l'Amirauté du premier Port où le vaiffeau fera fa décharge.

Ces Confuls ont auffi le pouvoir de faire fortir des lieux de leur établiffement les François qui menent une vie fcandaleufe, fuivant l'art. 15. du tit. 9. de l'Ordonnance de 1681. qui enjoint auffi à tous Capitaines & Maîtres de vaiffeau de les embarquer fur les ordres du Conful, à peine de 500. livres d'amende applicable au rachat des Captifs.

C O N S U L S QUI EXERCENT LA JURISDICTION CONSULAIRE, font quatre Marchands, à la tête defquels eft un grand Juge, qui connoiffent entre Marchands & gens de commerce, de toutes fortes de conteftations pour fait de marchandifes. *Voyez* Juges-Confuls. *Voyez* auffi Confervateurs des Foires de Lyon.

C O N S U L T A T I O N, eft l'examen d'une queftion & la délibération qui eft rendue fur ledit examen.

Ce terme fignifie auffi l'avis d'un ou de plufieurs Avocats rédigé par écrit. Il commence ainfi : *Le Confeil fouffigné, qui a vû un Mémoire contenant, &c. eft d'avis que, &c.*

On produit devant les Juges de Province des confultations. A Paris, l'ufage n'eft point de les produire ; l'Ordonnance de 1667. tit 35. des Requêtes civiles art. 13. ordonne qu'il fera attaché aux Lettres de Requête civile une Confultation fignée de deux anciens Avocats, & de celui qui aura fait le rapport qui contiendra fommairement les ouvertures de Requête civile ; & que le nom des Avocats & les ouvertures de requête civile feront inférés dans les Lettres.

Pour les appels comme d'abus principaux, il faut pareillement avoir une confultation de deux anciens Avocats, attachée fous le contre-fcel des Lettres de relief d'appel, fuivant la réponfe de Louis XIII. au feizieme article des Remontrances du Clergé en 1635.

Les Commiffaires départis par le Roi dans les Provinces, font auffi prefque tous dans l'ufage de n'autorifer aucune Communauté d'Habitans pour intenter un procès, qu'elle ne rapporte une Confultation fignée d'un ou de deux Avocats, fuivant laquelle la prétention des Habitans paroiffe bien fondée.

Les Confultations fervent beaucoup à ceux qui expofent fidelement le fait dont il s'agit, puifqu'ils peuvent par ce moyen s'engager dans le procès, ou abandonner la pourfuite.

Mais il arrive quelquefois que ceux qui demandent des confultations, font la dupe du peu de fidélité qu'ils ont à rendre compte du fait & des circonftances fur lefquelles ils demandent l'avis des Avocats. Quand celui qui eft confulté eft mal inftruit, il ne peut jamais donner de réponse juste : *quia scilicet ex facto jus oritur.*

Le devoir essentiel de ceux qui sont consultés est, 1°. De se bien faire instruire du fait dont il s'agit & de ses circonstances.

II°. De ne se point déterminer sans avoir délibéré avec beaucoup d'attention sur le point de la difficulté qui se trouve dans la question qu'on leur propose, sur-tout dans les consultations à la faveur desquelles les procès sont intentés, comme en fait d'appels comme d'abus, & de Requêtes civiles.

III°. De ne point flatter les Parties par des complaisances qui sont toujours dangereuses à ceux qui s'y arrêtent inconsidérément.

Il faut cependant demeurer d'accord qu'il y a des affaires douteuses où l'on peut embrasser tel parti que l'on veut, & où les Juges mêmes se trouvent partagés dans leurs opinions : mais il faut toujours, dans quelque affaire que ce soit, se ranger du côté qui nous paroît plus conforme au droit & à la raison. -

S'il arrive que dans quelques lieux il soit difficile de bien choisir ceux à qui on veut demander conseil, on n'est point ici dans cet embarras. Ceux qui font dans cette Ville la profession d'Avocat avec honneur, & qui sont reconnus pour tels, sont fort en état de donner de très-bons avis.

Toute la précaution qu'il convient de prendre, c'est de s'adresser à ceux qui passent pour être le plus versés dans les matieres sur lesquelles on veut prendre conseil.

CONTENTOR, signifie un droit de Registre qui appartient aux Audienciers & Controlleurs des Chancelleries.

CONTESTATION, signifie dispute, querelle, procès.

CONTESTATION EN CAUSE, est le premier réglement ou appointement qui intervient sur les demandes & défenses des Parties, après que leurs moyens ont été déduits à l'Audience de part & d'autre.

C'est pour cette raison que la contestation en cause est appellée *conflictus utriusque partis,* & qu'elle est définie par les Docteurs *expositio controversiæ dirimendæ, ex utraque parte apud Judicem facta, super quâ interlocutorium aliquod judicium intervenit.*

Ainsi trois choses font la contestation en cause ; sçavoir, la demande du demandeur, la défense du défendeur, & la prononciation du Juge. Les défenses fournies par le défendeur ne suffisent donc pas pour former la contestation en cause ; il faut de plus que sur la demande & les défenses il soit intervenu un réglement du Juge, non diffinitif, mais préparatoire, comme un appointement en droit, à mettre ou à informer.

Une affaire doit être appointée, quand il y a des titres à voir, des points de droit à examiner, ou des faits à prouver, qui doivent servir à la décision de la cause.

Posons que Titius ait fait saisir une terre dont je suis propriétaire, faute de payement des droits seigneuriaux qu'il prétend qu'il me dois, ou faute de lui avoir fait la foi & hommage ; & que je me suis opposé à la saisie, alléguant pour défenses que ma terre ne releve point du demandeur, & qu'elle releve du Roi, ou que je la tiens en Francaleu.

Si le Juge, après avoir entendu à l'Audience les raisons des Parties, ne peut connoître que par l'examen des titres si véritablement le demandeur est bien fondé en sa demande, ou si mes défenses sont pertinentes, il doit donner un réglement par lequel il appointe les Parties à écrire & produire, en conséquence duquel je suis obligé de donner copie des piéces par lesquelles je soutiens que je possede ma terre allodialement, & non pas en fief. Ce réglement fait la contestation en cause.

Les principaux effets de contestation en cause sont, 1°. Qu'elle perpétue la Jurisdiction du Juge délégué, & empêche qu'on ne puisse décliner la Jurisdiction du Juge, pardevant lequel la cause a été contestée : *quia ubi cœptum est judicium, ibi finem accipere debet. L. 30. ff. de judiciis.* Par la même raison, un Juge ne peut pas être récusé après contestation en cause. *L. 16. cod. de judiciis, voyez* Exception déclinatoire. *Voyez* aussi Récusation.

II°. La contestation en cause interrompt la prescription ; ce que n'opéreroit pas une assignation, suivant le Droit Romain : mais en France, une simple assignation libellée suffit pour interrompre la prescription ; parce qu'au moyen du contenu dans cette assignation, le possesseur devient possesseur de mauvaise foi. *Voyez* ci-après Interruption.

III°. Elle constitue le possesseur en mauvaise foi ; *quoniam alienæ rei scientia parit malam fidem.* Ainsi un possesseur qui étoit de bonne foi, étant devenu possesseur de mauvaise foi par la contestation en cause, est tenu parmi nous de restituer tous les fruits qu'il a perçus, non-seulement depuis la contestation en cause, mais aussi depuis le tems qu'il a été en demeure & mauvaise foi avant ladite contestation, c'est-à-dire depuis l'exploit d'assignation. *Voyez* l'article 94. de l'Ordonnance de François I. à Villers-Cotterêts en 1539.

IV°. Par la contestation en cause, il se fait une espece de quasi-contrat qui opère une novation ; de maniere que les actions qui auroient été prescrites par un certain laps de tems, se perpétuent & se transmettent aux héritiers.

Mais il faut excepter le cas de la péremption d'instance, suivant l'art. 1. des Arrêtés du Parlement de Paris du 23. Mars 1691. dont voici les termes. *Les instances intentées, bien qu'elles ne soient contestées, ni les assignations suivies de constitutions de Procureur par aucune des Parties, seront péries, en cas que l'on ait discontinué les procédures pendant trois ans ; & n'auront aucun effet de perpétuer ni de proroger l'action, ni d'interrompre la prescription.*

Voyez la nouvelle Ordonnance, titre des contestations en cause ; ce que j'ai dit ci-dessus *verbo* appointement ; & ce que j'ai dit sur l'article 104. de la Coutume de Paris.

CONTESTATION EN CAUSE EN MATIERE CRIMINELLE. Mornac sur la Loi 1. au Code *de litis contestatione,* & Cujas en ses observations liv.

20. chap. 21. font d'avis, qu'en matiere criminelle la contestation en cause se fait dès l'instant que l'accusé a subi l'interrogatoire, ou qu'il est contumax. *Reus enim amplius defugere non potest, post-quam sponte interrogationem subierit, sicut in civili negotio, post litem contestatam amplius non potest recusari, qui de causâ cognoscere cæperit.*

Cependant l'opinion commune est, qu'en matiere criminelle le procès n'est contesté que par le récollement & confrontation des témoins. *Voyez* Brodeau sur Louet, lettre Z, chap. 4. Montholon en ses Arrêts, pag. 140. & ce que j'ai dit sur l'article 104. de la Coutume de Paris.

CONTESTER PLUS AMPLEMENT, est procéder en vertu d'un Jugement qui a réglé certains chefs, & qui a ordonné sur un ou plusieurs autres que les Parties contesteront plus amplement.

En conséquence de ce Jugement, on donne une Requête employée pour plus ample contestation, & contenant demande.

Sur la question de sçavoir si un Arrêt portant que les Parties contesteront plus amplement sur une demande, écriront & produiront l'avis ; de la Communauté des Avocats & Procureur du 11. Avril 1688. a été, qu'on peut après la demande & contestation plus amplement formée par une Requête, produire en vertu du même Arrêt, sans attendre que les défenses ayent été fournies, & sans obtenir un nouvel appointement en droit ; & on peut sommer le défendeur de fournir des défenses ; & faute d'en fournir, faire juger un défaut qui doit porter adjudication des conclusions, ou jonction à l'instance, en cas qu'il reste quelqu'autre contestation à juger en exécution de l'Arrêt.

S'il y a des défenses fournies, & qu'il reste d'autres contestations à juger entre les Parties, la demande doit être réglée sur une Requête comme un incident ; sinon on doit offrir & obtenir au Greffe un appointement en droit, sans qu'il soit besoin de mettre la cause au rolle.

En vertu de cet appointement, on doit produire de même que sur les autres demandes, & l'affaire doit être distribuée en la maniere ordinaire.

CONTINUATION DE COMMUNAUTÉ, n'est autre chose que la suite de la communauté qui étoit entre les pere & mere avant la mort de l'un d'eux, & qui continue entre le survivant & ses enfans lorsqu'il y en a de mineurs, faute par le survivant des pere & mere d'avoir fait inventaire après la mort du prédécédé, & de l'avoir fait clorre, soit que ce survivant se remarie ou non.

Quand le survivant des conjoints par mariage n'a point fait inventaire des biens communs après le décès du prédécédé, ou qu'il ne l'a pas fait clorre, les enfans mineurs issus du mariage peuvent demander que la communauté qui étoit entre leurs pere & mere soit continuée, ou le partage de la communauté telle qu'elle étoit au tems de la mort du prédécédé.

Si par le second mariage le mari déclare avoir fait ou promet faire un inventaire, la continuation de la premiere communauté ne laissera pas de courir au profit des enfans du premier lit, sauf à la femme à se pourvoir pour ses dommages & intérêts contre les biens particuliers de son mari ; comme il a été jugé par Arrêt du mois de Juillet 1655. rapporté dans les Observations de M. le Camus, sur l'article 241. de la Coutume de Paris.

C'est une régle certaine, que toute communauté finit par la mort d'un des associés : cependant, contre le Droit commun, nos Coutumes ont introduit la continuation de communauté contre le survivant qui n'a point fait d'inventaire, ou qui en a fait un nul & défectueux, ou qui ne l'a point fait clorre dans le tems prefcrit par la coutume.

M. Lauriere dans le Glossaire du Droit françois sur les mots, *Communauté continuée*, a rapporté plusieurs autorités, pour prouver que cette communauté n'est pas une continuation de celle qui avoit lieu entre le pere & la mere, mais une nouvelle qui succede à la premiere.

Quoiqu'il en soit, il faut demeurer d'accord que cette continuation de communauté, ou si l'on veut cette nouvelle communauté, paroît sagement établie en faveur des enfans mineurs du survivant & du prédécédé, à cause de la suspicion du recelé & du divertissement des effets de la communauté par le survivant.

Ainsi on a jugé à propos, pour obliger le survivant des pere & mere, d'établir cette continuation de communauté, ou de faire faire l'inventaire requis dans ce cas, pour la conservation du bien des mineurs incapables de veiller à leurs droits.

Il y a plus : c'est que par la disposition du Droit, ce qui est acquis des biens des mineurs, leur appartient. Or ce qui s'acquiert par le survivant des conjoints depuis la mort du prédécédé, peut être acquis de leurs biens, puisque leur part est demeurée en confusion par le défaut d'inventaire.

D'ailleurs, il seroit trop difficile la plûpart du tems, & même souvent impossible de justifier la consistance, qualité, quantité & valeur des biens, & sur-tout des meubles d'une communauté, au tems d'un décès survenu pendant le bas âge des enfans, & long-tems avant la preuve que l'on en voudroit faire, laquelle dépérit aisément par le tems. Ainsi la continuation de communauté est une peine légale, & un remede introduit par les coutumes pour la conservation des droits des enfans mineurs.

C'est pour cette raison qu'il a été jugé, qu'un pere ayant fait faire un bon & valable inventaire après le décès de sa premiere femme, & n'en ayant point fait faire après le décès de sa seconde, les enfans du premier lit ne pouvoient pas empêcher la continuation de la communauté que les enfans du second lit demandoient pendant laquelle le pere avoit fait de grandes acquisitions, sous prétexte que cette continuation de communauté étoit un avantage indirect & prohibé.

La raison est, que cet avantage déféré par la coutume, procede de la négligence du pere, & non pas de sa libéralité. *Voyez* Brodeau sur Louet, lett. C, chap. 30.

Quand il y a des enfans mineurs, il ne suffit pas, pour empêcher la continuation de commumunauté, que l'inventaire a été fait & parfait ; il faut qu'il ait été clos.

Voici une espece qui s'est présentée, & qui est rapportée dans les Observations de M. le Camus sur l'art. 241. de la Coutume de Paris. Un pere avoit deux enfans mineurs. Dans les trois mois du jour du décès de sa femme, il n'avoit pas fait inventaire. Voyant une de ses filles malade, il avoit commencé l'inventaire, & ne l'avoit pas achevé avant le décès de cette fille, mais dix jours après il l'avoit fait clorre.

Cet inventaire ayant été clos dans les trois mois du jour qu'il avoit été parfait, la question fut, si la succession de la fille décédée depuis l'inventaire commencé, & non parfait, tomboit dans la continuation de communauté ; ou si le pere, en commençant l'inventaire, avoit dissous la communauté, & étoit par ce moyen héritier mobilier de sa fille.

Il a été jugé qu'il y avoit continuation de communauté, & que la succession de la fille en faisoit partie : I°. parce que la Coutume dit, *fait & parfait*, ce qui ne se peut appliquer à un inventaire commencé : II°. parce qu'il n'étoit pas commencé dans les trois mois du jour du décès, ainsi ne pouvoit point avoir d'effet rétroactif ; & partant la communauté étoit continuée jusqu'au jour de la clôture de l'inventaire : III°. parce que la Coutume de Melun, voisine de celle de Paris, le décide ainsi en l'article 220.

Quelques - uns prétendoient qu'un inventaire étoit censé fait & parfait, quoiqu'il n'ait pas été clos, attendu que la clôture n'est qu'une formalité extrinseque : *sed malè, siquidem omnia debent prodesse minoribus.*

Quand il n'y a que des enfans majeurs lors du décès il n'y a jamais de continuation de communauté ; mais quand il y a des enfans majeurs & des enfans mineurs ; le mineur qui se sert de son privilege, & demande la continuation de communauté, communique son droit au majeur, & la continuation se fait pour tous les enfans, pour empêcher les avantages indirects, à moins toutefois que les enfans majeurs n'en veuillent point ; car on ne peut pas les obliger de jouir d'un privilege malgré eux.

D'ailleurs, toutes les portions étant indivises & de droit, une société ne peut pas se dissoudre pour une partie seulement, & continuer pour une autre.

Mais si l'enfant mineur ne vouloit pas demander la continuation de communauté, pour lors le majeur ne pourroit pas se servir du privilege du mineur, attendu que ce privilege n'a été introduit qu'en faveur des enfans mineurs, & ne sert aux majeurs, que, *secundariò & per consequentias minorum qui suo uti volunt privilegio*, à l'effet, comme nous avons dit, d'empêcher les avantages indirects.

La continuation de communauté qui auroit commencé avec des mineurs, ne cesse pas par leur majorité, ni par leur mariage, d'autant qu'elle ne se peut dissoudre que par un inventaire.

Mais on demande si elle est éteinte par la mort du mineur, lorsque ni lui ni son tuteur ne l'ont point demandée ?

Plusieurs tiennent que dans ce cas, (à l'exception des freres & sœurs du mineur) ses héritiers de propres ne sont point en droit de demander la continuation de communauté ; parce que toutes les choses acquises pendant la continuation de communauté sont acquêts : & par conséquent appartiennent toujours au pere ou à la mere survivant, & jamais aux héritiers des propres.

Mais quand il y a plusieurs enfans, & que les uns sont majeurs, & un mineur qui pouvoit demander la continuation de la communauté, faute par le pere d'avoir fait inventaire, les freres majeurs étant héritiers de leur frere mineur, peuvent en cette qualité la demander, quoiqu'ils n'eussent pû le faire de leur chef, ni profiter de la continuation de la communauté, qu'en vertu de la demande que le mineur en auroit fait.

D'autres croyent que le privilège du mineur n'est qu'une faculté personnelle, qui par conséquent s'éteint par sa mort, & ne passe point à ses héritiers. Brodeau sur Louet, somm. 30. nomb. 17.

Pour moi je croirois que ce droit passe aux héritiers du mineur, mais non pas à son légataire universel, ni à ses créanciers, encore moins au fisc, lorsqu'il succéde par droit de confiscation aux biens de l'enfant mineur condamné à mort naturelle ou civile. *Voyez* l'Arrêt du 17. Août 1677. rapporté dans le Journal du Palais & dans le Journal des Audiences.

Mais ce qui est dit dans le Dictionnaire de M. Brillon, *verbo* Communauté, nomb. 8. me paroît concilier les deux Parties. Huart, Procureur, étoit demeuré veuf, & en continuation de communauté avec ses enfans, faute d'avoir fait inventaire. Une des filles mariées à M. Furgault, Avocat, meurt mineure, & laisse une fille qui meurt aussi en minorité. Dans l'intervalle de la mort de Madame Furgault & de sa fille, étoit aussi morte une autre fille de Huart pere, sœur de Madame Furgault, & tante de la petite Furgault.

Question entre M. Furgault, héritier de sa fille quant aux meubles & aux acquêts, qui prétendoit que la part de sa femme & de sa fille dans la continuation de la communauté lui appartenoit ; tant pour ce qu'elles avoient de leur chef, que pour la part héréditaire que la fille auroit dû avoir du chef de Mademoiselle Huart sa tante.

M. Huart, Avocat, frere de Madame Furgault, soutenoit au contraire, qu'à lui seul devoit appartenir le bénéfice de la continuation de la communauté, suivant l'art. 243. de la Coutume de Paris.

Par Sentence arbitrale du 6. Mai 1718. rendue par Mes. Bretonnier & le Bouchevret, Arbitres, Mes. de la Vigne, Denyau & Macé, sur-Arbitres, il a été jugé que toute la continuation appartiendroit à M. Huart, Avocat. Ce qui paroît fondé sur deux raisons.

La premiere est, que quoique le droit de continuation de communauté soit transmissible, il cesse de l'être quand il y a des enfans survivans qui sont en continuation : c'est une distinction qui concilie le sentiment des Auteurs & le préjugé des Arrêts. En effet, lorsque l'enfant qui est en continuation de

communauté

communauté meurt fans qu'il y ait d'autres enfans furvivans le droit eft tranfmiffible, foit aux héritiers, foit aux légataires univerfels, parce que c'eft un droit réel qui dépend du mélange & de la confufion des biens. C'eft le cas de l'Arrêt du 7. Septembre 1637. rapporté par Malicot fur l'art. 506. de la Coutume du Maine ; de celui de Pouplet de 10. Avril 1669. rapporté dans le Journ. des Audiences : & de celui de la Dame Paris du 1. Septemb. 1687. rapporté dans le Journal du Palais. Mais quand il y a des enfans furvivans, ce droit ceffe d'être tranfmiffible parce que l'obftacle de l'art. 243. empêche l'ordre ordinaire de la difpofition ou de la fucceffion ; on préfume que le pere a voulu vivre en continuation de communauté en faveur de fes enfans ; il n'eft pas jufte qu'à leur préjudice des étrangers viennent au bénéfice de la continuation ; c'eft l'Arrêt du 17. Août 1677. rapportés dans le Journal du Palais. Enfin la Coutume donne un droit qui n'eft qu'une faculté conditionnelle, condition réfolutive, aux cas que l'un des enfans meure fans enfans, laiffant des freres & fœurs qui foient en continuation.

La feconde raifon eft, que le droit de continuation de communauté doit être indivifible. Seroitil jufte que le pere rendit un compte particulier à l'étranger jufqu'au jour de la mort de l'enfant prédécedé, & qu'il y eût une communauté différente avec les autres enfans jufqu'au jour de la diffolution & de l'inventaire ?

Dans cette continuation de communauté, entre I°. tout ce qui feroit entré dans la communauté de la part du furvivant.

II°. Tous les meubles de la communauté, qui font confondus par le moyen de cette continuation.

III°. Les fruits des immeubles de la communauté, & les fruits des propres du prédécedé, auffibien les revenus des mineurs.

La raifon eft que cette continuation de communauté n'eft qu'une fiction, qui fait que la fociété qui étoit finie par le décès du prédécedé, fe continue en faveur des mineurs : fiction qui ne peut opérer autre chofe, finon qu'on préfume que cette communauté n'a pas ceffé.

Il réfulte de ce principe que tous les revenus, tant des biens du furvivant, que des acquêts qu'il a faits auffi bien que les revenus des mineurs, font partie de cette communauté continuée, puifqu'ils font partie de tout ce bien qui eft compris dans l'inventaire qui fe fait au jour que la continuation a été demandée par les mineurs ; & comme la moitie de ces biens appartiendra aux mineurs, il ne feroit pas jufte qu'ils euffent, & les revenus de leurs biens, & la moitié des meubles & acquêts, & autres biens dont la maffe de la communauté a été faite, ces biens ayant pû être acquis de ces mêmes revenus.

Les mineurs qui ont accepté la continuation de communauté, ne peuvent donc pas demander qu'on leur tiennent compte féparément des revenus du bien du prédécedé, puifqu'ils fe trouvent confondus dans la maffe des biens de la continuation de communauté.

Mais auffi on ne doit pas leur faire payer aucune chofe pour leur nourriture & entretien, qui eft une charge naturelle de la communauté ; d'autant plus que le furvivant de fa part, qui eft en poffeffion des biens, ne fait point du rapport des nourritures & entretiens, qui fe trouvent confondus dans les biens de la continuation de communauté, qui en eft d'autant moins confidérable.

Tel eft l'ufage du Châtelet, attefté par un acte de notoriété du 18. Janvier 1701.

A l'égard des immeubles de la communauté, la propriété de ces immeubles n'entre point dans cette continuation, non plus que celle des immeubles acquis par les enfans, foit par leur induftrie, foit par des donations.

Les effets mobiliers qu'ils ont acquis, ou qui leur ont été donnés, n'y entrent pas non plus.

Enfin plufieurs prétendent que les meubles qui échéent aux enfans par fucceffion, & les fruits des immeubles qui leur font donnés, qu'ils ont acquis, ou qu'ils ont par fucceffion, d'autres que du prédécedé, n'entrent point dans cette continuation.

Pour ce qui eft des portions pour lefquelles la communauté eft continuée lorfque le furvivant fe remarie, elles font définies en l'art. 241. de la Coutume de Paris, qui porte que fi le furvivant fe remarie, ladite communauté eft continuée entr'eux pour un tiers ; tellement que les enfans ont un tiers, le mari & la femme chacun un autre tiers ; & fi chacun d'eux a enfans d'autre précédent mariage, ladite communauté fe continue par quart ; & eft ladite communauté multipliée, s'il y avoit d'autres lits ; & fe partit également : en forte que les enfans de chacun mariage ne font qu'un chef en ladite communauté ; le tout au cas qu'ils n'euffent fait inventaire.

L'art. 240. de la Coutume de Paris requiert un inventaire pour diffoudre la communauté, mais il ne définit point le tems dans lequel il doit être commencé & parfait ; & l'art. fuivant donne trois mois pour la clorre.

Ainfi, dans notre Coutume il n'importe dans quel tems l'inventaire foit commencé, pourvû qu'il foit fait & parfait dans trois mois, & clos dans les trois fuivans.

L'inventaire peut être fait hors les trois mois, même plufieurs années après le décès du prédécedé, avec cette différence, que quand il eft fait dans les trois mois, il a un effet rétroactif au jour de la diffolution du mariage, pour arrêter le cours de la première communauté au jour du décès du prédécedé des pere & mere, comme fi en effet il avoit été fait au jour dudit décès ; au lieu que quand l'inventaire eft fait après trois mois, à compter du jour du décès du prédécedé, il n'a point d'effet rétroactif, en forte qu'il ne diffout la communauté que du jour qu'il a été clos.

Voyez les anciennes Coutumes de Berry, art. 130. l'Auteur du grand Coutumier, liv. 2. chap. 40. M. de Renuffon, de la Communauté, part. 3. chap. 1. 2. & 3. & ce que j'ai dit fur les art. 240. 241. 242. & 245. de la Coutume de Paris. Voyez ci-deffus Clôture. Voyez ci-après Diffolution de communauté ; Bacquet , des Droits de Justice , chap. 15. nomb. 15. & suiv. *Voyez* aussi les Arrêtés de M. le premier Président de Lamoignon , au tit. de la communauté , à commencer à l'art. 115. jusqu'à 167.

CONTRADICTEUR , est celui qui a droit ou une qualité pour contredire.

Un inventaire doit être fait avec le subrogé tuteur , qui en qualité de légitime contradicteur , assiste à la confection de l'inventaire , & qui veille pour l'intérêts des mineurs à ce que le tuteur fait.

Celui qui est créé ou nommé pour représenter un défunt ou un absent , comme un curateur créé à une succession vacante , est aussi un légitime contradicteur ; parce qu'il est créé pour représenter le défunt , au lieu des héritiers qui ont renoncé à sa succession.

CONTRADICTION , est une incompatibilité , contrariété & opposition évidente de deux idées , qui font le sujet & l'attribut d'une même proposition.

En matiere criminelle , lorsqu'une contradiction est formelle , & qu'elle tombe sur un fait important elle forme sans contredit contre l'accusé une preuve aussi concluante qu'une reconnoissance simple & naturelle de ce même fait.

L'aveu d'un accusé qui paroît sincere , peut être écouté favorablement , lorsqu'il apporte des raisons qui excusent sa confession ; mais les contradictions qui prouvent le fait qu'il veut cacher font connoître en même tems la mauvaise foi & l'injustice de ses défenses.

Aussi tous les Docteurs ne regardent point les contradictions des accusés comme des moyens légers. Ils décident qu'elles peuvent donner lieu à une condamnation à la question , lorsqu'elles tombent , ou sur le fait même du crime , ou sur les circonstances principales qui y ont rapport.

Variatio indicium facit ad torquendum , quando respicit , vel delictum principale , vel circonstancias principales , & ad delictum inferentes & pertinentes. Farinacius 1. quæst. 52. pag. 22. Julius Clarus , quæst. 2. Hypolitus , de Marsiliis , quæst. pag. 7. Menochius , de præsumptionib. lib. 1. quæst. 79.

CONTRADICTOIRE. *Voyez* Jugement contradictoire.

CONTRAIGNABLE , signifie qui peut être contraint.

CONTRAINDRE , signifie violenter , obliger par force à faire , à dire , ou à souffrir quelque chose.

Ce terme se dit aussi en parlant des violences légitimes qui se font par les ordres de la Justice. Par exemple , un débiteur peut être contraint , par saisie & exécution de ses biens , à payer ce qu'il doit. Les gardiens & dépositaires de biens de Justice , font contraignables par corps.

CONTRAINTE , se dit d'un acte qui justifie que quelqu'un nous doit quelque chose & que nous pouvons le contraindre par toutes voies dûes & raisonnables à nous payer ce qu'il nous doit.

Tels actes font les Contrats & les Jugemens en forme , lesquels font exécutoire.

Ainsi contraint est un Jugement , un Contrat ou une Ordonnance en vertu de laquelle un Sergent oblige & contraint quelqu'un par les voies dûes & raisonnables.

On appelle particuliérement contrainte , les ordres des Fermiers , Receveurs , & autres personnes qui perçoivent les droits du Roi , qui décernent des contraintes contre les redevables.

Le Commissaire aux Saisies-Réelles décerne aussi des contraintes contre les Fermiers judiciaires qui manquent de payer le prix de leur baux.

Pour décerner une contrainte , il faut avoir serment en Justice , & un pouvoir spécial. Ce pouvoir est attribué aux Fermiers du Roi par leurs baux , & aux Officiers par leurs provisions , ou par les titres de leur création.

Quiconque n'a point de Jurisdiction ne peut faire exécuter sa contrainte , si elle n'est visée d'un Juge : les Elus , par exemple , visent les contraintes que les Receveurs des Aides décernent contre les débiteurs.

CONTRAINTE PAR CORPS , est le droit qu'a un créancier de contraindre en matiere civile son débiteur par emprisonnement de sa personne.

L'usage des contraintes par corps après les quatre mois , étoit fondé sur l'art. 48. de l'Ordonnance de Moulins , qui a été abrogé par celle du mois d'Avril 1667. titre 34. pour dettes purement civiles.

Cette derniere Ordonnance défend aux Cours & Juges de les ordonner , à peine de nullité. Elle défend aussi à tous les Huissiers & Sergens de les exécuter , à peine de tous dépens , dommages & intérêts ; & aux Notaires & Tabellions de passer aucunes obligations portant contrainte par corps.

Il y a néanmoins des cas où la contrainte par corps peut encore aujourd'hui être ordonnée par les Juges en matiere civile ; mais les Juges ne font pas astreints à la prononcer dans tous les cas.

L'Ordonnance de 1667. tit. 34. art. 2. dit seulement : *Pourront néanmoins les contraintes par corps être ordonnées , &c.* D'où il résulte que les Juges ne font pas obligés de prononcer la contrainte par corps dans les cas même où l'Ordonnance leur permet de le faire , attendu qu'elle ne les y oblige pas.

Voici les cas dans lesquels les Juges ont la faculté de condamner par corps en matiere civile.

I°. Lorsqu'on s'est emparé par force & violence d'une maison ou héritage ; auquel cas on peut être contraint par corps d'en délaisser la possession.

II°. Pour stelionat.

III°. Pour dépôt nécessaire.

IV°. Pour deniers royaux. Sur quoi il faut remarquer qu'il y a une Déclaration du Roi du 26. Février 169. en interprétation de l'Ordonnance de 1673. qui veut que les receveurs , Trésoriers , Fermiers & Sous-Fermiers des Droits du Roi , Traitans généraux & particuliers , Intéressés ; & Gens chargés du recouvrement des deniers de Sa Majesté , & tous autres Comptables puissent être contraints par corps, ainfi que les Négocians, au payement des Billets pour valeur reçue, foit que les Billets doivent être payés à un Particulier, ou à fon ordre, ou au Porteur.

V°. Pour délivrance des deniers confignés par autorité de Juſtice entre les mains de perſonnes publiques.

VI°. Pour la repréfentation de meubles faifis.

VII°. Pour Lettres de change, ou pour Billets portant promeſſe de fournir Lettres de change ou d'en fournir la valeur, ou enfin pour Billets de change entre Marchands & Négocians, comme nous dirons ci-après.

VIII°. Pour achat, de vin fur les étapes, de grains dans les marchés, de beſtiaux & autres marchandifes dans les foires.

IX°. Pour l'exécution des contrats maritimes, groſſes avantures, chartes-parties, ventes & achats de Vaiſſeaux, & pour le fret & naulage. Pour raifon de quoi on peut s'obliger par corps, & les Juges de l'Amirauté peuvent ordonner par corps l'exécution de leurs Jugemens.

Enfin les propriétaires des terres & héritages de campagne peuvent ſtipuler par les baux la contrainte par corps, tant à caufe qu'ils n'ont point de privilége pour le payement de leurs fermages, qu'à caufe que le payement ne s'en fait que par années.

Ainfi la contrainte par corps peut fe ſtipuler dans un bail à ferme; mais elle ne fe fupplée pas.

Il y a encore quatre cas auxquels la contrainte par corps peut être ordonnée, mais après les quatre mois feulement. I°. Quand il s'agit de dépens adjugés, s'ils montent à deux cens livres & au-deſſus.

II°. Pour reſtitution de fruit au-deſſus de deux cens livres.

III°. Pour dommages & intérêts liquidés, au deſſus de deux cens livres.

IV°. Pour fommes liquides & certaines, réfultantes de geſtion de tutelle ou de curatelle.

Dans le Recueil des Actes de notoriété, il y en a un du 24. Juillet 1705. qui porte que l'on ne prononce plus de contrainte par corps, finon pour les cas exprimés par le titre 34. de l'Ordonnance de 1667.

La même Ordonnance de 1667. porte que les feptuagenaires ne peuvent être emprifonnés que pour ſtellionat, récélé, & dépens taxés en matiere criminelle, & que les condamnations foient par corps.

Mais c'eſt une queſtion de fçavoir fi l'on entend à cet égard ceux qui font entrés dans la foixantième année de leur âge, ou ceux qui l'ont accompli. Voyez ci-après Septuagénaire.

Les femmes ne peuvent être obligées par corps en matiere civile, pas même pour dépens en matiere criminelle. Ainfi, par Arrêt du dix-fept Janvier 1684. donné en l'audience de la Tournelle civile, il a été jugé qu'une veuve ne peut être contrainte par corps pour dépens en vertu d'une Sénfence de 4. mois. Il fut dit que l'Arrêt feroit lû à Poitiers & à Châtellerault, à caufe de deux Actes

de notoriété de ces deux Siéges, par lefquelles on juſtifioit l'ufage de la contrainte par corps à cet égard.

Par autre Arrêt du Parlement de Paris, en date du 5. Octobre 1691. rapporté dans le Journal des Audiences, il a été jugé qu'une femme ne peut être contrainte par corps pour dépens, après l'Arrêt d'Iterato, quoique dans cette efpece il s'agit de dépens en matiere criminelle.

C'eſt un principe inconteſtable, qu'en matiere civile les femmes ne peuvent être obligées par corps, que quand elles font Marchandes publiques, ou pour caufe de ſtellionat procédant de leur fait.

Cela fe doit entendre à l'égard du ſtellionat, quand elles font libres & hors de la puiffance de leurs maris, ou qu'elles fe font réfervées par leur contrat de mariage l'adminiſtration de leurs biens, ou qu'elles font féparées en Juſtice, & non quand elles s'engagent conjointement avec leurs maris pendant la communauté.

C'eſt ce que porte l'Edit du mois de Juillet 1680. qui eſt rapporté dans le Journal des Audiences, tom. 4. livr. 3. ch. 19.

Depuis, par Arrêt du 13. Juin 1681. rendu à l'Audience de la Tournelle civile, la Cour a déchargé d'une condamnation par corps, caufée pour ſtellionat, une femme qui dans un contrat de conſtitution de rente, paſſé par elle & par fon mari, avoit déclaré avec lui qu'une certaine maifon lui appartenoit, quoiqu'elle appartint au pere & à la mere de la femme.

Ce que nous avons dit, qu'une femme ne peut être contrainte par corps, n'a lieu que pour les matieres civiles; car en matiere criminelle, une femme, même en puiffance de mari, peut être contrainte par corps au payement des dommages & intérêts adjugés contr'elle pour raifon d'excès par elle commis. Ainfi jugé par Arrêt du 5. Juin 1671. rapporté dans le Journal du Palais.

A l'égard des femmes qui font Marchandes publiques, elles font contraignables par corps pour Lettres de change, & même pour Billets payables au Porteur. Ainfi jugé au Parlement de Paris le 13. Mars 1701. ce qui paroît fondé fur la faveur du commerce.

C'eſt auſſi fur cette même raifon que l'ufage du Bureau de la Ville de Paris, eſt de condamner par corps, même les femmes veuves de payer ce qu'elles ont acheté fur les Ports: ce qui néanmoins n'eſt pas approuvé au Parlement.

Cette maxime, que les femmes ne peuvent être obligées par corps en matiere civile, eſt fort ancienne, & paroît être fondée fur l'honnêteté publique, qui veut que, fic in re parcatur mulieri propter fexûs pudorem & verecundiam. Vide Nov. Juſtiniani 134. cap. 9. Voyez auſſi ce que je dis à ce fujet, verbo Femme.

A l'égard des Eccléfiaſtiques conſtitués dans les Ordres facrés, ils ne peuvent être contraints par corps en vertu d'aucun Jugement, pour dettes civiles, de quelque caufe qu'elles proviennent & à quelques fommes qu'elles puiffent monter.

Il faut excepter le cas où par dol ils fe feroient

rendus indignes de ce facré & refpectable privilege accordé à l'Eglife.

Ainfi, quoique les Eccléfiaftiques prétendent par leurs priviléges être à l'abri de la contrainte par corps, à l'égard de leurs dettes, de quelque nature qu'elles foient, & que le Roi par fon Edit de 1606. art. 125. leur ait confirmé ce privilége, cet Edit n'a été enregiftré au Parlement qu'une fois la modification que les Eccléfiaftiques ftellionataires & faux vendeurs pourroient être emprifonnés pour dettes. Il en faut dire de même de tous crimes attroces commis par des Eccléfiaftiques, comme d'une Banqueroute frauduleufe, qui eft un larcin énorme & qui mérite peine corporelle. Ainfi ce privilege des Eccléfiaftiques eft reftreint aux dettes civiles.

Mais on demande fi un obligé par corps peut s'exempter de cette contrainte, en fe mettant dans les Ordres facrés, ou en prenant l'habit dans quelque Monaftere ? Il faut diftinguer:

Si la contrainte par corps eft caufée pour crime, celui qui l'a contrainte par corps contre ces fortes de gens les peut révendiquer & mettre obftacle à leur réception, à laquelle ils ne fe font dévoués que pour fe fouftraire à la peine qu'ils ont méritée. Voyez Mornac, ad leg. ult. ff. de fervis fugitiv.

Mais quand il ne s'agit que d'une dette purement civile, leurs créanciers qui ont la contrainte par corps contr'eux ne font pas en droit de s'oppofer à leur réception. Voyez la Peyrete, lett. E, nom. 7. qui rapporte un Arrêt du Parlement de Bordeaux, donné le 16. Septembre 1709. qui l'a jugé ainfi.

" Au refte quoique la contrainte par corps n'ait pas lieu à l'égard des Regnicoles pour dettes civiles, hors le cas que nous avons remarqués ci-deffus, il n'en eft pas de même des étrangers; car on peut en vertu d'une Ordonnance du Juge du lieu où ils ont contracté quelque dette, les faire arrêter, comme nous avons dit ci-deffus verbo Aubain.

CONTRAINTE PAR CORPS POUR LETTRES DE CHANGE, a lieu à l'égard de ceux qui les ont fignées & acceptées.

Cette Jurifprudence eft fondée fur l'intérêt qu'a le Public que la foi des Lettres de change ne foit pas violée; attendu le commerce confidérable qui s'en fait.

L'art. 1. du tit. 7. de l'Ordonnance de 1673. porte : » que ceux qui auront figné des Lettres ou Billets de change, pourront être contraints par » corps ; enfemble ceux qui y auront mis leur a- » val, qui auront promis d'en fournir, avec remi- » fe de place en place, qui auront fait des promef- » fes pour Lettres de change à eux fournies, ou qui » le devront être entre tous Négocians ou Mar- » chands qui auront figné des Billets pour valeur » reçue comptant, bien marchandifes, foit qu'ils » doivent être acquittés à un Particulier y nom- » mé, ou à fon ordre ou au Porteur.

Il paroît que cet article n'établit la contrainte par corps pour Lettres & Billets de change, qu'entre Négocians & Marchands. Auffi les premiers Arrêts qui ont été rendus depuis cette Ordonnance, ont jugé qu'une Lettre de change donnée par un Particulier qui n'eft ni Banquier ni Marchand,

& qui ne fe mêle point de trafic ni de Banque, ne le foumettoit pas à la contrainte par corps, faute de payement par celui fur lequel elle eft tirée, & que la contrainte par corps n'a lieu que pour Lettres de changes tirées de place en place entre Banquiers & Marchands.

Mais aujourd'hui la faveur de la banque & du commerce a fait donner une extenfion de la contrainte par corps à toutes fortes de perfonnes pour Lettres de change tirées de place en place ou pour Billets portant promeffe de fournir Lettres de change d'une place en place, ou d'en fournir la valeur.

Ainfi, par Arrêt du 10. Août 1702. il a été jugé que des mineurs qui avoient tiré, accepté & endoffé des Lettres de change, n'étoient pas reftituables, & étoient contraignables par corps, & confulaires, quoiqu'ils fiffent aucun commerce.

Par autre Arrêt du .... 1704. rendu en la Grande Chambre, au rapport de M. l'Abbé Brunet, le fieur Tarade, Confeiller au Châtelet, ayant paffé quelques Lettres de change au profit du nommé le Mercier, fut débouté des Lettres de refcifion qu'il avoit obtenues contre lefdites Lettres de change, & déclaré contraignable par corps pour raifon du contenu en icelles.

Pour ce qui eft des Billets de change, ou Billets payables au porteur, on les a toujours regardé comme de fimples promeffes, qui ne font exigibles que par les voies ordinaires, & qui par conféquent n'emportent point la contrainte par corps. Il faut cependant excepter I°. les Billets faits entre Négocians & Marchands. Il en eft de même de toutes cédules entre Marchands (& non autres) reconnues, & dûement vérifiées, qui emportent garnifon & contrainte par corps, à caufe de la faveur du commerce & de la qualité de Marchands, entre lefquels la bonne foi doit régner plus fouverainement qu'entre d'autres Particuliers.

Il faut excepter, II°. les Billets faits pour valeur reçue entre Gens d'affaires, pour lefquels la contrainte par corps a lieu, fuivant une Déclaration du 16. Février 1691.

Ceux même qui n'étant point Gens d'affaires, ni Négocians, & qui n'ayant point de boutique ouverte, fe mêlent de négocier des bijoux & des diamans, ou autres chofes, lorfqu'on peut le prouver, font condamnés par corps à payer le contenu dans les Billets qu'ils font payables au Porteur, fans que leur qualité les en exempte.

La raifon eft, que l'habitude dans laquelle ils font d'acheter & de vendre, les fait regarder comme des Brocanteurs qui trafiquent véritablement, & fouvent même des effets qui ne leur appartiennent pas.

C'eft fur ce fondement que par Arrêt du Grand Confeil du 7. Février 1709. confirmatif d'une Sentence de la Prévôté de l'Hôtel, un Particulier, Gendarme par fa qualité, Gentilhomme par fa naiffance, mais qu'on prouva fe mêler de trafiquer des pierreries, fut condamné par corps à payer le contenu en quelques Billets payables au Porteur.

CONTREAPPLEGEMENT, eft une oppofition aux applegemens ou complaintes de celui qui veut rentrer en poffeffion d'un héritage.

CONTRAIRE. Les Parties font contraires en faits, quand elles pofent des faits oppofés. Le Juge doit en ce cas leur permettre d'en faire preuve. *Voyez* Appointement à informer. *Voyez* Enquête.

CONTRARIÉTÉ, eft l'allégation de faits fur lefquels le Juge donne un appointement à informer, qui permet aux Parties d'en faire preuve chacun de fon côté. *V.* Appointement à informer.

CONTRARIÉTÉ D'ARRÊTS, eft un moyen de fe pourvoir contre au Grand Confeil, quand ils font rendus en différens Tribunaux entre les mêmes Parties, pour raifon du même fait & de la même conteftation. *Itaque ut ei locus fit, tria fimul concurrans necelfe eft; nimirum ut illa Judicia lata fint à diverfis Judicibus inter eofdem litigantes, & de eadem re, feu de eodem corpore, aut de eadem quantitate.*

De ce que nous venons de dire il s'enfuit, 1º. Que la contrariété d'Arrêts rendus par les mêmes Juges, ne donne pas lieu à fe fervir contre de ce moyen, quoiqu'ils ayent été rendus fur une queftion toute femblable. Sur quoi il faut remarquer que le Roi, par Arrêt de fon Confeil, ayant renvoyé une affaire en la Grande Chambre du Parlement de Paris, & la même affaire, par rapport à quelques incidens, dans une des Chambres des Enquêtes du même Parlement, en l'une & en l'autre Chambre furent rendus Arrêts, qui étoient abfolument contraires; pour raifon de quoi, on fe pourvut au Grand Confeil en contrariété, où elle fut admife. Ainfi l'on jugea qu'une Chambre des Enquêtes, & la Grande Chambre, devoient être à cet égard regardées comme Jurifdictions différentes.

IIº. Que quoique les Arrêts ayent été rendus en différens Tribunaux, néanmoins il n'y a pas lieu à fe pourvoir en contrariété d'Arrêts, lorfqu'ils ont été rendus entre des Parties différentes.

IIIº. Que quoiqu'ils ayent été rendus en différens Tribunaux, & entre les mêmes Parties, il n'y a pas lieu non plus à fe pourvoir contre en contrariété d'Arrêts, lorfqu'ils n'ont pas été rendus fur les mêmes conteftations.

L'article 34. du titre 35. de l'Ordonnance de 1667. porte, que l'on peut fe pourvoir par Requête civile, quand il y a contrariété d'Arrêts; ou Jugemens en dernier reffort entre les mêmes Parties, fur les mêmes moyens, & en mêmes Cours ou Jurifdictions; fauf en cas de contrariété en différentes Cours ou Jurifdictions, à fe pourvoir au Grand confeil.

Le premier Edit qui a attribué au Grand Confeil la connoiffance des contrariétés & nullités des Arrêts des Cours fouveraines, eft du mois de Septembre 1552. *Voyez* Fontanon, tome 1. pag. 130. & Joly, tome 1. pag. 653.

On fe pourvoit donc en contrariété d'Arrêts au Grand Confeil; & fur la requête qui lui eft préfentée à cet effet, s'il trouve qu'il y a lieu à la contrariété, il accorde une commiffion pour affigner les Parties.

Cette Commiffion furfeoit l'exécution des Arrêts, & avec raifon, parce qu'il eft incertain fi la contrariété fera admife; & fi elle avoit lieu, tout ce qui auroit été fait en vertu du dernier Arrêt, ne pourroit valoir.

Quelques-uns fe font perfuadés qu'il étoit au pouvoir du Grand Confeil, en admettant la contrariété, d'ordonner l'exécution de celui des deux Arrêts qui lui fembleroit le plus jufte.

Mais le Grand Confeil n'eft pas dans cet ufage, & il ne paffe jamais la forme; en forte que quand il trouve de la contrariété dans deux Arrêts rendus en différens Tribunaux entre les mêmes Parties, & pour raifon de la même chofe, c'eft toujours le dernier Arrêt qu'il caffe, en ordonnant l'exécution du précédent.

Voyez l'Arrêt rendu au Grand Confeil le 8. Mars 1690. qui eft rapporté dans le Journal du Palais.

Quoique l'on n'ait que fix mois, à compter du jour de la fignification de l'Arrêt faite à perfonne ou domicile, pour fe pourvoir contre par Requête civile, on peut néanmoins fe pourvoir en tout tems en contrariété d'Arrêts; comme il a été jugé par Arrêt du Grand Confeil le 15. Janvier 1705.

La raifon eft, que la contrariété d'Arrêts ne fe connoît que par l'exécution qui s'en fait. D'ailleurs, l'injonction que fait l'Ordonnance de fe pourvoir contre un Jugement fouverain dans ces fix mois, eft une loi pénale qui par conféquent ne fouffre point d'extenfion au-delà du cas qui eft énoncé dans l'Ordonnance.

CONTRAT, eft une convention faite entre plufieurs perfonnes, par laquelle l'une des Parties contractantes, ou chacune d'elles s'oblige de donner ou de faire quelque chofe.

Ce qui fait un contrat, c'eft le confentement mutuel & réciproque des Parties contractantes, lequel doit être libre de part & d'autre. D'où il s'enfuit,

Iº. Que les perfonnes qui ne font pas capables de confentement ne peuvent pas faire de contrat.

IIº. Que ce confentement devant être libre, il doit être donné dans un lieu non fufpect: c'eft pourquoi celui qui eft détenu prifonnier, ne jouiffant pas de fa liberté, ne peut pas valablement contracter; & pour que les actes qu'il paffe foient valables, il faut qu'ils foient paffés entre deux guichets.

Les contrats font abfolument volontaires; mais quand ils font paffés, ils deviennent entiérement obligatoires & de néceffité; en forte que l'une des Parties contractantes, ne peut pas réfilier le contrat, que l'autre n'y confente. *Contractus funt ab initio voluntatis, fed ex poft facto fiunt neceffitatis; liberum eft ab initio contrahere vel non, fed poft initum contractum uni è contrahentibus, altero invito, non licet, à contractu recedere. L. 5. cod. de oblig. & actionib.*

Tout contrat peut être réfolu parmi nous par un mutuel confentement des Parties, & il n'importe que les chofes foient dans leur entier ou non; mais celui qui auroit reçu quelque chofe en exécution du contrat, feroit en ce cas contraint de le rendre.

Pour bien faire entendre ce que c'eft que contrat, & ne rien laiffer à défirer fur l'intelligence d'une matiere fi vafte & fi importante, je vai commencer par dire ce que c'étoit que contrat

chez les Romains, & de combien de fortes il y en
avoit ; après quoi j'expliquerai ce que l'on entend
par contrat parmi nous.

Quoique l'équité naturelle & la seule bonne
foi obligent généralement tous les hommes à faire ce qu'ils ont promis, pourvû que la convention
ne soit pas contre l'honnêteté ; cependant la corruption des mœurs fit bien-tôt voir que la pudeur
& la probité n'étoient pas toujours d'assez forts
liens pour obliger les hommes à exécuter leurs
promesses.

Cela fit que les Auteurs du Droit Romain, qui
composerent la Loi des douze Tables, choisirent
les conventions qu'ils crurent les plus ordinaires
& les plus nécessaires pour entretenir une société
entre les hommes, auxquelles ils donnerent un
nom particulier qui leur fut propre, & qui les pût
faire connoître & distinguer des autres conventions, qu'ils laisserent à la pudeur & à la bonne
foi ; parce qu'il ne leur paroissoit pas juste qu'un
homme qui auroit peut-être témerairement promis
quelque chose sans une mure délibération, pût
être contraint d'accomplir la parole qu'il auroit
donnée avec trop de légereté.

Voilà l'origine des contrats nommés, *quibus Le-
gium Romanorum conditores vim astringendi dederunt
sub certo nomine, quo veluti signo secernerentur ab
aliis, quibus eadem vis tributa non est.*

Les Jurisconsultes qui prirent le soin d'interpréter la Loi des douze Tables, jugerent à propos d'y
faire sur ce point un supplément convenable, en
ajoutant que les autres conventions eussent la force de produire une obligation civile & de contraindre, lorsqu'elles auroient une cause ; c'est-à-dire,
lorsqu'elles seroient accomplies par l'une des Parties, qui auroit fait ou baillé quelque chose sur la
foi de la convention reciproque. *Ne alius contin-
gens contrà naturalem æquitatem, unum cum alterius
jactura & detrimento locupletiorem fieri.*

Mais parce qu'il pouvoit y avoir une infinité de
ces sortes de conventions, ils ne se sont pas embar-
rassés de donner à chacune un nom particulier ;
mais se contentant de les appeller contrats innommés, ils leur ont attribué une action générale &
commune à tous, comme nous dirons ci-après.

Toutes les autres conventions qui n'ont point de
nom propre, & qui demeurent dans les purs termes
de la convention, sans aucune suite ni accomplissement de la part de l'une des Parties, ne sont que
des conventions unes & de simples pactes qui ne
produisent qu'une obligation naturelle ; au lieu que
les contrats nommés ou innommés ont reçu de l'autorité civile la force de produire une action qui as-
treint & oblige efficacement à garder la foi du contrat, & à l'accomplir.

Un contrat est donc, suivant le Droit Romain,
une convention qui a une cause ou un nom, en
vertu de quoi un des contractans est obligé envers l'autre, ou tous les deux sont réciproquement
obligés.

On entend par convention, le consentement de
deux ou de plusieurs personnes sur une même chose,
dans la vûe de contracter une obligation.

Il y a deux sortes de conventions, sçavoir, le
simple pacte, & le contrat.

Le pacte est une convention nue qui n'a point
de nom ni de cause, & qui ne produit qu'une obligation naturelle, & dont l'accomplissement ne dépend que de la bonne foi de celui qui est obligé.

Comme il n'y a que les conventions qui ont une
cause ou un nom qui soient contrats, il faut voir
ce qu'on entend par ces termes.

Le mot *cause* ne se prend pas ici pour le motif
qui nous a fait convenir de quelque chose ; autrement, toute convention seroit contrat : mais ce
terme se prend pour l'accomplissement de la convention de la part de l'une des Parties, qui donne
ou qui fait ce à quoi elle s'est engagée.

Par le mot de *nom*, en fait de contrats, on entend une dénomination particuliere, que le Droit
civil attribue spécialement à une certaine convention ; d'où il naît une action dénommée par le
Droit civil, & qui porte le même nom que le contrat d'où elle descend.

Suivant le Droit Romain, il y a plusieurs divi-
sions de contrats.

La premiere se fait en contrats du Droit des
Gens & en contrats du Droit civil.

Les contrats du droit des Gens sont ceux qui
tirent leur origine de ce Droit, mais qui sont du
Droit civil, quant à la forme & aux effets. Cette
qualification est commune à presque tous les contrats.

Les contrats du Droit civil sont ceux qui sont,
quant à leur origine & quant à la forme & aux
effets, du Droit civil : tels sont la stipulation,
l'obligation qui provient de l'écriture, & l'emphy-
téose.

La seconde division des contrats se fait en contrats nommés, & en contrats innommés.

La troisiéme division des contrats se fait en contrats synallagmatiques, c'est à dire obligatoires
de part & d'autre, & comme la vente en contrats,
dans lesquels une seule personne s'oblige envers
l'autre, comme le prêt d'argent, &c.

Voyez ce que j'ai dit dans ma traduction des Institutes, sur le tit. 14. & sur les titres suivans du
troisiéme livre.

CONTRATS NOMMÉS, sont ceux à qui le Droit
civil a attribué ou confirmé un nom particulier
qui les distingue ; en sorte qu'ils produisent une
action qui leur est spécialement attachée, & qui
porte chacune le nom du contrat d'où elle descend : nom qui leur est si particulier, qu'il ne convient qu'à la seule convention, à qui le droit civil
l'a donné, ou à qui ce Droit, trouvant qu'il convenoit, l'a confirmé.

Les noms que le Droit des gens a inventés, &
qui n'ont point été confirmés par le Droit civil,
tels que sont ceux de la permutation & de la transaction, ne sont que des noms vagues & généraux,
qui par conséquent ne font pas des contrats nommés, puisqu'ils conviennent à plusieurs sortes d'affaires, & ne sont point confirmés par le Droit civil
à l'effet de produire une action particuliere à une
seule sorte de convention.

On met au rang des contrats nommés, le prêt, le commodat, le depôt, le gage, la ftipulation, l'obligation qui fe contracte par écrit, la vente, le louage, la Société, & le mandat, dont nous parlerons ici en leur lieu.

Les quatre premiers fe forment par la tradition de la chofe ; fans quoi ils ne produifent aucune action. A l'égard de la ftipulation, elle fe forme fuivant le Droit Romain, par la folemnité des paroles. L'obligation qui fe contracte par l'écriture, ne fe forme que par une reconnoiffance par écrit. Et enfin les quatre derniers, fçavoir, la vente, le louage, la fociété, & le mandat, fe forment par le feul confentement des Parties, qui eft en eux fuffifant pour leur faire produire l'action qui refulte de chacun d'eux.

CONTRATS INNOMMÉS, font ceux qui n'ont point de nom particulier qui leur ait été donné ou confirmé par le droit civil, & qui de fimples conventions qu'ils étoient d'abord, deviennent enfuite contrats, par l'accompliffement de la convention de la part de l'une des Parties.

Ces contrats ne produifent point une action qui leur foit particuliere, mais ils en produifent une qui leur eft générale à tous, & qui eft appellée en Droit, *actio in factum*, *utilis præfcriptis verbis*.

Il y a un nombre prefque infini de contrats innommés, puifqu'il peut y en avoir autant qu'il fe peut former de conventions différentes entre les hommes. Mais les Jurifconfultes Romains, dans la vûe d'en donner une idée moins vague, & qui pût fe retenir aifément, les ont réduit à quatre efpeces.

La premiere eft la convention par laquelle je conviens avec vous de vous donner une telle chofe ; & de votre part vous convenez que vous m'en donnerez une autre en échange. Par exemple, nous convenons que je vous donnerai un tel livre, & que vous me donnerez votre Montre. Cette convention eft un projet du contrat innommé, appellé en Droit, *do ut des*, & que nous appellons permutation, qui eft le plus ancien de tous les contrats.

La deuxieme eft la convention par laquelle je conviens de vous donner mon cheval, & deux mille livres pour vos peines ; & de votre part vous convenez que vous irez à Lyon, pour y faire pour moi des emplettes à la foire. Cette convention eft le projet du contrat qui eft appellé en Droit, *do ut facias*.

La troifieme eft l'accord par lequel je conviens de faire quelque chofe pour vous, comme d'aller à Reims pour vous faire payer d'une fomme qui vous eft dûe ; & de votre part vous convenez que vous me donnerez une telle fomme, outre ma dépenfe & les frais du voyage. Et cette convention eft le projet du contrat appellé, *facio ut des*.

La quatriéme & derniere eft la convention que font deux perfonnes de faire quelque chofe réciproquement l'une pour l'autre ; par exemple, que je ferai vos affaires à Rouen, & que vous ferez les miennes à Paris. C'eft le projet du contrat appellé en Droit, *facio ut facias*.

Ces contrats innommés ne tirent, comme

nous avons dit, leur perfection que de l'accompliffement de la convention de la part d'une des Parties ; & jufques-là leur confentement mutuel n'eft pas un contrat, mais un projet, & une fimple convention qui n'eft point obligatoire, felon les Loix civiles.

Par exemple, je fuis convenu de vous donner mille livres pour aller à Lyon faire le recouvrement de ce qui m'y eft dû, & m'acheter des marchandifes à la Foire qui s'y tiendra dans un tel tems ; & de votre part vous êtes convenu de faire ce voyage fous cette condition. : jufqu'ici il n'y a point de contrat, ce n'eft qu'un fimple pacte.

Mais fi je vous donne la fomme que je vous ai promife, l'affaire, de fimple convention qu'elle étoit, paffe en un contrat innommé, appellé, comme nous avons dit, *do ut facies* ; & je puis agir contre vous, par l'action qui naît des contrats innommés, pour vous faire condamner à exécuter de votre part notre convention, attendu que de la mienne je l'ai exécutée.

Les Jurifconfultes ne fe font pas contentés de donner cette action à celui qui auroit accompli la convention ; parce que le tems de l'accompliffement de la convention étant paffé, on l'exigeroit en vain. D'ailleurs, la liquidation des dommages & intérêts dependant de l'arbitrage du Juge, & des circonftances, eft toujours très-difficile, & fouvent très-incertaine.

Ainfi les Jurifconfultes ont trouvé à propos de permettre à celui qui a donné, ou fait ce qu'il avoit promis, de fe départir de la convention, faute d'avoir été accomplie de la part de l'autre ; & en conféquence de repéter ce qu'il lui a donné, par une action appellée, *conditio caufâ datâ, caufâ non fecuta*: action qui ne naît pas du contrat, puifqu'elle ne tend pas à le faire exécuter ; mais qui defcend de l'équité naturelle, qui ne veut pas que celui qui n'a pas exécuté la convention, en conféquence de laquelle il a reçu quelque chofe, puiffe impunément retenir ce qu'il a reçu.

CONTRAT, par rapport au Droit François, eft toute convention faite entre deux ou plufieurs perfonnes, par laquelle toutes s'obligent reciproquement l'une envers l'autre, ou une feule d'entr'elles s'oblige envers les autres à donner ou à faire quelque chofe qui n'eft point contraire aux Loix, & ne repugne aux bonnes mœurs ni à l'honnêteté.

Ainfi, fans nous arrêter aux fcrupuleufes régles que les Loix Romaines avoient introduites fur ce fujet, & dont nous avons parlé ci-deffus, nous appellons contrats généralement toutes les conventions qui fe font entre les hommes, de quelque nature qu'elles foient ; en forte qu'elles doivent être exécutées dans toute leur étendue, foit pour fonder une action en Juftice, foit pour produire une exception.

Ce que le Droit Romain appelloit pacte, eft donc obligatoire parmi nous, & produit une action ; & à l'égard des contrats que les Romains appelloient innommés, qui fuivant le Droit civil ne devenoient contrats que par l'accompliffement de la convention de la part de l'une des Parties, ils font parfaits parmi nous par leur feul confentement.

Par exemple, la convention faite entre deux Particuliers d'échanger enfemble quelque chofe, n'étoit par le Droit Romain qu'un fimple pacte, qui ne produifoit point d'obligation civile, jufqu'à ce que l'un des deux eût accompli la convention; & ce n'étoit que dans ce cas que l'autre pouvoit être contraint de l'exécuter.

Parmi nous, au-contraire, l'un des contractans peut intenter action contre l'autre, pour fe voir condamner à remplir la convention, en offrant de l'accomplir de fa part.

Il faut feulement remarquer, que nous avons confervé ce qui avoit été introduit par les Loix Romaines, touchant les contrats qui fe forment par la tradition de la chofe; car ils ne prennent point non plus parmi nous leur perfection que par cette tradition. Ainfi le prêt ne fe contracte point, s'il n'y a livraifon de chofe fongible de la part de celui qui prête. Il en eft de même du commodat, du dépôt & du gage.

Touchant la nature des Contrats, & la maniere dont ils fe forment, voyez ci-après, verbo Convention. Voyez auffi Defpeiffes, tome 1. part. 1. la Bibliothéque de Jovet, verbo Contrat; Bouvot, tom. 2. fous le même mot; de la Bigotiere fur l'art. 11. de la coutume de Bretagne.

Nous allons finir cet article par quelques obfervations générales, fur ce qui concerne les contrats.

C'eft un principe inconteftable, que tout contrat de chofes excédant cent livres, doit être rédigé par écrit, foit pardevant Notaire, foit fous feing privé; attendu que, fuivant l'art. 54. de l'Edit de Moulins, la preuve par témoins n'eft pas reçue pour fomme excédant cent livres.

Il eft donc non-feulement avantageux, mais même le plus fouvent néceffaire, de faire rédiger par écrit les contrats que l'on paffe.

Voici un autre avantage confidérable qui s'y trouve. C'eft que, comme l'on a recours à la preuve par témoins, que quand la preuve par écrit ceffe, quand on agit en vertu d'un contrat rédigé par écrit, l'on n'admet jamais contre la preuve par témoins.

Lorfque les contrats font paffés pardevant Notaires, ils emportent hypothéque, & font exécutoires, en les faifant mettre en forme; ce qui n'a pas lieu pour ceux qui font faits fous feing privé.

Toutes les claufes qui font ajoutées aux contrats à l'inftant qu'ils font paffés, produifent les mêmes effets & les mêmes actions, que les contrats aufquels elles font ajoutées, attendu qu'elles font cenfées en faire partie.

Quand un contrat eft fait de chofe illicite qui en fait le principe & le fondement, tout ce qui s'enfuit ne peut valider: mais quand le contrat eft fait de chofe licite, s'il s'y trouve dans la fuite quelque claufe qui foit contre les Loix, ou contre les bonnes mœurs, il n'y a que cette claufe qui foit viciée, & le contrat ne laiffe pas de fubfifter.

Lorfqu'il fe trouve dans un contrat quelques claufes qui laiffent douter du fens qui leur con-

vient, on doit leur donner celui qui paroît le plus convenable par rapport aux circonftances, c'eft-à-dire, à l'état des perfonnes contractantes, & aux chofes dont il s'agit.

On doit encore fuivre dans ce cas la régle de Droit qui porte, que *in ambiguis quod minimum eft fequimur*; ou bien décider contre celui en faveur de qui la claufe a été ajoutée; *quia fibi debet imputare quod apertiùs legem rei fuæ non dixerit.*

Enfin, dans les contrats il faut avoir plus d'égard à ce que les contractans ont probablement penfé, qu'aux termes dans lefquels eft conçue l'expofition qui en eft faite. Charondas, liv. 6. rép. 13.

La folemnité des contrats, de même que celle des teftamens, dépend du lieu où les actes font paffés. Cambolas, liv. 4. ch. 41. Maynard, liv. 3. ch. 92. Boyer, décif. 13. nomb. 23. Guy-Pape, queft. 262. Baffet, tom. 1. liv. 4. tit. 1. ch. 2.

A l'égard de la capacité de contracter ou de tefter, elle dépend de la Coutume du domicile.

Et pour ce qui eft des chofes dont on peut difpofer, il faut en cela fuivre la Coutume du lieu où elles font fituées.

Les contrats doivent être fignés par les Parties, ou icelles interpellées de ce faire, à peine de nullité.

Ils doivent auffi être fignés des Notaires; faute de quoi ils ne peuvent paffer que pour écriture privée.

Lorfqu'un contrat paffé pardevant Notaire, eft figné des Parties & des Notaires, où les Parties interpellées de figner, ont déclaré ne fçavoir ou ne pouvoir figner, il eft parfait; en telle forte que l'un des contractans n'eft pas recevable à le refilier fans le confentement de l'autre. Il ne peut pas non plus venir contre un tel contrat, que par les voies ordinaires, comme Lettres de reftitutions fondées fur minorité, lezion, dol, ou circonvention de la Partie, crainte, force, ou bien s'infcrire en faux, &c. M. le Prêtre, cent. 1. ch. 50.

Il en eft de même du contrat qui eft fait fous feing privé; lorfqu'il eft figné des Parties, il eft parfait, & il eft auffi obligatoire que celui qui eft paffé pardevant Notaires; à l'exception, comme nous avons dit, qu'il n'emporte point hypothéque, & ne peut être exécutoire qu'après qu'il aura été reconnu en juftice.

Ce que nous venons de dire des contrats faits fous feing privé, & de la néceffité qu'il y a qu'ils foient fignés par les deux Parties, pour être parfaits, fe doit reftraindre aux contrats fynallagmatiques, c'eft-à-dire obligatoire de part & d'autre. En effet c'eft la délivrance mutuelle que les Parties s'en font, qui marque leur intention de l'exécuter; & cette fignature eft une preuve inconteftable de leur mutuel confentement.

Mais pour actes qui ne font obligatoires que de la part d'une des Parties, il fuffit, pour leur perfection, qu'ils foient fignés de celui qui s'oblige, quoique le créancier y foit établi préfent & ftipulant. Voyez les remarques fur M. le Prêtre, cent. 2. ch. 50.

Plufieurs Arrêts l'ont ainfi jugé, & notamment un du 10. Juillet. 1713. rendu en la cinquième

Chambre

Chambre des Enquêtes, au rapport de M. de la Marche de Bauchard ; & un autre rendu en la quatrième, au rapport de M. l'Abbé de Vienne, le 20. Août 1718.

La préſence des Notaires ou des témoins à un contrat paſſé par leur débiteur, lorſqu'ils ne déclarent point le droit d'hypothéque qu'ils ont, & n'en font point de réſerve, leur nuit & emporte une renonciation de leur part à la préférence de l'hypothéque, quand il y a dol ou lourde faute de leur part. *V.* la Science parfaite des Notaires, liv. 1. ch. 20.

Lorſque l'une des Parties ſe pourvoit contre un contrat, la proviſion eſt toujours donnée à l'acte, & par conſéquent il doit être toujours entretenu juſqu'à ce qu'en Juſtice il ſoit caſſé ou déclaré nul.

Celui qui ayant droit de faire caſſer un contrat, s'en ſert, n'en peut plus demander la caſſation.

On n'eſt point recevable à diviſer les clauſes d'un contrat, & à ſe faire relever pour un chef, & non pour l'autre.

Nous avons expliqué ce qui regarde en particulier chaque contrat ſous la premiere lettre de ſon nom, à l'exception de quelques-uns dont nous allons donner ici l'explication, après avoir obſervé que les contrats, quoique paſſés pardevant Notaires, ne ſont conſidérés que comme de ſimples Billets ſous ſignature privée.

C O N T R A T, QUOIQUE PASSÉ PARDEVANT NOTAIRES, N'EST QUELQUEFOIS CONSIDERÉ QUE COMME UN ÉCRIT SOUS SEING PRIVÉ. I°. Quand il n'eſt ſigné que par un Notaire, & qu'il y manque la ſignature d'un autre Notaire, ou de deux témoins en ſon lieu & place.

II°. Lorſqu'un contrat eſt reçu par un Notaire hors l'étendue de ſon reſſort. Sur quoi *voyez* ce que j'ai dit à ce ſujet dans la ſcience parfaite des Notaires, liv. 1. chap. 8.

III°. Lorſqu'un contrat a été reçu par un Notaire interdit, comme je l'ai remarqué à l'endroit cité ci-deſſus.

IV°. Quand un contrat pour choſe temporelle a été reçu par un Notaire Apoſtolique, attendu que ces Notaires n'ont aucun pouvoir ni Juriſdiction ſur le temporel des Sujets du Roi. Ainſi, de même que les Juges eccléſiaſtiques ne peuvent mettre à exécution leurs Sentences, ſans implorer le bras ſéculier, de même leurs Notaires ne peuvent pas faire valoir leurs contrats en ce qui concerne les choſes temporelles.

V°. Lorſqu'un contrat a été reçu par des Notaires d'un Pays étranger, un tel contrat n'a point en France d'exécution parée, & n'emporte point hypotheque. La raiſon eſt, que l'exécution parée & la conſtitution d'hypotheque, ſont en France de droit public, & par conſéquent ne peuvent procéder que de l'autorité du Prince, ou de ceux des Seigneurs qui tiennent leur Juſtice du Roi.

En effet, le pouvoir & le ſceau d'un Prince étranger, quoique ſouverain, n'eſt point reconnu en France. Ainſi jugé par Arrêt du 7. Septembre 1621. & ainſi ordonné par un Edit de Louis XIII. donné à Paris au mois de Janvier 1629. art. 121.

Mais depuis eſt intervenue une Déclaration, don-

née à Verſailles le 6. Décembre 1707. qui porte que tous actes & contrats paſſés par des Notaires demeurans hors l'étendue du Royaume, ou dans les pays où les controles des actes des Notaires & inſinuations laïques ne ſont pas établis, ne pourront avoir aucune exécution, ni fonder aucune action en juſtice, s'ils n'ont été controllés & inſinués. *Voyez* Jugemens rendus en Pays étranger.

CONTRAT DE MARIAGE, ſe prend quelquefois pour le conſentement ſolemnel prêté, par le mari & la femme, ſelon les Loix de l'Etat en face d'Egliſe, par lequel ils ſe prennent pour mari & femme, & ſe promettent la foi conjugale.

Ce conſentement ſe doit donner verbalement par ceux qui peuvent proférer les paroles néceſſaires pour le conſtater ; mais il ſe peut donner par ſignes de la part de ceux qui ne peuvent exprimer leur conſentement d'une autre maniere.

Ainſi, par Arrêt du Parlement de Paris du mois de Janvier 1658. il a été Jugé qu'un ſourd & muet de naiſſance avoit pû donner par ſignes un conſentement valable au mariage, auquel il n'auroit pû conſentir par paroles. *Voyez* Soefve, tome 2. cent. 1. ch. 82.

On entend plus ordinairement par contrat de mariage, l'acte ou contrat qui précède la bénédiction nuptiale, & qui contient les clauſes & conventions faites par rapport au mariage. Sur quoi il faut remarquer, que l'on peut revoquer la promeſſe de mariage faite par contrat, juſqu'à ce que la célébration du mariage ſoit faite en face d'Egliſe. *Voyez* Promeſſe de mariage.

Pour la validité d'un mariage, il n'eſt pas néceſſaire qu'il y en ait un contrat par écrit ; il ſuffit que le mariage ait été contracté avec les formalités requiſes : mais il eſt toujours plus avantageux de faire un contrat de mariage, comme nous l'avons dit, *verbo* Mariage.

Le contrat de mariage eſt ſuſceptible de toutes ſortes de clauſes ; mais quand il eſt paſſé, il ne peut plus être reformé. *Mornacius, ad leg. 56. ff. de evictionib.*

Ce contrat eſt un titre qui fait Loi dans les familles ; il eſt le dépoſitaire de la vérité de l'alliance des hommes, & de l'état de leurs enfans.

Ce contrat paſſe avec raiſon pour le plus important de tous ceux qui ſe font entre les hommes : auſſi eſt-il inviolable après que le mariage a été célébré ſous la foi & ſous l'aſſurance d'icelui; & il n'eſt pas au pouvoir des conjoints, même de leur mutuel conſentement, d'en changer la moindre clauſe. Chenu, cent. 2. queſt. 60. Montholon, Arrêts 57. & 105. le Veſt, Arrêt 190. Peleus, queſt. 100. Charondas, liv. 11. rép. 59. & 75. *Ann. Robertus, rer. judic. lib. 4. cap. 1.* Filleau, part. 4. queſt. 182. Bardet tome 2. liv. 7. chap. 41.

C'eſt auſſi ce qui fait que les contre-lettres n'y peuvent donner atteinte. *Voyez* Contre-Lettres.

Il eſt ſi vrai qu'après le mariage les conjoints ne peuvent rien changer aux clauſes & conventions portées en leur contrat de mariage, qu'ils ne peuvent pas ſe départir d'un commun conſentement d'un avantage porté par leur contrat de mariage, quoique ledit avantage foit mutuel & réciproque ; comme il a été jugé par les Arrêts du 26. Janvier & 11. Août 1605. rapportés par M. le Prêtre ès Arrêts de la Cinquiéme.

Nihil unquam reformari poteft , conftante matrimonio , de paftis dotalibus. Mornacius , ad leg. 26. ff. de paftis dotalib.

Il n'eſt pas même permis aux conjoints de donner atteinte à ce qui eſt porté en leur contrat de mariage , par une diſpoſition de derniere volonté ; comme il a été jugé par Arrêt du 16 Janvier 1591. dont Mornac fait mention en ſon Recueil d'Arrêts , part. 1. art. 60.

Voyez Faveur des contrats de mariage. *Voyez* Contre-Lettre en fait de contrats de mariage.

Il nous reſte à expliquer ici quelle coutume il faut ſuivre pour la communauté & pour le douaire , quand des perſonnes ſe marient ſans faire de contrat de mariage.

Ceux qui ſe marient de cette maniere , marquent par un tacite conſentement , qu'ils contraſtent mariage ſuivant la coutume du lieu où ils doivent établir leur domicile , *ubi fedes fortunæ* , c'eſt-à-dire , ſuivant la coutume du lieu où le mari eſt domicilié. *Vide Mornacium , ad leg. 8. ff. de ritu nupt. & ad leg. 65. ff. de Judiviis.*

CONTRAT DE DIRECTION , eſt un contrat par lequel des créanciers , ſur l'abandonnement de biens qui leur a été fait par un débiteur, pour empêcher que les biens ne ſoient conſommés en frais, conviennent qu'ils ſoient vendus entr'eux à l'amiable.

Par ce même contrat , ils nomment pour Syndics & Direſteurs deux ou trois perſonnes des plus qualifiées d'entr'eux , pour conduire le tout au bien commun ; & ils conſentent que tout ce qui ſera fait par ces Direſteurs , vaille , comme s'il étoit fait par tous les créanciers du débiteur.

Ce contrat étant ſigné de tous les créanciers , on le fait homologuer en la Cour , ou au Siége du lieu où ſe doivent faire les pourſuites en conſéquence. Et quand quelque créancier refuſe de ſigner ce contrat , on l'aſſigne à la Requête des Syndics & Direſteurs , au Siége où on l'a fait homologuer , pour être condamné à ſigner ; & en cas de refus , qu'il demeurera pour homologué avec lui.

Les Syndics & direſteurs doivent veiller à l'intérêt commun de tous les créanciers , & ne par conſéquent la régie des biens dont le débiteur a fait un contrat d'abandonnement Ils peuvent faire procéder à la vente des effets mobiliers ; & juſqu'à ce que l'on puiſſe parvenir à celle des immeubles , ils peuvent en faire baux à loyer.

Il arrive quelquefois qu'ils les font valoir eux-mêmes juſqu'à ce qu'ils en puiſſent faire la vente plus avantageuſement. Sur quoi il faut remarquer , que quand un débiteur, Bourgeois de Paris , abandonne ſes biens à ſes créanciers , les Direſteurs les peuvent faire valoir , ſans être impoſés à la taille, pourvû que ces biens n'excedent pas le privilége du débiteur ; parce que tant que les biens d'un homme font en direſtion , le débiteur & les créanciers ne font pas réputés perſonnes différentes , attendu que les Direſteurs repréſentent le débiteur de qui émane le privilége. Ainſi jugé en la premiere Chambre de la Cour des Aydes de Paris le 16. Janvier 1693.

Les Syndics & Direſteurs ont le pouvoir de vendre les immeubles , à l'effet de faire l'ordre & diſtribution du prix provenant de ladite vente , ſuivant les priviléges & hypothéques des créanciers.

Pour aviſer aux moyens les plus convenables pour parvenir à cette vente , ils font une ou deux aſſemblées chaque ſemaine. On y convient d'abord d'une perſonne pour recevoir les revenus d'un Procureur pour pourſuivre les affaires , & d'un ſolliciteur pour la ſollicitation , s'il n'y en a point de nommé par le contrat de direſtion. Enſuite on y examine de quelle maniere on fera le recouvrement des dettes aſtives du débiteur dont les biens ſont en direſtion.

Après que les affaires ont été miſes en état, les Direſteurs font faire pluſieurs publications des biens à vendre , aux lieux & heures de leurs aſſemblées , le débiteur appellé à toutes choſes.

On y fait des adjudications ſauf quinzaine ; & quand les biens font enchéris & portés environ à leur juſte valeur , & qu'il y a eu des remiſes ſuffiſantes , on adjuge purement & ſimplement ; & les Syndics & Direſteurs paſſent contrat de vente à l'adjudicataire.

Mais comme cette vente ne purge pas les hypothéques , l'adjudicataire peut ſtipuler qu'il fera un décret ſur lui.

Enfin , après le contrat de vente & le décret volontairement fini , les Syndics & Direſteurs font l'ordre & diſtributions du prix des choſes vendues ſuivant les priviléges & hypothéques des créanciers : après quoi on fait homologuer le tout pour lui donner plus de force , en y interpoſant autant que l'on peut l'autorité de Juſtice.

CONTRAT PIGNORATIF , ſe prend ordinairement pour un contrat de vente mêlé de relocation.

On le définit un contrat par lequel un Particulier vend à un autre ſon héritage , avec faculté de rachat à perpétuité ou pour un tems ; & par le même aſte , l'acquéreur retrocede au vendeur le même héritage à titre de bail , dont le louage va ordinairement à l'intérêt du prix de la vente.

Par exemple , Titius a une Terre qui vaut environ douze à quinze mille livres ; il a beſoin de dix mille livres : pour les trouver plus aiſément , il paſſe un contrat pignoratif , par lequel il vend ſa Terre à Sempronius la ſomme de dix mille livres ; & en recevant cette ſomme , il lui en donne quittance.

Il ajoute dans le même aſte , que ladite vente n'eſt faite qu'à la charge de pouvoir retirer cette Terre pendant un certain tems en rendant à Sempronius ladite ſomme.

Enſuite , par le même aſte Sempronius laiſſe à titre de loyer cette Terre pour la ſomme de cinq cens livres par chacun an.

Il paroît par ce que nous venons de dire , que par le contrat pignoratif le débiteur vend à ſon créancier un héritage avec faculté de rachat , fous la claufe que le débiteur n'en fera point dépoffédé, mais qu'il en jouira à titre de louage pour une fomme égale à celle des intérêts de l'argent qui lui eft prêté, fous le nom du prix dudit héritage.

Ces fortes de contrats, qui font reçus en certaines coutumes, comme Anjou, Maine, & quelques autres, bien loin d'être de véritables contrats de de vente à faculté de réméré, tels que ceux qui fe font dans la Coutume de Paris & ailleurs, ne font à proprement parler, qu'une pure obligation de payer dans un certain temps une fomme prêtée, avec convention d'en payer jufqu'à ce temps les intérêts fous le nom de loyer.

Cela eft fi vrai, qu'après l'expiration du temps ftipulé pour retirer l'héritage, l'acquéreur, au lieu de s'en mettre en poffeffion, proroge la faculté de rachat & la relocation, ou enfin fait faire commandement au vendeur de lui payer le principal, & les arrérages fous le nom de loyers; & à faute de payement, fait faifir réellement la Terre en vertu de ce contrat.

Ce que nous venons de dire, prouve fuffifamment que dans ces fortes de contrats la vente n'eft qu'une fiction, pour fous le nom de loyers recevoir les intérêts d'un pur prêt payable dans un certain temps; de maniere qu'un héritage appartenant au débiteur, eft engagé au créancier, & que le débiteur n'en retient la poffeffion que fous le nom d'un bail à loyer, auffi fictif que le contrat de vente.

Ce contrat pignoratif n'a été inventé, auffi-bien que l'antichréfe que pour procurer des intérêts d'un prêt, en le déguifant fous le nom d'un autre contrat.

Mais quoiqu'à cet égard l'effet de l'antichréfe & du contrat pignoratif foit le même, néanmoins ces deux contrats different en beaucoup de chofes.

Ils different principalement en ce que dans le cas du contrat pignoratif, c'eft le debiteur qui jouit, mais à titre de relocation, de l'héritage, & qui eft en poffeffion d'icelui, à la charge de payer à fon créancier le prix de la jouiffance de fon propre héritage, pour l'intérêt de la fomme qu'il lui a prêtée; au lieu que dans le cas de l'antichréfe, c'eft le créancier qui eft en poffeffion de l'héritage qui lui a été donné en gage, & qui en jouit pour l'intérêt de fon argent.

M. le Prêtre, cent. 4. chap. 10. dit que les contrats pignoratifs font très-fréquens ès Pays de Touraine, Anjou & Maine, à caufe du la rigueur des tenement de cinq ans introduit par les Coutumes de ces Provinces, qui veulent qu'un acquéreur d'un héritage par la poffeffion de cinq ans fans interruption, puiffe fe défendre contre les acquéreurs des rentes conftituées, & qu'il demeure déchargé de toutes les rentes & charges par le moyen de ladite poffeffion. C'eft pour cette raifon que les créanciers, pour éviter & empêcher toute prefcription, acquierent par vente la chofe qui leur eft engagée, afin d'en conferver la poffeffion jufqu'à ce qu'ils foient fatisfaits de leur dû.

Ces fortes de contrats y ont toujours été regar-

dés favorablement, lorfqu'ils n'ont point été déguifés fous le nom de contrats à faculté de réméré dans un certain temps; car fouvent des créanciers de mauvaife foi ont voulu profiter par ce déguifement de l'impuiffance de leurs débiteurs, & les exclure de la faculté de rentrer dans la poffeffion de leurs héritages, faute par eux de rembourfer dans le temps du reméré les fommes qui leur avoient été prêtées.

Auffi s'eft-on toujours élevé contre ces contrats fimulés; & les Docteurs ont cherché tous les moyens de découvrir la fraude, & d'empêcher la ruine d'un débiteur qui avoit entendu engager fon héritage, & non pas l'aliéner.

M. le Prêtre au même endroit, rapporte les marques auxquelles on peut connoître que les Parties ont eu intention de faire un contrat pignoratif, quoique l'acte paroiffe contenir une vente à faculté de réméré.

I°. Vilitas pretii, qui feule n'eft pas une preuve d'impignoration, mais qui donne plus de force aux autres marques, lorfqu'elle s'y trouve jointe.

II°. La ftipulation de rachat perpétuel, qui feule ne rend pas encore le contrat pignoratif, puifqu'elle auroit pû être accordée dans une vraie vente par l'humanité de l'acheteur.

III°. Confuetudo fœnerandi, quand celui qui paroît acheter l'héritage, eft reconnu pour un ufurier. Cette condition n'eft pas tellement effentielle qu'elle pût feule faire juger le contrat pignoratif; mais elle pourroit le faire juger nul & ufuraire.

IV° Reconductio qui eft la principale, quando venditor remanfit in poffeffione, & lorfqu'on lui a fait bail de fon propre héritage fans en avoir jamais été dépoffédé: Non videtur traditus is cujus poffeffio per locationem retinetur à venditore. Leg. 16. ff. de peric. & commod. rei vend.

Il faut donc que ces quatre conditions fe rencontrent enfemble, pour juftifier la fraude, ou du moins que les trois plus confidérables foient jointes; fçavoir, confuetudo fœnerandi, vilitas pretii & reconductio: & alors, comme dit Dumoulin, on ne fçauroit douter que l'impignoration ne foit cachée fous le voile d'un contrat de vente à faculté de réméré.

C'eft auffi à caufe de cette reconduction, que quelques Arrêts ont réduit la fomme que le débiteur s'étoit obligé de payer, en qualité de fermier de fon propre héritage, à l'intérêt légitime de la fomme prêtée.

Mais c'étoit tolerer un déguifement, qui ne fert qu'à faire payer un débieur des intérêts prohibés par l'Ordonnance, & dans lequel on peut dire: aliud actum, aliud fimulatum, aliud geftum, aliud fcriptum fuit.

Bacquet, des Droits de Juftice, chap. 21. nomb. 234. dit que quand il s'agit de connoître fi un contrat eft une vraie vente fous faculté de réméré, ou fi c'eft un contrat pignoratif de fimple engagement, il faut diftinguer an contractus incœperit à venditione; comme s'il eft dit qu'un tel a vendu à tel un tel héritage, moyennant telle fomme, & a été convenu qu'en rendant par ledit tel ladite fomme dans fix mois, il pourra rentrer en la pleine propriété, jouiffance & poffeffion dudit héritage ; & alors c'eft un vrai contrat de vente, fait fous faculté de rémeré, *five fub pacto de retrovendendo*.

Mais *fi contractus incœperit à mutuo & numeratione pecuniæ*, comme s'il étoit dit qu'un tel confeffe devoir à tel la fomme de tant, qui lui a été baillée & livrée, & que ledit tel a promis de rendre & payer audit tel dans un an ; & à faute d'en faire ledit payement dans ledit temps, ledit tel a vendu, cedé & tranfporté audit tel un héritage, moyennant la fufdite fomme, s'en eft défaifi, & a confenti & confent que ledit tel puiffe entrer de fon autorité privée en la jouiffance & poffeffion dudit héritage : en ce cas, c'eft un vrai contrat pignoratif.

Il faut dire auffi que le contrat eft pignoratif, *quando incœpit à pignore* ; comme s'il étoit dit qu'un tel confeffe avoir reçu de tel la fomme de tant, qu'il promet lui rendre dans tel temps, pendant lequel ledit tel jouira de tel héritage, & prendra à fon profit tous les fruits & revenus d'icelui ; & faute de payement & de reftitution de ladite fomme dans ledit temps, ledit tel lui a vendu, cedé & tranfporté & dès-à-préfent, lui vend, cede & tranfporte ledit héritage, moyennant ladite fomme de, &c. confent & accorde qu'il puiffe incontinent après ledit temps échu, entrer en la pleine propriété, poffeffion & jouiffance dudit héritage.

Voyez le Chapitre *Conqueftus*, *extra de ufuris*, le chapitre *ad noftram*, *extra de emptione*, *venditione*, & le chapitre *Illos vos*, *extra de pignoribus*.

Quatre obfervations importantes fur le contrat pignoratif.

La premiere eft, qu'en fait de contrat pignoratif, le temps de la grace étant expiré, le débiteur doit rendre la fomme qu'il a reçue, comme étant le prix de fon héritage, ou bien en fouffrir la vente par décret, fans qu'il foit recevable à demander prorogation de grace, ni converfion de contrat pignoratif en conftitution de rente, à moins que le prix du louage n'approche le produit de la rente ; auquel cas, la Cour convertit tels contrats pignoratifs en conftitution de rente, à l'option du débiteur. Louet & Brodeau, lettre P, fomm. 10. & 41. Charondas. liv. 7. rép. 31.

La deuxiéme eft, que dans cette efpece de contrats les intérêts courent fans demande du jour de la grace finie.

La troifieme, que celui qui a pris un héritage à titre de contrat pignoratif, peut demander fon principal après la fin de la grace.

La quatrieme, que quoiqu'il y ait Sentence qui condamne au rembourfement, le contrat pignoratif eft toujours cenfé immeuble.

Mais lorfque le prix d'un héritage acquis par contrat pignoratif, eft rembourfé, il eft meuble, & entre en la communauté. Arrêts d'Auzanet, liv. 3. ch. 37.

Touchant le contrat pignoratif, *voyez* Filleau, part. 4. queft. 89. Jovet, *verbo* Pignoratif ; Louet, lett. P, fomm. 8. 9. 10. 11. 12. & 41. Brodeau fur Louet, lett. A, fomm. 14. Bouyot, tom. 1. part.

3. *verbo* Contrat pignoratif ; Charondas, liv. 6. réponfe 89. Bacquet, des Droits de Juftice, chap. 11. nomb. 234.

CONTRAT D'ABANDONNEMENT. *Voyez* Abandonnement.

CONTRAT D'ENGAGEMENT, fe prend quelquefois pour le contrat pignoratif dont nous venons de parler, & quelquefois pour l'antichrèfe.

CONTRAT D'ASSURANCE. *Voyez* Affurance.

CONTRAT A LA GROSSE, OU A RETOUR DE VOYAGE, eft une efpece de fociété entre deux Particuliers, dont l'un envoye des effets par mer, & l'autre lui fournit une fomme d'argent, à condition de la retirer avec un certain profit, en cas de bon voyage, & de la perdre fi les effets périffent. *Voyez* groffe avanture.

CONTRAT D'ATERMOYEMENT. *Voyez* Atermoyement.

CONTRAT DE CONSTITUTION. *Voyez* Conftitution.

CONTRAVENTION, eft l'inexécution de fa parole & fes devoirs.

Ce terme pris dans une fignification plus étroite, fignifie l'inexécution d'une Ordonnance. Prévarication dit quelque chofe de plus : c'eft le crime de l'Officier qui malverfe dans fa Charge ; au lieu que la contravention n'eft qu'un effet, ou de fa négligence, ou de fon impéritie.

Quand il n'y a aucunes peines fixées par les Ordonnances & Réglemens contre ceux qui tombent en contravention, la peine eft arbitraire ; & c'eft au Juge à condamner les contrevenans aux dommages & intérêts des Parties intéreffées, en l'amende, & autres peines, felon l'exigence des cas.

CONTRAVENTION AUX ORDONNANCES ET AUX EDITS DE PACIFICATION, eft un cas royal parce que cela regarde précifément le Roi, qui par conféquent a feul le droit de punir les réfractaires & les rébelles à fon autorité.

CONTREBANDE, fe dit de toutes les marchandifes qui font vendues ou tranfportées au préjudice des défenfes publiées par un ban ou cri folemnel, ou de la loi & de l'ufage d'un pays. Ce terme vient de l'Italien *contrabando*, c'eft-à-dire, contre le ban & publication des défenfes.

Entre les marchandifes de contrebande, il y en a qui fe font d'entrée & de débit, comme le fel, l'huile des poiffons étrangers, le tabac, les toiles que l'on nomme indiennes, quelques dentelles ou étoffes, &c.

Il y en a d'autres qui ne le font que pour la fortie ; fçavoir, l'or & l'argent monnoyé ou non, toutes fortes d'armes, de munitions qui fervent à la guerre ou à la navigation, les chevaux de prix, le papier, l'acier, fer, mitrailles, cuirs, cires, fuifs, filaffes, &c.

L'art. 5. du titre 8. de l'Ordonnance de 1687. porte, que le fermier ne fera point tenu d'avoir égard aux permiffions qui auront été données pour faire entrer ou fortir des marchandifes de contrebande, fi elles ne font contrefignées de l'un des Secrétaires d'Etat, & vifées du Controlleur général des finances.

Les marchandises de contrebande sont sujettes à confiscation.

Par les Edits & Déclarations du Roi, différentes peines sont décernées contre les particuliers qui font passer des marchandises de contrebande, ou qui en vendent.

Ces peines sont plus ou moins grandes suivant les circonstances du fait.

Les contrebandiers en troupe & avec port d'armes, sont punis de peines afflictives.

CONTREDITS, (*quasi contraria dicta*) sont des écritures fournies par une Partie contre la production de l'autre, par lesquelles elle contredit toutes inductions tirées par la Partie adverse des pièces qu'elle a produites dans son inventaire de production.

Par un réglement, le Juge appointe les Parties à écrire, produire, fournir de contredits & salvation : les productions faites, on prend communication de part & d'autre, on suit l'ordre de l'inventaire des pièces produites, pour les contredire les unes après les autres, & détruire les inductions qu'on en a tirées.

L'Ordonnance de François I. de l'année 1539. enjoint la communication des productions pour les contredire.

Ces écritures se dressent par les Avocats, & commencent ainsi : *Contredits de production que met pardevant vous, Nosseigneurs de Parlement, un tel contre un tel ;*

Après qu'on a établi les qualités qui sont tirées du réglement, on répete les mêmes conclusions de l'avertissement ou de l'inventaire, *à ce qu'il plaise à la Cour*, &c. Ensuite les pièces produites se détruisent cotte par cotte, & la derniere cotte étant contredite, on finit par ces mots : *Par toutes ces considérations, le demandeur persiste en ses conclusions.*

Les Procureurs peuvent faire des contredits, mais ils doivent les dresser par forme de Requête, sur laquelle il faut faire mettre par le Rapporteur, ou par l'un des Greffiers, ces mots, *Ait acte. Fait à*, &c.

CONTRE-ÉCHANGE, est un échange mutuel qui s'est fait de part & d'autre, en donnant une chose en espece, & non pas de l'argent, pour avoir une autre chose. *Voyez* Échange.

CONTRE-LETTRES, sont des pactions secrettes faites contre un contrat, dérogeantes à icelui ou aux clauses qui y sont portées ; comme si Titius constitue une rente au profit de Mœvius, & que par un acte séparé Mœvius reconnoisse que la rente ne lui est point dûe, & que si le contrat en a été passé à son profit, ce n'a été que pour lui faire plaisir, ou bien pour faire plaisir à une autre personne à qui la rente appartient véritablement.

Il y a une très-grande différence entre la contre-lettre & la déclaration au profit d'un tiers. La contre-lettre détruit entiérement le contrat ou l'acte, & fait connoître qu'il n'est pas sérieux : mais la déclaration au profit d'un tiers ne détruit pas l'acte sur lequel elle est faite : elle fait seulement connoître que le droit de la propriété dudit acte appartient à la tierce personne qui est dénom-

mée dans la déclaration, & au profit de qui elle est faite.

On dit contre-lettre, parce qu'en cet endroit lettre est prise pour un acte obligatoire. Ainsi une contre-lettre est un acte contraire à la lettre, obligation ou contrat, qui prouve que celui qui paroît véritable & sérieux, ne l'est pas.

C'est un détour concerté entre les Parties pour retenir d'une main ce qu'on abandonne de l'autre, ou pour mettre à couvert ce qu'on appréhende d'engager, ou de rendre connu & public. En un mot, c'est une fine précaution qui peut quelquefois rendre suspecte la foi de ceux qui en usent.

Les contre-lettres ne sont foi que lorsqu'elles sont passées pardevant Notaire, ou reconnues en Justice ; autrement il seroit au pouvoir des Parties de se servir d'antidates au préjudice d'un tiers.

Contre-lettre, ou déclaration qu'une rente n'est point dûe, & que ce n'est que pour faire plaisir, n'a point d'effet contre un tiers à qui la rente est transposée. Dufresne, liv. 2. chap. 117.

Il y a des cas où les contre-lettres sont prohibées.

I°. En l'acquisition des Charges & Pratiques des Procureurs ; comme il est porté en l'Arrêt du 7. Décembre 1691. rapporté dans le Recueil des Arrêts & Réglemens concernant les fonctions des Procureurs, pag. 180.

II°. Il est fait défenses aux Comptables de se servir de contre-lettres au fait de leurs Charges, à peine d'amende arbitraire contre les infracteurs. Il y a une Déclaration du 16. Mai 1532. qui est expresse, rapportée dans Fontanon, tom. 1. pag. 620.

III°. Par Arrêt du Parlement de Paris, rendu le 3. Mars 1663. & rapporté dans le Journal des Audiences, défenses ont été faites à toutes personnes, de quelque qualité & condition qu'elles soient, de faire aucunes contre-lettres contre les contrats de fondation & dotation qu'elles feront des Couvens, Maisons & Communautés séculieres & régulieres, à peine de dix mille livres d'amende applicables, &c. & à tous Notaires d'en passer aucunes, à peine de faux, & de deux mille livres d'amende, &c.

CONTRE-LETTRES EN FAIT DE CONTRAT DE MARIAGE. On appelle ainsi toutes les conventions qui attaquent la substance ou teneur du contrat de mariage, qui en détruisent les clauses, qui les alterent, les diminuent, ou y dérogent.

Ces contre-lettres sont défendues & ne peuvent donner atteinte au contrat de mariage, si elles ne sont faites avant la célébration du mariage, & en présence des parens qui ont signé au contrat, ou du moins en présence de ceux au préjudice de qui elles sont faites, & qu'il y en ait minute au pied du contrat.

La raison pour laquelle ces contre-lettres sont défendues, est que les conventions portées par les contrats de mariage sont inviolables : c'est une foi publique qui ne peut être éludée par aucunes pactions secrettes.

On a considéré que la passion aveugle des jeunes

gens étoit capable de les engager à promettre tout, & à renoncer aux avantages qui leur auroient été faits par leurs contrats de mariage ; que la prévoyance de leurs parens qui auroient travaillé à leurs intérêts, seroit inutile & sans effet, s'il leur étoit permis de faire des conventions secrettes, contraires à celles qui seroient portées par leurs contrats de mariage.

D'ailleurs, les contrats de mariage ne concernent pas seulement l'intérêt particulier des futurs conjoints, puisqu'ils doivent un jour servir de loi & de régle dans leur famille, pour régler les successions & les droits des enfans qui naîtront du mariage, ou des autres héritiers.

Ainsi il ne doit pas dépendre de la seule volonté des futurs conjoints de les altérer, changer ou diminuer, sans le consentement de ceux sur l'avis desquels le contrat de mariage auroit été passé.

Comme ces conventions secrettes pourroient un jour préjudicier à ceux de la famille, si elles avoient lieu, elles ont été réprouvées & déclarées nulles & sans effet entre les conjoints & autres personnes qui pourroient y avoir intérêt.

Les contre-lettres sont donc défendues, pour peu qu'elles détruisent les clauses du contrat de mariage ; mais elles sont permises quand elles y ajoutent, ou qu'elles expliquent des faits douteux & incertains, ou des clauses obscurement énoncées dans le contrat de mariage. La Peyrere, lett. C ; M. le Prêtre, cent. 1. ch. 98. & en ce cas il faut toujours que ce soit avant que le mariage soit célébré.

Ainsi une mere ayant promis par le contrat de mariage passé en la présence des parens, de donner en dot à sa fille, & pour son bien paternel, mille écus, fit depuis à son futur gendre une promesse particuliére de lui donner encore deux cens écus. Le mariage étant consommé, & le gendre ayant demandé les deux cens écus, la belle-mere dit que c'étoit une contre-lettre prohibée en contrat de mariage : elle fut condamnée de les lui payer, sur le fondement que cet acte n'étoit pas une contre-lettre puisqu'elle n'étoit pas contre le contrat de mariage, mais une nouvelle promesse & une augmentation de la dot que la mere avoit constituée à sa fille par son contrat de mariage.

Il n'y a donc que les actes qui donnent quelque atteinte à ce qui est arrêté par le contrat de mariage qui soient reputés contre-lettres : mais pour peu qu'un acte soit contraire aux conventions matrimoniales, il est regardé comme une contre-lettre qui ne peut subsister.

Sur ce fondement, une donation faite par un fiancé à sa fiancée hors le contrat de mariage, a été cassé par Arrêt, dont Monarc fait mention en son Recueil, art. 78.

Le 23. Avril... il a été jugé en l'Audience de la Grande Chambre, qu'un gendre qui avoit donné quittance de la dot de sa femme après le contrat de mariage pouvoit, en justifiant avoir moins reçu, demander ce qui lui restoit dû.

Mais la contre-lettre d'un gendre faite à son beau-pere, par laquelle il lui retrocedoit la jouis-

fance, sa vie durant, des fruits d'un héritage baillé en dot à sa fille, a été jugée bonne & valable, parce que le mari est maître des fruits ; & ce à l'égard de lui seulement, & non pas de sa femme, qui après le décès de son mari peut agir contre ses héritiers, & demander récompense.

Voyez M. Louet & son Commentateur, lett. C, somm. 28. & ce que j'ai dit sur l'art. 258. de la Coutume de Paris.

Au reste, après la célébration du mariage, il est certain que le contrat ne peut être en aucune maniere réformé même du consentement de ceux qui y ont signé. *Voyez* Contrat de mariage.

CONTRE-MUR, est un petit mur qu'on est obligé de faire dans de certains cas pour fortifier un mur, afin que le voisin ne souffre aucun dommage des constructions qu'on fait proche.

Quand on fait un étable contre un mur mitoyen, il faut faire un contre-mur de huit pouces d'épaisseur, & de hauteur jusqu'au rez de la mangeoire, comme il est porté en l'article 188. de la coutume de Paris. On y est aussi obligé en plusieurs autres occasions énoncées ès Observations de M. le Camus sur ledit article, où je renvoye le Lecteur. Je remarquerai seulement ici que le contre-mur ne doit point être lié avec le vrai mur, parce qu'il n'est fait que pour empêcher que le vrai mur ne soit endommagé, comme étant mitoyen ; & il le seroit sans doute, s'il y avoit liaison & continuité. *Voyez* le titre des Servitudes de la Coutumes de Paris.

CONTRE-PAN, L'ORDINAIRE ET COUTUMIER CONTRE-PAN, est en quelques lieux l'estime du huitiéme denier de l'héritage donné à cens ou rente, pour venir au rachat conventionnel.

CONTRE-PLEIGE. Pleige signifie caution, & contre-pleige le certificateur de la caution.

CONTRE-PROMESSE, est une déclaration de celui au profit de qui une promesse est faite, qui l'annulle, en confessant qu'elle est simulée, & qu'il ne prétend point s'en servir : c'est la même chose que la contre-lettre.

CONTRE-SCEL, est un petit sceau que l'on applique à gauche des Lettres, sur un titre ou tiret qui attache les piéces ensemble, afin d'empêcher qu'on n'en détache aucune. Le grand Sceau se met à droite des Lettres. Le petit Sceau, qui est le contre-scel, se met à gauche.

Philippe Auguste est le premier qui se soit servi d'un contre-scel. *Voyez* le Pere Montfaucon, tom. 2. des Monumens de la Monarchie Françoise ; le Journal des Sçavans, Janvier 1731. pag. 10.

CONTRE-SCEL, se dit encore d'un second Sceau qu'un Juge appose sur des effets scellés par un autre Juge, lorsque plusieurs Jurisdictions différentes prétendent avoir droit d'en faire inventaire, ou d'y être appellées.

Par exemple, les effets des Comptables peuvent, après avoir été scellés du Sceau du Châtelet, être contre-scellés par la Chambre des Comptes.

Les effets d'un bâtard ou aubin décédé, quoique scellés du Sceau du Châtelet, peuvent être contre-fcellés par la Chambre du Tréfor.

CONTRE-SIGNER, fignifie figner un ordre ou une Patente d'un Supérieur, en qualité de Secrétaire pour rendre la chofe plus autentique. Les Brevets du Roi font fignés au bas par un Secrétaire d'Etat.

CONTRE-SOMMATION, eft l'action par laquelle une tierce perfonne appellée en garantie, en appelle une autre en Juftice, qui eft auffi obligée de la garantir de la même pourfuite.

Quand une Terre a paffé par plufieurs mains fans être décretée, elle eft fujette à plufieurs fommations & contre-fommations.

CONTRE-SOMMER, fignifie dénoncer à fon garant une demande en fommation ou garantie, qui eft faite par un nouvel acquéreur au dernier vendeur. Un garant contre-fomme à fon vendeur toutes les pourfuites qu'on fait contre lui. Le pourfuivant criées contre-fomme à la Partie faifie & aux créanciers les demandes des oppofans, & les fomme de lui fournir des moyens pour les faire ceffer. On contre-fomme auffi à fes garants les fommations & dénonciations que l'on a faites à d'autres Parties.

CONTRIBUTION DES DETTES COMMUNES EN-TRE LES HABITANS D'UN LIEU, eft le partage qui s'en fait, & qui marque ce que chacun d'eux en doit payer pour fa part.

Les Tailles, les fubfides, & autres charges, fe payent par les Habitans d'un lieu, felon la cottifation qui fe fait de chacun d'eux.

CONTRIBUTION DES DETTES D'UN DEFUNT ENTRE PLUSIEURS HERITIERS QUI LUI SUCCEDENT, eft le partage qui fe fait entr'eux de ce qu'ils en doivent chacun payer pour leur part.

Voyez Dettes d'une fucceffion.

CONTRIBUTION DE LEGITIME, n'a point lieu aujourd'hui parmi nous, fuivant la derniere Jurifprudence des Arrêts qui eft que quand il y a plufieurs enfans qui ont été avantagés par leur pere ou par leur mere, & qu'il y en a d'autres qui n'ont pas leur légitime, c'eft toujours le dernier avantagé qui paye la légitime lui feul; fauf, après le payement, s'il n'a pas fa légitime, à la demander à celui qui a été immédiatement avant lui avantagé, & lui de même en remontant de la forte.

Voyez ce que j'ai dit fur l'art. 298. de la Coutume de Paris, glofe quatrieme, nombre 34. & fuiv.

CONTRIBUTION AU SOL LA LIVRE, eft le partage qui fe fait des deniers provenans de la vente des meubles & effets mobiliers d'un débiteur, au cas de déconfiture.

Ce partage fe fait entre tous les créanciers chirographaires, à proportion de leur dû, au fol la livre.

Pofons que, fupputation faite des dettes des créanciers venans à contribution, & des deniers procédans des meubles faifis & vendus, chaque créancier doive perdre un quart de fa dette, c'eft-à-dire cinq fols fur la livre, chaque créancier aura quinze fols pour livre de tout ce qui leur eft dû;

celui auquel il fera dû cent livres en aura foixante-quinze; & celui dont la dette fera de mille, en aura fept cens cinquante: ainfi à proportion des autres.

Voyez ce que j'ai dit fur les art. 179. & 180. de la Coutume de Paris.

Ordinairement dans les meubles le premier faififfant eft préféré, quia jura vigilantibus profunt; mais quand il y a déconfiture, alors tous les créanciers font égaux, & viennent par contribution, pourvû que leur oppofition foit formée avant la contribution faite & jugée.

Ainfi la contribution fe peut demander tant que les chofes font entieres, c'eft-à-dire avant que le créancier faififfant ait touché les deniers, quoique par Sentence ou Arrêt il eût été ordonné qu'il les toucheroit; car avant la délivrance d'iceux, tout autre créancier eft recevable à demander la contribution, en cas d'infolvabilité du débiteur.

Mais il ne fuffit pas de l'alléguer, pour empêcher le droit & le privilége du premier faififfant.

D'un autre côté, fi le premier faififfant étoit payé de fon dû fur les deniers provenans de la vente des meubles, il pourroit lui-même devenir infolvable & hors d'état de rapporter ces deniers.

C'eft pour cette raifon que la Coutume de Paris, en l'art. 180. ordonne que fi, pour empêcher la contribution, il furvient quelque différend entre les créanciers apparens, & fur la fuffifance ou infuffifance des biens de leur débiteur, les premiers faififfans foient payés fur les deniers provenans de la vente des meubles, en donnant bonne & fuffifante caution de les rapporter pour être mis en contribution, au cas qu'il fe trouve que les biens du debiteur ne foient pas fuffifans pour payer tous les créanciers faififfans & oppofans.

A l'égard des immeubles, la contribution n'a point lieu, & les deniers qui proviennent de leur vente, font diftribués entre les créanciers, fuivant l'ordre de leur hypotheque & de leur privilége.

Voyez Déconfiture.

CONTROLLE, eft un Regiftre double qu'on tient des expéditions des Actes de Finance & de Juftice, pour en affurer davantage la confervation & la vérité, & pour empêcher les antidates.

L'Edit du mois d'Août 1669. abrogeant la néceffité de fe faire affifter de deux Témoins ou Records par les Huiffiers, ordonne que tous exploits, à l'exception de ceux qui concernent la procédure de Procureur à Procureur, feront enregiftrés dans trois jours après la date d'icelle, à peine de nullité & de l'amende y portée; avec défenfes aux Juges de rendre aucuns Jugemens fur les exploits non controllés, foit pour interruption de prefcription, adjudication d'intérêt, ou autrement.

Le Roi, en interprétation de cet Edit, a déclaré par un Arrêt du Confeil du 30. Mars 1670. quels font les exploits & ajournemens qui font fujets au controlle; fçavoir, les ajournemens & les affignations par devant quelques Cours & Juges royaux, eccléfiaftiques & fubalternes, & pour quelque caufe que ce foit, faits par tous Huiffiers, Sergens, & autres ayant droit d'exploiter, en toute matiere criminelle, civile & bénéficiale ; à perſonne ou à domicile des Parties, ou autres domiciles élus & indiqués, en premiere inſtance ou d'appel, interventions, anticipations, déſertions, intimation de Juges, renvois, réglemens de Juges, ou évocations, exploits d'ajournemens pour ouir & confronter témoins, nomination de tuteurs & avis de parens, les aſſignations ſur défaut des Juges-Conſuls, ſignification de tous Arrêts, Sentences, Jugemens & Ordonnances contradictoires, définitifs ou proviſoires, rendus par forcluſion ou par défaut, faute d'avoir conſtitué Procureur, les exploits de ſommations, déclarations, empêchemens, proteſtations, proteſt de Lettres ou Billets de change, ou offres, déſiſtemens, renonciations, ſignifications de transports & autres actes, dénonciations, commandemens itératif, empriſonnemens, recommandations, exécutions, gageries, ſaiſies, arrêts, oppoſitions pour quelque cauſe que ce ſoit, main levée & conſentement, exploits de retrait lignager ou féodal, de ſequeſtres, ſaiſies féodales & réelles, ſignifications d'icelles, criées & appoſitions d'affiches, ſans néanmoins diſpenſer les exploits deſdites ſaiſies féodales, réelles, criées & appoſitions d'affiches, des autres formalités de Témoins & Records, preſcrites par les Coutumes & anciennes Ordonnances ; les exploits faits à la requête des Procureurs du Roi, & pour le recouvrement des tailles, impôts de ſel, don gratuit & autres impoſitions, pour les Fermes des Gabelles, Aydes, entrées, cinq groſſes Fermes, & tous autres deniers & revenus de Sa Majeſté ſans exception.

Par autre Arrêt du Conſeil du 14. Avril 1670. les actes des Notaires par eux ſignifiés aux Parties, ſont ſujets au controlle, comme ſont des actes de proteſtations, ſaiſies, offres, oppoſitions & requiſitions, ſommations & autres actes : ce qui a encore été confirmé par d'autres Arrêts poſtérieurs.

Celui du 12. Décembre 1676. ordonne que le controlle ſera faits dans les trois jours, quoique durant leſdits jours il y eût Dimanche ou Fête.

Celui du trois Février 1677. ordonne qu'il ſera pris autant de droits de controlle qu'il y aura de perſonnes auxquelles, chacune en particulier, un même exploit aura été fait par un même Sergent ou Huiſſier, & le même jour, étant tous compris & rapportés dans une même relation ou procès verbal.

Ce dernier Arrêt contient pluſieurs exceptions de cette regle, ou il ne ſera pris qu'un droit de controlle, quoiqu'il y ait pluſieurs perſonnes à qui le même exploit ſera donné ; ſcavoir,

I°. Pour une relation ou procès verbal contenant les aſſignations données aux héritiers d'un défunt, pour ſe voir condamner à payer quelque ſomme dûe par le défunt, pour les parts & portions dont ils ſont héritiers, hypothécairement pour le tout, pourvû que leſdites aſſignations ſoient données par un même Huiſſier, & en même jour.

II°. Pour les aſſignations données à pluſieurs Experts pour faire quelque viſite ou eſtimation, & à pluſieurs témoins pour dépoſer, ſoit pour une en-

quête ou une information en matiere criminelle, étant dans un même procès verbal, donné par un même Huiſſier ou Sergent, & en même jour : mais le droit de controlle eſt encore pris pour chacune aſſignation donnée aux Parties, pour voir prêter ſerment aux Experts, & être préſens aux viſites & eſtimations, pour voir jurer les témoins, quoique leſdites aſſignations ſoient rapportées dans un même procès verbal, fait par un même Huiſſier & en même jour.

III°. Pour aſſignations données à pluſieurs témoins pour être recollés & confrontés, ou à pluſieurs parens pour élection de tuteurs ou curateurs, & donner leurs avis pour les affaires des mineurs.

IV°. Pour les aſſignations données à pluſieurs aſſociés pour le fait d'une même ſociété, ou pour les aſſignations données aux Vaſſaux d'un même Fief & Seigneurie, pour comparoir aux plaids, aſſiſes, & autres lieux, pour y connoître les droits par eux dûs audit fief, pourvû que dans les cas ci-deſſus les exploits ſoient faits par un même Huiſſier ou Sergent, ou autre ayant pouvoir d'exploiter en même jour, & rapportés dans une même relation ou procès verbal.

V°. Pour les ſaiſies & arrêts faits à la requête d'un créancier du propriétaire d'une maiſon, entre les mains de ſon principal locataire & des ſous-locataires, pourvû que ce ſoit par un même Huiſſier, en même jour, & dans une même relation.

Néanmoins, ſi les locataires avoient leur baux immédiatement du propriétaire débiteur, en ce cas ſeroient dûs autant de droits de controlle qu'il y auroit de ſaiſies ; comme auſſi au cas des ſaiſies faites entre les mains des ſous-locataires, pour une dette du principal locataire, il eſt dû autant de droits que de ſaiſies.

VI°. Pour un procès verbal de ſaiſie réelle, & établiſſemens de Commiſſaire, quoiqu'il contienne itératif commandement fait au débiteur, en continuant le commandement qui lui a été préalablement fait par un exploit ſéparé, dûement controllé.

VII°. Pour le procès verbal d'appoſition d'affiches, ſoit pour procéder au bail judiciaire, ou pour faire les criées des biens ſaiſis, pourvû que ce ſoit par un même Huiſſier, & le même jour.

Mais il ſera dû autant de droits qu'il y aura de différens jours de criées, dont les actes doivent être controllés dans trois jours de la date d'iceux.

VIII°. Pour la ſignification d'une Sentence ou Arrêt, encore que le même exploit contienne un commandement de payer à la Partie condamnée.

Mais pluſieurs droits de controlle ſont dûs dans les cas ſuivans.

A l'égard des procès verbaux de ventes de meubles, ſont dûs autant de droit que de journées, auxquels les Huiſſiers ou Sergens ont été employés pour faire les ventes.

Sont dûs autant de droits qu'il y a de Particuliers entre les mains deſquels on a fait de ſaiſies & arrêts ; & eſt dû un autre droit pour la ſignification & dénonciation faite à la Partie, avec aſſignation

gnation pour voir ordonner que les deniers feront baillés aux faififfans , quoique tout foit contenu dans un même procès verbal , fait par un même Huiffier & en même jour.

Sont dûs autant de droits qu'il y a de Particuliers affignés pour rapporter les titres & exploits en vertu defquels ils auroient formé quelques oppofitions ou faifies.

N'eft dû néanmoins qu'un feul droit pour une fignification de Sentence , avec fommation de comparoir pour taxer les dépens , pourvû que ce foit par un même acte , en un même tems , & à une feule perfonne ; car fi elle eft faite à plufieurs, font dûs autant de droits qu'il y a de perfonnes.

Pour les fignifications de déclaration de dépens, ou pour une affignation pour fe voir condamner , portant en outre affignation pour reconnoître , il n'eft dû qu'un feul droit , pourvû que ce foit en même jour & par le même acte.

Voyez le Recueil des Réglemens concernant le controlle des exploits , qui fe vend chez Prault.

CONTROLLE des ACTES DES NOTAIRES. Le droit de notification des contrats n'eft plus en ufage. Le droit de controlle a été introduit en fa place , pour conftater de la date des contrats qui fe paffent pardevant Notaires. Ce controlle eft prefcrit par l'Edit de 1693. & par les Arrêts du Confeil donnés en interprétation , que nous avons rapportés à la fin de la fcience parfaite des Notaires.

Ce controlle doit être fait à la diligence du Notaire qui a reçu l'acte , quinze jours au plus tard après la date de l'acte , & au Bureau le plus prochain du lieu : c'eft fur la minute même de l'acte que fe met le controlle.

Il y a eu depuis cet Edit une Déclaration du 29. Septembre 1722. concernant le controlle des actes des Notaires & des infinuations laïques , qui ordonne que le controlle des actes des Notaires aura lieu dans la Ville de Paris qui en avoit été exempte , & fait un nouveau tarif des droits qui fe doivent payer en conféquence du controlle des actes des Notaires & des infinuations laïques.

Enfin , par la Déclaration du 7. Septembre 1723. la formalité du controlle a été fupprimée pour les actes qui feront paffés par les Notaires de la Ville de Paris.

Le controlle des actes paffés pardevant Notaires , eft une formalité qui a pour objet d'établir la vérité & l'autenticité de ces actes , & de prévenir les fraudes , les fauffetés , fuppofitions & antidates que les Notaires pourroient pratiquer. On convient que les Notaires étant perfonnes publiques rendent un témoignage de la vérité des actes qu'ils paffent ; mais le controlle ajoute à ces actes le dernier degré de confiance & d'autenticité.

De ce que cette formalité ne fert qu'à renforcer , pour ainfi dire , l'autenticité des actes , il s'enfuit qu'elle n'eft requife que pour les contrats qui font paffés dans les lieux où ce renfort eft abfolument néceffaire pour l'autenticité des actes qui s'y paffent.

Tome I.

La raifon eft , que quand il s'agit de la forme & de la folemnité d'un contrat ou d'un teftament , il fuffit , pour le faire valoir dans toute l'étendue du Royaume , qu'il foit fait felon toutes les formes requifes par la Coutume du lieu où il a été paffé.

Les contrats paffés à Paris , où le controlle des actes paffés pardevant Notaires a été fupprimé , ont donc hypotheque fur tous les immeubles du débiteur , même fur ceux qui font fitués en Normandie ou ailleurs , où le controlle a lieu , quoique ces contrats ne foient pas controllés.

Tout au contraire , les contrats paffés en Normandie , ou autre lieu où la formalité du controlle eft requife , n'emporte point hypotheque , fur les immeubles fitués dans la coutume de Paris , s'ils ne font pas controllés.

La raifon eft que le controlle ayant pour objet d'affurer la vérité & l'autenticité des actes , ceux qui font paffés dans un lieu où cette formalité eft requife ne font pas revêtus de leurs formes , quand ils ne font pas controllés ; parce que c'eft le lieu de la paffation des actes qu'il faut fuivre en fait de formalités qui concernent la vérité & l'autenticité de ces mêmes actes.

C'eft auffi en quoi elles différent des formalités qui affectent uniquement les chofes , comme le nantiffement ; car ces dernieres formalités étant purement réelles , ne regardent que les biens fitués dans le lieu où elles font requifes.

Touchant le controlle de ces actes , *voyez* ce que nous avons dit dans la Science parfaite des Notaires.

CONTROLLE DES ACTES SOUS SEING PRIVÉ , introduit par la Déclaration du Roi du 14. Juillet 1699. n'étoit ordonné qu'après l'acte reconnu , foit par défaut , foit contradictoirement ; auquel cas la partie qui en avoit pourfuivi la reconnoiffance , étoit tenus de le porter chez un Notaire , pour être par ledit Notaire délivré expédition du tout , après l'avoir fait controller.

Mais par l'Edit du mois d'Octobre 1705. il a été ordonné qu'à l'avenir tous les actes qui feroient paffés fous feing privé , à l'exception des Lettres de change & billets à ordre ou au Porteur des Marchands , Négocians & Gens d'affaires , feroient controllés avant qu'on en pût faire aucune demande en Juftice , & les droits payés fuivant la qualité des actes , & à proportion des fommes y contenues , comme s'ils étoient originairement paffés pardevant Notaires , conformément au tarif arrêté au Confeil par le droit de controlle des actes des Notaires , à peine de nullité & d'amende.

Ainfi tout porteur de billet , reconnoiffance , promeffe , ou autre écrit dont il veut faire demande en Juftice , doit , avant toutes chofes , faire controller fon billet , promeffe ou reconnoiffance , conformément aux Edits , Déclarations & Arrêts du Confeil de Sa Majefté , au fujet du controlle des actes des Notaires , & fous fignatures privées.

En cas de contravention , outre la nullité de toute la procédure qui auroit été faite , il y a trois cens livres d'amende prononcées , tant contre la

B b b

Partie, que contre les Huissiers, Sergens & Procureurs, qui auront fait des exploits & procédures pour raison desdites promesses & écrits sous signatures privées, sans être préalablement controllées.

CONTROLLE des dépens, est un droit qui se prend sur les dépens par ceux qui sont préposés par le Roi pour en examiner les taxes.

Il y avoit des Controlleurs des déclarations de dépens en titre d'Office, au Conseil d'Etat & privé, au Parlement, au Grand Conseil, aux Requêtes de l'Hôtel & du Palais, à la Cour des Aydes, au Châtelet de Paris, & en d'autres Bailliages, Sénéchauffées & Jurifdictions.

Mais par un Arrêt du Conseil du 15. Décembre 1667. le Roi a ordonné & ordonne que les droits attribués à ces Controlleurs, seroient perçus à son profit par le Fermier général de ses Domaines.

Il y a eu des Réglemens pour les différentes Provinces, tant pour faire jouir le Fermier, que pour la perception.

On voit un Arrêt du Conseil d'Etat du 10. Juillet 1688. qui condamne les Procureurs du Châtelet à restituer au Sous-Fermier du Greffe des Affirmations & du Controlle des dépens, le droit de six deniers pour livre du contenu aux déclarations, dont les exécutoires avoient été levés sans que les dépens eussent été controllés; de sorte que les émolumens de ce droit ont été exactement perçus pendant la réünion au Domaine.

Au mois de Mars 1694. le Roi par un Edit a défuni ce qui avoit été réüni par l'Arrêt du 15. Décembre 1667. & a été créé en titre d'offices héréditaires non domaniaux, des Controlleurs des déclarations des dépens pour toutes les Jurifdictions, avec attribution à ceux des Conseils de 18. deniers, & à ceux des autres Jurifdictions de 6. deniers pour livre, du montant de tous les dépens, frais, dommages & intérêts; le tout exigible lorsque les déclarations ont été signifiées.

Les charges de controlleurs, de dépens pour le Parlement de Paris, ont été réünies à la communauté des Procureurs.

Voyez les Edits faits touchant les controlleurs de dépens, dans le Recueil des Arrêts & Réglemens concernant les fonctions des Procureurs, à la fin de la première Partie.

CONTROLLE general des Finances, est un Registre où s'enregistrent toutes les quittances de Finances.

Voyez la Déclaration du Roi donnée à Paris le 6. Mars 1716. servant de Réglement pour le Controlle général des Finances.

CONTROLLE des Entrées, est un Registre où des Commis enregistrent des marchandises que l'on fait entrer dans la Ville, & qui doivent pour raison de ce quelques droits.

CONTUMACE, du mot latin contumacia, signifie désobéissance.

En terme de pratique, contumace est le refus que fait de comparoir en Justice celui qui est ajourné ou décreté pour raison de quelque délit.

Ainsi contumace est, en matiere criminelle, ce que nous appellons défaut en matiere civile; & une Sentence par contumace est une Sentence rendue par défaut.

On se sert même quelquefois du terme de contumace en matiere civile, pour signifier défaut. Les frais qui ont été faits pour faire payer un défaut faute de comparoir ou de défendre, sont appellés frais de contumace.

On n'est point reçu opposant à ces Arrêts, qu'en refondant les dépens de la contumace, en cas que la Partie adverse la requiere.

CONTUMACE en matiere criminelle, est, comme nous venons de dire, ce que l'on appelle défaut en matiere civile. Et comme il est de l'intérêt public que les délits ne demeurent pas impunis, & que les criminels ne puissent pas se soustraire par leur fuite aux peines qu'ils ont encourues, on leur fait leur procès par contumace.

La forme de procéder contre les absens en matiere criminelle, est prescrite par l'Ordonnance de 1670. tit. 17.

Cette Ordonnance permet à l'Huissier ou Sergent, porteur d'un décret de prise de corps, de faire perquifition de celui contre lequel il est décerné, avec annotation de ses biens en cas d'absence.

Cette annotation se doit faire au dernier domicile de l'accusé, ou à la porte de l'Auditoire, s'il n'a point de domicile: elle n'est qu'une description des effets faite en la forme ordinaire des autres saifies & exécutions.

Défenses sont faites d'établir pour Commissaires ou Gardiens, les Confiscataires ou ceux qui leur sont dévoués.

Après que le Sergent a satisfait à cette première partie de l'Ordonnance, & qu'il en a dressé son procès verbal, il se transporte au domicile de l'accusé, ou à la porte de l'Auditoire, pour y attacher l'exploit d'affignation à quinzaine.

Faute de comparoir, le Crieur public lui donne affignation à huitaine, par un seul cri qui se fait à son de trompe dans la place publique, à la porte de la Jurifdiction, devant la porte de l'accusé.

Les délais de l'affignation étant expirés, la procédure doit être mise entre les mains des gens du Roi, ou des Procureurs des Seigneurs.

Sur leurs conclusions, les Juges ordonnent le récollement des témoins, lequel vaut confrontation.

Ensuite on communique derechef le procès aux Procureurs du Roi, ou à ceux des Seigneurs, pour avoir des conclusions définitives, sur lesquelles intervient la condamnation de l'accusé. Voyez Purger la Contumace.

La même Ordonnance, tit. 17. art. 28. porte que si dans les cinq années de l'exécution de la Sentence de contumace, les condamnés ne se représentent, ou ne sont conftitués prisonniers, les condamnations pécuniaires & les confiscations sont réputées aussi contradictoires que si elles étoient ordonnées par Arrêt; en sorte qu'ils sont morts civilement du jour de l'exécution de la Sentence de contumace qui porte condamnation de mort, de galeres perpétuelles, ou du bannissement à perpétuité du Royaume.

La déclaration du Roi du mois de Décembre 1688. en interprétation du titre 17. de l'ordonnance de 1670. porte que dans les trois mois qu'un crime aura été commis, l'accusateur voulant poursuivre & faire instruire contumace, la perquisition de l'accusé pourra être valablement faite dans la maison où résidoit l'accusé, dans l'étendue de la Jurisdiction où le crime aura été commis, & que copie soit laissée du procès verbal de perquisition.

Cette Déclaration ordonne d'en user de même pour l'assignation à comparoir à la quinzaine, laquelle sera pareillement donnée en la maison où l'accusé résidoit, copie laissée de l'assignation; & que si l'accusé n'a point résidé dans l'étendue de la Jurisdiction, la perquisition en soit faite, & les assignations données, suivant l'art. 3. du tit. 17. de l'Ordonnance de 1670. sans qu'il soit nécessaire de faire les perquisitions, ni donner les assignations au lieu où demeuroit l'accusé avant qu'il eût commis le crime.

Si l'accusé ne comparoît point dans la quinzaine, l'assignation à huitaine doit être faite & donnée à son de trompe, suivant l'usage, à la place publique, & à la porte de la Jurisdiction où se fait l'instruction du procès.

Après les trois mois échus depuis que le crime a été commis, si l'accusateur veut poursuivre & faire instruire la contumace, la perquisition de l'accusé sera faite, & les assignations données au domicile ordinaire de l'accusé, laquelle assignation est à la quinzaine; & outre ce, il est donné à l'accusé le délai d'un jour par chaque dix lieues de distance de son domicile, jusqu'au lieu de la Jurisdiction où il est assigné.

L'accusé ne comparoissant point dans les délais ci-dessus marqués, il est crié à son de trompe par un cri public, à huitaine, dans le lieu de la Jurisdiction où se fait le procès, & le cri affiché à la porte de l'Auditoire.

Pour l'accusé qui n'a pas de domicile, soit qu'il soit poursuivi avant ou depuis les trois mois échus, à compter du jour que le crime aura été commis, la copie du décret & de l'exploit d'assignation doit être seulement affichée à la porte de l'Auditoire de la Jurisdiction.

Les Prévôts des Maréchaux voulant instruire la contumace des accusés, contre lesquels ils ont décrété pour quelque crime que ce soit, sont tenus, avant que de commencer aucune procédure, de faire juger leur compétence au Siège présidial dans le ressort duquel les crimes auront été commis.

En cas que les accusés soient arrêtés avant ou depuis le Jugement de contumace, ou qu'il se représentent volontairement pour purger la contumace, les Prévôts des Maréchaux doivent faire juger de nouveau leur compétence, après que les accusés auront été ouis en la forme portée par l'art. 19. du tit. 2. de l'Ordonnance de 1670.

L'absence d'un homme soupçonné de crime, donne contre lui quelque prévention, mais elle ne sert pas de preuve. Ainsi, quand un accusé ne comparoît pas, les Juges ne le peuvent condamner par contumace, si les preuves qui résultent des charges & informations, ne sont pas suffisantes; ils doivent alors ordonner un plus amplement informé: de manière que dans un jugement rendu par contumace, il faut suivre, quand aux preuves & à la condamnation, les mêmes regles que l'on doit observer dans un Jugement rendu contre un criminel présent & detenu dans les prisons.

Ceux contre lesquels la contumace aura été instruite & jugée, ne seront reçus à présenter Requête, soit en premiere instance ou en cause d'appel, qu'ils ne se soient mis en état. Ils pourront néanmoins proposer leurs exoines, comme il est porté en l'art. 4. du tit. 25. de l'Ordonnance de 1670.

Après avoir expliqué la procédure qui se doit tenir pour faire le procès par contumace à celui qui étant accusé de crimes, ne se présente pas, il faut présentement voir quel est l'effet du Jugement rendu contre lui par contumace.

Quand celui contre lequel un Jugement portant mort naturelle ou civile, aura été rendu, ne se représente pas, les Receveurs du Domaine, les Seigneurs, ou autres à qui la confiscation de ses biens est acquise, peuvent pendant les cinq années percevoir des mains des Fermiers les fruits & revenus des biens du condamné par contumace.

Mais ils ne peuvent en jouir par leurs propres mains. La raison est qu'ils ne sont pas véritablement propriétaires des biens confisqués, puisque le condamné peut se présenter dans les cinq ans, & être par l'événement absous du crime pour lequel il a été condamné par contumace.

Lorsque les cinq ans sont expirés, sans que le condamné se soit représenté pour purger la contumace, ceux qui ont droit à la confiscation, peuvent se mettre en possession de ses biens, & en jouir par leurs mains, en observant ce qui leur est prescrit par l'art. 32. du tit. 17. de l'Ordonnance de 1670.

Pour cet effet, ils doivent préalablement se pourvoir en Justice pour en obtenir la permission; & avant que d'entrer en possession desd. biens, il faut qu'ils fassent dresser un procès verbal de la qualité & valeur des meubles, & de l'état des immeubles pour en jouir par la suite en pleine propriété.

S'ils manquoient à ces formalités, ils seroient non-seulement déchus de leur droit, mais ils seroient encore condamnés en une amende de dix mille livres, aux termes de l'art. 32. tit. 17. de la même Ordonnance.

Ce terme de cinq ans ne pas absolument fatal. Le Roi par certaines considérations accorde quelquefois aux condamnés des Lettres de restitution de laps de tems; & si par l'événement le contumax qui a obtenu ces Lettres est absous du crime dont il avoit été accusé, ou que la peine prononcée contre lui n'emporte pas confiscation, ses meubles & immeubles lui seront rendus en l'état qu'ils se trouveront, sans néanmoins qu'il puisse prétendre aucune restitution des amendes, intérêts civils, & des fruits de ses immeubles; comme il est dit en l'art. 28. du même titre.

Il est si vrai qu'après les cinq années, à compter du jour de l'exécution de la Sentence par coutumace, la confiscation a lieu , faute par le condamné de s'être représenté & mis en état, que si celui qui a été condamné par contumace à peine de mort , galeres perpétuelles , ou à un banniffement à perpétuité hors le Royaume , décédé après les cinq années fans s'être représenté , il est réputé mort civilement du jour de l'exécution de la Sentence , & la confiscation a lieu.

Il faut dire auffi que les aliénations qu'il a faites depuis fa condamnation , deviennent nulles , & qu'il ne peut tranfmettre à fes héritiers les fucceffions qui lui font venues depuis fon Jugement ; parce que fa condamnation étant entiérement confirmée par fon décés arrivé depuis qu'il a laiffé paffer le tems de fe repréfenter , fon Jugement a un effet rétroactif au jour qu'il a été exécuté ; c'est pourquoi il est réputé mort civilement du jour de l'exécution de fon jugement.

Il n'en est pas de même des aliénations qu'il auroit faites après le crime commis , & même après l'accufation intentée contre lui ; mais avant le Jugement par contumace elles feroient valables, foit qu'il décedât avant ou après les cinq ans. La raifon est , que la feule accufation ne rend pas l'accufé incapable des effets civils.

Suivant ce que nous avons dit ci deffus , l'état de celui qui est condamné à mort naturelle ou civile par contumace, n'est qu'en fufpens pendant les cinq ans qu'il a pour purger la contumace.

Ainfi , s'il vient à deceder avant que les cinq ans foient écoulés, la confiscation n'a point lieu , parce qu'il est cenfé être mort fans avoir perdu fon état , de même que celui qui a été condamné à mort , & qui decede pendant l'appel interjetté de fon Jugement de condamnation.

C'est ce qui fait , I°. que les aliénations & les difpofitions par lui faites depuis fa condamnation, deviennent valables. Soefve , tome 2. cent. 4. ch. 35. & le Journal des Audiences, tom. 3. liv. 3. ch. 3.

II°. Qu'il tranfmet à fes héritiers les fucceffions qui lui font échues depuis fa condamnation jufqu'au tems de fa mort. Brodeau fur Louet , lettre C , fomm. 23. Richard , Traité des Donations, part. 1. ch. 3. n. 258. Baffet , tom. 1. liv. 6. tit. 6. ch. 1.

Au refte , lorfque la condamnation par contumace a été exécutée , le crime ne fe peut prefcrire que par trente ans ; au lieu que quand elle n'a pas été exécutée, le crime fe prefcrit par vingt ans.

Mais il faut remarquer que cette prefcription de vingt ans ne rend point le condamné capable des fucceffions qui lui font échues auparavant.

Ainfi , par Arrêt du 23. Juin 1690. il a été jugé qu'un condamné à mort par contumace , qui ne s'étoit point préfenté dans les cinq années , étoit incapable de fucceder à fon pere décedé depuis les cinq années, quoique depuis il eût été déchargé de fon crime par la prefcription des vingt ans, & que la Sentence n'eût pas été exécutée par effigie. Bafnage fur l'art. 143. de la Coutume de Normandie.

La raifon est , que la prefcription en matiere criminelle ne faifant que remettre la peine, n'a pas un effet rétroactif, & n'ôte pas le droit qui est ac-

quis intermediairement à un tiers.

Enfin , quand un condamné à mort , au banniffement perpétuel , ou aux galeres à perpétuité , ne s'est pas repréfenté dans les cinq ans , le Jugement de condamnation est réputé contradictoire , & doit par conféquent avoir perpétuellement fon exécution par la mort civile ; excepté,

I°. Si le condamné par contumace a obtenu des Lettres pour efter à droit. Voyez ce qui en est dit ici , lett. L.

II°. S'il obtient de Sa Majefté des Lettres de pardon , de rémiffion ou d'abolition. Voyez ce qui est dit ici de fes lettres.

Hors ces deux cas, c'est-à-dire , à moins que les condamnés n'ayent été juftifiés fur les Lettres d'efter à droit , ou qu'ils n'ayent été remis en leur premier état par les Lettres du Prince , s'ils décedent fans s'être repréfentés pendant les cinq ans de la contumace , ils font cenfés avoir refté pendant toute leur vie dans l'état de mort civile.

La prefcription de trente ans ne pouvant même fervir de juftification , ni être comparée à la grace du Prince , ne peut rendre aux condamnés à mort le rétabliffement à la vie civile , qu'ils ont perdu, faute de s'être repréfentés dans les cinq ans de la contumace. Voyez l'art. fuivant.

CONTUMAX , est celui qui refufe de comparoir en Juftice fur les affignations qui lui font données : il ne fe dit gueres en matiere criminelle. Par le Jugement qui intervient en conféquence de fa contumace , il est déclaré atteint & convaincu du crime pour raifon duquel il est pourfuivi.

Mais il faut pour cela que le crime pour lequel il est pourfuivi, foit fuffifamment prouvé. On fçait qu'un accufé qui s'abfente , femble dérober à la Juftice , & que c'est fe rendre refractaire ; mais il n'est pas pour cela criminel, & par conféquent n'est pas réputé mériter la peine que les Loix ont prononcées contre ceux qui feroient convaincus du crime dont il est accufé.

Les peines que le Juge peut impofer pour cette fuite , ne doivent avoir de proportion qu'avec la défobéiffance à fes ordres , & non pas avec le crime pour raifon duquel le fugitif est pourfuivi, fi d'ailleurs la preuve & la conviction manquent.

Il importe véritablement au public que les crimes ne demeurent pas impunis ; mais il importe encore infiniment davantage que perfonne ne foit condamné que fur une évidence complette , & non pas fur des préfomptions , quelques concluantes qu'elles puiffent être. Si la fuite d'un accufé le denonce, elle ne le convainc pas ; ou fi elle le convainc, elle le déclare tout au plus convaincu d'une timidité pardonnable , d'autant que l'intrépidité n'accompagne pas toujours l'innocence. Ne voit-on pas au contraire tous les jours le crime audacieux , pendant que la timide innocence paroît tremblante ?

Si l'ame n'est pas affez forte pour foutenir la préfence du Juge fans s'émouvoir , le témoignage de la confcience n'est pas capable de raffurer.

Tout ce qui est poffible fe montre certain à une imagination inquiete & allarmée : elle oublie ce que doit le Magiftrat , & ne fonge qu'à ce qu'il peut. Occupés de l'embarras où l'artifice, l'intrigue & la furprife de nos ennemis nous peuvent jetter, on ne fe croit point en fûreté, même à l'abri de la vertu.

S'il fe trouve fouvent des innocens affez fermes pour tenir contre les frayeurs d'une accufation grave, il s'en trouve encore plus qui ne peuvent tenir contre les confeils de la plus faine prudence. Elle ne ceffe de leur repréfenter l'incertitude des Jugemens : elle leur fait continuellement l'hiftoire des malheureux que la confiance la plus jufte a perdus : elle leur peint à tout moment l'innocence reconnue, après avoir expiré dans l'Hôpital des galeres, ou dans les horreurs de la queftion : enfin elle leur montre la retraite comme le port le plus affuré contre la tempête.

CONVAINCRE, fignifie prouver un crime ou un fait que l'on défavoue.

CONVAINCANT, fe dit de ce qui eft clair, évident & démonftratif. La dépofition de deux témoins non reprochés, paffe pour une preuve convaincante.

CONVENANCE, eft un ancien mot qui fe trouve dans quelques-unes de nos Coutumes, & qui fignifie une convention.

CONVENANCES DE SUCCEDER APPOSÉES EN CONTRAT D'ASSOCIATION, font des pactes & conventions appofées à un contrat de fociété, à l'effet que les affociés fe fuccéderont.

La Coutume d'Auvergne, ch. 15. art. 1. admet ces fortes de conventions. Dans l'art. 2. elle permet de ftipuler que le pacte de fuccéder fubfiftera, nonobftant la mort d'un des affociés. Dans l'art. 3. elle dit que ce pacte finit par la mort d'un des affociés, quand il n'y a point de convention au contraire. Dans le quatrieme, elle décide que la convenance de fuccéder eft révoquée entiérement par la furvenance des enfans, finon qu'il y ait une convention expreffe au contraire.

M. Henrys, tom. 3. liv. 6. queft. 26. au fujet de ce quatrieme article du chap. 15. de la Coutume d'Auvergne prouve que la naiffance d'un enfant de l'un des affociés, rompt le pacte de fuccéder, non-feulement par rapport à lui, mais encore par rapport à tous les autres.

La convenance peut être expreffe ou tacite ; car la volonté & confentement eft auffi bien marqué & prouvé par faits que par paroles. *Leg. indebitum, cod. de condict. indeb. Voyez* Affociation, & le titre 22. de la Coutume de Nivernois, avec le Commentaire de Coquille. *Voyez* auffi le chap. 15. de la Coutume d'Auvergne, avec le Commentaire de M. Jean de Bafmaifon Pougnet.

CONVENIR, fignifie affigner en Juftice, former une demande contre quelqu'un.

CONVENTION, eft le confentement de deux ou de plufieurs perfonnes, fur une même chofe, dans la vue de contracter une obligation.

Il y avoit deux fortes de conventions chez les Romains ; fçavoir, le fimple pacte & le contrat. Mais parmi nous, toute convention qui n'eft pas contraire aux Loix & aux bonnes mœurs, eft contrat, & produit une obligation civile. Sur quoi *voyez* ce que j'ai dit, *verbo* Contrat.

Touchant les conventions & la maniere dont elles fe forment, leurs preuves, accompliffement, interprétation, inexécution, bonne foi, condition, les conventions qui font nulles dans leur origine, foit par la qualité des contractans, ou par celle des chofes mêmes, la réfolution des conventions qui n'étoient pas nulles, *voyez* les Loix civiles, liv. 1. tit. 1.

Touchant les vices des conventions caufés par l'ignorance de fait ou de droit, force, dol, ftellionat, & les conventions illicites & deshonnêtes. *Voyez* ce qui en eft dit au même endroit, tit. 18.

CONVENTIONS MATRIMONIALES, font celles qui font portées par un contrat de mariage, qui fervent de Loi dans la famille, & auxquelles les conjoints ne peuvent déroger.

On appelle auffi conventions matrimoniales, les difpofitions de la Loi dont les conjoints peuvent, après la diffolution du mariage ou de la communauté, demander l'exécution, *in vim legis & confuetudinis.*

La faveur du mariage fait qu'on y admet toutes fortes de conventions, excepté celles qui font contre la Loi ou contre les bonnes mœurs. *Voyez* Contrat de mariage.

CONVENTIONS CONTRAIRES A LA COUTUME. *Voyez* Déroger à la Coutume.

CONVERSION, eft le changement d'un acte en un autre. On dit la converfion d'une obligation en une rente conftituée, pour exprimer le changement qu'a fait un créancier avec fon débiteur, d'une obligation en un contrat de conftitution.

CONVERSION D'AJOURNEMENT PERSONNEL EN DÉCRET DE PRISE DE CORPS, eft un décret qui fe donne en matiere criminelle, par lequel, lorfque l'accufé ne comparoît point dans le délai porté par le décret d'ajournement perfonnel, ou quand par fon interrogatoire & par les charges il fe trouve chargé, le Juge ordonne que l'accufé fera pris & appréhendé au corps, & mis dans les prifons.

CONVERSION DES PROCÉS CIVILS EN PROCÉS CRIMINELS, eft un Jugement qui ordonne qu'un procès commencé par la voie civile, fera pourfuivi extraordinairement ; & cela ne fe peut faire que quand les Juges connoiffent qu'il peut y avoir lieu à quelque peine corporelle.

Ainfi en inftruifant les procès ordinaires, ils peuvent, s'il y échet, décerner décret de prife de corps ou d'ajournement perfonnel, fuivant la qualité de la preuve, & ordonner l'inftruction à l'extraordinaire.

Et c'eft un des cas où le Juge a la liberté de décreter fans information préalable, dans l'efprit de l'art. 2. du tit. 10. de l'Ordonnance de 1670.

S'il y a quelque enquête faite, le Juge doit enfuite inftruire l'accufation en la maniere accoutumée, & répéter les témoins, fans convertir l'enquête en information ; parce que, quoiqu'une information puiffe convertir en enquête, une enquête ne fe convertit jamais en information. *Voyez* le titre 20. de l'Ordonnance de 1670.

Il faut remarquer que celui qui a formé fa plainte, y peut renoncer, & agir par la voie civile, pour raison du tort qu'il lui a été fait : mais celui qui a commencé par la voie civile ne peut plus agir par la voie extraordinaire & criminelle au sujet du dommage pour raison duquel il est pourvû par simple exploit. Cette conversion de procès civil en procès criminel ne se peut faire que par le Juge.

CONVERSION D'INFORMATION EN ENQUESTE, est un Jugement qui convertit une information en enquête, & par conséquent un procès criminel en procès civil, attendu que l'information ne doit pas être poursuivie criminellement.

Il faut, I°. que ce Jugement porte permission au défendeur de faire preuve contraire dans les délais ordinaires.

II°. Qu'il ordonne qu'il lui sera donné un extrait des noms, surnoms, âge, qualités & demeures des témoins, afin qu'il puisse les connoître, pour fournir de reproches. Voyez le titre 20. de l'Ordonnance de 1670. Voyez ci-dessus Civiliser.

III°. Il faut que cette conversion se fasse avant la confrontation des témoins ; car après l'accusé ne pourra plus être reçu en procès ordinaire, mais l'instance sera poursuivie extraordinairement, comme elle a été commencée.

Toutefois il n'est pas nécessaire que le Juge prononce diffinitivement sur l'absolution ou la condamnation de l'accusé, comme le porte l'art. 4. du tit. 20. de l'Ordonnance de 1670. qui n'est point observé à cet égard. Ainsi, après la confrontation des témoins, s'il y a contre l'accusé des preuves qui ne soient pas suffisantes pour le condamner, le Juge peut toujours rendre un Jugement interlocutoire, qui ordonne qu'il sera plus amplement informé.

CONVERSION D'APPEL EN OPPOSITION, est une maniere de procéder qui paroît extraordinaire, & dont on se sert pour procéder par voie d'opposition pardevant le Juge qui a rendu une Sentence par défaut, dont on a interjetté appel.

Autrefois l'on se servoit de Lettres royaux pour la conversion d'appel en opposition ; mais à présent la conversion se fait par une simple Requête. Ainsi, quand on a interjetté appel d'une Sentence par défaut, & que l'appellant veut déduire ses raisons pardevant le même Juge, nonobstant son appel, il doit lui demander par une Requête acte de ce qu'il convertit son appel en opposition, & il est reçu opposant en refondant les dépens.

CONVERSION DE BAIL CONVENTIONNEL EN JUDICIAIRE, est le changement du bail conventionnel fait avec le propriétaire d'un héritage, en bail judiciaire de cette héritage, qui a été saisi réellement sur ce propriétaire par un de ses créanciers.

Lorsqu'un héritage est saisi réellement, le Commissaire aux Saisies-Réelles doit sommer le locataire ou fermier de déclarer s'il veut convertir son bail conventionnel en judiciaire, pour ce qui reste à expirer de son bail.

Le locataire ou fermier peut de son côté donner copie au Commissaire de son bail conventionnel, & demander par une Requête, qui doit être signi-

fiée aux Parties intéressées, que son bail soit converti en judiciaire.

Le Jugement qui intervient adjuge ordinairement au locataire ou fermier ses conclusions, à moins qu'il n'y ait quelque opposition fondée sur ce que le bail auroit été fait à trop bas prix, par fraude, ou parce que le propriétaire auroit reçu par forme de pot-de-vin une somme considérable, qui auroit de beaucoup diminué le prix du bail par chacune année.

Le commissaire pourroit aussi empêcher la conversion du bail conventionnel, si la redevance étoit stipulée en grains ; car le bail judiciaire ne se fait qu'à prix d'argent. Papon, liv. 18. titre 6. nombre 21.

La raison est, que ce seroit un trop grand embarras pour le commissaire aux Saisies Réelles, s'il étoit obligé de faire percevoir ces grains ; & les faire vendre, en appellant les Parties qui peuvent y avoir intérêt, & de rendre compte de cette gestion.

Lorsque le bail conventionnel est converti en bail judiciaire, ce bail a lieu pour le tems qui restoit du bail conventionnel, si le décret dure pendant ce tems.

Après l'adjudication du bail judiciaire, les fermiers ou locataires conventionnels ne sont pas reçus à demander la conversion de leurs baux suivant le Réglement du 12. Août 1664.

Il semble qu'aux termes de ce Réglement, il devroit dépendre du locataire ou fermier conventionnel, de faire convertir son bail en bail judiciaire, ou d'abandonner la maison ou la ferme ; car il porte, qu'ils pourront intervenir, si bon leur semble, en la procédure du bail judiciaire, & requérir la conversion de leurs baux. Ainsi leur laisse-t-on ordinairement cette liberté.

Si cependant la Partie saisie demande que le bail conventionnel soit converti en judiciaire, que le saisissant & les opposans y consentent, le fermier ne peut l'empêcher ; & on ordonne qu'il payera le prix de son bail au fermier judiciaire. Bardet rapporte un Arrêt du 7. Juillet 1639. qui l'a jugé ainsi.

La raison est, qu'il n'y a aucune Loi qui dise que le bail conventionnel est résolu de plain droit par une saisie réelle. D'ailleurs, la partie saisie a intérêt que le bail conventionnel, qui est ordinairement plus avantageux que le judiciaire, ait son effet : c'est aussi l'intérêt des créanciers.

Mais comme en ce cas il ne faut point rendre la condition du fermier plus dure qu'elle ne l'auroit été, si le bien n'avoit point été saisi, ce bail conventionnel étant converti en bail judiciaire, le fermier n'est point tenu de bailler caution, & le Commissaire aux Saisies-Réelles ne peut pas le contraindre par corps au payement du prix de son bail, quand en fait de baux d'héritage de campagne il ne s'y étoit point soumis.

Si entre le jour de l'apposition de l'affiche, & celui qui étoit marqué pour procéder au bail judiciaire, il ne s'est point présenté de fermier ou de locataire pour faire convertir les baux conventionnels en judiciaires, le Procureur du Commissaire au

Saifies-Réelles continue fes pourfuites pour parvenir à bail judiciaire; comme nous avons dit ci-deffus, en parlant des baux judiciaires.

CONVICTION, eft la preuve de la vérité d'un fait, ou d'un point de doctrine qui avoit été controverfé.

CONVICTION EN MATIÈRE CRIMINELLE, doit être évidente, pleine & entiere, pour que celui qui eft accufé de quelque crime, foit condamné à la peine que la Loi prononce contre le coupable de ce crime.

Il eft certain que quand il y a un corps de délit, l'accufé contre lequel s'élevent quelques préfomptions, eft cenfé l'avoir commis, mais les indices n'étant envifagés par les perfonnes qui font ufage de leur raifon, que comme des poffibilités, condamnera-t-on un accufé fur des poffibilités? Ne doit-on pas plutôt, fur une poffibilité préfumer l'innocence, que le crime? Autrement, quelle innocence feroit à l'abri, fi on lui faifoit fon procès fur des conjectures?

Il eft vrai auffi que, comme il eft de l'intérêt public que les crimes ne demeurent pas impunis, quand il y a contre un accufé des preuves qui ne font pas fuffifantes pour le condamner à la peine que la Loi prononce contre le coupable du crime dont il eft accufé, le Juge doit faire ce que nous avons dit, lettr. P, en parlant de la preuve pleine & entiere en matiere criminelle.

CONVOLER EN SECONDES NOCES. Voyez fecondes nôces.

COOBLIGÉS, font ceux qui fe font obligés conjointement au payement d'une fomme, ou à l'exécution d'un contrat.

Les coobligés s'obligent quelquefois folidairement; mais chacun d'eux n'eft tenu que pour fa part de la dette, à moins qu'il n'y ait une claufe expreffe dans le contrat qui les déclare obligés folidairement, & un feul pour le tout.

Voyez Obligation folidaire.

COPARTAGEANT, eft celui qui partage quelque chofe avec un autre.

COPIE, eft une tranfcription d'un acte, laquelle eft oppofée à la groffe ou à l'original que l'on garde; au lieu que la copie eft la tranfcription que l'on fignifie ou que l'on délivre à quelqu'un fans acte judiciaire.

COPIE DE COPIE, ne fait pas preuve. Voyez Belordeau en fes Obfervations forenfes, lett. C, art. 41.

COPIE COLLATIONNÉE, eft une copie d'un acte confrontée à fon original, au bas de laquelle on met un acte qui rend témoignage qu'elle eft conforme à fon original; & cet acte fe donne par une perfonne publique qui a pouvoir de le faire.

Voyez la Science parfaite des Notaires, liv. 1. chap. 27. & ce que j'ai dit ci-deffus, verbo Collation.

COPIE FIGURÉE, eft une copie conforme à fon original, non-feulement en la fubftance & teneur de l'acte, mais encore en la difpofition des mots, des lignes, des pages & des fignatures.

COPROPRIETAIRE, eft celui qui poffede par indivis avec un autre la propriété d'une maifon, d'une terre, ou d'un autre immeuble.

CORPS. Voyez Contrainte par corps.

CORPS DU DROIT CIVIL. Voyez Droit Romain.

CORPS DU DROIT CANONIQUE. Voyez Droit canonique.

CORPS DES CRIMINELS EXECUTÉS ET MIS A MORT. Dans l'ancienne Loi, le corps de celui qui avoit été mis à mort, ne demeuroit point en croix ou au gibet la nuit, maisil étoit enfeveli le même jour. Deuter. cap. 21. Jofué, cap. 8. & 10.

C'eft fur ce fondement que plufieurs Théologiens ont été d'avis que les corps des criminels exécutés, ne doivent point après leur mort demeurer au gibet ou fur la roue.

Mais cette opinion n'eft pas fuivie en France; & l'on ordonne prefque toujours que les fuppliciés feront expofés en un lieu paffager, près de celui où ils ont commis les crimes pour lefquels ils ont été condamnés & mis à mort; ce qui fait qu'ils font prefque toujours privés de la fépulture.

La raifon pour laquelle cela fe pratique ainfi, eft fondée fur l'exemple que l'on doit au Peuple; car rien ne peut mieux le maintenir dans fon devoir, que la terreur qu'infpirent naturellement à tous les hommes des fpectacles fi horribles.

Illud itaque placuit ut pœna unius effet metus multorum. Leg. 1. cod. ad leg. Jul. repet. Leg. capitalium, §. famofos, ff. de pœn. Parnomitan. ad cap. licet, extra de elect. & elect. poteft.

CORPS DE DELIT, eft l'exiftence d'un délit qui fe manifefte évidemment; de maniere qu'on ne peut douter qu'il n'ait été commis, & dont il ne foit queftion que de découvrir & de convaincre l'auteur. Sur quoi il faut remarquer,

Iº. Que lorfqu'il y a un corps de délit certain, les Juges du lieu peuvent en informer & en pourfuivre la vengeance, quoiqu'il n'y en ait ni dénonciateur, ni Partie civile: *Quia publicè intereft crimina non remanere impunita.*

IIº. Qu'il faut de néceffité qu'il y ait un corps de délit qui foit bien conftaté, avant qu'on puiffe condamner un homme, qui fur des préfomptions, quoique très-fortes, feroit accufé d'avoir commis un crime: ces préfomptions ne fuffiroient pas même pour le condamner à la queftion.

Par exemple, un homme eft forti de chez lui avec un autre, & n'a point paru depuis: quelque préfomption que l'on puiffe avoir que celui avec qui il eft forti le dernier jour qu'il a paru, l'a tué, il n'y a point de corps de délit. Ce feroit le cadavre qui en ce cas manifefteroit le corps du délit, & l'abfence n'en eft pas une preuve fuffifante.

Cependant il eft arrivé il y a quelques années, qu'un jeune homme de Dijon y a été condamné d'être rompu vif, fur de fimples préfomptions qu'il avoit tué un autre jeune homme avec lequel il avoit foupé la veille d'un voyage qu'il alloit faire à l'infçu de fa famille.

Ce Jugement prévôtal ayant été exécuté, quatre ou cinq mois après, celui qui s'étoit abfenté étant revenu, on n'a été que trop convaincu de l'abſurdité & de l'injuſtice de ce jugement, qui a été porté au Conſeil du Roi, pour être ſtatué ce que de raiſon.

Enfin il faut remarquer que celui qui accuſe quelqu'un d'avoir commis un crime, eſt plus excuſable, lorſqu'il y a un corps de délit certain, que quand il n'y en a point.

En effet, dans un crime où le corps du délit exiſte, il y a certainement de vrais coupables; & ſur le choix qui en eſt à faire quand il s'agit de les pourſuivre, le reſſentiment, quoique juſte, peut aiſément aveugler, ſur-tout quand il ſe trouve joint à des indices équivoques, & que l'on venge ſa propre querelle.

Mais dans un crime où le corps du délit n'exiſte point, & que l'accuſateur ſuppoſe avoir été commis dans la perſonne d'un autre, nuls mouvemens de colere l'entraînent, nuls faux indices le ſurprennent, nuls devoirs même de bienſéance l'engagent à cette pourſuite. Ainſi une accuſation ſi précipitée, qui tombe ſur un délit dont le corps n'eſt point conſtant, eſt regardée comme une calomnie, dont rien ne peut diſculper l'accuſateur.

CORPS ET COMMUNAUTÉS, ſont les Villes, les Univerſités, les Colléges, les Hôpitaux, les Chapitres, les Maiſons religieuſes, & autres: ſoit laïques, ſoit eccléſiaſtiques, légitimement établies & approuvées.

Ces Corps & Communautés forment une aſſemblée de pluſieurs perſonnes qui ſont unies à un Corps, établi & formé par l'ordre ou par la permiſſion du Prince.

Comme le Roi eſt à la République ce que l'ame eſt au corps, il ne ſe doit rien faire de public dans l'Etat, ſans la permiſſion de celui qui en eſt l'ame, le chef & le ſoutien. C'eſt pourquoi on a toujours tenu pour maxime indubitable, que perſonne ne peut établir aucune Congrégation, Corps, Collége, Communauté, ſoit pour la Religion, ſoit pour la Police civile, ſans la permiſſion du Prince.

Chez les Romains, la Loi Licinia dont parle Ciceron en l'Oraiſon pro Plancio, fit revivre l'ancienne Loi par laquelle il étoit défendu d'inſtituer aucun Collége ſans la permiſſion de ceux qui avoient en main l'autorité publique.

La Loi premiere, au Digeſte de Colleg. illic. eſt une preuve que cette maxime devoit être obſervée non-ſeulement dans la Ville de Rome, mais encore dans l'Italie & dans toutes les Provinces.

Cette regle ne doit pas ſeulement être regardée parmi nous pour les Corps & Communautés ſéculieres, mais auſſi pour toutes les Communautés religieuſes & eccléſiaſtiques.

Denis d'Halicarnaſſe, Tite-Live, Valere Maxime, & pluſieurs autres Auteurs nous apprennent que chez les Romains tous les Colléges des Prêtres ne furent établis que de l'autorité des Rois, ou de l'autorité du Peuple du tems de la République.

L'Empereur Juſtinien dans ſa Novelle 67. rejette les Maiſons eccléſiaſtiques que quelques particuliers vouloient établir ſans ſa permiſſion.

Les Ordonnances de nos Rois font foi qu'on ne

peut établir en France de nouveaux Monaſteres, ni inſtituer aucune nouvelle Congrégation ſans la permiſſion du Roi.

On ne peut pas dire que ce ſoit diminuer la liberté de l'Egliſe, ou affoiblir la piété des Fideles, que de les obliger de faire approuver par le Prince leurs vœux & leurs bonnes intentions. Comme c'eſt lui qui doit prêter la main à leur exécution, & qui en doit être le gardien ou le protecteur, il eſt juſte qu'elles ſoient autoriſées de ſon approbation. Voyez le Bret en ſon Traité de la Souveraineté, liv. 1. chap. 15.

On ne peut donc pas s'aſſembler pour faire corps de Communauté ſans congé & Lettres du Roi. Mornac, ad l. 3. ff. de Collegiis; Beaumanoir, chap. 50. Coutume de Nivernois, chap. 1. art. 7. Coutume de Bourbonnois, art. 19. Deſmarets, déciſ. 46. Coutume de la Marche, art. 6. de Juriſdiction; Bodin dans ſa République, liv. 3. ch. 7. Loiſel en ſes Inſtitut. coutum. liv. 3. tit. 3. nomb. 23.

Les Corps & Communautés tiennent lieu de perſonnes, peuvent poſſéder des biens, & ſont capables de donation, de legs & de ſucceſſions teſtamentaires. Ainſi ceux qui ont le pouvoir de diſpoſer de leurs biens, peuvent inſtituer ces Corps héritiers, ſi quelque Loi n'en diſpoſe autrement. Voyez le dix-ſeptiéme Plaidoyer d'Henrys.

Mais il faut remarquer, Iº. qu'il y a quelques Communautés qui ſont incapables de ſucceſſions, comme celles des Religieux mendians.

IIº. Que les Communautés ne peuvent acquérir ni poſſéder des héritages dans ce Royaume ſans Lettres d'amortiſſement; comme nous avons dit en parlant de l'amortiſſement & des gens de main morte.

Les Corps & Communautés ne peuvent aliéner leur fond, ni emprunter de l'argent, ſans une juſte cauſe prouvée juridiquement ſur une information préalable.

C'eſt au Roi ſeul qu'appartient le droit d'autoriſer les Statuts & réglémens qu'ils font. V. Statuts.

Ceux qui ont permiſſion de former un Corps ou Communauté, ont auſſi leurs droits, leurs privilèges, leurs biens, leurs affaires, auxquelles ne pouvant vacquer tous enſemble, ils peuvent y propoſer des perſonnes qui en prennent ſoin. Voyez Syndics.

Les Communautés ſont non recevables à accuſer les Particuliers pour crimes particuliers; mais elles ſont admiſes à accuſer les fermiers publics qui commettent des abus en leurs Charges.

L'engagement d'une Communauté ne ſe diviſe pas entre les perſonnes qui la compoſent, de ſorte que ce ſoit l'engagement de chacun en particulier.

La raiſon eſt, que ce n'eſt que le corps qui eſt obligé par le fait de celui que la Communauté a prépoſé. Ainſi les Particuliers n'entrent pas en leurs noms dans l'obligation que le corps contracte, s'ils ne s'y engagent expreſſément.

Par la même raiſon, ce qui eſt dû à une communauté ne ſe diviſe pas entre les perſonnes qui la compoſent. Ainſi ceux qui s'obligent envers les

Communautés,

Communautés , ne s'obligent pas par-là envers chacun de ceux qui en font les membres.

Il y a des cas efquels il eft nécessaire de faire le procès à une Communauté entière en nom collectif , comme à une Ville , à un Bourg , ou à un Village , à un Corps d'Officiers , de Marchands ou de Métiers , quand ils ont fait rébellion , violence , ou fédition. Sur quoi voyez le titre 21. de l'Ordonnance de 1670.

Pour faire leur procès , il faut premiérement informer de [la fédition & rébellion ; fur l'information décreter & ordonner que la Communauté fera tenue de nommer un Syndic ou Député pour fubir l'interrogatoire & la confrontation : en cas de refus , le Juge doit nommer d'office un curateur.

L'Ordonnance du Juge qui nomme un curateur, doit être fignifiée un jour de Dimanche & de Fête, au fortir de la Messe ou des Vêpres ; & le Sergent ou Huissier doit en bailler copie à l'un des Habitans , & en attacher une autre copie à la porte de l'Eglife , à ce qu'ils n'en ignorent.

Le Juge ayant nommé d'office un curateur, au refus fait par la Communauté de nommer un Syndic , la Sentence doit aussi leur être fignifiée en la même manière.

Le curateur nommé par le Juge doit accepter cette charge pardevant lui , & prêter ferment de bien & fidélement défendre les Habitans.

Il doit enfuite fubir les interrogatoires & la confrontation des témoins : il doit être employé en cette qualité dans toutes les procédures , jufqu'au Jugement définitif exclufivement , lequel doit être rendu feulement contre la Communauté , Corps ou Compagnie.

Par l'art. 23. du titre 14. de l'Ordonnance de 1670. le Syndic ou Curateur n'eft pas interrogé fur la fellette , mais feulement derriere le Barreau.

Les condamnations contre les Communautés , Corps & Compagnie , ne peuvent être que de réparation civile , dommages & intérêts envers la Partie , dommages envers le Roi , de privation de leurs priviléges , & de quelqu'autre punition qui marque publiquement la peine qu'ils ont encourue par leur crime.

Si par l'information qui feroit faite de la rébellion ou fédition , il y avoit charge contre quelques Particuliers de la Communauté d'en avoir été les principaux Auteurs , leur procès leur feroit fait , fuivant l'art. 5. de la même Ordonnance.

Quand on veut former une demande en matiere civile contre une Communauté d'Habitans , il faut faire donner l'exploit un Dimanche ou une Fête , à l'iffue de la Messe paroissiale ou des Vêpres , en parlant au Syndic , ou en fon abfence au Marguilliers en préfence de deux Habitans que le Sergent doit nommer dans l'exploit.

Dans les Villes où il y a des Maires & Echevins , les affignations fe donnent à leurs perfonnes , ou en leurs domiciles. Mais quand on veut donner affignation à une communauté particuliere , il fuffit de faire donner l'exploit au Syndic , en parlant à fa perfonne ou en fon domicile.

Au refte , il faut remarquer , 1°. que les Maires ,

Tome,

Echevins , Syndics , Jurats , Confuls , ne peuvent intenter action , commencer aucun procès , ni faire députation , fans la permiffion par écrit de l'Intendant , à peine d'être garants en leur nom.

II°. Qu'il eft défendu aux Procureurs d'occuper, & aux premiers Juges de rendre aucun Jugement pour les Communautés d'Habitans fans cette permiffion , à peine de nullité , & de répondre en leurs noms des dommages & intérêts ; comme il eft ftatué par la Déclaration du 2. Octobre 1703.

III°. Que cette Déclaration ne concerne pas les actions pour les Tailles.

Touchant les Corps & Communautés , voyez ce qui en eft dit dans le Dictionnaire de Brillon , verbo Communautés.

CORRECTEURS des comptes , font des Officiers de la Chambre des Comptes, qui marchent entre les Maîtres des Comptes & les Auditeurs. Ils ont été établis pour réformer les erreurs qui fé font gliffées dans les comptes lors de leur premier examen.

Ainfi ils vérifient les comptes qui ont été clos en la Chambre , pour connoître fi le Receveur général fait recette conforme à la dépenfe des Receveurs particuliers , fi les Tréforiers font entiere recette de tout ce que le Tréforier de l'épargne employe en dépenfe. Ils examinent auffi s'il y a erreur de calcul , foit fur le roi , foit fur le Comptable ; s'il y a des parties deux fois employées où acquittées contre les Edits & Statuts , ou s'il y a des parties induement prifes fur le Roi.

La fonction d'un Correcteur des Comptes eft donc de voir & d'examiner de nouveau tous les comptes qui lui font renvoyés par la Chambre , & tous ceux qu'il a droit d'examiner d'office , pour après cet examen en faire le rapport à la Chambre , après en avoir communiqué à la Compagnie qui s'affemble à cet effet.

Il y a trois fortes de corrections. La premiere fe fait d'office , c'eft-à-dire du propre mouvement du Correcteur. La feconde fe fait par renvoi de la Chambre , en vertu d'Arrêt. La troifieme eft celle qui fe fait de diftribution le dernier jour de chaque femeftre , de tous les comptes jugés pendant le courant d'icelui , & remis au Parquet des Gens du Roi , conformément à la Déclaration du mois d'Août 1669.

La correction des comptes fe faifoit autrefois par des Clercs , avant que les Correcteurs fuffent érigés en titre d'Office. Voyez Chambre des Comptes.

CORRECTION des enfans mineurs , appartient aux peres , fuivant plufieurs Arrêts du Parlement de Paris des 9. & 13. Mars 1673. 14. Mars 1678. & 27. Octobre 1696. portant Réglement général pour les enfans mineurs que les peres peuvent faire conftituer prifonniers , par correction dans la prifon pour ce deftinée , qui eft à préfent celle de l'Officialité , ou dans la maifon de S. Lazare , jufqu'à l'âge de 25. ans , fi ce n'eft que les peres aient convolé en fecondes nôces ; auquel cas ils ne peuvent le faire , non plus que les meres tutrices & autres parens , fans l'ordonnance du Lieutenant civil , lequel pourra , s'il le juge

C c c

à propos, prendre l'avis de quelques-uns des parens des plus proches defdits enfans mineurs, tant du côté paternel que maternel.

Ces Arrêts font rapportés dans le Journal des Audiences. Il a été depuis rendu un autre Arrêt de réglement, touchant la correction des enfans, le 30. Juillet 1999. qui a été imprimé chez François Muguet.

CORRECTION DES FEMMES ET FILLES DE MAUVAISE VIE. Voyez Femmes proftituées.

CORSAIRES, font des Pirates qui fans commiffion courent les mers dans un Vaiffeau armé, pour voler les Marchands & ceux qu'ils rencontrent.

Il y a un Edit de Louis XV. du mois de Juillet 1691. qui porte que les Corfaires ennemis qui entreront dans les rivieres du Royaume, feront conduits aux galeres perpétuelles.

CORVÉE, eft un droit que le Seigneur a fur fes Sujets, en vertu duquel il peut les obliger à faire corvées ; c'eft-à-dire, employer un certain nombre de journées de travail pour fon profit, à leurs frais & dépens comme d'aller faucher ou faner les foins, fcier les bleds, labourer les terres, faire les façons des vignes, curer les douves & foffés d'un Château ou pour les reparer, & faire autres chofes femblables fans en efpérer des recompenfes.

Ces fortes de travaux font appellés corvées, quia hujufmodi operas præftando homines curvantur. Ces hommes fe courbent en labourant, fauchant, coupant les raifins, ou faifant autres chofes en quoi cette efpece de fervitude confifte.

Cette étymologie paroît convenable : cependant il y en a qui tiennent que ce terme corvée eft compofée de ces deux mots, corps & vée, qui eft un vieux mot François qui fignifie peine & travail, comme fi l'on vouloit dire peine du corps, parce que les corvées font des journées & œuvres de corps.

L'origine des corvées vient en partie de ce que les Seigneurs anciennement ne donnoient les mains à l'affranchiffement des ferfs qui étoient dans l'étendue de leur Seigneurie que moyennant certaines redevances, ou en argent, ou en grains & autres efpeces, ou en corvées.

Il faut cependant demeurer d'accord qu'il y a beaucoup de corvées qui ne font fondées que fur la force & la violence des Seigneurs, lefquelles font devenus moins odieufes, par un long ufage, & mêmes légitimes, quand elles ont été autorifées par les Coutumes.

Les corvées ne peuvent être dûes au Seigneur que par fes Sujets, à caufe de leurs perfonnes, ou des héritages de ce chargés, foit en journées de corps & de bras, ou de chevaux, ânes, bœufs, charrues ou charrois.

Il y a deux fortes de corvées ; fçavoir, les réelles, & les perfonnelles.

Les réelles font celles qui font dûes par les poffeffeurs des fonds, comme devoirs réels & fonciers.

Les perfonnelles font celles qui font dûes par ceux qui habitent dans l'étendue d'une Chantellenie,

& qui fe rendent au Seigneur dans la vue de conferver fon Château en bon état, afin que les Sujets puiffent dans le befoin y réfugier leurs biens, & fe conferver la vie contre les infultes des ennemis.

Pour exiger des corvées réelles, il faut des titres plus précis & plus formels que pour les perfonnelles.

Ceux qui ne font pas Sujets du Seigneur, font exempts des corvées perfonnelles ; mais les réelles font dûes par tous ceux qui poffedent des héritages dans l'étendue de fa Seigneurie, quoiqu'ils foient Forains. Papon, liv. 13. tit. 6. art. 1. Chorier fur Guy Pape, p. 144.

Le nombre de ces fortes de corvées fe régle fuivant la quantité des héritages que l'on poffede ; quand un héritage chargé d'une femblable corvée fe divife en plufieurs, chacun eft fujet à la corvée à proportion de ce qu'il poffede. Mais comme la preftation d'une portion de corvée feroit incommode, les poffeffeurs la font tour à tour.

Il y a encore une autre différence remarquable entre les corvées perfonnelles & les corvées réelles. Les Gentilshommes font exempts des premieres, auffi-bien que les Eccléfiaftiques : mais les uns & les autres font fujets aux corvées réelles, parce que ce font les héritages qui les doivent ; mais ils peuvent les faire faire par un tiers.

Il y a des Seigneurs qui ont fimplement les corvées perfonnelles ; d'autres les réelles ; & d'autres enfin qui ont droit d'exiger tout enfemble les corvées perfonnelles & les corvées réelles.

Voici quelques régles qui font communes à toutes les corvées.

I°. Les corvées ne s'acquierent point par la prefcription ; il faut un titre. A l'égard de la queftion, fçavoir fi les habitans qui ont été en poffeffion de la liberté pendant trente ans, font affranchis du droit de corvées, voyez le Commentateur d'Henris, tom. 1. liv. 3. chap. 3. tit. 32.

II°. Un Seigneur n'en peut point impofer de nouvelles.

III°. Les corvées ne s'arréragent point, c'eft-à-dire ne tombent point en arrérages ; mais il faut les demander dans l'an.

IV°. Les habitans d'un lieu étant corvéables à merci & à volonté, les corvées doivent être reduites à douze par an à diftribuer, de façon qu'il n'y en ait que trois par mois & à diverfes femaines, & que la journée foit du Soleil levant au Soleil couchant, fuivant la Coutume d'Auvergne, chap. 25. art. 18.

V°. Le Seigneur ne peut convertir les corvées en argent, ni les vendre ou tranfporter à d'autres. Ainfi quand le Seigneur n'a pas befoin de la quantité des charrois & manœuvres dûs par tous les amphitéotes ; par exemple, s'il lui en eft dû deux cens par an, & que dans l'année préfente il n'ait befoin que de cens, l'année prochaine, il n'en pourra point demander à ceux qui les auront fait cette année, & il fera tenu de les prendre fur ceux qui n'en ont point fait : ce qui eft très-jufte, afin que le Seigneur ne furcharge par les uns pour décharger les autres, fuivant fon caprice & fa paffion, & pour empêcher qu'il ne prenne fecretement de l'argent de quelques-uns , pour les difpenfer de faire les corvées.

VI°. Le Seigneur eft obligé d'avertir ceux qui lui doivent des corvées deux jours auparavant.

VII°. Il n'eft pas obligé de leur fournir les inftrumens & outils qui leur font néceffaires pour faire leurs corvées.

VIII°. Hors les pays de Droit écrit, & les Coutumes de la Marche & d'Auvergne , les corvéables fe doivent nourrir à leurs dépens , fi autrement il n'eft porté par les titres, principalement lorfqu'ils ne font point dans l'indigence.

IX. Le Seigneur doit laiffer aux corvéables la liberté de retourner chez eux tous les foirs.

X°. Il ne peut pas les contraindre de faire les corvées dans un autre lieu que celui où ils les doivent, ni de les faire pour & au profit de quelqu'autre perfonne.

XI°. Les charrois , manœuvres ou corvées ne doivent point entrer dans l'eftimation d'une Seigneurie vendue fur le pied des revenus.

Touchant les corvées, voyez Monarc, ad titulum Digeftorum , de operis fervorum ; Bacquet, des droits de Juftice , chap. 29. nomb. 39. & fuivans, où font cités plufieurs Auteurs qui ont traité de cette matiere ; Henris & fon Commentateur , tome 1. liv. 3. chap. 5. queft. 32. & 33. Belordeau en fes Obfervations forenfes, lettre C , art. 42. & ce que j'ai dit fur l'art. 71. de la Coutume de Paris, glofe 2. Voyez auffi le Gloffaire du Droit François, verbo Corvées; Papon , liv. 13. tit. 6. Bafnage , fur la Coutume de Normandie ; Defpeiffes tom. 3. tit. 6. feĉt. 2. l'Inftit. coutum. de Loyfel , liv. 6. tit. 6. Bouvot & la Peyrere , verlo Corvées. Voyez auffi le Traité de M. Guyot en fes Differtations fur les matieres féodales , tom. 1.

COSEIGNEUR , eft celui qui eft Seigneur avec un autre du Fief dominant , dont relevent d'autres Fiefs , ou qui ont des rotures en leurs cenfives. Sur quoi il faut remarquer qu'on appelle Cofeigneurs ceux qui poffedent un Fief d'où relevent d'autres Fiefs ou rotures, foit par indivis , foit en n'en poffédant qu'une partie féparée.

Il y a fouvent procès entre les Cofeigneurs pour les droits honorifiques.

Nous avons plufieurs Arrêts qui reglent les honneurs de l'Eglife , & l'exercice de la Juftice entre les Cofeigneurs des mêmes lieux.

Il y en a deux entr'autres qui font rapportés dans les Mémoires du Clergé , édition de 1716. tom. 3. pag. 1178 & 1382.

Le premier a été rendu au Parlement de Touloufe le 30. Août 1603.

Le deuxieme a été rendu au Parlement de Paris le 8. Mai 1679.

Au refte, le Cofeigneur peut faifir féodalement, faute de foi & hommage , le fief entier mouvant de fes Cofeigneurs & de lui , fans qu'il ait befoin de procuration ou confentement exprès.

Mais un Cofeigneur ne peut recevoir la foi & hommage , & tenir le Fief couvert pour la part de fes Cofeigneurs fans leur confentement. Voyez

Dumoulin fur l'art. 1. de la Coutume de Paris , glofe 1. nomb. 71.

COTÉ ET LIGNE , font des termes qui fe trouvent dans les art. 326. & 329. de la Coutume de Paris , qui expliquent quels font les parens qui font appellés à la fucceffion des propres , dans cette Coutume & dans les autres , qui par une difpofition femblable , gardent un milieu entre les Coutumes foucheres , & celles qui appellent à la fucceffion des propres , le plus proche parent du défunt du côté paternel ou maternel , indéfiniment fans diftinĉtion , & fans avoir égard s'il eft le plus proche du côté & ligne de celui qui a mis le premier les biens dans la famille.

La régle paterna paternis , materna maternis , s'eft introduite par les Coutumes de France , afin que les biens foient confervés dans les familles defquelles ils proviennent. Mais il faut en cela diftinguer trois fortes de Coutumes.

La premiere eft de celles qui admettent fimplement la régle paterna paternis , materna maternis, mais fans avoir égard à la fouche ni à la ligne d'où les héritages font parvenus au defunt ; & dans ces Coutumes il fuffit d'être le plus proche parent paternel au défunt , pour lui fuccéder dans un propre qui lui eft échu du côté paternel , ou que l'on foit le plus proche parent maternel , au défunt , pour lui fuccéder dans un propre maternel.

La deuxieme eft de celles qui n'admettent pas feulement la régle paterna paternis , &c. mais qui veulent encore que pour fuccéder aux propres, on foit le plus proche parent du défunt du côté & ligne du premier acquéreur de l'héritage , qui l'a mis le premier dans la famille.

La troifiéme eft de celle qui font appellées Coutumes foucheres , qui veulent que pour fuccéder aux propres , on foit parent au défunt du côté & ligne du premier acquéreur de l'héritage ; & outre cela , que l'on foit du tronc commun , c'eft-à-dire que l'on foit defcendu en ligne directe de ce premier acquéreur ; fans quoi il eft réputé acquêt dans la fucceffion du défunt.

La Coutume de Paris ne requiert pas feulement, pour être admis à la fucceffion des propres paternels ou maternels , que l'on foit parent au défunt du côté d'où les héritages font échus au défunt ; elle requiert encore , comme la plûpart de nos autres Coutumes , qu'on lui foit parent du côté & ligne du premier acquéreur de l'héritage.

Ainfi cette Coutume appelle à la fucceffion des propres d'un défunt fes plus proches parens du côté & ligne , qu'ils ne foient pas defcendus de celui qui les a le premier acquis & mis dans la famille.

Cela pofé , il faut d'abord obferver que quand une perfonne eft décédée fans enfans , on ne peut pas divifer fes propres , fans diftinguer deux fortes de côtés, tant à l'égard de ces fortes de biens, qu'à l'égard de fa parenté ; fçavoir , le côté paternel , & le côté maternel.

Si les biens qui étoient propres au défunt ont été acquis par fes pere & mere , ce font des propres naiffans ; & alors il n'eft pas néceffaire de remonter plus haut. Les héritages acquis par le pere du défunt, appartiennent à fon plus proche parent du côté du pere ; & les héritages acquis par la mere, appartiennent à fon plus proche parent du côté de la mere.

Mais fi les propres délaifés par le défunt font anciens, & proviennent de fon ayeul ou bifayeul, ou de fon ayeule ou bifayeule, ou autres afcendans, ce n'eft pas affez dans la coutume de Paris & dans les autres femblables, pour trouver ceux à qui ces propres doivent appartenir, que de connoître le côté paternel ou maternel ; il faut dans chaque côté parcourir les lignes, & chercher celles par où l'héritage eft venu à celui de la fucceffion dont il s'agit.

Il y a un très-grand nombre de lignes qui fe viennent terminer en chaque perfonne ; par exemple, en ne prenant que le côté paternel d'un défunt, le pere a eu fon pere, & fa mere qui font l'ayeul & l'ayeule du défunt. Voilà par l'ayeule un accroiffement de ligne à celles des mâles directe afcendante. L'ayeul a en fon pere & fa mere, l'ayeule fon pere & fa mere, qui font les bifayeuls & bifayeules du défunt. Voilà encore d'autres accroiffemens de lignes à la directe afcendante ; & ainfi des autres en remontant de dégré en dégré.

Or, quand il s'agit de la fucceffion d'un propre ancien, après avoir diftingué le côté paternel ou maternel, il faut chercher dans toutes les lignes de ce côté, celle d'où l'héritage eft venu au défunt, afin de le rendre au plus proche parent de cette ligne ; & pour être de cette ligne, il n'eft pas néceffaire d'être defcendu de celui qui l'a acquis le premier & mis dans la famille.

Cependant en partie de dégré, le defcendu de l'acquéreur doit être préféré aux autres parens du défunt, qui ne le font que du côté & ligne.

Voyez Coutume fouchere, & ce que j'ai dit fous ces mots, *Paterna paternis. Voyez* auffi ce que j'ai dit fur les articles 326. & 329. de la Coutume de Paris.

COTISATION, fignifie la divifion d'une fomme qui doit être payée par plufieurs, pour fçavoir ce que chacun en doit payer pour fa part.

Les tailles, fubventions & autres charges, fe payent par les habitans, felon la cotifation qui fe fait de chacun d'eux.

Voyez Contribution.

COTTE, fignifie une lettre ou un chiffre qu'on met au dos d'une piéce mentionnée en un inventaire ou en une production, pour la marquer & diftinguer des autres, afin de la reconnoître & de la trouver plus aifément dans le befoin.

COTTE, fignifie auffi la part que chacun doit payer d'une dépenfe, dette ou impofition commune, *quafi quota pars*, quotte-part.

En ce fens & en celui de l'art. précédent, ce mot venant de *quotus* ou *quot*, qui veut dire quantiéme ou combien, c'eft par corruption qu'on l'écrit par un C, & on devroit écrire *quotte*.

COTTE MAL TAILLÉE. On dit faire une cotte mal taillée, pour marquer que l'on arrête un compte en rabbattant quelque chofe de part &

d'autre fans l'avoir examiné exactement.

COTTE-MORTE, eft la fucceffion d'un Religieux Curé. Cette fucceffion a fait depuis un fiécle le fujet de quantité de differtations, & a été par les Arrêts adjugés, tantôt à l'Abbé, tantôt à la Fabrique, tantôt aux Pauvres de la Paroiffe ; & enfin par un Arrêt célébre de la Grande Chambre du Parlement de Paris, rendu le 4. Février 1710. elle a été adjugée aux Pauvres & à la Fabrique. *Voyez* M. Augeard, tome 2. article 93. Soefve, tome 1. cent. 1. chapitre 57. & cent. 3. chap. 62.

COTTER UNE PIECE, fignifie la marquer au dos d'un chiffre ou d'une lettre, pour la trouver au befoin.

COTTERIE, fe dit des compagnies & fociétés des villageois demeurant enfemble, pour tenir d'un Seigneur quelques héritages qu'on appelle tenus en cotterie ; ce. qui arrive particuliérement les gens de main-morte.

On appelle auffi cotterie un héritage chargé d'une redevance roturiere, qui eft une terre vile, & une poffeffion de main-ferme : ce qui eft oppofé au lieu noble tenu à fief & à cens : & on dit une terre cotierre, un lieu cottier, ou tenu cottiérement ; un homme cottier, par oppofition aux hommes de fief ou cenfiers.

COTTIER. On appelle de ce nom tout héritage cenfuel & non noble, à la différence des fiefs.

On donne auffi le nom de Cottier à tout homme qui demeure dans fon héritage cottier ou vilain, avec les autres Vilains ou Cottiers tenans du même Seigneur, quand bien même celui qui y fait fa demeure feroit Noble ou Gentilhomme, comme nous l'enfeigne M. Lauriere fur le quatorziéme article du troifiéme titre du livre quatriéme des Inftitutes de Loyfel.

Enfin, on appelle Juges cottiers, les hommes cottiers qui font appellés au Jugement des caufes qui fe doivent terminer dans la Juftice de leur Seigneur.

COUCHER, fignifie employer, comprendre ; comme quand on dit, il a couché cela en recette, en dépenfe, dans les articles de fon compte.

COULETAGE, eft un droit qui fe prend en quelques endroits fur toutes les marchandifes qui s'y vendent.

COUPE DE BOIS, eft ordinaire ou extraordinaire.

Les coupes des taillis ne fe font que de neuf ans en neuf ans.

La coupe ordinaire fe fait, ou pour les fur-mefures, ou pour l'outre paffé, les menus marchés & les chablis.

La coupe extraordinaire ne fe doit faire qu'en vertu d'un Arrêt du Confeil, rendu fur l'avis du Grand Maître.

Les ventes ordinaires fe coupent de fuite, le plus près de terre que faire fe peut, à fix pouces de terre, afin qu'on n'emporte pas la racine.

La coupe de bois ne fe doit faire qu'en automne

& en hiver , & hors de la fève. Ainfi on ne coupe point depuis le 15. Avril jufqu'au 13. Septembre.

Les Juges des Seigneurs ne peuvent pas permettre la coupe des balivaux ni d'aucun bois , & ne peuvent recevoir les déclarations des Particuliers , mais feulement les Maîtres particuliers des Maîtrifes royales. Ainfi jugé par Arrêt du Confeil du 2. Octobre 1710.

COUPS DE BATON. L'injure qui fe commet par cette voie , eft un très-grand outrage ; lequel eft plus ou moins puni , fuivant la qualité de celui qui a fait un tel outrage , & de celui à qui il eft fait.

Quelquefois cette injure n'eft punie que de quelques années de prifon , & enfuite à demander pardon à l'offenfé , quelquefois du banniffement , & quelquefois de la peine des galeres ; ce qui dépend des circonftances. *Voyez* les réglemens faits au fujet des duels , qui font rapportés dans les Conférences de Bornier , tome 2.

COUR , fe prend pour l'affemblée des Juges , ou pour le lieu où les Juges exercent leur Jurifdiction.

Cette application du mot de *Cour* eft très-ancienne. Quelques-uns prétendent qu'elle vient de ce qu'anciennement dans ce Royaume on rendoit la Juftice *fub dio* ; en un champ & à découvert.

D'autres croyent le nom de Cour a été donné aux affemblées des Juges ; *quia Judices curam habent rerum publicarum* , & que le mot de Cour eft tiré du terme Latin *Curia*.

Les Cours font laïques , c'eft-à-dire Jurifdictions eccléfiaftiques , ou Jurifdictions féculieres. *Voyez* Jurifdiction.

Les féculieres fe diftinguent en Cours fouveraines & fupérieures , & en Cours fubalternes. *Voyez* Miraumont fur l'origine des Cours fouveraines & autres Jurifdictions.

COUR SOUVERAINE , eft une Cour fupérieure , qui fous l'autorité du Roi , connoît des différends des Particuliers fouverainement & fans appel , & dont les Jugemens ne peuvent être caffés que par le Roi ou par fon Confeil , comme font le Parlemens , le Grand-Confeil , les Chambres des Comptes , & Cour des Aydes.

Meffieurs des Requêtes de l'Hôtel font auffi confidérés comme Juges fouverains , quand ils jugent au fouverain.

La Cour des Monnoies de Paris a été auffi en 1551 érigée en Cour & Jurifdiction fouveraine & fupérieure , comme nous l'avons remarqué , *verbo* Cour des Monnoies.

Ces Cours fouveraines font indépendantes les unes des autres , & elles font égalemement puiffantes dans l'étendue de leur reffort.

Elles ont beaucoup plus de liberté dans leurs Jugemens que les autres , & peuvent par des juftes témperamens tiré de l'équité naturelle , adoucir la rigueur de la Loi , pourvû que ce foit fans aller directement contre fa difpofition.

Les Juges des Cours fouveraines font les dépofitaires de la Loi ; c'eft dans leur fein qu'elle repofe , qu'elle fe digere , pour ainfi dire , & qu'elle perd

cette crudité qui la rendroit quelquefois funefte à l'innocence même. La raifon & l'équité de ces illuftres chefs de la Juftice , leur fait diftinguer le cas ou il faut ufer de toute la rigueur de la Loi , de ceux où elle doit être favorablement interprêtée.

Il y a plus ; c'eft que les Arrêts des Cours fouveraines , rendus en forme de Réglemens , ont force de Loi , pourvû qu'ils ne foient pas contraires aux Ordonnances , Edits , Déclarations & Arrêts du Confeil du Roi , ni aux Coutumes , Ufages & Privileges.

Illi Magiftratus vice facrâ principis judicant ; quam ob rem fi lex cafum de quo agitur aperte non definiat , ab ea poffunt jufta interpretatione recedere : quod inferiores Judices facere nequaquam poffunt. Eâdem ratione ab eorum Judiciis appellare non licet , illaque refcindi non poffunt nifi extraordinario remedio. Quin & horumce Magiftratuum Curia ipfummet Themidis templum nuncupatur , firmiffimumque Reipublicæ præfidium ; illi suni veri ac genuini interpretes legum , & ipfummet Juftitiæ Sacerdotes qui præfunt juri dicundo. Et sane parum interest jus effe in civitate , nifi fint Magiftratus qui jura poffint regere. Leg. 2. §. 13. ff. de origine juris.

Ainfi dans les Jugemens d'une Cour fouveraine c'eft le Prince qui parle , & les Juges dont elle eft compofée , ne font que fes organes.

Enfin , les Officiers des Cours fouveraines ont toujours été regardés par les Jurifconfultes , comme les Domeftiques du Prince , & fes Officiers.

Touchant les Cours fouveraines , *voyez* ce qui en eft dit dans le Dictionnaire de Chafles.

COUR SUBALTERNE ET INFERIEURE , eft celle qui eft dépendante d'une autre , & qui ne juge point fouverainement & fans appel , comme font les Juftices feigneuriales , les Préfidiaux , & les autres Sièges royaux.

COUR DES AYDES , eft une Cour fouveraine , établie pour connoître en dernier reffort des Aydes , Tailles , Gabelles , & autres droits de fubfide , qui fe levent par autorité du Roi.

Cette Cour fut créée par Philippe de Valois , & mife alors dans la Chambre de la Reine.

Elle connoît , I°. des différends pour raifon des deniers royaux & affaires de finance , des debets des comptes rendus en la Chambre , & des conteftations pour les exécutoires & ordonnances de la Chambre , excepté celles qui concernent le Domaine , dont la connoiffance appartient au Parlement.

II°. Elle connoît en premiere inftance des matieres criminelles , concernant les Aydes , Tailles , Gabelles & autres impofitions ; comme auffi de tous les contrats faits entre Traitans , Fermiers , Munitionnaires , pour raifon de leurs traités , fermes , fous fermes & munitions , de leurs tranfports & affociations , comptes des Commis , & de plufieurs autres affaires , ainfi qu'il eft porté par l'Edit de Henris II.

III°. Des appellations des Elûs , Traites foraines , Maître des Ports : tant en matiere civile que criminelle , concernant les Aydes , Tailles & Gabelles.

IV°. De la validité ou invalidité des titres de Noblesse, à l'effet de l'exemption des tailles & autres impositions. Elle vérifie aussi les Lettres d'annoblissement, & connoît des privileges des Aydes, Tailles & Gabelles, dont les Eccléfiastiques, Secrétaires du Roi, & autres Officiers doivent jouir; comme aussi des privileges attribués aux Officiers Commensaux de la Maison du Roi, & des Maisons royales, compris dans les Etats dépofés en la Cour des Aydes de Paris.

Elle vérifie aussi les Edits, les Ordonnances & Déclarations, concernant les matieres dont la connoissance lui appartient.

La Cour des Aydes a pour Juges inférieurs les Siéges des Elections, Grenier à sel, & Bureaux des Traites; & comme ces Juges inférieurs y ressortissent tous par appel, ils y sont reçus & y prêtent le serment.

Cette Cour a droit de faire des Réglemens pour tous les Officiers qui en dépendent, & pour elle-même; comme aussi tous ses Officiers, comme Greffiers, Procureurs & Huissiers, & d'imposer des peines contre les contrevenans. Elle a pareillement la connoissance de toutes sortes de causes en matiere de discipline & de correction d'Officiers, soit pour avoir contrevenus aux Ordonnances, ou aux Réglemens de la Cour, ou commis quelques malversations ou concussions pour faits de leurs Charges, mais si on appelle des Sentences rendues par ces Juges inférieurs, l'appel se releve en la Cour des Aydes; c'est la différence qu'il faut faire d'avec les Jurisdictions ordinaires qui se relevent au Parlement, en ce qu'en matiere d'Aydes & de Finances, il n'y a que deux dégrés de Jurisdiction; en premiere instance devant les Elus, Greniers à Sel, ou Juges des Traites, & par appel en la Cour des Aydes, ces premiers Juges n'ayant point de Jurisdiction les unes sur les autres; ce qui a été ainsi ordonné pour abréger la longueur des procès.

La maniere de proceder en la Cour des Aydes n'est pas différente de celle du Parlement; une seule différence remarquable, c'est qu'en la Cour des Aydes, les appellans n'ont que quarante jours pour relever leurs appels, & qu'ils ont trois mois au Parlement. Voyez la Déclaration du Roi du mois de Novembre 1673. portant Réglement pour les Audiences de cette Cour, & le rétablissement des appointemens au Conseil.

Il n'y a que cinq Cours des Aydes dans le Royaume; Paris, Bordeaux, Clermont, Aix & Grenoble, qui ont chacune un premier Président pour Chef.

Celle de Paris est composée de trois Chambres, il y a trois Présidens à chacune, & quinze Conseillers, trois Avocats généraux, & un Procureur général.

Les jours de grande Audience en la premiere Chambre, sont les Mercredis & Vendredis matin, depuis neuf heures jusqu'à onze; & après qu'elle est levée, les autres Chambres donnent Audience.

Il y a d'autres Audiences les autres jours aux autres Chambres, selon que les affaires le requierent; & un de Messieurs les Avocats généraux y plaide dans les affaires qui intéressent le Roi ou le Public.

La Cour des Aydes de Paris est la seule qui vérifie les états de la Maison du Roi: on ne donne aux autres que copie desdits états. Vrevin en ses Notes sur le Code des Privileges, article 94.

Touchant les Cours des Aydes, voyez Papon, livre 4. titre 7. Pierre Bonsons dans ses Antiquités de Paris, chap. 33. l'Ordonnance de 1680. sur le fait des Gabelles & des Aydes; & un Traité particulier des Tailles, Aydes & Gabelles.

COUR DES MONNOIES, est une Cour établie à Paris, qui Juge souverainement de toutes les Monnoies du Royaume, des abus & malversations qui se commettent par les Maîtres, Prévôts & Officiers des Monnoies, & de tous ceux qui travaillent en or & en argent, pour la manufacture seulement de leurs ouvrages.

Elle juge par prévention avec les Baillifs, Sénéchaux & autres Juges royaux, des crimes de fabrication & exposition de fausse Monnoie, & autres semblables.

Elle connoît aussi des Statuts, Réglemens, Receptions & Jurandes des Batteurs d'or & d'argent, Jouailliers, Graveurs & Orfévres.

C'est aussi elle qui connoît des saisies faites par leurs Gardes & Jurés, des adjudications des baux des Monnoies, & des encheres faites en conféquence, comme aussi des contrats de société ou de marché; des Marchands qui apportent des matieres dans les Monnoies, ou qui fournissent les choses nécessaires au travail.

Dans les Provinces, les Gardes des Monnoies connoissent chacun en leur ressort desd. cas en premiere instance. L'appel de leurs Jugemens se releve en la Cour des Monnoies à Paris.

Cette Cour étoit autrefois unique pour le fait des Monnoies, son ressort s'étendoit par tout le Royaume; & toutes les appellations des Prévôts des Monnoies s'y relevoient, comme étant les seuls Juges en dernier ressort pour cette matiere. Mais il a été créé à Lyon.

Celle de Paris est aujourd'hui composée d'un premier Président, de huit autres Présidens, & en trente-six Conseillers, d'un Procureur général, deux avocats généraux, deux Substituts, d'un Greffier en chef, & de dix-huit Huissiers.

Tous ces Officiers servent par semestre, excepté le premier Président, le Procureur général, & le Greffier en chef qui sont toujours de service.

Il y en a un des Conseillers qui est commis au Comptoir pour faire les instructions des boëtes ou travail des Monnoies, il y en a deux autres qui sont Cotrolleurs généraux dudit Comptoir; deux Présidens & dix Conseillers ont des commissions en titre, pour aller tous les ans, suivant le département qui en est fait en la Cour, faire leurs visites dans les Hôtels des Monnoies, & principales Villes & Foires du Royaume, pour y faire garder les Ordonnances & Réglemens concernant les Monnoies, par les Ouvriers qui travaillent en métaux, & punir les faux Monnoyeurs, Expositeurs, Rogneurs & Altérateurs des Monnoies, Billoneurs & autres Infracteurs des Ordonnances touchant les Monnoies.

Il y a un Prevôt général des Monnoies, créé pour faire exécuter les Arrêts de la Cour, avec un Lieutenant, trois Exempts, un Greffier & quarante Archers, & quatre Lieutenans créés en quatre départemens du Royaume, pour être à la fuite des Commiffaires de ladite Cour, & exécuter leurs Jugemens, chacun avec un Exempt, un Greffier & cinq Archers.

Un du Subftituts du Procureur général de ladite Cour, fert d'Affeffeur au Prevôt général des Monnoies.

Cette Cour eft femeftre, & tient fes Audiences les Mercredis & Samedis.

Les affaires s'y inftruifent comme aux Requêtes du Palais.

Nous avons déjà remarqué fur l'article des Cours fouveraines, que c'eft par un Edit du mois de Janvier 1551. que la Cour des Monnoies a été érigée en Cour & Jurifdiction fouveraine & fupérieu re.

Cet Edit a été enregiftré au Grand Confeil le 27. Février de la même année, & au Parlement de Paris le 12. Avril & le 20. du même mois, en vertu de Lettres de juffion, & encore le 17. Juin fur la requifition du Procureur général de ladite Cour des Monnoies.

Il a été enregiftré au Parlement de Bordeaux, d'Aix, Dauphiné, Touloufe, Bourgogne, après des Lettres de Juffion.

Enfin, il y en a eu un autre Edit confirmatif en 1570. & un autre au mois de Juin 1635.

Ce dernier leve & ôte toutes les reftrictions & mortifications à la vérification defdits Edits, par les Arrêts d'enregiftrement du Parlement de Paris.

Voyez le Traité de la Cour des monnoies, par Conftans.

COUR DES MONNOIES DE LYON, eft une Cour établie dans la Ville de Lyon, à l'inftar de celle de Paris, par Edit du mois de Juin 1704. enregiftré au Parlement de Paris le 11. Juillet de la même année.

Cet Edit porte création des Offices dont cette Cour doit être compofée; établiffement d'une Chancellerie près ladite Cour; création des Offices dont elle doit être compofée; fuppreffion du Lieutenant du Prevôt général des Monnoies, de celui d'Exempt, & de huit Archers, établis dans le département du Lyonnois; création d'un Prévôt général des Monnoies, un Lieutenant, un Affeffeur, un Procureur du Roi, quatre exempts, un Greffier, trente Archers, un Archer trompette; avec un Réglement pour le reffort de ladite Cour, & pour les fonctions, droits, gages & priviléges defdits Officiers.

Au mois d'Avril 1705. a paru un autre Edit, portant union de la Sénéchauffée & du Préfidial de la Ville de Lyon, à la Cour des Monnoies, créée en ladite Ville par le fufdit Edit du mois de Juin 1704. création d'Offices en ladite Cour; Ré-

glement pour la compétence dudit Siége préfidial, & des matieres dont il pourra connoître, foit en premiere inftance, foit par appel.

Cet Edit du mois d'Avril 1705. a été enregiftré au Parlement le 22. du même mois, & en la Cour des Aydes le 15. Juin de la même année.

Enfin, le Roi a donné un autre Edit du mois d'Octobre 1705. fervant de Réglemens pour l'établiffement de la Cour des Monnoies, par lequel, entr'autres chofes, il donne la préféance aux Officiers de cette Cour, fur les Tréforiers de France, & autres Officiers de la Ville, même fur les Chapitres, à la réferve des Comtes de Lyon.

Dans le quatriéme tome des Œuvres de M. Henrys, il eft parlé de la Jurifdiction de la Cour des Monnoies, Sénéchauffée & Siége préfidial de Lyon; & les Edits de 1704. & de 1705. y font rapporté en entier.

COURONNE DE FRANCE, appartient de plein droit au Prince qui fe trouve au tems de la mort du Roi, premier Prince de Sang, & s'il y en a plufieurs dans le même degré de parenté, comme quand le Roi décedé laiffant plufieurs enfans, celui d'entr'eux qu'il eft aîné, eft feul faifi de la Couronne.

Il faut cependant convenir que le droit d'aîneffe qui appelle l'aîné par préférence à la Couronne, s'eft introduit fort tard en France. Il n'étoit point connu fous les Rois de la premiere race, ni même de la feconde. Les quatre enfans de Clovis partagerent également le Royaume. Louis le Débonnaire divifa auffi l'empire en quatre portions, qu'il donna fes quatre fils. On croit que ce n'eft que fous la race de Hugues Capet, que la prérogative de la fucceffion à la Couronne, fut affectée à l'aîné.

Mais on tient que de tout tems en France les femmes n'ont point fuccédé à la Couronne, quoiqu'elles foient capables de pofféder tous autres Fiefs; c'eft ce qui nous eft marqué par cet ancien proverbe trivial : *Le Royaume de France ne tombe point en quenouille.* Voyez ce que je dis, lettre R, en parlant du Roi de France. *Voyez* auffi ce que je dis, lettre L, en parlant de la Loi Salique.

Au refte, c'eft aux Loix, & non aux Rois, de difpofer de la Couronne de France. *Voyez* la Déclaration d'Henris IV. contre le Duc de Mayenne, du 29. Janvier 1593. dans Fontanon, tom. 4. page 732. & fuiv.

COURTAGE, eft un droit qui fe donne au Courtier.

COURTIER. On appelle de ce nom celui qui s'entremet pour faire faire des ventes & des prêts d'argent.

On l'appelle en latin *Proxeneta*, dont il eft parlé dans le quatorziéme titre du dernier livre du Digefte, & dans le titre 11. du cinquiéme livre du Code.

Courtiers des Marchandifes font donc des gens qui s'entremettent pour faire vendre, acheter, troquer & échanger les Marchandifes. Il y en a ordinairement dans chaque Corps des Marchands, foit pour le dedans, foit pour le dehors.

Ils font d'une grande utilité, foit pour le dedans,

foit pour le dehors , parce qu'ils connoiffent les Marchands de la profeffion à laquelle ils s'attachent ; & que tel Marchand ne pourroit fouvent lui-même fe défaire de certaines marchandifes qui qui ne laiffent pas de fe vendre , acheter & troquer par l'entreprife des Courtiers.

Ne prend Courtier qui ne veut, parce qu'il eft libre à chacun d'agir par foi-même dans fes propres affaires.

Les Courtiers font tenus de rendre la marchandife ou le prix ; & ils font pour ce fait contraignables par corps , quoique l'Ordonnance de 1667. tit. 34. ait aboli les contraintes par corps pour dettes purement civiles. *Voyez* Loyfel, liv. 3. tit. 4. reg le 16. & la Note de M. Lauriére.

Les Courtiers de marchandifes ne peuvent en faire aucun trafic pour leur compte , ni tenir caiffe chez eux , ou figner des Lettres de change par aval. Ils peuvent néanmoins certifier que la fignature des Lettres eft véritable. C'eft la difpofition de l'art. 2. du titre 11. de l'Ordonnance de 1673.

Voyez le Traité du commerce de mer & de terre , tome premier.

COURTIERS DE CHANGE, font des perfonnes qui s'entremettent pour la négociation de deniers , & de Lettres & billets de change qui fe donnent & fe prennent entre Marchands , Négocians & Banquiers.

On les appelle ordinairement Agens de change.

Il y a des Villes où ils font en titre d'Office , comme Paris & Bordeaux ; dans d'autres ils font choifis par les Prévôts des Marchands , Maîtres & Echevins , & par les Juges-confuls des Villes de leur réfidence , comme à Lyon.

Dans d'autres enfin il eft libre à tout homme de négoce d'exercer cet emploi , fans en obtenir la permiffion , pourvû que fa probité foit reconnue par les Jurés de fa Communauté.

Les Courtiers de marchandife dont nous avons parlé dans l'article précédent , font en plufieurs chofes fujets aux mêmes regles , que les Courtiers ou Agens de change : à cela près qu'il n'y a entr'eux de différence , que ce que les uns s'entremettent pour le négoce de marchandife ; & les autres pour le négoce d'argent , & de Lettres ou Billets de change.

Le principal emploi des Agens & Courtiers de changes , eft donc de propofer les Lettres & Billets de change que les Négocians ou Banquiers veulent tirer , pour un lieu où ils ont de l'argent , à d'autres qui en ont befoin , & de porter leurs paroles aux uns & aux autres , fur le plus ou fur le moins du prix qu'ils defirent avoir ou donner des Lettres : & lorfque les Cambiftes font demeurés d'accord par leurs entreprifes du prix de change , ceux qui doivent fournir les Lettres de change , les envoyent chez ceux qui les doivent prendre , leur en payant la valeur en argent comptant , ou en Billets payables à ordre ou au porteur , felon que la négociation a été faite.

Enfin , quand les Lettres de change font confiées à ces Courtiers pour en faire la négociation , leur fonction eft de les mettre ès mains de ceux aux

quels ils les ont négocié , & de prendre leurs Billets payables aux porteurs , qu'ils remettent ès mains de ceux qui ont fourni les Lettres de change , pour aller ou envoyer recevoir l'argent defdits Billets fur le champ , ou dans le tems qu'ils font payables , fuivant qu'on en eft convenu.

Voilà où fe réduifent toutes les fonctions des Courtiers de change , fans qu'il leur foit permis de faire le commerce de la Banque & du Change pour leur compte particulier , ainfi qu'il eft porté en l'article 1. du titre 5. de l'Ordonnance de 1673.

Les raifons qui ont porté à interdire aux Agens de banque & de change , & aux Courtiers de marchandife , de tenir banque , faire le change ou commerce pour leur compte , font détaillées dans le quatorziéme Parere de M. Savary , pag. 89.

La principale eft , que comme ils ont connoiffance de tout ce qui fe paffe dans les affaires des Négocians & Banquiers , ils pourroient s'emparer de toutes les Lettres qu'on auroit à remettre dans les lieux pour lefquels on demanderoit de l'argent , ou faire hauffer & baiffer les marchandifes felon que leur propre intérêt le pourroit requérir , ainfi fe rendre les maîtres du commerce & des affaires.

Auffi voyons-nous que les Courtiers font très-avantageux à l'Etat & au Public , quand ils ne fe mêlent que du courtage ; mais ils font très-pernicieux au Public & aux Particuliers , lorfqu'ils joignent au courtage le commerce du change & de la banque , nonobftant les défenfes qui leur en font faites.

Quoique les Courtiers puiffent être admis en témoignage , pour raifon des ventes , achats , échanges , pour la qualité , la quantité , le prix des marchandifes , & le tems des payemens , ils ne font pas néanmoins crus dans les affaires de leur courtage avant la conclufion du marché ; parce que comme pour raifon il leur eft dû rétribution , s'ils étoient reçus à dépofer , fi le marché eft conclu ou non , ils feroient témoins en leur propre caufe.

Mais dans d'autres cas , ils peuvent être crus après la conclufion du marché , comme étant les feuls dépofitaires des conventions de l'acheteur & du vendeur.

Ceux qui auront obtenu des Lettres de répi , fait contrat d'attermoyement , ou fait faillite , ne pourront être agens de charge ou de banque , ou Courtiers de marchandife , comme il eft porté en l'art. 3. du deuxiéme titre de l'ordonnance de 1673.

La raifon eft , qu'il eft de l'intérêt public que ceux qui exercent ces fortes d'emplois , foient gens d'honneur & fans reproche ; d'autant plus que l'honneur & la fortune des marchands , Négocians , Banquiers , & de tous ceux qui fe fervent de leur entremife , dépend de leur fageffe.

D'ailleurs , comment ceux qui ont mal géré leurs affaires , pourroient-ils bien gouverner celles des autres ?

Enfin , ceux qui ont fait perdre à leurs créanciers leur dû , ou une partie , font préfumés manquer de bonne foi , ou du moins manquer de conduite , & par conféquent ne méritent aucune confiance.

COUSIN , terme relatif & de parenté , qui fe dit de ceux qui font iffus de deux freres ou de deux

deux sœurs. Ceux qui sont issus de deux freres, sont appellés cousins paternels ; ceux qui sont issus de deux sœurs , sont appellés cousins maternels.

COUTS. *Voyez* Loyaux-Couts.

COUTUME , est un droit non écrit, un droit municipal de quelque lieu , de quelque ville , de quelque contrée & de quelque pays, introduit par l'usage , du tacite consentement de ceux qui s'y sont volontairement soumis ; & cet usage , après avoir été observé pendant un tems considérable, a force & autorité de la Loi. *Nam diuturni mores consensu utentium comprobati legem imitantur.*

La coutume imite la Loi , elle l'interprête , & quelquefois même elle la corrige & l'abroge.

Elle imite la Loi , en ce qu'il lui arrive souvent d'introduire un droit nouveau.

Elle interprete la Loi , lorsqu'elle lui donne des extensions ou des modifications convenables pour la conserver autant qu'il est possible. *Optima est Legum interpres consuetudo. Leg. 37. ff. de Legib.*

Enfin, elle abroge la Loi quelquefois par un non usage de la Loi , & par un usage contraire qui lui succede , quoiqu'elle ne soit pas rédigée par écrit. *Leg. 36. ff. de Legib.*

Lorsqu'une Loi subsiste , qu'elle est en vigueur , & qu'elle s'exécute , une coutume contraire pratiquée en quelqu'endroit & pour un tems , ne peut jamais détruire la Loi : au contraire, dans les Jugemens , la Loi doit prévaloir à cette coutume.

Cependant , lorsque la Loi s'anéantit d'elle-même , en cessant d'être en vigueur, la coutume qui est reçue en sa place, est présumée avoir détruit la Loi & l'avoir abrogée ; non pas que la coutume soit plus forte que la Loi , & qu'elle se soit élevée par un droit de supériorité pour la détruire ; mais c'est que dans le tems que la Loi cesse par un non usage , la coutume qui s'introduit en son lieu & place , paroît la détruire & l'anéantir.

Pour qu'une coutume soit valablement introduite , plusieurs conditions sont requises. Iº. Le tacite consentement de ceux qui sont demeurans dans le lieu où elle s'est introduite. *Leg. 32. in fine, ff. de Legibus.*

IIº. Qu'elle soit conforme à la raison. *Leg. 39. in fine , ff. eodem.*

IIIº. Qu'elle ait été observée pendant un tems raisonnable , c'est-à-dire pendant quarante ans, selon quelques interprétes ; mais je crois que c'est une chose qui dépend de la prudence du Juge.

Au reste , quand on doute d'un usage , rien ne sert plus à le prouver , que lorsqu'on le justifie par quelque Jugement contradictoire. *Leg. 34. ff. eodem.*

La coutume se prouve par des Ecrits publics , par les exemples des choses jugées, *cap. 7. extra de probationib.* ou enfin par le témoignage des plus éclairés & des plus anciens du lieu où elle a été introduite. *Barthole , ad leg. 32. ff. de Legib. num. 22.*

Voyez ce que j'ai dit dans ma Traduction des Institutes , sur le §. 9. du titre second du premier livre.

Au reste , ce que nous venons de dire , regarde

précisément ce que les Loix Romaines ont entendu par coutume , & l'autorité qu'elles lui ont donnée : ce qui peut être appliqué parmi nous à ce que nous appellons usage. *Voyez* ce que j'en dis , lett. U , *verbo* Usage.

Voyons présentement ce que c'est que coutume , par rapport à notre Droit François.

COUTUME , SUIVANT NOTRE DROIT FRANçois , est une Loi écrite, à qui le Roi donne la forme & le caractere de Loi : dont les dispositions sont determinées & arrêtées par la reconnoissance & le consentement des Habitans d'une Province.

C'est donc le concours de l'autorité du Roi & du consentement du Peuple, qui fait ce que nous appellons aujourd'hui coutume. L'union de ces deux choses auroit pû faire une Loi très-juste , si dans la rédaction de nos coutumes on y avoit mis tout le tems nécessaire , & si l'on avoit pris de sages précautions pour mettre les dispositions qu'elles contiennent dans un plus grand jour.

Le concours de l'autorité du Roi , fait que son pouvoir souverain est satisfait , puisque la Loi est en son nom.

Le concours du choix du Peuple , le porte à suivre volontiers les dispositions d'une Loi qu'il s'est pour ainsi dire faite à lui-même , selon ses mœurs & son ancienne maniere de vivre.

Cette liberté que le Prince accorde au Peuple, ne donne aucune atteinte à son autorité souveraine , ni à la dépendance de ses Sujets ; ce n'est qu'une grace particuliere qu'il leur fait, lorsque par des Lettres patentes il leur donne la liberté de rédiger & de réformer eux-mêmes leurs anciens usages, par le conseil des trois Etats dont il est composé.

Auparavant la rédaction par écrit des coutumes, les Juges étoient tenus de conformer leurs Jugemens aux différens usages qui s'étoient introduits dans les Provinces ; mais il y avoit toujours de grandes contestations à ce sujet, & il falloit souvent avoir recours à des enquêtes par turbes touchant ces usages.

Il arrivoit de-là , que le sort ou la fortune des Particuliers dépendoit de la bonne ou mauvaise volonté de ceux qui étoient appellés pour attester l'usage & la coutume , de l'intrigue & de l'adresse de ceux qui avoient une preuve à faire ; quelquefois même les suffrages se donnoient à l'autorité ou à la séduction ; & quelquefois encore ces usages étoient si contestés , que les deux parties prouvoient également qu'ils étoient absolument contraires l'un à l'autre.

Cela fit sentir l'importance qu'il y avoit de rédiger les coutumes par écrit, pour ne plus laisser l'administration de la Justice exposée à de si grands inconvéniens. Et quoique chacune de ces coutumes ait été rédigée avec assez de précipitation & de négligence, la rédaction générale a été l'ouvrage de plus de quatre-vingts ans!

Les coutumes ayant donc été rédigées par écrit de l'autorité des Rois de France , & du consentement des trois Etats des Provinces, il s'ensuit que la coutume n'est pas aujourd'hui parmi nous un Droit non écrit, qui ne s'est introduit que par l'usa-

Tome I.

D d d

ge, comme chez les Romains ; mais un Droit écrit ayant force de Loi dans la Province pour laquelle elle a été faite.

Cependant les Coutumes ne font pas appellées Droit écrit, afin de les diftinguer du Droit Romain qui eft appellé de ce nom, & encore parce que les Coutumes n'ont que l'ufage pour caufe de leur origine : c'eft auffi la raifon pour laquelle ce que nous obfervons, quoique non rédigé par écrit, eft appellé ufage ; & lorfque cet ufage a été rédigé par écrit, on l'appelle Coutume.

La rédaction ou la réformation des Coutumes ne fe peut faire qu'avec de grandes folemnités, en vertu de Lettres Patentes du Roi, & en préfence des Députés des trois Etats qui repréfentent toute la Province.

C'eft le Prince qui fait la Loi, puifqu'il nomme les Commiffaires auxquels il donne pouvoir de rédiger par écrit les Coutumes ; & que les Députés des Etats n'y affiftent que pour raifon des ufages de la Province, dans lefquels ces Députés demandent au nom du Clergé, & de la Nobleffe, & du Tiers-Etat, d'être maintenus.

Avant que d'entrer dans l'explication de ce qui concerne nos Coutumes, telles que nous les avons aujourd'hui, j'ai cru qu'il n'étoit pas hors de propos d'obferver quelle eft leur origine, & par quelle raifon elles fe trouvent fi différentes les unes des autres.

L'origine des Coutumes fe peut prendre de l'ancienne Gaule, que Jules Cefar trouva divifée en divers peuples qui avoient leurs Coutumes particulieres. Rome en ayant fait la conquête, laiffa la liberté à quelques-uns de ces peuples, & leur permit de vivre fuivant leurs anciennes Coutumes.

Lorfque les François y établirent une Monarchie, ils n'écrivirent des Loix que pour eux, & laifferent aux anciens Gaulois l'ufage des Loix Romaines qu'ils avoient fuivies durant cinq cens ans : c'eft ce qui a fait que fous les deux premieres races de nos Rois, il n'y eut prefque que deux fortes de Droits, le Droit Romain, & le Droit François, qui ne confiftoit alors que dans la Loi Salique, & dans les Capitulaires.

Les défordres qui arriverent enfuite dans le Royaume, fous la feconde race de nos Rois, contribuérent à l'établiffement de quelques nouveaux droits. Les Ducs & les Comtes changerent leurs Gouvernemens en Seigneuries, ufurperent la propriété de la Jurifdiction, dont ils n'avoient auparavant que la fimple exécution, & inventerent plufieurs droits feigneuriaux, extraordinaires & exhorbitans.

Tous les défordres appaifés, & ces divers pays réunis fous l'obéiffance du Roi, ont abolis prefque tous ces nouveaux droits feigneuriaux ; il n'en refta que quelques-uns qui bleffoient moins l'autorité royale, & qui fe trouvant univerfellement reçus, pafferent en Droit commun.

Enfin comme toutes ces différentes Coutumes étoient devenues incertaines, & ne pouvoient faire Loi en France que par l'autorité du Prince, elles furent rédigées par écrit de l'autorité de nos Rois, & du confentement des trois Etats des Provinces,

D'abord Charles VII. après avoir chaffé les Anglois, voulut par fon Ordonnance de 1453. article 125. que toutes les Coutumes du Royaume fuffent écrites & accordées par les Praticiens de chaque pays, puis examinées & accordées par le Grand Confeil & par le Parlement. Il a fallu près d'un fiécle pour cette rédaction.

La premiere Coutume qui parut, fut celle de Ponthieu fous Charles VIII. en 1495. Après il y en eut plufieurs fous Louis XII. depuis l'an 1507. jufqu'à 1514. & l'on continua à diverfes reprifes fous François I. depuis 1518. jufqu'à 1539. fous Henry II. & depuis fous Charles IX. qu'ont paru les dernieres.

Et en ne comptant que les principales Coutumes du Royaume, on en trouvera environ foixante ; mais fi l'on comprend les Coutumes locales & celles des Pays voifins réunis à la France, on en trouvera plus de trois cens, qui font la plûpart toutes différentes.

Comme on s'apperçut vers l'an 1580. qu'il étoit arrivé beaucoup de changement depuis que les Coutumes avoient été rédigées par écrit, & qu'il s'y trouvoit des fautes & des omiffions confidérables, on en reforma plufieurs, en attendant qu'on les refondit toutes enfemble, pour n'en faire qu'une feule, qui fut la Loi générale de tout le Royaume.

Auffi Philippe de Commines rapporte que le Roi Louis XI. défiroit fort qu'on n'ufât en France que d'une feule Coutume, d'un feul poids & d'une feule mefure.

Mais la mort prévint l'exécution de ce deffein, magnifique en lui-même, & bien conforme à la raifon, puifqu'il tendoit à rendre une Juftice uniforme & univerfelle dans toute l'étendue du Royaume ; au lieu que c'eft une chofe plus digne de blâme que d'admiration, de voir que ce qui eft équité fur le bord d'une riviere limite d'une Province, devienne injuftice fur l'autre bord.

Il eft cependant convenable, dira-t-on, que chaque Pays faffe valoir fes ufages, fes priviléges, l'habitude des concitoyens, & l'amour de la patrie. Ainfi on ne pourroit pas fans beaucoup d'inconvéniens, détacher les peuples du penchant naturel qu'ils ont à fuivre les ufages dans lefquels ils ont été élevés.

On répond à cela, qu'il feroit bien plus convenable, & même beaucoup plus avantageux à l'Etat, qu'une même Loi gouvernât tous les Sujets d'un même Empire ; la condition de tout réduire à une feule Loi, affureroit pour toujours le repos & la tranquillité de tous les Sujets du Roi ; & les inconveniens qu'un refte de prévention peut faire imaginer contre une telle entreprife, feroient bientôt diffipés & fuivis d'un bonheur parfait & univerfel.

Quelque autorité que donne aux décifions contenues dans nos Coutumes le concours de l'autorité du Roi, & du choix du Peuple, on ne peut valablement leur attribuer aucun des avantages qui fe trouvent dans les Loix Romaines.

Plufieurs de leurs difpofitions font bizarres & informes, & même quelquefois barbares. La même caufe qui les a fait naître, les a produit toutes différentes , & le plus souvent toutes contraires.

Ce que nous appellons maxime du Droit coutumier , est souvent opposé aux Loix de nos premiers peres : ainsi nos Coutumes ne tirent pas leur origine des mœurs & des Loix des premiers François , mais des Loix particulieres faites par chaque Seigneur , selon ses propres intérêts.

Il étoit impossible , dit M. Bretonnier dans sa Préface sur Henrys , que les Seigneurs qui avoient des intérêts si opposés , & qui étoient presque toujours en guerre les uns contre les autres , ne fissent des Loix contraires ; ils affectoient même de le faire , afin de mettre de la diversité & de l'opposition entre leurs Sujets : c'est ce qui fait qu'il ne seroit pas possible de les concilier ensemble , & de les reduire en une seule.

Nos Coutumes ont pris naissance vers le commencement de la troisieme race de nos Rois.

Hugues Capet , pour témoigner sa reconnoissance aux Seigneurs qui lui avoient aidé à monter sur le trône , leur laissa un pouvoir absolu dans leurs Gouvernemens & dans leurs Terres. Les plus puissans assujettirent les plus foibles , & leur imposérent des Loix : ces Loix , quoique forcées dans leur principe , pafferent dans la suite en Coutumes & en traditions ; parce que l'ignorance étoit si grande & si universelle , que personne n'étoit capable de les écrire.

Quelques soins qu'ayent pris ceux qui ont rédigé nos Coutumes , ou qui les ont réformées pour en retrancher plusieurs choses qui contenoient des injustices évidentes ; comme ces Loix avoient été établies sur un mauvais principe , il n'a pas été possible d'en faire un corps de Jurisprudence entier & parfait.

Cela est si vrai , que l'oracle du droit coutumier est obligé de s'écrier à chaque pas qu'il fait dans cette région corrompue : O l'injuste Coutume ! ô l'extravagante Coutume ! ô l'impertinente Coutume !

La raison pour laquelle il est demeuré dans les Coutumes tant de dispositions injustes & odieuses, vient , dit-il , en partie de l'ignorance des Praticiens, Auteurs des Registres sur lesquels les Coutumes ont été tirées , & en partie de la négligence des Commissaires préposés pour y travailler , qui n'y ont pas donné le tems & l'attention nécessaires pour y réussir.

Chopin en attribue toute la faute aux Officiers des lieux , qui étant chargés du soin de dresser les cahiers , y inseroient des articles convenables à leurs intérêts , ou à ceux de leurs amis.

Mornac dit que l'on a laissé plusieurs choses obscures dans les Coutumes , par le peu d'attention de ceux qui les ont rédigées , & que souvent cela s'est fait à dessein.

Ils ont pour ainsi dire exécuté leur commission en poste ; souvent un seul article auroit demandé plus de tems , qu'ils n'en ont employé pour rédiger la Coutume entiere ; leur fonction se réduisoit à faire faire la lecture de la publication de la coutume en leur présence , & à donner actes de contestations qui survenoient, dont ils renvoyoient la déci-

sion à la Cour qui n'y a pas depuis prononcé.

D'ailleurs , dans ces Assemblées tumultueuses , il étoit impossible de penser à l'ordre ni à l'arangement. Aussi voyons-nous qu'il y a très-peu d'ordre dans les matieres, très-peu d'arrangement dans les articles , & très-peu de choix dans les mots.

La construction des périodes est si grossiere, les termes si impropres , & le sens si imparfait , que l'on diroit que les Coutumes ont été rédigées plutôt par des Paysans & des barbares, que par des Jurisconsultes & par des Magistrats.

M. Cujas a dépeint tous ces défauts en deux mots , en disant que dans les Coutumes il y a plusieurs choses qui se contrarient , & qui sont destituées de toute raison, parce qu'elles ont été composées en partie du droit coutumier , & en partie des Sentences des Praticiens ignorans , qui n'ont ni régle ni méthode. *Ad tit.* 14. *libri* 4. *de feudis* , sic loquitur. *Multa sunt in moribus Galliæ diffentaneæ multæ sine ratione ut quod de Jure recepto Neratius scripsit* , *non esse ejus rationem anxie inquirendam* , *id Galliæ moribus aptari verissime possit* , *quod plerumque omni ratione destituantur* , *petiti partim ex jure Gallico* , *partim ex imperitorum Doctorum Sententiis male cohærentibus.*

Si les Commissaires étoient exempts des vices grossiers , n'étoient-ils pas susceptibles de prévention & de complaisance ? N'étoient-ils pas sensibles à leurs propres intérêts & à ceux de leur famille ?

Les Commissaires qui assistent à la rédaction ou à la réformation d'une Coutume , ne doivent y contribuer que de leur présence , afin qu'il ne se passe rien au préjudice des intérêts du Roi & de l'Etat , & les trois Etats de la Province doivent être les maîtres de leurs Coutumes : néanmoins quelquefois ces Commissaires ont imprimé leur génie à la Coutume , & ont contribué à rendre plusieurs de ces articles peu conformes à la raison, ou aux mœurs de la Province.

M. Lizet premier Président au Parlement de Paris , qui fut nommé Commissaire pour assister à la rédaction de la Coutume de Berry en 1539. lui inspira l'esprit du Droit Romain , quoique cette Province n'en eut auparavant aucune teinture , & qu'elle fut au milieu du Pays coutumier.

Au contraire , M. le Maître , qui a été depuis Premier Président au même Parlement, ne souffrit pas que les Principes du Droit Romain fussent suivis dans les Coutumes où il a été Commissaire.

Voyez la Préface que M. Bretonnier a mise au commencement des Œuvres de M. Henrys , qui contient de très-curieuses recherches sur ce sujet.

Après tous ces préliminaires , qui m'ont paru non-seulement très-curieux, mais encore très-utiles , & même très-nécessaires pour l'intelligence de la matiere que nous traitons , nous allons expliquer de quelle autorité font les décisions qui sont contenues dans nos Coutumes ; quelle Coutume il faut suivre pour les dispositions personnelles ou réelles de nos Coutumes , & pour la solemnité des Actes ; comment se doit expliquer ce qui s'y trouve obscur ; & enfin à quelle Loi il faut avoir recours , lorsque la Coutume du lieu est muette fur quelque matiere qui fe préfente.

Chaque coutume étant la Loi de la Province pour laquelle elle eſt faite du confentement de ſes Habitans, elle régle indiſtinctement tous leurs droits ; en forte qu'on ne peut pas juger contre la coutume d'un lieu, en ce qui regarde le droit privé des Particuliers qui s'y font foumis, & entre leſquels elle tient lieu de contrat.

Mais pour ce qui regarde les droits du Roi, nos coutumes n'y peuvent apporter aucun préjudice ; quoique M. le Procureur général ait été préfent à leur rédaction.

La raiſon eſt, que ſa préſence n'a eu pour objet que d'y maintenir le bon ordre, & défendre les droits du Roi, & non pas de l'obliger & fuivre dans ce qui le regarde aucune de ſes déciſions au préjudice de ſes droits.

Les Ordonnances dérogent aux coutumes auxquelles elles font contraires. La raiſon eſt, que qui peut faire la Loi, y peut déroger : elles y dérogent même, quoiqu'elles ne contiennent pas de clauſe dérogatoire ; parce qu'elles font les Loix générales de tout le Royaume, & que les coutumes ne font que des Loix particulieres qui ne peuvent valider au préjudice des Ordonnances, quand elles s'y trouvent contraires, d'autant plus que c'eſt dans les Ordonnances que le Roi manifeſte expreſſément ſa volonté.

Par exemple, l'art. 58. de la coutume de Vermandois porte qu'un teſtament eſt valable, ſi le teſtateur a déclaré ſa volonté en préfence de quatre témoins.

Cet art. étant contraire à l'art. 54. de l'Ordonnance de Moulins, & à l'art. 2. du tit. 20. de l'Ordonnance de 1667. qui rejettent la preuve par témoins au-deſſus de la fomme de cent livres, il faut fuivre la diſpoſition de ces Ordonnances, & non pas celle de cette coutume.

Néanmoins, comme j'ai dit dans ma Préface fur le nouveau Neron, cette prééminence inconteſtable des Ordonnances reçoit quelque reſtriction, & ne ſe doit entendre que quand l'Ordonnance eſt conçue en termes généraux pour avoir fon exécution par tout le Royaume : encore faut-il qu'elle contienne une diſpoſition favorable, confirmative ou interprétative du Droit commun, ou enfin qu'elle ne regarde que la forme ; & alors elle doit être obfervée au préjudice des autres Loix qui ont des diſpoſitions contraires, quoiqu'elle n'y déroge pas expreſſément.

Mais quand l'Ordonnance eſt abfolument oppofée au Droit commun, ou qu'elle préjudicie à un droit acquis à un tiers, elle ne déroge aux coutumes, ni aux autres Loix auxquelles elle eſt contraire, qu'en vertu d'une clauſe particuliere & d'une dérogation expreſſe.

La raiſon eſt, que le Prince n'eſt jamais préfumé vouloir déroger au Droit commun & général ni préjudicier aux droits d'un tiers, à moins qu'il ne déclare en termes formels que telle eſt ſa volonté.

Comme les coutumes établiſſent un droit public dans leur détroit, il n'y peut être dérogé par les particuliers ; principalement, I°. par rapport aux articles qui font conçus en termes négatifs & prohibitifs. Ainſi la coutume de Paris qui défend aux conjoints par mariage, de s'avantager directement ni indirectement, autrement que par don mutuel, doit être exactement obſervé, & on n'y peut déroger de quelque maniere que ce ſoit. C'eſt pourquoi, lorſque les futurs conjoints convenus par leur contrat de mariage qu'il n'y auroit pas entr'eux de communauté, ils ne peuvent plus, étant mariés, la rétablir par quelque raiſon & fous quelque prétexte que ce ſoit.

On ne peut pas pareillement déroger à l'art. 303. de cette coutume, qui défend aux peres & meres d'avantager leurs enfans venans à leur ſucceſſion, l'un plus que l'autre, ſi ce n'eſt que celui qui auroit été avantagé par ſes pere & mere, renonçant à leur ſucceſſion, en s'abſtenant de l'hérédité, la légitime réſervée aux autres, ſuivant l'art. 307.

II°. On ne peut pas déroger aux coutumes, lorſque les diſpoſitions des Particuliers, contraires aux coutumes, tournent au préjudice d'un tiers. Ainſi le vendeur d'un héritage propre ne peut empêcher par ſa convention avec l'acquéreur, que le retrait lignager n'ait lieu, & ne puiſſe être exercé par un parent du vendeur du côté & ligne dont eſt venu & échu ledit héritage propre.

Par la même raiſon, un pere ne peut pas ôter ou diminuer le droit d'aîneſſe établi par la coutume où font ſitués les héritages ſujets audit droit d'aîneſſe ; parce que cette diſpoſition, contraire aux coutumes, tourneroit au préjudice d'un tiers.

Il faut néanmoins excepter de la régle, les conventions qui ſe font par contrats de mariage entre majeurs, leſquelles font favorablement reçues.

Ainſi, quoique la coutume établiſſe une communauté de biens entre conjoints, ils peuvent cependant ſtipuler au contraire qu'il n'y aura entr'eux aucune ſociété de biens. Voyez ce que j'ai dit ſur le tit. 10. de la coutume de Paris.

III°. On ne peut déroger aux coutumes à l'égard des formalités & folemnités qu'elles preſcrivent pour la validité d'un acte. Ainſi un teſtament fait dans l'étendue de la coutume de Paris, qui ne feroit point mention qu'il a été dicté & nommé par le teſtateur aux Notaires, Curé, ou Vicaire général, & témoins, feroit abfolument nul, & ne pourroit produire aucun effet, parce que ladite coutume requiert cette formalité en l'art. 289.

Mais hors ce cas on peut déroger à la coutume. Un aîné, par exemple, peut renoncer à tous droits d'aîneſſe ; un Seigneur à ſes droits féodaux ; l'acquéreur d'un héritage chargé de rentes, au déguerpiſſement, &c.

Voyez ci-après Déroger à la Loi.

Comme les coutumes tirent leur origine du tacite confentement de ceux qui s'en fervent, & de l'uſage, il s'enfuit qu'elles font abrogées lorſqu'on ne s'en fert plus, ou que l'on fait des actes qui font contraires à cet uſage. Leg. 35. ff. de reg. Jur. Ainſi nous voyons que quelques articles de la coutume de Paris font abrogés par un uſage contraire à leur diſpoſition, ou par un non uſage : comme l'art. 98. qui parle de la ſimple ſaiſine.

Touchant l'origine & l'autorité de nos coutumes, *voyez* M. le Maître, plaidoyer 12. l'Hiftoire du Droit François qui eft au commencement de l'inftitution au Droit François de M. d'Argou ; & ce que j'ai dit au commencement du Commentaire de la coutume de Paris, touchant l'origine des coutumes, leur diverfité, leur interprétation & extenfion.

A l'égard du tems auquel une coutume commence à avoir forcé de Loi, en France les coutumes n'ont autorité de Loi, qu'après qu'elles ont été rédigées par écrit du confentement de ceux qui y ont intérêt, c'eft-à-dire des trois Etats de la Province, dans laquelle une coutume eft établie ou réformée par autorité du Prince.

Mais on demande fi c'eft du jour qu'une coutume a été réfolue, arrêtée & publiée en l'affemblée des Etats, qu'elle a autorité de Loi, ou du jour qu'elle a été publiée?

Il faut diftinguer : ou il s'agit des droits qu'elle établit, fans que le miniftere de l'homme y ait part, comme dans les fucceffions ; & alors elle doit être obfervée du jour même qu'elle a été réfolue, arrêtée & publiée en l'affemblée des Etats : ou il s'agit des chofes qui requierent dans leur exécution le fait de l'homme, c'eft-à-dire qui établiffent quelque folemnité nouvelle dans les contrats, dans les teftamens, & autres actes ; en ce cas, la coutume n'a lieu que du jour qu'elle a été publiée & imprimée, & qu'elle eft venue à la connoiffance d'un chacun.

Voyez Anne Robert, *rerum judicatarum, lib. 2. cap.* 1. M. le Prêtre, ès Arrêts de la cinquieme, & cent. 1. chap. 55. Louçt & Brodeau, lett. C, fomm. 6. 20. & 30. Charondas, liv. 5. rép. 1. liv. 6. rép. 72. & liv. 7. rép. 34. Dupleffis, Traité de la communauté, liv. 1. chap. 2. avec les Notes ; le Brun en fon Traité de la communauté, liv. 1. chap. 2. nomb. 53. & fuiv.

Autrefois, quand il furvenoit quelque difficulté au fujet de l'obfervation des coutumes, la preuve s'en faifoit par enquête par turbe, que la Cour ordonnoit être faite par un commiffaire qui fe tranfportoit fur les lieux, où ayant affemblé les plus anciens Officiers & Praticiens, il les interrogeoit en deux ou trois turbes par la bouche du plus ancien de chacune, après en avoir communiqué avec tous ceux qui la compofoient. Cela a été pratiqué jufqu'à l'Ordonnance de 1667. laquelle au titre 7. a enfin abrogé toutes enquêtes d'examen à futur, & celles par turbes, touchant l'interprétation d'une coutume ou ufage, avec défenfes à tous Juges de les ordonner, à peine de nullité ; mais, au lieu d'enquêtes par turbes, on prend des actes de notoriété des Officiers de la Jurifdiction ordinaire du lieu.

Comme les coutumes font différentes les unes des autres, tant pour les droits qu'elles établiffent dans les Provinces qui font par elles régies, au fujet des biens qui y font fitués, que pour les formalités & folemnités particulieres qu'elles veulent être obfervées dans quelques actes, il eft à propos d'expliquer ici quelques coutumes ; on doit fuivre

dans les affaires qui fe font, ou celles du domicile de ceux qui les font, ou celles dans lefquelles les biens dont il s'agit font fitués.

Il faut diftinguer à cet égard entre les difpofitions perfonnelles de nos coutumes, les difpofitions réelles, & les folemnités des actes.

Voici en deux mots la regle. La Coutume du domicile regle l'état & la capacité des perfonnes ; la coutume où les biens font fitués, regle les difpofions que l'on en peut faire ; & la coutume du lieu où les actes fe paffent en regle la forme & les folemnités : c'eft ce que nous allons expliquer.

Les difpofitions perfonnelles de nos coutumes, font celles qui concernent les perfonnes, qui réglent leur état, leur capacité, condition & qualité.

Il faut en cela fuivre la coutume du domicile de la perfonne, en quelque lieu qu'elle fe trouve ; parce que c'eft la loi du domicile qui foumet les perfonnes qui font leur réfidence dans fon détroit, & qui feule leur peut donner le droit & la capacité de faire quelque chofe. *Statuta municipalia nunquam difponunt fuper capacitate aut habilitate eorum qui non funt in poteftate Statuti ; ut ait Paulus de Caftro, ad Legem cunctos cod. de fummâ Trinitat.*

D'ailleurs, fe feroit une abfurdité très-grande, fi la capacité des perfonnes fe changeoit felon les lieux où elles fe trouveroient.

Il s'enfuit de ce que nous venons de dire, que pour la majorité des perfonnes & l'âge de pouvoir difpofer de fes biens, tant par acte entre-vifs, que par teftament ou autre acte de derniere volonté, on fuit ce qui eft décidé par la coutume de leur domicile ordinaire.

Les difpofitions réelles concernent les immeubles & les droits immobiliers, lefquels fe réglent par la coutume où les héritages font fitués.

Ainfi, de même que les coutumes foumettent les perfonnes qui y font domiciliées, de même auffi elles réglent les héritages qui font fitués dans leur détroit. Le Droit d'aîneffe fe regle donc felon les coutumes où les fiefs font fitués.

Voyez ce que je dis, *verbo* Statut.

Pour ce qui eft de la validité des contrats, des teftamens & autres actes, il faut toujours obferver les formalités requifes par les coutumes des lieux où ils font paffés, fur peine de nullité.

Ainfi, lorfque les actes qui requierent quelque folemnité, fe paffent pardevant les Officiers d'un lieu, ils doivent être revêtus des formalités qui y font requifes, quoique ceux qui les paffent ayent leur domicile ailleurs.

La raifon eft, que les Officiers font obligés d'obferver les Loix de la Province où ils font leurs fonctions ; & en cela on n'a point d'égard au domicile des Parties contractantes ou du Teftateur, ni à la coutume des lieux où les héritages dont il s'agit font fitués.

Il s'enfuit de ce que nous venons de dire que quant à l'age de pouvoir faire teftament, il faut recourir à la coutume du domicile du teftateur. Pour ce qui eft des biens dont il peut difpofer par teftament, il faut s'en rapporter aux coutumes des lieux où fes biens font fitués ; & pour les folemnités du teftament, elles fe reglent par la coutume du lieu où le teftament eft paffé.

Conformément à ce principe il a été jugé qu'un teftament fait par un François fuivant la forme & les folemnités obfervées à Rome , étoit valable. L'Arrêt qui eft du 29. Janvier 1626. eft rapporté dans le Journal des Audiences.

Voyez ce que je dis des Statuts réels, perfonnels , & mixtes , *verbo* Statut.

Au refte , les Coutumes n'étant que des Loix particulieres des Provinces, pour lefquelles elles ont été faites , elles ne peuvent par elles-mêmes porter leur effet au delà de leur territoire.

Mais lorfqu'elles fe trouvent aidées de la convention des Parties , leur puiffance s'étend partout , & ne reçoit point de limites. Dolive , liv. 3. ch. 25. Brodeau fur Monfieur Louet , lettre C , fomm. 42.

Les Coutumes contiennent fouvent des difpofitions obfcures , qui ne peuvent que difficilement être expliquées.

Quand un article eft ambigu , il faut d'abord examiner fi , fans rien ajouter , retrancher ni diminuer , on peut en découvrir le véritable fens par quelqu'autre article de la même Coutume qui y ait du rapport : c'eft ce qu'on appelle expliquer la Coutume par la Coutume.

Si l'on ne trouve par ce moyen aucun éclairciffement , il faut examiner quel peut avoir été l'efprit de ceux qui ont rédigé la Coutume par rapport aux ufages qui étoient auparavant obfervés , ou par rapport au génie du Peuple pour lequel la Coutume a été faite en particulier , ou par rapport à la fituation du lieu où la Coutume s'eft établie.

A l'égard des difpofitions de quelques Coutumes qui paroiffent exhorbitantes , c'eft-à-dire , entierement oppofées au Droit commun coutumier , il faut fuivre le fens naturel & ordinaire de la lettre , fi ce n'eft que l'on eut ceffé d'obferver les mêmes difpofitions pendant un tems immémorial.

La raifon eft qu'il n'eft pas permis de rien ajouter aux Coutumes, ni d'en retrancher aucune difpofition, pas même un mot ou une fyllabe ; parce que les Coutumes font de Droit étroit , & font confidérées comme des conventions particulieres auxquelles on ne peut rien ajouter , diminuer, ni fuppléer, n'y ayant rien de convenu que ce qui eft écrit en termes prefcrits.

Toutes les difpofitions des Coutumes qui font exhorbitantes , font tellement de Droit étroit , qu'elles doivent non feulement être obfervées , quand elles ne font point abolies par un non-ufage ; mais auffi qu'elles ne reçoivent point d'extenfion d'un cas à un autre , quoique femblable.

Quand & comment on peut faire des conventions contraires à la difpofition d'une Coutume , *voyez* Déroger à la Loi.

Joignez à ce que nous venons de dire ici de nos Coutumes, ce qui en eft dit lettre D , en l'article du Droit coutumier, fuivant notre Droit François.

COUTUMES qui doivent etre suivies dans les questions sur lesquelles la Coutume du lieu est muette. Les Coutumes ne font point le Droit civil des François , parce qu'elles font la plûpart toutes différentes , & quelquefois même contraires les unes aux autres en plufieurs points.

Mais chaque Coutume eft le Droit particulier du pays pour lequel elle a été rédigée par écrit , *autoritate publicâ.*

Les Coutumes font donc fouveraines dans leur reffort , de même que les Princes dans leurs Etats ; & comme les Souverains ne relevent que de Dieu , elles ne relevent que du Roi. Elles ont toutes une autorité égale, parce qu'en général elles font toutes filles d'un même pere , c'eft-à-dire , du Prince qui les anime ; mais elles ont toutes des meres particulieres & différentes , car elles naiffent de diverfes volontés des peuples.

C'eft ce qui fait qu'elles refpeetent celle de Paris , comme ayant la fource la plus noble & la plus augufte , en ce que le trône de nos Rois , qui font les peres de la Patrie , y réfide avec fplendeur. Mais cette dignité ne donne à la Coutume de Paris la prééminence que dans l'ordre , & non pas dans l'autorité : c'eft pourquoi elle ne lui fait trouver dans les autres Coutumes que du refpeet & non pas de l'obéiffance , puifqu'elles font toutes , auffi-bien qu'elle , Reines de leurs citoyens. Elles ont du rapport à ces peuples que le Jurifconfulte , en la Loi 7. §. 1. *ff. de captiv.* & *poft lim. reverf.* dit être également libres , quoique fes plus petits honorent la majefté des plus grands.

Les autres Coutumes ne font donc pas abfolument obligées d'avoir recours à celle de Paris , lorfqu'elles n'ont point réglé quelque article, & lui rendre cet hommage , comme fi elles lui étoient fujettes , & obligées d'emprunter fes lumieres , comme d'un aftre fupérieur , lorfque leur clarté eft comme éclipfée.

Chaque Coutume eft renfermée dans fon territoire , & n'étend point fon empire au delà de fes bornes. D'ailleurs , quoique la Coutume de Paris foit mieux rédigée que les autres , elle eft très-ftérile & très-défectueufe fur quantité de matieres ; & dans celle dont elle parle , elle ne comprend pas tous les cas.

Il eft vrai que lorfqu'une Coutume n'a aucune difpofition fur une matiere, on fuit quelquefois la Coutume de Paris , fur-tout quand il s'agit de difpofitions perfonnelles : par exemple , les derniers Arrêts ont jugé que dans les Coutumes qui ne parlent point de l'âge de tefter , & qui font en grand nombre , il faut fuivre la Coutume de Paris.

La raifon eft que Paris étant la principale Ville du Royaume , cette Coutume doit avoir quelque préférence fur les autres ; d'ailleurs , elle eft mieux rédigée , ayant été faite par les plus fameux Jurifconfultes de ce tems-là : c'eft pourquoi , quand il s'agit de difpofitions perfonnelles , on la fuit ordinairement dans les cas non prévus par les autres Coutumes.

Ordinairement , dans les matieres qui n'ont point été traitées par la plûpart de nos Coutumes, comme font les contrats & les teftamens , au défaut de la Coutume du lieu , on fuit le Droit Romain ;

mais dans les queſtions qui ſont purement de Droit coutumier, la régle eſt d'avoir recours premiérement aux Coutumes voiſines, & à leur défaut au Droit commun coutumier, parce que dans ces ſortes de matieres les Coutumes ſont le Droit commun du pays coutumier.

A l'égard des Coutumes voiſines, il eſt très-naturel qu'on y ait recours, au défaut de la Coutume du lieu, ou quand la Coutume du lieu eſt obſcure.

La raiſon eſt, que, qui dit Coutume, dit les mœurs & les uſages d'un Peuple : or les mœurs des Peuples voiſins ſympatiſent bien plus entr'eux qu'avec les Peuples éloignés.

Les Normands, par exemple, ſympatiſent mieux avec les Manſaux qu'avec les Pariſiens, & les Bretons ſympatiſent mieux avec les Angevins, qu'avec les Peuples qui ſont éloignés d'eux : en un mot, la proximité du climat inſpire les mêmes ſentimens & les mêmes inclinations.

Au défaut de la Coutume du lieu & des Coutumes voiſines, il faut, dans les matieres qui ſont purement de Droit coutumier, avoir recours au Droit commun coutumier, c'eſt-à-dire, au Droit qui eſt preſque généralement reçu par nos Coutumes.

Par exemple, s'il n'eſt point parlé dans une Coutume de la communauté de biens entre conjoints, cette communauté eſt cenſée tacitement reçue dans cette Coutume, à cauſe que dans la plûpart de nos Coutumes elle eſt admiſe.

Il en eſt de même du droit d'aîneſſe, qui eſt purement de Droit Coutumier, & qui par conſéquent dans les Coutumes qui n'en parlent point, doit être reçu & réglé ſelon les Coutumes voiſines, & à leur défaut, ſuivant le Droit commun coutumier.

Touchant le Droit qu'il faut ſuivre en pays coutumier, au défaut de la Coutume, voyez Mornac ſur la Loi 9. au Digeſte de juſtitiâ & jure ; M. le Prêtre, cent. 79. Bouguier lett. C, nomb. 9. Peleus, queſt. 9. & 106. Ricard, des Donations, part. 1. ch. 3. ſect. 15. nomb. 645.

C O U T U M E S SOUCHERES, ſont celles qui veulent que pour ſuccéder à un propre, on ſoit deſcendu en ligne directe de l'acquéreur, c'eſt-à-dire, de celui qui a acquis le premier l'héritage, & l'a mis dans la famille, lequel, d'acquêt qu'il étoit en ſa perſonne, eſt devenu propre à ceux de la famille auxquels il eſt échu par les moyens qui font les propres.

Concluons de là, que ſi j'ai ſuccédé à mon ayeul dans un héritage qu'il avoit acquis, & que je décede ſans enfans, pour m'y ſuccéder, il faut être ou fils ou petit-fils, ou autre deſcendant de mon ayeul.

Mais s'il n'y en a point, l'héritage eſt regardé en ma ſucceſſion comme acquêt ; mon plus proche parent y ſuccéde, & l'on n'a point d'égard au côté paternel dont cet héritage m'eſt échu.

La Coutume de Mante eſt une de ces Coutumes, dont la diſpoſition en l'art. 167. eſt fort claire. S'entendent leſdits héritiers être de l'eſtoc & branchage dont font procédés leſdits héritages, quand iceux héritiers font deſcendus de celui par qui leſdits héritages ont été premiérement acquis ; auxquels ils ſuccéderont, encore qu'ils ne ſoient les plus prochains parens dudit défunt : autrement non, comme ſi ledit défunt étoit décédé ſans hoirs, délaiſſés freres ou ſœurs uterins, & un oncle paternel : car ledit oncle ne ſuccédera des biens requis par feu ſon frere, qui auroit fait ſouche en la perſonne d'icelui défunt, ains leſdits uterins ſeuls y ſuccéderont ; mais ſi les héritages avoient été acquis par l'ayeul paternel dudit défunt, audit cas, ledit oncle ſeul ſuccéderoit à iceux, & non leſdits uterins.

Au reſte, il n'y a que les Coutumes qui portent expreſſément, qu'il faut être de la ſouche de l'acquéreur, qui puiſſent paſſer pour Coutumes ſoucheres.

Dans ces Coutumes lorſqu'un défunt ne laiſſe aucuns parens qui ſoient deſcendus en ligne directe du premier acquéreur d'un héritage, cet héritage eſt regardé dans ſa ſucceſſion comme acquêt : de-ſorte que ſon plus proche parent y ſuccéde, comme je l'ai déja dit.

Les autres Coutumes qui ne portent pas expreſſément, que pour ſuccéder à un propre, il faut être deſcendu en ligne directe du premier acquéreur de cet héritage, ſont, ou Coutumes d'eſtoc & ligne, ou Coutumes qui admettent ſimplement la régle, paterna paternis, materna maternis, ſans avoir égard à la ſouche ni à la ligne d'où les héritages ſont parvenus au défunt.

Voyez le Traité des Succeſſions de M. le Brun, liv. 2. ch. 1. ſect. 3. & ce que je dis ſous ces mots, paterna paternis, materna maternis.

COUTUMES D'ESTOC ET LIGNE, ſont celles dans leſquelles, pour ſuccéder à un propre il ſuffit d'être parent du défunt du côté & ligne d'un premier acquéreur ; mais il n'eſt pas requis d'en être deſcendu en ligne directe.

Simon ayeul, par exemple, a acquis un héritage, qu'il n'ait pas eu d'autres enfans que mon pere, & que je ſois fils unique, & décedé ſans enfans, cet héritage ne pourroit appartenir au frere de mon ayeul dans une Coutume ſoucheres ; mais dans une Coutume d'eſtoc & ligne, il lui appartiendra. Mais ſi je n'ai aucun parens du côté de mon ayeul, cet héritage ſera regardé dans ma ſucceſſion comme un acquêt.

La Coutume de Paris, & la plus grande partie de nos Coutumes, ſont Coutumes d'eſtoc & lignes qui attribuent les propres aux parens du défunt du côté & ligne de l'acquéreur, ſans qu'il ſoit néceſſaire d'en être deſcendu en ligne directe.

Voyez ce que je dis ſous ces mots, paterna paternis, materna maternis.

COUTUMES, qui admettent ſimplement la régle, paterna paternis, materna maternis, ſans aucun égard à la ſouche ni à la ligne d'où les héritages ſont parvenus au défunt, ſont celles qui n'ont aucune diſpoſition pour la ſucceſſion des propres, comme celle de Chartres.

Dans ces Coutumes, l'uſage s'eſt introduit d'admettre ſimplement la régle, paterna paternis, materna maternis, pour que les biens ſoient conſervés dans les familles deſquelles ils proviennent.

Ainſi dans ces Coutumes les plus proches parens paternels du défunt ſuccédent à tous les héritages paternels, & les plus proches parens maternels ſuccédent à tous les propres maternels, ſans diſtinction de ſouche ni de ligne.

Voyez ce que je dis ſous ces mots, *paterna paternis*, *materna maternis*.

COUTUMES D'ÉGALITÉ, ſont celles qui ne permettent pas de faire aucun avantage, de quelque manière que ce ſoit, à un de ſes héritiers, tant en ligne collatérale qu'en ligne directe. Et comme ces Coutumes veulent qu'on ne puiſſe faire la condition de l'un meilleure que celle des autres, elles ſont appellées Coutumes d'égalité.

Telles ſont celles de Tours, Maine, Anjou, Blois, & principalement celle de Dunois.

Dans ces Coutumes, les enfans, ou autres héritiers donataires, ſont obligés de rapporter ce qui leur a été donné, ſoit qu'ils acceptent la ſucceſſion, ſoit qu'ils y renoncent ; Soefve, tome 1. cent. 4. ch. 45. à moins que le contraire n'ait été ſtipulé par contrat de mariage paſſé de bonne foi avec tous les cohéritiers préſomptifs majeurs, avec une dérogation expreſſe à la diſpoſition de la Coutume.

De Toutes les Coutumes qui ſe reſſentent de l'égalité, il y en a qui permettent au pere de diſpenſer ſes enfans du rapport, comme Nivernois, ch. 27. art. 11. Berry, tit. 19. art. 42. Bourbonnois, art. 308. Il y en a d'autres qui le défendent expreſſément, comme Anjou & le Maine, qui ſont appellées à cauſe de cela, Coutumes d'égalité parfaite.

Dans toutes les Coutumes d'égalité, le rapport n'a lieu que lorſqu'il y a des cohéritiers qui le demandent, parce qu'il n'a lieu que pour leur faveur, & pour conſerver l'égalité entr'eux. D'où il s'enſuit, que s'il n'y avoit que des créanciers du défunt qui vouluſſent obliger l'héritier donataire de rapporter, ils ne ſeroient pas recevables.

Nous avons des Coutumes qui ſont d'égalité parfaite en ligne directe, & non en ligne collatérale : telle eſt la Coutume de Vitry ; comme il a été jugé par Arrêt du 4. Juillet 1729. rendu ſur les concluſions de Monſieur l'Avocat général Dagueſſeau.

COUTUMES DE SUBROGATION, ſont celles qui, pour aſſurer quelque choſe aux héritiers, ſubrogent les meubles, au lieu des propres, & qui ne permettent pas à un teſtateur de diſpoſer de la totalité de ſes acquêts & meubles, quand il n'a point de propres.

Voyez M. le Brun en ſon Traité des ſucceſſions, liv. 2. chap. 4. nomb. 33. & ſuiv.

COUTUMES LOCALES, ſont celles qui ſont particuliérement obſervées dans un certain lieu, & qui ne le ſont pas dans tous les endroits où s'étend la Coutume générale du lieu.

Par exemple, on voit dans des Coutumes qu'il y a des diſpoſitions particulieres pour certain Bailliage. Il faut en cela ſuivre ce qui eſt écrit ſpécialement pour ces Baillages ſur certains points, & ſuivre la Coutume générale pour tout le reſte.

Il y a auſſi dans pluſieurs endroits du Pays de Droit écrit des Coutumes locales qu'il faut pareillement ſuivre, quoiqu'elles ſoient contraires au Droit Romain, qui tient lieu de Droit municipal dans les Provinces que nous appellons pays de Droit écrit.

COUTUMES ALLODIALES, ſont celles dans leſquelles le franc aleu eſt admis de plein droit & ſans titre.

COUTUMES MUETTES. C'eſt ainſi qu'on appelle les Coutumes qui ne contiennent aucune diſpoſition ſur un cas qui eſt décidé par d'autres Coutumes.

COUTUME DU VEXIN-LE-FRANÇOIS, dont il eſt parlé dans les articles 3. 4. & 33. de la Coutume de Paris, n'eſt pas une Coutume qui en ſoit diſtincte & ſéparée, mais un certain uſage particulier qui provient des anciens titres & inveſtitures des fiefs faites par les Seigneurs.

Cet uſage eſt contraire à la Coutume de Paris, en ce que dans les fiefs deſquels il eſt obſervé, le quint n'eſt jamais dû, quoiqu'il y ait ouverture pour cauſe de vente, & auſſi en ce que le relief eſt dû à toutes mutations ; au lieu que dans la Coutume de Paris, en mutation qui ſe fait par vente ou acte équipollent à la vente, eſt dû le quint ; & qu'en ſucceſſion, donation & ſubſtitution en collatérale, & quelques autres cas, le relief eſt dû ; mais en ſucceſſion, donation, & ſubſtitution en directe, il n'eſt dû au Seigneur par le nouveau vaſſal dans la Coutume de Paris, que la bouche & les mains.

Voyez ce que j'ai dit ſur l'art. 3. de la Coutume de Paris, & ce que j'en dis, *verbo* Vexin.

COUTUME QU'IL FAUT SUIVRE QUAND LE FIEF DOMINANT SE TROUVE DANS UNE COUTUME, ET LE FIEF SERVANT DANS UNE AUTRE. Pour ce qui regarde la foi & hommage, il faut toujours ſuivre la Coutume dans l'étendue de laquelle eſt ſitué le fief dominant ; parce qu'il faut que celui qui a le fief ſervant, ſe tranſporte au principal manoir du fief dominant, pour faire la foi & hommage.

Mais pour ce qui eſt du payement des droits ſeigneuriaux, & de la maniere de jouir des biens que le Seigneur féodal met en ſa main, il faut ſuivre la diſpoſition de la Coutume dans l'étendue de laquelle le fief ſervant ſe trouve ſitué. La raiſon eſt qu'il faut que le Seigneur du fief dominant ſe tranſporte ſur le lieu, pour jouir des droits ſeigneuriaux.

Voyez les Obſervations de M. le Camus ſur l'art. 3. de la Coutume de Paris.

COUTUMES DE PREVENTION, telle qu'eſt la Coutume d'Anjou, titre de Juriſdiction, ſont celles où, quand le Juge ſupérieur a prévenu, l'inférieur ne peut revendiquer, & le Juge royal a la prévention ſur tous, ſans diſtinction de l'ordre des dégrés de Juriſdiction. *Voyez* Henrys, tome 1. liv. 2. queſt. 77.

COUTUMES CONTRAIRES A L'HONNETETÉ ET AUX BONNES MŒURS. *Voyez* ci-après Uſage.

COUVENT, eſt une Maiſon de Religieux & Religieuſes qui ont quitté le Monde pour vivre enſemble ſaintement, & ne ſonger qu'à leur ſalut. *Voyez* ce qui en eſt dit dans mon Dictionnaire du Droit Canon.

COUVRIR

COUVRIR, signifie apporter quelque défense, quelque exception; qui couvre la demande qui est faite; comme quand on dit, *la prescription vous couvre de la demande de votre Partie.*

En matiére féodale, couvrir un fief ou arriere-fief, est empêcher & prévenir la saisie féodale, en faisant la foi & hommage, ou offrant de la faire pour ouverture ou mutation du fief avenu.

C R

CRAINTE, est un mouvement de l'esprit, causé par un péril présent ou qui peut arriver: *Est instantis vel futuri periculi causâ mentis trepidatio.*

On en distingue de deux fortes; sçavoir, la crainte légere & la crainte grave.

La légere appellée en Droit *metus levis*, est celle qui se rencontre dans l'esprit d'un homme timide comme seroit la crainte de déplaire à quelqu'un, & d'encourir sa disgrace.

La grave, appellée en Droit *metus gravis*, est celle qui peut épouvanter un homme intrépide, comme la crainte de la mort, des chaînes & des prisons, & la crainte de la perte de tous ses biens.

La crainte que le respect inspire aux enfans envers leurs peres, appellée en Droit *metus reverentialis*, n'est donc pas une crainte grave: c'est pourquoi le mariage qu'un fils a contracté par l'impression d'une telle crainte, est valable parce que cette crainte n'exclut pas le consentement; comme nous avons dit dans la Traduction des Institutes, sur le commencement du titre des Nôces.

Boniface, tome 2. liv. 4. tit. 19. chap. 1. rapporte un Arrêt du Parlement de Provence, qui a jugé qu'une obligation faite par un Domestique à son Maître, ne pouvoit point être cassée, sous prétexte qu'elle avoit été passée par crainte révérentielle.

La crainte grave est une juste cause de restitution contre ce qu'elle nous a fait faire; malgré nous, à notre désavantage.

La raison est, que l'équité ne veut pas que les audacieux profitent de leurs crimes, & de la foiblesse de ceux qu'ils ont intimidés.

Sur quoi il faut remarquer qu'il n'importe pas, pour faire cesser un acte, que la crainte qui nous l'a fait passer, nous ait eu pour objet; il suffit qu'elle soit tombée sur nos enfans, ou nos peres & meres, d'autant que l'amour que nous avons pour ces personnes nous affecte quelquefois plus que celui que nous avons pour nous-mêmes.

Pour obtenir des Lettres de restitution pour cette cause, il faut déduire & exposer briévement toutes les circonstances du fait par lequel la violence nous a été faite, & dire en général qu'on a été forcé & contraint.

Il faut donc déclarer les circonstances du lieu, du tems, des personnes, & de quelle maniere les choses se sont passées; car ce sont les circonstances qui font connoitre si la crainte a été grave ou légere, & si elle est suffisante pour donner lieu à la restitution.

Tome I.

Au reste, Charondas, liv. 8. rép. 23. rapporte un Arrêt du 7. Septembre 1563. qui a jugé que la menace faite par un mari à sa femme de ne jamais coucher avec elle, & de ne point consentir au mariage de sa fille d'un premier lit, si elle ne vendoit certains héritages, étoit une crainte suffisante pour faire casser le contrat de vente qu'elle en avoit fait.

Voyez Despeisses, tome 1. page 752. *Voyez* Violence.

CREANCE, signifie dette, & le droit qu'a celui qui est créancier de s'en faire payer par celui qui en est débiteur.

CREANCE, LETTRE DE CREANCE, est une Lettre que donne un Banquier ou un Marchand à un homme qui voyage, pour lui servir de Lettre de change quand il aura besoin d'argent. *Voyez* Crédit.

CREANCIER, est celui à qui il est dû quelque chose, pour raison de quoi il a une action personnelle contre son débiteur, qu'il peut valablement intenter.

Il faut donc, pour se pouvoir dire créancier, être en droit de former une demande légitime en Justice, qui ne puisse être détruite par aucune exception, suivant la Loi 10. ff. de verb. signif.

On ne peut être créancier de quelqu'un qu'en vertu d'une obligation, qui est un lien par lequel nous sommes obligés à donner ou à faire quelque chose à quelqu'un.

Ce lien provient de l'une de ces quatre causes; sçavoir, ou d'un contrat, ou d'un quasi-contrat, ou d'un délit, ou d'un quasi-délit.

Voyez ce que j'ai dit dans ma Traduction des Institutes, sur le titre 14. du troisieme livre.

Tous créanciers sont ou hypothécaires, ou chirographaires. Les uns & les autres sont ordinaires ou privilégiés; comme nous l'allons expliquer, après quelques observations générales sur le mot Créancier.

La premiere est, que la qualité de créancier est un juste moyen de récusation contre un Arbitre, quoiqu'il n'en soit fait aucune récusation dans les Loix ni dans les Ordonnances de nos Rois.

La deuxieme, que les créanciers n'ayant point d'autre moyen de se faire payer, peuvent dans le tems de l'Ordonnance se servir, au nom de leur débiteur, du bénéfice de restitution en entier, pour lézion d'outre moitié, contre celui qui auroit acheté de leur débiteur un héritage plus de moitié moins qu'il ne vaut, à l'effet que le contrat de vente soit nul, & les parties remises en l'état qu'elles étoient avant, si mieux n'aime l'acquéreur payer le supplément du juste prix. Charondas, liv. 9. rép. 25. Maynard, liv. 3. ch. 70.

La troisieme, que les créanciers peuvent recueillir au nom de leur débiteur, *eo etiam invito*, une succession à lui échue, en baillant caution de l'acquitter des charges. Auzanet sur l'art. 307. de la Coutume de Paris. *Voyez* Belordeau, lettre D, article 3.

La quatriéme, qu'un créancier ne peut pas être contraint de recevoir en payement une autre chose que celle qui lui eſt dûe ſuivant cette maxime : *Aliud pro alio invito creditori ſolvi non poteſt.*

La cinquième, qu'un créancier ne peut pas ſe mettre en poſſeſſion des biens de ſon débiteur ; mais il les peut ſaiſir & faire vendre par autorité de Juſtice, à l'effet d'être payé de ſon dû ſur les deniers en provenans.

La ſixième, que lorſque deux perſonnes prêtent une même ſomme, chacun eſt cenſé créancier pour moitié de la ſomme ; & ſi le débiteur paye à l'un deſdits créanciers toute la ſomme, l'autre créancier peut agir contre lui pour être payé de l'autre moitié, à moins qu'il n'eût été ſtipulé que le débiteur, en payant toute la dette à l'un des créanciers, ſeroit entièrement libre.

Voyez Cambolas, livre 5. chap. 15. & Duperier, livre 3. queſt. 14. qui font voir que *creditores ejuſdem rei non ſunt correi credendi, niſi forte illud ſpecialiter & nominatim actum fuerit.*

Un créancier a ſouvent pluſieurs différentes voies pour contraindre ſon débiteur à ſatisfaire à ſon obligation. Sur quoi on demande ſi un créancier peut les mettre toutes à exécution en même tems, ſans que l'une ſerve d'empêchement à ſe ſervir des autres ?

En France, on diſtingue entre les actions & les contraintes.

Quand pluſieurs actions concourent pour la même choſe, le choix que le créancier fait de l'une, lui ôte la faculté de ſe ſervir des autres : ce qui n'étoit pas obſervé chez les Romains ſans diſtinction, comme je l'ai remarqué dans mes Paratitles du Digeſte ſur le titre de *obligationibus.* Mais en France *nunquam admittitur concurſus actionum, ita ut ſi plures actiones ratione ejuſdem rei competant, una electa, altera ſemper perimatur.*

A l'égard des contraintes qu'un créancier peut mettre à exécution pour ſe faire payer de ſon dû, il lui eſt libre de les employer toutes, ſans que le choix de l'une empêche l'uſage de l'autre. *Is qui jure publico utitur, non videtur injuriæ faciendæ cauſa hoc facere : juris enim executio non habet injuriam. Leg.* 13. §. 1. *ff. de injuriis.*

Ainſi un créancier qui a fait ſaiſir & exécuter les meubles de ſon débiteur, peut faire ſaiſir réellement ſes immeubles ; il peut même mettre à exécution la contrainte par corps contre lui, s'il en a.

La raiſon eſt que tous ces remedes ne tendent qu'à une même fin, qui eſt de ſe faire payer de ſon dû ; ainſi juſqu'à ce qu'il en ait été entièrement payé, il lui eſt permis de les mettre tous à exécution.

CREANCIERS PRIVILÉGIÉS, ſont ceux qui ſont préférés ſur le prix provenant de la vente faite des effets ſaiſis ſur leur débiteur.

Il y en a de deux ſortes ; ſçavoir, les créanciers qui ſont ſimples privilégiés, comme ceux qui ſont en poſſeſſion du gage qui leur a été donné pour ſûreté de leur dû ; le propriétaire d'une maiſon à l'égard des meubles dont elle eſt meublée ; & les créanciers privilégiés & hypothécaires, dont nous allons parler ci-après.

CREANCIERS HYPOTHECAIRES ORDINAIRES,

ſont ceux qui ont hypotheque ſur les biens de leurs débiteurs, ſans autre privilege que la priorité ; en ſorte qu'on les colloque ſuivant l'ordre des tems de leurs créances, & qu'on préfere celui qui eſt antérieur au poſtérieur, ſuivant la maxime, *qui prior eſt tempore, potior eſt jure, t.* 1. *ff. qui potiores in pign.*

CREANCIERS PRIVILÉGIÉS HYPOTHECAIRES, ſont ceux qui ſont colloqués ſelon l'avantage de leurs privileges, ſans avoir égard au tems que la dette a été créée ; *quia ſcilicet privilegia non tempore, ſed ex cauſa æſtimantur. Leg. privilegia, ff. de privileg. conditor.*

Le Maçon qui a bâti une maiſon, ou qui a fait des réparations dans une maiſon, l'emporte ſur tout autre privilege. *Voyez* à la lettre P, ce que je dis au ſujet de ce privilege.

Les bailleurs de fonds, ceux à qui le prix des héritages vendus eſt dû, ſont auſſi créanciers hypothécaires & privilégiés, lorſqu'ils ſe ſont réſervés deſſus une hypotheque pour le payement du prix convenu.

Ceux qui ont prêté leurs deniers pour en faire l'acquiſition, ſont auſſi préférables à tous autres quoiqu'antérieurs ſur le prix d'icelui, pourvû que leurs deniers aient véritablement été employés à l'acquiſition deſdits héritages, & qu'ils aient ſtipulé une hypotheque ſpéciale ſur iceux. *Leg. licet, cod. qui potiores.*

Ainſi celui qui a prêté de l'argent pour l'achat d'une maiſon ou autre immeuble, qui eſt après ſaiſi réellement & vendu ſur l'acquéreur, eſt le premier payé par préférence à tous autres créanciers, pourvû que le prêt ait été fait devant ou lors de l'achat, & qu'il ſoit fait mention d'icelui dans le contrat d'acquiſition, ou dans un autre acte ſéparé antérieur audit contrat, & que leſdits deniers ayent été employés audit achat, & qu'au payement d'iceux, l'immeuble acheté ſoit ſpécialement affecté & hypothéqué. Mais ſi après l'achat, leſdits deniers avoient été prêtés pour payer le prix d'icelui, la préférence ceſſeroit, & ce créancier n'auroit hypotheque que du jour du contrat ſans préférence.

Voyez M. Cujas, ſur la Novelle 136. M. le Maître en ſon Traité des Criées, chap. dernier ; Loyſeau au Traité des Offices, liv. 3. ch. 8. nomb. 31. Louet, lettre H, ſomm. 11.

Ceux qui ont rembourſé leſdits créanciers des deniers employés en l'acquiſition d'un immeuble, ſont auſſi créanciers hypothécaires & privilégiés, au moyen de la ſubrogation en leurs droits, pourvû qu'ils ayent pris les précautions & ſubrogations ſuffiſantes.

Il faut dire auſſi que ceux qui ont prêté des deniers pour faire dans un héritage des réparations néceſſaires & des augmentations, ſont créanciers privilégiés hypothécaires, comme étant aux droits des Maçons qui ont bâti, pourvû que ces créanciers ayent pris la précaution de ſtipuler que leurs deniers ſeroient employés à cette deſtination, & en ayent pris des quittances des ouvriers, paſſées pardevant Notaires, en conſéquence des devis &

marchés précedemment faits auffi pardevant Notaires.

Un privilège confidérable qui eft accordé au plus ancien créancier privilégié, eft qu'il peut demander pour la prifée les biens de fon débiteur, fur lefquels il a hypothéqué & privilége. Ainfi jugé le 31. Juillet 1706. pour M. le Duc d'Orléans, comme créancier privilégié de la Maifon de Croy.

On ajoute quelquefois dans ces fortes d'Arrêts, que cette adjudication pour la prifée fe fait à la charge de payer les créanciers antérieurs. *Voyez* Droit de prendre les héritages pour la prifée.

CREANCIERS PRIVILEGIÉS EN FAIT D'OFFICES, font ceux qui ont droit de fe faire payer fur le prix provenant de la vente d'un Office, par préférence à tous autres créanciers.

Tels font ceux qui ont vendu la Charge, ou ceux qui ont prêté leurs deniers à l'acquéreur pour en payer le prix.

Ces créanciers font préférés à tous autres, foit qu'ils foient faififfans ou oppofans, pourvû qu'ils ayent fait leur oppofition au Sceau avant la réfignation admife, & les provifions expédiées du nouveau Titulaire.

Pour que ce privilége ait lieu, il faut qu'il ait été déclaré dans le contrat que le vendeur s'eft réfervé privilége fur l'Office, ou que les deniers ont été prêtés par un tel pour l'acquifition de la Charge, fur laquelle il ftipule une hypothéque privilégiée.

Comme les Offices qui font fujets à la Paulette, tombent entre les Parties cafuelles par la mort du Titulaire, faute par lui de l'avoir payée; celui des créanciers privilégiés du pourvû d'un tel Office, qui auroit en fon acquit payé la Paulette, feroit préféré à tous autres créanciers, quelque privilége qu'ils ayent fur cet Office; jufqu'à concurrence des deniers qu'ils auroient payés pour raifon de ce droit.

Enfin, il y a une créance privilégiée fur le prix provenant de la vente d'un Office; fçavoir, celle qui provient d'un fait de Charge. *Voyez* Fait de Charge.

CREANCIERS CHIROGRAPHAIRES ORDINAIRES, font ceux dont les créances n'emportent ni hypothéque ni privilége, & qui font payés fur le prix de la vente des meubles par contribution au fol la livre, en cas de déconfiture. *Voyez* Préférence. *Voyez* Déconfiture.

Ainfi, comme les meubles ne font pas fufceptibles d'hypothéque, les créanciers qui ont droit d'hypothéque fur les immeubles de leur débiteur, ne font confidérés par rapport à ces meubles que comme des créanciers chirographaires; c'eft pourquoi après que les frais de Juftice & les autres dettes privilégiées ont été prifes fur les prix de la vente des meubles, en cas de déconfiture, tous créanciers faififfans ou oppofans, tant chirographaires qu'hypothécaires, viennent indiftinctement par contribution, & à proportion de leur dû.

Mais hors le cas de déconfiture, le premier faififfant eft toujours préféré fur le prix provenant de la faifie & exécution de meubles. *Voyez* Contribution.

CREANCIERS CHIROGRAPHAIRES PRIVILEGIÉS, font ceux qui font payés fur les meubles par préférence avant la contribution, eu égard à la qualité de leurs créances.

Par exemple, les frais funéraires, ceux de la maladie, les loyers de la maifon, les gages des domeftiques, toutes ces dettes font privilégiées, & doivent être acquittées avant toute autre dette chirographaire du défunt.

Celui qui a vendu un meuble dont il n'a pas été payé, a un privilége deffus, quoiqu'il foit faifi fur le débiteur.

Voyez ce que j'ai dit fur l'art. 176. & fur l'art. fuivant de la coutume de Paris.

Le créancier faififfant les effets de fon débiteur, qui les détournoit au préjudice de fes créanciers, a été préféré fur le prix d'iceux à tous autres. L'arrêt a été rendu au Parlement de Tournay le 7. Février 1695. & eft rapporté par Pinault, tome 1. Arrêt 52.

La raifon eft, que par ce moyen ce créancier qui a faifi les effets que fon débiteur enlevoit en fraude de fes créanciers, *meliorem omnium creditorum caufam fecit.* Ainfi, quoique le débiteur foit déconfi & infolvable, la contribution au fol la livre ne doit pas avoir lieu en ce cas.

Les frais de Juftice font toujours les premiers privilégiés, parce qu'ils font cenfés faits pour la confervation de la chofe, & pour la fûreté de tous les créanciers: c'eft pourquoi fi celui à qui appartient un effet mobilier, l'a confié à un tiers, & que cet effet fe trouve compris dans une faifie faite fur ce tiers, le propriétaire qui en demande la diftraction, eft tenu pour l'obtenir de payer les dépens qui ont été faits avant fa demande, à moins qu'il n'y ait d'autres effets faifis fur lefquels ils puiffent fe prendre, & que la chofe revendiquée n'ait pas contribué à augmenter les frais. *Voyez* Frais de Juftice.

CREANCIER QUI A DES GAGES POUR SURETÉ DE SON DU, eft préféré fur iceux à tous autres créanciers, fuivant l'art. 181. de la Coutume de Paris. *Voyez* ce que je dis fur cet article, & ce que je dis ci-après, *verbo* Gage.

CREANCIER DELEGUÉ eft celui qui doit recevoir le prix d'une chofe vendue par fon débiteur, qui l'a ainfi ftipulé par le contrat.

Exemple. Je vends ma maifon vingt mille livres à Mœvius; je dois dix mille livres à Titius. Je charge par le contrat de vente Mœvius de payer à Titius les dix mille livres que je lui dois. En ce cas Titius qui eft mon créancier, devient le créancier de Mœvius, par le moyen de la délégation que je lui ai faite.

Voyez Délégation.

CREANCIERS SOLIDAIRES, font ceux ou plufieurs qui prêtent une même fomme, à la charge que la totalité en fera dûe à chacun d'eux: mais il faut que cela ait été expreffément convenu entre les Parties.

Voyez ci-deffus Créancier.

CREANCIERS D'UN DEBITEUR NE PEUVENT ATTAQUER UN ARREST RENDU CONTRE

LUI, QUE PAR LES MESMES VOIES QUE CE DEBI-
TEUR LE POURROIT FAIRE. Ainſi jugé par Arrêt
le 22. Février 1701. rapporté dans le Journal des
Audiences.

CREDIT. LETTRE DE CREDIT, eſt celle qui
eſt adreſſée par un Banquier à ſon correſpondant,
& qu'il donne à un de ſes amis qui a beſoin d'argent dans une ville où il déſire aller, par laquelle
il lui mande de fournir à ſon ami porteur de ſa
Lettre une ſomme de deniers, ou bien tout ce
dont il aura beſoin.

Ces Lettres ont le même privilége pour contraindre au payement de ſommes reçues en vertu
d'icelles, que les Lettres de change.

Mais ces Lettres de crédit ſont très-dangereuſes
pour ceux qui les fourniſſent, s'ils ne connoiſſent
bien les perſonnes à qui ils les donnent.

Iº. Parce que ſi la Lettre de crédit porte ordre de
fournir autant d'argent au porteur qu'il en demandera; & que le porteur ſoit un joueur & un débau-
ché, il peut ruiner le donneur de Lettre : c'eſt
pourquoi, au lieu de donner un ordre indéfini, on
doit, quand on eſt ſage, limiter la lettre de crédit
à une ſomme fixe & limitée.

IIº. Un porteur de Lettre de crédit peut être volé en chemin, & les voleurs trouvant dans la va-
liſe ou ſur lui la Lettre de crédit, cela fait qu'ils le
tuent, & enſuite peuvent aller recevoir de l'argent en vertu de la Lettre, ſous le nom de celui
en faveur duquel elle a été donnée, particuliérement quand l'ordre eſt indéfini.

Ceux qui voudront faire plaiſir à leurs amis, en
leur fourniſſant leur Lettre de crédit, doivent donc
prendre la précaution de déſigner par leurs Lettres
d'avis à leurs Correſpondans les perſonnes par leur
âge, habits, tailles, couleur ou ſigne particulier
qui ſe rencontre ſur le corps, ou bien encore par
quelque parole que le porteur de la Lettre pourra
dire, dont ils ſeront convenus, afin d'éviter les accident qui peuvent arriver, & que les Correſpondans puiſſent payer avec ſûreté.

CRI PUBLIC, ſignifie ban, publication qui ſe
fait hautement à ſon de trompe, & après avoir
amaſſé le peuple; à l'effet de rendre une choſe publique. Ce qui a lieu en pluſieurs occaſions rapportées par Imbert, liv. 1. chap. 6. de ſes Inſtitutes forenſes.

En matiere criminelle, en cas d'abſence de
l'accuſé, après qu'il a été aſſigné à la quinzaine
par affiche, à la porte de l'Auditoire, il eſt aſſigné
à la huitaine par un ſeul cri public. Sur quoi il faut
remarquer, Iº. que ce n'eſt qu'après que le délai
porté par la Déclaration du mois de Septembre
1680. eſt expiré.

IIº. Que le jour de l'aſſignation & celui de l'é-
chéance ne ſont pas compris dans les délais.

IIIº. Que cette aſſignation & cri public ſe fait à
la place publique, & à la place de la Juriſdiction,
& encore au-devant du domicile ou réſidence de
l'accuſé.

Voyez le titre 17. de l'Ordonnance de 1670. &
ce que j'ai dit, verbo Contumace.

CRIÉES, ſont des proclamations ou cris pu-

blics qui font la ſuite de la ſaiſie réelle, & qui
conduiſent au décret d'adjudication.

Elles ſe font pour trouver des enchériſſeurs, par
un Huiſſier ou Sergent, qui déclare par quatre Dimanches, à l'iſſue de la Meſſe paroiſſiale, lorſque
les Paroiſſiens en ſortent, de quatorzaine en quatorzaine, que faute de Payement fait par un tel
débiteur à un tel ſon créancier, il ſaiſit tel héritage ſitué dans la Paroiſſe où il fait les criées, pour
être vendu par décret, & adjugé au plus offrant
& dernier enchériſſeur, ſuivant les Us & Coutumes du lieu où l'héritage eſt ſitué.

Dans quelques Coutumes, les criées ne ſe font
pas comme à Paris de quatorzaine en quatorzaine, mais de quinzaine en quinzaine. Sur quoi il
faut remarquer, qu'à l'égard de la ſaiſie réelle,
on doit ſuivre la Coutume du lieu où l'on ſaiſit; &
qu'à l'égard des criées, c'eſt la Coutume du lieu
où on les fait qu'on doit ſuivre.

Ces proclamations ſont abſolument néceſſaires
dans les ventes & adjudications qui ſe font par décret forcé & volontaire; autrement le décret ſeroit nul & ſans effet.

Ces criées doivent être faite dans toutes les Paroiſſes où les choſes ſaiſies réellement ſont ſituées,
ſur peine de nullité du décret des choſes dont les
criées n'auroient pas été faite dans la Paroiſſe où
elles ſe trouveroient ſituées.

Il faut auſſi ne pas laiſſer paſſer un des Dimanches des quatre quatorzaines, à peine de nullité;
comme ſi la premiere criée eſt faite le premier
Dimanche du mois, la deuxiéme doit être faite
le troiſiéme, & qui la feroit le deuxiéme ou le
quatriéme, feroit une nullité dans les criées; de
ſorte qu'il faudroit recommencer la premiere, &
faire ſuivre les autres aux jours preſcrits.

Les formalités des criées ont été pour la plûpart
établies par l'Edit d'Henry II. du 5. Septembre
1551. que l'on appelle l'Edit des criées, où le
Lecteur peut avoir recours. Il eſt rapporté dans le
nouveau Néron avec des commentaires.

La Coutume de Paris en l'article 352. porte,
que ſi le débiteur eſt demeurant hors la Ville &
Fauxbourgs de Paris, il faut outre les autres formalités énoncées aux articles précédens, faire les
criées de quatre quatorzaines dans la Paroiſſe de
la demeure & domicile du ſaiſi, & mettre affiches & pannonceaux, tant contre la principale
porte de l'Egliſe de Paroiſſe, que contre la maiſon du débiteur ſaiſi.

Les Autres Coutumes qui ne le diſent point n'e-
xigent de faire mettre des affiches & pannonceaux, que devant les portes des Egliſes de Paroiſſe où les biens ſaiſis ſont ſitués.

Les Huiſſiers ou Sergens en faiſant les criées,
doivent prendre le nom des Habitans ſortans de
l'Egliſe, au moins juſqu'au nombre de ſept, s'il y
en a.

Ils doivent auſſi bien prendre garde qu'aucune
des quatre criées ne tombe dans un jour de Dimanche dans lequel écherra une Fête ſolemnelle; comme Pâques, la Pentecôte, la Touſſaint & Noël.
Ces jours étant plus particuliérement deſtinés à

la dévotion que les autres, on ne peut y faire des criées ; & comme les criées commencées ne peuvent point s'interrompre dans presque toutes nos Coûtumes quand une des criées tombe dans ces jours-là, il les faut toutes recommencer.

La Cour ne donne jamais d'Arrêts de défenses portant surséance à des criées : ainsi, nonobstant l'appel, il faut passer outre.

Quand un Huissier ou Sergent fait les quatre criées, s'il se présente quelqu'un pour s'opposer, il est obligé de le recevoir, d'en faire mention dans son procès-verbal, & de donner acte de l'opposition, afin que quand on fera la poursuite du décret, le poursuivant fasse assigner les opposans.

Après que l'Huissier a dressé son procès verbal de criées, & qu'il en a délivré la grosse signée de lui, on la porte avec les pieces justificatives au Certificateur en titre d'Office s'il y en a, ou au plus prochain juge royal de la situation des biens saisis, ou à celui des Pairies qui relevent du Parlement, s'ils sont assis dans leur ressort : ce qui se fait afin de les faire certifier. V. ce que j'ai dit sur le dernier titre de la Coutume de Paris ; le 31e. chapitre de la Coutume de Nivernois ; Papon liv. 18. titre 6. les Traités des Criées par Forget, Gouget, & M. le Premier Président le Maître ; & le Traité de la vente des immeubles, par M. d'Hericourt.

CRIÉES. Ce terme se prend quelquefois pour la suite & la procédure du décret : en ce sens, on appelle un poursuivant criées, celui qui poursuit le décret des choses saisies réellement : on dit aussi qu'un bien est en criées, quand il est saisi réellement.

CRIER, signifie proclamer sous l'autorité de Justice, pour trouver des enchérisseurs aux choses qui sont mises en vente par jugement ou ordonnance du Juge.

CRIER, signifie aussi publier solemnellement dans les places publiques, à son de trompe, des Réglemens, des Ordonnances, & autres choses qu'il faut que tout le monde sçache.

CRIER HARO, signifie en Normandie arrêter un homme pour le conduire sur le champ devant le Juge ou en prison. Ce terme s'applique aussi à la saisie d'une chose. Voyez Haro.

CRIME, est un fait défendu par la Loi, qui blesse directement l'intérêt public, & qui est commis par dol.

Ainsi quoique crime & délit se prennent souvent dans une même signification, néanmoins ce mot crime est plus usité pour signifier les crimes atroces qui blessent directement le Public, & celui de délit est ordinairement employé pour dénoter les moindres qui blessent les Particuliers. Sur quoi il faut remarquer,

I°. Qu'en fait de crimes publics, toutes personnes sont en droit d'en être les dénonciateurs ; mais pour ce qui est des délits particuliers, il n'y a que ceux qui en sont lésés qui en peuvent poursuivre la vengeance.

II°. Que les circonstances augmentent ou diminuent considérablement l'atrocité du crime, & par conséquent la peine dont le coupable doit être puni. Voyez Circonstances.

Voyez ci-après Délit. Voyez aussi ce que j'ai dit sur le premier & le dernier titre du quatrieme livre des Institutes.

Nous disons que le crime est ce qui est défendu par la Loi : ainsi celui qui fait quelque chose qui n'est pas prohibé, ne mérite aucune peine : Quod lege permittente fit pœnam non meretur. Mais ce qui est défendu par la Loi, mérite punition, & devroit contenir les hommes dans leur devoir.

Le crime se commet par dol : ainsi ceux qui sont incapables de dol, ne peuvent pas être poursuivis pour crimes. Tels sont,

I°. Les insensés, qui sont véritablement privés de raison y non verò ii, qui sæpè impunitatis dementiam aut furorem simulant.

II°. Les impuberes qui sont plus proches de l'enfance que de la puberté ; quia scilicet animum delinquendi habere non intelliguntur : Voyez Impuberes.

Ce qui arrive par cas fortuit est excusable, d'autant qu'il n'y a point de volonté. Saint Ambroise, au Traité de beatâ vitâ, dit : Non est quod cuiquam nostram ascribam ærumnam nisi nostræ voluntati. Et ensuite il dit : Nemo nostrûm tenetur ad culpam nisi voluntate propriâ deflexerit, nec crimen habent quæ inferuntur reluctantibus, voluntaria tantùm commissa sequitur delictorum invidia. Saint Jérôme, en parlant d'un Précepteur, qui corrigeant son Disciple, le tue par mégarde & contre son intention, dit : Si propter aliquam disciplinam verberaverit & occiderit casu, quantum ad gratiam innocens est, quia voluntatem non opus requirit ; quantum ad legem reus est quia opera lex quærit.

Il n'y a rien de plus odieux que le crime qui est commis de propos délibéré, & ex consilio ; sur-tout quand il est commis par ceux qui par leur état &, par leur rang doivent servir d'exemple aux autres. Criminosior culpâ est, inquit Salvianus, ubi honestior status est personæ peccantis, peccati quoque major invidia. Furtum in omni homine magnum facinus, sed damnabilius, absque dubio, si Senator furatur. Cunctis fornicatio interdicitur, sed gravi multò si de Clero aliquis quàm de populo fornicetur. Atrocius sub sancti nominis professione peccamus. Ubi sublimior est prærogativa, major est culpa. Criminosior est ejus impudicitia qui promisit castitatem. Nihil est Philosopho turpius vitia obscœna sectante, quia præter eam deformitatem, quam vitia in se habent, sapientia nomine plus notatur.

La seule volonté de commettre un crime qui n'a point eu d'exécution commencée, n'est point punie par justice ; cogitationis pœnam nemo patitur. La foiblesse humaine ne pouvant pénétrer les desseins que les hommes peuvent avoir de mal faire, la punition en est réservée à Dieu seul, qui connoît les plus secrettes pensées de nos cœurs.

Mais celui qui ayant conçu le dessein de commettre un crime, & qui faisant ses efforts pour l'exécuter, en a été empêché, mérite presque les mêmes peines que s'il l'avoit accompli ; & c'est dans ce cas que la volonté est réputée pour le fait. In maleficiis voluntas spectatur, non exitus. Leg. 14. ff. ad leg. Cornel. de Sicar.

Voyez Papon, liv. 23. titre 10. nombre 3. & la Rocheflavin, livre 2. titre 12. Arrêt 4. qui font voir qu'on fuit le fentiment des Docteurs fur la Loi 1. *ff. quod quifque*, & fur la Loi 1. *cod. de malef.* qui eft que, *in delictis conatus puniendus eft, fi ad oliquem effectum perductus fuerit ; quin etiam in atrocioribus criminibus ad proximum ufque ad actum fi conatus pervenerit, eâdem prorfus pœnâ puniendus eft, ac fi crimen omnino fuiffet confummatum.*

Ainfi un affaffinat tramé & exécuté, quoiqu'il n'ait point été fuivi de mort, doit cependant être puni du dernier fupplice.

Il faut dire le contraire de celui qui ayant concerté de commettre un crime, & pouvant le commettre, par un véritable remords de confcience s'eft défifté de fon entreprife ; comme fi quelqu'un ayant conçu le deffein avec d'autres d'affaffiner un Particulier, par un vrai & efficace repentir lui découvre tout ce qui fe trame contre lui, déclare fes complices, lui donne moyen de les arrêter & d'affurer fa vie, il ne pourroit pas être pourfuivi en conféquence de la volonté qu'il auroit eu de commettre un affaffinat.

En effet, les projets qui ne font point fuivis de quelqu'acte effectif, ne font point du reffort de la Juftice humaine. Comme les volontés fans fuite n'intéreffent point la Société, la Société ne les punit point. Contente qu'aucune action ne trouble fon repos ; elle ne fouille point dans les cœurs, & les laiffe à juger à Dieu qui en eft le Scrutateur.

Mais pourquoi donc punit-on le fimple marché fait pour tuer ou battre quelqu'un ?

C'eft qu'une telle convention eft une véritable action, & de la nature de celles qui indépendamment de leur confommation, troublent le repos de la Société.

Ainfi le pacte de tuer eft un acte complet, dès que l'un a ftipulé que l'autre tueroit quelqu'un moyennant une fomme, & que l'autre a promis de le faire. Les Légiflateurs prévoyant combien il feroit dangereux pour la fûreté publique d'attendre à punir de fi pernicieufes conventions quand elles feroient exécutées, ont voulu qu'elles fuffent puniffables auffi-tôt qu'elles feroient prouvées avoir été faites, fans avoir été fuivies d'un vrai & efficace repentir.

C'eft la difpofition de l'Ordonnance de Blois, qui en l'art. 195. punit de mort ceux qui fe louent pour tuer, outrager & excéder quelqu'un, enfemble ceux qui les auront loués ou induits.

Les crimes font capitaux ou non capitaux.

Les crimes capitaux font ceux qui font punis de mort naturelle ou civile.

Les crimes non capitaux font ceux qui font punis de quelqu'autre peine, comme du banniffement, des galeres à temps, de la fleur-de-lys, d'amende honorable ou pécuniaire, du carcan, de note d'infamie & autres.

Il ne fe commet guères de crimes dont la peine foit établie par quelque Ordonnance de nos Rois ; mais lorfque cela fe rencontre, la peine eft à l'arbitrage des Juges ; de maniere néanmoins qu'ils ne peuvent pas prononcer peine de mort contre ceux

qui font coupables de crimes contre lefquels il ne fe trouve aucune Ordonnance qui ait ftatué une telle peine. Il faut qu'ils aient recours au Prince, qui feul a droit d'établir peine de mort.

Tout crime s'éteint par la mort du coupable, du moins pour ce qui eft de la peine corporelle, ou même de la peine pécuniaire applicable au fifc, mais non pas quant à la peine pécuniaire & intérêts civils de la Parite, à qui il eft dû des dédommagemens, dont les héritiers du coupable font toujours tenus, lorfqu'il décede avant fon Jugement de condamnation.

Au refte, il y a des crimes fi énormes, qu'on ne peut pas s'imaginer qu'un homme puiffe en être coupable ; mais ils ne doivent pas pour cela demeurer impunis. Car enfin y a-t-il quelque crime impoffible à un cœur corrompu ? Y a-t-il quelque cœur qui foit à l'abri de la corruption, dès qu'il a commencé à s'écarter de la route que lui enfeigne fon devoir ? Alors tout lui femble permis, & fans écouter la raifon naturelle, il fe porte de lui-même aux plus grands excès & aux plus grands crimes.

CRIMES QUI NE SE COMMETTENT QU'EN CACHETTE, comme l'incefte, l'adultere, & autres de cette efpece, ont cela de particulier.

Iº. Que dans ces crimes la preuve fe tire de certains faits affez graves, pour en pouvoir conclure la confommation, fans la preuve de témoins oculaires qui dépofent de l'action même, comme je l'ai dit, lettre P, en parlant de la preuve de ces fortes de crimes.

IIº. En ce que dans la pourfuite de ces crimes, on admet par néceffité les témoignages de ceux qui feroient rejettés dans toute autre affaire qui concerneroit les perfonnes dans la dépendance defquelles ils font, comme nous avons dit, lettre T, en parlant des témoins néceffaires.

CRIMES DONT LES JUGES INFERIEURS CONNOISSENT EN DERNIER RESSORT. Henrys, tom. 1, liv. 2. queft. 76. rapporte un Arrêt du Confeil privé du 27. Septembre 1659. qui confirme deux Sentences rendues au Préfidial de Limoges, & en ordonne l'exécution. D'où il réfulte que les Préfidiaux peuvent juger en dernier reffort les accufés d'infraction, de fauve-garde, de force publique, excès, vol & violement.

Par l'Ordonnance de 1670. tit. 1. art. 12. les Prévôts des Maréchaux, les Lieutenans de Robecourte les Vice-Baillifs & Vice-Sénéchaux, connoiffent en dernier reffort de tous crimes commis par vagabonds & gens fans aveu, des oppreffions, excès & autres crimes commis par les gens de guerre, des affemblées illicites avec port d'armes, des vols faits fur les grands chemins, & des vols faits avec effraction, port d'armes & violence publique dans les Villes où ils ne font pas leur réfidence, des facriléges avec effraction, affaffinats prémédités, féditions, émotions populaires, & fauffe monnoie, contre toutes fortes de perfonnes,

Par l'article 15. de ce même titre, les Préfidiaux connoiffent en dernier reffort de tous les crimes énoncés ci-deffus, préférablement aux Prévôts des Maréchaux, Lieutenans de Robe-courte ;

Vice-Baillifs & Vice-Sénéchaux , s'ils ont décreté auparavant eux , ou le même jour.

C R I M I N E L , est la procédure extraordinaire qui se fait pour la vengeance & la réparation d'un crime : ce qui est opposé à la procédure ordinaire & civile , qui se fait quand il ne s'agit que d'intérêt pécuniaire.

On distingue au Palais le grand criminel & le petit criminel.

Le grand criminel se dit des procès qu'on juge à la Tournelle criminelle , & sur lesquels il peut intervenir condamnation de peine afflictive ; & pour lors on les appelle instruits à l'extraordinaire.

Le petit criminel se dit de ceux où l'on ne poursuit que des réparations ou des amendes , & qui se peuvent juger aux Enquêtes.

C R O I X , est une marque que le Procureur de celui qui est condamné aux dépens , met aux articles qu'il improuve de la déclaration de dépens , qui lui est présenté par le Procureur de celui qui a obtenu gain de cause.

Ces croix dénotent que celui qui les a mises prétend se porter pour appellant , attendu que ces articles ne sont pas dûs au demandeur en taxe : comme si on lui avoit adjugé des voyages en qualité de Gentilhomme , & qu'il ne fût que Roturier.

Plusieurs articles peuvent être compris sous une même croix , quand c'est par un même moyen ; comme si plusieurs voyages compris en plusieurs articles sont adjugés au demandeur , ils seront tous compris sous une même croix : ce qui est de conséquence à observer , parce que les appellations des articles croisés de deux croix seulement sont portées à l'Audience ; & quand il y en a davantage , il faut prendre un appointement de conclusion comme en procès par écrit.

Enfin , quand l'appellant succombe , il doit être condamné en autant d'amendes qu'il y a des croix & chefs d'appel , si ce n'est qu'il soit appellant de plusieurs articles croisés par un même moyen , auquel cas tous ces articles ne sont comptés que pour une croix.

Voyez ci-dessus Appel d'une taxe de dépens.

C R O U P I E R , est un associé secret en un Traité , en une ferme , qu'il laisse mettre & régir sous le nom d'une autre , dont il partage le gain ou la perte à proportion de ce qu'il y a avancé.

C R O U P I E R , se dit aussi en Jurisprudence canonique , d'un confidentiaire qui prête son nom à celui qui plaide un Bénéfice. Le Bénéficier qui se défie de son droit , fait obtenir par une personne affidée un dévolut sur lui-même , afin de l'obtenir en tout cas sous le nom de ce croupier.

C R O I X D E C E N S ne signifie pas l'accroissement du cens , mais le cens payable en deniers ; parce que la monnoie dont on le payoit autrefois en France , où anciennement la petite monnoie étoit marquée d'une croix.

Quelques Praticiens assurent que la croix de cens signifie le surcens.

C R U E , est l'augmentation du prix de chaque chose estimée dans un inventaire des biens d'un

défunt. Cette augmentation en sus du prix , autrement dite plus value , n'ayant été réglée que par l'usage , elle est différente en chaque Coutume & Bailliage.

A Paris , elle est le quart de ce que la chose à été prisée. Ainsi des meubles prisés douze mille livres , se montent en y ajoutant la crue , à quinze mille livres. A Meaux , la crue n'est que de trois sols pour livre ; dans le Valois , elle n'est que du huitieme.

La crue ne se prend que sur ce qui gît en estimation : ainsi la vaisselle d'argent , l'argent monnoyé , & les obligations ou autres dettes actives , n'y sont pas sujettes.

La raison est , que ces effets ont une valeur certaine par eux-mêmes , comme les billets ou obligations ; ou par le Prince , comme la vaisselle d'argent & l'argent monnoyé.

La crue étant un dédommagement de la foible estimation qui se fait ordinairement par un inventaire , lorsque la vente ne s'ensuit pas , il est juste que ce qui est fixe & n'est point sujet à augmentation ou diminution , ne supporte point l'accroissement de la crue : c'est aussi pourquoi , quand on vend ces sortes d'effets après l'inventaire , il n'y a point de crue.

Sur ce principe , l'Arrêt du Parlement de Paris , rendu en la seconde Chambre des Enquêtes le 10. Mars 1704. au rapport de M. de Vertamont , a déchargé de la plus value des Obligations & Sentences de la Coutume de Troyes , & il y a seulement assujetti les meubles meublans & grains. C'étoit sur l'appel d'une clôture de compte faite à Plancy en 1695. joint à un appel d'une Sentence rendue aux Requêtes du Palais le 23. Mai 1701.

Le survivant des conjoints peut prendre des meubles de la communauté pour son préciput jusqu'à la somme portée & convenue par le contrat de mariage , suivant la prisée & estimation qui aura été faite par le Sergent , des meubles de ladite communauté , sans crue.

Mais quand le survivant des conjoints , après avoir fait inventaire , demeure en possession & jouissance , comme tuteur & légitime administrateur de ses enfans , sans faire vendre lesdits biens meubles , il doit leur tenir compte de ceux qui ne se trouvent plus en nature avec la crue , d'autant que cette estimation se fait ordinairement à bien moins que les choses ne valent ; parce que le survivant des pere & mere , quand il n'y a que des enfans mineurs , à la fait faire comme il lui plaît.

M. Boucher d'Argis , Avocat au Parlement , a donné au Public en 1741. un Traité de la crue des meubles , qui est d'autant plus utile , que cette matiere est singuliere , & fait naître des questions sur lesquelles jusqu'alors on avoit fort peu d'éclaircissemens , parce qu'avant lui aucun Auteur ne s'y étoit appliqué.

C U

C U M U L , est un droit qui a lieu dans quelques endroits , lorsque les meubles & acquêts sont considérables, & que les propres font en petite quantité ; auquel cas, les héritiers du sang demandent que l'on accumule les meubles & acquêts avec les propres, & qu'on leur donne les deux tiers du tout.

Pour que ce droit ait lieu, il faut que les meubles & acquêts excedent de trois quarts la valeur des propres.

Il n'a point lieu dans les Coutumes de subrogation, comme Anjou, parce qu'elles ont assez pourvu à l'intérêt des héritiers du sang, en subrogeant les acquêts aux propres.

Enfin ce droit n'est reçu qu'en faveur des enfans, & cesse à l'égard des héritiers collatéraux.

Cet usage de cumul est réel dans les lieux qui l'établissent : ainsi les propres qui sont situés en d'autres Coutumes, n'y sont point sujets.

Voyez M. le Brun en son Traité des Successions, liv. 2. ch. 4. nomb. 61.

CURATELLE, est la charge du curateur ; & cette charge est réputée une charge publique, comme je l'ai dit *verbo* Tutelle.

CURATEUR, est celui qui est commis pour régir & administrer les biens d'autrui.

On donne des curateurs aux mineurs quand ils sont sortis de tutelle, & qu'ils sont émancipés. Quoique, selon notre Droit coutumier, celui qui est tuteur ne soit déchargé de son office, que quand le mineur est parvenu à sa majorité ; néanmoins quand le mineur s'est fait émanciper le tuteur prend la fonction du curateur, qui est différente de celle du tuteur.

Le tuteur administre les biens de son pupille, fait baux à loyer, reçoit les revenus du pupille, paye les dettes & les rentes aux créanciers, dont il doit rendre compte, la tutelle finie : au lieu que la fonction de curateur ne consiste qu'à l'assister en Jugement, & à donner son consentement dans les aliénations nécessaires qui se font des biens de son mineur ; comme quand il faut faire l'aliénation d'un immeuble pour payer les créanciers, ou recevoir le rachat des rentes.

Mais il n'a plus le régime & l'administration de ses biens, laquelle est accordée au mineur par ses Lettres d'émancipation entérinée par le Juge des lieux. *Voyez* ci-après Emancipation.

On donne aussi des curateurs aux mineurs qui sont en tutelle, lorsqu'ils ont des actions à diriger contre leurs tuteurs, & qu'ils n'ont point de subrogé tuteur ; & c'est un tuteur *ad hoc*.

Le curateur se donne en second lieu aux prodigues, à ceux qui sont tombés en démence, & aux furieux, par le Juge avec connoissance de cause ; avec cette différence, qu'ordinairement les curateurs des prodigues ne sont donnés que pour les aliénations nécessaires, & non pour le régime & l'administration des biens, laquelle est laissée à celui qui est déclaré prodigue, lequel jouit de ses revenus ; mais il n'a pas la faculté de s'obliger, ni d'aliéner ses biens, sans être assisté de son curateur. Mais le curateur du furieux ou de celui qui est tombé en démence, est donné, tant pour l'administration des biens, que pour les aliénations nécessaires.

Ainsi les curateurs donnés aux furieux ou imbéciles qui ont l'administration de leurs personnes, & de leurs biens, sont appellés curateurs à leur interdiction.

Leurs fonctions sont semblables à celles des tuteurs ; au lieu que le curateur qui est donné à un mineur émancipé d'âge, ne lui est donné que pour l'assister en Jugement, & pour donner son consentement aux aliénations nécessaires qui se font des biens de son mineur.

En troisiéme lieu, on donne un curateur au ventre ; c'est-à-dire, quand une femme est enceinte au temps de la mort de son mari, on crée un curateur au posthume pour agir pour lui & en son nom, & défendre ses intérêts, en exerçant les droits qui lui pourront appartenir, au cas qu'il vienne au monde. *Vide leg. 8. ff. de tutoribus & curatorib. dat. leg. 8. ff. de curator, furios. & leg. 24. ff. de reb. autorit. judic. possidend.*

Si-tôt que ce posthume est né, la charge de ce curateur finit : ainsi il doit rendre compte de sa gestion : & on crée par avis des parens un tuteur à l'enfant, soit celui qui étoit le curateur au ventre ou un autre.

En quatrieme lieu, on crée un curateur aux biens vacans, c'est-à-dire aux biens d'un défunt qui n'a laissé aucuns héritiers apparens, suivant l'art. 151. de la Coutume de Paris.

En cinquiéme lieu, aux biens déguerpis, à cause des charges réelles dont ils sont chargés.

En sixieme lieu, aux biens délaissés & abandonnés par le possesseur pour les hypothéques de son vendeur, dont il n'avoit point connoissance au jour de la vente, suivant les art. 101. & 153. de la Coutume de Paris.

Il faut ici remarquer que le curateur qui est donné aux biens vacans, déguerpis & abandonnés, représente le défunt, ou celui qui a fait cession, ou la chose délaissée : ainsi c'est toujours contre lui que l'on doit diriger toutes les actions qu'on avoit à intenter contre le défunt, ou contre l'ancien propriétaire. Enfin c'est aussi sur lui que les Seigneurs Hauts-Justiciers se font adjuger les successions vacantes.

En septieme lieu, un curateur se donne pour le régime & l'administrateur des biens saisis réellement.

Cette commission appartient aux Commissaires des Saisies-Réelles, où il y en a de créés en titre d'Office : sinon, il faut que le Sergent qui fait la saisie réelle, en donne la commission à quelqu'un qui en soit capable, lequel ensuite doit faire procéder au bail judiciaire des choses saisies. *Voyez* Commissaire aux Saisies-Réelles.

Enfin on donne quelquefois un curateur à un absent. *Voyez* ce que j'ai dit ci-dessus, *verbo* Absent.

En matiere criminelle, on donne un curateur à la personne de l'accusé, ou à ses biens.

I°. On donne un curateur à l'accusé quand il est muet & sourd, ou qu'il refuse de répondre. Sur quoi *voyez* le titre 17. de l'Ordonnance de 1670.

II°. On donne un curateur au cadavre ou à l'homme

l'homme mort, pour le défendre quand il eſt accuſé de s'être défait lui-même. L'art. 2. du tit. 22.
de l'Ordonnance criminelle porte : « Le Juge nom-
» mera d'office un curateur au cadavre du défunt,
» s'il eſt encore extant, ſinon à ſa mémoire.

On en donne auſſi un au cadavre de celui qui a
été tué en duel, ou qui eſt décédé coupable de
crime de leze-Majeſté ; car en tous ces cas le
crime n'eſt pas éteint par la mort du coupable.

A l'égard du curateur qui ſe donne aux biens de
celui qui eſt condamné, I°. on en donne un aux
biens confiſqués, comme je l'ai dit, verbo Confiſcation.

II°. Ordinairement une Partie civile fait créer
un curateur aux biens du condamné, pour être
payée de ſes intérêts civils ; & en ce cas la Sentence de condamnation eſt rendue par M. le Lieutenant criminel, & celle de création du curateur
par M. le Lieutenant civil au Préſidial.

Il nous reſte à remarquer ici, qu'il y a une grande différence entre le curateur donné à un fief,
ſaiſi à la requête des Créanciers du Vaſſal qui n'a

pas couvert ſon fief, & un curateur établi à un
fief confiſqué, ou à des biens vacans.

Au premier cas, le curateur n'eſt pas réputé
propriétaire du fief ſaiſi, & le débiteur ſur lequel
la ſaiſie du fief eſt faite, en conſerve toujours la
propriété juſqu'à ce qu'il ſoit adjugé par décret.
Ainſi, quoique ſuivant l'art. 34. de la Coutume de
Paris, ce curateur ſoit reçu en foi & hommage, au
refus du débiteur ſaiſi ; néanmoins par la mort de
ce curateur il n'y a ni mutation de Vaſſal, ni ouverture de fief, & il n'eſt rien dû de ſon fief.

Le curateur à une ſucceſſion vacante, ou à un
fief confiſqué ou abandonné, n'eſt pas auſſi véritablement propriétaire de fief ; mais comme il eſt
de l'intérêt du Seigneur d'avoir un Vaſſal, ou un
homme qui le repréſente, celui qui lui eſt donné
pour & au lieu du Vaſſal, peut & doit lui faire la
foi & hommage, lui tenant lieu d'homme vivant & mourant, & il doit payer droit de relief à
cauſe de mutation. Voyez ce que j'ai dit ſur l'art.
34. de la Coutume de Paris.

CURÉ. Voyez le Dictionnaire œconomique.

D

D A

DANGER. Si nous en croyons M. Chriſ-
tophe Berault, dans ſon Traité du Tiers
& Danger, qui eſt rapporté dans la Bibliotheque
du Droit François de Bouchel, c'eſt un mot
dont la ſignification eſt par corruption tirée du
verbe indulgere, la premiere ſyllabe omiſe.

Cela poſé, il prétend que les deniers que l'on
paye aux Seigneurs dans quelques coutumes,
pour obtenir congé de vendre la terre qui releve d'eux, étoient autrefois appellés Dangers ;
& que les fiefs, dans leſquels il n'eſt pas permis
d'entrer ſans le congé & la permiſſion du Seigneur duquel ils relevent, ont été par la même
raiſon appellés Fiefs de danger, c'eſt-à-dire
Fief de congé.

Il prétend auſſi que par la même raiſon on appelle Danger, en fait des Eaux & Forêts, le dixieme que l'on paye au Roi en Normandie, par
rapport aux bois que le très-foncier fait couper en
vertu du congé que le Roi lui accorde.

Pour moi, je crois que ce terme, danger, ſignifie,

I°. Le riſque & le péril qu'encourt celui qui acquiert un fief, & s'en veut mettre en poſſeſſion
ſans l'aveu du Seigneur ſuzerain, & ſans premierement lui en faire la foi & hommage ; comme je
le fais voir en parlant du Fief de danger.

II°. Le riſque & le péril qu'encourt celui qui
vend un Bois, ſans avoir préalablement la permiſſion du Roi.

Voyez Tiers & Danger.

Tome I.

D A

DATE, eſt la déſignation du jour & du temps
où un acte a été donné & paſſé, qu'une Ordonnance a été faite, ou qu'un Jugement a été reçu.

On dit qu'un homme eſt le premier en date,
pour dire qu'il eſt le premier, & qu'il a l'avantage
du tems, d'autant qu'on colloque les créanciers
hypothécaires en ordre, ſuivant la date de leurs
contrats, à moins qu'il n'y ait des créanciers privilégiés, leſquels ſont préférés.

Il faut remarquer qu'anciennement les Ordonnances, les Arrêts, & tous les Actes étoient datés
du jour le plus proche de la Fête auxquels ils
étoient faits & rendus : ce qui cauſoit de l'embarras lorſqu'il y avoit deux Fêtes du même
Saint, comme dans un Arrêt de Réglement
rendu le lendemain de la Chaire de Saint Pierre
de l'année 1329. attendu qu'il y avoit deux Fêtes
du même Saint : ainſi l'on ne pouvoit pas ſçavoir préciſément ſi c'étoit le jour de la Fête de
la Chaire de Saint Pierre à Rome, ou à An-
tioche. Mais aujourd'hui l'on date les Ordonnances, les Jugemens, & tous autres actes, par
l'année & le quantieme du mois auquel ils
ont été paſſés ou rendus. Voyez les Obſervations du Commentateur d'Henrys, tome 1. liv.
2. queſtion 47.

DATE DE CONTRATS ET TESTAMENS, D'AC-
TES JUDICIAIRES ET DE JUGEMENS, eſt abſolument néceſſaire pour en accomplir la forme. C'eſt
une des qualités eſſentielles qui ſert à prouver la
perfection d'un acte.

F f f

Toutes les Loix requierent cette folemnité, fans laquelle un acte, de quelque nature qu'il foit, eft abfolument nul de plein droit, & par conféquent il n'acquiert ordinairement aucun droit à celui en faveur de qui il eft paffé ; de forte qu'on le regarde comme non fait & non avenu. Belordeau, en fes Obfervations forenfes, lettre C, art. 5. Ricard, part. 1. nomb. 1555.

La raifon eft qu'on préfume qu'un acte qui n'eft point daté, a été fait précipitamment, fans mure déliberation, ou par force ou par violence.

Néanmoins, en fait de contrat, l'ufage eft que l'omiffion de la date n'empêche pas qu'il ne puiffe avoir fon effet contre celui qui l'a paffé. Cette omiffion ne peut être propofée que par un tiers ; & à l'égard de celui qui l'a paffé, il vaut du moins comme un acte fous fignature privée.

L'Ordonnance de Blois, art. 167. enjoint aux Notaires & autres Officiers de Juftice de declarer dans les actes qu'ils font, fi c'eft devant ou après midi ; mais cette Ordonnance ne leur enjoint pas de marquer l'heure : d'où il s'enfuit, que quand il n'eft pas fait mention dans un acte de l'heure à laquelle il a été paffé ; & que l'on a marqué fi c'eft devant ou après midi, l'acte n'en eft pas moins autentique ; & que cette omiffion ne peut porter aucun préjudice au créancier, fi ce n'eft par rapport à l'antériorité d'hypotheque, qui feroit accordée à un autre créancier, dont le titre marqueroit avoir été paffé avant midi, fi l'autre marquoit avoir été paffé après midi.

De ce que l'Ordonnance de Blois n'enjoint point aux Notaires, & autres Officiers de Juftice, de marquer l'heure, il s'enfuit que tous contrats & actes femblablement daté avant midi ou après midi., n'ont aucune préference d'hypotheque, ni autre, mais bien une concurrence, quoique dans l'un de fes actes il fût fait mention de l'heure, & non pas dans l'autre.

DATE DE TESTAMENS. Ceux qui font paffés pardevant Notaires, font nuls lorfqu'ils ne font pas datés.

Avant l'Ordonnance des Teftamens du mois d'Août 1735. l'omiffion de la date dans un teftament olographe, ne le rendoit pas nul ; mais aujourd'hui, fuivant l'art. 20. de cette Ordonnance, les teftamens olographes, de même que ceux paffés pardevant Notaires, doivent être datés, fur peine de nullité.

DATE DES PROVISIONS EXPEDIÉES EN COUR DE ROME, fe prend du jour de l'arrivée du Courier en icelles

Pour conftater l'heure & le jour que le Courier eft arrivé, le Banquier qui eft prépofé pour impétrer les provifions, repréfente le Regiftre qu'il eft obligé, fuivant les Ordonnances & Réglemens, de tenir, fur lequel il aura marqué le jour que le Courier eft parti pour obtenir expédition des affaires à lui commifes, l'heure & le jour que ledit Courier eft arrivé à Rome : le tout felon le certificat qu'il en aura reçu de fon Correfpondant ou Solliciteur à Rome.

DAUPHIN, eft le titre qu'on donne à l'aîné

des Enfans de France, qui eft le préfomptif héritier de la Couronne, à caufe du Dauphiné, qui fut donné à cette condition par Hubert Dauphin de Viennois, en 1343. fous le regne de Philippe de Valois. *Voyez* l'origine du nom de Dauphiné dans le Dictionnaire de Trévoux, *verbo* Dauphin.

Dans fes Lettres patentes, il fe qualifie : *Par la grace de Dieu, Fils aîné de France, Dauphin de Viennois;* & il ne cede qu'aux têtes couronnées.

D E

DEBAIL, fignifie en quelques coutumes l'état d'une femme qui devient libre par la mort de fon mari. Debail eft oppofé à bail. Quand une femme ou une fille fe marie, il y a bail, parce qu'elle eft en la puiffance de fon mari ; & quand le mari meurt, & que la femme furvit, il y a débail. *Voyez* Bail de mariage.

DEBAT, eft une conteftation que l'on a avec quelqu'un en matiere civile, & que l'on tâche, quand on eft fage, de vuider à l'amiable.

DEBAT DE TENURE, eft un Mandement d'un Juge royal, pour faire convenir deux Seigneurs qui difputent la tenure d'un fief.

DEBATS DE COMPTE, font les conteftations que forme celui à qui le compte eft rendu, fur quelques articles de dépenfe mis dans le compte, ou qui auroient été omis au chapitre de recette, demandant qu'ils foient rayés, modérés, reformés ou ajoutés.

On donne auffi le nom de débats aux écritures qui contiennent les débats de compte, parce qu'elles commencent ordinairement par ce terme, *Débats.*

Les réponfes que le rendant fait aux débats de compte, font appellées Soutenemens. *Voyez* Compte.

DEBENTUR. Ce terme fignifie la quittance que chaque Officier des Cours fouveraines donne au Roi, lorfqu'il reçoit les gages que Sa Majefté lui donne. Cette quittance s'appelle *debentur,* parce qu'elle commence par ces mots : *Debentur mihi,* &c.

DEBETS, font les fommes qui font reftées entre les mains des Comptables.

Voyez Comptables.

DEBITEUR, eft celui qui eft obligé à faire ou à donner quelque chofe à quelqu'un, en vertu d'un contrat ou prefque-contrat, d'un délit ou prefque délit.

Il n'y a que celui qui peut être contraint en Juftice à faire ou à payer ce qu'il doit, qui foit véritablement débiteur. D'où il s'enfuit, que celui qui peut fe fervir d'une exception péremptoire contre la demande de fon créancier, n'eft pas véritablement débiteur.

En matiere civile, nous n'avons aujourd'hui en France de peine contre les débiteurs qui ne fatisfont pas leurs créanciers, que la condamnation aux dépens, & la condamnation d'intérêts ; encore les intérêts ne font-ils dûs que du jour que la demande en a été faite en Juftice par le créancier;

& de plus il faut que cette demande ait été fuivie de condamnation.

D E B I T I S, font Lettres de la Chancellerie, accordées en conféquence des fommes dûes par des actes & titres portans exécution parée, comme contrats & obligations paffés pardevant Notaires, Sentences ou Arrêts, par lefquels il eft enjoint au premier Sergent ou Huiffier pour ce requis, de faire payer à l'impétrant les fommes qui lui font dûes, & de contraindre au payement d'icelles les débiteurs par vente & exécution de leurs meubles, par faifie réelle de leurs héritages, même par emprifonnement de leurs perfonnes, fi le cas le requiert.

Quand les contrats & obligations font paffés dans une Juftice royale, ils ne font point exécutoires dans une autre fans la permiffion du Juge des lieux ; & pour fe paffer de la permiffion du Juge on fe fert de Lettres de *Debitis*, quand c'eft dans l'étendue du Parlement de Paris ; & quand c'eft dans un autre Parlement il faut des Lettres de Pareatis.

D E B O U T É, eft un terme de pratique qui fignifie déchu.

On dit, par exemple, débouté de fa demande, débouté de fon oppofition, pour dire déchu ; à quoi le Juge ajoute toujours une condamnation aux dépens : en quoi le débouté eft différent de ce qu'on appelle *hors de Cour*.

Voyez Hors de Cour.

DÉBOUTÉ DE DÉFENSES, étoit un Jugement qui fe rendoit autrefois contre le défendeur qui avoit comparu, n'avoit pas fourni des défenfes dans le tems de l'Ordonnance ; mais ces déboutés de défenfes ont été abrogés par l'Ordonnance de 1667.

DECANAT, fe dit en quelques endroits de la dignité du Doyen d'une Compagnie.

DECANISER, fignifie tenir la place & faire les fonctions du Doyen, & préfider en l'abfence du Préfident. Ordinairement ce droit appartient au plus ancien.

Au confeil d'Etat, les Confeillers d'État d'Eglife y décanifent ; comme il a été jugé par Arrêt du Confeil d'Etat, rendu en 1704 en faveur de M. le Tellier, Archevêque de Rheims, qui étoit le plus ancien, à l'encontre de M. de la Reynie, Doyen des Confeillers d'Etat laïques.

Dans les Préfidiaux, les confeillers-clercs peuvent décanifer, & faires les fonctions de Doyen, quand ils y font parvenus ; comme il a été jugé par Arrêt du confeil du Roi du 17. Mars 1682. rapporté dans le Journal du Palais.

Mais dans les Parlemens, la place de Doyen eft réfervée aux confeillers laïques ; & les Confeillers eccléfiaftiques, quoique plus anciens, ne peuvent pas décanifer.

D E C A P I T E R, fignifie couper la tête à quelqu'un, par ordre ou commandation de Juftice : *Caput amputare, feu cervicem reo præcidere, fupplicii genus eft quod veteribus fuit in ufu, Græcis maximè.*

En France, on décapite les Nobles qui ont mérité la mort, lorfque le crime qu'ils ont commis

n'eft pas affez atroce pour les dégrader ; auffi ce fupplice ne déroge pas à la nobleffe.

Voici comment s'en prononce la condamnation. *Nous avons ledit..... déclaré dûement atteint & convaincu du crime de...... mentionné au procès ; pour raifon de quoi le condamnons d'avoir la tête tranchée fur un échaffaut, qui pour cet effet fera dreffé en la Place de...... Déclarons tous & chacun fes biens, fitués en pays de confifcation, acquis & confifqués, &c. & le condamnons aux dépens du procès.*

DECEPTION D'OUTRE MOITIÉ DE JUSTE PRIX. *Voyez* Lézion.

D E C E R N E R, en terme de Palais, fe dit des décrets qu'on donne en matiere criminelle contre quelqu'un, pour l'arrêter ou l'ajourner perfonnellement.

Voyez Décret.

DÉCERNER, fe dit auffi en fait d'ordonnances & de contraintes. Ainfi l'on dit : *M. le commiffaire a décerné fon Ordonnance : les Receveurs des Confignations ou des Saifies-Réelles, les Fermiers généraux & Sous-Fermiers, ont décerné leur contraintes.*

DECÉS, fe prouve par l'extrait mortuaire, ou, en cas de perte des Regiftres, par d'autres actes équipollens.

Le décès apporte divers changemens dans la procédure. Si une Partie decede, & que l'inftance ne foit pas en état d'être jugée, il faut que les héritiers reprennent par un acte qu'ils paffent au Greffe, ou il faut les faire affigner en reprife : fi c'eft le Procureur, un autre Procureur fe préfente par un fimple acte.

En matiere d'évocation, dès que le Juge du chef de qui on a évoqué decede, l'évocation ceffe. En matiere criminelle, le crime eft éteint par le décès de l'accufé.

D E C H A R G E, eft un acte par lequel on fe défifte des prétentions qu'on peut avoir contre quelqu'un, ou par lequel on déclare que celui qui étoit chargé de contrats, titres, papiers, ou autres chofes, les a rendus.

D E C H A R G E, fe dit auffi de la libération qu'on obtient en Juftice de quelque dette, de quelque charge ou commiffion onéreufe.

DECHARGE DE LA CONTRAINTE PAR CORPS, fe dit lorfque par quelque Acte ou Jugement le débiteur n'eft pas déchargé de la dette, mais feulement de la contrainte par corps que le créancier avoit droit auparavant d'exercer contre lui.

DECHARGE D'UN ACCUSÉ, eft un Jugement rendu en matiere criminelle, qui déclare l'accufé pleinement abfous du crime dont il étoit prévenu ; de maniere que cette décharge en diffipe toute l'idée, & anéantit toutes les indices.

Cette prononciation eft donc bien différente de celle qui met hors de cour. *Voyez* Hors de Cour.

La décharge d'un accufé n'emporte pas toujours une condamnation de dépens, dommages & intérêts contre l'accufateur, attendu qu'il ne feroit pas jufte, qu'un accufateur qui a eu un jufte motif de pourfuivre celui qui feroit foupçonné d'avoir commis un crime, fût traité comme un calomniateur, contre la difpofition de la Loi 3. *cod. de calumniatoribus*, & contre la difpofition de la Loi 1. §. 3. *ad Senatufconfult. Turpillian.*

Auffi nos Ordonnances, conformément à la difpofition de ces Loix n'affujertiffent les accufateurs aux dépens, dommages & intérêts, que lorfque leurs plaintes font jugées calomnieufes. *Voyez* ce que j'ai dit, *verbo* Accufation calomnieufe, & *verbo* Calomniateur. *Voyez* auffi les Notes de Bornier fur l'article 7. du tit. 3. de l'Ordonnance criminelle.

DECHARGER, fignifie ôter en tout ou en partie une charge, une impofition, une obligation onéreufe.

Ce terme fignifie auffi abfoudre quelqu'un d'un accufation.

DECHU DE L'APPEL, fe dit de l'appellant qui laiffe prendre un congé par l'intimé : & quoiqu'il femble que *dechu* & *débouté* foient la même chofe, cependant le premier fe dit ordinairement de l'appel, & l'autre de la demande ou de l'oppofition. Ainfi on dit, *débouté de fa demande*, & *débouté de fon oppofition* ; & à l'égard de l'appellant, on dit, *déchu de fon appel.*

DECIMATEUR, eft celui qui a droit de percevoir des dixmes. *Voyez* Dixmes.

DECIMES, font de fubventions ordinaires qui fe levent par le Roi fur le Clergé, & dont la taxe eft faite fur tous ceux qui le compofent.

On les appelle ainfi, comme étant la dixiéme partie du revenu des biens eccléfiaftiques : toutefois elles font modérées à moins.

Les décimes que le Roi leve fur les Eccléfiaftiques de fon Royaume, font bien différentes des dixmes qui fe prennent par les Eccléfiaftiques fur les fruits de la terre, & quelquefois fur le bétail & fur la volaille. Autrefois néanmoins on donnoit le nom de dixme à la fubvention que l'on nomme aujourd'hui décime. En effet, ce nom de décime n'a été connu que fous le Regne de Philippe Augufte, & au tems des guerres de la Terre-Sainte. Les décimes alors ne fe prenoient que de tems en tems, & même étoient fouvent précédées d'une conceffion du Pape & du confentement du Clergé : mais fous François I. elles furent réduites en droit commun ; en forte que tous les Bénéfices du Royaume furent taxé au dixiéme de leur revenu. Henry II. créa en titre d'Office des Receveurs des Décimes dans chaque principale Ville des Archevêchés & Evêchés du Royaume.

DECISION, fignifie la fentence d'une Loi ou d'une Ordonnance, c'eft-à-dire, la partie qui ftatue quelque chofe. La décifion d'une Loi peut, par une jufte interprétation, être étendue à un cas femblable. *Voyez* Interprétation de Loi.

DECISIONS DE L'EMPEREUR JUSTINIEN, font les cinquante Ordonnances que cet Empereur fit après la publication de fon premier Code, par lefquelles il décide les grandes queftions qui avoient partagé les Jurifconfultes.

Voyez ce que nous en avons dit dans l'Hiftoire du Droit, en parlant du Code de la feconde édition.

DECISOIRE. *Voyez* Serment décifoire.

DECLARATION DU ROI, eft une Ordonnance par laquelle le Roi interprète, ou reforme, ou caffe pour le tout ou en partie, quelque Edit ou Ordonnance.

Les Déclarations commencent par ces mots : *A tous ceux qui ces préfentes Lettres verront.*

Elles font fcellées du grand Sceau de cire jaune fur une double queue de parchemin, & font datées du jour, du mois & de l'année.

Elles différent en cela des Edits, qui contiennent une premiere Loi, & commencent par ces mots : *A tous préfens & à venir, Salut, &c.* & font fignées du Roi, & vifés par le Chancelier, fcellés du grand Sceau, en cire verte fur des lacs de foie verte & rouge, & ne font datés que du mois & de l'année, & non pas du jour.

Ces différences ne font pas néanmoins toujours obfervées fort exactement. Par exemple, on voit que le Réglement pour les Baillifs & Sénéchaux, donné à Cremieu le 19. Juin 1539. eft rédigé en forme de Déclaration, puifqu'il eft daté du jour, du mois & de l'année, & qu'il commence par ces mots : *François par la grace de Dieu, Roi, &c. à tous ceux qui ces préfentes Lettres verront, Salut, &c.*

Cependant il eft univerfellement appellé l'Edit de Cremieu, & le Prince le qualifie lui-même d'Edit.

On en pourroit encore donner d'autres exemples, & même d'Edits qui ne font fcellés qu'en cire jaune, ou qui ne font datés que du mois, & qui commencent néanmoins par cette formule : *A tous ceux qui ces préfentes Lettres verront.*

DECLARATION D'HERITAGES PAR TENANS ET ABOUTISSANS, eft une défignation des bornes & des limites qui enfeigne à quoi un héritage aboutit de tous côtés.

Pour la validité d'une faifie réelle des terres roturieres, il faut qu'elles foient déclarées & fpécifiées par le menu, c'eft-à-dire par tenans & aboutiffans.

A l'égard des fiefs, il fuffit, fuivant l'Edit de Henry II. de faifir réellement le principal manoir, fes appartenances & dépendances, & les droits feigneuriaux, attendu qu'il feroit difficile au faififfant de recouvrer des aveux par lefquels il pût être en état d'expliquer en quoi confiftent les domaines & les droits feigneuriaux du fief.

Voyez Saifie-Réelle.

DECLARATION AU PROFIT D'UN TIERS, eft un acte par lequel celui qui a accepté une obligation, déclare qu'il n'y prétend aucune chofe, d'autant qu'elle ne lui appartient point, mais à un tel, au profit duquel il fait ladite déclaration.

Cette invention fert admirablement à ceux qui veulent mettre leurs effets à couvert, en fraude de leurs créanciers.

Comme cet acte ne contribue pas moins que les contre-lettres à éluder les fages difpofitions des Loix, il feroit à fouhaiter qu'il ne fût pas auffi pratiqué qu'il eft, ou du moins qu'on n'en fit point mauvais ufage.

DECLARATION DE DEPENS, eft un mémoire des frais & dépens faits dans un procès, dûs par celui qui y a été condamné, fur lequel la Cour délivre un exécutoire de dépens contenant la fomme à laquelle fe montent les dépens mentionnés dans le mémoire article par article.

Quand un Procureur veut compter avec fa Partie, ou régler à l'amiable les dépens dûs par la Partie adverfe, le mémoire qu'il donne des frais, falaires, vacations & débourfés, eft appellé mémoire des frais; mais lorfque les dépens doivent être taxés à la rigueur pour parvenir à une exécutoire, le mémoire fe fait par une déclaration de dépens.

Voilà l'unique différence qu'il y a entre mémoire & déclaration de dépens.

DECLARATION D'HYPOTHEQUE, OU ACTION EN DECLARATION D'HYPOTHEQUE. *V.* hypothéque.

DECLARATION FAITE PAR UN BLESSÉ, produit différens effets, felon ce qu'elle contient.

Celle que fait le bleffé en mourant, qu'il a été tué ou affaffiné par l'accufé, quand elle n'eft point foutenue d'autre preuve ou d'autre indice, n'eft pas fuffifante pour faire condamner l'accufé à la queft.

Mais fi le bleffé déclare en mourant que ce n'eft pas l'accufé qui l'a frappé & affaffiné, cette déclaration eft d'un grand poids pour décharger l'accufé, & purger les indices fur lefquelles il auroit pû être condamné à la queftion.

DECLINATOIRE. *Voyez* Exception déclinatoire. Nous remarquerons feulement ici,

I°. Que le déclinatoire doit être jugé à l'Audience fur le champ après un délibéré.

II°. Que quand celui qui demande fon renvoi, obtient à fes fins, le Juge ordonne que les Parties fe pourvoiront pardevant celui du privilége, ou bien il prononce par renvoi, fi le Juge du privilége n'eft pas fupérieur : mais s'il trouve que celui qui défend au déclinatoire, ne doive pas être diftrait de fa Jurifdiction naturelle, il ordonne que les Parties procéderont pardevant lui, & condamne le demandeur aux dépens de l'incident.

III°. Que celui qui n'eft point privilégié, & qui fait affigner ou renvoyer une caufe pardevant des Juges, eft condamné par le Jugement ou Arrêt qui intervient fur le déclinatoire, en foixante-quinze livres d'amende.

DECLINER, fignifie éviter la Jurifdiction d'un Juge pardevant lequel on eft affigné, & demander fon renvoi ailleurs.

DECOMPTE, fignifie une fomme à déduire, & retenir par fes mains, fur une plus grande qu'on doit.

DECONFITURE, fignifie l'infolvabilité d'un débiteur, dont les biens font faifis, & qui a plufieurs créanciers qu'il n'eft pas en état de fatisfaire, après difcuffion faite de tous fes biens.

L'Ordonnance de 1629. art. 165. porte, que la déconfiture entre créanciers fur les meubles d'un débiteur infolvable, aura lieu dans tout le Royaume ; & audit cas, les créanciers viendront à contribution au fol la livre, fans préjudicier à ceux qui ont privilége fur lefdits meubles.

Il faut donc, pour qu'il foit conftant qu'un homme eft déconfi & infolvable, que tous fes biens tant meubles qu'immeubles ayent été faifis & vendus publiquement, & que le prix qui en eft provenu ne foit pas fuffifant pour fatisfaire fes créanciers faififfans ou oppofans.

L'ufage eft en cas de déconfiture, que les meubles font en premier lieu contribués ; en forte que les créanciers hypothécaires y prennent d'abord à proportion de leurs créances par concurrence avec les créanciers chirographaires, & viennent enfuite fur les immeubles par ordre de leurs hypotheques.

Cela feroit bien différent s'ils étoient colloqués en premier lieu fur le prix des immeubles, puifqu'ils toucheroient moins dans la contribution des meubles, fur lefquels ils ont autant de droit que les créanciers chirographaires.

Voyez ce que j'ai dit fur l'art. 180. de la coutume de Paris avec les Obfervations de M. le Camus.

En cas de déconfiture, les créanciers chirographaires & hypothécaires, qui ne peuvent pas être payés fur les immeubles, viennent donc tous fur les meubles à contribution au fol la livre.

A l'égard des créanciers chirographaires qui font privilégiés, ils ne viennent point à contribution, & n'ont qu'à fe fervir de leur privilége.

Ceux qui ont vendu un meuble & qui n'en font point payés, ceux à qui il eft dû pour loyer de la maifon où fe trouvent les meubles, ceux à qui il eft dû pour dépens d'hôtelage, ne viennent point par contribution, non plus que ceux qui font nantis du gage.

Voyez Contribution. *Voyez* Coquille queft. 201.

DECRET, fe dit ou en matiere civile, ou en matiere criminelle ; en l'une & l'autre c'eft une Ordonnance que le Juge rend en reconnoiffance de caufe, concernant la procedure & l'inftruction.

DECRET EN MATIERE CIVILE, fe dit premiérement de la Sentence qui permet aux mineurs la vente de leurs biens, *caufâ cognitâ*.

En fecond lieu, décret fe dit du Jugement qui permet de vendre & adjuger les immeubles d'un débiteur faifis réellement, faute par lui de fatisfaire aux caufes de la faifie réelle, & des oppofitions formées à icelle par fes créanciers.

DECRET D'ADJUDICATION, eft le Jugement qui autorife la vente qui fe fait en Juftice au plus offrant & dernier enchériffeur, d'un héritage faifi réellement.

Il y en a de deux fortes ; fcavoir le décret volontaire, & le décret forcé, dont nous allons parler après avoir donné quelques obfervations importantes fur cette matiere, en parlant du décret d'adjudication en général.

Ces décrets d'adjudication ne fe peuvent pas faire dans toutes fortes de Jurifdictions.

Le Réglement général du Parlement féant aux Grands Jours tenus à Clermont, en date du 30. Janvier 1666, porte qu'on ne peut faire des décrets que dans les Siéges royaux, ou dans les Duchés-Pairies, reffortiffans nuement en la Cour. Ce qui a été renouvellé par un Arrêt du 31. Mai 1683.

La forme de ces décrets eft établie par l'Edit d'Henry II. de l'année 1551. que l'on appelle l'Edit des criées; cependant les formalités font différentes prefque dans tous les Tribunaux du Royaume.

D'ailleurs il y a des Provinces où les décrets ne font point en ufage, comme dans la Breffe & le Bugey, où l'on ufe des fubhaftations. En d'autres, comme dans le reffort du Parlement de Touloufe les décrets peuvent être rabatus pendant dix ans, quand l'adjudication a été faite par Arrêt; & pendant trente ans, quand c'eft en vertu d'une Sentence.

On n'eft point recevable à interjetter appel d'un décret, après vingt ans qu'il eft intervenu.

Un décret purge toutes les rentes foncieres, même celles qui font dûes à l'Eglife.

Une tierce perfonne dont le bien a été compris dans une faifie réelle, eft recevable, quand elle n'a point été dépoffedée, à fe pourvoir contre l'Arrêt de décret par la voie de l'oppofition, fans qu'il foit befoin de l'attaquer par une Requête civile.

On peut pourfuivre par les mêmes criées la vente de plufieurs maifons fituées en même Paroiffe ou en même Ville, mais l'adjudication en doit être faite féparement, & par différens prix.

Les décrets doivent être faits dans les Juges en la Jurifdiction defquels les héritages font affis, pourvû que les Juges foient royaux ou Hauts-Jufticiers; car les décrets ne peuvent être faits dans les baffes ou moyennes Juftices.

On ne peut fe pourvoir contre un décret revêtu de toutes fes formalités, fous prétexte de lézion d'outre moitié du jufte prix.

La déclaration des limites eft effentielle dans les décrets.

Lés lods & ventes font dûs en cas de décret.

Les criées faites fur les héritages poffedés par indivis par des majeurs & par des mineurs, fans difcuffion de meubles pour le regard des mineurs, font bonnes, auffi-bien que le décret qui s'en eft enfuivi, *refpectu* des majeurs feulement, & nul *refpectu* des mineurs, dont le privilége eft perfonnel.

Il n'y a que les immeubles qui peuvent être vendus par décret, & non les meubles, de quelque valeur qu'ils foient.

Quoique le décret foit caffé, la faifie ne laiffe pas de fubfifter.

Quand un décret eft fait fur les biens du mari, & que l'on y comprend les biens de la femme non obligée, elle peut s'y oppofer, & demander diftraction des héritages qui lui appartiennent.

Après l'expédition des décrets, ceux qui ne s'y font pas oppofés auparavant, ne peuvent, pour quelque caufe que ce foit, être reçus à le faire.

Le Seigneur n'eft point tenu de s'oppofer au décret pour fon droit de directe Seigneurie & de cens annuel, mais feulement pour les arrérages du cens & pour tous autres droits extraordinaires.

Le droit de Patronage Eccléfiaftique ou Laïque eft réputé faifi & vendu, fous les termes de *circonftances & dépendances, & autres droits appartenans au fief.*

Quand un décret eft trop avancé, un créancier, quoique privilégié, ou plus ancien en hypotheque, n'eft pas recevable à demander les biens faifis pour la prifée.

L'adjudicataire ne peut fe fervir de fon décret, qu'il ne foit quittancé au dos.

Aucuns décrets ne peuvent être faits à la charge de rentes conftituées à prix d'argent, & rachetables.

Les Arrêts d'ordre & de décret ne peuvent être attaqués que par Requête civile, pour raifon de fraude & de dol perfonnel. *Voyez* ce qui eft dit des décrets dans le Recueil alphabétique de M. Bretonnier.

Si les Juges peuvent fe rendre adjudicataires des biens qui fe vendent en leur Jurifdiction en conféquence d'un décret forcé? *Quid* des Greffiers, des Avocats & des Procureurs? *Voyez* ci-devant Adjudication par décret.

Comment le décret purge les fervitudes. *Voyez* ce que j'ai dit fur l'art. 215. & les fuiv. de la coutume de Paris.

DECRET VOLONTAIRE, eft celui qui fe fait du confentement des Parties fur le vendeur; afin de purger les hypotheques, & de mettre l'acquéreur en fûreté.

Ainfi l'on convient fouvent dans les contrats de vente, que le vendeur ne touchera le prix d'un héritage; qu'après le décret volontaire qui en fera fait, & qu'il aura été en conféquence adjugé à l'acquéreur.

Pour cet effet, l'acquéreur, après avoir fait faifir réellement fur lui l'héritage qu'il a acheté, à la requête d'un de fes créanciers, fait faire les criées & les mêmes procédures qui fe font au cas du décret forcé jufqu'à l'adjudication.

Voici comme cela fe pratique. L'acquéreur crée une dette imaginaire au profit d'un ami qui en donne une contre-lettre. En conféquence de cette obligation fimulée, l'acquéreur de l'héritage fe fait faire par fon ami un commandement pour payer; & fur le refus, cet ami faifit réellement l'immeuble fur l'acquéreur: enfuite, à l'exception du bail judiciaire, on fait les criées & le refte de la procédure, comme dans un décret forcé, jufqu'à l'adjudication.

Il faut feulement dans la faifie, procès verbal de criées, affiches, Sentence de certification de criées, affignation pour donner moyens de nullité, congé d'adjuger, enchere de quarantaine, adjudication fauf quinzaine, remifes & décret, ne pas manquer de mettre que l'immeuble eft faifi fur tel acquéreur, comme ayant acquis de tel fon vendeur; autrement les créanciers hypothécaires de ce vendeur feroient en droit de fe plaindre, & de faire déclarer l'immeuble affecté & hypothéqué à leur dû, attendu que les criées où il ne feroit pas fait mention que l'héritage avoit été acquis de leur débiteur, auroient été faites en fraude, & que fon nom ne s'étant point trouvé dans les criées & autres actes, ils n'auroient eu aucune connoiffance de la vente qui lui auroit été faite de l'héritage par lui aliéné.

Quand l'adjudication eft faite dans les formes,

en vertu d'un décret volontaire, les Receveurs des Consignations ne peuvent pas obliger l'adjudicataire à consigner le prix, ni à lui payer aucun droit, en justifiant par lui qu'il n'y a point d'oppositions subsistantes au décret.

Lorsqu'il y a des oppositions à un decret volontaire, il faut faire ordonner de concert avec les opposans, & que leurs oppositions seront rayées du Registre, & converties en saisie & arrêts sur le prix entre les mains de l'acquéreur ; ce faisant, que le décret lui sera délivré par le Greffier : ce qui ôte tout prétexte au Receveur des Consignations de prétendre que le prix soit consigné , & que les droits de consignation lui soient payés.

On tient communement que le décret volontaire ne purge point le droit de propriété contre celui qui ne s'est point opposé , parce que le décret ne fait qu'un même titre avec le contrat , & ne peut pas donner plus de droit que le contrat. C'est ce qui a été jugé par Arrêt rendu en l'Audience de la Grande Chambre le 4. Mars 1746. plaidans M. Regnard pour les Héritiers Forestiers, & M. Beaubois pour l'Abbé Tierry.

DÉCRET FORCÉ , est celui qui se fait involontairement à la poursuite d'un créancier qui a fait saisir réellement un héritage ou autre immeuble, appartenant à son débiteur qui est en demeure de payer.

En conséquence de la saisie réelle & des autres procédures qui se font dans la poursuite des criées , on parvient à l'adjudication ; & le Jugement qui adjuge l'immeuble saisi réellement au plus offrant & dernier enchérisseur , est appellé Décret.

DÉCRET EN MATIERE CRIMINELLE. Il y en a de trois sortes ; sçavoir , le décret d'assigné pour être ouï, le décret d'ajournement personnel, & le décret de prise de corps, dont la qualité doit être proportionnée à celle des crimes, des preuves , & des personnes.

Le Juge doit donc ordonner, selon la qualité des crimes, des preuves, & des personnes, que la Partie sera assignée pour être ouïe, ajournée à comparoir en personne, ou prise au corps, suivant l'article 2. du tit. 2. de l'Ordonnance criminelle : ce qui dépend de l'arbitrage du Juge, qui doit avoir en cela égard aux circonstances ; en sorte même que pour injures, quand elles sont atroces, & faites à une personne de considération , il peut décreter de prise de corps.

Voici les autres régles générales qui doivent être observées sur ces sortes de décrets.

I°. Aucun ne peut être ajourné à comparoir en personne , à la requête du Procureur du Roi , s'il n'y a décret du Juge.

II°. Les Prévôts des Maréchaux ne peuvent décreter hors le cas de leur compétence.

III°. Les décrets ne deviennent point surannés , & ont toujours leur exécution jusqu'à ce que le crime soit prescrit.

IV°. L'appel d'un décret est verbal, & on le porte à l'Audience de la Tournelle criminelle ; & si la cause y est appointée , c'est un appointement au Conseil à fournir causes d'appel & moyens de nul-lité , réponses, écrire & produire.

Mais par un Arrêté du Parlement du 22 Février 1695. il est dit qu'il ne pourra être taxés dans les affaires d'injures , de débauches , de rixes & autres , dont le principal se juge avec l'appel , & qui dépendent particuliérement des informations , que six livres pour la production , & pareille somme de six livres pour chaque Requête d'emploi pour cause d'appel , réponses & contredits.

V°. Le Juge qui décerne un décret en matiere criminelle, n'est point obligé de spécifier & dénommer le crime pour raison duquel il décerne le décret ; il lui suffit de remarquer que le décreté est trouvé chargé par les informations. Papon , liv. 14. tit. 3. nomb. 1.

Touchant les décrets en matiere criminelle , voyez le tit. 10. de l'Ordonnance de 1670.

DÉCRET D'ASSIGNÉ POUR ESTRE OUI , est une Ordonnance que le Juge rend quand il s'agit de crimes non capitaux , auxquels n'échet ni peine afflictive ni peine infamante , ou quand les charges se trouvent légeres dans les informations , ou que l'accusé est Officier ou personne de qualité. Le Juge ordonne alors que l'accusé sera assigné par-devant lui à comparoir en personne.

Ainsi , par décret d'assigné pour être ouï , le Juge ordonne que l'accusé sera assigné pour être ouï sur les faits résultans de l'information , & répondre aux conclusions que le Procureur du Roi voudra prendre contre lui.

Si celui qui aura été assigné pour être ouï , ne comparoît point dans le délai qui lui aura été donné , & qui sera réglé suivant la distance des lieux , la partie civile , ou au défaut de Partie civile , le Procureur du Roi , ou le Procureur Fiscal , leveront contre lui défaut au Greffe des Présentations , ensuite le donneront à juger ; & pour le profit , l'Ordonnance d'assigné pour être ouï sera convertie en ajournement personnel.

Ce décret est aux mêmes fins que le décret d'ajournement personnel. Il n'y a de différence que dans la prononciation , & en ce qu'il n'emporte point d'interdiction.

Voyez le tit. 10. de l'Ordonnance de 1670.

DÉCRET D'AJOURNEMENT PERSONNEL , outre la converfion dont il vient d'être parlé , est une Ordonnance décernée par le Juge , lorsque les charges & informations paroissent trop fortes pour ne prononcer qu'un décret d'assigné pour être ouï , & qu'elles ne le paroissent pas assez pour décerner un décret de prise de corps contre un domicilié.

Dans ce cas le Juge ordonne , sur les conclusions du Procureur du Roi , que l'accusé sera assigné à comparoir en personne un tel jour , suivant la distance des lieux , comme en matiere civile , par-devant lui , pour être ouï & interrogé sur les faits résultans des charges & informations , & autres sur lesquels le Procureur du Roi le voudra faire ouïr & répondre à ses conclusions.

Ce décret emporte de plein droit interdiction contre les Juges Officiers de Justice , jusqu'à ce qu'il soit purgé.

Il y a une Déclaration du Roi en forme d'Edit du

mois de Decembre 1680. régiftré au Parlement le 10. Janvier 1681. portant défenfes à toutes les Cours de donner aucuns Arrêts de défenfes d'exécuter les décrets d'ajournement perfonnel, qu'après avoir vû les informations, lorfqu'ils auront été décernés par les Juges eccléfiaftiques ou par les Juges ordinaires royaux, pour fauffetés, pour malverfations d'Officiers dans l'exercice de leurs Charges, ou lorfqu'il y aura d'autres coaccufés contre lefquels il aura été décreté de prifes de corps.

Par la même Déclaration, fa Majefté veut que les accufés qui demanderont ainfi des défenfes, foient tenus d'attacher à leur Requête la copie du décret qui leur aura été fignifié ; que tous les Juges royaux & des Seigneurs foient tenus d'exprimer dans les décrets d'ajournement perfonnel, le titre de l'accufation, à peine d'interdiction ; & que toutes les Requêtes foient communiquées au Procureur général de la Cour où elles font pendantes.

On n'obtient pas toujours des défenfes dans les autres cas. Il eft permis aux Juges de les réfufer, felon qu'il leur paroît convenable par le titre de l'accufation.

Il eft en beaucoup d'occafions plus à propos de comparoir à l'affignation, que d'interjetter appel du décret. Il ne faut tenter la voie d'appel que quand on eft affuré d'obtenir des défenfes.

La procédure contre celui qui ne comparoît point à l'ajournement perfonnel, eft femblable à celle qui fe fait contre celui qui a été affigné pour être oui, & qui n'a point comparu.

La peine de la contumace eft la converfion du décret d'ajournement perfonnel en décret de prife de corps.

Il faut remarquer que, quoique réguliérement les décrets en matiere criminelle ne fe donnent par le Juge, que fur les conclufions du Procureur du Roi ou celui de la Juftice feigneuriale, cependant le Juge peut d'office décerner un affigné pour être oui, ou un ajournement perfonnel, lorfque par l'infpection des piéces d'un procès il entrevoit que quelqu'un a commis un crime.

Voyez Papon, liv. 14. tit 3. nomb. 9. *Voyez* le tit. 10. de l'Ordonnance de 1670.

DECRET DE PRISE DE CORPS, eft un Jugement que le Juge rend, quand par les charges & informations il lui apparoît qu'il s'agit de crimes fujets à punition corporelle ; auquel cas il ordonne que l'accufé fera pris & conduit dans les prifons ; & ce décret emporte interdiction.

Il fe décerne I°. dans le cas de la converfion de l'ajournement perfonnel en décret de prife de corps.

II°. Contre les vagabonds, fur la plainte des Procureurs du Roi, & contre les Domeftiques, fur la plainte de leurs Maîtres.

III°. Contre toutes fortes de perfonnes qui par les charges & informations paroiffent mériter peine afflictive ou infamante.

Quand l'accufé eft domicilié, le Juge ne décerne pas facilement le décret de prife de corps ; il faut que le cas foit grave.

L'information doit donc, fuivant ce que nous venons de dire, précéder le décret de prife de corps, à moins qu'il n'y ait flagrant délit, ou que le cas fût énorme, & qu'il y eût foupçon de fuite. Hors ce cas-là, un décret de prife de corps, fans informations précédentes, pourroit être caffé.

Le décret de prife de corps porte, que l'accufé fera pris au corps, & conduit dans les prifons du Juge, pour être oui & interrogé fur les faits réfultans des charges & informations, & autres fur lefquels le Procureur du Roi voudra le faire ouir ; finon, qu'après la perquifition de fa perfonne il fera affigné à comparoir à quinzaine, & par un feul cri public à la huitaine enfuivant.

Il porte auffi que fes biens feront faifis & annotés, avec établiffement de Commiffaires.

Mais dans les contraintes par corps pour dettes civiles dans le cas où elles ont lieu, le Juge ordonne feulement que le débiteur, faute de payement, fera conftitué prifonnier, & détenu dans les prifons jufqu'à ce qu'il ait fatisfait.

Un homme qui eft accufé doit répondre par fa bouche, & non pas par Procureur ; il ne peut décliner, ni demander fon renvoi par Procureur, mais en perfonne ; encore faut-il qu'il foit en état.

Cela n'eft cependant vrai que lorfqu'il eft décreté de prife de corps ; car s'il n'y avoit qu'un ajournement perfonnel, cela ne feroit pas néceffaire.

Voyez le titre 10. de l'Ordonnance de 1670.

DÉCRETER, fignifie donner un décret d'affigné pour être oui, ou un décret d'ajournement perfonnel, ou un décret de prife de corps contre quelqu'un.

DECROISSEMENT. *Voyez* Accroiffement.

DEFAILLANT, eft celui qui ne comparoît pas en Juftice fur les affignations qui lui font données.

DEFAIX, font des lieux défendus, comme la garenne & l'étang du Seigneur. *Voyez* Touraille fur l'art. 171. de la Coutume d'Anjou.

DEFAUT, eft l'amende qui eft dûe au Seigneur cenfier pour le défaut de cens non payé. *Voyez* la Coutume de Nivernois, chap. 5. art. 9. & 10.

DEFAUT, eft un acte qui fe donne en Juftice au demandeur, de la contumace du défendeur défaillant ; de même que le congé eft un acte qui fe donne au défendeur, de la contumace du demandeur.

On diftingue trois fortes de défauts ; fçavoir, le défaut faute de comparoir, le défaut faute de défendre, & le défaut faute de venir plaider ; à quoi il faut ajouter un quatriéme, qui eft le défaut faute de conclure.

DEFAUT FAUTE DE COMPAROIR, eft celui qui fe donne au demandeur contre celui qui eft affigné ; & qui fur l'affignation ne fe préfente pas dans les délais de l'Ordonnance.

Ce défaut fe prend au Greffe, & fe fait juger après un autre délai de huitaine, pour ceux qui font ajournés à huitaine ; & à l'égard de ceux qui font

font ajournés à plus longs jours, le délai pour faire juger le défaut, outre celui de l'assignation & de huitaine pour défendre, sera encore de la moitié du tems porté par le délai de l'assignation.

Le Jugement qui intervient sur un défaut faute de comparoir, adjuge les conclusions au demandeur avec dépens.

D E F A U T FAUTE DE DÉFENDRE, est celui que prend le demandeur contre le défendeur qui s'est présenté sur l'assignation, mais qui n'a pas fourni de défenses dans les délais de l'Ordonnance.

Ce défaut se donne à l'Audience, sans autre acte ni délai, ni sommation préalable, & le profit s'en juge sur le champ dans les Jurisdictions inférieures, & en conséquence les conclusions de la demande sont adjugées.

Mais dans les Cours souveraines le demandeur doit lever ce défaut au Greffe, & signifier au Procureur du demandeur : huitaine après, il le doit bailler à juger.

Mais si le Procureur du défendeur fournit de défenses entre le défaut & le jugement, sa Partie en sera quitte pour refonder les dépens.

D E F A U T FAUTE DE VENIR PLAIDER, est celui qui se donne au demandeur à l'Audience contre le défendeur qui s'est présenté & a fourni de défenses, mais qui a manqué de comparoir à l'Audience pour plaider.

Pour que ce défaut se donne, il faut qu'il y ait eu un avenir signifié ; auquel cas, si le Procureur ou l'Avocat du défendeur ne comparoît point à l'Audience, sera donné défaut en comparant, & pour le profit ses conclusions lui sont adjugées.

Si au contraire le demandeur ne comparoît point à l'Audience par son Avocat ou par son Procureur, le défendeur obtiendra congé, & pour le profit sera renvoyé absous de la demande.

On n'est point reçu à se pourvoir contre ces Jugemens, soit qu'ils portent condamnation ou absolution, si ce n'est par opposition dans la huitaine du jour de la signification de la Sentence ou de l'Arrêt ; ou après la huitaine par appel, si les Jugemens ne sont pas souverains ; ou par Requête civile, s'ils sont rendus en dernier ressort.

Il faut encore observer que quand l'Arrêt par défaut a été rendu à tour de rôle, on ne peut revenir contre que par Requête civile, même dans la huitaine.

Ce que nous avons dit ci-dessus, que celui qui se présente à l'Audience lorsque la Partie adverse ne comparoît pas, obtient congé ou défaut, & que ses conclusions lui sont adjugées, n'est pas une règle certaine & infaillible ; car il arrive quelquefois que les Juges enjoignent à son Avocat ou à son Procureur de dire ses moyens, & que sur sa plaidoierie, au lieu de lui adjuger ses conclusions, il en est débouté avec dépens.

Au reste il est de la prudence du Juge de ne point adjuger de conclusions par défaut, sans avoir entendu les moyens de celui qui comparoît, lorsque l'affaire peut être de conséquence.

D E F A U T FAUTE DE CONCLURE. Voyez Appellations en procès par écrit. Voyez aussi Appointement de conclusion.

D E F A U T EN MATIERE CRIMINELLE. Voyez Contumace. Voyez le titre 10. de l'Ordonnance de 1670.

D E F A U T SAUF L'HEURE, est celui qui est prononcé à l'Audience, avec cette condition, sauf l'heure ; c'est-à-dire, que le défaut sera rabatu, si l'Avocat ou le Procureur de la Partie contre laquelle le défaut a été donné, se présente pour plaider avant que l'Audience soit levée.

D E F E N D E U R, est celui qui est ajourné pardevant le Juge pour être condamné aux fins & conclusions du demandeur, lequel fournit de défenses pour être déchargé de la demande qui est intentée contre lui.

On tient pour maxime que *favorabiliores sunt rei quàm actores. Leg.* 125. *ff. de reg. Juris,* & *leg.* 38. *ff. de re judic.*

D E F E N D E U R ORIGINAIRE, est en matiere de garantie, celui qui est poursuivi en déclaration d'hypotheque, lequel est demandeur en garantie contre son garant, & le garant est défendeur en garantie.

Par exemple, celui qui a vendu un héritage hypothéqué, & qui est poursuivi en garantie par le défendeur originaire, est appellé défendeur en garantie.

D E F E N D E U R EN REQUESTE CIVILE, est celui qui défend au contenu des Lettres de Requête civile, & qui soutient qu'il n'y a pas eu de surprise, ni de défaut de formalité ou de procédure, en l'obtention de l'Arrêt qui lui a donné gain de cause.

D E F E N D E U R INCIDEMMENT DEMANDEUR, est celui qui par ses défenses se constitue incidemment demandeur.

D E F E N D E U R EN LA FORME, ET DEMANDEUR AU FOND. Pour entendre ce que c'est, il faut observer qu'il y a différence entre la forme & le fond. Cela se connoîtra par l'exemple suivant.

Mœvius soutient que la saisie réelle faite par Titius son créancier, est nulle par le défaut de formalités, ou parce que les titres de Titius n'étoient pas exécutoires pour saisir ; comme si c'est une Sentence ou un contrat non scellé ; ou une condamnation, en donnant caution, & que la caution n'ait point été reçue. Si sur ce fondement Mœvius en demande main-levée, & que Titius au contraire soutienne sa saisie bonne, & demande la condamnation de la somme, Mœvius est demandeur en la forme, & défendeur au fond ; & Titius est défendeur en la forme, & demandeur au fond.

Ainsi celui qui s'oppose à une Sentence par défaut, est demandeur en la forme.

D E F E N D E U R S ET DEMANDEURS. Voyez Demandeurs & Défendeurs.

DEFENSABLES. On appelle de ce nom les héritages, les bois, les prés, qui ne sont pas abandonnés à chacun pour y faire paître ses bestiaux, ou dans lesquelles il n'est pas permis en certains tems de l'année de les y mener paître.

D E F E N S E S, sont les raisons que le défendeur oppofe à la demande qui lui eft faite. *Voyez* Exceptions.

Il y a diverfes fortes de défenfes, felon les actions intentées, & les moyens qui fe peuvent propofer contre : elles font, pour ainfi dire, infinies ; cependant elles fe réduifent à quelques-unes qui font générales.

I°. En action poffeffoire, les défenfes font, qu'on n'a point fait le trouble, ou qu'on eft bien fondé de l'avoir fait, ou parce qu'on prétend être en poffeffion ou propriétaire de la chofe en laquelle le trouble eft prétendu avoir été fait.

II°. En action réelle, les défenfes font, que l'héritage pour lequel on eft pourfuivi par cette action, nous appartient, ou en vertu d'un titre, ou par prefcription ; ou que le demandeur n'en a point de titre de propriété, ou que ceux dont il fe fert, ne font pas fuffifans pour juftifier qu'il eft propriétaire de la chofe.

III°. En action hypothécaire, on oppofe à cette demande, que le titre en vertu duquel le demandeur agit par cette action, eft nul, ou que la dette eft acquittée, ou qu'il y a prefcription ou fins de non recevoir, ou que le titre eft faux ; auquel cas il faut s'infcrire en faux.

IV°. En action perfonnelle, les défenfes font, qu'on ne doit point ce qui eft demandé, parce qu'on a payé, ou par quelqu'autre raifon.

DEFENSES PAR ATTENUATION, font des exceptions en matiere criminelle, propofées par l'accufé, pour détruire les raifons, les moyens, & les preuves dont fe fert l'accufateur, pour prouver que l'accufé a commis le crime dont il eft queftion.

Ces fortes de défenfes font abrogées par l'Ordonnance criminelle ; mais on peut préfenter Requête pour fervir de défenfes, raifons & moyens contre les pieces juftificatives de l'accufateur.

DEFENSES AU CONTRAIRE, font celles que le Juge permet à une Partie de propofer contre ce qui eft avancé par la Partie adverfe.

Par exemple, l'article 26. du titre 11. de l'Ordonnance du mois d'Avril 1667. défend d'expédier à l'avenir aucunes Lettres pour articuler faits nouveaux ; & ordonne que les faits foient pofés dans une fimple Requête jointe au procès, fauf au défendeur d'y répondre par une autre Requête.

Cette Requête eft jointe au procès avec la claufe, *défenfes au contraire* ; c'eft-à-dire, qu'il eft en la difpofition de la Partie adverfe de répondre aux faits contenus en la Requête, au cas qu'elle les prétende faux ou fuppofés, & non pas qu'ils foient tenus pour vrais, parce que la Requête dans laquelle ils font contenus, eft jointe au procès.

DEFENSES GENERALES, font les Lettres ou les Jugemens qui font obtenus par les débiteurs contre tous les créanciers pendant un tems, pour faire homologuer un contrat, ou pour faire l'enterinement du répi demandé. Sur quoi *voyez* l'Ordonnance de 1673. tit. 9.

Nous remarquerons feulement ici que ceux qui ont obtenu ces fortes de défenfes, ne peuvent être élus Confuls ni adminiftrateurs d'Hôpitaux, ni parvenir à aucunes charges ou fonctions publiques, à moins qu'ils n'obtiennent des Lettres de réhabilitation, & ne prouvent qu'ils ont depuis entierement payé leurs créanciers.

DEFENSES, fignifient quelquefois un Arrêt qu'on obtient pour empêcher l'exécution d'une Sentence.

Les Juges inférieurs ne peuvent paffer outre, au préjudice des défenfes des Juges fupérieurs. *Voyez* Henrys, tome 1. liv. 2. queft. 30. & 71.

L'Ordonnance de 1567. tit. 17. régle les cas où la Cour ne doit pas donner de défenfes en matiere civile.

L'Ordonnance de 1670. tit. 25. & 26. régle les cas où la Cour ne peut pas donner des défenfes en matiere criminelle.

Les Juges fupérieurs peuvent donner des défenfes d'exécuter les ajournemens perfonnels ; mais ils ne le peuvent faire à l'égard des décrets de prife de corps, qu'après avoir vû les charges, fuivant l'art. 4. du tit 26. de l'Ordonnance de 1670. *Voyez* Arrêt de défenfes.

DEFENSES, font encore les prohibitions portées par les Ordonnances, Edits & Déclarations de nos Rois.

On fe fert auffi de ces mots pour fignifier les prohibitions faites par les Coutumes.

Enfin, ce terme eft employé pour exprimer les défenfes qui font faites par les Arrêts & Réglemens des Cours fouveraines ; quelquefois même celles qui font faites par des Jugemens rendus entre des Particuliers.

Ce qui eft défendu par quelque Loi, mérite punition, & devroit contenir les hommes dans leur devoir ; mais il y a des perfonnes dont le cœur eft fi corrompu qu'ils trouvent un attrait encore plus charmant à violer les Loix les plus faintes, par la défenfe qu'elles en font ; de forte que leur orgueil criminel les éleve contre tout ce qui tend à les fubjuguer.

DEFENSES DE SE MARIER, font des défenfes que la Cour fait à des perfonnes de fe marier ; mais ces fortes de défenfes ne font jamais pouffées plus loin que la minorité de ceux à qui elles font faites, à moins qu'elles ne foient caufées par quelque empêchement dirimant.

DEFERER, fignifie accufer, dénoncer. On ne reçoit point le témoignage de ceux qui ont été déférés en Juftice.

On dit déférer le ferment à fa Partie ; pour dire qu'on s'en rapporte à fon ferment.

DEFINITIF. Par Jugement définitif, nous entendons celui qui décide & termine entierement la conteftation qui étoit entre les Parties.

Il differe donc du Jugement préparatoire, autrement appellé interlocutoire, qui décide feulement quelque chofe *interim* pour l'inftruction, avant que de parvenir au Jugement définitif. On ordonne auffi qu'une provifion adjugée précédemment demeurera définitive, lorfqu'il n'y a pas lieu de la répéter.

DEGRADATION, fignifie le dommage

& la détérioration que l'on fait dans des terres, en négligeant de les cultiver, ou dans des bois & des bâtimens, foit en les abbatant, ou en négligeant de les entretenir & de les réparer.

Celui qui fe plaint de dégradations, intente en Juftice fon action, & demande que le Juge nomme des Experts qui vifitent les lieux, & eftiment à quoi fe montent les dégradations, pour évaluer les dommages & intérêts auxquels doit être condamné celui qui a fait le dommage.

DEGRADATION, fignifie auffi la deftitution ignominieufe d'un ordre, d'une qualité, ou d'une dignité, dans le cas d'une condamnation.

DEGRADATION D'UN ORDRE SACRÉ, eft celle qui fe fait d'un Prêtre, ou autre promu aux Ordres facrés, avant que de leur faire fubir la peine de mort.

Plufieurs anciens Canons & plufieurs Décretales des Papes font mention de la dégradation, en prefcrivent la néceffité, & en réglent la forme.

Nous en trouvons un veftige dans la Novelle 83. de Juftinien, où cet Empereur s'exprime en ces termes : *Illud palàm eft fi reum effe putaverit eum, qui convenitur, Provinciæ Præfes, & pœnâ judicaverit dignum ; priùs hunc fpoliari à Deo amabili Epifcopo Sacerdotali dignitate, & ita fub legum fieri manu.*

On peut même remonter plus haut ; car la dégradation étoit en ufage dans le Paganifme : en forte que les Veftales qui étoient condamnées à mort, n'étoient pas livrées entre les mains de l'Exécuteur que les Pontifes ne les euffent dépouillées de leurs habits de Veftale : ce qui eft une dégradation bien formelle.

Les dégradations étoient autrefois en ufage dans ce Royaume. L'article 14. de l'Ordonnance de 1571. donnée par le Roi Charles IX. en faveur du Clergé, dit en termes exprès, que les Prêtres & autres promus aux Ordres facrés, ne pourront être exécutés à mort pour crime, fans avoir été dégradés auparavant.

Suivant les anciennes formalités, il falloit un certain nombre d'Evêques pour la dégradation des Eccléfiaftiques promus aux Ordres facrés ; ce qui caufoit beaucoup d'embarras, à caufe des délais & des refus de quelques Evêques, qui fouvent vouloient que les procédures criminelles leur fuffent communiquées, pour s'inftruire de la vérité du crime, avant que de procéder à la dégradation. Mais depuis le Concile de Trente, il a fuffi d'un feul Evêque.

Cette dégradation fe fait par l'Evêque, qui ôte en public les habits & ornemens facerdotaux au criminel, en proférant certains mots qui lui reprochent fon indignité, ainfi que l'on peut voir dans le chapitre fecond du titre *de pœnis*, dans le Sexte.

M. le Prêtre, centurie première, chap. 21. rapporte fur la foi de la cronique de S. Denis, que deux Auguftins qui avoient trompés le Roi, fous promeffe de le guérir, furent condamnés à mort & auparavant dégradés en place de Greve. Voici de quelle maniere la cérémonie s'en fit.

On dreffa des échafauds devant l'Hôtel-de-Ville

& l'Eglife du S. Efprit. Il y eut une efpece de pont fait de planches, qui venoit à l'endroit des fenêtres de la falle du S. Efprit ; & on ajufta une de ces fenêtres en forme de porte. Là furent amenés les deux Auguftins, ajuftés comme s'ils euffent été fur le point de dire la Meffe.

Après une efpece de prédication, l'Evêque de Paris en habits pontificaux, comme s'il eût voulu conférer les Ordres, leur parla, & ôta à chacun d'eux la chafuble, l'étole, la manipule & l'aube ; enfuite en la préfence de l'Evêque on rafa leurs couronnes.

Cette cérémonie étant achevée, ceux de la Jurifdiction laïque les dépouillerent, & ne leur laifferent que leur chemife & une petite jaquette pardeffus ; après quoi ils furent conduits aux Halles, où ils furent décapités.

M. le Prêtre dit que l'on peut infliger la mort aux Eccléfiaftiques, fans dégradation en cas de crime atroce : ce qui eft conforme au fentiment des Canoniftes, qui mettent au nombre de ces crimes l'affaffinat.

Les difficultés que les Evêques apportoient pour dégrader les Eccléfiaftiques, retardoient confidérablement l'exécution de leurs Jugemens : ce qui a été caufe que dans plufieurs occafions les Eccléfiaftiques condamnés à mort ont été exécutés fans dégradation ; & de-là on eft venu au point d'en retrancher entiérement l'ufage : on allegue feulement l'atrocité du crime, pour s'en difpenfer.

DEGRADATION DE LA QUALITÉ DE NOBLE, fe fait par tout Jugement qui condamne à mort naturelle ou civile. Celui qui eft dégradé, non-feulement ceffe d'être Noble ; il fait auffi déchoir de nobleffe tous fes defcendans, qui tenoient de lui la qualité de Nobles.

Mais, comme nous avons remarqué ci-deffus, le Jugement qui condamne à être décapité, ne fait point déroger à Nobleffe.

DEGRADATION D'UNE DIGNITÉ, eft celle qui prive un officier des marques d'honneur de fa Charge.

Quand il arrive qu'un Officier de la Cour s'eft montré indigne de fon caractere, la Cour le condamne à paroître revêtu de fa robe de cérémonie, pour être publiquement lacérée fur lui par les Huiffiers.

Un Officier d'armée qui a mérité une telle peine, eft à la revûe chaffé de fon pofte. On lui ôte d'abord fon épée, & enfuite on lui donne l'expulfion avec ignominie.

DEGRÉ, fignifie la même chofe que diftance.

DEGRÉ DE PARENTÉ, eft la diftance qui fe trouve entre ceux qui font joints par le lien de la parenté ; & cette diftance fe compte par le nombre des perfonnes engendrées, qui fe trouvent d'une perfonne à l'autre. On compte de même les degrés d'affinité.

Voyez Parenté. *Voyez* auffi ce que j'en ai dit dans ma Traduction des Inftitutes, fur le titre des nôces, où j'ai expliqué combien il y a des lignes de parenté, comment fe comptent les degrés de parenté en Droit civil & en Droit canon, & dans quels dégrés le mariage eft prohibé pour caufe de parenté.

DEGRÉ, fignifie quelquefois le rang qu'on a obtenu dans une Faculté. Sur quoi *voyez* Gradués.

DEGRÉS DE JURISDICTION. Il y a trois degrés de Jurifdiction feigneuriale ; fçavoir, la Baffe, la Moyenne & la Haute-Juftice.

On n'appelle point de la Baffe-Juftice à la moyenne, on va droit à la Haute ; ce qui eft une exception de la régle, qui veut que tout appel foit porté *gradatim* au Juge fupérieur, *non omiffo medio*.

A l'égard des appellations interjettées des Sentences du moyen-Jufticier, elles vont, conformément à la régle ordinaire, à la Haute-Juftice.

Ainfi pour parvenir au Juge royal, il ne peut y avoir que deux dégrés de Jurifdiction au plus. *Voyez* la coutume de Poitou, titre 1. art. 4. les Ordonnances de 1563. & 1564. qui font du Rouffillon ; & la conférences des Ordonnances, livre 3. titre 6.

Il y a auffi trois dégrés de Jurifdiction royale. Le premier eft celui des Châtelains, Prévôts royaux ou Viguiers, qui connoiffent des appellations interjettées des Sentences des Hauts-Jufticiers.

Le deuxiéme eft celui des Baillifs, Sénéchaux & Préfidiaux qui connoiffent des appellations interjettées des Sentences des Chatelains & Prévôts royaux.

Le troifiéme eft celui des Parlemens, qui jugent fouverainement & en dernier reffort les appellations defdits Baillifs, Sénéchaux & Préfidiaux.

Il faut néanmoins remarquer que l'on n'obferve ces trois dégrés de Jurifdiction, que dans les appellations interjettées en matiere civile ; car en matiere criminelle, où il s'agit d'une condamnation à quelque peine afflictive, l'appel des Sentences de tout Juge reffortit au Parlement, *omiffo medio*. *Voyez* Appel à *minima*.

DEGRÉS DE JURISDICTION ECCLESIASTIQUE. Il y en a quatre ; le premier eft celui de l'Évêque ; le deuxiéme eft celui de l'Archevêque ; le troifiéme eft celui du Primat ; le quatriéme eft celui du Pape.

Il faut néceffairement paffer d'un degré au fuivant, *gradatim & non omiffo medio*. Ainfi les appellations de l'Official de l'Évêque ne peuvent être interjettées que pardevant celui de l'Archevêque ; celles de l'Official de l'Archevêque ne peuvent être interjettées que pardevant le Primat ; & celles du Primat au Pape.

Cette régle fouffre une exception ; fçavoir, quand l'appel eft interjetté comme d'abus ; car il va directement & fans moyen au Parlement de Paris.

On ne paffe pas toujours par ces quatre dégrés de Jurifdiction eccléfiaftique ; il y a des Evêques & Archevêques immédiatement foumis au Pape.

D'ailleurs, on n'appelle pas toujours depuis l'Evêque jufqu'au Pape ; car quand en Jurifdiction eccléfiaftique il y a trois Sentences définitives qui font conformes, on n'en peut plus appeller.

DEGRÉS EN FAIT DE SUBSTITUTION GRADUELLE ET PERPETUELLE. Les Arrêts qui font intervenus depuis environ quatre vingts ans, ont borné les fubftitutions graduelles & perpétuelles faites depuis l'Ordonnance d'Orléans, à deux dégrés non compris l'inftitution.

Le plus célebre eft celui du 18. Février 1645. rendu *confultis claffibus* au Parlement de Paris. Il eft rapporté par Henrys, tom. 3. livre 5. queft. 114.

Dans cette fupputation de dégrés on ne compte, I°. Que par générations, & non par têtes.

II°. On ne compte que ceux qui ont réellement joui de la fubftitution, & non ceux qui n'ont pas voulu, ou n'ont pas pû la recueillir.

DEGUERPISSEMENT, eft l'abandonnement & le délaiffement d'un héritage qu'en fait le détenteur qui ne veut point reconnoître le cens, ou paffer titre nouvel de rente fonciere, ou d'autres charges réelles de pareille nature, dont cet héritage fe trouve chargé.

Cette matiere n'eft pas fi commune dans les pays de Droit écrit que dans les pays de coutume : c'eft pourquoi dans les queftions qui fe préfentent fur cette matiere, il faut avoir recours aux Auteurs des pays coutumiers.

Voyez le Traité du déguerpiffement de Loyfeau, & ce que j'ai dit fur l'article 79. de la coutume de Paris.

DEGUERPISSEMENT DE FIEF, eft l'abandonnement & le délaiffement que fait le Vaffal au Seigneur de qui ce fief releve. C'eft une queftion, fi en ce cas toutes les hypothéques & toutes les fervitudes impofées fur ce fief par le Vaffal font réfolues ? *Voyez* Retour de fief.

DEJECTION OU EFFUSION DE CHOSES QUI ONT PORTÉ PREJUDICE A QUELQU'UN, eft un quafi-délit, dont eft tenu celui de la maifon duquel on a jetté ou répandu de jour, ou à heure non indue, quelque chofe qui a caufé du dommage dans un lieu où l'on a coutume de paffer ou fe repofer ; foit que de cet accident il en foit arrivé mort d'homme ou qu'un paffant foit bleffé, ou que fes habits foient gâtés. On ne peut pas dire que ce foit un délit, fi la chofe s'eft faite par accident & fans deffein ; on ne peut être qu'un quafi-délit provenant de l'imprudence de celui par le fait duquel ce malheur fera arrivé.

De ce quafi-délit naît une action appelée *de dejectis vel effufis*. Parmi nous, cet action eft portée pardevant le Lieutenant de Police : c'eft le propriétaire ou le principal locataire de la maifon d'où la chofe eft tombée ou a été verfée, qui eft refponfable du dommage qui en eft arrivé, ou bien le fous-locataire de l'appartement duquel la chofe eft tombée ou a été verfée.

Celui qui intente cette action, conclu *à ce que le défendeur, pour avoir été jetté ou verfé par fa fenêtre ou par celle de son locataire, telle chose qui a causé tel dommage au demandeur, soit envers lui condamné, pour réparation, à lui payer telle somme, ou à lui faire faire un autre habit de la même étoffe & de la même maniere qu'étoit celui qui a été entiérement gâté, avec dépens, dommages & intérêts; le tout suivant la visite & estimation qui en sera faite par gens à ce connoissans.*

Si ce qui est tombé a causé la mort d'un homme, ses héritiers peuvent poursuivre celui qui en a été la cause, pour l'intérêt civil qui les concernent. Les enfans de celui qui a été ainsi tués, sont aussi en droit de faire la même poursuite, quand même ils renonceroient à sa succession.

Lorsque celui qui est assigné pour un tel quasi-delit denie le fait, le Juge ordonne une enquête respective; & si le fait est prouvé, la peine n'est qu'arbitraire.

Voyez ce que j'ai dit sur le §. 1. du tit. 5. au quatriéme livre des Institutes.

DELAI, est un tems accordé, ou par la Loi, ou par la coutume, pour la procédure, ou pour les affaires.

Nous avons plusieurs sortes de délais accordés par les Ordonnances, qui sont,

I°. Les délais des assignations, accordés aux défendeurs, tant pour constituer Procureurs, que pour fournir de défenses.

II°. Le délai d'emmener garant, accordé tant en garantie formelle, qu'en garantie simple.

III°. Les délais de fournir des griefs & réponses.

IV°. Les délais pour produire & contredire.

V°. Délais pour faire enquête.

VI°. Délais pour faire inventaire.

VII°. Délais pour déliberer.

VIII°. Délais de remise de quinzaine en quinzaine.

Nous parlerons ici principalement des délais pour comparoir aux assignations, & nous expliquerons les autres en parlant des choses pour lesquelles ils sont accordés.

DELAIS D'ASSIGNATIONS, sont différens, suivant les différentes Jurisdictions où les assignations sont données, & suivant la distance des lieux du domicile du défendeur, & le lieu de la Jurisdiction où il est assigné : ce qui a été ainsi établi, afin que les défendeurs eussent un tems compétent pour comparoir à l'assignation.

Aux Maîtrises particulieres des Eaux & Forêts, Connétablies, Greniers à Scel, Traites Foraines, Hôtels-de-Villes, les délais sont de vingt-quatre heures, ou de trois jours au plus, quand le défendeur est dans le lieu; & de huitaine, quand il en est hors de l'étendue de dix lieues : mais s'il est au-delà des dix lieues, le délai est augmenté à raison d'un jour par dix lieues.

Le délai d'assignation donnée devant un premier Juge ordinaire, Prévôt ou Châtelain, quand le défendeur demeure dans le lieu, est de trois jours, ou de huitaine; mais s'il demeure hors du lieu & dans le ressort, le délai est de huitaine, ou de quinzaine au plus.

Aux Siéges Présidiaux, Baillages & Sénéchaussées royales, quand le défendeur demeure sur le lieu ou dans la distance de dix lieues, le délai est au moins de huitaine, & de quinzaine au plus; & pour ceux qui sont hors de la distance de dix lieues, il sera au moins de quinzaine, & au plus de trois semaines.

Aux Requêtes de l'Hôtel ou du Palais, & aux Siéges des Conservateurs des privileges des Universités, pour les défendeurs demeurans sur le lieu, le délai est de huitaine; pour ceux qui sont dans l'étendue de dix lieues, il est de quinzaine; d'un mois pour ceux qui sont dans la distance de cinquante lieues, & enfin de deux mois pour ceux qui sont demeurans hors le ressort du Parlement.

Le délai dans les Cours souveraines pour les domiciliés, est de huitaine, pour ceux qui demeurent hors la Ville dans l'étendue de dix lieues, il est de quinzaine; d'un mois pour ceux qui demeurent au-delà de dix lieues dans l'étendue de cinquante; & pour ceux qui demeurent au delà, il est de six semaines, pourvû que ce soit dans le ressort du même Parlement ou Cour des Aydes; quand c'est hors, il est de deux mois : mais à l'égard du Grand Conseil, au-delà de cinquante lieues, le délai est augmenté d'un jour par dix lieues.

En matiere de délais, il y a deux choses à observer; sçavoir, les deux extrémités, & les jours intermédiaires.

Les deux extrémités sont le jour de l'assignation & celui de l'échéance : sur quoi il faut remarquer que l'on ne compte point le jour que le délai commence, ni celui auquel il finit. Ainsi le jour auquel l'assignation est donnée, & celui auquel elle échet, sont francs, & ne se comptent point dans les délais. *Nam dies termini non computatur in termino.*

Si le jour de l'échéance se trouve un jour de Dimanche ou de Fête, il doit être remis au jour ouvrable suivant; mais à l'égard des jours intermédiaires qui sont entre le commencement & la fin du délai, tous les jours de Dimanche, de Fête & de vacations sont continus & utiles, ainsi qu'il est dit en l'art. 7. du titre 3. de l'Ordonnance de 1667.

DELAIS DE REMISES DE QUINZAINE EN QUINZAINE, commencent à courir du jour qu'elles ont été prononcées, comme nous avons dit, *verbo* Remises.

DELAI POUR ASSIGNER en reconnoissance de promesse ou autre écrit sous seing privé. *Voyez* Simple Promesse.

DELAI DE PAYEMENT. *Voyez* Payement.

DELAI DES DIX JOURS après l'échéance, accordé pour le payement des Lettres & Billets de change. Ce délai fut accordé par l'Ordonnance de 1673. & par les Déclarations des 16. Mars 1700 & 28. Novembre 1713. Mais ce délai n'est point observé dans tout le Royaume, & ne peut faire déroger aux usages établis à cet égard dans les Villes & Provinces.

La Déclaration du 20. Février 1714. porte une reconnoissance formelle & absolue de la diversité des usages sur le payement des Lettres de change dans les différentes Villes & Provinces du Royaume. En voici la teneur.

» Nous aurions été informés qu'il y a plufieurs
» Provinces & Villes de notre Royaume où les
» Lettres & Billets de change, les Billets payables
» au Porteur à ordre, ou les Billets ou promef-
» fés, valeur en marchandifes, font, fuivant les
» ufages qui y ont lieu, exigibles aux termes de
» leur échéance, fans que les débiteurs ayent la
» faculté de jouir defdits délais de dix jours & d'un
» mois ; & comme on pourroit prétendre que par
» les termes de notre Déclaration du 28. Novembre
» 1713. nous avons entendu déroger à ces ufages,
» ce qui faire naître une infinité de conteftations
» capables d'interrompre le Cour du Commerce,
» Nous avons cru devoir expliquer fur ce nos in-
» tentions. Nous difons & déclarons n'avoir en-
» tendu par notre Déclaration du 28. Novembre
» 1713. rien innover aux ufages ordinaires des Pro-
» vinces & Villes de notre Royaume, fur le paye-
» ment defdits Billets, Lettres ou promeffes ; &
» en conféquence Nous voulons & Nous plaît
» qu'elle foit exécutée feulement dans celles où les
» délais de dix jours pour le payement des Lettres
» ou Billets de change, & d'un mois pour les Bil-
» lets & promeffes, valeur en marchandifes font
» en ufage ; & à l'égard des Provinces & Villes où
» lefdits Billets, Lettres de change & Promeffes
» font exigibles à leur échéance, ordonnons que
» les Porteurs defdits Billets, Lettres ou Promef-
» fes, feront tenus de les préfenter aux débiteurs
» dans les termes de leur échéance ; & aux refus
» du payement, de leur en faire la demande par
» une fommation : finon, & à faute de ce, &c.
Il s'enfuit dont que la Déclaration de 1713. où
il eft fait mention defdits jours, ne doit être exécutée que dans les Villes ou les dix jours font en
ufage, & que ce délai des dix jours après l'é-
chéance n'eft pas univerfel dans tout le Royaume.
A Lyon, qui eft la Ville la plus floriffante du
Royaume pour le Commerce, les dix jours après
l'échéance font inconnus ; il n'y a même aucun
jour de grace pour les Lettres de change tirées à
jour fixe, à l'exception de celles qui font tirées en
payement, pour lefquelles il y a trois jours de
faveur non fériés, après le dernier jour du mois
où finiffent les payemens, fuppofé que les Lettres
ayent été acceptées.

Dans les Villes ou Povinces où le délai des dix
jours après l'échéance eft en ufage, il faut remarquer que le Porteur d'une Lettre ou Billet de
change ne peut forcer celui fur qui elle eft tirée
à la payer qu'au dixieme jour préfix après l'é-
chéance, ne peut lui faire de fommation qu'au
même dixieme jour préfix après l'échéance, &
non plus tard : de même les débiteurs ne peuvent
offrir & fe libérer avant ce dixieme jour ; & fi le
Porteur de ladite Lettre de change négligeoit de
faire la fommation au dixieme jour préfix après
l'échéance, le tireur feroit déchargé de plein droit
de toute action en garantie, fuppofé que celui fur
qui elle auroit été tirée fût débiteur du tireur, &
eût les fonds néceffaires, & qu'au jour où la fommation auroit dû être faite, le payeur fût encore
en état, & n'eût point encore failli.

Voyez le Commentaire de Bornier fur l'Ordonnance de 1673.

DELAIS POUR FAIRE INVENTAIRE, font les
délais qui font accordés aux héritiers & à la veuve
pour faire inventaire des biens de la fucceffion du
défunt. Ce délai eft de trois mois, à compter du
jour de l'ouverture de la fucceffion, & fi l'inventaire a été fait pendant les trois mois, le délai de
quarante jours pour délibérer, commence du jour
qu'il a été parachevé ; comme il eft porté en l'art.
1. du tit. 7. de l'Ordonnance du 1667.

L'article 4. porte que fi l'héritier juftifie que
l'inventaire n'a pû être fait dans les trois mois,
pour n'avoir point eu connoiffance du décès du
défunt, ou à caufe des oppofitions & conteftations furvenues ou formées à la levée du fcellé, &
à la confection de l'inventaire ou autrement, il
lui fera accordé un autre délai convenable pour
faire l'inventaire, & quarante jours pour délibérer ; lequel délai fera réglé en l'Audience, & fans
que la caufe puiffe être appointée.

D E L A I S accordés à l'heritier ou à la veuve pour deliberer, font les délais qui font accordés pour délibérer fi on fe portera héritier
d'un défunt, ou fi une veuve acceptera la communauté.

Ces délais font de quarante jours. Ainfi, quand
un héritier eft affigné en qualité d'héritier, ou la
veuve en qualité de commune par les créanciers du
défunt, pour lors l'héritier & la veuve ont quarante jours pour prendre qualité d'héritier ou de
commune, à compter du jour que l'inventaire des
biens de la fucceffion ou de la communauté aura été
fait, lequel doit être parachevé dans trois mois.

Celui qui aura été affigné comme héritier en action nouvelle ou en reprife, n'aura aucun délai
pour délibérer, fi avant l'échéance de l'affignation
il y a plus de quarante jours que l'inventaire ait
été fait en fa préfence, ou de fon Procureur, ou
lui dûement appellé, fuivant l'art. 2. du tit. 7. de
l'Ordonnance de 1667.

La raifon eft, que le délai de délibérer préfuppofe que l'héritier préfomptif eft dans la liberté
d'accepter ou de ne pas accepter. Or l'inventaire
ayant été fait de fon confentement, & s'étant
paffé plus de quarante jours, il n'eft plus dans le
cas de profiter de ce délai.

Mais fi au jour de l'échéance de l'affignation,
les délais de trois mois pour faire inventaire, &
de quarante jours pour délibérer, n'étoient pas
expirés, il aura le refte du délai, foit pour proceder à l'inventaire, foit pour faire fa déclaration ;
& s'ils étoient expirés, encore que l'inventaire
n'ait pas été fait, il ne lui fera accordé aucun délai pour délibérer, ainfi qu'il eft porté en l'art. 3.
du même titre.

L'article 5. porte, que la veuve qui fera affignée
en qualité de commune, aura les mêmes délais
pour faire inventaire, & délibérer, que ceux qui
font accordés à l'héritier, & fous les mêmes conditions.

Par une régle du Droit François, le mort faifit le
vif, fon plus prochet héritier habile à lui fuccéder.

Néanmoins, comme par une autre maxime aussi ancienne, *n'eſt héritier qui ne veut*, celui qui ne fait point acte d'héritier, n'eſt tenu d'aucune dette ; en ſorte que ſon ſilence rend toujours ſa qualité incertaine ; c'eſt pourquoi dans tous les tems il lui eſt permis ou d'accepter ou de renoncer ; mais ſi les créanciers le forcent à s'expliquer, il eſt obligé de le faire dans les délais qui lui ſont accordés par l'Ordonnance.

L'héritier pourſuivi par les créanciers de la ſucceſſion pour prendre qualité, ne pourroit demander aucun délai pour délibérer, à moins qu'il ne juſtifiât que l'inventaire n'auroit pû être fait dans les trois mois pour des cauſes légitimes, comme s'il n'avoit point eu connoiſſance du décès du défunt ou à cauſe des oppoſitions & conteſtations ſurvenues, ou autrement ; & pour lors le Juge pourroit lui accorder un délai convenable pour faire inventaire, & quarante jours pour délibérer.

Ce délai ne peut être donné qu'à l'Audience, ſans que pour ce le Juge puiſſe appointer les Parties.

DELAISSEMENT, eſt un terme général qui convient à cinq eſpéces ; ſçavoir, Iº. A la ceſſion de biens.

IIº. A la renonciation à une ſucceſſion, ou à une communauté.

IIIº. Au déſiſtement d'une poſſeſſion, lorſqu'on eſt pourſuivi par action réelle.

IVº. A l'abandonnement par hypothéque.

Vº. Au déguerpiſſement.

Les deux premieres eſpéces regardent les actions perſonnelles ; les trois autres l'action réelle & hypothécaire. *Voyez* Abandonnement.

DELAISSEMENT EN FAIT DE MARINE, eſt un acte par lequel l'aſſuré dénonce la perte à l'aſſureur, & lui délaiſſe & abandonne les effets ſur leſquels l'aſſurance a été faite, avec ſommation de payer la ſommation aſſurée.

DELAISSEMENT AU BRAS SECULIER. *Voyez* Bras ſéculier. *Voyez* auſſi Délit commun.

DELATEUR, eſt le dénonciateur de quelque crime.

Voyez Accuſation.

DELEGATION, eſt une commiſſion par laquelle celui qui délegue, ſubſtitue quelqu'un en ſa place. *Voyez* Juge délégué.

DELEGATION, eſt auſſi une eſpéce de ceſſion par laquelle un débiteur ſubſtitue ſon débiteur en ſa place ; au moyen de quoi ce débiteur délégué promet payer la dette au créancier de ſon créancier.

L'uſage de ſes délégations eſt fréquent dans les contrats de vente. Le vendeur délegue ſes créanciers à l'acquéreur de la choſe vendue, & l'acquéreur ſe trouve par ce moyen chargé de les ſatisfaire, & d'en acquitter le vendeur.

Pour qu'une délégation ſoit valable, il faut que trois perſonnes y donnent leur conſentement ; ſçavoir, le débiteur qui délegue, ſon débiteur qui eſt délégué, & le créancier du débiteur qui délegue.

La délégation eſt un moyen d'anéantir l'ancienne dette par ce changement, ou, comme on dit en Droit, par la novation à laquelle le débiteur de celui qui délegue a conſenti, en reconnoiſſant & acceptant un autre créancier que celui dont il étoit originairement débiteur.

La délégation du débiteur ne ſe peut faire que de ſon conſentement, & le débiteur qui eſt délégué à celui que ſon créancier a ſubſtitué en ſa place, eſt entiérement libéré envers ſon premier créancier, ſur qui tout le péril de la dette tombe, ſi dans l'acte il ne s'eſt pas réſervé la faculté de ſe pourvoir contre ſon premier débiteur.

Ainſi, de même qu'il ne peut plus être par lui inquiété ni pourſuivi, de même auſſi le débiteur délégué n'eſt pas recevable à denier la dette pour laquelle il aura été délégué ; il ne peut pas même oppoſer aucune exception pour cauſe procédant de la délégation, contre le créancier qu'il a volontairement accepté au lieu du ſien.

La délégation ſaiſit, ſans qu'il ſoit beſoin de la ſignifier au débiteur délégué, d'autant qu'il y a conſenti.

Il n'en eſt pas de même de la vente ou tranſport d'une dette. Iº. Elle ne produit point de notion.

IIº. La ceſſion ou tranſport d'une dette ſe fait ſans que le débiteur y donne ſon conſentement.

IIIº. Le débiteur dont la dette eſt vendue ou tranſportée peut alleguer contre le ceſſionnaire les mêmes defenſes & exceptions qu'il eût pû alléguer contre ſon créancier qui a fait le tranſport.

La raiſon eſt, que le changement de la perſonne du créancier qui ſe fait par ceſſion ou tranſport, ne peut porter aucun préjudice au débiteur qui n'y a pas donné ſon conſentement.

IVº. Le tranſport ne ſaiſit point, & celui auquel le tranſport eſt fait, n'eſt préſumé le maître des droits qui lui ſont tranſportés, que par la ſignification du tranſport fait au débiteur, en ſorte que les créanciers du cédant peuvent, juſqu'à la ſignification du tranſport, faire ſaiſir la dette ou les droits cédés entre les mains du débiteur ; auquel cas il ſeroit préféré au ceſſionnaire.

Le débiteur, juſqu'à la ſignification du tranſport peut valablement payer au cédant.

Mais la ſignification avec copie délaiſſée au débiteur, empêche que le débiteur ne puiſſe payer au cédant, & rend celui au profit de qui ſa dette eſt tranſportée, propriétaire d'icelle ; de ſorte qu'il eſt préféré à tous créanciers du cédant, qui auroient ſaiſi poſtérieurement à la ſignification du tranſport.

Quand la délégation eſt portée par un contrat de vente, elle équipolle à une oppoſition ; de ſorte que le créancier qui accepte la délégation avant le décret volontaire, eſt conſervé dans ſes droits, de même que s'il s'étoit oppoſé. Ainſi jugé par Arrêt du 1. Août 1686.

Voyez Tranſport.

DELIBATION, eſt la diſtraction qu'on fait d'une choſe particuliere ſur la maſſe des biens d'une ſucceſſion ou d'une Communauté.

Par exemple, le legs eſt appellé *delibatio hæreditatis*, parce que le legs ſe prend par diſtraction ſur la maffe des biens de la fucceffion. Le préciput fe prend auffi par délibation ou diftraction fur la maffe des biens de la communauté, avant qu'elle foit partagée.

DELIBERATION, eft l'examen de quelque chofe, pour en connoître les avantages & les inconveniens.

Ce terme fignifie auffi l'arrêté d'une Compagnie affemblée qui examine ou qui juge une affaire.

DELIBERATIVE. Voyez Voix délibérative.

DELIBERÉ, eft un Jugement rendu après la plaidoirie des Parties, par lequel la Cour, au lieu de réduire une caufe en procès par écrit, ordonne qu'avant faire droit fur l'affaire qui a été plaidée, il en fera délibéré pour la difcuter & examiner plus amplement fur le champ, ou dans la Chambre du Confeil.

Il y a plufieurs fortes de délibérés, & ils font même différens fuivans les Jurifdictions, mais ils ne font ordonnés que quand les Juges ne peuvent pas décider fur la plaidoirie des Avocats, ou parce qu'ils ne conviennent pas des faits, ou parce qu'il convient de voir quelques piéces dans une caufe qui ne mérite pas d'être appointée.

Aux Requêtes de l'Hôtel & aux Requêtes du Palais, quand une affaire fouffre quelque difficulté qui n'a pû être bien expliquée par la plaidoirie, les Juges ordonnent que la Cour en délibérera, & fur le champ.

Alors les Avocats laiffent là leurs facs, on fait retirer les Parties, leurs défenfeurs, & toute l'Audience.

La Cour, en délibérant, voit par elle-même les pieces des Parties; & lorfque la Sentence eft réfolue à la pluralité des voix, on fait ouvrir l'Audience; & en préfence des Avocats, qui n'ont pas défemparé fans permiffion de la Cour, elle prononce par la bouche de celui qui préfide.

Pareille chofe arrive fouvent en la Grande Chambre & aux Enquêtes, & même à l'Audience de la Tournelle.

Il y a une autre forte de délibéré, quand la Cour ordonne qu'elle en délibérera fur le vû des pieces qui feront mifes fur le Bureau, pour être vûes & examinées en la Chambre du Confeil; auquel cas l'affaire fe diftribue à un des Meffieurs qui font préfens, lequel à la premiere Audience ou autre, fait fon rapport devant le Préfident & tous les Juges qui étoient à l'Audience lorfqu'on a plaidé.

Il n'y a ni épices, ni vû, mais feulement des qualités dans ces délibérés.

Il y a un autre délibéré à la Cour des Aydes, lequel a lieu dans les appels de furtaux, & autres matieres légeres, dans lefquelles il eft de la régle de ne point prendre d'appointement. Alors la Cour ordonne un delibéré, le Préfident le diftribue à qui il lui plaît, & le rapporteur fait fon rapport fans épices; on donne feulement quelque chofe au Secrétaire du rapporteur du délibéré.

Une remarque à faire à ce fujet, c'eft que fi l'une ou l'autre des Parties veut donner une Requête, contenant une demande nouvelle, ou quelqu'autre chofe confidérable, depuis le premier Arrêt de delibéré, il faut obtenir à chaque incident un nouvel Arrêt, portant delibéré & joint.

Enfin, il y a des délibérés fur le Regiftre introduit dans les petites Jurifdictions, où il fe commet bien des abus, & où les Juges y prennent des épices.

Mais quand l'affaire vient par appel au Parlement ou à la Cour des Aydes, les Juges qui ont pris des épices pour des Sentences rendues fur pareils délibérés, font toujours condamnés de reftituer ces épices, foit que leur Sentence foit infirmée ou non par l'Arret qui intervient fur l'appel.

Au refte, le delibéré a bien du bon, en ce qu'il procure à un Juge fcrupuleux le moyen de s'inftruire d'une affaire mieux que parce qu'il en a pû apprendre par la plaidoirie. Mais un homme partial ou injufte peut quelquefois en faire un mauvais ufage, en s'en fervant à fon gré pour faire pencher la balance du côté de la Partie qu'il fouhaiteroit favorifer.

DELIBERER, fignifie mettre en délibération; confulter, examiner le pour & le contre d'une propofition d'une affaire, la réfoudre, la juger.

Tems pour délibérer, fe dit du tems qui eft accordé à quelqu'un, pour fe déterminer s'il fe portera héritier de quelqu'un, ou non.

Voyez ci-deffus, Délais pour delibérer.

DELINQUANT, eft celui qui a commis un délit ou un crime.

DELIT, eft une offenfe faite volontairement ou contre l'intérêt public, ou celui des particuliers. De-là vient que le délit eft public ou privé.

Le délit public eft celui qui eft commis directement contre l'intérêt public, comme l'homicide.

Le délit privé eft celui qui caufe du dommage ou de la perte à quelqu'un, comme le vol.

Cette divifion eft prife du Droit Romain; mais les Ordonnances de nos Rois en ont admis d'autres; fçavoir, les délits capitaux & non capitaux, & les délits ou cas privilégiés & communs.

Voyez Crime. Voyez auffi ce que nous avons dit fur les titres premier & dernier du quatriéme livre des Inftitutes.

Nous dirons feulement ici quelque chofe du délit commun, & du délit privilégié, après avoir dit de quelle maniere on peut proceder en France côntre ceux qui ont commis quelque délit, & quelles perfonnes peuvent être pourfuivies pour raifon de délits.

Tous délits fe peuvent pourfuivre en France par la voie extraordinaire, c'eft-à-dire, par plainte, information, & le refte de la procédure criminelle; fauf au juge, lorfque le délit eft léger, à civilifer l'affaire, & à ordonner que celui côntre qui la plainte a été faite, fera affigné, pour être les Parties réglées à l'Audience fur le champ.

Ce qui arrive fouvent, quand il ne s'agit que d'injures verbales qui ne font point attroces.

Celui qui a été lezé par quelque délit, ne peut jamais conclure qu'à fon dédommagement, fauf à la partie publique à prendre telles conclufions qu'elle avifera bon être pour la vindicte publique; parce

parce que la vindicte des crimes n'appartient point en France aux Particuliers.

Pour ce qui est de ceux qui peuvent être pour-suivis pour délit par eux commis, il faut savoir que toute personne capable de connoissance, de discrétion & de jugement, peut être poursuivie pour délit par elle commis. D'où il s'ensuit, que ceux qui font incapable de volonté & de consentement comme font les insensés, les furieux, & ceux qui font en enfance, *infans vel furiosus, si hominem occiderint*. *Leg. Cornelia non tenentur cum alterum innocentia consilii tuetur, alterum fati innocentia excusat*. *Leg. 12. ad Leg. Cornel. de Sicar.* ne peuvent pas être poursuivis pour raison de ce, attendu que c'est le consentement & la volonté qui font les causes & les principes des bonnes & des mauvaises actions : *voluntarios tantum reos culpa constringit, pœna condemnat*.

De ce principe il s'ensuit, que les impuberes qui ne font pas proches de leur puberté, & qui font par conséquent incapables de consentement & de volonté, ne peuvent être poursuivis pour délits par eux commis, de forte que leur pere ne peut pas même être poursuivi pour raison des intérêts civils ou dommages & intérêts, mais seulement à payer le Chirurgien, ou à quelque dédommagement très-modique.

Impuberibus verò pubertati proximis, ut pote doli capacibus delicta possunt imputari, si modo in ea sint ætate in quam crimen, quod intenditur cadere possit; ita tamen ut ætatis commiseratione asperitas pœnæ mitigetur. *Leg. 7. cod. de pœnis*.

Concluons donc que les impuberes qui ont commis quelque crime, ne peuvent point être pour raison de ce poursuivis, lorsqu'ils ne font pas proches de la puberté, & que lorsqu'ils en font proches, il est de la prudence des Juges d'adoucir la rigueur de la peine à laquelle pourroit être condamné tout autre qui l'auroit commis.

Voyez Boniface, tom. 3. liv. 2. tit. 4. ch. 1. & 2. *Voyez* aussi le premier tome du Journal des Audiences, liv. 2. ch. 70. *Voyez* aussi Cormis, tome 2. page 1960.

Il arrive quelquefois que ceux qui n'ont pas commis un délit, en font néanmoins tenus civilement.

1º. Lorsqu'ils ont été maîtres de l'empêcher, & qu'ils l'ont laissé commettre. Ainsi le maître est tenu civilement du délit commis par fon laquais en fa préfence. Bouvot, tom. 1. part. 3. verbo Maître ; Belordeau, lettre D, art. 13. Mais lorsque le délit a été commis par un domestique hors la préfence de fon maître & fans fon aveu, fon maître n'est pas tenu civilement, même quoiqu'il eût favorifé fon évafion. Soefve, tome 2. cent. 1. chapitre 57.

2º. Lorsqu'ils font commis par gens qui ont été par nous prépofés pour certaines affaires ou négociations dans lefquelles ils ont délinqué. Coquille, queftion 174. Ainsi les Traitans font civilement refponfables du délit que leurs commis on fait dans ce qui regarde leurs commiffions. Ainfi jugé par Arrêt du 7. Août 1683. qui est rapporté dans le fecond tome du Journal du Palais.

Tome I.

A l'égard de ceux qui ont engagé ou donné conseil de commettre quelque délit, ils font tenu des mêmes peines que s'ils l'avoient commis eux-mêmes, fur-tout quand le crime a été commis. *Voyez* ce que j'ai dit fur le §. 11. du tit. 1. du quatrieme livre des Inftitutes.

Celui qui a commis quelque délit, n'a point garant pour s'excufer de l'offenfe qu'il a faite à quelqu'un.

Lorfque plufieurs ont commis un délit, chacun d'eux est tenu folidairement, pour raifon de la réparation & intérêts civils, fauf fon recours contre les autres pour leur part & portion. Bélordeau, lettre D, art. 13.

La volonté de commettre un crime qui n'a point eu d'exécution commencée, n'est point punie par la Juftice.

Voyez Crime.

DÉLIT S'ETEINT PAR LA MORT DE CELUI QUI L'A COMMIS. Il faut excepter la pourfuite des dommages & intérêts qui en réfultent, qui ne font pas éteints par fon decès, quoique l'accufation ou la demande n'en ayent pas été formées de fon vivant.

Mais les peines qui font attachées à la perfonne de celui qui a délinqué, comme celles qui emportent la mort naturelle ou la mort civile, l'infamie & les peines pécuniaires, telles que font les amendes & les confifcations, n'ont jamais lieu contre les héritiers de celui qui a fait le crime ou le délit, que lorfqu'il y a eu une condamnation prononcée contre le défunt, de laquelle il n'y a point d'appel.

Comme toute forte de pourfuite qui tend à de telles peines, ceffe par le decès du coupable, une telle condamnation ne peut être prononcée que de fon vivant.

Il faut excepter, quand il s'agit du crime de leze-Majefté divine ou humaine, du duel, de l'homicide de foi-même, de rébellion à Juftice avec force armée.

Voyez M. Louet & fon commentateur, lettre A, ch. 18.

DELIT COMMUN, est oppofé au délit privilégié, felon notre ufage.

Par délit commun, on entend celui dont le Juge d'Eglife peut connoître, lorfqu'il est commis par un Eccléfiaftique, fuivant le droit commun.

Par le délit privilégié, on entend celui qui est commis par un Eccléfiaftique, pour raifon duquel il est fujet à la Jurifdiction du Juge royal, par un droit & privilége fpécial qui lui en attribue la connoiffance, attendu que ce délit doit être puni de plus grandes peines que celles que les Juges d'Eglife peuvent infliger.

Ce délit commis par un Eccléfiaftique, est donc appellé privilégié, en tant qu'il n'appartient qu'au Juge royal d'en connoître. La raifon est, que la Jurifdiction eccléfiaftique ayant été établie, tant pour les caufes civiles, que pour les criminelles, en faveur des Eccléfiaftiques, & le Juge d'Eglife ayant droit de connoître des crimes des Eccléfiaftiques, on a excepté les cas royaux, lefquels font appellés délits privilégiés, c'eſt-à-dire, exempt de la connoiſſance du Juge d'Egliſe, attribuant au Juge royal le droit & le privilege d'en connoître à l'excluſion du Juge d'Egliſe.

Cependant il ſemble qu'il faudroit appeller délits communs les crimes commis par les gens d'Egliſe, dont les Juges royaux connoiſſent conjointement avec les Officiaux, & appeller *cas privilégiés* ceux dont les Juges Eccléſiaſtiques, en ce point Juges du privilége, ont ſeuls la connoiſſance. Mais il en eſt autrement; les gens d'Egliſe ont regardé l'Official comme leur Juge naturel & qualifié de privilége, ce qui appartient de droit à la Juriſdiction royale. Comme on n'a point originairement critiqué cette forme d'expreſſion, elle a continué de ſubſiſter, & les Tribunaux ſéculiers l'ont adopté, quoiqu'irréguliere; en ſorte que le cas privilégié eſt le cas royal, & le délit commun eſt celui dont la connoiſſance devroit naturellement appartenir au Juge d'Egliſe, s'il n'y avoit néceſſité de faire une procédure criminelle tendante à une peine afflictive.

Cum privilegium fori Clericis conceſſum, etiam in cauſis criminalibus, tranſiiſſet in jus commune, ea crimina, propter quæ ſuo deberent privari privilegio, ut pote excepta & privilegio majora, privilegiatorum nomine donata fuerunt. Invaluit igitur alia delicta dici communia ab eo jure communi, quod eorum cognitionem Judicibus eccleſiaſticis tribuit. At privilegiata dicuntur ea, quorum, jure ſingulari, quod privilegium impropriè dicitur, Judicibus laïcis contra jus commune cognitio competit, quia cum graviora ſint, menſuram egrediuntur eccleſiaſticæ vindictæ, regiaque ſunt animadverſione dignâ; ſi quidem ea publicis legibus ſunt vindicanda, propter quæ leges armantur gladiis & vindice ferro, quæ propter ſui atrocitatem poteſtatum ſæcularium audientiæ committuntur. Vide Novellam 123. leg. 23. cod. Theodoſiano, de Epiſcop. & Clericis.

Ainſi les cas privilégiés ſont les crimes commis par les Eccléſiaſtiques, qui ſont ſi graves & ſi atroces, qu'ils doivent être punis d'une peine qui paſſe l'autorité du Juge d'Egliſe, & les peines canoniques & eccléſiaſtiques qu'il peut infliger.

Ces délits privilégiés ſont ceux qui ſe commettent contre le Roi, ou contre le bien public, comme ſont les crimes de leze-Majeſté divine & humaine, l'incendie & la fauſſe monnoie, l'homicide de guet-à-pens, le vol ſur les grands chemins, le vol nocturne, le port d'armes défendues, la force & la violence publique, la contravention aux défenſes faites par un Juge royal, & autres ſemblables.

Les délits communs ſont ceux qui ne ſont point privilégiés, comme le larcin, l'homicide fait ſans deſſein prémédité, injures faites à des particuliers & autres ſemblables, deſquels les Juges d'Egliſe connoiſſent, quand ils ſont commis par des Eccléſiaſtiques.

Les gens d'Egliſe, qui ont commis quelque crime, ont donc pour Juge le Juge d'Egliſe & le Juge royal; le Juge d'Egliſe qui eſt leur Juge naturel pour le délit commun; le Juge royal pour le délit privilégié: car les Juges des Seigneurs ne

peuvent point connoître d'aucuns crimes commis par les Eccléſiaſtiques; ils peuvent ſeulement informer; mais après ils doivent renvoyer l'information au Greffe royal.

Dans les cas privilégiés, le procès doit être inſtruit conjointement par le Juge d'Egliſe & par le Juge royal, lequel eſt obligé de ſe tranſporter au Siége de l'Official. Chacun fait rédiger les dépoſitions des témoins, les interrogatoires, recollemens & confrontations par ſon Greffier, & rend ſa Sentence ſéparément.

La forme de procéder à l'inſtruction des procès des Eccléſiaſtiques pour les cas privilégiés, eſt preſcrite par l'Edit de Melun de l'an 1580. article 22. & par deux Déclarations du Roi Louis XIV. du mois de Février 1682. & du mois de Juillet 1684.

Cela eſt encore confirmé par l'Edit concernant la Juriſdiction eccléſiaſtique, du mois d'Avril 1695. article 38. dont voici les termes: *Les procès criminels qu'il ſera néceſſaire de faire à tous Prêtres, Diacres, Sous-Diacres, ou Clercs vivans cléricalement, réſidans & ſervans aux Offices, ou au miniſtere & bénéfice qu'ils tiennent en l'Egliſe, & qui ſeront accuſés des cas que l'on appelle privilégiés, ſeront inſtruits conjointement par les Juges d'Egliſe, & par nos Baillifs & Sénéchaux, ou leurs Lieutenans, en la forme preſcrite par nos Ordonnances, & particuliérement par l'article 22. de l'Edit de Melun, par celui du mois de Février 1678. & par notre Déclaration du mois de Juillet 1784. leſquels nous voulons être exécutés ſelon leur forme & teneur.*

Il y a une Déclaration du 4. Février 1711. laquelle eſt en interprétation de l'art. 22. de l'Edit de Melun du mois de Février 1580. & de ceux des mois de Février 1678. Juillet 1684. & Avril 1695. qui ordonne que dans l'inſtruction des procès criminels qui ſe font aux Eccléſiaſtiques conjointement par les Juges d'Egliſe pour le délit commun, & par les Juges royaux pour le cas privilégié, les Juges d'Egliſe auront la parole; prendront le ſerment des accuſés & des témoins; & feront en préſence des Juges royaux les interrogatoires, les recollemens & les confrontations.

Quoique le Juge d'Egliſe ſoit le Juge naturel des Eccléſiaſtiques, néanmoins quand le Juge royal a décerné un ajournement perſonnel contre un Eccléſiaſtique, cet Eccléſiaſtique doit comparoir & répondre devant le Juge royal, avant qu'il puiſſe demander ſon renvoi devant le Juge d'Egliſe.

Mais lorſqu'un Eccléſiaſtique eſt détenu dans les priſons du Juge royal, ce Juge eſt toujours obligé de le renvoyer dans les priſons de l'Officialité.

Touchant la maniere de faire le procès aux Eccléſiaſtiques qui ont délinqué, *voyez* le Traité de l'Abus de Fevret, livre 8. chap. 1. 2. 3. & 4. la Bibliothéque du Droit François *verbo* Cas; & la Bibliothéque canonique, *verbo* Cas privilégié. *Voyez* auſſi le traité de l'exemption des Eccléſiaſtiques, qui eſt à la fin du Praticien de Lange; M. le Prêtre centurie premiere, chap. 20. Henrys, tom. 2. livre 1. queſt. 16: l'Ordonnance de Moulins, art. 39. & le traité du délit commun & cas privilégié, ou`de la puiffance des Jugés féculiers fur les Eccléfiaftiques, *in-8°*. imprimé à Dijon en 1615.

DELITS ECCLESIASTIQUES. Il y a des délits qui font purement eccléfiaftiques ; fçavoir, la fimonie, l'héréfie, le facrilége commis fans violence, & autres femblables commis contre les faints décrets & Conftitutions canoniques.

DELIT MILITAIRE PUNI DES PEINES MILITAIRES, n'empêche pas que le foldat ne meure *integri juris*, que fon teftament ne foit valable, & que fes biens ne foient pas confifqués. Il faut néanmoins excepter le cas où il auroit été condamné, *propter violatam fidem facramenti*. *Voyez* Coquille, tome. 2. queft. 16.

DELITS COMMIS PAR DES INSENSÉS, DES FURIEUX, DES IMPUBERES. *Voyez* ce que j'ai dit ci-deffus, *verbo* Délit.

DELITS DES FILS DE FAMILLE. Suivant les Lois Romaines, un pere pouvoit être pourfuivi par l'action de pecule, pour la réparation du dommage caufé par le délit ou quafi-délit de fon fils ; mais il falloit pour cela que le fils eut été auparavant pourfuivi & condamné en fon nom, comme je l'ai remarqué dans ma Traduction des Inftitutes, fur le §. 2. du cinquiéme titre du quatriéme livre.

En France, tant en Pays coutumier, qu'en Pays de Droit écrit, le pere n'eft pas tenu perfonnellement des délits de fon fils. Celui qui a reçu quelque dommage ou quelqu'infulte d'un fils de famille, doit s'adreffer à lui, & le faire condamner ; mais la condamnation qu'on aura obtenue contre lui, ne peut être exécutée que fur les biens du fils, & non pas fur les biens du pere.

Ainfi en pays coutumier, on ne peut s'adreffer au pere, que pour raifon de ce qu'il peut devoir à fon fils, foit par rapport au bien de fa mere, ou pour quelqu'autre caufe.

Mais en Pays de Droit écrit, le pere peut en conféquence de la condamnation prononcée contre fon fils, être pourfuivi par l'action *judicati de peculio* pour les biens profectices, & pour l'ufufruit des adventices.

Quoiqu'en Pays coutumier le pere ne foit pas tenu des délits de fon fils, que pour raifon de ce qu'il peut lui devoir, néanmoins la Coutume de Bretagne a une difpofition contraire à cette maxime ; car cette Coutume, en l'art. 656. oblige le pere à la réparation civile du délit commis par fon fils non émancipé. *Voyez* Belordeaux dans fes Obfervations forenfes, livre 1. art. 4.

DELIS COMMIS PAR FEMME MARIÉE. Comme les délits font perfonnels, le mari ne peut être contraint au payement des dépens, dommages & intérêts adjugés contre fa femme, pour délits par elle commis, fauf à la Partie complaignante fon recours fur les biens paraphernaux de la femme ; & fi c'eft en pays coutumier, la femme qui eft condamnée ne préjudicie en aucune maniere à la communauté. *Voyez* ce que j'ai dit, lettre F, en parlant de la femme mariée.

DELIVRANCE D'UNE CHOSE VENDUE, eft

la tradition d'une chofe mobiliaire qu'en fait le vendeur à l'acheteur, laquelle préfuppofe que le vendeur en a reçu le payement. *Voyez* les articles 126. 127. & 176. de la Coutume de Paris.

DELIVRANCE DE LEGS. Tout légataire eft tenu de demander en Juftice la délivrance à l'héritier, même le legataire univerfel.

La délivrance du legs fe doit demander pardevant le Juge du domicile de l'héritier.

S'il y en a plufieurs domiciliés en diverfes Provinces, il faut obtenir une commiffion du Juge royal, au reffort duquel la plus grande partie des héritages du défunt font fitués. *Voyez* Bacquet en fon Traité des Droits de Juftice, chap. 8. nom. 18. & 20.

DELIVRER, fignifie quelquefois adjuger en Juftice une chofe mobiliaire.

DEMANDER, fignifie actionner, faire venir quelqu'un en Juftice fur quelque prétention qu'on a contre lui.

DEMANDE, eft un exploit ou une requête qui contient les fins & conclufions prifes par le démandeur.

Toute demande doit être certaine, & doit énoncer briévement les moyens fur lefquels elle eft fondée, avec les conclufions que l'on en tire. *Voyez* les articles 1. & 6. du tit. 2. de l'Ordonnance de 1667. & ce que j'ai dit, *verbo* Ajournement.

Il faut outre cela qu'une demande ne foit faite que de ce qui eft dû au demandeur.

Enfin il faut qu'une demande foit intentée pardevant le Juge qui a droit d'en connoître. *Voyez* Compétence.

DEMANDE DE PLUS QU'IL N'EST DU, fe fait par quatre différentes manieres ; fçavoir, par la chofe, par le tems, par le lieu, par la caufe.

Par la chofe, quand on demande une plus grande fomme qu'il n'eft dû.

Par le tems, quand quelqu'un demande ce qui lui eft dû avant l'échéance du terme du payement ou l'événement de la condition fous laquelle la dette eft contractée.

Par le lieu quand celui qui a ftipulé le payement de la dette dans un certain lieu, en fait la demande dans un autre lieu, fans faire mention du lieu où l'on eft convenu que le payement s'en feroit.

Par la caufe, lorfque le demandeur ne rend pas fa demande conforme à la qualité de l'obligation, & ôte au demandeur le droit de choifir qui lui appartient.

Les peines établies par les Loix Romaines contre ceux qui demandent plus qu'il ne leur eft dû, n'ont jamais été d'ufage en France. Voici ce qui fe pratique parmi nous.

Celui qui a demandé plus qu'il ne lui eft dû eft condamné aux dépens faits depuis que le défendeur lui a fait offres de lui payer ce qu'il lui doit véritablement ; & au cas que le défendeur n'ait point fait d'offres, il eft condamné à payer le tout avec dépens ; mais en juftifiant enfuite par le défendeur, qu'il ne lui doit pas tout ce contenu dans fa demande, il ne peut être contraint qu'à payer ce qu'il doit avec les dépens.

Quand la demande est prématurée, le Juge déclare quant à présent le demandeur mal fondé en sa demande, & le condamne aux dépens sauf à se pourvoir dans le temps que la dette sera échue. Il en est de même de celui qui fait la demande d'une dette conditionnelle avant que la condition soit arrivée.

Si la somme dûe est payable dans un lieu, comme à Rouen, & que le créancier en fasse la demande à Paris, pour qu'elle lui soit payée à Paris, le Juge doit pareillement, sur les offres du défendeur de payer à Rouen, ordonner que le payement en sera fait à Rouen, & condamner le défendeur aux dépens.

Enfin, lorsque celui à qui une chose est dûe, ou une autre au choix du débiteur, demande précisément l'une de ces deux choses, le Juge doit déclarer les offres bonnes & valables, & condamner le demandeur aux dépens.

Au reste, parmi nous lorsqu'on a demandé plus qu'il n'étoit dû, on peut reformer sa demande en tout état de cause, & le défendeur ne laisse pas d'être condamné aux dépens, pourvû que la demande ait été réformée avant les offres faites par le défendeur : car si les offres font faites avant que la demande ait été réformée, le demandeur, faute de les avoir acceptées, est tenu de payer les dépens qui ont été faits depuis les offres.

Voyez Belordeau, lett. D, art. 14. & ce que j'ai dit dans ma Traduction des Institutes sur le §. 33. du titre 6. du quatrieme livre.

DEMANDE DE MOINS QU'IL N'EST DU, ne fait courir aucun risque à celui qui l'a faite, parce qu'il peut augmenter sa demande avant le Jugement, ou bien après faire la demande du reste qui lui est dû. *Voyez* ce que j'ai dit sur le §. 34. du tit. 6. du quatrieme livre des Institutes.

DEMANDE SUR DEMANDE NE VAUT.

DEMANDE INCIDENTE, est une demande formée sur un point qui a relation à l'affaire principale, laquelle demande incidente est formée par le défendeur qui se constitue par ce moyen incidemment demandeur.

Posons par exemple, que le propriétaire d'une maison, poursuive son locataire, pour les loyers qui lui font dûs ; & que ce locataire poursuivi fasse une demande par assignation au propriétaire, pour des dédommagemens de ce qu'il auroit souffert de grosses réparations faites dans la maison louée pendant une temps considérable : en ce cas la demande du propriétaire est la demande principale ; & la demande du locataire pour dommages & intérêts est une demande incidente.

On forme cette demande incidente par une Requête. Si c'est aux Requêtes du Palais, & que la cause principale ne soit pas appointée, on donne un avenir sur le tout.

Si elle est appointée, on prend une Sentence qui appointe en droit & joint ... ou bien on fait répondre par le Rapporteur la Requête contenant demande incidente ; & il met une Ordonnance *d'appointé en droit & joint, fournira le défendeur de dé-*

fenses, écrira & produira dans huit, attendu l'état de l'instance.

Au cas que l'on prenne ce parti, il faut conclure ainsi : *Ce considéré, Nosseigneurs ; il vous plaise ordonner .... sur la présente demande, sur laquelle le défendeur sera tenu de fournir des défenses, écrire & produire, appointer les Parties en droit & joint ; donner acte au suppliant, de ce que pour écritures & productions, il emploie le contenu en sa Requête, avec ce qu'il a dit, écrit & produit : ce faisant, lui adjuger les fins & conclusions qu'il a prises, avec dépens.*

On fait de même au Parlement, & il y a quelquefois des demandes incidentes qu'on ne répond que d'un en jugeant.

DEMANDE EN DECLARATION D'HYPOTHEQUE, est une demande faite par un créancier contre l'acquéreur d'un immeuble affecté & hypothéqué à une rente, ou à une dette dûe par le vendeur.

Il se rencontre donc, au cas de cette demande, trois personnes distinctes & séparées ; le créancier hypothécaire, le nouvel acquéreur, & le vendeur de l'immeuble, qui en étoit précédemment propriétaire.

Le créancier qui fait assigner en déclaration d'hypothèque, doit avoir un titre d'une exécution parée ; sçavoir un acte passé pardevant Notaires, ou un Jugement, lesquels peuvent s'exécuter sans délai, non-seulement parce qu'il n'y a que ces fortes de titre qui par eux-mêmes emportent hypotheque, mais encore parce que la demande en déclaration d'hypothèque n'est point une simple action à l'ordinaire, mais une exécution de titre, qui doit avoir la force de faire sortir l'héritage de la main de l'acquéreur, & la faire passer en celle de la Justice, pour en vertu du même titre, après le déguerpissement, le faire décreter sur un curateur, afin que des deniers provenans de la vente, le créancier puisse être payé de son dû.

Cette demande ne peut être intentée que contre l'acquéreur de l'immeuble aliéné par le débiteur, au préjudice de l'hypotheque par lui constituée antérieurement en faveur du demandeur. D'où il s'en-suit, que si un Particulier avoit hypothéqué un bien qui ne lui appartenoit pas, & qu'il l'eût ensuite vendu, le créancier hypothécaire ne pourroit valablement intenter contre ce nouvel acquéreur une demande en déclaration d'hypotheque, l'immeuble étant répeté par celui à qui il appartient.

Il faut dire aussi que cette demande ne peut être intentée contre celui qui n'a point acquis l'héritage du débiteur du créancier, mais d'un autre qui en étoit propriétaire ; car alors l'hypotheque de ce créancier ne peut avoir lieu sur un bien qui n'est point affecté au payement de sa dette.

C'est donc une nécessité que la personne assignée en déclaration d'hypothèque, ait un titre d'acquisition procédant du débiteur du créancier, qui intente cette demande.

Celui qui ne tient l'héritage hypothéqué qu'à titre de Fermier, ne peut donc pas être assigné en déclaration d'hypothèque ; parce qu'un Fermier n'a point de titre d'acquisition ni de propriété, mais seulement un droit de jouissance pendant le temps porté par fon bail. Ainfi le Fermier fe peut faire décharger d'une telle demande avec dépens, en juftifiant feulement de fon bail, fans aucune autre procédure ni dénonciation, de même que le pourroit faire celui qui auroit acquis l'héritage d'un autre que du débiteur du créancier, en juftifiant fimplement de fon contrat d'acquifition.

Quand l'acquéreur d'un héritage ne peut défendre à la demande en déclaration d'hypotheque par prefcription, ni par aucun autre moyen, il a deux voies pour fe libérer ; l'une de reconnoître la rente, d'en payer les arrérages échus, & de continuer à l'avenir ; l'autre, d'abandonner l'héritage par un acte paffé au Greffe de la Jurifdiction où le différend eft pendant.

Le déguerpiffement fait & fignifié, l'héritage n'eft plus en la poffeffion du dernier acquéreur, puifqu'il l'abandonne, ni en celle de fon vendeur, qui en a été dépoffédé dès le temps qu'il l'a cédé à l'acquéreur. Il n'appartient pas non plus au créancier hypothécaire, puifqu'il ne peut demander que d'être payée de fon dû, fur les deniers qui proviendront de la vente qui en fera faite.

C'eft auffi la raifon pour laquelle cet héritage eft vacant faute de propriétaire, & comme tel dépofé entre les mains de la Juftice, laquelle, à la diligence du créancier, lui crée un curateur contre lequel le créancier hypothécaire fait déclarer fes titres exécutoire ; enfuite, en vertu d'iceux & de ce dernier Jugement, il fait faifir réellement l'héritage fur ce curateur, & en pourfuit la vente à l'ordinaire pour être fur les deniers en provenant payé de fon dû.

DEMANDE EN GARANTIE *Voyez* Garant, Garantie.

DEMANDE D'UN HERITAGE POUR LA PRISÉE. *Voyez* Prifée.

DEMANDEUR, eft celui qui intente une action contre quelqu'un pour quelque chofe qu'il lui doit, ou qui lui appartient, ou qu'il prétend lui appartenir, dont le défendeur fe trouve poffeffeur.

DEMANDEUR ORIGINAIRE EN MATIERE DE GARANTIE, eft celui qui pourfuit en déclaration d'hypotheque le détempteur & poffeffeur d'un héritage qui lui a été affecté & hypothéqué par celui qui en étoit propriétaire, pour la fûreté de fa dette.

Ce demandeur eft oppofé au demandeur en garantie ; car le demandeur en garantie eft celui qui fomme fon garant de venir prendre le fait & caufe pour lui en cas de garantie formelle, parce qu'il eft pourfuivi à raifon de l'héritage qu'il a acquis de celui qu'il pourfuit en garantie. Ainfi le demandeur en garantie eft le défendeur originaire.

DEMANDEUR EN REQUESTE CIVILE, eft celui qui a obtenu des Lettres du Prince pour être remis dans le même état qu'il étoit avant l'Arrêt.

DEMANDEURS ET DEFENDEURS, font ceux qui dans la pourfuite d'une affaire font demandeurs & défenfeurs réciproquement.

Par exemple, Mœvius forme une demande contre Titius qui fournit de défenfes ; ils vont à l'Audience, & le Juge les appointe : pendant le cours de l'inftance, ils préfentent des Requêtes de part & d'autre, qui contiennent différentes demandes.

Il faut que toutes ces demandes foient réglées pour être jugées, & qu'elles ayent été inftruites ; en forte que les demandes que les Parties forment les établiffent demandeurs, comme les défenfes qu'ils fourniffent les établiffent défenfeurs.

DEMARIER, c'eft déclarer nul un mariage pour caufe d'impuiffance ou de parenté, ou pour quelqu'autre empêchement dirimant.

DEMEMBRER UN FIEF, c'eft en divifer l'unité & l'intégrité, & en faire plufieurs tenus également chacun en hommage féparé.

C'eft ce qui arrive quand un vaffal aliene partie de fon fief avec démiffion de foi fur la partie aliénée ; de forte que l'acquéreur la tienne en plein fief du Seigneur dominant, comme un fief féparé de la partie que le vaffal s'eft retenue, & non pas comme partie d'icelui : en ce cas, la partie aliénée eft démembrée ; ce qui ne fe peut faire au préjudice & fans le confentement du Seigneur dominant.

Non-feulement il y a un véritable démembrement du fief, quand le vaffal vend les dépendances de fon fief, fans retenir aucun droit, ni aucune fupériorité fur la partie aliénée ; mais auffi quand il remet à fes vaffaux qui poffédent les arriere-fiefs, ou à ceux qui poffédent des cenfives dans fa mouvance, le droit qu'il a fur eux.

Il y a auffi démembrement de fief, quand le vaffal permet à fes arriere-vaffaux de pofféder leurs fiefs en franc-aleu, ou qu'il les cede à d'autres Seigneurs.

C'eft donc démembrer un fief, que d'en retrancher des membres, & porter préjudice au Seigneur dominant, qui ne feroit plus reconnu, & qui n'auroit plus d'homme qui lui pût faire la foi pour les chofes ainfi démembrées.

Enfin, c'eft démembrer fon fief que de le divifer en telle forte, que d'un fief on en faffe plufieurs ; à moins que la divifion du fief ne foit faite de maniere, que les différentes parties dans lefquelles il feroit divifé, ne compofent toutes enfemble qu'un feul & même fief.

Autrefois les fiefs n'étoient qu'à vie ; c'eft pourquoi les vaffaux ne les pouvoient aliéner ni démembrer en tout ou en partie.

Quoique ces conceffions féodales viageres ayent été rendues patrimoniales, néanmoins les Seigneurs ont confervé autant qu'ils ont pû les fiefs de leurs vaffaux dans leur intégrité, & en ont empêché le démembrement, afin que leurs vaffaux ayant un plus grand revenu, fuffent plus en état de les fécourir dans le befoin : d'ailleurs il eft de leur intérêt que chaque fief de leurs vaffaux demeure en fon entiers, parce qu'il leur eft plus avantageux de n'avoir qu'un vaffal pour chaque fief, que d'avoir plufieurs vaffaux dont les fiefs foient de peu de valeur.

Les foins que les Seigneurs fe font donnés à ce fujet, ont fait que la plupart de nos Coutumes contiennent des défenfes & prohibitions de démembrer les fiefs.

L'article 51. de la Coutume de Paris défend au vaffal de démembrer fon fief ; mais elle lui permet de fe jouer de fon fief, pourvû que l'aliénation n'excéde pas les deux tiers , & qu'il en retien-ne la foi entiere , & quelque droit feigneurial & domanial fur ce qu'il aliene. *Voyez* Se jouer de fon fief, lett. J.

La Coutume n'établit aucune peine contre le vaſſal qui contrevient aux conditions portées par cet article.

Mais il y a lieu de dire que l'aliénation du fief, ou d'une partie , faite dans les conditions requiſes par cet article , ne devant jamais préjudicier au Seigneur du fief dominant, lorſqu'il n'y a pas con-ſenti, tout ce qui s'eſt paſſé entre le vendeur & l'acquéreur , eſt réputé comme non fait à l'égard du Seigneur du fief dominant , lequel pourra en tout temps & en toutes rencontres exercer & faire valoir ſes droits, nonobſtant le démembrement fait ſans ſon conſentement , ou ſans l'ordre preſcrit par notre Coutume en cet article.

La raiſon eſt, qu'un vaſſal ne peut jamais nuire à ſon Seigneur ſans ſon conſentement , ou au pré-judice de l'ordre public établi par la Coutume.

Le vaſſal ſera donc toujours tenu en ce cas de rendre la foi & hommage , & bailler dénombre-ment de la totalité du fief, nonobſtant le démem-brement qui en a été fait , lequel ne peut valider qu'entre lui & l'acquéreur , n'étant conſidéré en leur perſonne que comme une convention , la-quelle étant de droit particulier, doit être exécu-tée en tant qu'elle ne préjudicie point au Seigneur du fief dominant.

Mais ſi le Seigneur Suzerain veut revenir contre , il lui eſt loiſible, comme nous l'avons déjà dit : non pas qu'il puiſſe prétendre que le fief ou la par-tie démembrée , tombe en commiſe , parce que la Coutume ne l'ordonne pas , ni qu'il puiſſe intenter action pour faire déclarer nulle l'aliénation , parce que la Coutume n'en parle pas. Mais l'article 51. ſe doit entendre ainſi ; ſçavoir , que dès que le Seigneur s'en ſera plaint judiciairement , il y aura ouverture du fief ; en ſorte qu'il pourra le ſaiſir féo-dalement & le mettre en ſa main , s'il n'eſt ſervi par celui à qui le démembrement aura été fait : au lieu que ſi l'aliénation avoit été faite ſuivant l'exception marquée en cet article , le nouvel ac-quéreur n'auroit dû ni devoirs ni droits féodaux pour cette mutation.

Voyez Le Gloſſaire du Droit François, *verbo* Dé-pié de fief. Brodeau , ſur l'art. 51. de la Coutume de Paris.

DÉMEMBRER une Justice , eſt en créer une avec réſerve de reſſort. La prohibition de démem-brer un fief ſans le conſentement du Seigneur, re-garde plus étroitement la Juriſdiction , ou la Juſ-tice haute , moyenne & baſſe , qui par le Droit commun de la France, n'a rien de commun avec le fief.

Les Seigneurs féodaux Hauts-Juſticiers , Laïques ou Eccléſiaſtiques , de quelque qualité & condition qu'ils ſoient , même les Princes & les Ducs & Pairs de France, ne peuvent pas créer ni concéder le droit de Juſtice de Chatellenies , & autres ſem-blables à leurs vaſſaux dans leurs fiefs , ſans l'auto-rité du Roi , comme étant un droit de ſouverainé-

té incommunicable & indépendant , de même nature & qualité que celui de battre monnoie.

Les Coutumes d'Anjou , art. 62. & du Maine art. 71. portent que le Comte , le Vicomte & le Baron peuvent donner haute-Juſtice , moyenne & baſſe à quelques-uns de leurs vaſſaux , & en re-tenir le reſſort & la ſuzeraineté.

Mais Dumoulin en ſes Apoſtilles ſur ces deux ar-ticles , dit que cela eſt injuſte & que cela a été corrigé. Mornac ſur la Loi 8. *in fine , cod. de Epiſ-cop. audiend.* rapporte les Arrêts qui ont jugé qu'il n'eſt pas permis aux Seigneurs Juſticiers d'aug-menter le nombre des officiers de leurs Juſtices , & que c'eſt une maxime des plus certaines.

Voyez Brodeau ſur l'article 51. de la Coutume de Paris , nomb. 14. qui rapporte quantité d'auto-rités , qui juſtifient tout ce que je viens de dire ſur le démembrement de Juſtice.

DEMENCE , eſt une foibleſſe ou aliénation d'eſprit , qui eſt un obſtacle à l'uſage de la raiſon dans celui qui en eſt attaqué.

Comme ceux qui ſont en démence ſont incapa-bles de contracter, on leur donne un curateur qui veille à l'adminiſtration de leurs biens.

Mais ſi les parens n'ont pas eu ſoin de faire prononcer contre lui une Sentence d'interdiction avec connoiſſance de cauſe, ils auront de la peine à revenir contre les actes qu'il aura faits , en ce qu'il les faut faire déclarer nuls , en prouvant ſon imbécillité ou démence.

On fait néanmoins en cela diſtinction entre les actes entre-vifs & les diſpoſitions teſtamentaires.

On reçoit la preuve par témoins , pour juſtifier que celui qui a contracté étoit imbécille ou en démence.

La raiſon eſt , que dans les actes entre-vifs il n'eſt fait aucune mention que celui qui contracte eſt ſain d'eſprit & d'entendement ; de ſorte que de ce fait , qui eſt important & indécis , il en faut re-chercher la preuve dans la dépoſition des témoins qui ſe trouvent en état d'aſſurer ſi lors du contrat, celui qui a contracté étoit imbécille ou en démen-ce , ou s'il étoit ſain d'eſprit & d'entendement. Ce-la ſe juge ici tous les jours au Châtelet & au Parle-ment, en obtenant des Lettres de reſciſion contre ces ſortes d'actes, fondées ſur le dol de celui qui a ſciemment contracté avec une perſonne qui étant en démence , étoit incapable de conſentement.

M. Augeard , tome 3. art. 87. rapporte un Ar-rêt du Parlement de Paris du 2. Avril 1708. qui a jugé qu'une interdiction prononcée pour dé-mence , n'a point un effet rétroactif au jour que la démence a été connue , qu'en cas de preuve d'icelle.

A l'égard des teſtamens , pluſieurs prétendent que ſi les parens de celui qui eſt en démence ne l'ont pas fait interdire & créer un curateur , & qu'il ait fait un teſtament dans lequel il ſoit fait mention qu'il étoit ſain d'eſprit , on ne pourra pas recourir à la preuve par témoins pour prouver ſon imbécillité ou ſa démence , & qu'ainſi il faudra in-diſpenſablement paſſer à l'inſcription de faux.

La raiſon eſt , que la déclaration du Notaire,

que le teſtateur eſt ſain d'eſprit & d'entendement, ſemble interdire la preuve par témoins, parce que la foi doit demeurer à l'Officier public, & à l'acte qu'il reçoit.

Cependant le plus grand nombre des Docteurs embraſſe le parti contraire, & admet la preuve par témoins pour toutes ſortes d'actes, même pour les teſtamens. *Voyez* M. Ricard en ſon Traité des Donations, part. 3. chap. 1. nomb. 30. & ſuiv. & M. Danty dans ſon Traité de la Preuve par témoins, pag. 355. & ſuiv. *Voyez* auſſi la Peyrere, lett. N. *verbo* Notaire.

Pour ce qui eſt du mariage contracté par une perſonne en démence, ſans le conſentement de ſon curateur, mais dans un intervalle de raiſon, il eſt valable. La Cour peut ſeulement ſur l'appel comme d'abus qui en ſeroit interjetté, ordonner qu'il ſera réhabilité, & que le contrat de mariage ſera dreſſé ſuivant la Coutume du domicile des Parties, & aux clauſes & conditions portées dans l'avis des parens, dont ce contrat de mariage ſera précédé. *Voyez* l'Arrêt rendu au Parlement de Metz le 22. Juin 1691. rapporté par M. Augeard, tom. 3. art. 17.

Touchant le mariage de perſonnes imbecilles ou en démence, *voyez* auſſi les Plaidoyers de M. Servin, tom. 1. in-4°. pag. 488. & Boniface, tom. 1. liv. 5. tit. 5. chap. 2.

DEMENTI, eſt un reproche que l'on fait à quelqu'un d'avoir parlé fauſſement, en prononçant cette formule injurieuſe; *Vous en avez menti.*

Cette inſulte mérite une répréhenſion, laquelle eſt plus ou moins forte, ſuivant la qualité des Parties, & ſuivant les circonſtances.

Le Réglement de Meſſieurs les Maréchaux de France, ſur les ſatisfactions & réparations d'honneur, du mois d'Août 1653. condamne les Gentils-hommes ou Officiers de qui auront donné un démenti, à deux mois de priſon, & à demander pardon à l'offenſé.

Suivant l'Edit du mois de Décembre 1704. la peine du démenti donné à un Officier de robe, eſt quatre ans de priſon, & demander pardon.

DEMEURE, eſt le logis où l'on habite. *Voyez* Domicile.

DEMEURE, ſignifie auſſi retardement, ou le temps qui court au-delà du terme; comme quand on dit, cet homme eſt en demeure de payer, de rendre telle choſe; auquel cas il faut le conſtituer judiciairement en demeure, pour avoir des intérêts, dommages & intérêts, & des dépens.

DEMEURER, ſignifie s'arrêter. C'eſt dans ce ſens qu'on dit au Palais, qu'une cauſe eſt demeurée ſur l'heure, quand une plaidoirie a été interrompue par la levée de l'Audience.

Quand on donne des défenſes, on dit, *toutes choſes demeurantes en état,* pour arrêter le cours d'une procédure commencée.

DEMISSION, eſt une abdication & une renonciation à une choſe, ou à un droit qui nous appartient, ou dont nous ſommes en poſſeſſion.

On prend même quelquefois ce terme pour une tradition feinte, laquelle eſt appellée en Droit, *fictio brevis manus,* qui eſt une compenſation de tradition qui devroit être faite de part & d'autre, lorſque pour abroger, la tradition qui a été faite en conſéquence d'une cauſe antérieure, eſt adaptée à une cauſe poſtérieure & préſente.

Par exemple, ſi celui qui vous auroit prêté ou loué quelque choſe, ou qui l'auroit dépoſée entre vos mains, vous la vend dans la ſuite, ou vous la donne; quoiqu'il ne vous l'ait pas livrée en vertu de ce titre, dès qu'il conſent qu'elle vous appartienne, vous en acquerez auſſi-tôt la propriété, comme s'il vous l'avoit livrée au titre.

Ce conſentement de ſa part eſt une eſpéce de démiſſion, qui fait en votre faveur du droit qu'il avoit dans la choſe. D'argentré ſur la Coutume de Bretagne, tit. des Appropriances.

Demiſſion, ſe dit en matiere d'Offices, ou de Bénéfices, quand celui qui en eſt pourvû s'en démet, entre les mains de celui qui a le droit de les conférer pour y être par lui pourvû & c'eſt ce qu'on appelle démiſſion pure & ſimple: mais quand elle eſt faite en faveur d'une autre, on l'appelle reſignation.

DEMISSION DE FOI, eſt l'aliénation que fait un vaſſal d'une partie de ſon fief, ſans rétention de foi; en ſorte que le nouvel acquéreur la tienne en plein fief du Seigneur dominant; comme un fief ſéparé de la partie que le vaſſal s'eſt retenue: ce qui eſt un démembrement de fief qui ne ſe peut faire ſans le conſentement du Seigneur.

Nos Coutumes permettent bien au vaſſal de ſe jouer de ſon fief; mais juſqu'à démiſſion de foi; c'eſt-à-dire, que les vaſſaux ne peuvent ſe jouer de leurs fiefs, qu'autant qu'ils retiennent à eux la foi qui eſt dûe au Seigneur dominant.

Il paroît par ce que nous venons de dire, que la démiſſion de foi eſt oppoſée à la retention de foi; auſſi eſt-elle l'abdication que le vaſſal fait de la qualité de vaſſal, en vendant & en ſe déſaiſiſſant de ſon fief.

Voyez Démembrement.

DEMISSION DANS LES COUTUMES DE VEST ET DE DEVEST, eſt l'acte par lequel celui qui a fait un contrat tranſlatif de la propriété d'un héritage en faveur de quelqu'un, déclare pardevant les Officiers du Seigneur de qui releve cet héritage, qu'il s'en eſt démis & dévêtu en faveur de l'acquéreur.

Le nom de démiſſion a été donné à cet acte, parce que le propriétaire ſe demet & devêt de la propriété d'un héritage.

DEMISSION DE BIENS, eſt une diſpoſition par laquelle un homme, pouſſé par l'affection du ſang, dans la vue d'imiter l'ordre naturel des ſucceſſions, & de prévoir le cas de la mort, ſe dépouille de ſon vivant de l'univerſalité de tous ſes biens, pour en ſaiſir par anticipation ſes héritiers préſomptifs, & les rendre par ce moyen poſſeſſeurs actuels & propriétaires des biens d'une ſucceſſion future, dont ils n'avoient que l'eſpérance.

Cet acte eſt aſſez fréquent dans les Parlemens de Normandie & de Bourgogne, & quelques autres, mais fur-tout dans celui de Bretagne.

Il ne fe pratique guères, I°. que par des peres & meres ou autres afcendans en faveur de leurs enfans, qui s'y trouvent d'autant plus portés, qu'ils croyent ne faire en cela que d'avancer les vœux de la nature & de la Loi.

II°. Qu'entre gens d'un état très-médiocre, qui pour fe mettre à couvert de la taille, & s'affurer de quoi vivre en repos le refte de leurs jours, abandonnent leurs biens à leurs préfomptifs héritiers.

La démiffion n'eft pas une donation entre-vifs, puifqu'elle eft révocable dans la plûpart des Parlemens où elle eft en ufage.

Elle n'eft pas non plus une donation à caufe de mort, puifqu'elle a un effet préfent, quoique révocable, & qu'elle n'eft point fujette aux formalités des teftamens.

Mais c'eft quelquefois un abandonnement pur & fimple, & le plus fouvent elle tient de ces conventions que les Romains appelloient contrat fans nom, à caufe des charges & conditions que le démettant y impofe au démiffionnaire, comme de lui faire une penfion viagere, ou de le laiffer jouir par ufufruit des biens dont il fe démet. *Voyez* Dargentré fur l'article 265. de la Coutume de Bretagne, titre des Appropriances, chap. 4.

Une condition effentielle pour la validité de cette démiffion, eft qu'elle foit acceptée par tous ceux au profit de qui elle eft faite; c'eft une convention qui requiert par conféquent le confentement de toutes les Parties: d'ailleurs, il en réfulte ordinairement des engagemens de la part des démiffionnaires, dont ils ne pourroient être tenus, s'ils n'y avoient donné leur confentement. Ainfi, de même que nul n'eft héritier qui ne veut, de même auffi nul n'eft démiffionnaire qui ne veut.

Voici les autres conditions qui font requifes pour la validité d'une démiffion.

La première, qu'elle foit faite en faveur des préfomptifs héritiers du démettant, c'eft-à-dire, de ceux qui lui doivent fuccéder fuivant l'ordre qui eft défigné par la Loi.

La deuxieme, qu'elle foit faite à tous ceux (fans en excepter aucun) qui font actuellement dans le même dégré, foit de leur chef, foit par le moyen de la repréfentation.

La troifieme, que l'acte de démiffion ne contienne point de partage, ou que celui que le démettant feroit, foit entiérement conforme à la Loi des fucceffions *ab inteftat*; c'eft-à-dire, que le démettant doit laiffer fes biens à tous ceux que la Loi appelle à la fucceffion, & de la même maniere qu'elle les y appelle fans y rien changer.

La quatrieme, que la démiffion comprenne tous les biens du démettant, à l'imitation du droit d'hérédité qui eft univerfel. Cependant s'il fe réfervoit quelques meubles pour fon ufage, & même la faculté de difpofer par teftament ou autrement de quelques effets, la démiffion n'en feroit pas moins valable pourvû que la difpofition embraffe par elle-même tous les biens, & que la referve ne foit que de quelque chofe en particulier.

La cinquieme, que la démiffion foit faite par forme d'univerfalité, & non à titre fingulier; parce qu'une démiffion eft une fucceffion anticipée, & qu'une fucceffion ne fe défere qu'à titre d'univerfalité.

La fixieme, que le démettant ne donne point à fes biens une qualité qu'il ne leur pourroit donner par teftament, comme d'ordonner que fes meubles tiendront nature de propre du côté & ligne aux démiffionnaires. Ainfi, celui qui veut que l'acte qu'il fait comme démiffion, doit abfolument fe conformer en tout aux Loix des fucceffions *ab inteftat*.

La feptieme, que la démiffion ait un effet préfent & transfere la poffeffion & la propriété des biens donnés en la perfonne du démiffionnaire, pour en jouir tant que la démiffion ne fera point revoquée.

Le démettant eft donc par fiction réputé mort du jour de la démiffion; mais eft révocable à la volonté de celui qui l'a faite: il eft vrai de dire qu'elle ne faifit incommutablement les démiffionnaires, qu'au moment du décès du démettant.

La démiffion doit être regardée, par rapport au démettant, comme une difpofition de derniere volonté, femblable à cet efpece de donation à caufe de mort, dont il eft fait mention vers le milieu de la Loi feconde, au Digefte *titulo, de mort. cauf. donat.* laquelle donation eft toujours révocable, quoique fuivie de tradition & de tranflation de propriété du donateur.

Cela eft fondé fur ce qu'en fait de difpofitions qui fe font en vûe de la mort, la volonté de l'homme eft ambulatoire.

La comparaifon de la démiffion à cette efpece de donation à caufe de mort, eft très-jufte, puifque la démiffion ne fe fait que dans la vûe de la mort; ainfi elle ne doit pas être moins revocable à la volonté de celui qui l'a faite, que la donation à caufe de mort dont nous venons de parler.

La démiffion eft tellement révocable parmi nous, excepté dans la Province de Bretagne, que quelque efpace de tems que les démiffionnaires ayent été en poffeffion, quoique les biens compris en icelle ayent paffé & fait fouche aux petits enfans, ou autres héritiers de ceux au profit de qui elle a d'abord été faite; elle n'en eft pas moins révocable, quelque nom même qu'on lui eût donné dans l'acte, & fous quelque forme qu'on l'eût dreffée, pourvû toutefois qu'elle comprenne tous les biens du démettant, & qu'elle ait toutes les autres conditions que nous avons dit être requifes pour la rendre valable.

La raifon eft, qu'une poffeffion, quelque longue qu'elle foit, ne peut changer la nature de l'acte en vertu duquel on poffede. La qualification ne peut pas non plus changer la fubftance d'un acte.

Or, il eft de la nature & de la fubftance d'une démiffion (excepté dans la Province de Bretagne) qu'elle foit révocable; parce qu'il ne feroit pas jufte que ceux qui font affez foibles pour fe démettrede leurs biens de leur furvivant, fuffent expofés à fe repentir le refte de leurs jours de l'ingratitude de leurs héritiers, laquelle feroit quelquefois plus réelle & plus véritable que facile à prouver. Ainfi l'on a bien voulu

voulu prêter ce fecours à l'infirmité de ceux qui par un trop grand aveuglement fe feroient dépouillés de leurs biens, & qu'ils puiffent revenir contre toutes & quantes fois ils le jugeroient à propos.

M. le Brun dans fon Traité des Succeffions, liv. 1. chap. 1. dit à ce fujet, que l'ufage du Parlement de Bretagne fait plus d'honneur à l'homme parce qu'il préfuppofe qu'il doit être conftant dans fes actions ; mais que l'ufage du Parlement de Paris rend plus de juftice à l'humanité, parce que dans la pente naturelle où l'on eft de donner fon bien à fes héritiers, & quelquefois d'achever fon ouvrage, en comblant de bienfaits ceux à qui l'on a donné la vie, il eft bon qu'il y ait quelquefois du retour, & que les démiffions ne foient pas irrévocables.

La faveur des contrats de mariage a fait excepter de la régle générale les démiffions qui font faites par contrat de mariage. Son lien étant indiffoluble il ne conviendroit pas que les conditions fous lef-quelles les Parties fe feroient engagées, puffent recevoir quelque atteinte : c'eft pourquoi la faveur du contrat de mariage communique à la démiffion qui y eft faite au profit de l'un des conjoints, un carac-tere de donation entre-vifs qui la rend irrévocable.

La révocation d'une démiffion opére l'extinction des droits des démiffionnaires indépendamment d'eux, par un droit inhérent à l'acte ; & confé-quemment cette révocation éteint les hypotheques que les démiffionnaires ont pû créer fur les biens de la démiffion.

Cette révocation donne auffi aux démiffionnai-res le droit de contraindre le démettant de leur rendre tout ce qu'ils ont payé pour lui en confé-quence de la démiffion, & à leur rembourfer les impenfes & améliorations par eux faites dans les biens qui leur étoient échus par la démiffion.

Comme ils les ont détenus non-feulement de bonne foi, mais encore en qualité de legitimes propriétaires, ils doivent être entièrement indem-nifés de la même maniere, & avec plus de raifon que ne le feroient des poffeffeurs de bonne foi.

La démiffion faite en collatérale, eft de plein droit révoquée par la furvenance d'un enfant : *Quia nemo præfumitur quemquam propriæ foboli anteponere velle*, argumento. Leg. 8. cod. de revocand. donat.

Celle qui eft faite en ligne directe, n'eft pas an-nullée en elle-même par la furvenance d'un enfant, parce que cette furvenance ne détruit point la vo-lonté générale que le pere a eue de fe démettre de fes biens en faveur de fes enfans.

Elle donne feulement quelque atteinte au partage fait en conféquence, & empêche qu'il ne puiffe ref-ter dans l'état qu'il a été fait. L'enfant furvenu de-puis ayant droit de prendre fa part héréditaire com-me les autres, par une jufte interpretation de la vo-lonté du démettant, on étend la difpofition de ce partage à cet enfant, & on diminue la portion de tous les autres pour faire la fienne égale à la leur.

Un autre effet de la démiffion des biens par rap-port au démettant, c'eft que quoiqu'elle foit une difpofition de derniere volonté, en ce qu'elle eft revocable, elle a néanmoins un effet préfent, & dépouille le démettant de l'univerfalité de fes biens, dont elle faifit par anticipation fes héritiers préfomptifs.

De ce principe il s'enfuit, que le démettant n'étant ni poffeffeur ni propriétaire d'aucuns biens, la démiffion qu'il a faite le doit exempter de la taille, puifqu'il n'a plus aucuns biens fur quoi elle puiffe être impofée ; ce qui fuppofe cependant les formalités fuivantes.

La premiere eft, que l'acte de démiffion paffé pardevant Notaires, foit publié à la porte de l'E-glife paroiffiale, un jour de Dimanche ou de Fê-te, en préfence des Habitans fortant de l'Eglife.

La feconde, que l'acte de démiffion foit enfuite homologué au Siege de l'Election d'où reffortit la Paroiffe où le démettant a fon domicile.

La troifieme, que l'acte de démiffion & du Ju-gement des Elus portant homologation, foit figni-fié aux Habitans, à l'iffue de la meffe de la Paroif-fe, un jour de Dimanche ou de Fête, en parlant à cinq ou fix Habitans, & au Syndic ou au Marguil-lier de la Paroiffe, à qui la copie doit être laiffée.

La quatrieme eft, que le démettant réitere cet-te fignification aux Collecteurs de fa Paroiffe avant la confection du rolle.

Tout cela n'empêche pas que les démettant ne foient compris aux rolles comme les autres tailla-bles ; mais avec cette différence, qu'ils le font feulement au chapitre des invalides qui fe met à la fin, & dans lequel on employe les mendians & autres gens qui font hors d'état de contribuer au payement des impofitions.

La taxe qu'un démettant pouvoit fupporter à raifon des biens dont il s'eft démis, fe repartit fur les démiffionnaires par rapport à l'augmentation que la démiffion leur produit.

Mais fi la démiffion étoit faite au profit d'un Ec-cléfiaftique ou d'un Privilégié, les revenus des biens délaiffés & les effets mobiliers feroient affu-jettis au payement des impofitions fur lui faites, de même que s'il n'y avoit point eu de démiffion.

Lorfque les enfans du démettant demeurent en d'autres Paroiffes, il n'eft pas poffible de leur fai-re porter les impofitions faites fur leur pere par-ce qu'un taillable ne peut être taxé que dans le lieu de fon domicile, pour toutes les facultés & exploitations qu'il peut avoir ailleurs.

Ainfi dans ce cas les Habitans du domicile du démettant font en droit de fe pourvoir pardevant l'Intendant de la Province, lors de l'affiette des tailles, pour lui remontrer la perte que la démif-fion caufe à la Paroiffe, afin de la faire décharger de la taxe du démettant, & la faire rapporter dans les Paroiffes du domicile des démiffionnaires.

La démiffion eft, par rapport aux démiffion-naires, une fucceffion anticipée, & une faifie actuelle d'une fucceffion qui n'étoit à échoir que dans l'avenir, à l'effet d'en jouir hic & nunc, tant qu'elle ne fera point révoquée.

Il y a cependant une grande différence entre la faifine d'une fucceffion échue, & la faifine d'une fucceffion anticipée, qui fe fait par la démiffion. Le démiffionnaire n'eft point faifi par le feul abandonnement, comme l'eft l'héritier par la

Loi , *ipso etiam ignorante & dormiente*. Il ne fait qu'entrer en possession des biens démis , ou réellement en les appréhendant & les exploitant, ou par fiction en acceptant la démission.

Mais il faut remarquer que cette prise de possession produit pour le possessoire les mêmes effets que la saisine de la Loi.

La saisine du démissionnaire n'est donc pas une saisine de droit , ni une saisine d'héritier , *viventis enim non est hæreditas* ; mais c'est une saisine qui , par rapport au démissionnaire qui a expressément ou tacitement accepté la démission , le rend propriétaire des biens d'une succession future, jusqu'à ce que la démission soit révoquée. Elle ne le rend donc propriétaire incommutable & sans retour , qu'après que le démettant est décedé sans avoir révoqué la démission.

Quand il y a une succession ouverte , la mort saisit le vif par l'autorité de la Loi qui agit & opere seule en ce cas ; mais dans celui de la démission , c'est le vif qui , en vûe de sa mort future , veut saisir le vif par avance de sa succession future ; & c'est le démettant qui agit par anticipation de la Loi , dont il prévient l'opération.

De ce que la démission est , par rapport aux démissionnaires , une succession anticipée , & une saisine actuelle d'une succession qui n'étoit à échoir que dans l'avenir, il s'ensuit ,

Iº. Que ce qui seroit un propre , étant déchu par succession , est aussi un propre quand il échet par démission.

IIº. Que la démission donne ouverture aux droits seigneuriaux, dès l'instant de la tradition des choses délaissées , dans tous les cas où la Coutume du lieu donne au Seigneur des droits pour l'ouverture d'une succession , sauf à les repeter en cas que la démission soit révoquée. Dumoulin , §. 22 23. & 24. *antiquæ consuetud.* nomb. 82. Brodeau sur l'art. 33. nomb. 5. Cette ouverture des droits seigneuriaux se fait en conséquence de la fiction par laquelle le démettant est réputé mort du jour de la démission.

IIIº. Que cette saisine actuelle d'une succession future doit nécessairement être réglée dans ces dispositions par les mêmes Loix qui reglent les successions *ab intestat* , d'autant plus que la démission produit les mêmes effets.

Cela posé pour principe incontestable , un des démissionnaires ne peut être avantagé plus que les autres dans le partage que le démettant fait de ses biens. *Voyez* Dargentré , sur l'article 276. de la Cout. de Bretagne , titre des Appropriances , ch. 4.

Ainsi , à l'exception de ce qui peut appartenir à l'aîné pour son droit d'aînesse , tous les démissionnaires doivent être égalés , à très-peu de chose près ; c'est-à-dire , que si le pere qui se démet veut faire quelqu'avantage à quelqu'un de ses enfans , il faut qu'il soit très-leger.

Comme en collaterale on peut être, suivant le Droit commun , donataire & héritier, les démissionnaires ne sont pas tenus de rapporter les libéralités que le démettant leur a faites avant la démission.

Mais en directe , dans toutes les Coutumes où l'on ne peut être donataire & héritier , les enfans sont obligé de rapporter ce qui leur a été donné antérieurement à la donation.

Cela est fondé sur ce que les démissionnaires sont tenus de faire entr'eux tous les rapports que la Loi peut exiger de véritables héritiers , soit que le pere ait fait une démission sans partage , ou qu'il ait partagé ses biens en se démettant ; parce qu'une véritable démission exige que les biens du démettant soient au jour de sa mort distribués & divisés entre tous les démissionnaires, de la même maniere qu'ils l'eussent été *ab intestat.*

Une observation à faire à ce sujet , est que dans tous les cas où le rapport des biens donnés à un des démissionnaires peut avoir lieu , ce rapport ne se doit faire que du jour de la mort du démettant.

La raison est , que quoique la démission ait un effet présent comme nous avons dit ci-dessus , néanmoins elle ne saisit définitivement & incommutablement le démissionnaire , qu'au moment du decès du démettant.

Par la même raison , le partage que le démettant a fait de ses biens , doit être considéré au moment de son décès , pour connoître s'il est conforme à la Loi , & non pas dans le tems que la démission a été faite.

Ainsi , quand le pere a fait des inégalités dans son partage en faveur de quelqu'un de ses enfans , pour sçavoir si ce partage porte aux autres un assez grand préjudice pour que l'on y ait égard , c'est au moment du décès du pere qu'il faut examiner le Partage.

Enfin , si la mort d'un des démissionnaires , arrivée avant celle du démettant , changeoit l'ordre de lui succéder , il faudroit rendre le partage conforme à ce que la Loi exigeroit au jour du décès du démettant. *Voyez* Basnage sur l'art. 448. de la Coutume de Normandie ; & Berault en ses Arrêts, tome 2. sur l'art. 434. du Freine liv. 5. chap. 16. & Soefve , cent. 2. ch. 19.

Si par un cas fortuit la portion de l'un des démissionnaires étoit perie depuis le partage avant le décès du démettant , les autres démissionnaires seroient obligés de l'indemniser, ou de procéder à un autre partage.

La raison est , que quoique la démission ait un effet présent , néanmoins elle ne saisit définitivement & incommutablement le démissionnaire , qu'au moment du decès du démettant , puisqu'il peut toujours révoquer la démission : le démissionnaire ne doit donc pas supporter la perte des choses qui lui sont échues par la démission.

D'ailleurs , quand un démissionnaire vient à déceder du vivant du démettant , il ne transmet pas sa part & portion à ses héritiers comme un effet de sa succession , ainsi que nous l'allons voir.

Enfin , c'est une regle certaine, que le moment de la mort du démettant fixe la part d'un chacun des démissionnaires , & que ce n'est que dans ce moment que chacun d'eux est saisi de sa part irrévocablement , & des effets qui lui sont avenus par le partage fait par le démettant ; regle dont l'équité veut que l'on ne s'écarte point dans ce qui concerne les cas fortuits qui seroient arrivés sur la la part de quelqu'un des démiffionnaires.

Lorfqu'un des démiffionnaires décede du vivant du démettant, la démiffion devient caduque à fon égard.

Mais les biens dont il étoit faifi par la démiffion, retournent quelquefois au démettant, & font auffi quelquefois réunis à la maffe des biens contenus dans la démiffion, pour appartenir aux autres démiffionnaires ; & quelquefois enfin ils paffent aux enfans du démiffionnaire qui eft prédécédé.

Lorfqu'il n'y a qu'un feul héritier préfomptif, & par conféquent un feul démiffionnaire, les biens qu'il avoit par le moyen de la démiffion, retournent fans difficulté au démettant ; parce que la démiffion étant une anticipation de fucceffion qui exige la furvie de la part des héritiers préfomptifs, s'il n'y en a qu'un, & qu'il décede du vivant du démettant, la démiffion devient caduque & comme non faite, *caufâ finali non fecuta*, & les biens délaiffés retournent au démettant.

S'ils font plufieurs démiffionnaires, & que l'un d'eux vienne à déceder du vivant du démettant, la démiffion devient caduque à l'égard du prédécédé, par la raifon que nous venons de dire ; mais il ne fe fait point de retour de fa part & portion au profit du démettant.

Dans ce cas, s'il n'a point laiffé d'enfans qui puiffent prendre fa part & portion par droit de repréfentation, ou il en a laiffé qui peuvent, fuivant la Coutume du lieu, remplir le dégré de leur pere.

Si celui de plufieurs démiffionnaires qui eft prédécédé ne laiffe point d'enfans qui puiffent le repréfenter, fa part fe réunit à la maffe des biens démis, pour être partagée entre les autres démiffionnaires qui reftent.

La raifon eft, que la démiffion emporte une expropriation générale au profit de tous les héritiers préfomptifs, qui tous ont une aptitude à recueillir folidairement l'univerfalité des biens, qui ne fe partagent qu'à caufe du concours. Ainfi celui d'entr'eux qui prédécede, ceffe de concourir, & le concours des autres qui fubfifte, efface & anéantit le droit du prémourant.

Mais fi le démiffionnaire prédécédé laiffe des enfans qui auroient pû par droit de repréfentation, fuivant la Loi du pays, remplir fon dégré dans la fucceffion du démettant, le concours continue & fubfifte en leur perfonne ; ce qui fait que ces enfans qui rempliffent fa place, prennent fa part & portion, non pas comme héritiers de leur pere, mais *jure fuo*, étant eux-mêmes regardés comme démiffionnaires de leur chef, dès l'inftant que par le décès de leur pere ils font devenus les héritiers préfomptifs du démettant.

Par une fuite de ce même principe, dans les Coutumes où il n'y a pas de répréfentation en ligne directe, comme la qualité d'héritier préfomptif eft la caufe des démiffions, les petits-enfans dans ces Coutumes n'ayant point cette qualité par rapport à leur ayeul, ils font exclus par leurs oncles & leurs tantes de la part & portion de leur pere prédécédé, & elle fe joint à la maffe générale des biens de leur ayeul.

Arrivant la mort du démiffionnaire du vivant du

démettant, les hypotheques qu'il a créées fur les biens démis ne peuvent fubftituer, foit que ces biens retournent au démettant, foit qu'ils foient réunis à la maffe, foit qu'ils paffent aux enfans du démiffionnaire prédécédé ; parce que la démiffion eft réputée n'avoir jamais été faite par rapport au démiffionnaire qui eft mort du vivant du démettant, & par conféquent les biens de la démiffion font cenfés ne lui avoir jamais appartenu.

Néanmoins le Parlement de Rouen juge, que quand le démiffionnaire décede avant le démettant les créanciers du démiffionnaire prédécédé peuvent fuivre leurs hypotheques fur les biens démis, au cas que le démettant n'ait pas révoqué. *Voyez* Bafnage fur l'art. 448. de la Coutume de Normandie.

Les décifions que nous venons de donner touchant la mort naturelle du démiffionnaire, ont pareillement lieu, au cas qu'il fût exclus des biens démis par la mort civile. Ainfi le démiffionnaire ne peut confifquer les biens à lui donnés, au préjudice du démettant ou de fes autres héritiers préfomptifs.

La démiffion eft à la vérité une anticipation de fucceffion qui faifit les héritiers préfomptifs du démettant de l'univerfalité de fes biens ; mais cette faifine actuelle d'une fucceffion future ne rend point ceux au profit de qui elle eft faite, propriétaires incommutables & irrévocables, principalement par rapport au fifc, qui eft un fucceffeur peu favorable : de forte que la revocation de la démiffion eft toujours préfumée faite contre lui. *Voyez* Bafnage fur l'art. 244. de la Coutume de Normandie.

La démiffion des biens, par rapport aux créanciers du démettant, eft un contrat & un acte entrevifs, qui, fuivi de tradition, eft tranflatif de propriété en la perfonne du démiffionnaire, *hic & nunc*: c'eft pourquoi il devient inconteftablement propriétaire des biens qu'il poffede à titre de démiffion, tant que le démettant ne la révoque pas.

Cela pofé, on demande fi les créanciers du démettant peuvent agir contre les démiffionnaires, & de quelle maniere ils peuvent fe pourvoir contr'eux pour fe faire payer de ce qui leur eft dû par le démettant ?

Il faut diftinguer entre les dettes que le démettant a créées avant la démiffion, & celles qu'il a faites depuis.

Les démiffionnaires, en qualité de propriétaires & poffeffeurs d'une univerfalité de biens, à titre de fucceffion anticipée, peuvent être pourfuivis pour raifon des dettes du démettant qui font antérieures à la démiffion, non-feulement par action hypothécaire, mais encore par action perfonnelle, comme ayant tacitement contracté avec ceux qui font créanciers du démettant, au moment que ces démiffionnaires ont pris l'univerfalité des biens du démettant en vertu de la démiffion.

Mais il faut ici remarquer que l'action perfonnelle qui eft donnée aux créanciers du démettant contre les démiffionnaires, n'eft pas indéfinie, & qu'elle eft reftrainte à la concurrence des biens compris dans la démiffion, & pour la part & portion qui en appartient à chaque démiffionnaire.

La raifon eft, qu'un démiffionnaire, du vivant

du démettant, n'est pas son héritier, & ne le re-préfente point. Il n'est donc tenu perfonnellement des dettes antérieures à la démiffion, qu'à caufe & à proportion de la diminution néceffaire qui fe fait fur les biens du démettant, & en ce que le démif-fionnaire, lorfqu'il accepte la démiffion, paroît s'obliger, au prorata de ce qui lui en revient, à toutes les dettes du démettant qui font antérieures à la démiffion.

Auffi dans l'ufage les démiffions contiennent un état des biens & des dettes du démettant ; & le confentement qu'eft cenfé donner le démiffionnaire à s'obliger perfonnellement aux dettes du démet-tant contractées avant la démiffion, eft renfermé & limité à la concurrence des biens que la démiffion lui fait avoir ; & il lui eft libre dans la fuite de fe libérer entièrement de toutes ces dettes, en renon-çant après la mort du démettant à fa fucceffion.

Et en effet pour me fervir des termes de Co-quille, quand il y a eu une expropriation effectuel-le par un acte parfait & une tradition réelle, les chofes ne font plus, par rapport aux créanciers an-térieurs, dans les termes d'une fimple difpofition à caufe de mort. Le démettant a effectué de fon vi-vant la donation, & les biens démis paffent aux dé-miffionnaires, à la charge feulement d'être obligés perfonnellement aux dettes antérieures, jufques & à concurrence des biens compris dans la démiffion. C'eft pourquoi les créanciers antérieurs n'ont point à fe plaindre, dès qu'on leur repréfente les biens de leur débiteur, & que le démiffionnaire offre de payer les dettes antérieures du démettant jufqu'à concurrence : ils n'ont par ce moyen aucun intérêt d'exiger que les démiffionnaires fe portent héri-tiers du démettant, lorfqu'il vient à décéder : auf-fi ne leur permet-on pas de les y contraindre.

Pour ce qui eft des dettes faites par le démettant depuis la démiffion de fes biens, les démiffionnaires n'en font point tenus, pourvû qu'ils renoncent à fa fucceffion, & que l'acte de démiffion ait été infinué.

Il feroit injufte que des créanciers qui ont prêté leur argent de bonne foi, & fans avoir connoiffan-ce de la démiffion, fuffent fruftrés de leur dû. Ain-fi, pour que les héritiers préfomptifs au profit de qui la démiffion eft faite, puiffent la faire valoir contre les créanciers poftérieurs, il faut qu'elle puiffe être publiquement connue par l'infinuation ; autrement les démiffions feroient des piéges pour tromper les créanciers.

A l'égard de la renonciation que les démiffion-naires peuvent faire à la fucceffion du démettant, pour n'être pas tenus des dettes par lui contractées depuis la démiffion, les créanciers n'ont point droit de s'y oppofer.

La raifon eft, que le démettant eft par fiction réputé mort du jour qu'il s'eft démis : ainfi les biens qu'il peut avoir acquis depuis, forment, par rapport aux créanciers, une fucceffion particuliere qui n'a rien de commun avec les biens portés par la démiffion. D'où il s'enfuit, que les démiffion-naires peuvent y renoncer, & fe tenir à ce qui leur eft avenu par la démiffion.

Mais fi les démiffionnaires veulent fe porter hé-ritier du démettant, les nouveaux biens qui lui font échus depuis la démiffion de tous fes biens, doivent fe partager entre tous les démiffionnaires, comme on partage ab inteftat.

Enfin les démiffionnaires peuvent, après le décès du démettant, accepter fa fucceffion fous bénéfice d'inventaire, à l'effet de n'être tenus des dettes con-tractées depuis la démiffion, que jufqu'à concurren-ce du contenu en l'inventaire des biens qui appar-tenoient au défunt depuis la démiffion par lui faite.

Voyez les queftions fur les démiffions des biens, par M. Boulonois, Avocat.

DEMISSION SUIVANT LA COUTUME DE BRETAGNE. La démiffion, en Bretagne, fe regle en plufieurs chofes d'une maniere toute différente de celle qui fe fait dans les autres pays. Cette Cou-tume, en l'art. 299. défend de donner par dona-tion entre-vifs, ou par teftament, à fon héritier préfomptif, non-feulement à l'égard des cohéri-tiers, mais encore, par une Jurifprudence qui lui eft particuliere, à l'égard des créanciers même poftérieurs à la donation.

Auffi M. Dargentré, fur l'art. 218. de l'ancienne Coutume de Bretagne, glof. 9. nomb. 19. dit : *Hæc confuetudo improbat donationem factam ei qui eft in gradu fuccedendi, id eft præfumpto, (quam ufum ideo adjiciendam putavimus in textu) tum quia nul-lum prælegatum, nulla donatio cadit in præfumptum unum ex hæredibus, five donatione inter vivos, five teftamento, &c. quare nemini licet mutare titulum adeptionis legitimæ portionis fuæ, quin habeat ut hæ-res, & confequenter teneatur ad debita hæreditaria, quod in donatorio fecus fit.*

Il dit la même chofe fur l'article 405. glofe 3. *in principio editionis* 1621.

Mais ce qui eft défendu par donation entre-vifs ou teftamentaire, tant entre Nobles que Rotu-riers, eft permis par la démiffion à l'égard des No-bles, fuivant l'article 537. de la nouvelle Coutume de Bretagne.

Cet article porte, que *pere & mere, & autres perfonnes, fe pourront démettre en tout ou partie de la propriété de leurs biens, avec retention de l'ufufruit d'iceux en leur héritier préfomptif, principal & no-ble, Et fera la démiffion bannie par trois Dimanches confécutifs, iffue des grandes Meffes, à la Paroiffe du domicile de celui qui fe démet, & autres Paroiffes où il aura maifon, & par un jour au prochain marché du domicile ; & feront lefdites démiffions & bannies, ain-fi faites, certifiées pardevant le Juge du domicile. Et au cas que ledit Juge du domicile ne feroit royal, fe-ront lefdites démiffions & bannies, rapportées & lues en Jugement du plus prochain Siege royal dudit do-micile, l'Audience tenant, & enregiftrées au Greffe dudit Siege. Et ce fait en la forme fufdite, les con-trats d'aliénation qui feront fait depuis lefdites démif-fions & bannies certifiées & régiftrées, comme dit eft, feront de nulle valeur. Et néanmoins efdites démif-fions le Seigneur jouira des rachats & autres profits de fief, par le décès de ceux qui fe feront démis.*

Je vais faire quelques obfervations fur cet ar-ticle, & fur les ufages du Parlement de Breta-gne, qui expliqueront les difpofitions particulieres qui ont lieu dans cette Province au fujet des démiffions de biens.

La premiere obfervation eft, que quoiqu'une démiffion foit une vraie fucceffion anticipée, & doive être par conféquent du total des biens, à l'exemple de la Loi qui défere toujours le total d'une fucceffion, & qui ne la défere jamais pour une partie ; néanmoins dans la Coutume de Bretagne, comme il eft porté dans cet article 537. les peres, meres, & autres perfonnes peuvent fe démettre en tout ou partie de la propriété de leurs biens.

Cette difpofition fi particuliere & fi oppofée au Droit commun des démiffions, provient de ce que lors de la réformation de la Coutume de Bretagne on demeura perfuadé dans cette Province, que les démiffions empruntoient beaucoup de la nature des contrats, dont les regles n'ont aucun rapport à celles qui s'obfervent pour raifon des fucceffions.

Il faut remarquer à ce fujet, que la démiffion de certains biens particuliers eft fujette aux mêmes regles & aux mêmes loix que l'on eft obligé de garder pour la démiffion qui fe fait généralement de tous fes biens. C'eft l'avis de M. de Perchambault fur le tit. 23. de la Coutume de Bretagne.

La feconde obfervation eft, que quoique l'article 537. de la Coutume de Bretagne foit conçu en termes qui femblent permettre à celui qui fe démet, en tout ou en partie, de la propriété de fes biens, la retention d'ufufruit, cependant les termes de cet article, *avec retention d'ufufruit d'iceux*, n'emportent pas une condition effentielle & néceffaire à l'acte d'une démiffion onéreufe & non revocable ; d'autant que cet ufufruit fe peut convertir en une autre preftation équivalente, par une convention expreffe des Parties, lefquelles peuvent ftipuler telles conditions qu'il leur plaît, pour être pourvû à la nourriture & entretien du démettant.

C'eft ce que dit Dargentré fur l'article 276. de l'ancienne Coutume. *In dimiffionibus liberæ funt dimittendi cautiones, & conditiones quas pro arbitrio recipere poteft. Item. Dimiffiones aut retento ufufructu, fiunt aut dimiffaris ad alimentorum præftationem obligatur, & æris alieni diffolutionem.*

Auffi voyons-nous que les démiffions fe font plus fouvent par réferve des penfions annuelles, que par retention d'ufufruit. *Voyez* Frain, plaidoyer 87.

La troifieme obfervation eft, qu'en Bretagne les démiffions doivent être bannies & publiées en la maniere prefcrite par l'art. 537. défaut cependant qui n'opéreroit pas la nullité de la démiffion en Bretagne, par rapport au démettant & aux démiffionnaires. Cette formalité ne regarde que les créanciers & les dettes qui feroient contractées dans la fuite.

Auffi par Arrêt du mois de Janvier 1691. il a été jugé que le démettant & le démiffionnaire ne pouvoient alléguer le défaut de bannie, pour en conclure la nullité de la démiffion.

Voyez le Commentaire de M. de Perchambault fur la Coutume de Bretagne, titre 23. §. 49. *Voyez* auffi un Acte de notoriété du 25. Juin 1695. à la fin des Arrêts recueillis par M. Paul Devo-

lant, qui attefte qu'au Parlement de Bretagne la démiffion n'exclut pas les créanciers du démettant poftérieur à la démiffion, fi les formalités prefcrites par l'art. 537. de la Coutume de Bretagne n'ont pas été obfervées, & que la démiffion eft nulle à leur égard.

La quatrieme obfervation eft, qu'en Bretagne, fuivant l'avis de Dargentré fur l'art. 276. de l'ancienne Coutume, chapitre 4. auquel la nouvelle eft conforme, la démiffion eft un tranfport de propriété incommutable en la perfonne du démiffionnaire. Ainfi, quoique par-tout ailleurs les démiffions foient regardées, par rapport au démettant, comme les difpofitions à caufe de mort, & foient par conféquent révocables à la volonté du démettant, comme nous avons dit ci-deffus, néanmoins la Coutume de Bretagne n'eft pas fi favorable à ceux qui fe font démis de leurs biens. Elle prefcrit une maniere de les publier & les rendre folemnelles, comme nous venons de dire, après laquelle elle déclare, que celui qui s'eft démis de fes biens, ne les peut plus aliéner.

Elle ne dit pas précifément qu'il ne puiffe plus révoquer par une révocation formelle la démiffion qu'il a faite de fes bien ; mais les Arrêts du Parlement de Bretagne ont établi cette Jurifprudence, comme on peut voir dans Frain, tom. 1. pag. 387.

Ainfi un homme qui fe démet de fes biens, perd entierement la propriété qu'il y avoit, fans pouvoir révoquer la démiffion, fitôt qu'elle eft acceptée & bannie dans les formes prefcrites par l'art. 537. de cette Coutume.

Cela fait conjecturer que la démiffion de biens y a été reçue, pour y tenir lieu en quelque maniere des donations entre-vifs que cette Coutume reftreint fort.

On confidere dans cette Province la démiffion, par rapport au démettant, plutôt comme un contrat tranflatif de propriété, que comme une difpofition de derniere volonté ; ce qui fait qu'une démiffion en Bretagne produit plufieurs effets qui n'ont lieu que dans cette Coutume.

Premierement, tous les contrats & actes faits par le démettant depuis une démiffion, font abfolument nuls, & ne peuvent produire aucun effet fur les biens de la démiffion.

En fecond lieu, une démiffion ne peut être révoquée que pour les caufes qui donneroient lieu à la révocation d'une donation entre-vifs. Dargentré, à l'endroit cité ci-deffus, dit que *jus revocandi ipfi donatori nullum eft, quem fuus confenfus premit & repellit, & fuum factum obligat ad præftandum quod fpoponderit alteri ftipulanti.*

En troifieme lieu, une démiffion faite en Bretagne par pere & mere à leurs enfans, eft fujette au payement du centieme denier ; comme il a été jugé par Arrêt du Confeil d'Etat du 8. Mars 1718.

Un dernier effet qui réfulte de la tranflation de propriété qu'opere la démiffion en Bretagne, eft que fi un homme fe marie, ayant fait démiffion de fes biens, fa veuve n'a pas droit de prendre fon douaire fur les biens dont il fe feroit démis, quelque grande que foit la faveur de douaire.

C'est l'avis de M. de Perchambault ; & la question a été ainsi décidée par Arrêt rendu en la Grande Chambre , au rapport de M. l'Ecus , rapporté par Dévolant.

Il est vrai que ce même Auteur rapporte un Arrêt du 14. Novembre 1630. qui avoit jugé le contraire. Mais la question ne fait plus de difficulté aujourd'hui dans ce Parlement, par les raisons que je viens de déduire.

La cinquieme observation est , que la Coutume de Bretagne ne donne au Seigneur les droits seigneuriaux , qu'au tems de la mort de ceux qui se font démis , & non au tems de la tradition des choses délaissées , comme les autres Coutumes : disposition qui paroît d'autant plus extraordinaire, que dans cette Coutume les démissions sont irrévocables. Sur quoi il faut remarquer que le Seigneur qui a reçu la foi & hommage du démissionnaire sans aucune réserve , n'est point recevable à demander le droit de rachat ou relief par le décès du démettant , parce qu'il a renoncé à son droit ; comme il a été jugé par Arrêt du mois de Mars 1667. rapporté par M. de Perchambault sur l'article 537. de la Coutume de Bretagne.

La sixieme observation , est que le démissionnaire chargé des dettes , les doit payer sur les effets & revenus de la démission ; & en cas que , les dettes payées , il reste du profit , il n'en doit point le rapport à l'ouverture de la succession. Bien plus , c'est qu'après l'ouverture de cette succession , les cohéritiers qui ne sont pas démissionnaires , ne peuvent obliger le démissionnaire de compter les levées qu'il a perçues depuis l'ouverture de la succession , que du jour de la demande en partage.

DEMONSTRATION, est une indication dont on se sert pour mieux faire connoître la personne ou la chose qu'on veut désigner.

La fausse démonstration ne vicie point le legs , pourvû que la chose leguée soit existante , & puisse être livrée au légataire , & que la volonté du testateur soit constatée d'ailleurs.

En effet , les démonstrations ne sont inventées que pour avoir une pleine connoissance des personnes & des choses que l'on veut désigner ; ensorte que si elles sont évidemment connues d'ailleurs , la fausse démonstration dont on se sera servi pour les faire connoître ne pourra nuire à la disposition qu'on en aura faite , ou qu'on aura faite à leur sujet.

Par exemple , supposons que le testateur qui a acquis par donation la maison qu'il a à Saint Germain ; la légue ainsi : *Je légue à Titius ma maison de Saint-Germain que j'ai achetée* ; cette fausse démonstration dont il s'est servi , en parlant de sa maison de Saint-Germain , ne rendra pas nulle la disposition qu'il en a faite. Il suffit qu'il ait une maison à Saint-Germain ; & le titre auquel elle lui appartient , est absolument étranger à la disposition. *Leg.* 17. 33. & 7. 1. §. 7. *ff. de conditionib. & demonstrat.*

Voyez Belordeau , lett. D , art. 15. & ce que j'ai dit à ce sujet dans ma Traduction des Institutes , liv. 2. tit. 20. §. 30.

DENEGATION , est une exception par la-

quelle on nie formellement le fait énoncé par le demandeur.

Posons qu'un Seigneur agisse contre son Vassal pour raison de ses droits , & que le Vassal désavoue son Seigneur , ce sera en proposant une exception dénégatoire.

Cette exception oblige le demandeur à faire preuve du fait que le défendeur nie ; *nam. cum facti negantis nulla probatio sit , talis exceptio rejicit onus probandi in adversarium.*

Dans l'espece proposée , ce sera donc au Seigneur à justifier de sa Seigneurie , & non pas au prétendu Vassal à justifier qu'il n'est pas véritablement le Vassal du demandeur. *Voyez* Négative.

DENEGATION EN FAIT DE DEPOSITION DE TEMOINS. *Voyez* Déposition négative.

DENI DE JUSTICE. Déni signifie refus : ainsi déni de Justice est le refus que fait un Juge de recevoir qui lui est juridiquement présentée , ou le refus qu'il fait de rendre son Jugement sur une affaire dont il est Juge , & qui est en état d'être jugée. Dans ce cas , il est permis de prendre le Juge à partie , & d'appeller le déni de Justice pardevant le Juge supérieur.

Voyez Appel de déni de Justice. Nous observerons seulement ici , que le déni de Justice dans le Tribunal ecclésiastique n'est pas un moyen d'appel simple , mais un moyen d'abus qui en attribue la connoissance aux Parlemens. Plusieurs Arrêts l'ont ainsi jugé. *Voyez* la Bibliotheque canonique , tome 1. page 68. col. 1. & Boniface , tome 4. liv. 1. tit. 28. nomb. 7.

Dans le Journal du Palais , il est aussi rapporté un Arrêt du Parlement d'Aix , du 26. Janvier 1690. qui l'a Jugé ainsi.

DENI DE RENVOI OU D'INCOMPETENCE , est le refus que fait un Juge d'admettre la demande en renvoi qui lui est faite par l'une des Parties , pour raison d'incompétence ou de quelque privilege. En ce cas , il est permis à la Partie dont la demande en renvoi n'est pas admise , d'appeller pardevant le Juge supérieur de ce refus , comme de déni de renvoi ou d'incompétence.

Voyez Appel de déni de renvoi.

DENIER , nom de monnoie ancienne d'or ou d'argent , qui a été de diverse valeur suivant les lieux & les tems. En France , on entend aujourd'hui par ce terme une monnoie de cuivre , qui vaut la moitié d'un double & la douzieme partie d'un sol ; mais à présent les doubles sont décriés , & ne valent plus qu'un denier.

DENIER , signifie aussi argent en général , en quelque espece ou monnoie que ce soit. Ainsi ce terme se prend souvent aujourd'hui pour toutes sortes de monnoies d'or , d'argent , ou d'autre métail dont on se sert dans le commerce. En ce sens , c'est un mot générique pour désigner une somme d'argent , & est bien plus en usage au pluriel qu'au singulier.

Les deniers sont meubles de leur nature ; mais par une destination particuliere ils peuvent être réputés immeubles. *Voyez* Stipulation de propre.

DENIER , se dit aussi des taux du Roi , ou de

l'intérêt que l'argent produit. Sur quoi il faut remarquer, que le Roi a fixé les rentes au denier vingt; c'est-à-dire, à la vingtiéme partie du principal. Par Exemple, vingt mille francs au denier vingt font mille francs; mille francs au denier vingt, font cinquante cens francs au denier vingt, font vingt-cinq francs.

On peut néanmoins donner son argent à constitution de rente à un moindre denier comme au denier vingt-cinq. Par exemple, vingt mille francs, au denier vingt-cinq ne font que sept cens cinquante livres.

Mais il n'est pas permis de donner son argent à constitution à un denier fort plus fort que le denier vingt; en sorte qu'un tel contrat seroit usuraire.

DENIER A DIEU, est une petite piéce de monnoie, destinée ordinairement à faire une aumône, que celui qui achete une maison donne à son vendeur, ou que donne celui qui loue une maison à celui qui la lui donne à bail, pour marque du consentement qu'ils donnent au contrat de vente ou de louage qu'ils ont fait verbalement, en attendant qu'ils le fassent rédiger par écrit.

Les Parties peuvent s'engager verbalement, sans avoir donné ni reçu de denier à Dieu.

DENIERS COMPTANS, sont toutes les especes qui ont cours en France, soit qu'elles soient d'or, d'argent, ou d'un autre métail.

DENIERS AMEUBLIS, est une maniere de parler impropre, qui signifie les deniers qui sont mis par la femme en la communauté par son contrat de mariage, à la différence de ceux qu'elle s'est stipulée propres par une stipulation précise & expresse.

Ceux qui sont mis dans la Communauté, sont dit ameublis, parce qu'ils retiennent & conservent leur nature de meubles, à l'effet d'entrer comme tels en la communauté des biens du mari & de la femme.

Au contraire, les deniers de la femme stipulés propres, étant censés de même nature que des héritages, n'entrent point en communauté, & par conséquent sont repris par la femme ou par ses héritiers, avenant la dissolution du mariage ou de la communauté.

Touchant les stipulations de propres, voyez ce que j'ai dit sur l'article 93. de la Coutume de Paris.

DENIERS QUI TIENNENT NATURE DE PROPRES, sont ceux que la femme stipule par son contrat de mariage lui être propres, à l'effet de ne point entrer en communauté, comme nous venons de dire en l'art. précédent.

Il y a encore d'autres cas où des deniers tiennent nature de propres, même à l'effet de ne point passer à l'héritier mobiliaire de celui à qui ils appartiennent, mais à son héritier de propres.

Par exemple les deniers provenant de la vente des immeubles des mineurs, soulte de partage, ou de rachat de rentes à eux appartenans, sont réputés immeubles, & de même nature & qualité que les biens dont ils procédent, soit qu'ils soient dûs ou payés, pour appartenir dans leur

succession à ceux auxquels les héritages auroient appartenu, s'ils n'avoient pas été vendus, ou les rentes rachetées. Voyez ce que j'ai dit sur l'article 94. de la Coutume de Paris.

DENIERS A DECOUVERT, sont ceux que l'on offre de compter : ce qui est nécessaire pour la validité des offres réelles.

DENIERS CLAIRS ET LIQUIDES, sont les sommes que l'on peut recevoir quand on veut, & sans contestation.

DENIERS OISIFS, sont les sommes qui ne portent point d'intérêt. Un tuteur est tenu de payer l'intérêt des deniers oisifs de son pupille après six mois, à compter du jour qu'il les a reçus.

DENIERS D'ENTRÉES, sont ceux que le nouveau propriétaire a donné pour acquérir dans un contrat mêlé de vente & de quelqu'autre acte qui ne tient point de la vente. Ce qui est donné pour la portion des biens vendue, s'appelle deniers d'entrée, voyez Droit seigneuriaux.

DENIERS FRANCS OU FRANCS DENIERS, sont ceux qui sont exempts de toute déduction. Dans la Coutume de Meaux, si l'on ne vend un héritage deniers francs au vendeur, c'est lui qui est tenu de lods & ventes.

DENIERS PARISIS. Voyez Parisis.

DENIERS D'OCTROI, sont ceux que le Roi permet aux Villes de lever sur elles-mêmes. Voyez Octroi.

DENIERS DU ROI, sont ceux qui proviennent du Domaine, des Droits royaux, des Tailles, Aydes, Gabelles, & autres impositions. Personne sans commission n'a droit de s'immiscer dans la recette de ces sortes de deniers, suivant l'Edit du mois d'Août 1669.

Un Traitant pour recouvrement de deniers royaux, n'est point reçu au bénéfice de cession de biens à l'égard du Roi, ni à l'égard de son Associé, qui a payé pour lui le prix entier du traité commun, sans avoir subrogation.

On n'a point d'égard à la minorité, quand il s'agit de deniers royaux. Ainsi, par Arrêt du conseil d'Etat du Roi du 28. Février 1696. un Arrêt de la Cour des Aydes de Rouen, qui déchargeoit de la contrainte par corps un adjudicataire des Bois du Roi, a été cassé : & défenses furent faite de décharger tels Adjudicataires, leurs Cautions & Certificateurs, de la contrainte par corps, sous prétexte de la minorité, ni pour telles autres causes que ce puisse être.

DENIERS DOTAUX, sont ceux qui sont donnés ou constitués en faveur de mariage, pour servir de dot à la future épouse. Voyez Dot.

DENIERS EMPLOYÉS EN ACHAT D'HERITAGES OU AUTRES IMMEUBLES. Voyez Créanciers privilégiés hypothécaires.

DENIERS PUPILLAIRES OU DES MINEURS, pouvoient autrefois être baillés à intérêt par cedules & obligations, parce qu'ils ne doivent point être oisifs, attendu la faveur des mineurs. Aujourd'hui les deniers pupillaires ne peuvent point produire d'intérêt, sans aliénation du principal.

Mais comme les deniers pupillaires ne doivent

pas demeurer oififs, les intérêts en font dûs par le tuteur, quand les fommes par lui reçues fe trouvent affez fortes, par rapport aux biens & à la qualité du mineur, pour que le tuteur en ait pû faire un emploi; & c'eft un cas où les intérêts des intérêts font dûs; mais on obferve toujours un intervalle de fix mois, depuis que les fommes qui proviennent des intérêts des épargnes ont formé un principal.

Comme un tuteur ne peut pas toujours trouver fur le champ un emploi fûr & convenable des deniers de fon mineur, & qu'il ne doit être tenu que de faire les diligences néceffaires, lorfqu'il a des deniers entre les mains, il peut le dénoncer aux parens, afin qu'ils lui indiquent un emploi, ou qu'ils donnent leurs avis fur ceux qu'il propofe: après avoir fuivi l'avis des parens, il n'eft plus tenu de l'infolvabilité de ceux à qui il prête l'argent du mineur, lorfqu'elle n'eft pas arrivée par fa négligence; car on ne peut jamais imputer à un tuteur ce qu'il a fait par l'avis des parens du mineur, pourvû qu'il n'y ait pas de collufion vifible entre les parens & le tuteur, ce qu'on ne préfume jamais.

Quoique les deniers pupillaires ne doivent pas demeurer oififs, néanmoins les intérêts que les tuteurs auroient ftipulés dans une obligation, des deniers appartenans à leurs mineurs, feroient ufuraires, fuivant ce que nous avons dit ci-deffus, par conféquent fujets à être imputés fur le principal; comme il a été jugé par plufieurs Arrêts, & entr'autres par un qui a été rendu le 7. Mai 1714.

Voici ce qui eft dit dans le Recueil alphabétique de M. Bretonnier, verbo Tutelle, au fujet du tems qu'a le tuteur pour placer les deniers de fes mineurs. Dans le droit, le tuteur a fix mois pour placer les deniers de fon pupille la première année de la tutelle; dans la fuite il n'a que deux mois; après lequel tems il eft obligé de payer les intérêts de fuo.

Cette difpofition eft fuivie dans tous les Parlemens du droit écrit. Au Parlement de Paris, le tuteur a toujours fix mois pour placer les deniers de fon mineur.

Au Parlement de Normandie, le tuteur a fix mois pour placer l'argent comptant trouvé lors du décès du défunt, & les deniers provenant du rachat des rentes, ventes d'héritages ou d'offices; mais à l'égard des deniers provenans des revenus des mineurs, il a dix-huit mois après le terme échu. Art. 42. 43. & 45. du Reglement des tutelles.

DENOMBREMENT EN MATIERE FEODALE, fe joint toujours à l'aveu, & fe dit de la déclaration que le vaffal eft tenu de faire au Seigneur dominant, quarante jours après avoir fait la foi & hommage.

Cette déclaration doit être donnée par écrit en bonne forme, & autentique; elle doit contenir un bref état & une énumération de tous les héritages que le vaffal avoue tenir du Seigneur dominant, avec les cens, rentes & autres droits qu'il tient de lui.

Ainfi, aveu & dénombrement eft une déclaration que le vaffal fait à fon Seigneur par le menu de la confiftance de l'héritage qu'il tient de lui, & des terres & droits qui en défendent. Voyez Aveu; voyez Mutation.

Il faut remarquer que dans les pays du Droit écrit, où les Fiefs ne produifent point de profit, les Seigneurs ne font guères curieux d'obliger les vaffaux à leur donner des dénombremens. Mais quand le Seigneur en veut avoir, & que le vaffal refufe d'en donner, le Seigneur ne peut pas faifir féodalement le Fief; il peut feulement, après avoir fommé le vaffal de donner fon dénombrement, fe pourvoir en Juftice pour l'y contraindre.

DENONCER, fignifie quelquefois accufer quelqu'un, le déferer en Juftice.

On applique auffi ce mot à la fignification faite en Juftice, de quelque procédure. On dit, par exemple, dénoncer à fon garant le trouble qui nous eft fait par un tiers, afin qu'il prenne notre fait & caufe.

DENONCIATEUR, eft celui qui fans fe porter Partie, dénonce au Procureur du Roi ou au Procureur Fifcal, qu'un crime a été commis par quelqu'un, afin qu'il en faffe la pourfuite en qualité du Procureur du Roi.

Ce dénonciateur écrit & figne fa dénonciation fur le Regiftre du Procureur du Roi ou du Procureur Fifcal, pour la garantie des dommages & intérêts que l'on pourroit obtenir contre le Procureur du Roi en cas de calomnie.

Suivant nos Ordonnances, il eft libre à chacun de fe rendre dénonciateur d'un crime, & d'exciter par cette dénonciation le miniftere public, à qui la vengeance des crimes a été confiée. Mais la dénonciation qui eft permife parmi nous, n'a lieu que pour les crimes qui intéreffent le Public, & dont la pourfuite eft négligée par ceux qui en font chargés.

Les Procureurs du Roi ou des Seigneurs ne doivent pas recevoir indiftinctement tous les dénonciateurs qui fe préfentent. Celui qui a un intérêt particulier que le crime foit puni, comme s'il a été volé, s'il eft proche parent de celui qui a été tué, doit être reçu tel qu'il foit. Ceux même qui n'ont point d'intérêt confidérable à la vengeance du crime, peuvent auffi être admis, quand ce font des perfonnes domiciliées, de bonnes mœurs, qui ne font point ennemis de celui qu'ils veulent dénoncer. Mais la dénonciation des perfonnes infames de fait ou de droit, des perfonnes pauvres & fans qualité, ne doit point être admife, non plus que celle d'une perfonne de bas état qui voudroit dénoncer une perfonne de confidération.

Coquille, queftion 12. explique qui font ceux qui peuvent être admis à dénoncer ou à faire la pourfuite d'un crime; & fi ceux qui en ont commencé une, peuvent s'en defifter.

Lorfque l'accufé eft renvoyé abfous du crime dont on l'a voulu charger, le Procureur du Roi ou le Procureur Fifcal eft obligé de lui nommer le dénonciateur, au cas qu'il le requiere, pour le faire condamner en fes dommages & intérêts, & même quelquefois à une peine afflictive, fuivant que la dénonciation eft calomnieufe & mal fondée. C'eft la la difpofition de l'article 73. de l'Ordonnance d'Orléans.

Mais fi l'accufé étoit par le Jugement reçu en procès ordinaire, ou renvoyé pour fe repréfenter toutes fois & quantes, le Procureur du Roi ne feroit pas obligé de nommer fon dénonciateur.

Au cas qui n'y eût point de dénonciateur, ou que le Procureur du Roi ou le Procureur fifcal réfufât de le nommer, l'accufé renvoyé abfous peut fe pourvoir contre lui, pour raifon de fes dommages & intérêts.

Les Procureurs du Roi & des Seigneurs Hauts-Jufticiers peuvent donc pourfuivre celui qui eft foupçonné d'un crime ; & cela *ex officio*, fur le foupçon public, & fur des indices, fans que pour ce ils puiffent être retenus des dommages & intérêts envers l'accufé, en cas qu'il ne puiffe être convaincu ; car comme il eft de l'intérêt public, *delita non manere impunita*, ils doivent faire la recherche des crimes, & des criminels, fans être expofés à aucune peine, faute de preuve fuffifante, à moins qu'il n'y eût de leur part dol, concuffion ou calomnie évidente.

Voyez Accufateur. *Voyez* Partie civile ; Partie publique. *Voyez* auffi le tit. 1. de l'Ordonnance de 1670. avec les Notes de Bornier.

DENONCIATION, eft la declaration que l'on fait au Procureur du Roi ou au Procureur Fifcal, d'un crime & de celui qui en eft coupable fans fe porter Partie.

Cette dénonciation n'eft pas effentielle pour l'inftruction d'un procès criminel ; elle donne feulement ouverture au Juge pour informer. *Voyez* Dénonciateur.

DENONCIATION DE NOUVEL ŒUVRE, eft une demande qu'on intente contre lui qui a commencé un nouvel œuvre, c'eft-à-dire, un édifice ou bâtiment, ou un autre œuvre dans fon fonds, contre l'ancienne forme des édifices & la difpofition des lieux ; de forte que le changement porte préjudice au voifin, qui a droit par conféquent de l'empêcher, & pour ce, il lui fait prohibition de continuer fon nouvel œuvre, ce qu'on appelle en Droit, *novi operis nunciatio*.

Cette dénonciation a lieu, par exemple, contre un Particulier qui éleve fa maifon fi haut, qu'il bouche les vûes des maifons de fes voifins.

Ceux qui y ont intérêt, peuvent le faire affigner à ce qu'il ait à faire ceffer les Ouvriers, jufqu'à ce que par Juftice il en ait été ordonné, à peine de tous dépens, dommages & intérêts.

Cette dénonciation fe peut faire contre celui qui entreprend un nouvel œuvre, dans les Villes, ou hors de Villes, & même dans les champs.

Celui à qui une telle dénonciation eft faite, eft obligé de furfeoir, jufqu'à ce qu'il ait obtenu un Jugement qui lui permette de continuer de bâtir.

Ce Jugement ne fe peut obtenir que quand celui qui a entrepris un nouvel œuvre, un droit fi apparent, qu'il n'y a pas lieu d'en douter ; ou bien quand l'entreprife eft fort avancée, & que la difcontinuation pourroit caufer à celui qui l'a faite un dommage confidérable.

Tome I.

En l'un & l'autre cas, le Juge peut ordonner que l'ouvrage commencé fera continué, en baillant de la part de celui qui y fait travailler, caution de le démolir, au cas qu'il fût prouvé dans la fuite qu'il la commencé mal-à-propos & fans avoir droit de le faire.

La dénonciation de nouvel œuvre eft différente de la complainte, en ce que celui à qui la dénonciation eft faite, eft recevable à faire achever l'ouvrage, en baillant caution de le démolir, s'il eft dans la fuite ainfi ordonné : mais dans la complainte le défendeur n'eft pas recevable à continuer un ouvrage commencé, quoiqu'il offre de bailler caution de le démolir, au cas qu'il ne juftifie pas pleinement de fon droit.

Voyez Papon, liv. 8. tit. 4. nombre 8. & 9. Henrys, tome 1. livre 4. chapitre 6. queft. 84. Boyer queftion 238. & la Peyrere, lettre B, *verbo* Bâtir.

DEPARTAGER, fignifie ôter le partage. Ainfi quand au Palais les Juges ont été partagés, c'eft-à-dire fe font trouvé en nombre égal d'avis différens fur une affaire qui étoit à juger, la Chambre renvoye l'affaire à une autre chambre pour départager fes avis différens en nombre égal.

DEPARTEMENT, eft le partage qui fe fait entre plufieurs perfonnes de leurs fonctions ou de leur emploi, pour éviter la confufion : ce qui fe fait tant à l'égard des lieux & des perfonnes, que des affaires & des chofes.

DEPARTEMENT, fignifie auffi la diftribution & l'affignation qu'on fait des Tailles & autres Impôts fur les Elections, &c.

DEPARTIR, fignifie divifer une chofe entre plufieurs perfonnes, & en donner à chacun fa part convenable.

DEPARTIR DES PROCÉS fignifie divifer & partager entre les Juges, des piéces d'un procès pour les examiner, à l'effet de procéder au Jugement qui en doit être fait.

DEPARTIR AVEC LE PRONOM PERSONNEL, fignifie fe déporter, quitter, céder, abandonner une prétention, un droit, une demande, une opinion.

DEPENS, font les frais qui ont été faits dans les procédures de la pourfuite d'un procès, qui entrent en taxe, & qui doivent être payées à celui qui a obtenu gain de caufe, par celui qui a fuccombé.

Lorfque le Procureur qui a occupé pour une Partie veut être payé, il donne fon mémoire de frais ce qui comprend non-feulement les dépens qui pafferoient en taxe contre la Partie adverfe, mais auffi tous les autres frais, avances & vacations qu'il a fait pour fa Partie.

Autrefois dans ce Royaume la Juftice fe rendoit gratuitement, en forte que ni le Juge ni les autres Officiers ne prenoient rien des Parties ; c'eft pourquoi on n'adjugeoit point de dépens à celui qui gagnoit fa caufe ; ce qui a durés jufqu'à Charles-le-Bel, lequel en 1324. renouvella la Conftitution de Juftinien par fon Ordonnance, qui fe trouve dans les Regiftres intitulés : *Ordinationes antiquæ*. Cela fut confirmé par Philippe de Valois & Charles VI. en 1391. *Voyez* Hotman en son Traité des libertés de l'Église Gallicane.

Les dépens ont été depuis l'unique peine que l'on fait ordinairement subir aux plaideurs qui succombent, & qui y sont condamnés envers celui qui a obtenu gain de cause.

Celui qui succombe dans les renvois, déclinatoires, évocations ou réglemens de Juges, soit Partie principale ou intervenante, est condamné aux dépens indéfiniment, en sorte qu'il n'y a aucune cause où il soit permis au Juge de juger sans dépens, fondée sur la qualité des Parties, sur l'équité, sur le partage des opinions, ou sur quelqu'autre raison que ce soit.

L'article 1. du tit. 31. de l'Ordonnance de 1667. défend expressément aux Cours souveraines & à tous autres Juges, de prononcer *hors de Cour*, *sans dépens* ; & ordonne que les dépens soient taxés au profit de celui qui aura obtenu gain de cause indéfinitivement, quoiqu'ils n'eussent point été adjugés, sans qu'ils puissent être modérés, liquides, ni réservés.

Il y a néanmoins certains cas lesquels il semble que les Parties ont été de part & d'autre bien fondées dans leurs contestations ; & alors les Juges peuvent compenser les dépens.

Quelquefois aussi une Partie a contesté avec raison dans un point, & a été mal fondée dans un autre ; c'est pourquoi le Juge peut alors condamner une Partie en une certaine portion de dépens, & condamner l'autre Partie pour le reste des dépens.

Voici d'abord trois observations à faire sur l'article 1. du tit 31. de l'Ordonnance de 1667.

La premiere est, que les dépens sont dûs quoiqu'ils n'ayent pas été demandés par la partie qui a gagné son procès, parce qu'ils sont dûs *ipso jure*, en vertu dudit article 1. du titre 31. de l'Ordonnance de 1667. ce qui fait aussi qu'ils sont pareillement dûs, quoique le Juge n'en fasse point mention.

La deuxiéme est que les dépens doivent être réservé, quand le Jugement n'est qu'interlocutoire ; parce que ces sortes de Jugemens n'étant que sur la validité ou la nullité de la procédure & pour l'instruction du procès, on ne peut sçavoir qui est bien ou mal fondé, qu'après le Jugement définitif. Ainsi le susdit article 1. ne se doit entendre que de la Sentence ou Arrêt rendu définitivement.

Le troisieme est, qu'il y a une exception de ce même article fondée sur l'Edit portant réglement pour les affaires du Roi, au mois de Mars 1668. article 5. qui permet au Juge dans le cas où il s'agit de l'imposition & levée des deniers royaux, de prononcer sur les dépens ; suivant la qualité de l'affaire, sans être obligé de condamner celui qui y succombera.

Il y a différence entre les Cours souveraines, les Requêtes de l'Hôtel & du Palais, les Baillifs, Sénéchaux, Juges présidiaux, les Arbitres, & les Juges subalternes, tant Royaux, que des Seigneurs quant à la condamnation des dépens.

Cette différence consiste en ce que les Cours souveraines, les Requêtes, les Baillifs, Sénéchaux & Juges présidiaux & les Arbitres sont tenus de condamner aux dépens sans les liquider, pour être ensuite taxés en vertu de la disposition de l'Ordonnance, au profit de celui qui a obtenu gain de cause.

Mais les Juges subalternes, tant royaux, que des Seigneurs, sont expressément obligés de liquider les dépens par les mêmes Sentences qui portent les condamnations, soit qu'elles soient rendues à l'Audience ou sur procès par écrit, avec défenses de les taxer & liquider sur déclarations, &c. suivant les articles 32. & 33. du même titre.

Les dépens doivent être adjugés, lorsque dans le cours d'un procès, il survient quelqu'incident qui est jugé définitivement. L'article 3. l'ordonne ainsi.

Cela est fondé sur ce que l'une des Parties pourroit gagner en cause principale, & succomber dans quelqu'incident : c'est pourquoi si l'incident étoit jugé avant la cause principale, il est juste de faire payer les dépens à celui qui l'a formé mal-à-propos, puisque par son moyen il a donné occasion aux dépens qui ont été faits pour la poursuite de cet incident.

Ainsi par l'article 2. du tit. 6. de l'Ordonnance de 1667. ceux qui succombent dans les appellations de déni de renvoi & d'incompétence, sont condamnés aux dépens, sans qu'ils puissent être modérés.

L'article 4. du tit. 31. porte, que les Arbitres sont tenus en jugeant de condamner aux dépens celui qui a succombé.

Mais cela ne se doit entendre que des Arbitres de Droits, & non pas des Arbitrateurs, ou amiables Compositeurs, y ayant une très-grande différence entre les uns & les autres, en ce que les Arbitres sont obligés de juger & à la rigueur, & selon l'ordre judiciaire; au lieu que les arbitrateurs peuvent suivre l'équité dans leurs Jugemens, étant censés avoir été choisis & nommés par les Parties pour décider leurs différends à l'amiable.

L'arbitre peut cependant juger sans dépens, ou les modérer, au cas que par le compromis les Parties lui ayent donné le pouvoir de le faire. Autrement les dépens seroient adjugés à celui qui auroit obtenu gain de cause ; sauf la compensation : ce qui arriveroit au cas que l'une des Parties fût condamnée dans quelque chef de la Sentence arbitrale.

Un Jugement qui auroit adjugé des dépens, ayant été exécuté quant au principal, ou le condamné ayant été déchargé de la dette principale par le demandeur les dépens resteroient toujours dûs.

Et en effet, les dépens étant dûs en conséquence du Jugement, & ne faisant point partie de la cause principale, ils ne sont pas moins dûs, quoique l'obligation principale soit remise ou éteinte par le payement, d'autant que ce sont deux dettes réputées principales, dont l'une ne dépend pas de l'autre.

S'il y a plusieurs chefs de demande, & que le demandeur obtienne gain de cause sur quelques-uns, & foit condamné pour les autres, il gagne les dépens pour les uns, & il eft condamné pour les autres.

Quand les Parties font condamnées aux dépens, chacune pour différens chefs, les dépens font compenfés de plein droit; de forte que l'une des Parties ne pourroit pas empêcher cette compenfation, en tranfportant les dépens qui lui feroient adjugés pour quelques chefs de la Sentence ou Arrêt.

La raifon eft, que ce font des dettes réciproques, fondées fur une même caufe, qui eft la Sentence ou Arrêt qui les adjuge : ainfi la compenfation a lieu de plein droit, fans qu'il foit befoin de la demander.

Si un Avocat ou un Procureur a bien voulu travailler *gratis* pour celui qui auroit obtenu gain de caufe, la Partie adverfe n'en doit pas profiter. Ainfi le tout entre en taxe, parce que ce n'eft pas la Partie adverfe que l'Avocat ou le Procureur a eu intention de gratifier de fon travail.

Le Juge peut compenfer les dépens pour une partie des procédures, & y condamner pour l'autre. Ce qui arrive lorfque le défendeur a d'abord eu une jufte caufe de contefter la demande qui lui a été faite, & qu'enfuite il a eu connoiffance du bon droit de celui qui la lui a intentée.

Par exemple, le propriétaire d'un fonds qui auroit été vendu, *à non Domino*, à un acquéreur de bonne foi, agit par action réelle contre cet acquéreur, & ne juftifie de fa propriété que quelque tems après. Cet acquéreur de bonne foi ne feroit condamné aux dépens, que depuis qu'il auroit eu connoiffance que l'héritage appartenoit au demandeur, par les titres & pieces qu'il auroit produits au procès.

L'intimé qui fuccombe dans la caufe d'appel, doit être condamné aux dépens fait en premiere inftance.

La raifon eft que le Jugement rendu en caufe d'appel, fait connoître l'injuftice du Jugement rendu en premiere inftance, d'autant qu'on ne peut pas avoir raifon devant un Juge, & avoir tort devant un autre. Les Juges fouverains étant inftitués pour réformer les injuftices des Juges inférieurs, il y a lieu de croire que l'intimé qui a été condamné par eux, avoir gagné fa caufe injuftement devant le premier Juge.

Celui qui eft condamné par défaut, & qui dans la fuite gagne fon procès, eft obligé de payer les dépens faits par fa Partie pour fa contumace.

Il y a plus, c'eft que celui qui a été condamné par défaut, n'eft pas recevable à contefter pardevant le même Juge, s'il n'a auparavant refondé les dépens de fa contumace ; & jufques-là toute Audience lui doit être déniée.

Les dépens efquels une femme mariée auroit été condamnée pour crime, ne peuvent être pris fur les biens de la communauté, pas même fur ceux que la femme y auroit mis, & dont elle auroit fait faire inventaire ; parce que le mari eft maître de la communauté, & que la femme n'y a aucune part qu'après la mort de fon mari, au cas qu'elle l'accepte, ou après la diffolution de la commu-

nauté, par une féparation de biens.

Ainfi jugé par plufieurs Arrêts, & notablement par un qui a été rendu en la Tournelle criminelle le 17. Juillet 1709.

Quelques Arrêts rapportés par M. Brillon, *verbo* Dépens, avoient jugé que les meubles de la communauté pouvoient être exécutés pour dépens auxquels la femme avoit été condamnées, pour dommages & intérêts refultans d'un procès criminel dans lequel elle avoit fuccombé : mais il faut s'en tenir à la décifion contraire, qui eft plus juridique & plus conforme aux maximes par rapport aux conféquences.

Pour ce qui eft des propres à elle appartenans, ils ne peuvent être faifis ni vendus du vivant du mari, ou au moins pendant la communauté, à moins qu'ils ne fuffent vendus à la charge de l'ufufruit pour le mari pendant fa vie, auquel il ne peut être préjudicié par le fait & délit de la femme, au moins pour le tems du mariage, pour raifon des charges duquel cet ufufruit appartient au mari.

Celui qui a repris un procès, & qui eft condamné aux dépens, doit auffi ceux qui ont été faits du tems de fon prédéceffeur ; de même que s'il avoit obtenu gain de caufe, les dépens faits par fon prédéceffeur lui feroient dûs. Cela eft fondé fur ce qu'il exerce les droits de celui auquel il a été fubrogé.

Ainfi un Bénéficier qui auroit repris le procès commencé par fon prédéceffeur, devroit tous les dépens du tems de fon prédéceffeur dans le Bénéfice, quand bien même il l'auroit obtenu par une autre voie que par celle de la réfignation ; parce que dès qu'il reprend un procès intenté par fon prédéceffeur à l'occafion du Bénéfice, il repréfente fa perfonne, & il exerce fes droits, tant pour le gain que pour la perte du procès.

Quoique celui qui obtient gain de caufe ait démandé plus qu'il ne lui étoit dû, les dépens ne lui doivent pas moins être adjugés, à moins que le défendeur ne lui ait fait des offres de ce qu'il lui devoit réellement, & que le demandeur ait été réfufant de les accepter. Pour que le défendeur foit condamné aux dépens, il fuffit que le demandeur ait été bien fondé dans fa demande en partie.

On demande I°. fi celui qui paye après l'ajournement fans condamnation, doit les frais de l'ajournement ?

Il faut diftinguer; fi le débiteur étoit obligé de payer dans un certain terme, & qu'il foit paffé fans qu'il ait fait le payement, il eft en demeure: parce que *dies interpellat pro homine*, c'eft pourquoi il doit les frais de l'ajournement : mais fi la dette étoit payable à volonté, fans terme préfini, il n'eft point obligé de le payer, parce qu'il n'a point été en demeure avant l'affignation, puifqu'il avoit lieu d'ignorer fi le créancier vouloit être de fa dette ; & on ne peut pas dire qu'il ait été en demeure, ayant fatisfait dès qu'il a connu que le créancier vouloit être payé.

On demande, II°. fi les Parties tranfigeant fans parler des dépens, ils peuvent être demandés après la tranfaction par celui qui a obtenu gain de caufe ?

K k k ij

Il y a lieu de croire que celui qui les pourroit prétendre, les a remis, à moins que par la tranfaction on ne connoiſſe que les Parties n'ont voulu tranſiger que du principal, & qu'ils ont omis, ſans y penſer, de faire mention des dépens ; ce qui dépend des circonſtances.

Les dépens ſont perſonnels, & ſe diviſent par têtes, c'eſt-à-dire *pro numero ſuccumbentium*, & non pas *pro modo emolumenti victoriæ*. Ainſi les dépens adjugés en un procès, doivent être ſupportés également par les condamnés, quoiqu'ils ſoient intéreſſés au fonds pour portions inégales.

Il n'en ſeroit pas de même des impenſes qui ſe feroient pour l'acquiſition ou conſervation d'une choſe commune ; elles doivent être ſupportées par chacun ſelon ſa part & portion.

Par même principe, un aîné, quoique plus avantagé que ſes freres & ſœurs, n'en doit pas pour cela plus de dépens qu'eux dans les affaires qui concernent la ſucceſſion.

Il faut dire auſſi que les dépens étant perſonnels, le mari & la femme s'étant obligés ſolidairement à une dette qu'ils avoient contractée, & étant condamnés aux dépens faits en conſéquence du contrat, la condamnation pour les dépens n'eſt pas ſolidaire ; enforte que la femme, après la mort de ſon mari, ne pourroit être pourſuivie pour raiſon de ces dépens, que pour moitié.

En matiere criminelle, la condamnation eſt ſolidaire, tant pour l'amende, que pour les dépens, contre tous les complices ; & cette ſolidité a lieu en matiere criminelle, quoique la condamnation ſoit inégale ; comme ſi les uns n'euſſent été condamnés qu'aux dépens, dommages & intérêts, & que les autres euſſent été, outre cela, condamnés en une amende.

Quand la condamnation de dépens eſt ſolidaire, celui qui les a payés a ſon recours contre tous les autres pour leur part & portion.

A l'égard de celui qui, de pluſieurs condamnés ſolidairement aux dépens, auroit ſeul acquieſcé à la Sentence, il ne ſeroit pas moins contraignable à les payer pendant l'appel interjetté par les autres : ſurſis toutefois à la contrainte pendant deux mois, pendant leſquels il fera ſes diligences pour faire juger l'appel. Ainſi jugé par Arrêt de la Tournelle criminelle de Paris, le 15. Juillet 1663.

Un mari qui ſoutiendroit pour ſa femme un procès évidemment injuſte, doit être condamné aux dépens, & en être tenu en ſon propre nom.

Un tuteur ne doit pas entreprendre un procès au nom de ſon mineur, ſans avis de parens, pour peu qu'il s'agiſſe de choſe importante. Ainſi jugé par Arrêt rendu en la Grande Chambre, au rapport de M. de Sarron le 26. Juin 1705.

Le curateur à une ſucceſſion vacante, ou autres, doivent les dépens en leurs noms dans les procès qu'ils intentent mal-à-propos & ſans aucun droit apparent.

Un héritier par bénéfice d'inventaire qui fait de mauvais incidens, eſt tenu des dépens en ſon propre & privé nom, ſans eſpoir de les pouvoir repeter ; mais quand il agit ou ſe défend dans l'or-

dre judiciaire de procédure, & ſur le fondement d'un droit apparent, s'il eſt condamné aux dépens, il eſt en droit de le repeter ſur la ſucceſſion.

Un aſſocié ou un cohéritier peuvent ſe faire tenir compte par leurs coaſſociés ou cohéritiers des frais & dépens qu'ils ont utilement faits en la choſe commune, même contre le gré des autres.

On doit allouer aux exécuteurs teſtamentaires les dépens par eux faits contre les héritiers.

Le Syndic & Procureur d'une Communauté, qui a entrepris un procès de ſon chef & ſans aveu, quand il y ſuccombe, eſt tenu d'en payer tous les dépens. M. le Pretre, cent. 4. chap. 68.

Mais hors ce cas, lorſque des dépens ſont adjugés contre une Communauté, chacun des Habitans en doit payer ſa part, & l'on en fait une réparation entr'eux, & aucun des particuliers ne peut être contraint d'en payer plus que ſa part, d'autant que les dépens ſont perſonnels. *Voyez* Lettres d'aſſiette.

Il y a néanmoins un cas où quelques Particuliers peuvent s'exempter d'entrer dans la répartition de dépens adjugés contre la Communauté ; ſçavoir, lorſque quelques-uns d'entr'eux ont eu procès contre la Communauté, & ont obtenu gain de cauſe, ceux qui ont obtenu les dépens, ne peuvent pas être compris dans la répartition qui en doit être faite.

Voyez Bouvot, tom. 2. *verbo* Dépens, & Baſſet, tom. 1. liv. 2. titre 31. chapitre 5.

Celui qui a cedé & tranſporté une dette, avec promeſſe de garantie, n'eſt tenu de rembourſer que les dépens faits contre le débiteur delegué, depuis que le cedant a été appellé en garantie.

Les dépens de criées, les frais de voyage & de ſéjour du pourſuivant criées, ont le même privilege que les autres dépens de criées, à moins que le pourſuivant n'y eût renoncé.

Les frais d'un procès criminel où il n'y a point de Partie civile, ne peuvent être pris ſur l'accuſé, quelque charge qu'il y ait contre lui, mais ſur les deniers du Roi ou du Seigneur Haut-Juſticier du lieu.

Quand le Procureur du Roi eſt joint en un inſtance, s'il y a condamnation de dépens, la Partie privée les doit tous.

Jamais les Procureurs du Roi ne ſont tenus des dépens, même en procès criminel, à moins que ce ne ſoit pour une calomnie évidente & manifeſte, & réciproquement ils n'en obtiennent point, mais ils ſont obligés, en cas d'accuſation, de nommer leur dénonciateur, s'ils en ſont requis, après que l'accuſé a été renvoyé abſous par Sentence ou Arrêt, comme nous avons dit, *verbo* Dénonciateur.

A l'égard des pourſuites que les Procureurs du Roi ſont de leur ſeul mouvement & par le devoir de leurs Charges, ſur de ſimples conjectures, il n'y échet jamais de condamnation de dépens.

La raiſon pour laquelle les Procureurs du Roi n'obtiennent ni ne payent aucuns dépens, ſi ce n'eſt pour calomnie évidente & manifeſte, eſt que leurs Charges les obligeant à quantité de recherches, il ne ſeroit pas juſte qu'elles leur procuraſſent du dommage.

Pour ce qui eſt des Procureurs Fiſcaux, dans

les procès civils ils obtiennent des dépens, & ils y font condamnés; & alors c'eſt au Seigneur à les payer.

Mais en matiere criminelle il n'y a point de condamnations de dépens ni pour ni contre les Seigneurs Hauts-Juſticiers. Les Juges des Seigneurs peuvent ſeulement condamner le délinquant en une amende envers les Seigneurs; & ſur l'amende ſe prennent les frais du procès.

Si cependant celui qui auroit été conſtitué priſonnier à la requête du Procureur Fiſcal du Seigneur, appelloit du décret de priſe de corps contre lui décerné, & de l'empriſonnement fait de ſa perſonne, & faiſoit intimer le Seigneur Haut-Juſticier, ſi l'appellant ſuccomboit dans ſon appel, il ſeroit condamné aux dépens de la cauſe d'appel.

Les dépens, comme acceſſoire du principal, ont même hypotheque, c'eſt-à-dire, du jour du contrat en vertu duquel a été intentée la demande ſur laquelle la condamnation de dépens eſt ſurvenue. Sur quoi *voyez* ce que j'ai dit, *verbo* Hypotheque.

Le priſonnier peut être retenu ès priſons pour l'amende pécuniaire, & juſqu'à l'actuel & entier payement d'icelle, mais non pas pour les dépens, quoiqu'ils ſoient, comme nous avons dit, dépendans & acceſſoires du principal, & qu'on puiſſe dire qu'ils doivent être reglés de même. Maynard, liv. 3. de ſes Queſtions, chap. 49. rapporte un Arrêt du Parlement de Bordeaux, qui a jugé que pour les dépens adjugés pour delit, on ne pouvoit pas retenir un priſonnier.

Lorſque les dépens ſe taxent à l'amiable entre les Procureurs des Parties, on évite le droit de controlle, le droit de taxe, & les frais de l'exécutoire.

La taxe des dépens eſt différente aux Requêtes de l'Hôtel au Souverain, de celle qui ſe pratique ailleurs : on y ſuit à la lettre le titre 31. de l'Ordonnance de 1667.

Il eſt fâcheux que nous n'ayons au Palais aucune régle certaine pour cette taxe. Il y a ſeulement un ancien Réglement, appellé le Réglement de la Juſtice, en date du 20. Juillet 1665. & un autre Réglement de l'année 1691.

Mais ces deux Réglemens ne ſont pas obſervés en tout : ce qui cauſe une infinité de doutes & de conteſtations, auxquelles il ſeroit à propos de mettre fin.

On dit qu'il y a un nouveau Réglement fait à ce ſujet, que l'on travaille à faire paſſer au Parlement, pour être ſuivi à la lettre, lequel finira toutes les difficultés qui renaiſſent ſans ceſſe à cette occaſion.

Voyez Frais, Taxe de dépens, le tit. 31. de l'Ordonnance de 1667. & Belordeau, lett. D, art. 19. en ſon Traité des actions forenſes.

D E P E N S COMPENSÉS. Reguliérement celui qui perd ſa cauſe ou ſon procès, doit être condamné aux dépens : néanmoins les Juges prononcent quelquefois, *dépens compenſés.*

I°. Quand il s'agit de conteſtation entre freres & ſœurs, ou autres parens. Ainſi en conſidération de la parenté qui ſe trouve dans ceux qui plaident, le Juge compenſe les dépens pour entretenir en-

tr'eux la paix & l'amitié. Il n'y a qu'un cas où il doit condamner aux dépens celui qui ſuccombe : c'eſt quand le Juge découvre en lui une calomnie manifeſte.

II°. Quand il y a entre perſonnes qui ne ſont point parentes des demandes reſpectives dans leſquelles elles ſuccombent de part & d'autre.

III°. Enfin, quand les Juges trouvent à propos de compenſer les dépens, à cauſe de quelque autre circonſtance particuliere.

Lorſque les dépens ſont compenſés entre deux Parties, on ne peut le contraindre au payement des dépens, ni même en celui des épices, qu'au prorata ; de ſorte que celui qui auroit payé la totalité des épices pour lever le Jugement, ſeroit en droit d'en répeter la moitié contre la Partie adverſe.

Ainſi l'accuſé ne doit que la moitié des épices de l'Arrêt qui met les Parties hors de cour & de procès, dépens compenſés.

Si dans un Arrêt les dépens ſont compenſés entre le demandeur & le défendeur principal, le garant doit les ſupporter dès le tems qu'il a été mis en cauſe. Baſſet, tome 1. livre 2. titre 3. chapitre 14.

Enfin, quand les dépens ſont compenſés, tant de la cauſe principale que d'appel, celui qui a avancé les épices de la Sentence, les peut répeter pour moitié. Bouvot, part. 1. lett. C, *verbo* Compenſation de dépens.

D E P E N S RESERVÉS. Les Juges prononcent dépens réſervés, quand ils rendent quelque Jugement préparatoire, ou qui ordonne un interlocutoire pour éclaircir la conteſtation principale qui eſt à juger.

D E P E N S DE CONTUMACE, ſont ceux auxquels le défendeur donne lieu, en laiſſant obtenir un Jugement par défaut, faute de comparoir ou faute de défendre, & que le demandeur peut répeter préalablement, & avant que de continuer aucunes pourſuites.

C'eſt la raiſon pour laquelle ils ſont appellés préjudiciaux, parce qu'ils doivent être payés avant que la Partie qu'il les doit, puiſſe être reçue à procéder en la cauſe.

D E P E N S PROVISIONNELS, ſont ceux des demandes à fin de proviſions ou de défenſes, ou de main levée de défenſes portées par un Jugement.

D E P E N S, DOMMAGES ET INTERETS. *Voyez* Dommages & intérêts.

D E P E N S DE CRIÉES. *Voyez* Frais de criées.

D E P E N S E S, eſt le chapitre d'un compte qui ſe met après la recette, dans lequel on fait voir à quoi on a employé ce qu'on a reçu. On ne doit point allouer la dépenſe d'un compte, ſi elle n'eſt juſtifiée par quittances valables.

D E P I É DE FIEF & démembrement de fief, ſignifient la même choſe ; car dépiécer un fief, c'eſt le mettre en piéces ; le démembrer, c'eſt en faire pluſieurs d'un.

M. d'Argou, dans ſon Inſtitution au droit François, livre 2. chapitre 3. dit : » Qu'il y a quelques » coutumes, comme le Maine, Anjou, Tourraine, » qui appellent dépié de fief, comme qui diroit dé-

» piécement, divifion de fief, ce que les autres
» Coutumes appellent démembrement de fief.

» Dans ces Coutumes, le dépié de fief arrive en
» deux manieres. La premiere, quand le vaffal
» aliéne quelque portion de fon fief, fans retenir au-
» cun devoir fur la chofe aliénée : l'autre quand le
» vaffal aliene plus du tiers ou felon d'autres Cou-
» tumes, plus de deux tiers, avec devoir ou fans
» devoir, pourvû qu'en précomptant le devoir, il
» y ait plus du tiers ou des deux tiers aliénés.
» Quand le vaffal retient la foi fur la chofe aliénée.
» cela s'appelle faire fon domaine de fon fief.

» La peine du dépié de fief, eft différente dans ces
» Coutumes. Celles d'Anjou & du Maine puniffent
» le vaffal qui a dépecé ou dépiécé le fief, de la féo-
» dalité, laquelle eft dévolue au fief, de forte que
» le vaffal n'a plus de fief, plus de Juftice, ni de
» Seigneurie ; fes vaffaux, fujets & cenfitaires, de-
» viennent vaffaux, fujets & cenfitaires, du Sei-
» gneur dominant ; & fi le vaffal avoit aliéné peu à
» peu, en retenant un devoir fur les chofes aliénées,
» la peine du dépié ne commencera à courir du
» jour qu'il aura fait la derniere aliénation, laquel-
» le jointe aux précédentes excédera le tiers du fief.

» Mais fi le vaffal, après avoir dépecé fon fief,
» retire les chofes aliénées, ou s'il vend le refte du
» fief à ceux qui poffedent les chofes aliénées, en
» telle forte que les parties démembrées y foient
» réunies & confolidées avec le lieu dont elles font
» parties, la peine du dépié ceffe & le tout demeu-
» re à la foi & hommage où il étoit le dépié,
» nonobftant le Jugement que le Seigneur pourroit
» avoir obtenu, & la poffeffion où il pourroit être.

» En Touraine, lorfque le fief eft dépecé, les
» poffeffeurs des chofes aliénées deviennent les
» hommes du Seigneur dominant, & ceffent de re-
» connoître le vaffal; mais le vaffal n'eft pas pri-
» vé de la mouvance des chofes qu'il a retenues.
» C'eft ce que dit Pallu fur l'article 121. de la
» Coutume de Tours.

Le partage eft une efpece de dépié de fief. Sur
quoi voyez ce que nous en difons ci-après, lett. P.

Touchant le dépié de fief, voyez ce que nous
avons dit ci-deffus, en parlant du démembrement
de fief.

DEPORT, fe prend fouvent pour délai. Ainfi,
payer fans déport, c'eft payer fur le champ, &
fans délai.

DEPORT EN NORMANDIE eft un droit que
les Grands Vicaires ont de percevoir les fruits &
révenu d'une Cure pendant l'année du decès du
Curé, à la charge pendant cette année de faire
defervir ladite Cure par un Prêtre idoine, & de
faire faire les réparations urgentes.

DEPORT DE MINORITÉ felon la Coutume d'Anjou, art. 107. & fuiv. & felon la Coutume du
Maine, eft un droit qui confifte dans la jouiffance
de deux parts des fruits d'une année du fief, lefquelles appartiennent au Seigneur féodal, pour
fon droit de rachat fur un mineur à qui le fief appartient, à la charge de bailler l'autre tiers ou
bien provifion au mineur, à l'Ordonnance de la
Juftice, pour fa nourriture, quand le Seigneur

prend tous les fruits de l'année.

Voyez M. de Renuffon en fon Traité de la Garde,
chap. 11. Brodeau fur l'art. 119. de la Coutume
du Maine ; & Chopin fur la Coutume d'Anjou,
liv. 2. part. 1. tit. 2. de fide ab alienarum rerum ad-
miniftrationibus oblatâ patrono.

DEPORTATION. Ce terme fignifie le banni-
fement à perpétuité, qui chez les Romains emportoit confifcation de biens, & faifoit perdre à
celui qui y étoit condamné, le droit de Citoyen Romain ; en quoi la relégation étoit bien différente
de la déportation, comme je l'ai remarqué dans ma
Traduction des Inftitutes, fur le §. 1. & 3. du tit.
12. du premier livre, où j'ai auffi remarqué que le
banniffement perpétuel hors le Royaume peut être
comparé à la déportation qui étoit en ufage chez
les Romains.

DEPORTER. Se déporter, fignifie s'abftenir.

Un Juge ou un Arbitre fe déportent d'une affaire quand ils ont quelque raifon pour ne pas prendre
connoiffance.

DEPOSITION DE TEMOINS, fignifie la déclaration qu'ils font en Juftice.

Voyez Enquête, information, & le tit. 6. de
l'Ordonnance de 1670.

Nous remarquerons feulement ici, qu'en matiere criminelle, les témoins peuvent être contraints
par corps à dépofer la vérité. Bouvot, tome 2. verbo Témoins, queftion 3.

DEPOSITION NEGATIVE, eft celle qui ne contient que la dénégation d'un fait.

C'eft une régle, qu'on ajoute plus de foi à deux
témoins qui affirment, qu'à mille témoins qui
nient, cum per rerum naturam factum negontis probatio nulla fit. Leg. 23. cod. de probat.

Ariftote dans fon troifieme livre de la Métaphy-
fique, en rapporte cette raifon. Celui, dit-il, qui
affirme, a une raifon de croyance plus certaine que
celui qui nie.

Il faut ajouter que ce qui fait prévaloir une affirmation, c'eft qu'elle eft précife & circonftanciée;
au lieu qu'une dénégation eft vague & indéfinie.

Cependant la regle que nous avons rapportée ci-
deffus, qu'on ajoute plus de foi à deux témoins qui
affirment, qu'à mille témoins qui nient, n'eft pas
fans exception ; car la dépofition des témoins qui
contient la dénégation d'une chofe, peut renfermer l'affirmation du contraire. D'ailleurs, une
dénégation qui eft reftrainte par les circonftances
du tems, du lieu & des perfonnes, ceffe d'être vague, & elle doit avoir par conféquent autant de
force qu'une affirmation.

Voyez Négative.

DEPOSITION fauffe dans un point, eft cenfée
fauffe en tout le refte.

Un témoin convaincu d'avoir fait une fauffe dépofition, eft dès-là convaincu de corruption, de
dol & de parjure : Falfum implicat dolum & perjurium Julius Clar. præt. crim. quæft. 53. n. 8. & §.
falfum, n. 41. 42. & 44. Menoch. de præfumptionib.
cap. 22.

Gui-Pape, conf. 75. tient que fi des payfans &

des idiots difent des chofes qui ne puiffent vraifemblablement partir que de gens d'efprit, on doit croire qu'ils ont été inftruits & fubornés, & que leur dépofition eft Fauffe, ou du moins fort fufpecte.

DEPOSITION, fignifie quelquefois dégradation d'un Clerc. Il fignifie auffi l'abdication ou deftitution d'une Dignité ou d'un Office.

DEPOSITAIRE, eft celui qui eft chargé d'un dépôt.

DEPOSSEDÉ, doit être reftitué dans fa poffeffion avant toutes chofes : *Spoliatus ante omnia reftituendus eft* ; *tot. tit. extr. de reftitutione fpoliat. Voyez* Spoliation & Réintegrande.

DEPÔST, eft un contrat par lequel on donne quelque chofe à garder à quelqu'un, à la charge de le rendre toutefois & quantes il plaira à celui qui l'a dépofé.

Ce contrat eft gratuit, & ne transfere aucune propriété, ni la véritable poffeffion.

On ne permet donc point au dépofitaire de la chofe dépofée de s'en fervir, mais on lui en commet feulement la garde.

Ainfi le dépofitaire ne peut en aucune maniere fe fervir directement ni indirectement de la chofe qui lui a été mife en dépôt, fans commettre une efpece de vol.

En un mot le dépôt eft une chofe facrée, à laquelle le dépofitaire ne peut toucher en aucune maniere. D'où il s'enfuit.

I°. Qu'un dépofitaire doit rendre ce qui lui a été dépofé en mêmes efpeces, quoiqu'elles foient augmentées, & excédent la fomme limitée par l'acte du dépôt. Maynard, tom. 1. liv. 3. chap. 31. la Rocheflavin, liv. 2. tit. 3. Arrêt. 3.

II°. Qu'un dépofitaire eft tenu de garder le fecret fur ce qui lui a été enjoint par celui qui lui a confié le dépôt. *Voyez* M. Soefve, tome 2. cent. 2. chap. 39. & M. Augeard, tom. 3. Arrêt 89.

Le dépofitaire ne peut prefcrire le dépôt par quelque tems que ce foit. Louet & fon Commentateur, lett. T, fomm. 3.

Ce contrat produit une obligation réciproque, & par conféquent deux actions : l'une principale & directe, qui eft donnée à celui qui a dépofé la chofe, pour qu'elle lui foit reftituée ; l'autre, appellée contraire, eft accordée au dépofitaire, pour le rembourfement des frais qu'il a été obligé de faire pour la confervation de la chofe dépofée.

Celui qui agit par action directe provenant du dépôt, conclut *à ce que le défendeur foit condamné à lui rendre, fans aucun délai, la chofe qu'il lui a dépofée & dont il lui a confié la garde.*

Je dis, *fans aucun délai,* parce que la reftitution du dépôt ne peut être furfife par aucune exception, pas même par celle qui feroit fondée fur la compenfation.

Une autre obfervation à faire au fujet de cette action, eft que le dépofitaire n'eft tenu que du dol & de fa lourde faute, fuivant la régle qui eft prefcrite en la Loi 5. §. 2. *ff. commodati.*

Dans l'action contraire provenant du dépôt, le demandeur conclut, *à ce que le défendeur foit condamné à lui rembourfer tous les frais qu'il a utilement*

faits pour la confervation de la chofe dépofée.

Voyez ce que j'ai dit du dépôt dans ma Traduction des Inftitutes, fur le §. 3. du tit. 15. du liv. 3.

Il y a deux fortes de dépôts ; fcavoir, le dépôt volontaire, autrement dit le fimple ; & le dépôt néceffaire, appellé communement le dépôt miférable, dont nous avons parlé au même endroit. Nous en donnerons ici les définitions, après avoir fait quelques obfervations générales fur ce contrat.

La caufe du dépôt eft fi favorable, que plufieurs tiennent que l'art. 54. de l'Ordonnance de Moulins, qui défend d'admettre la preuve par témoins pour fomme excédant cent livres, n'a pas lieu pour le dépôt, pour lequel on doit admettre toutes fortes de preuves. La Peyrere, lett. D ; Cujas en fes Paratiles du Code, fur le titre du Dépôt.

Mais plufieurs de nos Auteurs limitent ce privilége au dépôt néceffaire. Guenois en fa Conférence des Ordonnances ; Charondas, liv. 3. réponfe 52. & livre 8. réponfe 59.

Le dépôt a encore cela de fingulier, que le dépofitaire ne peut fe fervir contre le dépofant de Lettres de repi. Rebuffe au titre *de litteris dilatoriis, art. 1. glof. 1.* Boyer, decif. 296.

Le Bénéfice de ceffion ceffe auffi à l'égard du dépôt. Mornac, *ad leg. 10. cod. depofiti* ; Charondas en fes obfervations, *verbo* Ceffion, liv. 3. rep. 8. & liv. 4. rep. 25.

La compenfation de quelque nature qu'elle puiffe être, n'eft point admife contre un dépôt. *Leg. ult. cod. de compenfationib.*

En matiere de dépôt, la contribution n'a point lieu, fi le dépôt fe trouve en nature ; comme il eft dit en l'article 182. de la Coutume de Paris. Ainfi, quoique la chofe dépofée foit faifie avec les biens du débiteur, le dépofant la peut reclamer, & il eft préféré à tous autres créanciers. Charondas en fes Pandectes, liv. 4. chap. 10.

Mais fi le dépôt ne fe trouve plus en nature, ou que le dépofitaire ne l'ait plus en fa poffeffion, en ce cas le dépofitaire n'auroit aucun privilége fur les autres biens faifis du dépofitaire, & il viendroit avec les autres créanciers faififfans & oppofans à contribution au fol la livre, parce que le privilége du dépôt ne paffe pas la chofe dépofée.

Voyez Belordeau, lett. D, art. 18.

DEPÔST VOLONTAIRE, eft celui qui fe fait de pleine volonté, & fans aucune néceffité de la part du dépofant.

Ce dépôt provenant uniquement du choix de celui qui le fait, eft moins favorable que le dépôt néceffaire.

DEPÔST NECESSAIRE, eft celui qui ne fe fait point de pleine & entiere volonté, mais par une efpece de néceffité qui oblige le dépofant de donner la chofe à garder au premier venu qu'il rencontre, à caufe de quelque cas fortuit, comme pour incendie, naufrage ou tumulte.

Celui qui dénie le dépôt fait dans un cas de néceffité, eft, fuivant les Loix Romaines, condamné à la reftitution du double : ce qui n'a pas lieu dans le dépôt volontaire.

Cette différence eft fondée fur ce que dans le dépôt volontaire on a le tems & la liberté de choifir une perfonne en qui l'on ait confiance, & même de faire conftater le dépôt par écrit : au lieu que dans le cas de néceffité , le dépofant n'a pas le même avantage ; il n'a ni la liberté ni le tems de faire choix d'une perfonne en qui il croye pouvoir fe fier ; il ne lui eft pas loifible de faire un contrat par écrit, ni d'appeller des témoins pour prouver le dépôt.

C'eft auffi la raifon pour laquelle les Loix Romaines, pour punir la perfidie du dépofitaire, l'obligeoient en ce cas à la reftitution du double, attendu qu'il étoit beaucoup plus coupable qu'un autre dépofitaire, puifqu'il vouloit profiter par fa fraude du malheur d'une perfonne qui étoit déjà affligée d'un finiftre accident de fortune.

Mais cela n'a pas lieu parmi nous ; car les peines du double , du triple & autres femblables établies par le Droit Romain, ne s'obfervent pas en France.

DEPOST DE PIECES. *Voyez* Apport.

DEPOST D'UNE SENTENCE ARBITRALE , RENDUE EN CONSEQUENCE D'UN COMPROMIS. Quand les Arbitres ont rendu leur Sentence , ils doivent dans les 24. heures la dépofer chez un Notaire choifi par eux qui en faffe lecture aux Parties , & leur en délivre des expéditions. Comme il a été créé des Charges de Greffiers de Sentences arbitrales, que les Notaires ont réuni à leurs Offices, ils ont feuls le droit d'en délivrer des expéditions à chacune des Parties requerantes. D'ailleurs, comme une Sentence arbitrale rendue en conféquence d'un compromis, doit être rendue dans le tems qui s'y trouve préfini pour cela, fi on ajoutoit foi à la daté exprimée par les arbitres , ils feroient les Maîtres d'antidater leurs Sentences : c'eft pourquoi on en a introduit le dépôt chez un Notaire, pour que la date en devienne & certaine inconteftable.

DEPOUILLES DES ENNEMIS , en fait de chofes mobiliaires , appartiennent à ceux qui les ont prifes , fans que les Officiers y puiffent prendre aucun droit ni aucune portion. Il faut excepter les droits de l'Amirauté à l'égard des captures de mer.

Pour ce qui eft des Terres , des Villes , & des Provinces qui font prifes fur les ennemis, elles appartiennent au Roi.

A l'égard des hommes qui font pris par nos Armées, ils ne deviennent point efclaves , mais prifonniers de guerre, & peuvent fe racheter en payant leur rançon.

DEPREDATION, fignifie le pillage qui fe fait dans une fucceffion ou partage, ou dans une diftribution de deniers.

DEPRI, eft une déclaration qu'on fait au Bureau des Aydes du lieu d'où l'on veut faire tranfporter fon vin pour le vendre ailleurs, avec foumiffion d'en venir payer le droit de gros , qui eft le vingtiéme felon le prix qu'on l'aura vendu. Ce mot vient de *deprecari* , parce qu'on prie le Fermier de fouffrir ce tranfport.

DEPRI , fe dit auffi des autres déclarations qu'on fait au Bureau , des marchandifes qu'on tranfporte, dont les droits de douane font dûs, des beftiaux qu'on fait paffer debout dans les Villes fans payer l'entrée , &c.

DEPRI EN MATIERE FEODALE , eft la déclaration qu'on fait au Seigneur , d'un héritage acquis mouvant de lui , aux fins de lui payer les droits feigneuriaux, au moyen de quelque remife.

DEPRIER, fignifie faire au Bureau des Aydes la déclaration des marchandifes qu'on veut faire tranfporter ailleurs.

DEPRIER EN MATIERE FEODALE, fignifie aller notifier au Seigneur l'acquifition qu'on a envie de faire d'un héritage dans fa cenfive, pour compofer avec lui des droits de lods & ventes. Ainfi c'eft proprement le fupplier d'en faire quelque remife.

Quand on acquiert volontairement , & qu'on eft certain de fes faits, avant de paffer le contrat, ou va déprier , c'eft-à-dire , on va compofer des droits ; & dans ce cas, le Seigneur en remet une partie ; mais quand la vente eft forcée , ou que l'on n'a pas déprié avant le contrat, il n'y a guères de remife.

Dans quelques Coutumes , déprier fignifie notifier au Seigneur l'acquifition que l'on a faite dans fa cenfive, afin d'éviter l'amende qui feroit encourue après un certain tems par l'acquéreur, faute par lui d'avoir fait cette notification au Seigneur. *Voyez* l'art. 46. de la Coutume de Dourdan, & l'art 48. de celle d'Orléans.

Cette notification fe doit faire par l'exhibition du contrat , & il ne fuffit pas à l'acquéreur de faire fignifier au Seigneur qu'il a fait telle acquifition par contrat paffé pardevant tels Notaires. Ainfi la notification & l'exhibition du contrat fignifient la même chofe.

L'effet du dépri eft d'empêcher l'amende, faute de notification ; mais cela n'ôte point aux Seigneurs, après le tems marqué par la Coutume, la liberté de contraindre l'acquéreur par action ou par faifie pour le payement de fes droits.

Mais le dépri ou déclaration doit être fincere ; car fi dans l'acte une partie du prix étoit diffimulée , l'amende feroit encourue de même que s'il n'y en avoit eu aucun dépri, parce que l'amende eft indivifible. *Voyez* Notifier.

DEROGATOIRE, fe dit d'un acte ou d'une claufe qui emporte dérogation ; comme fi l'on fe reconnoît débiteur d'une fomme, nonobftant la quittance qu'on en a obtenue, cet acte eft dérogatoire.

En matiere de teftamens, la claufe dérogatoire étoit avant l'Ordonnance des teftamens du mois d'Août 1735. une claufe ou Sentence inférée dans un teftament, avec déclaration faite par le teftateur, qu'il veut & entend qu'aucun teftament qu'il pourroit faire dans la fuite , ne foit valable, fi cette claufe n'y étoit pas inférée. L'article 76. de cette Ordonnance abroge l'ufage de ces fortes de claufes. *Voyez* Claufe. dérogatoire.

DEROGER, fignifie ôter la force & la vigueur ; comme quand on dit, *les dernieres Loix dérogent aux précédentes.*

D E R O G E R, fignifie quelque fois renoncer comme quand on dit, *déroger à fes droits, déroger à fon privilége.*

DEROGER A NOBLESSE , eft faire des actes qui font

font indignes d'une perfonne noble, comme font le trafic & le négoce des Marchands, l'exercice des Charges qui dérogent.

Quand un noble déroge à fa noblefle, & qu'enfuite il veut fe faire réhabiliter, il eft condamné à une amende eu égard à fa qualité & à l'acte qui l'a fait déroger.

Il en eft de même de fes enfans qui veulent fe faire réhabiliter ; mais il n'y a que ceux qui font nés depuis que leur pere a fait acte dérogeant à la noblefle, qui foient obligés de fe faire réhabiliter ; car ceux qui font nés auparavant, confervent toujours le titre de nobles, & font exempts de toutes peines, & déchargés d'obtenir des Lettres de réhabiliation.

DEROGER A LA LOI, c'eft faire des conventions contraires à fa difpofition ; de maniere qu'elles la feroient ceffer, fi elles avoient leur exécution.

On ne peut point déroger aux Loix par des conventions particulieres, quand elles établiffent un droit public qui concerne plutôt le bien de tous les Citoyens, que l'intérêt des particuliers : *Privatorum pactis, juri publico derogari non poteft.* Voyez ci-après, verbo Rénonciation.

Mais quand les Loix n'ont été faites que pour fuppléer à des conventions omifes dans les contrats, on y peut déroger par des conventions contraires.

Voici un exemple d'une Loi générale à laquelle on peut déroger, en ce qu'elle fupplée à ce qui eft omis dans un contrat de mariage.

Lorfqu'il n'y a point de contrat de mariage, ou qu'il y en a un dans lequel il n'eft rien dit du douaire ; alors, fuivant l'article 237. de la Coutume de Paris, le douaire aura lieu, & fera de l'ufufruit de la moitié des biens immeubles que le mari poffédoit au jour des époufailles.

Cette Loi, quoique générale, n'empêche point que par contrat de mariage on ne puiffe ftipuler, que le douaire ne fera que de l'ufufruit du quart des biens immeubles que le mari poffédoit au jour des époufailles. On peut même ftipuler qu'il n'y aura point de douaire.

Par la même raifon, on peut auffi ftipuler par contrat de mariage, qu'il n'y aura point de communauté entre les futurs conjoints, qui fe marient dans une Coutume où cette communauté a lieu, *vi folius confuetudinis.*

Il fuffit que la Coutume qui décide quelque chofe pour fuppléer à des conventions omifes dans les contrats, ne défende pas de faire une convention contraire à fa difpofition.

Par exemple, l'art. 220. de la Coutume de Paris porte, que l'homme & la femme conjoints par mariage, font communs en biens ; mais il ne dit pas qu'ils ne pourront convenir de n'être pas communs.

Au contraire, dans le Droit Romain, il n'y a point de Loi qui établiffe la communauté entre mari & femme, & il n'y en a auffi qui porte que ceux qui fe marient ne la pourront pas ftipuler. C'eft pourquoi, fans ftipulation les conjoints

Tome I.

font communs à Paris, & non communs en pays de Droit écrit ; au lieu que par une ftipulation expreffe ils peuvent être non communs à Paris, & communs en pays de Droit écrit.

Mais quand la Loi contient une prohibition formelle, & qu'elle eft conçue en termes négatifs & irritans, elle impofe alors une néceffité abfolue d'obéir, & ôte aux Particuliers la liberté d'y déroger par des conventions contraires.

L'article 330. de la Coutume de Normandie porte, que quelque accord qui ait été fait par contrat de mariage, les femmes ne peuvent avoir plus grande part aux conquêts faits par le mari, que celle qui leur appartient par la Coutume. C'eft une prohibition qui rend nulles toutes les difpofitions contraires.

La Coutume de Paris en l'article 282. porte, qu'homme & femme conjoints par mariage, ne fe peuvent avantager l'un & l'autre, &c. Cet article étant prohibitif, il rend nulles toutes les ftipulations contraires.

Un article de Coutume eft irritant, lorfqu'il requiert quelque formalité, à peine de nullité, comme celles qui font requifes pour le retrait lignager.

Au refte, il n'y a que le Roi qui puiffe expreffément déroger aux difpofitions des coutumes par fes Ordonnances, en introduifant un droit abfolument contraire ; ce qui fe fait de deux manieres.

Iº. Lorfque dans quelque Ordonnance il infere la claufe dérogatoire à toutes Coutumes particulieres qui feroient contraires.

IIº. Lorfque fans cette claufe le Roi fait des Ordonnances qui regardent la difcipline & l'adminiftration de tout le Royaume, comme il eft remarqué par Brodeau fur Louet, lett. D, ch. 25.

Voyez fur la lett. C, ce que j'ai dit en parlant de la Coutume, fuivant notre droit François.

DESAVEU, fe prend pour la dénégation formelle & expreffe que fait le nouveau Vaffal de faire la foi & hommage à fon Seigneur, déniant que fon fief releve du fief dominant poffédé par le Seigneur fupérieur, foit en s'avouant Vaffal d'un autre Seigneur, foit en foutenant fon fief être en franc-aleu : ce qui donne lieu à la commife. Voyez Commife, & ce que j'ai dit fur l'art. 43. de la Coutume de Paris.

DESAVEU D'UN PROCUREUR, eft la déclaration que fait la Partie pour laquelle il a occupé, de défavouer & ne pas ratifier ce qu'il a fait.

Un Procureur peut être valablement défavoué, quand il n'a point de pouvoir d'agir, ou qu'il excede celui qui lui eft donné par la procuration.

Ainfi, quand un Procureur a encheri une terre au-delà du pouvoir qui lui a été donné, ou que fans un pouvoir fpécial il a fait quelque chofe qui en requeroit un, il peut être défavoué.

Une Partie ne peut défavouer fon Procureur pour ce qu'il a fait de fon confentement, même tacite : ainfi elle ne le peut défavouer pour raifon d'un acte auquel elle a été préfente.

Par la même raifon, un Procureur qui a occupé pour une Partie, ne peut en être défavoué, lorfqu'il a reçu d'elle l'assignation sur laquelle il s'est constitué Procureur pour elle.

Les Procureurs ne peuvent être désavoués pour raison des Jugemens qu'ils ont passés de concert entr'eux pour leurs parties, pourvû toutefois que ce soit suivant les Ordonnances & Réglemens.

Par Arrêts, l'un du 23. Février 1580 l'autre du 14. Mars 1671. rapportés dans le Code Gillet, il a été jugé qu'on ne pouvoit point désavouer un Procureur après son décès ; parce que son ministere, qui est personnel, se trouve éteint par sa mort, & qu'ainsi on ne peut rien imputer à ses héritiers, qui d'ailleurs n'ont aucune connoissance des piéces & des moyens qu'on pourroit opposer, ou pour détruire le désaveu.

Lorsqu'un Procureur est désavoué sans cause, la Partie qui le désavoue doit être condamnée aux dépens, dommages & intérêts.

Il se trouve aux Dictons un Arrêt du 29. Novembre 1577. rendu entre Jacques Servin, demandeur en sommation, & un Procureur au Parlement, par lequel le désavouant fut condamné en plusieurs amendes envers le Roi, envers les pauvres, & envers le désavoué.

DESCENDANCE, est une suite de filiations relatives à une certaine souche ou pere commun.

DESCENDANS, sont ceux qui sont nés d'une souche commune, à commencer depuis le premier dégré de filiation jusqu'à l'infini. On les appelle descendans ou petits enfans, sans distinction de sexe ni de dégré.

On donne aussi le nom général d'enfans à tous ceux qui en sont descendus.

Je dis, le nom général d'enfans, parce que ce terme pris dans sa propre signification, est restraint à ceux qui sont au premier dégré, sçavoir le fils ou la fille qui sont nés immédiatement de quelqu'un. Voyez Enfans.

DESCENTE SUR LES LIEUX, est celle qui se fait en vertu d'un Jugement par le Juge avec des Experts, pour procéder à la visite & à la description d'un héritage, d'un mur, ou de quelque partie d'un héritage, à l'effet de juger la contestation des Parties.

Dans les questions de fait, sur-tout en matiere de servitude, les Juges, avant de juger définitivement, sont obligés de rendre des Sentences ou Arrêts interlocutoires, lorsque les faits ne sont pas suffisamment éclaircis, ou que les témoins n'ont rien déposé de certain, ou que le différend ne peut être entendu sans avoir devant les yeux le plan des lieux qui donnent lieu à la contestation.

C'est ce qui fait que les Juges ordonnent que les ouvrages seront vû & visités par des Experts dont les Parties conviendront, sinon nommés d'office ; ou que descente sera faite par l'un des Juges, qui sera commis pour dresser procès verbal de l'état des lieux ; & que pardevant lui les Parties contesteront sur tels & tels faits, & conviendront d'Experts ou d'Arpenteurs ; ou bien enfin que description sera faite de la figure des lieux par un Peintre dont les Parties conviendront.

Mais les Juges, même ceux des Cours supérieures, ne peuvent faire descente sur les lieux, dans les matieres où il n'échoit qu'un simple rapport d'Experts, s'ils n'en sont requis par écrit par l'une ou par l'autre des Parties, à peine de nullité, de restitution de ce qu'ils auront reçu pour leurs vacations, ou de tous dépens, dommages & intérêts. C'est la disposition de l'article 1. du tit. 21. de l'Ordonnance de 1667.

Ainsi la dénomination des Commissaires pour faire des descentes, ne doit être faite que quand il s'agit de la situation de la surface, de la disposition d'un lieu contentieux, qu'il faut que le Juge examine par lui-même, & qu'il entende les droits & contestations des parties, & leur en donne acte.

Quand une descente sur les lieux est ordonnée dans les Cours souveraines, aux Requêtes de l'Hôtel & du Palais, le Rapporteur du procès ne peut pas être commis ; il faut que ce soit un autre de Messieurs qui aura assisté au Jugement, ou un autre de la même Chambre à leurs refus.

A l'égard des Bailliages, Sénéchauffées, Présidiaux & autres Sieges, l'ordre du Tableau doit être gardé, à commencer par le Lieutenant général & autres principaux Officiers, & les Conseillers qui auront assisté à l'Audience, ou au rapport de l'instance.

Le 6. Septembre 1712. en la Cinquieme Chambre des Enquêtes, il a été rendu Arrêt, au rapport de M. de Megrigni, qui décide que le Rapporteur peut être commis aux descentes : ce qu'il restreint aux tours marqués par l'article 2. du titre 21. de l'Ordonnance de 1667. & fait voir que le Rapporteur peut être compris en l'ordre du Tableau marqué en l'art. 3. du tit. 21.

Les Commissaires pour faire des descentes, doivent être nommés par le même Jugement qui les ordonne ; ainsi qu'il est porté en l'art. 4. du tit. 21. de l'Ordonnance de 1667.

La commission pour faire une descente se donne par le même Jugement qui ordonne la descente.

Le Président ordonne que Maître tel se transportera sur les lieux, &c.

Le Commissaire nommé ne peut pas faire la descente, en vertu seulement du Jugement qui l'ordonne ; il ne la peut faire qu'à la requête d'une des Parties ; & pour cela il faut que lui mette la Requête & le Jugement entre les mains, & qu'elle consigne les frais ordinaires, suivant l'article 5. & ce Jugement & cette Requête doivent être signifiés à la Partie adverse ou à son Procureur, suivant l'art. 6.

Après la Requête présentée au Commissaire, & le Jugement mis entre ses mains, il faut prendre une ordonnance de lui, pour faire donner assignation à la Partie adverse en son Hôtel, pour recevoir de lui un jour certain & heure, & un lieu pour s'y trouver, à l'effet de procéder à la descente & visitation des lieux, suivant l'art. 6.

Si la Partie assignée ne comparoît pas, le Commissaire en doit faire mention dans son procès verbal, & déclarer qu'il sera procédé tant en présence qu'absence ; & si les Parties comparoisfent, il leur donne acte de la comparution dans son procès-verbal.

Le Commissaire doit, pour faire la descente, partir dans le mois du jour de la requisition ; autrement l'art. 6. veut qu'il en soit subrogé un autre en sa place, sans que le temps du voyage puisse être prorogé, à peine de nullité & de restitution de ce qui auroit été reçu.

Pour obtenir cette subrogation, il faut présenter Requête au Juge ; & sur cette Requête on obtient un Jugement de subrogation, lequel doit être signifié à Partie; & il faut faire comme dessus, à l'égard du Commissaire subrogé, soit pour la requisition, jour du départ, & consignation.

Celui à la requête de qui la descente se fait, doit signifier à la Partie adverse le départ du Commissaire huit jours auparavant ; autrement le Commissaire pourroit être récusé, même pendant son séjour, suivant l'art. 7.

Le Commissaire doit être récusé trois jours avant son départ, pourvû que le jour du départ ait été signifié huit jours auparavant ; autrement le Commissaire pourroit passer outre, & ce qu'il auroit fait seroit exécuté, nonobstant oppositions ou appellations, prises à parties, récusations, quoique ce fût pour causes survenues depuis, sauf à y faire droit après le retour du Commissaire, suivant l'art. 7. du tit. 21. & conformément à l'art. 22. du tit. des Récusations.

L'objet de cette disposition est d'empêcher les retardemens qu'une Partie pourroit causer à dessein, attendant de récuser un Commissaire la veille de son départ.

Le Commissaire étant arrivé sur les lieux, il doit continuer son procès-verbal, & y faire mention du jour qu'il est parti, des jours qu'il a employés pour se transporter sur les lieux, de ceux de son séjour & de son retour, de ce qui a été consigné par chacune des Parties, & reçu des taxes faites pour la grosse du procès-verbal, & de ceux qui ont assisté à la commission, à peine de concussion, & de cent livres d'amende, ainsi qu'il est porté en l'art. 19. du tit. 21.

Lorsqu'un Juge est employé en même temps en des commissions différentes hors le lieu de son domicile, il ne peut se faire payer plus d'une taxe par chaque jour par égale portion par les Parties intéressées.

Pareillement, si par occasion de quelque commission un Juge est requis d'exécuter une commission, il ne sera payé par les Parties intéressées à la nouvelle commission & descente, que pour le tems qu'il y vaquera ; & les Parties intéressées à la premiere commission, doivent payer les journées employées pour aller sur les lieux où la descente doit être faite, pour son retour, suivant l'article 18.

Un Commissaire qui se trouve sur les lieux, ne peut prendre aucune vacation pour son voyage, ni pour son retour ; & s'il étoit à une journée de distance du lieu où la descente devroit être faite, il ne pourroit prendre la taxe d'un jour pour le voyage & autant pour le retour, outre le séjour, suivant l'art. 20.

La Partie à la requisition de laquelle le Commissaire fait la descente, & qui en avance les frais, n'est pas obligée d'avancer les vacations du Procureur de la Partie adverse.

L'article 21. veut que chaque Partie avance les vacations de son Procureur, sauf à celle qui obtiendra condamnation de dépens en fin de cause, à les répéter. Mais la partie qui aura mis un Avocat ou quelqu'autre personne pour conseil en doit payer les vacations sans les pouvoir répéter.

Toutefois, si la Partie à la requête de laquelle la descente auroit été ordonnée, avoit été obligée pour quelque cause, d'avancer les vacations pour sa Partie adverse, elle pourroit prendre un exécutoire sur le champ pour s'en faire payer, sans quelle fût tenue d'attendre le jugement du procès.

Les Commissaires ne peuvent recevoir aucuns présens d'une des Parties, ni souffrir qu'ils en soient défrayés. L'art. 15. leur défend même de le souffrir en la personne de leurs domestiques, soit directement ou indirectement, à peine de concussion & de trois cens livres d'amende.

Les nominations & rapports d'Experts sont nécessaires.

I°. Quand il s'agit de prisées & d'estimation de quelques lieux, ou de faire des partages entre héritiers ou copropriétaires de quelques héritages, pour en connoître la juste valeur.

II°. Quand il est question d'impenses & améliorations d'ouvrages de Maçons, Charpentiers, Menuisiers & autres, pour en sçavoir la valeur.

III°. Lorsqu'on prétend qu'il y a quelque défaut dans les ouvrages, ou que celui qui les a faits n'a pas exécuté l'ouvrage, suivant l'accord qui en avoit été passé entre lui & la Partie adverse.

IV. Quand l'une des Parties prétend que des maisons doivent être réparées en partie, ou pour le tout.

Le Jugement qui ordonne que les lieux & les ouvrages seront vûs, visités, toisés ou estimés par Experts, doit faire mention,

I°. Des faits sur lesquels les rapports se doivent faire.

II°. Du Juge commis pour procéder à la nomination des Experts, recevoir leur serment & rapport.

III°. Du délai dans lequel les Parties doivent comparoir pardevant le Commissaire.

Ce Jugement étant rendu, il faut prendre une ordonnance du Commissaire pour assigner la Partie adverse, pour nommer & convenir d'Experts, en un certain jour & heure en son Hôtel.

Si la Partie ne comparoît pas à l'assignation, copie baillée de ladite ordonnance, le Commissaire doit nommer d'office un Expert pour ladite Partie, & ordonner aux Experts nommés par lui & par la Partie comparante, le jour & heure qu'ils comparoîtront pardevant lui pour faire le serment.

Le Commissaire doit pareillement nommer d'office un Expert, quand la Partie comparante est refusante de nommer un Expert pour procéder à la visite avec l'Expert nommé par l'autre Partie.

Enfin, lorsque toutes les Parties refusent d'en

L l l ij

nommer, le Commissaire en doit nommer d'office pour elles, suivant l'article 9.

Les Experts étant nommés, il faut leur donner assignation par l'ordonnance du Commissaire, pour faire le serment ; & à la Partie, pour y être présente.

Le serment étant prêté par les Experts, le Jugement qui aura ordonné la visite, leur sera mis entre les mains, au même temps; après quoi ils y doivent procéder incessamment, suivant l'article 10.

L'article 12. du même titre 21. de l'Ordonnance de 1667. veut que les Experts, après avoir fait la visitation, délivrent au Commissaire la minute de leur rapport, pour être attaché à son procès-verbal, & transcrit dans la grosse dans un même cahier ; & le Commissaire est obligé de déclarer dans son procès-verbal, que le rapport des Experts lui a été délivré.

Mais cet article détruisoit entièrement la fonction des Greffiers ou Clercs de l'Ecritoire, & causoient un préjudice notable au Public, en ce qu'il empêchoit que les particuliers ne pussent prendre des grosses desdits actes, la minute ne demeurant plus entre leurs mains.

Sur leurs remontrances, ils ont été maintenus dans leurs droits, par Arrêt du Conseil du 23. Septembre 1668. *Voyez* Greffiers de l'Ecritoire.

Si tous les Experts sont d'un même avis, ils ne doivent faire qu'un seul rapport ; sinon ils doivent donner chacun le leur, suivant l'art. 13.

Lorsque les Experts sont contraires en leurs rapports, le Juge doit nommer d'office un tiers, pour faire la visitation avec les autres ; & ce tiers doit être assigné pardevant le Commissaire, pour prêter le serment accoutumé, ainsi qu'il s'est observé à l'égard des autres qui ont été nommés auparavant.

Les descentes étant faites, il étoit autrefois d'usage d'en faire recevoir en Justice les procès-verbaux, & les rapports des Experts.

Mais l'article 14. du titre 21. de l'Ordonnance de 1667. abrogeant cet usage, porte, que les Parties peuvent produire les procès-verbaux & les rapports des Experts, ou les contester.

Suivant l'article 23. la partie la plus diligente peut faire donner au Procureur de la Partie adverse copie des procès-verbaux & rapport des Experts, & trois jours après poursuivre l'Audience sur un simple acte ; ou produire les procès-verbaux & rapports des Experts, si le principal différend est appointé, & en tirer dans son inventaire telles inductions qu'il jugera à propos ; & la Partie adverse y pourra répondre dans ses contredits.

Il nous reste ici deux observations à faire. La première, que les vacations d'Experts doivent être taxées par le Commissaire.

La seconde, que suivant l'article 184. de la Coutume de Paris, le rapport étant fait, une Partie qui prétendroit être lésée par le rapport des Experts, ne peut pas demander amendement ; mais le Juge peut ordonner autre ou plus ample visite s'il y échet.

DESDIT, est la peine stipulée par un marché,

ou dans un contrat, ou dans un compromis, contre celui qui ne voudra pas l'exécuter.

DESERTION D'APPEL, est une négligence de relever un appel qu'on a interjetté : *Cum appellans suam intra tempus lege definitum provocationem non profequitur. Leg. 6. cod. quomodo & quando Judex ; & Leg. 18. cod. de appellat.*

Celui qui a appellé d'une Sentence contre lui rendue, est obligé de relever son appel dans trois mois, pour les appellations aux Parlemens ; à faute de quoi, l'appel est reputé désert, c'est-à-dire abandonné : en conséquence de quoi, l'intimé poursuit l'appellant en désertion d'appel, pour voir déclarer l'appel interjetté par l'appellant nul & désert, faute de l'avoir relevé dans le temps. L'Ordonnance de 1667. tit. 4. art. 6. dit que les désertions d'appel seront vuidées par l'avis d'un ancien Avocat, dont les Avocats & Procureurs conviendront.

On prend des Lettres en Chancellerie en vertu desquelles on fait assigner l'appellant, pour voir déclarer son appel désert, faute de l'avoir relevé dans le temps de l'Ordonnance : ensuite quand il a comparu, on lui offre un appointement devant un ancien avocat ; & soit qu'il comparoisse ou non, l'avis de l'Avocat contient toujours la conversion de l'appel en anticipation.

Mais un intimé qui veut avancer & éviter la multiplicité des procédures, au lieu de Lettres de désertion, obtient tout d'un coup des Lettres d'anticipation ; & tel est l'usage qui se pratique au Parlement de Paris.

Lorsque celui au profit de qui la Sentence a été rendue, a par un Jugement fait déclarer désert l'appel interjetté par l'appellant, faute d'avoir été relevé dans le temps de l'Ordonnance, l'appellant ne peut plus poursuivre sur le premier appel ; mais il peut appeller de nouveau de la Sentence, en refondant les dépens. Ainsi jugé par Arrêt du 31. Mai 1672. rapporté dans le Journal du Palais.

Il n'en est pas de même de la péremption d'appel ; car lorsque l'appellant a relevé son appel, & qu'il a demeuré l'espace de trois ans sans faire aucune chose pour instruire son appel ; en ce cas l'appel de même qu'une instance est péri ; & s'il le vouloit poursuivre, l'intimé le feroit déclarer non-recevable, & obtiendroit permission d'exécuter la Sentence.

• *Voyez* M. le Prêtre en sa seconde centurie, chapitre 62. & Louet, lettre P, sommaires 14. &. 15. *Voyez* ci-après péremption d'appel.

La désertion d'appel n'a pas lieu dans les appellations comme d'abus, non plus que dans les affaires criminelles. Cette Jurisprudence universellement reçue, est tirée de la Loi *properandum, cod. de judiciis*, & est fondée sur ce qui ne seroit pas juste que la négligence d'un Particulier fit préjudice à la partie publique, en laissant acquérir la désertion.

C'est pour cette raison qu'il a toujours été jugé, que ni la désertion, ni la péremption n'avoient point lieu dans les appellations comme d'abus, sur lesquelles par la même raison il n'est pas permis de transiger.

DESHERENCE, est un droit en vertu duquel les Seigneurs Haut-Justiciers succédent aux biens de ceux qui étant regnicoles & légitimes, & étant décédés sans héritiers, ont des biens situés dans l'étendue de leur Haute-Justice. Voyez Droit de deshérence.

DESHERITER. Voyez Exhérédation.

DESIGNATION, est une déclaration que doit faire le demandeur dans son exploit de demande.

Celui qui agit par action personnelle doit désigner & énoncer la cause de l'obligation, en vertu de laquelle il prétend que le défendeur est tenu de lui payer la chose qu'il lui demande ; si c'est par contrat, il doit exprimer quel il est.

Si au contraire le demandeur agit par action réelle qui concerne la propriété de quelque héritage, ou la redevance de quelques droits réels sur des terres, le demandeur doit désigner & déclarer la nature de l'héritage ; si c'est un pré, bois, maison, sa situation, ses tenans & aboutissans, à moins qu'il ne s'agisse d'un corps entier d'une terre ou d'une métairie, auquel cas il suffit d'en dire le nom & la situation.

Voyez le titre 9. de l'Ordonnance de 1667. avec les Notes de Bornier.

Les désignations doivent être faites dans l'exploit de demande, à peine de nullité ; & le défendeur peut se servir de cette exception, s'il le veut, au lieu de demander la situation & la désignation de l'héritage.

Autrefois, au lieu de demander cette désignation, le défendeur, tant par action pétitoire que possessoire, pouvoit proposer une exception dilatoire, que l'on appelloit des vûes & montrées, disant que le demandeur étoit obligé de lui demander & lui faire voir au doigt & à l'œil les héritages qu'il prétendoit, ou sur lesquels il prétendoit des droits, afin qu'étant certain de la chose, il put ensuite contester ou consentir les droits qu'on lui demandoit.

En conséquence de cette exception, le Juge ordonnoit que les Parties se transporteroient sur les lieux, & qu'en sa présence le demandeur montreroit au défendeur, les héritages sur lesquels il prétendoit avoir droit.

Mais les exceptions des vûes & montrées ont été abrogées par le dernier article du titre 9. de l'Ordonnance de 1667.

DESISTEMENT, est la renonciation à une convention, ou à un droit qu'on peut avoir, ou à une poursuite, à une demande, ou à un appel d'une sentence.

En un mot, se désister & abandonner, ou renoncer, signifient la même chose.

DESISTEMENT D'APPEL, est la renonciation que l'on fait à un appel que l'on avoit interjetté d'une Sentence.

DESISTEMENT DE PLAINTE ET DE CE QUI S'EN EST ENSUIVI, est une renonciation que l'on fait à la poursuite criminelle que l'on avoit intentée contre quelqu'un.

Quand le crime mérite peine afflictive, la renonciation que la Partie civile feroit à la poursuite criminelle par elle commencée, ne pourroit pas empêcher le Procureur du Roi de poursuivre le coupable, pour raison de la vindicte publique.

Il n'en est pas de même, quand le délit ne mérite pas de peine afflictive comme une injure légere ; car après le desistement de la poursuite criminelle fait par la Partie civile, le Procureur du Roi ne peut plus poursuivre, comme il a été jugé par Arrêt du 23. Avril 1678. Voyez Boniface, tome 5. liv. 3. tit. 12. chap. 2. l'article 19. du titre 27. de l'Ordonnance criminelle de 1670. y est formel.

Les désistemens en matiere criminelle sont si favorables, qu'un mineur ne pourroit pas se faire restituer contre la remise qu'il auroit faite d'une réparation d'injures. Voyez Mornac sur la Loi auxilium ff. de minorib.

Dans un désistement d'un procès criminel intenté pour délit, qui peut porter peine afflictive, on ne doit jamais faire mention qu'il a été fait moyennant une somme ; parce que ce désistement ne pouvant pas empêcher le Procureur du Roi de poursuivre, comme nous l'avons dit, il pourroit prendre droit du contenu en cet acte contre l'accusé, qui en le faisant ainsi, seroit demeuré d'accord du fait qu'on lui auroit imputé. Voyez le Traité des Matieres criminelles de M. de la Combe, troisiéme partie, chap. 1. sect. 4.

DESISTEMENT EN MATIERE DE RETRAIT LIGNAGER, n'est pas admissible après que le retrait a été adjugé par Sentence au retrayant ; parce que le retrait étant une matiere odieuse, on ne permet pas au retrayant à qui le retrait est adjugé, de changer d'avis au préjudice de l'acquéreur. Ainsi, après que le retrait est adjugé, le retrayant ne peut plus s'en départir, & tout le péril de la chose le regarde, sans qu'il puisse être quitte en offrant les dépens, dommages & intérêts.

Voyez ce que j'ai dit sur l'art. 136. de la Coutume de Paris, glos. 1. nombre 9.

DESPARAGER, est un terme de Coutume, qui signifie marier une fille à une personne de condition inégale.

En Normandie, le frere ne doit desparager sa sœur. Ainsi quand un frere pour avoir meilleur marché du mariage avenant de sa sœur noble, la marie à un roturier, elle est alors desparagée.

Dans ce cas, elle est en droit de prendre des Lettres de rescision, pour augmenter le mariage avenant ; & les parens doivent être assemblés à l'effet de le régler & liquider.

DESSAISIR, qui ne se dit guères qu'avec le pronom personnel, signifie, relâcher quelque chose qu'on a en sa possession. Quand on fait un exploit de saisie & arrêt, on fait défenses au débiteur de se défaisir des deniers qu'il a en ses mains. Les contrats de vente & de donation portent que le vendeur ou le donateur s'est défaisi & dévêtu de l'héritage vendu ou donné, & qu'il en a saisi & vêtu l'acheteur ou le donataire.

DESSEIN DE COMMETTRE UN CRIME, n'est pas puni par la Justice, lorsqu'il n'a point eu d'exécution commencée. Voyez Crime.

DESTINATION, est la disposition de

l'emploi que l'on prétend être fait d'une chofe.

L'effet de la deftination eft d'affujettir la chofe deftinée à fon objet, & à la fin qui en a été fixée & arrêtée par une déclaration expreffe, ou par un fait indubitable. C'eft pourquoi, fi ces deniers ont été deftinés pour être employés en acquifition d'héritages, ils deviennent immeubles au profit de celui pour qui la ftipulation eft faite : de maniere que tels deniers appartenans à un des conjoints, ne tombent point dans la communauté.

Comme l'effet de la deftination, quand elle eft prouvée, eft d'affujettir la chofe à fon objet, il a été jugé qu'un bâtiment commencé en forme de College, étoit acquis au public par fa feule deftination. Cet Arrêt que Bouguier rapporte, lettre D, nomb. 5. eft du 20. Janvier 1607.

DESTITUTION D'OFFICIERS DES JUSTICES SEIGNEURIALES, appartient aux Seigneurs qui les ont pourvus gratuitement.

Les Seigneurs Hauts-Jufticiers ont droit d'établir un Juge, un Procureur Fifcal, un Greffier, des Sergens, & un Géolier, auxquels le Seigneur donne des provifions.

Pour fçavoir s'il les peut deftituer ou non, il faut diftinguer ; ou les provifions ont été données gratis, ou à titre onéreux moyennant finance, ou pour récompenfe de fervices.

Au premier cas, il eft certain que le Seigneur peut deftituer quand bon lui femble, puifque fon changement de volonté ne fait tort à perfonne, & que celui qui a droit d'inftituer a pareillement celui de deftituer.

Au fecond cas, le Seigneur ne peut deftituer qu'en rembourfant la finance, ou en payant l'eftimation du fervice, en contemplation duquel il a donné les provifions. Ce qui eft fondé fur l'art. 27. de l'Ordonnance de Rouffillon.

De ce que nous venons de dire il s'enfuit, que quoique dans une provifion d'officier il y ait la claufe, *pour en jouir tant qu'il nous plaira*, cette claufe ne donne pas au collateur de l'Office la liberté de deftituer l'Officier *ad nutum*, lorfqu'il a été pourvu à titre onéreux, ou pour récompenfe de fervices.

La raifon eft, que cette claufe doit toujours s'interpréter felon l'équité ; & qu'ainfi une telle claufe ne donne pas la faculté au collateur ni à fes fucceffeurs, foit à titre univerfel ou particulier, de deftituer un Officier qui auroit été pourvu de fon Office à titre onéreux, ou pour récompenfe de fervices, à moins que ce ne fût pour forfaiture.

Loyfeau, au Traité des Offices, liv. 5. ch. 4. eft d'avis que les Officiers des Seigneurs ne peuvent point être par eux deftitués ; foit qu'ils ayent été inftitués gratuitement ou à titre onéreux ; & cet Auteur s'étend beaucoup fur les raifons qui femblent le prouver.

Mais cette opinion n'a pas été tenue, & la plûpart de nos Auteurs font d'avis que les Seigneurs ne peuvent deftituer *ad nutum* & fans caufe leurs Officiers, que lorfqu'ils ont été inftitués gratuitement.

Voyez Dumoulin en fa Note fur l'art. 88. de la Coutume de Bourbonnois ; Chopin, au Traité du Domaine, livre 3. tit. 13. nomb. 5. Brodeau fur Louet, lettre O, chap. 1. M. Catelan liv. 3. chap. 40. le Journal des Audiences, tom. 1. liv. 2. chap. 75. & M. le Prêtre, cent. 2. chap. 52. *Voyez* aufi Henrys, tome 1. liv. 2. chap. 4. queft. 12.

Il faut obferver que l'acte de deftitution ne doit contenir aucunes paroles dures, & en quelque façon injurieufes à l'Officier ; mais le Seigneur doit le remercier, & paroître fe contenter de fes fervices ; car s'il y a la moindre marque qui touche l'honneur de l'Officier, s'il eft en état de s'en plaindre, & de requerir d'être retabli, fauf au Seigneur à lui faire faire fon procès, & à le deftituer après la caufe vérifiée.

Non-feulement celui qui eft propriétaire de la Seigneurie peut deftituer les Officiers qui font inftitués gratuitement, & non à titre onéreux, mais encore celui qui n'en a que le fimple ufufruit.

La raifon eft, que l'ufufruitier a droit d'inftituer les Officiers, parce que cette inftitution eft *in fructu*, & par conféquent il les peut deftituer : d'où il s'enfuit que le mari qui a reçu en dot une Seigneurie, peut à plus forte raifon inftituer les Officiers de cette Seigneurie, & deftituer ceux qui ont été gratuitement pourvus de leurs Offices.

A l'égard du tuteur, on tient communément qu'il ne peut pas deftituer les Officiers, même ceux qui font gratuitement pourvus de leurs Offices ; Chopin, *loco citato* ; & cela fur le fondement que le tuteur n'a que l'adminiftration des biens du mineur, & qu'il n'eft confidéré à cet égard, ni comme propriétaire, ni comme ufufruitier. Cependant je crois que c'eft à lui à inftituer les Officiers, lorfque les Offices font vacans, & même à les deftituer, mais pour caufes juftes & raifonnables.

DESUNION EN MATIERE DE FIEF. *Voyez* Se jouer de fon fief, lettre J.

DETENTEUR, eft le propriétaire d'une chofe, d'un immeuble qui poffede, comme font le preneur à bail emphitéotique, le preneur à vie ou à longues années, ou à rente fonciere.

Celui qui eft *loco proprietarii*, comme le poffeffeur à titre de propriété, eft aufi appelé détenteur.

On eft quelquefois tenu de payer une fomme ou une rente à laquelle on n'eft point obligé perfonnellement, mais feulement en qualité de détenteur & jouiffant d'un héritage ; auquel cas on peut s'en libérer en abandonnant l'héritage. *Voyez* Abandonnement.

DETERIORER, c'eft degrader un héritage, le laiffer tomber en ruine.

DETROIT, fignifie le reffort ou l'étendue de pays foumife & fujette à la Jurifdiction d'un Juge.

DETTES. Ce mot comprend ce qui nous eft dû, & par débiteur on entend celui qui nous doit quelque chofe, & que nous pouvons contraindre en Juftice à faire ou à payer ce qu'il nous doit.

Il n'importe que la dette foit mobiliaire ou immobiliaire.

Par dette mobiliaire, on entend celle dont l'action tend à avoir une chofe mobiliaire : par exemple une fomme de deniers eft un meuble, & la dette d'une telle fomme eft par conféquent mobiliaire

Par dette immobiliaire, on entend celle dont l'action tend à avoir un immeuble. Ainsi les rentes conftituées font reputées dettes immobiliaires, parce que le fort principal qui en eft le prix, ne peut point être exigé.

DETTES ACTIVES, font celles qui font dûes à quelqu'un : & dettes paffives, font celles qu'il doit.

DETTE CLAIRE ET LIQUIDE, eft celle qui confifte dans une chofe certaine & déterminée, qui eft préfentement dûe & exigible.

De cette définition il s'enfuit, I°. qu'une dette n'eft pas claire & liquide, quand il eft incertain fi elle confifte en argent, ou en bled, ou autre chofe.

II°. Que quoiqu'il fût évident en quoi la dette confifte, elle ne feroit pas claire & liquide fi elle étoit dûe, ou à certain terme non échu, ou fous condition, ou fi elle étoit litigieufe & contestée. *Voyez* Compenfation.

DETTE CONDITIONNELLE, eft celle qui eft faite fous condition ; de forte que rien n'eft dû jufqu'à ce que la condition foit arrivée. Néanmoins il naît d'une obligation conditionnelle une efpérance, que la chofe promife fous condition fera dûe au créancier ; & cette efpérance eft tranfmiffible à fes héritiers, au cas qu'il décede avant que la condition foit arrivée.

Voyez ce que j'ai dit dans ma Traduction des Inftitutes, fur le §. 4. du titre 16. du troifieme livre.

DETTE PAYABLE A CERTAIN JOUR. *Voyez* Payement.

DETTES D'UNE COMMUNAUTÉ D'HABITANS, fe payent par chacun d'eux au *prorata* de ce qu'il paye de taille. L'impofition & répartition ne peuvent en être faites qu'en vertu d'une Ordonnance de l'Intendant.

DETTES DE SUCCESSIONS, font les dettes contractées par le défunt, & au payement defquelles tous fes héritiers font obligés de contribuer.

Le payement de dettes entre cohéritiers ne fait point de difficulté dans le Droit Romain, parce qu'on ne peut avoir qu'un feul patrimoine, fuivant les Loix Romaines : ainfi les héritiers font tenus des dettes felon la part & portion qu'ils font héritiers, & non pas *pro modo emolumenti. Leg.* 35. *ff. de hæred. inft. & Teg.* 1. *cod. fi cert. petat.*

Mais les dettes d'une fucceffion ne fe payent pas de même dans le Pays coutumier : elles fe payent à proportion de l'émolument que chacun des héritiers tire de la fucceffion.

L'article 334. de la Coutume de Paris y eft formel ; & cet article eft fi conforme à la raifon & à l'équité, qui doit être obfervé dans les Coutumes qui n'ont point de difpofition contraire.

Ainfi quand il y a des héritiers de différens biens, ils fuccedent ordinairement inégalement, & conféquemment contribuent aux dettes inégalement, eu égard à l'émolument que chacun tire des biens de la fucceffion : de forte que fi les meubles & acquêts font eftimés autant que tous les propres paternels & maternels, l'héritier des meubles & acquêts payera la moitié des dettes.

Tous les héritiers doivent donc contribuer au payement des dettes du défunt, au *prorata* de ce qu'ils amendent de fa fucceffion.

Il faut néanmoins excepter l'aîné, qui fuivant ledit article 334. de la Coutume de Paris, ne doit pas plus contribuer aux dettes de la fucceffion, qu'un autre héritier ; en forte que pour faire la contribution, on met hors part ce qu'il a eu à caufe de fon droit d'aîneffe, même la portion avantageufe.

Ainfi l'aîné n'eft pas tenu de payer plus grande portion du prix du fief dû, que fes freres & fœurs. La raifon qu'en rend Dumoulin fur l'article 18. de la Coutume de Paris, nomb. 12. eft que *onus æris alieni totum patrimonium imminuit, non certi loci facultates ; Leg. fi fideicommiffum 50. §. 1. ff. de judiciis*, c'eft pourquoi il fuit les héritiers du débiteur, & non pas les poffeffeurs & détenteurs du fonds. *Leg.* 1. §. *hæres, ff. ad Senatufconf. Trebellian. Voyez* les Obfervations de M. le Camus fur l'article 13. de la Coutume de Paris, nomb. 4. & fuivans.

La regle prefcrite par l'article 334. touchant la contribution des dettes de la fucceffion, *pro modo emolumenti*, n'a lieu qu'à l'égard des héritiers entr'eux, lefquels fe doivent faire raifon les uns les autres, pour les fommes dont ils font chargés en cette qualité.

Mais cette regle ne regarde en aucune maniere les créanciers du défunt. Ainfi, quoique chaque héritier foit obligé, à proportion de ce qu'il amende de la fucceffion, d'en payer les dettes ; néanmoins, parce que la connoiffance de l'émolument qui revient à chaque héritier des biens de la fucceffion, dépend d'une ventilation & eftimation d'iceux, les créanciers du défunt ne font pas obligés de la demander ni de l'attendre : c'eft pourquoi ils peuvent pourfuivre perfonnellement les héritiers pour leurs portions viriles, & hypothécairement pour le tout ; fauf à celui qui auroit payé au-delà de ce qu'il étoit obligé d'y contribuer fuivant la Coutume, d'exercer fon recours contre les autres, pour s'en faire rendre raifon.

Lorfqu'il arrive que les immeubles donnés par les afcendans à leurs defcendans, retournent aux donateurs par droit de reverfion ; les enfans donataires étant décédés fans hoirs, le furvivant des pere & mere n'eft point tenu de contribuer au payement des dettes, qu'à proportion de l'émolument qu'il retire d'ailleurs de cette fucceffion, Auzanet fur l'art. 314 de la Coutume de Paris ; M. Pitou en fes Notes manufcrites fur l'article 3. de la Coutume de Troyes.

La raifon eft, que *fructuarius poffidet tantum jure particulari*. De plus, cet ufufruit eft un bénéfice de la Loi femblable à celui que la Coutume accorde à l'aîné pour fon droit d'aîneffe, & pour lequel il n'eft point tenu de contribuer aux dettes, plus que les autres enfans.

Il y a même plus de raifon d'en décharger le furvivant des pere & mere, puifqu'il ne prend que l'ufufruit, & que l'aîné prend le droit d'aîneffe en pleine propriété.

Voyez ce que j'ai dit à ce fujet fur l'art. 313. de la Coutume de Paris.

Il nous reste à remarquer qu'il y a de certaines charges qui ne font point sujettes à contribution entre les héritiers, mais qui doivent être acquittées spécialement sur certains biens de la succession.

Voici la regle générale. Toutes les dettes auxquelles le défunt étoit obligé personnellement, se payent par tous les héritiers, & entr'eux la contribution a lieu, à proportion de ce qu'ils amendent de la succession. Mais pour les charges réelles, *quæ ita afficiunt fundum*, que le défunt en eût été déchargé en abandonnant le fonds, il n'y a que les héritiers qui succedent à ses fonds, qui en soient chargés, sans pouvoir prétendre aucune récompense pour raison de ce contre les autres héritiers, sinon pour les arrérages échus au jour de la succession ouverte.

Voyez M. Louet, lett. D, somm. 14. & 15. M. le Prêtre, cent. 1. ch. 6. & ce que j'ai dit sur les articles 313. & 334. de la Coutume de Paris.

DEUIL. On entend par ce terme les habits & équipages de deuil, que les héritiers du défunt mari sont obligés de donner à la veuve, suivant son état & sa condition.

Les veuves sont obligées de porter le deuil de la mort de leurs maris; ce qui est fondé sur le respect & l'honneur que la femme doit à sa mémoire : mais les veuves ne font pas obligées de porter le deuil à leurs dépens, c'est une dépense qui tombe sur la succession du défunt.

Le mari, au contraire, quand il survit à sa femme, en porte toujours le deuil à ses dépens; parce que la raison qui oblige les héritiers du mari à fournir des habits de deuil à la veuve, n'a pas lieu à l'égard des héritiers de la femme.

On ne parle point dans les contrats de mariage de la somme que la femme pourra prendre, en cas de survie, sur les biens de la succession de son mari ; mais on la regle suivant la condition de la veuve, les biens du défunt, & le nombre des domestiques qu'elle doit raisonnablement avoir ; & si les Parties ne s'accordent pas sur ce point, le deuil doit être défini par le Juge.

On donne à la veuve une certaine somme pour son deuil, quoiqu'elle accepte la communauté, & cette somme se prend sur la part des héritiers du mari, parce qu'on la regarde comme faisant partie des frais funéraires, qui sont la dette de la succession du mari, & non de la communauté qui ne dure plus.

Cette somme est accordée à la veuve par un droit de bienféance ; ainsi elle en est privée quand elle blesse le respect qu'elle doit à la mémoire de son mari, en se remariant dans l'an du deuil.

C'est l'usage du Châtelet. Il y en a deux Sentences, l'une de 1680. l'autre de 1698. dans le cas où une femme s'étoit remariée huit mois après la mort de son mari. On juge de même au Parlement. Arrêt du 22. Septembre 1696. en la première Chambre des Enquêtes, au rapport de M. l'Abbé Lorenchet.

DEUIL. On appelle l'année du deuil l'année de viduité, pendant laquelle une veuve doit s'abs-

tenir de passer à un second mariage par respect pour la mémoire de son mari.

Chez les Romains, les veuves étoient obligées de porter le deuil de leurs maris pendant une année, qui n'étoit d'abord que de dix mois ; & quoique dans la suite elle fût de douze, par l'addition qu'on y fit des mois de Janvier & de Février, les veuves se régloient toujours sur l'ancienne coutume.

Mais l'Empereur Théodose ordonna qu'elles porteroient le deuil pendant l'année entiere de douze mois. Celles qui se remarioient avant l'échéance de cette année étoient, suivant le Droit Romain, notées d'infamie ; mais cette disposition rigoureuse n'a pas été adoptée par le Droit canon, non plus que par les Loix de ce Royaume.

Pour ce qui est des autres peines établies par les Loix Romaines contre les femmes qui se remarient dans l'année du deuil, *voyez* ce que j'en ai dit sur l'art. 279. de la Coutume de Paris, où j'ai remarqué ce qui s'observe parmi nous à cet égard en pays de Droit écrit.

En pays coutumier, l'an de viduité n'est que de bienféance. Ainsi la veuve qui se remarie dans l'an de viduité, n'est privée que de la somme qu'elle auroit pû demander pour son deuil.

En pays de Droit écrit, la veuve qui se remarie dans l'année du deuil, perd tous les avantages à elle fait par son défunt mari, conformément à la disposition des Loix Romaines.

Non-seulement la veuve qui se remarie dans l'an du deuil est privée, dans tous les Parlemens du Droit écrit, de tous les avantages qu'elle auroit reçus de son premier mari, mais encore la veuve qui vit impudiquement dans l'an du deuil. Sur quoi il faut remarquer que le Parlement de Toulouse étend cette peine au-delà de l'an du deuil, à l'égard de celles qui vivent impudiquement après la mort de leurs maris. *Voyez* Henrys, tome 1. liv. 4. chap. 4. quest. 66.

Quoiqu'en pays coutumier la veuve qui se remarie dans l'an du deuil ne soit pas ordinairement privée des avantages à elle faits par son premier mari, quelquefois néanmoins la Cour juge le contraire, par rapport à des circonstances particulieres qui l'engagent à le faire, comme dans l'espece de l'Arrêt rendu le 10. Juin 1664. rapporté dans le Journal des Audiences, tome 2. liv. 6. chap. 32.

Il nous reste à remarquer, Iº. que le mari porte toujours à ses dépens le deuil de sa femme ; mais que la veuve qui ne se remarie pas dans l'an de sa viduité, porte le deuil aux dépens de son mari, soit qu'elle accepte la communauté, ou qu'elle y renonce. *Suis non debet uxor lugere maritum expensis.* *Voyez* Belordeau, lett. S, somm. 11. Brodeau sur Louet, lett. S, somm. 11. Bacquet, des Droits de Justice, chap. 21. nomb. 38.

IIº. Qu'ordinairement ses impenses pour les habits de deuil de la femme, se reglent à Paris à la moitié du revenu d'une année du douaire.

IIIº. Que le deuil fait partie des frais funéraires. Les créanciers qui ont contracté avec un homme marié, ont dû prévoir ce cas, & la préférence du
deuil

deuil fur les meubles , comme pour les autres frais
funéraires.

Voyez ci-après , Habits de deuil ; Secondes nôces ; ce que j'ai dit fur l'art. 237. de la Coutume
de Paris, glof. 1. nomb. 24. & fuivans ; & ce que
j'ai dit touchant les peines des fecondes nôces fur
l'art. 279.

D E V I S DE MAÇONNERIE , eft un marché par
écrit contenant toutes les claufes & conditions
auxquelles un Entrepreneur & le Propriétaire fe
font accordés & foumis réciproquement, pour la
conftruction ou le rétabliffement d'un bâtiment ;
le marché contenant en détail l'ordre & la difpofition de l'ouvrage , la qualité des matériaux qu'il
y convient de fournir , leur prix & leur quantité ,
& les frais qu'il faut faire pour les mettre en œuvre & en état.

Lorfqu'on veut faire un emploi de fes deniers , en
les prêtant pour payer le Maçon , il faut fe faire
fubroger en fon lieu & place , & tirer de lui des
quittances au bas de fon devis , & les paffer pardevant Notaires.

D E V O I R EN MATIERE FÉODALE , fignifie
la foi & hommage dûe au Seigneur par le vaffal à
chaque mutation.

D E V O L U T , eft la provifion d'un Bénéfice
obtenue du Pape , fondée fur le défaut ou nullité
de titre , ou fur l'inhabilité ou incapacité du poffeffeur.

Pour obtenir des provifions par dévolut , fondées
fur le défaut du titre , il faut que le poffeffeur n'ait
pas même un titre coloré.

Par la nullité du titre , on entend le défaut de
pourvoir dans la perfonne du collateur , ou l'omiffion de quelque formalité réquife , comme fi l'impétrant avoit omis d'exprimer dans une Supplique
en Cour de Rome tous les bénéfices dont il eft
pourvû.

A l'égard des incapacités & inhabilités du poffeffeur , qui donne lieu au dévolut , il y en a qui
rendent nulles de plein droit les provifions dès leur
commencement ; & d'autres au contraire qui furviennent depuis les provifions valablement obtenues , & qui les annullent dans la fuite.

Celles qui annullent les provifions dès leur commencement , font celles qui fe recontrent en la
perfonne du Bénéficier au tems des provifions , &
qui font inhérentes à fa perfonne , & empêchent
qu'ils ne puiffent être canoniquement pourvu d'un
Bénéfice ; comme s'il eft laïque, & non tonfuré; s'il
eft étranger & non naturalifé ; s'il eft bâtard , &
non légitimé , ni difpenfé pour tenir des Bénéfices;
s'il n'a pas l'âge requis pour poffédér le Bénéfice
dont il eft pourvu ; s'il eft marié ; s'il eft irrégulier;
comme s'il a été promu aux Ordres par un autre
Evêque que le fien , fans Lettres dimiffoires ; s'il
a été pourvu de Bénéfice étant en décret d'ajournement perfonnel, ou de prife de corps ; s'il a affifté comme Juge à des condamnations de mort ; s'il
a porté les armes , ou s'il a quelqu'autre irrégularité , & n'en ait pas été réhabilité.

Les incapacités & inhabilités qui furviennent
depuis les provifions , font les crimes & délits que

le Bénéficier a commis depuis fes provifions obtenues ; quelques-uns font vaquer le Bénéfice de plein
droit , comme l'héréfie , l'homicide ; & d'autres
ne le font vaquer qu'après le Jugement de condamnation , comme la défertion d'un Bénéfice fujet à
réfidence.

Par l'art. 15. de la déclaration de l'année 1646.
faite fur la révocation de l'Edit de Controlle , tous
Dévolutaires pourvus en Cour de Rome par mort ,
incapacité ou autrement , font tenus de prendre
poffeffion dans l'an ; & en cas d'oppofition , ils
doivent faire appeller les oppofans ou ceux qui les
veulent troubler , pardevant les Juges qui en doivent connoître , trois mois après leur prife de poffeffion : les Dévolutaires ne peuvent pas néanmoins , à peine de déchéance de leur droit , en prenant poffeffion , entrer en jouiffance des fruits & revenus du Bénéfice , fi ce n'eft après avoir obtenu
Sentence de récréance ou maintenue. C'eft la difpofition de l'article 46. de l'Ordonnance de Blois.

Les dévoluts font odieux; & aux termes de l'article 13. du tit. 15. de l'Ordonnance de 1667. pour
quelque caufe que le Dévolutaire foit pourvu, toute
Audience lui eft déniée jufqu'à ce qu'il ait donné
caution de 500. livres , qu'il doit faire recevoir en
la maniere accoutumée ; faute de ce faire dans le
délai qui lui a été prefcrit par le Juge , il eft déclaré déchu de fon droit, fans qu'il puiffe être reçu
à purger fa demeure.

La raifon pour laquelle il doit bailler caution ,
eft non feulement à caufe de la reftitution des fruits
en cas qu'il les eût perçus par la récréance qu'il
pourroit avoir obtenue par furprife ; mais encore
pour payer les dépens du procès : ce qui eft appellé
en Droit , *judicatum folvi*.

Le Dévolutaire néanmoins n'eft pas tenu de donner caution , lorfqu'il a configné la fomme de cinq
cens livres , ou qu'il eft Indultaire , ou qu'il eft
Gradué nommé , & que le Bénéfice fe trouve vaquer aux mois affectés aux Gradués nommés.

Quand il y a procès pour le Bénéfice fur lequel le
dévolut eft jetté , le Dévolutaire doit préfenter fa
Requête , à l'effet d'être reçu Partie intervenante
en la caufe , inftance ou procès ; & cette intervention fe pourfuit en la maniere ordinaire des autres
interventions.

DEVOLUTIF ET SUSPENSIF. L'appel d'une
Sentence a ordinairement un effet dévolutif &
fufpenfif. Il a un effet dévolutif, parce qu'il porte
pardevant le Juge fupérieur la connoiffance de l'affaire , pour fçavoir s'il a été bien ou mal jugé. Sur
quoi il faut remarquer qu'il y a en France trois degrés de Jurifdictions royales : le premier eft celui
des Prévôts Châtelains royaux : le deuxieme eft
celui des Baillifs Sénéchaux ou Préfidiaux : & le
troifieme eft celui des Parlemens.

L'appel des Sentences des Prévôts Châtelains
reffortit devant les Baillifs Sénéchaux ; l'appel des
Sentences des Baillifs Sénéchaux reffortit aux Parlemens. *Voyez* ce que j'ai dit en parlant de l'appellation *omiffo medio*.

L'appel d'une Sentence a un effet fufpenfif , parce qu'ordinairement l'appel fufpend l'exécution de

la Sentence, excepté dans certains cas esquels les Sentences sont exécutoires, nonobstant oppositions ou appellations quelconques, & sans préjudice d'icelles ; & pour lors l'effet de l'appel est seulement dévolutif & non suspensif.

Voyez Sentence provisionnelle.

A l'égard de l'appel interjetté en matiere criminelle, il a toujours un effet suspensif ; d'où il s'enfuit, qu'un criminel condamné par Sentence peut pendant l'appel de cette Sentence, faire toutes sortes de dispositions entre-vifs ou à cause de mort, & qu'elles seront valables s'il meurt avant que la Sentence de condamnation ait été confirmée en cause d'appel. *Voyez* Accusé.

D I

DICTUM D'UNE SENTENCE OU ARRÊT, est la dispositif de ce qui a été jugé par le Juge ou par la Cour, qui est contenu dans la Sentence ou Arrêt après les qualités des Parties, & l'énonciation des pieces & procédure sur lesquelles le Jugement est fondé.

Le dictum se dit pour les Jugemens rendus en procès par écrit, & non pour ceux qui sont rendu à l'Audience, pour lesquels on dit le prononcé de la Sentence ou Arrêt.

Cette différence est fondée sur ce que les Sentences & Arrêts rendus à l'Audience, sont prononcès par le Juge en l'audience, & le dispositif se dit de l'un & de l'autre.

Le dictum d'une Sentence ou Arrêt étant signé, & mis au Greffe par le Rapporteur & par les autres Juges, ne peut plus être changé sous quelque prétexte que ce soit. Ainsi jugé par Arrêt rapporté par Mornac en son Recueil, part. 1. art. 61.

DIFFAMATOIRE. *Voyez* Libelles diffamatoires.

DIGESTE, est une compilation des meilleurs décisions des Jurisconsultes faite par l'ordre de l'Empereur Justinien. Sur quoi *voyez* mon Histoire du Droit Romain, qui est au commencement de ma Traduction des Institutes.

Cette collection des Loix Romaines est aussi appellée du nom de Pandectes, par la raison que nous en avons donnée dans cette Histoire.

Cette compilation est indiquée par les Auteurs par deux f. jointes ensemble. Ce qui provient, dit Alciat au liv. 3. des Dispunctions, chapitre 16. de ce que les Grecs avoient coutume d'écrire la premiere note ω̃ avec un accent circonflexe au dessus ; & il est arrivé que les copistes ignorans croyant que c'étoit deux f. ont dépravé cette marque Grecque ω̃, & en ont fait deux f.

DIGNITÉ, signifie Magistrature, Prélature, Prééminence, Charge, Emploi, ou Office considérable.

La vertu donne un dégré d'honneur qui n'est pas moindre que celui des dignités. Quand ceux qui en possédent, & qui tiennent les premiers rangs dans l'Etat, sont encore plus recommandables par leur droiture, leur probité & leur génie, que par l'éclat de leurs noms & l'éminence de leurs digni-

tés, on les voit avec admirations, & on fait des vœux pour que le Seigneur leur accorde une longue vie, qui ne peut être que très-utile au Public & aux Particuliers.

Ce ne seroit pas respecter les dignités, que de laisser impunis ceux qui les deshonorent.

Les grandes dignités de l'Epée & de la Cour, celles de l'Episcopat, celles de Présidens, Procureurs & Avocats généraux, dans le Pays de Droit écrit, délivrent ceux qui en sont pourvus, de la puissance paternelle.

DILATOIRE. *Voyez* Exception dilatoire.

DIMANCHE, est le jour du Seigneur, qui est fêté, & pendant lequel il est défendu de s'occuper aux œuvres serviles, & de faire aucun acte de Jurisdiction contentieuse, si ce n'est dans les matieres qui requierent célérité, & ausquelles il y auroit péril en la demeure.

Voyez ci-après, jours de Fêtes.

DIRE, est un acte concernant la demande ou défense, lequel est signifié à la Partie adverse avant la plaidoirie de cause.

DIRES, sont les reproches proposés contre les témoins produits dans une enquête, ou plutôt ses reproches se prepoosent par des dires, & réponses de même.

Pareillement, si le Juge a nommé un tiers pour expert, & qu'il soit récusé par une des Parties, les moyens de récusation se proposent par des dires qui s'écrivent dans le procès verbal du Juge.

DIRE DE PRUD'HOMME OU EXPERTS, est ce que les Experts ont fixé pour la valeur de quelque chose.

DIRECTE. Par directe, nous entendons la Seigneurie de laquelle relevent immédiatement un fief, ou un héritage possédé en roture ; en conséquence & en reconnoissance de laquelle les droits de quints & de lods & ventes sont dûs à celui qui a la directe, en cas que l'héritage qui en relevent soit vendu.

Elle est appellée directe, parce que les héritages qui relevent d'une Terre seigneuriale, ont été autrefois démembrés d'elle, à la charge qu'ils en dépendroient, ou comme fiefs, ou comme héritages roturiers possédés à cens ou à censives.

DIRECTE, se dit aussi de la ligne principle où sont les ascendans & les descendans. *Voyez* Ligne.

DIRECTEURS DES CRÉANCIERS D'UN DEBITEUR, sont ceux qui sont choisis entre plusieurs créanciers d'un débiteur pour veiller à l'interêt commun.

Voyez Contrat de direction. Nous remarquerons seulement ici, I°. que les Directeurs des créanciers qui ont été condamnés par plusieurs Sentences de laisser rentrer un des créanciers dans une maison par lui vendue au débiteur commun, ou de lui en payer le prix, ne sont plus recevables à faire cette option, quand ils ont laissé dépérir la maison faute de réparations.

II°. Que le dépérissement de la maison étant arrivé par la faute de tous les créanciers, la perte en doit être portée à proportion par tous ceux d'entr'eux qui viennent utilement en ordre.

C'eft ce qui a été jugé par Arrêt du Parlement de Paris, en la cinquieme Chambre des Enquêtes, le 25. Janvier 1690. rapporté par M. Augeard, tome 3. Arrêt 1.

Enfin quand un débiteur Bourgeois de Paris a abandonné fes biens à fes créanciers auffi Bourgeois de Paris, les Directeurs peuvent les faire valoir fans être expofés à la taille, pourvû que ces biens n'excedent pas le privilege du Bourgeois débiteur, parce qu'en cette rencontre le débiteur & les Directeurs ne font point réputés perfonnes différentes. *Voyez* le Mémorial alphabéti.ue, *verbo* Directeur.

D I R E C T I O N, eft une affemblée de créanciers faite pour éviter les frais de Juftice qui fe font en la difcuffion des biens d'un débiteur. On y fait les ventes & la diftribution du prix à l'amiable.

Voyez Contrat de direction.

DIRIMANT. On appelle un empêchement dirimant, un défaut qui emporte la nullité d'un mariage. *Voyez* Empêchement en fait de mariage.

DISCUSSION, vient du mot Latin *difcuffio*, qui fignifie recherche.

En terme de droits, difcuffion eft un bénéfice accordé à une caution, ou à un acquéreur d'une dette ou d'un bien affecté & hypothequé, de ne pouvoir être contraint à payer qu'après difcuffion faite du principal débiteur, ou de celui qui a fait la vente ou le tranfport de la dette, ou d'un bien affecté & hypothequé.

D I S C U S S I O N INTRODUITE EN FAVEUR D'UNE CAUTION, eft de ne pouvoir être contraint par les voies de Droit à payer qu'après la recherche, perquifition & difcuffion faite de tous les biens du principal débiteur.

Ainfi, difcuter le principal débiteur, c'eft faifir & faire vendre tous les biens de fon débiteur ; après quoi, en cas d'infolvabilité, on peut valablement s'adreffer à fon fidéjuffeur.

Il faut donc difcuter les biens du débiteur, & le rendre infolvable avant que de s'adreffer à la caution. Charondas, liv. 2. rep. 104.

Pour éviter cette difcuffion, l'on fait appofer dans les contrats de fidéjuffion une claufe, qui porte une renonciation expreffe au bénéfice de difcuffion.

La difcuffion n'a pas lieu à l'égard des cautions judiciaires ; la Sentence rendue contre le principal obligé, peut être exécutée contre la caution. *Guido Papa*, *decif.* 26. Chopin, *lib. de Jurifdict. Andegav. cap.* 53. Boyer, décif. 277. nomb. 3.

Elle n'a pas lieu non plus entre Marchands & Banquiers, de quelque caufe que l'obligation provienne, de prêt ou Marchandife ; mais il faut pour cela que le principal débiteur & le fidéjuffeur foient Marchands ou Banquiers. Bacquet en fon Traité de Juftice, chap. 21.

La difcuffion étant introduite en faveur de ceux qui fe portent cautions pour la dette d'autrui, ce bénéfice ceffe lorfqu'ils y renoncent, attendu qu'il

eft loifible à un chacun de renoncer au Droit qui eft introduit en fa faveur.

Une renonciation, même tacite, fuffit pour faire ceffer ce bénéfice ; comme quand le fidéjuffeur fe conftitue principal obligé par le contrat, ou lorfqu'il promet payer au cas que le principal débiteur ne paye pas au terme marqué dans l'acte ; parce que la renonciation au bénéfice de difcuffion fe peut faire par équipollent, auffi-bien qu'en termes exprès. La Peyrere, lett. D. *Voyez* le 51e. Plaidoyer de M. de Corberon ; & Charondas, livre 10. rep. 56.

Mais il faut que les termes équipollens foient clairs, & ne laiffent aucun doute ; autrement une renonciation qui ne feroit que tacite, ou qui fe pourroit tirer de termes équivoques ou obfcurs, ou de termes généraux, fans aucune expreffion de priviléges, ne feroit pas valable, comme nous avons dit, *verbo* Renonciation.

Suivant ce que nous avons dit ci-deffus, pour que le créancier puiffe agir contre la caution, il faut qu'il juftifie de l'infolvabilité du principal débiteur.

Chopin, *lib. 1. de minorib. Parifior. tit. 2. num. 1.* tient qu'il en faut juftifier par Sentence. Mais je crois avec la Peyrere, lett. D, qu'il fuffit qu'un Sergent, avec perquifition faite aux parens & voifins du débiteur, déclare par fon procès verbal, qu'il n'a trouvé aucun meuble ni immeuble qui lui appartienne. Après quoi, fi le fidéjuffeur prétend le contraire, c'eft à lui à indiquer au créancier les biens appartenans au débiteur, à l'effet de l'obliger à les difcuter.

La difcuffion eft une exception dilatoire, d'où plufieurs de nos Auteurs concluent qu'elle doit être oppofée avant conteftation en caufe. Boyer, queft. 59. & 221. Guy Pape, décif. 96. & 432. Papon ; liv. 10. tit. 4. nomb. 21.

Cependant je crois que cette exception étant un bénéfice accordé par la Loi, on peut s'en fervir quand on veut, & en tout état de caufe, même en caufe d'appel. C'eft l'opinion de Loyfeau en fon Traité des Rentes, chap. 8. nom. 23. & Dolive, liv. 4. chap. 22.

DISCUSSION INTRODUITE EN FAVEUR D'UN ACQUEREUR, a lieu en deux cas. I°. En fait de vente ou ceffion d'une dette. II°. En fait de vente ou tranfport d'un bien affecté & hypothequé. Outre ce que nous allons dire de cette difcuffion, *voyez* ce qui en eft dit dans le recueil alphabétique de M. Bretonier.

DISCUSSION EN FAIT DE TRANSPORT D'UNE DETTE, eft celle que le ceffionnaire eft obligé de faire des biens de celui qui en eft débiteur, avant que d'exercer fon recours de garantie contre celui qui a fait la vente ou le tranfport de cette dette.

Lorfque le cédant n'a point fait de garantie, ou que celle qu'il a faite n'eft que de fes faits & promeffes, la difcuffion n'eft pas requife, ou du moins elle n'opére aucun recours de garantie contre le cédant, au cas que le débiteur foit infolvable, attendu qu'il n'a pas répondu de fa folvabilité, mais feulement que la dette lui étoit dûe.

Mais la difcuffion eft requife, quand celui qui a fait vente ou tranfport d'une rente ou d'une dette a promis de garantir de tous troubles & empêchemens, ou quand il a promis de fournir & faire valoir la chofe cedée.

A l'égard de la promeffe de fournir & faire valoir, & même de payer foi-même après un fimple commandement, cette claufe ne décharge pas le ceffionnaire de la difcuffion du débiteur, s'il n'y a enfuite ces mots : *fans que le ceffionnaire foit tenu de faire aucune pourfuite ou difcuffion contre le débiteur.* *Voyez* Fournir & faire valoir.

DISCUSSION EN MATIERE D'HYPOTHEQUE. Pour entendre ce que c'eft, il faut fçavoir que l'hypotheque générale & fpéciale fe peut accumuler dans une même obligation ; & en ce cas le créancier ne peut pas s'attaquer aux biens de fon débiteur, qui font paffés en la poffeffion des tiers acquéreurs, & qui ne font hypothéqués que généralement à la dette, qu'il n'ait préalablement difcuté les biens de fon débiteur, qui lui font fpécialement hypothéqués.

Ainfi le tiers détenteur d'un héritage hypothéqué généralement à une dette, peut s'oppofer aux pourfuites que voudroit faire contre lui le créancier de celui qui tient l'héritage, jufqu'à ce qu'il ait difcuté les biens de fon débiteur, qui lui font fpécialement hypothéqués. Ce qui eft fondé fur la difpofition de la Loi 2. *cod. de pign.* La raifon eft, que quand l'hypotheque générale eft jointe à la fpéciale, la générale femble n'être que fubfidiaire & conditionnelle, au cas que la fpéciale ne foit pas fuffifante pour l'entier payement de la dette.

Cette difcuffion n'a point lieu dans l'hypotheque générale fimple ; auquel cas il eft libre au créancier de s'attaquer à tout détenteur des biens qui font hypothéqués à fa dette ; mais quand l'hypotheque fpéciale concourt avec la générale, il eft des régles que la difcuffion ait lieu, & que le créancier juftifié de l'infolvabilité de fon débiteur, avant qu'il puiffe agir contre un tiers détenteur des biens qui lui font généralement hypothéqués.

Pour faire ceffer la néceffité de la difcuffion de l'héritage hypothéqué fpécialement, par rapport aux héritages généralement hypothéqués, qui font en la poffeffion d'un tiers acquéreur, on met la claufe : *fans que l'hypotheque fpéciale déroge à la générale, ni la générale à la fpéciale.*

Cette claufe fait ceffer la difpofition de la Loi 2. *cod. de pignorib.* & le créancier a la liberté d'agir en vertu de fon hypotheque générale ou fpéciale, comme il lui plaît, ou même d'agir en même tems en vertu de l'une & de l'autre.

Aujourd'hui cette claufe eft de ftyle ordinaire des Notaires, & fe met dans tous les contrats : ce qui fait qu'il n'y a plus à cet égard de différence entre l'hypotheque générale & l'hypotheque fpéciale.

Voyez ce que j'ai dit fur l'article 100. de la Coutume de Paris.

Il faut remarquer que quand même la furdite claufe, *fans que l'hypotheque fpéciale déroge à la générale, ni la générale à la fpéciale,* feroit omife, la difpofition de la Loi 2. *cod. de pignorib.* ne regarde que le tiers détenteur ; & qu'ainfi le créancier qui a une hypotheque générale jointe à la fpéciale, peut par rapport au débiteur fe fervir de l'une ou de l'autre hypotheque, comme il juge à propos fans que le débiteur puiffe lui oppofer qu'il doit difcuter les biens qui lui font fpécialement hypothéqués, avant que de s'adreffer à fes autres biens, qui ne lui font obligés, que par une hypotheque générale. Leg. creditoris arbitrio, ff. de diftract. pign. Leg. ult. cod. de obligat. & actionib. M. le Maître en fon Traité des Criées, chap. 32. où il donne l'explication de la Loi 2. cod. de pignorib.

Nous avons plufieurs Coutumes où la difcuffion n'eft point néceffaire à ceux qui font créanciers de rentes conftituées. La coutume de Paris eft du nombre. *Voyez* ce que j'ai dit fur l'article 101. de cette Coutume.

La difcuffion étant réelle, elle fe doit régler fuivant les Coutumes des lieux où les héritages fujets à difcuffion font fitués, & non pas fuivant la Coutume du domicile du débiteur.

DISCUSSION DE MEUBLES. Suivant la difpofition des Loix Romaines, il falloit commencer par la vente des meubles avant que de venir à celle des immeubles. Si les meubles n'étoient pas fuffifans, on venoit à la vente des immeubles & enfuite à celle des dettes actives du débiteur.

Les créanciers ne pouvoient pas intervertir cet ordre pour être payés de leur dû, parce qu'il étoit établi en faveur des débiteurs. *Leg. à Divo Pio 15. §. 1. ff. de re judic.*

Cette difcuffion des meubles étoit autrefois parmi nous néceffaire, avant que de procéder par faifie réelle des immeubles.

Mais l'article 74. de l'Ordonnance de 1539. porte, que pour la validité des faifies, exécutions & criées, il n'eft pas befoin de perquifition de meubles : ainfi la difcuffion des meubles n'eft pas aujourd'hui néceffaire, & il eft loifible à un créancier de s'adreffer à tels biens du débiteur qu'il lui plaît pour être payé de fon dû.

Il n'y a que les mineurs à l'égard defquels elle eft requife ; autrement un mineur dont on auroit fait vendre un immeuble, fans avoir préalablement difcuté les meubles, pourroit faire caffer le décret. *Voyez* M. Louet & fon Commentateur, lettre M. nomb. 15.

Si un décret eft fait fur un majeur & fur un mineur, il peut être caffé à l'égard du mineur, s'il n'a pas été difcuté, & valoir quant au majeur.

Il fuffit que la difcuffion ait été faite avant l'adjudication d'un immeuble appartenant à un mineur, & le décret n'en eft pas moins valable, quoique la difcuffion ait été faite après la faifie & les criées.

La difcuffion n'eft requife que pour la confervation des immeubles appartenans aux mineurs & empêcher qu'ils ne foient vendus, lorfqu'ils ont des effets mobiliaires pour fatisfaire leurs créanciers.

C'eft pour cette raifon, que quoique la difcuffion n'ait pas été faite, la faifie, les criées & l'adjudication par décret font valables, à moins que le mineur ne juſtifie par l'inventaire ou autres pieces valables, que lors de l'adjudication il avoit des deniers & des effets mobiliaires ſuffiſans pour empêcher le décret de ſes immeubles.

La diſcuſſion n'eſt point requiſe à l'égard du fidéjuſſeur ou coobligé du mineur; parce qu'à ſon égard la cauſe de la diſcuſſion ceſſe, & le majeur obligé avec le mineur ne jouit pas du même privilége.

DISJONCTION, eſt un Jugement qui ſépare deux inſtances qui avoient été appointées & jointes, mais que les Juges ont trouvé à propos de disjoindre pour les juger ſéparément, attendu qu'elles n'ont entr'elles aucune connexité, ou que l'une eſt proviſoire, & doit par .conſéquent être jugée auparavant l'autre.

Nous avons dit, *verbo* Jonction, qu'on joint au premier appointement les incidens qui ſurviennent, comme étant des acceſſoires de la premiere demande.

Mais on les disjoint quelquefois pour les juger ſéparement, quand on voit que les demandes incidentes n'ont point de connexité avec la prinpale, ou qu'elles n'ont été formées que pour en retarder l'inſtruction.

Il faut que la Partie intéreſſée préſente une Requête au Juge, tendante à la disjonction de l'incident joint au premier appointement, & le Jugement qui intervient en conſéquence, ordonne la disjonction, ſi celui qui a préſenté ſa Requête à cet effet, paroît bien fondé.

DISJONCTIVE. *Voyez* Particule disjonctive.

DISPENSE, eſt un relâchement du Droit; comme ſont les diſpenſes d'âge, de tems d'étude néceſſaire pour acquérir des dégrés, d'interſtice entre les dégrés, les diſpenſes de parenté, & autres.

DISPENSE D'AGE, ſont Lettres de faveur qui ne s'expédient qu'au grand Sceau, pour ceux qui deſirent être pourvus d'Offices avant l'âge requis pour les poſſéder.

Sa majeſté accorde auſſi quelquefois des diſpenſes pour être admis à étudier au Droit avant l'âge requis par les Ordonnances.

DISPENSE DE PARENTÉ POUR MARIAGE, eſt une diſpenſe qui ne s'accorde ordinairement que par le Pape, à l'effet de pouvoir épouſer une perſonne qui nous eſt jointe par le lien de parenté, ou par alliance, dans un dégré prohibé.

Le Pape, ne diſpenſe jamais en ligne directe, ni en ligne collatérale entre frere & ſœur; mais il peut diſpenſer pour de très-grandes conſidérations l'oncle & la niéce, le neveu & la tante.

A l'égard des couſins germains, qui ſont des collatéraux au deuxieme dégré canonique, qui n'ont point entr'eux la ſimilitude d'aſcendans & de deſcendans, le Pape leur accorde des diſpenſes pour des raiſons particulieres.

Mais il eſt facile d'obtenir diſpenſe du Saint Siége entre ceux qui ne ſont parens qu'au troiſieme ou quatrieme dégré. La plûpart des Evêques ont même le droit de diſpenſer au quatrieme.

L'effet de la diſpenſe pour mariage eſt de lever l'empêchement qu'il y avoit au mariage, à cauſe de la parenté ou de l'alliance.

Cette diſpenſe donne auſſi lieu à la légitimation des enfans, que ceux qui les ont obtenues peuvent avoir eu auparavant.

On tient cependant que les inceſtueux ne ſont pas légitimés par le mariage ſubſéquent, quand même le pere & la mere auroient obtenu une diſpenſe pour ſe marier enſemble.

Au reſte, toute diſpenſe du Pape qui paſſe les limites du Droit commun, qui bleſſe la diſpoſition des ſaints Décrets, ou les Uſages & la Police publique, doit être rejettée, & ne peut produire aucun effet, à moins qu'elle ne ſoit confirmée par des Lettres patentes enregiſtrées, comme nous avons dit: *verbo* Mariage.

DISPENSE DE PARENTÉ POUR CHARGE DE JUDICATURE, eſt celle que le Roi accorde à ceux qui veulent avoir des proviſions d'une Charge de Judicature dans une Cour; ou dans un Siége où ils ont des parens au dégré prohibé par les Ordonnances.

Voyez l'art. 71. de l'Ordonnance de Moulins de l'an 1493. l'article 32. de celle d'Orléans & l'article 116. de l'Edit de Blois.

DISPOSITIF, eſt la partie d'un Jugement qui contient ce que les Juges ont prononcé ſur la conteſtation des Parties. L'expédition d'une Sentence ou d'un Arrêt commence par les qualités: on met enſuite le vû en procès par écrit, & on finit par le diſpoſitif.

DISPOSITION DE LA LOI, eſt tout ce que la Loi ou autre Réglement ordonne.

DISPOSITION DE L'HOMME, eſt tout ce que les Particuliers ordonnent au ſujet de leurs perſonnes & de leurs biens ſoit verbalement, ou par écrit.

Les diſpoſitions des hommes ſont, ou diſpoſitions entre-vifs, ou diſpoſitions de derniere volonté.

On met au nombre des premieres les donations entre-vifs, & autres actes qui ont leur effet de notre vivant.

Les diſpoſitions à cauſe de mort ſont les teſtamens, les codicilles, & les donations à cauſe de mort, qui ne commence à pouvoir avoir d'effet qu'après la mort du teſtateur ou du donateur.

Les diſpoſitions entre-vifs ſont irrévocables; mais les diſpoſitions à cauſe de mort peuvent être révoquées juſqu'au dernier moment de la vie.

Ce qui rend les diſpoſitions entre-vifs irrévocables, c'eſt que *de præſenti vires capiunt; quapropter quod ſemel placuit, reſpectu diſpoſitionum inter vivos non poteſt poſtea diſplicere : contractus quidem ab initio ſunt voluntatis, ſed ex poſt facto neceſſitatis.* Tout au contraire, les diſpoſitions à cauſe de mort *de præſenti vires non capiunt, ſed tantùm poſt mortem diſponentis ; quamobrem mutare poteſt voluntatem uſque ad ultimum vitæ ſpiritum ; unde illud axioma : In ultimis diſpoſitionibus ambulatoria eſt hominis voluntas, atque adeò ultima ſemper præfertur priori.*

Les diſpoſitions des hommes ſe diviſent encore en diſpoſitions pures & ſimples, en diſpoſitions conditionnelles, & en conditions modales. *Voyez* Condition. *Voyez* cauſe impulſive.

M. Jean Marie Ricard, dans le ſecond tome de

ſes Œuvres, a donné un Traité des diſpoſitions conditionnelles, onéreuſes, remunératoires, démonſtratives, cauſées, dilatoires, & à tems. Le Lecteur peut y avoir recours.

DISPOSITION CAPTATOIRE. *Voyez* Captatoire.

DISPOSITIONS CADUQUES., ſont des inſtitutions d'héritiers, ou des legs qui ne peuvent avoir leur effet : *Caduca ſunt in teſtamento ſcripta quæ déficiunt.*

DISSOLUTION DE MARIAGE, eſt la ſéparation qui s'en fait, quand le mariage contracté entre deux perſonnes eſt déclaré nul pour quelque empêchement dirimant, comme pour impuiſſance, pour force & violence, parenté, alliance, & autre ſemblable.

Le mariage eſt indiſſoluble ; cependant on ſe ſert quelquefois du terme de *diſſolution de mariage*, mais c'eſt improprement, & la véritable expreſſion dont on doit ſe ſervir eſt de dire, *que le mariage a été déclaré nul.*

Au reſte, quoique le mariage contracté entre Fidéles ſoit indiſſoluble, il peut néanmoins, quand il n'a pas été conſommé, être diſſous par la profeſſion monaſtique de l'un des conjoints. *Voyez* Divorce.

DISSOLUTION DE COMMUNAUTÉ, eſt la rupture de la ſociété de biens qui étoit entre deux conjoints par mariage.

Toute ſociété finit par la mort de l'un des aſſociés. Ainſi la communauté de biens entre conjoints finit par la mort de l'un des deux.

Cela fait que du jour du décès du prédécedé, ſes héritiers & le ſurvivant ſont en état d'exercer leurs droits & actions tels qu'ils leur ſont acquis, eu égard aux conventions portées par le contrat de mariage, & à la diſpoſition de la Coutume du lieu où le contrat a été paſſé ; eu égard auſſi à la Coutume du domicile des parties, lors du décès & de la ſituation des biens qui ſont partie des effets de cette ſociété.

Ainſi le ſurvivant & les héritiers du prédécedé deviennent de droit, ſans en avoir délivrance en Juſtice, propriétaires de leur moitié : ce qui eſt fondé ſur cette maxime du Droit coutumier : *Le mort ſaiſit le vif, ſon hoir plus proche & habile à ſuccéder.*

Il s'enſuit de ce que nous venons de dire, que le ſurvivant ne peut du jour du décès du prédécedé, diminuer en quelque maniere que ce ſoit la part qui appartient de droit à ſes enfans, ou autres héritiers du prédécedé, qui conſiſte à la moitié de tous les meubles, effets mobiliers, droits & actions, des conquêts faits pendant que la communauté a duré.

Ce partage eſt facile à faire, quand les enfans du prédécedé ſont majeurs, ou quand il n'y a point d'enfans du mariage.

Mais quand il y a des enfans mineurs iſſus du ſurvivant & du prédécedé, le ſurvivant qui veut empêcher la continuation de communauté, doit abſolument obſerver deux choſes dans la Coutume de Paris.

La premiere, de faire un inventaire, qui ſoit revêtu de toutes les formalités preſcriptes par la Coutume, qui demande un légitime contradicteur, c'eſt-à-dire un tuteur & un ſubrogé tuteur, qui

ayent accepté & prêté le ſerment de la tutelle pardevant le Juge ; que l'inventaire ſoit fait pardevant Notaires, ou pardevant le Juge dans les lieux où il n'y a point de Notaires ; que le ſerment ait été pris lors de la préſentation des effets, avant que de commencer l'inventaire ; & qu'à la fin de l'inventaire l'on ait déclaré entre les mains de qui les effets de la ſucceſſion auront été dépoſés.

Notre Coutume ne définit point de tems pour faire cet inventaire ; mais l'Ordonnance de 1667. au tit. 7. a préfini le tems de trois mois depuis l'ouverture de la ſucceſſion. Ainſi il faut que cet inventaire ſoit fait & parachevé dans ledit tems, à moins qu'on ne juſtifie qu'il n'a pû être fait dans les trois mois. *Voyez* l'art. 4. du titre cité ci-deſſus de l'Ordonnance de 1667.

La ſeconde formalité eſſentielle, requiſe par l'art. 241. de la Coutume de Paris, & qui n'eſt pas requiſe dans pluſieurs autres, eſt que le ſurvivant faſſe clorre cet inventaire trois mois après qu'il aura été parachevé. *Voyez* ce que nous avons dit, *verbo* Clôture d'inventaire.

Ces deux formalités ayant été exactement obſervées par le ſurvivant, la communauté eſt diſſoute du jour du décès, quand même le ſurvivant en auroit diverti des effets ; auquel cas les mineurs n'auroient plus que l'action *rerum amotarum*, qui ne produiroient point d'autre effet ſinon que le ſurvivant qui auroit été convaincu d'avoir recelé, ſeroit privé de la part qu'il auroit eue dans tous les effets récelés.

La confection de l'inventaire dans les trois mois ; & la clôture dans trois autres mois, ſont abſolument néceſſaires dans la Coutume de Paris, pour empêcher que la communauté continue du jour du décès du premier mourant. Mais en quelque tems qu'un inventaire ſolemnel & parfait ſoit achevé, quand ce ſeroit dix ans après la mort du prédécedé la communauté ceſſe du jour de la clôture de l'inventaire.

Ainſi la différence qu'il y a de l'un à l'autre cas, c'eſt que quand l'inventaire a été fait & clos dans le tems réglé par l'uſage & par la Coutume, il a un effet rétroactif ; c'eſt à dire que la clôture produit le même effet que ſi elle avoit été faite au moment du décès du prédécedé ; mais quand l'inventaire n'a pas été fait & clos dans ce tems fatal, il ne produit ſon effet qu'au moment de la clôture.

Il s'enſuit de ce que nous venons de dire, que ſi un étranger fait avant la clôture de l'inventaire une donation au ſurvivant ; l'inventaire ayant été depuis clos dans le tems, cette donation n'entrera point dans la continuation de communauté, puiſqu'en ce cas on ne peut pas dire qu'il y ait eu continuation.

Au contraire, ſi l'inventaire n'a pas été clos dans le tems, la donation entrera dans la communauté qui a continué. Enfin, ſi la donation n'a été faite qu'après la clôture de l'inventaire, elle n'entrera pas dans la continuation de communauté qui a ceſſé par la clôture de l'inventaire.

Voyez Clôture d'inventaire, & Continuation de communauté. *Voyez* Brodeau ſur Louet, lett. C, chap. 30. *Voyez* auffi ce que j'ai dit fur les art. 240. & 241. de la Coutume de Paris.

DISTRACTION, fignifie féparation. Ainfi , quand un créancier a compris dans la faifie réelle d'autres biens que ceux qui appartenoient à fon débiteur , les propriétaires en demandent la diftraction. *Voyez* Oppofitions en fait de décret.

DISTRACTION DE JURISDICTION, eft l'attribution de la connoiffance de certaines affaires , qui eft accordée à de certains Juges , à l'exclufion des autres Juges, dont par conféquent la Jurifdiction eft diftraite à cet égard.

Cette diftraction de Jurifdiction a lieu, I°. lorfque le Roi attribue la connoiffance de certaines affaires à des Juges particuliers, par des Commiffions extraordinaires du Confeil, ou par des évocations au grand Confeil, &c.

II°. Le droit qu'ont les privilégiés en vertu des Lettres de committimus, ou de garde-gardiennes , leur donne la faculté de diftraire les caufes pour lefquelles ils feroient affigné pardevant d'autres Juges que ceux de leurs privileges.

III°. Les renvois, les évocations, les cédules évocatoires pour caufe de parenté & alliance , que les Parties peuvent avoir dans les Jurifdictions ordinaires font des diftractions de Jurifdiction.

IV°. En matiere de criées , lorfque les biens faifis font affis & fitués fous différens Bailliages, on peut obtenir des Lettres d'attribution de Jurifdiction à un feul Bailliage, en vertu defquelles on diftrait l'ordre à faire des autres Bailliages; bien entendu que les criées fe feront fous les Jurifdictions particulieres dans lefquelles les héritages faifis réellement font fitués.

V°. Lorfque le Roi érige une Terre en Duché, Marquifat, Comté, Barronnie, &c. comme il faut une quantité de paroiffes & de feux pour former le titre de l'érection, s'il fe trouve dans l'arondiffement une Paroiffe qui ait toujours relevé d'une Juftice particuliere, l'on diftrait cette Paroiffe de fa Jurifdiction ordinaire, pour la réunir à la Juftice de la Pairie, Marquifat, &c. après néanmoins une information *de commodo & incommodo*, dans laquelle les Juges dont on diftrait la Jurifdiction font entendus, à l'effet d'être dédommagés au prorata de la perte qu'ils en fouffriront.

VI°. L'on diftrait de la Jurifdiction eccléfiaftique le cas que l'on appelle privilégié, & on lui laiffe la connoiffance du délit commun. *Voyez* Délit commun.

VII°. L'on diftrait de la Jurifdiction eccléfiaftique, la connoiffance d'un écrit fous feing privé, parce que le Juge d'Eglife a bien le droit de prononcer la condamnation du contenu en l'écrit; mais comme fes Jugemens n'emportent ni hypotheque, ni exécution parée, on peut en faire diftraction, & fe pourvoir pour raifon de ce pardevant le Juge royal.

Au refte, les déclinatoires & les réglemens de Juges font des défenfes que l'on peut oppofer à la demande qui feroit témérairement faite en diftraction de Jurifdiction.

DISTRACTION EN MATIERE DE DEPENS , fignifie la demande que le Procureur de celui qui a obtenu gain de caufe, fait pour être payé de fes frais & falaires fur les deniers qui lui doivent être payés par la Partie qui a perdu fon procès.

Cette demande étant fignifiée à la Partie qui a perdu fon procès, tient lieu de faifie : en forte qu'elle ne peut payer au préjudice.

Cette demande eft tellement privilégiée que le Procureur peut l'intenter malgré fa partie.

Bien plus, la partie qui doit les dépens, ne peut ufer de compenfation des dépens avec ce qui lui feroit dû de clair & de liquide par la partie adverfe, au préjudice de la demande en diftraction faite auparavant. On objecteroit envain que le Procureur n'a pas plus de droit que fa Partie, & que fa partie ne pourroit exiger des frais d'un homme à qui il devroit des fommes exigibles; parce que les frais dont le Procureur demande la diftraction font le travail du Procureur & fes avances, qui n'appartiennent, & ne peuvent jamais appartenir à la Partie à qui les dépens font adjugés : ils appartiennent au Procureur feul. Ainfi la Partie adverfe ne peut pas demander compenfation de ce qui lui eft dû par la Partie du Procureur, avec ce qui n'eft dû qu'au Procureur.

D'ailleurs, comme nous venons de dire , dès que la demande en diftraction eft fignifiée , elle tient lieu de faifie : ainfi celles qui feroient poftérieurement faites, n'en pourroient empêcher l'effet.

Mais fi celui qui eft condamné aux dépens, faifoit faifir en fes mains pour fûreté de ce qui lui eft dû par celui envers qui il a été condamné aux dépens, le Procureur de celui qui a obtenu gain de caufe, ne pourroit pas au préjudice de cette faifie, demander la diftraction, en ce que fi ce Procureur oppofoit fon privilege, le faififfant oppoferoit l'antériorité de fa faifie. Ainfi jugé par Arrêt à la petite Audience de la Grande chambre, le 24. Mars 1714.

La demande en diftraction produit encore un autre effet, qui eft que lorfque le Procureur de celui qui a obtenu gain de caufe, a demandé & obtenu la diftraction de fes frais, fa Partie fe trouve entiérement déchargée envers lui : en forte que fi celui qui a été condamné aux dépens envers fa Partie, eft ou devient infolvable, il n'a aucun recours contre celui pour qui il a occupé.

DISTRIBUTION , eft un Regiftre dans lequel le Greffier garde-facs au Parlement infere toutes les Requêtes de *committitur* ; le Préfident le remplit.

DISTRIBUTION DES PROCÈS PAR ÉCRIT , fe fait par Meffieurs les Préfidens des Chambres des Enquêtes en trois lots , un pour chaque Chambre ; & le premier Préfident de chaque Chambre diftribue le procès qui font échus dans fon lot aux Confeillers de fa Chambre.

DISTRIBUTION DE DENIERS ENTRE CRÉANCIERS, eft le partage qui fe fait entre tous les créanciers des deniers provenans de la vente des biens de leur débiteur qui ont été vendus par autorité de Juftice.

Le prix des héritages fe diftribue felon la priorité ou le privilege de l'hypotheque ; mais quand leur créance est de même date pour l'hypothéque, ou qu'elle a même privilege, ils sont tous alors de pareille condition, & aucune d'eux ne peut avoir plus d'avantage que les autres.

Mais comme leur créance affecte, & peut s'exercer sur tous les biens de leur débiteur, voyons si leur concurrence subsiste également sur les deniers qui proviennent de leurs biens meubles & immeubles.

C'est une maxime, . qu'en France les meubles ne sont point susceptibles d'hypotheque. D'où il s'enfuit, que quand un effet mobilier est saisi, les créanciers ne concourent point alors ensemble, mais le premier saisissant est préféré, soit qu'il soit chirographaire ou hypothécaire.

Cette maxime reçoit deux exceptions.

La premiere est le cas de déconfiture, où tous les créanciers saisissans & opposans viennent à contribution au sol la livre sur tous les meubles de leur débiteur, sans aucune prérogative.

La deuxieme est, quand tous les meubles de leur débiteur ont été vendu en conséquence des oppositions formées au scellé par les créanciers; auquel cas tous viennent par contribution au sol la livre, sans que celui qui a fait poser le scellé, ni les premiers opposans, soient préférés aux autres.

La régle est bien différente, quand il s'agit de distribuer entre des créanciers le prix d'un immeuble vendu par autorité de Justice; car on considere alors ou le privilege de la créance, ou la date de l'hypotheque, comme nous l'avons dit ci-dessus. Ainsi, en fait de créances privilégiées, on considere plus la cause que la date de l'obligation, de sorte qu'entre créanciers privilégiés, ceux qui ont un privilege plus favorable l'emportent sur les autres. Mais si plusieurs créanciers privilégiés ont tous un titre également favorable, le tems ne donne entr'eux aucune préférence; & c'est le cas où ils concourent également.

En fait de créances hypothécaires, c'est l'ordre du tems qui décide. Mais si plusieurs se trouvent avoir hypotheque du même jour, & sans aucune différence, ils sont alors tous colloqués pour toucher par concurrence entr'eux le prix de l'immeuble vendu par autorité de Justice.

Il y a un Edit du mois de Février 1683. portant Réglement, tant pour la vente des Offices, & distribution du prix d'iceux, que pour la préférence entre les créanciers opposans au sceau & expéditions de provision desdits Offices, privilégiés & hypothécaires.

L'article premier porte, que les créanciers opposans au sceau & expéditions des provisions des Offices, seront préférés à tous autres créanciers qui auront omis de s'y opposer, quoique privilégiés, & même à ceux qui auront fait saisir réellement les Offices, & seroient opposans à la saisie réelle.

Il est dit en l'article 3. qu'entre les créanciers opposans au sceau, les privilégiés seront les premiers payés sur le prix des Offices, après les privilégiés acquittés, les hypothécaires seront colloqués sur le surplus dudit Office, selon l'ordre de priorité ou postériorité de leur hypothéque; & s'il reste quelque

chose après que les créanciers privilégiés & hypothécaires opposans au sceau, auront été entièrement payés, la distribution s'en fera par contribution entre les créanciers chirographaires opposans au sceau.

Voyez ce que j'ai dit sur l'article 95. de la Coutume de Paris, auquel cet Edit du mois de Février 1683. déroge expressément.

Il y a un acte de notorieté donné par M. le Camus, Lieutenant civil, le 4. Août 1691. qui porte; I°. que l'usage qui s'observe au Châtelet de Paris, pour la distribution du prix des meubles & des deniers d'une succession, est de payer par préférence à tous créanciers l'ouverture de la terre, & le port du corps du défunt qui se liquide à 20. livres au plus.

II°. Qu'ensuite les propriétaires sont payés de ce qu'il leur est dû des loyers des maisons, pendant tout le cours du bail, échus & à écheoir, & en cas qu'il n'y ait point de bail, se payent seulement trois termes & le courant.

III°. Qu'après les propriétaires on paye les Médecins, Chirugiens, Apoticaires, qui ont servi pendant la derniere maladie seulement.

IV°. Qu'ensuite se payent les gages des domestiques, pour une année échue au tems du décès, si tant y a.

V°. Qu'après se payent les frais du scellé & de l'inventaire, par préference à tous autres créanciers, & par contribution entr'eux au sol la livre en ce cas que le prix ne soit pas suffisant pour les payer.

VI°. Qu'après lesdits privilégiés payés, tous les autres créanciers, tant chirographaires ou hypothécaires, que les Ouvriers, sont payés de leur dû par contribution, sans aucun privilege.

DISTRICT, signifie territoire, ressort, étendue d'une Jurisdiction.

DIVERTIR, signifie détourner & enlever des effets en fraude.

DIVERTISSEMENT. Voyez Recelé.

DIVIS. Voyez Indivis.

DIVISION, signifie le partage qui se fait des biens communs entre cohéritiers coopropriétaires, entre associés, entre le survivant des conjoints & les héritiers du prédécédé.

DIVISION, BENEFICE DE DIVISION, est celui que l'Empereur Adrian a introduit en faveur de plusieurs fidéjusseurs qui ont servi de caution à un même debiteur.

En vertu de ce Bénéfice, lorsque l'un des fidéjusseurs est poursuivi pour toute la dette, il oppose l'exception qui en resulte, qui est de n'être tenu que pour sa part & portion, & non pour le tout. Mais ce bénéfice ne peut avoir lieu, qu'au cas que tous les fidéjusseurs soient solvables pour leur part & portion au tems de la contestation en cause. Si tous étoient solvables, & qu'après la contestation en cause il arrivât qu'un d'eux fût devenu insolvable, le cofidéjusseur qui auroit opposé à la demande qui lui auroit été faite pour le tout, l'exception de la division seroit à couvert de l'insolvabilité qui seroit depuis survenue à l'un des fidéjusseurs; & la perte qui

qui en pourroit provenir, tomberoit uniquement sur le créancier, & non sur les autres fidéjusseurs.

Comme les cooblicés ne sont point cosidejusseurs, ce bénéfice de division n'étoit point pour eux ; ainsi que M. Cujas l'a observé sur la Loi *Reos*, *ff. de duobus Reis.*

Justinien fut le premier qui par sa Novelle 99. étendit le bénéfice de division aux cooblicés solidairement. Mais parmi nous, tant en Pays de Droit écrit, qu'en pays coutumier, ce bénéfice cesse toutes les fois que l'obligation est solidaire ; parce que la solidité emporte une renonciation tacite au bénéfice de division. *Voyez* Henrys & son Commentateur tom. 2. liv. 4. quest. 38.

Aujourd'hui ce bénéfice est inutile parmi nous, parce que les créanciers ne manquent jamais de faire renoncer les cosidéjusseurs & les cooblicés au bénéfice de division.

Ces renonciations sont même aujourd'hui de stile ordinaire ; & il ne se passe gueres d'actes où les cosidéjusseurs & les cooblicés ne consentent de pouvoir être chacun contraint pour le tout.

Supposé qu'aujourd'hui les cosidéjusseurs n'eussent point renoncé à ce bénéfice, il pourroit être valablement opposé en quelque tems que ce soit, même après la condamnation. Papon, liv. 10. tit. 4. nomb. 22.

Il faut encore remarquer que la renonciation au bénéfice de division & de discution n'est jamais sous-entendue sous l'*Et cetera*, que les Notaires mettent à la fin de leurs actes. Dumoulin, *in Tractatu de usuris*, *quæst.* 7. *num. 133.* Maynard, liv. 8. chap. 31. la Peyrere, lett. D, nomb 41.

Dans les Arrêtés de M. le Premier président de Lamoignon, il y a un titre de la solidité & division des dettes actives & passives, qui contient seize articles, où je renvoye le Lecteur.

DIVORCE, chez les Romains étoit la séparation des conjoints faite selon les Loix, ensorte qu'il leur étoit ensuite permis réciproquement de se marier avec une autre personne. Mais le marige étant parmi nous considéré comme Sacrement, il ne peut point être dissous, dès qu'il est légitimement contracté.

Ainsi parmi nous, divorce ne signifie point la rupture du lien & la dissolution entiere du mariage, mais seulement la séparation de biens & d'habitation entre un mari & une femme, qui ne donne pas atteinte au lien du mariage ; ensorte qu'il n'est permis à aucun des deux conjoints de passer à un autre mariage du vivant de l'autre conjoint.

Touchant cette séparation de biens & d'habitation entre un mari & une femme, *voyez* ce que j'en dis lett. S.

A l'égard de la dissolution du mariage, c'est une régle fondée sur la nature du mariage & sur l'institution divine, que le mariage valablement contracté est indissoluble ; & que quand il a été fait selon les Loix de l'Eglise, il ne se peut dissoudre. Sur quoi nous avons deux observations à faire.

La premiere que si de deux infidèles unis ensemble par un mariage contracté selon les loix de leur Patrie, l'un se convertit à la Foi catholique,

Tome I.

& que l'autre ne veuille pas rester avec lui, *sine coutumeliâ Creatoris*, le mariage est dissolu, & il est permis à celui qui s'est converti, de se marier à une autre personne ; & c'est le seul cas où le mariage consommé peut être dissous.

La raison est, que *matrimonium illud ratum non habet Ecclesia.* L'Eglise ne reconnoît point un tel mariage qui a été contracté par des infidéles ; ainsi elle en admet la dissolution dans le cas dont nous venons de parler. Ce mariage est absolument légitime, lorsqu'il est contracté suivant les Loix de la Patrie des conjoints : & comme ce n'est pas un Sacrement, mais un simple contrat, il n'est pas indissoluble : l'Eglise même en admet la dissolution dans le cas marqué ci-dessus.

La seconde observation est, qu'il y a un cas où un mariage contracté entre des fidéles peut être dissous, quoiqu'il soit Sacrement, pourvû cependant que le mariage n'ait pas été consommé.

Ainsi le mariage non consommé est dissous, lorsque l'un des conjoints choisissant un état plus parfait, se donne entiérement à Dieu par la Profession monastique ; le lien de ce mariage est entiérement dissous, de sorte que celui qui reste dans le monde peut passer à un autre mariage.

C'est la decision d'Alexandre III. dans le chapitre 2. *extra de convers. conjugator.*

Cette décision tirée par interprétation de l'Oracle divin, est fondée sur ce que l'indissolubilité absolue du mariage est fondée, non pas tant sur ce que le mariage est un Sacrement, que sur l'union qui se fait en conséquence par la tradition des corps, suivant ces termes de l'Ecriture : *Et erunt duo in carne unâ.* Or les conjoints ne sont pas *una caro* par le mariage seul, mais par le mariage suivi de la copulation charnelle.

Ainsi, quoique par le mariage de la tradition reciproque des corps soit promise, cette promesse n'est que conditionnelle, & ne s'entend que sous cette condition, *nisi Deus ad meliora vocaverit.* Or l'état le plus saint & le plus parfait est celui par lequel on se donne entiérement à Dieu & à son service, en renonçant au monde & à ses plaisirs, qui sont pour la plûpart criminels devant Dieu.

Ce que dit l'Apôtre de la puissance que les conjoints ont sur le corps de l'un de l'autre, se doit donc entendre de ceux *qui facti sunt una caro*, par la copulation charnelle, auxquels il enjoint de se rendre mutuellement le devoir conjugal.

Cette copulation entre ceux que le mariage unit, fait que le mari n'est plus maître de son corps, mais la femme ; ni réciproquement la femme maîtresse du sien, mais le mari.

Quoique le mariage non consommé, puisse être dissous par la Profession monastique, néanmoins le mariage non consommé n'est point dissous par la promotion aux Ordres sacrés.

Il semble cependant qu'il y ait parité de raison dans la prise des Ordres sacrés, & dans la profession de la vie monastique, tant par rapport au vœu de chasteté que l'un & l'autre renferme, que par la plus grande perfection de l'état ecclesiastique auquel nous attache l'Ordination.

La raifon de la différence eft, que celui qui fait profeffion, quitte entiérement le monde, & eft mort au fiecle par les trois vœux qui s'y font d'une mort qui en plufieurs chofes opere les mêmes effets que la mort naturelle. Mais la prife des Ordres facrés ne caufe pas la mort civile, ni l'entiere renonciation au monde & aux chofes temporelles.

Quant à la queftion, fi l'adultere eft une caufe de divorce *quoad vinculum*, qui a été autrefois fort agitée, l'Eglife a décidé que non, comme nous l'avons dit, *verbo* Adultere.

Nous parlerons plus amplement de cette matiere dans le Dictionnaire du Droit canonique, que nous efpérons donner au public.

DIXIEME, felon l'article 6. de la Coutume de Saint-Omer, eft le dixiéme denier pour vente, donation, ou tranfport d'héritages, qui eft dû au Seigneur.

DIXIEME, eft un fubfide extraordinaire que le Roi met en temps de guerre pour fubvenir aux befoins de l'Etat. Les propriétaires des biens fonds payent au Roi le dixieme du revenu. Les Marchands, Négocians & Artifans payent le dixiéme de leur induftrie. Ceux qui doivent à des Particuliers de rentes, foit foncieres ou conftituées, en retiennent la dixieme à caufe qu'ils payent au Roi le dixieme du produit de tous leurs biens. Le dixiéme fut établi par un Edit du 14. Octobre 1710. & par un autre Edit du mois d'Août 1717. Il ceffa au 1. Janvier 1718. Il fut encore établi par une Déclaration du 17. Novembre 1733. à commencer au 1. Janvier 1734. & ceffa au 1. Janvier 1737. fuivant un Arrêt du Confeil dudit jour. Enfin il a encore été établi par une Déclaration du 29. Août 1741. à compter du 1. Octobre fuivant, & fe paye encore préfentement.

Il y a auffi le dixiéme de retenue fur les gages des Offices, qui eft établi plus anciennement.

DIXMES, font une certaine portion de fruits que nous recueillons, ou des revenus & profits que nous faifons par notre induftrie, qui eft dûe à Dieu, en reconnoiffance du fuprême domaine qu'il a fur toutes chofes, & que l'on paye à fes Miniftres pour aider à leur fubfiftance.

On appelle cette portion, *dixmes*, parce que dans la plûpart des endroits elle eft la dixiéme partie des fruits ou revenus, quoiqu'elle foit plus grande ou moindre dans de certains lieux: ce qui dépend de l'ufage.

Les dixmes font réelles, perfonnelles, ou mixtes.

Les réelles font celles qui fe perçoivent fur les fruits de la terre, & font dûes au Curé du lieu où font fitués les héritages: telles font les dixmes qui fe levent fur les bleds, fur le vin, fur l'huile, & autres chofes femblables.

Les perfonnelles font celles qui fe prennent fur les gains que l'on fait par fon induftrie, & font dûes à l'Eglife paroiffiale où l'on reçoit les Sacremens. Mais ces fortes de dixmes ne font plus en ufage.

Les mixtes font celles qui fe levent fur les chofes qui proviennent en partie de nos biens, & en partie de notre induftrie; comme font les dixmes qui fe levent fur les agneaux, fur le lait, fur la laine, & autres chofes dont nous tirons revenu, qui provient en partie de nos biens, & en partie de notre induftrie & de notre travail; & ces dixmes font réputées réelles.

La feconde divifion des dixmes fe fait en dixmes anciennes, & dixmes novales.

Les anciennes font celles qu'on a coutume de lever.

Les novales font celles qui fe levent fur les héritages nouvellement défrichés, & qui ne font cultivés que depuis peu; comme fi une forêt avoit été abbatue & qu'on y eut femé de grains.

La connoiffance des conteftations pour raifon des dixmes appartient au Juge d'Eglife, quand il s'agit de pétitoire; mais il n'y a que le Juge laïque qui puiffe connoître du poffeffoire.

On peut prefcrire la quotité des dixmes, & la forme de les payer, par une poffeffion de quarante ans; mais on ne peut prefcrire l'exception abfolue. Un Curé, pour lever les dixmes, n'a befoin d'autre que de fon clocher.

La dixme doit être levée chaque année. D'où il réfulte, I°. qu'elle ne peut être demandée pour le temps du précédent propriétaire, foit qu'on agiffe par action perfonnelle, ou par action hypothécaire, fuivant M. Charles Dumoulin fur le chap. *Tua nobis* 26. *extra de decimis*.

II°. Que les dixmes n'arréragent point, & par conféquent que le Curé qui a négligé de les recevoir dans l'an, n'en obtient point la reftitution des fruits; à moins qu'il ne juftifie qu'ils lui ont été refufés dans le temps.

Touchant les dixmes, *voyez* mon Dictionnaire de Droit canonique, & ce que j'ai dit fur l'article 124. de la Coutume de Paris, glofe 1.

DIXMES INSOLITES, font les dixmes inufitées, qui de mémoire d'homme n'ont point été payées dans une Paroiffe ou dans un territoire, & qui par conféquent ne peuvent être demandées. Pofons que les dixmes des légumes, des foins, ou autres efpeces de fruits, n'ayent jamais été payées dans une Paroiffe & territoire; fi le Décimateur les vouloit percevoir, il feroit débouté de fa prétention, en vertu de l'Ordonnance du Roi Philippele-Bel de l'an 1303. vulgairement appellée la Philippine, qui défend aux Eccléfiaftiques de lever aucune dixme infolite & non accoutumée; de laquelle Ordonnance l'exécution appartient au Juge-royal.

DIXMES INFÉODÉES, font celles qui ont été aliénées & données en fief à des Laïques, & qui font par eux poffédées comme des champarts, & autres biens profanes.

Auffi n'y a-t-il que le Juge laïque qui puiffe connoître des conteftations qui furviennent à l'occafion de ces fortes de dixmes; & ceux qui les poffedent, peuvent en difpofer, comme de biens purement temporels.

Ces dixmes étant patrimoniales & héréditaires, fe peuvent prefcrire par trente ans, de même que toute autre efpéce de biens qui font dans le commerce des hommes; & elles fe peuvent prefcrire , non feulement par la quotité , mais auffi pour le droit de dixme : au lieu que les dixmes eccléfiaftiques ne fe peuvent preferire que par rapport à la quotité , & à la forme de les payer.

Voyez ce que j'ai dit fur l'art. 124. de la Coutume de Paris , glofe 18. nomb. 1. & fuiv.

Leur origine eft fort incertaine. On tient que les dixmes eccléfiaftiques ont commencé d'être données à de grands Seigneurs vers le fixieme fiecle, & que vers ce temps-là plufieurs Eglifes étant vexées par les ennemis de la Foi , fe font trouvées fouvent obligées d'abandonner leurs dixmes aux Seigneurs , pour les engager à prendre leur défenfe , & les mettre à l'abri des ufurpations auxquelles elles fe trouvoient expofées.

Enfuite par l'autorité des Rois , ou par leur tolérance , les Grands fe font emparés non-feulement des dixmes eccléfiaftiques , mais même des Eglifes.

Comme plufieurs en mourant les reftituoient à des Monafteres , les Moines fe trouverent avoir des dixmes par une autre voie que par la conceffion des Evêques.

Du temps de Charles-le-Chauve , les dixmes eccléfiaftiques ont commencé d'être données en fief par les Evêques & les Curés aux Seigneurs, pour gagner leurs bonnes graces.

Mais Grégoire VII. défendit de les donner en fief , fous peine d'excommunication. Alexandre III. dans un Concile tenu à Tours l'an 1163. établit la même peine contre ceux qui recevroient en fief les dixmes eccléfiaftiques. Le même fouverain Pontife a fuivi cette décifion dans le Concile de Latran ; mais elle ne regarde que l'avenir , & non pas le paffé.

Ainfi , comme les dixmes données en fief à des Laïques par contrat avant le Concile de Latran , n'ont pas pû leur être ôtées , le Pape Innocent III. a confirmé les dixmes inféodées , & Alexandre IV. après lui.

Cela fait que nous voyons encore aujourd'hui de ces dixmes. Mais il faut que ceux qui les prétendent , foient fondés en titre qui foit antérieur au Concile de Latran III. ou qu'ils foient en poffeffion de ces dixmes depuis un temps immémorial , lequel tient lieu de titre.

En France , les dixmes inféodées fe réglent de la même maniere que les chofes profanes ; mais quoiqu'elles foient purement laïques , elles retiennent les mêmes priviléges & les mêmes prérogatives que les chofes eccléfiaftiques ; ce qui eft fondé fur ce qu'elles font toujours fujettes à reverfion : ainfi elles fe payent avant le champart , comme les dixmes eccléfiaftiques. *Voyez* mon Dictionnaire du Droit canonique.

D O

DOCTEUR, eft celui qui après avoir paffé par les dégrés de Bachelier & de Licencié, a enfin obtenu le degré de Docteur dans la Faculté de Théologie , ou dans celle du Droit , ou dans celle de Médecine ; & qui a droit de jouir des priviléges & prérogatives attachés au degré de Docteur.

Voyez le Dictionnaire de Trévoux , & celui de M. Brillon.

DOL , eft une rufe & une adreffe frauduleufe , dont on fe fert pour tromper quelqu'un.

On diftingue en Droit le dol , en dol perfonnel & en dol réel.

DOL PERSONNEL, eft celui qui provient du fait de quelqu'un, dans le deffein de tromper un autre ; comme fi le vendeur d'une terre ou d'une maifon fait paroître un bail fait à plus haut prix que celui convenu entre le bailleur & le preneur, dans le deffein de vendre fon héritage un prix fort fur le pied du bail, c'eft un dol perfonnel provenant du fait du vendeur pour tromper l'acquéreur , & lui faire payer plus qu'il n'en auroit payé autrement : c'eft pourquoi l'acquéreur en juftifiant ce dol peut s'en faire reftituer contre cette vente.

La raifon eft , que la fraude ne doit pas profiter à celui qui la commet au préjudice d'autrui. *Nemini fraus fua patrocinari debet* , Leg. 1. ff. *de dolo malo* , & *æquum eft* , *ut fraus in fuum autorem retorqueatur.* Leg. penult. cod. *de Legatis. Deceptis non decipientibus jura fubveniunt.* Leg. 2. cod. *fi minor. fe major. dixer. Voyez* Belordeau , lett. F , article 24.

DOL RÉEL , eft au contraire celui qui vient de la chofe , quand un acquéreur à qui on a livré tous les effets compris dans le contrat a été déçu par leur peu de valeur; les terres qu'il auroit achetées, étant moins bonnes que toutes les autres qui feroient auprès ou aux environs : il n'y a point en cela du fait du vendeur, lequel n'a point été obligé de déclarer la qualité de fes terres ; l'acquéreur doit s'imputer de ne s'en être pas informé, comme il le pouvoit.

C'eft la raifon pour laquelle le dol perfonnel donne lieu à la reftitution , & à la requête civile, & le dol réel ; à moins qu'il n'y eût léfion d'outre moitié du jufte prix. *Voyez* Léfion.

DOMAINE , fignifie la propriété d'un bien qui nous appartient , & dont nous avons acquis le droit de propriété à jufte titre.

Touchant les moyens d'acquérir la propriété des chofes , *voyez* ce que j'en ai dit fur le titre premier du fecond livre des Inftitutes.

Le domaine fe divife en domaine direct , & en domaine utile. Il fe divife encore en domaine qui comprend la pleine propriété d'une chofe , & en domaine qui ne contient que la fimple propriété.

DOMAINE DIRECT , eft un droit de fupériorité fur un fonds , fans le droit de la propriété utile ; tel eft le domaine que le propriétaire d'un héritage s'eft réfervé dans l'aliénation d'une partie de fa terre, foit à titre de fief ou d'emphitéofe , ou de cens ou cenfives.

DOMAINE UTILE , eft la jouiffance d'un héritage , en conféquence de la propriété utile, fans le titre de la propriété directe. Tel eft le domaine du vaffal , ou du preneur à cens ou à emphitéofe.

De-là vient que le bailleur à titre d'emphitéofe , & le preneur , font l'un & l'autre appellés propriétaires du même héritage , eu égard aux différens droits de propriété qu'ils y ont.

Il faut demeurer d'accord , que deux perfonnes ne peuvent pas être propriétaires *in folidum* d'une même chofe en même temps ; mais cela fe doit entendre du mê:ne droit de propriété , & non pas par rapport au domaine direct & au domaine utile : car ces domaines étant abfolument diftincts & féparés par leurs effets, peuvent appartenir à différentes perfonnes en même temps : ainfi par exemple , dans le cas de l'emphitéofe , le domaine direct du fonds de terre , ou de la maifon.donnée à bail emphiteotique , appartient au bailleur , & il n'en tire qu'une penfion modique qui lui eft dûe annuellement *in recognitionem directi dominii*. Mais le preneur à bail .emphiteotique a pendant tout le temps que le bail dure le domaine utile du fond ou de la maifon , en vertu duquel domaine il en perçoit tous les fruits , & tire toute l'utilité.

DOMAINE QUI CONTIENT LA PLEINE PROPRIÉTÉ D'UNE CHOSE , eft celui auquel eft attachée la jouiffance & l'ufufruit, qui eft appellée en Droit *ufusfructus caufalis* , parce qu'il eft l'effet & la fuite de la propriété dont il fait partie.

DOMAINE QUI NE CONTIENT QUE LA SIMPLE PROPRIÉTÉ , eft celui qui eft fans ufufruit. Ce qui a lieu quand la propriété d'une chofe appartient à un Particulier , & qu'un autre a le droit d'en jouir & d'en percevoir tous les fruits pendant fa vie : & alors l'ufufruit eft une fervitude , & eft appellée en Droit *ufusfructus formalis* , *fervitus nempe diftincta & feparata à propriétate* ; au lieu que dans le domaine plein & entier , l'ufufruit fait partie de la propriété.

DOMAINE DU ROI , eft ce qui appartient au Roi, en conféquence de la Couronne.

Il y en a de deux fortes ; fçavoir , le Domaine fixe , & le Domaine cafuel.

Le Domaine fixe eft l'ancien domaine de nos Rois, qui eft compofé de Seigneuries , Terres, Poffeffions & Droits , qui appartiennent au Roi en qualité de Souverain, comme font les Tailles, les Gabelles , les Douanes , les Droits d'entrée & autres.

Le Domaine fixe eft immuable ou muable.

Le Domaine immuable eft celui qui n'augmente ni ne diminue , en forte qu'il eft toujours le même. Sa recette fe fait & fe vérifie par les comptes précédens , fur lefquels fe réglent toujours ceux qui les fuivent.

Ce Domaine confifte dans les cens & rentes dûs au Roi : ainfi, comme il confifte en droits & revenus dont le produit ne change point, & eft toujours de même valeur, il eft appellé immuable.

Il peut cependant diminuer par accident ; par exemple , quand une maifon ou un moulin qui doit rente fonciere tombe en ruine ; ou que ceux qui en étoient poffeffeurs n'ont pas de quoi payer.

Le Domaine muable eft celui qui confifte dans les chofes qui s'afferment, comme Greffes, Sceaux, Tabellionages , Controlles , Amendes , Prifons , Prés , Étangs , Péages & autres chofes qui s'afferment.

Il s'appelle muable , parce qu'il augmente & diminue , & peut être affermé à plus haut prix dans un temps que dans un autre.

Le Domaine cafuel eft tout ce qui appartient au Roi par fes conquêtes , ou par acquifition , comme par fucceffion , par droits d'aubaine , confifcation , bâtardife & desherence.

Mais ce domaine devient fixe après dix années de jouiffance , ou bien quand il a été joint à l'autre Domaine par des Edits & Déclarations.

Le Domaine fixe , comme étant fpécialement confacré à la Couronne de France , eft par un privilége particulier inaliénable de fa nature , ainfi qu'il eft prouvé par Chopin , liv. 2. tit. 3. de fon Traité du Domaine , & décidé par l'Ordonnance de 1539. & celle de Moulins faite par la réunion.

Le Domaine cafuel , au contraire , peut être aliéné par le Roi, & comme ce Domaine eft aliénable , il eft auffi par conféquent prefcriptible.

La raifon eft , que le Domaine cafuel n'eft pas confidéré comme un véritable Domaine confacré à la Couronne ; c'eft pourquoi nos Rois en peuvent difpofer incommutablement par donations ou ventes.

Il n'en eft pas de même du Domaine fixe, attendu que le Roi n'eft pas propriétaire , mais feulement administrateur des biens de la Couronne. *Capitulo intellecto* , *extra de jurejurando : alienatio autem eft rei fuæ* , *jurifque fui*, *in alium tranflatio*. Or le Domaine de la Couronne *eft tamquam dos ipfius Regni & Reipublicæ* , *Regi data regnandi caufa ideoque inalienabilis* , *ut ea quæ ab uxore marito nuptiarum caufa data vel promiffa funt*.

Voyez Chopin en fon Traité du Domaine , livre 3. titre 1. *Voyez* auffi Bacquet en fon Traité du Droit de Deshérence , chap. 7. nombre 17. & au Traité des baux des boutiques, chap. 3. nomb. 1. & 2.

Il refte quelques obfervations importantes à faire , fur ce que nous difons que le Domaine fixe de la Couronne eft par un privilége particulier inaliénable.

La premiere eft, qu'il y a eu dans tous les temps néceffité d'aliéner le Domaine de la Couronne ; fçavoir pour donner un appanage à un Fils de France , ou quand le bien de l'Etat le requiert : c'eft pourquoi quand on le dit inaliénable , cela n'en exclut pas les ventes & les reventes , ni les appanages ; cela fignifie feulement qu'il eft fujet à rachat perpétuel , ou à réverfion , & que la faculté en eft imprefcriptible ; & c'eft en cela que confifte fon inaliénabilité.

La feconde eft , que les aliénations qui s'en font, doivent , pour être valables , être faites en conféquence des Lettres-patentes , ou Déclarations dûement enrégiftrées au Parlement de Paris , vrai confervateur du Domaine de la Couronne de France.

La troifieme , eft que comme les baux qui excedent neuf ans emportent aliénation , les Officiers des Comptes & Tréforiers de France ne peuvent pas faire des baux de biens dépendans du Domaine du Roi pour plus de neuf ans , fans Lettres patentes dûement vérifiées en Parlement.

La quatriéme eft, que le Domaine de la Couronne étant inaliénable , il n'eſt point ſujet à preſcrip-tion : ainſi toutes les aliénations & uſurpations fai-tes ſur icelui , pour quelque temps que ce ſoit , mê-me de cent ans & plus , ſont ſujettes à reverſion.

Voyez M. le Bret en ſon Traité de la Souverajne-té , liv. 3. chap. 1. & 2. Chopin en ſon Traité du Domaine , liv. 3. titre 9. nomb. 2. Charondas , liv. 2. rép. 1. livre 10. rep. 47. Guy Pape , queſt. 357. & 416. Expilly , chap. 217. Chorier en ſa Juriſprudence de Guy Pape , pag. 327. Pa-pon , liv. 5. tit. 10. nomb. 11. & Berault ſur l'ar-ticle 521. de la Coutume de Normandie.

Finiſſons cet article , en diſant que les Loix que les Rois font ſont muables , & peuvent être chan-gées ſelon que les affaires le requierent , & que l'in-clination des Rois le trouve à propos , par rapport à la variété des temps & des circonſtances.

Mais pour ce qui eſt de là Loi du Royaume qui regarde la conſervation du Domaine & Patrimoine de la Couronne de France : elle ſera perpétuelle : de ſorte que l'aliénation qui peut être faite de quel-ques effets du Domaine , ſera toujours indiſpen-ſablement ſujette à reverſion , ou à la faculté de rachat. *Voyez* Réunion au Domaine.

Paſſons à préſent à une queſtion , qui con-cerne la nature & la qualité du Domaine de la Couronne.

Ce Domaine n'eſt point un Fief ; ou ſi on lui don-ne le nom de fief par rapport ſa nobleſſe , il faut demeurer d'accord que c'eſt un fief bien ſingulier , & purement dominant , qui ne relevant que de Dieu, ne peut être chargé d'hommages envers per-ſonne. Son indépendance abſolue le met infiniment au-deſſus des autres , de quelque dignité qu'ils puiſ-ſent être , qui certainement portent en ſoi les liens d'une dépendance à laquelle la Couronne de France ne peut en aucune maniere être ſujette.

Cela poſé pour principe inconteſtable , en voici les conſéquences.

Quand une terre en fief eſt réunie au Domaine du Roi par confiſcation ou autrement, cette réunion ſe doit toujours faire ſauf le droit d'autrui ; ſçavoir , du Seigneur immédiat & dominant. Mais parce que le Roi , comme Souverain , ne peut & ne doit ſervir à nul de ſes Sujets , il doit vuider ſes mains du fief dans l'an , ou bailler homme vivant & mourant ſuivant l'Ordonnance du Roi Philippe-le-bel , ap-pellée la Philippine. *Voyez* Baſſet , tome 2. livre 6. titre 8. chap. 4.

La foi & hommage , aveux & dénombremens des fiefs mouvans des Domaines du Roi , doivent ſe rendre aux Bureaux des Finances de chaque Gé-néralité , en la préſence des Intendans & Commiſ-ſaires départis qui doivent y préſider , comme il eſt ordonné par l'Arrêt du Conſeil d'Etat du Roi, Sa Majeſté y étant , du 27. Mars 1683.

Le Pere le Long dans ſa Bibliothéque hiſtorique de la France , page 587. & ſuivantes , indique tous les Auteurs & Ouvrages , tant manuſcrits qu'im-primés , qui ont traité des Domaines du Roi en gé-néral , ou par rapport à quelque Province parti-culiere.

Mais les principaux ouvrages qui ayent paru ſur le Domaine du Roi , ſont le Commentaire qu'a fait Charondas ſur une Ordonnance de 1566. qui traite de cette matiere ; le Traité de le Bret touchant la Souveraineté du Roi & ſon Domaine ; & les Trai-tés du Domaine de Chopin & de Bacquet.

Il y a un Recueil d'Edits & Ordonnances con-cernant les Domaines & droits de la Couronne , imprimé à Paris en 1690.

Enfin , il a été imprimé à Paris chez Colombat en 1719. un Traité de la connoiſſance des droits & des Domaines du Roi, & de ceux des Seigneurs par-ticuliers qui relevent médiatement ou immédiate-ment de Sa Majeſté , tant pour faire connoître les droits féodaux & ſeigneuriaux , cenſuels & caſuels , & pluſieurs autres droits , que pour agir avec ordre à la confection des papiers terriers deſdits Domai-nes , & faire le recouvrement des droits qui en dé-pendent , avec la procédure & les formules de foi & hommages , aveux & dénombremens , &c.

Dans Henrys , tom. 1. liv. 2. chap. 4. il eſt auſſi parlé des Juges à qui appartient la connoiſſance du Domaine du Roi.

Touchant le Domaine du Roi , *voyez* ce qui en eſt dit dans le Dictionnaire de M. Brillon.

DOMAINE PARTICULIER DU ROI , eſt un Do-maine qui conſiſte dans les biens que le Roi avoit lorſqu'il eſt parvenu à la Couronne.

Ces biens forment en la perſonne de Sa Majeſté un Patrimoine ſingulier , qui n'eſt point inhérent à ſa Couronne , mais qui lui eſt perſonnel.

Le Roi a donc la pleine & entiere diſpoſition de ces ſortes de biens ; c'eſt pourquoi il les peut ven-dre , donner & en diſpoſer en faveur de qui bon lui ſemble , ſans qu'ils ſoient ſujets à reverſion , com-me le ſont les biens qui ſont du Domaine de la Couronne.

Mais pour cela il faut qu'il n'en ait pas joui pen-dant dix années ; parce que lorſque ces biens ont été régis pendant dix ans par les Officiers du Roi , ils ſont réputés être incorporés au Domaine de la Cou-ronne , & ſont par conſéquent inaliénables.

Voyez ce qui eſt dit au Domaine particulier du Roi , dans le Dictionnaire de M. Brillon.

DOMAINE FORAIN , eſt une eſpece de Do-maine du Roi, qui eſt une impoſition qui ſe leve pour la néceſſité de la guerre , ſur les marchandi-ſes qui entrent dans le Royaume ou qui en ſortent.

DOMAINE CONGEABLE , eſt en Bretagne celui dont le poſſeſſeur doit ſe déſaiſir à la vo-lonté du Seigneur , à la charge toutefois de payer les améliorations qui auront été faites par ce poſ-ſeſſeur.

L'origine de ces ſortes de Domaines vient de ce qu'il y avoit en Baſſe-Bretagne beaucoup de terres en landes & en bois , & ſans habitans , que des Seigneurs donnerent à divers Particuliers , à la charge de certaines rentes.

La propriété de ces terres n'en étoit pas transfé-rée en la perſonne de ceux à qui on les donnoit , comme elle l'eſt en cas de fief : au contraire , on ajoutoit une condition expreſſe , que celui qui les accordoit pourroit les congédier ; c'eſt-à-dire , re-prendre les mêmes terres , en leur rembourſant la valeur des bâtimens, des foffés, & des arbres fruitiers, dont ils auroient fait les améliorations & augmentations.

On a douté autrefois fi ces rentes ou ces domaines étoient nobles, à caufe qu'ils étoient fortis de la main des Seigneurs, & que c'étoit là une efpece de fief bâtard.

L'article 541. de la Coutume de Bretagne, dit qu'il ne laiffe pas d'avoir confervé la nobleffe à l'égard des partages.

Voyez M. de Perchambault fur cet article ; & Belordeau, lett. D, art. 19.

DOMANIAL, fe dit des biens qui font du Domaine du Roi. On appelle auffi domaniaux, certains droits appartenans aux Seigneurs particuliers fur les héritages mouvans d'eux. La Juftice eft un droit feigneurial, mais non pas domanial ; la rente fonciere eft un droit dominial, mais non pas feigneurial ; le cens eft un droit feigneurial & domanial.

Voyez la Coutume de Paris, art. 51. & 52.

DOMESTIQUE, font ceux qui font aux gages de leurs Maîtres, comme les Intendans, les Secrétaires, les Commis, les Laquais, &c.

Chez les Romains, les Maîtres étoient tenus des délits commis par leurs efclaves. Sur quoi *voyez* le titre 8. du quatrieme livre des Inftitutes de Juftinien.

Mais les actions noxales qui étoient chez les Romains données contre les Maîtres, pour le dédommagement des délits commis par leurs efclaves, ne font point en ufage dans ce Royaume, puifque la fervitude y eft inconnue.

Les Maîtres font néanmoins tenus quelquefois parmi nous des dommages caufés par leurs domeftiques. Voici la régle qui s'obferve à cet égard ; c'eft que les Maîtres ne font garant civilement des délits commis par leurs domeftiques fans leur aveu, fi ce n'eft lorfque les domeftiques ont délinqué dans ce qui concerne les fonctions dans lefquelles ils font employés par leurs Maîtres ; parce qu'un Maître doit choifir des domeftiques adroits & prudens : ainfi il eft refponfable de ce que font fes domeftiques en fon nom & par fon ordre ; mais hors ce cas, il n'eft point tenu des dommages caufés par fes domeftiques. *Voyez* l'Arrêt du 18. Juillet 1698. qui eft rapporté dans le Journal des Audiences.

Il y a cependant un cas où le Maître feroit tenu du délit de fon domeftique, qui eft lorfque le délit a été commis par un domeftique en préfence de fon Maître, & que ce Maître ne l'auroit pas empêché, le pouvant faire.

C'eft une queftion, fçavoir fi une donation faite par un ferviteur à fon Maître, eft valable.

Il femble qu'elle doit valoir, parce que les ferviteurs & domeftiques en France ne font pas fous la puiffance & fous l'autorité de leurs Maîtres fi étroitement qu'ils n'ayent pas la liberté de refufer de faire les difpofitions qu'ils pourroient exiger être faites à leur profit, puifqu'ils les peuvent quitter quand il leur plaît.

Mais cette queftion fe doit décider par les circonftances, & par rapport au tems que les domef-

tiques ont demeuré chez leurs Maîtres, & du pouvoir qu'il eft probable qu'ils ont laiffé prendre fur eux par leurs Maîtres ; comme je l'ai remarqué fur l'article 276. de la Coutume de Paris, glof. 1. nomb. 38.

Pour ce qui eft des gages des domeftiques, *voyez* ce que j'en ai dit, *verbo* Gages.

DOMICILE, eft le lieu où un pere de famille habite ; & où il a deftiné d'établir le fiége de fa fortune & de fa demeure ordinaire fixe & permanente, indépendamment du lieu de fon origine, & de la demeure de fes pere & mere.

Domicilium eft locus in quo quis fedem pofuit laremque, & fummam rerum fuarum. Leg. 7. *cod. de incolis.* Et c'eft ce que nous appellons véritable domicile ou domicile naturel, c'eft-à-dire le lieu où l'on fait fa réfidence la plus grande partie de l'année avec fa femme, enfans & famille, & auquel on a fes titres, papiers, & la plus grande partie de fes meubles.

Ainfi, le lieu où quelqu'un demeure quelque tems de l'année feulement & felon les occurrences qui s'offrent, & n'eft pas fon véritable & naturel domicile.

Ce mot domicile eft compofé de deux mots Latins ; fçavoir, de *domus* & de *colo*, à caufe que *domum colere* fignifie habiter una maifon.

A l'exception des vagabonds, il n'y a point d'homme qui n'ait un domicile actuel, de même qu'il n'y a point de corps qui n'ait un lieu où il exifte ; & comme un corps n'occupe qu'un lieu à la fois, un homme n'a ordinairement qu'un véritable domicile.

Voyez néanmoins un Arrêt du 6. Septembre 1670. rapporté dans le Journal du Palais, & rendu au fujet de la fucceffion de Monfieur de Guemené. Le Lecteur y trouvera des chofes très-fçavantes & très-curieufes fur l'établiffement, les marques & les effets des domiciles.

Deux chofes établiffent le domicile naturel ; fçavoir, l'habitation réelle, & la volonté de le fixer au lieu que l'on habite. Mais la volonté feule fuffit pour le conferver ; & pour le perdre, la volonté feule ne fuffit pas ; il faut que le fait y foit joint par un changement réel de domicile, dans la vûe de faire fa demeure actuelle & permanente dans le lieu où l'on fait un nouvel établiffement.

Voyez Dargentré fur l'article 447. de la Coutume de Bretagne ; Bacquet en fon Traité des Droits de Juftice, chap. 8. nomb. 14.

C'eft auffi en conféquence de ce principe, que les Intendans de Province ne font point cenfés changer de domicile, quand ils vont demeurer dans le lieu de leur Intendance.

Comme le domicile confifte plus dans la volonté que dans le fait, ceux qui ne font pas maîtres de leur volonté ne peuvent pas fe faire un domicile.

C'eft auffi la raifon pour laquelle une femme mariée n'a point d'autre domicile que celui de fon mari, à moins qu'elle ne foit féparée de biens & d'habitation ; autrement, femme mariée, majeure ou mineure, prend le domicile de fon mari du jour de la bénédiction nuptiale.

Les enfans mineurs qui ne font point établis, n'ont point d'autre domicile que celui de leur.pere, quand même ils demeureroient ailleurs.

La raifon eft qu'ils ne font pas en état de fe choifir un domicile.

Les mineurs même, après la mort de leur pere, confervent toujours le domicile où il eft decedé jufqu'à ce qu'ils ayent atteint l'âge de vingt-cinq ans.

Cela eft fi vrai, que l'on ne confidere nullement le domicile du tuteur, ni celui de la tutrice, quand bien même ce feroit la mere; & ils ne peuvent leur faire changer, parce qu'il ne leur eft pas permis de troubler l'ordre de leur fucceffion mobiliaire. *Voyez* Mineur. *Voyez* Soefve, tom. 1. cent 4. chap. 58. le Journal des Audiences, tom. 2. liv. 7. chap. 33. Richard en fon Traité des Donations, part. 1. chap. 3. fect. 3. nomb. 20.

Suivant ce que nous avons dit ci-deffus, les preuves du domicile fe tirent en partie du fait, & en partie de la volonté du pere de famille.

Quelques Auteurs prétendent qu'il faut un domicile de dix années dans un lieu pour y acquérir le droit de Bourgeoifie. Cependant je crois que cela fe doit régler fuivant les circonftances, & qu'il fuffit pour cela d'avoir demeuré pendant an & jour dans un lieu.

Auffi Dargentré fur l'article 449. de la Coutume de Bretagne, foumet le domicile à la volonté de l'homme, fans defirer un long féjour. M. Charles Dumoulin, fur l'art. 192. de la Coutume de Paris, ne demande point auffi une demeure perpétuelle, pourvû que *conftet de notabili domicilio.*

A l'égard de la néceffité de demeurer pendant un certain tems fur une Paroiffe, à l'effet d'y acquérir domicile qui faffe valider la publication des bans, & la préfence du Curé de l'un des futurs conjoints, la Déclaration de 1697. a fixé ce tems à une année.

Il faut néanmoins remarquer que la continuité du féjour pendant l'année n'eft pas abfolument requife; comme il a été jugé par Arrêt du 16. Février 1725. rapporté par M. Brillon, *verbo* Domicile, nomb. 21.

Voici les effets que produit le domicile. Les dettes mobiliaires, actives & paffives, & rentes conftituées à prix d'argent, fe réglent par la coutume du domicile du créancier.

Les rentes foncieres fuivent la Coutume du lieu où font fitués des fonds auxquels elles font attachées.

Les fucceffions mobiliaires fe réglent par la Coutume du lieu où le défunt avoit fon domicile avant le jour de fon décès.

A l'égard du partage des immeubles d'une fucceffion, il ne fe régle point en France coutumiere fuivant la Coutume du lieu du Domicile du défunt, ni celle du domicile de l'héritier, mais fuivant les Coutumes des lieux où les héritages font fitués.

En fait de Jurifdiction, le demandeur doit fuivre en action perfonnelle le domicile du défendeur; *Actor fequitur forum rei.*

Il en eft de même des actions qui font appellées en Droit, *actiones in rem fcriptæ*, comme celles qui font intentées pour reftitution en entier, pour retraits lignagers, pour partages, & autres, lefquelles doivent être intentées & pourfuivies pardevant le Juge du domicile du défendeur; à caufe que la perfonnalité; qui fe trouve dans ces fortes d'actions, attire à foi la réalité, comme étant plus digne & plus excellente.

Mais les actions réelles doivent être intentées & pourfuivies, en fait d'héritage, pardevant le Juge du lieu où ils font fitués. *Leg. 3. cod. ubi in rem actio exerceri debeat.*

On ne peut avoir qu'un feul domicile naturel, comme nous l'avons dit ci-deffus; mais ce domicile concourt fouvent avec d'autres, que l'on nomme auffi domiciles, mais que l'on défigne par une qualification qui dénote à quel effet fe peuvent rapporter ces domiciles.

Ainfi outre le véritable domicile, on en diftingue encore de trois fortes; fçavoir, le domicile de dignité, le domicile conventionnel, & le domicile légal. *Voyez* Belordeau, lett. D, art. 30.

DOMICILE DE DIGNITÉ, eft le lieu ou la Ville où l'Officier fait la fonction de fa Charge, ayant ailleurs fon domicile naturel.

Ce domicile ne change point le domicile naturel; *quia domicilium, quod obtigit cafu aliquo, non mutat caufam originis.* Il ne concerne donc l'Officier qu'à raifon de fa Charge feulement, & pour les droits qui y font annexés, & qui en dépendent.

Mais pour ce qui eft des actions perfonnelles provenant d'autres caufes, elles doivent toujours être intentées pardevant le Juge du domicile naturel du défendeur, fuivant la regle, *Actor fequitur forum rei.*

DOMICILE CONVENTIONNEL, eft celui qui s'établit par le confentement & l'élection que les Parties en font dans un acte.

Ce domicile n'a point d'autre effet que de faire valider les fignifications qui y font faites, concernant l'exécution des actes & contrats pour raifon defquels ce domicile eft élu: encore faut-il qu'elles foient faites du vivant de celui qui fe l'eft donné.

Ainfi, quelque chofe que dife là-deffus Bacquet en fon Traité des Droits de Juftice, chap. 8. nomb. 16. le domicile conventionnel ne fubfifte plus après la mort de celui qui fe l'eft élu.

Pour ce qui eft des domiciles élus ès maifons des Procureurs pour l'inftruction des procès, ils ceffent & font révoqués par le decès de la Partie ou du Procureur: tellement qu'il faut faire affigner la Partie en conftitution de nouveau Procureur, & les héritiers, afin de reprendre ou de laiffer le procès pendant & indécis; & tels ajournemens doivent être faits en leurs domiciles, ou à leurs perfonnes. *Voyez* Bacquet, des Droits de Juftice, chap. 8. nomb. 16.

DOMICILE LEGAL, eft celui qui eft donné par la Loi pour certains effets.

Tel eft, 1°. le principal manoir d'un Bénéfice, qui eft le domicile établi par l'Ordonnance, pour tous exploits & fignifications concernant les droits du Bénéfice. *Voyez* l'art. 3. du tit. 2. de l'Ordonnance de 1667. & ce que dit Bornier fur cet article.

II°. Le principal manoir d'un fief eſt auſſi le domicile légal du Seigneur & du Vaſſal, pour les ſignifications des actes concernant leurs droits réciproques à cauſe de leurs fiefs. La raiſon eſt, que les droits de fiefs ſont réels, & dûs par la choſe à la choſe : ainſi toutes les ſignifications qui les concernent, doivent ſe faire au principal manoir du fief, quoique le Seigneur ou le Vaſſal n'y ait pas ſon domicile ordinaire.

III°. Le domicile des Fermiers, Juges, Procureurs d'office & Greffiers, eſt le domicile légal de ceux qui demeurent ès Châteaux & Maiſons fortes, lorſqu'ils n'ont point élu leur domicile en la plus prochaine Ville, & n'en ont point fait enrégiſtrer l'acte au Greffe de la Juriſdiction royale du lieu, ſuivant l'art. 15. du tit. 2. de l'Ordonnance de 1667.

DOMICILE REQUIS POUR SE MARIER. C'eſt un principe inconteſtable, que tout mariage doit être célébré par le propre Curé des Parties. Ainſi, pour qu'un Curé puiſſe célébrer valablement un mariage, il faut que ceux à qui il adminiſtre ce Sacrement, ſoient ſes Paroiſſiens, demeurans actuellement dans ſa Paroiſſe, & depuis un tems ſuffiſant.

Ce tems pour acquérir droit de domicile dans une Paroiſſe, à l'effet d'y pouvoir contracter mariage, eſt au moins de ſix mois à l'égard de ceux qui demeuroient auparavant dans une autre Paroiſſe de la même Ville ou du même Diocèſe : & à l'égard de ceux qui demeuroient auparavant dans un autre Diocèſe, le tems requis pour acquérir droit de domicile dans une Paroiſſe, pour y pouvoir être marié, eſt d'un an. C'eſt ce que porte l'Edit du mois de Mars 1697. Voici les termes.

Ordonnons, voulons & nous plaît, que les Ordonnances des Rois nos prédéceſſeurs, concernant la célébration des mariages, & notamment celle qui régarde la néceſſité de la préſence du propre Curé de ceux qui contractent, ſoient exactement obſervées ; & en exécution d'icelles, défendons à tous Curés & Prêtres, tant ſéculiers que réguliers, de conjoindre en mariage autres perſonnes que ceux qui ſont leurs vrais & ordinaires Paroiſſiens, demeurans actuellement & publiquement dans leur Paroiſſe, au moins depuis ſix mois, à l'égard de ceux qui demeuroient au paravant dans une autre Paroiſſe de la même Ville ou dans le même Diocèſe, & depuis un an pour ceux qui demeuroient dans un autre Diocèſe, ſi ce n'eſt qu'ils en ayent une permiſſion ſpéciale & par écrit du Curé des Parties qui contractent, ou de l'Archevêque ou Evêque diocéſain.

Ce domicile requis dans un Diocèſe & dans une Paroiſſe pendant un certain tems, à l'effet d'y pouvoir recevoir le Sacrement de Mariage, n'eſt pas réputé un ſéjour abſolument de rigueur ; de ſorte que ce tems ſe compte *de momento ad momentum* : c'eſt ſimplement une habitation actuelle & publique dans un Diocèſe & dans une Paroiſſe pendant le tems preſcrit, afin d'y pouvoir être connu, & de prevenir les ſurpriſes qui pourroient être commiſes, & les profanations du Sacrement de mariage, dans leſquelles on pourroit tomber ſans cette ſage précaution.

De plus, la regle générale de l'habitation ac-

tuelle & publique pendant un an dans un Diocèſe, & pendant ſix mois dans une Paroiſſe, à quelques exceptions. Par exemple, ceux qui courent les pays, & qui n'ont point de domicile fixe & aſſuré, ni par conſéquent point de Curé, ne ſe vivent pas pour cela être privés du droit qu'ils ont de recevoir le Sacrement de Mariage, qui eſt permis à tous ceux qui n'ont aucun empêchement dirimant ; mais les Curés ne doivent les marier qu'avec la permiſſion de l'Ordinaire.

Mais pour parvenir à obtenir cette permiſſion, on fait une information pour conſtater l'âge & la liberté de ces ſortes de perſonnes qui ſe préſentent pour être mariées ; & ce n'eſt qu'après une inſtruction juridique & parfaite, que l'Evêque, en connoiſſance de cauſe, accorde la diſpenſe de domicile.

Voyez les Conférences de Paris, imprimées par ordre de M. le Cardinal de Noailles, tome 3. livre 4. du Mariage, §. 9.

DOMICILE EN MATIERE DE TAILLES. Par l'uſage de France, on eſt impoſé à la taille au lieu où l'on eſt habitant & demeurant au jour de Saint Remy, comme étant le lieu auquel vraiſemblablement on a mis & ſerré tous les fruits que l'on a cueillis pendant l'année ; auquel par conſéquent il convient de payer la taille de l'année ſuivante, à commencer au premier Janvier prochain, ſi l'on n'a pas fait publier au Prône, avant ledit jour de S. Remy, qu'on doit ſortir de la Paroiſſe en laquelle on eſt demeurant, & aller demeurer en tel lieu.

Cela occaſionne quantité de procès entre les Habitans de deux Paroiſſes en chacune deſquelles pendant le procès on eſt quelquefois contraint de payer la taille, quoiqu'en France on ne ſoit ordinairement tenu de payer une ſeule taille, & en la ſeule Paroiſſe où l'on eſt habitant au jour de S. Remy.

Il y a une Déclaration du Roi, portant réglement ſur le fait des tailles, du 16. Août 1683. vérifiée en la Cour des Aydes le 29. Novembre de la même année, qui entr'autres choſes ordonne.

I°. Que les Habitans qui veulent déloger de leur Paroiſſe pour aller demeurer dans une autre, ſont tenus de faire publier au Prône de l'Egliſe paroiſſiale leur délogement, & de la faire ſignifier aux Habitans & Procureurs-Syndics de la Paroiſſe qu'ils veulent quitter, avant le 1. Octobre de l'année qui précédera leur délogement.

II°. Qu'ils ſont tenus dans le même tems d'aller déclarer au Greffe de l'Election de laquelle dépend la Paroiſſe où ils veulent demeurer, la Paroiſſe d'où ils ſortent, la ſomme à laquelle ils y ſont impoſés, s'ils ſont Laboureurs, ou de quelqu'autre profeſſion, combien de charrues, & à qui elles appartiennent, la Paroiſſe en laquelle ils vont demeurer, la vacation qu'ils prétendent profeſſer, combien de charrues ils feront valoir, & de qui ils les tiendront. Et Sa Majeſté fait défenſes aux Elus d'accorder aucunes décharges, qu'en rapportant l'extrait, qui ſera délivré par le Greffier, de la déclaration ci-deſſus, à peine d'en répondre en leur nom.

III°. Que les tranſlations des domiciles ſeront exécutées & jugées avec les habitans de la Paroiſſe que les contribuables prétendent quitter,

avant

avant le 1. Janvier , à peine de nullité , & d'être impofés en deux Paroiffes.

IV°. Que les tranflations de domiciles feront enregiftrées dans le 1. Octobre en un Regiftre , qui fera cotté & paraphé par le Préfident & un Elu de l'Election , & mis ès mains du Greffier , après avoir été par eux clos ledit jour 1. Octobre , pour en être délivrés des extraits à ceux qui les demanderont , moyennant deux fols pour chacun.

V°. Que ceux qui auront fatisfait aux formes prefcrites par ces Préfentes , feront taxés pendant deux années dans la Paroiffe qu'ils auront quittée , après lefquelles ils feront impofés dans la Paroiffe où ils auront transferé leur domicile , au moins à la même fomme qu'ils payoient dans la Paroiffe d'où ils feront fortis.

VI°. Que fi les contribuables continuent de faire valoir leurs héritages ou des fermes dans la Paroiffe d'où ils feront délogés , & qu'ils exploitent en même tems une ou plufieurs fermes dans la nouvelle Paroiffe , ils feront taxés dans l'une & dans l'autre à proportion de la valeur de leurs exploitations , pendant tout le tems qu'ils continueront , encore que les Paroiffes foient fituées dans une même élection : ce qui aura lieu lorfqu'elles feront de différentes Elections.

VII°. Que ceux qui transfereront leur domicile dans une Paroiffe , pour y faire valoir quelque ferme , & qui cefferont de travailler à la culture des héritages de la Paroiffe d'où ils feront fortis, feront impofés une année feulement dans la même Paroiffe , après laquelle ils feront taxés dans celle de leur nouvel établiffement.

VIII°. Que les Paroiffes d'où ils feront délogés , feront déchargées de leurs taxes, & celles où ils auront établi leur demeure chargées d'autant.

Voyez le Mémorial alphabétique des Tailles, au mot Habitans , nomb. 8. & fuivans, où font cités plufieurs Réglemens fur cette matiere.

DOMICILIÉ, eft celui qui a un domicile actuel, certain & affuré.

DOMINANT. *Voyez* Fief dominant.

DOMMAGE , eft le tort que quelqu'un fouffre dans fes biens ou dans fon honneur. Il peut être caufé ou par dol, & à deffein de nous nuire, ou par faute ou par cas fortuit. Il importe peu à celui qui a fouffert le dommage , de quelle maniere il a été caufé , puifque par rapport à lui le préjudice eft égal, foit qu'il ait été fait par malignité , par imprudence , ou par cas fortuit ; mais il importe au Public que l'on mette une grande différence entre le dommage qui a été caufé à quelqu'un par dol, par imprudence , ou par cas fortuit.

Par exemple, fi quelqu'un a mis le feu de deffein prémédité à la grange de celui à qui il en vouloit , il doit être puni comme incendiaire , pour la vengeance publique , & il doit être encore condamné , pour l'indemnité de celui dont la grange a été brûlée , à des dommages & intérêts proportionnés au préjudice que l'incendie lui aura caufé : mais s'il a mis le feu à la grange fans trahifon & par accident, on ne le pourfuit & on ne le condamne point comme incendiaire , parce que le crime eft dans

Tome I.

la volonté ; mais on le condamne à indemnifer , parce que le dommage eft dans le fait feul , indépendamment de la volonté.

A l'égard du dommage qui eft fait à quelqu'un par cas fortuit, celui qui pofféde la chofe qui périt ou qui eft endommagée par cas fortuit , fans qu'il y ait de fa faute , n'en eft point tenu envers celui qui en étoit propriétaire ; mais pour peu qu'il y eut de fa faute , il en feroit refponfable , comme nous avons dit ci-deffus, lett. C, en parlant du cas fortuit.

Toutes ces difpofitions font tirées de l'équité naturelle , qui veut que chacun fupporte le mal que fon erreur ou fon imprudence caufe , & ne le faffe pas fupporter aux autres. C'eft un malheur que les hommes foient fujets à être négligens , imprudens ou indifcrets ; mais ce feroit une injuftice , que la négligence , l'imprudence ou l'indifcrétion , fuffent préjudiciables à d'autres qu'à ceux à qui on peut les reprocher.

DOMMAGE , fignifie auffi le dégât que font les beftiaux dans des prés, des vignes, des bleds & autres héritages.

Ce dommage doit être réparé par celui à qui appartient la bête qui l'a caufé , à moins que le maître ne l'abandonne pour le dommage.

Voyez ce que j'ai dit dans ma Traduction des Inftitutes , fur le tit. 9. du quatrieme livre ; & ce que j'ai dit ci-deffus, *verbo* Agaftis. *Voyez* auffi M. Expilly , plaidoyer 13. la Rocheflavin , liv. 6. tit. 3. Arrêt 1. du Fail, liv. 2. chap. 274. Bouvot , tome 2. *verbo* Bétail, queft. 4. Boniface, tom. 4. liv. 10. tit. 1. chap. 12. Coquille, queft. 30. & 66. & Bafnage fur l'art. 84. de la Coutume de Normandie.

On appelle auffi dommage le quafi-délit dont nous avons parlé ci-deffus, *verbo* Déjection. Sur quoi on peut encore voir ce qui en eft dit dans les Loix civiles, liv. 2. tit. 8.

DOMMAGE OU VOL FAIT DANS UN NAVIRE , DANS UN CABARET , OU DANS UNE HÔTELLERIE , eft fur les comptes du Maître , lorfqu'il a été fait par fes domeftiques , ou par ceux qu'il y reçoit pour y demeurer, parce qu'il doit répondre d'eux, & qu'il y a de fa faute d'admettre chez lui des domeftiques ou des hôtes dont les mœurs ne lui foient pas connues.

Parmi nous, on ne conclut contre le Maître que du fimple dédommagement , & non pas au double de l'eftimation des hardes, ou des marchandifes volées ou endommagées.

Voyez ce que j'ai dit dans ma Traduction des Inftitutes fur le §. 1. du quatriéme livre.

DOMMAGES ET INTERETS fignifient le gain qu'on a manqué à faire , & la perte qu'on a foufferte par le fait d'autrui : *Quod nobis abeft, quodque lucrari potuimus :* & ce conformément à la Loi unique au titre du Code *de fententiis quæ pro eo quod intereft proferuntur, ubi id quod intereft definitur, lucrum ceffans, damnum emergens.*

Ils s'adjugent en toute matiere , c'eft-à-dire , tant en matiere civile qu'en matiere criminelle.

En matiere civile, I°. quand il s'agit de l'inexécution d'une promeffe de mariage , d'un contrat de vente , louage ou autre.

II°. Quand par un quafi-délit il nous eſt fait quelque tort, comme ſi un caroſſe mal conduit bleſſe quelqu'un, ou ſi on jette d'une maiſon quelque choſe qui bleſſe quelqu'un ou gâte ſes habits.

En matiere criminelle, on adjuge des dommages & intérêts pour raiſon d'excès, bleſſures, &c. ceux qui ſont accordés à l'accuſateur, on les appelle réparations civiles ou intérêts civils: ceux qui ſont accordés à l'accuſé, s'appellent dommages & intérêts. *Voyez* Intérêts civils & réparations civiles.

On adjuge encore des dommages & intérêts dans l'action poſſeſſoire: ainſi on adjuge contre celui qui eſt condamné pour trouble & ſpoliation.

A l'égard du pétitoire, on adjuge auſſi des dommages & intérêts, lorſque celui qui a été condamné n'obéit pas, & ne delaiſſe pas dans la quinzaine la poſſeſſion de la choſe à celui qui a obtenu gain de cauſe.

On adjuge les dommages & intérêts dans toute leur étendue, quand ils ont leur ſource dans le dol & la mauvaiſe foi de ceux qui les cauſent.

Les dommages & intérêts ne regardent que le temporel, dont les Juges d'Egliſe ne peuvent point connoître. C'eſt pourquoi c'eſt au Juge d'Egliſe à connoître de la validité ou invalidité de la célébration du mariage; mais il doit renvoyer au Juge laïque la connoiſſance des dommages & intérêts; & s'il en connoiſſoit, il y auroit abus.

Par la même raiſon, quoique le Juge d'Egliſe puiſſe connoître du délit commun d'un Eccléſiaſtique, néanmoins il ne peut connoître des dommages & intérêts auxquels il convient de condamner l'une des Parties; autrement il y auroit abus.

Les dommages & intérêts tiennent le même rang que le principal, & ont même hypotheque. Chopin, *lib.* 3. *de Legib. Andegav. cap.* 3. *tit.* 3. *num.* 22. Papon, liv. 11. tit. 3. nomb. 13. Expilly, Arrêt 93. M. le Prêtre, cent. 1. chap. 63. & l'Ordonnance d'Orléans, art. 60.

Ceux qui ſont adjugés pour faute commiſe par un Officier dans ſa charge, ont ſur l'Office un privilege qui eſt même préféré au vendeur de l'Office dont il eſt créancier. Bardet, tome 2. liv. 7. chap. 24.

Lorſque les dommages & intérêts ſe montent à deux cens livres, on eſt pour le payement d'iceux contraignable par corps après les quatre mois, ſuivant l'article 11. du tit. 34. de l'Ordonnance de 1667.

Le Jugement qui condamne aux dommages & intérêts, détermine ordinairement la ſomme à laquelle il ſe monte; mais quand il ne les fixe pas, celui au profit de qui le Jugement a été rendu, doit les faire liquider.

Pour y parvenir, il faut qu'il en faſſe dreſſer une déclaration, article par article, & la ſignifie au Procureur du défendeur, avec le Jugement qui les aura adjugés: avec en même tems lui communiquer, ſous ſon recépiſſé, les pieces juſtificatives.

Le Procureur du défendeur doit, huitaine après cette communication, faire des offres. Si elles ſont acceptées, on en paſſe un appointement de condamnation, aux termes des offres; ce qui ſera reçu à l'Audience.

Mais ſi le défendeur ne fait point d'offres, ou que ces offres ſoient conteſtées, il ſera pris appointement à produire dans trois jours par la Partie qui voudra pourſuivre.

Enfin, ſi par le Jugement de l'inſtance, les offres ſe trouvoient raiſonnables, & que les dommages & intérêts n'excedaſſent pas la ſomme offerte, le demandeur ſera condamné aux dépens de l'inſtance de liquidation, à compter du jour des offres; leſquels dépens doivent être liquidés par le même Jugement.

Touchant la maniere dont on doit procéder pour faire liquider des dommages & intérêts, *voyez* le tit. 26. de l'Ordonnance de 1667.

Il nous reſte quatre obſervations à faire au ſujet des dommages & intérêts.

La premiere, qu'une femme en puiſſance de mari peut être contrainte par corps au payement des dommages & intérêts contr'elle adjugés, pour raiſon d'excès par elle commis; comme il a été jugé par Arrêt du 5. Juin. 1671. rapporté dans le Journal du Palais.

La ſeconde que les dommages & intérêts adjugés à une femme, pour injure faite à ſa perſonne, tournent au profit de ſon mari, au cas qu'elle ne ſoit pas ſéparée; comme il a été jugé par Arrêt du 18. Février 1668. rapporté par Baſnage ſur l'art. 543. de la Coutume de Normandie.

La troiſieme, que les Juges peuvent être quelquefois condamnés aux dommages & intérêts. Par exemple, un Juge, pour avoir élargi un Priſonnier nonobſtant l'appel, peut être condamné aux dommages & intérêts envers la Partie. Peleus, queſt. 112.

La quatrieme, que réguliérement M. le Procureur général ne fixe point dans ſes concluſions les dommages & intérêts. Mais il en eſt autrement dans les affaires criminelles, parce que les intérêts civils font partie de la peine, & qu'on ne peut être élargi ſans les avoir payés. *Voyez* ce que dit à ce ſujet M. Brillon, en parlant des dommages & intérêts, à la fin du nomb. 14.

Touchant les dommages & intérêts, *voyez* ce qu'en dit Charondas en ſes Pandectes, livre 4. chap. 35.

D O N, ſignifie largeſſe, libéralité, généralement tout ce qui ſe donne gratuitement.

Néanmoins dans l'uſage on appelle don, tout ce qui eſt accordé gratuitement au Prince, & par le Prince, ou ce qui ſe donne réciproquement par le mari à la femme, & par la femme au mari; au lieu que l'on appelle donation, ce qui eſt donné par un Particulier à un autre.

D O N D'AUBAINE, DE BATARDISE, DE DESHERENCE, eſt un don que le Roi fait à quelqu'un de ſes Sujets du droit qu'il a, & qui eſt échu, à l'effet de ſuccéder à quelqu'un par droit d'aubaine ou autre.

Ce don n'eſt pas proprement une aliénation du Domaine, parce que les biens qui échoient en conſéquence d'un tel droit, ne ſont pas réputés du

Domaine , jufqu'à ce qu'ils y ayent été réunis ; ainfi qu'il eſt porté en l'art. 2. de l'Ordonnance de Moulins de l'année 1566.

Après que le donataire a obtenu de Sa Majeſté le brevet du don qui lui a été fait du droit d'aubaine ou autre échu , ce donataire donne ſa Requête à la Chambre du Domaine , & ſur les concluſions du Procureur du Roi , obtient Sentence d'adjudication ſur laquelle il prend une commiſſion pour faire ſaiſir , aſſigner , &c.

Enſuite il fait enrégiſtrer le brevet en la même Chambre , & obtient des Lettres de don ſignées en commandement & ſcellées, auxquelles le brevet , la Sentence & la commiſſion ſont attachées , & on le fait vérifier & enrégiſtrer en la Chambre des Comptes dans les trois mois.

Après quoi le donataire qui ſe trouve aux droits du Roi , eſt en état de s'emparer des effets du défunt , qui lui appartiennent au Roi par droit d'aubaine ou autre.

D O N DE CONFISCATION , eſt un don que le Roi fait à quelqu'un de ſes Sujets de biens confiſ-qués : & ce don n'eſt pas non plus que les précé-dens une véritable aliénation du Domaine.

Pour jouir de ce don , ceux qui en ſont gratifiés par Sa Majeſté , doivent faire ce que nous venons de dire au ſujet du don d'aubaine , de bâtardiſe & de deſhérence. Mais voici les obſervations particulieres qu'il convient de faire ſur le don de confiſcation.

I°. Il n'eſt pas permis de demander le don & la confiſcation des biens d'une perſonne prévenue de crimes, avant la Sentence qui déclare les biens ac-quis & confiſqués au Roi , quoique ces crimes fuſ-ſent du nombre de ceux qui confiſquent les biens du criminel de plein droit , du jour qu'ils ont été commis. Voyez Dumoulin ſur la regle de infirmis , num. 394. l'Ordonnance d'Orléans , art. 87. celle de Blois , art. 204. Brodeau ſur l'art. 183. de la Coutume de Paris , nomb. 34. & Mornac , ad Leg. 4. cod. me fiſcus vel reſp.

II°. Quand le Roi a fait à quelqu'un don de biens confiſqués & adjugés à Sa Majeſté par Sentence des contumaces , ce don ne doit être vérifié qu'après les cinq ans expirés , ſuivant l'Ordonnance , afin que les contumax & condamnés ayent moyen de ſe purger de leur contumace dans ledit tems ; car ſi le l'on vérifioit le don qui en ſeroit fait, ce ſeroit ren-dre le contumax plus difficile à ſe repréſenter , dans l'appréhenſion que celui qui auroit don de ſon bien , ne lui fît faire ſon procès pour en jouir.

III°. Le don ou la remiſe de la confiſcation ac-cordée aux enfans du condamné par le Prince , laiſ-ſe toujours les biens en l'état qu'ils ſeroient à leur égard , s'ils n'étoient point confiſqués : ainſi ce qui leur auroit été propre leur demeure propre. Les en-fans ayant du vivant même de leur pere un droit anticipé ſur ſes biens , & leur ſucceſſion n'étant à proprement parler qu'une continuation de poſſeſ-ſion , on peut dire que le droit a prévenu le cri-me de la grace ; en ſorte que la grace n'eſt qu'une remiſe. Leg. 7. princ. ff. de bon. damnat.

M. le Brun dit à ce ſujet que les libéralités du Prince ne ſont jamais plus recommandables , que quand par ſa grace il ne change point l'ordre natu-rel des choſes ni le droit commun. Auſſi la Juriſ-prudence du Conſeil ne ſouffre pas que le Fermier du Domaine prenne ſon tiers ſur les remiſes des confiſcations faites aux enfans , & que des Publi-cains ſe mêlent parmi des noms ſi ſacrés , &c.

Mais quand la confiſcation eſt accordée aux col-latéraux du condamné , comme ils n'ont point de droit anticipé ſur la ſucceſſion , c'eſt une véritable donation qui fait un acquêt en leurs perſonnes.

Voyez M. le Brun en ſon Traité des Succeſſions liv. 2. ch. 1. ſeَt. 1. nomb. 87. les Reliefs forenſes de Sebaſtien Rouillard , ch. 27. & Soefve , tome 1. cent. 2. ch. 7.

D O N GRATUIT , eſt un préſent d'une ſomme conſidérable d'argent que font au Roi les Etats aſ-ſemblés d'une Province.

On appelle auſſi don gratuit , ce que le Clergé aſſemblé donne de tems en tems au Roi , ſoit pour être confirmé dans ſes privileges , ſoit pour être déchargé de quelque impoſition , ſoit pour ſubve-nir aux néceſſités de l'Etat. Ce don gratuit eſt de douze ou quinze millions , plus ou moins , ſelon les conjeætures.

Touchant ce don gratuit , voyez ce qu'en dit M. Brillon verbo Don gratuit , où il rapporte les Dé-clarations , Lettres patentes , & Délibérations de l'Aſſemblée générale du Clergé qui concernent cette matiere.

D O N MOBILE , en Normandie eſt un avantage qu'il eſt permis d'accorder au mari ſur la dot de ſa femme. Sur quoi il faut remarquer.

I°. Que quand le pere , en mariant ſa fille , ne ſtipule point de don mobile , le tiers de la ſomme qu'il donne eſt réputé appartenir au mari pour ſon don mobile ; l'uſage étant en Normandie de don-ner le tiers au mari pour ſon don mobile.

II°. Que les freres de la future épouſe peuvent donner au futur époux de leur ſœur pour ſon don mobile , des héritages de la ſucceſſion , & qu'il n'eſt pas en droit de le demander en argent comptant.

III°. Que tout ce qui reſte à payer des promeſſes de mariage , s'impute ſur la dot ; & que tout ce qui a été payé , s'impute ſur le don mobile.

IV°. Que lorſque durant le mariage il échet à la femme une ſucceſſion mobiliaire , elle appartient au mari , à la charge d'en employer la moitié en héritages ou rentes , pour tenir le nom , côté & ligne de la femme , ſi tant eſt qu'elle excede la moi-tié du don mobile qui a été fait au mari ; & au cas que le mari n'ait pas fait le remploi , la femme a pour raiſon de ce , hypoteque ſur les biens de ſon mari , du jour de contrat de mariage.

Voyez Baſnage ſur les articles 250. 390. 398. 410. 415. & 440. de la Coutume de Normandie. Voyez auſſi Routier ſur la même Coutume , liv. 3. chap. 4. ſeَt. 2.

D O N MUTUEL , eſt une convention faite entre mari & femme , par laquelle ils conſentent que le ſurvivant jouira par uſufruit , ſa vie durant , de la moitié des biens de la communauté appartenans aux héritiers du prédécedé.

Quoique par la difposition du Droit coutumier, il ne foit pas permis aux conjoints par mariage de fe faire aucune donation entre-vifs, néanmoins il leur eft permis de fe faire don mutuel au profit du furvivant de la maniere que nous venons de le dire, parce que c'eft un avantage réciproque & incertain.

Le don mutuel entre les conjoints par mariage eft fort ancien, il avoit lieu fous la premiere race de nos Rois, comme il paroît par les Formules de Marculphe, ch. 12. liv. 1. où l'illuftre M. Bignon cite l'article 280. de notre Coutume de Paris.

Il eft appellé dans un ancien Praticien le foulas des mariés privés d'enfans, étant raifonnable qu'ils jouiffent durant leur vie des biens qu'ils ont amaf-fés par leur commun travail & induftrie.

Auffi paroît-il avoir été introduit pour engager les deux conjoints qui n'auroient point d'enfans, à augmenter leur communauté par un foin mutuel & un travail réciproque, dans l'efpérance que cha-cun d'eux peut avoir d'en profiter quelque jour.

Il ne faut pas confondre le don mutuel qui fe fait entre conjoints après leur mariage, & la donation mutuelle qui fe fait entre futurs conjoints par con-trat de mariage. Le don mutuel ne peut être fait que des acquêts & autres biens qui tombent en communauté, & ne peut être ftipulés fans retour, c'eft-à-dire, en propriété pour le donataire, mais feulement pour fa jouiffance ; auquel cas le dona-taire eft obligé de donner bonne & fuffifante cau-tion de laquelle il ne peut point être déchargé, parce que ce feroit un avantage indirect contre la prohibition de l'art. 282. de la Coutume de Paris.

Au contraire, la donation mutuelle faite par contrat de mariage, peut être faite des acquêts & des propres, & peut être ftipulée fans retour & en propriété pour le donataire ; & en ce cas, fi les futurs conjoints fe font réciproquement remis la caution, la convention en fera valable.

La faveur des contrats de mariage eft fi grande qu'ils font fufceptibles de toutes fortes de claufes, pourvû qu'elles ne foient pas contraires aux Loix ni aux bonnes mœurs ; de forte même que par con-trat de mariage, l'un des futurs conjoints peut don-ner tous fes propres à l'autre fans aucune réferve.

Plufieurs conditions font réquifes pour la validité d'un don mutuel.

La premiere eft, que les deux conjoints foient en fanté lors de la paffation du don mutuel & qu'il y ait communauté des biens entr'eux.

La deuxieme, qu'il ait été fait par un même acte paffé pardevant Notaires, & qu'il y en ait minute.

La troifieme eft, qu'il y ait égalité de part & d'autre ; de forte qu'il foit fait également de tous les effets qui entrent dans la communauté, de maniere que le furvivant ait l'ufufruit de la part qui en doit appartenir aux héritiers du prédécedé ; & fi dans l'acte il fe fait quelque réferve d'une partie de ces effets, il faut qu'elle foit égale & refpective.

La quatrieme, que le don mutuel foit fait à la charge de donner par le furvivant bonne & fuffifan-te caution.

La cinquieme, que les conjoints ou l'un d'eux lors du décès du premier mourant, n'ayent ni en-fans ni defcendans, foit de leur mariage commun, ou d'un précédent mariage.

Quelques Coutumes requierent pour la validité du don mutuel, qu'il y ait entre les conjoints éga-lité d'âge : telles font les Coutumes de Nivernois, article 27. au titre des droits des gens mariés, Auxerre, art. 222. Senlis, art. 144. & détermi-nent cette égalité à un certain nombre d'années. Voyez le Journal des Audiences, tome 2. liv. 5. chap. 7.

La Coutume de Paris ne requiert point cette éga-lité d'âge ; elle veut feulement que les conjoints foient lors d'un don mutuel en fanté ; & c'eft ce qui doit fuffire dans toutes les autres Coutumes qui ne requierent point expreffément de cette égalité d'âge.

Voyez ce que j'ai dit fur l'article 280. de la Cou-tume de Paris ; & Ricard, Traité du Don mutuel, nomb. 149.

Il y a encore une autre condition requife par l'art. 284. de la même Coutume pour la validité du don mutuel ; fçavoir, qu'il foit infinué.

Cette infinuation doit être faite dans les quatre mois à compter du jour du contrat, ou du moins il faut qu'elle foit faite du vivant de l'un & de l'au-tre des conjoints. L'infinuation faite par l'un pro-fite à l'autre.

Les quatre mois accordés pour faire certe infi-nuation, ne courent contre la femme que du jour de la mort de fon mari.

Après l'infinuation faite du don mutuel, il ne peut être révoqué que par une révocation mutuel-le, laquelle n'a pas befoin d'être infinuée.

Deux mineurs mariés, ou l'un mineur & l'autre majeur peuvent faire don mutuel.

Quoique la femme renonce à la communauté, elle aura néanmoins délivrance de fon don mutuel ; mais elle n'aura en vertu de ce don que la jouiffance de la moitié des biens de la communauté.

Le donataire mutuel eft tenu des frais funérai-res des dettes de la communauté ; fçavoir, pour les arrérages des cens & rentes, il doit tout ce qui échoit pendant fa jouiffance fans aucun recours ; mais pour les dettes mobiliaires une fois payées : il avance en total les deniers, & fes héritiers au-ront recours contre les héritiers du prédécedé pour la moitié ; néanmoins il ne payera que jufqu'à concurrence du don.

Le don mutuel ne comprend les conquêts dans chaque Coutume, qu'autant que la Coutume où ils font fitués le permet.

Ainfi, pour régler le don mutuel entre mari & femme, on fuit la Coutume où les immeubles font fitués, & non celle à laquelle les conjoints fe font foumis en contractant mariage.

M. Soefve, tom. 2. cent. 4. chap. 36. rapporte un Arrêt du 7. Janvier 1671. rendu au profit de Madame la Préfidente des Hameaux, qui l'a jugé ainfi.

Par cet Arrêt elle eut en propriété les biens fis en la Coutume de Senlis, quoique la donation n'eût été qu'infinuée & non enfaifinée.

Ce même Arrêt ordonna qu'elle acquitteroit les charges qui font de payer les dettes mobiliaires, avec les obféques & funérailles du prédécédé.

Le don mutuel de foi ne faifit, & eft fujet à délivrance : pour l'obtenir, le furvivant des conjoints en doit faire la demande, & à cet effet affigner les héritiers du prédécédé dans la Juftice où la fucceffion eft ouverte, préfenter caution dès la premiere affignation, faire inventaire ; mais il n'eft pas tenu de faire vendre.

Touchant le don mutuel, *voyez* ce que j'en ai dit fur l'art. 280. de la Coutume de Paris ; & ce qu'en a dit M. Ricard, tome 2.

DONATEUR, eft celui qui fait une donation ; & donataire eft celui à qui elle eft faite.

DONATION, eft une libéralité qui ne procéde d'aucune obligation, & qui eft acceptée par celui envers qui on l'exerce.

Il y a deux fortes de donations ; fçavoir les donations entre-vifs, & les donations à caufe de mort.

La donation entre-vifs eft celle qui fe fait fans aucune contemplation ni commémoration de la mort, par un pur motif d'exercer fa libéralité, & de fe dépouiller du fien vivant de la propriété de la chofe donnée : ce que les Notaires expriment par ces termes : *Donation entre-vifs irrévocable.*

La donation à caufe de mort eft une libéralité qui fe fait en vûe & en contemplation de la mort, & en termes qui le défignent, pour n'être confirmée & n'avoir d'effet qu'après le decès du donateur.

Celui qui a donné entre-vifs peut être contraint par les voies de droit de faire la délivrance au donataire des chofes données.

Au contraire, le donateur à caufe de mort n'y peut jamais être contraint de fon vivant, & il eft toujours en droit jufqu'au dernier moment de fa vie de révoquer la donation.

Cette différence eft fondée fur ce que celui qui donne à caufe de mort ne veut pas fe dépouiller de la chofe ; il déclare feulement qu'il entend qu'après fa mort elle paffe au donataire, au cas qu'il décede avant le donataire, & fans l'avoir révoquée : au contraire, la donation entre-vifs eft irrévocable, & le donateur confent fe dépouiller de fon vivant de la chofe donnée, aimant mieux que le donataire l'ait que lui-même.

Ainfi les donations entre-vifs faififfent & font irrévocables ; les donations à caufe de mort font révocables & ne faififfent point.

Dans la Coutume de Paris, les donations à caufe de mort ne different point des difpofitions teftamentaires, & requierent les mêmes folemnités que les teftamens.

Voyez ce que nous avons dit fur l'art. 277. de cette Coutume ; & l'article 3. de l'Ordonnance de Louis XV. du mois de Février 1731. qui abroge toutes donations à caufe de mort, même en pays de droit écrit, à l'exception de celles qui feront faites par contrat de mariage.

Il faut néanmoins obferver que dans l'enrégiftrement qui a été fait de cette Ordonnance au Parlement de Dijon le 4. Juin 1731, il eft dit que c'eft fans que l'on puiffe inferer (de là) que la faculté de difpofer de fes biens par donation à caufe de mort, foit exclufe non plus que les partages qui fe font par les pere & mere de leurs biens entre leurs enfans, fuivant la difpofition de l'art. 8. du titre des fucceffions de la Coutume du Duché de Bourgogne.

Les donations entre-vifs font ou pures & fimples, ou conditionnelles, ou faites pour quelque caufe.

Celles qui font pures & fimples, font parfaites par le feul confentement du donateur, & l'acceptation du donataire.

Les conditionnelles dépendent de l'événement de la condition, laquelle venant à manquer, la donation devient nulle & fans effet.

Quant à celles qui font faites pour caufe, fi la caufe ne s'accomplit point, elles font nulles ; comme fi la donation eft faite à une fille pour cette feule caufe, fçavoir pour la faire Religieufe.

Il y a plufieurs chofes qui conviennent à la donation entre-vifs, & à la donation à caufe de mort ; fçavoir, la capacité du donateur & celle du donataire, & l'acceptation.

Ceux-là peuvent donner, qui jouiffant de leurs droits, font fains d'efprit & d'entendement ; & s'il s'agit d'une donation entre-vifs, il faut en pays coutumier que le donateur foit en bonne fanté ; car fi la donation entre-vifs étoit faite par une perfonne malade de la maladie dont elle décederoit, elle ne pourroit valoir que comme donation à caufe de mort, & feroit fujette aux formalités des teftamens.

Quant à l'âge requis pour faire valablement une donation en pays de Droit écrit, il faut avoir l'âge requis pour tefter, pour faire des donations à caufe de mort, & il faut être majeur de vingt-cinq ans pour pouvoir donner entre-vifs fes biens, de quelque nature qu'ils foient ; & ce dernier article eft obfervé dans la plus grande partie de nos Coutumes. Toute perfonne capable des effets civils, peut accepter une donation, à moins que la Loi ou la Coutume ne le défende. *Voyez* les articles 273. 276. 281. 282. & 283. de la Coutume de Paris.

C'eft encore un principe certain, que chacun peut donner entre-vifs, ou à caufe de mort, tous les biens dont la Loi ou la Coutume ne lui défend pas de difpofer. *Voyez* les articles 272. 278. & 279. de la même Coutume.

L'acceptation d'une donation, ou le concours du confentement du donataire, eft non-feulement une condition requife pour la validité d'une donation entre-vifs ou à caufe de mort, mais elle eft de la fubftance de l'acte. Ainfi il eft permis au donateur de révoquer la donation avant qu'elle ait été acceptée ; & même s'il venoit à décéder avant l'acception du donataire, elle feroit abfolument nulle, quoiqu'elle n'eût pas été révoquée par le donateur.

Pour l'acceptation d'une donation, il faut que le donataire foit préfent au contrat, & dife qu'il l'accepte ; ou que s'il eft abfent, il y ait une autre

perfonne qui accepte pour lui en vertu d'une procuration fpéciale, laquelle doit être inferée dans
l'acte de donation. Le mot d'*acceptant* eft effentiel ;
en forte que l'acceptation ne peut être connue ou
exprimée par un autre mot équipollent.

Voyez Acceptation, où j'ai rapporté les articles
de l'Ordonnance de Louis XV. qui concernent l'acceptation des donations.

Voici ceux qui regardent les donations en général, & la forme dans laquelle elles doivent être faites.

Article I. » Tous Actes portant donation entre-
» vifs feront paffés pardevant Notaires, & il en
» reftera minute, à peine de nullité.

Art. II. » Les donations entre-vifs feront faites
» dans la forme ordinaire des Contrats & Actes
» paffés pardevant Notaires, & en y obfervant les
» autres formalités qui y ont eu lieu jufqu'à préfent,
» fuivant les différentes Loix, Coutumes & Ufages
» des Pays foumis à notre domination.

Art. III. » Toutes donations à caufe de mort, à
» l'exception de celles qui fe feront par contrat de
» mariage, ne pourront dorénavant avoir aucun ef-
» fet, dans les Pays mêmes où elles font expreffé-
» ment autoriées par les Loix ou par les Coutumes,
» que lorfqu'elles auront été faites dans la même
» forme que les Teftamens ou Codicilles ; en forte
» qu'il n'y ait à l'avenir dans nos Etats que deux
» formes de difpofer de fes biens à titre gratuit, dont
» l'une fera celle des donations entre-vifs, & l'autre
» celles des Teftamens ou des Codicilles.

Art. IV. » Toute donation entre-vifs qui ne fe-
» roit valable en cette qualité, ne pourra valoir
» comme donation ou difpofition à caufe de mort
» ou teftamentaire, de quelque formalité qu'elle
» foit revêtue.

Les articles qui fuivent, jufqu'au quinziéme, concer-
nent l'acceptation ; que nous les avons rapportés, verbo
Acceptation.

Art. XV. » Aucune donation entre-vifs ne pour-
» ra comprendre d'autres biens que ceux qui appar-
» tiendront au donateur dans le tems de la donation ;
» & fi elle renferme des meubles ou effets mobiliers
» dont la donation ne contienne par une tradition
» réelle, il en fera fait un Etat figné des Parties, qui
» demeurera annexé à la minute de ladite donation ;
» faute de quoi le donataire ne pourra prétendre
» aucun defdits meubles ou effets mobiliers, mê-
» me contre le donateur ou fes héritiers. Défen-
» dons de faire dorénavant aucunes donation des
» biens préfens & à venir, (fi ce n'eft dans les cas
» ci-après marqué) à peine de nullité defdites do-
» nations, même pour les biens préfens ; & ce,
» encore que le donataire eût été mis en poffeffion
» du vivant du donateur defdits biens préfens, en
» tout ou en partie.

Art. XVI. » les donations qui ne compren-
» droient que les biens préfens, feront pareille-
» ment déclarées nulles, lorfqu'elles feront faites
» à condition de payer les dettes & charges de
» la fucceffion du donateur, en tout ou en par-
» tie, ou autres dettes & charges que celles qui
» exiftoient lors de la donation, même de payer

» les légitimes des enfans du donateur au-delà de
» ce dont ledit donataire peut en être tenu de droit,
» ainfi qu'il fera réglé ci-après ; laquelle difpofition
» fera obfervée généralement à l'égard de toutes
» les donations faites fous des conditions dont l'exé-
» cution dépend de la feule volonté du donateur ;
» & en cas qu'il fe foit réfervé la liberté de difpofer
» d'un effet compris dans la donation, ou d'une
» fomme fixe à prendre fur les biens donnés, vou-
» lons que ledit effet ou ladite fomme ne puiffe être
» cenfés compris dans la donation, quand même le
» donateur feroit mort fans en avoir difpofé ; au-
» quel cas ledit effet ou ladite fomme appartien-
» dront aux héritiers du donateur, nonobftant tou-
» tes claufes ou ftipulations à ce contraires.

Art. XVII. » Voulons néanmoins que les dona-
» tions faites par contrat de mariage en faveur des
» conjoins ou de leurs defcendans, même par des
» collatéraux ou par des étrangers, foient excep-
» tées de la difpofition de l'art. XV. ci-deffus ; &
» que lefdites donations faites par contrat de ma-
» riage puiffent comprendre, tant les biens à venir,
» que les biens préfens, en tout ou en partie ;
» auquel cas il fera au choix du donataire de pren-
» dre les biens tels qu'ils fe trouveront au jour du
» décès du donateur, en payant toutes les dettes
» & charges, même celles qui feroient poftérieu-
» res à la donation, ou de s'en tenir aux biens qui
» exiftoient dans le tems qu'elle aura été faite en
» payant feulement les dettes & charges exiftantes
» audit tems.

Art. XVIII. ». Entendons pareillement que les
» donations des biens préfens faites à condition de
» payer indiftinctement toutes les dettes & charges
» de la fucceffion du donateur, même les légitimes
» indéfiniment, ou fous d'autres conditions dont
» l'exécution dépendroit de la volonté du donateur,
» puiffent avoir lieu dans les contrats de mariage en
» faveur des conjoins ou de leurs defcendans, par
» quelques perfonnes que lefdites donations foient
» faites, & que le donataire foit tenu d'accomplir
» lefdites conditions, s'il n'aime mieux renoncer à
» ladite donation ; & en cas que ledit donateur par
» contrat de mariage fe foit réfervé la liberté de
» difpofer d'un effet compris dans la donation de
» fes biens préfens, ou d'une fomme fixe à prendre
» fur lefdits biens, voulons que s'il meurt fans en
» avoir difpofé, ledit effet ou ladite fomme appar-
» tiennent au donataire ou à fes héritiers, & foient
» cenfés compris dans ladite donation.

Il nous refte à voir quelles font les autres conditions requifes pour la validité des donations entre-
vifs, qui font la tradition & l'infinuation.

Il faut pour la validité d'une donation entre-vifs
qu'elle foit accompagnée d'une tradition réelle ou
civile, ou que le donateur puiffe être contraint de
livrer la chofe donnée ; autrement ce feroit donner
& retenir : ce qui eft contre la nature des donations entre-vifs.

La tradition réelle eft la tranflation actuelle de la
poffeffion, qui transfere à la perfonne du donataire
tout le droit qu'a le donateur en la chofe donnée,

c'eft-à-dire qui lui en transfere la propriété & la jouiffance tout enfemble.

La tradition civile eft celle par laquelle le donateur fe défaifit de tout droit de propriété en la chofe donnée au profit du donataire, s'en réfervant la jouiffance à titre d'ufufruit fa vie durant: ce qui fe doit faire par une claufe expreffe qu'on appelle de précaire ou de conftitut.

A l'égard de l'infinuation, c'eft une condition extrinfeque à l'acte de donation entre-vifs, mais qui ne laiffe pas d'être abfolument néceffaire, à peine de nullité. *Voyez* l'article 27. de l'Ordonnance des Donations; la Déclaration du 17 Février 1731. concernant les infinuations; & ce que nous dirons ci-après, *verbo* Infinuation.

Pour ce qui eft des caufes pour lefquelles une donation peut être révoquée, *voyez* ci-après *verbo* Révocation.

Outre ce que j'ai dit ici fur les donations, & dans ma Traduction des Inftitutes, liv. 2. tit. 7. voyez ce que j'en ai dit fur le tit. 13. de la Coutume de Paris; le Traité des Donations de M. Ricard; Belordeau, lett. D, art. 31. & 32. & le Recueil alphabétique de M. Bretonnier.

DONATION REMUNERATOIRE, eft celle qui fe fait pour récompenfe de fervices rendus par le donataire au donateur; & cette donation n'eft pas une véritable donation.

Les donations remuneratoires, ou pour caufe de fervice, ne font pas de véritables donations; parce qu'on appelle donation la libéralité qui eft faite à quelqu'un *nullo jure cogente: at donatio remuneratoria fit aliquo jure cogente, faltem jure naturali, quo beneficium acceptum debet contrario beneficio remunerari.* Baffet, tome 2. liv. 4. titre 23. chap. 1. D'où il s'enfuit,

I°. Que les donations remuneratoires ne peuvent être révoquées pour caufe d'ingratitude du donataire, étant moins une grace & un bienfait, qu'une récompenfe & une juftice que le donateur rend au donataire: auffi ces fortes de donations ont une étendue libre & fans limites, dégagée de toutes les regles du Droit commun. De ce principe il devroit auffi s'enfuivre qu'elles ne pourroient être réfolues par la furvenance d'enfans au donateur; comme il a été jugé par Arrêt du 14. Janvier 1672, rapporté dans le Journal du Palais. Mais depuis, la faveur des enfans a prévalu, avec d'autant plus de raifon, que l'expofé de récompenfe de fervice mis dans une donation, étoit fouvent un faux prétexte affecté pour frauder la Loi. On a donc ceffé de croire que une claufe fi facile à appofer, quoique fondée fur quelques apparences de fervices, doive dépouiller les enfans qui pourroient furvenir au donateur. C'eft auffi ce que l'Ordonnance du mois de Février 1731. a déclaré en l'art. 39. voulant que toutes donations entre-vifs, de quelque valeur & à quelques titres qu'elles ayent été faites, demeurent révoquées de plein droit par la furvenance d'un enfant légitime du donateur.

II°. Que la donation remuneratoire peut avoir lieu entre conjoints, lorfque les fervices que l'un d'eux a rendus à l'autre font confidérables; comme

je l'ai remarqué fur l'art. 282. de la Coutume de Paris, glofe 2. nomb. 16.

III°. Que pour qu'une donation foit regardée comme remuneratoire, il faut que cela foit exprimé dans l'acte avec l'énonciation de fes fervices rendus au donateur; car une donation caufée pour récompenfe en termes généraux, ne difpenferoit pas le donataire de faire preuve des fervices par lui rendus au donateur, à moins que dans l'acte le donateur n'en eut expreffement difpenfé le donataire. Sur quoi il faut remarquer que cette difpenfe ne pourroit être accordée qu'aux perfonnes non fufpectes. Papon, liv. 11. tit. 1. nomb. 14.

DONATION DE TOUS BIENS PRESENS ET A VENIR. Dans l'ancien Droit, pour la validité d'une donation entre-vifs, la tradition étoit néceffaire; ainfi la donation de biens à venir n'étoit pas valable, parce que la tradition ne peut pas s'en faire. Mais l'Empereur Juftinien a retranché la néceffité de la tradition, & a voulu que les donations entre-vifs reçuffent leur perfection par le feul confentement des Parties. Dans la Loi 35. §. 4. *cod. de donationibus*, il permet la donation univerfelle de tous les biens, *fed & fi quis univerfitatis faciat donationem*, M. Cujas dans fon Commentaire fur cette Loi, dit qu'en vertu d'icelle, la donation de tous biens préfens & à venir eft valable.

Henrys, tome 2. liv. 4. queft. 69. établit pour principe, que la donation des biens préfens & à venir peut être divifée; en forte que le donataire ait la liberté de fe tenir aux biens préfens, & d'abandonner les biens à venir, afin de fe décharger des dettes contractées par le donateur depuis la donation. Il propofe deux claufes pour le faire plus fûrement, en appofant deux claufes féparées, l'une des biens préfens, & l'autre des biens à venir. Il réfute folidement Brodeau fur Louet, lett. D, chap. 69. & Ricard, des Donations, partie 1. chap. 4. fection 2. diftinct. 2. nomb. 1020. & fuiv. qui prétendent qu'une femblable donation ne peut point être divifée.

En 1702. eft intervenu un Arrêt, qui décide la queftion conformément à l'avis de Henrys.

L'Arrêt rendu pour le Pays de Droit écrit, donné en la Grande Chambre le 13. Août 1722. décide qu'une donation entre faite de tous biens préfens & à venir, eft valable quant aux biens préfens, & nulle quant aux biens à venir.

Monfieur de Lamoignon, Avocat général, qui portoit la parole, dit que cette Jurifprudence étoit aujourd'hui inconteftable, & qu'elle avoit été établie par trois Arrêts antérieurs, le premier de 1702. le fecond de 1716. & le troifieme de 1718.

Pour la validité d'une donation entre-vifs, il faut qu'elle foit accompagnée d'une tradition réelle ou civile, ou que le donateur puiffe être contraint de livrer la chofe donnée. Or dans le cas de la donation de tous biens préfens & à venir, il n'y a ni tradition véritable, ni tradition civile, quant aux biens à venir; & le donateur ne peut être contraint de fon vivant de les livrer: ainfi la donation de tous biens préfens & à venir ne peut valoir pour les biens à venir.

Mais fi c'étoit une donation à caufe de mort qui fût faite de tous biens préfens & à venir , elle feroit valable tant pour les biens préfens , que pour les biens à venir. La raifon eft , qu'une donation à caufe de mort ne requiert point de tradition ; & a été déclarée telle , même avant l'Ordonnance du mois de Février 1731.

Il faut dire auffi , qu'une donation de tous biens préfens & à venir , faite par contrat de mariage , feroit valable , tant pour les biens préfens , que pour les biens à venir : ce qui paroît fondé fur la faveur des contrats de mariage.

Boniface , tome 1. livre 7. titre 4. chapitre 6. rapporte un Arrêt du 9. Mars. 1634. qui l'a jugé ainfi.

Aujourd'hui les donations entre-vifs de tous biens préfens & à venir , font entiérement nulles , à l'exception de celles qui font faites par contrat de mariage.

Dans tout autre cas elles font proferites , & elles n'ont point d'effet , même pour les biens préfens , nonobftant la régle du Droit qui porte , que *utile per inutile non vitiatur*. L'Ordonnance du mois de Février 1731. en a déclaré la nullité pour le tout ; & elle a eu fans doute fes raifons pour l'ordonner ainfi.

Voyez les articles 15. 16. 17. & 18. de cette Ordonnance du mois de Février 1731.

DONATION ENTRE-VIFS DE TOUS LES BIENS QUE LE DONATEUR AURA AU JOUR DE SON DECÈS, eft abfolument nulle , & a été déclarée telle , même avant l'Ordonnance du mois de Février 1731. Ce qui la rend nulle , c'eft qu'il n'y peut avoir en ce cas de tradition naturelle ni civile de chofes données , & que le donateur ne peut en vertu d'une telle donation être de fon vivant contraint en Juftice de livrer les chofes données.

Ainfi jugé au Parlement de Paris par Arrêt du 3. Février 1713. rendu en forme de Réglement. *Voyez* les additions de M. le Prêtre , liv. 2. cent. 53. *Voyez* l'article 16. de l'Ordonnance des Donations, qui déclare nulles toutes les donations faites fous des conditions dont l'exécution dépend de la feule volonté du donateur.

DONATION A CHARGE DE RETOUR , eft celle qui eft faite fous condition que fi le donataire décede avant le donateur , les chofes données retourneront au donateur.

On ajoute ordinairement à ces fortes de donations la claufe , qu'au cas que le donataire décede fans enfans avant le donateur , ledit donateur rentrera de plein droit dans la propriété des chofes données.

Cette claufe ne fe fupplée point entre étrangers, & fans elle une donation entre-vifs n'eft point fujette à retour par le prédecès du donataire fans enfans ; en forte que les biens donnés appartiennent aux héritiers du donataire , comme en ayant été fait propriétaire incommutable par la tradition. Cambolas , liv. 6. chap. 14.

Mais cette condition eft toujours fous-entendue dans les donations d'immeubles qui fe font par les afcendans à leurs defcendans ; de forte que toutes donations faites par les afcendans contiennent un retour intrinfeque , en cas de prédecès du donataire fans enfans. Boniface, tom. 2. liv. 2. ch. 1.

La claufe , fi le donataire decede fans enfans du vivant du donateur , n'eft pas reftrainte aux enfans du premier dégré , mais elle reçoit une extenfion à tous leurs defcendans : *quia liberorum appellatione omnes defcendentes in infinitum continentur.* Ainfi , lorfque le donataire decede du vivant du donateur , & laiffe un enfant de fon fils prédecedé, il n'y a pas lieu au droit de retour.

L'effet de cette claufe ceffe auffi , lorfque le donataire prédecede le donateur , & qu'il laiffe un enfant qui vit , quoique cet enfant vienne enfuite à deceder du vivant du donateur , parce que le donateur n'a pas marqué ce dernier cas. Ainfi jugé par Arrêt du 26. Août 1682. rapporté dans le Journal du Palais.

DONATION ENTRE FUTURS CONJOINTS , eft celle qui eft faite par l'un des futurs conjoints à l'autre. Elle peut être faite de tels avantages qu'ils jugent à propos; mais il faut qu'elle foit faite par contrat de mariage , & non par acte féparé , à moins que cet acte ne foit fait en la préfence des parens qui auront affifté au contrat de mariage ; autrement la donation eft nulle , fuivant l'article 258. de la Coutume de Paris.

Quoiqu'en pays coutumier , homme & femme conjoints par mariage ne puiffent pendant icelui s'avantager l'un l'autre par donation entre-vifs , ni par difpofition de derniere volonté , fi ce n'eft par don mutuel , les futurs conjoints peuvent cependant fe faire tels avantages que bon leur femble par le contrat de mariage , ou bien par un autre acte fait en préfence des parens qui auront affifté à leur contrat de mariage.

La raifon eft , que la faveur du mariage permet aux futurs conjoints d'exercer l'un envers l'autre leurs libéralités , fans aucune reftriction; d'ailleurs , il n'y a pas encore entre les futurs conjoints aucun engagement ; ainfi telles donations ne font pas fufpectes de contrainte , comme celles qui fe font faites pendant le mariage ; ce qui eft conforme au Droit Romain , qui , quoiqu'il défende les donations pendant le mariage : il les permet en faveur de mariage.

Ainfi les donations faites par contrat de mariage font valables , foit qu'elles foient de tous les biens des futurs conjoints ou de l'un d'eux feulement, ou d'une partie de leurs biens ; il n'importe que ces biens foient meubles , ou acquêts & conquêts immeubles , ou propres anciens ou naiffans : en forte que les donations faites en faveur de mariage , ne font pas réductibles aux meubles, acquêts & conquêts immeubles , & au quint des propres.

Auffi Chopin fur le titre des donations de la Coutume de Paris, nomb. 9. dit que les donations faites en faveur de mariage , font des donations entre-vifs , quoiqu'elles foient faites fous condition de furvie ; car cette condition étant arrivée , rend la donation parfaite dès le tems que la donation a été paffée : *donatio eft pura , quæ fub conditione refolvi poteft* : ainfi il n'eft pas permis au donateur de révoquer

quer cette donation, ni de difpofer à titre lucratif des chofes données au préjudice du furvivant.

Il eft donc fans doute que dans la Coutume de Paris, les donations faites par contrat de mariage par les futurs conjoints l'un à l'autre, font vala-bles & ne font point réductibles au quint des pro-pres : ce qui doit être obfervé dans les autres Coutumes qui n'ont point de difpofition contraire.

L'irrévocabilité des donations faites par contrat de mariage eft fondée fur les raifons que j'ai rap-portées, lett. C, en parlant des contre-lettres en fait de contrat de mariage.

Au refte, ce que nous venons de dire des dona-tions faites entre futurs conjoints, n'a lieu que quand le mariage s'eft enfuivi, & que la volonté des con-tractans a perféveré jufqu'à la fin; car il eft certain que les contrats & conventions n'obligent pas né-ceffairement l'un & l'autre à parfaire le mariage : tellement que tels peuvent être accordés & fian-cés, qui ne parviennent pas toujours au mariage.

Mais on demande fi les anneaux, bagues, joyaux & habits donnés par le fiancé à la fiancée, ou par la fiancée au fiancé, doivent être rendus, lorfque le mariage ne s'eft point enfuivi : *& an condici pote-runt, tanquam ob fpem five caufam futuri matrimonii data fint, & caufa fecuta non fit :* ou bien s'ils doi-vent demeurer à celui ou à celle à qui ils ont été donnés ? *Voyez* ce que j'ai dit, lett. P, en parlant des préfens de noces.

DONATION ENTRE CONJOINTS, eft celle qui eft faite par l'un des conjoints à l'autre durant le mariage.

C'eft avec beaucoup de raifon que les Loix Ro-maines ont défendu ces fortes de donations; en forte qu'elles ne pouvoient avoir d'effet, que quand le donateur décedoit le premier fans avoir changé de volonté.

I°. Parce qu'il ne feroit pas convenable que l'affection conjugale, qui doit mutuellement unir les cœurs du mari & de la femme, fût pour ainfi dire venale, & fe pût acquérir ou conferver par des préfens.

II°. Parce que fi les donations entre conjoints étoient permifes, il arriveroit fouvent que l'amour immodéré de l'un des deux le pouffroit à fe dé-pouiller aveuglement de tous fes biens en faveur de l'autre; ou que l'un d'eux par fes importunités & par des différends qu'il feroit fouvent naître, contraindroit l'autre d'acheter la paix & le repos aux dépens de fes facultés.

III°. De crainte que quand celui des conjoints qui feroit importuné par l'autre de lui faire une donation, ne voudroit acquiefcer à fes pref-fantes prieres, cela ne donnât lieu à de fréquens divorces.

Ces raifons font rapportées dans les trois premie-res Loix, tit. ff. de donationib. int. vir. & uxor.

Il n'y a que les donations entre conjoints qui foient défendues par les Loix Romaines. Ainfi les conjoints peuvent faire entr'eux tous autres actes & contrats, pourvu que ce ne foit pas en fraude de la Loi, pour couvrir du nom de quelque contrat une donation qui feroit faite par l'un des deux à l'autre

Tome I.

Leg. 7. §. 6. leg. 32. §. 24. leg. 36. §. 52. & 58. ff. de donat. int. vir. & uxor.

Non-feulement les donations font défendues entre mari & femme, mais auffi celles qui fe-roient faites par l'un des conjoints à des perfonnes qui feroient fous la puiffance de l'autre : *Hæc prohi-bitio donationum inter virum & uxorem producta fuit ad donationes factas inter focerum & generum, nurum-ve, nec non inter confoceros, qui conjuges habent in poteftate. Leg. 3. §. 2. & feq. ff. eod. tit.*

Les donations entre mari & femme, par lefquel-les celui qui donne ne diminue pas fes facultés, ou celui qui reçoit n'en augmente par les fiennes, ne font pas défendues : *Pauperior autem dicitur is qui patrimonium fuum diminuit, & aliquid erogavit è facultatibus fuis, non verò qui lucri occafionem omifit : ficut contra ille dicitur factus locupletior qui aliquid addidit facultatibus fuis, non verò qui eisparcit. Leg. 5. §. 5. ff. de donat. int. vir. & uxor. leg. 8. cod. eod.*

Ainfi il y a plufieurs cas efquels les donations en-tre conjoints font valables. Voici les principaux.

I°. Les donations faites en compenfation & reconnoiffance de bienfaits. *Leg. 7. §. 2. ff. eod.*

II°. Le mari peut payer à fa femme ce qu'il lui doit à certain jour, quoique le tems du payement ne foit pas encore échu; parce que quelque utilité que la femme tire de ce payement avancé, le mari n'eft pas fenfé lui faire aucune donation, puifqu'en effet il ne paye que ce qu'il doit. *Leg. 31. §. 6. ff. eod.*

III°. Le mari peut renoncer à une fucceffion qui lui eft déferée en faveur de celui qui lui eft fubftituée. Il peut auffi refufer d'accepter un legs qui lui eft fait en faveur de fa femme qui eft inftituée héritiere dans le même teftament. La raifon eft, que quoique la femme tire en ce cas du profit de la renonciation faite par fon mari, il n'en diminue pas pour cela fes facultés, vû que les legs ou la fucceffion, avant que d'être accep-tée ne fait point partie de fes biens : *Nihil tunc è fuo amittere intelligitur, fed tantum occafionem lucri omittere. Leg. 5. §. 13. & 14. ff. eod.* Par la même raifon le mari peut prier celui qui veut l'infti-tuer, de laiffer plutôt fa fucceffion à fa femme qu'à lui. *Leg. 31. §. 7. ff. eod.*

IV°. La donation faite au mari par la femme pour acquerir quelque dignité, eft valable; parce que participant aux honneurs & aux dignités de fon mari, elle eft cenfée avoir fait cette donation par rapport à elle-même ; *fiquidem uxor radiis ma-ritalibus corufcat. Leg. 40. cum duab. fep. ff. de donat. int. vir. & uxor. Ulpianus, in fam. tit. 7. in princ.*

V°. La donation de quelque fomme d'argent que le mari feroit à fa femme, pour avoir des ajuftemens pour elle ou pour l'entretien de fa famille, feroit valable. *Leg. 5. §. 10. & leg. 13. §. 8. & feq. ff. de donat. int. vir. & uxor.*

VI°. Le mari peut valablement donner à fa femme, pour faire rebâtir fes maifons qui ont été confumées par le feu, pourvu que la donation n'excede pas ce à quoi la dépenfe peut fe monter. *Leg. 14. ff. eod.*

P p p

Il n'y a que les donations entre-vifs qui foient prohibées par les Loix Romaines entre conjoints. Ainfi il leur eft permis de fe faire des donations à caufe de mort, ou de fe faire des donations dont l'exécution foit differée au tems de la diffolution du mariage : *Paria funt aliqua certo tempore fieri , & in illud tempus conferri. Leg. 9. §. ult. leg. 10. & 11. in fine , ff. de donat. int. vir. & uxor.*

Dans ce cas, la donation n'a pas fon effet d'abord ; en forte que la propriété des chofes données refte toujours au donateur, & ne paffe en la perfonne du donataire, qu'après la mort du donateur ; *dict. leg. 11. in princ.ff. eod.* tems auquel ces noms de mari & de femme font évanouis. C'eft pourquoi les caufes pour lefquelles les donations entre conjoints font prohibées, n'ayant point lieu à l'égard des donations à caufe de mort, il eft évident que ces fortes des donations ne font point défendues entre mari & femme.

Il y a plus ; c'eft qu'une donation entre-vifs faite par l'un des conjoints à l'autre, & fuivie de la délivrance des chofes données, vaut comme donation à caufe de mort, lorfque le donateur décede avant le donataire, & qu'il a toujours perfifté dans la même volonté jufqu'au dernier moment de fa vie fans l'avoir révoquée ; auquel cas la donation eft confirmée par fa mort, de maniere qu'elle a fon effet, & que l'héritier du donateur ne peut revoquer ce que le défunt n'a pas voulu faire de fon vivant. *Leg. 32. ff. §. 2. ff. de donat. int. vir. & uxor.*

Cette donation fe peut révoquer par le donateur, ou expreffément, c'eft-à-dire, par une déclaration expreffe de fa volonté, foit par acte entre-vifs, foit par une difpofition de derniere volonté ou tacitement, comme en vendant, ou donnant à un autre la chofe donnée. *Dict. leg. 32. §. 2. & feq. ff. eod. & leg. 12. cod. eod.*

Lorfque la donation qui eft faite entre conjoints, n'eft pas du nombre de celles qui font permifes par les Loix Romaines, cette donation eft nulle de plein droit, & le donateur peut pourfuivre la reftitution de ce qu'il a donné par action réelle, ou par une action perfonnelle appelée en Droit, *conditio fine caufâ. Leg. 5. leg. 33. leg. 39. & leg. 55. ff. eod. tit.*

Après avoir rapporté la plûpart des principes des Loix Romaines au fujet des donations entre conjoints, voyons préfentement qu'elle eft la Jurifprudence que l'on fuit dans ce Royaume à cet égard.

Ce que nous venons de dire eft obfervé dans les pays de la France qui fe réglent par le Droit écrit. Ainfi, fuivant le Droit Romain qui y eft obfervé, le mari & la femme ne peuvent s'avantager l'un l'autre par donation entre-vifs, fi ce n'eft dans les cas qui font exceptés par les Loix Romaines ; mais ils peuvent exercer leur libéralité l'un envers l'autre par donation à caufe de mort.

Les donations mêmes entre-vifs que l'un des conjoints peut avoir faites à l'autre, deviennent valables, fi le donateur décede le premier fans avoir changé de volonté ; auquel cas la donation eft confirmée par fa mort, de même qu'elle l'étoit chez les Romains.

Pour ce qui eft du Pays coutumier, homme &

femme conjoints pas mariage, ne peuvent pendant icelui s'avantager l'un l'autre par donations entre-vifs, par teftament, ou autre difpofition de derniere volonté, directement ni indirectement, fi ce n'eft par don mutuel.

C'eft la difpofition de la Coutume de Paris en l'art. 282. à laquelle la plupart des autres Coutumes font conformes.

Il y en a cependant quelques-unes qui permette les donations entre conjoints, *conftante matrimonio ;* mais ces Coutumes font abfolument contraires au Droit commun du Pays coutumier.

La défenfe de donner au conjoint emporte de droit la défenfe de donner à fes pere & mere, ou à fes enfans ; parce que leur donner, c'eft donner au conjoint même, par l'interpofition de ces perfonnes qui lui font fi proches & fi cheres.

C'eft fur ce fondement que par Arrêt rendu en la Grande Chambre, le 23. Avril 1698. il a été jugé que le legs univerfel fait par une femme à la mere de fon mari, n'étoit pas valable dans une Coutume qui défend aux conjoints s'avantager.

Cet Arrêt eft rapporté par M. Augeard, tom. 1. chap. 9. où le Lecteur trouvera quantité de chofes très-curieufes & très-fçavantes, touchant les donations entre conjoints.

On peut voir auffi ce que j'ai dit fur l'article 282. & le fuivant, de la Coutume de Paris, avec les Obfervations de M. le Camus.

DONATION UNIVERSELLE d'un mari à fa femme par leur contrat de mariage, avec faculté au donateur de vendre & engager les biens donnés, eft valable,& n'eft point fujette à infinuation. C'eft ce qui a été jugé par Arrêt du 11. Février 1701.fur les conclufions de M. l'Avocat général. Joly de Fleury. Cet Arrêt eft rapporté dans le Journal des Audiences.

DONATION FAITE PAR L'UN DES CONJOINTS par mariage aux enfans de l'autre, quand ils ont des enfans de leur mariage, ou que le donateur en a de mariages précédens, n'eft pas valable, fuivant les Arrêts qui ont été rendus en interprétation de l'art. 283. de la Coutume de Paris, comme je l'ai remarqué dans mon Commentaire fur cet article, où je renvoye le Lecteur.

Cette prohibition de donner par les conjoints aux enfans de l'un de l'autre, lorfqu'ils ont des enfans de leur mariage, ou le donateur en a de mariages précédens, eft faite pour conferver autant qu'il fe peut les biens dans les familles, & empêcher les furprifes & les inimitiés, qui font fouvent caufées par les feconds mariages, & les avantages indirects qui s'y font.

Mais quand d'un fecond mariage il n'y a point d'enfans, le mari qui n'en a point d'un mariage précédent peut donner aux enfans de fa femme du premier ou d'autres lits ; & la femme qui n'a point d'enfans du fecond mari, ni d'un premier, peut donner aux enfans d'un premier lit de fon mari ; & ce en conféquence de l'interprétation que l'on a donnée à cet article 283. de la Coutume de Paris, que l'on doit regarder comme une exception du Droit commun ; car dans toutes les Coutumes on il n'en eſt point parlé, telles donations ſont prohibées, comme un moyen indirect aux conjoints de s'avantager l'un l'autre au préjudice de leurs héritiers légitimes.

DONATION FAITE PAR UN DES CONJOINTS A SON BEAU-PERE OU A SA BELLE-MERE, c'eſt-à-dire au pere ou à la mere de ſon mari ou de ſa femme, eſt prohibée en Pays coutumier, eſt regardée comme un avantage indirect que l'un des conjoints fait à l'autre.

Mais on demande ſi cette prohibition a lieu dans la Coutume de Paris, au cas que les conjoints n'euſſent point d'enfans de leur mariage, & que le donateur n'en eût point des mariages précédens?

Cette queſtion a été jugée par quelques Arrêts en faveur du donataire en la Coutume de Paris; & M. Dupleſſis dit qu'elle ſouffre beaucoup de difficulté; que cependant ſon avis eſt, qu'il faut faire la même diſtinction que l'on fait dans cette Coutume touchant la donation faite par l'un des conjoints aux enfans de l'autre; & ainſi, que quand le donateur a des enfans, il ne peut donner aux enfans de l'autre; & que quand il n'y en a point, il le peut.

Cependant il me paroît que, ſuivant l'interprétation que les Arrêts ont donnée à l'art. 283. de la Coutume de Paris, ſi celui des conjoints qui n'a point d'enfans peut donner aux enfans de l'autre, il ne s'enſuit pas qu'il peut donner au pere ou à la mere de ſon mari ou de ſa femme.

La raiſon de la différence eſt, qu'il étoit permis de donner à ſon beau-pere ou à ſa belle-mere, les choſes données reviendroient à la perſonne prohibée par la ſucceſſion de donataire; puiſque ſuivant les loix de la nature, les peres & meres décédent avant leurs enfans, & que ce ne peut être que turbato mortalitatis ordine, que les enfans décédent avant leurs peres & meres; vû qu'au contraire les peres & meres ne doivent pas attendre la ſucceſſion de leurs enfans.

DONATION FAITE PAR UN DES CONJOINTS A QUELQUE COLLATERAL DE L'AUTRE, eſt valable & n'eſt point conſidérée comme un avantage indirect; vu que les donations ne ſont prohibées entre conjoints, que quand elles ſont faites aux perſonnes qui ne peuvent recevoir la donation, ou d'autre à l'effet qu'elles en profitent; d'où il s'enſuit, qui quand il n'y a point de preuve d'un fidéicommis ou de ſuggeſtion, la donation faite par un des conjoints à quelque collateral de l'autre, eſt bonne & valable; & qu'au contraire elle eſt nulle, quand il y a preuve de fidéicommis ou de ſuggeſtion. Voyez ce que j'ai dit ſur l'art. 283. de la Coutume de Paris.

DONATION FAITE PAR UN CONCUBINAIRE A SA CONCUBINE. Voyez Concubinage.

DONATION MUTUELLE, eſt une libéralité réciproque qui ſe fait entre deux ou pluſieurs perſonnes du profit au ſurvivant.

La donation mutuelle ſe fait, ou par contrat de mariage entre les futurs conjoints au profit du ſurvivant ou entre étrangers, c'eſt-à-dire entre des perſonnes qui ne doivent pas être unies enſemble par le Sacrement de mariage.

Touchant les donations faites par contrat de

mariage entre les futurs conjoints, voyez ce que j'ai dit ſur l'art. 182. de la Coutume de Paris.

A l'égard de la donation mutuelle qui ſe fait entre perſonnes qui ne doivent point être unies par le Sacrement de mariage, voyez ce que j'en ai dit ſur l'article 280. de la même Coutume.

La donation mutuelle doit être moins conſidérée comme une véritable donation, que comme un contrat que l'on paſſe pour procurer un avantage en cas de ſurvie; lequel contrat ne requiert que le ſimple conſentement des Parties, énoncé dans l'acte qui en eſt fait: c'eſt pourquoi cette donation ne requiert point d'autre acceptation.

La tradition réelle ou feinte n'y eſt pas non plus requiſe; parce que les choſes étant données ſous un événement incertain, celles qui ſont contenues dans la donation demeurent en la profeſſion des donateurs, & la tradition feinte n'y peut avoir lieu, vû que leur deſſein n'eſt pas d'en transferer ni la propriété ni même la poſſeſſion de leur vivant.

Quoique la donation mutuelle ſoit conſidérée comme un contrat, elle ne laiſſe pas d'être auſſi regardée comme une donation: c'eſt pourquoi la clauſe par laquelle ceux qui ſe feroient une donation mutuelle, ſe réſerveroient la faculté de la révoquer conjointement ou ſeparément, rendroit nulle la donation; comme il a été jugé par Arrêt rendu en la Grande Chambre, au rapport de M. le Meuſnier, le 7. Setembre 1707.

Ce qui opere la nullité de cette donation, c'eſt que par le moyen de cette clauſe, le vice donner & retenir, ſe trouve dans l'acte, & qu'elle eſt abſolument contraire à l'irrévocabilité ſi eſſentielle aux donations entre-vifs.

DONATION EN AVANCEMENT D'HOIRIE, eſt celle qui eſt faite par un aſcendant à un enfant par avance de ſa ſucceſſion à venir. Voyez Avancement d'hoirie.

DONATION PAR PRECIPUT hors part eſt ſans partage. Ces termes par préciput, &c. ſont ſynonymes, & n'ont pas une ſignification plus étendue l'un que l'autre.

Ainſi, donation par préciput eſt celle qui ſe fait par un aſcendant, à la charge que la donation ne ſera point ſujette à rapport & ne s'imputera point ſur la légitime du donataire, ni ſur ſa pòrtion héréditaire; en ſorte que le donataire prend la choſe, qui lui eſt ainſi donnée par un de ſes aſcendans comme feroit un étranger, ſans aucun égard à la qualité d'héritier.

C'eſt ce que dit Dumoulin ſur l'article 212. de la Coutume de la Marche: Jure præcipui, tanquam extraneus habens; à la différence de ce qui eſt donné par un deſcendant à un aſcendant en avancement d'hoirie.

Préciput eſt donc ce que l'on prend hors part & ſans confuſion, avant que de procéder au partage: præcipitur. quod ante capitur. Auſſi appelle-t-on préciput le Droit que la coutume donne à l'aîné.

Mornac, ſur la Loi Pomponius, ff. familiæ erciſcundæ, dit que le préciput eſt quod ex hæreditate eximi debet. Il raporte enſuite ſur la Loi hæredes, §. 17. eodem tit. le ſentiment de Dumoulin en ces

termes : *Decidit Molinæus non conferri quod in præci-*
puum datum eſt ; ex mera enim liberalitate patris fit
ſecùs ſi datum ſit in anticipationem ſucceſſionis.

Selon M. Briſſon, *tit. de verb. ſignif.* le préciput eſt
quod neque collationem, neque in diviſionem venit.

Donation par préciput n'eſt donc qu'une donation ſans rapport, à la différence de celle qui eſt
faite en avancement d'hoirie.

Mais cette donation n'aſſure pas à l'enfant donataire, outre le contenu en cette donation, une part
égale en la ſucceſſion du donateur, à celle de ſes
frères & ſœurs, & ne lie point le donateur, de maniere qu'il ne puiſſe faire aucun avantage à un autre enfant.

Ainſi, nonobſtant une telle donation faite par
un pere à un de ſes enfans, il peut toujours diſpoſer du ſurplus de ſes biens comme il lui plait, autrement ce ſeroit tendre des piéges à la ſimplicité des
hommes, & donner à leurs penſées un ſens contraire à ce qu'ils ont effectivement voulu.

Concluſion donc que ſi un pere qui avantage un
de ſes enfans par une donation de préciput, qui ſeroit même faite par contrat de mariage, veut ajouter à ſa libéralité une inſtitution contractuelle dans
une portion égale de ſes biens, il doit l'énoncer
expreſſément.

La raiſon eſt, que les inſtitutions contractuelles
doivent être expreſſes, & non induites par équipo-
lence, d'autant plus qu'elles ſont contraires au Droit
commun, en ce que ſi elles n'ôtent pas entiérement
la liberté de teſter, du moins elles la reſtraignent.

Sur ces raiſons, par Arrêt rendu au Parlement de
Beſançon le 16. Août 1708. il a été jugé qu'une
donation faite par le pere ou la mere à leur fils
aîné par préciput & ſans rapport, n'emporte point
en la faveur une aſſurance de partager également
le ſurplus de leurs biens avec les autres enfans, &
que le donateur conſerve toujours nonobſtant une
telle donation, la liberté de faire tel avantage
qu'il lui plait à ſes autres enfans.

Cet Arrêt eſt rapporté par M. Augeard, tom. 2.
chapitre 84. où le Lecteur trouvera de très-belles
recherches ſur ce ſujet.

Il nous reſte à remarquer ici que les donations par
préciput & ſans rapport, ne peuvent avoir lieu que
dans les pays de Droit écrit, & dans quelques-unes
de nos Coutumes ; & que par le Droit commun
coutumier, les enfans venans à la ſucceſſion de
pere & mere & autres aſcendans, ne peuvent pas
être avantagés l'un plus que l'autre ; en ſorte que
tout ce qui leur a été donné par leſdits aſcendans,
eſt toujours cenſé donné en avancement d'hoirie,
par conſéquent ſujet à rapport.

DONATION INOFFICIEUSE, eſt une libéralité
exceſſive faite contre le devoir de la piété; en ſorte que la legitime ne reſte point aux enfans du
donateur, ou à quelqu'un d'eux ; les biens du donateur ſe trouvant épuiſés par donation.

Les enfans au préjudice de qui une telle donation a été faite, peuvent après la mort du donateur venir contre le donataire, & demander que
la donation ſoit caſſée juſqu'à concurrence de leur
légitime ; & cette demande eſt appellée en Droit

querela inofficioſæ donationis, dont il eſt parlé au
Code liv. 3. titre 29. de inofficioſis donationibus, &
au tit. 30. de inofficioſis dotibus.

Lorſqu'un pere a épuiſé ſes biens par pluſieurs
donations en faveur de pluſieurs de ſes enfans, de
maniere qu'il ne reſte pas dans ſa ſucceſſion de quoi
remplir la légitime des autres, il faut commencer
pas attaquer les dernieres donations, avant que de
toucher aux premieres.

En effet, ce ſont les dernieres donations qui ont
abſorbé la légitime qui avoit été laiſſée entiere
par les premiers. D'ailleurs, le droit a été acquis
aux premiers donataires avant que les derniers
euſſent rien à prétendre dans les biens de leur pere.

Voyez ci-après *verbo* Légitime, où nous avons
rapporté les articles de l'Ordonnance du mois de
Février 1731. qui regardent cette queſtion.

DONNER ET RETENIR NE VAUT. C'eſt la déciſion de l'article 273. de la Coutume de Paris. En
voici l'explication.

Pour la validité d'une donation entre-vifs, il faut
que le donateur ſe déſaiſe de la choſe donnée, ou
du moins que s'il ne la livre pas, il ſoit obligé de
la livrer, & y puiſſe être contraint.

Une donation qui ſeroit autrement faite, ſeroit
abſolument nulle : parce que la choſe donnée n'é-
tant pas livrée, & le donateur ne pouvant pas être
contraint de la livrer, elle ne tombe point dans la
propriété du donataire, & le donateur peut toujours en diſpoſer à ſa volonté : ce qui èſt abſolument contraire à la nature de la donation entre-
vifs, qui eſt irrévocable.

A l'égard des donations à cauſe de mort, comme
elles ſont révocables de leur nature, elles ne tombent point dans la diſpoſition de cet article 273.
de la Coutume de Paris.

L'article ſuivant explique ce que c'eſt que donner & retenir, & marque les deux manieres par
leſquelles cela ſe peut faire.

La premiere, quand le donateur s'eſt réſervé la
jouiſſance de diſpoſer librement de la choſe par lui
donnée. Ainſi un donateur ſeroit préſumé donner
& retenir, ſi par quelque clauſe inférée dans le
contrat de la donation, il s'étoit réſervé la faculté
de pouvoir directement ou indirectement révoquer
& rendre nulle la donation qu'il auroit faite.

Il faut dire auſſi que le donateur eſt réputé avoir
donné & tenu, lorſqu'il a gardé pardevers lui la
minute du contrat de donation & qu'elle n'a été
rendue publique que durant la maladie dont il ſeroit décédé, parce qu'alors il a été au pouvoir du
donateur de faire valoir la donation, ou de la
rendre nulle.

Mais ſi le donateur, ſans retenir pardevers lui la
minute du contrat de donation, avoit ſeulement
retenu les titres des choſes par lui données, il ne
ſeroit pas préſumé avoir donné & rétenu, parce
que le donataire pourroit le pourſuivre pour les lui
donner, & ſeroit toujours en droit d'agir pour faire exécuter la donation. D'ailleurs l'objet conſiſte
uniquement dans la choſe qui eſt donnée, & non
dans les titres qui la concernent.

Ainſi, par Arrêt du 13. Juillet 1680. rapporté

dans le Journal du Palais , il a été jugé que le donateur de rentes conſtituées, avec retention d'uſufruit qui en avoit gardé les contrats , & reçu le rembourſement d'une partie qu'il avoit employé ſans la participation du donataire , n'étoit pas cenſé avoir donné & retenu.

La ſeconde maniére , que l'on appelle donner & retenir , eſt quand le donateur n'a point fait délivrance de la choſe donnée , & en eſt demeuré en poſſeſſion juſqu'à ſa mort.

Cependant le donateur peut demeurer en poſſeſſion de ce qu'il a donné , en s'en réſervant l'uſufruit , ou en en retenant la poſſeſſion , en vertu de la clauſe de conſtitut ou de précaire, comme il eſt dit en l'art. 175.

La raiſon eſt , que l'effet de ces clauſes eſt de feindre que la tradition de la choſe donnée a été faite au donataire , & qu'il la poſſede en qualité de propriétaire, ne la poſſede plus alors qu'au nom du donataire ; & cette poſſeſſion du donataire , qui procede de cette tradition feinte , ſuffit pour faire valider la donation.

C'eſt la raiſon pour laquelle , quand il n'y a pas de clauſe de retention d'uſufruit, de conſtitut , ou de précaire, le donataire doit ſe mettre en poſſeſſion réelle de la choſe donnée ; & alors il peut agir contre le donateur & demander qu'il ait à lui délaiſſer la jouiſſance & la poſſeſſion de la choſe donnée.

Si le donataire ne le fait pas avant la mort du donateur , on eſtime, Iº. que l'intention du donateur n'a pas été de donner autrement qu'à cauſe de mort.

II. On tient que comme donner & retenir ne vaut , la donation n'ayant pas été ſuivie de tradition , elle eſt abſolument nulle.

A l'égard d'une donation d'une ſomme de deniers , que le donateur donneroit à prendre ſur ſes biens après ſon décès, ſans tradition ni retention d'uſufruit, elle ne laiſſeroit pas d'être valable.

La raiſon eſt , qu'une donation d'une ſomme de deniers, dont l'exécution eſt différée après le décès du donateur , contient toujours en ſoi une retention tacite d'uſufruit.

Cela eſt fondé ſur ce que ſuivant la condition & la loi du contrat elle ne doit avoir ſon exécution qu'après la mort du donateur ; & ainſi une ſtipulation expreſſe de retention d'uſufruit, ne pourroit pas produire un autre effet. Enfin , la donation eſt d'une choſe fixe & déterminée , à laquelle le donateur ne peut ni donner atteinte , ni cauſer de diminution.

Il n'en eſt pas de même de la donation qui auroit été faite d'une Bibliothéque , ou de meubles meublans avec retention d'uſufruit pendant la vie du donateur : cette donation ſeroit nulle, quoiqu'inſinuée , au cas qu'il n'en ait pas été fait d'inventaire au tems de la donation.

Cet inventaire doit être ſigné des Parties, & la minute demeurera annexée à la donation.

La raiſon eſt , que défaut d'inventaire laiſſe la liberté au donateur d'aneantir la donation, en alié-

nant les choſes données ; ce qui opére le même effet que s'il avoit donné & retenu ; au lieu qu'y ayant un inventaire , le donateur a conſtaté la choſe dont il a bien voulu ſe déſaiſir : ce qui donne au donataire une action contre les héritiers pour remplir la donation ſuivant l'inventaire.

D'ailleurs une telle donation qui n'eſt que de meubles vagues & incertains, quand on n'en a point fait d'inventaire , ne ſçauroit être valable , en ce qu'elle ne peut être accomplie par aucune tradition réelle ni feinte. Or une donation qui n'eſt pas ſuivie de tradition , eſt nulle.

Au reſte cette régle , *donner & retenir ne vaut* , n'a pas lieu dans les contrats de mariage ; comme il a été jugé par Arrêt du 11. Février 1701. rapporté dans le Journal des Audiences, quoiqu'alors toutes les conventions ſont de bonne foi.

Voyez ce que j'ai dit ſur l'art. 273. & les deux ſuivans de la Coutume de Paris.

DONNER EN PAYEMENT , ſignifie donner à ſon créancier une autre choſe que celle qu'on lui doit.

Une des principales conditions requiſes pour la validité d'un payement , eſt qu'il ſoit préciſément fait de la choſe dûe : c'eſt pourquoi un débiteur ne peut pas contraindre ſon créancier de recevoir en payement une autre choſe , & en différentes eſpeces , que la choſe qui lui eſt dûe : il faut qu'il y conſente , pour que le débiteur puiſſe ſe liberer par ce moyen. *Aliud pro alio invito creditori ſolvi non poteſt. Leg. 2. ff. de reb. cred.*

Voyez ci-après Payement. *Voyez* auſſi la Rocheflavin , liv. 2. tit. 1. art. 2. & Henrys, tom. 2. liv. 4. queſt. 62.

DOSSIER , eſt une feuille de papier qui couvre une liaſſe de pieces, & ſur laquelle on cotte les noms des Parties. Quelquefois doſſier ſe prend pour toute la liaſſe des pièces, c'eſt en ce ſens qu'on ordonne que les Parties ſe communiqueront leurs doſſiers , ou qu'elles les remettront devant le Juge.

DOT , eſt tout ce que la femme ou autre pour elle donne au mari, pour en jouir & faire les fruits ſiens pendant le mariage , à l'effet d'en ſoutenir les charges, ſoit meubles ou immeubles ; avec cette différence , qu'en Pays coutumier tous les meubles & effets mobiliers de la femme , comme ceux du mari , tombent dans la communauté , s'il n'y a ſtipulation au contraire qui les rendent immeubles ou partie d'iceux ; & que les immeubles ſont réputés propres à la femme pour ne pas entrer en communauté. *Voyez* Communauté conjugale & Stipulation de propre. *Voyez* auſſi Biens dotaux ; Belordeau, lettre D, art. 33. & le Récueil alphabétique de M. Bretonnier.

Un Auteur moderne , très-connu par les découvertes qu'il a faites ſur l'origine de notre Droit François , a remarqué que le terme de dot ne devroit être employé qu'en pays de Droit écrit, pour ſignifier ce qu'une femme apporte en mariage à ſon mari pour en ſoutenir les charges.

La raiſon eſt , qu'en Pays coutumier une femme n'apporte point de dot à ſon mari, & que le douaire que le mari lui conſtitue eſt ſa véritable dot : ce que nos premiers François retinrent des Allemands qui en ufoient ainfi. *Decem non uxor marito, fed uxori maritus offert, Tacitus, de moribus Germanorum.*

Ainfi, ce qui eft dit en plufieurs endroits, qu'il ne fe doit point faire de mariage fans dot, fe doit entendre du douaire conftitué par le mari au profit de fa femme.

Dans ce Royaume, les Prêtres anciennement ne donnoient point la bénédiction nuptiale fans être auparavant certains que les époufes fuffent dotées; & afin que la dot fût publique comme le mariage, elle fe conftituoit en face d'Eglife.

Si le mari poffede parmi nous en Pays coutumier les biens de fa femme, & profite des fruits, cette jouiffance ne prouve point que fes biens foient la dot de la femme; mais elle prouve feulement la puiffance & l'autorité que le mariage donne au mari, tant fur la perfonne de fa femme, que fur fes biens : jouiffance que notre Droit coutumier ne lui donne qu'à titre de bail ou gardien, & qui eft à peu près femblable à celle des peres & meres qui ont accepté la garde-noble ou bourgeoife de leurs enfans.

Quoique ces raifons paroiffent plaufibles, l'ufage qui eft le tyran des langues, a prévalu, & on donne toujours en Pays coutumier le nom de dot à ce que la femme apporte en mariage.

Cependant, comme la dot des Pays de Droit écrit eft différente en plufieurs chofes de celles des Pays coutumiers, nous allons en parler féparément.

DOT EN PAYS DE DROIT ECRIT, ne comprend pas tous les biens de la femme; il n'y a que ceux qu'elle ou fes parens, ou quelques autres perfonnes conftituent en dot dans le contrat de mariage, ou durant le cours du mariage qui deviennent dotaux; & les autres biens de la femme font appellés paraphernaux ou adventices.

Il faut cependant remarquer que fouvent la femme par fon contrat de mariage conftitue en dot tous fes biens préfens & à venir; auquel cas tous fes biens deviennent dotaux.

La dot peut confifter en meubles ou en immeubles, ou en argent comptant.

Si elle confifte en meubles meublans ou en immeubles, le mari ou fes héritiers, après la diffolution du mariage, ne font tenus que de rendre les mêmes efpeces qui ont été données en dot.

Leur perte ou leur détérioration tombe fur la femme, à moins que la chofe donnée en dot n'ait été eftimée à un certain prix; auquel cas la pleine propriété en appartient au mari qui n'en doit rendre que l'eftimation.

C'eft au pere à doter fa fille, foit qu'elle foit encore en fa puiffance, ou qu'elle foit émancipée. *Leg. ult. cod. de dot. promif. Voyez* Henrys, liv. 4. chap. 6. queft. 51. & 52. avec les Obfervations.

Mais ce devoir du pere n'empêche pas que la fille ne puiffe apporter en dot fes propres biens, & que fes autres parens ou même des étrangers ne la puiffent doter.

Le mari eft le maître de la dot de fa femme; mais ce n'eft que d'une propriété très-imparfaite, *do-*

minio, ut aiunt, perituro, non verò incommutabili; car elle ne dure qu'autant que dure le mariage.

Quoique le mari foit le propriétaire de la dot de fa femme, il ne pourroit pas néanmoins aliéner le fonds dotal fans le confentement de fa femme, fuivant la Loi *Julia de fundo dotali.* Sur quoi *voyez* ce que j'en ai dit dans ma Traduction des Inftitutes, fur le tit. 7. du fecond livre.

Aujourd'hui parmi nous en Pays de Droit écrit, la femme ne peut pas confentir que fa dot foit aliénée ou hypothéquée en aucune maniere.

Il faut excepter les Pays de Lyonnois, Forez, Beaujolois & Mâconnois, dans lefquels, pour faciliter le commerce, Louis XIV. par une Déclaration du mois d'Avril 1664. a permis aux femmes de s'obliger pour leurs maris, & pour cela d'engager ou aliéner leur dot, foit qu'elle confifte en meubles ou immeubles.

On peut faire telles conventions que l'on veut au fujet de la dot, foit dans le moment qu'elle eft conftituée, foit après, même durant le mariage; mais il faut que tous ceux qui ont intérêt à la dot y interviennent; fçavoir, ceux qui ont droit de la repeter, & ceux à qui on la peut demander. *Leg. 1. & 29. ff. de pact. dotalib.*

Cette regle reçoit trois exceptions.

La premiere eft, que fi ces conventions contiennent en elles-mêmes l'effet d'une donation, elles ne pourroient pas être valables, à moins qu'elles ne fuffent dans la fuite confirmées par la mort de celui dès conjoints qui auroit donné. *Leg. 28. ff. eodem.* Par exemple, fi la femme avoit ftipulé que le mari ne pourra pas repeter les impenfes néceffaires qu'il aura faites fur le fonds dotal, cette convention ne feroit pas valable, fi elle n'étoit confirmée par la mort de cette femme, *parce qu'une telle convention contient en elle-même l'effet d'une donation.*

La deuxieme exception eft, que l'on ne peut point faire de convention qui foit contre les bonnes mœurs. On ne peut, par exemple, ftipuler que le mari ou fes héritiers ne pourront intenter aucune action de recelé contre la femme, parce qu'une telle convention eft contre les bonnes mœurs, en ce qu'elle inviteroit la femme à receler les effets appartenans à fon mari.

La troifieme eft qu'on ne peut pas ftipuler que la dot fera rendue par le mari ou par fes héritiers, dans des termes plus longs que ceux que la Loi a marqués à ce fujet. *Leg. 14. & feq. ff. eodem.*

Suivant la difpofition des Loix Romaines, ceux qui ont promis la dot au mari, & qui ne l'ont pas payée, doivent au bout de deux ans lui payer les fruits des immeubles, l'intérêt de l'argent, & même des autres meubles, pourvû que le mari en ait fait faire l'eftimation. *Leg. 31. §. 2. cod. de jure dot.*

Mais en France, les Intérêts de la dot promife font toujours dûs au mari du jour du contrat, ou du terme porté par le contrat de mariage, quand bien même les chofes promifes confifteroient en meubles dont il n'y auroit point eu d'eftimation.

Après la diffolution du mariage, le mari ou fes héritiers font obligés de remettre la dot au pere de la femme, & à la femme conjointement, quand c'est le pere qui a donné la dot.

Lorsque le pere est décédé, ils doivent la remettre à la femme seule, ou à ses héritiers.

Ils la doivent aussi remettre à la femme seule, lorsque la dot a été donnée par un étranger.

Mais ce que nous venons de dire n'a lieu que quand il n'y a point de stipulation contraire.

Ainsi le mari peut stipuler qu'il gagnera la dot, ou une partie, en cas qu'il survive sa femme.

L'étranger qui donne la dot, peut aussi stipuler qu'elle lui sera rendue, ou à ses héritiers.

Quand la femme n'a point apporté de dot à son mari, si le premier mourant des deux conjoints est riche, & que le survivant soit dans la nécessité, il a droit de prendre une part dans la succession du prédécédé ; sçavoir, le quart en propriété, quand il n'y a point d'enfans ; & la même portion en usufruit seulement, lorsqu'il n'y a que trois enfans, ou un moindre nombre ; & s'il y a plus de trois enfans, il ne prend qu'une portion virile en usufruit, & il est obligé d'imputer sur cette portion ce qui lui a été legué par le prédécédé. *Authentica præterea, cod. unde vir. & uxor.*

Voyez Maynard, liv. 3. chap. 25. la Rocheflavin, liv. 2. & 6. *verbo* Dot, art. 1. & 22. Papon, liv. 15. tit. 4. article 5. & Despeisses, tome 1. pag. 304.

Si la dot consiste en immeubles ou autres effets en nature, il la faut rendre sans aucun délai immédiatement après la dissolution du mariage ; mais les fruits de la derniere année se partagent à proportion du temps que le mariage a duré, s'il n'y a point de stipulation contraire. *Leg. 7. ff. sol. matr. leg. un. cod. de rei uxor. act.*

Ainsi la femme ou ceux qui donnent la dot pour elle, peuvent stipuler en la donnant, que les fruits de la derniere année appartiendront entierement à la femme. *Leg. 31. ff. de pact. dotal.*

Si la dot consiste en argent ou autres choses fongibles, par l'ancien Droit on n'étoit obligé de la rendre qu'en trois payemens égaux d'année en année, dont la premiere n'échoit qu'un an après le décès de la femme : ce que l'on appelloit *restitutio dotis, annua, bima, trima die.*

Mais par le nouveau Droit, la dot consistant en choses fongibles, doit être restituée au bout de l'an, que l'on appelle ordinairement l'an de viduité. *Leg. un. cod. de rei uxor. act.*

Le mari ne peut être contraint à la restitution de la dot, que *quatenus facere potest, deducto eo ne egeat* ; en sorte que la femme ou ses héritiers sont obligés de lui laisser de quoi vivre. *Leg. 22. & seq. Leg. 54. ff. sol. matr. Leg. 17. ff. de re. judic. Leg. 84. ff. de jure dot.*

Voyez Henrys, tome 2. livre 4. quest. 63. où l'Auteur des Observations tient après Coquille dans ses questions, chap. 122. que cette disposition du Droit Romain doit être suivie, même dans la France coutumiere.

Le mari jouit de la dot, & en fait les fruits siens ; aussi est-il responsable de la perte ou de la diminution qui arrive par sa négligence & par sa faute

és choses qui lui ont été données en dot. *Leg. 18. §. 1. ff. sol. matr.*

Par rapport à sa jouissance, il est aussi tenu d'y faire toutes les réparations viageres à ses dépens.

On appelle réparations viageres celles qui ne regardent que la jouissance, comme en fait de terres, la culture ; en fait de maisons toutes les réparations d'entretenement, hors les quatre gros murs, poutres entieres, couvertures & voûtes.

A l'égard des grosses réparations, & des autres dépenses nécessaires que le mari a faites, & qu'il a été obligé d'avancer en qualité d'administrateur, pour la conservation du fonds, comme les chaussées pour retenir les eaux, &c. elles diminuent la dot de plein droit, & le mari en peut retenir le fonds jusqu'à ce qu'il en soit remboursé. *Leg. un. §. 5. cod. de rei uxor. act.*

Pour ce qui est des dépenses utiles, mais qui ne sont pas nécessaires, comme un plant de bois ou de vignes dans une terre qui ne peut produire autre chose, le mari n'a qu'une simple action pour s'en faire payer.

Enfin, pour ce qui regarde les dépenses voluptuaires, comme les peintures, le mari n'en peut rien demander ; il a seulement la faculté de les enlever, au cas qu'il le puisse faire sans endommager le fonds ; & si la femme ou ses héritiers ne le veulent pas souffrir, ils les doivent rembourser.

La femme ne peut agir en restitution de dot, qu'après la dissolution du mariage ; si ce n'est quand les affaires du mari vont tellement en décadence, qu'il y a lieu d'appréhender sa ruine.

Par le Droit Romain, la femme a non-seulement une hypotheque tacite sur les biens de son mari, pour la répétition de sa dot ; mais même cette hypotheque emporte une préférence sur tous les autres créanciers hypothécaires, qui ont contracté avec le mari avant son mariage.

Il faut excepter le fisc, lequel, quand il concourt avec la femme qui poursuit la répétition de sa dot, suit en cela le Droit commun avec elle, c'est-à-dire la regle générale des hypotheques, *prior tempore potior jure.*

Suivant cette regle, si le mariage a été contracté avant la dette du fisc, le privilege de la femme l'emporte ; si au contraire la dette du fisc est antérieure au mariage, le fisc est préféré à la dette de la femme pour la répétition de sa dot. *Leg. assiduis ult. cod. qui potiores, juncta leg. 2. cod. de privileg. fisc.* Sur quoi il faut remarquer, que de tous les Parlemens de Droit écrit, il n'y a que celui de Toulouse qui ait conservé à la dot des femmes un privilege si extraordinaire ; mais il y a apporté trois exceptions.

La premiere est, que ce privilege n'est reçu qu'en la personne de la femme & de ses enfans ; en sorte qu'il ne passe point à ses autres héritiers.

La seconde, qu'il faut que la quittance de la dot porte numération de deniers ; autrement on ne lui donne point ce privilege, parce qu'on présume que c'est une libéralité déguisée qu'on appelle dot confessée & non payée ; à la différence de la dot réelle & effective.

La troisieme est, que quand les créanciers antérieurs font signifier leurs créances à la femme avant le mariage, elle ne peut pas se servir de son privilege contr'eux.

Voyez Cambolas, liv. 5. ch. 10. Catelan, tom. 2. liv. 4. chap. 33. & les trois suivans.

Dans tous les autres Parlemens de Droit écrit, on ne donne hypotheque à la femme, pour la répétition de sa dot sur les immeubles du mari, que du jour du contrat de mariage ; & s'il n'y en a point, elle ne laisse pas d'avoir hypotheque tacite sur les biens du mari, du jour de la bénédiction nuptiale.

Mais à l'égard des meubles, elle est constamment préférée à tous les autres créanciers.

Enfin, l'on juge par-tout que l'hypotheque de la dot est antérieure à celle de l'augment de dot. *Voyez* Henrys, tom. 2. quest. 44. & l'observation sur icelle.

Lorsque le mari possede des biens substitués, & qu'il n'a pas assez de biens libres pour payer la dot de sa femme, la Loi lui donne une hypotheque subsidiaire, au défaut des biens libres, sur les biens substitués. *Authentica res quæ, cod. communia de legat.* Sur quoi *voyez* l'Institution de M. d'Argou, tom. 2. liv. 3. chap. 8. d'où j'ai tiré une partie de ce que je dis ici de la dot.

En pays de Droit écrit, tous les biens de la femme qui ne sont pas apportés en dot, sont biens paraphernaux, soit qu'elle les eût lors de son mariage, ou qu'ils lui soient échus depuis. Il est vrai qu'on appelle proprement ces derniers, biens adventices ; mais ils sont compris sous le terme général des biens paraphernaux. *Voyez* ci-après, Paraphernaux.

Il nous reste à remarquer ici que dans les Parlemens de Droit écrit, l'autorisation du mari est hors d'œuvre, pour ce qui regarde les aliénations qu'une femme peut faire, ou les obligations qu'elle peut contracter ; car ou il s'agit des biens dotaux, ou des biens paraphernaux.

A l'égard des biens dotaux, ou il s'agit des fruits, ou du fonds.

Pour ce qui est des fruits, & de tout ce qui dépend de l'administration, le mari en est le maître, *est dominus dotis constante matrimonio* ; c'est pourquoi il n'a pas besoin du consentement de sa femme, ni qu'elle parle dans l'acte.

Quant au fonds dotal, il est inaliénable, quoique le contrat ait été fait avec le consentement du mari ; comme nous avons dit sur le titre 7. du liv. 2. des institutes.

Pour ce qui est des biens paraphernaux, la femme en peut disposer à toute sorte de titre sans le consentement de son mari. *Dolive*, liv. 3. ch. 29. Boniface, tom. 1. liv. 7. tit. 4. chap. 2.

Voilà ce qui s'observe généralement dans tous les Pays de Droit écrit à cet égard : il n'y a que ceux qui sont du ressort du Parlement de Paris, dans lesquels la femme ne peut contracter sans l'autorité de son mari, soit par rapport aux biens dotaux, ou par rapport aux biens paraphernaux.

Au reste, en Pays de Droit écrit, la femme est tenue de rapporter la dot qu'elle a reçue au cas que son mari soit décedé insolvable, pourvu qu'il n'y ait eu ni faute ni négligence de sa part, comme je l'ai remarqué, *verbo* rapport.

DOT EN PAYS COUTUMIER, est tout ce que la femme ou autre pour elle, donne au mari, pour en jouir & faire les fruits siens pendant le mariage, à l'effet d'en soutenir les charges.

Il importe peu que les biens qu'une femme, ou autre pour elle, donne en dot au mari soient meubles ou immeubles, il en a toujours la jouissance, & même de tout ce qui échoit à la femme pendant le mariage.

Mais quant à la communauté, il y a cette différence entre les meubles & les immeubles, que les meubles & effets mobiliers de la femme, comme ceux du mari, tombent dans la communauté, s'il n'y a stipulation au contraire qui les rende immeubles, ou partie d'iceux ; & que les immeubles sont réputés propres à la femme, pour ne pas entrer en communauté, comme nous avons dit ci-dessus, page 666.

En un mot, en pays coutumier, tout ce qu'une femme apporte en mariage, & tout ce qui lui échoit depuis, constitue sa dot. Ainsi nos Coutumes ne reconnoissent point de biens paraphernaux & n'accordent point la liberté à la femme, tant qu'elle est en puissance de son mari, de disposer entre-vifs d'aucune partie de ses biens sans l'autorité de son mari.

Le mari, comme maître de la communauté, peut disposer à sa volonté, & sans le consentement de sa femme, de tous les effets mobiliers dont la communauté est composée. Il peut même disposer des deniers que la femme s'est stipulée propres ; mais pour les immeubles à elle appartenans, il ne peut pas les aliéner ni hypothéquer sans son consentement.

Le mari peut poursuivre les pere & mere de sa femme, ou ceux qui ont promis la dot à sa femme pour en avoir le payement.

En Pays de Droit écrit, où il n'y a point de communauté entre conjoints, la femme n'est pas obligée de doter sa fille : c'est une charge qui regarde uniquement le pere, & non pas la mere. *Leg. qui liberos, ff. de nup. & leg. neque matre, cod. de jure dot.*

Mais dans la France coutumiere, le pere & la mere sont obligés de doter leurs filles, en sorte que une fille étant mariée par ses pere & mere en pays coutumier, quoiqu'il ne soit point dit dans le contrat de mariage, que la dot lui a été donnée en avancement de leur future succession, elle est présumée avoir été fournie des biens communs.

La raison est, que l'obligation que les peres & meres ont de doter leurs filles, est une charge de la communauté. Ce qui est si vrai, qu'une mere qui auroit doté sa fille après la mort de son pere, sans déclarer que ce qu'elle lui donne à sa fille en mariage est sur la succession de son pere, seroit présumée avoir doté sa fille, moitié de ses biens, & moitié des biens de son pere ; comme il a été jugé par Arrêt rendu en la Chambre de l'Edit le 19. Mars 1625. rapporté dans le premier tome

du

du Journal des Audiences , liv. 1. chap. 46.

De ce que ce n'eſt point au pere ſeul à doter ſa fille , & que la mere qui a ſa part dans la communauté , doit y contribuer , il s'enſuit encore ,

I°. Que ſi le mari , en l'abſence de ſa femme , marie un de ſes enfans , & lui conſtitue une dot , ou lui fait une donation , cela diminue de plein droit la part de la femme dans la communauté.

II°. Que ſi la femme a parlé dans le contrat de Mariage de ſes enfans de l'un ou de l'autre ſexe , & qu'enſuite elle renonce à la communauté , elle eſt obligée de payer ſur ces propres biens la moitié de ce qui leur a été donné en mariage , & d'en récompenſer la communauté.

En Pays coutumier , la femme conſerve la propriété des immeubles qu'elle apporte en mariage ; en ſorte que le mari ne peut les vendre ni engager ſans le conſentement de ſa femme de lui dûement autoriſée.

La femme , en Pays coutumier , n'a point de privilége ſur les biens de ſon mari pour la répétition de ſa dot ; elle n'a qu'une hypothéque tacite ſur les immeubles qui appartenoient à ſon mari avant le mariage.

Cette hypothéque eſt du jour du contrat de mariage : & s'il n'y a point de contrat , elle eſt du jour de la Bénédiction nuptiale.

Mais à l'égard des meubles , elle n'y a pas plus de droit que les autres créanciers de ſon mari ſur le prix provenant de la vente deſdits meubles ; elle vient néanmoins avec eux à contribution au ſol la livre , en cas de déconfiture.

L'hypothéque de la femme ſur les immeubles que ſon mari avoit avant le mariage , eſt du jour du contrat de mariage , comme nous avons dit ; & cela quand bien même la dot n'auroit été payée que long-temps après. Ce qui donne cette date à cette hypothéque , c'eſt que l'obligation que contracte le mari pour la reſtitution de la dot , ne ſe contracte à la vérité que conditionnellement , c'eſt-à-dire ſuppoſé qu'elle ſoit payée ; mais lorſque cette condition eſt arrivée , elle a un effet retroactif au jour du contrat dans lequel a été faite la promeſſe de la dot en queſtion.

En pays coutumier , une femme mariée ne peut agir contre ſon mari pour la reſtitution de ſes deniers dotaux , tant qu'elle eſt in ſacris mariti : c'eſt pourquoi avant que d'agir contre lui , il faut abſolument qu'elle ſe ſoit fait ſéparer d'avec lui par une ſéparation judiciaire.

Le mari & ſes héritiers ſont obligés de rendre la dot immédiatement après la diſſolution du mariage , & d'en payer les intérêts de ce jour-là.

Le pere qui a promis une dot à ſa fille , & le mari qui a reçu la dot , ne ſont pas plus favorables que les autres débiteurs ; c'eſt-à-dire , qu'ils ſont tenus d'acquitter en entier l'obligation qu'ils ont contractée à cet égard , & qu'on peut faire vendre tout leur bien pour le payement ou pour la reſtitution de la dot.

Voyez cependant Henrys , tom. 2. liv. 4. queſt. 63. avec les Obſervations.

La femme autoriſée de ſon mari , peut vendre ,

hypothéquer , & même donner entre-vifs ſes biens dotaux ; ſauf ſon action pour le remploi ou pour l'indemnité contre le mari ou ſes héritiers , en cas de vente ou d'hypothéque.

Quand la dot d'une femme conſiſte , pour le tout ou la plus grande partie , en effets mobiliers qui de leur nature entrent dans la communauté , on a inventé des ſtipulations pour les en exclure , & pour leur faire produire à cet égard le même effet qu'à de véritables immeubles , afin de conſerver en quelque ſorte l'égalité entre conjoints , & ne pas laiſſer tout l'avantage du côté du mari ; & c'eſt ce qu'on appelle ſtipulation de propres , dont nous donnerons l'explication , lettre S.

Comme on peut ſtipuler que ce qui eſt meuble de ſa nature , tiendra lieu de propre , on peut auſſi ſtipuler qu'un véritable immeuble entrera dans la communauté ; & c'eſt ce qu'on appelle ameubliſſement , dont nous avons parlé à la lettre A.

DOT que le mari a confeſſé avoir reçue , quoiqu'il ne l'ait pas reçue , donne lieu au mari , ou à ſes héritiers , de ſe ſervir de l'exception cautæ & non numeratæ dotis , contre la reconnoiſſance du mari , en cas qu'il ſoit pourſuivi par la femme ou par ſes héritiers pour la reſtitution de la dot après la diſſolution du mariage. Leg. ult. cod. de dote cautâ , non numeratâ.

Cette diſpoſition du Droit Romain n'a pas lieu en France. Lorſqu'un mari a confeſſé avoir reçu la dot qui lui a été promiſe , il eſt toujours préſumé l'avoir reçue , & il ne ſeroit pas admis parmi nous à prouver le contraire.

Mais les créanciers du mari peuvent être admis à prouver que la dot n'a pas été payée pour la conſervation de leurs droits & de leurs hypothéques , nonobſtant la confeſſion & la reconnoiſſance du mari.

C'eſt le ſentiment de nos Docteurs François: confirmé par l'uſage. Bouvot , partie 2. verbo Vente à grace, queſt. 1. Automne ſur la Loi 3. cod. de dote cautâ non numeratâ.

DOT INOFFICIEUSE , eſt celle qui eſt exceſſive , & qui empêche les autres enfans d'avoir leur légitime dans la ſucceſſion de leurs pere & mere.

Ces avantages exhorbitans ſont , comme les donations inofficieuſes , réductibles ad legitimum modum. Voyez Donation inofficieuſe.

DOT DE RELIGIEUSE , eſt ce que l'on donne pour faire faire profeſſion à une fille dans une Maiſon religieuſe.

Cela n'eſt pas autrement permis , ſur-tout quand la Maiſon eſt bien rentée.

Outre quantité de Canons qui défendent de donner quelque choſe pour cela , nous avons une infinité d'Arrêts & de Déclarations qui le défendent auſſi , & principalement la Déclaration du vingt-huit Avril 1693. dont le diſpoſitif eſt rapporté par M. Brillon , verbo Dot de Religieuſe. Elle excepte ſeulement les Monaſteres des Carmelites , des Filles de Sainte Marie , des Urſulines , & autres qui ne ſont point fondées , & qui ſont établies depuis l'an 1600. auxquelles elle permet de recevoir des penſions viageres.

Cependant l'ufage eſt contraire ; & ſuivant la décifion de Meſſieurs de Sorbonne, qui a été imprimée, les Maiſons religieuſes peuvent prendre & recevoir par contrat les aumônes dotales, ſans ſimonie. *Voyez* la Peyrere, lett. A, nomb. 120.

Ainſi, nonobſtant la Déclaration du 28. Avril 1693. lorſque les tuteurs ont donné une dot, par avis des parens, pour l'entrée d'une fille en religion, on la paſſe en compte.

La raiſon eſt, qu'on ſçait qu'il eſt impoſſible de procurer l'entrée d'une fille en Religion ſans dot.

On autoriſe même à l'égard des tuteurs les quittances exceſſives que donnent les Religieuſes, ſous prétexte de frais d'entrée, de profeſſion, & autres dépenſes dont on n'oſe pas donner quittance.

Si c'eſt un pere, on l'autoriſe par avis de parens, pour être cru ſur ſa déclaration ; & cela paſſe en compte, quoique la dot paroiſſe exceſſive par rapport aux biens de la Religieuſe.

On juge même que la dot d'une Religieuſe eſt contribuable par tous les héritiers au prorata de ce qu'ils amendent de ſa ſucceſſion ; comme il a été jugé par Arrêt du 14. Janvier 1632. rapporté dans le Journal des Audiences ; & par un autre du 10. Janvier 1651. rapporté dans le même Journal. *Voyez* Soefve, tom. 1. cent. 3. chap. 53. M. Brillon à l'endroit cité ci-deſſus ; & ce que j'ai dit ſur l'art. 276. de la Coutume de Paris, nomb. 47.

DOT D'UNE EGLISE, eſt ce qui eſt donné pour l'entretien des Prêtres & des Officiers d'une Egliſe, & pour y fournir toutes les choſes néceſſaires pour la célébration des Myſteres.

Comme il ne conviendroit pas qu'une Egliſe fût bâtie, & qu'elle n'eût pas des revenus convenables pour y célébrer les myſteres de la Religion, les ſouverains Pontifes ont défendu qu'une Egliſe fût conſacrée, à moins qu'elle n'eût des revenus ſuffiſans pour y faire avec décence ce à quoi elle eſt deſtinée.

Ainſi quelques-uns faiſoient les frais de la conſtruction d'une Egliſe, d'autres lui conſtituoient une dot convénable, & d'autres donnoient le fonds pour la bâtir. C'eſt par rapport à ces diverſes cauſes qu'il ſe trouve que pluſieurs ont acquis le droit de patronage d'une même Egliſe.

La dot d'une Egliſe doit conſiſter en héritages ou autres immeubles, pour les revenus d'iceux ſervir aux charges de l'Egliſe. C'eſt pourquoi, lorſque pour en doter une on donne une ſomme d'argent, il faut qu'elle ſoit employée en acquiſition d'héritages.

A l'égard de ce à quoi doit monter le produit des immeubles que l'on donne pour la dot d'une Egliſe, à l'effet qu'elle ſoit réputée dot ſuffiſante, cela dépend de la qualité des Egliſes, comme nous le ferons voir dans le Dictionnaire du Droit canonique.

DOUAIRE, eſt un avantage que la femme ſurvivante prend ſur les biens de ſon mari prédécédé, & qui lui eſt accordé pour lui procurer une ſubſiſtance honnête ſuivant la condition de ſon mari.

Cet avantage n'eſt point fait à la femme pour la récompenſer, comme quelques-uns diſent, des biens qu'elle a apportés en dot, puiſque le douaire eſt accordé à celle qui n'a rien apporté en mariage ; ou qui n'a point réellement apporté en dot ce qu'elle ou une autre perſonne avoit promis d'apporter au mari.

Le douaire n'eſt pas non plus fondé ſur la raiſon qu'en donne M. Cujas, *ut præmium habeat defloratæ virginitatis*, puiſque les femmes veuves qui ſe remarient ont un douaire, auſſi bien que celles qui contractent leur premier mariage.

D'ailleurs, la conſommation du mariage n'eſt pas néceſſaire pour le gain du douaire, ſi ce n'eſt dans quelques-unes de nos Coutumes, qui portent expreſſément, *qu'au coucher la femme gagne ſon douaire ;* comme celle de Normandie, art. 367. celle de Chartres, art. 52. celle de Clermont en Beauvoiſis, article 259. & celle de Ponthieu, article 32. *Voyez* les Commentateurs de cês Coutumes.

Diſons donc que cet avantage eſt fait à la femme, afin que celle qui contracte mariage ſoit ſûre d'avoir des alimens ſur les biens de ſon mari, pour la récompenſer des ſoins & des peines qu'elle prend pour ſon ménage, pour élever ſes enfans, & pour l'augmentation & la conſervation des biens communs.

Le douaire peut être ſtipulé par les Parties ; & c'eſt ce qu'on appelle douaire préfix, ou douaire conventionnel. Au défaut de la convention des Parties, la plûpart des Coutumes réglent le douaire, & donnent à la femme la jouiſſance d'une portion de certains héritages du mari.

On peut néanmoins ſtipuler dans un contrat de mariage, qu'il n'y aura point de douaire ; mais la ſtipulation doit être expreſſe. Soefve, tom. 1. cent. 2. chap. 68.

Suivant ce que nous avons dit, il y a deux ſortes de douaire ; ſçavoir, le douaire préfix ou conventionnel, & le douaire coutumier.

Le douaire préfix ou conventionnel eſt celui qui provient de la convention des Parties ; il ſe prend ſur tous les biens du mari indiſtinctement, acquêts, conquêts, ou propres.

Le douaire coutumier eſt celui qui eſt établi & défini par la Coutume, & qui conſiſte dans une eſpéce de penſion alimentaire pour la femme, & en un droit de légitime pour les enfans.

Il eſt appelé coutumier, parce qu'il eſt établi & réglé par la Coutume, ſans aucune convention des Parties.

Dans la Coutume de Paris, ce douaire eſt la moitié des héritages que le mari tient & poſſéde au jour des épouſailles & bénédiction nuptiale, & de ceux qui lui ſont échus depuis & pendant le mariage en ligne directe, ſoit à titre de donation, de legs ou de ſucceſſion.

La Coutume de Boulogne, article 99. titre des douaires, celle de la Marche, art. 188. tit. des donations ; celle de la Rochelle, chap. 15. art. 45. ont une diſpoſition différente de celle de Paris, contenue en l'article 247. en ce que dans ces Coutumes la femme n'emporte aucun douaire, à moins qu'il n'en ſoit convenu au traité de mariage ; mais la Coutume de Paris & pluſieurs autres, quand il n'y a point de ſtipulation de douaire donnent à la femme le douaire coutumier de la communauté.

Les dettes immobiliaires, comme les rentes conftituées, qui font dûes par le mari avant fon mariage, diminuent le douaire coutumier de plein droit.

Un homme en fe mariant a des héritages de valeur de fix mille livres de rente, & n'eft redevable d'aucune rente immobiliaire : après fa mort, fa veuve doit en ce cas jouir de trois mille livres de rente pour fon douaire dans la Coutume de Paris, & dans les autres Coutumes femblables qui donnent à la veuve pour fon douaire la moitié defdits héritages.

Mais fi le mari devoit lors de fon mariage deux mille livres de rente, il faudra diftraire cette rente du revenu des immeubles ; & en ce cas il ne reftera plus que quatre mille livres de rente au mari, & par conféquent deux mille livres de rente à la femme pour fon douaire.

Il n'en eft pas de même des dettes mobiliaires ; elles ne font point confidérées à l'égard du douaire.

La raifon de cette différence eft, que les dettes immobiliaires, telles que font les rentes conftituées & les rentes foncieres qui font dûes au mari avant le mariage, augmentent le douaire coutumier de la femme, au lieu que les effets mobiliers du mari ne l'augmentent pas ; & c'eft auffi ce qui fait que les uns diminuent le douaire, & que les autres ne le diminuent pas.

A l'égard du douaire préfix & conventionnel, de quelque nature que foient les dettes du mari lors du mariage, elles ne le diminuent point. La raifon eft, qu'il eft réglé & déterminé par le mari, qui doit connoître en quoi confiftent fes facultés, lorfqu'il conftitue le douaire.

Quand nous difons que les dettes mobiliaires ne diminuent pas le douaire coutumier, & que les dettes mobiliaires ou immobiliaires ne diminuent point le douaire préfix, cela fe doit entendre lorfque le mari laiffe des biens fuffifans pour acquitter les dettes, & pour fournir au douaire de fa femme ; car quand il ne laiffe pas affez de biens pour l'un & pour l'autre, toutes les dettes hypothécaires par lui créées avant le mariage, doivent être payées fur fes immeubles avant les conventions matrimoniales de la femme : & en ce cas elles peuvent non feulement diminuer le douaire, mais elles peuvent auffi l'éteindre & l'anéantir entièrement.

Le douaire de la femme n'eft point affecté aux dettes de la communauté : toutefois la femme demeure obligée aux dettes du mari, jufqu'à la concurrence de ce qu'elle amende de la communauté ; comme il a été jugé par Arrêt du 10. Janvier 1507. rapporté par Brodeau fur Louet, lett. C, fomm. 54.

Le douaire n'eft point cenfé compris au nombre des dettes dont une femme auroit chargé fon légataire d'acquitter le mari ; comme il a été jugé par Arrêt de la Grande Chambre de relevée du 2. Juillet 1717. confirmatif d'une Sentence des Requêtes du Palais.

Si les Offices font fujets au douaire ? Voyez ce que j'ai dit fur l'art. 248. de la Coutume de Paris, glofe 1. nomb. 28. & fuivans.

Il y a des Coutumes, comme celles de Paris & de Chaumont, ou la femme a le choix du douaire préfix ou du douaire coutumier. Sur quoi il faut remarquer que ce choix eft tranfmiffible aux héritiers de la femme ; Coquille en fes queftions & réponfes, queftion 145. Mais quand la femme a ftipulé par fon contrat de mariage le douaire préfix, les enfans, quoique renonçans aux fucceffions de pere & de mere, ne peuvent en la Coutume de Paris demander le douaire coutumier, parce que la ftipulation de la mere oblige les enfans de la fuivre. Peleus, queft. 153.

Il y a d'autres Coutumes où le douaire préfix fait ceffer le douaire coutumier : c'eft-à-dire, que dès le moment qu'il y a un douaire ftipulé par le contrat de mariage, la femme eft obligée de s'y tenir, & ne peut plus demander le douaire coutumier.

Telles font toutes les Coutumes qui ne donnent point le choix du douaire à la femme, dans lefquelles néanmoins il eft permis de ftipuler que la femme aura le douaire préfix ou le coutumier à fon choix.

La raifon pour laquelle la femme n'a pas ce choix, quand la Coutume ne lui donne pas, ou que ce choix ne lui eft pas réfervé par le contrat de mariage, eft que les Parties font préfumées avoir voulu déroger à la Coutume en ftipulant un douaire préfix ; & comme les héritiers du mari n'ont pas alors la faculté de réduire la femme au douaire coutumier, lorfqu'il eft moindre que le douaire préfix, elle ne doit pas de fon côté avoir l'option du coutumier lorfqu'il eft plus avantageux.

Dans la Coutume de Paris & dans plufieurs autres, les Parties ont la faculté de ftipuler tel douaire que bon leur femble, fans qu'il puiffe être augmenté ou diminué par quelqu'occafion que ce foit, fi ce n'eft pour fatisfaire à l'Edit des fecondes nôces.

D'autres Coutumes, comme celle de Tours, défendent expreffement de ftipuler un douaire qui excede le coutumier, & permettent de le ftipuler moindre.

Dans la Coutume de Paris & dans plufieurs autres, le fond du douaire appartient aux enfans, qui ont droit d'en jouir en pleine propriété après la mort du pere & de la mere, foit que la femme ait furvécu au mari, ou qu'elle foit décédée avant lui.

Mais le douaire n'appartient jamais aux enfans, que la Coutume n'en ait fait une difpofition expreffe en leur faveur ; & à plus forte raifon ne leur appartient-il pas dans les Coutumes qui portent expreffément que le douaire eft éteint par la mort de la mere, & ne paffe point aux enfans.

Il y a quelques Coutumes, mais en petit nombre, qui donnent la propriété du douaire à la femme.

La plûpart ne lui en donnent que l'ufufruit ; de forte qu'après fa mort le fonds du douaire retourne aux enfans du mari, ou comme héritiers de leur pere, ou comme douairiers ; & au défaut d'enfans, ce fonds retourne aux autres héritiers du mari, & fait partie de fa fucceffion.

Mais on peut ftipuler que la femme aura fon douaire en pleine propriété : c'eft ce qu'on appelle douaire fans retour dont nous parlerons ci-après.

Il y a des Coutumes, comme celle de Paris, où la femme eft faifie de plein droit de fon douaire, foit préfix ou coutumier, du jour du décès du mari: dès ce moment elle gagne les revenus des immeubles, les arrérages des rentes, ou l'intérêt de l'argent qui doit servir de fonds au douaire.

Lorsque le douaire consiste dans l'usufruit des immeubles, la douairiere en doit jouir à sa caution juratoire, tant qu'elle demeure en viduité : mais si elle se remarie, elle doit donner bonne & suffisante caution, comme tous les autres usufruitiers.

Cette caution est de tenir les lieux en bon état, & de jouir en bon pere de famille, ou de rendre le fond du douaire, s'il consiste en une somme d'argent.

Quand il est dit en l'article 264. de la Coutume de Paris, que la femme jouit de son douaire après le décès de son mari, à sa caution juratoire, cela signifie qu'elle est obligée de comparoir au Greffe, par là se constituer dépositaire des biens de Justice, obliger & hypothéquer tous ses biens à la restitution de ceux dont elle a la jouissance en qualité de douairiere.

Ainsi, excepté en Normandie, la veuve n'est pas obligée de demander son douaire en jugement. Il est pourtant plus régulier d'en faire la demande en Justice, pour en avoir un titre précis, & éviter toutes contestations.

La femme a hypothéque pour son douaire du jour du contrat de mariage, s'il y en a ; & s'il n'y en a point, elle a hypothéque du jour de la bénédiction nuptiale.

Mais cette hypothéque est toujours postérieure à celle de sa dot ; ce qui est de conséquence lorsqu'il y a des enfans ; car si les biens du mari ne sont pas suffisans pour payer la dot, la perte en tombe sur le douaire ; & par consequent sur les enfans.

Le douaire coutumier est un droit réel qui ne se régle pas par la coutume du lieu où le contrat de mariage a été passé, ni par la Coutume du domicile des deux conjoints, mais par celle du lieu où les héritages sujets au douaire sont situés.

M. d'Argou, au chapitre 10. de son Institution au Droit François, dit qu'il résulte deux choses de ce principe.

La premiere, que quoique le mari & la femme ayent leur domicile dans une Coutume qui défend de donner un douaire préfix plus fort que le coutumier, cette prohibition n'opére rien lorsque le mari a des biens suffisans en d'autres Coutumes pour payer le douaire préfix, parce qu'alors il n'y a rien qui empêche que le douaire préfix ne soit payé sur les biens qui ne sont pas assujettis à la Coutume prohibitive.

La seconde chose est que le douaire coutumier de la femme peut être différent, suivant les diverses Coutumes où les héritages du mari sont situées: dans les unes il sera de la moitié, dans les autres du tiers ; les enfans auront le douaire dans une Coutume, ils ne l'auront pas dans l'autre.

Il est vrai que pour faire passer le douaire coutumier ou le douaire préfix en la personne des enfans, quoique les biens soient situés en des Coutumes qui ne le leur donnent pas, même en celles qui défendent de stipuler un douaire préfix plus fort que le coutumier, on peut stipuler, ou pour

mieux dire, on stipule ordinairement dans le contrat de mariage, que les Parties se soumettent à la Coutume de Paris, dérogeant à toutes autres Coutumes contraires.

Cette clause ne pourroit pas donner à la femme un douaire préfix plus fort que le coutumier, si le mari n'avoit pas dans les Coutumes qui le défendent ; parce que les Particuliers ne peuvent pas, par des conventions particulieres, déroger aux défenses qui sont portées par la Coutume.

Mais quoiqu'il soit vrai que la douaire qui passe aux enfans soit plus fort que le douaire qui n'est que viager à la femme, on juge en ce cas que la convention des Parties déroge à la Coutume, & l'on présuppose que l'intention de la Coutume, en défendant de stipuler un douaire plus fort que le coutumier, n'a été que d'empêcher le mari de faire de trop grands avantages à la femme, & non pas ôter la propriété du douaire aux enfans.

En effet, c'est un principe presque universel en pays coutumier, que quand les Coutumes défendent aux particuliers de disposer de la totalité ou d'une partie de leurs biens, ces défenses n'ont d'autre vûe que de conserver les biens aux véritables héritiers, & ne sont jamais faites en faveur des personnes étrangeres.

C'est aussi pourquoi, quand les enfans veulent avoir la propriété du douaire dans les Coutumes prohibitives, en vertu de la clause du contrat de mariage de leurs pere & mere, les créanciers du pere ne peuvent pas l'empêcher, non plus qu'ils ne peuvent pas obliger l'héritier qui renonce, de rapporter le don qui lui a été fait, dans les Coutumes qui défendent de donner à son héritier présomptif.

Il faut même observer que la stipulation du douaire en faveur des enfans a été trouvée si équitable, qu'elle a lieu, quoique la clause par laquelle les Parties se soumettent à la Coutume de Paris, & dérogent à toutes Coutumes contraires, ne soit inserée dans le contrat de mariage, qu'immédiatement après la stipulation de communauté ; & qu'elle semble par les termes dans lesquels elle est conçue, devoir être restreinte à la seule communauté.

Par exemple, quand on dit, *seront uns & communs en biens, & à cet effet se sont soumis à la Coutume de Paris, dérogeant expressément à toutes Coutumes contraires* ; on ne laisse pas néanmoins, par une interprétation favorable, d'étendre cette clause au douaire, quoiqu'elle ne soit point répetée, ni à l'article où il est parlé du douaire, ni à la fin du contrat de mariage.

En Normandie, le douaire consiste dans l'usufruit du tiers des choses immeubles dont le mari est saisi lors des épousailles, & de ce qui lui est échu pendant le mariage en ligne directe. Coutume de Normandie, art. 367.

Dans cette même Coutume, la femme ne peut avoir en douaire plus que le tiers de l'héritage, quelque convenant qui soit fait au traité de mariage. *Ibid.* art. 371.

Elle peut avoir moins que le tiers en douaire, si cela

eſt convenu par le traité de mariage. *Ibid.* art. 374.

La propriété du tiers des immeubles dont la femme a l'uſufruit pour ſon douaire, eſt acquiſe aux enfans du jour du mariage ; c'eſt ce qu'on appelle à leur égard, *tiers coutumier. Ibid.* article 399. ils ont auſſi un tiers coutumier ſur les biens de la mere. *Voyez* ci-après, Tiers coutumiers.

Une femme ne perd pas ſon douaire quand elle ſe fait Religieuſe ; mais quand il excede les alimens & penſion viagere qu'une Religieuſe peut ſe réſerver, le douaire doit y être réduit. *Voyez* ce que j'ai dit à ce ſujet ſur l'art. 263. de la Coutume de Paris, nomb. 25. *Voyez* auſſi Renuſſon, Traité du Douaire chap. 12.

Quoique, ſuivant ce que nous avons dit ci-deſſus, le douaire, ſoit coutumier ou préfix, ſaiſiſſe dans pluſieurs de nos Coutumes, ſans qu'il ſoit beſoin de le demander en Jugement, & que les fruits & arrérages courent du jour du décès du mari, il a néanmoins été jugé que le douaire préfix d'une ſomme de deniers n'engendroit point d'intérêts, s'ils n'avoient été demandés ; & ſi les enfans renoncent à la ſucceſſion de pere & mere, & ſe tiennent au douaire d'une ſomme de deniers pour une fois payée, ils n'en peuvent prétendre les intérêts que du jour de leur demande, & non du jour du décès de leur mere, ni du jour de la demande par elle faite deſdits intérêts, parce qu'ils y viennent de leur chef, & non de celui de leur mere. M. le Prêtre cent. 3. chap. 73.

Pour tenir lieu au douaire, il faut que le mariage ait été valablement contracté ; car s'il n'y a point de mariage, ou qu'il ſoit nul, il n'y a ni dot ni douaire, comme je l'ai remarqué ſur l'article 247. de la Coutume de Paris, au paragraphe ſecond.

Ainſi, lorſqu'une fille impubere a été mariée, le douaire n'a point lieu, à moins qu'elle ne devienne pubere pendant le mariage : d'où il s'enſuit, que ſi le mari décedoit avant qu'elle eût atteint la puberté, qui eſt l'âge de douze ans accomplis pour les filles, le douaire n'auroit pas lieu, parce qu'il n'y auroit point eu de mariage : mais dès le moment qu'elle entre dans la treizieme année, le douaire lui eſt acquis de plein droit, ſans ſtipulation ni convention.

Le droit d'accroiſſement n'a point lieu à l'égard du douaire, ſoit préfix ou coutumier ; de ſorte que ſi de quatre enfans l'un ſe porte héritier, les autres douairiers, ou ayant tous renoncé à la ſucceſſion, l'un renonce pareillement au douaire, ou ne l'accepte point, pour éviter le rapport qu'il ſeroit contraint de faire de tous les avantages par lui reçus de ſon pere, ſuivant l'article 252. de la Coutume de Paris, la portion de douaire de celui qui ſe porte héritier, ou qui renonce au douaire & ſe tient à ſon don, n'appartiendra pas aux trois autres, mais tournera au profit de la ſucceſſion du pere qui a conſtitué le douaire, & demeurera confuſe dans la maſſe.

La raiſon eſt, que le douaire tient lieu de légitime & d'alimens : or en Droit, il eſt certain que le droit d'accroiſſement n'a pas lieu en fait d'alimens, qu'ils finiſſent par la mort de celui à qui ils ſont dûs, ou par ſa renonciation. *Voyez* Louet & Brodeau, lett. D, ſomm. 44.

Lorſqu'un mari par ſon contrat de mariage limite le douaire, par exemple, à cinquante livres de rente, à condition qu'il pourra, quand il jugera à propos, l'augmenter juſqu'à une certaine ſomme ; ſuppoſé que dans la ſuite il l'augmente juſqu'à la ſomme qu'il a marquée, l'héritier n'eſt pas en droit de conteſter cette augmentation, ſous prétexte que c'eſt une donation faite *tempore prohibito, id eſt conſtante matrimonio.*

En effet, l'on ne peut pas regarder cette augmentation comme une augmentation faite pendant le mariage, mais plutôt comme l'exécution d'une ſtipulation portée par le contrat. *Voyez* Baſnage ſur l'art. 374. de la Coutume de Normandie.

En fait de douaire coutumier, les enfans prennent la moitié des héritages ſujets au douaire, en l'état qu'ils ſe trouvent lors de ſon décès, ſans aucun rembourſement des augmentations & bâtimens nouveaux faits ſur les fonds deſdits héritages par un tiers acquéreur. Auzanet ſur l'article 247. de la Coutume de Paris.

Dans les Coutumes où la femme a le choix du douaire préfix ou du douaire coutumier, ce choix eſt tranſmiſſible aux héritiers ou aux enfans, lorſqu'elle ne l'a point exercé. Charondas livre 7. rép. 75.

La veuve qui a une fois choiſi le douaire préfix, ne peut plus retourner au douaire coutumier.

L'option faite par une femme mineure ne laiſſe pas de tenir ; de ſorte qu'elle ne peut pas être rétractée, ſous prétexte de lézion.

Quoique le douaire coutumier ſe regle ſuivant la Coutume de la ſituation des héritages, néanmoins les Parties peuvent convenir qu'il ſera réglé ſuivant la Coutume du lieu où le contrat de mariage a été paſſé.

Pour régler la qualité du douaire préfix promis en rente, & ſçavoir s'il eſt propre aux enfans, ou ſeulement viager à la femme, il faut ſuivre la Coutume du domicile du mari, & non pas la Coutume de la ſituation des héritages. Auzanet ſur l'art. 256. de la Coutume de Paris.

La femme mariée à un homme main-mortable, laquelle après le décès de ſon mari ſe retire en lieu franc, eſt ſaiſie de ſon douaire. Bouvot, tom. 1. partie 2. *verbo* Douaire.

Si le douaire eſt éteint par la ruine de la maiſon ſur laquelle il eſt conſtitué, & ſi l'héritier eſt obligé de la rebâtir ? *Voyez* ce que j'ai dit ſur l'art. 262. de la Coutume de Paris.

Si les offices ſont ſujets au douaire ? *Voyez* ce que j'ai dit ſur l'art. 248. de la même Coutume, gloſ. 1. nomb. 28. & ſuiv.

Lorſque la veuve ſuccede aux meubles, dettes & conquêts immeubles de ſon fils qu'il lui payoit ſon douaire, il n'eſt pas éteint pour cela ; & les héritiers des propres ſont tenus de lui payer ſon douaire, qui eſt une dette réelle.

Anciennement on a tenu que les biens ſubſtitués n'étoient obligés à la dot & ſujets au douaire, que par rapport à la ligne directe, & *in gratiam dun-taxat liberum primi gradûs* ; & cela subsidiaire-ment , & au défaut d'autres biens.

A l'égard des biens substitués en collatérale, on jugeoient qu'ils n'y étoient pas sujets ; parce que celui qui fait une telle substitution , n'est pas obli-gé à doter ou à faire des donations à celui qu'il ins-titue , & qu'il charge de substitution.

Mais les derniers Arrêts ont en cela établi une nouvelle Jurisprudence , & jugé que les biens subs-titués en collatérale sont aussi obligés subsidiaire-ment à la dot & au douaire ; & même que cette décision avoit également lieu au profit d'une secon-de femme , dont le douaire ne doit pas être moins favorablement traité que celui de la première.

M. le Brun en son Traité des successions , liv. 2. chap. 5. sect. 1. distinct. 2. nomb. 16. en rap-porte plusieurs qui l'ont jugé ainsi. *Voyez* ce que j'ai dit sur l'art. 248. de la Coutume de Paris , où j'ai expliqué quels sont les biens qui sont sujets au douaire.

Le douaire n'est jamais ouvert que par la mort naturelle du mari. Louet lett. D , somm. 36. C'est pour cela que l'on dit en commun proverbe , que *jamais mari ne paya douaire.*

Dans les cas de séparation de biens & d'habita-tion , de longue absence , ou de mort civile du mari , on n'adjuge jamais de douaire à la femme ; mais on lui adjuge quelquefois une pension sur les biens du mari , pour en jouir jusqu'à ce que le douaire ait lieu.

Cette pension est à l'arbitrage des Juges , mais elle se regle ordinairement à la moitié du douaire ; c'est ce qui fait qu'on l'appelle vulgairement mi-douaire.

Lorsque les héritages dont la femme doit jouir pour son douaire sont en fief , quelques Coutumes , comme celle de Paris , portent que la femme n'est pas obligée à faire la foi & hommage , ni à payer aucun relief ; mais que les héritiers du mari sont tenus de l'acquitter de la foi & hommage , & de payer le relief , s'il est dû de leur chef. *Voyez* ce que j'ai dit sur l'art. 40. de la Coutume de Paris.

Il y a d'autres Coutumes , comme celle de Poi-tou , qui veulent que la veuve contribue au paye-ment du droit de relief pour la part dont elle a droit de jouir pour son douaire.

Il y a enfin , comme celle de Bretagne , où le Seigneur n'est payé du relief , ou rachat qui lui est dû pour la portion du fief , sujette au douaire , qu'après la mort de la douairiere ; de sorte que tant qu'elle est vivante elle n'en paye rien , ni les héritiers du mari ; mais le droit du Seigneur n'est pas perdu pour cela , il n'est que retardé ; & même si durant la vie de la douairiere le fief passe entre les mains de divers héritiers , lorsqu'elle sera décédé , le Seigneur se fera payer de tous les reliefs échus ; car ils sont acquis au Seigneur par la mort de chaque propriétaire , & non pas par la mort de la douairiere , qui ne jouit de la portion du fief que par usufruit.

Le douaire préfix , soit en rente ou deniers , se prend sur les biens du mari seul , & non pas sur les effets de la communauté : autrement il s'ensui-vroit , que quand la femme accepteroit la com-munauté , la moitié du douaire seroit confondue en sa personne.

D'ailleurs , le douaire préfix tient lieu & place du douaire coutumier , qui n'est jamais assigné par les Coutumes sur les biens de la Communauté , mais sur les propres biens du mari.

Le douaire coutumier se prend sur les rentes constituées , comme nous avons dit. Sur quoi l'on demande si le remboursement d'une rente qui au-roit été fait au mari , diminue le douaire de la femme ?

Il faut dire que non , & qu'elle a son indemnité sur les autres biens du mari , qui ne peut diminuer le droit qu'elle a acquis au tems du mariage. *Voyez* Bacquet en son Traité des droits de Justice , ch. 15. nomb. 41.

La Coutume de Paris en l'art. 257. porte , que si durant le mariage les conjoints se font un don mutuel , la femme survivante douée de douaire préfix , jouira par usufruit , en vertu de son don mutuel , de la part du mari dans les effets de la communauté , & prendra son douaire sur le sur-plus des biens de son mari sans aucune diminution ni confusion ; de sorte que si le mari n'a point laissé de biens qui ne soient entrés dans la communauté , la femme jouira de l'usufruit en vertu de son don mutuel , & pourra faire vendre la propriété de ces mêmes biens , pour être payée de son douaire.

Elle pourra même à cet effet actionner person-nellement les héritiers de son mari , pour être payée sur les propres biens , à moins qu'ils ne se soient portés héritiers par bénéfice d'inventaire.

Si elle ne le fait pas de son vivant , ses héritiers en rendant compte du don mutuel , pourront met-tre dans la dépense du compte tous les arrérages échus du douaire.

Quoique cette disposition de la Coutume de Paris paroisse d'abord assez rude contre les héri-tiers du mari , sur-tout lorsqu'il n'y a point des propres suffisans pour payer les arrérages du douai-re , néanmoins elle est dans les regles les plus exactes du Droit , & même on peut dire qu'elle est très-équitable.

La raison est , que le don mutuel doit être égal entre le mari & la femme , & il ne le seroit pas si la femme confondoit son douaire avec son don mu-tuel : car en jouissant du don mutuel , elle perdroit son douaire , & le profit du don mutuel en seroit d'autant diminué ; au lieu que si le mari avoit sur-vêcu , il auroit joui du don mutuel tout entier , & sans aucune diminution.

Il y a néanmoins quelques Coutumes , comme celle d'Anjou , article 310. qui ont une disposition contraire , & qui portent que la femme ne peut avoir don & douaire ensemble , quelque convention qu'il y ait dans le contrat de mariage ; mais cela s'entend du don porté par contrat de mariage , lequel est compatible avec le douaire ; en sorte que la femme survivante doit jouir de l'un & de l'autre.

Quand la femme a le choix du douaire préfix ou du coutumier , soit par la disposition de la Coutume , foit par fon contrat de mariage , fi les enfans ont la propriété du douaire , ils font obligés de fe tenir au choix de leur mere.

Cela leur peut être très-défavantageux; il peut arriver que le revenu du douaire préfix fera plus grand & plus facile à percevoir : ainfi une femme qui voudra fe marier , ou qui n'aimera pas fes enfans , choifira le douaire préfix , quoique le fonds du douaire coutumier foit plus confidérable ; mais fi la femme n'a pas confommé fon choix , cette faculté paffe aux enfans.

Dans les Coutumes où le douaire eft propre aux enfans , ils n'en jouiffent qu'après la mort du pere & de la mere ; & pour être capables de prendre le douaire , il faut qu'ils renoncent à la fucceffion du pere , & qu'ils rapportent ce qu'ils ont reçu de lui , foit par contrat de mariage ou autrement; car on ne peut pas être héritier & douairier , ces deux qualités font incompatibles.

Il y a un acte de notoriété de M. le Lieutenant civil du 9. Février 1704. qui porte , que l'un des enfans ayant opté fa légitime dont il eft payé , ne peut en changeant de volonté , fe faire adjuger la portion du douaire. *Voyez* le Recueil de ces actes , pag. 183.

Les enfans qui ont accepté par bénéfice d'inventaire la fucceffion du pere , peuvent-ils en renonçant & rendant compte du bénéfice d'inventaire , fe porter douairiers?

La Jurifprudence des Arrêts a introduit une diftinction qui eft très-équitable : lorfqu'il y a d'autres enfans qui font héritiers , donataires ou légataires du pere , ceux qui ont une fois accepté la fucceffion du pere , ne peuvent plus y renoncer , pour avoir le douaire au préjudice de leurs freres & fœurs; mais quand il n'y a que des créanciers , on admet la rénonciation des enfans par une raifon d'équité, qui eft néanmoins contraire à la rigueur du Droit, qui veut que celui qui s'eft une fois porté héritier , ne puiffe jamais ceffer de l'être.

Le douaire fe partage également entre les enfans fans aucune prérogative d'aîneffe , quoique ce foit un douaire qui confifte aux héritages féodaux ; parce que la Coutume le donne aux enfans comme une dette que le pere a contracté envers eux en fe mariant , non pas comme un droit fucceffif , puifqu'il faut que les enfans renoncent à la fucceffion de leur pere pour avoir le douaire.

Il y a néanmoins des Coutumes , comme celle de Melun , qui ont une difpofition contraire.

La propriété du douaire eft affurée aux enfans dès le jour du contrat de mariage , s'il y en a un ; & s'il n'y en a point , du jour de la bénédiction nuptiale.

C'eft pour cette raifon que les enfans douairiers ne font point tenus des dettes que le pere a contractées depuis le mariage.

A l'égard des dettes contractées avant le mariage , les enfans n'en font pas tenus perfonnellement , parce qu'ils ne prennent pas le douaire comme héritiers du pere , ni à autre titre univerfel ; mais ils en font tenus hypothécairement , fauf leur recours fur les autres biens du pere. *Voyez* ce que

j'ai dit fur l'article 250. de la Coutume de Paris.

Nous avons dit que la propriété du douaire eft affurée aux enfans du jour du mariage de leur pere & de leur mere ; mais ils n'ont cette propriété qu'en efpérance feulement , & elle ne peut leur être acquife incommutablement qu'après le décès du pere ; car pour l'avoir , il faut qu'ils furvivent le pere , qu'ils renoncent à fa fucceffion , & qu'ils rapportent les avantages qu'il leur a faits : & de-là il réfulte deux conféquences très-importantes.

La premiere , que le décret , foit volontaire ou forcé , lorfqu'il eft fait durant la vie du pere , ne purge point le douaire , non plus que la fubftitution ; parce que les enfans ne font pas en état de s'y oppofer. Louet & fon Commentateur , lettre D , fommaire 20.

Toutefois fi le décret avoit été pourfuivi par un créancier antérieur au douaire , ou quand même il auroit été pourfuivi à la requête d'un créancier poftérieur , s'il y avoit eu des créanciers antérieurs oppofans , le décret feroit valable , & purgeroit le douaire.

La raifon eft , que les créanciers antérieurs au douaire ont droit de faire vendre les biens de leur débiteur au préjudice du douaire , qui n'étant que poftérieurs à eux , ne leur peut pas nuire ; mais fi le prix des héritages vendus eft plus que fuffifant pour payer les créances qui font avant le douaire , les enfans après la mort de leur pere peuvent obliger les créanciers poftérieurs au douaire de rapporter ce qu'ils ont reçu.

Il eft même de la prudence de l'adjudicataire de faire ordonner que les créanciers poftérieurs feront tenus de donner caution de rapporter , en cas que le douaire ait lieu ; parce qu'il y en a qui tiennent que s'ils étoient infolvables , l'adjudicataire feroit tenu lui-même de rapporter en leur place.

Mais comme il ne feroit pas jufte , lorfqu'un homme a plus du bien qu'il n'en faut pour payer toutes fes dettes , que fous prétexte d'un douaire coutumier ou préfix , les créanciers poftérieurs en ce cas n'euffent pas la faculté de vendre fes immeubles , le tempéramment que l'on fuit eft de les faire vendre à la charge du douaire.

S'il eft préfix , en rente ou en argent comptant, l'acquéreur ordinairement en garde les fonds par-devers lui , dont il paye l'intérêt aux créanciers ; ou s'ils font payés d'ailleurs au pere , fur qui l'immeuble a été vendu ; enfuite à la femme , fi elle furvit; & enfin il remet ce fond aux enfans , quand le douaire leur eft acquis en propriété & en ufufruit par la mort du pere & de la mere.

Si au contraire le douaire eft coutumier , réguliérement les créanciers , lorfqu'ils font tous poftérieurs au mariage , ne peuvent faire vendre que la moitié par indivis des héritages fujets au douaire , parce que les enfans doivent avoir un jour la propriété de l'autre moitié , & non pas une fimple hypotheque ; & en attendant que le douaire ait lieu , les créanciers ont droit de jouir des fruits de la moitié qu'ils ne peuvent pas vendre. Il en eft de même lorfque le douaire préfix confifte en un immeuble certain , ou dans la portion de certain héritage.

La feconde conféquence eft, que les acquéreurs des héritages fujets ou hypothéqués au douaire, ne peuvent jamais prefcrire contre la femme qui n'a pas confenti à la vente, ni contre les enfans, tant que le pere eft vivant.

Mais on demande fi la prefcription commence à courir contre les enfans majeurs dès le moment de la mort du pere, ou fi elle commence à courir que du jour de la mort de la mere?

Il faut diftinguer: fi la mere a vendu l'héritage conjointement avec fon mari, ou s'il a été décrété pour payer des dettes auxquelles elle étoit obligée, la prefcription ne court contre les enfans que du jour du décès de la mere; parce que jufqu'alors il eft incertain fi les enfans renonceront à la fucceffion de leur mere, ou s'ils l'accepteront: or étant héritiers de leur mere, ils feroient eux-mêmes garants de fes faits & promeffes; & dans cette incertitude, on ne doit pas exiger des enfans qu'ils intentent une action en déclaration d'hypotheque, & qu'ils déclarent par ce moyen à leur mere qu'ils font réfolu de renoncer à fa fucceffion lorfqu'elle fera ouverte.

Mais quand la mere n'eft point garante de l'éviction, la prefcription contre les enfans, lorfqu'ils font majeurs, commence à courir du jour de la mort du pere; parce que dès ce moment la propriété du douaire leur eft tellement acquife, que quand ils viendroient à deceder avant la mere, ils ne laifferoient pas de tranfmettre cette propriété à leurs héritiers, de forte qu'étant en état d'agir, rien ne peut empêcher que la prefcription ne coure contr'eux.

Cette prefcription à l'égard d'un tiers acquéreur contre les enfans majeurs qui demandent leur douaire, court donc du jour du décès du pere, & s'accomplit par dix ans. Ainfi jugé par Arrêt du 24. Juillet 1676. rapporté dans le Journal des Audiences.

Si le douaire eft éteint par la ruine de la maifon fur laquelle il étoit conftitué, & fi l'héritier du mari eft obligé de la rebâtir. Voyez ce que j'ai dit fur l'art. 262. de la Coutume de Paris.

Suivant notre ufage, la femme doit être privée de fon douaire en plufieurs cas que j'ai rapportés fur l'art. 247. de notre Coutume §. 2.

Iº. Si elle s'eft abfentée, & qu'elle ait abandonné fon mari fans caufe raifonnable. C'eft la difpofition expreffe de plufieurs Coutumes; Normandie, art. 377. & 378. Maine, art. 327. Anjou, art. 314. Bretagne, art. 451. Cette derniere prive auffi la femme de fon douaire, fi elle fe remarie avec fon domeftique ordinaire. C'eft la difpofition précife de l'art. 434. qui rencherit fur l'art. 182. de l'Ordonnance de Blois, qui en ce cas fe contente de mettre la femme en interdiction de fes biens, fans la priver de fon douaire.

IIº. La femme adultere en eft privée, mais il faut que le mari fe foit plaint de fon vivant; autrement les héritiers feroient non-recevables d'en former l'accufation après le décès du mari. M. Loifel en a fait une regle en fes inftituts du Droit coutumier, art. 38. plufieurs Arrêts l'ont ainfi jugé.

IIIº. La femme qui eft convaincue de fuppofition de part, en eft auffi privée. Voyez Auzanet en fes Mémoires fur l'art. 263. qui rapporte un Arrêt du 3. Juin 1636. qui l'a ainfi jugé.

IVº. Il en eft de même de la femme qui ne venge pas la mort de fon mari homicidé, & qui ne pourfuit pas la punition des coupables, parce qu'alors elle eft indigne des bienfaits qu'elle a reçus de fon mari. Dumoulin dit que cette forte de vengeance n'eft pas contraire au précepte de l'Evangile: *Hæc actio legalis non eft contra præceptum Evangelicum; eft enim Religiofa conftantia & officium debitum pietatis.*

Vº. Quand la femme eft condamnée à mort, foit naturelle ou civile.

Suivant notre Droit François, la femme qui fe remarie dans l'an de deuil, n'eft pas pour cela privée de fon douaire: ce qui eft contraire à la difpofition du Droit, qui avoit établi des peines contre les fecondes noces précipitées, *ad evitandam turbationem fanguinis.* Mais en ce cas nous fuivons le Droit canon, par lequel il eft permis aux femmes de fe remarier dans l'an du deuil fans tache d'infamie: *Intra tempus luctus mulier poteft nubere finè infamia.* Cependant fi elle s'abandonne à la débauche & au déréglement après la mort de fon mari, fi elle eft convaincue d'impudicité dans l'an du deuil, elle doit être privée de fon douaire, parce qu'elle deshonore la mémoire de fon mari.

Touchant le douaire, voyez le Traité du Douaire de M. Renuffon; & ce que j'ai dit fur le titre 11. de la Coutume de Paris, où les queftions qui peuvent concerner cette matiere font traitées amplement. Voyez auffi les Obfervations de M. Bretonnier fur le quinzieme plaidoyer d'Henrys; & ce qui eft dit ici, *verbo* Portion virile.

DOUAIRE EST LE PROPRE DES ENFANS, ET CE PROPRE EST PATERNEL. Il femble néanmoins que le douaire eft plutôt un propre maternel, puifque le douaire des enfans eft celui de leur mere; & que quand il eft porté par le contrat de mariage, que la femme n'aura point de douaire, que les enfans n'en peuvent point auffi avoir. Or s'il faut que la mere ait un douaire, pour que les enfans en ayent un, il paroît que c'eft par leur mere qu'ils l'acquierent, & par conféquent que le douaire eft maternel.

On peut même dire en faifant attention à la nature des propres: que le douaire n'eft ni propre paternel, ni propre maternel; puifque les propres font des héritages ou autres immeubles qui nous font échus par fucceffion directe ou collatérale, ou par donation en ligne directe. Or le douaire ne vient point aux enfans par fucceffion, puifqu'ils ne le prennent pas en qualité d'héritiers, & que pour le prendre il faut qu'ils renoncent à la fucceffion de leur pere.

Ils ne le prennent pas non plus comme donataires de leur pere, principalement quand il n'y a point eu de contrat de mariage de leur pere & mere; mais ils le prennent feulement par la difpofition de la Coutume.

Néanmoins il faut dire que le douaire eft propre paternel, quand les enfans ont eu pour douaire un héritage appartenant à leur pere; & cet héritage eft

eft un propre ancien en la perfonne des enfans , fi l'héritage qui leur vient à titre de douaire étoit propre en là perfonne de leur pere.

Mais il n'eft que propre naiffant en la perfonne des enfans , lorfque l'héritage qui leur eft venu à titre de douaire, étoit acquêt en la perfonne de leur pere.

Ainfi , quoiqu'on dife ordinairement que les enfans prennent le douaire de leur mere , cela fe dit improprement ; car puifqu'ils le prennent des biens de leur pere , il eft réputé paternel.

D'où il s'enfuivit , I°. que fi les enfans viennent à mourir , ces biens appartiennent à leurs héritiers paternels.

II°. Que fi les héritages que les enfans ont eu pour leur douaire font par eux vendus , ils tombent en retrait pour les parens paternels.

Ce que nous venons de dire regarde le douaire coutumier, qui eft toujours propre dans la fucceffion des enfans , parce qu'il confifte en immeubles qui ont appartenu à leur pere.

A l'égard du douaire préfix , quelquefois il eft conftitué en immeubles qui appartiennent au pere ; comme quand il eft dit que la femme aura pour fon douaire les revenus d'une telle terre , les arrérages d'une rente dûe au mari par un tel : fouvent même un mari conftitue une rente fur lui en ces termes : *la future époufe fera douée de fix cens livres de rente*.

Dans les deux premiers cas , le douaire préfix eft propre dans la fucceffion des enfans , pourvû qu'ils n'ayent pas été rembourfés en majorité de la rente qui leur a été donnée pour leur douaire.

Enfin le douaire préfix peut être d'une fomme de deniers : lorfque le contrat de mariage porte , que la future époufe fera douée, par exemple , de la fomme de douze mille livres à une fois payer.

En ce dernier cas , le douaire eft purement mobiliaire : d'où il s'enfuit , qu'il ne peut avoir la qualité de propre , laquelle ne convient qu'aux immeubles.

Il femble néanmoins que cette différence ne confifte que dans les termes , & que le douaire payable en une fomme d'argent , ou en une rente , devroit être , pour ainfi dire , la même chofe ; car la fomme de douze mille livres à une fois payer produit fix cens livres de revenu , auffi bien que la rente que le mari auroit conftituée fur lui-même à titre de douaire.

Quoiqu'il en foit , cette différence eft fondée fur une raifon effentielle ; car quand le douaire eft ftipulé en rente , les enfans douairiers n'en peuvent pas demander le rembourfement à la fucceffion de leur pere : au lieu que quand il confifte en une fomme de deniers , non-feulement les enfans , mais la femme même , peuvent demander le payement de cette fomme.

Mais quoique par le contrat de mariage le douaire préfix foit conftitué en une fomme d'argent , néanmoins fi les créanciers du pere donnent un héritage , ou autre immeuble de la fucceffion du pere , aux enfans , au lieu de cette fomme promife , cet immeuble doit être reputé un propre pa-

Tome I

ternel , comme venant des biens du pere , & comme fi en effet ils l'avoient reçu de lui , ou qu'il leur fût échu par fa fucceffion.

Nous avons deux Arrêts du Parlement de Paris , l'un du 1. Septembre 1691. & l'autre du 1693. rendus en la cinquieme Chambre des Enquêtes , qui ont jugé qu'un héritage donné en payement du douaire préfix , étoit propre en la perfonne des enfans qui l'ont reçu.

La raifon eft , que ce qui eft pris par les enfans , ou à eux donné pour leur douaire , eft réputé leur être donné pour leur droit dans la fucceffion légitime de leur pere.

Voyez ce que j'ai dit fur l'art. 249. de la Coutume de Paris.

DOUAIRE SANS RETOUR , eft le droit de propriété du douaire qu'a la femme , quand il eft ftipulé fans retour en fa faveur , en cas qu'elle furvive à fon mari.

Ce douaire eft appellé fans retour , parce que dans ce cas il ne retourne point dans la fucceffion du mari.

Mais il faut que cette ftipulation foit bien expreffe ; & qu'il foit dit que la femme aura pour fon douaire un tel héritage ou une telle fomme , pour en jouir , fans retour ou en pleine propriété , ou autres termes qui marquent fi bien l'intention des Parties , qu'on ne leur puiffe pas donner un autre fens , ni en faire une autre explication.

La raifon eft , que le douaire ne confifte qu'en ufufruit pour la femme ; & par conféquent pour le rendre fans retour , il faut une ftipulation expreffe.

Il ne fuffiroit donc pas , par exemple , de dire fimplement que la femme fera douée de la fomme de dix mille livres ; car quoiqu'il femble qu'on lui donne par cette expreffion la fomme de dix mille livres en propriété , néanmoins la ftipulation doit être expliquée par le Droit commun , qui ne donne à la femme le douaire qu'en ufufruit.

Par la même raifon , le douaire d'une fomme par contrat de mariage conçu en ces termes , *pour être une fois payée , auffi-tôt que douaire aura lieu* , n'eft point un douaire fans retour ; comme il a été jugé par Arrêt du 20. Février 1680. rapporté dans le Journal des Audiences.

Il n'eft pas permis de ftipuler le douaire fans retour dans les Coutumes où le douaire préfix ne peut pas excéder le douaire coutumier. Les héritiers ou les créanciers du mari ont toujours le choix dans ces Coutumes , ou de laiffer à la femme le douaire tel qu'il a été ftipulé , ou de la réduire au douaire coutumier.

De plus , cette ftipulation ne peut pas fe faire au préjudice des enfans , & du droit de propriété qu'ils ont au douaire par la difpofition de la Coutume de Paris ; de forte que fi les enfans font héritiers de leur pere , ils font obligés de donner le douaire à leur mere en pleine propriété : mais s'ils s'en tiennent au douaire , elle n'en peut avoir que l'ufufruit ; cette convention de douaire fans retour ne pouvant point nuire au droit acquis aux enfans par la Coutume fur le douaire de leur mere.

La claufe du douaire *fans retour* devient inutile;

R r r

Iº. fi la femme prédécede fon mari, parce qu'elle n'a jamais acquis le douaire.

IIº. Si la femme qui furvit, a des enfans iffus d'elle & du défunt qui renoncent à la fucceffion de leur pere, & qui fe difent douairiers ; en ce cas la veuve n'aura que l'ufufruit ; & nonobftant la claufe *fans retour*, la propriété du douaire appartiendra aux enfans, dans les Coutumes où le douaire leur eft propre.

Ainfi le douaire fans retour ne peut avoir d'effet que contre les héritiers collatéraux du mari, & non contre fes enfans, que dans deux cas.

Le premier eft, quand ils font iffus d'une autre mariage contracté par leur pere.

Le deuxieme eft, quand les enfans fe portent héritiers de leur pere, & non pas quand ils fe tiennent au douaire, & renoncent à fa fucceffion.

Voyez ce que j'ai dit fur l'article 263. de la Coutume de Paris.

DOUAIRE COUTUMIER DES ENFANS DONT LE PERE A ÉTÉ MARIÉ PLUSIEURS FOIS. Quand le pere a été marié plufieurs fois, le douaire des enfans du premier lit eft la moitié des immeubles qu'il avoit lors du premier mariage, & qui lui font avenus pendant icelui en ligne directe.

Le douaire coutumier des enfans du fecond lit eft le quart defdits immeubles ; enfemble la moitié, tant de la portion des conquêts appartenans audit mari, faits pendant le premier mariage, que de la moitié des acquêts faits depuis la diffolution du premier mariage, & qui lui appartiendront au jour de la confommation du fecond ; & de la moitié des immeubles qui lui échéront pendant ledit fecond mariage ; & ainfi conféquemment des autres mariages.

C'eft la difpofition de l'article 253. de la Coutume de Paris, qui a été ajoutée à la réformation de l'ancienne Coutume ; & cela en faveur des enfans du premier lit : d'où il faut tirer deux conféquences certaines.

La premiere, que quand lors du fecond mariage il y a des enfans du premier lit, le douaire coutumier des enfans du fecond lit ne change jamais ; c'eft-à-dire, qu'il n'augmente ni diminue par la mort des enfans du premier lit, quand ils décederoient tous depuis le fecond mariage. Il en eft de même par gradation à l'égard des enfans des autres lits.

La feconde eft tirée d'une raifon contraire, qui eft que cet article ne doit avoir lieu, que lorfqu'il y a des enfans du premier lit vivans lors du fecond mariage ; & par conféquent fi avant la célébration du fecond mariage, tous les enfans du premier lit étoient décédés, alors le douaire coutumier feroit de la moitié de tous les immeubles poffédés par le mari lors de la célébration, de même que s'il n'avoit pas été marié. Il en faut dire de même à l'égard des mariages fuivans.

C'eft auffi pour cette raifon que dans l'article fuivant de la Coutume de Paris il eft dit que quand les enfans du premier lit meurent pendant le fecond mariage, le douaire des enfans du fecond lit n'augmente point : d'où il faut conclure, à *contrario*, que fi les enfans du premier lit font morts avant le fecond mariage, le douaire des enfans du fecond lit eft en fon entier.

Voyez ce que j'ai dit fur les articles 253. & 254. de la Coutume de Paris.

DOUAIRE PREFIX, CONSTITUÉ PAR CELUI QUI SE REMARIE, eft réductible à la valeur du douaire coutumier ; de maniere que fi lors du fecond mariage il n'y avoit point dans les biens du mari d'immeubles fujets au douaire coutumier, fuivant les articles 253. & 254. de la Coutume de Paris, le douaire préfix deviendroit caduc ; car le douaire coutumier n'eft pas regardé comme un avantage que le mari fait à la femme, parce qu'il fe donne par la Loi, lorfqu'il y a des immeubles : au contraire, l'on préfume que ce qui vient de la convention des Parties, eft un avantage prohibé par la Loi, quand dans les biens de la fucceffion il ne s'en trouve point qui foient fujets à la difpofition de la Coutume.

Mais s'il y avoit, lors du fecond mariage, des immeubles appartenans au mari, ou s'il lui en étoit échu pendant les mariages qui fuffent fujets au douaire coutumier, le préfix fera reduit à la valeur du coutumier, & les arrérages en feront payés par tous les enfans : la femme y contribuera pareillement à proportion de ce qu'elle aura amendé de la fucceffion, pour la part de l'enfant moins prenant.

C'eft ce que porte un acte de notoriété, donné par M. le Lieutenant Civil le 1. Mars 1698. rapporté dans le Recueil qui a été fait de ces Actes, p. 94.

DOUAIRE N'EST POINT DÛ A LA VEUVE EN CERTAIN CAS. *Voyez* ci-deffus Douaire.

DOUAIRIERE, eft une veuve qui jouit de fon douaire ; mais ce terme ne fe dit que des Dames de la premiere qualité.

DOUAIRIERS, font des enfans qui ont renoncé à la fucceffion de leur pere, & qui fe tiennent au douaire de leur mere.

DOUANE, fe prend pour le droit que payent les Marchands pour les marchandifes qu'ils font entrer dans le Royaume, ou dans quelques Villes, ou qu'ils font fortir du Royaume.

Ce terme fe prend auffi quelquefois pour le lieu où l'on paye les impôts & les taxes fur les marchandifes. De toutes celles qu'on décharge à la Douane, il n'y a que les Livres qui ne payent rien.

La Douane eft une des cinq groffes Fermes. Il faut y faire la déclaration de toutes les marchandifes que l'on fait entrer dans le Royaume, ou dans quelque Ville ; autrement elles font fujettes à confifcation.

Lorfque les marchandifes doivent être tranfportées, on met le plomb du Roi aux ballots, & on donne un acquit au Marchand, afin qu'il les puiffe faire paffer librement dans tous les endroits du Royaume, jufqu'au lieu où ils doivent refter.

DOUANE DE LYON, eft un droit établi, felon quelques-uns, par Louis XI. & felon d'autres par Charles IX. fur les draps d'or, d'argent & de foie, & fur d'autres marchandifes qui viennent d'Italie & d'Efpagne en ce Royaume.

La Douane de Lyon eſt auſſi un Tribunal établi en 1563. qui connoît des droits d'entrée & de ſortie , des contraventions qui s'y peuvent faire , & de l'introduction des marchandiſes prohibées. Il eſt compoſé d'un Préſident, d'un Lieutenant , & de pluſieurs Conſeillers.

DOUBLAGE , ſignifie le double des devoirs & ſervices que les Seigneurs exigeoient autrefois de leurs Vaſſaux en certains beſoins preſſans.

DOUBLE EMPLOI , eſt une même partie qui a été employée deux fois dans un compte , ſous divers noms & divers prétextes. Le double emploi ne ſe couvre jamais ; ainſi on peut toujours revenir à la demande, nonobſtant tous Arrêts & Tranſactions. Voyez Biſcapit.

DOUBLE LIEN , ſignifie le lien de parenté qui eſt entre ceux qui ſont parens du côté du pere & de mere, comme ſont les freres germains.

Le droit de ce double lien eſt une prérogative accordée aux collatéraux qui ſont joint à un défunt des deux côtés , c'eſt-à-dire , paternel & maternel , qui eſt d'exclure les collatéraux qui ne ſont joint au défunt que d'un ſeul côté.

Cela paroît fondé ſur ce que les ſucceſſions ſe deferent ſelon la proximité du ſang , parce que la Loi préſume que l'inclination de l'homme le porte naturellement à ſouhaiter du bien à ſes parens plutôt qu'à des étrangers , & à ſes parens les plus proches , plutôt qu'à ceux qui ſont les plus éloignés.

Sur ce fondement , il ſemble que ceux qui ſont joints à quelqu'un des deux côtés , doivent être préférés dans ſa ſucceſſion à ceux qui ne lui ſont joints que d'un côté ſeulement ; parce qu'ordinairement nous avons plus d'amitié pour ceux qui nous ſont joints du côté paternel & du côté maternel , que pour ceux qui ne nous ſont joints que d'un ſeul côté.

C'eſt auſſi pour cette raiſon que les freres conſanguins ou uterins ſont appellés par quelques Coutumes ſemi-freres , parce qu'ils ſont comme étrangers par rapport au côté auquel ils ne ſont pas joints du lien de parenté. Ainſi ceux qui ſont joints par un double lien , c'eſt-à-dire , par deux parentés, ſont plus étroitement liés que ceux qui ne ſont joints que d'un côté , & liés par une ſeule parenté.

Anciennement à Rome cette prérogative du double lien étoit inconnue ; le droit de ſuccéder en ligne collatérale s'y régloit uniquement par la ſeule proximité ; comme nous l'avons dit au commencement du troiſieme livre des inſtitutes. Mais l'Empereur Juſtinien a introduit la prérogative du double lien par le droit de Novelles. Novell. 118. cap. 3.

Ainſi les freres & ſœurs joints au défunt du côté paternel & du côté maternel , ſont , en vertu du double lien , préférés aux freres & ſœurs du défunt , qui ne lui ſont joints que de l'un ou de l'autre côté ; c'eſt-à-dire , que les freres germains du défunt , qui ſont freres de pere & de mere , excluent les freres du côté du pere , qu'on nomme conſanguins , & ceux du côté de la mere , qu'on nomme uterins.

Pareillement les enfans des freres germains excluent les freres conſanguins & uterins ; c'eſt-à-

dire , que les neveux joints au défunt des deux côtés , ſont auſſi en conſéquence du double lien , préférés aux freres & ſœurs du défunt qui ne lui ſont joints que d'un côté ſeulement.

Mais s'il y a des freres germains du défunt , & des enfans d'un autre frere germain prédécédé , ces enfans répréſentent leur pere , & ſuccedent conjointement avec leurs oncles ; & ils ſuccedent alors par ſouches , en vertu du droit de repréſentation.

La prérogative du double lien n'a lieu , ſuivant la Novelle 118. qu'en faveur I°. des freres germains.

II°. De leurs enfans , quand ils ſe rencontrent avec les freres conſanguins ou les freres uterins du défunt : hors ces deux cas , le double lien qui eſt un droit particulier introduit contre le Droit commun , n'eſt point ſuſceptible d'aucune extenſion.

Ainſi , quand les enfans des deux freres germains ne ſe rencontrent qu'avec des enfans des freres conſanguins ou uterins , la prérogative du double lien n'a lieu que dans les Coutumes où ce funt du côté paternel & du côté maternel , n'excluent point les autres neveux du défunt , qui ne lui ſont joints que de l'un ou de l'autre côté ; de ſorte qu'ils ſuccedent tous à leur oncle également.

Dans les Pays de Droit écrit , la prérogative du double lien y eſt obſervée , & le Parlement de Paris y conforme ſes Jugemens dans les affaires qui y ſont portées par appel des Sentences rendues dans les Provinces de Droit écrit , qui reſſortiſſent dans ce Parlement.

A l'égard du Pays coutumier , la prérogative du double lien n'a lieu que dans les Coutumes où ce droit eſt expreſſément reçu ; & en termes formels ; comme Amiens , Blois , Berry , Bourgogne , Chartres , Orléans & Troyes. Louet , lettre S , ſomm. 17. & Charondas , liv. 6. chap. 68.

Ainſi dans la Coutume de Paris , & dans toutes les autres Coutumes qui n'en parlent point , le droit de ſuccéder en collatérale aux meubles , acquêts & conquêts immeubles , ſe regle par la ſeule proximité : ſoit que la parenté vienne de pere & de mere , ſoit qu'elle ſe trouve du côté paternel ou du côté maternel , le plus proche exclut le plus éloigné dans la ſucceſſion de ces ſortes de biens, comme il eſt porté en l'art. 340. de la Coutume de Paris ; & quant aux propres , on y ſuit la regle ordinaire , paterna paternis , materna maternis.

Pour ce qui eſt des Coutumes qui admettent la prérogative du double lien , elles n'ont pas toutes une diſpoſition ſemblable à cet égard.

Pluſieurs n'ont admis le double lien qu'entre freres & ſœurs préciſément ; en ſorte que tous les autres collatéraux ne peuvent point s'en prévaloir. Telle eſt la Coutume de Chaumont , art. 80. & celle de Troyes , art. 93.

Quelques-unes comme celle d'Artois , art. 105. & Bourbonnois , art. 317. ont donné indéfiniment & indiſtinctement aux collatéraux joints des deux côtés la prérogative du double lien , & dans ces Coutumes , le couſin germain joint des deux côtés à ſon oncle défunt , eſt préféré dans la ſucceſſion de ſon oncle à ſon couſin germain , qui n'eſt joint au défunt que d'un côté , c'eſt-à-dire , qui n'eſt ſon

R r r ij

neveu que du côté paternel ou maternel.

Dans ces Coutumes , ce double lien est donc admis dans un troisieme cas , qui n'est point énoncé dans la Novelle 118. Mais cette extension ne va pas au-délà. *Duplex vinculum non excedit fratres & filios fratrum* , dit M. Charles Dumoulin sur l'art. 155. de la Coutume de Blois.

Touchant le double lien , *voyez* Henrys, tom. 1. liv. 5. chap. 4. quest. 25. & 56. liv. 6. chap. 1. quest. 1. & tome 2. liv. 6. quest. 1. Le Recueil alphabétique de M. Bretonnier ; Charondas , liv. 6. rép. 62. & liv. 11. rép. 22. Louet & son Commentateur, lett. S, sommaire 17. Coquille, quest. 243. le Brun en son Traité des successions , liv. 1. ch. 6. sect. 2. Dolive , live 5. chap. 35. M. Augeard , tome 3. Arrêt 18. & ce que j'ai dit sur l'art. 340. de la Coutume de Paris.

Nous remarquerons seulement ici , I°. que dans tous les lieux du Royaume où la prérogative du double lien est reçue , la duplicité de lien n'a son effet qu'entre ceux qui sont en pareil dégré , ou entre ceux qui étant plus éloignés d'un dégré que ceux avec qui ils se rencontrent , sont rapprochés d'un dégré à l'égard du défunt , par le moyen de la représentation.

II°. Que toutes les Coutumes qui admettent le double lien , à l'exception d'une ou de deux , ne l'admettent point pour les propres.

La raison est , que les propres se réglent par d'autres maximes que les autres biens , & se déferent aux parens du côté & ligne , quoiqu'ils ne soient pas plus proches en dégré , suivant la régle , *Paterna paternis , materna maternis.*

DOUBLEMENT , est une derniere enchere qui se fait dans la huitaine après l'adjudication des Fermes & Domaines du Roi, qui est le double du tiercement. *Voyez* le Traité du Domaine, tome 3. & le Dictionnaire de Trévoux , *verbo* Doublement.

D R

DROIT. Le Droit est un assemblage de préceptes qui conduisent l'homme à vivre conformément à la justice & à l'équité ; c'est l'art de ce qui est juste & convenable , c'est-à-dire l'art qui contient les préceptes par lesquels nous pouvons discerner ce qui est juste de ce qui ne l'est pas ; afin que dans les différentes circonstances des affaires qui se présentent tous les jours , nous puissions rendre à un chacun le sien : en quoi le Droit différe de la Jurisprudence, qui est la science de ces mêmes préceptes. Ainsi la Justice est une vertu ; le Droit est la pratique de cette vertu ; & la Jurisprudence la science de ce Droit.

Le Droit a plusieurs autres significations. Premiérement , ce terme se prend quelquefois pour le lieu où se rend la Justice. *Tot. tit. ff. & cod. de in jus vocando.*

II°. Il signifie aussi la décision du Magistrat : *Jus significat decretum Magistratûs , etiam iniquum ; relatione habitâ non ad id quod fecit , sed ad id quod facere ipsum convenit : imò jus dicentium appellatione*

Magistratus intelliguntur , ut in titulo ff. si quis jus dicenti non obtemperavit.

III°. On se sert souvent de ce terme pour signifier le lien de la parenté. *Leg. penult. ff. de inst. & jur.*

IV°. Ce terme signifie aussi une puissance accordée par le Droit , & dans ce sens on dit qu'il y a des personnes qui sont *sui juris* , & d'autres qui sont *juris alieni.*

V°. On employe encore ce terme pour signifier ce qui est droit ; *& eo sensu ea , quæ juris esse dicuntur , opponuntur iis quæ sunt facti.*

VI°. Ce terme signifie souvent des qualités inhérentes à quelque chose ; *sic servitutes dicuntur jura prædiorum. Leg. 86. ff. de verb. signif.*

Enfin , toutes les choses incorporelles sont appellées des Droits ; *ut servitus, obligatio , hæreditas & similia , quæ sensu corporeo tangi non possunt , sed quæ in jure consistunt , & intellectu tantum percipiuntur. Leg. 1. §. 1. ff. de rer. divis.*

Le droit dans sa propre signification , & en tant qui est l'art de ce qui est juste & convenable , a trois objets ; sçavoir , les personnes , les choses , & les actions : *personæ quæ litigant , res de quibus litigatur , & actiones per quas litigatur.*

Il se divise en Droit public & en Droit privé ; & ce dernier est tiré des préceptes du Droit naturel, du Droit des gens , & du Droit civil , qui est divisé en Droit écrit & Droit non écrit. *Voyez* dans ma Traduction des Institutes les deux premiers titres du premier livre , où j'ai donné une ample explication de toutes espéces de Droit.

DROIT NATUREL, est celui que la nature enseigne à tous les animaux. Ses effets sont la conjonction du mâle & de la femelle , le desir naturel qu'ils ont de travailler à la conservation , & pour ainsi dire à la perpétuité de leur espece, le soin particulier qu'ils prennent de leurs petits , l'amour de la liberté , & leur propre défense.

Cet instinct dans les animaux brutes , n'est appellé Droit qu'improprement ; car comme il n'y a pas de véritable Droit qui ne soit établi & ne prenne sa force dans les lumieres de la raison , il ne peut y avoir aucun Droit qui leur convienne , puisqu'ils sont incapables de raisonnemens ; & si cet instinct produit en eux quelques effets que la raison produit dans les hommes , ce n'est que d'une maniere très-imparfaite.

Voyez ce que j'ai dit dans ma Traduction des Institutes , sur le commencement du second titre du premier livre.

DROIT DES GENS , est celui que la raison naturelle a établi parmi tous les hommes , & qui est communément reçu & observé par toutes les Nations.

Les Interprétes le divisent en ce qu'ils appellent *jus gentium primarium , & jus gentium secundarium.*

Le premier est le Droit que la raison seule a inspiré aux hommes , & que Dieu même a gravé dans leurs cœurs ; sçavoir , la connoissance du bien & du mal , la Religion envers Dieu , la piété envers ses pere & mere , l'amour pour sa patrie , & l'accomplissement de ce qu'on a promis.

Le second est le droit que les hommes, par un raisonnement fondé sur les commodités de la vie, se sont faits dans différens tems, suivant les différentes nécessités qui les y ont portés, pour établir & entretenir la société humaine. De ce Droit descendent la distinction des Domaines, la construction & l'établissement des Villes, des Monarchies ou des Républiques. De ce Droit descendent aussi des guerres, des captivités, des affranchissemens, des permutations, & presque tous les contrats. *Voyez* ce que j'ai dit sur le §. premier du second titre du premier livre.

DROIT CIVIL, est le Droit de chaque peuple en particulier. Ainsi on dit, le Droit des Athéniens, pour signifier celui qui est observé à Athénes; le Droit des Lacédémoniens pour signifier celui qui est observé à Lacédémone. Mais le Droit civil sans le nom du peuple à qui il est particulier, signifie le Droit Romain; de même que l'on entend l'excellent Homere chez les Grecs, & l'incomparable Virgile chez les Romains, sans ajouter de nom.

Touchant ce Droit & ses différentes especes, *voyez* ce que j'en ai dit dans ma Traduction des Institutes, sur le §. second & sur les suivans du second titre du premier livre.

DROIT ROMAIN, est donc celui qui est appellé Droit civil par excellence, & qui est contenu dans le corps du Droit civil, composé par l'ordre de l'Empereur Justinien, & qui contient quatre parties ou collections différentes; sçavoir, les Institutes, le Digeste ou les Pandectes, le Code & les Novelles.

Voyez l'Histoire du Droit, qui est au commencement de ma Traduction des Institutes. Cette Histoire contient l'origine du Droit Romain, ses progrès, comment & en quel tems les diverses parties dont est composé le Droit civil ont été faites; l'usage que l'on doit faire en France du Droit Romain, son excellence & la maniere de l'étudier.

Comme j'ai suffisamment établi l'excellence de ce Droit dans cette Histoire, & dans ce que j'en ai dit ci-dessus, *verbo* Coutume, & sous la lettre D, en parlant du Droit commun de la France, je me contenterai de rappeller sommairement ici tous les avantages que les Juges & les Avocats peuvent tirer de la connoissance des principes qu'il renferme.

Outre que ce Droit est le Droit commun des pays de Droit écrit, il est en pays coutumier la raison écrite, qui au défaut des Ordonnances & de la Coutume du lieu, doit être suivi. Il nous apprend à décider les questions les plus difficiles, & à démêler le véritable sens de tout ce qu'il y a d'obscur dans les autres Loix sous lesquelles nous vivons. Aussi est-il le fruit des veilles des plus grands hommes de l'antiquité.

Les Ordonnances de nos Rois sont principalement fondées sur le Droit Romain.

Il en est de même de quantité d'articles de nos Coutumes. On y trouve à la vérité plusieurs matieres absolument particulieres au Droit François, qui n'ont aucun rapport au Droit Romain;

mais la résolution des questions qui surviennent à leur sujet, dépend souvent des principes du Droit Romain.

C'est le vrai trésor du bon sens, qui nous découvre l'art de raisonner conséquemment sur les problèmes les plus équivoques; & sans en avoir une parfaite connoissance, on ne peut guères acquérir celle du Droit François.

Quelqu'usage que l'on se soit donné de la pratique, quelqu'expérience que l'on ait des affaires, si tout cela n'est accompagné de la science des Loix Romaines, on n'est que superficiel, incapable de développer une maxime, & hors d'état d'arriver à une vraie décision; ou si l'on y parvient quelquefois, ce ne peut être que par hazard.

Ne sçavoir les choses que par routine ou par instinct, c'est les ignorer, ou ne les sçavoir que d'une maniere si imparfaite & si incertaine qu'on ne peut jamais rendre raison d'aucun principe, ni par conséquent répondre à la premiere objection qui paroît le détruire.

Quand on ignore les raisons sur lesquelles un principe est fondé, on court souvent risque de prendre l'exception pour la regle, ou la regle pour l'exception: ce qui ne peut pas conduire à rendre une résolution fort juste.

Une infinité d'affaires, quoique semblables en apparence, se doivent souvent décider différemment, eu égard aux circonstances qui les accompagnent. Or l'examen ne s'en peut utilement faire, sans une connoissance parfaite & distincte du Droit Romain.

Ainsi le fameux M. de Fourcroi disoit qu'on pouvoit bien, sans la science du Droit Romain, devenir un habile Praticien, & même quelquefois faire fortune au Palais; mais qu'on ne pouvoit pas devenir un habile Avocat, sans avoir acquis une parfaite connoissance de ce droit, qui est la mere de toutes les Loix, *Legum omnium mater.*

Qu'on ne se flate donc point de pouvoir remplir dignement quelque Charge de Judicature, ou s'acquitter avec honneur de la glorieuse & pénible fonction d'Avocat, si on ne joint à l'étude de notre Droit François, celles des Loix Romaines.

Il nous reste à remarquer ici comment il s'est introduit que le Droit Romain ait eu autorité de Loi dans quelques Provinces de ce Royaume, que l'on nomme pays de Droit écrit.

Cela ne provient nullement d'aucune dépendance que l'Empire Romain ait conservée sur ces Provinces: cette autorité n'est qu'un effet de la bonté des Rois de France, qui ont bien voulu laisser les Habitans de ces pays suivre leurs Loix. Quelques Auteurs ajoutent que cela étoit d'autant plus juste, que ces Provinces n'avoient été réunies à la Couronne de France, que sous cette condition.

Quoiqu'il en soit; la fin principale des Rois de France a toujours été, non pas tant d'être nommés les Auteurs & les Protecteurs de la liberté, que de l'être en effet; c'est pourquoi, de peur qu'il ne semblât qu'ils voulussent abroger cette même liberté, dont ils étoient les défenseurs, ils ont bien donné leurs Loix aux François ; mais après qu'ils eurent réduit tous les Peuples des Gaules fous leur empire, ils leur ont laiffé la liberté de choifir eux-mêmes la Loi dont ils vouloient fe fervir.

Voyez Pays de Droit écrit.

DROIT IMMUABLE, eft celui dont Dieu eft la regle & le principe ; fçavoir, le Droit naturel & le Droit des gens. A l'égard du Droit naturel, ce n'eft qu'un inftinct que l'Auteur de la nature a donné à tous les animaux, & qui regle tous leurs mouvemens, quoiqu'ils foient dépourvus de lumiere ; & c'eft ce qui fait éclater davantage la profonde fageffe de Dieu, qui a fçu difpofer des refforts fi multipliés, fi feconds, & fi incompréhenfibles. Pour ce qui eft du Droit des gens que nous appellons *jus gentium primarium*, c'eft un rayon de lumiere & un principe de la droite raifon, que Dieu a imprimé dans le cœur de l'homme, & qui lui fait appercevoir les régles qu'il eft abfolument obligé de fuivre. *Voyez* ce que j'ai dit ci-deffus, en parlant du Droit des gens.

Il n'en eft pas de même des Loix humaines : comme c'eft de la raifon politique de chaque Etat qu'elles tirent leur origine & leur force, elles font fujettes à toutes les variations que les circonftances des tems femblent exiger.

Il n'y a pas jufqu'à celles qui font faites par les Souverains, & qui ne foient fujettes à variations : elles n'ont que leurs tems, & fe fuccedent les unes aux autres, quelqu'autorité qu'ayent les Rois qui les établiffent, & quelque précaution qu'ils prennent pour leur procurer une longue durée.

La raifon eft, comme dit l'Empereur Juftinien, qu'il n'y a rien ici-bas qui ne foit fujet au changement. *Quid enim eft ftabile inter homines, & ita immobile, ut nullam patiatur mutationem cum omnis nofter ftatus in perpetuo motu confiftat ? Novel. 7. cap. 2.*

Voyez ce que j'ai dit dans ma Traduction des Inftitutes, fur le §. 11. du fecond titre du premier livre.

DROIT CANONIQUE, eft la collection des régles que l'Eglife a faites, pour nous déclarer ce qui eft de foi, & pour nous inftruire de ce qui doit être reçu pour l'établiffement & le maintien de la difcipline eccléfiaftique.

La fin du Droit canonique eft d'apprendre aux Fidéles, à mener une vie conforme à l'efprit de Dieu, & les conduire, *non coactè fed fpontanè*, à la béatitude éternelle : *Ecclefia enim charitate potiùs quàm imperio regit. Pafcite gregem qui in vobis eft* (inquit *S. Petrus*, Ia. *Petri cap.* 5.) *non coactè, fed fpontaneè, fecundum Deum, neque dominantes in Clericis, fed ut forma & exemplum facti gregis. Voyez* ci-après Loi Eccléfiaftique.

Le corps du Droit canonique contient fix Collections ; fçavoir, le Decret de Gratien, les Décretales de Grégoire IX. le Sexte de Boniface VIII. les Clémentines, les Extravagantes de Jean XXII. & les Extravagantes communes.

Voyez l'Hiftoire du Droit canonique, & du Gouvernement de l'Eglife.

DROIT FRANÇOIS, eft celui qui a force & autorité de Loi en France.

Sous la premiere & feconde race de nos Rois, il n'y eût prefque que deux fortes de Droits en France, le Droit Romain, & le Droit François, qui étoit tout compris dans la Loi Salique & dans les Capitulaires, comme nous avons dit, *verbo* Coutumes ; mais aujourd'hui le Droit François fe divife en Droit écrit, & en Droit non écrit.

Le Droit écrit comprend, I°. les Ordonnances de nos Rois, qui font les Loix générales du Royaume.

II°. Les Coutumes rédigées par écrit fous l'autorité du Prince, pour les Provinces qui font régies par le Droit Coutumier.

III°. Le Droit Romain, pour les Provinces que nous appellons pays de Droit écrit.

IV°. Le corps du Droit Canon, pour les matieres eccléfiaftiques & bénéficiales, en tant que fes décifions font reçues parmi nous, & ne font point contraires aux anciens Canons, ni aux Libertés de l'Eglife Gallicane, que nous fuivons dans ces fortes de matieres, auffi-bien que la Pragmatique-Sanction & le Concordat, nos ufages & les Conftitutions de nos Rois.

Par le Droit non écrit, nous entendons parmi nous un Droit qui s'eft introduit par l'ufage dans chaque Province, & qui n'a pas été rédigé par écrit par autorité publique, qui eft par conféquent bien différent de nos Coutumes telles qu'elles font aujourd'hui, puifqu'elles font à préfent partie de notre Droit écrit.

Nous avons une excellente Hiftoire du Droit François au commencement de l'Inftitution de M. d'Argou, qu'on doit lire avec beaucoup d'attention.

DROIT COMMUN DE LA FRANCE, eft fans contredit celui qui eft contenu dans les Ordonnances de nos Rois, & enfuite ce qui eft dans les Loix Romaines pour les pays du Droit écrit, & chaque Coutume dans l'étendue de fon reffort pour les pays du Droit coutumier.

Mais on demande quel eft le Droit commun de la France coutumiere, au défaut des Ordonnances de la Coutume du lieu ?

Je crois que le Droit Romain eft le Droit commun de la France coutumiere, & qu'il doit fervir de Loi au défaut des Ordonnances & des Coutumes, quand il s'agit de décider une queftion qui n'eft pas purement de Droit coutumier.

La raifon eft, que ce précieux tréfor de Jurifprudence, que l'expérience d'une infinité de fiécles a produit, eft univerfellement reconnu pour être la raifon écrite & épurée, la véritable fource de l'équité, & la regle inviolable que l'on doit fuivre : auffi a-t-il été la bafe de prefque toutes les Loix qui ont été faites depuis par toutes les nations qui en ont eu connoiffance, & qui ont été capables d'en connoître l'excellence & la fublime beauté.

M. Henrys en fa harangue intitulée la véritable liberté de l'homme, dit qu'il eft vrai que ceux qui ont fait ces Loix étoient hommes ; mais outre qu'ils étoient épurés, & que par un long travail ils s'étoient acquis l'art de difcerner les chofes, il faut avouer que le Ciel leur avoit communiqué de grandes lumieres. On ne fçauroit lire leurs décifions fans en être ravis ; & cette ame qui les anime, nous voulons dire cette raifon décifive qui s'y rencontre, eft fi charmante, qu'elle nous paroît divine.

Quoique la raifon foit le propre des hommes, elle n'eft pas égale en tous, & n'agit pas tout d'un coup felon l'étendue qu'elle peut avoir. Il faut que le tems lui faffe les découvertes, que l'expérience lui enfeigne le difcernement, & que la conférence des chofes le rendent plus ferme. C'eft donc fe flatter, que de croire qu'on puiffe bien juger par la raifon feule, fans affiftance des lumieres qui nous guident. Enfin, les Loix que les Romains nous ont laiffées, ayant eu l'approbation de tant de grands hommes, & dans le cours de tant de fiécles, c'eft témérité & folie de vouloir méprifer le chemin qu'elles nous marquent.

On y remarque tant d'équité dans un nombre fi prodigieux de décifions, tant de précifion & de jufteffe dans l'énoncé d'une infinité d'efpéces différentes, tant de pénétration à développer un fi grand nombre de circonftances diverfes, & à les rapporter à leurs vrais principes, que ce chef-d'œuvre paroît moins l'ouvrage de la raifon humaine, que celui d'une infpiration du Ciel, qui s'eft fervi des Légiflateurs de l'Empire Romain pour leur dicter des Loix qui enfeignaffent aux Juges de la terre à rendre Juftice, & à tous les hommes à vivre entr'eux felon les regles de la raifon & de l'équité.

Auffi St. Auguftin, liv. 18. de la Cité de Dieu, chapitre 22. attribue les Loix Romaines à une providence divine, laquelle en donnant à Rome l'Empire de l'Univers, lui a en même tems infpiré la prudence & la fageffe avec laquelle elle vouloit que cette République gouvernât les peuples qui lui devenoient foumis.

N'eft-il pas jufte, dit M. le Maître à la fin de fon douzieme Plaidoyer, que dans le filence de nos Coutumes nous écoutions la voix de ces grands génies de Jurifprudence & de politique ; que les exceptions ceffantes, nous reprenions la regle générale ; que les ruiffeaux étant féchés, nous allions puifer dans l'Océan; que notre providence particuliere fe trouvant défectueufe, nous ayons recours à cette providence univerfelle qui embraffe toutes les parties de la fociété civile ; & que nos oracles devenans muets, nous allions confulter de ce grand oracle étranger qui rend fes réponfes dans ce Temple faint, que toute la fageffe Romaine a confacré à la Juftice, & qui fe peut dire le véritable Temple de cette vertu divine ?

Quand il faut appeller le fecours de la raifon, où pourroit-on la chercher ailleurs que dans ce Recueil de Loix fi conformes à l'équité ? C'eft donc avec raifon que l'on appelle les Loix des Romains le Droit civil; car outre qu'elles font plus civiles que celles de toutes les autres nations, elles font plus étendues & plus univerfelles : leur jufteffe donne lieu de croire que le Peuble Rompin étoit né pour donner des Loix à toute la terre, & que Dieu l'avoit choifi pour gouverner & pour inftruire tous les autres peuples.

Il y a peu de queftions qui ne puiffent être déci-

dées par le Droit Romain, ou par un texte formel, ou par un argument. Quand on poffede bien les principes de ce Droit, il eft difficile de fe tromper dans la décifion des affaires, parce que la plûpart de celles qui fe paffent entre les hommes & dans le commerce du monde, dépendent du Droit des gens. Plus une nation eft raifonnable & bien policée, plus fes actions font conformes au Droit des gens, dont les maximes ne fe trouvent écrites que dans les Loix Romaines. Dans les queftions mêmes qui font purement du Droit François ou coutumier, les principes du Droit civil fervent à les décider, parce qu'ils fervent à former la judiciaire qui eft néceffaire pour bien raifonner fur toute forte d'affaires, & les bien juger. Il y a plus : les regles du Droit infpirent l'amour de la Juftice ; c'eft une lumiere divine qui éclaire également le cœur & l'efprit.

En eft-il de même de nos Coutumes ? Peut-on leur attribuer aucun des avantages qui fe trouvent dans les Loix Romaines ? Non fans doute : leurs difpofitions font prefque toujours bizarres & informes, & même quelquefois barbares. La même caufe qui les a fait naître, les a produit toutes différentes, & le plus fouvent toutes contraires. *Voyez* ce que j'ai dit, *verbo* Coutume, fuivant notre Droit François.

M. Bretonnier dans la Préface qu'il a mife au commencement des Œuvres de M. Henrys, après avoir prouvé la prééminence du Droit Romain fur le Droit coutumier, conclut que s'il ne faut pas fuivre le Droit Romain dans ce qu'il a de contraire à nos mœurs, du moins il faut le fuivre au défaut de nos Ordonnances & de la Coutume du lieu ; & dans les affaires qui font purement de Droit coutumier, au défaut des Coutumes voifines. Et pour ne laiffer aucun doute fur cette queftion, il réfute toutes les objections que font ceux qui prétendent que les Coutumes font le Droit commun de la France coutumiere.

Pour moi, quelque prééminence que mérite le Droit Romain, je crois que nous ne fommes abfolument obligés de le fuivre en pays coutumier, qu'autant qu'il eft conforme à la raifon & à l'efprit de nos Coutumes : ainfi l'on peut s'écarter de fes difpofitions, lorfqu'elles ne font point fondées en raifon, ou qu'elles font fondées fur une raifon qui n'a point lieu dans le pays coutumier.

Nous voyons que dans les Coutumes qui n'ont point de difpofition pour l'âge auquel on peut tefter, la Cour a jugé qu'il falloit fuivre la Coutume de Paris, & non le Droit Romain, qu'elle a jugé la même chofe pour les Coutumes qui ne reglent point la quotité de la légitime ; que la Coutume de Paris dans les articles 340. & 341. a rejetté le privilége du double lien introduit par la Novelle 118. Nous voyons auffi que par cette Coutume les freres ne concourent point avec les ayeuls ; en quoi elle eft contraire à cette même Novelle.

Le chapitre 14. de la novelle 115. donne une légitime aux afcendans ; mais la Coutume de Paris n'ayant rien décidé à cet égard, la Cour a décidé contre la difpofition de cette Novelle, que les afcendans n'avoient point de légitime dans la Coutume de Paris.

Suivant le chapitre fecond de la Novelle 118. trois ayeuls venant à la fuccefsion d'un petit-fils ou d'une petite-fille, lorfqu'ils décedent fans enfans, & qu'ils n'ont laiffé ni pere ni mere, ces ayeuls lui fuccédent par fouches & non par têtes. Cependant en pays coutumier ils lui fuccédent par têtes & non par fouches ; comme il a été jugé par Arrêt de la Grande Chambre, fur les conclufions de Mr. l'Avocat général le Nain, le 30. Mai 1702.

DROIT COUTUMIER SUIVANT NOTRE DROIT FRANÇOIS, eft celui qui eft obfervé dans quelques Provinces de la France, où il a été établi du confentement des Etats de la Province, & de l'autorité du Roi, ainfi parmi nous nos Coutumes ne font point ce que nous nommons Droit non écrit chez les Romains, puifqu'elles ont été rédigées par écrit par autorité publique.

Les Juges font donc obligés de juger conformément aux articles des Coutumes : mais les Juges fouverains peuvent interpréter les Loix particulieres des lieux, puifqu'ils-ont l'autorité de juger fouverainement & fans appel.

Il n'y a que le Roi qui puiffe déroger expreffément aux Coutumes par les Ordonnances; ce qui fe fait de deux manieres. Premiérement, lorfque dans quelque Ordonnance il met la claufe dérogatoire à toutes Coutumes particulieres qui feroient contraires. En fecond lieu, lorfque fans cette claufe il fait des Ordonnances qui regardent la difcipline & l'adminiftration de fon Royaume ; comme il eft remarqué par Brodeau fur Louet, lett. D, chap. 25.

Et d'autant que les Coutumes tirent leur origine du tacite confentement des Habitans des lieux où elles ont été d'abord introduites par l'ufage, les articles qu'elles renferment font abrogés fitôt que l'on ne s'en fert plus, & que des actes contraires à cet ufage prennent le deffus. *Leg.* 35. *ff. de reg. jur.*

Voyez ce que nous avons dit fur les deux articles précédens & fur la lettre C, en parlant de ce qu'on entend par Coutume felon notre Droit François. *Voyez* aufsi ce que j'ai dit dans ma Traduction des Inftitutes de Juftinien, fur le §. 9. du titre fecond du premier livre.

DROIT COMMUN COUTUMIER, eft celui qui eft établi par le plus grand nombre des difpofitions qui fe trouvent dans les différentes Coutumes, fur une même matiere ou fur une même queftion.

Ce Droit commun coutumier fe rapporte prefque toujours à la Coutume de Paris.

DROIT ECRIT EN FRANCE, eft le Droit Romain qui eft obfervé comme Loi dans quelques Provinces de ce Royaume, qu'on appelle pays de Droit écrit ; à la différence des pays coutumiers, qui fuivoient anciennement certains ufages non rédigés par écrit ; quoique depuis, ces ufages ayent été arrêtés & rédigés par écrit par les Etats de la Province fous l'autorité royale, & que ces ufages que nous appellons Coutumes aujourd'hui, ayent tous les véritables caracteres d'un Droit écrit, néanmoins le nom de Droit écrit eft toujours fpécialement ufité pour fignifier le Droit Romain ; &

cela pour le diftinguer des Coutumes, qui dans leur origine étoient un Droit non écrit.

Ainfi le Droit Romain a dans ce Royaume deux différens ufages. L'un eft, que dans les Provinces qui font appellées pays de Droit écrit, le Droit Romain a la même autorité qu'ont dans les autres pays leurs Coutumes propres.

L'autre ufage du Droit Romain eft, que dans le pays coutumier il eft confidéré & fuivi comme une raifon écrite, qui nous détermine à fuivre les principes d'équité & de raifon qu'il nous enfeigne, fans pour cela avoir force de Loi, ni autorité publique.

Voyez ce que j'ai dit ci-deffus, en parlant du Droit commun de la France.

DROIT ÉTROIT, eft la rigueur appellée l'étroite & exacte obéiffance aux Loix écrites, fans aucun tempérament, ni aucune modification.

Cette rigueur du Droit eft oppofée à l'équité qui eft appellée juftice naturelle ; c'eft-à-dire, une benigne interprétation que l'on donne à la Loi pour en adoucir la rigueur, par rapport à des circonftances particulieres, qui déterminent à ne pas fuivre exactement fa difpofition dans certains cas.

Mais il faut pour cela que la Loi foit conçue en termes qui puiffent recevoir une interprétation favorable ; c'eft-à-dire, lorfque la fingularité de l'efpece ou fes circonftances donnent lieu de croire que la Loi n'a pas été faite pour l'efpéce dont il s'agit ; & par conféquent qu'un Jugement rendu contre fa décifion, ne peut pas être réputé rendu contre la Loi.

Mais quand les termes de la Loi font clairs & précis, & qu'il n'y a dans le fait dont il s'agit aucune circonftance particuliere qui engage les Juges à s'écarter de la difpofition de la Loi, ils ne fe peuvent faire de leur autorité ; & il faut qu'ils ayent recours au Prince pour recevoir de lui une interprétation de la Loi, fuivant la maxime : *Dura Lex, fed fervanda. Ejus eft Legem interpretari, cujus eft condere.*

Benignitas & mitigatio Juris, quæ ex facti circumftantiis deducitur, ftricto jure præferenda eft. Leg. 8. *cod. de judic. Sed fi negotium Lege palam definitum fit, Legis moderatio foli Principi refervata eft. Leg.* 1. *cod. de Legib. Voyez* Equité.

Il n'y a parmi nous que les Juges fouverains qui puiffent quelquefois s'écarter de leurs Jugemens de la rigueur de la Loi, quoique fa décifion foit claire & précife, lorfque des juftes raifons paroiffent l'exiger ; comme dit Charondas en fes Pandectes, liv. 1. chap. 5.

La raifon eft, que les Juges des Compagnies fouveraines font les dépofitaires de l'autorité du Prince, auquel il appartient d'être l'arbitre entre la Loi & l'équité. *Leg.* 1. *cod. de Legib.*

A l'égard des affaires qui ne font pas précifément décidées par la Loi, mais qui font douteufes, tout Juge peut préférer l'équité au Droit étroit. Ce qui a fait dire à Seneque : *Quidquid dubium eft, humanitas inclinat in melius,* conformément à cette regle de Droit : *In ambiguis quod minimum eft fequimur.*

Voyez Chofes douteufes.

DROIT

DROIT PUBLIC ET DROIT PRIVÉ. Il faut d'abord obferver, que par rapport à l'autorité, tout Droit eft public : *quia fcilicet omne jus omnes aftringit, & ab eo tantum condi poteft, qui publicam habet poteftatem : unde ad privatorum arbitrium infringi aut immutari non poteft. Leg. 8. ff. de Legib. Leg. 1. 8. & 11. cod. eodem.*

Mais par rapport à l'utilité qui en réfulte, le Droit fe divife en Droit public & en Droit privé.

Le Droit public eft celui qui regarde plus particuliérement l'Etat ; comme des chofes qui concernent la Religion, la guerre ou la paix, la création des Magiftrats, & les Loix. *Leg. 1. §. 2. ff. de Inftit. de Jure. Leg. 5. junéto Cujacio, ff. de pact.*

Le droit privé eft celui qui a pour principal objet l'intérêt de tous les Particuliers qui compofent l'Etat ; comme ce qui regarde les mariages, la puiffance paternelle, les tutelles, les contrats, les teftamens, & les autres chofes qui tendent directement au bien des Particuliers en général.

Je dis, *des Particuliers en général* ; car ce qui ne concerne que l'utilité de quelques-uns d'eux en particulier, ne feroit pas un droit privé, mais un privilége dont l'avantage ne pourroit tomber que fur les perfonnes qui y feroient fpécialement dénommées, & en faveur de qui le privilége auroit été accordé.

DROIT COMMUN EN TANT QU'IL EST OPPOSÉ AU DROIT SPECIAL, eft le Droit ordinaire, & fondé fur les maximes générales ; qui eft oppofé au Droit introduit contre les régles ordinaires ; & qui par conféquent ne reçoit point d'extenfion d'un cas à un autre, d'une perfonne à une autre, ni d'une chofe à une autre.

Ce Droit introduit contre les régles étant exorbitant du Droit commun, ne peut avoir lieu que dans le cas précifément pour lequel il a été fpécialement introduit, comme la prérogative du double lien. *Voyez* Double lien.

Jus commune extendi, jus fingulare reftringi debet. M. le Prêtre, cent. 4. chap. 47.

DROIT PARTICULIER, eft un privilége accordé par le Prince ou par la Loi, qui exempte quelqu'un du Droit commun, & de la régle générale ; comme nous l'avons dit ci-deffus, en parlant du Droit privé.

On appelle auffi Droit particulier, celui qui eft contraire & exorbitant du Droit commun, & dont la difpofition doit être précifément renfermée dans le cas qui y eft énoncé comme nous venons de le dire.

Il faut demeurer d'accord qu'il y a des cas fi finguliers, qu'on ne pourroit, fans s'écarter de la Juftice, y appliquer les décifions ordinaires. Mais ces occafions particulieres ne doivent jamais fervir de régle à la Loi, qui doit toujours être uniforme, & qui n'envifage que ce qui arrive le plus ordinairement.

DROIT D'ACCROISSEMENT. *V.* Accroiffement.

DROIT ANNUEL. *Voyez* Paulette.

DROIT D'ANCIENNETÉ, eft un droit de préféance attaché au rang de réception. *Voyez* Préféance.

Tome I.

DROIT D'AUBAINE, eft le droit de fuccéder aux étrangers qui décedent dans ce Royaume fans enfans qui y foient nés en légitime mariage. *Eft jus fifci ; cui peregrinorum in hoc regno decendentium bona obveniunt.*

Il confifte auffi à fuccéder aux étrangers, quoique naturalifés, quand ils n'ont pas difpofé de leurs biens par difpofitions entre-vifs, ou de derniere volonté & qu'ils ne laiffent aucuns parens régnicoles ou naturalifés.

Enfin, ce droit confifte à fuccéder aux régnicoles, qui s'étant établis dans un pays étranger, y ont obtenu Lettres de naturalité, & ont renoncé par ce moyen à leur Patrie. *Voyez* Aubain.

Suivant ce que nous venons de dire, les Aubains, quoique naturalifés, n'ont point d'héritiers *ab inteftat*, hors leurs enfans nés dans le Royaume, ou autres parens régnicoles ou naturalifés ; mais leurs parens régnicoles feront préférés à ceux qui font naturalifés, quoiqu'en degré plus éloigné.

Leurs enfans étrangers & non naturalifés ne leur fuccédent pas, à moins qu'ils ne concourent avec des enfans de l'aubain nés dans le Royaume ; auquel cas leurs freres & fœurs, quoiqu'étrangers, font héritiers de leur pere, pourvû qu'ils viennent dans ce Royaume établir leur domicile, dans le deffein d'y demeurer le refte de leurs jours.

La raifon eft, qu'il feroit injufte que la naiffance d'un enfant profitât à lui feul, & donnât l'exclufion à fes freres & fœurs nés dans le Royaume.

D'ailleurs, le droit d'aubaine étant un droit purement royal, qui n'appartient qu'au Roi, il n'y a que lui qui foit en droit de l'objecter. *Voyez* Bacquet en fon Traité du Droit d'Aubaine, chap. 31. nomb. 6.

Le droit d'aubaine paroît provenir des fervitudes perfonnelles & autres droits feigneuriaux, auxquels les Seigneurs ont de tout temps donné le plus d'extenfion qu'ils ont pû.

Vers le commencement de la troifiéme race de nos Rois, les Seigneurs dans plufieurs Provinces ravirent la liberté à leurs Sujets, & même aux aubains, qui venoient établir leurs demeures dans leurs Terres & leurs Juftices, comme nous avons dit fur le mot Aubain ; de maniere qu'ils leur fuccédoient comme à leurs ferfs & main mortables : ce qui fait voir que ce droit d'aubaine étoit dans ces Provinces une fuite des fervitudes perfonnelles.

Dans les autres Provinces du Royaume, quoique les étrangers n'y fuffent pas ferfs de corps, cependant quand ils mouroient inteftats, & fans enfans légitimes nés dans le Royaume, les Seigneurs s'emparoient de leur fucceffion par droit de deshérence. Par la fuite, fous prétexte que le droit de tefter eft purement civil, les Seigneurs n'eurent plus d'égard aux teftamens faits par les étrangers.

Le droit d'aubaine étoit donc, fuivant ce que nous venons de dire, un droit feigneurial dans toutes les Provinces du Royaume ; mais parce que ce droit étoit confidérable, nos Rois jugerent à propos de l'unir à leur Couronne ; ce qui étoit d'autant plus jufte, qu'il n'y a en France que le Roi qui puiffe accorder des Lettres de naturalité.

Pour faire de ce droit d'aubaine un droit royal, ils ordonnerent à leurs Officiers dans les Provinces de servitude personnelle, de prendre le service des aubains domiciliés dans les Terres des Seigneurs, lorsque les aubains y auroient demeuré pendant l'espace d'un an & un jour, sans que les Seigneurs en eussent pris le service.

Nos Rois déclarent ensuite que tous les aubains & leurs successions, quand ils seroient décédés sans héritiers convénables, leur appartiendroient, à l'exclusion des Seigneurs.

Enfin, après avoir rendu le droit d'aubaine général dans toute l'étendue de leur Royaume, & en avoir exclu tous les Seigneurs, ils en ont fait un droit purement royal, qui ne peut jamais appartenir qu'au Roi.

Il est cependant arrivé depuis, que les Seigneurs Hauts-Justiciers ont prétendu être en droit de recueillir les successions des étrangers, à l'exclusion du Roi, lorsque les biens étoient situés dans leurs Justices.

Nous voyons que dans la Coutume de Sens & dans quelques autres, outre les droits de bâtardise, de deshérence & de confiscation, celui d'aubaine est inseré comme leur appartenant.

Mais sans parler des autres Coutumes, l'énonciation qui se trouve dans l'art. 10. de la Coutume de Sens, ne peut être tirée à conséquence, y ayant eu opposition de la part du Procureur du Roi, sur laquelle opposition les Commissaires députés pour la réformation renvoyerent au Parlement : & depuis ce temps il y a eu plusieurs Arrêts qui ont dans différentes Coutumes débouté les Seigneurs Hauts-Justiciers de leurs prétentions.

Mais on demande si un étranger qui a obtenu des Lettres de naturalité venoit à déceder en France sans hoirs, & sans avoir disposé de ses biens, le Seigneur Haut-Justicier dans l'étendue de la Seigneurie duquel les biens de cet étranger seroient situés, lui succéderoit par droit de deshérence ?

On peut dire en faveur du Seigneur Haut-Justicier, que par le moyen des Lettres de naturalité, l'aubain est devenu capable des effets civils, & que par ces Lettres il a été fait ad instar des regnicoles. Or si un régnicole decede sans hoirs apparens, le Seigneur Haut-Justicier lui succéde par droit de deshérence. Ainsi il paroît qu'il faut dire la même chose de l'aubain naturalisé.

Cependant c'est le Roi qui lui succéde, à l'exclusion du Seigneur Haut-Justicier.

La raison est que l'étranger ne devient capable des effets civils, qu'au moyen des Lettres de naturalité qu'il tient du Roi, lequel ne préjudicie point à ses droits par la grace qu'il fait à l'étranger, auquel le privilége que le Roi lui avoit accordé étoit personnel. M. le Bret en son Traité de la souveraineté du Roi, liv. 2. chap. 8. M. le Brun en son Traité des Successions, liv. 1. chap. 7.

Au reste, la femme de l'étranger naturalisé lui succéde, à l'exclusion du Roi, lorsque l'étranger naturalisé décede sans héritiers apparens. Louet, lett. F, sommaire 22.

Le droit d'aubaine est imprescriptible, & s'étend sur tous les étrangers, qui étant d'un autre Pays, & sujets d'un autre Etat que la France, y décedent sans avoir été naturalisés par Lettres du Prince, & sans être compris dans quelque privilége d'exemption de ce droit.

La raison est, que c'est par grace du Roi que les étrangers sont tolerés faire leur résidence en France & s'y habituer, de sorte qu'il est en droit de les en empêcher; & en leur permettant d'y demeurer, il les prend sous sa protection comme ses Sujets. Voyez l'Ordonnance de Louis XIV. du 9. Novembre 1697.

Le Roi seul pourroit aussi les empêcher d'acquérir des héritages ou autres immeubles dans le Royaume. C'est donc lui seul qui en peut profiter; s'ils decedent sans parens capables de recueillir leur succession. Si les Seigneurs Hauts-Justiciers ont joui pendant un temps du droit d'aubaine, ce n'étoit qu'une usurpation qui ne peut donner atteinte à un droit purement royal, qui par conséquent ne peut s'acquérir par aucune prescription, & que l'on ne pourroit avoir que par une concession expresse du Souverain.

Ce droit est donc aujourd'hui royal, & ne peut jamais appartenir aux Seigneurs Hauts-Justiciers, nonobstant toutes Coutumes contraires. Ainsi le Roi, en vertu du droit d'aubaine succede toujours aux étrangers, à l'exclusion des Seigneurs, & même du survivant du mari ou de la femme; & le Roi prend les sortes de biens en vertu du droit d'aubaine non pas comme & en qualité d'héritier, mais comme maître des biens où personne ne peut avoir droit.

Il y a quelques cas où les biens des étrangers n'appartiennent point au Roi par droit d'aubaine.

Premierement, les Ambassadeurs & ceux de leur suite ne sont point sujets au droit d'aubaine : ce qui est de droit commun entre tous les Souverains. Ainsi les Ambassadeurs & ceux de leur suite peuvent disposer de leurs biens par testament; ou par toute autre disposition de derniere volonté; & s'ils decedent en France sans en avoir disposé, leurs héritiers légitimes y succédent, quoiqu'étrangers & demeurans hors du Royaume. Cependant s'ils avoient acquis des immeubles ou rentes constituées dans le Royaume, ils demeureroient sujets au droit d'aubaine.

En second lieu, les Marchands fréquentans les Foires de France & qui ne passent en ce Royaume que dans le dessein de s'en retourner incessamment dans leur Pays, ne sont pas sujets au droit d'aubaine. Cela est fondé sur la nécessité du commerce, qui est le soutien d'un Etat; quia scilicet commercio gens una supplet alterius inopiam. En effet, si ceux qui trafiquent étoient sujets au droit d'aubaine, il ne se trouveroit personne qui osât entreprendre un voyage où il pourroit risquer la fortune de sa famille.

C'est pour cette raison que les meubles, hardes & marchandises des Marchands aubains qui decedent en France, appartiennent à leurs parens & héritiers, quoiqu'étrangers : mais il n'en est pas de même des immeubles qu'ils auroient acquis en France; ils seroient sujets au droit d'aubaine, parce qu'il ne leur est permis d'en acquérir que sous condition d'être sujets à ce droit. En effet l'Arrêt d'enrégistrement de l'Edit de 1569. en excepte les immeubles & les rentes conftituées , qui demeurent fujets au droit d'aubaine.

Généralement parlant , tous les étrangers ont befoin de Lettres de naturalité pour être exempts du droit d'aubaine , à moins qu'ils n'ayent un privilége particulier qui les en affranchiffe ; de forte que les ôtages qui y font fujets , s'ils ne font naturalifés. *Voyez* M. le Prêtre, centurie 3. chap. 33. Bacquet en fon Traité du droit d'aubaine , chap. 11. nomb. 1. Chopin en fon Traité du Domaine , liv. 1. tit. 11. & la Peyrere , lett. A.

On prétend que les écoliers étrangers qui font venus dans ce Royaume pour y faire leurs études , & qui y décedent , font fujets au droit d'aubaine. Cependant dans le Code , *tit. Ne filius pro patre* , eft rapportée une Conftitution de l'Empereur Frederic , qui leur donne de grands priviléges. Quelques-uns même foutiennent qu'ils font exempts du droit d'aubaine , par un Edit de Louis X. de l'année 1315. Mais cet Edit ne fe trouve nulle part.

A l'égard des étrangers , quoique paffagers , qui décedent en France , leur fucceffion appartient au Roi par droit d'aubaine ; comme il a été jugé par une Ordonnance du Bureau des Finances de la Rochelle , du 3. Mai 1702. & par plufieurs Arrêts du Parlement de Paris , & du Confeil d'Etat du Roi , rendu en conféquence.

Au refte , ce que nous venons de dire , que les étrangers ont befoin de Lettres de naturalité pour être exempts du droit d'aubaine , n'eft pas indiftinctement vrai ; car nous reconnoiffons trois fortes d'étrangers en France , dont les droits font différens.

Les premiers font ceux qui font nés dans les Royaumes & Provinces étrangeres qui ne font point dépendantes de la Couronne de France , comme les Allemands , les Efpagnols les Anglois , & ceux des Royaumes plus éloignés. Tous ces étrangers ne peuvent jouir des priviléges des naturels François , qu'ils n'ayent obtenu du Roi des Lettres de naturalité , vérifiées en la Chambre des Comptes.

Les feconds font ceux des Provinces qui de droit appartiennent au Roi , quoiqu'elles ne lui obéiffent pas actuellement ; tels font les Milanois , & les Navarrois. Ces étrangers n'ont befoin , pour jouir des droits & priviléges des régnicoles , que de fimples Lettres de déclaration , par lefquelles le Roi les reconnoît pour fes Sujets , quoique le pays où ils ont pris naiffance , foit fous la domination d'un autre Prince.

Les troifiémes font les étrangers qui par privilége fpécial de nos Rois font exempts & affranchis du droit d'aubaine ; comme font les Suiffes & les Ecoffois de la garde du Roi , par Lettres-patentes du Roi Henri II. rapportées par Bacquet en fon Traité du Droit d'aubaine , part. 1. chap. 7. Ceux-ci , & autres qui font munis d'un privilége fpécial qui les affranchit du droit d'aubaine , & leur donne les priviléges des naturels François , n'ont befoin pour jouir de tous les priviléges des régnicoles , d'aucunes Lettres particulieres.

La raifon eft , qu'ils font réputés naturels François par une grace & par un privilége général accordé à tous ceux de leur nation , qui viennent s'établir dans ce Royaume. Ainfi ils font regardés parmi nous , comme l'étoient chez les Romains ceux auxquels ils avoient accordé le droit de Bourgeoifie.

Les Flamands , qui n'étoient autrefois que des étrangers de la précédente efpece , jouiffent aujourd'hui des droits & priviléges accordés aux naturels François ; & ce en vertu des Traités de paix faits entre les Rois de France & d'Efpagne.

Les Lorrains avoient le même privilége , conformément à un Traité fait entre le Roi & Monfieur le Duc de Lorraine. Le Traité approuve tous contrats & engagemens faits entre les Sujets des deux Nations comme entre régnicoles : mais aujourd'hui que la Lorraine eft revenue à la France , cela ne peut point paffer pour un privilége , puifque cela fe fait à préfent *jure communi*.

Le Roi fait quelquefois remife du droit d'aubaine à des étrangers qui font d'un certain pays : telle eft la remife qui a été faite aux Genevois par Lettres patentes.

A la vérité cette remife les rend exempts du droit d'aubaine ; en forte que s'ils meurent en France , leur fucceffion n'appartient point au Roi par droits d'aubaine , & eft recueillie par leurs parens ; mais cette remife ne les rend pas régnicoles & capables des effets civils : ainfi ils ne pourroient pas venir ici recueillir une fucceffion d'un régnicole qui les auroit inftitués héritiers ou fait légataires univerfels , parce qu'une telle remife ne regarde que les droits du Roi , & ne comprend en aucune maniere ce qu'il n'a pas expreffément accordé.

Enfin , pour connoître le droit d'aubaine en général , il faut fçavoir qu'il appartient au Roi feul , à caufe de fa puiffance fupérieure ; qu'il eft de fa nature domanial , imprefcriptible & inaliénable ; que le motif de la Loi qui l'a introduit , en excluant l'étranger de toutes fucceffions , a été d'empêcher que les biens qui font dans le Royaume ne paffent dans les Pays étrangers : & c'eft par une fuite de ce principe , que quoique l'étranger foit capable de contracter mariage , & des effets qui font une fuite de ce contrat ; cependant fi par le contrat de mariage il y a don mutuel en propriété ou en ufufruit des biens en faveur du furvivant , ce furvivant doit venir demeurer en France pour recueillir le don : autrement il feroit non recevable à demander. *voyez* l'Edit d'Henri II. du 11. Août 1558.

Touchant le droit d'aubaine de la fucceffion des étrangers décedés en France , *voyez* le Traité qu'en ont fait Bacquet , & Chopin en fon Traité du Domaine. *Voyez* auffi ce que nous avons dit *verbo* Aubain , & *verbo* Lettre de naturalité.

DROIT DE CONFISCATION, eft le droit de prendre les biens d'un homme condamné à mort naturelle ou civile & en l'une & l'autre cas , fes biens feront confifqués dans les pays ou la confifcation a lieu , fuivant la régle *qui confifque le corps , confifque les biens*.

La confifcation a encore lieu dans quelques autres cas , comme lorfque le Seigneur dominant confifque le fief de fon Vaffal pour caufe de commife ou felonie.

Voyez Confifcation. *Voyez* auffi ce que j'ai dit

fur l'art. 183. de la Coutume de Paris.

DROIT D'AIDE. *Voyez* ci-deffus Aide-cheval.

DROIT D'ECHELLE, eft celui d'avoir échelle pour marque de la Haute-Juftice.

Plufieurs Officiers des Seigneurs eccléfiaftiques & Gens de main-morte, étoient autrefois curieux d'avoir en quelqu'endroit de leur Seigneurie cette marque, & quelques-uns s'en fervent encore aujourd'hui.

C'eft une espece de carcan qui dénote leur Haute-Juftice.

On voit encore à Paris une échelle de cette espece qui fert de figne patibulaire à Meffieurs du Temple. *Voyez* Pilori.

DROIT DE DESHERENCE eft le droit de fuccéder à un régnicole né en légitime mariage, décédé fans avoir tefté, & fans héritier apparent, c'eft-à-dire, fans aucun héritier procréé de lui ou de fon lignage, habile par les Loix de France & par les Coutumes des lieux à être héritier du défunt.

Deshérence, fignifie donc une fucceffion qui provient du défaut d'héritier, & ne comprend pas les autres manieres par lefquelles des biens peuvent être vacans. Il ne comprend pas non plus les fucceffions des aubains, ni celles des bâtards, dont nous avons parlé ailleurs.

Par la difpofition du droit commun, le droit de deshérence appartient au Roi feul : ce n'a été que fous la troifiéme race de nos Rois, que les Seigneurs Hauts-Jufticiers ont ufurpé ce droit.

Mais les Rois ont toleré cette ufurpation, vraifemblablement à caufe des charges qui font annexées à la Haute-Juftice. Ainfi ce droit femble être une fuite & une dépendance de la Juftice de ces Seigneurs, & n'appartient point aux Seigneurs moyens & bas-Jufticiers.

Ce droit appartient aujourd'hui au Roi, ou au Seigneur Haut-Jufticier, dans la Juftice duquel celui qui eft décédé fans héritier auparavant, avoit fon domicile, & aux Seigneurs Hauts-Jufticiers des terres dans l'étendue defquelles font fitués les biens qu'il a laiffés ; de forte que chaque Seigneur Haut-Jufticier prend les effets mobiliers qu'il trouve fon territoire. C'eft un cas particulier où les meubles font préfumés avoir une affiette certaine ; car fuivant la maxime ordinaire, les meubles fuivent le domicile de la perfonne.

Chaque Seigneur fuccede donc par droit de deshérence ou de confifcation aux biens qui font fitués dans fon territoire ; & quoique réguliérement les meubles fuivent le domicile du défunt, chaque Seigneur prend les meubles qu'il trouve dans l'étendue de fa Seigneurie.

Cela vient, à ce que l'on croit, de ce que dans les commencemens les Seigneurs fe font attribués ces droits par la voie de fait, plutôt que par un droit effectif ; de forte que chaque Seigneur fe faififfoit de ce qu'il trouvoit fous fa main : ce qui eft demeuré en ufage, après que ces droits de deshérence & de confifcation leur ont été confirmés par une poffeffion immémoriale.

Voyez ce que j'ai dit fur l'art. 167. de la Coutume de Paris ; & dans ma Traduction des Inftitutes,

au commencement du troifiéme livre, chap. 5. *Voyez* auffi Bacquet en fon Traité de deshérence ; Defpeiffes, tom. 3. pag. 134. & Bafnage fur l'art. 146. de la Coutume de Normandie.

DROIT DE BASTARDISE, eft le droit de fuccéder à un Bâtard decédé fans avoir tefté, & fans enfans nés en légitime mariage.

Dans la plûpart des Provinces de ce Royaume, les bâtards ne fuccedent ni à leur pere, ni même à leur mere, ni aux parens de leur pere & de leur mere.

De même auffi, lorfqu'ils n'ont point d'enfans légitimes, & qu'ils décedent fans avoir difpofé de leurs biens, ou par difpofition entre-vifs, ou par difpofition à caufe de mort, perfonne ne leur fuccede : ainfi de droit commun, leur fucceffion doit appartenir au Roi feul, à qui elle eft déférée par droit de bâtardife.

La fucceffion des aubains appartient au Roi par droit d'aubaine, privativement à tous Seigneurs Hauts-Jufticiers, parce qu'il n'y a que lui qui ait droit de naturalifer un étranger. Par cette même raifon, la fucceffion d'un bâtard décedé fans enfans, lui doit appartenir, privativement à tous Seigneurs, parce qu'il n'y a que lui qui puiffe légitimer un bâtard.

Il y a eu à ce fujet plufieurs conteftations entre les Officiers du Roi, & les Seigneurs Hauts-Jufticiers. Ces derniers prétendoient que la fucceffion des bâtards décedés dans leurs Seigneuries, leur appartenoit par droit de bâtardife, de même que la fucceffion d'une perfonne qui décedoit dans leurs terres leur appartenoit par droit de deshérence. Les Officiers du Roi difoient que les Seigneurs Hauts-Jufticiers n'étoient pas Souverains, mais Vaffaux du Roi ; & que comme ils ne pouvoient pas légitimer un bâtard, ce droit appartenant fpécialement au Souverain, ils ne pouvoient prétendre aucun droit de bâtardife.

Il réfulte de ces raifons, que le droit du Souverain doit l'emporter à cet égard fur les prétentions des Seigneurs Hauts-Jufticiers.

Mais nos Rois ont bien voulu accorder aux Seigneurs Hauts-Jufticiers le droit de fuccéder aux bâtards, fous trois conditions ; fçavoir, que le bâtard foit né en la Terre du Seigneur Haut-Jufticier, qu'il y ait été domicilié au tems de fon trépas, & qu'il y foit décédé.

L'une de ces conditions manquant, le Roi fuccede au bâtard, à l'exclufion du Seigneur Haut-Jufticier.

Au cas que le Seigneur fuccede au bâtard, il ne peut prendre que les biens du défunt qui fe trouvent dans la Juftice, & non les autres qui fe trouvent ailleurs, lefquels appartiennent au Roi à l'exclufion même des Engagiftes ; à moins que par leur contrat d'engagement, le droit de bâtardife ne leur eût été fpécialement accordé.

Il faut enfin remarquer que le mari & la femme fe fuccedent dans le cas de bâtardife à l'exclufion du Fifc & du Seigneur Haut-Jufticier.

Voyez Bacquet en fon Traité des droits de Juftice, chap. 23. & à la fin du dernier chapitre de la feconde partie de fon Traité du Droit de bâtardife. Loyfeau, des Seigneuries chap. 18. Loyfel en fes Inftitutes, tit. 1. Coquille en fon Inftitution, chap. des Bâtards & Aubains. *Voyez* auffi ce que j'ai dit *verbo* Bâtard.

DROIT DE BIENSEANCE, eft la faculté que quelques Coutumes donnent à ceux qui poffedent par indivis, de retirer la part vendue par un d'eux, en rendant à l'acquéreur le prix qu'il en a payé. *Voyez* la Coutume d'Aix, tit. 10. art. 17. & 18. & celle de Lille, art. 19.

DROIT DE FRANC-FIEF. Anciennement les fiefs n'étoient poffédés que par des perfonnes nobles. La poffeffion de cette nature de biens étoit même un titre de nobleffe; mais depuis l'Ordonnance de Philippe le Hardi, de l'an 1275. Les roturiers ont été rendus capables d'en pofféder. De-là vient l'établiffement du droit de Franc-Fief. *Voyez* Franc-Fief.

DROIT DE GABELLE. *Voyez* Gabelle.

DROIT DE RETENUE, fignifie le retrait féodal ou cenfuel. Art. 129. & 130. de la Coutume de Paris; art. 6. du tit. 13. de celle de Berry, & art. 13. du tit. 14.

DROIT DE VARECH. *Voyez* Varech.

DROIT DE PULVERAGE. *Voyez* Pulverage.

DROIT DE POIDS ET DE MESURES, eft un droit feigneurial qui appartient aux Seigneurs des Terres qui ont Juftice. Ce droit confifte à faire obferver les poids & mefures fuivant qu'ils font réglés.

DROIT DE PEAGE. *Voyez* Péage.

DROIT DE GLAIVE, eft parmi nous ce que les Romains appelloient *jus animadvertendi in facinorofos homines*; c'eft-à-dire le droit de connoître des crimes qui méritent peine de mort ou quelque autre peine afflictive.

En France, ce droit n'appartient pas aux bas ni aux moyens-Jufticiers; il eft refervé aux Juges royaux, & à ceux des Seigneurs qui ont ce que nous appellons Haute-Juftice, c'eft-à-dire droit de glaive. *Voyez* l'Edit d'Henri III. donné en Décembre 1581. rapporté par Chenu en fes Réglemens, tit. 12. chap. 64.

Il s'enfuit de ce que nous venons de dire, que quoiqu'il foit régulièrement vrai que tous crimes doivent être jugés & punis fur les lieux où ils ont été commis; cependant la feule qualité du Juge du lieu ne le rend pas compétent pour en connoître; il faut encore qu'il ait *jus gladii*, c'eft-à-dire droit de corriger les criminels & de leur infliger des peines: ce qui n'appartient pas à celui qui n'a que la moyenne & baffe Juftice.

Comme les Seigneurs Hauts-Jufticiers ont droit de glaive, ils ont droit d'avoir fourches patibulaires, piloris, échelles & poteaux à mettre carcan. *Voyez* ce que j'ai dit fur chacun de ces mots.

Au refte il faut obferver que quoique ni les Moyens ni les Bas-Jufticiers n'ayant pas *jus gladii*, ne foient incompétens de rendre aucuns Jugemens fur les crimes qui meritent peine afflictive, ils peuvent néanmoins décreter dans l'étendue de leur Juftice contre toutes perfonnes prévenues de crimes; & informer; mais ils font tenu de renvoyer auffi-tôt les criminels & les informations aux Juges qui doivent en connoître.

L'avantage de s'affurer des criminels, la crainte du dépériffement des preuves, les autorifent à exercer tous les actes qui peuvent prévenir l'un & l'autre.

DROIT D'AMORTISSEMENT, eft un droit que fe paye au Roi pour amortir quelque immeuble, à l'effet de pouvoir être poffédé par gens de main-morte.

Les gens de main-morte étant incapables de poffeder des héritages, quand le Roi leur accorde la permiffion d'en pofféder, il eft très-jufte qu'il tire d'eux quelque droit, pour fe dédommager des pertes qu'il en doit fouffrir.

Au moyen de cette permiffion, ces héritages étant poffédés par gens de main-morte, ceffent d'être dans le commerce, & de produire aux Seigneurs de qui ils relevent les droits ordinaires & accoutumés, lefquels fe trouvent par ce moyen entiérement éteints & amortis. C'eft pourquoi les gens de main-morte, outre le droit d'amortiffement qu'ils font obligés de payer au Roi pour raifon des héritages qu'ils poffedent, font tenu de payer au Seigneur le droit d'indemnité; comme nous difons, *verbis* Amortiffement & indemnité.

Pour ce qui eft du droit d'amortiffement, ce droit eft différent par rapport à la différente nature des héritages qui font amortis.

Suivant la Déclaration du 9. Mars 1700. art. 5. pour les biens nobles mouvans immédiatement du Roi, ce droit eft le tiers du prix de l'acquifition ou de la jufte valeur defdits biens: pour ceux qui font en roture, & fitués dans la cenfive du Roi, ce droit eft évalué au cinquième. A l'égard des biens nobles mouvans du Roi en arriere-fief, en quelque degré ce foit ce droit eft évalué au cinquieme; & pour les rotures tenues en cenfive des Seigneurs cenfiers & féodaux, à raifon du fixième.

Dans le compté de Bourgogne, par les fiefs & autres biens nobles, ce droit eft réglé à raifon de cinq années de revenu d'iceux, & pour ceux tenus & poffedés en roture, à raifon de trois années; & dans les Provinces de Flandres, Haynault & Artois, à raifon de trois années de revenus defdits biens fans diftinction de leur qualité, & d'une année & demie de revenu feulement pour ceux appartenans aux Hôpitaux, chetivetés & pauvretés.

Le droit d'amortiffement des biens fitués dans la mouvance ou dans la cenfive du Roi eft donc plus fort dans les Provinces du dedans du Royaume, que de ceux tenus en arriere-fief ou arriere-cenfive.

La raifon eft, que le Roi feul peut amortir, tant les biens fitués dans fa mouvance & cenfive immédiate, que ceux tenus en arriere-fief ou arriere-cenfive; & que l'amortiffement que le Roi accorde pour les biens tenus des Seigneurs, ne fçauroit préjudicier à leurs droits, ni empêcher qu'ils ne fe faffent indemnifer par les gens de main-morte. Or dans le droit d'amortiffement qui fe paye pour les biens tenus du Roi fans moyen, eft compris le droit d'indemnité, qui eft dû à Sa Majefté auffi bien qu'aux autres Seigneurs particuliers.

C'eſt pour cette raiſon que le droit d'amortiſſement des biens tenus du Roi ſans moyen, ſe paye
au tiers, lorſqu'ils ſont nobles, & au cinquiéme
quand ils ſont en roture, parce que le droit d'indemnité y eſt compris, & il n'eſt pas compris dans le
droit d'amortiſſement des biens relevans des Seigneurs, ainſi que nous le dirons ci-après.

Pour ce qui eſt des rentes conſtituées à prix d'argent au profit des gens de main-morte, le droit
d'amortiſſement eſt modéré à deux années de revenu deſdites rentes, par la Déclaration du neuf
Mars 1706.

Le droit d'amortiſſement ne peut ſe preſcrire
contre le Roi par quelque laps de tems que ce ſoit,
parce qu'il eſt domanial, c'eſt-à-dire qu'il eſt dû au
Roi à cauſe de ſa Couronne & de ſa Souveraineté.
D'ailleurs, comme la Loi qui ne permet pas aux
gens de main-morte de poſſéder des immeubles
eſt générale, & s'étend par tout le Royaume ; la
poſſeſſion qu'on allégueroit à l'encontre, ne prouveroit que la déſobéiſſance des gens de main-morte
à ne pas déclarer les immeubles dont ils ſeroient en
poſſeſſion, quoiqu'incapables d'en poſſéder ſans la
permiſſion du Roi.

Mais en conſéquence du Concordat paſſé à Mante
entre le Roi & le Clergé, le 14. Août 1640. le
Clergé payant décimes ne peut être recherché pour
les droits d'amortiſſement, qu'à cauſe des biens
qu'il a acquis depuis ledit jour 14. Août 1641. Et
pour les Communautés religieuſes, & autres gens
de main-morte non payant décimes, Sa Majeſté a
borné & fixé à leur égard cette recherche 1. Janvier 1600. & ce par Arrêt du Conſeil du 31. Décembre 1689.

C'eſt aux gens de main-morte à payer le droit
d'amortiſſement au Roi, & celui d'indemnité au
Seigneur pour l'héritage qu'ils acquierent par achat,
donation, permutation, ou autrement.

Il n'y a que le cas où un héritage leur auroit été
legué, qu'ils ne ſeroient point tenu d'en payer l'a-
mortiſſement, mais l'héritier du défunt.

La raiſon eſt, que l'héritier eſt obligé de faire à
ſes dépens tout ce qui eſt néceſſaire pour l'exécution de la volonté du teſtateur, ſans aucune diminution du legs, attendu que dans le doute cette
volonté eſt interprétée dans le ſens le plus favorable au légataire.

*Cum legatum, proficiſcatur ex merâ teſtatoris in le-
gatarium liberalitate & benevolentiâ, præſtandum eſt
ſine onere.* Ainſi dans le doute on ne préſume jamais que l'intention du teſtateur ait été de changer ou diminuer le bienfait dont il a voulu gratifier
le légataire particulier.

Quand un teſtateur donne à des gens de main-
morte, il eſt cenſé avoir voulu donner tout ce qui
eſt néceſſaire pour les rendre capables de poſſéder,
ſans aucune diminution, les choſes qu'il leur a laiſſées ; il a connu la qualité des legataires ; il ſçavoit
qu'ils ne pouvoient jouir du legs ſans payer l'amortiſſement.

C'eſt donc à l'héritier à faire jouir le légataire :
Hæres debet legatario præſtare ut ei liceat uti frui. Le
légataire ne doit entrer dans aucune dépenſe qui
puiſſe diminuer la libéralité du teſtateur.

Pluſieurs Loix prouvent que c'eſt à l'héritier à
faire à ſes dépens tout ce qui eſt néceſſaire pour
l'exécution de la volonté du teſtateur, & pour empêcher que ſes diſpoſitions ne deviennent caduc-
ques.

Mornac, ſur la Loi *his verbis*, §. 3. ff. *de legat.*
3. dit que c'eſt ſur l'application de ce principe, que
l'héritier eſt chargé de payer le droit d'amortiſſement, lorſque le teſtateur a legué à gens de main-
morte.

Il eſt vrai que dans les diſpoſitions ordinaires, l'engagement de l'héritier ſe borne à la délivrance du
legs, & qu'il ne peut pas être recherché pour les
pertes & diminutions qui arrivent dans la ſuite à
la choſe leguée, ſur-tout après que la délivrance en
a été faite. Mais il ne faut pas raiſonner de l'amortiſſement demandé par le Roi, comme des pertes
& des diminutions qui ſeroient arrivées à la choſe léguée. Ce qui produit la néceſſité de l'amortiſſement, c'eſt la qualité du légataire, que l'héritier eſt obligé de faire jouir de la libéralité du teſtateur.

Cette maxime a paru ſi certaine dans tous les
tems, que toutes les fois que la queſtion s'eſt préſentée, elle a été décidée en faveur des légataires
particuliers, contre les héritiers ou contre les légataires univerſels.

Voyez ce que j'ai dit de l'amortiſſement, au commencement du titre des fiefs de la Coutume de
Paris, où j'ai traité amplement cette matiere. *Voyez*
auſſi Bacquet, & M. le Maître en ſon Traité des
Amortiſſemens.

Au reſte, il a été rendu au Conſeil d'état du
Roi un Arrêt le 21. Janvier 1738. ſervant de Réglement pour le recouvrement des droits d'amortiſſement & frans-fiefs, que nous avons jugé à
propos de rapporter ici, attendu qu'il contient les
regles qui doivent être aujourd'hui ſuivies à cet
égard.

Le Roi étant informé des différentes conteſtations qui ſe ſont élévées entre les Redevables des
droits d'amortiſſement & francs-fiefs, & les Fermiers deſdits droits, ſe ſeroit fait repréſenter les
Réglemens rendus à ce ſujet : & Sa Majeſté voulant établir une Juriſprudence certaine, qui ne
puiſſe aucun obſtacle à la perception des droits ſacrés de ſa Couronne, en traitant néanmoins le plus
favorablement qu'il ſera poſſible le Gens de main-
morte, & ſur-tout les Hôpitaux & autres établiſſemens ſervant à l'utilité publique : vû les Memoires des Agens généraux du Clergé, des Gens de
main-morte, & des différens Fermiers ; oui le rapport du Sieur Orry Conſeiller d'état & ordinaire
au Conſeil royal, Controlleur général des Finances, SA MAJESTÉ ETANT EN SON CONSEIL, à ordonné & ordonne ce qui ſuit :

1°. Les échanges, acquiſitions, dons & legs qui
ſeront faits de terres, maiſons & héritages, pour
uniquement employés à l'élevation, agrandiſ-
ſement, ou plus grande commodité des Egliſes,
Chapelles, Sacriſties, & autres lieux ſervans à faſt

ré le fervice divin, comme auffi les bâtimens qui feront conftruits de nouveau ou reconftruits, pour être employés à ces ufages, feront exempts de tous droits d'amortiffement, comme étant lefdits lieux plus particuliérement dédiés à Dieu, & ne produifant aucun revenu, conformément aux Déclarations des 5. Juillet 1689. & 9. Mars 1700.

II°. Les échanges, acquifitions, dons & legs qui feront faits de terres, maifons & héritages, aux perfonnes religieufes de l'un & de l'autre fexe, pour leur fervir de lieux réguliers, de jardins & de logement, comme auffi les bâtimens qu'elles feront conftruire de nouveau ou reconftruire dans l'intérieur de leur clôture, dont elles ne retireront aucun revenu, feront pareillement exempts des droits d'amortiffement. Mais dans les cas où lefdits biens ou bâtimens cefferoient d'être employés à ces ufages, & produiroient un revenu, les droits d'amortiffement feront payés, de la valeur defdits biens & bâtimens, aux Fermiers qui feront en place lorfqu'ils rentreront dans le commerce.

III°. Les Hôpitaux particuliers & Hôtels-Dieu, les maifons & Communautés, tant féculieres que régulieres, où l'hofpitalité eft exercée, jouiront de la même exemption des droits d'amortiffement que les Hôpitaux généraux, pour toutes les acquifitions, échanges, dons & legs, de quelque nature qu'ils puiffent être, conftructions & reconftructions de bâtimens qui feront deftinés & employés, foit au logement, à la fubfiftance & entretien des pauvres & des malades, foit à leur inftruction gratuite. Mais au cas que l'hofpitalité ceffe d'y être exercée, ou que les biens acquis, échangés ou donnés, & lefdits bâtimens ceffent d'être employés à ces ufages, les droits d'amortiffement feront payés en entier de toutes lefdites acquifitions, échanges, dons, legs & bâtimens, aux Fermiers qui feront en place lorfque lefdits biens rentreront dans le commerce, & produiront un revenu.

IV. Les Maifons & Ecoles de charité des Paroiffes, & les Charités des Fabriques, enfemble les Affemblées des pauvres, tant des Villes que de la Campagne, par quelques perfonnes qu'elles foient régies & adminiftrées, ne payeront aucun droit d'amortiffement pour toutes les acquifitions, échanges, dons & legs, conftructions & reconftructions de bâtimens qui feront deftinés & employés, foit au logement, à la fubfiftance & au foulagement des pauvres malades, foit à l'inftruction gratuite de la Jeuneffe, tant que lefdits biens feront employés auffdits ufages, conformément à l'article précédent.

V. Les échanges, acquifitions, dons & legs faits en faveur des Hôpitaux généraux & particuliers, Maifons & Ecoles de charité, enfemble les bâtimens, conftructions & reconftructions qui auront toute autre deftination que la fubfiftance, l'entretien & le foulagement des pauvres & des malades, leur inftruction gratuite & celle de la jeuneffe, feront fujets aux droits d'amortiffement; à moins que les biens acquis, échangés ou donnés, n'en foient exempts par des Edits, Déclarations ou Arrêts du Confeil.

VI. Les fondations perpétuelles de prieres, faites dans les Hôpitaux généraux ou particuliers, ou dans les Maifons & Ecoles de charité, ne feront fujettes aux droits d'amortiffement, que jufqu'à concurrence de ce qui fera jugé néceffaire pour acquitter lefdites fondations; mais celles qui feront faites en deniers à tous autres gens de main-morte, feront fujettes au payement de ces droits fur le pied des fommes en entier données pour cette deftination, lorfque le donateur n'aura pas fixé les fommes qu'il veut être employées à l'acquit de ces fondations.

VII. Les dons & legs qui feront faits aux gens de main-morte, de rentes fur l'Hôtel-de-Ville de Paris, fur les Tailles & fur le Clergé, même fur les Diocèfes particuliers, ne feront fujets à aucuns droits d'amortiffement, quand même elles feroient données pour caufe de fondation, & quoiqu'elles fuffent conftituées originalrement, & même avant 1710. au profit des particuliers qui les donneront; mais en cas de rembourfement defdites rentes, les emplois portant revenus qui feront faits desdeniers rembourfés, feront fujets auxdits droits, à moins que ce ne foit en rentes exemptes defdits droits.

VIII. Les conftructions à neuf, & les reconftructions des fermes & autres édifices qui ne produifent pas par eux-mêmes un revenu ni un loyer particulier, mais qui fervent feulement à la commodité defdites fermes, ne feront fujettes à aucuns droits d'amortiffement, foit qu'elles foient faites fur les mêmes ou fur de nouveaux fondemens.

IX. Les conftructions à neuf de bâtimens que les gens de main-morte feront faire fur un terrein non amorti, & dont ils retireront ou pourront retirer des loyers, feront fujettes aux droits d'amortiffement, fur le pied de la valeur tant du fol que des bâtimens.

X. Les conftructions à neuf de bâtimens fur un terrein amorti, dont les gens de main-morte retireront ou pourront retirer des loyers, feront auffi fujettes aux droits d'amortiffement, fur le pied de la valeur tant du fol que des Bâtimens, à la déduction néanmoins du tiers pour le fonds amorti, en juftifiant qu'il l'a été avec finance.

XI. Et voulant Sa Majefté ftatuer fur les conteftations qui font nées au fujet de l'exécution de l'Arrêt du premier Décembre 1719. & en interprétant en tant que de befoin la Déclaration du 16. Juillet 1702. a ordonné & ordonne que les reconftructions de bâtimens que les gens de main-morte feront faire, foit fur les anciens, foit fur de nouveaux fondemens, dont ils retireront ou pourront retirer un loyer, quand même elles feroient faites fur des fonds qui auroient été amortis auparavant, & faifant partie des Monafteres, & quoiqu'il n'y ait pas de plus grande élévation de bâtimens, ni augmentation de corps de logis, & que les gens de main-morte ayent payé depuis dix années les droits d'amortiffement des maifons au lieu & place defquelles ils auront fait conftruire les nouveaux édifices, feront fujettes à payer les droits d'amortiffement fur le pied de ce dont le loyer fera augmenté depuis la nouvelle conftruction, à la déduction du tiers fur cette augmentation de loyer,

dont Sa Majesté veut bien leur faire remise , en justifiant par les gens de main-morte qu'ils ont payé
l'amortissement , tant du sol que des anciens bâtimens : mais s'ils ne peuvent justifier que le sol &
les anciens bâtimens ayant été par eux amortis
avec finance , les droits seront payés sur le pied ,
tant des anciens loyers que de ce dont ils seront
augmentés ; & s'ils ne justifient que de l'amortissement du sol avec finance , il sera seulement fait
déduction du tiers sur le produit , tant des anciens
que des nouveaux loyers.

XII. Ne pourront les gens de main-morte , non
plus que les Hôpitaux généraux & particuliers , &
les Maisons & Écoles de charité , joindre à leurs
clôtures aucunes maisons, ni faire, soit dans lesdites
clôtures , soit en dehors ; aucunes constructions à
neuf ni reconstructions de bâtimens , qu'après en
avoir communiqué les plans & devis aux Sieurs
Commissaires départis dans les Provinces & Généralité du Royaume , & dans Paris au Sieur Lieutenant général de Police ; lesquels enverront leur avis
au Conseil , tant sur la nécessité des bâtimens, que
sur les droits d'amortissement qui pourront en être
dû ; à peine contre ceux qui n'y auront pas satisfait , de payer le double de la somme à laquelle
pourroient monter les droits si les bâtimens étoient
sujets à l'amortissement , sans qu'ils puissent en espérer aucune remise ni modération.

XIII. Ordonne sa Majesté que les droits d'amortissement qui pourront être dûs que les constructions & reconstructions de bâtimens appartiendront au Fermier pendant le bail duquel les bâtimens auront été commencés , pourvû qu'il y ait
des devis & des dépris passés pardevant Notaires
pendant la durée du bail.

XIV. Les bâtimens que les Villes & Communautés pourront faire faire pour des casernes , des
écuries pour la Cavalerie , des magasins d'abondance , ou pour loger les Gouverneurs , Evêques , Intendans & Curés , tant des Villes que de la Campagne , & tous autres édifices pour le service de Sa
Majesté , pour l'utilité publique , & pour la décoration des Villes , ne seront sujets à aucuns droits
d'amortissement , pourvû que les Villes & Communauté n'en retirent aucun revenu ; mais seront
sujets auxdits droits les fonds sur lesquels lesdits
bâtimens seront construits , s'ils ne sont pas amortis avec finance ; & dans le cas où lesdites Villes
& Communautés acheteroient des maisons toutes
bâties pour ces usages , l'amortissement n'en sera
pareillement payé que sur le pied de la valeur
du fonds ; voulant néanmoins Sa Majesté , que si
lesdits bâtimens cessoient de servir à ces usages ,
& produisoient par la suite un revenu auxdites
Villes & Communautés , elles soient tenues d'en
payer aux Fermiers qui seront pour lors en place,
l'amortissement sur le capital des loyers ,
à la déduction néanmoins du tiers pour le fonds
amorti , en justifiant qu'il l'a été avec finance.

XV. Ne seront tenus les Fermiers de s'en rapporter , pour la liquidation des droits d'amortissement
qui pourront être dûs , aux estimations des biens
faites par les contrats d'acquisition, ou par les actes

de donation ; & en cas de contestation , il sera
procédé à l'estimation des biens & des bâtimens
par Experts convenus , sinon nommés d'office par
les Sieurs Intendans & Commissaires départis.

XVI. Les deniers provenans du remboursement
des rentes de toute nature , données ou constituées
au profit des gens de main-morte , par dons & legs,
même pour sûreté de fondations , pour lesquels les
droits d'amortissement auront été payés , ensemble
ceux provenant du remboursement du prix des acquisitions faites par les gens de main-morte , avec
faculté de remeré dont l'amortissement aura été
payé , pourront être employés par les gens de main-
morte , soit en acquisition de fonds , soit en constructions ou reconstructions de bâtimens , sans que
les Fermiers en place lors du remboursement & des
remplacemens , puissent prétendre aucun nouveau
droit d'amortissement , en gardant les formalités
prescrites par l'Arrêt du 11. Juillet 1690. & à la
charge en outre par les gens de main-morte , lorsqu'ils feront de remplacemens , de faire faire mention sur la minute de la quittance de remboursement par le Notaire qui en sera dépositaire , des
sommes qu'ils remplaceront , & de la nature du
remploi , & d'en rapporter un extrait signé du Notaire aux fermiers qui seront pour lors en place.

XVII. Les gens de main-morte qui acquerront
des héritages & autres immeubles, moyennant des
rentes foncieres , payeront les droits d'amortissement sur le pied du capital de la rente , lorsqu'ils
feront lesdites acquisitions , mais ils ne seront tenus
de payer aucun supplément , lorsqu'ils feront le
remboursement desdites rentes ; & lorsque les gens
de main-morte , créanciers de rentes foncieres ,
cederont & transporteront à d'autres gens de main-
morte la propriété desdites rentes , les cessionnaires
& acquéreurs desdites rentes en payeront les droits
d'amortissement.

XVIII. Dans tous les cas mentionnés ci-dessus ,
où la liquidation doit se faire sur le capital des revenus , ledit capital sera fixé pour la Ville de Paris au
denier vingt-deux , & pour les autres Villes & la
Campagne au denier vingt.

XIX. Pour faire cesser les contestations qui naissent journellement entre les Fermiers des droits de
francs-fiefs , & les redevables , à l'occasion des ac-
censemens ou aliénations à titre de cens & rentes,
qui se font par les propriétaires des fiefs, ordonne
Sa Majesté que les acquéreurs auxdits titres ne seront sujets aux droits de francs-fiefs , que dans le
cas où les aliénations excederoient la permission
accordée par les Coutumes aux Seigneurs , de se
jouer ou d'aliéner une partie de leurs fiefs.

XX. Veut Sa Majesté que les Fermiers des Amortissemens & Francs-fiefs , remettent aux Greffes
des Intendans , à la fin de chaque année , & au
plus tard dans les trois mois qui suivront l'expiration de chaque année , un état certifié par leurs Directeurs, des droits par eux reçus pendant le cours
de l'année précédente,contenant les noms des redevables, la cause du payement , la nature du bien ,
& celle de l'acte qui a donné lieu au droit ; desquels états les successeurs des Fermiers , les redevables,

vables, & toutes autres personnes pourront prendre communication, même tels extraits qu'ils eſtimeront néceſſaires ; & faute par leſdits Fermiers de remettre leſd. états dans les tems ci-deſſus marqués, ordonne Sa Majeſté que leſdits Fermiers & leurs cautions ſeront contraints ſolidairement au payement de la ſomme de mille livres , pour chaque contravention , au profit des Hôpitaux de la Ville principale de la Généralité, ſans qu'ils puiſſent en eſpérer aucune remiſe ni modération.

XXI. Veut Sa Majeſté que le préſent Arrêt ſoit exécuté , à commencer du premier Janvier 1739. dans toutes les Provinces & Généralités du Royaume , même dans les Provinces de Flandres , Haynault , Artois , & dans le Comté de Bourgogne ; à l'exception des articles concernant les Hôpitaux Maiſons de charité , & autres lieux pieux deſdites Provinces de Flandre, Haynault, Artois , & des Comté de Bourgogne, pour leſquels il ne ſera rien innové.

XXII. Veut en outre Sa Majeſté que leſdits droits d'amortiſſement & francs-fiefs , dûs & échus dans toutes les Provinces & Généralités du Royaume , juſqu'audit jour premier Janvier 1739. ſoient liquidés & payés ſur le pied des précédens Reglemens, leſquels ſeront au ſurplus exécutés ſelon leur forme & teneur.

Enjoints Sa Majeſté aux Sieurs Intendans & Commiſſaires départis dans les Provinces & Généralités du Royaume, de tenir la main à l'exécution du préſent Arrêt, nonobſtant toutes oppoſitions ou autres empêchemens quelconques, dont , ſi aucuns interviennent , Sa Majeſté s'eſt réſervé la connoiſſance & à ſon Conſeil , & icelle interdit à toutes ſes Cours & autres juges. Et ſeront ſur le préſent Arrêt toutes Lettres néceſſaires expédiées. Fait au Conſeil d'Etat du Roi, Sa Majeſté y étant , tenu à Verſailles le 21. Janvier mil ſept cent trente-huit. *Signé* PHILIPEAUX.

DROIT D'INDEMNITÉ. *Voyez* Indemnité.

D R O I T S EN TANT QUE CE TERME SIGNIFIE CHOSES INCORPORELLES. Nous en avons parlé ci-deſſus , page 386. Nous remarquerons ſeulement ici , que comme les choſes incorporelles ne ſe peuvent toucher , & ne tombent point ſous les ſens , elles ne ſont véritablement ni meubles ni immeubles, mais elles ſont réputées mobiliaires ou immobiliaires par rapport à leur objet : ainſi elles ſont meubles, quand elles tendent à avoir un effet mobilier ; & immeubles, quand elles tendent à avoir un effet immobilier.

DROITS D'ENTRÉE , ſont des droits royaux , qui ſe prennent ſur toutes les marchandiſes qui entrent dans le Royaume. Le plus ancien eſt celui qui ſe prend ſur les épiceries.

Henry III. par ſon Edit de 1581. a établi le droit d'entrée ſur toutes ſortes de marchandiſes entrant dans le Royaume , autres que celles d'épiceries & drogueries , & autres que celles qui ſont ſujettes au droit de douane, afin que rien n'entre dans le Royaume ſans payer.

Les Souverains prennent non-ſeulement des droits ſur tout ce qui entre ſur leurs terres venant

Tome I.

des Pays étrangers mais encore ſur tout ce qui ſort de leur Royaume , pour être tranſporté dans lles pays étrangers ; & en ce cas ces droits s'appellent droit de tranſport.

Cet impôt qui ſe leve ſur les marchandiſes & denrées qui ſont rapportées dans les Villes, ou qui en ſont tranſportées , eſt appellé en Latin , *Vectigal , quia ſolvitur pro mercibus , quæ vehuntur.*

DROITS PERSONNELS , ſont des droits inhérens aux perſonnes à qui ils ſont dûs , comme le droit d'aîneſſe.

DROITS RÉELS , ſont des droits qui ſont impoſés ſur des héritages , qui leur impriment quelque qualité & condition qui leur demeure inhérente & permanente , en quelques mains qu'ils puiſſent paſſer , comme le cens , une rente fonciere , une ſervitude , une hypotheque , & autres droits ſemblables.

Ces droits ſe doivent régler par la Loi de la ſituation des héritages qui en ſont chargé.

DROITS ROYAUX , ſont les droits qui compoſent l'ancien & le nouveau Domaine du Roi.

Toutes les prérogatives qui lui ſont ſpécialement réſervées , & qui ſont comme affectées à ſa Couronne ſont auſſi appellés droits royaux & de ſouveraineté , comme eſt le droit de régale , d'annobliſſement , de naturaliſer , d'accorder graces, remiſſions & abolitions , droits d'impoſitions , de traites foraines , de péage , de paſſage , de foires , de marchés, d'amortiſſement & autres.

Voyez Domaine, *voyez* Souveraineté. *Voyez* Roi, *voyez* Régale.

DROITS SEIGNEURIAUX , ſont les profits que le Seigneur en conſéquence de ſa directe Seigneurie , tire des terres qui relevent de lui , en cas de mutation ; comme ſont le quint & le rachat ou relief pour les fiefs & les lods & ventes pour les rotures , & quelques autres qui ſont autoriſés par nos Coutumes , & fondés en raiſon.

Il y en a d'autres exorbitans & extraordinaires, que les Seigneurs ne laiſſent par de vouloir encore exiger aujourd'hui ; quoiqu'ils ne doivent leur premiere origine qu'à leur uſurpation.

Tous les droits réels ſe doivent régler par la Loi de la ſituation des héritages qui en ſont chargés.

Ainſi les droits qui ſont dûs au Seigneur dominant par le fief mouvant de lui , doivent toujours ſe régler par la Coutume de la ſituation du fief ſervant , quoique le fief dominant ſe trouve ſitué dans une autre Coutume qui lui donneroit d'autres droits , & quoique l'action pour ſes droits réſide en la perſonne du Seigneur ſuzerain.

Voyez ce que j'ai dit ſur les articles 78. 79. & 80. de la Coutume de Paris , où j'ai remarqué les cas eſquels les droits ſeigneuriaux ſont dûs. *Voyez* auſſi ce que j'ai dit lettre M , en parlant de mutation en matiere de fief & en matiere de cenſive.

DROITS SEIGNEURIAUX EXORBITANS , ſont des droits extraordinaires que les Seigneurs ont uſurpés dans des tems de trouble & de confuſion , ſous la ſeconde race de nos Rois.

Dans ce tems-là , les Ducs & les Comtes ayant changé leur Gouvernemens en Seigneuries, &

T tt

ufurpé la propriété de la Jurifdiction, dont ils n'a- voient auparavant que l'exécution, inventerent plufieurs nouveaux droits feigneuriaux; fçavoir, le droit de confifcation, le droit de chaffe, le droit de foires & de marchés, les corvées, les bannali- tés, & autres droits femblables.

Il n'y a point d'élemens que les Seigneurs féo- daux n'ayent alors tâché de s'approprier, pour avoir occafion d'opprimer les pauvres habitans, & de leur impofer une infinité de droits & de tri- buts. Comme leurs Sujets étoient ferfs & en leur puiffance, rien ne pouvoit arrêter la violence & les ufurpations de ces petits tyrans, qui ne recon- noiffoient point d'autre Juge que Dieu feul, tant l'autorité royale étoit alors ufurpée.

Quand ces Seigneurs affranchirent leurs ferfs, ils eurent foin de fe referver une partie de ces for- tes de droits, ainfi qu'il paroît par toutes les Char- tes de franchifes.

Enfin leurs vûes étoient d'ufurper les droits de fouveraineté ; plufieurs même s'étoient déjà arro- gé le droit de battre monnoie, que tout le monde fçait être un des principaux.

Mais tous les défordres de ces divers pays réunis fous l'obéiffance du Roi ayant ceffé, la plûpart de ces droits feigneuriaux extraordinaires & exorbi- tans furent abolis.

Quelques-uns furent réfervés, principalement ceux qui bleffoient moins l'autorité royale, & que fe trouvant univerfellement reçus, pafferent en droit commun ; mais comme ils ne font dans leur principe que des pillages, ils font prefque tous déforables. Voyez Fief.

Quoiqu'il en foit, quelques-uns font devenus légitimes, en tant qu'ils ont nommément été ap- prouvés par nos Coutumes.

DROITS DE DEVOIRS FEODAUX. Ces droits font ceux qu'un nouveau vaffal eft obligé de payer au Seigneur duquel releve le fief qu'il a acquis ; fça- voir, le quint denier du prix de l'acquifition en cas de vente, d'acte équipollent à la vente ou échange, & le rachat ou relief en cas d'acquifition de fief par autre caufe comme par donation ou autre, excepté par fucceffion en ligne directe ; & ces droits s'appellent profits féodaux.

Les devoirs féodaux confiftent dans certaines foumiffions prefcrites par les Coutumes, dans lef- quelles le nouveau vaffal eft tenu de reconnoître fon Seigneur comme relevant de lui, en lui faifant le ferment de fidélité ; ce qu'on appelle la foi & hommage.

DROITS SEIGNEURIAUX UTILES, quand ils font déchus dégenerent en action perfonnelle, & par conféquent fe prefcrivent par trente ou qua- rante ans. Voyez Indemnité. Voyez auffi Prefcrip- tion entre le Seigneur & le Vaffal.

DROIT DE NOUVEL AVEU, & le pouvoir qu'un Seigneur a de recevoir le ferment de fidélité des aubains qui viennent demeurer dans fa terre, & de les acquérir par ce moyen.

DROIT D'AÎNESSE, eft une prérogative que la Loi donne à l'aîné dans la fucceffion de fes af- cendans, comme étant le chef de fa famille. Ita-

que illud jus primogenituræ fignulare jus eft, quod major natu capit, tanquam præcipuum ætatis privi- legio non quidem ex beneficio parentum, fed ex legis providentiâ.

Cette prérogative que nos Coutumes donnent à l'aîné fur les fiefs, confifte dans un préciput & dans une portion plus avantageufe que celle de fes cohéritiers.

Ce droit n'a été généralement établi parmi nous, qu'après qu'on y a rendu les fiefs héréditaires & patrimoniaux ; & enfin nous avons communiqué ce droit à toutes les autres Nations de l'Europe. Voyez le Gloffaire du droit François, verbo Aîneté.

Chaque pays, chaque Coutume a réglé ce droit comme bon lui a femblé ; mais quelque diverfité qui s'y rencontre, il y a néanmoins de certains principes généraux qui conviennent prefqu'à tou- tes les Coutumes.

Cette préférence & cette prédilection de l'aîné fur les autres enfans, eft fondée fur le defir qu'ont les hommes de perpétuer leur nom, & d'en tranf- mettre la mémoire à la poftérité avec plus d'éclats : c'eft ce qui a produit cet avantage que nos Coutu- mes donnent à l'aîné dans les fiefs, au préjudice de l'égalité que la nature femble infpirer aux pe- res & meres pour tous leurs enfans. En effet, com- me elle veut que tous les réverent d'un amour filial & refpectueux, elle paroît auffi exiger que les pe- res & meres les aiment également, comme étant tous des portions d'eux-mêmes.

Ce droit a donc paru d'abord à quelques-uns une prérogative injufte, & même contraire au droit na- turel ; car puifque la naiffance feule donne aux en- fans le droit de prétendre à la fucceffion de ceux de qui ils tiennent l'être, le hazard de la primogéni- ture ne devroit point mettre d'inégalité entr'eux. Mais on a confidéré que toute une famille eft re- préfentée par l'aîné des mâles, qui comme chef de la maifon eft obligé de défendre l'Etat, & fuivre fon Prince à la guerre, & a par conféquent befoin de plus grands biens, étant obligé de faire de plus grandes dépenfes que fes puînés.

Le fils aîné étant le chef de la famille, doit avoir la garde des titres qui la concernent.

C'eft auffi ce qui a fait que fuivant plufieurs de nos Coutumes, au fils aîné appartiennent les ar- mes & le cri dont on fe fervoit ordinairement dans les combats ; parce que leur vertu étant connue, & leur mérite étant recompenfé, la mémoire du nom fe conferve, & l'honneur & la protection en rejailliffent fur toute la famille.

Cela ne fe peut faire dans la perfonne des filles, puifque le nom de leur famille fe perd quand elles fe marient. Mulier familiæ fuæ & caput & finis eft. Leg. 195. in fine, ff. de verb. fignif. C'eft pourquoi un Ancien difoit fur le mot de foror, qu'elle étoit ainfi appellée, quafi feorfum nata, parce qu'elle fé- pare & divife la famille dont elle eft iffue, en paf- fant par le mariage dans un autre.

D'ailleurs les femmes ne font nées que pour le ménage, & non pas pour conduire des armées, & pour combattre.

Voilà les raifons pour lefquelles le droit d'aîneffe

qui n'a été introduit que pour conferver la fplendeur des familles, n'appartient qu'à l'aîné des mâles, & que les filles ne peuvent prétendre ce droit dans la plûpart de nos Coutumes. *Voyez* ce que j'ai dit, *verbo* femme.

Ce droit eft attaché à la perfonne de l'aîné, parce qu'il eft le premier fruit de l'amour conjugal, & le premier don que les peres & meres reçoivent de la nature. Les avantages que font nos Coutumes à l'aîné des mâles, ont quelque rapport avec le droit de primogéniture, que l'ancienne Loi accordoit au premier des mâles; cependant il y avoit entre ces deux droits une grande différence, en ce que fuivant le Texte facré, c'étoit le premier mâle venant du mariage que la Loi s'étoit réfervé, comme appartenant à Dieu; ce qui étoit précifément attaché à la perfonne de celui qui étoit venu au monde le premier : mais le droit d'aîneffe fe régle fur le tems de la mort du pere ou de la mere, de l'ayeul ou ayeule; car celui des mâles qui fe trouve alors le plus âgé des enfans vivans, quoiqu'il ne foit pas le premier né, eft l'aîné, & prend en cette qualité tous les avantages que la Coutume donne à l'aîné.

L'aîné par rapport au droit d'aîneffe, eft donc le plus âgé des enfans mâles, & le chef de la poftérité de fes pere & mere, qui doit repréfenter partout la valeur de fes ancêtres, & être l'appui & le foutien de toute la famille.

Voilà les confidérations fur lefquelles dans nos Provinces du Droit coutumier s'eft introduit le droit d'aîneffe.

Ce droit n'a lieu ordinairement que pour les fiefs; & il eft différent fuivant la diverfité des Coutumes, comme nous l'avons dit.

Dans celle de Paris, l'aîné a droit de prendre, en vertu de fon droit d'aîneffe, que par préciput fur chaque fucceffion de pere & de mere, un principal manoir ou château, tel qu'il veut choifir avec la baffe-cour, & un arpent d'enclos ou jardin joignant ladite maifon, & que l'on appelle communément le vol du chapon; & fi l'enclos contient davantage, il peut retenir le tout en baillant recompenfe aux puînés en terres du même fief, fi tant y a, finon en autres terres ou héritages de la même fucceffion.

Outre cela, l'aîné a dans la même Coutume les deux tiers de tous les fiefs, lorfqu'il n'y a que deux enfans venans à la fucceffion; & s'il y en a plus de deux, il ne doit avoir que la moitié.

Voyez l'art. 13. & les fix fuivans de la Coutume de Paris. *Voyez* ci-après Préciput, Part avantageufe, principal Manoir, & Vol du chapon.

Le droit d'aîneffe ne fe prend qu'à titre d'héritier; c'eft pourquoi fi le fils aîné renonçoit à la fucceffion de fon pere ou de fa mere, il ne pourroit pas prétendre le droit d'aîneffe dans leur fucceffion.

Loyfel en fes Inftitutes coutumieres, liv. 4. tit. 3. art. 68. établit pour régle générale, que l'aîné ne paye pas, à caufe de fon droit d'aîneffe, plus de dettes que chacun de fes autres freres & fœurs. A quoi eft femblable la difpofition de l'art. 334. de la Coutume de Paris qui fe trouvant conforme au Droit commun, eft ordinairement étendue dans toutes les Coutumes qui n'en difent rien.

La raifon pour laquelle l'aîné ne paye pas plus de dettes que fes puînés, quoiqu'à caufe de fon droit d'aîneffe il jouiffe de plufieurs avantages confidérables, eft qu'il ne prend point ces avantages comme héritier, mais comme une efpece de prélegs que la Loi lui donne.

Voyez Préciput, Part avantageufe, Vol du chapon, principal manoir, & ce que j'ai dit fur l'article 334. de la Coutume de Paris.

DROIT DE VIDUITÉ, eft le droit qu'un mari a en Normandie, de jouir par ufufruit de tous les biens de fa femme décedée, lorfqu'il en a eu un enfant né vif. Par l'article 382. de la Coutume de Normandie, il ne jouit que du tiers lorfqu'il fe remarie.

DROIT DE CONGRIER, eft le droit de faire une efpéce de garenne à poiffon dans la riviere par le moyen de gros pieux enfoncés & joints près l'un de l'autre, qui fortent de l'eau entre lefquels le poiffon eft renfermé.

DROIT D'ACQUIT, eft le droit de Péage ou Coutume, que les Paffans doivent au Seigneur. *Voyez* le Gloffaire du Droit François, tome premier, page 8.

DROIT D'HEBERGEMENT, eft le droit de gîte, c'eft-à-dire, le droit que les Seigneurs avoient autrefois en plufieurs lieux d'habiter chez leurs Sujets; mais ce droit a été changé en rentes payables en grains ou en deniers; & ces rentes qui font dûes annuellement aux Seigneurs par les Communautés, ont retenu le nom d'Alberges, qui fignifioit autrefois Hebergement.

Voyez M. Dolive, livre 2. de fes queftions, chapitre 5. M. Geraud dans fon Traité des Droits feigneuriaux, chap. 7. nomb. 6.

DROIT DE PRELATION, eft une faculté accordée en quelques Coutumes au Seigneur, de demander la préférence de la vente d'un héritage faite au profit d'un étranger.

Ce droit n'a point lieu dans les donations, ni dans la vente faite fous cette condition, quelle fera nulle fi le Seigneur direct refufe de l'approuver.

Lorfque le fonds qui y eft fujet devient membre du corps du domaine compofé de plufieurs autres mouvans de la directe de plufieurs Seigneurs, il ne pourra en être tiré en vertu de cette préfation.

Ce droit ne peut être exercé qu'en vertu d'un titre, & ne peut être cedé par le Seigneur.

Voyez Gui Pape, queft. 411. & 508. Chorier en fa Jurifprudence du même Auteur, pag. 135. & 136. & Baffet, tom. 2. liv. 6. titre 8. chap. 4. *Voyez* auffi le Dictionnaire des Arrêts, *verbo* Prélation; & ce que j'en ai dit auffi fur ce mot.

DROIT DE ROUAGE, eft un droit feigneurial qui fe prend par le Seigneur en quelques endroits fur le vin vendu en gros, & tranfporté par charrois, avant que la roue tourne.

Voyez la Bibliothéque de Bouchel; *verbo* Rouage.

DROIT DE TAILLE SEIGNEURIALE E'S QUATRE CAS. *Voyez* Taille.

DROIT DE JUSTICE, eft un droit qui appartient en France au Roi feul, lequel eft fondé de droit commun en toute Juftice, haute, moyenne &

baſſe par-tout ſon Royaume.

Nul Seigneur ne peut donc prétendre avoir droit de Juſtice en aucun Fief, Terre ou Seigneurie ſituée en France, ſans titre particulier, conceſſion ou permiſſion du Roi, ou ſans une poſſeſſion immémoriale qui tienne lieu de titre.

De ce principe inconteſtable il s'enſuit, que la Juſtice d'un Fief, Terre & Seigneurie peut être ſaiſie à la Requête du Procureur du Roi, pour obliger le Seigneur fébdal à Juſtifier de ſon prétendu droit de Juſtice.

Ainſi, quoique le Seigneur prouve ſon droit de féodalité ou de cenſive, ce n'eſt pas une preuve qu'il ait droit de Juſtice; parce qu'en France, *Fief & Juſtice n'ont rien de commun enſemble, mais ſont droits divers, diſtincts & ſéparés.*

On ne peut donc pas par le moyen de l'un s'attribuer l'autre; & tel a droit de Juſtice en un lieu, qui n'a aucune féodalité ni cenſive audit lieu: tel, au contraire, a droit de féodalité & de cenſive, qui n'a aucune Juſtice.

Touchant le droit de Juſtice, *voyez* ci-après Juſtice & Juriſdiction. *Voyez* auſſi Bacquet, des droits de Juſtice, chap. 4. 5. & 6.

DROITS HONORIFIQUES, ſont divers honneurs accordés aux Patrons, Fondateurs & Bienfaiteurs des Egliſes.

Ces droits conſiſtent dans la préféance à l'Egliſe, aux Proceſſions, & aux Aſſemblées qui regardent le bien de l'Egliſe, à avoir le premier l'aſperſion de l'eau bénite; l'encenſement, le pain béni, le baiſement de la paix, la recommandation particuliere aux prieres publiques, banc permanent & ſépulture dans le Chœur, & les litres ou ceintures funèbres & le deuil autour de l'Egliſe.

Nul ne peut prétendre les droits honorifiques dans l'Egliſe, s'il n'eſt Patron de cette Egliſe, ou Seigneur Haut-Juſticier du lieu où elle eſt ſituée.

Le Patron a la préféance dans l'Egliſe & aux Proceſſions; le Seigneur Haut-Juſticier ſuit immédiatement le Patron; après le Seigneur Haut-Juſticier, le Seigneur du Fief; & après les Gentils-hommes qui ſont préférés aux autres Habitans.

Enfin le Patron & le Seigneur Haut-Juſticier ont action civile & complainte pour les droits honorifiques; mais les Seigneurs Moyens & Bas-Juſticiers, Gentilshommes & autres, n'ont aucune action pour ces droits, quelque poſſeſſion qu'ils puiſſent alléguer.

Au reſte, les droits honorifiques dans les Egliſes ne dépendent ni des Fiefs, ni de la qualité des perſonnes; c'eſt pourquoi ils n'appartiennent de droit qu'au Patron; il n'y a aucune Coutume qui les attribue aux Seigneurs Hauts-Juſticiers, à l'exception de deux; ſçavoir, celle de Tours, & celle de Loudun; mais elles ne les donnent qu'aux Châtelains.

Il eſt vrai que l'uſage paroît avoir accordé ces honneurs aux Seigneurs, dans la Haute-Juſtice deſquels l'Egliſe eſt bâtie, mais jamais au préjudice du Patron; c'eſt pourquoi ils n'en jouiſſent qu'après lui immédiatement.

On peut former complainte pour droits honorifiques dans l'Egliſe, comme pour droit de Patronnage, pour banc dans l'Egliſe ou dans le Chœur,

pour litres & ceintures funèbres. Sur quoi il faut remarquer, qu'à l'égard des bancs, la complainte n'a lieu que pour le Patron de l'Egliſe & le Seigneur Haut-Juſticier, parce que le droit d'avoir banc &.ſéance dans l'Egliſe leur appartient.

Mais les autres perſonnes qui ont droit de banc dans le Nef, & qui y ſont troublés, ne peuvent point ſe pourvoir par complainte, il faut néceſſairement qu'ils ſe pourvoient par action.

La complainte eſt donc accordée au Patron de l'Egliſe & au Seigneur Haut-Juſticier, pour droits honorifiques dans l'Egliſe, & ce pardevant le Juge ſéculier & royal; parce que ces droits ne ſont pas purement ſpirituels, & qu'ils ont quelque choſe de temporel, en tant qu'ils dépendent du droit de Patronage ou de la Haute-Juſtice, & tombent par ce moyen en quelque commerce par une dépendance néceſſaire.

Voyez Marechal en ſon Traité des droits de Patronage, *voyez* auſſi M. Brillon, & ſes Auteurs qu'il cite ſous l'article des droits honorifiques.

DROIT D'ARREST, autrement appellé *jus ſiſtendi*, eſt un privilege accordé aux Bourgeois de pluſieurs Villes de Flandres, Artois & Provinces voiſines, en vertu duquel un Bourgeois deſdites Villes y trouvant ſon débiteur étranger, peut, ſans autre formalité de Juſtice, le faire arrêter pour le payement de ſon dû, & commencer par l'exécution pour parvenir à l'action; & après l'Arrêt du débiteur, former ſa demande pardevant le Juge ordinaire de la Ville où l'Arrêt a été fait, aux fins des cauſes d'icelui.

Voyez M. Brillon, tome 1. *verbo* Arrêt, nomb. 20. & les Auteurs qu'il cite.

DROITS ſPECIAUX ET PARTICULIERS, ſont des prérogatives qui dérogent au Droit commun.

Tel eſt le droit qu'a le propriétaire d'une maiſon de pouvoir, nonobſtant le bail, expulſer le locataire, quand il a beſoin de ſa maiſon pour ſon uſage. *Voyez* ci-après Privilege du Propriétaire.

DROITS QU'A LE ROI, QUAND IL EST COPROPRIETAIRE D'UNE TERRE OU SEIGNEURIE, OU DE QUELQUES DROITS DE PEAGE OU AUTRES. En ces cas, les baux en doivent être faits par les Officiers royaux. De plus, le Roi ſeul peut vendre le total deſdites Terres, Seigneuries, Droits, & Fermes, à la charge de communiquer le prix aux co-propriétaires, *etiamſi minima portio ad fiſcum pertineat. Leg. unic. cod. de venditione rerum fiſcal.* Ainſi jugé par Arrêt rendu le 12. Mai 1561. Bacquet, des Droits de Juſtice, chap 10.

DROITS QU'A LE ROI, QUAND UNE JUSTICE APPARTIENT A SA MAJESTÉ ET A UN AUTRE SEIGNEUR. En ce cas, elle doit être uniquement exercée par les Officiers créés par Sa Majeſté, & le profit d'icelle partagé entre les Conſeigneurs. Mais Charles IX. par l'Ordonnance du 19. Décembre 1564. article 25. a voulu qu'en ce cas la Juſtice fût exercée par un ſeul Juge, qui ſeroit commis alternativement de trois ans en trois ans par le Roi.

DROITS APPARTENANS A DES OFFICIERS, ſont ceux que les Officiers ont droit de percevoir en conſéquence des fonctions de leurs charges.

Tels font les droits de confeil, de confultation, de communication, de journée, de révifion, droit d'affiftance & autres, qui font attribués aux Procureurs par les Edits de créations de leurs Charges, Déclarations, Arrêts & Réglemens de la Cour intervenus en conféquence.

DROIT DE CONSULTATION, eft un droit attribué aux Procureurs du demandeur & du défendeur; au premier, pour avoir examiné & donné fon avis avant que de former une demande principale; & au fecond, pour avoir examiné quand on lui a apporté l'exploit, fi la caufe eft bonne ou mauvaife, ou fi on y défendra ou non.

Ce droit eft différent fuivant les Tribunaux.

Au Parlement, il eft de fix livres, ou de quatre livres dix fols, ou de trois livres.

Il eft de fix livres fur l'appel d'une Sentence rendue par écrit qui doit fe conclure, & être fur l'appointement de conclufion diftribuée dans une des Chambres des Enquêtes.

Il eft de quatre livres dix fols fur l'appel d'une Sentence rendue à l'Audience, qu'on nomme appel verbal.

Enfin, il eft de trois livres fur toutes les demandes intentées avant que de produire; & auffi fur toutes les productions qui fe font de demandes appointées en droit & joint.

A l'égard du droit de confultation de fix livres, & de quatre livres dix fols, il n'y a que le Procureur de celui qui obtient adjudication de dépens, qui puiffe le recevoir. Le Procureur de la Partie qui fuccombe, ne peut demander que trois livres pour toutes fortes de confultations.

Lorfqu'il y a compenfation de dépens, les Procureurs ne peuvent chacun demander que trois livres pour le droit de confultation, même dans les affaires où il feroit dû le droit de fix livres ou de quatre livres dix fols à celui qui auroit obtenu gain de caufe avec dépens.

Aux Requêtes du Palais & aux Bailliages royaux qui reffortiffent au Parlement, le droit de confultation eft de trente fols.

Il ne fe prend que fur les demandes principales, & principales incidentes, & non fur les demandes formées avant que de produire, à l'exception des Jurifdictions où les Procureurs du Parlement de Paris occupent; & cette confultation avant produire eft de quarante fols.

Aux Requêtes du Palais & autres Jurifdictions où les Procureurs du Parlement poftulent, ce droit retient le nom de confultation: mais au Châtelet, il s'appelle confeil avant d'agir; & prefque dans toutes les autres Jurifdictions du reffort, il s'appelle fimplement confeil.

Confultation fe donne pour faire les criées, & fur lefdites criées. En matiere criminelle, il fe donne fur l'interrogatoire.

Dans les Prévôtés & autres Jurifdictions qui reffortiffent aux Baillages, ce droit eft de quinze fols.

Dans les Jurifdictions des Seigneurs, qui reffortiffent au Prévôt royal, ce droit eft de dix fols.

DROIT DE CONSEIL, pris dans fa propre fignifi-

fication, eft un droit attribué au Procureur du défendeur, pour avoir examiné quelles défenfes on peut oppofer à la demande intentée contre fa Partie en certains cas.

Ce droit, qui eft de quinze fols, eft attribué aux feuls Procureurs du Parlement, fur les renvois, fins déclinatoires, titres & pieces à communiquer défenfes, répliques, oppofitions, foit aux faifies réelles, foit aux Arrêts ou Sentences, écritures d'Avocats, caufes d'oppofition, moyens de nullité, réponfes, requêtes en jugeant ou communiquées à Parties, fur les requêtes incidentes portées aux Audiences, même avant, & fur les demandes en conftitution de nouveau Procureur.

Ce droit de confeil étoit établi prefque dans toutes les Jurifdictions royales du reffort du Parlement de Paris, par un Arrêt en forme de Réglement du 16. Août 1665. mais il a été fupprimé par l'article 8. du tit. 35. de l'Ordonnance de 1667. & rétabli enfin en faveur des Procureurs de la Cour, fuivant la Déclaration du 16. Mai 1693. régiftré en la Cour le 29. du même mois.

DROIT DE JOURNÉE DE PROCUREUR, eft un droit attribué aux Procureurs pour leur préfence aux Audiences ou autres Actes judiciaires, auxquels ils affiftent, ou font préfumés affifter, pour maintenir les droits de leur Partie.

Ce droit eft de fix fols trois deniers au Parlement, & de deux fols fix deniers aux autres Jurifdictions.

Il n'eft point dû aux Procureurs pour les affaires qui fe plaident à l'Audience, que quand elles font plaidées par les Advocats: quand les Procureurs les plaident eux-mêmes, ils n'ont point de droit de journée, mais feulement le droit qui leur eft attribué pour leur plaidoirie.

Le droit de journée eft non-feulement dû aux Procureurs pour les jours que fe plaident les caufes de leurs Parties par des Avocats, il leur eft encore dû pour chacun des Actes qui fe paffent au Greffe, comme appointemens, oppofitions aux faifies réelles, actes de reprife, affirmation de voyage, confignation d'amende, ordonnance de Rapporteurs qui appointent, foit au Confeil, foit en droit & joint fur les demandes contenues aux Requêtes qui leur font préfentées.

Ce droit eft dû auffi lors de la reddition des Sentences ou Arrêts fur productions.

DROIT DE PLAIDOIRIE, eft un droit attribué aux Procureurs, lorfqu'ils plaident eux-mêmes les caufes de leurs Parties.

Ce droit eft de quinze fols lors des Sentences par défaut, & de trente-deux fols à l'égard des Sentences contradictoires, & pour les Arrêts, foit par défaut, foit contradictoires.

DROIT DE COMMUNICATION, eft un droit dû au Procureur du demandeur ou du défendeur, de l'appellant ou de l'intimé, pour avoir pris communication de la production de la Partie adverfe, pour y fournir des contredits.

Les Procureurs prenoient autrefois communication de la production de la Partie adverfe chez le Rapporteur, fans faire emporter les facs du procès chez eux; ce droit leur a été originairement accordé fur ce fondement ; mais quoiqu'aujourd'hui ils retirent les facs fur leur récepiffé, ce droit ne laiffe pas de leur être payé.

Il eft de fept francs pour la production principale, & de quatre livres pour les productions incidentes, où il y a des pieces produites & néceffaires à contredire ; & des productions nouvelles qui fe font pendant le cours de l'inftance principale.

DROIT DE REVISION, eft un droit attribué aux Procureurs, pour revoir les écritures que les Avocats infcrits fur le Tableau ont dreffées & fignées pour leurs Parties.

Ce droit, qui eft de fix fols par rolle, leur a été accordé pour les relire, & voir fi dans les faits qui font déduits dans ces écritures, il n'y a rien qui foit contraire aux intérêts de leurs Parties.

Il avoit été fupprimé par l'Ordonnance de 1667. article 8. du titre 31. mais il a été rétabli par la Déclaration du Roi du 16. Mai 1693. régiftrée en la Cour le 29. du même mois, en faveur des Procureurs du Parlement de Paris.

DROIT D'ASSISTANCE, eft un droit qui eft dû au Procureur tiers qui voit les dépens, au Procureur du demandeur en taxe, & à celui du défendeur. Ce droit eft de huit deniers par chaque article d'une déclaration de dépens.

Ce droit, à l'égard du Procureur du demandeur en taxe, & de celui du défendeur, eft dû à leurs Clercs, faifant fonctions ès études, fuivant l'Arrêt de Réglement de la Cour du 19. Juillet 1689.

Lorfqu'il y a plufieurs défendeurs à la taxe, condamnés par le même Jugement, leurs Procureurs ne doivent prendre affiftance que pour les articles qui les concernent.

A l'égard des frais ordinaires & extraordinaires, de criées, reddition de compte de tuteurs, d'héritiers bénéficiaires, de curateurs aux biens vacans & autres, les Parties qui y auront un intérêt commun, y affiftent par les plus anciens Procureurs.

Il eft cependant loifible aux autres Procureurs d'y être préfens ; mais il ne leur eft point dû de droit d'affiftance, & ne peuvent l'employer dans leurs mémoires de frais & de falaires, fi ce n'eft qu'ils ayent de leurs Parties un pouvoir par écrit pour y affifter.

DROIT D'ACCROISSEMENT, & droit de non décroiffement. Voyez Accroiffement.

DROIT DE CUMUL. Voyez Cumul.

DROIT DE SUITE PAR HYPOTHEQUE. Voyez Suite par hypotheque.

DROIT DE SUITE EN CONSEQUENCE DU SCEAU DU CHASTELET, eft un droit particulier, en vertu duquel, lorfqu'un Commiffaire du Châtelet de Paris a de fon ordonnance appofé le fcellé, la Jurifdiction de la Prévôté de Paris a droit de fuite par tout le Royaume, pour faire continuer l'inventaire par les Notaires du Châtelet, ou par ceux des lieux, à qui on délivre des Commiffions à cet effet.

Ce droit n'eft fondé fur aucune Loi précife, mais fur un ancien ufage autorifé par les arrêts de la Cour ; & en vertu de cet ufage ainfi confirmé ; quand un Commiffaire a ici appofé le fcellé, toutes les conteftations principales & incidentes, cir-

conftances & dépendances d'icelles, fe traitent audit Châtelet, où tous Juges les doivent renvoyer lorfqu'ils en font requis.

Voyez l'Acte de notoriété donné par M. le Lieutenant civil le 1. Février 1686. rapporté dans le Recueil des Actes de notoriété de M. le Camus, page 32. Voyez auffi ce que j'ai dit ci-deffus, verbo Commiffaire au Châtelet.

DROIT DE PRENDRE DES HERITAGES POUR LA PRISE'E, eft un droit accordé à un ancien créancier de prendre l'héritage de fon débiteur en payement, au dire d'Experts, fans que les créanciers poftérieurs puiffent l'empêcher.

Le créancier qui veut exercer ce droit, doit être évidemment privilégié, ou notairement anterieur en hypotheque à tous autres.

Outre cela, il faut que la Requête qu'il préfente à cet effet, contienne quatre conditions, qui mettent tous les autres créanciers hors d'intérêt.

La premiere, qu'il faffe des offres de payer les créanciers antérieurs ou privilégiés ; fi aucuns il y a.

La feconde, qu'il donne l'option aux autres créanciers de prendre l'héritage aux mêmes conditions, & de le porter à fi haut prix qu'il puiffe être payé, tant en principal, qu'intérêts, frais & dépens.

La troifieme, que quand il s'agit d'un héritage fingulier, dans lequel le vendeur ou le bailleur de rente veut rentrer, il faut qu'il offre de prendre l'héritage au dire d'Experts, parce que cet héritage peut avoir été mélioré par l'acquéreur ou le preneur : ainfi il eft de l'intérêt des autres créanciers qu'il foit eftimé avec eux, afin que le prix des méliorations leur revienne.

La quatrieme eft, que les chofes feront prefque entieres, c'eft-à-dire, que le décret ne foit pas fort avancé ; car fi l'adjudication étoit prête à faire, la Requête du vendeur ou du bailleur de fonds ne feroit pas reçue ; comme il a été jugé par Arrêt du 1. Août 1695. rapporté dans le Journal des Audiences.

DROIT D'OFFRIR, eft un remede accordé aux anciens créanciers, pour empêcher que les créanciers poftérieurs ne faffent vendre les héritages de leur débiteur à vil prix, ou qu'ils n'en confument le prix par les frais immenfes des décrets & des ordres.

Les Loix Romaines accordent aux derniers créanciers un femblable remede, pour arrêter les pourfuites des anciens, & empêcher qu'ils ne confument en frais tous les biens du débiteur commun. Leg. 11. §. 4. & 12. §. 6. ff. qui potior. Leg. 5. & 6. ff. de diftr. pign. Leg. 1. 5. & 8. cod. qui potior. Leg. ult. cod. de his qui in prior. credit. loc. fucced. & Leg. 12. cod. de pignorib. & hypot.

Mais ce droit d'offrir ceffe quand l'héritage eft vendu ; auquel cas les créanciers poftérieurs, quoiqu'ils foient en perte, ne peuvent ufer du droit d'offrir contre les acquéreurs des biens de leur débiteur. Leg. 2. cod. fi antiquior. cred.

Quoique ce droit d'offrir, que les Loix civiles ont accordé aux créanciers poftérieurs, foit fondé fur la raifon & fur l'équité ; il n'eft cependant pas admis en pays coutumier, ni même en pays de Droit écrit, du reffort du Parlement de Paris. Il y a lieu de croire que l'intérêt des Ministres de la Justice s'y oppose.

Voyez Henrys & son Commentateur, liv. 4. ch. 6. quest. 30.

Lorsque l'antériorité ou le privilège sont contestés, il faut que celui qui a formé la demande à l'effet de prendre l'héritage pour la prisée, justifie de son droit, sans quoi les Juges ne peuvent prononcer sur sa demande ; comme il a été jugé par Arrêt du 7. Septembre 1711. en la premiere Chambre des Enquêtes, au rapport de M. Fournier de Manraigny.

DROIT DE REVERSION. *Voyez* Reversion.

DROIT DE TRANSMISSION. *Voyez* Transmission.

DROITS LITIGIEUX, sont des Droits qui sont contestés, & qui dépendent de l'événement d'un procès qu'il faut essuyer avant que d'en pouvoir jouir.

Voyez Transport.

DROITS, NOMS, RAISONS & ACTIONS. Sous ces noms sont compris tous les droits & toutes les prétentions d'une personne.

Droit, signifie ici ce qui appartient de droit à quelqu'un, en vertu d'un titre légitime.

Nom, signifie titre, qualité en vertu de quoi l'on agit, ou en vertu de quoi l'on prétend quelque chose.

Raison, signifie toute prétention légitime.

Action, se dit d'une demande que l'on intente, ou du droit que l'on a de former une demande en Justice.

Au sujet de ces termes, *Droits*, *Noms*, *Raisons* & *Actions*, il faut remarquer qu'en Pays coutumier, sous les deux espéces de biens meubles & immeubles, tous les droits, noms, raisons & actions qui peuvent appartenir aux Particuliers, s'y trouvent compris: on range sous la premiere espéce les obligations & les promesses ; & à l'égard des autres actions, on les termine par les événemens qu'elles doivent avoir ; de sorte qu'on repute immeuble une action qui tend à obtenir un effet immobilier, comme une promesse de passer un contrat de constitution ; & au contraire on considere comme meuble une action qui ne tend qu'à un effet mobilier, comme une promesse & obligation pour somme de deniers à une fois payer. *Jura, actiones & nomina, naturam induunt sui objecti ; quare si tendunt ad rem mobilem consequendam, habentur mobilia ; si ad immobilem adipiscendam, inter immobilia recensentur.*

Mais dans le Pays de Droit écrit conformément aux Loix Romaines, on fait une troisieme espéce de biens de droits, noms, raisons & actions, laquelle n'a aucune participation avec les deux autres ; de sorte que si une personne legue à quelqu'un généralement tous ses biens meubles & immeubles, les droits & actions ne seront point compris dans sa disposition ; & le légataire, aux termes du Droit Romain, ne pourra prétendre que ce qui est proprement meuble & immeuble, & non pas les droits, noms, raisons & actions.

DROITS DE NOUVEAUX ACQUETS. *Voyez* Nouveaux acquêts.

DROUILLES, au Pays de Forez, est un petit

présent qu'on fait au Seigneur au par dessus les lods & ventes. Les Châtelains ont prétendu jouir de ce droit sur le pied de riere-lods, qui étoit de trois sols pour livre au-dessus du lods ; mais cela leur a été défendu, s'ils n'ont anciens aveux. *Voyez* Henrys, tome 1. livre 3. chapitre 3. question 31.

Dans les Statuts de Bresse & de Bugey, drouilles signifient les étrennes que l'on donne aux Officiers du Seigneur au par-dessus du prix de la vente : c'est ce qu'on appelle ailleurs épingles, ou pot-de-vin.

D U

DUCS, chez les Romains, & anciennement dans les Gaules, étoient les Gouverneurs de Provinces : ils avoient sous eux les Comtes, qui commandoient dans les Villes. En France, sur la fin de la premiere race, sous la deuxieme, & encore assez avant dans la troisieme, le titre de Duc n'étoit plus en usage : ceux qui possédoient des Duchés, prenoient le titre de Comte.

DUCS ET PAIRS. Les Historiens ne s'accordent pas sur le tems de l'institution des Ducs & Pairs : quelques-uns l'attribuent à Charlemagne ; d'autres à Louis VII. Ce qui est de certain, est qu'il n'y avoit alors que six Pairs laïques & six Pairs ecclésiastiques. Depuis, nos Rois ont créé en différens tems d'autres Duchés-Pairies. Les Ducs & Pairs sont Officiers d'épée, & grands Officiers de la Couronne : ils ont séance & voix délibérative au Parlement.

Il y a aussi des Ducs héréditaires non Pairs, & des Ducs par Brevet, qui jouissent de certain honneurs, mais ils n'ont pas séance au Parlement.

Le titre de Duc est si considérable, que les Princes & Princesses du sang qui ont des Duchés, le prennent quelquefois.

DUCHÉ-PAIRIE, est l'étendue des terres que le Roi a érigées en Duché. Cela s'entend aussi de la Justice qui appartient au Duc dans ses terres : l'appel de ces Justices va directement au Parlement.

DUEL, est un combat de Particulier assigné à certain jour & heure ensuite d'un appel ou d'un défi.

Le duel est réputé crime de leze-Majesté, d'autant qu'il est préjudiciable aux Royaumes, aux meilleures familles, & plus contraire à la Religion que tous les autres. Il étoit autrefois permis dans ce Royaume. Le Roi Saint Louis le défendit de son tems. Le Roi Philippe-le-bel, son petit-fils, le permit ensuite par une Ordonnance enrégistrée au Parlement l'an 1360, rapportée dans l'ancien Stile du Parlement ; mais il falloit en obtenir une permission du Roi : ce qui fut ainsi en usage jusqu'à Henry III. qui le défendit expressément, conformément au Concile de Trente.

Les Rois ses successeurs à la Couronne le défendirent depuis ; sçavoir, Henry IV. par vn Edit de l'an 1609. Louis XIII. par des Déclarations des années 1611. 1613. 1614. 1617. par Edit du mois d'Août 1623. & par une Déclaration du 26. Juin 1624.

Mais parce que tous les Edits & Déclarations qui défendoient les duels fous des peines très-rigoureufes , ne les avoient pû empêcher, Louis XIV. fit un Edit au mois de Juin 1643. la premiere année de fon regne , vérifiée le 11. Août fuivant, lequel, pour retrancher les occafions du duel , ordonne d'abord plufieurs expédiens, dont ceux qui auront été offenfés ou appellés en duel , pourront fe fervir pour mettre leur honneur à couvert , & ne point être fujets aux peines portées par cet Edit contre les contrevenans.

Enfuite cet Edit établit de très-grandes peines contre ceux qui auront appellé en duel ceux par qui ils prétendent avoir été offenfés , & auffi contre ceux qui étant appellés en duel, auroient accepté l'appel.

A l'égard de ceux qui fe feront battus en duel , cet Edit porte qu'ils feront punis de mort , & que fi l'appellant ou l'appellé , ou tous deux, font tués, le procès fera fait à la mémoire des morts, comme criminels de leze-Majefté divine & humaine , & leurs corps traînés à la voirie ; avec défenfes aux Curés & autres Eccléfiaftiques de les enterrer ni fouffrir qu'on les enterre en terre fainte.

Cet Edit ordonne que quand il y aura eu appel , duel ou combat , la connoiffance en appartiendra aux Cours de Parlement , pour ce qui arrivera aux environs des Villes où elles ont leur féance , & plus loin entre perfonnes de grande qualité ; & hors ce cas , aux Juges royaux ordinaires , à la charge de l'appel, avec défenfes au grand Prévôt de l'Hôtel, fes Lieutenans , & autres Juges , d'en connoître.

Enfin , Sa Majefté défend qu'aucunes Lettres foient accordées , en cas de contravention aux défenfes portées au préfent Edit.

Quoique l'Edit de l'année 1643. dût fuffire pour empêcher entièrement les duels , plufieurs perfonnes n'ont pas laiffé néanmoins d'être affez témeraires pour y contrevenir. C'eft ce qui a fait que Louis XIV. a renouvellé de tems en tems les défenfes contre les duels par différens Edits, & notemment par celui de 1679.

Par l'article 22. de ce dernier Edit, le Roi enjoint aux Procureurs généraux des Cours du Parlement , & à leurs Subftituts , fur l'avis qu'ils auront des combats qui auront été faits , de faire leurs requifitions contre ceux qui par notoriété en feront crus coupables ; & que conformément à ces requifitions , lefdites Cours ordonnent que dans certains délais les prévenus feront tenus de fe rendre dans les prifons pour fe juftifier ; & faute de ce faire, qu'il fera procedé contr'eux par defaut & contumace, en vertu defquels ils foient déclarés atteints & convaincus des cas à eux impofés , & comme tels condamnés aux peines portées par les Edits, leurs biens acquis & confifqués au Roi , fans attendre que les années des défauts & contumace foient expirées ; que toutes leurs maifons foient rafées , leurs bois de haute futaye coupés jufqu'à certaine hauteur ; eux déclarés infames & dégradés de nobleffe , fans qu'ils puiffent à l'avenir entrer en aucunes Charges; avec défenfes aux Parlemens & autres Juges de les recevoir en leur juftification après les Arrêts de

leur condamnation , même pendant les années de la contumace , qu'ils n'ayent obtenu auparavant Lettres de Sa Majefté portant permiffion de fe repréfenter , & qu'ils n'ayent payé les amendes aufquelles ils feront condamnés ; nonobftant l'article 18. du titre 7. de l'Ordonnance criminelle , auquel il eft dérogé pour cet égard.

Par l'art. 26. du même Edit, il eft dérogé, pour ce qui regarde les duels, à l'article 3. du tit. 15. de ladite Ordonnance criminelle, qui porte indiftinctement qu'il ne pourra être procedé au récollement des témoins , qu'il n'ait été ordonné par Jugement. Ce faifant , enjoint à tous Juges de procéder au récollement dans les vingt-quatre heures , & le plutôt qu'il fe pourra , après que les témoins auront été ouis dans les informations, fans toutefois que les récollemens puiffent valoir confrontation , qu'après qu'il aura été ainfi ordonné par le Jugement des défauts & contumaces.

L'article 27. du même Edit declare les condamnés par contumace indignes & incapables de toutes fucceffions qui pourront leur écheoir depuis la condamnation , encore qu'ils foient dans les cinq années , & qu'ils fuffent enfuite reftitués contre la contumace ; & fi les fucceffions font échues aux condamnés , avant la reftitution , la Seigneurie & la Juftice des terres qui leur feront échues , fera exercée au nom du Roi, & les fruits attribués aux Hôpitaux , fans efpérance de reftitution , à compter du jour de la condamnation par contumace.

L'article 34. porte, que lorfque dans les combats il y aura quelqu'un de tué , il fera permis aux parens de mort de fe rendre Parties dans trois mois contre celui qui aura tué ; & en cas qu'il foit convaincu du crime, condamné & exécuté, la confifcation du mort appartiendra à celui qui aura pourfuivi , fans qu'il foit obligé d'obtenir autres Lettres de don que le préfent article : & pour faire la pourfuite, le plus proche parent fera préféré au plus éloigné, pourvû qu'il fe foit rendu Partie dans trois mois.

L'article fuivant ordonne , que lorfqu'il y aura exécution , condamnation , ou plainte contre les coupables du crime de duel, il ne pourra être éteint par mort , ni par aucune prefcription de vingt & trente ans , ni par aucune autre.

Il nous refte à remarquer ici , que par l'article 13. de ce même Edit du mois d'Août 1679. Louis XIV. avoit permis aux Juges d'adjuger fur les deux tiers des biens des condamnés pour duel , ce qui leur paroîtroit équitable pour la nourriture & entretenemens de leurs femmes & de leurs enfans. Mais Sa Majefté a ôté ce droit à tous Juges par fa Déclaration du 28. Octobre 1711. par laquelle il a adjugé aux Hôpitaux la totalité de biens de ceux qui feront condamnés pour crime de duel ; afin que ceux qui ne pourront être arrêtés par les peines qui les regardent , & que leur fureur emportera jufqu'au point de n'être pas touché de leur propre malheur, foient du moins fenfibles à celui des perfonnes qui leur font auffi proches, lorfqu'ils les verront privés de toute efpérance de trouver dans l'indulgence & dans la commifération de leurs Juges

ges, une reſſource dans leurs diſgraces, du moins à l'égard de leurs femmes & de leurs enfans. Et il eſt ordonné que cela ſera obſervé, même dans les Provinces où la confiſcation n'a pas lieu.

Voyez à ce ſujet les Réglemens rapportés dans le tome 2. de Bornier & notamment l'Edit du mois de Février 1723. & la Déclaration du 12. Avril ſuivant.

DUPLICATA, ſignifie une ſeconde expédition d'un Brevet du Roi ou de quelqu'autre acte. Il ſignifie auſſi le parchemin qui eſt redoublé en beaucoup de Lettres de Chancellerie, ſur lequel on écrit les Arrêts d'enrégiſtrement, de vérification, de preſtation de ſerment, quand on entre dans les Charges, & autres choſes ſemblables.

Voyez le Dictionnaire de Trévoux.

DUPLIQUES, ſont des écritures qu'on fournit

pour répondre à des répliques; mais l'uſage en a été abrogé par l'art. 3. du titre 14. de l'Ordonnance de 1667.

Les dupliques étoient permiſes par le Droit Romain, auſſi-bien que les tripliques; comme il paroît par le §. 1. & 2. du tit. 14. du quatrieme livre des Inſtitutes, par la Loi 2. §. ff. *de exceptionib.* & par les Loix 10. & 11. *cod. eod. tit.* Mais par l'Ordonnance de 1667. cela a été corrigé pour ne pas prolonger les procès par la multiplicité des procédures.

Cependant on ne laiſſe pas de s'en ſervir tous les jours; mais on les propoſe ſous le nom de dires, ou par des requêtes, quand il eſt échappé au demandeur ou au défendeur quelque moyen qui peut ſervir à lui faire obtenir gain de cauſe.

E

E A U

E A U. Ce nom ſe donne à tous les fluides clairs & liquides qui coulent ſur la terre, comme eau de mer, de riviere, de fontaine, d'étangs, de ſources, de citernes & de puits.

On ne peut faire de changemens au cours de l'eau qui puiſſent nuire aux droits du Public & des Particuliers. Loix civiles, liv. 2. tit. 8. ſect. 3. nomb. 11.

Rivum inſtagnare & aquam alio in aliorum præjudicio divertere nemini licet. Vide Fran. marc. tom. 1. quæſt. 589. Aquam à ſuo alveo ſeu curſu divertere an ſit licitum. Ibidem, quæſt. 597.

Toute entrepriſe qui peut donner atteinte aux eaux publiques, & les détourner des aqueducs, n'eſt pas permiſe. *Arg. leg. 16. ff. de aquâ & aquæ pluviæ arcend. & leg. 4. cod. de aquæ duct.*

Comme il ne ſeroit pas juſte que l'eau qui prend ſa naiſſance dans le fond d'un Particulier, ſoit communiquée aux autres, pendant qu'il en a beſoin lui-même. *Leg. Præſes, cod. de aquæ duct.*

Celui à qui appartient l'eau, peut donc en diſpoſer, & laiſſer couler le ſurplus pour ſes voiſins. *Voyez* Henrys, tome 2. livre 4. queſtion 35. & 75.

Les eaux découlantes par les chemins publics appartiennent aux Seigneurs Hauts-Juſticiers, pour les alberger, ou s'en ſervir ainſi qu'ils aviſeront, ſauf l'intérêt des Particuliers qui ont droit de ſe ſervir d'une partie des eaux. Baſſet, tome 2. liv. 3. tit. 7. chap. 1.

Priſe d'eau ſans titre, peut s'acquérir par une poſſeſſion de vingt ans, qui vaut titre. Baſſet, *ibid.* chap. 7.

La faculté qu'a un Particulier de prendre de l'eau dans une écluſe pour arroſer, ne ſe preſcrit point par une non-jouiſſance cauſée par la ruine de l'é-

cluſe; de ſorte que lorſqu'elle ſera rétablie il pourra toujours jouir de ce droit.

Voyez ce qu'a dit M. Brillon, *verbo* Eau.

EAUX ET FORÊTS, ſignifient une Juriſdiction dont les Officiers ſont prépoſés pour avoir la police ſur la pêche, la chaſſe & les bois, & pour connoître, tant en matiere civile que criminelle, des conteſtations qui ſurviennent à leur ſujet, & empêcher les abus & malverſations qui s'y peuvent commettre.

Il y a en France des Juges qui connoiſſent de ces matieres; ſçavoir, les Gruyers, les Maîtres particuliers des Eaux & Forêts, les Grands Maîtres, & les Officiers des Eaux & Forêts à la Table de Marbre du Palais. Les Capitaines de Chaſſes, dont nous avons parlé ci-deſſus, ſont auſſi Juges pour le fait de la chaſſe, ſous certaines limitations.

Tous ces Juges connoiſſent des matieres qui leur ſont attribuées, à l'excluſion des autres, ſans que les privilégiés puiſſent demander leur renvoi devant les Juges de leur privilége.

Les Gruyers ſont des Juges inférieurs qui connoiſſent en premiere inſtance des moindres délits commis dans les Eaux & Forêts. Ils doivent avoir un lieu fixe dans le détroit de leur Grurie, pour y tenir leur Siége à jour & heure certain. Ils ont un marteau particulier, duquel ils marquent les arbres de délit & les chablis.

Ils ne peuvent juger que les délits dont l'amende ſera fixée par les Ordonnances à la ſomme de douze livres & au-deſſous; mais ſi elle étoit arbitraire ou excédante cette ſomme, ils doivent renvoyer la cauſe & les Parties pardevant le Maître particulier de leur Grurie. *Voyez* l'Ordonnance des Eaux & Forêts du treize Août 1669. titre des Gruyers.

Il n'y a de Gruyers que pour les bois & buiſſons qui ſont éloignés des Maîtriſes. Les appellations de ces premiers Juges ſubalternes doivent être relevées & pourſuivies dans la quinzaine de la condamnation ; ſinon les Sentences s'exécutent par proviſion ; & après le mois, ſans appel & ſans pourſuites, elles paſſent en force de choſes jugées, de même que ſi elles avoient été rendues en dernier reſſort.

Lorſque les appellations ſont portées aux Maîtriſes, qui ſont le ſecond dégré de Juriſdiction, elles doivent être jugées définitivement & ſur le champ par le Maître particulier où elles reſſortiſſent. Ce qui ne ſe doit entendre que des Sentences des Gruyers établis par le Roi dans ſes Forêts ; car il y a des Juſtices où des Seigneurs particuliers ont des Gruyers, ou d'autres Officiers pour le fait des Eaux & Forêts, dont les appellations ſont directement portées aux Tables de Marbre de leur reſſort, & doivent néanmoins être relevées & jugées de même que ſi elles avoient été portées à la Maîtriſe.

Les Maîtres particuliers des Eaux & Forêts, ſont des Juges d'attribution qui ſiégent dans les Villes, & qui connoiſſent en premiere inſtance, ſoit entre les particuliers, ou à la requête du Procureur du Roi, tant en matiere civile que criminelle, de tout ce qui concerne les Eaux & Forêts, & des appellations interjettées des Sentences rendues par les Gruyers des Forêts du Roi.

Les Maîtres des Eaux & Forêts ſont ainſi appellés, parce qu'ils ont intendance auſſi bien ſur les étangs & rivieres, comme ſur les bois ; qu'ils font les ventes des pêches, & ont connoiſſance des délits commis aux étangs, & peuvent affermer les pâturages qui ſont autour deſdits étangs.

Les principales matieres qui concernent les Eaux & Forêts ſont,

I°. Les conteſtations mûes pour raiſon des Forêts, Bois, Buiſſons & Garennes, aſſiette, vente, coupe, délivrance & récollemens, meſures, façons, défrichemens ou repeuplemens des Bois du Roi, & des Bois qui ſont tenus du Roi en grurie, tiers & dangers, apanage, engagemens, uſufruit, & par indivis.

II°. Les différens qui naiſſent pour raiſon des uſages communs, landes, marais, pâtis, pâturages, panage, poiſſons, glandées, aſſietes, motions, & changemens de bornes & limites.

III°. Les différens qui concernent les entrepriſes ou prétentions ſur les rivieres navigables & flotables, tant pour le regard de la navigation & flotage, que des droits de pêche, paſſage, pontonage, & autres, ſoit en eſpeces ou en deniers, conduite, rupture & loyers des flotes, bancs & bateaux, épaves ſur l'eau, conſtructions & démolitions d'écluſes, gords, pêcheries & moulins aſſis ſur les rivieres, viſitation de poiſſons, tant ès bateaux que boutiques & réſervoirs, & de filets, engins & inſtrumens qui ſervent à la pêche, & généralement tout ce qui peut préjudicier à la navigation, charoi & flotage des bois ; excepté néanmoins les lieux où les Prévôts des Marchands & Echevins de Paris ont droit de connoître de ces matieres.

IV°. Les différends mûs ſur le fait des iſles & iſlots, attériſſemens, accroiſſemens, alluvions ; rivieres, palus, batardeaux, chantiers & curement des rivieres.

V°. Toutes les actions qui réſultent des contrats, marchés, promeſſe, baux, aſſociations pour marchandiſes de bois, chauffage ou merain, cendres & charbons, au cas que leſdites obligations ayent été paſſées avant que les marchandiſes ayent été tranſportées hors les bois, rivieres & étangs, & non autrement.

VI°. Les différens ſur la taxe ou ſur le payement des journées & ſalaires des Ouvriers & Artiſans qui travaillent dans les bois & forêts, Pêcheurs, Bateliers & Paſſagers des bacs établis ſur les rivieres.

VII°. Toutes les cauſes & procès ſur le fait de la chaſſe, de la pêche, priſes des bêtes dans les forêts, & de poiſſons ſur les eaux. Ils peuvent même informer des querelles, excès, aſſaſſinats & meurtres commis à l'occaſion de ces choſes, & en inſtruire & juger les Procès, ſoit entre Gentilshommes, Officiers, marchands & autres, de quelque qualité qu'ils ſoient. •

Les Maîtres particuliers ne connoiſſent point du fonds & de la propriété des Eaux & Forêts, iſles & Rivieres du Domaine du Roi, & des bois tenus en grurie & grairie, tiers & dangers, apanage, uſufruit, engagement, & par indivis.

Ils ne peuvent faire les adjudications & ventes des Bois du Roi, tant en futaie que taillis, ſuivant la nouvelle Ordonnance, titre de l'aſſiette, art. 2. Ils peuvent ſeulement faire les récollemens des ventes uſées dans les Bois & Forêts du Roi, dans ſix ſemaines après le tems de la coupe & vuidange expiré. Ils peuvent auſſi faire des adjudications des Bois qui ſont en grurie, grairie, tiers & dangers, par indivis, apanage & glandées.

Les appellations des Sentences rendues par les Maîtres particuliers, ſe relevent au Siege de la Table de Marbre, dans un mois du jour que la Sentence a été prononcée ou ſignifiée à la Partie ; & les appellations doivent être jugées dans trois mois à compter du jour de la prononciation ou ſignification : autrement la condamnation eſt exécutée en dernier reſſort.

Par l'article 7. de l'Ordonnance des Eaux & Forêts, titre des appellations, les Jugemens & Sentences définitives des Maîtres particuliers, qui n'excedent pas la ſomme de cent livres, ou de dix livres de rente, ſont exécutées par proviſion, ſans préjudice de l'appel.

Les Grands Maîtres des Eaux & Forêts ſont des Juges qui connoiſſent en premiere inſtance, à la charge de l'appel, des actions que l'on intente devant eux, lorſqu'ils procedent aux viſites, ventes & réformations des Eaux & Forêts, en quelque cas que ce ſoit ; de l'exécution des Lettres patentes de dons & mandemens du Roi ſur le fait des Eaux & Forêts, ſoit pour vente des Bois du Roi, ou de ceux des Eccleſiaſtiques & communautés, privativement & à l'excluſion de tous autres Officiers des Bois & Forêts.

Les Grands Maîtres peuvent encore faire toutes

fortes de réformations , & juger de tous délits , abus & malverfations faits & commis dans leurs départemens , foit par les Officiers ou par les Particuliers , & faire le procès aux coupables.

Ils peuvent procéder contre les Officiers qu'ils trouvent en fraude , par informations , décrets , faifies & arrêts de leurs perfonnes & de leurs gages , inftruire ou fubdéléguer pour l'inftruction, & faire le procès aux coupables, nonobftant oppofition ou appellation quelconque , jufqu'à Sentence définitive incluſivement , fauf l'exécution en cas d'appel , finon renvoyer le procès au Greffe de la Table de Marbre , & y faire conduire l'accufé dans les prifons , pour y être jugé par eux, ou par leurs Lieutenans & Conſeillers du Siege de la Table de Marbre.

Ces Grands Maîtres peuvent feuls , & fans appel , deftituer Sergens , Commis & Prépofés à la garde des forêts , garennes , bois & rivieres , tant du Domaine du Roi , que de ceux qui font tenus en grurie , grairie, tiers & dangers.

Ils peuvent pourvoir par provifion aux places de ceux qu'ils ont deftitués dans les Eaux & Forêts du Roi & des Communautés , & contraindre les Eccléfiaftiques d'en commettre d'autres en la place de ceux qu'ils ont deftitués dans les forêts à eux appartenantes.

Ils font les ventes & adjudication des bois du Roi , tant de haute futaye que de taillis. Ils ont encore d'autres droits contenus au chapitre des Grands Maîtres de l'Ordonnance des Eaux & Forêts du mois d'Août 1669.

Autrefois il n'y avoit qu'un Grand Maître des Eaux & Forêts qui avoit fon Siege à la Table de Marbre à Paris , où il n'y avoit qu'un feul Lieutenant ; mais depuis quelques années on a créé des Grands Maîtres des Eaux & Forêts dans toutes les Provinces du Royaume.

On tient que c'eft Philippe-le-bel qui en 1291. créa le premier un Grand Maître des Eaux & Forêts. A l'égard de quelques autres Officiers des Eaux & Forêts, Louis VIII. en avoit créé plufieurs en 1222.

Depuis Philippe-le-bel en a créé plufieurs autres Grands Maîtres , à chacun defquels on a affigné quelques Provinces pour leur département.

Les Grands Maîtres font tenus , fuivant l'Edit de leur création , de faire par chacun en une vifite générale en toutes les Gruries & Maîtrifes de leur département ; à quoi les oblige de nouveau l'Ordonnance de 1669. au tit. des Grands Maîtres , art. 9.

Les appellations des Jugemens & Ordonnances des Grands Maîtres ou de leurs Lieutenans , vont au Parlement , & doivent être relevées dans un mois , tant au civil qu'au criminel , fuivant les art. 3. & 5. de la même Ordonnance.

Les Officiers des Eaux & Forêts au Siege de la Table de Marbre , font des Juges qui connoiffent des appellations des Sentences rendues par les Officiers des Maîtrifes particulieres , & par les Gruyers des Seigneurs particuliers qui font dans le reffort , tant en matiere civile que criminelle.

Ils connoiffent auffi en premiere inftance de tous les procès & différends qui concernent le fonds &

la propriété des Eaux & Forêts, ifles & rivieres du Domaine du Roi , & des bois tenus en grurie , grairie , tiers & dangers , apanage , ufufruit, engagement , & par indivis.

Mais ils ne peuvent connoître du fonds & de la propriété des eaux & forêts qui appartiennent aux Communautés ou aux Particuliers , fi ce n'eft lorfque la propriété eft connexe à un fait de réformation, ou incidente propoſée pour défenfes ; car lorfqu'il s'agit du poffeffoire ou du pétitoire , d'échange , de partage , de licitation , du retrait féodal ou lignager , & d'autres actions qui font directement & principalement intentées pour raifon de la propriété , hors le fait de reformation & vifitation , la connoiffance en appartient aux Baillifs , Sénéchaux & autres Juges ordinaires.

Cette Jurifdiction eft compofée du Grand Maître du département de Paris , d'un Lieutenant général , d'un Lieutenant particulier , de fept Confeillers , d'un Procureur & d'un Avocat généraux.

Ils font appellés Officiers du Siege de la Table de Marbre , parce qu'ils tenoient autrefois leur Jurifdiction à une grande Table de Marbre qui tenoit tout le travers de la grande Salle ; & ce nom leur eft commun avec les Officiers de la Connétablie & Maréchauffée.

Ils jugent à l'ordinaire ou à l'extraordinaire.

Quand ils jugent à l'ordinaire , ils intitulent leurs Sentences : *Les Grands Maîtres Enquêteurs & généraux Réformateurs des Eaux & Forêts de France , établis au Siege de la Table de Marbre à Paris.*

L'appel de leurs Sentences fe releve au Parlement dans un mois : mais quand elles n'excedent point la fomme de deux cens livres en principal , ou celle de vingt livres de rente , elles font exécutées par provifion , fans préjudice de l'appel.

Lorfqu'ils jugent à l'extraordinaire leurs Jugemens font rendus en dernier reffort & fouverainement , de maniere qu'il n'y en peut jamais avoir d'appel.

Pour cela il faut que M. le Premier Préfident du Parlement , ou un Préfident à Mortier en fon abfence , y aille fiéger , & tenir la Jurifdiction fouveraine avec des Confeillers de la Grande Chambre, en forte qu'il y ait deux fois autant de Confeillers du Parlement , que d'Officiers de la Table de Marbre. Et alors , comme leurs Jugemens font fouverains , ils les intitulent : *Les Juges ordonnés par le Roi pour juger fouverainement & fans appel.*

Le Grand Maître du département de Paris a voix délibérative à la Table de Marbre ; & quand les Juges en dernier reffort n'y font pas , il a droit d'y préfider ; & lorfqu'ils y affiftent , il n'a féance qu'après le Doyen des Confeillers du Parlement.

Le reffort de cette Jurifdiction s'étend au-delà du Parlement de Paris. Les appellations des Maîtrifes qui font dans d'autres Parlemens, où il n'y a point de Table de Marbre , y font portées , & elle a la prévention fur les autres Tables de Marbre.

Toutes les appellations des Sentences rendues à l'Audience , & fur des procès verbaux de vifite & rapports , qui font portées à cette Jurifdiction , fe plaident à l'Audience ; & ce n'eft que quand les

Sentences font intervenues fur des appointemens en droit , qu'il eft permis aux Parties de conclure comme en procès par écrit.

Les Procureurs du Parlement de Paris poftulent à la Table de Marbre ; & la procédure eft à peu près femblable à celle des autres Jurifdictions de l'enclos du Palais.

On y inftruit en caufe principale comme aux Requêtes du Palais , & on y inftruit en caufe d'appel comme au Parlement.

Comme la matiere des Eaux & Forêts eft très-importante , nous avons jugé à propos d'indiquer ici les Ordonnances qui ont été faites fur ce fujet , afin que ceux qui voudront s'en inftruire parfaitement, puiffent y avoir recours.

La premiere a été faite fous le regne de Louis VI. en 1215.

La feconde fous Philippe II. en 1219.

La troifieme fous Louis VIII. en 1222.

La quatrieme fous Philippe le Hardi en 1280.

La cinquieme fous Philippe-le-bel en 1291.

La fixieme a été faite fous Louis X. en 1316.

La feptieme fous Philippe le Long en 1318.

La huitieme eft de Philippe de Valois en 1346.

La neuvieme eft de Jean le Bon en 1355.

La dixieme a été faite fous Charles V. en 1376.

La onzieme fous Charles VIII. en 1485.

La douzieme fous François I. en 1515.

La treizieme fous Henry II. en 1545.

La quatorzieme fous François II. par un Edit du mois de Mars 1558.

La quinzieme fous Charles IX. en 1560.

La feizieme fous Henry III. en 1575.

La dix-feptieme fous Henry IV. en 1597.

La dix-huitieme fous Louis XIII. en 1611.

La dix-neuvieme a été faite fous Louis XIV. par les foins de Monfieur Colbert , en 1669.

Cette derniere Ordonnance eft celle qui eft la plus fuivie aujourd'hui fur les matieres qu'elle traite. Elle a été réimprimée depuis quelques années en deux volumes in-quarto , avec quelques Notes , & les Edits & Déclarations qui ont été faits depuis touchant les Eaux & Forêts.

Voyez ce qui eft dit des Eaux & Forêts dans le Dictionnaire de M. Brillon.

E C

ECCLESIASTIQUE. Voyez Clerc.

ECHANGE , eft un contrat par lequel on donne une chofe pour une autre. C'eft le premier contrat qui ait été en ufage parmi les hommes. Avant qui la monnoie fut inventée, & qu'on connut la vente & l'achat, on donnoit du vin pour avoir du bled ou autre chofe. Ce qui eft bien différent de la vente, où le prix de la chofe vendue confifte en argent monnoyé, & où l'acheteur & le vendeur ne font point confondus.

La permutation eft plus favorable que la vente en ce que l'on peut rentrer dans la chofe qu'on a donnée en échange , faute par l'autre Partie de remplir la convention de fa part ; ce qui n'a pas lieu en fait de vente, quando venditor fidem emptoris fecutus eft.

La raifon de la différence eft , qu'en fait d'échange , on s'eft porté à paffer un tel contrat par une affection particuliere qu'on avoit pour la chofe que l'on défiroit avoir en contr'échange , fans laquelle affection le contrat n'eût pas été fait.

Il n'en eft pas de même en fait de vente , où l'acheteur paye en argent ; ce qui fait que le vendeur , faute de payement, n'eft pas pour cela en droit de rentrer en la chofe qu'il a vendue & livrée, & qu'il ne lui refte que fon action pour fe faire payer; parce que in nummis non eft affectio, fiquidem pecunia mutationem in fuo genere recipit ; ficque unus nummus alterius vice fungitur.

Le vendeur peut néanmoins , faute de payement , redemander l'effet ou l'héritage qu'il a vendu ; mais pour l'obtenir il faut qu'il le faffe faifir & fe le faffe adjuger en Juftice.

Au refte; l'échange fe dit des immeubles, ou des meubles précieux , ou des marchandifes en gros ; mais à l'égard du contrat par lequel on donne une chofe mobiliaire pour une autre , le nom de permutation lui convient mieux.

Voyez fur cette matiere la Science parfaite des Notaires , livre 5. chapitre 17. Nous remarquerons feulement ici qu'en fait d'échange d'héritages , l'héritage échangé eft de même nature qu'étoit l'héritage contr'échangé. En effet, ce n'eft pas proprement une aliénation , mais comme une efpece de fubrogation d'un héritage à un autre de pareille valeur, qui doit fuivre la loi qui étoit impofée à celui dont il tient la place : Quia fubrogatum capit naturam fubrogati , nec videtur alienatum quod in aliud corpus matrimonii converfum eft.

D'où il s'enfuit , Iº. que le retrait n'y a point lieu comme dans la vente , article 143. de la Coutume de Paris , à moins que la foulte n'excede la valeur de la moitié de l'héritage échangé ; car en ce cas l'héritage eft fujet à retrait pour portion de la foulte , comme il eft dit en l'art. 145. de ladite Coutume.

IIº. Que l'héritage propre à un des contractans étant échangé contre un autre , celui qui lui a été donné pour & en échange , lui eft propre , & que ainfi il n'en peut difpofer de derniere volonté , que jufqu'à concurrence de ce que la Coutume lui permet de tefter de fes propres.

IIIº. Que fi ce même héritage acquis à titre d'échange pour un héritage qui étoit propre en la perfonne de l'acquéreur , eft enfuite par lui vendu , un parent de la ligne peut le retraire dans le tems porté par la Coutume.

ÉCHÉANCE , eft le jour auquel l'on doit payer ou faire quelque chofe.

Comme ordinairement le tems qu'on donne à quelqu'un , eft cenfé être accordé en fa faveur, il n'eft point réputé être en demeure ; que le jour de l'échéance ne foit entierement paffé, parce qu'il peut s'acquitter de fa promeffe jufqu'au dernier moment de ce jour. Ainfi celui qui a promis de payer quelque fomme , ou de faire quelque chofe dans le mois de Janvier, n'eft en demeure qu'après que le dernier jour de ce mois eft paffé, c'eft-à-dire au premier jour de Février.

Voyez ce que j'ai dit dans ma Traduction des Inſtitutes , ſur le §. 3. du titre 16. du troiſieme livre.

Dans les délais des aſſignations, ni le jour de l'aſſignation , ni le jour de l'échéance , ne ſont point compris : *In dilationibus , neque dies à quo , neque dies ad quem computatur.*

Dans l'an & jour qui eſt donné pour exercer le retrait lignager , l'on compte *dies à quo* , mais non pas *dies ad quem.* Ainſi l'action de retrait peut être exercée dans le jour preſcrit par la Coutume , comme je l'ai dit ſur l'article 129. de la coutume de Paris.

A l'égard des Lettres de change , le jour de l'acceptation de la Lettre ne ſe compte point, ni celui de l'échéance. Ainſi , lorſqu'une Lettre de change eſt tirée à tant de jours de vûe , le tems ne court que du lendemain du jour qu'elle a été préſentée & acceptée : après quoi les dix jours de faveur commencent à courir : il faut que le dixieme jour la Lettre de change ſoit payée , ou que faute de payement , le porteur la faſſe proteſter ; autrement il n'auroit plus de recours de garantie contre le tireur & les endoſſeurs, & par conſéquent la Lettre de change demeureroit ſur ſon compte.

Par exemple , une Lettre de change eſt tirée à quatre jours de vûe , & acceptée le dernier Avril : les quatre jours de vûe ne commencent qu'au premier Mai, & finiſſent le 4. du même mois : les dix jours de faveur commencent aux 5. Mai & finiſſent le quatorzieme du même mois , faute de payement. *Voyez* le Parere 46. de M. Savary.

ECHELLE. *Voyez* Droit d'Echelle. *Voyez* Tour de l'Echelle.

ECHEVINS , ſont ceux qui ſont choiſis dans les Villes pour avoir le ſoin des affaires de la Communauté , & auxquels eſt attribué une eſpece de Juriſdiction particuliere , ſuivant l'uſage des lieux.

Paſquier, livre 7. de ſes Recherches, chapitre 2. dit que le mot Echevin vient du mot latin *Scabini* ; mais M. Cujas , au livre 1: *de feudis* , dit qu'il eſt tiré de la Langue Hébraïque , & du verbe *Eſchever*, qui a la même ſignification que le mot latin *Curare* , c'eſt-à-dire éviter par leurs ſoins & précautions les dommages qui peuvent arriver à leurs Villes.

Voyez Loyſeau en ſon Traité des Offices, liv. 5. chap. 7. nomb. 19. qui adopte l'étimologie de M. Cujas comme la plus convenable.

Les Echevins ont un Chef , ou premier Officier , qui eſt connu ſous un nom différent qui le diſtingue d'eux. A Paris , & dans quelques autres Villes, il eſt appellé Prévôt des Marchands.

Chopin en ſon Traité de la Police Eccléſiaſtique , liv. 3. tit. 3. nomb. 22. & tit. 5. nombre 16. appelle les Echevins , *Ædiles Plebis* ; le Prévôt des Marchands , *Decuriorum Præfectus* ; & le Corps de l'Echevinage , *Ædilitium Urbis Collegium.*

L'élection des Echevins ſe doit faire le jour marqué par les Statuts de la Ville , & dans le lieu ordinaire & deſtiné pour cela , & par ceux qui ont droit d'élire à peine de nullité.

Il n'y a que ceux qui ont les qualités requiſes qui puiſſent être admis à ces ſortes de Charges.

A Paris , les Echevins connoiſſent des cauſes entre Marchands pour fait de marchandiſes arrivées par eau ſur les ports de cette Ville.

Ils ont ſoin de faire entretenir les rivages, & tenir les ports libres ſur la riviere. Ils ont le pouvoir de mettre les taux ſur les denrées qui arrivent par bâteau.

Enfin ils ſont Juges des différens qui ſurviennent au ſujet des rentes conſtituées entre les payeurs & les rentiers.

Les appellations de leurs Sentences ſe relevent au Parlement.

Ils ont un Chef qui leur préſide, que l'on appelle Prévôt des Marchands , & un Procureur du Roi & de la Ville , qui défend les droits du Roi & les intérêts des Citoyens.

Le même ordre s'obſerve dans les autres Villes avec cette différence , qu'en certaines Provinces on appelle Capitouls , Conſuls , ce que nous appellons à Paris Echevins , & Maire & Mayeur celui qui eſt à leur tête.

Voyez la Déclaration du dernier Juillet 1548. pour les Echevins de Paris , & celle du mois d'Avril 1683. portant Réglement général pour tous ceux du Royaume.

Touchant la Nobleſſe accordée aux Echevins , on peut voir dans le Dictionnaire de M. Brillon les Edits qui ont été donnés à ce ſujet.

On y peut voir auſſi les Edits & Arrêts qui ont été donnés au ſujet de leurs élections , & des Droits qui les concernent.

Pour ce qui eſt de la préſéance entre les Echevins, *voyez* ce qui en eſt dit , *verbo* préſéance.

ECOLIERS , ne ſont point obligés de rapporter à la ſucceſſion de leurs peres & meres ce qui leur a été donné de leur vivant pour faire leurs Etudes.

Si les parens ſont obligés par les loix de la nature de fournir à leurs enfans les alimens qui ſervent à l'entretien du corps, ils ne ſont pas moins obligés , pour obéir aux préceptes de la Morale , de leur donner une éducation qui formant leur eſprit les conduiſe dans le chemin de la vertu , comme nous avons dit , *verbo* Education.

C'eſt auſſi pour cette raiſon , que tout ce qui a été donné par les peres & meres pour l'éducation de leurs enfans , & même pour l'obtention des dégrés , n'eſt pas ſujet à rapport.

Il faut excepter les dégrés qui s'obtiennent dans la Faculté de Médecine en l'univerſité de Paris , dont les frais , quand ils ſont faits par les peres & meres, ſont ſujets à rapport , tant à cauſe que cela forme une dépenſe conſidérable, que parce que le dégré de Docteur en Médecine donne un titre qui eſt non ſeulement honnête , mais encore qui procure un établiſſement.

L'obligation qu'un Ecolier mineur paſſe pour ſa penſion, ſes entretiens, les frais & débourfés ordinaires aux Etudians, eſt valable.

Comme les Ecoliers ſont dans une eſpece de dépendance de leurs Précepteurs & Pédagogues , les donations qu'ils leur font ne font pas valables.

ECOLIERS JURÉS DE L'UNIVERSITÉ, font ceux qui après y avoir étudié six mois, ont obtenu des Lettres de leurs temps d'étude, & jouiffent du privilège de Scholarité. *Voyez* Scholarité.

ECRITOIRE. *Voyez* Bureau de l'Ecritoire, & Greffiers de l'Ecritoire.

ECRITURES, font des caractéres particuliers formés par la main d'une perfonne, qui expliquent fes penfées, au lieu du fon & de la voix.

La preuve qui en réfulte eft appellée preuve par écrit; au lieu que celle qui provient du témoignage des témoins eft appellée preuve teftimoniale.

Il y a deux fortes d'écritures; fçavoir, les publiques, & les privées.

Les écritures publiques font celles qui font paffées fous la fignature des perfonnes prépofées pour rédiger par écrit la volonté des Particuliers, & en délivrer des actes; tels font les Notaires.

Les écritures privées font celles des Particuliers; comme font les fimples promeffes.

Les écritures publiques font foi en Juftice, & ont une date certaine; au lieu que les privées n'ont point de date certaine, & ne font foi en Juftice que du jour qu'elles font reconnues. *Voyez* Reconnoiffance d'écriture privée.

L'écriture eft néceffaire aux actes & contrats pour en conftater la vérité. Elle ne le feroit pas aux conventions des hommes, fi la bonne foi régnoit encore parmi eux comme autrefois. *Sed multi hodie inveniuntur vani & mendaces, quibufcum non eft contrahendum in tenebris, ut de peractis rebus conftare poffit.*

Ainfi c'eft la malice des hommes qui a donné lieu à la preuve des conventions qui fe font entr'eux, & qui dans la fuite des temps à fait rejetter la preuve teftimoniale pour les conventions qui excédent la fomme de cent livres; comme il fera dit, lettre P, *verbo* Preuve teftimoniale.

Voyez Seing privé. *Voyez* Vérification d'écritures.

ECRITURES PAR NOTES, CHIFFRES ET ABREVIATIONS. *Voyez* ce que j'ai dit fur ces mots, Notes, Chiffres & Abbréviations.

ECRITURES EN FAIT D'AFFAIRES APPOINTÉES, font toutes les écritures qui font faites par les Avocats & les Procureurs des Parties touchant la queftion dont il s'agit.

Voici l'Arrêt de Réglement du Parlement de Paris du 17. Juillet 1693. qui concerne la difcipline du Palais & les écritures des Avocats & Procureurs.

» La Cour a ordonné & ordonne, que fuivant ce » qui a été convenu entre les Avocats & les Procu- » reurs de ladite Cour, les Avocats feront les griefs, » caufes d'appel, moyens de requête civile, ré- » ponfes, contredits, falvations, avertiffemens » dans les matieres où il fera néceffaire d'en don- » ner & les autres écritures qui font de leur mi- » niftere; les Procureurs, les inventaires, caufes » d'oppofition, productions nouvelles, comptes, » brefs, états, déclarations de dommages & inté- » rêts & autres écritures de leur fonction; & les » Avocats & Procureurs par concurrence entr'eux,

» les débats, foutenemens, moyens de faux, de » nullité, reproches, & conclufions civiles. Fait » défenfes aux Procureurs de ne plus faire aucunes » écritures du miniftere des Avocats, même par » requêtes.

» Ordonne que les écritures du miniftere des Avo- » cats n'entreront point en taxe, fi elles ne font » faites & fignées par un Avocat de ceux qui fe- » ront infcrits dans le Tableau qui fera préfenté à » la Cour par le Bâtonnier des Avocats; qu'il n'y » aura que ceux qui font actuellement la profeffion » d'Avocat, qui pourront faire des écritures qu'ils » n'ayent au moins deux années de fonction.

» Fait défenfes aux Avocats defi gner des écritu- » res qu'ils n'auront point faites, ni de traiter de » leur honoraire avec les Procureurs, à peine con- » tre les Avocats qui en feront convaincus, d'être » rayés du Tableau, & contre les Procureurs d'in- » terdiction.

» Enjoint aux Avocats de conferver les minutes » des écritures qu'ils auront compofées, & d'ap- » porter dans leur compofition toute la briéveté & » netteté qui leur fera poffible.

» Ordonne que le procès fera fait à ceux qui au- » ront fuppofé ou contrefait la fignature des Avo- » cats; & qu'ils feront punis fuivant la rigueur des » Ordonnances. Fait très-expreffes inhibitions & » défenfes aux Procureurs de compter à leurs Par- » ties aucunes écritures du miniftere des Avocats, » fi elles n'ont été faites par eux; & aux Procureurs » tiers qui feront en exercice, de les taxer, à peine » d'en répondre en leurs noms.

» Et à l'égard du droit de reverfion, ordonne que » les Procureurs ne le pourront prendre que fur les » écritures qui auront été faites & fignées par les » Avocats, conformément au préfent Réglement, & » qu'ils feront tenus de marquer dans les copies » qu'ils en feront fignifier, les noms des Avocats qui » les auront faites; qu'ils ne prendront le droit de » confeil que fur les renvois, fins déclinatoires, ti- » tres & pieces à communiquer, défenfes, répli- » ques, moyen d'oppofition, requêtes en jugeant, » ou communiquées à Parties fur les requêtes inci- » dentes portées aux Audiences, fur le décès de » la Partie & fur la reprife; & conformément au » Réglement du 28. Août 1665. le droit de confeil » fera feulement de quinze fols pour chaque confeil. » Leur fait défenfes de paffer en taxe, ni de fouf- » frir qu'il foit compté aux Parties des dires inuti- » les dans les Requêtes, & principalement dans » celles de *Viennent*, ni que fur un dire il foit pris » un droit de confeil.

» Enjoint au Bâtonnier des Avocats, & aux Pro- » cureurs de communauté d'informer foigneufe- » ment la Cour des contraventions qui feront fai- » tes au préfent Réglement, pour être par elle fait » droit fur leurs plaintes, après qu'elles auront été » communiquées au Procureur général du Roi.

» Ordonne que le préfent Arrêt fera lû & publié » en la Communauté des Avocats & Procureurs » de ladite Cour.

ECRITURES PAR MEMOIRES, font de petites écritures en matiere bénéficiale, par lefquelles chacun explique ou établit son droit dans le bénéfice litigieux , pour faire connoître au Juge celui qui est le mieux fondé.

ECROU , est la mention que le Greffier des Géoles fait sur son Registre du nom , surnom & qualité de la personne qui a été amenée dans la prison , & des causes pour lesquelles elle a été arrêtée ; & en outre la charge que l'Huissier porteur fait audit Greffier & Géolier de ladite personne : laquelle mention & inscription est signée par l'Huissier & ledit Greffier , ou par celui qui a constitué le Particulier dans la prison.

Comme c'est l'écrou & l'enrégistrement qui fait le prisonnier , & non pas la capture ; si un prisonnier n'est pas écroué & écrit sur le Registre, il peut être élargi par le Géolier , sans qu'il y ait aucun Jugement qui l'ordonne.

Tous porteurs de piéces sont obligés de laisser copie à ceux qu'ils constituent prisonniers du procès verbal de capture & de l'écrou. Art. 2. du tit. 7. de l'Ordonnance de 1670.

Il paroit par ce que nous venons de dire , que l'écrou est l'acte qui décharge l'Huissier ou Sergent du prisonnier , & qui en charge le Géolier ou Concierge des prisons. C'est pourquoi ces derniers doivent sçavoir lire & écrire , à peine d'en avoir d'autres en leur place dans six semaines ; & contre le Seigneur Haut-Justicier , de privation de son droit.

Lorsqu'un prisonnier est recommandé pour plusieurs affaires , ce sont autant d'écrous.

Quand le Juge déclare un emprisonnement injurieux , tortionnaire & déraisonnable , il ordonne que l'écrou sera rayé & biffé.

E D

EDIFICE EST REPUTÉ ACCESSOIRE DU FONDS SUR LEQUEL IL EST ÉLEVÉ : *Quapropter ædificium semper solo cedit. Leg. 7. §. 10. ff. de acquit. rer. dom.* C'est pourquoi si quelqu'un bâtit avec ses matériaux sur un fonds qui ne lui appartienne pas, le propriétaire du fonds le devient aussi de l'édifice. Pareillement celui qui bâtit sur son fonds avec les matériaux d'autrui , est censé propriétaire de l'édifice.

Voyez ce que j'ai dit à ce sujet dans ma traduction des Institutes , sur le §. 29. & sur le suivant du premier titre du second livre.

EDIFICES ABLOQUIÉS ET SOLIVÉS. La Coutume d'Amiens , art. 198. défend aux ténanciers de démolir aucuns édifices abloquiés & solivés , étant dans l'héritage qu'ils tiennent en roture , sans le consentement de leur Seigneur.

Pour entendre ce que signifient ces termes , *abloquiés & solivés* , il faut sçavoir qu'on entend par abloqs des parpains ou murs de pierre ou de brique , élevés de deux pieds ou environ , sur lesquels on dresse des solives pour bâtir des maisons de bois. Les édifices qui sont ainsi construits sont appellés *abloquiés* ; & du mot solive ils sont appellés *solivés* ; car c'est ainsi qu'il faut lire dans le susdit article de la Coutume d'Amiens , & non pas *solinés*.

Au reste , ces termes *abloquiés & solivés* , paroissent venir de ces mots latins , *amovere de loco & à solo.*

EDIT , est une Ordonnance que le Prince fait publier de son propre mouvement pour le bien de son Etat.

Edicere , est un terme latin qui signifie aller audevant des choses , & statuer dessus par avance. C'est ce qui a fait donner le nom d'Edit à cette Ordonnance , suivant Théophile , au §. 6. du tit. 2. du premier livre des Institutes de Justinien.

L'Edit qui est appellé Ordonnance , fait faire quelque chose , ou ordonne que quelque chose sera faite & observée , ainsi que le Prince le juge à propos de son propre mouvement pour le bien public.

Elle est universelle , & oblige généralement tous les Sujets du Roi , si ce n'est à l'égard des personnes qui y sont exceptées spécialement , ou si elle n'est particuliere pour une Province.

Enfin elle est signée du Roi , visée par M. le Chancelier , & scellée du grand Sceau en cire verte sur des lacs de soie verte & rouge ; & cette cire verte marque par cette couleur qu'ils sont perpétuels & irrévocables de leur nature.

Les Edits & Déclarations différent en plusieurs choses.

I°. Les Edits contiennent une premiere Loi; au lieu que les Déclarations sont des Ordonnances qui sont rendues sur des Edits , pour en donner l'explication ou l'interprétation.

II°. Les Edits sont signés du Roi , visés par M. le Chancelier , & scellés du grand Sceau en cire verte, sur des lacs de soie verte ou rouge ; au lieu que les Déclarations sont scellées du grand Sceau de cire jaune , sur une double queue de parchemin.

III°. Les Edits ne sont datés que du mois & de l'année , & non pas du jour du mois ; au lieu que les Déclarations sont datées du jour, du mois & de l'année.

Voyez ci-dessus Déclaration.

Quand les Edits contiennent des dispositions qui semblent contraires à certaines Coutumes , ou à quelques usages ou priviléges , ils n'y dérogent néanmoins qu'en deux cas.

I°. Lorsqu'ils en contiennent une clause expresse , c'est-à-dire , lorsqu'ils dérogent à toutes Coutumes & usages contraires , ou nommément à tels priviléges.

II°. Quand ils regardent le Réglement général de la Police ou de la discipline.

Touchant la vérification des Edits , *voyez* Vérification.

EDIT DES PRESIDIAUX , est un Edit du Roi Henri II. de l'an 1551. qui porte création des Présidiaux , & qui en définit le pouvoir en deux chefs.

Le premier , de juger définitivement en dernier ressort jusqu'à deux cens cinquante livres pour une fois payer , & jusqu'à dix livres de rente , & des dépens , à quelque somme qu'ils puissent monter.

Le second , de juger par provision , nonobstant l'appel, jusqu'à cinq cens liv. pour une fois payer , & vingt livres de rente , en baillant caution par celui qui aura obtenu lesd. Sentences provisoires.

Il n'y a point d'appel des Sentences des Présidiaux rendues en dernier ressort ou présidialement , c'est-à-dire au premier chef de l'Edit ; mais on peut se pourvoir contre icelles par requête civile préfentée devant les mêmes Préfidiaux qui les ont rendues , fans qu'il foit befoin de Lettres de Chancellerie.

Ainfi , quand quelqu'un fe pourvoit au Parlement , & interjette appel d'une Sentence du Préfidial rendue au premier chef de l'Edit , celui au profit de qui la Sentence a été rendue , peut foutenir l'appellant non-recevable en fon appel ; auquel cas le Parlement doit prononcer d'abord fur la fin de non-recevoir.

S'il juge que le cas étoit préfidial au premier chef de l'Edit , il déclare l'appellant non-recevable dans fon appel ; & fi le Parlement juge que le cas n'étoit pas préfidial au premier chef de l'Edit , l'Arrêt qui intervient ordonne que fur l'appel on pourfuivra en la maniere accoutumée.

Voyez Préfidiaux.

Au refte , les intérêts & dépens d'une fomme adjugée par Jugement préfidial donné au premier chef de l'Edit , ne laiffent pas d'être de la Jurifdiction préfidiale , quoiqu'ils excedent 250. liv.

EDIT DES MERES , eft un Edit de Charles IX. donné en 1567. qui concerne la fucceffion des enfans qui eft déferée aux meres en Pays de Droit écrit. Cet Edit eft conçu en termes fort obfcurs , & même captieux : c'eft pourquoi plufieurs de nos Auteurs ont déclamé contre : M. Cujas l'appelle , *ambitiofum Decretum* ; Mornac *Edictum adulterinum.*

Par cet Edit , les meres qui fuccédoient aux biens meubles , conquêts & propres paternels de leurs enfans , ne leur fuccedent plus à préfent qu'aux meubles & conquêts en propriété , & dans l'ufufruit de la moitié de leurs propres paternels.

Ainfi , en vertu de cet Edit , les meres fuccedent feules en propriété à tous meubles & acquêts de leurs enfans , fans aucune concurrence avec les freres & fœurs germains.

C'eft ce qui a été jugé par Arrêt rendu au Parlement de Paris le 21. Mars 1720. entre Madame de Condé mere , & Madame de Conti fa fille , pour raifon de la terre de Mercœur , qui étoit acquêt en la fucceffion de Madame de Vendôme , fille de Madame de Condé , & fœur de Madame de Conti.

Cet Edit a donc limité le droit de fuccéder à l'égard des meres aux meubles & acquêts de leurs enfans , & à l'ufufruit de la moitié des propres. Il a été fait à l'occafion d'une veuve qui n'avoit qu'une fille en bas âge , dont les infirmités annonçoient une mort prochaine. Cette fille avoit recueilli de la fucceffion de fon pere des Terres confidérables fituées dans les Provinces de Droit écrit. Pour empêcher que fa mere lui fuccédât dans fes Terres quant à la propriété , cet Edit défendit que à l'avenir dans les Provinces de Guyenne , de Provence , de Dauphiné , de Languedoc , & autres régies par le Droit écrit , les propres remontent & foient ôtés de l'eftoc , tige & fouche.

Comme l'affaire étoit particuliere , on dreffa cet Edit fans y faire beaucoup de réflexion , & fans y apporter toute l'exactitude néceffaire. Ce qui a caufé depuis de grands procès.

Nous avons expliqué fur l'article 312. les quef-

tions qui furent agitées à l'occafion de cet Edit ; c'eft pourquoi nous n'en dirons rien ici. D'ailleurs, comme il a été depuis peu révoqué , je crois qu'il eft plus à propos de rapporter ici les judicieufes remarques qui fe trouvent dans l'Edit du mois d'Août 1729. qui en fait la révocation. Voici comme il s'explique.

Depuis que les Empereurs Romains , écoutant la voix de la nature & les confeils de l'humanité, eurent adouci la rigueur exceffive de l'ancien Droit civil , en accordant aux meres la trifte confolation de pouvoir fuccéder à leurs enfans , ils travaillerent à perfectionner par différentes Loix cette partie importante de la Jurifprudence.

La derniere conftitution par laquelle Juftinien paroiffoit en avoir fixé toutes les régles , étoit également refpecté en France dans toutes les Provinces de Droit écrit.

Charles IX. jugeant à propos d'établir un ordre nouveau à cet égard , fit l'Edit dont il s'agit , qui fut enrégiftré au Parlement de Paris. Mais les Parlemens des pays où le Droit Romain tient lieu de Loi , fupplierent Sa Majefté de trouver bon que fur ce fujet ils continuaffent de fuivre des Loix qu'ils ne pouvoient concilier avec des principes que cet Edit de Saint-Maur fembloit avoir adoptés.

Si la Provence parut d'abord plus difpofée à s'y conformer , quoique cet Edit n'eût pas été enrégiftré au Parlement d'Aix , les conteftations qui s'y éleverent fur le véritable fens de cette nouvelle Loi , firent bien-tôt fentir combien l'exécution en étoit difficile.

Le Roi Henri III. voulut y pourvoir en l'année 1575. par une Déclaration dont l'objet étoit de réfoudre une partie des doutes que l'Edit avoit fait naître ; mais cette Déclaration , qui n'avoit été adreffée qu'au feul Parlement de Provence , fut bien-tôt fuivie des Lettres Patentes qui lui défendoit d'y avoir égard dans le Jugement d'une affaire qu'il avoit à décider.

Ce fut en partie ce qui donna lieu dans la fuite à ce Parlement d'introduire une Jurifprudence qui tenoit le milieu en quelque maniere entre les Loix Romaines & l'Edit de Saint-Maur : mais quoiqu'elle eût été toujours obfervée en Provence depuis plus d'un fiecle , on a voulu néanmoins dans ces derniers tems faire revivre la Déclaration de 1575. qui paroiffoit tacitement abrogée par un long ufage , avec l'approbation du Souverain.

Sa Majefté , fur les remontrances qui lui ont été faites , a reconnu que la fimplicité des Loix Romaines fur les fucceffions des meres , étoit préférable à une nouvelle Loi qui a produit des effets fi contraires à l'intention du Légiflateur ; & pour cette raifon Sa Majefté a par fon Edit , donné à Verfailles au mois d'Août 1729. révoqué celui qui avoit été donné à Saint-Maur au mois de Mai 1567. pour les fucceffions des meres à leurs enfans.

Une des principales confidérations qui ont donné lieu à cette révocation , c'eft que l'on ne voit rien dans le motif de l'Edit de Saint-Maur qui puiffe en faire regarder l'exécution comme néceffaire & avantageufe à l'Etat. Elle nuit au contraire à cette parfaite

parfaite uniformité de Jurifprudence , qui eft auffi honorable au Légiflateur , qu'avantageufe à fes Sujets.

Sa Majefté a donc ordonné que dorénavant cet Edit de 1567. fera regardé comme non fait & avenu dans tous les pays dans lefquels il a été exécuté ; & en conféquence, que les fucceffions des meres à leurs enfans ou des autres afcendans , & parens les plus proches defdits enfans du côté maternel, qui feront ouvertes après le jour de la publication de l'Edit de 1729. foient déférées, partagées & réglées fuivant la difpofition des Loix Romaines , ainfi qu'elles l'étoient avant l'Edit de 1575.

Enfin , Sa Majefté déclare qu'elle n'entend pas déroger aux Coutumes ou Statuts particuliers qui ont lieu dans quelques-uns des Pays où le Droit écrit eft obfervé , & qui ne font pas entiérement conformes aux difpofitions des Loix Romaines fur lefdites fucceffions ; mais qu'elle veut que lefdites Coutumes ou lefdits Statuts foient fuivis & exécutés , ainfi qu'ils l'étoient avant l'Edit de révocation de celui de Saint-Maur.

Il nous refte à remarquer à ce fujet , I°. qu'en 1726. M. le Préfident Bouhier a fait un Traité *in 8°.* fur la fucceffion des meres en vertu de l'Edit de Saint-Maur, avec une Differtation fur les droits de la mere en cas de fubftitution pupillaire. Cet Ouvrage fe vend chez Briaffon , Libraire , rue S. Jacques. II°. Que M. Bretonnier , dans fon Recueil alphabétique , *verbo* Succeffion , obferve les inconvéniens que caufoit cet Edit des meres , & marque qu'il faut l'abolir , ou du moins le réformer.

E D I T DES SECONDES NOCES , eft un Edit de François II. de l'an 1560. au mois de Juillet, qui contient deux chefs contre les veuves qui fe remarient.

Le premier défend à celle qui fe remarie de doner à fon fecond mari plus qu'un de fes enfans le moins prenant peut avoir.

Le fecond veut qu'elle laiffe à fes enfans du premier lit tous les avantages qu'elle aura reçu de fon premier mari.

Cet Edit comprend les hommes qui fe remarient, auffi-bien que les femmes, parce qu'il y a parité de raifon.

Sur le premier chef, qui porte que celui ou celle qui fe remarie, ne peut donner à fon fecond conjoint plus qu'un de fes enfans & le moins prenant peut en avoir , nous remarquerons.

1°. Que cette prohibition de donner à fon fecond conjoint plus que le moins prenant de fes enfans doit en avoir, ne fe renferme point dans la perfonne du fecond conjoint,' mais qu'elle s'étend à fes pere & mere ou enfans , & à toutes autres perfonnes qu'on peut préfumer être par dol interpofées , pour en faire profiter indirectement la perfonne que l'on époufe en fecondes noces.

II°. Que le moins prenans des enfans de celui ou de celle qui fe remarie, ne peut être au-deffous de fa légitime.

III°. Que pour faire la réduction des libéralités de celui ou de celle qui fe remarie , on compte tous les enfans que le donateur avoit alors de fon

Tome I.

décès, de quelque lit qu'ils foient provenus.

IV°. Que celui ou celle qui convole en fecondes noces, peut librement difpofer de fes biens au profit de fes propres enfans , ou de toute autre perfonne , fuivant qu'il eft loifible de le faire.

V°. Que quoiqu'un homme qui a des enfans, ne puiffe , à quel titre que ce foit , avantager une feconde femme au-delà de la part du moins prenant d'eux ; cependant lorfqu'on fera la réduction des chofes à elles données par fon fecond mari , elle pourra demander au-delà que la délivrance lui foit faite de fon douaire coutumier ou préfix, pourvû qu'il n'excede pas le coutumier. La raifon eft , que comme le douaire coutumier vient *ex legis municipalis beneficio* , il n'eft pas fujet à la réduction prefcrite par l'Edit des fecondes noces.

VI°. Que le bénéfice que peut remporter un fecond mari ou une feconde femme , en entrant en communauté , du jour de la célébration du mariage , fi l'apport n'eft pas égal, ce bénéfice eft réductible fuivant la difpofition de cet Edit ; parce qu'après la diffolution de la communauté , cela produiroit un avantage indirect au profit de ce fecond mari ou de cette feconde femme , au préjudice des enfans du premier lit.

Sur le fecond chef de cet Edit, qui veut que celui ou celle qui convole en fecondes noces , laiffe aux enfans de ces précédens lits toutes les libéralités qui lui ont été faites par celui ou celle avec qui il a eu lefdits enfans , nous obferverons,

I°. Que la referve portée par cet Edit eft un fidéicommis légal dont le furvivant eft chargé , au cas qu'il convole en fecondes noces. C'eft pourquoi il ne reçoit les biens qui y font fujets , qu'à charge de la reftitution ; de forte qu'il n'en peut conferver que l'ufufruit , au cas qu'il fe remarie. Ainfi , s'il en a difpofé avant d'être remarié , la difpofition qu'il en a faite devient caduque par fon fecond mariage , & fes biens appartiennent en propriété à fes enfans.

II°. Que ce que nous difons , que par le fecond mariage les biens que celui ou celle qui fe remarie a reçus de la libéralité de fon premier mari ou de fa premiere femme , appartiennent aux enfans de fon fecond mariage , n'a lieu que quand lefdits enfans renoncent à fa fucceffion ; car s'ils l'acceptent , ils font tenus de fes faits & promeffes.

III°. Que cette prohibition d'aliéner n'eft faite qu'en faveur des enfans de celui ou de celle qui fe remarie : c'eft pourquoi fi ces enfans venoient à déceder avant, pour lors fa difpofition ne pourroit être attaquée en aucune maniere.

IV°. Que ce fecond chef ne parlant que des avantages qui procedent de la libéralité du premier mort des conjoints, fait au furvivant qui fe remarie ayant des enfans d'un premier lit , les biens qui font déférés au furvivant par la difpofition de la Loi , ne doivent pas être confervés aux enfans du mariage précédent : ainfi ce qui provient de la garde noble ou bourgeoife ne leur doit pas être confervé.

La peine des fecondes noces ceffe en trois cas. Le premier , quand il n'y a aucuns enfans du premier lit vivant lors du décès du survivant qui s'eft remarié.

Le deuxieme, lorfque les enfans du fecond lit font inhabiles à fuccéder au furvivant.

Le troifieme, fi les enfans du premier lit ont remis la peine des fecondes noces au furvivant, pourvû que cette remife ait été faite après la mort de leur pere ou mere qui ont convolé en fecondes noces, & qui ayant des enfans du premier lit, ont à leur préjudice avantagé leur fecond mari ou leur feconde femme au-delà de ce qui leur étoit permis.

Voyez au Code le titre *de fecundis nuptiis*, & ce que j'ai dit fur l'article 279. de la Coutume de Paris, où j'ai rapporté les peines établies par les Loix Romaines contre les veuves qui fe remarient prématurement dans l'année du deuil, & l'ufage de ces peines en Pays de Droit écrit.

E D I T DE PACIFICATION, font des Edits que la néceffité des tems & les circonftances fâcheufes ont obligés nos Rois d'accorder, par lefquels ils tolerent la Religion prétendue reformée dans leur Royaume. Perfonne n'ignore en combien peu de tems & avec quel progrès cette nouvelle Religion s'établit en France, & combien elle y trouva de puiffant protecteur. A peine cette nouvelle doctrine fût-elle prêchée, qu'elle remplit cet Etat de fcandales, de troubles & de divifions.

Les nouveaux Réformés infultoient aux dogmes reçus par les Catholiques, & aux Myfteres pour lefquels ils avoient de la vénération. Les Catholiques défendoient la Foi & la croyance de leurs Peres.

Comme rien n'eft plus vif qu'une guerre de la Religion, & que chacun fe fait un devoir de piété de s'y fignaler, on en vint bientôt aux armes & aux voies de fait. On vit alors le fang couler de tous côtés : les deux Partis fe déteftant l'un l'autre, fe traitoient fans miféricorde. Les Catholiques abbattoient les nouveaux Temples, & vouloient abolir jufqu'aux veftiges de la nouvelle Religion.

Les prétendus Réformés démoliffoient les Eglifes, brûloient les Reliques & les Images. Non contens d'infulter & chaffer les Prêtres & les Moines, ils les maffacroient le plus fouvent, & s'emparoient des biens des Eglifes, & des Eglifes mêmes pour y faire l'exercice de leur nouveau culte.

Les plus grands Seigneurs avoient pris parti dans cette querelle : ils formoient dans leurs Châteaux & Maifons fortes des affemblées illicites, foit pour méditer une défenfe, foit pour préparer des attaques.

La voix des Loix & des Ordonnances ne pouvoit fe faire entendre parmi tant de troubles ; & l'autorité fouveraine, dont le propre eft d'aimer également fes Sujets & d'en ménager le fang, fe trouvoit fort empêchée, felon l'expreffion de Charles IX. *d'avifer aux moyens d'y apporter une falutaire provifion.* Ce fut donc pour parvenir à cette falutaire provifion, que le Roi donna le 27. Janvier 1561. fon Edit intitulé : *Pour appaifer les troubles & fédition pour appaifer le fait de Religion.*

Ce titre a donné le nom à tous les Edits femblables qui ont fuivi ce premier ; car il y en a eu plu-

fieurs, & les prétendus Réformés enflés par leur grand nombre, & par les protecteurs qu'ils avoient, ne fe contenterent pas de la condefcendence du Roi pour la tolérance de leur réforme, ils épiloguerent fur plufieurs termes de cet Edit ; ils exigerent qu'on donnât plus d'étendue aux différentes bornes que le Roi avoit mifes à fa condefcence.

En un mot, cet Edit de Charles IX. fut interprété par ce même Prince par fix Edits & autant de Déclarations, qui portent pour titre, *fur l'Edit de pacification.*

Henri III. fit auffi pendant fon régne quatre Edits pour la même caufe : ils font tous intitulés *de pacification* ; le premier eft du mois de Mai 1576. le fecond du 7. Septembre 1577. le troifieme du dernier Février 1579.

Ce dernier Edit contient les articles de la Conférence tenue à Nérac contre la Reine mere du Roi, le Roi de Navarre, & les Députés des prétendus Réformés, qui étoient alors fi puiffans, qu'ils capituloient pour ainfi dire avec le Roi.

Le quatrieme enfin eft du 26. Décembre 1580. & contient les articles de la Conférence de Flex & de Coutrax.

Le plus célebre de tous ces Edits eft celui de Nantes, du Roi Henri IV. donné le dernier Avril 1598. qui contient en quatre-vingt-douze articles tous les privileges que les Edits précédens avoient accordés aux Prétendus Réformés.

Il confirme d'abord l'amniftie qui leur avoit été accordée. Il fixe enfuite les lieux de l'exercice de leur Religion, la police extérieure qu'ils y doivent garder ; traite de leurs mariages & enterremens ; donne des regles pour la Chambre de l'Edit, & pour les acquifitions qu'ils pourroient avoir faites.

Quoique cet Edit leur fût très-favorable, ils n'avoient pas cependant bornés leurs demandes à ce qu'il contient. Le Roi leur accorda plufieurs chofes qu'il ne voulut pas inférer dans fon Edit. Il y a cinquante-fept articles particuliers que le Roi refufa d'y mettre, mais qu'il leur accorda, & qu'il fit regiftrer au Parlement.

Louis XIII. fit auffi un Edit de Pacification au mois de Mai 1616. par lequel il accorda quinze articles particuliers, arrêtés à la Conférence de Loudun.

Après la prife de la Rochelle, les demandes des Prétendus Réformés devinrent plus foumifes & moins fréquentes. Louis XIV. a eu la gloire d'abbattre entiérement & par les voies les plus fages ce parti préfomptueux.

Par fon Edit du mois d'Octobre 1685. il a révoqué l'Edit de Nantes, & tous les autres femblables, & a défendu l'exercice de la Religion prétendue réformée dans fon Royaume.

EDITS BURSAUX, font ceux qui n'ont principalement pour objet que la Finance qui doit en revenir au Souverain, tels que les créations d'Offices, les nouvelles impofitions, & autres établiffemens femblables que le Prince eft obligé de faire dans certains tems pour fubvenir aux befoins de l'Etat.

EDUCATIONS DES ENFANS, eft un devoir des peres & meres, qui defcend du droit naturel, &

même qui par rapport aux mœurs , eſt enjoint aux hommes par le droit divin , comme nous le dirons dans la ſuite.

Quoique la puiſſance paternelle ne ſoit pas admiſe parmi nous en pays coutumier , néanmoins les enfans ſont dans la dépendance de leurs peres & meres.

C'eſt donc à eux à régler leurs mœurs , & à veiller à leur éducation, en quoi les enfans ſont obligés de leur obéir ; & c'eſt un devoir auquel la nature & la Loi ont aſſujetti·les enfans envers ceux qui leur ont donné l'être , & qui ont pris ſoin de leur éducation.

Le réglement des mœurs appartient aux peres & meres de droit divin ; puiſque le Texte ſacré , du Deuteronome , chap. 6. verſ. 6. & 7. porte que le Seigneur ayant donné ſa Loi à ſon Peuple, lui dit par l'entremiſe de Moïſe , parlant des Commandemens de cette Loi : *Ces Commandemens que je vous donne aujourd'hui ſeront gravés dans votre cœur , vous en inſtruirez vos enfans : vous les méditerez aſſis dans votre maiſon & marchant dans le chemin , la nuit dans les intervalles du ſommeil ; & le matin à votre reveil.*

Ainſi les peres & meres ſont obligés par le droit divin de donner à leurs enfans les inſtructions néceſſaires pour l'intelligence d'une Loi , de l'obſervance de laquelle dépend le bonheur & le ſalut de l'homme.

Ceux qui ne ſe ſont point acquittés de ce devoir, & qui n'ont pas empéché autant qu'il étoit en leur pouvoir leurs enfans de tranſgreſſer cette Loi, ont ſouvent été punis de leur négligence.

Auſſi voyons-nous que les peres & meres étoient autrefois tenus civilement des dommages cauſés par leurs enfans , à moins qu'ils ne fuſſent hors de leur dépendance , ou d'un âge à n'être plus ſoumis à leur correction.

En effet le principal ouvrage des peres & meres n'eſt pas d'engendrer des enfans , c'eſt celui de la nature ; mais celui des peres & meres eſt de les élever à la vertu , & de les retirer de la pente du vice appellé *fames peccati*, dans laquelle nous naiſſons tous depuis le péché d'Adam ; car ſi le péché originel eſt effacé par le baptême, cette pente au péché ne l'eſt pas.

Les peres & meres doivent donc s'appliquer à former le cœur de leurs enfans , & préférablement à cultiver leur eſprit. Etant les Magiſtrats & Cenſeurs domeſtiques de leurs maiſons , ils doivent contenir leurs enfans dans leur devoir par une bonne diſcipline à n'offenſer perſonne. *Exerceat pater diſciplinam* , dit ſaint Auguſtin , *ejus latera verberibus tundat , quo ſcilicet filius coactus & domitus dirigatur.* Car les fautes des enfans ſont toujours ſuivies , ou pour mieux dire précédées de celles de leurs peres , qui ſont toujours coupables ou de négligence ou de défaut de correction. Ainſi les mauvais déportemens des jeunes gens viennent le plus ſouvent de la mauvaiſe éducation que leurs peres leur donnent.

Cependant aujourd'hui on n'eſt pas tenu civilement des délits de ſes enfans , comme nous avons

dit ci-deſſus lettre D , en parlant des délits des fils de famille.

Il eſt auſſi du devoir des peres & meres de pourvoir aux néceſſités de leurs enfans ; ainſi ils ſont obligés de leur fournir des alimens juſqu'à ce qu'ils ſoient en un âge & en état de pourvoir par eux-mêmes à leurs beſoins.

Si les parens ſont obligés par les Loix de la nature de fournir à leurs enfans des alimens qui ſervent à l'entretien du corps , ils ne ſont pas moins obligés, pour obéir aux préceptes de la morale de leur donner une éducation qui , formant leur eſprit , les conduiſe dans le chemin de la vertu ; ce que nous venons de prouver par l'Ecriture Sainte.

Ainſi, la principale obligation des peres & meres envers leurs enfans eſt , comme nous l'avons dit, de leur donner une bonne éducation , & leur donner par ce moyen une ſeconde vie. Le courage & la vertu ſont des qualités que l'on hérite de ſes ancêtres ; mais l'éducation doit venir au ſecours de la naiſſance ; ſans quoi les meilleures qualités demeurent infructueuſes.

Les parens doivent donc repréſenter ſans ceſſe à leurs enfans , qu'un Chrétien ne doit rien avoir plus à cœur que de remplir plus exactement tous les devoirs auxquels la Religion l'engage , puiſqu'il y va d'un bien éternel & infini , ou d'un état affreux & déteſtable qui n'aura jamais de fin. Ils doivent enſuite leur faire entendre que l'honneur eſt le premier de tous les biens de ce monde , que les richeſſes ne peuvent tenir lieu ni remplacer la perte de la réputation ; qu'il vaudroit mieux mourir que de vivre deshonoré ; & qu'ainſi il faut vivre en honnête homme , & ſur-tout aimer ſa Patrie , être fidéle à ſon Roi , être bon citoyen , & ne faire tort à perſonne.

Ceux qui ont reçu une bonne éducation , penſent bien , ont de l'élevation , ſuivent ſans ſe contraindre un excellent naturel , & ont d'excellentes diſpoſitions : ils ſe diſtinguent par-là ſans affectation , & ſans avoir en vûe de ſe diſtinguer.

Comme l'ignorance eſt la mere de tous les vices, les parens ſont donc obligés de fournir aux frais de leurs études , afin de les mettre en état de s'acquitter dignement des charges & des emploies auxquels ils peuvent être élevés un jour. *Voyez* ci-après , Etude des Bélles Lettres.

Mais la diſſipation , l'avarice ou l'indolence des peres & meres , diminue ſouvent l'attention qu'ils devroient avoir pour une choſe ſi importante , & eſt quelquefois la cauſe du peu de ſuccès de leurs enfans dans la ſuite , lorſqu'ils ſont parvenus aux Charges que leur fortune leur a procurée.

Cet abus eſt plus ancien que nous. Juvenal , un des ornemens de l'ancienne Rome , ſe recrioit ſouvent de ce qu'on donnoit dix ſexterces à Criſpin Cuiſinier , & que Quintilien n'en avoit que cinq.

Comme les études ſont partie de l'éducation des enfans , c'eſt avec raiſon que tout ce qui a été donné par les peres & meres , afin de leur procurer les inſtructions néceſſaires pour s'avancer dans leurs études , n'eſt point ſujet à rapport , comme nous avons dit ci-deſſus, *verbo* Ecolier.

Après que les parens se sont acquittés de l'obligation qui concerne l'éducation de leurs enfans, ils sont encore obligés de leur procurer, autant qu'il leur est possible, un établissement convenable, lorsqu'ils sont parvenus à un certain âge. Un pere qui par avarice a négligé de satisfaire de son vivant à un tel devoir, ne laisse à ses enfans qui lui succedent aucun sujet de regretter sa mort, quelques biens qu'il leur laisse en mourant.

Voyez Henrys & Bretonnier, tom. 4. plaid. 9. & le Grand sur l'art. 21. de la Coutume de Troyes, glos. 1. nomb. 37. & 38.

E D U C A T I O N des mineurs, appartient à leur tuteur ou curateur. Mais si une mere tutrice de ses enfans avoit été déchue de leur tutelle, pour avoir convolé en secondes noces, elle peut s'en réserver toujours l'éducation ; à moins qu'on ne la lui ôte pour mauvaise conduite, ou pour quelque autre raison particuliere ; ou bien que ce ne soit en pays de Droit écrit, & que le mineur soit en la puissance de son ayeul paternel.

Ainsi, par Arrêt du Parlement de Provence, du 19. Février 1644. l'éducation d'une fille âgée de quatre ans, a été donnée à l'ayeul paternel, à l'exclusion de la mere, parce que cette fille étoit sous la puissance de l'ayeul. Il y a un autre Arrêt semblable du 14. Octobre 1660. qui est rapporté par Boniface, tom. 1. liv. 4. tit. 2. chap. 1.

Il faut encore remarquer, que lorsque le tuteur n'est point marié, ou qu'il est veuf, on ne lui confie pas l'éducation des filles, on les met en Religion, ou chez quelque parente.

Les mineurs doivent être nourris & entretenus suivant leur condition & leurs facultés ; de maniere que quand leurs revenus sont considérables, on en conserve de quoi augmenter leur bien autant qu'il est possible. *Mornacius, ad leg. 3. ff. ubi pupillus æducari, vel morari debeat.*

Lorsque les pensions & autres dépenses des mineurs ne sont réglées par l'avis de parens qui nomme le tuteur, ils les peuvent régler après, ou les faire régler par le Juge.

Voyez Henrys & Bretonnier, plaid. 9.

E F

EFFETS civils, sont les droits & les avantages qui sont accordés aux Regnicoles par les Loix civiles & politiques de l'Etat.

Ces droits consistent à pouvoir intenter des actions en Justice, à pouvoir succéder, à pouvoir disposer de ses biens par testament, & à pouvoir posséder des Offices & des Bénéfices dans ce Royaume.

Tout cela s'appelle vie civile ; & ceux qui sont incapables des effets civils, comme les Aubains, & ceux qui sont condamnés aux Galeres à perpétuité, ou au banissement perpétuel, sont morts civilement, parce qu'ils ne participent non plus aux droits des autres François : que s'ils étoient mort en effet.

EFFIGIE, est l'exécution d'un criminel condamné à mort par contumace, laquelle se fait par la suspension d'un tableau en une place publique, où est dépeint le criminel, & où est écrit le Jugement qui le condamne.

L'Ordonnance de 1670. tit. 17. art. 16. veut qu'il n'y ait que les condamnations de mort naturelle qui puissent être exécutée par effigie ; & que les autres, comme de galeres, amendes honorables, banissement perpétuel, soient seulement écrites dans un tableau sans effigie.

L'effet de l'exécution d'une Sentence de condamnation rendue par contumace, est d'empêcher que le crime se prescrive par vingt ans.

Ainsi quand elle a été exécutée, il faut trente ans pour prescrire le crime ; au lieu qu'il n'en auroit fallu que vingt, si l'on en fût demeuré à la simple condamnation.

E G

EGALEMENT en fait de partage, est une distribution préalable qui se fait avant partage entre des cohéritiers, dont les uns ont reçu en avancement d'hoirie des avantages, dont ils sont le rapport aux autres en moins prenant, & non pas en espéces.

En ce cas, il faut commencer à égaler les héritiers entr'eux ; c'est-à-dire, que s'il y a des enfans donataires, & d'autres qui ne le soient pas, ou qu'ils soient donataires par portions inégales, on donne à ceux qui n'ont point eu de don, ou qui en ont un moindre que les autres, autant qu'il en faut pour les rendre égaux ; & on leur donne ce supplément autant qu'il est possible, en effets de même qualité, & de même valeur & bonté.

C'est ce qui fait que si le donataire a eu de l'argent comptant, les autres prennent ce supplément en argent, & autres effets mobiliers jusqu'à concurrence du don ; & s'ils ne sont pas suffisans, ils choisissent entre les contrats de constitution ceux qui leur conviennent ; & enfin ils viennent aux autres immeubles.

Si le donataire a des héritages qu'il n'ait pas rapportés en especes, les autres doivent être égalés, s'il se peut, en autres héritages de pareille nature & bonté.

Les égalemens étant faits, on commence à procéder au partage des effets qui restent à la successession.

EGALITÉ, est la regle que les peres & meres doivent observer entre leurs enfans, par rapport à leurs successions ; c'est-à-dire, que les peres & meres ou autres ascendans ne peuvent pas avantager aucun de leurs enfans au préjudice des autres, lorsqu'ils viennent à la succession de leurs ascendans ; ce qui fait que dans la Coutume de Paris & dans plusieurs autres, pere & mere ne peuvent par donation entre-vifs, par testament & ordonnance de derniere volonté, ou autrement en maniere quelconque, avantager leurs enfans venans à leurs successions, l'un plus que l'autre.

Cela fait que dans cette Coutume & dans les autres qui ont une semblable disposition, les enfans venans à la succession de pere ou mere, doivent rapporter ce qui leur a été donné , pour avec les autres biens de ladite fuccession , être mis en partage entr'eux , ou moins prendre : mais les enfans qui ont été avantagés , peuvent renoncer à la fucceffion de leur pere ou de leur mere , & s'en tenir aux dons & avantages qu'ils en ont réçus , fans être obligés de rapporter , fauf toutefois la légitime de leurs freres & fœurs.

Voyez ce que j'ai dit fur les articles 303. & 304. de la Coutume de Paris. Nous ferons feulement ici deux obfervations importantes.

La premiere , que nous avons deux Coutumes , fçavoir , celle de Chauny , art. 19. & celle de Bourbonnois , art. 308. dans lefquelles le rapport n'a pas lieu.

La feconde , que nous avons des Coutumes appellées Coutumes d'égalité , dans lefquelles les enfans , ou même tous autres héritiers donataires , font obligé de rapporter , foit qu'ils acceptent la fucceffion , ou qu'ils y renoncent. *Voyez* ci-deffus Coutumes d'égalité.

E G A L I T É PROMISE PAR CONTRAT DE MARIAGE , eft celle qui fe fait par pere & mere , qui mariant un de leurs enfans , promettent de ne point avantager l'un de leurs autres enfans plus que celui dans le contrat de mariage duquel ils font une telle promeffe.

Cette promeffe eft valable lorfqu'elle eft faite par pere & mere dans le contrat de mariage d'un enfant ; mais elle eft rejettée quand elle eft faite dans tout autre acte , du moins en pays de Droit écrit , parce qu'elle tient de la convention *de futura fucceffione*, & qu'elle diminue la liberté de tefter.

Lorfque l'égalité eft promife par le contrat de mariage d'un des enfans , elle ne regarde que lui , & n'oblige les pere & mere qu'à ne point faire d'avantage à quelqu'un de leurs autres enfans , au prejudice de celui en faveur de qui ladite promeffe a été faite ; mais elle n'oblige les pere & mere à ne pas avantager un autre de leurs enfans plus que les autres. C'eft affez que cet avantage ne faffe point de tort à celui à qui l'égalité a été promife. Ainfi jugé au Parlement de Paris le 22. Mai 1703.

ÉGALITÉ D'OPINIONS. *V.* Partage d'opinions.

EGOUT , eft une fervitude appellée en Droit , *jus ftilicidii* , qui donne à un héritage le droit de faire paffer fes eaux pluviales fur un héritage voifin. *Voyez* Brodeau fur Louet , lettre S. tom. 1. & Mornac , *ad Legem* 19. *ff. de fervit. præd. ruftic.*

E L

ELARGISSEMENT , eft la fortie d'un prifonnier par un Jugement qui l'ordonne , ou par quelqu'autre maniere introduite ou approuvée par les Loix. Il en eft parlé dans les quatre derniers articles du titre 10. de l'Ordonnance de 1670. où je renvoye le Lecteur.

L'élargiffement d'un prifonnier pour dettes civiles fe peut faire , 1°. en vertu d'un Jugement qui l'ordonne.

II°. En confignant entre les mains du Géolier ou Greffier de la géole , la fomme pour laquelle l'emprifonnement a été fait.

III°. En vertu du confentement des Parties , paffé pardevant Notaires , fignifié au Géolier ou Greffier de la géole.

En matiere criminelle , l'élargiffement d'un accufé fe peut faire en conféquence d'un Jugement rendu fur les conclufions du Procureur du Roi , ou purement & fimplement , lorfqu'il eft pleinement juftifié , & qu'il ne refte pas le moindre foupçon du crime , ou à fa caution juratoire , à la charge de fe repréfenter au jour marqué & préfini , ou toutefois & quantes il en fera requis , s'il refte encore quelque doute.

Lorfque le Jugement eft définitif , il emporte abfolution , fans que l'état de celui qui a été ainfi prévenu de crime demeure incertain , & reçoive aucune atteinte.

Au contraire , lorfqu'un prifonnier eft élargi par provifion & renvoyé à jour certain , ou *quoufque* , c'eft-à-dire , jufqu'à ce qu'il foit mandé , ou qu'il en foit autrement ordonné , ce Jugement n'eft pas définitif , mais feulement provifionnel ; & celui qui eft élargi fous une telle condition eft tenu de comparoir au jour marqué & préfini , ou au jour qu'il eft mandé , à peine d'être déclaré atteint & convaincu des cas & crimes qui lui font impofés.

La raifon eft , qu'il n'eft pas abfous de l'accufation , puifque fa conviction ou fa juftification eft différée pour un tems , & jufqu'à ce que la vérité du fait foit mieux reconnue par des nouvelles preuves : auffi n'eft-il pas élargi fans caution.

De ce que celui qui eft élargi par provifion eft tenu de fe repréfenter , & de fe rendre en l'état d'accufé au jour marqué , ou quand il fera mandé , il s'enfuit qu'il refte toujours *in reatu* : c'eft pourquoi , fi c'eft un Officier , il ne peut pas , jufqu'à ce qu'il foit pleinement abfous , faire les fonctions de fa Charge. Cependant Belordeau , en fes Obfervations forences , liv. 1. art. 13. dit que le contraire a été jugé au Parlement de Bretagne.

Quand un accufé eft élargi à la charge de faire au Greffe les foumiffions requifes & accoutumées , c'eft-à-dire , de fe préfenter s'il s'abfente fans les faire , il doit être donné défaut contre lui , & ordonné qu'il fournira l'acte , & eftera à droit par emprifonnement de fa perfonne , & fera tenu comme infracteur des prifons. Bouchel , *verbo* Procès criminel.

A l'égard de ce que doit faire un prifonnier , dont le Juge a prononcé l'élargiffement par provifion , en donnant caution de fe repréfenter , *voyez* ce qui eft dit ci-deffus , *verbo* Caution en matiere criminelle.

ELECTION , qui fignifie proprement choix , eft la promotion d'une perfonne à quelque Dignité , qui fe fait par ceux qui ont le droit d'élire.

E L E C T I O N D'AMI , a lieu dans quelques Provinces en fait de ventes , pour éviter doubles droits feigneuriaux. Celui qui achete un héritage , ftipule l'élection d'ami , à l'effet de pouvoir faire au profit d'un autre qu'il choifira , fa déclaration au moyen de quoi il n'y a qu'une vente , & par conféquent doubles droits ne font point dûs au

Seigneur : mais il faut que cette déclaration soit faite dans le tems préfini par la Coutume des lieux, ou par l'ufage ; autrement doubles droits feroient dûs au Seigneur.

Ce tems eft d'un an dans plufieurs endroits, & de deux ans, ou même de plus dans d'autres.

ELECTION D'HÉRITIER, eft le choix que l'on s'eft réfervé par contrat de mariage, ou qui eft déferé à quelqu'un par le teftament de la perfonne qui l'a inftitué héritier.

Cela eft fréquent à Lyon, à Bordeaux, & en plufieurs autres Provinces de Droit écrit ; mais cela n'a point lieu en pays coutumier, puifque l'inftitution d'héritier n'y eft pas reçue.

Ce choix eft réfervé par contrat : un homme par fon contrat de mariage peut inftituer héritier en tous fes biens, ou en partie, celui de fes enfans qu'il voudra choifir.

Ce choix eft déferé à quelqu'un par le teftament de la perfonne qui l'a inftitué héritier, lorfque le teftateur inftitue un héritier ; à la charge de rendre fa fucceffion à celui qu'il choifira dans le nombre des perfonnes que le teftateur lui dénomme.

Un teftateur, en nommant pour héritier un de fes enfans, peut lui laiffer le choix & la liberté de nommer pour fon héritier tel de fes parens ou autre qu'il voudra.

Un des conjoints peut inftituer l'autre fon héritier, à la charge de reftituer à celui de fes enfans qu'il élira.

Lorfque le pere dans fon teftament à inftitué héritier, celui de fes enfans qui fera élu par leur mere, fi la mere décede fans élire, tous fuccedent également.

Le furvivant des conjoints qui eft chargé d'élire un de fes enfans, ne perd pas cette faculté par fon fecond mariage.

Quand celui qui eft chargé d'élire a une fois confommé fon élection par un acte entre-vifs, il ne peut plus varier ; mais quand il a fait fon élection par un teftament ; elle peut-être changée auffi bien que le teftament.

Voyez ce que dit M. Brillon de l'élection d'héritier, & les Auteurs qu'il cite ; & fur tout Henrys, tom. 1. liv. 4. chap. 6. queft. 67. & liv. 5. queft. 14. 15. 16. 17. 18. 19. 20. 61. 62. & tom. 2. liv. 5. queft. 10. 12. 51. 52. 53. 58. & liv. 6. queft. 52. & dans les Plaidoyers le quatrieme.

ELECTION EN FAIT DE JURISDICTION, eft celle des Elus. Ils font appellés Elus, parce qu'anciennement ceux qui dans les Provinces avoient la direction des Aydes, étoient ainfi appellés.

Ils étoient nommés par les Etats qui ordonnoient la levée des impofitions fous les Généraux des Aydes, qui étoient commis à même fin, & qui en avoient la direction générale dans tout le Royaume.

Ils avoient foin d'affeoir & départir les Tailles & avoient la garde de ces deniers, qui étoient deftinés pour la folde des gens de guerre. Mais depuis que les Tailles ont été mifes en ordinaire, le Roi établit & inftitua en titre d'Office formé ces Elus, & le nom leur en eft demeuré, quoiqu'ils ne foient

plus élus & choifis par le Peuple.

La création des Elus eft auffi ancienne que le premier établiffement des Aydes, qui commença fous le régne du Roi Jean. Les Maires & Echevins ne pouvant fuffire pour faire les affiettes, & lever les deniers qui s'impofoient fur le peuple pour les befoins preffans de l'Etat, certaines perfonnes d'autorité furent envoyées dans les Provinces pour affeoir lefdites impofitions avec égalité, & par proportion de l'abondance des Pays.

Comme il falloit à ces perfonnes, pour s'acquitter de leurs Charges, connoître l'état des lieux & facultés des Particuliers, ils faifoient choix & élection de deux ou trois d'entre ceux qui leur avoient été nommés par les gens du pays, à l'effet de les affifter à la diftribution defdits impôts & fubfides ; & il y a quelqu'apparence que c'eft de-là que ces gens eftimés les plus intégres ont été nommés Elus.

L'Election eft donc une Jurifdiction fubalterne, qui juge en premiere inftance de la plûpart des matieres dont connoiffent les Cours des Aydes, auxquelles reffortiffent leurs appellations ; fçavoir, de tailles, taillons, recrues & fubfiftances, des aydes, & de toutes les autres impofitions & fubfides.

Elle connoît encore des contraventions aux Réglemens faits pour la vente & diftribution du parchemin & papier timbré, dont la connoiffance lui eft attribuée par l'article 22. du titre des droits établis fur le papier & parchemin, de l'Ordonnance du mois de Juin. 1680.

Cette Jurifdiction eft compofée de plufieurs Officiers, & il y a dans chacune un Procureur du Roi.

Celle de Paris a deux Préfidens, un Lieutenant, un Affeffeur, vingt Confeillers, un Procureur du Roi, un Subftitut & deux Greffier.

Les Sentences de l'Election de Paris s'intitulent en ces termes : *Les Préfidens, Lieutenant, Affeffeur, Elus, Confeillers du Roi ès Ville, Cité & Election de Paris*, &c.

Les Elus connoiffent de toutes les matieres des Aydes & des Tailles, à quelques fommes qu'elles foient ; mais ils jugent en dernier reffort & fans appel jufqu'à dix livres, fuivant l'Edit d'Henri IV. du mois de Janvier 1598. pourvû qu'ils foient trois Affiftans au Jugement, fans que la Cour des Aydes en puiffe prendre connoiffance, ni l'appel y puiffe être reçu, avec défenfes aux Parties d'en appeller, à peine de cent écus d'amende.

Il y a eu depuis plufieurs Edits à ce fujet. Enfin, par celui de l'année 1679. il eft permis aux Elus de juger jufqu'à vingt livres ou au deffous de furtaux en dernier reffort & fans appel.

Les Elus connoiffent des matieres criminelles, quand il y a rebellion commife contre les Collecteurs, Sergens, Exécuteurs des Rolles, ou contre les Fermiers des Aydes ou leurs Commis.

Mais lorfque les Collecteurs ou Fermiers faifans leur collecte ou exigeant les droits des Aydes commettent quelque délit, ou font quelque violence, fans avoir été provoqués, par aucune rebellion, les Elus n'en peuvent pas connoître, & la connoiffance en appartient au Juge ordinaire.

Les appellations des Sentences des Elections se relevent en la Cour des Aydes dans quarante jours : l'amende de l'appel est la même qu'au Parlement.

Mais quand il s'agit de cottes faites d'office par les Intendans & les Elus, les appellations qui en sont interjettées se relevent au Conseil ainsi qu'il est porté par l'édit du mois d'Avril 1667.

Les Elus peuvent remplir leurs Charges sans être Licenciés en Droit, parce qu'il ne s'agit pas de Jurisprudence dans les affaires qui sont de leur Jurisdiction : les Ordonnances sont les régles auxquelles ils doivent simplement se conformer.

Quoi qu'il en soit, ceux qui sont Licenciés en Droit, & qui se font recevoir Elus, peuvent demander d'être reçus sur la Loi. La réception des Elus se fait toujours en la Cour des Aydes, où ressortissent les appellations de l'Election dans laquelle on veut être reçu.

La procédure qui doit être observée dans les Elections & autres Jurisdictions qui connoissent des droits des Fermes, a été réglée par une déclaration en forme de Réglement, du 17. Février 1688. qui convient en certaines choses à l'Ordonnance de 1667. & qui ne s'y accorde pas en d'autres.

Les exploits s'y font en la maniere ordinaire ; ils doivent être libellés & donnés à la personne ou au domicile, contenir les conclusions & sommairement les moyens, avec des copies tout au long ou par extrait des pièces qui servent à établir la demande.

On assigne à trois jours ceux qui sont domiciliés au lieu où le Siége est établi, & à huitaine ceux qui n'y demeurent pas, & qui sont du ressort. On ne compte ni le jour de l'assignation, ni le jour de l'échéance, mais les Fêtes & les Dimanches sont comptés.

Il est permis aux Parties de plaider en personne sans se faire assister de Procureurs. A quoi néanmoins est contraire l'usage de l'Election de Paris, où il y a des Procureurs en titre d'Office.

Dans les autres Elections, le demandeur qui ne constitue point de Procureur par son exploit d'assignation, est tenu d'élire un domicile par le même exploit, dans la Ville où le Siége est établi ; & toutes les significations qui seront faites au domicile élu, vaudront comme si elles étoient faites à la personne.

Lorsque l'une des Parties ne comparoît point à l'assignation, les Juges sont obligés dès la premiere Audience de donner défaut au demandeur, ou congé au défendeur, & pour le profit adjuger sur le champ les conclusions de celui qui comparoît.

Mais l'opposition est recevable dans les trois jours de la signification de la Sentence, & il est nécessaire que l'action d'opposition contienne sommation de venir plaider trois jours après. Celui qui a été débouté de sa premiere opposition, n'est plus recevable à en former une seconde.

Le défendeur peut fournir de défenses par écrit, pourvû qu'il les fasse signifier avant le jour de l'Audience, avec les pièces justificatives de ses défenses.

Si les Parties comparoissent à l'audience après l'échéance de l'assignation, la cause doit être jugée sur le champ, sans que les Juges puissent en aucun cas en matiere civile appointer les Parties à écrire & produire, si ce n'est qu'il s'agisse de noblesse, & qu'elle soit contestée, Art. 12. du Reglement de 1688.

L'article suivant leur permet néanmoins, en cas qu'il soit nécessaire de voir les pieces, d'ordonner qu'il en sera délibéré sur le Registre, & qu'à cet effet les Parties laisseront sur le champ leurs pieces & procédures sur le Bureau, sans qu'elles puissent faire aucun inventaire ni écritures ; & après que les Juges en auront délibéré, le Jugement sera prononcé à la premiere Audience suivante, & écrit sur le Registre pour les délibérés.

Lorsque les Parties seront contraires en fait, & que la preuve par témoins est admissible, les Juges doivent donner un délai pour faire comparoir respectivement les témoins : les reproches sont proposés verbalement à l'Audience ; les temoins y sont aussi entendu, ou bien l'un des Juges est commis pour les entendre, après quoi la cause est jugée.

Quoiqu'aux termes des articles 12. & 13. dudit Réglement de 1688. il soit défendu aux Elus & autres semblables Juges d'appointer ; néanmoins par Edit du mois de Novembre 1689. Sa Majesté y dérogeant, a permis à tous les Officiers des Elections & Greniers d'appointer les causes dans les matieres importantes, & dans les cas portés par les Ordonnances & Réglemens.

Il faut néanmoins observer que les procès des Fermes ne peuvent être appointés, mais doivent être jugés sommairement sans épices ni vacations, ainsi qu'il est enjoint par Arrêt du Conseil du 5. Janvier 1715. & par l'article 4. de la Déclaration du 30 Janvier 1717.

Les Présidens des Elections, sous prétexte de l'autorité que leur donne leur Charge, ou en vertu des traités qu'ils prétendoient avoir fait avec les Officiers des Elections, ont voulu contre l'ordinaire obliger les Procureurs, non-seulement de présenter à eux seuls les Requêtes, mais encore qu'elles fussent intitulées de leurs noms.

Mais la Cour des Aydes par son Arrêt du 27. Mais 1700. a ordonné que les Requêtes qui seront présentées aux Elections, soient répandues par les Présidens seuls, ou en leur absence, par les Lieutenans, ou par le plus ancien des Elus ; & à cet effet que toutes les Requêtes seront intitulées : A Messieurs les Officiers de l'Election.

Il est permis aux Elus de se taxer quinze sols pour chaque Sentence contradictoire & définitive qu'ils rendent à l'Audience ou sur un délibéré ; & les quinze sols doivent être partagés entre les Juges qui auront assisté à l'Audience ; en sorte néanmoins que le Président ait deux parts, & l'Avocat & Procureur du Roi une part.

La Cour des Aydes a rendu un Arrêt le 3. Février 1698. portant Réglement général entre les Officiers de l'Election de Paris, pour les fonctions & droits de leurs Charges. Il se trouve dans le Recueil de M. Augeard, tom. 1. chap. 10.

Les Elus ont en attribution du droit de *Commitimus* aux Requêtes du Palais à Paris, & ce par l'Edit du 22. Septembre 1627. mais par Arrêt du 18. Février 1631. il est dit que les Elus ne jouissent point de ce droit, parce que cet Edit n'a pas été vérifié.

Ils ne peuvent pas entériner des Lettres de grace; comme il a été jugé par Arrêt du premier Juillet 1651. rapporté par Henrys, tome 2. liv. 2. quest. 3.

Les Officiers des Elections ont le droit d'appofer le scellé sur les papiers & Registres des Receveurs des Aydes, & autres droits, à l'exclusion des Officiers ordinaires ; comme il est porté en l'Arrêt rendu en la Cour des Aydes le 20. Août 1706. rapporté par M. Augeard, tom. 3. Arrêt 78.

ELOQUENCE DU BARREAU. L'éloquence en général est l'art de persuader, en éclairant les efprits & en touchant les cœurs.

Elle est absolument nécessaire par rapport à différens objets, mais principalement pour faire valoir le bon droit de sa Partie : car les Loix, dit Quintilien, font impuissantes, lorsqu'elles font destituées de la force de l'éloquence.

L'éloquence du Barreau doit être simple, naturelle, véhémente, pathétique, & toute propre pour l'action & pour le combat ; ainsi elle ne doit pas être trop ornée, trop fleurie, trop brillante, trop pompeuse, & bonne seulement pour la parade & pour la montre, comme nous l'allons faire voir par ce qui suit, après avoir expliqué quelles qualités font requises pour s'acquitter dignement de la profession d'Avocat.

Dans celui qui entreprend de la faire, la raison, (que Ciceron appelle un génie, une heureuse difposition de la nature,) doit être soutenue & affermie par l'étude des Belles Lettres, de la Jurifprudence, & de tout ce qui sert à former le Jugement & à l'orner ; c'est-à-dire, la lecture de ces Livres qui sont également remplis de chofes utiles & agréables.

Un heureux génie orné de ces graces que produifent les Belles Lettres, & éclairé de la fcience des Loix, en fait non seulement une juste application, mais il touche, il réjouit & enleve.

Le plus court, & en même tems le plus sûr moyen d'y parvenir, est de faire en particulier une continuelle étude de la Jurifprudence, avec un juste difcernement qui lui ferve de regle & de guide ; & de faire en même tems avec des gens fages & laborieux, des conférences sur les matieres les plus ordinaires & les plus importantes.

Un exercice continuel joint à une application férieufe, contribue beaucoup à faire entendre & retenir ce que les Loix ont de plus difficile & de plus abstrait, & donne une grande facilité à produire au dehors ce que nous avons pû apprendre dans nos études particulieres. En un mot, c'est dans les conférences que nous apprenons à raifonner, & à développer les principes dont nous avons intérieurement fait la recherche par notre application. *Exercitatio, & intelligendi prudentiam acuit, & eloquendi celeritatem incitat.*

Un point effentiel auquel on ne doit pas manquer, c'est de ne rien entreprendre qu'après avoir passé par tous les degrés du travail. *Non decet ju-*

venes patronos, ad magna surgentes, cruda adhuc studia in forum propellere.

L'Auteur de la nature, a donné cet ordre à la terre, de produire d'abord une herbe verdoyante, ensuite un épi, & enfin des grains. Cela marque parfaitement ce que les jeunes gens doivent se propofer dans les études qu'ils font des fciences les plus rélevées, telle que l'on fçait être la Jurifprudence. *Nec enim quidquam omnium est, quod possit in primordio sui perfici.*

Il y auroit donc de la témérité à se livrer entiérement au Barreau dans un tems où l'on n'auroit encore que des études mal digerées, & le jugement peu formé.

Je ne dis pas qu'un jeune homme ne puisse plaider de tems en tems quelque caufe, cela ne peut que lui être très-utile ; mais s'il commençoit par s'adonner à plaider journellement, & à ne donner aucun tems à l'étude, au lieu de s'avancer dans la suite, il pourroit bien rester au milieu de sa carriere.

La parole, si nécessaire pour la plaidoirie, doit produire au dehors les chofes que l'esprit nous suggere, ou que l'on a apprifes, soit dans le silence de la contemplation, soit par l'expérience & le commerce de personnes d'esprit : & cette parole doit toujours avoir une relation & une conformité parfaite avec ce qu'elle produit, comme nous le ferons voir dans la suite.

Enfin l'autorité dans cette occasion n'est autre chofe que la confiance des Juges, qu'un Avocat s'acquiert par son mérite, lorsqu'il sçait allier les deux avantages dont nous venons de parler ; sçavoir, la raison & la parole ; & cette confiance devient en lui le fruit, & même la récompenfe de l'une & de l'autre.

Mais il faut pour cela que l'on se soit acquis la réputation d'un homme de probité, & incapable d'en impofer ; sans quoi un Avocat, quoiqu'habile, est toujours regardé par les Juges comme un homme fufpect, & dont il faut se défier ; de forte qu'il décredite lui-même les moyens qu'il avance pour la défenfe de sa caufe, quelques solides qu'ils puissent être.

En effet, la bafe de l'éloquence de l'Avocat doit être sa probité. Il faut que l'Orateur soit homme de bien, conformément à la définition qu'en a donnée Caton: *Orator vir bonus, dicendi peritus.* Sans cela, dit Quintilien, liv. 12. chap. 1. l'éloquence qui est le plus beau don que la nature ait fait à l'homme, & par où elle l'a particuliérement diftingué du reste des animaux, deviendroit pour lui un préfent bien funefte ; & la nature en cela, bien loin de le favorifer, l'auroit plus traité en marâtre & en ennemie, qu'en mere, en lui faifant part d'un talent qui ne ferviroit qu'à opprimer l'innocence & à combattre la vérité, en mettant pour ainfi dire des armes entre les mains d'un furieux. Il vaudroit bien mieux que l'homme fût destitué de la parole, & même de la raifon, que de les employer à un si pernicieux ufage.

Revenons maintenant à la parole, & à tout ce qui doit l'accompagner, pour qu'elle ait le don de bien

bien faire fentir ce qu'elle avance & ce qu'elle veut prouver.

Il faut d'abord, pour réuffir au Barreau, être doué de tous les talens extérieurs qui forment un Orateur ; autrement l'on afpireroit en vain à s'y diftinguer, quelque mérite que l'on eût d'ailleurs.

C'eft la nature qui donne ces talens ; mais c'eft à ceux qui en font gratifiés, à les perfectionner par l'art. Il arrive quelquefois que ceux qui n'en font pas naturellement doués, réparent en quelque façon, par leurs foins & leur application, ce qu'ils ont de moins parfait & de moins convenable pour parler en public.

A tous ces talens extérieurs, il faut néceffairement joindre une grande pureté de langage, une élégance de ftile, une richeffe d'expreffions brillantes & fleuries, une belle & noble élévation de penfées, une fage vivacité d'imagination & ce qui en eft une fuite, un art merveilleux de peindre les objets, jufqu'à les rendre fenfibles, & pour ainfi dire palpables, par le fecours des figures, qui menagées avec adreffe animent le difcours, le foutiennent & lui donnent de l'élévation.

Mais c'eft à la prudence à nous enfeigner dans quelles occafions il faut ménager ou pouffer fon éloquence : ce qui dépend abfolument de l'importance de l'affaire fur laquelle on doit parler, & des circonftances qui en rendent les preuves plus ou moins difficiles.

Il eft quelquefois néceffaire qu'un Avocat dans les grandes Caufes, peu occupé des graces légeres du difcours, néglige les régles génantes de la pureté du langage, pour tendre au grand, au patétique ; & c'eft le caractere du ftile fublime, qui eft à la vérité moins égal, moins châtié, & qui fe foutient moins, mais qui en récompenfe enleve, ravit & tranfporte, par les figures les plus vives & les moins ordinaires.

Cependant ces grands traits d'éloquence ne doivent être employés que dans les affaires qui en peuvent être fufceptibles par leur importance ou par leur fingularité.

Lorfqu'il ne s'agit que d'une bagatelle ; il ne faut pas être fort inftruit des regles de l'art, pour fçavoir que l'on doit rejetter tout ce qui fent le fard & l'affectation. Un difcours doit être conforme au fujet qu'il traite ; car ce n'eft pas le brillant & le coloris qui font l'excellence d'un portrait, c'eft le naturel & la reffemblance.

Un Avocat habile, fans être ennemi des ornemens, n'en prend alors que de fimples, & toute fon attention eft de les produire avec beaucoup de clarté, de méthode & de précifion. En un mot la fimplicité & l'air négligé d'un ftile naturel, fied admirablement aux petites Caufes, & leur eft autant néceffaire que le fublime ; & le merveilleux convient aux grandes. C'eft enfin une régle générale, qu'il faut penfer felon la matiere qu'on traite ; & rien n'eft moins raifonnable que d'avoir des penfées fublimes dans un petit fujet qui n'en demande que de médiocres : il vaudroit prefque mieux n'en avoir que de médiocres dans un fujet qui en demanderoit de fublimes.

Tome I.

Meminerint Caufarum Patroni, optimi Oratoris effe habere fermonem rebus parèm, ut nec brevior fit quàm res poftulet, nec prolixior aut fublimior quàm fit.

En un mot, il ne doit point y avoir d'élégance ni d'élévation dans une penfée baffe ; à plus forte raifon dans une penfée fauffe.

Voici en fubftance & en détail les régles qu'il faut obferver dans toutes fortes d'affaires, même dans celle qui font de peu de conféquence.

La première eft, d'avoir beaucoup d'ordre & de netteté dans tout ce qu'on dit, & de commencer par donner une idée de l'affaire ; enfuite expofer le fait avec fes circonftances ; après quoi il faut aller décifivement au point de Droit.

La deuxieme eft, de s'attacher à faire valoir adroitement & avec énergie les principaux moyens que l'on croit devoir déterminer les Juges fans néanmoins omettre aucun des moindres, ou qui nous paroiffent tels. La raifon eft, comme je l'ai dit ailleurs, que de plufieurs Juges qui font d'un même avis, la plûpart y font fouvent portés par différens motifs.

La troifiéme eft de garder dans une plaidoirie une mefure proportionnée au fujet que l'on traite. Il n'eft pas moins ridicule à un Avocat de s'étendre mal-à-propos en de trop longs difcours, que d'être trop refferré, & de paffer fous filence les principales raifons & les circonftances effentielles de fa Caufe. En un mot, il faut aller droit à fon but, ne rien dire d'inutile & d'étranger à ce que l'on traite ; & furtout ne point employer des penfées trop fines & trop déliées qui affoibliffent l'importance des chofes dont on parle. Néanmoins dans les matieres qui paroiffent féches & peu intéreffantes, il faut toujours tâcher d'en fauver l'ennui par la beauté du difcours, la jufteffe des termes, & l'exactitude de la diction. Enfin, quand on traite des queftions curieufes & extraordinaires, il faut que ce que l'on en dit, réponde à la nobleffe du fujet avec une éloquence mâle & fublime qui entraîne & raviffe le cœur & l'efprit de l'Auditeur, de maniere que le brillant n'y tienne pas lieu du folide.

La quatrieme eft, de rapporter fidélement les faits tels qu'ils font fans aucuns déguifemens. Auffi eft-il de la prudence d'un Avocat de ne jamais plaider fans être pleinement inftruit du fait dont il s'agit, & fans avoir très-exactement examiné les raifons pour & contre, afin de faire valoir les unes & détruire les autres autant qu'il eft poffible ; & cela fans jamais donner atteinte à la vérité, & fans bleffer gratuitement l'honneur & la réputation de la Partie adverfe ; comme je l'ai fait voir ci-devant en parlant des Avocats.

A l'égard des moyens, il faut qu'ils foient principalement tirés des principes du Droit & de la raifon ; & furtout qu'un Avocat prenne bien garde de ne pas faire comme ces Praticiens qui parlent de ce qu'ils ne fçavent pas, & qui veulent tirer des préjugés d'Arrêts qu'ils citent, mais dont ils ignorent très-fouvent la décifion, ou les circonftances particulieres fur lefquelles ils ont été rendus. Il ne fuffit donc pas de dire qu'un Arrêt a jugé telle cho-

Y y y

fe ; mais il faut faire voir qui l'a ainfi jugée , par telle raifon & tel principe.

La cinquieme eft, de s'abftenir en plaidant de ces plaifanteries fades & mal placées , qui font à la vérité rire les Auditeurs , mais prefque toujours aux dépens de celui qui les met au jour. Ces fortes de fadaifes ne conviennent nullement à la majefté du Temple de la Juftice, ni à la dignité de la noble & glorieufe profeffion d'Avocat. *Stultum eft in facro Juftitiæ Templo inanes proferre nugas, majeftati loci parum conveniente, nocnon excelfo ineffabili que Patronorum gradui. Quin & ftultus eft ineptiarum labor; nugas enim femper addifcentes ad fcientiam rarò pervenire quotidiana fatis fuperque docet experientia.*

La fixiéme eft, de ne point remplir fes plaidoyers de circonlocutions inutiles, qui ne viennent point à la queftion dont il s'agit. Les raifons qu'un Avocat rapporte, les comparaifons dont il fe fert, les autorités qu'il employe, doivent toujours être convenables à fa Caufe, autrement les plus belles productions, les penfées les plus relevées, fi elles ne font judicieufes, & fi elles ne viennent au fait, obfcurciffent plutôt un difcours, qu'elles ne l'embelliffent : *producenda funt, non quæ pulchra, fed quæ convenientia.* Et comme dit Ciceron dans le fecond livre de l'Orateur : *Omnium fententiarum gravitate, omnium verborum ponderibus eft utendum. Accedat oportet oratio varia, vehemens, plena animi, plena fpiritûs, plena veritatis.* Il faut donc que tout ce que l'on dit, convienne au fujet que l'on traite : auffi condamne-t-on toujours les penfées les plus ingénieufes, quand elles ne vont pas au fait.

M. Le Marquis de Crevecœur revenoit par Requête civile contre M. de Mainevillette, fur l'achat d'une Terre confidérable. M. le Vayer, jeune Avocat qui fe piquoit d'une é'oquence pompeufe & fardée, employa tout fon tems à faire un long & ennuyeux éloge de la Maifon de Crevecœur.

Il dit à cet égard tout ce qui pouvoit fe dire de la nobleffe, & des richeffes; de la bravoure, & des autres qualités ou avantages de cette ancienne Maifon.

M. Gautier, Avocat célebre, par des traits vifs & finguliers, apoftropha dans fa réplique la Cour en fes termes : *Meffieurs, des nobleffe, des ancêtres, des richeffes, de la bravoure, des combats, des victoires, des palmes & des lauriers, font-ce des moyens de Requêtes civiles ?*

Ces paroles renverferent, comme un coup de foudre toutes les machines que M. le Vayer avoit élevée à grands frais, & il en demeura auffi étonné qu'un fondeur de cloches qui voit en un moment fon métail fe perdre dans les crevaffes de la terre, & difparoître à fes yeux. C'eft ainfi que s'en explique l'Auteur des Mélanges d'hiftoire & de littérature, tome I. page 429.

Au refte, perfonne n'a mieux fait voir le ridicule du pompeux galimathias qui a regné pendant tant de tems dans les plaidoiries, que M. Racine dans fa Comédie des Plaideurs, acte 3. où je renvoye le Lecteur.

Cet amas confus de difcours, ce récit ennuyeux de faits étrangers, cette enflure de ftile, ce flux

prodigieux de paroles inutiles, cette intempérance de citation, cette abondance énorme de paffages latins, & ce mélange affreux de traits hiftoriques, de pointes, d'épigrammes, d'emphafes & de figures qui ont été fi fort en ufage autrefois, avoient entiérement corrompu les véritables regles de l'éloquence ; mais ces égaremens font aujourd'hui prefque dans tous les Tribunaux, bannis du Barreau.

Il y a donc de la témérité, & même de l'extravagance, à faire à préfent parade de ces fortes de chofes, qui bien loin d'éclairer l'efprit des Juges, leur font fouvent perdre l'idée de l'affaire dont il s'agit, & peuvent même quelquefois leur faire prendre le change : c'eft auffi l'unique ufage que celui qui foutient une mauvaife caufe, en pourroit faire.

La véritable éloquence eft pure & fans fard ; mais fans être empoulée, elle brille & fe foutient merveilleufement par fa beauté naturelle, & eft enfin l'art de perfuader, en éclairant les efprits, & en touchant les cœurs.

Pour y parvenir, il faut, comme nous l'avons déjà dit, que le ftile convienne à la matiere que l'on traite, & n'avoir pas un ftile trop uniforme, mais le varier à propos : la perfection du don & de l'art étant de changer & de multiplier les ornemens propres aux endroits qui en font fufceptibles. Il faut encore que fes tranfitions foient légeres & comme imperceptibles, que la narration foit coulante, que les termes foient propres, que le fimple foit noble, que le beau foit naturel, que le folide foit clair & précis, que le brillant foit jufte, que le badin ne foit pas boufon : *Grandis, & ut ita dicam, pudica oratio placet, non maculofa, nec turgida, fed quæ naturali pulchritudine exurget.*

» Nous fommes dans un tems où l'on n'abufe » plus, comme on faifoit autrefois, de l'efprit & » de la parole. On a pris un genre d'écrire plus fim- » ple, plus naturel, plus court, plus nerveux, plus » précis. On ne s'attache plus aux paroles que pour » exprimer la force des penfées, & on n'admet que » les penfées vraies, folides & concluantes pour le » fujet où l'on fe renferme. L'érudition autrefois fi » faftueufe ne fe montre plus que pour le befoin.

Ces paroles font tirées du difcours que M. l'Abbé de la Motte-Fenelon prononça à fa réception à l'Académie Françoife. Plufieurs perfonnes ont cru qu'il avoit en vûe M. le Maître, qui avoit une éloquence vive & animée, mais trop diffufe & fans ordre. Ses plaidoyers font plus chargés d'autorités que de raifons ; fes citations n'ont pas affez de liaifon avec fes caufes, & font ce femble, des écarts du fujet; fes moyens ne font pas rendus avec un tour qui les faffe paroître concluans; enfin il cache fouvent dans fon ftile diffus la naïveté, fans le fecours de laquelle la vérité ne fe fait pas aifément valoir.

On ne peut pas faire le même reproche à M. Patru ; mais fon ftile n'eft point affez vif & affez animé : il a plus fongé à le rendre pur & correct, que le rendre fort & preffant lorfqu'il falloit qu'il fût plein de mouvement. D'ailleurs cet Auteur n'étoit pas affez nourri de la fcience du Palais,

Il paroît par ce que nous venons de dire de ces deux fameux Avocats, que ni l'un ni l'autre, malgré la grande réputation qu'ils se sont acquise, ne font pas de modeles à propofer à de jeunes Avocats. Il faut au contraire éviter de donner, comme M. le Maître dans ces longues périodes qui embarraffent l'esprit des Auditeurs, & fuffoquent ceux qui prendroit lecture de telles piéces. Il faut en s'éloignant du caractere de M. Patru, s'échauffer à propos, & fe livrer à ce beau feu qui est la vraie fource de l'éloquence, fur-tout dans les occasions qui paroiffent l'exiger.

Les connoiffeurs ne bornent pas l'éloquence feulement à la beauté du difcours & à l'arrangement des penfées & des Paroles; ils y font encore entrer le gefte & le ton de la voix. En effet, il y a une beauté de gefte, qui étant jointe à une prononciation ferme & agréable donne un grand relief à un difcours bien compofé. En un mot l'éloquence du gefte, du vifage & de la voix, n'est pas moins néceffaire que celles des paroles; car nos oreilles font aujourd'hui fi délicates, que les plus puiffantes vérités font peu d'impreffion fur les efprits, quand on ne les dit pas de bonne grace, d'un ton de voix qui charme & enleve.

Pour ce qui est de l'une & de l'autre, une attention particuliere que l'on doit avoir, est de les conduire avec prudence, d'une maniere convenable aux chofes & fans affectation; car les éclats & les élévations de voix, auffi-bien que les geftes hors d'œuvre font toujours infupportables.

Un Orateur immobile & qui prononce de mauvaife grace, me refroidit, dit un Auteur moderne; mais auffi un Orateur qui fait trop le Comédien, diffipe mon attention, & en occupant mes yeux, m'empêche de penfer à fon difcours, pour lequel je fuis venu l'écouter.

Il faut donc que les geftes d'un Orateur foient grands, mais bien réglés, & faffent concert pour ainfi dire avec fes beaux tons de voix qui foutiennent fon éloquence naturelle, qui coule de fource fans affectation. Il est important de prendre bien garde de tomber dans le défaut de monotonie; car rien n'est plus défagréable & plus ennuyeux, que d'entendre une longue fuite de paroles fur un même ton.

Voilà les régles que l'on doit fuivre, pour s'acquitter dignement de la profeffion d'Avocat, & fe diftinguer au Barreau; mais la difficulté est de les mettre en pratique.

Rien ne peut contribuer plus efficacement que d'écouter pendant plufieurs années les chofes que l'on a deffein d'imiter un jour. Pour cet effet il faut affifter affiduement aux Audiences, non pas pour donner à fon efprit quelque relâche, comme font quelques-uns, mais dans la vue de profiter de tout ce qui s'y dit, & des Jugemens qui s'y rendent; enforte que l'on faffe enfuite chez foi une exacte recherche des raifons qui ont pû determiner les Juges dans les caufes qui ont été décidées. Ces images animées n'offrent pas moins à l'efprit de quoi lui plaire, que de quoi l'inftruire; car outre qu'on devient plus éloquent en écoutant des hommes qui

le font, qu'en s'attachant à des reflexions métodiques, les exemples font toujours plus de plaifir à confulter, que les regles. Voilà ce qui est plus propre à former l'efprit de la jeuneffe, & à lui donner le goût de l'éloquence.

Les réflexions que l'on fait fur ce que l'on a entendu au Barreau, fervent infiniment à perfectionner l'efprit, à faire diftinguer le vrai d'avec le faux, & à faire une jufte application des principes de la Jurifprudence: en un mot, elles procurent autant d'utilité que d'agrément.

Dans les affaires qui font fufceptibles des traits de l'éloquence, il ne convient pas à un jeune homme, de quelque talent qu'il foit doué, de s'en rapporter uniquement à lui-même; il doit communiquer à gens fages & habiles fon ouvrage, s'il ne veut courir aucun rifque lorfqu'il le produira en public. Les Romains avoient une coutume fort louable & très-utile, qui étoit de réciter les Ouvrages de leur compofition en la préfence de leurs amis, avant que de les donner au Public. Ils avoient en cela deux fins: la premiere, de recevoir les avis & les corrections dont les plus habiles gens ont toujours befoin; & la feconde, qui est une fuite de la premiere, de ne publier rien qui ne fût fort accompli.

Comme rien ne touche plus vivement les jeunes gens que l'émulation, je les exhorte d'avoir toujours devant les yeux les exemples de ces grands Maîtres de l'art qui fe font rendus les plus recommandables par leur fageffe, leur éloquence & leur érudition, pour être un jour en état de les imiter & même de les furpaffer, s'il fe peut.

Mais que celui qui par fes heureux talens & par fon application à l'étude aura le bonheur de faire quelques progrès dans une profeffion auffi pénible, ne s'énorgueilliffe pas: fi nous avons quelque mérite, ne faifons point trop d'attention fur ce que nous valons, & ne nous occupons que du foin de valoir mieux.

Une vertu que l'on doit toujours avoir en vue de pratiquer, quelque mérite que l'on ait, c'est la modeftie; elle met le comble à toutes les bonnes qualités qu'on peut avoir; mais par malheur cette vertu fympatife rarement avec les grands talens.

Auffi la fotte vanité que l'on en tire, est fouvent l'unique récompenfe que l'on en peut efpérer; outre que cet air pincé, impérieux & dominant, que cette vanité infpire à quelques-uns, les rend ridicules, odieux & méprifables.

Immoderatus propriæ laudis amor, fuperbiâ quafcunque virtutes deprimit, & ad nihilum revocat. Delirant qui fuperbè nimis de fe fentiunt, præclarafque aliorum dotes conantur malignè, impudenter & gratis deprimere; cujufvis enim benevolentiam & amorem nunquam fibi conciliant, & vix est ut quam verè merentur laudem, aliquâ ex parte confequantur.

Voyez Factum. *Voyez* Plaidoyer. *Voyez* auffi ce que j'ai dit ci-deffus des Avocats: lettre A, où j'ai rapporté toutes les qualités & tous les talens qui conviennent à cette éminente profeffion. Mais je confeille à tous les jeunes gens qui ont des vûes élevées de lire fouvent ce que Ciceron & Quintilien ont fait fur l'éloquence , & principalement deux excellens Traités qui ont paru de nos jours , touchant la maniere d'enfeigner & d'étudier ; l'un eft compofé en latin par le pere Jouvency, & a pour titre : *Ratio difcendi & docendi* ; l'autre eft compofé en françois par M. Rollin, ancien Recteur de l'Univerfité de Paris , & eft intitulé : *De la maniere d'enfeigner & d'étudier , par rapport à l'efprit & au coeur.*

E L O Q U E N C E DES GENS DU ROI. *Voyez* Gens du Roi.

E M

EMANATION , fignifie dépendance d'une caufe, d'une puiffance fupérieure.

EMANCIPATION , eft un acte qui met les enfans hors de la puiffance de leur pere, ou qui donne d'un mineur le droit de difpofer de fes meubles , & de la jouiffance de fes immeubles.

Il y en a donc de deux fortes parmi nous ; fçavoir , celle des fils de famille , & celle des mineurs.

EMANCIPATION DES FILS DE FAMILLE , eft un acte qui met les enfans hors de la puiffance de leur pere.

Cette émancipation n'a lieu que dans les Pays de Droit écrit, & dans quelques Coutumes où le droit de puiffance paternelle eft reçu.

Le pere y peut émancier fes enfans à tout âge, parce que cette émancipation fait feulement ceffer la puiffance paternelle , & ne met pas les enfans hors de tutelle , s'ils font encore impuberes ; comme nous les ferons voir ci-après.

Dans tous les Pays de Droit écrit , l'émancipation fe doit faire en Jugement , par une Déclaration que fait le pere qu'il met fon fils hors de fa puiffance.

Il faut excepter le parlement de Touloufe, dans l'étendue duquel elle fe peut faire par acte paffé pardevant Notaire.

A l'égard des Coutumes qui admettent la puiffance paternelle., l'émancipation des enfans fe fait ou en Jugement , ou pardevant Notaires.

Cette émancipation fait ceffer la puiffance paternelle , mais elle ne rend pas les enfans étrangers à la famille de leur pere ; enforte qu'ils lui fuccedent conjointement avec leurs freres & foeurs qu'il a retenu en fa puiffance.

Cette émancipation , qui fe peut faire à tout âge , ne met pas les enfans hors de tutelle , s'ils font encore impuberes , c'eft-à-dire les mâles au-deffous de quatorze ans accomplis ; & les filles au-deffous de douze ans , auffi accomplis ; auquel cas le pere qui les émancipe devient leur tuteur légitime.

Ainfi cette émancipation n'a point d'autre effet que de délivrer le fils de la puiffance paternelle , d'ôter au pere l'ufufruit qu'il auroit pû avoir fur les biens de fon fils , & de rendre ce fils capable de s'obliger pour prêt d'argent fans le confentement de fon pere pourvû qu'il ait l'âge requis pour cela.

Touchant l'émancipation qui met les enfans hors de la puiffance de leur pere, *voyez* ce que j'ai dit dans ma Traduction des Inftitutes , fur le §. dernier du tit. 11. du premier livre ; & ce qui en eft dit dans les Obfervations fur Henrys , liv. 4. queftion 117. ou M. Bretonier rapporte tout ce qui peut être dit à ce fujet.

EMANCIPATION DE MINEURS , eft celle qui fe fait par mariage , ou par Lettres du Prince , & qui donne au mineur le droit de difpofer de fes meubles , & la jouiffance de fes immeubles.

Comme dans la plûpart de nos Coutumes la tutelle ne finit qu'à vingt-cinq ans , & qu'il eft quelquefois avantageux à des mineurs d'avoir eux-mêmes l'adminiftration de leurs biens , on a jugé à propos de leur accorder par le moyen de l'émancipation.

L'émancipation fe fait de deux manieres : premiérement par le mariage ; l'art. 239. de la Coutume de Paris le dit expreffément en ces termes : *Homme & femme conjoints par mariage , font réputés ufans de leurs droits pour avoir l'adminiftration de leurs biens , & non pour vendre , engager ou aliéner leurs immeubles pendant leur minorité.*

L'émancipation par mariage n'a point lieu dans les Pays de Droit écrit : les enfans qui naiffent d'un fils de famille , ne font pas dans la puiffance de leur pere , mais dans celle de leur ayeul paternel , qui garde toujours cette puiffance fur tous fes defcendans par mâles , en quelque degré qu'ils foient.

Il faut néanmoins excepter les pays de Droit écrit , qui font du reffort du parlement de Paris , comme le Lyonnois , Forez , Beaujolois , & une partie de l'Auvergne , où les enfans font émancipés , & fortent de la puiffance de leur pere par le mariage.

Touchant l'émancipation qui fe fait par le mariage , *voyez* ce que j'ai dit fur l'article 239. de la Coutume de Paris.

L'autre maniere d'émanciper un mineur , eft celle qui fe fait par Lettres du Prince que l'on appelle Lettre de bénéfice d'âge , par le moyen defquelles après qu'elles ont été enterinées fur un avis de parens, le mineur qui les a obtenues, devient ufant & jouiffant de fes droits , à l'effet d'avoir la pleine & entiere difpofition de fes meubles , & l'adminiftration de fes immeubles , fans toutefois les pouvoir vendre, engager , ni aliéner.

Ces Lettres s'obtiennent après le décès du pere ou de la mere du mineur ; & elles lui font abfolument néceffaires , à l'effet énoncé ci-deffus ; autrement le mineur qui n'eft pas marié , refte toujours fous l'autorité de fon tuteur.

Il paroît par ce que nous venons de dire , que l'émancipation qui fe fait par Lettres du Prince , n'a pas lieu en Pays de Droit écrit, parce que la tutelle y finit conformément au Droit Romain , à quatorze ans pour les mâles , & à douze ans pour les filles. Ainfi les mineurs qui ne font point fous la puiffance paternelle , dès qu'ils ont atteint l'âge de puberté , peuvent , fuivant la difpofition du Droit Romain , difpofer de leurs meubles , & des revenus de leurs immeubles. Ils n'ont befoin que d'être affiftés d'un curateur , quand il s'agit de l'aliénation de leurs immeubles. C'eſt pourquoi l'émancipation des mineurs n'a lieu dans aucun cas en Pays de droit écrit.

L'émancipation par Lettres du Prince ne peut donc être uſitée qu'en Pays coutumier ; elle donne aux mineurs le droit de toucher leurs revenus par eux-mêmes ſans être aſſiſtés d'un curateur ; mais s'ils ont à ſoutenir des procès, ou à faire quelques actes judiciaires, il faut néceſſairement, pour la validité de la procédure & des actes faits en Juſtice, leur faire créer un curateur, que l'on nomme curateur aux cauſes.

Ces Lettres donnent au mineur la faculté de jouir de ſes revenus avant le tems de majorité ; mais elles ne lui donnent pas le droit d'aliéner ſes immeubles, ſans être aſſiſté de ſon curateur, & ſans que l'aliénation ſoit précédée d'un avis de Parens.

Lorſque ces Lettres ont été expédiées au Sceau, il en faut faire ſignifier des copies à chacun des parens les plus proches des deux côtés, au nombre de ſept au moins, avec aſſignation devant le Juge auquel elles ſont adreſſées, pour voir dire qu'elles ſeront entérinées ; & en conſéquence, que le mineur jouira de l'effet d'icelles.

Sur cette demande, Sentence intervient qui entérine les Lettres, & contient la nomination du curateur aux cauſes du mineur, pour ſous ſon autorité, eſter en Jugement en la pourſuite de ſes droits & actions qu'il peut diriger, tant en demandant que défendant ; après quoi l'émancipé peut faire des baux de ſes immeubles, & jouir de ſes revenus, comme s'il étoit majeur.

Il faut à ce ſujet remarquer que, ſuivant l'uſage qui s'eſt introduit, le mineur émancipé par Lettres a beſoin de curateur pour intenter ou défendre en Juſtice les actions mêmes qui ſont mobiliaires.

Mais cela n'a pas lieu à l'égard du mineur émancipé par le mariage lequel n'a beſoin du curateur, que quand il s'agit d'intenter ou de défendre en Juſtice ſes actions immobiliaires.

Voyez ce que j'ai dit ſur l'article 239. de la Coutume de Paris, gloſe 1. nomb. 26.

Au reſte, les Ordonnances n'ont point défini l'âge auquel un mineur peut obtenir des Lettres d'émancipation : ordinairement on peut les obtenir à dix-ſept ans ; mais comme il peut y avoir des occaſions où ces Lettres ſeroient néceſſaires à un mineur qui n'auroit point encore atteint cet âge, on ne fait pas de difficulté de les paſſer au Sceau, parce qu'on ne les entérine qu'avec connoiſſance de cauſe ſur un avis de parens.

EMANCIPATION TACITE, eſt celle qui ſe fait dans quelques Coutumes, lorſque le fils de famille a vû & ſçû de ſes pere & mere, fait & exerce à part un trafic & négoce, ou une charge publique.

L'article 7. de la Coutume de Reims l'a dit formellement. L'article 2. de celle de Saintonge porte : *Qu'un enfant majeur de vingt-un ans entre nobles, & de vingt-cinq ans entre non-nobles, marié, qui ſe tient hors de ſon pere, & fait ſon train ou négociation par lui, il eſt dit & réputé perſonne de ſes*

droits, cenſé émancipé : tellement qu'il peut eſter en Jugement, tant en demandant qu'en défendant, ſans licence de ſon pere, & les choſes qu'il acquiert ſont à lui propres.

Voyez ce que j'ai dit ſur l'article 236. de la Coutume de Paris, gloſ. 1. nomb. 31.

EMANCIPATION DE GENS DE MAIN-MORTE, eſt la conceſſion de la même liberté & des mêmes franchiſes & prérogatives dont jouiſſent ceux qui ſont francs.

Cette émancipation ſe fait par le Seigneur, quand il met quelqu'un de ſes fiefs en liberté, & qu'il l'affranchit des droits auxquels il étoit aſſujetti par ſa naiſſance ; de ſorte que cette émancipation n'eſt autre choſe que ce que nous appellons affranchiſſement.

Voyez ce que j'ai dit ſous ce mot, lettre A.

EMBLAVE. TERRES EMBLAVÉES, ſont celles qui ſont chargées de bled déja levé ; & quand il n'eſt pas encore levé, on dit terres ſemées ou enſemencée.

Voyez ce que j'ai dit ſur l'art. 59. de la Coutume de Paris.

EMOLUMENS, ſont les profits que l'on tire journellement d'une charge ou d'un Emploi.

EMOTION POPULAIRE, eſt un cas royal, dont les Baillifs, Sénéchaux, & Juges Préſidiaux, peuvent connoître privativement aux autres Juges.

Les Prévôts des Maréchaux, Lieutenans criminels de Robe courte, Vice-Baillifs & Vice-Sénéchaux en connoiſſent auſſi en dernier reſſort, lorſque la ſédition a été émue hors des Villes de leur réſidence.

EMPARAGÉ. Vieux mot, qui ſignifie joint & uni à ſon pareil. Une fille emparagée noblement, eſt une fille mariée à ſon pareil en nobleſſe.

EMPESCHEMENT, ſignifie l'oppoſition ou l'obſtacle que l'on forme à quelque choſe.

EMPESCHEMENT EN FAIT DE MARIAGE, ſignifie la cauſe qui empêche qu'un mariage ſoit valablement contracté entre certaines perſonnes.

Quand cette clauſe non-ſeulement empêche un mariage non fait d'être contracté, mais encore qu'elle le fait déclarer nul, au cas qu'il ſût contracté, on appelle cet empêchement dirimant, au lieu que les obſtacles qu'on peut former à un mariage non contracté, mais qui ne ſont pas ſuffiſans pour le faire déclarer nul, ſont appellés empêchemens ſeulement, empêchans & prohibitifs.

Les empêchemens dirimans ſont,

Iº. L'erreur à l'égard de la perſonne que l'on a épouſée.

IIº. La violence ou la juſte crainte qui nous feroit conſentir à un mariage malgré nous. Il en faut dire de même du rapt, qui empêche que le raviſſeur ne puiſſe épouſer celle qui a enlevé. *Voyez* Rapt.

IIIº. Le vœu ſolemnel de chaſteté fait avant le mariage, ſoit par la profeſſion monaſtique, ſoit par les Ordres ſacrés.

IV. La parenté ou l'affinité dans un degré prohibé. *Voyez* Parenté. *Voyez* Affinité. *Voyez* auſſi ce que j'en ai dit dans ma Traduction des Institutes, sur le titre des noces.

V°. L'honnêteté publique forme un empêchement entre le fiancé & les parentes de sa fiancée au premier degré, & vice versâ.

VI°. L'impuissance de consommer le mariage. *Voyez* Impuissance.

VII°. Si le mariage est fait hors la présence du Curé des contractans, & de celle de quatre témoins.

Les empêchemens qui servent d'obstacle à un mariage non contracté, mais qui ne sont pas suffisans pour le faire déclarer nul, sont,

I°. Les fiançailles qu'on auroit contractées avec une autre personne.

II°. Le vœu simple de chasteté.

III°. L'ordonnance d'un Juge d'Eglise, qui auroit défendu à certaines personnes de contracter mariage, jusqu'à ce qu'autrement il en ait été ordonné.

IV°. La défense de l'Eglise de célébrer mariage en certains tems destinés à la Pénitence & à la priere. Ainsi l'Eglise a défendu de marier depuis la Septuagesime jusqu'à l'octave de Pâques, depuis les Rogations jusqu'à la Pentecôte, & depuis l'Avent jusqu'au jour de l'Epiphanie.

Touchant les empêchemens du mariage, *voyez* le Dictionnaire des cas de conscience par M. Pontas, *verbo* Empêchemens.

EMPHITEOSE, est un bail à longues années d'un héritage, à la charge de le cultiver & améliorer, ou d'un fonds, à la charge d'y bâtir, ou d'une maison, à condition de la rebâtir, moyennant une certaine pension modique payable par chacun an par le preneur, & à la charge aussi ordinairement de bailler au tems du contrat par le preneur une certaine somme.

L'emphitéose se fait ordinairement pour vingt, trente, quarante, cinquante, soixante ou quatre-vingt dix neuf ans, qui est le terme que le bail emphitéotique ne peut excéder; & lorsque le bail est fait pour un certain tems, tous les héritiers de celui au profit duquel il est fait, en jouissent pendant tout le tems qui reste après sa mort, quoiqu'il ne soit point fait mention d'eux dans l'acte.

Mais on peut faire un bail emphitéotique à vie, tant du preneur que de ses enfans, & des enfans de ses enfans, & encore cinquante ans au-delà. *Voyez* Bail à vie. *Voyez* Charondas en ses Réponses, livre 2. chap. 74. liv. 7. chap. 38. liv. 9. chap. 13. liv. 11. chap. 20.

Le bail emphitéotique étant fait pour le preneur & pour ses enfans, ceux d'entr'eux qui renoncent à sa succession ne peuvent rien prétendre audit bail; parce que les héritages pris à bail emphitéotique se doivent régler comme les autres biens; or les biens d'un défunt n'appartiennent qu'à ses héritiers. Ainsi les enfans d'un second mariage peuvent y prétendre avec ceux du premier lit, lorsqu'ils sont comm'eux héritiers de leur pere. Mais pour ce qui est des bâtards, ils n'y pourroient rien prétendre, parce que sous le nom d'enfans, nous n'entendons que ceux qui sont nés d'un légitime mariage, ou

qui sont légitimés par un mariage subséquent.

Les filles sont aussi comprises dans ce bail qui seroit fait pour le preneur & par ses fils, parce que les filles sont aussi comprises sous le nom de fils. *Voyez* lettre S, ce qui est dit au sujet du sexe masculin, en tant qu'il comprend le féminin.

Enfin lorsque le bail emphitéotique est fait pour le preneur & pour ses enfans; les petits-enfans sont compris dans ce bail, *quia liberorum appellatione nepotes & pronepotes continentur.* Leg. 220. ff. de verbor. signif.

Il n'en seroit pas de même si le bail étoit fait à la vie du preneur & de ses enfans; car ce seroit alors un droit borné à la vie du preneur, & des fils & filles qui lui survivroient, auquel les petits-fils ne pourroient rien prétendre; ensorte que la part d'un des fils décédé ne passeroit pas à ses enfans, petits-fils du preneur, mais à ses freres & sœurs, par droits d'accroissement; de même que quand l'usufruit d'un fond est légué à plusieurs, la part de l'un accroît aux autres. Leg. 1. §. 3. ff. de usuf. accresc.

L'emphitéose est une aliénation de la propriété utile en la personne du preneur pendant tout le tems de la concession, avec une retention de la propriété directe de la part du bailleur.

D'où il s'ensuit I°. que la chose donnée à bail emphitéotique, peut être échangée, donnée à bail & vendue par le preneur; auquel cas le droit du nouvel acquéreur sera éteint de plein droit, lorsque le tems de la concession faite à son cédant sera expiré: *Resoluto enim jure dantis, resolvitur & jus accipientis.*

II°. Que le bail emphitéotique de biens appartenans à l'Eglise ou à des Communautés, doit être revêtu des solemnités & conditions requises pour les aliénations qui se font de ces sortes de biens.

III°. Que ceux qui ne peuvent pas aliéner, ne peuvent pas non plus donner à bail emphitéotique.

L'emphitéose se fait toujours à la charge de certaine redevance modique & annuelle, laquelle ne se donnant point pour & en contemplation de la perception des fruits, mais seulement *in recognitionem directi dominii*, ne doit point être remise pour cause de stérilité, comme nous dirons ci-après.

Cette pension ou redevance annuelle est absolument de l'essence de ce contrat; autrement ce ne seroit pas une emphitéose.

Mais à l'égard de ce qui arrive assez souvent, que le preneur donne en contractant, ou promette de donner au bailleur une somme d'argent, comme pour prix de l'héritage, ce contrat équipole à bail de la substance de l'emphitéose, & il s'en passe très-souvent sans qu'il y ait d'argent déboursé.

Il faut seulement remarquer que quand il y a argent déboursé, ce contrat équipole à la vente, & partant l'héritage est sujet à retrait. *Voyez* ce que j'ai dit sur l'article 149. de la Coutume de Paris.

Le bail emphitéotique se fait toujours à la charge que le preneur ameliorera le fonds qui lui est baillé à longues années. Il ne peut pas le détériorer, ni changer la face, de maniere que la valeur du fonds en soit diminuée. Il ne peut pas même convertir en terre labourable ce qui est en bois, ni convertir en bois ce qui eſt en terre labourable.

On donne quelquefois un héritage à bail emphitéotique, à la charge que le preneur y fera conſtruire dans un certain tems des bâtimens. Mais il ſe paſſe beaucoup de baux emphitéotiques, ſans que le preneur ſe charge de bâtir, cette clauſe n'étant pas de la ſubſtance de ce contrat : néanmoins quand elle y eſt appoſée, le preneur eſt tenu de l'exécuter, ſinon le bailleur l'y peut faire contraindre en Juſtice, ou à déguerpir.

Faute de payement de trois années de redevance pour les biens appartenans à des Particuliers, ou faute de payement de deux années pour ceux qui appartiennent à l'Egliſe, le preneur peut être expulſé ; mais il faut que le bailleur le faſſe ordonner par Juſtice. Partie appellée, à laquelle le Juge doit donner la liberté de purger ſa demeure, ſinon déguerpir ; au lieu que chez les Romains le preneur à bail emphitéotique, faute d'avoir payé la penſion convenue pendant trois ans conſécutifs, pouvoit être chaſſé, ſans aucune ſommation ou interpellation judiciairement faite, & ſans qu'on eût préalablement imploré le ſecours du Juge. *Leg. 2. cod. de jure emphiteut.* Mais cette commiſe n'a pas été admiſe en France.

Si le preneur étoit convenu de perdre le droit du bail, au cas qu'il fût trois années ou plus ſans payer, le cas étant arrivé, il déchoiroit de ſon droit en conféquence de cette convention. *Voyez* Charondas, liv. 7. rép. 39. Quant à ſes héritiers, ils pourroient purger leur demeure, ſous prétexte qu'ils ignoroient cette clauſe, & alors ils en ſeroient dechargés pour cette fois, à moins que le bailleur ne prouvât qu'ils avoient connoiſſance de cette clauſe.

Les baux emphitéotiques ne ſe peuvent caſſer ſous prétexte de lézion, quelqu'énorme qu'elle ſoit, ſi ce n'eſt de la part de l'Egliſe, qui eſt beaucoup plus favorable que les particuliers ; & qui eſt reſtituable en entier lorſque la lézion eſt énorme. Il en faut dire de même des mineurs.

La jouiſſance des baux emphitéotiques, les douaires, ou autres uſufruits à vie ou à longues années, peuvent être ſaiſis & vendus, comme les immeubles, à la requête des créanciers de ceux qui en jouiſſent.

Il paroît par ce que nous avons dit, que l'emphytéoſe participe beaucoup du contrat de louage.

Iº. En ce que l'un & l'autre ſe fait à la charge d'une penſion annuelle.

IIº. Que le preneur à louage ou à bail emphytéotique peut être expulſé, faute de payement de ladite penſion, ou faute de jouir de l'héritage en bon pere de famille, ou enfin d'exécuter les clauſes du contrat.

Mais ces deux contrats different en pluſieurs choſes.

- Iº. Le louage ſe fait *ad breve tempus* ; au lieu que l'emphytéoſe ſe fait à perpétuité, c'eſt-à-dire *ad longum tempus, quod fundi alienationem inducit:* c'eſt pourquoi les emphytéotes ſont appellés *perpetuarii coloni* en la Loi 1. *cod. de offic. comm. ſac. palat.*

IIº. Celui à qui un héritage eſt donné à louage, n'a aucuns droits de propriété ſur cet héritage ; au lieu que l'emphytéote a un droit de propriété utile : c'eſt ce qui fait qu'il peut hypothéquer le fonds qui lui a été donné à bail emphytéotique, & impoſer deſſus telle charge que bon lui ſemble, mais qui ne peut ſubſiſter que pendant le tems que doit durer ſon bail. Boyer, queſt. 181. Guy Pape, queſt. 575. Chaſſanée, au titre des Fiefs, §. 5. & au titre des Cenſives, §. 3. Baſnage en ſon Traité des Hypotheques, chapitre 7. de la ſeconde partie. La raiſon eſt que, *reſoluto jure dantis, reſolvitur jus accipientis.*

IIIº. Le locataire n'eſt tenu que des menues réparations ; au lieu que l'emphytéote eſt tenu de toutes celles qui concernent l'utilité du fonds qui lui a été donné à bail emphytéotique, parce qu'il eſt *loco domini ; leg.* 11. *cod. de jure emphiteutico.* Il eſt même tenu de toutes les charges réelles du fonds, comme de payer le cens pendant ſa jouiſſance.

IVº. Le locataire n'eſt point tenu des cas fortuits ; en ſorte que le fermier, pour cauſe de ſtérilité, peut demander la remiſe de ce qu'il paye de loyer, à raiſon de ſa non jouiſſance ; tout au contraire les cas fortuits tombent ſur l'emphytéote, qui ne peut par conſéquent demander le retranchement de la penſion qu'il paye à raiſon de ſa non-jouiſſance ; *quia canon ſolvitur ab emphiteuta, non pro perceptione fructuum, ſed in recognitionem dominii.* Charondas en ſes Obſervations, *verbo* Déguerpiſſement, Du moulin ſur le §. 62. de la Coutume de Paris.

Vº. La tacite reconduction a lieu dans les baux ordinaires, & n'eſt pas admiſe dans les baux emphitéotiques. Cela vient de ce que par le louage le preneur n'acquiert que le droit de jouiſſance & de percevoir les fruits ; mais par l'emphitéoſe le preneur *jus in re acquirit, & eſt loco domini ; at res noſtra ſine facto noſtro ad alium tranſire non poteſt. Leg.* 11. *ff. de reg. jur.*

Le preneur à bail emphitéotique ne peut pas preſcrire le fonds qui lui eſt accordé à ce titre, parce qu'on ne peut pas changer la cauſe de ſa poſſeſſion : ainſi, comme il ne poſſede qu'en qualité d'emphitéotaire, n'ayant qu'un domaine utile, il ne peut pas par le moyen de la preſcription changer ce domaine utile en domaine direct ; mais il peut ſe libérer, par le moyen de la preſcription des rédevances annuelles échues, ſans préjudice de celles qui échéront dans la ſuite. *Voyez* Charondas, liv. 11. rép. 51.

Le bail étant fini, le preneur, ſes héritiers ou ayant cauſe ſont obligés de remettre au Seigneur direct l'héritage en bon état, c'eſt-à-dire en tel état que le preneur l'a reçu ; mais ni lui ni ſes ayans cauſe ne ſont pas tenus des réparations, tant groſſes que menues, qu'il conviendroit faire aux édifices que le preneur auroit bâtis de nouveau, & auxquels il n'étoit pas obligé par ſon bail. *Voyez* Louet & Brodeau, lettre E, ſomm. 10. & 11. Il peut même pendant le tems que ſon bail dure, les démolir & en faire enlever les matériaux, pourvû que cette démolition ait été faite *ſine damno aut pejuramento fundi ;* Dumoulin ſur l'article 198. de la Coutume d'Amiens ; mais à la fin de ſon bail il ne peut rien emporter de ces bâtimens, ni en répéter les impenses, ni même obliger le bailleur à lui continuer son bail pour raison desdits bâtimens.

La coupe des bois de haute futaye peut, pendant la durée du bail emphitéotique, être faite par l'emphitéote, comme il a été jugé au Parlement de Toulouse le 6. Décembre 1613. rapporté par Cambolas, liv. 4. chap. 10. *Voyez* Coquille sur la Coutume de Nivernois, tit. des Fiefs, art. 21. & dans ses questions, chap. 30. & Salvaing, de l'usage des Fiefs, chapitre 83.

Le preneur à bail emphitéotique, est déchargé de la pension qu'il s'étoit obligé de payer, par la perte entiere de la chose pour laquelle il l'avoit constituée : mais si elle n'étoit périe qu'en partie, il ne seroit pas moins tenu au payement de la pension entiére. Par exemple, si une fonds sur lequel une maison se trouve bâtie, est donné à bail emphitéotique, la ruine entiere de cette maison arrivant, ce bail n'en subsiste pas moins, & toute la pension en est toujours dûe sans aucune diminution. *Leg. 2. cod. de jure emphiteut.*

Enfin le preneur à bail emphitéotique peut, en déguerpissant l'héritage, se faire décharger en Justice de la pension à laquelle il s'étoit obligé en payant au bailleur les arrérages du passé, & le terme suivant, & satisfaisant aux charges & conditions portées par le bail, & rendant ledit héritage en tel état qu'il étoit au tems de la prise, ou en l'état qu'il avoit promis de le mettre ; & cela, quoiqu'il se fût obligé personnellement à payer ladite redevance, par une obligation générale de tous ses biens, auquel cas l'action personnelle se trouve jointe à l'action hypothécaire.

La raison est que le déguerpissement n'éteint pas seulement l'action hypothécaire, mais encore l'action personnelle, lorsque cette action personnelle n'est pas principale, mais seulement accessoire, ne subsistant que par le moyen de la détention & jouissance de l'héritage obligé à ladite redevance. Mais lorsque l'action personnelle est principale, & l'action hypothécaire n'est qu'accessoire, & dépendante de l'action personnelle, le déguerpissement n'éteint pas l'action personnelle. Par exemple, si celui qui avoit constitué une rente pour laquelle il auroit hypothéqué un héritage, le déguerpissoit, l'action personnelle résultante du contrat de constitution de ladite rente étant principale, ne seroit pas éteinte, si ledit héritage n'étoit pas suffisant pour acquitter le sort principal & les arrérages échus de ladite rente. *Voyez* Henrys, liv. 3. chap. 3. quest. 20.

Suivant ce que nous avons dit ci-dessus, l'héritage donné à bail emphitéotique peut être échangé, donné & vendu par le preneur, pour le terme qu'il reste au cédant pour en jouir ; & en ce cas il faut que le Seigneur dans l'exploit par lequel il demande le cens au nouveau possesseur, lui désigne sur quels héritages il le demande. *Voyez* Henrys & son Commentateur, liv. 3. chap. 3. quest. 18.

EMPLOI. ACTE D'EMPLOI DE DENIERS, est un acte par lequel il apparoît que le débiteur a employé à quelque chose les deniers qu'il a empruntés.

Cet acte peut être utile au créancier dont les de-

niers paroissent avoir été employés, soit pour avoir un privilége sur la chose qui paroît par l'acte d'emploi avoir été acquise de ses deniers, soit pour avoir une subrogation au lieu & place d'anciens créanciers, qui paroissent avoir été payés des deniers de celui au profit de qui l'acte d'emploi est fait.

Quand il y a dans un contrat de mariage stipulation d'emploi d'une somme en achat d'héritages au profit de la future épouse, quoique l'emploi de cette somme n'ait pas été fait par le mari, elle ne tombe pas dans la communauté ; elle appartient à la femme ou à ses héritiers lors de la dissolution de la communauté.

Mais, cette stipulation ayant été ainsi une fois consommée, les deniers non employés sont meubles, & ne sont plus considérés comme immeubles, si ce n'est dans la succession des mineurs. *Voyez* Stipulation de propre.

EMPOISONNEMENT, est un homicide clandestin, qui se commet en faisant prendre du poison à quelqu'un. Cette espèce d'homicide étant des plus cruelles & des plus barbares, elle mérite d'être punie plus grièvement que les autres.

On peut se défier & même précautionner quelquefois à l'égard de l'homicide qu'on voudroit commettre en nous par le fer ; au lieu que l'empoisonnement se fait pour l'ordinaire par ceux de qui l'on se défie moins.

Ceux qui n'ont pas assez de force pour exécuter leur vengeance ouvertement & par les armes, ont d'ordinaire recours au poison, qui tue sans qu'on puisse facilement connoître les auteurs du meurtre.

Ce crime est capital, & est puni du feu.

Il y a une Déclaration du mois de Juillet de l'année 1682. régistrée en Parlement le 31. du mois d'Août suivant, touchant la punition de quelques crimes, & principalement du poison. *Voyez* ci-après Poison.

EMPOISSONNEMENT, est le repeuplement que l'on fait d'un étang, après la pêche de trois ans en trois ans, avec l'alvin, c'est-à-dire poisson propre à multiplier, dont on dresse procès verbal, tant sur la qualité que sur la quantité.

Voyez Saint-Yon sur les Ordonnances des Eaux & Forêts, liv. 1. tit. 36. & l'Ordonnance de 1669. titre de la Pêche.

EMPRISONNEMENT, est la capture d'une personne, qui est suivie de l'écrou & enrégistrement. *Voyez* Capture.

L'emprisonnement ne se peut faire que par autorité de Justice, en vertu d'une Sentence ou Arrêt portant condamnation par corps pour dette civile, dans les cas permis par l'Ordonnance de 1667. tit. 34. ou en vertu d'un décret de prise de corps en matiere criminelle, ou bien en vertu d'une Lettre de Cachet pour des affaires d'Etat.

L'Huissier ou Sergent qui fait la capture & l'emprisonnement de quelqu'un, doit être porteur des pieces en vertu desquelles il fait l'emprisonnement.

Pour ôter toute occasion de querelle & d'émotion, il est défendu aux Sergens, & autres préposés pour quelque capture, de se faire accompagner des Parties au nom de qui se fait l'emprisonnement ;

ils

ils doivent seulement se faire assister de Records & Archers qui leur prêtent main forte.

Quant un Sergent a fait la capture de celui qu'il a été chargé d'emprisonner, & qu'il l'a conduit en prison, il doit dresser son procès verbal, & y faire mention du lieu où il a trouvé celui qu'il a emprisonné, énoncer s'il étoit seul, à pied ou en équipage, avec épée ou non. Il doit marquer le nom de la prison où il l'a conduit, & faire mention dans son procès verbal de l'écrou fait de sa personne sur le Registre de la Géole.

Le Sergent doit aussi énoncer le nom de celui qui l'a chargé de faire la capture, afin que l'emprisonné sçache contre qui il pourra agir pour ses depens, dommages & intérêts, au cas que l'emprisonnement ait été fait injustement.

Si celui qui est conduit prisonnier avoit une épée, le Sergent fait mention par son écrou, qu'il a laissé cette épée au Greffe, en la désignant telle qu'elle est ; ensuite il fait signer son procès verbal par les Archers & Records qui l'ont assisté & aidé à faire la capture.

Celui qui est ainsi emprisonné, est détenu dans les prisons jusqu'à ce qu'il ait obtenu un Jugement qui ordonne qu'il soit élargi.

Pour y parvenir en matiere criminelle, il faut que l'accusé après avoir subi l'interrogatoire, & après le récollement & confrontation, fasse prendre au Procureur du Roi, ou à celui du Seigneur, communication du procès.

Toute la procédure criminelle étant finie, & les conclusions du Procureur du Roi ou des Seigneurs données, intervient Jugement portant condamnation ou absolution de l'accusé, ou de plus amplement informé. S'il est absous, il peut en vertu de ce Jugement être mis hors des prisons. Lorsqu'il y a un plus amplement informé pendant un certain tems, l'accusé peut après ledit tems, s'il n'est point survenu de nouvelles charges, obtenir un dernier Jugement portant qu'il sera mis hors des prisons.

Quand en matiere civile un débiteur est constitué prisonnier, il reste dans les prisons jusqu'à ce qu'il ait payé ou obtenu élargissement, soit purement & simplement, soit avec caution ; ou à la charge qu'il restera à la garde d'un Huissier.

Au premier cas, lorsqu'un debiteur est constitué prisonnier jusqu'à ce qu'il ait payé, sitôt qu'il a fait le payement de la somme pour laquelle il est constitué prisonnier, il en doit faire faire la signification au Concierge des prisons ; & dès que cette signification lui est faite, le prisonnier doit être mis en liberté, & la copie signifiée au Concierge lui sert de décharge.

Au second cas, lorsqu'il intervint un Jugement qui ordonne que le prisonnier sera élargi purement & simplement, il suffit aussi de faire signifier au Concierge le Jugement qui ordonne l'élargissement du prisonnier purement & simplement.

Au troisième cas, lorsqu'il est ordonné que le prisonnier sera élargi en donnant caution, sitôt que la caution a fait ses soumissions, & qu'elles ont été signifiées avec le Jugement au Concierge,

Tome I.

le prisonnier est pareillement mis en liberté.

Enfin, si le prisonnier est par le Jugement mis à la garde d'un Huissier, il faut que l'Huissier s'en charge sur le Registre de la Géole ; après quoi il doit être mis hors des prisons.

Le tout, au cas qu'il n'y ait point de recommandations qui fassent retenir le prisonnier dans les prisons, & empêchent le Concierge de l'en faire sortir. *Voyez* Recommandation.

Quand celui qui a été constitué prisonnier avoit une épée, & qu'on la lui a ôtée en le conduisant en prison, lorsqu'il en sort, on la lui doit rendre, & le Géolier lui fait écrire ces mots au-dessous de sa décharge : *Je confesse avoir reçu mon épée.*

Les frais d'emprisonnement & géolage ne se doivent point comprendre dans la taxe des dépens ; ils entrent dans les dommages & intérêts. Papon, liv. 18. tit. 2. nomb. 12.

Touchant les emprisonnemens, *voyez* les titres 10. & 13. de l'Ordonnance de 1670. & ce que je dis ici, *verbo* Capture, & *verbo* Recommander un prisonnier.

EMPRISONNEMENT TORTIONNAIRE ET DE-RAISONNABLE, donne lieu à des dommages & intérêts contre celui qui l'a fait faire, & à faire ordonner que l'écrou sera rayé & biffé.

Quand plusieurs y ont contribué, ces dommages & intérêts sont solidaires, sauf à celui qui les a payés son recours contre les autres. Le Vest, Arrêt 67.

Lorsqu'un emprisonnement est déclaré tortionnaire, toutes les recommandations qui ont été faites de l'emprisonner deviennent inutiles, & l'usage est d'ordonner que le débiteur sera élargi & réintégré dans sa maison par un Huissier. Ainsi jugé par Arrêt de la Grande Chambre le 6. Septembre 1714. sur les conclusions de M. l'Avocat général Chauvelin.

Le Sergent qui a fait un emprisonnement mal-à-propos, en est responsable en son nom, à moins qu'il ne l'ait fait à l'instigation de quelqu'un qui l'a mis en œuvre.

EMPRISONNEMENT D'UNE PERSONNE POUR UNE AUTRE, donne lieu à des dommages & intérêts contre l'Huissier, s'il n'a point d'indicateur, & contre la Partie, si elle en a administré un qui se soit trompé.

La personne arrêtée par méprise étant entrée dans la prison, doit, sans rien dire, se laisser écrouer ; mais lorsque l'Huissier a fait l'écrou & est prêt de se retirer, elle doit déclarer qu'elle n'est pas dans la prison l'Huissier & les Archers, s'il y en a : ensuite elle doit envoyer chercher un Procureur, & faire dresser une Requête adressante au Lieutenant criminel, si c'est au Châtelet, & demander par cette Requête permission d'écrouer l'Huissier & les Archers, pour raison des dommages & intérêts qu'elle a à répeter contr'eux.

Après que la permission est obtenue, la personne arrêtée par méprise fait écrouer à sa requête l'Huissier & les Archers, & envoye ensuite la copie de la Requête & de l'écrou au Commissaire de la prison, qui s'y rend sur le Champ pour prendre connoiffance de ce dont il eft question.

Comme rien n'eft plus fommaire que ces fortes d'affaires, elles fe terminent le lendemain. Mais la perfonne mal-à-propos emprifonnée doit refter en prifon jufqu'à la decifion, & jufqu'au payement de fes dommages & intérêts ; parce qu'avant qu'elle forte de prifon, on lui accorde, outre fes dommages & intérêts, une fatisfaction convenable à fon état & à fa qualité.

Les dommages & intérêts réfultans de la méprife d'une perfonne emprifonnée pour une autre, font folidaires & contre la Partie, & contre l'Huiffier ; mais comme l'Huiffier eft en quelque façon garant de fa méprife, on accorde toujours à la Partie fon recours contre l'Huiffier.

EMPRUNTS. *Voyez* Caiffe d'emprunts.

E N

ENCAN, eft une vente publique de meubles qui fe fait par autorité de Juftice.

ENCHERE, fignifie mife à prix, qu'un pourfuivant criées fait d'un immeuble faifi en Juftice ; & en ceffant on dit : *c'eft la première ou feconde enchere.*

ENCHERE, fe prend quelquefois pour le prix qui eft mis à quelque chofe, pour enfuite être vendue à plus haut prix par autorité de Juftice:

Quant aux meubles, c'eft l'Huiffier qui met d'abord le prix à ceux qu'il vend à l'encan ou dans la maifon d'un défunt.

Pour ce qui eft des immeubles faifis réellement, c'eft le pourfuivant criées qui y met d'abord le prix par l'enchere de quarantaine, & enfuite on reçoit les augmentations que font ceux qui furencherif-fent jufqu'à l'adjudication. *Voyez* Enchere de quarantaine.

ENCHERE, ce dit plus ordinairement de ces augmentations de prix qu'on fait à l'envi, tant fur les meubles que fur les immeubles qui fe vendent ou s'afferment par autorité de Juftice.

A l'égard des encheres qui fe font des biens faifis réellement, on eft toujours reçu à enchérir jufqu'au moment que le Juge, en procédant à l'adjudication pure & fimple, a prononcé le mot *adjugé.*

Ainfi l'adjudication étant faite dans les formes, on ne reçoit plus d'encheres pour affurer l'autorité des adjudications ; autrement il n'y auroit jamais de fin, par le moyen des encheres que fuggereroit la partie faifie.

Tous enchériffeurs font tenus de nommer leur Procureur en faifant leur enchere, & élire domicile en la maifon dudit Procureur ; autrement l'enchere ne feroit pas reçue.

L'ufage eft, que les encheres fur les immeubles qui fe vendent par autorité de Juftice, fe font par les Procureurs fondés de procurations fpéciales, au nom de ceux qui les en chargent.

Les Procureurs ne font refponfables de leurs encheres, qu'en cas d'une infolvabilité notoire & apparente de ceux pour lefquels ils les ont faites. Un Procureur n'eft pas obligé de connoître les facultés de ceux qui s'adreffent à lui pour faire des encheres ;

il fuffit qu'il ait lieu de préfumer qu'il a de quoi payer le prix de l'adjudication, fuivant l'enchere qu'il y fait mettre. Réglemens des Procureurs, pag. 218.

Un Procureur ne peut enchérir au-deffus de la fomme contenue dans la procuration. S'il avoit renchéri au-delà du pouvoir à lui donné, il feroit refponfable de l'enchere en fon propre & privé nom, & la chofe feroit revendue à fa folle enchere.

Tout enchériffeur eft obligé de faire fignifier fon enchere au dernier enchériffeur, autrement l'enchere feroit nulle, excepté à l'égard de la derniere enchere, par laquelle l'adjudication eft faite dans la derniere remife, laquelle ne doit point être fignifiée.

Toutes perfonnes capables d'aliéner & d'acquérir, peuvent enchérir : le tuteur peut même enchérir fur les biens de fon mineur, pourvû qu'il agiffe de bonne foi & fans fraude.

Les gens de main-morte, les mineurs, les interdits, les femmes en puiffance de mari, & autres qui n'ont pas la faculté d'aliéner, ne peuvent être admis à enchérir.

Il y a quelques perfonnes qui, quoique capables d'aliéner & d'acquérir, ne font pas reçues à enchérir ; fçavoir, les Juges pardevant lefquels fe font les criées, & fe pourfuivent les adjudications par décret forcé ; *Item*, les Confeillers du Siége, les Avocats & Procureurs du Roi, les Greffiers & leurs Commis.

La raifon eft, qu'il eft à craindre que ces Officiers abufant de leur crédit, n'empêchent les encheres, pour fe faire adjuger les biens à bas prix.

ENCHERE DE QUARANTAINE, eft un acte qui fe fait par le Procureur du pourfuivant criées après le congé d'adjuger, pour indiquer que l'on procédera à la vente & adjudication des biens faifis réellement, qu'il faut énoncer tout au long, moyennant la fomme de tant, pour être fur ladite enchere procédé en la Cour à la vente & adjudication par décret defdits biens au quarantieme jour, au plus offrant & dernier enchériffeur, en la maniere accoutumée, où toutes perfonnes feront reçues à enchérir.

Cette enchere ne fe fait qu'après le congé d'adjuger, & après que les oppofitions à fin d'annuller, de charge & de diftraire ont été jugées.

La raifon eft, que fi l'oppofition à fin d'annuller avoit lieu, il n'y auroit point de décret à faire. De plus, c'eft qu'il faut faire mention dans l'enchere des héritages diftraits, & des rentes dont les héritages font chargés.

L'enchere doit contenir tout au long les chofes faifies, fur qui, à la requête de qui, & les charges ordinaires, qui font de payer non-feulement les droits feigneuriaux & les frais ordinaires des criées, mais encore à la charge de tout ce qui a été diftrait & des charges adjugées, & de laiffer jouir le refte de l'année le Fermier judiciaire, en payant le prix de l'année à l'adjudicataire, fi mieux il n'aime en prenant les fruits, les rembourfer de fes labours & femences.

Le Procureur pourfuivant met dans cette enchere le prix aux biens faifis réellement ; mais il n'eft pas néceffaire qu'il y donne le jufte prix ; il fuffit d'y mettre le quart de la valeur.

Dans cette enchere & dans celles qui la fuivent, comme dans les criées, il faut obferver l'Edit d'Henri II. de l'an 1551. l'Ordonnance de 1667. les Coutumes des lieux avec les ufages, pourvû qu'ils ne dérogent ni à l'Ordonnance ni aux Coutumes.

Après que cette enchere a été reçue au Greffe, elle doit être lûe & publiée en Jugement, l'Audience tenant de la Jurifdiction où l'adjudication fe doit faire, & aux Siéges des Juftices où les biens font fitués ; & la quarantaine ne commence que du jour de la derniere publication.

Cette enchere s'affiche aux portes des Auditoires de la Jurifdiction où fe pourfuit l'adjudication, & à celles des Juftices où les biens faifis font fitués, & aux portes des Eglifes paroiffiales des unes & des autres, & des Parties faifies, & aux portes des Villes où l'on fort pour aller aux biens faifis, & à quelques autres endroits, fuivant l'ufage des lieux.

Ces appofitions d'affiches de l'enchere de quarantaine fe font avec panonceaux royaux ; & il eft défendu d'arracher ces affiches, fous peine d'amende arbitraire & de punition corporelle.

La fignification de l'enchere doit être faite au Procureur du faifi & aux Procureurs des oppofans ; & les quarante jours pour faire l'adjudication ne courent que du jour de l'affiche de cette premiere enchere appofée en tous les endroits marqués par la Coutume.

Ainfi après la quarantaine, à compter comme il vient d'être dit, on procede à l'adjudication des biens, mais elle ne fe fait pas purement ; c'eft pourquoi cette premiere adjudication eft appellée *adjudication fauf quinzaine*, pendant laquelle toutes encheres font encore reçues.

Cette adjudication fauf quinzaine fe publie en Jugement l'Audience tenant, & dans les Jurifdictions des lieux faifis : elle s'affiche comme l'enchere, & fe fignifie au Procureur du faifi & des oppofans.

Après ce délai de quinzaine fuivent les remifes, & enfin l'adjudication pure & fimple, laquelle doit être faite fuivant les charges portées par l'enchere de quarantaine ; car il n'eft pas permis d'ajouter par les remifes aucunes charges à celles qui font portées par cette enchere.

Mais quelquefois fur la remontrance des créanciers, que l'adjudication feroit faite à trop bas prix, le Juge leur accorde des remifes jufqu'à ce qu'il y ait de plus fortes encheres.

Voyez Remife, Décret, le titre dernier de l'Ordonnance de 1667. les Notes de Bornier, l'Edit des Criées de 1551. avec les Commentaires qui fe trouvent dans le Neron de l'édition de 1720.

ENCHERE N'OBLIGE QUE LE DERNIER ENCHERISSEUR, enforte que tous les autres font entierement liberés. Cela eft fi vrai, que quand le dernier encheriffeur eft infolvable & hors d'état de configner le prix de fon enchere, on ne peut pas s'adreffer au précédent ; de maniere que tout enchérifleur eft pleinement liberé par la réception d'une enchere fubféquente. La peyrere let. E, nom. 15. M. le Maître en fon Traité des Criées, ch. 20.

Il y a néanmoins deux cas efquels le dernier encherifleur peut fe départir de fon enchere, fans être obligé de la mettre à exécution.

Le premier eft, quand il y a éviction d'une partie de la chofe faifie, ou quand il y a appel de l'adjudication, parce qu'il n'eft pas tenu d'attendre l'événement du procès, & de garder pendant le tems qu'il durera fes deniers oififs. Baffet, tom. 1. liv. 2. tit. 36. chap. 1. l'Hommeau, des Saifies & Criées, liv. 3. max. 377.

Le deuxiéme eft, lorfque pendant la remife il furvient quelque cas fortuit qui détruit ou détériore l'heritage, comme un incendie, ou une impétuofité de vents qui auroit détruit ou détérioré confidérablement la maifon faifie réellement, car alors le dernier encherifleur n'en ayant point été rendu propriétaire, la perte ou détérioration qui lui eft furvenue par cas fortuit, ne doit pas tomber fur lui.

ENCHERE FAITE PAR UN CREANCIER A SON PROFIT PARTICULIER N'A LIEU QU'EN NORMANDIE. Pour entendre ce que c'eft, il faut fçavoir que dans la Coutume de Normandie, il y a une formalité qui ne fe pratique que dans cette Province.

L'art. 7. de l'Edit des Criées de 1551. les art. 9. & 10. de l'ordonnance de 1667. & l'adjudication fauf huitaine ou quainzaine, ne s'y obfervent pas comme dans les autres Coutumes. Il n'y a point de remifes ; toutes les encheres fe font au Greffe, & la quarantaine échue, la derniere enchere paffe pour définitive dans la huitaine fuivante. Mais un créancier dont la créance eft antérieure à la faifie réelle, peut faire, fuivant l'art. 582. de cette Coutume, après l'adjudication, une enchere qui fe nomme *enchere à fon profit particulier*. Elle fe fait à l'Audience ; huit jours après l'adjudication, on en fait lecture aux plaids, & l'enchérifleur eft obligé de faire la répétition de cette enchere fur les biens qu'il veut encherir.

Au plaid fuivant on fait lecture de cette enchere ; & fi perfonne ne la couvre, on adjuge définitivement à l'encherichéur ; mais ordinairement cette enchere qui fe nomme *enchere au profit commun*, donne ouverture à une autre, qui fe fait & fe publie comme la premiere : on en fait encore lecture aux plaids fuivans ; & fi perfonne ne la paffe, celui qui la fait eft adjudicataire. Lecture faite de cette derniere enchere, l'adjudication doit être définitive dans la quinzaine de la derniere lecture pour les rotures, & dans le mois pour les fiefs.

L'effet que produit cette enchere au profit commun & particulier, eft que celui qui la fait, la fait toujours avec une créance caduque, fur laquelle le fonds doit manquer. Du prix de cette enchere il n'en retourne qu'un quart au profit commun des créanciers ; mais s'il y a un retrait lignager, l'adjudicataire étant rembourfé du prix entier, retire le quart, & les trois autres lui reviennent, fans être obligé d'en faire part aux autres créanciers : au contraire, s'il n'y a point de retrait, le premier quart détaché de l'enchere tombe en pure perte fur l'enchérifleur au profit particulier.

Il y a encore une fingularité à obferver dans cette Coutume, qui eft que quand le Juge a une fois prononcé *adjugé*, à l'Audience qui fuit l'adjudication on ne peut plus enchérir au profit particulier, mais feulement au profit commun; & quand le Juge eft hors de fa chaire & a levé le fiége, on n'eft plus reçu à enchérir en aucune façon.

Ces efpéces d'enchères ne font pas mal imaginées; c'eft une reffource qu'on donne au créancier pour récuperer fa dette, en faifant même l'avantage du faifi & des autres créanciers. Bafnage dit que dans le Droit on le nommoit *adjectiones*, & qu'elles étoient reçues *in fifcalibus actionibus; leg. 10. cod. de jure & fide haftæ fifcalis, & de adjectione*; & dans la vente des chofes qui appartenoient aux Cités. *Leg.* 1. *cod. de vendendis rebus Civitatem. Leg. Lucius,* §. *ult. ad municipalem.*

Voyez Bafnage & Berault fur l'art. 582. & fuivans, avec les Traités des Criées à l'ufage du Parlement de Normandie, par Gouget & Forget.

ENCHÉRIR, fignifie faire une enchère fur des biens qui fe vendent ou qui s'afferme en Juftice.

ENCLOS. Le Seigneur qui enclot quelques héritages d'autrui avec des fiens: eft tenu de payer le triple de leur eftimation; comme il a été jugé par Arrêt du Parlement de Paris du 15. Mars 1647. rapporté dans le Journal des Audiences, & par Soefve, tom. 2. cent. 2. chap. 2.

ENDOSSEMENT, eft l'écriture qui eft au dos d'un acte. On appelle endoffement la quittance qu'un créancier met au dos de l'obligation de fon débiteur, de ce qu'il a reçu en l'acquit & en déduction de fon dû.

La quittance que le Seigneur ou fon Receveur donne au dos du contrat d'acquifition d'un héritage dépendant de fa Seigneurie, s'appelle auffi endoffement; mais ce terme eft principalement employé à l'occafion des Lettres de change & des Mandemens, pour fignifier les quittances ou controlles qui y font écrit au dos.

ENDOSSEURS. *Voyez* Change.

ENDUITS ET CREPITS, font ce qu'on appelle en Droit *incrutationes*; ils fe toifent à raifon de fix toifes pour une toife de gros mur.

ENFANCE, eft le bas âge de l'homme, jufqu'à ce qu'il ait acquis l'ufage de la raifon. *Voyez* Impuberes.

ENFANS, font des Impuberes qui n'ont pas encore fept ans.

ENFANS EN FAIT DE PARENTÉ, font proprement ceux qui font au premier degré, c'eft-à-dire le fils ou la fille qui font nés immédiatement de quelqu'un; mais dans un fens plus général & plus étendu, on appelle auffi enfans tous les defcendans de quelqu'un, fans diftinction de degrés, Henrys, tom. 2. liv. 5. queft. 17. & quand on veut diftinguer ceux-ci des enfans du premier degré, on leur donne le nom de *petits-enfans.*

Dans les teftamens, le mot d'enfans comprend fouvent les petits-enfans, parce qu'en fait de dernière volonté on leur donne une interprétation favorable, pour peu que l'intention de teftateur n'y paroîffe pas contraire.

Mais dans les contrats on doit fuivre à la lettre les termes dont les contractans fe font fervis; c'eft pourquoi fous le nom d'enfans, les petits enfans n'y font pas ordinairement compris. Charondas, liv. 7. rép. 130.

Cependant en fait de donations, de même qu'en fait de fubftitutions faites en faveur d'enfans, non-feulement les filles font comprifes avec les mâles, mais encore les defcendans des fils & des filles. Soefve, tom. 2. cent. 1. chap. 92. Boniface, tom. 5. liv. 2. tit. 12. chap. 4.

On n'entend ordinairement par le nom d'enfans, que ceux qui font légitimes; car ce qui caractérife un enfant, c'eft d'être né d'un pere & d'une mere unis par un mariage public: *Filius eft qui eft viro & uxore nafcitur fimul commorantibus, fcientibus vicinis; aut qui legitimatus eft fubfequenti matrimonio.*

A l'égard des bâtards, on ne leur donne le nom d'enfans qu'en y ajoutant quelque qualification, comme celle d'enfans naturels, ou autre qui diftingue leur condition de celle des enfans légitimes, fur tout quand il s'agit de fucceffion *ab inteftat:* comme ils n'y ont aucune part, ils ne font pas compris fous le nom d'enfans, non plus que quand il s'agit d'autres droits inhérens à la famille.

Les enfans morts-nés ne font pas comptés au nombre des enfans; ils font confidérés comme s'ils n'avoient jamais été au monde. Mais ceux qu'on tire du ventre de leur mere morte avant l'acceuchement, font du nombre des enfans, quand même ils feroient morts un moment après leur naiffance. Les montres qui n'ont point la forme humaine, ne tiennent pas lieu d'enfans; mais ceux qui ayant l'effentiel de la forme humaine, qui eft la tête, & qui ont feulement quelque excès ou défectuofité, font mis au nombre des autres hommes.

La régle eft, que les enfans naiffent dans le feptième mois commencé, ou dans l'onzième. *Voyez* ci-après, *verbo* Naiffance.

Les enfans nés en légitime mariage fuivent la condition de leur pere: il en porte le nom & les armoiries: *Cum legitimæ nuptiæ factæ funt, patrem liberi fequuntur, idque tempore conceptionis; vulgo quæfitus matrem fequitur. Leg.* 19. *ff. de ftat. hominir.*

Ainfi les enfans nés hors le mariage fuivent naturellement la condition de leur mere: *Lex naturæ eft, ut qui nafcitur fine legitimo matrimonio, matrem fequatur, nifi ratio fpecialis aliud inducat, leg.* 24. *ff. eod. liberi autem naturales patrem habere non intelliguntur; fiquidem pater eft quem juftæ nuptiæ demonftrant.*

Quoique les enfans nés en légitime mariage fuivent la condition de leur pere, comme nous l'avons dit, néanmoins en formariage le pire emporte le bon. Loyfel, liv. 1. tit. 1. régle 25. Sur quoi *voyez* les remarques de M. Laurière.

Touchant la queftion, *Quel doit être l'état de*

l'enfant, à l'effet de pouvoir fuccéder à fes pere & mere , voyez Légitime , voyez Naiffance. Voyez auffi M. le Brun en fon Traité des Succeffions, liv. 1. chap. 4. fect. 1. & 2.

Les enfans doivent avoir beaucoup de refpect & d'amitié pour leurs peres & meres ; & c'eft un principe de la Loix naturelle qu'il eft impoffible d'ignorer ; mais auffi l'amour que les peres & meres ont pour leurs enfans eft ordinairement la mefure de celui que leurs enfans leur portent.

De même que les afcendans font tenus de donner des alimens à leurs defcendans, quand ils en ont befoin & que les parens font en état de leur en donner ; de même auffi les defcendans qui ont de quoi , font obligés de fournir des alimens à leurs afcendans, lorfqu'ils font dans la néceffité; comme nous avons dit , verbo Alimens.

Mais les enfans ne font pas tenus de payer les dettes de leurs parens. Leg. 5. §. 16. ff. de agn. & alend. liber. à moins que faute de payement le pere ne fût emprifonné ; auquel cas l'on contraint les enfans majeurs ou mineurs de payer , & même de vendre leurs biens, pour retirer leur pere de prifon.

Voyez Chopin de facrâ politiâ , lib. 3. tit. 8. num. 5. Sur quoi il faut remarquer, que le Grand dans fon Commentaire fur la coutume de Troyes , tit. 21. glof. 5. nomb. 4. & fuivans , dit qu'il faut diftinguer entre les dettes civiles , & celles qui proviennent du délit.

ENFANS NÉS D'UN MARIAGE ILLICITE, font cenfés légitimes dans un cas. Voyez Mariage illicite.

ENFANS EXPOSÉS. Voyez Expofition de part.

ENFANS CONÇUS , font cenfés être nés , lorfqu'il s'agit de leur intérêt. Leg. 7. leg. 26. ff. de ftat. homin. Mais lorfqu'il s'agit de l'utilité d'un tiers ; la conception d'un enfant qui eft encore dans le ventre de fa mere, n'eft d'aucune confidération. Leg. ult. ff. de collatione bonor.

Nous difons donc qu'un enfant conçu eft cenfé être né quand il s'agit de fon avantage : c'eft pourquoi un parent du côté & ligne de celui qui a vendu un héritage, eft admis au retrait lignager , quoiqu'il ne foit né qu'après la vente de cet héritage fujet à retrait , & même quoiqu'il ne fût pas encore conçu au tems de la vente, il n'y eft pas moins recevable ; comme il a été jugé par Arrêt de la Cour du 9. Février 1695. La raifon eft, que pour être admis au retrait, il fuffit d'être conçu au tems que l'action eft intentée.

Pour ce qui eft des fucceffions , ceux qui font conçus au tems de la mort du défunt, font auffi cenfés être nés alors , à l'effet d'être admis à fa fucceffion au tems de leur naiffance.

Si l'enfant eft fimplement conçu fans être animé, Henrys , tome 2. liv. 6. queft. 25. ne fait aucun doute qu'en ligne directe l'enfant conçu au tems de la mort de fon pere ou de fon ayeul, ne foit admis à fa fucceffion , quoiqu'au tems qu'elle a été ouverte, il ne fût pas vivant & animé ; parce que ce feroit une grande injuftice de faire paffer la fucceffion d'une perfonne en des mains étrangeres, au préjudice de fon propre fang.

Mais cet Auteur croit qu'il n'en eft pas de même,

quand il s'agit d'une fucceffion collatérale , & que celui qui eft conçu au tems de l'ouverture d'une telle fucceffion, ne peut pas y être admis, fi dès ce tems-là il n'étoit pas encore vivant & animé.

Cependant il faut dire le contraire , & qu'il n'y a point en cela de diftinction à faire entre les fucceffions en ligne directe , & les fucceffions en ligne collatérale. C'eft le fentiment du Commentateur de Henrys fur l'endroit cité ci-deffus , & de M. le Brun en fon traité des Succeffions , liv. 1. chap. 3. nomb. 4.

A l'égard du tems auquel fe fait la formation & l'infufion de l'ame , voyez ce que j'en ai dit , verbo Avortement.

Au refte, le §. 8. du titre premier du troifiéme livre des Inftitutes de Juftinien , décide qu'un petit-fils qui n'eft conçu & né qu'après la mort de fon ayeul , quoique fon pere meure & qu'après l'héritier inftitué manque , ce petit-fils ne fera pas héritier de fon ayeul , parce qu'il n'a jamais été joint à lui par aucun degré de parenté.

Mais cela n'eft pas obfervé parmi nous , ni en Pays coutumier , ni en Pays de Droit écrit ; en Pays coutumier, parce que l'inftitution d'héritier n'y a pas lieu ; en Pays de Droit écrit , parce que parmi nous il n'eft pas néceffaire d'être conçu ou né au tems du décès d'un défunt, pour être capable de lui fuccéder ; & en ce cas l'équité prévaut à la rigueur du Droit.

ENFANT N'EST REPUTÉ VIVANT , QUE QUAND APRÈS ESTRE SORTI DU VENTRE DE SA MERE , IL DONNE DES SIGNES DE VIE , fuivant la décifion de Juftinien dans la Loi 3. cod. de pofth. hæredib. inftituend. Voyez Henrys , tome 3. liv. 6. queft. 21. & tom. 4. plaidoyer 5.

ENFANS MINEURS QUI ONT PERE ET MERE, N'ONT BESOIN DE TUTEUR NI DE CURATEUR. Il eft vrai que leur âge ne leur permet pas de fe conduire eux-mêmes , & d'avoir l'adminiftration de leurs biens ; mais tant qu'ils ont pere & mere , on leur laiffe ordinairement la conduite de leurs enfans, & l'adminiftration de leurs biens.

Cela eft fi vrai, qu'ils peuvent valablement accepter une donation qui feroit faite à leurs enfans mineurs ; comme il eft dit en l'article 7. de l'Ordonnance du mois de Février 1731.

Ainfi on ne donne point de tuteur ni de curateur à des enfans mineurs , tant que le pere & la mere font vivans , à moins qu'il n'y ait une jufte caufe qui oblige de leur en donner un ; par exemple , fi le pere étoit en démence , ou qu'il eût des droits confidérables à difcuter avec fes enfans.

ENFANS DE FAMILLE. Voyez Fils & Filles de famille.

ENFANS QUI SONT DANS LA CONDITION , NE SONT POINT APPELLÉS A LA DISPOSITION. La raifon eft , que la nature de la condition n'eft pas de difpofer ; conditio numquam difponit.

Il y a néanmoins quelques cas favorables qui font préfumer que la volonté du teftateur a été d'appeller à la fubftitution les enfans de l'héritier par lui inftitué ou fubftitué, quoiqu'il ne les ait mis que dans la condition.

Voyez Henrys & fon Commentateur, livre 5. chap. 4. queſt. 26. & le recueil alphabétique de M. Bretonnier, *verbo* Subſtitution. *Voyez* auſſi Deſmaiſons, let. F, ch. 3. & Coquille, t. 2. queſt. 166.

ENFANS LEGITIMES, ſont ceux qui ſont nés d'un mariage légitime.

ENFANS REPUTÉS LEGITIMES, ſont ceux qui ſont nés d'un mariage qui n'a pas été légitimement contracté par leurs pere & mere, à cauſe d'un empêchement ignoré des deux conjoints, ou de l'un d'eux.

Ils ne ſont pas légitimes, puiſque le mariage dont ils ſont iſſus n'avoit pas été légitimement contracté; mais ils ſont réputés légitimes à cauſe de la bonne foi de leurs pere & mere, ou de l'un d'eux.

ENFANS LEGITIMÉS, ſont des enfans nés hors le mariage, & qui ont été légitimés par mariage ſubſéquent, ou par Lettres du Prince. *Voyez* Légitimer.

ENGAGEMENT, ſignifie en général toute obligation que l'on contracte verbalement ou par écrit, de faire ou donner quelque choſe.

Il ſignifie auſſi quelquefois une aliénation qui ſe fait pour un tems. Les biens du Domaine ne ſe poſſedent point en pleine propriété; ce ne ſont que des engagemens. Les beaux emphitéotiques ne ſont que de ſimples engagemens.

Enfin le terme d'engagement ſignifie une tradition actuelle d'un héritage, pour en jouir par le créancier juſqu'à l'actuel & parfait payement de la dette pour laquelle l'engagement a été fait, afin que les fruits de l'héritage tiennent lieu de l'intérêt de l'argent. *Voyez* Antichréſe.

ENGAGISTES, ſont ceux à qui le roi a donné quelque choſe de ſon Domaine, à la charge de rachat perpétuel.

Le domaine du Roi ne ſe transfere pas par contrat de vente, mais à la charge de rachat perpétuel, lequel eſt abſolument impreſcriptible.

Les acquéreurs à ce titre ſont appellés Engagiſtes. Ils ne peuvent recevoir la foi de leurs Vaſſeaux; elle doit ſe faire à la Chambre des Comptes, ſuivant l'Ordonnance de Charles IX donnée à Moulins au mois de Février 1566. art. 15.

Le Domaine engagé eſt toujours Domaine, & la véritable propriété n'en appartient point à d'autre qu'au Roi.

C'eſt pour cette raiſon que les engagiſtes ne peuvent uſer du retrait féodal, ſi cela ne leur eſt expreſſément octroyé par leurs Lettres d'engagement; mais quand ils ont ce droit & qu'ils l'ont exercé, on ne peut après l'engagement fini les évincer de ce qu'ils ont retiré.

Ils n'ont point auſſi le droit de patronage, à moins qu'il ne leur ait été accordé par une clauſe particuliere; comme il a été jugé par Arrêt du 16. Février 1655. rapporté par Henrys, tome 2. liv. 1. queſt. 4.

Mais Louis XIV. a par pluſieurs Edits & Déclarations accordé aux Engagiſtes le retrait féodal, la nomination aux Offices & Bénéfices, & généralement tous les droits honorifiques.

Comme le titre du fief que le Roi donne par en-

gagement, reſte toujours en la perſonne de Sa Majeſté, celui qui jouit du Domaine par engagement, ne peut prendre la qualité de Duc, Comte, &c. Il ne peut prendre que le titre de Seigneur par engagement d'un tel Comté ou Marquiſat, & il a ſeulement le droit de faire planter en place publique un poteau & pilori, & y faire pendre, élever & afficher les armes du Roi, & les ſiennes au-deſſous. *Voyez* les Mémoires du Clergé, édition de 1716. tom. 3. page 1262.

Il ne peut faire litre & ceinture funebre ès Egliſes ſituées au dedans de l'étendue de ſa Seigneurie; & tous les Offices du Fief, tant ordinaires qu'extraordinaires, que le Roi donne par engagement, demeurent royaux. C'eſt pour cette raiſon que les Engagiſtes n'ont pas la diſpoſition des Charges, ſuivant l'article 333. de l'Ordonnance de Blois, à moins que par le contrat d'aliénation elle ne leur ſoit ſpécialement & nommément accordée; auquel cas ils nomment aux Offices compris en l'évaluation qui s'en fait ordinairement lors de l'engagement & non à ceux que le Roi auroit créés depuis; & ſur leur repréſentation les proviſions ſont expédiées en Chancellerie. Loiſeau en ſon Traité des offices, livre 4. chapitre 9.

La foi & hommage, aveux & dénombremens, pour raiſon des Fiefs qui relevent de celui qui lui a été donné par le Roi par engagement, doivent être rendus aux Bureaux des Finances de chacune Généralité, auxquels les Intendans & Commiſſaires départis préſideront; comme il eſt porté dans l'Arrêt du Conſeil d'Etat du Roi, Sa Majeſté y étant, rendu le 27. Mars 1687.

Comme Sa Majeſté ne fait aucun fonds dans ſes Etats ſur ſes Domaines non engagés, pour le pain, frais & conduite des priſonniers ès Domaines engagés, les Engagiſtes des Domaines de Sa Majeſté ſont tenus de fournir le pain des priſonniers pour crimes, les frais pour l'inſtruction des procès inſtruits à la Requête des Procureurs de Sa Majeſté, ès Juriſdictions royales deſd. Domaines, groſſes & ports deſdits procès, & la conduite des priſonniers ſur l'appel, ou pour l'exécution des Jugemens & Arrêts rendus contr'eux. *Voyez* les articles 16. & 17. du tit. 25. de l'Ordonnance de 1667. & l'art. 14. du titre ſuivant, avec les Notes de Bornier.

Enfin, par une Déclaration du 7. Novembre 1724. les Engagiſtes des Domaines du Roi qui ont des priſons compriſes dans leur engagement, ſont tenus d'entretenir leſdites priſons de toutes réparations, & d'y pourvoir de bons & fidéles Géoliers.

Bien plus, les Engagiſtes des Domaines ſont tenus d'y faire toutes réparations néceſſaires, de quelque nature qu'elles ſoient; comme il a été jugé par Arrêt du Conſeil d'Etat du Roi du 6. Juin 1722.

Les Engagiſtes ſont déchargés des aumônes, gages d'Officiers, rentes & revenans-bons, par un Edit du mois d'Octobre 1705. Auſſi les Seigneurs engagiſtes ne peuvent dépoſſéder les Officiers royaux des Fiefs qu'ils ont par engagement.

Voyez M. Augeard, tom. 1. chap. 94. & Chorier ſur la Juriſprudence de Gui Pape, pag. 108.

Lorſqu'un héritage releve nuement du Roi par

le moyen d'un Engagiste, cet Engagiste ne peut toucher le droit d'indemnité en deniers; parce que c'eſt un droit réel attaché au Fief de la Couronne, qui eſt de ſa nature rachetable à perpétuité. Le tempérament que l'on prend dans cette occaſion pour ménager l'intérêt du Roi, & celui de l'En-gagiſte, c'eſt qu'on ordonne que les deniers deſ-tinés pour l'indemnité feront employés en acqui-ſition d'héritage, dont le revenu appartiendra à l'Engagiſte pendant qu'il ſera poſſeſſeur du Domai-ne aliéné.

Le droit d'engagement de certaines choſes du Do-maine du Roi, peut ſe ſaiſir & décreter pour les det-tes de celui à qui il eſt engagé, & la ſaiſie ſe fait entre les mains du Receveur ordinaire, qui en doit rendre compte à la Chambre; aprèslequeltouteschar-ges du Domaine déduites, ce qui ſe trouvera de bon entre ſes mains, demeurera affecté aux créanciers. *Voyez* Bouguier, lett. D, nomb. 7. & M. le Prê-tre, cent. 1. chap. 83.

Le Seigneur engagiſte eſt tenu de payer aux Of-ficiers des Juſtices dépendantes du Domaine qu'il poſſede à titre d'engagement, les mêmes gages que le Roi leur payoit, puiſqu'il ſuccede au Roi, & qu'il ne poſſede le Domaine qu'aux mêmes condi-tions; mais quand il n'y a aucuns gages attribués à l'Office, l'Officier n'en peut pas demander à l'En-gagiſte, parce qu'il a acquis ſans cette charge. M. Augeard, tome 1. article 94.

Après la mort d'un Engagiſte d'un bien du Do-maine, la vente qui s'en fait par Arrêt du Conſeil à ſes enfans, ne purge pas les hypotheques de ſes créanciers; parce que c'eſt une confirmation de la propriété ancienne, moyennant finance. *Voyez* M. Augeard, tome. 3. Arrêt 31.

Ceux qui ſont exempts des droits Seigneuriaux pour les héritages qu'ils acquierent dans le Do-maine du Roi, ne le ſont pas envers les Engagiſtes, lorſque l'engagement eſt antérieur à leur exemp-tion.

Cela s'obſerve, quand bien même il y auroit eu une revente & un nouvel engagement depuis ce tems-là; comme il eſt porté en la Déclaration du 19. Juillet 1695.

Voyez le Dictionnaire de M. Brillon; Henrys & ſon Commentateur, tom. 1. liv. 2. chap. 4. queſt. 15. où ſont rapportées les Edits & Déclarations qui concernent cette matiere.

ENLEVEMENT, eſt l'action violente & ſubite par laquelle on enleve une perſonne ou quel-que choſe. Les enlevemens des filles ſont punis de mort, quand mêmes elles y auroient conſenti. *Voyez* Rapt.

ENNEMIS ETANT CHASSÉS, les anciens pro-priétaires des fonds dont ils s'étoient emparés, ren-trent dedans. *Leg. 20. ff. de captiv. & poſt. lim. reverſ.*

ENONCIATION DU SEXE MASCULIN COM-PREND LE SEXE FEMININ. *Voyez* ci-après Sexe maſculin.

ENQUERIR, ſignifie interroger quelqu'un ſur des faits, pour en découvrir la vérité.

ENQUESTE, eſt une preuve par témoins des faits qui ſont mis en avant par une Partie; car il

ne ſuffit pas d'alléguer en matiere de procès; il faut juſtifier les faits qu'on allegue devant le Juge contre la Partie, quand ils ſervent à la déciſion de la cauſe: c'eſt pour cela que le Juge ordonne une enquête, pour être certifié de la vérité des faits qui ſont avancés par l'une des Parties.

L'enquête eſt verbale, ou par écrit. L'enquête verbale eſt celle qui ſe fait en l'Audience dans cer-taines matieres, & pardevant certains Juges; les matieres ſont les matieres ſommaires; les Juges ſont ceux des Seigneurs, les Juges-Conſuls & les Juges royaux ordinaires, excepté les Cours, les Re-quêtes & les Préſidiaux, où les enquêtes ſe font au Greffe, c'eſt-à-dire pardevant un des Juges commis pour l'enquête. tit. 17. art. 8. de l'Ordonn. de 1667.

L'enquête par écrit eſt celle qui ſe fait en vertu d'un appointement à informer ou à faire preuve, lequel doit contenir préciſément les faits dans leſ-quels les Parties ſont contraires, & ordonner quel-les en informeront reſpectivement.

Cette enquête eſt ordinaire dans les procès civils. Dans les procès criminels, la preuve par témoins, qui eſt toujours néceſſaire, n'eſt pas appellée en-quête, mais information.

Le Jugement qui ordonne l'enquête doit porter que les Parties informeront reſpectivement des faits qu'elles alléguent; ainſi tous les appointe-mens en matiere civile pour faire preuve, doivent abſolument être réciproques.

En effet, il ſeroit injuſte qu'une Partie eût le pouvoir de prouver les faits qu'elle allégue, tan-dis que l'autre ſeroit excluse de la preuve de ceux qu'elle avance: ce ſeroit alors fermer la voie qui peut conduire à la vérité.

L'enquête ne doit pas contenir plus de dix té-moins; en quoi les matieres civiles ſont différen-tes des criminelles, où le nombre des témoins n'eſt pas limité.

Pluſieurs formalités ſont requiſes pour la confec-tion d'une enquête à peine de nullité.

Premiérement elle doit être commencée dans les Juriſdictions inférieures dans la huitaine du jour de la ſignification du Jugement qui l'ordonne, ſi elle ſe fait dans le lieu où il a été rendu, ou dans la diſtance de dix lieues: s'il y a plus de diſtance, le délai eſt augmenté, à raiſon d'un jour par dix lieues. Pourra toutefois le Juge, ſi l'affaire le re-quiert, donner un autre délai de huitaine pour la confection de l'enquête, aux termes de l'art. 2. du tit. 22. de l'Ordonnance de 1667.

En ſecond lieu, il faut aſſigner les témoins à per-ſonne ou domicile, pour prêter ſerment; & la Par-tie adverſe au domicile de ſon Procureur pour les voir jurer: & l'heure pour comparoir doit être mar-quée dans cette aſſignation. Sur quoi il faut obſer-ver, I°. que les témoins ſeront tenus de comparoir aux aſſignations, à peine de dix livres. II°. Que les parens & alliés, juſqu'aux enfans iſſus de germ main incluſivement, ne pourront dépoſer en ma-tiere civile, pour dépoſer en leur faveur ou con-tr'eux & feront leurs dépoſitions rejettées.

En troiſieme lieu, le Juge doit commencer par faire prêter ferment aux témoins; enſuite leur demander leur nom, furnom, âge, qualité & demeure, & s'ils font parens, alliés, domeftiques ou ferviteurs des Parties ; car on ne peut dépofer ni en faveur, ni contre ceux dont on eft parent ou allié jufqu'au quatrieme degré inclufivement.

En quatrieme lieu, les témoins doivent être entendus féparément, en préfence du Juge & du Greffier ; fur toutes les circonftances du fait.

En cinquieme lieu, après la dépofition du témoin, lecture lui doit être faite, & il doit être enfuite interpellé de déclarer fi ce qu'il a dit contient vérité, & s'il y perfifte : on doit la lui faire figner, & faire parapher les pages & les renvois, & en cas qu'il ne le fçût ou ne le pût, il le doit déclarer. Après quoi, s'il ajoutoit ou changeoit quelque chofe en fa dépofition, il le faudroit écrire par renvoi à la marge & le lui faire figner.

Enfin le Juge doit demander aux témoins s'ils veulent falaire, & en ce cas le leur taxer.

Le procès verbal d'enquête doit être fommaire, & ne contenir que le jour & l'heure des affignations données aux témoins pour dépofer, & aux parties pour les voir jurer, le jour & l'heure des affignations échues, leur comparution ou défaut, la preftation de ferment, fi c'eft en préfence ou abfence de la Partie, le jour de chacune dépofition, le nom, furnom, âge, qualité & demeure des témoins, les requifitions des Parties, & les actes qui en font accordés.

Après la confection de l'enquête, celui à la requête de qui elle a été faite, donnera copie du procès verbal, pour fournir par la partie dans la huitaine des moyens de reproches, fi bon lui femble, & fera procédé au Jugement du différend fans aucun commandement ni fommation. Ainfi c'eft du jour de cette fignification que fe compte la huitaine pour fournir des reproches contre les témoins.

Si celui qui a fait faire l'enquête étoit refufant ou négligent de faire figner le procès verbal, & d'en donner copie, l'autre Partie pourra le fommer par un fimple acte d'y fatisfaire dans trois jours, après lefquels il pourra lever le procès verbal, & le Greffier fera tenu de lui en délivrer une expédition, en lui payant les falaires de la groffe du procès verbal, dont fera délivré exécutoire contre la Partie qui en devoit donner copie.

A l'égard des reproches que l'on peut fournir contre les témoins, ces reproches doivent être circonftanciés par écrit. Un procureur les fournit, & ils doivent être fignés par la Partie, ou par le Procureur, en vertu d'un pouvoir fpécial.

Ils fe jugent en voyant le procès : & en cas qu'ils foient prouvés, les dépofitions des témoins reprochés ne font point lûes : mais s'ils ne font point prouvés, & qu'en jugeant le procès les Juges les trouvent néanmoins admiffibles, ils appointent à informer fur le fait des reproches.

Celui qui a fait fignifier le procès verbal d'enquête, peut fournir de réponfes aux reproches : & fi après la fignification du procès verbal d'enquête la Partie adverfe renonce à fournir de reproches, elle peut demander copie de l'enquête entiere, s'il n'y a pas d'enquête de fa part ; car s'il y en a une, il

faut faire fignifier fon enquête, avant que de pouvoir demander ni lever copie de celle de fa Partie.

Si la permiffion de faire enquête a été donnée dans une affaire appointée, celui qui a fait l'enquête la doit produire, mais fi cette permiffion a été donnée à l'Audience ; fans que les Parties ayent été appointées à écrire, les enquêtes font portées à l'Audience, pour y être jugées fur un avenir, fans autres procédures.

Lorfque l'enquête eft déclarée nulle par la faute du Juge ou Commiffaire, il en eft fait une nouvelle aux frais du Juge ou Commiffaire, dans laquelle la Partie pourra faire ouir de nouveau les mêmes témoins. *Voyez* le titre 22. de l'Ordonnance de 1667. avec les Notes de Bornier.

ENQUESTE PAR TURBES, étoit une efpèce d'information qui ne pouvoit être ordonnée que par les Cours fouveraines, quand en jugeant un procès la difficulté tomboit fur un point de coutume, ou fur un article conçu en termes obfcurs, pour fçavoir de quelle maniere on en ufoit fur les lieux.

La Cour ordonnoit qu'un Confeiller fe tranfportât dans la Jurifdiction principale de la Coutume ou du lieu.

Le Commiffaire s'y tranfportoit, & faifoit, en vertu de l'Arrêt de la Cour, affembler les Avocats, Procureurs & Praticiens du Bailliage.

Chaque turbe, qui étoit compofée de dix perfonnes, n'étoit comptée que pour un témoin ; le Commiffaire leur avoit communiqué les faits & articles dont il s'agiffoit : après quoi chaque turbe lui rapportoit fon avis par un député de la turbe ; & pour compofer une enquête par turbes, il falloit deux turbes au moins.

Mais ces enquêtes ne fe pouvoient faire fans de grands frais ; fouvent même elles étoient inutiles par la diverfité d'opinions, ou dangéreufes par les factions qui s'y pratiquoient.

C'eft pourquoi elles ont été abrogées par le titre 13. de l'Ordonnance de 1667. & aujourd'hui on vérifie les ufages par des Jugemens rendus en pareil cas, ou par des actes de notoriété qui fe donnent par les Officiers des lieux.

ENQUESTE D'EXAMEN A FUTUR, étoit autrefois une enquête qui fe faifoit par avance, pour empêcher que les preuves dont on auroit pu dans la fuite avoir befoin ne périffent.

Quelqu'un craignoit-il d'avoir un procès, en demandant ou en défendant, & que la preuve des faits qui pouvoient fervir à la caufe périt, ou par l'éloignement des témoins qui pouvoient s'abfenter, ou par leur mort, étant vieux ou valétudinaires ; il les faifoit ouir par précaution & par avance avant que le procès fut intenté, ou que la caufe fut conteftée ; & cela s'appelloit examen à futur.

Pour y parvenir il falloit obtenir des Lettres de Chancellerie adreffées au Juge, devant qui l'examen devoit fe faire.

En vertu de fon ordre, il falloit faire affigner les témoins, Partie appellée, fi le procès étoit déjà commencé ; finon, il falloit que la demande fût formée par le demandeur, dans l'an de la confection

de

de l'enquête ; autrement l'enquête étoit nulle, à l'égard du défendeur qui l'avoit fait faire pour appuyer la défenfe : cette enquête duroit trente ans.

Elle n'avoit lieu qu'en matiere civile, & ne fe pouvoit faire, ni en matiere criminelle, ni en matiere bénéficiale ; & par l'Ordonnance de 1667. elle a été abrogée, parce qu'on a vû qu'il étoit très-dangereux que la preuve des faits fût reçue avant que la conteftation fut formée, fans que la Partie adverfe pût en faire une au contraire.

D'ailleurs, fouvent ceux qu'on fuppofoit moribonds, ou prêts d'entreprendre de longs voyages, vivoient long-tems, ou demeuroient toujours dans leur pays ; & cependant leur dépofition faite toujours en faveur de celui qui faifoit l'enquête, ne laiffoit pas de caufer quelque prévention dans l'efprit des Juges.

ENQUESTEUR, eft un Officier de Judicature, qui a pouvoir de faire des enquêtes, & d'entendre & examiner les témoins que l'on produit pour faire preuve des faits articulés par les Parties.

C'eft dans ce fens que les Commiffaires du Châtelet, fe qualifient Commiffaires-Examinateurs & Enquêteurs.

ENREGISTREMENT, eft la defcription que l'on fait de quelqu'acte dans un Regiftre, pour empêcher qu'il ne fe perde, & auffi pour lui donner une efpece d'approbation.

Les Edits du Roi concernant le Domaine & la Finance ordinaire, doivent être enrégiftrés par la Cour du Parlement & par la Chambre des Comptes ; & ceux qui concernent les Finances extraordinaires, doivent être enrégiftrés en la Chambre des Comptes & à la Cour des Aydes.

Il y a une Déclaration du 24. Février 1673. qui concerne les enrégiftremens dans les Compagnies fupérieures, des Ordonnances, Edits, Déclarations & Lettres patentes. Elle eft rapportée dans le nouveau Neron, tome2. pag. 116.

Les Procureurs doivent avoir des Regiftres pour enrégiftrer leurs exploits & préfentations, & pour écrire l'argent qu'ils reçoivent des Parties.

ENREGISTREMENT DES SUBSTITUTIONS. Voyez Infinuation des fubftitutions. Voyez auffi Publication des fubftitutions.

ENREGISTREMENT DES SAISIES REELLES ET CRIÉES, doit être fait au Greffe de la Jurifdiction où les faifies réelles & criées font pendantes, un mois après le congé d'adjuger. Arrêt en forme de Réglement du 24. Janvier 1674. Soefve, tom. 2. cent. 4. chap. 84.

Les Greffiers des décrets doivent enrégiftrer de fuite, dans un même endroit de leurs Regiftres, les faifies réelles faites fur un même débiteur. Ainfi jugé par Arrêt du Parlement de Paris du 7. Juin 1692.

ENSAISINEMENT EN FAIT DE RENTES CONSTITUÉES, eft une formalité qui fe pratique en quelques Coutumes, par rapport aux rentes entr'elles, à l'effet de donner la préférence à celles qui font enfaifinées, fur celles qui ne le font pas, ou qui ne l'ont été qu'après, quoique conftituées antérieurement.

Tome I.

Cette formalité eft une application du veft & du deveft aux rentes, parce qu'anciennement elles étoient regardées comme emportant aliénation des fonds pour lefquels il falloit faifine & défaifine.

Les coutumes qui requierent l'enfaifinement, font celles de Senlis, Clermont & Valois. Dans ces Coutumes, il y a hypotheque fans enfaifinement, pourvû que les actes foient paffés pardevant Notaires, & munis du fcel autentique ; au moyen de quoi, fi le débiteur aliéne un héritage après avoir paffé un contrat, l'acquéreur peut être affigné en déclaration d'hypotheque, quoique le contrat ne foit point enfaifiné.

Il n'en eft pas de même du défaut de nantiffement dans la Coutume d'Amiens, dans celle de Vermandois, & dans celle d'Artois ; car dans ces Coutumes, aucune hypotheque fans nantiffement : de forte que les créanciers qui ne fe font point fait nantir, ne peuvent faire affigner en déclaration d'hypotheques les tiers détempteurs qui ont acquis les héritages des débiteurs, quoique la date du titre, foit antérieure à l'aliénation de l'héritage, & qu'il fe trouve établi par un contrat paffé pardevant Notaires, fous le fcel royal & authentique. Voyez ce que j'ai dit, *verbo* Nantiffement.

Dans les Coutumes de Senlis, Clermont & Valois il y a un Regiftre d'enfaifinement, que peuvent confulter ceux qui veulent prêter à conftitution.

Cette formalité ne fert, comme nous avons dit, que pour les rentes, à l'effet de donner la préférence à celles qui font enfaifinées.

Ainfi cette formalité fuivie ou omife n'opere rien à l'égard des créanciers des fommes à une fois payer, parce qu'ils font toujours colloqués après toutes les rentes même non enfaifinées & poftérieures. C'eft pourquoi dans ces Coutumes, un créancier qui prête par obligation, ne peut fe mettre à couvert des hypotheques qui réfultent des contrats de conftitution, foit que ces hypotheques foient antérieures ou poftérieures à fa dette, fans qu'il foit befoin pour cela que les contrats de conftitution ayent été enfaifinés.

ENSAISINEMENT DES ACTES CONTENANT ALIENATION DES CHOSES APPARTENANTES AU DOMAINE. Il y a un Arrêt du Confeil d'Etat du 7. Août 1703. qui ordonne qu'à l'avenir tous les Contrats de ventes, échanges, adjudications par décret, licitations & autres actes tranflatifs de propriété de terres & héritages tenus en fiefs ou en roture, tant des domaines qui font ès mains de Sa Majefté, que ceux qui font engagés, feront enfaifinés par les Receveurs généraux des Domaines & Bois, & controllés par les Controlleurs généraux defdits Domaines ; & que ceux qui ont acquis, ou auxquels il eft échu à quelque titre que ce foit, des terres & héritages en fief ou en roture, dans l'étendue des Domaines de Sa Majefté, depuis le premier Janvier 1685. feront tenus de faire enfaifiner & controller leurs contrats & autres actes tranflatifs de propriété dans les tems prefcrits, & fous les peines portées par lefdits Arrêts.

Par une Déclaration du Roi donnée à Verfailles

A a a a

le 23. Juin 1705. il a été ordonné que tous les contrats & actes tranflatifs de propriété des terres & héritages tenus en fief ou en roture de Sa Majefté, feront enfaifinés par les Receveurs des Domaines, & controllés par les Controlleurs généraux defdits Domaines, dans toutes les Provinces du Royaume, foit que l'enfaifinement y ait lieu par les Coutumes, ou non.

Depuis, par un Arrêt du Confeil d'État du Roi du 31. Janvier 1708. Il a été ordonné que les droits d'enfaifinement feront payés en entier aux Receveurs généraux des Domaines & Bois, quoique les biens acquis foient d'une mouvance partagée entre Sa Majefté & quelqu'autre Seigneur. Il y a encore un Arrêt du Confeil du premier Novembre 1735. qui ordonne l'exécution des Edits de Décembre 1701. & 1727. pour la perception de droits d'enfaifinement des héritages & droits tenus du Domaine en fief ou en roture.

ENSAISINER, c'eft mettre en poffeffion; car faifine fignifie poffeffion; & cela ne fe dit qu'à l'égard des rotures feulement, & non pas des fiefs: car l'acte par lequel le Seigneur fuzerain met fon vaffal en poffeffion d'un fief, eft appellé inféodation. *Voyez* Inféodation.

ENSAISINER, fignifie auffi recevoir l'exhibition d'un contrat d'acquifition d'un héritage dépendant de fa Seigneurie; & un Seigneur ne peut plus prétendre des droits feigneuriaux du paffé, fi-tôt qu'il a enfaifiné un contrat.

L'an & jour du retrait lignager ne commence à courir pour les héritages tenus en cenfive, que du jour que l'acheteur a fait enfaifiner fon contrat. Mais depuis l'Edit des Infinuations, l'an & jour ne court que du jour de l'infinuation. *Voyez* ci-deffus, An & Jour.

ENTERINEMENT, eft un Jugement par lequel le Juge après avoir examiné la forme & la teneur d'un acte ou d'une piece, ou de Lettres de refcifion ou autres, en faifant droit fur la Requête qui lui a été préfentée à cet effet, confirme & approuve l'acte, & en ordonne l'exécution.

Pour ce qui eft de la procédure qui fe fait pour parvenir à l'enterinement des Lettres de refcifion, *voyez* ce que j'en ai dit, *verbo* Refcifion.

ENTERINER, c'eft approuver, confirmer, accomplir, & pour ainfi dire, rendre entier un acte.

Quand un Juge entérine des Lettres de reftitution ou de refcifion des contrats, il reconnoît que les caufes pour lefquelles elles ont été obtenues font véritables; il approuve & confirme ces Lettres, & en ordonne l'exécution: s'il lui appert au contraire qu'elles ont été données fur un faux expofé, il déboute l'impétrant de l'entérinement de fes Lettres.

Mais le Juge en entérinant les Lettres de reftitution ne prononce pas qu'il caffe ou annulle le contrat; il prononce feulement, qu'ayant égard aux Lettres, & icelles entérinant, il remet les Parties en pareil état qu'elles étoient avant le contrat ou l'acte dont il s'agit, qui eft l'effet de la reftitution en entier.

ENTRAVERTISSEMENT, eft un droit particulier qui a lieu entre conjoints, dans les Coutumes d'Arras, de Bethune & de Bapaume.

Il y en a de deux fortes; l'un de fang, & l'autre par Lettres.

L'entravertiffement de fang eft le droit de jouir par le furvivant des meubles & immeubles acquis & échus pendant leur mariage, lorfqu'il y a des enfans qui en font nés.

L'entravertiffement par Lettres eft une efpéce de don mutuel, même de la propriété de ces mêmes biens acquis & échus pendant la communauté, & cet entravertiffement dépend uniquement de la convention des Parties.

Les enfans à leur égard ont dans ces Coutumes un droit qu'on appelle dévolution qui les faifit de la propriété des biens, dont leur pere ou mere furvivant ont l'entravertiffement.

ENTRECOURS, étoit une fociété contractée entre deux Seigneurs, en vertu de laquelle les fujets de l'un pouvoient, fans danger de perdre leur franchife, établir leur domicile dans la terre de l'autre.

Voyez Parcours, & la Note de M. Lauriere fur Loyfel, liv. 1. tit. 1. régle 21.

ENTRÉE. *Voyez* Droit d'entrée.

ENTREPOSTS, font des lieux de réferve où l'on fait magafin de marchandifes, pour les venir reprendre au befoin.

ENTRETENEMENT DES PONTS, CHEMINS ET CHAUSSÉES. *Voyez* Fontanon, tome 1. liv. 5. tit. 5. pag. 840. l'Ordonnance de Blois art. 355. la Loi 2. au cod. *titulo de immunitate nemini concedenda*; & la loi 4. au cod. *titulo de privilegiis domus augufæ*; le tit. 27. lib. 1. de feudis: la Loi 157. ff de verb. fignif. & ce qu'en a dit M. Brillon dans fon Dictionnaire, *verbo* Chemin.

ENTREPRENEURS, font ceux qui fe chargent de faire un bâtiment, ou quelqu'autre ouvrage.

E P

EPARGNE, étoit la même chofe que ce qu'on appelle aujourd'hui Tréfor royal. *Voyez* Tréfor royal.

EPAVES. Ce terme, fuivant quelques Auteurs, vient d'un mot Grec *Adefpata*, qui veut dire chofes mobiliaires égarées & perdues, dont on ignore le propriétaire.

D'autres Auteurs font dériver ce terme du verbe *expavefcere*, qui ne fignifie autre chofe que la perte & l'égarement d'animaux effrayés, *expavefacta animalia*: ce qui paroît très-vraifemblable.

Ainfi ce terme dans fa propre fignification ne fignifie que des bêtes effrayées, égarées & errantes, que perfonne ne reclame, qui n'ont point été abandonnées par celui à qui elles appartiennent. *Sunt vaga animalia, quorum dominus ignoratur, & quæ à domino non habentur pro derelicto, quæ proindè non funt verè deperdita; fiquidem poffunt recuperari.*

L'ancienne Coutume de Perche, chap. 3. art. 2. dit que *funt oberrantia animalia, quorum dominus ignoratur, quæ aut longè fugerunt expavefacta, aut vagantur & dispalantur sine certo custode & domino.*

Les animaux sauvages ne sont point compris sous le mot d'épaves, puisqu'ils n'appartiennent à personne, & qu'ils n'ont point de propriétaire qui les puisse reclamer.

Il y a des Coutumes, comme Maine & Anjou, qui distinguent deux sortes d'épaves ; sçavoir, les épaves fonciéres & immobiliaires, telles que sont les fiefs & les héritages roturiers & abandonnés, de maniere qu'on en ignore le propriétaire ; & les épaves mobiliaires, telles que sont les animaux & toutes autres choses mobiliaires qui sont dans le commerce, & qui ont été perdues & égarées à l'insçu de celui à qui elles appartiennent.

Quand on donne une si vaste étendue à la signification du mot d'épaves, il faut que ce soit par métaphore, ou bien tirer l'origine de ce mot du terme Allemand *span*, qui signifie douteux & incertain ; car en le dérivant du verbe *expavescere*, ce terme ne peut signifier autre chose que la perte & l'égarement des animaux effrayés, *expavefacta animalia* ; parce qu'on ne peut pas dire qu'un immeuble ou même une chose mobiliaire inanimée, comme une bourse, un habit, soit égarée *pavore & metu.*

Dans la plupart de nos Coutumes, sous le mot d'*épaves*, on entend toutes choses mobiliaires vivantes ou inanimées, qui ont été égarées ou dispersées; & sous le mot de *biens vacans*, on entend les héritages vacans, dont il n'apparoît aucun propriétaire, ou dont le propriétaire n'a point laissé d'héritiers.

Les épaves qui n'ont point été reclamés dans le tems prescrit par nos Coutumes, sont censés n'avoir point de maître, & par cette raison appartiennent au Roi, ou au Seigneur Haut-Justicier, dans la Justice duquel elles ont été trouvées, pourvû que les formalités suivantes ayent été observées.

Premiérement, les épaves doivent être dénoncées dans les vingt-quatre heures par celui qui les aura trouvées ; & à faute de ce faire dans ledit tems, il sera amendable à l'arbitrage du Juge, à moins qu'il n'ait quelqu'excuse légitime. Bacquet en son Traité des droits de Justice, chap. 2.

Si quis argentum in via invenerit, quærat eum, qui perdidit per præconem indicato loco, in quo invenit, reddatque, sciens non esse bonum ex alieno damno lucrum facere, & sic de pecudibus. Joseph, lib. 4. antiquit. cap. 8.

Par les Loix Romaines, ceux qui ont trouvé quelques bestiaux égarés, pour n'être pas suspects de larcin, doivent le faire sçavoir par affiches & placards publics, pour les rendre à ceux par qui ils seront reclamés. *Leg. 43. §. 8. ff. de furt.*

Ce tems de vingt-quatre heures est fatal, ainsi qu'il a été jugé par Arrêt du Parlement de Dijon le 24. Mars 1666. qui a condamné en l'amende un paysan, faute d'avoir fait à la Justice dans les vingt-quatre heures sa déclaration d'un essein d'abeilles qu'il avoit trouvé dans le tronc d'un chêne, quoiqu'il l'eût faite le troisieme jour, & avant la demande formée contre lui par le Fermier des amendes. C'est aussi la disposition de l'art. 6. de la Coutume de Nivernois.

Après la déclaration faite par celui qui a trouvé

---

la chose égarée, le Seigneur Haut-justicier est tenu d'en faire faire la publication aux lieux accoutumés, & à faire cris & proclamations par trois Dimanches consécutifs & Fêtes, aux Prônes des Paroisses. Bacquet, *loco citato.*

Mais depuis l'Edit du mois d'Avril 1695. concernant la Jurisdiction Ecclésiastique, les Curés & Vicaires ne publient rien aux Prônes, à l'exception des bans de mariage & des monitoires, comme il est porté en l'art. 32. de cet Edit. Et à l'égard de toutes les autres publications qui concernent l'intérêt des Particuliers, elles doivent être faites par un Huissier ou Sergent ès jours de Dimanche.

Si dans les quarante jours après la premiere publication, celui auquel les épaves appartiennent les demande, elles lui doivent être rendues, en payant par lui la nourriture, la garde & les frais de Justice.

Mais si l'épave est de petite valeur, il n'est pas nécessaire d'y observer de si grandes formalités, ni même de la garder, de crainte que les frais de publication, & ceux de garde & nourriture, si ce sont des animaux, n'en absorbent le prix.

Quelques Coutumes, comme celle de Sens, art. 11. en pareil cas permettent au Seigneur de la faire vendre après la premiere quinzaine, & après deux criées ou proclamations, & de garder l'argent pour le donner au maître, au cas qu'il se présente ; si non il restera au Seigneur.

Le tems de quarante jours accordé après la premiere publication, pour reclamer & revendiquer l'épave par celui à qui elle appartient, est le tems fixé par la plûpart de nos Coutumes, qui est même en usage de celles qui n'en parlent point.

Ce laps de quarante jours ne rend pas le Seigneur propriétaire de l'épave ; il faut en outre qu'à l'échéance de ce délai l'adjudication de l'épave lui en soit faite en bonne forme. C'est la disposition expresse de la Coutume d'Orléans en l'art. 156.

Le propriétaire de l'épave la reclamant dans le tems prescrit, & prouvant suffisamment qu'elle lui appartient, elle lui doit être rendue, en payant, comme nous venons de le dire, la nourriture, la garde, & les frais de Justice.

Mais si après les publications & l'adjudication faite en bonne forme au Seigneur Haut-Justicier, le propriétaire de l'épave se présentoit, il ne la pourroit pas répéter, parce qu'ayant été dûment averti, & n'ayant point revendiqué l'épave, il est censé l'avoir abandonnée.

Ainsi ce délai de quarante jours est péremptoire, & le propriétaire de l'épave doit imputer à sa négligence la perte qu'il en ressent. *Quod quis sua culpa damnum sentit sentire non intelligitur. Præterea quod ad tempus permittitur, post tempus censetur prohibitum. Leg. 11. §. 1. ff. de legat. 2.*

L'on comprend sous le nom d'épaves tous les animaux domestiques, comme les chevaux, les moutons, les bœufs, & autres animaux privés. A l'égard des abeilles, des pigeons, des oiseaux de Fauconnerie, & des paons, il semble que ce sont des animaux, *quorum natura fera est* & qu'ils devroient appartenir au premier occupant. Mais nos Coutumes en ont décidé autrement.

A a a a ij

Celle du Maine , article 13. porte , que *les épa-* *ves des avettes , nonobſtant qu'elles ſoient mouvantes ,* *tenans & étant en aucun arbre ou autrement aſſiſes au* *fief d'aucun , appartiennent pour le tout au Seigneur* *du fonds où elles ſont aſſiſes , ſi le Seigneur du fonds* *y a Juſtice fonciere & nueſſe ; & s'il n'a Juſtice en ſon* *fonds , elles lui appartiennent pour la moitié : mais ſi* *leſdites avettes ſont pourſuivies avant qu'elles ſoient* *encore logées & prins leur nourriſſement audit lieu où* *elles ſont aſſiſes , celui à qui elles appartenoient les* *peut pourſuivre , & les doit avoir comme ſiennes.*

La Coutume de Tours , tit. 3. art. 54. dit , que *ſi aucun des ſujets trouve eſſein d'abeilles en ſon fonds ;* *où il n'a ni fief ni Juſtice , il ſera tenu de révéler au Sei-* *gneur en la Juſtice duquel eſt ledit eſſein , dedans huit* *jours : & en ce faiſant , il aura la moitié de ladite épave* *d'abeilles , & l'autre moitié appartiendra à celui à qui* *ſera la Juſtice , &c.*

Il y a encore d'autres Coutumes , comme Anjou , la Marche & Lodunois qui contiennent des diſpoſitions à peu près ſemblables.

Dans celles qui ne contiennent aucune énumération des épaves , l'on tient que les abeilles & les autres animaux dont il vient d'être parlé , appartiennent au Seigneur Haut-Juſticier , & non point au premier occupant , en tout ni en partie.

La raiſon eſt , que ces Coutumes donnent l'épave en entier au Seigneur Haut-Juſticier , quand elle n'a pas été revendiquée par celui qui en étoit le propriétaire ; de ſorte que celui qui trouve un eſſein d'abeilles , un faucon , un épervier , ou un paon , eſt obligé d'en faire ſa déclaration à la Juſtice dans les vingt-quatre heures , de même que des autres épaves.

Qui voudra connoître la nature , qualité & effet des épaves , & à qui elles appartiennent , tant par la diſpoſition du droit civil , que par les Coutumes de France , n'a qu'à voir *Legem 3. §. Nerva ,* *& §. Item ferat , & ibi Doctores , ff. de aquir. vel amit.* *poſſeſſ. §. Apum , verſiculo examen inſtitutionum , tit.* *de rerum diviſ juncto ibidem Joanne Fabro. Manſue-* *rium in §. item bona vacantia , titulo de judicibus. Be-* *nedictum in capitulum Raynutius , in verbis & uxorem* *nomine Adelaſiam , numero 922. & ſeq. de teſtamen-* *tis. Chaſſaneum in conſuetudinem Burgundiæ , §. 1.* des Juſtices.

Il faut voir auſſi , outre les Coutumes que nous avons citées ci-deſſus , celles de Melun , ès articles 203. 204. & 205. de Sens , art. 9. 10. & 11. de Dunois , art. 54. 55. & 56.

Enfin on peut voir Bacquet , des droits de Juſtices , chapitre 33. & ce que j'ai dit ſur l'art. 167. de la Coutume de Paris , gloſe deuxieme ; nomb. 16. & ſuivans ; & gloſe troiſieme , nomb. 22. & ſuivans.

EPAVES. Ce terme ſe dit auſſi quelquefois des perſonnes , & ſignifie alors ceux qui ſont nés ſi loin hors le Royaume , qu'on ne peut ſçavoir les lieux où ils ont pris naiſſance. Bacquet en ſon Traité du droit d'aubaine , chap. 4. à la fin.

EPAVES MARITIMES. , ſont tous les effets que la mer pouſſe & jette à terre , qui ſe mouvent ſur les bords , & qui n'ont point de légitime propriétaire.

Voyez le Traité de la police , tome 3. livre 5. tit. 26. chap. 4. ſect. 7.

EPAVES DE RIVIERE , ſont tous les effets qui ſe trouvent abandonnés ſur les rivières , ſoit par naufrages , chûtes de ponts , ou autres accidens. *Voyez* le Traité de la Police , tome 3. liv. 5. tit. 40. ch. 6. ſect. 7.

EPICES , ſont le droit appartenant au Rapporteur & aux Juges , pour avoir vû & jugé les procès par écrit , dont ils ont été Juges. Les vacations au contraire ſont les ſalaires qui ſe payent aux Juges quand les procès ſe jugent de grands ou de petits Commiſſaires. Sur quoi *voyez* l'Edit du mois d'Août 1669. avec les Remarques de Bornier.

A l'égard des affaires qui ſe jugent à l'Audience , les Juges n'en prennent rien.

Le mot d'épice vient de ce qu'autrefois celui qui gagnoit ſon procès , donnoit au Juge du ſucre , des dragées & des confitures par pure gratification. Cela a été depuis converti en argent , & de pure libéralité a paſſé en préſent de néceſſité , attendu qu'on n'expédie point un Jugement rendu en procès par écrit , que préalablement les épices n'ayent été payées. *Voyez* Belordeau , lettre E , art. 10.

Elles tombent ſur celui qui a perdu ſon procès , celui qui l'a gagné , les avance ; mais il a droit de les répéter , faiſant partie du coût de la Sentence ou de l'Arrêt.

Les épices ſe partagent entre les Juges ; le Rapporteur en a une portion plus forte , comme ayant eu plus de peine.

Le Prince a toujours pris ſoin de faire entendre aux Juges , pour éloigner d'eux tout ſentiment de baſſeſſe , que ſes droits ne leur ſont point accordés pour le Jugement qu'ils rendent ; mais comme une eſpece d'honoraire pour la peine qu'ils ſont obligés de prendre pour examiner les procès.

Elles doivent être taxées ſur la minute du Jugement par celui des Juges qui y préſide : le Greffier en fait mention ſur la groſſe ; il eſt même tenu d'en donner communication aux Parties , quoiqu'elles n'offrent point de les payer , & de lever le Jugement qui a été rendu.

EPINGLE , ſe dit du préſent qu'on fait aux filles & aux femmes , lorſqu'on achete quelque choſe qui leur appartient , ou bien à quoi elles ont part , pour leur tenir lieu de ce qu'on appelle entre les hommes pot-de-vin.

EPOUSAILLES , ſe prend , ſelon la maniere vulgaire de parler , pour la bénédiction nuptiale , quoique proprement ce terme ſignifie les fiançailles qui ſe font pardevant le Curé , ou autre par lui commis ; ainſi elles précedent le mariage & la bénédiction nuptiale. *Voyez* Fiançailles.

E Q

EQUITÉ , eſt un juſte tempérament de la Loi , qui en adoucit la rigueur en conſidération de quelques circonſtances particulieres du fait.

Ainſi cette équité eſt un juſte retour au droit naturel , en retranchant les fauſſes & rigoureuſes conſéquences qu'on veut tirer de la diſpoſition de quelque Loi , par une trop rigoureufe explication de termes dans lefquels elle eft conçue , ou par de vaines fubtilités qui font évidemment contraires à la Juftice , & même à l'intention du Légiflateur.

Cette équité qui doit être la regle de la Juftice, doit être préférée à la difpofition de la Loi même , lorfque la queftion qui fe préfente à juger n'eft pas expreffement décidée par la Loi , ou que les fens & les paroles de la Loi peuvent , à caufe de quelque ambiguité , recevoir quelque interprétation.

Le Juge peut donc alors pencher du côté le plus équitable & le plus approchant du droit de nature qui eft appellé *fumma ratio* , in Lege 43. *ff. de Religiofis & fumpt. funer.* Autrement il pourroit , pour s'être attaché trop fcrupuleufement à la rigueur de la Loi, devenir injufte. *Summum jus fumma eft quandoque injuria ; unde mitigatio juris , quam Cicero , in Orat. pro Cluentio , Legum laxamentum vocat , ftricto juri eft anteponenda ; maximè fi Lex fcripta clara & aperta non fit.*

Mais quand la Loi eft claire & certaine , qu'elle ne reçoit , ni par rapport à fa décifion, ni par rapport aux termes dans lefquels elle eft conçue , aucune interprétation , le Juge eft dans l'obligation de la fuivre ponctuellement.

Comme il ne lui eft pas permis de s'en écarter , au cas qu'il trouve trop d'injuftice à la fuivre , il doit avoir recours au Prince, pour fçavoir quel fens il veut qu'on lui donne. *Leg. 1. cod. de Legib.*

Voyez ce que dit de l'équité Charondas en fes Pandectes , liv. 1. chap. 5. *Voyez* auffi ce que j'ai dit ici en parlant du Droit étroit , en parlant des chofes douteufes , & en parlant de l'interprétation des Loix.

EQUIVALENT , eft un abonnement ou un droit qui fe paye au lieu d'un autre.

Ainfi en certains lieux on appelle équivalent , certaine fomme que l'on paye pour fe délivrer de gabelles ; & cette fomme revient à peu près à ce que l'on payeroit , fi l'impofition étoit faite : c'eft pour cette raifon qu'on l'appelle équivalent.

E R

ERREMENS , font les derniers actes de procedure qui ont été faits en un procès qui a été difcontinué , & qui eft repris , ou par les héritiers d'un défunt , ou par celui auquel on auroit fait transport de l'action du procès.

Ainfi l'on procede fuivant les derniers erremens lorfqu'on reprend des pourfuites qui ont été interrompues ; mais il faut pour cela que l'inftance ne foit pas périe.

ERREUR , fignifie une méprife ou un manque dans lequel nous fommes tombés par ignorance. L'erreur eft de fait ou de droit.

L'erreur de fait eft l'ignorance d'un fait qui eft arrivé ; par exemple , fi j'ignore qu'une dette de mon pere a été par lui acquittée , & que je la paye encore.

L'erreur de droit eft l'ignorance d'une décifion de Droit ; comme fi un donataire avoit omis de faire infinuer une donation , ignorant que cette formalité eft néceffaire.

L'erreur de fait n'eft préjudiciale à perfonne ; au contraire on ne fe peut excufer de l'erreur de droit. La raifon de la différence eft , que les faits font infinis , & peuvent par conféquent tromper les plus fages & les plus avifés : le droit au contraire eft certain & défini ; c'eft pourquoi il n'eft pas permis d'ignorer le droit felon lequel on vit dans le lieu qu'on habite.

Voyez ce que j'ai dit dans mes Paratitles du Digefte ; fur le titre *de juris & facti ignorantiâ.*

ERREUR SPECIEUSE , eft celle qui paroît indubitable , & qui peut faire illufion aux gens les plus éclairés. Ainfi on ne peut taxer de corruption ni de mauvaife foi les Juges , qui déchus par de telles erreurs ont rendu un Jugement injufte , *in nullo enim errare divinitatis eft , non mortalitatis.*

En effet , il n'y a que Dieu feul qui juge de ce qui eft ; les hommes ne peuvent juger que de ce qui paroît. Les Juges font donc obligés de juger fuivant les Loix & fuivant les preuves qu'elles autorifent : car ce qui eft , & ce qui eft pleinement prouvé , eft la même chofe , du moins dans l'efprit de l'homme , quoique l'erreur paffe quelquefois pour la vérité au moyen des preuves qui paroiffent indubitables. Ainfi on ne peut rien imputer à un Juge qui s'eft trompé dans les régles , & que la force des preuves a jetté dans l'erreur. La Providence qui met des bornes à l'efprit des hommes , permet fouvent que leurs propres connoiffances les abufent. Ils font donc très-excufables quand ils fe font trompés , après avoir tout mis en ufage pour découvrir la vérité , & fe mettre à l'abri de l'erreur.

La vérité eft quelquefois fi cachée , qu'elle paroît moins certaine que l'erreur qui lui eft oppofée. Quelquefois auffi la vérité & l'erreur ont chacune pour elles des raifons qui partagent les fuffrages des Juges : on dit alors que les voix font mi-parties. *Voyez* Partage d'opinions.

COMMUNE ERREUR , eft celle qui dans un lieu paffe pour chofe vraie & certaine. Auffi cette erreur fait valider bien des actes vicieux , qui fans elle feroient abfolument nuls. *Error enim communis facit jus ; argumento Legis 3. ff. de officio Prætorum ; & Legis 3. ff. de Senatufconf. Macedon. ad quas Mornacium vide , & Brunemannum.*

Voyez auffi Henrys , tom. 1. liv. 2. ch. 4. queft. 28. & M. le Prêtre , cent. 4. chap. 46.

ERREUR DE CALCUL , eft une erreur qui s'eft gliffée dans un compte ou calcul ; fur quoi il faut remarquer que les faux & doubles emplois , ni les erreurs de calcul , ne fe couvrent jamais.

Auffi n'eft-il pas befoin de fe pourvoir par appel contre une Sentence dans laquelle il n'y a pas d'autre grief qu'une erreur de calcul ; il fuffit d'en demander la réformation par Requête. *Leg. 1. §. 1. ff. qui fent. five appel. refcind.*

Il en faut dire de même des Arrêts contre lefquels il n'eft pas néceffaire en ce cas d'obtenir Requête civile.

De ce que nous venons de dire il réfulte , que quoiqu'un compte ait été rendu , on peut toujours revenir contre la clôture , & même contre la tranfaction qui auroit été faite fur ledit compte. *Leg. unic. cod. de errore calculi.*

La raison eſt, que quand on arrête un compte, on ſous entend toujours *ſauf erreur de calcul* : ce qui fait que cette erreur ne ſe couvre jamais, ni par Arrêt ni par tranſaction, parce que la vérité ne doit point ſouffrir de préjudice de l'erreur qui eſt intervenue dans le compte : ainſi cette erreur ſe peut pro purger en tout tems.

Il faut néanmoins excepter le cas où la tranſaction auroit été faite entre les Parties ſur l'erreur de calcul ; car alors on ne pourroit pas revenir contre. *Leg. unic. quod de error. calcul.*

Suivant la même Loi, on ne peut revenir contre un Jugement rendu ſur l'erreur de calcul, s'il étoit paſſé en force de choſe jugée ; *quia res judicata pro veritate habetur.*

Mais cette déciſion n'a point lieu aujourd'hui parmi nous ; car on peut toujours demander par une ſimple Requête la reformation d'un compte dans lequel il y auroit erreur de calcul.

Voyez l'article 21. du tit. 29. de l'Ordonnance de 1667.

ERREUR DANS LE NOM DE L'HERITIER INSTI-TUÉ OU DU LEGATAIRE, OU DANS LA CHOSE LE-GUÉE, ne vicie pas l'inſtitution ni le legs, pourvû que la volonté du teſtateur ſoit d'ailleurs certaine.

Voyez ce que j'ai dit dans ma Traduction des Inſtitutes ſur le §. 29. du tit. 20. du ſecond livre ; & Belordeau, let. E, art. 8.

E S

ESCHIQUIER, étoit autrefois une aſſemblée de Commiſſaires délégués, qui ſe tenoit deux ou trois fois par an, pour réformer les Sentences des Juges inférieurs dans l'étendue d'une province. En un mot, c'étoit ce que nous appellons Aſſiſes.

Il y a eu un Echiquier à Alençon.

Celui de Normandie a été très-renommé ; c'étoit une aſſiſe générale où ſe trouvoient les principaux Seigneurs pour juger les affaires les plus importantes en dernier reſſort. Il fut créé par le Duc Raoul, après que cette Province lui eut été cédée par Charles le Simple vers le dixieme ſiecle.

Il fut établi en la place des aſſemblées qui ſe tenoient par les Comtes ou Commiſſaires, que les Rois envoyoient dans les Provinces avec pleine autorité.

Le Duc de Raoul créa auſſi un grand Sénéchal, qui réformoit les Sentences des Juges inférieurs, pendant que l'Echiquier n'étoit point aſſemblé.

L'Echiquier qui étoit ambulatoire, fut fixé à Rouen comme dans la capitale de Normandie, & rendu perpétuel par Louis XII. par un Edit de l'an 1499. qui eſt rapporté dans Fontanon, tome 1. page 115.

Voyez ci-deſſus Aſſiſes. *Voyez* auſſi le Dictionnaire de Trevoux, *verbo* Echiquier.

ESCLAVE. Il n'y a point d'eſclaves en France ; ſitôt qu'un eſclave y entre, il acquiert la liberté.

Un eſclave More ayant dérobé à Louis d'Avila,

Général de la Cavalerie légere de l'Empereur, un beau cheval, & s'étant ſauvé dans le Camp de M. de Guiſe, ce Général lui envoya redemander l'homme & le cheval. M. de Guiſe renvoya le cheval, mais pour l'homme il répondit qu'étant paſſé en France, il étoit libre par un privilege du Royaume, qui au regard de la liberté, n'admet aucune différence entre tous les hommes.

Néanmoins cette regle n'a pas lieu pour les Négres de nos Iſles de l'Amérique, qui viennent ici avec leurs maîtres, lorſqu'ils ſont retournés avec eux dans ces Iſles.

Voyez ce que j'ai dit des eſclaves dans ma Traduction des Inſtitutes, ſur le troiſieme titre du premier livre.

Nous remarquerons ſeulement ici, que l'eſclavage a été depuis long-tems aboli en France, ſelon l'eſprit d'humanité & du Chriſtianiſme, & ſelon le génie des François.

Comme ils ont toujours regardé la liberté comme le plus grand de tous les biens, ils ont auſſi toujours eu en horreur le déſir ardent qu'avoient les Romains, d'établir un eſclavage univerſel ſur toutes les nations de la terre, & de tenir ſous leur domination les hommes qui ſont leurs ſemblables, & pour qui toutes les choſes de ce monde ont été procréées par la divine Providence. *Quin etiam natura cognationem quandam inter omnes homines conſtituit, ut unum ab alio injuria affichi grande ſit nefas. Leg.* 3. *ff. de juſt. & jur.*

On convient cependant, I°. qu'il y a une eſpece de ſervitude perſonnelle en France, dont Coquille a fait un chapitre entier dans ſon Inſtitution, & dont nous avons parlé *verbo* Serfs.

II°. Que l'eſclavage de peine eſt reçu en France.

ESCLAVES DE PEINE, étoit chez les Romains ceux qui étoient condamnés aux mines, à combattre contre les bêtes, ou même contre les hommes dans les amphitéatres, pour donner du divertiſſement au peuple.

Cette peine étoit plus grande que le banniſſement à perpétuité, en ce qu'elle faiſoit perdre nonſeulement les droits de citoyen Romain, mais encore la liberté ; enſorte que celui contre qui étoit prononcé une telle condamnation, étoit entiérement reputé mort. Son ſupplice étoit pire que la mort même : accablé ſous le poids des chaînes dont on le lioit, maltraité, battu inhumainement ſans relâche, il étoit eſclave de la peine, & comme tel reputé véritablement mort du jour même de ſa condamnation ; enſorte qu'il y avoit en lui une interdiction abſolue de tous les effets civils, & une entiere privation de toute ſorte de biens. Mais Juſtinien abolit cette ſervitude. Novel. 22. chap. 8.

En France la condamnation aux mines n'a jamais été reçue, ni les autres moyens qui faiſoient perdre la liberté chez les Romains ; mais on leur a ſubrogé la peine des galeres perpétuelles, laquelle a une telle conformité avec la condamnation aux mines, qu'on ne ſauroit y trouver la moindre différence.

Les condamnés aux mines étoient accablés de

chaînes, obligés de travailler jour & nuit pour le Prince ; ils perdoient tous les droits civils & municipaux, étoient faits esclaves de la peine, & morts civilement : de même les condamnés aux galeres perpétuelles font accablés de chaînes, obligés de servir le Roi dans ses galeres ; ils font serfs de peine, & morts civilement.

Il y a donc en France des esclaves de peine comme chez les Romains ; car n'est-ce pas être esclave de peine, que d'être forcé de la souffrir jusqu'à la mort, sans aucun relâche & sans aucune modération ? Et peut-on soutenir qu'il reste la moindre ombre de liberté à un condamné chargé de chaînes, qui est obligé de travailler jour & nuit malgré lui ; qui ne fait jamais ses volontés ; qui est dans une dépendance perpétuelle, & qui ne peut jamais, quelque tems qu'il ait à vivre, sortir du triste état où il est réduit.

ESCHOITE, est une succession échue en collatérale, *quasi sorte obtigerit* ; à la différence de la succession qui advient en ligne directe, *quæ ex voto naturæ liberis debetur ; natura enim veluti tacita Lex bona parentum liberis addicit ; adeo ut liberi etiam vivis parentibus bonorum paternorum domini censeantur, sicque illorum dominium post parentum mortem, non tam incipere, quam continuari censeatur.*

On appelle aussi échoite dans les Provinces de Bresse & de Bugey, & les héritages qui adviennent au Seigneur par le décès du possesseur dans enfans, ou sans communication avec ses héritiers, c'est-à-dire lorsqu'il en a joui par indivis.

ESCOMPTER, est payer d'avance, & en même tems faire une déduction sur la somme dûe à proportion que le change pourroit monter. *Itaque in ejusmodi negotiatione fit aliqua debitæ pecuniæ remissio, pro facta in antecessum solutione.*

Par exemple, le prix d'une chose vendue n'est payable que dans un certain tems, comme dans un an ; si le vendeur desire être payé avant le terme, l'acheteur peut en lui accordant le payement demander l'escompte, c'est-à-dire la diminution du prix qui doit au prorata du tems qu'il avance le payement ; & par ce moyen il rabat du prix suivant que le change pourroit monter.

Voyez Maréchal au Traité des Changes, chap. 14.

ESCUYER, est un Gentilhomme qui est au-dessous du Chevalier.

Ce terme vient du latin *scutum*, ou de *scutarius*, ou *scutifer*, à cause que les Ecuyers portoient l'Ecu des Chevaliers dans les Joutes & dans les Tournois.

Il n'est pas permis à ceux qui ne font pas nobles d'extraction, de prendre la qualité d'Ecuyer. On prétend qu'anciennement la qualité de Noble n'étoit pas inférieure à celle d'Ecuyer, laquelle n'a prévalu que depuis deux siécles.

L'Ordonnance de Blois, article 257. défend à ceux qui ne font pas Nobles de prendre le titre d'Ecuyer. Voici les termes.

» Et à cette fin, voulons être gardée l'Ordon-
» nance d'Orléans, contre ceux qui usurpant fauſ-
» sement & contre vérité le nom & titre de No-
» blesse, prendront le nom d'Ecuyer, ou porteront

» armoiries timbrées ; lesquels nous entendons
» être mulctés d'amendes arbitraires par nos Ju-
» ges, à la diligence & pourfuite de nos Procu-
» reurs, chacun en son Siége.

Coquille à la fin de la note qu'il a faite sur cet article, dit que la marque de Gentilhomme est de se dire Ecuyer, parce qu'anciennement à eux seuls appartenoit porter écu és guerres, & l'armet en tête avec timbre ; & nul ne peut venir Chevalier, s'il n'est Gentilhomme, & qu'il n'ait porté titre d'Ecuyer. Ecuyers naissent ; chevaliers se font par faits d'armes.

ESPARGNE EN FAITS DE PASTURAGE, dont il est parlé en l'article 303. de la Coutume de Sedan, est une partie de terre que les Fermiers laissent à l'entour de leur maison sans culture, pour pâturage de leur bétail pendant toute l'année.

Il n'est pas permis à d'autres d'y faire paître leur bétail, quoique l'héritage ne soit pas clos & fermé.

Cette réserve est comptée du nombre des terres vaines ; & pour telle réserve, a été introduit en plusieurs lieux le droit de Saintre.

ESPECE, est le fait ou le cas particulier sur lequel une décision a été rendue. Sur quoi il faut remarquer que pour bien entendre une Loi, il faut s'appliquer à comprendre l'espéce qu'elle renferme avec toutes ses circonstances ; *quia scilicet ex facto jus oritur.*

ESTANT. Terme des Eaux & Forêts, qui se dit du bois qui est en vie, debout, sur pied, & sur racine.

ESTER EN JUGEMENT, signifie comparoir en Jugement, soit en demandant ou en défendant, ou constituer Procureur pour intenter ou défendre une action. Ces termes viennent du Droit, *stare in judicio.*

Il y en a qui ne font pas capables d'ester en Jugement, ni de constituer Procureur, comme font les mineurs, s'ils ne font assistés de leur tuteur ou curateur ; & même c'est le tuteur qui est nommé dans les actes judiciaires, & contre lequel on dirige les actions. Les Moines, & tous ceux qui font incapables des effets civils, ne font pas capables d'ester en Jugement.

A l'égard des femmes mariées, elles ne peuvent en Pays Coutumier ester en Jugement sans l'autorisation de leurs maris. *Voyez* ce que j'ai dit sur l'art. 224. de la Coutume de Paris.

ESTER A DROIT, & se représenter après cinq ans de la contumace.

Cela ne se peut faire qu'en vertu de Lettres du Prince, attendu qu'après les cinq ans le tems de se présenter pour purger la contumace est passé ; de-sorte que les condamnations pécuniaires & les confiscations font réputées contradictoires & sans appel, de même que si elles eussent été prononcées par arrêt, & les condamnés morts du jour de l'exécution de la Sentence de contumace, qui porte condamnation de mort naturelle ou civile sauf à eux à se pourvoir par Lettres du Prince pour se purger ; auquel cas, si le Jugement porte absolution, on ne prononce point de confiscation, & leurs biens confisqués leur font rendus, & les meubles en l'état qu'ils fe trouvent : à l'égard des immeubles on le leur rend auffi, mais fans qu'ils puiffent demander la reftitution des fruits qui en font provenus, ni la reftitution des amendes & des intérêts civils qui retombent fur eux.

Voyez le titre 16. de l'Ordonnance de 1670.

ESTIMATION, eft le prix & la jufte valeur d'une chofe. *Voyez* Appréciation.

Nous remarquerons feulement ici, I°. que l'eftimation des labours, fémences & frais de recolte, doit être faite par experts, fuivant l'art. 3. du tit. 30. de l'Ordonnance de 1667.

II°. Que dans les licitations des immeubles appartenans à des mineurs, l'eftimation en doit être préalablement faite par autorité de Juftice, & que le Juge ne doit point faire l'adjudication au-deffous de l'eftimation qui en aura été faite par les Experts.

ESTOC, mot qui vient, ou de l'Allemand *Stoc*, ou de l'Anglois Saxon *Stoce*, fignifie un tronc; enforte que de *ftoc* on a fait *eftoc*, parce que dans notre langue on ajoute prefque toujours l'E devant les mots qui commencent par *ft*.

Ainfi eftoc fe dit figurement de la liaifon de parenté qui vient d'une commune fouche, l'eftoc étant pris pour le chef dont plufieurs perfonnes font defcendues en ligne directe, & qui eft à leur égard comme le tronc d'un arbre, dont plufieurs branches font forties. En Latin on dit, *communis ftipes*; pour dire la fouche commune, dont plufieurs defcendants font iffus.

Quand un pere ou une mere ftipulent en mariant leur fille que les deniers qu'ils lui donnent en mariage lui feront propres *à elle & aux fiens de fon eftoc & ligne*, cette claufe comprend tous les parens que la fille peut avoir du côté de celui des pere ou mere qui lui a fait le don.

Voyez ci-après Stipulation de propres.

On fe fert de ces termes, *eftoc*, *côté & ligne*, dans les fucceffions des propres, auxquels fuccedent les collatéraux, quand on dit que les biens propres du défunt doivent appartenir aux héritiers collatéraux, du côté & ligne duquel ils font échus, par fucceffion directe ou collatérale, à celui de la fucceffion duquel il s'agit.

Par exemple, il m'eft échu un héritage par fucceffion du côté de mon ayeul maternel; cet héritage doit appartenir après ma mort, arrivée fans enfans, à mes héritiers collatéraux du côté de mon ayeul maternel, à l'exclufion de tous autres héritiers d'une autre eftoc, côté ou ligne, quoique plus proches en degré de parenté.

Voyez Propres, la Régle *Paterna paternis*, & ce que nous avons dit ci-deffus fur ces termes, *Côté & ligne*.

Dans la Coutume de Paris, ces mots, *eftoc & ligne*, font fynonimes; mais ils ne le font pas dans les Coutumes foucheres. Voyez-en la différence dans Renuffon en fon Traité des propres, chap. 6. fect. 5.

ESTRAYERS, font les biens qui font reftés dans le Royaume après que les étrangers à qui ils appartenoient y font décédé, fans hoirs naturels de leurs corps nés dans ce Royaume.

On appelle pareillement *eftrayers* les biens que les bâtards laiffent en mourant, lorfqu'ils décédent *ab inteftat* fans hoir naturel de leurs corps. Bacquet, première partie du droit d'aubaine, chap. 4.

E T

ETALON, ou mefure feigneuriale, eft le modéle fur lequel les mefures publiques doivent être faites; afin que l'égalité foit obfervée; & ces mefures publiques fe marquent d'un fer chaud ou d'un coin, qui y fait une empreinte des armes du Seigneur Haut-Jufticier.

Ce droit qu'ont les Seigneurs Hauts-Jufticiers de tenir & bailler étalons & mefures dans leur détroit, eft une fuite de l'ancienne ufurpation faites par les Comtes qui fe font arrogés plufieurs droits qui ne devroient appartenir qu'au Roi feul.

Pour connoître fi les Marchands n'abufent point des mefures, ou n'en employent point de fauffes, les Procureurs Fifcaux des Hauts Jufticiers, affiftés des Sergens de la Jurifdiction, font leurs vifites à certains jours de l'année; & s'ils trouvent que les mefures dont fe fervent les Marchands, ne foient pas conformes à l'étalon & modele, ou qu'elles foient rognées à deffein, ou diminuées par un long ufage, ils les ajournent devant le Juge, qui les condamne à une amende arbitraire felon les circonftances.

Les Moyens-Jufticiers ont auffi la connoiffance, ou pour mieux dire l'infpection des mefures; mais ils n'ont pas droit de les donner : ainfi ils les doivent tenir & prendre du Seigneur Haut-Jufticier; de forte que fi le Moyen-Jufticier faifoit mefure plus grande ou moindre que celle de fon Seigneur fuzerain, il feroit amendable, & il encourroit la perte de fon droit, pour avoir attenté à l'autorité de fon Supérieur duquel il releve, & duquel il doit tenir la mefure. Coutume de Tours, art. 41.

A l'égard des amendes encourues par les Particuliers fujets des Moyens-Jufticiers qui vendent à fauffes ou mauvaifes mefures, le Moyen jufticier aura l'amende jufqu'à foixante fols tournois.

ETALON, en terme d'Eaux & Forêts, eft un chêne ou autre arbre, de l'âge du bois, que l'on a réfervé à la derniere coupe, & que l'on a laiffé debout pour devenir long & haut.

ETANG, eft un refervoir d'eau douce dans un lieu bas, formé par une digue ou chauffée, pour y nourrir du poiffon.

Tout propriétaire peut conftruire un étang dans fa terre, pourvû qu'il ne prétende pas y conduire les eaux pluviales, ou celles des rivieres qui appartiennent aux Seigneurs dans leurs terres, à moins que ce ne foit de leur confentement.

Nous avons quelques Coutumes où un Seigneur de Fief faifant conftruire étang ou garenne, y peut enclore les terres de fes Sujets, en les récompenfant préalablement. *Voyez* les Infituts coutumiers de Loyfel, liv. 2. tit. 2. nomb. 27.

ÉTAPE, fignifie la place ou le lieu public deftiné pour y tranfporter & pour y expofer certaines marchandifes en vente.

Ces

Ces lieux font confidérés comme privilégiés, où les marchandiſes ſont expoſées pour être vendues à deniers comptans; c'eſt pourquoi ceux qui les achetent ſans en payer le prix convenu ſont contraignables par corps.

C'eſt auſſi pour cette même raiſon que le débiteur du prix des marchandiſes qui ſont vendues & livrées aux étapes ne peut point obtenir des Lettres de répi pour cette dette. Ainſi jugé au Parlement de Paris, par Arrêt du 2. Août 1678.

ÉTAPE, ſe dit auſſi du magaſin où l'on met les vivres deſtinés pour les Troupes qui paſſent lequel eſt diſtant d'un lieu à un autre de quatre ou cinq lieues.

Il y a des Commis pour délivrer l'étape aux Soldats.

Voyez les Ordonnances & Arrêts du Conſeil d'Etat qui ont été faits à ce ſujet, & qui ſe trouvent dans le Dictionnaire univerſel fait par M. François Jacques Chaſles en 1723.

ÉTAT DES PERSONNES. Le droit naturel avoit mis une eſpéce d'égalité entre tous les hommes; mais le droit des gens & le droit civil ont introduit les différens états des perſonnes qui les diſtinguent par rapport à la liberté, au droit de citoyen, & au droit de famille.

Ainſi on entend par l'état des perſonnes, la principale condition ſuivant laquelle un homme vit dans le Public & dans ſa famille, & qui lui donne certains droits & certaine domination, qu'il ceſſe d'avoir quand il change d'état.

L'état de l'homme eſt ou public, ou privé; le public comprend la liberté & le droit de citoyen, & eſt appellé en Droit, ſtatus civilis, vel ſimpliciter ſtatus; l'état privé comprend le droit de famille qui peut être changé, ſalvo ſtatu publico.

Voyez ce que j'ai dit dans ma Traduction des Inſtitutes de Juſtinien, liv. 1. tit. 16.

ÉTAT. Voyez Lettres d'Etat.

ÉTAT, ſe prend pour Charge ou Office. Voyez Office.

ÉTAT, ſe dit auſſi de différens Ordres du Royaume, qu'on fait aſſembler pour délibérer des affaires importantes.

Ils ſont compoſés de trois ordres qui diſtinguent le Peuple en France; qui ſont le Clergé, la Nobleſſe, & le tiers Etat.

On tenoit autrefois en France des Aſſemblées où ſe trouvoient ces trois Corps; on les appelloit les Etats généraux. Voyez ce que j'ai dit ci-deſſus, en parlant des aſſemblées des Etats du Royaume.

ÉTATS, ſe dit encore des Aſſemblées qui ſe font en quelques Provinces, qui ſe ſont conſervées en la poſſeſſion d'ordonner elles-mêmes des contributions qu'elles doivent faire pour ſoutenir les charges de l'Etat, & les régler & faire payer; comme ſont les Provinces de Bretagne, de Languedoc, de la Franche-Comté, de Provence, de Rouſſillon, d'Artois, &c.

En ce ſens, on oppoſe les Pays d'Etats aux Pays des Généralités ou de l'Election.

On appelle queſtion d'état, le procès où il s'agit de ſçavoir ſi une perſonne eſt noble ou roturiere,

légitime ou bâtarde, mariée ou Religieuſe. Voyez Queſtion d'état.

ÉTAT D'UNE FEMME MARIÉE. Voyez ce que j'ai dit, verbo Femme mariée.

ÉTAT DES ENFANS. La Loi fondamentale de l'état des enfans s'eſtime par rapport au tems de leur naiſſance. Ceux qui naiſſent de peres & meres qui ne ſont pas mariés, ſont bâtards. Patrem habere non intelliguntur. Ceux qui naiſſent ex juſtis nuptiis ſont enfans légitimes, & ſuivent la condition de leurs peres, ſuivant la régle, Pater eſt quem nuptiæ demonſtrant.

Cette régle eſt ſoutenue de la majeſté du Sacrement; de la ſolidité invincible du plus ſolemnel de tous les contrats; des régles les plus inviolables de la politique, qui prend l'intérêt des Sujets nés à l'Etat; de cet intérêt public, qui ne veut pas qu'un enfant né conſtante matrimonio, manque de pere, de la décence de la nature; & enfin de la Protection de la Juſtice. Le titre des enfans qui eſt pour ainſi dire le ſymbole de la foi du mariage, eſt le titre qui fonde l'état & la qualité de ceux qui naiſſent ſous ce voile; la nature les en met en poſſeſſion ſous l'autorité de ce titre, & rien ne peut les en priver.

Ainſi, quand il n'y a pas d'impoſſibilité phyſique que les conjoints ayant pû avoir cohabitation enſemble, l'abſence, la queſtion d'adultere, le déſaveu du pere, celui même de la mere, ne peuvent donner aucune atteinte à l'état de l'enfant.

Voyez Filiation. Voyez Légitime. Voyez Naiſſance.

ÉTAT EN MATIERE DE REGALE, eſt ce que l'on appelle récréance aux autres cauſes bénéficiales.

ET CÆTERA, eſt un terme qui renferme en ſoi l'expreſſion des mots ſous-entendus, comme qui diroit, & le reſte.

Ce terme a été de tout tems uſité par les Notaires: ils mettoient fréquemment au bas des minutes des actes qu'ils paſſoient, promettant, &c. obligeant, &c. renonçant, &c. & dans les groſſes ils étendoient autrefois ces clauſes au-delà de l'intention des Parties. De-là eſt venu ce proverbe; Dieu nous garde d'un & cætera de Notaire, & d'un qui pro quo d'Apoticaire.

Les conteſtations qui ſont ſurvenues à ce ſujet, ont fait établir pour régle, que la ſignification d'Et cætera eſt bornée & limitée à la nature du contrat dans lequel ce terme ſe trouve inſéré.

Cet & cætera ne ſe peut donc aujourd'hui rapporter, qu'à ce qui regarde préciſément l'exécution de l'acte, ou l'éclairciſſement des clauſes qui y ſont appoſées; il doit toujours être reſtraint, & ne peut jamais s'étendre aux clauſes qui requierent une énonciation formelle. D'où il s'enſuit, qu'il ne peut opérer aucune autre diſpoſition nouvelle & étrangere à l'acte ni produire aucun effet qui excede ce qui a été nommément convenu entre les Parties.

C'eſt ce qui a fait dire à Loyſel, liv. 3. tit. 1. art. 13. que l'Et cætera des Notaires ne ſert qu'à ce qui eſt de l'ordinaire des contrats. Régle qui eſt tirée de Maſuer, tit. 18. nomb. 32.

Ainſi ces mots, promettant, &c. obligeant, &c. renonçant, &c. ne peuvent donner lieu à aucune extenfion de l'obligation contractée , ni à aucune renonciation à quelque droit ou bénéfice non exprimé dans l'acte.

Enfin la clause codicillaire n'eft point préfumée ajoutée à un teftament , au moyen de cet *& cætera*.

Voyez, touchant cette claufe , M. Charles Dumoulin , conf. 28. & en fon Traité des Ufures , queft. 7. M. Maynard , liv. 8. chap. 31. Charondas, Rép. liv. 12. nomb. 44. & livre 2. des Pandectes ; Février fur Gui-Pape , queft. 119. & le Traité de la Preuve par Témoins, feconde Partie , chap. 1. aux additions.

ETRANGER , eft celui qui eft né hors le Royaume.

Pendant le tems qu'il demeure en France , il eft fujet aux loix du Royaume , il eft capable des effets du droit des gens , mais non pas des effets du droit civil, & il eft fujet au droit d'aubaine.

Peregrini, vel advena & hofpites non funt cives , nec teftamenti factionem habent, nec eft eorum teftamentum juftum , quia non funt indignæ , funt extranei , fi dicti quafi-alibi nati. Cicero , libro 2. de Officiis.

Pour ce qui regarde les affignations que l'on veut ici donner aux Etrangers qui font hors le Royaume , l'art. 7. du titre 2. de l'Ordonnance de 1667. porte qu'ils feront ajournés ès Hôtels des Procureurs généraux des Parlemens où reffortiffent les appellations des Juges devant lefquels ils font affignés ; & ne feront plus données aucunes affignations fur les frontieres.

Cet ajournement ès Hôtels des Procureurs généraux , ne s'entend que des affignations données pour comparoître devant les Juges du Royaume ; de forte que l'on ne regarderoit pas comme valable une fignification de tranfport , une faifie & Arrêt , oppofition , ou autres empêchemens qui ne feroient pas accompagnées d'affignation. Comme ces actes fe fignifient pour donner une connoiffance actuelle & perfonnelle du fait qu'ils contiennent , la fignification s'en doit faire fpécialement à perfonne ou domicile hors le Royaume.

Comme les Etrangers ne font point Sujets du Roi , ils ne peuvent pas réguliérement être pourfuivis en France pour crimes par eux commis hors le Royaume , à moins qu'il n'y ait quelque raifon particuliere qui donne lieu d'en agir autrement.

Voyez Aubain, *Voyez* Droit d'aubaine.

ETRANGER , fe dit auffi de celui qui n'eft pas d'une telle famille , & qui n'eft point parent à ceux qui en font.

ETRANGER QUI N'ENTEND PAS LA LANGUE FRANÇOISE , DOIT ESTRE ASSISTÉ D'UN INTERPRETE ÈS PROCÉS CRIMINELS , dans tous les cas où il eft obligé de répondre.

Ainfi lorfqu'un Etranger qui n'entend pas la Langue françoife eft accufé ou prévenu de quelque crime , le Juge avant que de procéder à fon interrogatoire, doit lui nommer d'office l'Interprête ordinaire, ou tout autre, auquel il fait prêter ferment de s'acquitter fidélement de cet emploi , & de faire entendre à l'accufé étranger les demandes & les queftions qui lui feront par lui faites , & de répondre au jufte ce que lui aura dit l'Etranger.

Cet Interprête eft , pour ainfi dire , un organe commis pour expliquer au Juge & à l'accufé ce qui eft néceffaire pour la parfaite confection du procès : c'eft pourquoi il doit toujours refter avec l'accufé, pour répondre pour lui pendant toute l'inftruction du procès , même au Jugement d'icelui ; en forte que c'eft par la bouche de l'Interprête que l'Etranger doit être interrogé , & que c'eft auffi par fa bouche qu'on recevra les confeffions , les dénégations & les reproches des témoins , en un mot tout ce que l'accufé voudra dire.

Si l'accufé étranger a commis un crime qui mérite peine afflictive , on le fera mettre fur la fellette lors du Jugement , & fon Interprête fe tiendra debout , nue tête , derriere le Barreau.

Le nom d'Interprête ne fe doit mettre que dans l'inftruction & procédure du procès , & ne doit point être mis dans le Jugement de condamnation, parce qu'il ne feroit pas jufte que cet Interprête reçut une note d'infamie , pour avoir rendu fervice à l'accufé.

Au refte , dans le procès criminel qui eft fait à un étranger qui ne fçait pas la langue françoife, le Lieutenant criminel lui doit dire , parlant à lui-même en interrogatoire , ces mots : *Interrogé par la bouche de tel , fans Interprête , fi telle chofe eft ou non.* L'accufé, par la bouche dudit Interprête, a répondu *oui* ou *non* : & dira les chofes comme elles font, & ainfi des autres demandes & réponfes , jufqu'à ce que l'interrogatoire foit fini. Enfuite il lui doit demander s'il veut s'en rapporter aux réponfes ; & à cet effet il lui fera faire lecture de fon interrogatoire qu'il fera figner à l'accufé & à l'Interprête , s'ils fçavent figner , ou s'ils ne le fçavent , ils le déclareront : mais il femble que fi l'Etranger ne fçait pas figner , l'Interprête doit le fçavoir.

Voyez les art. 11. & 23. du titre 14. de l'Ordonnance de 1670. avec les notes de Bornier.

ETROUSSE , au pays de Forez , veut dire l'adjudication des fruits des biens ; quelquefois il fignifie l'adjudication d'un bail judiciaire ; quelquefois l'adjudication ou loyer des biens d'un mineur.

Un tuteur peut prendre l'étrouffe des fruits de fon mineur , pourvû qu'il ne foit pas foupçonné de fraude ou de vil prix , ce qui eft rare ; car on caffe fouvent des étrouffes adjugés au tuteur.

E V

AVALUATION , eft le prix qu'on met à quelque chofe felon fa valeur.

EVANGELISTE , eft un Confeiller qu'on donne pour affiftant au Rapporteur d'un procès , pour vérifier s'il dit vrai.

Il y en a ordinairement deux aux côtés d'un Rapporteur, dont l'un tient l'inventaire, & l'autre les pieces.

Après que le Rapporteur a rapporté le fait & les moyens du procès , l'un lit les claufes des pieces produites , l'autre les inductions qui en font tirées.

Celui qui à la Chambre des Comptes tient les acquits du Comptable , & les vérifie pendant que l'Auditeur rapporté au Bureau , eft auffi appellé Evangelifte.

EVASION. Les Concierges des prisons sont responsables de l'évasion des prisonniers, lorsqu'elle arrive par leur faute. Voyez Chorier sur la Jurisprudence de Guy-Pape, pag. 355.

EVICTION, est la privation qu'un acquéreur souffre, par autorité de Justice, d'un bien qui est revendiqué par celui qui justifie en être le propriétaire, ou sur lequel un créancier justifie qu'il a une hypothèque. Voyez Evincer.

EVICTION DE MOITIÉ D'UN HÉRITAGE, donne lieu à l'acheteur de faire casser le contrat de vente pour le tout. Ainsi jugé par Arrêt du 10. Mars 1565. & depuis par autre du 23. Décembre 1687. Voyez Charondas, rép. 56. liv. 8.

EVINCER. Ce terme tiré du mot latin evincere, qui signifie vaincre ou emporter quelque chose par-dessus un autre, signifie en fait de pratique recouvrer en Justice ce que nous justifions nous appartenir, en le retirant de celui qui l'avoit acquis & possédé, même à titre translatif de propriété, sauf son recours contre son auteur.

Ce recours de garantie a non-seulement lieu quand on acquiert un fonds de celui qui n'en avoit pas la propriété, mais encore qu'il n'en étoit en effet le propriétaire, mais qu'il l'avoit affecté & hypothéqué à quelque rente sans le déclarer à l'acquéreur : en ce cas l'acquéreur poursuivi en déclaration d'hypothèque, aimant mieux déguerpir ou abandonner ce fonds, que de le posséder, à la charge de le reconnoître hypothéqué à la rente du créancier, & de lui payer & continuer les arrérages d'icelle ; pour lors cet acquéreur est dit avoir été évincé, & il a son recours de garantie à l'encontre de son vendeur, pour ses dommages & intérêts.

Ainsi tout acquéreur qui est évincé peut agir contre son auteur pour la restitution de ce qu'il a reçu, & en outre pour se voir condamner en tous les dommages & intérêts de l'acquéreur.

Mais pour que cet acquéreur puisse agir, il faut qu'il ait été inquiété par action réelle intentée contre lui, ou par action en déclaration d'hypothèque ; autrement l'auteur ne pourroit pas être assigné, sous prétexte que la chose par lui livrée à titre translatif de propriété ne lui appartenoit pas, ou qu'elle étoit chargée d'hypothèque à moins que l'acquéreur ne justifiât que son auteur en avoit connoissance.

La procédure qui doit être observée dans ces sortes d'occasions, pour que l'acquéreur ait son recours contre son auteur, est de lui dénoncer & signifier l'action contre lui intentée, tendante à la restitution ou au déguerpissement de la chose aliénée à titre translatif de propriété, avec sommation de prendre son fait & cause, & d'en empêcher la restitution & déguerpissement.

Cette dénonciation & cette sommation doivent être faites assez à tems, pour que celui qui a livré la chose à l'acquéreur, puisse défendre à la demande qui est intentée contre le nouvel acquéreur.

Ainsi quand l'acquéreur néglige de sommer & interpeller son auteur de le venir défendre en Jugement avant la condamnation, son auteur est en droit de lui opposer qu'il a été vaincu par sa faute.

Mais quand cette dénonciation & cette sommation ont été faites avant le Jugement de condamnation, ce recours de garantie a lieu. Quand bien même la clause de garantie auroit été omise dans le contrat d'acquisition, elle seroit toujours sous-entendue, parce qu'elle est de droit. La Rocheflavin, livre 6. lettre E, titre 49. article 1.

Cela est si vrai, que si dans le contrat on avoit stipulé que le vendeur ne seroit garant que de ses faits & promesses, cette clause n'auroit d'autre effet que de le charger des dommages & intérêts en cas d'éviction, mais non pas de la restitution du prix qu'il auroit reçu. Papon, liv. 11. tit. 4. nomb. 3.

Pour s'en décharger, il faudroit que la clause portât, sans garantie ni restitution de deniers en aucun cas. C'est la disposition de la Loi 11. §. 18. ff. de actionib. empt. Voyez Catelan, liv. 5. chap. 22.

Quoique la chose vendue pour un seul & même prix ne soit évincée à l'acheteur qu'en partie, il peut néanmoins être relevé de toute la vente. Voyez Charondas, liv. 8. rép. 56. & Papon, liv. 11. tit. 4. nomb. 16. Voyez aussi Dupineau, nouvelle édition, liv. 7. de ses Arrêts, chap. 19. & Belordeau, lettre E, art. 16.

Suivant la disposition des Loix Romaines, l'acheteur au cas d'éviction pouvoit poursuivre son vendeur par trois actions, qui sont l'action d'achat, l'action de stipulation du simple, & l'action de stipulation du double.

Par l'action d'achat, l'acheteur évincé poursuit en conséquence de son contrat la répétition du prix de la chose qui lui a été évincée, avec ses dommages & intérêts.

Par l'action de stipulation du simple, il poursuit seulement la simple restitution du prix convenu ; de sorte que par cette action il ne poursuit pas ses dommages & intérêts.

Par l'action de stipulation du double, il poursuit le double du prix de la chose évincée ; en sorte que les dommages & intérêts qu'il pourroit prétendre pour raison de l'éviction, sont renfermés dans cette poursuite, & qu'il n'a pas droit de rien exiger davantage que le double du prix de la chose qui lui a été évincée.

Ces stipulations du simple & du double, qui avoient été introduites par les Loix Romaines, & dont il est parlé dans le titre du Digeste de evictionibus, & duplæ stipulatione, ne sont point d'usage en France, même en pays de Droit écrit.

Tout ce que peut faire l'acheteur à qui la chose a été évincée ; c'est d'exercer suivant la nature du contrat de vente, son recours contre son vendeur, pour la restitution du prix & pour ses dommages & intérêts.

L'action qui résulte de l'éviction a lieu, non-seulement dans le contrat de vente, mais aussi dans tous les contrats dans lesquels la chose est livrée à titre translatif de propriété. Ainsi elle a lieu ;

Iº. Lorsqu'une chose qui avoit été par un débiteur donnée en payement à son créancier, lui a été évincée.

IIº. Cette action a lieu dans le contrat appellé

permutation, qui a quelque rapport avec la vente. III°. Dans la constitution de dot.

IV°. Dans le partage d'une succession ou d'une chose commune. Ainsi le recours de garantie a lieu entre cohéritiers ou entre associés, pour raison du partage fait entr'eux ; ensorte que si un cohéritier ou une associé est pourfuivi pour raison de la chose qui est échue dans son lot, il a droit de faire appeller ses cohéritiers ou associés à la garantie, non pas pour prendre le fait & cause, comme nous avons dit qu'il se doit pratiquer à l'égard du vendeur & de l'acheteur, mais à ce qu'ils ayent à se joindre en cause avec lui, pour prendre la défense de l'intérêt commun ; de sorte qu'un cohéritier ou associé de la chose tombée dans le lot d'un autre, n'est que garant simple, au lieu que le vendeur est garant formel.

A l'égard de la donation, quoiqu'elle soit un titre translatif de propriété, néanmoins lorsque la chose livrée à titre de donation est évincée au donataire, l'action qui résulte de l'éviction n'a pas lieu, par la raison qu'il seroit injuste que le donateur souffrit du dommage pour avoir voulu faire du bien au donataire. D'ailleurs, l'action qui est donnée en cas d'éviction, n'est fondée que sur le dommage que souffre celui à qui elle a été évincée, par rapport à la perte qu'il fait de la valeur qu'il en a donnée : or le donataire ne perd rien du sien, lorsque la chose qu'il tenoit de la pure libéralité du donateur lui est évincée.

De ce que nous disons il s'ensuit, que si la donation étoit faite pour quelque service que le donataire auroit rendu au donateur, l'action résultante de l'éviction pourroit avoir lieu.

Il y a encore deux cas où elle auroit lieu. Le premier est, si le donateur avoit connoissance de la chose qu'il donnoit ne lui appartenoit pas, & que le donataire se trouvât lézé par les impenses qu'il y auroit faites, le donataire pourroit alors agir contre le donateur pour la répétition desdites impenses. *Leg. 18. §. 1. ult. ff. de donationib.* Le second est, si le donataire s'est obligé à la garantie. *Leg. 2. cod. de evictionib.*

Il y a plusieurs cas esquels l'acheteur n'a pas son recours contre son vendeur, quoique la chose vendue lui a été évincée.

Le premier est, si l'acheteur a volontairement acheté une chose qu'il sçavoit ne pas appartenir au vendeur.

Le second est, s'il a transigé, convenu ou compromis volontairement avec celui qui le pourfuivoit par éviction.

Le troisiéme est, s'il s'est laissé condamner sans se défendre, ou pour ne s'être pas servi de défenses justes & pertinentes.

Le quatrieme, s'il a négligé de sommer & interpeller son vendeur de le venir défendre en Jugement avant la condamnation.

Le cinquieme, s'il est convenu avec le vendeur, qu'il seroit exempt de toute garantie, même de restitution de deniers en aucun cas, comme nous avons dit ci-dessus.

Le sixieme, s'il a laissé prescrire l'action par laquelle il pouvoit poursuivre son vendeur, pour la garantie de la chose vendue évincée. Sur quoi il faut remarquer que cette action étant personnelle, ne se prescrit que par trente ans, lesquels ne doivent être comptés que du jour de l'éviction, parce que la prescription ne commence à courir contre une action du jour qu'elle peut être intentée.

Le septiéme est, si la chose a été évincée à l'acquéreur par injustice, ou par force majeure, ou par la faute de l'acquéreur.

Le huitiéme, si la vente s'est faite par autorité de Justice, & que l'éviction ait été faite pour dettes que le décret ne purge point, comme sont les douaires. *Voyez* Dolive dans ses questions, liv. 4. chap. 46. Chopin sur la Coutume d'Anjou, liv. 3. chap. 2. tit. 1. nomb. 12. Rochelavin, liv. 6. tit. 35. & Coquille sur la Coutume de Nivernois. tit. 32. art. 54.

Mais la vente étant faite par décret, l'acquéreur évincé pour raison de quelque nullité du décret, ne doit point restituer les fruits ; & ne perd pas les réparations par lui faites de bonne foi. *Voyez* Soefve, tom. 1. cent. 3. chap. 82. Basset, tome 2. liv. 7. tit. 8. chap. 5. Chorier, Jurisprudence de Guy-Pape, 339. Dolive, liv. 4. chap 26. Catelan, liv. 5. chap. 40. Bouvot, tom. 1. part. 3. *verbo* Créanciers, quest. 1. & tom. 2. *verbo* Criées, quest. 52. Papon, liv. 18. tit. 6. nomb. 30.

Touchant la sommation que l'acheteur est obligé de faire au vendeur de venir prendre le fait & cause pour lui, il nous reste deux observations à faire.

La première est que la garantie se doit poursuivre pardevant le Juge où l'action pour raison de l'éviction a été intentée, & que le vendeur ne peut évoquer l'affaire ailleurs, sous prétexte de quelque privilège que ce soit.

La deuxieme est, que le vendeur doit défendre l'acheteur à ses dépens, lorsque l'acheteur est évincé.

La raison est, que l'éviction arrive alors par sa faute ; c'est pourquoi il doit supporter tous les frais qui ont été faits par l'acheteur dans cette cause.

Mais si l'acheteur a été renvoyé absous de la demande contre lui faite, il ne peut point poursuivre son vendeur pour les frais qu'il auroit faits, pour être maintenu dans la possession qu'on a voulu évincer à son préjudice. Cela est fondé sur ce que les dépens ne doivent pas tomber en ce cas sur le vendeur, puisque la demande faite contre l'acheteur a été déclarée injuste & mal fondée ; c'est un malheur qui est arrivé à l'acheteur dont le vendeur n'est point responsable.

EUNUQUES, sont ceux qu'un vice de conformation, soit de naissance ou d'autre cause, rend incapables d'engendrer, & par conséquent du mariage.

Quoique le consentement des Parties fasse le mariage, ce consentement doit contenir en soi la vûe & le désir d'avoir lignée, d'autant que la fin du mariage est la procréation des enfans ; ainsi les Eunuques ne pouvant atteindre à la fin du mariage, ne peuvent pas y apporter un consentement légitime.

Cela est si vrai, qu'un Eunuque ne peut pas se marier *etiam cum volente*, comme il a été jugé par

Arrêt du Parlement de Paris, du 8. Janvier 1665. rapporté dans le Journal des Audiences; par Chorier, Jurifprudence de Guy-Pape, page 221. & par de Combes, Greffier de l'Officialité de Paris, page 677.

M. Cujas parle des Eunuques fur la Loi 6. au titre du Digeste *de liberis & pofthum.* où il marque la différence qu'il y a entre les Eunuques, & ceux qui font appellés en latin *fpadones.*

Cette différence confiste en ce que les Eunuques ne peuvent pas fe marier comme nous l'avons dit : *Siquidem vim genitalem nequeunt effundere, nulloque poffunt remedio fanari.* Au lieu que ceux qui ne font attaqués que d'une puiffance temporelle, comme font ceux qui font appellés *fpadones* peuvent fe marier; parce que *ille defectus potentiæ temporale duntaxat vitium eft & fanabile, quo fublato poterunt fpadones procreundis liberis operis operam dare.*

Les Eunuques ne peuvent donc pas fe marier, à caufe de l'impuiffance qui fe trouve en eux d'accomplir la fin du mariage; mais ceux à qui cette impuiffance n'eft furvenue qu'après avoir été marié, ne ceffent pas de l'être, attendu que *matrimonium ritè contractum folâ morte alterutrius conjugis diffolvitur ;* comme je l'ai dit, *verbo* Divorce.

Voyez Impuiffance. *Voyez* Fevret, Traité de l'Abus, liv. 5. chap. 4. nomb. 4. *Voyez* les Loix civiles au liv:e préliminaire, tit. 2. fect. 1. nomb. 10.

Outre que les Eunuques ne peuvent pas fe marier, ils ne peuvent point auffi être admis dans le Clergé; & s'ils y font, ils doivent être dépofés & privés des fonctions attachées à l'Ordre de Cléricature, dont ils fe font fait pourvoir injuftement.

EVOQUER UNE DEMANDE, c'eft la faire renvoyer pardevant un Juge fupérieur, en conféquence de ce qu'elle eft connexe & dépendante d'une autre.

Evoquer, fignifie de la part d'un Juge, attirera foi la connoiffance d'une affaire. Sur quoi nous remarquerons qu'il eft défendu à tous Juges d'évoquer des inftances pendantes devant les Juges inférieurs, fous prétexte d'appel ou connexité, fi ce n'eft pour les juger définitivement à l'Audience.

Cependant Meffieurs des Requêtes de l'Hôtel ou du Palais ne laiffent pas d'évoquer; fans juger définitivement.

EVOCATION, fignifie en général un Jugement qui tire une affaire d'un Tribunal, pour la faire juger dans un autre.

Mais un tel Jugement ne fe peut rendre que pour des juftes caufes, qui font,

Iᵒ. Si une même perfonne eft pourfuivie par une même caufe en deux Jurifdictions différentes.

IIᵒ. Si celui qui eft affigné à un privilége particulier pour évoquer l'affaire, comme s'il avoit droit de *committimus.*

IIIᵒ. Si l'on étoit affigné pardevant un Juge pour une affaire qui ne feroit point de fa compétence.

IVᵒ. Si la Partie adverfe a des parens ou alliés dans le dégré de l'Ordonnance, dans le Parlement ou autre Siege où le procès eft pendant; ou bien fi plufieurs des Juges prennent intérêt ou follicitent dans cette caufe pour la Partie adverfe.

Vᵒ. S'il eft à propos d'évoquer le principal, pour le juger à l'Audience fur le champ avec l'incident, dont l'appel eft dévolu au Juge fupérieur.

Les affaires évoquées doivent être jugées fuivant les Us & Coutumes qui auroient dû être fuivies, fi ces affaires n'euffent point été évoquées.

Voyez Bouvot, fous le mot d'évocation, tom. 2. l'article 70. de l'Ordonnance de Moulins; Peleus; queft. 139. Expilly, Arrêt 155. Mornac fur la Loi 16. *cod. de judiciis.* Henrys, tom. 1. liv. 2. chap. 4. queft. 35. le titre 1. de l'Ordonnance de 1669. avec les Remarques de Bornier & le Dictionnaire de M. Brillon, où les Edits, Déclarations & Arrêts du Confeil d'Etat, concernant cette matiere font rapportés.

EVOCATION DU PRINCIPAL, eft quand une Partie a interjetté appel d'une Sentence qui n'a pas ftatué définitivement fur le fonds des conteftations. En ce cas, foit à la Grande chambre, ou en d'autres, on y peut préfenter Requête, par laquelle on demande que le principal foit évoqué, pour être jugé conjointement avec l'appel.

Par exemple, deux créanciers ont fait faifir les meubles de leur débiteur commun; le premier faififfant prétend prendre les deniers provenans de la vente d'iceux, parce qu'il a faifi le premier; l'autre qui a faifi depuis, foutient que la faifie du premier eft nulle, parce que les formalités requifes par les Ordonnances n'y ont pas été obfervées. Sur cette conteftation touchant la validité ou l'invalidité de la faifie, eft intervenu Sentence entre les deux créanciers & le Sergent qui maintenoit fa faifie bonne & valable.

Par cette Sentence la faifie a été déclarée non valable, fans déclarer toutefois à qui feront délivrés les deniers provenans de la vente des meubles.

Si de cette Sentence eft interjetté appel par le créancier premier faififfant & le Sergent, l'Intimé pourra demander l'évocation du principal, difant que la faifie du premier faififfant étant déclarée nulle, la faifie faite par lui fecond faififfant, eft la premiere; en conféquence de quoi il demande que les deniers lui foient mis entre les mains; ou partie d'iceux, jufqu'à concurrence de fon dû; & pour y parvenir, il demande que la Cour évoque cette conteftation, qui eft le fonds du procès, & la juge comme principal, conjointement avec ce dont feroit l'appel.

L'évocation du principal fe pourfuit par une Requête préfentée à la Cour, par laquelle, après avoir énoncé ce dont il s'agit, on demande l'évocation du principal, pour être jugé conjointement avec l'appel de l'incident, fur la Requête, quand elle eft préfentée à la Grande Chambre, un de Meffieurs met, *en plaidant.*

Cette Requête doit être fignifiée à la Partie, afin que l'Avocat plaide fur l'appel & fur le principal, quand la caufe fera appellée, au cas que l'inftance d'appel foit au rolle.

Quand la caufe d'appel eft appointée, le Rapporteur met au bas de la Requête; *viennent les Parties;* & en conféquence, cette Requête étant fignifiée, elle se plaide sur un avenir ; & la Cour, si la cause se peut juger par un même Jugement : joint au principal la Requête à fin d'évocation ; sinon elle déboute le demandeur de sa Requête.

Aux Chambres des Enquêtes, sur la Requête on met, *viennent les Parties* ; & si la Cour évoque, elle appointe à produire sur le principal, & joint au procès.

Les évocations du principal ne peuvent être faites que par les Cours souveraines ; Despeisses, tom. 1. pag. 591. nomb. 6.

Pour l'évocation du principal, il faut en matiere criminelle que la cause soit legere, & qu'elle se juge à l'Audience, aussi bien qu'en matiere civile. Ordonnance de 1670. tit. 26. art. 5. Ordonnance de 1667. tit. 6. art. 2.

Au reste, les Cours ne peuvent sans Lettres du Roi évoquer les causes pendantes hors leur ressort, & dont l'appel ne releve pas pardevant elles.

EVOCATION DE CAUSE POUR RAISON DE LITISPENDANCE, est celle qui est demandée par celui qui étant poursuivi par un Particulier, pour une cause pardevant un Juge, est encore poursuivi depuis pardevant un autre Juge, pour la même cause par un autre Particulier.

En ce cas il peut demander l'évocation de la cause pardevant le Juge qui en est saisi, en considération de la connexité de la cause, afin que différens Jugemens, n'interviennent point sur un même sujet. Posons que l'acquéreur d'un héritage soit poursuivi en déclaration d'hypotheque, ou pour droits prétendus sur cet héritage, & qu'il soit poursuivi pour les mêmes droits par une autre en une autre Jurisdiction ; il peut demander l'évocation de la cause pardevant le Juge qui est saisi de la cause, si ce n'est au cas que celui qui a intenté son action le dernier ait ses causes commises ; car il a droit de faire évoquer la cause pardevant le Juge de son privilége, quoiqu'elle ait déja été contestée pardevant un autre.

EVOCATION DE CAUSE EN CONSEQUENCE D'UN PRIVILEGE SPECIAL, est celle qui se fait en vertu d'un droit particulier, comme celui de *Committimus*, ou en vertu d'une grace particuliere accordée par le Roi à quelques personnes, pour de grandes considérations : comme si un Bénéficier a plusieurs procès dans différens ressorts & Jurisdictions, pour droits concernant son Bénéfice ; le Roi, en ce cas, par Lettres expédiées en la Grande Chancellerie, attribue à une seule Cour la connoissance de toutes les contestations qui peuvent naître à l'occasion de ces Bénéfices.

Comme cette évocation ne regarde que les différends que l'impétrant peut avoir à l'occasion seulement de son Bénéfice, cette évocation est particuliere, & ne pourroit avoir lieu pour une cause qui n'y auroit aucun rapport.

Le Roi, sur les remontrances d'un de ses Sujets, connoissant qu'il est de la derniere importance de lui donner pour toutes ses affaires d'autres Juges, que ceux pardevant lesquels il est naturellement obligé de répondre, lui accorde quelquefois par un privilége spécial des Lettres qui en attribuent la Jurisdiction à un autre ; & c'est ce qu'on appelle évocation générale.

Au reste, par Arrêt du mois de Mai 1659. Il a été jugé qu'un tuteur ne pouvoit pas évoquer en vertu de son *committimus*, les causes de son pupille, son privilege étant personnel.

EVOCATION DE CAUSE POUR RAISON D'INCOMPETENCE, est celle qui se fait par un Juge, quand un autre connoît d'une cause qui n'est pas de sa compétence : comme si un Baillif connoissoit d'une matiere qui appartient aux Elus, ou au contraire, en ce cas la cause pourroit être évoquée.

Les Juges qui n'ont point droit de connoître des causes qui sont portées pardevant eux, les doivent renvoyer pardevant les Juges qui en doivent connoître.

EVOCATION POUR CAUSE DE PARENTÉ, est celle qui se demande par une Partie, sur le fondement que la Partie adverse a des parens ou alliés au degré de l'Ordonnance, dans le procès qui est pendant, ou dans la Jurisdiction à laquelle il est assigné ; ou que plusieurs des Juges prennent intérêt dans la cause, ou qu'ils sollicitent pour la Partie adverse ; en conséquence de quoi on demande l'évocation à un autre Parlement, ou à une autre Jurisdiction. *Voyez* Henrys, tome 1. liv. 2. quest. 35.

On peut évoquer du chef des parens ou alliés en ligne directe ou collatérale, comme oncles, grands oncles, neveux & petits neveux, en quelques degrés qu'ils soient ; & à l'égard des autres collatéraux, jusqu'au troisieme degré inclusivement, selon la computation canonique.

Pour ce qui est du nombre des parens requis pour fonder une évocation, *voyez* l'article 7. & suivans de l'Ordonnance du mois d'Août 1737.

L'évocation ne peut être demandée par l'une ou l'autre des Parties sur leurs parentés ou alliances communes en égal degré, ou lorsque les parens ou alliés du chef desquels l'évocation sera demandée, le seront dans un degré plus proche que celui qui évoque, que des autres Parties, sans qu'en aucun cas il puisse être fait aucune différence à cet égard entre l'alliance & la parenté. Article 12. du titre 1. de l'Ordonnance de 1669. & article 17. de l'Ordonnance de 1737.

Nul ne peut demander son renvoi en une Chambre ou Semestre du chef de ses propres parens ou alliés, mais seulement du chef de ceux de sa Partie adverse, ou l'une de ses Parties adverses ; s'il en a plusieurs.

Les bâtards ne peuvent servir pour fonder une évocation, à cause de leurs parens & alliés. Basset, tom. 1. liv. 4. tit. 11. chap. 1.

La même Ordonnance de 1737. contient trois dispositions qui concernent les évocations en matieres criminelles, pour cause de parenté ou alliance.

La premiere, que l'on ne peut en matiere criminelle, évoquer du chef des parens & alliés des Procureurs généraux, quand les procès sont poursuivis à leur requête, & qu'ils n'y ont aucun intérêt personnel.

La deuxième, qu'aucun accusé ne peut évoquer

du chef des parens & alliés de ceux qui étant intéressés à la vengeance du crime ne se font pas néanmoins déclarés Parties civiles, sauf à récuser ceux qui se trouveront leurs parens ou alliés au degré de l'Ordonnance.

La troisieme, que les accusés ne pourront évoquer du chef des parens & alliés de leurs complices, non plus que du chef des parens & alliés des cessionnaires des intérêts civils.

Au reste, c'est le Conseil Privé qui connoît des évocations pour cause de parenté ou alliance.

Voyez ci-dessus Cédules évocatoires. *Voyez* l'Ordonnance de 1737.

ÉVOCATION EN MATIERE CRIMINELLE, est bien différente de celle qui se fait en matiere civile.

Iº. Les procès criminels pendans devant les Juges des lieux, ne peuvent être évoqués par les Cours de Parlement, si ce n'est qu'elles connoissent, après avoir vû les charges, que la matiere est légere, & ne mérite pas une plus ample instruction; auquel cas pourront les évoquer, à la charge de les juger sur le champ à l'Audience; comme il est porté en l'article 5. du tit. 26. de l'Ordonnance de 1670. au lieu que les Cours souveraines peuvent sur un appel d'un incident évoquer le principal dans toutes sortes d'affaires pendantes dans leur ressort, de quelqu'importance qu'elles soient.

IIº. En matiere civile, le consentement & l'acquiescement des Parties suffit, & sur leur consentement, à l'évocation ou renvoi au Parlement plus proche, on peut prendre des Lettres d'évocation suivant l'art. 45. de l'Ordonnance de 1737. Mais en matiere criminelle, le consentement des Parties ne suffit pas; il faut signifier la cédule évocatoire au Procureur général, chacun dans son ressort, & rapporter son consentement. La raison est, que le Procureur général est partie en ce qui concerne le crime public & la punition.

IIIº. L'effet de l'évocation est différent par rapport à la différence des matieres civiles ou criminelles.

En matiere criminelle, l'évocation n'empêche point l'instruction; mais en matiere civile elle arrête le cours des procédures, comme il est dit en Particle 41. du titre 1. de l'Ordonnance de 1669.

Il est vrai que les évocations en matiere criminelle arrêtent le Jugement définitif du principal, & qu'elles empêchent qu'on ne civilise un procès qui est criminel; mais elles n'en arrêtent pas l'instruction: ainsi les Cours n'en peuvent passer outre, nonobstant icelles, aux informations, décrer, emprisonnement & instruction du procès, comme il est porté en l'article 39. du même titre.

Cela est si vrai, que la cédule évocatoire signifiée par un prévenu de crime, après l'Arrêt portant qu'il seroit appliqué à la question ordinaire & extraordinaire, n'empêcheroit pas que l'Arrêt ne fût exécuté; parce que la question est une instruction qui tend à fortifier les preuves du crime en la personne du criminel & de ses complices.

Voyez Bornier sur l'art. 39. du titre 1 de l'Ordonnance de 1669.

Au reste, les Accusés contre lesquels originairement il y aura décret de prise de corps, ne pourront signifier ni s'aider de cédules évocatoires, qu'auparavant ils ne soient actuellement en état dans les prisons des Juges desquels ils prétendent évoquer. *Voyez* l'art. 60. de l'Ordonnance de 1737.

Pour ce qui regarde les évocations qui se font en matiere criminelle, pour cause de parenté & alliance, *voyez* ce que nous en avons dit ci-dessus en parlant des évocations qui se font pour cause de parenté.

ÉVOCATION D'UN PARLEMENT A UN AUTRE, se doit faire en la maniere qui suit.

Quand il y a lieu d'évoquer les procès pendans aux Parlemens, le renvoi en doit être fait au plus prochain dans l'ordre & en la maniere prescrite par l'Ordonnance de Louis XV. donnée à Versailles au mois d'Août 1737. registrée au Parlement le 11. Décembre suivant: c'est à sçavoir,

Du Parlement de Paris, au Grand Conseil, ou au Parlement de Rouen.

Du Parlement de Rouen, à celui de Bretagne.

Du Parlement de Bretagne, à celui de Bordeaux.

Du Parlement de Bordeaux, à celui de Toulouse.

Du Parlement de Pau, à celui de Bordeaux.

Du Parlement de Toulouse, à ceux de Pau & d'Aix.

Du Parlement d'Aix, à celui de Grenoble.

Du Parlement de Grenoble, à celui de Dijon.

Du Parlement de Dijon, à celui de Besançon.

Du Parlement de Besançon, à celui de Metz.

Du Parlement de Metz, à celui de Paris. Et à l'égard des causes du procès qui se trouvent évoqués du Grand Conseil, le renvoi en doit être fait au Parlement de Paris.

L'article 34. de ladite Ordonnance déclare que le renvoi des procès évoqués des différens Parlemens, doit être fait au Grand Conseil, dans les cas où les Parlemens plus proches seroient valablement exceptés.

Dans les cas où il y a lieu à l'évocation d'une Cour des Aydes ou d'un Parlement, ou autre Cour exerçant la même Jurisdiction, en une autre Cour semblable, le renvoi en doit être fait dans l'ordre suivant.

De la Cour des Aydes de Paris, à celle de Rouen ou de Clermont.

Celle de Rouen, au Parlement de Bretagne.

De celle de Clermont, à celle de Paris.

Du Parlement de Bretagne, à la Cour des Aydes de Bordeaux.

De celle de Bordeaux, à celle de Montauban.

De celle de Montauban, à celle de Montpellier.

Du Parlement de Pau, à la Cour des Aydes de Montpellier.

De celle de Montpellier, à celle d'Aix.

De celle d'Aix, au Parlement de Grenoble.

Du Parlement de Grenoble, au Parlement de Dijon.

Du Parlement de Dijon, à la Cour des Aydes de Dole.

De celle de Dole, au Parlement de Metz. Et du Parlement de Metz, à la Cour des Aydes de Paris.

Enfin le Roi déclare qu'il n'entend néanmoins préjudicier aux exceptions particulieres, qui pourront être propofées par les Parties contre aucune defdites Cours, & fur lefquelles fi elles font jugées valables, il réferve à fon Confeil d'ordonner le renvoi en une autre Cour non fufpecte, ainfi qu'il appartiendra.

ÉVOCATION AU GRAND CONSEIL. Le Grand Confeil connoît par évocation:

1°. Des affaires dont Sa Majefté lui a, par une évocation générale ou particuliere, attribué la connoiffance.

II°. Des affaires dont la connoiffance lui eft renvoyée, pour quelqu'une des caufes qui donnent lieu à l'évocation.

Autrefois les cédules évocatoires, pour être renvoyées d'un Parlement à un autre, ne fe jugeoient que par l'avis des Confeillers du Grand Confeil.

Ainfi le Grand Confeil n'étoit point du nombre des Compagnies où les renvois puffent être faits fur les évocations. Mais depuis que les cédules évocatoires fe jugent au Confeil privé du Roi, fur le rapport des Maîtres des Requêtes, & fans confulter le Grand Confeil, rien n'empêche qu'une conteftation évoquée d'un Parlement n'y puiffe être renvoyée.

Voilà le fondement de la Déclaration du 14. Août 1687. qui met le Grand Confeil au rang des Compagnies fuperieures & des Parlemens pour les évocations, quand néanmoins le Parlement de Paris aura été valablement excepté.

Ainfi un procès du Parlement de Rouen, de Bretagne, ou autre, pourra être renvoyé au Grand Confeil; mais cependant ce ne fera qu'en cas que le Parlement de Paris n'en puiffe pas connoître par quelque raifon valable; car ce Parlement conferve toujours la préférence fur le Grand Confeil.

E X

EXACTION DANS L'USAGE ORDINAIRE, fignifie une vexation ou une demande injufte.

Les levées qui fe font fur le public fans commiffion du Roi, font autant d'exactions qui emportent contre ceux qui les font, confifcation de corps & de biens.

EXAMEN, eft la preuve de la capacité d'une perfonne, fur ce qui concerne la profeffion qu'elle veut embraffer, ou le dégré auquel elle afpire, ou la Charge dans laquelle elle demande d'être reçue.

Cet examen fe fait pour recevoir celui qui le fubit, s'il eft capable, ou pour le refufer ou remettre, au cas qu'il ne donne pas des marques d'une capacité fuffifante.

Ceux qui veulent être reçus dans des Charges de Judicature, doivent non-feulement juftifier de leurs vie & mœurs, par l'information qui s'en doit faire, mais encore de leur capacité, en fubiffant l'examen qui eft prefcrit par les Ordonnances.

Voyez ce que nous avons dit fur le mot de Juge, & fur celui de Récipiendaire.

Il y a néanmoins quelques cas où un Officier peut être reçu dans une Charge de Judicature fans fubir d'examen; fçavoir, quand celui qui eft pourvu d'un Office, a fait la fonction d'Avocat pendant vingt

années avec honneur dans le Siege où il veut être reçu, ou qu'il l'a faite dans un Parlement; en ce cas on a coutume de l'exempter de l'examen.

A l'égard de l'Officier qui change d'Office, lorfqu'il paffe dans un autre qui ne requiert pas un examen plus rigoureux que le premier, il n'eft pas examiné pour une feconde fois.

Mais quand l'Office qu'il prend requiert un examen plus rigoureux que le premier, l'examen doit être réiteré, comme quand un Confeiller d'un Préfidial eft pourvu d'une Charge de Confeiller au Parlement, ainfi qu'il eft porté par l'Ordonnance de 1548.

EXAMEN A FUTUR. V. Enquête d'examen à futur.

EXCEDER, eft un terme fort ufité en matiere criminelle, pour fignifier battre avec excès.

EXCEPTION, eft la défenfe du défendeur contre l'action du demandeur. Ces termes défenfes & exceptions, fe prennent fouvent dans la même fignification, & quelquefois font différents.

Exception en termes de Droit, fe prend pour tout ce qu'on oppofe à l'action, foit pour la détruire entierement, comme le payement de la chofe demandée, la compenfation & autres; ou pour les exceptions qui n'en different que le fait, comme font les exceptions dilatoires & déclinatoires.

Mais en termes de Pratique, par défenfes nous entendons ordinairement les exceptions péremptoires; de forte que toutes défenfes font exceptions, mais toutes exceptions ne font point défenfes. Par exemple, celui qui décline la Jurifdiction du Juge par devant lequel il eft affigné, ne fournit point de défenfes contre les conclufions du demandeur; il requiert feulement que la caufe foit renvoyée par devant un autre Juge.

Il y a trois fortes d'exceptions; fçavoir, l'exception déclinatoire, l'exception dilatoire, & l'exception péremptoire. Sur quoi, outre ce que nous en allons dire, V. ce que nous en avons dit dans la Traduction des Inftitutes, au titre des exceptions.

EXCEPTION DÉCLINATOIRE, eft celle par laquelle le défendeur, avant que d'avoir défendu au fonds, décline la Jurifdiction du Juge pardevant lequel il eft affigné, & en conféquence demande fon renvoi par devant fon Juge naturel, ou pardevant le Juge de fon privilége, ou celui à qui la connoiffance de la chofe qui fait la conteftation eft fpécialement attribuée, ou enfin celui qui doit connoître de l'affaire en queftion, à caufe de la litifpendance.

Ainfi le déclinatoire eft fondé fur l'une de ces caufes; fçavoir, I°. que le Juge par devant lequel le défendeur eft affigné, n'eft pas fon Juge, ou Juge compétent pour lui, comme s'il n'eft pas Juge de fon domicile en matiere perfonnelle, ou s'il a fes caufes commifes pardevant un autre Juge. L'autre caufe eft, quand le Juge pardevant lequel l'ajournement eft fait, ne peut pas connoître de la caufe dont eft queftion. L'autre enfin, parce qu'il y a un autre Juge qui eft faifi de la conteftation qui eft entre les Parties.

Le défendeur qui décline la Jurifdiction du Juge, demande fon renvoi, ou pardevant fon Juge domiciliaire, parce que actor forum rei fequitur; ou

par

pardevant le Juge de fon privilége ; ou pardevant le Juge qui a droit de connoître de la caufe pour laquelle il a été affigné.

L'exception déclinatoire eft auffi propofée par celui qui étant affigné aux Requêtes de l'Hôtel ou du Palais, prétend que le demandeur n'a point droit de *Committimus* ; auquel cas il demande que la caufe foit renvoyée pardevant le Juge ordinaire.

Les exceptions déclinatoires doivent être propofées avant conteftation en caufe ; parce que quand on s'eft foumis, même tacitement à la Jurifdiction d'un Juge, on ne la peut plus décliner.

Il faut excepter le cas de l'incompétence, *ratione materiæ* ; car alors les fins de non-procéder fe peuvent propofer, en tout état de caufe, parce qu'il n'eft pas au pouvoir des Parties de donner Jurifdiction à celui qui n'en a point du tout, ou qui n'en a point par rapport à la chofe dont il s'agit.

Voyez Retention. *Voyez* Fins de non procéder. *Voyez* auffi Papon, liv. 7. tit. 7. le tit. 6. de l'Ordonnance de 1667. & du Fail, liv. 1. chap. 73. & 92. & au liv. 3. chap. 23.

EXCEPTION DILATOIRE, eft celle qui ne tend pas à détruire la demande qui eft intentée contre nous, mais feulement à éloigner & retarder le Jugement décifif.

Par exemple, un homme eft affigné en qualité d'héritier d'un défunt ; avant que les délais pour délibérer foient expirés, il peut demander délai pour délibérer, pendant lequel il ne peut être pourfuivi.

Il en faut dire de même de celui qui feroit affigné à payer une certaine fomme avant l'échéance de la dette ; il peut contre cette demande alléguer que c'eft mal-à-propos qu'elle lui eft faite avant le tems que l'action puiffe être intentée.

L'effet de l'exception dilatoire, n'eft que de différer l'exécution de l'action, & non pas de la détruire.

Il faut néanmoins remarquer que les exceptions dilatoires font de deux fortes ; les unes font purement dilatoires, c'eft-à-dire qu'elles ne peuvent jamais devenir péremptoires, comme l'exception que l'on oppofe à une demande avant l'échéance de la dette ; d'autres peuvent par l'événement devenir péremptoires.

L'exception de difcuffion du principal obligé, eft de la derniere efpece ; car fi par la difcuffion qui en eft faite il fe trouve infolvable, l'exception ne fera que dilatoire, & n'empêchera pas que celui qui l'a oppofée, ne foit condamné pour avoir répondu pour le principal obligé.

Mais fi par l'événement de la difcuffion il fe trouve folvable, cette exception devient péremptoire.

Celui qui a plufieurs exceptions dilatoires à oppofer, doit le faire par un même acte. Article 1. du tit. 9. de l'Ordonnance de 1667.

On excepte de cette régle générale la veuve & les héritiers d'un défunt affignés en cette qualité, qui ne font tenus de propofer leurs autres exceptions dilatoires qu'après que le délai pour délibérer fera expiré, fuivant l'art. 2. du même titre.

EXCEPTION PEREMPTOIRE, eft celle qui détruit entiérement l'action intentée, qui tend à

Tome I.

faire débouter le demandeur des fins & conclufions par lui prifes, & renvoyer le défendeur abfous de la demande.

Il y a plufieurs fortes de ces exceptions ; par exemple, le payement de la dette qui eft demandé ; une tranfaction, accord ou conventions paffées entre les Parties au fujet de la chofe dont il eft queftion ; une renonciation aux droits prétendus ; la prefcription, & autres femblables. *Voyez* Défenfes.

Les exceptions péremptoires fe peuvent propofer en tout état de caufe.

Il n'en eft pas de même des exceptions déclinatoires, lefquelles doivent être propofées avant que de répondre ou contefter au principal, & avant toute autre exception.

La raifon eft, qu'après avoir reconnu le juge pardevant lequel on eft affigné, on n'eft plus recevable à décliner fa Jurifdiction ; comme nous avons dit ci-deffus, en parlant des exceptions déclinatoires.

EXCEPTION RÉELLE, EXCEPTION PERSONNELLE. Les exceptions fe peuvent encore divifer en exceptions réelles, & en exceptions perfonnelles.

Les réelles font celles qui font inhérentes à la chofe, & qui ne font point fondées fur la faveur de la perfonne du débiteur ; c'eft pourquoi elles peuvent être oppofées par tous ceux qui ont intérêt dans la chofe. S'il arrive, par exemple, qu'un de plufieurs coobligés tranfige avec le créancier, les autres coobligés demeurent déchargés, & peuvent fe fervir de cette exception.

La raifon eft, que cette tranfaction fe fait par rapport à la chofe, & détruit entiérement l'action qui pouvoit être intentée.

Il y a encore d'autres exceptions réelles qui étant fondées fur la chofe, & non fur la faveur de la perfonne, font tellement attachées à la chofe, qu'elles font accordées à tous ceux qui y ont intérêt. Telles font les exceptions, *jurisjurandi, rei judicatæ, quod metûs caufâ, doli mali. Leg. 7. §. 1. ff. de exceptionib.*

Ainfi l'exception de dol étant réelle, fuit la chofe, & eft accordée par conféquent, 1°. non feulement à l'un des coobligés, mais auffi à tous les autres. 11°. elle n'eft pas feulement accordée au principal débiteur, mais auffi à celui qui l'a cautionné : parce qu'il eft plus équitable que celui qui a fait le dol, fouffre le dommage & la perte, que le fidéjuffeur qui a fervi de caution de bonne foi. *Leg. 2. cod. de fidejuffor. minor.*

Les exceptions perfonnelles font celles qui font inhérentes à la chofe, mais qui font fondées fur la faveur de ceux à qui elles font accordées ; enforte qu'elles ne peuvent fervir à d'autres qui auroient intérêt dans la chofe : en un mot, elles ne font accordées qu'à ceux qui font dénommés dans le privilége, ou dans l'acte d'où elles derivent.

Telle eft l'exception qu'a un affocié de n'être pas tenu *in folidum, fed tantum in quantum facere poteft* : cette exception ne feroit pas accordée à fon fidéjuffeur.

Un autre exemple d'une exception perfonnelle, c'eft fi un de plufieurs coobligés engage le créancier à lui promettre qu'il ne lui demandera jamais une

C c c c

dette commune ; cette exception eft perfonnelle, & par conféquent ne peut pas empêcher le créancier d'intenter fon action contre les autres coobligés.

Comme le pacte qu'il a fait avec un des coobligés eft purement perfonnel, étant feulement en fa faveur, cet acte ne diminue aucunement le droit du créancier à l'encontre des autres coobligés.

EXCEPTION NEGATOIRE. *Voyez* Dénégation.

EXCEPTION D'ARGENT NON COMPTÉ, n'eft pas admife en France. Celui qui a reconnu pardevant Notaires, ou fous feing privé, qu'une fomme lui a été prêtée, eft réputé l'avoir reçue, & on n'admet point de preuve au contraire.

On peut feulement s'infcrire en faux contre l'acte, ou déférer le ferment à la Partie qui veut s'en fervir ; comme nous avons dit fur le titre 22. du troifieme Livre des Inftitutes. *Voyez* le Recueil alphabétique de M. Bretonnier, *verbo* Exception.

EXCEPTION DE DOT NON REÇUE, eft accordée au mari, fuivant le titre *de dote cautâ & non numeratâ*, qui eft le quinzieme titre du livre 5. du Code. Sur quoi l'on peut voir ce qu'a dit Pereze par rapport à ce qui fe pratiquoit fuivant les Loix Romaines.

En France, quand un mari a donné quittance de la dot de fa femme, il eft préfumé l'avoir reçue. Mais nonobftant ce, fes créanciers feroient recevables à prouver que la dot ne lui auroit pas été payée pour la confervation de leurs droits & de leurs hypothéques. Papon, au Traité des Notaires; Bouvot, partie 2. *verbo* Vente à grace, queft. 1.

EXCEPTIONS DE DIVISION ET DE DISCUSSION, doivent être oppofées avant conteftation en caufe, comme étant des exceptions dilatoires : c'eft le fentiment de prefque tous les Docteurs. Cependant le Parlement de Touloufe a jugé qu'une telle exception peut être oppofée non-feulement après conteftation en caufe, mais même en caufe d'appel. *Voyez* Dolive, liv. 4. chap. 22. Ranchin fur la décifion 94. de Guy Pape. Ce qui paroît plus équitable, puifqu'il eft naturel de fecourir ceux qui fe font obligés pour autrui par un pur office de bienveillance & d'amitié. D'ailleurs, un bénéfice du Droit, comme font ces exceptions, peut être propofé en tout état de caufe.

EXCÈS, fe prend pour voie de fait, outrage ou bleffure, mauvais traitemens & infultes qui ont été faites à quelqu'un, à main armée & avec avantage.

Quoique la mort ne s'en foit pas enfuivie, l'offenfé peut en demander vengeance ; & ce crime eft puni plus ou moins rigoureufement fuivant les circonftances, la qualité de l'offenfé & celle de l'offenfant.

Les excès commis dans les grands chemins, & autres lieux publics appartenans au Roi, font mis au nombre des cas royaux, & par conféquent il n'y a que les Juges royaux qui en puiffent connoitre.

Il n'en eft pas de même des excès commis dans les chemins de traverfes, appellés *viæ vicinales*, qui ne font pas réputés cas royaux, & dont la connoiffance appartient aux Seigneurs Hauts-Jufticiers.

Touchant les excès faits aux Officiers faifans & exécutans actes de Juftice, *voyez* ce que j'en dis, *verbo* Rebellion.

EXCIPER, fignifie défendre, & fournir des exceptions contre une demande.

EXCLUSION, fe dit en fait de fucceffion, quand un plus proche héritier exclut un autre plus éloigné.

EXCLUSION EN FAIT DE SUCCESSION DE FIEFS, eft un droit particulier, en vertu duquel les mâles excluent les femelles, en pareil degré, en ligne collatérale ; comme nous avons dit, *verbo* Fief.

Il y a même des Coutumes, comme celle de Haynault, chap. 77. art. 1. qui les excluent en mêmes degrés, tant en ligne directe qu'en ligne collatérale. Cambrai, tit. des Fiefs, art. 7. Namur, article 109. la Salle, tit. des Succeffions, art. 19. Tournay, titre des Fiefs, art. 1. ont une difpofition femblable.

La Coutume de Normandie, art. 357. porte fon exclufion plus loin. Voici les termes : *Les fœurs ne peuvent demander partage ès fucceffions du pere ou de la mere, ains feulement demander mariage.*

La raifon de cette exclufion même en directe fe tire en partie de ce que ces Provinces ont été le théâtre de la guerre avant la rédaction de ces Coutumes. Ce qui fait croire que la néceffité de défendre la Patrie, de conferver l'Etat & les familles qui le compofent, a eu autant de part à cette exclufion, que l'affection que les peres ont ordinairement pour leurs aînés.

C'eft auffi pour cette raifon que dans la Coutume de Normandie & quelques autres, les puînés ont un préciput, auffi-bien que le fils aîné, comme étant tous, tant nobles que roturiers, deftinés à la guerre, afin que chacun puiffe s'employer à la défenfe du Pays.

EXCLUSIVEMENT, c'eft-à-dire que la chofe dont on parle n'eft pas comprife, & eft hors de compte ; par exemple, quand on dit que les noces font permifes jufqu'au premier jour de Carême exclufivement, cela veut dire que le jour des Cendres n'eft pas compris dans la permiffion.

Quand la Cour renvoie un prifonnier pardevant le Juge qui a commencé l'inftruction, pour lui faire fon procès jufqu'à Sentence définitive exclufivement, cela fignifie que la Cour ne lui a renvoyé que l'inftruction, & qu'elle s'eft réfervé le Jugement définitif. Ce terme eft oppofé à celui d'inclufivement. *Voyez* Inclufivement.

EXCOMPTE, eft la remife que fait le porteur d'un Billet de change, lorfqu'il demande le payement avant l'échéance, ou lorfque la dette eft douteufe & difficile à exiger.

Ainfi excompter, c'eft payer une dette ou Lettre de change, à la réferve & déduction de ce qui a été ftipulé pour l'excompte ou la remife.

EXCUSATION, terme de Jurifprudence, qui fe dit des raifons que quelqu'un allegue pour être déchargé d'une tutelle, ou de quèlqu'autre charge publique.

Voyez ce que nous avons dit fur le titre 25. **du**

premier livre des Inftitutes de Juftinien.

EXCUSE, fignifie la raifon dont on fe fert pour pallier quelque crime ou quelque faute.

EXÉCUTEUR, eft celui qui eft chargé de faire quelque chofe, en exécution du mandement de celui qui a droit de lui en donner la commiffion.

Les Commiffaires départis dans les Provinces font les exécuteurs de la Cour.

Les Huiffiers & Sergens font les exécuteurs des ordres de la Juftice.

EXÉCUTEUR TESTAMENTAIRE, eft la perfonne à qui le défunt a commis l'exécution de fon teftament ou derniere volonté.

Le foin d'accomplir les dernieres volontés du défunt, regarde véritablement l'héritier qui eft faifi de plein droit de tous les effets de fa fucceffion. C'eft auffi ce qui fait qu'en Pays de Droit écrit les teftateurs ne nomment pas ordinairement d'exécuteur teftamentaire. Mais en Pays coutumier, où le teftateur n'a pas la faculté de fe choifir un héritier, & où les héritiers du fang regardent avec chagrin les teftamens dont les difpofitions ne leur font pas favorables, il arrive fouvent qu'ils font tout ce qu'ils peuvent pour en éluder l'exécution.

Cela donne auffi lieu aux teftateurs de nommer un exécuteur teftamentaire pour accomplir leur volonté.

Lorfqu'un teftateur n'en a pas nommé, le Juge n'en nomme pas, & le foin de veiller à l'exécution du teftament regarde fes héritiers du fang, parce qu'on préfume alors qu'il leur a confié ce foin.

L'origine de ces exécuteurs vient du Droit Romain, qui a été fuivi par le Droit canonique, & par nos Coutumes qui leur ont attribué beaucoup plus de pouvoir qu'ils en ont par le Droit Romain, étant faifis de plein droit des biens meubles de la fucceffion, à l'effet de les employer pour l'exécution du teftament.

La qualité d'exécuteur teftamentaire n'eft point incompatible avec celle de légataire : ainfi un teftateur peut laiffer des legs à celui qu'il fait exécuteur de fon teftament. Sur quoi il faut remarquer.

Iº. Que fi l'exécuteur accepte le legs qui lui a été fait par le teftateur, il eft obligé d'exécuter fon teftament; finon, qu'il en doit être privé. Mais fi l'exécuteur s'étoit mis en devoir d'exécuter la volonté du défunt, & qu'il vient à déceder fans l'avoir pû exécuter, le legs, qui lui auroit été fait par le teftateur, n'en feroit pas moins dû à fon héritier.

IIº. Que fi un legs eft fait d'une fomme à deux exécuteurs nommés, & que l'un accepte la charge, & l'autre la refufe, s'ils font disjoints dans la chofe leguée, le droit d'accroiffement ceffe ; mais s'ils font joints *in re legatâ*, celui qui accepte la charge aura toute la fomme.

IIIº. Que l'exécuteur peut prendre par fes mains le legs qui lui a été fait de chofe mobiliaire, parce qu'il n'y a plus de raifon qu'il les paye aux autres, qu'à lui-même, en exécution du teftament. Il peut même prendre ce qui lui eft dû par le teftateur. Mais il ne peut prendre de fon autorité le legs que le teftateur lui auroit fait de quelque immeuble ; il faut qu'il lui foit baillé & délivré par

l'héritier, ou par autorité de Juftice, au refus de l'héritier.

Il faut dire la même chofe, fi le legs eft univerfel, parce qu'il s'agit alors d'une partie de la fucceffion dont l'exécuteur n'eft pas faifi.

Toute perfonne, homme ou femme capable des effets civils, & qui a la libre difpofition de fon bien, peut être exécuteur teftamentaire ; mais n'accepte cette charge qui ne veut : l'exécution des teftamens n'eft pas une charge publique, ce n'eft qu'un office d'ami. Le teftateur peut même charger fa femme de ce foin, quoiqu'il ne puiffe rien lui laiffer, parce que la charge d'exécuteur teftamentaire eft purement gratuite.

Comme il faut que l'exécuteur ait la libre adminiftration de fon bien, puifqu'il eft obligé de rendre compte, fi le teftateur nomme une femme mariée, elle ne peut s'ingérer dans l'exécution du teftament, fans être à cet effet préalablement autorifée de fon mari.

Un exécuteur teftamentaire n'eft pas obligé de donner caution, parce que le choix que le teftateur a fait de fa perfonne, n'eft qu'un effet de la confiance qu'il avoit en fa probité & en fon exactitude. Quand l'exécuteur teftamentaire accepte cette charge, il eft faifi dès le moment de la mort du défunt, & pendant l'an & jour que dure fa charge, de tous les biens meubles, dettes & actions mobiliaires du défunt, c'eft-à-dire jufqu'à concurrence de ce qui peut être néceffaire pour la délivrance des legs, & le payement des dettes mobiliaires.

Ainfi, dans une fucceffion où il fe trouveroit beaucoup d'argent comptant, & pour des fommes immenfes de meubles précieux, point de dettes paffives, & très-peu de legs, l'héritier qui offriroit à l'exécuteur teftamentaire une fomme plus que fuffifante pour l'exécution du teftament, & pour le payement des dettes, auroit main levée du refte des biens ; & en cas de conteftation, le Juge ordonneroit que l'argent comptant, & celui provenant de la vente des meubles, feroit mis en dépôt chez un Notaire, à la réferve d'une fomme qui feroit délivrée à l'exécuteur teftamentaire pour l'exécution de ce que deffus.

Comme il eft chargé de l'exécution & accompliffement des dernieres difpofitions du défunt, il doit fitôt qu'il accepte la charge, faire faire inventaire des biens laiffés par le défunt, & enfuite payer les frais funéraires, les dettes mobiliaires qui fe trouvent dans la fucceffion, & faire la délivrance des legs.

Pour la folemnité de cet inventaire que doit faire l'exécuteur teftamentaire, la Coutume ne requiert autre chofe, fi ce n'eft que les héritiers préfomptifs foient préfens, ou dûement appellés.

La charge d'un exécuteur teftamentaire ne confifte précifément qu'à procéder au payement des legs ; mais il ne les doit payer qu'après en avoir averti l'héritier, qui peut avoir de juftes caufes de les contefter, autrement l'exécuteur en feroit refponfable en fon propre & privé nom, s'ils venoient à être caffés ou réduits. A l'égard des dettes paffives de la fucceffion, il n'eft point tenu de les payer, à moins qu'il n'en foit chargé par le teftament ; mais il fe trouve fouvent dans la néceffité de les payer , à caufe des faifies que font les créanciers entre fes mains.

Cependant il n'en doit point payer que du confentement de l'héritier , ou après l'avoir fait ordonner en Juftice avec lui , afin de ne pas courir le rifque de payer de fauffes dettes.

Enfin l'exécuteur teftamentaire doit agir pour fe faire payer des dettes mobiliaires dûes à la fucceffion , & faire procéder à la vente des meubles du défunt.

Après l'an & jour , qui eft le tems que dure fa charge , il doit rendre compte de fon exécution , & en payer le reliqua aux Parties intéreffées.

La charge de l'exécuteur teftamentaire eft donc limitée à l'an & jour , à compter du jour du trépas du défunt. Mais ce terme eft prorogé pour de juftes caufes ; par exemple , fi les conteftations que les héritiers auroient faites à l'occafion de la délivrance des legs , ou de la vente des meubles , avoient empêché l'exécuteur d'accomplir la volonté du défunt dans cet efpace de tems.

Ce terme d'an & jour peut être auffi abrégé. Lorfque le teftament fe trouve accompli avant qu'il foit expiré , le Juge peut , fur la demande des héritiers , condamner l'exécuteur à leur rendre compte.

Le compte des exécuteurs teftamentaires , de même que tous les autres, confifte en recette , dépenfe & reprife. La recette eft compofée du contenu en l'inventaire & dans le procès verbal de vente; en un mot , dans tout ce qui a été reçu en argent ou autres effets par l'exécuteur teftamentaire.

La dépenfe comprend tout ce que l'exécuteur a été obligé de payer pour les frais funéraires, ceux des inventaires & ventes des meubles, pour les frais des procès qu'il a été obligé d'effuyer , pour le payement des legs , & pour les dettes qu'il a été contraint d'acquitter. La reprife eft compofée de tout ce que l'exécuteur étoit chargé de recevoir , & qu'il n'a pourtant pas reçu , à caufe de l'infolvabilité des débiteurs , & fans qu'il y ait de fa faute.

Comme il a couché ces fommes en recette , on les lui déduit. Enfin , déduction faite de tout ce qui fe trouve dans le chapitre de dépenfe & dans celui de reprife , ce qui refte du chapitre de recette non déduit , fait ce que l'on appelle reliqua de compte , dont le comptable fe trouve redevable & reliquataire.

Ce compte étant rendu , l'exécuteur teftamentaire en doit payer le reliqua à l'héritier , & remettre entre fes mains tous les effets qui lui reftent de la fucceffion , fans retenir le fonds des legs qui ne font pas échus.

Voyez , touchant les exécuteurs teftamentaires , Papon , liv. 20. tit. 9. la Peyrere , lettre E ; M. de Perchambault fur la Coutume de Bretagne , liv. 6. tit. 24. les Arrêts de Mr. le Premier Préfident de Lamoignon , au titre des Teftamens. Voyez auffi ce que j'en ai dit fur l'art. 297. de la Coutume de Paris ; & ce qu'en a dit Richard dans fon Traité des Donations , part. 2. chap. 2. glof. 3. 5. 7. & 8.

EXECUTEUR DE LA HAUTE-JUSTICE , eft celui qui exécutent les Jugemens qui condamnent les criminels à une peine afflictive. Ce nom d'Exécuteur de la Haute-Juftice lui eft donné , parce qu'il n'y a que les Hauts-Jufticiers & les Juges royaux qui ayent jus gladii.

Il eft auffi appellé le Maître des Hautes Œuvres ; mais fon vrai nom eft celui de Bourreau. Voyez ce que j'en ai dit , lettre B.

Son emploi eft de faire fubir aux coupables la mort ou autres peines afflictives auxquelles ils font condamnés.

Une de fes moindres fonctions eft de conduire ceux qui font condamnés à faire amende honorable , lors de l'exécution.

Le Bourreau ne fe faifit de la perfonne condamnée , qu'après avoir ouï le prononcé de la Sentence ou de l'Arrêt de condamnation.

En France , fon emploi paffe pour être de tous les emplois le plus infame. C'eft la raifon pour laquelle il ne lui eft pas permis à Paris de demeurer dans l'enceinte de la Ville , à moins que ce ne foit dans la maifon du Pilori , où fon logement lui eft donné par fes provifions. Ainfi jugé par Arrêt du Parlement du 31. Août 1709.

C'eft auffi pour cette raifon , que quand les Chauffes-cires de la Grande Chancellerie ont fcellé fes Lettres , ils les jettent fous la table , pour marquer l'infamie d'un tel emploi.

Il s'eft trouvé des occafions où les Juges , faute de trouver de gens qui veuillent bien embraffer cet emploi , ont été obligés de condamner un criminel à fervir d'Exécuteur de la Haute - Juftice pendant toute fa vie. Voyez la Peyrere, lettre E.

L'averfion que l'on a en France pour ceux qui ont l'ame affez baffe pour fe faire Maîtres des Hautes Œuvres , eft fi grande , qu'en 1683. ou 1684. une jeune fille de la Ville d'Angers, qui étoit très-belle , âgée de dix-huit ans , ayant été condamnée d'être pendue , pour fuppreffion de part , fut demandée aux Juges en mariage par le Bourreau. Sur les inftantes prieres qu'il leur en fit , & par une efpece de pitié qu'excita la beauté de cette fille fur l'efprit des Juges , ils la lui accorderent.

Mais cette fille ne voulut jamais confentir à la bonne volonté que ces Juges avoient pour elle , fous une telle condition , & aima mieux être pendue que d'époufer le Bourreau. C'eft ce que m'a affuré un jeune homme d'Angers , qui , après y avoir fait fes Humanités , étoit venu à Paris pour prendre fes degrés en notre Faculté.

Quelque vil que foit cet emploi , il eft abfolument néceffaire ; & ceux qui en font chargés , font fans contredit moins odieux que ceux qui ôtent la vie à des innocens ; fans autre raifon que celle que leur cruauté leur infpire , au lieu que les Bourreaux ne font mourir que des criminels par l'ordre de la Juftice , & que ce font les crimes qu'ils ont commis qui leur caufent la mort , plutôt que celui qui la leur fait fubir.

Comme la Juftice feroit inutile fi elle demeuroit fans exécution , il a donc fallu qu'elle eût un miniftre qui exécutât fes ordres , & fît fubir aux criminels les peines auxquelles elle les condamne. Quand il fait quelque exécution , il n'offenfe point

Dieu , & n'eft en aucune maniere refponfable devant les hommes des meurtres qu'il commet en vertu du commandement de la Juftice. C'eft le coupable qui fe procure lui-même la peine à laquelle il eft condamné : & celui qui la lui fait fubir , n'eft que le miniftre de la Juftice, aux ordres de laquelle il s'eft obligé d'obéir , quand il s'eft chargé d'un tel emploi.

Mais il ne peut rien faire fans une condamnation rendue par des Juges qui ayent , en vertu de leur jurifdiction , ce que nous appellons *jus gladii* ; autrement il mériteroit la mort.

Lorfque les principaux Chefs des Ligueurs révoltés en la Ville de Paris rendirent une Ordonnance qui condamnoit M. le Préfident Briffon , fi connu par fon mérite & par fon fçavoir, l'Exécuteur fut mandé dans le petit Châtelet, où fe fit l'exécution.

Les affaires ayant repris leurs cours ordinaires, quand on fe fut faifi du Bourreau, on lui demanda par quel ordre il avoit mis à mort cet illuftre Magiftrat ; il répondit qu'il avoit été forcé par les menaces de le Clerc, Arnoux, Louchard & Ameline, qui avoient prononcé cette condamnation, & l'avoient contraint de prendre les cordes du grenier du Concierge fur lefquelles on étendoit le linge , pour étrangler ledit fieur Briffon , fans lui permettre d'en aller chercher d'autres, de crainte qu'il ne revint point, comme il difoit en avoir eu pour lors la volonté. Nonobftant toutes ces raifons, le Bourreau fut condamné d'être pendu & étranglé.

EXECUTION, fe prend pour accompliffement ; comme quand on dit : *Mettre un Jugement à exécution* , cela fignifie exécuter ce qui eft ordonné.

Pour mettre les contrats ou Jugemens à exécution , il faut qu'ils foient en forme autentique, & munis de Sceau de leur Jurifdiction. *Voyez* Exécution parée.

EXECUTION, fe prend auffi pour l'accompliffement volontaire que fait celui qui a été condamné par un Jugement à faire quelque chofe.

L'art. 1. du tit. 27. de l'Ordonnance de 1677. porte, que ceux, qui auront été condamnés par Arrêt ou Jugement paffé en force de chofe jugée, à délaiffer la poffeffion d'un héritage , feront tenus de ce faire, quinzaine après la fignification de l'Arrêt ou du Jugement faite à perfonne ou domicile , à peine de cent livres d'amende moitié envers le Roi , & moitié envers la Partie.

L'article 3. du même titre porte, que fi quinzaine après la première fommation ils perféverent dans leur défobéiffance , ils pourront être condamnés par corps à délaiffer la poffeffion de l'héritage , & en tous les dommages & intérêts de la Partie.

EXECUTION, fignifie auffi la vente des meubles faifis.

Ce terme fignifie encore la fimple faifie des meubles du débiteur ; comme quand on dit qu'on a faifi & exécuté les meubles du débiteur, quoiqu'ils n'ayent pas été vendus. *Voyez* Saifie & Exécution.

EXECUTION PARÉE. Acte portant exécution parée , eft un acte qu'on peut mettre à exécution ,

commandement préalablement fait , comme font les Jugemens & les obligations en forme.

Mais il faut que ces obligations ou Jugemens foient liquides & fans aucunes claufes alternatives. Néanmoins fi l'efpece due étoit fujette à appréciation , on pourroit exécuter & ajourner afin d'apprécier. *Voyez* ce que j'ai dit fur l'article 166. de la Coutume de Paris.

On peut exécuter ces actes portans exécution parée par faifie & exécution de meubles fans l'ordonnance du Juge, en vertu feulement de l'obligation ou du Jugement , qui donne pouvoir au créancier de faire faifir & exécuter : c'eft-à-dire , de transporter les meubles du débiteur, s'il ne fatisfait à l'obligation , ou s'il ne donne gardien de fes meubles faifis , pour être vendus à la huitaine.

On peut auffi , en vertu d'un titre portant exécution parée , procéder, après un commandement récordé , à la faifie réelle des immeubles de fon débiteur, fans ordonnance du Juge.

Il n'en eft pas de même d'une fimple cédule ou promeffe , laquelle n'eft pas exécutoire fur les biens du débiteur, s'il n'eft auparavant condamné par le Juge à payer la fomme contenue en fa promeffe , ou fi le créancier n'obtient du Juge une permiffion de faifir par provifion.

Par la déclaration donnée à Verfailles le 19. Juin 1691. vérifiée en Parlement le 23. du même mois , défenfes font faites de mettre aucun acte à exécution , s'il n'eft en parchemin.

Ainfi, quoiqu'un débiteur ne foit pas moins obligé par un acte en papier , que par un acte en parchemin , néanmoins pour faire faifie des meubles ou faifie d'immeubles en vertu d'un acte , il faut qu'il foit en parchemin.

Pour qu'un acte foit exécutoire , il faut donc qu'il foit en forme probante , c'eft-à-dire , en parchemin , & muni du fceau de la Jurifdiction d'où il eft émané ; car ce n'eft que le fceau qui le rend exécutoire ; encore cela eft-il en quelque maniere reftraint pour l'étendue de la Jurifdiction.

Un contrat ou un Jugement ne peut donc être mis à exécution en d'autres Jurifdictions , que dans celle où le contrat a été paffé , ou le Jugement rendu ; & pour les mettre à exécution dans une autre Jurifdiction , il faut des Lettres de *Pareatis* , ou avoir obtenu la permiffion du Juge des lieux où l'on veut mettre le contrat ou le Jugement à exécution. *Voyez* Pareatis.

Il y a dans l'Hiftoire de la Chancellerie , imprimée chez Pierre Emeri en 1710. plufieurs Arrêts du Confeil , qui défend à tous Huiffiers & Sergens , fous peine d'amende contre les contrevenans , de mettre à exécution aucunes Lettres , Arrêts , Jugemens & Sentences , qui fuivant les Edits doivent être fcellés , fans qu'il leur apparoiffe qu'ils l'ayent été du fceau des Chancelleries , ni de les fignifier par extrait ou fans fceau.

Au refte , les Sentences ne font point ordinairement exécutoires par provifion , c'eft-à-dire , nonobftant l'appel , & fans préjudice d'icelui. Mais les Arrêts de la Cour , & les Jugemens rendus en dernier reffort font exécutoires , nonobftant oppofitions, ou appellations quelconques.

EXECUTION des jugemens, eft abfolument néceffaire ; autrement ils feroient inutiles : mais pour qu'ils puiffent être mis à exécution, il faut, I°. qu'ils ayent été valablement rendue ; *quia quod ipfo jure nullum eft, nullum producit effectum.*

II°. Que les Parties n'ayent pas fait une novation au fujet de la dette, pour raifon de laquelle le Jugement a été rendu ; car la nouvelle obligation détruiroit l'ancienne, & par conféquent l'effet qu'elle pourroit produire ; parce que celui au profit duquel ce Jugement a été rendu en conféquence, eft cenfé y avoir renoncé par la novation. *Leg.* 4. §. 4. *ff. de re judic.*

C'eft au Juge qui a rendu le Jugement à le faire mettre à exécution ; mais comme les Arbitres. n'ont point de Jurifdiction, ils ne peuvent faire mettre à exécution leurs Sentences. C'eft pourquoi il faut que celui au profit de qui une Sentence arbitrale a été rendue, la faffe exécuter par le Juge ordinaire. *Leg.* 15. *in prin. ff. de re judicata.*

L'exécution des Jugemens fe fait I°. par faifie & arrêt que le créancier a fait de ce qui eft dû à fon débiteur, le faifantaffigner lui & celui qui lui doit pour voir dire & ordonner que les deniers faifis lui feront délivrés jufqu'à concurrence de fon dû.

II°. Par faifie mobiliaire que le créancier fait des effets mobiliers de fon débiteur.

III°. Par faifie réelle que fait le créancier des immeubles qui appartiennent à fon débiteur.

Suivant la difpofition des Loix Romaines, il falloit commencer par faifir l'argent comptant de fon débiteur ; enfuite fes autres biens meubles ; & s'ils n'étoient pas fuffifans pour payer le créancier, il pouvoit procéder par faifie réelle de fes immeubles ; & s'ils ne fuffifoient pas, le créancier pouvoit faifir & arrêter ce qui étoit dû à fon débiteur. *Leg.* 5. *cod. de executione rei judicatæ. Leg.* 15. *ff. de judicata.*

Enfin, fi les biens tant meubles qu'immeubles, obligations & actions du débiteur ne fuffifoient pas, le créancier pouvoit obtenir du Juge qui avoit rendu le Jugement, une Ordonnance à l'effet de faire appréhender au corps, & mettre fon débiteur en prifon. *Leg.* 1. *in fine, cod. qui bon. pof.*

La raifon pour laquelle les Loix Romaines ordonnoient de commencer par la faifie des meubles, avant que de faifir réellement les immeubles, eft que la vente des meubles eft plus prompte & plus facile. Et à l'égard de ce que les Loix Romaines ne permettoient pas de fe pourvoir fur lesdettes actives, cela étoit fondé fur ce que dans une faifie & arrêt, il faut plaider non-feulement contre celui qui eft condamné à nous payer quelque chofe, mais encore contre fes débiteurs qui deviennent quelquefois infolvables pendant le cours des pourfuites que l'on fait contr'eux.

En France, tout créancier peut commencer par quelle faifie il juge à propos, & même les faire toutes en même tems. La raifon eft, qu'il eft jufte de permettre à un créancier de fe pourvoir par toutes fortes de voies de droit, pour rendre fa dette plus fûre, & pour obliger par ce moyen le débiteur pourfuivi de différentes manieres, à lui payer ce qui lui doit.

A l'égard de la contrainte par corps, elle avoit lieu parmi nous après les quatre mois, fuivant l'article 48. de la Coutume de Moulins ; mais l'ufage des contraintes par corps pour dettes purement civiles a été abrogé par l'Ordonnance de 1667. titre 34. enforte que les débiteurs ne peuvent plus être appréhendés au corps pour l'exécution des condamnations rendues contr'eux, fi ce n'eft pour raifon de dettes privilégiées, comme je l'ai dit ci-deffus en parlant des contraintes par corps.

EXECUTION provisoire de Sentence, eft l'exécution d'une Sentence par provifion, ordonnée nonobftant l'appel, & fans préjudice d'icelui.

Par Arrêt du Parlement du 7. Décembre 1689. défenfes font faites à tous les Juges du reffort, d'ordonner l'exécution provifoire de leurs Sentences, nonobftant l'appel, finon dans les cas portés par les Ordonnances ; à peine de répondre des dommages & intérêts des Parties, même de plus grande peine, s'il y échet ; & à cet effet ordonne que lorfque l'on prononcera l'exécution provifoire d'une Sentence, la claufe & le motif en feront inférés dans le Jugement.

Pareilles défenfes font faites aux Greffiers, d'inferer dans les Sentences qu'ils expédieront, qu'elles feront exécutées, nonobftant l'appel, fi cela n'eft expreffement porté par les minutes des Sentences rendues par rapport, ou dans le Regiftre ou Plumitif à l'égard des caufes d'Audience ; & ce à peine d'interdiction de leurs Charges, & de répondre en leurs noms des dommages & intérêts des Parties.

Cet Arrêt a excepté les cas qui font portés par les Ordonnances ; fçavoir,

I°. Lorfque les Sentences font rendues fur matieres fommaires.

II°. Les Sentences rendues au fecond chef de l'Edit des Préfidiaux.

III°. Celles qui font rendues en matiere de Police.

IV°. Lorfque les Sentences prononcent l'exécution d'un contrat ou d'un Jugement, dont l'effet n'eft pas fufpendu par un appel.

Hors ces cas, la Cour a fait défenfes aux Juges du reffort d'ordonner l'exécution provifoire de leurs Sentences, fous les peines que nous avons énoncées ci-deffus.

Voyez cet Arrêt qui eft rapporté dans le Recueil des nouveaux Réglemens pour l'adminiftration de la Juftice.

EXECUTION des Jugemens en matiere criminelle. Tous Jugemens en matiere criminelle qui giffent en exécution, feront exécutés, pour ce qui regarde la peine, en tous lieux fans permiffions ni pareatis. Article 15. du titre 25. de l'Ordonnance de 1670.

Les Jugemens de condamnation à mort, ou quelqu'autre peine corporelle, doivent être exécutés le même jour qu'ils auront été prononcés. Art. 21. du même titre.

Néanmoins fi une femme, devant ou après avoir

été condamnée à mort, paroît ou déclare être enceinte, les Juges ordonneront qu'elle fera vifitée par Matrones qui feront nommées d'office ; & fi elle fe trouve enceinte, l'exécution fera différée jufqu'après fon accouchement, ainfi qu'il eft porté en l'art. 23.

L'art. 16. du tit. 26. de la même Ordonnance porte, que fi les Arrêts rendus fur l'appel d'une Sentence portant condamnation de peine afflictive, les condamnés feront renvoyés fur les lieux, fous bonne & fûre garde, pour y être exécutés, s'il n'eft autrement ordonné par les Cours fouveraines, pour des confidérations particulieres.

Cela eft ainfi ordonné, afin que les crimes foient punis dans les lieux où ils ont été commis.

EXECUTION DES JUGEMENS QUI CONDAMNENT A MORT, DOIT ESTRE FAITE DANS UNE PLACE PUBLIQUE. *Voyez* Peine de mort.

EXECUTOIRE, c'eft-à-dire de ce qu'on peut mettre à exécution.

Ainfi on dit qu'une obligation eft exécutoire, lorfqu'elle eft paffée fous le fcel royal, ou fous le fcel autentique.

Voyez Exécution parée.

EXECUTOIRE DE DEPENS, eft une Lettre en parchemin fcellée du petit Sceau, par laquelle il eft mandé au premier Huiffier ou Sergent, de contraindre les dénommés en icelle, au payement de la fomme portée par la taxe des dépens.

Les exécutoires des dépens adjugés par Sentence des Prévôts, Châtelins, Baillifs & Sénéchaux, font intitulés du nom de ces Juges ; mais lorfqu'ils font adjugés par Arrêts, ils font intitulés par ces mots : *Louis par la grace de Dieu, &c.*

Quand il y a conteftation entre les Procureurs des Parties pour raifon de la taxe des dépens, on va à la Chambre pour y être réglé.

Lorfque l'exécutoire eft levé, celui contre qui il eft rendu peut en interjetter appel ; parce que cet exécutoire n'eft pas un Arrêt de la Cour, mais une Commiffion fignée par un Confeiller.

Cet appel ne s'inftruit pas à l'ordinaire : on obtient à la Grande Chambre un Arrêt de renvoi pardevant un Procureur de Communauté, pour en paffer par fon avis qui devient un Arrêt, parce que cet avis eft reçu par forme d'appointement.

Voyez Ce qui eft dit dans le Dictionnaire de M. Brillon, touchant les exécutoires de dépens.

EXEMPT DE MARECHAUSSÉE, n'eft regardé que comme le premier des Archers ; c'eft pourquoi il n'a pas droit d'informer. Ainfi jugé par Arrêt du Grand Confeil le 2. Avril 1616. rapporté par M. Brillon, *verbo* Exempt.

EXEMPTION, eft un privilége qui difpenfe de la régle générale.

EXEMPTION D'HOMMAGE, eft un affranchiffement de l'hommage, fans fubrogation d'aucune redevance, qui repréfente la foi & hommage.

Ainfi les abonnemens ou les converfions d'hommages en droits annuels, different beaucoup des exemptions ou affranchiffemens d'hommages.

Les exemptions d'hommages honoroient ordi-

nairement les fiefs, mais les abonnemens les aviliffoient ; car comme il eft très-bien dit dans le chapitre 19. du Code féodal Allemand, *non eft verum feudum, de quo cenfus annuus præftatur.*

Voyez Dufrefne fur l'article 71. de la Coutume d'Amiens, & l'art. 16. de celle de Chartres. *Voyez* auffi Fief abonné.

EXEMPTION DE TAILLES. *Voyez* Tailles.

EXEMPTION DU LOGEMENT DES GENS DE GUERRE. Par le Réglement fait par Sa Majefté le 18. Octobre 1641. pour le logement & la fubfiftance des Troupes, & par autre de l'année 1644. il eft expreffément porté qu'il n'y aura aucun exempt de logement, hors les Eccléfiaftiques, les Gentilshommes faifant profeffion des armes ; les Chefs des Compagnies de Juftice, comme les Préfidens, Lieutenans généraux & particuliers ; les Gens du Roi des Siéges préfidiaux & autres royaux ; les Maires & Echevins, Receveurs des Tailles & Taillons en exercice, Commis des Gabelles, Traites foraines, ou autres Fermiers ayant le maniment actuel des deniers de Sa Majefté.

Outre ceux-là, plufieurs autres Officiers ont cru devoir avoir la même exemption, ou par les reliefs de leurs Offices, ou par les priviléges qui leur font attribués ; & cette exemption a été accordée à fieurs Officiers de Juftice, moyennant finance.

Voyez Henrys, tome 1. liv. 2. chap. 4. queft. 32. & 54.

EXEMPTIONS ACCORDÉES AUX HÔPITAUX. *Voyez* Hôpital.

EXERCER, fe dit des actions & procédures qu'un ceffionnaire fait au nom de celui dont il tient la place, & dont il exerce les droits.

EXHEREDATION, eft une difpofition par laquelle on exclut de fa fucceffion ou de portion d'icelle, celui à qui elle eft due, & appartient par la Loi ou par la coutume.

Suivant les Loix Romaines, l'exhérédation ne peut être faite que par teftament, parce que l'on ne peut inftituer d'héritier que par teftament, par cette regle, *eadem eft ratio & difciplina contrariorum.*

Henrys, tome 2. liv. 5. queft. 35. dit, que deux conditions font requifes pour la validité d'une exhérédation en pays de Droit écrit.

La premiere, que l'exhérédation foit faite dans un teftament en bonne forme ; enforte qu'elle ne feroit pas valable, fi elle étoit faite par un codicille, ou même par un teftament, qui ne feroit foutenu que par la claufe codicillaire.

La deuxieme condition requife pour faire fubfifter l'exhérédation, eft que le teftament dans lequel elle eft faite fubfifte : ainfi, quand l'héritier inftitué décede avant le teftateur, le teftament ne pouvant fubfifter, l'exhérédation s'évanouit, & le fils deshérité recueille la fucceffion *ab inteftat*. Il faut dire la même chofe que l'héritier inftitué répudie l'hérédité, ou qu'il eft incapable de la recueillir.

Il n'en eft pas de même dans les pays de Coutume ; l'exhérédation peut y être faite par un fimple acte.

Suivant le Droit Romain, il n'y a proprement que les enfans qui puiffent être exhérédés, parce

qu'il n'y a qu'eux auxquels de plein droit la fucceffion de leur pere appartient, des biens duquel ils
font réputés propriétaires de fon vivant ; enforte
que l'exhérédation ne fe dit pas des collatéraux.

Selon notre Jurifprudence, les enfans peuvent
être exhérédés pour jufte caufe ; ou fans exhérédation & fans caufe, ils peuvent être réduits à leur
légitime; mais fans exhérédation, on ne les fçauroit priver de leur légitime.

On peut cependant quelquefois au profit des petits enfans, leur fubftituer même leur légitime,
en cas de défordre & malverfation notoire.

Un pere qui a exhérédé fon fils pour une jufte
caufe au cas que ce fils décede avant lui, ne peut
pas exhéréder les enfans que ce fils a eu d'un mariage légitime, parce que les fautes font perfonnelles,
& que ces petits-fils n'ont point délinqué, & ne
doivent pas être punis de la faute que leur pere
auroit commife.

Il paroit néanmoins qu'il faut excepter le cas
où l'exhérédation du fils auroit été caufée pour s'ê-
tre marié fans le confentement de fon pere, & que
les petits-fils procréés d'un tel mariage pourroient
être valablement exhérédés par leur ayeul, & qu'ils
ne devroient pas être admis à fa fucceffion, s'ils
avoient été par lui expreffément exhérédés, leur
pere étant décedé avant le teftateur : étant le fruit
d'un tel mariage, l'ayeul femble être en droit de
les exclure de fa fucceffion, & d'étendre jufques
fur eux la vengeance de l'infulte que ce mariage lui
a faite.

Ainfi jugé par Arrêt de la Grande Chambre,
rendu en 1697. contre la fille d'un nommé la Cou-
ture, lequel s'étoit marié contre la volonté de fa
mere.

Ainfi, pour ce qui regarde la queftion, fi le fils
étant exhérédés par fon pere, les enfans de ce fils
exhérédé peuvent venir à la fucceffion de leur
ayeul, ou s'ils peuvent être auffi par lui exhérédé
leur pere mort avant le teftateur, il femble
qu'il faut admettre cette diftinction ; fi le fils a
mérité d'être exhérédé fur un fait purement perfonnel ; ou fi au contraire s'étoit un fait qui pouvoit rejaillir fur fes enfans, comme étant une fuite
de la faute de leur pere.

Au premier cas, il faut qu'il fupporte feul la punition qu'il a méritée, & à laquelle fes enfans ne
doivent point participer, puifqu'ils n'ont aucune
part à la faute que leur pere a commife.

Au fecond cas, par exemple, s'il s'eft marié fans
le confentement de fon pere, la faute du fils que l'on
veut punir, & qui a donné lieu à l'exhérédation,
influe fur fes enfans, puifqu'ils en font le fruit &
une fuite ; c'eft pourquoi on peut leur faire reffen-
tir la peine que leur pere a encourue, quoiqu'ils
n'ayent par eux-mêmes commis aucune offenfe
envers le teftateur.

L'exhérédation qu'un pere fait de fon fils, ne
peut s'étendre aux biens fubftitués. La raifon eft,
que l'exhérédation ne peut pas avoir plus d'extenfion que l'inftitution. Or les biens fubftitués ne peuvent jamais être compris dans l'inftitution ; *quia
fcilicet bona fubftituta non jure hæreditario, fed jure*

fanguinis ad filium pertinent. Henrys, tom. 2. liv.
5. queft. 3.

Voyez, touchant l'exhérédation, ce que j'ai dit
fur l'art. 319. de la Coutume de Paris. *V.* auffi ce
que j'ai dit fur le titre 13. & fur le titre 18. du fecond livre des Inftitutes, où cette matiere eft traitée amplement, tant par rapport au Droit Romain,
que par rapport à notre Droit François.

Nous allons feulement dire ici quelque chofe de
l'exhérédation qui fe fait à des enfans diffipateurs,
pour leur conferver de quoi vivre. Nous parlerons
enfuite de l'exhérédation des peres & meres, &
enfin de l'exhérédation des freres &fœurs.

EXHEREDATION officieuse, eft celle qui
tourne à l'avantage de l'enfant exhérédé, & que
les Loix Romaines confeillent aux peres fages &
prudens. *Leg. 16. §. 2. ff. de curat. furiof.* Telle eft
celle qu'un pere fait lorfqu'il reconnoît que fon
fils eft un diffipateur ; alors il peut deshériter ce
fils, & inftituer fes petits-fils, ne laiffant à ce fils
que la jouiffance de fa portion hérédiraire, pour
en jouir tant qu'il vivra par forme de penfion alimentaire, avec la claufe qu'elle ne pourra être
faifie par fes créanciers.

Mais il faut pour cela que la diffipation foit notoire; autrement le pere ne pourroit pas priver fes
enfans de leur légitime par des femblables difpofitions.

Ainfi, pour qu'un pere puiffe fubftituer au profit
de fes petits-fils la légitime de fon fils, & ne lui
en laiffer que l'ufufruit, il faut qu'il paroiffe contraint de le faire, par le défordre & le dérange-
ment des affaires de ce fils.

EXHEDERATION de Pere et Mere, ne fe
peut faire, fuivant le Droit Romain, fans une
caufe légitime, par un enfant qui décede fans defcendans de lui.

En pays de Droit écrit, ceux qui décedent fans
enfans, & qui laiffent un pere ou une mere, ou à
leur défaut d'autres afcendans, font obligés pour
la validité de leur teftament, de les inftituer héritiers, & ne peuvent les exhéréder que pour de juftes caufes, qui font réduites à huit dans la Novelle 115. chap. 4.

EXHEREDATION ou preterition de fre-
res et de sœurs. Le Droit Romain ne leur accorde la plainte d'inofficiofité, que quand l'un d'eux,
au préjudice des autres, a inftitué une perfonne
infame.

Mais en Pays coutumier on ne peut, fans jufte
caufe priver les collatéraux des propres qui doivent leur appartenir, par la difpofition de la Coutume où ils font fitués.

C'eft à quoi l'on a pourvû, en mettant des bornes aux difpofitions teftamentaires, qui doivent
toujours laiffer aux héritiers des propres les quatre
quints libres. *Voyez* Quatre quints.

EXHIBER, c'eft repréfenter ou montrer quelques piéces, actes ou regitres.

EXHIBITION de pieces, eft la repréfentation
que l'on en fait. Ainfi l'exhibition d'une minute,
la repréfentation que l'on en fait en Juftice pour
la vérifier & en faire l'examen.

Les

Les actes judiciaires, d'une Jurisdiction contre lesquels on s'est inscrit en faux, ne se doivent vérifier que par la représentation de la minute, & non par témoins.

Mais si la minute originale ne se pouvoit trouver à cause de la mort de celui qui l'auroit reçue, ou par incendie, ou par quelqu'autre accident, celui qui produit l'acte pourroit en constater la vérité par nombre suffisant de témoins, pourvû que ce soient gens d'honneur au témoignage de qui on doive ajouter foi, & que celui qui produit l'acte se purge par serment qu'il n'y a aucun dol ni fraude de sa part.

Personne ne peut être contraint en Justice de représenter des piéces & titres qui soient contre ses propres intérêts.

Voyez Représentation.

EXIGIBLE, se dit d'une dette dont le payement est échu, & qui peut être valablement demandé.

EXIL, se prend quelquefois pour bannissement, mais plus ordinairement il se prend pour la rélégation qui est enjointe à quelqu'un par le Prince, au lieu que le bannissement se dit des condamnations faites en Justice.

Celui qui est exilé sans condamnation juridique ou éloigné de la Cour par ordre du Roi, n'est point mort civilement; il ne perd aucun de ses droits, & n'encourt pas même d'infamie. Au contraire, le banni à perpétuité perd la vie civile; & celui qui est banni pour un tems, perd l'honneur, est noté d'infamie.

Voyez Rélégation.

EXOINE, est une espéce de comparution qui se fait par un autre. Quand celui qui est obligé de comparoir en personne devant le Juge, n'y peut pas venir à cause de maladie, en ce cas il envoye un homme qui affirme que celui qui ne comparoît pas est malade, & qui ne peut pas venir sans danger de sa personne, suivant le certificat des Médecins: ce que l'on appelle exoine, c'est-à-dire *quasi non idoneus.*

On dit exoiner, pour dire excuser quelqu'un de ce qu'il ne comparoît pas en personne, lorsqu'on est porteur de son exoine.

L'usage de l'exoine s'est introduit par la raison que nul n'est tenu à l'impossible. Ainsi comme on ne peut comparoir par Procureur, quand on est assigné à comparoir en personne, si par maladie ou autre légitime empêchement on ne peut pas comparoir, le Juge doit recevoir l'exoine par Procureur; & ce Procureur ne fait qu'expliquer les raisons de l'absence de l'accusé. L'accusé qui se fait exoiner, doit constituer un Procureur *ad hoc*, & ensuite comparoir lui-même le plutôt qu'il pourra.

L'exoine peut avoir lieu, tant en matiere civile qu'en matiere criminelle.

Toutes personnes ne sont pas capables d'exoiner un accusé, comme les Prêtres. Les femmes ne peuvent prendre la défense d'un autre en Justice, encore moins dans l'exoine, qui est un office viril.

La cause d'exoine la plus ordinaire est celle qui est fondée sur la maladie de l'accusé; mais une légere incommodité n'est pas une cause suffisante.

Tome I.

Outre la maladie de l'accusé, il y a encore d'autres causes légitimes d'exoine, comme la difficulté des chemins impraticables, les tempêtes & inondations des rivieres, l'assistance nécessaire au service du Prince. Papon, liv. 24. tit. 5. Arrêt 9.

Celui qui exoine n'est point obligé de donner caution de représenter l'accusé, après que la cause de son exoine sera finie: tout son ministere est borné à l'excuser.

D'ailleurs, si l'excuse est valable, il ne faut point de caution, puisque la cause de l'absence est légitime d'elle-même. Si l'exoine n'est pas admissible, la caution n'est pas plus nécessaire dans ce cas que dans l'autre; car on procede alors contre l'accusé par contumace.

L'effet de l'exoine est de surseoir à ce qui est fait à cause de l'absence, mais elle ne le détruit pas.

Touchant les exoines, *voyez* ce qui en est dit au titre 11. de l'Ordonnance de 1670.

EXPEDIENT. Les causes qui se jugent par expédient, sont les causes légeres qui ne méritent pas d'être portées à l'Audience, & qui se terminent par l'avis d'un ancien Avocat dont les Parties conviennent.

Ainsi on peut dire qu'expédient est un arbitrage sommaire auquel on renvoye les causes de légere discussion; c'est-à-dire, qu'on oblige les Parties à en passer par l'avis d'un ancien Avocat.

Cette espéce de Jugement rendu par l'avis des Avocats choisis par les parties, est rédigé par écrit & en régistré au Greffe de la Cour; de maniere qu'il est exécutoire sans appel, comme seroit un Arrêt.

Voyez Bornier sur les art. 4. & 5. du titre 4. de l'Ordonnance de 1667.

EXPEDIER, signifie délivrer des actes tirés d'un dépôt public; comme quand on dit, faire expédier un Arrêt par le Greffier, faire expédier la grosse d'un contrat.

EXPEDITIONNAIRE, *voyez* Banquiers expéditionnaires en Cour de Rome.

EXPEDITIONS des Jugemens, Sentences, Contrats & autres Actes, doivent être faites en parchemin; comme il est prescrit par une Déclaration du Roi du 16. Juillet 1697. régistrée en la Chambre des comptes le 26. dudit mois.

Cette Déclaration fait défenses aux Greffiers, Notaires ou autres, de délivrer des expéditions en forme sans être en parchemin, & à tous Huissiers & Sergens d'en mettre aucunes à exécution.

Mais cette Déclaration ne paroît pas concerner les expéditions des Actes & Jugemens qui passent & qui se rendent dans les Jurisdictions des Seigneurs.

EXPERTS, sont gens versés dans l'art qui concerne le fait dont il est question entre les Parties, comme sont les Jurés des Arts & Maîtrises, Arpenteurs, Mesureurs de terres; Experts, Charpantiers & Maçons.

Par les anciens Edits, il y a eu des Jurés-Experts créés en titres d'Office, pour visites & rapports en matiere de servitude, partages, toisés, & autres actes dépendans de l'architecture & construction de bâtimens.

Néanmoins on pouvoit toujours nommer des Bourgeois pour Experts, en cas de conteſtation entre le Bourgeois & l'Artiſan. Il ne pouvoit même être nommé pour tiers Expert qu'un Bourgeois, en cas qu'un Artiſan fût intéreſſé en ſon nom contre un Bourgeois, ſuivant l'art. 11. de l'Ordonnance de 1667. de crainte que les gens du métier étant commis pour tiers, ne favoriſaſſent l'Artiſan contre le Bourgeois, dans l'eſpérance que l'eſtimation qu'ils auroient faite leur ſervît un jour de préjugé en pareil cas.

Mais depuis les Edits du mois de Mai & du mois de Juillet de l'année 1690. il n'a plus été permis de nommer pour experts d'autres que ceux qui ſont créés entre titre d'Office.

L'Edit du mois de Mai 1690. porte création de cinquante Experts-Jurés pour la Ville de Paris; ſçavoir, vingt-cinq Bourgeois ou Architectes, & vingt-cinq Entrepreneurs, Maçons ou Maîtres Ouvriers.

A l'égard des autres Villes, il y a ſix Jurés Experts où il y a Parlement, Chambre des Comptes ou Cour des Aydes; trois dans celles où il y a Généralité; & autant dans celles où il y a Bailliage, Sénéchauſſée, Viguerie, ou autre Siège de Juriſdiction royale.

La Déclaration du 4. Mars 1705. porte que les Edits des mois de Mai, Juillet & Décembre 1690. & Mars 1696. ſeront exécutés; & qu'il ſera établi trois Offices de Greffiers des Experts dans les Villes où il y a Parlement, Chambre des Comptes ou Cour des Aydes, & deux dans toutes les Villes & Bourgs où il y a Juſtice royale, avec attribution des droits & vacations portés par l'Edit du mois de Novembre 1704.

Ceux de Paris peuvent être nommés, tant dans la Prévôté & Vicomté, que dans les autres Villes & lieux du Royaume; ceux de Villes où il y a Parlement peuvent être nommés dans la Ville & dans le Reſſort du Parlement; & ceux des autres Villes, chacun dans le lieu de leur établiſſement, & dans l'étendue de la Juriſdiction ordinaire.

L'Edit du mois de Juillet de la même année 1690. porte création de trois Experts-Jurés dans chacune des Villes où il y a Bailliage, Sénéchauſſée, Viguerie ou autre Siège ou Juriſdiction royale, & d'un Greffier de l'Ecritoire dans chacune des mêmes Villes.

La fonction des Experts eſt de faire, à l'excluſion de toutes autres perſonnes, toutes les viſites & rapports des ouvrages, tant à l'amiable que par Juſtice, pour raiſon de partages, licitations, ſervitudes, alignemens, périls imminens, viſites de carrieres, moulins à vent & à eau, cours d'eaux & chauſſées des moulins, terraſſes, & jardinages, toiſés, priſées, eſtimation de tous ouvrages de maçonnerie, charpenterie, couverture, menuiſerie, ſculpture, peinture, dorure, marbre, ſerrure ie, vitrerie, plomb, pavé, & autres ouvrages qui concernent les choſes ci-deſſus.

Défenſes ont été faites à toutes autres perſonnes ſous quelque prétexte que ce ſoit, de faire aucuns rapports, viſites, & autres actes concernant le bâtimens & autres ouvrages; & aux Parties de convenir en Juſtice pour Experts, d'autres que ceux qui ſont pourvus deſdits Offices, ſur les peines portées par l'Edit du mois de Mai 1690.

Cependant en Bretagne, quand on ordonne une eſtimation de biens, on ordonne que les Fiefs ſeront eſtimés par des Gentilshommes.

La rétribution des Experts de Paris eſt réglée à ſix livres pour chaque vacation dans la Ville & Fauxbourg, & à ſept livres dix ſols quand ils ſe tranſportent dans la Banlieue. Voyez le Recueil des Actes de notoriété de M. le Camus, pag. 80. & 85.

La rétribution de tous les autres Experts-Jurés eſt réglée à trois livres pour chacune vacation dans les Villes de leur établiſſement, & à cinq livres quand ils ſe tranſportent hors les Villes & leur Banlieue.

Quant aux Priſeurs, Arpenteurs, Meſureurs de terre, bois, vignes, il y en avoit auſſi de créées par les anciens Edits; mais celui du mois de Décembre de la même année 1690 porte ſupreſſion de leurs Offices, & joint leurs fonctions à celle des Jurés-Experts, pour ne faire qu'un même Corps, à l'exception de la Ville de Paris, où par le même Edit il y a dix Arpenteurs Jurés-Priſeurs & Meſureurs.

Par l'art. 2. du tit. 31. de l'Ordonnance de 1667. les Jugemens qui ordonnent que les lieux & les ouvrages ſeront vûs, viſités ou eſtimés par Experts, doivent faire mention expreſſe des faits ſur leſquels les rapports doivent être faits, du Juge qui ſera commis pour proceder à la nomination des Experts, recevoir leur ſerment & rapport; comme auſſi au délai dans lequel les Parties devront comparoir pardevant le Commiſſaire. Coquille en ſes queſtions & réponſes, art. 300.

Touchant la forme des Jugemens qui ordonnent des viſites & rapports d'Experts, voyez l'art. 8. & les articles ſuivans du tit. 21. de ladite Ordonnance de 1667. avec les Remarques de Bornier.

Les Experts doivent être nommés par les Parties, ou pris d'office. Ainſi, quand une des Parties ne nomme point d'expert, c'eſt au Juge à en nommer un pour elle.

Quoique les Experts ne ſoient pas Juges, ils peuvent néanmoins être récuſés par l'une des Parties quand ils ſe trouvent quelque cauſe de recuſation, comme ſi un Expert nommé par la Partie adverſe avoit été ſon Agent; ainſi qui a été jugé au Grand Conſeil le 30. Avril 1716. Voyez Mornac ſur la Loi 3. au Code titulo finium regundorum. Voyez Tiers-Expert.

Un Expert nommé par une des Parties en un procès, peut être oui en témoignage pour l'une ou l'autre des Parties au même procès, quoiqu'il ſemble avoir été affidé, & comme Juge. La raiſon eſt que les experts ne ſont ni Juges ni Arbitres, mais comme témoins ſubſidiaires ce que les Juges ne peuvent connoître par eux-mêmes.

On ne peut appeller d'un rapport d'Experts, puiſqu'ils ne ſont ni Juges ni Arbitres, mais on peut demander au Juge la permiſſion de faire procéder à un nouveau rapport par d'autres experts. Baſſet, tom. 1. liv. 2. tit. 16. chap. 3. rapporte un Arrêt qui l'a jugé ainſi.

De ce que les Experts ne font point Juges, il s'enfuit encore que leur rapport ne fe paffe jamais en force de chofe jugée, quoiqu'il foit bien fait ; & fi l'une des Parties s'en plaint, & demande permiffion d'en faire faire un autre à fes dépens par d'autres Experts, le Juge doit le lui accorder, en appellant les premiers, fauf à en recouvrer les frais par le Jugement définitif, s'il eft ainfi ordonné. La Rocheflavin, liv. 6. tit. 51. Arrêt 1.

Voyez le titre 21. de l'Ordonnance de 1667. & ce que j'ai dit fur l'art. 184. de la Coutume de Paris. *Voyez* ci après Rapport d'Experts.

EXPERT NOMMÉ D'OFFICE, eft celui qui n'eft point du choix des Parties, mais qui a été nommé par le Juge. *Voyez* ce que j'ai dit fur l'art. 184. de la Coutume de Paris.

EXPILATION D'HÉRÉDITÉ, eft la fouftraction de quelqu'effet d'une hérédité jacente, c'eft-à-dire non appréhendée par l'héritier ; encore faut-il que cette fouftraction foit faite par un étranger qui a récélé quelqu'effet de l'hérédité d'autrui, dans laquelle il ne pouvoit rien prétendre à titre d'héritier.

Suivant les principes du Droit Romain, ce délit n'eft pas à proprement parler un larcin ; car on ne peut en faire des effets d'une hérédité jacente, ne pouvant y avoir de larcin, que lorfqu'il y a quelqu'un à qui le larcin foit fait. *Leg.* 41. §. 3. & 10. *Leg.* 9$. ff. de furtis.

De plus, le larcin eft l'interception de la poffeffion de quelque chofe, or l'héritier ne poffede pas, puifque la poffeffion eft d'affection & requiert l'intention & la volonté de poffeder, qu'on ne peut certainement pas fuppofer dans une hérédité jacente. *Leg.* 15. *ff.* fi is qui teftam. liber effe juffus eft.

L'héritier ne poffede pas non plus avant que d'avoir accepté la fucceffion. Il eft même certain qu'il ne poffede pas avant que d'avoir faifi & appéhendé les effets de la fucceffion. La raifon eft, que la poffeffion eft de fait, requiert abfolument une appréhenfion corporelle. *Leg.* 23. de acquir. vel amitt. poffef.

Comme l'action de larcin, appellée en Droit *actio furti*, ne pouvoit pas avoir lieu pour raifon de l'expilation d'hérédité, les Romains avoient introduit, au lieu de cette action, une pourfuite extra-ordinaire contre ceux qui étoient coupables de ce crime. *Leg.* 1. & 2. ff. expilatæ hæreditatis.

Ce Jugement n'étoit pas public, mais privé ; & celui qui l'intentoit ne pourfuivoit point la vengeance publique, mais feulement l'intérêt particulier qu'il avoit dans la chofe. *Leg.* 3. *ff. de extraordinar. cognitionib.*

Ce Jugement qui avoit fuccédé à l'action de vol étoit infamant, de même que l'action de vol. C'eft pour cette raifon que ce Jugement ne pouvoit être intenté que contre ceux contre qui l'action de vol auroit pû être intentée, fi l'hérédité n'eût pas été jacente, & qu'il y eût eu quelqu'un à qui la poffeffion de quelque chofe.

Ainfi ce Jugement n'avoit point lieu contre une femme qui avoit détourné des Effets de l'hérédité de fon mari ; parce que pour raifon d'un tel diver-

tiffement une femme n'eft point tenue de l'action de vol, mais feulement de l'action appellée *actio rerum amotarum*, dont il eft parlé au titre du Digefte & du Code *rerum amotarum* ; laquelle action n'étoit point infamante.

Ce Jugement peut être intenté par l'héritier qui a appréhendé la fucceffion : & fi plufieurs fe font portés héritiers du défunt & qu'il n'y en ait eu qu'un qui ait intenté cette action, l'avantage qu'il en tire fert à tous les autres, parce que les biens de la fucceffion étant communs à tous les héritiers par indivis, celui qui a fait une telle pourfuite eft cenfé avoir fait une affaire qui ne lui étoit pas particuliere, mais qui étoit commune à lui & à fes cohéritiers. *Leg.* 4. *ff.* expilat. hæredit. junctâ *Leg.* 4. §. 3. *ff.* fi fervitut. vindicetur.

Il n'y a que celui qui a recelé quelqu'effet de l'hérédité d'autrui, dans laquelle il n'avoit point de part héréditaire, qui puiffe être pourfuivi par ce Jugement : d'où il s'enfuit, que ce Jugement ne peut pas avoir lieu entre cohéritiers. Ce n'eft pas précifément parce que l'action *familiæ ercifcundæ* femble leur devoir fuffire pour le dédommagement des effets de la fucceffion fouftraite par l'un d'eux; car ce Jugement peut concourir avec d'autres actions. *Leg.* 2. & 3. *ff.* expilatæ hæreditatis. La véritable raifon eft, que les effets de l'hérédité étant communs entre cohéritiers, il eft à préfumer que celui d'entr'eux qui s'empare d'un effet de la fucceffion, a plutôt intention de fe fervir de fon droit, que de prendre une chofe qui ne lui appartient pas. *Leg.* 51. *ff.* pro focio.

Les Loix Romaines n'avoient point établi de peine certaine contre ceux qui feroient convaincus d'avoir recelé quelque effet de la fucceffion d'autrui : c'eft pourquoi ce Jugement étoit arbitraire, & le Juge pouvoit condamner ceux qui avoient commis ce délit à telle peine qu'il jugeoit à propos. *Leg.* 1. *ff.* expil. hæredit. C'eft auffi ce qui s'obferve parmi nous.

L'héritier peut fe fervir de cette action, ou intenter l'action réelle. *Leg.* 3. *ff.* eod.

Après avoir expliqué les principes que nous donne le Droit Romain fur cette matiere, paffons à ce qui s'obferve parmi nous à cet égard.

Il n'y a parmi nous que les Etrangers qui volent l'hoirie, qui puiffent être pourfuivis criminellement pour la reftitution de ce qu'ils ont enlevé & fouftrait d'une fucceffion.

Ils font condamnés aux dommages & intérêts envers l'héritier ; & quant à la peine du délit, elle eft arbitraire.

La procédure criminelle intentée contre les Etrangers pour expilation d'hérédité, eft fuivie de condamnation de reftituer, avec amende & dépens ; ce qui s'exécute par corps, attendu que cela procede d'un délit.

Quoique la peine de ce délit foit folidairement pécuniaire, elle eft cependant quelquefois afflictive, comme des galeres, du banniffement ou autre ; ce qui dépend des circonftances, & de l'arbitrage du Juge.

Ce délit eft même puni de mort, quand la fouftraction des effets d'une succeffion a été faite par des domestiques.

La veuve qui a détourné les biens & effets de la succeffion, ne peut être pour l'ordinaire pourfui-vie que civilement. On informe des recelés & di-vertiffemens contr'elle ; mais les informations font converties en enquêtes ; & par le Jugement qui in-tervient en conféquence , elle est feulement privée de la part & portion qui lui feroit revenue dans les effets par elles divertis.

Elle n'est condamnée en aucun amende envers le Roi pour le recelé , ou par le parjure par elle commis dans l'affirmation qu'elle a faite de n'avoir rien détourné de la succeffion de fon mari ; & cela ne lui ôte pas la répétition de fa dot , ni de fes conventions matrimoniales.

Elle n'est pas non plus pour cela privée de fon droit de communauté dans les autres effets qui fe font trouvés dans la succeffion de fon mari : il n'y a que ceux qui ont été par elle divertis , qui font ad-jugés pour le total aux héritiers ou créanciers du mari , demandeurs & pourfuivans.

Il en est de même du mari qui a diverti des ef-fets de la communauté.

A l'égard de l'héritier pur & fimple qui a fouf-trait des effets de la succeffion du défunt, fi d'autres que lui ont intérêt à la confervation des biens de la succeffion , il est privé du droit & de la part qui lui appartenoit dans les biens & effets par lui détournés.

Pour ce qui est de l'héritier qui , après avoir di-verti les biens de la succeffion de fon autorité pri-vée , veut enfuite avoir recours au bénéfice d'in-ventaire , je tiens qu'il en doit être exclus. La rai-fon est , que c'est faire acte d'héritier , que de dé-tourner les effets d'une succeffion, avant que l'in-ventaire des biens du défunt ait été fait.

Il faut cependant fuppofer pour cela que la chofe que l'héritier auroit fouftraite , fut de quel-que valeur ; car fi c'étoit une tabatiere , ou quelqu'autre chofe de peu de conféquence, cela ne le rendroit pas héritier pur & fimple , & ne l'empêcheroit pas d'avoir recours au bénéfice d'in-ventaire.

A l'égard de l'héritier qui a répudié la succef-fion , il peut être accufé du crime d'expilation d'hérédité. Ainfi jugé au Parlement de Provence par Arrêt du 10. Avril 1674. rapporté par Bonifa-ce , tom. 1. liv. 1. tit. 25. chap. 4.

EXPLOIT , est un acte par lequel quelqu'un est ajourné ou affigné pardevant un Juge compé-tent , pour être condamné à payer ou donner au demandeur ce qu'il lui doit , ou faire exécuter ce qu'il lui a promis.

Ce terme *exploit* fignifie , généralement parlant , toutes fortes d'actes qui fe font par les Sergens ; néanmoins il convient mieux à l'acte qu'on appelle ajournement. *Voyez* Ajournement.

Nous remarquerons feulement ici , que ce terme *exploit* fignifie quelquefois la détention, poffeffion & jouiffance du conducteur ou fermier , ou de quelqu'autre qui a joui, poffédé & tenu un héri-tage , ou ufé de la chofe.

C'est ce qui fait croire que ce terme *exploit* vient du mot latin *explicare*, *quod expedire*, *conficere & peragere fignificat*.

Ainfi exploiter, c'est faire , agir & accomplir.

EXPLOIT LIBELLÉ , est celui qui contient les conclufions du demandeur & les moyens de fa de-mande. *Voyez* Libeller.

EXPLOIT EN FAIT DE RETRAIT, pour être vala-ble , doit être figné, I°. non-feulement du Ser-gent , mais encore de deux Records ; ce qui n'a pas été établi par la Coutume , mais par un Arrêt du Parlement de Paris du 7. Septembre 1613.

II°. Suivant l'art. 140. de la Coutume de Paris, il doit contenir les offres de bourfe , deniers , loyaux-coûts , & à parfaire. *Voyez* ce que j'ai dit fur cet article.

EXPLOIT NUL , est celui qui n'est pas revêtu des formalités requifes par les Ordonnances , ou de celles que les Coutumes exigent danscertainscas.

Quand une nullité fe trouve dans un exploit., quoique la Partie l'ait reçu, elle ne laiffe pas d'en pouvoir exciper. On dit communément qu'à mal exploiter, point de garant ; néanmoins les Sergens font garants des nullités de Coutumes & d'Ordon-nances , fur-tout en matiere de retrait, comme je le dis en parlant du retrait lignager.

EXPLOIT FAIT PAR UN SERGENT HORS LE DE-TROIT DE SA JURISDICTION , est nul, & la procé-dure fait en conféquence n'est pas valable. Ce-pendant fi le défendeur avoit procedé en premiere inftance , fans oppofer la nullité de l'exploit, il ne feroit pas recevable en caufe d'appel à relever cette nullité, & à prétendre de faire infirmer la Sentence par ce feul moyen.

EXPLOITS ET AMENDES , font les fommes auxquelles les Particuliers font condamnés par les Juges royaux , pour appels , contraventions aux Ordonnances , & autres cas, & par les Officiers des Eaux & Forêts pour les délits commis dans les Forêts du Roi.

EXPLOITABLE , fignifie un Sergent, un Huif-fier qui donne des exploits , ou qui fait d'autres actes en vertu de fa Charge.

EXPLOITABLE , fe dit de ce qui peut être faifi, exécuté & vendu par autorité de Juftice.

EXPLOITER , c'est faire , agir & accomplir. Ainfi exploiter une terre , c'est la cultiver & en percevoir les fruits.

Celui qui cultive une terre & en perçoit les fruits en fon nom , fait des actes de poffeffeur & de pro-priétaire ; c'est ce qui a fait dire : *qu'en fimple fai-fine , les vieux exploits valent mieux ; & qu'en cas de nouvelleté , les nouveaux exploits font les meilleurs.*

EXPLOITER LE FIEF DU VASSAL , fe dit du Seigneur qui jouit par fes mains du fief de fon Vaf-fal, qu'il a faifi faute de foi & hommages , dont il recueille les fruits pendant la faifie, comme auroit fait le Vaffal , fi fon fief n'avoit pas été faifi par fon Seigneur.

Voyez les art. 1. 7. 52. 56. 58. & 65. de la Cou-tume de Paris.

EXPONCE , qui est un efpéce de déguer-piffement & abandonnement , est un acte par le-quel le détempteur d'un héritage chargé de rente ou de redevance fonciere , l'abandonne & en fait remife à celui auquel la redevance ou la rente eft dûe.

EXPOSITION DE PART , eft le crime que commettent des peres & meres qui expofent ou font expofer leur enfant dans une rue , ou dans quelqu'autre endroit que ce foit , pour en être débarraffés ; foit qu'ils l'ayent expofé pour ne le pas nourrir faute d'en avoir le moyen , foit pour éviter la honte que leur pourroit caufer la naiffance de cet enfant.

Ce crime eft puni de mort , fuivant l'Edit d'Henry II. vérifié en Parlement le 4. Mars 1556. *Julius Clarus , & ejus annot. quæft. 83. num. 7.* Mais on s'eft un peu relâché de cette rigueur ; on fe contente de faire fouetter & flétrir ceux qui font convaincus de ce crime.

La facilité que l'on a de recevoir aujourd'hui les enfans que l'on apporte à l'Hôpital des Enfans-Trouvés de cette Ville de Paris , fait que l'on n'entend point parler que ce crime s'y commette.

Les enfans trouvés expofés appartiennent au Seigneur Haut-Jufticier dans la Juftice duquel ils font trouvés , & doivent être par lui nourris & élevés. Ainfi jugé par Arrêt du 30. Juin 1664. rapporté dans le Journal des Audiences.

La raifon eft , que les épaves lui appartiennent comme étant fans maître qui les réclame. Par la même raifon , les enfans qui fe trouvent dans l'étendue de fa Juftice , doivent lui appartenir.

D'ailleurs , fi un enfant qui eft trouvé dans l'étendue de la Juftice , y acquerroit des biens , & venoit enfuite à mourir fans hoirs , fes biens appartiendroient au Seigneur Haut-jufticier ; & par conféquent il eft jufte qu'il ait , pour l'efpérance de ce profit , l'embarras de l'élever & de le nourrir. Mais le Seigneur n'eft tenu de nourrir les enfans expofés dans fa terre que jufqu'à l'âge de fept ans ; on préfume qu'ils font alors capables de gagner leur pain.

Voyez Charondas en fes Réponfes , livre 9. réponfe 16. Chenu en fes réglemens , tit. 1. chap. 19. Bacquet , des Droits de Juftice , chap. 33. nomb. 14. Filleau , part. 1. tit. 1. chap. 19. Dupineau , nouv. édition , liv. 5. des Arrêts , chap. 32. Defmaifons , lett. E , nomb. 131. & Soefve , tom. 2. cent. 3. chap. 19.

Les Seigneurs Hauts-Jufticiers qui ont leurs Fiefs dans la Banlieue de Paris , ne font point aftreints à nourrir & élever les enfans qu'ils font expofé dans l'étendue de leur Juftice : ils ont droit de les faire porter à l'Hôtel-Dieu de Paris , à la diligence de leur Procureur Fifcal ; mais ils donnent par retour une reconnoiffance annuelle à l'Hôtel-Dieu.

Meffire Laurent de Berthemet , Seigneur de Montreuil fous le Bois de Vincennes , a été condamné par Arrêt de la Grande Chambre du 29. Février 1692. fuivant les conclufions de M. de Lamoignon , Avocat général , à fe charger d'un enfant expofé dans fa Haute-Juftice , & qu'il avoit fait porter à l'Hôtel Dieu de Paris , à la diligence de fon Procureur Fifcal.

Cet Arrêt eft fondé fur ce que le Fief de M. Ber-

themet n'eft pas dans la Banlieue de Paris , & que ledit Seigneur ne paye à l'Hôtel-Dieu de Paris aucune redevance , comme font tous les ans les Seigneur de cette Banlieue , en reconnoiffance de ce qu'il fe charge des enfans expofés dans leurs Juftices.

EXPULSION D'UN LOCATAIRE , ne fe peut faire que dans les cas permis par la Loi , & que nous avons expliqué , *verbo* Locataire.

EXTENSION, D'UNE LOI DANS UN CAS SEMBLABLE , PEUT ESTRE ADMISE , MAIS NON PAS CELLE D'UN ARRET. La raifon de la différence eft , que les Loix font générales , & méritent par conféquent d'être étendues à tous les cas femblables ; au lieu que les Arrêts font des Jugemens particuliers qui ne doivent point être étendus hors du cas qu'ils ont décidé ; comme je l'ai dit en parlant de la Jurifprudence des Arrêts.

EXTRAIT D'UNE PIECE , eft un fommaire qu'on en tire , ou une copie du total ou d'un article.

Pour s'éviter la peine & l'embarras d'en rapporter la teneur tout au long , on ne rapporte dans un extrait que ce qui eft effentiel à l'affaire dont eft queftion. Par exemple , un légataire demande un titre qui juftifie de fon legs : on lui expédie un extrait du teftament ; & cet extrait ne contient précifément que ce qui concerne fon legs.

EXTRAIT D'UN PROCÉS , eft un abrégé qui comprend la date & la fubftance des pieces d'un procès qui foulage la mémoire du Rapporteur lorfqu'il en fait le rapport.

Il feroit à fouhaiter que tous les Confeillers fiffent eux-mêmes les extraits des procès qui font à leur rapport , comme cela fe pratiquoit autrefois. On voit dans le Stile des Cours , les Lettres patentes du Roi de l'année 1625. qui difpenfent un Confeiller de faire lui-même fes extraits , à caufe qu'il auroit la vûe baffe.

EXTRAIT QUI FAIT FOI EN JUSTICE eft une copie d'arrêts ou de titre enrégiftrés , que l'on tire des dépôts & actes publics.

EXTRAITS DE BAPTESME , DE MARIAGE ET DE SEPULTURE , font des actes tirés des Regiftres deftinés pour mettre tous les baptêmes qui font adminiftrés , & tous les mariages qui font célébrés dans chaque Eglife , & auffi toutes les fépultures qui s'y font.

Les extraits tirés de ces Regiftres , & délivrés en bonne forme, font foi en Juftice. Ceux dont on veut fe fervir dans une autre Jurifdiction que celle du lieu d'où ils font tirés , doivent être légalifés par le Juge royal.

Quand on veut fe fervir d'un extrait baptiftaire pour les Ordres , la légalifation de l'Evêque fuffit.

Il eft défendu aux Notaires d'inferer dans les contrats ou obligations pour prêts , les déclarations de majorité , & les extraits baptiftaires des enfans de famille.

EXTRAITS DE BASTARD , fignifie dans quelques Coutumes le partage que les Seigneurs Hauts-Jufticiers font entr'eux felon l'étendue de leur Jurifdiction, des biens délaiffés par un bâtard qui eft décédé fans enfans , & fans avoir fait de teftament.

EXTRAORDINAIRE. Par procédure

extraordinaire, on entend une procédure criminelle. Ainsi, quand on civilise une affaire, & qu'on reçoit les Parties en procès ordinaire, on ajoute toujours, *sauf à reprendre l'extraordinaire, s'il y a lieu*, c'est-à-dire s'il survient quelque nouvelle preuve.

La procédure extraordinare est différente de la procédure ordinaire & civile. L'extraordinaire commence par une plainte ou par une dénonciation, & se poursuit par une information, récollement & confrontation de témoins, au lieu que la procédure ordinaire & civile commence par une action qui s'intente par un ajournement. *Voyez* ci-après Procès ordinaire & extraordinaire.

Le mot d'*extraordinaire* est pris dans une autre signification dans l'onzieme titre du liv. 47. du Digeste *de extraordinariis criminibus*.

Par crimes *extraordinaires*, on entend dans ce titre, ceux qui ne sont point punis par des peines, & des supplices marqués & désignés par quelque Loi ou par quelque Ordonnance, mais dont la punition dépend uniquement de l'arbitrage du Juge, eu égard aux circonstances dont ils se trouvent accompagnés.

Ainsi, la peine des crimes extraordinaires est incertaine ; au lieu que la peine des crimes ordinaires est certaine, puisqu'on entend par crimes ordinaires, ceux dont la peine est définie par quelque Loi.

EXUBERANCE. On se sert quelquefois au Palais de ce terme, pour signifier surabondance. Par exemple, on dit qu'un Avocat ne s'est servi d'un tel moyen, ou n'a pas produit une telle piece, que par exubérance de droit, pour marquer qu'il pouvoit bien gagner sa cause sans cela.

F

F A

FABRICATION DE FAUSSE MONNOIE. *Voyez* Fausse monnoie.

F A B R I Q U E, signifie le temporel, le revenu affecté à l'entretien d'une Eglise paroissiale, tant pour les réparations, que pour la célébration du Service. Il est gouverné par les Laïcs, qu'on nomme Marguilliers à Paris, & à la Campagne Fabriciens, Luminiers, Gagers, &c. On met des troncs & des bassins pour recevoir les aumônes qu'on fait à la Fabrique. On quête pour l'Œuvre & Fabrique de la Paroisse.

Les dispositions faites au profit des Fabriques sont valables ; comme je l'ai dit sur l'article 292. de la Coutume de Paris, nomb. 50.

L'administration des domaines & biens de la Fabrique d'une Eglise, est commise à des Marguilliers qui changent tous.les ans ou tous les deux ans, dont la charge est souvent finie avant qu'il ayent connoissance des affaires, & principalement de celles qui concernent les procès. C'est pourquoi on tient avec raison, que ces biens ne sont point sujets à la péremption d'instance, comme je le dis *verbo* Péremption.

Voyez ce qui est dit ici, lettre M, *verbo* Marguilliers, & lettre C, *verbo* Comptes des Marguilliers & Procureurs des Fabriques.

F A C T E U R, est pris en droit pour celui qui est chargé d'une procuration qui lui donne le pouvoir d'agir au nom d'un autre. Mais dans l'usage c'est une espéce de Commis préposé à la vente de certaines marchandises & denrées.

Quoique sa commission ne soit pas par écrit, c'est assez qu'il soit reconnu, pour qu'il puisse s'obliger, & même pour qu'il puisse engager celui

F A

dont il est avoué, pourvû que ce soit pour les affaire du négoce dont il se mêle.

La faveur du commerce fait que la minorité n'excuse pas le facteur, & ne le dispense pas de payer. Soefve, tom. 1. cent. 2. chap. 47. Charondas, liv. 4. rép. 95.

Le Facteur est domestique : ainsi celui qui vole son Maître, doit être condamné d'être pendu. La Rocheflavin, liv. 2. lettre L, tit. 2. Arrêt 2.

Facteur ou commis jouit du Privilége de son commettant ; *quapropter habet privilegium fori quod mandanti competit.* *Voyez* Papon. liv. 6. tit. 5. nomb. 5.

Les Facteurs sont comptables envers leurs Maîtres du maniment qu'ils ont eu. Bibliotéque de Bouchel, *verbo* Commis.

Le Facteur, Mandataire ou Commissionnaire, peut vendre à crédit les marchandises de son commettant, sans qu'il soit obligé de répondre de l'insolvabilité des acheteurs. Boniface, tom. 2. liv. 4. tit. 13.

Le commis ou Facteur d'un Trésorier de l'ordinaire de la guerre, ne peut demander aux héritiers de son Maître plus de trois années de ses gages, suivant l'Ordonnance de Louis XII. Il ne peut aussi demander compensation de ce qu'il doit à son Maître, ni dire que son Maître lui doit. Ainsi jugé par Arrêt rendu en la Cour des Aydes le 16. Mars 1674. rapporté dans le Journal du Palais.

Pour ce qui est des Billets & Lettres de change fait par des facteurs ou commis, *voyez* ce qui en est dit dans le Dictionnaire de M. Brillon, *verbo* Billets.

F A C T U M, est un Mémoire qui contient sommairement le fait sur lequel contestation est intervenue entre les Parties, avec les moyens sur lesquels on fonde sa prétention, & les réponses à la prétention & aux droits prétendus des Parties adverses. On les intituloit autrefois *Factums*, mais présentement cela n'eſt plus d'uſage ; on les intitule ordinairement *Mémoires*.

Pour empêcher que des Parties ne ſe donnent la licence d'inférer dans leurs Factums des faits injurieux contre leurs adverſaires, par Arrêt de la Cour du Parlement de Paris du 11. Août 1708. défenſes ſont faites à tous Imprimeurs & Libraires de Paris, d'imprimer aucuns Factums, Requêtes ou Mémoires, ſi les copies qu'on leur met entre les mains ne ſont ſignées d'un Avocat ou d'un Procureur: enjoint auxdits Imprimeurs & Libraires de mettre leurs noms au commencement ou à la fin deſdits Factums & Mémoires qu'ils auront imprimés ou fait imprimer.

On fait ſouvent au Parlement de Paris ſignifier des Factums , mais ils n'entrent pas pour cela en taxe.

Cette ſignification n'a point d'autre effet, ſi ce n'eſt que quand on rapporte l'affaire, le Rapporteur fait lecture du Factum qui a été ſignifié.

FACULTÉ , ſignifie le droit qu'on a de faire quelque choſe. On dit la faculté de contracter & de s'obliger , la faculté d'aliéner , la faculté de teſter , &c.

Sur quoi il faut remarquer que la faculté d'aliéner provient du droit de propriété, que nous avons dans les biens qui nous appartiennent : *Etenim quilibet eſt rei ſuæ moderator, poteſtque ad arbitrium de eâ diſponere , niſi lex arbitrium tollat.* Ainſi cette faculté d'aliéner un bien , inhérente à la propriété que l'on en a , deſcend du droit des gens.

Il n'en eſt pas de même de la faculté de teſter ; car elle ne deſcend pas du droit des gens , attendu que c'eſt une eſpece de Loi que le teſtateur fait à ſa poſtérité ; il faut qu'elle provienne de l'autorité publique. D'ailleurs, le teſtament contient une diſpoſition des biens du teſtateur , qui ne peut avoir effet qu'après ſa mort, tems auquel ſon droit de propriété ſera éteint.*Itaque teſtamurnon jure Dominii , ſed jure Legis* ; comme je l'ai expliqué ſur le commencement du douzieme titre du ſecond livre des Inſtitutes de Juſtinien.

FACULTÉ , ſignifie auſſi quelquefois un droit particulier , qu'on peut exercer en conſéquence de quelque privilege , ou de quelque convention ; & ce droit conſiſte à faire quelque choſe , ou ne la pas faire.

Lorſque la faculté eſt perſonnelle , elle ne paſſe point aux héritiers.

Ainſi la faculté accordée à la femme en cas de renonciation, de reprendre tout ce qu'elle aura apporté, ne paſſe point à ſes héritiers , ſi cette même faculté ne leur eſt pas accordée expreſſément. M. le Prêtre , cent. 3. chap. 86. & 87.

Voici une autre diſtinction du droit que l'on a de faire ou ne pas faire les choſes. Il y a trois ſortes de ces facultés : les unes ſont purement utiles, comme la faculté d'accepter une ſucceſſion, ou d'y renoncer , & ce droit paſſe aux héritiers & aux créanciers de ceux qui l'ont ; les autres ſont purement perſonnelles, comme le retrait lignager , &

ces ſortes de facultés ne ſont ni tranſmiſſibles , ni ceſſibles ; & les autres enfin ſont mixtes, qui ne ſont pas tranſmiſſibles , mais que l'on peut ceder, comme le droit d'accepter une continuation de communauté.

Voyez M. de Perchambault ſur la Coutume de Bretagne , tit. 15. pag. 417.

FACULTÉ DE FAIRE QUELQUE CHOSE , eſt de deux ſortes ; l'une procede de la nature ou de la Loi , & l'autre provient de la convention des Parties.

La faculté qui procede de la nature ou de la Loi, dépend entiérement de celui à qui elle eſt accordée , & ne ſe peut preſcrire par quelque laps de tems que ce ſoit.

La faculté qui provient de la convention des Parties , ne dure que trente ans , quand elle eſt indéfinie & ſans préfinition de tems ; mais quand dans la convention le tems dans lequel la faculté doit être exécutée eſt défini , ce délai n'eſt pas péremptoire ; il faut encore une Sentence qui donne quelque tems pour exécuter la faculté de faire ce dont il eſt queſtion, & qui porte qu'après ce tems l'on en ſera déchu.

Voyez ce que j'ai dit ci-deſſus , lettre C , en parlant de choſe de pure faculté.

FACULTÉ DE REMERÉ OU RACHETER , eſt une clauſe que les vendeurs appoſent quelquefois dans les contrats de ventes d'héritages, par laquelle ils ſtipulent qu'il leur ſera permis de racheter l'héritage qu'ils vendent dans un certain tems , en rendant à l'acquéreur le même prix qu'ils en ont reçu.

Quelquefois la faculté de remeré eſt ſtipulée à perpétuité,& pour lors elle ſe preſcrit par trente ans.

En vente faite à faculté de rachat , les droits ſont dûs au Seigneur ou Fermier du jour de la vente , & non de la faculté expirée. Loyſel , liv. 3. tit. 4. regle 20.

Voyez la Note que M. Lauriere a faite deſſus.

Touchant la faculté de remeré. *Voyez* ci-après Remeré.

FACULTÉ , ſe dit quelquefois des Compagnies d'une Univerſité.

Il y a quatre Facultés qui compoſent l'Univerſité de Paris ; ſçavoir , la Faculté de Théologie, celle de Droit , celle de Médecine , & celle des Arts. Les trois premieres ſont appellées les trois Facultés ſupérieures.

La Faculté des Arts comprend les Humanités & la Philoſophie. Elle eſt diviſée en quatre Nations, la Nation de France , la Nation de Picardie , la Nation de Normandie , & la Nation d'Allemagne, qui comprend toutes les Nations étrangeres.

FAILLITE , eſt une eſpece de banqueroute cauſée par incendie , guerre , perte de vaiſſeau , ou autre accident imprévu qui nous rend inſolvables, ſans qu'il y ait de notre faute , & ſans ſouſtraction frauduleuſe de nos effets.

Ainſi la faillite eſt diſtinguée de celle qui eſt appellée véritable banqueroute, qui eſt toujours frauduleuſe. En effet , la faillite eſt forcée , & la banqueroute eſt volontaire.

Un failli eſt celui qui ne paye point à l'échéance les Lettres de change qu'il a acceptées ; qui ne rend pas l'argent à ceux à qui il a fourni leurs Lettres de change qui font revenues à proteſt, & qui lui ont été dénoncées ; enfin qu'il n'acquitte point ſes engagemens, à cauſe de l'impuiſſance où d'ont réduit les révolutions imprévues du commerce ou quelqu'autre accident ſubit.

Le banqueroutier au contraire, eſt celui qui par un eſprit, un deſſein de fraude, une fourberie meditée, met à couvert ſes effets, pour en fruſter ſes créanciers, & pour ſe les approprier, en extorquant d'eux un traité où il obtient des remiſes d'une grande partie de ce qu'il leur doit.

Ceux qui ſont convaincus d'avoir fait banqueroute, ſont infames, & doivent être punis de peines afflictives ; ce qui n'a pas lieu à l'égard de ceux qui ont fait faillite : auſſi l'art. 144. de l'Ordonnance de 1629. les met à l'abri de l'infamie ; mais cela n'empêche pas qu'ils ne ſoient couverts d'une eſpéce de flétriſſure qui les dégrade parmi les Marchands.

La faillite eſt réputée ouverte du jour que le débiteur ſe ſera retiré, ou que le ſcellé aura été appoſé ſur ſes biens, ou qu'il aura ceſſé de payer ſes Billets & Lettres de Change qui auront été proteſtées.

Voyez Banqueroute.

FAIT. *Voyez* ci-après Queſtion de fait ou de droit.

PROPRE FAIT. C'eſt un principe certain, que *nemo adverſus factum ſuum venire poteſt. Leg. 25. ff. de adoptionib. Voyez* ce qui eſt dit à ce ſujet dans le tome 17. des Cauſes célebres, à l'endroit où il eſt parlé de la conteſtation inutilement formée par la Demoiſelle Duclos, pour établir la nullité de ſon mariage.

FAIT D'AUTRUI, ne profite ni ne préjudicie à un tiers. *Res inter alios acta neque prodeſt alteri, neque nocet.* Ainſi le fils aîné renonçant à ſon droit d'aîneſſe en faveur de ſon troiſiéme frere, ne peut préjudicier au ſecond.

Pareillement, le premier créancier qui conſent que ſon hypothéque ſoit tranſmiſe au troiſiéme créancier, ne préjudicie point au ſecond qui ſuccede en ſa place, & devient le premier.

FAIT DE CHARGE, eſt une malverſation, ou une omiſſion frauduleuſe, ou une dette cauſée par une eſpéce de dépôt néceſſaire en conſéquence de la Charge, ou un fait valablement déſavoué, dont eſt tenu un Officier qui a prévariqué dans les fonctions de ſa Charge, ou qui a excédé ſon pouvoir.

La réparation du dommage qui réſulte d'un fait de Charge, a un tel privilege ſur l'Office de celui qui en eſt reſponſable, qu'elle eſt preferée à toute autre créance hypothécaire antérieure, & même privilégiée.

La foi publique fait donner cette préférence ſur tous les autres créanciers de l'Officier. La Charge doit répondre ſpécialement des fautes de celui qui en eſt revêtu, préférablement à tous créanciers, même à ceux qui lui ont prêté leur argent pour l'acquiſition de ſa Charge.

La raiſon eſt, que ceux-ci ont contracté volontairement avec lui comme avec un ſimple Particulier ; au lieu que ceux à qui l'Officier doit pour fait de Charge, n'ont contracté avec lui que par occaſion de ſa Charge, & ſur la confiance qu'elle répondroit ſpécialement de tout ce qu'il pourroit faire mal-à-propos dans ſon miniſtere.

FAIT NEGATIF, eſt un fait que l'on nie. L'on ne doit pas être admis à faire preuve d'une choſe que l'on nie purement & ſimplement, *quia per rerum naturam factum negantis nulla probatio eſt.*

Ainſi celui qui nie que celui qui prétend lui avoir prêté de l'argent, ne lui en a pas prêté, ſe retranche purement ſur une négative dont la preuve eſt impoſſible.

Mais la preuve ſe peut faire d'une négative qui contient une affirmation ; comme ſi celui que l'on prétend avoir été préſent à un acte, nie que cela ſoit, & allégue que pendant tout le jour que l'on prétend que cet acte a été paſſé, il étoit dans un autre lieu ; cette négative renferme en ſoi une allégation affirmative qui ſe peut prouver. *Leg. 14. cod. de contrahenda & commit. ſtipulat.*

FAITS ET ARTICLES, ſont ceux ſur leſquels une Partie fait en matiere civile interroger ſa Partie adverſe.

C'eſt ce qui arrive quand de la connoiſſance de ces faits dépend le Jugement de la cauſe ou du différend en queſtion.

Poſons que les héritiers d'un défunt prétendent qu'un legs par lui fait à quelqu'un, avoit été fait à condition ſecrette de le rendre à ſa femme ; (ce qui eſt défendu par notre Coutume) pour prouver ce fidéicommis tacite par des circonſtances & faits intervenu entre le défunt & le légataire, ils peuvent demander que le légataire ſoit interrogé ſur pluſieurs faits & articles propoſés, afin que par la confeſſion d'iceux ils puiſſent prouver que le legs n'a été fait au légataire qu'à la charge de le rendre à la femme du défunt contre la prohibition de la Coutume.

Voyez Interrogatoire ſur faits & articles.

FAITS SECRETS, ſont ceux qu'on donne en particulier & ſéparément au Juge, pour être par lui propoſés comme d'office, & qu'on ne ſignifie point à celui que l'on veut faire interroger ſur faits & articles, de crainte qu'il n'étudie ſes réponſes.

On ne lui fait ſignifier que des faits vagues, & on met entre les mains du Juge commis, qui doit procéder à l'interrogatoire, des faits ſecrets, ſur leſquels, il l'interroge d'office, & de ſon propre mouvement.

C'eſt un innocent artifice que la Juſtice permet, & même une précaution que l'Ordonnance approuve, afin de parvenir plus ſûrement à la connoiſſance de la vérité, qui doit être la régle de tous les Jugemens.

Voyez Interrogatoire ſur faits & articles.

FAITS JUSTIFICATIFS, ſont ceux qu'un accuſé allégue pour prouver ſon innocence. Sur quoi *voyez* le titre 28. de l'Ordonnance de 1679. où cette matiere eſt amplement diſcutée.

Rien n'eſt ſi naturel que de défendre ſon innocence ; il eſt permis au Juge de faire d'office la preuve des

des faits qui peuvent contribuer à justifier l'accusé.

Ainsi, lorsqu'il y a dans les réponses de l'accusé, & dans les reproches par lui donnés contre les témoins qui lui ont été confrontés, des faits justificatifs de son innocence, le Juge doit le recevoir à en faire la preuve. C'est même une maxime en matiere criminelle, que ce qui peut servir à justifier un accusé, ne peut pas être rejetté par le Juge, même du consentement de l'accusé ; un tel consentement seroit un vrai trait de folie ou de désespoir, auquel le Juge ne devroit avoir aucun égard.

L'accusé, après avoir dénié le crime, est recevable en tout état de cause, avant le Jugement définitif, à proposer des faits justificatifs, même dans l'interrogatoire sur la sellette ; auquel cas ils doivent être reçus, pourvû qu'il n'y ait pas de preuves concluantes contre lui au procès.

Néanmoins les Juges, même ceux des Cours souveraines, ne peuvent ordonner la preuve des faits justificatifs, ni entendre aucuns témoins pour y parvenir, qu'après la visite du procès ; art. 1. du tit. 28. de l'Ordonnance de 1670. c'est-à-dire, que la preuve des faits justificatifs ne doit être admise, que lorsqu'après les confrontations faites & parfaites, le Juge en voyant diligemment le procès, trouve que l'accusé a allégué des faits péremptoires servans à sa décharge.

La raison est, que l'accusation doit précéder qu'il seroit fort inutile que l'accusé s'engageât à faire les preuves des faits justificatifs, ou des reproches des témoins, s'il n'étoit point chargé par les informations & autres procédures faites contre lui.

L'accusé ne peut être admis à faire preuve d'aucuns faits justificatifs, que de ceux qui auront été choisis par les Juges, au nombre de ceux que l'accusé aura articulés dans les interrogatoires & confrontations. Art. 2. du même titre 28. de l'Ordonnance de 1670.

Mais entre les faits justificatifs, celui qui est appellé l'alibi, est très-péremptoire & très-pertinent, pourvû qu'il apparoisse que non-seulement on n'a pas été dans le lieu où le crime a été commis dans le tems qu'il a été fait, mais même qu'on en a été si éloigné, qu'il n'y a pas de vraisemblance que l'accusé en soit coupable.

Comme on ne peut pas prouver un fait, purement négatif, le Juge n'admet jamais l'accusé à faire preuve d'un tel fait. Voyez Fait négatif.

Les faits doivent être inférés dans le même Jugement qui en ordonne la preuve, suivant l'art. 3. du même titre.

Ce Jugement doit être prononcé incessamment à l'accusé par le Juge, au plus tard dans vingt-quatre heures. En conséquence l'accusé doit être interpellé de nommer les témoins par lesquels il entend justifier les faits qui vont à sa décharge : ce qu'il doit faire sur le champ ; autrement il n'y seroit plus recevable, suivant l'art. 4.

L'accusé, pour la preuve de ses faits justificatifs, se peut aider des domestiques, parens, & même des témoins qui lui ont été confrontés, & contre qui il a fourni de reproches, sans pour cela se départir de ces mêmes reproches.

Après que l'accusé a nommé une fois des témoins, il ne peut plus en nommer d'autres, & il ne peut point être élargi pendant l'instruction de la preuve des faits justificatifs.

Les témoins qui sont nommés par l'accusé pour la preuve de ses faits justificatifs, doivent être assignés à la Requête du Procureur du Roi, ou de celui du Seigneur, & ils sont tous ouis d'office par le Juge.

C'est aux frais de l'accusé que se doit faire la preuve, s'il est en état de le faire, auquel cas il doit consigner au Greffe la somme qui sera ordonnée par le Juge. Mais s'il n'est pas en état de le faire, les frais de la preuve des faits justificatifs doivent être avancés par la partie civile, s'il y en a ; & s'il n'y en a point, par le Procureur du Roi, ou par les Engagistes des Domaines du Roi, ou par les Seigneurs Hauts-Justiciers, chacun à son égard, suivant l'article 7.

L'enquête étant achevée, doit être communiquée aux Procureurs du Roi, ou des Seigneurs, pour donner leurs conclusions, & à la Partie civile, s'il y en a, & doit être jointe au procès, suivant l'art. 8.

Les Parties peuvent donner leurs Requêtes sur le fait de l'enquête, & y ajouter telles pieces qu'elles aviseront ; à la charge de les faire signifier respectivement, & d'en bailler copie, sans que pour raison de ce il soit besoin de prendre aucun réglement, ni de faire une plus ample instruction.

L'Ordonnance ne veut pas que pendant l'instruction de la preuve des faits justificatifs, l'accusé soit élargi.

Au reste, un accusé qui a été condamné par un Jugement rendu par une Cour souveraine, ne peut pas être admis à des faits justificatifs, ni directement, ni indirectement. Si l'on admettoit un accusé condamné par un tel Jugement à justifier son innocence, ce seroit se jouer des ouvrages les plus sérieux de la Justice, ce seroit renverser les régles les plus inviolables, & ouvrir une porte pour sauver les plus grands criminels, ceux même contre lesquels il y auroit une plus grande conviction.

FAITS NOUVEAUX, sont ceux qui n'ont pas encore été allégués au procès, & dont une Partie demande à faire preuve.

Quand on veut articuler quelques faits nouveaux qu'on croit décisifs, on doit les proposer par une simple Requête, & demander qu'en cas que la partie adverse les dénie, on donne acte au suppliant de l'offre qu'il fait d'en faire preuve, tant par titre que par témoins, dans le tems qu'il plaira au Juge ordonner.

Cette Requête étant signifiée & jointe au procès, le défendeur y peut répondre par une autre Requête, par laquelle contre les faits allégués par la Partie adverse, il oppose ce qu'il juge le plus à propos pour les détruire.

Ensuite il conclut à ce qu'il lui soit donné acte de ce qu'il employe pour réponse le contenu en sa Requête.

Quand les faits sont niés par le défendeur, le Juge ordonne que les Parties en informeront.

En conſéquence de cet appointement à informer ; on fait les mêmes procédures qui ſe pratiquent dans les autres enquêtes.

FAIT DU PRINCE. La régle eſt, que ſoit dans les acquiſitions de biens du Domaine, ou de rentes ſur l'Hôtel-de-Ville, ceux de qui les tient, ne ſont point tenus de faits du Prince, à moins qu'ils n'en ayent expreſſément promis la garantie.

FALCIDIE. Voyez Quarte-Falcidie.

FALCIFIER, c'eſt ajouter à une piéce, ou en retrancher quelque choſe, au préjudice d'un tiers.

FAMILLE, eſt l'aſſemblage de pluſieurs perſonnes qui vivent ſous un même chef, & ſous ſa dépendance.

Ce chef eſt appellé pere de famille, & a le gouvernement de ceux qui dépendent de lui, qui ſont ſes fils & filles de familles.

Familiæ appellatione, liberi quoque continentur. Leg. 40. ff. de verb. ſignif.

Voyez la Loi 195. du même titre, où ſont rapportées les différentes ſignifications du mot de familles, & les perſonnes & les choſes qui ſont entendues ſous ce terme.

En matiére de ſubſtitution, il comprend non-ſeulement la ligne directe du teſtateur, mais encore la ligne collatérale.

Celui qui eſt chargé par le teſtateur de rendre ſa ſucceſſion à un de la famille, ſans autre déſignation, la peut rendre à qui bon lui ſemble, pourvû qu'il ſoit de la famille, ſans avoir égard à la proximité de degré. La Peyrere, lett. F.

FAMILLE, ſe prend encore pour les perſonnes, qui étant iſſues d'une ſouche commune, ſont unies enſemble par le lien de la parenté.

FAVEUR DES CONTRATS DE MARIAGE, eſt une prérogative toute particuliere, qui les fait regarder comme la Loi des familles, à laquelle les Loix mêmes ne touchent point, à moins qu'il ne s'y rencontre quelque clauſe contre les bonnes mœurs.

Ainſi les contrats de mariage ſont ſuſceptibles de toutes ſortes de clauſes, non-ſeulement de toutes celles qui peuvent être inſérées dans les autres contrats, mais encore de celles qui ne ſeroient pas admiſes dans d'autres actes, ſoit pour être contre les diſpoſitions préciſes des Coutumes & des Loix, ſoit pour être contre les principes mêmes, pourvû que telles clauſes ne ſoient pas contre les bonnes mœurs.

On change dans les contrats de mariage la nature des biens, par des ameubliſſemens & des ſtipulations de propres.

On y transfere la ſucceſſion aux héritiers les plus éloignés.

On y déroge aux Coutumes ; & c'eſt pour cette raiſon que M. Charles Dumoulin, ſur l'art. 161. de la Coutume de Paris, qui portoit, que *donner & retenir ne vaut*, ajoute que cela eſt bon contre les *fraudes, partant n'a lieu ès traités de mariage.*

On peut donner par contrat de mariage à des perſonnes qui ne ſont pas encore au monde.

On y peut faire des donations valables, ſans qu'elles ayent beſoin d'être acceptées. Les dona-

tions qui y ſont faites par les peres & meres à leurs enfans, ne ſont point ſujettes à inſinuation.

Les conventions qui ſont ſtipulées par contrat de mariage, emportent hypotheque légale, ſans être ſujettes à aucunes formalités, même en pays de nantiſſement.

On peut ſtipuler par contrat de mariage une communauté, quoiqu'en Pays de Droit écrit, & ſtipuler dans les Pays coutumiers qu'il n'y aura point de communauté.

On peut par contrat de mariage faire inſtitutions contractuelles, tant en Pays coutumier, qu'en Pays de Droit écrit, comme nous avons dit, verbo Inſtitution contractuelle.

Les renonciations des enfans aux ſucceſſions futures de leurs peres & de leurs meres, faites par contrat de mariage, ſont valables ; & on prive ainſi les enfans de ce qui leur eſt plutôt dû par la loi de la nature, que par le droit poſitif.

Quoique le mari & la femme ne puiſſent en pays coutumier s'avantager l'un l'autre directement ni indirectement, néanmoins avant le mariage & par le contrat il eſt permis aux futurs conjoints de donner à l'un d'eux toutes ſes biens meubles & immeubles, propres naiſſans & anciens, ſans qu'un tel avantage puiſſe être réputé indirect.

La faveur de ces contrats eſt ſi grande, qu'il eſt permis de déroger par le contrat de mariage aux diſpoſitions des Coutumes.

Cependant il faut remarquer, I°. que pour faire de pareilles donations univerſelles, il faut que les contractans ayent la pleine & entiere diſpoſition de leurs biens, & que la donation ne ſoit point faite en fraude des enfans d'un premier lit. Voyez la Note de Godefroy ſur la Loi Nulla, cod. de jure dotium.

II°. Qu'une clauſe qui porteroit réſerve aux conjoints de pouvoir s'avantager pendant le mariage, ſeroit nulle & de nul effet ; parce que, pour que la donation puiſſe valider, il faut qu'elle ſe faſſe in inſtanti, & avant le mariage. Néanmoins ces ſortes de réſerves ſont permiſes dans la Coutume de Bourgogne, en l'art. 7. du tit. 4. *Quod eſt valdè captioſum,* dit Dumoulin, *ad recludendam diſpoſitionem juris communis, & conſuetudinis ; & certè licentioſa hæc conventio non debet paſſim admitti.* Voyez Taiſand ſur cet article.

III°. Qu'on ne peut pas ſtipuler dans un contrat de mariage, que ſi le mari vient à vendre de ſes propres, le prix en entrera en communauté, parce que cette ſtipulation eſt un avantage indirect en faveur de la femme, en ce que le mari pourroit, en vertu d'une telle clauſe, lui faire part de tous ſes propres, dans leſquels elle ne peut rien eſpérer.

Toute cette faveur des contrats de mariage, dont nous avons parlé ci-deſſus, eſt fondée ſur deux raiſons.

La premiere eſt qu'on ne peut trop favoriſer un contrat, qui eſt le ſoutien d'un état, l'appui des familles, & le lien de la ſociété civile.

La ſeconde eſt, que le mariage ne pouvant ſe rétracter, il ne ſeroit pas juſte de donner atteinte aux conditions, ſans leſquelles il n'auroit pas été fait.

FAUSSAIRE, eſt celui qui fait des actes faux, ou qui les altére. Sur quoi *voyez* ce qui eſt dit ici, *verbo* Faux.

FAUSSETÉ, eſt le déguiſément de la vérité, ou l'altération d'une choſe vraie. *Voyez* Faux.

FAUSSE MONNOIE, eſt une eſpece de fauſſeté qui offenſe la Majeſté du Prince.

Non-ſeulement ceux qui fabriquent la fauſſe monnoie ſont coupables de ce crime, mais encore ceux qui alterent la bonne en la rognant ou en la diminuant par des eaux fortes; comme auſſi ceux qui expoſent la fauſſe monnoie en public de concert avec les Faux-Monnoyeurs, ou qui leurs prêtent leurs maiſons pour la fabrication de la fauſſe monnoie. Ceux même qui fabriquent la monnoie par ordre du Prince, & qui la font ou plus foible ou plus légere qu'elle ne doit être, ſont auſſi coupables du crime de fauſſe monnoie.

Ce crime eſt capital, & par conſéquent confiſ-que le corps & les biens dans les Provinces où la confiſcation des biens a lieu; & dans les autres où la confiſcation n'a point lieu, le crime de la fauſſe monnoie eſt excepté de la regle, comme étant une eſpece de leze-Majeſté.

C'eſt ſur ce fondement que la Coutume de Ca-lais porte en l'art. 250. qui confiſque le corps, ne confiſque pas les biens excepté pour le crime de leze-Majeſté divine & humaine, ou de fauſſe mon-noie.

Bien plus, la maiſon où a été fabriquée la fauſſe monnoie eſt confiſquée ſur le propriétaire, qui en ayant eu connoiſſance, ne l'a pas empêché, ni dé-noncé en Juſtice.

Par les Loix tant du Code que du Digeſte, le crime de fauſſe monnoie eſt déclaré capital. La Loi ſeconde, au code *de falſâ monetâ*, le qualifie de crime de leze-Majeſté, & ordonne que ceux qui en ſont coupables ſoient punis de la peine du feu.

Quoique le crime de fauſſe monnoie ſoit de leze-Majeſté, il n'oblige cependant pas les peres & les enfans, le mari & la femme de ſe dénoncer les uns les autres, comme y ſont obligés dans le cas de leze-majeſté au premier chef. Deſpeiſſe, tome 2. pag. 673.

Parminous, le ſupplice ordinaire des Faux-Mon-noyeurs eſt le gibet. Non ſeulement ceux qui for-gent & fabriquent de la fauſſe monnoie ſont con-damnés à cette peine, mais auſſi tous ceux qui ſont fauteurs & participans de ce crime.

Tels ſont, Iº. ceux qui altérent la bonne mon-noie.

IIº. Ceux qui la rognent & la rendent du fort au foible.

IIIº. Ceux qui ſciemment & en connoiſſance de cauſe débitent la fauſſe monnoie, ou prêtent leur maiſon pour ce mauvais commerce.

Voyez les Ordonnances de François I. des an-nées 1536. & 1540. & celle d'Henri II. de l'année 1549. & *Julius Clarus*, lib. 5. ſententiar. §. fal-ſum.

Au reſte, ce crime eſt qualifié crime de léze-Majeſté, parce que le droit de faire battre mon-noie eſt une des plus éminentes marques de Souve-raineté. Ainſi ce droit eſt interdit non ſeulement aux Particuliers, mais aux plus puiſſans Seigneurs de l'Etat.

Voyez Monnoie. *Voyez* Chorier, Juriſprudence de Guy Pape, pag. 283.

FAUTE, eſt une ignorance ou une impéritie. Il y en a de trois ſortes; ſçavoir, la lourde faute, la légere, & la faute très-légere.

Voyez ce que j'en ai dit dans ma Traduction des Inſtitutes, ſur le §. dernier du troiſiéme Livre.

FAUX. Le crime de faux eſt une ſuppoſition frauduleuſe pour détruire, altérer ou obſcurcir la vérité.

Le faux ſe commet ou contre le Roi, ou contre le Public, ou contre les Particuliers.

Il ſe commet contre le Roi par les fauſſes fabrications, altérations, corruptions, déguiſe-mens de monnoie, & par les falſifications des Pa-tentes & autres Lettres de Sa Majeſté, & de ſes Sceaux.

Il ſe commet contre le Public par les faux poids & les Fauſſes meſures.

Contre les Particuliers par les faux témoignages, les faux contrats, les fauſſes écritures & ſignatu-res, & les altérations qui s'y rencontrent; comme ratures, interlignes & additions en marge.

Le faux ſe commet par paroles, par écritures & par faits.

Par paroles, en faiſant de faux ſermens en Juſ-tice pour ſe faire décharger d'une demande, ou en portant un faux témoignage. La peine de ce crime eſt arbitraire dans ce Royaume.

Par écritures, en fabriquant de Fauſſes obliga-tions, contrats ou billets, ou bien en falſifiant des écritures vraies, en faiſant des additions ou ſouſ-tration de feuillets, de lignes ou de mots, ou en changeant les noms des perſonnes ou les dates d'un acte. Il ſe peut commettre non-ſeulement en addition, mais auſſi en omiſſion. Charondas, liv. 4. chap. 89.

Ce faux eſt ordinairement puni ou de banniſſe-ment, ou de confiſcation de tous les biens, & quel-quefois de mort, quand il eſt commis par un Notaire ou autre Officier dans l'exercice de ſa Charge.

Tous les dépoſitaires de la foi publique qui com-mettent des fauſſetés dans les fonctions de leurs Charges, doivent être condamnés à mort. Cho-rier, Juriſprudence de Guy Pape, pag. 275. Sur quoi il faut remarquer que lorſqu'un Notaire, dont le caractere eſt public, eſt condamné pour fauſſeté par lui commiſe en ſa charge, à faire amende ho-norable, & enſuite à être pendu ou banni à perpé-tuité, ſon Office eſt acquis au Seigneur par engage-ment, non par droit de confiſcation, mais par droit de réverſion, *pleno jure*, ſans charges d'aucunes dettes, même de la réparation civile adjugée pour raiſon de la fauſſeté. Ainſi jugé par Arrêt du 9. Juin, rapporté par Brodeau ſur Louet, lett. C, ſomm. 53. nomb. 6.

Touchant la peine des Fauſſaires, *voyez* M. le Prêtre, cent. 2. chap. 56.

» Voici ce que porte l'Edit du mois de Mars 1680.
» Le Roi François I. l'un de nos Prédéceſſeurs au-
» roit par ſon Edit du mois de Mars 1531. ordonné
» la peine de mort contre tous ceux qui ſeroient
» convaincus par Juſtice d'avoir fait & paſſé de
» faux contrats, & porté faux témoignages, croyant
» pouvoir par la ſévérité de ſon Ordonnance, &
» l'appréhenſion que les Officiers, qui ſont les pre-
» miers dépoſitaires de la foi publique, auroient du
» châtiment, reprimer dans la ſource la fréquence
» d'un crime qui attaque ſinguliérement la ſociété
» civile, & qui trouble le repos & la ſûreté des fa-
» milles ; néanmoins, comme il eſt vrai que les No-
» taires ne ſont pas les ſeuls qui ſoient les dépoſitai-
» res de la foi publique, puiſqu'on ne contracte pas
» moins en Juſtice que pardevant eux ; & qu'il eſt
» auſſi important d'empêcher que les autres Officiers
» & Miniſtres, auxquels nous avons confié notre au-
» torité, en conſervent religieuſement le dépôt, &
» ſoient détournés d'en abuſer ; & que cependant
» quelques-uns de nos Juges ont été perſuadés que
» l'Ordonnance comprenant ſeulement les Notaires
» & les témoins, ne leur laiſſoit pas la liberté de
» condamner à mort les Officiers & Miniſtres qui
» ſont convaincus d'avoir commis fauſſeté ; ce qui
» auroit cauſé beaucoup de diverſité dans leurs Ju-
» gemens, & donné eſpérance d'impunité aux cou-
» pables : à quoi étant néceſſité de pourvoir, & d'ar-
» rêter le cours d'un mal qui ſeroit plus à craindre,
» s'il n'étoit prévenu par la rigueur de la peine.
» A CES CAUSES, & autres conſidérations à ce
» Nous mouvans de l'avis de notre Conſeil, qui a
» vû ladite Ordonnance du mois de Mars 1531. de
» notre ſcience, pleine puiſſance, & autorité roya-
» le. Nous avons dit, ſtatué & ordonné, & par
» ces préſentes ſignées de notre main, diſons, ſta-
» tuons & ordonnons, voulons & nous plaît, que
» ladite Ordonnance du mois de Mars 1531. ſoit
» obſervée ponctuellement ſelon ſa forme & te-
» neur, & y ajoutant, que tous Juges, Greffiers,
» Miniſtres de Juſtice, de Police & Finances, tant
» des Cours ſupérieures que ſubalternes, comme
» auſſi ceux des Officialités & des Juſtices des Sei-
» gneurs, les Officiers & Miniſtres de Chancel-
» leries, les Gardes des Livres & Regiſtres des
» Chambres des Comptes, & des Bureaux des Fi-
» nances, & ceux des Hôtels-de-Villes, les Archi-
» viers, & généralement toutes perſonnes faiſant
» fonction publique par Office, Commiſſion ou Sub-
» délégation, leurs Clercs & Commis qui ſeront
» atteints & convaincus d'avoir commis fauſſeté
» dans la fonction de leurs Offices, Commiſſions
» & Emplois, ſeront punis de mort, telle que les
» Juges l'arbitreront, ſelon l'exigence des cas.
» Et à l'égard de ceux qui n'étant Officiers, &
» qui n'ayant aucune fonction au miniſtere public,
» Commiſſion ou Emploi de la qualité ci-deſſus,
» auront commis quelque fauſſeté, ou qui étant
» Officiers, les auront commis hors la fonction de
» leurs Offices, Commiſſions ou Emplois, les Ju-
» ges pourront les condamner à telles peines qu'ils
» jugeront, même de mort, ſelon l'exigence des
» cas & la qualité des crimes.

» Voulons en outre, que tous ceux qui auront
» falſifié les Lettres de notre Grande Chancellerie,
» & de celles qui ſont établies près nos Cours de
» Parlement, imité, contrefait, appliqué ou ſup-
» poſé nos Grands & Petits Sceaux, ſoit qu'ils ſoient
» Officiers, Miniſtres, ou Commis de noſdites
» Chancelleries, ou non, ſoient punis de mort.

La Déclaration du 10. Août 1699. porte peine
de mort contre tous ceux qui contrefont les ſignatures des Conſeillers & Secrétaires d'Etat, & autres Officiers de Juſtice concernant leſditesCharges.

Enfin la Déclaration du 4. Mai 1720. porte peine
de mort contre ceux qui ſeront convaincus d'avoir
imité, contrefait, ou altéré les Ordonnances tirées
ſur le Tréſor royal, états, diſtributions, reſcrip-
tions, &c. & les papiers royaux. Cette Déclaration ordonne l'exécution de celles du mois de Mars
1531. & 1680. du 20. Août 1699. & de l'article 8.
des Lettres Patentes du 2. Mai 1716.

L'art. 20. du titre commun de l'Ordonnance de
1681. porte, que les Commis & autres ayant ſerment en Juſtice, qui auront fabriqué ou fait fabri-
quer des faux Regiſtres ſignés d'eux, ou contrefait
la ſignature des Juges, ſeront punis de mort.

Dans les deux articles ſuivans il eſt dit, que les
Particuliers redevables des droits du Roi, qui auront falſifié les marques des Commis & autres ayant
ſerment en Juſtice, les congés, acquits, paſſavans,
certificats & autres actes qui leur doivent être délivrés par le Commis, comme auſſi les chartes parties, connoiſſemens & lettres de voiture, ſeront
condamnés pour la premiere fois au fouet & à un
banniſſement de cinq ans de l'Election où la falſifi-
cation aura été commiſe, avec amende qui ne pourra être moindre que le quart de leur bien ; & en
cas de récidive, aux galeres pour neuf ans : avec
amende qui ſera de la moitié de leurs biens.

Toutes ces Ordonnances ſont ſuivies ; enforte que
tous Officiers & Commis qui ont commis quelque
fauſſeté dans la fonction de leur Office ou Commiſſion, ſont ordinairement condamnés à être pendus ; à l'égard des autres, ils ſont condamnés au
banniſſement ou aux galeres.

Pour ce qui eſt de la procédure qui s'obſerve
quand on veut ſe pourvoir contre une obligation,
ou contre une autre piece qu'on prétend fauſſe,
voyez ci-après Inſcriptions de faux, où nous avons
auſſi expliqué par quel tems le crime de faux ſe
preſcrit.

Voici quelques obſervations touchant le faux qui
ſe commet par écriture.

La fauſſeté d'une piece d'écriture privée n'induit
pas la fauſſeté d'un acte public énoncé dans la piece déclarée fauſſe. La Peyrere, lett. F, nomb. 4.

La fauſſeté commiſe par une Partie ne doit pas
lui faire perdre ſon procès, ſi d'ailleurs la cauſe eſt
bonne, à moins toutefois que la fauſſeté ne fût commiſe aux actes qui concernent l'affaire dont eſt queſtion entre les Parties. La Peyrere lett. F, nomb. 3.

Si un acte eſt debattu de faux, & que pour preuve on en produiſe un contraire qui ſoit auſſi débat-
tu de faux, il faut joindre les deux inſtances, &
ne pas traiter la derniere comme récriminatrice.

Ainfi jugé au Parlement d'Aix le 14. Février 1671. Boniface , tome 5. liv. 3. tit. 2. chap. 10.

Faits contraires qui impugnent un écrit ne font point admiffibles fans infcription de faux. Papon , liv. 9. tit. 11. nomb. 2.

L'exception de faux n'empêche pas la provifion du contrat en donnant caution. *Voyez* Papon , liv. 18. tit. 1. nomb. 11. 19. 25. & 29.

On ne peut compofer pour crime de faux. Papon , liv. 23. tit. 2. nomb. 5. Bouvot , tom. 2. *verbo* Faux , queft. 9. Mais un obligation ayant été déclarée fauffe pardevant un Juge , on ne peut demander la provifion de cette obligation pardevant un autre Juge. Charondas , liv. 6. rép. 41.

La déclaration que fait un accufé , que la fauffeté eft de lui , ne fuffit pas pour le convaincre ; il faut procéder à un rapport fur pieces de comparaifon ; comme il a été jugé au Parlement de Paris en 1703. Mémoires du Clergé , édition de 1719. tom. 7. pag. 856.

Si un Jugement étoit rendu fur une piece fauffe , comme fi une Partie avoit produit une obligation , & que le Juge eût condamné fur cette obligation l'autre Partie , en ce cas le fait de faux feroit un bon moyen de Requête civile. M. le Prêtre , cent. 2. chap. 69.

Celui qui fe fert en Juftice d'une piece qu'il a fabriqué , doit être condamné comme fauffaire ; c'eft-à-dire , en tous les dépens , dommages & intérêts de la Partie adverfe , en une amende envers le Fifc , & même en quelque peine afflictive , fuivant les circonftances , quand bien même il déclareroit *in limine litis* ne s'en vouloir fervir.

Mais fi un héritier , ou un tiers qui auroit produit de bonne foi un titre ou une piece qu'il avoit trouvé dans fes papiers , & qu'il ignoroit être fauffe , fi après qu'elle eft arguée de faux , il s'en défifte , & déclare qu'il ne veut point s'en fervir ; en ce cas , comme la piece n'eft point d'aucune confidération au procès , & que celui qui l'a produite n'a point participé à la fraude , il eft à l'abri de toute peine. Mais fi indépendamment de l'infcription de faux contre la piece , il perfiftoit à la foutenir véritable & non fauffe , il feroit condamné aux dépens , dommages & intérêts de fa Partie adverfe , & à l'amende , parce qu'alors fon obftination le feroit regarder comme criminel & participant à la fraude. *Voyez* M. le Prêtre , cent. 4. chap. 65.

Enfin le faux fe commet par faits. I°. En vendant à faux poids ou à fauffe mefure. Sur quoi il faut obferver qu'on fait fommairement le procès à ceux qui font coupables de ce crime , & cela fur le rapport des Commiffaires ou autres Officiers , ou des Jurés du métier qui font faifis du faux poids ou des fauffes mefures ; ce qui fert de conviction contre ceux à qui on les a trouvés. La punition de ce crime n'eft le plus fouvent que pécuniaire pour la premiere fois ; mais en cas de récidive , elle pourroit être corporelle , ou du banniffement , ou de l'interdiction du commerce : cela dépend des circonftances , & eft à l'arbitrage des Juges de Police , qui connoiffent de ces fortes de chofes.

II°. En faifant de fauffes clefs : ce qui mérite peine de mort en la perfonne d'un Serrurier. M. le Prêtre , cent. 2. chap. 56. Expilly , plaid. 26.

III°. En changeant de nom par fraude , & dans le deffein de faire tort à quelqu'un ; crime dont la peine eft arbitraire.

IV°. En falfifiant le papier timbré. *Voyez* ci-après Papier & Parchemin timbré.

On qualifie encore de crime de faux la fuppofition de part , le crime de fauffe monnoie , & le ftellionat que commet celui qui vend une même chofe à plufieurs perfonnes. Mais comme nous en avons parlé ailleurs , nous n'en dirons rien ici.

Au refte , il y a deux manieres de fe pourvoir contre une obligation , ou autre piece que l'on prétend fauffe ; fçavoir , le faux principal , & le faux incident. Mais j'avertis le lecteur qu'il y a une nouvelle Ordonnance du mois de Juillet 1737. qui a établi en plufieurs articles une nouvelle Jurifprudence : c'eft pourquoi je lui confeille d'en prendre lecture ; il la trouvera à la fin de ce volume.

FAUX PRINCIPAL , eft celui qui s'intente directement contre un particulier avec lequel on n'eft point en procès , & qui a pardevers lui une obligation ou une piece dont il pourroit fe fervir contre nous , que nous prétendons être fauffe ; & que nous voulons faire déclarer telle.

Le faux principal commence par une dénonciation ou par une plainte , & s'inftruit comme les autres pourfuites criminelles par informations , interrogatoires & recollemens , &c.

Les plaintes de crime de faux fe font ou par requête , ou par un procès verbal , fur quoi intervient un Jugement portant permiffion d'informer du crime de faux.

Les informations fe font tant par témoins que par experts , qui font nommés d'office par le Juge , dans le Jugement qui porte permiffion d'informer.

En conféquence de ce Jugement , les témoins qui ont connoiffance de faux , doivent être affignés pour dépofer , & l'information fe fait à l'ordinaire.

Les pieces prétendues avoir été falfifiées doivent être repréfentées au Juge , pour dreffer procès verbal de l'état defdites pieces : enfuite elles doivent être repréfentées aux témoins qui ont connoiffance de la falfification.

Les autres procédures fe font , comme nous avons dit , en la même forme & maniere de celles de tous les autres crimes. *Voyez* la nouvelle Ordonnance concernant le faux qui eft à la fin de ce volume.

FAUX INCIDENT , eft celui qui s'intente incidemment dans le cours d'une procédure , foit que la caufe foit d'Audience ou appointée , & à l'effet de détruire , & de faire déclarer fauffe une piece dont la partie adverfe prétend fe fervir dans la caufe principale , fauf au Procureur du Roi à prendre telles conclufions qu'il avifera bon être pour la vengeance publique.

Le faux incident doit toujours être inftruit avant que de juger ni ouïr les témoins fur la caufe principale , dont la pourfuite & le Jugement doivent être furfis jufqu'à ce que le faux ait été pleinement inftruit ; après quoi on peut juger le tout.

Il n'y a que le Juge royal qui puisse connoître du crime de faux : ce qui se doit entendre du faux principal, & non pas du faux incident ou civil seulement; car par l'art. 20. du tit. 1. de l'Ordonnance de 1670. il est permis à tous Juges, à l'exception des Juges & Consuls, & des Bas. & Moyens-Justiciers, de connoître des inscriptions de faux incidentes aux affaires pendantes devant eux.

Le Juge d'Eglise doit aussi connoître du faux incident; mais l'appel comme d'abus interjetté de la Sentence de retention est dévolutif & suspensif. Bardet, tome 1. liv. 2. chap. 85. rapporte un Arrêt du Parlement de Paris du 8. Juin 1628. qui l'a jugé ainsi.

M. l'Avocat général Talon dit, que l'inscription de faux étant incidente dans une cause où il s'agit d'un mariage qui est de la compétence de l'Official, il est pareillement Juge compétent pour connoître du faux incident, à l'effet d'instruire sa religion, & de pouvoir prononcer sur la question du mariage ; mais non pas à l'effet de prononcer sur le crime de faux, & punir celui qui seroit convaincu de l'avoir commis.

Touchant l'instruction de faux, tant principal qu'incident, voyez l'art. 5. & les suivans du tit. 8. de l'Ordonnance de 1670. & tout le tit. 9. de la même Ordonnance. Voyez aussi ci-après Inscription de faux, & la nouvelle Ordonnance du mois de Juillet 1736. qui est à la fin de ce volume.

FAUX FRAIS, sont des dépenses que les Plaideurs font sans espérance de les retirer, d'autant qu'ils n'entrent point en taxe.

FAUX-SAUNAGE, est le crime de ceux qui font commerce de faux sel.

La peine de ce crime est celle des galleres pour les hommes, & du fouet pour les femmes.

Voyez Contrebande. Voyez aussi dans le Dictionnaire de M. Brillon, les Edits, Déclarations & Arrêts qui ont été rendus sur ce sujet.

FAUX TÉMOINS, sont ceux qui ont porté faux témoignage sur un fait sur lequel ils ont été interrogés en Justice.

La preuve de faux contre des témoins n'est point admise, à moins que l'on fasse voir qu'ils ont été corrompus. Papon, livre 22. titre 12. nombre 4.

Suivant l'Ordonnance de François I. de l'année 1531. & celle de Louis XIV. de l'année 1680. les faux témoins doivent être punis de mort. Mais les Juges ne suivent pas toujours ces Ordonnances à la rigueur ; & suivant les circonstances du fait, ils condamnent les faux témoins à une moindre peine.

Voici la distinction sur laquelle ils se reglent ordinairement ; sçavoir, qu'un témoin qui dépose faussement dans une affaire criminelle où il y va de la vie pour l'accusé, le faux témoin est condamné à mort : mais si le crime dont il s'agit ne mérite pas la mort, ou que l'affaire soit purement civile, ceux qui sont convaincus d'y avoir fait de fausses dépositions, sont punis de moindres peines, comme à faire amende honorable.

Voyez Dolive, Act. for. part. 3. act. 6. Guy Pa-

pe, question 44. & Chorier, pag. 275.

A l'égard de celui qui a corrompu les témoins, il doit être puni de la même peine que ceux qu'il a séduits & corrompus.

Lorsqu'une Partie a voulu corrompre quelques témoins, on doit croire que tous ceux qui ont déposé pour elle ont été subornés. Guy Pape, conf. 75. nomb. 3. & 5.

Voyez Déposition fausse ; & Julium Clarum, lib. 5. Sententiarium.

FE

FEAGE. Dans les articles 59, & 60. de l'ancienne Coutume de Bretagne, ce terme est pris improprement pour une chose inféodée, ou pour un héritage tenu en Fief.

Mais ce mot signifie proprement un contrat d'inféodation.

Voyez Dargentré sur l'article 59. de l'ancienne Coutume de Bretagne ; & le Glossaire du Droit François, verbo Féage.

FEAL, est celui qui doit la foi & obéissance à quelqu'un en qualité de vassal.

Ce terme n'est guères usité que dans les Lettres de Chancellerie que le Roi adresse à ses Officiers qu'il appelle féaux. A nos amés & féaux les Gens tenans notre Cour de Parlement, &c.

FELONIE, ou infidélité, déloyauté, forfait, est une action violente & injurieuse du vassal envers son Seigneur, qui emporte confiscation du fief. La félonie se commet aussi par un Seigneur envers ses vassaux, lorsqu'il les outrage. Ainsi félonie est une offense & forfait commis par le vassal envers son Seigneur, & respectivement du Seigneur envers son vassal.

Brodeau sur l'article 43. de la Coutume de Paris, nomb. 2. observe plusieurs étimologies du mot félon, entre lesquelles celle-ci me semble la plus juste, qui le dérive du mot latin fel, le fiel étant le siege de la colere ; de sorte que ce mot félon signifie en vieux François un homme qui est cruel & inhumain.

Le vassal est coupable de félonie, quand malicieusement il met la main sur son Seigneur, qu'il le maltraite & outrage de paroles injurieuses, ou qu'il machine sa mort ou son deshonneur. Touchant les cas de félonie, voyez ce qui en est dit au livre 1. des Fiefs, tit. 5. & dans Pastor, au tit. 2. du septiéme livre des Fiefs.

Comme la principale obligation de fief consiste en services, honneur, fidélité & amitié, de la part du vassal envers son Seigneur, le vassal qui commet déloyauté envers lui, perd son fief, lequel revient au Seigneur dominant par droit de commise.

Félonie ne se peut commettre qu'envers les propriétaires du fief, & non pas envers l'usufruitier, si ce n'est à l'égard d'un Bénéficier ; auquel cas le fief ne se commet point au profit du Bénéficier, mais au profit de son Eglise.

La peine de la félonie est (outre la perte du fief) la mort naturelle ou les galeres, le bannissement, l'amende honorable, ou simple amende, suivant l'atrocité de l'injure ; ce qui dépend du fait & des circonstances, & aussi de la qualité du vassal & de celle du Seigneur.

Au Parlement de Toulouse, ès Arrêts généraux de Pâques, en l'an 1566. plusieurs habitans de la Commanderie de Sainte-Croix, pour avoir offensé & blessé à un doigt le Commandeur leur Seigneur, furent condamnés à faire amende honorable, avec bannissement de la Commanderie, & en de grosses amendes pécuniaires. La Rocheflavin, des Droits seigneuriaux, chap. 32. art. 2. En l'art. 4. ce même Auteur fait mention d'un Arrêt solemnellement prononcé le 23. Décembre 1566. par lequel François de Portenay perdit son fief pour avoir donné un démenti à son Seigneur.

Boniface, tom. 5. liv. 3. tit. 1. chap. 19. rapporte un Arrêt du Parlement de Provence, du mois de Décembre 1675. qui condamna un vassal à une amende honorable, & déclara ses biens confisqués, pour avoir dépouillé son Seigneur dans le cercueil & lui avoir dérobé ses habits.

Le vassal qui a commis félonie envers son Seigneur, ne perd pas son fief *ipso jure* ; il faut qu'à la poursuite du Seigneur il soit rendu un Jugement qui l'ordonne ; c'est pourquoi si le Seigneur ne se plaint pas de l'offense à lui faite par son vassal, il est censé lui avoir remis l'injure qu'il en a reçue, & il ne peut transmettre le droit de la commise en la personne de ses héritiers.

Le ténancier débiteur de cens à raison d'un fonds, doit aussi être privé de ce fond pour félonie. Ainsi jugé au Parlement de Bordeaux, par Arrêt du mois d'Août 1680. rapporté par la Peyrere lettre F, nomb. 61 & 114.

Les Ecclésiastiques coupables de félonie, confisquent le fief, quant à l'usufruit à eux appartenant, Forget, chap. 23.

Voyez le Dictionnaire de M. Brillon, sous le mot Félonie ; & ce que j'ai dit sur l'art. 43. de la Coutume de Paris. *Voyez* aussi les livres des Fiefs, liv. 1. tit. 2. *quib. modis feud. amiti.* Despeisses, tome 3. pag. 28. & suivantes ; Dumoulin sur l'art. 43. de la Coutume de Paris ; & Henrys, tom. 1. liv. 3. chap. 1. quest. 4.

FÉLONIE du Seigneur envers son vassal, est un forfait & une déloyauté notable, exercé par un Seigneur envers son vassal.

Comme la principale obligation du fief consiste en protection & amitié de la part du Seigneur, la supériorité qu'il a sur son vassal ne cause point l'impunité des violences & des outrages qu'un Seigneur exerce envers lui.

Cette déloyauté fait perdre au Seigneur son hommage & son droit de suzerain, qui retourne au Seigneur suzerain de celui qui a commis la félonie ; & le vassal maltraité par son Seigneur, est exempt & ses successeurs pour toujours de la Jurisdiction du Seigneur, & de lui payer les droits seigneuriaux qui lui sont dûs. *Est enim mutua & reciproca inter patronum & clientem obligatio.* Bacquet des Droits de Justice, ch. 11. nomb. 8. & suivans ; la Rocheflavin, des Droits seigneuriaux, chap. 22. art. 1.

Chopin sur la Coutume d'Anjou, liv. 2. part. 3. tit. 4. chap. 2. nomb. 2.

Voyez la Coutume de Bretagne, articles 649. 654. 661. & 662.

La preuve de la félonie du Seigneur envers son vassal, doit être faite par cinq témoins, personnes notables & sans reproches.

Nous venons de dire que le Seigneur qui outrage grievement son vassal, perd les droits qu'il avoit sur lui ; ce qui descend de la Loi des Fiefs.

Nous en avons un ancien exemple fameux dans la vie de Clotaire, fils puîné de Clovis, septieme Roi de France, que j'ai cru pouvoir rapporter ici.

Ce Roi avant de succéder à Childebert son frere aîné, avoit pour Chambellan un nommé Gautier, Seigneur d'Yvetot près Rouen. Ce Gautier lui ayant déplu, il l'exila du Royaume, & lui fit défenses d'approcher de lui sous peine de la vie. Gautier, qui n'étoit coupable d'autre chose que d'avoir une belle femme dont Clotaire vouloit jouir, ne laissa pas cependant, pour se soustraire à la fureur de son maître, de quitter le Royaume. Il alla servir dans les armées des autres Princes Chrétiens, où il s'acquit la réputation d'un grand Capitaine & défenseur de la Foi. C'est ce qui engagea le Pape Agapet de lui donner sa protection, & de le renvoyer en France, avec des Lettres à Clotaire en sa faveur, par lesquelles il le prioit de le recevoir en grace, & de le remettre en possession de ses biens.

Gautier muni de ses Lettres, vint en France : il alla à Soissons où étoit le Roi le jour du Vendredi Saint dans sa Chapelle, où il entendoit le service, & il lui présenta les Lettres du Pape ; mais ce Prince furieux, sans songer au lieu où il étoit, ni aux prieres du Pape, tira son épée dont il tua Gautier à ses pieds. Le Pape indigné de ce meurtre commis aux pieds des Autels, menaça Clotaire de l'excommunier, & de faire armer contre lui tous les Princes Chrétiens, s'il ne réparoit promptement son crime par quelque chose d'éclatant. Ce Prince reconnoissant sa faute, fit une déclaration signée de sa main, qu'il envoya au Pape, par laquelle il consentit, pour réparation de son crime, de perdre tous les droits qu'il avoit sur les terres d'Yvetot, hommages, services & obéissances, dont il en affranchit les Seigneurs ; & il érigea Yvetot en Royaume : ce qui a duré plusieurs siecles ; & maintenant encore, Yvetot retient le nom de Principauté.

Voyez ce qu'en dit André Duchesne, dans ses Recherches des antiquités des Villes de France.

FEMMES. Sous le mot d'hommes, les femmes sont comprises. *Enunciatio sermonis in sexu masculino fœminas etiam comprehendit, nisi justa interpretatio aliud suadeat. Leg.* 1. & 152. *ff. de verb. signif. Vide Luc, lib.* 7. *tit.* 3. *cap.* 1. *Mornac, ad Leg.* 3. *ff. de negot. gest. & ad leg.* 6. *ff. de præscript. verb.*

Dupineau, nouvelle édition, liv. 6. des Arrêts chapitre 3. en interprétant les articles 241. 247. & 248. de la Coutume d'Anjou, explique si dans ces articles les femmes sont comprises sous le mot d'hommes.

Quoique les femmes foient fouvent comprifes fous le mot d'hommes, il eft certain que la différence du fexe rend en plufieurs articles du Droit, les conditions des hommes & des femmes différentes.

Les femmes font plutôt nubiles & plutôt hors d'état d'avoir des enfans que les hommes ; & comme leur corps a plutôt fa perfection que celui des hommes, leur efprit eft plutôt mûr ; je veux dire qu'elles acquierent la prudence qui eft néceffaire à leur fexe, que les hommes n'acquierent celle qui leur eft propre.

Les hommes font d'un tempérament plus fort & plus folide que les femmes.

De plus, l'homme marié eft le chef de fa famille ; & fuivant les Loix divines & humaines, fa femme lui doit être docile, circonfpecte & attentive à lui plaire. *Voyez* ce qui eft dit ici, *verbo* Mari.

M. Domat, liv. 1. tit. 2. fect. 1. dit que le fexe qui diftingue l'homme & la femme fait entr'eux cette différence, pour ce qui regarde leur état, que les hommes font capables de toute forte d'engagemens & de fonctions, fi ce n'eft que quelqu'un en foit exclu par des obftacles particuliers ; & que les femmes font incapables, par la feule raifon du fexe, de plufieurs fortes d'engagemens & des fonctions.

Ainfi les femmes ne peuvent exercer une Magiftrature, ni être témoins dans un teftament, ni poftuler en Juftice, ni être tutrice que de leurs enfans.

C'eft auffi ce qui rend leur condition en plufieurs chofes moins avantageufe, & en d'autres auffi moins onéreufe que celle des hommes.

Le droit d'aîneffe n'appartient qu'à l'aîné des mâles, & les filles ne peuvent prétendre ce droit dans la plûpart de nos Coutumes: *Itaque quamvis infpecto jure naturali fœminæ fint ejufdem conditionis ac homines, in plurimis tamen articulis, fœminæ deterioris conditionis funt, infpecta ratione civili & politicâ: funt enim Reipublicæ utiliores mafculi, dum bella gerunt, facra faciunt, aut publicis funguntur muneribus.* *Voyez* ce que j'ai dit, lettre D, en parlant du droit d'aîneffe.

Les femmes ne font point admifes aux Charges publiques, fuivant les Loix Romaines, qui font à cet égard fuivies dans ce Royaume. *Fœminæ ab omnibus officiis civilibus vel publicis remotæ funt. Et ideò nec Judices effe poffunt, nec Magiftratum gerere, nec poftulare, nec pro alio intervenire, nec procuratores exiftere. Leg. 2. ff. de reg. jur.*

Les femmes, qui à caufe du fexe ne peuvent être Juges, ne peuvent être auffi nommées arbitres par compromis ; M. le Prêtre, cent. 3. chap. 40. quoiqu'elles puiffent exercer la fonction d'Experts, en ce qui peut être de leur connoiffance dans quelque art ou profeffion qui foit de leur fait : car cette fonction n'eft pas du caractere de celle du Juge. *Vide leg. ult. cod. de arbitris.*

Néanmoins, anciennement les femmes en France étoient arbitres, & jugeoient même dans leurs terres. Mais depuis que les Seigneurs n'ont plus été admis à exercer leurs Juftices, les femmes ont ceffé d'être Juges, même elles ne peuvent plus aujourd'hui recevoir mifes & arbitrages. *Voyez*

Loyfel, liv. 1. tit. 1. régle 35. & les Notes de M. Lauriere.

Elles ne peuvent être témoins dans un teftament, foit en pays coutumier, foit en pays de Droit écrit ; comme je l'ai remarqué dans ma Traduction des Inftitutes, fur le §. 6 du titre 10. du liv. 2.

Leur témoignage eft néanmoins reçu dans toutes les caufes civiles & criminelles.

Voyez la Note de M. Lauriere, à l'endroit cité ci-deffus.

Elles ne peuvent pas être tutrices, fi ce n'eft de leurs enfans ; *quia tutela quafi publicum & virile munus eft ; & fupra fœminei fexus infirmitatem.*

Cependant la femme peut être curatrice de fon mari prodigue, furieux & interdit, fi elle eft capable de cette charge. La Loi préfume que qui que ce foit, ne peut être plus affectionné & plus attentif qu'elle pour veiller à la confervation de fon mari & de fes biens : ce qui fait que dans les pays où les tuteurs & curateurs font obligés de donner caution, la femme qui eft curatrice de fon mari, n'eft point obligée d'en donner. *Voyez* Belordeau, lett. F, art. 2. qui prétend même qu'elle n'eft pas tenue de faire inventaire.

Les femmes font exemptes de la collecte des Tailles. Elles ne font point contraignables par corps pour dettes civiles, fi ce n'eft dans certains cas que nous expliquerons ci-après. *Voyez* Contrainte par corps. *Voyez* Femme contraignable par corps pour dettes.

FEMME MARIÉE, eft celle qui par les liens facrés d'un mariage legitime, devient participante de l'état, qualité, droits & prérogatives de fon mari. *Uxor radiis maritalibus corufcat. Leg. 21. cod. de donat. inter vir. & uxor.*

Ainfi en porte-t-elle le nom, & eft fous fa dépendance, fuivant le précepte de l'Apôtre, qui enjoint aux maris d'aimer leurs femmes, & aux femmes d'obéir à leurs maris : mais ce précepte, quoiqu'effentiel pour la fanctification des perfonnes mariées, n'eft pas toujours obfervé auffi exactement qu'il devroit l'être.

Le femme mariée porte à la vérité le nom de fon mari, & par fon mariage a paffé dans une autre famille : mais elle ne perd pas le nom de celle d'où elle fort : elle acquiert feulement le nom de la famille où elle eft entrée, qui lui eft devenu comme un furnom ajouté à fon nom propre.

Voyez Alexandre dans fon Conf. 125. vol. 7. Auffi Alciat, *difpunctionum, lib. 4. cap. 1.* rapporte que la fille de Céfar étant mariée à Pompée, ne quitta pas pour cela le nom de Julie, qui étoit le nom originaire de fon pere.

Parmi nous les femmes, dans les actes qu'elles paffent, commencent par y mettre le nom de leur famille originaire, & enfuite celui de la famille où elles font entrées. Ainfi ce n'eft pas proprement en la perfonne des femmes mariées que le nom de leur famille fe perd, c'eft dans celle de leurs enfans, puifque les femmes mariées ne font que joindre à leur nom propre celui de leurs maris.

Comme la femme eft propofée pour avoir foin du ménage, & de tout ce qui concerne l'intérieur

de

de la maison, l'économie doit être son partage & sa principale occupation.

Plusieurs cependant, sans avoir égard aux devoirs & à la bienséance que leur sexe exige d'elles, se laissent emporter à l'orage de leurs passions déréglées, passent par dessus toutes les régles pour se satisfaire, & joignent à un affreux déréglement de mœurs une vanité insupportable, qui cause souvent la ruine de leurs maisons.

Si les Loix n'ont point apporté de remede à la dissipation que font quelques femmes, c'est parce que le mari étant le chef, c'est à lui à régler la dépense de sa maison, outre qu'en pays coutumier il est le maître de la communauté; de sorte même qu'une femme ne la peut s'obliger sans être de lui autorisée.

Ce seroit donc aux maris à prévoir ces désordres, ou à se servir de leur autorité pour en arrêter le cours; mais les femmes aujourd'hui ont pris le dessus, & la plûpart regardent leurs maris comme leurs intendans & leurs hommes d'affaires; & leurs maris par trop de complaisance, ou pour éviter l'éclat, donnent souvent, quoique malgré eux, dans les extravagances de leurs femmes.

Pour ce qui est des mœurs, les Loix ont ordonné que la femme mariée, pour adultere prouvé, seroit privée de toutes conventions matrimoniales, & de sa dot au profit de son mari, & seroit autentiquée: mais ce crime est souvent bien difficile à prouver. Voyez Adultere. Voyez Autentiquer une femme.

Suivant la définition que nous avons donnée d'une femme mariée, son devoir l'engage à suivre la volonté de son mari, en tout ce qui est juste & raisonnable. C'est le chef de la famille, aux volontés duquel, ni ses enfans, ni même la femme, ne peuvent se soustraire, sans violer les Loix les plus respectables.

L'étroite liaison qui est entre le mari & la femme, les engage à ménager réciproquement leurs intérêts: c'est pourquoi une femme n'est point obligée de dénoncer son mari qu'elle sçait coupable de quelque crime, ni au mari de dénoncer sa femme en pareil cas, si ce n'est pour crime de leze-Majesté. Voyez Henrys, tom. 1. liv. 4. chap. 6. quest. 103.

Comme la femme vit sous la dépendance de son mari, elle n'a point d'autre domicile que le sien, à moins qu'elle ne soit séparée de corps & d'habitation.

Quand elle ne l'est pas, non seulement elle n'a point d'autre domicile que celui de son mari; mais encore elle est obligée de le suivre, quand même il seroit banni, excepté néanmoins s'il étoit banni hors le Royaume.

Voyez la République de Baudin, liv. 1. chap. 3. Mulier maritum sequi tenetur, quocumque loco ierit, nisi vagabundus sit. Franc. Marc. tom. 2. quæst. 740.

Une femme, qui pendant plusieurs années avoit quitté son mari par légereté & sans cause, sans être retournée chez lui lors de sa mort, a été privée de sa part en la communauté, du jour qu'elle s'étoit retirée d'avec lui. L'Arrêt est du 20. Janvier

Tome I.

1671. & est rapporté dans le Journal des Audiences.

Mais une femme qui habiteroit séparément de son mari, de l'aveu d'icelui, attendu le peu de concordance de leurs esprits, ne perdroit pas les avantages qui lui auroient été faits par contrats de mariage, en cas de survie; comme il a été jugé par Arrêt rendu en la seconde Chambre des enquêtes, au rapport de M. Chavaudon, le 18. Août 1716.

Le mari étant le chef de la famille, la femme suit l'état & la condition de son mari; elle porte son nom, & jouit des mêmes honneurs que lui. Uxor fit particeps omnium honorum mariti, & radiis maritalibus coruscat. Leg. 40. cum duab. seq. ff. de donat. inter vir. & uxor. Leg. 21. cod. eod.

C'est aussi sur ce fondement qu'une femme roturiere est annoblie par son mari, même pendant son veuvage. Loysel liv. 1. tit. 1. régle 36.

Voici ce que dit à ce sujet la Loi 13. au Code de dignitatib. mulieres honore maritorum erigimus; genere nobilitamus, & forum ex eorum persona statuimus & domicilia mutamus. Si autem minoris ordinis virum postea fortitæ fuerint, priore dignitate privatæ posterioris mariti sequentur conditionem.

Ainsi les femmes de maris nobles qui se remarient à des roturiers, ne conservent plus la qualité de nobles, dont leurs premiers maris les avoient rendues participantes.

Comme les délits sont personnels, le mari ne peut être contraint au payement des dépens, dommages & intérêts adjugés contre sa femme, pour délit par elle commis; sauf à la partie complaignante son recours sur les biens paraphernaux de sa femme.

Si c'est en pays coutumier, la femme qui est condamnée pour quelque délit, ne préjudicie en aucune maniere à la communauté; & la Partie à qui des dépens, dommages & intérêts seroient adjugés, ne pourroit se pourvoir que contre les propres de la femme, & qu'après la dissolution de la communauté par le décès du mari ou de la femme, ou par séparation judiciaire; & si le crime de la femme emportoit confiscation, il n'y auroit que la part qui en appartiendroit à la femme qui seroit confisquée.

Cela est fondé sur ce que la communauté appartient au mari tant qu'elle dure, & qu'on ne lui peut pas ôter la jouissance des biens de sa femme, dont il ne jouit qu'à titre onéreux, pour soutenir les charges du mariage: c'est pourquoi les propres à elle appartenans ne pourroient pas être vendus pour dépens, dommages & intérêts adjugés contr'elle, qu'à la charge de l'usufruit réservé au mari; comme il a été jugé par Arrêt du 18. Novembre 1616.

La femme mariée étant in sacris mariti, ne peut être contrainte par corps au payement de dommages & intérêts contr'elle adjugés pour raison d'exoès par elle commis.

Mais cette raison n'a lieu que pour les dettes civiles, & cesse quand il y a du crime; comme il a été jugé par Arrêt du 5. Juin 1671. rapporté dans le Journal du Palais.

La raison est, que les offenses qu'une femme mariée feroit, demeureroient impunies, fi la Partie offensée n'avoit la liberté de la faire emprisonner. *At publicè intereft, delicta non manere impunita, ne fpe impunitatis alii invitentur ad deliquendum.* Voyez ce que j'ai dit fur l'art. 160. de la Coutume de Paris. Louet & Brodeau, lett. F, fomm. 11.

Suivant ce que nous venons de dire, la femme peut en aucune façon préjudicier à la communauté, même pour raison de dépens, dommages & intérêts adjugés contr'elle, quoique les dépens, dommages & intérêts adjugés contre le mari, fe prennent fur les biens de la communauté; comme nous avons dit, *verbo* Communauté.

Cependant la Coutume de Bretagne en l'art. 657. porte, que le mari eft tenu de réparer civilement le forfait de fa femme fur les biens de la communauté. Voyez Belordeau en fes Obfervations forenfes, lett. B, art. 13.

FEMME MARIÉE EN PAYS DE DROIT ÉCRIT, la puiffance maritale n'y a point lieu. Ainfi une femme mariée peut contracter toutes fortes d'obligations, fans être autorifée de fon mari; mais il faut excepter les obligations par lefquelles elle fe chargeroit de quelque obligation contractée par une autre perfonne, lefquelles font nulles par le Senatufconfulte Velleïen, qui a lieu parmi nous en pays de Droit écrit.

Il faut encore obferver, qu'en pays de Droit écrit, excepté dans le Lyonnois, Forez, Beaujolois & Mâconnois, la Loi *Julia, de fundo dotali,* eft obfervée & qu'elle l'eft même dans quelques-unes de nos Coutumes. Voyez Fonds dotal.

FEMME MARIÉE EN PAYS COUTUMIER, ne peut pas s'obliger valablement fans être autorifée de fon mari; autrement le contrat feroit nul, tant à fon égard, qu'à l'égard de fon mari. Voyez ce que j'ai dit fur l'article 223. de la Coutume de Paris.

En pays coutumier, la femme mariée eft donc comme mineure pendant fon mariage; en forte qu'elle ne peut rien faire fans l'autorité de fon mari; & fi en vertu de cette autorité, elle avoit par force été contrainte de donner fon confentement à quelqu'acte au préjudice de fes droits, elle pourroit dans les dix ans fe faire reftituer, & fe pourvoir contre cet acte, à compter non pas du jour de l'acte, mais du jour du décès de fon mari; car ce n'eft que de ce jour qu'elle a commencé d'être en état d'agir; *fed adverfus agere non valentem non currit præfcriptio. Leg.* 3. de ult. ff. de minorib. & Leg. 6. ff. de calumniatorib.

Mais une femme mariée peut tefter & difpofer de fes biens par derniere volonté, fans être autorifée de fon mari.

Il y a cependant quelques Coutumes qui defirent en ce cas une autorifation expreffe. Voyez celle de Nivernois, art. 1. Bourgogne, art. 20.& Coquille en fon Inftitution au droit François, tit. du droit des mariés.

La Coutume de Paris & plufieurs autres n'admettent que deux cas dans lefquels la femme fe peut valablement obliger fans l'autorité de fon mari.

Le premier eft, lorfqu'elle eft féparée de biens,

& la féparation exécutée; mais il faut que l'obligation qu'elle contracte ne foit qu'une feule obligation, qui n'emporte point aliénation de fes immeubles.

Le fecond eft, lorfque la femme mariée eft marchande publique; auquel cas, pour que l'obligation par elle contractée fans l'autorité de fon mari foit valable, il faut qu'elle foit purement contractée pour le fait du négoce diftinct & féparé de celui de fon mari dont elle fe mêle.

Voyez ce que j'ai dit fur l'art. 135. de la Coutume de Paris.

En pays coutumier, une femme mariée ne peut efter en Jugement fans le confentement de fon mari, fi elle n'eft autorifée ou féparée par Juftice, & ladite féparation exécutée; ainfi qu'il eft dit en l'art. 224. de la Coutume de Paris.

Elle ne peut pas non plus accufer quelqu'un fans être autorifée; mais elle peut étant accufée fe défendre fans aucune autorifation; parce que toute perfonne accufée eft en droit de fe purger d'un crime qu'on lui impute, & il eft naturel à un chacun d'établir fon innocence, & de défendre fon honneur. Voyez Papon, liv. 7. tit. 1. nomb. 23.

A l'égard des condamnations pécuniaires, s'il en intervient contre la femme, elles ne s'exécutent pas fur les biens de la communauté, mais fur les propres de la femme, l'ufufruit réfervé au mari. Voyez mon Commentaire fur l'article 224. de la Coutume de Paris.

En pays coutumier, une femme mineure peut efter en Jugement, avec le confentement de fon mari, fi ce n'eft quand il s'agit de l'aliénation de fes immeubles, comme dans un décret, une licitation ou en partage, auquel cas il lui faut un tuteur, mais fon mari peut l'être.

Au refte, la condition des femmes mariées eft très-avantageufe en pays coutumier; car outre qu'elles ont des douaires & des préciputs, elles partagent la communauté, où le plus fouvent elles n'apportent prefque rien que le bonheur de leur fexe, & la faveur de nos Coutumes: ce qui fait qu'elles font les principales héritieres de leurs maris.

FEMME SÉPARÉE, eft celle qui en vertu d'un Jugement eft féparée d'habitation & de biens d'avec fon mari, ou qui n'eft féparée de lui que de biens. Voyez Séparation.

En pays coutumier, la féparation ne diminue rien de la puiffance maritale: fi elle donne quelque pouvoir à la femme fur fes biens, ce n'eft que pour l'adminiftration; c'eft pourquoi elle ne fçauroit aliéner, ni s'obliger fans autorifation, non plus que fi elle n'étoit point féparée.

Loyfel, liv. 3. tit. 3. article 18. dit, que femme féparée de biens les peut adminiftrer fans l'autorité de fon mari, mais non pas les aliéner. Voyez M. Louet & fon Commentateur lettre F, fomm. 30. & M. de Renuffon en fon Traité de la communauté, chap. 9. nomb. 27. & fuivans.

Elle peut donc fans l'autorité de fon mari difpofer de fes meubles, & du revenu de fes immeubles, en faire baux, donner quittance, même s'obliger pour fa nourriture & entretien, mais non pas pour autre caufe ; & même pour faire avec plus de fûreté les actes ci-deffus, il faut que la femme féparée foit autorifée par le Juge au défaut de fon mari, afin d'obvier à toutes conteftations là-deffus.

Cela dépend des circonftances & des fommes pour lefquelles la femme féparée fe feroit obligée : fi elle ne s'étoit obligée que jufqu'à la concurrence de fes meubles, & du revenu de fes immeubles, l'obligation vaudroit ; autrement elle feroit nulle, fi elle étoit faite fans une autorifation expreffe.

La femme féparée ne peut être confidérée que comme une perfonne émancipée, qui peut bien jouir de fes revenus, & faire tout ce qui convient pour la confervation de fon bien, mais non pas le diffiper ; comme nous avons ci-devant dit, verbo Autorifation générale.

Auffi une femme féparée de biens & d'habitation d'avec fon mari, ne pourroit pas aliéner fes immeubles fans fon autorifation expreffe dans le contrat d'aliénation, ou fans être autorifée par Juftice, quand bien même par la Sentence de féparation rendue de leur commun confentement, le mari lui auroit baillé pouvoir général d'agir, de jouir & de difpofer de fes immeubles.

La raifon eft, que la féparation ne donne pas à la femme la permiffion de vendre & d'aliéner fon bien, mais feulement d'en difpofer, en le confervant. Belordeau, lett. F, art. 4.

Mais le mari peut, après la Sentence de féparation, autorifer fa femme pour emprunter, recevoir, hypothéquer & aliéner ; & il ne pourroit pas dans la fuite révoquer une telle autorifation.

Enfin, en pays coutumier, une femme féparée d'avec fon mari, peut efter en Jugement fans le confentement de fon mari, & fans être autorifée par Juftice, pourvû que la féparation faite par Juftice foit exécutée.

Voyez ce que j'ai dit fur l'article 224. de la Coutume de Paris.

Voyez ci-après Séparation.

FEMME COMMUNE EN BIENS, eft celle qui a droit en la communauté, foit en vertu de fon contrat de mariage, foit en vertu de la Coutume, quand le mariage a été célébré fans contrat dans un pays où la communauté a lieu, vi folius confuetudinis.

Voyez Communauté de biens entre conjoints.

FEMME NON COMMUNE EN BIENS, eft celle qui eft mariée en pays coutumier, à condition qu'il n'y aura point de communauté entre fon mari & elle.

Quand le contrat porte qu'il n'y aura point de communauté, le mari ne laiffe pas d'avoir en pays coutumier l'adminiftration des biens de fa femme, de faire baux à ferme ou à loyer de fes immeubles, & de donner des quittances des revenus à elle appartenans, par lui perçus ; à moins qu'il ne foit ftipulé qu'elle jouira de fes biens, qu'elle en aura l'adminiftration, & que le mari l'a autorifée à cet effet ; fans laquelle claufe la femme non commune n'auroit pas ce droit.

Mais cette autorifation générale n'a que l'effet d'une féparation, comme nous avons dit ci-deffus, verbo Autorifation générale.

FEMME NE PEUT EN PAYS DE DROIT ECRIT s'obliger valablement pour un autre. Voyez Velleïen.

FEMME CONTRAIGNABLE PAR CORPS AU PAYEMENT D'UNE DETTE. Les femmes ne font point contraignables par corps pour dettes civiles, fuivant la Novelle 134. chap. 6. qui eft obfervée en France ; excepté, I°. pour caufe de ftellionat.

II°. Lorfqu'elles font Marchandes publiques, c'eft-à-dire lorfqu'elles font un négoce féparé de celui de leur mari, elles peuvent être condamnées par corps pour le fait de la marchandife dont elles fe mêlent.

III°. La veuve d'un marchand qui continue le commerce de la marchandife que faifoit fon mari avant fon décès, eft condamnable par corps, même pour les dettes contractées du vivant de fon mari, pour raifon de la marchandife dont il fe mêloit.

IV°. Une femme qui s'eft obligée folidairement avec fon mari, ou qui s'eft rendue caution pour lui, par promeffe, obligation, ou garantie de tranfport, pour fait de marchandife, peut être condamnée par corps, lorfqu'elle accepte la communauté.

Voyez le dixieme Parere de M. Savary ; & le Recueil alphabétique de M. Bretonnier, verbo Femme, vers la fin. Voyez auffi Henris, tom. 4. plaidoyer dixieme ; Coquille, tom. 2. queft. 194.

FEMME NOBLE MARIÉE A UN ROTURIER, ceffe de jouir du privilege de nobleffe, fans ceffer d'être noble : le droit de fa nobleffe n'eft pas éteint, il eft feulement en fufpens : & comme la féparation de corps & d'habitation ne donne aucune atteinte à l'union que produit le mariage entre les conjoints, la femme noble mariée à un roturier, & depuis féparée de corps & d'habitation, retient toujours la qualité de fon mari pendant tout le tems que le mariage fubfifte.

Mais la mort du mari la rétabli dans tous fes droits fans Lettres du Prince ; parce que la caufe ceffant, fait ceffer l'effet ; & la faveur du mariage fait qu'il n'eft réputé acte dérogeant à nobleffe. Coquille en fon Inftitution, titre de l'état des perfonnes ; Coutume de Châlons, art. 2. queft. Reims, art. 4. Laon, art. 15.

Auffi ces Coutumes portent, que la femme noble qui s'eft mariée à un roturier, jouit après le trépas de fon mari du privilege de nobleffe, pourvû qu'elle ne fe remarie pas derechef à un roturier.

FEMME ROTURIERE MARIÉE A UN HOMME NOBLE, ne devient pas noble pour cela, parce qu'il n'y a que deux fortes de nobleffe ; fçavoir, celle qui vient de naiffance, & celle qui vient d'annobliffement : ainfi le mari noble ne communique pas fa nobleffe à fa femme roturiere. Mais comme le mariage procure une union parfaite entre le mari & la femme, & que par ce moyen la femme devient participante des honneurs de fon mari, la femme roturiere mariée à un homme noble, eft annoblie ; c'eft-à-dire, qu'elle participe aux droits & privileges de nobleffe, tant que le mariage fubfifte, ou qu'elle demeure en viduité après la mort de son mari.

Ainsi les veuves des nobles qui sont roturieres, jouissent des droits & prérogatives de noblesse, tant qu'elles demeurent en viduité, quoiqu'elles ne soient pas nobles pour cela, & que leurs successions se partagent comme celle de toute autre personne non noble.

Mais elles perdent par de secondes noces roturieres toutes prérogatives de noblesse, sans espérance de les recouvrer par la viduité; d'autant que la qualité du défunt, à laquelle une veuve avoit participé en quelque maniere pendant sa premiere viduité, se trouve entierement éteinte en elle par les secondes noces.

C'est la disposition de la Loi *Fœminæ*, *ff. de Senatoribus*; & de la Loi 22. §. 1. *ff. ad municipal.* qui a été reçue en France & adoptée expressément par plusieurs de nos Coutumes. Tours, art. 317. Melun, art 294. Troyes, art. 13. Vitri, art. 68. Laon, articles 14. & 15. Reims, articles 3. & 4.

FEMME MARCHANDE. *Voyez* Marchande publique.

FEMMES PROSTITUÉES, sont celles qui après avoir déposé le voile de la pudeur en secret, le déposent en public, en annonçant sur leur front leur incontinence à tout le monde, & qui mettant le comble à leur impudence, font trophées de leurs déréglemens. En un mot, femmes prostituées sont celles qui font un commerce infame de débauche & de prostitution.

Pour les distinguer des autres femmes, elles étoient anciennement vêtues à Rome d'une robe courte tombant à mi-cuisses ou à mi-genoux, à la maniere des hommes; au lieu que les sages matrones portoient une robe longue qui tomboit sur les talons.

Il seroit à souhaiter que ces sortes de créatures pussent encore aujourd'hui être reconnues à quelque marque qui annonçât leur infamie.

L'Ordonnance du Roi S. Louis de l'année 1254. porte, qu'elles ne doivent point être tollerées, mais qu'il les faut bannir. *Expellantur publicæ meretrices, tàm de campis, quàm de villis, & factis monitionibus & prohibitionibus, earum bona per locorum judices capiantur, vel eorum autoritate à quolibet occupentur, etiam usque ad tunicam & pelliceum.*

L'Ordonnance de Charles IX. de l'année 1560. art. 101. contient à peu près la même disposition.

Par Sentence rendue par le Lieutenant criminel du Châtelet le 14. Février 1716. Pierre-Alexandre Borlier de Morival, & Anne-Elisabeth le Boucher sa femme, ont été condamnés pour fait de maquerelage & de prostitution publique, à être battus & fustigés nuds par l'Exécuteur de la Haute-Justice, coëffés chacun d'un bonnet de paille, ayant écriteaux devant & derriere, portant ces mots : *maquereau & maquerelle publics*, au devant de la porte du Châtelet, lieux & carrefours accoutumés de la Ville de Paris, & notemment rue Saint Martin, au-devant de la porte de la maison où ils tenoient lieu public de débauche; ce fait, bannis pour neuf ans de la Ville, Prévôté & Vicomté de

Paris. Enjoint à eux de garder leur ban, sur les peines portées par la Déclaration du Roi.

Sur l'appel de cette Sentence est intervenu Arrêt le 3. Mars de la même année 1716. qui confirme ladite Sentence, dont l'exécution a été faite le 11. du même mois. *Voyez* ce que j'ai dit ici, *verbo* Maquerelage.

Comme rien n'est plus intéressant que l'honneur, les Juges de Police ne doivent point procéder témérairement pour fait de débauche : les apparences sont quelquefois trompeuses, & il n'arrive que trop souvent que la calomnie donne atteinte à la réputation des personnes qui sont d'une conduite réguliere.

Aussi par Arrêt du 12. Décembre 1708. rendu au petit Rolle, il a été ordonné que lorsqu'il s'agira de procéder contre les filles & femmes de mauvaise vie, les Commissaires du Châtelet seront tenus de faire signer aux voisins leurs déclarations, afin qu'il paroisse qu'on n'a point agi par passion, ou sur de faux rapports; en sorte qu'il faut ou des dénonciateurs, ou une information sommaire.

Il y a une Déclaration du Roi du 26. Juillet 1713. registrée en Parlement le 9. Août suivant, qui est conforme à cet Arrêt; & le 27. Octobre de la même année il a été rendu à la séance du Châtelet un Arrêt qui ordonne l'exécution de cette Déclaration; & qu'une fille qui avoit été constituée prisonniere pour fait de débauche, sans décret préalable, seroit mise sur le champ en liberté.

Enfin il y a eu un Réglement de la Cour le 9. Décembre de la même année 1713. par lequel en ordonnant l'exécution de la Déclaration du 26. Juillet, il a été ordonné que sur les appellations interjettées par les filles & femmes de débauche publique, des Sentences rendues par le Lieutenant général de Police, sur les procès verbaux des commissaires, même sur les informations suivies de décret; & dans tous les cas où les Sentences n'auront pas été rendues sur le procès instruit par récollement & confrontation, les Parties procéderont en la Grande Chambre, encore que les Sentences ordonnent que les filles ou femmes seront conduites à l'Hôpital pour un tems, sans qu'en cas d'appel elles puissent être enfermées par provision; comme aussi sans qu'elles puissent être mises en liberté, jusqu'à ce qu'autrement par la Cour il en ait été ordonné, en statuant sur l'appel provisionnellement ou définitivement avec le Procureur du Roi, comme prenant le fait & cause de son Substitut.

FEMME AUTENTIQUÉE. *Voyez* Autentiquer.

FEODAL, se dit de tout ce qui concerne un fief : ainsi on dit droits féodaux, saisie féodale, retrait féodal.

FER MAILLÉ, est un treillis dont les trous ne peuvent être que de quatre pouces en tout sens; & verre dormant, est verre attaché, scellé en plâtre, qu'on ne peut ouvrir. Coutume de Paris, art. 201. *Voyez* ce que j'ai dit sur cet article.

FERME, est une métairie ou un héritage consistant en terres, prés, vignes ou bois, que l'on fait valoir par un Fermier. On dit aussi prendre une telle ferme, pour dire prendre le bail d'une telle Ferme. On donne à ferme non-feulement des biens fonds, mais aufli des droits incorporels, tels que de cens, rentes & autres droits. *Voyez* Bail à ferme.

FERMES DU ROI, font les traités que le Roi fait des droits qui lui appartiennent.

Ceux qui fe chargent du recouvrement de ces droits, font appellés Fermiers du Roi, ou Fermiers des Domaines.

Voyez Adjudication des Fermes du Roi. *Voyez* auffi Baux des Fermes du Roi. *Voyez* Tiercer, & l'Ordonnance de cinq groffes Fermes. Nous ferons feulement ici les obfervations fuivantes.

Défenfes font faites aux Officiers des Elections & autres connoiffans des droits des Fermes, de s'intéreffer dans les fous-baux, à peine d'interdiction de leurs Charges & fonctions, de confifcation de leurs avances, & de cinq cens livres d'amende, ainfi qu'il eft ordonné par Arrêt du Confeil du 4. Mai 1688.

Suivant l'art. 4. du titre commun de l'Ordonnance de 1681. les actions, hypotheques & contraintes que le Roi a contre fes Fermiers, les Fermiers les ont de même contre les Sous-Fermiers, & les Sous-Fermiers contre les Commis. Veut néanmoins Sa Majefté que les droits des Fermiers foient prefcrits par cinq ans, à commencer du jour des baux defdites Fermes expiré, & que les inftances par eux intentées foient fujettes à péremption, comme entre les autres Sujets, le tout s'il n'y a interruption; lefquelles prefcriptions & péremptions Sa Majefté n'entend avoir lieu lorfqu'elle eft Partie, comme exerçant les droits des Fermiers fes débiteurs.

Suivant l'art. 10. du même titre, chaque Fermier eft civilement refponfable de fes Commis, même le Fermier général des faits ou délits du Sous-Fermier.

Par le même titre, il eft enjoint au Sous-Fermier, & au Porteur de la Procuration du Fermier général, pour recette & adminiftration des droits compris dans les fous-baux, lorfqu'ils procéderont dans les Jurifdictions inférieures aux Cours des Aydes & au Confeil, foit en demandant ou en défendant, ou qu'ils décerneront ou feront exécuter aucunes contraintes fous le nom du Fermier général, d'ajouter les noms & domiciles du Sous-Fermier & de fes cautions, & de déclarer que les actions & procédures font faites à leurs pourfuites & diligences, à peine de nullité, & de tous dépens, dommages & intérêts.

La Chambre du Tréfor, ni autres Juges, ne peuvent connoître des indemnités & diminutions prétendues par les Fermiers, Sous-Fermiers & Arrieres-Fermiers du Domaine, fur le prix de leurs baux; fauf à eux à fe pourvoir au Confeil pour raifon des diminutions par eux prétendues. Ainfi jugé par Arrêt du Confeil d'Etat du 27. Mai 1687. & par un autre du 27. Décembre de la même année.

FERMIER JUDICIAIRE, eft celui à qui un bail judiciaire a été adjugé par autorité de Juftice, d'une maifon ou terre faifie réellement.

Il eft fait défenfes, I°. aux Procureurs, leurs Clercs, & aux Commis du Commiffaire aux Sai-

fies réelles, de prendre aucuns baux judiciaires des biens faifis réellement, à peine de punition; II°. aux mineurs & aux feptuagenaires. *Voyez* l'Arrêt de Réglement, du Parlement du 3. Septembre 1690. rapporté dans le Recueil des Réglemens des Procureurs, page 149.

Le pourfuivant criées ne peut pas non plus être Fermier judiciaire, ni caution du bail; parce que l'ayant à bas prix, il pourroit avoir intérêt de ne pas pourfuivre. D'ailleurs c'eft lui qui doit veiller aux dégradations, & conftater les réparations du Fermier; & s'il étoit lui-même le Fermier, il pourroit tout confommer, n'ayant point de contradicteur ni d'infpecteur fur fa conduite.

Le Fermier judiciaire eft obligé, avant que d'entrer en jouiffance, de donner bonne & fuffifante caution du prix du bail. De plus, le Fermier judiciaire eft contraignable par corps, comme dépofitaire de biens de Juftice. Il faut excepter le cas où le bail conventionnel eft converti en judiciaire; car alors le Fermier n'eft pas tenu de donner caution, & n'eft point fujet à la contrainte par corps, s'il ne s'y eft point affujetti par le bail conventionnel d'héritages de campagne.

Celui qui eft adjudicataire, & fa caution, font des contraignables par corps, comme dépofitaires de biens de Juftice: d'où il s'enfuit, qu'une femme ne peut être preneur ni caution d'un bail judiciaire, non plus que gardienne des meubles faifis & exécutés.

Le Fermier judiciaire d'une terre a droit d'en percevoir tous les droits utiles.

Pour ce qui eft des droits honorifiques qui font attachés à la perfonne du Patron ou du Seigneur Haut-Jufticier, à caufe de fa terre, ils ne peuvent point appartenir au Fermier judiciaire.

De ce principe il s'enfuit, qu'un Fermier judiciaire ne peut chaffer ni faire chaffer fur les terres mentionnées dans fon bail, parce que le droit de chaffe eft un droit honorifique attaché à la perfonne des Seigneurs. Ainfi le Fermier judiciaire qui n'a que les droits utiles, peut feulement fureter dans une garenne, en cas qu'il y ait une comprife dans fon bail.

A l'égard des rentes dont l'héritage peut être chargé, le fermier judiciaire n'en eft point tenu, s'il ne s'y eft foumis par les qualifications du bail. Ainfi jugé au Parlement de Bordeaux, par Arrêt du 7. Mars 1680. rapporté par la Peyrere, lett. F.

Le Fermier judiciaire peut être expulfé par l'adjudicataire de l'héritage vendu par décret, en rembourfant le Fermier des impenfes & frais par lui faits. Ainfi jugé par Arrêt du 16. Avril 1601. rapporté par Charondas, liv. 13. rép. 48.

Voyez Bail judiciaire. *Voyez* Réparation.

FERMIER PARTIAIRE, eft un métayer qui prend des terres à labourer, à condition d'en rendre au propriétaire la moitié de fruits, ou telle autre partie, dont le bailleur & le preneur font convenus. *Voyez* Admodiateur.

FESTES. *Voyez* Jours de Fêtes.

FEU. La perte que caufe le feu qui a pris à une maifon, étable ou écurie, par la faute des domeftiques, tombe fur leur maître, qui en eft refponfa-ble. *Voyez* la Loi *qui occidit*, §. *3.ff. ad legem Aqui-liam* ; & Bafnage fur l'article 423. de la Coutume de Normandie.

FEUDATAIRE, eft un vaffal qui tient un fief dépendant du Seigneur dominant.

FEUILLE, eft la minute du Greffier, ou le plumitif qu'il écrit à l'Audience. Feuille fe prend auffi pour l'âge des bois & de leur coupe. *Voyez* Age des bois.

FEURS, fignifie les frais faits pour la culture des terres, & pour la production des fruits. Quel-ques-uns veulent que feurs font les impenfes, & que feurres font les pailles & fourages : on com-prend même auffi quelquefois fous ce terme les fumiers.

Quoiqu'il en foit, feurs fe prend dans l'art. 59. de la Coutume de Paris, pour les frais faits pour la culture des terres, en la jouiffance defquelles le Seigneur entre par faifie féodale. *Voyez* ce que j'ai dit fur cet article de la Coutume de Paris.

F I

FIANÇAILLES, font appellées par les Latins *fponfalia* du verbe *fpondeo*, qui fignifie *promettre.*

Les françois fe font fervi d'un terme qui reçoit prefque la même fignification, tirée du mot *fido*, qui veut dire fe fier : ce qui fuppofe une promeffe précédente. Ainfi on peut dire que fiançailles fi-gnifient la promeffe mutuelle de fe prendre pour mari & femme.

Les fiançailles font de bienféance & d'ufage, mais non pas de néceffité.

L'ufage s'eft introduit, I°. afin que les futurs conjoints puiffent, avant que de contracter maria-ge, s'informer de la conduite & des mœurs l'un de l'autre, & qu'ils ne s'engagent pas avec trop de précipitation dans une fociété dont les fuites ne peuvent être que très-fâcheufes, quand elle n'eft pas accompagnée de l'union des cœurs. II°. Pour qu'on prépare dans cet intervalle les chofes nécef-faires ; & que s'il y a quelqu'empêchement au ma-riage, il foit découvert avant que la célébration en foit faite. III°. *Ne vilem habeat maritus datam, quam non fufpiraverit fponfus dilatam, ut ait S. Au-guftinus, can. inftitutum 27. quæft. 2.*

Elles peuvent fe contracter par toutes fortes de perfonnes qui peuvent donner leur confentement au mariage, pourvû qu'elles ayent l'ufage de raifon, & qu'il n'y ait aucun empêchement au mariage.

Quoique les fiançailles puiffent fe contracter dans les maifons particulieres, la coutume eft de les célébrer en face d'Eglife, & d'y apporter toutes les folemnités & cérémonies introduites ou con-firmées par l'Eglife.

Il y avoit autrefois des fiançailles, ou des pro-meffes de préfent, qui ne différoient du mariage, qu'en ce qu'elles n'étoient pas accompagnées de bénédiction facerdotale ; mais ces fortes de fian-çailles on été entièrement défendues par l'Ordon-nance de Blois, art. 44. Le Concile de Trente les

avoit auparavant défendues, ordonnant, pour em-pêcher les mariages clandeftins, qu'aucuns maria-ges ne feroient valables, s'ils n'étoient précédés de publications du ban, & faits en préfence du pro-pre Curé ou autre par lui commis, & de témoins. Ainfi les fiançailles de préfent étant abfolument nulles, il ne refte plus que les fiançailles appellées en Droit *fponfalia de futuro*, qui font, comme nous avons dit, une promeffe mutuelle de fe prendre pour mari & femme.

Ces fiançailles produifent deux effets. Le premier eft, qu'elles produifent une obligation réciproque de contracter mariage enfemble ; mais cette obli-gation n'eft pas abfolue ; en forte que fi l'un des fian-cés refufe, le Juge d'Eglife ne le peut pas contrain-dre d'accomplir fa promeffe. *Sponfus qui fidem datam fine jufta caufa recufat adimplere monendus eft, potius quàm cogendus ; fiquidem coacta matrimonia trifte ac infelices exitus habere folent.*

Mais quoique le fiancé qui refufe d'accomplir fa promeffe, ne puiffe pas y être contraint, il eft tou-jours tenu envers l'autre de fes dommages & inté-rêts, & il y peut être condamné, non par le Juge d'Eglife, mais par le Juge laïque ; & ces domma-ges & intérêts ne s'eftiment que *ratione damni emergentis., non verò ratione lucri ceffantis* ; comme il a été jugé par plufieurs Arrêts rapportés par M. le Prêtre, centurie première, chap. 68. & dans l'ad-dition. *Voyez* ce qui eft dit ici, *verbo* Bagues & Joyaux, & *verbo* Préfent de noces.

Le deuxieme effet des fiançailles eft, qu'elles pro-duifent une efpéce d'affinité entre l'un des fiancés & les parens de l'autre, laquelle eft appellée en Droit Canon, *juftitia publicæ honeftatis*, qui caufe entr'eux un empêchement, & fait que les parens du fiancé ne peuvent pas époufer la fiancée, & que les paren-tes de la fiancée ne peuvent pas fe marier avec le fiancé. Sur quoi il faut remarquer que cet empê-chement avoit lieu autrefois, quoique les fiançail-les fuffent nulles : mais le Concile de Trente l'a entièrement levé, quand il fe trouveroit quelque nullité dans les fiançailles ; & quand elles auroient été valablement contractées, ce même Concile a reftraint cet empêchement au premier degré. *Seff.* 24. *de reformat. cap.* 3.

Quoique les fiançailles produifent, comme nous l'avons dit, une obligation mutuelle de contrats de mariages, elles peuvent néanmoins fe diffoudre de plufieurs manieres.

La premiere eft, le confentement réciproque des Parties ; par la raifon que les contrats qui fe font par le feul confentement des Parties peuvent fe diffoudre, de même les fiançailles peuvent auffi fe diffoudre par la volonté de l'un des fiancés, con-tre la volonté de l'autre, comme nous l'avons dit ci-deffus.

La deuxieme eft, l'abfence de l'un des fiancés. Ainfi, quand un fiancé s'eft retiré dans un pays éloigné fans le confentement de l'autre, l'obliga-tion qui réfulte des fiançailles eft éteinte, & l'autre fiancé peut fe marier fans attendre le retour de ce-lui qui s'eft abfenté. Cependant quand le fiancé s'eft abfenté pour caufe néceffaire, comme pour

caufe de mort de parens , maladies & autres caufes , la fiancée doit attendre que l'empêchement
ceffe, fuivant la Loi *Sæpè*, *ff. de fponfalib.* Que fi
cette abfence eft caufée pour une caufe jufte, mais
non pas néceffaire , & que le fiancé foit dans la
même Province, la fiancée doit attendre deux ans;
ut dicitur in Leg. 2. cod. eod. tit. Enfin, s'il eft dans
une autre Province, elle doit attendre trois ans.
Leg. 2. cod. de repud.

La troifieme , eft la profeffion monaftique ; car
puifque le mariage légitimement contracté & non
confommé peut fe diffoudre *per profeffionem vitæ
regularis*, à plus forte raifon les fiançailles , qui ne
font qu'une promeffe réciproque de mariage, peuvent fe diffoudre par la profeffion monaftique. Les
Docteurs tiennent même que la prife d'habit dans
un Monaftere , décharge l'autre fiancé de l'obligation des fiançailles. A l'égard du vœu fimple de
chafteté, il ne diffout pas les fiançailles, parce que
Dieu n'accepte point la promeffe qui lui eft faite
au préjudice d'une chofe promife à un autre. Ainfi,
les fiancés s'étant promis l'un à l'autre ne peuvent
plus fe promettre à Dieu, à moins que ce ne foit
pour fe donner entiérement à lui, en renonçant
au monde, *per profeffionem vitæ regularis. Voyez*
Sanchez, *de fponfalib. difputat.* 46.

La quatrieme , eft la prife des Ordres facrés par
le fiancé ; car puifqu'ils contiennent le vœu folemnel de chafteté, *cap. un. de voto ; & voto redempt.
in Sexto*, ils rendent incapable de mariage celui qui
les prend, & ils annullent l'obligation réfultante
des fiançailles contractées auparavant. Sur quoi il
faut remarquer que la prife des Ordres facrés ne
diffoudroit pas un mariage légitimement contracté, quoique la profeffion monaftique le faffe. Cela
eft fondé fur ce que la profeffion fait entiérement
quitter le monde, & caufe une mort au fiecle, qui
en plufieurs chofes opere les mêmes effets que la
mort naturelle ; au lieu que la prife des Ordres facrés ne caufe pas la mort civile & l'entiere renonciation au monde. D'ailleurs feroit-il jufte qu'un
homme pût diffoudre fon mariage non confommé,
non-feulement par la profeffion monaftique, mais
encore par la prife des Ordres facrés, & qu'une
femme ne pût le diffoudre que par la profeffion
monaftique ?

La cinquieme eft, le mariage légitimement contracté avec un autre.

La fixieme eft, la fornication du fiancé ou de la
fiancée ; parce que la fornication furvenue durant
le mariage donnant lieu à la féparation *quoad thorum
& menfam*, peut à plus forte raifon diffoudre les
fiançailles. Le fiancé peut même faire déclarer les
fiançailles fans effet, pour fornication commife
par la fiancée avant les fiançailles, dont il n'auroit
eu connoiffance qu'après : mais il lui en faudroit
faire preuve ; & cela fans demander qu'elle foit
vifitée, à l'effet de connoître fi elle a été corrompue.
Fevret, liv. 5. chap. 1. nomb. 12. A l'égard de la
fiancée, elle ne pourroit pas faire diffoudre les
fiançailles, pour fornication commife par fon
fiancé avant les fiançailles, dont elle n'auroit eu
connoiffance qu'après. Il n'y auroit pas même de

compenfation , quoiqu'on prouvât que la fornication auroit été commife par l'un & l'autre des
fiancés avant leurs fiançailles.

La feptieme eft, un vice confidérable auquel un
des fiancés feroit adonné, & dont l'autre n'auroit
eu connoiffance qu'après les fiançailles ; comme fi
une fille avoit appris avec certitude depuis qu'elle
a été fiancée, que fon futur eft un yvrogne adonné
à toutes fortes d'excès, ou qu'il fût fi violent, fi
brutal & fi cruel, qu'il n'y auroit pas lieu d'efpérer
qu'une femme pût mener une vie tranquille avec
lui.

La huitieme eft, fi l'un des fiancés étoit fujet
au mal caduc, ou à quelqu'autre maladie horri-
ble, dont l'autre n'auroit eu connoiffance qu'après
les fiançailles.

La neuvieme eft, fi depuis les fiançailles il étoit
furvenu à l'un des fiancés une difformité confidérable, comme s'il avoit perdu un œil, ou qu'il eût
été eftropié de quelque membre.

Après ce que nous venons de déduire , au fujet des
fiançailles, il ne nous refte ; pour finir cet article,
que les obfervations qui fuivent.

Le don fait fous condition de fe marier n'eft pas
effectué par les fiançailles. Louet, lettre M, fommaire 3.

La donation faite par un fiancé à fa fiancée, entre le contrat de mariage & la confommation, eft
nulle. *Voyez* Baffet, tôme 1. liv. 4. titre 2. chapitre 2.

Le fiancé qui a engroffé fa fiancée, venant à décéder avant la célébration du mariage, la fiancée
ne peut prendre la qualité de veuve, ni l'enfant
être cenfé légitime & habile à fuccéder. M. Dolive,
act. for. part. 3. act. 13.

FICTION, eft une fuppofition que fait la Loi,
qui donne à une perfonne ou à une chofe une qualité qui ne lui eft pas naturelle, pour établir en
conféquence une certaine difpofition, laquelle fans
la fiction répugneroit à la raifon & à la vérité.

Les fictions ne font introduites que pour la facilité & l'avantage de la fociété civile. Comment elles
operent les mêmes effets que la vérité, elles doivent
l'imiter, & ne rien préfenter à l'efprit qui foit contraire à la vraifemblance. Ainfi, l'on ne feint jamais une chofe qui foit impoffible *per rerum naturam. Gloff. ad leg. 28. ff. de vulg. pupil. fubft.* Toute
fiction doit donc conferver le vraifemblable, &
perdre & noyer, pour ainfi dire, dans ce vraifemblable toute apparence de fiction.

L'effet de la fiction eft d'attribuer à une perfonne
ou à une chofe une qualité qu'elle n'a pas par elle-
même : *tantùm operatur fictio in cafu fictitio, quantùm veritas in cafu vero.* Mais comme les fictions
ont été introduites pour faire admettre un droit
particulier contre les régles ordinaires, elles font
reftreintes dans leur cas particulier : *Quæ jure fin-
gulari introducta funt, non debent trahi ad confequen-
tias.*

Elles ne s'étendent donc point d'un cas à un autre : elles n'opèrent qu'entre les perfonnes, & pour
les cas qui font exprimés dans la Loi, ou compris
dans la ftipulation. Par exemple, la fimple ftipu-

lation de propre au profit de la future épouse seulement, empêche que les deniers par elle apportés en dot ne tombent dans la communauté ; mais si-tôt que cette fiction a eu son effet, ils retournent à leur premiere nature de meubles. *Voyez* Mornac, *ad leg.* 13. *ff. de adoptionib.*

Il faut dire aussi que les deniers stipulés propres font une dette purement mobiliaire, parce que la fiction de propre n'est point pour les débiteurs de ces deniers stipulés propres, & que les fictions de propres ne s'étendent point hors leur cas.

Voici un autre exemple qui justifie ce principe. Les deniers provenans du rachat d'une rente, qui font meubles ; quant ils appartiennent à un mineur, sont réputés immeubles ; mais cela n'a pas lieu à l'égard de ceux qui sont interdits de l'administration de leurs biens, parce que la Coutume ne l'a décidé qu'au cas des deniers provenans du rachat des rentes appartenantes à un mineur.

Voyez Belordeau, lettre F, art. 14. & Fornerium, *lib.* 3. *cap.* 9. *solectionum.*

FIDÉICOMMIS, est une libéralité que nous exerçons envers quelqu'un, *verbis indirectis & precariis*, par le ministere de notre héritier, ou d'un autre qui reçoit quelque avantage de notre derniere volonté, pour en faire la restitution en total ou en partie.

Un testateur peut donc charger son héritier de rendre à quelqu'un sa succession, ou partie d'icelle, ou certaine chose particuliere, comme un tel fonds : au premier cas, c'est un fidéicommis universel ; au deuxiéme, c'est un fidéicommis particulier.

On peut charger aussi un légataire de rendre à quelqu'un le legs, ou partie d'icelui.

De quelque maniere que s'explique celui qui fait un fidéicommis, pourvû que sa volonté paroisse, le fidéicommis est valable.

Nous ne pouvons charger de fidéicommis, que ceux qui reçoivent quelque libéralité de notre derniere disposition.

Nous pouvons par un codicille, ou par une clause codicillaire insérée dans un testament qui se trouve défectueux *ab intestat* de fidéicommis. La raison est, que l'on est censé donner ce que l'on n'ôte pas, lorsqu'on le peut ôter. *Voyez* ce que j'en ai dit dans mes Institutes, *liv.* 2. *tit.* 23. & 24. les Arrêtés de M. le Premier Président de Lamoignon.

FIDÉICOMMIS CONDICTIONNEL, est celui qui est fait sous une condition qui en suspend l'effet jusqu'à ce qu'elle soit arrivée.

Ainsi, lorsqu'un fidéicommis conditionnel est laissé au plus proche de la famille, on ne considere pas le tems du testament ou de la mort du testateur, mais celui auquel la condition arrive, quelque tems qu'il y ait entre l'un & l'autre ; de sorte qu'on admet au fidéicommis ceux qui sont nés des personnes qui en étoient exclues, soit par leur propre renonciation, ou par quelqu'autre cause. *Leg.* 21. *cod. de fideicom. Leg. eum qui, ff. de condit. & demonstrat. Leg. interveniit, ff. Legat. præst.*

On y admet aussi ceux qui n'étoient pas nés au tems du testament ou de la mort du testateur,

pourvû qu'ils ayent été conçu au tems que la condition apposée au fidéicommis est arrivée, comme nous avons dit, *verbo* Conçu.

FIDÉICOMMIS TACITE, Par fidéicommis tacite, on n'entend pas ici une disposition légitime & secrette ; mais une libéralité faite au profit d'une personne indigne ou incapable, & pour la restitution de laquelle une personne capable a prêté tacitement son ministere promettant au testateur ou au donateur de rendre la chose donnée à la personne qu'il en veut favoriser, quoiqu'incapable de la recevoir.

Il résulte de cette définition, que ces fidéicommis tacites sont des artifices frauduleux, qui n'ont pour but que d'éluder & rendre inutiles les dispositions du Droit ; aussi sont-ils réprouvés. *Leg.* 1. *cod. de delatorib.*

Les Loix Romaines ont usé de toute leur sévérité pour réprimer ces fidéicommis. La Loi 11. *ff. de his quæ ut indign. aufer.* veut que l'héritier *qui tacitam fidem contra Leges accommodaverit*, ne puisse pas prendre la Quarte falcidie *in eâ parte quâ fraudem adhibuit.* La Loi 18. du même titre veut que celui qui s'est chargé *in fraudem Legis*, de rendre un fidéicommis tacite, soit tenu de rendre les fruits qu'il a perçus *ante litem motam*, de la chose qu'il a voulu intervertir par cette pratique d'iniquité.

Les fidéicommis tacites sont prohibés en France, tant en pays de Droit écrit, qu'en pays coutumier.

Par exemple le fidéicommis qui seroit fait dans la Coutume de Paris par l'un des conjoints au profit de l'autre par personne interposée, seroit absolument nul, suivant l'art. 282. de cette Coutume.

Comme ces fidéicommis sont fort secrets, & accompagnés de précautions pour en cacher la vérité, quoiqu'ils soient prohibés, ils ne laissent pas quelquefois de produire leur effet, *quia de ignotis non judicat Prætor.* Mais quand il y a commencement de preuve par écrit, ou qu'il se rencontre quelque forte présomption qui donne lieu de les croire tels qu'ils sont, la preuve testimoniale est admise pour en faire la preuve.

Ainsi, par Arrêt du 9. Février 1661. rapporté par Soefve, tom. 2. cent 2. chap. 33. il a été jugé que la preuve par témoins d'un tacite fidéicommis prétendu fait par un mari au profit de sa femme, par l'interposition du Confesseur ordinaire de ladite femme, qu'il avoit fait son légataire universel en tous ses biens, qui ne consistoient qu'en meubles & acquêts, étoit recevable. Garcias, Jurisconsulte Espagnol, a fait un bon Traité *de tacito fideicommisso.*

FIDÉICOMMISSAIRE, est celui à qui on a laissé par fidéicommis une succession ou un legs.

FIDÉJUSSEUR, est celui qui s'oblige pour un autre promettant de payer pour lui, en cas qu'il ne satisfasse pas à son créancier ; de maniere que le principal débiteur demeure toujours obligé. D'où il s'ensuit, que l'obligation du fidéjusseur n'éteint pas celles du principal débiteur, mais la confirme. Il arrive au contraire que l'obligation du fidéjusseur n'étant qu'accessoire, est éteinte à l'instant

tant que l'eſt celle du principal débiteur.

Les fidéjuſſeurs qui en s'obligeant pour le principal débiteur n'ont point renoncé au bénéfice de difcuſſion ne peuvent être contraints de payer, que difcuſſion préalablement faite des biens du principal obligé.

Quand pluſieurs ſe ſont obligé pour le principal débiteur ils peuvent ſe ſervir du bénéfice de diviſion, à l'effet de n'être tenus chacun que pour leur part & portion de la dette. Mais ordinairement on les fait renoncer, tant entr'eux, s'ils ſont pluſieurs, au bénéfice de diviſion, qu'à l'égard du principal obligé, au bénéfice de difcuſſion; en ſorte qu'ils déviennent par là cooligés ſolidairement à la perte.

La formalité des ſtipulations qui étoit en uſage chez les Romains, & néceſſaire chez eux pour la validité des fidéjuſſions, n'étant pas reçue en France, les fidéjuſſeurs ſont parmi nous obligés de la même maniere que les Principaux débiteurs, ſans qu'il ſoit beſoin d'aucune ſolemnité de paroles, ni de la préſence du fidéjuſſeur, pourvû qu'on juſtifie de ſon conſentement par une procuration ſignée de lui.

Le créancier qui veut agir contre celui qui a cautionné ſon principal débiteur dans l'aſſignation qu'il fait donner à ce fidéjuſſeur, conclut contre lui, *à ce qu'il ſoit condamné à lui payer la ſomme de.... pour laquelle il a cautionné.... envers tel.... comme il eſt juſtifié par tel acte, & de laquelle ſomme à lui due pour telle cauſe il n'a pû être payé du dit principal obligé, quoiqu'il ait fait contre lui toutes pourſuites néceſſaires, & qu'il ait diſcuté tous ſes effets.*

Si le fidéjuſſeur a répondu de la ſomme en ſon propre nom, & en a fait ſa propre dette, la difcuſſion du principal obligé n'eſt pas néceſſaire, non plus que quand le fidéjuſſeur a expreſſément renoncé au bénéfice de difcuſſion.

Lorſque le cautionnément eſt fait ſans écrit, & qu'il le faut prouver par témoins, il faut à la fin des concluſions ajouter, *qu'en cas de déni de la part du fidéjuſſeur, il ſoit permis au demandeur d'en faire preuve par témoins.* Mais cette preuve ne ſeroit pas admiſe, ſi la ſomme excedoit cent livres, comme nous l'avons dit ailleurs.

Le fidéjuſſeur qui a payé pour le principal obligé qu'il a cautionné, a un recours contre lui, & dans l'aſſignation qu'il lui donne, il conclut *à ce que le défendeur pour lequel il a payé la ſomme de.... à.... en conſéquence de ſon cautionnement, ſoit condamné à lui rendre & reſtituer ladite ſomme que le demandeur a payée en ſon acquit, & ſoit envers lui condamné en tous ſes dépens, dommages & intérêts.*

Voyez ma Traduction des Inſtitutes, au livre troiſiéme, tit. 21. & ce que j'ai dit ci-deſſus, *verbo* Caution.

FIDÉJUSSION, eſt une obligation acceſſoire par laquelle un fidéjuſſeur s'oblige pour un autre ſans novation, c'eſt-à-dire, ſans que le principal obligé ſoit liberé.

Ainſi au moyen de la fidéjuſſion, le créancier a deux perſonnes obligées; ſçavoir, le principal débiteur, & le fidéjuſſeur.

Tome I.

La fidéjuſſion n'étant qu'une obligation acceſſoire, elle ſuit le ſort de l'obligation principale: ainſi, dès que la principale eſt éteinte, celle du fidéjuſſeur l'eſt auſſi. Par la même raiſon, toutes les exceptions qui peuvent ſervir au principal obligé, ſervent auſſi au fidéjuſſeur, il n'y a que les exceptions purement perſonnelles & inhérentes à la perſonne du principal obligé, dont le fidéjuſſeur ne puiſſe pas ſe ſervir. Par exemple, quoique le créancier n'ait point d'action contre le débiteur qui a fait ceſſion de biens, néanmoins il peut valablement agir contre le fidéjuſſeur.

V. ma Traduction des Inſtitutes au liv. 3. tit. 21.

FIDELITÉ, eſt en matiere de Fiefs la foi & hommage que les vaſſaux rendent à leurs Seigneurs.

Comme il n'y a que la foi & la fidélité qui ſoient de la ſubſtance du Fief, & non l'hommage & la preſtation du ſerment de fidélité, les Seigneurs peuvent diſpenſer leurs Vaſſaux de l'hommage & du ſerment de fidélité. *Voyez* Fief abonné.

Autrefois les Vaſſaux prêtoient aux Seigneurs dont ils relevoient le ſerment de fidélité; mais depuis qu'ils ont ceſſé d'être leurs Souverains, n'y ayant en France que le Roi qui en ait le titre & les droits, ce ſerment eſt devenu inutile, parce qu'il ne ſe pouvoit garder ni exécuter. On a ſeulement retenu la foi & hommage, qui n'eſt proprement qu'un devoir reſpectueux, & une ſoumiſſion à laquelle nos Coutumes ont voulu aſſujettir les Vaſſaux envers leurs Seigneurs.

Quand nos Coutumes parlent de ſermens de fidélité, elles ne doivent donc s'entendre que de la foi & hommage, laquelle ſe rend ſans preſtation de ſerment.

Cependant ſi l'on prenoit le mot d'hommage dans ſa propre ſignification, il auroit bien plus d'énergie que celui de fidélité; comme nous avons remarqué, *verbo* Hommage.

FIDUCIAIRE, eſt un héritier ou un légataire qui eſt chargé par le défunt de reſtituer la totalité ou une partie de la ſucceſſion provenante de lui, ou la totalité ou une partie du legs qu'il lui a fait.

FIEF, eſt un héritage tenu du Roi ou d'autre Seigneur à foi & hommage, & à la charge de quelques autres droits. Celui qui le poſſede, eſt appellé Vaſſal; & celui de qui l'héritage releve, eſt appellé Seigneur. *Voyez* M. Cujas, lib. 8. *Obſervation. cap.* 14. & *ad libros Feudorum,* où il dit entr'autres choſes, que fief eſt dérivé du mot latin *fides,* à cauſe de la foi & fidélité que le Vaſſal eſt obligé de porter & de garder au Seigneur dont il releve. Ce qui paroît aſſez vraiſemblable, quoique pluſieurs Auteurs donnent à ce mot d'autres étimologies, qui ſont rapportées dans le Dictionnaire de Trévoux.

Quelques Auteurs tiennent que les Fiefs ont pris leur origine des Lombards, dont les Conſtitutions ſont ordinairement à la fin du Corps du Droit. D'autres attribuent leur origine aux François. *Voyez* M. Charles Dumoulin, *tractatu de feudis.* tit. 1. num. 12. René Chopin, *tractatu de communib. Gallic. Conſuetud.*

Suivant la définition que nous venons de don-

G g g g

ner du Fief, le Seigneur de l'héritage s'en réserve la propriété directe, & n'en transfere au Vaſſal que la propriété utile, à la charge de la fidélité, de quelques droits de redevances.

Nous remarquons dans Aimonius, dans Yves de Chartres, & autres anciens Auteurs, que les Fiefs étoient appellés Bénéfices, & que ceux à qui ils étoient donnés, étoient appellés Bénéficiers.

Cela provenoit de ce qu'ils n'étoient donnés qu'à vie, & même à titre de précaire ; car les Vaſſaux étoient ſimples gardiens des Fiefs, & poſſeſſeurs au nom du Seigneur.

Ces Fiefs n'étoient anciennement donnés par les Seigneurs, qu'à ceux qui avoient porté les armes, & fait preuve de leur valeur.

La condition ſous laquelle ils étoient donnés, étoit que les Vaſſaux ſerviroient leurs Seigneurs dans les guerres qu'ils pourroient avoir contre leurs ennemis.

Les Fiefs ne ſe donnoient donc qu'à vie, & même quelquefois pour un certain tems. Ainſi après ce tems, ou après la mort du Vaſſal, les Fiefs retournoient de plein droit au Seigneur. *Voyez* Loyſel, liv. 4. régles 1. & 2. & les Notes de M. Lauriere. Dans la ſuite les Vaſſaux obtinrent la ſurvivance de leurs Fiefs au profit de leurs enfans mâles : les femelles en étoient excluſes, attendu qu'elles ſont incapables de porter les armes. *Voyez* Droit d'aîneſſe. *Voyez* Excluſion.

Sous Charles VII. Les Fiefs devinrent héréditaires, mais non pas de commerce ; de ſorte qu'on y pouvoit ſuccéder, mais non les pouvoir vendre ſans l'agrément du Seigneur ; & quand la vente en avoit été faite autrement, y avoit lieu à la commiſe ; ce qui les rendoit tous Fiefs de danger, comme il y en a encore aujourd'hui dans quelques Coutumes.

Dans les premiers tems qu'on admit la ſucceſſion dans les Fiefs, ce ne fut que pour les grands Fiefs, auxquels les enfans mâles ſeulement pouvoient ſuccéder. Enfin on admit les freres du défunt qui étoient deſcendus du premier Vaſſal inveſti.

Les filles y furent peu après admiſes avec les freres du Vaſſal. Enfin ils ſont devenus tout-à-fait héréditaires ; mais ce n'a été que depuis Charles VII. que les fiefs ſont devenus de commerce, & que ceux qui les poſſédoient ont pû les aliéner, & en diſpoſer à leur volonté. *Voyez* Belordeau, lett. F. art. 12.

Du tems que les Fiefs n'étoient donnés qu'à vie, ils étoient donnés gratuitement ; *gratis dabatur Feudum, non ſub cenſu* : en quoi le Fief differe de l'Emphitéoſe, qui s'eſt fait de tout tems *pro annuâ penſione modicâ, quæ canonis nomine deſignatur*.

Mais comme les Seigneurs virent que les Fiefs devenant tout-à-fait héréditaires & dans le commerce, ils perdoient l'eſpérance du retour, ils ſe ſont réſervés, outre la foi & hommage, des droits utiles ſur les Fiefs dépendans d'eux, à chaque mûtation, pour l'inveſtiture qu'ils en donnoient au nouveau Vaſſal ; en ſorte que ces droits ont été par eux introduits, comme le prix de la permiſſion qu'ils accordoient à leurs Vaſſaux de les vendre,

ou de pouvoir les faire paſſer par droit de ſucceſſion à leurs collatéraux.

Voilà ce qui fait qu'aujourd'hui les droits de Fiefs qui appartiennent aux Seigneurs ſur les Fiefs dépendans de leur Seigneurie, ſont de deux ſortes ; ſçavoir les droits honorifiques, comme eſt la foi & hommage ; & les droits utiles, qui conſiſtent dans quelque émolument ou quelque avantage, que les Seigneurs retirent des Fiefs qui relevent du leur.

Ces droits utiles ſont ou ordinaire, ou extraordinaires.

Les droits ordinaires dans la Coutume de Paris, & dans pluſieurs autres, ſont le relief & le quint, dont nous avons parlé en leur lieu.

Les droits extraordinaires des Fiefs, ſont ceux qui ne ſont pas attribués à tous Seigneurs, mais qui n'appartiennent qu'à quelques-uns, en vertu d'un titre & d'une convention particuliere.

Il y a trois ſortes de droits ſeigneuriaux extraordinaires dans la Coutume de Paris ; ſçavoir, droit de moulin, four ou preſſoir bannal, droit de corvée, & droit de colombier à pied.

Un Seigneur ne peut, ſans un titre par écrit, aveu & dénombrement, ou déclaration & reconnoiſſance, contraindre ſes ténanciers aux droits extraordinaires, quelque tems qu'il en ait joui, parce que nulle ſervitude ſans titre.

Ce titre, pour être valable, doit être paſſé avec tous les intéreſſés, & ce vingt-cinq ans avant la réformation de la Coutume de Paris, qui fut faite en 1580.

Outre ces droits honorifiques & utiles, les Seigneurs s'étoient autrefois arrogé quelques droits de ſouveraineté qui cauſoient de grands troubles dans l'Etat. C'eſt pourquoi on ne leur a laiſſé qu'une ombre d'autorité ſur leurs Vaſſaux, avec les profits utiles qui leur ont été conſervés en entier.

Voyez Ban & Arriere-Ban.

Tous les Fiefs étoient autrefois appellés *Francs-Fiefs* ou *Fiefs francs*, à cauſe de la franchiſe & des prérogatives qui y étoient unies, dont jouiſſoient ceux qui les poſſédoient.

Quoique les Fiefs n'ayent jamais annobli les Roturiers qui les poſſédoient, néanmoins ils les affranchiſſoient, ou leur communiquoient leurs franchiſes, tant qu'ils y étoient levans & couchans : ainſi le Roturier qui poſſédoit un Fief, étoit réputé franc homme, tant qu'il y levoit & qu'il y couchoit, c'eſt-à-dire tant qu'il y demeuroit.

Aujourd'hui les Roturiers qui poſſedent des Fiefs, ſont tenus de payer au Roi une certaine finance, qu'on appelle droit de Franc-Fiefs. *Voyez* ci-après Francs-Fiefs.

Après que les Fiefs ont été rendus héréditaires, il y a toujours eu beaucoup de différence entre les mâles & les femelles pour ce qui regarde la ſucceſſion des Fiefs. Comme il ſeroit injuſte de les priver des ſucceſſions qui leur échouoient en ligne directe, nos Coutumes les ont admiſes aux ſucceſſions des Fiefs de leurs aſcendans, pour des parts plus ou moins fortes, ſuivant les différentes diſpoſitions des Coutumes ; mais preſque toutes leur donnent l'exclusion aux Fiefs, au profit des mâles en ligne collatérale au pareil degré.

Cela vient de ce que les Fiefs étoient anciennement donnés à la charge de défendre le Seigneur dans les guerres qu'il pourroit avoir à soutenir; & comme les femelles sont incapables de porter les armes, on a eu de la peine à les admettre à la succession des Fiefs. D'ailleurs on a toujours considéré les Fiefs comme moyens de soutenir l'éclat & le nom des familles. Voilà d'où proviennent les avantages que les Coutumes donnent aux mâles dans les Fiefs, parce que à eux seuls appartient le droit de servir à la guerre, & que c'est par eux seuls que le nom & la famille se peuvent perpétuer. *Voyez*, verbo Exclusion.

Il y a eu autrefois plusieurs différentes sortes de Fiefs, dont plusieurs subsistent encore aujourd'hui; les uns étoient appellés militaires, & les autres civils; les premiers ne se donnoient qu'aux gens d'Armées; les civils se donnoient à toutes sortes de personnes, Clercs ou Laïcs.

On distinguoit encore les fiefs purs, ou fiefs d'honneur, qui ne devoient que la foi & hommage; & les fiefs conditionnés, qui, outre la foi & hommage, devoient des redevances écrites dans l'inféodation.

Il y avoit autrefois, comme il y a encore aujourd'hui, des fiefs de dignité, & d'autres qui sont purement fiefs. Les fiefs de dignité sont les Duchés, Comtés, Marquisats & principautés, & autres fiefs qui ont une dignité annexée. Les autres fiefs qui n'ont point de dignité annexée, sont purement appellés fiefs.

On distingue encore les fiefs, en fiefs simples & en fiefs liges.

Nous allons donner l'explication de ces différentes sortes de fiefs, après avoir indiqué les principaux auteurs qui ont traité cette matiere, qui est très-vaste & très-difficile.

Quinque Feudorum Libri cum Cujacii commentariis; *Hotmanni in LibrosFeudorum commentaria*;*Baro,tractatus de Feudis*; *Contii de Feudis*; *Zoezii idem*; *Gerardi idem*; *Julii Clari idem*; *Molinæus*, tom. 1. *tractat. de Feudis*. Chanterau le Fevre a fait un Traité de l'origine des fiefs; Salvaing, de l'usage des fiefs; la Rocheflavin des Droits seigneuriaux; Dargentré sur l'ancienne Coutume de Bretagne; Chassanée sur celle de Bourgogne; Berault & Basnage sur celle de Normandie; Pontanus sur celle de Blois; Coquille sur celle de Nivernois, tit. 4. & dans ses Institutes du Droit François, titre des fiefs; l'Hommeau sur la Coutume d'Anjou, liv. 1. tit. 3. & dans ses Maximes, titre des fiefs; le Glossaire du Droit François, verbo Fiefs; M. le Président le Maître, Traité des fiefs & des amortissemens; les Arrêtés de M. de Lamoignon, titre des fiefs; les Commentateurs de la Coutume de Paris, sur le tit. 1. Henrys, tom. 1. liv. 3. Enfin il a été imprimé à Paris en 1730. un Traité des fiefs fait par M. Poquet de Livonnieres; & un autre imprimé aussi à Paris en 1738 fait par M. Guyot.

FIEF EN PAYS DE DROIT ÉCRIT. Les questions qui se présentent au sujet de cette matiere, ne sont pas toutes réglées en pays de Droit écrit de la même maniere qu'elles le sont en Pays coutumier.

Les constitutions qui ont été faites sur la matiere des fiefs, & qui se trouvent à la fin du Corps du Droit civil, sans nom d'Auteur & sans date, ne servent point de Loi en France, du moins en Pays coutumier; mais ces régles ont de l'autorité dans quelques Provinces du Droit écrit.

Guy Pape, dans la question 297. dit que les Livres des fiefs sont observés en Dauphiné, comme le Droit écrit, à la réserve des cas où l'usage y a dérogé. M. Salvaing dans son Traité de l'usage des fiefs, chap. 1. établit la même chose. M. Poissonnel, célébre Avocat du Parlement de Provence, & Syndic du Pays, dans son Traité de l'hérédité des fiefs de Provence, prouve que les Livres des fiefs n'ont point d'autorité dans son Pays. Dans les Pays du Droit écrit ressortissans au Parlement de Paris, ces Livres n'ont point d'autorité. Les fiefs y sont patrimoniaux & héréditaires: mais ce qu'il y a de particulier, ils sont simplement d'honneur; en sorte qu'ils ne produisent aucun profit en quelque cas que ce puisse être; comme le remarque Henrys, tom. 1. liv. 3. quest. 38. M. Salvaing, chap. 3. observe la même chose, & dit qu'en Dauphiné les fiefs sont d'honneur, de profit & de danger. Dans le Languedoc & la Guyenne, ils produisent des profits qui consistent non pas en droit de relief & de quint, mais au payement des lords à chaque mutation, à l'exception de celles qui arrivent en ligne directe.

Voyez le Traité des Fiefs de M. Henrys, & les Observations, tome 1. liv. 3.

FIEF DE DIGNITÉ, est comme nous avons dit, celui auquel est annexée une dignité. On appelle ainsi les Duchés, Marquisats & Comtés.

On les nomme aussi fiefs nobles & royaux, parce que la concession en appartient seulement à la puissance royale, comme la source de toutes les dignités du Royaume.

Les Baronnies & Châtellenies peuvent être mises au rang des fiefs royaux, quand elles ont été concedées immédiatement par le Roi, à la charge de lui en faire hommage: mais lorsqu'elles relevent d'un autre Seigneur, ce ne sont point des fiefs royaux.

Il s'ensuit de ce que nous venons de dire, que si un Duc ou un Comte donne partie de sa Terre en titre de Baronnie, ou un Baron à titre de Châtellenie, cette concession ne produira pas un fief royal. *Molin. Feudor.* §. 9. *gloss.* 3. *num.* 2. & §. 20.

Quoique ces fiefs de dignité soient appellés nobles, néanmoins les Duchés & autres fiefs de premiere noblesse & dignité n'annoblissent point les Roturiers, si lors de la concession le Roi n'a imprimé le caractere de noblesse en la personne.

La raison est que la noblesse de fief est une qualité féodale attachée & inhérente au fonds, qui par conséquent ne passe point en la personne de l'acquéreur. *Molin. dict. gloss.* 3. n. 3. & 4. *Chop. de Doman. lib.* 1. tit. 13. n. 16. Bacquet, chap. 20. du Droit d'annoblissement.

Les femelles sont exclues des fiefs de dignité, même en directe. Ces fiefs sont reversibles à la Couronne, en cas de décès sans hoirs mâles procréés en loyal mariage ; & cela quand bien même il ne feroit fait aucune mention de cette condition dans les Lettres d'érection, ainfi qu'il eft porté dans l'Ordonnance de Charles IX. de l'année 1566. qui défend à toutes les Cours auxquelles fes Lettres feront adreffées, de les enrégiftrer qu'à cette condition, quelque commandement ou juffion qui y puiffe être inférée : ce qui a depuis été renouvellé par l'art. 279. de l'Ordonnance de Blois du mois de Mai 1579. & ces fiefs de dignité font ordinairement indivifibles, & appartiennent aux feuls aînés, fuivant les conditions appofées aux Lettres d'érection que le Roi donne.

Mais nos Rois n'ufent pas toujours de leurs droits, & fouvent à la fupplication des Seigneurs, ils confentent que les Fiefs de cette qualité parviennent aux filles au défaut de mâles. Chopin, lib. 1. de Doman. tit. 5. num. 6. & 23.

Quand un fief de dignité eft partagé ; il n'y a que l'aîné qui puiffe porter la qualité de Comte ou de Baron qui y étoit annexée, fans que les puînés partageurs & part-prenans, puiffent prendre la même qualité. Conftans fur les articles 1. & 140. de la Coutume de Poitou ; Vigier fur Angoumois, article 1.

Les fceaux à contrats emportent la faculté de créer des Notaires, appartiennent aux Seigneurs qui ont fief de dignité. Ce font eux qui font des Notaires en leurs Terres, pour la garde de leurs fceaux, & la réception des contrats & autres actes. Vigier, loco citato.

FIEF SIMPLE, eft celui pour raifon duquel il n'eft dû par le Vaffal que la foi & hommage au Seigneur duquel il releve, fans autres devoirs perfonnels & militaires, mais feulement à la charge de certaines redevances ou preftations, au lieu defdits fervices.

L'hommage qui fe rend au Seigneur pour les fiefs fimples, eft feulement réel, & non pas perfonnel : d'où il s'enfuit que le Vaffal ne prête fon ferment d'être fidele à fon Seigneur, que pendant le tems qu'il fera propriétaire du fief ; ainfi fon obligation ceffe dès qu'il ne le poffede plus.

FIEF LIGE, eft celui pour raifon duquel, outre la foi & hommage & plufieurs autres devoirs perfonnels, le Vaffal eft obligé d'aller lui-même à la guerre, & de s'acquitter en perfonne des fervices militaires dûs au Seigneur féodal.

Ce fief eft appellé fief de corps, parce que le Vaffal, par ferment, s'oblige en faifant la foi & hommage à fon Seigneur, de lui être fidele toute fa vie, & de le fervir & défendre envers & contre tous jufqu'à la mort, fans acception de perfonnes, en y obligeant fa perfonne & tous fes biens.

Le mot lige vient du mot latin ligatus, c'eft-à-dire homme lié, & qui eft étroitement obligé & engagé.

Il y en a qui font dériver ce mot de l'Allemand luiden ou leuten, parce que ces fortes de Vaffaux liges qui font perfonnellement obligés envers leur Seigneur, font plus fréquens en Allémagne.

Celui qui poffede un tel fief, doit à fon Seigneur fervice de corps, de chevaux & d'armes ; comme nous avons dit en parlant de fief de corps.

L'hommage lige qui fe rend au Seigneur, eft autant perfonnel que réel, puifqu'il contient un ferment fait par le Vaffal de lui être fidele toute fa vie ; de forte que le Vaffal qui cefferoit d'être propriétaire du fief lige pour lequel il a fait la foi & hommage, ne feroit pas difpenfé du ferment qu'il lui a fait, & lui devroit toujours la fidélité qu'il lui a jurée.

L'hommage lige ne peut être dû qu'aux Souverains ; c'eft pourquoi quand il eft rendu aux Ducs & autres grands Seigneurs, il faut excepter le Roi.

Comme aujourd'hui les guerres privées font défendues dans le Royaume, les hommages liges n'ont pas plus d'effet que les fimples. Ainfi il n'y a proprement que le Roi en France à qui l'on faffe hommage lige.

FIEF NOBLE, eft celui qui a haute, moyenne & baffe Juftice, ou qui a cenfive ou Fief mouvant de lui.

FIEF ROTURIER, eft au contraire celui qui n'a aucune de ces qualités.

FIEF DOMINANT, eft celui duquel un autre fief releve. Il n'eft dit dominant, que par rapport à celui qui releve de lui ; & il peut être fervant à l'égard d'un autre.

Ainfi les fiefs relevent par ordre de l'un à l'autre jufqu'à la Couronne ; & il n'y a que les fiefs de la Couronne, & ceux qui en font franc-aleu, qui ne relevent d'un autre & qui ne foient pas fervans.

FIEF SERVANT, eft celui qui releve & dépend d'un autre en foi & hommage, & pour lequel le propriétaire eft obligé à la foi & hommage envers le propriétaire du fief duquel il eft mouvant.

FIEF SUZERAIN, FIEF MEDIAT, ET ARRIERE-FIEF. Comme un fief fervant à l'égard d'un fief, peut être dominant à l'égard d'un autre, ou au contraire, on diftingue à ce fujet trois fortes de fiefs ; fçavoir, le fuzerain, le médiat & l'arriere-fief.

Le fuzerain, eft celui de qui releve un fief & un arriere-fief.

Le médiat, eft celui de qui releve un fief, & qui releve d'un autre.

L'arriere-fief, eft celui qui releve d'un fief relevant d'un autre. Ainfi tout fief qui dépend d'un autre, eft appellé arriere-fief, à l'égard du fief dominant de celui duquel il releve immédiatement.

Le fief & l'arriere-fief font deux relatifs ou deux extrêmes, en termes de relation, qui ont, comme le dit un Auteur moderne, leur rapport & leur afpect mutuel & réciproque; en forte que l'un ne peut être fans l'autre, & que l'un fe connoît & s'explique par l'autre, par les termes de Fief dominant & Fief fervant ; & quand il y a plufieurs fiefs mouvans d'un même Seigneur, chaque arriere-fief fait une relation diverfe ; parce que le fief dominant eft pris plufieurs fois comme un point au centre du cercle, qui fe prend autant de fois qu'on tire de lignes de ce point à la circonférence.

FIEF COUVERT, eft un fief pour lequel le propriétaire a fait la foi & hommage au Seigneur duquel il releve.

Au contraire, le fief ouvert est quand il n'y a point de Vassal au Fief, ou quand le propriétaire n'a pas rendu ses devoirs au Seigneur, en vertu de quoi le Seigneur peut saisir le fief ouvert, & en faire les fruits siens en pure perte du Vassal saisi.

FIEF D'HERITAGE, est celui qui consiste en fonds, & non en immeubles fictifs, comme dit M. de Lauriere sur Loysel, liv. 1. regle 71. Voyez l'observation qu'il a fait sur le titre des fiefs, de la Coutume de Paris.

FIEF EN L'AIR, est un fief qui ne consiste qu'en une censive, le domaine du fief ayant été entiérement aliéné au profit d'une autre personne avec retention de foi : ainsi ce fief est appellé en l'air, parce qu'il consiste en la seule foi & hommage, sans aucun domaine. Ainsi, fief en l'air est un fief qui n'a point de Château ou principal manoir où les tenanciers sont obligés de venir faire les devoirs, & payer les droits.

Avant la réformation de la Coutume de Paris, il étoit permis à un Vassal d'aliéner toutes les terres de son fief, & de s'en retenir un droit domanial & seigneurial, comme le cens avec retention de foi : de sorte que tel fief consistoit dans le cens qui étoit retenu par le Vassal, pour lequel il rendoit la foi & hommage à son Seigneur.

Mais par l'art. 51. de la nouvelle Coutume de Paris, il est défendu aux Vassaux d'aliéner plus des deux tiers de leurs fiefs, sans démission de foi, afin d'empêcher par ce moyen que les véritables fiefs ne deviennent des fiefs en l'air & incorporels.

Les Réformateurs de la Coutume de Paris ont décidé conformément à l'opinion de Mr. Charles Dumoulin en son apostille sur l'art. 41. de l'ancienne Coutume, où sur ces mots, jouer de son fief, il dit : non pas bailler tout, sans retenir qu'un fief en l'air.

La raison est, que les fiefs en l'air, qui sont incorporels, sans terre, sans domaine, & sans aucun revenu ordinaire & certain, dont parlent quelques Coutumes, autrement appellés fiefs volans, dépouillent entiérement le Vassal de tous profits & revenus ; ensorte qu'il ne lui reste rien pour maintenir l'honneur, la consistance, & le titre de fief, & pour satisfaire aux charges féodales dans les occasions.

Le même Auteur, en son Commentaire sur la Coutume de Paris, §. 35. num. 16. 17. & seq. & §. 41. num. 3. 8. 9. 13. 30. & 51. s'en explique très-vivement. Si Vassalus, dit-il, totum Feudum daret ad reditum, aut totaliter & perpetuò alienaret, & nullum dominium retineret, commentitia, vana, nugatoria, elusoria & fraudulenta esset retentio fidei.

Dans son apostille sur l'art. 20. de la Coutume de Chartres, verbo Foi, il dit à peu près la même chose, que le domaine entier étant aliéné, il ne reste plus rien de ferme & de solide à quoi le vasselage & la foi se puisse attacher.

En effet, il est absurde qu'un fief soit un fantôme, une idée, une ombre, une chimere, & une imagination ; sitque vacuum habendi simulachrum, in quo tanquam in statuis præter titulum nihil sit additamenti. Il faut qu'un fief ait une existence & une substance ferme & solide, un corps réel, un domaine, & un revenu certain, sans que l'on puisse separer l'ombre du corps, la forme de la matiere, & la qualité substantielle du sujet : autrement, ce ne seroit pas se jouer de son fief, mais s'en dépouiller entiérement en fraude du Seigneur.

Cependant ces fiefs en l'air sont encore en usage dans quelques Coutumes. Il y en a même aujourd'hui plusieurs dans la Ville de Paris, qui ont été érigés avant la réformation de la Coutume, & qui ne consistent qu'en censives sur certaines maisons comprises dans les aveux & dénombremens, & les papiers terriers, dont les ventes sont dûes ès cas de la Coutume, sans qu'il y ait un pouce de terre ni autre domaine.

Quoique M. Charles Dumoulin se soit fort récrié contre ces sortes de fiefs, par les raisons que nous avons rapportées ci-dessus, plusieurs Auteurs prétendent que dans les Coutumes qui n'ont point de disposition contraire, le Vassal peut vendre toutes les terres de son fief, sans même aucune charge de cens, en se retenant la foi & hommage ; comme je l'ai observé, verbo Jouer de son fief.

FIEF DE DANGER, est celui dont le nouvel acquéreur ne peut prendre possession, sans avoir auparavant fait la foi & hommage à son Seigneur, & qu'on ne peut aliéner sans le consentement du Seigneur ; autrement il est confisqué.

Dans quelques Coutumes, quand un fief de telle nature est ouvert ou sans homme, si l'héritier du Seigneur d'icelui en prend possession, sans avoir préalablement fait la foi & hommage à son Seigneur féodal, le fief est acquis par commise ou confiscation au Seigneur ; comme il est au procès verbal de la Coutume de Troyes, sur l'art. 37. & sur l'art. 56. de la Coutume de Chaumont.

Ce mot danger vient du péril qu'encouroit celui qui se mettroit en possession d'un fief sans le congé du Seigneur. Quibusdam Galliæ moribus Feuda sunt periculo obnoxia, & dominio committuntur, si absque Domini permissu quis eorum vacuam possessionem accipiat ante exhibitum obsequium, & datam fidem Domino.

On appelle encore fief de danger, celui qui est acquis & possédé par un Roturier, dans les Coutumes où les fiefs ne peuvent être possédés que par des Nobles.

Quand il arrive qu'un Roturier se trouve avoir acquis dans ces Coutumes un fief sans le congé de son Seigneur, le fief est acquis par commise ou confiscation au Seigneur.

FIEF ABONNÉ, est celui dont les reliefs ou rachats, les quints & requints, & quelquefois l'hommage même, sont changés & convertis en rentes ou redevances annuelles, payables en deniers ou en grains. C'est aussi ce qui a fait donner aux fiefs abonnés le nom de fiefs de meubles. Loysel, liv. 1. tit. 1. regle 72. avec l'observation de M. de Lauriere.

Quand les fiefs ont été ainsi abonnés, ce qui ne peut être faits sans le consentement des Seigneurs suzerains, la regle est, qu'il faut suivre l'abonné.

ment; & comme les quints, requints & les reliefs ne font pas dûs, ayant mué par l'abonnement, il s'enfuit qu'ils ne peuvent plus être demandés.

Lorfque les Roturiers, ou ceux qui ne faifoient pas profeffion des armes, commencerent à poffeder des fiefs, ce qui arriva, dit-on, dans le tems des Croifades, ils acheterent ces fortes d'abonnemens, & firent toujours convertir la foi & l'hommage en devoir annuel, qui fut nommé franc devoir, parce que repréfentant la foi & l'hommage auxquels il étoit fubrogé, il étoit une marque de la nobleffe de l'héritage.

On voit encore des reftes de cet ancien ufage dans l'article 258. de la Coutume d'Anjou, qui nous marque pofitivement que c'étoient les Roturiers qui obtenoient des Seigneurs ces abonnemens de foi.

Voyez Franc-Fief. *Voyez* auffi Exemption d'hommage.

F I E F AMETÉ, dont il eft fait mention à la fin de l'art. 23. de la Coutume de Mante, eft un fief abonné.

Ce mot *ameté* vient de *meta* : ainfi ameter & abonner fignifient la même chofe ; c'eft-à-dire, que le Seigneur & le Vaffal conviennent de ce que le Vaffal doit payer au Seigneur pour les droits du fief.

FIEF DE CORPS, eft un fief poffédé par homme lige & obligé de fervir perfonnellement fon Seigneur : comme il fe voit par ces mots d'un ancien Regiftre d'Anjou de l'an 1310: *Les Barons font hommes liges de Monfieur, & ils doivent fervice de corps, de chevaux & d'armes.*

ARRIERE-FIEF, eft celui qui releve d'un autre qui en a encore un autre au-deffus de lui.

PLEIN-FIEF, eft celui qui ne releve point d'un autre, & qui eft appellé franc-aleu.

Quelquefois auffi plein-fief fe dit à la différence de menu fief, qui n'eft point de pareille valeur, & qui n'a aucune Jurifdiction.

FIEF DE REPRISE. *Voyez* Reprife de fief.

FIEF ET JUSTICE N'ONT RIEN DE COMMUN. Ces termes marquent que la Juftice n'eft pas dépendante du fief, & qu'elle peut appartenir à un Seigneur, & le fief à un autre. Ainfi, lorfque dans une Haute-Juftice il y a quelque fief enclavé, le Seigneur de ce fief ne peut pas fe qualifier du nom de la Haute-Juftice dans laquelle fon fief eft enclavé, mais feulement du nom de fon fief.

Quoique fouvent le Seigneur féodal foit auffi Seigneur Haut-Jufticier, le fief & la Juftice font toujours chofes fi feparées, qu'elles n'ont aucun rapport enfemble, foit pour l'établiffement, foit pour les droits, foit pour la jouiffance.

Le droit de fief eft purement réel & attaché à la glébe ; il ne regarde les perfonnes, qu'autant qu'elles ont joui ou jouiffent de la terre en fief. La Juftice eft à la vérité bornée par les territoires, mais elle peut être exercée par celui qui en a le droit, fans avoir aucun bien dans l'étendue de la Paroiffe où il a droit de Juftice.

On peut auffi tenir un fief en foi & hommage d'un Seigneur, & la Juftice dudit fief en foi &

hommage d'un autre Seigneur : *Nihil igitur habet commune proprietas Feudi cum proprietate Jurifdictionis : & conceffo feudo non cenfetur data Jurifdictio, quia eft qualitas extrinfeca accedens Feudo.*

Voyez Bacquet en fon Traité des Droits de Juftice, chap. 4.

FIEFS QUI SE GOUVERNENT SELON LA COUTUME DU VEXIN-LE-FRANÇOIS. *Voyez* ci-après Vexin-le-François.

FIEFS ET AUMÔNES, font des dons & legs teftamentaires faits par les Rois de France, ou par autres Seigneurs qui ont poffédé auparavant les héritages réunis au Domaine qui en font chargés ; lefquels dons & legs ont été faits à gens d'Eglife, Colléges & Communautés, à la charge de dire & célébrer quelque Service divin. Ces dons & legs font appellés fiefs & aumônes, à caufe de la fujétion de faire le Service pour lequel ladite aumône leur eft faite, tout ainfi qu'un fief eft tenu à foi & hommage.

Ils fe payent en grains ou en argent, felon qu'ils ont été ordonnés. Pour la vérification d'iceux, on confronte à la Chambre des Comptes le compte qui y eft préfenté avec le précédent ; pour voir s'ils font femblables ; & au cas qu'il y ait quelques augmentations dans le nouveau compte qui eft préfenté, il faut, pour que ces augmentations foient allouées pour la premiere fois, en rapporter des Lettres patentes du Roi, vérifiées en la Chambre des Comptes.

Pour que les quittances des Parties prenantes, qui font les Receveurs des Colléges ou Prieurs, foient admifes, il faut y joindre un certificat defdits Receveurs, qui attefte que le Service auquel le Collége ou la Communauté eft obligé, a été célébré. Et quand il y a mutation de Prieur, ou de celui qui a coutume de recevoir ; il faut rapporter l'acte de prife de poffeffion du Bénéfice ; ou fi c'eft un nouveau Receveur, il faut rapporter les Lettres de fon pouvoir.

FIEFFÉ. On appelle un Officier & un Sergent fieffé, ceux qui dépendent d'un fief. Il y a au Châtelet de Paris quatre Huiffiers fieffés.

FIEFFER, fignifie donner en fief une terre, un droit à la charge de foi & hommage, & de quelque redevance.

FILETS DE MUR, font des rebords qui font au haut d'un mur mitoyen, de pierre ou de plâtre, des deux côtés, pour marquer que le mur appartient à l'un & à l'autre des voifins, chacun pour moitié ; car lorfqu'il n'y en a que d'un côté, cela fait connoître que le mur appartient pour le tout à celui du côté duquel eft le dit filet.

Voyez l'art. 214. de la Coutume de Paris.

FILIATION, fignifie defcendance de pere en fils. Dans la queftion de l'état d'une perfonne, il faut prouver la filiation par actes autentiques, & il ne fuffiroit pas de la prouver par témoins.

En effet, la preuve vocale de la naiffance d'un enfant feroit fouvent impoffible, ou parce qu'il y a des meres qui ont accouché fans témoins, ou parce que les témoins feroient morts lorfqu'on feroit la recherche de la naiffance d'un enfant.

D'ailleurs cette preuve teftimoniale de la naiffance démontre-t-elle que celui qui s'attribuera cette naiffance, fera le même qui fera né? N'a-t-il pû être changé en Nourrice? N'a-t-il pû être remplacé par quelqu'autre enfant, par une intelligence des perfonnes qui s'en difent le pere & la mere. *Voyez* Queftion d'état.

Les préfomptions & les vraifemblances ne font pas non plus fuffifantes pour établir la preuve de la filiation.

Il eft donc certain qu'on ne peut pas prouver phyfiquement & démonftrativement la filiation, & qu'on ne peut apporter qu'une preuve morale. Or cette preuve ne peut être tirée que des Regiftres baptiftaires, & du certificat du mariage des pere & mere de l'enfant. Sur ces Regiftres, on infcrit le nom & furnom des enfans, de leurs pere & mere, & leur baptême, après qu'on leur a conféré ce Sacrement; & ces Regiftres font gardés par les Curés, qui font perfonnes publiques à cet égard.

La preuve la plus certaine & la plus irréprochable de l'état d'un enfant, eft donc celle qui fe tire de ces Regiftres: auffi nos Ordonnances n'en reconnoiffent pas d'autres, fi ce n'eft dans deux cas que nous rapporterons ci-après. Mais hors ces cas, les déclarations les plus autentiques, les reconnoiffances les plus publiques, la foi des témoins, font d'inutiles fecours, fi ces Regiftres publics ne parlent en faveur de celui qui réclame fa naiffance: autrement l'ordre de la fociété civile feroit expofé tous les jours à être renverfé, fi fans titre de filiation, fans poffeffions d'état, un impofteur pouvoit s'introduire dans une famille avec le fecours de quelques témoins, dont la foi eft fouvent fufpecte & incertaine. Mais les Regiftres publics font inviolables, étant les dépôts facrés dans lefquels les peres reconnoiffent les enfans nés de leurs mariages, & les Juges en les fuivans pour guides, ne peuvent craindre de s'égarer.

Suivant les difpofitions du Droit, entr'autres de cette Loi fameufe, *Non nudis 14. cod. de probationib.* la feule éducation n'acquiert pas le droit de filiation; elle demande d'autres preuves. A cet égard nous n'en reconnoiffons point d'autres que celles qui fe tirent des Regiftres publics des baptêmes, fi ce n'eft fuivant l'art. 14. du tit. 20. de l'Ordonnance de 1667. lorfque les Regiftres font perdus, ou qu'il n'y en a jamais eu.

La raifon eft, que quand il n'y a point de Regiftres, la preuve prefcrite par la Loi devenant impoffible, il faut néceffairement y fuppléer par un autre preuve. Ainfi, quand les Regiftres ont été exactement confervés, leur filence fur l'état qu'on réclame, eft une preuve que l'état n'a jamais appartenu à celui qui le demande.

Mais quand ils font perdus, ou qu'il n'y en a jamais eu; il faut de néceffité que la filiation fe prouve par témoins, & par des arguments civils & des raifons morales qui confiftent dans des conjectures tirées de la condition, des mœurs & de la réputation des peres & meres, de l'éducation qu'ils ont donnée à l'enfant de l'état duquel il eft queftion, & de quelle maniere & en quelle qualité il a été

par eux traité: & enfin de la commune renommée. *Covarruvias de matrimonio, part. 11. cap. 8. v. 3. Voyez* ci-après Queftion d'état.

Il y a encore un cas où la preuve par témoins peut être admife pour conftater l'état d'un enfant; fçavoir, s'il fe préfentoit deux enfans qui s'adaptaffent le même extrait baptiftaire, & prétendiffent être enfans du même pere & de la même mere; le pere ou la mere qui en reconnoîtroit un des deux pour fon fils, pourroit demander contre l'autre la permiffion de juftifier par titre & par témoins la véritable naiffance du premier.

Si en matiere criminelle, où il s'agit de la vie d'un homme, la preuve par témoin eft admife, ce n'eft pas une conféquence pour l'admettre en matiere d'état. La raifon eft, qu'en matiere criminelle, il eft ordinairement impoffible d'avoir d'autre preuve que la teftimoniale; & on ne pourroit l'exclure fans introduire l'impunité des crimes qui entraîne après elle le défordre & le renverfement de la fociété civile: mais en matiere d'état, la loi a établi des monumens publics; ainfi on n'eft pas obligé d'avoir recours à une preuve teftimoniale fouvent très-dangereufe.

Les Regiftres au contraire font des témoins non fufpects de la filiation: il faut des préfomptions bien violentes pour les fuppofer infideles.

J'ai dit, *verbo* Reffemblance, qu'elle peut féduire un peuple crédule, dont elle frappe les fens; comme il eft arrivé en la perfonne abominable du gueux de Vernon, qui parvint à faire déclarer toute la Ville en fa faveur; mais ce n'eft point dans le Sanctuaire de la Juftice, & à des Magiftrats dégagés des préjugés ordinaires, qu'il faut préfenter de pareils titres de filiations.

Voyez Boniface, tom. 4. liv. 9. tit. 4. chap. 1. & 2. Baffet, tom. 2. liv. 4. tit. 12. chap. 1. M. le Prêtre, cent. 3. chap. 34. Soefve, tom. 1. cent. 1. chap. 34. & tom. 2. cent. 1. chap. 100. & cent. 4. chap. 1. *Voyez* auffi un Arrêt du 19. Janvier 1658. inféré dans le Journal des Audiences; & deux autres Arrêts rapportés dans le même Journal, l'un du 12. Janvier 1686. & l'autre du 19. Mars 1691. Enfin *voyez* dans le quinzieme tome des Caufes célebres l'article où il eft parlé de la filiation vainement reclamée.

Lorfque celui à qui un enfant demande des alimens ne être fon pere, le Juge doit préalablement examiner cette queftion, d'autant qu'elle eft préjudicielle, & fert de préjugé à la queftion des alimens. Cette queftion étant examinée, le Juge doit ordonner ou refufer des alimens à celui qui les demande, felon que le demandeur aura prouvé fa filiation. *Leg. 4. cod. de alend. liber. ac parentib.*

Mais fi le demandeur étoit comme en poffeffion de la filiation, le Juge pourroit lui adjuger une provifion alimentaire, avant même qu'il eut prouvé fon état; parce que la poffeffion en laquelle il feroit eft fuffifante, fauf dans la fuite à empêcher la continuation des alimens, au cas que le demandeur ne juftifiât pas être fils de celui qui pourfuit à ce fujet.

Le fils eft comme en poffeffion de filiation, quand le pere l'a toujours traité en cette qualité, & l'a nommé tel dans des actes publics ou particuliers ; en conféquence de quoi, il eſt obligé de lui fournir des alimens. *Leg.* 1. §. 12. *ff. de agnoſc.liber.*

La raiſon eſt, que la préſomption eſt en faveur du fils : d'ailleurs, *ſatius eſt eum qui fortè filius non eſt ali quam eum qui fortè filius eſt*, *fame necari.*

Auſſi avons-nous une infinité d'Arrêts par leſquels la Cour a adjugé des proviſions alimentaires à ceux qui étoient en poſſeſſion de filiation : c'eſt une Juriſprudence dont on ne doute point ; parce que celui qui eſt en poſſeſſion, eſt préſumé fils de celui ſur les biens duquel il demande une proviſion alimentaire, juſqu'à ce que contraire ſoit prouvé par ceux qui y ont intérêt.

FILLE, eſt une perſonne du ſexe feminin. Celles qui ſont nées en légitime mariage, ſuivent la condition de leur pere : elles en portent le nom & les armoiries. *Voyez* Deſpeiſſes dans ſon Traité des Subſtitutions, ſect. 6. art. 1. nombre 11. page 129. tome 2. Charondas en ſes Réponſes, liv. 8. chap. 47. Automne ſur le §. *rogo.* de la Loi *unum ex familia* 67. *ff. de legatis.* 2. & Maynard, liv. 8. chapitre 54.

Quoique les filles qui ſe marient portent le nom de leurs maris, attendu qu'elles paſſent dans une autre famille, elles ne perdent pas pour cela le nom de celle où elles ſortent. *Voyez* Femme mariée.

FILLES SONT SOUS-ENTENDUES SOUS LE NOM DE FILS. *Voyez* ce qui eſt dit, letre S, au Sujet de ſexe maſculin, en tant qu'il comprend le féminin.

FILLE MAJEURE, eſt celle qui a atteint l'âge de majorité, & qui eſt uſante & jouiſſante de ſes droits ; en ſorte qu'elle peut contracter & ſoutenir ſes droits en Juſtice, ſans l'autorité ni le conſentement d'autre perſonne.

FILS, ſont les enfans qui ſont au premier degré de filiation. *Voyez* ce que j'ai dit, *verbo* Enfans.

FILS LEGITIME. *Voyez* Légitime.

FILS NATUREL. *Voyez* Bâtard.

FILS LEGITIMÉ. *Voyez* Légitimer.

FILS ADOPTIF. *Voyez* Adoption.

FILS ET FILLE DE FAMILLE, ſont en pays de Droit écrit les enfans qui ſont ſous la puiſſance paternelle, c'eſt-à-dire, ſous la puiſſance de leur pere ou ayeul paternel ; comme nous avons dit dans la Traduction des Inſtitutes, ſur le titre 9. du premier livre.

En pays coutumier, où la puiſſance paternelle n'a point lieu, par fils & filles de famille, on entend les enfans qui ne ſont point mariés, & qui vivent ſous la dépendance de leur pere ou de leur mere.

Ainſi, quoiqu'en pays coutumier la puiſſance paternelle ne ſoit pas reçue, néanmoins les parens ont toujours une eſpece d'autorité ſur leurs enfans qui ne ſont pas encore établis.

C'eſt en vertu de cette autorité qu'ils ſont en droit de les reprendre, & même d'implorer le pouvoir des Juges pour les faire enfermer, lorſqu'ils s'écartent de leur devoir, qu'ils manquent au reſpect qui leur eſt dû, ou menent une vie ſcandaleuſe.

C'eſt auſſi en vertu de cette même autorité, & du reſpect que les enfans doivent porter à leurs pe-

res & meres, que les Ordonnances royaux défendent aux fils & filles de famille de ſe marier ſans le conſentement de leurs pere & mere, à moins qu'ils n'ayent atteint un certain âge ; ſçavoir, trente ans accomplis pour les fils de famille, & vingt-cinq ans accomplis pour les filles ; encore faut-il qu'ils faſſent à leurs pere & mere les ſommations reſpectueuſes requiſes en pareil cas, pour ſe mettre à l'abri de l'exhérédation, comme nous avons dit dans la Traduction des Inſtitutes, ſur le commencement du titre 10. du premier livre.

FILS-DE-FAMILLE CONTRACTANT ET S'OBLIGEANT POUR ARGENT PRESTÉ. *Voyez* Senatuſconfulte Macedonien.

FILS-DE-FAMILLE DELINQUANT. *Voyez* Délits de fils de famille.

FILS DE MAÎTRES, ſont les enfans d'un pere qui a une qualité notoire & publique dans une profeſſion ou un art, ſoit libéral, ſoit mécanique.

Les avantages qu'ils ont lorſqu'ils embraſſent la profeſſion de leur pere, & les grandes facilités qu'ils trouvent à s'y avancer, leur ont fait de tout tems accorder pluſieurs prérogatives, qui ſont régardées comme une voie ſûre pour élever des ſujets capables de parvenir à la perfection des ſciences & des beaux arts.

La gloſe ſur la Loi *Jubemus cod. de avocatis diverſorum judicior.* dit, que les fils de Maîtres ſont toujours préférés aux autres, *cœteris paribus.*

Suivant cette maxime, dans les Compagnies bien réglées les fils de Maîtres ſont reçus plus favorablement que d'autres.

En concours de deux Avocats dont les grades ſont de même jour, celui qui eſt fils d'Avocat eſt immatriculé avant celui qui eſt fils de Notaire. Ainſi jugé au Parlement de Bordeaux par Arrêt du 5. Février 1717. La Peyrere, *verbo* Avocat.

La cauſe de fils de Maîtres eſt ſi favorable, que dans les lieux où il y a Maîtriſe de Marchands, & où les apprentifs ſont tenus d'accomplir le tems porté par les Statuts, les enfans de Marchands ſont réputés avoir fait leur apprentiſſage, lorſqu'ils ont demeuré en la maiſon de leur pere ou de leur mere faiſant profeſſion de la même marchandiſe.

C'eſt la diſpoſition de l'art. 1. du tit. 1. de l'Ordonnance du Commerce de 1673. fondée ſur ce que les enfans de Marchands qui demeurent actuellement chez leur pere, ſont préſumés capables & experts de la même profeſſion, comme l'ayant appriſe dès le berceau. D'ailleurs, il eſt juſte que les Marchands & Maîtres qui ont ſervi le Public, ayent plus de facilité que d'autres pour établir leurs enfans dans leur profeſſion.

FINAGE, c'eſt le ban & territoire d'une Juſtice & Seigneurie, ou d'une Paroiſſe.

FINANCE, généralement parlant, comprend tous les deniers & revenus qui appartiennent au Roi. Ils ſe diviſent en ordinaires & extraordinaires.

Les ordinaires ſont les revenus qui proviennent du Domaine du Roi.

Les extraordinaires ſont ceux qui proviennent des Aydes, des Tailles, des Gabelles & autres impôts.

FINANCIER,

FINANCIER, eſt un homme qui manie les finances, qui eſt dans les fermes, dans les affaires, & qui entrepend le récouvrement des deniers royaux.

Voyez Fermes du Roi. *Voyez* auſſi le Dictionnaire des Arrêts, *verbo* Fermes du Roi, & *verbo* Finances.

F I N I T O, eſt l'arrêté ou l'état final d'un compte.

FINS, en général, ſignifient toutes ſortes de demandes, & exceptions & prétentions; comme quand on dit: *à ces fins le demandeur* ou *le défendeur produit telle & telle piece.*

FINS DE NON-RECEVOIR, généralement parlant, ſont toutes ſortes d'exceptions péremptoires. Mais dans un ſens moins étendu on entend par fin de non-recevoir, une exception qui repouſſe une demande, ſans qu'on entre dans le fond.

Ainſi on appelle fins de non-recevoir, les exceptions par leſquelles le défendeur, ſans entrer dans les moyens du fond, prétend être mal aſſigné, & que le demandeur n'eſt pas recevable en ſa demande, ſoit pour venir à tard, & après que les preſcriptions ont été acquiſes, ſoit pour n'avoir pas les qualités requiſes pour intenter la demande en queſtion; comme à l'égard du tems, quand on demande plus de cinq années d'arrérages d'une rente conſtituée; & à l'égard de la qualité, quand une femme non autoriſée de ſon mari intente quelqu'action.

FINS DE NON-PROCEDER, ſont les exceptions déclinatoires en vertu deſquelles on n'eſt point tenu de procéder ſur une demande, juſqu'à ce qu'il ait été prononcé ſur icelle, c'eſt-à-dire juſqu'à déni de renvoi; ou que, ſi les exceptions ſont admiſes, le Juge ait prononcé que la cauſe ne ſera pourſuivie que par-devant le Juge devant lequel le renvoi aura été accordé.

Ces exceptions ſe doivent propoſer avant que d'avoir conteſté au fond; après quoi elles ne ſont plus admiſes, à moins que l'incompétence ne ſoit *ratione materiæ de quâ Judex cognoſcere non poteſt;* comme ſi quelqu'un étoit aſſigné pour raiſon de choſe purement temporelle pardevant un Juge d'Egliſe, ou au contraire ſi quelqu'un étoit aſſigné en matiere ſpirituelle pardevant un Juge laïque; car alors l'exception déclinatoire pourroit être oppoſée en tout état de cauſe, parce qu'il n'eſt pas au pouvoir des Parties de donner Juriſdiction à celui qui n'en a point. *Publico jure à Lege vel principe defertur juriſdictio: quapropter privatorum conſenſus Judicem facere non poteſt eum qui Judex non eſt, ſeu privatorum conſenſu non poteſt juriſdictio tribui ei qui nullam habet; quamvis privatorem conſenſu, ejus qui juriſdictionem habet poſſit juriſdictio prorogari.*

Ces fins de non procéder, ou ces exceptions déclinatoires, doivent être jugées à l'Audience ſommairement & ſur le champ. L'art. 3. du tit. 4. de l'Ordonnance de 1667. fait défenſes à tous Juges d'appointer les Parties.

Néanmoins Bornier remarque ſur cet article qu'il y a quelquefois des fins de non-procéder qui font préjudice au principal de la cauſe, dans leſquelles les Juges peuvent régler les Parties de mê-

me qu'en cauſe ordinaire; comme ſi les Parties ne ſont pas d'accord du domicile du défendeur, ou de la Juriſdiction dans laquelle la choſe eſt aſſiſe: auquel cas le Juge admet les Parties à prouver le domicile ou ſituation, tant par témoins que par titres.

Voyez Exception déclinatoire. *Voyez* Incompétence.

FISC, vient du mot latin *Fiſcus*, qui ſignifie un panier d'oſier; & parce qu'on s'en ſervoit pour mettre de l'argent, les Romains, du tems des Empereurs, appelloient *fiſc* le tréſor du Prince, pour le diſtinguer du tréſor public, qu'on appelloit *ærarium*, à cauſe que l'on ne confondoit pas le tréſor des Empereurs avec les deniers qui étoient deſtinés pour l'entretien de l'Etat. *Vinnius*, ad §. 9. *Inſtitut. lib. 2. tit. 6.*

Ainſi le tréſor affecté pour ſubvenir aux charges de l'Empire, étoit alors diſtingué de celui qui étoit deſtiné pour l'entretien du Prince.

Mais depuis que ces deux ſortes de tréſors ont été confondus enſemble, comme ils le ſont en France, ſous le mot de Fiſc l'on a compris tous les deniers publics qui appartiennent au Prince.

Du tems que le tréſor du Prince, appellé *fiſc*, étoit diſtingué du tréſor public *ærarium*, le fiſc des Empereurs Romains étoit compoſé des biens des criminels, des ſucceſſions caduques, de celles qui étoient laiſſées à des perſonnes indignes, des tréſors trouvés, des amendes, & d'autres choſes ſemblables, qui ſont expoſées dans la Loi premiere, *ff. de jure fiſci.*

Le fiſc avoit pluſieurs priviléges particuliers, qui ſont rapportés dans le titre du Digeſte & du Code, *de Jure fiſci.*

Dans ce Royaume, ſuivant ce que nous venons de dire, nous appellons fiſc tout ce qui eſt dû au Roi à cauſe de ſa ſouveraineté, ſous quelques noms & titres que ce ſoit, c'eſt-à-dire les tréſors du Prince: d'où vient que *confiſquer* ſignifie attribuer ou mettre dans les tréſors du Prince, les biens d'un condamné pour cauſe de délit, ou bien adjuger quelque choſe à ceux qui ont les droits du fiſc.

Ainſi l'on confiſque au profit des Traitans les marchandiſes qu'on veut faire paſſer en fraude ſans payer les droits établis, parce qu'ils ſont aux droits du Prince.

Il n'y a que le Prince ſouverain qui ait le droit d'avoir un fiſc, c'eſt-à-dire une bourſe & une épargne publique, dont il peut ſeul diſpoſer à ſa volonté; & pour raiſon du fiſc, il a des Officiers qu'on appelle Fiſcaux, qui doivent veiller à la conſervation des droits du Roi.

A l'égard des Seigneurs Juſticiers, ils n'ont des Procureurs Fiſcaux, que parce que l'intérêt public eſt une dépendance de la Juſtice qui leur a été communiquée; & à cauſe des confiſcations qui tournent à leur profit, il eſt néceſſaire qu'ils ayent un Officier pour veiller à leurs intérêts, & faire les requiſitions convenables.

Le fiſc jouit parmi nous des mêmes priviléges qu'avoit le fiſc chez les Romains. *Voyez* Privilége du fiſc.

Dans les pourſuites des crimes, c'eſt toujours le

fifc qui en fait les frais, quand il n'y a point de Partie civile ; de forte même que quand il n'y a que le Procureur du Roi, ou le Procureur Fifcal, Parties contre les accufés, quoique ces accufés foient convaincus du crime qu'on leur impute, néanmoins les Juges ne les peuvent point condamner aux dépens envers le Roi, ni envers les Seigneurs; *quia fifcus gratis femper laborat.*

D'ailleurs, comme il n'y a jamais de condamnation de dépens contre le fifc quand il fuccombe, il eft jufte de ne lui en point adjuger, quand par le Jugement fes conclufions font adjugées.

Au refte, quelque favorable que foit la caufe du fifc, en tant que tout ce qui lui advient fert à foutenir l'Etat, l'on doit toujours reftreindre cette faveur dans les termes de la néceffité publique ; car au-delà de ces termes la caufe du fifc n'eft jamais bonne que fous un mauvais Prince, comme difoit Pline à Trajan : ce qui a été confirmé par le fage Empereur Marc-Antonin, qui en fon Confeil n'a jamais favorifé le fifc.

C'eft auffi de ce même principe que, fuivant plufieurs Loix Romaines, quand les biens d'un criminel étoient confifqués, on avoit égard à fes enfans, à qui on en donnoit une portion que l'on retranchoit au fifc.

Touchant ce qui s'appelle fifc, *voyez* Belordeau, lett. F, art. 18. *Voyez* auffi ce qui eft dit ici fous les mots, Aubaine, Bâtards, Confifcation, Deshérence, Domaine du Roi ; & la Bibliothéque du Droit François par Bouchel, *verbo* Fifc.

FISCAL, fe dit de tout ce qui concerne l'intérêt du Roi, du Seigneur particulier ou des Communautés & des Mineurs.

Mais à préfent les Procureurs & Avocats Fifcaux fe difent feulement de ceux qui tiennent la place des Procureurs & Avocats publics dans les Sieges fubalternes ; car dans les Préfidiaux on les appelle Procureurs & Avocats du Roi ; & dans les Cours fouveraines, Avocats & Procureurs généraux.

FIXATION, fe dit de la modération que le Roi fait des Offices à un certain prix. *Voyez* les Edits & Déclarations contenant la fixation des Charges de Judicature, des mois de Décembre 1665. Mars 1668. Août 1669. Novembre 1676. Octobre 1678. & le Rolle arrêté au Confeil Royal des Finances le 8. Mars 1681.

FIXATION, fe dit auffi du prix des marchandifes, laquelle fixation appartient à la Police.

Voyez-en les Réglemens dans le Commiffaire de la Mare, tom. 2. pag. 725. 987. & 989. par rapport aux bleds.

F L

FLAGRANT-DELIT, eft un délit commis par un criminel qui eft pris fur le fait ; pour raifon de quoi le Juge peut décerner prife de corps, & procéder à l'interrogatoire du délinquant avant l'information. *Voyez* l'art. 9. du tit. 10. de l'Ordonnance criminelle, & les Notes de Bornier.

Cette Ordonnance, titre 1. article 16. porte, que fi les coupables d'un cas royal ou prévôtal font

pris en flagrant-délit, le Juge des lieux pourra informer & décreter contr'eux, & les interroger, à la charge d'en avertir inceffamment les Baillifs & Sénéchaux, ou leurs Lieutenans criminels, par acte fignifié à leur Greffe : après quoi ils feront ténus d'envoyer quérir le procès & les accufés, qui ne pourront leur être refufés, à peine d'interdiction & de trois cens livres contre les Juges, Greffiers & Géoliers, applicables de la maniere qu'il eft porté audit article.

Touchant la maniere de procéder contre un coupable pris en flagrant délit, *voyez Julius Clarus, liv. 5. Sentent. quæft. 8.*

FLETRISSURE, eft l'impreffion de la fleur-de-lys, ou quelqu'autre marque qui fe fait par l'Exécuteur fur la peau du criminel fuftigé, convaincu d'un crime qui mérite peine afflictive, mais qui ne mérite pas abfolument la mort.

Autrefois on faifoit flétrir en lieu évident du corps, pour que cette marque fervit d'indice, & du crime du coupable, & de la peine qu'il en avoit fubie ; afin qu'il ne pût fe montrer fans faire voir en même tems fon ignominie.

Mais cette rigueur a paru trop grande par plufieurs raifons, qui ont fait que parmi nous on ne flétrit que fur l'épaule.

Anciennement chez les Romains la flétriffure fe faifoit fur le vifage, mais l'Empereur Conftantin, *leg. 17. cod. de pœnis*, défendit aux Juges de faire imprimer fur le vifage quelque lettre qui marquât la peine de ceux qui y étoient condamnés, & leur permit de la faire graver fur la main ou fur la jambe, afin que la face de l'homme ; qui eft l'image de la beauté célefte, ne fût pas deshonorée.

FLEURDELISER, fignifie marquer un criminel d'une fleur-de-lys fur l'épaule.

FLEUVE, eft un amas d'eaux douces qui coulent dans un lit, & qui fe rendent à la mer.

Un fleuve eft navigable, ou non navigable : au premier cas, il appartient au Roi en pleine propriété, par le feul titre de fa fouveraineté auffi bien que tout ce qui s'y trouve renfermé, comme les ifles, iflots, accroiffemens, paffages, ponts, bacs, pêches, moulins, &c. Il faut néanmoins excepter à l'égard de ces mêmes droits fur les fleuves & grandes rivieres, ceux qui peuvent appartenir à des Particuliers qui ont droit de Haute-Juftice fur les terres contiguës ; mais il faut que ce foit en vertu d'une conceffion expreffe, ou d'une poffeffion centenaire.

Pour ce qui eft des fleuves & rivieres non navigables, & le droit d'y pêcher, le tout appartient au Seigneur Haut-Jufticier.

Voyez Ferrer. quæft. 514. Loyfeau, des Seigneuries, chap. 12. nomb. 120. Chopin fur la Coutume d'Anjou, chap. 42. nomb. 16. Bacquet, des Droits de Juftice, chap. 30. nomb. 3. & fuivans ; & la Déclaration du Roi publiée en 1683.

F O

FOIRE, eft un lieu public où des Marchands s'affemblent pour vendre en liberté leurs marchandifes.

Ce terme vient du latin *forum*, qui fignifie *marché* ; ou bien *à feriis*, parce que les foires ne fe tiennent qu'aux lieux où l'on célébre de certaines Fêtes.

Il n'y a que le Roi qui puiffe octroyer la permiffion de tenir des foires & marchés. Ainfi les Seigneurs Hauts-Jufticiers ou féodaux ne peuvent avoir foires ou marchés en leurs Terres & Seigneuries, ni louer aucun droit dans leurs Juftices, Fiefs ou Seigneuries, fans permiffion, conceffion ou octroi de Sa Majefté. *Voyez* Bacquet, des Droits de Juftice, chap. 31. & M. le Bret en fon Traité de la Souveraineté liv. 4. chap. 14. *Voyez* auffi l'Edit du 2. Mars 1696. où Louis XIV. après avoir déclaré que les droits de foires & marchés n'appartiennent qu'à Sa Majefté, ou à ceux auxquels ils ont pû être accordés par elle ou par les Rois fes prédéceffeurs, il confirme tous les Particuliers, ou Communautés eccléfiaftiques ou laïques, qui jouiffent des foires & marchés, & droits en dépendans, dans les Villes, Bourgs & Paroiffes du Royaume, dans leur poffeffion & jouiffance à perpétuité.

Il n'appartient qu'à la Cour de vérifier les Lettres portant établiffement des foires & marchés.

Les jours de foires font exempts des tributs & impofitions ordinaires qui fe levent ès marchés fur les marchandifes.

Les Lettres obtenues du Roi pour foires & marchés, font vérifiées & publiées, à la charge que les impétrans ne pourront lever ni exiger aucuns droits fur les denrées & marchandifes qui y feront apportées.

Cela n'empêche pas les Seigneurs de lever certain loyer des places efquelles on étale & on débite les marchandifes ès jours de foire.

Les foires & marchés ne doivent être tenus ès jours de Dimanches ni Fêtes annuelles & folemnelles, ainfi qu'il eft dit en l'art. 23. de l'Ordonnance d'Orléans. *Voyez* dans le Journal des Audiences un Reglement du 3. Septembre 1667. qui fait défenfes de tenir les foires & marchés les Dimanches & Fêtes folemnelles ; & un autre Réglement du 28. Avril 1673. qui ordonne la remife des foires & marchés qui fe rencontrent efdits jours.

Le bénéfice de répi, ni celui de ceffion n'a point lieu pour obligations paffées en foire.

Tous Marchands publics fréquentans les foires & marchés publics, quoique mineurs font contraignables par corps pour ce qui dépend de leur commerce. Brodeau fur Louet, lettre F, fommaire 11. nombre 3.

Pour jouir du privilége des foires, il faut que l'obligation foit paffée en foire, c'eft-à-dire dans la Ville ou lieu où eft la foire, & pour le tems qu'elle fe tient, & pour marchandifes de foire, & que l'obligation foit paffée entre Marchands trafiquans. Papon, liv. 10. tit. 1.

Touchant les priviléges & franchifes des foires, *voyez* ce qu'en ont écrit Bacquet au Traité des Droits de Juftice, chapitre 31. & Chopin fur la Coutume d'Anjou, liv. 1. chap. 43. *Voyez* auffi les Loix civiles, tom. 2. liv. 1. tit. 7. fect. 3. & Papon, liv. 10. tit. 7.

FOIRES DE LYON, ne font point, comme les autres foires, un lieu particulier où des Marchands forains s'affemblent en un certain tems. Ce n'eft autre chofe qu'une franchife de droits accordée à cette Ville pendant les quinze premiers jours ouvriers de chaque quartier de l'année. Ce privilége n'eft pas feulement pour les forains, mais auffi pour les Marchands de la Ville. Les billets ftipulés payables en payement ou en foire de Lyon, attirent devant le Juge-Confervateur des priviléges des foires de Lyon. Ces foires ont fuccédé à celles de Brie & de Champagne : elles ont plufieurs priviléges qui leur font particuliers. Sur quoi on peut voir le Dictionnaire de M. Brillon, & un Livre in-4°. qui a été imprimé fur ce fujet à Lyon.

Nous remarquerons feulement ici que le Juge des foires de Lyon doit être Licencié, & interrogé fur la Loi le jour de fa réception. Il a plufieurs Affeffeurs gradués, & autres.

FOLIE ou EXTRAVAGANCE, eft une aliénation d'efprit, un déréglement de la raifon, qui nous empêche de diftinguer le vrai d'avec le faux, & qui par une agitation continuelle de l'efprit met celui qui en eft atteint, hors d'état de pouvoir donner aucun contentement.

Il en eft de la folie à peu près comme de la démence. Ainfi, de même qu'un homme en démence ne peut contracter, ni faire teftament ou autre acte de derniere volonté ; de même celui qui eft extravagant, ne le peut, pourvû que fa folie foit manifefte & notoire.

C'eft auffi ce qu'il faut prouver juridiquement, à moins que l'on ait eu la précaution de le faire interdire. *Voyez* Démence, Fureur, Interdiction.

La vraie folie excufe tout ; en forte que quand celui qui en eft véritablement atteint commet quelque crime, on le condamne feulement à être renfermé le refte de fes jours, & non pas à la peine que fon crime auroit méritée.

Il faut excepter les crimes de léze-Majefté divine & humaine, pour lefquels les infenfés qui les ont commis font punis de même que s'ils étoient fains d'efprit. *Voyez* la Rocheflavin, liv. 2. Lett. F, tit. 12. Arrêt 5.

FOL APPEL, eft un appel interjetté témérairement, fans caufe & fans fondement.

Touchant l'amende du fol appel, *voyez* Amende. Nous remarquerons feulement que quand l'amende du fol appel eft adjugée contre plufieurs, chacun d'eux eft tenu folidairement de la payer, fauf fon recours contre les autres pour leur part & portion.

FOLLE INTIMATION, eft l'affignation qui a été donnée à une perfonne pour procéder fur l'appel d'une fentence qui n'a point été rendue avec lui, & dans les qualités & prononcé de laquelle il n'eft compris ni dénommé.

Les folles intimations doivent être vuidées par l'avis d'un ancien Avocat. C'eft pourquoi celui qui eft follement intimé, offre un appointement avec une fommation de fe trouver un tel jour, onze heures du matin, au pilier des Confultations, où fe trouve l'ancien Avocat, pour en paffer par fon avis : ce faifant, voir réfoudre & parapher l'appointement offert ; & faute par le Procureur de

H h h h ij

l'appellant de s'y trouver, on fait parapher l'appointement par l'Avocat, & ensuite on fait une seconde sommation de le signer & passer ; sinon on déclare qu'un tel jour, sept heures du matin, on en poursuivra la réception en la Grande Chambre en la maniere accoutumée. *Voyez* l'Ordonnance de 1667. tit. 6. art. 4.

FOLLE Enchere, est la publication qui se fait de nouveau aux risques, périls & fortune de celui qui a le dernier encheri, & à qui l'on a adjugé, soit un meuble, soit un bail, soit l'exploitation d'un bois ou d'un domaine, soit enfin d'un fonds, faute d'avoir rempli les conditions de l'adjudication.

S'il ne se présente point d'enchérisseur qui porte la chose au prix pour lequel l'adjudication en a été faite, & qu'au contraire l'adjudication soit faite à un moindre prix, le premier adjudicataire demeure obligé de parfaire ce qui en manquera jusqu'à concurrence de son enchere ; à quoi il sera contraint non-seulement par saisie & vente de ses biens meubles & immeubles, mais même par corps en plusieurs occasions.

Ainsi, pour empêcher le dommage d'une folle enchere, de tomber sur le saisi ni sur ses créanciers, les Loix ont enjoint à celui à qui l'adjudication d'un bien est faite par décret d'en consigner le prix dans huitaine ou quinzaine, suivant l'usage des lieux.

Faute par lui de faire la consignation dans ledit tems, le poursuivant criées l'assigne, pour voir ordonner que la revente de l'immeuble dont il est adjudicataire, se fera à la folle enchere.

Après avoir obtenu un Jugement qui ordonne cette revente, le poursuivant prend une remise qui contient une enchere, dans laquelle on met ces mots, *à la folle enchere de tel....* On signifie cette remise au Procureur du saisi, aux Procureurs des opposans, & à celui de cet adjudicataire.

On peut aussi faire demande à cet adjudicataire des intérêts du prix de son adjudication.

Si la chose est moins revendue, & adjugée à un moindre prix & au-dessous de ses offres, il est tenu d'en payer le supplement, & tous les frais faits pour raison de la folle enchere.

Au contraire, si le prix de la nouvelle adjudication monte plus haut par les encheres qui surviennent, l'excédant tombe au profit des créanciers, par la raison que la faute qu'a fait le premier adjudicataire, ne doit pas tourner à son avantage.

La folle enchere n'a point lieu contre ceux qui ne peuvent aliéner, parce que les gens de main-morte, mineurs, femme mariée, & autres qui ne peuvent aliéner, n'ont pas dû être reçus à enchérir.

Il y a aussi des cas où l'on ne publie pas de nouveau un héritage adjugé pour le revendre, aux risques, périls & fortune de l'adjudicataire ; par exemple, lorsque le précédent enchérisseur, du consentement du poursuivant des créanciers, & du débiteur saisi, veut bien tenir l'enchere du dernier adjudicataire.

Pour la premiere vente ou adjudication résolue pour la folle enchere, il n'est point dû des droits seigneuriaux ; il n'en est dû que pour la nouvelle adjudication sur la folle enchere, parce que l'adjudicataire n'a pû être fait propriétaire faute de consignation, & qu'il n'en est point dû pour ventes résiliées, où l'acquéreur n'a jamais été fait ni vassal ni tenancier ; & par conséquent il n'y a que le dernier adjudicataire, en remplissant son adjudication ; qui rende son acquisition parfaite & sujette aux droits des Seigneurs desquels relevent ces héritages : cependant si le premier adjudicataire en avoit composé auparavant, & les avoit payés après, il ne pourroit les répéter. M. Henrys a parfaitement bien traité cette question, tom. 2. liv. 3. quest. 10. où je renvoye le lecteur.

FOLIO, signifie feuillet : on dit, *folio recto*, pour dire la premiere page d'un feuillet : on dit, *folio verso*, pour dire le revers ou la seconde page du feuillet.

FONCIER, signifie inhérent à un fonds ; comme une charge ou rente assignée sur un fonds, & qui n'est point rachetable. Le cens & la rente fonciere sont de cette nature.

FONDALITÉ, est le droit de directe qui appartient au Seigneur foncier & direct.

FONDATION, est une donation d'une somme de deniers, d'une maison, ou autre héritage, ou enfin de quelque rente qui se fait à une Eglise, à la charge de quelque priere annuelle, ou de quelqu'autre œuvre pie.

Une fondation se fait ou par testament, ou par un acte séparé ; mais au premier cas elle n'a pas besoin d'acceptation ni d'insinuation.

De quelque maniere que les fondations soient faites, elles doivent être fidélement acquittées selon l'intention des Fondateurs. Ainsi on peut contraindre les Ecclésiastiques de célébrer le Service divin dans la forme prescrite par les Fondateurs, nonobstant laps de tems. Corbin, suite du Patronage, chap. 267.

Quand un Monastere est transferé ailleurs, les fondations dont il est chargé le suivent. Journal des Audiences.

Lorsque ce qui a été donné par les Fondateurs n'est pas suffisant pour acquitter les charges de la fondation, les héritiers ne sont pas tenus de fournir le surplus ; mais la fondation doit être convertie en une autre œuvre pie, du consentement de l'Evêque.

Touchant la réduction des services & fondations, *voyez* ce qu'en a dit M. de Perray dans son Traité des Ecclésiastiques, pag. 117.

FONDS DE TERRES, est une portion de terre, soit qu'elle ait pour superficie un édifice, soit qu'elle n'en ait point.

Cependant ces termes se prennent quelquefois pour une rente fonciere, comme dans la Coutume de Paris, articles 74. & 121.

Quelquefois aussi on entend par fonds la superficie de la terre, le sol d'un champ, d'un héritage. Le fonds même, en langage ordinaire, signifie proprement le terrein nud, & l'on nomme superficie ce qui s'éleve au dessus de ce terrein. Il sert de base & de fondement à la superficie.

Une observation qu'il convient de faire, c'est que les charges réelles suivent le fonds.

FONDS DOTAL. Suivant les Loix Romaines, on entend par fonds dotal celui qui doit un jour retourner à la femme ou à ses héritiers. *Leg.* 3. §. 1. *Leg. 13.* §. 3. *ff. de fundo dotali.*

De cette définition il s'ensuit, que si ce fonds est estimé par le contrat de mariage, cette constitution de dot est regardée comme une vente qui en est faite au mari, qui lui en transporte la pleine & absolue propriété, & le rend débiteur du prix. Ainsi le mari n'est obligé qu'à restituer à la femme le prix que porte l'estimation qui en aura été faite, & par conséquent peut aliéner ce fonds, nonobstant la Loi *Julia* ; à moins que par la convention des Parties il ne fût au choix de la femme, ou de reprendre son fonds, ou son estimation. *Leg.* 11. *ff. de fond. dotal.*

Voyez, ci-dessus, *verbo* Dot.

FONDS PERDUS, sont des rentes viageres, qui s'éteignent par la mort de ceux au profit de qui elles sont faites, donc par conséquent le fonds qu'ils en ont donné est perdu, puisqu'il ne passe pas à leurs héritiers.

L'Edit du mois d'Août 1661. fait défenses de donner aucuns héritages ni deniers comptans à fonds perdus, ailleurs qu'au Grand Hôpital, à l'Hôtel-Dieu, & aux Incurables.

Mais on a trouvé moyen d'éluder la disposition de cet Edit par le moyen des donations à la charge d'une rente viagere au profit du donateur. *Voyez* Rentes viageres.

Au sujet des biens mis à fonds perdus par des conjoints, *voyez* ce qu'en dit M. le Brun dans son Traité de la Communauté.

FONGIBILE. On entend par choses fongibiles, les choses corporelles qui ne sont pas des corps certains & déterminés, & qui consistent en quantité, & se réglent par poids, par nombre & par mesure, comme du bled, du vin, de l'huile & autres choses semblables.

Voyez ce que j'ai dit ci-dessus, en parlant des choses corporelles.

FONDIQUE, est une maison commune, où les Marchands s'assemblent pour leur commerce, & où ils déposent l'argent & les marchandises de leur compagnie.

Voyez ce qui en est dit dans le Dictionnaire de Trévoux.

FONTAINE. *Voyez* Source d'eau.

F O R, signifie Justice ou Jurisdiction : ce qui fait qu'on appelle encore aujourd'hui le For-l'Evequy le lieu où s'exerçoit autrefois la Justice de la temporalité de l'Archevêque de Paris. *Voyez* Jurisdiction.

FORAGE, est le pot de vin, comme d'une pinte ou deux, suivant les titres, qui appartient au Seigneur au moment qu'une piéce est mise en vente en détail par sa permission.

Foragium, *aut Foraticum*, *jus quoddam Domino competit*, *non pro perforatione dolii vinarii*, *ex quo vinum promitur ad vendendum in popinis*, *ut quidam volunt sed eo pretio à Domino imposito vino*,

quod à tabernariis & cauponibus distrahitur.

Voyez le Glossaire de Ducange, *verbo Foragium* ; & le Glossaire du Droit François, *verbo* Forage, & *verbo* afforage.

FORAINE. *Voyez* ci-après Traite foraine.

FORAINS, sont les Marchands qui viennent aux foires des autres Villes ou Provinces. Nous entendons aussi par ce terme, les débiteurs qui sont demeurans dans d'autres Villes ou Provinces, Bailliages ou Jurisdictions.

Il y a quelques Villes en France qui ont un privilege, en vertu duquel les habitans ont droit d'arrêter les meubles de leurs débiteurs forains demeurant hors lesdites Villes, & ces Villes sont appellées Villes d'arrêt & Coutume de Paris, art. 173.

Voyez ce que j'ai dit sur cet article de la Coutume, ci-après, *verbo* Villes d'arrêt.

FORAINS. On appelle aussi de ce nom ceux qui possedent dans la Terre du Seigneur des héritages mouvans de sa directe & de sa justice, & qui sont demeurans ailleurs.

Ils sont contribuables à toutes impositions & charges de la Communauté, par rapport aux biens qu'ils possedent ; mais ils ne doivent point les corvées personnellement ; ce sont leurs Fermiers qui les en doivent acquitter.

Voyez Gui Pape, questions 7. 397. & 444. Bouvot tome 2. *verbo* Fortifications, quest. 12. Basset tom. 2. liv. 3. tit. 11. chap. 4. Henrys, tom. 2. liv. 3. quest. 27. Boniface tom. 2. part. 3. tit. 3. chap. 1. & suiv. tom. 5. liv. 6. tit. 4. chap. 5.

FORCE. *Voyez* Violence.

FORCE PUBLIQUE, dont il est parlé dans l'article 11. du premier titre de l'Ordonnance de 1670. est celle qui se fait avec armes ou bâtons à la main ou autres instrumens propres à faire violence. *Voyez* Bornier sur cet article ; Bouchel, tom. 1. pag. 450. Bacquet, des Droits de Justice, chap. 7. Boniface, tom. 5. pag. 397. la maniere de poursuivre les crimes, imprimée à Paris en 1739. pag. 57. & suivantes.

FORCE MAJEURE. *Voyez* Cas Fortuit.

FORCE DE CHOSE JUGÉE. *Voyez* ce que j'ai dit des Jugemens passés en force de chose jugée, sous la lettre J.

FORCLOS, se dit de ceux qui après contestation en cause n'ont pas produit ou fourni des griefs, contredits ou autres écritures, dans le tems porté par les Ordonnances, & qui en sont à cause de cela exclus.

FORCLUSION, est une contumace ou défaut de produire dans une instance ou en procès par écrit, ainsi dite *quasi à foro exclusio*, par laquelle la Partie est excluse de produire, pour ne l'avoir pas fait dans le tems porté par les Ordonnances.

Il en est de même quand on n'a point fourni de griefs ou de réponses à griefs.

Ainsi, par forclusion on entend une exclusion d'écrire & de produire, laquelle peut avoir lieu contre le demandeur ou contre le défendeur, contre l'appellant ou contre l'intimé : ce qui ne peut jamais avoir lieu qu'après contestation en cause.

Par exemple, celui qui après l'appointement de

conclusion n'a pas fourni de griefs ou de réponse à griefs dans le tems, est forclos d'en fournir après une sommation préalablement faite ; c'est-à-dire que le Juge a la faculté de juger le procès en l'état qu'il est , sans rien diminuer du droit des Parties.

Mais il arrive rarement que les procès se jugent par forclusion.

Voyez acte de produit. *Voyez* l'art. 8. du tit. 14. de l'Ordonnance de 1667. *Voyez* aussi Papon , tit. 9. nomb. 1. & 2. liv. 7. tit. 6. nomb. 8. du Fail , liv. 1. chap. 97.

FORCLUSION, n'a point lieu en matiere criminelle. *Voyez* le titre 23. de l'Ordonnance de 1670.

FOREST est une grande étendue de terre couverte de bois, qui n'est point entourée de murailles qui tiennent bêtes sauvages enfermées. Ce mot est opposé à celui de *parc*, qui signifie un lieu clos, où les bêtes sauvages sont retenues. *Voyez* M. du Change , verbo Foresta.

Quand une forêt s'étend dans les héritages voisins elle acquiert aux propriétaires de la forêt ces héritages lorsqu'ils sont demeurés sans labeur & sans essart pendant trente années. M. Lauriere sur Loysel , liv. 2. tit. 2. nomb. 30.

Mais il faut que trois conditions concourent pour former cette préscription.

Iº. Que la forêt soit bannale , ou que le Seigneur ait droit de défendre à ses Justiciables d'y prendre du bois en quelque tems que ce soit , & d'y faire paître leurs bestiaux au tems de la vive pâture.

IIº. Que la forêt appartienne à un Seigneur qui ait Haute-Justice.

IIIº. Qu'il n'y ait point de separation entre la forêt & les héritages, par fossés , bornes , marais & autres enseignes.

FOREST , se disoit autrefois du droit qu'un Seigneur avoit de couper du bois dans ses terres, & de pêcher dans ses eaux. Ainsi quand on disoit , concession de forêts , cela signifioit la permission d'abattre du bois, ou de pêcher. De-là vient qu'on n'a fait qu'une même Jurisdiction des Eaux & Forêts.

FORFAITURE , signifie une injure attroce que le Vassal a faite à son Seigneur , qui donne lieu à la commise ; comme quand un Vassal leve injurieusement la main sur son Seigneur, ou qu'il attente à sa vie ou à son honneur.

FORFAITURE , signifie aussi la malversation qu'un Officier a faite dans sa charge , pour raison de quoi il mérite d'en être privé.

On ne peut pas obtenir des provisions d'un Office, ou un Brevet du Roi, sur la forfaiture de l'Officier qu'elle ne soit définitivement jugée ; autrement l'obtention est nulle.

FORFAITURE DANS LES FORETS, est un délit que commettent ceux qui dérobent le bois dans les forêts, ou y sont quelque dégât. Ceux qui en sont convaincus sont condamnés par les officiers des Eaux & Forêts en quelqu'amende pour le délit, & en quelque somme pour le dédommagement de la destruction & du dégât par eux fait.

FORGAGE , en Normandie , est le droit

qu'a le débiteur de retirer son gage qui a été vendu par autorité de Justice en rendant le prix à l'acquereur dans la huitaine, à compter du jour qu'il a été vendu. Sur quoi il faut remarquer , que ce droit peut être cedé & transporté par le débiteur à qui bon lui semble.

FORGE , doit être bâtie à un demi-pied du mur mitoyen , & doit être d'un pied d'épaisseur.

FORLIGNER , signifie sortir des lignes & des bornes , dégénerer. Ce terme signifie aussi se marier à une personne qui n'est pas d'une condition sortable.

FORMALITÉS , sont des conditions dont les actes doivent être revêtus , ou des termes & des expressions qui doivent être employées pour rendre un acte parfait , ou une procédure réguliere.

Il y a dans les procédures & dans les actes des formalités essentielles pour la validité d'un acte, & d'autres qui ne le sont pas.

Les formalités essentielles , sont celles qui sont absolument requises par la Loi ou par l'usage , pour la validité d'un acte ; en sorte, que l'omission de ces formalités en cause la nullité. Sçavoir ,

Iº. Lorsque la Loi prescrit quelque chose sous peine de nullité , comme on peut voir dans le titre 1. des ajournemens , & dans le titre 22. des Enquêtes de l'Ordonnance de 1667. où sont prescrites de certaines formalités, à peine de nullité , & d'autres sans que la nullité soit prononcée.

IIº. Lorsque la Loi est conçue en termes prohibitifs , & négatifs, comme l'art. 234. de la Coutume de Paris, qui porte qu'une femme mariée ne se peut obliger sans l'autorisation de son mari.

IIIº. Quand il s'agit d'une matiere de rigueur , comme l'est celle du retrait lignager ; en sorte que l'omission d'une formalité requise pour la procédure & instruction , fait décheoir le retrayant de sa demande.

Les saisies réelles , les matieres criminelles , sont aussi de rigueur : c'est pourquoi toutes les formalités de Justice y doivent être observées , à peine de nullité de la procédure.

Il en est de même des testamens , codicilles & autres actes, qui sont assujettis à des formalités prescrites par les Ordonnances & par les Coutumes, sans lesquelles ils ne sont point valables, & ne peuvent produire aucun effet.

Les formalités essentielles manquant , il n'y a point d'acte, point de procedure , point de Jugement : il existe un être physique , un parchemin, mais sans force & sans vertu, incapable de produire aucun effet.

Les formalités qui ne sont pas essentielles pour la validité d'un acte , sont celles dont l'omission n'en cause pas la nullité ; attendu que la nullité n'est pas prononcée, & que la Loi n'est pas conçue en termes prohibitifs & négatifs ; & enfin , attendu qu'il ne s'agit point d'une matiere de rigueur.

FORMALITÉS EN PROCEDURES CRIMINELLES, sont essentielles, & en sont la substance. Elles doivent être si exactement observées, qu'un coupable prix en flagrant-délit ne pourroit pas être condamné par le Juge qui lui auroit vû commettre, qu'après l'avoir interrogé & entendu.

Il n'y a que les Rois, qui font les images de Dieu même, qui ayent le pouvoir de ne fuivre aucune formalité dans leurs Jugemens, lorfque les crimes font dans la derniere évidence, comme je l'ai dit, *verbo* Roi.

FOR-MARIAGE, eft le mariage qu'un homme de condition fervile contraête, fans la permiffion de fon Seigneur, avec une femme franche, ou d'une autre condition & Juftice, que de la fervitude, Juftice & Seigneurie dont il eft ; ou le mariage qu'une fille, ou femme main-mortable contraête hors la terre de main-morte de fon Seigneur, fans fa permiffion ; en forte qu'elle quitte le lieu où elle demeuroit, pour fuivre fon mari.

Ce mariage eft appellé for-mariage, *quafi matrimonium, quod fit foras vel foris.*

Au cas de for-mariage, le Seigneur prend le tiers des meubles & des immeubles fitués au-dedans de fa Seigneurie, & outre cela, quand l'homme de main-morte n'a pas demandé à fon Seigneur congé pour fe for-marier, il lui doit une amende, qui eft de foixante fols & un denier.

Voyez l'art. 144. de la coutume de Vitri ; l'art. 5. de la Coutume de Meaux ; l'art. 78. de celle de Troyes ; l'art. 3. de la Coutume de Chaumont ; le chap. 8. de la Coutume de Nivernois, art-22. & 23. & le Gloffaire du Droit François, *verbo* For-mariage.

En for-mariage ; le pire emporte le bon. Loyfel, liv. 1. tit. 1. rég. 25. Sur quoi *voyez* ce que M. Lauriere a dit.

FORME, eft la procédure qu'on doit obferver dans l'inftruêtion d'une caufe, inftance ou procès.

Cette forme confifte dans l'obfervation de certaines régles établies par les Ordonnances & par l'ufage, pour faire des procédures valables. Ainfi la forme eft oppofée au fonds, c'eft-à-dire à la matiere qui forme la conteftation.

La forme emporte le fond. Ces termes fignifient que l'on perd quelquefois fon procès, pour n'avoir pas obfervé les formalités prefcrites par la Coutume ou par les Ordonnances.

La forme fe prend ici pour la procédure & l'inftruêtion, ou la maniere dont elle s'eft faite, les moyens fur lefquels le Jugement a été rendu, les perfonnes qui y ont été condamnées, & ce qui a été jugé.

Le fond fe prend pour la conteftation dont il s'agit entre les Parties, & quelquefois auffi pour le Jugement qu'il a terminée, comme au cas de la Requête civile, où le fond fe prend pour le Jugement rendu touchant le différend des Parties ; *an bene vel malè fuerit judicatum.* Quand il s'agit des moyens de Requête civile, on n'entre point dans le mérite du fond, fçavoir fi la queftion a été bien ou mal jugée, mais feulement fi la forme a été bien obfervée dans la procédure & dans le Jugement.

S'il y a ouverture de Requête civile fuffifante, les Parties font donc remifes dans le même état qu'elles étoient avant l'Arrêt, encore que ce fût une pure queftion de Droit ou de Coutume, &

qu'elle fût bien jugée ; comme au contraire on n'a point d'égard au mal jugé de la queftion, fi les moyens manquent dans la forme ; mais fi l'Arrêt avoit été rendu direêtement contre la difpofition expreffe de l'Ordonnance, ou de la Coutume du lieu, ce feroit un moyen de fe pourvoir en caffation.

De-là vient que l'on dit vulgairement en fait de Pratique, *que la forme emporte le fond ;* ce qui a lieu encore lorfqu'on laiffe paffer le tems pour fe pourvoir contre un Arrêt ou Jugement rendu en dernier reffort.

Dans les procédures qui fe font en matiere criminelle, il faut bien prendre garde à fuivre exaêtement tout ce qui eft prefcrit par l'Ordonnance ; car la moindre omiffion rend la procédure nulle : ainfi, dans ces fortes de matieres, la forme emporte le fond.

FORME JUDICIAIRE EN MATIERE CRIMINELLE, doit être beaucoup plus exaêtement obfervée qu'en matiere civile. Les Juges y font abfolument obligés par les Ordonnances, à peine d'en répondre en leur nom.

Ainfi, quand il y a quelque nullité dans une procédure criminelle, le Juge fupérieur qui en connoît en caufe d'appel, doit ordonner qu'elle fera refaite aux frais du Juge qui l'a faite, & qu'il payera ce qu'il aura reçu pour la procédure déclarée nulle ; ce qui eft ainfi ordonné, parce que les pourfuites en matiere criminelle font d'une bien plus grande conféquence que celles qui fe font en matiere civile, puifqu'il y va de l'honneur, & quelquefois de la vie de l'une des Parties.

A l'égard de l'injonêtion que l'on fait au Juge de payer en ce cas ce qu'il a reçu pour la procédure criminelle déclarée nulle, ce payement eft pour tenir lieu des dommages & intérêts envers les Parties ; mais il n'eft pas obligé de payer le furplus de la procédure, s'il y en a qui n'ait pas été caffé ; & ce furplus eft porté en taxe par celui qui fera condamné aux dépens.

FORMULAIRE, eft un écrit qui contient la forme du ferment qu'on doit faire en certaines occafions.

FORMULE, fignifie modéle d'aête, contenant la fubftance & les principaux termes dans lefquels il doit être conçu, pour être conforme aux Ordonnances, & autres Loix du pays.

FORNICATION, eft le péché de luxure qui fe commet entre perfonnes de différent fexe, qui ne font ni l'un ni l'autre liés par le Sacrement de mariage, ni par un vœu folemnel de religion, ni le mâle engagé dans les Ordres facrés.

Il y en a de deux fortes ; fçavoir, la fornication fimple qui fe commet avec des perfonnes libres, mais débauchées, appellée en Latin *fornicatio ;* & la fornication qui fe commet avec des perfonnes libres & d'honnête condition, qui s'appelle en Latin *ftuprum.*

La peine de la fimple fornication eft arbitraire, fuivant que les circonftances font agravantes.

FORT-DENIER. Dans toutes les fermes du Roi, lorfque tous les droits font fuivant les tarifs à livres, fols & deniers, & qu'il eft dû un ou deux deniers, il en doit être payé trois, parce que les deniers ne font plus en ufage; de même quand il eft dû quatre ou cinq deniers, on en doit payer fix; quand il eft dû fept ou huit deniers, il en doit être payé neuf; & quand on en doit dix ou onze, il faut en payer douze, c'eft-à-dire un fol : c'eft ce qu'on appelle *Fort-denier*; ce qui eft non-feulement toleré par l'ufage, mais encore confirmé par les Arrêts du Confeil, intervenus fur les conteftations faites à ce fujet. Mémoires alphabétiques des Fermes & Gabelles, *verbo* Fort-denier.

FORTERESSE. Un vaffal ou un cenfitaire ne peut bâtir fortereffe fans le confentement de fon Seigneur, & fans le confentement du Roi, comme nous l'allons dire, *verbo* Foffés.

Quoique la maifon forte d'un vaffal, à laquelle fe trouve une fortereffe bâtie fans titre, ait été adjugée par décret, fans oppofition de la part du Seigneur, néanmoins le Seigneur peut toujours demander que cette fortereffe foit démolie, parce que le décret eft toujours à la charge des droits & devoirs feigneuriaux.

FORTIFICATIONS. L'efpace qui eft au-dedans de toutes les Villes du Royaume, après les murs defdites Villes, jufqu'à concurrence de neuf pieds, fait partie des fortifications d'icelles; comme il eft porté en l'Arrêt du Confeil d'Etat du 21. Août 1690. qui en conféquence de ce que deffus, ordonne que tous les Particuliers qui poffedent des places, maifons & héritages dans l'étendue dudit efpace, feront maintenus en la poffeffion & jouiffance, en payant par eux les fommes pour lefquelles ils feront compris dans les rolles, qui feront à cet effet arrêtés au Confeil.

FOSSÉS QUI SERVENT A LA DEFENSE D'UNE MAISON, & empêchent qu'on n'y puiffe entrer, ont cela de particulier, qu'un Noble ne peut pas faire de tels foffés autour de fa maifon fans Lettres patentes du Roi, adreffées à la Chambre des Comptes, qui ne les vérifie qu'information préalablement faite de la commodité ou incommodité, & à la charge d'un droit de reconnoiffance.

A l'égard du Seigneur, fon confentement eft auffi toujours requis. Ainfi, un cenfitaire ou un vaffal ne peut faire foffés ni ponts levis autour de fa maifon, fans le confentement de fon Seigneur. Mornac, en la Loi 15. *ff. de rei vindicat,* M. le Prêtre, cent. 2. chap. 51.

Mais pour ce qui eft des foffés qu'un cenfitaire ou un vaffal fait faire autour de fon héritage pour empêcher les animaux d'y aller & d'y faire du degât, quoique de tout tems il n'y en ait point eu, le Seigneur ne peut s'y oppofer fous prétexte que ces foffés nuifent à fon droit de chaffe à caufe de leur profondeur; comme il a été jugé par deux Arrêts du Parlement de Paris, rapportés par Papon, liv. 14. titre 1. nomb. 6. & 7. dont l'un eft du 12. Mars 1547. & l'autre du 17. Mai de la même année.

Régulièrement tout foffé eft préfumé mitoyen, s'iln'y a titre au contraire, ou fi le jet de la terre n'eft entièrement du côté du voifin. Coquille, queft. 298. Mornac, *ad Leg.* 7. §. 1. *ff. de pericul. &*

commod. rei vend. Chopin fur la Coutûme de Paris, liv. 1. tit. 4. nomb. 16.

FOUAGE ou MENAGE, eft un droit qui eft dû en quelques endroits au Roi ou au Seigneur fur chaque feu, maifon ou famille, qui fe prend fur chaque chef de famille, tenant feu & lieu. *Fumarium tributum.*

On n'en peut demander que cinq années. Il fe paye en argent ou en grain, fuivant la difpofition des Coutumes.

Ce droit eft appellé en quelques lieux fournage, à caufe du fourneau & cheminée.

En Normandie, ce droit eft de douze deniers par feu, & fe leve de trois ans en trois ans, en vertu d'un rolle fait par les Marguilliers de chaque Paroiffe, qui fe délivre au Recevenr du Domaine qui le doit rapporter à la reddition de fon compte.

Le droit de fouage ne peut être demandé par le Seigneur foncier & direct, à moins qu'il n'ait un titre précis. Arrêt du Parlement de Bordeaux du 6. Septembre 1704. rapporté par la Peyrere, lett. F, qui l'a jugé ainfi.

Ceux qui fe prétendent exempts de ce droit, font obligés de juftifier des caufes fur lefquelles leur exemption eft fondée.

En Normandie, le droit de fouage & monnoyage, dû en cette Province de trois ans en trois ans, à raifon d'un fol par feu, eft levé fans frais en chaque Paroiffe fujette au payement de ce droit, par les Collecteurs des Tailles qui font en exercice lors de l'échéance d'icelui, fur le pied réglé par les rolles des Tailles : l'Arrêt du Confeil d'Etat du 15. Avril 1687. l'ordonne ainfi.

Touchant l'origine de ce droit, *voyez* ce qui en eft dit dans le Dictionnaire de Trevoux.

FOUET, eft une peine infamante quand l'exécution fe fait en public; mais lorfque le coupable eft condamné, attendu la foibleffe de fon âge, à être fouetté fous la cuftode, c'eft-à-dire dans la prifon, cette peine n'eft qu'une fimple correction qui n'eft point infamante.

Un Bénéficier-Juge n'encourt point d'irrégularité pour avoir condamné au fouet; parce que cette peine, quoiqu'afflictive, n'ôte point la vie, & n'eft pas dans le cas de celle que l'Eglife abhorre. Bardet, tom. 1. liv. 1. chap. 42.

Ceux qui fe donnent la licence de fouetter quelques perfonnes dans les rues, peuvent être pourfuivis criminellement, à caufe de l'atrocité de l'injure. Boniface, tom. 5. liv. 3. tit. 1. chap. 3. & 16.

FOUR BANNAL. *Voyez* le Traité de la Police, tome 2. liv. 5. tit. 11. le chap. 18. de la Coutume de Nivernois; Coquille, tome 2. pag. 182. Belordeau, lett. F, art. 22. la Rochedavin, liv. 6. lett. B, tit. 14. art. 1. & en fon Traité des Droits feigneuriaux, chap. 2. & 3. *Voyez* Bannalité.

FOURAGE. *Voyez* Forage.

FOURCHES PATIBULAIRES, font des colonnes de pierre, au haut defquelles il y a une traverfe à laquelle les condamnés à la mort font attachés pour être étranglés; où, après avoir été fupliciés, ils font expofés à la vue des paffans.

Le

Le droit d'avoir des fourches patibulaires n'appartient qu'aux Seigneurs Hauts-Justiciers. *Sunt enim furcæ ejus qui jus gladii habet, insignia, in quibus aut strangulantur rei facinoris damnati, aut ubi pendent cadavera punitorum. Uno verbo, erectio furcarum est signum meri imperii.*

Elles servent donc de marque de la Justice des Seigneurs Hauts-Justiciers ; les autres Seigneurs n'ont point de droit de faire appofer tels indices de leurs Justices, puisqu'ils n'ont pas *jus gladii*, c'est-à-dire puisqu'ils n'ont pas droit de condamner un criminel à mort. De-là vient que celui qui met à exécution les Jugemens de condamnation à mort, est appellé Exécuteur de la Haute-Justice.

Ces fourches se mettent ordinairement hors le Bourg, fur les terres de la Seigneurie ; à la différence du pilori, qui se dreffe dans la place publique de la Ville, Bourg ou Bourgade.

A l'égard du nombre des pilliers des fourches patibulaires, il y en a deux, à trois, à quatre ou à fix, felon le titre & la qualité des fiefs qui ont droit d'en avoir.

Les fimples Seigneurs Hauts-Justiciers n'ont ordinairement droit d'avoir que des fourches patibulaires à deux pilliers, s'ils ne font fondés en titre ou poffeffion immémoriale. Les fourches à trois pilliers n'appartiennent de droit qu'aux Seigneurs Châtelains : celles à quatre pilliers n'appartiennent qu'aux Barons ou Vicomtes : celles à fix pilliers n'appartiennent qu'aux comtes. Mais après tout, ce droit est différent felon les différentes Coutumes.

Voyez Loyfeau en fon Traité des Seigneuries, chap. 4. nomb 67. & 68. Viguier fur la Coutume d'Angoumois, tit. 1. art. 1. 2. 3. & 6. la Roche-flavin, des Droits feigneuriaux, chap. 31. art. 1. & 2. Bacquet, des Droits de Justice, chap. 9. nomb. 10. & fuiv.

Les fourches patibulaires tombées doivent être rétablies dans l'an & jour de leur destruction ; après ce tems il faut recourir au Prince pour les rétablir.

Ce que nous venons de dire des fourches patibulaires, est aussi obfervé à l'égard des piloris, échelles & poteaux à mettre carcan, lefquels ne peuvent être de nouveau plantés, ni après l'an & jour de la chûte d'iceux, relevés par les Seigneurs Hauts-Justiciers, avec leurs armoiries empreintes efdits piloris, échelles & poteaux, fans congé du Roi entériné par le Juge royal.

Comme les fignes patibulaires, & autres marques de Justice, font droits qui tiennent en quelque maniere de la Souveraineté, les Seigneurs Hauts-Justiciers qui veulent en faire élever & édifier dans leurs terres, doivent rapporter des titres de conceffion en bonne forme, ou justifier leur droit par poffeffion immémoriale.

S'il arrive que les fignes patibulaires, échelles ou piloris, viennent à s'écrouler ou à tomber, il faut qu'ils les faffent relever dans l'an & jour de la chûte, comme nous venons de le dire ; & si les Seigneurs Hauts-Justiciers laiffoient paffer l'an & jour, ils ne pourroient plus les faire relever fans Lettres de Chancellerie, dont l'entérinement doit être fait au

Tome I.

Bailliage royal, fur les conclufions du Procureur du Roi, & fur vû de piéces ; autrement les fignes patibulaires ne pourroient être relevés que pour le tems des exécutions feulement, pour être après chaque exécution faite, fapées & abbatues. Ce qui est ainfi ordonné pour empêcher les ufurpations. Bacquet, des Droits de Justice, chapitre 9. nombre 10. 11. & 12.

Pour ce qui est dû au Roi, il peut au-dedans de fes Hautes-Justices faire ériger, lever & édifier fourches patibulaires, en telle forme & à tant de pilliers que bon femblera à Sa Majefté ; & cela pour marque de la fouveraineté, fupériorité & prééminence qu'il a fur tous les Seigneurs Hauts-Justiciers étant au dedans de fon Royaume, Pays, Terres & Seigneuries de fon obéiffance.

Touchant les fourches patibulaires, *voyez* Defpeiffes, tom. 3. tit. 5. art. 3. fect. 1. & ce qui en est dit ici, *verbo* Pilori.

FOURNAGE, est un droit qui appartient dans quelques endroits au Seigneur, en vertu duquel il prend par chacun an ou autre terme une certaine fomme fur ceux qui font affujettis à cuire leur pain à fon four bannal, pour la permiffion de le cuire en leurs maifons. Fournage fe prend auffi en quelques lieux pour le droit de fouage, comme nous l'avons dit ci-deffus.

FOURNIR ET FAIRE VALOIR, est une claufe qu'on infere dans les ventes & tranfports de dettes ou de rentes conftituées, par laquelle le vendeur fe rend garant du péril de la dette ou de la rente, en cas que le débiteur devienne infolvable dans la fuite.

Ainfi le cédant qui a promis fournir & faire valoir, n'est tenu qu'après difcuffion de celui fur qui il a cédé la rente, comme tout autre fidéjuffeur.

Voyez Loyfeau dans fon Traité de la garantie des rentes, chap. 4. Louet & fon Commentateur, lett. F, nomb. 25. M. le Prêtre, cent. 2. ch. 28. & Bacquet dans fon Traité des rentes, chap. 19. 20. & 21.

On ajoute quelquefois à la claufe de fournir & faire valoir, celle de payer foi-même après le premier commandement fait au débiteur. Cette derniere claufe décharge le ceffionnaire de la difcuffion du débiteur, à laquelle il est obligé, quand il n'y a que la claufe de fournir & faire valoir. *Voyez* ci-après, *verbo* Garantie en fait de tranfport ; & ce que j'ai dit fur l'article 108. de la Coutume de Paris.

Dans les contrats de bail d'héritage à rente, le preneur d'héritage à ce titre s'oblige quelquefois de fournir & faire valoir la rente qu'il promet payer au bailleur par chacun an. Cette claufe produit alors une action perfonnelle qui engage le preneur à rente & fes héritiers, & fait que le preneur ne peut pas déguerpir & abandonner l'héritage qu'il a pris à rente, fuivant l'art. 109. de la Coutume de Paris. *Voyez* ce que j'ai dit fur cet article, & ce qui est dit ici, *verbo* Garantie en fait de tranfport.

Sous la claufe générale de la fimple garantie, celle de fournir & faire valoir n'est jamais fous-entendue. *Voyez* Corbin, chap. 54. & Montholon ;

Arrêt 104. Auffi en fait d'e tranfport d'une dette avec la fimple garantie, 1 ans celle de fournir & faire valoir, il fuffit que la chofe ait été dûe au cédant, & que le débiteur ait été folvable au tems que le tranfport en a été pat'é, à moins que le débiteur n'eût un terme pour p ayer; auquel cas l'infolvabilité qui lui'feroit furvenue avant l'échéance de ce terme, tomberoit fur le cédant; parce que la fimple garantie d'une dette n'oblige le cédant que quand le ceffionnaire a manqué de faire les diligences qu'il étoit en droit de faire, & au moyen defquelles il auroit pû être payé. Albert, *verbo* Intérêt, art. 9. Boniface, tom. 2, liv. 4. tit. 5. chap. 3. & tit. 8. chap. 1.

FOURNEAU, bâti dans une maifon, doit, comme la forge, être d'un pied d'épaiffeur, & éloigné d'un demi-pied du mur mitoyen.

FOY ET HOMMAGE, eft un devoir que le vaffal eft tenu de rendre au Seigneur du fief duquel releve celui qu'il poffede. *Voyez* Fidélité.

Ce ferment ne fe rend qu'une fois par un vaffal au même Seigneur du fief, c'eft-à-dire à chaque mutation, foit qu'elle arrive de la part du vaffal, foit qu'elle arrive de la part du Seigneur.

Il y a cependant cette différence à remarquer, que dans les mutations qui arrivent de la part du vaffal, le nouveau vaffal doit fans en être requis, rendre la foi & hommage dans quarante jours, à compter du jour de l'ouverture du fief, à peine de faifie féodale.

Mais quand la mutation arrive de la part du Seigneur dominant, les quarante jours pour rendre la foi & hommage ne courent que du jour que le vaffal en a été requis par le Seigneur.

La forme en eft prefcrite par l'art. 63. de notre Coutume, fuivant lequel le vaffal pour faire la foi & hommage & fes offres à fon Seigneur féodal, eft tenu d'aller vers lui au lieu du fief dominant, & y étant, demander fi le Seigneur eft au lieu, ou s'il y a autre pour lui, ayant droit de recevoir la foi & hommage & offres; enfuite il doit mettre un genou en terre, nue tête, fans épée & éperons, & dire qu'il lui porte & fait la foi & hommage qu'il eft tenu faire à caufe du fief mouvant de lui, & déclarer à quel titre ledit fief lui eft advenu, & le requerant qu'il lui plaife le recevoir: & où le Seigneur ne feroit trouvé, ou autre ayant pouvoir pour lui, fuffit faire foi & hommage & offres devant la principale porte du Manoir, après avoir appellé à haute voix le Seigneur par trois fois.

S'il n'y a Manoir au lieu feigneurial, dont dépend le fief, & en cas d'abfence dudit Seigneur ou de fes Officiers; il faut notifier lefd. offres ou prochain voifin dud. lieu feigneurial, & laiffer copie.

Touchant la forme & le lieu de la foi & hommage, *voyez* ce que j'ai dit fur cet article 63. de la Coutume de Paris. *Voyez* auffi Loyfel, liv. 4. tit. 3. art. 4. & fuiv.

Le Seigneur n'eft tenu recevoir l'hommage de fon vaffal par Procureurs; mais s'il a exoïne légitime, il lui donnera fouffrance. *Voyez* l'article 67. de la Coutume de Paris.

Les enfans ne doivent coutumiérement que la

bouche & les mains; & à l'égard de la femme, elle ne doit que la main. Loyfel, liv. 4. tit. 3. art. 9. & 10. Pour ce qui eft des collatéraux, ils doivent relief ou rachat. *Voyez* Mutation en matiere de Fief.

Le Seigneur féodal, par faute d'homme, droits & devoirs non faits & non payés, pour mettre en fa main le fief mouvant de lui, & icelui exploiter en pure perte, & faire les fruits fiens pendant la main mife, à la charge d'en ufer par lui, comme un bon pere de famille. Art. 1. de la Coutume de Paris. *Voyez* ce que j'ai dit fur cet article.

Mais il ne peut faifir les fiefs qui font mouvans de fon vaffal qui eft en demeure, à moins qu'ils ne dépendent du principal mouvant de lui. Le Roi toutefois a ce privilége, qu'à faute d'homme, & lorfqu'un fief mouvant de lui eft ouvert, il peut faire faifir tous les fiefs mouvans & dépendans d'icelui, qui lui font arriere-fiefs, & faire les fruits fiens. Papon, liv. 13. tit. 1. nomb. 15.

FOY ET HOMMAGE DES FIEFS EN PAYS DE DROIT ECRIT, fe fait comme en pays coutumier, tête nue & fans épée.

En Dauphiné, il y a une différence entre les nobles & les roturiers, les nobles font le ferment debout, & baifent le Seigneur à la bouche. Les roturiers mettent un genou en terre, & baifent le Seigneur au pouce. Mais de quelque condition que foit le vaffal, il doit être tête nue, & mettre fes mains en celle du Seigneur, promettant de lui être fidéle, & de s'acquitter de tous les devoirs d'un bon vaffal, fuivant l'ancienne & nouvelle forme de fidélité, comme le remarque M. Salvaing, chapitre 4.

Le même Auteur obferve qu'aujourd'hui en Dauphiné c'eft le Premier Préfident de la Chambre des Comptes qui reçoit les hommages; il fe contente de prendre le ferment du vaffal, qu'il accomplira tout le contenu au chapitre de l'ancienne & nouvelle forme de fidélité.

Au refte, le vaffal en Pays de Droit écrit a un an pour faire la foi & hommage; mais ce délai n'eft point fatal, & n'emporte aucune peine: car après ce terme le Seigneur ne peut faifir féodalement, qu'après avoir conftitué le vaffal en demeure; comme l'a dit le Commentateur d'Henrys, tome 1. livre 3. queftion 2.

FOY ET HOMMAGE RENDUS PAR LE FILS AÎNÉ AU SEIGNEUR FEODAL, acquitte fes fœurs de leur premier mariage, tant de la foi que du relief. Ainfi les filles ni leurs premiers maris ne font obligés de porter la foi, que lorfqu'elles n'ont point d'aîné, ou que leur frere aîné n'a pas fait pour elles la foi & hommage. *Voyez* ce que j'ai dit fur les articles 35. & 36. de la Coutume de Paris.

FOY ET HOMMAGE, AVEUX ET DENOMBREMENS DES VASSAUX DE SA MAJESTÉ, fe rendent en la Chambre des Comptes de Paris. *Voyez* la Déclaration du Roi donnée à Verfailles le 18. Juillet 1702.

FOY ET HOMMAGE DES FIEFS TENUS PAR LE ROI, RELEVANS D'AUTRES SEIGNEURS FEODAUX, fe faifoit autrefois par Procureur; mais cet ufage eft entiérement aboli, attendu que c'eft un acte que marque la foumiffion & le refpect de celui qui le fait , & une fupériorité à l'égard du Seigneur qui le reçoit : & comme le Roi ne reconnoît aucun Supérieur , & que tous fes Sujets tiennent leurs fiefs de lui médiatement ou immédiatement , un tel acte eft contraire à la raifon , à la majefté & à la fupériorité royale. Mais parce que les Rois doivent fe rendre juftice , & qu'ils ne doivent pas caufer aucune perte aux Seigneurs féodaux , par les acquifitions des fiefs qu'ils font dans leurs mouvances, ils ont ordonné qu'ils en vuideroient leurs mains dans l'an , ou qu'ils payeroient aux Seigneurs des indemnités fuffifantes.

FOY ET HOMMAGE DÛS A RAISON DES TERRES ALIENÉES A TITRE D'APPANAGE OU D'ENGAGEMENT. L'article 15. du Réglement fait par rapport au Domaine , fous Charles IX. au mois de Février 1566. porte : *La réception en foi & hommage des Fiefs dépendans des Terres domaniales , au cas d'aliénation d'icelles , nous demeurera & appartiendra , & à nos Succeffeurs ; & les profits defdits Fiefs , foi & hommage , & ce qui en dépend , à ceux à qui les terres font duement & licitement transférées.*

Il n'en eft pas de même des Apanagiftes , lefquels peuvent recevoir les foi & hommage dûs à caufe des terres qu'ils tiennent en appanage , felon l'article fuivant de la même Ordonnance , en ces termes : *En quoi ne font compris ceux qui tiendront lefdites terres de notre Domaine en appanage ; à la charge toutefois d'envoyer par chacun an en notre Chambre des Comptes à Paris , des doubles , & copies dûement fignées , des réceptions en foi & hommage à eux faits ou à leurs Officiers.*

FOY-MENTIE. Ce mot fe trouve dans quelques Auteurs , qui s'en font fervi pour fignifier la félonie que commet un Vaffal envers fon Seigneur; parce que celui qui la commet , contrevient à la foi qu'il a jurée à fon Seigneur en lui faifant hommage.

BONNE-FOY , en matiere de prefcription , n'eft autre chofe que l'opinion ou la croyance d'une poffeffion légitime ; comme quand on a acquis de celui qu'on croyoit le propriétaire de la chofe vendue , ou au moins qu'il avoit le pouvoir de l'aliéner , quoiqu'en effet elle ne fût pas à lui , & qu'il n'eût pas droit de la vendre. *Voyez* ce que j'ai dit dans ma Traduction des Inftitutes , fur le fixieme titre du fecond livre.

BONNE-FOY , en fait de mariage nul. *Voyez* Mariages nuls.

F R

Frais , fignifient la dépenfe & le coût d'un procès , c'eft-à-dire ce que l'on a dépenfé pour la pourfuite d'une affaire. Il y a des frais qui entrent en taxe , & d'autres qui n'y entrent pas , & qui tombent en pure perte fur celui qui les a fait. Ceux qui entrent en taxe font appellés *dépens* , dont on fe fait rembourfer par celui qui a fuccombé , & qui a été condamné aux dépens. Ceux qui n'entrent point en taxe s'appellent *faux frais.*

Il en coûte tant aujourd'hui pour plaider , que dans la moitié des procès les frais excedent le principal. Ifocrate dans fa deuxieme Oraifon donnoit avis à Nicocles , Roi de Salamine d'ordonner que les frais fuffent grands dans les procès , pour empêcher le Peuple de plaider. Mais nous voyons à regret que fon défir eft accompli , fans que l'effet qu'il en efpéroit s'en foit enfuivi. La malice des hommes les aveugle fi fort qu'ils veulent abfolument plaider , à quelque prix que ce foit ; & quoiqu'il en coûte plufieurs s'imaginent que ce n'eft pas vivre que de vivre fans plaider. *Voyez* Plaideur.

FRAIS DE CONTUMACE , font les frais faits pour obtenir les défauts faute de comparoir & faute de défendre. On eft toujours reçu oppofant à ces fortes de défauts , en réfondant les frais de contumace , c'eft-à-dire en les rembourfant.

FRAIS ET SALAIRES DES PROCUREURS , font ceux qui font dûs aux Procureurs par les Parties pour lefquelles ils ont occupé. Sans nous arrêter aux anciens Arrêts & Réglemens , nous allons rapporter ici les difpofitions qui ont été arrêtées à ce fujet par le Réglement que la Cour a fait , les Chambres affemblées , le 28. Mars 1691. qui contient fur cette matiere une Jurifprudence certaine & qui paroît affez équitable.

I°. Que les Procureurs pourront demander le payement de leurs frais , falaires & vacations , deux ans après qu'ils auront été révoqués , ou que les Parties feront décédées , encore qu'ils ayent continué d'occuper pour les mêmes Parties ou pour leurs héritiers en d'autres affaires.

II°. Que les Procureurs ne pourront dans les affaires non jugées demander leurs frais , falaires & vacations , pour les procédures faites au-delà de fix années précédentes immédiatement , encore qu'ils ayent toujours continué d'occuper , à moins qu'ils ne les ayent fait arrêter ou reconnoître par leurs Parties , & ce avec calcul de la fomme à laquelle ils montent , lorfqu'ils excederont celle de deux mille livres.

III°. Que les Procureurs feront tenus d'avoir des Regiftres en bonne forme , d'y écrire toutes les fommes qu'ils reçoivent de leurs Parties , ou par leur ordre ; de repréfenter & affirmer véritable toutes les fois qu'ils en feront requis ; à peine contre ceux qui n'auront point de Regiftres , ou qui refuferont de les repréfenter & affirmer véritables , d'être déclarés non-recevables en leurs demandes & prétentions de leurs frais , falaires & vacations.

Les Procureurs, Huiffiers ou Sergens, fitôt qu'ils ont rendu les piéces à leurs Parties , font préfumés avoir été payés de leurs falaires : c'eft pourquoi , avant que de les rendre , ils doivent fe faire payer , ou fe faire donner des reconnoiffances de ce que leur eft dû.

FRAIS ET SALAIRES DES TEMOINS. *Voyez* Salaires.

FRAIS PREJUDICIAUX OU DE CONTUMACE , font des frais de défauts qu'on eft obligé de rembourfer , avant que d'être admis à continuer aucune pourfuite. *Voyez* ci-devant frais de contumace.

FRAIS DE JUSTICE , font frais qui ont fait le

confervation de la chofe au profit du propriétaire, du créancier, ou de tout autre qui y a droit ou intérêts. Les frais de fcellés, d'inventaires, de vente, ou d'ordre & de difcuffion des meubles ou immeubles , & autres , font frais de Juftice.

Ils fe prennent toujours fur la chofe, & par préférence ; parce qu'étant faits à l'occafion & pour l'utilité d'une caufe commune, ils en deviennent la dette , qui doit être acquittée auparavant que qui que ce foit puiffe rien remporter de l'objet qui y a donné lieu. Dans le Recueil qui a été fait des Actes de notoriété , il y en a qui le marquent ainfi , pag. 52.

Voyez les Loix civiles in-folio , tom. 1. liv. 3. tit. 1. fect. 5. nom. 25. & les Loix 8. *ff. de poff.* 72. *ff. ad Leg. Falcid. Leg. ult. ff. 9. cod. de jure delib. Voyez* ci-deffus ce que j'ai dit des frais de Juftice , en parlant des créanciers chirographaires privilégiés.

FRAIS ET MISES D'EXÉCUTION , font ceux qu'un créancier a été obligé de faire pour fe procurer fon payement , & en exécution de fes titres contraindre & faire payer fon débiteur.

Il ne faut donc pas confondre les frais & mifes d'exécution avec les dépens. On entend par dépens, les frais qui ont été faits dans les procédures de la pourfuite d'un procès ; au lieu que par frais & mifes d'exécution , on entend les frais qu'on a été obligé de faire en Juftice, pour mettre à exécution les titres que l'on a contre fon débiteur.

Cependant les frais & mifes d'exécution font une fuite des dépens, & en font pour ainfi dire partie ; c'eft pourquoi ils fe mettent dans la taxe des dépens.

Le terme accordé pour le payement des frais & mifes d'exécution , paroît être auffi tacitement accordé pour les dépens : néanmoins on juge quelquefois le contraire par des circonftances d'équité.

FRAIS ET LOYAUX-COUTS , font ceux que l'on avance pour faire expédier & lever les contrats & obligations , dont le coût a dû être avancé par la Partie adverfe , & qui par conféquent les doit rembourfer.

En matiere de retrait , on entend par ces termes tous les frais qui ont été légitimement faits pour parvenir à l'acquifition de l'héritage que l'on veut retirer par retrait. *Voyez* Loyaux-coûts.

FRAIS ORDINAIRES DE CRIÉES , font les frais qui fe font uniquement pour parvenir au décret , & qui ne comprennent pas ceux des incidens formés par la Partie faifie , ni des oppofitions faites par les créanciers oppofans.

Au contraire , les frais extraordinaires des criées, font ceux qui fe font pour lever les obftacles & incidens formés par la Partie faifie , ou les oppofitions des créanciers , & auffi ceux qui font faits pour faire l'ordre ou la collocation des créanciers oppofans à la diftribution du prix.

Ainfi toutes les procédures néceffaires pour parvenir au décret fans aucun incident , font frais ordinaires ; & tout ce qui eft incident , comme les oppofitions à fin de diftraire ou de charge , les appellations , & généralement tout ce qui n'a fervi qu'à interrompre les pourfuites ordinaires de criées,

donnent lieu à des frais extraordinaires.

Les contredits que le plus ancien des Procureurs des oppofans a fournis , entrent auffi dans ces mêmes frais ; & les épices & vacations , & le coût de la Sentence ou de l'Arrêt d'ordre , fe prennent aux Confignations avant que perfonne foit payé.

Les frais ordinaires doivent être avancés par le pourfuivant criées, auffi bien que les frais extraordinaires ; mais les frais ordinaires font à la charge de l'adjudicataire qui les doit payer , outre le prix de l'adjudication. A moins qu'il ne foit autrement convenu ou ordonné. A l'égard des frais extraordinaires que le pourfuivant a légitimement faits, il s'en fait rembourfer fur la chofe par préférence à tous créanciers.

La raifon de la différence eft , que les frais ordinaires qui ont été faits par le pourfuivant ont fervi à l'adjudicataire à faire fon acquifition , & font pour ainfi dire les frais de fon contrat : ainfi c'eft à lui à les payer au Procureur du pourfuivant criées. Mais pour ce qui eft des frais extraordinaires , le pourfuivant les a faits pour la confervation de la chofe , & pour l'intérêt commun de tous les créanciers ; c'eft pourquoi il eft jufte qu'il en foit rembourfé fur le prix de la chofe , par préférence à tous autres , auffi bien que des frais de l'ordre.

Et fi le pourfuivant en foutenant des procès pour l'intérêt commun , a fuccombé & a été condamné aux dépens , ces dépens , & ceux qu'il a faits , ne laiffent pas d'entrer en frais extraordinaires de criées , à moins qu'il n'ait été dit expreffement qu'il ne les pourra repeter.

Il employe auffi ceux qui lui ont été adjugés contre les parties qui ont fuccombé , fans être obligé de les pourfuivre pour en avoir le payement. C'eft aux créanciers fur qui le fonds a manqué , à faire cette pourfuite.

Avant le Jugement de l'ordre , le Procureur du pourfuivant donne une Requête en fon nom , à ce qu'il foit payé par préférence à tous créanciers des frais extraordinaires , & de ceux de l'ordre ; & par le Jugement d'ordre qui intervient ; il eft fait droit fur fa Requête.

Au refte , les frais du voyage & de féjour du pourfuivant criées , ont le même privilége que les autres dépens de criées , à moins que le pourfuivant n'y eut renoncé.

FRAIS EN PROCÈS CRIMINELS , font à la charge du Roi ou des Seigneurs ; comme il n'y a point de Partie civile , comme je l'ai dit , *verbo* Fifc ; mais quand il y a une Partie civile , c'eft celle qui avance tous les frais.

Par Arrêt du Confeil d'Etat du 29. Septembre 1693. il a été ordonné que les frais du procès criminel qui font à la charge du Roi , feront payés par les Receveurs des Domaines , & que les exécutoires feront vifés par les Intendans. *Voyez* Fifc , & Dépens en matiere criminelle.

FRAIS FUNERAIRES , font ceux qui fe font pour l'enterrement du corps d'un défunt , la bierre , le port du corps , l'ouverture de la terre , & autres frais , qui fe doivent régler fuivant la qualité des perfonnes. Le deuil de la veuve & des domeftiques, tant de la veuve que du défunt, font auffi parties des frais funéraires.

Ces frais font privilégiés fur les meubles à tous créanciers, même au propriétaire de la maifon que le défunt habitoit lors de fon décès. *Impenfa funeris omne creditum folet præcedere, cum bona folvendo non funt. Leg. 45. ff. de religiof. & impenf. funer.*

Néanmoins Gouget en fon Traité des Criées, rapporte un Arrêt du Parlement de Paris, par lequel le propriétaire fut jugé préférable au Marchand qui avoit fourni les habits de deuil, & auffi aux frais des obfeques funéraires; mais il y avoit une particularité dans l'efpece de cet Arrêt, qui étoit que le propriétaire avoit prévenu & fait faifir les meubles étant en fa maifon; ce qui a pu le rendre préférable, fuivant l'ufage de Paris.

Cela ne s'entend que de ces frais funéraires dont nous venons de parler, attendu qu'ils font néceffaires, & non de ceux que la vanité a introduit, comme tentures & autres femblables, quand ils font exceffifs: ce qui dépend de la qualité des perfonnes & des circonftances. *Leg. 37. ff. de religiof. & fumpt. funer.*

Les frais funéraires fe payent par les héritiers du défunt, à proportion de ce que chacun d'eux amende de fa fucceffion. *Voyez* ce que j'ai dit des frais funéraires, fur l'art. 171. de la Coutume de Paris glof. 3. nomb. 8.

FRANC, fignifie libre. Loyfel, livre 1. titre 1. regle 6. dit que toutes perfonnes font franches en ce Royaume, & fitôt qu'un efclave a atteint les marches d'icelui, fe faifant baptifer, eft affranchi.

Ces paroles doivent être entendues de la franchife, en tant qu'elle eft oppofée à l'efclavage; car en France il y a encore des ferfs, qui ne font point des perfonnes franches, & qui ne font point efclaves.

Ce qui eft dit ici par Loyfel de l'affranchiffement par le baptême, n'a pas lieu à l'égard des Efclaves Négres qui viennent ici avec leurs Maîtres. *Voyez* les Notes qu'a faites M. Lauriere fur cette regle de Loyfel, & ce que je dis ici au mot Servitude.

Quoique nous n'ayons point d'efclaves en ce Royaume, nous avons cependant quelques Coutumes qui admettent des ferfs; & dans ces Coutumes on entend par franc, les perfonnes qui font de condition franche; & par ferfs, les gens de mainmorte & de condition fervile. *Voyez* Serfs, & gens de main-morte.

FRANC, fignifie auffi libre, exempt des charges & impofitions publiques ou particulieres. Un Noble par fa qualité eft franc & exempt de la taille. Il y a des Villes qui portent le nom de franches, parce qu'elles font exemptes de toutes impofitions & charges en confidération de quelque événement. Par exemple, on dit, Montargis le franc, parce que cette Ville, qui a une journée & demi de Paris, fur le grand chemin de Lyon, eft exempte de tailles, en confidération de ce qu'elle tint bon contre les Anglois du tems de la Pucelle.

FRANC ET QUITTE, fe dit d'un immeuble qui n'eft chargé d'aucunes charges & hypotheques. Il arrive quelquefois qu'un homme vend un héritage, qu'il déclare franc & quitte, quoiqu'il ne le foit

pas; ou qu'un homme qui contracte une obligation, ou conftitue fur lui une rente, déclare fes biens francs & quittes, quoiqu'ils ne le foient pas. Voyons quel eft l'effet de telles claufes lorfqu'elles ne font pas conformes à la vérité.

Celui qui par erreur auroit déclaré fes biens francs & quittes de toutes dettes & hypotheques, ignorant les hypotheques qui auroient été conftituées deffus par ceux de qui il auroit acquis ces biens, ne pourroit être tenu que par la voie civile de les faire décharger de ces hypotheques, ou de réfilier le contrat de vente ou de conftitution de rente, en rendant l'argent qu'il auroit reçu pour raifon defdits contrats. Mais celui qui ayant connoiffance de ces hypotheques a déclaré fes biens francs & quittes, quoiqu'ils ne le fuffent pas, l'effet de cette claufe, lorfqu'il vient à paroître qu'elle n'eft pas conforme à la vérité, rend celui qui s'en eft frauduleufement fervi pour tromper ceux avec qui il a contracté, coupable de ftellionat; & on permet à ceux qui n'ont contracté avec lui fur la foi d'une telle déclaration, de le pourfuivre à la réfolution du contrat, & à reftituer ce qu'il a reçu en conféquence, avec dépens, dommages & intérêts; & le tout par corps, quand même il paroîtroit avoir des biens plus que fuffifans pour fatisfaire à fes engagemens. *Voyez* Stellionat.

FRANC-ALEU, eft un héritage exempt de tous droits feigneuriaux, & qui ne reconnoît aucun Seigneur, en forte que l'acquéreur d'icelui n'eft point tenu de faire la foi & hommage à aucun Seigneur, ni payer aucuns droits ni rentes annuelles, pour marque de directe Seigneurie, ni autres droits en conféquence de fon acquifition. *Voyez* M. Cujas, *lib. 8. Obferv. cap. 14.*

Ainfi le franc-aleu eft un héritage entiérement libre, qui ne releve & ne dépend d'aucun Seigneur; mais il n'exempte pas de la Juftice du Seigneur dans l'étendue de la Jurifdiction duquel il eft fitué: *Allodium enim eft proprietas quæ à nullo recognofcitur, ut inquit Guillet. Benedict. in cap. Raynutius, in verbo uxorem nomine Adelafiam, decif. 2. col. 5.*

Mais quoique les héritages allodiaux ne relevent d'aucun Seigneur, ils font néanmoins fujets à confifcation, de même que les féodaux & roturiers; comme le remarque M. Charles Dumoulin fur l'article 46. de l'ancienne Coutume de Paris.

Le franc-aleu eft donc différent des biens immeubles tenus noblement en fiefs, ou roturierement en cenfive, en ce que le franc-aleu ne doit cenfive, relief, hommage à perfonne, ni quelque redevance que ce foit.

Il ne releve de perfonne; il eft libre & exempt de tous devoirs & droits; & celui en eft propriétaire, en a la directe & le domaine abfolu; de forte que, comme il ne tient de perfonne l'héritage allodial qu'il poffede, il ne reconnoît à cet égard aucun fupérieur.

Ainfi aucun Seigneur ne peut rétirer par retrait féodal la terre tenue en franc-aleu, ni exercer deffus aucuns droits contre le vendeur ni contre l'acquéreur.

Voyez Chopin, *lib. 1. de morib. Parif. tit. 2. num.*

62. Bacquet en fon traité des Droits de Juftice, chap. 14. nomb. 18. & en fon Traité des Francs-Fiefs, chap. 2. nomb. 21. de l'Hommeau, liv. 1. de fes maximes générales de la France, chap. 26.

La condition de franc-aleu eft donc en cela beaucoup plus relevée que celle des fiefs : ce qui a peut-être donné quelquefois occafion aux Rois de reduire les francs-aleux en fiefs pour réprimer & empêcher les entreprifes de ceux qui les poffédoient, comme il eft arrivé à l'égard des Ducs de Bar, dont les francs-aleux qu'ils poffédoient furent convertis par le Roi en fief & hommage au reffort du Parlement de Paris. *Voyez* le livre intitulé *le Franc-Aleu*, dans lequel il y a fur ce fujet des recherches très-curieufes.

Pour bien entendre l'origine des francs-aleux, il faut fçavoir qu'après la conquête de l'Empire Romain par les Barbares, les terres en furent diftribuées aux Soldats & appellés lots ou forts, parce que la diftribution s'en fit par le fort.

Les Princes ne donnerent ces terres à leurs foldats, que fous certaines conditions, comme de les fervir dans les combats, de n'en jouir que pendant leur vie : ce qui fut appellé *feudum*. Cela fit que les terres qui fe trouverent libres de redevances & dévoirs militaires, prirent le nom *allodium* ou *allodum*, pour être diftinguées des biens nommés *forts* ou *lots*.

C'eft probablement de-là qu'on a donné le nom de franc-aleu à une terre libre & indépendante de tout Seigneur, qui ne doit ni charge, ni redevance, ni cens, ni fervice perfonnel ; à la différence des héritages tenus en fief ou en cenfive.

Touchant l'origine du mot Aleu, *voyez* le Gloffaire du Droit François, le Dictionnaire de Trevoux, & le Dictionnaire étymologique de M. Menage.

Les Francs-aleux auxquels il y a Juftice annexée, ne font pas francs-aleux pour le regard de la Juftice, & par conféquent ne peuvent pas juger en dernier reffort. Il n'y a que les Souverains qui puiffent donner le droit de juger en dernier reffort. Ainfi l'on peut appeller des Sentences des Juges de francs-aleux nobles ; & les appellations qui en font interjettées reffortiffent à l'ordinaire en d'autres Sieges.

Comme la Juftice appartient au Roi en propriété, le droit de Juftice ne peut être tenu en franc-aleu, & il faut toujours pour raifon de ce droit reconnoître le Roi duquel il procede, & lui en faire la foi & hommage, quoiqu'on puiffe tenir fiefs & héritages roturiers en franc-aleu, fans reconnoître aucun Seigneur. *Voyez* Dumoulin fur l'art. 46. de la Coutume de Paris, nomb. 3.

Quelques-unes de nos Coutumes admettent le franc-aleu ; & dans l'étendue de ces Coutumes, tous héritages font réputés francs, s'il n'appert du contraire. Ainfi, lorfqu'il y a conteftation entre le Seigneur & le détenteur fur la qualité de l'héritage dans les Coutumes allodiales, c'eft toujours au Seigneur à prouver que le cens en eft dû, & que l'héritage n'eft point allodial.

Dans les Coutumes allodiales, tous les héritages font cenfés libres ; & le cens y eft regardé comme

une fervitude odieufe. D'où il s'enfuit, que dans une Coutume de franc-aleu, le Seigneur eft obligé, même au poffeffoire, de rapporter des titres de propriété des cenfives qu'il prétend. *Voyez* M. le Grand fur l'art. 51. de la Coutume de Troyes.

Mais dans nos autres Coutumes il n'y a point de franc-aleu fans titre, parce que c'eft une régle générale dans prefque tout le Royaume *qu'il n'y a nulle terre fans Seigneur* : régle établie depuis long-tems en plufieurs lieux, mais reçue feulement depuis François I. en plufieurs autres. Dans les lieux où cette regle eft reçue, nulle terre ne peut acquérir le titre de franc-aleu par prefcription, même centenaire, non plus qu'en Pays de Droit écrit. *Voyez* Brodeau fur l'art. 68. de la Coutume de Paris, nomb. 8.

A l'égard des héritages fitués dans l'étendue des Coutumes qui autorifent le franc-aleu, le Roi a bien voulu, par fon Edit du mois d'Août 1692. confirmer tous les affranchiffemens d'héritages acquis par la prefcription, ou accordés par le Seigneur fuzerain. *Voyez* cet Edit. Dans ces pays, les poffeffeurs d'héritages font donc réputés en avoir acquis la franchife par prefcription, ou par conceffion des Seigneurs, à moins qu'on ne juftifie du contraire.

Bacquet en fon Traité des Francs-fiefs, chap. 2. nomb. 25. prétend que le titre & conceffion de franc-aleu ne peut provenir que du Roi, & non d'autres Seigneurs, foit Haut-Jufticier, féodal ou cenfier : ce qui doit avoir lieu dans les Coutumes qui adoptent la maxime, *nulle terre fans Seigneur* ; parce que dans ces Coutumes tout héritage étant tenu du Roi immédiatement ou médiatement, qui que ce foit ne peut exempter fon héritage, & l'affranchir du droit qui appartient à Sa Majefté.

Le vaffal d'accord avec fon Seigneur, tous deux Parties capables d'agir, peuvent du confentement du Seigneur fuzerain d'un héritage tenu en hommage ou en cenfive, faire un franc-aleu.

A l'égard de celui qui a un franc-aleu noble, il peut d'un Fief qui eft dans fa mouvance, ou d'un héritage en fa cenfive, faire un franc-aleu fans le confentement de qui que ce foit, parce qu'il n'y a point de Seigneur qui puiffe l'en empêcher.

Voici de quelle maniere dans la Coutume du Maine le Vaffal d'accord avec fon Seigneur, tous deux Parties capables d'agir, peuvent faire d'un héritage hommagé un héritage en franc-aleu.

On commence d'abord par anéantir la foi & hommage, & tout ce qui s'enfuit, pour une fomme dont on convient, pour indemnifer le Seigneur des droits de fief dont il affranchit l'héritage, par la déclaration qu'il fait du confentement qu'il donne que le Vaffal tienne fa terre en roture & fous le cens de quatre fols ; ce qu'il eft permis de faire dans la Coutume du Maine.

Enfuite le même Seigneur remet par un acte le cens & tout ce qui s'enfuit, pour un prix dont on convient ; & par ce même acte le Seigneur déclare qu'il confent que le Vaffal tienne fon héritage en franc-aleu, fuivant l'article 153. de la Coutume du Maine.

On ne marque point précisément ce qu'il en a coûté au Vassal pour faire les rachats ci-dessus ; on se sert de ces mots : *pour bon payement fait en louis d'or & d'argent ayant cours, &c.*

Cela fait que les successeurs des Seigneurs sont hors d'état de pouvoir revenir contre ces actes, par l'incertitude où l'on seroit de ce qu'il faudroit nécessairement rembourser au propriétaire de la terre hommagée & érigée en franc-aleu, pour la faire remettre dans son premier état. C'est ce qui a été jugé en faveur du Sieur Renard de la Brainiere, contre M. le Duc de Richelieu.

Le sieur Renard possédoit la terre des Roches, relevant en hommage de la terre de la Ferté & du petit Nogent, au pays du Maine ; son Seigneur accensiva la terre des Roches, & ensuite il la mit de la façon que nous venons de dire en franc-aleu. Ensuite ledit Seigneur vendit à M. le Duc de Richelieu sa terre de la Ferté & du petit Nogent. M. le Duc de Richelieu ayant voulu faire remettre la terre des Roches dans son premier état, il en a été débouté sur le fondement qu'il étoit garant des faits & promesses de son vendeur, attendu que la terre qu'il avoit acquise étoit hypothéquée à l'obligation que son vendeur avoit contractée avec ledit sieur Renard de la Brainiere.

Au reste, dans les Provinces du Droit écrit, tout héritage censuel est réputé franc-aleu, s'il n'y a titre ou reconnoissance contraire. *Voyez* les Observations sur Henrys, liv. 3. quest. 6. & 18.

Touchant le franc-aleu, *voyez* ce que j'ai dit sur l'art. 68. de la Coutume de Paris.

Il y a deux sortes de francs-aleux, le noble & le roturier.

FRANC-ALEU NOBLE, est une terre qui ne reconnoît aucun Seigneur, & à laquelle il y a Justice ou censive, ou quelque fief qui en releve.

FRANC-ALEU ROTURIER, est un héritage allodial, où il n'y a ni Justice, ni fief, ni censives qui en dépendent, & pour lequel l'acquéreur ne doit ni cens, ni autres droits.

Le franc-aleu noble se partage noblement comme les fiefs ; mais le franc-aleu roturier se partage également sans droit d'aînesse. *Voyez* ce que j'ai dit sur l'art. 68. de la Coutume de Paris.

FRANC-BASTIR, est un droit dont jouissent plusieurs Abbayes, de pouvoir prendre du bois dans une forêt pour l'entretien & le rétablissement de leurs bâtimens. Ce droit se réduit aux bâtimens qui se sont trouvés construits lors de la concession qui a été faite de ce droit, & ne s'étend point aux bâtimens que les Religieux voudroient construire dans la suite.

FRANC-DENIER. Quand on dit que la vente d'un fief est faite francs-deniers, ces termes signifient que le vendeur a chargé l'acquéreur de l'acquitter du quint ; auquel cas, dans quelques Coutumes ; comme dans celle de Meaux en l'art. 132. l'acquéreur doit au Seigneur suzerain le quint & le requint ; attendu que le quint dont s'est chargé l'acquéreur, fait par rapport à lui partie du prix de la vente. *Voyez* ci-après Quint & Requint.

FRANC-DEVOIR. *Voyez* Fief abonné.

FRANC-FIEF, est tout héritage noble, féodal, ou allodial ; ainsi appellé, parce qu'en France, selon les Loix du Royaume, les fiefs & les héritages nobles ne peuvent être possédés que par gens francs, c'est-à-dire nobles, libres & exempts de toutes impositions, dont les roturiers sont chargés.

Toutefois les roturiers peuvent posséder des héritages nobles, en payant au Roi certaine finance ou somme d'argent ; ce qu'on appelle droit de francs-fiefs. *Voyez* le Glossaire du Droit François, verbo Franc-fief, Loysel, liv. 1. tit. 1. régle 9. & suivantes ; & les notes de M. Lauriere. *Voyez* aussi le Traité du sieur Jarry, des Amortissemens, nouveaux acquêts & Francs-fiefs.

Le Roi fait de tems en tems, comme de quarante ans en quarante ans, publier une Ordonnance des Francs-fiefs & nouveaux Acquêts, & établit des Commissaires qui font la taxe de la finance que doivent payer les roturiers pour les fiefs qu'ils tiennent, & qu'ils avoient acquis de nouveau en ce Royaume, depuis la précédente publication & finance payée.

Lorsqu'il plaît au Roi de publier une Ordonnance de francs-fiefs & nouveaux acquêts, les roturiers & non nobles possédans fiefs, héritages & droits nobles & allodiaux, doivent dans le tems marqué mettre leurs déclarations au Greffe de l'Intendant de la Généralité dans laquelle ils possedent lesdits héritages, ou au Greffe des Commissaires que le Roi établit dans chacune des Elections de ladite Généralité, pour procéder à la taxe du droit des francs-fiefs.

Cette déclaration doit Iº. contenir au vrai & par le menu, tenans & aboutissans, tous les fiefs & héritages nobles & allodiaux qu'ils possédent, ou qu'ils ont possédé pendant quelques années, depuis la précédente publication & finance payée, avec leurs appartenances & dépendances, soit qu'ils relevent & soient mouvans immédiatement du Roi, ou d'autres Seigneurs particuliers, à quelque titre & en quelque maniere que ce soit, comme sont terres, Seigneuries, fiefs, rentes, dixmes inféodées & droits seigneuriaux, maisons, jardins, prés, vignes, bois, marais, étangs, moulins, fours, échopes, droit de Justice, censive, péage, passage, barrage, mesurage, ou droit de coupe, minage, forage, bordelage, champart, quart & quint des fruits & gerbes, scel des contrats, Offices fieffés & héréditaires, comme Sergenteries, Maireries, & autres.

Toutefois pour le soulagement desdits roturiers, il leur est permis de retrancher de leurs déclarations tout ce qui n'est pas absolument nécessaire, pour donner une connoissance certaine de leurs possessions & revenus d'icelles ; c'est-à-dire, que quoique par les anciennes Ordonnances & usages du Royaume, les roturiers soient tenus de fournir leurs déclarations au vrai, en détail & par le menu, avec les tenans & aboutissans des biens, héritages & droits, pour lesquels ils sont sujets aux droits de francs-fiefs & nouveaux acquêts, néanmoins il suffit que lesdites déclarations contiennent le nom de fiefs, Seigneuries, bordes, métairies, maifons & héritages, près, bois, vignes, terre, marais, étangs & autres domaines corporels, nobles allodiaux, avec leur contenance en gros par nombre total d'arpens, perches ou autres mefures, dont on ufe aux lieux où ils font affis, fans fpécifier par le menu les tenans & aboutiffans : & quant aux rentes dûes en greniers, grains, volailles & autres efpéces, il fuffit de mettre en gros, qu'on leve fur tels fiefs, tant de deniers, tant de grains & de rentes ou de cens annuel.

II°. Cette déclaration doit contenir les noms & la qualité defdits fiefs & héritage ; s'ils font féodaux ou allodiaux ; fi à caufe d'iceux ils ont Juftice, cenfive, & autres droits feigneuriaux & féodaux.

III°. Le nom des Seigneurs defquels lefdits fiefs & héritages, ou droits nobles, relevent & font mouvans.

IV°. Il faut fpécifier en quelle Juftice & reffort des Sénéchauffées & Préfidiaux, lefdits biens nobles font fitués.

V°. Cette déclaration doit contenir au vrai le revenu annuel de fes héritages féodaux, allodiaux & droits immobiliers noblement tenu, & qui appartiennent auxdits roturiers, foit en grains, vins, foins, coupe de bois, deniers & autres efpeces de redevances, ou autres revenus annuels.

VI°. Il eft néceffaire de déclarer les charges defquelles lefdits fiefs, héritages & droits nobles & allodiaux font chargés & redevables.

Enfin, les roturiers qui poffedent ces fortes de biens, doivent déclarer depuis quel tems ils en jouiffent, & à quel titre ils les ont acquis ; fi le vendeur, ou celui qui en a été dévêtu, eft noble ou roturier : & en cas qu'ils en ayent vendu, ou que par quelqu'autre moyen lefdits héritages ayent changé de main, il faut déclarer combien de tems l'on en a joui, les noms, les qualités de ceux en la main defquels la propriété en a paffé.

Outre cette déclaration, ils doivent fournir copies dûement collationnées des titres de leurs acquifitions & poffeffions, baux à ferme des revenus annuels d'icelles, tant anciens que nouveaux, & la derniere quittance à eux délivrée du payement dudit droit des francs-Fiefs, lors de la derniere recherche d'iceux.

Chacun en particulier doit bien prendre garde de faire une telle déclaration conforme à la vérité; car s'il eft juftifié qu'ils y ayent recelé ou omis quelques héritages, rentes ou poffeffions de la qualité que deffus, ou qu'ils ayent déclaré moins que la jufte valeur de leurs revenus, lefdits biens demeureront confifqués au profit du Roi, & reunis au Domaine de Sa Majefté.

Ils doivent auffi être ponctuels à remettre leurs déclarations aux Greffes des Commiffaires-Subdélégués dans les Elections où lefdits biens & héritages font fitués, dans les délais portés par leurs Ordonnances ; car à défaut de ladite remife, on fait faifir lefdits fiefs & héritages à la requête du Procureur du Roi de fa Commiffion, & on fait proceder fur les lieux par information, de la qualité,

confiftance, valeur & revenus des fiefs & autres biens, & droits nobles & allodiaux, & leurs frais & dépens, qui montent à des fommes confidérables.

FRANC-FIEF PAR RAPPORT AUX GENS DE MAIN-MORTE, fignifie la finance que doivent payer au Roi les Eglifes, Colleges, Communautés, & autres gens de main-morte, pour les chofes féodales ou cenfuelles, ou autres immeubles qu'ils poffedent, fans qu'ils ayent été auparavant amortis. *Voyez* Amortiffement, Droit d'amortiffement. *Voyez* auffi gens de main-morte, & nouveaux Acquêts.

De même que les roturiers qui poffedent des biens nobles, font obligés de faire leurs déclarations defdits biens qu'ils poffedent, en la maniere que nous avons expliquée ci-deffus, lorfque le Roi donne une Ordonnance pour la recherche des francsfiefs ; de même auffi les Gens de main-morte font alors tenus de faire leurs déclarations des biens immeubles qu'ils poffedent, à l'effet de payer au Roi le droit d'amortiffement & celui de nouveaux acquêts, pour ceux qui n'ont pas été amortis.

Ces déclarations doivent en premier lieu contenir les noms, qualités, & dignités eccléfiaftiques ou féculieres, de ceux qui font ces déclarations, & faire mention des Bénéfices pour raifon defquels ils font tenus de fournir lefdites déclarations.

En fecond lieu, elles doivent contenir les noms, qualités, circonftances, fituations & contenances en gros des fiefs, Seigneuries, bordes, cenfes, métairies, maifons & droits immobiliers, terres, prés, bois, marais, étangs, & autres domaines qui leur appartiennent, par nombre total d'arpens, ou autres mefures des lieux. Elles doivent auffi fpécifier s'ils font féodaux, allodiaux ou roturiers ; fi à caufe d'iceux ils ont Juftice, cenfive, & autres droits feigneuriaux & féodaux ; fans qu'il foit néceffaire de mettre par le menu les tenans & aboutiffans, ni les cens & rentes dûes en deniers, grains ou autres efpéces, ainfi que nous venons de dire à l'égard des déclarations des roturiers & non nobles en parlant du droit de franc-fief qu'ils font obligés de payer au Roi de tems en tems.

Mais comme il y a des biens, héritages & droits immobiliers dépendans defdits Bénéfices, Couvents & Communautés, qui ont été amortis par le Roi, & d'autres qui ne l'ont pas été, qui font cenfés nouveaux acquêts, il eft à propos de les diftinguer en deux articles féparés.

Dans l'un on comprend tous lefdits biens amortis, ou que l'on prétend être tels, avec le titre & la date des Lettres d'amortiffemens, permiffions, répis & fouffrances, en vertu defquelles ils prétendent jouir dudit droit ; & l'on comprend dans l'autre les biens & héritages, & droits non amortis.

En troifieme lieu, il faut déclarer de quels Seigneurs les héritages féodaux font mouvans immédiatement, foit du Roi ou autres Seigneurs ; de qui les biens roturiers dépendent, & en quelle Seigneurie directe & fonciere ils font fitués.

En quatrieme lieu, l'on doit fpécifier dans lefdites déclarations, en quelle Juftice & reffort des Sénéchaux

néchaux & Préfidiaux, font fitués lefdits fiefs, héritages ou droits.

En cinquieme lieu, il faut déclarer au vrai les revenus annuels defdits biens, héritages & droits immobiliers, foit en grains, deniers, ou autre efpéce, avec affirmation d'iceux, ce qui eft le principal : autrement, en cas de recelé, ou omiffion de la jufte valeur defdits biens, ils demeurent confifqués & réunis au domaine du Roi.

En fixieme lieu, l'on doit fpécifier les charges defquelles lefdits biens & héritages font chargés.

Ces déclarations doivent être faites par les gens de main-morte, comme Chapitres, Couvents, Communautés, Manans & Habitans, de l'avis & déliberation de la plus grande partie de ceux qui compofent lefdits Corps, laquelle, ou copie d'icelle dûement collationnée, il faudra attacher auxdites déclarations.

Il faut auffi que les gens de main-morte déclarent depuis quel tems ils poffedent & jouiffent des héritages & droits immobiliers contenus en leurs déclarations, & à quel titre ils les poffedent; c'eft-à-dire, comment & par qui ils leur ont été donnés, légués, aumônés, ou s'ils les ont acquis par achat, échange, décret, ou autrement; s'ils leur font avenus par fucceffion, fubftitution, donation ou autrement.

Avec ces déclarations, ils doivent fournir audit Greffe de la Commiffion les titres de leurs poffeffions & acquifitions, beaux à ferme des revenus d'icelles, tant anciens que nouveaux, Lettres d'amortiffement, permiffions, répis & fouffrances, s'ils en ont obtenu des Rois de France, ou bien des copies dûement collationnées aux originaux.

Enfin, au bas defdites déclarations, ils doivent affirmer qu'elles contiennent vérité, & qu'ils ne poffedent autres biens, héritages & droits immobiliers, nobles, allodiaux & roturiers, que ceux qui font contenus dans leurs déclarations.

Il a été rendu au Confeil d'état du Roi un Arrêt le 21. Janvier 1738. fervant de Réglement pour le récouvrement des droits d'amortiffement & francs-fiefs, que j'ai rapporté ci-deffus, en parlant du droit d'amortiffement, pag. 776. à la feconde colonne.

FRANC-FIEF, dans une fignification moins étendue a été pris autrefois pour un fief dont le Seigneur étoit exempt de faire à fon Seigneur fuzerain l'hommage & le ferment de fidélité, fans aucun abonnement.

Les Feudiftes, dit M. de Lauriere fur Loyfel, liv. 4. tit. 3. rég. 23. agiterent autrefois la queftion de fçavoir fi les Seigneurs pouvoient difpenfer leurs Vaffaux de l'hommage & du ferment de fidélité.

Ils deciderent que les Seigneurs le pouvoient, parce qu'il n'y a que la foi & la fidélité qui foient de la fubftance du fief, & non l'hommage & la preftation du ferment de fidélité. Ils prouverent très-bien leur décifion par le chapitre 3. du fecond livre de Feudis, & par le chapitre 1. de capitulis Corardi, qui ont à peu près une difpofition femblable. Vide Jacobinum de Sanƈto Georgio, de Feudis, pag. 81. n. 27. Rittershufium, de Feudis, cap. 11.

Tome I.

Molinæum, in Confuetudinem Parifienfem; §. 3. gloffa 4. num. 14. & Cujacium, ad lib. 1. de Feudis, in princ. Les fiefs qui eurent ces prérogatives & exemptions, furent nommés par les Feudiftes feuda franca : nom qui ne fe trouve point dans les livres des fiefs, fuivant la remarque de Jafon, in prœludio feudorum, num. 114.

Quand ces exemptions étoient accordées aux Vaffaux nobles pour récompenfe de fervices, les fiefs pour lefquels elles étoient oƈtroyées, étoient nommés feuda honorata. Cela fe voit par ces paroles d'une Charte de Raymond Comte de Touloufe : Et pro hâc donatione five quittatione, Dominus Comes prædiƈtus donavit in liberum & honoratum feudum, vilam nomine Beffitam, in Rhutenenfi, ad Diœcefi, ad omnem eorum voluntatem in perpetuum faciendam. Vide Chopinum in Confuetudines Andenfes, lib. 2. part. 2. tit. 8. Voyez Fief abonné.

FRANC-SALÉ, eft une certaine provifion de fel qui eft accordée gratis à quelques Officiers pour leurs provifions, en payant la voiture.

Il y a dans le Royaume plufieurs Provinces exemptes de la Gabelle, qui fe nomment à caufe de cela Pays de franc-falé. Telles font le Poitou, la Saintonge, le Pays d'Aunis, le Périgord, la Marche, l'Angoumois, le haut & le bas Limofin, le Comté de Boulonnois, la Ville de Calais & le Pays reconquis.

Ces Provinces, à l'exception de la Ville de Calais & du Pays reconquis, ont acheté cette exemption du Roi Henri II. Voyez Gabelle.

FRANCHISE, fignifie immunité, exemption. Ce terme fignifie auffi afile, c'eft-à-dire un lieu de fûreté où il n'eft pas permis de violenter perfonne : privilége accordé à quelques Provinces ou Villes, ou à quelques endroits d'icelles.

Il y a à Rome un certain efpace ou une étendue des Hôtels des Ambaffadeurs des Princes Chrétiens, dans laquelle ceux qui s'y retirent ne peuvent être arrêtés ni pourfuivis par la Juftice. Innocent XI. prétend que cette franchife de quartier étoit une ufurpation & un prétendu privilége, excommunia M. de la Vardin, Ambaffadeur de France pour le Roi Louis XIV. mais il en fut fait peu de tems après réparation à Sa majefté.

Anciennement les Eglifes fervoient en France de franchife & de lieu de fûreté aux malfaiteurs, à moins qu'ils n'euffent délinqué en l'Eglife, ou ne fuffent coupables de certains crimes exceptés & exclus de ce droit à caufe de leur atrocité, comme le meurtre.

Mais cette immunité étoit trop pernicieufe en France, à caufe du grand nombre de délits qui s'y commettent. C'eft pourquoi il a été ordonné par l'Ordonnance de François I. de l'an 1539. article 166. qu'il n'y auroit plus d'immunité qui empêche de prendre dans les Eglifes les délinquans & les débiteurs, fauf à les y remettre s'il femble jufte & raifonnable. Voyez Afile.

FRANÇOIS REPUTÉS AUBAINS. Voyez Aubain. Voyez Regnicole.

FRARAGE. Voyez Parage.

FRATRICIDE, eft celui qui a tué fon frere.

FRAUDE. *Voyez* Dol.

FRERES. Ce terme fignifie ceux qui font nés d'un même pere & d'une même mere ; ou bien ceux qui font nés d'un même pere, & non pas d'une même mere ; & ceux enfin qui font nés d'une même mere, & non pas d'un même pere.

On les diftingue tous par des noms différens. Ceux qui font nés d'un même pere, & non pas d'une même mere, font appellés *confanguins* ; ceux qui font nés d'une même mere, & non pas d'un même pere, font appellés *uterins* ; ceux enfin qui font nés d'un même pere & d'une même mere, font appellés *germains*.

FRESANGE, eft le droit de porc que les Fermiers de glandée doivent au Maître des Eaux & Forêts en certains cantons.

FRET, eft la fomme promife pour le loyer d'un vaiffeau : cette fomme n'entre point ordinairement en contribution.

Cependant le fret des marchandifes qui font jettées à la mer, pour mettre tous ceux qui font dans le vaiffeau hors de péril, eft fujet à contribution ; *quia fcilicet omnes quorum intereft navem falvam effe, contribuere debent.*

Le payement de fret eft auffi préférable fur le provenu de la cargaifon à toutes autres dettes telles qu'elles foient. *Leg. ibi enim, ff. qui potiores, junéto ibidem Monarcio.*

Suivant les Loix maritimes, le Maître du Navire a une hypotheque tacite & privilégiée pour fon fret fur les marchandifes qui font dans fon vaiffeau.

FRET, fignifie auffi le droit qui fe perçoit aux ports de mer, à raifon de cinquante fols par tonneau, fur tous les vaiffeaux étrangers, felon la contenance dont ils font, fuivant la jauge à morte-charge qui eft faite ; & le payement en doit être fait à l'entrée ou à la fortie des havres & ports du Royaume, au choix du Fermier.

Voyez l'Ordonnance de 1681. au titre du droit de Fret.

FRETER, fignifie donner un vaiffeau à louage. *Voyez* l'Arrêt du 12. Août 1676. rapporté dans le Journal des Audiences.

FRIGIDITÉ, qui empêche le mariage, ou qui opère fa diffolution. *Voyez* Impuiffance.

FROMENTAGE, eft un droit qui fe leve en quelques endroits fur les terres qui font dans le domaine d'autrui.

FROU, eft un terme qui eft ufité dans la Coutume d'Orléans, art. 169. Ce terme y eft employé pour fignifier un lieu public, & appartenant à une Communauté d'habitans. Cet article porte, *qu'étangs, foffés & foffés, qui ne font en frou & lieu public, font défendus à ceux qui n'y ont droit, &c.*

FRUITS, font des émolumens qui naiffent & renaiffent du corps d'une chofe : d'où il s'enfuit, que les fruits civils ne font pas véritablement des fruits, puifqu'ils ne proviennent pas *ex ipfo rerum corpore, fed ex conventione & obligatione*, comme nous dirons ci-après en parlant des fruits civils.

Les fruits font ou naturels, ou induftriaux.

Les fruits naturels font ceux que la terre produit naturellement fans le travail de l'homme, comme font les bois, les pommes, les poires, le foin.

Les fruits induftriaux font ceux que la nature produit avec le fecours de la culture & du travail de l'homme, comme font les bleds, les raifins, &c.

Les fruits, dès qu'ils font féparés du fonds, font mobiliers ; au lieu que tant qu'ils font pendans par les racines, ils font immeubles.

Tous les fruits qui naiffent dans nos héritages, font à nous, quoiqu'un autre les ait enfemencés : *Nam omnes fructus jure foli, non jure feminis percipiuntur. Leg.* 44. *ff. de rei vindicat. Leg.* 15. *ff. de ufur.* Sur quoi il faut remarquer que la perception des fruits, dont il eft parlé dans le §. 35. du premier titre du fecond livre des Inftitutes, n'eft pas le moyen en vertu duquel le propriétaire d'une héritage acquiert les fruits qui en proviennent ; car ce moyen ne regarde que ceux qui ont droit d'acquérir les fruits & revenus d'un bien appartenant à autrui, comme nous dirons, lettre P, en parlant de la perception des fruits ; au lieu que le propriétaire fait les fruits fiens par un autre moyen d'acquérir, qui eft l'acceffion & une fuite de fa propriété.

La plûpart des autres queftions qui fe peuvent préfenter à l'occafion des fruits, fe trouvent traitées dans ma Traduction des Inftitutes, fur le §. 35. & fuivans du titre premier du fecond livre. *V.* auffi ce que je dis ici, *verbo* liquider, en parlant de la liquidation des fruits ; & ce que je dis, lettre R, en parlant de la reftitution qui en doit être faite par celui qui a poffédé l'héritage d'autrui. Enfin *voyez* le Recueil des principales queftions de Droit par ordre alphabétique, *verbo* Paraphernaux, où il eft parlé fort au long de toutes fortes de fruits.

FRUITS PENDANS PAR LES RACINES, font les fruits qui ne font pas encore féparés du fonds, comme les fruits qui font aux arbres, les bleds auparavant qu'ils foient coupés, &c.

Ils font réputés immeubles, *quia fructus pendentes pars fundi videntur. Leg.* 44. *ff. de rei vindicat.*

Mais bois coupé, bled, foin, ou grain foyé ou fauché, fuppofé qu'il foit encore fur le champ, & non tranfmis, eft réputé meuble.

Il y a néanmoins quelques Coutumes qui réputent les fruits meubles dans un certain tems de l'année, quoiqu'ils ne foient pas encore féparés du fonds. *Voyez* celle de Reims, art. 19. & celle de Nivernois, ch. 28. art. 1. 2. & 3. *Voyez* auffi ce que j'ai dit fur l'art. 92. de la Coutume de Paris.

FRUITS CIVILS, font des revenus annuels qui ne proviennent pas de la chofe même, & qui par conféquent ne font pas véritablement des fruits, mais ils proviennent à l'occafion de la chofe, en vertu d'une convention : ils tiennent lieu de fruits, en ce qu'ils fe perçoivent & fe renouvellent tous les ans, comme les véritables fruits.

On met au nombre des fruits civils, les loyers des maifons & des héritages, les arrérages des rentes & autres revenus annuels qui proviennent de la convention des Parties ; *quia non proveniunt ex ipfo rerum corpore, fed ex obligatione, & hominum conventione.*

FRUITS INSOLITES. *Voyez* Obventions infolites.

FRUITS QUE LE SEIGNEUR GAGNE AU MOYEN DE LA SAISIE FEODALE. Le Seigneur ne gagne les fruits, au moyen de la faifie féodale, que quand elle eſt par lui faite faute de foi & hommage, & droits non faits & non payés, dans les quarante jours preſcrits par la Coutume, ſuivant l'art. 1. de la Coutume de Paris. Mais la faifie féodale faite faute d'aveu & dénombrement, n'emporte pas perte de fruits.

La faifie féodale faite faute de foi & hommage, ne fait pas gagner au Seigneur tous les fruits généralement quelconques; car il faut diſtinguer entre les fruits naturels, les fruits civils, & les fruits induſtriaux.

Le Seigneur gagne, au moyen de la faifie féodale, tous les fruits civils, au *prorata* du tems que dure la faifie féodale; parce que ces fortes de fruits échoient tous les jours, & font dûs *de die in diem, adeò ut quotidie deberi incipiant.* Ainſi, quand même le débiteur d'une rente, ou le locataire d'une maiſon, ou le fermier d'une terre, auroient un terme fixe pour payer, cela n'empêcheroit pas que le Seigneur ne gagnât ces fruits civils au *prorata* du tems que la faifie auroit duré; parce que ce terme n'eſt pas cenſé avoir été apoſé pour différer la dette de ces fruits; mais pour en différer le payement pour la commodité de ceux qui les doivent.

Les fruits naturels & induſtriaux n'appartiennent au Seigneur, *per feparationem à folo,* que lorſqu'ils font féparés du fonds, & qu'ils n'en font plus partie. Ainſi, quand même la faifie féodale auroit duré fept ou huit mois, & que le Vaſſal n'en auroit main levée que la veille de la recolte, le Seigneur n'y pourroit prétendre aucun droit; mais ſi le Seigneur faiſoit faifir la veille de la récolte, elle lui appartiendroit toute entiere.

A l'égard de la coupe des bois taillis, & de la pêche des étangs, quoiqu'ils foient les fruits de pluſieurs années, s'ils tombent durant la faifie féodale, le Seigneur en profitera: mais ſi au contraire il ne s'eſt fait aucune coupe ni aucune pêche pendant le tems qu'a duré la faifie, le Seigneur ne doit rien avoir de la coupe & de la pêche qui aura été faite après; en forte qu'il ne pourra pas prétendre que ventilation foit faite de ces fortes de fruits pour en retirer le montant au *prorata* du tems qu'aura duré ſa faifie. Il n'en eſt pas de même du relief dans lequel il entre toujours partie du produit de la coupe ou de la pêche, à proportion de ce que par la ventilation il en peut revenir de profit chaque année.

La raiſon de la différence eſt, que le relief eſt le revenu d'un an; ce qui s'entend de tous les fruits, émolumens & profits, tant ordinaires que caſuels & incertains, qui proviennent du fief pendant l'année de l'exploitation faite par le Seigneur. Tout au contraire le Seigneur ne gagne les fruits naturels & induſtriaux en vertu de la faifie féodale, qu'en tant qu'ils font féparés du fonds, attendu qu'il n'eſt regardé en cela que comme un véritable propriétaire pendant que dure la faifie féodale; c'eſt pourquoi étant *vice Domini,* il ne peut étendre ſa jouiſſance au-delà des fruits, émolumens & profits, dont le propriétaire auroit véritablement joui, s'il n'en eût été empêché par la faifie féodale. *Voyez* ce que j'ai dit ſur l'article 47. de la Coutume de Paris, & ſur les deux ſuivans.

Outre les fruits ordinaires qui entrent dans la faifie féodale, le Seigneur jouit encore des fruits caſuels qui peuvent arriver pendant la faifie; de forte que ſi un arriere-fief ſe trouve ouvert pendant le tems de la faifie, il peut le faifir faute d'homme & devoirs non faits, & droits non payés; & il peut en conféquence jouir des fruits en provenans, de même qu'auroit fait le Vaſſal, s'il n'en eût pas été empêché par la faifie féodale. Ainſi le Seigneur ne jouit pas feulement alors de la propriété du fief faifi, mais auſſi de la directe ſur le fief & cenfives qui en relevent, où il peut exercer *omnes actus dominicales,* parce que le fief en cet état de faifie lui eſt comme retourné: mais ce retrait ne ſera pas pour appliquer l'héritage incommutablement à ſon domaine; car il ne ſeroit pas féant qu'il fût Vaſſal ou Cenfitaire de ſon Vaſſal: mais il peut en faire un bail nouveau, ſous les charges anciennes fans diminutions; ce qui eſt un acte d'adminiſtration, & non d'aliénation. *Voyez* Coquille en ſon Inſtitution du Droit François, au titre des Fiefs.

Dans la perception des fruits que le Seigneur fait en conféquence de la faifie féodale, il doit agir en bon pere de famille; c'eſt-à-dire, qu'il ne doit rien détériorer, ni changer, ni abattre, ni avancer la récolte, ni recueillir les fruits avant leur maturité.

Le Seigneur prenant les fruits du fief que le Vaſſal faiſoit valoir par ſes mains, eſt tenu de lui rembourfer les frais de labours & femences.

Il ne lui eſt pas loifible de déloger le Vaſſal pendant que la faifie féodale dure, ni d'expulfer le Fermier. Ainſi, lorſqu'il trouve le fief affermé, il eſt tenu de ſe contenter du prix du bail, à moins qu'il n'ait été fait en fraude.

Au reſte, le Seigneur qui a faifi féodalement, n'eſt pas tenu des charges, dettes & hypotheques qui auroient pû être créées ſur le fief faifi par ſon Vaſſal, à moins qu'il ne les ait inféodées. Il n'eſt pas même tenu des fervitudes qui auroient pû être impofées ſur le fief fans ſon confentement.

Voyez ce que j'ai dit ſur l'art. 1. de la Coutume de Paris.

FRUSTRATOIRE, ſe dit de tout acte ſimulé, colluſoire, qui ne tend qu'à furprendre quelqu'un, ou à retarder le payement d'une dette, ou enfin qui eſt frivole, & qui n'a aucun rapport à l'affaire dont il eſt queſtion entre les Parties.

F U

FUITE D'UN HOMME PREVENU DE QUELQUE CRIME, n'eſt pas une preuve qu'il l'ait commis; mais elle induit feulement une préfomption contre lui. *Voyez* Abfence en matiere criminelle.

Néanmoins quand un homme eſt prévenu de quelque crime, quoiqu'il en foit innocent, pour éviter d'être reduit à ſe juſtifier, le meilleur parti qu'il puiſſe prendre, eſt de prendre la fuite, pour peu qu'il y ait de préfomptions contre lui; car en-

Kkkk ij

fin l'efprit humain eft fi borné , le vraifemblable approche fi fort de la vérité , il a même été fi fouvent pris pour elle , que quelques vives que foient les lumieres des Juges , & quelques pures que foient leurs intentions, il n'y a point d'innocence qui ne doive trembler lorfqu'elle doit paffer par l'examen & par le jugement des hommes.

Ainfi , jufqu'au moment de l'abfolution , à quelles horreurs , à quelles allarmes l'accufé le moins coupable n'eft il pas livré ?

FUNERAILLES , font les devoirs qu'on eft obligé de rendre aux défunts ; & pour y engager ceux qui furvivent, les frais funéraires font les premieres dettes qui fe prennent fur les meubles par privilege. *Voyez* Frais funéraires.

FUREUR , eft un emportement violent, caufé par un dérèglement habituel de l'efprit & de la raifon. *Furor eft mentis ad omnia cæcitas.*

La fureur eft une caufe d'interdiction ; mais quand celui qui en eft attaqué a des bons intervalles , ce qu'il fait dans ce moment de calme , qu'on appelle *tempus intermiffi furoris , aut dilucidi intervalli*, eft valable. *Leg. 40. ff. de regul. jur.*

La fureur n'ôte point les droits de la fociété civile ; c'eft pourquoi les furieux retiennent les droits & les biens qui leur appartiennent ; mais l'adminiftration en eft donnée à un curateur, à caufe que la maladie dont ils font attaqués, les rend incapables de prendre foin de leurs affaires. Ainfi les furieux ont droit d'aîneffe au fief, excepté en principauté fouveraine ; parce que les fiefs font réglés en France comme les patrimoines. Mais s'il y avoit quelque adminiftration attachée au fief, elle pourroit fe faire par un curateur. La Peyrere , lettre A , nom. 24.

La fureur fans efpérance même de guérifon , ne fait point vaquer un Bénéfice : on commet feulement quelqu'un pour faire les fonctions dont le titulaire eft incapable.

Comme la fureur ôte tout confentement à celui qui en eft attaqué , mais il arrive fouvent qu'un furieux a des bons intervalles dans lefquels il y a un ufage entier de fa raifon ; lorfque l'on oppofe qu'un obligation ou autres actes ont été paffés par un homme en démence ou fureur, il n'a pas lieu de donner la provifion à l'acte, mais les Parties doivent être reçues à informer ; fçavoir, fi celui dont l'acte

eft produit, étoit lorfqu'il a paffé dans fon bon fens ou non. Papon , liv. 18. tit. 1. nomb. 43.

La fureur qui furvient à l'un des conjoints , ne fait point diffoudre le mariage : elle donne feulement lieu à une féparation de bien & d'habitation ; parce que quand un efprit égaré a perdu toutes fes fonctions, l'affection du mari ou de la femme fe trouve éteinte avec les mouvemens libres de la volonté.

Comme celui des conjoints dont l'efprit eft fain , ne peut plus vivre avec l'autre fans inquiétude , & quelquefois même fans péril, il eft dégagé des devoirs de la fociété conjugale ,& peut fe faire féparer.

Touchant la queftion , fi la démence ou la fureur donne lieu à la féparation, *voyez* Dupineau , queft. 7. pag. 26. & deux Arrêts, l'un du 14. Mars 1673. l'autre du... 1677. qui font rapportés dans le Journal du Palais.

La fureur qui ôte entiérement l'ufage de la raifon , & qui n'eft point fimulée , fait que celui qui en étant atteint auroit commis quelque crime , ne feroit point puni de la peine qu'auroit encourue un homme qui n'auroit pas la même maladie.

Bouchel dans fa Bibliotheque du Droit François, *verbo* Furieux , rapporte plufieurs Arrêts qui ont , fur le rapport des Médecins , ordonné que des gens qui dans la fureur avoient tué , même leurs plus proches parens , ne feroient point punis , mais feroient feulement renfermés , ou donnés en garde à quelqu'un de la famille. *Voyez* Démence. *V.* Folie.

Pour ce qui eft du teftament d'un furieux ; *voyez* ce que j'en ai dit fur l'art. 292. de la Coutume de Paris , glofe 1.

Touchant l'état des furieux & leur capacité de fuccéder , *voyez* ce qu'en a dit M. le Brun dans fon Traité de la Communauté , liv. 3. chap. 3. fect. 2. *in fine.*

FUTURS CONJOINTS , font ceux entre lefquels il y a promeffe de mariage. *Voyez* Promeffe de mariage. *Voyez* auffi Donation entre futurs conjoints.

FUYE , eft une petite voliere qu'on ferme avec un volet , où l'on nourrit des pigeons en petite quantité. Ceux qui n'ont pas droit de colombier à pied , peuvent avoir des fuyes ; mais il n'eft permis qu'à ceux qui ont des terres en domaine , d'avoir fuye ou voliere. *Voyez* Auzanet fur l'art. 70. de la Coutume de Paris.

G

GA

GABELLE, eft le droit que le Roi prend fur le fel. Ce mot vient de *gabium*, qui fignifie *tributum*. Mais quoique ce terme femble fignifier en général toutes fortes d'impôts, l'ufage a voulu que le droit de gabelle fût pris pour celui qui s'impofe fur le fel ; & cet ouvrage fe trouve confirmé par l'article 23. de l'Ordonnance d'Henri III. de 1577.

Il y a donc de la différence entre les aydes, les tailles & les gabelles. Les aydes fe prennent fur les marchandifes qui doivent tribut ; les tailles fe prennent fur les perfonnes ; & la gabelle fe prend fur les deniers provenans de la vente du fel dû au Roi, outre le prix du Marchand & la voiture au Grenier. Ainfi ce droit de gabelle fe prend fur la vente qui fe fait dans les Greniers à fel ; c'eft-à-dire, fur le fel qui s'y vend aux acheteurs, ou qui fe débite à ceux qui font taxés à prendre une certaine quantité de fel pour leur provifion.

Sur ces deniers provenans de la gabelle, s'acquittent les rentes conftituées fur le fel, & fe prennent les gages des Officiers des Cours fouveraines, les octrois deftinés pour les gages & Préfidiaux, réparations des Villes, & autres impenfes néceffaires pour fubvenir aux affaires de Sa Majefté.

L'impôt qui fe leve fur le fel, n'a pas été inconnu chez les autres Nations. Si nous en croyons Pline, liv. 3. chap. 7. ç'a été Annæus qui l'a établi le premier. Au rapport de Tite-Live, Marcus Livius ne fut appellé *Salinator*, que parce qu'il impofa un tribut fur le fel pendant qu'il fut cenfeur ; & la Loi 11. au Code *de vectigalibus & commiffis*, eft une preuve que les Empereurs Romains tiroient des profits des Salines.

En France, l'origine de cet impôt eft incertaine. Dans le commencement, cette levée étoit trèsmediocre. Sous Philippe V. il fut de deux deniers par minot ; de quatre fous Philippe VI. qui en 1331. établit les Greniers à fel. Ce droit fut de fix deniers fous le Roi Jean, de huit fous Charles V. de douze fous Charles VII. de beaucoup davantage fous Louis XI. Il fut de vingt livres par muid fous François I. ainfi qu'il appert par fon Ordonnance de 1542. Mais dans la fuite cet impôt a augmenté confidérablement.

Henri II. tira en 1553. une finance confidérable des habitans des pays de Poitou, pays d'Aunis, Saintonge, Périgor, Angoumois, haut & bas Limofin, haute & baffe Marche, pour les exempter de toutes fortes d'impofitions fur le fel.

Ces Provinces, auffi-bien que celles d'Auvergne, de Guyenne & de Bretagne, s'appellent à caufe de cela *Pays rédimés*.

La Ville de Calais & des pays reconquis, fortant des mains des Anglois pour rentrer fous l'obéiffance de leur Prince naturel, demanderent auffi le franc-falé, c'eft-à-dire, d'être exempt de toutes fortes d'impofition fur le fel ; ce qui leur fut accordé.

Le trafic & achat du fel n'eft donc pas libre, & la vente n'en peut être faite que par les Fermiers & Officiers du Roi. Ces Fermiers font tenus d'acheter le fel dans les falines à un certain prix, d'y payer les droits du Roi, & de le faire conduire à leurs frais aux Greniers établis par le Roi, où ils font livrer le fel au peuple par les commis qui font prépofés pour cela.

La vente & diftribution s'en fait fur un certain prix, qui eft arrêté au Confeil du Roi.

A l'exception de quelques Provinces qui fe nomment Pays de franc-falé, perfonne n'eft exempt du droit de gabelle, & chacun doit en prendre dans le plus prochain Grenier de fon domicile, fans excepter les Gentilshommes ni les Gens d'Eglife.

Le fel ne fe diftribue pas de la même maniere en tous lieux : il y a des Greniers de vente volontaire ; il y en a d'impôts. Dans l'étendue des Greniers volontaires, chacun ne prend de fel qu'autant que bon lui femble ; & la vente du fel s'y fait par minot ou demi-minot, fuivant ce qui eft réglé par l'Ordonnance de 1680. Dans les lieux d'impôts, le fel s'impofe tous les ans, & s'affied comme les tailles. Chaque Paroiffe prend la quantité à laquelle elle eft impofée ; & l'on oblige chaque Particulier d'en prendre tous les ans une certaine quantité proportionnée à fa famille.

Il fe fait ordinairement trois fermes de gabelles. La premiere comprend la plus grande partie du Royaume, & s'appelle *le grand Parti* ; la feconde eft celle du Lyonnois & du Languedoc ; la troifieme eft celle de la Provence & du Dauphiné.

Toutes les Villes confidérables ont un Grenier à fel, & dans chacun de ces Greniers il y a des Officiers appellés *Grenetiers*, qui font commis pour juger de la bonté du fel, & pour empêcher qu'il ne foit vendu plus que le Roi ne l'a ordonné, & pour prendre garde aux mefures, & faire le procès aux Faux-fauniers.

Voyez les Edits & Déclarations du Roi fur le fait des gabelles, des mois de Février & de Décembre 1644. Mars & Avril 1646. Janvier 1648. Décembre 1652. Mars 1653. Avril 1658. & 1659. Juin 1659. Août & Décembre 1661. Décembre 1663.

Avril 1667. Juin 1671. & Février 1676. l'Ordonnance de 1680 & le Réglement pour les gabelles de Bretagne, dû mois de Février 1681. *Voyez* aussi la Déclaration du 3. Mars 1711. & celle du 18. Août de la même année.

Il y a aussi des Traités sur les Aydes & sur les Gabelles, qu'on peut consulter, & les Auteurs qui sont indiqués par M. Brillon, *verbo* Gabelles.

GAGE, est un effet que l'on remet entre les mains de quelqu'un pour sûreté du payement d'une somme, ou de l'exécution de quelqu'autre convention, à l'effet de le retenir jusqu'à ce que la dette soit payée, ou la convention exécutée.

Le terme de *Gage* se prend aussi quelquefois pour le contrat par lequel on donne l'effet en gage.

On appelle *simple gage*, le meuble qui est donné comme pour nantissement & sûreté de la dette au créancier jusqu'à parfait payement ; & on appelle *hypotheque*, la convention par laquelle on engage & oblige à la dette un immeuble : en sorte que, quoiqu'on dise vulgairement de l'hypotheque, comme du simple gage, *ceci est mon gage* ; cependant donner en gage, s'entend des choses mobiliaires, & hypothéquer des choses immobiliaires.

Gages & hypotheques différent dont principalement, en ce que le gage ne se forme que par la tradition d'une chose mobiliaire, & l'hypotheque se constitue sans tradition sur un immeuble, qui devient obligé & hypothéqué au créancier pour sûreté de sa dette, & demeure toutefois en la possession du débiteur.

Celui qui a des gages pour sûreté de son dû, est préféré sur iceux à tous autres créanciers suivant l'art. 181. de la Coutume de Paris. Mais comme en cas d'insolvabilité, un débiteur pourroit mettre ses meilleurs effets entre les mains d'une personne de confiance à titre de gage, en fraude de ses créanciers, l'Ordonnance du Commerce de 1673. tit. 6. art. 8. a pourvu à cet inconvenient.

Cet article déclare qu'aucun prêt ne sera fait sous gages, qu'il n'y en ait un acte pardevant Notaires, dont sera dressé minute qui contiendra la somme prêtée, & les gages qui auront été mis entre les mains du créancier pour sûreté de son dû ; à peine de restitution des gages, à laquelle le créancier sera contraint par corps, sans qu'il puisse prétendre de privilège sur les gages, sauf à exercer ses autres actions.

Le gage doit donc être énoncé dans l'obligation à peine de restitution. L'acte du prêt sur gage doit être passé pardevant Notaires, avec minute ; & les gages qui ne sont pas énoncés dans l'obligation doivent du moins l'être dans un inventaire qui contienne la qualité, quantité poids & mesure de la chose donnée en gage. *Voyez* les articles 8. & 9. du tit. 6. de l'Ordonnance de 1673. avec les Notes de Bornier.

Le débiteur qui a donné un gage à son créancier pour sûreté de sa dette, en demeure toujours propriétaire, de même que celui qui a déposé quelque chose, n'en a pas moins la propriété. Mais ces deux contrats sont d'ailleurs bien différens ; car le gage n'est qu'un contrat accessoire qui dépend de l'obli-

gation à laquelle il est inhérent : ainsi, tant que cette obligation subsiste, le gage ne peut être redemandé au créancier. Mais le dépôt est un contrat qui subsiste par lui-même, & qui ne dépend point d'aucune autre obligation, mais la seule volonté du déposant qui peut par conséquent le redemander quand bon lui semble.

En France il n'est pas permis à un créancier, faute de payement, de vendre le gage de son autorité privée : il faut qu'il fasse assigner son débiteur pour voir dire que faute de payement, il sera procédé à la vente de la chose qui lui a été donnée en gage : condition qui seroit toujours requise, qu'au bien même il seroit porté par l'obligation, que le créancier pourra vendre le gage après une simple sommation.

Lorsque faute de payement le gage a été vendu par autorité de Justice, les frais de Justice prélevés, on paye le créancier nanti de gage qui l'a fait vendre ; & s'il reste du surplus, on le rend au debiteur à moins qu'il n'y eut quelqu'autre créancier qui eût saisi & arrêté les deniers de l'excédent : car en ce cas le surplus lui doit être délivré, en le faisant par lui ordonner avec le propriétaire du gage.

Touchant la préférence sur les gages qui ont été donné à un créancier pour sûreté de son dû *voyez* Basset, tom. 1. liv. 5. tit. 2. chap. 6. & Chorier, Jurisprudence de Guy Page : pag. 277.

L'action qui naît du gage, est directe ou contraire. Par la directe, le demandeur conclut *à ce que le défendeur soit condamné à lui rendre la chose qu'il lui a donnée en gage*; mais cette action ne peut avoir lieu qu'après que le débiteur aura entiérement satisfait son créancier de tout ce qu'il lui doit, ou lui avoir fait sur ces offres valables & suffisantes. De plus, si la chose donnée en gage a été détériorée par le créancier, le débiteur peut en ce cas agir par la même action directe & conclure à ce qu'il soit dédommagé par son créancier de la détérioration qu'il a causée à la chose qu'il lui avoit donnée en gage.

Par l'action contraire provenant du gage, le demandeur conclut, *à ce que le défendeur soit condamné à lui payer les impenses qu'il lui a fallu faire pour la conservation de la chose qu'il a reçu en gage.* De plus, s'il a reçu de bonne foi pour gage une chose qui n'appartenoit pas à son débiteur, & qu'elle soit revendiquée par celui qui en est propriétaire, ou qu'il y ait lieu de craindre qu'elle le soit, le créancier pourroit agir par cette même action contre son débiteur, & conclure en ses dommages & intérêt avec dépens.

Le créancier peut agir par l'action criminelle contre son débiteur, pour raison de dol ; par exemple, s'il lui a donné des chaînes de laiton pour de l'or, ou s'il lui prend la chose qui lui avoit donnée en gage.

Touchant le gage, *voyez* ce que j'en ai dit dans ma Traduction des Institutes, liv. 3. tit. 14. & liv. 4. tit. 6. §. 7. & dans la Science des Notaires, liv. 3. chap. 8. *Voyez* aussi ce que j'en dis ici, *verbo* Nantissement.

MORT-GAGE. On appelle *mort-gage*, celui dont on laisse jouir le créancier engagiste ; en sorte qu'il profite des fruits fans les imputer fur la dette : & *vif-gage* fe dit de celui dont les fruits font imputés fur le principal de la dette , qui diminue à proportion.

Voyez Loyfel , Inftit. coutum. liv. 3. tit. 7. le Gloffaire du Droit François , *verbo* Gage , la Bibliothéque de Bouchel , *verbo* Gage ; Hevin fur Frain , pag. 314. & le quatrieme chapitre de la Differtation fur le tenement de cinq ans, où cette matiere eft traitée au long.

GAGE-PLEIGE *Voyez* Pleige.

GAGES D'OFFICIERS , font des revenus attachés à des Offices , proportionnés aux prix d'iceux , & affectés fur les Fermes & Droits de Sa Majefté.

GAGES D'OFFICIERS DE JUSTICE SEIGNEURIALE , ne font dûs que quand ils leur ont été fpécialement & nommément accordé par leurs provifions. *Voyez* Officiers de Juftice fubalterne.

GAGES D'OFFICIERS DES MAISONS ROYALES NE PEUVENT ESTRE SAISIS. Il n'en eft pas de même des gages des Officiers de Judicature ; mais leurs créanciers n'ont aucune action ni droit fur leurs épices.

GAGES DES COMMIS DES FERMES , ne font point fujet aux faifies & arrêts.

GAGE DES DOMESTIQUES , SERVITEURS , LABOUREURS ET AUTRES , doivent être demandés dans l'an , à compter du jour qu'ils font fortis de fervice ; & ce pour trois années feulement, s'il n'y a promeffe , autre titre , ou interpellation judiciaire , fuivant l'Ordonnance de Louis XII. de 1510. art. 67. Cependant fi c'eft du vivant du Maître , le ferment lui eft toujours déferé. Mais quand ce font des Domeftiques d'un défunt , on diftingue au Châtelet : fi le défunt tenoit un livre de recette & de dépenfe , alors ils en peuvent demander trois années , conformément à l'Ordonnance de 1510. mais s'il n'y avoit point de regiftre , ils n'en peuvent demander qu'un an.

Voyez ce que j'ai dit fur l'art. 127. de la Coutume de Paris ; & les Obfervations de M. le Camus. *Voyez* auffi les Notes de Dupleffis fur cet article ; Bretonnier fur Henrys , liv. 4. chap. 6. queft. 20. & un Arrêt de la Cour des Aydes , rendu le 16. Mars 1674. rapporté dans le Journal du Palais.

GAGERIE. Simple gagerie n'eft autre chofe qu'un fimple arrêt ou une faifie privilégiée de meubles fans transport , qui fe fait fans Lettres , fans condamnation & fans obligation par écrit, à l'effet que la chofe ainfi arrêtée devienne le gage du créancier.

Cette faifie privilégiée fe fait fans déplacement ni transport de meuble hors les lieux où ils font faifis ; mais il faut que celui fur qui ils font fhifis , donne un gardien fuffifant & folvable , ou qu'il s'en charge lui-même comme dépofitaire des biens de Juftice : auquel cas le faififfant donne affignation au faifi , pour voir ordonner que les meubles faifis par fimple gagerie , feront vendu; car cette faifie & exécution étant faite fans titre exécutoire , ne doit être fuivie de la vente , qu'en le faifant dire & ordonner en Juftice.

Mais fi celui fur qui cette faifie eft faite , refu-

foit de donner un gardien, ou de s'en charger comme dépofitaire de biens de Juftice , le Sergent pourroit les tranfporter.

Le Seigneur cenfier en la Ville & Banlieue de Paris , faute de payement des droits de cens dûs par les héritages qui y font fitués , peut procéder par voie de fimple gagerie fur les meubles qui font dans les maifons , pour trois années d'arrérages dudit cens & au-deffous, fuivant l'art. 86. de la Coutume de Paris.

Le propriétaire d'une maifon baillée à louage, peut auffi procéder par voie de gagerie , pour les termes à lui dûs , fur les meubles étant dans cette maifon , fuivant l'article 161. de même Coutume. Sur quoi il faut remarquer que , faute de payement de loyers par le principal locataire , le bailleur peut faire faifir & exploiter ceux des fous-locataires ; mais il ne peut pas les faire vendre que jufqu'à concurrence de ce qu'ils doivent de loyer , & non pas pour la totalité du prix du bail de la maifon entiere.

La fimple gagerie arrive encore au cas de l'article 163. pour trois années d'arrérages d'une rente fonciere , & non plus , dûe fur une maifon fife en la Ville & Fauxbourgs de Paris , fur les meubles étant en icelle , appartenans au détenteur & débiteur de la rente.

Voyez ce que j'ai dit fur l'article 160. & fuivans de la Coutume de Paris.

GAGEURE , eft une efpece de convention fur une chofe douteufe & incertaine , en conféquence de laquelle convention le gage eft mis de part & d'autre entre les mains d'un tiers. En effet, comme l'étymologie de gageure vient de gage , les gageures ne font point réputées des conventions férieufes & obligatoires, fi le gage n'a point été dépofé. Ceux qui font d'une opinion contraire fur un fait , conviennent donc enfemble d'une chofe qu'ils dépofent en main tierce , pour fûreté & pour gage du gain de celui qui fera vainqueur ; & cette convention s'appelle gageure.

Outre que ce dépôt rend la gageure obligatoire , il produit encore un autre effet, qui eft que par fon moyen les conditions de la gageure fe peuvent prouver par témoins. Il faut dire auffi que fi la perfonne qui auroit reçu ce dépôt le nioit , la preuve teftimoniale en feroit admife , par la raifon qu'il ne s'agit que d'un fait : or il eft certain que les faits fe peuvent prouver par témoins.

Pour que les gageures foient permifes , il faut , 1°. qu'elles foient faites par des perfonnes qui peuvent contracter & agir. 2°. Qu'elles n'ayent pour objet que des chofes licites & honnêtes. Ainfi les gageures , qui roulent fur des chofes illicites & défendues , ou qui portent les parieurs à des fouhaits ou à des actions criminelles , font reprouvées.

L'injuftice rend auffi une gageure illicite , comme lorfque de deux parieurs , l'un eft certain de fon parti , & l'autre eft incertain du fien. Il en eft de même lorfqu'il fe trouve de la fraude de la part de l'un des parieurs , comme quand il a employé des équivoques dans les termes ou dans l'intention.

Au fujet de ce que nous avons dit , que pour

qu'une gageure foit obligatoire, le gage doit avoir été mis de part & d'autre en mains tierces, il faut remarquer que lorfqu'il s'agit de l'adreffe ou de la force du corps, la gageure eft obligatoire, quoique le prix n'en ait pas été dépofé. Ainfi jugé au Parlement de Bordeaux par Arrêt du mois de Mars 1609. qui condamna un parieur qui avoit perdu le prix de la gageure, quoique ce prix n'eût point été dépofé entre les mains de perfonne. Dans cette efpéce, le prix de la gageure étoit proprement la recompenfe de l'adreffe & du péril qu'avoit couru celui qui avoit gagné, en entreprenant de nager dans un étang au mois de Mars, jufqu'à une certaine diftance dont il étoit convenu ; ce qu'il n'avoit pû faire fans beaucoup de danger.

Voye₹ Defpeiffes, tom. 1. part. 1. tit. 10. Loyfeau, du Déguerpiffement, chap. 3. & M. Expilly, Plaidoyér 4. fol. 40. Mornac fur la Loi 3. au Digefte *de aleatoribus* ; M. le Prêtre ès Arrêts de la Cinquiéme ; Catelan, liv. 5. chap. 61. Boniface, tom. 1. liv. 8. tit. 24. chap. 1. & le Traité de la Preuve par témoin, aux additions du chap. 10. nomb. 12. & fuivans, où cette matiere eft bien traitée ; comme auffi dans le feptieme tome des Caufes célébres, vers la fin du chapitre des Pipeurs confondus.

GAGNAGES, font les fruits pendans par les racines, ou bien ce font les revenus des terres.

Gagnages & gagneries fe prennent auffi quelquefois pour les terres mêmes que l'on cultive, & dont on perçoit des fruits ou gains.

Gagnage & gain ont la même étymologie, du mot Anglois *Wuine*, qui fignifie un laboureur, & il y a lieu de croire que de *Wuine* on a fait *Wuinnem lucrari*; & que de ces mots, en changeant le double W en G, ce qui eft fréquent dans notre langue, on a fait gain & gagnage ; ce qui eft d'autant plus probable, que dans plufieurs Auteurs Anglois on lit *Wanagium* pour *Gagnagium*.

Loyfel, liv. 4. tit. 1. art. 1. dit qu'on met fa terre en gagnage par baux à rente, cens ou fief. *Voye₹* d'Argentré fur la Coutume de Bretagne, art. 381.

GAIN DE SURVIE, eft un avantage que la Loi du pays ou le contrat de mariage accordent au furvivant des conjoints. On comprend fous ce nom toutes fortes d'avantages qui peuvent être faits au furvivant, foit qu'ils foient réciproques, ou non.

Ce terme eft en ufage particuliérement dans le pays du Droit écrit, où l'on s'en fert fpécialement pour fignifier l'augment de dot & les bagues & joyaux que gagne la femme furvivante, le contr'augment que gagne le mari furvivant, & autres gains de furvie, qui reçoivent différentes dénomination felon les pays.

Comme il n'y a point de préciput dans les contrats de mariage des Pays de Droit écrit, dans lefquels il n'y a point de communauté ftipulée, on a coutume de ftipuler que la femme furvivante aura une certaine fomme pour fes bagues & joyaux ; & ces bagues & joyaux, & l'augment de dot, font appellés d'un nom général, gain de furvie.

On appelle encore gain de furvie, l'avantage qui

eft ftipulé au profit du mari ; de retenir en cas de furvie une certaine portion de la dot, ou une certaine fomme fur la dot de fa femme, à l'effet de n'être tenu envers les héritiers de fa femme qu'à la reftitution du furplus, dans le tems & de la maniere que les Parties conviennent.

Les bagues & joyaux en pays de Droit écrit, & généralement tout ce qui eft compris fous la dénomination de gains nuptiaux, font fujet tant au premier qu'au fecond chef de l'Edit des fecondes Nôces. Ricard, des Donations, part. 3. chap. 9. glofe 7. nomb. 1346. Henrys, tome 1. liv. 4. chap. 6. queft. 56. où eft rapporté un Arrêt du 15. Juillet 1702. qui l'a jugé ainfi.

M. Boucher d'Argis, Avocat au Parlement, a donné au Public en 1738 un Traité des gains nuptiaux & de furvie qui font en ufage dans le pays de Droit écrit, tant du reffort du Parlement de Paris, que des autres Parlemens. Tout ce qui concerne cette matiere y eft fçavamment expofé & approfondi.

GAIVES ou GAYVES, fuivant l'article 603. de la Coutume de Normandie, font chofes qui ne font appropriées à aucun ufage d'homme, ni reclamées par aucun. Elles doivent être gardées par an & jour, & rendues à ceux qui feront preuves qu'elles leur appartiennent. *Voye₹* ce que dit Banage fur cet article.

GALERES, fignifie la peine à laquelle font condamnés les criminels de ramer, & de fervir de forçat fur les galeres du Roi pendant un certain tems, ou pour toujours. Au premier cas, cette peine emporte infamie ; mais n'emporte point confifcation ni de corps ni de biens. Au fecond cas, elle emporte condamnation de mort civile, & par conféquent la confifcation des biens dans les pays de confifcation. *Voye₹* Brodeau fur Louet lettre S, fomm. 13. nomb. 15. & M. le Prêtre, cent. 2. chap. 25.

Enfin, les condamnés à perpétuité font efclaves, de même que l'étoient chez les Romains ceux qui étoient condamnés aux mines. *Voye₹* Efclaves de peine.

La mort civile par la condamnation aux galeres pour toujours, produit prefque les mêmes effets que la mort naturelle. Ainfi le condamné aux galeres perpétuelles ne peut s'obliger, ni recueillir une fucceffion, ni exercer le retrait lignager. Chenu, cent. 1. queft. 45. Louet, lettre B, fomm. 17. lett. C, fomm. 25.

Je dis *prefque les mêmes*, car la mort civile du mari ne décide rien pour douaire : ainfi lorfqu'un mari eft condamné aux galeres, fa femme peut bien demander fa dot, mais non pas fon douaire ; comme il paroît par les derniers termes de l'article 256. de la Coutume de Paris. *Et courent les fruits & arrérages du jour du décès du mari*, qui marquent qu'il n'y a que la mort naturelle qui donne lieu à l'ouverture du douaire.

Cependant la condamnation aux galeres perpétuelles fait ouverture à la fubftitution. *Voye₹* Maynard, liv. 5. chap. 80. & 84. & Cambolas, liv. 1. chap. 41.

Le banniſſement perpétuel hors du Royaume, ou la condamnation aux galeres à perpétuité, prive donc de tous effets civils, c'eſt-à-dire de toute la faveur accordée aux Hommes par les Loix & les Coutumes.

Il y a cependant une très-grande différence entre la condamnation aux galeres perpétuelles & le banniſſement à perpétuité, en ce que le condamné aux galeres perpétuelles, qui eſt fait *ſervus pœnæ*, perd non-ſeulement ce qui eſt de droit civil, mais encore ce qui eſt du droit des gens, parcequ'il perd la liberté, & eſt ſemblable à ceux qui étoient condamnés chez les Romains *ad metalla*. Mais le banni à perpétuité retient la liberté, & par conſéquent ce qui eſt du droit des gens; en ſorte qu'il ne perd que ce qui eſt de droit civil.

Tous les Juges ſéculiers du Royaume; ſoit qu'ils ſoient Juges de juſtice royale, ou ſeigneuriale, peuvent condamner aux galeres. *Voyez* les Obſervations ſur Heurys, tom. 1. liv. 2. chap. 4. queſt. 31. Mais ni les Officiaux, ni les Cours eccléſiaſtiques ne peuvent prononcer une condamnation aux galeres.

Dans les cas où la peine des galeres eſt ordonnée contre les hommes, la peine du fouet & du banniſſement à tems ou à perpétuité doit être ordonnée contre les femmes, ſelon la qualité du fait.

Il y a une Déclaration du Roi du 4. Mars 1724. qui ordonne que les hommes qui ſeront condamné aux galeres, ſeront préalablement fuſtigés & fletris d'un fer chaud, contenant ces trois lettres GAL. afin qu'au cas qu'ils ſoient dans la ſuite accuſés de quelques crimes, on puiſſe connoître qu'ils ont déjà été repris de Juſtice.

Voyez l'Ordonnance criminelle, tit. 25. art. 13. Maynard, liv. 9. chap. 42. la Rocheflavin, livre 2. titre 1. article 1. Papon, liv. 4. tit. 13. nomb. 8. Boniface, tom. 1. liv. 1. tit. 1. nomb. 28. la Bibliotheque de Bouchel, *verbo* Galeres.

GARANT, eſt celui qui eſt reſponſable de l'éviction d'une choſe dont il eſt obligé de faire jouir l'acquéreur, ou qui eſt obligé d'acquitter quelqu'un d'une dette, en tout ou pour partie.

Les garants peuvent être aſſignés ſans commiſſion ni mandement du Juge, en quelque lieu qu'ils ſoient demeurans, ſi ce n'eſt ès Cours ſouveraines; & à l'égard des Juges en dernier reſſort, par-devant leſquels l'aſſignation ne peut être donnée qu'en vertu d'Arrêt ou Commiſſion, le délai pour appeller le garant ſera de huitaine, du Jour de la ſignification de l'exploit du demandeur originaire, & encore de tout le tems qui ſera néceſſaire pour appeller le garant, ſelon la diſtance du lieu de ſa demeure, à raiſon d'un jour par dix lieues, & autant pour retirer l'exploit.

L'exploit en garantie doit contenir les moyens & copie des piéces juſtificatives d'icelle, avec celles du demandeur originaire.

Si l'aſſignation en garantie n'eſt pas échue au même tems que la demande originaire, ne ſera pris défaut contre le défendeur originaire, en donnant par lui copie au demandeur de ladite aſſignation en garantie & des piéces juſtificatives.

Les Jugemens rendus contre les garants, ſont exécutoires contre les garantis, ſauf pour les dépens, dommages & intérêts, dont la liquidation & exécution ne ſera faite que contre les garants; & il ſuffira de ſignifier le Jugement aux garantis, ſoit qu'ils ayent été mis hors de cauſe, ou qu'ils y ayent aſſiſté, ſans autre demande ni procédure.

Voyez le titre 8. de l'Ordonnance de 1667. avec les notes de Bornier.

Au reſte, le garant eſt toujours tenu des dépens ſoufferts par le garanti en défendant ou pourſuivant la choſe contentieuſe; & il le doit rendre quitte, tant des dépens; que de toute autre choſe, en quoi l'amende eſt compriſe. Ainſi jugé par Arrêts du 15. Mai 1549. rapporté par Papon, livre 11. tit. 4. nomb. 10. Sur quoi il faut remarquer que celui qui eſt appellé en garantie, n'eſt tenu que des dépens des inſtances auxquelles il aura été appellé; comme il a été jugé au Parlement de Grenoble, par Arrêts des 18. Mai 1581. & 23. Fév. 1595. Expilly, Arrêt 76.

Il y a deux ſortes de garants; ſçavoir, les garants formels, & les garants ſimples.

GARANTS FORMELS, ſont ceux à qui le nom de garant eſt donné dans ſa propre ſignification, qui ſont tenus en matieres réelles ou hypothécaires envers quelqu'un de l'éviction d'une choſe mobiliaire ou immobiliaire qu'ils lui ont vendue, donnée en échange ou en payement; en ſorte que le garant formel eſt tenu de prendre le fait & cauſe de l'acquéreur, lorſqu'il eſt troublé par un tiers en la poſſeſſion & jouiſſance de la choſe.

Cette garantie deſcend du propre fait de celui qui en eſt tenu, & de l'obligation qu'il a contractée de faire jouir paiſiblement l'acquéreur de la choſe qu'il lui a vendue, donnée en échange ou en payement.

Ainſi, quand celui qui a acquis une choſe mobiliaire ou immobiliaire, à titre de vente ou d'échange, eſt pourſuivi par action réelle par celui qui s'en prétend propriétaire, ou lorſqu'il eſt troublé en ſa poſſeſſion par action hypothécaire, peut en ce cas faire appeller ſon auteur pour prendre ſon fait & cauſe, & le défendre contre la pourſuite qui eſt faite contre lui de la choſe vendue, échangée ou donnée en payement; faire ceſſer le trouble, ſinon être condamné envers lui en ſes dommages & intérêts. Et le garanti peut, ſi bon lui ſemble, ſe faire mettre hors de cauſe, pourvû qu'il le demande avant conteſtation en cauſe.

Celui qui eſt pourſuivi en déclaration d'hypotheque, à la requête d'un créancier de ſon vendeur qui a une hypotheque antérieure au contrat de vente, doit donc former ſur le champ ſa demande en garantie de ces pourſuites à l'encontre de ſon vendeur, ſans attendre l'événement de l'action qui eſt intentée contre lui; non-ſeulement parce que le vendeur eſt tenu de ſon chef de l'action perſonnelle pour n'avoir point déclaré ſes dettes, mais encore parce que les garants ne ſont condamnés aux dépens de la cauſe principale, que du jour de la ſommation en garantie, & non de ceux qui ont été faits auparavant, finon de l'exploit de demande originaire.

Ainfi, ceux qui ont un garant, & qui ne commencent pas par lui dénoncer les pourfuites qui font faites contre eux, plaident à leurs dépens ; & tous les frais qui fe font, avant qu'ils l'ayent fommé en garantie, tombent en pure perte fur eux.

GARANTS SIMPLES, font ceux qui ne font appellés garants qu'improprement ; & qui, quoique tenus d'acquitter un autre de quelque dette, ou de quelque aftion perfonnelle, ne font pas néanmoins obligés de prendre le fait & caufe de celui par qui ils font fommés en garantie, mais feulement de fe joindre à lui, & intervenir en la caufe, étant obligés de l'acquitter de la dette pour le tout ou pour partie.

Cette garantie a lieu en toutes matieres perfonnelles, entre plufieurs Particuliers obligés enfemble folidairement au payement de quelque dette : en ce cas, fi le créancier demande à l'un des coobligés toute la fomme, celui qui eft affigné doit dénoncer cette demande à fes coobligés, & les faire affigner à ce qu'ils foient tenus d'intervenir en la caufe, de fe joindre à lui, & de l'en acquitter chacun pour leur part & portion.

Cela s'obferve non feulement entre plufieurs coobligés folidairement, mais auffi entre plufieurs affociés & heritiers, lorfqu'ils font affignés pour une fomme en entier, dont les autres doivent leur part & portion.

La garantie fimple a donc lieu quand un des coobligés folidairement eft pourfuivi pour le tout par le créancier : les autres coobligés, fur la demande en garantie qui leur eft faite, font tenus de fe joindre en caufe avec celui contre lequel l'aftion eft intentée ; tous étant tenus de l'acquitter chacun pour leur part & portion, ou même pour le tout, s'il a une indemnité d'eux.

Quelquefois deux perfonnes s'obligent folidairement envers un créancier pour une fomme qui n'eft touchée que par l'un des deux obligés, l'autre n'intervenant que pour plus grande fûreté : en ce cas, il prend une indemnité de celui qui a touché l'argent ; & lorfqu'il eft pourfuivi, il a fon recours pour le tout contre celui qui a feul touché la fomme.

GARANTIE, fignifie fûreté, recours, indemnité ; & il y en a de deux fortes ; fçavoir la garantie fimple & la garantie formelle.

La garantie formelle eft celle où le garant eft obligé de prendre le fait & caufe de celui qui eft pourfuivi par aftion réelle ou hypothécaire. Dans la demande en garantie formelle, on dénonce au vendeur la demande en déclaration d'hypotheque faite au demandeur, à la requête de tel, par exploit d'un tel jour, à ce qu'il ait à la faire ceffer ; finon condamné d'en acquitter, garantir & indemnifer le demandeur, tant en principal, arrérages ou intérêts, frais, dommages & dépens, tant en demandant, défendant, que de la préfente fommation.

La garantie fimple eft celle où le garant eft obligé d'acquitter le garanti de la dette pour le tout ou

pour partie, comme nous avons dit ci-deffus. La demande en garantie fimple fe fait comme la précédente, quant à la dénonciation, en y ajoutant & concluant, *à ce que les défendeurs ayent à faire ceffer la demande ; finon condamnés chacun pour leur part & portion d'en acquitter, garantir & indemnifer le demandeur, tant en principal, intérêts que dépens, tant en demandant, défendant, que de la fommation.*

La demande en garantie fe fait contre des cohéritiers : il faut conclure *à ce que chacun d'eux foit condamné perfonnellement pour telle part & portion qu'ils font héritiers, & hypothécairement pour le tout, d'en acquitter, &c.*

Si la dette qui donne lieu à la demande en garantie étoit une charge de communauté d'entre le défunt & la veuve, & que les enfans du défunt & d'elles fuffent mineurs, il faudroit faire affigner la veuve, tant en fon nom, que comme mere & tutrice.

Si pendant le mariage on veut intenter la demande en garantie, pour raifon d'une obligation du chef de la femme, il faut en pays coutumier affigner le mari & la femme ; & fi le mari ne veut pas autorifer fa femme, le demandeur la fait autorifer par Juftice à fon refus ; après quoi elle refte feule en caufe.

Il y a plufieurs différences entre la garantie formelle & la garantie fimple.

I°. La garantie formelle ne peut jamais avoir lieu que dans les matieres réelles & hypothécaires ; au lieu que la fimple fe rencontre en toute autre matiere.

II°. Dans la garantie formelle, le garant eft obligé de prendre le fait & caufe pour le garanti, pourvû qu'il en foit requis avant conteftation en caufe ; au lieu que dans la fimple garantie, le garant ne peut prendre le fait & caufe, mais il peut feulement intervenir & fe mettre en caufe, fi bon lui femble. Comme la garantie formelle n'a lieu que quand l'aftion réelle ou hypothécaire eft intentée contre l'acquéreur, qui n'eft point perfonnellement obligé envers le demandeur, le recours ou il a contre fon auteur, ne peut tendre qu'à ce qu'il prenne fon fait & caufe, & répondre pour lui à la demande qui lui eft intentée. Au contraire la garantie fimple n'a lieu qu'en aftion perfonnelle. Ainfi le défendeur étant pourfuivi en conféquence de l'obligation qu'il a contraftée envers le demandeur, y doit répondre & refter en caufe, fans que fon garant foit tenu d'autre chofe que de fon propre fait.

III°. Dans la garantie formelle, lorfque le garant veut prendre le fait & caufe, de la Partie principale, elle fera mife hors de caufe, pourvû qu'elle le demande avant conteftation en caufe : cependant il lui fera permis d'y refter, fi bon lui femble, pour obvier à collufion, & pour la confervation de fes droits ; comme il eft porté aux articles 9. & 10. du titre 8. de l'Ordonnance de 1667. Cela eft fondé fur ce que le garant formel ayant pris la garantie, eft devenu la Partie principale & formelle, par le moyen de la novation qui s'eft faite en Jugement de la perfonne du défendeur ; au lieu & place de qui le garant s'eft mis : mais cela n'a pas lieu en garantie fimple ; attendu que les garants fimples ne font qu'intervenir, fi bon leur femble, fans changement ni mutation de la perfonne du défendeur : *Perfonæ rei mutatio non fit, fed adjunctio dumtaxat.*

IV°. Dans la garantie, formelle, quand le garant a pris fait & caufe du garanti la Sentence rendue au profit du demandeur en action réelle ou hypothécaire, n'eft exécutoire contre le garanti que pour le principal, & non pour dépens, dommages & intérets, dont la taxe fe doit faire contre le garant, quand ils font adjugés ; mais dans la fimple garantie, la Sentence rendue au profit du créancier, s'exécute contre le garanti, tant pour le principal que pour les dépens, dommages & intérêts, s'il en échet, fauf fon recours contre fes garants, qui font obligés de l'acquitter & indemnifer.

La raifon de ces différences eft, que dans la garantie formelle, le garanti n'eft point obligé perfonnellement envers le demandeur originaire, qui fe pourvoit contre la chofe ; au lieu que dans la fimple garantie, le garanti eft perfonnellement obligé envers le demandeur originairement ; ce qui fait qu'il ne peut être liberé par l'intervention de fon garant.

Il faut encore obferver, touchant la garantie formelle, I°. que quoique la claufe de garantie eût été omife dans un contrat de vente, échange ou autre équipollent, elle eft toujours fous-entendue. *Voyez* Eviction.

II°. Celui qui intervient dans un contrat de vente, & s'oblige folidairement avec le vendeur à la garantie de la chofe vendue, eft garant formel, étant également obligé envers l'acheteur, que le vendeur l'eft.

III°. Il n'échet jamais de garantie que quand l'acquéreur eft troublé dans la jouiffance de la chofe vendue, par les voies de droit, & non par les voies de fait & de violence.

IV°. Il n'y a point auffi d'ouverture à l'action de garantie, quand l'acquéreur eft troublé, ou par le fait du Prince, ou par l'autorité publique ; parce que c'eft une force majeure qui tombe fur le poffeffeur de la chofe, & dont perfonne n'eft garant.

V°. Il n'échet pas auffi dans le cas du retrait lignager, s'il n'y en a une convention expreffe.

Pour ce qui eft des formalités qu'il faut obferver dans les affignations qui fe donnent en garantie, & des délais pour faire appeller les garants, *voyez* le titre 8. de l'Ordonnance de 1667. avec les Commentaires de Bornier.

Outre ces deux garanties que nous venons d'expliquer, on en diftingue encore deux autres ; fçavoir, la garantie de droit, & la garantie de fait.

GARANTIE DE DROIT OU GARANTIE NATURELLE, eft celle qui eft de droit & d'équité, & de laquelle eft toujours tenu celui qui a livré une chofe à titre de vente ou autre équipollent, fans qu'il y en ait aucune claufe expreffe de garantie dans le contrat. Cette garantie régarde la propiété de la chofe, & eft la même que la garantie formelle ; c'eft-à-dire, que la chofe exifte, qu'elle appartient au vendeur ou au cédant, & qu'elle n'eft point hypothéquée à autrui.

Elle a lieu dans tout contrat de vente ou autre équipollent en cas d'éviction, à moins qu'il n'y ait convention au contraire ; étant jufte que le vendeur garantiffe que la chofe lui appartenoit au tems de la vente, réponde de l'éviction au cas qu'elle arrive, reftitue la valeur de la chofe vendue & évincée, avec dépens, dommages & intérêts.

Cette garantie eft appellée *garantie de droit*, parce que felon la nature du contrat de vente, ou autre équipollent, elle eft fuppléée *ipfo jure*, lorfqu'il n'en eft point fait mention. *Leg.* 16. *cod. de evictionib. & toto titulo, ff. de actionib. empt. & vend.* En forte que fi la chofe vendue ou cédée n'appartient pas au vendeur ou au cedant, l'acheteur ou le ceffionnaire a fon recours contre lui, au cas qu'elle lui foit évincée, ou qu'il ne puiffe pas être payé de la fomme qui lui a été cedée parce qu'elle ne feroit pas dûe, ou que la dette feroit éteinte, pour recouvrer de lui le prix qu'il en auroit payé, avec dommages, interêts & dépens, quoique dans le contrct de vente ou de tranfport il n'eût été fait aucune mention de cette garantie.

L'acheteur ou le ceffionnaire évincé a hypothéque fur les biens du vendeur ou du cedant, pour la reftitution du prix, du jour du contrat, quoiqu'il n'y foit fait aucune mention de garantie. La raifon eft, que cette garantie eft de droit ; *fiquidem tacitè ineft contractui poteftate juris* ; en forte qu'il n'eft pas néceffaire de la ftipuler : ce qui eft très-jufte ; car celui qui vend ce qui n'eft pas à lui, ou qui cede une dette éteinte, s'oblige tacitement à rendre & reftituer la fomme qu'il reçoit pour le prix de la vente ou de la ceffion ; & cette obligation étant fondée fur un contrat qui emporte hypothéque, elle eft par conféquent hypothécaire.

Il n'en eft pas de même des dommages & intérêts qui ne viennent que *ex officio Judicis*, & qui ne peuvent être dûs que du jour qu'ils ont été adjugés. Ainfi l'acheteur ou le ceffionnaire ne peut avoir pour raifon d'iceux hypothéque que du jour de la Sentence par laquelle ils lui auront été adjugés.

L'action qui eft accordée pour raifon de la garantie de droit, dure au moins trente ans, de même que toutes les autres actions perfonnelles ; mais la prefcription de cette action ne commence à courir que du jour du trouble fait à l'acheteur ou au ceffionnaire.

Pofons pour exemple, que l'acheteur d'un héritage, après une jouiffance de trente ans, foit pourfuivi par un Particulier foi-difant propriétaire de l'héritage, & fondant fon action fur ce que la prefcription n'a pû courir contre lui étant mineur ; en forte que réduifant le tems de fa minorité, il ne refteroit pas à l'acquéreur dix ans de prefcription ; fi l'acheteur fomme fon vendeur de prendre fon fait & caufe, & que le vendeur fe défende de la prefcription de trente ans, difant que par ce tems l'action en garantie eft prefcrite ; l'acheteur n'a qu'à dire que n'ayant point été jufqu'alors troublé dans fa jouiffance par le demandeur, il n'avoit pû intenter l'action en garantie contre fon vendeur ; & il eft certain que cette queftion fera décidée en faveur de l'acheteur contre le vendeur, comme il a été jugé par deux Arrêts rapportés par Charondas en ses Questions, titre 5.

GARANTIE ᴅᴇ ꜰᴀɪᴛ, est celle qui regarde la solvabilité du débiteur, ou la bonté & qualité de la chose vendue.

Elle est appellée en Droit *redhibitio* ou *actio redhibitoria*, dont il est parlé dans le titre du Digeste de *Ædilitio Edicto*, & au Code dans le titre *de Ædilitiis Actionibus*.

Le vendeur n'est tenu de cette garantie qu'en conséquence d'une convention expresse, à moins qu'il ne s'agisse de défauts ou vices dont le vendeur est tenu par quelque disposition particuliere de Droit.

Cette garantie differe de la précédente, Iᵒ. en ce que celle de droit regarde la propriété de la chose appellée *éviction*, dont tout vendeur est tenu, à moins qu'il n'y ait convention au contraire : mais la garantie de fait regarde la bonté & la qualité de la chose, ou la solvabilité du débiteur, & n'a lieu qu'en vertu d'une convention expresse, ou bien de quelque disposition particuliere de Droit.

IIᵒ. Dans la garantie de Droit, le contrat de vente subsiste toujours, même après l'éviction. C'est même en conséquence, & en exécution du contrat, que l'acheteur recouvre la valeur de la chose dont il a été évincé, avec dommages & intérêts ; au lieu que dans la garantie de fait le contrat de vente est cassé & annullé : en sorte que le vendeur est tenu de reprendre la chose, & en restituer la valeur à l'acheteur par l'action redhibitoire. *Voyez* Redhibitoire.

IIIᵒ. La prescription d'action en recours de garantie, ne commence à courir que du jour que l'acquéreur est inquiété, lorsqu'il s'agit de la garantie de droit ; mais quand il s'agit de la garantie de fait, comme celle *de fournir & faire valoir*, l'action en recours de garantie se prescrit par trente ans, à compter du jour du contrat ; comme il a été jugé par arrêt du 30. Avril 1626 rapporté dans le Journal des Audiences.

La raison de la différence est, que l'action en recours de la garantie de droit ne peut être ouverte que du jour que le garanti est poursuivi, & par conséquent il ne peut point jusques-là se pourvoir & agir en garantie ; ce qui empêche qu'on lui puisse opposer la prescription : mais la garantie de fait est une clause du contrat, laquelle se prescrit par trente ans, de même que toutes les actions personnelles.

Voyez Bacquet, des Droits de Justice, chap. 21. nomb. 191. avec la remarque. *Voyez* aussi ce que j'ai dit sur l'art. 108. de la Coutume de Paris.

GARANTIE ᴄᴏɴᴠᴇɴᴛɪᴏɴɴᴇʟʟᴇ, est une garantie à laquelle on s'est obligé par une convention particuliere ; car on peut augmenter ou diminuer les engagemens naturels par les conventions. Ainsi on peut ajouter quelque clause à la garantie de droit qui en augmente l'obligation ; comme s'il étoit convenu que le vendeur garantira les faits du Prince. Cette clause doit avoir son exécution, quoique le vendeur ne soit point tenu naturellement des faits du Prince.

On peut aussi par une convention restraindre la garantie naturelle ; comme s'il étoit convenu que le vendeur ne garantira que de ses faits, & non des faits d'autrui ; ou si pour toute garantie il a promis de mettre entre les mains du vendeur les titres de propriété ; ou s'il a promis qu'il ne rendra que le prix, en cas d'éviction, & non les dommages & intérêts.

Dans tous ces cas, lorsque l'acheteur est évincé, le vendeur n'est jamais tenu que de restituer à l'acheteur évincé le prix de la chose vendue, sans aucuns dommages & intérêts.

Si même le contrat de vente étoit fait *aux risques, peril & fortune de l'acquéreur, sans restitution de deniers en cas d'éviction*, cette clause devroit avoir son exécution; parce que l'on achete plus ou moins cher par de pareilles considérations. D'ailleurs, on peut ajouter à un contrat telle clause & convention qu'il plaît aux Parties, pourvû qu'elle ne soit point contre les Loix & les bonnes mœurs, & qu'elle n'impugne point la substance du contrat.

Voyez ce que j'ai dit sur l'art. 108 de la Coutume de Paris.

GARANTIE ᴇɴ ꜰᴀɪᴛ ᴅᴇ ᴛʀᴀɴꜱᴘᴏʀᴛ, est celle dont est tenu celui qui cede une dette mobiliaire ou une rente à un autre.

Celui qui fait un tel transport sans aucune clause de garantie, n'est point tenu de l'insolvabilité du débiteur, quoiqu'arrivée au tems de la cession ou transport ; il suffit que la dette existe, & que le cédant ait ignoré l'insolvabilité du débiteur ; car lorsqu'il en a connoissance, il ne lui est pas permis de tirer de l'argent, sous prétexte d'une créance qui étoit devenue inexigible, par le désordre des affaires de son débiteur.

A l'égard des clauses de garantie d'un transport, il y en a de quatre sortes.

La premiere est *la garantie de ses faits & promesses* ; c'est-à-dire, que la rente est véritablement dûe à celui qui en fait le transport : auquel cas il n'est point responsable si le débiteur d'icelle est insolvable ; il suffit que la rente soit dûe au cédant : & il en est de même que dans le cas où il n'y a point de garantie expresse, que nous venons d'expliquer ; & par conséquent cette clause n'opere rien, puisque quand elle est omise, elle est toujours sous-entendue.

La deuxieme est, *la promesse de garantir de tous troubles & empêchemens*. En vertu de cette clause, le cédant déclare que la dette lui appartient, & qu'elle est bonne & solvable au tems du transport ; par conséquent il est tenu seulement de l'insolvabilité du débiteur ; arrivée avant la vente ou cession de la dette ; mais non pas de celle qui arriveroit après.

La raison est, que garantir une dette, c'est la déclarer bonne & valable au tems qu'elle est cedée, & non pas dans un tems à venir. Loyseau en son Traité de la garantie des rentes, chapitre 3. nomb. 13.

M. le Prêtre, cent. 2. chap. 28. rapporte un Arrêt du 24. Juillet 1604. qui l'a jugé ainsi. Il y a un autre Arrêt en la marge ; rendu au rapport de M. Loysel en la Cinquieme Chambre des Enquêtes, du 5. Décembre 1608. qui l'a jugé de même.

Cette claufe de garantie de tous troubles & empêchemens étant omife dans un contrat ne fe fupplée point ; parce qu'en fait de vente ou tranfport de dettes la garantie n'eft point dûe, fi elle n'eft promife. *Leg. fi nomen, ff. de hæreditate vel actione vendita*, dans laquelle le Jurifconfulte Ulpien le dit en ces termes: *Si nomen fit diftractum. Celfus libro 9. Digeftorum fcribit, locupletem effe debitorem non debere præftare ; debitorem autem effe præftare, nifi aliud convenit.*

La troifieme claufe eft, *la promeffe de fournir & faire valoir la chofe cedée :* auquel cas le cédant eft tenu, tant de l'infolvabilité du débiteur au tems du contrat, que de l'infolvabilité qui lui eft furvenue après le contrat, lorfqu'il s'agit d'un contrat de vente ou du tranfport d'une rente. Mais quand il s'agit du tranfport d'une fimple dette perfonnelle, le cédant n'eft tenu que de l'infolvabilité du débiteur au tems du contrat, & non de celle qui lui feroit furvenue.

Cette différence eft fondée fur ce qu'en fait d'une fimple dette, le débiteur ayant été folvable lors du tranfport, le ceffionnaire doit s'imputer de l'avoir laiffé devenir infolvable, & de ne l'avoir pas contraint au payement de cette dette, ayant été en droit de l'exiger dès le tems que la ceffion lui en a été faite. Mais il n'en eft pas de même d'une rente, dont le rachat ne dépend pas du créancier, mais feulement du débiteur : ainfi, au cas que le débiteur de la rente devienne dans la fuite des tems infolvable, le ceffionnaire en vertu de cette claufe peut s'adreffer au cédant, après difcuffion faite des biens du débiteur. *Voyez* ce que j'ai dit ci-deffus, lettre F, en parlant de la promeffe de fournir & faire valoir.

La quatrieme eft, *la promeffe de fournir & faire valoir, & même de payer foi-même après un fimple commandement fait au débiteur.* Cette claufe décharge le ceffionnaire de la difcuffion du débiteur, à laquelle il feroit obligé, s'il n'y avoit que la claufe de fournir & faire valoir.

Voyez ce que nous avons dit fur l'article 108. de la Coutume de Paris ; & Bacquet en fon Traité des tranfports de rentes fur l'Hôtel-de-Ville, & de rentes conftituées.

GARANTIE DES FAITS DU PRINCE, n'a point lieu, quand il n'y a point eu de ftipulation dans le contrat: car alors l'on confidère le fait du Prince comme un événement poftérieur & imprévû qui doit tomber fur l'acheteur ou fur le ceffionnaire, fuivant la régle ; *Futuri evictionis cafus, poft contractam venditionem, ad venditorem non pertinent.* C'eft auffi ce qui a fait décider dans la Loi 11. *ff. de evictionib.* que le vendeur n'étoit point garant de ce que les héritages par lui vendus étoient donnés à des foldats victorieux, par l'ordre de l'Empereur.

Mais quand la garantie des faits du Prince a été difertement ftipulée, elle doit avoir fon exécution, comme en général tous les événemens futurs & imprévûs qui donnent lieu à la garantie: *Pacta enim contractibus adjecta fervanda funt. Leg. 27. ff. de reg. jur.* Auffi les anciens Arrêts ont toujours autorifé

cette garantie, furtout quand il y a dans la claufe une promeffe de fournir & faire valoir, & de payer foi-même fans aucune difcuffion. Louet & fon Commentateur, lettre C.

Mais il a été des tems où quelque claufe de garantie étant appofée dans la vente, échange, ceffion, ou tranfport de rentes fur le Roi, le vendeur ou cédant n'étoit tenu que de la garantie fimple, générale & de fon fait, c'eft-à-dire que la rente lui appartenoit.

Aujourd'hui enfin la garantie des faits du Prince étant ftipulée en termes exprès, a lieu ; comme il a été jugé au Parlement de Paris, le 21. Mai 1715. *Voyez* ce que j'ai dit à ce fujet, *verbo* rentes créées par le Roi.

GARANTIE EN FAIT DE LEGS, n'a point lieu ; c'eft-à-dire, que le légataire d'une dette dûe au teftateur par un tel, ne peut pas contraindre l'héritier de la lui faire bonne ; & au défaut de la lui payer lui-même, l'héritier eft feulement obligé de céder fes actions au légataire : mais fi le teftateur avoit dit, je lègue à Titius la fomme de tant, à prendre fur ce qui m'eft dû par Mœvius, l'héritier feroit tenu de payer le legs au légataire, & il n'en feroit pas déchargé en offrant de lui délivrer fon obligation, & de lui céder fon action ; comme je l'ai dit, lettre L, en parlant du legs d'une chofe dûe au teftateur.

GARANTIE EN FAIT DE DONATION, n'a pas ordinairement lieu. *Voyez* Evincer. A l'égard de la donation rémuneratoire, *Mornac, ad leg. 62. ff. de Ædilit. Edict.* tient qu'il échet garantie à fon fujet ; mais elle n'a point lieu dans les donations qui procédent de la pure libéralité du donateur, ou qui fe font *contemplatione matrimonii, vel ob piam caufam.*

GARANTIE DES LODS ENTRE COHÉRITIERS, eft une garantie qui a lieu de plein droit, & en vertu de laquelle les lots des cohéritiers font garants les uns des autres ; fans que la garantie foit ftipulée dans le partage.

Cette garantie a lieu au cas d'éviction de la chofe échue en partage, à l'un des cohéritiers, quand même il n'auroit point été fait mention de la garantie dans le partage ; étant jufte que s'il ne la peut conferver, cette perte ne tombe pas fur lui feul, mais auffi fur tous fes cohéritiers, qui font obligés de lui en faire récompenfe. Baffet, tome 2. liv. 5. tit. 7. chap. 2.

Les copartageans font tenus de s'entregarantir les héritages & rentes tombées en partage. Filleau, part. 4. queftion 199. Mais en partage de meubles, ils n'ont point de recours les uns contre les autres, Brodeau fur Louet, lett. F, fomm. 25. nomb. 9.

Les pertes arrivées par le fait de celui à qui le lot eft échu, ne lui donnent aucun recours de garantie, non plus que celles qui font furvenues depuis le partage par cas fortuit ; parce que pour exclure la garantie, il fuffit que les chofes ayent été telles qu'elles paroiffent être au tems du partage.

En cas d'éviction de la chofe échue en partage à l'un des cohéritiers, il a pendant trente ans action de garantie contre chacun de ſes cohéritiers pour leur part & portion.

Il conclut dans cette action de garantie, *à ce que chacun d'eux, à proportion de ce qu'il amende de la ſucceſſion, ſoit tenu de l'indemniſer de la perte qui eſt arrivée à la choſe à lui échue par ſon lot, autrement que par ſa faute ou par ſon cas fortuit.*

GARANTIE EN FAIT DE VENTE. Toute vente eſt ſujette à garantie, & l'action en garantie court du jour du trouble. *Voyez* du Fail, liv. 1. chap. 382.

Si une choſe mobiliaire de prix ne ſe trouve pas de la qualité & bonté requiſe, l'acheteur peut contraindre le vendeur à la reprendre, & à en rendre le prix. Bouvot tome 2. verbo Vente, queſtion 47. rapporte un Arrêt du 17. Novembre 1608. qui l'a jugé ainſi ; au ſujet d'un diamant qui avoit été vendu comme bon & loyal.

La garantie de ſes faits & promeſſes faites par le vendeur d'un héritage, ne regarde pas ſeulement le trouble qui pourroit être fait à l'acheteur par le vendeur ou par ſes héritiers ; mais auſſi le trouble qui pourroit être fait par celui *à quo habet cauſam*, Peleus, queſt. 130.

Celui qui vend une maiſon à lui appartenante, ſous le nom d'un tiers homme inſolvable, avec promeſſe de la faire ratifier, eſt tenu à la garantie, nonobſtant la ratification qu'il lui auroit fait faire ; *quia nemini dolus ſuus patrocinari debet.* Ainſi jugé par Arrêt du 13. Juillet 1610. rapporté par Bouvot, tome 2. verbo Vente, queſtion 29.

Le vendeur d'un héritage qu'il a déclaré franc & quitte de toutes charges, cens & rentes, ſi cet héritage eſt main-mortable, eſt tenu de le garantir de cette condition ; comme il a été jugé par Arrêt du 2. Juillet 1600. rapporté par Bouvot, tome 2. verbo Main-morte, queſt. 20.

L'acquéreur d'un héritage à la charge du cens & fonds de terre ſeulement, étant pourſuivi par le Seigneur de lui payer un droit de Coutume, outre le cens, peut demander que ſon vendeur ſoit tenu de l'acquitter, ſi mieux n'aime conſentir à la réſolution du contrat, avec reſtitution des impenſes & améliorations.

Le demandeur en garantie ne peut refuſer à ſon garant la réſolution du contrat, en rembourſant le prix de ſon acquiſition, & de ſes dommages & intérêts.

L'éviction d'une partie de la choſe vendue, donne lieu à l'acheteur d'appeller le vendeur en garantie, & de faire réſoudre entierement le contrat, attendu que l'acheteur n'auroit pas acheté la choſe, s'il eût cru n'en avoir qu'une partie. *Voyez* Papon, liv. 11. tit. 4. nomb. 16. & Maynard, liv. 8. chap. 71. Celui qui a acheté un héritage qu'il ſçavoit ne pas appartenir au vendeur, ou être obligé envers un autre, s'il n'a point ſtipulé de garantie, l'héritage étant évincé, ne peut demander au vendeur que la reſtitution du prix qu'il en auroit donné ; mais s'il a ſtipulé garantie, il peut condamner le vendeur en pleine garantie ; c'eſt-à-dire, nonſeulement à la reſtitution du prix, mais encore en ſes dommages & intérêts, attendu que celui qui ſçait que la choſe qu'il fait n'eſt pas ſûre, eſt en

droit de prendre ſes précautions. *Voyez* Catelan liv. 5. chap. 7. & Louet, lettre A, ſomm. 13.

Le fidéjuſſeur de la vente des immeubles faite par une femme ſéparée, doit garantir l'acquéreur qui en a été dépoſſédé. *Voyez* Baſnage ſur l'article 373. de la Coutume de Normandie.

Le vendeur d'un héritage qui a déclaré dans le contrat que cet héritage étoit loué tant, ſi le bail qui en avoit été fait étoit d'une moindre ſomme, l'acquéreur a droit de prétendre diminution du prix, non pas ſeulement de ce qu'il recevra moins pendant le bail, mais à raiſon de ce que la ſomme défaillante produit en capital. Ainſi jugé au Parlement de Tournay le 8. Janvier 1699. rapporté par Dupineau, Arrêt 248.

Le garant d'une maiſon peut vendre des héritages obligés à la garantie de la maiſon vendue, à la charge que les deniers en provenant ſeront employés en rentes où héritages qui ſortiront pareille nature d'hypothéque.

L'acquéreur d'une maiſon peut, pour la garantie de ladite maiſon s'oppoſer au décret des héritages de ſon vendeur, & contraindre ceux qui toucheront de bailler caution, de rapporter le prix en cas d'éviction ; ou le vendeur peut bailler caution de ladite garantie.

L'acquéreur ne peut prétendre de garantie contre le créancier du vendeur, à qui le prix des biens a été délégué en payement, & ne peut refuſer de le payer ſous ce prétexte.

L'acquéreur d'un héritage condamné à le délaiſſer, ne peut obtenir ſa garantie contre ſon vendeur juſqu'à ce qu'il ait été dépoſſédé. *Voyez* Maynard liv. 9. chap. 7.

Le vendeur qui a promis garantie n'eſt pas tenu de ſe déſaiſir des titres, à moins qu'on ne le décharge de la garantie ; & ſi l'acquéreur ne l'en veut pas décharger, il ſuffit que le vendeur en donne à l'acheteur des copies collationnées, & offre de lui repréſenter les originaux, & de l'en aider toutes fois & quantes qu'il en aura beſoin. *Voyez* Papon, liv. 11. tit. 4. nomb. 1. & la Bibliothéque de Bouchel, verbo Garantie.

GARANTIE EN CAS DE VENTE, DIFFERE DE CELLE QUI SE FAIT EN CAS DE PARTAGE. En garantie de vente, l'eſtimation de la choſe vendue qui eſt évincée, ſe fait par rapport au tems de l'éviction. Mais en fait de partage l'eſtimation de la choſe évincée ſe fait par rapport au tems que le partage a été fait. *Cont. Peregrin. art. 52. num. 55. Vide Leg. 7. cod. commun. utri. jud.* C'eſt auſſi le ſentiment de la Peyrere, nomb. 9. verbo Garantie, où il dit que le contrat de vente étant volontaire, il eſt juſte que le vendeur garantiſſe l'éviction au tems qu'elle ſurvient ; c'eſt-à-dire, que l'eſtimation de la choſe évincée ſe faſſe par rapport au tems de l'éviction. Mais le partage étant un acte néceſſaire, & qui ne dépend pas de la volonté de ceux à qui les choſes communes appartiennent en commun, l'eſtimation de la choſe évincée à l'un des copartageans, doit être faite par rapport au tems que le partage a été fait, & non pas par rapport au tems de l'éviction.

GARANTIE EN FAIT D'OFFICE , eft une garantie particuliere de laquelle eft tenu celui qui a vendu un Office , envers celui qui en a traité avec lui.

Loyfeau en fon Traité des Offices , liv. 3. chap. 2. nomb. 33. dit que quoique dans les chofes corporelles il n'y ait que deux caufes de garantie , fçavoir , que la chofe appartienne au vendeur , qu'elle foit franche & quitte d'hypotheque ; néanmoins dans les Offices , il y a une autre caufe de garantie , qui eft que la chofe , c'eft-à-dire l'Office , qui eft une chofe incorporelle , & qui ne fe voit point , foit & fubfifte , c'eft-à-dire qu'il n'eft point fupprimé. Ainfi il y a dans l'Office ces trois caufes de garantie , qu'il foit & qu'il fubfifte , qu'il appartienne au vendeur , & qu'il ne foit point faifi pour fes dettes ; & ces trois garanties ont lieu de plein droit , quoique les Parties n'en ayent fait aucune mention dans leur traité.

En conféquence de la premiere , fi lors de la convention , l'Office ne fubfiftoit point , foit qu'il n'eût jamais été érigé , ou qu'il ne l'eût point été valablement , ou qu'avant le traité il eut été fupprimé ou autrement éteint , il y a lieu à la garantie.

Cependant fi le vendeur avoit vendu & promis réfigner feulement le même droit qu'il avoit en l'Office , ou que l'Office eût été vendu tel qu'il étoit lors de la vente , ou que l'acheteur l'eût acheté à fes rifques & fortune , ou que le vendeur eût déclaré faire la vente de l'Office fans garantie ; dans tous ces cas la vente feroit valable , & le vendeur ne feroit pas obligé à la reftitution des deniers par lui reçus.

Mais il faut pour que cela ait lieu , qu'on ait eu quelque efpérance probable , que l'Office acheté pourroit être rétabli ; & de plus , il faut qu'il n'y ait eu aucun dol de la part du vendeur : car fi par exemple celui qui auroit appris que fon Office alloit être fupprimé , l'avoit vendu fans garantie , & aux rifques & fortune de l'acheteur qui ignoroit ce fait , cet acheteur pourroit revenir contre un tel traité , & fe faire décharger de payer le prix convenu , nonobftant les fufdites claufes , attendu que c'eft la reticence frauduleufe du vendeur qui l'a porté à faire un tel traité qui lui eft préjudiciable.

A l'égard des deux autres caufes , il échet garantie , quand l'acheteur eft troublé dans l'Office par le droit du réfignant.

S'il y étoit troublé pour raifon de l'Office même , par exemple , en ce qu'il feroit furnuméraire & incommode au Peuple ; en ce cas il n'y auroit point lieu à la garantie , & l'acquéreur ne pourroit exercer aucun recours contre fon vendeur , fuivant le fentiment de Loyfeau.

La raifon eft , que celui qui veut fe faire pourvoir d'un Office , doit , avant que d'en traiter , prévoir tous les inconvéniens auxquels il peut être fujet. D'ailleurs , quand un Office eft fupprimé après que la vente en a été faite de bonne foi , c'eft le fait du Prince dont le vendeur n'eft pas refponfable.

GARANTIE EN FAIT DE VENTE DE CHEVAUX. Voici ce que portent l'article 260. de la Coutume de Sens , & l'article 87. de celle de Bourbonnois. » Un vendeur de chevaux n'eft tenu des vi-

» ces d'iceux , excepté de morve , pouffe & courbature , finon qu'il les ait vendus fains & nets ; » car en ce cas il eft tenu de tous vices apparens » & non apparens.

La difpofition de ces Coutumes a fervi de régle. Ainfi c'eft une maxime conftante parmi nous , qu'un vendeur de chevaux n'eft point tenu des vices apparens d'un cheval , s'il ne l'a garanti fain & net ; parce que l'acheteur a pû voir par lui-même les défauts , évidens & apparens ; & l'ayant acheté avec ces défauts , il eft cenfé y avoir confenti , & avoir fait fon marché fur ce pied-là. Leg. 14. ff. de Ædilit. Edict.

Il n'en eft pas de même de la morve , pouffe & courbature , qui font des vices cachés & non apparens ; car l'acheteur a pour raifon d'iceux une action redhibitoire , en vertu de laquelle il peut faire condamner le vendeur à reprendre le cheval , & à lui reftituer le prix qu'il en a reçu.

La Coutume de Sens ni celle de Bourbonnois , ne difent point dans quel tems doit être intentée cette action. Il faut en ce cas fuivre l'ufage du lieu où l'action eft intentée. L'ufage eft à Paris , qu'après les neuf jours de la vente , l'acheteur n'eft plus recevable à intenter cette action.

GARANTIE DES HARDES ET MARCHANDISES MISES DANS DES HÔTELLERIES, COCHES ET MESSAGERIES , n'a lieu que quand le vol en a été fait par les Domeftiques des Hôteliers , Meffagers & Fermiers des Coches , ou quand il y a de leur faute d'ailleurs. De-là il s'enfuit , qu'un Fermier d'un Coche , un Meffager & un Hôtelier , ne font point garans des vols faits nuitamment en leurs Bureaux ou Hôtelleries , & par effraction fuivant la Loi 3. ff. nautæ, caupones. Ainfi jugé par Arrêt du 15. Mars 1629. rapporté dans le Journal des Audiences ; & par un autre Arrêt du 14. Septembre 1715. rendu en la Grande Chambre , au rapport de M. Dreux.

Voyez l'article fuivant , & Defpeiffes dans fon Traité des Dépôts.

GARANTIE DONT SONT TENUS LES CABARETIERS ET AUBERGISTES. Par Arrêt du Parlement de Paris du 7. Septembre 1700. il a été jugé qu'ils ne font pas refponfables des vols faits en leurs maifons , quand on ne leur déclare point ce qu'il y a dans une valife , & qu'on n'a pas eu la précaution de l'enfermer dans une chambre ou armoire. Voyez le Traité de la Police , tome 3. liv. 5. tit. 46. chap. 24.

GARANTIE DONT SONT TENUS LES MAÇONS , CHARPENTIERS ET LES COUVREURS , pour raifon de la conftruction ou du rétabliffement d'un édifice. Ces ouvriers font garants de leurs ouvrages pendant dix ans , à compter du jour qu'ils font achevés. C'eft pourquoi fi durant ce tems il furvient quelque ruine qui procéde du vice de l'ouvrage , ils font obligés de le réparer à leurs dépens.

Ce terme de dix années eft tiré d'une Loi rapportée par Hermonopulus , liv. 3. tit. 8. qui fe trouve traduite en François dans un petit ouvrage in-douze imprimé à Paris en 1686. fur la durée de la garantie des ouvrages publics.

Cette Loi ne regarde point les Architectes qui donnent fimplement les deffeins , mais feulement ceux qui entreprennent les édifices & qui mettent la main à l'œuvre, & même ceux qui ne font employés qu'à les orner.

Cette Loi établit des peines afflictives contre les Architectes & les Entrepreneurs, qui avides du gain se chargent d'un trop grand nombre d'ouvrages, & les rendent imparfaits, ou ne remplissent pas les conventions du marché ; de forte que ces édifices font détruits en peu de tems, faute d'avoir été construits de la maniere qu'il convenoit.

Enfin cette Loi les oblige à rendre ce qu'ils ont reçu, & les contraint de refaire à leurs dépens l'édifice lorfqu'il est détruit dans l'efpace d'un certain tems ; fçavoir, de dix ans pour les ouvrages de conféquence, & de fix pour les ouvrages de terre & de matiere médiocre.

Nous n'avons reçu la difpofition de cette Loi que pour ce qui regarde la garantie des ouvrages, & cependant l'efpace de dix années ; auquel cas ils font feulement condamnés à les refaire à leurs dépens, lorfqu'ils tombent en ruine par le vice de l'ouvrage, & on ne les contraint point de rendre ce qu'ils ont reçu pour les conftruire.

Il eſt à préfumer que dans cet efpace de dix années, l'air, qui eſt la vraie pierre de touche des ouvrages, en doit manifefter les défauts, ou en conftater la folidité.

Cette garantie pendant dix années n'a fon application que fur les Maçons, les Charpentiers & les Couvreurs, & n'eſt point étendue aux Menuifiers, Plombiers, Carreleurs & Paveurs.

Cependant ces Artifans ne devroient pas moins être refponfables de leurs ouvrages au moins pendant fix ans ; les Menuifiers, de la verdure des bois & de leur mauvais affemblage ; les Plombiers, du faux emploi des foudures ; les Paveurs, de la tendreté du pavé ; & les Carreleurs, du mélange d'un plâtre éventé avec la pouffiere.

La raifon eſt, que ces défauts particuliers ne laiffent pas fouvent de contribuer à la ruine des maifons, & de la précipiter. La voute d'une cave périt quelquefois, parce que le pavé eſt peu joint, mal cimenté, & trop uni. Un gros mur s'entr'ouvre par les eaux d'une goutiere qui n'étant pas foudée, a donné des jours aux eaux qui l'ont percé. Un plancher fe détruit, parce que le carreau fe leve, faute d'être pofé en bon joint & fur un plâtre graffement mêlé.

Au reſte, pour que les Maçons & les Charpentiers foient tenus de la garantie de leurs ouvrages, il faut premièrement qu'il en ait été fait devis & marché paffés pardevant Notaires ; en fecond lieu, que la ruine en foit arrivée par le défaut de l'ouvrage, & non par le cas fortuit.

GARANTIE DES OUVRAGES PUBLICS. *Voyez* Ouvrages publics.

GARANTIE DE PROCEDURE. En matiere de retrait lignager, un Huiffier eſt refponfable des nullités de fon exploit. En matiere de décret, le Procureur eſt garant des nullités de fa procédure.

GARANTIE DE FIEF, eſt en quelques Coutumes l'hommage rendu au Seigneur par un aîné de fes puînés. Elle n'a lieu que pour le tiers du fief, attendu que dans les pays où elle eſt en ufage, tous les puînés enfemble ne peuvent avoir que le tiers du fief, tandis que l'aîné, outre fon préciput, en a les deux tiers.

GARDE, eſt une faculté accordée par la plûpart de nos Coutumes aux peres & meres, de jouir des biens ou d'une partie des biens appartenans à leurs enfans mineurs, pendant un certain temps, & aux charges prefcrites par la coutume.

Ce droit n'a lieu qu'en Pays coutumier. Il confiſte ordinairement dans la jouiffance des meubles, & dans l'ufufruit des immeubles du mineur, qui lui font échus par la mort du prédécédé.

Quelques Coutumes néanmoins donnent plus ou moins d'étendue à ce droit ; mais la plûpart font à cet égard affez conformes à la Coutume de Paris.

Ceux à qui la garde eſt déférée, peuvent l'accepter ou y renoncer ; mais l'acceptation s'en doit faire par le gardien en perfonne en Jugement, & devant le Juge du domicile des mineurs, par la raifon, que celui qui accepte la garde, s'oblige en Juſtice de fatisfaire aux charges de la Coutume ; *in judicio quaſi contrahit.* Cela fait que la perfonne doit être préfente, puifqu'elle contracte avec la Juſtice, d'autant plus qu'il n'y a point de tuteur, ni de curateur, ni même de Procureur du Roi, avec qui elle fe donne.

La garde n'eſt qu'une fuite du droit des fiefs. Comme ils ne fe donnoient d'abord qu'à vie, dès qu'ils furent devenus héréditaires, le Seigneur voyant que les fiefs pourroient écheoir à l'avenir à des mineurs dont ils ne tireroient aucun fervice, fe réferverent en quelques lieux la jouiffance de ces fiefs pendant la minorité féodale de leurs Vaffaux, à l'effet d'employer une partie des fruits de ces fiefs, pour payer en la place de ces mineurs des perfonnes de qui ils puffent tirer quelque fervice.

En d'autres endroits, ils permirent aux plus proches parens des mineurs du côté que les fiefs leur feroient échus, de les deffervir ; & ils choifirent même quelquefois ceux d'entre ces parens qui leur parurent les plus propres à s'acquitter de ce devoir.

Le droit que les Seigneurs accorderent aux parens de leurs Vaffaux mineurs, fut appellé *bail* ou *garde* ; & les parens qui deffervirent ces fiefs, furent appellés *Bailliftes*, c'eſt-à-dire Gouverneurs.

Ainfi le bail ayant été introduit afin que les fiefs des mineurs fuffent deffervis, tous les fruits & les profits furent donnés aux Bailliftes, parce qu'il n'eût pas été juſte qu'ils euffent deffervi ces fiefs à leurs dépens.

Comme ils faifoient les fonctions de Vaffaux, les Seigneurs, pour s'affurer de leur fidélité, les obligerent de faire la foi en leurs noms pour ces fiefs ; enfuite ils reçurent auffi la foi de leurs Vaffaux mineurs. Mais comme il n'étoit pas raifonnable que le bail fût uniquement au profit des Bailliftes, fans que les mineurs en tiraffent aucun avantage, on obligea les Bailliftes à payer les dettes des mineurs, & à les rendre quittes à la fin du bail. De maniere que les créanciers qui avoient négligé de faire leurs pourfuites contre les Bailliftes, étoient déchus de leurs droits envers les mineurs, la garde finie.

Dans

Dans ces premiers tems, les gardes n'étoient pas désavantageuses aux mineurs. I°. Parce qu'il n'y avoit d'abord que leurs fiefs qui tombassent en garde, & non pas leurs héritages en roture; & telle est encore aujourd'hui la disposition de la Coutume d'Amiens. II°. Parce que s'ils n'avoient pas été en bail, leurs Seigneurs auroient saisis leurs fiefs faute d'homme, en auroient joui sans payer aucune de leur dette; au lieu que leurs Baillistes étoient obligés de les rendre quittes à la fin du bail. Enfin ces gardes, par succession de tems, devinrent pour ainsi dire un pillage. Les Baillistes, non contens d'avoir tous les fruits & tous les profits des fiefs de leurs mineurs, usurperent encore leurs meubles: ce qui n'eut cependant lieu qu'entre Nobles; & après les meubles, ils usurperent les fruits des héritages en roture.

Cela fit que souvent les mineurs se trouvoient à leur majorité obligés de payer leur dettes; parce que leurs créanciers avoient été absens, & que leurs Baillistes étoient devenus insolvables, sans les avoir acquittées.

Pour remédier à cet inconvénient, dans la plûpart des Coutumes on ne reçut plus pour Baillistes les collatéraux; & même en plusieurs endroits on restraignit la garde aux peres & meres.

Mais pour empêcher les Seigneurs de saisir, faute d'homme, les fiefs des mineurs qui relevoient d'eux, on les obligea de donner souffrance aux mineurs, & l'on arrêta que la souffrance vaudroit foi tant qu'elle dureroit.

L'on ne permit plus aussi aux Nobles dans quelques Coutumes de prendre les meubles des mineurs dont ils auroient le Bail; & en d'autres lieux on priva tous les Baillistes indistinctement de la jouissance des héritages en rotures.

Enfin on les obligea presque par-tout de donner caution, & l'on abrogea en plusieurs endroits le tems des gardes. On ordonna même en plusieurs Coutumes qu'elles finiroient par les secondes noces, tant des peres que des meres; & en d'autres par les secondes noces des meres seulement.

La garde est différente suivant les différentes Coutumes, qui néanmoins se reduisent presque toutes à la Coutume de Paris, avec très-peu de différence, excepté celle de Normandie & celle d'Amiens.

Il y a deux sortes de gardes dans la Coutume de Paris; sçavoir, la garde noble & la garde bourgeoise, qui ont quelque chose de commun entre elles, & qui ont aussi quelque différence.

La garde noble, qui est très-ancienne, & qui a été vraisemblablement inventée & introduite à l'occasion des fiefs, est déférée aux peres & meres nobles de mineurs; & à leur défaut, à leurs ayeuls & ayeules nobles, sans donner caution. Mais pour que la femme survivante ait la garde noble, il ne suffit pas qu'elle soit noble, il n'est pas même requis qu'elle le soit; il faut & il suffit que son mari ait été noble.

La garde noble, de même que la succession, est déférée à tous les ayeuls & ayeules, tant du côté paternel que maternel, conjointement par têtes;

Tome I.

enforte qu'elle peut être divisée entre deux, trois & quatre personnes dans la Coutume de Paris, & dans les autres qui n'ont point de dispositions précises là dessus. Sur quoi il faut remarquer que ces mots de l'article 265. de la Coutume de Paris, *il est loisible au pere & mere: ayeul & ayeule d'accepter la garde*, ne se prennent pas conjointement, de maniere qu'elle soit déférée conjointement aux peres & meres, ayeuls & ayeules: mais cet article se doit entendre divisément, & *salva ordinis prœrogativa*, à l'égard des personnes des peres & meres, ayeuls & ayeules; de forte que les ayeuls & ayeules paternels & maternels ne font admis à la garde noble, qu'au défaut du pere ou de la mere de l'enfant mineur: ainsi la garde noble ayant été une fois déférée au pere ou à la mere, soit qu'elle ait été prise ou refusée, ne passe point aux ayeuls, comme je l'ai remarqué sur cet article de la Coutume de Paris.

Si dans le cas du concours de plusieurs gardiens nobles, l'un d'eux vient à décéder, sa part dans la garde ne retourne point au mineur, mais elle accroît aux autres: cela est fondé sur ce que tous les gardiens font conjoints dans la chose & dans la charge. Ainsi, comme la garde est indivisible, elle peut seulement décroître par le concours d'autres personnes, plutôt que de souffrir un partage réel.

Mais nous avons quelques Coutumes, comme celle de Blois, tit. 2. art. 7. qui n'admettent point de concours de plusieurs personnes en fait de garde, & qui préférent l'ayeul à l'ayeule, & l'ayeul paternel au maternel.

La garde ne peut être réiterée: ainsi, quand le pere ou la mere qui ont la garde noble de leurs enfans mineurs, viennent à se remarier, la garde finit, & ne retourne point aux ayeux. Par cette même raison, si la mere qui a la garde noble de ses enfans, vient à décéder avant qu'ils ayent atteint l'âge de sortir de la garde, l'ayeul ne la peut demander. Auzanet sur l'article 265. de la Coutume de Paris.

Il y a plus; c'est que si la mere après le trépas de son mari n'avoit pas accepté la garde noble de ses enfans, & qu'elle se fût contentée d'accepter leur tutelle, cette mere tutrice venant à décéder avant que ses enfans ayent atteint l'âge de sortir de la garde, ils ne tomberoient pas de nouveau sous la garde de leur ayeul ou ayeule. *Voyez* le second Plaidoyer de Gautier, tome 2.

La garde noble doit être demandée pardevant le Juge royal, privativement aux Officiers des Seigneurs. Auzanet sur l'article 269. de la Coutume de Paris.

La garde bourgeoise est celle qui, par un droit & privilege spécial, est déférée en quelques Coutumes aux peres & aux meres nobles des enfans mineurs, en donnant caution.

Il y a long-tems que la garde bourgeoise est introduite en faveur des Bourgeois de la Ville de Paris; mais elle n'a été bien établie que depuis les Lettres patentes de Charles VI. du 5. Août 1390, qui confirment ce privilege accordé aux Bourgeois par Charles V. le 9. Août 1371.

La garde bourgeoise est accordée aux seuls Bourgeois de la Ville & Fauxbourgs de Paris, & non pas à ceux des autres Villes qui sont du ressort de la Coutume de Paris. Elle n'est déférée qu'au pere & à la mere, & non pas à l'ayeul ni à l'ayeule: mais d'autres Coutumes donnent la garde roturiere à l'ayeul & à l'ayeule; & comme ces Coutumes sont exhorbitantes du droit commun, elles doivent être renfermées dans leur détroit.

Quelques Coutumes n'admettent que la garde noble, comme Mante, article 178. D'autres ne donnent la garde aux roturiers que pour les fiefs nobles seulement, comme celle de Clermont, article 176. D'autres enfin donnent la propriété des meubles au gardien noble; mais non pas au roturier: telle est la disposition de l'article 340. de la Coutume de Tours.

Cela fait voir qu'en plusieurs lieux la garde noble est plus favorable que la garde bourgeoise.

Dans la Coutume de Paris, la garde noble finit à vingt ans pour les mâles, & à quinze pour les filles; & la garde bourgeoise finit à quatorze ans pour les mâles, & à douze ans pour les filles.

La garde noble ou bourgeoise finit encore par le second mariage du gardien, ou par le mariage du mineur fait du consentement du gardien, quoique le tems prescrit pour la garde ne soit pas expiré. Une veuve est privée de la garde de ses enfans, non-seulement quand elle se remarie, mais aussi quand il est prouvé qu'elle mene une vie déréglée, ne favorabilior sit luxuria quam castitas & pudicitia.

L'une & l'autre finit aussi lorsque le gardien abuse manifestement de son droit, par des mauvais ménages ou autrement.

Le gardien noble ou bourgeois est tenu de faire faire inventaire de tous les titres & papiers, meubles & immeubles des mineurs. La Coutume de Paris oblige même celui qui a la garde bourgeoise, à donner caution.

La raison pour laquelle tout gardien est tenu de faire inventaire, & qu'il n'a que l'administration des meubles du mineur, & qu'il les doit rendre après la garde finie; c'est pourquoi il faut qu'il y ait inventaire desdits meubles, pour en sçavoir la consistance.

Le gardien profite à la vérité des fruits des immeubles du mineur, sans être tenu d'en rendre aucun compte; mais il n'a pas la propriété desdits immeubles: il est donc obligé de les remettre en la possession du mineur, la garde finie; & par conséquent il faut que le gardien fasse faire inventaire des titres & papiers qui concernent lesdits immeubles, pour les remettre aussi au mineur, lorsque la garde sera finie.

Quand nous disons que le gardien a la jouissance des meubles & l'usufruit des immeubles du mineur, cela ne se doit entendre que des biens échus au mineur par la succession du pere & de la mere, dont le décès a donné ouverture à la garde. C'est l'avis de M. Duplessis, qui, comme très-juste, est suivi & autorisé par l'usage.

Comme le droit de garde est de Droit étroit, il ne doit point recevoir d'extension; ce pourquoi il se terminent aux biens qui appartiennent aux mineurs par le décès du prédécédé de ses pere & mere, & ne peut être augmenté par les biens qu'il avoit de leur vivant, ni par ceux qui lui arrivent depuis, à moins qu'il n'y eût quelque disposition expresse de la Coutume qui le réglât ainsi.

Il est vrai que pendant un tems on a douté, si lorsqu'il advient en ligne directe ou collatérale quelque succession aux mineurs, le gardien en fait les fruits siens: les uns étoient pour l'affirmative, & les autres pour la négative; mais cette derniere opinion a prévalu au Palais, qui est que la garde étant acceptée, elle n'augmente ni ne diminue, elle se prend & demeure en l'état qu'on la trouve. La jouissance & l'administration du gardien ne comprend que les biens qui sont échus au mineur par la succession ou disposition à cause de mort du pere ou de la mere, qui a donné lieu à la garde; & il n'entre dans la garde que ce que les mineurs ont recueilli par le décès du prédécédé de ses pere & mere.

S'il échet au mineur quelque succession directe ou collatérale pendant la garde, le gardien n'en jouit donc pas; il n'en a pas même l'administration, à moins qu'il ne soit tuteur. Ce qui a été jugé ainsi par plusieurs Arrêts, & ne souffre aujourd'hui aucune difficulté.

La raison est, que ces successions ne font point partie de la garde; elles sont à cet égard considérées comme un patrimoine distinct & séparé, dont les fruits & les revenus ne doivent point appartenir au gardien: quand il s'agiroit même de la succession d'un autre frere mineur, dont le pere ou la mere auroit eu la garde, les fruits de cette succession ne lui appartiendroient pas, suivant ce que nous venons de dire, & d'ailleurs parce que par debet esse ratio commodi & incommodi. Or ce gardien n'est plus chargé de la nourriture & entretien de l'enfant mineur qui est décédé; & par conséquent il ne doit plus jouir des fruits de ses biens dont il avoit auparavant la garde, & laquelle est absolument finie par sa mort.

Comme le gardien profite des revenus du mineur, il est chargé, 1°. de payer les dettes mobiliaires de la succession du pere ou de la mere, dont le décès a donné ouverture à la garde: ainsi, qui garde prend, quitte la rend. A l'égard des frais funéraires du prédécédé, je crois qu'ils doivent aussi être acquittés par le gardien, & qu'ils ne tombent point sur le mineur, parce que ce n'est qu'une dette mobiliaire, qui doit par conséquent être acquittée par le gardien, & parce que l'on a bien jugé à propos de restraindre les gardes comme injustes & odieuses; mais on n'a jamais entendu diminuer les charges des gardiens; attendu qu'il leur reste encore toujours assez de profit.

II°. Le gardien, est pareillement tenu d'acquitter les arrérages des rentes & charges annuelles des maisons héritages provenans de ladite succession, dont le gardien a la jouissance.

III°. Il est tenu d'entretenir lesdites maisons & héritages des réparations viageres, & de faire tout ce qui eſt néceſſaire pour les pouvoir rendre en bon état après la garde finie.

IV°. Il eſt tenu de nourrir & d'entretenir le mineur, & de lui donner l'éducation convenable à ſa qualité.

Dans la Coutume de Paris, outre le gardien, le mineur doit avoir un tuteur pour agir dans toutes les affaires qui ne regardent ni les meubles ni les fruits des immeubles, dont la jouiſſance appartient au gardien ; mais le gardien peut être élu tuteur.

Ces deux qualités ne ſont point incompatibles, pourvû que la garde ſe demande avant la tutelle ; ou que ſi la tutelle ſe prend auparavant, le tuteur qui l'accepte, déclare & proteſte qu'il entend que l'acceptation qu'il fait de la tutelle, ne pourra nuire ni préjudicier à la demande qu'il prétend faire de la garde.

Le ſurvivant des pere & mere du mineur qui a accepté la garde, peut donc être tuteur ; mais celui qui auroit accepté la tutelle ou la curatelle ſimplement & ſans proteſtation, ne pourroit plus demander la garde.

La garde eſt perſonnelle : ainſi, quand elle eſt acquiſe, le changement de domicile n'eſt pas conſidéré, & ne change rien. Par exemple, un Bourgeois de Paris, à qui la garde de ſes enfans mineurs eſt échue après le décès de ſa femme, va enſuite demeurer dans une autre Coutume où la garde n'eſt point reçue, ſes droits lui ſont conſervés de même que s'il étoit à Paris ; en un mot, ils le ſuivent par-tout.

Cela fait voir que la garde eſt une qualité perſonnelle qui dépend de la Coutume où elle eſt déférée, eu égard au tems du décès du prédécédé des conjoints.

C'eſt ſur ce principe que l'on donne la jouiſſance de tous les droits & actions qui ſont purement perſonnels & mobiliaires, & des contrats de conſtitution, à un pere ſurvivant qui accepte la garde noble ou bourgeoiſe, domicilié à Paris, en quelque lieu que les meubles ſoient ; *quia non habent ſitum*.

Mais ſi l'on reſtraint à l'égard des immeubles ces jouiſſances, ſuivant la diſpoſition de chaque Coutume ; pour les immeubles qui y ſont ſitués. C'eſt pourquoi s'il y a dans la ſucceſſion du prédécédé des héritages ſitués dans un Bailliage où la garde ne ſoit pas admiſe, le gardien n'en jouira pas ; parce que chaque Coutume, pour les droits réels & pour les immeubles *quæ habent ſitum*, oblige de ſuivre ſes diſpoſitions.

Dans les fruits qui appartiennent au gardien, ſont compris les arrérages de cens & rentes ſeigneuriales, droit de relief & de quint, amende, confiſcations mobiliaires, & autres profits de fiefs ; droits de chaſſe, droits honorifiques, droits de patronage, collations de Bénéfices & Offices.

A l'égard des immeubles confiſqués ou commis par félonie, la jouiſſance en appartient au gardien pendant le tems de la garde ; mais la propriété en eſt reſervée au mineur.

Comme la garde eſt déférée par la Loi, la diſpoſition de l'homme n'y peut donner atteinte :

c'eſt pourquoi le mari par le teſtament n'en peut priver ſa femme, ni la femme ſon mari ; ils ne peuvent point s'ôter ce qu'ils ne tiennent point d'euxmêmes, mais de la diſpoſition de la Loi.

Le gardien ne peut vendre ni aliéner le bien de ſes mineurs, ni pourſuivre où défendre leurs droits en Juſtice. *Voy.* l'art. 270. de la Coutume de Paris.

Ainſi dans les Coutumes où la qualité de gardien ne ſupplée point à celle de tuteur, les ſaiſies & criées pourſuivies ſur le gardien ſeroient nulles. Brodeau ſur Louet, lett. G, nomb. 6. Il faut toûjours que ce ſoit le tuteur ou le curateur qui agiſſe ; en ſorte que ſi les mineurs ont un gardien & un tuteur en même tems, ce ſera ce dernier qui aura l'adminiſtration des affaires, & contre lequel ſeul on pourra valablement procéder.

C'eſt auſſi ſur ce même principe, que ſi les deux qualités de tuteur & de gardien ſont réunies en la même perſonne, & que le pere, par exemple, ſoit gardien & tuteur, ce ſera en conſéquence de cette derniere qualité qu'il faudra procéder avec lui.

Ce qui eſt dû au gardien par la ſucceſſion du prédécédé, eſt confus en ſa perſonne, pourvû que la dette ſoit mobiliaire, parce que c'eſt à lui à acquitter ces ſortes de dettes.

Il eſt loiſible à celui qui a droit de prendre la garde de ſes enfans mineurs, de l'accepter, ou de ne la pas accepter. Mais on demande ſi l'on peut renoncer à la garde, après qu'on l'a accepté en Juſtice ? Il ſemble d'abord que cela doit être permis ; parce que, ſuivant la Loi pénultieme au code *de pactis*, il eſt loiſible à un chacun de renoncer au droit qui eſt introduit en ſa faveur. Cependant il faut dire que le gardien ne peut plus renoncer à la garde après qu'il l'a acceptée ; parce que celui qui l'accepte, *quaſi contrahit in judicio*, & s'oblige par ce moyen au payement des dettes mobiliaires du défunt ; de maniere même que ſi la garde lui étoit déſavantageuſe, il n'auroit pas la liberté d'y renoncer.

Cette raiſon néanmoins n'a pas été admiſe en 1691. au mois de Mai, que cette queſtion fut agitée en la ſeconde Chambre des Enquêtes : car la Cour, ſans avoir égard aux Loix du titre du Digeſte, *quæ in fraudem creditorum*, qu'on oppoſoit aux enfans qui profitoient de cette renonciation, jugea qu'un pere, après avoir accepté la garde, pouvoit y renoncer pour rendre leur condition meilleure, au préjudice de ſes créanciers.

La raiſon ſur laquelle la Cour ſe détermina, eſt la Loi pénultieme au code *de pactis*, qui permet à chacun de renoncer au droit introduit en ſa faveur. Cet Arrêt me fait préſumer que la Juriſprudence a changé à cet égard, & que ce qui étoit anciennement la raiſon de douter, eſt enfin devenu la raiſon de décider.

La jouiſſance qu'a le gardien des immeubles advenus au mineur par le décès du prédécédé de ſes pere & mere, commence dès l'inſtant de ſon décès, quoique le gardien n'ait que long-tems après accepté la garde, parce que cette acceptation a un effet rétroactif.

Dès que la garde eſt finie, les fruits appartiennent au mineur, quoiqu'ils ſoient alors prêts à cueillir, fans que le gardien foit recevable à répéter les frais des labours & femences. Pontanus fur l'art. 5. de la Coutume de Blois.

Il eſt au choix du mineur de reprendre après la garde finie les meubles en eſpece, s'ils ſont en nature, ou l'eſtimation portée par l'inventaire avec la crue à raiſon de cinq ſols pour livre, ou le prix de la vente, s'ils ont été vendus.

Touchant la garde noble ou bourgeoiſe, *voyez* ce que j'en ai dit ſur le titre 12. de la Coutume de Paris, où j'ai remarqué les différences qu'il y a entre l'une & l'autre garde, & où j'ai traité au long les principales queſtions qui regardent cette matiere.

Je vais finir cet article par les obſervations ſuivantes. I°. Il y a pluſieurs Coutumes dans leſquelles les ſecondes noces ne ſont pas perdre au gardien noble la garde de ſes enfans.

II°. Dans les Coutumes qui donnent en propriété les meubles au gardien, il n'eſt pas tenu de les rendre, quoiqu'il ſe remarie, & perd la garde par ce ſecond mariage ; les ayant fait une fois ſiens par l'acceptation de la garde, il ne peut plus les perdre : ainſi l'extinction de la garde ne produit d'effet que pour les fruits & profits à percevoir, & non pour ceux qui ſont déjà peçus & acquis.

III°. dans les Coutumes où les peres & meres ſont privés de la garde noble ou bourgeoiſe de leurs enfans par leur ſecond mariage, l'éducation leur eſt toujours conſervée.

Touchant la garde noble ou bourgeoiſe, *voyez* le titre 12. de la Coutume de Paris, & ce que j'ai dit ſur les articles de ce titre.

GARDE ROYALE, eſt un droit ſpécial qui appartient au Roi en certains lieux, pour raiſon des fiefs nobles tenus immédiatement de lui.

Elle lui donne la jouiſſance de tous les fiefs, arriere-fiefs, rotures, rentes & revenus des mineurs qu'il a en ſa garde ; à la charge d'entretenir les héritages, & de payer les arrérages des rentes, de nourrir & de faire élever les enfans pendant tout le tems que dure la garde ; & les enfans ne peuvent ſe marier tant qu'elle dure, ſans le conſentement de Sa Majeſté.

En Normandie, où la garde royale a lieu lorſqu'il y a quelque fief dans la mouvance immédiate du Roi, la garde royale attire tous les autres, ſuivant ce que nous avons dit ci-deſſus ; c'eſt-à-dire, qu'elle attribue au Roi le droit de jouir de tous les autres fiefs du mineur, en quelque mouvance qu'ils ſoient.

Mais le Roi accorde preſque toujours aux mineurs les fruits de leurs fiefs, & ſe réſerve ſeulement le droit de préſenter aux Bénéfices, dont le patronage eſt attaché aux fiefs.

Cette eſpece de garde introduite en Angleterre par les Normands, avoit lieu anciennement en Bretagne : mais en l'année 1277. par un Traité fait entre Jean Duc de Bretagne, & les Nobles du pays, elle fut changée en un droit de rachat, qui conſiſte dans les fruits d'une année ſans couper les bois, pêcher les étangs, vendre ni courre en garenne & en forêts ; moyennant quoi, les Nobles

peuvent en Bretagne laiſſer la garde de leurs enfans à qui bon leur ſemble.

GARDE SEIGNEURIALE, eſt un droit qui appartient en quelques endroits, comme en Normandie, au Seigneur féodal, lequel pendant que ſes Vaſſaux ſont en bas âge, fait les fruits ſiens des revenus des fiefs qui relevent ſeulement de lui immédiatement, ſans qu'il ſoit obligé de nourrir ni d'entretenir les mineurs, auxquels on donne des tuteurs pour leurs autres biens.

Il eſt ſeulement tenu de conſerver les fiefs en leur entier, & d'acquitter tous les ans les rentes foncieres, & les autres charges marquées par les Coutumes.

Voyez Berault ſur l'art. 223. de la Coutume de Normandie ; Baſnage ſur les articles 127. 215. 216. & 218. de la même Coutume.

GARDES, ſe dit de pluſieurs Officiers de Juſtice ; comme Gardes-Marteau, Gardes des Monnoies, les Juges-Gardes & Conſervateurs des Priviléges des Univerſités, des Foires, &c.

On appelle le Prévôt de Paris ſimplement Garde de la Prévôté, à cauſe que c'eſt le Roi qui eſt le premier Juge & Prévôt. *Voyez* Prévôt de Paris.

GARDES ou JUGES-GARDES, ſont les premiers Juges des Monnoies, dont les appellations reſſortiſſent à la Cour des Monnoies.

Il y en a deux établis dans chaque Hôtel où l'on fabrique monnoie. Leur fonction eſt de veiller ſur tout le travail de la Monnoie, à ce qu'il ſoit fait ſelon l'ordonnance ; de peſer, rebuter & faire refondre les eſpéces trop foibles de poids & d'alois ; d'en tenir Regiſtre, & en faire des procès verbaux ; de les renvoyer à la Cour des Monnoies, avec les boëtes dans leſquelles ils renferment les pieces & échantillons pour être jugées.

GARDE-MARTEAU, eſt un Officier des Eaux & Forêts, commis dans une étendue de pays pour la conſervation des bois, qui regarde le marteau avec lequel on marque le bois qu'on doit couper dans les Forêts du Roi, quand on fait des ventes.

Il y a auſſi le droit d'aſſiſter aux Jugemens intentés pour le fait des Eaux & Forêts : non-ſeulement il y a voix délibérative, mais encore le droit de tenir le Siége en l'abſence du Maître & du Lieutenant.

GARDE NOTE ou TABELLION, eſt un Officier qui ne paſſe pas les actes & contrats, mais qui en conſerve les notes & minutes.

En pluſieurs Villes, les Notaires reçoivent & paſſent ſeulement les minutes & notes des contrats, & les peuvent délivrer aux Parties en brevet ; mais ils ſont tenus de les porter aux Tabellions ou Gardes Notes, pour les garder & délivrer en groſſe aux Parties, ſi elles le requierent, pour avoir une exécution parée.

En l'an 1597. que le Roi Henry IV. rendit héréditaire les Offices de Notaires, il unit & incorpora les Offices de Notaires, Tabellions & Gardes-Notes ; de ſorte que la garde des minutes fait aujourd'hui partie de l'Office de Notaire.

Il faut excepter quelques Villes où les fonctions des Notaires & celles des Tabellions n'ont pas été réunies ; & en ce cas, comme nous venons de dire, le Notaire reçoit la minute, & le Tabellion en délivre l'expédition après l'avoir mise en forme.

Mais presque par-tout le Royaume, les Notaires prennent la qualité de Notaires & Gardes Notes, c'est-à-dire, qu'ils gardent les minutes des contrats que les particuliers passent devant eux.

GARDE-ROLLES, est un Officier de la grande Chancellerie, qui garde le rolle des oppositions qui se font au Sceau, à la résignation des offices de ceux qui ont des créanciers.

Il y en a aussi d'établis pour les rentes de l'Hôtel-de-Ville, que l'on appelle *Conservateurs des hypotheques.*

Les Gardes-Rolles rapportent à Monseigneur le Chancelier les provisions des Offices; & les Conservateurs, les Lettres de ratification de la vente des rentes sur la Ville. *Voyez* l'Histoire de la Chancellerie, tome 1. page 379.

GARDE DES SCEAUX, est un grand Officier du Royaume, à qui le Roi commet la garde des Sceaux de la grande Chancellerie, dignité qui est ordinairement jointe à celle de Chancelier.

Sa principale fonction est de sceller non-seulement les Edits, Déclarations & autres Ordonnances royaux; mais encore toutes les Lettres de Chancellerie, qui concernent la Finance, la Justice & la concession des dons & des graces.

Il a les confiscations en entier de ceux qui sont condamnés à peine afflictive, pour faussetés commises au Sceau; & quand il marche en cérémonie, il est précédé de quatre Hoquetons, qui portent masses aux armoiries du Roi, comme nous avons dit ci dessus, *verbo* Chancelier.

Touchant la dignité du garde des Sceaux, *voyez* le Traité de la Souveraineté fait par M. le Bret, liv. 4. chap. 1. Joly, des Offices de France, tom. 1. liv. 2. tit. 1. page 621. & aux additions, page 233. & suivantes; Fontanon, tome 1. liv. 1. tit. 1. & la Bibliotheque historique du Pere le Long, page 690 & suivantes.

GARDES DES PETITS SCEAUX, sont des Officiers qui ont la garde de petits Sceaux, pour raison de quoi ils ont de certains droits pour chaque acte qu'ils scellent. *Voyez* Henrys, tome 1. liv. 2. chap. 4. quest. 25.

GARDE-SACS, est un Commis dépositaire & chargé des sacs & des productions des Parties, pour en être faite la distribution aux Conseillers, suivant que celui qui préside à la Jurisdiction, le juge à propos.

GARDES-GARDIENNES, sont Lettres octroyées à des Communautés, Chapitres, Abbayes, Prieurés & Eglises de ce Royaume, par lesquelles elles peuvent attirer leurs débiteurs hors leur Jurisdiction, & les assigner pardevant le Juge royal dénommé dans les Lettres, Conservateur de leur privilege, à l'exclusion des Juges des Seigneurs Hauts-Justiciers.

Ces Lettres doivent être vérifiées en la Cour de Parlement. En vertu de ces Lettres dont on donne copie, on appelle les Parties devant le Juge royal dénommé dans lesdites Lettres.

Ce privilege est fondé sur ce que les Eglises de fondation royale, Chapitres, Communautés, Monasteres & Colléges, sont à la sauve-garde & protection générale du Roi, qui en est le seul patron & gardien. *Voyez* Bacquet des Droits de Justice, chap. 8. nomb. 51. & suivans.

Par Arrêt du Conseil privé du Roi, du 12. Septembre 1692. trois choses importantes en matiere de gardes-gardiennes ont été décidées. La premiere, que ces Lettres ne peuvent être adressées à autres qu'au premier & principal Siége royal du lieu où l'Eglise est située. La seconde, que lorsque les Lettres portent que l'on ne sera tenu de plaider qu'en un seul Siége, elles ont l'effet d'attirer les justiciables des anciens Bailliages voisins. La troisieme, que ce privilege n'est pas sujet à restriction, lorsque les Ecclésiastiques en jouissent *ab antiquo.*

GARDES-GARDIENNES, sont aussi les Lettres accordées aux Régens, Ecoliers & Suppôts de l'Université, en vertu desquelles ils ont droit de plaider pardevant le Juge-Conservateur des priviléges de l'Université.

Ces Lettres de gardes-gardiennes qui s'accordent par les Conservateurs, sont annales comme les *Committimus.* Les renvois en vertu de ces Lettres ne se peuvent demander qu'en cause par Avocat ou Procureur, & non par un Sergent; & en cas de refus, il en faut appeller comme de Juge incompétent. *Voyez* Scolarité. *Voyez* aussi le tit. 4. de l'Ordonnance de 1669. avec les Notes de Bornier.

GARDIEN, se dit de celui qui a la garde noble ou bourgeoise. Sur quoi *voyez* ce que nous avons dit ci-dessus, *verbo* Garde.

GARDIEN DE MEUBLES, se dit de celui qui s'est chargé de la garde des meubles saisis sur un debiteur, à la charge de les représenter pour être vendus par le créancier; à quoi le gardien s'est obligé, de maniere qu'il y peut être contraint par corps.

Le gardien suit ordinairement la foi de celui sur qui la saisie mobiliaire a été faite. Il ne dépend néanmoins que du gardien, suivant l'article 21. du titre 19. de l'Ordonnance de 1667. de requerir l'Huissier qui fait la saisie, de le mettre en possession des meubles saisis, & de les enlever.

On ne doit établir pour gardien suivant la même Ordonnance, ni les parens de l'Huissier, ni le saisi, sa femme, enfans ou petits-enfans; mais on peut établir pour gardiens, les freres, les oncles & les neveux, pourvû qu'ils y ayent expressément consenti par le procès verbal de saisie & exécution, & qu'ils l'ayent signé, ou déclaré ne pouvoir signer.

Il n'est pas permis d'empêcher par violence l'établissement du gardien, ni de le troubler: la peine est le double de la valeur des meubles saisis, cent livres d'amende, sans préjudice des poursuites extraordinaires.

S'il survient des oppositions qui retardent la vente, les gardiens sont déchargés de plein droit deux mois après qu'elles auront été jugées; & si les oppositions ne sont vuidées dans un an du jour de l'établissement du gardien, il demeure encore de plein droit déchargé. Mais cela n'a lieu que quand le gardien n'a pas été mis en possession des meubles; car quand il en a été mis en possession, il peut être poursuivi pendant trente ans pour les représenter; parce que cela produit une action personnelle à cause de la tradition actuelle, qui fait que cette action dure trente ans. *Voyez* l'Observation de M. le Camus sur l'article 171. de la Coutume de Paris.

Lorsque le gardien fait enlever les meubles saisis, il ne doit point s'en servir, ni les louer à personne; il les doit conserver comme un dépositaire: faute par lui de le faire, il en est responsable, & doit en outre être condamné en tous les dépens, dommages & intérêts.

Les gardiens des meubles sont contraignables par corps à les représenter; mais il faut pour cela qu'il y ait un Jugement qui les y condamne. Ainsi, par Arrêt du 28. Août 1676. rapporté dans le Journal des Audiences, défenses ont été faites aux Huissiers & Sergens, & à tous autres, d'emprisonner les gardiens établis aux saisies des meubles, faute de les représenter, en conséquence du commandement à eux fait, qu'en vertu d'un Jugement des Juges auxquels la connoissance en appartient.

Voyez ce qui est dit des Gardiens dans le tit. 19. de l'Ordonnance de 1667.

GARENNE, est un bois ou bruyere où il y a beaucoup de lapins.

La garenne qui est fermée de murs, est appellée garenne privée. Il n'est pas permis d'entrer sans la permission du Seigneur, & sans le consentement des voisins, à cause du dommage que ces sortes d'animaux ont coutume de faire dans les terres voisines.

Les garennes en général sont défensables en tous tems. Qui chasse en garenne sans permission du maître est puni comme voleur, suivant l'article 16. du titre des Bois & Forêts de la Coutume de Nivernois, & l'article 167. de la Coutume d'Orléans.

Il y a une Ordonnance du Roi Jean de l'année 1355. qui défend de faire de nouvelles garennes, ni de faire accroissement aux anciennes, parce qu'elles empêchent les labourages; & par ladite Ordonnance, il est permis de chasser esdites nouvelles garennes sans péril d'amende.

Voyez Salvaing, de l'usage des Fiefs, chap. 62. Mornac, *ad Legem* 65. *ff. de usufruct. & quemadmodum*, &c. Papon, liv. 13. tit. 2. nomb. 32. la Lande, sur l'art. 167. de la Coutume d'Orléans; la Rocheflavin, des Droits seigneuriaux, chap. 27. art. 5. Basnage, titre de Jurisdiction, art. 36.

GARIMENT, est une espece de garantie que donne le Seigneur d'un Fief, pour une partie de ce fief qu'il transporte à un autre, avec promesse de garantir sous son hommage cette partie aliénée.

L'acquéreur de cette partie de fief doit contribuer aux charges, à moins qu'il n'y ait une convention contraire.

Mais la promesse du cédant n'est que personnelle; de sorte que s'il aliene ce qu'il a retenu du fief, s'il cesse ainsi d'être en hommage, l'acquéreur n'est plus garanti, il n'a plus que son recours contre son cédant pour ses dommages & intérêts.

Voyez Vigier sur l'article 20. de la Coutume d'Angoumois, nomb. 4.

GARNIMENT, c'est-à-dire garantie. *Voyez* Garantie.

GARNIR LA MAIN DE JUSTICE. Quand celui qui est poursuivi pour une dette prouvée & justifiée, allegue une exception péremptoire contre la demande qui lui est faite; jusqu'à ce qu'il prouve l'exception qu'il propose, il doit garnir la main de Justice, c'est-à-dire mettre ès mains du Sergent ou Huissier la somme pour laquelle il est poursuivi.

Un Fermier, par exemple, allegue contre la demande du propriétaire dont il a affermé l'héritage, que ce propriétaire a mis empêchement à sa jouissance, & qu'ainsi il ne doit pas être obligé de payer la somme qui lui est demandée; mais d'autant que le propriétaire justifie sa dette fondée sur le bail passé entre lui & le Fermier, & que le Fermier ne justifie pas son exception en l'alléguant, & que peut-être ne la pourra-t-il pas prouver, la présomption qui est contre lui, fait qu'il est obligé de mettre la somme pour laquelle il est poursuivi, entre les mains du Sergent ou Huissier, en s'opposant à la délivrance des deniers.

Il y a encore un cas où l'on garnit la main de Justice; c'est quand le Seigneur saisit pour cens non payé: celui qui s'oppose à la saisie, doit consigner trois années pour avoir main-levée, parce que le Seigneur doit toujours plaider main garnie dans ce cas.

GARNISON, signifie la main-forte qu'on met dans la maison d'un homme d'affaires, pour le contraindre d'obéir aux ordres du Roi ou de la Justice, & pour veiller sur sa conduite.

On met encore garnison chez un homme quand on saisit ses meubles, & qu'il ne donne point de gardien; en ce cas l'Huissier lui donne assignation en l'Hôtel de M. le Lieutenant civil, pour voir dire qu'il y aura chez lui garnison jusqu'à la vente de ses meubles.

GAUDENCE, dont il est parlé dans l'art. 101. de la Coutume de Bordeaux, est la jouissance d'un héritage baillé à louage de neuf ans, & à perpétuité; en un mot, c'est une espece d'albergation ou d'emphithéose.

Comme il y a du plaisir à posséder tranquillement une chose du mot latin *gaudere*, on a fait jouir; de *gaudere*, on a fait aussi *gaudentia*; & de *gaudentia*, on a fait *gaudence*, qui signifie jouissance.

GAYVES. Par choses gayves, dont il est parlé dans l'ancienne & dans la nouvelle Coutume de Normandie, chap. 19. article 604. on entend les choses égarées & abandonnées, qui ne sont appropriées à aucun usage d'homme, ni réclamées par aucun.

Elles n'appartiennent pourtant pas au premier occupant; mais elles doivent être gardées pendant un an & un jour, pour les rendre à ceux qui dans cet espace de tems les redemanderont & prouveront qu'elles leur appartiennent; & après ce tems elles appartiennent au Roi, ou aux Seigneurs quand elles ont été trouvées sur leurs fiefs.

Voyez le Glossaire du Droit François.

GENERALITÉS, font les Bureaux de Tréforiers de France, établis pour faciliter la recepte des deniers des tailles, taillons & fubfiftances.

Il y a vingt Généralités dans les Pays d'Elections, qui font Paris, Amiens & Artois, Soiffons, Orléans, Bourges, Moulins, Lyon, Riom, Poitiers, la Rochelle, Limoges, Bordeaux, Tours, Pau & Aufch, qui eft en partie pays d'Etats, & en partie pays d'Election, Montauban, Grenoble, Champagne, Rouen, Caen, Alençon.

Chaque Généralité eft formée de plufieurs Elections, qui comprennent un certain nombre de Paroiffes.

Il y a outre cela fix Généralités dans les Pays l'Etats; fçavoir, Brétagne, Aix en Provence; l'Intendance de Languedoc eft divifé en deux Généralités, celle de Touloufe, & celle de Montpellier, Bourgogne & Franche-Comté.

Dans chaque Généralité il y a un Intendant envoyé par le Roi, pour y prendre connoiffance des affaires de Juftice, Finances & autres qui concernent l'intérêt du Roi & du Public, dans tous les lieux de l'Intendance où il eft départi: mais les Généralités de Montpellier & de Touloufe font fous un même Intendant, qui eft celui de Languedoc. Ainfi il n'y a que vingt-cinq Intendans pour les vingt-fix Généralités.

Il y en a encore fix diftribuées dans les Pays conquis; fçavoir, Rouffillon & Perpignan, Mets, Alface, Flandre, Haynault & Maubeuge, Lorraine: ce qui fait en tout trente-deux Intendances.

De plus, il y a dans chaque généralité deux Receveurs généraux des Finances qui font alternativement l'exercice d'une année, pour recevoir des mains du Receveur des Tailles, les deniers royaux qui lui ont été remis par les Colleéteurs des Paroiffes, & pour les porter au Tréfor royal.

GENS D'AFFAIRES, font les Financiers, les Traitans & les Partifans, qui prennent les Fermes du Roi, ou le foin du recouvrement des impofitions qu'il fait fur les Peuples, ou qui ont droit de vendre certaines charges dont ils ont traité avec le Roi, moyennant certaines fommes qu'ils fe font chargés de lui payer.

Voyez Comptables. Voyez auffi Chambre de Juftice.

GENS DU ROI, font les Officiers de Judicature établis dans toutes les Cours fouveraines & dans les Jurifdiétions royales inférieures, pour tenir la main à l'exécution des Loix & des Ordonnances, & pour prendre connoiffance dans toutes les affaires où le Roi & le public ont intérêt.

Au Parlement, ce font Monfieur le Procureur général & Meffieurs les Avocats généraux; & dans les Juftices royales inférieures, ce font le Procureur & les Avocats du Roi du Siege.

Les Avocats généraux portent la parole aux Audiences, dans les caufes où leur miniftere eft requis, comme font le fcaufes criminelles, celles des Eglifes & des Communautés, celles des mineurs, & toutes les autres qui intéreffent le Roi & le Public. Ils vifent les expédiens en affaires d'Audience,

comme M. le Procureur général, à qui la plume appartient, le figne en procès par écrit. Voyez Henrys, tome 1. liv. 2. queft. 49.

Dans toutes ces fortes d'affaires qui fe paffent au Parquet, quand il n'y a qu'un Avocat général, la voix de M. le Procureur général l'emporte.

L'Arrêt du Confeil d'état du 20. Avril 1684. régle les fonétions des Procureurs & Avocats généraux du Parlement de Guyenne, à l'inftar du Parquet du Parlement de Paris: c'eft pourquoi nous avons cru en devoir rapporter ici les difpofitions. Voici ce qu'il porte.

I°. La plaidoirie appartiendra aux Avocats généraux en l'Audience en toutes caufes & matieres, même au fecond Avocat général, à l'exclufion du Procureur général.

II°. La plume appartiendra entiérement audit Procureur général.

III°. Les expédiens en affaires d'Audiences, feront vifés par lefdits Avocats généraux.

IV°. Les expédiens en procès par écrit, feront fignés par ledit Procureur général feul.

V°. Les conclufions, dans les inftances & procès par écrit feront délibérées au Parquet par lefdits Avocats & Procureurs généraux, fur le rapport des Subftituts. Lefdits Avocats & Procureurs généraux garderont entr'eux la préféance en la maniere accoutumée: & lorfqu'il n'y aura qu'un Avocat général avec ledit Procureur général, la voix dudit fieur Procureur général prévaudra.

VI°. Pourra ledit Procureur général feul donner fes conclufions fur requêtes, ou fur les affaires preffées ou requerant célérité chez lui & hors du Parquet.

VII°. La parole appartiendra audit Procureur général feul, quand il s'agit des affaires publiques, ou de l'enrégiftrement des Edits ou Déclarations, ou touchant les intérêts de Sa Majefté; fauf lorfque les affaires de cette qualité feront ou requerront être portées à l'Audience, auquel cas la parole appartiendra aux Avocats généraux.

VIII°. Sera tenu ledit Pocureur général donner communication aux Avocats généraux de toutes les affaires qui concerneront le fervice du Roi, à la referve de celles dont l'adreffe lui fera faite en particulier.

IX°. Dans les commiffions ordinaires & extraordinaires, où il eft en ufage d'y comprendre ou nommer des gens du Roi, le Procureur général feul y fera nommé; & il fera de fon choix d'y vaquer, ou d'y commettre un de fes Subftituts.

X°. Le Procureur général feul affiftera à la redde & leéture des rolles des prifonniers aux jours ordinaires, & y fera les réquifitions néceffaires, à l'exclufion des Avocats généraux, fans préjudice aux Avocats généraux de plaider à l'Audience, s'il en eft tenu avant la redde.

XI°. Les Avocats généraux & ledit Procureur général conferveront & garderont entr'eux, pendant le tems des vacations, les mêmes fonétions & prérogatives que durant la tenue du Parlement.

XII°. Quant à la réception des Officiers & tout ce qui la doit précéder, foit enquête de vie & de mœurs, preftation de ferment & autres ; elle appartiendra entiérement au Procureur général.

XIII°. La diftribution des procès fera faite par ledit Procureur général aux Subftituts, & l'expédition d'iceux dans la forme preferite par l'enrégiftrement de l'Edit des Subftituts ; & il aura feul le livre des dénonciations.

XIV°. Quant à la nomination & le choix des Syndics des Avocats & Procureurs, le fervice & affiftance au Bureau des Hôpitaux, & la réception des Avocats, il en fera ufé comme il eft pratiqué jufqu'à préfent, fans qu'il y foit rien innové.

M. Augeard, tom. 1. art. 72. rapporte un autre Réglement général des fonctions des Avocats & Procureurs du Roi, qui eft du 6. Juillet 1706.

Ces Officiers font appellés gens du Roi dans les Compagnies de Juftice & dans tous les Sièges royaux, parce que leurs fonctions font de veiller à l'intérêt public, qui eft celui du Roi ; de pourfuivre la punition des crimes, lors même qu'il n'y a point de Parties; & lorfqu'il y en a, de requerir ce qui eft de l'intérêt public, foit pour l'inftruction, ou pour le Jugement, & de conclure aux peines que les crimes peuvent mériter ; car les Parties ne peuvent demander que les défintéreffemens qui leur font dûs, & non la vengeance des crimes.

C'eft la fonction de ces officiers de tenir lieu de Partie pour l'intérêt public dans ces fortes d'affaires, & dans toutes autres où le Roi & le Public font intéreffés, comme dans les caufes qui regardent l'intérêt de l'Eglife ou des mineurs.

Comme la fonction des Gens du Roi eft auffi néceffaire dans les Jurifdictions eccléfiaftiques & dans les Juftices des Seigneurs, elle eft exercée dans les Officialités par les Promoteurs, & dans les Juftices feigneuriales par des Officiers qu'on appelle Procureurs Fifcaux.

Les Gens du Roi des Juftices royales, quand ils prennent les Ordres facrés, font obligés de fe demettre de leurs Offices, de crainte que dans la fonction de leurs Charges ils ne foient obligés de prendre des conclufions à mort contre un criminel; ce qui n'eft pas à craindre à l'égard des Promoteurs, qui font la fonction des Gens du Roi dans les Jurifdictions eccléfiaftiques.

Il y a un Arrêt du Parlement du 3. Septembre 1667. rapporté dans le premier tome des nouveaux Réglemens pour l'adminiftration de la Juftice, qui porte que les Gens du Roi feront tenus de s'affembler à leur Parquet ordinaire les jours précédens les Audiences de leurs Sieges, pour prendre communication des caufes qui y feront portées, laquelle ils ne pourront recevoir dans leurs logis, ni ailleurs qu'audit Parquet ; lors defquelles Audiences l'un des Avocats du Roi, & en leur abfence le Subftitut du Procureur général, auront la parole ès caufes où le Roi & le Public fe trouveront avoir intérêts. Il leur eft néanmoins permis de parler, comme Avocats du Roi, ès autres caufes, fans qu'ils puiffent prendre aucune chofe des Parties pour les caufes efquelles ils plaideront en ladite qualité, foit que le Roi & le Public y ayent intérêt, ou non, à peine de concuffion.

Comme les Gens du Roi font les premiers Juges, & tiennent un milieu entre les Juges & les Parties, étant de leur charge & fonction de rompre la glace & de frayer le chemin de la vérité, d'en faire la recherche, & en un mot, d'être les Evangéliftes, il ne feroit pas jufte qu'ils fuffent foumis à la cenfure des Juges, & dépendiffent de leur cenfure, lorfqu'ils ne font rien qu'à propos & avec modération.

En qualité de Cenfeurs publics, ils doivent la modeftie, & fervir d'exemple au Barreau; & par conféquent ils feroient mal de rien avancer qui pût bleffer l'honneur & l'autorité des Juges. Si le devoir de leurs Charges les oblige à parler des défordres qu'ils remarquent, ils le doivent faire avec tant de modération, lorfque cela regarde les Juges, qu'on ait lieu de croire qu'ils blâment plutôt les abus que les perfonnes.

Ce n'eft pas qu'ils doivent diffimuler les fautes qui fe commettent au Barreau, & que s'y paffant quelque chofe qui bleffe l'intérêt du Roi, de l'Eglife ou du Public, ils s'en puiffent taire, leur diffimulation feroit criminelle, & leur filence les rendroit coupables. Ainfi, comme les Avocats du Roi font à l'Audience comme des furveillans, fi les Juges entreprennent au-delà de leur pouvoir, ou contre la décifion formelle des Ordonnances, les Avocats du Roi s'y doivent oppofer, & même en appeller fur le champ s'il eft néceffaire, pour en arrêter ou fufpendre l'effet.

Les Gens du Roi ne font donc point fujets à la cenfure des Juges, pour ce qui concerne les fonctions de leurs Charges, ainfi ils peuvent appeller à la face des Juges de leurs Jugemens, lorfque leur appel eft fondé en raifon. Voyez Henrys, tom. 1. livre 2. queft. 38. & Filleau, partie 2. tit. 6. chapitre 39.

Quand les Gens du Roi plaident pour Sa Majefté & qu'ils font demandeurs ou appellans, & feuls Parties fur la demande ou fur l'appel, l'Avocat général ou l'Avocat du Roi doit plaider le premiers

Quand ils parlent les derniers, ils commencent, par faire un précis très-fuccint de ce qu'ont dit les Avocats des Parties. Ils difcutent enfuite fommairement & très-exactement les raifons qu'ils ont alléguées, & citent les Loix, les Coutumes, les Ordonnances & la Jurifprudence des Arrêts, quand la néceffité le demande. Enfin ils finiffent par conclure (fans aucune acception des perfonnes) pour celui qui leur paroît avoir le meilleur droit,

Touchant les fonctions, droits & prérogatives des Gens du Roi, voyez Fontanon, tome 1. liv. 1. tit. 9. pag. 31. la Rocheflavin, titre des Parlemens liv. 2. chap. 7. Chenu, des Offices de France, tit. 14. du Luc, livre 4. tit. 9. Filleau, part. 2. tit. 9. ch. 1. & fuiv. Joly, des Offices de France, tome 1. liv. 1. tit. 9. pag. 63. & aux additions, pag. 23. 113. & fuiv. Voyez auffi Henrys, tome 1. livre 2. chap. 2. queft. 8.

GENS sans aveu, font ceux qui ne font avoués ou reconnus de perfonne, qui n'ont ni feu ni lieu. Voyez Vagabonds.

GENS DE CORPS, font ceux dont la perfonne eft

éft ferve ; à la différence des mains mortables d'héritages qui ne font ferfs qu'à raifon des biens immeubles qu'ils poffedent, & qui font des perfonnes libres.

Les hommes & femmes qu'on appelle gens de corps, font auffi appellés gens de pourfuite ; parce que dans quelques lieux qu'ils aillent demeurer, foit lieu franc, ou non, ils peuvent être reclamés par leur Seigneur : car tels hommes & femmes de corps font cenfés faire partie de la terre ; d'où vient que les vaffaux les donnoient autrefois en aveu & dénombrement.

Voyez ce qui en eft dit dans le Gloffaire du Droit François.

GENS DE MAIN-MORTE. Les Eglifes, Communautés, Chapitres, Colléges & Couvens font ainfi appellés, parce qu'ils ne meurent point, mais font perpétuellement vivans. *Exiftimatur immortalis poffeffio Ecclefiæ, Collegii, Municipii, Civitatis, Cænobii, & Corporis alicujus ; quia numquam hæredem habere definunt, nec prædia jurare fua alienare poffunt.*

On dit encore des Communautés, que c'eft *Gens æterna, eadem perpetuo permanens, quafi in eâ nemo unquam moriatur.* Tellement que leurs héritages font eftimés ne changer jamais de main. *Et ideo res ad priorem dominum non revertitur, quod femper idem fit Capitulum, eadem Ecclefia, idem Collegium, eadem Civitas per fubrogationem. Arg. Leg. proponebatur, ff. de Judiciis.* Mortuam manum vocare folent Ecclefiam, Civitatem, aut Collegium, vel aliud quodfumque Corpus, five fæculare, five ecclefiaficum, bonorum capax, quod ideo manus mortua nuncupatur, quod ficut femel mortuus amplius non moritur ita hujufmodi Corpus non moritur nec mutatur, & licet omnes perfonæ ex quibus confiftit moriantur & mutentur idem femper permanet.* Dumoulin fur l'art. 51. de la Coutume de Paris.

Comme il n'y a plus lieu d'efpérer qu'il s'en faffe dans la fuite aucune aliénation ni mutation, il eft évident qu'un Seigneur diminue confidérablement la valeur de fon fief, quand il admet des Gens de main-morte à des héritages qui en relevent, & qui étant acquis par des Particuliers, auroient continué de produire les droits aux mutations qui s'en pourroient faire.

Auffi par les anciennes Conftitutions du Royaume, les Eglifes & les Couvens ne pouvoient acquérir ni poffeder aucuns immeubles ; & lorfqu'ils faifoient quelques acquifitions, les Villes où les Seigneurs les obligeoient d'en vuider leurs mains, ou de fouffrir d'être impofés à la taille ; parce qu'à mefure que les Ecclefiaftiques ou les Communautés font des acquifitions, les autres Sujets du Roi fe trouvent furchargés de tailles, & autres impofitions dont les Gens d'Eglife font exempts.

Dans la fuite les Ecclefiaftiques s'étant vûs troublés pour leurs poffeffions, s'adrefferent au Pape Alexandre IV. qui fit une Décrétale, par laquelle il défendit d'impofer aucune taille fur les Ecclefiaftiques & fur les Eglifes, pour raifon de leurs biens temporels, ni de les contraindre d'en quitter la poffeffion.

Tome I.

Le Roi Saint Louis voulut permettre aux Eccléfiaftiques & aux Couvens de faire telles acquifitions que bon leur fembleroit ; mais on lui remontra le préjudice confidérable que cela cauferoit au Domaine & aux Seigneurs, par la perte des profits féodaux, droits de deshérence, de bâtardife & autres : c'eft pourquoi il ne leur accorda cette grace, qu'à la charge de payer une certaine finance pour les Lettres d'amortiffement, & de payer aux Seigneurs un droit d'indemnité.

Voyez les Etabliffemens de Saint Louis, liv. 11. chap. 123. pag. 43. *Voyez* auffi le Traité des Droits feigneuriaux de la Rocheflavin, chap. 1. art. 33. Bafnage fur l'article 140. de la Coutume de Normandie.

Il ne peut y avoir aucun doute à l'égard de ce droit qui s'en paye au Seigneur. Pour ce qui eft de celui qui s'en paye au Roi, il provient de ce que les Seigneurs ne pouvoient autrefois abréger leurs fiefs fans le confentement de tous les Seigneurs féodaux fupérieurs, en remontant de Seigneur en Seigneur jufqu'au Souverain.

Ainfi il eft jufte que les Gens de main-morte ne puiffent acquérir d'immeubles dans le Royaume, qu'ils n'ayent, outre le confentement du Seigneur, des Lettres d'amortiffement en forme de charte du Roi, comme Souverain & Seigneur médiat.

On diftingue trois fortes ou efpéces de Gens de main-morte.

Ceux de la premiere efpéce font, Iº. tous les Ecclefiaftiques particuliers, comme Archevêques, Evêques, Abbés, Doyens, Prévôts, Chanoines, en tant que Bénéficiers. IIª. Toutes les Communautés ecclefiaftiques, féculieres & régulieres de l'un & de l'autre fexe.

Les Gens de main-morte de la deuxieme efpéce, font les Gouverneurs des Hôtels-Dieu, Hôpitaux, Maladreries, Léproferies, Confrairies, Marguilliers, de Fabriques, & autres femblables.

Ceux de la troifiéme efpece, font les Communautés des Habitans des Villes, Bourgades, Paroiffes, Univerfités, Colléges, & autres femblables.

Toutes ces efpéces de Gens de main-morte doivent le droit d'amortiffement & de nouvel acquêt au Roi, & le droit d'indemnité au Seigneur, par les raifons que nous avons rapportées ci-deffus.

Il faut excepter les Hôpitaux, Maladreries, Léproferies & Hôtels-Dieu, qui font exempts du droit d'amortiffement & de celui de nouvel acquêt, lorfque l'hofpitalité y eft obfervée.

Voyez Ce que nous avons dit fur ces mots *Abreger un fief. Voyez* Amortiffement. *Voyez* Bacquet en fon Traité des Francs-fiefs, chap. 3. *Voyez* auffi le Traité des Amortiffemens, nouveaux Acquêts & Francs-fiefs, par le Sieur Jarry.

GENS DE MAIN-MORTE, AUTREMENT DITS SERFS, font les habitans de quelque lieu qui font dans une efpece de dépendance envers leur Seigneur, de maniere que leur liberté en paroît diminuée.

Voyez Serfs. *Voyez* Main-morte.

GENS DE POESTE OU DE POSTE, font ceux qui

font fous & en la fujection de leur Seigneur, à caufe de leurs tenemens roturiers. *Sic vocantur, quafi homines poteftatis alienæ*. Mais dans plufieurs de nos Coutumes, par gens de poeftes ou de pofte, ou gens coutumiers, on entend des Roturiers, pour les diftinguer des Nobles.

GENTILHOMME, eft un homme noble d'extraction qui ne doit point fa nobleffe ni à fa Charge, ni aux Lettres du Prince.

On ne peut donc être Gentilhomme que de race; mais on peut être non-feulement noble de race, mais encore par le bénéfice du Prince, ou par le moyen de quelque Office qui annoblit.

Voyez le Gloffaire du Droit François ; le Dictionnaire de Trévoux ; Graverol fur la Rocheflavin, au Traité des Droits de Juftice, chap. 36. art. 1. Bacquet des Droits de Juftice, chap. 26. nomb. 10. Expilly, art. 46. & 136. Henrys, tom. 2. liv. 4. queft. 29. Soefve, tom. 2. cent. 2. chap. 90. Boniface, tom. 5. liv. 3. tit. 23. chap. 2.

GEOLE, fignifie prifon.

Le droit de géole, appellé *géolage*, eft un droit dû au Géolier d'une prifon, à caufe de la garde des prifonniers.

Les Juges doivent régler les droits appartenans aux Géoliers, Greffiers de géoles & Guichetiers, pour vivres, denrées, gîtes, géolages, extraits d'élargiffemens ou décharges, dont il doit y avoir un tableau ou tarif pofé au lieu le plus apparent de la prifon.

Voyez le Dictionnaire de Trévoux, & l'Ordonnance de 1670. titre 13.

GEOLIERS et Concierges des prisons, font ceux qui font chargés de la garde des prifonniers. Leur emploi eft important, pénible & périlleux. En effet, la garde des méchans eft très-dangereufe, puifqu'il faut répondre d'eux, les garder en la prifon, les rendre à la Juftice, finon être expofé à fubir de très-grandes peines, pour peu que l'on manque au foin & à l'exactitude que cet emploi requiert.

Les Géoliers font donc garants & refponfables civilement du fait des prifonniers, & de ce qui fe paffe dans les prifons ; ainfi qu'il eft ordonné par Arrêt du Confeil du 19. Avril 1719. & Lettres patentes fur icelui, regiftrées en la Cour des Aydes le 12. Décembre enfuivant.

Aux termes de cet Arrêt, en cas qu'il foit fait rebellion aux Commis des Fermes dans les vifites & exercices qu'ils font dans lefdites prifons, les Géoliers & Concierges doivent être condamnés en une amende de cinq cens livres, qui ne peut être remife ni modérée.

Quand un prifonnier pour crime s'eft évadé des prifons, les Géoliers en répondent, pour peu qu'il y ait de leur faute ; & s'il y a de la collufion de leur part, ils méritent peine afflictive, & même peine de mort, au cas que le prifonnier fût détenu pour crime capital ; & s'il l'eft pour dettes, les Géoliers font refponfables de la dette, & contraignables par corps.

Un des devoirs effentiels des Géoliers, eft de donner copie au Procureur du Roi de l'écrou de ce.

lui qui eft arrêté prifonnier pour crime, & ce dans les vingt-quatre heures.

Les Géoliers & Concierges des prifons ne peuvent être établis, s'ils ne baillent des cautions & certificateurs, qui font reçus en préfence ou du confentement des Procureurs généraux de Sa Majefté ou de leurs Subftituts, ainfi qu'il eft ordonné par Arrêt du Confeil du Roi, du 24. Janvier 1682.

Touchant les fonctions & les devoirs des Géoliers & Concierges des prifons, *voyez* les Loix civiles, au Traité du droit public, liv. 2. tit. 5. fect. 4. *Voyez* auffi Belordeau, lett. G, art. 8. & le tit. 13. de l'Ordonnance de 1670.

GESINE, eft un vieux mot qui fignifie l'état d'une femme en couche, dont on fe fert quelquefois au Palais. Par exemple, payer la gefine, fignifie payer les frais de l'accouchement.

GESTION des affaires d'autrui, eft un quafi-contrat, par lequel celui qui s'ingere de lui-même de prendre le foin & la conduite des affaires d'une perfonne abfente, fans en avoir reçu de pouvoir, & fans qu'elle en ait aucune connoiffance, s'oblige envers la perfonne dont il gere les affaires, qui lui devient réciproquement obligée.

Ce quafi-contrat produit une obligation mutuelle & réciproque ; d'où dérive une action appellée *negotiorum geftorum*, qui eft directe & contraire.

Dans la directe, celui dont un autre a géré les affaires fans en être chargé par procuration, agit contre lui, & conclut *à ce qu'il ait à lui rendre compte de fon adminiftration, & à lui payer tout ce qu'il lui doit en conféquence.*

La contraire eft donnée à celui qui, fans procuration a géré les affaires de quelqu'un ; & il conclut contre lui *à ce qu'il ait à lui payer toutes les impenfes qu'il a été obligé de faire pour raifon de fon adminiftration.*

Voyez ce que j'ai dit dans ma Traduction des Inftitutes, fur le §. 1. du titre 28. du troifieme Livre.

G I

GIBET, eft le lieu deftiné pour exécuter les criminels, ou le lieu où l'on expofe leur corps au Public.

Ce mot vient de l'Arabe *Gibel*, qui fignifie une montagne ou une élévation, parce que les gibets font ordinairement dreffés fur des hauteurs.

Les fourches patibulaires font auffi des gibets, qui ont diverfes marques ou nombre de pilliers, fuivant la qualité des Juftices. *Voyez* Fourches patibulaires.

GIRON, tendre le giron, fignifie l'acquiefcement que fait en Juftice l'acquéreur d'un héritage à la demande du retrayant, en comparant par le défendeur en retrait à l'affignation qui lui a été baillée, & accordant en Juftice les fins & conclufions du demandeur en retrait.

Cet acquiefcement, fuivant Chopin, Papon & autres, oblige le retrayant à reprendre l'héritage ; de forte qu'il ne lui eft pas poffible après de fe défifter de la demande qu'il a faite en retrait. La raifon que ces Auteurs en rendent, eft que fi-tôt que l'acquéreur a tendu le giron fur la demande en retrait qui lui a été faite par le lignager, ils font cenfés tous les deux avoir contracté en Juftice ; ce qui fait qu'ils peuvent être contraints d'exécuter ce dont ils font ainfi convenus.

Il y a néanmoins des Auteurs qui prétendent que, quoique le défendeur en retrait tende le giron, le retrayant ne peut pas être contraint au rembourfement, & qu'il peut fe défifter de fa demande en retrait, attendu que la Loi ne décide rien à cet égard.

La Coutume de Paris porte feulement en l'article 136. que *le retrayant auquel l'héritage eft adjugé par retrait, eft tenu de payer & rembourfer l'acheteur des deniers qu'il a payés au vendeur pour l'achat dudit héritage, ou configner les deniers au refus dudit acheteur, icelui dûement appellé à voir faire ladite confignation ; & ce dedans vingt-quatre heures après ledit retrait adjugé par Sentence, & que l'acheteur aura mis fes Lettres au Greffe, Partie préfente ou appellée ; & outre qu'il aura affirmé le prix, s'il en eft requis : s'il ne le fait, le tems paffé, tel retrayant eft déchu dudit retrait.*

Ils concluent de cet article, que le demandeur en retrait peut y renoncer, & ne peut être contraint de prendre l'héritage, mais feulement de payer les dépens de l'inftance.

Ils fe fondent fur ce que par le Jugement le retrayant n'eft pas condamné de payer, mais bien l'acquéreur de rendre l'héritage, pourvû qu'il foit rembourfé & indemnifé : or chacun peut renoncer à un droit qui eft purement introduit en fa faveur. Il doit donc, difent-ils, être loifible au retrayant de renoncer au droit fpécial & particulier que la Coutume lui donne, quand bien même l'acquéreur auroit tendu le giron, ou qu'il eût été condamné en Juftice à rendre l'héritage.

Pour moi je crois que le lignager auquel l'acquéreur n'a pas tendu le giron, peut fe défifter ou renoncer à fa demande en retrait, en payant les dépens de l'inftance, parce qu'alors les chofes font entieres ; mais quand l'acquéreur a tendu le giron par l'acceptation qu'il a faite en Juftice des offres du retrayant, ou qu'il y a eu Sentence qui adjuge le retrait, le retrayant n'eft plus en droit de renoncer, & peut être contraint de prendre l'héritage.

Voyez Chopin fur la Coutume de Paris, liv. 2. tit. 6. nomb. 17. *Voyez* auffi ce que j'ai dit fur l'article 136. de la même Coutume, glof. 1. nomb. 9.

GIROUETTE, eft une plaque de fer blanc qui eft mobile fur une queue ou pivot, qu'on met fur les tours & les pavillons : pour connoître de quel côté le vent fouffle.

Les Seigneurs ne peuvent empêcher leurs Vaffaux de mettre des girouettes. Ainfi jugé au Parlement de Grenoble par Arrêt du 22. Février 1659. rapporté par Salvaing en fon Traité des Fiefs, chapitre 44.

Voyez les Décifions de Cambolas, liv. 6. chapitre 40.

Il faut excepter les girouettes quarrées ; car comme elles font des marques feigneuriales, le Vaffal n'a pas droit d'en mettre. *Voyez* la Peyrere, édition de 1706. lettre I, nomb. 422.

GISTE ; DROIT DE GÎTE, étoit autrefois un droit particulier de logement & de défrai qu'avoient nos Rois fur les Evêchés, Abbayes & Monafteres. Ce droit appartenoit auffi quelquefois aux Seigneurs par une convention particuliere.

Cela provient, fuivant quelques Auteurs, de ce qu'anciennement les Hôtelleries étoient très-rares dans ce Royaume, comme elles le font encore aujourd'hui en Efpagne & dans l'Orient.

Sur ces logemens & gîtes, il faut remarquer, I°. qu'ils étoient fouvent convertis en argent. II°. Que tous les Bénéfices n'en étoient pas généralement chargés, mais feulement certains, dont étoit tenu Regiftre. III°. Que ces logemens étoient réglés & bornés à certains tems, journées & fournitures. *Voyez* le Gloffaire du Droit François.

G L

GLAIVE *Voyez* Droit de glaive.

GLANDÉE, fignifie le gland qui fert de paiffon & de nourriture aux porcs. *Voyez* le Gloffaire de Ducange, fous le mot *Efca*.

La glandée s'adjuge à la fin du mois de Septembre, & dure jufqu'au mois de Février.

Voyez l'article 14. de la Coutume de Sedan, & l'Ordonnance des Eaux & Forêts, au titre des ventes & adjudications des panages, glandées & paiffons.

GLANER, fignifie ramaffer les épis égarées dans un champ moiffonné.

On ne peut glaner pendant la moiffon, mais feulement vingt-quatre heures après.

Les Glaneurs qui volent, font pourfuivis extraordinairement.

Voyez la Coutume de Dourdan, article 151. celle d'Etampes, art. 189. celle de Melun, art. 343. l'Edit d'Henry II. du mois de Novembre 1554. rapporté dans Fontanon, tome 1. tit. 11. & la Conférences des Ordonnances, liv. 1. tit. 17. §. 11.

GLEBE, en terme de Jurifprudence, fignifie une terre, un fonds, un héritage.

En France, il y a quelques Coutumes où les ferfs de main-morte font attachés à la glebe ; de forte qu'ils ne peuvent aller demeurer ailleurs fans la permiffion de leur Seigneur : c'eft pourquoi on les appelle gens de pourfuites.

Le droit de Patronage réel eft annexé à la glebe ; & conféquemment celui qui jouit de la glebe, jouit auffi des droits honorifiques du Patronage.

GLOSE. C'eft ainfi qu'on appelle l'explication d'un texte ; & c'eft par cette raifon que plufieurs Auteurs ont donné ce nom à leurs Commentaires : mais ce nom eft principalement confacré à la glofe du Droit civil & à celle du Droit canon.

G O

GOUVERNEMENT, fignifie Province, Ville, Place forte, avec l'étendue du pays qui en dépend

& dont le Prince pourvoit qui bon lui femble, pour y prendre le foin de maintenir & conferver fes intérêts, l'y fervir fidélement, & y faire obferver fes ordres.

GOUVERNEURS DE PROVINCES, font des Lieutenans-Généraux des Provinces, qui ont fuccedé aux anciens Ducs, pour défendre par armes les Provinces qui leur ont été données en charge; pour tenir les Places, les Villes, Châteaux, Forts & Forterefs bien réparés & munis; pour changer les garnifons, donner main-forte à la Juftice, & faire que les Edits du Roi foient bien obfervés. En un mot, ils font regardés comme repréfentans en quelque maniere la perfonne du Roi.

Ils n'ont cependant aucune Jurifdiction, & ne doivent rien entreprendre fur la Juftice, ni fur les Finances; & par conféquent ne peuvent toucher aux deniers du Domaine, leur autorité étant bornée au fait des armes.

Ils peuvent à la vérité ordonner du département & diftribution des deniers, pour les réparations & fortifications des Places du Gouvernement, & des logis, vivres & étapes pour le paffage des gens de guerre; ils peuvent auffi donner Paffeports pour les perfonnes feulement, mais non pas pour les marchandifes & denrées; & ils ne doivent fans Ordonnance du Roi faire levée des charrois, pionniers, deniers, ou autres chofes.

Il eft enjoint aux Gouverneurs des Provinces, leurs Lieutenans, leurs Baillifs, de réfider fur les lieux, & d'exercer leurs Offices en perfonne.

Ils ont la préféance après les Evêques fur toutes fortes de perfonnes.

Touchant les Gouverneurs de Provinces, voyez Boniface, tom. 3. liv. 1. tit. 5. chap. 1. Chorier, Jurifprudence de Gui-Pape, pag. 70. Voyez auffi dans M. Brillon plufieurs Edits & Arrêts du Confeil d'Etat, concernant les droits & préféance des Gouverneurs de Provinces.

G R

Grace, eft la rémiffion que le Roi accorde pour quelque crime commis; & ce en vertu de Lettres de la grande Chancellerie, qui ne pourront avoir d'effet qu'après avoir été entérinées. Voyez Lettres de grace.

GRACE DE DIEU. Les Têtes couronnées fe difent par la grace de Dieu, Empereurs, Rois, Princes fouverains. Voyez ce que j'ai dit à ce fujet, lettre P.

GRACES ou DONS DU PRINCE, doivent toujours être favorablement interprétées, fi ce n'eft quand elles font préjudice à un tiers; car alors elles ne reçoivent qu'une interprétation très-étroite. Leg. 3. ff. de Conftitutionibus Principum, junc. to. Gotof. ibidem. Voyez M. Charles Dumoulin, fur la regle de infirmis, num. 251.

GRADUÉS, font ceux qui, après avoir étudié dans une Univerfité fameufe, y ont obtenu des degrés & les ont fait fignifier à des Collateurs ou Patrons, afin de pouvoir requerir les Bénéfices qui

vaqueront par mort dans les quatre mois de l'année qui leur font affectés.

Il y a deux fortes de Gradués; fçavoir, les Gradués fimples, & les Gradués nommés.

Les Gradués fimples font ceux qui n'ont que leurs Lettres de Gradués, avec les certificats d'étude de l'Univerfité dans laquelle ils ont étudié.

Les Gradués nommés, font ceux qui, outre ces Lettres & ce certificat, ont des Lettres de nomination, par lefquelles l'Univerfité dans laquelle ils ont fait leurs tems d'étude, les nomme & les préfente au Collateur ou Patron, pour être pourvus des Bénéfices qui leur font affectés.

Les Bénéfices vacans par mort pendant les mois d'Avril & Octobre, font affectés aux Gradués fimples; ceux qui vaquent par mort pendant les mois de Janvier & de Juillet, font affectés aux Gradués nommés.

Un Gradué perd fon droit de nomination lorfqu'il fe marie, & fa femme morte il doit prendre de nouvelles Lettres; comme il a été jugé par Arrêt du 13. Août 1673. rapporté dans le Journal des Audiences.

Le Gradué qui eft déjà pourvû d'un Bénéfice, n'en peut pas requerir en vertu de fes grades, quand il en poffede un en vertu de fes degrés qui eft de quatre cens livres de revenu, ou un de fix cens livres obtenu autrement que par fes grades.

Cette matiere eft canonique; ainfi je me réferve d'en parler plus amplement dans mon Dictionnaire du Droit canonique.

GRADUÉS, font en fait de Jugement, des perfonnes qui ont pris des grades de Baccaleauréat & de licence en droit civil, que les Juges qui ne font pas en affez grand nombre pour rendre un Jugement, peuvent prendre pour rendre le nombre des Juges complet, fuivant les art. 10. & 11. du tit. 25. de l'Ordonnance de 1670.

GRAINS, font les fruits & fémences qui viennent dans des épis. Il y en a de deux fortes; fçavoir, les gros grains, & les menus grains.

Les gros grains font ceux qui fe fement en automne, comme le bled, le feigle.

Les menus grains font ceux qui fe fement en Mars, comme l'orge, l'avoine, les pois.

Voyez le Traité de la Police, tome 1. pag. 122. & 202. & tom. 2. liv. 5. tit. 2. & fuivans, où il eft traité de la police des grains, du criblage, du mefurage des grains, &c. & de la défenfe d'en tranfporter dans les Pays étrangers, fous peine afflictive.

GRAINS DU DOMAINE DU ROI, fe vendent par affiches, publications, mifes ès reffort des Baillages où le magafin du Domaine eft affis; & ne fe doit faire vente defdits grains, que pour ce qui refte des charges en grains à acquitter.

S'il y a quantité de grains les ventes s'en doivent faire en deux fois, la premiere, après la S. Martin, tems auquel la recolte eft faite, afin que les Sujets du Roi fe fentent de fon revenu; & la derniere, quand les grains font à prix raifonnable, afin que le Roi tire quelque commodité de fon revenu.

Le Receveur, pour vérifier fa recette, doit apporter les prifées & eftimations defdits grains faites par Experts , le procès verbal de la vente & adjudication , & certification du Greffier du Bailliage , ou extraits du rapport fait par les Boulangers audit Greffe , & ce que le plus beau grain aura été vendu au jour du marché précédent , & au jour du marché subféquent , le jour de la vente defdits grains ; & doit le procès verbal contenir , qu'affiches ont été préalablement faites en préfence du Procureur du Roi , en des perfonnes qui y font dénommées , afin de connoître fi le Juge n'y a point apporté de connivence.

GRAINIERS ET GRAINIERES , font des Marchands & Marchandes de grains dans les Villes , & autres lieux. Il a été un tems qu'il y en avoit qui fe difoient Grainiers ou Graïnieres fuivant la Cour ; mais il n'y en a plus à préfent. *Voyez* le Traité de la Police , tom. 2. liv. 5. tit. 15. chap. 4. §. 3. *Voyez* auffi le Dictionnaire de M. Brillon , où font rapportés plufieurs Edits & Arrêts qui concernent les Grainiers & Grainieres.

GRAIRIE , eft un fynonime de Grurie. *Voyez* Grurie.

GRAND AUDIENCIER DE FRANCE , eft un Officier de la grande Chancellerie , dont il eft le grand Rapporteur , & qui a en cette qualité le droit de faire le rapport des Lettres , qui fe paffent au Sceau.

Ainfi c'eft à lui qu'appartient le droit d'expofer à Monfeigneur le Chancelier & Garde des Sceaux , le fait fur lequel on demande des Lettres , & à déduire les raifons qui peuvent déterminer à les accorder.

Il n'y en avoit qu'un autrefois , mais aujourd'hui il y en a quatre. *Voyez* ce que j'ai dit , *verbo* Audienciers , où j'ai indiqué les Livres où il eft parlé de leurs fonctions , droits & priviléges.

Il y a des Audienciers dans les Chancelleries près les Parlemens , qui y font les mêmes fonctions que celles des Audienciers de la grande Chancellerie , & auffi celles des Referendaires defdites Chancelleries.

GRAND MAÎTRE DE FRANCE , étoit autrefois le Maire ou le Comte du Palais , qui a depuis été appellé *Sénéchal de France* , & anciennement étoit comme Duc de France , c'eft-à-dire Duc des Ducs , & qui a eu la furintendance & autorité fur la Guerre , fur la Juftice, & fur les Finances.

A cette grande Charge a fuccédé celle de Connétable , qui fut fous Philippe de Valois le premier Officier de la Couronne. Mais la charge de Connétable a été fupprimée en 1627. après la mort du Connétable de Lefdiguieres.

GRAND RAPPORTEUR. *Voyez* Grand Confeil.

GRAND MAÎTRE DE L'ARTILLERIE DE FRANCE , joint à ce titre celui de Capitaine ; en forte qu'il eft qualifié *Grand Maître & Capitaine général de l'Artillerie de France.*

Cette Charge eft une des plus confidérables du Royaume. Elle fut créée par Henri IV. en 1600. comme Charge de la Couronne , en faveur du Duc de Sully , qui étoit Maximilien de Bethune , premier du nom.

Elle donne à celui qui en eft revêtu une pleine & entiere autorité fur tous les Officiers de l'Artillerie dans tous les Arfenaux du Royaume , & une Jurif-

diction qui porte fon pouvoir dans tout le Royaume. Elle s'exerce dans l'Arfenal de Paris.

Celui qui eft pourvu de cette Charge , connoît de toutes les conteftations qui furviennent au fujet des poudres & des falpêtres. Les appellations qui font interjettées de fes Sentences , font directement portées au Parlement.

Ce Juge eft communément appellé *Baillif de l'Arfenal* , mais pour parler correctement , il le faut appeller *Baillif de l'Artillerie.*

M. Brillon , à l'endroit où il eft parlé du grand Maître de l'Artillerie , rapporte qu'étant échapé à un Avocat , concluant dans l'appel d'une Sentence rendue par le Juge de cette Jurifdiction, de l'appeller Bailliage de l'Arfenal , M. de Harlai , Premier Préfident , lui dit : *Nous ne connoiffons point le Bailliage de l'Arfenal , mais le Bailliage général de l'Artillerie : ce n'eft pas pour vous l'apprendre , car vous le fçavez ; mais c'eft afin que vos jeunes Confreres qui vous entendent ne s'y méprennent pas.*

GRAND SENECHAL DE FRANCE , étoit la premiere Dignité militaire fur la fin de la feconde Race , & fous les premiers Regnes de la troifieme. Sous Philippe Augufte , cette charge ceffa d'être remplie.

Il y avoit auffi en Normandie un Grand Sénéchal , qui étoit un grand Officier créé par les Ducs de Normandie , qui jugeoient les affaires pendant la ceffation de l'Echiquier. Il revoyoit les Jugemens rendus par les Baillifs , & les pouvoit reformer. Il avoit le foin de maintenir l'exercice de la Juftice & des Loix par toute la Province de Normandie. Les Lettres qui rendirent l'Echiquier perpétuel , & l'érigerent en Parlement l'an 1499. portent : qu'ar-» rivant le décès du Grand Sénéchal de Brezé , cet-» te Charge demeurera éteinte & fupprimée ». Auffi le nom qu'on donne préfentement en Normandie aux Juges des baffes Juftices , eft celui de Sénéchal , qui connoît des rentes dûes par les Vaffaux, des blâmes , d'aveu , & des autres différends qui naiffent pour raifon des fiefs. *Voyez* l'art. 25. & les fuivans de la Coutume de Normandie.

GRAND MAÎTRE DES EAUX ET FORETS. *Voyez* Eaux & Forêts.

GRAND CONSEIL , eft une Jurifdiction fouveraine , qui a été dans fon origine le Confeil des Rois , & a été établie en Jurifdiction ordinaire & contentieufe par Charles VIII. l'an 1492.

Après que le Parlement , qui étoit l'ancien Confeil des Rois , eut été fixé à Paris, les Rois établirent un nouveau Confeil , compofé des plus grands Seigneurs du Royaume , & de Confeillers tirés du Parlement. Ce nouveau Confeil fut appellé d'abord *Confeil fecret* , & plus ordinairement *le Grand Confeil.* Mais dans fon établiffement ce n'étoit point une Jurifdiction contentieufe. On n'y traitoit que de la Police générale du Royaume , & des chofes concernant les Finances & la Guerre.

Dans la fuite , ce Grand Confeil pour fe donner plus d'autorité , évoca une partie de conteftations qui étoient entre les Particuliers , & en enleva la connoiffance au Parlement. Ce qui fit qu'il ne put dès-lors travailler aux affaires d'Etat , pour lefquelles il avoit été uniquement inftitué.

Charles VIII. en l'année 1491. fur la requifition des Etats, réduifit le Grand Confeil en forme de Cour fouveraine ordinaire, y nomma dix-fept Confeillers; & voulut que ce Confeil fut fixe & toujours féant, pour terminer les affaires qui s'y préfenteroient.

Louis XII. par fon Ordonnance du mois de Juillet 1498. y ajouta un certain nombre de Juges, dont il voulut que le Chancelier fût le Chef, ou non Maître des Requêtes en fon abfence. Depuis, il a été créé à cette Cour des Préfidens, qui, outre les autres qualités requifes, dévoient être Maîtres des Requêtes; ce qui n'eft plus requis à préfent.

Cette Ordonnance de Louis XII. portoit, » que » ceux qui compoferoient le Grand Confeil, fervi- » roient par femeftre, afin qu'après avoir fervi fix » mois en Ambaffade, ou autres Commiffions à eux » données par le Roi, ils retournaffent fervir au » Grand Confeil.

Il y a eu beaucoup de variations touchant le nombre des Juges de cette Cour, & touchant les affaires qui font de fa compétence. La réfiftance que fit le Parlement d'enregiftrer le Concordat, ne fervit pas peu à faire augmenter cette Jurifdiction. François I. pour fe venger, fit une Déclaration en 1517. par laquelle il attribua au Grand Confeil, à l'exclufion du Parlement, la connoiffance de tous les procès concernant les Archevêchés, Evêchés, &c.

Quoiqu'il en foit, le Grand Confeil eft une Jurifdiction fouveraine, compofée de deux femeftres, en chacun defquels il y a quatre Préfidens & vingt-fept Confeillers: le Premier Préfident & le Procureur général font feuls Officiers perpétuels: les deux Avocats généraux ne fervent que par femeftre. M. le Chancelier eft le Premier Préfident né de cette Jurifdiction, mais il n'y a que rarement, ce qui fait qu'il y a un Premier Préfident en titre d'Office, qui eft, comme nous avons dit, un des deux Officiers perpétuels de cette Jurifdiction.

Deux des Confeillers au Grand Confeil ont une Commiffion de grands rapporteurs de la grande Chancellerie, qui ont rang au Sceau après les Maîtres des Requêtes: ils rapportent comme eux les Lettres de Juftice, & donnent leur avis fur les rémiffions dont ils font chargés: & ces grands Rapporteurs fervent au Sceau toute l'année. *Voyez* l'Hiftoire de la Chancellerie, tom. 1. pag. 117.

Les Préfidens de cette Jurifdiction étoient anciennement pris du Corps des Maîtres des Requêtes; mais cela n'eft plus néceffaire, depuis que le Roi a par l'Edit du mois de Février 1690. attribué à ces Charges le rang de Maître des Requêtes.

Mais depuis la fuppreffion des Charges de Préfident au Grand Confeil, faite par l'Edit du mois de .... 1638. à la tête de cette Jurifdiction eft à préfent un Confeiller d'Etat, qui fait la fonction de Premier Préfident, & qui eft annuel, & fix Maîtres des Requêtes qui fervent de Préfidens, & qui font auffi annuels.

Les habits de cérémonie du Grand Confeil font, pour les Préfidens, la robe de velours noir; les Con-feillers, les Avocats & Procureurs généraux portent la robe de fatin noir.

Il y a douze Subftituts au Grand Confeil, un Greffier en chef, & autres Officiers, qui fervent pendant toute l'année.

Cette Compagnie fouveraine, unique dans le Royaume, s'étend dans toute la Monarchie & Domination du Roi. Elle connoît,

I°. Des procès intentés à caufe du titre des Evêchés & autres Bénéfices qui font à la nomination du Roi, excepté ceux qui font conférés en Régale, dont la connoiffance appartient à la Grand'Chambre du Parlement de Paris, privativement à tous autres Juges.

II°. de l'Indult des Cardinaux, & de celui du Parlement de Paris, dans lequel font compris M. le Chancelier, le Garde des Sceaux, & les Maîtres des Requêtes.

III°. De toutes les caufes de l'Ordre de Cluny, des Bénéfices en dépendans, & des conteftations de plufieurs autres Ordres, qui par Lettres d'attribution ont leurs caufes commifes au Grand Confeil.

IV°. Du retrait des biens d'Eglife, aliénés pour caufe de fubvention.

V. Des procès évoqués du Parlement de Paris, & des autres Parlemens, lefquels font renvoyés au Grand Confeil.

VI°. Des entreprifes faites fur la Jurifdiction des Préfidiaux & Prévôts des Maréchaux.

VII°. Des conflits d'entre les Parlemens & les Préfidiaux dans le même reffort, pour raifon des cas portés par l'Edit des Préfidiaux.

VIII°. Des Réglemens de Juges entre les Lieutenans criminels & les Prévôts des Maréchaux; & auffi des Réglemens de Juges entre les Officiers & Juges ordinaires, qui reffortiffent en Cour fouveraine, comme entre les Juges royaux ordinaires, qui reffortiffent au Parlement, & les Elus qui reffortiffent à la Cour des Aydes.

IX°. Des affaires civiles & criminelles qui y font renvoyées par Arrêt du Confeil privé du Roi.

X°. Des procès criminels incidens aux affaires qui y font pendantes.

XI°. Des appellations des Jugemens rendus par le Grand Prévôt de l'Hôtel.

XII°. Des contrariétés d'Arrêts rendus dans les Cours fouveraines.

De ce que nous venons de dire il réfulte, que c'eft mal-à-propos que quelques gens mal inftruits fe font imaginés que la Jurifdiction du Grand Confeil étoit bornée à la connoiffance des matieres bénéficiales: c'eft à la vérité fon attribution principale par rapport au Concordat & aux Indults; mais les différentes évocations qui fe font au Grand Confeil y attirent toutes fortes de queftions très-importantes de toutes les Coûtumes du Royaume.

Touchant le Grand Confeil, *voyez* ce qu'en a dit M. Brillon, où il rapporte quantité d'Edits & Déclarations qui réglent les droits & les priviléges de cette Jurifdiction.

GRAND PRÉVÔT DE LA CONNETABLIE, eft un Officier, lequel fuit l'Armée pour mettre le taux & la police fur les vivres, & faire le procès aux gens de guerre qui ont failli.

Il y a quatre Lieutenans, qui font établis pour l'aider dans les fonctions de fa Charge, & il a fes Archers particuliers.

GRAND PREVOT DE L'HÔTEL, eſt le Chef de la Prévôté de l'Hôtel, qui eſt une Juriſdiction qui s'étend ſur le Louvre & ſur la Maiſon du Roi.

Il eſt appellé dans une Ordonnance de 1317. le Roi des Ribauds, parce que le devoir de fa Charge confiſtoit à faire juſtice des crimes commis à la fuite de la Cour: or la plûpart étoient commis par des libertins, qui n'avoient point d'autre emploi que de ſuivre la Cour pour paſſer le tems à ſe divertir.

Comme les garçons libertins étoient appellés ribauds, & les filles & femmes débauchées ribaudes, celui qui par fa Charge avoit droit de les punir, étoit appellé le Roi des Ribauds.

Les Filles de joie étoient obligées de faire fa chambre pendant le mois de Mai, pour marque de la ſupériorité & de la Juriſdiction qu'elles reconnoiſſoient qu'il avoit ſur elles.

On tient qu'il a continué de porter le titre de Roi des Ribauds juſqu'au tems de Charles VI. que le nom de Prévôt de l'Hôtel lui fut donné. Il avoit Juriſdiction ſur les jeux de Dez, de Brelans, & lieux de mauvais commerce qui étoient dans l'étendue du Louvre.

Il prétendoit, attendu fa qualité, qu'il lui étoit dû cinq ſols de chaque femme adultere; enfin il aſſiſtoit à l'exécution des criminels condamnés par le Prévôt des Maréchaux de France.

Charles IX. pour donner plus de luſtre à cette Charge, ſurnomma le titulaire Grand Prévôt de France & de ſon Hôtel, & en pourvut le Seigneur de Montferrand.

Suivant les Ordonnances de François I. données à Saint-André au mois de Juillet 1521. & à Villenoble en Juillet 1546 & celles de Charles IX. du mois de Février 1570. & d'Henri III. du mois de Mars 1580. il eſt ſeul Juge en dernier reſſort des cauſes criminelles & de police qui naiſſent à la fuite de la Cour, nonobſtant tous privilèges, même de Cléricature; à la charge qu'au Jugement aſſiſteront ſept Juges, deſquels il y en aura au moins quatre Maîtres des Requêtes ou Conſeillers du Grand Conſeil, avec le Lieutenant du Prévôt, ou les Lieutenans généraux des Provinces, les Conſeillers des Siéges préſidiaux ou royaux, au cas qu'il n'y ait un ſi grand nombre de Maîtres des Requêtes à la fuite de la Cour.

On ne peut décliner fa Juriſdiction ſous quelque prétexte que ce ſoit; & ſi les Cours de Parlement & le Grand Conſeil prétendent qu'il y ait entrepriſe de Juriſdiction de la part du Prévôt de l'Hôtel, ils doivent ſe retirer pardevant le Roi pour y être pourvû, ſans pouvoir eux-mêmes ordonner aucune choſe à cet égard; le Roi s'étant réſervé d'y donner ordre.

Le Réglement de cette Juriſdiction ſe trouve dans l'Ordonnance de Charles IX. du mois de Février 1570.

L'art. 6. oblige le Grand Prévôt d'aller ou envoyer ſon Lieutenant au lieu où le Roi doit aller, deux

jours avant ſon départ pour mettre prix aux vivres.

Il lui eſt enjoint de commander aux Habitans de faire nettoyer les rues chacun devant fa porte, & d'expoſer en vente toutes ſortes de vivres, tant pour hommes que pour chevaux; ainſi qu'il eſt porté en l'article 8. & en l'article 19.

S'il n'y a pas de vivres ſuffiſans dans le lieu où le Roi vent aller, les articles 2. 3. & 24. obligent le Grand Prévôt de ſe tranſporter dans les lieux circonvoiſins pour en faire amener.

Comme Juge de Police, il a droit, ſuivant les articles 10. & 40. de procéder contre les Vivandiers, & d'informer contre les infracteurs des taux & autres délinquans.

Pour raiſon de tout ce que deſſus, le Lieutenant de Robe-longue du Prévôt de l'Hôtel, peut ſuivant l'art. 328. de l'Ordonnance de Blois, condamner par corps; comme auſſi pour raiſon de tout ce qui concerne les ventes & achats de denrées, & les différends qui naiſſent à l'occaſion des achats faits par les Pourvoyeurs du Roi, de la Reine, des Princes, & autres qui ſuivent la Cour.

Le Prévôt de l'Hôtel connoît auſſi de tous les torts & dommages que font les gens & ſerviteurs des Princes, Seigneurs & autres qui ſont à la fuite de la Cour, lorſqu'ils exigent des ſommes de deniers pour exempter de logement ceux qui les doivent loger; ou y logeant, qui ne veulent payer qu'à diſcrétion.

L'article 116. de l'Ordonnance d'Orléans lui enjoint, & aux Juges ordinaires royaux des lieux, de procéder ſommairement par prévention & concurrence à la punition de ces exactions, à peine de s'en prendre aux Juges.

Toutes perſonnes qui ſe trouvent à la fuite de la Cour, pour quelque cauſe que ce ſoit, pour affaire ou par curioſité, pendant tout le tems qu'ils s'y trouvent, ſont juſticiables du Prévôt de l'Hôtel pour le fait de police, & en matiere de correction de crimes & délits.

Mais pour ce qui regarde la correction & diſcipline domeſtique des fautes des Officiers de la Maiſon du Roi, elle appartient aux Maîtres d'Hôtel, Capitaines des Gardes, Ecuyers & autres principaux Officiers, chacun en ce qui concerne fa Charge, pourvû que la faute ne mérite aucune amende pécuniaire, ou peine corporelle; car dans ce cas la connoiſſance en appartient au Prévôt de l'Hôtel, qui a droit de ſe ſaiſir des coupables, ſans attendre qu'ils lui ſoient livrés par leurs Chefs.

Le Grand Prévôt de l'Hôtel a encore la connoiſſance de tous les différends qui naiſſent à l'occaſion des Bulletins que délivrent les Maréchaux des Logis du Roi, ſoit dans le lieu où le Roi fait fa réſidence, ou ès Villages circonvoiſins; comme ſi ceux qui ont logé s'en vont ſans payer leurs Hôtes: en ce cas l'art. 32. de l'Ordonnance de Blois veut que les Maîtres ou Maréchaux des Logis ſoient tenus de les repréſenter pardevant le Grand Prévôt de l'Hôtel, pour les condamner & par corps à payer la dépenſe qu'ils auront faite; ſinon que les Maréchaux des Logis en ſeront eux-mêmes reſponſables en leurs propres & privés noms.

Cela paroît avoir été ordonné, afin que les Maréchaux des Logis ne donnent logement qu'à ceux qui en doivent avoir. Autrement ils pourroient favoriser qui bon leur sembleroit, en donnant des Bulletins à gens qui n'en devroient point avoir.

Toutes les causes tant civiles que criminelles, des Officiers & Marchands privilégiés qui suivent la Cour, pour les choses par eux faites & fournies soit à Paris ou à l'Armée, doivent être jugées par le Grand Prévôt de l'Hôtel.

C'est lui qui donne les Lettres auxdits Officiers & Marchands privilégiés, par lesquelles il les déclare francs, quittes & exempts de tous péages, entrées & passages.

Le Grand Prévôt de l'Hôtel peut faire prendre & appréhender les criminels, & leur faire faire leur procès souverainement & sans appel par ses Lieutenans généraux.

Lorsqu'il juge en dernier ressort, il est obligé d'observer l'Edit du mois de Mars 1673. servant de Réglement pour les épices, lequel en l'article 27. lui défend & à ses Lieutenans généraux & particuliers, de prendre pour la visite & Jugement des procès avec les Maîtres des Requêtes, Conseillers du Grand Conseil, autres Officiers ou Gradués, plus grande somme que celle de 19. livres 4. sols pour le Rapporteur, & 3. livres 4. sols pour chacun des Juges, pour chacune vacation & épices.

Il a quatre Lieutenans de Robe-courte, & deux de Robe-longue, lesquels Lieutenans de Robe-longue exercent la Jurisdiction contentieuse, & jugent les procès tant civils que criminels qui en dépendent. Ils tenoient ci-devant leur Jurisdiction au Louvre; ils la tiennent aujourd'hui dans la Salle basse du Grand Conseil.

Le Grand Prévôt ou ses Lieutenans peuvent entériner les Lettres d'abolition, de grace & de rémission, quand elles sont accordées pour crimes commis à la suite de la Cour, & qu'elles leur sont adressées.

Les appellations des Sentences du Prévôt de l'Hôtel ou de ses Lieutenans, tant en matiere civile, qu'en matiere criminelle, (quand en matiere criminelle elles ne sont point rendues en dernier ressort) se relevent au Grand Conseil.

GRAND'CHAMBRE, se dit en parlant de la premiere Chambre d'un Parlement; au lieu qu'on dit grande chambre, quand on parle d'une piéce d'appartement dont on marque l'étendue par le mot de Grande. Voyez Parlement.

GRANDES AUDIENCES, sont celles où l'on juge à la Grand'Chambre les causes des rolles aux jours ordinaires, & où les Juges sont assis sur les hauts Sieges.

Petites Audiences, au contraire, sont celles où les Juges sont sur les bas Siéges, & où l'on ne juge que sur des placets ou des incidens & instructions de procès, ou des matieres très-légeres.

Voyez verbo Parlement, quels jours se tiennent les grandes & les petites Audiences de la Grand'-Chambre.

GRANDS JOURS, sont une Cour souveraine que les Rois instituent quelquefois dans les Provinces, pour y faire le procès à ceux qui ont commis des crimes; pour connoître & décider de tous les abus, fautes & malversations, dont les Officiers des Provinces où ils se tiennent, se trouveront chargés touchant l'effet de la fonction de leurs Charges; & pour corriger tous styles & procédures abusives: & ce pouvoir est commis par le Roi à certain nombre de Juges pendant un certain tems de l'année.

Suivant ce que nous venons de dire, il résulte que ceux qui assistent aux assemblées des Grands Jours, sont des Commissaires députés par le Roi pour juger souverainement, comme les Parlemens, des crimes de léze-Majesté, concussions, & autres crimes.

Magnos dies vocarunt Reges nostri placita extraordinaria; quæ in regni provinciis remotioribus cogebantur, delegatis ad ea tenenda selectis judicibus, qui supremo judicio lites dirimant, & in reos, quos regionis longinquitas in perpetrandis criminibus reddebat audaciores, severius inquirebant: cujusmodi erant Missi Dominici, qui à Regibus ad justicias faciendas in remotiores regni partes mittebantur, sub altera Regum Franciæ stirpæ.

Voyez le Glossaire de M. Ducange, au mot Dies; & le Dictionnaire de Trevoux, lett. G, & lett. I.

Voyez aussi Fontanon, tome 1. livre 1. titre 1. Joly, des Offices de France, tome 1. livre 1. titre 18. la Rocheflavin, en son Traité des Parlemens de France, liv. 13. chap. 65. & la Bibliothéque du Droit François par Bouchel, verbo Grands Jours.

Le Recueil des Arrêts, Déclarations & Lettres patentes de la Cour des Grands Jours, tenus à Clermont en Auvergne, a été imprimé en 1666. On y voit la procédure qui s'observe aux Grands Jours. M. Brillon dans son Dictionnaire, cite quantité de Déclarations & de Lettres patentes qui ont fait tenir de Grands Jours en plusieurs endroits du royaume.

GRATIS, est un mot Latin qui signifie par grace, sans qu'il en coûte rien.

M. Brillon observe que le style est à l'égard des Princes du Sang de mettre nihil; & à l'égard des autres, qui sans avoir ce titre éminent, ont certains priviléges, on met à la Chancellerie gratis.

Les premiers ont le droit de ne rien payer pour le Sceau; les autres ne payent rien eu égard à la gracieuseté qu'on veut bien leur faire, & à la considération qu'on marque avoir pour eux.

GREFFE, est le Bureau public, où l'on expédie les Actes de Justice, & où se gardent ces mêmes Actes, & aussi les Registres qui s'en font, & où l'on a recours quand on en veut avoir des expéditions.

Il y a des Greffes civils, criminels, des Présentations, des Insinuations, des Affirmations, des Géoles, & autres.

Comme le Greffe des Jurisdictions royales est domanial, il ne peut pas être aliéné: cependant il ne peut pour juste cause être baillé à ferme & à survivance. Papon, liv. 6. tit. 6. nomb. 1.

A l'égard du Greffe de Jurisdictions seigneuriales, comme ces Jurisdictions sont patrimoniales, il n'appartien n'appartient qu'aux Seigneurs de commettre à ces fortes de Greffes.

GREFFIERS, font des Scribes, dont le principal emploi est d'écrire les Ordonnances, appointemens & Jugemens qui font prononcés par les Juges & de les expédier & délivrer aux Parties.

Les Greffiers ont été très-recommandables chez les Grecs; au lieu qu'à Rome pendant plufieurs fiécles, ils ont été fi méprifés, que pour ces fortes de Commiffions on ne choififfoit que des efclaves.

Ce n'a été que depuis que les Empereurs Arcadius & Honorius eurent ordonné que ces places feroient remplies par des perfonnes libres, qu'on a eu quelque confidération pour eux.

En France, les Juges ont donné dans les premiers tems ces Commiffions à leurs Clercs. Mais Philippe le Bel en ayant reconnu l'abus, y pourvut par fon Ordonnance de 1303. ce qui fut caufe que dans la fuite les Juges furent obligés de prendre pour Greffiers d'autres perfonnes que leurs domeftiques.

Dans ce tems là on ne connoiffoit ceux qui exerçoient ces Charges, que par le nom de Clercs; & Charles VII. dans fon Ordonnance de 1485. appelle Clercs les Greffiers du Châtelet : d'où vient auffi qu'on nommoit les Greffes Clergies; & fi le mot de Greffier fe trouve dans quelques Chartres anciennes, c'est que celui du Parlement a porté ce nom long-tems avant les autres.

Pafquier en fes Recherches, livre 2. chapitre 4. vers la fin, dit que la qualité de Greffier a été fi honorable qu'il n'étoit permis qu'à celui du Parlement de Paris d'en prendre le titre, dont M. du Luc. liv. 4. tit. 10. rapporte un Arrêt de l'an 1404.

Les Charges des Greffiers des Cours fouveraines ont toujours été honorables; & anciennement, pour être revêtu de celles de la Chambre des Comptes, il falloit avoir un Office de Secrétaire du Roi.

Les Greffiers ont été long-tems dépendans des Juges; enfuite les Greffes furent donnés à ferme; & François I. les érigea en titre d'Offices en 1251.

Ces Officiers, qui dans leur origine n'étoit que de fimples Clercs, commencerent auffi à en avoir chez eux pour exercer leur fonction en leur place; ce qui fut caufe qu'en l'année 1577. on érigea encore ces derniers en titre d'Offices. Loyfeau, des Offices, liv. 2. chap. 5.

Préfentement les Commis au Greffe, qui n'étoient que les Clercs de ces premiers Clercs, ont des Commis fous eux, qui en ont d'autres qu'ils appellent leurs Clercs.

La fonction de Greffier est de recevoir & d'écrire les Ordonnances, Appointemens & Jugemens, de la même maniere que les Juges les prononcent, fans changer la fubftance; comme auffi les Requêtes des Parties, leurs offres, affirmations, infinuations & préfentations.

Ils délivrent les expéditions aux Parties, reçoivent les facs, & mettent les procès à la diftribution. Ils font dépofitaires des regiftres & des expéditions de Juftice.

Pour ce qui regarde les affaires criminelles, les Greffiers doivent être préfens à la queftion quand

Tome I.

on la donne aux accufés, pour écrire les procès verbaux des Juges, & les déclarations de ceux qui font appliqués à la queftion : enfin ils doivent accompagner les condamnés au fupplice, jufqu'à ce que l'exécution foit faite.

Il leur est défendu de changer les dépofitions des témoins, foit en les rédigeant, ou après, ni d'écrire fur leur feuille autre chofe que ce qui a été prononcé, à peine de faux.

Ils font obligés de faire mention fur les groffes & expéditions qu'ils délivrent, de la taxe des épices & vacations, & de tous les Droits de Greffe, & de l'expédition, & ne doivent rien délivrer qui n'ait été enregiftré auparavant.

Ils ne peuvent pas refufer aux Parties la communication des Jugemens, quoique les épices n'ayent pas été payées.

Il ne leur est pas permis de recevoir la dépofition des témoins en l'abfence du Juge.

Ils font refponfables de leurs Clercs ou Commis; mais ils ne peuvent pour raifon de ce être pourfuivis que civilement.

Ceux qui fe font recevoir Greffiers, ne font pas obligé de faire preuve de leur âge : ainfi on en reçois quelquefois qui font encore mineurs ; auquel cas ils font toujours reputés majeurs pour le fait de leur Charge feulement, & non pas pour les autres affaires.

Quoique quantité de Greffes des Jurifdictions royales foient donnés à ferme, néanmoins ceux des Cours fouveraines ne le font point; & c'est avec raifon que l'on ne confie point à des fimples Commis des fonctions fi importantes.

Les Greffiers des Cours fouveraines font corps avec elles, & ont les mêmes droits.

Par Arrêt du Confeil privé, du 28. Février 1682. il est fait défenfes à tous les Officiers du Parlement de Paris de prendre & retenir chef eux les Regiftres du Greffe, & au Greffier de s'en défaifir, à peine d'interdiction contre lui & contre les Officiers qui les auront retenus : Ordonne fa Majefté que les informations & autres piéces fecrettes des procès criminels, demeureront au Greffe du Parlement : fait défenfes au Greffier de fe défaifir des minutes, & à fon Procureur général audit Parlement de 'en retenir fous quelque prétexte que ce foit. Cet Arrêt est rapporté dans le Recueil des Edits & Arrets fait par l'ordre de M. le Chancelier en 1687.

Les Juges ne peuvent commettre les fonctions du Greffe d'autres perfonnes en la place de leurs Greffiers, fi ce n'est dans les occafions où leurs Greffiers feroient fufpects. *Voyez* M. Louet, lettre 3. fomm. 9. M. le Prêtre, cent. 1. ch. 19. & ès Arrêts de la Cinquieme. *Voyez* auffi le Dictionaire de M. Brillon, *verbo* Greffier, où plufieurs Arrêts importans font rapportés au fujet de leurs fonctions.

Les Greffiers ne doivent prendre que les droits qui leur font accordés par les Réglemens de la Cour, & ne point donner trop d'étendue au Jugement, fans ufer de redites, ni de chofes fuperflues. *Voyez* Henrys, tome 1. liv. 2. ch. 3. queft. 10.

GREFFIER EN CHEF, est celui qui figne les

expéditions des Arrêts ou Sentences , & les autres actes.

GREFFIER Commis , eſt celui qui tient le plumitif à l'Audience en la Chambre du Conſeil ſoit au civil, ſoit au criminel.

GREFFIER des Presentations , eſt celui au Greffe duquel les Procureurs font l'acte de préſentation pour leurs Parties.

GREFFIER Garde-Sac , eſt celui qui reçoit les productions des Parties dans les affaires appointées , & qui s'en charge , pour la diſtribution en être faite à celui des Conſeillers qu'il plait au Chef de la Juriſdiction de donner pour Rapporteur. Voyez la Déclaration du Roi du 15. Novembre 1654. qui eſt dans le Recueil des Edits & Déclarations imprimé en 1688. pag. 189.

GREFFIER des Affirmations , eſt celui qui reçoit les affirmations que les Parties font obligées de faire.

GREFFIER a la peau , eſt celui qui met en groſſe les Arrêts & Sentences ; & il faut que cette groſſe ſoit écrite de ſa propre main.

GREFFIER des Insinuations , eſt celui qui tient les Regiſtres où ſe tranſcrivent les donations & les ſubſtitutions dans les Juſtices royales , afin que ces actes ſoient rendus publics , pour empêcher les fraudes qui ſe pourroit pratiquer au préjudice de ceux qui n'en auroient pas eu connoiſſance. Voyez Inſinuations. Voyez Fontanon, tome 1. liv. 2. pag. 496. & Joly , des Offices de France , tome 2. liv. 3. tit. 23. pag. 1399. & aux Additions , pag. 1909.

Il y a encore des Greffiers des inſinuations eccléſiaſtiques , qui ſont prépoſés pour inſinuer dans les Cours eccléſiaſtiques les actes qui concernent les Matieres eccléſiaſtiques & bénéficiales. Voyez Fontanon , tome 4. tit. 23. pag. 510. & Joly , des Offices de France , tome 2. liv. 3. tit. 24. pag. 1408. & aux additions, pag. 1910.

Enfin il y a des Greffiers des Inſinuations laïques , qui ſont prépoſés dans les Juſtices royales , pour inſinuer les actes , qui dans les affaires temporelles & ſéculieres , ſont ſujets à inſinuation , aux termes de l'Edit du mois de Décembre 1703. appellé l'Edit des inſinuations laïques.

GREFFIER des Geoles , eſt celui qui tient les écrouesdes perſonnes empriſonnées. L'écroue de chaque priſonnier fait mention de ſon nom , du tems qu'il a été empriſonné , & des cauſes de ſon empriſonnement.

C'eſt au Greffier de géoles à qui appartient le droit d'en délivrer des expéditions.

Il reçoit auſſi les recommandations qui ſe font de la part des créanciers d'un homme qui eſt détenu en priſon pour dettes.

Touchant les gréffiers de géoles , voyez le titre 13. de l'Ordonnance de 1670.

GREFFIER en fait d'affaire qui se decident au Conseil , ſont ceux qui expédient les Arrêts du Conſeil aux parties ; au lieu que ceux qui expédient les affaires des Finances, s'appellent Sécrétaires du Conſeil.

GREFFIER de l'Ecritoire , ſont les Greffiers des Bâtimens , qui reçoivent & expédient les rapports des Experts.

La fonction de ces Greffiers eſt de rédiger par écrit les rapports des Jurés-Experts , des viſites , alignemens , priſées & eſtimations , & des autres actes qui ſe font par leſdits Experts; d'en garder les minutes , & d'en délivrer des copies à ceux qui les en requierent.

Les experts en amenent un ordinairement avec eux : néanmoins, ſuivant l'Ordonnance de Charles IX. faite en l'an 1567. au ſujet des viſites & rapports d'Experts , il n'eſt pas néceſſaire , qu'ils en ſoient affiſtés ; & la nouvelle Ordonnance de 1667. titre 21. ne les y oblige pas.

Par l'Edit du mois de Mai 1690. il y en a vingt pour la Ville , Fauxbourgs & Banlieue de Paris ; ſçavoir , les ſeize anciens , & quatre de nouvelle création , deux dans les Villes où il y a Parlement, Chambre des Comptes , ou Cour des Aydes , & un dans chacune de celles où il y a un Bureau des Finances ou Préſidial.

Par un autre Edit du mois de Juillet de la même année 1690. il a été créé un Greffier de l'Ecritoire dans chacune des Villes où il y a Bailliage , Sénéchauſſée , viguerie , ou autre Siége ou Juriſdiction royale.

Leur ſalaire eſt le même que nous avons dit être attribué aux Experts, & encore cinq ſols par rolle des groſſes de leurs procès verbaux de rapport. Voyez Expert.

GREFFIERS , Gardes et Depositaires des Lettres de Chancellerie , ſont des Greffiers-Conſervateurs des minutes des Lettres de Chancellerie établis pour en conſtater l'expédition en cas de beſoin , & en délivrer des copies collationnées quand ils en ſont requis.

Il y en a de deux ſortes ; ſçavoir , ceux de la grande Chancellerie , & ceux de la petite.

Les Greffiers , Gardes & Dépoſitaires des Lettres de la grande Chancellerie , ont été établis par un Edit du mois de Mars 1674. au nombre de quatre.

Les Greffiers-Conſervateurs des Lettres qui ſe ſcellent dans les petites Chancelleries établies près les Parlemens , Cours ſupérieures & Préſidiaux , ont été établis par un Edit du mois de Mars 1692. dans chacune des chancelleries.

Les droits de ces derniers Greffiers ſont réglés par un tarif arrêté au Conſeil royal des Finances le 5. du même mois de Mars 1692.

Au mois d'Avril ſuivant , la réunion de huit charges de Greffiers des Lettres de la Chancellerie établis près le Parlement de Paris , a été faite à la Communauté des Procureurs.

Cependant les Secretaires du Roi & les Référendaires de la Chancellerie peuvent auſſi dreſſer les minutes , & les faire mettre en parchemin, de même que les Procureurs , mais aucunes Lettres ne doivent être préſentées au Sceau pour être ſcellées, que la minute n'en ait été remiſe aux Procureurs prépoſés par la Communauté à l'exercice du Greffe , & qu'ils n'ayent mis le collationné avec leur paraphe au bas de l'expédition.

GREFFIERS , ſont des Officiers de la gabelle

qui jugent de la bonté du fel, & de la quantité qu'il en faut pour les Paroiſſes qui dépendent de leur grenier.

La fonction de ces Officiers ſubalternes eſt de juger en premiere inſtance en certains cas, & quelquefois en dernier reſſort, des différends & malverſations qui arrivent ſur le débit & tranſport du fel, & pour le faux-ſaunage.

C'eſt donc à eux d'avoir ſoin d'empêcher que le fel ne ſoit vendu plus cher que le Roi ne l'a ordonné, de prendre garde aux meſures, & de faire le procès aux faux-ſauniers.

Il a ordinairement dans les greniers à fel, un Préſident, trois Grenetiers, trois Controlleurs, & un Procureur du Roi.

Les appellations des Sentences des Grenetiers ſe relevent en la cour des Aydes.

Anciennement les Officiers des greniers à fel ne faiſoient aucune fonction de Judicature : ils recevoient ſeulement le fel au grenier, le diſtribuoient & en gardoient le prix, duquel ils comptoient à la Chambre des Comptes.

Le Peuple ayant eu de la peine à ſe ſoumettre au droit de gabelle, Charles VI. par ſon Ordonnance de 1398. art. 230. inſtitua les Grenetiers & les Control. leurs, & leur donna pouvoir d'informer des excès & rébellions commiſes contre tous les Officiers par ceux qui refuſeroient de payer le droit de gabelle ou d'ayde, & de décreter contre les coupables & les conſtituer priſonniers, ſi mieux ils n'aiment renvoyer le tout pardevant les généraux Conſeillers en la Cour des Aydes. Charles VII. par ſon Ordonnance de 1435. art. 170. a ordonné la même choſe.

Les Grenetiers ſe brouillerent avec les Controlleurs, parce que les Grenetiers jugeoient les différends ſans y appeller les Controlleurs, leſquels ne voulurent pas aſſiſter au Jugement des différends concernant les gabelles.

Cela donna lieu à l'ordonnance de François I. du dernier Juin 1517. laquelle en l'art. 36. défend aux Grenetiers d'exercer ſeuls la Juriſdiction des gabelles ſans les Controlleurs, ſur peine d'amende arbitraire, & de payer les dommages & intérêts des Parties.

Par l'art. 37. il eſt enjoint aux Controlleurs d'aſſiſter à l'expédition & Jugement des affaires concernant la Juriſdiction des gabelles, ſur peine d'amende envers le Roi, & auſſi des dommages & intérêts des Parties.

Par une autre Ordonnance de François I. donnée aux Roches au mois d'Août 1535. art. 12. il eſt défendu à tous Juſticiers, Officiers & Sujets, autres qu'aux Généraux en la Cour des Aydes de troubler les Grenetiers, Controlleurs, & autres Officiers des gabelles, en l'exercice de leurs Charges, & d'en prendre connoiſſance, ſur peine de privation de leurs Offices & d'amende arbitraire.

Ces affaires s'étant multipliées, pour une plus prompte expédition, & pour décorer ces Siéges d'un honneur particulier, Louis XIII. par ſon Edit du mois de Décembre 1629. a créé en chacun des greniers à fel dépendant du reſſort des Chambres des Comptes & Cours des Aydes de Paris, Rouen & Bourgogne, un Conſeiller-Préſident pour y préſider ſur tous Officiers, à l'inſtart & avec même pouvoir & prééminence que les Préſidens des Elections du Royaume.

Cette Ordonnance régle leur ſéance, & ordonne en l'art. 16. que les Préſidens, Grenetiers, Lieutenans, Controlleurs, & autres Officiers des greniers auront ſéance également avec les Officiers des Elections en toutes aſſemblées, ſçavoir, les Préſidens des greniers avec les Préſidens des Elections, ſelon l'ordre de leur reception ; les Grenetiers, Lieutenans & Controlleurs, avec leurs Lieutenans & Elus, auſſi ſelon l'ordre de leur réception, & ainſi des autres Officiers ; voulant que ce ne ſoit qu'un même corps dans ces Aſſemblées.

Mais ce que Louis XIII. avoit ainſi ordonné pour les Aſſemblées publiques, le Roi Louis XIV. l'a auſſi ordonné pour les Juriſdictions, par ſon Edit du mois de Janvier 1685. par lequel il unit &.incorpore les greniers & les Elections dans une même Ville en toute l'étendue de la Ferme générale pour ne faire qu'un Corps d'Election & grenier à fel, auxquels cet Edit attribue toute connoiſſance & Juriſdiction, -tant civile que criminelle, pour les matieres dont les Elus ſont compétens dans l'étendue de leur Siége ; & à l'égard des gabelles, dans l'étendue de toutes les Paroiſſes qui compoſent les greniers unis.

Par le même Edit le nombre des Officiers deſdites Juriſdictions a été réglé ; leſquels Officiers y ſont qualifiés d'Elus, Grenetiers, Controlleurs, avec ſuppreſſion de tous les autres Officiers, tant des Elections, que greniers à fel.

De cette union, ſuppreſſion & réduction, ſont exceptés les greniers à fel de Paris, les Receveurs des Tailles en toutes les Elections, les Procureurs poſtulans, & les Huiſſiers des Elections, Tailles, Aydes, greniers & gabelles, les Meſureurs & Porteurs ſervans aux greniers, auxquels il eſt permis de continuer leurs fonctions comme auparavant.

Le même Edit a conſidéré les greniers à fel en trois ſituations différentes, la premiere, dans les Villes où il y a Election en chefs ; la ſeconde, où il y a des Elections particulieres ; & la troiſiéme, où il n'y a point d'Election.

Dans les Villes où il y a Election en chef, l'union a été faite comme il vient d'être dit.

Dans celles où il y a des Elections particulieres, à l'exception de celles de Pontoiſe & de Sainte-Menehould qui ont été réſervées, elles ont toutes été ſupprimées.

A l'égard des Elections de Pontoiſe & de Sainte-Menehould, ce même Edit y a joint les greniers à fel des mêmes Villes, pour ne faire qu'un même Corps & Siége d'Election particulieres & greniers eſdits lieux, auxquels eſt pareillement attribué la connoiſſance de toutes les matieres de la compétence deſdites Elections & greniers à fel dans l'étendue de leurs Juriſdictions reſpectives.

Enfin, pour ce qui eſt des greniers des lieux où il n'y a point d'Election, ils n'ont reçu aucun changement par cet Edit, que la réduction des Officiers à deux Grenetiers, deux controlleurs, un Procureur du Roi, & un greffier, auxquels il eſt enjoint de continuer leurs fonctions alternativement; un Grenetier & un Controlleur chacune année.

Voyez ledit Edit du mois de Janvier 1685. qui régle les fonctions des Grenetiers des lieux où il y a Election, & qui contient pluſieurs déciſions au ſujet de la Juriſdiction de ces Officiers. Voyez auſſi l'Ordonnance du mois de Mai 1680. qui traite ſpécialement des Aydes & des gabelles.

Nous remarquerons touchant cette derniere Ordonnance, I°. que les Elûs, comme Grenetiers, ſuivant l'art. 1. du tit. 18. connoiſſent en premiere inſtance, & à la charge d'appel, de l'exécution de ladite Ordonnance, & des contraventions qui y feront faites dans l'étendue de leur reſſort.

II°. Qu'ils connoiſſent auſſi du faux-ſaunage qui aura été commis par les Eccléſiaſtiques, ſuivant l'art. 11. du tit. 17. de la même Ordonnance, qui veut qu'ils ſoient contraints par corps & par ſaiſie de leur temporel, au payement des amendes auxquelles ils ſeront condamnés.

III°. Que les Elus Grenetiers, ſuivant l'art. 2. du tit. 18. ont le pouvoir de juger en dernier reſſort, tant en principal que dépens, de la reſtitution des droits de gabelle juſqu'à un minot, & de dix livres d'amende; c'eſt-à-dire que dans ces cas les Particuliers condamnés ne peuvent appeller en Jugement: mais l'art. 3. veut que l'appel des Procureurs du Roi & des Commis de l'adjudicataire, ſoit recevable, pourvû, & non autrement, que ſur les lieux ils ayent conclu à une plus grande amende ou reſtitution; ſinon, le Jugement à leur égard demeure auſſi en dernier reſſort, ainſi que contre les Particuliers.

IV°. Que par l'art. 4. il a été encore ordonné, qu'en matiere de ſurtaux les Officiers des greniers à ſel jugeront en dernier reſſort, tant en principal qu'en dépens, quand l'oppoſant n'aura été impoſé qu'à un quart de minot & au-deſſous.

Ils connoiſſent auſſi en dernier reſſort des demandes intentées contre les Particuliers, à ce qu'ils ſoient tenus de prendre du ſel par extraordinaire, lorſque la quantité du ſel n'excédera point le quart d'un minot.

Dans tous ces cas où les Grenetiers jugent en dernier reſſort, la Cour des Aydes ne peut connoître des conteſtations des Parties en premiere inſtance, ni recevoir les appellations qui ſeroient interjettées des Jugemens des Grenetiers ni donner des défenſes de les mettre à exécution.

La maniere dont les Grenetiers doivent juger, ſe trouve dans la même Ordonnance en l'art. 8. du tit. 18. qui porte: I°. que les Grenetiers tiendront l'Audience au moins deux jours de la ſemaine, depuis neuf heures juſqu'à midi; & à cette fin qu'ils doivent réſider dans le lieu où le Siége eſt établi durant le tems de leur exercice, à peine de privation de leurs gages, & de mille livres d'amende.

II°. Que les Procureurs du Roi ne pourront donner leurs concluſions préparatoires ou définitives, qu'au préalable le procès n'ait été communiqué au Commis de l'Adjudicataire en matiere civile pour y prendre de ſa part telles concluſions qu'il aviſera bon être, à peine d'interdiction & de pareille amende de mille livres.

III°. Qu'il leur eſt défendu ſous les mêmes peines de donner en matiere criminelle aucunes concluſions qu'ils n'ayent ſommé le commis de déclarer dans trois jours s'il veut ſe rendre Partie; & s'il ſe rend Partie, les procès verbaux, interrogatoires, & autres pieces non ſecrettes, lui doivent être communiquées, pour l'intérêt qu'il peut avoir dans l'affaire.

Les Grenetiers doivent pour le civil être au moins deux pour juger; & en cas de diverſité d'opinions l'article 54. de l'Ordonnance de François I. du mois de Juillet 1544. porte qu'ils pourront appeller un tiers pour décider les contraventions, amendes & confiſcations.

Les Sentences portant condamnation de peines afflictives, doivent, ſuivant l'art. 11. du titre 18. de l'Ordonnance de 1680. être rendues par trois Officiers au moins, & ſignées d'eux; & en cas d'abſence, il leur eſt permis, pour remplacer ceux qui manquent de prendre des gradués ou des anciens Praticiens, à la charge qu'ils ſigneront les Jugemens; le tout à peine de nullité, dommages & intérêts des Parties, & de mille livres d'amende.

Les Sentences rendues aux greniers à ſel doivent être expédiées en papier, excepté les définitives rendues pour vû des pieces, ſuivant l'article 14. du titre 18. de la même Ordonnance de 1680.

Enfin les Greffiers ſont obligés par l'art. 15. de délivrer gratis au Procureur du Roi, & aux autres Officiers, toutes les expéditions qui concernent les affaires du Roi, à peine de reſtitution du quadruple.

Il y a quantité d'Edits, Déclarations & Arrêts du Conſeil, qui ont été rendus au ſujet des Grenetiers à ſel, touchant leurs droits, priviléges & Juriſdictions, que l'on peut voir dans le Dictionnaire de M. Brillon qui en a rapporté les déciſions, verbo Grenier à ſel.

GRENIER A SEL, eſt un dépôt public où l'on met le ſel que le Roi vend à ſon Peuple; & on appelle ſel gabellé, celui qui a paſſé dans ce grenier, & qui y a reſté deux ans, qui n'eſt livré que par les Officiers prépoſés à cet effet.

Par l'Ordonnance de 1680. des gabelles, tit. 4. art. 6. les greniers ou dépôts de ſel doivent être à rez-de-chauſſée de la rue, ou élevés de deux pieds pour le plus.

L'article 2. porte que les greniers à ſel fermeront à trois clefs différentes; l'une pour le Grenetier, l'autre pour le Controlleur, & la troiſiéme pour le Commis, qui demeureront reſponſables ſolidairement & par corps de tout le ſel qui y ſera renfermé, & leſdites clefs doivent être remiſes au Greffe à la fin de chaque année par le Grenetier & le Controlleur ſortans d'exercice, pour être délivrés à ce qui y entreront.

Il y a deux ſortes de grenier à ſel; les uns de vente volontaire; les autres d'impôts.

Les premiers ſont ceux où le ſel ſe diſtribue volontairement, & où les Habitans n'en prennent que la quantité dont ils croyent avoir beſoin.

Les greniers d'impôts font ceux où les Particuliers font obligés de prendre par an une certaine quantité de fel ; & cela pour prévenir le faux-faunage.

Voyez le titre 8. de ladite Ordonnance de 1680.

JURISDICTION DU GRENIER A SEL , eſt celle qui eſt établie pour juger des conteſtations qui arrivent au ſujet des gabelles , de la diſtribution du fel , des droits de Sa Majeſté , & des malverſations & délits qui ſe commettent dans le débit & tranſport du fed.

Cette Juriſdiction eſt compoſée de deux Préſidens , deux Grenetiers , trois Controlleurs , un Greffier , & quelques autres Officiers.

Elle ſe tient dans le même endroit où ſe fait la diſtribution du fel au Public.

L'appel des Jugemens qui ſe rendent dans cette Juriſdiction , va directement à la Cour des Aydes. *Voyez* Grenetiers.

GRIEFS , font les chefs d'une Sentence qui font tort à l'appellant , & que l'on nomme ainſi parce qu'il prétend , comme on diſoit anciennement , avoir été grevé.

Ainſi par grief on entend les cauſes & moyens ſur leſquels l'appellant ſoutient l'équité & la juſtice de ſon appel , en juſtifiant le tort que lui cauſe injuſtement la Sentence qui a été rendue contre lui , & dont il a interjetté appel. *Voyez* Belordeau , lett. G , art. 10.

On les propoſoit autrefois comme des articles de plainte contre le Juge ; mais parce que dans ces griefs il n'étoit pas queſtion du fond de la conteſtation , on les mettoit dans un ſac à part , hors le procès.

Préſentement , quoiqu'on s'en ſerve à un autre uſage , & que les griefs ſoient en effet dans le procès par écrit , ce que ſont les cauſes & moyens d'appel dans les appellations verbales , les Avocats n'ont point changé leur ancienne maniere de parler , lorſqu'ils dreſſent ces ſortes d'écritures.

Ils les commencent par ces termes : *Griefs hors le procès que met pardevant vous Noſſeigneurs de la Cour de Parlement, P. appellant contre B. intimé.* Après les qualités des Parties , il faut mettre les concluſions en cette forme : *A ce qu'il plaiſe à la Cour dire qu'il a été mal jugé ; émendant, décharger l'appellant de la condamnation portée par la Sentence.*

Enſuite on déduit le fait , & on prouve par les circonſtances & par les raiſons de droit & d'équité , que la Sentence n'eſt pas juridique. On finit en ſuppliant la Cour , en conſéquence des moyens propoſés , & ceux de droit qu'on eſpere qu'elle aura la bonté de ſuppléer, d'adjuger les concluſions qu'on a priſes.

Ces écritures font appellées *griefs hors le procès* , parce qu'elles ſont miſes dans un ſac à part qui eſt attaché au procès par écrit , & ne ſont point mêlées avec les autres procédures ; l'appellant les fait mettre au Greffe , & le Rapporteur les prend. D'autres prétendent qu'on appelle ces griefs *hors le procès* , pour les diſtinguer de ceux qui peuvent déjà avoir été fournis dans un Tribunal inférieur

fur un premier appel , & qui font partie du procès dans le Tribunal ſupérieur.

Ce n'eſt qu'en matiere civile ; & en conſéquence d'un appointement de concluſion dans le procès par écrit que l'on fournit des griefs ; car en matiere criminelle , toutes ſortes d'écritures ont été abrogées , à l'exception des Requêtes qui peuvent être préſentées de part & d'autre , auxquelles les pieces doivent être attachées. Ordonnance de 1670. tit. 23. articles 2. & 3. *Voyez* Imbert en ſa Pratique , liv. 2. chap. 12.

Contre les griefs , on fournit des réponſes à griefs ; & contre les réponſes , on donne des ſalvations. Mais ne fournit réponſes à griefs ni ſalvations , qui ne veut.

On peut faire entrer dans les griefs , d'autres écritures. Par exemple on peut faire des griefs & moyens d'appel , s'il y a des appellations verbales jointes au procès par écrit.

On peut auſſi , ſelon l'uſage du Châtelet , faire des griefs ſervant de débats & erreurs de compte , ſi l'appel eſt d'une Sentence intervenue ſur un compte rendu par un tuteur , Procureur , ou autre.

Les griefs & réponſes à griefs ſe font par les Avocats ; & quand ils ſont dreſſés par des Procureurs , ils doivent être faits par Requête , & ſignés des Procureurs , & répondus par le Rapporteur , qui met au bas , *ait acte. & ſoit ſignifié.*

Mais quand ils ſont faits en forme d'écritures d'Avocats , ils doivent être ſignés de la Partie , & il n'eſt pas néceſſaire de les faire répondre par le Rapporteur ; on les fait ſignifier ſur le champ.

GROS , eſt un droit que l'on paye aux Fermiers des Aydes ſur les vins , eaux-de-vie , bierre , cidre , qui ſe vendent en gros. Ce droit conſiſte au vingtieme du prix , au ſol pour livre , & ſe prend ſur les boiſſons. Il ſe paye lorſque le vin eſt vendu en gros , troqué , donné en payement , ou tranſporté dans les pays étrangers.

Ce droit n'eſt pas fixe , & eſt plus ou moins conſidérable , à proportion que le vin eſt plus ou moins cher. Mais le prix doit être déclaré juſte par le vendeur , à peine de confiſcation & de cent livres d'amende. La preuve de la fauſſeté eſt admiſe , & l'acheteur peut être du nombre des témoins , à quelque ſomme que puiſſe monter le prix du vin.

Voyez la Déclaration du Roi du 1. Juin 1649. pour la levée de quatre ſols pour livre , & de dix ſols ſur le gros ; celle du 19. Mars 1615. pour la levée des droits de gros , & douze ſols ſix deniers des vins que les Bourgeois de Paris font venir ; celle du mois de Décembre 1605. portant Réglement du droit de gros ſur les vins qui entrent pour la proviſion des Bourgeois ; & celle du mois de Septembre 1684. contenant un Réglement ſur le gros manquant des inventaires des vins. *Voyez* auſſi l'Ordonnance de 1680. & la déclaration de 1688.

GROS EN MATIERE BENEFICIALE , eſt la portion principale du revenu d'un Bénéfice appartenant à celui qui en eſt pourvû. Je me réſerve d'en traiter dans le Dictionnaire de Droit canonique , que j'eſpere mettre au jour dans quelque tems.

GROSSE , eſt l'expédition en parchemin d'une

obligation ou d'une constitution de rente, ou d'un autre contrat, acte ou Jugement, dont la minute est en dépôt dans l'Etude du Notaire ou du Greffier.

Ainsi, grossoyer est faire une grosse sur une minute, laquelle reste entre les mains du Notaire qui a passé l'acte; & mettre en grosse un contrat, c'est le mettre en forme pour le délivrer en parchemin & grossoyé, à la différence de la note & copie de minute de contrat & obligation, qui se délivre en papier, & sans faire mention du Garde du Scel.

La grosse est une expédition; mais toute expédition n'est pas grosse : car une expédition d'un acte est la copie d'icelui, soit en minute ou en grosse.

A l'égard des Jugemens & des contrats, il faut les faire expédier en grosse, & les faire sceller, pour qu'ils puissent être mis à exécution.

La grosse doit être entiérement conforme à l'original : ainsi les Notaires ne peuvent étendre en la grosse une clause substantielle d'un contrat. M. Ricard, des Donations, part. 1. chap. 4. sect. 1.

Par l'Ordonnance de François I. de l'année 1539. article 178. il est défendu aux Notaires de délivrer une seconde expédition sans ordonnance du Juge. *Bis instrumentum non conficitur, nisi autore Judice.* Voyez Mornac, *ad Legem 6. §. ult. ff. de edendo*; & Dumoulin en sa Note sur l'art. 17. de l'Ordonnance de 1539.

Ainsi, quand un créancier perd la grosse d'une obligation ou d'un contrat de constitution passé à son profit, s'il en veut avoir une seconde expédition du Notaire qui a la minute, il faut qu'il présente une Requête au Juge pour en obtenir la permission; & qu'en vertu de l'Ordonnance du même Juge, il fasse donner assignation au débiteur au domicile élu par l'obligation, à ce qu'il soit tenu de comparoir un tel jour à certaine heure pardevant le Notaire en son Etude, pour voir délivrer une seconde grosse de l'obligation du contrat.

Si le débiteur s'oppose à cette délivrance, soutenant qu'il a fait des payemens, lesquels sont endossés sur la premiere expédition, c'est au créancier à prouver qu'il a perdu l'obligation, & au débiteur qu'il a fait les payemens; Charondas, liv. 7. rép. 112. ce qui n'est pas bien facile à prouver; & dans le doute la cause du débiteur est toujours favorable puisque c'est par le fait du créancier que les Parties sont en procès.

Pour empêcher les fraudes qui se pourroient commettre à l'occasion des secondes grosses au préjudice d'un tiers, la seconde grosse d'un contrat ne donne hypotheque au créancier que du jour que cette seconde grosse est expédiée.

Voilà ce qui se pratique à Paris pour éviter les fraudes, ce qui paroît fort raisonnable. Cependant il faut demeurer d'accord que la crainte d'une fraude ne doit pas l'emporter sur la vérité & la Justice. Voyez le Recueil des actes de notoriété, page 36. & suivantes.

Le Parlement de Rouen dans ces Arrêtés du 6. Avril 1666. art. 19. a déclaré le contraire, apparemment sur la raison que nous venons de rapporter. Voici les termes : *Celui qui a perdu la grosse de*

son contrat ou Sentence, *peut se faire autoriser par Justice d'en lever un extrait sur la minute étant ès mains des Greffiers, Notaires ou Tabellions, l'obligé présent ou düement appellé, lequel extrait a même effet & hypotheque que la grosse.*

Dans le pays de Droit écrit, le mot de *grosse* n'est pas en usage : l'on dit premiere ou seconde expédition; & la seconde, troisieme ou autre expédition, à la même hypotheque que la premiere, pourvû qu'elle soit exempte de tout soupçon de fraude : ce qui se décide par les circonstances.

Lorsque la grosse d'une obligation se trouve entre les mains du débiteur, cela fait présumer qu'il en a fait le payement, quoique la minute se trouve chez le Notaire non déchargé. Voyez M. le Prêtre, cent. 4. chap. 21.

GROSSE EN FAIT DE PROCEDURE, signifie l'original d'une Requête ou autre piece d'écriture, qui est écrit en ronde & en gros caractere; au lieu que la copie est ordinairement écrite en petits caracteres d'écriture commune. La grosse des procédures est en papier, & tient lieu d'original, sur laquelle on tire la copie que l'on signifie; au lieu que la grosse des contrats & Jugemens est en parchemin, & tirée sur la minute.

GROSSE PASTURE. Voyez Pâturage.

GROSSE AVANTURE, signifie le prêt qu'on fait d'une somme d'argent à gros intérêt, comme au denier quatre, cinq, six ou autre, à celui qui va trafiquer au-delà des mers, à condition que si le vaisseau vient à périr, la dette sera perdue. C'est ce qui est appellé par les Jurisconsultes *trajectitia pecunia*.

Ces intérêts sont permis, tant par rapport aux gains considérables que peut faire celui qui emprunte l'argent, que par rapport au risque que court le créancier de perdre son argent : c'est d'ailleurs une espece de société, dans laquelle le créancier entre avec celui à qui il prête.

Voilà ce qui fait que ces contrats que l'on appelle obligations à la grosse, ou à la grosse avanture, ou contrats à retour de voyage, sont reçus en France comme légitimes, nonobstant le chapitre dernier aux Décretales de Grégoire IX. au titre de *usuris*, dont la décision n'a point été suivie par nos Théologiens, pour les raisons déduites ci-dessus. Ces contrats sont bien différends des contrats d'assurance; comme je l'ai dit, *verbo* Assurance.

Voyez le titre 5. de l'Ordonnance du mois d'Août 1681. touchant la Marine.

GROSSESSE. C'est une extravagance de s'imaginer que dans l'ordre naturel des choses humaines la grossesse puisse arriver sans la cause qui la peut produire, & dont elle est la suite; un effet ne peut jamais subsister sans sa cause.

Il ne sera pas peut être hors de propos de rapporter à ce sujet un trait extraordinaire qui se trouve dans la Conférence des Ordonnances de Guénois liv. 9. tit. 12. Au mois de Février 1637. on publia dans la Ville de Paris un Arrêt du Parlement de Grenoble du 13. dudit mois, donné au profit de Dame Magdelaine d'Automon, épouse de Jerome-Auguste de Montleon, Chevalier, Sieur d'Aguemen, au fujet d'un enfant duquel elle étoit accouchée quelque tems auparavant, & qu'elle difoit avoir conçu fans compagnie d'homme, par la feule forte imagination de fon mari, lequel étoit abfent d'elle depuis plus de quatre ans.

Par cet Arrêt l'enfant dont ladite Dame étoit ainfi accouchée, fut, fuivant ce qui étoit porté dans ledit écrit, déclaré légitime & vrai héritier dudit Sieur d'Aguemen. Ce que ce prétendu Arrêt déclaroit avoir été confirmé par les avis des Medecins en l'Univerfité de Montpellier, & des Sages-femmes, tous y dénommés, contre les Sieurs Adrien de Montleon Sieur de la Forge, & Charles de Montleon, Ecuyer, Sieur de Bouglemont, qui conteftoient la qualité de cet enfant, qui furent déboutés par ledit Arrêt de leur demande.

Cette prétendue hiftoire fut trouvée fi étrange, que le Procureur général du Roi au Parlement de Paris en fit plainte à la Cour, laquelle par Arrêt du 1. Juillet au dit an, ordonna que commiffion feroit délivrée aud. Procureur général, pour informer contre les auteurs & complices de la fuppofition de ce prétendu Arrêt; cependant les copies & exemplaires qui exiftoient feroient fupprimés. Et ledit Sieur Procureur général du Parlement de Paris en écrivit au Procureur général dudit Parlement de Grenoble, lequel en fit plainte audit Parlement.

Sur ce fut donné Arrêt au Parlement de Grenoble le 13. Juillet de la même année 1637. lequel déclara le fufdit Arrêt du mois de Février précédent, faux, fuppofé, calomnieux & injurieux à fon honneur; ordonna en outre que la copie imprimée dudit Arrêt feroit mife entre les mains de l'Exécuteur de la Haute-Juftice, pour être par lui biffée & lacerée, & les pieces jettées au feu, & brulées devant la grande porte du Palais, dans la place publique de S. André; fit défenfes de l'imprimer, & l'expofer en vente, ni de l'acheter, à peine de la vie, commit tous Confeillers, Juges royaux & préfidiaux de fon reffort, & le Prévôt des Maréchaux, pour informer contre les auteurs, inventeurs, & ceux qui avoient donné cours audit Arrêt, par tout genre de peines, même par voie de Monitoire, pour faifir les coupables &-les emprifonner. Que vidimus de ce dernier Arrêt en feroit fait & envoyé aux Siéges royaux & préfidiaux de fon reffort, pour y être publié & enrégiftré. Et enjoint aux Subftituts du Procureur général de tenir la main à l'exécution dudit Arrêt, à peine d'en répondre en leur propre & privé nom, & d'en certifier la Cour de quinzaine en quinzaine, à peine de fufpenfion de leurs Charges.

Celui qui a engroffé une fille, même fous promeffe de mariage, n'eft plus aujourd'hui dans la plûpart des Tribunaux de France, condamné à l'époufer, ou à être pendu; il eft feulement condamné aux frais de gefine, chargé de l'enfant, & condamné envers la mere aux dommages & intérêts, lefquels font plus ou moins confidérables, felon les circonftances & la qualité des Parties. Voyez l'Arrêt du 28. Avril 1691. rapporté dans le Journal des Audiences.

L'ancienne Jurifprudence qui condamnoit un garçon qui avoit fait un enfant à une fille à l'époufer ou à être pendu, avoit de grands inconvéniens, & faifoit que beaucoup des filles, au lieu d'être en garde pour conferver leur honneur, cherchoient elles-mêmes les moyens de féduire les enfans de famille qui étoient à leur gré, par rapport à leurs perfonnes, à leurs familles, ou à leurs biens, afin d'en faire leurs maris.

Elles avoient d'autant plus de facilité à s'abandonner à une vie licentieufe, qu'elles regardoient un déréglement bien ménagé & bien entendu, comme une voie fûre pour parvenir à un Sacrement auquel toutes n'afpiroient que par des vûes purement humaines.

Comme cela troubloit le repos des familles, & que les peres & meres étoient obligés de veiller à la conduite de leurs garçons, autant pour les moins qu'ils ont coutume de veiller à celle de leurs filles, on a fait fagement changer cet ufage, dont la plûpart des filles abufoient. La pureté de notre Religion ne permet pas que le Sacrement de Mariage foit la récompenfe du vice & de la proftitution.

Ainfi, par Arrêt du 18. Janvier 1679. rendu à l'Audience de la Tournelle criminelle, la Cour prononça une condamnation d'aumône contre le nommé Froger, homme marié, & contre une fille, de l'habitude criminelle defquels il étoit né un enfant, que Froger fut condamné de faire nourrir & élever, quoiqu'il parût que cette fille dans le même tems entretînt auffi un commerce infâme avec le Vicaire de fa Paroiffe, lequel en avoit été convaincu par les Sentences des Officialités du Mans & de Tours. La fille n'eut point d'autres dommages & intérêts, qu'une provifion de foixante livres qu'elle avoit déjà obtenue, & qui lui demeura définitivement avec les dépens auxquels Froger fut auffi condamné.

Par autre Arrêt rendu à l'Audience de la Tournelle criminelle le 9. Janvier 1682. la Cour ne donna aucuns dommages & intérêts à une fille majeure, quoique Damoifelle, enceinte des œuvres d'un mineur roturier; & condamna chacune des Parties en une aumône, & le garçon à fe charger de l'enfant.

Les Juges de la moyenne & baffe Juftice ne peuvent pas connoître du délit qu'a commis celui qui a engroffé une fille; les Juges de la Haute Juftice en peuvent connoître dans l'étendue de leur Jurifdiction, de même que les Juges royaux.

Le pere du garçon n'eft point tenu de nourrir l'enfant que fon fils a eu d'une concubine.

L'Official ne peut adjuger des alimens à une fille enceinte, ni les frais de couche.

Un valet qui a engroffé la fille de fon maître, doit être condamné d'être pendu. Voyez Papon, liv. 23. tit. 3. nomb. 3.

Une fervante qui devient groffe chez fon maître, eft préfumée l'être de lui. Voyez ce qui eft dit à ce fujet, verbo Servante.

Parlons maintenant du crime que commettent les filles ou les femmes, qui pour des raifons qui ne peuvent jamais être que très-mauvaifes, font avorter leur fruit.

Celles qui font convaincues d'avoir fait périr

leur fruit pendant leur groſſeſſe, ſont puniſſables de mort, de quelque maniere que ſe ſoit fait l'avortement, lorſque le fruit eſt animé, & quoique même il ne ſoit pas encore animé; un tel crime ne doit pas demeurer impuni, par la raiſon que c'eſt un meurtre anticipé, que d'empêcher de naître. Voyez ci-deſſus Avortement.

Pour ôter aux femmes & aux filles l'occaſion de ſe faire avorter, le Roi Henri II. par ſon Edit de 1556, ordonna que les filles & femmes qui cacheroient leur groſſeſſe, ſeroient punies du dernier ſupplice.

Cette Ordonnance eſt en ces termes: Parce que pluſieurs femmes ayant conçu enfans par moyens deshonnêtes, ou autrement perſuadées par mauvais vouloir & conſeil, déguiſent & cachent leur groſſeſſe, ſans en rien découvrir ni déclarer; & advenant le tems de leur part & délivrance de leur fruit, occultement s'en délivrent, puis le ſuffoquent, meurtriſſent, & autrement le ſuppriment, ſans avoir fait impartir à ieurſdits enfans le ſaint Sacrement de Baptême; ce fait, les jettent en lieux ſecrets & immondes, ou les enfouiſſent en terre profane, les privant par tels moyens de la ſépulture coutumiere des Chrétiens: Ordonnons que toutes femmes qui ſe trouveront dûement atteintes & convaincues d'avoir celé & caché, tant leur groſſeſſe que leur enfantement, ſans avoir déclaré ni l'un ni l'autre, & ſans avoir pris de l'un ou de l'autre témoignage ſuffiſant, même de la mort & de la vie de leur enfant; lors de l'iſſue de leur ventre; & après ſe trouve l'enfant avoir été privé, tant du Sacrement de Baptême, que de la ſépulture publique & accoutumée, ſoient telles femmes tenues pour avoir homicidé leur enfant; & pour réparation publique, punies de mort & du dernier ſupplice, de telle rigueur que la qualité particuliere le méritera.

Le Roi Henri III. par Edit de l'année 1585. afin que cette Ordonnance ne pût être ignorée d'aucune fille ou femme, enjoignent aux Curés de la publier aux Prônes de leurs Meſſes paroiſſiales, de trois mois en trois mois; & aux Procureurs de S. M. & à ceux des Seigneurs Hauts-Juſticiers, de tenir la main à ce que ladite publication fût faite.

Il y a une Déclaration du 25. Février 1708. qui ordonne que l'Edit d'Henri II. du mois de Février 1556. contre les Femmes qui celent leur groſſeſſe, ſoit exécutée ſelon ſa forme & teneur; ce faiſant, que ledit Edit ſoit publié de trois mois en trois mois par tous les Curés ou leurs Vicaires, aux Prônes des Meſſes paroiſſiales.

Cette même Déclaration enjoint auxdits Curés & Vicaires de faire ladite publication, & d'en envoyer un certificat ſigné d'eux aux Procureurs du Roi des Bailliages & Sénéchauſſées dans l'étendue deſquelles leurs Paroiſſes ſont ſituées.

Elle ordonne enfin, qu'en cas de refus de la part deſdits Curés, ils puiſſent y être contraints par ſaiſie de leur temporel, à la Requête des Procureurs généraux des Parlemens, pourſuite & diligence de leurs Subſtituts, chacun en leur reſſort.

Pluſieurs Arrêts ont condamné des femmes & des filles à être pendues, pour s'être défait de leur fruit; & d'autres ont condamné à la même peine des Sages-femmes, pour avoir procuré à des filles l'avortement. Voyez Papon, liv. 22. tit. 4. la Rocheflavin, liv. 2. de ſon Recueil, tit. 3. du Fail, liv. 3. chap. 401.

Quand une fille ou femme a déclaré ſa groſſeſſe, il n'eſt pas permis au Procureur du Roi ni d'Office, ni aux Juges de pourſuivre criminellement la fille ou femme groſſe, ni ſes parens, faute de déclarer celui qui l'a engroſſée. Voyez du Fail, liv. 3. chap. 401.

La groſſeſſe récelée n'eſt ſujette aux peines des Ordonnances, que quand l'enfant qui en provient eſt privé du Baptême & de la ſépulture. Mais lorſque l'enfant périt même par accident ſans avoir reçu le Baptême, la mere qui n'a point déclaré ſa groſſeſſe, eſt punie de mort; de ſorte que la pudeur & la honte, les accidens mêmes, ne l'excuſent jamais.

La déclaration de la fille, que c'eſt d'un tel qu'elle eſt accouchée, fait preuve, pour peu qu'il s'y rencontre de vraiſemblance.

Voyez Faber ſur le tit. cod. de probationibus, def. 78. les Plaidoyers de Corbin, chap. 102. Baſſet, tom. 1. liv. 6. tit. 17. chap. 2. & ſuiv. & M. Pinault, tome 1. Arrêt 112.

GROSSESSE D'UNE FEMME OU FILLE CONDAMNÉE A MORT, OU A QUELQUE PEINE AFFLICTIVE, retarde l'exécution du Jugement. Leg. 18. ff. de ſtat. homin. & leg. 2. ff. de pœn. Cette décifion des Loix Romaines, adoptée en ce Royaume, eſt fondée ſur ce qu'il ne ſeroit pas juſte que l'enfant qui eſt innocent fût condamné au même ſupplice que ſa mere; & qu'ainſi on en fit périr deux, pour la faute d'un ſeul.

La Loi du Chriſtianiſme nous ſuggere une autre raiſon, qui eſt qu'en faiſant mourir une femme enceinte, l'enfant dont elle ſeroit groſſe, ſeroit privé du Baptême; ce qui ſeroit une injuſtice criante, & un crime abominable.

Ce délai ou cette ſuſpenſion d'exécution a lieu à l'égard de la femme enceinte qui eſt condamnée à la queſtion, ou à quelque peine corporelle, qui pourroient faire craindre qu'elle ne vînt à mourir dans le tourment pour n'en pouvoir ſupporter la rigueur.

Enfin, cette ſuſpenſion de peine a lieu, quoique la femme ne ſoit enceinte que de dix ou vingt jours; Quia licet nondum fit anima, tamen ſpes eſt ejus.

Voyez Baſnage ſur l'article 143. de la Coutume de Normandie; & la Note de Bornier ſur l'art. 23. du tit. 25. de l'Ordonnance de 1670.

GRURIE, ſignifie le droit de Juſtice que le Roi a dans les bois du domaine d'autrui; en conſéquence duquel droit, les profits & émolumens de l'exercice appartiennent au Roi, comme ſont les amendes.

Le Roi y a pareillement droit, à cauſe de la garenne, poiſſon, glandée, & chaſſe: ce qu'on appelle droit de garenne.

Outre ces droits, le Roi a encore part aux coupes des bois de cette nature, laquelle s'appelle tiers & danger.

GRURIE, ſignifie auſſi une petite Juriſdiction de campagne, où ſe font les rapports des moindres délits

délits commis dans les Forêts , pour les juger en premiere instance.

Cette Jurisdiction est subalterne à l'égard des Maîtres particuliers des Eaux & Forêts qui sont dans les Villes.

GRUYER, vient d'un mot grec, qui signifie chêne , à cause que les chênes sont les principaux arbres des Forêts dont les gruyers sont les gardes & conservateurs.

Le gruyer a un lieu fixe , où il tient son Siége dans le détroit de la grurie. Ce gruyer est un Officier subalterne , qui connoît en premiere instance des moindres délits qui se commettent dans les Forêts; c'est-à-dire, de ceux dont l'amende n'est que de douze livres. Ainsi , quand il échet de prononcer une plus grande peine , il doit renvoyer les Parties pardevant le Maître particulier des Eaux & Forêts.

Il n'y a des gruyers que pour les bois & buissons qui sont éloignés des Maîtrises. Leurs fonctions sont réglées par l'Ordonnance de 1669. à laquelle on peut avoir recours , pour être informé du devoir de tous les Officiers des Eaux & Forêts.

Les appellations de ces premiers Juges doivent être relevées aux Maîtrises , & poursuivies dans la quinzaine de la condamnation; sinon les Sentences s'exécutent par provision ; & après le mois sans appel & sans poursuites , elles passent en force de chose jugée, de même que si elles avoient été rendues en dernier ressort.

Lorsque les appellations sont portées aux Maîtrises , qui sont le second dégré de Jurisdiction en ce qui regarde les Eaux & Forêts, elles doivent être jugées définitivement, & sur le champ, par le Maître particulier où elles ressortissent.

Comme il y a des Justices où des Seigneurs particuliers ont des gruyers , il est bon de sçavoir que les appellations sont directement portées aux Tables de Marbre de leur ressort, & doivent être relevées & jugées de même que si elles avoient été portées à la Maîtrise.

Il y a un Arrêt du Conseil du.... 1715. qui fait défenses aux Abbés , Religieux & gens de mainmorte, de donner à leurs Officiers la qualité de Juges gruyers & des Eaux & Forêts ; & à leurs Officiers de prendre cette qualité, à peine de cinq cens livres d'amende , & de nullité de leurs Jugemens.

Par Arrêt du Parlement de Paris du 18. Mars 1706. il a été jugé que les Hauts-Justiciers ont naturellement le droit de grurie, & de connoître des matieres des Eaux & Forêts , soit sur les bois des Particuliers , soit sur ceux des Communautés séculieres ou laïques, avec la distinction écrite dans le premier titre de l'Ordonnance de 1669. où les Seigneurs Hauts-Justiciers ont un Officier particulier pour le fait des Eaux & Forêts ; où ils n'ont qu'un Juge ordinaire. S'ils ont un Juge particulier pour le fait des Eaux & Forêts , les Maîtres des Maîtrises royales l'emportent sur eux, à l'égard des bois ecclésiastiques , ou des bois communaux , réguliers ou séculiers ; sçavoir , s'ils les préviennent, & s'ils sont requis par les deux Parties. Ou si les Seigneurs Hauts-Justiciers n'ont qu'un Juge ordinaire, les

Tome I.

Maîtres des Maîtrises ont la concurrence & la prévention , quoiqu'ils n'ayent pas été requis en ce qui concerne le fait des usages, délits , abus & malversations.

G U

GUERB , en l'ancienne Coutume de Bretagne art. 392. & en la nouvelle, article 404. est la faculté de faire paître ses bêtes sur les terres de ses voisins.

Selon les articles que nous avons cités de la Coutume de Bretagne, les gens de basse condition qui ont leurs terres enfermées, n'ont pas droit de guerb; c'est-à-dire, qu'ils ne doivent point avoir la faculté de faire paître leurs bêtes sur les terres de leurs voisins : ce qui a été établi par un principe de Justice , parce qu'il n'est pas juste qu'ils prennent sur les autres un droit que les autres n'ont pas sur eux.

Au reste , ce mot *guerb* vient de *guerpir* , qui signifie ici délaisser son héritage pour aller dans un autre.

Voilà ce que dit M. Lauriere sur ce mot dans le Glossaire du Droit François.

GUERPIR , signifie abandonner , délaisser un héritage.

GUERPISSEMENT , est un terme dont on se sert dans la Province de Toulouse , pour exprimer ce que dans la plûpart des Coutumes on appelle *déguerpissement. Voyez* Déguerpissement.

GUERRE , est un différend entre les Etats ou des Princes souverains , qui ne se peut terminer par la Justice & qu'on ne vuide que par la force & par la voie des Armes.

L'origine de la guerre vient de la distinction des Domaines , & par conséquent du Droit de gens.

Leg. 5. ff. de instit. & jur. ad quam Godophredum vide, sur ces mots , *Dominia distincta.*

Il n'appartient qu'au Souverain de faire la guerre , de créer des Offices militaires , & d'établir des peines contre ceux qui les exercent mal. *Voyez* M. le Bret en son Traité de la souveraineté du Roi, liv. 2. chap. 4. & 5.

Le Vassal n'est obligé de suivre à la guerre que son Souverain , nonobstant la condition de l'investiture & l'obligation contenue aux anciens hommages. Salvaing , de l'usage des Fiefs , chap. 11.

Un pourvu de Bénéfice peut pendant la guerre prendre possession dans l'Eglise la plus proche, ou dans une Chapelle d'une grande Eglise. Il doit avoir preuve de son empêchement , & présenter requête au Juge royal, à l'effet de prendre possession. Mornac , *ad Leg.* 6. *versiculo , idem & si capiti , ff. si servitus vindicetur.*

Un Clerc ayant été à la guerre à la solde du Prince , est privé de sa Cléricature.

La mort d'un homme de guerre est suffisamment prouvée par le certificat de son Capitaine.

Un mineur peut se faire restituer contre un billet par lui fait à l'Armée, sans y avoir exprimé la cause ; comme il a été jugé au Parlement de Paris, par Arrêt du 29. Juillet 1706. rapporté par M. Augeard, tome 1. chap. 74.

D. Jean Bernardin Roxo a fait imprimer à Méffine en 1714. un ouvrage réduit en huit Traités, où il explique, I°. les priviléges communs à tous les gens de guerre ; II°. les teftamens militaires ; III°. la fépulture des gens de guerre ; IV°. le Bref d'Innocent X. qui donne pouvoir aux Rois catholiques de choifir un Vicaire général des armées ; V°. le Bref du même Souverain Pontife, qui permet aux Soldats de manger de la viande les jours maigres ; VI°. à qui il appartient de difpofer des biens des Soldats morts fans avoir tefté ; VII°. du deuil ; VIII°. de l'invention de la guerre, des actions qui y font permifes ou défendues, des fonctions des Chapelains des Armées, de la fimonie, du mariage, &c.

GUERRE CIVILE OU INTESTINE, eft celle qui fe fait entre les Sujets d'un même Royaume, entre les Parties d'un même Etat.

GUERRES PARTICULIERES ENTRE SEIGNEURS, étoient autrefois affez fréquentes dans ce Royaume. Lorfque quelque Seigneur avoit été offenfé ou injurié, il affembloit tous fes parens, fes amis, fes partifans, & même fes fujets, qui prenoient auffi-tôt les armes, pour aller combattre celui qui avoit fait l'infulte. Ces guerres inteftines caufoient de grands préjudices à l'Etat. Charlemagne tâcha inutilement d'y rémédier. Ces guerres privées devinrent encore plus fréquentes fous Hugues Capet & fes Succeffeurs. Saint Louis prit d'abord des tempéramens pour en arrêter le cours. Il fit pour cet effet une Ordonnance, appellée Ordonnance de la quarantaine, par laquelle il défendit à l'agreffeur, à l'offenfé, & à ceux de leur parti, de rien entreprendre pendant quarante jours, du jour de l'affront & injure faite, à peine de la corde ; & pendant cet intervalle l'on avoit coutume de pacifier les efprits, & de faire venir les Parties à un accommodement. Dans la fuite il défendit abfolument ces guerres privées. Ses Succeffeurs ont en de tems en tems renouvellé les mêmes défenfes ; & depuis Louis XI. on n'a plus entendu parler de ces fortes de guerres.

Il y a eu auffi plufieurs Ordonnances qui prononcent des peines très-rigoureufes contre ceux qui fe livrent des combats particuliers par cartels ou autrement.

Voyez Ban & Arriere-Ban. Voyez Affurement, & Fiefs liges.

GUET, fignifie Garde. Ainfi le Guet eft une Compagnie de Cavaliers & Gens de pied, qui vont la nuit dans une Ville pour tacher de furprendre les voleurs & empêcher les défordres ; pour raifon de quoi ils font leur ronde depuis huit heures en Eté, & depuis cinq en Hiver, jufqu'à une heure après minuit.

Il y avoit ci-devant à Paris un Officier nommé Chevalier du Guet, parce qu'il portoit l'Ordre de l'Etoile. Préfentement cet Office eft fupprimé. Celui qui commande le Guet à pied & à cheval, à fimplement le titre de Commandant. Il y a encore un Chevalier du Guet à Lyon. Chenu, en fon Traité des Offices, fait auffi mention qu'il y en a un à Bordeaux.

Dès le Regne de Clotaire II. en 595. & fous Charlemagne en 803. il y avoit Guet de

nuit dans les principales Villes du Royaume.

La Compagnie du Guet à Paris fe trouve m en-tionnée dans les Olim du Parlement ; & le Commandant de cette Troupe eft nommé Chevalier du Guet, Miles Guetti, dans une Ordonnance de S. Louis en 1354. Le Traité de la Police de M. de la Mare en parle amplement, tome 1. liv. 1. tit. 13. chapitre 11.

Celui qui étoit revêtu de cette Charge, avoit voix délibérative au Châtelet dans le Jugement des procès criminels des Prifonniers qui avoient été arrêtés par fa Compagnie ; ainfi qu'il eft porté en la Déclaration du 28. Janvier 1685. regiftrée le 31. du même mois.

M. Brillon rapporte plufieurs Edits & Réglemens faits au fujet des Officiers du Guet de la Ville de Paris & des autres Villes.

GUET ET GARDE, eft un droit feigneurial qui a été évalué en argent depuis que les Seigneurs ont ceffé d'avoir des fortereffes.

Voyez Charondas, liv. 5. rép. 25. le Veft, Arrêt 12. Papon, liv. 13. tit. 5. Henrys, tom. 2. liv. 3. queft. 27. Bouvot, tome 1. part. 3. & tom. 2. verbo Guet ; la Rocheflavin, des Droits feigneuriaux, chap. 27. Defpeiffes, tom. 3. des Droits feigneuriaux, tit. 6. feêt. 4. Belordeau, liv. 9. art. 12. Dargentré fur l'art. 92. de l'ancienne Coutume de Bretagne.

Ce droit de guet étant inhérent au Château, eft inaliénable, & ne fe peut ceder fans vendre le Château pour raifon duquel il eft dû : quoiqu'au lieu de guet les tenanciers payent aujourd'hui par an une certaine fomme ou une certaine quantité de bled. Boyer en fa décifion 212.

GUET A PENS, eft l'embufcade qu'une perfonne à faite de deffein prémédité, pour en affaffiner une autre, ou pour lui faire quelqu'outrage. Ce qui eft bien plus attroce que ce qui fe fait fur le champ dans un débat non prémédité.

Le guet-à-pens eft un cas préfidial ou prévôtal, qui fe juge en dernier reffort & fans appel.

Ce mot guet-à-pens, fuivant quelques Auteurs, eft fyncopé, & veut dire guet à penfée, ou guet pour penfée. Quelques Auteurs, comme Ragueau en fon Indice, difent que guet-à-pens fignifie guet à pendre, ou guet qui mérite la corde.

Quoiqu'il en foit, le meurtre de guet-à-pens, c'eft-à-dire déliberé & commis avec embûches, eft un crime condamné par la Loi divine, au Deutéronome, chap. 27. v. 26. & par nos Ordonnances, qui ne veulent pas qu'il foit donné de remiffion de ce crime, & qui condamnent à mort ceux qui l'ont confeillé, ou qui y ont participé ; parce que par eft delinquentis & fuaforis culpa ; §. 5. tit. 18. lib. 4. Inft. And. Alciad. Emblem. 173.

Ce crime eft fi détestable, que la peine de mort eft encourue, tant par ceux qui en font les principaux auteurs, que pour ceux qui les auront accompagnés, non-feulement quand l'effet s'eft enfuivi, mais encore quand on a commencé par quelque démarche à femettre en état d'exécuter un fi noir projet.

GUEVER, fignifie fe défaifir d'un héritage en faveur du Seigneur féodal.

GUICHET, se dit des petites portes d'une prison. Quand un prisonnier est écroué, on lui fait passer le guichet. Il est défendu de garder un prisonnier vingt-quatre heures entre deux guichets. Les actes des prisonniers ne sont point valables, s'ils ne sont faits entre deux guichets.

GUICHETIERS, sont les valets d'un Géolier, qui sont préposés à la garde des guichets de la géole, qui ont soin d'enfermer & de garder les prisonniers.

Voyez le titre 13. de l'Ordonnance de 1670. & les Notes de Bornier.

GUYAGE, est dans la Province de Languedoc un droit dû par les Habitans des lieux qui sont au long de la côte de la Mer, en vertu, duquel ces Habitans sont obligés tenir toutes les nuits des flambeaux allumés sur les tours les plus élevées, pour servir de guides aux vaisseaux qui sont en Mer.

Voyez le Glossaire du Droit François sous le mot *Guyage*; le Glossaire de Ducange, au mot *Guidagium*; Salvaing, de l'usage des Fiefs, chap. 97. pag. 489. Graverol sur la Rocheflavin, des Droits seigneuriaux, chap. 35. art. 2.

H

H A

HABILE A SE PORTER HÉRITIER, est celui qui est l'héritier présomptif d'un défunt; qui a un droit formé à sa succession, soit pour les meubles, acquêts ou conquêts, immeubles, ou pour les propres. Mais celui qui se peut porter héritier, n'est pas héritier qu'il n'en ait pris la qualité ou qu'il n'ait fait acte d'héritier, d'autant que nul n'est héritier qui ne veut.

Quoique les héritiers en ligne directe ou collatérale soient héritiers siens par la disposition du Droit coutumier, cela ne denote pas qu'ils soient obligés d'être héritiers; mais que par les Coutumes & l'usage de la France, les héritiers présomptifs d'un défunt, au cas qu'ils se portent héritiers, sont censés avoir été saisis de ses biens dès le moment de sa mort suivant cette regle *la mort saisit le vif*; en sorte que les légataires particuliers ou universels sont obligés de demander la délivrance de leurs legs aux héritiers présomptifs; ce qui ne les oblige pas d'être héritiers, & ne leur ôte pas la liberté de renoncer à la succession qui leur appartient de droit.

Les héritiers présomptifs d'un défunt peuvent donc renoncer à sa succession quand bon lui semble, pourvu qu'ils n'ayent point fait acte d'héritier; & alors ils sont déchargés de toutes les dettes & autres charges de la succession.

Deux conditions sont requises pour pouvoir être héritier d'un défunt; l'une, qu'on soit son plus proche parent; l'autre, qu'on soit habile à succéder; c'est-à-dire, qu'on n'ait en sa personne aucune incapacité qui empêche d'être héritier.

La premiere condition, qui est la proximité de parenté, est fondée sur le droit du sang; & étant le droit naturel, ne peut être ôtée par le droit civil. Mais pour ce qui est de l'habileté à succéder, comme elle est du droit civil, elle peut être détruite & anéantie par une raison civile.

Ceux qui ont renoncé à une succession, sont censés n'en avoir jamais été saisis, comme nous l'avons dit. Il en est de même de ceux qui ont été

H A

valablement exhérédés, de ceux qui sont morts civilement, des aubains non naturalisés, & autres qui ont en leur personne quelque empêchement de succéder à leurs proches, comme les bâtards non légitimés. Ils ne peuvent se dire saisis de la succession : c'est pourquoi ils n'ont pas le droit de la recueillir, quoique par le droit du sang ils se trouvent les plus proches du défunt. Ainsi la succession est alors déférée aux autres parens, quoique plus éloignés.

Enfin, lorsque celui qui est le plus proche est incapable ou indigne, alors il est considéré comme s'il n'étoit point existant, ou qu'il fût effectivement mort. *Voyez* Capacité de succéder.

Au reste, c'est une maxime certaine, que pour pouvoir succéder à une personne à titre d'héritier, il faut qu'elle soit capable de nous succéder aussi à titre d'héritier. *Si vis mihi succedere, fac ut tibi succedere valeam.* Ainsi je ne puis succéder à celui qui seroit incapable de me succéder à titre d'héritier. Il y a néanmoins plusieurs cas où cette regle n'a pas lieu.

Le premier est, qu'un Religieux fait Evêque ne peut pas succéder à ses parens, quoique ses parens lui succedent; comme nous avons dit, lettre R, en parlant d'un Religieux fait Evêque.

Le deuxieme est, qu'un Religieux ayant un pécule, venant à deceder, l'Abbé commendataire du Couvent succede au pécule de ce Religieux, quoique les Religieux ne puissent succéder à l'Abbé commendataire, & que ce soit sa famille qui lui succede.

Le troisieme est, qu'un Jésuite licencié & congédié par la Compagnie, après l'âge de trente-trois ans accomplis, ne peut avoir ni prétendre aucune part dans les successions directes ou collatérales de ses parens; & cependant ses parens lui succedent dans les biens qu'il a acquis depuis sa sortie, pourvû qu'il n'en ait pas disposé. *Voyez* la Déclaration du Roi du 16. Juillet 1715. & M. le Brun en son Traité des successions, liv. 1. chap. 2. sect. 2.

La quatrieme est, que celui qui a été légitimé par Lettres du Prince à l'effet de succéder, les parens qui n'ont point consenti à la légitimation lui succedent, quoiqu'il ne leur succede pas. M. le Brun, *loco citato.*

Le cinquieme cas ou exception est, qu'un condamné au bannissement perpétuel, qui acquiert des biens depuis le Jugement de sa condamnation, ses parens lui succedent dans ses biens, quoiqu'ils ne puissent leur succéder lorsqu'il leur survit. M. le Brun, *loco citato.*

Le sixieme est, lorsqu'un fils putatif est de bonne foi, & qu'il survit à son pere putatif qui est de mauvaise foi, il lui succede ; & ce pere putatif de mauvaise foi ne lui pourroit pas succéder, suivant M. Charles Dumoulin, sur l'art. 128. de la Coutume de Paris, nomb. 1.

Le septieme est, que dans le même cas d'un mariage putatif, au défaut de parens, conjoint de bonne foi succede au conjoint de mauvaise foi, en vertu du titre *unde vir & uxor* ; quoique le conjoint de mauvaise foi ne lui succéderoit pas s'il lui survivoit. M. le Brun, *loco citato.*

HABILE A EXERCER LE RETRAIT LIGNAGER, est celui qui étant né d'un légitime mariage, est parent & lignager du vendeur du côté & ligne d'où est venu l'héritage. *Voyez* ce que j'ai dit sur les articles 129. 138. 141. & 158. de la Coutume de Paris. Nous remarquerons seulement ici :

I°. Qu'un fils, quoiqu'exhérédé pour cause légitime, peut retraire; parce que l'exhérédation n'ôte pas le droit de famille, elle en empêche seulement l'effet par rapport à la succession du testateur. Ce qui est si vrai, qu'un fils exhérédé est toujours habile à succéder *potestate saltem*, quoiqu'il ne soit pas habile à succéder *actu & reipsa*, à cause de l'exhérédation.

II°. Que le droit de retraire est plus limité que celui de succéder ; car au cas qu'une ligne vint à manquer, ceux de l'autre ligne sont appellés à la succession, à l'exclusion du Fisc ; mais ils ne seroient pas admis au retrait, parce que pour exercer le retrait il faut être parent lignager, c'est-à-dire du côté & ligne.

HABILITER UN MINEUR, c'est le pouvoir d'un curateur, pour être idoine à ester en Justice, soit en demandant, soit en défendant.

HABITANT, est celui qui a demeuré dans un lieu au moins pendant an & jour, & qui en consequence a droit de jouir des droits, privilèges & prérogatives accordées aux Habitans du lieu. *Voyez* le mémorial alphabétique des Tailles, au mot Habitans.

Quoiqu'un Habitant soit nouvellement établi dans une Ville, Bourg ou Village, il ne laisse pas d'être tenu de contribuer à toutes les dettes, même à celles qui ne sont point de son tems. *Voyez* Expilly, Arrêt 83. & Charondas, liv. 11. rép. 67.

Il y a dans plusieurs Villes du Royaume de certains honneurs & certaines prérogatives qui ne s'accordent point indistinctement à tous les Habitans, mais seulement à ceux qui sont natifs du lieu ; comme l'Echevinage, qui ne peut à Paris, être donné qu'à ceux qui sont natifs de la Ville.

HABITANS QUI COMMETTENT DES EXCÈS, d'une commune délibération, ou par tumulte & émotion populaire, comme au son du tocsin, sont tenus de répondre en corps par Procureur-Syndic; à quoi ils ne sont pas obligés par les excès qui sont par eux commis hautement. Charondas, livre 3. rép. 83.

HABITATION, est une servitude personnelle, consistant dans le droit de demeurer dans la maison d'autrui, sans payer de loyers.

Ce droit diffère de l'usufruit, en ce qu'il ne comprend que la faculté d'habiter la maison d'autrui par rapport au besoin qu'on en peut avoir ; en sorte que si une partie de la maison suffisoit pour habiter celui qui auroit droit d'habitation, l'autre partie seroit louée ou occupée par le propriétaire: tout au contraire l'usufruit s'étend non seulement jusqu'à concurrence du besoin & de la nécessité de l'usufruitier, mais généralement sur toute la chose sujette à l'usufruit ; en sorte que l'usufruitier peut en tirer tout le profit, sans avoir égard à ses besoins particuliers.

Touchant l'habitation, *voyez* ce que j'ai dit sur le §. 5. du titre 5. du second livre des Instituts. *Voyez* aussi ce qu'en dit Despeisses, tom. 1. part. 2. art. 3. & les Loix civiles, tom. 1. liv. 1. tit. 11. sect. 2.

HABITATION EN CAS DE SURVIE, est un droit que l'on donne quelquefois par contrat de mariage à une femme, en cas qu'elle survive à son mari.

Si l'habitation est fixée par le contrat, ou si le choix est déféré à la femme, il faut suivre la Loi qui est écrite.

Mais quand on laisse simplement à la femme l'habitation, sans s'expliquer davantage, alors il la faut donner commode à la veuve, suivant sa condition, ou dans une maison de la succession, s'il y en a, ou lui payer le loyer de son logement, qui doit être réglé suivant la prudence du Juge, quand les Parties n'en demeurent pas d'accord à l'amiable.

Lorsqu'il y a plusieurs maisons dans la succession du mari, l'héritier n'est pas tenu de lui donner la plus belle, & ne peut pas non plus lui donner la pire. Cela se doit faire *ex æquo & bono.*

Ce droit d'habitation est tellement personnel, que la veuve ne peut tirer aucuns loyers du lieu qui lui a été donné pour son habitation.

Les héritiers du mari ne sont pas obligés de demeubler le lieu de l'habitation de la veuve, à moins qu'il n'y ait un clause particuliere qui les y oblige. Mais cette clause n'est pas ordinaire:parce qu'il ne convient pas que la femme, qui d'ailleurs un préciput en meubles, fasse encore meubler son habitation aux dépens de la succession de son mari.

Quand par le contrat de mariage il est dit, *qu'en cas de prédécès du mari, la veuve aura pour son habitation la maison ou le château avec tous les accints autour d'icelui* ; il a été jugé par Arrêt du 9. Décembre 1670. que ces mots reçoivent une interprétation favorable dans la Coutume de Vermandois ; & qu'ils se doivent entendre non-seulement des bois

& terres attenant le château , mais encore des bâtimens étant dans la baſſe-cour , & les jardins tant de plaiſance qu'autres conſiſtant en bois & terres enfermées dans les bois , juſqu'au nombre de quarante arpens ou environ , quoique lors de la mort du mari, les bâtimens étant dans la baſſe-cour fuſſent affermés par lui , conjointement avec d'autres terres dépendantes d'autres maiſons à lui appartenantes à quelque diſtance du château. Cet Arrêt eſt rapporté par Soefve , tome 2. cent. 4. chap. 54.

Ce droit d'habitation demeure éteint du jour qu'une veuve à qui il eſt dû , paſſe en ſecondes noces parce qu'elle doit habiter avec ſon ſecond mari, & par conſéquent elle n'eſt plus en droit de jouir de l'habitation qui lui étoit dûe par la ſucceſſion du premier. Soefve, tome 2. cent. 2. chap. 71.

Voyez un Arrêt rendu au Parlement de Paris le 24. Mai 1675. rapporté dans le Journal du Palais , qui a jugé qu'une veuve dans la Coutume de Vermendois perdoit ſon habitation en ſe remariant, quoique ſon mari la leur eût accordée par ſon mariage.

Ce droit d'habitation s'éteint auſſi par tous les moyens par leſquels s'éteint le douaire.

HABITS. Il n'y a que trop d'Ordonnances de nos Rois qui enjoignent à un chacun de s'habiller ſuivant ſon état & ſa condition , ſans luxe & ſans ſuperfluité , ſur-tout de ne point porter aucunes étoffes, pas même aucuns paſſemens d'or ou d'argent. La plûpart de ces ordonnances ſont rapportées dans Fontanon, tome 1. page 980. & ſuivantes ; & dans le Traité de la police , tome 1. liv. 3. tit. 1. chap. 4. Mais elles n'ont pas été toujours exécutées fort exactément, ou du moins pendant un long-tems ; car un an ou deux après qu'elles ont paru, elles ont été miſes peu à peu en oubli , & ſur-tout par les femmes.

Henri IV. a fait quelques Edits contenant les défenſes énoncées ci-deſſus; & s'étant apperçu que les femmes n'y avoient pas eu beaucoup d'égard , il en fit un auquel il joignit une Déclaration, par laquelle il marquoit ne regardoient point les femmes de mauvaiſe vie, auxquelles il permettoit de s'habiller comme elles le jugeroient à propos, attendu qu'il étoit juſte qu'elles puſſent être connues; & qu'ainſi elles devoient avoir des habits qui les puſſent diſtinguer des autres. Mais cela n'opéra rien , ſinon que peu de jours après que cette Déclaration fut publiée, il n'y eut aucune femme ni fille qui ne fût habillée conformément à ce qui étoit porté par cet Edit.

Voici un proverbe, Bonne renommée vaut mieux que ceinture dorée, qui marque que l'on doit plutôt s'attacher à être vertueux, que riche & faſtueux : ce qui eſt conforme à ce que dit Salomon, chap. 22. verſ. 1. Melius eſt nomen bonum, quam divitiæ. L'origine de ce proverbe vient de ce qu'anciennement il n'y avoit que les nobles & leurs femmes qui puſſent porter de l'or & de l'argent; mais parce que la vertu a toujours été plus eſtimée que les richeſſes, les ſimples Demoiſelles vertueuſes étoient plus conſidérées que quantité de celles qui , en qualité

de Dames avoient droit de porter la ceinture d'or. Par Arrêt du 28. Juin 1420. défenſes furent faites aux filles de mauvaiſe vie de porter de ceintures dorées; ce qui a encore donné lieu à ce proverbe , Bonne renommée vaut mieux que ceinture dorée.

Voici un autre proverbe, l'habit ne fait pas le Moine, qui marque qu'il ne faut pas juger des perſonnes par l'extérieur. Le vrai ſens de ce proverbe eſt plutôt, que la priſe de l'habit religieux n'eſt pas ce qui conſtitue le Religieux, mais ſeulement la profeſſion. Voyez Habits des Religieux.

HABITS DES ECCLESIASTIQUES. Si les Laïques doivent ſuivant les Ordonnances de nos Rois , être habillés ſans luxe & ſans ſuperfluité , que ne doivent point faire à cet égard les Eccléſiaſtiques qui ſont obligé de ſervir d'exemple ? Auſſi l'art. 6. de l'Edit de 1606. fait ſur la plainte du Clergé au Parlement enjoint à tous Juges & Officiers de tenir ſoigneuſement la main à l'exécution des Jugemens & Ordonnances des Archevêques , Evêques , leurs Officiaux & Chefs d'ordre, concernant la décence des habits tant des Eccléſiaſtiques ſéculiers que reguliers, ſans avoir égard aux appellations comme d'abus qui pourroient être par eux interjettés, nonobſtant leſquelles Sa Majeſté veut qu'ils puiſſent être contraints d'y obéir , même par empriſonnement de leurs perſonnes. Voyez l'Ordonnance faite à Châteaubriant le 27. Juin 1551.

Enim vero Clerici à ſplendore & luxu veſtium abſtinere debent , vanæque ac ſecularia jubentur rejicere ornamenta ; quod Gratianus variis probat rotionibus 21. q. 2. Si vero monaſticam vitam profeſſi ſint indumenta regulæ ſuæ conſtanter debent retinere , præterquam in caſu capituli Deus 11. extra de vita & honeſtate Clericorum.

Au reſte, un Eccléſiaſtique pris pour quelque délit, étant revêtu d'un habit ſéculier , eſt privé du privilège clérical ; en ſorte qu'il doit être jugé par le Juge ſéculier, ſans pouvoir demander ſon renvoi pardevant le Juge d'Egliſe. Voyez Papon ; liv. 1. tit. 6. art. 1. Voyez Délit commun , Délit privilégié. Voyez auſſi privilège de Clericature en matiere criminelle.

HABITS DES RELIGIEUX , ſont ceux de l'Ordre, & que ſont obligés de porter ceux qui ont fait profeſſion ; mais l'habit ne fait pas le Moine : proverbe qui peut avoir plus d'une application. Quant aux matieres bénéficiales, cet axiome eſt tiré des Canoniſtes , au ſujet des Bénéfices ſéculiers & réguliers. Voici ce qu'en dit Godefroy ſur la Coutume de Normandie, titre de Juriſdiction. pag. 61. Il y a des Bénéfices ſéculiers, il y en a de réguliers. Les ſéculiers ſont ceux qui ſont deſtinés aux Eccléſiaſtiques ſéculiers. Les Bénéfices réguliers ſont ceux qui ſont deſtinés aux réligieux profés, ſuivant la maxime : Sæcularia ſæcularibus , regularia regularibus ſunt conferenda. À l'occaſion de cette regle , on a demandé ſi, pour obtenir un Bénéfice régulier , il ſuffiſoit d'être Novice , & de porter l'habit de Réligieux ? il a été décidé qu'il falloit être profés , parce que l'habit ne fait pas le Moine.

HABITS DES JUGES , ſont de robes noires avec

des bonnets quarrés , defquels ils doivent être revêtus quand ils tiennent leurs Audiences , ou qu'ils
vont en cérémonie publique.

Par Arrêt du 22. Février 1659. les procédures
& Jugemens donnés par les Baillifs de Nemours ,
furent caffés & annullés à la Requête du Procureur
du Roi , parce qu'il avoit tenu le Siége en robe
courte & en épée ; pour raifon de quoi il lui fut
donné ajournement perfonnel.

Par autre Arrêt du Parlement de Touloufe du 15.
Mars 1604. défenfes ont été faites aux Avocats du
Roi , & à tous autres Avocats des Sénéchauffées ,
Bailliages , Siéges préfidiaux , & Judicatures royales du reffort du Parlement de Touloufe, d'entrer
au Palais , & aux Siéges ordinaires de la Juftice ,
& d'aller par la Ville avec habits indécens à leur
qualité. Filleau , part. 2. tome 7. chapitre 5.

Par Arrêt du 22. Août 1678. les Juges de la Ville
de Nulet a été condamné en 50. liv. d'amende
envers le Viguier , pour l'avoir affifté fans robe
& fans bonnet , & défenfes à lui de recidiver. La
Rocheflavin , liv. 2. lett. H , tit. 1. Arrêt 1.

Pour que les Juges fe puiffent faire connoître pour
tels , il faut donc qu'ils en portent les marques ,
c'eft-à-dire qu'ils portent des habits convenables à
leur état ; autrement on pourroit leur dire : *Amice,
quomodò huc venifti , non habens veftem nuptialem ?
Matth. cap. 22.*

Mais cela ne fe doit entendre que quand ils tiennent leurs Audiences ; ou qu'ils vont en cérémonie
publique ; car dans tout autre rencontre il fuffit
qu'ils portent des habits décens.

Il y a un Edit du mois d'Avril 1684. fur la décence des habits des Officiers du Parlement de Paris. Il eft tout au long dans les Edits & Arrêts recueillis par Ordre de M. le Chancellier en 1687.

HABITS DE DEUIL , font compris dans les frais
funéraires , c'eft pourquoi ils font dûs par les
héritiers , lorfqu'il n'y a point de gardien noble ou
bourgeois ; car le gardien confond cette dette par
l'acceptation de la garde , puifqu'il eft tenu des
dettes mobiliaires. *Voyez* Deuil.

Nous remarquerons feulement ici qu'il y a une
Ordonnance de Louis XV. faite à Paris le 23. Juin
1716. qui porte qu'à l'avenir les deuils qui fe porteront des Têtes couronnées, des Princes & Princeffes du Sang , & des autres Princes & Princeffes
de l'Europe , feront réduit à la moitié du tems
qu'ils avoient coutume de durer ; en forte que les
grands deuils ne dureront que fix mois , & tous les
autres à proportion : & à l'égard des deuils qui fe
porteroient dans les familles des Sujets de fa Majefté , de quelque qualité & condition qu'ils fuffent, ils
feront de même réduits à la moitié du tems ; fçavoir, ceux que les femmes porteroient à la mort de
leurs maris, à une année ; ceux qui les porteroient
à la mort de leurs femmes , peres , meres , beaux-
peres , belles-meres , ayeuls & ayeules , & des autres perfonnes de qui on eft héritier ou légataire
univerfel, à fix mois , ceux des freres & fœurs , &
beaux-freres & belles-fœurs , de qui on n'eft point
héritier , à trois mois.

HABOUTS, font les tenans & aboutiffans ,

les bornes & limites des fonds & héritages. *Voyez*
le Gloffaire du Droit François.

HALLAGE , eft un droit de halle que le Roi
ou les Seigneurs levent fur les marchandifes qui
s'étalent dans les halles & foires.

HALLES , font des marchés publics , où s'obferve une certaine police pour empêcher les fraudes & le tumulte. Sur quoi *voyez* ce qu'en dit M.
Brillon , qui indique les Edits , les Déclarations ,
& les Lettres patentes qui concernent les halles.

HARNEIX. Dans le Pays Meffin , on appelle
de ce nom les meubles deftinés à l'ufage des perfonnes d'un certain état & profeffion ; comme les livres
pour un Docteur , les armes pour un Chevalier , les
outils pour un Artifan , les bagues & joyaux pour
les femmes. *Voyez* Ancillon dans fon Traité des
Gageries , pag. 42.

HARO , ou CLAMEUR DE HARO , en Normandie,
que Dumoulin appelle *Quiritatio Normanorum* , eft
la clameur publique, ou de celui à qui on fait
violence , & qui implore le fecours public ou la
clameur de celui qui trouvant fa Partie, la veut
mener devant le Juge.

Ce terme n'eft donc autre chofe que le cri qu'on
fait en Normandie , lorfqu'on eft attaqué & infulté , ou qu'on trouve fa Partie, & qu'on la veut mener devant le Juge ; car alors elle eft tenu de fuivre
celui qui crie haro fur elle ; & l'un & l'autre dé-
meurent en prifon ou en lieu de fûreté , jufqu'à ce
que le Juge ait prononcé fur le différend , du moins
par provifion.

Ce cri de haro prend felon quelques Auteurs,
fon origine de Raoul ou Roul , premier Duc de
Normandie , qui fut un Prince d'une Juftice exemplaire , & que le Peuple avoit accoutumé d'appeller à fon aide , contre la force & l'oppreffion. D'autres donnent à ces termes une autre origine. Sur
quoi *voyez* ce qui eft dit dans le Dictionnaire de
Trevoux.

Le haro a principalement lieu quand quelqu'un
eft infulté. La clameur de haro s'éleve auffi principalement contre celui que l'on pourfuit , & que
l'on veut obliger à repréfenter une chofe dont il eft
faifi , & qu'un autre prétend lui appartenir.

Autrefois le haro ne devoit être crié que pour
caufe criminelle , comme pour le feu , le larcin ,
l'homicide , ou pour péril évident, afin que chacun
fortît au bruit pour prendre le criminel , & le rendre à la juftice ; ou crier haro après lui , à peine
de l'amende , felon la Coutume de Normandie.

Mais il s'eft introduit dans la fuite , que le haro
ou cette clameur publique auroit lieu auffi pour
toutes fortes de différends ; il a même lieu en matiere bénéficiale , ou concernant les biens d'Eglife
art. 54. de la Coutume de Normandie , & généralement pour toutes les chofes provifoires , & pour
meubles, art. 54.

En matiere criminelle , le Juge qui reçoit le haro , ne peut retenir la connoiffance du principal ;
il eft tenu de le renvoyer devant le Juge du délit.
Le Juge d'Eglife eft incompétent d'en connoître,
pour quelque caufe & matiere qu'il ait été crié.

Le haro étant crié , les Parties font obligées de

donner caution, l'une de pourſuivre le haro, &
l'autre de défendre ; après quoi la choſe eſt ſé-
queſtrée, & le Jugement emporte l'amende.

Par pluſieurs Arrêts du Parlement de Normandie, & dont quelques-uns ſont rapportés par Baſnage, titre de Haro, article 56. de la Coutume de
Normandie, il a été décidé que les Jugemens rendus entre les demandeurs & défendeurs en haro,
ſont exécutoires contre les caurions, ſans qu'il ſoit
néceſſaire de les appeller au procès.

Les Lettres de Chancellerie portent ordinairement injonction de les exécuter, *nonobſtant clameur
de haro, charte Normandie, & autre privilége.*

De la clameur de haro dans la Province de Normandie, & en quel cas elle peut empêcher l'exécution des Jugemens, *voyez* Baſnage ſur l'art. 54.
& les cinq ſuivans de la Coutume de Normandie.
V. auſſi le Journal du Palais, où eſt rapporté un
Arrêt du Grand Conſeil du 19. Janvier 1695. qui
a jugé qu'un Huiſſier à cheval au Châtelet de Paris,
qui procédoit en vertu d'un Paréatis du grand
Sceau, n'avoit pas dû déférer à la clameur de haro.

HARO, eſt auſſi un droit qui appatient en
Normandie au Seigneur Haut-Juſticier, de faire payer
l'amende à ceux qui ne ſe ſaiſiſſent pas de la perſonne du malfaiteur ſur lequel on a crié le haro,
auquel cri tous les voiſins doivent ſortir pour prêter main-forte à la Juſtice.

HART, eſt la corde par laquelle on donne la
mort au criminel condamné. Ainſi quand on défend quelque choſe ſur peine de la hart, cela veut
dire ſur peine d'être pendu & étranglé.

HAVAGE, ſignifie le droit qu'on a de prendre
ſur les grains dans les marchés, autant qu'on en
peut prendre avec la main.

Ce mot vient de celui d'havir, dont on ſe ſervoit autrefois pour ſignifier prendre.

Le Bourreau de Paris avoit autrefois un droit de
havage dans les marchés ; mais à cauſe de l'infamie
de ſon métier, on ne le lui laiſſoit prendre qu'avec
une cuillier de fer blanc qui ſervoit de meſure.

HAUT, ſignifie un homme élevé en dignité, &
qui a du pouvoir. Haut ſe dit auſſi du ſommet de
quelque choſe élevée.

HAUTE-FUTAIE, eſt un bois qui n'étant pas
réglé en coupe ordinaire de bois taillis, eſt laiſſé
pour croître depuis trente ans juſqu'à ce qu'il ſoit
ſur le retour, c'eſt-à-dire, juſqu'à ce qu'il ne profite plus. Les bois de haute futaie ſont partie du
fonds, & comme tels ſont réputés immeubles.
Voyez Bois de haute futaie.

HAUT-JUSTICIER, eſt un Seigneur qui a
Haute-Juſtice, Juriſdiction, puiſſance & connoiſſance des cauſes, tant criminelles que civiles,
dans l'étendue de ſon territoire.

Il doit avoir des priſons ſûres, & diſpoſées de
maniere que la ſanté des priſonniers n'en ſoit point
altérée.

Il a droit d'avoir pilori & échelles, comme nous
avons dit, *verbo* Pilori, & *verbo* Echelle. Les four-

ches patibulaires dénotent encore le droit de Haute-Juſtice. Il a encore droit de tenir étalons &
meſures.

Voyez ci-après Juſtice ſeigneuriale, au paragraphe troiſieme, où il eſt parlé de la Haute-Juſtice,
& de tout ce qui concerne les Hauts-Juſticiers.
Voyez auſſi ce qui eſt dit dans le Dictionnaire de
M. Brillon, *verbo* Haute-Juſtice.

HAYE, eſt une clôture d'un champ, d'un jardin,
d'un pré, faite de branches d'arbres entrelacées,
qui en rendent l'entrée difficile aux beſtiaux &
aux paſſans. On diſtingue les hayes ſéches & les
hayes vives ; & ces dernieres ſont ou debout ou couchées ; pour les hayes debout, ſoit vives ou ſéches,
il ſuffit qu'il y ait un pied & demi de diſtance de la
haye à l'héritage voiſin : pour la haye couchée,
il faut trois pieds de diſtance, y compris le foſſé
Lorſque la haye eſt plantée ſur le rejet d'un foſſé
qui ſépare deux héritages elle eſt réputée appartenir à celui du côté duquel eſt le rejet du foſſé.

H E

HEBERGEMENT, étoit autrefois un droit
qu'avoient les Seigneurs en quelques lieux, d'hé-
berger chez leurs Sujets. Mais ce droit de gîte a été
changé en rentes payables en grains ou en deniers ;
& ces rentes qui ſont dûes annuellement aux Seigneurs par les Communautés, ont retenu le nom
d'*alberges.* *Voyez* Dolive en ſes queſtions, liv. 2.
chap. 5. & Gerauld dans ſon Traité des Droits ſeigneuriaux, chap. 7. nomb. 6.

HEREDITAIRES, ſe dit des biens qui appartiennent à quelqu'un par droit de ſucceſſion, &
dont il a hérité par inſtitution teſtamentaire, ou
par ſucceſſion légitime.

Ce terme s'employe quelquefois pour ſignifier les
biens qui paſſent de leur nature en la perſonne de
nos héritiers. Sur quoi il faut remarquer que les
Offices de leur nature ne ſont point héréditaires :
& que pour qu'ils le ſoient, il faut que le Roi leur
ait attribué cette qualité par un Edit particulier.

HEREDITÉ, eſt une ſucceſſion déférée par teſtament, ou par la Loi, ſuivant la diſpoſition du
Droit Romain, qui eſt en cela ſuivie parmi nous.
En Pays de Droit écrit, l'hérédité teſtamentaire
eſt déférée d'abord ; & la ſucceſſion légitime n'eſt
déférée par la Loi *ab inteſtat,* que lorſqu'il eſt incertain que le défunt ſoit mort *inteſtat.*

Mais en Pays coutumier nous ne reconnoiſſons
que les héritiers du ſang, & l'hérédité du défunt
eſt toujours déférée *ab inteſtat,* ſuivant cette regle
du Droit coutumier, *le mort ſaiſit le vif, &c. Voyez*
ci-après le mort ſaiſit le vif. *Voyez* auſſi Inſtitution
d'héritier.

A l'égard de l'action qui ſe peut intenter pour la
demande, *voyez* Pétition d'hérédité.

Suivant les Loix Romaines, une hérédité teſtamentaire eſt ordinairement diviſée en douze parties qu'on appelle onces, leſquelles ont chacune leur

nom. Cette division de l'hérédité testamentaire en douze onces, est d'usage en France dans les pays où l'institution d'héritier est reçue, en ce que les testateurs ont coutume d'assigner une certaine portion de leur succession à chacun des héritiers qu'ils instituent. *Voyez* ci-après Succession testamentaire.

HEREDITÉ FIDEICOMMISSAIRE, est celui qui est déférée à quelqu'un en conséquence d'un fidéicommis universel qui lui a été fait par le défunt. *Voyez* ce que j'ai dit dans ma Traduction des institutes, sur le tit. 23. du second livre.

HEREDITÉ JACENTE, est une succession qui n'est pas appréhendée ni répudiée par celui à qui elle est déférée par le testateur, ou par la Loi.

Tous les fruits & revenus qui proviennent des biens d'une telle succession, l'augmentent & en font partie, jusqu'à ce qu'il y ait un héritier qui ait appréhendé cette succession.

ADDITION D'HEREDITÉ. *Voyez* Addition.

HERESIE, est une erreur volontaire qu'un Chrétien régénéré par le Baptême soutient avec opiniâtreté contre quelque article de la foi catholique, qui est décidé dans la sainte Ecriture, ou déclaré par l'Eglise.

Ainsi celui qui erre contre la Foi par simplicité ou par ignorance, n'est pas hérétique. Ce n'est que la persévérance & l'opiniâtreté à demeurer dans l'erreur qui nous rend tel.

L'hérésie est la source de tous les maux. Elle met la confusion parmi les Fideles, tend à renverser la Doctrine orthodoxe, écrite & signée du Sang de Jesus-Christ & des Martyrs, & confirmée par l'Eglise. Elle attaque le fondement de la Religion, met le trouble dans l'Eglise, dans les Etats, & dans les familles.

In crimine hæresis, potest statim procedi propter delicti enormitatem; & sufficit ad inquirendum vehemens suspicio. Vide Julium Clarum, lib. 4. Sent. quæst. 6. num. 7. Vide etiam annotationes quæ extant in fine jus Operis.

Les hérétiques impénitens & persévérans dans leur hérésie, doivent être livré par le Juge d'Eglise au Juge séculier, afin de réprimer par les peines temporelles l'opiniâtreté de ceux qui ne veulent pas se rendre aux remontrances, ni à la force de la vérité.

L'hérésie est un cas royal, & par conséquent il n'y a que les Juges royaux qui en puissent connoître. Ce qui se doit entendre, quand ceux qui sont coupables de ce crime sont Laïques; car pour les Ecclésiastiques qui en sont coupables, c'est le Juge d'Eglise qui en doit connoître quant au délit commun: mais quant au délit privilégié, c'est le Juge laïque qui en doit connoître, & non pas le Juge ecclésiastique, attendu qu'il ne pourroit pas infliger les peines dont les coupables de ce crime énorme doivent être punis.

Ceux qui sont convaincus de ce crime, sont, par leur Jugement de condamnation, déclarés infames, déchus de tous priviléges, & tous leurs biens

sont confisqués, en quelques lieux du Royaume qu'ils soient situés, parce que l'hérésie est un crime de léze-Majesté divine.

Enfin ils doivent subir la peine de mort, & ils sont souvent condamnés à faire amende honorable, & à être brûlés vifs.

Ce crime est si détestable, que les Docteurs tiennent qu'on peut faire le procès à la mémoire d'un hérétique; mais ce ne pourroit être que le Juge royal laïque, & non pas le Juge d'Eglise.

Touchant les hérésies, *voyez* la Bibliotheque canonique, tome 1. page 678. & suivantes, où il est parlé des différentes sortes d'hérésies; le Pere le Long dans sa Bibliotheque historique de la France, pag. 73. & suivantes, où il fait l'énumération de tous les livres qui ont été faits au sujet des hérésies de ce Royaume; les Mémoires du Clergé, édition de 1716. tome 1. tit. 6. pag. 1087 & suivantes, où sont rapportés quantité d'Edits & de Réglemens rendus sur cette matiere; le Traité de la Police, tome 1. liv. 2. tit 4. où il est parlé de l'origine des hérésies, des maux qu'elles ont causés, & des Loix qui ont été faites pour les combattre & les détruire. *Vide etiam Julium Clarum, lib. 5. Sententiarum, §. hæresis.*

HERITAGES, sont des terres ou des bâtimens qui sont dans le patrimoine des hommes.

Ce mot *héritage*, dit Coquille, tome 2. question 238. signifie indéfiniment un immeuble, de quelque maniere que nous l'ayons acquis. Autrefois, dit cet Auteur, il signifioit l'immeuble qui nous est venu par succession, qui est un propre; ou par retrait lignager, à qui quelques-unes de nos Coutumes donnent le nom propre. En effet, le mot d'*héritage* vient de celui d'*hérédité. Sed usus non ita stricte accepit hoc vocabulum;* car ce terme héritage, *genus est, cujus duæ sunt species, quarum una proprium nomen habet,* nimirum ACQUEST, *& altera sibi assumit nomen generis;* c'est-à-dire, HERITAGE, qui est l'immeuble qui nous est venu par succession, & qui est un propre. Sur quoi il faut remarquer,

I°. Que les héritages propres acquis par un parent du côté & ligne, non par succession, mais par un contrat, lui sont acquêts; mais ils sont propres naissans en la personne de ses héritiers; comme il a été jugé par Arrêt du 16. Février 1647. rapporté dans le Journal des Audiences.

II°. Que suivant la regle *Paterna paternis, materna maternis*, les héritages paternels doivent appartenir à ceux qui sont du côté paternel, quoiqu'ils soient en un dégré plus éloigné. *Voyez* ce que j'en dis, lettre P, touchant cette regle.

Les héritages sont ou féodaux, ou roturiers & censuels, ou allodiaux. Ces trois sortes d'héritages comprennent tous les fonds de terre du Royaume, soit maisons, prés, vignes, bois, rivieres & autres quelconques.

HERITAGES FEODAUX, sont ceux qui sont tenus en fief, & qui relevent d'un Seigneur suzerain à qui les Vassaux sont tenus de faire foi & hommage;

hommage ; c'eſt pour cela qu'ils ſont appellés fiefs , *feudum enim à fide dicitur* ; & ces héritages relevent d'un Seigneur féodal.

HERITAGES ROTURIERS, qu'on appelle *rotures*, & qui relevent d'un Seigneur cenſier , ſont ceux qui ſont poſſédés à cens ou cenſive. Néanmoins il y a d'autres héritages roturiers qui ſont tenus à d'autres charges , à champart , ou terrages , ou autres droits.

HERITAGES ALLODIAUX. *Voyez* Franc-Aleu.

HERITAGES BORDELIERS. *Voyez* Bordelage.

HERITAGES QUI SE JOIGNENT. *Voyez* ci-deſſus Bornes & confins. *Voyez* auſſi dans le deuxieme tome des Loix civiles , liv. 2. tit. 6. les engagemens réciproques de ceux qui ſont propriétaires ou poſſeſſeurs des héritages qui ſe joignent.

HERITAGES SERFS ; ſont ceux pour lequel il eſt dû au Seigneur laïque dont il eſt tenu , argent à trois tailles , payable à trois termes , avoine & geline , chacun an ; & ſi un tel fief eſt transféré à l'Egliſe avec les charges , il ceſſe d'être cerf , & devient mortaillable. *Voyez* les articles 125. & 126. de la Coutume de la Marche. *Voyez* auſſi ce qui en eſt dit dans le ſecond tome du Gloſſaire du Droit François , pag. 361.

HERITIER , eſt celui qui eſt ſubrogé en tous les droits & en la cauſe d'un défunt. Ainſi l'héritier repréſente la perſonne du défunt ; de ſorte que quoiqu'il n'ait point contracté avec ſes créanciers , il eſt obligé envers eux par l'acquiſition de l'hérédité , qui eſt un quaſi-contrat qui fait paſſer toutes les dettes actives & paſſives du défunt en la perſonne de l'héritier ; comme nous avons dit ſur le §. 5. du tit. 28. du liv. 3. des Inſtitutes.

Comme il repréſente la perſonne du défunt , il peut être pourſuivi par les mêmes actions qui auroient pû être intentées contre le défunt. Il n'y a parmi nous que la pourſuite des peines attachées à la perſonne de celui qui a délinqué , qui ſe trouve éteinte par ſa mort ; mais non pas la pourſuite des dommages & intérêts qui en réſultent , comme nous avons remarqué ſur le §. 1. du tit. 12. du quatrieme livre des Inſtitutes. Ainſi l'héritier du criminel décédé n'eſt point tenu de l'amende pécuniaire , mais ſeulement de l'intérêt civil.

Mais quoique l'héritier repréſente la perſonne du défunt , il ne peut être aſſigné en cette qualité que pardevant le Juge de ſon domicile , & n'eſt point tenu de répondre devant le Juge du domicile du défunt.

Les actions perſonnelles ne peuvent être intentées par les créanciers du défunt , que contre ſes héritiers , ou contre ceux qui ſont *loco hæredum* , tels que ſont les légataires univerſels & les donataires à cauſe de mort , qui ſont donataires univerſels.

Mais les actions hypothécaires peuvent être exercées contre tous légataires particuliers , ou autres qui ſont détenteurs des biens du défunt , hypothé-

Tome I.

qués en vertu d'un contrat ou d'un Jugement , ſauf leur recours contre les héritiers du défunt pour leur indemnité ; car les légataires particuliers ne ſont tenus d'aucunes dettes.

La raiſon eſt , que l'hypotheque eſt un droit réel , inhérent à la choſe ; en ſorte qu'il la ſuit , en quelques mains qu'elle paſſe : *Hypotheca eſt tota in toto , & tota in qualibet parte , eſtque jus rei cohærens , quod mutatione domini non extinguitur ; adeo ut res tranſeat cum ſuâ cauſâ & onere , niſi dominium mutatum ſit ex cauſâ vetuſtiori quæ pignoris conſtitutionem præceſſit.*

Quand il y a pluſieurs héritiers , chacun repréſente totalement la perſonne du défunt ; c'eſt pourquoi il ſemble que chacun d'eux pourroit être pourſuivi ſolidairement pour les dettes de la ſucceſſion : cependant le contraire a été établi par la Loi des douze Tables , qui porte que les dettes actives & paſſives du défunt ſont diviſées de plein droit entre ſes héritiers ; ce qui eſt fondé ſur une raiſon d'équité qui doit l'emporter ſur la rigueur du Droit.

C'eſt auſſi ce que nous obſervons parmi nous , de ſorte qu'un héritier ne peut pas être pourſuivi perſonnellement pour la part de ſon cohéritier. *Voyez* ce que j'ai dit , lett. D , en parlant des dettes d'une ſucceſſion ; & ce que j'ai dit ſur les articles 332. 333. & 334. de la Coutume de Paris.

Mais chaque héritier peut être pourſuivi ſolidairement , & pour le tout , par action hypothécaire par rapport aux biens immeubles de la ſucceſſion qui ſont affectés à la dette , lorſqu'il en eſt détenteur. Ce qui eſt fondé ſur la raiſon que nous avons donnée ci-deſſus , que l'hypotheque eſt un droit réel qui ſuit la choſe , en quelques mains qu'elle paſſe. *Voyez* Louet & ſon Commentateur , lettre G , ſomm. 19. & ce que j'ai dit ci-deſſus , lett. A , en parlant de l'action hypothécaire.

Quoique l'héritier repréſente la perſonne du défunt , néanmoins on ne pourroit pas mettre à exécution les obligations paſſives du débiteur auquel il ſuccéde ſans avoir préalablement fait déclarer le titre exécutoire contre ſon héritier ; parce qu'un héritier ne devient perſonnellement obligé envers les créanciers du défunt , que par le moyen de cette formalité ; & elle ne peut pas nuire aux hypotheques déjà créées ſur les biens de l'héritier , dont les créanciers auront la préférence ſur ceux de la ſucceſſion à lui advenue.

Mais l'héritier du créancier peut , ſans aucune formalité , exécuter le débiteur de la ſucceſſion , ſuivant la regle de Droit , *le mort ſaiſit le vif , ſon hoir plus proche & habile à lui ſuccéder.*

Il eſt certain qu'un créancier peut aſſigner en déclaration d'hypotheque le tiers détenteur d'un bien affecté à ſa dette , qu'il a acheté de ſon débiteur décédé. Mais ſi le tiers détenteur prenoit le parti de déguerpir , le créancier ne pourroit pas faire vendre ce bien déguerpi , ſans avoir préalablement fait déclarer ſon titre exécutoire contre les héritiers de

Qqqq

fon débiteur, ou contre un curateur créé à fa fucceffion vacante.

Il y a deux fortes d'héritiers en pays de Droit
écrit; fçavoir les héritiers teftamentaires, & les
héritiers *ab inteftat.*

Les héritiers teftamentaires font ceux que le teftateur choifit lui-même. *Voyez* Inftitution d'héritier.

Les héritiers *ab inteftat* font ceux qui lui fuccedent par la proximité du fang. On les nomme *héritiers légitimes*, parce qu'ils font admis à la fucceffion en vertu de la Loi, indépendamment de la
volonté du défunt.

Les biens de ceux qui décedent inteftats, appartiennent à leurs plus proches parens. C'eft un droit
de la nature & du fang, que les Loix ont fuivi en
réglant les fucceffions légitimes, qui en Pays de
Droit écrit, n'ont lieu, felon la difpofition du
Droit Romain, & ne font admifes que quand le
défunt eft mort inteftat.

Dans la plûpart des Pays coutumiers, il n'y a
point d'autres héritiers que ceux du fang : on peut
bien s'y faire un légataire univerfel, mais non pas
un héritier.

Voyez Inftitution d'héritier, & habile à fe porter héritier.

HERITIER PRESOMPTIF. *Voyez* Habile à fe porter héritier.

HERITIER POTESTATE, NON ACTU, eft un fils
exhérédé ; car l'exhérédation n'ôte pas le droit de
famille ; elle en empêche feulement l'effet.

HERITIER PUR ET SIMPLE, eft celui qui s'eft
porté héritier de quelqu'un purement & fimplement, & qui par conféquent eft tenu indéfiniment
de toutes les dettes du défunt ; à la différence de
l'héritier par bénéfice d'inventaire.

HERITIER BENEFICIAIRE, eft celui
qui s'eft porté héritier par bénéfice d'inventaire,
à l'effet de n'être tenu des dettes que jufqu'à concurrence de ce qu'il amende de la fucceffion. En
Pays coutumier pour prendre cette qualité, il faut
obtenir en Chancellerie des Lettres de bénéfice
d'inventaire.

Dans le Pays de Droit écrit, l'héritier pur & fimple n'exclut pas l'héritier bénéficiaire, tant en ligne directe qu'en ligne collatérale ; parce que le
Droit Romain qui y eft obfervé comme Loi municipale, accorde ce privilége à toute forte d'héritiers qui par conféquent s'en peuvent fervir fans
qu'ils puiffent être exclus par d'autres héritiers purs
& fimples, d'autant qu'il n'y a aucune Loi qui porte une telle exclufion.

Mais en Pays coutumier, celui qui fe porte héritier pur & fimple en ligne collatérale, exclut celui
qui fe porte héritier par bénéfice d'inventaire, quoique ce dernier foit plus proche en degré. La raifon
eft, qu'il eft de l'honneur du défunt, & de l'intérêt
des créanciers & des légataires, s'il en a qu'il y
ait des héritiers purs & fimples, & par conféquent
que ces héritiers excluent les héritiers bénéficiaires.

Néanmoins le mineur qui fe porte héritier pur &
fimple, ne peut exclure l'héritier par bénéfice d'inventaire qui eft un plus proche degré. Coutume de
Paris, art. 343. La raifon eft, que le mineur n'eft
jamais confidéré que comme héritier bénéficiaire,
& qu'il fe peut jouer de fes qualités.

A l'égard des héritiers bénéficiaires en ligne directe, ils font admis à l'hérédité, même en Pays
coutumier, conjointement avec les héritiers purs
& fimples, par la raifon que les biens des afcendans
font dûs aux enfans par le droit naturel ; ce qui fait
qu'ils ne peuvent pas leur être aifément ôtés.

L'héritier bénéficiaire ne fait point de confufion
de ces propres biens avec ceux du défunt, à moins
qu'il ne les ait expreffément obligés par des actes
qu'il auroit paffé avec des créanciers de la fucceffion.

Cependant l'héritier bénéficiaire eft véritablement héritier, & en cette qualité eft tenu au rapport, dans le cas où le rapport peut avoir lieu ; de
forte que celui qui a une fois pris la qualité d'héritier par bénéfice d'inventaire, ne peut plus abandonner ce titre & renoncer à la fucceffion, afin de
ne pas rapporter à fes cohéritiers les chofes qu'il a
reçues du défunt, & qui font fujettes à rapport.
Voyez les Obfervations fur Henrys, tome 2. liv. 3.
queft. 58.

Mais il peut en tout tems rendre compte des effets de fa fucceffion, & enfuite y renoncer, à l'effet
d'exercer tous fes droits & actions contre, de la
même maniere qu'il auroit pû faire - avant que de
s'être porté héritier par bénéfice d'inventaire ; &
par ce moyen il ne peut plus être pourfuivi par les
créanciers de la fucceffion en qualité d'héritier,
puifqu'il la quitte par fa renonciation.

L'héritier bénéficiaire n'étant point tenu en fon
nom des dettes du défunt, mais feulement de
compter en cette qualité des biens & revenus de la
fucceffion dont il a eu le maniement, les créanciers
peuvent faire décreter fur lui, comme fur un curateur aux biens abandonnés, tous les biens du défunt qui leur font affectés & hypothéqués. Mais l'héritier bénéficiaire, ne peut point être tenu de déguerpir ni de payer, comme je l'ai dit fur l'art. 333.
de la Coutume de Paris, glofe 1. nomb. 17. cependant il abandonne les biens de la fucceffion
aux créanciers, il eft déchargé des dettes du défunt.

On ne donne point de provifion à aucun créancier contre un héritier par bénéfice d'inventaire, fi
ce n'eft qu'il y ait tergiverfation de la part de l'héritier à faire juger l'affaire, ou que la caufe du
créancier foit extrêmement favorable, comme s'il
s'agiffoit d'une dot, ou que le créancier fût pauvre, & l'héritier riche.

Dans la plûpart des Parlemens du Royaume,
l'héritier bénéficiaire qui fuccombe dans un procès
avec dépens, ne les doit point en fon nom. M. Augeard, tome 1. chapitre 97. rapporte un Arrêt rendu en la quatrieme Chambre des Enquêtes le 11.
Avril 1709. qui a jugé qu'un héritier bénéficiaire

qui a pris & à qui l'on a donné cette qualité dans le cours de l'inſtance, ne doit pas payer les dépens en ſon nom, mais ſeulement en la qualité qu'il a procédé.

M. Brillon, *verbo* Bénéfice d'inventaire, eſt d'avis que, comme les Auteurs ſont partagés là-deſſus, il faut, pour prévenir tout incident, que ceux qui ſont en procès avec un héritier bénéficiaire, demandent avant le Jugement qu'il ſoit condamné aux dépens en ſon nom.

Pour moi j'eſtime que quand l'héritier bénéficiaire a de bons moyens pour intenter & pourſuivre un procès, ou conteſter, comme il a travaillé pour l'intérêt commun des créanciers, les dépens doivent tomber ſur eux. Si cela étoit autrement, l'héritier bénéficiaire ne voudroit pas pourſuivre aucuns droits, ni défendre contre ceux qui agiroient contre la ſucceſſion; ce qui cauſeroit un préjudice notable aux créanciers du défunt.

Mais lorſque l'héritier a témérairement ſoutenu un procès ſans aucuns moyens légitimes, il doit payer les dépens en ſon nom, ayant fait la condition des créanciers pire par ſon fait & par ſa faute.

De ce que nous venons de dire il s'enſuit, que l'héritier qui a fait des frais néceſſaires dans une affaire de la ſucceſſion, a droit de les retirer préférablement à tous les créanciers du défunt. Mais on demande ſi l'héritier bénéficiaire peut obliger les créanciers de lui adjuger des ſalaires pour la pourſuite des droits de la ſucceſſion.

Si ces droits ne peuvent être pourſuivis ſans beaucoup de peine, en ce cas il eſt juſte de donner à l'héritier bénéficiaire, outre ces frais, quelque ſomme pour ſes ſalaires, ſi la ſucceſſion n'eſt pas ſuffiſante pour le récompenſer. La raiſon eſt, que les créanciers auroient été obligés d'en donner le ſoin à un homme d'affaires qui en auroit tiré des ſalaires raiſonnables pour ſes peines : or l'héritier bénéficiaire ne doit pas être de pire condition qu'un étranger.

Au reſte, l'héritier bénéficiaire eſt obligé d'adminiſtrer les biens de la ſucceſſion comme un bon pere de famille ; & comme il eſt autant intéreſſé à leur conſervation que les créanciers du défunt, s'il eſt arrivé des pertes & des dommages dans ces biens, il n'eſt tenu à cet égard que de ſa faute légere. *Voyez* Bénéfice d'inventaire ; & ce que j'ai dit ſur l'art. 342. de la Coutume de Paris.

HERITIER SIEN, ET HERITIER ÉTRANGER. Il y avoit par le Droit Romain cette différence entre l'héritier ſien & l'héritier étranger, que l'héritier ſien étoit celui qui étoit en la puiſſance paternelle du défunt au jour de ſon décès ; ſçavoir, ſon fils, fille, petit-fils, ou autre entre les deſcendans ; & l'héritier étranger étoit celui qui n'étoit pas dans ſa puiſſance : ainſi le fils émancipé étoit héritier étranger au défunt.

L'héritier ſien étoit maître des biens du défunt dès le tems de ſa mort, puiſque les enfans étoient réputés propriétaires des biens de leur pere, même

de ſon vivant ; c'eſt pour cela qu'on ne diſoit pas qu'ils appréhendoient la ſucceſſion, mais qu'ils s'immiſçoient.

En pays coutumier, tous les héritiers en directe ou en collatérale, habiles à ſe porter héritiers, ſont ſaiſis des biens de la ſucceſſion dès l'inſtant de la mort de celui dont ils ſont héritiers, ſuivant l'art. 318. en ces termes : *le mort ſaiſit le vif, ſon hoir plus proche & habile à lui ſuccéder.* Mais ils ne ſont pas pour cela héritiers néceſſaires même en directe ; car en France nul n'eſt héritier qui ne veut. Ainſi nous n'avons point d'héritiers qui ſoient véritablement héritiers ſiens, comme il y en avoit chez les Romains ; car ceux qui étoient chez eux ainſi appellés, étoient héritiers néceſſaires ; c'eſt-à-dire, ſoit qu'ils le vouluſſent ou non, du moins ſuivant la diſpoſition du Droit civil ; car le Préteur leur accordoit le bénéfice d'abſtention, en vertu duquel, quand ils ne s'étoient pas immiſcés dans les biens de la ſucceſſion de leur pere, ils étoient déchargés de toutes les dettes de ſa ſucceſſion.

Mais quoique dans ce Royaume tous les héritiers, ſoit en ligne directe, ſoit en ligne collatérale, ſoient regardés comme héritiers ſiens, ils ne le ſont pas véritablement, puiſqu'ils ne ſont pas héritiers néceſſaires, comme les héritiers ſiens l'étoient ſuivant les Loix Romaines : ainſi, parmi nous, ils ne ſont réputés héritiers ſiens qu'en ce que quand ils ſe ſont portés héritiers, ils ſont cenſés avoir été ſaiſis des biens du défunt dès le moment de ſa mort, comme nous l'avons dit ci-deſſus, *verbo* Habile à ſe porter héritier.

Voyez ma Traduction des Inſtitutes, liv. 3. titre 1.

Tout héritier eſt ou teſtamentaire, ou légitime & *ab inteſtat*, comme nous l'avons dit ci-deſſus.

HERITIER TESTAMENTAIRE, eſt celui qui eſt inſtitué par teſtament. La plûpart de nos Coutumes ne reconnoiſſent que les héritiers légitimes ; les teſtamentaires n'étant en uſage que dans les pays de Droit écrit, où il n'y a point de teſtament ſans héritier inſtitué. *Voyez* Inſtitution d'héritier.

HERITIER LEGITIME, eſt celui à qui la ſucceſſion d'un défunt eſt déférée par la Loi. Suivant la diſpoſition du Droit Romain, on ne reconnoît parmi nous en pays de Droit écrit d'héritiers légitimes, qu'au défaut des héritiers teſtamentaires ; mais, comme nous venons de le dire, la plûpart de nos Coutumes ne reconnoiſſent que les héritiers légitimes, qui ſont, ſuivant notre Droit coutumier, de deux ſortes ; ſçavoir, les héritiers des propres, & les héritiers des acquêts.

HERITIERS DES PROPRES, ſont ceux qui en pays coutumier ſuccedent aux propres qui appartenoient au défunt, en qualité de ſes plus proches parens, du côté duquel ils ſont échus, ſuivant la régle *Paterna paternis, materna maternis. Voyez* ce que j'en dis, lettre P.

Au contraire, l'héritier des meubles & acquêts eſt le plus proche parent du défunt qui lui ſuccede dans *Tes* meubles & dans fes acquêts.

Mais cela n'a lieu qu'en pays coutumier ; car le Droit civil ne fait point de diftinction entre les propres & les acquêts. Il appelle à fuccéder le plus propre héritier, indiftinctement à tous les biens du défunt : ce qui eft obfervé en France dans les pays de Droit écrit.

Voyez Succeffion des propres.

HÉRITIERS DES MEUBLES ET ACQUETS, font ceux qui fuccedent à ces fortes de biens , qui appartenoient au défunt , en qualité de fes proches parens , c'eft-à-dire felon la prérogative des degrés de parenté; en forte que le plus proche fuccede au défunt dans fes meubles & acquêts , à l'exclufion des autres parens qui font dans un degré plus éloigné.

De ce que nous venons de dire il s'enfuit , qu'en pays coutumier l'héritier des meubles & acquêts d'un défunt ne l'eft pas des propres, quand il n'eft pas du côté & ligne d'où ils font venus au défunt.

HÉRITIER FIDUCIAIRE, eft celui qui eft chargé par le teftateur de reftituer fa fucceffion à un autre, lequel eft appellé héritier fidéicommiffaire.

On appelle auffi héritier fiduciaire, celui qui n'eft , par la difpofition du teftateur, que le dépofitaire des biens de la fucceffion , jufqu'à ce que fes enfans qui font en bas âge foient parvenus à un âge plus avancé, où jufqu'à ce qu'ils foient devenus majeurs; auquel cas le teftateur lui donne plutôt des marques de fa confiance, que des témoignages de fa libéralité. Comme le teftateur ne l'a inftitué que pour lui faire avoir l'adminiftration des biens de fa fucceffion , cet héritier ne peut retenir la quarte trébellianique , ni faire les fruits fiens; de forte qu'il ne peut retenir que ce que le teftateur lui a fpécialement légué.

Voyez Henrys, tom. 1. liv. 3. queft. 22. & liv. 5. queft. 14.

HÉRITIER FIDEICOMMISSAIRE, eft celui à qui l'héritier fiduciaire a été chargé par le défunt de reftituer toute fa fucceffion ou partie d'icelle. *V.* ce que j'ai dit dans ma Traduction des Inftitutes , fur le titre 23. du fecond livre.

HÉRITIER ET LEGATAIRE. Ces deux qualités font incompatibles dans la plûpart de nos Coutumes , tant en ligne directe qu'en ligne collatérale, qui ont pour la plûpart jugé à propos de ne pas laiffer au pouvoir d'un teftateur de faire que la condition d'un de fes héritiers foit meilleure que celle des autres , lorfqu'ils viennent tous à fa fucceffion.

Plufieurs même ne permettent pas d'avantager l'un de fes héritiers plus que l'autre, foit par difpofition entre-vifs ou teftamentaire ; l'héritier préfomptif auquel il auroit été fait don ou legs , ne pourroit s'y tenir en renonçant à la fucceffion du défunt. Telles font les Coûtumes du Maine, d'Anjou, & de Poitou.

D'autres , comme celle de Reims, permettent aux enfans d'être tout enfemble donataires, légataires & héritiers, fauf la légitime aux autres enfans.

D'autres enfin diftinguent la ligne directe d'avec la collatérale, & diftinguent auffi la qualité de donataire entre-vifs d'avec celle de légataire; comme la Coutume de Paris, celle de Senlis , & la plûpart des Coutumes du Royaume.

A l'égard du pays de Droit écrit, comme l'inftitution d'héritier y eft admife, celui qui eft inftitué héritier, peut être auffi légataire , lorfqu'il y a plufieurs héritiers inftitués; auquel cas le legs qui eft fait à l'un d'eux, eft appellé *prélegs. Voyez* Prélegs.

Hors ce cas, en pays de Droit écrit , fuivant les Loix Romaines, nul ne peut être héritier & légataire d'un défunt ; *nam legatum ab hærede præftandum eft legatario: nemo autem poteft effe fimul creditor & fuimet ipfius debitor ; diftincta debet effe actoris & rei perfona.*

Dans la plûpart de nos Coutumes, ces deux qualités d'héritier & de légataire font fi incompatibles, que quoique les biens du défunt foient fitués en différentes Coutumes, on ne peut être dans l'une héritier de ce défunt , & fon légataire dans les autres : *Hæres fuccedit in univerfum jus & caufam defuncti ; ficque fine ulla diftinctione ejus perfonam repræfentat.* Ainfi la qualité d'héritier étant indivifible , elle ne fe peut partager felon les différentes efpéces de biens, non plus que felon les différentes Coutumes dans lefquelles ils font fitués. M. Ricard en fon Traité des Donations, tom. 1. part. 1. chap. 3. fect. 15.

Cependant M. Dupleffis en fes Confultations , tome 1. tient que la qualité d'héritier & celle de légataire ne font point incompatibles , quand les biens du défunt font fitués dans différentes Coutumes; en forte qu'on peut alors être héritier dans l'une & légataire dans les autres.

Il eft vrai, dit-il, que fuivant le Droit Romain , la qualité d'héritier eft indivifible , que celui qui eft héritier en un endroit, eft héritier dans tous les endroits du monde : *Hæreditas eft nomen Juris, aliquid incorporale , quod neque re, neque loco circumfcribitur.* Mais les principes du Droit Romain font bien différens de ceux du Droit coutumier. Par le Droit Romain, *unum eft dumtaxat unius hominis patrimonium.* Suivant nos Coutumes, qu'un homme laiffe en mourant plufieurs patrimoines, c'eft-à-dire autant qu'il y a de Coutumes où font fitués les biens qu'il a laiffés, il faut en ce cas faire autant de différens partages , fuivant & conformément à la Coutume du lieu qui les régle , indépendamment de ce que les autres Coutumes prefcrivent. C'eft pourquoi il n'y a nul inconvénient qu'une même perfonne puiffe être héritier d'un défunt en une Coutume , & fon légataire dans les autres. Ainfi M. Dupleffis conclut que la qualité d'héritier & celle de légataire ne font incompatibles que quand les biens du défunt font fitués dans une même Coutume ; mais s'il y a des biens fitués en différentes Coutumes, on peut être héritier dans l'une , & légataire dans les autres.

Nonobftant toutes ces raifons, je ferois volontiers de l'avis de M. Ricard ; mais on fuit au Palais celui de M. Dupleffis.

On demande fi dans les Coutumes qui ne permettent pas d'être héritier & légataire, le pere peut être héritier d'un défunt, & le fils légataire.

On tient communement que cela fe peut, tant en ligne directe, qu'en ligne collatérale ; avec cette différence néanmoins, que quand en ligne directe le pere eft héritier du défunt, & fils légataire, le pere eft obligé de rapporter les donations entre-vifs & teftamentaires faites à fes enfans. Ainfi les petits-enfans peuvent de leur chef demander les legs qui leur ont été faits par leur ayeul, fauf à les imputer fur la portion héréditaire de leur pere.

La raifon pour laquelle le legs vaut, eft que quoique le fils ne puiffe pas être héritier & légataire de fon pere, il ne s'enfuit pas que le fils de l'héritier ne puiffe pas recevoir un legs qui lui eft fait par fon ayeul, bien entendu que fon pere en fera le rapport à la fucceffion ; car cela ne fait pas que ce foit la même perfonne dans laquelle ces deux qualités incompatibles fe rencontrent, puifqu'en Pays coutumier le pere n'acquiert pas par fon fils, & que le legs fait au petit-fils, lui eft réfervé.

La raifon pour laquelle l'héritier eft obligé de rapporter à fes cohéritiers les donations entre-vifs & teftamentaires faites par fon pere à fes enfans, eft que le droit de fuccéder aux afcendans eft égal pour chaque branche des defcendans ; cette fucceffion leur appartenant par le droit naturel, fans avantage de part ni d'autre.

Tout au contraire, quand en ligne collaterale le pere eft héritier & le fils légataire, le pere n'eft point obligé de rapporter à la fucceffion le legs que le défunt a fait à fon fils, parce que les biens d'un défunt font déférés aux collatéraux par une efpéce de bien fait ; attendu que le défunt pouvoit les priver entiérement de fes biens, à la réferve des quatre quints des propres ; & par conféquent ils ne peuvent pas contefter les difpofitions que le défunt en auroit faites entre-vifs au profit de l'un d'eux, ni les difpofitions tant entre-vifs que teftamentaires, qu'il auroit faites au profit des enfans de l'un d'eux : ce qui fait qu'ils ne font pas obligés à en tenir compte à leurs cohéritiers.

Voyez ce que j'ai dit fur les art. 300. & 301. de la Coutume de Paris ; & Louet & fon Commentateur, lett. H, fomm. 17.

HÉRITIER ET DONATAIRE ENTRE-VIFS. En Pays coutumier, ces deux qualités font abfolument incompatibles en ligne directe ; mais on peut être donataire entre-vifs, & héritier en ligne collatérale.

En ligne directe, on ne peut être héritier & donataire tout enfemble d'un défunt dans la plûpart de nos Coutumes, parce que le droit naturel, qui requiert l'égalité entre les enfans pour conferver entr'eux l'union, répugne à ce que l'un foit avantagé plus que l'autre.

En ligne collatérale, on peut être donataire entre-vifs fans être obligé au rapport ; mais on ne peut être légataire & héritier, tant en directe qu'en collatérale. La raifon eft, que la donation faifit de droit : ainfi un collatéral donataire entre-vifs peut être héritier.

Mais le legs qui auroit été fait à un héritier, même en ligne collatérale, ne peut être valable, parce que le legs étant fujet à délivrance, l'héritier à qui le défunt auroit fait un legs, n'en peut faire la demande que contre lui-même : *Sed diftincta effe debet actoris & rei perfona.* Voyez ce que j'ai dit fur les art. 300. & 301. de la Coutume de Paris.

Au refte, la Coutume de Paris qui déclare incompatibles en directe les deux qualités d'héritier & de donataire entre-vifs dans une même perfonne, ne doit pas être reftreinte à la ligne directe defcendante ; mais elle eft générale, & par conféquent a lieu également dans la ligne directe afcendante ; comme il a été jugé par Arrêt du neuf Août 1687. rapporté dans le Journal du Palais.

HÉRITIER ET DOUAIRIER. Ces deux qualités font incompatibles. Voyez ce que j'ai dit fur l'art. 251. de la coutume de Paris ; & Bacquet en fon Traité des Droits de Juftice, chapitre 13. nombre 31.

HÉRITIERS DES COMPTABLES, ne peuvent point fe porter héritiers par bénéfice d'inventaire, fuivant l'art. 16. de l'Ordonnance de Rouffillon, qui leur enjoint de fe porter héritiers purs & fimples, ou de renoncer. Comme le bénéfice d'inventaire eft un privilége qui dépend du Prince, il ne doit point être par lui accordé contre fes propres intérêts.

HÉRITIERS, IRREGULIERS. Voyez Succeffeur à titre univerfel.

HÉRITIERS, font en Pays de Droit écrit tenus des dettes du défunt, felon la part & portion dont ils font héritiers ; & en Pays coutumier, ils en font tenus à proportion de l'émolument que chacun d'eux tire de la fucceffion. Voyez ce que j'ai dit ci-deffus, lettre, D en parlant des dettes d'une fucceffion.

HÉRITIERS, font tenus de venger la mort du défunt, à peine d'être privés de fa fucceffion. Voyez Boyer, décifion 25. nomb. 13. & 14. Maynard, liv. 7. chap. 94. & en fon Abregé, liv. 9. chap. 3.

HERMAPHRODITE. Nous naiffons ordinairement, ou du fexe mafculin, ou du fexe feminin, c'eft-à-dire homme ou femme, mais quand il arrive par hazard que quelqu'un naiffe participant de l'un & de l'autre fexe, & qu'il ait des marques des deux fexes, il eft défigné fous le nom d'*hermaphrodite.*

Ce terme eft tiré de deux mots Grecs, dont l'un fignifie *Mercure*, & l'autre *Venus* ; comme qui diroit, mêlé de Mercure & de Venus, du mâle & de la femelle.

On tient qu'il n'y a point de véritables Hermaphrodites, & en qui les deux fexes foit parfaits, & en qui les parties qui les compofent foient parfaitement féparées, qui puiffent engendrer en eux comme les femmes, & hors d'eux comme les hommes.

C'eft l'opinion de ce grand génie de la Nature, qui a pénétré fes abimes & fes fecrets, dont les écrits font depuis tant de fiécles la connoiffance & la lumiere des hommes, d'Ariftote qui la foutient pofitivement, au Livre *de generatione animalium.*

C'eft auffi le fentiment d'Albert le Grand dans fon Livre *de animalibus.* C'eft enfin celui de tous les Philofophes.

La raifon qu'en rend Ariftote dans plufieurs endroits de fes Livres, eft que la Nature eft l'art & la main de Dieu : elle eft fage & déterminée à fa fin, & acheve parfaitement fon ouvrage. Or il eft certain que fon ouvrage le plus précieux, auquel elle s'applique davantage, c'eft l'homme, cette créature fi parfaite, que Platon appelle *la mefure de toutes chofes.* Elle le diftingue en mâles & en femelles ; les mâles, pour engendrer en autrui ; la femelle, pour engendrer en foi, celui-là, comme un principe agiffant comparé à la forme ; celle-ci, comme un principe paffif comparé à la matiere.

Concluons donc que, comme il n'y a point de véritables Hermaphrodites, c'eft-à-dire en qui les deux fexes foient parfaits, ceux qui participent de l'un & de l'autre fexe, doivent être réputés du fexe qui paroît en leur perfonne prédominer fur l'autre. *L.* 10. *ff. de ftat. homin. Voyez* les Loix civiles, tom. 1. au livre préliminaire, & tom. 2. fect. 1. nomb. 6. & ce qui eft dit au fixiéme tome des Caufes célebres, au fujet d'une Religieufe prétendue Hermaphrodite.

Les Hermaphrodites peuvent donc fe marier, *eligendo fexum qui in iis prævalet; dictâ Leg. 10. ff. de ftatu homin.*

Nos Auteurs prétendent que l'Hermaphrodite qui a choifi le fexe viril qui prévaloit en lui, ne peut faire l'Office de femme ; & ils rapportent un Arrêt rendu au Parlement de Paris en 1603. qui condamne un Hermaphrodite à être pendu, & enfuite brulé, pour avoir contrevenu à cette régle.

C'eft une grande injure que d'appeler une perfonne hermaphrodite. Auffi le Parlement de Bordeaux ordonna à une fille qui en avoit appellé une autre hermaphrodite, devenir déclarer devant le Juge des lieux, en préfence de fix perfonnes, telles que la Partie injuriée choifiroit, que mal à propos elle avoit dit qu'elle étoit hermaphrodite, & qu'elle lui en demandoit pardon, avec défenfes de récidiver à l'avenir. Cet Arrêt a été rendu le 12. Janvier 1691. & eft rapporté par la Peyrere, lett. H, nomb. 44.

H E R M I T E, eft un Solitaire qui vit dans le défert, pour mieux vaquer à la contemplation, & fe débarraffer des affaires du monde.

Les Hermites ne font proprement moines, parce qu'ils ne font pas les trois vœux, & ne font affujettis à aucune régle : auffi ne jouiffent-ils d'aucun privilége chérical, & demeurent fous la Jurifdiction des Juges laïques. Maynard, liv. 9. chap. 27.

Ceux qui ont mené une vie folitaire pendant plufieurs années, font néanmoins réputés, pour ainfi dre, morts au monde, & ne fuccedent point à leurs parens.

Voyez le Commentateur de Louet, lettre C, fomm. 8. nomb. 46. Bardet, tom. 2. liv. 2. chap. 10. & liv. 6. chap. 24. le Journal des Audiences tom. 1. liv. 2. chap. 132. *Voyez* auffi Ricard en fon Traité des Donations entre-vifs, part. 1. chap. 3. nomb. 329. & fuivans, qui tient que les Hermites qui n'ont point fait de vœux, ne font point incapables des effets civils, & rapporte plufieurs Arrêts qui l'ont jugé ainfi.

H O

H O I R I E, dans fa propre fignification, eft une fucceffion en ligne directe defcendante. C'eft pourquoi donner en avancement d'hoirie, n'eft autre chofe que donner par avance à un de fes enfans à la charge que ce qui eft ainfi donné lui fera diminué dans le partage de la fucceffion. Bouteiller en fa Somme rurale, titre 78.

H O I R I E, fignifie auffi le droit que nous avons de fucceder à un défunt, foit en ligne directe, foit en ligne collatérale.

Ce terme a quelquefois une fignification plus étendue, comme dans le titre du Digefte & du Code *expilatæ hæreditatis,* où il fe prend pour les effets de la fucceffion d'un défunt qui ont été volés.

H O I R S, font les héritiers defcendans en ligne directe.

Cependant comme ce mot eft général, étant tiré de celui *d'hæres,* qui veut dire héritier, il s'entend très-fouvent non-feulement des héritiers defcendans en ligne directe, mais auffi de toutes fortes d'héritiers, foit en ligne collatérale, foit en ligne directe, & comprend même les héritiers teftamentaires. Par exemple, quand on ftipule quelque chofe pour foi, fes hoirs & ayans caufe, cette ftipulation a lieu en faveur de toutes fortes d'héritiers.

HOLOGRAPHE. On appelle une difpofition holographe, celle qui eft entiérement écrite & fignée de la main de celui qui l'a faite. On applique plus particuliérement ce terme à un teftament entiérement écrit & figné de la main du teftateur. *Teftamentum, apud Feftum, appellatur holographum quod totum manu teftatoris fcriptum eft & fubfignatum.*

Au refte, quoique fuivant l'étymologie de ce mot, il dût être écrit holographe, cependant l'ufage en France d'écrire & de prononcer olographe.

HOMICIDE, eft un meurtre que commet un homme qui en tue un autre.

Ce terme eft auffi employé pour fignifier celui qui a commis le meurtre ; en forte que le même mot fignifie le meurtre & le meurtrier.

L'homicide n'eft crime que quand il eft commis par malice, emportement, ou de deffein prémédité : car on diftingue quatre efpéces d'homicides ; fçavoir, l'homicide volontaire, l'homicide fait par imprudence, l'homicide commis par cas fortuit, & l'homicide néceffaire.

L'homicide eft toujours préfumé fait par dol & de deffein prémédité : c'eft pourquoi celui qui allégue l'avoir fait par imprudence, par cas fortuit, ou à fon corps défendant, doit le prouver.

La volonté de faire un homicide eft quelquefois punie comme l'homicide même. Papon, liv. 22. tit. 5. nomb. 6.

Accufé d'homicide ne peut être condamné, quand même il confefferoit à la queftion, s'il n'apparoît du corps mort. Papon, livre 24. tit. 9. nombre 9. Robert, *Rerum judicat. lib. 1. cap. 4. Voyez* ci-deffus Corps de délit.

L'Ordonnance de 1670. tit. 1. art. 11. n'attribue aux Baillifs & Sénéchaux, & Juges préfidiaux, privativement aux autres Juges royaux & feigneuriaux, que la connoiffance des homicides faits de deffein prémédité, ou dans une affemblée illicite, ou dans une émotion populaire : hors ces cas, la connoiffance des homicides quoique faits avec armes, appartient aux Juges des lieux où ils ont été commis.

Celui qui a commis un homicide, quelque favorable que foit fa caufe, ne s'en peut point purger fans Lettres de grace. Papon, liv. 24. tit. 17. nomb. 1.

Il y a plufieurs efpeces d'homicides, dont nous allons parler. *Voyez Julius Clarus lib. 5. Sententiarum*, où font marqués les cas de l'homicide qui eft pardonnable, ou qui doit être puni. *Voyez* auffi les Annotations qui font à la fin de l'Ouvrage du même Auteur.

HOMICIDE VOLONTAIRE, eft celui qu'on peut appeller le vrai meurtre, lequel fe commet, comme nous venons de dire, par malice, emportement, ou de deffein prémédité.

Il fe commet, I°. Par la main, foit par armes, poifon, ou autrement. II°. par langue, foit par faux témoignage contre un accufé de quelque crime; par confeil, lorfqu'on a incité quelqu'un à faire l'homicide, ou qu'on y a donné fon confentement ou approbation, ou qu'on a commandé de le faire, ou enfin par une injufte condamnation à mort.

L'homicide eft le plus grand crime que l'on puiffe commettre envers le prochain. Dieu a marqué dans plufieurs endroits de l'Ecriture, qu'il y eft très-griévement offenfé, & combien il le détefte. Le Prince & la République y font très-offenfés, d'autant que par l'homicide ils font privés d'un fujet & d'un citoyen; les parens de celui qui eft tué, y reçoivent un tort confidérable. Enfin, celui qui eft tué en reçoit un qui ne fe peut réparer. En un mot, ce crime eft contre la Loi naturelle, qui nous défend de faire à autrui ce que nous ne voudrions pas nous être fait.

Il ne faut donc pas s'étonner, I°. fi les Loix ont de tout tems puni de mort le feul deffein de commettre un homicide, quand on a commencé d'exécuter le projet de le commettre ; quoiqu'il n'ait pas eu entiérement fon effet.

II°. Si ceux qui fe louent pour tuer ou outrager quelqu'un, font auffi punis de mort, quoiqu'ils n'ayent pas exécuté leur deffein. C'eft la difpofition expreffe de l'article 191. de l'Ordonnance de Blois.

A l'égard du genre de mort dont l'homicide eft puni, il eft différent, fuivant les différentes manieres dont le crime a été commis.

Le meurtre de guet-à-pens & de deffein prémédité, eft puni de la roue, fuivant un Edit d'Henri II. du mois de Juillet 1557. confirmé par l'article 194. de l'Ordonnance de Blois.

L'homicide qui fe commet par le poifon, eft puni de feu.

L'homicide volontaire qui fe commet dans la chaleur d'une querelle, eft puni de la potence, lorfque celui qui a tué a été l'aggreffeur; mais ce crime peut être remis par le Prince, lorfque le tort & l'aggreffion fe trouvent du côté de celui qui a été tué.

Voyez Ce que j'ai dit fur le §. 5. du dernier titre des Inftitutes de Juftinien.

Celui qui auroit tué Titius, voulant tuer Mævius, ne feroit pas excufable, par la raifon qu'il auroit toujours eu deffein de tuer ; ce qui eft fuffifant pour être condamné comme homicide.

Celui qui voulant feulement bleffer un homme, l'auroit tué contre fa volonté, feroit condamné comme homicide ; d'autant qu'en ce cas, celui qui auroit tué fon ennemi, ne voulant que le bleffer, n'eft pas moins homicide volontaire ; car la volonté de celui qui frappe, tend à tout ce qui en arrive immédiatement ; & on ne pourroit pas dire que ç'ait été par accident, puifque celui qui a voulu frapper, a bien voulu s'expofer à tout ce qui en pouvoit arriver ; il devoit faire réflexion que la bleffure qu'il feroit pouroit être mortelle.

On tient communément, & c'eft un ufage qui s'eft introduit dans toutes les Jurifdictions du Royaume, qu'après les quarante jours, la mort du bleffé n'eft pas imputée à fes bleffures ; à l'effet de faire condamner à mort celui qui les a faites. Cependant les parens du mort, après les quarante jours, peuvent prétendre que fa mort a été caufée par les bleffures, à l'effet de faire augmenter par ce moyen les dommages & intérêts, pour raifon du tort que leur caufe la mort de celui qui eft décédé.

Il faut pour y parvenir qu'ils faffent ordonner une vifite & rapport d'Experts. Si par le rapport il eft porté, que la mort a été caufée par les bleffures, l'accufé doit être condamné à des dommages & intérêts, comme d'un véritable homicide ; au lieu que fi cette preuve manquoit, les dommages & intérêts feroient moins confidérables.

Lorfque plufieurs ont de deffein prémédité commis un homicide, comme il eft incertain qui d'entr'eux a donné le coup, ils en font tous coupables; & en font tous tenus civilement & criminellement.

Quand plufieurs ont commis un homicide dans

une batterie ou querelle , s'il est incertain qui d'entr'eux a donné le coup , tous sont tenus civilement & criminellement , & ils doivent tous être punis , mais de quelque peine moins rigoureuse. Papon , liv. 22. tit. 5. nomb. 6.

Enfin , lorsque quelqu'un a été blessé de plusieurs coups donnés par plusieurs en une querelle , si l'on connoît celui qui a donné le coup mortel, en ce cas celui-là seul doit être tenu de l'homicide , & tous les autres ne sont tenus que des blessures qu'ils ont faites : ainsi nous voyons souvent que pour un homicide causé par plusieurs, l'un est condamné à mort , & les autres à de moindres peines.

Voici quelques observations importantes sur l'homicide.

1°. Les héritiers sont tenus de poursuivre l'assassin de celui auquel ils succédent; faute de quoi ils sont privés de sa succession, comme indignes , suivant la disposition des Loix Romaines, elle n'a pas néanmoins lieu en France , parce qu'il n'y a dans ce Royaume , que la Partie publique qui soit chargée de la punition des crimes, & que les Particuliers n'y peuvent pas conclure, mais seulement aux intérêts civils. *Voyez* Papon , liv. 24. tit. 1. nomb. 3. & tit 2. nomb. 1. & le Dictionnaire de M. Brillon , *verbo* Homicide , nomb. 6.

II°. Quoique le crime d'homicide soit très-énorme , comme nous l'avons remarqué , il se prescrit néanmoins par le laps de vingt ans , comme les autres crimes. Boniface , tome 5. liv. 3. tit. 21.

III°. L'homicide est un terme général , qui comprend toutes les différentes manieres dont un homme en tue un autre ; mais il y a une espece d'homicide à qui le nom de meurtre convient mieux qu'à tout autre , qui est celui qui se commet de guet-à-pens ; au lieu que tout autre , même celui qui se commet dans une querelle , n'est point un véritable meurtre , comme nous l'avons dit , *verbo* Meurtre.

IV. Les Baillifs & Sénéchaux , & Juges présidiaux , connoissent privativement aux autres Juges royaux & seigneuriaux , des homicides faits de dessein prémédité, ou dans une assemblée illicite, ou dans une émotion populaire. Ainsi, hors ce cas , la connoissance des homicides , quoique faits avec armes, appartient aux Juges des lieux où ils ont été commis. Henrys, tom. 1. liv. 2. chap. 2. quest. 6.

HOMICIDE REMISSIBLE , QUOIQUE VOLONTAIRE , est celui qui est en quelque maniere licite, quoique fait volontairement : comme ,

I°. Celui qui est commis par un pere en la personne de sa fille, qu'il trouve en adultere.

II°. Celui qui est commis par un mari en la personne de sa femme , qu'il trouve en adultere ; mais il faut qu'il tue non - seulement sa femme , mais aussi celui avec lequel elle est trouvée commettre le crime.

III°. Celui que commet un Capitaine, qui tue son soldat qu'il trouve en trahison , ou endormi en sentinelle , ou lorsque son soldat est rébelle, & refuse d'obéir à ses commandemens.

IV°. Celui qui est commis dans la nécessité d'une juste défense de sa propre vie, comme nous dirons ci-après en parlant de l'homicide nécessaire.

Voyez ce que j'ai dit sous le terme d'abolition , & sous celui de remission. Nous remarquerons seulement ici , que toutes Lettres de grace en matiere criminelle , doivent être expédiées en la grande Chancellerie , & qu'il n'y a que celles qui sont accordées pour les homicides involontaires , ou qui sont commises dans la nécessité précise d'une légitime défense de la vie , qui puissent être expédiées dans les Chancelleries près les Cours.

HOMICIDE FAIT PAR IMPRUDENCE , est celui qui est commis sans dessein formé de tuer ; comme si en jettant quelque chose par une fenêtre dans la rue , on tue par malheur quelque passant ; ou bien si en s'exerçant à tirer de l'arquebuse, ou de quelqu'autre arme , on tue quelqu'un par mégarde.

La peine de cet homicide est arbitraire ; mais elle doit être proportionnée à l'excès de la faute ou de la négligence de celui qui l'a commis.

Comme ceux qui commettent ces sortes d'homicide n'en ont point la volonté , ils ne sont point punis de mort. La vérité est, que si la négligence est si grossiere, qu'elle puisse passer pour dol, elle pourroit être poursuivie criminellement.

Voyez ce que j'ai dit sur le troisiéme titre du quatriéme livre des Institutes.

HOMICIDE FAIT PAR CAS FORTUIT , est celui qui est commis par accident sans aucune négligence , faute ou imprudence de celui qui en est cause , & qui l'a procuré.

Comme en cet homicide il n'y a ni délit ni quasi-délit , il s'ensuit qu'il n'y échet aucune punition , en cas qu'il n'y ait pas de la faute de celui qui l'a commis.

Un exemple de cet homicide seroit , si un homme qui ébranche des arbres , tue un passant par malheur , & après avoir crié qu'il prit garde à lui , il est certain qu'il n'en est point tenu. C'est un homicide involontaire , & qui est commis sans qu'il puisse être en aucune maniere imputé à la faute ou à la négligence de celui qui la fait.

Par la même raison , un homicide arrivé par accident en une émotion n'est point puni de peine corporelle, ni de réparations civiles. Bardet , tom. I. liv. I. chap. 112. rapporte un Arrêt rendu le 1. Avril 1623. qui l'a jugé ainsi dans cette espece. Un Artisan avoit tué quelqu'un d'un coup de pistolet ; qui se débanda malheureusement lors d'une exécution , à laquelle étoit obligé d'assister celui qui le portoit ; il fut entiérement absous , parce que cet homicide étoit involontaire.

Cependant comme tout homme qui en a tué un autre est digne de mort , il faut toujours lui faire son procès quelque favorable que soit sa cause sauf à lui à obtenir des Lettres de grace.

Ce qu'il y a de particulier pour celles qui s'obtiennent dans le cas d'un homicide involontaire

c'es

c'eſt qu'elles peuvent être expédiées dans les Chan-celleries qui ſont près les Cours, auſſi-bien que cel-les qui s'obtiennent pour les homicides commis dans une légitime défenſe de la vie. *Voyez* l'art. 2. du tit. 16. de l'Ordonnance de 1670. avec les No-tes de Bornier. *Voyez* auſſi à ce ſujet ce que j'ai dit ſur le tit. 3. du liv. 4. des Inſtitutes.

HOMICIDE NECESSAIRE, eſt celui qui eſt com-mis dans la néceſſité d'une juſte défenſe de ſa pro-pre vie.

Il eſt, ſuivant la rigueur de la Loi, puni de mort, conformément à la maxime qui veut que tout hom-me qui tue, ſoit condamné à mort. Cependant un tel homicide peut être aiſément remis par Lettres du Prince : *Defenſor propriæ ſalutis in nullo peccaſſe videtur, ſi aggreſſorem occiderit, modo illud fuerit factum cum moderatione inculpatæ tutelæ ; id eſt, modò qui occidit, vitæ periculum aliter non potuiſſet effugere.*

Lorſqu'un accuſé confeſſe d'avoir tué, mais à ſon corps défendant, s'il ne le juſtifie pas, ſa con-feſſiondoit être ſéparée &priſe contre lui. Papon, liv. 24. tit. 8. nomb. 1. Boyer, décif. 164. *Voyez* ci-deſſus Confeſſion.

Celui qui tue étant provoqué, n'eſt exempt de toute peine, que quand il a pû éviter la mort qu'en la procurant à celui qui lui a voulu ôter la vie. Ainſi, quand il a pû éviter le péril par un au-tre moyen, il peut être condamné en des répara-tions civiles envers les héritiers de celui qui a été tué. Ainſi jugé par Arrêt du 28. Juillet 1736. rap-porté dans le Journal des Audiences.

Mais à l'égard des voleurs de nuit, on peut les tuer ſans encourir de peine, & ſans diſtinguer ſi l'on a pû s'en délivrer d'une autre maniere ; parce que tout ce qui ſe fait dans ce cas, n'eſt point cenſé paſſer les bornes d'une juſte défenſe.

Non-ſeulement nous méritons le pardon dans le cas d'une juſte défenſe de notre propre vie, mais encore quand nous tuons quelqu'un pour ſauver la vie à une perſonne que les loix du ſang & de la na-ture nous obligent de défendre, au cas qu'il n'y eût pas d'autre moyen de la ſauver, qu'en tuant celui qui ſeroit prêt de lui ôter la vie. Par exemple un fils ſeroit digne de pardon, qui auroit tué celui qui étoit prêt d'ôter la vie à ſon pere.

Comme l'honneur n'eſt pas moins cher aux hon-nêtes gens que la vie, on repute homicide néceſ-ſaire celui qui eſt fait pour le conſerver; & on ne doit pas être puni pour avoir tué celui qui nous vouloit ôter l'honneur, pourvû que l'homicide ait été fait *incontinenti, non verò ultionis & vindictæ gratiâ.* Par exemple, ſi une fille ou une femme avoit tué ſur le champ celui qui lui auroit voulu ravir l'honneur, elle ſeroit excuſable, & cet homicide ſeroit réputé néceſſaire, d'autant que cette injure ne ſouffre point de retardement, parce qu'elle ne peut pas être réparée. Par Arrêt du Parlement de Touloufe, du 2. Juin 1582. une mere qui avoit tué d'un coup de couteau un Capitaine qui forçoit

ſa fille, fut miſe en liberté ; elle obtint même une certaine réparation ſur les biens de ce ra-viſſeur. Maynard, liv. 6. chap. 86.

Il n'en eſt pas de même des biens : l'homicide commis pour leur conſervation ne ſeroit pas réputé homicide néceſſaire, parce qu'il ne ſeroit pas fait dans la néceſſité d'une juſte défenſe de notre pro-pre vie. Ainſi celui qui auroit tué un voleur qui emportoit ſa vaiſſelle d'argent, ou quelqu'autre choſe, ne pourroit pas prétendre avoir commis un homicide néceſſaire ; ce ſeroit une vengeance qu'il auroit exercée, ou une précaution dont il ſe ſeroit ſervi pour la conſervation de ſon bien. Et quoiqu'il ne ſoit permis à perſonne de ſe venger, le cas ne laiſſeroit pas d'être remiſſible.

Enfin, ſi un voleur étoit entré dans une maiſon par force & par violence, pour voler, principale-ment pendant la nuit, celui qui le tueroit, n'au-roit commis un homicide néceſſaire, s'il s'étoit trouvé en péril de perdre lui-même la vie.

HOMICIDE DE SOI-MEME, eſt le meurtre que commet en ſa perſonne celui qui ſe donne la mort. Le tort qu'il fait à ſa Patrie, mérite une vengeance publique, puiſque la République a intérêt à la conſervation de ceux qui la compoſent.

Les Loix Romaines ne puniſſoient pas ce meur-tre indiſtinctement. Ceux qui le commettoient par l'ennui d'une maladie incurable, par impatien-ce cauſée par de grandes douleurs, ou qui ſe tuoient par généroſité pour faire voir le mépris qu'ils faiſoient de cette vie, n'étoient ſujets à au-cune peine.

Il n'y avoit que ceux qui, pour prévenir la puni-tion des crimes dont ils étoient accuſés s'étoient donnés la mort, qui fuſſent condamnés pour rai-ſon de cet homicide ; auquel cas la peine de ce crime étoit la confiſcation des biens.

Les Hébreux refuſoient la ſépulture à ceux qui s'étoient donné la mort. Ils ne croyoient pas que ceux qui avoient oſé ſortir de ce monde contre l'ordre de Dieu, duſſent être reçus dans le ſein de la terre, & honorés de la ſépulture qui eſt dûe aux hommes après leur mort, & que les Anciens conſidéroient comme le dernier honneur qu'on pouvoit recevoir.

Les Chrétiens, éclairés des lumieres du Chriſ-tianiſme, condamnent d'impiété ceux qui oſent attenter à leur propre vie, & qui ſe tuant eux-mêmes, détruiſent l'ouvrage de Dieu, & tuent en même-tems le corps & l'ame : *Eſt verus homici-da & reus homicidii, qui ſeipſum interficit, cum ne-mini liceat ſeipſum interficere; homo enim vitæ ſuæ non eſt dominus.*

Les Conciles & les autres Loix eccléſiaſtiques les condamnent comme anathêmes, & privent leurs corps de la ſépulture. *Placuit ut qui ſibi ipſis voluntariæ, aut per ferrum, aut per venenum, aut per præcipitium, aut per ſuſpendium, vel quolibet modo violentam inferunt mortem, nulla pro iſſis in oblatione commemoratio fiat, neque cum Pſalmis ad ſepulturam eorum cadavera deducantur. Can. placuit 12. caufa 23. quæft. 5.*

Cette difpofition canonique, comme très-jufte, eft obfervée par toute la France ; les cadavres de ceux qui fe font défaits eux-mêmes, font privés de la fépulture par un Jugement de condamnation, & font attachés au derriere d'une charette, & traînés fur une claie la tête en bas & la face contre terre, par les rues de la Ville où l'exécution fe fait, jufqu'à la Place publique, où ils font enfuite pendus par les pieds à une potence, où ils reftent pendant vingt-quatre heures. On les punit donc ainfi après leur mort du crime qu'ils ont commis contre eux-mêmes & contre la République. *Voyez* la Rocheflavin, liv. 1. tit. 37. Arrêt 1. liv. 2. lett. D, tit. 2. Arrêt. 1. Maynard, liv. 6. chap. 84. & 85.

Et d'autant que la condamnation du corps emporte auffi celle des biens, fuivant l'art. 183. de la Coutume de Paris, tous leurs biens font confifqués au profit du Roi, & des Seigneurs Hauts-Jufticiers, au moins pour les biens qui fe trouvent dans les Coutumes de confifcation.

Pour augmenter leur infamie, le Jugement ordonne que leur mémoire demeurera pour toujours condamnée.

Voici comme fe prononce cette condamnation : *Nous avons ledit défunt.... déclaré dûment atteint & convaincu de s'être défait foi-même avec un rafoir, dont il s'eft coupé la gorge; pour réparation de quoi nous condamnons fa mémoire à perpétuité ; & fera le cadavre dudit défunt attaché par l'Exécuteur de la Haute-Juftice au derriere d'une charette, & traîné fur une claie, la tête en bas & la face contre terre, par les rues de cette Ville, jufqu'à la Place de.... où il fera pendu par les pieds à une potence, qui pour cet effet fera plantée audit lieu ; & après qu'il y aura demeuré vingt-quatre heures ; jetté à la voirie. Déclarons tous & chacun fes biens fitués en pays de confifcation, acquis & confifqués, &c.*

La connoiffance de ce délit n'appartient pas feulement au Juge royal, ni la confifcation au Roi ; mais quand il a été commis dans le territoire d'une haute Juftice, la connoiffance en appartient au Juge du Haut-Jufticier.

Voici la procédure qui fe pratique pour faire au cadavre fon procès. Le Juge du lieu où le défunt aura été trouvé pendu & étranglé, ou autrement homicidé, en fait dreffer un procès-verbal, & fait vifiter le cadavre, fait enfuite informer à la requefte du Procureur du Roi, ou du Procureur Fifcal, de la vie & mœurs du défunt, & comme il s'eft homicidé, s'il étoit furieux, s'il étoit malade ; & de la caufe pour laquelle il s'eft défait.

Le Juge doit enfuite par l'avis des parens du défunt, s'il en a, ou d'Office, lui créer un curateur pour le défendre, & alléguer pour fa défenfe tout ce que bon lui femblera. Après quoi le Juge doit interroger le curateur fur les charges & informations, recoller les témoins & les confronter au curateur, lui demander s'il y a quelques reproches à propofer contre eux.

Le Procureur du Roi, ou le Procureur Fifcal, baillera fes conclufions, & le curateur fes défenfes. Après quoi, s'il eft prouvé que le défunt s'eft procuré la mort, le Juge prononce fa Sentence en la forme énoncée ci-deffus. *Voyez* Bacquet, des Droits de Juftice, chap. 7. nomb. 16. & fuiv. où il rapporte quantité de chofes curieufes fur cette matiere.

La procédure faite avec un curateur donné au cadavre d'un homicide de foi-même, fans avoir appellé fes parens pour fa défenfe, eft nulle. Duperier, tome 2. pag. 441. Boniface, tome 2. part. 3. liv. 1. tit. 2. chap. 9.

Cet homicide n'eft puniffable, que quand celui qui s'eft procuré la mort s'eft défait volontairement, & non parce qu'il étoit malade d'une fiévre chaude, ou qu'il étoit furieux ou infenfé; car comme on ne lui peut rien imputer dans tous ces cas, le Juge ne prononce aucune peine contre lui, ni contre fes biens, ni contre fa mémoire.

S'il n'apparoît point par les preuves réfultantes du procès, qu'un homme qu'on a trouvé mort s'eft défait lui-même, dans le doute il faut toujours préfumer qu'un tel malheur eft arrivé fortuitement, ou par démence. Taifand fur la Coutume de Bourgogne, tit. 2. art. 1. note 17.

Ainfi, lorfqu'une femme eft trouvée morte dans la riviere, elle n'eft pas préfumée s'être noyée : c'eft pourquoi fes biens ne font pas confifqués, & paffent à fes héritiers. Bouvot tome 2. *verbo* Homicide, queft. 1. *Voyez* le Recueil alphabétique de M. Bretonnier.

HOMICIDE NE PEUT SUCCEDER A CELUI QU'IL A TUÉ NI MESME SES ENFANS. Quoique les délits foient perfonnels, & que la peine ne s'en étende pas jufqu'aux héritiers de ceux qui les ont commis, néanmoins c'eft avec juftice qu'on a trouvé à propos d'étendre cette privation d'hérédité jufqu'aux enfans du meurtrier : ainfi les autres plus proches parens font appellés à la fucceffion de celui qui a été tué. Cette privation d'hérédité n'eft pas la punition du crime, mais l'effet d'une incapacité que l'homicide tranfmet en la perfonne de fes enfans, parce qu'il ne feroit pas jufte qu'ils profitaffent du meurtre de leur pere ou de leur mere. *Voyez* Maynard, liv. 7. chap. 94.

Cette décifion, que celui qui a tué ne peut pas fuccéder à celui dont il a procuré la mort, a lieu quand même ce feroit dans un cas où la caufe du meurtre fembleroit l'en excufer en quelque façon & lui remettre pour ainfi dire la peine par rapport au crime. Ainfi un mari qui auroit tué fa femme, dans le tems qu'il l'auroit trouvée en adultere, ne pourroit alors tirer aucun profit des avantages ftipulés par leur contrat de mariage, & qui devoient lui revenir en cas de prédécès de fa femme.

Quoique la Loi donne quelque chofe à la douleur & au jufte reffentiment d'un mari qui trouve fa femme en adultere, néanmoins il ne convient pas qu'il tire aucun profit ou émolument d'une telle action, laquelle n'eſt pas tant permiſe que tolerée. *Et licet dematur culpa, tamen remanet culpa ; nemo autem ex ſuo facinore, aut ex ſuâ negligentiâ vel culpâ, lucrum & commodum reportare debet.*

Mais comme en ce cas la peine du meurtre ſemble être en quelque façon remiſe au mari par la Loi, l'incapacité qui ſe trouve en ſa perſonne de profiter de la mort de ſa femme, ne s'étend pas juſqu'à ſes enfans, de maniere qu'ils peuvent recueillir ſa ſucceſſion de leur mere ſurpriſe en adultere & tuée par ſon mari.

Cela poſé on demande ſi cette femme laiſſe un enfant qui lui ſuccede, & vienne enſuite à deceder, le pere pourra ſuccéder à cet enfant dans les biens qu'il a cueillis de la ſucceſſion de ſa mere ?

Il faut dire qu'il y peut ſuccéder comme pere, ne s'agiſſant point des biens de ſa femme, mais de ceux de ſon fils ou de ſa fille ; attendu que ces biens ont changé de qualité par la mutation des perſonnes à cauſe du mélange & de la confuſion qui ſe fait par l'addition d'hérédité.

Voyez Louet & ſon Commentateur, lettre S, chapitre 30. & Henrys, tome 3. livre 6. chapitre 5. queſtion 20.

HOMMAGE, dans ſa propre ſignification, eſt un devoir qui lie étroitement le Vaſſal à ſon Seigneur ; de maniere que celui qui le rend, devient homme de celui qui le reçoit ; c'eſt-à-dire, qu'il ſoumet ſa perſonne à ſon Seigneur. *Puiſque l'homme eſt reçu en hommage,* dit Bouteiller en ſa Somme rurale, tit. 83. *il eſt franc homme au Seigneur, & tient de lui ligement & ſans moyen ; lui doit foi & toute loyauté ; ne autre ne lui doit être en plaid, ne en collation.*

Ainſi hommage, à prendre ce terme dans ſa propre ſignification, lie plus étroitement la foi du Vaſ. ſal, que le ſerment de fidélité. C'eſt pourquoi il n'avoit lieu autrefois que pour les fiefs liges, & non à l'égard des autres : ce qui a fait dire à M. Dumoulin ſur l'art. 3. de la Coutume de Paris, que l'hommage dans ſa propre ſignification, ne doit appartenir qu'au Souverain ; & que la Coutume uſant du mot d'hommage, ſe doit ſeulement entendre d'une ſimple preſtation de fidélité.

Guillaume Durand, ſurnommé *Speculator,* à cauſe de ſon livre jntitulé, *Speculum Juris,* a remarqué, *tit. de feudis,* que les françois appellent *hommage,* ce que les Italiens appellent *vaſſelage.* En effet, l'on ne trouve point le mot d'*hommage* dans tous les Livres des Fiefs, mais ſeulement celui de fidélité, qui n'a pas tant d'énergie que l'autre ; & qui n'eſt qu'un acte de reſpect envers le Seigneur, & une reconnoiſſance qu'on tient ſon fief de lui.

Voyez Fidélité, Foi & hommage ; & le Gloſſaire du Droit François, *verbo* Hommage.

Le Seigneur peut recevoir l'hommage par Procureur, pourvû que ce Procureur conſtitué par le Seigneur, ne ſoit pas vil & abject, mais d'une qualité proportionnée à celle du Vaſſal. Mais le Vaſſal ne peut rendre l'hommage par Procureur, à moins que le Seigneur n'y conſente ; & en cas d'un juſte empêchement, le Seigneur eſt obligé de donner ſouffrance. *Voyez* la Peyrere, lett. H, nomb. 48.

L'obligation de rendre la foi & hommage à ſon Seigneur, eſt impreſcriptible. Duperier, tom. 2. pag. 441.

HOMMAGE LIGE, eſt l'hommage plein qui contient une promeſſe de ſervir ſon Seigneur à la guerre, & le défendre envers & contre tous.

Cet hommage eſt oppoſé à l'hommage ſimple. Sur quoi *voyez* ce que nous avons dit ſur le mot de Fief lige. *Voyez* auſſi Salvaing, de l'uſage des fiefs, chap. 31. le Traité des Fiefs par M. Chantereau, liv. 1. chap. 12. & ſuivant ; & le Gloſſaire du Droit François, *verbo* Lige.

HOMME, eſt défini par les Philoſophes un animal raiſonnable, parce que c'eſt la raiſon qui diſtingue l'homme de la bête. Dieu a créé l'homme à ſon image & reſſemblance ; il l'a créé mâle & femelle. *Inſpecto jure naturali, feminæ ſunt ejuſdem conditionis ac homines ; ſed in pluribus articulis ſunt deterioris conditionis, inſpectâ ratione civili ac politicâ, quatenus Reipublicæ utiliores ſunt maſculi, dum bella gerunt ſacra faciunt, at publicis funguntur muneribus ;* comme j'ai dit, *verbo* Femme.

HOMME OU HOMME DE FOI, en matiere de fiefs, ſignifie vaſſal, qui tient un fief dépendant d'un autre.

HOMME VIVANT ET MOURANT, eſt un homme qui eſt repréſenté au Seigneur par les gens de main-morte, pour raiſon du fief qu'ils tiennent dépendant de ſa Seigneurie, par le trépas duquel homme il y ait ouverture & profit de fief ; pour raiſon de quoi le Seigneur dominant puiſſe uſer de ſes droits, & même faire ſaiſir le fief, & le rapprier à ſa table & domaine.

Cet homme qui ne ſe donne que pour les fiefs, & non pour les rotures, eſt appellé homme vivant & mourant parce qu'il n'eſt pas comme les gens de main-morte pour leſquels il fait la foi & hommage, qui ne meurent jamais, par le moyen de la ſubrogation de perſonnes en perſonnes, qui perpétue la communauté, & empêche par conſéquent l'extinction ; de ſorte qu'on peut dire qu'une communauté ſubſiſte toujours & ne meurt jamais. *Voyez* Gens de main-morte.

Ainſi les gens de main-morte qui acquierent des fiefs ou terres tenues en fief de quelque Seigneur, outre le droit d'indemnité qu'ils, ſont tenus de lui payer, ils ſont obligés de lui préſenter un homme tel qu'ils veulent, pour lui faire la foi & hommage, par la mort duquel il y ait ouverture au fief, au moyen de quoi le Seigneur puiſſe faire ſaiſir le fief après quarante jours écoulés dépuis ſon décès, ſi les gens de main-morte ne préſentent au Seigneur. un autre homme qui lui faſſe la foi & hommage, quoiqu'ils lui ayent payé l'indemnité.

La raiſon eſt, que le droit d'indemnité eſt dû

pour indemnifer les Seigneurs des droits de quints, requints, de retrait féodal, de confifcation & de commife, qu'ils perdent pour toujours quand les gens de main-morte acquierent des fiefs dépendans de leur Seigneurie ; parce que des gens de main-morte ne vendent prefque jamais leurs héritages, & qu'ils ne les confifquent jamais.

Au contraire, l'homme vivant & mourant eft baillé au Seigneur par les gens de main-morte, pour lui tenir lieu de Vaffal ; & pour fervir de régle & de mefure à la vie naturelle de l'homme du Seigneur dominant ; ce qui eft très-jufte.

Comme les communautés ne meurent jamais, elles doivent donner au Seigneur un certain homme qui foit cenfé fon Vaffal, & par la mort duquel il arrive au profit du Seigneur ce qui arriveroit par la mort naturelle du véritable propriétaire du fief ; en forte que les Communautés foient obligées de lui donner un autre homme qui le reconnoiffe pour Seigneur du fief, & lui payer le droit de relief à chaque mutation.

Voilà ce qu'on a fagement établi, afin que le Seigneur dominant, dans l'étendue de la Seigneurie duquel les gens de main-morte poffedent les fiefs qui en dependent, puiffe toujours conferver la directe fur ces fiefs ; & qu'en cas d'aliénation par les gens de main-morte, les Seigneurs foient payés de leurs droits, & que d'autres Seigneurs voifins ne puiffent point prétendre la mouvance, ou que les gens de main-morte ne puiffent fouftraire leurs héritages de la dépendance du Seigneur du fief dominant & foutenir contre la vérité qu'ils font tenus & poffédés en franc-aleu.

Enfin, dans les Coutumes qui veulent qu'à chaque mutation il foit du relief, l'homme vivant & mourant, eft auffi baillé aux Seigneurs par les gens de main-morte, afin que les Seigneurs foient payés du droit de rachat ou relief, à chaque mutation d'homme baillé par les gens de main-morte.

Les gens de main-morte ne font obligé de bailler homme vivant & mourant au Seigneur, que pour les fiefs. A l'égard des rotures, il fuffit qu'ils ayent payé le droit d'indemnité ; parce que l'homme fe donne particuliérement pour faire la foi & hommage, & qu'en roture il n'y a point de foi & hommage à faire.

Cet homme vivant & mourant eft au choix des gens de main-morte, qui peuvent choifir l'un d'entr'eux, ou telle autre perfonne qu'ils jugent à propos, en la faifant agréer par le Seigneur ; pour les Religieux font capables de faire ou de recevoir la foi & hommage, avec le confentement des Supérieurs, donné par acte capitulaire. *Cap. 1. de ftat. Monachor. in-6°.*

Dans le cas où le Seigneur auroit reçu l'homme vivant & mourant à foi & hommage, fans faire réferve des droits d'indemnité, il a trente ou quarante ans pour le repeter, felon la différence des Coutumes : car on préfume que le Seigneur a bien voulu accorder un tems à l'Eglife pour payer ces droits ; & que n'y ayant pas expreffement renoncé, il les a réfervés tacitement.

Cependant, après cette réception en foi & hommage, il ne peut plus faifir le fief amorti, faute du payement des droits de quints & requints ; & il n'a que la fimple action pour s'en faire payer. *Voyez* Amortiffement, & indemnité. *Voyez* auffi Papon, liv. 1. tit. 14. nomb. 4. Bacquet en fon Traité des nouveaux acquêts, part. 3. chap. 36. & ce que j'ai dit fur le tome 1. pag. 66.

HOMME vivant, mourant, et confifQuant. Nous avons des Coutumes qui obligent les gens de main-morte de donner au Seigneur homme vivant, mourant & confifquant ; c'eft-à-dire, par le fait ou le crime duquel le fief appartenant à gens de main-morte, foit confifqué au profit du Seigneur.

Mais nonobftant la difpofition expreffe de ces Coutumes, le fief n'eft jamais fujet à la confifcation par le fait de l'homme vivant & mourant, comme nous l'avons obfervé dans notre Commentaire fur la Coutume de Paris, au §. 5. des Préliminaires que nous avons donnés fur le titre des Fiefs.

La raifon eft que cet homme n'eft pas le véritable propriétaire du fief ; il ne l'eft que par fiction. Or la confifcation n'eft ordonnée que *in pœnam* du délit commis ; & la peine n'eft impofée qu'à ceux qui l'ont méritée.

Au refte, l'homme vivant, mourant & confifquant ; ne fe donne qu'au Seigneur qui a la Juftice ; & s'il ne l'a pas, il n'a que l'homme vivant & mourant.

Voyez Dolive, liv. 2. chap. 12. 13. & 14. Soefve, tom. 1. cent. 2. chap. 50.

HOMMES et femmes de corps, font hommes & femmes que l'on appelle en quelques Coutumes *gens de corfage*, qui font de condition fervile, & main-mortable envers leur Seigneur.

Néanmoins aujourd'hui dans la plûpart des Coutumes qui admettent ces fortes de fiefs, ils ne font tels qu'à caufe des héritages qu'ils tiennent & poffedent de condition ferve & mortaillable.

HOMMES liges, font des vaffaux qui font obligés plus étroitement envers leur Seigneur, en vertu de l'hommage lige, que ne le font les autres Vaffaux qui n'ont fait à leur Seigneur qu'un hommage fimple. *Voyez* Fief lige.

HOMOLOGATION, terme qui vient du Grec, fignifie confentement ou approbation. Ainfi, parmi nous on entend par homologation, la confirmation qui fe fait en Juftice d'actes paffés entre les Parties, comme tranfaction, attermoyement ou Sentence arbitrale, pour rendre ces contrats ou actes plus folemnels, & leur donner plus de force.

Quand des créanciers paffent un contrat d'attermoyement ou de remife avec leur débiteur, pour en faire confentir l'exécution aux autres, il les faut faire affigner à cet effet ; & le Jugement qui intervient en faveur des demandeurs, se nomme Sentence ou Arrêt d'homologation.

L'homologation d'un contrat est donc un Jugement qui en ordonne l'exécution. Pareillement l'homologation d'une Sentence arbitrale est un Jugement qui en ordonne l'exécution, & qui par conséquent les doit précéder. *Voyez* Sentence arbitrale.

HONORAIRE, en fait de dignité, signifie le titre de dignité que des Magistrats anciens & vétérans conservent dans leurs Compagnies, en vertu de Lettres de vétérance qui leur sont accordées par le Roi, lorsqu'ils ont été revêtus de leurs Charges pendant vingt années. En vertu de leurs Lettres, quoiqu'ils se soient démis de leurs Charges, ils conservent toujours le droit d'opiner, mais non pas les émolumens de ces Charges. Chorier, Jurisprudence de Guy-Pape, pag. 71.

HONORAIRE, en fait de récompense, signifie celle que l'on donne à ceux que l'honneur de leur profession ne permet pas de recevoir les salaires ; comme font les Avocats & les Médecins. Ainsi le mot d'*honoraire* qu'on donne à la récompense de leur travail, signifie qu'il est honnête de le recevoir, mais qu'il leur est honteux de le demander.

Honorarium dicitur quod non mercedis nomine, sed honoris causâ ultrò & spontè alicui offertur, in remunerationem potiùs accepti ab eo beneficii, quàm in laboris compensationem. Undè cùm honorarium ad honorem duntaxat pertineat, nulla post definiri conventione, nullâve ordinariâ actione petit. Leg. Si quis Advocatorum, cod. de postulando, & Novel. 124.

En effet, ce seroit deshonorer une si noble profession, que de lui donner, comme on fait à la journée d'un mercenaire, un salaire fixe, & une récompense certaine & réglée.

Les Romains ne donnoient point d'action ordinaire pour faire la demande d'un honoraire ; mais le Magistrat en connoissoit par ce qui étoit appellé voie d'agir extraordinaire, *cognitio seu persecutio extraordinaria.*

Anciennement on tenoit parmi nous que les Avocats pouvoient se pourvoir en Justice contre le refus injuste que leurs Cliens font quelquefois de leur donner leur honoraire. Nous avons même quelques Arrêts qui en font foi : *Advocato honorarii petitio est, quia ejus officium, quantumvis nobile, gratuitum esse non debet ; neminem enim justâ laboris sui mercede convenit defraudari:*

M. Charles Dumoulin, la régle de Chancellerie, *de verisimili notitiâ*, nombre 53. rapporte un exemple fameux d'un ancien Avocat, qui ayant refusé la rétribution qui lui fut présentée par sa Partie, comme n'étant pas proportionnée au travail qu'il avoit fait après le procès jugé, fit condamner son Client à lui payer soixante livres parisis, qui font soixante quinze livres, pour des salvations qu'il avoit faites, fort courtes, mais très-sçavantes.

Aujourd'hui, l'honneur attaché à la profession d'Avocat retient la plûpart dans le silence, & on

n'en voit point faire aucune demande de leurs honoraires.

Il y a même un Arrêt rendu sur Déliberé en la Grand'Chambre, le 7. Septembre 1737. qui a débouté les héritiers d'un célèbre Avocat de leur demande à fin de payement de ce qui étoit échu d'une pension de 400. livres qu'un homme de condition faisoit à cet Avocat ; ce qui étoit justifié par les comptes de l'Intendant par ce Seigneur. Il est même à remarquer que cet Arrêt infirma la Sentence des Requêtes du Palais, qui avoit referé le serment décisoire aux héritiers de ce Seigneur. Il est rapporté par le Commentateur de la Coutume d'Artois, art. 73. nomb. 58. & suiv.

Il faut néanmoins excepter l'honoraire des Avocats qui ont été arbitres, car il est exigible pour ce fait. Il y a un Arrêt rendu au Parlement de Paris le 18. Juin 1696. rapporté dans le Journal des Audiences. *Voyez* Avocat.

HONORAIRES DES ECCLESIASTIQUES. Voici ce que porte à ce sujet l'art. 27. de l'Edit concernant la Jurisdiction Ecclésiastique, du mois d'Avril 1695. *Le Reglement de l'honoraire des Ecclésiastiques appartiendra aux Archevêques & Evêques ; & les Juges ecclésiastiques connoîtront des procès qui pourront naître sur ce sujet entre personnes ecclésiastiques. Exhortons les Prélats, & néanmoins leur enjoignons d'y apporter toute la modération convenable, & pareillement aux rétributions de leurs Officiaux, Sécretaires, & Greffiers des Officialités.*

HONORIFIQUES, se dit de certains droits qu'ont les Patrons fondateurs des Eglises. *Voyez* Droits honorifiques.

HORS DE COUR, est une prononciation dont se sert le Juge pour renvoyer les Parties, sur le fondement que l'affaire a été intentée prématurement avant l'échéance de la dette, ou avant l'événement de la condition de laquelle elle dépend.

Un Juge peut encore mettre hors de Cour lorsque l'affaire ne lui paroît pas assez instruite de part & d'autre, faute par les Parties d'éclaircir les faits, ou de justifier des moyens de droit qui peuvent servir à la decision de la cause ; ou bien lorsque la demande lui paroît sans objet ou sans intérêt.

Un Jugement qui met hors de Cour, est bien différent du débouté ; en ce qu'un débouté précis produit nécessairement une condamnation de dépens, & emporte celle de dommages & intérêts, si la matiere en est susceptible ; au lieu que le hors de Cour est ordinairement accompagné d'une compensation de dépens.

Mais quant à l'effet pour la chose jugée, il est le même ; c'est-à-dire, que lorsqu'on a prononcé un hors de Cour sur une demande, cette demande est irrévocablement condamnée, & ne peut être réitérée.

Il faut néanmoins excepter le cas où le Juge auroit ajouté ces mots, *quant à présent* qu'il est de la prudence du Juge de ne pas omettre dans certaines circonftances. Ainfi le hors de Cour n'exclut pas dans la fuite de renouveller la demande, l'échéance de la dette étant arrivée ; ou fi l'on eft en état de fe fervir de nouveaux moyens, dont on n'auroit fait aucune mention lors du premier Jugement.

HORS DE COUR EN MATIERE CRIMINELLE, fur une plainte ou fur une accufation formée, eft différent de la décharge de l'accufation : au premier cas, on juge qu'il n'y a pas dequoi condamner ; & au fecond, on déclare l'innocence de l'accufé : au premier cas, il n'y a pas de dommages & intérêts ; au fecond, ils font néceffaires : au premier cas, on peut dire qu'il manque quelque chofe au rétabliffement de l'honneur de l'accufé ; au fecond, il eft entier & parfait, au moyen de la décharge abfolue qui diffipe toute idée de crime : enforte que l'accufé eft entiérement abfous du crime dont il étoit prévenu.

Les Juges donnent beaucoup d'attention à cette maniere de prononcer, & très-fouvent ils font divifés dans leurs opinions, par rapport aux conféquences qui en réfultent.

En effet, les dommages & intérêts ont lieu quand un accufé eft déchargé de l'accufation ; & alors la Partie publique eft obligée de déclarer le dénonciateur, afin que celui qui eft déchargé & abfous puiffe agir à cette fin contre lui ; mais quand il n'y a qu'un hors de Cour, comme il n'y a point de dommages & intérêts, la Partie publique ne doit point déclarer le dénonciateur.

Comme celui qui a été renvoyé par un hors de Cour n'eft pas abfous, les indices du crime commis reftent toujours contre lui ; de forte qu'il peut être dérechef pourfuivi pour le même crime. Mais celui qui a été déchargé & abfous par un Jugement fouverain, ou en dernier reffort, ne peut plus être pourfuivi pour le même crime ; & c'eft en ce cas qu'a lieu la maxime, non bis in idem. Voyez Bafnage fur l'art. 143. de la Coutume de Normandie.

HOSPITAL, eft un lieu pieux & charitable, où l'on reçoit les pauvres pour les foulager en leurs néceffités. Ainfi les Hôpitaux font des afyles de l'infirmité humaine contre les miferes de la pauvrauté.

Il y en a de plufieurs fortes ; fçavoir, l'Hôpital général, qui eft celui où l'on reçoit tous les mandians ; l'Hôtel-Dieu, qui eft l'Hôpital de tous les malades ; les Petites-maifons, où font renfermés les fous ; les Enfans rouges, les Enfans bleus, les Enfans du faint Efprit, & ceux de la Trinité, qui font les Hôpitaux des orphelins ; les Quinze vingts, qui eft l'Hôpital des aveugles ; Saint Jacques de l'Hôpital, qui étoit deftiné pour les Pélerins de St. Jacques.

Anciennement l'Evêque étoit chargé du foin de tous les pauvres, fains ou malades, des veuves, des orphelins, & des étrangers. Mais depuis que les Eglifes eurent des revenus affurés, on ordonna qu'il y en auroit au moins un quart pour les pau-

vres ; & pour les entretenir plus commodement, on fonda diverfes Maifons de piété, qu'on appelle aujourd'hui des Hôpitaux. Elles étoient gouvernées, même pour le temporel, par des Prêtres & des Diacres, qui en rendoient compte à l'Evêque. Quelques-uns fondérent auffi des Hôpitaux pour être gouvernés par des Religieux ou Religieufes, avec l'exemption de la Jurifdiction de l'Evêque ; & c'eft ce qui a reftraint le droit d'infpection que les Evêques avoient originairement fur toutes les maifons de piété.

Enfin, plufieurs s'aviferent de donner des Hôpitaux en titre de Bénéfices à des Clercs féculiers ; mais comme l'économie de fes biens ne regarde pas principalement le fpirituel, on a jugé à propos d'en donner l'adminiftration à des Laïques capables & folvables.

L'Ordonnance de Henry II. attribue la connoiffance & la vifite des Hôpitaux de tout le Royaume au Grand Aumônier de France ; mais celle de François I. l'avoit attribué auparavant aux Juges des lieux où les Hôpitaux font fitués. Les Ordinaires formerent leur oppofition contre cette Ordonnance, prétendant qu'elle préjudicioit à leurs droits : mais le Parlement de Paris n'eut point égard à leur oppofition, fi ce n'eft qu'il fut arrêté qu'ils pourroient, eux ou leurs députés, affifter aux vifites avec les Juges royaux.

Henry II. fit une feconde Ordonnance, entiérement conforme à celle de François I. & depuis ce tems-là les Ordinaires n'ont point de droit fur les biens des Hôpitaux : on les invite feulement à affifter aux comptes.

Les Hôpitaux font exempts de décimes, dons gratuits, emprunts, & autres impofitions, par l'Ordonnance de François I. du mois de Juillet 1544. Voyez la 26e. Action de M. le Bret.

Les Hôpitaux ne peuvent être bâtis fans Lettres patentes du Roi, & fans la permiffion de l'Evêque du Diocèfe du lieu où on les veut établir. Voyez Fevret en fon Traité de l'Abus, liv. 2. chap. 1.

Au fujet des Hôpitaux, voici un bon mot de Louis XI. que j'aurois tort d'omettre. Nicolas Rolin, Chancelier de Bourgogne, ayant fait bâtir l'Hôpital de beaune, qui lui coûta une fomme immenfe ; (auffi eft-il des plus beaux) lorfqu'on apprit cette nouvelle à Sa Majefté, elle dit que fi étoit bien jufte que Rolin, qui avoit fait tant de pauvres durant fa vie, fit faire avant que de mourir une ample & vafte maifon pour les loger.

Voilà ce que je me fuis propofé de dire ici des Hôpitaux, me refervant d'en traiter plus au long dans mon Dictionnaire du Droit canonique.

HOSTEL-DIEU, eft un Hôpital où l'on reçoit tous les pauvres malades dans la plûpart des Villes du Royaume.

Celui de la Ville de Paris a un droit particulier, qui eft de plaider en premiere inftance à la Grand'-Chambre du Parlement de Paris ; privilége auquel il ne peut être dérogé par aucune autre attribution

Voyez Bornier fur l'art 12. du titre 2. de l'Ordonnance de 1667.

Une penfion annuelle de bled léguée à un Hôtel-Dieu, doit être payée en efpéce; & cette penfion eft portable & non querable, comme il eft dit lettre P, *verbo* Penfion annuelle.

HOSTEL DE VILLE, eft le lieu public où fe tient le Confeil de la Ville, où s'affemblent les Officiers de la Ville, pour délivrer fur les affaires publiques qui les regardent & pour juger celles qui font de leur compétence.

La Jurifdiction des Hôtels de Ville eft différente, fuivant l'ufage des lieux.

Le Bureau de l'Hôtel de Ville de Paris eft compofé du Prévôt des Marchands, de quatre Echevins; & d'un Procureur du Roi & de la Ville, qui en défend les intérêts.

On y connoît des caufes entre Marchands pour fait de marchandifes arrivées par eau fur les ports de cette Ville, comme bled, vin, bois, charbon & autres, & de ce qui concerne la police fur les rivages.

On y connoît aufli des rentes conftituées fur la Ville, des immatricules, & des différens qui naiffent pour raifon defdites rentes entre les payeurs & les rentiers, autres Officiers & leurs Commis.

Les Prévôts des Marchands & Echevins mettent les taux aux marchandifes & denrées qui viennent par eau: ils ont Jurifdiction fur la riviere de Seine, tant en remontant qu'en defcendant, pour en tenir les rivages libres & en faciliter l'abord & l'arrivée des denrées & marchandifes en cette Ville de Paris.

Les Prévôts des Marchands & Echevins de la Ville de Paris connoiffent en matiere criminelle dés délits commis par les Marchands, leurs Commis & Facteurs fur le fait de la Marchandife, & par les Officiers de Police en l'exercice de leurs Charges.

Enfin ils jugent toutes les rixes & querelles entre les Bateliers, & autres gens d'eau, fur les ports de la Ville de Paris.

Ils font obligés de juger à l'Audience, & ne peuvent point appointer, mais feulement ordonner un délibéré, lorfque l'affaire ne peut pas être jugée fur le champ, & immédiatement après la plaidoierie des Parties.

Les appellations des Sentences du Bureau de l'Hôtel de Ville fe relevent au Parlement.

Plufieurs tiennent que leur Jurifdiction en matiere criminelle eft bornée à condamner à l'amende, en des contraintes par corps; mais qu'ils n'ont pas ce que nous appellons *jus gladii*. Le Prévôt des Marchands eft comparé au Magiftrat qui étoit appellé chez les Romains, *Præfectus annonæ*, *qui modicam tantum habebat coercitionem.*

Quoi qu'il en foit, on peut dire que le Prévôt des Marchands & les Echevins ne font point Juges ordinaires, mais feulement démembrés des Juges ordinaires; & que par conféquent ils ne font établis que pour connoître de certains différends, dont la

connoiffance leur eft fpécialement accordée: d'où l'on peut conclure que toute connoiffance leur eft interdite, dès qu'il s'agit d'autres différends, & fur-tout de crimes qui ont trait à la mort. La raifon eft, que quand les Ordonnances n'attribuent à de certains Juges qu'un pouvoir limité, & il ne leur eft pas permis d'en paffer les bornes, & ils font incompétens pour toutes autres affaires.

Voyez ce qui eft rapporté à ce fujet par M. Brillon, *verbo* Banqueroute, fur la fin.

La Maifon de Ville de Paris eft la plus ancienne. Son accroiffement étoit fi confidérable du tems de Clovis, qu'elle jouiffoit dès-lors de plufieurs beaux priviléges. Un des plus grands eft la Juftice & la Jurifdiction contentieufe qu'elle exerce, avec le droit de Police, fur toutes les marchandifes qui font conduites à Paris, le long de la riviere d'amon & d'aval, & en mettant & taxant le prix des marchandifes avant qu'elles fe débitent dans les ports: par exemple, il n'eft pas permis de vendre en détail les vins de liqueurs, qu'ils n'ayent été auparavant taxés à l'Hôtel de Ville.

Pour faciliter l'exercice de cette Jurifdiction, François I. par fon Edit du mois d'Avril 1515. a permis aux Prévôts des Marchands & Echevins de Paris d'avoir prifon dans l'Hôtel de Ville, pour la punition & correction des délinquans.

Le même François I. par autre Edit donné à Compiegne le 27. Décembre 1546. a donné à l'Hôtel de Ville de Paris, & à tous les Hôtels de Ville qui ont Jurifdiction contentieufe, le pouvoir de juger les différends des Marchands pour fait de marchandifes, & d'ordonner l'exécution de leurs Sentences, nonobftant l'appel, jufqu'à la fomme de feize livres parifis en principal, en donnant caution.

Cela n'a point été changé par l'Ordonnance de 1667. laquelle en l'article 13. du titre des matieres fommaires, ne parle pas des Maifons de Ville.

La connoiffance des conteftations qui furviennent pour raifon des fonctions & des droits de Courtiers, Commis & Effayeurs des eaux-de-vie & efprit de vin, eft aujourd'hui attribuée aux Prévôts des Marchands & Echevins de la Ville de Paris.

Mais les appellations des Sentences rendues fur ces fortes de matieres qui regardent cette nouvelle attribution, font portées à la Cour des aydes, conformément à la Déclaration du Roi du 24. Mai 1694.

Les Hôtels & Maifons de Ville du Royaume n'ont pas toutes une Jurifdiction contentieufe, fuivant ce que nous venons de dire.

L'Ordonnance de Moulins, art. 71. a reftraint leur pouvoir quant aux affaires civiles, excepté le Bureau de l'Hôtel de Ville de Paris.

Cet article porte, que les Maires, Echevins, Confuls, Capitouls & Adminiftrateurs des Corps de Villes du Royaume, qui ont eu ou ont l'exercice des caufes civiles, criminelles & de la Police, continueront feulement l'exercice du criminel & de la police, à quoi il leur eft enjoint de vaquer inceffamfamment, & avec toute la diligence possible, sans pouvoir à l'avenir connoître des Instances civiles qui appartiennent aux Juges royaux ordinaires, & Hauts-Justiciers des Villes où il y a des Corps & Communautés ; & ce nonobstant tous Priviléges, Coutumes, Usances & Prescriptions qu'on pourroit alléguer au contraire.

A l'égard des Villes où les Maires & Echevins n'ont aucun droit de Police, l'article 72. de la même Ordonnance, veut que dans chaque quartier ou Paroisse il soit élu par les Bourgeois un ou deux d'entr'eux, pour avoir la charge & administration de la Police, & de tout ce qui en dépend, avec pouvoir de condamner & faire exécuter jusqu'à soixante sols sans appel, sans toutefois préjudicier aux droits des Juges ordinaires, lesquels par concurrence ou prévention pourront pourvoir à la Police.

L'Ordonnance d'Orléans, article 97. enjoint à tous Juges de tenir la main à la décoration des Villes.

L'article 96. de la même Ordonnance leur donne pouvoir de faire abbattre, aux dépens des propriétaires, toutes les saillies des maisons avançant sur les rues, & de ne point souffrir qu'il en soit bâti ni rebâti sur les rues publiques, que de pierre de taille, ni de brique ou maçonnerie, à peine de s'en prendre à eux, en cas de dissimulation ou de négligence.

Ils ont encore le soin des fortifications, remparts & fossés des Villes, & donnent les logemens aux gens de guerre, passans & séjournans, conformément aux ordres du Roi & pourvoyent à tout ce qui est nécessaire pour la sûreté des Habitans des Villes, lesquels ils représentent en tous actes publics.

Le Prévôt des Marchands, qui est chef de la Maison de Ville de Paris, est à la nomination de Roi pour deux années; mais Sa Majesté le continue ordinairement dans cet Emploi, selon son bon plaisir, quelquefois durant quatre Prévôtés, qui font huit années.

Les Echevins qui font toujours au nombre de quatre, font tirés, l'un du Corps des Conseillers de Ville, ou de celui des Quartiniers; l'autre est choisi parmi les Avocats ou les Notaires, ou dans les six Corps des Marchands : il faut qu'ils soient nés à Paris.

L'élection s'en fait tous les ans le 16. Août au nombre de deux. Ceux qui y encourent & donnent leurs voix, font le Prévôt des Marchands, les quatre Echevins, les Conseillers de Ville, les Quartiniers, & les deux notables Bourgeois mandés de chaque Quartier.

Ils font deux ans en exercice ; les nouveaux Elus ont le troisieme & le quatrieme rang dans leur premiere année ; & le premier & le second dans leur seconde.

Peu de jours après l'élection, le Prévôt des Marchands & les Echevins portent le Scrutin au Roi. C'est communement un jeune Maître des Requê-

tes, ou Conseiller au Parlement ou autre Cour souveraine, qui le présente à Sa Majesté, & lui fait un discours à ce sujet ; & les nouveaux Echevins prêtent serment entre les mains du Roi, la lecture en étant faite par le Secrétaire d'Etat qui a la Ville de Paris dans son département.

Une des plus grandes prérogatives accordées aux Prévôts des Marchands & Echevins de la Ville de Paris, est la Noblesse. Ce privilége de Noblesse, qui leur avoit été anciennement accordé, fut supprimé par la Déclaration du Roi Louis XIV. au mois de Mars 1667 & rétabli en 1707. aux Prévôts des Marchands & Echevins de la Ville de Paris. Il fut encore révoqué au mois d'Août 1715. mais le Roi Louis XV. le leur a rendu par ses Lettres patentes du mois de Juin 1716. registrées dans les Cours.

Il a été donné plusieurs Edits & Déclarations au sujet de l'Hôtel de Ville de Paris, & de ceux des autres Villes du Royaume. Ceux qui seront curieux d'en sçavoir la teneur, n'ont qu'à voir le Dictionnaire de M. Brillon, *verbo* Hôtel de Ville.

HOSTELAGE, est le droit que les Marchands forains payent pour le louage des maisons & boutiques, où ils mettent leurs marchandises qu'ils amenent aux Foires & aux Marchés.

HOSTELAGE, signifie aussi quelquefois le droit que les sujets payent au Seigneur pour le fouage & tenement, c'est-à-dire habitation.

HOSTELIER, est un homme qui tient une maison garnie de meubles & de vivres, une auberge pour loger & nourrir les voyageurs, & ceux qui n'ont point de ménage établi.

Les Hôteliers payent le huitieme de même que les Cabaretiers. Ils font responsables des hardes que les Hôtes portent chez eux, & du vol de leurs domestiques. Si l'Hôtelier nie le dépôt des hardes, l'on est reçu à la preuve par témoins, & même le Juge ordinairement défere le serment à ceux qui disent avoir été volés dans l'Hôtellerie.

Les Hôteliers, pour dépend d'hôtelage livrés à ceux qui ont logé chez eux, ou à leurs chevaux, ont privilége de préférence sur les chevaux & hardes qui se trouvent dans leurs Hôtelleries, & ils les peuvent retenir jusqu'au parfait payement de ce qui leur est dû ; & si un autre créancier les vouloit enlever, ils peuvent s'y opposer, & faire ordonner par le Juge du lieu qu'ils seront vendus, pour être payés sur le prix en provenant, préférablement à tout autre. Ce qui est fondé sur ce que les Hôteliers font censés avoir en gage & en possession les meubles, hardes, marchandises & chevaux de ceux qui logent chez eux, pour les dépens d'hôtelage faits en leurs maisons.

Voyez ce que j'ai dit sur l'art. 175. de la Coutume de Paris; Coquille sur la Coutume de Nivernois, titre des Exécutions, art. 3. & en son Institution sur le même titre ; les Loix civiles, liv. 1. tit. 16. section 1. Bouvot, tome 1. partie 1. *verbo* Hôte, quest. 1. & 2. *Julius-Clarus, libro 5. Sentent. §. furtum tim*, *num*. 27. Maynard, liv. 8. chap. 82. & 83. Papon liv. 23. tit. 6. Bardet, tom. 2. liv. 8. chap. 21. le Vest. Arrêts 172. & 173. Charondas, liv. 6. rép. 82. Montholon, Arrêt 15. Soefve, tom. 1. cent. 3. chap. 27. & cent. 4. chap. 74. tom. 2. cent. 1. chap. 59 cent. 3. & chap. 26. M. le Prêtre, cent. 1. chap. 19. M. Augeard, tom. 3. Arrêt 50. de Perchambault sur la Coutume de Bretagne, tit. 11. §. 71. Boniface, tom. 5. liv. 5. tit. 11. chap. 1. la Rocheflavin, liv. 6. tit. 57.

H U

HUIS CLOS, se dit des audiences où l'on ne fait entrer que les Parties & leurs Avocats ; & pour lors les Juges à la Grand'Chambre sont assis sur les bas Sieges.

On appelle aussi Audiences à *huit clos*, certaines Audiences de la Grand'Chambre du Parlement, moins solemnelles que les autres, pour lesquelles on n'ouvre que la porte du Parquet des Huissiers, & non la porte qui donne dans la Grande Salle : telles sont les Audiences qui se tiennent depuis la Notre Dame d'Août jusqu'à la fin du Parlement.

HUISSIERS, sont des Officiers établis pour assister les Juges dans leurs fonctions, les accompagner dans les cérémonies, & exécuter les ordres de la Justice.

Ce terme Huissier vient du mot *huis*, qui signifie, selon notre ancien langage, une porte ; parce qu'une de leurs principales fonctions est de garder l'huis & l'entrée de l'Auditoire & d'en ouvrir les portes & de les fermer.

Cet apparement pour cette raison que les Huissiers du Parlement ont été autrefois nommés *Valeti Curiæ* ; comme il se voit dans les Archives de la Chambre des Comptes.

Mais cette qualité de Serviteurs d'un Corps aussi auguste, n'a rien qui puisse avilir ces sortes de Charges : ceux qui en sont revêtus, doivent tenir à honneur d'en exécuter les ordres.

Outre la garde de l'entrée de l'Auditoire, leurs principales fonctions sont de faire les significations requises pour l'instruction des procès, & de faire tous actes & exploits nécessaires pour mettre les Jugemens à exécution, & contraindre ceux qui sont condamnés par les voies convenables.

Pour ce qui est des significations, le devoir de cette fonction consiste à donner à ceux à qui elles doivent être faites, des copies lisibles des actes qu'on leur signifie ; de les donner aux personnes mêmes, ou en leur absence, à quelqu'un de leur domicile ; d'en marquer la date fidelement, & même d'y ajouter l'heure dans les cas où cette formalité doit être observée.

A l'égard des saisies, exécutions & emprisonnemens, le devoir de ceux qui sont chargés de les faire, consiste à les exercer avec la force nécessaire, mais sans violence, & avec la modération & l'humanité que demande le ministere de la justice ; à

Tome I.

laisser en faisant des saisies mobiliaires, les meubles & ustensilles, que les Ordonnances ne permettent pas que l'on comprenne dans une exécution ; à spécifier exactement dans leur procès verbaux les effets qu'ils saisissent, & ne charger les gardiens que de ce qui est en effet commis à leur garde.

Enfin, lorsqu'il y a rebellion ou quelque résistance à leur ministere, soit de la part des Parties ou autres, ils doivent en faire fidelement mention dans leurs procès verbaux, sans rien ajouter à la vérité.

Les Sergens sont aussi des Officiers, qui sous un autre titre exercent les mêmes fonctions que les Huissiers. Il n'y a entr'eux que cette différence, que les Huissiers se disent des Cours souveraines. On dit Huissier au Parlement, & non Sergent au Parlement ; au lieu que les Huissiers des autres Jurisdictions royales sont aussi appellés Sergens. Dans les Justices subalternes, il n'y a que des Sergens, & non des Huissiers ; c'est-à-dire, que l'on ne les appelle jamais que Sergens.

Les Huissiers des Cours souveraines sont exempts de tutelle. Papon, liv. 15. tit. 5. nomb. 11. Maynard, liv. 2. de ses questions, chap. 11.

Pour ce qui regarde les Huissiers des Jurisdictions inférieures, que l'on nomme Sergens, *voyez* ce que j'en dis, lettre S.

Voici quelques observations qui regardent également les uns & les autres, I°. Tous Huissiers & Sergens sont obligés d'obéir aux Juges, dans ce qui concerne l'effet de leurs charges ; & ils sont obligés de leur rendre le respect qu'ils leur doivent. Ainsi la quatrieme Chambre des Enquêtes du Parlement de Paris, au commencement de l'année 1704. décerna décret de prise de corps contre un Huissier, lequel dans une signification n'avoit pas mis *Nosseigneurs*, mais simplement *Messieurs* de la quatrieme Chambre des Enquêtes ; & il fut retenu un mois en prison.

II°. Lorsqu'ils sont chargés d'une exécution, ils la doivent faire sans différer à peine d'être tenus des dommages & intérêts envers la Partie.

III°. Ils ne doivent point retenir l'argent qu'ils reçoivent des débiteurs de leurs Parties, à peine de privation de leurs Charges, & de tous dépens, dommages & intérêts, & d'être contraignables par corps à la restitution de l'argent qu'ils auront reçu. Ainsi les Sergens porteurs des pieces, recevant le principal & dépens liquidés, ne peuvent retenir ce qu'ils prétendent leur être dû pour leurs expéditions ; mais doivent remettre le tout à ceux qui les ont chargés, sauf à se pourvoir contre eux pour les frais de ce qu'ils auront fait. Sur quoi il faut remarquer, que quand un Sergent ne remet pas tout l'argent qu'il a reçu, le créancier ne peut pas, sous prétexte que son Sergent ne lui a pas remis toute la somme, entre les mains, poursuivre le débiteur pour le surplus. Ainsi jugé par Arrêt du 17. Février 1694. rapporté dans le Journal des Audiences.

IV°. Les Sergens & Huissiers doivent agir avec beaucoup de sagesse & de modération dans toutes les expéditions qu'ils font , fous peine d'être condamnés en des dommages & intérêts , qui peuvent être confidérables , fuivant les circonstances. Par Arrêt du Parlement de Paris du 18. Avril 1698. la Cour fur le fondement des abus que quelques-uns d'eux commettent dans l'exercice de leurs Charges , condamna deux Huissiers folidairement à cinq cens livres de dommages & intérêts , les interdit pour fix mois de leurs fonctions , & les condamna en tous les dépens envers une femme qu'ils avoient battue & excédée , dans le tems qu'ils procédoient à l'enlevement de fes meubles faifis. Par un autre Arrêt du Grand Confeil du 11. Mars 1704. des Huissiers qui étoient en garnifon , y commettoient des violences , comme brûler des napes & meubles , tuer les volailles , ont été condamnés en fix livres d'amende , & défenfes à eux de récidiver , fous plus grandes peines.

V°. La rébellion qui est faite envers eux dans l'exercice de leurs Charges , est punie plus ou moins rigoureufement , fuivant les circonstances , comme nous le ferons voir , verbo. Rébellion. Nous dirons feulement ici , que quoiqu'un Huissier ou Sergent foit cru pour ce qui concerne fon Office , néanmoins quand il s'agit de force & de violence contr'eux commifes , il faut qu'ils ayent deux témoins , pour qu'on ajoute une entiere croyance à leurs rapports. Voyez la Bibliotheque de Bouchel , verbo Huissiers.

VI°. Un Huissier qui a procédé fans charge , est fujet à défaveu. Voyez Frain. pag. 850.

VII°. Huissiers ou Sergens ne doivent point faire leurs rapports en forme de procès verbaux , mais de fimples rapports & exploits. Papon , liv. 6. tit. 7. nomb. 6.

HUISSIERS AUDIENCIERS DES PRESIDIAUX ET BAILLAGES , font ceux qui font le fervice tour à tour à l'Audience pour faire prêter filence.

HUISSIERS A VERGE. Voyez Sergent.

HUISSIERS DE LA GRANDE CHANCELLERIE , font ceux qui les jours de Sceau fe rendent en la Chambre de M. le chancelier , pour l'accompagner quand il vient au Sceau. Ils marchent , le Chauffe-cire portant le coffre des Sceaux au milieu d'eux , jufques dans la Salle où la table est placée.

M. Le Chancelier étant affis , ils doivent fermer la porte , & ne laisser entrer que les Officiers qui ont droit d'y affister. A la fin du Sceau , ils reconduifent M. le Chancelier dans le même ordre.

Ils font feuls en droit , conjointement avec les Huissiers ordinaires des Confeils du Roi , de mettre à exécution les Arrêts & Expéditions des Confeils , & faire les fignifications des oppofitions au Sceau , foit au titre , ou pour deniers & actes de main levée d'icelui qui fe font à M. le Chancelier , en la perfonne & domicile des Gardes des Rolles des Offices de France , & Confervateurs des Hypotheques.

Tous les autres Huissiers des Cours ne peuvent , fans Commissions fcellées , fignifier aucuns Arrêts , Requêtes & Ordonnances , émanées des Confeils,

même les Procédures , Ordonnances & Jugemens des Commissions ordinaires & extraordinaires , qui s'exécutent à la fuite des Confeils , quoiqu'ils euffent été fignifiés par l'un des Huissiers de la grande Chancellerie.

Il faut cependant excepter les Huissiers des Confeils , avec lequel les Huissiers de la grande Chancellerie font bourfe commune pour les fignifications feulement.

Ils font appellés Huissiers de la chaîne , à caufe de la chaîne d'or qu'ils portent au col.

Ces Officiers doivent être vêtus aux grandes cérémonies de robe de velours violet & cramoifi , à doubles manches pendantes , portant maffes à côté de M. le Chancelier.

Ils font au nombre de quatre , & à la nomination de M. le Chancelier , à qui ils payent le droit annuel.

Ils ont les mêmes privileges que les Secrétaires du Roi , lefquels leur ont été accordés par les Edits , Arrêts & Lettres patentes de 1655.

HUISSIERS DES CONSEILS , font ceux dont les fonctions aux jours des Confeils font d'être dans le lieu où ils fe tiennent , pour en interdire l'entrée à ceux qui n'ont pas droit d'y affister , & pour exécuter les ordres qui leur font donnés.

La Déclaration du 25. Février 1702. leur réitere de nouveau le droit de furvivance , Committimus au grand & petit Sceau , franc-falé , & évocation de leurs affaires civiles & criminelles au Grand Confeil.

Outre cela , ils ont les fignifications des Arrêts & autres Expéditions des Confeils : ce qui a été étendu aux Huissiers de la grande Chancellerie , avec qui les Huissiers des Confeils font bourfe commune pour lefdites fignifications feulement.

Pour ce qui est des exécutions des Arrêts & Ordres du Confeil , les Huissiers du Confeil font bourfe commune entr'eux feulement , & non avec les Huissiers de la grande Chancellerie.

Les Huissiers du Confeil & ceux de la grande Chancellerie conviennent ensemble. I°. En ce qu'ils font tous à la nomination de M. le Chancelier , à qui ils payent le droit annuel ou le droit de furvivance.

II°. En ce que les uns & les autres ont l'honneur d'être de fervice auprès de M. le Chancelier , fçavoir , les Huissiers de la grande Chancellerie , lorfque M. le Chancelier tient le Sceau ; les Huissiers des Confeils , lorfque M. le Chancelier y affiste.

III°. En ce que les uns & les autres font porteurs des ordres du Roi & de fes Confeils , lefquels ils font chargés feuls de mettre à exécution.

Enfin ils conviennent enfemble , en ce que les habillemens font les mêmes ; & qu'ils portent les uns & les autres une chaîne d'or , avec cette différence , que les Huissiers de la grande Chancellerie portent une chaîne d'or ornée de trois fleurs-de-lys , & les Huissiers des Confeils portent la même chaîne , enrichie d'une médaille où eſt empreinte la figure du Roi.

HUISSIERS-PRIEURS ET VENDEURS DE MEUBLES , ſont , à proprement parler , des Sergens qui avoient été réunis & incorporés au Corps & Communauté des Sergens des Juſtices royales , & qui en ſont aujourd'hui Corps & Communauté ſéparée.

Ces Huiſſiers-Priſeurs ſont toutes les fonctions des autres , & ont ſpécialement , à l'excluſion d'eux , le droit de faire les ventes des meubles. *Voyez* la déclaration du 12. Mars 1697.

Voici ce que porte un acte de notoriété de M. le Lieutenant civil, du 25. Mai 1703. qui marque les prérogatives de ceux de Paris.

» Les Huiſſiers-priſeurs ſont dans la poſſeſſion ,
» dans la Ville, Fauxbourgs & Banlieue de Paris ,
» d'aſſiſter aux inventaires , & de faire la priſée des
» meubles , articles par articles , dont le Notaire
» fait mention , & fait ſigner la minute à l'Huiſ-
» ſier-Priſeur , qui de ſa part ne fait point d'autre
» procès verbal; à l'exception que lorſqu'il eſt queſ-
» tion de priſer des pierreries, Librairies , & autres
» choſes précieuſes qui excedent la connoiſſance
» de l'Huiſſier-Priſeur ; l'on admet par permiſſion
» du Juge en connoiſſance de cauſe, ou du conſen-
» tement des Parties , des Jouailliers , Libraires ,
» Tapiſſiers , mais qui ſont toujours aſſiſtés de
» l'Huiſſier-Priſeur , qui ſigne conjointement avec
» eux la minute de l'inventaire, & ce à l'excluſion
» de tous autres Huiſſiers , même ceux du Conſeil
» & Cours ſupérieures, dans la Ville , Fauxbourgs
» & Banlieue de Paris , & par concurrence avec les
» autres Huiſſiers , hors la Ville, Fauxbourgs &
» & Banlieue : comme auſſi ils ont droit de faire
» les priſées dans tout le Royaume par ſuite , lorſ-
» que les Commiſſaires ont appoſé le ſcellé , & que
» les Notaires du Châtelet font l'inventaire.

» A l'égard des ventes, les Huiſſiers-Priſeurs ſont
» en poſſeſſion de faire ſeuls les ventes publiques ,
» lorſqu'ils en ſont requis par les Parties ; de donner
» les aſſignations aux oppoſans ; de recevoir les op-
» poſitions qui ſe font à la vente ; & qui leur ap-
» partient de crier les meubles , & de les adjuger au
» plus offrant & dernier enchériſſeur , dont ils doi-
» vent ſe faire payer le prix comptant ſur le champ:
» le tout à excluſion de tous autres Huiſſiers &
» Sergens dans la Ville , Fauxbourgs & Banlieue de
» Paris , & concurremment avec les autres Huiſ-
» ſiers & Sergens dans toute la Prévôté de Paris ,
» s'ils en ſont requis par les Parties , & par droit de
» ſuite dans toute l'étendue du Royaume , ſuivant
» le privilege du Sceau du Châtelet: ce que nous
» atteſtons être l'uſage des fonctions des Huiſſiers-
» Priſeurs du Châtelet.

HUISSIER DE L'HÔTEL DE VILLE , ſont ceux qui ſont établis pour faire ſpécialement les ſignifi-cations & exécutions des actes qui concernent les affaires qui ſe pourſuivent au Bureau de l'Hôtel de Ville , à l'excluſion de tous autres Huiſſiers ; mais ils n'ont pas droit de ſignifier ni d'exécuter les actes des autres Juriſdictions.

Ils ſont au nombre de dix dans cette Ville de Pa-ris , qui ont tous le titre de Commiſſaires à la po-lice ſur les Ports & Quais de cette Ville.

Ils ſont ſeuls qui puiſſent dans la Ville , Faux-Bourgs & Banlieue de Paris , donner des ajourne-mens au Bureau de la Ville , & mettre les Senten-ces & Jugemens dudit Bureau à exécution.

Il y a entr'eux deux claſſes. La premiere eſt com-poſée de ſix , que l'on connoît ſous le titre d'Huiſ-fiers du Parloir aux Bourgeois. Leurs fonctions ſont de ſe tranſporter deux fois l'année chez tous ceux qui vendent & débitent à pot en la Ville , Faux-bourgs & Banlieue de Paris , pour voir ſi leurs me-ſures ſont de jauge & étalonnées ; & où il ſe trou-veroit des contraventions ; ces Huiſſiers en dreſſent leurs procès verbaux , qu'ils remettent au Procu-reur du Roi de la Ville , qui donne ſes concluſions, en vertu deſquelles le Bureau de la Ville condamne les contrevenans en une amende qui eſt arbitraire. Ils ont pour chaque viſite chez chaque débitant & vendant vin , vinaigre & vin de liqueur, cinq ſols ; & chez les débitans de bierre , deux ſols ſix de-niers.

Outre ces fonctions , ils marquent & étalonnent en leur Chambre en l'Hôtel de Ville , toutes les meſures d'étain dont ſe ſervent ceux qui vendent & débitent à pot dans cette Ville , & ils ont droit de prendre vingt ſols pour chaque douzaine de pots qu'ils marquent & étalonnent.

L'autre claſſe de ces Huiſſiers eſt compoſée des quatre autres, qui ont titre d'Huiſſiers-Buiſſonniers. Leur fonction eſt de ſe tranſporter au moins deux fois par an ſur les Rivieres de Seine , Marne & au-tres généralement qui affluent dans la Riviere de Seine , pour voir ſi la navigation eſt libre , & auſſi les bords deſdites Rivieres ; & de faire couper & jetter bas ce qui y eſt contraire. Ils ont pour ce un droit de dix deniers par chaque courbe de chevaux & bâteaux ſur chaque riviere où ils paſſent.

Ils ont un Commis qui a ferment au Bureau de l'Hôtel de Ville , qui fait pour eux les fonctions de Buiſſonniers , lequel a le pouvoir de dreſſer des procès verbaux , & de donner des ajournemens au Bureau pour raiſon des contraventions qui ſe com-mettent.

Indépendamment des droits énoncés ci-deſſus , il eſt attribué aux dix Commiſſaires des Ports & Rivieres le tiers des amendes qui ſont prononcées au Bureau ſur leurs procès verbaux.

Outre ces dix Huiſſiers de l'Hôtel de Ville , il y a un premier Huiſſier qui a droit d'appeller les cau-ſes , & qui peut ſeul , à l'excluſion des dix autres, mettre à exécution tous Arrêts , Sentences , & Ju-gemens des autres Juriſdictions, lorſqu'ils ſont ſcellés.

HUISSIERS DES OFFICIALITÉS , ſont nommés

à titre fingulier, & par confidération pour la Jurifdiction eccléfiaftique, Appariteurs.

HUI, fignifie le jour préfent, comme quand on dit : donner affignation à quelqu'un d'hui en trois femaine ; ou lorfqu'on ordonne que des piéces feront contredites dans hui, c'eft-à-dire, dans le jour.

HUITIEME, eft un droit qui fe leve fur le vin qui fe vend en détail. On rapporte la premiere origine de ce droit à Chilperic, qui prenoit fur le vin qui fe vendoit, une mefure qui étoit la huitieme partie : mais dans la fuite ce droit fut évalué en argent.

Ce ne fut néanmoins que fous Charles VI. que cette impofition fut établie en vigueur.

Il y a eu depuis différens Réglemens au fujet de ce droit.

Par l'Ordonnance de 1680. tit. 1. art. 2. ce droit fut fixé à cinq livres huit fols par muid de vin, mefure de Paris, vendu au pot, & à fix livres quinze fols pour celui qui eft vendu à affiette.

Les Cabaretiers de Paris qui vendent partie à pot, partie à affiette, font tenus, outre les droits de 6. livres 15. fols par muid, de payer encore le gros du total ; comme il eft porté en l'art. 2. du tit. 3. de la même Ordonnance.

H Y

HYPOTHEQUE, eft un mot Grec compofé de ὑπο, qui fignifie deffus, & de thefis, qui fignifie pofition : comme qui diroit, une chofe pofée deffus une autre.

En effet, c'eft une charge impofée fur les biens du débiteur pour fûreté de la dette, comme nous le ferons voir dans la fuite ; mais il faut d'abord remarquer, que chez les Romains les termes de gage & d'hypotheque étoient fouvent employés indifféremment, pour fignifier le gage & l'hypotheque. Ainfi on entendoit chez eux par gage ou par hypotheque, la chofe même qui étoit donnée en gage, ou qui étoit hypothéquée. De plus, ces termes fe prenoient fouvent pour le droit que le créancier a deffus, ut in titulis Digeftorum & Codicis de pignoribus & hypothecis.

Mais quoique le gage & l'hypotheque foient fouvent pris dans les Loix Romaines pour la même chofe, & dans la même fignification, ils different néanmoins en plufieurs chofes, même fuivant le Droit Romain. Voyez ce que j'ai dit dans ma Traduction des Inftitutes, fur le §. 7. du tit. 7. du liv. 4.

Dans notre ufage, nous appellons gage, le contrat par lequel celui qui emprunte de l'argent, met entre les mains de fon créancier un effet mobilier pour fûreté de fa dette ; & nous donnons le nom d'hypotheque à l'obligation par laquelle les immeubles du débiteur font affectés & hypothéqués au créancier pour fûreté de fa dette ; en forte que ces deux chofes ne fe prennent pas chez nous pour la même, & que ces deux termes ont différentes fig-

nifications ; d'autant plus qu'en France les meubles n'ont point de fuite par hypotheque, & que les immeubles ne fe donnent point engage, comme nous le dirons dans la fuite.

L'hypotheque eft un droit réel, lequel eft inhérent à la chofe, & qui la fuit en quelques mains qu'elle paffe, adeo ut mutatione dominii non extinguatur, fed tranfeat in quemcumque poffefforem ; comme nous avons dit ci-deffus. D'où il s'enfuit, que l'action hypothécaire n'eft point une action perfonnelle, mais une action réelle qui réfulte d'un droit inhérent à la chofe. V. ci-deffus Action hypothécaire.

Ce droit eft indivifible. Hypotheca non dividitur ; tota eft in toto, tota in quâlibet parte rei. D'où il s'enfuit, I°. que fi l'acquéreur d'une maifon paye la moitié du prix, & que pour l'autre moitié il conftitue une rente ; la maifon fe vendant par décret, le vendeur doit être préféré fur tout le prix de la maifon pour la rente & arrérages, quoiqu'il ait reçu la moitié du prix. Voyez Louet & fon Commentateur, lett. H, fomm. 20.

II°. Que quand les biens hypothéqués au créancier, ont été en différens tems tranfmis par le débiteur à diverfes perfonnes, le créancier n'eft pas obligé d'exercer fon droit d'hypotheque, plûtôt contre les premiers acquéreurs, que contre les derniers ; mais il peut agir indifféremment contre ceux qui lui plaît. Chopin. Parif. lib. 3. tit. 2. num. 2. Coquille fur la Coutume de Nivernois, tit. des Exécutions, art. 11.

Ainfi le créancier ne peut pas être contraint d'agir contre chacun d'eux prorata, parce que l'hypotheque eft indivifible. Il en eft de même des héritiers de celui qui a hypothéqué fes biens : le créancier peut agir par action hypothécaire contre celui d'entre ceux qui lui plaît ; folidairement & pour le tout, & ne peut pas être contraint de ne les pourfuivre chacun que prorata partis fingulorum.

Et c'eft en quoi l'action perfonnelle diftere de l'action hypothécaire : l'obligation perfonnelle fe divife bien entre les héritiers ; mais l'action hypothécaire ne fe divife point, parce que l'hypotheque eft indivifible. Brodeau fur Louet, lett. H, fomm. 20.

L'action hypothécaire réfulte d'un droit qui n'eft qu'acceffoire, & qui ne fubfifte point par lui-même, mais feulement en conféquence de l'obligation principale dont elle eft la fûreté. D'où il s'enfuit, I°. que quand une hypotheque ne furvient que pour fûreté d'une obligation principale, laquelle n'eft pas valable, l'hypotheque ne peut pas exifter. II°. Que dès que l'obligation principale eft éteinte, l'hypotheque l'eft à l'inftant : extinctâ re principali, acceforium quoque ftatim extingui neceffe eft ; fiquidem acceforium fequitur naturam & fortem rei principalis.

Chez les Romains, l'hypotheque fe conftituoit par la feule convention du débiteur, qui obligeoit fes biens pour la fûreté de la dette ; & l'hypotheque fe pouvoit conftituer, tant fur des effets mobiliers, que fur des immeubles. Mais en France, l'hypotheque ne fe conftitue que fur des immeubles, & non point fur les meubles , & c'eft principalement en cela que l'hypotheque différe du gage parmi nous. *Voye₃* Suite par hypotheque ; *voye₃* ce que j'ai dit fur l'art. 170. de la Coutume de Paris ; & ce que je dis ici , *verbo* Meubles.

La raifon pour laquelle les effets mobiliers ne font point en France fufceptibles d'hypotheque, eft qu'il y auroit trop d'inconvéniens d'afujettir au droit de fuite les meubles qui font fi fujets à changer de main , qu'ils peuvent , comme dit M. Charles Dumoulin ; *unâ horâ tranfire per centum manus.*

Nous ne fuivons pas encore la difpofition du Droit Romain , en ce que , fuivant elle, la feule convention des Parties étoit fuffifante pour conftituer une hypotheque, Mais la feule convention des Parties n'eft pas capable en France de conftituer hypotheque ; il faut pour cet effet le miniftere des perfonnes publiques , fçavoir des Juges, ou des Notaires.

Les Juges rendent des Jugemens qui emportent hypotheque ; & les Notaires paffent des contrats , pour l'exécution defquels les biens immeubles de ceux qui ont contracté quelque obligation , font affectés & hypothéqués. *Voye₃* Coquille, queft. 192. & ce que j'ai dit fur l'art. 170. de la Coutume de Paris.

Quoique dans ces Jugemens & dans ces contrats il ne foit fait aucune mention d'hypotheque , ou même que les Jugemens ayent été rendus par défaut ; néanmoins ils emportent du jour de leur date hypotheque fur les biens immeubles des débiteurs ou de ceux qui font condamnés à faire ou à payer quelque chofe.

Anciennement une Sentence n'emportoit hypotheque que du jour de l'exécution & mife en poffeffion ; mais depuis l'Ordonnance de Moulins , art. 53. elle emporte hypotheque du jour de la prononciation : ce qui a lieu même en cas d'appel , pourvû que cette Sentence foit confirmée par l'Arrêt qui fera intervenu en conféquence.

Les titres publics de l'obligation , de quelque genre qu'elle foit , font donc les feuls capables de produire parmi nous l'hypotheque , & l'acquierent néceffairement en vertu de leur authenticité ; Loyfeau , du Déguerpiffement , liv. 1. chap. 8. nomb. 9. Mornac, *ad leg.* 4. *ff. de pignorib. & hypot.* contre la difpofition de la Loi 34. & de la Loi pénult. du même titre , & de la Loi 11. *cod.* qui font naître l'hypotheque de la ftipulation.

Les titres authentiques qui emportent hypotheque en France font un acte paffé pardevant Notaires ou un Jugement. Mais nous avons quelques coutumes qui affujettiffent encore à d'autres formalités.

L'Edit du controlle de l'année 1606. qui s'obferve exactement en Normandie , ordonne que tous contrats paffés pardevant Notaires , feront controllés & enrégiftrés au Bureau du Greffe établi à cet effet. Pour y acquérir l'hypotheque , il ne fuffit donc pas qu'un contrat foit paffé pardevant perfonnes publiques , & fous le Scel royal : il n'em-

portera pas hypotheque , s'il n'eft controllé & enrégiftré au défir de cet Edit.

Dans les Provinces de Picardie , & le pays de Vermandois & d'Artois , les contrats quoique paffés pardevant Notaires royaux , n'emportent point hypotheque contre des tierces perfonnes , & fontréputés purs perfonnels & mobiliers , s'ils ne font nantis & réalifés par les Officiers des lieux d'où relevent les biens affectés & hypothéqués. C'eft la difpofition de l'art. 137. de la Coutume d'Amiens , de l'art. 119. de la Coutume générale de Vermandois , & de l'art. 72. de la Coutume reformée du pays d'Artois. *Voye₃* Nantiffement. *Voye₃* Saifine. *Voye₃* auffi M. Louet & fon Commentateur , lett. H , fomm. 25. & 26.

Mais cela n'a lieu dans ces pays-là que pour les contrats , & non pas pour les Jugemens , qui dans ces Coutumes emportent toujours hypotheque fans nantiffement. La raifon eft, que les Jugemens étant publics , il n'y a plus lieu d'en douter ; & par conféquent il n'eft pas béfoin de nantiffement , pour qu'ils emportent hypotheque.

Il faut feulement remarquer , que par Arrêt du Confeil d'Etat du Roi du 20. Avril 1693. il eft dit que les Jugemens , Sentences ou Arrêts qui feront rendus ne pourront porter ni acquérir aucun privilége , hypotheque , propriété , décharge , ni aucun autre droit , action , exception , ni exemption dans les pays régis par les Coutumes qui requierent les nantiffemens ou enfaifinemens , s'ils ne font fondés ou rendus fur des contrats ou actes paffés pardevant les Notaires ou Tabellions , bien & dûement controllés , avec défenfes à tous Juges de les admettre , ni d'y avoir aucun égard , à peine d'en répondre en leurs propres & privés noms , conformément à l'Edit du mois de Mars 1693.

Il y eu un autre Arrêt du Confeil d'Etat du Roi du 13. Décembre 1695. qui fait itératives défenfes de ce que deffus. Cet Arrêt eft rapporté dans le Journal des Audiences.

Touchant ce que nous venons de dire, que l'hypotheque s'acquiert parmi nous par actes paffés pardevant Notaires , ou par un Jugement , il faut obferver que tous contrats paffés pardevant Notaires , & que tous Jugemens n'emportent pas hypotheque. A l'égard des contrats , il faut excepter ceux qui font paffés pardevant Notaires en pays étrangers , lefquels ne conftituent pas hypotheque fur les héritages fitués en ce Royaume , fuivant l'Ordonnance de Louis XIII. article 131. Ce qui avoit été jugé auparavant par plufieurs Arrêts , remarqués par Brodeau fur Louet , lett. H , fommaire 15. La raifon eft , que pour qu'un contrat emporte hypotheque , il faut qu'il foit paffé pardevant les perfonnes publiques qui ayent fait ferment en Juftice , & entre les mains des Officiers établis par le Roi ou par les Seigneurs , auxquels il a accordé droit de Juftice & Tabellionage.

En fecond lieu , il faut excepter les contrats paffés fous le Scel eccléfiaftique , lefquels n'emportent point hypotheque. *Voy.* M. Louet & fon Commentateur à l'endroit cité ci-deffus. La raifon eft, que la Jurifdiction eccléfiaftique n'a point de territoire ni de temporel , & que l'hypotheque ne fe conftitue que par titres publics & authentiques revènus de l'autorité du Roi.

En troifiéme lieu , il faut excepter les contrats paffés par des Notaires hors leur reffort ; parce que hors leur territoire , ils ne font confidérés que comme perfonnes privées qui n'ont aucune fonction publique.

En quatriéme lieu , les contrats paffés par les Notaires des Seigneurs , entre des perfonnes qui ne font pas démeurantes dans leur territoire , n'emportent point hypotheque.

Pour ce qui eft des Jugemens , il faut , pour qu'ils emportent hypotheque, qu'ils foient juridiquement rendus par des Juges laïques. Ceux qui font rendus par des Juges eccléfiaftiques , n'emportent hypotheque que du jour qui ont été reconnus ou vérifiés pardevant des Juges laïques , Parties appellées. Bibliotheque de Bouchel, *verbo* Sentences.

De même que les contrats emportent hypotheque du jour qu'ils ont été paffés, les Jugemens emportent auffi hypotheque fur les biens du condamné, du jour qu'ils ont été rendu : & fi c'eft une Sentence dont il y ait appel , & qu'elle foit confirmée par Arrêt , elle emporte hypotheque du jour qu'elle a été rendue, au cas qu'elle foit confirmée par Arrêt comme il eft porté en l'art. 53. de l'Ordonnance de Moulins. Mais fi la Sentence eft infirmée , & la condamnation modérée par l'Arrêt , l'hypotheque n'eft acquife que du jour de l'Arrêt.

Suivant l'Ordonnance de 1667. tit. 35. art. 11. l'hypotheque a lieu du jour des Jugemens en derreffort rendus à l'Audience contradictoirement & quand ils font par défaut ou font procès par écrit , feulement du jour de la fignification à Procureur.

Les dommages & intérêts ftipulés par contrat , faute de fatisfaire & d'exécuter ce qu'on a promis, emportent l'hypotheque du jour & date de l'obligation , quoiqu'ils ne foient adjugés que long-tems après ; comme il a été jugé par Arrêt du 13. Août 1608. rapporté par M. le Prêtre, centurie 2. chapitre 63. d'autant que ces intérêts viennent *ex naturâ contractûs* , & *fuccedunt loco facti* ; & font dûs par conféquent du jour que le contrat a été paffé, & non pas feulement du jour que la demande en a été faite en Juftice ce qui n'a lieu que pour les dommages & intérêts qui ne viennent que *ex officio Judicis.*

Il faut néanmoins remarquer que le Parlement de Touloufe obferve le contraire ; & qu'il ne donne hypotheque pour les dommages & intérêts ftipulés par contrat , que du jour de l'adjudication & condamnation. Maynard, livre 7. chap. 70.

L'hypotheque pour arrérages de rente court du jour du contrat de conftitution comme en étant une fuite.

Il en eft de même des intérêts d'une fomme portée en une obligation , auxquels le débiteur a été dans la fuite condamné en Juftice faute de payement ; car l'hypotheque pour lefdits intérêts qui font adjugé au créancier en conféquence de la demande qu'il en a faite, court non pas du jour de la Sentence adjudicative des intérêts ni du jour de la demande qui en a été faite en Juftice , mais du jour & date de l'obligation paffée pardevant Notaires. *Qui prior eft in forte, prior eft in ufuris Leg.* 18. *ff. qui potiores.* Brodeau fur Louet, lett. D, ch. 42. *Voyez* auffi Belordeau , lett. H , art. 19. ou fon Traité des Actions forenfes.

Cependant en pays de Droit écrit , cette régle n'eft pas fuivie , & on n'y admet point les créanciers hypothécaires , pour les intérêts des fommes dues par obligation, qu'après la collation de toutes les fommes principales des autres créanciers hypothécaires; Maynard, livre 2. chap. 32. & fuivans : Dolive en fes Queftions , livre 2. chap. 32. & le Recueil alphab. de M. Bretonier, *verbo* Intérêts.

L'ufage du Parlement de Rouen eft auffi en cela contraire à celui de Paris; comme le remarque Baffnage en fon traité des Hypotheques, chap. 13. où il dit , quoique l'obligation ou le contrat porte la claufe , *à peine tous dépens, dommages & intérêts* néanmoins les intérêts adjugés n'ont hypotheque que du jour de la demande faite en Jugement.

A l'égard des intérêts d'une fomme dûe par une fimple cédule ou promeffe , l'hypotheque n'en peut ê re que du jour de la Sentence , laquelle feule produit l'hypotheque , & non la demande faite en Juftice , fuivant l'art. 107. de la Coutume de Paris , qui , quoique les intérêts d'une telle promeffe fous feing privé foient dûs du jour de la demande , ne donne hypotheque pour lefdits intérêts que du jour de la confeffion ou reconnoiffance faite en Juftice & non du jour de l'affignation pour ladite reconnoiffance.

Mais on demande de quel jour commence l'hypotheque d'une obligation conditionnelle paffée pardevant Notaire ? fi c'eft du jour de l'obligation ou du jour que la condition eft arrivée ?

On tient que ces obligations font réputées pures & fimples; lorfque la condition cafuelle ou mixte eft arrivée ; & qu'ainfi l'hypotheque ouvre du jour de l'obligation ; & non du jour de l'événement de la condition ; comme je l'ai prouvé fur l'art. 170. de la Coutume de Paris , §. 1. nomb. 28.

L'hypotheque en fait de dépens ne commençoit autrefois que du jour de la condamnation, fuivant l'opinion de Dumoulin fur le §. 71. nomb. 2. de la Coutume de Paris; mais aujourd'hui l'hypotheque remonte au jour du contrat en vertu duquel la demande de la dette a été intentée , & fur laquelle la condamnation de dépens eft furvenue , comme en étant une fuite. M. Louet & fon Commentateur, lett. D, fomm. 42. Bourguier , lett. H , nomb. 6. La même Jurifprudence eft obfervée au Parlement de Grenoble , Baffet , tom. 1. liv. 2. tit. 31. chap. 8. & tom. 2. liv. 2. tit. 10. chap. 2.

Ce qui pouvoit faire de la difficulté, eft que les dépens étant perfonnels, il femble qu'ils ne doivent emporter hypothéque que du jour du Jugement portant condamnation de dépens ; d'autant qu'ils dépendent plus de l'inftance que du contrat. Mais parce qu'au contraire le contrat eft le fondement de l'action, & par conféquent auffi la caufe des dépens, ils prennent leur hypothéque du jour du contrat, comme en étant un acceffoire. Or c'eft un principe certain, que l'acceffoire fuit la nature du principal.

Néanmoins, nonobftant la claufe que les Notaires ne manquent pas d'inférer dans les actes, *à peine de tous dépens, dommages & intérêts*, le Parlement de Touloufe ne donne hypothéque pour les dépens, que du jour de l'adjudication d'iceux, & non pas du jour du contrat. Maynard, liv. 7. chap. 70. & fuivans.

Il en eft de même au Parlement de Rouen, fuivant l'art. 148. de l'Arrêt de Réglement du 6. Avril 1666. & au Parlement de Bordeaux ; mais non pas à l'égard des dommages & intérêts réfultans de l'effence du contrat, dont l'hypothéque court du jour qu'il a été paffé. La Peyrere, lettre H, nombre 86.

De ce que nous avons dit, qu'il n'y a que les actes revêtus de l'autorité publique qui emportent hypothéque, il s'enfuit que les cédules ou promeffes fous feing privé n'emportent point d'hypothéque, quand même elles feroient fignées de plufieurs témoins. De ce il a été donné acte de notoriété par M. le Lieutenant civil le Camus, le 19. Août 1701.

Mais quand elles font reconnues pardevant Notaires non eccléfiaftiques, ou devant le Juge féculier, elles emportent hypothéque du jour de la reconnoiffance, ou du jour de la Sentence, par laquelle elles font reconnues, fi le débiteur a été refufant de les reconnoître, & qu'il a été condamné par défaut.

Cela eft conforme à l'Ordonnance de François I. de l'an 1539. art. 92. & à l'art. 107. de la Coutume de Paris. *Voyez* Louet, lettre H, chap. 4. fur quoi il faut remarquer qu'une cédule reconnue en Jugement, emporte hypothéque du jour de fa reconnoiffance, tant pour le principal que pour les intérêts. M. le Prêtre ès Arrêts de la Cinquieme.

A l'égard des cédules ou promeffes non reconnues du vivant d'un débiteur, mais feulement après fa mort par fes héritiers, elles n'emportent point hypothéque fur les biens du défunt ; en forte que fes héritiers n'en peuvent être pourfuivis hypothécairement pour le tout, quoique détempteurs des biens du défunt, mais feulement perfonnellement pour la part & portion dont ils héritent. La raifon eft, qu'au tems que lefdites cédules ont été reconnues, les biens n'appartiennent plus au défunt, mais à fes héritiers. *Voyez* M. le Prêtre, cent. 2. chap. 68.

En France, tous immeubles corporels ou incorporels qui font dans le commerce des hommes, peuvent être engagés & hypothéqués par celui qui en eft propriétaire, ou qui a un droit réel deffus : & dans ce dernier cas, il ne transfere en la perfonne de fon créancier que le droit qu'il a.

Mais pour les biens qui ne nous appartiennent pas, & fur lefquels nous n'avons aucun droit, nous ne pouvons les hypothéquer ; *quia nemo plus juris in alium transferre poteft, quam ipfe habet. Leg. 54. ff. de regul. jur.*

Pour hypothéquer un héritage, il en faut être propriétaire incommutable ; *tot. tit. cod. fi aliena res pignori data fit.*

Nous pouvons néanmoins hypothéquer les biens qui ne nous appartiennent pas, mais que nous poffédons de bonne foi.

Ainfi dans l'an & jour du retrait, un acquéreur ne peut pas hypothéquer le fonds par lui acquis ; & un rétrayant qui a rembourfé le prix de fon acquifition fuivant le contrat, ne peut être tenu de cette hypothéque ; parce que pour pouvoir engager un fonds, il faut en être propriétaire incommutable. *Leg. 6. cod. quæres pignori vel hypothecæ datæ obligari non poffunt, hac ratione ; cum fit manifeftum obligationem pignoris non confiftere, nifi in his quæ quis de bonis fuis fecit obnoxia.* Or il eft conftant que l'acquéreur d'un fonds ne peut être confidéré comme propriétaire incommutable dans l'an & jour du retrait, puifque pendant toute la durée du tems prefcrit pour exercer la faculté du retrait, l'acquéreur n'a qu'une propriété incertaine & chancelante ; & que dans la vente d'un héritage fujet à rétrait, il y a toujours cette condition tacite fous-entendue, que fi un lignager de vendeur veut retirer l'héritage, & qu'il fe préfente dans l'an & jour, l'acquéreur fera obligé de le lui abandonner. Ainfi l'on péut dire que le lignager a en quelque forte un droit acquis fur la chofe vendue ; & l'on doit confidérer le retrait comme une éviction légale, contre laquelle on ne peut, non plus que contre la Loi, faire aucune ftipulation légitime. Bafnage en fon Traité des Hypothéques, chap. 4. nomb. 3.

De plus, fi celui qui a conftitué une hypothéque fur un immeuble appartenant à autrui, devient dans la fuite propriétaire de cet immeuble, foit par achat, foit en qualité d'héritier de celui qui en étoit propriétaire, alors l'hypothéque commence à être valable, *tunc convalefcit hypotheca fupervenientia Domini. Leg. 5. cod. fi res aliena pign. data fit.* Et par la même raifon, l'hypothéque générale des biens que l'on poffede, & que l'on pourra acquérir, eft valable, *quafi infit conditio, fi conftituenti hypothecam fiam.* Ainfi l'engagement du bien d'autrui fe fait toujours fous cette condition tacite, en cas que le débiteur foit quelque jour propriétaire de la chofe qu'il a engagée. *Leg. fi fundus, §. aliena, ff. de pign. & hypot.*

L'on peut même hypothéquer valablement *ab initio* le bien d'autrui, du confentement de celui qui en eft propriétaire ; *nihil enim intereft, an Dominus ipfe fecerit, an alius ejus voluntate. Leg. folutum, ff. de pign. act.*

C'eft feulement dans le cas où l'on peut valablement *ab initio purè & fine conditione*, affeéter à fes dettes un bien fur lequel on n'a aucun droit ni prétention ; car quoiqu'on puiffe vendre le bien d'autrui , on ne peut néanmoins l'hypothéquer que du confentement de celui qui en eft propriétaire.

Cette différence eft fondée fur ce que pour établir une hypothéque , il faut qu'il fe contraéte & qu'il s'imprime quelque droit réel fur la chofe ; ce qui ne fe peut faire que du confentement de celui à qui elle appartient : mais dans le contrat de vente, celui qui vend une chofe , ne s'oblige qu'à faire jouir l'acquéreur de la chofe vendue ; & à faute de ce faire , de lui payer des dommages & intérêts convénables.

Pour acquérir une hypothéque , il fuffit que le bien ait appartenu un feul moment à celui qui l'a hypothéqué ; en forte que quelqu'aliénation qu'il en ait faite après, elle n'efface pas le droit qui eft acquis au créancier : *Res enim tranfit cum onere.* Cela doit néanmoins s'entendre, pourvû que le débiteur qui a conftitué l'hypothéque fur la chofe, en ait été propriétaire incommutable, comme nous l'avons dit ci-deffus.

Quoique nous foyons propriétaires d'un bien , nous ne pouvons l'hypothéquer fi nous n'avons la libre adminiftration de ce qui nous appartient; car l'hypothéque eft une efpece d'aliénation, & fuppofe par conféquent dans le débiteur la faculté d'aliéner.

L'hypothéque produit trois principaux effets. Le premier eft de donner au créancier hypothécaire le droit de faire faifir réellement les immeubles qui lui font hypothéqués , & en conféquence la faculté de les faire vendre , au cas que le débiteur foit en demeure de payer ; mais il faut pour que ce droit ait lieu, que ces immeubles fe trouvent en la poffeffion du débiteur. Sur quoi il faut remarquer:

Iº. Que le créancier qui pourfuit l'adjudication par décret de l'immeuble qui lui eft hypothéqué , peut s'en rendre adjudicataire, pourvû que la vente publique qui s'en fait , foit revêtue de toutes les folemnités & formalités requifes ; parce que ce qui fe fait dans les régles en Juftice, eft toujours préfumé être fait en fraude.

IIº. Que quand à la pourfuite d'un créancier hypothécaire , l'adjudication eft faite de l'immeuble hypothéqué, à un autre qu'à lui, il n'eft point tenu envers l'acquéreur de l'éviction ; comme il a été jugé par Arrêt du Parlement de Touloufe au mois de... 1603. rapporté par M. Maynard, liv. 7. chap. 91.

Le deuxiéme effet que produit l'hypotheque, eft le droit de fuite qu'elle donne au créancier fur l'immeuble hypothéqué , en quelques mains qu'il ait paffé , depuis que l'hypotheque a été conftituée ; l'hypothéque étant un droit réel & inhérent à la chofe qui la fuit , quoiqu'elle paffe en d'autres mains que celles du débiteur qui l'a hypothéqué ; comme je l'ai fait voir ci-deffus *verbo* Héritier.

Ainfi cette obligation ou ce droit produit une action qui eft donnée au créancier pour la confer-

vation de fon droit, à l'encontre de celui qui fe trouve poffeffeur de l'immeuble hypothéqué , lorfque le créancier veut agir. *V.* ci-après Suite par hypotheque.

Cette action qui dérive du droit de fuite par hypotheque, & qui s'intente contre le nouvel acquéreur, qui n'eft point obligé perfonnellement à la dette, eft appellée action pure hypothécaire.

Elle eft intentée avant la difcuffion du principal objet, au moins dans la Coutume de Paris, pourvû que l'héritage foit affecté & hypothéqué pour une rente ; car fi s'étoit pour une fimple obligation, il faudroit auparavant difcuter le principal obligé, à moins qu'il n'y eût dans l'obligation une claufe qui déchargeât le créancier de cette difcuffion.

Quand un héritage eft affecté & obligé par une fimple obligation, ou quand il eft obligé pour une rente, & qu'il eft fitué hors la Coutume de Paris, dans une Coutume qui veut que le débiteur foit difcuté avant que le détempteur foit pourfuivi pour déguerpir & abandonner l'héritage hypothéqué ; pour lors le créancier de l'obligation ou de la rente ne peut agir par l'action hypothécaire contre le détempteur de cet héritage , mais il le peut pourfuivre par action en déclaration d'hypothéque, avant que de difcuter le principal débiteur.

Dans cette action en déclaration d'hypothéque il conclut, *à ce que l'héritage foit déclaré affecté & hypothéqué à la detteou à la rente qui lui eft dûe, pour être par après faifi réellement, vendu & adjugé par décret; en la maniere accoutumée.*

Mais cette faifie réelle & adjudication par décret ne fe peuvent faire qu'après difcuffion faite du principal obligé, le créancier n'ayant pû être payé de la dette contenuë en fon obligation , ou de la rente conftituée à fon profit.

Cette action en déclaration d'hypothéque qui s'intente contre un tiers détempteur de l'immeuble hypothéqué, pour fûreté de ce qui eft dû au créancier par fon débiteur, eft auffi appellée action d'interruption. La raifon eft que le créancier qui l'intente contre le détempteur de l'héritage avant la difcuffion, empêche du moins la préfcription contre fon action hypothécaire, pour l'accompliffement de laquelle il ne faut que dix ans entre préfens, & vingt ans entre abfens, à l'égard du poffeffeur de bonne foi, lefquels pourroient s'écouler avant que le créancier eût pû difcuter les biens de fon débiteur.

Il arrive que quelquefois l'action perfonnelle eft jointe à l'hypothécaire, quoique l'héritage foit paffé des mains du débiteur en celles d'un autre ; fçavoir, quand après fa mort il a laiffé plufieurs héritiers, pour lors chaque héritier eft tenu perfonnellement des dettes du défunt, pour la part & portion pour laquelle il eft héritier ; & fi un des héritiers fe trouve poffeffeur d'un héritage qui auroit appartenu au défunt, & affecté hypothéqué par lui pour la fûreté d'une rente où d'une obligation parce que cet héritage feroit tombé dans fon lot , cet héritage peut être pourfuivi par le créancier de cet-

te

té rente, par action pure hypothécaire pour toute la rente ou toute l'obligation, sans qu'il puisse offrir au demandeur de lui payer le contenu en l'obligation ou contrat de rente, pour telle part & portion qu'il est héritier.

La raison est, que l'hypotheque est un droit indivisible, *jus est individuum quod totam rem afficit ;* & par conséquent l'hypotheque est toute entiere *in toto fundo.* Or le créancier du défunt ne pourfuit l'héritier qui possède l'héritage affecté & hypothéqué à sa dette pour toute obligation ou la rente, qu'à cause de cet héritage qu'il possede, lequel est entierement obligé à icelle.

Cette action est personnelle & hypothécaire, parce que le demandeur conclut à ce que l'héritier soit condamné à lui payer la somme qui lui est dûe personnellement pour sa part & portion, & hypothécairement pour le tout.

Le troisieme effet que produit l'hypotheque, est le droit de priorité & de préférence que donne l'hypotheque au créancier antérieur, fur l'héritage hypothéqué pour sûreté de sa créance, aux créanciers qui lui font postérieurs. Cette regle du Droit Romain, *qui prior est tempore, potior est jure,* qui est traitée dans le titre quatrieme du vingtieme livre du Digeste, est observée dans toute la France, où les plus anciens créanciers hypothécaires font toujours préférés aux autres sur les immeubles de leurs débiteurs, qui leur font affectés & hypothéqués.

Il faut néanmoins remarquer que cette regle n'a pas lieu à l'égard de ceux qui par quelque privilege spécial font préférés aux autres, quoiqu'antérieurs en hypotheque. *Voyez* ci-dessus Créanciers hypothécaires privilégiés ; & ci-après Hypotheque privilégiée.

Il paroît par ce que nous avons dit ci-dessus que l'hypotheque emporte de soi un droit réel, & un droit de fuite sur le fond hypothéqué. Mais ce droit ne peut subsister, si l'obligation principale sur laquelle il est établi est éteint, ou si la chose sur laquelle l'hypotheque a été établie n'est pas dans le commerce. Au reste, quand l'hypotheque est une fois valablement contractée, elle affecte tellement le fonds, que le débiteur ne le peut plus engager au préjudice du premier créancier hypothécaire, si le créancier postérieur n'est point privilégié, comme nous l'avons dit.

L'hypotheque s'éteint, I°. par le payement actuel de la dette, qui est le moyen le plus naturel & le plus ordinaire d'éteindre une hypotheque ; & elle demeure éteinte malgré le créancier, quand même le payement auroit été fait par un autre que par le débiteur, & même contre sa volonté. *Leg.* 1. & 5. *ff. quod. mod. pign. vel hypot. solvit.*

Il ne suffit donc pas de faire des offres, il faut payer ; & si le créancier refuse, il est permis pour s'acquitter de consigner.

II°. Par tout acte qui équipole au payement, comme les offres & consignations de ce qui est dû, pourvû que ces actes soient faits dans les regles.

III°. Par le consentement exprès du créancier ; comme s'il renonce expressément au droit qu'il a fur l'immeuble qui lui est hypothéqué. *Leg.* 4. §. 1. *Leg.* 8. §. 6. *ff. eod.*

IV°. Par le consentement tacite du créancier : comme si celui qui a hypotheque fur une terre, signe au contrat de vente qui en est passé, par lequel ladite terre est déclarée franche & quitte de toutes dettes, il perd le droit d'hypotheque qu'il a dessus, parce qu'il est présumé y avoir rénoncé. *Voyez* M. Louet, lettre N, chapitre 6. Il faut dire aussi que celui qui a été présent à un contrat de constition de rente, & qui n'a pas déclaré l'hypotheque qu'il avoit sur les biens de l'obligé, quoiqu'il eût reçu le contrat comme Notaire, ou n'y eût assisté que comme parent ou témoin, ne peut se servir de son hypotheque antérieure, pour préceder celui auquel ladite rente aura été continuée. La Rocheflavin, livre 6. titre 58. article 1. Mais celui qui assiste par honneur & par office d'ami à un contrat de mariage, ne préjudicie point à l'hypotheque qu'il a fur les biens du futur époux, à moins que le futur époux n'eût déclaré ses biens francs & quittes. *Voyez* ce que j'ai dit au chapitre 20. du livre. 1. de la Science parfaite des Notaires.

V°. L'adjudication par décret purge les hypotheques des créanciers qui n'ont pas formé leurs oppositions au décret ; car faute d'avoir veillé à la conservation de leurs droits, ils font censés y avoir tacitement renoncé. Mais cette raison ne peut pas avoir lieu à l'égard de ceux qui ne se font pas opposés au sujet d'un douaire ou d'une substitution qui n'étoient pas encore ouverts lors de l'adjudication : & c'est dans ce sens qu'il faut entendre cette regle, que le décret ne purge point le douaire ni les substitutions.

VI°. L'hypotheque se prescrit par dix ans entre présens, & par vingt ans entre absens ; mais cela ne se doit entendre que du tiers détempteur acquéreur de bonne foi lequel peut prescrire par cet espace de tems l'action hypothécaire qui est alors purement réelle. Il n'en est pas de même du débiteur qui a constitué l'hypotheque ; car alors l'action personnelle & l'action hypothécaire concourant ensemble, ne se prescrivent que par trente ou quarante ans ; par trente ans, lorsque l'hypotheque est légale ; & par quarante, lorsque l'hypotheque est conventionnelle. *Voyez* ci-après Prescription d'action.

VII°. L'hypotheque s'éteint par la novation. *Leg.* 18. *de novationib.* Cela est fondé sur ce que par le moyen de la novation volontaire, l'obligation précédente est entierement éteinte. Or l'hypotheque n'étant qu'accessoire ne peut plus subsister dès l'instant que l'obligation qui y donnoit lieu est éteinte.

Par exemple, Titius doit à Mœvius la somme de mille livres, dont il lui a passé une obligation. Quatre ou cinq ans après il constitue une rente de cinquante livres par an, pour demeurer quitte envers lui de ladite fomme de mille livres portée en fon obligation. Titius n'a hypotheque en ce cas fur les biens de Mœvius, que du jour du contrat de conftitution, & non pas du jour que l'obligation a été paffée. Il y à néanmoins quelques Arrêts rapportés par Louet & Brodeau, lettre N, chapitre 7. qui ont jugé le contraire.

On dit pour foutenir cette décifion contraire à la Loi 18. *ff. de novat.* que *novatione obligatio mutatur, fuperioris temporis ordo non mutatur ; Leg.* 3. *in princ. leg.* 12. §. 5. *ff. qui potiores :* in quas *Cujacius, lib.* 11. *Obfervat. in princ.* jungendam ait Legem *primam, ff. de diftract. pignor. quæ ejufdem Autoris eft, fcilicet Papiniani.*

Cependant je crois que l'hypotheque s'éteint par la novation, à moins que le créancier ne fe foit réfervé dans le fecond contrat l'hypotheque qu'il avoit en conféquence du premier : *novatione pignus extinguitur, nifi fpecialiter convenerit ut priora pignora retineantur.* La Loi 11. §. 1. *ff. de pignor. action.* le difent en terme formels.

Ainfi la réferve de l'hypotheque d'une obligation exigible, convertie en un contrat de conftitution, empêche la novation, & par conféquent l'extinction de l'hypotheque qui réfulte du premier contrat. Ainfi jugé par Arrêt du 10. Mai 1633. rapporté par Bardet, tom. 2. liv. 2. chapitre 27.

On tient même qu'il n'y a point de novation, ni par conféquent d'extinction d'hypotheque, que quand le fecond contrat le créancier a déclaré par ces termes, *moyennant ce,* qu'il fe défiftoit du précédent,

La raifon eft, que ces termes, *moyennant ce,* emportent condition, ou la caufe de l'acte, fans laquelle condition on n'auroit pas contracté ; de forte que le ftipulant ne s'étant départi que moyennant ce qu'on lui promettoit, il n'eft pas cenfé avoir abandonné les anciennes hypotheques, mais au contraire fe les être réfervées; *illa enim conditio effectum habet retroactivum :* d'autant plus qu'il faut un confentement exprès pour produire la novation. *Voyez* Baffet, tom. 2. liv. 6. tit. 4. chap. 2. & Henrys, tom. 2. liv. 4. queft. 43.

VIII°. L'hypotheque s'éteint par la confufion qui fe fait quand le créancier fuccede à fon débiteur, ou que le débiteur devient héritier de fon créancier; mais il faut que cette confufion dure & ait fon effet entier : car fi le créancier qui s'eft immifcé dans les biens du défunt, eft par un autre plus proche parent exclus de l'heredité, les chofes reviendroient au même état qu'elles étoient auparavant; & par conféquent n'y ayant point de confufion, l'hypotheque ne feroit pas éteinte.

La matiere des hypotheques eft très-étendue, & fufceptible d'une infinité de queftions, dont il ne conviendroit pas d'entreprendre de donner l'explication dans un ouvrage qui ne doit pas s'étendre au-delà de certaines bornes.

Plufieurs Auteurs ont traité à fond cette matiere, & entr'autres Bafnage ; & depuis M. Olivier, qui a fait un nouvel Ouvrage fur cette matiere, intitulé, *Nouveau Traité des Hypotheques :* le Lecteur peut y avoir recours. *Voyez* auffi les Arrêtés de M. le Premier Préfident de Lamoignon qui font dans Aizanet ; & ce que j'ai dit de l'Hypotheque, fur l'art. 170. de la Coutume de Paris.

Nous rapporterons feulement ici les trois principales divifions de l'hypotheque. La premiere fe fait en hypotheque expreffe, & en hypotheque tacite; la feconde en hypotheque générale, & en hypotheque fpéciale ; & la troifieme en hypotheque fimple, & en hypotheque privilégiée.

HYPOTHEQUE EXPRESSE OU CONVENTIONNELLE, eft celle qui eft portée & ftipulée expreffément pas un contrat, qui manifefte que la volonté des Parties eft, que tels biens du débiteur foient affectés & hypothéqués pour fûreté de la dette qui eft contractée par ledit acte.

Quand un homme vend un héritage, ou conftitue fur lui une rente, à la fûreté & garantie defquels contrats il hypotheque tous fes biens préfens & à venir, fi l'acquéreur s'apperçoit que celui qui lui a vendu cet héritage, ou qui a conftitué fur lui cette rente, étoit déjà tenu des dettes hypothécaires ; en ce cas ils n'ont contre lui que leur recours de garantie, & ne peuvent recourir ni fe venger que fur les biens préfens & à venir, que leur débiteur a hypothéqués à la fûreté & garantie de leur contrat de vente, ou de leur contrat de conftitution de rente.

Mais fi en vendant cet héritage, ou en conftituant fur lui cette rente, il a non-feulement hypothéqué fes biens, mais les a déclarés francs & quittes de toutes dettes, fçachant qu'il ne le font pas, il eft alors coupable de ftellionat. *Voyez* ce que je dis, *verbo* Franc & quitte, & *verbo* Stellionat.

HYPOTHEQUE TACITE OU LEGALE, eft celle qui defcend uniquement de la difpofition de la Loi, fans aucune convention des Parties, & qui donne une préférence à un créancier, fans avoir égard à la priorité ou poftériorité des dettes : mais cette hypotheque s'éteint ; dès l'inftant que l'obligation perfonnelle eft éteinte ; comme nous avons dit, lettre A, en parlant de l'action hypothécaire.

Cette hypotheque légale eft accordée par un privilege particulier en faveur de la perfonne du créancier, ou bien en confidération de la caufe de la dette.

I°. Le Fifc a hypotheque tacite fur tous les biens de ceux qui ont contracté avec lui, ou qui ont manié & adminiftré fes biens. *Leg.* 1. 2. & 3. cod. in quib. cauf. pignor. vel. hypot. tacit. contrah. *Leg.* 1. cod. de privileg. Fifc. Néanmoins fi le Fifc fuccede aux droits de fon débiteur, lequel ait d'autres débiteurs, le Fifc n'aura pas plus de préférence que fon débiteur en auroit fur les biens de fes débiteurs, d'autant qu'il exerce en ce cas les droits d'un Particulier auquel il fuccede, & ne peut pas par conféquent fe fervir de fon privilege. *Leg.* 6. *ff. de jur. Fifc.* Il faut encore obferver que le Fifc a une hypotheque tacite pour raifon des impofitions & autres droits qui lui font dûs, mais que cette hypotheque ceſſe pour amendes & autres cauſes pénales.

II°. La femme a hypotheque tacite ſur les biens de ſon mari pour ſes conventions matrimoniales., du jour du contrat de mariage. *Leg.* 1. §. 1. *cod. de rei uxor. act.* A l'égard des ſommes pour leſquelles elle s'eſt obligée, pour & avec ſon mari, *voyez* ce que j'ai dit ſur l'art. 237. de la Coutume de Paris. Pour ce qui eſt du privilege que la femme, par le Droit Romain, a d'être préférée, pour la répétition de ſa dot, à tous les autres créanciers hypothécaires qui ont contracté avec le mari avant ſon mariage, *voyez* ce que j'en ai dit ci-deſſus, *verbo* Dot.

III°. Les mineurs ont une hypotheque tacite ſur les biens de leurs tuteurs ou curateurs pour le reliquat de compte, du jour de l'acte de tutelle ou curatelle. *Leg. penult. cod. in quib. cauſ. pign. vel hyp. tacit. contrah. Leg. pro ſocio* : *ff. de admin. tutor. & Leg. ſi plures*, *ff. rem pupil. ſalub. for.* Bouvot. tom. 2. *verbo* Hypotheque & Diſcuſſion, queſt. 17. & tom. 1. part. 1. *verbo* Hypotheque, queſt. 1.

Il en eſt de même des furieux, des imbéciles & prodigues, qui ont une hypotheque ſemblable ſur les biens de leurs curateurs, ſuivant la Loi. 19. *in fine*, *ff. de reb. autorit. Judic. poſſidend.*

Cette hypotheque des mineurs ſur les biens de leurs tuteurs ou curateurs, eſt continuée même pour ce qui a géré après la majorité juſqu'à la clôture du compte. Art. 78. des Arrêtés.

Les biens du tuteur honoraire leur ſont auſſi tacitement obligés, au cas qu'il gere & adminiſtre lui-même ; mais je crois que ce n'eſt que du jour qu'il a commencé la geſtion. La raiſon eſt, que ce tuteur n'eſt pas donné pour gerer lui-même, mais pour veiller à la geſtion du tuteur ; ainſi c'eſt un extraordinaire quand il s'en mêle.: c'eſt pourquoi ſes biens ne peuvent être obligés que du jour qu'il a commencé à s'obliger envers ſes mineurs, qui eſt le jour que ſa geſtion a commencé.

Mais le tuteur ou curateur n'a hypotheque ſur les biens du mineur, pour ſes avances, que du jour de la clôture du compte. La Peyrere, lett. H, nomb. 63. Charondas, liv. 6. rép. 75. Brodeau ſur Louet, lett. H, ſomm. 23.

La raiſon de la différence eſt, que les biens des mineurs ne peuvent être aliénés ou hypothéqués, *abſque decreto Magiſtratûs*, *toto tit. ff. de reb. eorum*, & *toto tit. cod. de præd. minor.* Ainſi, quand un tuteur a dépenſé plus que le revenu de ſon mineur, ſans avoir pris en Juſtice un avis de parens, il doit imputer cette facilité à ſon imprudence. La fonction d'un tuteur conſiſte à bien adminiſtrer & à bien conſerver les biens du mineur, & non pas à les engager & obliger ſans connoiſſance de cauſe.

D'ailleurs l'hypotheque des mineurs eſt fondée ſur un privilege qui leur eſt ſpécialement accordé, par ce que leurs biens ſont ſous la protection des Loix & des Magiſtrats : or les privileges ne reçoivent point d'extenſion.

De plus, l'hypotheque du tuteur ſur les biens de ſon mineur, ne provient point de la Loi, mais uniquement de l'autenticité du compte qu'il rend de ſa geſtion, & par conſéquent cette hypotheque ne peut commencer que du jour de la clôtnre de ce compte.

IV°. Les enfans qui ſont en garde, ont une hypotheque tacite ſur les biens du gardien, en cas de malverſation dans ſa jouiſſance. C'eſt le ſentiment de Dumoulin & de Pontanus ſur l'art. 4. de la Coutume de Blois.

V°. Les enfans dont la mere s'eſt remariée ſans leur avoir rendu compte de la geſtion de leur tutelle, ont une hypotheque tacite ſur les biens de leur beau-pere du jour de la célébration du ſecond mariage. *Leg. penult. cod. in quib. cauſ. pign. vel hypot. tacit. contrah. Leg.* 2. *cod. quando mul. tut. off. & Novell.* 22. *cap.* 20, *in princ.*

La raiſon eſt, qu'on préſume que la mere qui ſe remarie, a fait paſſer une partie de ſes biens en la perſonne de ſon ſecond mari, au préjudice de ſes enfans. Cela eſt ainſi ordonné afin de detourner les hommes de prendre des femmes qui ont géré la tutelle de leurs enfans, dont elles n'ont pas rendu compte. *Leg.* 2. *cod. quand. mul.*

VI°. Les lots des cohéritiers ſont tacitement hypothéqués pour la garantie des autres ; & quand un cohéritier a été évincé d'un héritage qui étoit échu dans ſon lot, l'action hypothécaire qu'il, a peut-être dirigée non-ſeulement contre ſes cohéritiers, mais auſſi contre les tiers détenteurs des immeubles qui étoient échus dans le leur. *Voyez* Louet & Brodeau lett. H, ſomm. 2.

VII°. Les légataires ont une hypotheque tacite ſur les biens du défunt pour la délivrance de leurs legs, quoique le teſtament ſoit olographe, & non reconnu pardevant Notaires du vivant du teſtateur. *Leg.* 1. *commun. de legat. & fideicom. Voyez* M. Brillon, *verbo* Hypotheque, nomb. 44. Deſpeiſſes, tom. 2. pag. 228. nomb. 41. Bacquet, des Droits de Juſtice, chap. 8. nomb. 26. Charondas, liv. 6. rép. 33. Chopin ſur la Coutume de Paris, liv 2. tit. 4. nomb. 19. Ricard, des Donations, part 2. nomb. 28. Renuſſon, Traité des Propres, chap. 3. §. 12. nomb. 12. & ſuiv. le Brun, des ſucceſſions, liv. 4. chap. 2. ſect. 4. nomb. 4. Henrys, tom. 2. liv. 4. queſt. 57.

Il y a pluſieurs opinions différentes ſur la queſtion ſi cette hypotheque eſt ſolidaire. *Voyez* ce que j'en ai dit ſur l'art. 333. de la Coutume de Paris, gloſ. 1. n. 41.

VIII°. Le propriétaire d'un héritage a parmi nous une hypotheque tacite ſur les biens de l'uſufruitier, pour les réparations & rétabliſſemens des dégâts par lui commis pendant ſa jouiſſance ; & cette hypotheque commence du jour de l'acceptation du legs de l'uſufruit ou du jour du contrat de la donation d'uſufruit, comme étant une dette qui en eſt une ſuite & une charge qui y eſt annexée.

IX°. Le fidéicommiſſaire d'un fonds particulier a ſon hypotheque tacite du jour du décès du teſtateur , pour détériorations faites par l'héritier grévé , sur la légitime & sur tous les biens du fideicommis. *Voyez* Boniface , tom. 2. tit. 2. chap. 17.

X°. L'Eglise a pareillement un hypotheque tacite sur les biens du Prélat , pour sa mauvaise adminis- tration : ce qui a lieu aussi à l'égard des Hôpitaux , & autres lieux pieux, attendu que la Loi considere les Administrateurs de ces lieux comme des tu- teurs : raison pour laquelle les biens de ces Admi- nistrateurs sont tacitement hypothéqués à ces Com- munautés pour raison de leur administration.

HYPOTHEQUE GENERALE , est celle par laquelle tous les biens généralement quelcon- ques d'un débiteur sont obligés à son créancier , tant présens , que ceux qu'il pourra dans la suite acquérir, quoiqu'ils ne soient point spécifiés dans l'acte.

HYPOTHEQUE SPECIALE, est celle par laquelle certain héritage appartenant au débiteur , est par lui nommément & spécialement obligé & affecté à la dette du créancier.

L'hypotheque spéciale differe de l'hypotheque gé- nérale en plusieurs choses. Premierement , il n'est pas nécessaire , en l'hypotheque générale, que lors de la constitution de l'hypotheque, le débiteur soit propriétaire, puisque la générale n'est pas bornée aux biens présens , mais qu'elle s'étend sur les beins à venir. *Leg.* 1. *ff. de pign. & hypot. Leg. ult. cod. quib. res pign. oblig. poss.*

Mais en l'hypotheque spéciale, il faut que le dé- biteur ait été propriétaire de la chose spécialement hypothéquée lors du contrat ; de maniere néan- moins que l'hypotheque commence du jour que ce- lui qui l'a constituée , auroit acquis la chose qui ne lui appartenoit pas au tems de la constitution de l'hypotheque , suivant la maxime , que *res aliena pignori obligari non potest* ; *sed pignus rei alienæ con- valescit , acquisitio ejus dominio, Leg.* 41. *ff. de pign. act.*

En second lieu , il n'est pas permis à un débiteur d'hypothéquer une même chose spécialement à plu- sieurs créanciers , en divers tems, sans encourir la peine du crime de stellionat. *Faber , ad leg.* 1. *cod. de crimine stellionatûs.* Mais un débiteur peut con- tracter plusieurs hypotheques générales sur ses biens, sans encourir la même peine , à moins qu'il n'eût déclaré ses biens francs & quittes , comme nous l'avons dit ci-dessus.

En troisieme lieu , l'hypotheque spéciale donne plus de droit , & affecte plus fortement la chose que la générale ; mais lorsqu'il s'agit de préférence en- tre les créanciers, l'hypotheque spéciale n'a pas plus de prérogative que la générale : *regulariter tantum operatur generalis hypotheca , quantum specialis*; par- ce que la priorité fait que celui qui a la prérogati- ve du tems , doit être colloqué le premier ; & le créancier qui a une hypotheque spéciale n'est point préféré aux créanciers antérieurs qui ont une hypo- theque générale. En effet , dès que le débiteur a

constitué une hypotheque générale sur tous ses biens , il ne peut point y donner atteinte ni l'affoi- blir , en contractant une hypotheque spéciale sur quelque partie de ses mêmes biens.

En quatrieme lieu , l'hypotheque spéciale étant stipulée par le fermier ou locataire sur l'héritage loué ou pris à ferme , oblige le nouvel acquéreur d'entretenir le bail , de sorte qu'il ne peut pas ex- pulser le locataire ou le fermier , jusqu'à ce que le bail soit expiré.

Mais cela n'auroit pas lieu , si le locataire ou le fermier n'avoit sur l'héritage qui lui a été donné à bail ou à ferme qu'une hypotheque générale ; car la Loi *emptorem , cod. de locato conduc.* n'oblige pas le successeur à titre particulier , tel qu'est un ache- teur d'entretenir le bail fait par son auteur ; mais l'hypotheque spéciale fait cesser la disposition de cette Loi.

C'est l'avis d'Imbert en son Manuel du Droit François , *verbo* Louage ; de Guy-Pape , quest. 180. de Bacquet , au Traité des Droits de Justice, chap. 21. nomb 155. de Charondas , liv. 12. rép. 55. de Brodeau sur Louet , lett. B , nomb. 41. Tronçon sur la coutume de Paris , art. 161.

Il y a néanmoins plusieurs Auteurs qui sont d'avis contraire , & qui prétendent que l'hypo- theque spéciale n'empêche pas l'effet de la Loi *emptorem , cod. de locato conduc.* C'est le sentiment de la Peyrere , lettre F , nombre 50. de M. Breton- nier sur les Questions postumes de Henrys , quest. 8. de Despeisses , tome 1. titre de Louage , sect. 5. nomb. 1.

HYPOTHEQUE GENERALE JOINTE A LA SPE- CIALE , fait que le créancier est tenu de discuter l'héritage qui lui est hypothéqué spécialement avant que de s'attaquer aux autres qui seroient pas- sés en la possession des tiers acquéreurs ; comme nous avons dit , *verbo* Discussion.

HYPOTHEQUE SIMPLE , est celle qui n'a aucun privilege ; & par conséquent dans laquelle on observe cette regle : *inter creditores hypothecarios qui prior est tempore potior est jure , tot. tit. ff. qui potior.* Sur quoi *Voyez* ce que j'ai dit ci-dessus , pag. 897.

HYPOTHEQUE PRIVILEGIÉE , est une préroga- tive ou préférence accordée sur un immeuble à un créancier privilégié , par laquelle il est préféré non- seulement à tous autres créanciers chirographaires & à ceux qui ont des privileges personnels , mais aussi à toutes autres hypotheques , quoiqu'an- térieures.

Telle est l'hypotheque du vendeur sur un immeu- ble qu'il a vendu , dont il n'a pas reçu le prix , ou dont il n'a reçu qu'une partie ; & en vertu de cette hypotheque privilégiée , il est préférable pour son remboursement à tous autres créanciers sur l'im- meuble acquis de ses deniers : ce qui est très-juste , puisque c'est son gage , & que sans lui cet immeu- ble ne seroit pas au nombre des biens du débiteur sur lequel il est saisi. *Leg. ult. ff. de pignor. & hyp.*

Leg. 16. & 34. *ff. de reb. autorit. judic. poſſid. Novel.*
97. *cap.* 3. & 4.

Telle eſt encore l'hypotheque de celui qui eſt créancier pour un fait de Charge, laquelle eſt privilégiée ſur l'Office à tous autres créanciers privilégiés, même au vendeur , ou à celui qui a prêté ſes deniers pour acquérir l'Office. Par un Edit du mois d'Août 1669. art. 1. & ſuivans, il eſt dit que le Roi eſt préferé à tous autres créanciers des comptables , tant ſur le prix de leurs meubles , que ſur le prix de l'Office comptable, & ſur les immeubles acquis depuis le maniement des deniers royaux.

Quand il y a pluſieurs créanciers concurrens enſemble , fondés ſur différens privileges , le plus fort eſt préféré ; & s'ils ont le même privilege , ils viennent tous en concurrence.

Si les deniers provenans de la vente de la choſe ſur laquelle eſt aſſis le privilege , ne ſont pas ſuffiſans pour les payer tous , ils viennent à contribution , ſans garder entr'eux l'ordre du tems.

Voyez ce que j'ai dit ci-deſſus des créanciers privilégiés , pag. 610.

HYPOTHEQUE OU TOUT AUTRE DROIT CONSTITUÉ SUR UN BIEN SUJET A RETOUR, EST ETEINT DE PLEIN DROIT , SITÔT QUE LE CAS DU RETOUR EST ARRIVÉ. Ce principe eſt certain , que le droit du cédant étant éteint , celui du ceſſionnaire ne peut plus ſubſiſter.

L'emphitéote nous en fournit un exemple. Celui qui tient un héritage à ce titre , s'il a conſtitué deſſus une hypotheque, une ſervitude , ou quelqu'autre droit réel , ſitôt que l'héritage eſt retourné au bailleur du fonds , cet héritage devient libre & affranchi de toutes charges , hypotheques , & ſervitudes impoſées deſſus par l'emphitéote ; *quia reſoluto jure dantis , reſolvitur jus accipientis. Leg. vectigali fundo ff. de pignor & hypot. Voyez* Réunion.

Par la même raiſon , ſi un héritier chargé de fidéicommis , impoſe pendant ſa jouiſſance quelque charge ou hypotheque ſur les biens qui ſont ſujets à reſtitution , le cas du fidéicommis étant arrivé , toute charge & tout droit d'hypotheque ſont éteints. Boyer , queſt. 181.

On tient auſſi que le cas de la reverſion arrivant, les biens retournent aux aſcendans , libres de toutes charges & hypotheques qui auroient été impoſées par le donataire. *Ferrerius , ad deciſionem* 147. *Guidonis Papæ* ; *Chopin. lib.* 3. *conſuet. Andegav. cap.* 1. *tit.* 4. *num.* 10. *Voyez* auſſi la Peyrere, lett. R ; & Maynard , liv. 2. chap. 91.

Lorſque la vente eſt réſolue en vertu du rémeré toutes les charges & hypotheques impoſées par l'acquéreur , pendant le tems que l'héritage étoit en ſa poſſeſſion , ſont réſolues & éteintes. *Voyez* Catelan liv. 5. chap. 18.

La reſciſion d'un contrat de vente , pour lézion d'outre moitié du juſte prix , leve & efface toutes hypotheques & charges , dont l'acheteur peut avoir chargé les biens par lui acquis. Maynard , liv. 3. chap. 59.

Nos Auteurs portent le même Jugement des donations qui ſont révoquées par la ſurvenance des enfans : *Beneficio legis , ſi unquam* 8. *cod. de revocand. donat. Tiraquellus , ad dictam leg.* verbo (*revertatur*) *num.* 338. *Alexander , conſil.* 47. *Molinæus , ad Conſuetud. Pariſ.* §. 13. *gloſſa* 15. *num.* 30. & §. 30. *num.* 94. *Chop. lib.* 3. *de Domanio , tit.* 13. *Voyez* auſſi la Peyrere, lett. D ; Louet, auſſi let. D ; & Dolive en ſes queſtious , liv. 4. chap. 6.

C'eſt auſſi la diſpoſition préciſe de l'art. 42. de l'Ordonnance des Donations , du mois de Février 1731. Ce qui auroit lieu , quand même la donation auroit été faite en faveur du mariage du donataire , & inſerée dans le contrat, & que le donateur ſe fût obligé comme caution par ladite donation à l'exécution du contrat de mariage.

Il n'en eſt pas de même des donations qui ſont révoquées pour cauſe d'ingratitude ; car les aliénations des biens donnés faites par le donataire , & les hypotheques par lui créées ſur iceux, demeurent en leur force & vigueur après la révocation. *Leg. his ſolis , cod. de revocand. donat.*

Ainſi la donation étant révoquée pour cauſe d'ingratitude , le donataire eſt obligé de rendre au donateur les choſes données , qu'il a encore en ſa poſſeſſion au tems de l'action intentée pour la révocation ; mais les aliénations faites , ou les charges impoſées par le donataire auparavant, ſubſiſtent toujours.

La raiſon eſt , que *donatio quæ revocatur propter ingratitudinem , non revocatur ut ex tunc, ſed ut ex nunc ;* c'eſt-à-dire , que la révocation qui ſe fait pour cauſe d'ingratitude , n'a point d'effet rétroactif au tems de la donation , pour réſoudre les charges impoſées dans le tems intermédiaire , au préjudice des tiers acquéreurs & créanciers de bonne foi , ſauf le recours du donateur contre le donataire pour ſon indemnité.

Queſtions propoſées aux Mercuriales du Parlement, concernant la matiere des HYPOTHEQUES.

I°. Si dans le contrat de mariage il n'y a point de convention préciſe pour la dot, le douaire , ce qui eſt échu pendant le mariage, le remploi des propres, & l'indemnité des dettes, ou s'il n'y a point de contrat de mariage , ou qu'il ait été paſſé hors le Royaume , l'hypotheque ne laiſſera pas d'être dûe du jour du contrat de mariage, ſi la célébration eſt publique & ſolemnellement faite ſuivant les Conſtitutions de l'Egliſe & ſuivant les Ordonnances ?

Rép. *Quand par le contrat de mariage il y a convention de douaire , & ce qui eſt échu pendant & conſtant le mariage , remploi des propres , & indemnité des dettes , la femme ou ſes héritiers & créanciers ont hypotheque du jour dudit contrat. Mais lorſqu'il n'y a point du tout de contrat de mariage , ou qu'il a été paſſé hors le Royaume , ils ne peuvent prétendre hypotheque pour l'indemnité des dettes , que du jour que la femme ſe ſera obligée , & pour le douaire ; & ce qui* fera échu pendant le mariage, ensemble pour le remploi des propres du jour de la célébration du mariage, si elle est publique & solemnellement faite suivant les Constitutions de l'Eglise, & suivant les Ordonnances.

II°. Soit qu'il y ait contrat de mariage, ou qu'il n'y en ait point, si l'hypotheque des deniers dotaux est préférable à celle du douaire ; celle des arrérages du douaire dûs à la veuve, à l'hypotheque du fonds appartenant aux enfans ; ce qui est échu durant le mariage, & l'action de remploi des propres, tant des aliénations nécessaires, que des volontaires par concurrence après le douaire, le préciput s'il est stipulé ; & enfin l'indemnité des dettes ?

Rép. Soit qu'il y ait contrat de mariage, ou non, l'ordre des hypotheques est, que les deniers de la dot, & ce qui est échu à la femme durant son mariage, sont préférés au douaire, les arrérages du douaire dûs à la veuve, au fond d'icelui, appartenant aux enfans, le remploi des propres & le préciput ; sont colloqués avant l'indemnité des dettes.

III°. Si les immeubles du mari sont vendus par Justice ou autrement, & les deniers desdits immeubles en nature, la femme son épouse, pour ses conventions matrimoniales, si elle est créanciere, ou ses créanciers opposans, seront distribués par ordre d'hypotheque sur lesdits deniers en nature, procedans d'immeubles du mari, encore que la femme ou ses créanciers ne soient mis en ordre que pour les choses mobiliaires, même par l'indemnité des dettes contre les créanciers, & à l'égard de toute sorte de créancier venu en sous-ordre ?

Rép. Si les immeubles du mari sont vendus par Justice ou autrement, la femme s'opposant sur les deniers d'iceux en nature pour ses conventions matrimoniales, ou ses créanciers pour elle, ou les créanciers des créanciers, ils doivent être distribués par ordre d'hypotheque, encore que la femme ou sesdits créanciers ne soient mis en ordre, que pour des choses mobiliaires, même pour l'indemnité des dettes, les créanciers des créanciers venans en sous-ordre.

IV°. Si les créanciers du mari & de la femme, quoique postérieurs en datte à ceux du mari seul, feront mis en ordre auparavant les créanciers de la femme ; si toutefois les créanciers du mari & de la femme seront préférés aux créanciers du mari, si l'obligation de la femme est postérieure à la Sentence de séparation par elle obtenue de corps & de biens, ou à la saisie réelle des immeubles de son mari sur les héritages réellement saisis, ou aux traités que son mari avoit fait avec ses créanciers avant la faillite du mari ?

Rép. Les créanciers du mari & de la femme conjointement, quoique postérieurs en datte à ceux du mari seul, doivent être mis en ordre auparavant, combien que les obligations ayent été contractées par la femme depuis qu'elle a obtenu Sentence de séparation d'habitation ou de biens, ou depuis les saisies particulieres d'une parties de immeubles de son mari, qui ne doivent pas empêcher qu'elle & ses créanciers ne jouissent de son hypotheque sur le reste des biens non saisis. Autre

chose est, si les obligations se trouvent par elle faites depuis la saisie générale des biens de son mari, diffammation, faillite, traité avec ses créanciers, auxquels cas elle ne doit avoir hypotheque que du jour & datte desdites obligations.

V°. Si les mineurs ont hypotheque du jour de la tutelle, ou de l'administration de leurs biens, s'il y a eu administration d'iceux avant la tutelle, contre leurs tuteurs, protuteurs ou autres, qui ont eu l'administration de leurs biens, & si l'administration avoit été faite en vertu de procuration de leurs tuteurs & protuteurs, l'hypotheque leur sera dûe contre autres que contre leurs tuteurs & protuteurs, du jour de la tutelle & administration par autre, & Procureur du jour de la condamnation seulement ?

VI°. Si le tuteur ou protuteur, ou autres administrateurs, ont continué l'administration des biens du mineur depuis la majorité, l'hypotheque continue nonobstant la majorité ?

VII°. Si le tuteur a hypotheque sur les biens de son mineur avant qu'il ait présenté son compte, & icelui affirmé en Justice, s'il en a été passé acte autentique, après condamnation de rendre compte, ou d'ouïr le compte, sinon du jour de la clôture ?

Rép. Les mineurs ont hypotheque contre les tuteurs ou protuteurs du jour de la tutelle ou protutelle, & contre le Procureur ou ayant charges des tuteurs & protuteurs ; & s'ils ont continué l'administration depuis la majorité, la même hypotheque dure jusqu'à la reddition du compte.

Mais l'hypotheque contraire des tuteurs & protuteurs sur les biens de leurs mineurs, n'a lieu que du jour de la clôture du compte : & toutefois par un droit nouveau, il seroit juste qu'elle leur fût donnée du jour de la condamnation, d'ouïr leurs comptes, lorsqu'ils ne sont pas en demeure de les faire examiner & clorre.

VIII°. Si le vendeur a privilege & hypotheque spéciale sur l'immeuble par lui vendu & à lui appartenant, encore qu'il ne l'ait pas expressément réservé par le contrat ?

Rép. Le vendeur a son privilege & hypotheque spéciale & indivisible sur l'immeuble qu'il a vendu à lui appartenant, encore qu'il ne l'ait pas expressément réservé ou stipulé par le contrat.

IX°. Si les deniers procedans des Offices, feront distribués aux créanciers privilégiés, & ensuite par ordre d'hypotheque, nonobstant le contenu en l'art. 95. de la Coutume de Paris, & de toutes autres ?

Rép. Il est utile au public, que par un droit nouveau, les deniers procedans des Offices, après que les créanciers privilégiés auront été payés par préférance, ensuite distribués par hypotheque, nonobstant le contenu en l'article 95. de la Coutume de Paris, & de toutes autres.

X°. Si les créanciers pour raison de l'exercice & fonction de l'Office, feront préférés sur ledit Office à tous créanciers, même au vendeur dudit Office, si néanmoins c'est pour exercice & fonction dépendant de l'Office ?

Rép. Les créanciers pour l'exercice & fonction d'un Office, doivent être préférés sur ledit Office à tous créanciers, même au vendeur d'icelui ; si toutefois les dettes sont pour exercice & fonction dépendant dudit Office. Mais sur les autres biens de l'Officier, ils ne peuvent venir en ordre que comme les autres créanciers, sans qu'ils puissent faire remonter leurs hypotheques du jour de la reception audit Office.

XI°. Si les opposans au Sceau seront préférés à ceux qui ne seront pas opposans, ou qui auront négligé de réiterer leurs oppositions dans l'année. Et si les opposans au Sceau seront distribués entr'eux par ordre de leurs hypotheques, sans que la distribution en puisse être faite par contribution entre lesdits opposans au Sceau, sans que ceux qui y avoient privilege, y puissent prétendre aucune chose avec les opposans au Sceau, s'ils ont négligé de s'opposer ou de renouveller leurs oppositions dans l'année.

XII°. Si les opposans au Sceau, dont les oppositions sont dans l'année des provisions, étant payés, les autres opposans & saisissans seront payés entr'eux par ordre de leurs oppositions ou saisies ?

Rép. Les opposans au Sceau doivent être préférés à tous autres créanciers, même aux privilégiés, qui ne sont pas opposans au Sceau des Lettres de provisions des Offices ; que s'il y a saisie réelle, les saisissans & opposans à la dette saisie, sont avec les opposans mis en ordre : mais au lieu que c'est par contribution entr'eux, il est expédient que par un droit nouveau, ils sont distribués par ordre d'hypotheque du jour de la datte de leur contrat ; & après qu'ils auront été payés, s'il reste des deniers à distribuer ; que la distribution en soit faite suivant l'ordre des saisies & oppositions ; & en cas de déconfiture, par contribution au sol la livre.

XIII°. Si les contrats passés sous le Scel royal, & tous les autres passés sous le Scel des Seigneurs, pourvû que le débiteur y soit alors demeurant, & les Sentences données par Juges incompétens, soit des Juges royaux, ou des Justices des Seigneurs, emportent hypotheque dans toute l'étendue du Royaume ?

XIV°. Si quand les Sentences emportent hypotheque, ce doit être aussi en Coutume de saisine & nantissement, nonobstant les dispositions des Coutumes contraires ?

Rép. Les contrats sous le Scel royal & autres authentiques, emportent hypotheque en toute l'étendue du Royaume, pourvû qu'ils soient passés dans le détroit du Notaire qui les reçoit.

Comme aussi les Sentences emportent hypotheque, soit qu'elles ayent été données par Juges compétens ou incompétens, royaux, ou des Justices particulieres des Seigneurs, même ès Coutumes de saisine & nantissement, nonobstant toutes Coutumes contraires.

XV°. Si la Déclaration aura son effet, c'est à sçavoir pour les choses qui n'étoient auparavant autrement décidées par aucune Loi Ordonnance ni Coutume, selon le contenu ci-dessus, s'il n'y a droit acquis aux Parties, & pour celles qui étoient auparavant décidées par la Loi, Ordonnance & Coutume, du jour qu'il y a eu ou aura contestation en cause, pour l'interprétation des contrats, & pour les testamens, du jour du décès des testateurs,

Rép. Il est juste que pour les choses qui étoient ci-devant décidées autrement, la Déclaration n'ait son effet que pour l'avenir, ou du jour de la publication, sans préjudice à ceux qui ont leur droit acquis, qui seront jugés ainsi qu'ils ont été auparavant ladite Déclaration.

Fin du premier Volume.